2021

EDUARDO *dos* SANTOS

DIREITO CONSTITUCIONAL SISTEMATIZADO

- MAPAS MENTAIS 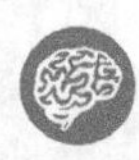
- ESQUEMAS, GRÁFICOS, TABELAS E ORGANOGRAMAS 
- MNEMÔNICOS PARA FACILITAR A MEMORIZAÇÃO DOS ASSUNTOS 
- DESTAQUE EM NEGRITO DOS TRECHOS MAIS IMPORTANTES 
- QUADROS SINÓPTICOS COM RESUMO SISTEMATIZADO AO FINAL DE CADA CAPÍTULO 
- *E-BOOK* COM QUESTÕES OBJETIVAS E DISCURSIVAS DO EXAME DA OAB E DE CONCURSOS PÚBLICOS COMENTADAS 

2021 © Editora Foco
Autor: Eduardo dos Santos
Diretor Acadêmico: Leonardo Pereira
Editor: Roberta Densa
Assistente Editorial: Paula Morishita
Revisora Sênior: Georgia Renata Dias
Capa Criação: Leonardo Hermano
Diagramação: Ladislau Lima
Impressão miolo e capa: FORMA CERTA

Dados Internacionais de Catalogação na Publicação (CIP) (Câmara Brasileira do Livro, SP, Brasil)

S237d Santos, Eduardo dos
Direito constitucional sistematizado / Eduardo dos Santos. - Indaiatuba, SP : Editora Foco, 2021.
288 p. ; 17cm x 24cm.
Inclui bibliografia e índice.
ISBN: 978-65-5515-222-7
1. Direito. 2. Direito constitucional. I. Título.
2021-653 CDD 342 CDU 342

Elaborado por Vagner Rodolfo da Silva – CRB-8/9410

Índices para Catálogo Sistemático:

1. Direito Constitucional 342 2. Direito Constitucional 342

NOTAS DA EDITORA:

Atualizações e erratas: A presente obra é vendida como está, atualizada até a data do seu fechamento, informação que consta na página II do livro. Havendo a publicação de legislação de suma relevância, a editora, de forma discricionária, se empenhará em disponibilizar atualização futura.

Erratas: A Editora se compromete a disponibilizar no site www.editorafoco.com.br, na seção Atualizações, eventuais erratas por razões de erros técnicos ou de conteúdo. Solicitamos, outrossim, que o leitor faça a gentileza de colaborar com a perfeição da obra, comunicando eventual erro encontrado por meio de mensagem para contato@editorafoco.com.br. O acesso será disponibilizado durante a vigência da edição da obra.

Impresso no Brasil (02.2021) – Data de Fechamento (02.2021)

2021

Avenida Itororó, 348 – Sala 05 – Cidade Nova
CEP 13334-050 – Indaiatuba – SP

E-mail: contato@editorafoco.com.br
www.editorafoco.com.br

A Deus, acima de tudo, pelo amor incondicional, pela graça divinal da vida e pela misericórdia e benevolência que tem comigo desde o ventre de minha mãe. Pai, te amo infinitamente pela eternidade.

Aos meus pais, Vlamir e Monica, pelo amor, esforço e dedicação de todos os anos. Vocês tornaram tudo mais fácil, doce e suave, como as águas tranquilas de Davi. Amo vocês.

À minha irmã, Priscylla, por ter me aturado todos esses anos e dividido comigo uma trajetória de lutas e sonhos. Te amo.

In memoriam

Ao meu avô Alaor, fonte eterna de inspiração, força, perseverança, fé e amor, que me deixou inenarrável saudade por absolutamente tudo. Você sempre foi meu grande herói.

AGRADECIMENTOS

Ao meu grande amigo, professor, orientador e eterno mestre, **Luiz Carlos Figueira de Melo**, *por ter acreditado em mim desde o começo e me ajudado nos momentos mais difíceis. Obrigado a você, porque todo Padawan precisa de um grande mestre Jedi, e você me deu a honra de ser o meu.*

Aos meus **alunos e ex-alunos** *dos cursos em que tive a honra e a oportunidade de lecionar Direito Constitucional em todo o Brasil, sou eternamente grato a vocês, com os quais, seguramente, mais aprendi do que ensinei.*

A todos os **professores de direito constitucional** *desse país, onde quer que vocês estejam, obrigado por compartilharem comigo o amor pela Constituição e a árdua batalha de ensinar direito constitucional em tempos tão difíceis.*

Aos amigos e professores: *Fábio Vieira Figueiredo, Marcelo Cometti, Alexandre Walmott Borges, Fernando Rodrigues Martins, Bernardo Gonçalves Fernandes, Cristiano Lopes, Pedro Henrique Menezes, Priscila Silveira, Felipe Pelegrini, Pedro Bonifácio, André Dafico, George Salomão Leite, José Emílio Medauar Ommati, Flávio Pedron, Alexandre Bahia, Dierle Nunes, Moacir Henrique Jr, Letycia Helou, Gabriel Oliveira, Juliana Melo Franco Rocha, Raquel Nascimento Cunha, Gabriela Damasceno, Rodrigo Pereira Moreira, Sérgio Augusto Lima Marinho, Gabriel OAB, Arthur Basan, José Faleiros Jr., João Vitor Longhi, Neto Caixeta, Tiago Nunes, Ruan Espíndola, Camilla Fernandes Moreira, Rodrigo Croches, Gabriel Gomes Canêdo, Leandro Maciel, Fernando Pessoa, Christiano Lamar, Gabriella Araujo, Bruno Pinheiro, Rodrigo Diniz Cury e Larissa Sampaio.*

Debalde tenho trabalhado, inútil e vãmente gastei as minhas forças;
todavia o meu direito está perante o Senhor, e o meu galardão perante o meu Deus.

Isaías 49:4

APRESENTAÇÃO

Nunca foi tão fácil aprender Direito Constitucional! O livro busca tornar o Direito Constitucional acessível a todos, facilitando a compreensão dos assuntos mais difíceis e temidos pelos alunos. Não há dúvidas de que essa obra vai fazer você aprender, de uma vez por todas, a disciplina de Direito Constitucional!

O livro é revolucionário no mercado jurídico, pois concilia a melhor e mais verdadeira *sistematização*, facilitando a compreensão e o aprendizado dos leitores, com uma *abordagem crítica e profunda* dos temas, juntando duas características que, até então, pareciam inconciliáveis no direito constitucional. Assim, o leitor não precisa mais adquirir um manual para aprender e revisar o direito constitucional e outro para se aprofundar nos temas mais complexos.

O livro aborda de maneira sistematizada todos os assuntos do Direito Constitucional, tratando com leveza os temas sem se afastar do necessário aprofundamento teórico e jurisprudencial exigido pelas bancas de *Concurso Público*, pelo *Exame de Ordem* e, até mesmo, por aqueles que desejam uma leitura mais profunda e crítica, pois o autor adentra nos assuntos mais densos, difíceis e polêmicos, resumindo-os *de forma didática* e posicionando-se criticamente em relação a todos eles.

É verdade que "*manuais esquematizados, sistematizados, descomplicados ou facilitados*" sempre foram criticados por, muitas vezes, serem rasos, sem profundidade e não explicarem corretamente os institutos jurídicos abordados. Por outro lado, os *manuais mais propedêuticos e tradicionais* sempre foram criticados por usarem uma linguagem difícil e, muitas vezes, não serem entendíveis, dificultando a aprendizagem dos alunos, oabeiros e concurseiros, praticamente, exigindo um amplo conhecimento prévio para serem compreendidos.

Deste modo, a grande virtude deste livro é que ele é um *manual sistematizado*, construído com base na doutrina, na jurisprudência e nos editais dos principais concursos públicos do país e do Exame de Ordem, que *consegue de maneira didática facilitar a compreensão do leitor*, desde os temais mais simples até os temas mais complexos do direito constitucional, *desmistificando* e *descomplicando* essa que sempre foi uma das matérias mais difíceis para os alunos. Além disso, Eduardo consegue *analisar de forma ampla, profunda e crítica* todos os grandes temas do direito constitucional, não deixando a desejar a nenhum dos manuais mais propedêuticos e tradicionais, com a diferença que faz isso de forma muito mais leve, *facilitando a aprendizagem* dos alunos.

Todos os capítulos foram escritos de forma sistematizada e *com independência em relação aos demais,* possibilitando que o leitor estude de forma completa um certo assunto sem ter a necessidade de consultar outros capítulos.

Assim, *cada capítulo deste livro foi estruturado da seguinte maneira:*

- *Doutrina sistematizada*, abordada de forma didática com *destacamento em negrito* dos trechos mais importantes, facilitando a compreensão dos temas;

- *Jurisprudência sistematizada*, com os principais informativos e decisões do STJ e do STF abordados de forma resumida e simplificada;
- Uso de *mapas mentais, mnemônicos, esquemas, gráficos, tabelas e organogramas* espalhados ao longo do texto, facilitando a compreensão do leitor e auxiliando na aprendizagem e memorização do conteúdo;
- *Quadros sinópticos* ao final de cada capítulo, contendo um resumo sistematizado dos pontos mais importantes daquele assunto, de modo a permitir uma revisão precisa aos estudantes, concurseiros e aobeiros na reta final de seus estudos.
- *E-book com Questões objetivas e Discursivas do Exame da OAB e de Concursos Públicos* devidamente *comentadas*, com indicação dos principais fundamentos, artigos e súmulas aplicáveis à questão.

Sem dúvida alguma, está aí *a fórmula perfeita* para a aprendizagem do direito constitucional por *estudantes* de direito, *oabeiros*, *concurseiros* e alunos de *pós-graduação*. Mais do que a fórmula perfeita, está aí *o livro perfeito*, pois, ao mesmo tempo que se utiliza de uma linguagem que facilita a aprendizagem e a compreensão dos temas, abordando-os de forma sistematizada (com destacamento colorido, mapas mentais, esquemas, gráficos, tabelas, organogramas e mnemônicos), também é profundo, crítico e completo, além de ter quadros sinópticos e questões objetivas e subjetivas comentadas ao final de cada capítulo, ajudando na revisão e fixação dos temas estudados.

MARCELO TADEU COMETTI

Doutor em Direito, Professor e Advogado

Cofundador e CEO da Escola Brasileira de Direito

FABIO VIEIRA FIGUEIREDO

Doutor em Direito, Professor e Advogado

Cofundador e CEO da Escola Brasileira de Direito

NOTA DO AUTOR

Aqui, peço licença para usar a primeira pessoa do singular, pois esta é uma mensagem pessoal a todos os juristas desse país, advogados, promotores, defensores, juízes, delegados, dentre outros, mas, especialmente, aos meus queridos colegas professores e aos meus amados estudantes de direito, esses juristas em formação, nos quais eu acredito grandemente, sejam vocês graduandos, oabeiros ou concurseiros.

Comecei a escrever esta obra em 2017, mas só consegui terminá-la em 2020. Particularmente eu pensei que pudesse fazer em menos tempo, terminar em um ano ou dois, mas acabei levando quatro anos. E ao terminar agora, sinto que essa empreitada valeu a pena, sinto que não demorei, mas que as coisas aconteceram no momento certo e da maneira correta. Talvez, em um ano ou dois, o livro não ficasse bom o suficiente, talvez não ficasse tão completo, eu não sei, só sei que estou realizado por ter terminado.

A verdade é que a hora certa é agora e é essa a mensagem que eu quero deixar para todos vocês. Não importa o que aconteça nessa vida, sempre teremos momentos bons e momentos ruins, as vezes iremos cair, mas o que nos distingue não são nossos tombos e sim nossa capacidade de levantar. Costumo dizer aos meus alunos que cair é da vida, ficar no chão é opção. Então, bora levantar, erguer a cabeça e seguir em frente sempre, pois todo dia é um ótimo dia para (re)começar a construir os nossos sonhos.

Eu não sou o filho de um jurista famoso, nem mesmo o amigo pessoal ou familiar de um, muito menos sou de família rica ou abastada, não gosto de ser chamado de “senhor” e muito menos de “doutor”, se quiserem falar comigo me chamem apenas de “Edu” ou de “Dudu”, não desejo ser reconhecido pelos pronomes de tratamento, mas se puder, quero ser reconhecido como um amigo, como alguém que ajudou pessoas a realizarem seus sonhos. Eu sei que não posso mudar o mundo, mas acredito que posso ajudar pessoas e transformar vidas e isso já me basta, pois, para mim, o sucesso reside aí.

Espero que esse livro possa ajudar vocês, que possa abrir os caminhos do direito constitucional para cada um de vocês, auxiliando-os a aprender e a entender o direito constitucional e, oxalá, que possa ajudar vocês a conseguirem o sucesso que almejam, seja a aprovação no Exame de Ordem ou no Concurso dos sonhos, seja o aprimoramento do exercício de suas profissões.

No mais, estou sempre à disposição. Sintam-se à vontade para entrarem em contato comigo nas minhas mídias sociais ou pelo e-mail eduardoconstitucional@hotmail.com. Um grande abraço e que Deus abençoe a todos vocês.

Eduardo dos Santos
verão de 2021.

Acesse JÁ os conteúdos *ON-LINE*

www. CAPÍTULOS ON-LINE

Acesse o link:

www.editorafoco.com.br/atualizacao

* Acesso disponível durante a vigência desta edição.

SUMÁRIO

ON-LINE

TÍTULO II
PRINCÍPIOS FUNDAMENTAIS

TÍTULO III
DIREITOS FUNDAMENTAIS

TÍTULO IV
ORGANIZAÇÃO DO ESTADO E DOS PODERES

ON-LINE

ON-LINE

ON-LINE

TÍTULO V
ORDEM ECONÔMICA E SOCIAL

ON-LINE

TÍTULO VI
JURISDIÇÃO CONSTITUCIONAL

INTRODUÇÃO

1. CONCEITO E ORIGENS DO DIREITO CONSTITUCIONAL

Embora não seja possível formular um *conceito* fechado ou definitivo de direito constitucional, considerando o atual momento evolutivo da história humana, podemos conceituar o direito constitucional como o ramo basilar da ciência jurídica que se dedica ao estudo, sistematização e crítica da Constituição (formal e material) de um Estado, enquanto sistema uno e aberto de normas (regras e princípios) fundamentais supremas que instituem, estruturam, organizam, regulamentam, condicionam e limitam o Estado, o Governo e seus Poderes, a soberania popular, a democracia e os direitos fundamentais, tendo como base indissociável a dignidade da pessoa humana.

Em que pese a *Constituição* (Material) tenha ***origens*** na Idade Antiga, remontando às origens do próprio Estado, ainda que em sua fase embrionária, assim como o *constitucionalismo*, remontando aos primeiros movimentos de limitação dos poderes dos reis antigos, o direito constitucional, enquanto disciplina, matéria, ramo jurídico, ou científico do direito, tem suas origens enlaçadas ao surgimento das Constituições escritas e do constitucionalismo moderno.

As primeiras cadeiras de direito constitucional foram criadas na Itália, em Ferrara, no ano de 1797, assumida por Giuseppe Compagnoni Di Luzo, bem como em Pádua e Bolonha, ambas no ano de 1798. Na França, embora ao lado dos Estados Unidos da América do Norte tenha sido o *locus* das revoluções liberais e do surgimento das Constituições escritas, a primeira cátedra de direito constitucional só foi criada em 1834, na faculdade de direito de Paris, sendo assumida pelo publicista italiano Pelegrino Rossi, autor do famoso *Cours de Droit Constitutionnel*.[1]

Já ***no Brasil***, apesar de nossa primeira Constituição datar de 25 de março de 1824, o direito constitucional só foi criado como cadeira autônoma com o decreto-lei 2.639, de 27 de setembro de 1940. Ademais, vale ressaltar que até o advento da Constituição de 1988, o direito constitucional brasileiro esteve relegado às margens do nosso sistema jurídico e do nosso sistema de ensino jurídico, só ganhando a notoriedade e importância dos dias atuais com o desenrolar das duas primeiras décadas de nossa Constituição Cidadã.

2. NATUREZA JURÍDICA DO DIREITO CONSTITUCIONAL

A doutrina comumente afirma que o direito constitucional é um ***ramo do direito público interno*** (ou ramo interno do direito público), sendo essa a sua natureza jurídica. Nada obstante, a nosso ver, o direito constitucional vai além, caracterizando-se como o ramo fundamental do direito (como um todo), vez que dele partem as bases normativas essenciais das demais disciplinas jurídicas, sejam elas públicas ou privadas, que buscam a validade de suas normas na Constituição.

1. BONAVIDES, Paulo. Curso de Direito Constitucional. 28.ed. São Paulo: Malheiros, 2013, p. 38-43.

3. OBJETO E CLASSIFICAÇÃO DO DIREITO CONSTITUCIONAL

O *objeto* (de estudo) do direito constitucional coincide com o conteúdo das normas materialmente constitucionais, isto é, com o conteúdo daquelas normas que são tipicamente matérias de Constituição. Assim, pode-se dizer que o objeto do direito constitucional é o conhecimento científico e sistematizado das normas (escritas ou não) concernentes: *i) ao Estado,* compreendidas especialmente as normas relativas à forma de Estado, sua organização, órgãos superiores, distribuição de competências entre os entes, fundamentos e objetivos; *ii) aos poderes do Estado,* compreendidas especialmente as normas atinentes à separação dos poderes, estrutura, organização e órgãos superiores dos poderes, distribuição das funções dos poderes, distribuição de competências entre os diferentes órgãos que compõem os poderes, direitos, garantias e limites aos detentores dos poderes; *iii) à limitação dos poderes do Estado,* especialmente mediante a instituição de direitos e garantias fundamentais, compreendendo os direitos e garantias individuais, sociais, culturais, econômicos, transindividuais, de nacionalidade, políticos, tributários, bem como normas que garantam o exercício da soberania popular, da cidadania e da democracia e, também, normas que assegurem a transparência e a fiscalização do exercício dos poderes do Estado.

Tendo como parâmetro o seu conteúdo científico (ou o objeto de estudo), o direito constitucional, classicamente, ***é classificado em:***

*A) **Direito Constitucional Positivo (Particular ou Especial):*** tem por objeto o estudo sistematizado das normas constitucionais vigentes da Constituição de um determinado Estado, analisando-a, interpretando-a, criticando-a e propondo melhorias ao sistema constitucional do país. Exemplo: estudo da Constituição brasileira de 1988, como é feito por esta obra.

*B) **Direito Constitucional Comparado:*** tem por objeto o estudo comparativo entre normas constitucionais de dois ou mais países, estejam elas vigentes ou não, buscando identificar similitudes e diferenças entre esses sistemas constitucionais distintos, afim de indicar possíveis melhorias para um determinado sistema constitucional, bem como colaborar para a compreensão do melhor modelo (ideal) de Estado e de Constituição.

*C) **Direito Constitucional Geral:*** tem por objeto o estudo dos diversos (e quiçá todos) sistemas constitucionais, vigentes atualmente ou que já foram vigentes um dia, tendo por finalidade a construção de uma teoria geral do direito constitucional e da Constituição, a partir da sistematização e classificação de conceitos, institutos, instituições e normas fundamentais das diversas ordens constitucionais.

4. FONTES DO DIREITO CONSTITUCIONAL

Classicamente, a doutrina identifica que, nos países de tradição *civil law*, como o Brasil, por exemplo, as fontes do direito podem ser classificadas em fontes originárias e fontes derivadas. A ***fonte originária*** é a Constituição escrita, que pode delegar ou reconhecer normatividade a outras fontes, de forma expressa ou tácita. Já as *fontes derivadas* podem ser divididas em delegadas e reconhecidas. As *fontes derivadas delegadas* são as leis (Poder Legislativo), os decretos (Poder Executivo) e a jurisprudência constitucional (Poder Judiciário), por serem fruto direto da atribuição constitucional de competências aos órgãos de cúpula dos Poderes do Estado. As *fontes derivadas reconhecidas* compreendem a legislação infraconstitucional recepcionada pela nova Constituição e, destacadamente, os costumes constitucionais.

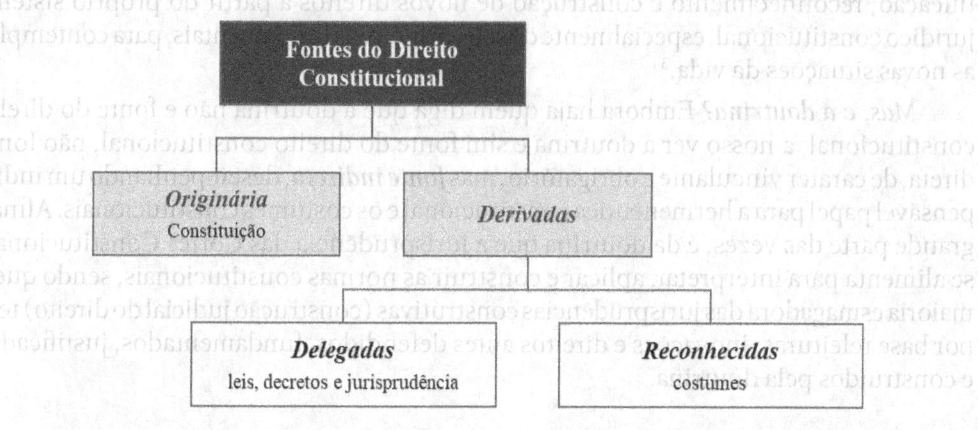

Sobre os *costumes constitucionais* é mister destacar que eles se dividem em três espécies: *i) costume praeter constitutionem*, que se caracteriza por ir além do texto constitucional formal, empregado pela hermenêutica constitucional, especialmente no campo interpretativo;[2] *ii) costume secundum constitutionem*, que se caracteriza por ser um costume constitucional em consonância com a Constituição, o que corrobora para a maior efetividade constitucional; *iii) costume contra constitutionem*, que se caracteriza pela contrariedade à Constituição, isto é, por ser um costume constitucional cujo conteúdo é antagônico, adverso, oposto ao sentido de uma determinada norma do texto constitucional. O *costume praeter constitutionem* é unanimemente reconhecido como fonte autônoma do direito constitucional. Já o *costume secundum constitutionem* é reconhecido apenas como fonte subsidiária do direito constitucional, pois havendo norma constitucional escrito é esta que deve prevalecer e ser aplicada, embora, a nosso ver, o costume possa complementá-la, ou mesmo reforçá-la. Por sua vez, o *costume contra constitutionem* não deve ser admitido em circunstância alguma, configurando verdadeiro atentado contra a Constituição, até porque a regra mais elementar e inarredável da hermenêutica constitucional é que ela jamais pode contrariar o texto constitucional (fonte originária e soberana).

2. Há na doutrina quem defenda que o sistema constitucional não é completo, admitindo a existência de lacunas constitucionais quando determinados assuntos que sejam matérias de Constituição deixarem de ser estabelecidos no texto constitucional, defendendo, então, sua integração pelos métodos de colmatação de lacunas legais. Nesse sentido, o professor Marcelo Novelino afirma que que os costumes constitucionais podem ser "utilizados na integração de eventuais lacunas existentes no texto" (NOVELIONO, Marcelo. Curso de Direito Constitucional. 13.ed. Salvador: Juspodivm, 2018, p. 44). Entretanto, a nosso ver, não é possível falar em lacunas constitucionais, conforme explicamos com maior profundidade nessa obra, no Capítulo de Hermenêutica Constitucional, no tópico intitulado de Integração Constitucional, ao qual remetemos o leitor.

Sobre a *jurisprudência* insta destacarmos o relevante papel das Cortes Constitucionais na *criação judicial do direito*, por nós chamada de *construção*, método hermenêutico desenvolvido no âmbito dos sistemas constitucionais dos países de tradição *common law*, com destaque para a Suprema Corte dos Estados Unidos da América do Norte e sua robusta e secular jurisprudência construtiva. De forma resumida, podemos dizer que a construção consiste na atividade hermenêutica que, fundada numa perspectiva de integridade do sistema jurídico e buscando preservar-lhe o espírito, destina-se à identificação, reconhecimento e construção de novos direitos a partir do próprio sistema jurídico constitucional, especialmente de seus princípios fundamentais, para contemplar as novas situações da vida.[3]

Mas, e a doutrina? Embora haja quem diga que a doutrina não é fonte do direito constitucional, a nosso ver a doutrina é sim fonte do direito constitucional, não fonte direta, de caráter vinculante e obrigatório, mas *fonte indireta*, desempenhando um indispensável papel para a hermenêutica constitucional e os costumes constitucionais. Afinal, grande parte das vezes, é da doutrina que a jurisprudência das Cortes Constitucionais se alimenta para interpretar, aplicar e construir as normas constitucionais, sendo que a maioria esmagadora das jurisprudências construtivas (construção judicial do direito) tem por base releituras, inovações e direitos antes defendidos, fundamentados, justificados e construídos pela doutrina.

3. Remetemos o leitor ao Capítulo de Hermenêutica Constitucional, no tópico intitulado de Construção Constitucional, para um estudo mais amplo e profundo sobre o tema.

Título I
TEORIA DA CONSTITUIÇÃO

"Dois de fevereiro de 1987. Ecoam nesta sala as reivindicações das ruas. A Nação quer mudar. A Nação deve mudar. A Nação vai mudar [...].

Hoje. 5 de outubro de 1988, no que tange à Constituição, a Nação mudou.

A Constituição mudou na sua elaboração, mudou na definição dos Poderes. Mudou restaurando a federação, mudou quando quer mudar o homem cidadão. E é só cidadão quem ganha justo e suficiente salário, lê e escreve, mora, tem hospital e remédio, lazer quando descansa.

Num país de 30.401.000 analfabetos, afrontosos 25% da população, cabe advertir a cidadania começa com o alfabeto. Chegamos, esperamos a Constituição como um vigia espera a aurora [...]

A Constituição certamente não é perfeita. Ela própria o confessa ao admitir a reforma. Quanto a ela, discordar, sim. Divergir, sim. Descumprir, jamais. Afrontá-la, nunca.

Traidor da Constituição é traidor da Pátria. Conhecemos o caminho maldito. Rasgar a Constituição, trancar as portas do Parlamento, garrotear a liberdade, mandar os patriotas para a cadeia, o exílio e o cemitério [...]

Temos ódio à ditadura. Ódio e nojo. Amaldiçoamos a tirania aonde quer que ela desgrace homens e nações [...]

Nós os legisladores ampliamos os nossos deveres. Teremos de honrá-los. A Nação repudia a preguiça, a negligência e a inépcia [...]

Tem significado de diagnóstico a Constituição ter alargado o exercício da democracia. É o clarim da soberania popular e direta tocando no umbral da Constituição para ordenar o avanço no campo das necessidades sociais [...]

A vida pública brasileira será também fiscalizada pelos cidadãos. Do Presidente da República ao prefeito, do senador ao vereador.

A moral é o cerne da pátria. A corrupção é o cupim da República. República suja pela corrupção impune toma, nas mãos de demagogos que a pretexto de salvá-la a tiranizam. Não roubar, não deixar roubar, pôr na cadeia quem roube, eis o primeiro mandamento da moral pública. Não é a Constituição perfeita. Se fosse perfeita seria irreformável [...]

Não é a Constituição perfeita, mas será útil, pioneira, desbravadora, será luz ainda que de lamparina na noite dos desgraçados.

É caminhando que se abrem os caminhos. Ela vai caminhar e abri-los. Será redentor o caminho que penetrar nos bolsões sujos, escuros e ignorados da miséria. A sociedade sempre acaba vencendo, mesmo ante a inércia ou o antagonismo do Estado [...]"

Ulysses Guimarães – Discurso proferido na cerimônia de promulgação da Constituição brasileira de 1988.

Capítulo I
CONSTITUIÇÃO

1. CONCEITO E CARACTERÍSTICAS

Existem diversos conceitos de Constituição utilizados atualmente na literatura jurídica, sendo que não se pode apontar nenhum deles como dominante. Trata-se de um termo polissêmico e multifacetado, o que torna tarefa das mais difíceis estabelecer um conceito exato do que vem a ser a Constituição.[1]

Nada obstante, é preciso estabelecer, a partir da doutrina constitucionalista contemporânea, uma definição simples que possa servir de ponto de partida para aqueles que estão iniciando seus estudos no direito constitucional.

Assim, pode-se definir a Constituição como sendo o *conjunto sistêmico de normas fundamentais supremas que organizam e estruturam o Estado, que organizam e estruturam os Poderes do Estado e que limitam os Poderes do Estado, especialmente, mediante a proteção e promoção dos direitos e garantias fundamentais da pessoa humana.*

Ao afirmar que a Constituição é um ***conjunto sistêmico de normas***,[2] quer afirmar-se que a Constituição é um sistema legal de normas, obviamente um sistema legal especialíssimo, chamada por isso de lei das leis, de lei fundamental, de lei máxima, de lei suprema etc. Não necessariamente um sistema legal em sentido formal e positivo, no qual todas as suas normas estão expressamente escritas, mas um sistema legal em sentido material, exigindo-se que entre as normas da Constituição haja ***unidade*** e ***coerência***, não se admitindo a existência de hierarquia entre normas constitucionais e nem mesmo, em abstrato, a existência de conflitos entre as normas da Constituição.[3]

Assim, pode-se afirmar que ***não existe hierarquia normativa entre um direito constitucional e outro***, isto é, no campo normativo todos os direitos constitucionais possuem a mesma hierarquia não estando um acima do outro. Por exemplo, a hierarquia normativa do direito à vida, do direito à liberdade, do direito à propriedade, do direito à intimidade e do direito ao lazer é a mesma: hierarquia constitucional.

Ademais, como dito, ***em abstrato, não se admite a existência de conflitos entre as normas da Constituição***, isto é, no mero campo normativo sem considerar-se o caso concreto, não se admite a ocorrência de conflitos ou tensões entre normas de direito constitucional. Por exemplo, em abstrato, não existe conflito entre o direito à liberdade religiosa e o direito à vida, de modo que a pessoa humana possui os dois direitos nos termos da Constituição. Contudo, no caso concreto esse conflito pode surgir, como no caso da pessoa testemunha de Jeová que se recusa a realizar transfusão sanguínea sabendo que sem esse procedimento virá a óbito.

Além disso, ao definir a Constituição como sendo um ***conjunto sistêmico de normas*** está-se a afirmar a ***força normativa da Constituição***, isto é, que a ***Constituição é norma jurídica***, possuindo todos os seus atributos e qualidades. Isto é, as normas constitucionais não são meras recomendações ou *standards* nos quais os detentores do Poder Político devem se

1. SILVA, José Afonso. Curso de Direito Constitucional Positivo. 33. ed. São Paulo: Malheiros, 2010, p. 37.
2. CANARIS, Claus-Wilhelm. Pensamento Sistemático e Conceito de Sistema na Ciência do Direito. 4. ed. Lisboa: Fundação Calouste Gulbenkian, 2008.
3. CANOTILHO, J. J. Gomes. Direito Constitucional e Teoria da Constituição. 7. ed. Coimbra: Almedina, 2003, p. 1159 e ss.

inspirar. Na verdade, as normas constitucionais são normas jurídicas e como tais estabelecem, deontologicamente, deveres, estando todos a elas submetidos, inclusive os detentores do Poder Político e as Autoridades Públicas.[4]

Já ao se definir a Constituição como um ***conjunto sistêmico de normas supremas*** está se a afirmar que, além de ser norma jurídica, ***a Constituição é a norma hierarquicamente superior da ordem jurídica***. Isto é, está acima das demais normas do sistema jurídico, como leis, decretos, atos administrativos, contratos etc.[5]

Por fim, ao se afirmar que a Constituição consiste num ***conjunto sistêmico de normas fundamentais***, tem-se revelada uma das principais características da Constituição, que é ser ***parâmetro de validade para o sistema jurídico***. Assim, sempre que uma determinada norma for incompatível com as normas constitucionais, essa norma será inválida, vez que a Constituição é parâmetro de validade para as demais normas do ordenamento. Por isso, se diz que a norma inconstitucional (aquela contrária à Constituição) é inválida.[6]

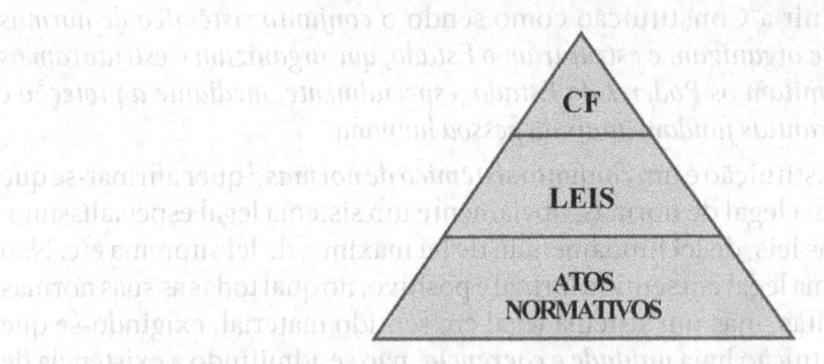

2. ORIGENS

Partindo da definição de Constituição que propusemos, tem-se que a Constituição é um conjunto de normas que regem a organização do Estado e dos Poderes, bem como a limitação desses Poderes, especialmente, pelo reconhecimento de direitos fundamentais às pessoas.

Nada obstante, a Constituição nem sempre concentrou todas essas matérias, devendo-se registrar que ao longo da história, num primeiro momento, as Constituições dedicaram-se à Organização do Estado e de seus Poderes, o que está na raiz do próprio termo Constituição, a indicar o "modo de ser de alguma coisa", no caso, "o modo de ser do Estado".[7]

Assim, onde quer que tenha existido um Estado, existiu também uma Constituição. Ou, nos termos expressos por Ferdinand Lassale, ***"Constituição real e efetiva a possuíram e a possuirão sempre todos os países, pois é um erro julgarmos que a Constituição é uma prerrogativa dos tempos modernos. Não é certo isso"***.[8] Isto acontece porque em toda e qualquer estrutura estatal, por mais rústica ou antiga que possa ser, exigiu uma certa organização, sendo regulamentada por normas, ainda que não escritas, que dispunham sobre a formação do Estado e o exercício de seus Poderes.

4. HESSE, Konrad. A força normativa da Constituição. Porto Alegre: Sergio Antonio Fabris Editor, 1991.
5. KELSEN, Hans. Teoria Pura do Direito. São Paulo: Martins Fontes, 2003, p. 246 e ss.
6. Ibidem, p. 215 e ss.
7. SILVA, José Afonso. Curso de Direito Constitucional Positivo. 33. ed. São Paulo: Malheiros, 2010, p. 37.
8. LASSALE, Ferdinand. A essência da Constituição. Rio de Janeiro: Lumen Juris, 2010, p. 29.

Deste modo, é possível afirmar que desde a Antiguidade já se encontrava entre as normas que regulavam os Estados, um conjunto de normas que se destacavam por organizar a estrutura e funcionamento do Estado, bem como o exercício dos seus Poderes, sendo esse conjunto de normas exatamente a Constituição daqueles Estados. Essas normas muitas das vezes sequer estavam escritas, até porque muitos dos Estados Antigos sequer possuíram leis escritas. Assim, a grande diferença dessas Constituições para as Constituições Modernas é justamente o fato de que elas eram materiais, reais, verdadeiras, refletindo o exercício do Poder, enquanto as Constituições Modernas encontram-se escritas "em folhas de papel".[9]

3. CONCEPÇÕES TRADICIONAIS DA CONSTITUIÇÃO

Há na doutrina constitucional algumas concepções, aqui chamadas tradicionais, de se compreender, de se observar, de se entender a Constituição. Isso decorre dos diversos ângulos e perspectivas pelas quais a Constituição pode ser observada e estudada. Afinal, se, por exemplo, um sociólogo, um cientista político e um jurista observarem e estudarem a Constituição, eles terão considerações diferentes a fazer. Isso não significa que alguma delas seja superior ou melhor do que a outra, na verdade apenas nos revela uma outra forma de ver a Constituição, de modo que todas essas concepções são importantes para a melhor compreensão da própria Constituição.

Assim, tradicionalmente, a doutrina constitucionalista aponta as seguintes concepções clássicas sobre a Constituição: a) sociológica; b) política; c) jurídica e d) cultural.

3.1 Concepção sociológica da Constituição

Na concepção sociológica, a Constituição é analisada e entendida como ela é na realidade social, como ela se expressa verdadeiramente no seio social e não como ela está prevista. Trata-se de uma concepção que enxerga como Constituição a realidade política e social do Estado e do exercício de seus Poderes tal como ela é realizada efetivamente e não como ela é prevista normativamente. Assim, a *Constituição real e efetiva* é aquela que é exercida no dia a dia do Estado e da sociedade (forma de ser) e não aquela que está prevista no texto constitucional (forma de dever ser).

Assim, na expressão de seu principal expoente, ***Ferdinand Lassale***, a Constituição em sentido sociológico consiste na ***"soma dos fatores reais do poder que regem uma nação"***, sendo essa a essência da Constituição de uma nação, sua Constituição real e efetiva, sua verdadeira Constituição. Já ***o documento escrito chamado de Constituição, não passa de uma folha de papel*** que deve corresponder à Constituição real, isto é, à soma dos fatores reais do poder, sob pena de inevitavelmente sucumbir a esses fatores.[10]

3.2 Concepção política da Constituição

Carl Schmitt para formular sua concepção política da Constituição apresenta ***quatro conceitos de Constituição***, o absoluto, o relativo, o positivo e o ideal, confessando sua ***preferência pelo conceito positivo***.

---

9. CUNHA JR, Dirley da. Curso de Direito Constitucional. 9. ed. Salvador: Juspodivm, 2015, p. 69.
10. LASSALE, Ferdinand. A essência da Constituição. Rio de Janeiro: Lumen Juris, 2010, p. 20 e ss.

Em sentido absoluto, Schmitt diz que a Constituição consiste num todo unitário, isto é, na maneira concreta de ser resultante de uma determinada unidade política, podendo significar o próprio Estado, a forma de Governo, um princípio dinâmico que compreende o Estado como um ente dinâmico de aglutinação de interesses contrapostos ou uma regulação legal fundamental, ou seja, um sistema de normas supremas.[11]

Em sentido relativo, a Constituição consiste na lei constitucional em particular, abarcando uma multiplicidade de leis constitucionais que são iguais apenas na forma, mas que possuem conteúdo, alcance e valores distintos.[12]

Já ***em sentido positivo***, a Constituição é concebida como sendo a forma e o modo de ser de uma determinada unidade política, de uma nação, sendo o único sentido em que uma Constituição pode ser realmente concebida. Assim, não é a Constituição que gera a unidade política (a nação), mas a unidade política que que produz a Constituição. Essa unidade política, a nação, dotada de vontade política de existir, mediante o Poder Constituinte, produz e adota a Constituição por si mesma. Assim, a Constituição seria a decisão conjunta de uma determinada nação sobre o modo e a forma de ser dessa mesma nação, normatizando a forma e a estrutura do estado, de seus poderes e as limitações desses poderes.[13]

Nesse ponto, é importante ressaltar que Carl Schmitt para realizar sua conceituação estabelece uma ***distinção entre Constituição e leis constitucionais***. Segundo Schmitt, existem no texto constitucional normas que efetivamente tratam do modo e da forma de ser da unidade política (da nação) e normas que tratam de outros assuntos e que estão positivadas na normativa constitucional apenas para não poderem ser modificadas pela legislação ordinária (infraconstitucional). Assim, a ***Constituição consiste somente no conjunto de normas que se referem aos aspectos fundamentais do Estado*** (organização do Estado, Organização dos Poderes, Limitação dos Poderes, Direitos Fundamentais), denominando-se esse conjunto de ***decisões políticas fundamentais***, já que essas normas foram fruto das decisões políticas da nação sobre aquilo que é essencial (que é matéria) de Constituição. Por outro lado, ***todas as demais normas que não se refiram a essas matérias, mas que estão escritas na Constituição são consideradas leis constitucionais*** e não Constituição. Essa distinção, na obra de Schmitt, revela resultados práticos relevantes, dentre os quais destaca-se: as leis constitucionais podem ser reformadas pelo processo de reforma previsto na Constituição, enquanto as decisões políticas fundamentais (a Constituição) nunca podem ser reformadas, integrando sua parte imutável.[14]

Por fim, ***em sentido ideal***, a Constituição é concebida como um documento político-social ideal que corresponde aos postulados políticos de determinado momento político da nação.

3.3 Concepção jurídica da Constituição

A concepção jurídica da Constituição, idealizada por ***Hans Kelsen***, tem como ponto de partida a compreensão de que na ciência do direito a norma jurídica encontra sua validade em outra norma jurídica que lhe seja superior, de modo que, ***sendo a Constituição a norma jurídica superior do ordenamento jurídico, todas as demais normas devem encontrar sua***

11. SCHMITT, Carl. Teoría de la Constitución. Madrid: Alianza Editorial, 2001, p. 30 e ss.
12. Ibidem, p. 37 e ss.
13. Ibidem, p. 46 e ss.
14. Ibidem, p. 45 e ss.

validade nela. Assim, a Constituição assume papel ímpar no ordenamento, pois num sentido exclusivamente normativo, ela será o conjunto de normas mais importante de determinado Estado por estar no ápice do sistema jurídico.[15]

Ademais, segundo Kelsen, ***a Constituição possui dois sentidos jurídicos:*** *a) sentido lógico-jurídico e b) sentido jurídico-positivo.*

Em ***sentido lógico-jurídico*** compreende-se a Constituição a partir do conceito de norma fundamental, ou mais precisamente do conceito de ***norma hipotético-fundamental***, uma norma pressuposta pelo ordenamento jurídico que confere validade a própria Constituição e a todo o ordenamento jurídico, fechando, portanto, o próprio ordenamento jurídico, vez que a norma fundamental nunca é posta por alguém ou por qualquer outra norma, mas é pressuposta, de modo que tudo se inicia e termina dentro da própria ordem jurídica. Assim, por exemplo, um Decreto tem seu fundamento de validade em uma determinada Lei, já está Lei, por sua vez, possui seu fundamento de validade na Constituição. Mas, e qual seria o fundamento de validade da Constituição? Ora, a norma hipotético-fundamental, um pressuposto lógico transcendental da ordem jurídica que fundamenta a Constituição iniciando e fechando o sistema.

Em ***sentido jurídico-positivo*** compreende-se a Constituição como norma jurídica superior do ordenamento (supremacia da Constituição), assumindo a Constituição o papel de norma que regulamenta a produção das normas jurídicas e, concomitantemente, a função de fundamento de validade das demais normas do sistema jurídico.

3.4 Concepção cultural da Constituição

Na concepção cultural entende-se que a ***Constituição é um fato cultural, um produto da cultura total***, que possui, portanto, fundamentos ligados a fatores reais de poder (como no sentido sociológico), a decisões políticas fundamentais do povo (como no sentido político), a normas jurídicas superiores de dever ser (como no sentido jurídico) e a outros aspectos de ordem econômica, social, política, jurídica, filosófica e moral formando a ideia de Constituição total, com escopo de desenvolver uma unidade para a Constituição.[16]

Nas palavras de seu principal expoente, ***Meireles Teixeira***, a Constituição em sentido cultural consiste num "conjunto de normas fundamentais condicionadas pela cultural total, e ao mesmo tempo condicionante desta, emanadas da vontade existencial da unidade política, e reguladora da existência, estrutura e fins do Estado e do modo de exercício e limites do poder político."[17] Deste modo, a Constituição, por um lado, é condicionada pela cultura, produto das pré-compreensões da sociedade, e, por outro lado, é condicionante da cultura, inclusive com condições e, até mesmo funções, de transformar as relações e as compreensões da própria sociedade.

4. CONTEÚDO DA CONSTITUIÇÃO

O conteúdo (objeto ou matéria) das constituições tem variado ao longo das experiências constitucionais vivenciadas, sendo possível identificar uma significante ampliação no decorrer da história. Nada obstante, ***nem tudo que se positiva formalmente em uma Constituição é***

15. KELSEN, Hans. Teoria Pura do Direito. São Paulo: Martins Fontes, 2003, p. 215 e ss.
16. FERNANDES, Bernardo G. Curso de Direito Constitucional. 8. ed. Salvador: Juspodivm, 2016, p. 75.
17. TEIXEIRA, J. H. Meireles. Curso de Direito Constitucional. Rio de Janeiro: Forense, 1991, p. 75 e ss.

tipicamente conteúdo de Constituição, vez que o Poder Constituinte tem a liberdade de eleger, além das matérias constitucionais, outras às quais deseje conferir hierarquia constitucional.

Assim, é possível afirmar que uma Constituição é uma Constituição porque possui matérias de Constituição. Contudo, não necessariamente ela possuirá somente conteúdo constitucional, podendo ter em seu texto normas que versem sobre conteúdos que não sejam tipicamente de Constituição. Essa é a base, inclusive, para a distinção da Constituição em sentido material e em sentido formal.

Os conteúdos considerados matérias de Constituição são:

a) Organização do Estado e dos Poderes; e

b) Limitação dos Poderes, notadamente, pela consagração de Direitos e Garantias Fundamentais.

Deste modo, outros conteúdos que venham a ser positivados pelo texto constitucional são considerados apenas formalmente constitucionais, isto é, possuem natureza constitucional unicamente pelo fato de estarem previstos na Constituição e não em razão da matéria de que tratam.[18]

Um bom exemplo de norma formalmente constitucional, mas que não é matéria de Constituição, é a previsão do §2º, do art. 242, da CF/88, que afirma: *"O Colégio Pedro II, localizado na cidade do Rio de Janeiro, será mantido na órbita federal"*. Ora, qual o sentido de uma Constituição, o sistema normativo mais importante de um país, dispor sobre um determinado colégio? Nenhum! Obviamente não se está tratando de forma essencial da Organização do Estado, dos Poderes, de suas limitações ou de direitos e garantias fundamentais. Portanto, tem-se aqui uma norma que está formalmente positivada na Constituição, mas que não trata de matéria constitucional.

Nesse contexto, a doutrina clássica afirma que a Constituição formal possui normas materialmente constitucionais e normas apenas formalmente constitucionais. ***Normas materialmente constitucionais*** são aquelas que regulam de forma direta alguma das matérias de Constituição (organização do Estado e dos Poderes ou limitação dos Poderes, notadamente por meio de direitos fundamentais). ***Normas apenas formalmente constitucionais*** são aquelas que não regulamentam matérias de Constituição, destinando-se à regulação de algum outro assunto.

5. CLASSIFICAÇÃO DAS CONSTITUIÇÕES

Classificar pode ser uma boa forma de se facilitar a aprendizagem do objeto de estudo. Contudo, nem sempre isso é uma verdade, de modo que muitas das vezes as classificações mais atrapalham do que ajudam no entendimento correto do objeto estudado. Com toda certeza isso ocorre com a maior parte das classificações da Constituição que ainda são fortemente trabalhadas pela doutrina brasileira e cobradas pelas bancas de Exame de Ordem e de Concursos Públicos.

Como bem observa Bernardo Gonçalves Fernandes, a crítica central às classificações tradicionais diz respeito "a sua perspectiva semântica que visa definir e classificar *a priori* uma Constituição como se a mesma fosse algo descontextualizado e somente informado pelo seu texto (esqueleto normativo), não percebendo que a Constituição, com seu texto,

18. NOVELINO, Marcelo. Curso de Direito Constitucional. 13. ed. Salvador: Juspodivm, 2018, p. 96 e ss.

não rege (de forma absoluta e atemporal) as situações de aplicação desse mesmo texto, que é fruto de pré-crompreensões subjacentes e intersubjetivamente compartilhadas."[19]

Ademais, mesmo numa perspectiva semântica e ontológica essas classificações são extremamente criticáveis, em primeiro lugar, por não refletirem uma uniformidade de entendimento, sendo muitas das vezes difícil ou impossível classificar certa Constituição em face de determinado critério, vez que muitos deles são confusos e ilógicos. "Um exemplo simples se coloca quando observamos que a Constituição inglesa é classificada juridicamente como flexível, mas sociologicamente é muito mais rígida que a nossa que é classificada como rígida."[20] Em segundo lugar, pode-se dizer que essas classificações pouco ou nada acrescentam à compreensão e à reflexão crítica da Constituição e do constitucionalismo, não agregando conhecimento constitucional substancial, servindo apenas para cobranças em provas e para a perpetuação do "decoreba" sem qualquer sentido teórico, prático ou crítico relevantes.

Nada obstante, em razão da constante cobrança dessas classificações pelas bancas de Concursos Públicos e pelo Exame de Ordem, atualmente é impossível deixar de estudá-las.

5.1 Quanto ao conteúdo

a) *Constituição Material:* trata-se da Constituição, escrita ou não escrita, cujas normas tratam somente de conteúdo constitucional, de matérias de Constituição, isto é, tratam apenas de Organização do Estado e dos Poderes e de Limitação aos Poderes, notadamente, pela consagração de Direitos e Garantias Fundamentais. Exemplos: Constituição da Inglaterra e Constituição dos Estados Unidos da América do Norte.

b) *Constituição Formal:* trata-se da Constituição cujo conjunto de normas está positivado no texto constitucional tratando tanto de matérias constitucionais como de outras matérias que não são tipicamente objeto de Constituição, gozando todas as suas normas de supremacia e rigidez, independentemente do conteúdo de que tratam. Exemplo: Constituição da República Federativa do Brasil.

5.2 Quanto à forma

a) *Constituição Escrita:* classicamente conceituada como sendo aquela positivada de forma sistemática em um único documento constitucional. Exemplos: Constituição da República Federativa do Brasil e Constituição dos Estados Unidos da América do Norte.

b) *Constituição Não Escrita (costumeiras, consuetudinárias ou inorgânicas):* classicamente conceituada como sendo aquela que não se encontra positivada de forma sistemática em um único documento, possuindo normas em documentos esparsos produzidos ao longo do tempo, bem como normas não escritas, costumeiras sedimentadas nos costumes constitucionais. Exemplo: Constituição da Inglaterra.

Críticas: essa talvez seja uma das classificações mais criticáveis até mesmo pela doutrina que insiste em classificar em demasia as Constituições. Ocorre que as Constituições escritas contemporâneas tendem a incorporar outros textos com *status* constitucional, formando um verdadeiro ***bloco de constitucionalidade***, o que faria com que, à luz dessa classificação,

---

19. FERNANDES, Bernardo G. Curso de Direito Constitucional. 8. ed. Salvador: Juspodivm, 2016, p. 38.
20. Ibidem, idem.

uma Constituição considerada escrita se tornasse uma Constituição não escrita, vez que nem todas as suas normas estariam positivadas em um único documento.

Um bom exemplo é a possibilidade de se incorporar formalmente os Tratados e Convenções Internacionais de Direitos Humanos à Constituição da República Federativa do Brasil, nos termos do §3º, de seu art. 5º. Possibilidade essa, inclusive, já contemplada na práxis constitucional brasileira pela incorporação do Convenção Internacional sobre os Direitos das Pessoas com Deficiência e seu Protocolo Facultativo.

Em razão disso, muitos doutrinadores têm apresentado o conceito de ***Constituição escrita*** como sendo aquelas *"formadas por um conjunto de normas de direito positivo constante de um só código (codificada) ou de diversas leis (não codificada)"*,[21] realizando uma divisão no seio da classificação da Constituição escrita, de modo a albergar tanto aquelas que estão escritas num único documento, como aquelas que se encontram positivadas em vários documentos.[22] Em contrapartida, definem como ***Constituição não escrita*** aquelas *"cujas normas se originam, sobretudo, dos precedentes judiciais, das tradições, costumes e convenções constitucionais"*.[23]

5.3 Quanto à sistemática

Aplicada apenas às Constituições escritas, a classificação quanto à sistemática (ou quanto à unidade), parte justamente do problema apresentado acima no que concerne aos próprios conceitos de Constituição escrita e de Constituição não escrita. Assim, partindo-se do entendimento de que as Constituições escritas são aquelas compostas por um conjunto de normas de direito positivo previstas num único documento legislativo constitucional ou em diversos documentos legislativos constitucionais, pode-se classificá-las como:

a) ***Constituição Codificada (orgânicas ou unitextuais):*** Constituição escrita em um único texto, isto é, aquela cujas normas encontram-se positivadas num único documento legislativo constitucional, um Código, um corpo normativo sistematizado em um só texto. Exemplo: Constituição da República Federativa do Brasil, segundo a doutrina majoritária.

b) ***Constituição Não Codificada (inorgânicas, pluritextuais ou legais):*** Constituição escrita em diversos textos entre os quais não há necessariamente uma interconexão, isto é, aquela cujas normas encontram-se positivadas em mais de um documento legislativo constitucional. Exemplos: Constituição de Israel, Constituição da III República Francesa de 1875.

Críticas: Caso, adote-se essa conceituação de Constituição escrita, isto é, definindo-a como aquela "cujas normas se acham expressas em um ou vários documentos escritos",[24] rompendo-se com a disseminada definição de Constituição "codificada e sistematizada num texto único",[25] não há como classificar a atual Constituição brasileira como Codificada, em razão da previsão de seus §2º e §3º, do art. 5º, por incorporarem materialmente (§2º) e

21. NOVELINO, Marcelo. Curso de Direito Constitucional. 13. ed. Salvador: Juspodivm, 2018, p. 102.
22. BONAVIDES, Paulo. Curso de Direito Constitucional. 28. ed. São Paulo: Malheiros, 2013, p. 88 e ss.
23. NOVELINO, Marcelo. Curso de Direito Constitucional. 13. ed. Salvador: Juspodivm, 2018, p. 102.
24. CARVALHO, Kildare Gonçalves. Direito Constitucional. 20. ed. Belo Horizonte: Del Rey, 2013. v. 1. p. 298.
25. SILVA, José Afonso. Curso de Direito Constitucional Positivo. 33. ed. São Paulo: Malheiros, 2010, p. 41.

formalmente (§3º) Tratados Internacionais de Direitos Humanos com *status* constitucional, criando em nosso constitucionalismo um bloco de constitucionalidade.[26]

Advertência: há, na consagrada doutrina de ***Pinto Ferreira,*** classificação semelhante a essa, na qual as ***Constituições Codificadas*** equivalem às chamadas por ele de ***Reduzidas*** e as ***Constituições Legais*** equivalem às chamadas por ele de ***Esparsas.***[27]

5.4 Quanto ao modo de elaboração

a) *Constituição Dogmática:* é fruto de um determinado momento (contexto) histórico único, no qual é elaborado, por um órgão constituinte, um documento constitucional escrito sistematizado consolidando as ideias e princípios dominantes (dogmas) na política e no direito daquele determinado período. Exemplos: Constituição da República Federativa do Brasil e Constituição dos Estados Unidos da América do Norte.

b) *Constituição Histórica:* é fruto de um desenvolvimento normativo histórico, construída ao longo do tempo, de forma esparsa, com documentos e costumes constitucionais que vão sendo criados e sedimentados no decorrer da história de determinado Estado. Exemplo: Constituição Inglesa, fruto de um processo constitucional formalmente iniciado pela *Magna Charta Libertatum* (1215) e sedimentado ao longo dos séculos, com normas constitucionais consuetudinárias (como as normas de sucessão do trono), bem como com normas previstas em outros documentos constitucionais, como a *Petition of Rights* (1628), o *Habeas Corpus Act* (1679), o *Bill of Rights* (1689), o *Act of Settlement* (1701) e, de modo mais recente, o *Human Rights Act* (2000).

5.5 Quanto à origem

a) *Constituição Promulgada (democrática):* aquela da qual o povo participa de seu processo de formação, de modo direto e/ou por meio de seus representantes, gozando, portanto, de legitimidade popular democrática na sua elaboração. Exemplos: Constituições brasileiras de 1891, 1934, 1946 e 1988.

b) *Constituição Outorgada (Autocrática ou Ditatorial):* aquela da qual o povo não participa de seu processo de formação, não gozando de legitimidade popular democrática, sendo imposta pelo(s) governante(s). Exemplos: Constituições brasileiras de 1824, 1937, 1967 e 1969.

c) *Constituição Cesarista:* aquela da qual o povo não participa de seu processo de formação, isto é, aquela produzida sem a participação popular democrática, entretanto, posteriormente, submetida a *referendum* popular, para que o povo ratifique ou não o documento. Obviamente, essas Constituições não gozam de legitimidade popular democrática, vez que a democracia exige que no processo de formação da Constituição a vontade popular seja observada (participação popular efetiva na elaboração da Constituição que o próprio povo se comprometerá a seguir), elaborando-se uma Constituição de acordo com a vontade do povo e não lhe dando uma Carta pronta e acabada para mera confirmação, de modo que, pode-se afirmar que as Constituições

26. LENZA, Pedro. Direito Constitucional Esquematizado. 21. ed. São Paulo: Saraiva, 2017, p. 106.
27. PINTO FERREIRA, Luiz. Curso de Direito Constitucional. São Paulo: Saraiva, 1991, p. 14.

Cesaristas se aproximam das Constituições Outorgadas. Exemplos: Constituições de Napoleão, na França, e de Pinochet, no Chile.

d) Constituição Pactuada: aquela, fruto de um conflito político instável, pela qual se oficializa certo compromisso instável entre as forças políticas conflitantes, como por exemplo, a nobreza e a burguesia ascendente com a realeza absoluta fragilizada. Exemplos: Magna Carta (1215), Constituição da França de 1791, *Bill of Rights* (1989), Constituições da Espanha de 1845 e de 1876, Constituição da Grécia de 1844 e Constituição da Bulgária de 1879.[28]

5.6 Quanto à estabilidade

a) Constituição Rígida: é aquela que para ser alterada requer procedimentos legislativos especiais que tornam a modificação do texto constitucional mais complexa, vez que suas exigências legislativas para a alteração da Constituição são mais robustas e mais difíceis de serem preenchidas do que as exigências legislativas necessárias para a aprovação da legislação ordinária infraconstitucional. Exemplos: Constituições brasileiras de 1891, 1934, 1937, 1946, 1967, 1969 e 1988 e Constituição dos Estados Unidos da América do Norte.

b) Constituição Flexível: é aquela que para ser altera requer procedimentos legislativos comuns, idênticos aos procedimentos legislativos necessários para a aprovação da legislação ordinária infraconstitucional, isto é, exige-se para a alteração da Constituição o mesmo procedimento de produção e modificação das normas ordinárias.

O exemplo sempre apontado pela doutrina é a Constituição da Inglaterra. Nada obstante, é preciso ressaltar as observações sempre atuais de Afonso Arinos de Melo Franco, segundo quem, "a Constituição costumeira (no caso a inglesa) tem indiscutíveis setores de rigidez. Teoricamente, seus documentos escritos básicos, como a lei de garantias individuais ou o tratado de união com a Escócia, ou seus costumes, como a escolha do Primeiro-Ministro, ou a dissolução da Câmara dos Comuns poderiam ser alterados por uma lei do Parlamento. Mas, seria rematada insensatez sustentar que essa hipótese poderia concretizar-se com a facilidade com que se aprova uma lei qualquer. A rigidez existe, e muito maior do que na maioria dos países de Constituição escrita; apenas não é uma rigidez formal, mas um obstáculo político-constitucional instransponível. Nos pontos em que a Constituição inglesa é rígida (e são os mais importantes), ela é mais rígida do que na maioria dos países de Constituição rígida."[29]

c) Constituição Semirrígida (Semiflexível): é aquela que é parte rígida e parte flexível, isto é, para alteração de determinadas matérias (conteúdos) exige procedimentos legislativos que são mais difíceis de serem preenchidos do que aqueles exigidos para a aprovação da legislação ordinária infraconstitucional, já para alteração de outras matérias exige procedimentos legislativos idênticos àqueles exigidos para a aprovação da legislação ordinária infraconstitucional. Exemplo: Constituição Política do Império do Brasil de 1824.

---

28. BONAVIDES, Paulo. Curso de Direito Constitucional. 28. ed. São Paulo: Malheiros, 2013, p. 94.
29. FRANCO, Afonso Arinos de Melo. Direito Constitucional: teoria da Constituição; as Constituições do Brasil. Rio de Janeiro: Forense, 1981, p. 94.

d) *Constituição Fixa (Silenciosa):* é aquela que pode ser modificada apenas pelo mesmo poder que a criou, isto é, o Poder Constituinte Originário, vez que não possuem previsão de procedimentos para sua alteração, quedando a Constituição em silêncio no que se refere à possibilidade de sua reforma. Exemplo: Constituição Espanhola de 1876.[30]

e) *Constituição Imutável (Granítica):* é aquela que não admite alteração, isto é, aquela que, se pretendendo eterna, impede a reforma constitucional, independentemente do procedimento adotado. Uma Constituição assim está fadada ao fracasso em sociedades complexas como as contemporâneas, nas quais as relações humanas, políticas, jurídicas, econômicas etc. alteram-se em velocidade imensurável.[31]

f) *Constituição Transitoriamente Flexível:* é aquela que prevê que até determinado momento temporal a Constituição poderá ser modificada por procedimentos legislativos idênticos àqueles exigidos para a aprovação da legislação ordinária infraconstitucional, sendo que após esse determinado momento a Constituição somente poderá ser modificada por procedimentos legislativos especiais mais difíceis de serem preenchidos do que aqueles exigidos para a aprovação da legislação ordinária infraconstitucional. Exemplo: Constituição de Baden de 1947.[32]

g) *Constituição Transitoriamente Imutável:* é aquela Constituição que até determinado prazo não poderá ser alterada, sendo, portanto, imutável durante um certo tempo. Após esse prazo, poderá ser alterada nos termos da previsão constitucional. O exemplo citado pela doutrina é a Constituição Política do Império do Brasil de 1824. Nada obstante, esse exemplo demonstra a insegurança e a incoerência técnica dessa classificação, vez que, na verdade, o que há na Constituição brasileira de 1824 é um limite temporal ao Poder Constituinte Reformador que impede a reforma constitucional por determinado lapso de tempo, devendo considerar-se a Constituição do Império de 1824 como semirrígida.[33]

h) *Constituição Super-rígida:* segundo seus defensores, como Michel Temer e Alexandre de Moraes, há Constituições que por possuírem um núcleo material imodificável (normas que não podem ser reformadas pelo Poder Constituinte Reformador) atingiriam um grau máximo de rigidez, tornando-se super-rígidas. Exemplificam esses autores com as "cláusulas pétreas", previstas no art. 60, §4º, da CF/88. Ora, como bem esclarece Dirley da Cunha Jr., "rigidez não se compatibiliza com imutabilidade, uma vez que rigidez é qualidade do que é alterável", sendo impossível falar em grau de rigidez em face de normas que compõem o núcleo material imodificável da Constituição, havendo aqui uma manifesta incoerência.[34]

5.7 Quanto à extensão

a) *Constituição Analítica (Prolixa):* caracteriza-se por ser extensa, longa, dispondo não apenas sobre matérias de Constituição, mas também sobre todas aquelas matérias que o Constituinte achou relevante num certo contexto. Ademais, trata-se de uma

30. CARVALHO, Kildare Gonçalves. Direito Constitucional. 20. ed. Belo Horizonte: Del Rey, 2013. v. 1. p. 299.
31. Ibidem, idem.
32. BULOS, Uadi Lammêgo. Curso de Direito Constitucional. 11. ed. São Paulo: Saraiva, 2018.
33. FERNANDES, Bernardo G. Curso de Direito Constitucional. 8. ed. Salvador: Juspodivm, 2016, p. 40.
34. CUNHA JR, Dirley da. Curso de Direito Constitucional. 9. ed. Salvador: Juspodivm, 2015, p. 105.

Constituição prolixa, que, muitas das vezes, examina essas matérias (constitucionais ou não) de forma ampla e profunda, adentrando em detalhes, isto é, para além de estabelecer o direito e suas bases essenciais, acaba regulamentando o direito que fora estabelecido (tarefa tipicamente atribuída às leis e não à Constituição). Noutras palavras, pode-se dizer que são aquelas que estabelecem "princípios e regras e não apenas princípios (ainda que os princípios e a estrutura chamada atualmente de principiológica possam ser dominantes)".[35] Exemplos: Constituições do Brasil (1988), de Portugal (1976) e da Espanha (1978).

b) *Constituição Sintética:* caracteriza-se por ser sucinta, concisa ou mesmo resumida, concentrando-se nas matérias de Constituição, estabelecendo o direito e suas bases essenciais, isto é, estabelecendo os princípios fundamentais de organização do Estado e dos Poderes, bem como os direitos e garantias fundamentais das pessoas. Noutras palavras, trata-se de uma Constituição principiológica. Exemplo: Constituição dos Estados Unidos da América (1787).

5.8 Quanto à ideologia

a) *Constituição Ortodoxa:* é aquela que adota uma ideologia política única, afastando-se do pluralismo político e ideológico e, consequentemente, do princípio democrático. Exemplos: Constituições da extinta União Soviética (URSS) e da China (1982).

b) *Constituição Eclética:* é aquela que adota uma multiplicidade político-ideológica, tendo por fundamento o pluralismo inerente à democracia, sendo resultante de um pacto entre as diversas forças políticas, sociais e culturais, conjugando as diferentes concepções no texto constitucional, consagrando-se a ideia de que não há uma concepção política absoluta e melhor, mas sim uma diversidade de concepções que se complementam. Exemplos: Constituição da República Federativa do Brasil de 1988 e Constituição de Portugal de 1976.

5.9 Quanto à função (ou finalidade)

a) *Constituição-Garantia (Constituição-Quadro, Estatutária ou Orgânica):* trata-se da Constituição caracterizada pelo abstencionismo estatal e sua postura negativa frente aos cidadãos, visando assegurar o exercício dos direitos e liberdades fundamentais contra os possíveis arbítrios do Poder Público. Concebida e adotada pelos Estados Liberais, tem por função estabelecer apenas a organização do Estado e dos Poderes e instituir limitações ao exercício desse Poder contra os direitos de liberdade das pessoas. Exemplo: Constituição dos Estados Unidos da América do Norte (1787).

b) *Constituição Dirigente (Diretiva ou Programática):* trata-se da Constituição caracterizada pelo estabelecimento de programas estatais, de políticas públicas voltadas ao bem-estar social da população, isto é, trata-se de uma Constituição que visa dirigir as ações do Estado para a realização dos direitos fundamentais, sobretudo, dos direitos sociais. Concebida e adotada pelos Estados Sociais, sobretudo pelas democracias-sociais do pós-Segunda Guerra Mundial, estabelece programas e fins a serem cumpridos pelo Estado e pela sociedade, mediante o estabelecimento de

35. FERNANDES, Bernardo G. Curso de Direito Constitucional. 8. ed. Salvador: Juspodivm, 2016, p. 42.

normas programáticas, predefinindo uma pauta de vida para a sociedade.[36] Exemplos: Constituição da República Federativa do Brasil de 1988 e Constituição de Portugal de 1976.

c) *Constituição-Balanço (Constituição Registro):* trata-se da Constituição caracterizada pela explicitação das características atuais da sociedade, registrando-se a organização política e as relações reais de poder e estabelecendo parâmetros a serem seguidos em face da realidade política, econômica e social. Concebida e adota, especialmente, pelos regimes socialistas instituídos ao longo do século XX, ela realiza um verdadeiro balanço de planejamentos já realizados e expõe à sociedade o novo estágio de planejamento estatal já em curso.[37] Exemplos: Constituições da União Soviética de 1923, 1936 e 1977.

5.10 Quanto à origem da decretação

a) *Constituição Autônoma (Autoconstituições ou Homoconstituições):* aquela elaborada por órgãos do próprio Estado. No exercício da soberania estatal, o Poder Constituinte Originário, exercido por órgãos do próprio Estado, elabora uma nova Constituição. Como regra, a origem da decretação das Constituições é autônoma, isto é, dá-se pelo próprio Estado. Exemplo: Constituição da República Federativa do Brasil e Constituição dos Estados Unidos da América do Norte.

b) *Constituições Heterônomas (Heteroconstituições):* aquela decretada de fora do Estado, seja por um outro Estado, seja por algum órgão ou organização internacional. Exemplos: Constituições dos países da *Commonwealth* (Canadá, Nova Zelândia, Austrália, Jamaica, Maurícia etc.) aprovadas pelo Parlamento Britânico; a primeira Constituição da Albânia, fruto de uma conferência internacional, de 1913; Constituição Cipriota, fruto dos acordos de Zurique, de 1960, entre Grã-Bretanha, Grécia e Turquia; Constituição da Bósnia-Herzegovina, após os Acordos de Dayton. de 1995; Constituições da Namíbia, de 1990, e de Camboja, de 1993, ambas por imposição das Nações Unidas.[38]

5.11 Quanto à correspondência com a realidade (critério ontológico)

Essa classificação, elaborada por Karl Loewenstein, ***analisa a Constituição a partir do que ela é na prática, do ser da Constituição*** e não de seu dever ser normativo, nos termos do texto da Constituição. Trata-se de uma classificação que examina a compatibilidade do texto constitucional (o ideal) com a realidade social vivenciada no dia a dia (o real) de determinado Estado Constitucional.[39] Assim, ontologicamente, pode-se classificar as Constituições em:

a) *Constituição Normativa:* aquela em que há uma adequação entre o texto constitucional (dever ser normativo) e a realidade social (ser), isto é, aquela em que a realidade social está em conformidade com a previsão da Constituição, de modo que as normas constitucionais efetivamente dominam os processos políticos, ha-

36. CANOTILHO, J. J. Gomes. Constituição Dirigente e vinculação do legislador: contributo para a compreensão das normas constitucionais programáticas. Coimbra: Coimbra, 1994.
37. FERNANDES, Bernardo G. Curso de Direito Constitucional. 8. ed. Salvador: Juspodivm, 2016, p. 44.
38. LENZA, Pedro. Direito Constitucional Esquematizado. 21. ed. São Paulo: Saraiva, 2017, p. 109.
39. LÖEWENSTEIN, Karl. Teoría de la Constitución. Barcelona: Ariel, 1965, p. 216-223.

vendo uma legitimidade do próprio poder, vez que os detentores e os destinatários do poder respeitam e seguem as normas da Constituição. Exemplos: Constituição dos Estados Unidos da América do Norte de 1787, Constituição Alemã de 1949 e Constituição da França de 1958.

b) Constituição Nominal: aquela em que não se verifica uma adequação entre o texto constitucional (dever ser normativo) e a realidade social (ser), sendo que, na verdade, os processos políticos de poder acabam por conduzirem a Constituição, não havendo, portanto, uma simbiose entre o texto constitucional e a realidade social. Nada obstante, essas Constituições possuem um caráter educacional, pedagógico, na medida em que os detentores e os destinatários do Poder, produziram a Constituição diferente da realidade social para que ela seja o modelo ideal de sociedade a ser atingido, o "fio condutor", a "estrela guia" do Estado. Assim, em que pese a realidade social do país esteja distante do texto constitucional, essas Constituições têm por objetivo mudar essa realidade aproximando-a do dever ser constitucional. Exemplos: Constituições brasileiras de 1934, 1946 e 1988.

Especificamente ***em relação à Constituição da República Federativa do Brasil de 1988***, infelizmente alguns autores a tem classificado de forma equivocada. Nesse sentido, Pedro Lenza,[40] por algumas edições de seu manual a classificou como sendo normativa. Já nas últimas edições de sua obra, seguindo a linha de Guilherme Peña de Moraes,[41] vem afirmando ser uma Constituição que se pretende normativa. Com todas as vênias aos autores, mas, em primeiro lugar, é importante dizer que a classificação ontológica examina como a Constituição é e não como ela pretende ser, assim não há espaço para uma Constituição que pretende ser normativa. Em segundo lugar, deve-se dizer que não só a Constituição brasileira, mas toda Constituição pretende ser normativa, isto é, toda Constituição é criada com o intuito de que suas normas sejam amplamente cumpridas pelo Estado e pela sociedade, contudo uma coisa é pretender ser, outra coisa é ser. Por fim, é preciso lembrar que a classificação de Löewenstein não tem espaço para uma quarta via (menos ainda para uma via que se utiliza de um critério classificatório distinto do ontológico – ser é diferente de pretender ser), pois para o autor as Constituições são normativas, nominais ou semânticas.[42]

c) Constituição Semântica: aquela que ao invés de legitimar o exercício do Poder mediante sua limitação, "legitima" (constitucionaliza/legaliza) práticas autoritárias e arbitrárias do exercício do Poder. Assim, a Constituição Semântica trai o significado de Constituição em sua essência, enquanto norma jurídica limitadora do Poder do Estado, legalizando o Poder arbitrário, sendo, portanto, comum em Estados totalitários. Exemplos: Constituições brasileiras de 1937, 1967 e 1969.

40. LENZA, Pedro. Direito Constitucional Esquematizado. 21. ed. São Paulo: Saraiva, 2017, p. 108.
41. MORAES, Guilherme Peña de. Curso de Direito Constitucional. 9. ed. São Paulo: Atlas, 2017, p. 97.
42. FERNANDES, Bernardo G. Curso de Direito Constitucional. 8. ed. Salvador: Juspodivm, 2016, p. 51.

5.12 Classificação da Constituição de 1988 na doutrina majoritária

CF/88

FORMAL

ESCRITA

CODIFICADA

DOGMÁTICA

FPROMULGADA

RÍGIDA

ANALÍTICA

ECLÉTICA

DIRIGENTE

AUTOCONSTITUIÇÃO

NOMINAL

6. A CONSTITUIÇÃO E O SEU PAPEL

É possível analisar o papel desempenhado pela Constituição no âmbito do sistema jurídico conforme a liberdade de ajustamento (conformação) atribuída ao legislador e aos cidadãos. Assim, segundo a doutrina, teríamos: a) Constituição-lei; b) Constituição-fundamento; c) Constituição-moldura;[43] d) Constituição dúctil.

6.1 Constituição-lei

A Constituição-lei é aquela que cumpre no sistema jurídico o papel de uma simples lei, não tendo supremacia sobre as demais leis do ordenamento, não impondo ao legislador o dever de obediência as normas constitucionais, que são compreendidas como meras recomendações, diretrizes normativas não vinculantes da atuação legislativa.[44]

6.2 Constituição-fundamento (Constituição-total)

A Constituição-fundamento é aquela considerada como sendo a lei fundamental não só do ordenamento jurídico, mas de toda a vida social, cuja regulamentação deve ser nela sedimentada, por isso, também é chamada de Constituição total. Assim, a Constituição que cumpre esse papel não deixa grandes margens de conformação ao legislador, tendo ele,

43. SILVA, Virgílio Afonso da. A constitucionalização do direito. São Paulo: Malheiros, 2005, p. 109 e ss.
44. NOVELINO, Marcelo. Curso de Direito Constitucional. 13. ed. Salvador: Juspodivm, 2018, p. 100.

espaço restrito no exercício da atividade legislativa, devendo concentrar-se na realização da Constituição.[45]

6.3 Constituição-moldura

A Constituição-moldura é aquela compreendida como sendo uma verdadeira moldura do agir legislativo, assim a Constituição estabelece os limites (moldura) dentro dos quais o legislador tem liberdade para atuar e preencher a moldura de acordo com as oportunidades políticas. No âmbito das Constituições que cumprem esse papel, cabe à jurisdição constitucional controlar somente "se" o legislador atuou dentro dos parâmetros constitucionais estabelecidos e não "como" atuou.[46]

6.4 Constituição dúctil (Constituição suave)

A Constituição dúctil, idealizada por Gustavo Zagrebelsky, é aquela na qual o papel da Constituição é o de assegurar as condições possíveis para a vida em comum, respeitando as múltiplas visões sobre a vida inerentes às sociedades pluralistas atuais, caracterizadas pelo alto grau de relativismo e pela diversidade de interesses, ideologias etc. A Constituição dúctil não deve ser compreendida como sendo o centro do qual tudo deriva, isto é, não dever ser considerada o ponto de partida de todo o direito, mas sim compreendida como sendo o ponto de convergência, como um centro a alcançar-se. Assim, o adjetivo dúctil ou suave é utilizado no sentido de demonstrar a necessidade da Constituição desempenhar um papel mais brando na normatização das relações sociais e estatais, refletindo o pluralismo político, econômico, social e cultural das sociedades contemporâneas.[47]

7. CONCEPÇÕES CONTEMPORÂNEAS DA CONSTITUIÇÃO

Além das concepções clássicas da Constituição (sociológica, política, jurídica e cultural), muitas outras se desenvolveram ao longo da Idade Contemporânea, muitas delas caracterizando-se pela profundidade e complexidade teórica. Nada obstante, destacamos aqui, de forma resumida e sistematizada, algumas das mais importantes e mais exigidas nas provas de Concurso Público e Exame de Ordem.

7.1 A Constituição Dirigente de J.J. Gomes Canotilho

Segundo Canotilho, grande parte das Constituições do séc. XX caracterizam-se pelo ***estabelecimento de programas estatais, de políticas públicas voltadas ao bem-estar social da população***, isto é, ***buscam dirigir as ações do Estado*** para a realização dos direitos fundamentais, sobretudo, dos direitos sociais, sendo, portanto, chamadas de Constituições Dirigentes. Concebida e adotada pelos ***Estados Sociais***, sobretudo pelas democracias-sociais do pós-Segunda Guerra Mundial, a ***Constituição Dirigente*** estabelece programas e fins a

45. SILVA, Virgílio Afonso da. A constitucionalização do direito. São Paulo: Malheiros, 2005, p. 112 e ss.
46. NOVELINO, Marcelo. Curso de Direito Constitucional. 13. ed. Salvador: Juspodivm, 2018, p. 101.
47. ZAGREBELSKY, Gustavo. El derecho dúctil. 6. ed. Madrid: Trotta, 2005.

serem cumpridos pelo Estado e pela sociedade, mediante o estabelecimento de ***normas programáticas***, predefinindo uma pauta de vida para a sociedade.[48]

Nada obstante, a Constituição Dirigente, tal qual originariamente concebida por J.J. Gomes Canotilho, passa por uma ***crise*** (alguns chegaram a sustentar a ***morte da Constituição Dirigente***), pois, como observa o próprio Canotilho, não basta considerar a Constituição como um sistema normativo que impõe programas ao Estado e à sociedade voltados ao bem--estar social, vez que muitas vezes esses programas podem se tornar obsoletos, seja porque as situações que os motivaram foram modificadas pelo tempo, seja porque esses programas não foram adimplidos pelo Estado.

Assim, a Constituição Dirigente passa por uma ***releitura*** deixando de se compreender o dirigismo constitucional a partir de uma perspectiva impositiva e passando a entendê-lo a partir de um olhar moralmente reflexivo do constitucionalismo, pelo qual se possa pensar a Constituição Dirigente sob um plano normativo-material global (abertura material da constitucional, inclusive e especialmente, para o direito internacional dos direitos humanos), fundada no pluralismo social de uma sociedade globalizada.[49] Ademais, não se pode ignorar o fato de que é preciso boa vontade política dos governantes e da população para a realização dos programas e metas constitucionais, o que nos parece exigir uma corresponsabilidade entre governantes e governados, sustentada na transparência pública e numa fiscalização constante das ações governamentais e do gasto do dinheiro público.

7.2 A Constituição como ordem jurídica fundamental, material e aberta de Konrad Hesse

Segundo Konrad Hesse, a Constituição consiste na ***"ordem jurídica fundamental de uma comunidade"***, isto é, não se destina apenas à ordenação jurídica do Estado, mas também da sociedade. Para tanto, a Constituição ***estrutura-se sob determinados princípios fundamentais*** que: a) conduzem à unidade política e ao desenvolvimento estatal; b) estabelecem processos de solução dos conflitos internos da comunidade; c) organizam os processos de formação da unidade política e da atuação estatal; d) define as bases da ordem jurídica.

Partindo desse entendimento, Hesse reconhece o significado e a ***relevância dos fatores históricos, políticos e sociais*** para a força normativa da Constituição, contudo demonstra a ***preponderância da abordagem normativa*** da Constituição, enquanto vontade normativa abstrata de uma certa comunidade, isto é, ***vontade de Constituição***.

Assim, em que pese busque conciliar o ser e o dever-ser constitucionais, isto é, a realidade e a normatividade da Constituição, para Hesse a Constituição não pode se desfazer de sua ***natureza deontológica*** (de dever-ser jurídico), devendo haver uma ***vontade geral de se cumprir a Constituição***[50], sendo que essa vontade origina-se de três vertentes diversas:

48. CANOTILHO, J. J. Gomes. Constituição Dirigente e vinculação do legislador: contributo para a compreensão das normas constitucionais programáticas. Coimbra: Coimbra, 1994.
49. CANOTILHO, J. J. Gomes. "Brancosos" e interconstitucionalidade: itinerários dos discursos sobre a historicidade constitucional. Coimbra: Almedina, 2006.
50. "Embora a Constituição não possa, por si só, realizar nada, ela pode impor tarefas. A Constituição transforma-se em força ativa se essas tarefas forem efetivamente realizadas, se existir a disposição de orientar a própria condita segundo a ordem dela estabelecida, se, a despeito de todos os questionamentos e reservas provenientes dos juízos de conveniência, se puder identificar a vontade de concretizar essa ordem". HESSE, Konrad. A força normativa da Constituição. Porto Alegre: Sergio Antonio Fabris Editor, 1991, p. 19.

1) "compreensão da necessidade e do valor de uma ordem normativa inquebrantável, que proteja o Estado contra o arbítrio desmedido e disforme";

2) "compreensão de que essa ordem constituída é mais do que uma ordem legitimada pelos fatos (e que, por isso, necessita de estar em constante processo de legitimação)";

3) "consciência de que, ao contrário do que se dá com uma lei do pensamento, essa ordem não logra ser eficaz sem o concurso da vontade humana".[51]

É dessa vontade de Constituição e dos fatores que lhe originam que decorre a ***força normativa da Constituição***, a força que constitui a essência e a eficácia da Constituição. Nada obstante, a manutenção dessa força normativa, parece exigir, uma ***abertura material da Constituição***, vez que esses princípios fundamentais estabelecidos pela Constituição precisam estar abertos ao tempo e à evolução da sociedade por ela regulada. Assim, a Constituição de Konrad Hesse deve ser compreendida como uma *Constituição materialmente aberta que possui sua força normativa estruturada na vontade de concretização da ordem por ela estabelecida.*

7.3 A Constituição como processo público de Peter Häberle

Segundo Peter Häberle, a ***Constituição*** não pode ser vista como um ato isolado e pontual do Poder Constituinte Originário, sendo, na verdade, o ***resultado da interpretação constante daqueles que a ela se submetem***. Assim, Häberle defende a ideia de uma ***sociedade pluralista e aberta de intérpretes da Constituição***, por entender que a Constituição consiste numa lei fragmentada e indeterminada que necessita da interpretação para ser materializada num determinado espaço-tempo.[52]

Segundo Häberle, todo aquele que vive no contexto espaço-temporal regulado por uma norma constitucional é seu legítimo intérprete, ou, ao menos, cointérprete, vez que não apenas o processo de formação da Constituição deve ser plural, mas também seu desenvolvimento posterior (hermenêutico), sendo a interpretação um *processo que leva em consideração as experiências constitucionais pretéritas*, abrindo-se para o passado constitucional, *e, ao mesmo tempo, as mudanças necessárias para a atualização constitucional*, abrindo-se para o futuro. Deste modo, a Constituição deve ser compreendida como um ***processo público de interpretação do qual participam como intérpretes todos aqueles que fazem parte da comunidade política por ela regulamentada, pois quem vive e deve seguir a norma, deve também interpretá-la.***[53]

7.4 A Constituição como Acoplamento Estrutural entre os sistemas político e jurídico de Niklas Luhmann

Niklas Luhmann parte da compreensão que, desde a Modernidade, a sociedade passou a se estruturar sob *diversos sistemas sociais particularizados*, como o político, o econômico, o jurídico, o cultural, o religioso etc., sendo que *cada um desses sistemas se desenvolveu com uma linguagem (um código) e regras próprias*, quedando-se fechado do ponto de vista operacional.[54]

Ocorre que, *muitos dos problemas sociais provocam "irritações" mutuas em mais de um sistema*, sendo lido por cada um deles pelo seu próprio código e, portanto, de modos diferentes. Nesses casos, é preciso que haja uma ***estrutura de acoplamento estrutural entre os***

51. Ibidem, p. 19-20.
52. HÄBERLE, Peter. Hermenêutica Constitucional. Porto Alegre: Sérgio Antônio Fabris, 1997.
53. Ibidem, idem.
54. LUHMANN, Niklas. Introdução à teoria dos sistemas. 2. ed. Petrópolis: Vozes, 2010.

sistemas para que eles se comuniquem, para que passem e recebam informação um do outro, para que se "irritem" e se estabilizem e, especialmente, para que solucionem o problema que provocou a "irritação".[55]

A Constituição é uma estrutura de acoplamento estrutural entre os sistemas político e jurídico. O direito, por um lado, mediante a Constituição, busca a legitimidade de suas normas na política; a política, por outro lado, mediante a Constituição, busca a legitimidade de suas ações na regulação e ordenação do uso do poder, bem como na própria limitação desse poder pelo direito. Obviamente, *isso não leva à confusão entre os sistemas distintos, de modo que política e direito continuam a cumprir suas funções particulares a partir de suas próprias linguagens*, intercomunicando-se, sempre que necessário, especialmente mediante a Constituição.[56]

7.5 A Constituição simbólica de Marcelo Neves

O Professor Marcelo Neves, ao desenvolver aquilo que chama de Constituição Simbólica parte de uma análise do que significaria o termo "simbólico", passando a um exame do fenômeno da legislação simbólica para, então, aprofundar-se especificamente na constitucionalização simbólica. Sem dúvida, compreender cada uma dessas fases de sua análise é vital para compreender o que é a Constituição Simbólica.

Em que pese a vagueza e ambiguidade do termo, tem-se que *o simbólico reside na dimensão em que o significado latente prevalece sobre o significado manifesto*, isto é, *na dimensão em que o discurso conotativo prevalece sobre o discurso denotativo*. Lembrando que "na denotação há uma conexão relativamente clara entre expressão e conteúdo; na ação instrumental, similarmente, um direcionamento da conduta para fins fixos. Na conotação a linguagem é mais ambígua; o agir simbólico é conotativo na medida em que ele adquire um sentido mediato e impreciso que se acrescenta ao seu significado imediato e manifesto, e prevalece em relação a esse".[57]

Partindo dessa compreensão, percebe-se que *praticamente todas as normas jurídicas possuem uma carga simbólica que convive com suas funções normativo-jurídicas*, de modo que o fato de uma determinada legislação possuir uma dimensão simbólica não é, por si só, um problema. O problema na verdade reside na sobreposição do simbólico sobre o jurídico-normativo.

A partir dessas premissas, Marcelo Neves elenca uma *tipologia das legislações simbólicas*, sendo:

a) Confirmação de Valores Sociais, que ocorre quando se aprova uma lei para confirmar os valores sociais de um determinado grupo em detrimento de outro(s) grupo(s), deixando assente que eles são mais relevantes, melhores ou mais adequados;

b) Legislação-álibi, que se dá quando, num cenário de grande comoção pública, ou de problemas sociais de grande repercussão, o Estado ao invés de discutir seriamente o problema e criar uma legislação pensada para a real resolução do problema ou implementar uma política pública que verdadeiramente surtirá efeitos, opta por criar uma legislação que responda rapidamente ao problema e que na maioria das

---

55. Ibidem, p. 128 e ss.
56. LOSANO, Mario G. Sistema e estrutura no direito. São Paulo: Martins Fontes, 2011, v. 3, p. 291 e ss.
57. NEVES, Marcelo. A Constitucionalização Simbólica. 3. ed. São Paulo: Martins Fontes, 2011, p. 22-23.

vezes é de pouco ou nenhum efeito real, mas acaba por satisfazer as expectativas momentâneas dos cidadãos e produzir/reforçar a confiança nos sistemas político e jurídico ou em alguns de seus representantes;

c) *Legislação como Fórmula de Compromisso Dilatório*, que ocorre quando num determinado cenário de conflito social aprova-se uma lei que sabidamente não irá resolver o conflito, contudo irá abrandar momentaneamente as discussões sobre o problema, o que acaba por protelar a resolução real do conflito, transferindo-a para o futuro.[58]

Como dito e conforme identificado na tipologia das legislações simbólicas, ***o problema da legislação simbólica*** *emerge quando se percebe uma hipertrofia da carga simbólica sobre as funções normativo-jurídicas da norma, o que conduz a um alto grau de ineficiência da norma, bem como a sua falta de vigência social*, de modo que a lei existe, estabelece determinada conduta, mas as pessoas não agem conforme a lei e sequer esperam que a conduta fixada seja observada de um modo geral.[59]

Partindo da análise da legislação simbólica e passando-se ao exame do ***Constituição Simbólica***, percebe-se que ***o problema da hipertrofia do simbólico sobre o sentido jurídico-normativo aqui é mais grave ainda***, vez que a Constituição é fundamento de validade das demais normas jurídicas e parâmetro para a criação de todo o sistema jurídico.

O fenômeno da constitucionalização simbólica situa-se entre a norma e a realidade constitucional, revelando, por um lado, ***um aspecto negativo***, que reside na *falta de concretização jurídico-normativa das normas constitucionais*, o que acaba por conduzir à perda da capacidade da Constituição de gerar expectativas de comportamentos conforme a norma, e, por outro lado, ***um aspecto positivo***, que reside no *papel ideológico-político que compreende a Constituição como sendo uma instância reflexiva do sistema jurídico*, o que pode conduzir a uma aproximação das expectativas sociais e contribuir para a formação de um consenso discursivo.[60]

A constitucionalização simbólica, ademais, acaba contribuindo para o *surgimento de movimentos sociais reformistas da Constituição, muitos deles, inclusive, contrários aos direitos dos próprios cidadãos*, a exemplo de movimentos contrários aos direitos do trabalhador, direitos previdenciários, direitos humanos de um modo geral etc., sendo que, na maioria das vezes, essas reformas não surtem os efeitos práticos prometidos (vide a Reforma Trabalhista de 2017 que não aumentou o número de empregos e nem contribuiu para a melhoras das condições de trabalho, além de, por óbvio, ferir frontalmente alguns dispositivos constitucionais). O pior é que o simbolismo exacerbado é capaz de ludibriar as pessoas que mais serão prejudicadas com essas reformas às apoiarem, por não conseguirem enxergar o valor e a necessidade de seus próprios direitos.

Além disso, *a Constituição Simbólica identifica-se pela* ***sobreposição do sistema político sobre o sistema jurídico***, o que conduz a um ***bloqueio político destrutivo que limita de forma significante a autonomia operacional do sistema jurídico*** e, consequentemente, provoca um *déficit considerável de importância normativo-jurídica dos textos constitucionais*.[61] Em face disso, *a legalidade acaba por não se realizar de modo satisfatório e conduz a um rompimento real com a igualdade perante a lei*, transformando-a numa figura retórica do discurso

58. Ibidem, p. 31 e ss.
59. Ibidem, p. 51 e ss.
60. Ibidem, p. 83 e ss.
61. Ibidem, p. 148 e ss.

do poder, consequentemente enfraquecendo a própria autonomia do sistema político, tornando-a cada vez mais suscetível a influencias imediatas de interesses particulares[62] (normalmente, interesses espúrios, ilícitos e/ou contrários à ética pública, e, obviamente, abraçados à corrupção, à improbidade e a manutenção do poder pelo poder, bem como completamente afastados dos princípios republicano e democrático).

8. ESTRUTURA DAS CONSTITUIÇÕES

A Constituição, segundo a teoria clássica do direito constitucional brasileiro, possui uma estrutura tripartite, possuindo:

i) Preâmbulo;

ii) Parte Dogmática;

iii) Disposições Transitórias.

8.1 Preâmbulo

O preâmbulo consiste no ***texto que inaugura a Constituição***. Trata-se da parte precedente do texto constitucional que sintetiza a carga ideológica, os valores e os objetivos da Constituição. É, ainda, compreendido como uma carta de intenções, uma verdadeira carta de princípios legitimadora da nova ordem constitucional que busca firmar uma ruptura com a ordem constitucional anterior e indicar o surgimento de um novo sistema constitucional.[63]

Na literatura constitucional há uma relevante discussão sobre qual é a ***natureza jurídica do preâmbulo***, destacando-se três correntes doutrinárias:

1) ***Natureza Ideológica (Tese da irrelevância jurídica).*** Essa corrente doutrinária, encabeçada por doutrinadores de peso, como Hans Kelsen e Paulo Bonavides, defende que *o preâmbulo não é norma jurídica e não possui qualquer relevância jurídica*, sendo mera expressão política.

2) ***Natureza Jurídica Hermenêutica (Tese da relevância jurídica indireta).*** Para os defensores dessa corrente, o preâmbulo *não possui força normativa*, não sendo norma jurídica constitucional, *contudo é um elemento hermenêutico-constitucional*, cumprindo função na interpretação e integração do texto constitucional. Essa tem sido a *posição adotada pelo Supremo Tribunal Federal* (ADI 2.076/2002), em que pese vozes dissonantes na jurisprudência da Corte.

3) ***Natureza Jurídica Normativa (Tese da relevância jurídica direta e imediata).*** Essa corrente, de tradição francesa, defendida pela doutrina constitucional majoritária,[64] defende que *o preâmbulo possui força normativa, sendo norma constitucional integrante da Constituição*, tendo a mesma hierarquia das normas da parte dogmática e servindo, inclusive, como parâmetro de controle de constitucionalidade.

Na linha da Jurisprudência do STF, é importante destacar algumas posições adotadas pela Corte em relação ao preâmbulo da CF/88, sempre muito cobradas em provas.

62. Ibidem, p. 152 e ss.

63. BORGES, Alexandre Walmott. Preâmbulo da Constituição & a Ordem Econômica. Curitiba: Juruá, 2003.

64. Entre os defensores dessa corrente, destaque-se: Menelick de Carvalho Netto, Jorge Miranda, Georges Vedel, Edvaldo Brito, Dirley da Cunha Jr., Georges Bordeau, Giuseppe Vergottini, Kildare Gonçalves Carvalho, Pinto Ferreira, Carlos Maximiliano, Walber Moura Agra, Bernardo Gonçalves Fernandes, entre outros.

O PREÂMBULO DA CF/88
Nós, representantes do povo brasileiro, reunidos em Assembleia Nacional Constituinte para instituir um Estado Democrático, destinado a assegurar o exercício dos direitos sociais e individuais, a liberdade, a segurança, o bem-estar, o desenvolvimento, a igualdade e a justiça como valores supremos de uma sociedade fraterna, pluralista e sem preconceitos, fundada na harmonia social e comprometida, na ordem interna e internacional, com a solução pacífica das controvérsias, promulgamos, sob a proteção de Deus, a seguinte CONSTITUIÇÃO DA REPÚBLICA FEDERATIVA DO BRASIL.

POSIÇÕES DO STF SOBRE O PREÂBULO DA CF/88
O preâmbulo possui ***natureza não normativa***, não sendo norma jurídica, contudo ***é dotado de relevância jurídica indireta, vez que é vetor interpretativo*** do texto constitucional.
Por não ser norma jurídica constitucional (não possui força normativa), o preâmbulo ***não pode ser parâmetro para controle de constitucionalidade***.
O preâmbulo não é norma de reprodução obrigatória nas Constituições dos Estados-membros.
A ***invocação de Deus no preâmbulo não é norma de reprodução obrigatória*** nas Constituições estaduais e leis orgânicas do DF e dos municípios
A ***invocação de Deus no preâmbulo da Constituição não enfraquece, nem ofende a laicidade do Estado***, pois trata-se de uma expressão genérica sem indicar um "deus" específico, o que permite englobar todas as fés, inclusive a não fé.

8.2 Parte dogmática

Trata-se do texto da Constituição propriamente dito, texto este dotado de uma *articulação normativa sistemática que estabelece imperativos deontológicos relativos à ordem constitucional* (organização do Estado, organização dos Poderes, direitos fundamentais etc.), formando a *parte "permanente" da Constituição*. A parte dogmática da Constituição da República Federativa do Brasil de 1988 possui atualmente 250 artigos.

8.3 Disposições transitórias

Trata-se do conjunto de normas destinado a regulamentar a passagem do direito constitucional anterior para o direito constitucional posterior, regulamentando a transição da Constituição Antecedente para a Nova Constituição, bem como a transição constitucional de certos direitos alterados por Emenda à Constituição. Assim, pode-se dizer que *são disposições de cunho temporal que se destinam a intermediar a mudança da velha ordem para a nova ordem constitucional* regulamentando as relações entre o passado, o presente e o futuro do ordenamento jurídico constitucional.

Na Constituição brasileira, as disposições transitórias encontram-se logo após o texto da parte dogmática no *Ato das Disposições Constitucionais Transitórias (ADCT)*.

Na linha da Jurisprudência do STF e da doutrina majoritária é importante destacar algumas posições acerca dos ADCT da CF/88, sempre muito cobradas em provas.

POSIÇÕES DO STF E DA DOUTRINA MAJORITÁRIA SOBRE O ADCT
Suas disposições possuem natureza jurídica normativa (são normas jurídicas).
Suas normas têm hierarquia constitucional, igual à da parte dogmática. Assim, em um potencial conflito normativo entre uma norma da parte dogmática da CF/88 e uma norma do ADCT, não haverá prevalência hierárquica de um sobre o outro, devendo-se recorrer aos critérios hermenêuticos de resolução de conflito normativo constitucional.
Suas normas sujeitam-se ao Poder Constituinte Reformador, podendo ser modificadas via Emenda à Constituição.
Suas normas podem ser parâmetro de controle de constitucionalidade. Assim, é possível questionar a validade de eventuais leis e atos normativos que venham a ferir as disposições do ADCT.

9. ELEMENTOS DAS CONSTITUIÇÕES

As constituições contemporâneas propõem-se a regulamentar uma pluralidade considerável de matérias, sistematizando-as, de modo coerente, num todo unitário constitucional, agrupando-as em títulos, capítulos e seções, em razão da conexão entre o conteúdo das normas, originando-se daí os elementos das constituições, que podem ser identificados como sendo os elementos que se direcionam a uma finalidade comum dentro da Constituição. Assim, teríamos cinco categorias de elementos: *i) elementos orgânicos; ii) elementos limitativos; iii) elementos socioideológicos; iv) elementos de estabilização constitucional; v) elementos formais de aplicabilidade.*[65]

ELEMENTOS	*DEFINIÇÃO*	*EXEMPLO NA CF/88*
Elementos Orgânicos	*Consagram normas que tratam da estrutura e da organização do Estado e dos Poderes.*	i) Título III – Da Organização do Estado; ii) Título IV – Da Organização dos Poderes; iii) Título VI – Da Tributação e do Orçamento;
Elementos Limitativos	*Consagram normas que se caracterizam por limitar o exercício do Poder do Estado, especialmente, mediante o reconhecimento de direitos fundamentais aos cidadãos.*	i) Título II – Dos Direitos e Garantias Fundamentais, com exceção do Capítulo II (Dos Direitos Sociais); ii) Direitos Fundamentais Atípicos, como, por exemplo, as limitações ao Poder de Tributar;
Elementos Socioideológicos	*Consagram normas que revelam o caráter compromissório da Constituição, situando-se entre o Estado Individualista e o Estado Social.*	i) Capítulo II, do Título II – Dos Direitos Sociais; ii) Título VII – Da Ordem Econômica e Financeira; iii) Título VIII – Da Ordem Social;
Elementos de Estabilização Constitucional	*Consagram normas que se destinam a resolução dos conflitos constitucionais, bem como a defesa da Constituição, do Estado e das Instituições Democráticas.*	i) Arts. 102 e 103 – Jurisdição Constitucional; ii) Arts. 34 a 36 – Intervenção Federal e Intervenção Estadual; iii) Art. 60 – Processo de Emendas à Constituição; iv) Capítulo I, do Título V – Do Estado de Defesa e do Estado de Sítio;
Elementos Formais de Aplicabilidade	*Consagram normas que se propõem a regulamentar a aplicação da Constituição.*	i) Preâmbulo; ii) ADCT; iii) Art. 5º, § 1º – Aplicabilidade imediata dos direitos fundamentais;

10. QUADRO SINÓPTICO

CAPÍTULO I – CONSTITUIÇÃO	
INTRODUÇÃO, CONCEPÇÕES E CONTEÚDO DA CONSTITUIÇÃO	
Conceito	**Conjunto sistêmico de normas fundamentais supremas** que **organizam e estruturam o Estado e seus Poderes** e que **limitam esses Poderes**, especialmente, mediante a proteção e promoção dos **direitos e garantias fundamentais** da pessoa humana.
Origens	Onde quer que tenha havido uma sociedade organizada, houve Constituição. É um erro achar que a Constituição é um produto da Modernidade. Na verdade, a Idade Moderna irá nos apresentar a Constituição Escrita. Contudo, **toda e qualquer sociedade organizada possuía normas fundamentais de organização do Estado e dos Poderes do Estado, sendo esse conjunto de normas a Constituição Real desses Estados.**

65. SILVA, José Afonso. Curso de Direito Constitucional Positivo. 33. ed. São Paulo: Malheiros, 2010, p. 44 e ss.

Concepções Tradicionais	**Concepção Sociológica**	Na concepção sociológica de **Ferdinand Lassale**, a Constituição consiste na **"soma dos fatores reais do poder que regem uma nação"**. Assim, na concepção sociológica, a Constituição é aquela que é exercida no dia a dia do Estado e da sociedade (forma de ser) e não aquela que está prevista no texto constitucional (forma de dever ser).
	Concepção Política	Na concepção política de **Carl Schmitt**, a Constituição deve ser entendida como o modo e a forma de ser de uma unidade política, isto é, de uma nação. Assim, para Schmitt, Constituição significa **"decisão política fundamental"**, decisão concreta sobre o modo e a forma de existência da unidade política.
	Concepção Jurídica	Na concepção jurídica de **Hans Kelsen**, a Constituição é compreendida como **norma jurídica fundamental e suprema** (norma hierarquicamente superior), servindo de **parâmetro de validade para as demais normas do sistema jurídico.**
	Concepção Cultural	Na concepção cultural de **Meireles Teixeira**, a Constituição **é um fato cultural**, um produto da cultura total. Assim, a Constituição consiste num "**conjunto de normas fundamentais condicionadas pela cultural total, e ao mesmo tempo condicionante desta**, emanadas da vontade existencial da unidade política, e reguladora da existência, estrutura e fins do Estado e do modo de exercício e limites do poder político".
Conteúdo da Constituição	Os conteúdos ou matérias de Constituição (**normas materialmente constitucionais**) são: **a)** Organização do Estado e dos Poderes; **b)** Limitação dos Poderes, notadamente, pela consagração de direitos e garantias fundamentais. Nada obstante, uma Constituição pode ter normas que não tratem de matéria constitucional (**normas apenas formalmente constitucionais**).	
CLASSIFICAÇÃO DAS CONSTITUIÇÕES		
Quanto ao conteúdo	**Material**	Constituição, escrita ou não escrita, cujas normas tratam somente de conteúdo constitucional, de matérias de Constituição, isto é, tratam apenas de organização do Estado e dos poderes e de limitação aos poderes, notadamente, pela consagração de direitos e garantias fundamentais.
	Formal	Constituição, cujo conjunto de normas está positivado no texto constitucional (escrito) tratando tanto de matérias constitucionais como de outras matérias que não são matérias de Constituição. **Advirta-se:** todas as suas normas, seja elas materialmente constitucionais ou apenas formalmente constitucionais, irão gozar de supremacia e rigidez, independentemente do conteúdo de que tratam, não havendo entre elas hierarquia normativa.
Quanto à forma	**Escrita**	É aquela positivada de forma sistemática em um único documento constitucional.
	Não Escrita	É aquela que não se encontra positivada de forma sistemática em um único documento, possuindo normas em documentos esparsos produzidos ao longo do tempo, bem como normas não escritas, costumeiras sedimentadas nos costumes constitucionais.
Quanto à sistemática	**Plano de Fundo**	Essa classificação parte do entendimento de que as Constituições escritas não são apenas aquelas compostas por um conjunto de normas de direito positivo previstas num único documento legislativo constitucional, mas também aquelas previstas em diversos documentos legislativos constitucionais, desde que todas as normas sejam escritas. Assim, **sob esse prisma, classifica-se a Constituição escrita em codificada ou não codificada.**
	Codificada	Constituição escrita em um único texto, isto é, aquela cujas normas encontram-se positivadas num único documento legislativo constitucional, um Código, um corpo normativo sistematizado em um só texto.
	Não Codificada	Constituição escrita em diversos textos entre os quais não há necessariamente uma interconexão, isto é, aquela cujas normas encontram-se positivadas em mais de um documento legislativo constitucional.

Quanto ao modo de elaboração	**Dogmática**	É fruto de um determinado momento (contexto) histórico único, no qual é elaborado, por um órgão constituinte, um documento constitucional escrito sistematizado consolidando as ideias e princípios dominantes (dogmas) na política e no direito daquele determinado período.
	Histórica	É fruto de um desenvolvimento normativo histórico, construída ao longo do tempo, de forma esparsa, com documentos e costumes constitucionais que vão sendo criados e sedimentados no decorrer da história de determinado Estado.
Quanto à origem	**Promulgada**	É aquela da qual o povo participa de seu processo de formação, de modo direto e/ou por meio de seus representantes, gozando, portanto, de legitimidade popular democrática na sua elaboração.
	Outorgada	É aquela da qual o povo não participa de seu processo de formação, não gozando de legitimidade popular democrática, sendo imposta pelo(s) governante(s).
	Cesarista	É aquela da qual o povo não participa de seu processo de formação, isto é, aquela produzida sem a participação popular democrática, entretanto, posteriormente, é submetida a referendum popular, para que o povo ratifique ou não o documento.
	Pactuada	É aquela, fruto de um conflito político instável, pela qual se oficializa certo compromisso instável entre as forças políticas conflitantes, como por exemplo, a nobreza e a burguesia ascendente com a realeza absolutista fragilizada.
Quanto à estabilidade	**Rígida**	É aquela que para ser alterada requer procedimentos legislativos especiais que tornam a modificação do texto constitucional mais complexa, vez que suas exigências legislativas para a alteração da Constituição são mais robustas e mais difíceis de serem preenchidas do que as exigências legislativas necessárias para a aprovação da legislação ordinária infraconstitucional.
	Flexível	É aquela que para ser alterada requer procedimentos legislativos comuns, idênticos aos procedimentos legislativos necessários para a aprovação da legislação ordinária infraconstitucional, isto é, exige-se para a alteração da Constituição o mesmo procedimento de produção e modificação das normas ordinárias.
	Semirrígida ou Semiflexível	É aquela que é parte rígida e parte flexível, isto é, para alteração de determinadas matérias (conteúdos) exige procedimentos legislativos que são mais difíceis de serem preenchidos do que aqueles exigidos para a aprovação da legislação ordinária infraconstitucional, já para alteração de outras matérias exige procedimentos legislativos idênticos àqueles exigidos para a aprovação da legislação ordinária infraconstitucional.
	Silenciosa	É aquela que pode ser modificada apenas pelo mesmo poder que a criou, isto é, o Poder Constituinte Originário, vez que não possuem previsão de procedimentos para sua alteração, quedando a Constituição em silêncio no que se refere à possibilidade de sua reforma
	Imutável ou Granítica	É aquela que não admite alteração, isto é, aquela que, se pretendendo eterna, impede a reforma constitucional, independentemente do procedimento adotado.
	Transitoriamente Flexível	É aquela que prevê que até determinado momento temporal a Constituição poderá ser modificada por procedimentos legislativos idênticos àqueles exigidos para a aprovação da legislação ordinária infraconstitucional, sendo que após esse determinado momento a Constituição somente poderá ser modificada por procedimentos legislativos especiais mais difíceis de serem preenchidos do que aqueles exigidos para a aprovação da legislação ordinária infraconstitucional.
	Transitoriamente Imutável	É aquela Constituição que até determinado prazo não poderá ser alterada, sendo, portanto, imutável durante um certo tempo. Após esse prazo, poderá ser alterada nos termos da previsão constitucional.
	Super-rígida	Segundo seus defensores, há Constituições que por possuírem um núcleo material imodificável (normas que não podem ser reformadas pelo Poder Constituinte Reformador) atingiriam um grau máximo de rigidez, tornando-se super-rígidas.

Quanto à extensão	**Analítica**	Caracteriza-se por ser extensa, longa, dispondo profunda e detalhadamente sobre as matérias materialmente constitucionais e, também, sobre outras matérias (dispensáveis à Constituição) que o Constituinte achou relevante num certo contexto.
	Sintética	Caracteriza-se por ser sucinta, concisa ou mesmo resumida, concentrando-se nas matérias de Constituição, estabelecendo o direito e suas bases essenciais, isto é, estabelecendo os princípios fundamentais de organização do Estado e dos Poderes, bem como os direitos e garantias fundamentais das pessoas.
Quanto à ideologia	**Ortodoxa**	É aquela que adota uma ideologia política única, afastando-se do pluralismo político e ideológico e, consequentemente, do princípio democrático.
	Eclética	É aquela que adota uma multiplicidade político-ideológica, tendo por fundamento o pluralismo inerente à democracia, sendo resultante de um pacto entre as diversas forças políticas, sociais e culturais, conjugando as diferentes concepções no texto constitucional, consagrando-se a ideia de que não há uma concepção política absoluta e melhor, mas sim uma diversidade de concepções que se complementam.
Quanto à função (ou finalidade)	**Garantia**	Caracteriza-se pelo abstencionismo e pela postura negativa do Estado frente aos cidadãos (Estado Liberal), visando assegurar o exercício dos direitos e liberdades fundamentais contra os possíveis arbítrios do Poder Público.
	Dirigente	Caracteriza-se pelo estabelecimento de programas estatais, de políticas públicas voltadas ao bem-estar social da população (Estado Social), isto é, trata-se de uma Constituição que visa dirigir as ações do Estado para a realização dos direitos fundamentais, sobretudo, dos direitos sociais, mediante o estabelecimento de normas programáticas, predefinindo uma pauta de vida para a sociedade.
	Balanço	Caracteriza-se pela explicitação das características atuais da sociedade, registrando-se a organização política e as relações reais de poder e estabelecendo parâmetros a serem seguidos em face da realidade política, econômica e social. Concebida e adota, especialmente, pelos regimes socialistas instituídos ao longo do século XX, ela realiza um verdadeiro balanço de planejamentos já realizados e expõe à sociedade o novo estágio de planejamento estatal já em curso.
Quanto à origem da decretação	**Autônoma**	Aquela elaborada por órgãos do próprio Estado. No exercício da soberania estatal, o Poder Constituinte Originário, exercido por órgãos do próprio Estado, elabora uma nova Constituição.
	Heterônomas	Aquela decretada de fora do Estado, seja por um outro Estado, seja por algum órgão ou organização internacional.
Quanto à correspondência com a realidade (critério ontológico)	**Normativa**	Aquela em que há uma adequação entre o texto constitucional (dever ser normativo) e a realidade social (ser), de modo que as normas constitucionais efetivamente dominam os processos políticos e tanto detentores quanto destinatários do poder respeitam e seguem as normas da Constituição.
	Nominal	Aquela em que não se verifica uma adequação entre o texto constitucional (dever ser normativo) e a realidade social (ser), sendo que, na verdade, os processos políticos de poder acabam por conduzirem a Constituição. Nada obstante, essas Constituições possuem um caráter pedagógico, na medida em que os detentores e os destinatários do Poder, produziram a Constituição diferente da realidade social para que ela seja o modelo ideal de sociedade a ser atingido, o "fio condutor".
	Semântica	Aquela que ao invés de legitimar o exercício do Poder mediante sua limitação, "legitima" (constitucionaliza) práticas autoritárias e arbitrárias do exercício do Poder, traindo o significado de Constituição, sendo comum em Estados totalitários.

A CONSTITUIÇÃO E O SEU PAPEL	
Constituição-lei	É aquela que cumpre no sistema jurídico o papel de uma simples lei, não tendo supremacia sobre as demais leis do ordenamento, não impondo ao legislador o dever de obediência as normas constitucionais, que são compreendidas como meras recomendações, diretrizes normativas não vinculantes da atuação legislativa.
Constituição-fundamento	É aquela considerada como sendo a lei fundamental do sistema jurídico e de toda a vida social, por isso, também, é chamada de Constituição total. Assim, a Constituição fundamento não deixa grandes margens de conformação ao legislador, restringindo o exercício da atividade legislativa e concentrando-a na realização da Constituição.
Constituição-moldura	É aquela que estabelece uma moldura ao agir legislativo, assim a Constituição estabelece os limites (moldura) dentro dos quais o legislador tem liberdade para atuar e preencher a moldura de acordo com as oportunidades políticas, cabendo à jurisdição constitucional, no âmbito dessas Constituições, apenas controlar "se" o legislador atuou dentro dos parâmetros constitucionais estabelecidos e não "como" atuou.
Constituição dúctil	É aquela na qual o papel da Constituição é o de assegurar as condições possíveis para a vida em comum, respeitando as múltiplas visões sobre a vida inerentes às sociedades pluralistas atuais. Assim, a Constituição dúctil não dever ser considerada o ponto de partida de todo o direito, mas sim o ponto de convergência, como um centro a alcançar-se, de modo que o adjetivo dúctil para demonstrar a necessidade da Constituição desempenhar um papel mais brando na normatização das relações sociais, refletindo o pluralismo político, econômico, social e cultural das sociedades contemporâneas.
CONCEPÇÕES CONTEMPORÂNEAS DA CONSTITUIÇÃO	
Constituição Dirigente (Canotilho)	**CONCEITO CLÁSSICO:** é aquela que se caracteriza pelo **estabelecimento de programas estatais, de políticas públicas voltadas ao bem-estar social** da população (Estado Social), buscando dirigir as ações do Estado para a realização dos direitos fundamentais, sobretudo, dos direitos sociais, mediante o estabelecimento de **normas programáticas**, predefinindo uma pauta de vida para a sociedade. **A CRISE DA CONSTITUIÇÃO DIRIGENTE:** constatou-se ao longo da experiência constitucional que não basta considerar a Constituição como um sistema normativo que impõe programas ao Estado e à sociedade voltados ao bem-estar social, vez que muitas vezes esses programas podem se tornar obsoletos, seja porque as situações que os motivaram foram modificadas pelo tempo, seja porque esses programas não foram adimplidos pelo Estado. **A NOVA LEITURA DA CONSTITUIÇÃO DIRIGENTE:** Assim, a Constituição Dirigente passa por uma releitura deixando de se compreender o dirigismo constitucional a partir de uma perspectiva impositiva e passando a entendê-lo a partir de um **olhar moralmente reflexivo do constitucionalismo**, pelo qual se possa pensar a Constituição Dirigente sob um **plano normativo-material global**, fundada no **pluralismo**. Ademais, é preciso considerar que se faz indispensável a **boa vontade política dos governantes e da população** para a realização dos programas e metas constitucionais, o que exige uma **corresponsabilidade entre governantes e governados**, sustentada na transparência pública e na fiscalização constante das ações governamentais e do gasto do dinheiro público.
Constituição como ordem jurídica fundamental, material e aberta (Konrad Hesse)	Compreende a Constituição como "**ordem jurídica fundamental de uma comunidade**", estruturada sob determinados princípios fundamentais e reconhecendo que a **força normativa** da Constituição resulta da correlação entre o ser e o dever-ser constitucional, havendo, contudo, uma preponderância da abordagem normativa da Constituição (dever-se), enquanto vontade normativa abstrata de uma certa comunidade, isto é, **vontade de Constituição.** Nada obstante, a manutenção dessa força normativa exige uma **abertura material da Constituição**, vez que esses princípios fundamentais estabelecidos pela Constituição precisam estar abertos ao tempo e à evolução da sociedade por ela regulada. Assim, a Constituição de Hesse deve ser compreendida como uma **Constituição materialmente aberta que possui sua força normativa estruturada na vontade de concretização da ordem jurídica por ela estabelecida.**
Constituição como processo público (Peter Häberle)	Entende que a Constituição deve ser compreendida como um **processo público de interpretação do qual participam como intérpretes todos aqueles que fazem parte da comunidade política por ela regulamentada, pois quem vive e deve seguir a norma, deve também interpretá-la.** Nesse sentido, a interpretação constitucional é vista como um processo que leva em consideração as experiências constitucionais pretéritas, abrindo-se para o passado constitucional, e, ao mesmo tempo, as mudanças necessárias para a atualização constitucional, abrindo-se para o futuro.

Constituição como Acoplamento Estrutural entre os Sistemas Político e Jurídico (Luhmann)		**A Constituição é uma estrutura de acoplamento estrutural entre os sistemas político e jurídico, possibilitando a comunicação entre os dois sistemas sempre que haja irritações mútuas fruto de problemas comuns entre eles.** O direito, por um lado, mediante a Constituição, busca a legitimidade de suas normas na política; a política, por outro lado, mediante a Constituição, busca a legitimidade de suas ações na regulação e ordenação do uso do poder, bem como na própria limitação desse poder pelo direito. Obviamente, **isso não leva à confusão entre os sistemas distintos, de modo que política e direito continuam a cumprir suas funções particulares a partir de suas próprias linguagens, intercomunicando-se, sempre que necessário, especialmente mediante a Constituição.**
Constituição Simbólica (Marcelo Neves)		**É aquela em que o sentido simbólico se sobrepõe ao sentido normativo**, caracterizando-se pela **baixa eficiência de suas normas** e pelo uso espúrio e desvirtuado da Constituição pelo poder público (seja para impor valores majoritários contra minorias políticas, seja para postergar o cumprimento dos deveres constitucionais, seja para enganar e ludibriar o povo criando álibis constitucionais que na verdade não solucionam os problemas reais da sociedade), desviando-se, assim, dos objetivos constitucionais e do Interesse Público.
ESTRUTURA DA CONSTITUIÇÃO		
Preâmbulo	**Conceito**	É a parte precedente do texto constitucional que sintetiza a carga ideológica, os valores e os objetivos da Constituição, inaugurando-a e introduzindo-a.
	Posições do STF	Natureza não normativa, não sendo considerado norma jurídica. Contudo é dotado de relevância jurídica indireta, vez que é vetor interpretativo do texto constitucional; Não pode ser parâmetro para controle de constitucionalidade; Não é norma de reprodução obrigatória nas Constituições dos Estados-membros; A invocação de Deus no preâmbulo não é norma de reprodução obrigatória nas Constituições estaduais e leis orgânicas do DF e dos municípios; A invocação de Deus no preâmbulo da CF/88 não enfraquece, nem ofende a laicidade do Estado.
Parte Dogmática	**Conceito**	Trata-se do texto da Constituição propriamente dito, texto este dotado de uma articulação normativa sistemática que estabelece imperativos deontológicos relativos à ordem constitucional, formando a parte "permanente" da Constituição.
ADCT – Atos das Disposições Constitucionais Transitórias	**Conceito**	Conjunto de normas destinado a regulamentar a passagem do direito anterior para o direito posterior, regulamentando a transição da Constituição Antecedente para a Nova Constituição, bem como a transição constitucional de certos direitos alterados por Emenda à Constituição.
	Posições do STF e da doutrina	Possui natureza jurídica normativa – são normas jurídicas. Suas normas têm hierarquia constitucional, igual à da parte dogmática. Suas normas sujeitam-se ao Poder Constituinte Reformador, podendo ser modificadas via Emenda à Constituição. Suas normas podem ser parâmetro de controle de constitucionalidade.
ELEMENTOS DAS CONSTITUIÇÕES		
Elementos Orgânicos	**Definição**	Aqueles que consagram normas que tratam da estrutura e da organização do Estado e dos Poderes.
	Exemplo na CF	Título III – Da Organização do Estado.
Elementos Limitativos	**Definição**	Aqueles que consagram normas que limitam o Poder do Estado, especialmente, normas de direitos fundamentais.
	Exemplo na CF	Título II – Dos Direitos e Garantias Fundamentais, com exceção do Capítulo II (Dos Direitos Sociais).

Elementos Socioideológicos	**Definição**	Aqueles que consagram normas que revelam o caráter compromissório da Constituição.
	Exemplo na CF	Título II, Capítulo II – Dos Direitos Sociais.
Elementos de Estabilização Constitucional	**Definição**	Aqueles que consagram normas que se destinam a resolução dos conflitos constitucionais, bem como a defesa da Constituição, do Estado e das Instituições Democráticas.
	Exemplo na CF	Título V, Capítulo I – Do Estado de Defesa e do Estado de Sítio.
Elementos Formais de Aplicabilidade	**Definição**	Aqueles que consagram normas que se propõem a regulamentar a aplicação da Constituição.
	Exemplo na CF	Art. 5º, § 1º – Aplicabilidade imediata dos direitos fundamentais;

Capítulo II
CONSTITUCIONALISMO

1. CONCEITO

O Constitucionalismo consiste num ***movimento político-filosófico, pautado no ideal de liberdade humana, que busca limitar e controlar o exercício do Poder Político, opondo-se a governos arbitrários, totalitários e ditatoriais, independentemente de época e lugar***, podendo ser encontrado em qualquer espaço-tempo de uma sociedade organizada que tenha buscado limitar os poderes dos governantes.

Há de se lembrar que, em que pese a Constituição escrita seja um produto jurídico da Idade Moderna, Constituição Real todos os povos organizados possuíram, vez que todos eles possuíam normas mínimas de organização do Estado e dos Poderes. Assim, onde quer que se encontre uma sociedade organizada, encontrar-se-á uma Constituição e, se houver nessa sociedade um movimento político-ideológico de limitação dos poderes dos governantes, então, haverá, também, constitucionalismo.[1]

Nada obstante, ***em sentido moderno***, o constitucionalismo possui objetivos que reorganizaram a ordem constitucional de forma ímpar na história das sociedades, formando um verdadeiro conceito ocidental de Constituição, sendo esses objetivos:

i) ***limitação do poder com a necessária organização e estruturação do Estado:*** a partir do momento em que os Estados Soberanos, até então reconhecidos por serem absolutos e totalitários, passam a submeter-se às leis (Estado de Direito), a reconhecerem a limitação dos poderes de seus governantes e dividir o exercício desses poderes (separação dos poderes) etc.;

ii) ***reconhecimento e implementação de direitos e garantias fundamentais:*** num primeiro momento, um reconhecimento formal de direitos de liberdade, propriedade e igualdade formal, mas que ao longo dos séculos desenvolveu-se até formar o complexo sistemas de direitos que temos hoje.[2]

2. ORIGEM

A origem, conhecida, do constitucionalismo, segundo Karl Loewenstein, remonta à ***Antiguidade Clássica***, mais precisamente, ao ***povo hebreu***, do qual partiram as primeiras manifestações com objetivo de estabelecer uma organização política pautada na limitação do exercício do poder absoluto, limitações essas de natureza evidentemente constitucional, podendo-se identificar naquele espaço-tempo um verdadeiro movimento político-ideológico de limitação do exercício do poder dos governantes, portanto, constitucionalismo. Isso porque, o regime teocrático dos hebreus caracterizou-se pela submissão do detentor do poder à lei do Senhor, que submetia igualmente governante e governados.[3]

1. CUNHA JR, Dirley da. Curso de Direito Constitucional. 9. ed. Salvador: Juspodivm, 2015, p. 29 e ss.
2. FERNANDES, Bernardo G. Curso de Direito Constitucional. 8. ed. Salvador: Juspodivm, 2016, p. 32 e ss.
3. LOEWENSTEIN, Karl. Teoría de la Constitución. Barcelona: Ariel, 1965.

3. CONSTITUCIONALISMO ANTIGO

Como identificado por Karl Loewenstein, o constitucionalismo tem origem na Antiguidade Clássica com o povo hebreu. Nada obstante, ele pode ser encontrado em toda e qualquer sociedade organizada que tenha tido um movimento político-ideológico de limitação do exercício do poder público. Assim, ***ao longo da Idade Antiga, é possível identificar uma multiplicidade de exemplos de constitucionalismos***, como o hebreu, o grego, o romano, o egípcio, o mesopotâmico, o indiano etc.[4]

PRINCIPAIS EXPRESSÕES DO CONSTITUCIONALISMO ANTIGO	
Constitucionalismo Hebreu	No âmbito do constitucionalismo hebreu, ***os governantes deveriam se submeter à lei do senhor*** *(as leis sagradas), não podendo transgredi-las, sendo que a transgressão deveria ser apontada pelos profetas.* Exemplo: No reinado do Rei Davi (por volta de 1010 a.C.), conta a bíblia que o rei teria agido de modo a provocar a morte de Urias, um soldado de Israel, com a finalidade de ficar com Betsabé, então esposa de Urias. Esse fato foi, então, prontamente apontado e repreendido pelo profeta Natã (2 Samuel, Capítulos 11 e 12).
Constitucionalismo Grego	Na Grécia Antiga não é possível falar em um direito grego único, vez que suas Cidades-Estado possuíam legislação e organização de Estado e do Poder próprias. Contudo, sem dúvidas, no âmbito do constitucionalismo grego, merece destaque o constitucionalismo ateniense. O ***Constitucionalismo Atenien se*** estruturou-se sob uma ***base cível e democrática*** (democracia direta), caracterizando-se pela limitação do exercício do poder político e pela participação democrática intensa dos cidadãos nos assuntos públicos. Ademais, em Atenas, havia, inclusive, a possibilidade de qualquer cidadão que se sentisse prejudicado pelo Estado ajuizar ações públicas (*graphés*). Entre essas ações, destacava-se a *graphé paranamon*, que era ajuizada contra decretos ilegais, sendo considerada um remoto antecedente do controle de constitucionalidade.
Constitucionalismo Romano	O Constitucionalismo Romano desenvolveu-se, sobretudo, no período republicano, marcado pelo estabelecimento de um sistema de freios e contrapesos que dividia e limitava o exercício do poder entre os órgãos políticos. Há de se destacar nesse período a figura do ***Senado***, a ideia de ***República*** (coisa pública), a instituição de ***leis escritas*** direcionadas a todos, como a Lei das XII Tábuas, e o estabelecimento de ***alguns direitos "fundamentais"*** a todos os cidadãos, como o previsto no *Item 2, da Tábua IX, que afirma que "aqueles que foram presos por dívidas e as pagarem, gozarão dos mesmos direitos como se não tivessem sido presos".*
Constitucionalismo Egípcio	É possível identificarmos um movimento constitucionalista no Egito Antigo no final do Império Novo (1.550 a 1.070 a.C.), especialmente evidenciado pelo aumento das leis escritas e pela regulamentação dos atos administrativos e dos atos da vida privada dos Faraós por essa legislação. Ademais, no final do Império Novo, ocorre a separação entre a *maat* (princípio divino do qual emanava a legislação e simbolizava a deusa da justiça, da verdade, da retidão e da ordem) e o Faraó (que ainda continuava sendo considerado um deus, mas derivado de outros).[5]
Constitucionalismo Mesopotâmico	É possível identificarmos um movimento constitucionalista na Mesopotâmia, especialmente evidenciado pelo estabelecimento de leis escritas, como os Códigos de Ur-Nammu (elaborado aproximadamente entre 2.140 e 2.004 a.C.), de Lipit-Ishtar (escrito aproximadamente entre 1934 e 1924 a.C.) e de Hammurabi (1.690 a.C.), entre outros. ***O Código de Hammurabi*** previa, entre outras disposições, ***proteção dos direitos "fundamentais"*** à honra, à propriedade, à liberdade, à inviolabilidade do domicílio e a incolumidade física. Ademais, no epílogo do Código de Hammurabi, é clara a intenção do rei em limitar e condicionar o exercício do poder real àquela legislação, afirmando, inclusive, que daquele vindouro rei que não observasse e não cumprisse o código fosse retirada a glória da realeza.[6]
Constitucionalismo Indiano	É possível identificarmos um movimento constitucionalista no âmbito do direito hindu, especialmente a partir do ***Código de Manu*** (elaborado no séc. II a.C.). Esta legislação estabelecia deveres ao rei, que não possuía poder absoluto.[7]

4. NUNES JÚNIOR, Flávio Martins Alves. Curso de Direito Constitucional. São Paulo: RT, 2017, p. 36 e ss.
5. Ibidem, p. 45 e ss.
6. Ibidem, p. 46 e ss.
7. Ibidem, p. 48 e ss.

4. CONSTITUCIONALISMO MEDIEVAL

A *Idade Média*, dentre outras coisas, é marcada pelas "*invasões bárbaras*", pela ascensão do *feudalismo*, pelo *absolutismo*, pelo *domínio teológico e ideológico da igreja católica* e pelo estabelecimento de um *sistema de justiça cruel* baseado numa justiça divina (ou católica), sedimentado na figura do *tribunal do santo ofício*, encarregado de processar e julgar, através da *inquisição*, qualquer pessoa que, em tese, pudesse ter se afastado dos ditames católicos.

Esse conjunto de fatores, aliado a outros, *acabaram por impedir a eclosão de movimentos constitucionalistas*, vez que contestar o rei ou a igreja, era visto como uma contestação à Deus, assim, qualquer movimento ideológico fora dos dogmas católicos seria severamente punido. Ademais, a própria conjectura política e social dificultava bastante o surgimento do constitucionalismo, vez que na Idade Média a Europa viveu constantemente em guerras, seja entre os feudos ou entre os principados, seja com os mulçumanos nas Cruzadas, além de ter sido devastada por diversas doenças, em razão da péssima situação das cidades, sobretudo, pela falta de saneamento básico que acabava por facilitar a proliferação das doenças.

Nesse contexto, o ***único exemplo constatado no mundo ocidental de um movimento constitucionalista na Idade Média, ocorreu na Inglaterra***, a partir do contexto político que culminou com a assinatura da *Magna Carta* (1215), e que se desenvolveu fortemente ao longo dos séculos seguintes, sedimentando-se com a *Glorious Revolution*, que submeteu o Rei ao Parlamento Inglês e estabeleceu o *Bill of Rights* (1689), votado pelo Parlamento e assinado pelo Rei. Esse movimento ficou conhecido como o ***constitucionalismo material inglês***.

A *Magna Carta*, assinada pelo Rei João Sem-Terra, em 15 de junho de 1215, na Inglaterra, perante a nobreza inglesa e o alto clero, fora redigida originalmente em latim bárbaro, apesar de se tratar de um documento de origem inglesa, sob a titulação de *Magna Carta Libertatum seu Concordiam inter regem Johannem et Barones pro concessione libertatum ecclesiae et regni Angliae.*[8]

Sua inserção no direito medieval inglês tem origem nos conflitos entre a realeza e a nobreza a desígnio dos privilégios feudais e da centralização do poder, majorados consideravelmente desde os primórdios do séc. XI, com a invasão de Guilherme, o "Conquistador".[9]

Contudo, a partir do reinado de João Sem-Terra, a supremacia do poder do rei sobre os barões feudais ingleses se enfraqueceu, em face de uma disputa pelo trono entre o monarca inglês e um adversário e, também, em razão de um ataque francês vitorioso contra a Normandia, ducado que pertencia ao Rei João por herança dinástica (família Plantagenet).

Por conta destes acontecimentos o rei João teve de aumentar consideravelmente as exações fiscais em desfavor dos barões feudais para financiar suas campanhas de guerra. Em contrapartida, para atenderem as exigências fiscais da realeza, os nobres passaram a exigir periodicamente o reconhecimento expresso de alguns direitos. Além disso, concomitantemente, João Sem-Terra entrou em discórdia com o papado, num primeiro momento, apoiando seu sobrinho, o Imperador Óton IV, num conflito contra o rei francês, posteriormente, recusando-se a aceitar a designação papal de Stephen Langton para cardeal de Canterbury, vindo, assim, a ser excomungado pelo papa Inocêncio III. Em 1213, em razão da pressão do

8. Carta Magna das Liberdades ou Concórdia entre o Rei João e os Barões para a outorga das liberdades da igreja e do reino inglês (tradução livre).
9. CASTRO, Carlos Roberto Siqueira. O devido processo legal e os princípios da razoabilidade e da proporcionalidade. 5. ed. Rio de Janeiro: Forense, 2010.

clero e da carência de recursos financeiros, João Sem-Terra sucumbiu-se a Igreja declarando a Inglaterra feudo de Roma, obtendo, assim, o levantamento de sua excomunhão.

*Já em 1215, em face de uma revolta armada dos barões feudais, que, inclusive, ocuparam a cidade de Londres, o rei João teve de assinar a **Magna Carta** para que os atos de resistência e revolta fossem interrompidos.* Curiosamente, o documento foi entregue ao rei João para assinatura pelo cardeal Stephen Langton, cuja nomeação ele se recusara a aceitar anos antes e que resultara na sua excomunhão. Contudo, após assinar a *Magna Carta*, João Sem-Terra imediatamente recorreu ao papa para que declarasse a nulidade do documento, vez que sua assinatura se deu mediante coação e sem a devida anuência papal. Na época, o papa Inocêncio III declarou nula a carta de direitos, entretanto, ela foi confirmada, com poucas alterações, por sete sucessores do trono inglês. *A Magna Carta foi um dos primeiros documentos jurídicos formais a reconhecer direitos "fundamentais" aos cidadãos, deixando "implícito pela primeira vez, na história política medieval, que o rei achava-se naturalmente vinculado pelas próprias leis que edita".*[10]

Ao longo do ***desenvolvimento do constitucionalismo material inglês***, tivemos outros documentos de grande relevância, especialmente durante o séc. XVII, como a ***Petition of Rights, de 1628*** e o ***Habeas Corpus Act, de 1679***, por exemplo, na tentativa de limitar o exercício do poder do rei e assegurar o exercício de direitos pelos cidadãos. Nada obstante, foi com a ***Glorious Revolution*** e o ***Bill of Rights*** no final do séc. XVII que ***o constitucionalismo material inglês se sedimentou***, em uma conjuntura fortemente marcada por rebeliões, guerras civis e conflitos de natureza predominantemente religiosa.

Nesse contexto, no ano de 1642, o rei Carlos I foi deposto e executado por tentar reestabelecer a oficialidade da religião católica. Carlos II, durante os anos finais de seu reinado, dispensou a convocação do parlamento para a votação de impostos, graças aos subsídios recebidos do rei francês Luís XIV, o que despertou outros movimentos contrários à realeza por ter mantido relações ardilosas com o grande inimigo da época, a França.

Jaime II, irmão e sucessor de Carlos II, demorou pouco tempo para conquistar o ódio do alto clero e da nobreza inglesa. Com o nascimento de um herdeiro de berço católico ***no ano de 1688 teve início a Glorious Revolution***. Temendo pela continuidade de uma monarquia católica, representantes dos dois partidos políticos da época, *Whigs* e *Tories*, chamaram o príncipe Guilherme de Orange e sua esposa Maria de Stuart (filha de Jaime II), que eram de fé protestante, a assumirem o trono inglês. Assim, no dia 5 de novembro de 1688, Guilherme desembarcou em território inglês e no dia 11 de dezembro, Jaime II fugiu para a França.

Em 1689, reuniu-se o parlamento inglês por iniciativa própria, vindo a declarar a vacância do trono e operando uma mudança dinástica com a coroação de Guilherme de Orange e Maria de Stuart, que passaram a ser Guilherme III e Maria II. Para tanto, eles tiveram de aceitar, na totalidade, uma declaração de direitos votada pelo parlamento inglês, o ***Bill of Rights***, que passara a compor as Leis Fundamentais do reino inglês.

Nesse contexto, ***o Bill of Rights**, pôs fim ao regime de monarquia absolutista, ampliando os poderes do parlamento, institucionalizando a separação dos poderes, submetendo o rei ao parlamento e às leis do país, além de assegurar direitos e garantias fundamentais aos cidadãos, consolidando o constitucionalismo material inglês* (modelo ímpar na história do constitucionalismo), que havia se iniciado com o movimento que culminou na assinatura da Magna Carta, em 1215.

10. COMPARATO, Fábio Konder. A Afirmação Histórica dos Direitos Humanos. 7. ed. São Paulo: Saraiva, 2010, p. 91-92.

CARACTERÍSTICAS DO CONSTITUCIONALISMO MEDIEVAL[11]
1) Monarquia Parlamentar;
2) Supremacia do Parlamento;
3) Responsabilidade Parlamentar do Governo;
4) Independência do Poder Judiciário;
5) Carência de um sistema formal de direito administrativo;
6) Importância das Convenções Constitucionais.

5. CONSTITUCIONALISMO MODERNO

O Constitucionalismo moderno é aquele *estabelecido sob os fundamentos ideológicos, políticos, econômicos, filosóficos, jurídicos e culturais da Idade Moderna, sedimentando aquela forma de pensar no âmbito do direito constitucional*. Essa fase do constitucionalismo inicia-se no período das revoluções liberais burguesas do final do séc. XVIII e se desenvolve até, pelo menos, o período beligerante findado em meados do séc. XX.[12]

Ademais, o constitucionalismo moderno é marcado por ser um movimento ideológico ***fundado no ideal de liberdade construído ao longo da Idade Moderna, baseando-se no pensamento iluminista***, que se opunha aos governos absolutistas e a dogmatização das pessoas pela igreja, expresso na filosofia de John Locke, Montesquieu, Rousseau, Kant, entre tantos outros que se dedicaram as ideias de *liberdade*, *democracia*, *igualdade*, *direitos da pessoa humana*, *separação e divisão das funções estatais* e *limitação do exercício do poder do Estado*.

Esse movimento constitucionalista, fundado no ideal de liberdade, acaba por influenciar, num primeiro momento, a sedimentação do constitucionalismo material inglês (com documentos constitucionais como a *Petition of Rights*, o *Habeas Corpus Act* e o *Bill of Rights*), e, posteriormente, irá determinar o surgimento de um *constitucionalismo moderno*, especialmente, a partir do ***movimento de independência dos Estados Unidos da América do Norte*** e do ***movimento revolucionário francês***, ambos do final do séc. XVIII e que *culminaram na elaboração e promulgação de **Constituições Escritas***.

Assim, o constitucionalismo moderno surge vinculado à ideia de ***Constituição escrita e rígida***, devendo-se compreender a Constituição como um ***documento jurídico sistematizado fundamental e supremo***, que consiste no parâmetro de validade das demais normas do sistema jurídico e que só poderia ser alterado por um processo legislativo especial e solene previsto no próprio texto constitucional.[13] Nesse sentido, a Suprema Corte dos Estados Unidos da América do Norte, já em 1803, ao decidir o famoso caso *Marbury vs. Madison*, declarou a inconstitucionalidade de lei federal que atribuía competência à Corte para julgar casos de *writ of mandamus* que não estava prevista no elenco constitucional.

Ademais, o constitucionalismo moderno sedimenta a ideia de que a Constituição tem como matérias: *i)* normas que instituem e organizam o Estado e seus Poderes; *ii)* normas que limitam o exercício do poder estatal, especialmente, mediante o reconhecimento de direitos fundamentais aos cidadãos. Assim, o constitucionalismo moderno ***vincula a própria***

11. NOVELINO, Marcelo. Curso de Direito Constitucional. 13. ed. Salvador: Juspodivm, 2018, p. 52.
12. Ibidem, p. 52 e ss.
13. CUNHA JR, Dirley da. Curso de Direito Constitucional. 9. ed. Salvador: Juspodivm, 2015, p. 32.

compreensão de Constituição à limitação do poder do Estado, caracterizando-a como um documento que limita e legitima o exercício dos poderes.

Por fim, deve-se dizer que ***o constitucionalismo moderno passa por duas fases***, uma primeira fase fundada no Estado Liberal de Direito, nas revoluções liberais burguesas e no liberalismo econômico, chamada de ***Constitucionalismo Liberal***, e, uma segunda fase fundada no Estado Social de Direito, nas revoluções sociais e numa perspectiva social da economia, chamada de ***Constitucionalismo Social***.

5.1 Constitucionalismo liberal e constitucionalismo social

CONSTITUCIONALISMO LIBERAL	*CONSTITUCIONALISMO SOCIAL*
Tem como marco histórico as revoluções liberais burguesas do final do séc. XVIII.	Tem como marco histórico as revoluções sociais do início do séc. XX.
Funda-se no Estado Liberal de Direito.	Funda-se no Estado Social de Direito.
Tem como marco econômico o liberalismo econômico.	Tem como marco econômico uma visão social da economia, seja pela adoção de um Estado de bem-estar social (*Welfare State*), seja pela adoção de um modelo econômico socialista.
A base de seus direitos é o princípio de liberdade.	A base de seus direitos é o princípio de igualdade.
Caracteriza-se pela consagração de direitos civis e políticos de natureza individual, liberal, privatista e negativa, a exigir, predominantemente, abstenções do Estado.	Caracteriza-se pela consagração de direitos sociais, econômicos e cultuais de natureza individual e coletiva, bem como positiva e prestacional, a exigir, predominantemente, ações do Estado.
Tem como marco jurídico-constitucional, a Constituição dos Estados Unidos da América do Norte (1787) e a Constituição da França (1791).	Tem como marco jurídico-constitucional, a Constituição Mexicana (1917) e a Constituição de Weimar (1919).

Sobre ***o constitucionalismo liberal nos Estados Unidos da América do Norte***, pode-se dizer que tem como plano de fundo as ideias de liberdade, de John Locke, e de limitação do poder, de Montesquieu, tendo eclodido paralelamente com o movimento de independência das Treze Colônias inglesas na América do Norte, que se uniram para enfrentar seus colonizadores.

CARACTERÍSTICAS DO CONSTITUCIONALISMO ESTADUNIDENSE[14]
1) elaboração da primeira Constituição escrita e dotada de rigidez (1787);
2) consagração da ideia de supremacia da Constituição sobre as demais normas do sistema jurídico;
3) estabelecimento do controle judicial de constitucionalidade das normas;
4) instituição da forma federativa de Estado;
5) criação do sistema presidencialista de governo;
6) adoção da forma republicana de governo;
7) adoção do regime político democrático;
8) estabelecimento de um sistema de rígida e equilibrada separação dos poderes estatais;
9) fortalecimento e independência do Poder Judiciário;
10) declaração de direitos fundamentais (1791).

14. NOVELINO, Marcelo. Curso de Direito Constitucional. 13. ed. Salvador: Juspodivm, 2018, p. 54.

Sobre *o constitucionalismo liberal francês*, pode-se dizer que tem como plano de fundo as ideias iluministas, especialmente as consagradas por Montesquieu, tendo eclodido paralelamente à Revolução Francesa, que visava destruir o *Ancien Régime* e derrubar o absolutismo, buscando a separação dos poderes e a garantia de direitos fundamentais aos cidadãos. Ocorre que, em meio a todo esse processo revolucionário, a França teve várias constituições no final do séc. XVIII, sendo que a primeira foi elaborada pela Assembleia Nacional Constituinte em 1789, mas promulgada apenas em 3 de setembro de 1791, tendo como preâmbulo a Declaração Universal dos Direitos do Homem e do Cidadão (1789).

CARACTERÍSTICAS DO CONSTITUCIONALISMO FRANCÊS[15]
1) elaboração de várias constituições escritas ao longo do processo revolucionário;
2) estabelecimento de uma Monarquia Constitucional;
3) limitação dos poderes do Rei;
4) adoção da separação dos poderes, ainda que de forma mais tênue do que nos Estados Unidos da América do Norte;
5) distinção entre Poder Constituinte Originário e Poder Constituinte Derivado;
6) declaração de direitos fundamentais (1789);

Sobre *o constitucionalismo social*, pode-se dizer surge especialmente a partir das mudanças políticas provocadas pela Primeira Guerra Mundial, pela crise econômica do início do séc. XX, pelo agravamento das desigualdades sociais e pela reificação da pessoa humana no ambiente laboral, transformada em verdadeiro objeto das empresas ao longo de todo o séc. XIX, suportando altas cargas de trabalho, sem qualquer direito ou cuidado do Estado. Assim, *a Constituição Mexicana, de 1917*, foi a *primeira a positivar os direitos trabalhista no rol de direitos fundamentais* da pessoa humana, consagrando a limitação da jornada de trabalho, salário mínimo, idade mínima de admissão laboral, previdência social, proteção à maternidade a ao salário etc. Já *a Constituição de Weimar, de 1919*, Constituição da Primeira República Alemã, *consagrou entre os direitos sociais, além dos direitos fundamentais do trabalhador, direitos econômicos e sociais como educação e seguridade social*, sedimentando a complementariedade entre os direitos fundamentais de liberdade (de primeira geração) e os direitos fundamentais de igualdade (de segunda geração).[16]

6. NEOCONSTITUCIONALISMO (OU CONSTITUCIONALISMO CONTEMPORÂNEO)

O constitucionalismo contemporâneo pode ser identificado como *aquele que eclode a partir do 2º Pós-Guerra, sendo um movimento político-ideológico constitucional de reação aos horrores vivenciados ao longo da Segunda Guerra Mundial contra a pessoa humana*, que tiveram o "direito" como um dos instrumentos legitimadores das ações nazifascistas.[17]

15. Ibidem, p. 55.
16. Ibidem, p. 57.
17. Obviamente que o direito não foi o único instrumento legitimador das ações nazistas, tendo muitos outros, como a "evolução médico-científica" e o acordo entre o Papa Pio XII e Benito Mussolini pela independência do Vaticano, retribuído com um aval da Igreja Católica para o extermínio judeu (o Holocausto) sob a justificativa "moral" de que os judeus haviam crucificado Jesus.

Assim, no âmbito do direito estatal, a derrota do nazismo, significou também a decadência do positivismo jurídico legalista e a superação do constitucionalismo tradicional, que, com exceção talvez dos constitucionalismos estadunidense e austríaco, via, na *práxis*, a Constituição como mero documento organizacional, recomendativo, sem força normativa. Assim, o constitucionalismo até então dominante se viu superado por um novo constitucionalismo, também chamado de neoconstitucionalismo,[18] do qual a força normativa das normas constitucionais e a prevalência dos direitos fundamentais da pessoa humana são as principais características.

Adotando aqui a definição de Luís Roberto Barroso[19], pode-se afirmar que ***o neoconstitucionalismo possui três marcos fundamentais: i) histórico; ii) filosófico; e iii) teórico.***

O ***marco histórico*** consiste no constitucionalismo do pós-guerra, isto é, no desenvolvimento das Constituições garantistas da última metade do século passado, tendo como principal referência a Lei Fundamental da Alemanha (Lei de Bonn)[20].

O ***marco filosófico*** consiste na superação do positivismo jurídico legalista por um movimento filosófico denominado pós-positivismo jurídico[21], bem como no reconhecimento da normatividade dos princípios jurídicos[22] e na prevalência da dignidade da pessoa humana, como fim maior do Estado Democrático de Direito constitucionalizado.

O ***marco teórico*** divide-se em três grandes transformações que, em conjunto, possibilitaram a adequação do conhecimento convencional ao Direito Constitucional: *a) o reconhecimento da força normativa da Constituição*, ideia difundida por diversos autores do pós-guerra, com merecido destaque a Konrad Hesse[23]; *b) a expansão da jurisdição constitucional*; e *c) o desenvolvimento de uma nova dogmática de interpretação constitucional* pautada, sobretudo, em princípios instrumentais trazidos pela própria Constituição.

O conjunto desses fatores possibilitou o surgimento de um novo constitucionalismo, agora voltado para a consecução dos fins humanos e não estatais, melhor dizendo, agora tendo o ser humano como principal finalidade do Estado. No *neoconstitucionalismo*, ***a dig-***

18. Sobre o neoconstitucionalismo, não poderíamos deixar de mencionar os estudos organizados por Miguel Carbonel na Espanha a partir do ano de 2003, sendo considerado um dos grandes difusores dessa terminologia. CARBONEL, Miguel (org.). Neoconstitucionalismo(s). Madrid: Trotta, 2003; CARBONEL, Miguel (org.). Teoria del Neoconstitucionalismo: ensaios escogidos. Madrid: Trotta, 2007; CARBONEL, Miguel; JARAMILLO, Leonardo Garcia (org.). El canon neoconstitucional. Madrid: Trotta, 2010.
19. BARROSO, Luís Roberto. Neo Constitucionalismo e constitucionalização do Direito: o triunfo tardio do direito constitucional no Brasil. Revista Forense. Rio de Janeiro, v. 384, p. 71-104, mar/abr, 2006.
20. Sobre os direitos fundamentais na Lei de Bonn, ver: PIEROTH, Bodo; SCHLINK, Bernhard. Direitos fundamentais. São Paulo: Saraiva, 2012.
21. Em relação ao "pós-positivismo", nos parece uma terminologia demasiada abrangente e imprecisa que pode simbolizar, ao menos *a priori*, tudo aquilo que veio depois do positivismo. Entretanto, apenas para aclarar a discussão, pode-se dizer que "o pós-positivismo identifica um conjunto de ideias difusas que ultrapassam o legalismo estrito do positivismo normativista, sem recorrer às categorias da razão subjetiva do jusnaturalismo. Sua marca é a ascensão dos valores, o reconhecimento da normatividade dos princípios e a essencialidade dos direitos fundamentais. Com ele, a discussão ética volta ao Direito [...] Pós-positivismo é a designação provisória e genérica de um ideário difuso, no qual se incluem o resgate dos valores, a distinção qualitativa entre princípios e regras, a centralidade dos direitos fundamentais e a reaproximação entre o Direito e a Ética. A estes elementos devem-se agregar, em um país como o Brasil, uma perspectiva do Direito que permita a superação da ideologia da desigualdade e a incorporação à cidadania da parcela da população deixada à margem da civilização e do consumo. É preciso transpor a fronteira da reflexão filosófica, ingressar a prática jurisprudencial e produzir efeitos positivos sobre a realidade". BARROSO, Luís Roberto. Interpretação e aplicação da Constituição. 7. ed. São Paulo: Saraiva, 2009, p. 344-386.
22. DOS SANTOS, Eduardo R. O Pós-positivismo jurídico e a normatividade dos princípios jurídicos. Belo Horizonte: D'Plácido, 2014.
23. HESSE, Konrad. A força normativa da Constituição. Porto Alegre; Sergio Antonio Fabris Editor, 1991.

***nidade da pessoa humana é o fundamento basilar da Constituição e do Estado*[24] *e os direitos fundamentais representam sua materialização no texto constitucional*[25], assegurando-se sua máxima efetivação através da ação direta do Poder Executivo, encarregado de efetivar os direitos fundamentais constitucionais e impedir sua violação do âmbito estatal e privado, e, subsidiariamente, da atuação do Poder Legislativo, encarregado de criar as leis implementadoras desses direitos fundamentais e fiscalizar as ações do Poder Executivo. Ademais, para os casos de omissão ou para os casos de ações que violem ou não resguardem tais direitos, as Constituições hodiernas possuem mecanismos constitucionais judiciais (nos quais atua o Poder Judiciário, sempre que provocado) de proteção e implementação, como o *due process of law*, o mandado de segurança, o mandado de injunção, o *habeas corpus*, o *habeas data*, as ações de controle de constitucionalidade, dentre outros.

Além disso, as Constituições Contemporâneas possuem ***mecanismos que impedem a ação arbitrária dos poderes do Estado, sobretudo no que tange a reforma constitucional***. Em primeiro lugar, há um limite formal que exige um quórum especialíssimo para que se proceda à reforma (Constituição rígida) e, em segundo lugar, há um limite material que consiste, dentre outras coisas, na proibição de redução (cláusula de proibição de retrocesso com núcleo pétreo) ou na proibição de alteração do quadro (cláusula pétrea) dos direitos fundamentais.

Este novo constitucionalismo, através do reconhecimento da força normativa das normas de direito constitucional e, sobretudo, dos princípios constitucionais, possibilitou uma maior proteção dos direitos do homem, positivados nas Constituições como direitos fundamentais. O Estado, através de seus três poderes e das demais instituições constitucionais, como a Advocacia e o Ministério Público, por exemplo, passa a ser o grande protetor e implementador dos direitos fundamentais do homem. *O Estado tem o dever de implementar, de assegurar, de fiscalizar, de corrigir e reprimir as violações, bem como de reestabelecer o gozo dos direitos*. Se o ser humano é o principal titular dos direitos, o Estado e a Sociedade, inclusive as instituições privadas,[26] são os principais destinatários dos deveres. Por óbvio que os indivíduos, também, têm deveres fundamentais, no mínimo o de respeitar e não infringir o direito fundamental alheio.

É nesse cenário político que ***as declarações de direitos das Constituições contemporâneas*** deixaram de ser meros programas constitucionais e *se tornaram um complexo sistema*

---

24. Nesse sentido, Carlos Roberto Siqueira de Castro afirma que "o Estado Constitucional Democrático da atualidade é um Estado de abertura constitucional radicado no princípio da dignidade do ser humano" CASTRO, Carlos Roberto Siqueira. A Constituição Aberta e os Direitos Fundamentais: ensaios sobre o constitucionalismo pós-moderno e comunitário. 2. ed. Rio de Janeiro: Forense, 2010, p. 19. Em sentido semelhante, José Carlos Vieira de Andrade afirma que "a consagração de um conjunto de direitos fundamentais tem *uma intenção específica*, que justifica a sua primaridade: explicitar uma ideia de Homem, decantada pela consciência universal ao longo dos tempos, enraizada na cultura dos homens que formam cada sociedade e recebida, por essa via, na constituição de cada Estado concreto. Ideia de Homem que, no âmbito da nossa cultura, se manifesta juridicamente num princípio de valor, que é o primeiro da Constituição portuguesa: o princípio da *dignidade da pessoa humana*". ANDRADE, José Carlos Vieira de. Os Direitos Fundamentais na Constituição Portuguesa de 1976. 5. ed. Coimbra: Almedina, 2012, p. 80.
25. Nessa perspectiva, Carlos Roberto Siqueira de Castro, segundo quem, "no que toca aos direitos fundamentais do homem, impende reconhecer que o princípio da dignidade da pessoa humana tornou-se o epicentro do extenso catálogo de direitos civis, políticos, econômicos, sociais e culturais...". CASTRO, Carlos Roberto Siqueira. A Constituição Aberta e os Direitos Fundamentais: ensaios sobre o constitucionalismo pós-moderno e comunitário. 2. ed. Rio de Janeiro: Forense, 2010, p. 15.
26. Sobre a vinculação dos particulares aos direitos fundamentais, por todos, ver: SARMENTO, Daniel. Direitos Fundamentais e Relações Privadas. 2. ed. Rio de Janeiro: Lumen Juris, 2010; CANARIS, Claus-Wilhelm. Direitos Fundamentais e Direito Privado. Coimbra: Almedina, 2009; e STEINMETZ, Wilson. Vinculação dos particulares a direitos fundamentais. São Paulo: Malheiros, 2005.

de direitos dos homens apto a assegurar e promover a dignidade da pessoa humana em todos os âmbitos, através da positivação das mais variadas espécies de direitos fundamentais, como direitos civis, políticos, sociais, econômicos, culturais, individuais, coletivos e difusos, agora exigíveis do Estado, da Sociedade e, inclusive das pessoas (naturais ou jurídicas) no âmbito público e privado.

PRINCIPAIS CARACTERÍSTICAS DO NEOCONSTITUCIONALISMO[27]
1) Rigidez constitucional;
2) Reconhecimento da Força Normativa da Constituição;
3) Reconhecimento da Força Normativa dos Princípios, reformulando a teoria da Norma Jurídica;
4) Centralidade da dignidade da pessoa humana e dos direitos fundamentais a ela inerentes;
5) Reaproximação entre direito e moral, com o desenvolvimento de uma nova filosofia do direito (pós-positivismo jurídico);
6) Expansão da jurisdição constitucional, efetivando-se o controle de constitucionalidade por ação ou omissão;
7) Desenvolvimento de uma hermenêutica constitucional própria, com destaque para a aplicabilidade direta e irradiante dos direitos fundamentais;
8) Constitucionalização do direito, com irradiação das normas constitucionais por todos os ramos do sistema jurídico;
9) Judicialização da política com um expressivo deslocamento de protagonismo dos poderes Legislativo e Executivo para o Poder Judiciário;
10) Defesa do sistema democrático (Estado Democrático de Direito).

No âmbito do *constitucionalismo pátrio*, este novo paradigma constitucional é implementado com a promulgação da ***Constituição da República Federativa do Brasil de 1988***, que já em seu art. 1º, inciso III, declara que o Estado brasileiro tem como fundamento o princípio fundamental da dignidade da pessoa humana. Destaque-se que a atual Carta Constitucional brasileira positivou um dos mais ricos róis de direitos fundamentais existentes,[28] ocupando um título inteiro só com os direitos fundamentais (Título II). Ressalte-se ainda que no âmbito do novo constitucionalismo brasileiro, os direitos fundamentais são dotados de aplicabilidade imediata (art. 5º, § 1º)[29] e o sistema de direitos e garantias fundamentais constitui-se num sistema aberto à existência de novos direitos fundamentais (art. 5º, § 2º).

27. SARMENTO, Daniel. O Neoconstitucionalismo no Brasil: Riscos e possibilidades. In: SARMENTO, Daniel (coord.). Filosofia e Teoria Constitucional Contemporânea. Rio de Janeiro: Lumen Juris, 2009, p. 113-114; MÖLLER, Max. Teoria Geral do Neoconstitucionalismo: bases teóricas do constitucionalismo contemporâneo. Porto Alegre: Livraria do Advogado, 2011, p. 30-43.
28. Nesse sentido, em palestra ministrada no Brasil, no dia 15 de outubro de 2013 na sede do Instituto Brasiliense de Direito Público (IDP), o professor italiano Luigi Ferrajoli, um dos constitucionalistas mais respeitados das últimas décadas, afirmou que "a Constituição brasileira é das mais avançadas do mundo".
29. Quanto à aplicabilidade imediata existe um grande dissenso doutrinário e jurisprudencial quanto à sua abrangência. Para alguns, existem direitos fundamentais incompatíveis, ao menos faticamente, com tal aplicabilidade. Contudo, há aqueles que defendem ser possível, ao menos sobre determinadas perspectivas, a sua aplicação a todos os direitos fundamentais. Sobre essa discussão: DIMOULIS, Dimitri; MARTINS, Leonardo. Teoria Geral dos Direitos Fundamentais. 3. ed. São Paulo: Revista dos Tribunais, 2011, p. 96-102. SARLET, Ingo Wolfgang. A eficácia dos direitos fundamentais: uma teoria geral dos direitos fundamentais na perspectiva constitucional. 10. ed. Porto Alegre: Livraria do Advogado Editora, 2010, p. 261-273. STEINMETZ, Wilson. O dever de aplicação imediata de direitos e garantias fundamentais na jurisprudência do Supremo Tribunal Federal e nas interpretações da literatura especializada. In: SARMENTO, Daniel; SARLET, Ingo Wolfgang (coord.). Direitos Fundamentais no Supremo Tribunal Federal: balanço e crítica. Rio de Janeiro: Lumen Juris, 2011, p. 113-130.

Além disso, a Constituição de 1988, seguindo as linhas *neoconstitucionalistas* de proteção aos direitos fundamentais, possui limites formais e materiais ao Poder Constituinte Reformador. Como limitação formal prevê, dentre outras[30], a necessidade de aprovação, em dois turnos, nas duas casas legislativas (Senado e Câmara Federal), por três quintos dos votos dos respectivos membros, para toda e qualquer Emenda à Constituição (art. 60, § 2º). Como limitação material, especificamente aos direitos fundamentais prevê a vedação de qualquer proposta tendente a aboli-los (art. 60, § 4º).

A Constituição brasileira de 1988, em consonância com as Constituições do pós-guerra, consagrou a dignidade da pessoa humana como fundamento básico e fim maior do Estado Democrático de Direito. Na linhagem de Immanuel Kant, colocou a pessoa humana como fim do Estado e não como meio para a consecução dos seus fins,[31] conferindo-lhe uma das mais extensas e completas declarações de direitos fundamentais da contemporaneidade.

6.1 Neoconstitucionalismo e constitucionalização do direito

O Direito, atualmente, passa por um processo de constitucionalização, isto é, por um processo de adequação à Constituição. Um processo que não é exclusividade do sistema jurídico brasileiro, mas que se desenvolve, de um modo geral, nos Estados Democráticos de Direito do mundo ocidental contemporâneo.

Fruto do *neoconstitucionalismo*, esse movimento inspira-se, sobretudo, na supremacia da Constituição e na consequente necessidade de amoldamento do restante do ordenamento jurídico à ordem jurídica estabelecida pela Carta Maior, superando assim a pretérita visão de que a Constituição seria um mero documento político procedimental que estabeleceria apenas metas para o Estado de Direito.

A ***constitucionalização do direito,*** assim, está ligada diretamente a expansão normativa constitucional cujo conteúdo material e valorativo se irradia por todo o ordenamento. Por sua vez, os valores, os fins públicos e os comportamentos contemplados pelas normas constitucionais passam a condicionar a validade das normas de todo o ordenamento infraconstitucional. Como consequência, a constitucionalização reflete sobre a atuação dos três poderes e das relações privadas, influenciando diretamente em suas decisões, que jamais poderão contrariar ou, até mesmo, deixar de cumprir com as determinações constantes da Constituição. Ademais, a doutrina costuma afirmar que a constitucionalização do direito ocorre mediante dois fenômenos: ***i) a constitucionalização-inclusão e ii) a constitucionalização-releitura.***

Constitucionalização-inclusão	Constitucionalização-releitura
Por esse fenômeno, temas que antes não eram tratados pela Constituição passam a ser tratados por ela, vislumbrando-se uma expansão formal do direito constitucional.	Por esse fenômeno, as normas e institutos jurídicos infraconstitucionais sofrem uma releitura à luz da Constituição, atuando as normas constitucionais como filtros de validade e aplicabilidade do direito (filtragem constitucional), vislumbrando-se uma expansão material do direito constitucional.

30. Dentre estas outras, por exemplo: legitimidade para propositura de Emendas (art. 60, *caput* e seus incisos).
31. KANT, Immanuel. Fundamentação da Metafísica dos Costumes. Lisboa: Edições 70, 2009.

Nada obstante, advirta-se que existe uma linha muito tênue entre a constitucionalização do direito e a ***banalização do direito constitucional***, especialmente no que diz respeito à temática dos direitos e garantias fundamentais. E aqui vale lembrar que quando tudo se torna uma mesma coisa, então nada é esta coisa, ou melhor, quando tudo é direito fundamental, então nada é direito fundamental, pois a fundamentalidade (essa qualidade especial atribuída a um direito reconhecendo-o como essencial a vida digna da pessoa humana em uma dada sociedade) perde sua razão de ser. Como bem observa Leonardo Martins, "a força normativa da Constituição reside em sua capacidade de ser uma plataforma normativo-reflexiva. Para tanto, a autonomia do direito privado (e, consequentemente, a do próprio legislador, que está atrás do direito privado) é essencial. 'Constitucionalizar' todo o ordenamento é, portanto, juridicizar a política, comprometendo toda sua autonomia sistêmica, vale dizer, o cumprimento de sua função prevista justamente na Constituição. Comprometer essa diferença significa, paradoxalmente, comprometer a própria razão de ser do direito constitucional".[32] Nesse sentido, como explica Luís Roberto Barroso, "não deve passar despercebido o fato de que a constitucionalização exacerbada pode trazer consequências negativas", tais como o esvaziamento do poder das maiorias e o decisionismo judicial, de modo que, "não se deve alargar além do limite razoável a constitucionalização por via interpretativa, sob pena de se embaraçar, pelo excesso de rigidez, o governo da maioria, componente importante do Estado democrático", até mesmo porque "a Constituição não pode pretender ocupar todo o espaço jurídico em um Estado democrático de direito".[33]

Em síntese: a constitucionalização dos direitos se irradia por todos os ramos jurídicos, devendo eles se adequarem à Constituição, vez que ela consiste no fundamento de validade de todas as normas jurídicas vigentes no Estado Democrático de Direito. Contudo, não se pode olvidar da temerária banalização do direito constitucional, sobretudo, dos direitos fundamentais em face do seu uso indiscriminado e desprovido de parâmetros pertinentes, isto é, não se pode deixar levar pelo clímax do momento de constitucionalização e passar a se afirmar que tudo é direito constitucional, ou pior, que tudo é direito fundamental, como fazem alguns mais "entusiasmados". Enfim, a Constituição traça as normas fundamentais, mas não dita todas as normas, pois se assim fosse não precisaríamos de Códigos, Leis, Decretos etc. A valorização da Constituição, não diminui a relevância da legislação infraconstitucional, inclusive, para sua própria regulamentação, aplicação e efetivação.

7. CONSTITUCIONALISMO GLOBALIZADO

O constitucionalismo global ou globalizado é compreendido como sendo um ***movimento político-ideológico que busca estabelecer um complexo normativo-constitucional único que sirva para todos os países***, sobrepondo-se ao direito constitucional interno de cada Estado, tendo como plano de fundo, especialmente, a *dignidade da pessoa humana* e os *direitos fun-*

32. MARTINS, Leonardo. Direito Processual Constitucional Alemão. São Paulo: Atlas, 2011, p. 78.
33. Nessa perspectiva, Luís Roberto Barroso adverte que "o uso abusivo da *discricionariedade judicial* na solução de casos difíceis pode ser extremamente problemático para a tutela de valores como segurança e justiça, além de poder comprometer a legitimidade democrática da função judicial. Princípios como dignidade da pessoa humana, razoabilidade e solidariedade não são cheques em branco para o exercício de escolhas pessoais e idiossincráticas. Os parâmetros da atuação judicial, mesmo quando colhidos fora do sistema estritamente normativo, devem corresponder ao sentimento social e estar sujeitos a um controle intersubjetivo de racionalidade e legitimidade". BARROSO, Luís Roberto. Curso de Direito Constitucional Contemporâneo: os conceitos fundamentais e a construção do novo modelo. 2. ed. São Paulo: Saraiva, 2010, p. 393.

damentais inerentes à ela, fundados *no jus cogens internacional*, que se estabeleceria como fundamento de validade para as Constituições dos Estados.[34]

É inegável que há um *processo gradativo de globalização do constitucionalismo*, que se estrutura no direito internacional, especialmente no que concerne aos direitos humanos e aos direitos dos povos. Sem dúvida esse é um fator, sob certa perspectiva, muito positivo, vez que tende a estabelecer a dignidade da pessoa humana e os direitos a ela inerentes como sendo parte de um *direito universal* que deve ser observado, respeitado e promovido por todos os Estados.[35]

Contudo, há de se tomar certo cuidado, porque, ao que nos parece, *essa tendência globalizante, algumas vezes, tem um caráter de imposição da cultura e dos valores ocidentais dos países ricos sobre os demais Estados*. E isso, sob a perspectiva do multiculturalismo e do pluralismo político, acaba sendo algo negativo, porque sobrepõe uma cultura sobre outras, como se ela fosse melhor, mais adequada ou superior.

8. O (NOVO) CONSTITUCIONALISMO PLURINACIONAL DA AMÉRICA LATINA

O novo constitucionalismo plurinacional da América Latina, também chamado de constitucionalismo democrático latino-americano, constitucionalismo pluralista andino ou indígena, entre outras formas, remete-nos aos *movimentos interculturais político-ideológicos latino-americanos, estruturados na ideia de Estado plurinacional que reconhece na Constituição o direito à **diversidade** e à **identidade**, ampliando os conceitos de **legitimidade** e **participação popular**, especialmente em relação às populações historicamente excluídas pelo direito, como a população indígena*.

O constitucionalismo plurinacional, conforme demonstra Raquel Yrigoyen Fajardo, ***propõe rupturas paradigmáticas com os constitucionalismos tradicionais*** que acabaram por subjugar, inferiorizar e quase exterminar a cultura indígena originária da região latino-americana, bem como outras culturas que para cá vieram, mas que não eram originárias da cultura ocidental da matriz europeia.[36]

A partir desse movimento de ruptura com os constitucionalismos tradicionais, o constitucionalismo plurinacional latino-americano irá se caracterizar pelo reconhecimento constitucional dos direitos à diversidade e à identidade e pela ampliação dos conceitos de legitimidade e participação popular das populações historicamente excluídas, sobretudo, das populações indígena e afrodescendente.

Nada obstante, isso não se dá de maneira uniforme pela América Latina, sendo possível identificar ***três ciclos de formação desse constitucionalismo pluralista***, que irão caracterizar-se pela maior ou menor intensidade com que o reconhecimento desses direitos e a inclusão dessas populações é feita: *1º. Ciclo Cultural; 2º. Ciclo Pluricultural; e 3º. Ciclo Plurinacional*.[37]

34. PETERS, Anne. Global Constitucionalism. Max-Planck-Institut. Disponível em: <http://www.mpil.de/files/pdf5/Peters_Global_Constitutionalism__Encyclopedia_of_Political_Thought_20151.pdf >. Acesso em: 22. mar. 2018.
35. PERNICE, Ingolf. La dimensión global del constitucionalismo multinivel: uma respuesta global a los desafios de la globalización. Série Unión Europea y Relaciones Internacionales. n. 61, 2012.
36. FAJARDO, Raquel Yrigoyen. Hitos del reconocimiento del pluralismo jurídico y del derecho indígena em las políticas indigenistas y el constitucionalismo andino.
37. LENZA, Pedro. Direito Constitucional Esquematizado. 21. ed. São Paulo: Saraiva, 2017, p. 76.

CICLOS DO CONSTITUCIONALISMO PLURALISTA LATINO-AMERICANO[38]			
Ciclo	***Ciclo Multicultural***	***Ciclo Pluricultural***	***Ciclo Plurinacional***
Características	Faz uma introdução do direito à identidade cultural, prevê outras línguas além da oficial e protege alguns direitos dos povos indígenas e dos povos afrodescendentes.	Reconhece o direito à identidade cultural que havia sido introduzido no clico anterior, desenvolvendo os conceitos de nação multiétnica e estado plurinacional. Ademais, reconhece o pluralismo jurídico, bem como novos direitos dos povos indígenas e afrodescendentes e até mesmo uma jurisdição indígena.	Os povos indígenas passam a ser reconhecidos como nações originárias, verdadeiros sujeitos políticos coletivos com direito de participar dos pactos do Estado, formando um verdadeiro Estado Plurinacional. Ademais, caracteriza-se esse ciclo pela previsão da jurisdição indígena e de meios de democracia direta.
Constituições (Países)	Canadá (1982) Guatemala (1985) Nicarágua (1987) Brasil (1988)	Colômbia (1991) México (1992) Paraguai (1992) Peru (1993) Bolívia (1994) Argentina (1994) Equador (1996/1998) Venezuela (1999)	Equador (2008) Bolívia (2009)
Documentos Normativos Internacionais	Revisão da Convenção 107 da OIT.	Convenção 169 da OIT, sobre Povos Indígenas e Tribais.	Aprovação da Declaração das Nações Unidas sobre Direitos dos Povos Indígenas (2007).

9. CONSTITUCIONALISMO DO FUTURO

O constitucionalismo do futuro ou do porvir consiste em uma *tese do professor José Roberto Dromi*, na qual ele ***tenta estabelecer (prever) quais seriam os valores fundamentais das Constituições do futuro***, apontando basicamente sete: verdade, consenso, solidariedade, continuidade, participação, integração e universalização.[39]

VALORES FUNDAMENTAIS DO CONSTITUCIONALISMO DO FUTURO	
Verdade	As constituições não devem fazer promessas irrealizáveis, devendo estabelecer em seu texto apenas aquilo que é possível, para que não seja concebida como uma mera carta de intenções.
Consenso	As constituições deverão ser fruto de um consenso democrático capaz de unificar ideais políticas e ideológicas distintas de modo a formar-se um núcleo constitucional comum.
Solidariedade	As constituições deverão basear-se no princípio de solidariedade, conduzindo as pessoas, os povos e o Estado a uma espécie de auxílio recíproco.
Continuidade	As constituições devem ter uma continuidade normativa e mantendo a identidade de seu texto, não podendo ser objeto de reformas sucessivas e descontroladas. Ademais, para serem contínuas, precisam corresponder à realidade do país, sob pena de não serem cumpridas.
Participação	As constituições devem assegurar, incentivar e promover a participação popular ativa das pessoas na vida política do Estado, fundando-se nos princípios democrático e de soberania popular.
Integração	As constituições devem propiciar uma integração entre os povos dos diversos Estados (o que já é uma realidade) e, além disso, dispor de instrumentos que promovam uma integração supranacional.
Universalização	As constituições devem promover a universalização dos direitos humanos, pautada na proteção e promoção da dignidade da pessoa humana.

38. Ibidem, p. 77.
39. DROMI, José Roberto. La reforma constitucional: el constitucionalismo del "por-venir". In: ENTERRÍA, Eduardo García de; AREVALO, Manuel Clavero (coord.). El derecho público de finales de siglo: una perspectiva ibero-americana. Madrid: Fundación Banco Bilbao Vizcaya, 1997.

Independentemente dos auspícios e das boas intenções do autor, ***é simplesmente impossível prever o caminho do constitucionalismo e das Constituições do futuro***, de modo que textos como esse pouco ou nada agregam ao direito constitucional. Contudo, no Brasil, é hábito das Bancas de Concursos e do Exame de Ordem cobrarem esses "decorebas" em prova, o que nos força a registrar na obra para não desamparar aqueles que desejam realizar esses certames. Registre-se, ainda, que boa parte dos "valores fundamentais das Constituições do porvir" são ideias consagradas no âmbito do constitucionalismo contemporâneo. Por fim, vale dizer que nossa crítica é muito mais direcionada à reprodução acrítica e passiva desse tipo de conteúdo e a sua cobrança em provas, do que especificamente ao autor e suas ideias.

10. TRANSCONSTITUCIONALISMO

O transconstitucionalismo, tal qual concebido pelo professor Marcelo Neves, *consiste* ***num entrelaçamento cooperativo entre sistemas jurídicos distintos (estatais, transnacionais e internacionais) a partir da compreensão da Constituição enquanto norma que permite e viabiliza o acoplamento estrutural entre o sistema jurídico pátrio e os outros sistemas jurídicos***, de forma a permitir uma constante troca de conhecimento e práticas de natureza constitucionais.

Ocorre que, muitos dos problemas constitucionais enfrentados por nosso sistema constitucional são problemas que também podem ser enfrentados (e, muitas das vezes já foram) por outros sistemas jurídicos constitucionais ou mesmo por sistemas jurídicos internacionais, de modo que é possível que as Cortes Constitucionais e as Cortes Internacionais que julgam casos comuns ao direito constitucional e ao direito internacional (como os casos relativos aos direitos humanos), venham a aprender umas com as outras, sendo mais do que comum uma Corte citar decisões pretéritas de outra que já enfrentou problema de natureza constitucional semelhante. Nas palavras de Marcelo Neves, *"assim, um mesmo problema de direitos fundamentais pode apresentar-se perante uma ordem estatal, local, internacional, supranacional e transnacional (no sentido estrito) ou, com frequência, perante mais de uma dessas ordens, o que implica cooperações e conflitos, exigindo aprendizado recíproco"*.[40]

O transconstitucionalismo pode ocorrer entre ordens jurídicas da mesma espécie (mesmo problema enfrentando, por exemplo, pela Corte Constitucional de dois Estados Soberanos, como Brasil e Argentina) ***ou de espécies diferentes*** (mesmo problema enfrentado, por exemplo, pela Corte Constitucional de um Estado Soberano e uma Corte Internacional de Direitos Humanos, como Brasil e Corte Interamericana de Direitos Humanos), ***ou ainda entre uma multiplicidade de ordens jurídicas*** (como, por exemplo, no enfrentamento de problemas de direitos humanos, como o direito à alimentação, enfrentado por diversas Cortes Constitucionais de Estados Soberanos e por Cortes Internacionais de Direitos Humanos).

Ao longo de sua obra, Marcelo Neves cita cerca de uma centena de exemplos de ocorrência de transconstitucionalismo. Apenas para facilitarmos o entendimento do leitor, vamos apresentar dois desses exemplos.

1º EXEMPLO (TRANSCONSTITUCIONALISMO ENTRE ORDENS JURÍDICAS ESTATAIS):[41] No julgamento do ***HC 82.424/RS***, o Supremo Tribunal Federal indeferiu, por maioria, o pedido, por entender que a publicação de livro com conteúdo antissemítico

40. NEVES, Marcelo. Transconstitucionalismo. São Paulo: Martins Fontes, 2009, p. 121.
41. Ibidem, p. 179 e ss.

caracteriza-se como crime de racismo, sendo, portanto, imprescritível, utilizando-se e apoiando-se, expressa e significativamente na jurisprudência e nas disposições constitucionais e legais estrangeiras, como se percebe da leitura da Ementa do Acórdão, especialmente no seguinte parágrafo:

9. Direito comparado. A exemplo do Brasil as legislações de países organizados sob a égide do estado moderno de direito democrático igualmente adotam em seu ordenamento legal punições para delitos que estimulem e propaguem segregação racial. Manifestações da Suprema Corte Norte-Americana, da Câmara dos Lordes da Inglaterra e da Corte de Apelação da Califórnia nos Estados Unidos que consagraram entendimento que aplicam sanções àqueles que transgridem as regras de boa convivência social com grupos humanos que simbolizem a prática de racismo.

2º EXEMPLO (TRANSCONSTITUCIONALISMO ENTRE ORDEM JURÍDICA ESTATAL E ORDEM JURÍDICA INTERNACIONAL): A Constituição brasileira, em seu art. 5º, LXVII, assevera que *não haverá prisão civil por dívida, salvo a do responsável pelo inadimplemento voluntário e inescusável de obrigação alimentícia e a do depositário infiel.* Já a Convenção Americana de Direitos Humanos (da qual o Brasil é signatário), em seu art. 7º, n.7, afirma que *ninguém deve ser detido por dívidas. Este princípio não limita os mandados de autoridade judiciária competente expedidos em virtude de inadimplemento de obrigação alimentar.* Em face da potencial colisão entre esses dois dispositivos, o constitucional que permite a prisão e o convencional que proíbe a prisão do depositário infiel, o Supremo Tribunal Federal decidiu, no julgamento do *RE 466.343/SP, RE 349.703/RS e HC 87.585/TO*, para além de se posicionar sobre a hierarquia dos Tratados Internacionais de Direitos Humanos, que a prisão civil do depositário infiel seria proibida no Brasil, porque o citado dispositivo da Convenção Americana de Direitos Humanos afasta a incidência da legislação infraconstitucional regulamentadora, de modo que não havendo regulamentação, não há como aplicar a referida prisão, em que pese a prisão civil do depositário infiel não seja inconstitucional, segundo o STF.[42]

Nesse contexto, uma pergunta emerge como ponto central da prática transconstitucionalista: ***quando um mesmo caso for analisado sob a perspectiva transconstitucional por mais de uma ordem jurídica, qual deve prevalecer?*** O professor Marcelo Neves defende que ***não deve existir uma prevalência prévia e unilateral de uma ordem sobre outra, devendo-se promover um diálogo constitucional na busca da solução correta do caso.*** Assim, sua proposta não reside na primazia de uma ordem ou jurisdição sobre outra(s), mas sim na *construção de uma racionalidade transversal que possibilite um diálogo construtivo e plural entre as ordens jurídicas.* Nas palavras de Marcelo Neves, *"o transconstitucionalismo não toma uma única ordem jurídica ou um tipo determinado de ordem como ponto de partida ou ultima ratio. Rejeita tanto o estatalismo quanto o internacionalismo, o supranacionalismo, o transnacionalismo e o localismo como espaço de solução privilegiado dos problemas constitucionais. Aponta, antes, para a necessidade de construção de 'pontos de transição', da promoção de 'conversações constitucionais', do fortalecimento de entrelaçamentos constitucionais entre as diversas ordens jurídicas: estatais, internacionais, transnacionais, supranacionais e locais. [...] As ordens envolvidas na solução do problema constitucional específico constroem continuamente sua identidade mediante o entrelaçamento transconstitucional com a(s) outra(s): a identidade é rearticulada a partir da alteridade".*[43]

42. Ibidem, p. 145 e ss.
43. Ibidem, p. XXV.

11. CONSTITUCIONALISMO POPULAR

O constitucionalismo popular, cujos principais defensores são Larry Kramer[44] e Mark Tushnet,[45] é um movimento ***de limitação do poder hermenêutico*** (da amplitude interpretativa, aplicativa, integrativa e construtiva) ***do Poder Judiciário*** e, especialmente do Tribunal Constitucional, ***de rever a constitucionalidade das leis*** e, consequentemente, sua validade, defendendo a abolição do *judicial review* (revisão judicial de validade das normas jurídicas) e uma ***intensa participação popular*** na determinação do significado da Constituição.

Esse movimento, embora tenha ***matriz*** e maior força no âmbito do constitucionalismo ***estadunidense***, pode ser verificado em todos os constitucionalismos, inclusive no Brasileiro, sempre que a Corte Constitucional profere decisões polêmicas ou que desagradam maiorias políticas e, sobretudo, em casos em que o Judiciário age de forma ativista (***ativismo judicial***), indo além das competências que determinados grupos acreditam que ele tenha.

O argumento dos defensores do constitucionalismo popular é que o povo é quem deve dizer o que a Constituição é e não a Suprema Corte, pois o povo goza ***da legitimidade popular e democrática*** para tanto, enquanto os magistrados, além de estarem afastados do povo, estão mergulhados em um ***elitismo judicial***.

Bem, a nosso ver, uma coisa é discutir e buscar definir de forma mais clara os limites da atuação do Poder Judiciário, inclusive do Tribunal Constitucional, assim como discutir e implementar uma maior participação popular nos processos judiciais, especialmente nos de controle de constitucionalidade, o que é legítimo e saudável para a democracia e para o constitucionalismo. Outra coisa completamente diferente é a proposta dos autores do constitucionalismo popular, que defendem uma supremacia da decisão popular em detrimento da decisão da Corte Constitucional, o que, embora possa não parecer em um primeiro olhar, pode levar a um déficit democrático muito maior, pois ***sepultaria o papel contramajoritário exercido pelo Poder Judiciário*** e sufocaria os grupos minoritários.

Ora, democracia não é populismo; ser democrata não é ser popular, e a vontade da maioria não é a mesma coisa que democracia. ***Democracia é o governo de todos*** (e não apenas da maioria), é uma forma de governo que respeita e trata todas as pessoas de forma igual, conferindo a todos os mesmos direitos, sem privilégios ou perseguições, assegurando que todas as pessoas possam participar do processo político de tomada de decisões, tendo representatividade, e garantindo que os direitos que forem atribuídos a um grupo será atribuído de forma igual aos demais.

Assim, o constitucionalismo popular, na verdade é um constitucionalismo populista, pouco afeito à democracia real e à igualdade material, sendo, a nosso ver, uma proposta que ***não se adequa ao constitucionalismo brasileiro e ao Estado Democrático de Direito.*** Nada obstante, vale reconhecer que as críticas ao elitismo judicial e à pouca participação popular no controle de constitucionalidade são relevantíssimas e devem motivar reflexões, debates e, sobretudo, mudanças que possam modificar esse cenário no âmbito de nossa Corte Constitucional.

---

44. KRAMER, Larry. The People Themselves: popular constitucionalism and judicial review. Oxford: Oxford University Press, 2004.
45. TUSHNET, Mark. Taking the Constitution away from the Courts. New Jersey: Princeton University Press, 1999.

12. CONSTITUCIONALISMO DEMOCRÁTICO

O Constitucionalismo democrático, desenvolvido por Robert Post e Reva Siegel,[46] é um movimento que busca implementar uma *maior participação popular nos processos de controle de constitucionalidade, sem deixar de reconhecer o importante papel técnico de interpretação realizado pelas Cortes Constitucionais*, que têm legitimidade para dar a última palavra em matéria constitucional, mas devem fazê-lo (para que a decisão seja legítima) com base nos valores democráticos e republicanos, o que inclui seu papel contramajoritário de defesa dos direitos das minorias.

Nas palavras de Robert Post e Reva Siegel, "o constitucionalismo democrático afirma o papel do governo representativo e dos cidadãos mobilizados na garantia da Constituição, ao mesmo tempo em que afirma o papel das Cortes na utilização de um raciocínio técnico-jurídico para interpretar a Constituição. Diferentemente do constitucionalismo popular, o constitucionalismo democrático não procura retirar a Constituição das Cortes. Constitucionalismo democrático reconhece o papel essencial dos direitos constitucionais judicialmente garantidos na sociedade americana. Diferentemente do foco juriscêntrico das Cortes, o constitucionalismo democrático aprecia o papel essência que o engajamento público desempenha na construção e legitimação das instituições democráticas do *judicial review*".[47]

Assim, na perspectiva do constitucionalismo democrático, o engajamento público, desempenha papel relevante na orientação e legitimação dos julgamentos constitucionais, em que as razões técnicas e jurídicas adquirem legitimidade democrática se seus motivos estiverem enraizados nos valores democráticos e republicanos, de modo que, mesmo considerando o papel fundamental das Cortes, o constitucionalismo democrático reconhece que a ordem constitucional apresenta uma necessária troca entre cidadãos e julgadores sobre questões de significado constitucional.

Por fim, vale destacar, conforme demonstra Robert Post, que, na ótica do constitucionalismo democrático, é importante que a Corte Constitucional, ao decidir, leve em consideração o chamado ***efeito backlash***, compreendido como um *movimento de grande rejeição/reprovação de certa decisão judicial, acompanhado da adoção de medidas de resistência que buscam minimizar sua efetividade, tornando-a inócua*,[48] podendo essas medidas serem tomadas, dentre outros: *i)* pelos outros Poderes, que, além de adotarem medidas em sentido contrário, podem deixar de cumprir a decisão ou a cumprirem de forma irrisória ou insuficiente, o que pode levar a uma crise institucional; *ii)* pela correção legislativa da jurisprudência constitucional, especialmente por meio de Emendas à Constituição; *iii)* pelo próprio povo, que pode não cumprir a decisão ou a cumprir de forma irrisória ou insuficiente, ou mesmo, resistir a ela (direito de resistência).

13. CONSTITUCIONALISMO AUTORITÁRIO

A concepção de constitucionalismo autoritário, desenvolvida por Mark Tushnet,[49] identifica um modelo constitucional intermediário, entre o constitucionalismo liberal e o

46. POST, Robert; SIEGEL, Reva. Constitucionalismo Democrático: por una reconciliación entre Constitución y Pueblo. Madrid: Siglo XXI, 2015.
47. Ibidem, p. 7.
48. POST, Robert. Roe Rage: Democratic Consttitucionalism and Backlash. Faculty Scholarship Series. Paper 169, 2007.
49. TUSHNET, Mark. Authoritarian Constitucionalism: International and European Models. Cambridge: Cambridge University Press, 2007.

autoritarismo, em que o Estado e o Governo não estão efetivamente comprometidos com a Constituição, de modo que Ela acaba servindo como documento "legitimador" do exercício de um poder arbitrário.

Assim, o constitucionalismo autoritário revela-se como o ***constitucionalismo instituído por Estados totalitaristas para "mascarar" de democrático o Governo e "legitimar" o poder arbitrário (e a perpetuação do poder) dos Governantes***, ocorrendo, normalmente, quando governos autoritários e ditatoriais instituem uma Constituição e se utilizam Dela (ou alteram a Constituição vigente de forma abrupta rompendo com a ordem constitucional) para dar uma roupagem democrática e, em tese, legitimar a si próprios, rompendo com a ordem constitucional anterior e instituindo uma nova.

No Brasil, podemos apontar como exemplos de constitucionalismo autoritário, os constitucionalismos instituídos pelas Constituições brasileiras de 1824 (ditadura imperial), de 1937 (ditadura cível-militar) e de 1967/1969 (ditadura militar, em que além da instituição de uma nova Constituição, em 1967, após um golpe de Estado, o governo para asseverar o totalitarismo estatal instituiu uma outra – nova – Constituição, em 1969, mascarando-a de Emenda Constitucional, dando um golpe dentro do golpe).

Por fim, entendemos que Constituições totalitárias, ditatoriais e autoritárias não são legítimas, sendo meros documentos constitucionais (pois estabelecem, em tese, a forma como se estrutura e organiza o Estado, o Governo e seus Poderes) maquiados de Constituição, padecendo de um grande déficit de legitimidade popular (soberania popular) e democrática (pois não assegura a liberdade e a igualdade entre as pessoas), além de se colocarem na contramão dos princípios de eticidade, humanidade e dignidade, essenciais e indispensáveis a qualquer Estado que se proclame democrático e de direito.

14. CONSTITUCIONALISMO ABUSIVO

A concepção de constitucionalismo abusivo, desenvolvida por ***David Landau***, identifica o uso abusivo dos mecanismos constitucionais formais (constituídos e, em tese, legítimos) de modificação ou substituição da Constituição, conduzindo o Estado na contramão do pluralismo e da democracia e rumo ao totalitarismo e a ortodoxia, tornando-o cada vez menos democrático, de forma sútil e aparentemente legítima do ponto de vista jurídico.

O constitucionalismo abusivo ***não se confunde com o constitucionalismo autoritário***, em que governos autoritários e ditatoriais se utilizam de uma Constituição para dar uma roupagem democrática e, em tese, legitimar a si próprios, rompendo com a ordem constitucional anterior e instituindo uma nova. Diferentemente, o constitucionalismo abusivo é mais sútil, sorrateiro, ele não se institui por um golpe, na verdade, ele se dá por meio de Governantes democraticamente eleitos que promovem mudanças constitucionais e legais que minam o pluralismo e as instituições democráticas, gradativamente, por institutos de origem democrática, não rompendo claramente com a ordem constitucional vigente, mas modificando-a (ou mesmo substituindo-a por uma "melhor e mais democrática ou popular", que na verdade é mais autoritária e ortodoxa) de forma a enfraquecer ou suprimir os institutos e instituições democráticas, diminuindo e relativizando direitos, sobretudo, dos mais pobres e das minorias, enfraquecendo e suprimindo os mecanismo de fiscalização da Administração Pública, impossibilitando ou tornando muito difícil seu controle pelos outros Poderes e promovendo modificações constitucionais que os tornem insubstituíveis ou muito difíceis de serem substituídos, como, por exemplo, permitindo a reeleição ilimitada daquele governante, ou instituindo um "novo" sistema eleitoral aparentemente mais legítimo, mas na verdade fraudulento etc.

Nas palavras de David Landau "o constitucionalismo abusivo envolve o uso de mecanismos de mudança constitucional – emenda constitucional e substituição da Constituição – para minar a democracia. Enquanto métodos tradicionais de derrubada da democracia, como o golpe militar, estão em declínio há décadas, o uso de ferramentas constitucionais para criar regimes autoritários e semiautoritários é cada vez mais prevalente. Presidentes poderosos e partidos poderosos podem engenhar uma mudança constitucional, para tornarem-se muito mais estáveis, a fim de neutralizar instituições como tribunais, que teriam a função de verificar o exercício do poder. As constituições resultantes ainda parecem democráticas a distância e contêm muitos elementos que não são diferentes daqueles encontrados nas constituições democráticas liberais, mas, de perto, elas foram substancialmente retrabalhadas para minar a ordem democrática".[50]

É interessante notar que a *América Latina* do novo milênio tem sido um campo fértil do constitucionalismo abusivo, no qual podemos identifica-lo: *i)* por meio de reformas constitucionais formais, como ocorreu na Colômbia, por exemplo; *ii)* por meio de substituição da Constituição por uma nova, como ocorreu na Venezuela, por exemplo; e *iii)* por meio de modificações constitucionais sem alteração do texto constitucional (mutação constitucional), como ocorreu na Bolívia, em que o Tribunal Constitucional Plurinacional da Bolívia, em 2016, contrariado o texto expresso da Constituição da Bolívia e o resultado de um plebiscito realizado no mesmo ano que rejeitou modificar a Constituição, decidiu que o então Presidente, Evo Morales, poderia se reeleger de forma ilimitada.

No Brasil, vivenciamos a ascensão do constitucionalismo abusivo, da ortodoxia e das ideias totalitaristas com a eleição de Jair Bolsonaro, que vem tentando minar os espaços democráticos e o pluralismo, diminuindo direitos dos mais pobres com reformas constitucionais e legais (trabalhistas, previdenciárias etc.), enfraquecendo o combate a corrupção e o controle sobre a legalidade dos atos do governo (interferências diretas em investigações da Polícia Federal, no COAF, nova Lei de Abuso de Autoridade, edição de Medidas Provisórias objetivando colocar sobre sigilo documentos do Estado e outras objetivando não divulgar dados de gastos públicos etc.), ameaçando os demais Poderes sempre que eles tomam decisões que contrariam sua vontade ou que impõem o necessário controle à Administração Pública (participando de manifestações que pedem um golpe militar com Bolsonaro como Presidente e o fechamento do Congresso Nacional e do STF, proferindo discursos em tom intimidador referindo-se à uma suposta "intervenção militar constitucional", postando mensagens diretas e indiretas ao Congresso Nacional e ao STF na tentativa de intimidá-los em suas decisões etc.).

Mas, como conter o constitucionalismo abusivo? A doutrina[51] apontas diversas propostas, dentre as quais, podemos destacar as seguintes:

a) Adotar cláusulas de substituição (cláusulas de *reemplazo*) no texto da atual Constituição, que consiste em estabelecer na própria Constituição as hipóteses em que ela pode ser substituída e a forma como isso deve ocorrer;

b) Conferir à Corte Constitucional o poder de chancela das modificações constitucionais e/ou da substituição da Constituição por uma nova;

50. LANDAU, David. *Abusive Constitucionalism*. UC Davis Law Riview, EUA, v.47, n.1, p. 189-260, 2013.
51. NUNES JÚNIOR, Flávio Martins A. Curso de Direito Constitucional. 3. ed. São Paulo: RT, 2019, p. 117.

c) Criar um Tribunal Constitucional Internacional, que tenha o poder de declarar inválidas modificações e substituições constitucionais abusivas;

d) Fortalecer a "vontade de Constituição" (*Wile zur Verfassung*), que, nas palavras de Konrad Hesse, "*indubitavelmente, constitui a maior garantia de sua força normativa*".[52]

Dentre as propostas elencadas, as que nos parecem mais legítimas, democráticas e eficientes sãos as duas últimas, isto é, criar um Tribunal Constitucional Internacional, por meio de tratados internacionais, que possa invalidar as modificações e as substituições constitucionais abusivas, penalizando o país que não cumprir essas invalidações com sanções econômicas, comerciais e políticas rígidas, que realmente desencorajem o seu descumprimento, além de fortalecer a vontade de Constituição, através da educação jurídica no ensino fundamental e médio, com ênfase no Direito Constitucional e nos direitos mais relevantes do dia a dia do povo (como o direito do consumidor e os direitos do trabalhador, por exemplo) e mediante programas e políticas públicas de conscientização da importância da Constituição na vida do povo.

15. QUADRO SINÓPTICO

<table>
<tr><th colspan="3">CAPÍTULO II – CONSTITUCIONALISMO</th></tr>
<tr><td>Conceito</td><td colspan="2">Movimento político-ideológico, pautado no ideal de liberdade humana, que busca limitar e controlar o exercício do Poder Político, opondo-se a governos arbitrários, totalitários e ditatoriais, independentemente de época e lugar, podendo ser encontrado em qualquer espaço-tempo de uma sociedade organizada que tenha buscado limitar os poderes dos governantes.</td></tr>
<tr><td>Origem</td><td colspan="2">Sua origem remonta à Antiguidade Clássica, mais precisamente, ao povo hebreu, do qual partiram as primeiras manifestações com objetivo de estabelecer uma organização política pautada na limitação do exercício do poder absoluto, podendo-se identificar naquela sociedade uma limitação do exercício do poder dos governantes pela sua submissão à "lei do Senhor".</td></tr>
<tr><td>Constitucionalismo Antigo</td><td colspan="2">Durante a Antiguidade é possível verificar-se vários movimentos constitucionalistas que visavam limitar o exercício do poder do Estado e, até mesmo, reconhecer direitos "fundamentais" aos seus cidadãos. Os principais exemplos de constitucionalismo encontrados, além do constitucionalismo Hebreu, são o constitucionalismo Grego (sobretudo na Cidade-Estado de Atenas, na qual vigorou, inclusive, um regime de democracia direta) e Romano (sobretudo, no período republicano, marcado pela figura do Senado, pela ideia de República e pelo estabelecimento de leis escritas, bem como pela instituição de um sistema de freios e contrapesos que dividia e limitava o exercício do poder entre os órgãos políticos).</td></tr>
<tr><td rowspan="2">Constitucionalismo Medieval</td><td colspan="2">O único exemplo constatado no mundo ocidental de um movimento constitucionalista na Idade Média, ocorreu na Inglaterra, a partir do contexto político que culminou com a assinatura da Magna Carta (1215), e que se desenvolveu fortemente ao longo dos séculos seguintes, sedimentando-se com a Glorious Revolution, que submeteu o Rei ao Parlamento Inglês e estabeleceu o Bill of Rights (1689), votado pelo Parlamento e assinado pelo Rei. Esse movimento é conhecido como constitucionalismo material inglês.</td></tr>
<tr><td>Principais Características</td><td>Monarquia Parlamentar;
Supremacia do Parlamento;
Responsabilidade Parlamentar do Governo;
Independência do Poder Judiciário;
Carência de um sistema formal de direito administrativo;
Importância das Convenções Constitucionais.</td></tr>
</table>

52. HESSE, Konrad. A força normativa da Constituição. Porto Alegre; Sergio Antonio Fabris Editor, 1991.

<table>
<tr>
<td rowspan="4">Constitucionalismo Moderno</td>
<td colspan="3">O Constitucionalismo moderno é aquele estabelecido sob os fundamentos da Idade Moderna, marcando-se por ser um movimento ideológico inspirado no pensamento iluminista, que se opunha aos governos absolutistas e a dogmatização das pessoas pela igreja, caracterizando-se pela defesa da liberdade, da igualdade, da democracia, da separação e limitação dos poderes e dos direitos fundamentais do cidadão.
Essa fase do constitucionalismo inicia-se no período das revoluções liberais burguesas do final do séc. XVIII e se desenvolve até, pelo menos, o período beligerante findado em meados do séc. XX.
Surge vinculado à ideia de Constituição escrita e rígida, devendo-se compreender a Constituição como um documento jurídico sistematizado fundamental e supremo, que consiste no parâmetro de validade das demais normas e que só pode ser alterado por um processo legislativo especial e solene previsto no próprio texto constitucional.
O constitucionalismo moderno passa por duas fases: 1ª) Constitucionalismo Liberal e 2ª) Constitucionalismo Social.</td>
</tr>
<tr>
<td rowspan="3">Liberal</td>
<td colspan="2">Tem como marco histórico as revoluções liberais burguesas do final do séc. XVIII;
Funda-se no Estado Liberal de Direito;
Tem como marco econômico o liberalismo econômico;
A base de seus direitos é o princípio de liberdade;
Caracteriza-se pela consagração de direitos civis e políticos de natureza individual, liberal, privatista e negativa, a exigir, predominantemente, abstenções do Estado;
Tem como marco jurídico-constitucional, a Constituição dos Estados Unidos da América do Norte (1787) e a Constituição da França (1791).</td>
</tr>
<tr>
<td>E.U.A.</td>
<td>O constitucionalismo liberal dos Estado Unidos da América do Norte tem como plano de fundo as ideias de liberdade e limitação do poder, tendo eclodido paralelamente com o movimento de independência das Treze Colônias inglesas na América do Norte.
<u>Principais Características:</u>
Elaboração da primeira Constituição escrita e dotada de rigidez (1787);
Consagração da ideia de supremacia da Constituição;
Estabelecimento do controle judicial de constitucionalidade das normas;
Instituição da forma federativa de Estado;
Criação do sistema presidencialista de governo;
Adoção da forma republicana de governo;
Adoção do regime político democrático;
Estabelecimento de um sistema de rígida e equilibrada separação de poderes;
Fortalecimento e independência do Poder Judiciário;
Declaração de direitos fundamentais (1791).</td>
</tr>
<tr>
<td>França</td>
<td>O constitucionalismo liberal francês tem como plano de fundo as ideias iluministas, tendo eclodido paralelamente à Revolução Francesa, que visava destruir o Ancien Régime e derrubar o absolutismo, buscando a separação dos poderes e a garantia de direitos fundamentais aos cidadãos.
<u>Principais Características:</u>
Elaboração de várias constituições escritas ao longo do processo revolucionário;
Monarquia Constitucional;
Limitação dos poderes do Rei;
Adoção da separação dos poderes, ainda que de forma mais tênue do que nos E.U.A.;
Distinção entre Poder Constituinte Originário e Poder Constituinte Derivado;
Declaração de direitos fundamentais (1789).</td>
</tr>
</table>

Constitucionalismo Moderno	**Social**	Tem como marco histórico as **revoluções sociais** do início do séc. XX; Funda-se no **Estado Social de Direito**; Tem como marco econômico uma **visão social da economia**, seja pela adoção de um Estado de bem-estar social, seja pela adoção de um modelo socialista; A base de seus direitos é o **princípio de igualdade**; Caracteriza-se pela consagração de **direitos sociais, econômicos e culturais** de natureza individual e coletiva, bem como positiva e prestacional, a exigir, predominantemente, ações do Estado; Tem como marco jurídico-constitucional, a Constituição Mexicana (1917) e a Constituição de Weimar (1919).
Constitucionalismo Contemporâneo ou neoconstitucionalismo	Movimento político-ideológico de limitação do exercício do poder do Estado que emerge em meados do séc. XX, como forma de **reação jurídico-constitucional aos horrores vivenciados durante a Segunda Guerra Mundial**, tendo como foco principal a **proteção e promoção da pessoa humana e de seus direitos fundamentais**, marcando-se pela **normatividade e supremacia da Constituição.**	
	Principais Características	Rigidez constitucional; Reconhecimento da Força Normativa da Constituição; Reconhecimento da Força Normativa dos Princípios; Centralidade da dignidade da pessoa humana e dos direitos fundamentais a ela inerentes; Reaproximação entre direito e moral e desenvolvimento de uma nova filosofia do direito (pós-positivismo); Expansão da jurisdição constitucional; Desenvolvimento de uma hermenêutica constitucional própria; Constitucionalização do direito, com irradiação das normas constitucionais por todo o sistema jurídico; Judicialização da política; Defesa do sistema democrático.
Constitucionalismo Globalizado	Movimento político-ideológico que **busca estabelecer um complexo normativo-constitucional único que sirva para todos os países**, sobrepondo-se ao direito constitucional interno de cada Estado, tendo como plano de fundo, especialmente, a dignidade da pessoa humana e os direitos fundamentais inerentes a ela, fundados no ***jus cogens*** internacional, que se estabeleceria como fundamento de validade para as Constituições dos Estados.	
Constitucionalismo plurinacional da América Latina	Também chamado de constitucionalismo democrático latino-americano, constitucionalismo pluralista andino ou indígena, entre outras formas, **remete-nos aos movimentos interculturais político-ideológicos latino-americanos, estruturados na ideia de Estado plurinacional** que reconhece na Constituição o direito à diversidade e à identidade, ampliando os conceitos de legitimidade e participação popular, especialmente em relação às populações historicamente excluídas pelo direito, como as populações indígenas e afrodescendentes.	
Constitucionalismo do Futuro	**Tese** que tenta estabelecer (prever) quais seriam os **valores fundamentais das Constituições do futuro**, apontando basicamente sete: verdade, consenso, solidariedade, continuidade, participação, integração e universalização.	
Transconstitucionalismo	Consiste no **entrelaçamento cooperativo entre sistemas jurídicos distintos** (estatais, transnacionais e internacionais) a partir da compreensão da **Constituição enquanto norma que permite e viabiliza o acoplamento estrutural entre o sistema jurídico pátrio e os outros sistemas jurídicos**, de forma a permitir uma constante troca de conhecimento e práticas de natureza constitucionais.	
Constitucionalismo Popular	É um movimento de **limitação do poder hermenêutico** (da amplitude interpretativa, aplicativa, integrativa e construtiva) **do Poder Judiciário** e, especialmente do Tribunal Constitucional, **de rever a constitucionalidade das leis** e, consequentemente, sua validade, defendendo a abolição do *judicial review* (revisão judicial de validade das normas jurídicas) e uma **intensa participação popular** na determinação do significado da Constituição.	

Constitucionalismo Democrático	É um movimento que busca implementar uma maior participação popular nos processos de controle de constitucionalidade, sem deixar de reconhecer o importante papel técnico de interpretação realizado pelas Cortes Constitucionais, que têm legitimidade para dar a última palavra em matéria constitucional, mas devem fazê-lo com base nos valores democráticos e republicanos, o que inclui seu papel contramajoritário de defesa dos direitos das minorias. Segundo os autores do constitucionalismo democrático, é importante que a Corte Constitucional, ao decidir, leve em consideração o chamado ***efeito backlash***, compreendido como o movimento de alta rejeição e reprovação de certa decisão judicial, acompanhado da adoção de medidas de resistência que buscam minimizar sua efetividade, tornando-a inócua.
Constitucionalismo Autoritário	Ocorre em Estados cujo Governo não está efetivamente comprometido com a **Constituição**, de modo que Ela acaba servindo **como documento "legitimador" do exercício de um poder arbitrário.** Assim, o constitucionalismo autoritário revela-se como o constitucionalismo instituído por Estados totalitaristas e ditatoriais para "mascarar" de democrático o Governo e "legitimar" o poder (e a perpetuação do poder) dos Governantes.
Constitucionalismo Abusivo	Consiste no **uso abusivo dos mecanismos constitucionais de modificação ou substituição da Constituição**, conduzindo o Estado na contramão do pluralismo e da democracia e rumo ao totalitarismo e a ortodoxia, tornando-o cada vez menos democrático, de forma sútil e aparentemente legítima do ponto de vista jurídico.

Capítulo III
PODER CONSTITUINTE

1. CONCEITO E ORIGEM

O Poder Constituinte consiste no poder jurídico-político de elaborar, criar e instituir a Constituição de um determinado Estado, bem como alterar, reformar e complementar essa Constituição.

Sua ***origem***, enquanto "poder", bem como as discussões jurídicas acerca de sua existência e natureza, em que pese encontrem raízes remotas na Antiguidade Clássica, estão diretamente ligadas ao surgimento das *Constituições escritas*, especialmente a partir do *movimento constitucionalista do século XVIII*, destacando-se as lições de ***Emmanuel Sieyès***,[1] que, em sua obra ***O que é o Terceiro Estado?***, distinguiu o Poder Constituinte de seus poderes constituídos, sendo o Poder Constituinte ilimitado, autônomo, incondicionado e permanente, enquanto os poderes constituídos seriam limitados e condicionados, vez que se subordinam à Constituição.

2. ESPÉCIES

O Poder Constituinte pode ser dividido em razão de suas funções. Assim, temos: ***a) Poder Constituinte Originário***, aquele que elabora, cria e institui a Constituição, dando origem a uma nova ordem jurídica constitucional; ***b) Poder Constituinte Derivado***, aquele constituído pela Constituição e que se destina a alterá-la, reformá-la e complementá-la.

Ocorre que o Poder Constituinte Derivado, também, pode ser dividido em razão de suas funções, havendo: ***b.1) Poder Constituinte Derivado de Reforma***, aquele que se destina a promover alterações (reformas e revisões) no texto constitucional; ***b.2.) Poder Constituinte Derivado Decorrente***, aquele que visa complementar a ordem constitucional.

Além disso, o Poder Constituinte Derivado de Reforma, no constitucionalismo brasileiro, possui uma divisão, sendo: ***b.1.1.) Poder Constituinte Derivado de Reforma Reformador*** (ou simplesmente Poder Constituinte Reformador), aquele que se destina a realizar alterações específicas e pontuais do texto constitucional; ***b.1.2.) Poder Constituinte Derivado de Reforma Revisor*** (ou simplesmente Poder Constituinte Revisor), aquele que se destina a realizar alterações gerais ou globais do texto constitucional.

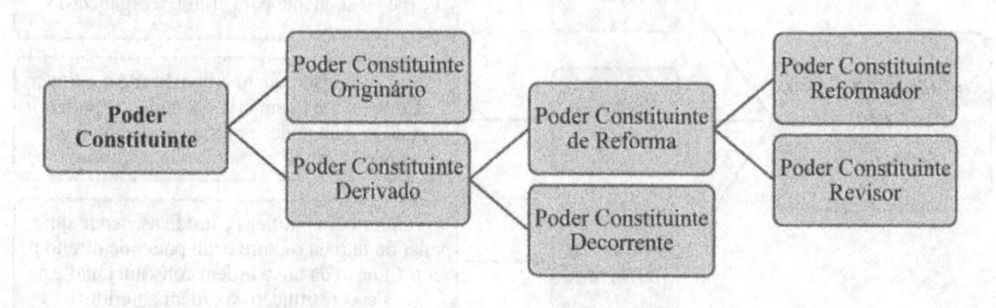

1. SIEYÈS, Emmanuel Joseph. A Constituinte Burguesa (Qu'est-ce que le Tiers État?). 4.ed. Rio de Janeiro: Lumen Juris, 2001.

3. PODER CONSTITUINTE ORIGINÁRIO

O Poder Constituinte Originário consiste no ***poder de criar a Constituição***, *isto é, poder que dá origem a uma Constituição, constituindo uma nova ordem constitucional e, consequentemente, desconstituindo a anterior.*

Trata-se de um poder a ser exercido em um momento social extraordinário no qual se observa uma ***ruptura jurídico-política***, surgindo, assim, por meio de uma revolução, um golpe de estado ou mesmo de um consenso jurídico-político, que ensejará o fim da ordem constitucional anterior e o surgimento de uma nova ordem constitucional.[2]

3.1 Natureza

Há na doutrina constitucionalista três correntes teóricas que buscam explicar a natureza jurídica do Poder Constituinte Originário:

1) *PODER DE DIREITO:* a primeira corrente teórica, defendida pela Escola Jusnaturalista, afirma que o Poder Constituinte Originário é um poder de direito, vez que o Poder Constituinte é anterior ao Estado, já que existe justamente para instituí-lo e organizá-lo, de modo que a noção de direito já existiria antes mesmo do Estado ser instituído, assim o "poder criador" é um poder de direito anterior ao próprio Estado, fundamentando-se em um direito natural anterior e superior a qualquer direito positivo.[3]

2) *PODER DE FATO:* a segunda corrente teórica, defendida pela Escola Juspositivista, afirma que o Poder Constituinte Originário é um Poder de Fato, pois, para os seus defensores, não há direito antes da instituição do Estado. Assim, se o Poder Constituinte institui o Estado e o Estado é quem cria o direito, não é possível que o Poder Constituinte tenha uma natureza normativa (de direito), já que não há direito antes de existir o Estado. Deste modo, o Poder Constituinte possui natureza política, consistindo em um poder de fato, que funda a si próprio e é resultado das forças sociais que o estabelecem.[4]

3) *NATUREZA HÍBRIDA:* a terceira corrente teórica, defende que o Poder Constituinte Originário possui natureza híbrida, tendo feições políticas e jurídicas, sendo que na ruptura seria um poder de fato, por outro lado, na desconstituição da ordem anterior e na constituição da nova ordem constitucional seria um poder de direito.

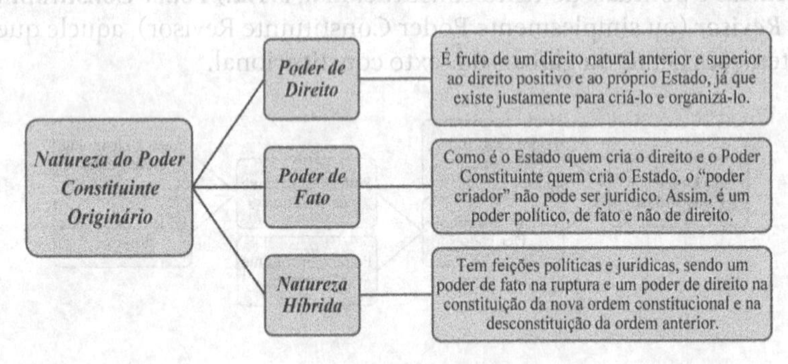

2. FERNANDES, Bernardo G. Curso de Direito Constitucional. 8.ed. Salvador: Juspodivm, 2016, p. 122.
3. MASSON, Nathalia. Manual de Direito Constitucional. 6.ed. Salvador: Juspodivm, 2018, p. 115.
4. Ibidem, idem.

3.2 Titularidade

A titularidade do Poder Constituinte Originário diz respeito a quem é legitimamente detentor do poder de desconstituir a ordem anterior e constituir a nova ordem constitucional, instituindo e organizado o Estado. Em relação à titularidade do Poder Constituinte Originário há duas há duas visões, uma clássica e uma moderna.

Numa ***compreensão clássica***, o Poder Constituinte Originário pertence à *nação* (conceito sociológico). Essa visão é defendida por Emmanuel Sieyès,[5] a partir do entendimento de que haveria uma identificação entre o povo e seus representantes e estes se reuniriam em Assembleia Constituinte para criar o texto constitucional dentro dos valores dominantes daquele povo, sob pena de não reconhecimento dos trabalhos dessa Assembleia como exercício do Poder Constituinte Originário.

O conceito de nação reside na ideia de uma uniformidade de valores culturais, linguísticos, econômicos, políticos, jurídicos, éticos, religiosos etc. compartilhados por um determinado povo, o que faz com que a legitimidade do exercício do Poder Constituinte Originário, na compreensão clássica, esteja atrelada ao acolhimento desses valores dominantes pela Constituição.

Numa ***compreensão moderna***, o Poder Constituinte Originário deixa de pertencer à nação e passa a pertencer ao *povo* (conceito jurídico). Essa visão identifica como titular do poder constituinte todo o povo (e não apenas parte dele), independentemente das diferenças culturais, sociais, religiosas, econômicas, políticas, jurídicas etc. que possam haver entres os diversos grupos da sociedade, devendo a Constituição representar os valores de todo o povo e não apenas dos grupos dominantes e majoritários.[6]

Assim, a legitimidade do Poder Constituinte Originário reside numa normatização pluralista e tolerante que crie uma Constituição que respeite as diferenças existentes no seio da sociedade, sem suprimir direitos das minorias, vez que o Poder Constituinte Originário pertence ao povo todo e não apenas a uma parcela dele, ainda que se trate de uma parcela majoritária.

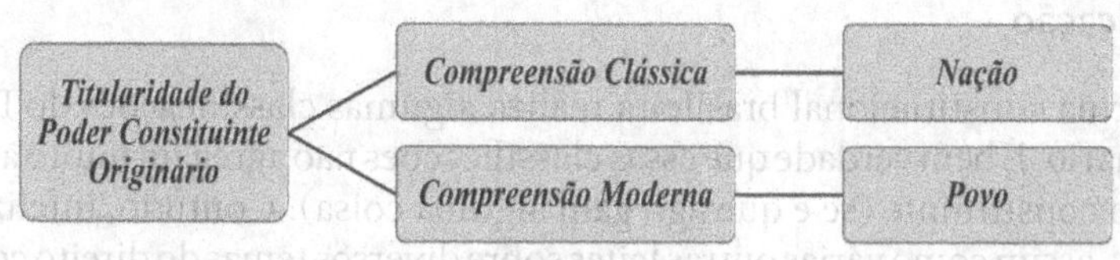

3.3 Formas de expressão/exercício

Uma vez identificada a titularidade do Poder Constituinte Originário, é preciso entender como pode se dar o seu exercício, já que o exercício do poder pode se dar pelo povo, por seus representantes ou mesmo por um corpo distinto que sequer represente o povo. Assim, diz-se que o Poder Constituinte Originário pode ter um ***i) exercício democrático*** ou um ***ii) exercício autocrático***.

5. SIEYÈS, Emmanuel Joseph. A Constituinte Burguesa (Qu'est-ce que le Tiers État?). 4.ed. Rio de Janeiro: Lumen Juris, 2001.
6. SOUZA CRUZ, Álvaro Ricardo. Poder Constituinte e Patriotismo Constitucional. Belo Horizonte: Editora PUC Minas, 2006.

O ***exercício democrático*** do poder constituinte desenvolve-se, como regra, pelos trabalhos de uma ***Assembleia Constituinte*** ou de uma ***Convenção Constituinte*** e funda-se no respeito à ***soberania popular***, vez que a Constituição deve ser criada com a participação daqueles que irão ser regidos por ela. Este exercício democrático pode se manifestar por um ***processo democrático representativo***, no qual o povo, livremente, elege seus representantes e esses fazem a Constituição; ou por um ***processo democrático direto***, no qual, além do povo eleger seus representantes para que esses façam a Constituição, há uma participação popular direta pela qual o povo, mediante ***plebiscito***, decide previamente sobre questões primordiais que devem ser previstas no texto constitucional a ser elaborado; ou, mediante ***referendum***, aprova ou não os trabalhos desenvolvidos por seus representantes. *A Constituição da República Federativa do Brasil de 1988 foi fruto de um processo democrático representativo.*

O ***exercício autocrático*** do poder constituinte dá-se quando não há a participação popular no processo de elaboração da Constituição, fundando-se no desrespeito à vontade popular, podendo ocorrer pela imposição de um Imperador (como a Constituição do Brasil de 1824), de um ditador (como a Constituição do Brasil de 1937), de uma facção política (como a Constituição da União Soviética de 1919), ou, ainda, pela imposição e pressão de potências estrangeiras (como a Constituição Japonesa de 1947, aprovada em face de forte pressão exercida pelas potências ocidentais que se sagraram vitoriosas ao fim da Segunda Guerra Mundial, sobretudo, dos Estado Unidos da América do Norte).[7]

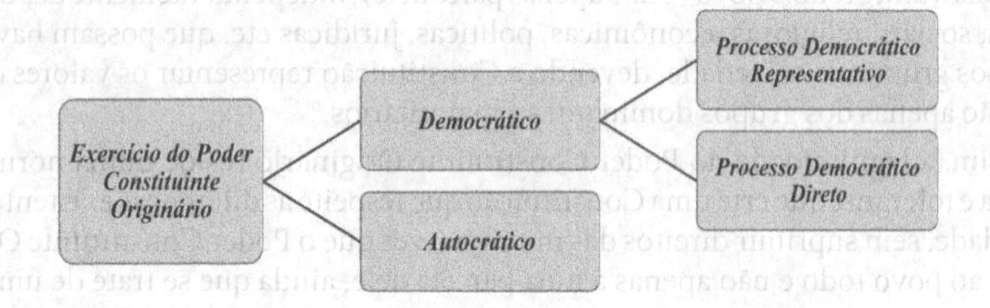

3.4 Classificação

A doutrina constitucional brasileira realiza algumas classificações do Poder Constituinte Originário. É bem verdade que essas classificações não agregam muito à boa cognição do fenômeno constituinte (se é que agregam alguma coisa). Contudo, infelizmente, essas classificações, assim como várias outras feitas sobre diversos temas do direito constitucional, acabam sendo exigidas por concursos públicos e pelo Exame de Ordem, sendo impossível deixar de estudá-las.

Assim, quanto à ***manifestação histórica (ou momento da manifestação)***, o Poder Constituinte Originário pode ser classificado em: ***a) Fundacional (ou Histórico)***, sendo aquele que institui a primeira Constituição de um determinado Estado, tendo se manifestado no Brasil com a Constituição do Império de 1824; ***b) Pós-fundacional (ou Revolucionário)***, sendo fruto de uma ruptura constitucional, de modo a ensejar a revogação da Constituição anterior e a elaboração de uma nova Constituição.

Já quanto à ***dimensão***, o Poder Constituinte Originário pode ser classificado em: ***a) Material***, caracterizando-se por ser o conjunto de forças político-sociais que irão ensejar

7. FERNANDES, Bernardo G. Curso de Direito Constitucional. 8.ed. Salvador: Juspodivm, 2016, p. 128.

a criação da nova Constituição, sendo, portanto, a ideia de direito que guiará a elaboração da Constituição. Por isso, se diz que a dimensão material é anterior à formal; *b) Formal*, caracterizando-se por formalizar normativamente na Constituição aquilo que fora pensado e idealizado pelo poder constituinte material, manifestando-se através do "grupo" encarregado de redigir a Constituição.[8]

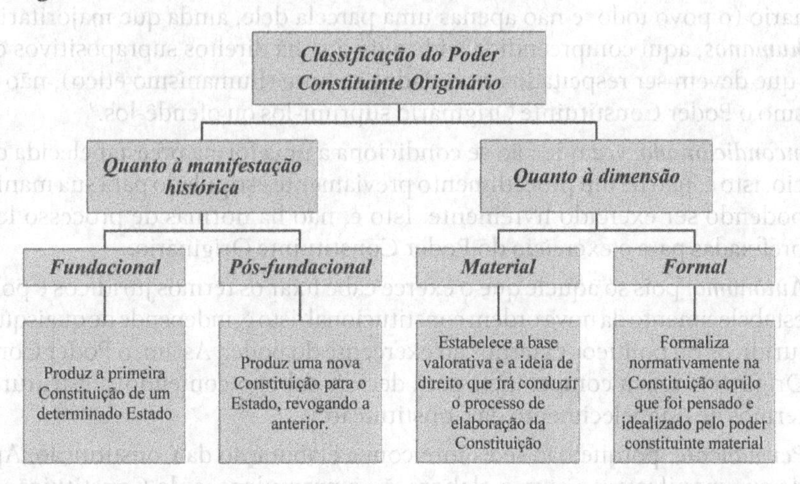

3.5 Características

Tradicionalmente, a doutrina constitucionalista afirma que o Poder Constituinte Originário se caracteriza por ser: *a) inicial; b) ilimitado; c) incondicionado; d) autônomo*; e *e) permanente*.

a) ***Inicial:*** pois dá início a uma nova ordem jurídico-constitucional, constituindo um novo texto constitucional, estabelecendo novas bases normativas e políticas para o Estado, instituindo-o e organizando-o. Diz-se que o Poder Constituinte Originário é inicial, pois ele tem o condão de inaugurar um novo sistema político-normativo e pôr fim ao sistema anterior. Assim, constitui a nova Constituição (criando-a) e, concomitantemente, desconstitui a Constituição anterior (revogando-a), podendo-se dizer que é um poder constituinte e desconstituinte ao mesmo tempo.

b) ***Ilimitado:*** segundo a doutrina brasileira majoritária, com base na teoria positivista, o Poder Constituinte Originário seria ilimitado porque não possuiria nenhum limite de conteúdo, vez que se trata de um poder de fato (natureza jurídica do poder constituinte, segundo a Escola Juspositivista), consistindo num verdadeiro "marco zero" que não se sujeita a qualquer limitação, podendo, em tese, inserir na nova Constituição normas de quaisquer espécies e conteúdos, por mais absurdos que esses conteúdos possam parecer.

Obviamente essa característica vem sendo objeto de constantes *críticas* e, consequentemente, tem sofrido uma importante releitura, especialmente, após os horrores vivenciados durante a Segunda Guerra Mundial. Assim, *boa parte da doutrina constitucionalista contemporânea, acertadamente, defende que o* ***Poder Constituinte Originário é limitado***, pois

8. CARVALHO, Kildare G. Direito Constitucional. 20.ed. Belo Horizonte: Del Rey, 2013. v. 1., p. 272 e ss.

deve se sujeitar sim a limitações, especialmente de três ordens: *i) espaciais*, porque que o seu exercício está limitado a um determinado espaço territorial; *ii) culturais*, pois o poder constituinte deve respeitar a cultura total do povo, sob pena de ter-se uma Constituição que não reflete a pluralidade de valores da sociedade que ela irá reger, estando fadada ao fracasso e caracterizando-se por ser ilegítima já que o povo é quem é o titular do Poder Constituinte Originário (o povo todo, e não apenas uma parcela dele, ainda que majoritária); *iii) de direitos humanos*, aqui compreendida a ideia de que há direitos suprapositivos da pessoa humana que devem ser respeitados e tutelados sempre (humanismo ético), não podendo nem mesmo o Poder Constituinte Originário suprimi-los ou ofendê-los.[9]

c) *Incondicionado:* vez que não se condiciona a uma forma preestabelecida de exercício, isto é, não há um procedimento previamente estipulado para sua manifestação, podendo ser exercido livremente. Isto é, não há normas de processo legislativo prefixadas para o exercício do Poder Constituinte Originário.

d) *Autônomo:* pois só àquele que o exerce cabe fixar os termos jurídicos e políticos do estabelecimento da nova ordem constitucional, isto é, independe de quaisquer fatores jurídicos ou políticos externos ao exercente do poder. Assim, o Poder Constituinte Originário tem a competência para decidir sobre o conteúdo, a estruturação e os termos de estabelecimento da Constituição.

e) *Permanente:* porque não se exaure com a elaboração da Constituição. Após o fim de sua manifestação com a elaboração e promulgação da Constituição, o Poder Constituinte Originário "hiberna", podendo ser ativado a qualquer momento pela vontade soberana de seu titular, o povo.

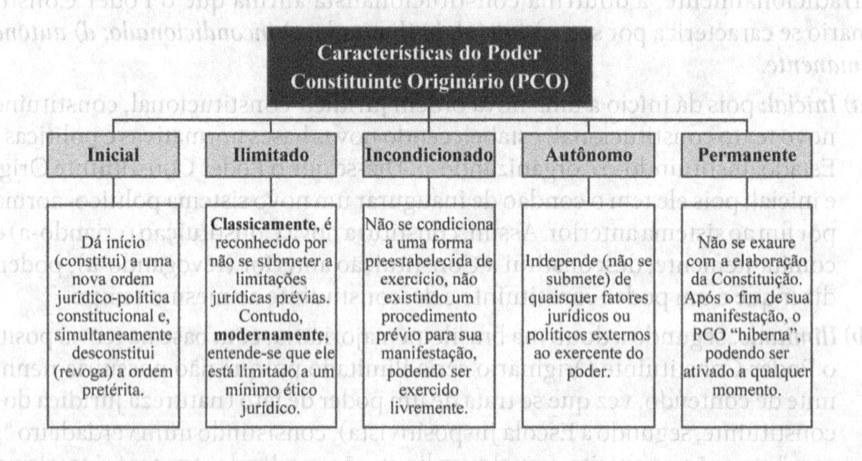

3.6 Poder Constituinte Originário e direitos adquiridos

A Constituição da República Federativa do Brasil assegura em seu art. 5º, XXXVI, que *"a lei não prejudicará o direito adquirido, o ato jurídico perfeito e a coisa julgada"*. Já a Lei de Introdução às normas do Direito Brasileiro (LINDB), em seu art. 6º, § 2º, conceitua direitos adquiridos como sendo *"os direitos que o seu titular, ou alguém por ele, possa exercer, como*

9. FERNANDES, Bernardo G. Curso de Direito Constitucional. 8.ed. Salvador: Juspodivm, 2016, p. 128.

aqueles cujo começo do exercício tenha termo pré-fixo, ou condição pré-estabelecida inalterável, a arbítrio de outrem".

Nesses termos, à luz do sistema jurídico brasileiro, ***direitos adquiridos*** são aqueles que o titular já preencheu todos os requisitos normativos para sua obtenção, contudo não começou a desfrutá-los.

Como vimos, quanto à lei não há dúvidas, ela realmente não pode prejudicar os direitos adquiridos, nos termos do art. 5º, XXXVI, da CF/88. Mas, e uma nova Constituição? Isto é, ***o Poder Constituinte Originário pode prejudicar o direito adquirido ao criar uma nova Constituição?***

Ora, o Poder Constituinte Originário é inicial e ilimitado, dando início a uma nova ordem jurídica sem submeter-se, em regra, a direito pretérito. Deste modo, parece-nos óbvio que ***a nova Constituição poderá manter, modificar ou revogar o direito anterior, mesmo aquele considerado adquirido.***

Assim, a nova Constituição poderá determinar que se respeite determinado direito adquirido anteriormente, mantendo os benefícios dele advindos, como, também, poderá modificá-lo ou revogá-lo, até mesmo eliminando os benefícios, pois não existe direito adquirido contra a Constituição, já que ela é o fundamento de validade das demais normas do sistema jurídico.[10]

Nesse sentido, *o Supremo Tribunal Federal, em sua jurisprudência, não tem aceitado a invocação de direitos adquiridos contra a Constituição em vigor*, de modo que somente o próprio Poder Constituinte pode criar exceções ou regras transitórias para preservar o "direito adquirido".[11]

4. PODER CONSTITUINTE DERIVADO

O Poder Constituinte Derivado consiste no poder de direito constituído pela Constituição que se destina a alterá-la, reformá-la e complementá-la.

4.1 Características

O Poder Constituinte Derivado possui as seguintes características:

a) ***derivado/constituído/de 2º grau***, pois deriva do exercício do Poder Constituinte Originário, que o constituiu no texto da Constituição.

b) ***limitado***, pois, como está previsto e regulamentado pela Constituição, ela lhe impõe limites de ordens temporais, circunstanciais, procedimentais e materiais, expressas e implícitas, restringindo o seu exercício.

c) ***condicionado/subordinado***, pois só pode se manifestar em conformidade com as formas preestabelecidas pela Constituição, isto é, está condicionado a essas formalidades procedimentais para ser validamente exercido.[12]

---

10. Ibidem, idem.
11. Nesse sentido: RE 14.360, RDA n. 24/58; RE 74.284, RTJ n. 66/220; RE 140.894, DJ 09/08/1996.
12. CUNHA JR. Dirley da. Curso de Direito Constitucional. 9.ed. Salvador: Juspodivm, 2015, p. 204.

4.2 Espécies

O Poder Constituinte Derivado pode ser dividido em razão de suas funções, havendo um ***Poder Constituinte Derivado de Reforma***, aquele que se destina a promover alterações (reformas e revisões) no texto constitucional; e um ***Poder Constituinte Derivado Decorrente***, aquele que visa complementar a ordem constitucional.

Além disso, o Poder Constituinte Derivado de Reforma, no constitucionalismo brasileiro, possui uma divisão em ***Poder Constituinte Derivado de Reforma Reformador*** (ou simplesmente Poder Constituinte Reformador), aquele que se destina a realizar alterações específicas e pontuais do texto constitucional; e ***Poder Constituinte Derivado de Reforma Revisor*** (ou simplesmente Poder Constituinte Revisor), aquele que se destina a realizar alterações gerais ou globais do texto constitucional.

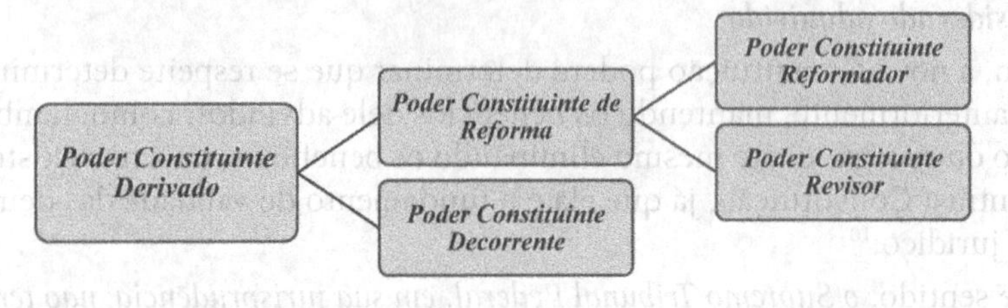

Assim, faz-se necessário um estudo específico e separado acerca de cada uma das espécies do Poder Constituinte Derivado: *a) Poder Constituinte Reformador, b) Poder Constituinte Revisor e c) Poder Constituinte Decorrente.*

5. PODER CONSTITUINTE REFORMADOR

O Poder Constituinte Reformador consiste no poder derivado de reforma que se destina a realizar alterações específicas e pontuais do texto constitucional, diferenciando-se do Poder Constituinte Revisor, que consiste no poder derivado de reforma que se destina a realizar alterações gerais ou globais do texto constitucional.

Poder Constituinte Reformador	Poder Constituinte Revisor
Poder derivado de reforma que se destina a realizar alterações específicas e pontuais do texto constitucional.	Poder derivado de reforma que se destina a realizar alterações gerais ou globais do texto constitucional.

A ***alteração da Constituição é uma necessidade lógica*** da sua pretensão de durabilidade, já que um sistema normativo imutável tende ao fracasso por não conseguir acompanhar as evoluções sociais, culturais, econômicas, jurídicas, políticas etc. Obviamente, o que se busca é que a Constituição mantenha o seu espírito, o seu núcleo essencial e vá se transformando de acordo com a evolução social (como, também, transformando a sociedade).

Assim, uma Constituição imutável é uma constituição fadada ao fracasso por não conseguir acompanhar as evoluções sociais, do mesmo modo que uma Constituição cujo texto é alterado o tempo todo, pois tende a perder sua identidade, transformando-se numa verdadeira "colcha de retalhos" que o povo não consegue sequer conhecer, menos ainda entender, respeitar e seguir. Daí, surge a *necessidade que o **Poder Constituinte Reformador** se **submeta a limites, expressos e implícitos,*** de modo a proteger a identidade da Constituição e a integridade lógica e valorativa de seu texto.

Nesse contexto, todas *as Constituições brasileiras* sempre adotaram uma *rigidez* em seus textos constitucionais, sendo a Constituição do Império de 1824 semirrígida e todas as demais rígidas, inclusive a atual, impondo procedimentos de alteração especiais que tornam a modificação do texto constitucional mais complexa, vez que suas exigências legislativas para a alteração da Constituição são mais robustas e mais difíceis de serem preenchidas do que as exigências legislativas necessárias para a alteração da legislação infraconstitucional.

Deste modo, para uma melhor compreensão deste tema, faz-se necessário um estudo detalhado dos limites expressos e implícitos ao Poder Constituinte Reformador no âmbito da Constituição da República Federativa do Brasil de 1988.

5.1 Limites expressos

A teoria do direito constitucional trabalha com quatro espécies de limitações ao Poder Constituinte Reformador: a) Limites Temporais; b) Limites Circunstanciais; c) Limites Formais; d) Limites Materiais. Vejamos cada um deles e, depois, façamos uma análise mais detida.

LIMITES EXPRESSOS AO PODER CONSTITUINTE REFORMADOR NA CF/88		
Circunstanciais	**Formais**	**Materiais**
Art. 60, §1º. A Constituição não poderá ser emendada na vigência de intervenção federal, de estado de defesa ou de estado de sítio.	Art. 60. A Constituição poderá ser emendada mediante proposta: I – de um terço, no mínimo, dos membros da Câmara dos Deputados ou do Senado Federal; II – do Presidente da República; III – de mais da metade das Assembleias Legislativas das unidades da Federação, manifestando-se, cada uma delas, pela maioria relativa de seus membros. §2º A proposta será discutida e votada em cada Casa do Congresso Nacional, em dois turnos, considerando-se aprovada se obtiver, em ambos, três quintos dos votos dos respectivos membros. §3º A emenda à Constituição será promulgada pelas Mesas da Câmara dos Deputados e do Senado Federal, com o respectivo número de ordem. §5º A matéria constante de proposta de emenda rejeitada ou havida por prejudicada não pode ser objeto de nova proposta na mesma sessão legislativa.	Art. 60, §4º. Não será objeto de deliberação a proposta de emenda tendente a abolir: I – a forma federativa de Estado; II – o voto direto, secreto, universal e periódico; III – a separação dos Poderes; IV – os direitos e garantias individuais.

5.1.1 Limites temporais

São limitações que ***impedem a alteração da Constituição durante determinado lapso temporal*** assegurando certa estabilização das relações jurídicas por um determinado período. Assim, instituído um limite temporal, durante aquele período a Constituição não poderá ser modificada.

A Constituição de 1988 não possui *limites temporais ao Poder Constituinte Reformador.* Na verdade, no âmbito do constitucionalismo brasileiro, ***apenas a Constituição do Império de 1824 fez previsão de limite temporal*** *ao Poder Constituinte Reformador*, mais precisamente em seu art. 174, que assim dispunha: *"Se passados quatro annos, depois de jurada a Constituição do Brazil, se conhecer, que algum dos seus artigos merece roforma, se fará a proposição por escripto, a qual deve ter origem na Camara dos Deputados, e ser apoiada pela terça parte delles".*

5.1.2 *Limites circunstanciais*

São limitações que *giram em torno de circunstancias excepcionais, **acontecimentos** (**políticos, jurídicos, sociais ou naturais**) **que impedem a alteração constitucional durante a sua duração***, assegurando-se a livre manifestação, a autonomia e o equilíbrio no exercício do Poder Constituinte Reformador, evitando-se modificações em momentos de grave instabilidade constitucional, nos termos da Constituição.

A Constituição de 1988 estabelece limites circunstanciais ao Poder Constituinte Reformador em seu art. 60, § 1º, que assim afirma: *"A Constituição não poderá ser emendada na vigência de intervenção federal, de estado de defesa ou de estado de sítio"*.

Deste modo, na vigência de ***Intervenção Federal***, ***Estado de Defesa*** ou ***Estado de Sítio***, a Constituição não poderá ser modificada, ficando suspensos os atos do processo legislativo de Emendas à Constituição que estiverem em tramitação.

5.1.3 *Limites formais*

São limitações procedimentais que *exigem a **observância de um processo legislativo especial para que as Emendas à Constituição sejam validamente aprovadas***, assegurando-se, assim, a rigidez da Constituição.

A Constituição da República Federativa do Brasil possui, expressamente, quatro limitações formais. Façamos uma análise detalhada de cada uma dessas disposições do texto constitucional:

LIMITES FORMAIS AO PODER CONSTITUINTE REFORMADOR NA CF/88
Art. 60. A Constituição poderá ser emendada mediante proposta: *I – de um terço, no mínimo, dos membros da Câmara dos Deputados ou do Senado Federal;* *II – do Presidente da República;* *III – de mais da metade das Assembleias Legislativas das unidades da Federação, manifestando-se, cada uma delas, pela maioria relativa de seus membros.*
• O art. 60, em seus incisos I, II e III, estabelece ***limites formais subjetivos*** ao Poder Constituinte Reformador, apresentando os legitimados a proporem Proposta de Emenda à Constituição (PEC), isto é, as pessoas que possuem ***iniciativa*** para deflagrar o processo de reforma constitucional. • Nesse ponto, há uma discussão de grande relevância acerca da possibilidade de ***Iniciativa Popular de PEC***. A ***doutrina majoritária e o STF defendem não ser possível*** a Iniciativa Popular das Propostas de Emenda à Constituição, pois esta possibilidade não está expressamente prevista nos incisos do art. 60, da CF/88. Em sentido contrário, partindo de uma *interpretação sistemática do texto constitucional*, tendo como fundamentos o princípio democrático (art. 1º, CF/88) e a soberania popular (art. 1º, parágrafo único, c/c art. 14, III, CF/88), *parte da doutrina constitucionalista, encabeçada pelo professor José Afonso da Silva, tem defendido a Iniciativa Popular das Propostas de Emenda à Constituição*, nos termos do art. 61, § 2º, da CF/88.[13] A nosso ver, é possível sim a Iniciativa Popular de PEC, vez que em um Estado Democrático de Direito todo poder emana do povo, de modo que se há um legitimado natural a iniciar uma reforma constitucional, esse legitimado é o próprio povo, titular do Poder Constituinte.
Art. 60, § 2º. A proposta será discutida e votada em cada Casa do Congresso Nacional, em dois turnos, considerando-se aprovada se obtiver, em ambos, três quintos dos votos dos respectivos membros.
• O § 2º, do art. 60, estabelece ***limitação formal objetiva*** *em relação à discussão e votação das Propostas de Emenda à Constituição*, que deverão ser votadas duas vezes na Câmara dos Deputados e no Senado Federal, em sessões distintas, devendo obter três quintos dos votos dos respectivos membros de cada casa para serem validamente aprovadas.

13. SILVA, José Afonso da. Curso de Direito Constitucional Positivo. 33.ed. São Paulo: Malheiros, 2010, p. 64.

LIMITES FORMAIS AO PODER CONSTITUINTE REFORMADOR NA CF/88
Art. 60, § 3º. A emenda à Constituição será promulgada pelas Mesas da Câmara dos Deputados e do Senado Federal, com o respectivo número de ordem.
• O § 3º, do art. 60, introduz uma ***limitação formal objetiva*** *concernente à fase de promulgação das Emendas à Constituição*, que deverão ser promulgadas pela Mesa da Câmara dos Deputados e pela Mesa do Senado Federal, e não pela Mesa do Congresso Nacional. • Aqui, é importante destacar que o Presidente da República não participa dessa fase nas PECs, ao contrário do que ocorre nos processos legislativos do bloco de legislação ordinária, possuindo apenas iniciativa para a propositura de PEC. Assim, é possível afirmar que *o Presidente da República não sanciona e não veta Proposta de Emenda à Constituição, bem como não promulga e não publica Emenda à Constituição.*
Art. 60, § 5º. A matéria constante de proposta de emenda rejeitada ou havida por prejudicada não pode ser objeto de nova proposta na mesma sessão legislativa.
• O § 5º, do art. 60, introduz uma ***limitação formal objetiva*** *que impede que uma Proposta de Emenda à Constituição rejeitada ou havida por prejudicada seja reproposta na mesma sessão legislativa, isto é, no mesmo ano legislativo.*

5.1.4 Limites materiais

São limitações de conteúdo que ***impedem que certos direitos previstos na Constituição sejam reformados de maneira tendente a abolir.***

Nesse sentido, dispõe o art. 60, § 4º, da CF/88 que *"não será objeto de deliberação a proposta de emenda tendente a abolir: I – a forma federativa de Estado; II – o voto direto, secreto, universal e periódico; III – a separação dos Poderes; IV – os direitos e garantias individuais"*.

Para um melhor estudo desse dispositivo, vamos dividir a sua abordagem em: *A) Cláusula Pétreas; B) A Expressão "tendente a abolir"; C) Deliberação de PEC Tendente a Abolir Cláusulas Pétreas; D) Análise Específica das Cláusulas Pétreas.*

A) Cláusula Pétreas

Os limites materiais ao Poder Constituinte Reformador elencados no art. 60, § 4º, da CF/88, em que pese algumas críticas, têm sido denominados pela doutrina constitucional brasileira como "cláusulas pétreas", entendidas como ***cláusulas com núcleo material irredutível, cujo conteúdo mínimo deve ser protegido, não podendo ser suprimido por Emendas à Constituição.***

O termo *cláusula pétrea*, em que pese consagrado na doutrina brasileira, remete a uma petrificação, ou imutabilidade do direito nela consagrado. Nada obstante, não nos parece ser essa a intenção do constituinte originário de 1988, já que ao invés de dizer que essas cláusulas são imodificáveis (petrificadas), disse apenas que elas não podem ser modificadas de maneira tendente a abolir, o que quer dizer algo muito diferente.

De todo modo, como o termo é consagrado na doutrina e na jurisprudência, iremos utilizá-lo. Contudo, não o utilizaremos fazendo referência a uma cláusula imodificável, mas sim a uma cláusula com núcleo material irredutível. Isto é, seguiremos a corrente (que nos parece majoritária e, também, seguida pelo STF) que afirma que ***o direito previsto como cláusula pétrea pode sim ser modificado, mas seu núcleo essencial não pode ser reduzido.***

Por fim, é importante registrar que essa especial proteção dada a alguns direitos constitucionais, enquanto cláusula pétreas, não estabelece uma hierarquia normativa entre eles e os direitos constitucionais que não são cláusulas pétreas. Assim, pode-se afirmar que ***cláusulas pétreas NÃO são hierarquicamente superiores aos demais direitos constitucionais***, vez que não há hierarquia entre normas constitucionais.

B) A Expressão "tendente a abolir"

Uma vez estabelecido e delimitado o conceito de cláusula pétrea no âmbito de direito brasileiro como sendo uma cláusula com núcleo material irredutível que pode ser alterada, desde que este núcleo não seja reduzido, temos de nos dedicar ao estudo da proteção desse núcleo e, mais precisamente, da expressão "tendente a abolir" consagrada no texto constitucional pátrio.

Nos termos do art. 60, § 4º, da CF/88, *"não será objeto de deliberação a proposta de emenda tendente a abolir"* as cláusulas pétreas. Diante disso, questiona-se: ***cláusulas pétreas podem ser objeto de modificações via Emenda à Constituição?***

É óbvio que *cláusulas pétreas podem ser modificadas via Emenda à Constituição*, já que o que a Constituição veda é que essas modificações sejam tendentes a abolir o direito ali consagrado. Ocorre que podemos ter Emendas à Constituição que venham a expandir o conteúdo das cláusulas pétreas e Emendas à Constituição que venham a restringir esse conteúdo. Ambas seriam legitimas?

Não há dúvidas de que ***Emendas à Constituição podem expandir o conteúdo das cláusulas pétreas***, por exemplo, aumentando o rol de direitos fundamentais previsto no Título II, da CF/88, como o fez a Emenda Constitucional 45/2004, ao inserir o inciso LXXVIII, no artigo 5º, consagrando o direito à razoável duração do processo.

A divergência doutrinária reside justamente em saber se cláusulas pétreas podem ser restringidas por Emenda à Constituição, havendo quem defenda que não, como André Ramos Tavares, para quem, cláusulas pétreas são *"o conjunto dos preceitos integrantes da Constituição que não podem ser objeto de emenda constitucional restritiva"*.[14]

Nada obstante as respeitáveis posições contrárias, parece-nos que ***as cláusulas pétreas podem sim ser objeto de Emendas à Constituição que venham a restringir seu conteúdo, desde que essas restrições não sejam tendentes a abolir****, ou seja, desde que essas restrições não venham a ferir/diminuir seu núcleo essencial*. Esse é, também, o posicionamento adotado pela doutrina majoritária e pelo STF.[15]

Ora, o direito constitucional, inclusive as cláusulas pétreas, podem ser restringidas até mesmo por lei ordinária, como, por exemplo, as restrições ao direito de liberdade feitas pelo Código Penal a quem comete crimes. Então, porque a própria norma constitucional não poderia fazer essa restrição? Obviamente, em ambos os casos, o fundamento da restrição deve ser outro direito de natureza constitucional.

Ademais, a Constituição é precisa, a Emenda à Constituição não pode ser "tendente a abolir". Assim, uma Emenda pode aumentar ou diminuir o conteúdo de cláusula pétrea, mas não poderá diminuir esse conteúdo de maneira tendente a abolir, isto é, não poderá restringir a cláusula pétrea de modo a atingir o seu núcleo essencial, já que esse sim é materialmente irredutível. Percebe-se claramente, pelo texto constitucional, que a irredutibilidade é do núcleo do direito consagrado como cláusula pétrea e não do direito em si, já que está vedada Emenda tendente a abolir cláusula pétrea e não Emenda que venha a diminuir cláusula pétrea.

Assim, pode-se concluir que Emenda Constitucional pode expandir o conteúdo de direitos consagrados como cláusulas pétreas, assim como poderá restringir esse conteúdo, desde que essa redução não seja tendente a abolir, isto é, não venha a atingir seu núcleo essencial.

14. TAVARES, André Ramos. Curso de Direito Constitucional. 5.ed. São Paulo: Saraiva, 2007, p. 54.
15. STF, ADI 2.024-DF, Rel. Min. Sepúlveda Pertence.

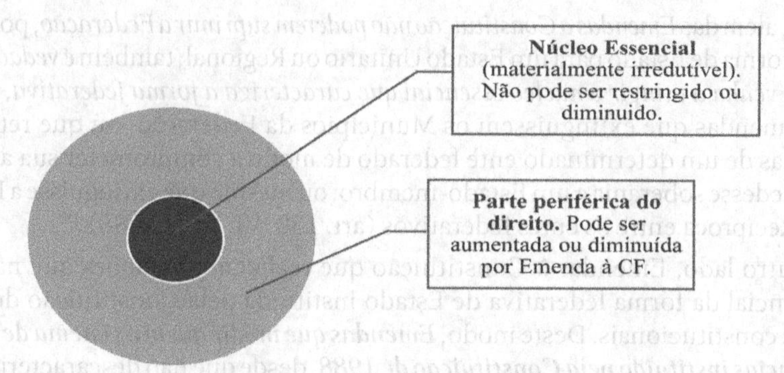

C) Deliberação de PEC Tendente a Abolir Cláusulas Pétreas

Da redação do art. 60, § 4º, percebe-se que os direitos ali previstos não só não podem ser reformados de maneira tendente a abolir, como sequer podem ser objeto de deliberação quando a Proposta de Emenda à Constituição for tendente a aboli-los. Assim, se for apresentada PEC com o condão de reformar um desses direitos de maneira tendente a abolir, essa PEC sequer poderá ser discutida.

Aqui emerge uma possibilidade excepcional de ***controle judicial preventivo de constitucionalidade*** para evitar que a lesão às cláusulas pétreas venha a ser concretizada.[16] Obviamente, esta possibilidade extraordinária está resguardada pela própria Constituição, já que afirma o texto constitucional que esse tipo de Proposta de Emenda à Constituição não será objeto de deliberação, isto é, de discussão e votação.

Nesse sentido, nos termos da jurisprudência do STF, uma vez apresentada Proposta de Emenda à Constituição tendente a abolir cláusula pétrea, essa PEC poderá ser objeto de *Mandado de Segurança perante o Supremo Tribunal Federal*, já que os parlamentares possuem o direito líquido e certo de não participarem de processos legislativos constitucionais viciados, nos termos do próprio § 4º, do art. 60, da CF/88.

A *legitimidade* para a propositura desse Mandado de Segurança é *exclusiva do parlamentar integrante da Casa Legislativa em que estiver ocorrendo a sua discussão e votação*, já que é ele o titular do *direito líquido e certo ao devido processo legislativo constitucional*.[17] Assim, se houver perda superveniente do mandato pelo impetrante do *mandamus*, a ação será extinta por ausência de legitimidade *ad causam*, sendo a atualidade do mandato condição essencial de instauração e seguimento do mandado de segurança perante o STF.[18]

D) Análise Específica das Cláusulas Pétreas

O art. 60, § 4º, da CF/88, estabelece em quatro incisos as limitações materiais expressas ao Poder Constituinte Reformador. Façamos, especificamente, uma análise de cada um desses incisos.

I – a forma federativa de Estado

Trata-se da forma de Estado que se caracteriza pela distribuição geográfica do poder político em razão do território, na qual um ente é dotado de soberania (a República Federativa do Brasil) e os outros entes são dotados de autonomia (União, Estados, Distrito Federal e Municípios).

16. STF, MS 20.257-DF, Rel. Min. Moreira Alves.
17. STF, MS 24.645-DF, Rel. Min. Celso de Mello.
18. STF, MS 27.971-DF, Rel. Min. Celso de Mello.

Assim, além das *Emendas à Constituição não poderem suprimir a Federação*, por exemplo, alterando a forma de Estado para um Estado Unitário ou Regional, também *é vedada qualquer Emenda que venha a atingir o núcleo essencial que caracteriza a forma federativa*, como, por exemplo, Emendas que extinguissem os Municípios da Federação; ou que retirassem as competências de um determinado ente federado de modo a comprometer sua autonomia; ou que concedesse soberania a um Estado-membro; ou mesmo que extinguisse a Imunidade Tributária Recíproca entre os entes federativos (art. 150, VI, "a", CF/88).[19]

Por outro lado, Emendas à Constituição que realizem alterações que não lesem o núcleo essencial da forma federativa de Estado instituída pela Constituição de 1988 são plenamente constitucionais. Deste modo, ***Emendas que modifiquem o sistema de repartição de competências instituído pela Constituição de 1988***, desde que não descaracterizem o ente federativo nem lesem sua autonomia (como um esvaziamento total ou quase total de suas competências) serão plenamente válidas por não ferirem o limite material ao Poder Constituinte Reformador instituído no art. 60, §4º, I, da CF/88.

Nesse sentido, não há dúvidas quanto a constitucionalidade da Emenda Constitucional 69/2012, que transferiu da União para o Distrito Federal as atribuições de organizar e manter a Defensoria Pública do Distrito Federal. Do mesmo modo, nos parece constitucional uma potencial Emenda à Constituição que buscasse equilibrar a repartição de competências, retirando da União a competência privativa para legislar sobre direito penal (art. 22, I, CF/88) passando-a para os Estados e para o Distrito Federal. Assim como, nos parece constitucional uma potencial Emenda à Constituição que buscasse equilibrar o sistema tributário nacional, privilegiando um pouco mais os Municípios e os Estados em detrimento da União, que atualmente, injustificadamente, detém em suas mãos a maior parte da arrecadação tributária da Federação.

II – o voto direto, secreto, universal e periódico

Trata-se de uma garantia que visa assegurar que o voto seja sempre: ***direto***, isto é, sem intermediários, de modo que o povo escolha diretamente seus próprios representantes; ***de escrutínio secreto***, protegendo o eleitor de coações, especulações e reprimendas pelo exercício de seu voto; ***de sufrágio universal***, de modo a assegurar a todos os cidadãos o direito ao voto, sem fazer distinções de raça, cor, credo, sexo, sexualidade, classe social ou econômica, fazendo apenas exigências gerais e abstratas quanto a nacionalidade e a idade; ***para mandatos periódicos***, resguardando-se a alternância de poder inerente ao sistema democrático-republicano.

Nesse sentido, seriam inconstitucionais Emendas à Constituição que buscassem instituir *eleições para o cargo de Chefe do Poder Executivo por um colégio eleitoral* ou por qualquer outro órgão, o que inviabiliza a instituição do *parlamentarismo* no Brasil. Do mesmo modo, seria inconstitucional uma Emenda que tornasse vitalícios ou hereditários cargos políticos para os quais a Constituição exige eleições.

Por outro lado, é plenamente constitucional Emenda à Constituição que altere a *duração de mandato eleitoral* e institua ou retire a *reeleição dos cargos políticos*, como a Emenda Constitucional 16/1997, desde que a duração do mandato e a reeleição não afrontem a alternância de poder, por exemplo, instituindo mandatos extremamente longos (de uma década ou mais) ou reeleições ilimitadas ou mesmo que em seu conjunto ultrapassem um período razoável (como o período de uma década ou mais). Do mesmo modo, seria constitucional

19. MASSON, Nathalia. Manual de Direito Constitucional. 6.ed. Salvador: Juspodivm, 2018, p. 142.

uma potencial Emenda à Constituição que retirasse a *obrigatoriedade do voto*, já que o que está protegido como cláusula pétrea é o direito fundamental ao voto e não a sua obrigatoriedade.

III – a separação dos Poderes

Trata-se de uma garantia que busca assegurar que as funções estatais nunca fiquem concentradas nas mãos de um único Poder, distribuindo-as entre os diversos órgãos do Estado, de modo a evitar e repreender os abusos no exercício desses poderes.

Nesse sentido, é inconstitucional Emenda à Constituição que venha a esvaziar a *independência orgânica e financeira* de quaisquer dos Poderes, bem como Emenda que busque suprimir as *competências essenciais* de determinado Poder, ou mesmo Emenda que venha a *concentrar demasiadamente funções nas mãos de um único poder*, criando uma "instância hegemônica de poder".[20]

Por outro lado, é plenamente possível que Emendas à Constituição venham a alterar a *divisão das atribuições dos poderes prevista na Constituição*, readequando algumas atribuições internamente dentro de cada poder ou mesmo retirando certa atribuição de um poder e a repassando a outro, desde que isso não importe ofensa ao núcleo essencial da separação dos poderes, descaracterizando-a ou enfraquecendo-a.

IV – os direitos e garantias individuais

Em primeiro lugar é preciso analisar a extensão da proteção constitucional dada por este inciso. Nos termos da jurisprudência do *Supremo Tribunal Federal*, é seguro dizer que ele ***protege não apenas os direitos e garantias individuais previstos no art. 5º, da CF/88, alcançando outros direitos e garantias individuais esparsos no texto constitucional***, como a anterioridade tributária, art. 150, III, "b" (ADI 939), a isonomia tributária, art. 150, II (ADI 3.105) e a anterioridade eleitoral, art. 16 (ADI 3.685).

Mas, e os ***demais direitos e garantias fundamentais***, como os direitos de natureza transindividual (difusa e coletiva), os direitos sociais, de nacionalidade e políticos, ***estariam protegidos como cláusulas pétreas?*** Para essa pergunta há quatro correntes doutrinárias. Uma primeira defende uma interpretação literal, para a qual seriam pétreos todos os direitos previstos no art. 5º, da CF/88. Uma segunda corrente defende uma interpretação restritiva, para a qual pétreos seriam apenas os direitos individuais propriamente ditos, aqueles considerados liberdades fundamentais. Uma terceira corrente doutrinária advoga por uma interpretação sistemática, segundo a qual os direitos fundamentais (individuais, coletivos, sociais, de nacionalidade, políticos etc.) diretamente ligados ao núcleo essencial da dignidade da pessoa humana são pétreos. Por fim, uma quarta corrente, à qual nos filiamos, defende que todos os direitos e garantias fundamentais (individuais, coletivos, sociais, de nacionalidade, políticos etc.), típicos e atípicos, reconhecidos pela Constituição da República Federativa do Brasil são cláusulas pétreas e, portanto, não podem ser objeto de deliberação tendente a abolir. Ademais, é importante registrar que o Supremo Tribunal Federal, em que pese tenha algumas manifestações indiretas e esparsas, ainda não se manifestou de forma conclusiva e direta sobre esse assunto.[21]

Em segundo lugar, é preciso analisar como fica a situação dos direitos e garantias fundamentais instituídos por Emendas à Constituição. Há quem defenda, como Gilmar Ferreira Mendes[22], que somente o Poder Constituinte Originário pode instituir cláusulas pétreas, de

20. STF, MS 23.452-RJ, Rel. Min. Celso de Mello.
21. FERNANDES, Bernardo G. Curso de Direito Constitucional. 8.ed. Salvador: Juspodivm, 2016.
22. MENDES, Gilmar; BRANCO, Paulo G. G. Curso de Direito Constitucional. 7.ed. São Paulo: Saraiva, 2012.

modo que direito fundamental fruto de Emenda à Constituição pode vir a ser suprimido do texto constitucional no futuro. Por outro lado, há quem defenda, como Bernardo Gonçalves Fernandes, com quem concordamos, que ***os direitos e garantias fundamentais instituídos por Emendas à Constituição serão abrangidos sim pelo art. 60, § 4º, IV, da CF/88, sendo cláusulas pétreas*** e, portanto, não podendo ser modificados de maneira tendente a abolir, uma vez que esses direitos fundamentam-se da proteção e na promoção da dignidade da pessoa humana e sequer necessitam passar por um processo formal de reconhecimento constitucional (art. 5º, § 2º, da CF/88).

Deste modo, é possível concluir que todos os direitos e garantias fundamentais, sejam individuais, coletivos, sociais, de nacionalidade, políticos etc., típicos e atípicos, frutos do Poder Constituinte Originário ou do Poder Constituinte Reformador, são cláusulas pétreas não podendo ser objeto de proposta de Emenda à Constituição tendente a abolir.

5.2 Limites implícitos

Além dos limites expressos, previstos no art. 60, § 4º, da CF/88, há, no âmbito de nosso constitucionalismo, limites implícitos ao Poder Constituinte Reformador, que se destinam a resguardar o núcleo essencial da própria Constituição, evitando sua descaracterização. Assim, para manter a integridade e a identidade constitucional, há limites materiais (de conteúdo) implícitos ao poder de reforma constitucional, isto é, há matérias que não podem ser suprimidas do texto constitucional sob pena de ferir de morte a própria Constituição.

A doutrina, comumente apresenta três limites tácitos ao Poder Constituinte Reformador: *A) Impossibilidade de alteração dos titulares do Poder Constituinte; B) Impossibilidade de revogação dos Princípios Fundamentais da República Federativa do Brasil; C) Impossibilidade de revogação dos limites expressos ao Poder Constituinte de Reforma.*

LIMITES MATERIAIS TÁCITOS AO PODER REFORMADOR	
Impossibilidade de alteração dos titulares do Poder Constituinte	Não há dúvidas de que qualquer Emenda à Constituição que vise alterar a titularidade do Poder Constituinte, seja Originário, seja Derivado, consiste em uma Emenda inconstitucional por ferir um limite tácito ao Poder Constituinte Reformador, pois ele não recebeu esse poder da Constituição, consistindo numa usurpação ao sistema constitucional instituído pelo Poder Constituinte Originário.
Impossibilidade de revogação dos Princípios Fundamentais da República Federativa do Brasil	Os Princípios Fundamentais da República Federativa do Brasil, previstos no Título I da CF/88, do art. 1º ao 4º, consistem nas bases político-jurídicas essenciais que caracterizam o sistema constitucional brasileiro, de modo que a supressão de qualquer deles desfiguraria a essência, o núcleo fundamental do trabalho realizado pelo Poder Constituinte Originário, configurando-se, assim, limite material tácito ao poder de reforma constitucional.
Impossibilidade de revogação dos limites expressos ao Poder Constituinte de Reforma	Os limites expressos ao Poder Constituinte de Reforma, seja ao Poder Reformador, seja ao Poder Revisor, não podem ser revogados, sob pena de se dizer que, na prática, não há limites ao Poder Constituinte de Reforma, já que poder-se-ia revogar quaisquer desses limites e depois realizar a reforma desejada. Assim, seria uma maneira sorrateira de burlar as regras do devido processo legislativo constitucional, um típico ato de má-fé legislativa, inadmissível no sistema constitucional pátrio. Ademais, sob pena de romper com a identidade da Constituição brasileira, o art. 60, da CF (Poder Constituinte Reformador), bem como o art. 3º do ADCT (Poder Constituinte Revisor), não podem sofrer quaisquer modificações substanciais que venham a restringir, abolir ou mesmo ampliar seu conteúdo.

5.3 Normas constitucionais inconstitucionais?

A existência de normas constitucionais inconstitucionais há um bom tempo vem tomando os debates jurídicos entre os constitucionalistas, tendo como marco teórico principal a obra de *Otto Bachof*, intitulada *Normas Constitucionais Inconstitucionais?*[23] Nessa obra, o autor alemão defende a possibilidade de normas constitucionais, sejam elas originárias, sejam elas fruto do exercício do poder de reforma constitucional, serem inconstitucionais, especialmente por ferirem o direito supraconstitucional, ou mesmo por ferirem normas constitucionais de grau superior.[24]

Em que pese a relevância dos trabalhos do professor tedesco, é inegável que sua tese não é plenamente aceita nem em terras alemãs, menos ainda terra brasileira. No Brasil, tanto a doutrina majoritária como o Supremo Tribunal Federal[25] reconhecem sim a possibilidade de normas constitucionais serem inconstitucionais, contudo, ***somente há normas constitucionais inconstitucionais quando elas forem fruto do Poder Constituinte de Reforma***, por ferirem os limites expressos ou tácitos a esse poder constituído, já que todas as espécies do Poder Constituinte Derivado são limitadas. De outro lado, ***não há norma constitucional originária inconstitucional***, já que o Poder Constituinte Originário se caracteriza por ser ilimitado.

Assim, é possível concluir que as ***Emendas à Constituição podem ser inconstitucionais*** por ferirem os limites ao Poder Constituinte Derivado de Reforma, sujeitando-se a controle de constitucionalidade preventivo (por Mandado de Segurança de titularidade do parlamentar da Casa Legislativa em que corra a PEC) e, especialmente, repressivo, por maio das Ações de Controle de Constitucionalidade Concentrado perante o Supremo Tribunal Federal ou pela via difusa perante qualquer juiz ou tribunal.

5.4 Poder Constituinte Reformador e direitos adquiridos

Quando tratamos do Poder Constituinte Originário, afirmamos que não existe direito adquirido contra o Poder Constituinte Originário, já que a Constituição é o fundamento de validade das demais normas do sistema jurídico.

Mas, haveriam direitos adquiridos em face do Poder Constituinte Reformador? Para essa pergunta há duas correntes doutrinárias, uma que defende que não se pode opor direitos adquiridos contra Emendas à Constituição, pois eles seriam oponíveis somente à lei; e outra que defende a possibilidade de se opor direitos adquiridos contra Emendas à Constituição. Parece-nos que a corrente mais adequada é a que defende que ***o Poder Constituinte Reformador deve respeitar os direitos adquiridos*** e a segurança das relações jurídicas, lembrando que o Poder Derivado é limitado e condicionado pela própria Constituição e, também, que a Constituição considera as Emendas à Constituição como uma espécie legislativa, nos termos de seu artigo 59.

6. PODER CONSTITUINTE REVISOR

O Poder Constituinte Revisor consiste no poder derivado de reforma que se destina a realizar alterações gerais ou globais do texto constitucional e encontra-se regulamentado

23. BACHOF, Otto. Normas Constitucionais Inconstitucionais? Coimbra: Almedina, 2008.
24. Ibidem, p. 54 e ss.
25. STF, ADI 939-DF, Rel. Min. Sydney Sanches.

no art. 3º, do ADCT, que assim dispõe: *"A revisão constitucional será realizada após cinco anos, contados da promulgação da Constituição, pelo voto da maioria absoluta dos membros do Congresso Nacional, em sessão unicameral"*.

Da redação do art. 3º, do ADCT, fica claro que o Poder Constituinte Revisor possui como ***limite temporal expresso***, o prazo de cinco anos a serem contados da data da promulgação da Constituição e, como ***limite formal expresso***, um procedimento legislativo próprio a ser realizado em sessão unicameral aprovando suas Emendas Revisionais por maioria absoluta dos membros do Congresso Nacional.

Além de limites expressos, o Poder Constituinte Revisor submete-se (e na prática se submeteu) a limites tácitos, notadamente os mesmos ***limites circunstanciais e materiais*** impostos ao Poder Constituinte Reformador no § 1º (circunstanciais) e no § 4º (materiais), do art. 60, da CF/88, o que foi reforçado pela Resolução 1 do Congresso Nacional. Assim, o Poder Constituinte Revisor possui como limites circunstanciais tácitos, a vigência de intervenção federal, de estado de defesa ou de estado de sítio, e como limites materiais tácitos a forma federativa de Estado, o voto direto, secreto, universal e periódico, a separação dos Poderes, e os direitos e garantias individuais.

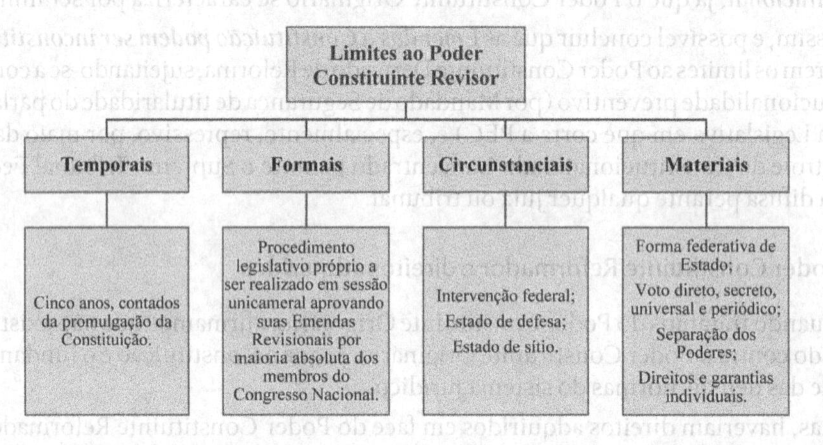

A revisão prevista no art. 3º, dos ADCT, foi sorrateiramente realizada em 1994, entre 01/03/1994 e 07/07/1994, e terminou de forma deprimente com a aprovação de seis modestas Emendas de Revisão, quedando-se o citado dispositivo transitório com a eficácia exaurida, não cabendo mais Revisão Constitucional. Ainda assim, há na doutrina quem defenda a possibilidade de uma nova manifestação do Poder Constituinte Revisor. Contudo, essa manifestação não se mostra possível, pois o ADCT só previu uma única manifestação do Poder Constituinte Revisor, já realizada.

Nada obstante, questiona-se: *seria possível aprovar uma Emenda à Constituição (Poder Constituinte Reformador) alterando o texto do art. 3º, do ADCT e possibilitando uma nova manifestação do Poder Constituinte Revisor?* Há quem defenda essa possibilidade, chamada de ***dupla revisão***, contudo, a nosso ver, a resposta é negativa, vez que iria contrariar a vontade inicial do Poder Constituinte Originário, tratando-se de fraude manipulativa do devido processo legislativo constitucional, havendo aqui uma limitação material implícita ao Poder Constituinte Reformador, que o impede de reformar o art. 3º, do ADCT, conforme já tratamos quando falamos dos limites implícitos a esse poder de reforma. Nesse sentido, inclusive, tem sido a jurisprudência do STF.[26]

7. PODER CONSTITUINTE DECORRENTE

O Poder Constituinte Decorrente consiste no poder constituído que visa complementar a ordem constitucional federal mediante o estabelecimento do processo constituinte das organizações políticas regionais. Em outras palavras, é o poder derivado atribuído aos Estados da federação, em razão de sua autonomia política, para elaborarem suas próprias Constituições (auto-organização), subordinadas e limitadas à Constituição Federal.

7.1 Características

Como dissemos, O Poder Constituinte Decorrente trata-se de um poder derivado, constituído pelo Poder Constituinte Originário, possuindo as seguintes *características:*

a) Poder de Direito, uma vez que é constituído pela Constituição, tendo, indiscutivelmente, natureza jurídica;

b) Limitado ou Subordinado, vez que encontra limites para o seu exercício na Constituição Federal;

c) Condicionado, pois para se manifestar está condicionado a observar as formas preestabelecidas pela Constituição Federal;

d) Secundário ou de 2º Grau, por tratar-se de poder derivado do Poder Constituinte Originário (poder primário).

7.2 Limites ao Poder Constituinte Decorrente: princípio da simetria, normas de observância obrigatória e normas de reprodução obrigatória

A Constituição Federal impõe ao Poder Constituinte Decorrente limites, expressos e tácitos, inerentes à própria autonomia dos entes federativos, já que autonomia significa liberdade nos termos da lei, e não liberdade total, sendo o exercício do poder decorrente (auto-organização) limitado pelas normas constitucionais federais.

Assim, em que pese esse poder tenha certa liberdade para ser exercido, não se trata de uma liberdade total, vez que as Constituições das organizações políticas regionais não podem ferir a Constituição Federal, tendo, ainda, obrigatoriamente, que seguir certos padrões jurídico-políticos nela contidos, até para que se possa preservar a manutenção e o equilíbrio do pacto federativo. Trata-se de manifestação do *PRINCÍPIO DA SIMETRIA*, que exige que as normas jurídicas federais, estaduais, distritais e municipais tenham uma relação simétrica e coerente.

A teoria do direito constitucional e a jurisprudência do Supremo Tribunal Federal reconhece três grupos normativos que ensejam limites ao Poder Constituinte Decorrente, constituindo *NORMAS DE OBSERVÂNCIA OBRIGATÓRIA*, normas que as organizações políticas regionais terão de observar, seguir e não infringir no exercício do poder decorrente e de sua atividade política (legislativa, administrativa e judiciária). São eles: *i) princípios*

26. STF, ADI 1.722-MC/TO, Rel. Min. Marco Aurélio.

constitucionais sensíveis; ii) princípios constitucionais extensíveis; iii) princípios constitucionais estabelecidos.

- *i) princípios constitucionais sensíveis:* Previstos no art. 34, VII, da CF/88 (forma republicana, sistema representativo e regime democrático; direitos da pessoa humana; autonomia municipal; prestação de contas da administração pública, direta e indireta; aplicação do mínimo exigido da receita resultante de impostos estaduais, compreendida a proveniente de transferências, na manutenção e desenvolvimento do ensino e nas ações e serviços públicos de saúde), sua inobservância enseja Ação Direta de Inconstitucionalidade Interventiva pelo Procurador Geral da República, nos termos do art. 36, III, da CF/88, que, se for julgada procedente pelo Supremo Tribunal Federal, acarretará a decretação de ***Intervenção Federal*** pelo Presidente da República.
- *ii) princípios constitucionais extensíveis:* são normas centrais de organização da federação, aplicáveis à União e extensíveis aos Estados, Distrito Federal e Municípios. Essa ***extensão pode estar expressa ou mesmo implícita*** ao texto constitucional.

Como ***extensão expressa no texto constitucional***, pode-se citar, como exemplo, o art. 27, §1º, da CF/88, que afirma que *"será de quatro anos o mandato dos Deputados Estaduais, **aplicando-se-lhes as regras desta Constituição** sobre sistema eleitoral, inviolabilidade, imunidades, remuneração, perda de mandato, licença, impedimentos e incorporação às Forças Armadas"*.[27]

Já como ***extensões implícitas ao texto constitucional***, pode-se citar os seguintes exemplos:[28]

- a norma prevista no art. 83, da CF/88 (que prevê que o Presidente e o Vice-Presidente da República não poderão, sem licença do Congresso Nacional, ausentar-se do País por período superior a quinze dias, sob pena de perda do cargo), reconhecida essa extensão pelo STF, na ADI 3.647-MA;
- as normas concernentes à competência e organização dos Tribunais de Conta e do Ministério Público junto aos Tribunais de Conta, reconhecida essa extensão pelo STF, nas ADI 328-SC e ADI 3307-MT;
- as normas que estabelecem os requisitos para a criação de CPI, previstas no art. 58, da CF/88, reconhecida essa extensão pelo STF, na ADI 3.619-SP;
- as normas gerais sobre processo legislativo, previstas do artigo 59 em diante, na CF/88, reconhecida essa extensão pelo STF, dentre outras, nas ADI 3.555-MA, ADI 3.644-RJ e ADI 486-DF;
- a norma que consagra a garantia do quinto constitucional, prevista no art. 94, da CF/88, reconhecida essa extensão pelo STF na ADI 4.150-SP.

- *iii) princípios constitucionais estabelecidos*: são normas que se destinam a organização da federação que têm o condão de limitar a autonomia dos entes federativos, em especial das organizações políticas regionais, que se encontram esparsas pelo texto constitucional e se subdividem em: ***a) normas de competência***; e ***b) normas de preordenação***.[29]

---

27. MASSON, Nathalia. Manual de Direito Constitucional. 6.ed. Salvador: Juspodivm, 2018, p. 133.
28. Ibidem, idem.
29. FERNANDES, Bernardo G. Curso de Direito Constitucional. 8.ed. Salvador: Juspodivm, 2016.

a) *Normas de competência:* relacionam-se a repartição das competências (legislativas, administrativas, jurisdicionais, tributárias etc.) aos entes federados, como, por exemplo, as normas previstas nos artigos 21, 22, 23, 24, 25, 30, 96, 98, 125, 144, 145 e 155 da CF/88.

b) *Normas de preordenação:* relacionam-se, especialmente, à organização do Estado e dos Poderes, como, por exemplo, as normas previstas nos artigos 27, 28, 37, 39, 40, 41, 42, 95 e 235 da CF/88, caracterizando-se, sobretudo, por serem *NORMAS DE REPRODUÇÃO OBRIGATÓRIA*, isto é, normas da Constituição Federal que as organizações políticas regionais deverão reproduzir em seus respectivos documentos constitucionais. Registre-se que ***as normas de reprodução obrigatória não se confundem com as normas de imitação***,[30] que são aquelas que o Poder Constituinte Derivado não está obrigado a reproduzir nos documentos constitucionais regionais, contudo o faz discricionariamente, por opção.

7.3 Nos Estados-membros

Como vimos, o Poder Constituinte Decorrente consiste no poder constituído que visa complementar a ordem constitucional federal mediante o estabelecimento do processo constituinte das organizações políticas regionais, isto é, visa estabelecer as Constituições dos Estados.

O exercício do Poder Constituinte Decorrente no âmbito dos Estados está previsto no caput, do art. 25, da CF/88, segundo o qual, *"os Estados organizam-se e regem-se pelas Constituições e leis que adotarem, observados os princípios desta Constituição"*, assegurando-se às entidades federativas estaduais a capacidade de auto-organização, inerente a autonomia política da forma federativa de estado.

Ademais, por ordem do art. 11, do ADCT, da CF/88, *cada Assembleia Legislativa, com poderes constituintes, teve de elaborar a Constituição do respectivo Estado, no prazo de um ano, contado da promulgação da Constituição Federal, obedecidos os princípios desta.* Assim, todos os Estados da federação tiveram de elaborar uma Constituição após a promulgação da Constituição Federal de 1988. Registre-se que a maioria dos Estados já possuíam Constituição, de modo que tiveram de elaborar uma nova Constituição. Contudo, Tocantins, Roraima e Amapá tornaram-se Estados, justamente, no âmbito constitucionalismo de 1988, de modo que esses Estados criaram suas primeiras Constituições.

Por fim, é importante dizer que o Poder Constituinte Decorrente se manifesta tanto na criação das Constituições dos Estados, sendo chamado de ***Poder Decorrente Instituidor (inicial)***, como nas modificações (reformas) das Constituições dos Estados, sendo chamado de ***Poder Decorrente Reformador (anômalo ou de segundo grau)***. Sobre o Poder Constituinte Decorrente Reformador insta destacar que é possível que a Constituição do Estado preveja iniciativa popular para a propositura de Emenda à Constituição estadual.[31]

30. HORTA, Raul Machado. Direito Constitucional. 4.ed. Belo Horizonte: Del Rey, 2003.
31. STF, ADI 825, Rel. Min. Alexandre de Moraes.

7.4 No Distrito Federal?

Nos termos do art. 32, da CF/88, *"o Distrito Federal, vedada sua divisão em Municípios, reger-se-á por **lei orgânica**, votada em dois turnos com interstício mínimo de dez dias, e aprovada por dois terços da Câmara Legislativa, que a promulgará, atendidos os princípios estabelecidos nesta Constituição"*.

Assim, surge a seguinte questão: ***a lei orgânica do Distrito Federal possui natureza constitucional, sendo fruto do Poder Constituinte Decorrente?***

Em que pese vozes dissonantes, como Uadi Lammêgo Bulos,[32] a doutrina majoritária e a jurisprudência do Supremo Tribunal Federal[33] entendem que ***a lei orgânica do Distrito Federal possui natureza constitucional**, sendo fruto do Poder Constituinte Decorrente*. Essa, sem dúvidas, é a posição que nos parece correta, vez que: *i)* ao Distrito Federal foram atribuídas as competências reservadas aos Estados (art. 32, § 1º), sendo que os Estados regem-se por Constituições (art. 25); *ii)* a Lei Orgânica do Distrito Federal submete-se apenas à Constituição Federal, decorrendo diretamente dela (Poder Constituinte Decorrente).

Em razão disso, ***a Lei Orgânica do Distrito Federal serve de parâmetro de controle de constitucionalidade de leis ou atos normativos do DF***, tendo como Tribunal Constitucional o Tribunal de Justiça do Distrito Federal. Nesse sentido, a Lei 9.868/99, lei que regulamenta a ADI e a ADC, em seu art. 30, faz previsão expressa de controle de constitucionalidade concentrado das leis e atos normativos do DF pelo TJDF, tendo o Supremo Tribunal Federal, também, se manifestado nessa mesma linha.[34]

7.5 Nos Municípios?

Nos termos do art. 29, da CF/88, *"o Município reger-se-á por **lei orgânica**, votada em dois turnos, com o interstício mínimo de dez dias, e aprovada por dois terços dos membros da Câmara Municipal, que a promulgará, atendidos os princípios estabelecidos nesta Constituição, na Constituição do respectivo Estado..."*. Ademais, prevê o parágrafo único, do art. art. 11, do ADCT, da CF/88, que *"promulgada a Constituição do Estado, caberá à Câmara Municipal, no prazo de seis meses, votar **a Lei Orgânica** respectiva, em dois turnos de discussão e votação, respeitado o disposto na Constituição Federal e na Constituição Estadual"*.

Assim, surge a seguinte questão: ***a lei orgânica do Município possui natureza constitucional, sendo fruto do Poder Constituinte Decorrente?***

A ***doutrina majoritária defende que a Lei Orgânica do Município não possui natureza constitucional**, não sendo fruto do exercício do Poder Constituinte Decorrente*, especialmente, por entenderem seus defensores que: *i)* a Constituição diz que o Município tem lei orgânica e não Constituição (interpretação literal); *ii)* a Lei Orgânica do Município submete-se tanto a Constituição Federal, como a Constituição do respectivo Estado, o que *"tornaria um eventual poder decorrente municipal em um puder de terceiro grau, vez que decorreria do poder decorrente estadual, que por sua vez já é um poder de segundo grau"*, sendo que *"o poder decorrente deve extrair sua legitimidade diretamente do texto da Constituição"*.[35] Nesse sentido, um eventual

---

32. BULOS, Uadi Lammêgo. Curso de Direito Constitucional. 11.ed. São Paulo: Saraiva, 2018.
33. STF, ADI 1.167-DF, Rel. Min. Dias Toffoli.
34. STF, Reclamação 3.436, Rel. Min. Celso de Mello.
35. MASSON, Nathalia. Manual de Direito Constitucional. 6.ed. Salvador: Juspodivm, 2018, p. 135.

conflito entre Lei Orgânica Municipal e as demais leis municipais deverá ser resolvido como um mero controle de legalidade.

Com as devidas vênias, ousamos discordar, pois ***entendemos que as Leis Orgânicas dos Municípios possuem sim natureza constitucional***, *sendo fruto do exercício do Poder Constituinte Decorrente*, uma vez que as Leis Orgânicas decorrem sim diretamente da Constituição Federal, apenas não decorrendo exclusivamente, devendo se submeter às Constituições Federal e Estadual. Ademais, parece-nos incoerente a maior parte da doutrina defender uma interpretação sistemática em relação à Lei Orgânica do Distrito Federal e uma interpretação literal em relação à Lei Orgânica do Município. Nesses termos, como afirma o professor Bernardo Gonçalves Fernandes, *"as Leis orgânicas são verdadeiras Constituições no âmbito dos municípios"*,[36] inclusive, a nosso ver, sendo parâmetro de controle de constitucionalidade das demais leis e atos normativos municipais.

7.6 Nos Territórios Federais?

Os Territórios Federais são Autarquias da União, em regime especial, não sendo entes federativos e, portanto, não gozando de autonomia política, logo, não gozando da auto-organização a ela inerente, dispondo o art. 18, § 2º, da CF/88, que *"os Territórios Federais integram a União, e sua criação, transformação em Estado ou reintegração ao Estado de origem serão reguladas em lei complementar"*, enquanto o art. 33, *caput*, da CF/88, afirma que os territórios serão organizados por lei federal, o que nos revela que os Territórios Federais serão criados e regulados por leis da União e não poder uma "lei" do próprio Território.

Deste modo, é claro e cristalino que *os Territórios Federais não possuem Constituição, nem qualquer norma própria de natureza constitucional que possa ser considerada fruto do Poder Constituinte Decorrente.*

8. PODER CONSTITUINTE SUPRANACIONAL

A ideia de um Poder Constituinte Supranacional surge num cenário marcado pelo fenômeno da ***globalização***, fundamentando-se, especialmente, em uma ***cidadania universal***, em um ***pluralismo de ordens jurídicas***, na ***vontade de integração*** e em uma ***soberania remodelada***.

Nesse cenário, o Poder Constituinte Supranacional tem o condão de abranger em uma ***Constituição Supranacional*** todos os Estados Nacionais albergados por ela, sujeitando suas respectivas ordens jurídicas a um ***direito constitucional comunitário***. Assim, nas palavras de Maurício Andreiuolo Rodrigues, o Poder Constituinte Supranacional "faz as vezes do poder constituinte porque cria uma ordem jurídica de cunho constitucional, na medida em que reorganiza a estrutura de cada um dos Estados que adere ao direito comunitário de viés supranacional por excelência, com capacidade, inclusive, para submeter as diversas constituições nacionais ao seu poder supremo. Da mesma forma, e em segundo lugar, é supranacional, porque se distingue do ordenamento positivo interno assim como do direito internacional".[37]

36. FERNANDES, Bernardo G. Curso de Direito Constitucional. 8.ed. Salvador: Juspodivm, 2016, p. 148.
37. RODRIGUES, Maurício A. Poder Constituinte Supranacional: esse novo personagem. Porto Alegre: SAF, 2000, p. 96.

9. PODER CONSTITUINTE E PATRIOTISMO CONSTITUCIONAL

A tese do patriotismo constitucional propõe-se a fazer uma releitura das tradicionais concepções sobre o Poder Constituinte, especialmente, em relação à titularidade desse poder.

Tendo como pano de fundo a Teoria Discursiva do Direito e da Democracia de Jürgen Habermas,[38] é possível lançar duas críticas a teoria tradicional do Poder Constituinte no âmbito do paradigma do Estado Democrático de Direito:[39] *i)* as concepções tradicionais do Poder Constituinte estão amarradas ao Constitucionalismo Clássico (Moderno) girando em torno de uma identidade cívica vinculada a ideia de nacionalismo, estando essa identidade, especialmente, atrelada a símbolos comuns (língua, cultura, hino, bandeira etc.); *ii)* as concepções tradicionais do Poder Constituinte atribuem sua titularidade ao povo, enquanto conjunto de cidadãos de um determinado Estado Nacional, havendo um superdimensionamento do "eu" individual para um "eu" coletivo.[40]

Assim, partindo do conceito de patriotismo constitucional, originalmente formulado por Dolf Sternberger, Habermas busca ***compreender o conceito de povo para além da perspectiva comunitarista*** (como conjunto de pessoas pertencentes a uma mesma comunidade política, com traços comuns de raça, etnia, língua etc.), ***substituindo a ideia de cidadania vinculada a figura do nacional, por uma referente à titularidade de direitos fundamentais de participação política, consagrados na Constituição, que assegurem uma autonomia jurídica pública*** e que pode ser titularizada por qualquer membro da coletividade, pelo simples fato de ser pessoa humana que vive e convive no seio dessa coletividade, devendo ser coautor do direito (inclusive o constitucional) ao qual estará submetido.[41]

Nesse cenário, a Constituição, por um lado, passa a ser uma direção normativa por meio de direitos de liberdade e igualdade, e, por outro lado, passa a representar as guias para o sistema político que deverá respeitar a legitimidade discursiva e a democracia participativa. "Nesse diapasão, o conceito de Povo deixa de ser um dado pré-político ou extrajurídico para ser reconduzido na forma de um consenso voltado para a compatibilização e coexistência de distintos projetos de vida".[42] Até porque, *o conceito comunitarista de povo fortalece uma visão nacionalista contrária ao diferente, alimentando a xenofobia e a discriminação, e ofendendo a democracia participativa inerente aos Estados Democráticos de Direito.*

Em contrapartida, ***o patriotismo constitucional propõe um conceito de povo constantemente aberto e desligado da figura do nacional.*** Nas palavras do próprio Habermas, "a identidade da nação de cidadãos não reside em características étnico-culturais comuns, porém na prática de pessoas que exercitam ativamente seus direitos democráticos de participação e de comunicação. Aqui, a componente republicana da cidadania desliga-se completamente da pertença a uma comunidade pré-política, integrada através da descendência da linguagem comum e de tradições comuns. Visto por este ângulo, o entrelaçamento inicial entre consciência nacional e modo de sentir e pensar republicano teve apenas uma função catalisadora".[43]

---

38. HABERMAS, Jürgen. Direito e Democracia: entre facticidade e validade. Rio de Janeiro: Tempo Brasileiro, 1997. v. II.
39. FERNANDES, Bernardo G. Curso de Direito Constitucional. 8.ed. Salvador: Juspodivm, 2016, p. 149.
40. SOUZA CRUZ, Álvaro Ricardo. Poder Constituinte e Patriotismo Constitucional. Belo Horizonte: Editora PUC Minas, 2006, p. 64-65.
41. FERNANDES, Bernardo G. Curso de Direito Constitucional. 8.ed. Salvador: Juspodivm, 2016, p. 150.
42. Ibidem, p. 151.
43. HABERMAS, Jürgen. Direito e Democracia: entre facticidade e validade. Rio de Janeiro: Tempo Brasileiro, 1997. v. II, p. 283.

Nesse sentido, o professor Álvaro Ricardo de Souza Cruz, em sua obra *Poder Constituinte e Patriotismo Constitucional*, demonstra que, no pensamento de Habermas, a ideia de povo deve distanciar-se de sua concepção comunitarista, o que conduz o filósofo alemão "a preconizar algo de novo, concebendo uma forma original de composição da autonomia pública e privada que extravasa os limites geográficos dos Estados nacionais. Sua proposta impõe ***a concepção de patriotismo constitucional***, incorporando, com isso, noções ligadas ao ***pluralismo***, à ***tolerância*** e ao ***direito à diferença***. Destarte, um consenso sobre ***democracia***, ***Governo limitado***, ***Estado de Direito*** e respeito sobre a melhor interpretação, sobre o alcance e aplicação dos ***direitos fundamentais*** constituir-se-ia na aposta habermasiana para um ***novo ethos social de caráter universal***".[44]

Essa conclusão, nas palavras de Bernardo Gonçalves Fernandes, "permite a Habermas criticar a tese moderna de que a cultura é modo de limitação apriorística do Poder Constituinte Originário. Sem querer afirmar a necessidade de desconectarmos das amarras culturais – o que seria impossível – a proposta é agora de compreendê-la à luz de um processo crítico de aprendizagem, nos mostrando que, ao contrário do que pensam muitos comunitarista, *nós não somos escravos dos valores sob o qual nascemos e fomos educados, nos possibilitando, inclusive, superar preconceitos velados por essas tradições*".[45]

Em suma, é preciso ter em mente que o conceito de povo, a partir ótica do patriotismo constitucional, será reestruturado de modo a contemplar uma cidadania universal e participativa, afastando-se de uma visão nacionalista excludente e discriminatória, o que, no âmbito do Poder Constituinte, irá, em especial, ampliar sua titularidade.

10. MUTAÇÃO CONSTITUCIONAL (PODER CONSTITUINTE DIFUSO)

O fenômeno da Mutação Constitucional tem sido objeto de diversas discussões na doutrina e na jurisprudência do STF, sendo constantemente exigido nas provas de Concursos Públicos e no Exame de Ordem. Contudo, não nos parece haver unanimidade doutrinária e muito menos coerência jurisprudencial na abordagem deste tema.[46]

Em razão disso, dividiremos essa abordagem, num primeiro momento, demonstrando o entendimento da doutrina majoritária acerca da mutação constitucional; posteriormente apresentaremos algumas manifestações do Supremo Tribunal Federal que, segundo o próprio STF, configuram mutação constitucional; e, por fim, exporemos nossa posição acerca das "mutações constitucionais".

A) Mutação Constitucional na visão da doutrina majoritária

A doutrina majoritária, encabeçada no Brasil pelos trabalhos da professora Anna Candido da Cunha Ferraz, define mutação constitucional como sendo o *processo informal de alteração da Constituição, por meio da tradição, dos costumes jurídicos e da interpretação, mediante o qual altera-se o sentido do texto (o conteúdo e o significado da norma), sem alteração formal do próprio texto constitucional.*

44. SOUZA CRUZ, Álvaro Ricardo. Poder Constituinte e Patriotismo Constitucional. Belo Horizonte: Editora PUC Minas, 2006, p. 27.
45. FERNANDES, Bernardo G. Curso de Direito Constitucional. 8.ed. Salvador: Juspodivm, 2016, p. 151.
46. PANSIERI, Flávio; SOUZA, Henrique Soares de. Mutação Constitucional à luz da teoria constitucional contemporânea. Porto Alegre: Livraria do Advogado, 2018.

Nesse sentido, ***Anna Candido da Cunha Ferraz*** conceitua mutação constitucional como *"todo e qualquer processo que, sem modificar a letra da constituição, altere ou modifique o sentido, o significado e o alcance da Constituição, sem contrariá-la"*[47]

Em sentido semelhante, para ***Luís Roberto Barroso***, *"a mutação constitucional consiste em uma alteração do significado de determinada norma da Constituição, sem observância do mecanismo constitucionalmente previsto para as emendas e, além disso, sem que tenha havido qualquer modificação de seu texto"*.[48] Ademais, Barroso diferencia mutação constitucional de interpretação construtiva e de interpretação extensiva. Segundo ele, a ***mutação constitucional*** só se verifica, pela via interpretativa, quando ocorre uma modificação no sentido da norma constitucional, isto é, uma alteração da interpretação que até então vinha sendo realizada. Já nos casos em que há apenas uma ampliação do sentido ou do alcance da norma, verifica-se uma ***interpretação construtiva*** e não mutação constitucional. Por sua vez, quando a norma for aplicada a outras situações que não estavam previstas na norma (já que o constituinte originário não teria como prever todas as situações da vida) desde que de forma coerente com o espírito da Constituição e as possibilidades semânticas do texto, falar-se-á em ***interpretação extensiva*** e não em mutação constitucional.

Assim, a mutação constitucional ocorreria quando a interpretação de determinada norma constitucional frente a determinados casos ou atos normativos fosse modificada sem ofender o texto constitucional, como, por exemplo, no caso da Corte Constitucional, inicialmente, entender que determinada lei é constitucional e, anos mais tarde, passar a entender que ela é inconstitucional com base no mesmo parâmetro de controle (na mesma norma constitucional). Nesse sentido, Luís Roberto Barroso aponta dois casos da jurisdição constitucional estadunidense como exemplos: *i)* "a jurisprudência formada a partir do *New Deal* rompeu frontalmente com o entendimento constitucional vigorante ao longo da denominada era *lochner*, passando a admitir como constitucionalmente válida a legislação trabalhista e social proposta por Roosevelt e aprovada pelo Congresso. Até então se havia entendido que tais leis violavam a liberdade de contrato assegurada pela Constituição";[49] *ii)* "a decisão da Suprema Corte no caso *Brown v. Board of Education*, julgado em 1954, que impôs a integração racial nas escolas públicas. Até então, prevalecia o entendimento constitucional, firmado em *Plessy v. Ferguson*, julgado em 1896, que legitimava a doutrina do 'iguais mas separados' no tratamento entre brancos e negros".[50]

O principal ***fundamento*** apresentado pela doutrina para a manifestação da mutação constitucional seria a existência de um ***Poder Constituinte Difuso*** (expressão cunhada por Burdeau), que reside na ideia de que o titular do poder constituinte tem o direito de rever a sua própria Constituição, não estando as gerações futuras constrangidas a seguir as leis das gerações passadas, sendo difuso, o poder, por não estar formalizado nas Constituições.[51]

Nesse diapasão, emerge uma questão fundamental: ***O Poder Constituinte Difuso possui limites específicos, isto é, há limites às mutações constitucionais?***

47. FERRAZ, Anna Candido da Cunha. Mutação Constitucional, Reforma e Revisão das Normas Constitucionais. In: CLÈVE, Clèmerson Merlin; BARROSO, Luís Roberto (org.). Doutrinas Essenciais Direito Constitucional: Teoria Geral da Constituição. São Paulo: RT, 2011. v.1, p. 783.
48. BARROSO, Luís Roberto. Curso de Direito Constitucional Contemporâneo. 3.ed. São Paulo: Saraiva, 2011, p. 148.
49. Ibidem, p. 147.
50. Ibidem, idem.
51. BULOS, Uadi Lammêgo. Mutação Constitucional. São Paulo: Saraiva, 1997.

Para *Anna Candido da Cunha Ferraz*, parece-nos claro que o principal limite das mutações constitucionais é o texto da Constituição, já que a autora deixa claro no conceito formulado que ***as mutações não podem contrariar o texto constitucional***. Isto é, não é possível falar em mutação constitucional que vá contra a própria literalidade da Constituição. Ademais, a autora nos apresenta aquilo que chama de ***mutações manifestamente inconstitucionais***, que, em síntese, reúne as *"violações à Constituição, nelas consideradas abrangidas todas as práticas, inclusive as formais, que provocam mudança da Constituição contra a letra expressa do texto"*; e, também, aquilo que chama de ***processos anômalos que podem provocar mutações inconstitucionais***, que consistiriam, resumidamente, na inércia dos poderes constituídos, no desuso das normas constitucionais e na mudança tácita de normas constitucionais.[52]

Para *Luís Roberto Barroso*, também, parece-nos claro que o principal limite das mutações constitucionais é o texto da Constituição, ***não podendo a mutação contrariar o texto constitucional***, afirmando, o autor, que *"se o sentido novo que se quer dar não couber no texto, será necessária a convocação do poder constituinte reformador"*.[53] Nesse sentido, segundo Barroso, a mutação constitucional não pode desvirtuar o espírito da Constituição, possuindo dois limites muito claros: *"a) **as possibilidades semânticas do relato da norma, vale dizer, os sentidos possíveis do texto que está sendo interpretado ou afetado**; e b) **a preservação dos princípios fundamentais** que dão identidade àquela específica Constituição"*.[54]

B) Mutação Constitucional na jurisprudência do STF

Após essa breve análise do entendimento dos autores que encabeçam a doutrina majoritária brasileira acerca da compreensão do fenômeno da mutação constitucional, apresentaremos, *algumas manifestações do Supremo Tribunal Federal que, segundo o próprio Tribunal (ou pelos menos alguns de seus Ministros), configuram mutação constitucional*. Assim, vejamos três casos emblemáticos que exemplificam essas *MUTAÇÕES CONSTITUCIONAIS NA JURISPRUDÊNCIA DO STF:*

1º CASO – Questão de Ordem na Ação Penal 937 e a restrição do Foro por Prerrogativa dos Parlamentares Federais: Até o julgamento, pelo STF, da Questão de Ordem na Ação Penal 937, o Tribunal, na interpretação da extensão da cláusula de prerrogativa de foro parlamentar prevista no art. 53, § 1º, da CF/88, cuja redação afirma *que "os Deputados e Senadores, desde a expedição do diploma, serão submetidos a julgamento perante o Supremo Tribunal Federal"*, entendia ser ela aplicável aos crimes cometidos durante e, também, aos crimes cometidos antes do mandato parlamentar (o que provocaria o deslocamento, para o STF, da competência penal) independentemente de terem sido cometidos no exercício do cargo e em razão dele, sendo aplicável desde a diplomação do parlamentar.[55]

Entretanto, ao julgar a da Questão de Ordem na Ação Penal 937, o Supremo modificou sua interpretação acerca da referida cláusula, passando a entender que ela somente é aplicável aos parlamentares diplomados quando cometerem crimes durante o exercício do cargo e relacionados às funções desempenhadas.

Ao justificar a interpretação adotada, ***o Min. Relator, Luís Roberto Barroso, frisou que a situação atual [da época da votação] revela a necessidade de mutação constitucional.*** Por seu

52. FERRAZ, Anna Candido da Cunha. Mutação Constitucional, Reforma e Revisão das Normas Constitucionais. In: CLÈVE, Clèmerson Merlin; BARROSO, Luís Roberto (org.). Doutrinas Essenciais Direito Constitucional: Teoria Geral da Constituição. São Paulo: RT, 2011. v. 1, p. 790 e ss.
53. BARROSO, Luís Roberto. Curso de Direito Constitucional Contemporâneo. 3.ed. São Paulo: Saraiva, 2011, p. 150-151.
54. Ibidem, p. 150.
55. Nesse sentido: STF, HC 70.620, Rel. Min. Celso de Mello; e STF, Inq. 2.767, Rel. Min. Joaquim Barbosa.

turno, divergindo da tese vencedora encabeçada pelo relator, o Min. Ricardo Lewandowski afirmou que "*não parece ser lícito à Corte conferir interpretação restritiva à regra de foro para reduzir o estoque de processos em uma questão de ordem, muito menos alegando uma mutação constitucional, sem que tenha havido mudança substancial no plano fático*".

2º CASO – Reclamação Constitucional 4.335/AC e a Abstrativização dos Efeitos em sede de Controle Difuso de Constitucionalidade: Tratava-se de Reclamação impetrada junto ao Supremo Tribunal Federal pelo fato do Juiz de Direito da Vara de Execuções Penais de Rio Branco/AC ter negado o pedido de progressão de regime dos reclamantes, em face de condenação pela prática de crimes hediondos. O principal fundamento apresentado pelos reclamantes era que o STF, no julgamento do HC 82.959/SP, reconheceu, por via incidental, que o art. 2º, §1º, da Lei 8.072/90, que vedava a progressão de regime pela prática de crimes hediondos, seria inconstitucional.

Deste modo, no julgamento da Reclamação, ***passou-se a discutir a possibilidade de se conferir eficácia erga omnes às decisões da Corte Constitucional, em controle difuso de constitucionalidade, sem necessidade de manifestação do Senado Federal, o que afrontava o texto do art. 52, X, da CF/88***, que afirma ser de *competência privativa do Senado Federal suspender a execução, no todo ou em parte, de lei declarada inconstitucional por decisão definitiva do Supremo Tribunal Federal.*

Esse julgamento começou em 2007, tendo como Relator o Min. Gilmar Mendes, que sustentou em seu voto uma "mutação constitucional" da citada norma constitucional contra o seu próprio texto, defendendo literalmente a sua "***superação***". Após pedido de vista, o Min. Revisor, Eros Grau, proferiu seu voto acompanhando o relator e sustentando que a referida "mutação constitucional" teria o condão de "***substituir***" o texto normativo do art. 52, X, da CF/88. Em seguida, votaram os Ministros Sepúlveda Pertence e Joaquim Barbosa, que se posicionaram de forma contrária a essa mutação da norma constitucional contra o seu próprio texto. Após pedido de vista, em 2013, o Min. Ricardo Lewandowski, também, se posicionou de forma contrária a essa mutação inconstitucional. Já em 2014, o STF finalmente chegou a uma conclusão e, por maioria, conheceu e julgou procedente a reclamação, com os votos dos Ministros Teori Zavascki, Luís Roberto Barroso, Rosa Weber e Celso de Mello que se somaram aos votos dos Ministros Gilmar Mendes e Eros Graus, proferidos em 2007, quedando-se vencidos os Ministros Sepúlveda Pertence, Joaquim Barbosa, Ricardo Lewandowski e Marco Aurélio, que não conheceram da reclamação. Nada obstante, embora a decisão de procedência da Reclamação 4.335, o plenário do STF, em sua maioria, não aderiu à tese da mutação constitucional do art.52, X, da CF/88, não endossando a tese defendida pelos Min. Gilmar Mendes e Min. Eros Grau.

3º CASO – ADI 3.406/RJ e ADI 3.470/RJ e a Abstrativização dos Efeitos em sede de Controle Difuso de Constitucionalidade: No julgamento conjunto dessas duas Ações Diretas de Inconstitucionalidade, o Supremo Tribunal Federal, por maioria, julgou improcedente as ações, declarando a constitucionalidade das leis estaduais que proíbem o minério e o uso do amianto e, incidentalmente, declarou a inconstitucionalidade do art. 2º da Lei Federal 9.055/1995, dispositivo que sequer havia sido impugnado, conferindo efeitos vinculante e *erga omnes* à decisão, adotando-se, por maioria, a tese da abstrativização dos efeitos do controle difuso, tendo como fundamento a mutação constitucional do art. 52, X, da CF/88.

Por mais espantoso que possa parecer, alguns dos "guardiões da Constituição" defenderam que o texto da Constituição deveria ser superado e substituído por decisão judicial e não pelo Poder Constituinte Reformador. Aqueles que deveriam proteger a Constituição dos abusos, dos arbítrios, das leis e atos normativos inconstitucionais e, até mesmo, de reformas constitucionais inconstitucionais, agora estão decidindo contra o texto Constitucional e defendendo sua superação e substituição pelas suas próprias decisões.

4º CASO – Habeas Corpus 126.292/SP e a Execução Provisória da Pena: A Execução Provisória da Pena, ao longo da vigência da Constituição de 1988, tem sido objeto de uma das mais incoerentes e insensatas alternâncias de jurisprudência no âmbito do Supremo Tribunal Federal. Até o ano de 2009, a Corte Constitucional admitia a execução da pena quando houvesse decisão condenatória de segundo grau, ainda que pendente recurso especial ou extraordinário (vide HC 72.061), o que era absurdamente inconstitucional por ofensa direta ao texto do art. 5º, LVII, da CF/88, segundo o qual *"ninguém será considerado culpado até o trânsito em julgado de sentença penal condenatória"*.

Contudo, esse posicionamento do STF veio a corrigir-se e a adequar-se ao texto constitucional no ano de 2009, com o julgamento do HC 84.078, quando o tribunal decidiu que a execução provisória da pena seria inconstitucional por ofender as garantias fundamentais asseguradas aos réus, em especial, aquela prevista no art. 5º, LVII, da CF/88.

Nada obstante, em 2016, em um cenário político-social obscuro e turbulento, o Supremo Tribunal Federal mudou seu posicionamento em relação ao tema, movido por motivações políticas até hoje não muito claras, e decidiu em desfavor da Constituição e a favor dos interesses do grupo político que veio a governar o país naquele momento. Assim, no julgamento do HC 126.292, a maioria dos Ministros do STF, Teori Zavascki, Edson Fachin, Luís Roberto Barroso, Dias Toffoli, Luiz Fux, Cármen Lúcia e Gilmar Mendes, decidiram que a execução provisória da pena seria constitucional e não feriria a garantia fundamental prevista no art. 5º, LVII, da CF/88, que dispõe exatamente em contrário, quedando-se vencidos os Ministros Marco Aurélio, Celso de Mello, Ricardo Lewandowski e Rosa Weber.

Interessante notar que, ***para sustentar essa posição contrária ao texto constitucional, o Min. Luís Roberto Barroso afirmou tratar-se de "típico caso de mutação constitucional"***, realizando uma extensa e profunda análise do instituto em seu voto. Nada obstante, parece que *o Min. Barroso decidiu de forma completamente contrária ao que defende, ou pelo menos defendia até pouquíssimo tempo atrás, o Professor Barroso*, que, conforme já demonstramos, em sua doutrina, defende claramente que o principal limite das mutações constitucionais é o próprio texto da Constituição, não podendo a mutação contrariar o texto constitucional, afirmando, o autor, que *"se o sentido novo que se quer dar não couber no texto, será necessária a convocação do poder constituinte reformador"*.[56]

C) Uma visão crítica acerca da Mutação Constitucional

Se retomarmos às definições de mutação constitucional apresentadas pela doutrina constitucionalista brasileira, é possível perceber que, na visão majoritária, a mutação constitucional consiste no processo informal de alteração das normas constitucionais, pelo qual altera-se o sentido do texto sem alterar-se o texto, modificando o seu significado, desde que essa modificação não seja contrária ao próprio texto constitucional.

Ocorre que, a nosso ver, ***o conceito de mutação representa uma tese "furada", ou mesmo uma tentativa de encobrir as dificuldades hermenêuticas da doutrina e da jurisprudência pátrias.*** Como demonstra Flávio Pedron, em obra ímpar no Brasil, a mutação constitucional é o resultado de uma leitura semântica da Constituição, com uma supervalorização do

56. BARROSO, Luís Roberto. Curso de Direito Constitucional Contemporâneo. 3.ed. São Paulo: Saraiva, 2011, p. 150-151.

texto em detrimento da norma e revela a dificuldade (e as incoerências) de nossos juristas em lidar com os princípios constitucionais. Ademais, conforme demonstra o autor, a partir da perspectiva hermenêutica crítica desenvolvida por Ronald Dworkin, é possível negar-se a tese da mutação constitucional e apresentar uma solução em substituição a ela que seja verdadeiramente coerente: a interpretação construtiva, possibilitada pela teoria do direito como integridade.[57]

Ademais, como ficou claro nos casos apresentados, o Supremo Tribunal Federal, ao contrário do que defende a doutrina nacional, por muitas vezes, fundamentou-se na tese da mutação constitucional para proferir decisões contra o próprio texto da Constituição, usurpando o Poder Constituinte Reformador e desrespeitando, até mesmo, as normas constitucionais fundamentais, sustentando interpretações que colidem frontalmente com a própria redação da Constituição.

A bem da verdade, com as devidas vênias, *expressiva parte da jurisprudência do STF, em termos de Mutação Constitucional, tem sido demasiadamente incoerente e inconstitucional, julgando, o tribunal, de forma contrária ao texto da Constituição*. Estamos falando, literalmente, de modificações jurisprudenciais que vêm a dizer exatamente o contrário do que diz o texto da Constituição, sendo, portanto, inconstitucionais.

Por fim, para concluirmos, deve-se dizer que ***a jurisprudência do Supremo Tribunal Federal acerca da mutação constitucional revela uma total falta de coerência e critérios***. Nesse sentido, após uma ampla análise de diversos casos julgados pelo STF, Flávio Pedron afirma que "o que se pode perceber é uma total desarmonização da compreensão sobre o que seja a mutação constitucional. O termo parece ter ganhado um sentido retórico no interior do STF, já que os ministros não conseguem sequer atingir uma coerência interna. Muitos utilizam o mesmo termo com sentidos totalmente distintos de uma decisão para outra e, com isso, não se preocupam nem em concordar consigo mesmos. Ao que se mostra, quando que um ministro do STF pretende dizer que sua interpretação é revolucionária, ele diz que está fazendo uma mutação constitucional".[58]

11. HIATO CONSTITUCIONAL

As sociedades são dinâmicas, elas evoluem e se modificam constantemente, sobretudo as sociedades hipercomplexas da Idade Contemporânea. Assim, a Constituição também precisa evoluir para conseguir acompanhar a sociedade que rege, sob pena de haver uma ruptura entre a Constituição e a realidade social, o que pode levar à morte da Constituição.

O ***hiato constitucional***, também chamado de ***"revolução"***, ocorre justamente quando há um descompasso entre o conteúdo da Constituição política (da Constituição legislada) e a realidade social que ela rege, sendo considerado uma ruptura do processo político social que provoca um intervalo da normatividade constitucional, podendo gerar os seguintes fenômenos:

i) reforma constitucional: alteração formal do texto constitucional;

ii) mutação constitucional: alteração das normas constitucionais sem, contudo, alterar o texto constitucional, desde que essas alterações não sejam contrárias ao próprio

57. PEDRON, Flávio Quinaud. Mutação Constitucional na crise do positivismo jurídico. Belo Horizonte: Arraes, 2012.
58. Ibidem, p. 55.

texto, sob pena de se instituir um totalitarismo judiciário a partir de uma verdadeira fraude hermenêutica;

*iii) **convocação de uma Assembleia Nacional Constituinte*** para a criação de uma nova Constituição, através do Poder Constituinte Originário, em face da emergência de um novo momento constituinte democrático;

*iv) **hiato autoritário***, que ocorre através da ilegítima apropriação do poder popular, havendo aqui não uma revolução, mas sim um golpe, mediante a instituição de um regime totalitário, que acaba por ***editar leis e atos autoritários e inconstitucionais*** – como os Atos Institucionais editados pela ditadura militar brasileira (1964-1985) – ou mesmo por ***outorgar uma nova Constituição***, usurpando o Poder Constituinte Originário – como ocorreu com a outorga das Constituições brasileiras de 1937, 1967 e 1969;

12. QUADRO SINÓPTICO

CAPÍTULO III – PODER CONSTITUINTE		
CONCEITO, ORIGEM E ESPÉCIES		
Conceito	Poder jurídico-político de elaborar, criar e instituir a Constituição de um determinado Estado, bem como alterar, reformar e complementar essa Constituição.	
Origem	Está ligada diretamente ao surgimento das ***Constituições escritas*** e aos movimentos constitucionalistas do século XVIII, destacando-se as lições de ***Emmanuel Sieyès***, que, em sua obra ***O que é o Terceiro Estado?***, distinguiu o Poder Constituinte de seus poderes constituídos.	
Espécies	**Poder Constituinte** – Poder Constituinte Originário – Poder Constituinte Derivado – – Poder Constituinte de Reforma – – – Poder Constituinte Reformador – – – Poder Constituinte Revisor – – Poder Constituinte Decorrente	
PODER CONSTITUINTE ORIGINÁRIO		
Conceito	Poder de criar a Constituição, isto é, poder que dá origem a uma Constituição, constituindo uma nova ordem constitucional e, consequentemente, desconstituindo a anterior.	
Natureza	**Poder de Direito**	É fruto de um direito natural anterior e superior ao direito positivo e ao próprio Estado, já que existe justamente para criá-lo e organizá-lo.
	Poder de Fato	Como é o Estado quem cria o direito e o Poder Constituinte quem cria o Estado, o "poder criador" não pode ser jurídico. Assim, é um poder político, de fato e não de direito.
	Natureza Híbrida	Tem feições políticas e jurídicas, sendo um poder de fato na ruptura e um poder de direito na constituição da nova ordem constitucional e na desconstituição da ordem anterior.
Titularidade	**Compreensão Clássica**	O Poder Constituinte Originário pertence à ***nação*** (conceito sociológico). Essa visão é defendida por Emmanuel Sieyès.
	Compreensão Moderna	O Poder Constituinte Originário deixa de pertencer à nação e passa a pertencer ao ***povo*** (conceito jurídico).

<table>
<tr><td rowspan="3">Formas de Exercício/Expressão</td><td rowspan="2">Democrático</td><td>Processo Democrático Indireto</td><td>Dá-se quando o povo participa do processo de elaboração da Constituição por meio de seus representantes democraticamente eleitos.
A Constituição do Brasil de 1988 foi fruto de um processo democrático representativo/indireto.</td></tr>
<tr><td>Processo Democrático Direto</td><td>Dá-se quando o povo participa do processo de elaboração da Constituição, no qual, além do povo eleger seus representantes para que esses façam a Constituição, há uma participação popular direta, mediante plebiscito e/ou referendum.</td></tr>
<tr><td>Autocrático</td><td colspan="2">Dá-se quando não há a participação popular no processo de elaboração da Constituição, fundando-se no desrespeito à vontade popular, podendo ocorrer pela imposição de um Imperador, de um ditador, de uma facção política, ou, ainda, pela imposição e pressão de potências estrangeiras</td></tr>
<tr><td rowspan="2">Classificação</td><td>Quanto à manifestação histórica</td><td colspan="2">a) Fundacional (ou Histórico): aquele que institui a primeira Constituição de um determinado Estado, tendo se manifestado no Brasil com a Constituição do Império de 1824;
b) Pós-fundacional (ou Revolucionário): fruto de uma ruptura constitucional, de modo a ensejar a revogação da Constituição anterior e a elaboração de uma nova Constituição.</td></tr>
<tr><td>Quanto à dimensão</td><td colspan="2">a) Material: caracterizando-se por ser o conjunto de forças político-sociais que irão ensejar a criação da nova Constituição, sendo, portanto, a ideia de direito que guiará a elaboração da Constituição. Por isso, se diz que a dimensão material é anterior à formal;
b) Formal: caracterizando-se por formalizar normativamente na Constituição aquilo que fora pensado e idealizado pelo poder constituinte material, manifestando-se através do "grupo" encarregado de redigir a Constituição.</td></tr>
<tr><td rowspan="5">Características</td><td>Inicial</td><td colspan="2">Dá início (constitui) a uma nova ordem jurídico-política constitucional e, simultaneamente desconstitui (revoga) a ordem pretérita.</td></tr>
<tr><td>Ilimitado</td><td colspan="2">Classicamente, é reconhecido por não se submeter a limitações jurídicas prévias, podendo, em tese, instituir normas que tutelem qualquer conteúdo. Contudo, modernamente, entende-se que ele está limitado a um mínimo ético jurídico, devendo respeitar os direitos inerentes à dignidade da pessoa humana.</td></tr>
<tr><td>Incondicionado</td><td colspan="2">Não possui uma forma preestabelecida de exercício, não existindo um procedimento prévio para sua manifestação, podendo ser exercido livremente.</td></tr>
<tr><td>Autônomo</td><td colspan="2">Independe (não se submete) de quaisquer fatores jurídicos ou políticos externos ao exercente do poder.</td></tr>
<tr><td>Permanente</td><td colspan="2">Não se exaure com a elaboração da Constituição. Após o fim de sua manifestação, o Poder Constituinte Originário "hiberna", podendo ser ativado a qualquer momento.</td></tr>
<tr><td>Poder Constituinte Originário e Direitos Adquiridos</td><td colspan="3">O Poder Constituinte Originário é inicial e ilimitado, dando início a uma nova ordem jurídica sem submeter-se, em regra, a direito pretérito. Deste modo, a nova Constituição poderá manter, modificar ou revogar o direito anterior, mesmo aquele considerado adquirido, pois não existe direito adquirido contra a Constituição, já que ela é o fundamento de validade das demais normas do sistema jurídico.</td></tr>
<tr><td colspan="4">PODER CONSTITUINTE DERIVADO</td></tr>
<tr><td>Conceito</td><td colspan="3">Poder de direito constituído pela Constituição que se destina a reformá-la, revisá-la e complementá-la.</td></tr>
<tr><td>Características</td><td colspan="3">a) derivado/constituído/de 2º grau, pois deriva do exercício do Poder Constituinte Originário, que o constituiu no texto da Constituição.
b) limitado, pois, como está previsto e regulamentado pela Constituição, ela lhe impõe limites de ordens temporais, circunstanciais, procedimentais e materiais, expressas e implícitas, restringindo o seu exercício.
c) condicionado/subordinado, pois só pode se manifestar em conformidade com as formas preestabelecidas pela Constituição, isto é, está condicionado a essas formalidades procedimentais para ser validamente exercido</td></tr>
</table>

<table>
<tr><td>Espécies na CF/88</td><td colspan="2">1) Poder Constituinte Reformador
2) Poder Constituinte Revisor
3) Poder Constituinte Decorrente</td></tr>
<tr><td colspan="3">PODER CONSTITUINTE REFORMADOR</td></tr>
<tr><td>Conceito</td><td colspan="2">Poder derivado de reforma que se destina a realizar alterações específicas e pontuais do texto constitucional.</td></tr>
<tr><td rowspan="6">Limites Expressos</td><td>Temporais</td><td>Impedem a alteração da Constituição durante determinado lapso temporal assegurando certa estabilização das relações jurídicas por um determinado período.
A Constituição de 1988 não possui limites temporais ao Poder Constituinte Reformador.</td></tr>
<tr><td>Circunstanciais</td><td>São limitações que giram em torno de circunstancias excepcionais, acontecimentos (políticos, jurídicos, sociais ou naturais) que impedem a alteração constitucional durante a sua duração.
Nos termos do art. 60, § 1º, da CF/88, temos como limites circunstanciais: a vigência de intervenção federal, de estado de defesa ou de estado de sítio.</td></tr>
<tr><td>Formais</td><td>Limitações procedimentais que exigem a observância de um processo legislativo especial para que as Emendas à Constituição sejam aprovadas, assegurando-se a rigidez da Constituição.
Nos termos do art. 60, da CF/88, temos os seguintes limites formais:
• Iniciativa de Proposta de Emenda à Constituição (PEC):
I – de um terço, no mínimo, dos membros da Câmara dos Deputados ou do Senado Federal;
II – do Presidente da República;
III – de mais da metade das Assembleias Legislativas das unidades da Federação, manifestando-se, cada uma delas, pela maioria relativa de seus membros.
• Discussão e Deliberação de PEC:
A proposta será discutida e votada em cada Casa do Congresso Nacional, em dois turnos, considerando-se aprovada se obtiver, em ambos, três quintos dos votos dos respectivos membros.
• Promulgação e Publicação de PEC:
A emenda à Constituição será promulgada pelas Mesas da Câmara dos Deputados e do Senado Federal, com o respectivo número de ordem.
• Matéria de PEC que seja rejeitada ou prejudicada:
A matéria constante de proposta de emenda rejeitada ou havida por prejudicada não pode ser objeto de nova proposta na mesma sessão legislativa</td></tr>
<tr><td rowspan="3">Materiais</td><td>A) Conceito: São limitações de conteúdo que impedem que certos direitos previstos na Constituição sejam reformados de maneira tendente a abolir.</td></tr>
<tr><td>B) Cláusulas Pétreas: Os limites materiais ao Poder Constituinte Reformador elencados no art. 60, § 4º, da CF/88, são chamados de “cláusulas pétreas”.
O direito previsto como cláusula pétrea pode ser modificado? Sim, pode ser modificado desde que o seu núcleo essencial não seja reduzido, pois o que a Constituição veda é reforma tendente a abolir.
Há hierarquia entre os direitos constitucionais que são cláusulas pétreas e os que não são? Não, a CF/88 não estabelece hierarquia normativa entre eles.</td></tr>
<tr><td>C) A Expressão “tendente a abolir”: Nos termos do art. 60, § 4º, da CF/88, “não será objeto de deliberação a proposta de emenda tendente a abolir” as cláusulas pétreas.
Diante disso, questiona-se: cláusulas pétreas podem ser objeto de modificações via Emenda à Constituição? Sim, já que o que a Constituição veda é que essas modificações sejam tendentes a abolir o direito ali consagrado. Assim, uma Emenda pode aumentar ou diminuir o conteúdo de cláusula pétrea, mas não poderá diminuir esse conteúdo de maneira tendente a abolir, isto é, não poderá restringir a cláusula pétrea de modo a atingir o seu núcleo essencial.</td></tr>
</table>

Limites Expressos	**Materiais**	**D) Deliberação de PEC Tendente a Abolir Cláusulas Pétreas:** Nos termos do art. 60, § 4º, as cláusulas pétreas sequer podem ser objeto de deliberação (discussão) quando a Proposta de Emenda à Constituição for tendente a aboli-las. Assim, caso seja apresentada PEC tendente a abolir cláusula pétrea, poderá ser impetrado ***Mandado de Segurança*** perante o Supremo Tribunal Federal (controle judicial preventivo de constitucionalidade) por parlamentar integrante da Casa Legislativa em que estiver ocorrendo a sua discussão e votação.
		E) As Cláusulas Pétreas da CF/88: I – a forma federativa de Estado; II – o voto direto, secreto, universal e periódico; III – a separação dos Poderes; IV – os direitos e garantias individuais;
Limites Implícitos	**Imutabilidade dos titulares do Poder Constituinte**	Não há dúvidas de que qualquer Emenda à Constituição que vise alterar a titularidade do Poder Constituinte, seja Originário, seja Derivado, consiste em uma Emenda inconstitucional por ferir um limite tácito ao Poder Constituinte Reformador, pois ele não recebeu esse poder da Constituição.
	Irrevogabilidade dos Princípios Fundamentais da República Federativa do Brasil	Os Princípios Fundamentais da República Federativa do Brasil, previstos no Título I da CF/88, do art. 1º ao 4º, estabelecem as bases do sistema constitucional brasileiro, de modo que a supressão de qualquer deles desfiguraria a essência do trabalho realizado pelo Poder Constituinte Originário, tratando-se de limite material tácito ao poder de reforma constitucional.
	Impossibilidade de revogação dos limites expressos ao Poder Constituinte de Reforma	Os limites expressos ao Poder Constituinte de Reforma não podem ser revogados, sob pena de se dizer que, na prática, não há limites ao Poder Constituinte de Reforma, já que poder-se-ia revogar quaisquer desses limites e depois realizar a reforma desejada. Assim, seria uma maneira sorrateira de burlar as regras do devido processo legislativo constitucional, um típico ato de má-fé legislativa, inadmissível no sistema constitucional pátrio.
Normas Constitucionais Inconstitucionais?	O STF reconhece a possibilidade de normas constitucionais serem inconstitucionais, contudo, ***somente há normas constitucionais inconstitucionais quando elas forem fruto do Poder Constituinte de Reforma***, por ferirem os limites expressos ou tácitos a esse poder constituído, já que todas as espécies do Poder Constituinte Derivado são limitadas. De outro lado, ***não há norma constitucional originária inconstitucional***, já que o Poder Constituinte Originário se caracteriza por ser ilimitado.	
Poder Constituinte Reformador e Direitos Adquiridos	***O Poder Constituinte Reformador deve respeitar os direitos adquiridos*** e a segurança das relações jurídicas, vez que é limitado e condicionado pela própria Constituição e, também, pelo fato das Emendas à Constituição serem uma espécie legislativa, nos termos do art. 59, da CF/88.	
PODER CONSTITUINTE REVISOR		
Conceito	Poder derivado de reforma que se destina a realizar alterações gerais ou globais do texto constitucional, regulamentado pelo art. 3º, do ADCT, da CF/88.	
Limites	**Temporais**	Limite ***Expresso*** no art. 3º, do ADCT: Cinco anos, contados da promulgação da Constituição.
	Formais	Limite ***Expresso*** no art. 3º, do ADCT: Procedimento legislativo próprio a ser realizado em sessão unicameral aprovando suas Emendas Revisionais por maioria absoluta dos membros do Congresso Nacional.
	Circunstanciais	Limites ***Implícitos*** (os mesmos do Poder Constituinte Reformador): Intervenção federal; Estado de defesa; e Estado de sítio.
	Materiais	Limites ***Implícitos*** (os mesmos do Poder Constituinte Reformador): Forma federativa de Estado; Voto direto, secreto, universal e periódico; Separação dos Poderes; e Direitos e garantias individuais.
A Revisão de 1994	A revisão prevista no art. 3º, dos ADCT, foi sorrateiramente realizada em 1994, entre 01/03/1994 e 07/07/1994, e terminou de forma deprimente com a aprovação de seis modestas Emendas de Revisão, quedando-se o citado dispositivo transitório com a eficácia exaurida, não cabendo mais Revisão Constitucional.	

Reforma do art. 3º, do ADCT, para instituir nova Revisão Constitucional?	***Seria possível aprovar uma Emenda à Constituição alterando o texto do art. 3º, do ADCT e possibilitando uma nova manifestação do Poder Constituinte Revisor?*** Não, vez que iria contrariar a vontade inicial do Poder Constituinte Originário, tratando-se de manipulação do devido processo legislativo constitucional, havendo aqui uma limitação material implícita ao Poder Constituinte Reformador, que o impede de reformar o art. 3º, do ADCT.	
PODER CONSTITUINTE DECORRENTE		
Conceito	Poder constituído que visa complementar a ordem constitucional federal mediante o estabelecimento do processo constituinte das organizações políticas regionais.	
Características	***a) Poder de Direito***, uma vez que é constituído pela Constituição, tendo, indiscutivelmente, natureza jurídica; ***b) Limitado ou Subordinado***, vez que encontra limites para o seu exercício na Constituição Federal; ***c) Condicionado***, pois para se manifestar está condicionado a observar as formas preestabelecidas pela Constituição Federal; ***d) Secundário ou de 2º Grau***, por tratar-se de poder derivado do Poder Constituinte Originário (poder primário).	
Limites	**Princípio da Simetria**	Norma constitucional que exige que normas federais, estaduais, distritais e municipais tenham uma relação simétrica e coerente. Assim, em que pese o Poder Constituinte Decorrente tenha certa liberdade para ser exercido, não se trata de uma liberdade total, vez que as Constituições das organizações políticas regionais não podem ferir a Constituição Federal, tendo que seguir certos padrões jurídico-políticos nela contidos, até para que se possa preservar a manutenção e o equilíbrio do pacto federativo.
	Normas de Observância Obrigatória	Normas que as organizações políticas regionais terão de observar, seguir e não infringir no exercício do poder decorrente e de sua atividade política (legislativa, administrativa e judiciária). São elas: • ***princípios constitucionais sensíveis***, previstos no art. 34, VII, da CF/88; • ***princípios constitucionais extensíveis***, normas centrais de organização da federação, aplicáveis à União e extensíveis aos Estados, DF e Municípios. • ***princípios constitucionais estabelecidos***, normas que se destinam a organização da federação que têm o condão de limitar a autonomia dos entes federativos, em especial das organizações políticas regionais, que se encontram esparsas pelo texto constitucional e se subdividem em ***normas de competência*** e ***normas de preordenação***.
	Normas de Reprodução Obrigatória	Normas da Constituição Federal que as organizações políticas regionais deverão obrigatoriamente reproduzir em seus respectivos documentos constitucionais. ***Não se confundem com as normas de imitação***, que são aquelas que o Poder Constituinte Decorrente não está obrigado a reproduzir nos documentos constitucionais regionais, contudo o faz discricionariamente, por opção.
Nos Estados-Membros	Está previsto no caput, do art. 25, da CF/88, segundo o qual, *"os Estados organizam-se e regem-se pelas **Constituições** e leis que adotarem, observados os princípios desta Constituição"*, assegurando-se às entidades federativas estaduais a capacidade de ***auto-organização***, inerente a autonomia política da forma federativa de estado. Ademais, por ordem do art. 11, do ADCT, *cada Assembleia Legislativa, com **poderes constituintes**, teve de elaborar a **Constituição** do respectivo Estado, no prazo de um ano, contado da promulgação da Constituição Federal.*	
No Distrito Federal?	Nos termos do art. 32, da CF/88, o *Distrito Federal, rege-se por **Lei Orgânica***. Nada obstante, a doutrina e a jurisprudência do STF reconhecem que a lei orgânica do DF ***possui natureza constitucional, sendo fruto do Poder Constituinte Decorrente***. Em razão disso, a Lei Orgânica do Distrito Federal serve de parâmetro de controle de constitucionalidade de leis ou atos normativos do DF, tendo como Tribunal Constitucional o Tribunal de Justiça do Distrito Federal.	
Nos Municípios?	Nos termos do art. 29, da CF/88 e do art. 11, do ADCT, da CF/88, os Municípios regem-se *por **lei Orgânica***. A doutrina majoritária defende que a Lei Orgânica do Município ***não possui natureza constitucional,*** não sendo fruto do exercício do Poder Constituinte Decorrente, sendo que, um eventual conflito entre Lei Orgânica Municipal e as demais leis municipais deverá ser resolvido por controle de legalidade.	

Nos Territórios Federais?	Os Territórios Federais são Autarquias da União (art. 18, § 2º, CF/88), em regime especial, não sendo entes federativos e, portanto, não gozando de autonomia política, logo, não gozando da auto-organização a ela inerente. Deste modo, os Territórios Federais ***não possuem Constituição***, nem qualquer norma própria de natureza constitucional que possa ser considerada fruto do Poder Constituinte Decorrente.

PODER CONSTITUINTE SUPRANACIONAL
Surge num cenário marcado pelo fenômeno da globalização, fundamentando-se em uma cidadania universal, em um pluralismo de ordens jurídicas, na vontade de integração e em uma soberania remodelada. Nesse cenário, o Poder Constituinte Supranacional tem o condão de abranger em uma Constituição Supranacional todos os Estados Nacionais albergados por ela, sujeitando suas respectivas ordens jurídicas a um direito constitucional comunitário.

PODER CONSTITUINTE E PATRIOTISMO CONSTITUCIONAL
A tese do patriotismo constitucional, cujo pano de fundo é a Teoria Discursiva do Direito e da Democracia de Jürgen Habermas, propõe-se a fazer uma releitura das concepções tradicionais sobre o Poder Constituinte, especialmente, em relação à titularidade desse poder. Habermas busca compreender o conceito de povo para além da perspectiva comunitarista (como conjunto de pessoas pertencentes a uma mesma comunidade política, com traços comuns), substituindo a ideia de cidadania vinculada a figura do nacional, por uma referente à titularidade de direitos fundamentais de participação política, consagrados na Constituição, que assegurem uma autonomia jurídica pública e que pode ser titularizada por qualquer membro da coletividade. Nesses termos, o patriotismo constitucional propõe um conceito de povo constantemente aberto e desligado da figura do nacional, incorporando, com isso, noções de pluralismo, tolerância e de respeito à diferença. Assim, o conceito de povo, a partir ótica do patriotismo constitucional, será reestruturado de modo a contemplar uma cidadania universal e participativa, afastando-se de uma visão nacionalista excludente e discriminatória, o que, no âmbito do Poder Constituinte, irá, em especial, ampliar sua titularidade.

MUTAÇÃO CONSTITUCIONAL (PODER CONSTITUINTE DIFUSO)
Tendo como fundamento um ***Poder Constituinte Difuso***, a mutação constitucional, nos termos da doutrina majoritária, consiste no processo informal de alteração da Constituição, por meio da tradição, dos costumes jurídicos e da interpretação, mediante o qual ***altera-se o sentido do texto*** (o conteúdo e o significado da norma), ***sem alteração formal do próprio texto constitucional***, desde que essa alteração não vá contra o texto expresso da Constituição.

HIATO CONSTITUCIONAL
O hiato constitucional, também chamado de "revolução", ocorre justamente quando há um descompasso entre o conteúdo da Constituição política (da Constituição legislada) e a realidade social que ela rege, sendo considerado uma ruptura do processo político social que provoca um intervalo da normatividade constitucional, podendo gerar os seguintes fenômenos: *i)* reforma constitucional; *ii)* mutação constitucional; *iii)* convocação de uma Assembleia Nacional Constituinte para a criação de uma nova Constituição; *iv)* hiato autoritário.

Capítulo IV
DIREITO CONSTITUCIONAL INTERTEMPORAL

1. A ENTRADA EM VIGOR DE UMA CONSTITUIÇÃO NOVA

Sempre que uma nova Constituição entra em vigor é possível observar a ocorrência de alguns fenômenos jurídicos intertemporais que irão atuar, especialmente, em face das normas da Constituição anterior, das normas infraconstitucionais e da sucessão temporal de normas de status equivalente no sistema jurídico.

A Constituição, como vimos, é uma ***norma fundamental*** e ***suprema***, que está hierarquicamente acima das demais normas do sistema jurídico, consistindo no ***fundamento de validade*** das normas infraconstitucionais. Ademais, a Constituição é criada por um ***Poder Constituinte Originário***, que se caracteriza, dentre outras coisas, por ser ***inicial***, constituindo uma nova ordem jurídica constitucional e desconstituindo a ordem anterior. Em razão disso, quando uma nova Constituição entra em vigor, é possível observar, pelo menos, dois fenômenos intertemporais:[1]

i) ***Revogação da Constituição Anterior;***

ii) ***Recepção das Normas Infraconstitucionais*** que forem compatíveis com a Constituição Nova;

2. REVOGAÇÃO DA CONSTITUIÇÃO ANTERIOR

A revogação é um fenômeno jurídico que põe fim à vigência de uma determinada norma, ocorrendo por meio da superveniência de norma do mesmo grau hierárquico emanada do mesmo órgão.

Quanto à forma, a revogação pode ser: *a)* ***Expressa***, quando a nova norma prevê a revogação da norma anterior; ou *b)* ***Tácita***, quando a nova norma não prevê expressamente a revogação da norma anterior, contudo trata completamente da mesma matéria que ela (revogação por normação geral), ou regulamenta a matéria de forma totalmente contrária à norma anterior.

Já quanto à extensão, a revogação pode ser: *a)* ***Total***, também chamada de ***Ab-rogação***, quando a revoga-se toda a norma; ou *b)* ***Parcial***, também chamada de ***Derrogação***, quando a revoga-se apenas uma parte da norma.

1. FERNANDES, Bernardo Gonçalves. Curso de Direito Constitucional. 8. ed. Salvador: Juspodivm, 2016.

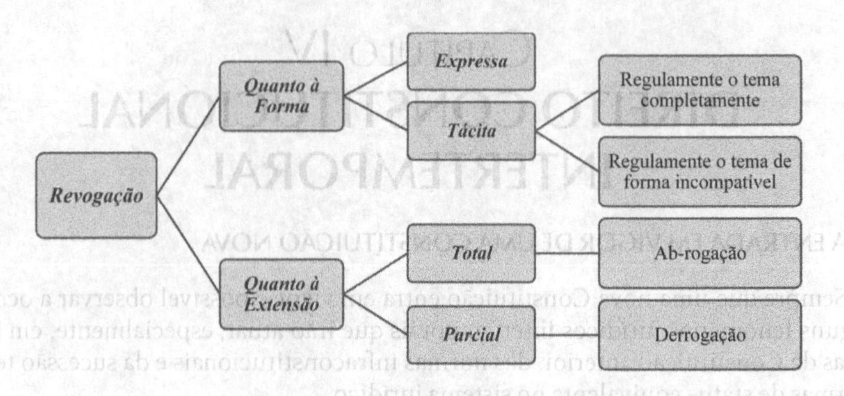

Sempre que uma Constituição Nova entra em vigor há a ***revogação total da Constituição Anterior***, seja ***de forma expressa*** (quando o novo documento constitucional menciona a revogação expressamente) ***ou tácita*** (quando o novo documento constitucional não menciona a revogação expressamente, por tratar-se de normação geral). Assim, a nova Constituição irá desconstituir a Constituição pretérita, rompendo com a ordem jurídica anterior e instituindo um novo fundamento de validade para as demais normas do sistema jurídico.

3. RECEPÇÃO

O surgimento de uma nova Constituição, como vimos, gera a revogação total da Constituição anterior. Consequentemente, coloca-se um fim ao fundamento de validade das normas infraconstitucionais (leis, decretos etc.) que estavam vigentes, emergindo, agora, um novo fundamento de validade das normas do sistema jurídico instituído pela nova Constituição.

A recepção consiste no fenômeno que confere validade as normas infraconstitucionais anteriores à nova Constituição. Contudo, nem todo o direito pré-constitucional será recepcionado, devendo-se fazer um exame de compatibilidade com a nova Constituição. Assim, as normas infraconstitucionais (leis, decretos etc.) que forem compatíveis com a nova Constituição ***serão recepcionadas***, recebendo um novo fundamento de validade, ao contrário, as normas infraconstitucionais que forem incompatíveis com a nova Constituição ***não serão recepcionadas***.[2]

As incompatibilidades das normas infraconstitucionais com a nova Constituição poderão ser materiais ou meramente formais. ***Incompatibilidades materiais*** são aquelas de conteúdo, ocorrendo, por exemplo, quando uma lei anterior à nova Constituição disponha de forma contrária ou de forma a afrontar as novas normas constitucionais. ***Incompatibilidades formais*** são aquelas que dizem respeito a forma que se exterioriza a norma (a espécie normativa), ocorrendo, por exemplo, quando uma determinada matéria estava regulamentada por uma lei ordinária, mas a nova Constituição prevê que se trata de matéria de lei complementar.

Quando a ***incompatibilidade for material, a norma não será recepcionada pela nova Constituição, sendo revogada***. Já quando a ***incompatibilidade for apenas formal, a norma será recepcionada com as necessárias adequações formais***. É o que ocorreu, por exemplo, com o Código Tributário Nacional, que fora editado originariamente como lei ordinária (Lei 5.172/1966) nos termos da Constituição de 1946, vigente à época, sendo recepcionado

2. KELSEN, Hans. Teoria do direito e do Estado. 4. ed. São Paulo: Martins Fontes, 2005, p. 172.

pela Constituição de 1967 com status de lei complementar (art. 18, *caput*), mantido esse status quando recepcionado pela Constituição de 1969 (art. 18, § 1º) e pela Constituição de 1988 (art. 146).

3.1 Recepção e inconstitucionalidade superveniente das normas infraconstitucionais

A análise de recepção não se confunde com o controle de constitucionalidade (que é um controle de validade, de compatibilidade vertical de normas), vez que ***a norma não recepcionada*** sequer entra na nova ordem jurídica, sendo ***revogada*** (tácita ou expressamente) na data de promulgação da nova Constituição.

Deste modo, por ter sido revogada, é impossível fazer qualquer controle de validade dessa norma em face da nova Constituição, não se falando em declaração de inconstitucionalidade. Isto porque, no direito brasileiro, só se reconhece a ***inconstitucionalidade originária*** da norma, ou seja, só se pode declarar inconstitucional uma norma que tenha sido editada após à Constituição e que com ela seja incompatível.

Assim, no Brasil, de acordo com a doutrina majoritária e com a jurisprudência do STF,[3] ***não se reconhece a inconstitucionalidade superveniente*** da norma, ou seja, normas editadas antes da Constituição e incompatíveis com ela não serão declaradas inconstitucionais e sim não recepcionadas, quedando-se revogadas desde a data da promulgação da nova Constituição, até porque, nas palavras do Ministro Paulo Brossard, o legislador não deve obediência a uma Constituição que sequer existe ainda, afinal "só por adivinhação, poderia obedecê-la, uma vez que futura e, por conseguinte, ainda inexistente".[4]

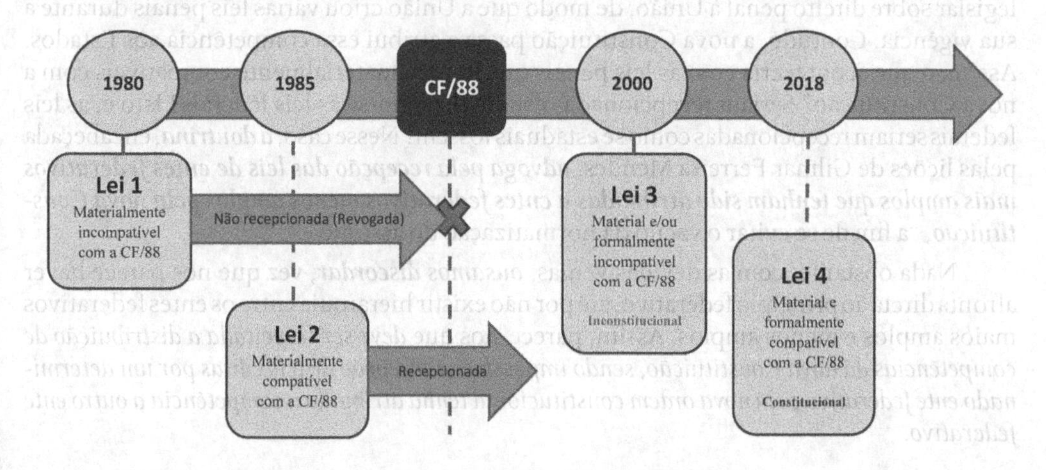

3.2 Recepção e ações de controle de constitucionalidade

Como vimos, as normas infraconstitucionais anteriores à nova Constituição não são declaradas constitucionais ou inconstitucionais, não sendo, consequentemente, objeto de controle de constitucionalidade. Na verdade, elas são recepcionais ou não recepcionadas, submetendo-se a uma análise de recepção. Essa análise de recepção pode ser feita pelo Poder

3. STF, ADI 02, Rel. Min. Paulo Brossard.
4. BROSSARD, Paulo. A Constituição e as leis anteriores. Arquivos do Ministério da Justiça, n. 180, 1992, p. 125.

Judiciário, de modo *difuso*, em qualquer ação, assim como pode ser feita, de modo *concentrado*, pelo Supremo Tribunal Federal, em sede de *Arguição de Descumprimento de Preceito Fundamental (ADPF)*. Registre-se, ainda, que outras ações concentradas, como ADI e ADC, não são aptas a realizar análise de recepção.

3.3 Recepção e alteração da distribuição de competências dos entes federativos

O que acontece com uma lei que regulamenta uma certa matéria editada por um determinado ente federativo (União, Estado ou Município) durante o regime constitucional anterior se a nova Constituição atribuir a competência para legislar sobre essa matéria a outro ente federativo?

Suponhamos que a Constituição anterior atribua a competência para legislar sobre direito agrário aos Estados, de modo que vários Estados criaram Códigos de Direito Agrário durante a sua vigência. Contudo, a nova Constituição passa a atribuir essa competência à União. Assim, o que aconteceria com os Códigos de Direito Agrário que fossem materialmente compatíveis com a nova Constituição? Seriam recepcionados federalizando-se as leis estaduais? Isto é, as leis estaduais seriam recepcionadas como se federais fossem? ***A doutrina***, encabeçada pelas lições de Gilmar Ferreira Mendes, ***advoga ser impossível a recepção de leis de entes federativos menos amplos que tenham sido atribuídas a entes federativos mais amplos pela nova Constituição***, por ferir o princípio federativo e por haver uma impossibilidade prática de se recepcionar tantas leis.[5]

De outro modo, suponhamos que a Constituição anterior atribua a competência para legislar sobre direito penal à União, de modo que a União criou várias leis penais durante a sua vigência. Contudo, a nova Constituição passa a atribui essa competência aos Estados. Assim, o que aconteceria com as leis penais que fossem materialmente compatíveis com a nova Constituição? Seriam recepcionadas estadualizando-se as leis federais? Isto é, as leis federais seriam recepcionadas como se estaduais fossem? Nesse caso, ***a doutrina***, encabeçada pelas lições de Gilmar Ferreira Mendes, ***advoga pela recepção das leis de entes federativos mais amplos que tenham sido atribuídas a entes federativos menos amplos pela nova Constituição***, "a fim de se evitar o vácuo da normatização do assunto".[6]

Nada obstante, com as devidas vênias, ***ousamos discordar***, vez que nos parece haver afronta direta ao princípio federativo, até por não existir hierarquia entre os entes federativos maios amplos e menos amplos. Assim, parece-nos que *deve ser respeitada a distribuição de competências da nova Constituição, sendo impossível a recepção de leis editas por um determinado ente federativo cuja nova ordem constitucional tenha atribuído a competência a outro ente federativo.*

3.4 Recepção e Poder Constituinte Reformador

O Poder Constituinte Reformador pode modificar a ordem jurídica constitucional dentro dos limites estabelecidos pela Constituição. Assim, questiona-se: se a Constituição é modificada por uma determinada reforma constitucional, as normas infraconstitucionais anteriores a essa Emenda à Constituição e que com ela sejam incompatíveis serão declaradas inconstitucionais ou consideradas não recepcionadas pela nova ordem consti-

5. FERNANDES, Bernardo G. Curso de Direito Constitucional. 8. ed. Salvador: Juspodivm, 2016, p. 131.
6. MASSON, Nathalia. Manual de Direito Constitucional. 6. ed. Salvador: Juspodivm, 2018, p. 193.

tucional estabelecida pela reforma? Como vimos, ***o direito brasileiro não reconhece a tese da inconstitucionalidade superveniente***, isto é, *normas infraconstitucionais editadas antes da Emenda à Constituição e incompatíveis com ela não serão declaradas inconstitucionais, sendo consideradas não recepcionadas*, quedando-se revogadas desde a entrada em vigor da Emenda.

3.5 Recepção de lei anteriormente inconstitucional não declarada inválida

Uma lei que feriu a Constituição sob cuja regência foi editada, mas que até o advento da nova Constituição não havia sido declarada inconstitucional, poderá ser recepcionada pela nova Constituição se for compatível com ela? Em que pese haja na doutrina quem defenda que sim, apontando como fundamento o princípio da presunção de constitucionalidade das normas,[7] parece-nos mais acertada a posição majoritária, segundo a qual ***não é possível recepcionar norma infraconstitucional que feriu a Constituição sob cuja regência foi editada, mas que até o advento da nova Constituição não havia sido declarada inconstitucional***, vez que se a norma feriu a Constituição sob a qual foi editada, *essa norma é nula, é inválida desde o momento em que fora editada*, não importando se é ou não é compatível com a nova Constituição.[8]

Trata-se daquilo que a doutrina vem chamando da "***tese da contemporaneidade***" ou "***princípio da contemporaneidade***", segundo o qual uma norma só é analisada como sendo constitucional ou inconstitucional tendo como parâmetro a Constituição sob a qual foi editada. Assim, uma determinada norma infraconstitucional que feriu a Constituição sob cuja regência foi editada, mas que até o advento da nova Constituição não havia sido declarada inconstitucional, será inconstitucional do mesmo jeito, sendo nula, inválida, padecendo de um vício insanável e, portanto, não podendo ser recepcionada, até porque, é inválida desde que fora editada.[9]

3.6 Recepção total e parcial

A recepção pode ser; ***a) total***, isto é, recepciona-se a norma na sua integralidade, como, por exemplo, a lei toda, o decreto todo; ou ***b) parcial***, isto é, recepciona-se parte da norma e não a norma toda, como por exemplo, alguns artigos da lei ou do decreto.

3.7 Efeitos da decisão do STF que declara a recepção ou a não recepção

A recepção ou a não recepção possuem efeitos *ex tunc*, retroativos até a data da promulgação da Constituição. Deste modo, se o Supremo Tribunal Federal, em uma determinada decisão proferida no ano de 2018, conclui que uma determinada lei de 1977 não foi recepcionada pela Constituição de 1988, essa decisão considerará que a referida lei fora revogada em 5 de outubro de 1988, data da promulgação da Constituição.

Nesses termos, o Supremo Tribunal Federal sempre entendeu que as decisões sobre recepção ou não recepção de normas não poderiam ter seus efeitos modulados.[10] Contudo, em julgamento proferido em 2011, a Corte Constitucional mudou seu en-

---

7. TAVARES, André Ramos. Curso de Direito Constitucional. São Paulo: Saraiva, 2002, p. 184.
8. LENZA, Pedro. Direito Constitucional Esquematizado. 22. ed. São Paulo: Saraiva, 2018, p. 227 e ss.
9. Ibidem, idem.
10. STF, RE 353.508-RJ-AgR, Rel. Min. Celso de Mello.

tendimento autorizando a ***modulação de efeitos em decisões sobre recepção ou não recepção*** de normas infraconstitucionais, fundamentando-se, sobretudo, no princípio da segurança jurídica.[11]

3.8 Recepção provisória de lei considerada "ainda" constitucional: não recepção por inconstitucionalidade progressiva

Essa tese foi firmada pelo Supremo Tribunal Federal no julgamento do RE 147.776, de relatoria do Min. Sepúlveda Pertence, como forma de, em que pese reconhecer a não recepção de uma determinada norma infraconstitucional, mantê-la vigente por mais um tempo sob pena de gerar uma situação de inconstitucionalidade mais gravosa que a sua recepção por um determinado período de tempo.

Nesse julgamento, discutia-se a recepção do art. 68, do Código de Processo Penal, que atribui ao Ministério Público a legitimidade para propor ação civil para reparação de dano *ex delito* nos casos em que a vítima seja pobre, em face do art. 134, da CF/88, segundo o qual incumbe à Defensoria Pública a defesa judicial e extrajudicial, dos direitos individuais e coletivos, de forma integral e gratuita, aos necessitados.

O Supremo reconheceu que a Constituição de 1988 atribuiu essa competência exclusivamente à Defensoria Pública, o que, numa visão "ortodoxa" ensejaria a não recepção do art. 68, do CPP e, portanto, sua revogação. Contudo, em razão da Defensoria Pública, na época (e ainda hoje), não estar estruturada de forma a atender a todas as pessoas pobres vítimas de danos *ex delito*, a sua não recepção geraria uma inconstitucionalidade maior que a sua recepção por um determinado período de tempo, consistindo num desserviço à proteção dos hipossuficientes, objetivo precípuo do art. 134, da CF/88, decidindo a Corte que o art. 68, do CPP seria "ainda" constitucional, sendo possível sua recepção provisória, mas estaria perdendo, progressivamente, sua constitucionalidade, conforme a Defensoria Pública se estruture e amplie sua capacidade de atendimento.

3.9 Requisitos para a recepção das normas infraconstitucionais no direito brasileiro

Diante do exposto, pode-se concluir que, para que uma norma infraconstitucional (lei, decreto etc.) seja recepcionada, ela deve preencher os seguintes requisitos:

1) estar vigente no momento da promulgação da nova Constituição;

2) não ter sido declarada inconstitucional durante a vigência da Constituição anterior;

3) ter compatibilidade formal e material com a Constituição que estava vigente quando ela foi editada;

4) ter compatibilidade material com a nova Constituição;

5) não ter sido atribuída a competência para legislar sobre a matéria que ela rege a outro ente federativo pela nova Constituição;

4. REPRISTINAÇÃO

A repristinação é o fenômeno intertemporal pelo qual se reestabelece uma determinada condição anterior. No sistema jurídico, a repristinação se dá quando a vigência de uma nor-

11. STF, RE 600.885-RS, Rel. Min. Cármen Lúcia.

ma é reestabelecida em razão da revogação da norma que a revogou. No direito brasileiro, a repristinação, como regra, só será admita quando expressa, em respeito aos princípios da segurança jurídica e da estabilidade das relações sociais.[12]

4.1 Repristinação legal

A repristinação legal *ocorre quando uma lei tem sua vigência reestabelecida pela revogação da lei que a revogou.* Isto é, quando a Lei A, que havia sido revogada pela Lei B, volta a ser vigente porque a Lei B é revogada por uma Lei C. Nos termos do art. 2º, §3º, da LINDB, *salvo disposição em contrário, a lei revogada não se restaura por ter a lei revogadora perdido a vigência.* Ou seja, para que haja a repristinação de uma lei, isso precisa estar expresso.[13] No nosso exemplo, a Lei A só pode ter sua vigência reestabelecida se a Lei C assim dispuser.

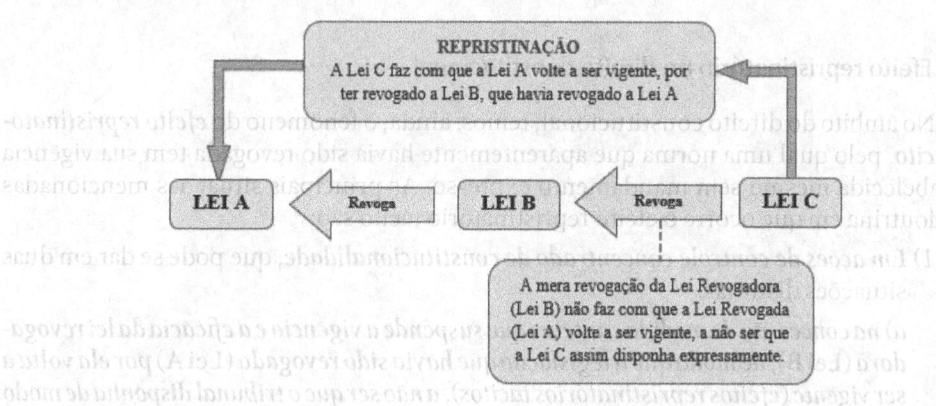

4.2 Repristinação constitucional

No âmbito do direito constitucional, a repristinação se dá com o reestabelecimento de lei infraconstitucional revogada por Constituição pretérita, em face do estabelecimento de uma nova Constituição, com a qual a lei é materialmente compatível. Isto é, a repristinação constitucional se dá quando a **Lei A**, editada e vigente sob a égide da **Constituição A**, não é recepcionada pela **Constituição B**, mas, posteriormente, tem sua vigência reestabelecida em virtude da promulgação de uma **Constituição C** (nova Constituição). A repristinação em âmbito constitucional tem como ***requisitos: i)*** estar expressamente prevista pela nova Constituição; ***ii)*** a lei tem que se compatível com a nova Constituição, não podendo contrariá-la.

12. NOVELINO, Marcelo. Curso de Direito Constitucional. 13. ed. Salvador: Juspodivm, 2018, p. 158.
13. MARTINS, Fernando R. Comentários à Lei de Introdução às Normas do Direito Brasileiro, 2019, p. 17.

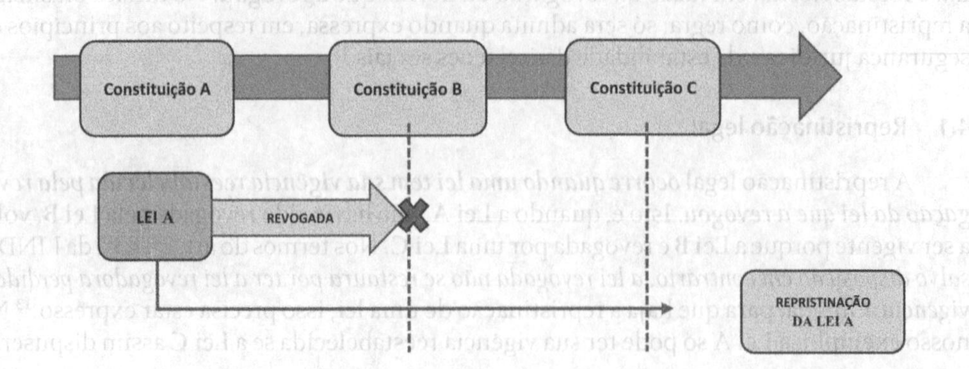

4.3 Efeito repristinatório no direito constitucional

No âmbito do direito constitucional, temos, ainda, o fenômeno do *efeito repristinatório tácito*, pelo qual uma norma que aparentemente havia sido revogada tem sua vigência reestabelecida mesmo sem mandamento expresso. As principais situações mencionadas pela doutrina em que ocorre o efeito repristinatório tácito são:[14]

1) Em ações de controle concentrado de constitucionalidade, que pode se dar em duas situações distintas:

a) na concessão de medida cautelar que suspende a vigência e a eficácia da lei revogadora (Lei B), *de modo que a legislação que havia sido revogada* (Lei A) *por ela volta a ser vigente (efeitos repristinatórios tácitos), a não ser que o tribunal disponha de modo contrário na própria decisão cautelar, nos termos do art. 11, §2º, da Lei 9.868/1999;*

b) na decisão definitiva que declara a inconstitucionalidade da lei revogadora (Lei B), *cujos efeitos, em regra, são ex tunc, retroativos, invalidando a lei revogadora desde a sua origem, produzindo em relação a lei anterior* (Lei A), *que havia sido revogada pela lei proclamada inconstitucional, efeitos repristinatórios tácitos.*

2) Em casos de exercício da competência legislativa plena pelos Estados-membros: No âmbito da competência legislativa concorrente, nos termos do art. 24 e §§, da CF/88, a União deve produzir as normas gerais e os Estados devem produzir as normas específicas. Contudo, caso a União não crie as normas gerais, os Estados podem exercer a competência legislativa plena, criando, também, as normas gerais (Lei E). Nada obstante, a União pode, posteriormente, vir a criar as normas gerias (Lei FA), que são de sua competência, o que, nos temos da Constituição, suspende a vigência e a eficácia das leis estaduais naquilo que forem contrárias às normas gerais criadas pela União. Ocorre que, no futuro, a União pode, mediante lei (Lei FB), vir a revogar a lei federal (Lei FA) que dispunha sobre as normas gerais, o que gerará *efeitos repristinatórios tácitos* dos dispositivos das leis estaduais (Lei E) que estavam suspensos, desde que compatíveis com as normas gerias da nova lei federal (Lei FB).

14. NOVELINO, Marcelo. Curso de Direito Constitucional. 13. ed. Salvador: Juspodivm, 2018, p. 158.

3) *Em casos de medidas provisórias rejeitas ou havidas por prejudicadas*: Nos termos do art. 62, § 3º, da CF/88, quando uma medida provisória (MP) que revogava uma determinada lei (Lei A) vem a ser rejeitada ou havida por prejudica, produz-se *efeitos repristinatórios tácitos* em relação à lei revogada (Lei A), reestabelecendo-se a sua vigência.

5. DESCONSTITUCIONALIZAÇÃO

A desconstitucionalização consiste no fenômeno do direito constitucional intertemporal pelo qual *as normas de uma Constituição anterior, que sejam materialmente compatíveis com o novo ordenamento constitucional, são recepcionadas pela nova Constituição com o status de normas infraconstitucionais*.[15] Isto é, desconstitucionalizar significa recepcionar a norma anteriormente constitucional "rebaixando" hierarquicamente a uma norma infraconstitucional, recepcionar retirando sua hierarquia constitucional.

No direito brasileiro, a desconstitucionalização possui dois *requisitos:*

i) compatibilidade material das normas desconstitucionalizadas com a nova Constituição; e

ii) disposição expressa da desconstitucionalização no texto da nova Constituição, como forma de assegurar a segurança das relações jurídicas e a autonomia do Poder Constituinte Originário.

No âmbito da Constituição brasileira de 1988 a desconstitucionalização não ocorreu. Contudo, temos um *exemplo* interessante de desconstitucionalização em terras brasileiras: trata-se da Constituição do Estado de São Paulo de 1967, que desconstitucionalizou as normas da Constituição paulista anterior, afirmando, em seu art. 147, que *"consideram-se vigentes, com o caráter de lei ordinária, os artigos da Constituição promulgada em 9 de julho de 1947 que não contrariem esta Constituição"*.

6. RECEPÇÃO MATERIAL DE NORMAS CONSTITUCIONAIS

A recepção material de normas constitucionais consiste no fenômeno do direito constitucional intertemporal pelo qual *normas de uma Constituição anterior são recepcionadas pela nova Constituição, ainda, com o status de normas constitucionais.*[16]

No direito brasileiro, a recepção material de normas constitucionais possui quatro *requisitos:*

i) não contrariedade com as normas fundamentais da nova Constituição;

ii) disposição expressa da recepção no texto da nova Constituição, como forma de assegurar a segurança das relações jurídicas e a autonomia do Poder Constituinte Originário;

iii) prazo determinado, pois só podem permanecer como normas constitucionais de forma temporária e excepcional, devido ao caráter precário do fenômeno; e

iv) recair somente sobre parte das normas constitucionais pretéritas, não sendo possível a recepção material de todas as normas da Constituição anterior.

15. FERNANDES, Bernardo G. Curso de Direito Constitucional. 8. ed. Salvador: Juspodivm, 2016, p. 132.
16. Ibidem, idem.

Nesse sentido, inclusive, já se manifestou o ***Supremo Tribunal Federal***, em decisão emblemática, na qual afirmou que *"a vigência e a eficácia de uma nova Constituição implicam a supressão da existência, a perda de validade e a cessação de eficácia da anterior Constituição por ela revogada, operando-se, em tal situação, uma hipótese de revogação global ou sistêmica do ordenamento constitucional precedente, não cabendo, por isso mesmo, indagar-se, por impróprio, da compatibilidade, ou não, para efeito de recepção, de quaisquer preceitos constantes da Carta Política anterior, ainda que materialmente não conflitantes com a ordem constitucional originária superveniente. É que – consoante expressiva advertência do magistério doutrinário (CARLOS AYRES BRITTO, 'Teoria da Constituição', p. 106, 2003, Forense) – 'Nada sobrevive ao novo Texto Magno', dada a impossibilidade de convívio entre duas ordens constitucionais originárias (cada qual representando uma ideia própria de Direito e refletindo uma particular concepção político-ideológica de mundo), exceto se a nova Constituição, mediante processo de* ***recepção material*** *(que muito mais traduz verdadeira novação de caráter jurídico-normativo), conferir* ***vigência parcial e eficácia temporal limitada*** *a determinados preceitos constitucionais inscritos na Lei Fundamental revogada..."* [17]

No âmbito de nossa atual Constituição, temos como ***exemplo*** a recepção material das normas constitucionais da Constituição anterior que regulamentavam o ***sistema tributário nacional***. Essa recepção está prevista no ***art. 34, caput, do ADCT, da CF/88***, que assim dispõe: *"O sistema tributário nacional entrará em vigor a partir do primeiro dia do quinto mês seguinte ao da promulgação da Constituição, mantido, até então, o da Constituição de 1967, com a redação dada pela Emenda 1, de 1969, e pelas posteriores".*

7. CONSTITUCIONALIDADE SUPERVENIENTE

A constitucionalidade superveniente é o fenômeno pelo qual uma ***norma infraconstitucional, antes incompatível com a Constituição (inconstitucional), passa a ser constitucional pela alteração do parâmetro constitucional***, seja porque foi promulgada uma nova Constituição, seja porque houve uma reforma constitucional, seja porque houve uma alteração da interpretação das normas constitucionais.

Ocorre que, se a norma era incompatível com a Constituição, então ela era inválida, nula desde a sua origem, não se admitindo a sua convalidação, pouco importando se há época ela foi ou não foi declarada inconstitucional pelo Tribunal Constitucional, já que a invalidade não se altera com o tempo. Nesse sentido, já decidiu o STF (RE 346.084) que o sistema jurídico brasileiro não contempla a figura da constitucionalidade superveniente.

8. USUCAPIÃO DE CONSTITUCIONALIDADE

A usucapião de constitucionalidade é o fenômeno pelo qual uma ***norma infraconstitucional originariamente inconstitucional passa a ser constitucional pelo decurso do tempo***, ou seja, uma norma inconstitucional, por não ter sido declarada inconstitucional pelo Poder Judiciário, passaria a ser constitucional, contando com uma espécie de presunção absoluta de constitucionalidade.

Obviamente, a usucapião de constitucionalidade é ***incompatível com o constitucionalismo brasileiro,*** pois ofende a força normativa e a supremacia da Constituição, sendo as ações de controle concentrado de constitucionalidade imprescritíveis e incaducáveis. Nesse

17. STF, AI 386.820 AgR-ED-EDv-AgR-ED, Rel. Min. Celso de Mello.

sentido, já decidiu o STF (RE 817.338) que não pode haver usucapião de constitucionalidade, afirmando a Corte que a obrigatoriedade da Constituição deriva de sua vigência, não sendo possível entender, portanto, que o tempo derrogue a força obrigatória de seus preceitos por causa de ações omissivas ou comissivas de autoridades públicas.

9. QUADRO SINÓPTICO

CAPÍTULO III –DIREITO CONSTITUCIONAL INTERTEMPORAL	
INTRODUÇÃO	
Entrada em vigor de uma nova Constituição	Quando uma nova Constituição entra em vigor, é possível observar a ocorrência de, pelo menos, dois fenômenos intertemporais: ***i) Revogação da Constituição Anterior;*** e ***ii) Recepção das Normas Infraconstitucionais*** que forem compatíveis com a Constituição Nova;
Revogação da Constituição Anterior	Sempre que uma nova Constituição entra em vigor há a ***revogação total da Constituição Anterior***, seja ***de forma expressa*** ou ***tácita***.
RECEPÇÃO	
Conceito	Consiste no fenômeno que confere validade as normas infraconstitucionais anteriores à nova Constituição que com ela forem materialmente compatíveis. Havendo ***incompatibilidade material***, a norma ***não será recepcionada*** pela nova Constituição, sendo ***revogada***. Havendo ***incompatibilidade meramente formal***, a norma ***será recepcionada*** com as necessárias adequações formais.
Recepção e inconstitucionalidade superveniente das normas infraconstitucionais	No direito brasileiro, só se reconhece a ***inconstitucionalidade originária*** da norma, ou seja, só se pode declarar inconstitucional uma norma que tenha sido editada após à Constituição e que com ela seja incompatível. Assim, ***não se reconhece a inconstitucionalidade superveniente*** da norma, ou seja, normas editadas antes da Constituição e incompatíveis com ela não serão declaradas inconstitucionais e sim não recepcionadas, quedando-se revogadas desde a promulgação da nova Constituição.
Recepção e Ações de Controle de Constitucionalidade	As normas infraconstitucionais anteriores à nova Constituição não são declaradas constitucionais ou inconstitucionais, não sendo, consequentemente, objeto de controle de constitucionalidade, ***não podendo ser objeto de ADI e ADC***, por exemplo. Na verdade, essas normas passam por uma análise de recepção, que pode ser feita pelo Poder Judiciário, de modo difuso, em qualquer ação, ou, de modo concentrado, pelo STF, em sede de ADPF.
Recepção e alteração da distribuição de competências dos entes federativos	***O que acontece com uma lei editada por um determinado ente federativo durante o regime constitucional anterior se a nova Constituição atribuir a competência para legislar sobre aquela matéria a outro ente federativo?*** A ***doutrina*** advoga pela não recepção de leis de entes federativos menos amplos que tenham sido atribuídas a entes federativos mais amplos pela nova Constituição e, por outro lado, defende a recepção de leis de entes federativos mais amplos que tenham sido atribuídas a entes federativos menos amplos pela nova Constituição. ***Discordamos!*** Para nós, por constituir afronta direta ao princípio federativo e por não haver hierarquia entre os entes federativos maios e menos amplos, é impossível a recepção de leis editas por um determinado ente federativo cuja nova Constituição tenha atribuído a competência a outro ente federativo, em qualquer hipótese.
Recepção e Poder Constituinte Reformador	Como vimos, o direito brasileiro não reconhece a tese da inconstitucionalidade superveniente, assim, ***normas infraconstitucionais editadas antes de Emenda à Constituição*** e incompatíveis com ela não serão declaradas inconstitucionais, sendo consideradas revogadas e não recepcionadas pela Emenda.
Recepção de lei anteriormente inconstitucional não declarada inválida	Não é possível recepcionar norma infraconstitucional que feriu a Constituição sob cuja regência foi editada, mas que até o advento da nova Constituição não havia sido declarada inconstitucional, vez que se a norma feriu a Constituição sob a qual foi editada, essa norma é nula, inválida (***tese da contemporaneidade***).

Recepção total e parcial	***a) total:*** recepciona-se a norma na sua integralidade. ***b) parcial:*** recepciona-se parte da norma e não a norma toda (alguns artigos etc.).
Efeitos da decisão do STF que declara a recepção ou a não recepção	A recepção ou a não recepção, como regra, possuem efeitos ***ex tunc***, retroativos até a data da promulgação da Constituição. Contudo, recentemente, o STF adotou a tese da ***modulação de efeitos em decisões sobre recepção ou não recepção***, fundamentando-se no princípio da segurança jurídica.
Recepção provisória de lei considerada "ainda" constitucional	Reconhece-se a ***recepção provisória***, quando a não recepção da norma geraria uma situação de inconstitucionalidade maior que a sua recepção por um determinado período de tempo. Assim, reconhece-se que a norma seria ***"ainda" constitucional***, sendo possível sua recepção provisória, mas estaria ***perdendo, progressivamente, sua constitucionalidade.***
Requisitos para a recepção das normas infraconstitucionais no direito brasileiro	***1)*** estar vigente no momento da promulgação da nova Constituição; ***2)*** não ter sido declarada inconstitucional durante da vigência da Constituição anterior; ***3)*** ter compatibilidade formal e material com a Constituição que estava vigente quando ela foi editada; ***4)*** ter compatibilidade material com a nova Constituição; ***5)*** não ter sido atribuída a competência para legislar sobre a matéria que ela rege a outro ente federativo pela nova Constituição;
REPRISTINAÇÃO	
Repristinação Legal	***Ocorre quando uma lei tem sua vigência reestabelecida pela revogação da lei que a revogou.*** No Brasil só se admite, quando de modo expresso, nos termos do art. 2º, §3º, da LINDB.
Repristinação Constitucional	Dá-se com o reestabelecimento de lei infraconstitucional revogada por Constituição pretérita, em face do estabelecimento de uma nova Constituição, com a qual a lei é materialmente compatível. A repristinação em âmbito constitucional tem como ***requisitos: i)*** estar expressamente prevista pela nova Constituição; ***ii)*** a lei tem que se compatível com a nova Constituição, não podendo contrariá-la.
Efeito Repristinatório no Direito Constitucional	O efeito repristinatório tácito é aquele pelo qual uma ***norma que aparentemente havia sido revogada tem sua vigência reestabelecida mesmo sem mandamento expresso***. As principais situações em que ele ocorre são: ***1) Em ações de controle concentrado de constitucionalidade***, que pode se dar: a) na concessão de medida cautelar que suspende a vigência e a eficácia da lei revogadora, nos termos do art. 11, §2º, da Lei 9.868/1999; ou b) na decisão definitiva que declara a inconstitucionalidade da lei revogadora. ***2) Em casos*** de exercício da competência legislativa plena pelos Estados-membros, nos termos do art. 24 e §§, da CF/88. ***3) Em casos de medidas provisórias rejeitas ou havidas por prejudicadas***, que haviam revogado determinada lei, nos termos do art. 62, § 3º, da CF/88.
OUTROS FENÔMENOS DO DIREITO CONSTITUCIONAL INTERTEMPORAL	
Desconstitucionalização	Fenômeno pelo qual as normas da Constituição anterior, que sejam materialmente compatíveis com o novo ordenamento constitucional, são recepcionadas pela nova Constituição com o status de normas infraconstitucionais. ***Requisitos: i)*** compatibilidade material das normas desconstitucionalizadas com a nova Constituição; e ***ii)*** disposição expressa da desconstitucionalização no texto da nova Constituição. ***Exemplo:*** Constituição do Estado de São Paulo de 1967, que, nos termos de seu art. 67, desconstitucionalizou as normas da Constituição paulista anterior,
Recepção Material de Normas Constitucionais	Fenômeno pelo qual normas de uma Constituição anterior são recepcionadas pela nova Constituição, ainda, com o status de normas constitucionais. ***Requisitos: i)*** não contrariedade com as normas fundamentais da nova Constituição; ***ii)*** disposição expressa da recepção no texto da nova Constituição; ***iii)*** prazo determinado; e ***iv)*** recair somente sobre parte das normas constitucionais pretéritas. ***Exemplo:*** recepção provisória do sistema tributário nacional da Constituição de 1967/69, pela Constituição de 1988, nos termos do art. 34, caput, do ADCT.

Constitucionalidade Superveniente	Fenômeno pelo qual uma norma infraconstitucional, antes incompatível com a Constituição (inconstitucional), passa a ser constitucional pela alteração do parâmetro constitucional. Segundo o ***STF***, o sistema jurídico brasileiro não contempla a figura da constitucionalidade superveniente.
Usucapião de Constitucionalidade	Fenômeno pelo qual uma norma originariamente inconstitucional passa a ser constitucional pelo decurso do tempo, por não ter sido declarada inconstitucional pelo Poder Judiciário. Segundo o ***STF***, a usucapião de constitucionalidade é incompatível com o constitucionalismo brasileiro.

Capítulo V
NORMAS CONSTITUCIONAIS

1. A CONSTITUIÇÃO COMO SISTEMA ABERTO DE REGRAS E PRINCÍPIOS

Como vimos, a Constituição consiste na norma jurídica fundamental e superior que constitui e organiza o Estado e seus poderes e estabelece direitos fundamentais limitando esses poderes. Essa norma, obviamente, precisa acompanhar o processo civilizatório de cada sociedade, pois uma Constituição distante da realidade da sociedade que rege, é uma Constituição fadada ao fracasso.

A história das civilizações nos mostra que as sociedades se modificam constantemente, as vezes mais, as vezes menos, mas se modificam. Contudo, se a cada situação nova que a vida apresenta e se a cada relação nova em que o homem se envolve for se alterar o texto constitucional, colocar-se-ia a própria Constituição em uma situação de instabilidade que poderia comprometer a efetividade ou até mesmo a vigência da Carta Constitucional (a depender da intensidade que se altera o seu texto) rompendo com a ordem (jurídica e política) instalada.[1]

Assim, faz-se necessário abrir a Constituição às novas situações, sem alterar-se constantemente o seu texto. Nesse sentido, fala-se de uma ***abertura constitucional*** a princípios e valores que possibilitem à ordem constitucional vigente reconhecer e resolver as novas situações, tanto através do reconhecimento de novos direitos (direitos atípicos) como por novas leituras de direitos antigos (típicos). Deste modo, a Constituição deve ser compreendida como um ***sistema aberto e flexível de regras e princípios***.[2]

Partindo das considerações de Claus-Wilhelm Canaris[3] sobre a abertura sistêmica, pode--se dizer que *o sistema constitucional é aberto em face da incompletude do conhecimento jurídico e da modificabilidade dos valores fundamentais da ordem jurídica*. No âmbito do atual sistema constitucional brasileiro essa abertura se dá, sobretudo, pelos princípios constitucionais.

Superando a clássica visão positivista, na qual a norma jurídica era compreendida somente como regra jurídica, tal qual nas teorias de Hans Kelsen[4] e Herbert Hart,[5] à luz do constitucionalismo contemporâneo, ***a norma jurídica passa a compreender duas espécies: as regras e os princípios***. Essa nova concepção da norma jurídica, promove a *abertura do sistema jurídico, sobretudo pelos princípios, por serem eles normas jurídicas abertas de alta densidade axiológica*.[6] No âmbito do sistema constitucional esse fenômeno (a abertura pelos princípios) é mais intenso, vez que as modernas ***Constituições são estruturadas essencial-***

1. BRITTO, Carlos Ayres. A Constituição e os limites de sua reforma. Revista Latino-Americana de Estudos Constitucionais. Belo Horizonte, n. 1, p. 225-246, jan/jun, 2003.
2. CASTRO, Carlos Roberto Siqueira. A Constituição aberta e os direitos fundamentais. 2 ed. Rio de Janeiro: Forense, 2010.
3. CANARIS, Claus-Wilhelm. Pensamento Sistemático e Conceito de Sistema na Ciência do Direito. 4 ed. Lisboa: Fundação Calouste Gulbenkian, 2008, especialmente p. 103-126.
4. KELSEN, Hans. Teoria Pura do Direito. 6 ed. São Paulo: Martins Fontes, 2003.
5. HART, Herbert L. A. O Conceito de Direito. 3 ed. Lisboa: Fundação Calouste Gulbenkian, 2001.
6. Nesse sentido, dentre outros: CANOTILHO, J. J. Gomes. Direito Constitucional e Teoria da Constituição. 7. ed. Coimbra: Almedina, 2003, p. 1159 e ss.

mente sobre princípios e, em especial, suas normas de direitos fundamentais são positivadas como princípios.

Por fim, deve-se dizer que as normas constitucionais (regras e princípios), em especial os princípios fundamentais da Constituição, compreendidas sob uma perspectiva sistêmica, devem guiar a abertura da Constituição, desde a cognição/recepção de novos direitos (ou de novas leituras de direitos já existentes) até a interpretação/aplicação e construção desses direitos. Isto é, o sistema constitucional é visto como fonte e, ao mesmo tempo como método de interpretação: interpretação sistemática ou sistêmica.[7]

2. A CONCEPÇÃO DA NORMA JURÍDICA DE RONALD DWORKIN: CONCEITO, ESPÉCIES, APLICAÇÃO E CONFLITOS

Ronald Dworkin, um dos maiores expoentes do direito estadunidense do último século, propõe uma revisão (óbvia, segundo ele) da ***norma jurídica***, que deveria ser compreendida não somente como regra (tal qual se percebe na clássica lição do positivismo jurídico), mas como ***um gênero que comportaria duas espécies: regras e princípios***.[8]

Segundo constata Dworkin, os princípios jurídicos, concebidos pelos positivistas como meras recomendações, axiomas, metas ou programas de política, devem, na verdade, ser compreendidos como verdadeiras normas jurídicas, possuindo todos os atributos inerentes à normatividade, especialmente, a imperatividade, pois, assim como as regras, são normas de direito, e não meras recomendações.[9]

Dworkin explica que ***os princípios jurídicos, de modo genérico, são tanto os princípios propriamente ditos, como as políticas***. Sendo ***política*** "aquele tipo de padrão que estabelece um objetivo a ser alcançado, em geral uma melhoria em algum aspecto econômico, político ou social da comunidade", enquanto ***princípio*** consiste no "padrão que deve ser observado porque é uma exigência de justiça ou equidade ou alguma outra dimensão da moralidade".[10]

Passando à ***distinção entre regras e princípios***, Dworkin demonstra que as referidas espécies normativas podem ser diferenciadas ***quanto ao modo de aplicação***, pois, de um lado, ***as regras jurídicas*** são aplicadas ao modo ***tudo-ou-nada***, ou seja, se uma regra é válida e o caso concreto corresponde à sua previsão, então a regra deve ser aplicada (subsunção), a não ser que exista alguma exceção (prevista positivamente no ordenamento) que não permita a sua aplicação naquele tipo de situação, o que acarreta uma especificação maior da regra, tornando-a mais completa à medida que possui mais especificações.[11] De outro lado, ***os princípios jurídicos*** atuam auxiliando e fundamentando a decisão do magistrado de modo

---

7. Como bem salienta Juarez Freitas, "interpretar a norma é interpretar o sistema inteiro, pois qualquer exegese comete, direta ou obliquamente, uma aplicação da totalidade do Direito, para além de sua dimensão textual". FREITAS, Juarez. Interpretação sistemática do direito. 5 ed. São Paulo: Malheiros, 2010. p. 76.
8. DOS SANTOS, Eduardo R. O pós-positivismo jurídico e a normatividade dos princípios. Belo Horizonte: D'plácido, 2014.
9. DWORKIN, Ronald. Levando os Direitos a Sério. 3 ed. São Paulo: Martins Fontes, 2010.
10. Ibidem, p. 36.
11. Nesse sentido, Ronald Dworkin afirma que "a diferença entre princípios jurídicos e regras jurídicas é de natureza lógica. Os dois conjuntos de padrões apontam para decisões particulares acerca da obrigação jurídica em circunstâncias específicas, mas distinguem-se quanto à natureza da orientação que oferecem. As regras são aplicáveis à maneira tudo-ou-nada. Dados os fatos que uma regra estipula, então ou a regra é válida, e neste caso a resposta que ela fornece deve ser aceita, ou não é válida, e neste caso em nada contribui para a decisão [...] A regra pode ter exceções, mas se tiver, será impreciso e incompleto simplesmente enunciar a regra, sem enunciar as exceções. Pelo menos em teoria, todas as exceções podem ser arroladas e quanto mais o forem, mais completo será o enunciado da regra". Ibidem, p. 39-40.

a conduzi-lo a melhor solução, entendida por ele como uma solução que respeite a justiça e a equidade. Assim, os magistrados utilizam-se dos princípios jurídicos para produzirem sua decisão, que dará origem a uma regra particular que se aplicará àquele caso concreto, entretanto essa regra só passa a existir após a decisão, ou seja, a decisão é feita e pautada em princípios jurídicos e não em regras jurídicas. Ademais, segundo o autor estadunidense, os princípios também possuem aplicação subsidiária às regras. Isso se dá quando uma regra traz em seu enunciado palavras cujo significado é aberto à interpretação como "razoável", "negligente", "injusto", "significativo", o que "faz com que sua aplicação dependa, até certo ponto, de princípios e políticas que extrapolam a [própria] regra".[12]

Desta primeira distinção entre princípios e regras (quanto ao modo de aplicação), conforme explica Dworkin, decorre uma segunda distinção, que se dá quando essas espécies de norma jurídica entram em conflito: ***quanto ao modo de resolução do conflito normativo*** (princípios *versus* princípios; regras *versus* regras; e princípios *versus* regras).

Como explica Dworkin, "***os princípios*** possuem uma dimensão que as regras não têm – a dimensão do peso ou importância".[13] De modo que, quando os princípios entram em conflito, ou seja, quando em um caso concreto os princípios a ele supostamente aplicáveis apontam para sentidos contrários, o magistrado deve levar em conta a força relativa de cada um frente ao caso concreto a fim de aplicar naquele determinado caso aquele(s) que possibilitar(em) a decisão mais justa (conforme a ordem jurídica vigente, numa perspectiva de integridade), entretanto aquele(s) princípio(s) que não for(em) considerado(s) na decisão não será(ão) declarado(s) inválido(s) e expurgado(s) do ordenamento jurídico. Todos os princípios continuam tendo validade, eles apenas são sopesados em razão do caso concreto, e aplica-se aqueles que conduzem à decisão correta, à decisão mais conforme à justiça e a equidade (frise-se: numa perspectiva de integridade da ordem jurídica).[14]

Já no que se refere ao ***conflito entre uma regra jurídica e um princípio jurídico***, Dworkin defende que deva prevalecer aquela norma jurídica que frente ao caso concreto, esteja mais conforme com a justiça e com a equidade da ordem jurídica vigente, após o sopesamento pelo juiz do princípio que sustenta a regra com o princípio com o qual ela colide, podendo o magistrado julgar em desconformidade com a regra quando entender que ela, naquele caso concreto, criará uma situação de evidente injustiça (numa perspectiva de integridade do ordenamento jurídico).[15]

Por fim, quando ***uma regra jurídica entra em conflito com outra regra***, uma delas não pode continuar vigente no ordenamento jurídico, ou seja, uma delas necessariamente deverá ser declarada inválida, recorrendo-se aos critérios tradicionais de resolução de conflito normativo, dando-se precedência à regra promulgada por autoridade superior (critério hierárquico), à regra promulgada mais recentemente (critério temporal), à regra mais específica (critério da especificidade).[16]

12. Ibidem, p. 45.
13. Ibidem, p. 42.
14. Sobre "resposta correta", "decisão justa", para além da obra de Ronald Dworkin, ver, por todos, no Brasil: SOUZA CRUZ, Álvaro Ricardo de. A Resposta Correta: incursões jurídicas e filosóficas sobre as teorias da justiça. Belo Horizonte: Arraes, 2011.
15. DWORKIN, Ronald. Levando os Direitos a Sério. 3 ed. São Paulo: Martins Fontes, 2010.
16. Ibidem, idem.

3. A CONCEPÇÃO DA NORMA JURÍDICA DE ROBERT ALEXY: CONCEITO, ESPÉCIES, APLICAÇÃO E CONFLITOS

O jusfilósofo alemão, Robert Alexy, partindo dos estudos de Ronald Dworkin no direito norte-americano, elabora no direito tedesco uma teoria da ***norma jurídica*** que, também, a divide num ***gênero que comporta como espécies as regras e os princípios***. Segundo Alexy, não são apenas as regras jurídicas que estatuem um dever ser, como pretendia a teoria da norma à luz da doutrina positivista, mas também os princípios jurídicos. Para o jurista alemão, *ambas as espécies normativas dizem o que deve ser, podendo ser formuladas através dos modais deônticos da norma jurídica, isto é, através das formulações básicas do dever, da permissão e da proibição*.[17]

No que se refere à diferenciação entre as duas espécies normativas, Alexy afirma que o ponto decisivo para a distinção entre regras e princípios pauta-se no seu ***modo de aplicação***, que se relaciona ao fato de que ***princípios são mandamentos de otimização***, isto é, são normas que determinam que algo seja realizado na maior medida possível em face das possibilidades fático-jurídicas, enquanto ***regras consistem em determinações***, isto é, são normas que estabelecem uma exigência fático-jurídica que deve ser satisfeita nos exatos termos que ela estabelece.[18]

Outro ponto relevante para a distinção entre regras e princípios, encontra-se, segundo o jurista alemão, nos ***conflitos normativos*** e nos ***métodos de resolução*** desses conflitos.

Nesse sentido, ***quando duas regras jurídicas entram em conflito***, ou seja, possuem disposição em sentido contrário, ou uma delas deve ser declarada inválida, ou, então, deve-se introduzir uma exceção a uma das regras, eliminando-se, assim, o conflito. Isto se dá em decorrência do fato de que "não é possível que dois juízos concretos de dever-ser conflitantes entre si sejam válidos", pois se trata, fundamentalmente, de uma decisão sobre validade.[19]

Já ***quando dois princípios jurídicos entram em conflito*** (colisão de princípios), nem um dos dois é declarado inválido e nem mesmo é criada uma exceção. No caso dos princípios, o que ocorre é que um deles possui precedência em razão do outro frente às condições do caso *in concreto*, em outras palavras, um deles deve ceder à aplicação do outro sobre determinadas condições fáticas, entretanto, "sobre outras condições a questão da precedência pode ser resolvida de forma oposta". Isto decorre do fato de que os princípios possuem uma dimensão de peso que varia em face do caso concreto, de modo que o princípio com maior peso no caso fático terá precedência sobre o princípio de menor peso no caso fático.[20]

---

17. Nesse sentido, Robert Alexy afirma que "tanto regras quanto princípios são normas, porque ambos dizem o que deve ser. Ambos podem ser formulados por meio das expressões deônticas básicas do dever, da permissão e da proibição. Princípios são, tanto quanto as regras, razões para juízos concretos de dever-ser, ainda que de espécie muito diferente. A distinção entre regras e princípios é, portanto, uma distinção entre duas espécies de normas" ALEXY, Robert. Teoria dos Direitos Fundamentais. São Paulo: Malheiros, 2008, p. 87.
18. Nesse sentido, Robert Alexy afirma que "princípios são normas que ordenam que algo seja realizado na maior medida possível dentro das possibilidades jurídicas e fáticas existentes. Princípios são, por conseguinte, *mandamentos de otimização*, que são caracterizados por poderem ser satisfeitos em graus variados e pelo fato de que a medida devida de sua satisfação não depende somente das possibilidades fáticas, mas também das possibilidades jurídicas [...] Já as regras são normas que são sempre ou satisfeitas ou não satisfeitas. Se uma regra vale, então, deve se fazer exatamente aquilo que ela exige; nem mais, nem menos. Regras contêm, portanto, *determinações* no âmbito daquilo que é fática e juridicamente possível." Ibidem, p. 90-91.
19. Ibidem, p. 92.
20. Ibidem, p. 93.

Em face do sopesamento de interesses entre os princípios, surge o que Alexy chama de *Lei de Colisão*. Essa lei resulta das possibilidades que o sopesamento de princípios colidentes fornece àquele que vai decidir o caso concreto, de modo que "essa colisão pode ser resolvida ou por meio do estabelecimento de uma relação de precedência incondicionada ou por meio do estabelecimento de uma relação de precedência condicionada".[21]

Nessa perspectiva, considerando que *P*1 seja um dos princípios colidentes e *P*2 o outro, cujos juízos concretos de dever-ser são contraditórios entre si. Considerando que **P** seja o sinal de precedência. Considerando, ainda, que *C* simbolize as condições sobre as quais um princípio tem precedência sobre o outro. Temos então, como explica Alexy, quatro possibilidades de decisão, que podem ser representados do seguinte modo:[22]

*P*1 P *P*2;

*P*2 P *P*1;

(*P*1 P *P*2) *C*;

(*P*1 P *P*2) *C*.

As possibilidades (1) e (2) simbolizam as ***relações incondicionadas de precedência***, também chamadas de relações de precedência abstratas ou absolutas. Segundo Alexy, elas se dão quando a precedência de um princípio sobre o outro não depende, ou seja, não está condicionada ao caso concreto. Exemplo disso ocorre quando se tem um conflito entre um princípio constitucional e um princípio infraconstitucional, conflito este em que se prevalecerá o princípio constitucional, em razão do seu maior peso incondicionado, vez que se trata de norma jurídica superior hierarquicamente.

Já as possibilidades (3) e (4) simbolizam as ***relações condicionadas de precedência***, ou seja, as relações em que o pressuposto fático, ou melhor, as condições do caso concreto determinam qual princípio deverá prevalecer naquele determinado caso. Exemplo disso ocorre no conflito entre dois princípios constitucionais, que possuem precedência condicionada às especificidades fático-jurídicas do caso concreto.

Assim, ***a Lei de Colisão pode ser determinada do seguinte modo:*** "Se o princípio *P*1 tem precedência em face do princípio *P*2 sob as condições *C*: (*P*1 P *P*2) *C*, e se do princípio *P*1, sob as condições *C*, decorre a consequência jurídica *R*, então, vale uma regra que tem *C* como suporte fático e *R* como consequência jurídica: *C* *R*". Ou ainda, em uma formulação menos técnica: "*As condições sob as quais um princípio tem precedência em face do outro constituem o suporte fático de uma regra que expressa a consequência jurídica do princípio que tem precedência*".[23]

Em relação à uma potencial ***colisão entre regras e princípios***, Alexy não se dedica, de modo específico, a explorar essa questão, embora trate dela em duas notas de rodapé,[24] nas quais, parece-nos que o autor defende uma ***primazia, prima facie, das regras sobre os princípios*** (desde que de mesmo nível hierárquico), contudo uma primazia não absoluta, podendo as regras serem superadas ou restringidas em determinadas condições (suporte fático), o que levaria a uma ***derrotabilidade*** das regras pelos princípios.[25]

21. Ibidem, p. 96.
22. Ibidem, p. 97.
23. Ibidem, p. 99.
24. SILVA, José Afonso da. Direitos Fundamentais: conteúdo essencial, restrições e eficácia. 2 ed. São Paulo: Malheiros, 2010, p. 52.
25. ALEXY, Robert. Teoria dos Direitos Fundamentais. São Paulo: Malheiros, 2008, p. 90-91.

A *derrotabilidade* (*defeasibility*) das regras constitucionais (chamada por Hebert Hart de derrotabilidade das normas constitucionais) consiste no afastamento ou não aplicação de um determinada regra válida, que tenha preenchido seus requisitos necessários e suficientes para ser aplicada em um determinado caso concreto, mas que, em razão de sua complexidade e difícil solução (*hard case*), acaba por gerar uma exceção relevante à regra, tendo sua incidência afastada daquele caso, embora continue válida e aplicável aos demais casos.[26]

Como visto, os princípios jurídicos exigem que aquilo que eles tutelam normativamente seja realizado de maneira otimizada, isto é, que seja realizado na maior medida possível dentro das possibilidades fático-jurídicas do caso concreto. Em razão disso, explica Alexy, **os princípios não possuem um *mandamento definitivo*, mas somente mandamentos *prima facie***, vez que seus mandamentos são cambiantes de acordo com a realidade fático-jurídica que se lhes apresente. Nada obstante, esse seu caráter *prima facie* pode ser fortalecido através de uma carga argumentativa a favor de certos princípios ou de certas classes de princípios, o que, por outro lado, não iguala seu caráter *prima facie* ao das regras jurídicas.[27]

As regras jurídicas, pelo contrário, possuem um mandamento definitivo, de modo que seu conteúdo é determinado em face das suas possibilidades jurídicas e fáticas. De maneira que, preenchidas tais possibilidades vale definitivamente aquilo que a regra prescreve; por outro lado, em face de impossibilidades jurídicas e fáticas isso não ocorre. Mais ainda, no caso das regras existe a possibilidade de se criar uma exceção quando da decisão de um determinado caso. Se isso acontecer, "a regra perde, para a decisão do caso, seu caráter definitivo".[28] Ademais, segundo Alexy, ***a regra* exige *para a sua superação*, que sejam superados tanto os *princípios que a sustentam*, como certos *princípios formais*** – "princípios que estabelecem que as regras que tenham sido criadas pelas autoridades legitimadas para tanto devem ser seguidas e que não se deve relativizar sem motivos uma prática estabelecida".[29]

Registre-se que, segundo Alexy, ***não existem princípios absolutos***, isto é, ***não há princípios que não cedam jamais a nenhum outro princípio ou regra jurídica***. Alexy não admite a existência de um princípio desses e apresenta alguns argumentos em defesa de sua tese. O principal deles é o de que se um princípio fosse absoluto ele só poderia ser inerente a um único sujeito de direito, vez que se dois sujeitos de direitos tivessem esse mesmo direito absoluto em razão deste princípio, quando eles colidissem, seria a colisão de dois direitos absolutos, algo impossível de ser solucionado. Alexy nega esse *status* de absoluto até mesmo ao princípio da ***dignidade da pessoa humana*** e fundamenta demonstrando, dentre outras coisas, um caso *in concreto* da jurisprudência alemã em que ele cedeu ao princípio da proteção do Estado.[30]

Por fim, para a boa compreensão da teoria do jurista alemão, é importante entender a ***relação dos princípios jurídicos com a máxima da proporcionalidade***. Para Alexy, a proporcionalidade, bem como suas máximas – da adequação, da necessidade, e da proporcionalidade em sentido estrito – derivam logicamente da natureza dos princípios jurídicos, assim como a natureza dos princípios jurídicos implica a máxima da proporcionalidade. Em breve síntese pode-se dizer que, para Alexy, a ***adequação*** consiste basicamente na maneira mais adequada,

26. HART, Herbert L. A. O Conceito de Direito. 3 ed. Lisboa: Fundação Calouste Gulbenkian, 2001.
27. ALEXY, Robert. Teoria dos Direitos Fundamentais. São Paulo: Malheiros, 2008, p. 103-106.
28. Ibidem, p. 103-106.
29. Ibidem, p. 105.
30. O referido caso demonstra a precedência do princípio da proteção do Estado em face do princípio da dignidade humana, em relação à determinada proteção judicial em caso de escuta. Ibidem, p. 112-113.

mais efetiva, que melhor realizará o princípio cujo peso deva prevalecer no caso concreto; a *necessidade* consiste no mandamento do meio menos gravoso, ou seja, consiste na máxima preservação do princípio cedente, de modo a sacrificá-lo o mínimo possível; e a ***proporcionalidade em sentido estrito*** corresponde ao mandamento do sopesamento propriamente dito.[31]

Nessa perspectiva, segundo Alexy, a máxima da *proporcionalidade em sentido estrito* deriva do fato de princípios serem mandamentos de otimização em razão das *possibilidades jurídicas*, enquanto as *máximas da adequação e da necessidade* derivam da natureza dos princípios como mandamentos de otimização em razão das *possibilidades fáticas*.[32]

Deste modo, resumidamente, pode-se dizer que, na teoria de Robert Alexy, ***a máxima da proporcionalidade*** consiste em sacrificar o menos possível o princípio cedente e ao mesmo tempo realizar o máximo possível o princípio que prevalece em face da ponderação realizada em um caso concreto.

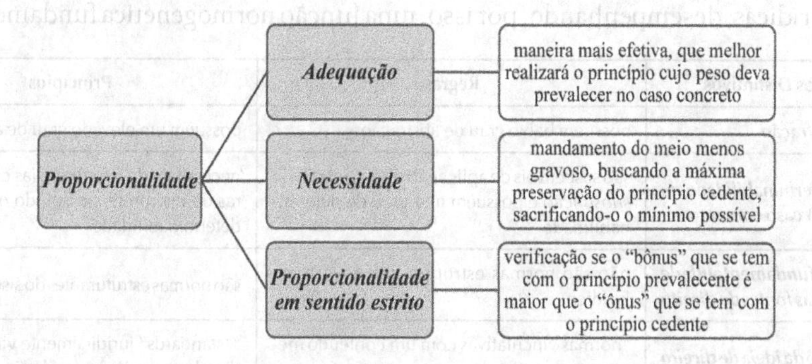

4. OS PRINCIPAIS CRITÉRIOS DE DIFERENCIAÇÃO ENTRE PRINCÍPIOS E REGRAS NO DIREITO CONTEMPORÂNEO

Partindo da compreensão de que o sistema jurídico, no paradigma do Estado Democrático de Direito, consiste num sistema normativo aberto composto por regras e princípios, J.J. Gomes Canotilho sistematiza os principais critérios de distinção entre as duas espécies normativas no direito constitucional contemporâneo.[33]

Segundo explica Canotilho, são cinco os ***principais critérios de diferenciação*** entre regras e princípios apresentados pela doutrina.

i) Grau de abstração: com base neste critério, as regras são entendidas como as normas jurídicas que possuem baixo grau de abstração, por outro lado, os princípios são entendidos como as normas jurídicas que possuem um elevado grau de abstração;[34]

ii) Grau de determinabilidade na aplicação do caso concreto: através deste critério, entende-se que as regras consistem nas normas jurídicas que são suscetíveis de aplicação direta, mediante *subsunção*, enquanto os princípios, por serem seman-

31. Ibidem, p. 116-120.
32. Ibidem, p. 116-120.
33. CANOTILHO, José Joaquim Gomes. Direito Constitucional e Teoria da Constituição. 7 ed. Coimbra: Almedina, 2003, p. 1159.
34. Ibidem, p. 1160.

ticamente indeterminados e abertos, necessitam de interferências consolidadoras (do legislador, do magistrado, do intérprete);[35]

iii) Caráter de fundamentalidade no sistema das fontes do direito: conforme este critério, os princípios consistem nas "normas de natureza estruturante ou com um papel fundamental no ordenamento jurídico devido à sua posição hierárquica no sistema das fontes ou à sua importância estruturante dentro do sistema jurídico";

iv) Proximidade da ideia de direito: segundo este critério, as regras consistem nas "normas vinculativas com um conteúdo meramente funcional", enquanto os princípios consistem em ""standards" juridicamente vinculantes radicados nas exigências de "justiça" (Dworkin) ou na "ideia de direito" (Larenz)";[36]

v) Natureza normogenética: com base neste critério, os princípios consistem em "fundamento de regras, isto é, são normas que estão na base ou constituem a *ratio* de regras jurídicas, desempenhando, por isso, uma função normogenética fundamentante".[37]

Critérios Distintivos	Regras	Princípios
Grau de abstração	possuem baixo grau de abstração	possuem um elevado grau de abstração
Grau de determinabilidade na aplicação do caso concreto	são suscetíveis de aplicação direta, mediante *subsunção* e possuem alto grau de determinabilidade	necessitam de interferências concretizadoras do intérprete, possuindo baixo grau de determinabilidade
Caráter de fundamentalidade no sistema das fontes do direito	não são normas estruturantes do sistema jurídico	são normas estruturantes do sistema jurídico
Proximidade da ideia de direito	"normas vinculativas com um conteúdo meramente funcional"	""standards" juridicamente vinculantes radicados nas exigências de "justiça""
Natureza Normogenética	derivam e fundamentam-se nos princípios	normas base, fundantes, fundamentais, das quais derivam as demais normas

Assim, segundo Canotilho, ***os princípios*** consistem em normas jurídicas que impõem uma otimização de seu conteúdo normativo, sendo possível sua realização em graus diferentes de concretização, em face das possibilidades fático-jurídicas de cada caso concreto, sendo sua convivência conflitual, isto é, existindo tensões entre os princípios do ordenamento jurídico sem que haja, contudo, a invalidade de um deles.[38] Ademais, "os princípios, ao constituírem *exigências de optimização*, permitem o balanceamento de valores e interesses (não obedecem, como as regras, à "lógica do tudo ou nada"), consoante o seu peso e a ponderação de outros princípios eventualmente conflituantes; [..] em caso de *conflito entre princípios*, estes podem ser objecto de ponderação e de harmonização, pois eles contêm apenas "exigências" ou "standards", que em "primeira linha" (*prima facie*), devem ser realizados [...] Realça-se também que os princípios suscitam problemas de *validade* e *peso* (importância, ponderação e valia)".[39]

Já ***as regras*** consistem em normas que preveem um conteúdo normativo imperativo que exige uma proibição, uma permissão ou uma obrigatoriedade, que é ou não é cumprido em sua totalidade, ou se cumpre todo o conteúdo normativo, ou não se cumpre nada, não

35. Ibidem, idem.
36. Ibidem, idem.
37. Ibidem, p. 1161.
38. Ibidem, idem.
39. Ibidem, p. 1161-1162.

podendo ser aplicadas em graus diferentes, sendo sua convivência antinômica, assim em um potencial conflito entre regras, uma excluirá a outra, invalidando-a.[40] Além disso, "as regras não deixam espaço para qualquer outra solução, pois se uma regra *vale* (tem validade) deve cumprir-se na exacta medida das suas prescrições, nem mais nem menos [...] as regras contêm "fixações normativas" *definitivas*, sendo insustentável a *validade* simultânea de regras contraditórias [...] as regras colocam apenas questões de *validade* (se elas não são correctas devem ser alteradas)".[41]

5. OS PRINCÍPIOS CONSTITUCIONAIS

Não se pode negar que falar de princípios está na moda. Ao longo das últimas décadas, muitos juristas dedicaram-se a estudar os princípios, uns com seriedade, outros apenas para não perder a onda que passava (e ainda passa!). Como bem afirma José Adércio Leite Sampaio, "a literatura jurídica poluiu-se com o uso do termo 'princípio' entre a convicção de quem muito refletiu a respeito e o simples prazer do verniz de cultura ou de vanguarda".[42]

Nada obstante, partindo-se da compreensão de que a Constituição consiste num sistema aberto de regras e princípios, nos termos em que vimos acima, e, além disso, que a Constituição é uma norma principiológica por natureza, é preciso identificar parâmetros sérios para a boa compreensão dos princípios e, consequentemente, das normas constitucionais como um todo.

5.1 As concepções tradicionais de princípios

Na intenção de lançar luz à discussão sobre os princípios constitucionais, tentaremos expor, brevemente e sem a intenção de esgotar todas as contribuições doutrinárias possíveis, as ***principais compreensões tradicionais a respeito do significado de princípio***, compreensões essas que têm suas raízes em debates jurídicos travados desde o final do séc. XIX. Vejamos:

Princípios como valores supremos de um ordenamento jurídico: segundo essa compreensão, princípios não são normas jurídicas, mas sim "valores" éticos metajurídicos referentes à justiça e à moral, que orientam a ordenação, a construção, a interpretação e a aplicação do direito positivo.[43]

Princípios como normas jurídicas superiores (de hierarquia superior): aqui os princípios são concebidos como normas jurídicas hierarquicamente superior às demais normas do ordenamento jurídico, são o núcleo fundamental do sistema, a base normativa que deve guiar e harmonizar a ordenação, a construção, a interpretação e a aplicação do direito positivo.

Na clássica conceituação de Celso Antônio Bandeira de Mello, "princípio é, pois, por definição, mandamento nuclear de um sistema, verdadeiro alicerce dele, disposição fundamental que se irradia sobre diferentes normas, compondo-lhes o espírito e servindo de critério para a exata compreensão e inteligência delas, exatamente porque define a lógica e

40. Ibidem, p.1161.
41. Ibidem, p. 1161-1162.
42. SAMPAIO, José Adércio Leite. Teoria da Constituição e dos Direitos Fundamentais. Belo Horizonte: Del Rey, 2013, p. 355.
43. DOS SANTOS, Eduardo R. O pós-positivismo jurídico e a normatividade dos princípios. Belo Horizonte: D'plácido, 2014.

a racionalidade do sistema normativo, conferindo-lhe a tônica que lhe dá sentido harmônico".[44] Assim, segundo o autor, "violar um princípio é muito mais grave que transgredir uma norma. A desatenção ao princípio implica ofensa não apenas a um específico mandamento obrigatório, mas a todo o sistema de comandos".[45]

Princípios como normas jurídicas de alto grau de generalidade semântica: para os defensores dessa compreensão, princípios são normas de ato grau de generalidade, sendo impossível sua aplicação imediata a casos concretos. Como explica José Adércio Leite Sampaio, para essa corrente, os princípios "limitam-se ao estabelecimento de bens a serem protegidos ou fins jurídicos a serem alcançados, sem indicarem especificamente as condutas que os realizam, de modo que abrangem um número indefinido de atos ou fatos da vida e, por consequência, uma série indeterminada (ou para alguns imprecisa) de aplicação".[46]

Princípios como normas de normas: para essa concepção, princípios são normas implícitas que precedem a elaboração das demais normas do ordenamento jurídico, consistindo na razão de ser das normas do sistema (razão legislativa). São o fundamento jurídico das regras, são o ponto de partida de elaboração das regras, sua matriz normativa.[47]

Princípios como normas sobre normas: segundo essa forma de entender, os princípios ligam-se a hermenêutica jurídica, sendo normas (jurídicas ou não) que se destinam a interpretar e aplicar as demais normas do sistema jurídico.[48]

Princípios como elementos epistemológicos jurídicos: segundo essa compreensão, os princípios consistem nos "elementos básicos e estruturantes da ciência do direito, seus fundamentos teóricos e principais institutos". Aqui, os princípios identificam-se como sendo as compreensões mais essenciais e basilares da ciência jurídica. Assim, faz-se todo sentido falar em princípios de direito penal, de direito civil, de direito processual civil etc. identificando as normas, institutos e fundamentos essenciais daquele ramo jurídico.[49]

5.2 As concepções contemporâneas de princípios

Como vimos, o debate sobre a teoria da norma jurídica ganha importantes contribuições da doutrina do direito constitucional, especialmente com as lições de Robert Alexy e Ronald Dworkin. Nesse cenário, há uma importante releitura dos princípios jurídicos, que passam a ser compreendidos como normas jurídicas aplicáveis diretamente na resolução de casos concretos.

Nesse sentido, como aprendemos com Dworkin, os ***princípios são normas jurídicas que, em que pese não tragam em si soluções prontas e acabadas para os casos concretos, direcionam a decisão dos juízes*** a soluções justas que respeitem a equidade das relações jurídicas e a integridade do sistema jurídico. Já com Alexy, num sentido próximo, mas não idêntico ao

44. BANDEIRA DE MELLO, Celso Antônio. Curso de Direito Administrativo. 27 ed. São Paulo: Malheiros, 2010, p. 53.
45. Ibidem, idem.
46. SAMPAIO, José Adércio Leite. Teoria da Constituição e dos Direitos Fundamentais. Belo Horizonte: Del Rey, 2013, p. 362.
47. Ibidem, idem.
48. Ibidem, p. 363.
49. Ibidem, p. 364.

de Dworkin, vimos que ***princípios são normas jurídicas que estabelecem mandamentos de otimização***, isto é, normas que determinam que algo seja realizado na maior medida possível em face das possibilidades fático-jurídicas.

Ademais, destaque-se as contribuições de Humberto Ávila, que em linha semelhante, mas não idêntica as de Dworkin e Alexy, em obra ímpar na doutrina brasileira, define que *"princípios são normas imediatamente finalísticas, primariamente prospectivas e com pretensão de complementaridade e de parcialidade, para cuja aplicação se demanda uma avaliação da correlação entre o estado de coisas a ser promovido e os efeitos decorrentes da conduta havida como necessária à sua promoção"*.[50]

Assim, a partir, especialmente, dessas três definições, o que se percebe é que as concepções contemporâneas, para além de reconhecerem os princípios como normas jurídicas fundamentais e como normas jurídicas hermenêuticas, identificam que eles, também, ***são normas jurídicas aplicáveis, isto é, normas que podem e devem ser aplicadas diretamente a casos concretos***, solucionando problemas reais, função antes atribuída apenas às regras.

5.3 As principais funções dos princípios no sistema jurídico

Os princípios jurídicos, como vimos, são normas jurídicas. Essa é, sem dúvida alguma, a principal característica deles, afinal, o fato de serem normas jurídicas, os insere de forma deontológica no sistema jurídico, o que significa dizer que os princípios são mandamentos e possuem determinações de dever-ser jurídico (criam obrigações, proibições e permissões).[51]

Os princípios, enquanto normas jurídicas, respeitadas suas características e natureza, irão cumprir importantes funções no ordenamento jurídico, destacando-se, especialmente, três: a) norma fundamental; b) norma hermenêutica; e c) norma aplicável.

a) Princípios como normas fundamentais: os princípios consagram as bases do sistema jurídico, estabelecendo os fundamentos jurídicos e axiológicos da ordem jurídica, estruturando-a e organizando-a. Ademais, por ser a Constituição uma norma principiológica, os princípios constitucionais estabelecem os fundamentos de validade do próprio sistema jurídico.[52]

b) Princípios como normas hermenêuticas: os princípios atuam em todas as quatro funções hermenêuticas: ***i) na interpretação*** estabelecem os vetores interpretativos a guiarem o intérprete da norma, como, por exemplo, o princípio da interpretação conforme à Constituição; ***ii) na aplicação*** determinam a eficácia, a aplicabilidade, os efeitos e o modo como o aplicador deve implementar a norma, como, por exemplo, o princípio da aplicação imediata dos direitos fundamentais (art. 5º, § 1º, CF/88); ***iii) na integração*** das lacunas do ordenamento jurídico consistem em forma de integração clássica consagrada na LINDB art. 4º – princípios gerais do direito) e, no âmbito do direito constitucional, em que pese posição minoritária de que os princípios constitucionais são formas de integração das lacunas constitucionais, a doutrina majoritária sequer adota o discurso de que haveriam lacunas jurídicas na Constituição, vez que os princípios constitucionais devem solucionar os problemas

50. ÁVILA, Humberto. Teoria dos princípios: da definição à aplicação dos princípios jurídicos. 11 ed. São Paulo: Malheiros, 2010, p.78-79.
51. DOS SANTOS, Eduardo R. O pós-positivismo jurídico e a normatividade dos princípios. Belo Horizonte: D'plácido, 2014.
52. Ibidem, idem.

surgidos, tutelando as situações não regulamentadas diretamente por regras jurídicas;[53] *iv) na construção* consistem nas fontes normativo-axiológicas das quais e paras as quais serão construídos e/ou reconhecidos os "novos" direitos,[54] dentro de uma perspectiva de integridade e coerência do sistema constitucional.

c) Princípios como normas aplicáveis: os princípios, conforme consagrado na teoria e na jurisprudência do direito constitucional contemporâneo, são normas jurídicas aplicáveis, isto é, podem ser utilizados para resolver casos concretos, seja de forma cumulada com as regras (reforçando-as, por exemplo), seja para até mesmo afastar a aplicação de uma determinada regra em um determinado caso concreto (quando a aplicação da regra for na contramão dos objetivos do sistema jurídico comprometendo a justeza e a integridade do direito, por exemplo), seja para resolver um caso concreto para o qual não se encontre regras aplicáveis (como na decisão proferida pelo STF no caso do reconhecimento da União Homoafetiva, por exemplo).[55]

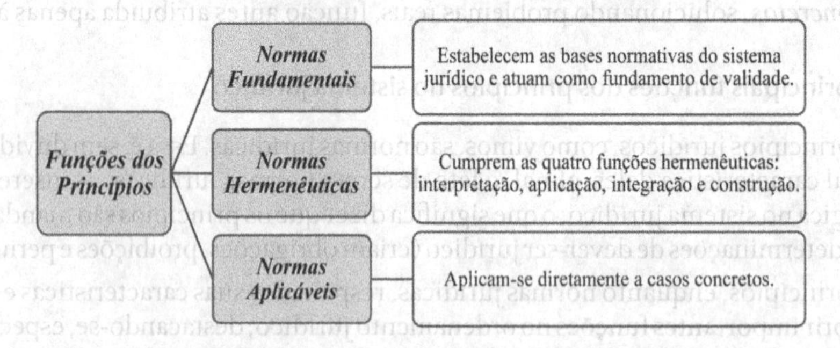

5.4 Classificação dos princípios

Como visto, há no âmbito jurídico inúmeras concepções do que sejam os princípios. Bem, e *nesse sem número de possibilidades de compreender os princípios, o que se percebe é que muitas dessas compreensões têm uma razão de ser* (seja entre as concepções "tradicionais" ou entre as "novas" concepções) *e possuem uma relevância para a ciência jurídica.*

Assim, ***não se pode (ou ao menos não deve-se) monopolizar a compreensão do que sejam "princípios" para o direito***, pois, muitas vezes nos referimos a eles, querendo indicar sim uma norma jurídica aplicável; outras vezes nos referimos a eles querendo indicar os vetores hermenêuticos que orientaram o intérprete/aplicador do direito; outras vezes nos referimos querendo indicar as bases normativas fundamentais (que podem ser regras ou princípios aplicáveis, segundo a(s) nova(s) concepções) que fundamentam e regulamentam um certo ramo jurídico, por exemplo, os princípios do direito penal, os princípios do direito ambiental, os princípios do direito processual civil etc.

O que é verdadeiramente importante em relação às concepções sobre os princípios é saber dissocia-las bem, é saber quando se está usando uma certa compreensão (e conhecer as características dos princípios segundo essa compreensão) e quando se está usando outra, sem misturar concepções inconciliáveis criando confusões insuperáveis!

53. NOVELINO, Marcelo. Curso de Direito Constitucional. 13 ed. Salvador: Juspodivm, 2018, p. 188.
54. DOS SANTOS, Eduardo R. Direitos Fundamentais Atípicos. Salvador: Juspodivm, 2017.
55. DOS SANTOS, Eduardo R. O pós-positivismo jurídico e a normatividade dos princípios. Belo Horizonte: D'plácido, 2014.

Nesse sentido, questiona José Adércio Leite Sampaio: "*Que sobra depois dessa análise terminológica toda? Ou confusão ou arbitrariedade.* A diferenciação, a pretexto de precisar a linguagem, acaba por criar dificuldades em contrapeso ou como efeito colateral. Além da preocupação em distinguir o sentido do princípio, teremos que saber qual a sua natureza ou a classificação, o nome a ser atribuído em substituição, o que, como vemos, dá espaço a dissensos. *Não há pecado capital em utilizar a palavra em diversos sentidos, desde que se saiba separá-los.*"[56]

Nessa perspectiva, cabe observar que as concepções de princípios de Ronald Dworkin e, sobretudo, de Robert Alexy vêm sendo cada vez mais incorporadas à doutrina e à jurisprudência brasileiras, contudo, nem sempre com a precisão e coerência necessárias. *Parece-nos que muitos juristas brasileiros (inclusive doutrinadores!), simplesmente, querem citar a compreensão dos mencionados autores para demonstrar que as conhecem e que as dominam, como se isso pudesse atestar certo nível de erudição, de inteligência ou de excelência.*

Bem, ocorre que a falta de seriedade científica acaba justamente conduzindo ao processo contrário e criando verdadeiras aberrações jurídicas,[57] de modo que alguns autores adotam as compreensões dos princípios de Dworkin ou de Alexy, ou mesmo ambas (o que é pior ainda, vez que são inconciliáveis),[58] como base jurídica para a estruturação de seus trabalhos e, posteriormente, tipificam os princípios específicos da temática abordada com base nas concepções tradicionais.[59]

Talvez um dos exemplos mais comuns seja no âmbito do direito penal, em que alguns manuais trazem previamente uma estruturação normativa dos princípios na concepção de Dworkin e/ou de Alexy e, logo em seguida, iniciam uma tipificação dos princípios penais apontando, dentre outros, a legalidade e a anterioridade penal, que para Robert Alexy são claramente regras e não princípios.

56. SAMPAIO, José Adércio Leite. Teoria da Constituição e dos Direitos Fundamentais. Belo Horizonte: Del Rey, 2013, p. 371.

57. Nesse sentido, Virgílio Afonso da Silva, ao discorrer sobre as diferentes teorias da norma jurídica e, consequentemente, diferentes conceituações de princípios jurídicos, afirma que "essa diferença entre os conceitos de princípio tem consequências importantes na relação entre ambas as concepções. Tais consequências, no entanto, passam muitas vezes despercebidas, visto que é comum, em trabalhos sobre o tema, que se proceda, preliminarmente, à distinção entre princípios e regras com base nas teorias de Dworkin ou Alexy, ou em ambas, para que seja feita, logo em seguida, uma tipologia dos princípios constitucionais, nos moldes das concepções que chamei de tradicionais. Há, contudo, uma contradição nesse proceder. Muito do que as classificações tradicionais chamam de princípio deveria ser, se seguirmos a forma de distinção proposta por Alexy, chamado de regra. Assim falar em princípio do *nulla poena sine lege*, em princípio da legalidade, em princípio da anterioridade, entre outros, só faz sentido para as teorias tradicionais. Se se adotam os critérios propostos por Alexy, essas normas são regras, não princípios". SILVA, Virgílio Afonso da. Princípios e Regras: mitos e equívocos acerca de uma distinção. Revista Latino-Americana de Estudos Constitucionais. Belo Horizonte, n. 1, jan/jun, 2003, p. 613.

58. Adotar ambas as teorias da norma como plano de fundo de um mesmo trabalho é, no mínimo, incoerente, visto que existem diferenças significativas entre as duas teorias. Por exemplo, para Alexy, os princípios são princípios tão somente em razão de sua estrutura normativa. Já para Dworkin a fundamentalidade, isto é, a essencialidade da norma enquanto mandamento nuclear do sistema jurídico, é suficiente para qualificá-la como princípio. DOS SANTOS, Eduardo R. O pós-positivismo jurídico e a normatividade dos princípios. Belo Horizonte: D'plácido, 2014.

59. Nessa perspectiva, Virgílio Afonso da Silva aponta como exemplos, dentre outros: Walter Claudius Rothenburg, que em trabalho intitulado *princípios constitucionais*, promove a distinção entre regras e princípios segundo Alexy e, em contrapartida realiza uma classificação tradicional dos princípios segundo vários autores; e Ruy Samuel Espíndola, que em trabalho intitulado *conceito de princípios constitucionais*, realiza a distinção entre regras e princípios conforme Dworkin e Alexy e procede a classificação dos princípios conforme Canotilho. SILVA, Virgílio Afonso da. Princípios e Regras: mitos e equívocos acerca de uma distinção. Revista Latino-Americana de Estudos Constitucionais. Belo Horizonte, n. 1, jan/jun, 2003, p. 613.

Superadas (ou esclarecidas) essas questões terminológicas, pode-se, com base na doutrina,[60] apresentar uma ***classificação dos princípios jurídicos, numa perspectiva geral, dividindo-os em: estruturais, funcionais e positivos.***

Os princípios estruturais, também chamados de estruturantes ou princípios-construção, *são aqueles que se destinam ao funcionamento do sistema jurídico em si, desde a sua existência até a sua fundamentação, organização e operacionalização.* Como explica José Adércio Leite Sampaio, "são pressupostos, condições e meios operacionais do próprio sistema jurídico. Os pressupostos e condições são ficções, ideias ou qualidades, postos *a priori* ou fora da discussão, pela dogmática e pela prática jurídicas, para que o sistema jurídico exista como tal e atinja os seus objetivos ou, para atender a todos os gostos teóricos seu único fim. São condições de possibilidade, referidas tanto à existência do sistema (legalidade, legislador racional), quanto à sua organização (supremacia da Constituição, sistema de fontes do direito, rigidez constitucional, coerência sistêmica, vedação de escusa de desconhecimento da lei). Esses princípios são cumulativos: existem em associações, sem exclusão recíproca. Podem ser, entretanto, positivados em alguns sistemas. É o caso, no Brasil, da legalidade geral ou negativa (art. 5º, II), da supremacia constitucional (arts. 97, 102, I, *a*, III, *b* e *c*) e da proibição de escusa de conhecimento da lei (art. 3º, LICC)".[61]

Já ***os princípios funcionais, também denominados de instrumentais ou operacionais,*** *são aqueles que se destinam a operacionalização da hermenêutica jurídica, seja orientando e/ ou regulando o processo de interpretação e aplicação do direito, seja orientando e/ou regulando a resolução dos conflitos normativos do sistema jurídico, ou ainda orientando a integração das lacunas do ordenamento jurídico.* São os princípios que orientam a intepretação/aplicação do direito, como, por exemplo, o da interpretação conforme à Constituição, ou os que regulamentam a interpretação/aplicação do direito, que neste caso se confundem com os métodos da interpretação jurídica, que estabelecem as normas fundamentais que o intérprete/ aplicador deve seguir para interpretar os dispositivos normativos e aplicar as normas, como, por exemplo, os métodos literal, teleológico, sistemático, hermenêutico-concretizador etc. São, também, os princípios que orientam e/ou regulamentam a resolução das antinomias do ordenamento jurídico, como os da razoabilidade e da proporcionalidade, bem como os clássicos da hierarquia (norma superior revoga norma anterior), da especialidade (norma especial revoga norma geral)[62] e da temporalidade (norma posterior revoga norma anterior). Ademais, são os princípios que orientam a integração das lacunas do sistema jurídica, como, por exemplo, os princípios gerais do direito e os costumes jurídicos.[63]

Por sua vez, ***os princípios positivos*** *são aqueles que preveem comandos e/ou estabelecem conteúdo de natureza deontológica, aproximando-se do clássico conceito de normas, estando, primariamente, previstos na Constituição (mas não só!) e dividindo-se em fundamentais, formais e materiais.* ***Os princípios fundamentais*** consagram as decisões políticas fundamentais e a ideologia adotas pelo sistema jurídico. No âmbito de nossa ordem jurídica, basicamente estão previstos no Título I, da Constituição da República Federativa do Brasil de 1988, como, por exemplo, os princípios republicano, democrático, do Estado de direito, presidencialista,

60. Adotando-se aqui a classificação apresentada por: SAMPAIO, José Adércio Leite. Teoria da Constituição e dos Direitos Fundamentais. Belo Horizonte: Del Rey, 2013, p. 371 e ss.
61. Ibidem, p. 371-372.
62. Em que pese no caso da especialidade não haja revogação, mas apenas a impossibilidade de se aplicar a regra geral à situação especial, vez que a norma geral pode continuar sendo vigente para os casos que não possuem norma específica.
63. SAMPAIO, José Adércio Leite. Teoria da Constituição e dos Direitos Fundamentais. Belo Horizonte: Del Rey, 2013, p. 372.

federalista, de cidadania, da soberania, da dignidade da pessoa humana, dos valores sociais do trabalho, da livre iniciativa, do pluralismo político, da soberania popular, bem como aqueles que regem o Brasil em suas relações externas, dentre outros. *Os princípios formais* são aqueles que versam sobre a organização do Estado e dos poderes e sobre os fins e programas estatais. Por fim, *os princípios materiais* são os que versam predominantemente sobre direitos e garantias, especialmente aqueles que preveem direitos e garantias fundamentais (constitucionais).[64]

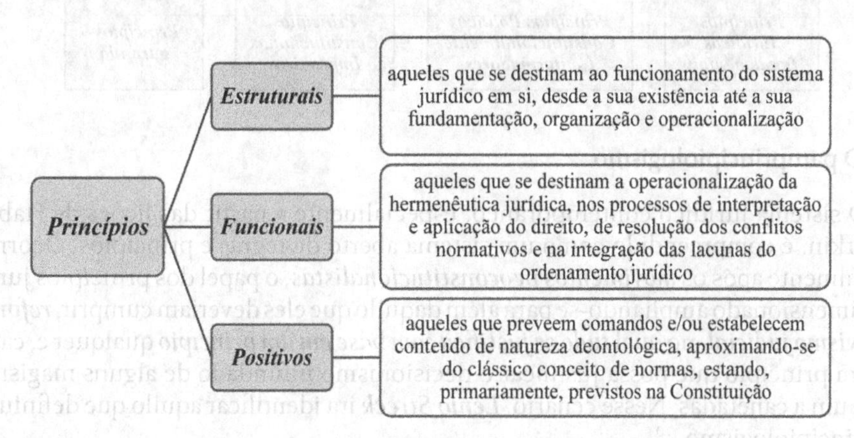

5.4.1 Classificação dos princípios constitucionais

A classificação dos princípios constitucionais proposta por J.J. Gomes Canotilho está consagrada na doutrina constitucionalista brasileira, merecendo destaque.[65] Segundo o professor português, os princípios constitucionais podem ser classificados em quatro espécies: princípios jurídicos fundamentais, princípios políticos constitucionalmente conformadores, princípios constitucionais impositivos e princípios-garantia.

Resumidamente, como explica Canotilho, os *princípios jurídicos fundamentais* (*Rechtsgrundsätze*) são aqueles "historicamente objectivados e progressivamente introduzidos na consciência jurídica e que encontram uma recepção expressa ou implícita no texto constitucional. Pertencem à ordem jurídica positiva e constituem um importante fundamento para a interpretação, integração, conhecimento e aplicação do direito positivo".[66] Já os *princípios políticos constitucionalmente conformadores* são os "que explicitam as valorações políticas fundamentais do legislador constituinte. Nestes princípios se condensam as opções políticas nucleares e se reflecte a ideologia inspiradora da constituição".[67] Por sua vez, os *princípios constitucionais impositivos* são aqueles que "impõem aos órgãos do Estado, sobretudo ao legislador, a realização de fins e a execução de tarefas. São, portanto, princípios dinâmicos, prospectivamente orientados".[68] Por fim, os *princípios-garantia* são aqueles que "visam ins-

64. Ibidem, p. 372-373.
65. CANOTILHO, José Joaquim Gomes. Direito Constitucional e Teoria da Constituição. 7 ed. Coimbra: Almedina, 2003, p. 1164 e ss.
66. Ibidem, p. 1165.
67. Ibidem, p. 1166.
68. Ibidem, p. 1166-1167.

tituir directa e imediatamente uma *garantia* dos cidadãos. É-lhes atribuída uma densidade de autêntica norma jurídica a uma força determinante, positiva e negativa".[69]

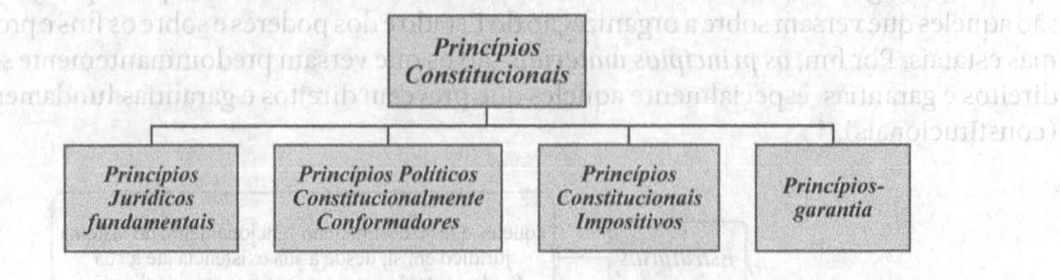

5.5 O pamprincipiologismo

O sistema jurídico contemporâneo, especialmente a partir das lições de Habermas e Dworkin, é compreendido como um sistema aberto de regras e princípios. Ocorre que, especialmente após os ***movimentos neoconstitucionalistas***, o papel dos princípios jurídicos foi redimensionado ampliando-se para além daquilo que eles deveriam cumprir, ***reforçando um ativismo judicial***, no qual ***tudo se justifica com base em um princípio*** qualquer e, caso não haja um princípio que possa justificar o decisionismo infundado de alguns magistrados, cria-se um a canetadas. Nesse cenário, ***Lenio Streck*** irá identificar aquilo que definiu como pamprincipiologismo. [70]

Nas palavras do autor, "no Brasil, a concepção de princípios como abertura interpretativa passou a representar um modo de justificar o voluntarismo judicial a partir de um critério 'jurídico' que permitiria certa liberdade aplicativa. Ocorre que, no fundo, a mera atribuição do nome 'princípio' a algo apenas serviu para garantir aparência de juridicidade, constituindo um verdadeiro ***álibi retórico***. O grande problema é que *a comunidade jurídica passou cada vez mais a lançar mão do nome 'princípio' para justificar decisões discricionárias*. Isso provocou uma fragmentação na aplicação judiciária, o que me fez cunhar a expressão ***pamprincipiologismo*** para designar esse fenômeno, que se transformou em uma verdadeira fábrica de princípios". [71]

O que muitas vezes não percebemos é que ***dizer que "algo" é um princípio jurídico, é dizer que esse "algo" é uma norma jurídica, que impõe mandamentos de dever-ser***. Nada obstante, nem todo conceito, critério, instituto, instituição, conceito, elemento, requisito etc. utilizados pelo direito, especialmente em decisões judiciais, são dotados de caráter normativo, não podendo ser considerados nem regras nem princípios jurídicos, até porque é da natureza da Constituição, enquanto sistema jurídico aberto, comunicar-se com outros sistemas das ciências de um modo geral, como aqueles referentes à medicina, à família, à economia etc., contudo, isso por si só, não confere normatividade a esses conceitos, institutos etc.

Como bem observa Lenio Streck, ***os princípios possuem densidade deontológica*** e, portanto, "***não podem ser criados ad hoc, sem vínculos históricos***, pois não são passíveis de um controle intersubjetivo de seus sentidos juridicamente possíveis. Basta ver, para tanto, a algaravia gerada pelo pamprincipiologismo, em que princípios são inventados pela doutrina,

69. Ibidem, p. 1167.
70. STRECK, Lenio Luiz. Compreender o Direito: desvelando as obviedades do discurso jurídico. São Paulo: RT, 2013, p. 19 e ss.
71. STRECK, Lenio Luiz. Dicionário de hermenêutica. Belo Horizonte: Casa do Direito, 2017, p. 150.

jurisprudência ou pelo legislativo, sem haver, no entanto, nenhuma preocupação com a sua imperatividade e sua legitimidade".[72]

Ocorre que, no Brasil, para justificar decisões sem fundamentos, afastadas do direito positivo e decidirem conforme suas consciências e não conforme o direito (como deveria ser), *alguns magistrados apoiam-se num sem número de princípios que nada têm de normatividade, fundamentando-se em teorias que sequer dominam* (especialmente, na de Alexy), dando decisões sem fundamento jurídico, ou reforçadas por fundamentos não jurídicos chamados de jurídicos (de princípio), e, muitas vezes, de forma contrária ao texto constitucional.[73]

Entretanto, a culpa da banalização dos princípios jurídicos, obviamente, não deve ser atribuída exclusivamente aos magistrados, em que pese sempre lembrados pelo fato de suas decisões produzirem efeitos concretos na vida das pessoas e por serem incumbidos da interpretação e aplicação do ordenamento jurídico nos casos concretos. *É importante reconhecer que, na maioria das vezes, esses "princípios" não surgem da cabeça dos magistrados, mas sim de "teses" de advogados, membros do parquet e da doutrina, que estão sempre dispostos a criarem um princípio novo para justificar suas posições pessoais ou a causa que defendem. Assim, essa crítica do professor Lenio Streck aos magistrados é igualmente válida aos demais juristas brasileiros, especialmente advogados, membros do parquet, professores e doutrinadores,* afinal não devemos exigir somente dos juízes que justifiquem e fundamentem suas decisões de acordo com a ordem jurídica, mas também dos demais juristas, especialmente dos demais sujeitos processuais.

Em arremate, é possível identificar que *o fenômeno do pamprincipiologismo e a banalização dos princípios jurídicos liga-se diretamente à atuação superficial, atécnica e descompromissada de parte dos sujeitos processuais (de alguns juízes, advogados, membros do parquet)*, decorrendo, por um lado, *do invencionismo sem critérios de parte da doutrina brasileira e do "jusesperneande" de muitos advogados e membros do parquet* que sem fundamentos jurídicos sólidos, inventam argumentos rasos justificados por direitos inexistentes sem quaisquer vínculos normativos e sem se preocupar com a coerência e a integridade da ordem jurídica, e, por outro lado, *dos magistrados que ratificam, ampliam, implementam e aplicam esses "princípios" que de deontológicos nada têm*, rompendo com a integridade e a coerência do sistema jurídico, muitas vezes para decidirem conforme suas consciências (morais, religiosas etc.) e não conforme o ordenamento jurídico.

6. CLASSIFICAÇÕES DAS NORMAS CONSTITUCIONAIS

Há na doutrina do direito constitucional, em especial na brasileira, alguns consagrados estudos sobre a classificação das normas constitucionais, levando-se em conta a eficácia e a aplicabilidade dessas normas. Essas classificações, em que pese suas incoerências e incompatibilidades com a Constituição de 1988, infelizmente, são constantemente exigidas em provas de Concursos Públicos e no Exame de Ordem, o que nos obriga a apresentá-las aqui de modo sistematizado.

72. Ibidem, p. 243.
73. STRECK, Lenio Luiz. Verdade e Consenso. 4 ed. São Paulo: Saraiva, 2011, p. 517 e ss.

6.1 Esclarecimentos terminológicos: existência, vigência, vigor, validade, eficácia, efetividade e aplicabilidade

Antes de adentrarmos especificamente nas classificações, é preciso lançar luz acerca dos critérios classificatórios e de outros conceitos correlacionados para que não se faça confusão sobre eles. Assim, resumidamente, é possível definir existência, vigência, vigor, validade, eficácia, efetividade e aplicabilidade, do seguinte modo:[74]

Existência é a qualidade de existir da norma, de estar presente no mundo jurídico, sendo um pressuposto inarredável para qualquer outra análise sobre a norma jurídica. Consiste no atestado de que uma norma existe, isto é, de que uma norma foi produzida por uma autoridade aparentemente competente. Normalmente, a existência é atestada pela *promulgação* da norma.[75]

Vigência consiste na qualidade da norma que determina o lapso temporal no qual ela pode ser aplicada. Assim, diz-se que uma norma pode ser aplicada durante seu período de vigência. Deste modo, se uma norma for existente e não estiver em período de *vacatio legis*, nem tiver sido revogada, diz-se que ela está vigente.

Vigor é a qualidade que designa que uma norma possui imperatividade, força vinculante em relação a determinado caso, podendo (devendo) ser aplicada a ele. Distingue-se da vigência, pois mesmo depois de revogada (tendo perdido a vigência), uma norma ainda pode ter vigor, como nos casos de *ultratividade* da lei penal mais benéfica.[76]

Validade consiste na qualidade que atesta que uma norma foi produzida, formal e materialmente, de acordo com o ordenamento jurídico superior, isto é, obedecendo as regras atinentes ao seu modo de criação e não desrespeitando as normas jurídicas que lhes são superiores. Uma norma que fere norma superior é uma norma inválida, nula.[77]

Eficácia é a *aptidão* que uma norma tem de produzir efeitos. Assim, norma eficaz é aquela que está apta a produzir os seus efeitos. Normalmente, a eficácia opera-se a partir da *publicação* da norma.

Efetividade, Eficiência ou Eficácia Social relaciona-se a *produção concreta* dos efeitos da norma., considerando-se norma efetiva aquela que está sendo voluntariamente adimplida, implementada, cumprida no dia a dia, na prática.

Aplicabilidade é a qualidade que se relaciona a possibilidade de aplicação de uma norma. Assim, diz-se que uma norma tem aplicabilidade quando ela é aplicável, quando pode ser aplicada a um caso concreto. Para que uma norma seja aplicável ela precisa preencher os seguintes requisitos: 1) ser vigente; 2) ser válida; e 3) possuir eficácia.[78]

6.2 Bases históricas: teoria americana e teoria italiana

Há no direito constitucional duas teorias que serviram de base para a doutrina brasileira propor as classificações das normas constitucionais quanto à eficácia e à aplicabilidade, uma de base estadunidense e outra de base italiana.

74. Por todos: DINIZ, Maria Helena. Dicionário Jurídico. 3 ed. São Paulo: Saraiva, 2008.
75. NOVELINO, Marcelo. Curso de Direito Constitucional. 13 ed. Salvador: Juspodivm, 2018, p. 135.
76. FERRAZ JR., Tercio Sampaio. Introdução ao Estudo do Direito. 3 ed. São Paulo: Atlas, 2001.
77. KELSEN, Hans. Teoria Pura do Direito. São Paulo: Martins Fontes, 2003.
78. FERNANDES, Bernardo G. Curso de Direito Constitucional. 8 ed. Salvador: Juspodivm, 2016, p. 105-106.

A ***teoria estadunidense ou americana***, cujas raízes remontam ao séc. XIX e que tem como principal expoente Thomas Cooley, foi a primeira a sistematizar as normas constitucionais segundo a sua aplicabilidade. Segundo essa teoria, existiriam dois tipos de normas constitucionais: ***i) normas constitucionais autoexecutáveis (self-executing)***, isto é, normas que por si só já poderiam ser aplicadas, pois estariam aptas a gerar efeitos jurídicos independentemente da atuação do legislador infraconstitucional para regulamentá-las; e ***ii) normas constitucionais não autoexecutáveis (not self-executing)***, isto é, normas que dependeriam da atuação do legislador infraconstitucional para serem aplicadas, pois careceriam dos meio necessários para implementar o direito nelas previsto.[79]

A ***teoria italiana*** sobre a aplicabilidade das normas constitucionais desenvolveu-se, especialmente, em meados do séc. XX, tendo como principais expoentes Vezio Crisafulli, Gaetano Azzerati, sendo sua principal contribuição o desenvolvimento de uma robusta teoria acerca das ***normas constitucionais programáticas***. Em perspectiva geral, após intensas discussões, em que pese as discordâncias, a doutrina e a jurisprudência italianas estabeleceram a seguinte classificação das normas constitucionais: *a) normas diretivas ou programáticas; b) normas preceptivas, obrigatórias, de aplicabilidade imediata; e c) normas preceptivas, obrigatórias, mas não de aplicabilidade imediata*.[80]

6.3 A classificação das normas constitucionais de José Afonso da Silva

O professor José Afonso da Silva, no ano de 1967, lançou, no Brasil, uma obra sobre a classificação das normas constitucionais no direito brasileiro adotando como critérios a eficácia e a aplicabilidade das normas constitucionais. Foi, sem dúvida alguma, uma grande contribuição para o direito constitucional naquela época, para aquele momento do constitucionalismo brasileiro.

Contudo, com as devidas vênias, em que pese as novas edições da obra, parece-nos que essa classificação não é adequada ao constitucionalismo implementado pela Constituição de 1988. Nada obstante, essa classificação é sem dúvida a mais exigida em provas de Concursos Públicos e no Exame de Ordem, o que nos compele a fazer uma análise detalhada sobre ela.

José Afonso da Silva classifica as normas constitucionais em: *a) normas constitucionais de eficácia plena; b) normas constitucionais de eficácia contida e; c) normas constitucionais de eficácia limitada*. Vejamos cada uma delas:[81]

Normas Constitucionais de Eficácia Plena	
São aquelas que preenchem todos os elementos necessários para produzirem todos os seus efeitos jurídicos imediatos, isto é, são aquelas que desde a sua vigência já estão aptas a produzirem todos os seus efeitos.	
Aplicabilidade	• ***Imediata***, pois desde a promulgação da Constituição já estão aptas a produzirem seus efeitos; • ***Direta***, vez que independem de qualquer norma reguladora para produzirem seus efeitos; • ***Integral***, pois produzem a integralidade de seus efeitos, sem quaisquer restrições.

79. COOLEY, Thomas. A treatise on the constitutional limitations which rest upon the power of the States of the American Union. Boston, 1903.
80. SILVA, José Afonso da. Aplicabilidade das Normas Constitucionais. 8 ed. São Paulo: Malheiros, 2012, 79-80.
81. SILVA, José Afonso da. Aplicabilidade das Normas Constitucionais. 8 ed. São Paulo: Malheiros, 2012.

Exemplos na CF/88 art. 1º; art. 22, I; art. 44; e art. 46.	*Art. 1º. A República Federativa do Brasil, formada pela união indissolúvel dos Estados e Municípios e do Distrito Federal, constitui-se em Estado Democrático de Direito e tem como fundamentos: I – a soberania; II – a cidadania; III – a dignidade da pessoa humana; IV – os valores sociais do trabalho e da livre iniciativa; V – o pluralismo político.*

Normas Constitucionais de Eficácia Contida	
São aquelas que preenchem todos os elementos necessários para produzirem todos os seus efeitos jurídicos imediatos, estando aptas a produzirem todos os seus efeitos desde o início de sua vigência, contudo ***pedem ao legislador que reduza, restrinja seu âmbito de eficácia***, contendo os seus efeitos.	
Aplicabilidade	• ***Imediata***, pois desde a promulgação da Constituição já estão aptas a produzirem seus efeitos; • ***Direta***, vez que independem de qualquer norma reguladora para produzirem seus efeitos; • ***Restringível***, pois sujeitam-se ("pedem") a restrições que irão conter os seus efeitos, de modo que, possivelmente, não serão integrais.
Exemplos na CF/88 art. 5º, VIII; art. 5º, XIII; e art. art. 37, I.	*Art. 5º, VIII – ninguém será privado de direitos por motivo de crença religiosa ou de convicção filosófica ou política, salvo se as invocar para eximir-se de obrigação legal a todos imposta e recusar-se a cumprir prestação alternativa, fixada em **lei**;* *Art. 5º, XIII – é livre o exercício de qualquer trabalho, ofício ou profissão, atendidas as qualificações profissionais que a **lei** estabelecer;*

Normas Constitucionais de Eficácia Limitada	
São aquelas que não preenchem todos os elementos necessários para produzirem todos os seus efeitos jurídicos, ***precisando de regulação infraconstitucional para ampliar seu âmbito de eficácia.*** É importante ressaltar que as normas constitucionais de eficácia limitada não estão aptas a produzirem todos os seus efeitos, contudo ***estão aptas a produzirem alguns efeitos***, produzindo, no mínimo, dois efeitos: ***i) efeitos positivos***, revogando todo o direito anterior que for incompatível com ela (não recepção); e ***ii) efeitos negativos***, impedindo que o legislador infraconstitucional de criar normas contrárias a ela e, caso ele crie, essas normas poderão ser declaradas inconstitucionais, sendo invalidadas, portanto, retiradas do ordenamento jurídico. Podem ser de ***a) princípios institutivos*** ou de ***b) princípios programáticos.***	
Aplicabilidade	• ***Mediata***, pois dependem de uma regulamentação posterior para produzirem seus efeitos; • ***Indireta***, vez que dependem de norma reguladora para produzirem seus efeitos; • ***Reduzida***, pois sua eficácia, a partir da promulgação da Constituição, é meramente negativa, dependendo de norma reguladora para ser ampliada.

de Princípios Institutivos	***de Princípios Programáticos***
Aquelas que o constituinte só estabelece os esquemas gerais de organização de órgãos, entidades e instituições estatais, ficando a cargo do legislador a estruturação e complementação desses esquemas gerais.	Aquelas que estabelecem metas, tarefas, programas, ou políticas a serem executadas pelos Poderes Públicos, ou mesmo pela própria sociedade.
Exemplos na CF/88	**Exemplos na CF/88**
Art. 18, § 2º; art. 33, *caput*; art. 25, § 3º.	Art. 196; art. 205; art. 217; art. 218.
Art. 18, § 2º. Os Territórios Federais integram a União, e sua criação, transformação em Estado ou reintegração ao Estado de origem serão reguladas em lei complementar.	*Art. 196. A saúde é direito de todos e dever do Estado, garantido mediante políticas sociais e econômicas que visem à redução do risco de doença e de outros agravos e ao acesso universal e igualitário às ações e serviços para sua promoção, proteção e recuperação.*

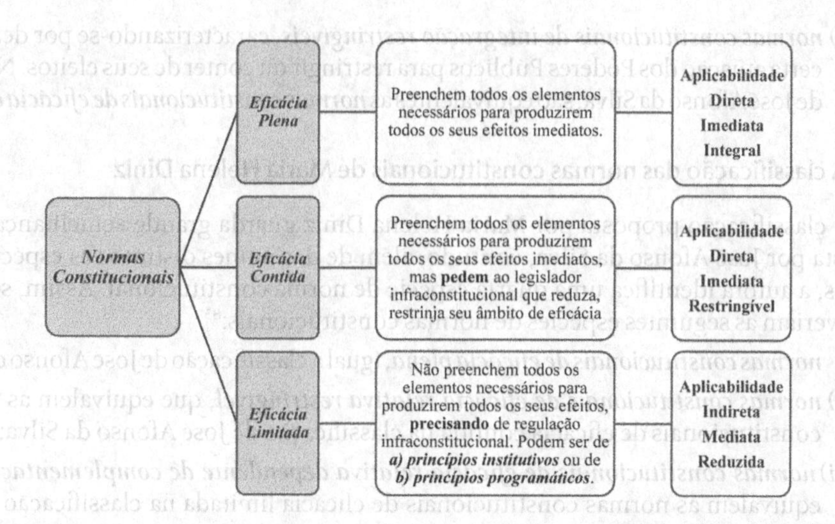

6.4 A classificação das normas constitucionais de Carlos Ayres Britto e Celso Ribeiro Bastos

Os professores Carlos Ayres Britto e Celso Ribeiro Bastos, tendo como pano de fundo a vocação das normas constitucionais para a atuação ou não do legislador infraconstitucional, classificam as normas constitucionais em: *a) normas de aplicação;* e *b) normas de integração.*[82]

As *normas constitucionais de aplicação* não necessitam da atuação do legislador infraconstitucional, o que equivale, na teoria de José Afonso da Silva, às *normas constitucionais de eficácia plena*, subdividindo-se, contudo, em:

i) normas constitucionais de aplicação irregulamentáveis, sendo aquelas que não possibilitam qualquer atuação do legislador, nem mesmo se ele quiser, sendo normas cuja matéria não pode ser objeto de regulamentação infraconstitucional. São normas em que "a normatividade surge e se esgota na própria constituição". Os autores exemplificam citando o art. 2º, da CF/88;

ii) normas constitucionais de aplicação regulamentáveis, sendo aquelas em que não há qualquer possibilidade do legislador infraconstitucional ampliar os seus efeitos, mas ele pode atuar, embora essa atuação não seja necessária, pois a norma é regulamentável, sendo que essa atuação legislativa servirá somente para aprimorar a aplicação da norma constitucional.

Já as *normas constitucionais de integração* são aquelas que necessitam (pedem ou precisam) da atuação do legislador infraconstitucional, subdividindo-se em:

i) normas constitucionais de integração completáveis, caracterizando-se por demandar certa atuação dos Poderes Públicos para receberem eficácia plena, necessitando, portanto, de regulamentação, de complementação para produzirem todos os seus efeitos, adquirindo o status de normas de aplicação. Na teoria de José Afonso da Silva, são equivalentes às *normas constitucionais de eficácia limitada*;

82. BASTOS, Celso Riberto; BRITTO, Carlos Ayres. Interpretação e Aplicabilidade das Normas Constitucionais. São Paulo: Saraiva, 1982.

ii) normas constitucionais de integração restringíveis, caracterizando-se por demandar certa atuação dos Poderes Públicos para restringir ou conter de seus efeitos. Na teoria de José Afonso da Silva, são equivalentes às *normas constitucionais de eficácia contida*.

6.5 A classificação das normas constitucionais de Maria Helena Diniz

A classificação proposta por Maria Helena Diniz guarda grande semelhança com a proposta por José Afonso da Silva, contudo, além de dar nomes distintos as espécies normativas, a autora identifica uma quarta espécie de norma constitucional. Assim, segundo ela, haveriam as seguintes espécies de normas constitucionais:[83]

i) normas constitucionais de eficácia plena, igual a classificação de José Afonso da Silva;

ii) normas constitucionais de eficácia relativa restringível, que equivalem as normas constitucionais de eficácia contida na classificação de José Afonso da Silva;

iii) normas constitucionais de eficácia relativa dependente de complementação, que equivalem as normas constitucionais de eficácia limitada na classificação de José Afonso da Silva;

iv) normas constitucionais de eficácia absoluta, que seriam "normas constitucionais imodificáveis", insuscetíveis de alteração. Segundo a autora seriam as "cláusulas pétreas" consagradas no art. 60, § 4º da CF/88. Ocorre que essa espécie por si só tem um problema incorrigível, pois as "cláusulas pétreas" podem sim ser modificadas, o que elas não podem é ser modificadas de maneira tendente a abolir.

6.6 A classificação das normas constitucionais de Luís Roberto Barroso

Segundo Luís Roberto Barroso, quanto à aplicabilidade, as normas constitucionais podem ser classificadas em:[84]

a) normas constitucionais de organização: normas que se direcionam aos poderes estatais e aos seus agentes, podendo repercutir ou impactar na esfera dos indivíduos. Essas normas definem a competência dos órgãos constitucionais, criam órgãos públicos e estabelecem o processo legislativo de alteração formal da Constituição.

b) normas constitucionais definidoras de direitos: normas que envolvem ou guardam relação com os direitos classicamente intitulados como direitos subjetivos, subdividindo-se em: *i)* normas que exigem apenas a abstenção do Estado; *ii)* normas que ensejam a exigibilidade de prestações positivas do Estado; *iii)* normas que agasalham interesses cuja realização depende da produção de normas infraconstitucionais de cunho integrador.

c) normas constitucionais programáticas: normas que apontam os fins a serem alcançados e/ou estabelecem princípios ou programas de ação a serem implementados pelos poderes públicos, traçando fins sociais a serem alcançados pela atuação estatal futura.

83. DINIZ, Maria Helena. Norma Constitucional e seus efeitos. 8 ed. São Paulo: Saraiva, 2009.

84. BARROSO, Luís Roberto. O direito constitucional e a efetividade de suas normas. 2 ed. Rio de Janeiro: Renovar, 1993, p. 84-106.

6.7 A classificação das normas constitucionais de Uadi Lammêgo Bulos: normas constitucionais de eficácia exaurida

Conforme observa o professor Uadi Lammêgo Bulos, há normas constitucionais que já cumpriram todas as suas funções no ordenamento jurídico já tendo produzidos todos os efeitos que deveriam produzir, estando com sua ***eficácia exaurida*** e sua ***aplicabilidade esgotada***, isto é, já se esvaiu toda a sua aptidão para produzir efeitos. Essas normas são próprias do Ato das Disposições Constitucionais Transitórias, como, por exemplo, os arts. 2º, 3º, 11, 13, 14 e 15 do ADCT, da CF/88.[85]

6.8 Críticas às classificações das normas constitucionais

Após essa análise pormenorizada das classificações das normas constitucionais quanto à eficácia e à aplicabilidade, é preciso tecer algumas críticas a elas, pois, no âmbito do constitucionalismo contemporâneo, toda essa teoria se mostra insustentável.

1ª CRÍTICA: trata-se de uma teoria semântica, que se caracteriza por definir previamente o conteúdo da norma, ignorando que a norma não se confunde com seu texto, pois são distintos. Deste modo, essa teoria não leva em consideração o momento da aplicação da norma aos casos concretos, desprezando as situações fáticas e o contexto em que elas se desenvolvem, atendo-se, exclusivamente, ao texto da norma, sendo, portanto, insustentável frente a hermenêutica constitucional contemporânea em que o contexto e a situação prática são determinantes para se definir o conteúdo e a aplicabilidade da norma.[86]

2ª CRÍTICA: essa teoria realiza uma inversão do ordenamento jurídico, dando mais relevância à legislação infraconstitucional do que às normas constitucionais, ignorando a ***supremacia da Constituição***, vez que para essa teoria, há normas que, mesmo estando na Constituição, não podem ser aplicadas por falta de regulamentação infraconstitucional. É obvio que a regulamentação é importante para a aplicação, contudo normas constitucionais possuem ***força normativa***, o que obriga a todos ao cumprimento, não podendo o Poder Público utilizar-se da falta de regulamentação como desculpa para esquivar-se da implementação dos direitos assegurados pela Constituição. Assim, acaba por influenciar magistrados e demais autoridades públicas a esquivarem-se de seu dever de aplicar as normas constitucionais, utilizando-se do álibi de que haveriam normas constitucionais que dependeriam de regulamentação infraconstitucional para serem implementadas.[87]

3ª CRÍTICA: essa é uma teoria que ignora a compreensão contemporânea da norma constitucional, enquanto gênero que possui como espécies as regras e os princípios, pois, ao que parece, pretende classificar somente as regras constitucionais, vez que sua *ratio* está completamente afastada da lógica dos princípios constitucionais, afinal, os princípios se diferenciam das regras, especialmente, pelo seu modo de aplicação, que nunca se revela previamente, mas apenas no caso concreto.[88]

4ª CRÍTICA: partindo, especialmente, da compreensão da norma constitucional de Robert Alexy, que vem sendo adotada pela maioria da doutrina constitucionalista e pela maioria dos Ministros do STF, Virgílio Afonso da Silva conclui que ***todos os direitos fundamentais previstos na***

85. BULOS, Uadi Lammêgo. Curso de Direito Constitucional. 11 ed. São Paulo: Saraiva, 2018.
86. FERNANDES, Bernardo Gonçalves. Curso de Direito Constitucional. 8 ed. Salvador: Juspodivm, 2016, p. 109.
87. TAVARES, André Ramos. Curso de Direito Constitucional. São Paulo: Saraiva, 2012.
88. FERNANDES, Bernardo G. Curso de Direito Constitucional. 8 ed. Salvador: Juspodivm, 2016, p. 110.

Constituição são restringíveis, o que torna essa teoria insustentável, já que nela há normas constitucionais restringíveis (eficácia contida) e normas constitucionais não restringíveis (plena).[89]

5ª CRÍTICA: é preciso lembrar que ***as normas definidoras de direitos e garantias fundamentais têm aplicação imediata***, nos termos do art. 5º, §1º, da CF/88, o que demonstra que essa teoria é incompatível com as determinações expressas de nossa atual Constituição, sendo inconstitucional sua aplicação, especialmente, naquilo que diz respeito ao reconhecimento de normas constitucionais de eficácia limitada e aplicabilidade mediata que consagrem direitos fundamentais, pois estes, como vimos, possuem aplicabilidade imediata.

6ª CRÍTICA: essa teoria não agrega qualquer conhecimento relevante acerca da boa compreensão das normas constitucionais ou mesmo do direito constitucional contemporâneo, tendo tido seu valor à época das Constituições de 1967/1969, mas já não tendo mais relevância, até mesmo porque é incompatível com a Constituição de 1988. Nada obstante, muitas bancas de concurso público e, até mesmo o Exame de Ordem, têm cobrado essas classificações em suas provas, muitas vezes utilizando como parâmetro dispositivos constitucionais sob os quais sequer há um consenso se seriam de eficácia plena, contida ou limitada, incentivando um decoreba sem sentido e contribuindo para a banalização do ensino jurídico no país.

6.9 Eficácia jurídica das normas constitucionais programáticas

As normas programáticas são aquelas que estabelecem metas, tarefas, programas, ou políticas a serem executadas pelos poderes públicos, ou mesmo pela própria sociedade, dirigindo os rumos do país, ligando-se à noção de Constituição Dirigente de J.J. Gomes Canotilho, que se caracteriza justamente pelo estabelecimento de programas estatais e de políticas públicas voltadas ao bem-estar social da população, buscando dirigir as ações do Estado para a realização dos direitos fundamentais, sobretudo, dos direitos sociais.[90]

Se adotarmos a ***concepção clássica*** sobre as normas constitucionais programáticas, conforme proposto no Brasil por José Afonso da Silva, chegaremos à conclusão de que essas normas, embora normas jurídicas constitucionais, dependeriam da atuação do legislador infraconstitucional para que pudessem ser implementadas e concretizadas.[91]

Perceba que essa visão está na contramão do modelo constitucional instituído pela Constituição de 1988. Afinal, se as normas constitucionais são normas jurídicas (*força normativa da Constituição*), é porque elas são aplicáveis. Ademais, se elas são normas jurídicas superiores (*supremacia da Constituição*), são as leis que dependem delas e não contrário. Assim, não é possível dizer que uma norma constitucional depende da lei para ser implementada, pois, por ser norma, já o pode ser, e, por ser norma suprema, o deve ser com supremacia sobre as demais normas do sistema, que devem se conformar a ela sob pena de invalidade.

Para além disso, essas normas constitucionais programáticas, que em sua grande maioria estão ligadas à implementação das políticas sociais e dos direitos fundamentais sociais, culturais e econômicos, por força do art. 5º, §1º, da CF/88, possuem aplicabilidade imediata, o que afasta contundentemente a ideia de que elas não podem ser concretizadas sem a intermediação infraconstitucional, transformando-os verdadeiros *direitos públicos subjetivos*.[92]

89. SILVA, Virgílio Afonso da. Direitos Fundamentais: conteúdo essencial, restrições e eficácia. 2 ed. São Paulo: Malheiros, 2010, p. 208 e ss.
90. CANOTILHO, J. J. Gomes. Constituição Dirigente e vinculação do legislador. Coimbra: Coimbra, 1994.
91. SILVA, José Afonso da. Aplicabilidade das Normas Constitucionais. 8 ed. São Paulo: Malheiros, 2012.
92. BANDEIRA DE MELLO, Celso Antônio. Eficácia das normas constitucionais sobre justiça social, 1981.

Assim, embora a intermediação infraconstitucional seja desejável para a melhor implementação e concretização das normas programáticas, elas ***podem e devem ser implementadas ainda que não haja a respectiva regulamentação infraconstitucional***, pois são tão jurídicas e vinculantes que, em caso de inércia ou omissão dos Poderes Legislativo e Executivo em regulamentá-las e implementá-las, caracterizar-se-á *inconstitucionalidade por omissão*, de modo que, uma vez acionado o Poder Judiciário, este terá o dever de concretizá-las (art. 5º, XXXV, CF/88).[93]

Conforme sustenta Dirley da Cunha Júnior, "em decorrência disso, é possível sustentar-se que, na hipótese de omissão dos órgãos de direção política (Legislativo e Executivo), na realização das tarefas sociais, notadamente quando deflagradoras de direitos sociais, deva ocorrer um sensível deslocamento do centro de decisões destes órgãos para o plano da jurisdição constitucional".[94] Aqui, embora alguns sustentem a ilegitimidade do Poder Judiciário para implementar as normas programáticas e os direitos sociais, por não terem sido os juízes eleitos pelo povo, o que configuraria um ***ativismo judicial*** indevido no campo político, é de suma importância recordar que no Estado Social Democrático de Direito instituído pela Constituição de 1988, o Judiciário goza de legitimidade democrática conferida pela própria Constituição para concretizar esses direitos quando os outros Poderes (Legislativo e Executivo) se omitirem em concretizá-los, ou o fizerem de forma insatisfatória, insuficiente ou ineficiente, descumprindo com seus deveres constitucionais, por via de mecanismos constitucionais como a Ação Direta de Inconstitucionalidade por Omissão, a Arguição de Descumprimento de Preceito Fundamental, o Mandado de Injunção, o Mandado de Segurança etc.

As normas constitucionais programáticas, diferentemente do que defendem alguns doutrinadores, não são meros programas, instruções ou ideais destinados aos poderes públicos, nem simples declarações, exortações, aforismos, promessas ou sentenças políticas, nem mesmo reles apelos ao legislador, devendo lhes ser reconhecido o mesmo valor jurídico constitucional que às demais normas constitucionais, tendo elas força normativa suprema, caráter vinculante e aplicabilidade imediata, ainda que o legislador infraconstitucional tenha se omitido (indevidamente) de regulamentá-las.[95]

Nesse sentido, conforme demonstra J. J. Gomes Canotilho, *a positividade jurídico-constitucional das normas programáticas significa fundamentalmente:*[96]

1) vinculação permanente do legislador à sua regulamentação suficiente visando sua implementação;

2) vinculação positiva de todos os órgãos responsáveis pela sua concretização, devendo adotá-las como diretrizes materiais prementes em todos os momentos das atividades concretizadoras (legislativa, executiva e jurisdicional);

3) vinculação negativa dos poderes públicos, enquanto limite material, ensejando a invalidade de quaisquer atos que as contrariem, por serem considerados inconstitucionais.

Desta forma, considerar as normas constitucionais programáticas como simples programas políticos-ideológicos que devem direcionar as ações políticas do Estado, é negar a força normativa dessas normas, dividindo as normas constitucionais em normas jurídicas e em normas de recomendação, o que se mostrar completamente incompatível com o sistema constitucional brasileiro.

93. CUNHA JR. Dirley da. Curso de Direito Constitucional. 14 ed. Salvador: Juspodivm, 2020, p. 168-173.
94. Ibidem, p. 171.
95. CANOTILHO, J. J. Gomes. Direito Constitucional e Teoria da Constituição. Coimbra: Almedina, 2003.
96. Ibidem, p. 1102-1103.

7. RETROATIVIDADE DAS NORMAS CONSTITUCIONAIS: RETROATIVIDADE MÁXIMA, MÉDIA E MÍNIMA

Em regra, ***as leis dispõem para o futuro***, não alcançando os atos anteriores, ou mesmo os seus efeitos, que permanecem regulados pela legislação do tempo em que foram praticados (*tempus regit actum*). Entretanto, há exceções em que a lei nova poderá retroagir alcançando os atos anteriores à sua edição ou os seus efeitos. Classicamente, a doutrina identifica que essa ***excepcional retroatividade*** da lei pode variar de intensidade, podendo ser, assim, classificada:[97]

a) ***retroatividade máxima (ou restitutória) da lei:*** dá-se quando a nova legislação retroage atingindo os atos ou fatos passados já consumados, como o direito adquirido, o ato jurídico perfeito ou a coisa julgada;

b) ***retroatividade média da lei:*** dá-se quando a nova legislação, embora não alcance os atos ou fatos anteriores em si, alcança os seus efeitos pendentes (aqueles que ainda não ocorreram), como, por exemplo, quando uma lei nova se aplica já às prestações vencidas de um certo contrato, mas ainda não pagas.

c) ***retroatividade mínima (temperada, ou mitigada) da lei:*** dá-se quando a nova legislação alcança apenas os efeitos futuros dos atos ou fatos anteriores, não alcançando os atos ou fatos passados, nem os seus efeitos pendentes (aqueles que ainda não ocorreram), como, por exemplo, quando uma lei nova se aplica apenas às prestações vincendas de um certo contrato (aquelas que só irão vencer após o início da vigência da nova lei).

No direito brasileiro, a retroatividade da lei, em regra, não é permitida, sendo a retroatividade máxima vedada expressamente pelo art. 5º, XXXVI, da CF/88, segundo o qual *"a lei não prejudicará o direito adquirido, o ato jurídico perfeito e a coisa julgada"*. Nesses termos, a nova normatividade, legal ou mesmo constitucional, instituída pelo Poder Legislativo ou mesmo pelo Poder Constituinte Reformador, não podem retroagir prejudicando o direito adquirido, o ato jurídico perfeito e a coisa julgada, sendo inconstitucionais quaisquer leis ou Emendas à Constituição que retroaja em prejuízo desses institutos. Obviamente, quando a Constituição prevê expressamente a retroatividade da lei, como no caso da lei penal benéfica (art. 5º, XL), ela será permitida.

Mas, ***e as normas constitucionais originárias? Elas se submetem ao princípio da irretroatividade?***

Conforme posição consagrada na doutrina majoritária e na jurisprudência superior, via de regra, as normas constitucionais originárias, quando autoaplicáveis (*self-executing*), possuem ***retroatividade mínima***, alcançando, imediatamente, os efeitos futuros de atos ou fatos anteriores. Assim, a nova Constituição, por ter retroatividade mínima, possui vigência imediata, atingindo apenas os efeitos futuros dos atos e fatos pretéritos. Entretanto, ***excepcionalmente admite-se a retroatividade média ou mesmo máxima das normas constitucionais originárias***, quando isto estiver expressamente previsto no texto da nova Constituição. Assim, quando a nova Constituição dispuser que determinada norma alcançará os efeitos pendentes de determinados atos, essa norma constitucional originária terá ***retroatividade média***. Já, quando a nova Constituição dispuser que determinada norma alcançará o próprio ato ou fato passado e não apenas os seus efeitos pendentes e futuros, podendo, inclusive,

97. CUNHA JR. Dirley da. Curso de Direito Constitucional. 14 ed. Salvador: Juspodivm, 2020, p. 173.

prejudicar o direito adquirido, o ato jurídico perfeito ou a coisa julgada, essa norma constitucional originária terá ***retroatividade máxima***.[98]

Em suma: em regra, aplica-se a nova Constituição aos efeitos futuros de atos praticados anteriormente (tese da retroatividade mínima), salvo disposição constitucional expressa em contrário, possibilitando, excepcionalmente, que Ela alcance os efeitos pendentes de atos passados (tese da retroatividade média) ou mesmo os atos e os fatos consumados no passado (tese da retroatividade máxima).[99]

Por fim, é mister advertir que somente as normas constitucionais federais é que, por terem aplicação imediata, alcançam os efeitos futuros de fatos passados (retroatividade mínima), e se expressamente o declararem podem alcançar até fatos consumados no passado (retroatividades média e máxima). Por outro lado, ***as normas constitucionais estaduais***, fruto do Poder Constituinte Derivado Decorrente, estão sujeitas à vedação do artigo 5º, XXXVI, CF/88, não podendo retroagir para atingir os atos ou fatos passados (não possuem retroatividade máxima), nem mesmo alcançando os efeitos pendentes (não possuem retroatividade média) ou futuros (não possuem retroatividade mínima) dos atos ou fatos pretéritos.[100]

8. QUADRO SINÓPTICO

CAPÍTULO V – NORMAS CONSTITUCIONAIS		
A NORMA CONSTITUCIONAL		
A Constituição como sistema aberto de regras e princípios	No constitucionalismo contemporâneo a Constituição é compreendida como um sistema normativo aberto de regras e princípios, estabelecendo-se como um sistema normativo dinâmico, de estrutura dialógica, capaz de comunicar-se e aprender com a realidade e com os demais sistemas, sendo que suas normas tem como espécies as regras e os princípios jurídicos.	
A concepção da norma jurídica de Ronald Dworkin	***Regras*** são normas com relatos descritivos mais específicos, aplicando-se, portanto, ao modo tudo-ou-nada, ou seja, se uma regra é válida e o caso concreto corresponde à sua previsão, então a regra deve ser aplicada (subsunção), a não ser que exista alguma exceção (prevista positivamente no ordenamento) que não permita a sua aplicação naquele tipo de situação, o que acarreta uma especificação maior da regra, tornando-a mais completa à medida que possui mais especificações. ***Princípios*** são normas que atuam auxiliando e fundamentando a decisão do magistrado de modo a conduzi-lo a melhor solução, entendida por Dworkin como uma solução que respeite a justiça e a equidade, isto é, em que pese os princípios não tragam em si soluções prontas e acabadas para os casos concretos, direcionam a decisão dos juízes a soluções justas que respeitem a equidade das relações jurídicas e a integridade do sistema jurídico.	
A concepção da norma jurídica de Ronald Dworkin	**Conflitos**	***Regras x Regras:*** quando uma regra jurídica entra em conflito com outra regra, uma delas deverá ser declarada inválida, recorrendo-se aos critérios tradicionais de resolução de conflito normativo. ***Princípios x Princípios:*** os princípios possuem uma dimensão de peso ou importância, de modo que, quando princípios entram em colisão, ou seja, quando em um caso concreto os princípios a ele supostamente aplicáveis apontam para sentidos contrários, o intérprete/aplicador deve levar em conta a força relativa de cada um frente ao caso concreto (sopesamento) a fim de aplicar naquele caso aqueles princípios que possibilitem a decisão mais justa, numa perspectiva de integridade do ordenamento. ***Princípios x Regras:*** deve prevalecer aquela norma jurídica que frente ao caso concreto, esteja mais conforme com a justiça e integridade do ordenamento, após o sopesamento pelo intérprete/aplicador do princípio que sustenta a regra com o princípio com o qual ela colide.

98. Ibidem, idem.
99. STF, RE 140.499, RE 242.740 e RE 161.320, todos de relatoria do Min. Moreira Alves.
100. AI 258.337-AgR, Rel. Min. Moreira Alves.

<table>
<tr>
<td rowspan="2">A concepção da norma jurídica de Robert Alexy</td>
<td colspan="2">"Regras são normas que são sempre ou satisfeitas ou não satisfeitas. Se uma regra vale, então, deve se fazer exatamente aquilo que ela exige; nem mais, nem menos. Regras contêm, portanto, determinações no âmbito daquilo que é fática e juridicamente possível".
"Princípios são normas que ordenam que algo seja realizado na maior medida possível dentro das possibilidades jurídicas e fáticas existentes. Princípios são, por conseguinte, mandamentos de otimização, que são caracterizados por poderem ser satisfeitos em graus variados e pelo fato de que a medida devida de sua satisfação não depende somente das possibilidades fáticas, mas também das possibilidades jurídicas".</td>
</tr>
<tr>
<td>Conflitos</td>
<td>Regras x Regras: quando duas regras jurídicas entram em conflito uma delas deve ser declarada inválida, ou, então, deve-se introduzir uma exceção a uma das regras, eliminando-se, assim, o conflito.
Princípios x Princípios: quando dois princípios entram em colisão, nem um dos dois é declarado inválido e nem mesmo é criada uma exceção. No caso dos princípios, o que ocorre é que um deles possui precedência em razão do outro frente às condições do caso concreto, ou seja, um deles deve ceder à aplicação do outro sobre determinadas condições fáticas.
Princípios x Regras: Alexy não se dedica, especificamente, a explorar essa questão, embora trate dela em duas notas de rodapé, nas quais, parece-nos defender uma primazia, prima facie, das regras sobre os princípios (desde que de mesmo nível hierárquico), contudo uma primazia não absoluta, podendo as regras serem superadas ou restringidas em determinadas condições (suporte fático), o que levaria a uma derrotabilidade das regras pelos princípios</td>
</tr>
<tr>
<td>A concepção da norma jurídica de Robert Alexy</td>
<td>Máxima da Proporcionalidade</td>
<td>Adequação consiste basicamente na maneira mais adequada, mais efetiva, que melhor realizará o princípio cujo peso deva prevalecer no caso concreto;
Necessidade consiste no mandamento do meio menos gravoso, ou seja, na máxima preservação do princípio cedente, de modo a sacrificá-lo o mínimo possível;
Proporcionalidade em sentido estrito corresponde ao mandamento de sopesamento propriamente dito e implica na verificação de se o "bônus" que se tem com o princípio prevalecente é maior que o "ônus" que se tem com o princípio cedente.</td>
</tr>
<tr>
<td rowspan="3">Principais critérios de diferenciação entre princípios e regras</td>
<td>Grau de abstração</td>
<td>Regras: possuem baixo grau de abstração.
Princípios: possuem um elevado grau de abstração.</td>
</tr>
<tr>
<td>Grau de determinabilidade na aplicação do caso concreto</td>
<td>Regras: são suscetíveis de aplicação direta, mediante subsunção e possuem alto grau de determinabilidade.
Princípios: necessitam de interferências concretizadoras do intérprete, possuindo baixo grau de determinabilidade.</td>
</tr>
<tr>
<td>Caráter de fundamentalidade no sistema das fontes do direito</td>
<td>Regras: não são normas estruturantes do sistema jurídico.
Princípios: são normas estruturantes do sistema jurídico.</td>
</tr>
<tr>
<td rowspan="2">Principais critérios de diferenciação entre princípios e regras</td>
<td>Proximidade da ideia de direito</td>
<td>Regras: "normas vinculativas com um conteúdo meramente funcional".
Princípios: ""standards" juridicamente vinculantes radicados nas exigências de "justiça"".</td>
</tr>
<tr>
<td>Natureza normogenética</td>
<td>Regras: derivam e fundamentam-se nos princípios.
Princípios: normas base, fundantes, fundamentais, das quais derivam as demais normas.</td>
</tr>
</table>

OS PRINCÍPIOS CONSTITUCIONAIS		
Concepções tradicionais de princípios	• Valores supremos de um ordenamento jurídico; • Normas jurídicas superiores (de hierarquia superior); • Normas jurídicas de alto grau de generalidade semântica; • Normas de normas, isto é, são o fundamento jurídico das regras; • Normas sobre normas, isto é, normas (jurídicas ou não) que se destinam a interpretar e aplicar as demais normas do sistema jurídico; • Elementos epistemológicos jurídicos, isto é, "elementos básicos e estruturantes da ciência do direito, seus fundamentos teóricos e principais institutos".	
Concepções contemporâneas de princípios	**Ronald Dworkin**	Normas jurídicas que, em que pese não tragam em si soluções prontas e acabadas para os casos concretos, direcionam a decisão dos juízes a soluções justas que respeitem a equidade das relações jurídicas e a integridade do sistema jurídico.
	Robert Alexy	Normas jurídicas que estabelecem mandamentos de otimização, isto é, normas que determinam que algo seja realizado na maior medida possível em face das possibilidades fático-jurídicas.
	Humberto Ávila	"Normas imediatamente finalísticas, primariamente prospectivas e com pretensão de complementaridade e de parcialidade, para cuja aplicação se demanda uma avaliação da correlação entre o estado de coisas a ser promovido e os efeitos decorrentes da conduta havida como necessária à sua promoção".
Principais funções dos princípios no sistema jurídico	***Princípios como normas fundamentais:*** estabelecem as bases normativas do sistema jurídico e atuam como fundamento de validade ***Princípios como normas hermenêuticas:*** cumprem as quatro funções hermenêuticas: interpretação, aplicação, integração e construção. ***Princípios como normas aplicáveis:*** Aplicam-se diretamente a casos concretos.	
Classificação dos Princípios	**Estruturais**	Aqueles que se destinam ao funcionamento do sistema jurídico em si, desde a sua existência até a sua fundamentação, organização e operacionalização.
	Funcionais	Aqueles que se destinam a operacionalização da hermenêutica jurídica, nos processos de interpretação e aplicação do direito, de resolução dos conflitos normativos e na integração das lacunas do ordenamento jurídico.
	Positivos	Aqueles que preveem comandos e/ou estabelecem conteúdo de natureza deontológica, aproximando-se do clássico conceito de normas, estando, primariamente, previstos na Constituição.
Classificação de J.J. Gomes Canotilho dos Princípios Constitucionais	**Princípios jurídicos fundamentais**	São os "historicamente objectivados e progressivamente introduzidos na consciência jurídica e que encontram uma recepção expressa ou implícita no texto constitucional. Pertencem à ordem jurídica positiva e constituem um importante fundamento para a interpretação, integração, conhecimento e aplicação do direito positivo".
	Princípios políticos constitucionalmente conformadores	São os "que explicitam as valorações políticas fundamentais do legislador constituinte. Nestes princípios se condensam as opções políticas nucleares e se reflete a ideologia inspiradora da constituição".
	Princípios constitucionais impositivos	São aqueles que "impõem aos órgãos do Estado, sobretudo ao legislador, a realização de fins e a execução de tarefas. São, portanto, princípios dinâmicos, prospectivamente orientados".
	Princípios-garantia	São aqueles que "visam instituir direta e imediatamente uma garantia dos cidadãos. É-lhes atribuída uma densidade de autêntica norma jurídica a uma força determinante, positiva e negativa".

Pamprincipiologismo	Especialmente após os movimentos neoconstitucionalistas, o papel dos princípios jurídicos foi redimensionado ampliando-se para além daquilo que eles deveriam cumprir, reforçando, no Brasil, um ***ativismo judicial***, no qual ***tudo se justifica com base em um princípio qualquer*** e, caso não haja um princípio que possa justificar o decisionismo infundado de alguns magistrados, cria-se um a canetadas, o que fez da doutrina e do judiciário brasileiros uma ***"verdadeira fábrica de princípios"*** nos últimos tempos. A esse fenômeno o professor ***Lenio Streck*** deu o nome de pamprincipiologismo.	
NORMAS CONSTITUCIONAIS QUANTO À EFICÁCIA E À APLICABILIDADE		
Esclarecimentos Terminológicos	***Existência*** é a qualidade de existir da norma, de estar no mundo jurídico, sendo pressuposto inarredável para qualquer outra análise sobre a norma. Consiste no atestado de que a norma foi produzida pela autoridade aparentemente competente. Em regra, a existência é atestada pela *promulgação* da norma.	
	Vigência consiste na qualidade da norma que determina o lapso temporal no qual ela pode ser aplicada. Diz-se que uma norma pode ser aplicada durante seu período de vigência. Assim, se uma norma for existente, não estiver em período de *vacatio legis* e não tiver sido revogada, diz-se que ela está vigente.	
	Vigor é a qualidade que designa que uma norma possui imperatividade, força vinculante em relação a determinado caso, podendo (devendo) ser aplicada a ele. Distingue-se da vigência, pois mesmo depois de revogada (tendo perdido a vigência), uma norma ainda pode ter vigor, como nos casos de ultratividade da lei.	
	Validade consiste na qualidade que atesta que uma norma foi produzida, formal e materialmente, de acordo com o ordenamento jurídico superior. Uma norma que fere norma superior é uma norma inválida, nula.	
	Eficácia é a aptidão que uma norma tem de produzir efeitos. Assim, norma eficaz é aquela que está apta a produzir os seus efeitos. Normalmente, a eficácia opera-se a partir da *publicação* da norma.	
Esclarecimentos Terminológicos	***Efetividade, Eficiência ou Eficácia Social*** relaciona-se a produção concreta dos efeitos da norma., considerando-se norma efetiva aquela que está sendo *voluntariamente* adimplida, implementada, cumprida na prática.	
	Aplicabilidade relaciona-se à possibilidade de aplicação da norma. Assim, diz-se que uma norma tem aplicabilidade quando ela é aplicável, quando pode ser aplicada a um certo caso. Para que uma norma seja aplicável ela precisa preencher os seguintes requisitos: 1) ser vigente; 2) ser válida; e 3) possuir eficácia.	
Classificação de José Afonso da Silva	**Normas Constitucionais de Eficácia Plena**	Normas que preenchem todos os elementos necessários para produzirem todos os seus efeitos imediatos. Possuem ***aplicabilidade direta, imediata e integral***.
	Normas Constitucionais de Eficácia Contida	Normas que preenchem todos os elementos necessários para produzirem todos os seus efeitos imediatos, mas que ***pedem*** ao legislador infraconstitucional que reduza, restrinja seu âmbito de eficácia. Possuem ***aplicabilidade direta, imediata e restringível***.
	Normas Constitucionais de Eficácia Limitada	Normas que não preenchem todos os elementos necessários para produzirem todos os seus efeitos, precisando de regulação infraconstitucional. Podem ser de a) princípios ***institutivos*** ou de ***b) princípios programáticos***. Possuem ***aplicabilidade indireta, mediata e reduzida***.
Normas Constitucionais de Eficácia Exaurida	Conforme observa ***Uadi Lammêgo Bulos***, há normas constitucionais que já cumpriram todas as suas funções no ordenamento jurídico já tendo produzidos todos os efeitos que deveriam produzir, estando com sua ***eficácia exaurida*** e sua ***aplicabilidade esgotada***. Essas normas são próprias do ***Ato das Disposições Constitucionais Transitórias***, como, por exemplo, os arts. 2º, 3º, 11, 13, 14 e 15 do ADCT, da CF/88	

Eficácia jurídica das normas constitucionais programáticas	As normas programáticas são aquelas que estabelecem metas, tarefas, programas, ou políticas a serem executadas pelos poderes públicos, ou mesmo pela própria sociedade, dirigindo os rumos do país. Se adotarmos a ***concepção clássica*** sobre as normas constitucionais programáticas, conforme proposto no Brasil por José Afonso da Silva, chegaremos à conclusão de que essas normas, embora normas jurídicas constitucionais, dependeriam da atuação do legislador infraconstitucional para que pudessem ser implementadas e concretizadas *A nosso ver*, embora a intermediação infraconstitucional seja desejável para a melhor implementação e concretização das normas programáticas, elas podem e devem ser implementadas ainda que não haja a respectiva regulamentação infraconstitucional, pois são tão jurídicas e vinculantes que, em caso de inércia ou omissão dos Poderes Legislativo e Executivo em regulamentá-las e implementá-las, caracterizar-se-á inconstitucionalidade por omissão, de modo que, uma vez acionado o Poder Judiciário, este terá o dever de concretizá-las.
Retroatividade das normas constitucionais: retroatividade máxima, média e mínima	A ***retroatividade da lei***, em regra, não é permitida, sendo a retroatividade máxima vedada expressamente pelo art. 5º, XXXVI, da CF/88, segundo o qual "a lei não prejudicará o direito adquirido, o ato jurídico perfeito e a coisa julgada". Nesses termos, a nova normatividade, legal ou mesmo constitucional, instituída pelo Poder Legislativo ou mesmo pelo Poder Constituinte Derivado (Reformador ou Decorrente), não podem retroagir prejudicando o direito adquirido, o ato jurídico perfeito e a coisa julgada, *sendo inconstitucionais quaisquer leis, Emendas à Constituição ou normas de Constituição Estadual que retroaja em prejuízo desses institutos*. Obviamente, quando a Constituição prevê expressamente a retroatividade da lei, como no caso da lei penal benéfica (art. 5º, XL), ela será permitida. As ***normas constitucionais originárias***, quando autoaplicáveis (self-executing), possuem ***retroatividade mínima***, alcançando, imediatamente, os efeitos futuros de atos ou fatos anteriores. Assim, a nova Constituição, por ter retroatividade mínima, possui vigência imediata, atingindo apenas os efeitos futuros dos atos e fatos pretéritos. Entretanto, ***excepcionalmente*** admite-se a retroatividade média ou mesmo máxima das normas constitucionais originárias, quando isto estiver expressamente previsto no texto da nova Constituição. Assim, quando a nova Constituição dispuser que determinada norma alcançará os efeitos pendentes de determinados atos, essa norma constitucional originária terá ***retroatividade média.*** Já, quando a nova Constituição dispuser que determinada norma alcançará o próprio ato ou fato passado e não apenas os seus efeitos pendentes e futuros, podendo, inclusive, prejudicar o direito adquirido, o ato jurídico perfeito ou a coisa julgada, essa norma constitucional originária terá ***retroatividade máxima.***

Capítulo VI
HERMENÊUTICA CONSTITUCIONAL

1. NOÇÕES DE HERMENÊUTICA JURÍDICA: INTERPRETAÇÃO, APLICAÇÃO, INTEGRAÇÃO E CONSTRUÇÃO

A ***hermenêutica jurídica*** pode ser definida como o sistema próprio do direito que estuda a interpretação, a aplicação, a integração e a construção jurídicas.[1]

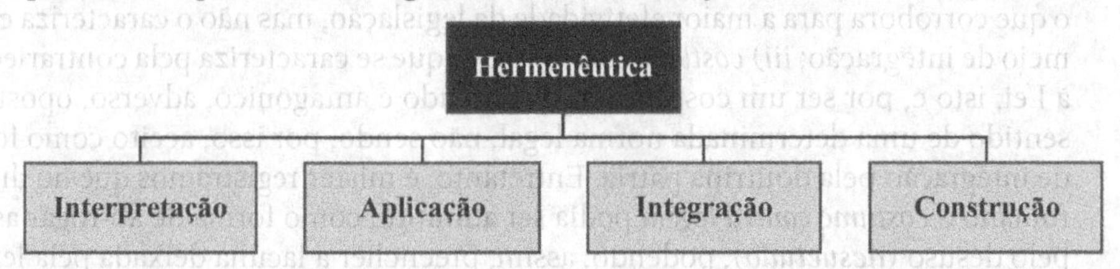

A ***interpretação*** consiste na atividade hermenêutica que se preocupa com o nexo existente entre o texto, o direito e os fatos, tratando-se de um pressuposto lógico do ordenamento jurídico, pois sempre é necessário interpretar. Nas palavras de Maria Helena Diniz, é a "atividade jurídica que busca identificar o sentido e o alcance das normas, tendo em vista uma finalidade prática, criando condições para uma decisão possível, ou melhor, condições de aplicabilidade da norma com um mínimo de perturbação social, empregando, para tanto, as suas várias técnicas".[2]

Já a ***aplicação*** consiste na atividade hermenêutica que se dedica à decidibilidade, a concretude do direito, isto é, cuida da implementação da norma geral resultante da interpretação do enunciado normativo, gerando uma norma individual concreta para o caso, como uma decisão judicial, por exemplo. Nas palavras de Maria Helena Diniz, é o "ato pelo qual o poder competente, após a interpretação, aplica a lei para criar a norma individual".[3]

Por sua vez, a ***integração*** consiste na atividade hermenêutica que se dedica a colmatação (preenchimento) das lacunas do sistema jurídico. No direito brasileiro há quatro formas de integração: ***analogia***, ***costumes***, ***princípios gerais de direito***, previstas no art. 4º, da LINDB, e ***equidade***, fruto de construções doutrinárias e jurisprudenciais.

- ***Analogia:*** embora não haja consenso quanto a sua definição, mais comumente a analogia é conceituada como o método hermenêutico pelo qual uma determinada norma jurídica estabelecida para determinado "caso", ou melhor para determinado modelo comportamental típico (*facti species*), é aplicada a um "caso semelhante" para o qual não há norma, isto é, é aplicada a outro modelo comportamental típico para o qual não há norma jurídica (prévia) estabelecida, em razão da semelhança existente entre ambos os supostos (ou suportes) fáticos.[4]

- ***Costumes (ou consuetudo):*** são as práticas reiteradas de uma certa sociedade, aceitas como legítimas e geradoras de expectativas jurídicas robustas (numa perspectiva

1. MAXIMILIANO, Carlos. Hermenêutica e Aplicação do Direito. 20. ed. Rio de Janeiro: Forense, 2011.
2. DINIZ, Maria Helena. Compêndio de introdução à ciência do direito. São Paulo: Saraiva, 2013, p. 449 e ss.
3. Ibidem, p. 441 e ss.
4. MONTALVÃO, Bernardo. Manual de Filosofia e Teoria do Direito. 2. ed. Salvador: Juspodivm, 2020.

de segurança jurídica), enquanto normas não escritas aprovadas pelo povo[5] que, por isso, são incorporadas ao direito dessa sociedade (direito consuetudinário), preenchendo as lacunas do ordenamento legal, mas não do ordenamento jurídico, pois a este pertencem também as normas consuetudinárias. No direito brasileiro, os costumes são habitualmente classificados em três espécies: *i) costume praeter legem*, que se caracteriza por ir além do texto legal, empregado pela hermenêutica no campo integrativo para preencher àquilo que não foi exteriorizado pela lei, sendo, unanimemente, reconhecido como norma integradora do direito; *ii) costume secundum legem*, que se caracteriza por ser um costume em consonância com a Lei, o que corrobora para a maior efetividade da legislação, mas não o caracteriza como meio de integração; *iii) costume contra legem*, que se caracteriza pela contrariedade à Lei, isto é, por ser um costume cujo conteúdo é antagônico, adverso, oposto ao sentido de uma determinada norma legal, não sendo, por isso, aceito como forma de integração pela doutrina pátria. Entretanto, é mister registramos que no direito romano o *costume contra legem* podia ser admitido como forma de ab-rogar as leis pelo desuso (***desuetudo***), podendo, assim, preencher a lacuna deixada pela lei por ele ab-rogada,[6] compreensão com a qual concordamos.[7]

- ***Princípios gerais do direito:*** são as normas basilares e fundamentais sob as quais se estruturam o próprio "Direito", partindo-se da concepção de que o direito deve ser justo, correto, escorreito, límpido e universal (ou universalizável). Normalmente nossos juristas limitam-se a identificá-los como os princípios gerais do direito romano: *honeste vivere, alterum non laedere, suum cuique tribuere*, ou seja, viver honestamente, não lesar outrem e dar a cada um o que é seu.[8] Obviamente esses preceitos de direito (para usarmos aqui uma expressão dos próprios romanos) são sim princípios gerais (ou universais) do direito. Contudo, no direito contemporâneo, esses princípios vão além desses três brocardos, englobando outros tão fundamentais quanto eles. Citando aqui apenas aquele que nos parece ser o princípio universal do direito e, portanto, o mais básico princípio geral do direito, conforme demonstrara Kant, "é justa toda ação segundo a qual ou segundo cuja máxima a liberdade do arbítrio de cada um pode coexistir com a liberdade de qualquer um segundo uma lei universal", de modo que a lei universal do direito é: "age exteriormente de tal maneira que o livre uso de teu arbítrio possa coexistir com a liberdade de qualquer um segundo uma lei universal".[9] Para além disso, à luz do constitucionalismo contemporâneo, do humanismo ético e do princípio democrático, pode-se apontar, ainda, como princípios gerais do direito, pelo menos: a dignidade da pessoa humana, a liberdade, a igualdade material, a solidariedade (ou fraternidade) e a busca da felicidade.

---

5. *Inveterata consuetudo pro lege non immerito custoditur, et hoc est ius quod dicitur moribus constitutum. Nam cum ipsae leges nulla alia ex causa nos teneant, quam quod iudicio populi receptae sunt, mérito et ea, quae sine ullo scripto populus probavit, tenebunt omnes.* JUSTINIANO I, Imperador do Oriente. Digesto de Justiniano. 4. ed. São Paulo: RT, 2009, p. 57.
6. *Quare rectissime etiam illud receptum est, ut leges non solum suffragio legis latoris, sed etiam tacito consensus omnium per desuetudinem abrogentur.* JUSTINIANO I, Imperador do Oriente. Digesto de Justiniano. 4. ed. São Paulo: RT, 2009, p. 57-58.
7. Parece-nos que, no campo do direito penal, o *princípio da adequação social*, tal qual idealizado por Hans Welzel, atua de forma semelhante ao *costume contra legem*, capaz de, legitimamente, revogar condutas outrora tipificadas pelo legislador. WELZEL, Hans. Derecho penal aleman: parte general. 4. ed. Chile: Jurídica de Chile, 1997.
8. JUSTINIANO I, Imperador do Oriente. Digesto de Justiniano. 4. ed. São Paulo: RT, 2009, p. 24.
9. KANT, Immanuel. Princípios Metafísicos da Doutrina do Direito. São Paulo: Martins Fontes, 2014, p. 35.

- *Equidade:* embora o termo equidade seja de difícil definição, por tratar-se de um termo polissêmico e de grande divergência na doutrina e na jurisprudência pátria, mais usualmente nossos juristas referem-se a ele como *justiça do caso concreto*, ligada ao equilíbrio nas relações jurídicas e à igualdade material, havendo, ainda, quem o relacione aos princípios hermenêuticos da proporcionalidade e/ou da razoabilidade. A nosso ver, seguindo as seculares lições de Kant, a equidade *parece-nos referir-se à proporcionalidade, enquanto divisão proporcional e não enquanto regra (ou princípio) hermenêutica, bem como ao equilíbrio e à justa distribuição estruturada sob a ótica da igualdade material.*[10]

Por fim, a ***construção*** consiste na atividade hermenêutica que, fundada numa perspectiva de integridade do sistema jurídico e buscando preservar-lhe o espírito,[11] destina-se à identificação, reconhecimento e construção de novos direitos a partir do próprio sistema jurídico, especialmente de seus princípios fundamentais, para contemplar as novas situações da vida, sendo típica do sistema *common law*. Um exemplo de norma que fundamenta e legítima a construção judicial do direito seria a cláusula de abertura a novos direitos fundamentais prevista no direito estadunidense[12] e, também, no direito brasileiro.[13]

1.1 O texto e a norma

A norma não se confunde com o texto no qual ela está prevista, isto é, a norma jurídica não se confunde com seu enunciado/dispositivo normativo, sendo, na verdade o resultado da interpretação de seu enunciado[14]. Assim, interpreta-se o texto para extrair-se a norma geral e abstrata que, posteriormente deverá ser aplicada aos casos concretos, lembrando que a norma primária estabelecerá um dever a partir dos três modais deônticos possíveis, proibitivo, obrigatório ou permitido.[15]

Assim, por exemplo, temos no código penal, art. 121 o seguinte dispositivo normativo: "Matar alguém: Pena: reclusão, de seis a vinte anos". Interpretando-se esse dispositivo, tem-se como norma primária que "é proibido matar alguém" e com norma secundária (que existe em razão da primária) a previsão de uma sanção para aqueles que infringirem a norma primária.

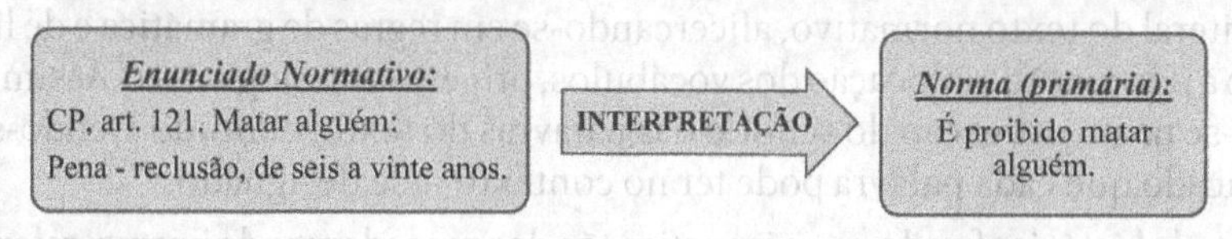

Ainda como exemplo, temos o dispositivo normativo que prevê os princípios da impessoalidade e da moralidade públicas (art. 37, *caput*, da CF/88). Interpretando-o, podemos extrair, dentre outras, a norma que veda o nepotismo (nomeação de parentes pelos agentes públicos para o exercício de cargo em comissão, de confiança ou de função gratificada).

10. Ibidem, p. 38-40.
11. MAXIMILIANO, Carlos. Hermenêutica e Aplicação do Direito. Rio de Janeiro: Forense, 2011, p. 33 e ss.
12. No entendimento de Laurence Tribe, a nona emenda, que consagra a cláusula de abertura a novos direitos fundamentais, é melhor compreendida como uma regra de construção tanto dos direitos fundamentais, como do direito constitucional estadunidense como um todo. Nesse sentido, o autor afirma: "*In fact, both the Ninth and Tenth Amendments seem best understood as rules of construction for the Constitution as a whole*". TRIBE. Laurence H. American Constitution Law. 3. ed. New York: Foundation Press, 2000. v. 1, p. 904.
13. DOS SANTOS, Eduardo R. Direitos Fundamentais Atípicos. Salvador: Juspodivm, 2017.
14. LORENZETTI, Ricardo Luis. Teoria da decisão judicial. 2. ed. São Paulo: RT, 2011.
15. KELSEN, Hans. Teoria Pura do Direito. São Paulo: Martins Fontes, 2003.

Essa interpretação, inclusive, consagra o entendimento do Supremo Tribunal Federal sobre a referida matéria, sendo objeto da Súmula Vinculante 13.

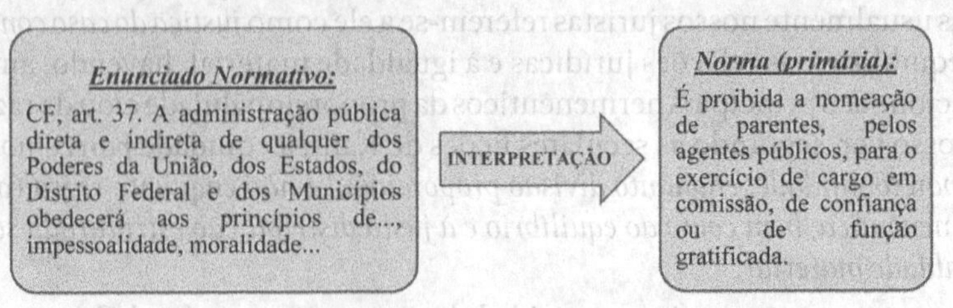

1.2 A relação entre interpretação e aplicação

Como dissemos, a ***interpretação jurídica*** é o processo hermenêutico mediante o qual se retira do enunciado normativo o seu sentido deontológico, obtendo-se a norma jurídica geral e abstrata. Já a ***aplicação*** é o processo hermenêutico mediante o qual se aplica a um determinado caso concreto a norma geral e abstrata criando uma norma específica e concreta (sentença judicial, por exemplo), de modo que a aplicação depende da interpretação.

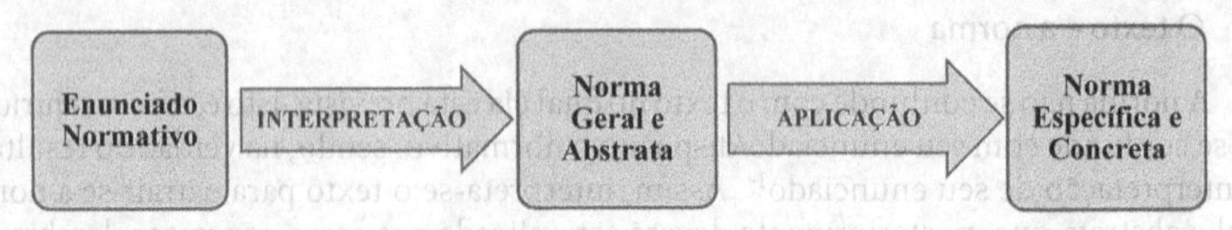

1.3 Os métodos clássicos da interpretação jurídica

A interpretação jurídica tem como principais métodos clássicos consagrados na teoria do direito: *i)* gramatical; *ii)* histórico; *iii)* lógico; *iv)* teleológico; e *v)* sistemático. É importante dizer que esses métodos não se excluem, mas, na verdade se complementam.

O ***método gramatical, literal, semântico ou filológico*** é aquele em que o intérprete busca o sentido literal do texto normativo, alicerçando-se em regras de gramática e de linguística, atendendo à pontuação, colocação dos vocábulos, origem etimológica etc. Assim, o método concentra-se na investigação do sentido das palavras do texto, contudo atendo-se ao texto e ao significado que cada palavra pode ter no contexto nele designado.[16]

O ***método histórico*** funda-se na investigação dos precedentes da norma, referindo-se ao processo legislativo e às circunstâncias fáticas que precederam à norma, bem como às causas que conduziram à sua elaboração, às condições socioculturais, psicológicas, econômicas etc. sob as quais o dispositivo normativo surgiu, tendo sempre em vista a razão de ser da norma (*ratio legis*), ou seja, os resultados que busca alcançar.[17]

O ***método lógico*** busca "desvendar o sentido e o alcance da norma, estudando-a por meio de raciocínios lógicos, analisando os períodos da lei e combinando-os entre si, com o escopo de atingir perfeita compatibilidade".[18]

16. DINIZ, Maria Helena. Compêndio de introdução à ciência do direito. 24. ed. São Paulo: Saraiva, 2013, p. 457-458.
17. Ibidem, p. 460.
18. Ibidem, p. 458.

O *método teleológico ou sociológico* é aquele que busca atingir os fins jurídicos e sociais pretendidos pela norma, fundando-se, sobretudo, em dois conceitos: *a) ratio*, que consiste nas razões de fato e de direito que motivaram a criação da norma, ou seja, porque a norma foi criada (motivo da criação); e *b) telos*, que consiste nos objetivos que se pretende atingir com a criação da norma, ou seja, para que ela foi criada (finalidade da criação).[19]

Por fim, o ***método sistemático*** consiste naquele que considera o sistema normativo em que está inserida a norma, relacionando-a com as outras normas que dizem respeito ao mesmo objeto, não a interpretando isoladamente, mas sempre levando em consideração o ordenamento jurídico, o todo com o qual se relaciona a norma.[20]

1.4 A classificação da interpretação quanto aos seus efeitos

A doutrina clássica classifica a interpretação quanto aos seus efeitos, ou melhor dizendo, quanto à extensão de seus efeitos, de modo que a interpretação pode ser extensiva, restritiva ou declaratória.[21]

Explica a doutrina que a ***interpretação extensiva*** ocorre quando a lei fala menos do que deveria ou queria falar, de modo que o intérprete precisa ir além daquilo que está previsto no texto da lei. Nesses casos, os efeitos da interpretação serão extensivos, pois irão além das situações previstas no enunciado normativo.

Já a ***interpretação restritiva*** se dá quando a lei fala mais do que deveria ou desejava dizer, de modo que o intérprete precisa restringir a literalidade do texto da lei. Nesses casos, os efeitos da interpretação serão restritivos, quedando-se aquém do enunciado normativo.

Por sua vez, a ***interpretação declaratória*** ocorre quando há correspondência entre o enunciado normativo e a vontade da lei, de modo que o intérprete só tem de declarar aquilo que já está previsto, sem ir além nem ficar aquém do texto.

2. INTERPRETAÇÃO CONSTITUCIONAL

Uma das principais características do constitucionalismo contemporâneo é justamente o desenvolvimento de uma hermenêutica constitucional própria, partindo da reformulação da própria norma constitucional, como vimos no capítulo anterior, com destaque para as teorias de Dworkin e Alexy, e culminando no estabelecimento de princípios e métodos próprios de interpretação, aplicação, integração e construção constitucionais.

Nesse contexto, sem dúvidas, a interpretação constitucional merece uma abordagem mais detalhada em um curso de direito constitucional, por um lado, porque a doutrina e a jurisprudência constitucionais dedicaram-se de modo especial ao seu desenvolvimento, encontrando-se um pouco mais avançado que o das demais espécies hermenêuticas, por outro lado, porque as provas de Concurso Público e de Exame de Ordem têm cobrado a interpretação constitucional com maior incidência.

---

19. Ibidem, p. 460 e ss.
20. Ibidem, p. 459.
21. Ibidem, p. 462 e ss.

2.1 As correntes interpretativistas e não interpretativistas no direito estadunidense

Nos direito constitucional norte-americano desde os primórdios da jurisdição constitucional foi estabelecido um embate entre duas correntes hermenêuticas: uma denominada de ***interpretativista*** e outra denominada de ***não interpretativista***.

A corrente ***interpretativista*** possui uma posição conservadora, defendendo que o intérprete, especialmente os juízes, ao interpretar a Constituição, deve se ater a identificar o sentido dos preceitos expressos no texto constitucional ou, pelo menos, claramente implícitos em sua textura semântica, tendo como limite de abertura a busca pela intenção dos fundadores da Constituição e, portanto, não podendo ir além do texto constitucional, negando qualquer possibilidade dos juízes construírem o direito, identificando/criando direitos novos.[22]

A Corrente ***não interpretativista***, por sua vez, fundada na concretização dos direitos constitucionais, defende uma interpretação da Constituição pautada nos princípios de justiça, liberdade e igualdade, mediante a qual os juízes devem concretizar os valores estabelecidos nas normas da Constituição, adotando-se uma interpretação substancial, pautada em princípios jurídicos abertos, que irão, inclusive, permitir que os juízes construam o direito constitucional, identificando/criando direitos novos, com base, especialmente, na abertura constitucional,[23] mantendo a integridade e a coerência do sistema constitucional. Nesse sentido, Dirley da Cunha Jr afirma que "é inegável que ao juiz compete a tarefa de concretizar esses princípios jurídicos abertos, a partir deles *construindo* a solução mais adequada para o caso concreto, de tal modo que à interpretação constitucional se deve atribuir a grande responsabilidade de *vivenciar* a Constituição. O juiz assim, torna-se *coparticipante* do processo de criação do Direito, completando o trabalho do legislador, ao fazer valorações de sentido para os conceitos jurídicos indeterminados e ao realizar escolhas entre soluções possíveis e adequadas".[24]

2.2 Princípios de interpretação e aplicação da Constituição

Especialmente com base nas lições de Konrad Hesse,[25] é possível apontar alguns princípios hermenêuticos que devem guiar a interpretação e a aplicação das normas constitucionais. Vejamos, de forma sistematizada, cada um deles.

2.2.1 Supremacia da Constituição

Este princípio, que já havíamos estudado quando tratamos do conceito e das características da Constituição, na perspectiva hermenêutica, determina que o intérprete deve considerar que ***nenhuma norma infraconstitucional pode contrariar norma constitucional, sob pena de invalidade***, vez que as normas constitucionais são hierarquicamente superiores

22. FERNANDES, Bernardo Gonçalves. Curso de Direito Constitucional. 8. ed. Salvador: Juspodivm, 2016, p. 195 e ss.
23. A Constituição dos Estados Unidos da América do Norte consagrou, por meio de seu IX Aditamento, uma cláusula de abertura material a novos direitos constitucionais. O constitucionalismo brasileiro consagra cláusula similar desde a Constituição de 1891, estando prevista em nossa atual Constituição em seu art. 5º, §2º. DOS SANTOS, Eduardo R. Direitos Fundamentais Atípicos. Salvador: Juspodivm, 2017.
24. CUNHA JR. Dirley da. Curso de Direito Constitucional. 9. ed. Salvador: Juspodivm, 2015, p. 168.
25. HESSE, Konrad. Elementos de Direito Constitucional da República Federal da Alemanha. Porto Alegre: Sergio Antonio Fabris Editor, 1998.

(supremas). Assim, normas infraconstitucionais que venham a ferir norma constitucional deverão ser declaradas inválidas não podendo ser aplicadas.[26]

2.2.2 *Presunção de constitucionalidade das leis*

Esse princípio determina que ***as normas infraconstitucionais*** (leis, demais espécies legislativas, decretos e demais atos normativos etc.) ***se presumem produzidas material e formalmente compatíveis com as normas constitucionais***, o que, por óbvio, não impede que a constitucionalidade de uma norma seja contestada, vez que ***essa presunção não é absoluta***, mas sim *juris tantum* (relativa). Isto é, presume-se que as normas infraconstitucionais foram produzidas sem contrariar as normas constitucionais, seja materialmente (conteúdo compatível), seja formalmente (obediência ao devido processo legislativo).[27]

2.2.3 *Interpretação conforme à Constituição*

Esse princípio determina que, ***havendo mais de uma interpretação possível de uma determinada norma infraconstitucional, o intérprete deve buscar a interpretação adequada à Constituição***, devendo ler essa norma à luz da Constituição para, então, encontrar a resposta correta, a interpretação correta. Deste modo, o intérprete não irá decretar a nulidade do dispositivo infraconstitucional, reduzindo-lhe o texto, mas apenas irá determinar qual é sua interpretação correta, conforme à Constituição, excluindo as demais hipóteses de interpretação por serem inconstitucionais, ou seja, o que será inconstitucional não será o dispositivo infraconstitucional, mas sim algumas interpretações, havendo uma interpretação correta: a interpretação conforme à Constituição.[28]

Como ***exemplo***, podemos citar o julgamento conjunto da ADPF 132 e da ADI 4277, de relatoria do Min. Ayres Britto, em que se pediu ao STF que conferisse interpretação conforme à Constituição ao art. art. 1.723, do Código Civil, reconhecendo as uniões estáveis entre pessoas do mesmo sexo. O art. 1723, do CC, prevê expressamente que "*é reconhecida como entidade familiar a união estável entre o homem e a mulher, configurada na convivência pública, contínua e duradoura e estabelecida com o objetivo de constituição de família*". Ao interpretarmos este dispositivo normativo poderíamos entender: 1) que somente seria lícita a união estável entre homem e mulher; 2) que a lei civil protege a união estável entre homem e mulher, não excluindo, contudo, a proteção dessa mesma união para casais do mesmo sexo, o que leva ao seu reconhecimento. Ora, pautando-se, especialmente, nos princípios constitucionais da democracia, da dignidade da pessoa humana, da liberdade e da igualdade, a resposta conforme à Constituição só pode ser a segunda, isto é, a de que é lícita e reconhecida pelo Estado a união estável entre pessoas do mesmo sexo. Perceba que não é preciso declarar inválido o texto do art. 1723, do CC, bastando dar-lhe interpretação conforme à Constituição.

26. BARROSO, Luís Roberto. Interpretação e aplicação da Constituição. 7. ed. São Paulo: Saraiva, 2009, p. 372.
27. Ibidem, p. 373.
28. Ibidem, idem.

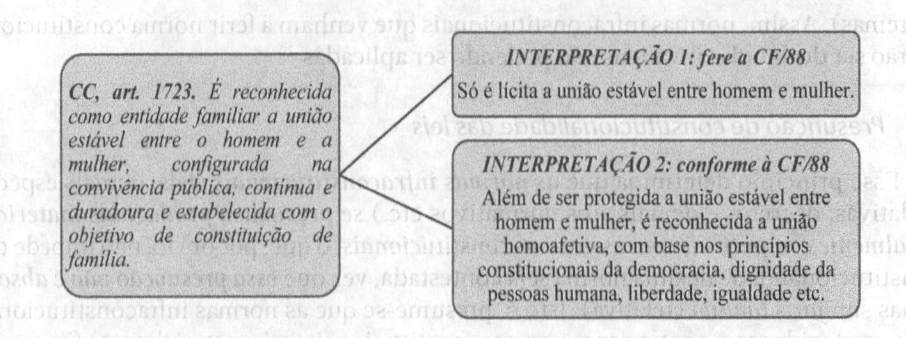

2.2.4 *Unidade da Constituição*

Este princípio, como dissemos quando estudamos o conceito e as características da Constituição, implica compreender a Constituição como um sistema normativo uno, no qual suas normas possuem o mesmo fundamento de validade. Assim, pode-se afirmar que ***não existe hierarquia normativa entre normas constitucionais***, isto é, no campo normativo todos os direitos constitucionais possuem a mesma hierarquia não estando um acima do outro. Por exemplo, a hierarquia normativa do direito à vida, do direito à liberdade, do direito à propriedade, do direito à intimidade e do direito ao lazer é a mesma: hierarquia constitucional. Ademais, ***não se admite a existência de conflitos entre as normas da Constituição em abstrato***, isto é, no campo normativo sem levar em consideração o caso concreto, não se admite a ocorrência de conflitos ou entre normas de direito constitucional. Por exemplo, em abstrato, não existe conflito entre o direito à liberdade religiosa e o direito à vida, de modo que a pessoa humana possui os dois direitos nos termos da Constituição. Contudo, no caso concreto esse conflito pode surgir, como no caso da pessoa testemunha de Jeová que se recusa a realizar transfusão sanguínea sabendo que sem esse procedimento virá a óbito.[29]

2.2.5 *Razoabilidade ou proporcionalidade*

Os princípios da razoabilidade e da proporcionalidade, no constitucionalismo contemporâneo, ligam-se, especialmente, à resolução de conflitos normativos constitucionais e à interpretação e aplicação dos princípios jurídicos e, em que pese muitas vezes tratados como equivalentes ou mesmo fungíveis, possuem matrizes, significado e operacionalização distintos.

O ***princípio da razoabilidade*** tem raízes no sistema jurídico anglo-saxão, de tradição *common law*, com especial desenvolvimento no direito constitucional estadunidense, como desdobramento do ***devido processo legal substantivo***.[30] No que diz respeito à resolução de conflitos normativos constitucionais e à interpretação e aplicação dos princípios jurídicos, a razoabilidade, na lição de Ronald Dworkin, irá atuar de modo a ponderar o peso dos princípios no caso concreto, bem como a verificar a adequação entre o meio a ser empregado, os fins visados pela norma e a legitimidade desses fins, numa perspectiva do ***direito como integridade***.[31]

29. Ibidem, 373 e ss.
30. DOS SANTOS, Eduardo R. Princípios Processuais Constitucionais. Salvador: Juspodivm, 2016.
31. DOS SANTOS, Eduardo R. O Pós-positivismo jurídico e a normatividade dos princípios jurídicos. Belo Horizonte: D'Plácido, 2014.

Já o ***princípio (postulado ou mais corretamente regra) da proporcionalidade*** tem raízes no sistema jurídico romano-germânico, de tradição *civil law*, com especial desenvolvimento no direito alemão. Segundo Robert Alexy, proporcionalidade deriva logicamente da natureza dos princípios jurídicos, assim como a natureza dos princípios jurídicos implica a máxima da proporcionalidade, sendo que a proporcionalidade possui três subprincípios (postulados ou mais corretamente regras) que devem guiar o intérprete na ponderação: *adequação, necessidade* e *proporcionalidade em sentido estrito*. A ***adequação*** consiste na adoção dos meios mais adequados, mais efetivos, que melhor realizarem o conteúdo normativo do princípio no caso concreto. A ***necessidade*** consiste no mandamento do meio menos gravoso, ou seja, consiste em adotar, entre os possíveis meios adequados, o que enseje menos sacrifícios ou restrições às demais normas constitucionais. Já a ***proporcionalidade em sentido estrito*** corresponde ao mandamento do sopesamento propriamente dito, que exige que o "bônus" (as vantagens) que se tem com as medidas adotadas seja maior que o "ônus" (as desvantagens) que elas causem.[32]

2.2.6 *Máxima efetividade das normas constitucionais*

Este princípio, fundado na ***força normativa da Constituição***, estudada quando tratamos do conceito e das características da Constituição, exige que as normas constitucionais sejam implementadas e aplicadas com o máximo de efetividade, isto é, que tenham seu conteúdo normativo otimizado ao máximo possível pelo intérprete nos casos que lhe são submetidos. Vale lembrar que ***efetividade (eficiência ou eficácia social)*** relaciona-se a *produção concreta* dos efeitos da norma., considerando-se norma efetiva aquela que está sendo voluntariamente adimplida e implementada. Assim, este princípio exige que o intérprete implemente o conteúdo das normas constitucionais de modo otimizado, dando-lhes concretude.[33]

2.2.7 *Efeito Integrador*

Este princípio hermenêutico exige que nas resoluções de problemas jurídico-constitucionais deve ser dada primazia aos critérios que favoreçam a integração política e social em prol da ***conservação da unidade política***, na busca de ***soluções pluralisticamente integradoras***, relacionando-se diretamente ao método da ***interpretação sistemática*** e aos princípios da ***força normativa da Constituição*** e da ***unidade da Constituição***, vez que o efeito integrador consiste, justamente, em dar efetividade otimizada à unidade normativa político-constitucional.[34]

2.2.8 *Concordância Prática (ou harmonização)*

O princípio hermenêutico da concordância prática, também chamado de princípio da harmonização, impõe que, em casos de ***colisão entre direitos constitucionais***, o intérprete deve coordenar e combinar os bens jurídicos que estejam em conflito, realizando uma ***redução proporcional*** de seus âmbitos normativos, ***evitando-se o sacrifício total*** de um em detrimento do outro e preservando-se a unidade da Constituição.[35]

32. ALEXY, Robert. Teoria dos Direitos Fundamentais. São Paulo: Malheiros, 2008, p. 116-120.
33. BARROSO, Luís Roberto. Interpretação e aplicação da Constituição. 7. ed. São Paulo: Saraiva, 2009, p. 375.
34. NOVELINO, Marcelo. Curso de Direito Constitucional. 13. ed. Salvador: Juspodivm, 2018, p. 168.
35. Ibidem, p. 169.

2.2.9 *Conformidade funcional (exatidão funcional/correção funcional/"justeza")*

O princípio da conformidade funcional, também chamado de princípio da exatidão funcional, da correção funcional ou da justeza, ***atua no sentido de não permitir que os órgãos encarregados da interpretação constitucional cheguem a um resultado que subverta o esquema organizatório estabelecido pela Constituição***, devendo-se manter no quadro das funções a eles atribuídas. Esta é, sem dúvidas, uma exigência hermenêutica que se funda na própria distribuição das competências e na separação dos poderes estabelecida pelo Poder Constituinte, devendo cada órgão cuidar daquilo que a Constituição estabeleceu a ele, preservando o sistema organizatório-funcional constitucional. Ademais, este princípio direciona-se, de modo especial, aos tribunais constitucionais no âmbito de suas relações com os demais órgãos dos poderes públicos, impondo às Cortes que elas não ultrapassem os limites de atribuição instituídos pela Constituição e nem substituam os demais poderes naquilo que a Constituição não as tenham autorizado.[36]

2.3 Métodos de Interpretação Constitucional

Vários são os métodos hermenêuticos propostos para realizar-se a interpretação constitucional. J.J. Gomes Canotilho sistematizando e sintetizando esses métodos, agrupa-os em: *i) método jurídico (hermenêutico clássico); ii) método tópico-problemático; iii) método hermenêutico-concretizador; iv) método científico-espiritual (valorativo ou sociológico); e v) método normativo-estruturante.*[37] Vejamos cada um deles.

2.3.1 *Método jurídico (hermenêutico clássico)*

O método jurídico parte do entendimento de que a Constituição é uma lei, assim a interpretação da Constituição deve se dar como a interpretação de uma lei, pautando-se dos cânones da hermenêutica tradicional e utilizando-se dos métodos clássicos da interpretação jurídica (método literal, método histórico, método lógico, método teleológico e método sistemático). Ademais, por ser a Constituição uma lei, o princípio da legalidade constitucional atribui uma dupla relevância ao texto constitucional: i) o texto deve ser o ponto de partida da interpretação e aplicação das normas constitucionais; ii) o texto atua como limite da interpretação constitucional, de modo que é vedado ao intérprete ir além do texto.[38]

2.3.2 *Método tópico-problemático*

O método tópico-problemático, cujo principal expoente é Theodor Viehweg,[39] parte das ***premissas*** de que a interpretação constitucional é dotada de um ***caráter prático***, sendo voltada para a resolução de casos concretos, e de um ***caráter aberto, fragmentário e indeterminado da lei constitucional***, permitindo-se múltiplas interpretações, tendo ***preferência pela discussão do problema*** *em razão da abertura das normas constitucionais*, o que não permite atingir uma dedução substantiva das normas constitucionais, devendo o intérprete buscar a

36. Ibidem, p. 171.
37. CANOTILHO, J. J. Gomes. Direito Constitucional e Teoria da Constituição. 7. ed. Coimbra: Almedina, 2003, p. 1210 e ss.
38. Ibidem, p. 1210-1211.
39. WIEHWEG, Theodor. Tópica e jurisprudência. Coleção Pensamento Jurídico Contemporâneo. Brasília: Departamento de Imprensa Nacional. v.1.

"melhor" solução para o problema apresentado. Assim, a interpretação da Constituição será reconduzida a um *processo aberto de argumentação* (teoria da argumentação) entre uma *pluralidade de intérpretes* que irão se utilizar de *topoi* (argumentos extraídos de princípios gerais, decisões judiciais, costumes e opiniões comuns cuja função primordial é auxiliar na resolução de problemas concretos), sujeitos a diversas *divergências*, para atingir-se a *interpretação mais conveniente à resolução do problema*, a melhor interpretação.[40]

Este *método é extremamente criticável*, pois conduz a um *casuísmo jurídico ilimitado*, possibilitando decisões completamente divergentes para casos semelhantes, absolvendo uns e condenando outros, de acordo com a conveniência política e não de acordo com a normatividade estabelecida, além, por óbvio, de contrariar o movimento hermenêutico que a interpretação deveria seguir, partindo da norma para o caso concreto e não do caso concreto para a norma.[41]

2.3.3 Método hermenêutico-concretizador

O método hermenêutico-concretizador, cujo principal expoente é Konrad Hesse,[42] parte da ideia de que a leitura do texto constitucional se inicia a partir das pré-compreensões do próprio intérprete, que deverá concretizar a norma a partir de uma situação histórico-concreta. Este método destaca, especialmente, os seguintes pressupostos da tarefa interpretativa: i) pressupostos subjetivos, pois o intérprete cumpre um papel criador na obtenção do sentido do texto constitucional; ii) pressupostos objetivos, atuando o intérprete como mediador entre o texto e o contexto em que ele se aplica; e iii) relação de circularidade entre o texto e o contexto, através da mediação criadora do interprete, tornando a interpretação um movimento de ir e vir (círculo hermenêutico). Por fim, é importante registrar, que o método hermenêutico-concretizador baseia-se na primazia do texto constitucional em face do problema, o que o diferencia cabalmente do método tópico-problemático, no qual há uma primazia do problema em face da norma.[43]

2.3.4 Método científico-espiritual (valorativo/sociológico)

O método científico-espiritual, também chamado de valorativo ou sociológico, cujo principal expoente é Rudolf Smend, tem como ***premissas: a) as bases de valoração*** (ordem de valores) ***subentendidas no texto constitucional; b) o sentido e a realidade da Constituição como elementos do processo de integração,*** no ponto de vista político e sociológico, de modo a absorver e superar os conflitos, preservando a unidade social. Nesse sentido, para Smend, a Constituição é a ordenação jurídica do Estado, sendo que ***Estado e Constituição são fenômenos culturais relacionados a valores,*** que atuam como elementos integradores supremos da sociedade. Assim, o recurso ao sistema de valores instituído na Constituição impele o intérprete a assumir o sentimento e a realidade da sociedade e a partilhar (fazer parte) dessa mesma ordem de valores. Por fim, é importante registrar, que o método científico-espiritual

---

40. CANOTILHO, J. J. Gomes. Direito Constitucional e Teoria da Constituição. 7. ed. Coimbra: Almedina, 2003, p. 1211.
41. Ibidem, p. 1212.
42. HESSE, Konrad. Elementos de Direito Constitucional da República Federal da Alemanha. Porto Alegre: Sergio Antonio Fabris Editor, 1998.
43. CANOTILHO, J. J. Gomes. Direito Constitucional e Teoria da Constituição. 7. ed. Coimbra: Almedina, 2003, p. 1212.

conduz à uma certa redução do indivíduo à condição de peça, sem quaisquer diferenças relevantes perante as estruturas sociais.[44]

2.3.5 *Método normativo-estruturante*

O método normativo-estruturante, cujo principal expoente é Friedrich Müller, parte da concepção de que *a norma não se identifica com o texto no qual ela está prevista, pois ela é o resultado de um processo de concretização.* Assim, o texto da norma não possui normatividade, mas apenas validade.[45] O desenvolvimento do método normativo-estruturante de Müller passa por alguns ***postulados***, sendo eles:

i) o seu trabalho é investigar as ***múltiplas funções de realização do direito constitucional***;

ii) objetiva captar a ***identificação das normas que serão concretizadas*** por uma decisão direcionada a resolução de um caso prático;

iii) dedica-se à estrutura da norma e de seu texto normativo partindo da ***ligação existente entre concretização normativa e funções jurídicas práticas***;

iv) parte do entendimento de que ***norma e texto normativo são diferentes***;

v) o ***texto da norma*** é considerado somente o ***ponto de partida do programa normativo***;

vi) a norma abrange um ***âmbito normativo***, também chamado de ***campo normativo***, que consiste num ***"pedaço da realidade social"***, que é ***maior que o programa normativo***, já que o programa normativo não é capaz de contemplar todo o âmbito normativo;

vii) por fim, a concretização normativa deve considerar dois elementos: ***a) programa normativo***, que é "formado pelos conjuntos de domínios linguísticos resultantes da abertura semântica proporcionada pelo texto do preceito jurídico"; e ***b) âmbito normativo ou campo normativo***, "que diz respeito ao conjunto de domínios reais (fáticos), abrangidos em função do programa normativo, ou seja, a porção da realidade social tomada como estrutura fundamental e que o próprio programa normativo autoriza a recortar".[46]

Com bases nos postulados do método normativo-estruturante, é possível perceber que há uma interconexão entre programa normativo e âmbito normativo, isto é, há uma implicação necessária entre os preceitos jurídicos (semanticamente abertos) e a realidade que eles visam regulamentar. Assim, ***a norma jurídica é fruto do resultado da junção entre programa normativo e âmbito normativo***, de modo que, desse processo hermenêutico, emerge a norma jurídica e, em seguida, a norma-decisão. Deste modo é possível perceber que *a normatividade não é construída pelo texto no qual está prevista a norma, sendo, na verdade, o resultado dos dados extralinguísticos estatais-sociais*, isto é, não é a literalidade textual da norma que regulamenta o caso concreto, mas sim o órgão público (judiciário, administrativo ou legislativo) ao publicar a decisão implementando-a no caso concreto, concretizando a norma e resolvendo o problema prático.[47]

44. FERNANDES, Bernardo G. Curso de Direito Constitucional. 8. ed. Salvador: Juspodivm, 2016, p. 191.
45. MÜLLER, Friedrich. Teoria Estruturante do Direito. 3. ed. São Paulo: RT, 2011, p. 187 e ss.
46. FERNANDES, Bernardo G. Curso de Direito Constitucional. 8. ed. Salvador: Juspodivm, 2016, p. 191-192.
47. Ibidem, p. 192.

Em arremate, podemos citar o *exemplo* fornecido por Anabelle Macedo Silva[48] e sistematizado por Bernardo Gonçalves Fernandes[49] de concretização de normas constitucionais conforme a metódica estruturante, tomando por base a Constituição brasileira de 1988:

<table>
<tr><th colspan="2">Quadro Sinótico Exemplificativo</th></tr>
<tr><th colspan="2">Texto da Constituição</th></tr>
<tr><td colspan="2">• CF/88, art. 205 – assegura o direito fundamental à educação e estabelece o dever da família de buscar os recursos necessários ao direito à educação da criança.
• CF/88, art. 208, I – assegura à criança o direito à escolarização básica.
• CF/88, art. 211, §2º – estabelece aos municípios o dever fundamental de oferecer os recursos indispensáveis à realização do direito da criança à escolarização básica.</td></tr>
<tr><th>Programa Normativo</th><th>Âmbito/Campo Normativo</th></tr>
<tr><td>• Direito fundamental da criança de ser matriculada na escola.
• Dever fundamental dos pais (família) de buscar o sistema público de ensino em razão da ausência de recursos financeiros próprios.
• Dever fundamental do município de disponibilizar vaga no sistema público de ensino para matrícula da criança.</td><td>• Criança de 7 anos.
• Família de baixa renda.
• Município possui poucas unidades escolares de ensino fundamental, não tendo vagas suficientemente disponíveis.
• Os recursos financeiros do FUNDEB foram devidamente depositados e, além disso, o Município possui orçamento próprio para educação.
• Há um déficit de 250 vagas no ensino fundamental da municipalidade, conforme dados oficiais da Secretaria de Educação.</td></tr>
<tr><th colspan="2">Norma Jurídica</th></tr>
<tr><td colspan="2">O município tem o dever de prestar o serviço público educacional em face da idade da criança e da hipossuficiência econômica de seus pais, sendo obrigado a ampliar as unidades escolares e as vagas para o ensino fundamental.</td></tr>
<tr><th colspan="2">Norma-decisão</th></tr>
<tr><td colspan="2">Após o MP ajuizar ação civil pública em defesa do direito à educação das crianças que estejam na situação descrita, o juiz, através de sua sentença, concretiza a norma-decisão constrangendo o Município a edificar em doze meses unidades escolares suficientes para ofertar as 250 vagas faltantes, devendo ao longo desse período assegurar o acesso à educação das 250 crianças mediante a instituição de turno extra nas unidades escolares que já existente na municipalidade.</td></tr>
</table>

2.3.6 *Método comparativo*

O método comparativo baseia-se numa comunicação entre as Constituições dos diversos Estados, de modo a realizar um estudo comparativo entre os conceitos, institutos e direitos consagrados nas normas constitucionais estrangeiras com o objetivo de esclarecer seu significado e amplitude e descobrir a melhor solução para determinados problemas concretos à luz dessas normas. Ademais, a comparação constitucional, em regra, possui uma natureza axiológica, pressupondo um *húmus* cultural, convertendo o direito constitucional comparado em cultura comparada.[50]

2.4 A interpretação constitucional e a sociedade aberta dos intérpretes da Constituição de Peter Häberle

Segundo Peter Häberle, a ***Constituição*** não pode ser vista como um ato isolado e pontual do Poder Constituinte Originário, sendo, na verdade, o ***resultado da interpretação constante***

48. SILVA, Anabelle Macedo. Concretizando a Constituição. Rio de Janeiro: Lumen Juris, 2005, p. 130.
49. FERNANDES, Bernardo G. Curso de Direito Constitucional. 8. ed. Salvador: Juspodivm, 2016, p. 193.
50. CANOTILHO, J. J. Gomes. Direito Constitucional e Teoria da Constituição. 7. ed. Coimbra: Almedina, 2003, p. 1214.

daqueles que a ela se submetem. Assim, Häberle defende a ideia de uma ***sociedade pluralista e aberta de intérpretes da Constituição***, por entender que a Constituição consiste numa lei fragmentada e indeterminada que necessita da interpretação para ser materializada num determinado espaço-tempo.[51]

Nesse sentido, segundo Häberle, todo aquele que vive no contexto espaço-temporal regulado por uma norma constitucional é seu legítimo intérprete, ou, ao menos, cointérprete, vez que não apenas o processo de formação da Constituição deve ser plural, mas também seu desenvolvimento posterior (hermenêutico), sendo a interpretação um *processo que leva em consideração as experiências constitucionais pretéritas*, abrindo-se para o passado constitucional, *e, ao mesmo tempo, as mudanças necessárias para a atualização constitucional*, abrindo-se para o futuro. Deste modo, a Constituição deve ser compreendida como um ***processo público de interpretação do qual participam como intérpretes todos aqueles que fazem parte da comunidade política por ela regulamentada***, *pois quem vive e deve seguir a norma, deve também interpretá-la.*[52] Vale dizer, ainda, que, com base nas ideias de Häberle, há quem fale na existência de um *método concretista da constituição aberta (sociedade aberta dos intérpretes)* cujo foco reside nos sujeitos que participam da interpretação e não nos procedimentos.

Na linha de raciocínio dessa teoria, no controle de constitucionalidade brasileiro, ***por exemplo***, foram introduzidos importantes institutos democráticos com o intuito de ouvir os sujeitos interessados nas demandas da jurisdição constitucional brasileira, como o ***amicus curae*** e as ***audiências públicas***.[53]

3. APLICAÇÃO CONSTITUCIONAL

A aplicação, como vimos, consiste na atividade hermenêutica que se dedica à decidibilidade, a dar concretude ao direito, a implementar a norma geral e abstrata resultante da interpretação do enunciado normativo gerando uma norma individual e concreta para o caso específico. Em termos constitucionais, ***após extrair-se a norma constitucional mediante o processo hermenêutico da interpretação, passa-se à fase de aplicação da norma constitucional geral e abstrata ao caso concreto, produzindo-se uma norma específica e concreta para o caso***.

A título de ***exemplo***, pensemos em um caso hipotético levado à justiça de um casal homossexual (Jair e Silas) que deseje realizar uma união estável e não esteja conseguindo em razão do cartório se negar ao registro por não existir disposição legal expressa nesse sentido. Podemos dizer que do enunciado normativo previsto no art. 5º, da CF/88, é possível extrair-se, mediante interpretação, a norma constitucional geral e abstrata da igualdade, que, dentre outras coisas, assegura tratamento igual a pessoas que estejam em situações iguais. Assim, nesse caso, casais heterossexuais (cuja união estável possui disposição legal expressa no art. 1723, do CC/02) e casais homossexuais devem receber da lei civil tratamento igual, reconhecendo-se a ambos o mesmo direito de celebrar contrato de união estável (norma geral e abstrata). Passando-se à aplicação dessa norma, o juiz deverá proferir uma sentença mandado que o cartório registre o contrato de união estável entre Jair e Silas como mandamento do direito à igualdade, sendo que essa decisão instituirá uma norma específica e concreta para o caso.

---

51. HÄBERLE, Peter. Hermenêutica Constitucional: a sociedade aberta dos intérpretes da Constituição: contribuição para a interpretação pluralista e procedimental da Constituição. Porto Alegre: Sérgio Antônio Fabris, 1997.
52. Ibidem, idem.
53. NOVELINO, Marcelo. Curso de Direito Constitucional. 13. ed. Salvador: Juspodivm, 2018, p. 178.

Ademais, na aplicação constitucional é preciso levar em conta, em primeiro lugar, os princípios da ***força normativa da Constituição***, da ***supremacia das normas constitucionais***, devendo-se lembrar que a Constituição é um ***sistema normativo aberto de regras e princípios***. Assim, na aplicação da Constituição é importante ter em mente que suas normas são normas jurídicas supremas, que estão acima das demais normas do ordenamento, de modo que qualquer norma que fira uma norma constitucional será uma norma inválida e, portanto, não poderá ser aplicada. Além disso, pelo princípio da ***unidade da Constituição***, o intérprete/aplicador deve ter em mente que: *i)* não há hierarquia entre normas constitucionais; e *ii)* não há conflitos, em abstrato, entre normas constitucionais, só se falando em conflitos normativos constitucionais perante casos concretos, sendo que esses conflitos (colisões) serão solucionados pelos métodos próprios do direito constitucional estudados na teoria da norma constitucional.

Por fim, vale lembrar, conforme estudado na teoria da norma constitucional, as regras e princípios constitucionais se diferenciam, dentre outras coisas, especialmente, pelo modo de aplicação. Sendo que, ***para Ronald Dworkin,*** *as regras jurídicas são aplicadas ao modo tudo-ou-nada,* ou seja, se uma regra é válida e o caso concreto corresponde à sua previsão, então a regra deve ser aplicada (subsunção), a não ser que exista alguma exceção (prevista positivamente no ordenamento) que não permita a sua aplicação naquele tipo de situação, o que acarreta uma especificação maior da regra, tornando-a mais completa à medida que possui mais especificações.[54] Já, *os princípios jurídicos direcionam a decisão do magistrado de modo a conduzi-lo a solução correta do caso, entendida como a solução que mais preencha e respeite a justiça e a equidade*, assim, os magistrados utilizam-se dos princípios jurídicos para produzirem sua decisão, que dará origem a uma norma particular que se aplicará àquele caso concreto. Já ***para Robert Alexy,*** *os princípios são mandamentos de otimização*, isto é, são normas que determinam que algo seja realizado na maior medida possível em face das possibilidades fático-jurídicas, enquanto as *regras consistem em determinações*, isto é, são normas que estabelecem uma exigência fático-jurídica que deve ser satisfeita nos exatos termos que ela estabelece.[55]

4. INTEGRAÇÃO CONSTITUCIONAL

Há na doutrina quem defenda que o sistema constitucional não é completo, admitindo a existência de lacunas constitucionais quando determinados assuntos que sejam matérias

54. DWORKIN, Ronald. Levando os Direitos a Sério. 3. ed. São Paulo: Martins Fontes, 2010, p. 39-45.
55. ALEXY, Robert. Teoria dos Direitos Fundamentais. São Paulo: Malheiros, 2008, p. 90-91.

de Constituição (organização do Estado e dos poderes e direitos e garantias fundamentais) deixarem de ser estabelecidos no texto constitucional, defendendo, então, sua integração pelos métodos de colmatação de lacunas legais (analogia, costumes, princípios gerais de direito e equidade).[56]

Com as devidas vênias, ousamos discordar, pois, ***para nós, não é possível falar em lacunas constitucionais***, especialmente, por ***dois motivos:***

1) no constitucionalismo contemporâneo, a Constituição é compreendida como um sistema aberto de regras e princípios, tendo suas normas uma natureza predominantemente principiológica. Os princípios jurídicos, como vimos, são normas que são aplicadas direcionando as decisões dos juízes (Dworkin) e/ou otimizando o conteúdo normativo neles previsto (Alexy), o que nos permite concluir que eles estão aptos a resolver situações concretas para as quais aparentemente não há normas, vez que, na verdade, o que não há são regras para resolver o caso, havendo sim normas: princípios constitucionais que irão direcionar a decisão do magistrado;

2) a Constituição material independe da escrita, isto é, as normas materialmente constitucionais não dependem, nem nunca dependeram de um texto escrito. É preciso lembrar que desde a sua origem as Constituições nunca estiveram atreladas a um texto escrito, sendo que na Antiguidade e na Idade Média as Constituições eram todas materiais e, como regra, suas normas não se encontravam escritas. Ademais, em respeito à natureza da Constituição, enquanto norma fundamental que institui, organiza e limita o Estado e seus poderes em determinada sociedade, mesmo após o surgimento das Constituições escritas, a Constituição continuou a ser compreendida como um documento aberto a existência de normas constitucionais materiais não escritas (nos Estados Unidos, por exemplo, o IX Aditamento prevê cláusula de abertura material a novos direitos fundamentais desde 1791), o que nos leva a conclusão de que o que existe em um sistema constitucional são normas constitucionais não escritas e não lacunas constitucionais a serem preenchidas, ou seja, existe norma, contudo ela não está escrita, não havendo lacuna. Nesse sentido, a Constituição brasileira de 1988, no art. 5º, §2º, consagra cláusula de abertura que permite identificar e construir direitos fundamentais atípicos (novos direitos), dentro do próprio sistema constitucional, para a resolução das situações não expressamente previstas na Constituição ou das novas situações que venham a surgir na sociedade.

5. CONSTRUÇÃO CONSTITUCIONAL

A construção, como vimos, consiste na atividade hermenêutica que, ***fundada numa perspectiva de integridade do sistema jurídico*** e buscando preservar-lhe o espírito,[57] destina-se à identificação, reconhecimento e construção de novos direitos a partir do próprio sistema jurídico constitucional, especialmente de seus princípios fundamentais, para contemplar as novas situações da vida, sendo típica do sistema *common law*.

Nesses termos, ***o juiz constitucional é visto como coparticipante do processo de criação do direito***, vez que, por meio da hermenêutica constitucional, ao solucionar casos concretos, realiza uma atualização da própria Constituição (material), identificando ou novas normas

56. CARVALHO, Kildare G. Direito Constitucional. 20. ed. Belo Horizonte: Del Rey, 2013. v. 1., p. 326 e ss.
57. MAXIMILIANO, Carlos. Hermenêutica e Aplicação do Direito. 20. ed. Rio de Janeiro: Forense, 2011, p. 33 e ss.

constitucionais, ou mesmo identificando ou (re)construindo novos significados para normas já existentes, a partir da abertura sistêmica e dos princípios constitucionais,[58] desde que essa construção não vá contra o texto expresso da Constituição, nem contra o seu espírito ou seus princípios fundamentais.[59]

Nesse sentido, como bem explica Inocêncio Martires Coelho, "a criatividade judicial, ao invés de ser um defeito, do qual há de se livrar o aplicador do direito, constitui uma qualidade essencial, que o intérprete deve desenvolver racionalmente. A interpretação criadora é uma atividade legítima, que o juiz desempenha naturalmente no curso do processo de aplicação do direito, e não um procedimento espúrio, que deva ser coibido porque supostamente situado à margem da lei [...] A interpretação jurídica não consiste em pensar de novo o que já foi pensado, mas em saber pensar até ao fim aquilo que já começou a ser pensado por outro. O sentido jurídico, sendo externo às normas, em certa medida, embora não possa contrariar de todo o seu enunciado, exige a criatividade do intérprete para se revelar completamente. Sem o trabalho de mediação e de concretização, que se impõe ao intérprete-aplicador do direito, este não realiza o ideal de justiça que consiste em dar a cada um o que é seu".[60]

Embora a doutrina tradicional, apegada ao paradigma do positivismo jurídico, especialmente ao da Escola da Exegese,[61] defenda que a construção judicial do direito fere a separação dos poderes e que os juízes não possuem legitimidade democrática para realizá-la, é preciso lembrar que a norma jurídica não se confunde com o dispositivo normativo (texto da lei), sendo na verdade o resultado da interpretação desses dispositivos, algo que o próprio positivismo normativista já havia reconhecido, com Hans Kelsen,[62] que, inclusive, depois de se mudar para os Estados Unidos da América do Norte e reformular sua compreensão do direito, passou a admitir a construção judicial do direito.[63] Ademais, a ***legitimidade democrática da construção judicial do direito*** é dada pela própria Constituição, que é fruto as soberania popular, tendo sido elaborada pelos representantes do povo, eleitos democraticamente para elaborá-la. Do mesmo modo, o princípio fundamental da separação dos poderes já não é mais compreendido como no séc. XIX, em que estabelecia uma separação rígida das funções estatais entre os poderes constituídos, pois essa forma de separação dos poderes se mostrou inadequada ao longo do desenrolar da modernidade, especialmente em face da complexidade política e social. Assim, contemporaneamente, a separação de poderes não é vista com a rigidez de outrora, exigindo, para além da independência entre os poderes, harmonia e colaboração para o bom funcionamento do sistema político, além de ter promovido uma significativa reformulação das funções exercidas pelos poderes, com

58. CUNHA JR. Dirley da. Curso de Direito Constitucional. 9. ed. Salvador: Juspodivm, 2015, p. 169 e ss.
59. CANOTILHO, J. J. Gomes. Direito Constitucional e Teoria da Constituição. 7. ed. Coimbra: Almedina, 2003.
60. COELHO, Inocêncio Martires. A criação judicial do direito em face do cânone hermenêutico da autonomia do objeto e do princípio constitucional da separação de poderes. *Revista de Informação Legislativa*, 1997.
61. DOS SANTOS, Eduardo R. O Pós-positivismo jurídico e a normatividade dos princípios jurídicos. Belo Horizonte: D'Plácido, 2014.
62. KELSEN, Hans. Teoria Pura do Direito. São Paulo: Martins Fontes, 2003.
63. Nesse sentido, ao analisar à IX Emenda à Constituição estadunidense, que lá instituiu a cláusula de abertura material a novos direitos fundamentais, Hans Kelsen afirma que, "do ponto de vista do Direito positivo, o efeito dessa cláusula é autorizar órgãos de Estado que têm de executar a Constituição, especialmente os tribunais, a estipular outros direitos que não os estabelecidos pelo texto da Constituição. Um direito assim estipulado também é garantido pela Constituição, não diretamente, mas indiretamente, já que é estipulado por um ato criador de Direito de um órgão autorizado pela Constituição. Desse modo, tal direito não é mais "natural" do que qualquer outro direito aprovado pela ordem jurídica positiva. Todo Direito natural é transformado em Direito positivo tão logo seja reconhecido e aplicado pelos órgãos do Estado com base na autorização constitucional". KELSEN, Hans. Teoria Geral do Direito e do Estado. 3. ed. São Paulo: Martins Fontes, 1998, p. 380.

destaque para o papel político, contramajoritário (que compõe a democracia) e construtivo dos juízes, especialmente da Corte Constitucional.

Além disso, a construção judicial do direito constitucional liga-se diretamente à noção de *Constituição Material*, segundo à qual a Constituição é muito mais do que o texto, sendo a somatória de um direito constitucional escrito e de um direito constitucional não escrito, vez que a Constituição é viva, assim, a Constituição é muito mais do que o seu texto, até porque as normas constitucionais não se confundem com o texto constitucional, indo além do texto, adaptando-se e complementando-se às evoluções sociais, políticas, cultuais e jurídicas, embora o tenham como ponto de partida e como limite hermenêutico.[64]

Nesse cenário, destaca-se a compreensão de que a Constituição é um ***sistema aberto de regras e princípios***, tendo suas normas uma natureza predominantemente principiológica, ***sendo o papel dos princípios determinante para a construção judicial do direito***, pois os princípios não trazem respostas prontas e acabadas para os casos (não são aplicados ao modo tudo ou nada, como as regras), mas direcionam as decisões dos juízes, buscando otimizar o seu conteúdo normativo em face das diversas situações concretas que são apresentados ao Judiciário e para as quais, muitas vezes, não há regras.[65] Assim, da concretização de um princípio (norma geral e abstrata) pode resultar uma infinidade de regras específicas,[66] pois os princípios não fornecem razões definitivas para a decisão, como as regras o fazem, mas sim razões contributivas.[67] Um ótimo exemplo que podemos apresentar é o que resultou na aprovação da Súmula Vinculante 13, que deva o nepotismo. Nesse caso, embora não houvesse uma regra constitucional que proibisse a nomeação de parente para cargos e funções comissionados, o STF entendeu (acertadamente) que o conteúdo dos princípios republicano, da isonomia, da impessoalidade e da moralidade pública proíbem essa prática. Assim, embora não houvesse regra escrita e expressa para solucionar o caso, na concretização desses princípios constitucionais, a Corte construiu uma regra específica para a situação.

Nesse sentido, como bem destaca Canotilho, ao reconhecer que a criação judicial do direito é imprescindível e que a sua legitimidade constitucional é inquestionável, *"a investigação e obtenção do direito criadoramente feita pelos juízes ao construírem normas de decisão para a solução de casos concretos constitui um dos momentos mais significativos da pluralização das fontes do direito"*.[68]

Além do mais, é importante dizer que a construção material de normas constitucionais nos remete, especialmente, à ***construção judicial de novos direitos fundamentais*** (que preferimos chamar de ***atípicos*** e que estudaremos detalhadamente no capítulo de teoria dos direitos fundamentais), fundada, sobretudo, no fato da Constituição ser um sistema

64. Nas palavras de Canotilho, entende-se por Constituição Material, "o conjunto de fins e valores constitutivos do princípio efectivo da unidade e permanência de um ordenamento jurídico (dimensão objectiva), e o conjunto de forças políticas e sociais (dimensão subjectiva) que exprimem esses fins ou valores, assegurando a estes a respectiva prossecução e concretização, algumas vezes para além da própria constituição escrita. Ao contrário do que muitas vezes se pensa e vê escrito, a constituição material não se reconduz a um simples "poder de facto" ("relações de poder e influência", "facto político puro"), pois a constituição material tem também uma função ordenadora. A chamada força normativa de constituição (K. Hesse) pressupõe, a maior parte das vezes, a vontade de constituição, ou seja, a explicitação na constituição escrita ou formal do complexo de fins e valores agitados pelas constelações políticas e sociais a nível da constituição material)". CANOTILHO, J. J. Gomes. Direito Constitucional e Teoria da Constituição. 7. ed. Coimbra: Almedina, 2003, p. 1139.
65. DOS SANTOS, Eduardo R. O Pós-positivismo jurídico e a normatividade dos princípios jurídicos. Belo Horizonte: D'Plácido, 2014.
66. GUASTINI, Riccardo. Le fonti del diritto: fundamenti teorici. Milano: Dott A. Giuffrè, 2010.
67. PECZENIK, Aleksander; HAGE, Jaap. Law, morals and defeasibility. *Ratio Juris*. v. 13. n. 3. Set, 2000.
68. CANOTILHO, J. J. Gomes. Direito Constitucional e Teoria da Constituição. 7. ed. Coimbra: Almedina, 2003, p. 1139.

aberto de regras e princípios, de normas predominantemente principiológicas, e, também, na *cláusula de abertura constitucional a novos direitos fundamentais (art. 5º, §2º, CF/88)*, que autoriza e legitima expressamente a construção judicial do direito constitucional no que se refere aos direitos fundamentais da pessoa humana.[69]

Por fim, temos que, no constitucionalismo brasileiro, o STF já reconheceu alguns desses direitos fundamentais atípicos, como, por *exemplo*, o direito fundamental à busca da felicidade, o direito fundamental à união civil entre pessoas do mesmo sexo (união estável e casamento), o direito ao nome e à mudança de sexo das pessoas transexuais, todos direitos que não estão expressamente escritos no texto constitucional, mas que foram reconhecidos como sendo direitos materialmente constitucionais pelo Supremo Tribunal Federal.[70] Para além dos direitos fundamentais atípicos, como *exemplos* no sistema de jurisdição constitucional brasileiro, podemos citar as *sentenças aditivas*, como a do *Recurso Especial 249.026*, no qual o *STJ* decidiu em favor de uma mãe que pretendia levantar seu FGTS para usá-lo em favor de ser filho que sofria de AIDS, em que pese essa hipótese não estivesse prevista no rol de hipóteses legais de levantamento do FGTS, ou como a dos *Mandados de Injunção 670 e 708*, nos quais o *STF* decidiu que, embora o direito de greve dos servidores públicos não esteja regulamentado, como ele é um direito constitucional, deve ser implementado, aplicando-se, por analogia a lei de greve dos trabalhadores privados, com algumas normas específicas criadas pela Corte, até que sobrevenha lei regulamentando a greve dos servidores públicos.

6. TEMAS AVANÇADOS DE HERMENÊUTICA EM JURISDIÇÃO CONSTITUCIONAL

A hermenêutica constitucional, especialmente no constitucionalismo contemporâneo, se desenvolveu amplamente, sobretudo, no âmbito da jurisdição constitucional, resultando em diversas espécies de decisões (técnicas decisórias). Assim, faz-se necessária uma análise sistematizada dessas principais técnicas decisórias com foco naquelas utilizadas pelo Supremo Tribunal Federal.

6.1 Interpretação conforme a Constituição

Conceito: técnica hermenêutica que determina que, havendo certas interpretações possíveis de uma determinada norma infraconstitucional, o intérprete deve buscar a interpretação adequada à Constituição (resposta correta). Assim, o intérprete irá determinar qual é a interpretação correta da norma, conforme à Constituição, excluindo as demais interpretações (inconstitucionais), podendo ou não haver redução de texto.[71]
Fundamento: as normas jurídicas possuem múltiplos sentidos, estando abertas a várias interpretações.
Finalidade: declarar a constitucionalidade de uma certa interpretação, afastando outras que sejam incompatíveis com a Constituição.
Limites: **1)** O STF não poderá atuar como legislador positivo; **2)** O STF não pode contrariar texto expresso de norma jurídica, seja ela uma norma infraconstitucional ou uma norma constitucional.
Efeitos: erga omnes e vinculantes (art. 28, p.u., da Lei 9.868/99), cabendo Reclamação Constitucional para o STF, caso o juiz ou tribunal utilizem a norma de forma diferente da fixada pelo Supremo (art. 102, I, "l", da CF/88).

69. DOS SANTOS, Eduardo R. Direitos Fundamentais Atípicos. Salvador: Juspodivm, 2017.
70. Ibidem, idem.
71. FERNANDES, Bernardo G. Curso de Direito Constitucional. 8. ed. Salvador: Juspodivm, 2016, p. 1449 e ss.

6.2 Declaração de inconstitucionalidade parcial sem redução de texto

Conceito: técnica hermenêutica através da qual o STF declara a inconstitucionalidade de uma hipótese, de um viés ou de uma possibilidade de aplicação de determinada norma jurídica sem reduzir o texto no qual ela está prevista. Deste modo, em que pese o enunciado normativo da norma continue gramaticalmente o mesmo, no âmbito do sistema jurídico, uma hipótese de aplicação da norma é eliminada por ser inconstitucional.[72]
Finalidade: declarar a inconstitucionalidade de uma certa interpretação.
Efeitos: erga omnes e vinculantes (art. 28, p.u., da Lei 9.868/99), cabendo Reclamação Constitucional para o STF, caso o juiz ou tribunal utilizem a norma de forma diferente da fixada pelo Supremo (art. 102, I, "l", da CF/88).
Exemplo: Lei X/2018 cria o Tributo T e esse tributo passa a ser cobrado já em 2018 (mesmo exercício financeiro no qual foi criado). O Procurador Geral da República ajuíza ADI contra a Lei X/2018 pelo fato dela contrariar o princípio da anterioridade anual (art. 150, III, "b", da CF/88), que veda que sejam cobrados tributos no mesmo exercício financeiro em que haja sido publicada a lei que os instituiu ou aumentou. O ***STF***, então, poderá ***declarar a inconstitucionalidade parcial da lei sem redução de texto***, eliminando um viés de aplicação da lei, mas mantendo a íntegra de seu texto, afastando apenas a sua aplicação no exercício financeiro de 2018, podendo-se exigir o tributo normalmente a partir do exercício financeiro de 2019.

6.3 Declaração de inconstitucionalidade sem pronúncia de nulidade

Conceito: técnica hermenêutica mediante a qual o STF declara a inconstitucionalidade de lei ou ato normativo, porém, sem pronunciar sua nulidade, isto é, em que pese reconheça que a lei ou o ato normativo é inconstitucional, a Corte não declara sua invalidade, mantendo sua aplicabilidade no ordenamento jurídico, por entender que a sua invalidação agravaria o estado de inconstitucionalidade concernente àquele direito.[73]
Fundamento: pautando-se no princípio da proporcionalidade, o STF entende, excepcionalmente, que em alguns casos a declaração de nulidade de uma norma, ainda que inconstitucional, pode piorar o estado de inconstitucionalidade do sistema constitucional.
Exemplo: INFORMATIVO 576/STF: *"não obstante a Lei Complementar 62/89 não satisfazer integralmente à exigência contida na parte final do art. 161, II, da CF, julgou-se que a sua imediata supressão da ordem jurídica implicaria incomensurável prejuízo ao interesse público e à economia dos Estados, haja vista que o vácuo legislativo poderia inviabilizar, por completo, as transferências de recursos. Em razão disso, fez-se incidir o art. 27 da Lei 9.868/99, e* ***declarou-se a inconstitucionalidade, sem pronúncia da nulidade****, do art. 2º, I e II, §§ 1º, 2º e 3º, e do Anexo Único, da Lei Complementar 62/89, autorizando-se a aplicação da norma até 31.12.2012, lapso temporal que se entendeu razoável para o legislador reapreciar o tema, em cumprimento àquele comando constitucional".*

6.4 Declaração de constitucionalidade de lei "ainda" constitucional (inconstitucionalidade progressiva)

Conceito: técnica hermenêutica por meio da qual o STF declara a constitucionalidade de uma lei, mas afirma que a mesma está a caminho de se tornar inconstitucional, isto é, a lei ainda é constitucional, mas caminha progressivamente para a inconstitucionalidade.[74]
Fundamento: pautado no entendimento de que a declaração imediata da inconstitucionalidade da norma geraria um estado de inconstitucionalidade mais gravoso ao sistema constitucional, o STF declara sua inconstitucionalidade progressiva, isto é, afirma que ela "ainda" é constitucional, mas que com o passar do tempo ela perderá essa condição, tornando-se inconstitucional. Nessas decisões, o STF faz um apelo às autoridades públicas responsáveis pela criação e modificação da norma, alertando-as para que tomem as providências necessárias para a lei não se tornar inconstitucional.

72. Ibidem, p. 1451 e ss.
73. Ibidem, p. 1452 e ss.
74. Ibidem, p. 1452 e ss.

Exemplo: AÇÃO DIRETA DE INCONSTITUCIONALIDADE. PROVIMENTOS N. 747/2000 E 750/2001, DO CONSELHO SUPERIOR DA MAGISTRATURA DO ESTADO DE SÃO PAULO, QUE REORGANIZARAM OS SERVIÇOS NOTARIAIS E DE REGISTRO, MEDIANTE ACUMULAÇÃO, DESACUMULAÇÃO, EXTINÇÃO E CRIAÇÃO DE UNIDADES. ***3. PROCESSO DE INCONSTITUCIONALIZAÇÃO. NORMAS AINDA CONSTITUCIONAIS.*** Tendo em vista que o Supremo Tribunal Federal indeferiu o pedido de medida liminar há mais de dez anos e que, nesse período, mais de setecentas pessoas foram aprovadas em concurso público e receberam, de boa-fé, as delegações do serviço extrajudicial, a desconstituição dos efeitos concretos emanados dos Provimentos n. 747/2000 e 750/2001 causaria desmesurados prejuízos ao interesse social. ***Adoção da tese da norma jurídica "ainda constitucional".*** Preservação: a) da validade dos atos notariais praticados no Estado de São Paulo, à luz dos provimentos impugnados; b) das outorgas regularmente concedidas a delegatários concursados (eventuais vícios na investidura do delegatário, máxime a ausência de aprovação em concurso público, não se encontram a salvo de posterior declaração de nulidade); c) do curso normal do processo seletivo para o recrutamento de novos delegatários (STF, ADI 2.415/SP, Rel. Min. Ayres Britto).

6.5 Sentenças intermediárias

Conceito: decisões em que o Poder Judiciário, no exercício do controle de constitucionalidade, em razão de fatores políticos, econômicos, culturais, sociais e jurídicos, utiliza-se de técnicas de decisão e efeitos, para mitigar o binômio constitucional/inconstitucional.[75]

Espécies:

a) normativas, que são decisões em que o Poder Judiciário, no exercício do controle de constitucionalidade, em razão de fatores políticos, econômicos, culturais, sociais e jurídicos, utiliza-se de técnicas de decisão e efeitos, para mitigar o binômio constitucional/inconstitucional, ***criando norma jurídica geral e abstrata com efeito erga omnes***, tendo como subespécies: ***i)*** sentenças interpretativas, ***ii)*** sentenças aditivas, ***iii)*** sentenças aditivas de princípio e ***iv)*** sentenças substitutivas.

b) transitivas, que são decisões em que o Poder Judiciário, no exercício do controle de constitucionalidade, em razão de fatores políticos, econômicos, culturais, sociais e jurídicos, utiliza-se de técnicas de decisão e efeitos, para mitigar o binômio constitucional/inconstitucional, ***mitigando temporalmente a Supremacia da Constituição, transacionando os efeitos de norma inconstitucional (inválida) por razões de segurança jurídica, social, política e econômica***, tendo como subespécies: ***i)*** sentenças de inconstitucionalidade sem efeito ablativo, ***ii)*** sentenças de inconstitucionalidade com ablação diferida, ***iii)*** sentenças de apelo (apelativas) e ***iv)*** sentenças de aviso.

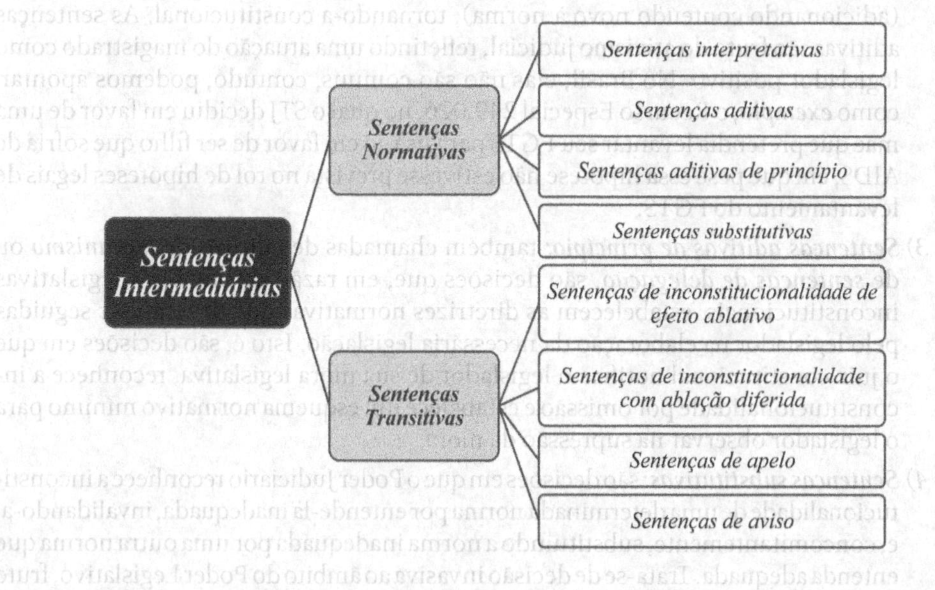

75. SAMPAIO, José Adércio Leite. As sentenças intermediárias de constitucionalidade e o mito do legislador negativo. In: SAMPAIO, José Adércio Leite; CRUZ, Alvaro Ricardo de Souza. (org.). Hermenêutica e Jurisdição Constitucional. Belo Horizonte: Del Rey, 2001.

6.5.1 *Sentenças (intermediárias) normativas: sentenças interpretativas; sentenças aditivas; sentenças aditivas de princípio; e sentenças substitutivas*

São decisões em que o Poder Judiciário, no exercício do controle de constitucionalidade, em razão de fatores políticos, econômicos, culturais, sociais e jurídicos, utiliza-se de técnicas de decisão e efeitos, para mitigar o binômio constitucional/inconstitucional, ***criando norma jurídica geral e abstrata com efeito erga omnes***, tendo como espécies: *1) sentenças interpretativas; 2) sentenças aditivas; 3) sentenças aditivas de princípio;* e *4) sentenças substitutivas.*[76]

1) ***Sentenças interpretativas:*** considerando que as normas possuem um sentido plúrimo, as sentenças interpretativas são aquelas que, tendo como parâmetro o sistema constitucional, estabelecem a interpretação correta da norma. As sentenças interpretativas possuem, basicamente, duas modalidades: ***a) interpretação conforme à Constituição,*** técnica hermenêutica que determina que, havendo certas interpretações possíveis de uma determinada norma infraconstitucional, o intérprete deve buscar a interpretação adequada à Constituição, excluindo as demais interpretações (inconstitucionais); e ***b) declaração de inconstitucionalidade parcial sem redução de texto,*** técnica hermenêutica através da qual o STF declara a inconstitucionalidade de uma hipótese, de um viés ou de uma possibilidade de aplicação de determinada norma jurídica sem reduzir o texto no qual ela está prevista.
2) ***Sentenças aditivas:*** decisões em que o Poder Judiciário reconhece que certa norma é inconstitucional por ser insuficiente (não abranger o que seria necessário), contudo não declara sua inconstitucionalidade, invalidando-a, pelo contrário, incrementa e expande o conteúdo da norma (conteúdo novo, até então inexistente), ampliando seu âmbito normativo, de forma a preencher as insuficiências originárias da norma (adicionando conteúdo novo à norma), tornando-a constitucional. As sentenças aditivas são fruto do ativismo judicial, refletindo uma atuação do magistrado como legislador positivo. No Brasil, elas não são comuns, contudo, podemos apontar, como ***exemplo***, o Recurso Especial 249.026, no qual o STJ decidiu em favor de uma mãe que pretendia levantar seu FGTS para usá-lo em favor de ser filho que sofria de AIDS, em que pese essa hipótese não estivesse prevista no rol de hipóteses legais de levantamento do FGTS.
3) ***Sentenças aditivas de princípio:*** também chamadas de ***aditivas de mecanismo*** ou de ***sentenças de delegação***, são decisões que, em razão de omissões legislativas inconstitucionais, estabelecem as diretrizes normativas que deverão ser seguidas pelo legislador na elaboração da necessária legislação. Isto é, são decisões em que o juiz constitucional notifica o legislador de sua mora legislativa, reconhece a inconstitucionalidade por omissão e estabelece um esquema normativo mínimo para o legislador observar na supressão da mora.
4) ***Sentenças substitutivas:*** são decisões em que o Poder Judiciário reconhece a inconstitucionalidade de uma determinada norma por entendê-la inadequada, invalidando-a, e, concomitantemente, substituindo a norma inadequada por uma outra norma que entenda adequada. Trata-se de decisão invasiva ao âmbito do Poder Legislativo, fruto

76. FERNANDES, Bernardo Gonçalves. Curso de Direito Constitucional. 8. ed. Salvador: Juspodivm, 2016, p. 1458 e ss.

de um profundo ativismo judiciário e que, no Brasil, fere frontalmente o princípio da separação de poderes.[77]

6.5.2 *Sentenças (intermediárias) transitivas/transacionais: sentenças de inconstitucionalidade sem efeito ablativo; sentenças de inconstitucionalidade com ablação diferida; sentenças de apelo (apelativas); sentenças de aviso*

São decisões em que o Poder Judiciário, no exercício do controle de constitucionalidade, em razão de fatores políticos, econômicos, culturais, sociais e jurídicos, utiliza-se de técnicas de decisão e efeitos, para mitigar o binômio constitucional/inconstitucional, ***mitigando temporalmente a Supremacia da Constituição, transacionando os efeitos de norma inconstitucional (inválida) por razões de segurança jurídica, social, política e econômica***, *tendo como espécies: 1) sentenças de inconstitucionalidade sem efeito ablativo; 2) sentenças de inconstitucionalidade com ablação diferida; 3) sentenças de apelo (apelativas); e 4) sentenças de aviso.*[78]

1) ***Sentenças de inconstitucionalidade sem efeito ablativo:*** decisões judiciais em que se reconhece a inconstitucionalidade da norma, contudo sem retirar a norma do ordenamento jurídico, anulando-a, vez que sua falta geraria mais danos do que sua presença. Portanto, estamos diante de uma ***declaração de inconstitucionalidade sem pronúncia de nulidade***, na qual não se seguirá a regra quanto aos efeitos da declaração de inconstitucionalidade, isto é, nulidade com efeitos *ex tunc*, porque essa declaração geraria uma omissão inconstitucional que agravaria o estado de inconstitucionalidade presente no ordenamento, especialmente por razões de segurança jurídica e econômica.
2) ***Sentenças de inconstitucionalidade com ablação diferida:*** decisões em que o Supremo Tribunal Federal modula os efeitos temporais no âmbito do controle de constitucionalidade, tendo como referência o art. 27, da Lei 9.868/99, com fundamento em razões de segurança jurídica ou excepcional interesse social.
3) ***Sentenças de apelo (apelativas):*** decisões que reconhecem a constitucionalidade da norma, contudo, concomitantemente, reconhecem que a norma caminha para a inconstitucionalidade, advertindo, então, o legislador, para que tome as providências legislativas necessárias para se evitar que a norma "ainda" constitucional venha, progressivamente, se tornar inconstitucional. Nessas decisões, a Corte Constitucional faz um apelo às autoridades públicas responsáveis pela criação e modificação da norma, alertando-as para que tomem as providências necessárias para a lei não se tornar inconstitucional [*declaração de constitucionalidade de lei "ainda" constitucional, ou declaração de constitucionalidade provisória ou inconstitucionalidade progressiva*].
4) ***Sentenças de aviso:*** decisões, fundadas em razões de segurança jurídica jurisprudencial, que apontam para uma modificação na jurisprudência do Tribunal no futuro, contudo essa modificação não será aplicada ao caso que está sendo julgado. Trata-se

77. Como exemplo, pode-se citar a Sentença Normativa Substitutiva 298/95 da Corte Constitucional Italiana: "No Código Penal Militar Italiano havia a estipulação para um determinado crime X de uma pena de 5 a 10 anos de reclusão. A Corte Italiana, em julgamento, entendeu que se tratava de lei inconstitucional por ser inadequada, pois feria a lógica da proporcionalidade. Com isso, a Corte declarou a inconstitucionalidade da norma do ordenamento e a substituiu por uma norma que estabeleceu a previsão de pena de reclusão de 1 a 5 anos". Ibidem, p. 1457.

78. Ibidem, 1464.

de *prospective overruling*, isto é, de uma decisão que expressa uma futura modificação jurisprudencial, um aviso que busca assegurar a previsibilidade do direito. Como *exemplo*, pode-se citar a decisão do STF no julgamento do RE 630.733, no qual a Corte modificou seu entendimento sobre a possibilidade de segunda chamada para teste de aptidão física em concursos públicos, contudo afirmou que o novo entendimento não deveria ser aplicado ao caso concreto que estava sob análise.

7. ESTADO DE COISAS INCONSTITUCIONAL

Desenvolvida e aplicada inicialmente pela Corte Constitucional Colombiana, a tese refere-se à possibilidade de o Poder Judiciário ***declarar um "estado de coisas" como inconstitucional***, indo além de sua clássica competência de analisar a constitucionalidade de leis ou atos normativos. Diante de um ***litígio estrutural***, no qual se tem um quadro de ***violação generalizada e sistêmica*** de um determinado direito fundamental, a Corte deve fixar remédios estruturais, numa espécie de ativismo judicial estrutural, impelindo os demais Poderes (Legislativo e Executivo) a tomarem medidas e implementarem políticas estabelecidas na decisão do Tribunal.[79]

O reconhecimento e aplicação da tese do Estado de Coisas Inconstitucional depende de três *pressupostos*:[80]

a) no plano dos fatos: verificação de um quadro de violação generalizada e sistêmica de direitos fundamentais, que se dá em razão de um conjunto de ações e omissões estatais ao longo do tempo e que afeta um grande número de pessoas, violando os seus direitos de forma grave, sistêmica e contínua.

b) no plano dos fatores: falha estrutural decorrente de uma desconexão e ineficiência entre as medidas estatais para resolver o problema, verificando-se uma falta de organização e comunicação entre as ações adotadas pelo Legislativo, Executivo, Judiciário e sociedade civil, o que resulta na violação sistêmica dos direitos, bem como no agravamento e perpetuação da situação violadora;

c) no plano dos remédios: por se tratar de violação sistêmica resultante de ações e omissões de diversos órgãos estatais, a sua superação exige a adoção de medidas de uma multiplicidade de órgãos, de todos os Poderes, de forma coordenada, para que se possa realizar transformações estruturais, implementar novas políticas públicas ou corrigir as existentes, direcionar recursos etc.

No âmbito da ***jurisdição constitucional brasileira***, em maio de 2015, o PSOL ajuizou ***ADPF*** pedindo que o STF declarasse que a situação do sistema penitenciário brasileiro violava preceitos fundamentais da CF/88 e constitui autêntico *Estado de Coisas Inconstitucional*, apontando em sua petição os seguintes pressupostos: a) violação generalizada e sistêmica de direitos fundamentais dos presos; b) despreparo, omissão e falta de competência perenes dos poderes públicos de transformar essa realidade; c) situação hipercomplexas que necessita de ações conjuntas e coordenadas de diversos órgãos públicos de todos os poderes para solucionar o problema.[81]

79. CAMPOS, Carlos Alexandre Azevedo. Estado de Coisas Inconstitucional. Salvador: Juspodivm, 2016.
80. Ibidem, idem.
81. STF, ADPF 347, Rel. Min. Marco Aurélio.

O STF concedeu, parcialmente, medida liminar pleiteada deferindo alguns dos pedidos feitos na ADPF 347, oportunidade em que reconheceu que no sistema prisional brasileiro há violação sistêmica e generalizada de direitos fundamentais das pessoas encarceradas e que a responsabilidade por essa situação deve ser atribuída aos três Poderes, no âmbito da União, dos Estados e do DF. Ademais, afirmou o Supremo, na linha da tese do Estado de Coisas Inconstitucional, que a falta de medidas efetivas nos campos legislativo, administrativo, orçamentário e judicial gera problemas estruturais que conduzem a um cenário perene de violação sistêmica aos direitos dos presos.

Nada obstante, registre-se que *o STF entendeu que ele **não tem competência para substituir o Legislativo e o Executivo** na realização e execução de suas funções constitucionais*. Deste modo, o Poder Judiciário deverá agir com o escopo de romper as barreiras políticas e institucionais que impedem a melhora do quadro de inconstitucionalidade, formulando e implementando as medidas necessárias em conjunto e em cooperação os demais poderes. Nesse sentido, faz-se necessário um ***diálogo entre os Poderes e a sociedade para a definição de políticas eficientes,*** não devendo isoladamente o Judiciário exercer esse papel (de definir o conteúdo e meios das políticas), mas sim coordená-las, com o escopo de superar a inércia e a ineficiência permanentes dos órgãos públicos na resolução do problema.

Anos mais tarde, em 2020, em razão da pandemia provocada pelo coronavírus, o STF decidiu que *o Ministro **relator não pode, de ofício**, na ADPF que trata sobre o Estado de Coisas Inconstitucional dos presídios, **determinar medidas para proteger os presos do COVID-19**,* pois estará ampliando indevidamente o objeto da ação. É certo que no controle abstrato de constitucionalidade, a causa de pedir é aberta, no entanto, o pedido é específico, assim a Corte está limitada ao pedido, de modo que, aceitar a sua ampliação equivale a agir de ofício, sem observar a legitimidade constitucional para propositura da ação. Ademais, segundo o Supremo, também *não é possível a ampliação do pedido cautelar já apreciado anteriormente.*[82]

8. QUADRO SINÓPTICO

CAPÍTULO VI – HERMENÊUTICA CONSTITUCIONAL
NOÇÕES DE HERMENÊUTICA JURÍDICA
A ***hermenêutica jurídica*** consiste no sistema próprio do direito que estuda a interpretação, a aplicação, a integração e a construção jurídicas. A ***interpretação*** consiste na atividade hermenêutica que busca identificar o sentido e o alcance das normas, extraindo do texto os mandamentos deontológicos. A ***aplicação*** consiste na atividade hermenêutica que se dedica à decidibilidade, a concretude do direito, cuidando da implementação da norma geral resultante da interpretação do enunciado normativo, gerando uma norma individual concreta para o caso, como uma decisão judicial, por exemplo. A ***integração*** consiste na atividade hermenêutica que se dedica ao preenchimento das lacunas do sistema jurídico. No direito brasileiro há quatro formas de integração: analogia, costumes, princípios gerais de direito (art. 4º, da LINDB) e equidade. A ***construção*** consiste na atividade hermenêutica que, fundada numa perspectiva de integridade do sistema jurídico e buscando preservar-lhe o espírito, destina-se à identificação, reconhecimento e criação de novos direitos a partir do próprio sistema, contemplado as novas situações da vida. A ***norma não se confunde com o seu texto (enunciado/dispositivo normativo),*** sendo, na verdade, o resultado da interpretação de seu enunciado. Assim, ***interpreta-se*** o texto para extrair-se a ***norma geral e abstrata*** que, posteriormente deverá ser ***aplicada*** aos casos criando ***normas específicas e concretas.***

82. STF, ADPF 347-TPI-Ref, Rel. orig. Min. Marco Aurélio, red. p/ o ac. Min. Alexandre de Moraes.

Métodos Clássicos de Interpretação Jurídica	O ***método gramatical, literal, semântico ou filológico*** é aquele em que o intérprete busca o sentido literal do texto normativo, alicerçando-se em regras de gramática e de linguística, atendendo à pontuação, colocação dos vocábulos, origem etimológica etc.
	O ***método histórico*** funda-se na investigação dos precedentes da norma, referindo-se ao processo legislativo e às circunstâncias fáticas que precederam à norma, bem como às causas que conduziram à sua elaboração, tendo sempre em vista a razão de ser da norma.
	O ***método lógico*** busca "desvendar o sentido e o alcance da norma, estudando-a por meio de raciocínios lógicos, analisando os períodos da lei e combinando-os entre si, com o escopo de atingir perfeita compatibilidade".
	O ***método teleológico ou sociológico*** é aquele que busca atingir os fins jurídicos e sociais pretendidos pela norma.
	O ***método sistemático*** considera o sistema normativo em que está inserida a norma, relacionando-a com as outras normas que dizem respeito ao mesmo objeto, não a interpretando isoladamente, mas sempre levando em consideração o ordenamento jurídico, o todo com o qual se relaciona a norma.
Efeitos da Interpretação Jurídica Clássica	A ***interpretação extensiva*** ocorre quando a lei fala menos do que deveria ou queria falar, de modo que o intérprete precisa ir além daquilo que está previsto no texto da lei.
	A ***interpretação restritiva*** se dá quando a lei fala mais do que deveria ou desejava dizer, de modo que o intérprete precisa restringir a literalidade do texto da lei.
	A ***interpretação declaratória*** ocorre quando há correspondência entre o enunciado normativo e a vontade da lei, de modo que o intérprete só tem de declarar aquilo que já está previsto, sem ir além nem ficar aquém do texto.
HERMENÊUTICA CONSTITUCIONAL	
Interpretativistas versus não interpretativista	Nos direito constitucional norte-americano há um histórico embate entre duas correntes hermenêuticas: a ***interpretativista*** e a não ***interpretativista***. A corrente ***interpretativista*** defende que o intérprete da Constituição deve se ater a identificar o sentido dos preceitos expressos no texto constitucional ou, pelo menos, claramente implícitos em sua textura semântica, tendo como limite de abertura a busca pela intenção dos fundadores da Constituição e, portanto, não podendo ir além do texto constitucional, negando qualquer possibilidade dos juízes construírem o direito, identificando/criando direitos novos. A Corrente ***não interpretativista*** defende uma interpretação da Constituição pautada nos princípios de justiça, liberdade e igualdade, mediante a qual os juízes devem concretizar os valores estabelecidos nas normas constitucionais, adotando uma interpretação substancial, pautada em princípios abertos, que irão, inclusive, permitir que os juízes construam o direito constitucional, identificando/criando direitos novos, com base, especialmente, na abertura constitucional, mantendo a integridade e a coerência do sistema constitucional.
Princípios da Interpretação Constitucional	***Supremacia da Constituição:*** determina que o intérprete deve considerar que nenhuma norma infraconstitucional pode contrariar norma constitucional, sob pena de invalidade, vez que as normas constitucionais são hierarquicamente superiores. ***Presunção de Constitucionalidade das leis:*** determina que as normas infraconstitucionais se presumem constitucionais, o que, por óbvio, não impede que a constitucionalidade de uma norma seja contestada, vez que essa presunção não é absoluta, mas sim juris tantum (relativa). ***Interpretação conforme à Constituição:*** determina que, havendo mais de uma interpretação possível de uma norma infraconstitucional, o intérprete deve buscar a interpretação adequada à Constituição. Assim, o intérprete não irá decretar a nulidade do dispositivo infraconstitucional, reduzindo-lhe o texto, mas apenas irá fixar qual é sua interpretação correta, conforme à Constituição, excluindo as demais hipóteses de interpretação por serem inconstitucionais. ***Unidade da Constituição:*** implica compreender a Constituição como um sistema normativo uno, no qual suas normas possuem o mesmo fundamento de validade. Assim, por um lado, ***não existe hierarquia normativa entre normas constitucionais***, isto é, no campo normativo todos os direitos constitucionais possuem a mesma hierarquia não estando um acima do outro; por outro lado, ***não se admite a existência de conflitos entre as normas da Constituição em abstrato***, isto é, no campo normativo sem levar em consideração o caso concreto, não se admite a ocorrência de conflitos ou entre normas de direito constitucional.

Princípios da Interpretação Constitucional	***Razoabilidade ou proporcionalidade:*** ligam-se, especialmente, à resolução de conflitos normativos constitucionais e à interpretação e aplicação dos princípios jurídicos. A ***razoabilidade*** tem raízes no sistema jurídico anglo-saxão, de tradição *common law*, com especial desenvolvimento no direito constitucional estadunidense, como desdobramento do devido processo legal substantivo. No que se refere à interpretação e aplicação das normas constitucionais, atua de modo a ponderar o peso dos princípios no caso concreto, bem como a verificar a adequação entre o meio a ser empregado, os fins visados pela norma e a legitimidade desses fins, numa perspectiva do direito como integridade. Já a ***proporcionalidade*** tem raízes no sistema jurídico romano-germânico, de tradição civil law, com especial desenvolvimento no direito alemão. No que se refere à interpretação e aplicação das normas constitucionais, possui três subprincípios que devem guiar o intérprete na ponderação: adequação, necessidade e proporcionalidade em sentido estrito. ***Máxima Efetividade das Normas Constitucionais:*** fundado na ***força normativa da Constituição***, exige que as normas constitucionais sejam implementadas e aplicadas com o máximo de efetividade, isto é, que tenham seu conteúdo normativo otimizado ao máximo possível pelo intérprete nos casos que lhe são submetidos. ***Efeito Integrador:*** exige que nas resoluções de problemas jurídico-constitucionais deve ser dada primazia aos critérios que favoreçam a integração política e social em prol da conservação da unidade política, na busca de soluções pluralisticamente integradoras. ***Concordância Prática (ou harmonização):*** impõe que, em casos de colisão entre direitos constitucionais, o intérprete deve coordenar e combinar os bens jurídicos que estejam em conflito, realizando uma redução proporcional de seus âmbitos normativos, evitando-se o sacrifício total de um em detrimento do outro. ***Conformidade funcional (exatidão funcional/correção funcional/"justeza"):*** veda que os órgãos encarregados da interpretação constitucional cheguem a um resultado que subverta o esquema organizatório estabelecido pela Constituição, devendo-se manter no quadro das funções a eles atribuídas. Funda-se na distribuição das competências e na separação dos poderes estabelecida pelo Poder Constituinte, devendo cada órgão cuidar daquilo que a Constituição estabeleceu a ele, preservando o sistema organizatório-funcional constitucional.
Métodos da Interpretação Constitucional	***Método Jurídico (hermenêutico clássico):*** parte do entendimento de que a Constituição é uma lei, assim a interpretação da Constituição deve se dar como a interpretação de uma lei, pautando-se dos cânones da hermenêutica tradicional e utilizando-se dos métodos clássicos da interpretação jurídica (método literal, método histórico, método lógico, método teleológico e método sistemático). ***Método tópico-problemático:*** parte da premissa de que a interpretação constitucional é dotada de um caráter prático, sendo voltada para a resolução de casos concretos, de um caráter aberto, fragmentário e indeterminado da lei constitucional, permitindo-se múltiplas interpretações, e tem preferência pela discussão do problema em razão da abertura das normas constitucionais, o que não permite atingir uma dedução substantiva das normas constitucionais, devendo o intérprete buscar a "melhor" solução para o problema apresentado. Assim, a interpretação da Constituição será reconduzida a um processo aberto de argumentação (teoria da argumentação) entre uma pluralidade de intérpretes que irão se utilizar de ***topoi*** (argumentos extraídos de princípios gerais, decisões judiciais, costumes e opiniões comuns cuja função primordial é auxiliar na resolução de problemas concretos), sujeitos a divergências, para atingir-se a interpretação mais conveniente à resolução do problema. ***Método hermenêutico-concretizador:*** parte da ideia de que a leitura do texto constitucional se inicia a partir das pré-compreensões do próprio intérprete, que deverá concretizar a norma a partir de uma situação histórico-concreta. Ademais, destaca os seguintes pressupostos da tarefa interpretativa: i) pressupostos subjetivos, pois o intérprete cumpre um papel criador na obtenção do sentido do texto constitucional; ii) pressupostos objetivos, atuando o intérprete como mediador entre o texto e o contexto em que ele se aplica; e iii) relação de circularidade entre o texto e o contexto, através da mediação criadora do interprete, tornando a interpretação um movimento de ir e vir (círculo hermenêutico). ***Método científico-espiritual (valorativo/sociológico):*** tem como premissas: a) as bases de valoração (ordem de valores) subentendidas no texto constitucional; b) o sentido e a realidade da Constituição como elementos do processo de integração, no ponto de vista político e sociológico, de modo a absorver e superar os conflitos, preservando a unidade social. Assim, a Constituição é a ordenação jurídica do Estado, sendo que Estado e Constituição são fenômenos culturais relacionados a valores, que atuam como elementos integradores supremos da sociedade, de modo que o recurso ao sistema de valores instituído na Constituição impele o intérprete a assumir o sentimento e a realidade da sociedade e a partilhar dessa mesma ordem de valores.

Métodos da Interpretação Constitucional	***Método normativo-estruturante:*** parte da concepção de que a norma não se identifica com o texto no qual ela está prevista, pois ela é o resultado de um processo de concretização. Assim, o texto da norma não possui normatividade, mas apenas validade. O seu desenvolvimento passa por alguns postulados, sendo eles: i) o seu trabalho é investigar as múltiplas funções de realização do direito constitucional; ii) objetiva captar a identificação das normas que serão concretizadas por uma decisão direcionada a resolução de um caso prático; iii) dedica-se à estrutura da norma e de seu texto normativo partindo da ligação existente entre concretização normativa e funções jurídicas práticas; iv) parte do entendimento de que norma e texto normativo são diferentes; v) o texto da norma é considerado somente o ponto de partida do programa normativo; vi) a norma abrange um âmbito normativo, também chamado de campo normativo, que consiste num "pedaço da realidade social", que é maior que o programa normativo, já que o programa normativo não é capaz de contemplar todo o âmbito normativo; vii) por fim, a concretização normativa deve considerar dois elementos: a) programa normativo, que é "formado pelos conjuntos de domínios linguísticos resultantes da abertura semântica proporcionada pelo texto do preceito jurídico"; e b) âmbito normativo ou campo normativo, "que diz respeito ao conjunto de domínios reais (fáticos), abrangidos em função do programa normativo, ou seja, a porção da realidade social tomada como estrutura fundamental e que o próprio programa normativo autoriza a recortar". ***Método comparativo:*** baseia-se numa comunicação entre as Constituições dos diversos Estados, de modo a realizar um estudo comparativo entre os conceitos, institutos e direitos consagrados nas normas constitucionais estrangeiras com o objetivo de esclarecer seu significado e amplitude e descobrir a melhor solução para determinados problemas concretos à luz dessas normas.
A interpretação constitucional e a sociedade aberta dos intérpretes da Constituição de Peter Häberle	Peter Häberle defende a ideia de uma sociedade pluralista e aberta de intérpretes da Constituição, pois ***todo aquele que vive no contexto espaço-temporal regulado por uma Constituição é seu legítimo intérprete***, ou, ao menos, cointérprete, vez que não apenas o processo de formação da Constituição deve ser plural, mas também seu desenvolvimento posterior (hermenêutico), sendo a interpretação um processo que leva em consideração as experiências constitucionais pretéritas, abrindo-se para o passado constitucional, e, ao mesmo tempo, as mudanças necessárias para a atualização constitucional, abrindo-se para o futuro.
Aplicação das normas constitucionais	Na aplicação constitucional é preciso levar em conta, especialmente, os princípios da ***força normativa da Constituição***, da ***supremacia das normas constitucionais*** e da ***unidade da Constituição***. Ademais, é preciso destacar que ***as regras e princípios constitucionais se diferenciam***, dentre outras coisas, especialmente, ***pelo modo de aplicação***. Assim: • ***Ronald Dworkin: As regras jurídicas*** são aplicadas ao modo tudo-ou-nada, ou seja, se uma regra é válida e o caso concreto corresponde à sua previsão, então a regra deve ser aplicada (subsunção). ***Os princípios jurídicos*** direcionam a decisão do magistrado de modo a conduzi-lo a solução correta do caso, entendida como a solução que mais preencha e respeite a justiça e a equidade. • ***Robert Alexy: As regras*** consistem em determinações, isto é, são normas que estabelecem uma exigência fático-jurídica que deve ser satisfeita nos exatos termos que ela estabelece. ***Os princípios*** são mandamentos de otimização, isto é, são normas que determinam que algo seja realizado na maior medida possível em face das possibilidades fático-jurídicas.
Integração constitucional	***Há quem defenda que o sistema constitucional não é completo, admitindo a existência de lacunas constitucionais*** quando determinados assuntos que sejam matérias de Constituição deixarem de ser estabelecidos no texto constitucional, defendendo, então, sua integração pelos métodos de colmatação de lacunas legais. Com as devidas vênias, ***ousamos discordar, pois, para nós, não é possível falar em lacunas constitucionais***, especialmente, por dois motivos: 1) no constitucionalismo contemporâneo, a Constituição é compreendida como um ***sistema aberto de regras e princípios***, tendo suas normas uma natureza predominantemente principiológica; 2) ***a Constituição material independe da escrita***, isto é, as normas materialmente constitucionais não dependem, nem nunca dependeram de um texto escrito. Ademais, mesmo após o surgimento das Constituições escritas, a Constituição continuou a ser compreendida como um documento aberto a existência de normas constitucionais materiais não escritas, especialmente por ***cláusulas de abertura a novos direitos fundamentais***, como a prevista no art. 5º, §2º, da CF/88.
Construção constitucional	Consiste na atividade hermenêutica que, fundada numa perspectiva de ***integridade do sistema jurídico*** e buscando preservar-lhe o espírito, destina-se à identificação, reconhecimento e criação de ***novos direitos*** a partir do próprio sistema jurídico constitucional para contemplar as novas situações da vida. A ***construção judicial do direito constitucional*** liga-se diretamente à noção de ***Constituição Material***, segundo à qual a Constituição é muito mais do que o texto, sendo a somatória de um direito constitucional escrito e de um direito constitucional não escrito, vez que a ***Constituição é viva***. Ademais, a construção constitucional nos remete, especialmente, à ***construção judicial de novos direitos fundamentais*** (direitos fundamentais atípicos), fundada no fato da Constituição ser um ***sistema aberto de regras e princípios***, de ***normas predominantemente principiológicas***, e, especialmente, na ***cláusula de abertura constitucional a novos direitos fundamentais*** (art. 5º, §2º, CF/88), que autoriza e legitima expressamente a construção judicial dos ***direitos fundamentais atípicos***.

<table>
<tr><th colspan="3">TEMAS AVANÇADOS EM HERMENÊUTICA E JURISDIÇÃO CONSTITUCIONAL</th></tr>
<tr><td>Interpretação conforme a Constituição</td><td colspan="2">Técnica hermenêutica que determina que, havendo certas interpretações possíveis de uma determinada norma infraconstitucional, o intérprete deve buscar a interpretação adequada à Constituição, excluindo as demais interpretações (inconstitucionais), podendo ou não haver redução de texto.</td></tr>
<tr><td>Declaração de inconstitucionalidade parcial sem redução de texto</td><td colspan="2">Técnica hermenêutica através da qual o STF declara a inconstitucionalidade de uma hipótese, de um viés ou de uma possibilidade de aplicação de determinada norma jurídica sem reduzir o texto no qual ela está prevista. Assim, o enunciado normativo continua gramaticalmente o mesmo, contudo, no âmbito do sistema jurídico, uma hipótese de aplicação da norma é eliminada por ser inconstitucional.</td></tr>
<tr><td>Declaração de inconstitucionalidade sem pronúncia de nulidade</td><td colspan="2">Técnica hermenêutica mediante a qual o STF reconhece a inconstitucionalidade de certa lei ou ato normativo, contudo não declara sua invalidade, mantendo sua aplicabilidade no ordenamento jurídico, por entender que a sua invalidação agravaria o estado de inconstitucionalidade.</td></tr>
<tr><td>Declaração de constitucionalidade de lei "ainda" constitucional</td><td colspan="2">Técnica hermenêutica por meio da qual o STF declara a constitucionalidade de uma lei, mas afirma que a mesma está a caminho de se tornar inconstitucional, isto é, a lei ainda é constitucional, mas caminha progressivamente para a inconstitucionalidade (inconstitucionalidade progressiva).</td></tr>
<tr><td rowspan="3">Sentenças Intermediárias</td><td colspan="2">Decisões em que o Judiciário, no do controle de constitucionalidade, em razão de fatores políticos, econômicos, culturais, sociais e jurídicos, utiliza-se de técnicas de decisão e efeitos, para mitigar o binômio constitucional/inconstitucional.</td></tr>
<tr><td>Sentenças Normativas</td><td>Decisões intermediárias em que o Judiciário cria norma jurídica geral e abstrata com efeitos erga omnes, podendo ser:
Sentenças interpretativas: aquelas que, tendo o sistema constitucional como parâmetro, estabelecem a interpretação correta da norma, possuindo, basicamente, duas modalidades: interpretação conforme à Constituição e declaração de inconstitucionalidade parcial sem redução de texto.
Sentenças aditivas: decisões que reconhecem que certa norma é inconstitucional por ser insuficiente, contudo não declaram sua inconstitucionalidade, invalidando-a, pelo contrário, incrementam e expandem o conteúdo da norma, ampliando seu âmbito normativo, de forma a preencher as insuficiências originárias da norma, tornando-a constitucional.
Sentenças aditivas de princípio: decisões em que o juiz constitucional notifica o legislador infraconstitucional de sua mora legislativa, reconhece a inconstitucionalidade por omissão e estabelece um esquema normativo mínimo para o legislador observar na supressão da mora.
Sentenças substitutivas: decisões que reconhecem a inconstitucionalidade de uma determinada norma por entendê-la inadequada, invalidando-a e substituindo-a por uma outra norma que se entenda adequada.</td></tr>
<tr><td>Sentenças Transitivas</td><td>Decisões intermediárias em que o Judiciário mitiga temporalmente a Supremacia da Constituição, transacionando os efeitos de norma inconstitucional (inválida) por razões de segurança jurídica, social, política e econômica.
Sentenças de inconstitucionalidade sem efeito ablativo: decisões que reconhecem a inconstitucionalidade da norma, contudo sem a anular (declaração de inconstitucionalidade sem pronúncia de nulidade), vez que sua invalidação geraria uma omissão inconstitucional que agravaria o estado de inconstitucionalidade presente no ordenamento.
Sentenças de inconstitucionalidade com ablação diferida: decisões em que o STF modula os efeitos temporais, no controle de constitucionalidade, com base no art. 27, da Lei 9.868/99, com fundamento na segurança jurídica ou no interesse social.
Sentenças de apelo: decisões em que se declara a constitucionalidade da norma, contudo se reconhecem que a norma caminha para a inconstitucionalidade, advertindo, então, o legislador, para que tome as providências legislativas necessárias para se evitar que a norma "ainda" constitucional venha, progressivamente, se tornar inconstitucional.
Sentenças de aviso: decisões, fundadas em razões de segurança jurídica jurisprudencial, que apontam para uma modificação na jurisprudência do Tribunal no futuro, contudo essa modificação não será aplicada ao caso que está sendo julgado.</td></tr>
<tr><td>Estado de Coisas Inconstitucional</td><td colspan="2">Refere-se à possibilidade de o Judiciário declarar um "estado de coisas" como inconstitucional, indo além de sua clássica competência de analisar a constitucionalidade de leis ou atos normativos. Diante de um litígio estrutural, com um quadro de violação generalizada e sistêmica de determinado direito fundamental, a Corte Constitucional deve fixar remédios estruturais, numa espécie de ativismo judicial estrutural, impelindo os demais Poderes (Legislativo e Executivo) a tomarem medidas e implementarem políticas estabelecidas na decisão do Tribunal.</td></tr>
</table>

TEMAS AVANÇADOS EM HERMENÊUTICA E JURISDIÇÃO CONSTITUCIONAL		
Interpretação conforme a Constituição		Técnica hermenêutica que determina que, havendo certas interpretações possíveis de uma determinada norma infraconstitucional, o intérprete deve buscar a interpretação adequada à Constituição, excluindo as demais interpretações inconstitucionais, podendo ou não haver redução de texto.
Declaração de inconstitucionalidade parcial sem redução de texto		Técnica hermenêutica através da qual o STF declara a inconstitucionalidade de uma hipótese de um viés ou de uma possibilidade de aplicação de determinada norma jurídica sem reduzir o texto no qual ela está prevista. Assim, o enunciado normativo continua gramaticalmente o mesmo, contudo, no âmbito do sistema jurídico, uma hipótese de aplicação da norma é eliminada por ser inconstitucional.
Declaração de inconstitucionalidade sem pronúncia de nulidade		Técnica hermenêutica mediante a qual o STF reconhece a inconstitucionalidade de certa lei ou ato normativo, contudo não declara sua invalidade, mantendo sua aplicabilidade no ordenamento jurídico, por entender que a sua invalidação agravaria o estado de inconstitucionalidade.
Declaração de constitucionalidade de lei "ainda" constitucional		Técnica hermenêutica por meio da qual o STF declara a constitucionalidade de uma lei, mas afirma que a mesma está a caminho de se tornar inconstitucional. Isto é, a lei ainda é constitucional, mas caminha progressivamente para a inconstitucionalidade (*inconstitucionalidade progressiva*).
Sentenças Intermediárias		Decisões em que o Judiciário, no do controle de constitucionalidade, em razão de fatores políticos, econômicos, culturais, sociais e jurídicos, utiliza-se de técnicas de decisão e efeitos para mitigar o binômio constitucional/inconstitucional.
	Sentenças Normativas	Decisões intermediárias em que o Judiciário cria norma jurídica geral e abstrata com efeitos *erga omnes*, podendo ser: ***Sentenças interpretativas***: aquelas que, tendo o sistema constitucional como parâmetro, estabelecem a interpretação correta da norma, possuindo, basicamente, duas modalidades: interpretação conforme à Constituição e declaração de inconstitucionalidade parcial sem redução de texto. ***Sentenças aditivas***: decisões que reconhecem que certa norma é inconstitucional por ser insuficiente, contudo não declaram sua inconstitucionalidade invalidando-a, pelo contrário, implementam e expandem o conteúdo da norma, ampliando seu âmbito normativo, de forma a preencher as insuficiências originárias da norma, tornando-a constitucional. ***Sentenças aditivas de princípio***: decisões em que o juiz constitucional notifica o legislador imaconstitucional de sua omissão legislativa, reconhece a inconstitucionalidade por omissão e estabelece um esquema normativo mínimo para o legislador observar na superação da mora. ***Sentenças substitutivas***: decisões que reconhecem a inconstitucionalidade de uma determinada norma, porquanto inadequada, invalidando-a e substituindo-a por uma outra norma que se entenda adequada.
	Sentenças Transitivas	Decisões intermediárias em que o Judiciário mitiga temporalmente a Supremacia da Constituição, transacionando os efeitos de norma inconstitucional invalidada por razões de segurança jurídica, social, política e econômica. ***Sentenças de inconstitucionalidade sem efeito ablativo***: decisões que reconhecem a inconstitucionalidade da norma, contudo sem a nulidade (declaração de inconstitucionalidade sem pronúncia de nulidade). Vez que sua invalidação geraria uma omissão inconstitucional que agravaria o estado de inconstitucionalidade presente no ordenamento. ***Sentenças de inconstitucionalidade com ablação diferida***: decisões em que o STF modula os efeitos temporais, no controle de constitucionalidade, com base no art. 27, da Lei 9.868/99, com fundamento na segurança jurídica ou no interesse social. ***Sentenças de apelo***: decisões em que se declara a constitucionalidade da norma, contudo se reconhece que a norma caminha para a inconstitucionalidade, advertindo, então, o legislador para que tome as providências legislativas necessárias para se evitar que a norma "ainda" constitucional venha, progressivamente, se tornar inconstitucional. ***Sentenças de aviso***: decisões fundadas em razões de segurança jurídica jurisprudencial, que apontam para uma modificação na jurisprudência do Tribunal no futuro, contudo essa modificação não será aplicada ao caso que está sendo julgado.
Estado de Coisas Inconstitucional		Refere-se à possibilidade de o Judiciário declarar um "estado de coisas" como inconstitucional, indo além de sua clássica competência de analisar a constitucionalidade de leis ou atos normativos. Diante de um litígio estrutural, com um quadro de violação generalizada e sistêmica de determinado direito fundamental, a Corte Constitucional deve fixar remédios estruturais, numa espécie de ativismo judicial estrutural, impelindo os demais Poderes (Legislativo e Executivo) a tomarem medidas e implementarem políticas estabelecidas na decisão do Tribunal.

Capítulo VII
HISTÓRICO DAS CONSTITUIÇÕES BRASILEIRAS

1. A CONSTITUIÇÃO DE 1824

Deixando de lado o lúdico "grito do Ipiranga", a história registra que o Brasil ficou independente em 07 de setembro de 1822, em um processo vexatório, não conseguindo se livrar de um governo monárquico, o que contribui para que desde o início de nosso país mergulhássemos no atraso. Para tornar as coisas mais vergonhosas, ainda tivemos de pagar uma indenização de dois milhões de libras esterlinas a Portugal, dinheiro que não tínhamos e tivemos que pegar emprestado com a Inglaterra, dando início a nossa dívida externa.

Nesse contexto, com o objetivo de assegurar a manutenção de um governo monárquico e legitimar os poderes totalitários do imperador, Pedro I outorgou, em 25 de março de 1824, a Constituição do Império do Brasil, fruto dos trabalhos do Conselho de Estado, criado após o imperador dissolver a assembleia constituinte que ele mesmo havia convocado pouco antes da proclamação da independência.

A Constituição do Império de 1824 teve forte influência do constitucionalismo liberal francês, tendo como principais características:

1) *Forma de governo: monarquia* hereditária representativa;

2) *Forma de Estado: unitário*, dividindo o território em províncias, governadas por um presidente de livre nomeação do imperador;

3) *Capital: Rio de Janeiro*, que veio a ser considerado município neutro ou município da corte, pelo Ato Adicional 16, de 1834;

4) *Separação de poderes quatripartite: Poder Executivo*, tendo como chefe o imperador; *Poder Legislativo*, composto pela Câmara dos Deputados (eletiva e temporária) e pelo Senado (com membros vitalícios nomeados pelo imperador); *Poder Judicial*, composto pelo Supremo Tribunal de Justiça, pelos tribunais de relação e pelos juízes de direito; *Poder Moderador*, de titularidade privativa do imperador, inspirado nos ideais políticos de Benjamin Constant,[1] que defendia a existência de um poder neutro capaz de ajustar e combater os abusos dos demais poderes, contudo, completamente desvirtuado no âmbito do constitucionalismo imperial brasileiro, servindo apenas como instrumento totalitário de concentração de poder e "legitimação" do abuso de poder;

5) *Conselho de Estado*, órgão de consulta superior do imperador com conselheiros vitalícios nomeados pelo próprio imperador;

6) Cidades e vilas administradas por *câmaras de vereadores* (eletivas e temporárias);

7) Consagração de *direitos civis*, como liberdade, propriedade, segurança, legalidade, inviolabilidade do domicílio, liberdade de expressão, liberdade religiosa etc.

8) Manutenção da *escravidão*;

---

1. CONSTANT, Benjamin. Princípios de Política aplicáveis a todos os Governos. Rio de Janeiro: Topbooks, 2007.

9) Adoção da ***religião católica apostólica romana*** como ***oficial do Estado***;

10) ***Não adotou qualquer sistema de controle de constitucionalidade*** das leis e atos normativos, havendo, contudo, quem defenda que o Poder Moderador estaria apto a realizar este controle, vez que originalmente, na visão de Benjamin Constant, destinava-se a assegurar os direitos e liberdades individuais em face dos excessos dos demais poderes;

11) ***Não havia limites materiais*** ao Poder Constituinte Reformador;

12) ***Constituição semirrígida***, vez que as atribuições e os limites dos poderes, os direitos civis e políticos do cidadão exigiam procedimento especial para serem alterados (parte rígida), já as demais matérias poderiam ser alteradas por procedimentos ordinários (parte flexível);

13) A Constituição do Império de 1824 ***vigorou por 65 anos***, tendo sido objeto de ***duas revisões***, uma pelo Ato Adicional de 12, de agosto, de 1834, e outra pela Lei de Interpretação do Ato Adicional de 12, de março, de 1840.

2. A CONSTITUIÇÃO DE 1891

Nas últimas décadas do império as ideias republicanas e federalistas ganharam força, além da forte pressão externa para a abolição da escravidão, que acabou ocorrendo em 13, de maio, de 1888. Assim, num contexto político bastante conturbado, foi proclamada, em 15 de novembro de 1889, a República Federativa do Brasil, por Deodoro da Fonseca, marechal escolhido pelos republicanos para dar o "golpe", dentre outras coisas, por seus laços de amizade com o imperador e por seu prestígio com as tropas brasileiras.

Após a proclamação da república foi instaurado um governo provisório, em dezembro de 1889, sendo o Brasil presidido inicialmente pelo próprio Deodoro da Fonseca até 1891. Esse governo, em novembro de 1889, nomeou uma comissão composta por cinco membros para elaborar um projeto de Constituição republicana que serviria de base para a Assembleia Constituinte que viria a ser eleita em 1890 e que culminou com a promulgação da Constituição da República Federativa dos Estados Unidos do Brasil, em 24, de fevereiro, de 1891.

A Constituição da República de 1891 teve forte influência do constitucionalismo liberal estadunidense, tendo como principais características:

1) ***Forma de governo: república*** representativa;

2) ***Sistema de governo: presidencialismo***, inspirado no modelo estadunidense;

3) ***Forma de Estado: federação***, transformando as antigas províncias em Estados e o município neutro do Rio de Janeiro em Distrito Federal;

4) ***Separação de poderes:*** adoção da clássica divisão tripartite (Executivo, Legislativo e Judiciário);

5) ***Poder Legislativo***, exercido pelo Congresso Nacional, composto pela Câmara dos Deputados e pelo Senado Federal, sendo que o Vice-Presidente da República era o Presidente do Senado, tendo somente voto de qualidade. Ademais, a Constituição já previa imunidades material e formal aos parlamentares federais;

6) ***Poder Executivo***, tendo como chefe o Presidente da República, eleito por sufrágio direto da nação e maioria absoluta dos votos, simultaneamente com seu vice, sendo auxiliado pelos Ministros de Estado;

7) ***Poder Judiciário da União***, composto pelo Supremo Tribunal Federal, tribunais federais e juízes; e ***Poder Judiciário dos Estados***, composto por tribunais e juízes estaduais;

8) Previsão de ***Estado de Sítio***, tendo sido decretado onze vezes durante a vigência da Constituição de 1891, todas aprovadas pelo Congresso Nacional;

9) Previsão de ***Poder Constituinte Decorrente*** para a criação das Constituições dos Estados;

10) Consagração de ***direitos fundamentais***, notadamente ***direitos civis e políticos***, com destaque para a *constitucionalização do habeas corpus* e a previsão de uma *cláusula de abertura a direitos fundamentais atípicos*, para além daqueles previstos no rol constitucionalmente expresso;

11) Separação entre Igreja e Estado, consagrando-se o ***Estado laico***;

12) Adoção do ***controle de constitucionalidade difuso incidental*** das leis, inspirado no modelo estadunidense;

13) A Constituição de 1891 ***foi objeto de apenas uma reforma***, em 07 de setembro de 1926, que ficou marcada por seu caráter centralizador e que, dentre outras coisas, restringiu o *habeas corpus* e vedou o controle judicial sobre o Estado de Sítio;

14) Classifica-se doutrinariamente como: ***formal, escrita, rígida, democrática, analítica e dogmática***;

15) A Constituição de 1891 ***vigorou por 39 anos***, tendo sido de pouca efetividade, marcando-se pelo abismo existente entre o país constitucionalmente previsto, liberal e democrático, e o país real, autoritário e oligárquico.[2]

3. A CONSTITUIÇÃO DE 1934

Após o fim do império, instaurou-se no Brasil a Primeira República, também chamada de República Velha, que pode ser dividida em duas fases, a República da Espada (1889-1894) e a República Oligárquica (1894-1930), ambas marcadas pelo coronelismo, pela defesa dos interesses das oligarquias e pelo domínio político dos Estados de São Paulo e Minas Gerais (política do café-com-leite).

Nesse cenário, em outubro de 1930, eclode uma revolução encabeçada pelos Estados de Minas Gerais, Rio Grande do Sul e Paraíba, que se sagrou vitoriosa, levando Getúlio Vargas, que havia sido derrotado por Júlio Prestes nas eleições de março de 1930, à presidência do Brasil, em um Governo Provisório, regulamentado pelo Decreto 19.938, que, dentre outras coisas, dissolveu o Congresso Nacional, bem como os órgãos legislativos estaduais e municipais e afastou os governadores dos Estados, nomeando interventores federais.

Em 1932, o interventor do Estado de São Paulo liderou uma revolução constitucionalista que buscava o reestabelecimento da democracia constitucional, mas que acabou sendo esmagada pelas tropas da União. Nada obstante, esse movimento revolucionário gerou efeitos morais que posteriormente contribuíram para um processo constituinte, tendo sido instalada, em novembro de 1933, uma nova Assembleia Constituinte, culminando com a promulgação de uma nova Constituição, em 16, de julho, de 1934.

2. SARMENTO, Daniel. Por um constitucionalismo inclusivo. Rio de Janeiro: Lumen Juris, 2010, p. 27.

A Constituição brasileira de 1934 teve forte influência do constitucionalismo social, tendo como principais características:

1) Manutenção da ***forma de governo republicana*** e do ***sistema de governo presidencialista***, bem como da ***forma de Estado federalista***, contudo com a adoção de instrumentos do federalismo cooperativo, inspirado na Constituição de Weimar de 1919, estabelecendo-se, para além das competências privativas, competências concorrentes entre os entes federativos. Ademais, houve, ainda, a manutenção da ***separação dos poderes tripartite*** (Executivo, Legislativo e Judiciário);

2) O ***Poder Legislativo*** sofreu consideráveis modificações. O Senado passou a ser considerado um órgão de colaboração, ficando o exercício do poder, em regra, a cargo somente da Câmara dos Deputados, relativizando-se o bicameralismo. A Câmara dos Deputados passou a contar com duas espécies de representantes: os eleitos pelo povo, pelo sistema proporcional mediante sufrágio universal e direto e os eleitos pelas associações profissionais, que representavam as categorias profissionais;

3) O ***Poder Executivo*** era exercido pelo Presidente da República, auxiliado pelos Ministros de Estado, ficando abolido o cargo de Vice-Presidente;

4) O ***Poder Judiciário*** era composto pela Corte Suprema, juízes e tribunais federais, juízes e tribunais militares, juízes e tribunais eleitorais;

5) Previsão do ***Ministério Público*** e dos ***Tribunais de Contas*** como órgãos de cooperação nas atividades governamentais;

6) Possibilidade de ***Intervenção Federal*** nos Estados, sendo que uma das hipóteses de intervenção dependia de controle preventivo da Corte Suprema, dando início ao ***controle de constitucionalidade concentrado*** no Brasil;

7) Além do surgimento do ***controle concentrado de constitucionalidade*** nos casos de representação interventiva, houve a manutenção do ***controle de constitucionalidade difuso***, como regra do direito brasileiro, contudo, com uma aproximação do sistema concentrado europeu através da adoção de determinadas medidas normativas, como a cláusula de reserva de plenário, por exemplo.

8) Ampliação dos ***direitos fundamentais civis e políticos***, assegurando-se, dentre outros, o mandado de segurança, a ação popular e a limitação da propriedade pelo interesse social e coletivo. Consagração dos ***direitos fundamentais sociais, econômicos e culturais***, com especial referência aos ***direitos do trabalhador***;

9) Classifica-se doutrinariamente como: ***formal, escrita, rígida, democrática, analítica e dogmática***;

10) A Constituição de 1934 ***vigorou por pouco mais de 3 anos***, tendo sido sorrateiramente revogada por um documento constitucional de inspiração fascista, fruto de mais um golpe de Estado.

4. A CONSTITUIÇÃO DE 1937

Com eleições presidenciais marcadas para o início de 1938, fundando-se em uma falsa ameaça comunista arquitetada pelos próprios mandatários do poder, Getúlio Vargas promove um novo golpe dentro do próprio golpe que ele havia dado em 1930, instituindo um regime autoritário e nacionalista, ficando esse período conhecido como Estado Novo, uma verdadeira ditadura de inspiração fascista. Nesse contexto, foi outorgada, em 10, de novembro, de 1937, uma nova Constituição, redigida por Francisco Campos.

A Constituição brasileira de 1937 teve forte inspiração na Constituição fascista da Polônia, de 1935, sendo apelidada, por isso, de Constituição polaca, tendo como principais características:

1) Manutenção da ***forma de governo republicana*** e do ***sistema de governo presidencialista***, bem como da ***forma de Estado federalista***, contudo o federalismo era meramente nominal, em face do totalitarismo e da centralização dos poderes constitucionais; Manutenção da ***separação tripartite dos poderes*** (Executivo, Legislativo e Judiciário), contudo sem qualquer preocupação com o equilíbrio entre eles;

2) Dissolução do ***Poder Legislativo*** da União, dos Estados e dos Municípios, sendo que o preenchimento dos cargos do legislativo só se daria após a realização de um plebiscito para aprovar a Constituição de 1937, o que não veio a ocorrer. Assim, a função legislativa ficou a cargo do Presente da República, mediante a expedição de Decretos-lei sobre as matérias de competência legislativa da União;

3) Expressando o caráter totalitário e fascista do documento constitucional, houve o fortalecimento do ***Poder Executivo*** com uma excessiva concentração de atribuições ao Presidente da República, considerado autoridade suprema do Estado, destacando-se, dentre outras: a) confirmar ou não o mandato dos governadores de Estado, nomeando interventores em casos de não confirmação; b) indicar um dos candidatos à Presidência da República; c) dissolver a Câmara dos Deputados nos casos previstos na Constituição; d) adiar, prorrogar e convocar o Parlamento;

4) ***Poder Judiciário*** composto pelo Supremo Tribunal Federal, juízes e tribunais dos Estados, Distrito Federal e Territórios (que cumularam as competências da Justiça Federal que foi extinta), juízes e tribunais militares, ficando a justiça do trabalho fora do Poder Judiciário, em que pese prevista na Constituição;

5) Previsão de ***Poder Constituinte Decorrente***, devendo os Governadores de Estado outorgar as Constituições Estaduais;

6) ***Manutenção do controle de constitucionalidade difuso***, contudo, com a possibilidade de o Presidente da República tornar sem efeito a decisão de inconstitucionalidade, desde que confirmado pelo voto de dois terços de cada uma das Casas Legislativas (que não funcionaram na época do Estado Novo). ***Exclusão do controle de constitucionalidade concentrado***, com o fim da Representação Interventiva;

7) Manutenção dos ***direitos fundamentais*** civis, políticos, sociais, econômicos e culturais, inclusive os trabalhistas, com algumas supressões, como do mandado de segurança e da ação popular, por exemplo;

8) Declarou em todo o país o ***estado de emergência***;

9) A Constituição de 1937 foi objeto de ***21 alterações*** pelas denominadas ***Leis Constitucionais***, editadas unilateralmente pelo Poder Executivo;

10) Classifica-se doutrinariamente como: ***formal, escrita, rígida, outorgada, analítica e dogmática***;

11) A Constituição de 1937 ***vigorou por 8 anos***, ficando esse período marcado por um governo de inspiração fascista que chegou a flertar com a Alemanha Nazista, enviando, inclusive, judeus e comunistas para serem "julgados" pelo regime nazifascista, a mando de Getúlio Vargas.

5. A CONSTITUIÇÃO DE 1946

Com o fim da 2ª Guerra Mundial, na qual o Brasil entrou tardiamente após se definirem os caminhos dos vitoriosos, o Estado Novo implementado por Getúlio Vargas sofreu fortes questionamentos, até por ter flertado com os regimes fascistas anos antes. Ademais, o mundo passava por um momento de valorização da pessoa humana e das instituições democráticas, de modo que Getúlio Vergas acabou sendo deposto pelos militares em 29 de outubro de 1945. Em dezembro de 1945 realizam-se eleições democráticas e em janeiro de 1946 o presidente eleito, Eurico Gaspar Dutra, assume. Em fevereiro de 1946 instala-se uma nova Assembleia Constituinte e em 18 de setembro de 1946 é promulgada a Constituição dos Estados Unidos do Brasil de 1946.

A Constituição de 1946 fundou-se num constitucionalismo democrático e social, tendo como principais características:

1) Manutenção da ***forma de governo republicana*** e do ***sistema de governo presidencialista***, bem como da ***forma de Estado federalista***, com o estabelecimento de competências enumeradas para a União e remanescentes para os Estados, bem como de competências concorrentes entre os entes federativos; Manutenção da ***separação tripartite dos poderes*** (Executivo, Legislativo e Judiciário);

2) ***Poder Legislativo***, sendo adotado o modelo bicameral no âmbito da União, composto pela Câmara dos Deputados e pelo Senado Federal, sendo que o Vice-Presidente da República presidiria o Senado Federal, tendo, contudo, apenas voto de qualidade (desempate). Ademais, a Constituição previa a possibilidade de as casas legislativas federais criarem ***Comissões Parlamentares de Inquérito (CPIs)*** sobre fatos determinados;

3) ***Poder Executivo*** exercido pelo Presidente da República, que seria eleito simultaneamente com seu Vice-Presidente, sendo, ainda, auxiliado pelos Ministros de Estado. Ademais, havia previsão de ***responsabilização do chefe do poder executivo*** por crimes comuns (julgados pelo STF) e de responsabilidade (julgados pelo Senado) após juízo de admissibilidade da Câmara dos Deputados;

4) Nos termos da Emenda Constitucional 4, de 1961, vigorou no Brasil, entre 02, de setembro de 1961, e 23, de janeiro, de 1963, o ***sistema de governo parlamentarista***;

5) ***Poder Judiciário*** composto por Supremo Tribunal Federal, Tribunal Federal de Recursos, Juízes e Tribunais Militares, Juízes e Tribunais Eleitorais, Juízes e Tribunais do Trabalho. Além disso, foram previstas garantias aos magistrados (vitaliciedade, inamovibilidade e irredutibilidade dos subsídios), bem como vedações;

6) Manutenção do ***controle difuso de constitucionalidade*** e reinserção do ***controle concentrado de constitucionalidade***, novamente, com a previsão da Representação Interventiva. Ademais, houve a criação, com a Emenda Constitucional 16, de 1965, da Representação Genérica de Inconstitucionalidade (hoje denominada ADI);

7) Manutenção dos ***direitos fundamentais*** civis, políticos, de nacionalidade, sociais, econômicos e culturais, inclusive os trabalhistas, com algumas ampliações, como o direito de greve e de participação nos lucros, por exemplo;

8) Classifica-se doutrinariamente como: ***formal, escrita, rígida, democrática, analítica e dogmática***;

9) A Constituição de 1946 ***vigorou por cerca de 20 anos***, contudo, após o golpe militar de 31, de março, de 1964, até janeiro de 1967, quando foi outorgado outro documento constitucional, a Constituição de 1946 foi letra morta em face do totalitarismo e da violência de Estado que foram implantados no país.

6. A CONSTITUIÇÃO DE 1967

Em 31 de março de 1964, num cenário político conturbado, foi dado um golpe militar para assegurar os interesses das oligarquias políticas e econômicas do país, sepultando nossa jovem democracia e implementando formalmente no Brasil um regime militar, que ficou marcado, especialmente, pela institucionalização da tortura, da barbárie, do abuso de poder e da corrupção impunível dos governantes.

Nesse cenário, em 09 de abril de 1964, foi decretado o Ato Institucional 1, que, dentre outras coisas, suspendeu as eleições presidenciais, permitiu a cassação de mandatos e suspendeu as garantias da vitaliciedade e estabilidade, resultando na demissão sumária de vários funcionários públicos. Já em 07 de fevereiro de 1966, em razão da total incompatibilidade da Constituição de 1946 com o regime totalitário implementado desde 1964, foi decretado o Ato Institucional 4, que convocou o Congresso Nacional para reunir-se extraordinariamente para deliberar sobre o projeto de Constituição que seria apresentado pelo Presidente da República, numa tentativa de conferir legitimidade democrática à Constituição autoritária que veio a ser imposta ao povo, mascarando o totalitarismo estatal. Assim, em 24 de janeiro de 1967, foi outorgada uma nova Constituição que entrou em vigor no dia 15 de março de 1967.

A Constituição brasileira de 1967, fundando-se num totalitarismo estatal, buscou legitimar um governo autoritário implementado para assegurar os interesses das oligarquias políticas e econômicas do país, tendo como principais características:

1) Manutenção da ***forma de governo republicana*** e do ***sistema de governo presidencialista***, bem como da ***forma de Estado federalista***, contudo de forma desequilibrada, centralizando exacerbadamente as competências legislativas e as receitas tributárias nas mãos da União; Manutenção da ***separação tripartite dos poderes*** (Executivo, Legislativo e Judiciário) com notória concentração no Poder Executivo;

2) O ***Poder Legislativo***, conforme previsto, seria bicameral no âmbito da União, composto pela Câmara dos Deputados e pelo Senado Federal, em que pese tivesse atribuições limitadas, já que o Presidente da República poderia legislar através de Decretos com força de lei;

3) O ***Poder Executivo*** seria exercido pelo Presidente da República, auxiliado pelos Ministros de Estado, sendo ele eleito pela maioria absoluta de um Colégio Eleitoral composto por membros do Congresso Nacional e por Delegados indicados pelas Assembleias Legislativas dos Estados;

4) ***Poder Judiciário*** da União composto pelo Supremo Tribunal Federal, juízes e Tribunais Federais de Recursos, juízes e Tribunais Militares, juízes e Tribunais eleitorais, juízes e Tribunais do Trabalho, sendo asseguradas aos magistrados, as garantias da vitaliciedade, da inamovibilidade e da irredutibilidade dos subsídios;

5) Manutenção do ***controle difuso de constitucionalidade*** e do ***controle concentrado de constitucionalidade***, nos moldes da Constituição anterior;

6) Manutenção dos ***direitos fundamentais*** civis, políticos, de nacionalidade, sociais, econômicos e culturais, inclusive os trabalhistas, com algumas restrições. Nada obstante, os direitos previstos não eram assegurados na prática, sendo objeto de constantes violações por parte do Estado;

7) Classifica-se doutrinariamente como: ***formal, escrita, rígida, outorgada, analítica e dogmática***;

8) A Constituição de 1967 ***vigorou por pouco mais de 2 anos***, sendo substituída pela Emenda Constitucional 1, de 1969.

7. A CONSTITUIÇÃO DE 1969 (EMENDA CONSTITUCIONAL 1, DE 1969)

Em 13 de dezembro de 1968 foi decretado o Ato Institucional 5 (AI 5), que reforçou o totalitarismo e a violência de Estado, rompendo com a ordem constitucional implementada em 1967, configurando-se como um golpe dentro do próprio golpe militar, reforçando severamente os poderes do Presidente da República que veio a decretar recesso às Casas Legislativas da União, dos Estados e dos Municípios. Ademais, possibilitou-se a cassação de mandatos parlamentares, autorizou-se que o Presidente suspendesse as liberdades de reunião e associação e instituísse a censura, bem como suspendeu-se o *habeas corpus* em relação a crimes contra a segurança nacional, contra a ordem econômica e social, contra a economia popular e crimes políticos. Nesse cenário, vale lembrar que os Ministros do STF, Victor Nunes, Hermes Lima e Evandro Lins e Silva, foram cassados, justamente por se oporem ao exercício arbitrário do poder e defenderem a Constituição.

Em 17 de outubro de 1969 foi outorgada, pela junta militar que governava o país à época, a ***Emenda Constitucional1***, que na verdade não foi uma Emenda à Constituição, mas sim uma ***nova Constituição***, já que deu nova redação ao texto constitucional todo, substituindo o texto de 1967 por um novo texto, sendo teórica e tecnicamente uma nova Constituição, alterando-se até a sua designação (de Constituição do Brasil, nos termos da Constituição de 1967, para Constituição da República Federativa do Brasil, nos termos da Constituição de 1969).[3]

A Constituição brasileira de 1969 buscou constitucionalizar o Ato Institucional 5 e centralizar ainda mais o exercício do poder nas mãos do regime militar, podendo-se destacar as seguintes ***alterações em relação ao documento constitucional anterior:***

i) Ampliação do tempo de mandato do Presidente da República;

ii) A presidência do Congresso Nacional passou a ser exercida pelo Presidente do Senado Federal;

iii) Redução do número de Deputados Federais;

iv) Mitigação da imunidade material dos parlamentares;

v) Retrocessos normativos e práticos em relação aos direitos fundamentais, com fortalecimento da violência de Estado, destacando-se a institucionalização, de forma velada, da tortura e de execuções sumárias;

vi) No controle de constitucionalidade, pela Emenda Constitucional 7, de 1977, houve a criação da Representação para fins de interpretação de lei ou ato normativo federal ou estadual a ser julgado pelo Supremo Tribunal Federal e a instituição da medida cautelar nas representações genéricas de inconstitucionalidade;

Por fim, vale registrar que a Constituição de 1969 classifica-se, doutrinariamente, como ***formal, escrita, rígida, outorgada, analítica e dogmática***, tendo ***vigorado por pouco mais de 19 anos***.

3. SILVA, José Afonso da. Curso de Direito Constitucional Positivo. 33. ed. São Paulo: Malheiros, 2010.

8. A CONSTITUIÇÃO DE 1988

Já no final do governo Geisel observa-se o início de um lento e gradativo movimento de recrudescimento do totalitarismo no país, ganhando ares de redemocratização durante o governo Figueiredo, que já no início de seu mandato promulgou a Lei de Anistia, possibilitando que diversas pessoas exiladas e perseguidas pelo regime ditatorial retornassem ao país.

A redemocratização veio, após impulsão de movimentos populares, como o movimento sindicalista e a mobilização popular conhecida por "Diretas Já". Nesse cenário, em 1985, Tancredo Neves foi eleito indiretamente para o cargo de Presidente da República, mas por motivos de saúde não tomou posse, vindo a falecer pouco tempo depois. José Sarney, eleito Vice-Presidente, tornou-se Presidente e consolidou a redemocratização do país. Em novembro, de 1985, foi promulgada a Emenda à Constituição 26, que estabeleceu uma nova Assembleia Nacional Constituinte, cujos trabalhos iniciaram-se em 1987 e findaram em 1988, culminando com a promulgação da Constituição da República Federativa do Brasil, no dia 05 de outubro de 1988.

A Constituição brasileira de 1988 instituiu um Estado Democrático de Direito, dentro da perspectiva do humanismo ético, estabelecendo a dignidade da pessoa humana como fundamento da República Federativa do Brasil, ampliando e buscando dar efetividade aos direitos fundamentais, limitando os poderes estatais, visando coibir os abusos dos tempos obscuros de nossas ditaduras (monárquica, cível e militar), sendo, comumente, apelidada de Carta Cidadã.

Por fim, vale destacar que, em que pese as críticas sobre as incoerências e a funcionalidade, a Constituição de 1988 classifica-se, segundo a doutrina majoritária, como ***formal, escrita, codificada, dogmática, democrática, rígida, analítica, eclética, dirigente, autoconstituição e nominal***.

9. QUADRO SINÓPTICO

CAPÍTULO VII – HISTÓRICO DAS CONSTITUIÇÕES BRASILEIRAS	
Constituição de 1824	A Constituição do Império de 1824 teve forte influência do constitucionalismo liberal francês, tendo como principais características: a ***monarquia*** hereditária representativa, como forma de governo; o ***Estado unitário***, como forma de Estado; a ***separação de poderes quatripartite,*** com Poder Executivo, Legislativo, Judiciário e ***Moderador***; a consagração de ***direitos civis***; a manutenção da ***escravidão***; a adoção da ***religião católica apostólica romana*** como ***oficial do Estado***; a não existência de limites materiais ao Poder Constituinte Reformador; e a inexistência de um sistema de controle de constitucionalidade. Classifica-se como ***formal, escrita, semirrígida, outorgada, analítica e dogmática***, tendo vigorado por *65 anos*.
Constituição de 1891	A Constituição da República de 1891 teve forte influência do constitucionalismo liberal estadunidense, tendo como principais características: a ***república***, como forma de governo; o ***presidencialismo***, como sistema de governo; a ***federação***, como forma de Estado; a ***separação de poderes tripartite***; previsão de ***Estado de Sítio***; previsão de ***Poder Constituinte Decorrente***; consagração de ***direitos fundamentais***, notadamente ***direitos civis e políticos***; separação entre Igreja e Estado, consagrando-se o ***Estado laico***; adoção do ***controle de constitucionalidade difuso incidental***. Classifica-se como: ***formal, escrita, rígida, democrática, analítica e dogmática***, tendo vigorado por 39 anos.
Constituição de 1934	A Constituição de 1934 teve forte influência do constitucionalismo social, tendo como principais características: a manutenção da ***forma de governo republicana***, do ***sistema de governo presidencialista***, da ***forma de Estado federalista*** e da ***separação dos poderes tripartite***; previsão do ***Ministério Público*** e dos ***Tribunais de Contas*** como órgãos de cooperação nas atividades governamentais; possibilidade de ***Intervenção Federal*** nos Estados; manutenção do ***controle de constitucionalidade difuso***, como regra do direito brasileiro, e surgimento do ***controle concentrado de constitucionalidade*** nos casos de representação interventiva; ampliação dos ***direitos civis e políticos***, e consagração dos ***direitos sociais***, com especial referência aos ***direitos do trabalhador***. Classifica-se como: ***formal, escrita, rígida, democrática, analítica e dogmática***, tendo vigorado por pouco mais de 3 anos.

Constituição de 1937	A Constituição de 1937 teve forte inspiração na Constituição fascista da Polônia, sendo, por isso, apelidada de ***polaca***, tendo como principais características: a manutenção da ***forma de governo republicana***, do ***sistema de governo presidencialista***, da ***forma de Estado federalista*** e da ***separação dos poderes tripartite***, contudo com forte concentração de poderes no Executivo; manutenção do ***controle de constitucionalidade difuso***, contudo, com a possibilidade de o Presidente da República tornar sem efeito a decisão de inconstitucionalidade, desde que confirmado pelo voto de dois terços de cada uma das Casas Legislativas; ***Exclusão do controle de constitucionalidade concentrado***, com o fim da Representação Interventiva; manutenção dos ***direitos fundamentais***, contudo com algumas supressões e retrocessos; declarou em todo o país o ***estado de emergência***. Classifica-se como: ***formal, escrita, rígida, outorgada, analítica e dogmática***, tendo vigorado por 8 anos.
Constituição de 1946	A Constituição de 1946 fundou-se num constitucionalismo democrático e social, tendo como principais características: a manutenção da ***forma de governo republicana***, do ***sistema de governo presidencialista***, da ***forma de Estado federalista*** e da ***separação dos poderes tripartite***; possibilidade das casas legislativas federais criarem ***Comissões Parlamentares de Inquérito (CPIs)***; previsão de ***responsabilização do chefe do poder executivo*** por crimes comuns (julgados pelo STF) e de responsabilidade (julgados pelo Senado) após juízo de admissibilidade da Câmara dos Deputados; nos termos da Emenda Constitucional 4, de 1961, vigorou no Brasil, entre setembro de 1961 e janeiro de 1963, o ***sistema de governo parlamentarista***; manutenção do ***controle difuso de constitucionalidade*** e reinserção do ***controle concentrado de constitucionalidade***, pela Representação Interventiva e pela Representação Genérica de Inconstitucionalidade; manutenção dos ***direitos fundamentais***, com algumas ampliações. Classifica-se como: ***formal, escrita, rígida, democrática, analítica e dogmática***, tendo vigorado por cerca de 20 anos, contudo foi letra morta após o golpe militar de 1964 até a outorga da Constituição de 1967, em face da ditadura implantada no país.
Constituição de 1967	A Constituição de 1967, fundando-se num totalitarismo estatal, buscou legitimar um governo autoritário implementado para assegurar os interesses das oligarquias políticas e econômicas do país, tendo como principais características: a manutenção da ***forma de governo republicana***, do ***sistema de governo presidencialista***, da ***forma de Estado federalista*** e da ***separação dos poderes tripartite***, contudo com notória concentração de poderes no Executivo; manutenção do ***controle difuso de constitucionalidade*** e do ***controle concentrado de constitucionalidade***, nos moldes da Constituição anterior; manutenção dos ***direitos fundamentais***, contudo com restrições jurídicas e práticas, em face da forte violência de Estado. Classifica-se como: ***formal, escrita, rígida, outorgada, analítica e dogmática***, tendo vigorado por pouco mais de 2 anos, sendo substituída pela Emenda Constitucional 1, de 1969.
Constituição de 1969	A Constituição de 1969 buscou constitucionalizar o Ato Institucional 5 e centralizar ainda mais o exercício do poder nas mãos do regime militar, podendo-se destacar as seguintes ***alterações em relação ao documento constitucional anterior:*** ampliação do tempo de mandato do Presidente da República; redução do número de Deputados Federais; mitigação da imunidade material dos parlamentares; ***retrocessos normativos e práticos em relação aos direitos fundamentais***, com fortalecimento da violência de Estado, destacando-se a ***institucionalização***, de forma velada, ***da tortura e de execuções sumárias***; no ***controle de constitucionalidade***, pela Emenda Constitucional 7, de 1977, houve a criação da Representação para fins de interpretação e a instituição da medida cautelar nas representações genéricas de inconstitucionalidade; Classifica-se como ***formal, escrita, rígida, outorgada, analítica e dogmática***, tendo vigorado por pouco mais de 19 anos.
Constituição de 1988	A Constituição de 1988 instituiu um ***Estado Democrático de Direito***, dentro da perspectiva do ***humanismo ético***, estabelecendo a ***dignidade da pessoa humana*** como fundamento da República Federativa do Brasil, ampliando e buscando dar efetividade aos ***direitos fundamentais***, limitando os poderes estatais, visando coibir os abusos dos tempos obscuros de nossas ditaduras (monárquica, cível e militar), sendo apelidada de ***Carta Cidadã***. Em que pese as críticas sobre as incoerências e a funcionalidade, classifica-se, segundo a doutrina majoritária, como ***formal, escrita, codificada, dogmática, democrática, rígida, analítica, eclética, dirigente, autoconstituição e nominal***.

TÍTULO II
PRINCÍPIOS FUNDAMENTAIS

"[...] Li nos escritos dos Árabes, venerandos Padres, que, interrogado Abdala Sarraceno sobre qual fosse a seus olhos o espetáculo mais maravilhoso neste cenário do mundo, tinha respondido que nada via de mais admirável do que o homem. Com esta sentença concorda aquela famosa de Hermes: 'Grande milagre, ó Asclépio, é o invejável não só pelas bestas, mas também pelos astros e até pelos espíritos supramundanos. Coisa inacreditável e maravilhosa. E como não? Já que precisamente por isso o homem é dito e considerado justamente um grande milagre e um ser animado, sem dúvida digno de ser admirado [...]".

Giovanni Pico Della Mirandola – Discurso sobre a dignidade do homem.

CAPÍTULO VIII
PRINCÍPIOS FUNDAMENTAIS

1. PRINCÍPIOS FUNDAMENTAIS

Os princípios fundamentais são aqueles que ***condensam as decisões político-jurídicas fundamentais do Estado, estabelecendo as bases essenciais do sistema jurídico***. Constituem síntese e matriz das demais normas constitucionais, que àquelas podem ser direta ou indiretamente (re)conduzidos, sendo, na classificação de J.J. Gomes Canotilho, *princípios políticos constitucionalmente conformadores*[1] Ademais, em que pese expressem decisões político-jurídicas fundamentais do Estado, ***são normas jurídicas***, possuindo força normativa e gozando da supremacia das normas constitucionais, impondo-se a todos os poderes e a sociedade, devendo ser observados desde a criação do direito até a sua interpretação e aplicação. Além disso, por exprimirem as bases ideológicas essenciais que permeiam e fundamentam o sistema jurídico, são considerados ***limites materiais implícitos ao Poder Constituinte Reformador***.

Na Constituição brasileira de 1988, os princípios fundamentais estão positivados no ***Título I***, do art. 1º ao 4º, sendo que o ***artigo 1º*** preceitua os fundamentos da República Federativa do Brasil, o ***artigo 2º*** positiva a separação dos poderes, o ***artigo 3º*** prescreve os objetivos da República Federativa do Brasil e o ***artigo 4º*** estabelece os princípios que regem os Brasil nas relações internacionais.

2. PRINCÍPIOS ESTRUTURANTES

A Constituição da República Federativa do Brasil de 1988, especialmente, em seus artigos 1º e 2º, institui alguns princípios que têm o condão de estruturar o Estado brasileiro, estabelecendo nossa forma (República) e regime (Democracia) de governo, bem como nossa forma de Estado (Federação), além de consagrar a separação de poderes e a soberania popular.

República Federativa do Brasil	
Forma de Governo	***República***
Sistema de Governo	***Presidencialista***
Regime de Governo	***Democrático***
Forma de Estado	***Federação***

2.1 Princípio republicano

O princípio republicano consagra uma ***forma de governo*** (forma que os governantes ascendem ao governo e se relacionam com os governados) que se opõe, especialmente, à monarquia e tem como principais ***caracteristicas:***[2]

1. CANOTILHO, José Joaquim Gomes. Direito Constitucional e Teoria da Constituição. 7 ed. Coimbra: Almedina, 2003, p. 1166.
2. CUNHA JR. Dirley da. Curso de Direito Constitucional. 9 ed. Salvador: Juspodivm, 2015, p. 428 e ss.

a) é uma *forma de governo na qual o patrimônio estatal é concebido como patrimônio público, coisa pública (res pública)*, que pertence ao povo e não aos governantes;

b) ***Funda-se do princípio da igualdade***, determinando que os governantes tratem as pessoas de forma igual perante a lei, sendo vedadas distinções de qualquer natureza entre pessoas que se encontram na mesma situação jurídica, determinando-se, por outro lado, que adotem medidas para assegurar uma igualdade material entre as pessoas que se encontrem em situações de desigualdade, além de exigir ***conduta impessoal, ética e eficiente dos agentes públicos***;

c) ***Eletividade dos detentores do poder***, consagrada pela ***soberania popular***, a exigir que os membros do Legislativo e Executivo sejam eleitos por eleições populares e exerçam o poder em nome e no interesse do povo;

d) ***É uma forma de governo representativa***, devendo os detentores do poder representar a população como um todo, sem exclusões que inferiorizem parcelas minoritárias da população. O governo deve governar para todos e não apenas para alguns, mesmo que esses alguns sejam a maioria;

e) ***Temporariedade do exercício do poder***, exigindo-se a alternância dos mandatários do poder, devendo os mandatos terem prazo certo;

f) ***Responsabilidade dos governantes***, devendo estes responderem política, cível, penal e administrativamente pelos atos praticados no exercício do poder, na forma da lei.

2.2 Princípio federalista

O princípio federalista consagra a ***forma de Estado*** em que o ***poder político é distribuído geograficamente em razão do território***, possuindo um ente central dotado de soberania e entes regionais dotados de autonomia, tendo como principais ***características***:[3]

a) ***Indissolubilidade do pacto federativo***, vedando-se a separação dos entes federados;

b) ***Coexistência de, no mínimo, duas ordens jurídicas***, uma central e uma regional, fruto de uma descentralização das vontades políticas;

c) ***Constituição rígida, com núcleo pétreo que não admita a secessão***, como na Constituição brasileira de 1988, em que a forma federativa de Estado é cláusula pétrea, nos termos do art. 60, § 4º, I;

d) ***Existência de órgão que represente os entes federativos regionais de forma igualitária***, como o Senado Federal, no caso da Constituição brasileira de 1988;

e) ***Autonomia financeira dos entes federativos*** reconhecida pela Constituição do ente soberano;

f) Existência de um ***órgão de cúpula do Poder Judiciário que solucione os conflitos de competência*** entre os entes federativos;

g) ***Auto-organização político-administrativa dos entes federativos autônomos***, sendo-lhes atribuídos ***autonormatização*** (competência para produzirem suas próprias leis), ***autogoverno*** (são detentores dos poderes estatais – Executivo, Legislativo e Judiciário) e ***autoadministração*** (exercício das competências legislativas, administrativas e tributárias próprias).

3. FERNANDES, Bernardo G. Curso de Direito Constitucional. 8 ed. Salvador: Juspodivm, 2016, p. 816.

2.3 Princípio do estado democrático de direito

O Estado Democrático de Direito não consiste meramente no produto da junção entre o Estado de Direito e o Estado Democrático, configurando-se como um novo paradigma, que supera os paradigmas do Estado Liberal e do Estado Social. Contudo, para compreender o Estado Democrático de Direito, é preciso entender antes o Estado de Direito e a democracia, por serem os pontos de partida para a sua formação.

A expressão ***Estado de Direito*** tem origens na ***Prússia***, com o conceito de ***Rechsstaat***, que expressava a idealização da impessoalidade do poder político, atribuindo-se a soberania ao Estado e não ao monarca, sendo, portanto, uma expressão do Estado Liberal, limitada à defesa da ordem e dos direitos de liberdade. Ademais, na ***tradição do common law***, por meio do conceito de ***Rule of Law***, destaca-se: *i)* suas raízes remontam aos ideais de limitação dos poderes dos reis, assumindo uma dimensão processual, desde a *Magna Carta* de 1215, a exigir que o Estado se submeta a procedimentos legais previamente estabelecidos; *ii)* especialmente após a *Glorious Revolution* e o *Act of Settlement*, reconhecimento de que o Executivo deve submeter seus atos ao controle do parlamento (*King in Parliament*); *iii)* nos Estados Unidos da América do Norte, com o desenvolvimento da noção de *always under Law*, consagra-se, especialmente, a ideia de um Estado de Direito constitucionalista, no qual destaca-se a defesa dos direitos e liberdades constitucionais e o dever de exteriorização das razões públicas que motivam qualquer decisão estatal, para que componha a esfera de conhecimento a aprovabilidade dos cidadãos. Além disso, na ***tradição francesa***, o ***État legal***, funda-se nas ideias de vontade geral e de soberania popular, exercida especialmente pelo Poder Legislativo, em razão de sua representatividade, ficando toda a legalidade submetida a uma ordem normativa hierarquizada que tem como ápice a Declaração Universal dos Direitos do Homem e do Cidadão, que consagra os direitos naturais da pessoa humana.[4]

Resumidamente, pode-se conceituar o ***Estado de Direito***, especialmente no viés constitucionalista, como um Estado ***impessoal***, ***soberano***, fundado na ***soberania popular***, tendo seus ***poderes legitimados e limitados*** pelo direito que cria para sua população e para si próprio, constituído por uma ***Constituição*** que consagre ***direitos e garantias fundamentais*** aos seus cidadãos, caracterizando-se não por possuir leis (Estado legal), mas sim por se submeter às leis que cria.

A ***democracia***, nos termos de suas origens etimológicas, consiste no ***regime de governo*** que consagra a ideia de ***governo do povo***, abrindo o governo e o Estado para a participação do povo, reconhecido como sendo o titular de todo o poder. Nesse sentido, as sempre atuais palavras de Abraham Lincoln, ***"a democracia é o governo do povo, pelo povo, para o povo"***, que nos remetem a ideia de que na democracia o governo e o poder pertencem ao povo, devendo ser exercidos com sua participação ativa e em seu benefício.

Respeitadas as diferentes experiências democráticas ao longo da história da humanidade, com destaque para a democracia grega, especialmente desenvolvida em Atenas, ainda na Antiguidade Clássica, é preciso registrar que a democracia, nos dias de hoje, é compreendida, minimamente, em uma dupla dimensão: uma primeira, denominada de ***democracia formal***, que consiste na expressão da vontade da maioria, e uma segunda, denominada de ***democracia substancial***, que consiste numa barreira à vontade da maioria e exige respeito aos direitos e garantias fundamentais de todos, inclusive das minorias, funcionando, nesse sentido, como

4. Ibidem, p. 293 e ss.

uma proteção dos direitos das minorias contra a vontade das maiorias.[5] Nesse sentido, é preciso entender que *a democracia é o governo do povo, de todo o povo, e não apenas de uma parte do povo, ainda que essa parte seja majoritária*. Assim, um governo democrático é aquele que representa, respeita, protege e promove todo o povo, dando às pessoas *tratamento igualitário, reconhecendo os mesmos direitos às diferentes classes*, isto é, ***o Estado Democrático consagra o governo de todos e não o governo da maioria, ou de minorias, ou de qualquer grupo.*** *Na democracia há de se respeitar o igual direito de todos, sem discriminações*. Exemplificativamente, em um governo democrático, se o Estado reconhece a liberdade religiosa aos evangélicos, ele tem o dever de reconhecer esse mesmo direito a todas as outras fés (católicos, espíritas, budistas, umbandistas etc.) e, também, as não fés (agnósticos e ateus). Em outro exemplo, em um governo democrático, se o Estado reconhece os negócios jurídicos do casamento e da união estável como um direito das pessoas heterossexuais, ele tem o dever de reconhecer esse mesmo direito às pessoas homossexuais.

Para além da tradicional classificação das formas de exercício da democracia em ***democracia direta*** (exercida diretamente pelo povo, sem intermédio de representantes, por instrumentos como plebiscito, referendum e iniciativa popular) e ***democracia indireta ou representativa*** (exercida por intermédio de representantes eleitos pelo povo), atualmente, discute-se na filosofia política dos Estados Democráticos o conceito de ***democracia deliberativa***.

Resumidamente, como explica Cláudio de Souza Neto, "a ***democracia deliberativa*** surge, nas duas últimas décadas do séc. XX, como alternativa às teorias da democracia então predominantes, as quais a rediziam a um processo de agregação de interesses particulares, cujo objetivo seria a escolha de elites governantes. Em oposição a essas teorias agregativas e elitistas a democracia deliberativa repousa na compreensão de que *o processo democrático não pode se restringir à prerrogativa de eleger representantes*. A experiência histórica demonstra que, assim concebida, pode ser amesquinhada e manipulada. ***A democracia deve envolver, além da escolha de representantes, também a possibilidade de se deliberar publicamente sobre as questões a serem decididas***. A troca de argumentos A troca de argumentos e contra-argumentos racionaliza e legitima a gestão da *res pública*. Se determinada proposta política logra superar a crítica formulada pelos demais participantes da deliberação, pode ser considerada, pelo menos *prima facie*, legítima e racional. Mas para que essa função se realize, *a deliberação deve se dar em um contexto aberto, livre e igualitário*. Todos devem participar. A participação deve ocorrer livre de qualquer coerção física ou moral. Todos devem ter, de fato, iguais possibilidades para influenciar e persuadir. Esses pressupostos e uma deliberação justa e eficiente são institucionalizados através do *estado de direito*, que é entendido, portanto, como condição, requisito ou pressuposto da democracia. De fato, *não há verdadeira democracia sem respeito aos direitos fundamentais*".[6]

Após estas breves digressões, resumidamente, é possível conceituar o ***Estado Democrático de Direito*** como sendo um ***Estado Constitucional Democrático***, implementado, sobretudo, com o constitucionalismo do pós-Guerra, pautado na *força normativa* e na *supremacia da Constituição* e que tem os *direitos fundamentais como limites ao princípio majoritário* (democracia substancial), a exigir que os *cidadãos* sejam *tratados como sujeitos ativos do processo democrático e da gestão da coisa pública*, enquanto *titulares do poder* (soberania popular),

---

5. FERRAJOLI, Luigi. Los fundamentos de los derechos fundamentales. 4 ed. Madrid: Trotta, 2009.
6. SOUZA NETO, Cláudio Pereira. Constitucionalismo democrático e governo das razões. Rio de Janeiro: Lumen Juris, 2010, p. 3-4.

devendo o poder ser exercido em benefício do povo, com a responsabilização política, administrativa, cível e penal dos governantes, que devem se submeter às leis que criam.

2.4 Soberania popular

CF/88, art. 1°, parágrafo único. Todo o poder emana do povo, que o exerce por meio de representantes eleitos ou diretamente, nos termos desta Constituição.

Ao afirmar que todo o poder emana do povo, a Constituição ratifica a ideia de que ***o povo é o titular de todo o poder, a começar pelo Poder Constituinte Originário***, de modo que *a própria Constituição só é legítima quando o povo participa ativamente de seu processo de elaboração*, seja de forma direta, seja de forma indireta, por meio de seus representantes. Numa ***compreensão moderna***, o Poder Constituinte Originário pertence ao ***povo*** (todo o povo e não apenas parte dele), independentemente das diferenças culturais, sociais, religiosas, econômicas, políticas etc., devendo a Constituição representar os valores de todo o povo e não apenas dos grupos dominantes e majoritários.[7] Aqui, consagra-se o entendimento de que ***a soberania da Constituição encontra legitimidade na soberania popular***, devendo os poderes constituídos serem exercidos em favor do povo (em favor das pessoas) e não contra ele, vez que ***é o Estado que existe para servir ao povo e não o povo ao Estado***, ou seja, é o Estado que existe para a consecução dos fins humanos e não o contrário.[8]

Ademais, este dispositivo deixa assente que no Brasil, o exercício da soberania popular, nos termos da Constituição de 1988, dá-se tanto pela ***democracia representativa***, isto é, por representantes eleitos pelo povo, como por meio de ***instrumentos de democracia direta***, como o plebiscito (art. 14, I), o referendo (art. 14, II) e a iniciativa popular (art. 14, III), consagrando-se uma ***democracia semidireta***.

2.5 Separação dos poderes

CF/88, art. 2°. São Poderes da União, independentes e harmônicos entre si, o Legislativo, o Executivo e o Judiciário.

A ideia de separar/dividir as funções estatais entre órgãos distintos encontra antecedentes desde a Antiguidade Clássica, na obra de ***Aristóteles***.[9] Na Idade Moderna, ***John Locke***,[10] tendo como pano de fundo o Reino da Grã-Bretanha pós Revolução Gloriosa, irá defender uma separação entre as funções estatais, notadamente entre as funções legislativa e executiva, vez que reuni-las em um mesmo órgão *"seria provocar uma tentação muito forte para a fragilidade humana, tão sujeito à ambição"*.[11]

Inspirado pela obra de Locke e pelo modelo inglês de separação das funções estatais, ***Montesquieu***, após constatar, pela *"experiência eterna"*, que *"todo homem investido no poder é tentado a abusar dele"* até que encontre limites, irá sustentar que a limitação de um poder estatal somente é possível se existir outro poder capaz de limitá-lo.[12] Assim, Montesquieu

7. SOUZA CRUZ, Álvaro Ricardo. Poder Constituinte e Patriotismo Constitucional. Belo Horizonte: Editora PUC Minas, 2006.
8. NOGUEIRA, J. C. Ataliba. O Estado é meio e não fim. 2. ed. São Paulo: Saraiva, 1945, p. 147-155.
9. ARISTÓTELES. Política. São Paulo: Martin Claret, 2006.
10. LOCKE, John. Segundo Tratado sobre o Governo. São Paulo: Martin Claret, 2003.
11. CAETANO, Marcello. Manual de ciência política e direito constitucional. 6 ed. Coimbra: Almedina, 2003. t. I.
12. MONTESQUIEU. Do espírito das leis. São Paulo: Martin Claret, 2009.

irá propor um ***modelo de separação das funções estatais entre os poderes constituídos, em que um poder irá limitar e controlar o outro impedindo o seu exercício arbitrário***, um verdadeiro mecanismo de freios recíprocos (*checks and controls*) visando o equilíbrio entre os poderes (*equilibrium of powers*), estabelecendo, portanto, uma separação relativa das funções e não uma separação absoluta, propiciando um ambiente político de interpenetração de competências e ingerências recíprocas entre os poderes e impedindo que apenas um órgão ou uma pessoa concentrasse todo o poder estatal.

O pensamento de Montesquieu influenciou de forma determinante o constitucionalismo moderno, tendo inspirado fortemente os autores da Constituição dos Estados Unidos da América do Norte de 1787, que estabeleceram um sistema constitucional com separação e controle mútuo entre os poderes (*checks and balances*), em que os órgãos estatais possuem a faculdade de impedirem-se reciprocamente.[13] Do outro lado do mundo, com a Revolução Francesa, tornou-se um dogma universal, ao ser consagrado de forma expressa no art. 16, da Declaração Universal dos Direitos do Homem e do Cidadão de 1789, que assim expressa: *"A sociedade em que não esteja assegurada a garantia dos direitos nem estabelecida a separação dos poderes não tem Constituição"*.

A doutrina liberal do séc. XIX, de forma diversa a idealizada por Montesquieu, defendeu uma separação rígida das funções estatais aos poderes constituídos. Contudo, essa separação se mostrou inadequada ao longo do desenrolar da modernidade, especialmente em face da complexidade política e social. Assim, contemporaneamente, a separação de poderes não é vista com a rigidez de outrora, exigindo, para além da ***independência*** entre os poderes, ***harmonia*** e ***colaboração*** para o bom funcionamento do sistema político.

Nesse cenário, a ***Constituição brasileira de 1988*** foi categórica ao afirmar que os poderes são ***independentes e harmônicos entre si*** (art. 2º), constituindo o princípio da separação dos poderes ***cláusula pétrea*** (art. 60, §4º, III), engendrando um sistema de separação de funções e distribuição de competências com o intuito de assegurar a independência, a harmonia e o equilíbrio entre os poderes constituídos, bem como de controle recíproco entre eles (*checks and balances*), de modo a evitar o abuso e o arbítrio por parte de quaisquer deles. Ademais, nosso sistema constitucional consagrou um sistema em que cada poder exerce, de forma predominante, uma função típica, mas, também, exerce, de forma excepcional, funções atípicas (típicas de outros poderes), assim, por exemplo, o Poder Legislativo exerce, tipicamente, a função de legislar (criar leis e inovar na ordem jurídica), mas, também, exerce, atipicamente, as funções de julgar (os crimes de responsabilidade do Presidente da República, por exemplo) e administrar (dando posse aos seus servidores, por exemplo).

3. OS FUNDAMENTOS DA REPÚBLICA FEDERATIVA DO BRASIL

CF/88, art. 1º. A República Federativa do Brasil, formada pela união indissolúvel dos Estados e Municípios e do Distrito Federal, constitui-se em Estado Democrático de Direito e tem como fundamentos:
I – a soberania;
II – a cidadania;
III – a dignidade da pessoa humana;
IV – os valores sociais do trabalho e da livre iniciativa;
V – o pluralismo político.

13. COOLEY, Thomas. Princípios Gerais de Direito Constitucional dos Estados Unidos da América do Norte. 2 ed. São Paulo: RT, 1982.

3.1 Soberania

A construção do conceito de soberania, enquanto elemento do Estado, liga-se diretamente ao processo de formação do próprio Estado, não sendo possível falar em soberania das instituições existentes antes do Estado, que até possuíram elementos análogos à soberania, contudo essencialmente diferentes. Já o marco inicial de seu desenvolvimento teórico remonta à obra *Lex Six Livres de la République*, de Jean Bodin (1576) concretizando-se, no âmbito das relações internacionais, com a *Paz de Westfalia* (1648), em que se reconheceu a coexistência de Estados independentes.[14]

Numa ***visão clássica***, a soberania designa um ***poder político supremo*** (por não ser limitada por nenhum outro poder na ordem interna) ***e independente*** (por estar em pé de igualdade com os poderes soberanos de outros povos e não se sujeitar a nenhuma norma internacional que não seja voluntariamente aceita), dividindo-se em: ***i) soberania externa***, que refere-se à representação do Estado na ordem internacional, segundo a qual o Estado soberano não se sujeita a nenhum outro Estado, nem a nenhum órgão internacional; e ***ii) soberania interna***, que refere-se à supremacia estatal em face dos cidadãos na ordem interna.

Numa ***visão contemporânea***, ***a soberania é relativizada*** e sofre uma releitura, especialmente, fundada nos princípios da democracia, da soberania popular, do pluralismo político e da dignidade da pessoa humana, em face dos novos arranjos globais que as pessoas e o Estado estão inseridos, abandonando a rigidez de outrora.[15] No ***plano interno***, a soberania do Estado encontrará legitimidade na soberania popular, uma vez que emanando todo o poder do povo, o Estado deverá ser o meio para a realização dos fins das pessoas e não o contrário, tendo o dever fundamental de proteger e promover a pessoa humana. No ***plano externo***, as novas relações humanas e estatais, tendo como pano de fundo a globalização política e econômica, irá flexibilizar as normas internas em face de uma normatização internacional, seja no âmbito comercial, seja no âmbito humanístico, submetendo Estados soberanos à órgãos internacionais, como, por exemplo, o Tribunal Penal Internacional, do qual o Brasil é signatário e que encontra previsão constitucional, nos termos do §4º, do art. 5º, da CF/88.

3.2 Cidadania

Numa ***visão clássica*** e ainda utilizada por nossa dogmática constitucional (art. 14, CF/88), a cidadania é compreendida como cidadania política, referindo-se à capacidade de votar e ser votado, sendo cidadão, na forma da lei, aquele que possui alistamento eleitoral, está em dia com suas obrigações políticas e cujos direitos políticos não estão suspensos ou perdidos.

Já numa ***visão contemporânea***, desenvolvida, sobretudo, após o final da Segunda Guerra Mundial, a noção de cidadania amplia-se para além da expressão política do direito de sufrágio, estabelecendo-se como um direito de participação ativa na formação da vontade política do Estado e de afirmação dos direitos e garantias fundamentais da pessoa humana, que está em constante desenvolvimento.[16] Ademais, enquanto expressão política, vai muito além do direito de sufrágio, podendo ser exercida de diversas outras formas, como manifestações e protestos populares, audiências públicas, consultas legislativas, greves e outras

---

14. NOVELINO, Marcelo. Curso de Direito Constitucional. 13 ed. Salvador: Juspodivm, 2018.
15. FERRAJOLI, Luigi. A soberania no mundo moderno. São Paulo: Martins Fontes, 2002.
16. SILVA, José Afonso da. Comentário Contextual à Constituição. 9 ed. São Paulo: Malheiros, 2014, p. 37 e ss.

maneiras capazes de influenciar a formação da vontade política e as decisões tomadas pelo Estado e pelas instituições sociais.

3.3 O princípio da dignidade da pessoa humana

A dignidade nem sempre foi compreendida como sendo uma qualidade especial que atribui a cada ser humano um valor intrínseco indissociável. ***Num primeiro momento, a dignidade da pessoa humana referia-se à posição social e aos cargos ocupados pelo indivíduo***, isto é, cada indivíduo possuía, ou não possuía, uma dignidade de acordo com a posição social e os cargos ocupados, podendo falar-se, inclusive, numa hierarquização ou quantificação de dignidade. Essa concepção da dignidade, enquanto *status* social, pode ser encontrada desde a Antiguidade Clássica, passando pela Idade Média, até a ascensão do Estado Liberal.[17]

É na Roma Antiga, *a partir das formulações de Marco Túlio Cícero,* ***que a dignidade passou a não ser compreendida exclusivamente como uma posição social, mas também como um valor intrínseco indissociável de todos os homens***, vez que, para ele, "a natureza preceitua que o homem deve fazer o bem a seu semelhante pela única razão de ser homem" e deve respeitar os direitos de todos os homens e não só de seus concidadãos.[18] Assim, o conceito de dignidade passou a desenvolver-se num duplo sentido: num sentido moral, cujas bases remontam às virtudes pessoais e ao valor do ser humano enquanto ser humano, e num sentido sociopolítico, cujas bases referem-se à posição social e política que cada indivíduo ocupa.[19]

Essa dupla perspectiva da dignidade, também, pode ser encontrada na filosofia católica da Idade Média, em que é possível apontar-se uma dimensão ontológica da dignidade, cujas bases remontam à "*Imago Dei*", pautada na ideia de que o homem é digno porque foi feito à imagem e semelhança de Deus, e uma dimensão existencial ou adquirida da dignidade, cujas bases remontam à obediência aos ditames católicos, devendo o ser humano portar-se conforme as leis da Igreja para que possa ser considerado digno.[20] Por outro lado, a contrassenso, essa segunda dimensão da dignidade, tal como demonstra Bruno Weyne, "remete a todo um sistema de estratificação social que foi instituído durante o feudalismo, em que se admitiam relações de subordinação entre o senhor e o vassalo, e, consequentemente, a privação da dignidade das classes inferiores".[21]

Deixando de lado a compreensão da dignidade enquanto status ou valor social, façamos uma abordagem mais concentrada da dignidade enquanto qualidade especial que atribui a cada ser humano um valor intrínseco indissociável, até porque é essa a dignidade consagrada em nosso constitucionalismo.

3.3.1 Os marcos fundamentais da dignidade da pessoa humana

A dignidade da pessoa humana possui muitos marcos teóricos, destacando-se, contudo, três: ***o monoteísmo judaico-cristão como marco religioso, os desenvolvimentos filosóficos do Ilu-***

17. BARROSO, Luís Roberto. A dignidade da pessoa humana no direito constitucional contemporâneo: a construção de um conceito jurídico à luz da jurisprudência mundial. Belo Horizonte: Fórum, 2013, p. 13-14.
18. CÍCERO. Dos deveres. São Paulo: Martin Claret, 2007, p. 120-121.
19. SARLET, Ingo Wolfgang. Dignidade da pessoa humana e direitos fundamentais na Constituição Federal de 1988. 9 ed. Por Alegre: Livraria do Advogado, 2011, p. 34-36.
20. RUOTOLO, Marco. Appunti sulla Dignità Umana. *Direitos Fundamentais & Justiça*. n.11, abr./jun. 2010, p. 125-126.
21. WEYNE, Bruno Cunha. O princípio da dignidade humana: reflexões a partir da filosofia de Kant. São Paulo: Saraiva, 2013, p. 42-43.

minismo, especialmente os de Immanuel Kant, como marco filosófico e o período imediatamente posterior ao fim da Segunda Guerra Mundial como marco histórico, por ter incorporado e alçado a dignidade da pessoa humana ao centro do debate jurídico-político.

A começarmos pelo ***marco religioso***, tem-se que as diversas religiões sempre buscaram justificar a condição da pessoa humana como sendo uma condição especial, diferenciada, alçando o homem a um lugar especial no universo.[22] Nessa perspectiva, a dignidade da pessoa humana reside no "coração" das mais variadas religiões (por óbvio, que cada uma a compreende de um modo diferente). Contudo, em face de nossa história e de nossas tradições, interessa-nos as concepções religiosas predominantes do "Ocidente", deste modo, interessa-nos como a dignidade da pessoa humana desenvolveu-se na perspectiva das religiões judaico-cristãs.

Assim, em que pese não seja correto reivindicar a exclusividade, ou mesmo a originalidade, do desenvolvimento religioso de uma ideia de dignidade da pessoa humana à doutrina judaico-cristã, não há dúvidas de que nessa matriz religiosa, seja no velho[23] ou no novo testamento,[24] pode-se encontrar diversas passagens que conferem ao ser humano um *locus* especial no universo, notadamente em face de ter sido feito o homem à imagem e semelhança de Deus (*Imago Dei*), impondo-lhe um dever de amor incondicional ao próximo. Ademais, em face da influência determinante do cristianismo no desenvolvimento da civilização ocidental, alguns autores demonstram que no texto bíblico há passagens das quais pode-se abstrair não só uma ideia de dignidade da pessoa humana, mas também de elementos de individualismo, igualdade e solidariedade, os quais foram essenciais para a compreensão hodierna da dignidade.[25]

Passando-se ao ***marco filosófico***, tem-se que no limiar dos séculos XVI e XVII, muitos filósofos contribuíram para o desenvolvimento da ideia de dignidade humana, especialmente em relação aos direitos naturais da pessoa. Nada obstante, foi durante o *século das luzes (século XVIII)*, com o ***Iluminismo***, que o conceito de dignidade da pessoa humana ganhou desenvolvimento significante em si mesmo, com base na ideia de centralidade do homem, enquanto *sujeito de direitos* merecedor de especial respeito e consideração de seus semelhantes e do Estado, concepção determinante até hoje para a definição de dignidade da pessoa humana.[26]

Mais precisamente, pode-se dizer que foi com ***Immanuel Kant*** que a dignidade da pessoa humana completou seu processo de secularização, com alicerces na autonomia ética e racional do ser humano. A contribuição de Kant, sem dúvida alguma, parece-nos ser a mais determinante e significativa para a construção da dignidade da pessoa humana, sendo recepcionada pelo discurso jurídico mundial contemporâneo e, em especial, pela doutrina jurídica e jurisprudência brasileiras.[27]

---

22. BARROSO, Luís Roberto. A dignidade da pessoa humana no direito constitucional contemporâneo: a construção de um conceito jurídico à luz da jurisprudência mundial. Belo Horizonte: Fórum, 2013, p. 14-16.
23. Gênesis, cap. 1, vers. 26-27; Levítico, cap. 19, vers. 18; dentre outras passagens.
24. Efésios, cap. 4, vers. 24; Mateus, cap. 22, vers. 39; dentre outras passagens.
25. STARCK, Christian. The religious and philosophical background of human dignity and its place in modern Constitutuions. In: KRETZMER, David; KLEIN, Eckart (ed.). The concept of human dignity in human rights discourse. The Hague: Kluwer Law International, 2002.
26. KIRSTE, Stephan. A dignidade humana e o conceito de pessoa de direito. In: SARLET, Ingo Wolfgang (org.). Dimensões da dignidade: ensaios de filosofia do direito e direito constitucional. 2 ed. Porto Alegre: Livraria do Advogado, 2009.
27. Exemplificativamente, no âmbito do Supremo Tribunal Federal, nos últimos anos, pode-se citar o voto do Min. Joaquim Barbosa, em voto proferido no RE 398.041, em que afirma que "o constituinte de 1987/1988 [...] inovou ao incluir o princípio da dignidade humana no rol dos princípios informadores de toda a ordem jurídica nacional. E o fez certamente

Resumidamente, mesmo correndo os riscos da simplificação de um pensamento tão complexo, pode-se dizer que Kant defendia que tudo na vida possuía um preço ou uma dignidade, sendo que aquilo que fosse *insubstituível* (*único*) teria uma dignidade, ao contrário, aquilo que pudesse ser substituído (aquilo que em seu lugar se pudesse pôr um *equivalente*) teria um preço, sendo a dignidade um valor espiritual posto infinitamente acima de qualquer preço.[28]

Para ser insubstituível e não ser considerado coisa dever-se-ia tratar de algo que possuísse um *fim em si mesmo*, algo que necessariamente fosse *racional* por natureza e, portanto, fosse senhor de si mesmo (legislador de si mesmo), portador de uma *autonomia de vontade*, uma *autonomia moral*, capaz de realizar suas próprias escolhas à luz de sua própria razão, capaz de realizar, por si só, suas escolhas existenciais.[29]

Apenas o *ser racional* possui tais características, portanto somente o ser racional possui dignidade, vez que, para Kant, "a *autonomia* é pois o fundamento da dignidade da natureza humana e de toda a natureza racional".[30] Deste modo, o homem (enquanto ser racional conhecido)[31] é o único capaz de realizar suas próprias escolhas existenciais à luz de sua própria razão (o único ser que possuí autonomia de vontade e autonomia moral), sendo, portanto, um fim em si mesmo, e estando submetido à lei, segundo a qual, os seres racionais jamais devem tratar-se a si mesmos ou a outros seres racionais meramente como meios, mas sempre, concomitantemente, como fins em si (aqui reside, segundo Kant, a condição suprema que limita a liberdade das ações de cada homem).[32]

Assim, pode-se responder com apoio na filosofia de Immanuel Kant à pergunta: ***por que o ser humano possui uma dignidade?*** Ora, o ser humano possui uma dignidade porque é um ser racional, isto é, porque possui razão, porque é capaz de realizar suas próprias escolhas existenciais e diferenciar-se de todos os demais de sua espécie em alguma medida, sendo, portanto, único e insubstituível. É exatamente a sua autonomia de vontade (cujas bases residem na *ratio*) que o torna especial e diferente, atribuindo-lhe um valor intrínseco absoluto, intransponível, conferindo-lhe um *locus* especial no universo, exigindo, consequentemente, que ao ser humano seja destinado especial respeito e consideração, tanto pelos seus semelhantes, como pelo Estado.

Passando-se ao exame do ***marco histórico*** da dignidade da pessoa humana, isto é, ao exame do ***período imediatamente posterior ao fim da Segunda Guerra Mundial***, tem-se justificada sua análise por ter sido justamente a reação aos horrores vividos ao longo da Guerra o fator que conduziu a sociedade mundial à incorporação e elevação da dignidade da pessoa humana ao centro do debate jurídico-político. Nesse sentido, afirma Luís Roberto Barroso que, após o fim da Segunda Guerra, "na reconstrução de um mundo moralmente devastado pelo totalitarismo e pelo genocídio, a dignidade humana foi incorporada ao discurso político

---

inspirado na máxima kantiana segundo a qual *'l'humanité ele-même est une dignité'* (a condição humana em si mesma é dignidade)". No mesmo sentido, a Min. Carmen Lúcia Antunes Rocha, em voto proferido na ADIN 3.510, referiu-se a Kant como sendo "o grande filósofo da dignidade".

28. Kant, Immanuel. Fundamentação da Metafísica dos Costumes. Lisboa: Edições 70, 2009, p. 82-83.
29. Ibidem, p. 82.
30. Ibidem, p. 84.
31. Kant fala em ser racional, então, a nosso ver, se houvesse ou se se encontrasse vida inteligente (ser racional) para além da humanidade, esta também teria dignidade à luz da teoria kantiana.
32. Ibidem, p. 73-80.

dos vitoriosos como uma das bases para uma longamente aguardada era de paz, democracia e proteção dos direitos humanos".[33]

Apoiando-nos, ainda, em Luís Roberto Barroso,[34] há de se destacar dois fatores determinantes para que a dignidade da pessoa humana fosse, então, importada para o discurso jurídico após o fim da Guerra: ***a positivação da dignidade da pessoa humana nos documentos jurídicos***, em documentos internacionais e constitucionais, e ***a ascensão de uma doutrina superadora do positivismo jurídico***, denominada de pós-positivismo jurídico. Não há unanimidade acerca do que vem a ser pós-positivismo jurídico, nem mesmo em relação à sua nomenclatura, vez que o prefixo "pós" pode indicar, segundo alguns, tudo aquilo que veio após o positivismo. Para além dessa discussão, deve-se ter claro que o pós-positivismo não é um só, mas na verdade, muitos são os pós-positivismos, portanto, tal doutrina ainda reclama maior desenvolvimento e sedimentação. Nada obstante, de acordo com Barroso, é possível identificar o pós-positivismo como a designação provisória de uma doutrina que visa superar a estrita legalidade positivista, reaproximando o direito e a moral, tendo como base a dignidade da pessoa humana e os direitos da pessoa humana dela decorrentes, numa perspectiva ético-humanista.[35]

3.3.2 As principais dimensões da dignidade da pessoa humana

A dignidade da pessoa humana, em face da complexidade do gênero humano em si mesmo, sobretudo do desenvolvimento e das manifestações da personalidade humana, possui diversas dimensões de cunho jurídico e filosófico. No direito, o reconhecimento dessas dimensões faz-se de extrema relevância na eterna luta de proteção e promoção da pessoa humana. Sem a intenção de esgotarmos o assunto, façamos uma breve análise das principais dimensões da dignidade da pessoa.

A começarmos pela ***dimensão ontológica, mas não necessariamente (ou, ao menos, não exclusivamente) biológica da dignidade da pessoa humana***, há de se dizer que, nessa perspectiva, a dignidade é tida como qualidade intrínseca da pessoa (de toda e qualquer pessoa humana, ou ainda, na concepção kantiana, de todo e qualquer ser racional), dele não podendo ser destacada, sendo, portanto, irrenunciável e inalienável. Nessa perspectiva, a dignidade, ontologicamente, está abarcada como qualidade integrante da própria condição humana,[36] podendo ser reconhecida, respeitada, promovida e protegida, mas jamais criada, concedida ou retirada, conquanto possa ser violada em face dos atos e fatos da vida humana.

A dimensão ontológica retoma a ideia kantiana de dignidade, ligando-se diretamente à autodeterminação humana, que reside na vontade livre de fazer as próprias escolhas existenciais (ao menos potencialmente), que só os seres racionais possuem. Aqui, fala-se na dignidade como qualidade intrínseca à pessoa humana, sendo todo homem digno por natureza, em face de sua *ratio* que o diferencia dos demais seres, tornando-o único e insubstituível. É digno porque é racional, é digno porque é pessoa humana.

33. BARROSO, Luís Roberto. A dignidade da pessoa humana no direito constitucional contemporâneo: a construção de um conceito jurídico à luz da jurisprudência mundial. Belo Horizonte: Fórum, 2013, p. 18-19.
34. Ibidem, p. 19.
35. BARROSO, Luís Roberto. Curso de Direito Constitucional Contemporâneo: os conceitos fundamentais e a construção do novo modelo. 3 ed. São Paulo: Saraiva, 2011, p. 271-272.
36. STERN, Klaus. Das Staatrecht der Bundesrepublik Deutschland. München: C.H. Beck, 1988. v.3, p. 6.

Nesse sentido, Günter Frankberg afirma que foi a partir da filosofia kantiana que a autonomia ética do ser humano passou a ser o ponto central da compreensão da dignidade da pessoa, em face da capacidade do homem de ditar as suas próprias leis.[37] Em sentido semelhante, Günter Durig afirma que dignidade da pessoa humana reside no fato de que "cada ser humano é humano por força de seu espírito, que o distingue da natureza impessoal e que o capacita para, com base em sua própria decisão, tornar-se consciente de si mesmo, de autodeterminar sua conduta, bem como da formatar a sua existência e o meio que o circunda".[38]

Passando-se à análise da ***dimensão comunicativa e relacional da dignidade da pessoa humana***, tem-se que a dignidade da pessoa humana, além de ligar-se à condição humana de cada um (dimensão ontológica), liga-se, numa dimensão comunitária (também chamada de social), à "dignidade de cada pessoa e de todas as pessoas, justamente por serem todos reconhecidos como iguais em dignidade e direitos (na iluminada fórmula da Declaração Universal de 1948) e pela circunstância de nesta condição conviverem em determinada comunidade".[39] Em sentido semelhante, Ulfried Neumann afirma que "o princípio da dignidade humana tem, por isso, não apenas uma dimensão jurídico-estatal, mas também uma dimensão sócio-estatal".[40] Partindo da concepção de que o homem não é um ser isolado, mas sim um ser relacional que convive e se relaciona com seus semelhantes, Pérez Luño, na esteira de Werner Maihofer e inspirado, também, na ideia kantiana de dignidade, demonstra haver uma dimensão intersubjetiva da dignidade humana, na qual o ser humano é considerado para além da sua esfera individual, como membro de uma comunidade humana, sem que com isto esteja-se a defender ou justificar sacrifícios da dignidade individual em prol da sociedade.[41]

Resumindo-se: a dimensão comunicativa e relacional da dignidade da pessoa humana liga-se à dignidade que cada ser humano possui em relação ao seu próximo, vez que todos os homens são iguais em dignidade, devendo gozar do mesmo respeito e consideração. Ademais, trata-se da dimensão intersubjetiva, ou relacional (relação do homem com os outros homens) da pessoa, constituindo uma categoria de co-humanidade de cada indivíduo.[42]

Assim, pode-se dizer que a ***dignidade da pessoa humana*** consiste na dignidade individualizada de cada pessoa e comporta diversas dimensões, inclusive uma comunicativa e relacional, não se confundindo, entretanto, com a dignidade humana coletivizada, aquela que resulta da somatória da dignidade de todas as pessoas humanas, essa chamada de ***dignidade humana***.[43]

37. FRANKENBERG, Günter. Autorität und Integration: Zur Gramatik von Recht und Verfassung. Frankfurt: Suhrkamp, 2003, p. 270.
38. DÜRIG, Günter. Der Grundsatz der Menschenwürde. Entwurf eines praktikablen Wertsystems der Grundrechte aus Art. 1 Abs. I in Verbindung mit Art. 19 Abs. II des Grundgesetzes. *AÖR*, n. 81, 1956, p. 125.
39. SARLET, Ingo Wolfgang. As dimensões da dignidade da pessoa humana: construindo uma compreensão jurídico-constitucional necessária e possível. In: SARLET, Ingo Wolfgang (org.). Dimensões da dignidade: ensaios de filosofia do direito e direito constitucional. 2 ed. Porto Alegre: Livraria do Advogado, 2009, p. 24.
40. NEUMANN, Ulfried. A dignidade humana como fardo – ou como utilizar um direito contra o respectivo titular. In: SARLET, Ingo Wolfgang (org.). Dimensões da dignidade: ensaios de filosofia do direito e direito constitucional. 2 ed. Porto Alegre: Livraria do Advogado, 2009, p. 240.
41. PÉREZ LUÑO, Antonio-Enrique. Derechos Humanos, Estado de Derecho y Constitución. 5 ed. Madrid: Tecnos, 1995, p. 318 e ss.
42. Expressão cunhada por Hasso Hofmann (*Mitmenschlichkeit des Individuums*). HOFMANN, Hasso. Die versprochene Menschenwürde. *AÖR*, n. 118, 1993.
43. SARLET, Ingo Wolfgang. A eficácia dos direitos fundamentais: uma teoria geral dos direitos fundamentais na perspectiva constitucional. 10. ed. Porto Alegre: Livraria do Advogado Editora, 2010, p. 93.

Já numa ***perspectiva dimensional histórico-cultural***, isto é, enquanto um construído histórico-cultural das sociedades humanas, tem-se que a dignidade da pessoa humana consiste, como já afirmado, num conceito que não pode ser fixado, ou mesmo totalmente delimitado, pois encontra-se em constante evolução, sendo densamente plural em face das diversas experiências da humanidade.[44]

Nesse sentido, já se manifestou o Tribunal Constitucional de Portugal, no Acórdão 90-105-2, de 29 de março de 1990, afirmando que "a ideia de dignidade da pessoa humana, no seu conteúdo concreto – nas exigências ou corolários em que se desmultiplica – não é algo puramente apriorístico, mas que necessariamente tem de concretizar-se histórico-culturalmente". Nessa decisão fica claro o reconhecimento, pela Corte Constitucional portuguesa, de que a dignidade não é um conceito prefixado, rigidamente estabelecido, e que varia de acordo com as condicionantes histórico-culturais da sociedade humana envolvida.

Analisando-se a dignidade a partir da ***dupla dimensão negativa (protetiva) e positiva (prestacional)***, pode-se dizer, de início, que a dimensão negativa reside na autonomia da pessoa, na sua capacidade de autodeterminação no que diz com as decisões essenciais a respeito da própria existência, reside numa não interferência em tal autodeterminação, sob pena de violá-la. Por outro lado, a dimensão positiva reside na necessidade de proteção (assistência, prestação) por parte da comunidade e do Estado, sobretudo quando fragilizada ou inexistente a capacidade de autodeterminação.[45]

Assim, a dignidade da pessoa humana consiste simultaneamente em limite e tarefa dos poderes estatais e mesmo da sociedade de um modo geral, estando, esta condição dúplice, paralelamente conexa às dimensões constitucionais defensivas e prestacionais da dignidade. Como limite, a dignidade implica na vedação jurídica de reduzir-se a pessoa a mero objeto da vontade ou da realização dos fins alheios (reificação) gerando direitos fundamentais, de cunho negativo, que visam impedir atos que a violem ou a ameacem violar. Como tarefa, a dignidade impõe deveres fundamentais (implícitos ou explícitos) ao Estado de proteção e promoção da própria dignidade de todos, bem como dos direitos fundamentais a ela inerentes.[46]

Dessa dupla dimensão, em especial da dimensão prestacional, emerge a ***perspectiva dimensional da dignidade da vida humana***, partindo-se do pressuposto de que toda e qualquer vida humana merece consideração e respeito, mesmo que o ser humano não possua capacidade de autodeterminação ou ela esteja fragilizada, assim, defende-se que têm dignidade, por exemplo, as pessoas com deficiência mental.[47]

Aqui, a partir das lições de Jürgen Habermas, pode-se sustentar que a vida humana, ou mesmo a potencial vida humana, possuí uma dignidade em si mesma. Deste modo, merece proteção e respeito, inclusive, o feto humano antes mesmo do nascimento, vez que se trata de uma vida humana em potencial. Isso se dá em face não só da própria humanidade em potencial que nele reside, mas também em face da sua pré-socialização no mundo, como por exemplo, nos discursos e na preparação dos pais e familiares da criança que há de nascer.[48]

44. SARLET, Ingo Wolfgang. As dimensões da dignidade da pessoa humana: construindo uma compreensão jurídico-constitucional necessária e possível. In: SARLET, Ingo Wolfgang (org.). Dimensões da dignidade: ensaios de filosofia do direito e direito constitucional. 2 ed. Porto Alegre: Livraria do Advogado, 2009, p. 27.
45. Ibidem, p. 30.
46. Ibidem, p. 32
47. Ibidem, p. 31
48. HABERMAS, Jürgen. O futuro da natureza humana. 2 ed. São Paulo: Martins Fontes, 2010, p. 46-52.

Em sentido semelhante encontra-se, também, a doutrina de Ronald Dworkin, para quem, a dignidade possui tanto uma voz ativa quanto uma voz passiva sendo que ambas se encontram conectadas, de modo que mesmo uma pessoa que não possui consciência de sua dignidade merece respeito e consideração por ela (dignidade), em face do valor intrínseco da vida humana.[49] Ao justificar o valor transcendental da vida humana, Dworkin afirma que "a razão mais forte que temos para querer que os outros respeitem o valor intrínseco da vida humana, segundo as exigências que (a nosso ver) esse valor impõe, não é de modo algum nossa preocupação com nossos interesses e os de outras pessoas, mas sim nosso respeito pelo valor em si mesmo".[50]

Por último, examinando-se a dignidade a partir da ***dimensão identificada pela fórmula do homem-objeto*** – criada por Günter Dürig[51] e acolhida pelo Tribunal Constitucional da Alemanha – tem-se que toda vez que o ser humano for reduzido a objeto, a coisa (processo de reificação da pessoa), a mero instrumento de realização dos fins alheios (aqui, nota-se a forte inspiração kantiana da fórmula de Dürig), sempre que o ser humano for descaracterizado enquanto sujeito de direitos, então a dignidade da pessoa humana terá sido atingida e violada.

Nesse sentido, é possível afirmar que a fórmula do homem-objeto é uma fórmula que depende de violações reais e concretas da dignidade, sendo verificável e identificável a dignidade da pessoa humana sempre que violada no caso concreto. Aqui, apresenta-se relevante, sobretudo, a experiência das Cortes Constitucionais e das Cortes Internacionais de Direitos Humanos na identificação daquilo que se deve ter por dignidade, através do julgamento de casos em que ela fora violada. Assim, como bem afirma Ingo Sarlet, é possível concluir que no âmbito do ordenamento jurídico contemporâneo, em especial do ordenamento constitucional, a fórmula do homem-objeto "constitui justamente a antítese da dignidade da pessoa humana".[52]

Por fim, há de se reiterar que ***as dimensões da dignidade da pessoa humana devem ser vistas numa perspectiva de complementaridade e nunca de exclusão***, isto é, uma complementa a outra e não exclui. Isso se dá em face das características da própria humanidade (complexa por natureza) e de sua dignidade nos diversos contextos em que ela se desenvolve, sobretudo nas atuais sociedades hipercomplexas em que vivemos, marcadas pela pluralidade e pelo multiculturalismo.

3.3.3 O princípio fundamental da dignidade da pessoa humana e os direitos fundamentais na Constituição de 1988

Na perspectiva constitucional, pode-se dizer que ***a dignidade da pessoa humana consiste no princípio jurídico-axiológico fonte dos direitos e garantias fundamentais do homem***, que visa à proteção e à promoção do ser humano no maior grau possível. Isto é, a dignidade é a matriz jurídica dos direitos constitucionais da pessoa humana.

---

49. DWORKIN, Ronald. Domínio da vida: aborto, eutanásia e liberdades individuais. 2 ed. São Paulo: Martins Fontes, 2009.
50. DWORKIN, Ronald. O direito da liberdade: a leitura moral da Constituição norte-americana. São Paulo: Martins Fontes, 2006, p. 181.
51. DÜRIG, Günter. Der Grundsatz der Menschenwürde. Entwurf eines praktikablen Wertsystems der Grundrechte aus Art. 1 Abs. I in Verbindung mit Art. 19 Abs. II des Grundgesetzes. *AÖR*, n. 81, 1956.
52. SARLET, Ingo Wolfgang. As dimensões da dignidade da pessoa humana: construindo uma compreensão jurídico-constitucional necessária e possível. In: SARLET, Ingo Wolfgang (org.). Dimensões da dignidade: ensaios de filosofia do direito e direito constitucional. 2 ed. Porto Alegre: Livraria do Advogado, 2009, p. 35.

Esse, a nosso ver, foi, também, o entendimento privilegiado pelo Constituinte de 1988 ao consagrar a dignidade da pessoa humana enquanto princípio fundamental da Constituição (Título I) e fundamento da República Federativa do Brasil (art. 1º), sendo, portanto, a ***matriz jurídico-axiológica basilar de toda a ordem jurídico-positiva*** (em especial dos direitos da pessoa humana) não só por critérios jurídicos materiais, mas também formais, ***conferindo-lhe unidade e possibilitando-lhe a abertura sistêmica***. Em outras palavras o que se quer dizer é que a dignidade da pessoa humana, enquanto princípio fundamental consagrado no art. 1º, III, da CF/88, consiste na ***principal fonte jurídico-axiológica de nosso sistema constitucional***.[53]

Com a positivação da dignidade da pessoa humana como princípio fundamental da Constituição de 1988, a República Federativa do Brasil, além de ter adotado uma posição basilar acerca do sentido, da finalidade e da justificação do exercício do poder do Estado, "reconheceu expressamente que é o Estado que existe em função da pessoa humana, e não o contrário, já que o homem constitui a finalidade precípua, e não meio da atividade estatal".[54] Isso, após a exposição da doutrina kantiana acerca da dignidade, parece-nos óbvio, já que a pessoa não pode ser usada meramente como meio para a consecução dos fins alheios, mesmo que esses fins sejam do Estado ou da sociedade, nem reduzida a objeto ou coisa (reificação do ser humano, como ocorrido, por exemplo, nos anos de chumbo do governo militar). Essa, inclusive, parece-nos ser uma exigência de Estados Democráticos Constitucionais de Direito: reconhecer que o ser humano consiste no fim primeiro, e último, no escopo maior do Estado, afinal, para que existe o Estado senão para servir o homem? O Estado deve ser visto como meio para a realização dos fins da pessoa humana, especialmente em Estados Democráticos Constitucionais de Direito como é a República Federativa do Brasil.[55] Em síntese, a partir do momento que se consagra constitucionalmente a dignidade da pessoa humana como princípio estruturante e fundamento de determinado Estado Democrático de Direito, o Estado passa a ser instrumento (meio) que deve garantir a proteção e a promoção da pessoa humana (fim), de sua dignidade e dos direitos a ela inerentes.[56]

Para além da constatação de que a positivação da dignidade da pessoa humana como princípio fundamental da República Federativa do Brasil implica no reconhecimento da tese (a nosso ver, mais que elementar, numa perspectiva humanista) de que o Estado existe para a consecução dos fins humanos, isto é, de que o Estado é meio (mecanismo) para a promoção e a proteção da pessoa humana, há que se destacar que a referida positivação é esclarecedora no sentido de demonstrar formalmente que ***a dignidade da pessoa humana não consiste em um direito subjetivo autônomo*** (direito fundamental à dignidade da pessoa humana), ***mas sim em um princípio jurídico-axiológico fundamental que é fonte do sistema de direitos e garantias fundamentais*** de nossa Constituição.

Em que pese o esforço da doutrina divergente[57] em sustentar que a dignidade da pessoa humana consiste tanto num princípio fundamental como num direito fundamental, sobretudo inspirando-se no constitucionalismo tedesco (lembrando-se que na Lei Fundamental alemã a dignidade da pessoa humana está positivada como direito fundamental),

53. DOS SANTOS, Eduardo R. Direitos Fundamentais Atípicos. Salvador: Juspodivm, 2017.
54. SARLET, Ingo Wolfgang. A eficácia dos direitos fundamentais: uma teoria geral dos direitos fundamentais na perspectiva constitucional. 10. ed. Porto Alegre: Livraria do Advogado Editora, 2010, p. 98.
55. NOGUEIRA, J. C. Ataliba. O Estado é meio e não fim. 2. ed. São Paulo: Saraiva, 1945, p. 147-155.
56. NOVAIS, Jorge Reis. Os princípios constitucionais estruturantes da República Portuguesa. Coimbra: Coimbra, 2004, p. 52.
57. COSTA NETO, João. Dignidade humana: visão do Tribunal Constitucional Federal Alemão, do STF e do Tribunal Europeu. São Paulo: Saraiva, 2014, p. 46-48.

parece-nos, com as devidas vênias, que não é esse o caso do nosso sistema constitucional, vez que a dignidade da pessoa humana consiste no fundamento dos direitos e garantias fundamentais não podendo ser ela mesma um direito autônomo.[58] O que ocorre é que os direitos fundamentais, cujo fundamento maior é a dignidade da pessoa humana, consistem na materialização jurídico-subjetiva da dignidade, isto é, a dignidade, juridicamente, materializa-se e implementa-se (seja protegendo, seja promovendo o ser humano) através dos direitos e garantias fundamentais que dela decorrem.

Assim, do princípio fundamental da dignidade da pessoa humana emergem os direitos e garantias fundamentais, sejam eles típicos (positivados expressamente no título constitucional específico – Título II da CF/88), sejam eles atípicos (decorrentes do regime e dos princípios por ela adotados, ou dos tratados internacionais em que a República Federativa do Brasil seja parte – § 2º, do art. 5º, da CF/88).[59] Nesse sentido, *aquilo que parte da doutrina chama de **direito fundamental à dignidade da pessoa humana**, na verdade corresponde a um conjunto de direitos e garantias fundamentais atípicos que têm como fundamento o princípio fundamental da dignidade da pessoa humana e, mais ainda, que com ele têm grande identidade.*[60]

Ademais, a positivação da dignidade da pessoa humana como princípio fundamental constitucional consagra-a como ***valor jurídico-axiológico fundamental e estruturante do constitucionalismo de nosso Estado Democrático de Direito***, sendo o principal valor-guia *jusfundamental* da ordem jurídica-constitucional estabelecida em 1988, especialmente dos direitos e garantias fundamentais,[61] *devendo ser observada desde a criação das normas até à sua interpretação*. Na perspectiva dos direitos e garantias fundamentais ela ganha mais relevo ainda, vez que é dela que eles emergem, sejam eles típicos ou atípicos, devendo sempre ser interpretados à luz da dignidade da pessoa humana, já que são direitos e garantias da pessoa. Assim, a dignidade da pessoa humana firma-se como a ***norma jurídica-fundamental que irá conferir unidade e coerência ao sistema jurídico-constitucional pátrio***, especialmente ao subsistema constitucional dos direitos e garantias fundamentais.[62]

É também a dignidade da pessoa humana que ***atribui a racionalidade necessária à ordem do nosso sistema jurídico-constitucional vigente***, sobretudo em face de ser o referido princípio fundamental, a nosso ver, o mais apto e ***capaz de compatibilizar os diversos valores fundamentais distintos***, bem como os diversos direitos constitucionais (mormente os direitos e garantias fundamentais) tantas vezes conflitantes, vez que tais valores nunca podem estar acima da própria pessoa humana e vez que os direitos são essencialmente direitos da pessoa, além, é claro, de ser o Estado meio para a consecução dos fins humanos, como já salientado.[63]

Ademais, a dignidade da pessoa humana, para além de fundamento dos direitos e garantias fundamentais (típicos e atípicos), funciona como principal ***vetor jurídico-axiológico da abertura do atual sistema constitucional brasileiro***, mormente do subsistema de direitos e

58. SARLET, Ingo Wolfgang. Dignidade da pessoa humana e direitos fundamentais na Constituição Federal de 1988. 9 ed. Por Alegre: Livraria do Advogado, 2011, p. 83-84.
59. SARLET, Ingo Wolfgang. A eficácia dos direitos fundamentais: uma teoria geral dos direitos fundamentais na perspectiva constitucional. 10. ed. Porto Alegre: Livraria do Advogado Editora, 2010, p. 105.
60. HÄBERLE, Peter. A dignidade humana como fundamento da comunidade estatal. In: SARLET, Ingo Wolfgang (org.). Dimensões da dignidade: ensaios de filosofia do direito e direito constitucional. 2 ed. Porto Alegre: Livraria do Advogado, 2009, p. 81-82.
61. ROCHA, Cármen Lúcia Antunes. O mínimo existencial e o princípio da reserva do possível. Revista Latino-Americana de Estudos Constitucionais. Belo Horizonte, n. 5, p. 439-461, jan/jun, 2005, p. 440 e ss.
62. DOS SANTOS, Eduardo R. Direitos Fundamentais Atípicos. Salvador: Juspodivm, 2017.
63. ANDRADE, José Carlos Vieira de. Os Direitos Fundamentais na Constituição Portuguesa de 1976. 5 ed. Coimbra: Almedina, 2012, p. 96-97.

garantias fundamentais, sendo, portanto, especialmente relevante para a criação/identificação/construção dos direitos fundamentais atípicos, devendo tais direitos, em maior ou menor medida, ligarem-se a ela (dignidade) e visarem proteger ou promover a pessoa humana.[64]

Assim, como adiantamos, ***todos os direitos fundamentais possuem, em alguma medida, relação matricial com a dignidade da pessoa humana***, isto é, quer-se dizer que cada direito tem a dignidade como fonte e, concomitantemente, visa proteger ou promover a dignidade em alguma esfera, grau ou condição.[65] Por óbvio que, com essa afirmação, não se quer dizer que todos os direitos possuem como fonte única o princípio fundamental da dignidade da pessoa humana, mas pelo contrário, em regra, os direitos fundamentais encontram matriz, concomitantemente, no sistema constitucional (lato e estrito senso), nos demais princípios fundamentais e valores jurídico-fundamentais (da ordem interna ou mesmo externa) e nos documentos internacionais de proteção e promoção da pessoa humana.

Nesse sentido, pode-se afirmar que o princípio da dignidade da pessoa humana consiste no critério basilar (elementar) de todos os direitos e garantias fundamentais, contudo não consiste num critério exclusivo. Mais ainda, com base no exposto, pode-se concluir que ***o princípio fundamental da dignidade da pessoa humana consiste no principal critério de jusfundamentalidade material dos direitos fundamentais***, devendo tocar, em maior ou menor grau, todos os direitos fundamentais que, consequentemente, devem ser desdobramentos de sua materialização constitucional, seja na perspectiva protetiva ou promocional da pessoa humana.[66]

Por fim, não se pode deixar de advertir: o fato da dignidade da pessoa humana ser fundamento material de todos os direitos fundamentais não implica na necessidade de se invocar o tempo todo à dignidade para o debate jurídico dos direitos fundamentais, especialmente no que diz com a aplicação desses direitos, pois esses já estão revestidos de dignidade, dispensando o recurso ao referido princípio fundante, sob pena de se ***banalizar o discurso jurídico da dignidade*** como vem se vislumbrando na práxis jurídica brasileira em que juízes, advogados, promotores e demais juristas recorrem à dignidade como se recorressem a uma moldura de silicone, que a tudo se amolda. Se assim agirmos, então poderemos (assim como já estamos procedendo no cotidiano de nossos tribunais) usar a dignidade contra a própria dignidade, para usarmos aqui a expressão de Ulfried Neumann.[67] A dignidade da pessoa humana, enquanto princípio fundamental de nosso sistema constitucional e critério de *jusfundamentalidade* material dos direitos e garantias fundamentais, não pode ser considerada uma moldura que se amolda a toda e qualquer situação, não pode ser concebida como um critério que comporta todo e qualquer direito, bem como não pode ser chamada à resolução de casos para os quais já existe direito constitucionalmente consagrado apto a resolução, sob pena de tornarmos *tudo* dignidade da pessoa humana. E, assim como quando tudo se torna fundamental, nada mais é fundamental, quando tudo se torna digno, então nada mais é digno.

---

64. Em sentido semelhante, por todos, ver: CASTRO, Carlos Roberto Siqueira. Dignidade da pessoa humana: o princípio dos princípios constitucionais. Revista Latino-Americana de Estudos Constitucionais. Belo Horizonte, n. 5, p. 249-285, jan/jun, 2005, especialmente p. 274-275.
65. ANDRADE, José Carlos Vieira de. Os Direitos Fundamentais na Constituição Portuguesa de 1976. 5 ed. Coimbra: Almedina, 2012, p. 97 e ss.
66. SARLET, Ingo Wolfgang. A eficácia dos direitos fundamentais: uma teoria geral dos direitos fundamentais na perspectiva constitucional. 10. ed. Porto Alegre: Livraria do Advogado Editora, 2010, p. 111.
67. NEUMANN, Ulfried. A dignidade humana como fardo – ou como utilizar um direito contra o respectivo titular. In: SARLET, Ingo Wolfgang (org.). Dimensões da dignidade: ensaios de filosofia do direito e direito constitucional. 2 ed. Porto Alegre: Livraria do Advogado, 2009.

3.4 Valores sociais do trabalho e livre-iniciativa

O trabalho, enquanto atividade humana transformadora da natureza e criadora de riquezas capazes de prover as necessidades da sociedade e assegurar uma vida digna à pessoa humana, merece proteção e promoção por parte do Estado e da sociedade. Assim, tendo como pano de fundo o paradigma do Estado Social, nossa Constituição estabeleceu os ***valores sociais do trabalho*** como fundamentos da República Federativo do Brasil (art. 1º, IV), fundando a ordem econômica na valorização do trabalho humano (art. 170), positivando o primado do trabalho como base da ordem social (art. 193) e consagrando uma plêiade de direitos sociais do trabalhador (art. 7º ao 11).[68] O trabalho tem valores sociais, valores ético-jurídicos que devem ser protegidos e promovidos, esses valores residem, em primeiro lugar, na ideia de que todos devem contribuir com a sociedade em que vivem, não sobrecarregando os demais e, em segundo lugar, na ideia de que todos que trabalham devem ter condições de vida digna, devendo receber um salário que lhes dê essas condições, que tenha um poder aquisitivo que contemple a dignidade e não a mera sobrevivência, além de terem condições salubres e adequadas de trabalho, bem como um tempo livre para poderem usufruir dos frutos de seu trabalho, fazendo jus a um descanso semanal e a um período de férias, por exemplo.

Tendo como pano de fundo o paradigma do Estado Liberal, nossa Constituição estabeleceu os ***valores sociais da livre iniciativa*** como fundamentos da República Federativo do Brasil (art. 1º, IV), enquanto expressão maior do liberalismo econômico e do capitalismo, prevendo-a, anda, como fundamento da ordem econômica (art. 170) e assegurando uma plêiade de direitos fundamentais que a protejam e a promovam (direitos de propriedade, liberdade empresarial, livre concorrência etc.), ficando, contudo, limitada por uma função social, o que, em especial, exige respeito aos direitos dos trabalhadores e dos consumidores, não se podendo pôr o lucro acima da pessoa humana (lucro pelo lucro, como no trabalho análogo à escravo, por exemplo), sob pena de reificação da pessoa, o que geraria ofensa direta à sua dignidade. Nesse sentido, inclusive, já decidiu o STF que "*o princípio da livre-iniciativa não pode ser invocado para afastar regras de regulamentação do mercado e de defesa do consumidor*".[69]

3.5 Pluralismo político

O pluralismo político funda-se, especialmente, nos princípios da ***democracia*** e da ***liberdade***, exigindo que o Estado e a sociedade respeitem a ***diversidade de pensamento*** e as ***diferenças entre as pessoas***, o que não obriga ninguém a concordar com as posições alheias, mas nos compele a tolerar, respeitar e a conviver. O pluralismo liga-se indissociavelmente à ***alteridade***, repousando na constatação de que a vida é plural e diferente é necessário, imprescindível, essencial, pois a diferença não nos inferioriza, mas no completa. Querer ser respeitado em suas posições, exige antes que respeitemos o outro. Vivemos todos uns em função dos outros, não nos cabendo o preconceito, a intolerância, o ódio, a violência, a barbárie.[70]

68. SILVA, José Afonso da. Comentário Contextual à Constituição. 9 ed. São Paulo: Malheiros, 2014, p. 41.
69. STF, RE 349.686, Rel. Min. Ellen Gracie.
70. NOVELINO, Marcelo. Curso de Direito Constitucional. 13 ed. Salvador: Juspodivm, 2018, p. 294 e ss.

O pluralismo político consagrado em nossa Constituição é expressão genérica que engloba um pluralismo amplo em questões políticas e sociais (art. 1º, V), partidárias (art. 17), religiosas (art. 19), econômicas (art. 170), de ideias e educacionais (art. 206, III), culturais (art. 215 e 216), de meios de informação (art. 220), protegendo a liberdade de um modo geral, seja ela política, filosófica, ideológica, religiosa, cultural, social, de sexualidade, profissional, de expressão, artísticas, científica, de informação, de comunicação, de reunião, de associação etc. (art. 5º) e vedando discriminações de qualquer natureza – política, econômica, social, religiosa, racial, de origem, de sexo, de sexualidade etc. (art. 3º, IV, art. 5º e art. 19, III).

Assim, o Estado está desautorizado a incentivar ou desincentivar quaisquer projetos de vida, como se um fosse melhor que o outro, devendo ***proteger todos de forma igual*** e zelar pela convivência pacifica entre eles, inadmitindo a intolerância, o discurso de ódio e a discriminação e o preconceito, de um modo geral. Já as pessoas são livres para realizarem suas escolhas, devendo, contudo, respeitar as escolhas dos outros, ***vedando discriminações de qualquer natureza.***

4. OS OBJETIVOS DA REPÚBLICA FEDERATIVA DO BRASIL

> *CF/88, art. 3º. Constituem objetivos fundamentais da República Federativa do Brasil:*
> *I – construir uma sociedade livre, justa e solidária;*
> *II – garantir o desenvolvimento nacional;*
> *III – erradicar a pobreza e a marginalização e reduzir as desigualdades sociais e regionais;*
> *IV – promover o bem de todos, sem preconceitos de origem, raça, sexo, cor, idade e quaisquer outras formas de discriminação.*

Os objetivos fundamentais estatuem normas dirigentes e teleológicas que buscam estabelecer fins a serem atingidos pelo Estado, sendo "definidos em termos de obrigações transformadoras do quadro social e político retratado pelo constituinte na elaboração do texto constitucional".[71] Tratam-se de objetivos de Estado e não de governo, isto é, os objetivos de governo podem variar de acordo com as forças políticas que governem o país, contudo devem se harmonizar com os objetivos estabelecidos para a República Federativa do Brasil, sendo inconstitucionais caso os contrariem. Por se tratarem de objetivos fundamentais, refletem os objetivos mais essenciais do Estado brasileiro, devendo os governantes empreender o máximo esforço possível para implementarem as referidas normas constitucionais. Ademais, vale registrar que o rol estabelecido pelo art. 3º, da CF/88, é exemplificativo, não se esgotando nos objetivos nele enumerados.

I) ***construir uma sociedade livre, justa e solidária:*** essa expressão, lida no contexto do constituinte de 1988, reconhece que naquele momento (e até hoje!) nossa sociedade não era livre, justa e solidária, impondo, então, ao Estado brasileiro, o dever de construir a liberdade, a justiça e a solidariedade em nossa sociedade. Esse, sem dúvida, tem sido um objetivo pouco concretizado ao longo da vigência da Constituição, continuando o Brasil a ser um dos Estados com maior desigualdade social do mundo, com uma máquina administrativa lenta, burocrática e com altos índices de corrução, assim como com Poderes (Executivo, Legislativo e Judiciário) extremamente ineficientes, caros, elitizados e afastados do povo.

II) ***garantir o desenvolvimento nacional:*** é importante notar que se consagrou o desenvolvimento e não o mero crescimento nacional, isto é, o que se almeja é crescer

71. SILVA, José Afonso da. Comentário Contextual à Constituição. 9 ed. São Paulo: Malheiros, 2014, p. 48.

com qualidade, distribuindo riquezas e diminuindo as desigualdades, e não apenas crescer quantitativamente, como nos idos do ditadura militar, em que se teve crescimento econômico, mas, por outro lado, observou-se uma considerável ampliação da miséria.[72] Nesse sentido, o desenvolvimento, nos termos da Declaração sobre o Direito ao Desenvolvimento da ONU, *"é um processo econômico, social, cultural e político abrangente, que visa ao constante incremento do bem-estar de toda a população e de todos os indivíduos com base em sua participação ativa, livre e significativa no desenvolvimento e na distribuição justa dos benefícios daí resultantes"*. Ademais, nos termos da Constituição de 1988, deve a União, "elaborar e executar planos nacionais e regionais de ordenação do território e de desenvolvimento econômico e social" (art. 21, IX), devendo a lei estabelecer *"as diretrizes e bases do planejamento do **desenvolvimento nacional equilibrado**, o qual incorporará e compatibilizará os planos nacionais e regionais de desenvolvimento"* (art. 174, §1º).

III) ***erradicar a pobreza e a marginalização e reduzir as desigualdades sociais e regionais:*** fundados no paradigma do Estado Social, esses objetivos refletem exigências da dignidade da pessoa humana, especialmente relacionadas ao mínimo existencial. ***Erradicar a pobreza e a marginalização*** passa diretamente pela valorização do trabalho, pela diminuição das desigualdades e por uma distribuição mais equilibrada das riquezas, assegurando as pessoas condições dignas de vida, devendo o Estado adotar ***medidas para melhorar a distribuição de renda***, como a tributação progressiva, o salário mínimo e o incentivo às micro e pequenas empresas, por exemplo, bem como ***medidas para assegurar níveis dignos de subsistência*** àqueles que se encontram em situação de miséria, como a criação do ***Fundo de Combate e Erradicação da Pobreza***, cujos recursos são *"aplicados em ações suplementares de nutrição, habitação, educação, saúde, reforço de renda familiar e outros programas de relevante interesse social voltados para melhoria da qualidade de vida"* (art. 79, do ADCT, da CF/88). ***Reduzir as desigualdades sociais e regionais*** é um objetivo que passa pelo desenvolvimento nacional equilibrado (art. 174, §1º) e pela melhor distribuição da riqueza, buscando diminuir as desigualdades entre as classes sociais e as regiões do país, como forma de assegurar melhores condições de vida a todos.

IV) ***promover o bem de todos, sem preconceitos de origem, raça, sexo, cor, idade e quaisquer outras formas de discriminação:*** no constitucionalismo contemporâneo, é o Estado que existe para a consecução dos fins humanos e não o contrário, já que o homem constitui a finalidade precípua, e não mero meio da atividade estatal, devendo o Estado promover o bem das pessoas, de todas elas, sem preconceitos de qualquer natureza, vendando-se discriminações negativas (que inferiorizem as pessoas em razão de sua diferença, bem como que dificultem ou impeçam o acesso a direitos) por parte do Estado e da sociedade, estando este objetivo fundado no direito à diferença e no pluralismo, inerentes à democracia.

72. Ibidem, p. 49.

5. PRINCÍPIOS REGENTES DAS RELAÇÕES INTERNACIONAIS

CF/88, art. 4º A República Federativa do Brasil rege-se nas suas relações internacionais pelos seguintes princípios:
I – independência nacional;
II – prevalência dos direitos humanos;
III – autodeterminação dos povos;
IV – não intervenção;
V – igualdade entre os Estados;
VI – defesa da paz;
VII – solução pacífica dos conflitos;
VIII – repúdio ao terrorismo e ao racismo;
IX – cooperação entre os povos para o progresso da humanidade;
X – concessão de asilo político.
Parágrafo único. A República Federativa do Brasil buscará a integração econômica, política, social e cultural dos povos da América Latina, visando à formação de uma comunidade latino-americana de nações.

Os princípios que regem o Brasil em suas relações internacionais estabelecem parâmetros, orientações e limites para a atuação do Estado brasileiro perante outros Estados e perante organismos internacionais. Esses princípios, segundo José Afonso da Silva, possuem ***quatro inspirações:*** "(a) **uma *nacionalista***, nas ideias de independência nacional (inciso I), de autodeterminação dos povos (inciso III) e de não intervenção (inciso IV) e de igualdade ente os Estados (inciso V); (b) **outra *internacionalista***, nas ideias de prevalência dos direitos humanos (inciso II) e de repúdio ao terrorismo e ao racismo (inciso VIII); (c) **uma *pacifista***, nas ideias de defesa da paz (inciso VI), de solução pacífica dos conflitos (inciso VII) e na concessão de asilo político (inciso X); (d) **uma orientação *comunitarista***, nas ideias de cooperação entre os povos para o progresso da humanidade (inciso IX) e na formação de uma comunidade latino-americana (parágrafo único)".[73]

A ***independência nacional*** é habitualmente mencionada pela doutrina como sendo a face externa da soberania do Estado (soberania externa), referindo-se, portanto, à representação do Estado na ordem internacional, sendo o Brasil um país soberano e independente, não se sujeitando a normas emanadas de nenhum outro Estado, nem de nenhum órgão internacional, a não ser àquelas que tenha voluntariamente assumido o compromisso de cumprir, mediante tratadas ou acordos internacionais. Ademais, além de afirmar a independência nacional do Brasil perante a comunidade internacional, este princípio, por reger nosso país em suas relações internacionais, também, determina que o Brasil tem o dever de respeitar a independência dos demais Estados soberanos.

A ***prevalência dos direitos humanos*** está diretamente ligada à proteção e à promoção da dignidade da pessoa humana, impondo ao Brasil deveres nos âmbitos interno e externo. ***Internamente, impõe: i)*** a integração dos tratados e convenções internacionais de direitos humanos ao sistema jurídico brasileiro; ***ii)*** o cumprimento e a implementação das normas consagradas nesses tratados e convenções; ***iii)*** reforça a supremacia (prevalência) desses tratados e convenções de direitos humanos sobre as normas infraconstitucionais pátrias. ***Externamente, impõe: i)*** engajamento nos processos de elaboração de normas de direitos humanos; ***ii)*** participação dos processos políticos de ajuda humanitária e proteção e implementação de direitos humanos; ***iii)*** adoção de posturas políticas contrárias aos Estados que não respeitam os direitos humanos. O Supremo Tribunal Federal, fundamentando-se no princípio da prevalência dos direitos humanos, já indeferiu pedido de extradição, afirmando que a Corte "***não deve deferir o pedido de extradição, se o ordenamento jurídico do Estado***

73. SILVA, José Afonso da. Comentário Contextual à Constituição. 9 ed. São Paulo: Malheiros, 2014, p. 49.

requerente não se revelar capaz de assegurar, aos réus, em juízo criminal, a garantia plena de um julgamento imparcial, justo, regular e independente".[74]

A ***autodeterminação dos povos*** implica o reconhecimento de que todos os povos têm o direito de estabelecerem livremente seu sistema político-jurídico e definirem as diretrizes e as formas de desenvolvimento econômico, social e cultural mais adequadas a sua própria realidade. Isto é, os povos têm direito a realizar suas escolhas próprias sobre aquilo que desejam para si, sem que lhes sejam impostas culturas, costumes, práticas e normas que não as suas, respeitando-se às diferenças socioculturais existentes entre os povos. Ademais, a autodeterminação dos povos encontra-se protegida por uma série de normas internacionais, estando prevista e regulamentada, especialmente, na Carta da ONU de 1945 e no Pacto Internacionais dos Direitos Econômicos, Sociais e Culturais de 1966,[75] tendo o Comitê de Direitos Humanos da ONU, na Recomendação Geral 12, de 1984, afirmado que *"o direito à autodeterminação é de particular importância porque sua realização é uma condição essencial para a eficaz garantia e a observância dos direitos humanos individuais e para a promoção e o fortalecimento desses direitos"*.

A ***não intervenção*** exige, normativamente, que o Brasil, em suas relações internacionais, evite ao máximo intervir militarmente, politicamente, economicamente e culturalmente, em questões internas e externas de outros países, seja de forma direta ou indireta, assim como exige que o Brasil não permita que outros países aqui intervenham, direta ou indiretamente, em nossas questões internas e externas.[76] Nada obstante, no âmbito do sistema internacional, admite-se intervenções humanitárias, em certos casos, sobretudo, quando autorizadas pelo Conselho de Segurança da ONU.

A ***igualdade entre os Estados*** estabelece ao Brasil o dever de tratar, no plano jurídico, todos os Estados de forma igual, sendo que essa igualdade jurídica entre os Estado se manifesta em três níveis: ***i) igualdade formal*** (igualdade jurídica ou igualdade perante o direito), que exige de que todos os Estados sejam tratados igualmente nos órgãos judiciais internacionais; ***ii) igualdade legislativa***, segundo a qual, em primeiro lugar, os Estados só estão obrigados àquilo que livremente se comprometeram, e, em segundo lugar, os Estados devem ter igual representação nas deliberações e decisões dos órgãos internacionais de que participam, bem como na aplicação das normas internacionais; ***iii) igualdade existencial***, que se traduz na integridade territorial (direito de existir), na independência política (direito de escolher o modo de existir) e no direito de participação do sistema internacional.[77]

---

74. STF, Ext. 633/CH, Min. Rel. Celso de Mello.
75. Nesse sentido, nos termos do artigo 1º, do Pacto Internacionais dos Direitos Econômicos, Sociais e Culturais de 1966: 1. Todos os povos têm direito a autodeterminação. Em virtude desse direito, determinam livremente seu estatuto político e asseguram livremente seu desenvolvimento econômico, social e cultural. 2. Para a consecução de seus objetivos, todos os povos podem dispor livremente de suas riquezas e de seus recursos naturais, sem prejuízo das obrigações decorrentes da cooperação econômica internacional, baseada no princípio do proveito mútuo, e do Direito Internacional. Em caso algum, poderá um povo ser privado de seus próprios meios de subsistência. 3. Os Estados Partes do Presente Pacto, inclusive aqueles que tenham a responsabilidade de administrar territórios não autônomos e territórios sob tutela, deverão promover o exercício do direito à autodeterminação e respeitar esse direito, em conformidade com as disposições da Carta das Nações Unidas.
76. GALINDO, George Rodrigo Bandeira. Tratados Internacionais de Direitos Humanos e Constituição Brasileira. Belo Horizonte: Del Rey, 2002.
77. GALINDO, George Rodrigo Bandeira. Comentário ao art. 4º. In: CANOTILHO, J.J. Gomes; MENDES, Gilmar Ferreira; SARLET, Ingo Wolfgang; STRECK, Lenio Luiz (coord.). Comentários à Constituição do Brasil. São Paulo: Saraiva, 2013, p. 165.

A *defesa da paz* exige do Brasil uma postura interna e externa de proteção e promoção do estado de paz, devendo: ***i) conservar o estado de paz existente***, não provocando conflitos armados com outros Estados, bem como adotando as medidas possíveis e necessárias para que o estado de paz não seja rompido; ***ii) adotar as medidas necessárias e possíveis ao restabelecimento do estado de paz*** quando este tiver sido rompido, privilegiando, em casos de conflitos armados, o ***apoio aos sistemas de segurança coletiva***, afastando-se de intervenções realizadas meramente por um país ou grupo de países, vez que as ações adotadas por organizações internacionais melhor se compatibilizam com os princípios que regem o Brasil em suas relações internacionais, notadamente os da não intervenção, da igualdade entre os Estados e da defesa da paz, sendo a manutenção da paz um dos propósitos da Organização das Nações Unidas, que nos termos do artigo 1º, 1, da Carta da ONU, deve *"tomar, coletivamente, medidas efetivas para evitar ameaças à paz e reprimir os atos de agressão ou outra qualquer ruptura da paz e chegar, por meios pacíficos e de conformidade com os princípios da justiça e do direito internacional, a um ajuste ou solução das controvérsias ou situações que possam levar a uma perturbação da paz"*.[78]

A ***solução pacífica dos conflitos*** impõe que o Brasil se esforce ao máximo e adote todas as medidas possíveis para resolver as suas controvérsias e seus conflitos, internos e externos, sem o uso da força, afastando-se de forma otimizada dos conflitos armados e do estado de guerra. Nesse sentido, nos termos do artigo 33, 1, da Carta da ONU, para solucionar suas controvérsias, os países devem adotar as seguintes medidas: *"negociação, inquérito, mediação, conciliação, arbitragem, solução judicial, recurso a entidades ou acordos regionais, ou a qualquer outro meio pacífico à sua escolha"*.

O ***repúdio ao terrorismo e ao racismo*** reflete o caráter pacifista e antidiscriminatório de nossa Constituição e reconhece que essas práticas são abomináveis e devem ser combatidas. Ademais, esse princípio impõe ao Brasil, no plano internacional, que busque combater essas práticas, limitando-o e afastando-o de relações políticas e comerciais com Estados que sejam complacentes ou mesmo estimulem o terrorismo ou o racismo. O ***terrorismo*** associa-se a violência extrema capaz de produzir terror e gerar uma sensação de medo e insegurança generalizados, no qual covardemente atenta-se contra quaisquer pessoas, inclusive civis, inocentes e indefesos, para atingir-se determinada finalidade "política", sendo, no Brasil, crime inafiançável e insuscetível de graça ou anistia (art. 5º, XLIII, da CF/88) regulamentado pela lei 13.260/2016. Já o ***racismo*** consiste em uma forma agravada de discriminação e preconceito sustentada pela visão abominável de superioridade de uma raça[79] sobre outra(s), sendo, no Brasil, crime inafiançável e imprescritível, sujeito à pena de reclusão (art. 5º, XLII, da CF/88) regulamentado pela lei 7.716/1989.

A ***cooperação entre os povos para o progresso da humanidade*** consiste em um dos princípios mais importantes para as relações internacionais, pois reflete a necessidade dos povos e dos países cooperarem, trabalharem em conjunto e ajudarem-se mutuamente, em prol do progresso de toda a humanidade, de todos os povos, melhorando a vida das pessoas. Trata-se de cooperação, exigindo, portanto, trabalho harmônico, consensual, amistoso,

---

78. NOVELINO, Marcelo; CUNHA JR, Dirley da. Constituição Federal para Concursos. 8 ed. Salvador: Juspodivm, 2017, p. 28.
79. Na perspectiva biológica existe apenas uma raça: a raça humana, *homo sapiens*. Contudo, na perspectiva sociológica, identificam-se, ao longo do desenvolvimento histórico-cultural da sociedade humana, "raças", para determinar grupos étnicos a partir de suas características genéticas.

afastando-se de subordinações e imposições, o que contribui para o estado de paz e repele o estado de guerra.[80]

A *concessão de asilo político* assegura uma especial proteção aos estrangeiros vítimas de perseguições políticas por parte de seu país de origem, estando consagrado no art. 14, da Declaração Universal dos Direitos Humanos, segundo o qual, *"toda a pessoa sujeita a perseguição tem o direito de procurar e de gozar asilo em outros países"*. O asilo político assegurado pela Constituição de 1988 abrange tanto o *asilo diplomático*, aquele em que se acolhe o asilado político em representação diplomática do Estado asilante, como o *asilo territorial*, aquele em que se acolhe o estrangeiro no território nacional para evitar que ele seja vítima de punições e perseguições no seu país, em face de atos políticos e ideológicos. Ademais, *asilo político não se confunde com refúgio*. Conforme ensina Flávia Piovesan, "o refúgio é medida essencialmente humanitária, que abarca motivos religiosos, raciais, de nacionalidade, de grupo social e de opiniões políticas, enquanto o asilo é medida essencialmente política, abarcando apenas os crimes de natureza política. Para o refúgio basta o fundado temor de perseguição, já para o asilo há a necessidade da efetiva perseguição. No refúgio a proteção como regra se opera fora do país, já no asilo a proteção pode se dar no próprio país ou na embaixada do país de destino (asilo diplomático). Outra distinção está na natureza do ato de concessão de refúgio e asilo – enquanto a concessão de refúgio apresenta efeito declaratório, a concessão de asilo apresenta efeito constitutivo, dependendo exclusivamente da decisão do país".[81]

A *integração latino-americana*, prevista no parágrafo único do artigo 4º, estabelece ao Brasil o dever de buscar, de modo especial, a integração econômica, política, social e cultural com os povos da América Latina, visando à formação de uma comunidade latino-americana de nações, fortalecendo nossos laços com nossos vizinhos. Ademais, há quem defenda que essa integração para a formação de uma comunidade latino-americana não se refere somente a formação de uma associação ou organização de países nos arquétipos tradicionais do direito internacional, consistindo em verdadeira autorização para a formação de uma comunidade latino-americana supranacional.[82]

6. QUADRO SINÓPTICO

CAPÍTULO VIII – PRINCÍPIOS FUNDAMENTAIS	
São aqueles que condensam as decisões político-jurídicas fundamentais do Estado, estabelecendo as bases essenciais do sistema jurídico. Constituem síntese e matriz das demais normas constitucionais, que àquelas podem ser direta ou indiretamente (re) conduzidos. Ademais, são considerados limites materiais implícitos ao Poder Constituinte Reformador.	
Princípios Estruturantes	• Princípio republicano • Princípio federalista • Princípio do Estado democrático de direito • Princípio da soberania popular • Princípio da separação dos poderes

80. SILVA, José Afonso da. Comentário Contextual à Constituição. 9 ed. São Paulo: Malheiros, 2014, p. 54.
81. PIOVESAN, Flávia. Temas de Direitos Humanos. 4 ed. São Paulo: Saraiva, 2010, p. 199.
82. MALISKA, Marcos Augusto. Comentário ao art. 4º, parágrafo único. In: CANOTILHO, J.J. Gomes; MENDES, Gilmar Ferreira; SARLET, Ingo Wolfgang; STRECK, Lenio Luiz (coord.). Comentários à Constituição do Brasil. São Paulo: Saraiva, 2013, p. 181.

Fundamentos da República Federativa do Brasil	• **So**berania • **Ci**dadania • **Di**gnidade da pessoa humana • **Va**lores sociais do trabalho e da livre iniciativa • **Plu**ralismo político	**Mnemônico SoCiDiVaPlu**
Objetivos da República Federativa do Brasil	• **Con**struir uma sociedade livre, justa e solidária; • **Gara**ntir o desenvolvimento nacional; • **Erra**dicar a pobreza e a marginalização e reduzir as desigualdades sociais e regionais; • **Pro**mover o bem de todos, sem preconceitos de origem, raça, sexo, cor, idade e quaisquer outras formas de discriminação.	**Mnemônico Com Garra Erra Pouco**
	OBS: por tratarem-se de ações estatais, os objetivos sempre começam com verbo!	
Princípios que regem o Brasil nas relações internacionais	• **A**utodeterminação dos povos • **In**dependência nacional • **D**efesa da paz • **Não** intervenção • **Con**cessão de asilo político • **Pre**valência dos direitos humanos • **I**gualdade entre os Estados • **Re**púdio ao terrorismo e ao racismo • **Co**operação entre os povos para o progresso da humanidade • **S**olução pacífica dos conflitos	**Mnemônico AInDa Não ComPreI ReCoS**

Fundamentos da República Federativa do Brasil	• Soberania • Cidadania • Dignidade da pessoa humana • Valores sociais do trabalho e da livre iniciativa • Pluralismo político	**Mnemônico** **SoCiDiVaPlu**
Objetivos da República Federativa do Brasil	• Construir uma sociedade livre, justa e solidária; • Garantir o desenvolvimento nacional; • Erradicar a pobreza e a marginalização e reduzir as desigualdades sociais e regionais; • Promover o bem de todos, sem preconceitos de origem, raça, sexo, cor, idade e quaisquer outras formas de discriminação.	**Mnemônico** **Com Garra Erra Pouco**
	OBS: por tratar-se de ações estatais, os objetivos sempre começam com verbo!	
Princípios que regem o Brasil nas relações internacionais	• Autodeterminação dos povos • Independência nacional • Defesa da paz • Não intervenção • Concessão de asilo político • Prevalência dos direitos humanos • Igualdade entre os Estados • Repúdio ao terrorismo e ao racismo • Cooperação entre os povos para o progresso da humanidade • Solução pacífica dos conflitos	**Mnemônico** **AInDa Não ConPreI ReCoS**

TÍTULO III
DIREITOS FUNDAMENTAIS

"[...] Digo a vocês hoje, meus amigos, que, apesar das dificuldades de hoje e de amanhã, ainda tenho um sonho.

É um sonho profundamente enraizado no sonho americano.

Tenho um sonho de que um dia esta nação se erguerá e corresponderá em realidade o verdadeiro significado de seu credo: 'Consideramos essas verdades manifestas: que todos os homens são criados iguais'.

Tenho um sonho de que um dia, nas colinas vermelhas da Geórgia, os filhos de ex-escravos e os filhos de ex-donos de escravos poderão sentar-se juntos à mesa da irmandade.

Tenho um sonho de que um dia até o Estado do Mississippi, um Estado desértico que sufoca no calor da injustiça e da opressão, será transformado em um oásis de liberdade e de justiça.

Tenho um sonho de que meus quatro filhos viverão um dia em uma nação onde não serão julgados pela cor de sua pele, mas pelo teor de seu caráter.

Tenho um sonho hoje.

Tenho um sonho de que um dia o Estado do Alabama, cujo governador hoje tem os lábios pingando palavras de rejeição e anulação, será transformado numa situação em que meninos negros e meninas negras poderão dar as mãos a meninos brancos e meninas brancas e caminharem juntos, como irmãs e irmãos.

Tenho um sonho hoje.

Tenho um sonho de que um dia cada vale será elevado, cada colina e montanha será nivelada, os lugares acidentados serão aplainados, os lugares tortos serão endireitados, a glória do Senhor será revelada e todos os seres a enxergarão juntos [...]".

Martin Luther King, Washington (E.U.A.), 28 de agosto de 1963.

Capítulo IX
TEORIA GERAL DOS DIREITOS FUNDAMENTAIS

1. INTRODUÇÃO

Este capítulo busca sistematizar uma teoria geral dos direitos fundamentais, notadamente uma teoria geral dos direitos fundamentais conforme a ordem jurídica brasileira. Assim, tem-se por objetivo sistematizar, em primeiro lugar, uma teoria geral que seja adequada ao constitucionalismo brasileiro, em que pese muitas vezes tenhamos sido inspirados e influenciados por autores, doutrinas e jurisprudências estrangeiras, especialmente, em face de sua significante recepção e adoção pelo direito pátrio e pelos intensos e constantes diálogos constitucionais (transconstitucionalismo).[1] Ademais, a teoria geral aqui apresentada tem por escopo sistematizar os aspectos centrais da dogmática constitucional dos direitos fundamentais, isto é, do (sub)sistema constitucional dos direitos e garantias fundamentais, de modo que o estudo da parte específica dos direitos fundamentais (direitos individuais e coletivos, direitos sociais, direitos de nacionalidade e direitos políticos), resguardadas as especificidades que apontaremos quando os estudarmos de modo específico, deve ser feito à luz dessa teoria geral, sob pena de graves incoerências sistêmicas. Além do mais, por se tratar de um manual, muitas vezes trabalhamos os temas a partir de perspectivas doutrinárias com as quais discordamos (especialmente as de Robert Alexy),[2] em razão de serem majoritárias ou adotas pela jurisprudência superior, contudo, na medida do possível, fizemos as críticas necessárias a essas perspectivas.

2. DELIMITAÇÃO CONCEITUAL

É preciso deixar claro, desde o início, que ***não há um consenso universal em relação ao uso do termo "direitos fundamentais"***. A doutrina e a jurisprudência muitas vezes utilizam-se de diversas expressões (liberdades públicas, direitos individuais, direitos subjetivos, direitos públicos subjetivos, direitos humanos, direitos do homem, direitos da pessoa humana etc.) para referirem-se àquilo que identificamos como direitos fundamentais.[3]

Ocorre que a própria Constituição da República Federativa do Brasil de 1988 utiliza-se desses *nomen juris* para referir-se aos direitos fundamentais, haja vista que o legislador muitas vezes é atécnico, devendo a doutrina e a jurisprudência sistematizar e interpretar esses termos de modo a garantir a coerência do sistema jurídico.

Nessa perspectiva, a doutrina mais especializada vem formando certo consenso conceitual no sentido de que *direitos fundamentais **são os direitos constitucionais da pessoa humana que buscam protege-la e/ou promove-la de modo a assegurar sua digni-***

---

1. NEVES, Marcelo. Transconstitucionalismo. São Paulo: Martins Fontes, 2009.
2. ALEXY, Robert. Teoria dos Direitos Fundamentais. São Paulo: Malheiros, 2008.
3. Neste sentido, a crítica de Paulo Bonavides: "A primeira questão que se levanta com respeito à teoria dos direitos fundamentais é a seguinte: podem as expressões direitos humanos, direitos do homem e direitos fundamentais ser usadas indiferentemente? Temos visto neste tocante o uso promíscuo de tais denominações na literatura jurídica, ocorrendo porém o emprego mais frequente de direitos humanos e direitos do homem entre autores anglo-americanos e latinos, em coerência aliás com a tradição e a história, enquanto a expressão direitos fundamentais parece ficar circunscrita à preferência dos publicistas alemães". BONAVIDES, Paulo. Curso de Direito Constitucional. 28 ed. São Paulo: Malheiros, 2013, p. 578.

dade.[4] Esta é a corrente à qual nos filiamos e que, ao que nos parece, entre os constitucionalistas é majoritária.

Ora, os direitos da pessoa humana comportam diversos âmbitos normativos de proteção, sendo que quando constitucionais e pautados na dignidade da pessoa humana, chamam-se direitos fundamentais. Assim, pode-se dizer que, tecnicamente, os direitos da pessoa humana possuem *nomen juris* distintos conforme a posição normativa que ocupam.

Num sentido geral, ***os direitos da pessoa humana, enquanto gênero,*** *ainda recebem o nome de direitos humanos lato sensu, ou direitos do homem lato sensu e comportam espécies identificáveis conforme a posição normativa.* Dentre essas espécies, destacam-se os direitos naturais, os direitos humanos e os direitos fundamentais, muitas vezes confundidos pela doutrina e pela jurisprudência.

Os ***direitos naturais***, também chamados de direitos do homem *stricto sensu*, são aqueles identificados pela ***filosofia jusnaturalista*** e que consagram os direitos essenciais da pessoa humana em face de uma ordem natural, (jusnaturalismo clássico), de uma ordem divina (jusnaturalismo medieval) ou da natureza racional do ser humano (jusnaturalismo moderno), direitos esses que independem de qualquer espécie de positivação.[5]

Os ***direitos humanos*** ou direitos humanos *stricto sensu* são os direitos da pessoa humana que buscam assegurar-lhe uma vida digna e que estão positivados na ***ordem jurídica internacional***, isto é, nas declarações, tratados e convenções internacionais de direitos humanos. Refletem a preocupação da comunidade internacional com a proteção e promoção da dignidade da pessoa humana, independentemente de nacionalidade ou qualquer outra vinculação política, cultural ou ideológica.[6]

Os ***direitos fundamentais*** são os direitos da pessoa humana que buscam protegê-la e promovê-la de modo a assegurar-lhe a dignidade e que se encontram resguardados pela ***ordem constitucional***. Trata-se de termo recente na teoria do direito, mais precisamente cunhado na França, em 1770, pelo movimento político que culminou, juridicamente, com a Declaração dos Direitos do Homem e do Cidadão, de 1789.[7]

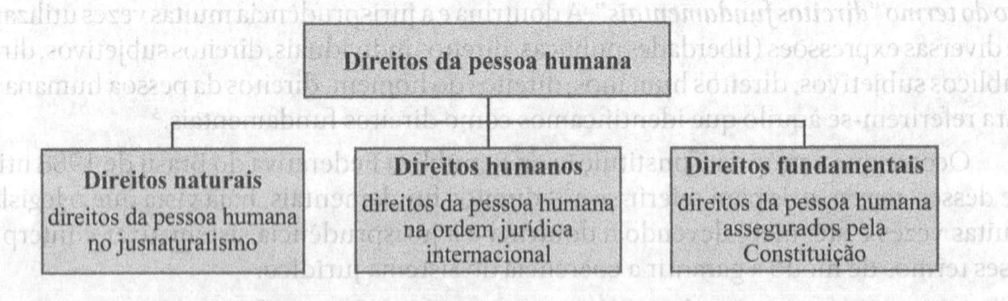

4. SARLET, Ingo Wolfgang. A eficácia dos direitos fundamentais: uma teoria geral dos direitos fundamentais na perspectiva constitucional. 10. ed. Porto Alegre: Livraria do Advogado Editora, 2010.
5. DOS SANTOS, Eduardo R. O Pós-positivismo jurídico e a normatividade dos princípios jurídicos. Belo Horizonte: D'Plácido, 2014.
6. MAZZUOLI, Valerio de Oliveira. Curso de Direitos Humanos. São Paulo: Método, 2014.
7. "El término "derechos fundamentales", *droits fondamentaux*, aparece en Francia hacia el año 1770 en el marco del movimiento político y cultural que condujo a la Declaración de los Derechos del Hombre y del Ciudadano, de 1789. La expresión ha alcanzado luego especial relieve en Alemania, donde bajo la denominación de los *Grundrechte* se ha articulado, de modo especial tras la Constitución de Weimar de 1919, el sistema de relaciones entre el individuo y el Estado, en cuanto fundamento de todo el orden jurídico-político. Este es su sentido en la actual *Grundgesetz* de Bonn, la Ley Fundamental de la República Federal de Alemania promulgada en el año 1949 [...] la expresión "derechos fundamentales" y su formulación jurídico-positiva como derechos constitucionales son un fenómeno relativamente reciente...". PÉREZ LUÑO, Antonio-Enrique. Los Derechos Fundamentales. 10 ed. Madrid: Tecnos, 2011, p. 27-28.

Feitos esses esclarecimentos iniciais, ainda é importante definirmos alguns outros termos correntes que muitas vezes são usados equivocadamente, de modo atécnico, para referir-se aos direitos fundamentais. Vejamos os principais:

Liberdades públicas: essa expressão surgiu no final do séc. XVIII na França sendo utilizada expressamente já na Constituição de 1793, em seu artigo 9º, e em outras Constituições da França.[8] O termo é utilizado para designar os direitos de defesa, isto é, o conjunto de direitos individuais que a pessoa tem para se defender da ingerência do Estado, sendo direitos negativos, que exigem abstenções estatais. Assim, as liberdades públicas resguardam ambiências de liberdades do indivíduo nas quais o Estado não pode ingerir/intervir. No entanto, tal expressão é muito limitada para designar os direitos fundamentais, compreendendo apenas uma parcela deles, vez que evidentemente não abarca os direitos sociais, culturais e econômicos, por exemplo.[9]

Direitos individuais: expressão que designa a individualidade do direito, indica que o direito tem como titular o indivíduo considerado de maneira isolada. Esses direitos marcaram, especialmente, as primeiras declarações de direitos, notadamente aquelas do final do séc. XVIII, nos Estados Unidos da América do Norte e na França. Sempre estiveram presentes em nossa ordem constitucional, expressando muitos dos direitos fundamentais referentes à liberdade, à vida, à propriedade etc.[10] Entretanto, o termo não é suficiente para designar os direitos fundamentais, sobretudo, em nossa ordem constitucional atual, vez que não engloba os direitos transindividuais (difusos e coletivos), por exemplo.

Direitos subjetivos: tecnicamente, indicam as prerrogativas conferidas ao indivíduo de acordo com as normas do ordenamento jurídico, podendo seus titulares deles dispor livremente, renunciá-los, transferi-los etc. Bem, em primeiro lugar, há de se esclarecer que os direitos fundamentais possuem uma dimensão subjetiva (de direito subjetivo), contudo estão sujeitos a uma regulamentação jurídica especial, não podendo ser renunciados, transferidos etc. Ademais, esse termo não é tecnicamente adequado para designar os direitos fundamentais, vez que a expressão "direitos subjetivos" é muito mais ampla e engloba muitas outras categorias de direitos, inclusive direitos infraconstitucionais, o que conduziria a uma banalização da abordagem dos direitos fundamentais. Por outro lado, trata-se de termo que pode (feitas as devidas observações) caracterizar os direitos fundamentais.

Direitos públicos subjetivos: consistem nas prerrogativas subjetivas conferidas ao indivíduo em face do Estado. São direitos originados no âmbito da dogmática do direito público alemão do final do séc. XIX e que têm o condão de limitar o Poder do Estado em razão (em benefício) de certa esfera de interesse privado, situando os direitos da pessoa humana numa perspectiva *juspositiva* de relação entre Estado e pessoa. A compreensão dos direitos público subjetivos, também, não se compatibiliza tecnicamente com os direitos fundamentais no sistema jurídico contemporâneo, pois quedam-se "superados pela própria dinâmica econômico-social dos tempos hodiernos, em que o desfrute de qualquer direito fundamental reclama uma atuação positiva do poder público",[11] ou ao menos o desfrute pleno e amplo da maior parte dos direitos fundamentais.

8. PÉREZ LUÑO, Antonio-Enrique. Derechos Humanos, Estado de Derecho y Constitución. 7 ed. Madrid: Tecnos, 2001, p. 35 e ss.
9. CUNHA JR. Dirley da. Curso de Direito Constitucional. 9 ed. Salvador: Juspodivm, 2015, p. 449.
10. Ibidem, idem.
11. Ibidem, p. 450.

3. ANTECEDENTES HISTÓRICOS E EVOLUÇÃO DOS DIREITOS FUNDAMENTAIS

Os direitos da pessoa humana são fruto de uma árdua construção histórica até o seu reconhecimento pelos atuais documentos constitucionais. Pode-se dizer que os direitos da pessoa humana estão em constante evolução, acompanhando a própria evolução social. Contudo, advirta-se: evolução não significa avanços no sentido de maior reconhecimento e efetividade, pois em alguns momentos visualizam-se, também, certas regressões.

Até chegarmos ao cenário atual de proteção dos direitos do homem, pode-se identificar pelo menos quatro fases de reconhecimento dos direitos da pessoa humana: *i)* direitos naturais; *ii)* o reconhecimento e positivação dos direitos; *iii)* a constitucionalização dos direitos; *iv)* a universalização dos direitos. Em apertada síntese, mesmo suprimindo dados históricos e jurídicos importantes, pode-se resumir essas fases da seguinte maneira:

A fase dos ***direitos naturais*** está atrelada ao jusnaturalismo, corrente do pensamento jurídico que acredita que há direitos universalmente válidos, imutáveis, que são inatos e independem da vontade humana, que existem em razão de algo superior e que objetivam assegurar a justiça, podendo ser dividida em: ***jusnaturalismo clássico***, aquele que se desenvolveu através do pensamento dos filósofos gregos e se baseia na ideia de uma justiça universal fundamentada em uma razão natural – *naturalis ratio* – e que posteriormente foi adotado pelas escolas do *ius gentium* na Roma Antiga; ***jusnaturalismo medieval***, aquele que se desenvolveu na Idade Média, pautando-se em fundamentos religiosos (católicos), caracterizando-se por pregar um direito universal e eterno, que tinha como escopo fundamental a busca por uma justiça dentro dos liames do cristianismo (justiça divina), ou melhor, da fé pregada pela Igreja Católica; e ***jusnaturalismo moderno*** (jusnaturalismo racional), fundado nas ideias dos filósofos racionalistas da Idade Modera, que acreditavam ser possível encontrar, através da razão humana, um direito justo que fosse comum a todos os homens (universal).[12]

A ***fase do reconhecimento e positivação dos direitos fundamentais*** inicia-se com o ***constitucionalismo medieval inglês***, no qual os direitos naturais da pessoa humana foram sendo reconhecidos gradativamente através de documentos, como a *Magna Carta Libertatum* (1215), a *Petition of Rights* (1628), o *Habeas Corpus Act* (1679), o *Bill of Rights* (1689) e o *Act of Settlement* (1701), vindo a se consolidar, posteriormente, com a ***positivação e codificação*** do direito, na ***era napoleônica***.[13]

A ***fase da constitucionalização dos direitos da pessoa humana*** é, também, a ***fase do surgimento dos direitos fundamentais***, enquanto direitos constitucionalmente consagrados. Nessa fase, a Declaração de Direitos do Bom Povo da Virgínia é considerada a primeira declaração moderna de direitos fundamentais, escrita originalmente por George Mason, e que data de 12 de junho de 1776, sendo, portanto, anterior à própria Declaração de Independência dos Estados Unidos da América do Norte. A constitucionalização dos direitos da pessoa humana está atrelada ao ***constitucionalismo liberal*** e às ***Constituições escritas***, reconhecendo-se, nesse momento histórico, sobretudo, direitos civis e políticos, merecendo destaque, no constitucionalismo francês, a Declaração dos Direitos do Homem e do Cidadão (1789), e, no constitucionalismo estadunidense, os dez primeiros Aditamentos à Constituição dos Estados Unidos da América do Norte (1791), conhecidos como *Bill of Rights* americano[14] A partir dessas duas matrizes revolucionárias constitucionais, os direitos do homem foram

12. BOBBIO, Norberto. O positivismo jurídico: Lições de Filosofia do direito. São Paulo: Icone, 2006.
13. COMPARATO, Fábio Konder. A Afirmação Histórica dos Direitos Humanos. 7. ed. São Paulo: Saraiva, 2010.
14. MARMELSTEIN, George. Curso de Direitos Fundamentais. 7 ed. São Paulo: Atlas, 2018.

sendo constitucionalizados ao redor do mundo, durante as décadas e séculos subsequentes, ganhando importante releitura e complementação a partir dos movimentos trabalhistas do final do século XIX e das revoluções sociais do início do século XX, passando-se a reconhecer, no ***constitucionalismo social***, direitos sociais, econômicos e culturais, merecendo destaque, a Constituição Mexicana (1917), a primeira a positivar os direitos trabalhista no rol de direitos fundamentais, e a Constituição de Weimar (1919), que consagrou entre os direitos fundamentais, direitos do trabalhador e outros direitos de cunho econômico e social, como educação e seguridade social.[15]

A ***fase da universalização dos direitos da pessoa humana*** liga-se ao movimento político-jurídico de reação aos horrores vivenciados ao longo da Segunda Guerra Mundial, verificando-se tanto no plano internacional, como no plano nacional. No ***plano internacional***, em 1945, com o final da guerra e a divulgação do que ocorria nos campos de concentração nazista do *Reich* alemão, com a finalidade de evitar novas guerras e novos atentados contra a humanidade, foi criada a Organização das Nações Unidas (ONU). Três anos mais tarde, em 10 de dezembro de 1948 foi aprovada pela Assembleia Geral das Nações Unidas, aquela que foi um divisor de águas na proteção dos direitos do homem no cenário internacional, a Declaração Universal dos Direitos Humanos. A Declaração Universal dos Direitos Humanos emerge tendo como plano de fundo as atrocidades ocorridas contra a raça humana durante a Segunda Guerra, e consolida a proteção internacional dos direitos do homem (direitos humanos), até então, era meramente "figurativa", não passando de um discurso isolado e pouquíssimo observado pelos próprios discursantes.[16]

A Declaração Internacional dos Direitos Humanos foi o ponto de partida, o núcleo matricial, para a construção da atual sistemática de proteção dos direitos humanos. Depois dela, os Estados começaram a se preocupar mais com os direitos humanos no âmbito internacional, vindo a assinar, ao longo das últimas décadas, dezenas de Tratados Internacionais que visam proteger e assegurar o exercício dos direitos humanos. No ***plano nacional***, a derrota do nazismo, significou também a decadência do positivismo jurídico legalista e a superação do constitucionalismo tradicional, que via a Constituição como mero documento organizacional, por um novo constitucionalismo, do qual a supremacia e a força normativa das normas constitucionais e a prevalência dos direitos fundamentais da pessoa humana são as principais características, tendo o ser humano como finalidade precípua do Estado, o ser humano, e não apenas o nacional, ampliando-se a proteção dos direitos fundamentais a todos, guardadas as devidas especificidades de cada direito no âmbito das ordens constitucionais dos países.[17]

3.1 As gerações dos direitos fundamentais

A teoria das gerações dos direitos, estruturada por Karel Vasak,[18] em discurso proferido no Instituto Internacional de Direitos Humanos de Estrasburgo (1979), e consagrada pela obra de autores como Norberto Bobbio[19] na Itália e Paulo Bonavides[20] no Brasil, demonstra que os

15. QUEIROZ, Cristina. Direitos Fundamentais Sociais. Coimbra: Coimbra, 2006.
16. BUERGENTHAL, Thomas. International Human Rights. Minnesota: West Publishing, 1988.
17. OMMATI, José Emílio Medauar. Uma teoria dos direitos fundamentais. 5 ed. Rio de Janeiro: Lumen Juris, 2018.
18. VASAK, Karel. "For the Third Generation of Human Rights: The Rights of Solidarity", Inaugural lecture, Tenth Study Session, International Institute of Human Rights, July 1979. In: VASAK, Karel (ed.). The international dimension of human rights. Paris: Unesco, 1982. v. I e II.
19. BOBBIO, Norberto. A Era dos Direitos. Rio de Janeiro: Elsevier, 2004.
20. BONAVIDES, Paulo. Curso de Direito Constitucional. 28 ed. São Paulo: Malheiros, 2013.

direitos fundamentais são direitos históricos que foram sendo conquistados em face das situações e das relações que eram vivenciadas pelos homens, consagrando direitos reivindicados pelo povo, mas também direitos que buscavam a manutenção do poder das classes dominantes (que, muitas das vezes, não objetivavam a proteção e a promoção da dignidade da pessoa humana), em razão das condicionantes políticas, sociais, econômicas e culturais de cada época.

Antes de adentrarmos em uma análise específica de cada uma das gerações, vale registrar que *parte da doutrina critica o uso do termo geração, preferindo usar o termo dimensão*, pois o termo geração poderia levar ao falso entendimento de que uma geração substituiria a outra. Contudo, nenhuma geração de direitos é posta de lado com o advento de outra, mas pelo contrário, essas gerações se complementam, protegendo e promovendo a pessoa humana nos mais variados aspectos e nas mais variadas situações. Ocorre que, se o termo geração é criticável pelo simples fato de que pode levar a falsa impressão de que uma geração superaria ou substituiria a outra, *o termo dimensão é mais criticável ainda*, vez que ele sequer se relaciona a abordagem histórica, significando muitas coisas, sendo que nenhuma delas direciona-se a identificar momentos históricos, lapsos temporais, ou algo do tipo, associando-se, em regra, a identificar a extensões mensuráveis que definem a porção ocupada por um corpo e os sentidos que compõem essas extensões, como altura, profundidade e espessura, por exemplo. Assim, a nosso ver, o termo dimensões, nesse contexto, é mais inadequado do que o termo gerações.

Passando-se à análise específica das gerações dos direitos, a doutrina identifica certos momentos na história em que determinados conjuntos de direitos, com características comuns, foram reconhecidos, de modo a constituir gerações de direitos, sendo que, inicialmente, foram identificadas, com certa convergência, três gerações.

A ***primeira geração de direitos fundamentais***, fundada no constitucionalismo liberal, fora reconhecida a partir das primeiras Constituições escritas, sendo fruto do pensamento liberal-burguês do séc. XVIII, marcando-se pelo reconhecimento de direitos de cunho individual, sendo, essencialmente, direitos de defesa do indivíduo perante o Estado, que exigem abstenções estatais (um não fazer), caracterizando-se como direitos negativos, de resistência ou de oposição, buscando resguardar uma esfera de autonomia individual da pessoa na qual o Estado não pode intervir. São direitos fundamentados, especialmente, no princípio de liberdade, sendo, por isso, chamados de direitos de liberdade, sendo, predominantemente, direitos civis e políticos. Os principais exemplos são os direitos à vida, à liberdade de ir e vir, à liberdade religiosa, à propriedade e à igualdade perante a lei (igualdade formal), os direitos de liberdade coletivos, como a liberdade de expressão, de imprensa, de manifestação, de reunião e de expressão, as garantias processuais, como o *due process of law*, o habeas corpus, o direito de petição, bem como os direitos de participação política, como o direito de votar e de ser votado.[21]

A ***segunda geração de direitos fundamentais***, fundada no constitucionalismo social, fora reconhecida a partir das Constituições dos Estados Sociais do séc. XX, sendo fruto dos movimentos trabalhistas do final do século XIX e das revoluções sociais do início do século XX, marcando-se pelo reconhecimento de direitos de cunho, predominantemente, individual, sendo, essencialmente, direitos positivos, prestacionais, que exigem ações estatais (um fazer), buscando promover a pessoa humana e assegurar condições justa e equânimes entre os cidadãos. Ademais, para além do reconhecimento dos direitos prestacionais, essa geração caracteriza-se pelo reconhecimento das liberdades sociais. Assim, os direitos de

21. SARLET, Ingo Wolfgang. A eficácia dos direitos fundamentais: uma teoria geral dos direitos fundamentais na perspectiva constitucional. 10. ed. Porto Alegre: Livraria do Advogado Editora, 2010, p. 46.

segunda geração são direitos fundamentados, especialmente, no princípio de igualdade, sendo, por isso, chamados de direitos de igualdade, sendo, predominantemente, direitos sociais, econômicos e culturais. Os principais exemplos são os direitos à educação, saúde, alimentação, moradia, trabalho, assistência social, previdência social, cultura, direitos dos trabalhadores, como férias, repouso semanal remunerado, salário mínimo, limitação da jornada de trabalho, proibição do trabalho infantil, licença maternidade, bem como a liberdade de sindicalização, o direito de greve, entre outras liberdades sociais.[22]

A ***terceira geração de direitos fundamentais***, fundada no constitucionalismo do pós-Guerra, fora reconhecida, sobretudo, a partir das Constituições da segunda metade do séc. XX, marcando-se pelo reconhecimento de direitos transindividuais, destinando-se à proteção de grupos e coletividades ou do próprio gênero humano como um todo, caracterizando-se pela consagração de direitos difusos e coletivos, que podem exigir tanto abstenções como ações estatais. São direitos fundamentados, especialmente, no princípio de fraternidade ou solidariedade, sendo, por isso, chamados de direitos de solidariedade. Os principais exemplos são os direitos à paz, à autodeterminação dos povos, ao meio ambiente ecologicamente equilibrado, à qualidade de vida, à comunicação, à liberdade informática, ao patrimônio público, alguns direitos de classe, como alguns direitos do consumidor, do trabalhador, de associados e sindicalizados, bem como direitos vinculados às novas tecnologias, como acesso à informática, proteção de dados pessoais no ambiente virtual, direitos reprodutivos e identidade genética do ser humano.[23] Ademais, exemplificam alguns autores, com as garantias contra a manipulação genética e com os direitos de morrer com dignidade e de mudança de sexo, direitos esses que para outros autores seriam de ***uma quarta geração***.

1ª GERAÇÃO	2ª GERAÇÃO	3ª GERAÇÃO
Revoluções Burguesas	Revoluções Sociais	Pós 2ª Guerra Mundial
Princípio de liberdade	Princípio de igualdade	Princípio de fraternidade
Direitos negativos, de defesa	Direitos positivos, de ação	Direitos negativos e positivos
Exigem que o Estado se abstenha, que não faça alguma coisa	Exigem que o Estado faça alguma coisa, preste algum serviço	Exigem tanto abstenções como ações estatais
Direitos individuais	Direitos individuais	Direitos transindividuais
Direitos civis e políticos	Direitos sociais, econômicos e culturais	Direitos difusos e coletivos

Como vimos, inicialmente foram identificadas três gerações de direitos. Contudo, ***posteriormente alguns autores dedicaram-se a identificar outras gerações***, havendo quem defenda a existência de uma quarta, uma quinta, uma sexta,[24] uma sétima,[25] uma oitava,[26] e, daqui um tempo, talvez, uma centésima geração de direitos, conduzindo a uma banalização da teoria, pela falta de critério e coerência. O que nos parece, com todas as vênias, é que sempre que alguém deseja "criar algo novo", mas não sabe o que fazer, cria uma nova geração de direitos, destacando um ou alguns direitos para essa "nova geração", afastando-se, por completo, dos critérios iniciais propostos e utilizados por Karel Vasak para identificar as gerações dos direitos.

22. Ibidem, p. 47.
23. Ibidem, p. 48.
24. Aqui, alguns destacam os direitos relacionados à bioética, outros o direito à água potável e outros o direito à busca da felicidade.
25. Aqui, alguns destacam os direitos a uma boa e proba administração pública e outros um pseudodireito à impunidade.
26. Aqui, há quem destaque o direito à segurança pública.

Em que pese as inúmeras críticas a essa febre geracional dos direitos, tanto no âmbito nacional como no âmbito internacional[27] há que se destacar algumas classificações acerca de uma quarta e quinta gerações, pois, infelizmente, são cobradas em provas de Concurso e no Exame de Ordem, mesmo essa teoria não se mostrando adequada a complexidade atual do sistema de direitos e não havendo sequer consenso doutrinário em relação a classificação geracional.

Assim, para além das garantias contra a manipulação genética e dos direitos de morrer com dignidade e de mudança de sexo, classificados por alguns autores como de *quarta geração*, temos, no Brasil, em que pese as divergências doutrinárias, um consenso (ou aceitação) mínimo em torno da classificação proposta pelo professor *Paulo Bonavides*. Nesse sentido, segundo Bonavides, seriam de *quarta geração*, os direitos os direitos à democracia direta, à informação e ao pluralismo, necessários à universalização institucional dos direitos fundamentais, e de *quinta geração*, o direito à paz, por entender ser merecedor de um destaque à parte na luta pela preservação e promoção dos direitos da pessoa humana, sendo condição indispensável à realização plena dos demais direitos.[28]

4. CARACTERÍSTICAS DOS DIREITOS FUNDAMENTAIS

A doutrina do direito constitucional tem apontado algumas características comuns aos direitos fundamentais, capazes de identifica-los e agrupá-los a partir de uma perspectiva única. São elas:[29]

1) *Relatividade:* deriva do princípio da unidade da Constituição, pelo qual se reconhece que não há hierarquia entre direitos constitucionais, de modo que não é possível falar em direitos fundamentais absolutos, vez que um direito fundamental sempre pode sofrer limitações/restrições por outros direitos tão fundamentais quanto ele, assim os direitos fundamentais são relativos e não absolutos. Tomando como exemplo o direito à vida, tem-se que esse direito sofre restrições por normas constitucionais (há previsão de pena de morte em caso de guerra declarada, nos termos do art. 5º, XLVII, "a", da CF/88) e por normas infraconstitucionais, como no caso de alguém que mate uma pessoa em legítima defesa de sua vida (direito à vida de Fulano restringido pelo direito à vida e pelo direito de defesa de Beltrano) ou mesmo de seu patrimônio (direito à vida de Fulano restringido pelo direito à propriedade e pelo direito de defesa de Beltrano), nos termos dos arts. 23, II, e 25, do Código Penal.
2) *Imprescritibilidade e Incaducabilidade:* revela que os direitos fundamentais não se sujeitam à prescrição e à decadência, não se perdendo ou extinguindo pelo decurso do tempo, sendo sempre exigíveis. Ademais, revela que os direitos fundamentais estão em um constante processo de agregação, ampliando o seu âmbito de proteção e incorporando novos direitos, como forma de proteger e promover a pessoa humana nas suas mais variadas relações.
3) *Inalienabilidade (indisponibilidade):* demonstra que, em regra, os direitos fundamentais não podem ser alienados, vendidos, negociados de forma a transferir-se o direito fundamental de uma pessoa para outrem. Contudo, levando-se em consideração o caso concreto, é possível restringir essa inalienabilidade, de forma a permitir a disposição de direitos fundamentais em face de finalidades acolhidas ou toleradas pela própria ordem constitucional, como, por exemplo, no caso dos direitos de

27. FALCÓN Y TELLA, Fernando. Challenges for Human Rights. Boston: Martinus Nijhoff Publishers, 2007.
28. BONAVIDES, Paulo. Curso de Direito Constitucional. 28 ed. São Paulo: Malheiros, 2013, p. 589 e ss.
29. FERNANDES, Bernardo G. Curso de Direito Constitucional. 8 ed. Salvador: Juspodivm, 2016, p. 338-342.

liberdade, privacidade e imagem de pessoas que participam de *reality shows* que exigem confinamento, como o *Big Brother*.

4) ***Irrenunciabilidade:*** implica, em regra, na impossibilidade de se renunciar a um direito fundamental, ainda que se faça isso por instrumento formal, particular ou público, como, por exemplo, a pessoa que registra em cartório um contrato no qual renuncia ao seu direito de liberdade para tornar-se escrava de outrem, esse contrato é inválido, pois direito fundamental é irrenunciável. Nada obstante, é perfeitamente possível que, em certas circunstâncias, o titular de um determinado direito fundamental deixe de exercer o seu próprio direito, tratando-se de uma autolimitação voluntária que não se confunde com a renúncia, vez que aquele de deixa de exercer um direito fundamental pode voltar a exercê-lo quando quiser.

5) ***Inviolabilidade:*** revela que os direitos fundamentais não podem ser violados, seja pelo poder público, seja por particulares, estabelecendo um dever ao Estado de prevenir e reprimir quaisquer violações aos direitos fundamentais, conforme prevê, inclusive, o art. 5º, XLI, da CF/88, segundo o qual "a lei punirá qualquer discriminação atentatória dos direitos e liberdades fundamentais".

6) ***Universalidade:*** reconhece que os direitos fundamentais, como regra, são titularizados igualmente por todas as pessoas, por serem direitos que visam proteger e promover a dignidade da pessoa humana, inadmitindo discriminações. Nada obstante, há direitos que, por sua natureza e funcionalidade, restringem-se a certas classes, como os direitos do trabalhador, titularizados apenas por quem trabalha, ou os direitos das pessoas com deficiência, titularizados apenas por pessoas com deficiência, assim como alguns direitos que não são titularizados por estrangeiros (direito ao voto, por exemplo) ou mesmo direitos que só são titularizados por estrangeiros (asilo político, por exemplo).

7) ***Efetividade:*** deriva da força normativa da Constituição e estabelece um mandamento deontológico ao poder público e a sociedade no sentido de efetivarem ao máximo e fazerem cumprir os direitos fundamentais, isto é, o Estado e a sociedade têm o dever de implementar e aprimorar esses direitos na prática.

8) ***Interdependência e Complementaridade:*** derivam, especialmente, das ideias de unidade e coerência sistêmica, reconhecendo que os direitos fundamentais apresentam interpenetrações e conexões necessárias, de modo que a implementação efetiva de um determinado direito depende da implementação de outros (interdependência), pois um direito isoladamente é insuficiente para se assegurar a proteção e a promoção da dignidade da pessoa humana (complementaridade). Como exemplo, podemos imaginar uma criança à qual se assegure uma vaga em uma escola de alto nível educacional, com todos os materiais escolares necessários ao seu aprendizado, mas que não possui um lar, morando embaixo de uma determinada ponte que fica a 15 quilômetros de sua escola, não tendo dinheiro para pagar por um transporte público, tendo de ir à escola a pé, e não tendo uma alimentação mínima, comendo somente as sobras que encontra no lixo. Nesse caso, percebe-se que o direito à educação não estará implementado apenas com medidas que assegurem acesso à educação de qualidade, sem que a pessoa goze de um mínimo de direitos básicos, como moradia, alimentação, transporte, entre outros.

9) ***Historicidade:*** conforme extrai Celso Lafer[30] do pensamento de Hannah Arendt,[31] reside na ideia de que *os direitos fundamentais não são um dado, mas um construído*, isto

---

30. Essa é a interpretação feita por Celso Lafer e que se consolidou no discurso jurídico contemporâneo. LAFER, Celso. A reconstrução dos direitos humanos: a contribuição de Hannah Arendt. *Scielo*. Estudos Avançados, v.11, n. 30, 1997. Disponível em: <http://www.scielo.br/pdf/ea/v11n30/v11n30a05.pdf>. Acesso em 05 de junho de 2014.
31. ARENDT, Hannah. Origens do totalitarismo. São Paulo: Companhia das Letras, 1998.

é, de que os direitos fundamentais são resultado de um desenvolvimento histórico, não tendo sido dados ou presenteados à pessoa humana por nenhum rei, governante ou divindade, sendo, na verdade, o resultado das lutas humanas. Ademais, como vimos, os direitos fundamentais evoluem, conforme a sociedade evolui, ampliando-se e complementando-se de acordo com o desenvolvimento das próprias relações sociais, tendo suas matrizes no jusnaturalismo, passando por um movimento de positivação e, posteriormente, de constitucionalização e universalização.

10) *Aplicabilidade Imediata:* deriva da força normativa da Constituição e da supremacia das normas constitucionais, impondo, nos termos do art. 5º, § 1º, da CF/88, que "as normas definidoras dos direitos e garantias fundamentais têm aplicação imediata", ou seja, independem de instrumentos normativos infraconstitucionais para serem aplicadas, o que significa dizer que a falta de lei ou ato normativo regulamentadores não impedem (não devem impedir) a aplicação de direitos fundamentais.

11) *Cláusulas pétreas:* os direitos fundamentais não podem ser objeto de propostas de Emenda à Constituição tendentes a aboli-los, constituindo cláusulas pétreas, nos termos do art. 60, § 4º, da CF/88, ou melhor dizendo, cláusulas com núcleo material irredutível, cujo conteúdo mínimo deve ser protegido, não podendo ser suprimido por Emendas à Constituição. Não obstante parte da doutrina defender que nem todos os direitos e garantias fundamentais são cláusulas pétreas protegidas pelo art. 60, § 4º, da CF/88, nós defendemos, conforme discorremos quando tratamos do assunto no Capítulo referente ao Poder Constituinte, que todos os direitos e garantias fundamentais, sejam individuais, coletivos, sociais, de nacionalidade, políticos etc., típicos e atípicos, frutos do Poder Constituinte Originário ou do Poder Constituinte Reformador, são cláusulas pétreas não podendo ser objeto de proposta de Emenda à Constituição tendente a abolir.

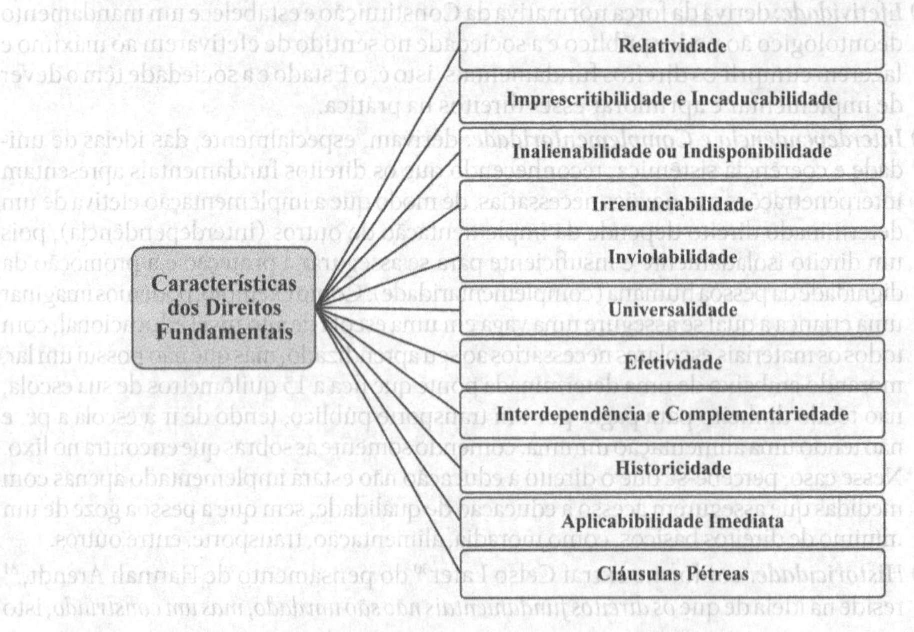

5. OS QUATRO *STATUS* DE GEORGE JELLINEK

Os direitos fundamentais exercem múltiplas funções no âmbito do sistema jurídico, sendo que a identificação dessas funções nos remete à clássica teoria dos *status* formulada por

George Jellinek.[32] Segundo Jellinek, a pessoa, enquanto membro de uma comunidade política, para além de sua esfera privada, insere-se em uma esfera pública. Nesse contexto, verifica-se um vínculo entre a pessoa e o Estado (o indivíduo se torna membro do Estado, adquirindo personalidade), que se relacionam em quatro *status* jurídicos distintos: *a) status subjectionis ou passivo; b) status negativus ou libertatis; c) status positivus ou civitatis; e d) status activus.*

No ***status subjectionis ou passivo***, o indivíduo está subordinado aos poderes estatais, sujeito à deveres e não à direitos, sendo-lhe direcionados deveres e proibições. Nesse status, o indivíduo é mero meio para a consecução dos fins estatais, de modo que a figura central da relação é o Estado e não a pessoa humana.

No ***status negativus ou libertatis***, o indivíduo, dotado de personalidade, possui uma esfera individual de liberdade que não pode ser objeto de arbítrios e intervenções do Estado, gozando a pessoa de direitos negativos a exigirem abstenções estatais, isto é, a exigir um comportamento negativo por parte do Estado, garantindo a pessoa que o Estado não irá intervir em certas matérias, pois elas são matérias que dizem respeito a liberdade e a individualidade da própria pessoa.

No ***status positivus ou civitatis***, o indivíduo, enquanto membro da sociedade, possui direitos frente ao Estado e às suas instituições, podendo-lhes exigir certas ações e prestações, de modo a satisfazer determinadas necessidades da pessoa. Assim, o indivíduo, por ser membro da sociedade, pode exigir ações positivas por parte do Estado que lhe assegurem certas condições de vida.

No ***status activus***, o indivíduo, enquanto membro da comunidade política, possui direitos de participação ativa na formação da vontade política do Estado, participando da escolha de seus governantes e das decisões fundamentais da comunidade política de que é parte.

Em que pese algumas críticas,[33] a teoria dos status de Jellinek tem sido parâmetro para indicar, ao menos inicialmente, as funções dos direitos fundamentais, que se relacionam diretamente com a posição jurídica (*status*) do indivíduo frente ao Estado, podendo, no entanto, ser aperfeiçoada e adaptada, especialmente no que diz respeito às funções dos direitos fundamentais.

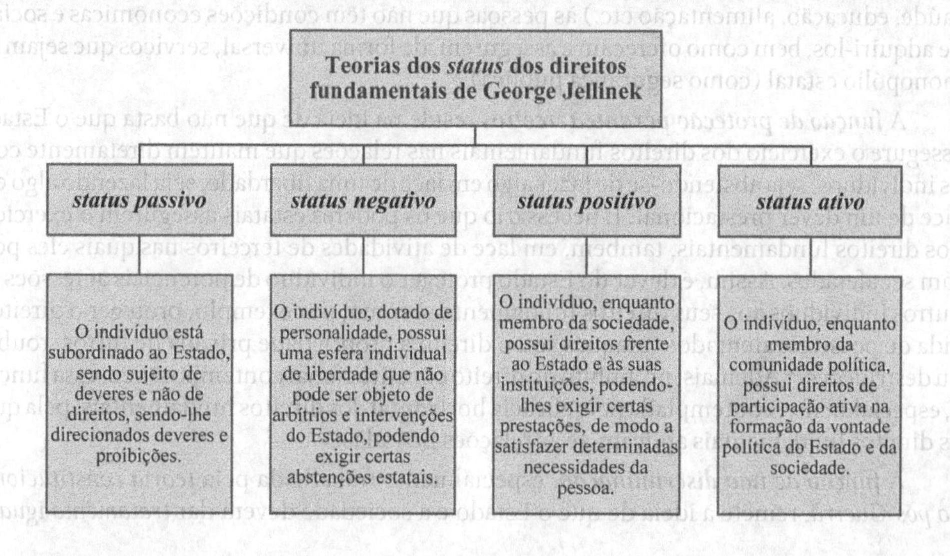

32. JELLINEK, Georg. System der subjektiven öffentlichen Rechte. 2 ed. Tübingen: Mohr, 1905.
33. HESSE, Konrad. Elementos de Direito Constitucional da República Federal da Alemanha. Porto Alegre: Sergio Antonio Fabris Editor, 1998.

6. AS FUNÇÕES DOS DIREITOS FUNDAMENTAIS

Ao identificar os *status* em que o homem pode se encontrar perante o Estado, George Jellinek esclarece que os direitos fundamentais, em face desses *status*, podem cumprir funções variadas no sistema jurídico. Atualmente, algumas dessas funções, com as devidas releituras, atualizações e adaptações, têm sido objeto de estudo da doutrina constitucionalista. Vejamos as principais:

A *função de defesa e liberdade* encontra raízes no constitucionalismo material inglês e, de modo especial, no *constitucionalismo liberal* moderno, nos quais os direitos fundamentais foram concebidos como *garantias de defesa* do cidadão perante o Estado, com o objetivo de se assegurar às pessoas um conjunto mínimo de direitos e liberdades que não poderiam ser alvo dos arbítrios e abusos estatais, estabelecendo *deveres negativos* ao Estado (dever de não fazer, de não agir), exigindo verdadeiras abstenções por parte dos poderes estatais em relação à esfera privada do cidadão. Ademais, ao buscarem defender o cidadão do Estado e assegurar sua liberdade, os direitos fundamentais estabelecem *posições subjetivas* ao indivíduo, possibilitando-lhe exercer de forma positiva esses direitos (*liberdade positiva*), exigindo que o Estado se omita, deixe de agir, evitando, assim, lesões aos direitos fundamentais de liberdade (*liberdade negativa*).[34]

A ***função de prestação, ou prestacional,*** encontra raízes no *constitucionalismo social* moderno, no qual os direitos fundamentais de liberdade foram complementados por *direitos sociais de prestação*, exigindo ações estatais para a melhor proteção e promoção da pessoa humana, instituindo, então, *deveres positivos* ao Estado (dever de fazer, de agir). As prestações exigidas dos poderes públicos podem ser: ***a) prestações normativas***, de ordem jurídica, exigindo que o poder púbico elabore as normas concretizadoras e reguladoras e dos direitos carentes de regulação, como forma de otimizar sua implementação, como, por exemplo, as normas que regulam as relações de trabalho; e/ou ***b) prestações materiais***, de ordem fática, concreta, exigindo que os poderes públicos disponibilizem certos bens e serviços (como saúde, educação, alimentação etc.) às pessoas que não têm condições econômicas e sociais de adquiri-los, bem como ofereçam e assegurem, de forma universal, serviços que sejam de monopólio estatal (como segurança pública).[35]

A ***função de proteção perante terceiros*** reside na ideia de que não basta que o Estado assegure o exercício dos direitos fundamentais nas relações que mantém diretamente com os indivíduos, seja abstendo-se de fazer algo em face de uma liberdade, seja fazendo algo em face de um dever prestacional. É necessário que os poderes estatais assegurem o exercício dos direitos fundamentais, também, em face de atividades de terceiros nas quais eles possam ser afetados. Assim, é dever do Estado proteger o indivíduo de potenciais agressões de outros indivíduos aos seus direitos fundamentais, como, por exemplo, proteger o direito à vida de possíveis atentados (ataques) ou o direito à propriedade privada de furtos, roubos ou destruições.[36] Ademais, no âmbito do direito constitucional contemporâneo, essa função é, especialmente, contemplada pela eficácia horizontal dos direitos fundamentais, pela qual os direitos fundamentais aplicam-se às relações privadas.

A ***função de não discriminação***, especialmente trabalhada pela *teoria constitucional do pós-Guerra*, remete à ideia de que o Estado e a sociedade devem dar *tratamento igual a*

34. CUNHA JR. Dirley da. Curso de Direito Constitucional. 9 ed. Salvador: Juspodivm, 2015, p. 458.
35. NOVELINO, Marcelo. Curso de Direito Constitucional. 13 ed. Salvador: Juspodivm, 2018, p. 308.
36. CUNHA JR. Dirley da. Curso de Direito Constitucional. 9 ed. Salvador: Juspodivm, 2015, p. 461.

todas as pessoas não se admitindo discriminações de qualquer natureza, como por motivos religiosos, de ideologia filosófica, econômica ou política, sexo, sexualidade, cor, raça, etnia, origem, profissão etc. Assim, *os direitos fundamentais atuam como proibições de discriminação*, exigindo que se um direito fundamental for reconhecido a um determinado grupo, este mesmo direito deve ser reconhecido aos demais grupos, como, por exemplo, o reconhecimento das uniões afetivas pelo Estado, uma vez reconhecido aos casais heterossexuais, também deve ser reconhecido aos casais homossexuais. Nesse sentido, os direitos fundamentais são compreendidos como trunfos das minorias contra a vontade das maiorias, que não podem negar-lhes direitos em pé de igualdade.[37]

Por fim, fala-se numa ***função de participação***, partindo da compreensão de que a pessoa sendo membro de uma determinada comunidade política, deve ter assegurado direitos que possibilitem sua participação ativa na formação da vontade política do Estado, escolhendo seus representantes e governantes, bem como influenciando nas decisões da comunidade política de que é parte. Nesse cenário, os direitos fundamentais devem assegurar essa participação, sendo exemplos os direitos ao sufrágio, de manifestação e de resistência civil.

7. AS DIMENSÕES SUBJETIVA E OBJETIVA DOS DIREITOS FUNDAMENTAIS

A doutrina constitucional, sobretudo a partir da teoria constitucional alemã, identifica os direitos fundamentais a partir de uma dupla dimensão: subjetiva e objetiva. Assim, os direitos fundamentais são considerados, ao mesmo tempo, direitos subjetivos e parâmetros objetivos da ordem jurídica.

A ***dimensão subjetiva*** liga-se à clássica conceituação de direitos subjetivos, enquanto direitos que conferem aos seus titulares a possibilidade jurídica de impor seus interesses pessoais em face dos órgãos estatais obrigados. Deste modo, os direitos fundamentais, enquanto direitos subjetivos, permitem ao seu titular exigir dos poderes públicos a sua implementação.

Por outro lado, a ***dimensão objetiva*** impõe a observância dos direitos fundamentais por todo o sistema jurídico, estabelecendo-os como parâmetros da ordem jurídica que devem ser seguidos por todos os poderes, desde a criação do direito até a sua interpretação e aplicação. Assim, a dimensão objetiva liga-se à ***eficácia irradiante dos direitos fundamentais*** (aptidão para produzir efeitos por todo o sistema jurídico), típica do constitucionalismo contemporâneo, promovendo os direitos fundamentais como "vetores" que devem ser observados por todo o sistema jurídico.

37. NOVAIS, Jorge Reis. Direitos Fundamentais: trunfos contra a maioria. Coimbra: Coimbra, 2006.

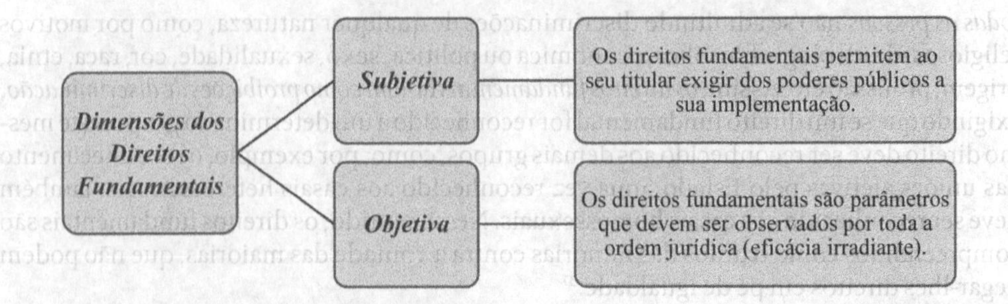

8. FUNDAMENTOS DOS DIREITOS FUNDAMENTAIS

O que torna um certo direito um direito fundamental? Isto é, qual o critério de fundamentalidade dos direitos fundamentais? Em que pese as relevantes contribuições jusfilosóficas, se os direitos fundamentais são os direitos reconhecidos e protegidos pelo sistema constitucional interno dos Estados, a resposta para essa pergunta deve estar compreendida no próprio sistema constitucional. Assim, à luz da ordem jurídica constitucional, a doutrina aponta uma dupla fundamentalidade dos direitos fundamentais: forma e material.[38]

A *fundamentalidade formal* dos direitos fundamentais liga-se ao fato da ***positivação*** e sustenta-se, especialmente, no ***princípio democrático*** (art. 1º, *caput*, CF/88) e na ***soberania da vontade popular*** (art. 1º, parágrafo único, CF/88). Assim, ao menos no âmbito de Estados (Constitucionais) Democráticos de Direito, entende-se que o povo, diretamente ou por meio de seus representantes, escolhe e positiva na Constituição aqueles direitos que acredita ser mais fundamentais, mais essenciais à proteção e promoção de sua dignidade.

A *fundamentalidade material* dos direitos fundamentais liga-se ao conteúdo dos direitos fundamentais, isto é, liga-se a ideia de que existe um conteúdo próprio dos direitos fundamentais. E qual conteúdo seria esse? Ora, os direitos fundamentais consistem nos direitos mais essenciais à proteção e à promoção da dignidade da pessoa humana no âmbito do Estado Constitucional. Assim, a fundamentalidade material dos direitos fundamentais reside no próprio ***sistema constitucional***, especialmente no ***(sub)sistema dos direitos fundamentais*** e nos ***princípios fundamentais (Título I, CF/88)*** que sustentam o Estado Constitucional, sobretudo e necessariamente no ***princípio da dignidade da pessoa humana (art. 1º, III, CF/88)***, já que os direitos fundamentais são direitos que existem para proteger e promover a pessoa humana.[39]

Nesse sentido, quando tratamos do princípio fundamental da ***dignidade da pessoa humana***, demonstramos que esse princípio, na tradição ocidental, tem sido considerado o ***princípio jurídico-axiológico fonte*** dos direitos e garantias fundamentais do homem, isto é, a ***matriz jurídica*** dos direitos fundamentais da pessoa humana. Assim, do princípio fundamental da dignidade da pessoa humana emergem os direitos e garantias fundamentais, sejam eles típicos (positivados expressamente no título constitucional específico – Título II da CF/88), sejam eles atípicos (decorrentes do regime e dos princípios por ela adotados, ou dos tratados internacionais em que a República Federativa do Brasil seja parte – § 2º, do art. 5º, da CF/88).[40] Deste modo, pode-se dizer que ***todos os direitos fundamentais possuem,***

38. SARLET, Ingo Wolfgang. A eficácia dos direitos fundamentais: uma teoria geral dos direitos fundamentais na perspectiva constitucional. 10. ed. Porto Alegre: Livraria do Advogado Editora, 2010, p. 74.
39. DOS SANTOS, Eduardo R. Direitos Fundamentais Atípicos. Salvador: Juspodivm, 2017, p. 105 e ss.
40. SARLET, Ingo Wolfgang. A eficácia dos direitos fundamentais: uma teoria geral dos direitos fundamentais na perspectiva constitucional. 10. ed. Porto Alegre: Livraria do Advogado Editora, 2010, p. 105.

em alguma medida, relação matricial com a dignidade da pessoa humana, isto é, cada direito tem a dignidade como fonte e, concomitantemente, visa proteger ou promover a dignidade em alguma esfera, grau ou condição.[41] Por óbvio que, com essa afirmação, não se quer dizer que todos os direitos possuem como fonte única o princípio fundamental da dignidade da pessoa humana, mas sim que obrigatoriamente têm a dignidade como fonte, podendo, ainda, sustentar-se nos demais princípios fundamentais de nosso Estado Constitucional (Título I, CF/88), bem como no sistema constitucional de proteção da pessoa humana. Nesse sentido, pode-se afirmar que o princípio da dignidade da pessoa humana consiste no critério basilar (elementar) de todos os direitos e garantias fundamentais, contudo não consiste num critério exclusivo. Mais ainda, com base no exposto, pode-se concluir que ***o princípio fundamental da dignidade da pessoa humana consiste no principal critério de jusfundamentalidade material dos direitos fundamentais***, devendo tocar, em maior ou menor grau, todos os direitos fundamentais que, consequentemente, devem ser desdobramentos de sua materialização constitucional, seja na perspectiva protetiva ou promocional da pessoa humana.[42]

9. A CLÁUSULA DE ABERTURA MATERIAL DOS DIREITOS FUNDAMENTAIS (§ 2º, DO ART. 5º) E OS DIREITOS FUNDAMENTAIS ATÍPICOS

Doutrinariamente esquecida,[43] judicialmente ignorada ou "*mal*" interpretada,[44] a cláusula de abertura a novos direitos fundamentais, constante do § 2º, do art. 5º, da Constituição brasileira de 1988, consiste num importante instrumento do atual sistema de direitos e garantias fundamentais de nosso constitucionalismo, que promove a abertura a novos direitos fundamentais de maneira ímpar na história do constitucionalismo brasileiro ao prever uma gama maior de possibilidades de incorporação de novos direitos fundamentais do que as Cartas Constitucionais pretéritas.

A ***gênese*** da referida cláusula remete-nos ao IX aditamento à Constituição dos Estados Unidos da América do Norte, que data do ano de 1791 e dispõe que "*the enumeration in the Constitution, of certain rights, shall not be construed to deny or disparage others retained by the people*".[45]

No Brasil, a cláusula de abertura ***esteve presente em todas as Constituições Republicanas***. Na Constituição de 1981 (art. 78), na Constituição de 1934 (art. 114), na Constituição de 1937 (art. 123), na Constituição de 1946 (art. 144), na Constituição de 1967 (art. 150, § 35), na Constituição de 1969 (art. 153, § 36) e, por fim, na Constituição de 1988, (art. 5º, § 2º) afirmando que "*os direitos e garantias expressos nesta Constituição não excluem outros*

41. ANDRADE, José Carlos Vieira de. Os Direitos Fundamentais na Constituição Portuguesa de 1976. 5 ed. Coimbra: Almedina, 2012, p. 97 e ss.
42. SARLET, Ingo Wolfgang. A eficácia dos direitos fundamentais: uma teoria geral dos direitos fundamentais na perspectiva constitucional. 10. ed. Porto Alegre: Livraria do Advogado Editora, 2010, p. 111.
43. SARLET, Ingo Wolfgang. A eficácia dos direitos fundamentais: uma teoria geral dos direitos fundamentais na perspectiva constitucional. 10. ed. Porto Alegre: Livraria do Advogado Editora, 2010, p. 79.
44. Nesse sentido, André de Carvalho Ramos faz críticas significativas à jurisprudência do Supremo Tribunal Federal, sobretudo no que tange à incorporação dos direitos fundamentais atípicos advindos dos Tratados Internacionais de Direitos Humanos. RAMOS, André de Carvalho. O Supremo Tribunal Federal e o Direito Internacional dos Direitos Humanos. In: SARMENTO, Daniel; SARLET, Ingo Wolfgang (coord.). Direitos Fundamentais no Supremo Tribunal Federal: Balanço e Crítica. Rio de Janeiro: Lumen Juris, 2011.
45. Proposto por James Madison, o IX aditamento surgiu na busca de se superar as objeções de Alexander Hamilton e, também, em certa medida, de Thomas Jefferson, este último receoso de que a declaração fosse insuficiente e não albergasse todos os direitos essenciais. BARNETT, Randy E. The Rights Retained by the People: The History and Meaning of the Ninth Amendment. Fairfax: Fairfax, 1991. v.1.

decorrentes do regime e dos princípios por ela adotados, ou dos tratados internacionais em que a República Federativa do Brasil seja parte".

No direito comparado, hodiernamente, várias são as Constituições a contemplar a cláusula de não tipicidade dos direitos fundamentais, dentre elas, destaque-se a Constituição Portuguesa (art. 16, n. 1), a Constituição Argentina (art. 33), a Constituição Peruana (art. 4º), a Constituição da Guatemala (art. 44), a Constituição da Venezuela (art. 50), a Constituição Colombiana (art. 94), dentre outras. Ressalte-se ainda a Lei Fundamental da Alemanha que, em seu art. 93, inc. I, n. 4, realiza uma abertura a direitos e garantias fundamentais análogos aos constantes do catálogo, também designados de *direitos equiparados aos direitos fundamentais*, que dizem respeito aos direitos fundamentais positivados no texto da Lei Fundamental, entretanto, fora do capítulo específico. Mais ainda, nas últimas décadas, a doutrina e a jurisprudência alemã também vêm aceitando o desenvolvimento de novos direitos e garantias fundamentais a partir do direito ao livre desenvolvimento da personalidade, positivado no art. 2º da Lei Fundamental da Alemanha.[46]

A cláusula de abertura ou de não tipicidade dos direitos fundamentais remete-nos, doutrinariamente, à clássica conceituação material dos direitos fundamentais, segundo a qual, há direitos fundamentais inerentes à sistemática constitucional e, sobretudo, a sistemática dos direitos e garantias fundamentais que não foram formalmente positivados no texto constitucional, contudo, em face da cláusula de abertura e do sistema constitucionalmente estabelecido de proteção e promoção da dignidade da pessoa humana (reconhecida por esse mesmo sistema), integram o rol de direitos e garantias fundamentais da pessoa humana de acordo com as filosofias políticas, sociais e econômicas, assim como com as circunstâncias de cada época e lugar.[47]

Nesse contexto, é preciso lembrar que a teoria dos direitos fundamentais, parte integrante de uma Constituição Moderna, se estrutura sobre princípios, valores e fins de alta densidade axiológica que visam promover e proteger a dignidade da pessoa humana e que não podem ser "engessados", totalmente, de maneira positiva, em razão das alternâncias espaços-temporais existenciais da vida digna da pessoa humana. Mais ainda, há de se dizer que o homem é um ser demasiadamente complexo, de modo que, mesmo em determinado tempo e espaço bastante limitados não é possível expressar positivamente, em uma carta de direitos, todos os direitos e garantias fundamentais dos quais ele necessita para ter uma vida digna, ao menos não *a priori*, o que torna inviável e constitui, inclusive, afronta à dignidade da pessoa humana limitar os direitos e garantias fundamentais àqueles dos quais o legislador constituinte se lembrou de redacionar, ou optou por redacionar.[48]

9.1 As fontes dos direitos fundamentais atípicos

O § 2º, do art. 5º, da Constituição de 1988, fruto de proposta de Antonio Augusto Cançado Trindade, durante os trabalhos da Assembleia Nacional Constituinte, em audiência pública realizada dia 29 de abril de 1987, instituiu no âmbito do constitucionalismo

46. PIEROTH, Bodo; SCHLINK, Bernhard. Direitos fundamentais. São Paulo: Saraiva, 2012.
47. MIRANDA, Jorge. Manual de Direito Constitucional. 5 ed. Coimbra: Coimbra, 2012. v.4.
48. DOS SANTOS, Eduardo R. Direitos Fundamentais Atípicos. Salvador: Juspodivm, 2017.

brasileiro a mais abrangente cláusula de abertura a novos direitos fundamentais de nossa história constitucional.[49]

Da leitura mais profunda e pormenorizada do dispositivo em análise, extrai-se que ***os direitos fundamentais atípicos podem advir diretamente de três fontes:*** a) do regime constitucional, que, a nosso ver, pode ser entendido de duas maneiras: *lato sensu* e *stricto sensu*; b) dos princípios constitucionais; e c) dos tratados internacionais de direitos humanos que o Brasil seja signatário.[50]

O regime constitucional lato sensu refere-se às normas gerais que regulamentam a ordem constitucional como um todo, isto é, às normas gerais do sistema de direito constitucional vigente. Por sua vez, o ***regime constitucional stricto sensu*** refere-se às normas gerais que regulamentam o subsistema constitucional dos direitos e garantias fundamentais, isto é, refere-se especificamente às normas gerais do vigente sistema de direitos e garantias fundamentais.

Os princípios constitucionais a que se refere à Constituição, neste dispositivo, são os *Princípios Fundamentais* do Título I (arts. 1º a 4º) de nossa Magna Carta. Aqui vale ressaltar o importante papel do princípio fundamental da dignidade da pessoa humana (art. 1º, III, da CF/88) que atua tanto no âmbito do regime constitucional como no âmbito dos princípios constitucionais, tratando-se da principal matriz jurídico-axiológica dos direitos fundamentais atípicos, devendo todos eles, em maior ou menor grau, encontrarem suas raízes na dignidade da pessoa humana.

Já ***os tratados internacionais de direitos humanos de que o Brasil é signatário*** são, sem dúvida alguma, as fontes mais claras e mais "fáceis" de lidar, por exigirem um esforço muito menor do intérprete, entretanto a práxis constitucional brasileira tem mostrado como é possível transformar o "mais simples" no "mais complexo" e o "mais fácil" no "mais difícil". Essas fontes, em conjunto, formam as bases para uma conceituação material dos direitos fundamentais e instituem os critérios de fundamentalização dos direitos, isto é, os fundamentos dos direitos fundamentais.

9.2 Possibilidades constitucionais de identificação e construção dos direitos fundamentais atípicos

Das três fontes estabelecidas pelo § 2º, do art. 5º, da CF/88, é possível, a nosso ver, apontar quatro ***possibilidades constitucionais de construção e identificação de direitos fundamentais atípicos***, isto é, quatro possibilidades de se encontrar direitos fundamentais que não estejam expressamente previstos dentro do Título II de nossa Constituição: a) direitos e garantias fundamentais positivados expressamente na Constituição, mas fora do Título II; b) direitos e garantias fundamentais não positivados expressamente na Constituição, mas implicitamente nela contidos; c) direitos e garantias fundamentais decorrentes do regime e dos princípios adotados pela Constituição; d) direitos e garantias fundamentais advindos dos tratados internacionais em que a República Federativa do Brasil seja parte. Além disso, uma doutrina minoritária aponta uma quinta possibilidade de construção e identificação de novos direitos fundamentais: e) direitos e garantias fundamentais infraconstitucionais, advindos exclusivamente da legislação infraconstitucional.[51]

49. CANÇADO TRINDADE, Antonio Augusto. Direitos e garantias individuais no plano internacional. Assembleia Nacional Constituinte, Atas das Comissões. vol. I, n. 66 (supl.). Brasília, 27.05.1987, p. 108-116.
50. DOS SANTOS, Eduardo R. Direitos Fundamentais Atípicos. Salvador: Juspodivm, 2017.
51. DOS SANTOS, Eduardo R. Direitos Fundamentais Atípicos. Salvador: Juspodivm, 2017.

Em relação à ***primeira possibilidade***, isto é, aos direitos e garantias fundamentais positivados expressamente na Constituição, mas fora do Título II, podemos chamá-los especificamente de ***direitos fundamentais não enumerados***, pois apesar de estarem positivados na Constituição, não constam do Título específico que tipifica os direitos e garantias fundamentais. Esta espécie de direito fundamental atípico fundamenta-se tanto no "regime" constitucional (*lato sensu* e *stricto sensu*), como nos "princípios" constitucionais, principal e necessariamente no princípio fundamental da dignidade da pessoa humana.

Podemos exemplificar essa espécie de direito fundamental atípico com direito de igual acesso aos cargos públicos (art. 37, I), direito de associação sindical dos servidores públicos (art. 37, VI), direito de greve dos servidores públicos (art. 37, VII), direito dos servidores públicos à estabilidade no cargo (art. 41), garantia à publicidade dos julgamentos judiciais (art. 93, IX), garantia à motivação das decisões judiciais (art. 93, IX), garantias fundamentais tributárias (art. 150, I a VI), direito ao ensino público fundamental obrigatório (art. 215), direito à manifestação do pensamento, expressão e informação (art. 220), direito ao meio ambiente ecologicamente equilibrado (art. 225), direito ao reconhecimento pelo Estado das relações afetivas na forma da lei cível, seja como união estável civil, seja como casamento civil (art. 226, especialmente §§ 1º, 2º e 3º), garantia de igualdade de direitos e obrigações entre cônjuges (art. 226, § 5º), direito ao reconhecimento pelo estado da dissolução do casamento (art. 226, § 6º), direito dos filhos a tratamento igualitário e não discriminatório (art. 227, § 6º), direito ao planejamento familiar incentivado pelo Estado (art. 226, § 7º), direito ao transporte público coletivo gratuito aos maiores de sessenta e cinco anos de idade (art. 230, § 2º), dentre outros.[52]

A ***segunda possibilidade*** que apontamos refere-se aos direitos e garantias fundamentais não positivados expressamente na Constituição, mas implicitamente nela contidos, isto é, refere-se àqueles direitos fundamentais atípicos que encontram-se implícitos ao texto constitucional, muitas vezes frutos de uma interpretação extensiva de algum direito expressamente posto, por isso chamados de ***direitos fundamentais implícitos***. Esta espécie de direito fundamental atípico, assim como a anterior, funda-se tanto no "regime" constitucional (*lato sensu* e *stricto sensu*), como nos "princípios" constitucionais, principal e necessariamente no princípio fundamental da dignidade da pessoa humana.

Podemos exemplificar essa espécie de direito fundamental atípico com a garantia fundamental do duplo grau de jurisdição, implícita ao devido processo legal (previsto no art. 5º, LIV, da CF/88), ao contraditório e à ampla defesa (ambos positivados no art. 5º, LV, da CF/88), bem como ao acesso à justiça (previsto no art. 5º, XXXV, da CF/88); garantia fundamental à efetividade do processo, implícita ao devido processo legal e ao acesso à justiça; direito fundamental ao sigilo dos dados bancários, implícito ao direito à privacidade e ao direito à intimidade (ambos expressamente positivados no art. 5º, X, da CF/88), bem como ao direito ao sigilo de dados pessoais (consagrado no art. 5º, XII, da CF/88); direito fundamental ao reconhecimento pelo Estado das Uniões Civis entre pessoas do mesmo sexo, seja sob a forma de União Estável, seja sob a forma de Casamento, ou qualquer outra forma legalmente prevista, implícito às normas constitucionais consagradoras do direito fundamental de reconhecimento civil, pelo Estado, do casamento (notadamente o § 1º, do art. 226, da CF/88) e da União Estável (§ 3º, do art. 226, da CF/88), bem como ao direito de igualdade, ao direito de não discriminação

52. Ibidem, p. 215.

(desdobramento da igualdade) e ao direito de liberdade (todos previstos expressamente no *caput* do art. 5º, da CF/88), dentre outros.[53]

A ***terceira possibilidade*** constitucional de construção e identificação de direitos fundamentais atípicos consiste no reconhecimento de direitos e garantias fundamentais decorrentes direta e exclusivamente do regime e dos princípios adotados pela Constituição, espécie de novos direitos que chamamos de ***direitos fundamentais atípicos stricto sensu***, em contraposição ao gênero direitos fundamentais atípicos (ou *direitos fundamentais atípicos lato sensu*), que engloba, além desta espécie, as demais que já apontamos, isto é, os direitos fundamentais não enumerados e os direitos fundamentais implícitos, bem como a próxima que iremos apontar: os direitos humanos fundamentais. Não há dúvidas quanto à fundamentação desses direitos que se dá, como literalmente se percebe, no "regime" e nos "princípios", isto é, no sistema constitucional e no sistema de direitos fundamentais, bem como nos princípios fundamentais, principal e necessariamente no princípio fundamental da dignidade da pessoa humana.

Podemos exemplificar essa espécie de direito fundamental atípico com direitos fundamentais à resistência e à desobediência civil, direito fundamental à busca da felicidade, direito fundamental à morte digna (eutanásia e suicídio assistido), direito fundamental ao aborto e o direito fundamental de não ser punido pelo uso de drogas e pela prática de condutas meramente autolesivas.[54]

A ***quarta possibilidade*** constitucional de construção e identificação de direitos fundamentais atípicos refere-se aos direitos e garantias fundamentais advindos dos tratados internacionais de direitos humanos em que a República Federativa do Brasil seja parte, de modo que, podemos chamar essa espécie de direitos fundamentais atípicos de ***direitos humanos fundamentais***. Independentemente desses direitos guardarem relação com o "regime" ou com os "princípios", nessa possibilidade o que se exige é que eles pertençam a algum tratado de direitos humanos do qual o Brasil seja signatário. Por óbvio que, por tratar-se de tratado internacional de direitos humanos, esses direitos ligam-se diretamente à dignidade da pessoa humana, pois assim como os direitos fundamentais emergem da dignidade da pessoa humana no plano Estatal, o mesmo se dá com os direitos humanos, só que no plano Internacional.[55]

Podemos exemplificar essa espécie de direito fundamental atípico com o direito humano fundamental a não ser submetido à prisão civil por dividas, salvo pelo inadimplemento voluntário e inescusável de obrigação alimentícia, o direito ao livre desenvolvimento da personalidade, o direito ao nome, dentre outros.[56]

A ***quinta possibilidade*** que apresentamos e que é levantada por uma doutrina minoritária refere-se à possibilidade de se identificar direitos e garantias fundamentais infraconstitucionais, isto é, advindos diretamente da legislação infraconstitucional. A nosso ver, um eventual reconhecimento desses direitos seria evidentemente inconstitucional e intensificaria a doutrina que reconhece tudo, ou quase tudo, como sendo direito fundamental. E aqui vale lembrar que quando tudo se torna uma mesma coisa, então nada é esta coisa, ou melhor, quando tudo é direito fundamental, então nada é direito fundamental, pois a fundamentali-

53. Ibidem, p. 226
54. DOS SANTOS, Eduardo R. Direitos Fundamentais Atípicos. Salvador: Juspodivm, 2017, p. 244.
55. PIOVESAN, Flávia. Direitos Humanos e o Direito Constitucional Internacional. 13 ed. São Paulo, 2012.
56. DOS SANTOS, Eduardo R. Direitos Fundamentais Atípicos. Salvador: Juspodivm, 2017, p. 259.

dade (essa qualidade especial atribuída a um direito reconhecendo-o como essencial a vida digna da pessoa humana) perde sua razão de ser.

Todavia, há de se reconhecer a formação de uma doutrina divergente desta aqui defendida. Nesse sentido, Luís Fernando Sgarbossa, ao definir aquilo que ele chamou de ***direitos fundamentais extravagantes***, admite a possibilidade de direitos fundamentais advindos diretamente da legislação infraconstitucional. Segundo Sgarbossa, "da interpretação referida da norma contida no § 2º do art. 5º da Constituição da República de 1988, podem existir – e, efetivamente existem – direitos, liberdades e garantias fundamentais (ou direitos humanos, eis que aqui se tomam tais termos por sinônimos) em *diplomas normativos infraconstitucionais*, como leis complementares, leis ordinárias e as demais espécies referidas no art. 59 da Constituição".[57]

Com todas as vênias ao autor, mas, a nosso ver, tal colocação é completamente incompatível com a Constituição brasileira de 1988, vez que transforma o poder constituinte reformador e os limites formais ao poder de reforma da Constituição em instrumentos desimportantes, de pouca valia no que tange aos direitos fundamentais, já que não é preciso deles para se incorporar, ao direito constitucional pátrio, novos direitos fundamentais, bastando a utilização de qualquer outro tipo legal, como uma lei ordinária, cujo quórum de aprovação é bem menor que o de uma Emenda à Constituição.

Nada obstante, há de se reconhecer que a legislação ordinária cumpre o papel de concretizar e regulamentar os direitos fundamentais, de modo que, muitas das vezes o direito já está previsto pelo sistema de direitos e garantias fundamentais da Constituição, seja expressamente no Título II, seja expressamente, mas fora do Título II, seja, implicitamente, seja advindo de tratado internacional de direitos humanos do qual o Brasil é signatário, seja decorrente do regime e dos princípios adotas pela Constituição, contudo é preciso regulamentá-lo e concretizá-lo, daí a importância da legislação ordinária.

10. O § 3º, DO ART. 5º E A HIERARQUIA DOS TRATADOS INTERNACIONAIS DE DIREITOS HUMANOS

A incorporação dos tratados internacionais pelo ordenamento jurídico brasileiro e, em especial, dos tratados sobre direitos humanos, passou por fases bem distintas, sobretudo no que tange à hierarquia destes tratados.

Os tratados internacionais, sejam eles de direitos humanos ou não, ***até o ano de 1977***, quando o Supremo Tribunal Federal julgou o Recurso Extraordinário 80.004, ***possuíam força normativa superior à legislação infraconstitucional e inferior à Constituição***, ao menos era esse o entendimento da doutrina internacionalista brasileira e que, geralmente, era aceito pelos Tribunais pátrios, inclusive pelo STF.[58]

57. SGARBOSSA, Luís Fernando. Direitos e Garantias Fundamentais Extravagantes: interpretação jusfundamental "pro homine". Porto Alegre: Sérgio Antonio Fabris, 2008, p. 34-35.

58. Exemplificando, afirma Flávia Piovesan: "Observe-se que, anteriormente a 1977, há diversos acórdãos consagrando o primado do Direito Internacional, como é o caso da União Federal *vs.* Cia. Rádio Internacional do Brasil (1951), em que o Supremo Tribunal Federal decidiu unanimemente que um tratado revogava as leis anteriores (Apelação Cível n. 9.587). Merece também menção um acórdão do STF, em 1914, no Pedido de Extradição n. 7 de 1913, em que se declarava estar em vigor e aplicável um tratado, apesar de haver uma lei posterior contrária a ele. O acórdão na Apelação Cível n. 7.872 de 1943, com base no voto de Philadelpho de Azevedo, também afirma que a lei não revoga o tratado. Ainda neste sentido está a Lei n. 5.172/66 que estabelece: 'Os tratados e as convenções internacionais revogam ou modificam a legislação tributárias interna e serão observados pela que lhe sobrevenha'". PIOVESAN, Flávia. Direitos Humanos e o Direito Constitucional Internacional. 13 ed. São Paulo, 2012, p. 118.

Entretanto, no ano de 1977, ao julgar o RE 80.004, o Supremo Tribunal Federal posicionou-se, por maioria, pela paridade hierárquica entre tratados internacionais e legislação federal, inclusive em relação aos tratados internacionais de direitos humanos, indo contra a disposição do art. 27 da Convenção de Viena, que afirma não poder o Estado invocar disposições de direito interno como justificativa para não cumprir o tratado que assinou.

Após o julgamento do RE 80.004, em 1977, ***o STF passou a considerar que os tratados internacionais, sejam eles de direitos humanos ou não, incorporados ao ordenamento jurídico brasileiro, possuíam a mesma hierarquia da legislação ordinária***, de modo que entre eles não existiria prevalência automática, sujeitando-se um eventual conflito entre essas normas aos critérios de cronologia e de especialidade.[59]

Com o ***advento da Constituição de 1988*** e, sobretudo, em face do disposto em seu *art. 5º, § 2º*, pensou-se que o entendimento do Supremo, no que tange à hierarquia das normas de direito internacional, fosse mudar em favor, ao menos, dos direitos humanos, vez que o referido dispositivo é claro em dizer que estas normas ingressam no ordenamento jurídico brasileiro com hierarquia constitucional. Entretanto, nossa Suprema Corte não conseguiu acompanhar nossa Norma Suprema, ficando estagnada em tempos obscuros de um governo ditatorial.

Assim, ***em 1995***, ao discutir a prisão civil do depositário infiel (vedada pelo art. 7º, 7, da Convenção Americana sobre Direitos Humanos, de que o Brasil é signatário desde 1992), *no julgamento do HC 72.131,* ***o Supremo decidiu que os tratados internacionais, inclusive os de direitos humanos, possuíam o mesmo grau hierárquico que a legislação ordinária****, mantendo a posição pretérita*, sedimentada no RE 80.004 de 1977 e desconsiderando as determinações do § 2º, do art. 5º da CF/88. Deste modo, no entendimento do STF, o art. 7º, 7, do referido tratado deveria se submeter à disposição expressa do art. 5º, LXVII de nossa Constituição que prevê a possibilidade de prisão civil não só para o caso do devedor de alimentos, mas também para o caso do depositário infiel.

Nada obstante, há de se registrar que houve divisão de votos no referido *leading case*, votando pela concessão da ordem e, consequentemente, pela prevalência da Convenção Americana de Direitos Humanos, os ministros Marco Aurélio (relator originário), Francisco Rezek, Carlos Velloso e Sepúlveda Pertence. Já pelo indeferimento da ordem votaram Moreira Alves (relator para o acórdão), Maurício Corrêa, Ilmar Galvão, Celso de Mello, Octavio Gallotti, Sydney Sanches e Néri da Silveira.

Em ***2004***, através da ***Emenda Constitucional 45***, o constituinte reformador, com o escopo de reforçar o entendimento de que as normas previstas em tratados internacionais de direitos humanos devem ingressar no ordenamento jurídico brasileiro com hierarquia de normas constitucionais, compondo assim o bloco de constitucionalidade, inseriu um ***§ 3º no art. 5º da CF/88***, segundo o qual *"os tratados e convenções internacionais sobre direitos humanos que forem aprovados, em cada Casa do Congresso Nacional, em dois turnos, por três quintos dos votos dos respectivos membros, serão equivalentes às emendas constitucionais"*. Nada obstante, entendemos que a inserção do § 3º só fez complicar e dificultar a prevalência dos direitos humanos e sua imediata inserção no ordenamento jurídico brasileiro (art. 5º, § 1º) com hierarquia de normas constitucionais (art. 5º, § 2º), corroborando para o entendimento

59. RAMOS, André de Carvalho. O Supremo Tribunal Federal e o Direito Internacional dos Direitos Humanos. In: SARMENTO, Daniel; SARLET, Ingo Wolfgang (coord.). Direitos Fundamentais no Supremo Tribunal Federal: Balanço e Crítica. Rio de Janeiro: Lumen Juris, 2011.

equivocado de que existiriam duas hierarquias diferentes para os tratados internacionais de direitos humanos.

Nesse sentido, *em 2008, no julgamento conjunto do RE 466.343 e do RE 349.703*, que também tratavam da prisão civil do depositário infiel, ***o Supremo Tribunal Federal considerou que os tratados internacionais de direitos humanos*** (diferentemente dos demais tratados internacionais que continuaram a ter hierarquia de lei ordinária), ***passaram, com o advento do § 3º do art. 5º, a possuir dupla hierarquia normativa.*** Aqueles tratados aprovados em conformidade com o procedimento previsto no dispositivo introduzido pela EC 45/04 passaram a compor o bloco de constitucionalidade e a ter ***hierarquia de norma constitucional***, enquanto aqueles tratados que não foram submetidos ao referido procedimento passaram a ter ***hierarquia supralegal (acima da legislação ordinária)***, mas infraconstitucional (abaixo da Constituição).

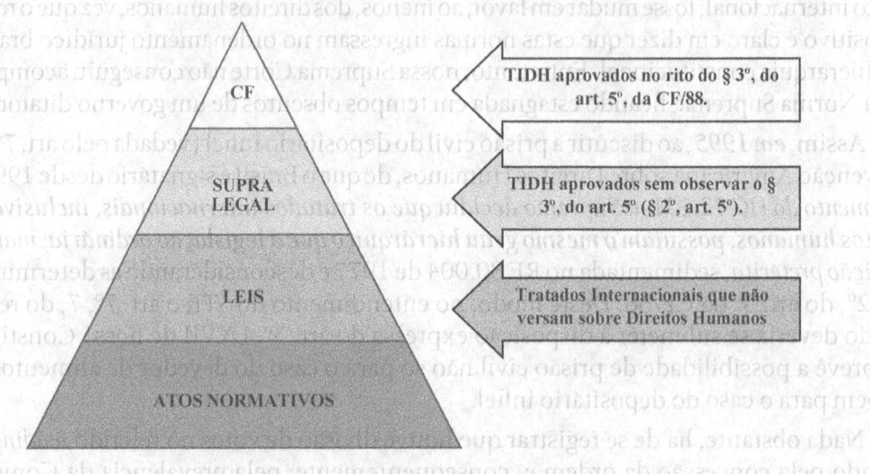

Este novo posicionamento do STF foi capitaneado pelo Min. Gilmar Mendes, retomando o voto pioneiro do Min. Sepúlveda Pertence no HC 79.785-RJ, e foi acompanhado pelos ministros Marco Aurélio, Ricardo Lewandowski, Cármen Lúcia e Menezes Direito, formando a maioria. Discordando da maioria votaram os ministros Celso de Mello, Cesar Peluso, Eros Grau e Ellen Gracie, que reconheceram a hierarquia de norma constitucional a todos os tratados internacionais de direitos humanos, que deveriam compor o bloco de constitucionalidade, tal qual estabelecido no § 2º, do art. 5º, da CF/88.

Assim, a partir deste julgamento, a prisão civil do depositário infiel passou a ser proibida, não por ser inconstitucional, visto que a Convenção Americana de Direitos Humanos não passou pelo procedimento do § 3º do art. 5º da Constituição, mas sim, por que o referido tratado internacional possui hierarquia superior à lei que regulamenta a prisão civil do depositário infiel, de modo que não havendo regulamentação, não há como aplicar a referida prisão. Nessa perspectiva, segundo Gilmar Mendes, "é possível concluir que, diante da supremacia da Constituição sobre os atos normativos internacionais, a previsão constitucional da prisão civil do depositário infiel (art.5º, LXVII) não foi revogada pela adesão do Brasil ao Pacto Internacional dos Direitos Civis e Políticos (art. 11) e à Convenção Americana sobre Direitos Humanos – Pacto de San José da Costa Rica (art. 7º, 7), mas deixou de ter aplicabilidade diante do efeito paralisante desses tratados em relação à legislação infraconstitucional que disciplina a matéria, incluídos o art. 1.287 do Código Civil de

1916 e o Decreto-Lei n. 911, de 1º-10-1969 [...] Tendo em vista o caráter supralegal desses diplomas normativos internacionais, a legislação infraconstitucional posterior que com eles seja conflitante também tem sua eficácia paralisada. É o que ocorre, por exemplo, com o art. 652 do Código Civil de atual (Lei n. 10.406/2002), que reproduz disposição idêntica ao art. 1.287 do Código Civil de 1916".[60]

Com todas as vênias ao eminente Min. Gilmar e aos demais ministros do Supremo, bem como à doutrina que advoga pelo duplo grau hierárquico dos tratados internacionais de direitos humanos, a nosso ver tal concepção está contundentemente equivocada em face do disposto no § 2º, do art. 5º, da CF/88, que assegura a todos os tratados internacionais de direitos humanos a hierarquia de norma constitucional. Mais ainda, parece-nos, como já dito, que o § 3º, introduzido pela EC 45/04, em que pese o nobre intuito do constituinte reformador de reafirmar o status constitucional dos direitos humanos, não só é disfuncional como acabou gerando certa "confusão interpretativa", levando, sob certo ponto de vista, a entender que haveria dois graus hierárquicos diferentes em relação aos tratados que versam sobre direitos humanos, o que não é correto, vez que a disposição do § 2º é categórica e muito clara no sentido de atribuir hierarquia constitucional a essas normas.[61]

Deste modo, a nosso ver, a única interpretação que se adéqua ao atual sistema constitucional brasileiro é aquela que reconhece a hierarquia constitucional a todos os tratados internacionais de direitos humanos dos quais o Brasil é parte, em face da exigência expressa do § 2, do art. 5º, da CF/88, que atribui aos direitos humanos previstos nesses tratados a hierarquia das normas de direitos fundamentais, portanto, hierarquia constitucional. Em outras palavras, através da referida cláusula de abertura, os direitos humanos internacionais passam a compor o bloco de constitucionalidade e serem considerados direitos fundamentais, devendo, portanto, submeter-se, inclusive, ao mesmo regime dos direitos fundamentais constitucionalmente previstos. Aqui, não importa se esses direitos passaram pelo procedimento exigido pelo §3º, do art. 5º (fundamentalidade formal), bastando o fato de eles estarem previstos em tratados internacionais de direitos humanos dos quais o Brasil seja parte (fundamentalidade material). Parece-nos que esse foi o querer do Constituinte Originário quando da positivação do § 2º, do art. 5º, conforme demonstra Antonio Augusto Cançado Trindade (1987),[62] autor da proposta que veio a se positivar no referido dispositivo. Ademais, essa é, também, a posição defendida pela doutrina constitucionalista majoritária.

10.1 O conceito de bloco de constitucionalidade

O conceito de bloco de constitucionalidade parte da ideia de que a Constituição não se limita ao documento constitucional, podendo encontrar-se normas constitucionais para além de seu texto. Assim, o bloco de constitucionalidade consiste no conjunto das normas constitucionais positivados no texto constitucional (normas formalmente constitucionais) somadas às normas constitucionais positivadas nos tratados internacionais de direitos humanos dos quais o Brasil é signatário e às normas constitucionais não positivadas (normas

60. MENDES, Gilmar Ferreira. Direitos Fundamentais e Controle de Constitucionalidade: Estudos de direito constitucional. 4. ed. São Paulo: Saraiva, 2012, p. 462.
61. DOS SANTOS, Eduardo R. Direitos Fundamentais Atípicos. Salvador: Juspodivm, 2017.
62. CANÇADO TRINDADE, Antonio Augusto. Memorial em prol de uma nova mentalidade quanto à proteção dos direitos humanos nos planos internacional e nacional. Anais do VI Seminário Nacional de Pesquisa e Pós-graduação em Direito. Rio de Janeiro: Faculdade de Direito da UERJ, 1997, p. 30-31.

apenas materialmente constitucionais), sendo fruto da abertura do sistema constitucional, encontrando fundamento nos §§ 2º e 3º, do art. 5º, da CF/88.[63]

10.2 Tratados Internacionais aprovados nos termos do § 3º, do art. 5º, da CF/88

Até o presente momento foram aprovados nos termos do §3º, do art. 5º, da CF/88, os seguintes tratados internacionais de direitos humanos:

1) Convenção Internacional sobre os Direitos das Pessoas com Deficiência e seu Protocolo Facultativo, assinados em Nova York, em 30 de março de 2007.

2) Tratado de Marraqueche para Facilitar o Acesso a Obras Publicadas às Pessoas Cegas, com Deficiência Visual ou com Outras Dificuldades para Ter Acesso ao Texto Impresso, firmado em Marraqueche, em 27 de junho de 2013.

11. O § 4º, DO ART. 5º E A SUBMISSÃO DO BRASIL AO TRIBUNAL PENAL INTERNACIONAL

Nos termos do §4º, do art. 5º, da CF/88, inserido em nossa Constituição pela Emenda Constitucional 45, de 2004, "***o Brasil se submete à jurisdição de Tribunal Penal Internacional a cuja criação tenha manifestado adesão***".

Antes mesmo da inserção do referido disposto em nossa Constituição, em 07 de fevereiro de 2000, o Brasil assinou Tratado Internacional (Estatuto de Roma) aderindo ao Tribunal Penal Internacional, cuja sede se localiza em Haia, na Holanda, e, em 2002, o Congresso Nacional brasileiro aprovou o referido tratado (DL 112/2002), sendo posteriormente publicado pelo Presidente da República (Decreto 4338/2002), submetendo o Brasil à jurisdição do ***Tribunal Penal Internacional (TPI)***.

11.1 Princípios do Tribunal Penal Internacional

Nos termos do Estatuto de Roma, são princípios do Tribunal Penal Internacional:

1) ***Responsabilidade penal internacional individual:*** nos termos do art. 25, do Estatuto de Roma, o Tribunal Penal Internacional será competente para julgar as pessoas físicas, sendo que quem cometer um crime da competência do Tribunal, será considerado individualmente responsável e poderá ser punido de acordo com o Estatuto.

2) ***Complementariedade:*** nos termos do art. 1º, do Estatuto de Roma, a jurisdição do Tribunal Penal Internacional será complementar às jurisdições penais nacionais, só se aplicando, portanto, caso os Estados sejam incapazes ou não demonstrem boa vontade de punir os responsáveis pelos crimes de competência do Tribunal Penal Internacional.

3) ***Imprescritibilidade:*** nos termos do art. 29, do Estatuto de Roma, os crimes da competência do Tribunal Penal Internacional não prescrevem.

4) ***Universalidade:*** nos termos do art. 120, do Estatuto de Roma, não são admitidas reservas ao Estatuto. Assim, ou os Estados submetem-se à íntegra do Estatuto de Roma, ou não se submetem a ele, não sendo possível fazerem reservas sobre certos casos ou certas normas.

63. DOS SANTOS, Eduardo R. Direitos Fundamentais Atípicos. Salvador: Juspodivm, 2017.

5) *Anterioridade (irretroatividade):* nos termos do art. 24, do Estatuto de Roma, nenhuma pessoa será considerada criminalmente responsável, de acordo com o Estatuto, por uma conduta anterior à sua entrada em vigor. Assim, o Tribunal Penal Internacional só possui competência para julgar crimes cometidos após a entrada em vigor do Estatuto em determinado Estado, a não ser que o próprio Estado faça uma declaração em sentido contrário, conforme dispõem os arts. 11 e 12 do Estatuto de Roma, sendo que, no Brasil, é competente para julgar crimes ocorridos após 01 de setembro de 2002, de acordo com o art. 126, do Estatuto de Roma.

6) *ne bis in idem:* nos termos do art. 20, do Estatuto de Roma, salvo disposição contrária do próprio Estatuto, nenhuma pessoa poderá ser julgada pelo Tribunal Penal Internacional por atos constitutivos de crimes pelos quais este já a tenha condenado ou absolvido. Ademais, nenhuma pessoa poderá ser julgada por outro tribunal por um crime relativamente ao qual já tenha sido condenada ou absolvida pelo Tribunal Penal Internacional. Além disso, o Tribunal Penal Internacional não poderá julgar uma pessoa que já tenha sido julgada por outro tribunal, por atos punidos pelos artigos 6º (crimes de genocídio), 7º (crimes contra a humanidade) ou 8º (crimes de guerra) do Estatuto de Roma, a menos que o processo nesse outro tribunal: *a)* tenha tido por objetivo subtrair o acusado à sua responsabilidade criminal por crimes da competência do Tribunal; ou *b)* não tenha sido conduzido de forma independente ou imparcial, em conformidade com as garantias de um processo equitativo reconhecidas pelo direito internacional, ou tenha sido conduzido de uma maneira que, no caso concreto, se revele incompatível com a intenção de submeter a pessoa à ação da justiça.

7) *Irrelevância da função oficial:* nos termos do art. 27, do Estatuto de Roma, o Estatuto é aplicável de forma igual a todas as pessoas sem distinção alguma baseada na qualidade oficial. Em particular, a qualidade oficial de Chefe de Estado ou de Governo, de membro de Governo ou do Parlamento, de representante eleito ou de funcionário público, em caso algum exime a pessoa em causa de responsabilidade criminal nos termos do Estatuto, nem constitui de *per se* motivo de redução da pena. Ademais, as imunidades ou normas de procedimento especiais decorrentes da qualidade oficial de uma pessoa, nos termos do direito interno ou do direito internacional, não devem obstar que o Tribunal Penal Internacional exerça a sua jurisdição sobre essa pessoa.

11.2 Competência do Tribunal Penal Internacional

Nos termos do art. 5º, do Estatuto de Roma, a competência do Tribunal restringir-se-á aos crimes mais graves, que afetem a comunidade internacional no seu conjunto, tendo Tribunal Penal Internacional competência para julgar os *crimes: a) de genocídio; b) contra a humanidade; c) de guerra; d) de agressão.*

Conforme dispõe o art. 6º, do Estatuto de Roma, entende-se por *genocídio*, qualquer um dos atos que a seguir se enumeram, praticado com intenção de destruir, no todo ou em parte, um grupo nacional, étnico, racial ou religioso, compreendendo: a) homicídio de membros do grupo; b) ofensas graves à integridade física ou mental de membros do grupo; c) sujeição intencional do grupo a condições de vida com vista a provocar a sua destruição física, total ou parcial; d) imposição de medidas destinadas a impedir nascimentos no seio do grupo; e) transferência, à força, de crianças do grupo para outro grupo.

De acordo com o art. 7º, do Estatuto de Roma, entende-se por ***crimes contra a humanidade***, os seguintes atos, quando cometido no quadro de um ataque, generalizado ou sistemático, contra qualquer população civil, havendo conhecimento desse ataque: a) homicídio; b) extermínio; c) escravidão; d) deportação ou transferência forçada de uma população; e) prisão ou outra forma de privação da liberdade física grave, em violação das normas fundamentais de direito internacional; f) tortura; g) agressão sexual, escravatura sexual, prostituição forçada, gravidez forçada, esterilização forçada ou qualquer outra forma de violência no campo sexual de gravidade comparável; h) perseguição de um grupo ou coletividade que possa ser identificado, por motivos políticos, raciais, nacionais, étnicos, culturais, religiosos ou de gênero, tal como definido no parágrafo 3o, ou em função de outros critérios universalmente reconhecidos como inaceitáveis no direito internacional, relacionados com qualquer ato referido neste parágrafo ou com qualquer crime da competência do Tribunal; i) desaparecimento forçado de pessoas; j) crime de apartheid; k) outros atos desumanos de caráter semelhante, que causem intencionalmente grande sofrimento, ou afetem gravemente a integridade física ou a saúde física ou mental.

Já em seu art. 8º, o Estatuto de Roma enumera um considerável rol de ***crimes de guerra,*** afirmando que o Tribunal Penal Internacional tem competência para julgar os crimes de guerra, em particular quando cometidos como parte integrante de um plano ou de uma política ou como parte de uma prática em larga escala desse tipo de crime.

Por fim, nos termos do art. 5º, 2, do Estatuto de Roma, o Tribunal Penal Internacional poderá exercer a sua competência em relação ao ***crime de agressão*** desde que, nos termos dos artigos 121 e 123, seja aprovada uma disposição em que se defina o crime e se enunciem as condições em que o Tribunal terá competência relativamente a este crime, devendo tal disposição ser compatível com as disposições pertinentes da Carta das Nações Unidas.

11.3 A entrega

A entrega consiste no *ato pelo qual um determinado Estado entrega uma pessoa para ser julgada pelo Tribunal Penal Internacional, quando competente para julgá-lo ou puni-lo em virtude do cometimento de crimes previstos no Estatuto de Roma* (genocídio, crime contra a humanidade, crime de guerra, crime de agressão). Assim, a entrega diferencia-se da extradição, vez que ela se dá de um Estado soberano para um Tribunal Internacional do qual esse Estado faz parte, enquanto a extradição se dá entre Estados soberanos. Assim, o Estado pode entregar tanto estrangeiros como nacionais, pois não há ruptura da soberania, vez que o próprio é, voluntariamente, signatário do respectivo Tratado Internacional.[64]

Conforme dispõe o art. 5º, LI, da CF/88, os brasileiros natos não podem ser extraditados em qualquer hipótese e os brasileiros naturalizados só podem ser extraditados em caso de crime comum, praticado antes da naturalização, ou de comprovado envolvimento em tráfico ilícito de entorpecentes e drogas afins. Assim, questiona-se, não sendo possível a extradição de brasileiro, ***seria possível a entrega de brasileiro ao Tribunal Penal Internacional?*** A resposta é positiva. A entrega de brasileiro, nato ou naturalizado, ao Tribunal Penal Internacional é perfeitamente possível e admitida pela ordem jurídica brasileira, vez que não há ruptura da soberania, pois o Brasil, voluntariamente, é signatário do Estatuto de Roma, nos termos, inclusive, no art. 5º, § 4º, da CF/88.[65]

64. LIMA, Renata M; COSTA, Marina M.C. O tribunal Penal Internacional. Belo Horizonte: Del Rey, 2006.
65. FERNANDES, Bernardo G. Curso de Direito Constitucional. 8 ed. Salvador: Juspodivm, 2016, p. 533.

Por fim, ocorrendo ***pedidos concorrentes de entrega e extradição relativos à mesma pessoa pelos mesmos fatos***, nos termos do art. 90, do Estatuto de Roma, deve-se dar prioridade ao pedido de entrega realizado pelo Tribunal Penal Internacional em detrimento do pedido de extradição feito por Estado estrangeiro.

12. O §1º, DO ART. 5º: APLICABILIDADE IMEDIATA DOS DIREITOS FUNDAMENTAIS

Nos termos do §1º, do art. 5º, da CF/88, ***"as normas definidoras dos direitos e garantias fundamentais têm aplicação imediata"***, o que nos deixa clara a opção do constituinte em reforçar a força normativa dos direitos fundamentais constitucionais, atribuindo-lhe, de forma expressa, aplicabilidade imediata. Ocorre que a doutrina constitucionalista tem se dividido em relação a interpretação deste dispositivo, formando-se ***três correntes doutrinárias:***

1) uma primeira corrente, encabeçada por Manoel Gonçalves Ferreira Filho, um dos principais juristas que contribuíram com a ditadura militar no Brasil, ainda estagnada nos parâmetros das Constituições autoritárias de 1967/1969, defende que ***"os direitos fundamentais só têm aplicação imediata se as normas que os definem são completas na sua hipótese e no seu dispositivo"***, sob a justificativa de que *"não se pode atentar contra a natureza das coisas"*.[66] Trata-se de uma "interpretação" completamente contrária à *ratio* do direito constitucional, mergulhada em tempos nos quais as normas constitucionais não eram dotadas de força normativa e supremacia na prática jurídica brasileira, fruto de uma hermenêutica voltada para atender aos interesses do Estado e não das pessoas, radicada em Estados totalitários.

2) uma segunda corrente, encabeçada, no Brasil, por autores como Flavia Piovesan, Luís Roberto Barroso, Dirley da Cunha Jr. e Eros Roberto Grau, defende que ***os direitos fundamentais sempre possuem aplicabilidade imediata, ainda que a norma na qual estejam contidos seja uma norma programática,*** *devendo ser implementados e aplicados mesmo que não haja a devida regulamentação infraconstitucional*. A aplicabilidade imediata, trata-se, assim, de um reforço à força normativa dos direitos fundamentais, devido a sua importância no sistema constitucional, não podendo ficar mercê da boa vontade do legislador infraconstitucional.[67]

3) uma terceira corrente, encabeçada, no Brasil, por autores como Ingo Wolfgang Sarlet, Gilmar Mendes, José Afonso da Silva e Celso Bastos, defende uma *posição intermediária*, reconhecendo que ***os direitos fundamentais devem ser aplicados imediatamente na sua integralidade ou na maior medida possível, contudo há situações nas quais os direitos estão envolvidos em que não há como dispensar uma concretização infraconstitucional para a sua implementação***. Segundo os defensores dessa corrente interpretativa, a norma contida no § 1º, do art. 5º, da CF/88 reflete um princípio jurídico (princípio da aplicabilidade imediata), determinando, então, um mandamento de otimização e impondo aos órgãos estatais o dever de conferirem aos direitos fundamentais a maior eficácia possível, consideradas as situações normativas e fáticas que envolvem a aplicação desses direitos.[68]

Com as devidas vênias a terceira corrente (corrente intermediária), nos filiamos à segunda corrente, segundo a qual os direitos fundamentais sempre possuem aplicabilidade

66. FERREIRA FILHO, Manoel G. Direitos Humanos Fundamentais. 2 ed. São Paulo: Saraiva, 1998, p. 98-100.
67. CUNHA JR. Dirley da. Curso de Direito Constitucional. 9 ed. Salvador: Juspodivm, 2015, p. 521 e ss.
68. FERNANDES, Bernardo G. Curso de Direito Constitucional. 8 ed. Salvador: Juspodivm, 2016, p. 342.

imediata, pois, conforme bem expõe Dirley da Cunha Jr., "*afirmar que a norma do art. 5º, §1º, da Constituição Federal, tão somente encerra um mandamento de otimização, que impõe aos órgãos estatais a obrigação de reconhecerem a maior eficácia possível aos direitos fundamentais, gerando uma presunção em favor da aplicabilidade imediata das normas que definem direitos, sustentando, porém, que o alcance do princípio dependerá do exame da hipótese em concreto da norma definidora do direito em pauta, é limitar o significado desse princípio garantidor da efetividade dos direitos fundamentais e voltar ao passado, no qual o gozo dos direitos fundamentais ficava a mercê do capricho do legislador ordinário, numa inadmissível inversão de valores, hoje incompatível com uma moderna dogmática constitucional transformadora*".[69]

13. A EFICÁCIA HORIZONTAL DOS DIREITOS FUNDAMENTAIS (OU OS DIREITOS FUNDAMENTAIS NAS RELAÇÕES PRIVADAS)

Os direitos fundamentais, em sua formulação clássica, são concebidos como limites ao exercício dos poderes estatais, inserindo-se numa relação vertical entre Estado e particular desde a suas origens até meados do século XX, sendo, portanto, compreendidos como direitos do indivíduo em face do Estado, não se admitindo sua aplicação nas relações entre particulares, devendo o Estado, nesses casos, ter posição omissiva, de não ingerência, no que diz respeito à aplicação dos direitos fundamentais nas relações privadas.[70]

A partir da promulgação da ***Lei Fundamental de Bonn***, a doutrina e a jurisprudência alemã identificaram que o dever do Estado de proteção dos direitos fundamentais não estava limitado a uma atitude omissiva, mas também compreendia uma posição ativa (de interferência) na defesa dos direitos fundamentais em face de lesões ou ameaças de lesões que as pessoas particulares poderiam sofrer em suas relações com outras pessoas particulares, isto é, compreendia a *aplicação dos direitos fundamentais nas relações horizontais entre particulares*.[71]

Nesse contexto, emergiram, basicamente, ***três teorias sobre a possibilidade de aplicação dos direitos fundamentais nas relações entre particulares:*** a) teorias negativas; b) teoria da eficácia indireta e mediata; e c) teoria da eficácia direta e imediata.

As ***teorias negativas*** refutam a aplicação dos direitos fundamentais nas relações privadas, entendendo que esses direitos vinculam somente o Estado. No constitucionalismo estadunidense, as teorias negativas colaboraram para a fundação da doutrina do *state action*, que inadmite a aplicação dos direitos fundamentais nas relações privadas, fundamentando-se na intangibilidade da autonomia privada. Contudo, a partir da década de 1940, a doutrina do *state action* passa a ser relativizada na Suprema Corte pela *public function theory* (teoria da função pública), segundo a qual os direitos fundamentais aplicam-se nas relações privadas quando o particular exercer atividades de natureza tipicamente estatais.[72]

A ***teoria da eficácia indireta e mediata***, desenvolvida originariamente por Günter Dürig e predominante no direito alemão até os dias atuais, defende que os direitos fundamentais se aplicam nas relações entre particulares, tendo eficácia indireta e mediata nessas relações,

69. CUNHA JR. Dirley da. Curso de Direito Constitucional. 9 ed. Salvador: Juspodivm, 2015, p. 527-528.
70. SARMENTO, Daniel. Direitos Fundamentais e Relações Privadas. 2 ed. Rio de Janeiro: Lumen Juris, 2010.
71. CANARIS, Claus-Wilhelm. Direitos Fundamentais e Direito Privado. Coimbra: Almedina, 2012.
72. SILVA, Virgílio Afonso da. A constitucionalização do direito. São Paulo: Malheiros, 2005.

isto é, necessitando da atuação do legislador infraconstitucional para adequar as relações privadas aos direitos fundamentais.[73]

A ***teoria da eficácia direta e imediata***, em que pese inicialmente desenvolvida na Alemanha pelos trabalhos Nipperdey[74] e Leisner, não é predominante no direito constitucional alemão, sendo, contudo, acolhida pelo direito constitucional italiano, espanhol e português, dentre outros. Essa teoria defende que os direitos fundamentais se aplicam nas relações entre particulares, tendo eficácia direta e imediata nessas relações, isto é, independentemente da atuação prévia do legislador infraconstitucional.

No Brasil, nota-se uma tendência da doutrina[75] e da jurisprudência[76] em adotarem a ***teoria da eficácia direta e imediata dos direitos fundamentais nas relações privadas***, em face do mandamento previsto no §1º, do art. 5º, da CF/88, que determina a aplicabilidade imediata das normas de direitos fundamentais, em que pese ainda não exista no Supremo Tribunal Federal uma teorização precisa sobre os limites e os alcances dessa aplicação. Nesse sentido, já em 1996, o STF, no julgamento do RE 158.215/RS, de relatoria do Min. Marco Aurélio, decidiu que a exclusão de associado de uma cooperativa decorrente de conduta contrária ao estatuto deve observar as garantias fundamentais ao devido processo legal e à ampla defesa, tendo, a partir daí, em outros julgamentos, proferido decisões no sentido de reconhecer eficácia direta e imediata aos direitos fundamentais nas relações entre particulares.

14. OS TITULARES DOS DIREITOS FUNDAMENTAIS

Os titulares dos direitos fundamentais consistem naqueles que são detentores desses direitos, isto é, naqueles que possuem a prerrogativa jurídico-subjetiva de exigir os direitos fundamentais.

14.1 Titulares e destinatários dos direitos fundamentais

Na linha da doutrina mais abalizada, partindo-se da ótica da dimensão subjetiva dos direitos fundamentais, ***titular de direitos fundamentais*** é a pessoa que figura como sujeito ativo da relação jurídico-subjetiva, isto é, ***é quem detém o direito***. Por outro lado, ***destinatário de direitos fundamentais*** é a pessoa (natural, jurídica, ou mesmo ente despersonalizado) contra a qual o titular pode exigir observância, proteção ou promoção de seu direito, isto é, ***é quem possui um dever fundamental decorrente do direito fundamental do titular***.[77] Nada obstante, parte significante da doutrina constitucionalista e da jurisprudência, ignora essa divisão, usando os temos titular e destinatário como sinônimos a indicarem a pessoa que é detentora do direito fundamental.

---

73. DÜRIG, Günter. Direitos Fundamentais e jurisdição civil. In: HECK, Luís Afonso. Direitos Fundamentais e Direito Privado: Textos Clássicos. Porto Alegre: SAF, 2012.
74. NIPPERDEY, Hans Carl. Direitos Fundamentais e Direito Privado. In: HECK, Luís Afonso. Direitos Fundamentais e Direito Privado: Textos Clássicos. Porto Alegre: SAF, 2012.
75. Por todos: SARMENTO, Daniel. Direitos Fundamentais e Relações Privadas. 2 ed. Rio de Janeiro: Lumen Juris, 2010; e MARTINS, Fernando R. Princípio da Justiça Contratual. 2 ed. São Paulo: Saraiva, 2011.
76. Por todos: STF, RE 158.215/RS, Rel. Min. Marco Aurélio; STF, RE 161.243/DF, Rel. Min. Carlos Mario Velloso; STF, RE 201.819/RJ, Rel. Min. Gilmar Mendes; TST, RR 122600-60.2009.5.04.0005, Redator Min. José Roberto Freire Pimenta.
77. SARLET, Ingo Wolfgang. A eficácia dos direitos fundamentais: uma teoria geral dos direitos fundamentais na perspectiva constitucional. 10. ed. Porto Alegre: Livraria do Advogado Editora, 2010, p. 208.

14.2 A pessoa humana como titular dos direitos fundamentais na CF/88: brasileiros (natos e naturalizados) e estrangeiros (residentes e não residentes)

O principal fundamento dos direitos fundamentais é a dignidade da pessoa humana, sendo os direitos fundamentais a concretização, em maior ou menor grau, deste princípio, enquanto norma fundamental que busca proteger e promover a pessoa humana em suas mais variadas relações. Assim, se o fundamento dos direitos fundamentais reside na proteção e promoção da pessoa humana (individual e coletivamente), pode-se concluir que ***os direitos fundamentais são direitos essencialmente resguardados à pessoa humana***, são fundamentais à pessoa, à dignidade da pessoa, à vida digna da pessoa, vez que a dignidade da pessoa humana consiste no fundamento material que toca, em maior ou menor grau, todos os direitos fundamentais.

Nesse sentido, em seu art. 5º, *caput*, a Constituição brasileira confere a titularidade dos direitos fundamentais, em sua literalidade, aos ***brasileiros, natos e naturalizados*** (em que pese os naturalizados não gozarem de alguns direitos, como o acesso ao cargo de Presidente da República, por exemplo), bem como aos ***estrangeiros residentes no Brasil***. Entretanto, aos estrangeiros é negada a titularidade a certos direitos fundamentais como, os direitos políticos, por exemplo. Por outro lado, há direitos que são somente dos estrangeiros, como o asilo político, por exemplo.[78]

A falta de menção expressa na Constituição de 1988 sobre a titularidade dos direitos fundamentais por estrangeiros não residentes no Brasil, como os turistas, por exemplo, não deve ser interpretada como não os contemplando. Numa interpretação sistêmica, teleológica e conforme a Constituição, levando-se em consideração a universalidade dos direitos fundamentais e a dignidade da pessoa humana, ***são titulares dos direitos fundamentais todas as pessoas humanas***, admitidas as exceções lógicas e as positivas, isto é, aquelas incompatíveis com a condição estrangeiro não residente no país e aquelas previstas pela própria Constituição.[79] Em outras palavras, ***os estrangeiros não residentes no Brasil possuem direitos fundamentais, desde que esses direitos sejam compatíveis com sua condição de estrangeiros não residentes***. Assim, por exemplo, em relação a uma família de turistas que esteja no Brasil, pode-se afirmar que todos os seus membros possuem direito à vida, à imagem, à privacidade, à dignidade sexual etc., contudo não possuem direito à educação, não podendo matricular seus filhos em uma creche pública durante os dias que aqui estiverem para curtir a praia mais sossegados. Nesse sentido, em interpretação de efeitos extensivos, o Supremo Tribunal Federal já reconheceu, por exemplo, que os estrangeiros não residentes no Brasil são titulares de direitos fundamentais como o *habeas corpus* e o devido processo legal (STF, HC, 94.016, Rel. Min. Celso de Mello), bem como de direitos relativos à condição de acusado, réu e condenado (STF, HC 94.477, Rel. Min. Gilmar Mendes).

---

78. NUNES, Anelise Coelho. A titularidade dos direitos fundamentais na Constituição Federal de 1988. Porto Alegre: Livraria do Advogado, 2007.
79. SARLET, Ingo Wolfgang. A eficácia dos direitos fundamentais: uma teoria geral dos direitos fundamentais na perspectiva constitucional. 10. ed. Porto Alegre: Livraria do Advogado Editora, 2010, p. 212.

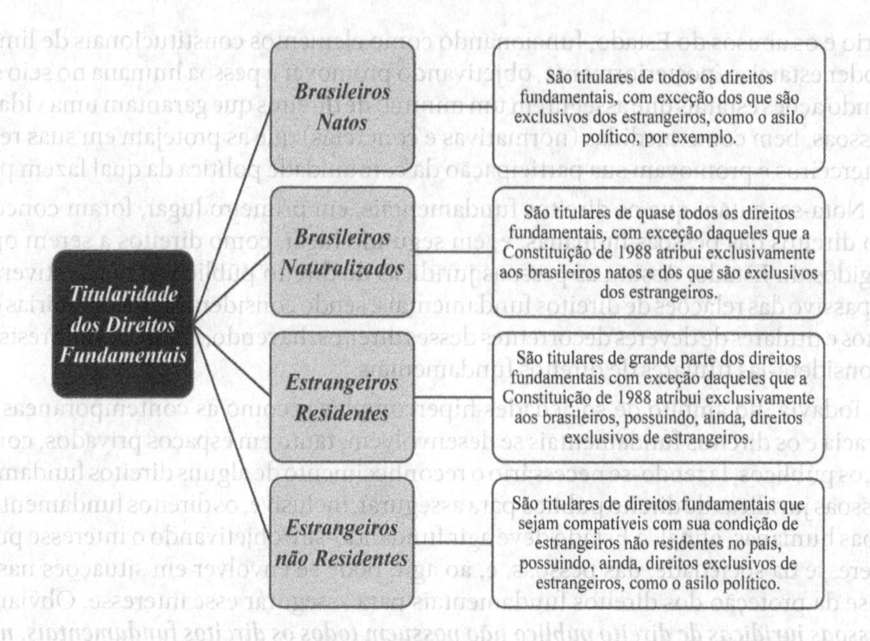

14.3 Direitos fundamentais de pessoas jurídicas?

A Constituição brasileira de 1988, diferentemente de outras constituições, como a de Portugal e a da Alemanha, por exemplo, não reconheceu expressamente direitos fundamentais às pessoas jurídicas. Contudo, conforme a doutrina majoritária e a jurisprudência do Supremo Tribunal Federal, há dispositivos em nossa Constituição que podem ser interpretados como conferindo certos direitos fundamentais, também, às pessoas jurídicas, como art. 5º, XXI; art. 8º, III; art. 17, § 1º e § 3º etc. Ademais, a atribuição de direitos fundamentais às pessoas jurídicas tem por finalidade maior proteger e promover os direitos das pessoas naturais que compõem a pessoa jurídica, já que pessoas jurídicas são ficções jurídicas, dependentes da vontade humana (pelo menos em primeira instância) e que existem para atender aos fins humanos.[80]

Ademais, é importante notar que ***as pessoas jurídicas não são titulares de todos os direitos fundamentais, mas apenas daqueles que são compatíveis com sua condição de pessoa jurídica***, como, por exemplo, propriedade, sigilo de correspondência e a imagem, podendo, inclusive, serem vítimas de dano moral.[81] Por outro lado, deve-se reconhecer que há, na CF/88, direitos fundamentais específicos das pessoas jurídicas, como, por exemplo, a vedação a interferência estatal no funcionamento das associações (art. 5º, XVIII) e a proibição de dissolução compulsória das associações (art. 5º, XIX).

14.4 Direitos fundamentais de pessoas jurídicas de direito público?

Desde as suas origens, ***os direitos fundamentais foram construídos como direitos a serem opostos ao Estado***, inicialmente, buscando proteger e defender a pessoa humana contra o

---

80. SARLET, Ingo Wolfgang. A eficácia dos direitos fundamentais: uma teoria geral dos direitos fundamentais na perspectiva constitucional. 10. ed. Porto Alegre: Livraria do Advogado Editora, 2010, p. 222.
81. STJ, Súmula 227: A pessoa jurídica pode sofrer dano moral.

arbítrio e os abusos do Estado, funcionando como elementos constitucionais de limitação do poder estatal, e, posteriormente, objetivando promover a pessoa humana no seio social, exigindo ações estatais que assegurem um mínimo de direitos que garantam uma vida digna às pessoas, bem como medidas (normativas e concretas) que as protejam em suas relações com terceiros e promovam sua participação da comunidade política da qual fazem parte.

Nota-se, então, que os direitos fundamentais, em primeiro lugar, foram concebidos como direitos das pessoas humanas, e, em segundo lugar, como direitos a serem opostos e exigidos do Estado. Assim, as pessoas jurídicas de direito público sempre estiveram no polo passivo das relações de direitos fundamentais, sendo consideradas destinatárias desses direitos e titulares de deveres decorrentes desses direitos, havendo, então, grande resistência em considera-las titulares de direitos fundamentais.

Todavia, no âmbito de sociedades hipercomplexas como as contemporâneas, a democracia e os direitos fundamentais se desenvolvem, tanto em espaços privados, como em espaços públicos, fazendo-se necessário o reconhecimento de alguns direitos fundamentais às pessoas jurídicas de direito público para assegurar, inclusive, os direitos fundamentais das pessoas humanas, afinal, o Estado deve agir fundando-se e objetivando o interesse público, o interesse da sociedade, das pessoas, e, ao agir, pode se envolver em situações nas quais precise da proteção dos direitos fundamentais para assegurar esse interesse. Obviamente, ***as pessoas jurídicas de direito público não possuem todos os direitos fundamentais, mas somente aqueles que sejam compatíveis com sua condição de pessoa jurídica de direito público***.

No direito brasileiro essa tem sido a posição adota pelo Supremo Tribunal Federal e pela doutrina constitucionalista majoritária, de modo que podemos apontar como ***exemplos de direitos fundamentais reconhecidos às pessoas jurídicas de direito público:*** as garantias fundamentais de cunho processual (devido processo legal, contraditório, ampla defesa etc.); a autonomia didático-científica, administrativa e de gestão financeira e patrimonial das Universidades Públicas; os direitos de propriedade, autonomia, liberdades comunicativas, dentre outros, a depender das circunstâncias, a certas Autarquias estatais; a garantia *jusfundamental* de impetrar mandado de segurança caso sejam vítimas de abuso de poder de outro ente estatal;[82] dentre outros.[83]

14.5 Direitos fundamentais dos animais?

Em primeiro lugar, sob à perspectiva do direito positivo, os animais, no direito brasileiro, são bens, coisas, *res*, assim, sequer é possível cogitar que sejam titulares de direitos. Ademais, para serem titulares especificamente de direitos fundamentais, ainda, haveria a necessidade de um fundamento de jusfundamentalidade material na Constituição de 1988 que possibilitasse esse reconhecimento, o que, a nosso ver, não há.

Transpondo a mera análise de direito positivo, é preciso lembrar que os direitos fundamentais são direitos que foram construídos para proteger e promover a pessoa humana e, mesmo quando reconhecidos às pessoas jurídicas, de direito privado ou público, têm o objetivo maior de proteger e promover à pessoa humana, vez que essas instituições existem para atingir fins humanos, sendo geridas por pessoas humanas.

82. STF, MI 725/DF, Rel. Min. Gilmar Mendes.
83. SARLET, Ingo Wolfgang. A eficácia dos direitos fundamentais: uma teoria geral dos direitos fundamentais na perspectiva constitucional. 10. ed. Porto Alegre: Livraria do Advogado Editora, 2010, p. 224.

Ademais, o fundamento material dos direitos fundamentais, inclusive na Constituição brasileira de 1988, é a dignidade do ser racional, princípio estruturado sob a racionalidade do ser, sua autonomia moral (capacidade de fazer escolhas morais) e, consequentemente, na impossibilidade de se substituir o ser racional por um equivalente, não se ligando à mera condição de ser senciente, exigindo necessariamente a racionalidade e a autonomia moral, conforme demonstramos quando tratamos especificamente do princípio fundamental da dignidade da pessoa humana. Assim, atribuir a titularidade de direitos fundamentais aos animais é extremamente criticável em face da ausência de jusfundamentalidade material, sendo inconstitucional sob o ponto de vista de nosso constitucionalismo, conduzindo a uma banalização dos direitos fundamentais, que já não têm sido levados muito à sério no Brasil.

Sob o ponto de vista prático, é preciso lembrar que o reconhecimento da titularidade de direitos fundamentais implica reconhecer um mínimo de direitos essenciais à dignidade do ser. Assim, se fosse reconhecida a titularidade de direitos fundamentais aos animais, o mínimo que se espera é que a esses animais fossem assegurados os direitos mais básicos e essenciais, como a vida e a liberdade. Assim, por exemplo, o abate de animais para alimentação, ainda que se fizessem ressalvas específicas buscando um abate não cruel, seria de grande incoerência, pois não se pode admitir que um ser tenha direito fundamental, mas não tenha o direito fundamental à vida. Do mesmo modo, os animais não mais poderiam ser criados pelas pessoas sem a liberdade de saírem quando quisessem, não podendo mais ser propriedades humanas, sendo seres livres, pois não se pode admitir que um ser tenha direito fundamental, mas não tenha o direito fundamental à liberdade.

Por todos esses motivos, dentre muitos outros, ***os animais não são titulares de direitos fundamentais***. Contudo, isso não significa que eles não mereçam proteção jurídica. Pelo contrário, os animais merecem e necessitam de proteção jurídica do Estado e da sociedade, entretanto essa proteção precisa ser direcionada àqueles que tem condição de cumprir. É preciso entender que os animas não são capazes de fazer escolhas morais, não podendo responder por seus atos, então, como atribuir a titularidade de direitos àqueles que não podem titularizar deveres? Ademais, de nada adianta atribuir um direito fundamental a um animal, se este não tem sequer condições de exigir o próprio direito.[84] Assim, ***a proteção aos animais deve ser feita atribuindo-se deveres às pessoas (físicas e jurídicas), à sociedade e ao Estado***, pois estes sim têm condições de adimplir com os deveres e exigirem que esses deveres sejam cumpridos. Deste modo, nos parece que a melhor proteção dos animais seja mediante a atribuição de deveres fundamentais às pessoas, à sociedade e ao Estado, para com os animais, ou melhor, para com a fauna e a flora de um modo geral, especialmente em razão do ***direito fundamental da pessoa humana ao meio ambiente ecologicamente equilibrado (art. 225, CF/88)***.

Nada obstante, ***há quem sustente a titularidade de direitos fundamentais pelos animais em nosso sistema constitucional***, havendo aqueles que o fazem com seriedade, buscando fundamentos de natureza constitucional para fundamentar essa titularidade, mas, também, há aqueles que o fazem com base em argumentos sensacionalistas, apelativos, desprovidos de

84. Aqui é interessante notar que os animais não têm condições de exigir os próprios direitos em nenhum momento de suas vidas. Diferentemente, a pessoa humana, ainda que não tenha a condição de exigir os próprios direitos em algumas circunstâncias, como durante a menoridade ou por estarem acometidas de alguma doença que as impeça, ela possui essa condição de exigibilidade do próprio direito, pelo menos em potencial, já que o comum é que a pessoa, ao atingir a maioridade, goze dessas condições. No mesmo sentido, as pessoas jurídicas, por serem frutos da vontade humana e serem geridas por pessoas humanas (representando a vontade de pessoas humanas), também, possuem, pelo menos em potencial, as condições de exigir os próprios direitos.

fundamentos constitucionais, científicos e racionais. Nesse sentido, podemos compartilhar a seguinte experiência: certo dia ao questionarmos uma certa professora de direito ambiental porque os animais teriam direitos fundamentais no constitucionalismo brasileiro, bem como qual seria o critério material de *jusfundamentalidade* que ela se embasava para fazer tal afirmação, fomos surpreendidos com a seguinte resposta: *"Os animais possuem direitos fundamentais, pois, com base na teoria de Darwin, um dia, nós, seres humanos, seremos como os Na'vi, do filme Avatar, nos alimentaremos da energia das plantas e nos sintonizaremos com os animais pelos nossos rabos, essa é a tendência da evolução, por isso precisamos defender os direitos fundamentais de todas as espécies vivas"*. **Detalhe 01**: a professora naquele momento colocou, no projetor, uma bela imagem de um Na'vi em cima de um imponente animal voador, foi realmente impressionante a explicação com apoio em Avatar e Darwin, alguns colegas quase choraram. **Detalhe 02**: chegando em casa e revendo o filme Avatar, percebemos que os Na'vi não se alimentavam nem se sintonizavam pelos rabos, mas sim pelos cabelos. Assim, chegamos à conclusão de que além de nossa nobre jurista não ter grande domínio sobre o direito constitucional e o direito ambiental, ela também não conhecia com clareza a teoria de Darwin nem o filme Avatar, mas fazia uso dos referidos argumentos apelativos na tentativa de sustentar suas ideias pessoais.

Em que pese discordemos da tese que reconhece a titularidade de direitos fundamentais aos animais em nosso constitucionalismo, pois pensamos que o correto seja falar em deveres fundamentais das pessoas para com os animais, ou melhor, para com a fauna e a flora, especialmente em razão do direito fundamental da pessoa humana ao meio ambiente ecologicamente equilibrado, reconhecemos que há trabalhos sérios que defendem essa ideia, diferentemente do exemplo citado acima, como o exemplar trabalho de Vânia Márcia Damasceno Nogueira[85] e a bela proposta de Flávio Martins, sendo que este último defende uma tese intermediária, de tutela do bem-estar dos animais, como corolário do direito fundamental ao meio ambiente, abandonando a concepção de que os animais são meros objetos de direito (bens semoventes, *res*), passando a entendê-los como sujeitos de direito, havendo, segundo o autor, diferenças nas propostas do bem-estar animal e dos direitos dos animais, sendo que na teoria do bem-estar animal (*animal welfare*), *"admite-se que o animal é propriedade do homem, entendendo necessária uma regulamentação acerca do seu melhor tratamento, minimizando o sofrimento dos animais, estabelecendo regras de abate humanitário, excepcionando a pesquisa científica com animais etc."*, já a teoria dos direitos dos animais (*animal rights*) *"corresponde a um estágio adiante, tendo os animais como sujeitos de direito, que podem ser protegidos contra qualquer forma de exploração"*.[86]

15. SUPORTE FÁTICO DOS DIREITOS FUNDAMENTAIS

A teoria constitucional contemporânea, especialmente de matriz alemã, tem trabalhado com o conceito de suporte fático de direitos fundamentais, sendo sua definição e delimitação de extrema importância, repercutindo na estrutura, na forma de aplicação e na delimitação da norma de direitos fundamentais.[87]

Mas, o que é suporte fático? ***O suporte fático consiste no conjunto de condições previstas por uma norma que, quando concretizadas, geram uma determinada consequência jurídica***,

85. NOGUEIRA, Vânia Márcia Damasceno. Direitos fundamentais dos animais: a construção jurídica de uma titularidade para além dos seres humanos. Belo Horizonte: Arraes, 2012.
86. NUNES JÚNIOR, Flávio Martins Alves. Curso de Direito Constitucional. São Paulo: RT, 2017, p. 773.
87. SILVA, Virgílio Afonso da. Direitos Fundamentais: conteúdo essencial, restrições e eficácia. 2 ed. São Paulo: Malheiros, 2010, p. 65 e ss.

tratando-se de noção muito usada em outros ramos do direito, como no direito tributário (fato gerador ou hipótese de incidência) e no direito penal (tipo), por exemplo.[88]

15.1 Elementos do suporte fático

O suporte fático dos direitos fundamentais é composto por dois elementos: o âmbito de proteção e a intervenção.

O ***âmbito de proteção*** consiste na parte central do suporte fático, referindo-se àquilo que está protegido *prima facie* pelo suporte fático, isto é, àquilo que está protegido sem levar em consideração as possíveis restrições. Assim, o âmbito de proteção determina o bem jurídico protegido.[89] Nos ***direitos de defesa***, o âmbito de proteção abrange as ações, situações, posições e características que não podem ser perturbadas, dificultadas ou excluídas, como por exemplo: o direito de fazer uma oração é bem protegido pela liberdade religiosa; o direito de não ter fotos nuas vazadas na internet ou por outros meios é bem protegido pelos direitos à intimidade e à vida privada; a vida humana, em sentido biológico, é bem protegido pelo direito à vida. Nos ***direitos de prestações***, o âmbito de proteção abrange as ações dos poderes públicos que sejam necessárias à concretização do direito, como por exemplo: a construção de creches e escolas, a contratação de pedagogos e professores e a aquisição de livros e outros materiais para assegurar de forma igualitária o direito à educação.[90]

A ***intervenção*** consiste numa ingerência no bem fundamental protegido pela norma, decorrente de um ato estatal ou particular, ou seja, consiste numa intervenção no âmbito de proteção do suporte fático de uma norma de direito fundamental, sendo que esta intervenção pode ser legítima ou ilegítima.[91] Nos ***direitos de defesa*** a intervenção ocorre quando se perturba, dificulta ou exclui o bem jurídico protegido. Nos ***direitos de prestações*** a intervenção ocorre quando o poder estatal deixa de agir ou age de maneira deficitária, não concretizando o direito, ou fazendo-o de forma insuficiente.[92]

Elementos do Suporte Fático	*Direitos de Defesa*	*Direitos de Prestações*
Âmbito de Proteção	Ações, situações, posições e características que não podem ser perturbadas, dificultadas ou excluídas.	Ações dos poderes públicos que sejam necessárias à concretização do direito.
Intervenção	Ocorre quando se perturba, dificulta ou exclui o bem jurídico protegido.	Ocorre quando se deixa de agir ou se age de maneira deficitária.

A intervenção pode ser legítima ou ilegítima. ***A intervenção legítima*** caracteriza uma ***restrição*** ao direito fundamental (intervenção restritiva), sendo constitucionalmente funda-

88. NOVELINO, Marcelo. Curso de Direito Constitucional. 13 ed. Salvador: Juspodivm, 2018, p. 317 e ss.
89. ALEXY, Robert. Teoria dos Direitos Fundamentais. São Paulo: Malheiros, 2008, p. 301 e ss.
90. NOVELINO, Marcelo. Curso de Direito Constitucional. 13 ed. Salvador: Juspodivm, 2018, p. 318.
91. MICHAEL, Lothar; MORLOK, Martin. Direitos Fundamentais. São Paulo: Saraiva, 2016, p. 72 e ss.
92. NOVELINO, Marcelo. Curso de Direito Constitucional. 13 ed. Salvador: Juspodivm, 2018, p. 318.

mentada. *A intervenção ilegítima* caracteriza uma *violação* de direito ao direito fundamental (intervenção violadora), não sendo constitucionalmente fundamentada, isto é, sendo contrária ao sistema constitucional (inconstitucional), tendo como consequência, no mínimo, a declaração de invalidade da medida e sua cessação. Em outras palavras ***a legitimidade de uma intervenção pressupõe a existência de uma norma constitucional*** (explícita ou implícita) ***que fundamente a intervenção no direito afetado*** (intervenção restritiva ou legítima), caso contrário, ter-se-á uma intervenção violadora, o que gera uma sanção jurídica, no mínimo a inconstitucionalidade da medida de intervenção. Assim, por exemplo, a pena de morte em caso de guerra declarada, bem como matar alguém em legítima defesa da própria vida consistem em intervenções legítimas (restrições) ao direito fundamental à vida; por outro lado, a execução, por policiais militares, de presos em rebelião, por ordens de seu comandante, consiste em intervenção ilegítima (violação) ao direito à vida.

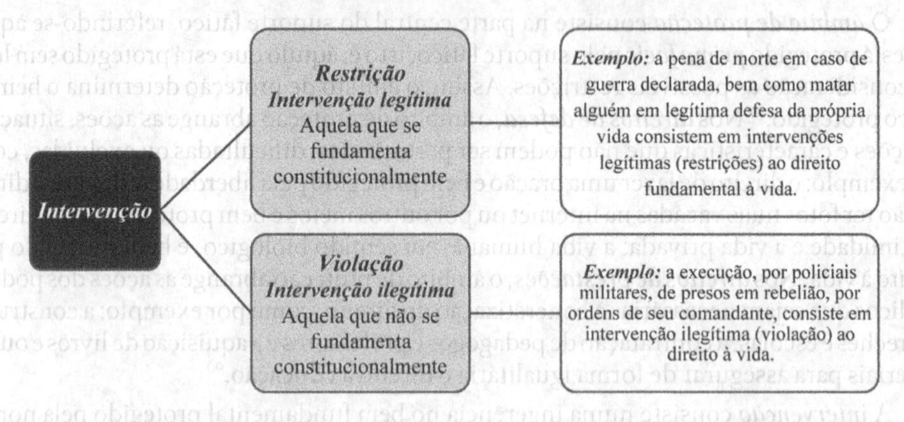

15.2 Espécies (teorias) de suporte fático

Teoria do Suporte Fático Restrito	Teoria do Suporte Fático Amplo
Caracteriza-se pela ***"exclusão apriorística de determinados fatos, estados, ações, condutas ou formas de exercício subsumíveis no âmbito de proteção da norma.*** Tal eliminação costuma ser feita com base na interpretação constitucional ou, nos casos pouco controversos, em 'critérios abstratos de intuição ou evidência' voltados à proteção da essência do direito fundamental".[93]	***Impõe uma interpretação mais ampla do âmbito de proteção,*** compreendendo "qualquer ação, fato, estado ou posição jurídica que, isoladamente considerados, possam ser subsumidos no 'âmbito temático' de um direito fundamental", ***e do conceito de intervenção***, incluindo "em seu conceito qualquer tipo de regulamentação, sem diferenciá-las de potenciais restrições".[94]
Rejeição da ideia de colisão dos direitos fundamentais, em virtude da delimitação exata do âmbito de proteção de cada direito fundamental.	*Admite a ideia de colisão entre direitos fundamentais*, em razão de seu amplo âmbito de proteção que pode gerar inevitáveis conflitos.
Exige que as normas de *direitos fundamentais sejam concebidas como regras*, devendo os direitos serem adimplidos e implementados no alcance preciso das prescrições normativas.	Exige que as *normas de direitos fundamentais sejam concebidas como princípios jurídicos*, vez que a delimitação ampla do âmbito de proteção estabelece somente aquilo que está previamente protegido. Apenas posteriormente é que é possível realizar-se a delimitação definitiva do direito, normalmente, depois de realizada a devida ponderação entre os princípios que eventualmente possam colidir.
Como regra, essa teoria só admite restrições pelo legislador quando a Constituição autorizar expressamente, e, não havendo previsão, o legislador somente pode regulamentar e delimitar o direito (definir seus contornos preexistentes).	*Admitem restrições pelo legislador sempre que numa determinada situação concreta*, fundamentando-se em um (outro) direito fundamental e realizando-se a devida ponderação, *essas restrições se mostrem constitucionalmente necessárias.*

93. NOVELINO, Marcelo. Curso de Direito Constitucional. 13 ed. Salvador: Juspodivm, 2018, p. 319.
94. Ibidem, p. 320.

16. CONTEÚDO ESSENCIAL

O conteúdo essencial, também chamado de conteúdo mínimo, núcleo essencial, núcleo duro, ou núcleo pétreo do direito fundamental, ***consiste no conteúdo fático-normativo mínimo de cada direito fundamental, não admitindo intervenções, sob pena de se ferir de morte o próprio direito.*** No âmbito dos sistemas constitucionais contemporâneos, esse conteúdo mínimo reflete direta, mas não exclusivamente, o *conteúdo em dignidade humana mais essencial contido por cada direito fundamental.*[95]

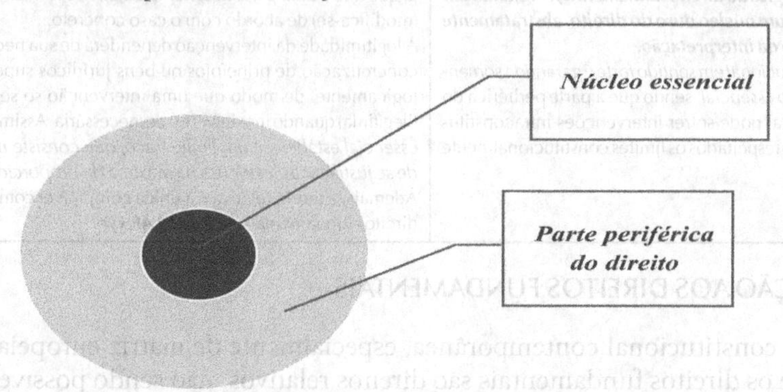

O debate sobre o conteúdo essencial dos direitos fundamentais tem suas origens no direito constitucional alemão após a promulgação da Lei Fundamental de Bonn de 1949, que em seu art. 19 (2) afirma que *"em nenhum caso um direito fundamental poderá ser afetado em seu conteúdo essencial"*, sendo que ***a delimitação daquilo que está resguardado pelo conteúdo essencial de um direito fundamental passa, tradicionalmente, por duas análises:*** uma em relação ao objeto da proteção, cujos debates giram em torno da teoria objetiva e da teoria subjetiva; e outra em relação à natureza da proteção, que diz respeito ao modo de delimitação do conteúdo essencial, cujos debates giram em torno da teoria absoluta e da teoria relativa.[96]

Quanto ao objeto da proteção	
Teoria Objetiva	**Teoria Subjetiva**
A proteção do conteúdo essencial de um direito fundamental ***veda intervenções que o tornem sem significado para todas as pessoas ou para a maior parte delas ou mesmo para a vida social.*** O objetivo é garantir a proteção do direito fundamental em sua globalidade, isto é, *o objetivo é assegurar o conteúdo geral e abstrato contido pela norma jurídica (dimensão objetiva), independentemente de sua dimensão subjetiva (posição jurídica concreta do particular)*. Para esta teoria, a privação definitiva de um direito subjetivo de uma certa pessoa, isoladamente, não viola obrigatoriamente o núcleo essencial do direito fundamental. A condenação à pena de prisão perpétua, por exemplo, eliminaria por completo o direito fundamental daquele que foi condenado, mas não afetaria o núcleo essencial da dimensão institucional (objetiva) do direito à liberdade.[97]	***A verificação da intervenção do conteúdo essencial de um direito fundamental deve ser realizada em cada caso individualmente considerado.*** O conteúdo essencial tem como *objetivo assegurar o exercício legítimo dos direitos fundamentais de cada pessoa (dimensão subjetiva)*, buscando impedir que um determinado direito subjetivo seja sacrificado de modo a deixar de ter qualquer significado para o seu titular.[98] Ademais, ***para Robert Alexy***, *"a natureza dos direitos fundamentais como direitos dos indivíduos milita, no mínimo, a favor de uma coexistência de uma teoria subjetiva e de uma teoria objetiva"*.[99]

95. DUQUE, Marcelo Schenk. Curso de Direitos Fundamentais: teoria e prática. São Paulo: RT, 2014, p. 279.
96. NOVELINO, Marcelo. Curso de Direito Constitucional. 13 ed. Salvador: Juspodivm, 2018, p. 321 e ss.
97. Ibidem, p. 322
98. Ibidem, idem.
99. ALEXY, Robert. Teoria dos Direitos Fundamentais. São Paulo: Malheiros, 2008.

Quanto à natureza da proteção	
Teoria Absoluta	**Teoria Relativa**
No âmbito de proteção de cada direito fundamental há um núcleo essencial intransponível, em que pese, ocasionalmente, algumas razões possam justificar sua restrição. Sob esta óptica, ***o conteúdo essencial consiste na parte de maior intensidade axiológica do direito fundamental, revelando um espaço intocável, um núcleo duro do direito, abstratamente definido por meio da interpretação.*** A *proteção constitucional em sentido forte é garantida somente para o conteúdo essencial*, sendo que a parte periférica do direito fundamental pode sofrer intervenções infraconstitucionais, desde que respeitados os limites constitucionalmente estabelecidos.[100]	A definição do conteúdo essencial de um direito fundamental depende da ponderação a ser realizada em cada caso, de modo que o conteúdo essencial é variável, dependendo das circunstâncias do caso concreto (possibilidades fáticas) e das outras normas envolvidas na ponderação (possibilidades jurídicas). Assim, ***o conteúdo essencial não possui contornos fixos e preestabelecidos***, já que não é uma parte autônoma do direito fundamental e varia (modifica-se) de acordo com o caso concreto. A legitimidade da intervenção dependerá de sua necessidade na concretização de princípios ou bens jurídicos superiores axiologicamente, de modo que uma intervenção só será violadora (ilegítima) quando inexigível ou desnecessária. Assim, *o conteúdo essencial estabelece um limite fraco, que consiste na obrigação de se justificar as restrições na máxima da proporcionalidade.*[101] Ademais, a teoria relativa é a única compatível com a teoria dos direitos fundamentais de ***Robert Alexy.***

17. RESTRIÇÃO AOS DIREITOS FUNDAMENTAIS

A teoria constitucional contemporânea, especialmente de matriz europeia, defende a ideia de que os direitos fundamentais são direitos relativos, não sendo possível falar em direitos fundamentais absolutos, vez que um direito fundamental sempre pode sofrer limitações/restrições por outros direitos tão fundamentais quanto ele, o que deriva do princípio da unidade da Constituição, que inadmite hierarquização abstrata (normativa) entre direitos constitucionais. Assim, somente em face de casos concretos é possível verificar a extensão e os limites (restrições) de um certo direito fundamental.

17.1 Os limites (ou restrições) aos direitos fundamentais

Limitar ou restringir um direito fundamental significa intervir em seu âmbito de proteção de forma legítima, constitucionalmente fundamentada, o que é inerente à complexidade do sistema constitucional, por não se admitir a existência de direitos absolutos, nem a hierarquização desses direitos, bem como por não ser possível prever soluções prévias para todos os potenciais conflitos concretos entre os direitos fundamentais.

A ***análise dos limites ou restrições aos direitos fundamentais***, no âmbito da doutrina constitucionalista, tem se dado, especialmente, por ***duas teorias*** principais: a teoria interna e a teoria externa. Vejamos:

Teoria Interna	Teoria Externa
Segundo a teoria interna, os limites de um direito fundamental ***encontram-se no próprio direito***, tratando-se de limites internos, intrínsecos ao próprio direito, não sendo delimitado pela influência de outros direitos (de outras normas), de modo que ***o direito e suas restrições formam uma coisa (um objeto) só.***[102]	Segundo a teoria externa, os limites de um direito fundamental ***são determinados no exercício concreto do direito***, no qual um determinado direito fundamental pode vir a colidir em certas situações fáticas com outros direitos, também, fundamentais, assim seus limites ***são determinados em face da colisão com outras normas.***[103]

100. NOVELINO, Marcelo. Curso de Direito Constitucional. 13 ed. Salvador: Juspodivm, 2018, p. 322.
101. Ibidem, idem.
102. NOVELINO, Marcelo. Curso de Direito Constitucional. 13 ed. Salvador: Juspodivm, 2018, p. 323 e ss.
103. Ibidem, idem.

Teoria Interna	Teoria Externa
Como os direitos fundamentais possuem limites internos, predeterminados pelo próprio direito, ***o direito possui um caráter definitivo,*** pelo qual já se conhece o direito e seus limites, assumindo, portanto, a ***estrutura de regra***, sendo ***aplicável ao modo tudo ou nada (subsunção).***[104]	Como os direitos fundamentais possuem limites externos (dados pelo conflito com outros direitos), determinados no exercício concreto (fático), ***o direito possui um caráter provisório, prima facie,*** que ainda poderá ser objeto de restrições por outras normas de direitos fundamentais, assumindo, portanto, a ***estrutura de princípio***, sendo ***aplicável no maior grau possível (otimização)*** em face do caso concreto após a devida ***ponderação*** entre os princípios colidentes pela regra da ***proporcionalidade***.[105]
Por considerar que os direitos fundamentais possuem a estrutura normativa de regras jurídicas e que seu conteúdo, bem como os limites a ele inerentes, é determinado de forma precisa e aprioristicamente, a teoria interna ***refuta a possibilidade de conflitos entre direitos fundamentais***, não admitindo sopesamento ou ponderação entre esses direitos.	Por considerar que os direitos fundamentais possuem a estrutura normativa de princípios jurídicos, para a teoria externa ***o conteúdo, bem como os limites de um direito, é determinado no caso concreto e nunca abstratamente, em face de potenciais conflitos com outros direitos fundamentais.***[106]
Para serem legítimas, as limitações dos direitos fundamentais ***devem estar expressamente autorizadas pela Constituição.*** Uma vez não autorizado expressamente pela Constituição, os direitos não poderão ser objeto de restrições, mas apenas de delimitações, que deverão apenas desvelar o conteúdo normativo do direito.[107]	A ***legitimidade das restrições***, na teoria externa, é aferida, em primeiro lugar, verificando-se se determinada ação, situação, posição ou característica se enquadra no âmbito de proteção de um direito fundamental e, posteriormente, havendo a existência de uma intervenção no conteúdo desse direito, verificando-se se há uma justificação adequadamente fundamentada no sistema constitucional.[108]
A principal tese (mas, não a única) que sustenta os limites internos é dada pela ***teoria dos limites imanentes*** dos direitos fundamentais, segundo a qual "cada direito apresenta limites lógicos, *imanentes*, oriundos da própria estrutura e natureza do direito e, portanto, da própria distinção que o prevê. Os limites já estão contidos no próprio direito, portanto não se cuida de uma restrição imposta a partir do exterior".[109] Assim, ***a atividade hermenêutica possuiria caráter meramente declaratório.***	A teoria externa é adota pela teoria dos direitos fundamentais de ***Robert Alexy***, possuindo, segundo o autor, três características fundamentais: ***i) fundamentação constitucional***, pois uma intervenção no âmbito de proteção do direito fundamental só é considerada legítima (restrição) se for constitucionalmente fundada, caso contrário trata-se de uma violação (intervenção ilegítima); ***ii) norma restritiva pode ser uma regra ou um princípio***, pois os direitos fundamentais podem ser restringidos por regras (ex.: regra que obriga o uso do cinto de segurança restringe o direito de liberdade, *prima facie*) ou princípios (ex.: o princípio da função social restringe o direito fundamental de propriedade); ***iii) em caso de regras consagradoras de direitos fundamentais não se admite restrições***, pois são consideradas resultado de uma pré-ponderação realizada pelo próprio constituinte, em que pese seja possível afastar a incidência da regra em um determinado caso concreto (*derrotabilidade*) ou criar uma exceção a ela.[110]

17.2 Formas de limitação (restrição) dos direitos fundamentais

Os direitos fundamentais caracterizam-se, dentre outras coisas, por serem normas constitucionais, assim, por possuírem hierarquia constitucional, só podem ser restringidos (limitados) por normas constitucionais (***restrições diretamente constitucionais***) ou em razão de normas constitucionais (***restrições indiretamente constitucionais***). Tomando como

104. SILVA, Virgílio Afonso da. Direitos Fundamentais: conteúdo essencial, restrições e eficácia. 2 ed. São Paulo: Malheiros, 2010.
105. ALEXY, Robert. Teoria dos Direitos Fundamentais. São Paulo: Malheiros, 2008.
106. Ibidem, idem.
107. PEREIRA, Jane R. G. Interpretação constitucional e direitos fundamentais. Rio de Janeiro: Renovar, 2006.
108. NOVELINO, Marcelo. Curso de Direito Constitucional. 13 ed. Salvador: Juspodivm, 2018, p. 325.
109. BARCELLOS, Ana Paula de. Ponderação, Racionalidade e Atividade Jurisdicional. Rio de Janeiro: Renovar, 2005, p. 59.
110. ALEXY, Robert. Teoria dos Direitos Fundamentais. São Paulo: Malheiros, 2008.

exemplo o direito fundamental à vida, tem-se que esse direito sofre restrições por normas constitucionais (há previsão de pena de morte em caso de guerra declarada, nos termos do art. 5º, XLVII, "a", da CF/88) e por normas infraconstitucionais, como no caso de alguém que mate uma pessoa em legítima defesa de sua vida (direito à vida de Fulano restringido pelo direito à vida e pelo direito de defesa de Beltrano) ou mesmo de seu patrimônio (direito à vida de Fulano restringido pelo direito à propriedade e pelo direito de defesa de Beltrano), nos termos dos arts. 23, II, e 25, do Código Penal.

As ***restrições diretamente constitucionais*** ocorrem quando um direito fundamental (constitucional) é restringido diretamente por outra norma constitucional, isto é, dá-se quando uma norma constitucional consagradora de um direito fundamental é limitada diretamente por outra norma, também, constitucional, sendo que essas restrições podem se dar por: ***i) cláusulas restritivas escritas*** e ***ii) cláusulas restritivas não escritas***.[111]

As ***cláusulas restritivas escritas*** são aquelas que fazem previsão expressa de uma limitação a certo direito fundamental, podendo estar previstas tanto em uma regra como em um princípio constitucional, sendo que essa restrição pode estar contida: ***a) no mesmo dispositivo constitucional que consagra o direito fundamental***, como, por exemplo, no caso do direito de reunião, consagrado no art. 5º, XVI, da CF/88, no qual se assegura expressamente que "*todos podem reunir-se pacificamente, sem armas, em locais abertos ao público, independentemente de autorização, desde que não frustrem outra reunião anteriormente convocada para o mesmo local, sendo apenas exigido prévio aviso à autoridade competente*", ficando claro que o direito de reunião encontra-se limitado (restringido) pela cláusula "*pacificamente, sem armas*", de modo que, uma eventual reunião realizada de forma não pacífica ou com armas não encontra-se protegida pelo direito de reunião, consistindo em uma restrição a esse direito; ou ***b) em outro dispositivo constitucional***, como, por exemplo, no caso do direito à vida, consagrado no *caput* do art. 5º, da CF/88, mas que sofre restrição expressamente prevista pelo inciso XLVII, do art. 5º, da CF/88, permitindo-se a instituição da pena de morte em casos de guerra declarada, ou ainda, no caso do direito à propriedade consagrado no art. 5º, *caput* e inciso XXII, da CF/88, mas que sofre restrições expressamente previstas pelo inciso XXIII, do art. 5º, da CF/88, que afirma que "a propriedade atenderá a sua função social", pelo inciso XXIV, do art. 5º, da CF/88, que prevê a desapropriação e pelo inciso XXV, do art. 5º, da CF/88, que prevê a requisição.[112]

As ***cláusulas restritivas não escritas*** são aquelas que estabelecem ***restrições*** a um determinado direito fundamental ***em face de eventuais colisões com princípios que consagram direitos fundamentais de terceiros***, como, por exemplo, no caso do direito fundamental à liberdade de expressão que não comporta à incitação ao racismo ou ao nazismo, conduta que fere frontalmente os princípios consagradores do direito à igualdade, à honra, à imagem, bem como o princípio fundamental da dignidade da pessoa humana, conforme, inclusive, já decidiu o Supremo Tribunal Federal, no julgamento do HC 82.424, ***ou com princípios que consagram interesses da coletividade***, como, por exemplo, no caso dos princípios constitucionais que consagram a impessoalidade e a moralidade pública que restringem os direitos fundamentais ao trabalho e à igualdade, vedando "a nomeação de cônjuge, companheiro ou parente em linha reta, colateral ou por afinidade, até o terceiro grau, inclusive, da autoridade nomeante ou de servidor da mesma pessoa jurídica investido em cargo de direção, chefia

111. NOVELINO, Marcelo. Curso de Direito Constitucional. 13 ed. Salvador: Juspodivm, 2018, p. 326.
112. Ibidem, idem.

ou assessoramento, para o exercício de cargo em comissão ou de confiança ou, ainda, de função gratificada na administração pública direta e indireta em qualquer dos poderes da União, dos Estados, do Distrito Federal e dos Municípios, compreendido o ajuste mediante designações recíprocas", conforme, inclusive, já sedimentado pelo Supremo Tribunal Federal, na Súmula Vinculante 13.[113]

Já as ***restrições indiretamente constitucionais*** ocorrem quando um direito fundamental (constitucional) é restringido por uma norma infraconstitucional que tem como fundamento um direito constitucional, de modo que a restrição é feita por lei, mas autorizada, expressa ou implicitamente, pela Constituição, por meio de uma cláusula de reserva legal, que pode ser simples, qualificada ou implícita. Na ***reserva legal simples***, o dispositivo constitucional prevê a restrição infraconstitucional do direito fundamental sem fazer exigências em relação ao conteúdo e as finalidades da norma restritiva, como, por exemplo, o art. 5º, XV, da CF/88, que assim dispõe: "*é livre a locomoção no território nacional em tempo de paz, podendo qualquer pessoa, **nos termos da lei**, nele entrar, permanecer ou dele sair com seus bens*". Na ***reserva legal qualificada***, o dispositivo constitucional prevê a restrição infraconstitucional do direito fundamental, limitando o conteúdo da norma restritiva, bem como estabelecendo condições especiais e fixando os objetivos e os meios utilizados, como, por exemplo, o art. 5º, XII, que assim dispõe: "*é inviolável o sigilo da correspondência e das comunicações telegráficas, de dados e das comunicações telefônicas, salvo, no último caso, por ordem judicial, **nas hipóteses e na forma que a lei estabelecer para fins de investigação criminal ou instrução processual penal***". Na ***reserva legal implícita*** não há previsão constitucional expressa e específica em relação à ação restritiva do legislador infraconstitucional, contudo essa ação é possível, em que pese a margem de atuação do legislador seja, *a priori*, menor, fundamentando-se essas restrições em cláusulas restritivas não escritas, como a que se pode deduzir da ***cláusula de reserva legal subsidiária*** prevista no art. 5º, II, da CF/88.[114]

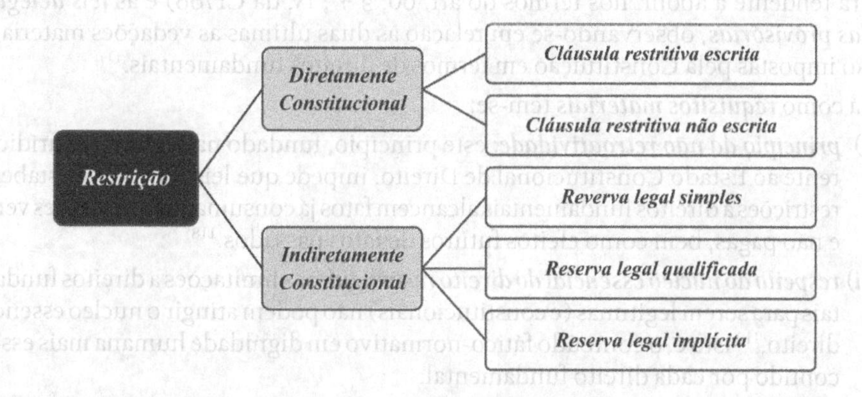

17.3 Os limites dos limites dos direitos fundamentais

Está claro que os direitos fundamentais podem sofrer limitações, seja por normas constitucionais (*restrições diretamente constitucionais*), seja por normas infraconstitucionais fundamentadas em normas constitucionais (*restrições indiretamente constitucionais*). Contudo, um direito fundamental só pode sofrer limitações legítimas (restrições), que sejam

113. Ibidem, idem.
114. Ibidem, p. 326-327.

conformes ao sistema constitucional vigente. Quaisquer intervenções/limitações que lesem o sistema constitucional serão ilegítimas, consistindo em violações o direito fundamental, sendo, portanto, inconstitucionais. Assim, diz-se que ***um direito fundamental possui limites, podendo ser restringido, contudo os limites dos direitos fundamentais, também, possuem limites***, pois não se pode restringir um direito fundamental de qualquer forma, ou em qualquer intensidade, estabelecendo-se a tese ou ***teoria dos limites dos limites dos direitos fundamentais (Schraken-Schranken)***.

A doutrina e a jurisprudência brasileiras, inspiradas especialmente pela teoria dos direitos fundamentais de Robert Alexy, têm apontado a regra da ***proporcionalidade*** como ***principal parâmetro de legitimidade das restrições aos direitos fundamentais***,[115] baseando-se na ideia de que "*se a constitucionalidade de uma restrição a uma direito fundamental garantido por um princípio depende sobretudo de sua fundamentação constitucional, e se essa fundamentação constitucional é controlada a partir da regra da proporcionalidade, pode-se dizer que toda restrição proporcional é constitucional*".[116] A partir dessa compreensão, a doutrina identifica certos limites para que as limitações aos direitos fundamentais possam ocorrer de forma constitucional, verdadeiros critérios/requisitos de legitimidade e de validade das restrições, podendo ser divididos em ***requisitos formais*** e ***requisitos materiais***.

O ***requisito formal*** reside na exigência de normas gerais e abstratas elaboradas pelos órgãos dotados de atribuição legiferante conferida pela Constituição para se estabelecer restrições de caráter geral aos direitos fundamentais, devendo eventual restrição estar autorizada, expressa ou implicitamente, pela própria Constituição. Trata-se da exigência da ***reserva de lei*** para que haja a restrição de direitos fundamentais, extraída do princípio da legalidade (art. 5º, II, da CF/88). O termo ***lei*** aqui deve ser compreendido ***em sentido amplo***, referindo-se não apenas às ***leis complementares e ordinárias***, mas também às ***Emendas à Constituição*** (que podem vir a restringir direito fundamental, desde que não o façam de maneira tendente a abolir, nos termos do art. 60, § 4º, IV, da CF/88) e às ***leis delegadas e medidas provisórias***, observando-se em relação às duas últimas as vedações materiais que lhes são impostas pela Constituição em termos de direitos fundamentais.[117]

Já como ***requisitos materiais*** tem-se:

i) ***princípio da não retroatividade:*** este princípio, fundado na segurança jurídica inerente ao Estado Constitucional de Direito, impede que leis novas que estabeleçam restrições a direitos fundamentais alcancem fatos já consumados, prestações vencidas e não pagas, bem como efeitos futuros de fatos passados.[118]

ii) ***respeito ao núcleo essencial do direito restringido:*** as limitações a direitos fundamentais para serem legitimas (e constitucionais) não podem atingir o núcleo essencial do direito,[119] isto é, o conteúdo fático-normativo em dignidade humana mais essencial contido por cada direito fundamental.

iii) ***exigência de clareza e precisão:*** as restrições a direitos fundamentais devem ser o mais claras e precisas possíveis, devendo, em regra, ser estipuladas expressamente

115. ALEXY, Robert. Teoria dos Direitos Fundamentais. São Paulo: Malheiros, 2008.
116. SILVA, Virgílio Afonso da. Direitos Fundamentais: conteúdo essencial, restrições e eficácia. 2 ed. São Paulo: Malheiros, 2010, p. 206.
117. NOVELINO, Marcelo. Curso de Direito Constitucional. 13 ed. Salvador: Juspodivm, 2018, p. 328.
118. Ibidem, p. 329.
119. SILVA, Virgílio Afonso da. Direitos Fundamentais: conteúdo essencial, restrições e eficácia. 2 ed. São Paulo: Malheiros, 2010, p. 206.

no texto legal com os detalhes e especificações necessários à segurança jurídica e à preservação do sistema constitucional.[120]

iv) ***as limitações, via de regra, devem ser gerais e abstratas:*** como exigência do princípio da igualdade, as restrições devem ser gerais e abstratas, abarcando as situações e os indivíduos de forma imparcial e impessoal, vedando-se restrições individuais e concretas, limitações casuísticas, fruto de discriminações negativas, arbitrárias ou pessoais.[121]

v) ***as limitações devem ser proporcionais:*** as restrições aos direitos fundamentais devem obedecer à máxima da proporcionalidade, estando em consonância com a regra da proporcionalidade e suas sub-regras da adequação, necessidade e proporcionalidade em sentido estrito.[122]

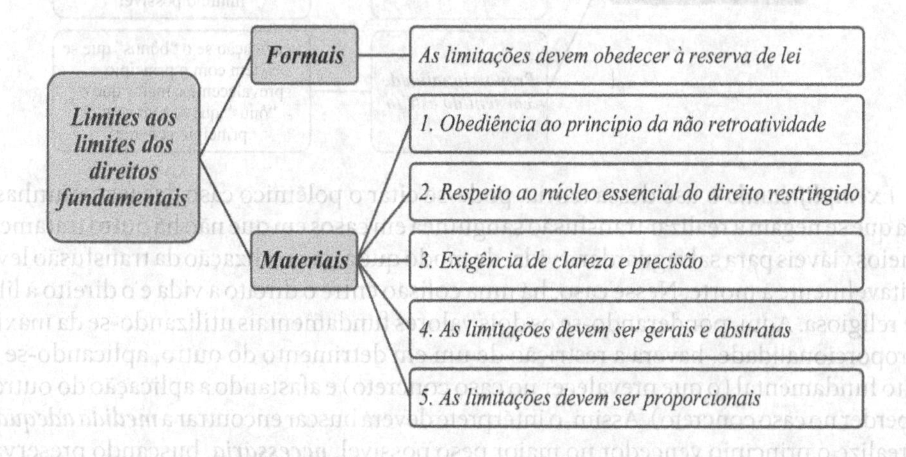

18. COLISÕES ENTRE DIREITOS FUNDAMENTAIS E PONDERAÇÃO DE PRINCÍPIOS

Como vimos quando estudamos as normas constitucionais e a hermenêutica constitucional, a lógica da ponderação e a máxima da proporcionalidade de Robert Alex têm dominado a hermenêutica constitucional brasileira, especialmente no campo dos direitos fundamentais. Assim, para os seus defensores, por se compreender os direitos fundamentais como princípios jurídicos que consagram os valores mais importantes de uma determinada sociedade, havendo ***colisão entre direitos fundamentais*** em um certo caso concreto, mediante a ***ponderação*** de valores realizada pela regra da ***proporcionalidade***, um direito fundamental será restringido, tendo seu âmbito de proteção limitado, em razão de outro direito fundamental que terá preferência naquele caso.[123]

Relembrando, para Alexy, ***a regra da proporcionalidade*** é composta por três sub-regras: a ***adequação*** consiste basicamente na maneira mais adequada, mais efetiva, que melhor realizará o princípio cujo peso deva prevalecer no caso concreto; a ***necessidade*** consiste no mandamento do meio menos gravoso, ou seja, consiste na máxima preservação do princípio cedente, de modo a sacrificá-lo o mínimo possível; e a ***proporcionalidade em sentido estrito***

120. FERNANDES, Bernardo G. Curso de Direito Constitucional. 8 ed. Salvador: Juspodivm, 2016, p. 349.
121. CANOTILHO, J. J. Gomes. Direito Constitucional e Teoria da Constituição. 6. ed. Coimbra: Almedina, 2002, p. 614.
122. NOVELINO, Marcelo. Curso de Direito Constitucional. 13 ed. Salvador: Juspodivm, 2018, p. 329.
123. MARMELSTEIN, George. Curso de Direitos Fundamentais. 7 ed. São Paulo: Atlas, 2018, p. 373 e ss.

corresponde ao mandamento do sopesamento propriamente dito.[124] Resumidamente, pode-se dizer que, na teoria de Robert Alexy, ***a máxima da proporcionalidade*** consiste em sacrificar o menos possível o princípio cedente e ao mesmo tempo realizar o máximo possível o princípio que prevalece em face da ponderação realizada em um caso concreto.

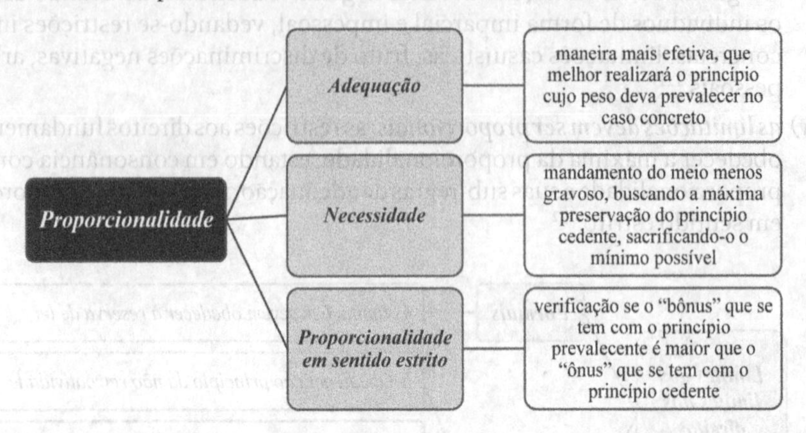

Exemplificando o uso dessa teoria, pode-se citar o polêmico caso das testemunhas de Jeová que se negam a realizar transfusão sanguínea em casos em que não há outro tratamento ou meios viáveis para salvaguardar a vida, de modo que a não realização da transfusão levará inevitavelmente à morte. Nesse caso, há uma colisão entre o direito à vida e o direito à liberdade religiosa. Aqui, ponderando-se os dois valores fundamentais utilizando-se da máxima da proporcionalidade, haverá a restrição de um em detrimento do outro, aplicando-se um direito fundamental (o que prevalecer no caso concreto) e afastando a aplicação do outro (o que perder no caso concreto). Assim, o intérprete deverá buscar encontrar a ***medida adequada***, que realize o princípio vencedor no maior peso possível, ***necessária***, buscando preservar o princípio cedente sacrificando-o o mínimo possível, e ***que atenda à proporcionalidade em sentido estrito***, resultando em um ganho maior com o princípio prevalecente do que a perda que se tem com o princípio cedente.

18.1 Críticas ao uso da ponderação de princípios e da regra da proporcionalidade na hermenêutica dos direitos fundamentais

Ocorre que, essa é a técnica da ponderação e a regra da proporcionalidade são *fortemente discricionárias*, pois gostemos ou não, a identificação dos princípios prevalecente e cedente será fruto de uma escolha totalmente pessoal do juiz ou dos membros de um determinado tribunal, pois medida adequada, necessária e que traga mais ganho do que perda é algo totalmente relativo, que muda de acordo com a concepção pessoal do magistrado. Se o julgador for mais liberal tenderá a privilegiar a liberdade religiosa e de escolha do paciente, se for mais conservador tenderá a privilegiar o direito à vida. O próprio exemplo dado acima (casos de testemunhas de Jeová que se negam a realizar transfusão sanguínea em casos em que não há outro tratamento ou viável para salvaguardar a vida) encontra soluções distintas na jurisprudência brasileira e em escritos doutrinários que tratam de casos semelhantes e que se utilizam, em sua maioria, da técnica da ponderação e da máxima da proporcionalidade para justificar suas posições.

124. ALEXY, Robert. Teoria dos Direitos Fundamentais. São Paulo: Malheiros, 2008, p. 116-120.

Assim, em que pese defendidas pela doutrina e jurisprudência majoritárias no Brasil, tendo sido, inclusive, incorporadas pelo Código de Processo Civil de 2015 (art. 489, § 2º), a ponderação e a máxima da proporcionalidade não são os instrumentos hermenêuticos mais compatíveis com a lógica de um Estado Democrático de Direito, pois além de fortemente discricionárias, *tratam as normas de direitos fundamentais como valores*, o que *pode conduzir a uma hierarquização abstrata dos direitos fundamentais*, pelo menos a partir da lógica do intérprete.

Como lembra Bernardo Gonçalves Fernandes, "*uma decisão a partir da técnica de 'ponderação' é sempre uma leitura individualista, solipsista e presa a uma visão de mundo apenas – a visão do magistrado decisor.* Tal consequência *reduz drasticamente a legitimidade da decisão*, já que perde de vista a perspectiva, visão, compreensões e argumentos trazidos por aqueles que de fato serão afetados pela decisão. Não é à toa que – ainda que pese a possibilidade de justificar a decisão por meio de uma equação, o que, supostamente para seus defensores, garantiria sua racionalidade – *para Jürgen Habermas, tal decisão é irracional*".[125]

Além disso, a própria *tese da relativização* dos direitos fundamentais é extremamente *simplória* considerando-se a complexidade do sistema de direitos fundamentais e das relações sociais contemporâneas, pois "apresenta uma leitura que tenta compatibilizar eventuais colisões entre direitos fundamentais, sem, contudo, procurar compreender melhor a leitura que a própria sociedade faz desses direitos fundamentais", *faltando-lhe*, dentre outras coisas, *racionalidade, legitimidade democrática, coerência e integridade.*[126]

19. DIREITOS FUNDAMENTAIS E REFORMA CONSTITUCIONAL

Os direitos fundamentais, conforme vimos quando estudamos o Poder Constituinte, são considerados cláusulas pétreas, ou melhor dizendo, limites materiais ao Poder Constituinte Reformador. Nesse sentido, dispõe o art. 60, § 4º, IV, da CF/88, que "*não será objeto de deliberação a proposta de emenda tendente a abolir os direitos e garantias individuais*".

Em primeiro lugar é preciso analisar a extensão da proteção constitucional dada por este inciso. Nos termos da jurisprudência do *Supremo Tribunal Federal*, é seguro dizer que ele *protege não apenas os direitos e garantias individuais previstos no art. 5º, da CF/88, alcançando outros* ***direitos e garantias individuais esparsos no texto constitucional***, como a anterioridade tributária, art. 150, III, "b" (ADI 939), a isonomia tributária, art. 150, II (ADI 3.105) e a anterioridade eleitoral, art. 16 (ADI 3.685). *Mas, e os demais direitos e garantias fundamentais, como* ***os direitos de natureza transindividual (difusa e coletiva), os direitos sociais, de nacionalidade e políticos****, estariam protegidos como cláusulas pétreas?* Em que pese as divergências doutrinárias, a nosso ver, todos os direitos e garantias fundamentais (individuais, coletivos, sociais, de nacionalidade, políticos etc.), típicos e atípicos, reconhecidos pela Constituição da República Federativa do Brasil são cláusulas pétreas e, portanto, não podem ser objeto de deliberação tendente a abolir. Ademais, é importante registrar que o Supremo Tribunal Federal, em que pese tenha algumas manifestações indiretas e esparsas, ainda não se manifestou de forma conclusiva e direta sobre esse assunto.[127]

Em segundo lugar, é preciso analisar como fica a situação dos direitos e garantias fundamentais instituídos por Emendas à Constituição. Há quem defenda, como Gilmar Ferreira

---

125. FERNANDES, Bernardo G. Curso de Direito Constitucional. 8 ed. Salvador: Juspodivm, 2016, p. 352.
126. Ibidem, p. 353.
127. FERNANDES, Bernardo Gonçalves. Curso de Direito Constitucional. 8 ed. Salvador: Juspodivm, 2016.

Mendes[128], que somente o Poder Constituinte Originário pode instituir cláusulas pétreas, de modo que direito fundamental fruto de Emenda à Constituição pode vir a ser suprimido do texto constitucional no futuro. Por outro lado, há quem defenda, como Bernardo Gonçalves Fernandes, com quem concordamos, que *os direitos e garantias fundamentais instituídos por Emendas à Constituição serão abrangidos sim pelo art. 60, § 4º, IV, da CF/88, sendo cláusulas pétreas* e, portanto, não podendo ser modificados de maneira tendente a abolir, uma vez que esses direitos fundamentam-se da proteção e na promoção da dignidade da pessoa humana e sequer necessitam passar por um processo formal de reconhecimento constitucional (art. 5º, § 2º, da CF/88).

Em terceiro lugar, é necessário lembrar que ***cláusulas pétreas podem ser modificadas via Emenda à Constituição***, já que o que a Constituição veda é que essas modificações sejam tendentes a abolir o direito ali consagrado. Não há dúvidas de que *Emendas à Constituição podem expandir o conteúdo das cláusulas pétreas*, por exemplo, aumentando o rol de direitos fundamentais previsto no Título II, da CF/88, como o fez a Emenda Constitucional 45/2004, ao inserir o inciso LXXVIII, no artigo 5º, consagrando o direito à razoável duração do processo. Contudo, há certa divergência sobre a possibilidade de se restringir cláusulas pétreas por Emenda à Constituição. Nada obstante as respeitáveis posições contrárias, parece-nos que *as cláusulas pétreas podem sim ser objeto de Emendas à Constituição que venham a restringir seu conteúdo, desde que essas restrições não sejam tendentes a abolir, ou seja, desde que essas restrições não venham a ferir/diminuir seu núcleo essencial.* Esse é, também, o posicionamento adotado pela doutrina majoritária e pelo Supremo Tribunal Federal.[129] Ora, os direitos fundamentais podem ser restringidos até mesmo por lei ordinária, como, por exemplo, as restrições ao direito de liberdade feitas pelo Código Penal a quem comete crimes. Então, porque a própria norma constitucional não poderia fazer essa restrição? Ademais, a Constituição é precisa, a Emenda à Constituição não pode ser "tendente a abolir". Assim, uma Emenda pode aumentar ou diminuir o conteúdo de cláusula pétrea, mas não poderá diminuir esse conteúdo de maneira tendente a abolir, isto é, não poderá restringir a cláusula pétrea de modo a atingir o seu núcleo essencial, já que esse sim é materialmente irredutível.

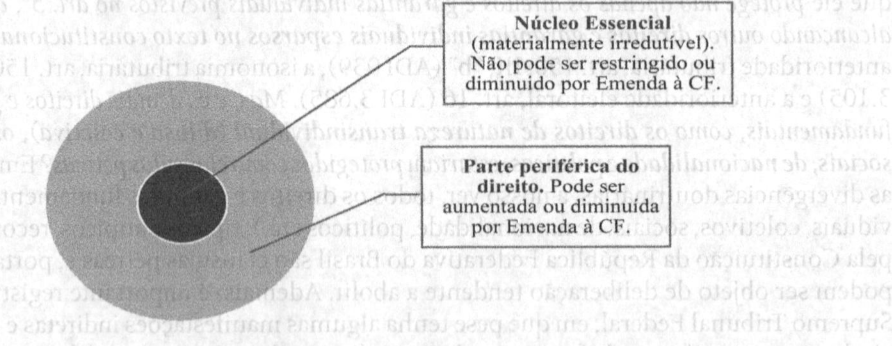

128. MENDES, Gilmar Ferreira. BRANCO, Paulo Gustavo Gonet. Curso de Direito Constitucional. 7 ed. São Paulo: Saraiva, 2012.

129. STF, ADI 2.024-DF, Rel. Min. Sepúlveda Pertence.

20. DEVERES FUNDAMENTAIS

O tema dos deveres fundamentais é um dos mais esquecidos pela doutrina e jurisprudência constitucionais,[130] havendo pouquíssimos trabalhos que enfrentem a temática, estando ainda em ***fase embrionária de desenvolvimento*** e, portanto, ***não possuindo um regime constitucional bem definido e estruturado***, sobretudo no âmbito do direito constitucional brasileiro.[131]

No Brasil, em que pese o Capítulo I, do Título II, da CF/88, ser intitulado "Dos Direitos e Deveres Individuais e Coletivos", a Constituição poucas vezes se refere expressamente a deveres, além de não se referir em momento algum a deveres fundamentais. Nada obstante, a noção de deveres fundamentais liga-se, especialmente, à dimensão objetiva dos direitos fundamentais, pois se os direitos fundamentais são parâmetros objetivos do ordenamento jurídico que devem ser observados pelas pessoas, pela sociedade e pelo Estado, então, dos direitos fundamentais decorrem deveres fundamentais para as pessoas, para a sociedade e para o Estado. Nesse sentido, não se pode esquecer dá máxima inerente às relações jurídicas de que não há direitos sem deveres, pois a partir do momento em que se atribui um direito a alguém, atribui-se, automaticamente, a um outro alguém, deveres correspondentes a esse direito.[132]

20.1 Tipologia dos deveres fundamentais

Em que pese o grande vazio doutrinário e jurisprudencial, partindo-se dos poucos trabalhos que se dedicaram um pouco ao tema, é possível apresentar uma tipologia dos deveres fundamentais na Constituição de 1988, com pelo menos três classificações, considerando-se os deveres fundamentais em sentido amplo (englobando tanto os deveres dos cidadãos como os deveres de proteção estatais).

1) *Deveres Conexos ou Correlatos x Deveres Autônomos: Os deveres fundamentais conexos ou correlatos à direitos fundamentais* são aqueles que decorrem materialmente de um direito fundamental, residindo na lógica de que não há direitos sem deveres, assim, quando se reconhece um certo direito fundamental, reconhece-se, também, deveres correlatos a esse direito. Como exemplo, ao reconhecer o direito fundamental ao meio ambiente ecologicamente equilibrado (art. 225, da CF/88), decorre, expressa e implicitamente, uma série de deveres fundamentais às pessoas, à sociedade e ao Estado de promoção e proteção do meio ambiente. *Os deveres fundamentais autônomos* são aqueles que não estão relacionados diretamente à conformação de um direito fundamental, estando estabelecidos na Constituição de forma autônoma, como, por exemplo, os deveres fundamentais de pagar impostos, de prestar serviço militar obrigatório (art. 143, da CF/88) e de votar (art. 14, §1°, da CF/88).
2) *Deveres Expressos x Deveres Implícitos:* Os *deveres fundamentais expressos* são aqueles que se encontram expressos na Constituição, como por exemplo os deveres fundamentais de prestar serviço militar obrigatório (art. 143, da CF/88) e de votar (art. 14, §1°, da CF/88). Já os *deveres fundamentais implícitos* são aqueles que não se

130. NABAIS, José Casalta. O dever fundamental de pagar impostos. Coimbra: Almedina, 1998, p. 15.
131. DUQUE, Marcelo Schenk. Curso de Direitos Fundamentais: teoria e prática. São Paulo: RT, 2014, p. 102.
132. SARLET, Ingo Wolfgang. A eficácia dos direitos fundamentais: uma teoria geral dos direitos fundamentais na perspectiva constitucional. 10. ed. Porto Alegre: Livraria do Advogado Editora, 2010, p. 226.

encontram expressos na Constituição, decorrendo direta e materialmente de um direito fundamental. No constitucionalismo brasileiro, os deveres fundamentais são, em regra, implícitos, vez que a Constituição de 1988, diferentemente do tratamento dado aos direitos, pouco se dedicou a tratar dos deveres fundamentais de forma expressa.

3) Deveres Defensivos (ou Negativos) x Deveres Prestacionais (ou Positivos): Os deveres defensivos (ou negativos) são aqueles que impõem ao seu destinatário um comportamento negativo, omissivo, de abstenção de conduta em relação ao direito do titular. Já os deveres prestacionais (ou positivos) são aqueles que impõem ao seu destinatário um comportamento positivo, um fazer, uma ação, uma prestação, ou uma realização em relação ao direito do titular. Vale lembrar que, do mesmo modo que ocorre com os direitos fundamentais, muitos deveres fundamentais, em face de sua complexidade, possuem, cumulativamente, dimensões positiva e negativa, como os deveres de proteção e promoção da liberdade, da saúde, da educação e da segurança, por exemplo.

21. QUADRO SINÓPTICO

CAPÍTULO IX – TEORIA GERAL DOS DIREITOS FUNDAMENTAIS	
DELIMITAÇÃO CONCEITUAL	
Direitos da Pessoa Humana	Expressão geral que se refere aos direitos pertencentes à pessoa humana e que têm por objetivo protegê-la e promovê-la. É gênero que comporta algumas espécies, como os direitos naturais, os direitos humanos e os direitos fundamentais. *Direitos da Pessoa Humana* → *Direitos Naturais*; *Direitos Humanos*; *Direitos Fundamentais*
Direitos Naturais	São aqueles identificados pela filosofia *jusnaturalista* e que consagram os direitos essenciais da pessoa humana em face de uma ordem natural, (jusnaturalismo clássico), de uma ordem divina (jusnaturalismo medieval) ou da natureza racional do ser humano (jusnaturalismo moderno), e que independem de qualquer espécie de positivação.
Direitos Humanos	São os direitos da pessoa humana que buscam assegurar-lhe uma vida digna e que estão positivados na ordem jurídica internacional, isto é, nas declarações, tratados e convenções internacionais de direitos humanos.
Direitos Fundamentais	São os direitos da pessoa humana que buscam assegurar-lhe uma vida digna e que estão positivados na ordem jurídica constitucional.
Liberdades Públicas	Designa os direitos de defesa (conjunto de direitos individuais que a pessoa tem para se defender da ingerência estatal), negativos, que exigem abstenções estatais. Resguardam ambiências de liberdades do indivíduo nas quais o Estado não pode ingerir/intervir.
Direitos Individuais	Essa expressão refere-se à individualidade do direito, indica que o direito tem como titular o indivíduo considerado de maneira isolada.
Direitos Subjetivos	Indicam as prerrogativas conferidas ao indivíduo de acordo com as normas do ordenamento jurídico.

Direitos Públicos Subjetivos	Consistem nas prerrogativas subjetivas conferidas ao indivíduo pelo ordenamento jurídico em face do Estado.
ANTECEDENTES HISTÓRICOS E EVOLUÇÃO DOS DIREITOS FUNDAMENTAIS	
Os direitos da pessoa humana são fruto de uma árdua construção histórica até o seu reconhecimento pelos atuais documentos constitucionais. Até chegarmos ao cenário atual de proteção dos direitos do homem, pode-se identificar pelo menos quatro fases de reconhecimento dos direitos da pessoa humana: ***i) direitos naturais:*** atrelada ao jusnaturalismo, corrente do pensamento jurídico que acredita que há direitos universalmente válidos, imutáveis, que são inatos e independem da vontade humana, que existem em razão de algo superior e que objetivam assegurar a justiça. ***ii) o reconhecimento e positivação dos direitos:*** inicia-se com o constitucionalismo medieval inglês, no qual os direitos naturais da pessoa humana foram sendo reconhecidos e positivados gradativamente, tendo como marco inicial a *Magna Carta Libertatum*, de 1215. ***iii) a constitucionalização dos direitos:*** é a fase do "surgimento" dos direitos fundamentais, enquanto direitos constitucionalmente reconhecidos, ligando-se ao surgimento das Constituições escritas, com destaque para a Declaração dos Direitos do Homem e do Cidadão (1789), no constitucionalismo francês, e para os dez primeiros Aditamentos à Constituição dos Estados Unidos da América do Norte (1791), no constitucionalismo americano. ***iv) a universalização dos direitos:*** liga-se ao movimento político-jurídico de reação aos horrores vivenciados ao longo da Segunda Guerra Mundial, verificando-se tanto no plano internacional, com o surgimento da ONU e a Declaração Universal dos Direitos Humanos, como no plano nacional, com as Constituições do pós-Guerra.	
GERAÇÕES OU DIMENSÕES DOS DIREITOS FUNDAMENTAIS	
Introdução	As gerações dos direitos fundamentais fundam-se na ideia de que ***os direitos da pessoa humana são frutos das lutas históricas do homem*** pelo reconhecimento de seus direitos. Parte da doutrina critica o uso do ***termo geração***, preferindo o termo ***dimensão***, pois o termo geração poderia levar ao falso entendimento de que uma geração substituiria a outra, quando na verdade elas se complementam.
1ª Geração	Reconhecida a partir das primeiras Constituições escritas, fundada no constitucionalismo liberal, sendo fruto do pensamento liberal-burguês do séc. XVIII, marcando-se pelo reconhecimento de direitos de cunho individual, essencialmente, de defesa do indivíduo perante o Estado, que exigem abstenções estatais (um não fazer), caracterizando-se como direitos negativos. São direitos fundamentados no princípio de liberdade, sendo, predominantemente, direitos civis e políticos.
2ª Geração	Reconhecida a partir das Constituições Sociais do séc. XX, fundada no constitucionalismo social, sendo fruto dos movimentos trabalhistas do final do séc. XIX e das revoluções sociais do início do séc. XX, marcando-se pelo reconhecimento de direitos, predominantemente, individuais, essencialmente, positivos, prestacionais (que exigem ações estatais) e liberdades sociais. São direitos fundamentados no princípio de igualdade, sendo, predominantemente, direitos sociais, econômicos e culturais.
3ª Geração	Reconhecida, sobretudo, a partir das Constituições do pós-Guerra, fundada no "neoconstitucionalismo", marcando-se pelo reconhecimento de direitos transindividuais, destinando-se à proteção de grupos e coletividades ou do próprio gênero humano como um todo, caracterizando-se pela consagração de direitos difusos e coletivos. São direitos fundamentados no princípio de fraternidade ou solidariedade.
4ª Geração	Segundo Bonavides, são os direitos os direitos à democracia direta, à informação e ao pluralismo, necessários à universalização institucional dos direitos fundamentais.
5ª Geração	Segundo Bonavides, trata-se do direito à paz, por se tratar de condição indispensável à realização plena dos demais direitos fundamentais.
CARACTERÍSTICAS DOS DIREITOS FUNDAMENTAIS	

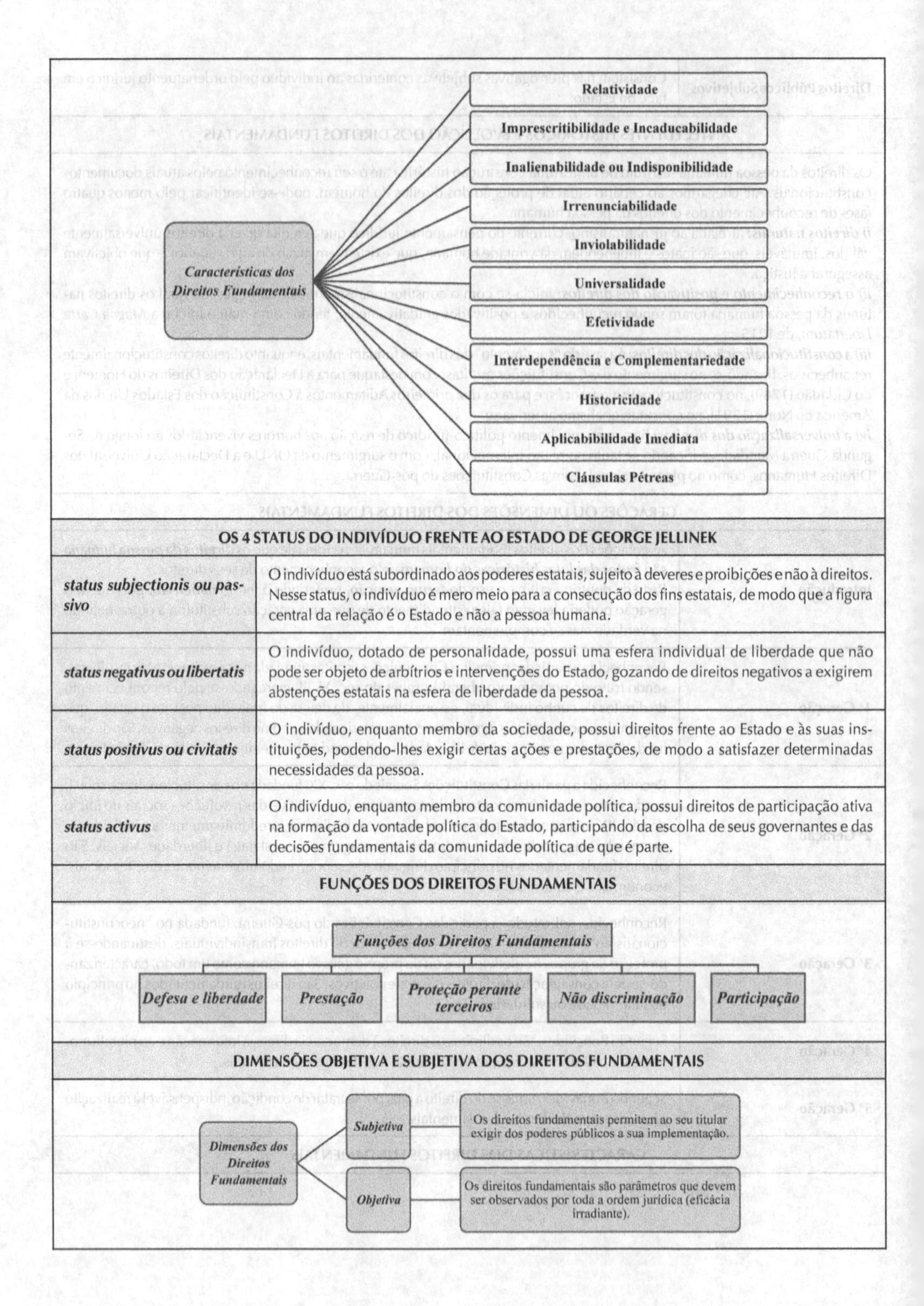

OS 4 STATUS DO INDIVÍDUO FRENTE AO ESTADO DE GEORGE JELLINEK

status subjectionis ou passivo	O indivíduo está subordinado aos poderes estatais, sujeito à deveres e proibições e não à direitos. Nesse status, o indivíduo é mero meio para a consecução dos fins estatais, de modo que a figura central da relação é o Estado e não a pessoa humana.
status negativus ou libertatis	O indivíduo, dotado de personalidade, possui uma esfera individual de liberdade que não pode ser objeto de arbítrios e intervenções do Estado, gozando de direitos negativos a exigirem abstenções estatais na esfera de liberdade da pessoa.
status positivus ou civitatis	O indivíduo, enquanto membro da sociedade, possui direitos frente ao Estado e às suas instituições, podendo-lhes exigir certas ações e prestações, de modo a satisfazer determinadas necessidades da pessoa.
status activus	O indivíduo, enquanto membro da comunidade política, possui direitos de participação ativa na formação da vontade política do Estado, participando da escolha de seus governantes e das decisões fundamentais da comunidade política de que é parte.

FUNÇÕES DOS DIREITOS FUNDAMENTAIS

DIMENSÕES OBJETIVA E SUBJETIVA DOS DIREITOS FUNDAMENTAIS

<table>
<tr><th colspan="3">FUNDAMENTOS DOS DIREITOS FUNDAMENTAIS</th></tr>
<tr><td>Fundamento Formal</td><td colspan="2">A fundamentalidade formal dos direitos fundamentais liga-se ao fato da positivação, assim, no âmbito de Estados Democráticos de Direito, entende-se que o povo, diretamente ou por meio de seus representantes, escolhe e positiva na Constituição aqueles direitos que acredita ser mais essenciais à proteção e promoção de sua dignidade.</td></tr>
<tr><td>Fundamento Material</td><td colspan="2">A fundamentalidade material liga-se à ideia de que existe um conteúdo próprio dos direitos fundamentais, enquanto direitos essenciais à proteção e à promoção da dignidade da pessoa humana no âmbito constitucional. Assim, a fundamentalidade material reside no próprio sistema constitucional, especialmente no (sub)sistema dos direitos fundamentais e nos princípios fundamentais (Título I, CF/88) que sustentam o Estado Constitucional, sobretudo e necessariamente, no princípio da dignidade da pessoa humana (art. 1º, III, CF/88).</td></tr>
<tr><th colspan="3">CLÁUSULA DE ABERTURA E DIREITOS FUNDAMENTAIS ATÍPICOS</th></tr>
<tr><td>Cláusula de abertura na CF/88</td><td colspan="2">CF/88, art. 5º, § 2º. Os direitos e garantias expressos nesta Constituição não excluem outros decorrentes do regime e dos princípios por ela adotados, ou dos tratados internacionais em que a República Federativa do Brasil seja parte.</td></tr>
<tr><td rowspan="3">As fontes dos direitos fundamentais atípicos na CF/88</td><td>Regime constitucional</td><td>O regime constitucional lato sensu refere-se ao sistema de direito constitucional vigente, enquanto o regime constitucional stricto sensu refere-se ao (sub)sistema dos direitos e garantias fundamentais.</td></tr>
<tr><td>Princípios constitucionais</td><td>São os princípios fundamentais do Título I (arts. 1º a 4º) da CF/88, destacando-se a dignidade da pessoa humana (art. 1º, III), que atua tanto no âmbito do regime constitucional como no âmbito dos princípios constitucionais, tratando-se da principal matriz dos direitos fundamentais atípicos, devendo todos eles, em maior ou menor grau, encontrarem suas raízes na dignidade da pessoa humana.</td></tr>
<tr><td>TIDH</td><td>Os Tratados Internacionais de Direitos Humanos (TIDH) dos quais o Brasil seja signatário.</td></tr>
<tr><td rowspan="5">Possibilidades constitucionais de identificação e construção dos direitos fundamentais atípicos na CF/88</td><td>Direitos fundamentais não enumerados</td><td>São direitos positivados expressamente na Constituição, mas fora do Título específico que tipifica os direitos e garantias fundamentais (Título II, da CF/88). Ex.: direito ao meio ambiente ecologicamente equilibrado (art. 225, da CF/88).</td></tr>
<tr><td>Direitos fundamentais implícitos</td><td>São direitos não positivados expressamente na Constituição, mas implicitamente nela contidos, implícitos ao texto constitucional, muitas vezes frutos de uma interpretação extensiva de algum direito fundamental expresso. Ex.: duplo grau de jurisdição.</td></tr>
<tr><td>Direitos fundamentais atípicos stricto sensu</td><td>São direitos decorrentes direta e exclusivamente do regime e dos princípios adotados pela Constituição, sendo frutos da construção judicial inerente ao sistema constitucional. Ex.: direitos fundamentais à resistência e à desobediência civil, à busca da felicidade, à morte digna (eutanásia e suicídio assistido), ao aborto e ao uso de drogas.</td></tr>
<tr><td>Direitos Humanos Fundamentais</td><td>São direitos previstos em tratados internacionais de direitos humanos dos quais o Brasil é parte. Ex.: direito a não ser submetido à prisão civil por dividas, salvo pelo inadimplemento voluntário e inescusável de obrigação alimentícia, direito ao livre desenvolvimento da personalidade e direito ao nome.</td></tr>
<tr><td>Direitos Fundamentais Extravagantes</td><td>São direitos "fundamentais" infraconstitucionais, advindos diretamente da legislação infraconstitucional. Em que pese a existência de doutrina que reconheça essa possibilidade, a nosso ver, um eventual reconhecimento desses direitos seria inconstitucional.</td></tr>
</table>

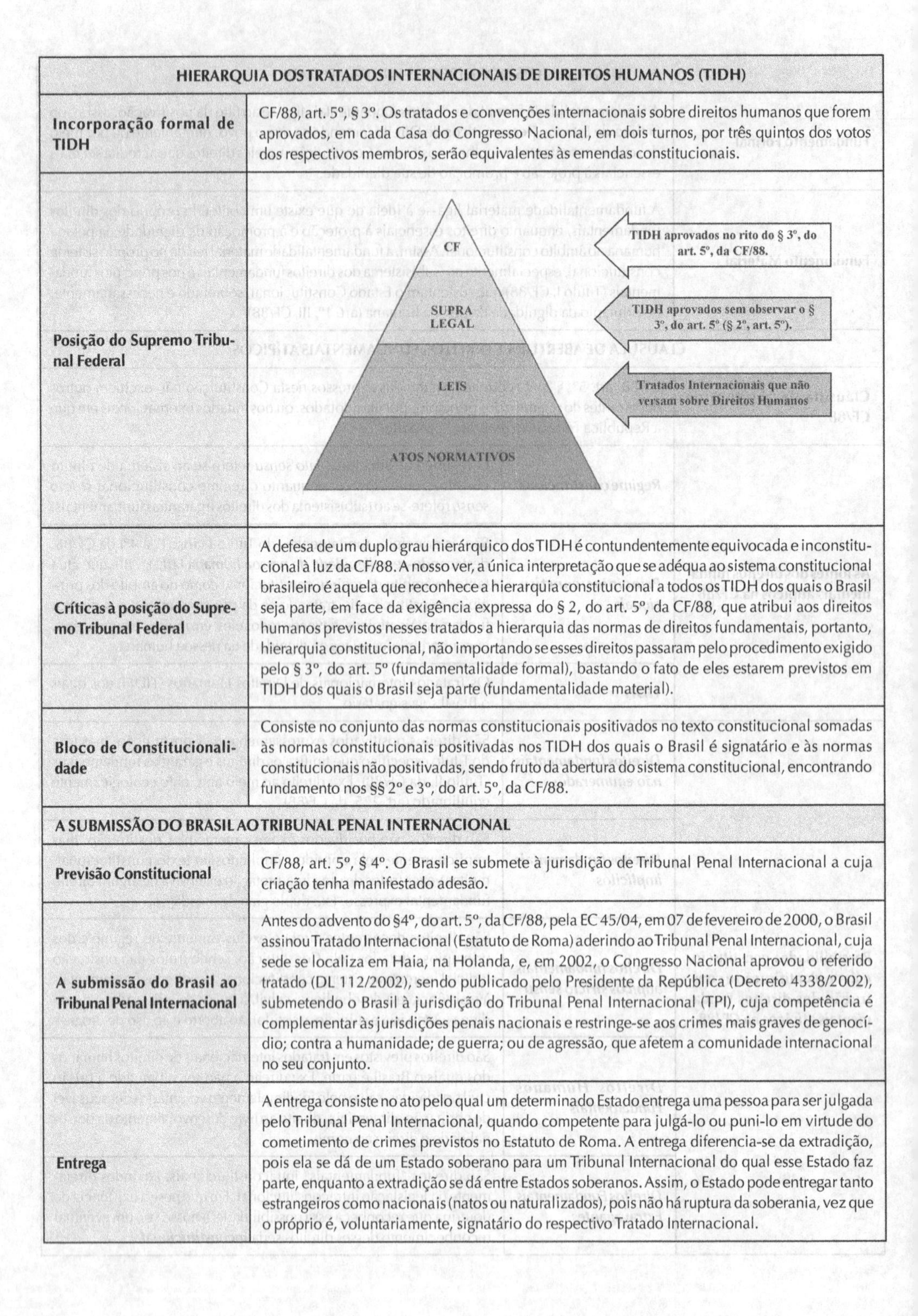

HIERARQUIA DOS TRATADOS INTERNACIONAIS DE DIREITOS HUMANOS (TIDH)	
Incorporação formal de TIDH	CF/88, art. 5º, § 3º. Os tratados e convenções internacionais sobre direitos humanos que forem aprovados, em cada Casa do Congresso Nacional, em dois turnos, por três quintos dos votos dos respectivos membros, serão equivalentes às emendas constitucionais.
Posição do Supremo Tribunal Federal	CF SUPRA LEGAL LEIS ATOS NORMATIVOS TIDH aprovados no rito do § 3º, do art. 5º, da CF/88. TIDH aprovados sem observar o § 3º, do art. 5º (§ 2º, art. 5º). Tratados Internacionais que não versam sobre Direitos Humanos
Críticas à posição do Supremo Tribunal Federal	A defesa de um duplo grau hierárquico dos TIDH é contundentemente equivocada e inconstitucional à luz da CF/88. A nosso ver, a única interpretação que se adéqua ao sistema constitucional brasileiro é aquela que reconhece a hierarquia constitucional a todos os TIDH dos quais o Brasil seja parte, em face da exigência expressa do § 2, do art. 5º, da CF/88, que atribui aos direitos humanos previstos nesses tratados a hierarquia das normas de direitos fundamentais, portanto, hierarquia constitucional, não importando se esses direitos passaram pelo procedimento exigido pelo § 3º, do art. 5º (fundamentalidade formal), bastando o fato de eles estarem previstos em TIDH dos quais o Brasil seja parte (fundamentalidade material).
Bloco de Constitucionalidade	Consiste no conjunto das normas constitucionais positivados no texto constitucional somadas às normas constitucionais positivadas nos TIDH dos quais o Brasil é signatário e às normas constitucionais não positivadas, sendo fruto da abertura do sistema constitucional, encontrando fundamento nos §§ 2º e 3º, do art. 5º, da CF/88.
A SUBMISSÃO DO BRASIL AO TRIBUNAL PENAL INTERNACIONAL	
Previsão Constitucional	CF/88, art. 5º, § 4º. O Brasil se submete à jurisdição de Tribunal Penal Internacional a cuja criação tenha manifestado adesão.
A submissão do Brasil ao Tribunal Penal Internacional	Antes do advento do §4º, do art. 5º, da CF/88, pela EC 45/04, em 07 de fevereiro de 2000, o Brasil assinou Tratado Internacional (Estatuto de Roma) aderindo ao Tribunal Penal Internacional, cuja sede se localiza em Haia, na Holanda, e, em 2002, o Congresso Nacional aprovou o referido tratado (DL 112/2002), sendo publicado pelo Presidente da República (Decreto 4338/2002), submetendo o Brasil à jurisdição do Tribunal Penal Internacional (TPI), cuja competência é complementar às jurisdições penais nacionais e restringe-se aos crimes mais graves de genocídio; contra a humanidade; de guerra; ou de agressão, que afetem a comunidade internacional no seu conjunto.
Entrega	A entrega consiste no ato pelo qual um determinado Estado entrega uma pessoa para ser julgada pelo Tribunal Penal Internacional, quando competente para julgá-lo ou puni-lo em virtude do cometimento de crimes previstos no Estatuto de Roma. A entrega diferencia-se da extradição, pois ela se dá de um Estado soberano para um Tribunal Internacional do qual esse Estado faz parte, enquanto a extradição se dá entre Estados soberanos. Assim, o Estado pode entregar tanto estrangeiros como nacionais (natos ou naturalizados), pois não há ruptura da soberania, vez que o próprio é, voluntariamente, signatário do respectivo Tratado Internacional.

APLICABILIDADE IMEDIATA DOS DIREITOS FUNDAMENTAIS
CF/88, art. 5º, § 1º. As normas definidoras dos direitos e garantias fundamentais têm aplicação imediata. Este dispositivo deixa clara a opção do constituinte em reforçar a supremacia e a força normativa dos direitos fundamentais, atribuindo-lhes, de forma expressa, aplicabilidade imediata. Isto é, os direitos fundamentais, todos eles, independentemente de leis e atos normativos regulamentadores, possuem aplicabilidade imediata, devendo ser aplicados aos casos concretos, efetivando-se o seu conteúdo normativo.

EFICÁCIA HORIZONTAL DOS DIREITOS FUNDAMENTAIS
• Os direitos fundamentais, em sua formulação originária, são concebidos como limites ao exercício dos poderes estatais, inserindo-se numa relação vertical entre Estado e particular, não se admitindo sua aplicação nas relações entre particulares, devendo o Estado, nesses casos, omitir-se de ingerir nas relações privadas. Contudo, a partir da Lei Fundamental de Bonn, a doutrina e a jurisprudência alemãs identificaram que o dever do Estado de proteção dos direitos fundamentais não se limita a uma atitude omissiva, compreendendo, também, uma posição ativa (de interferência) na defesa dos direitos fundamentais em face de lesões ou ameaças de lesões que as pessoas particulares podem sofrer em suas relações com outras pessoas particulares, isto é, compreende a ***aplicação dos direitos fundamentais nas relações horizontais entre particulares***. • Nesse contexto emergiram três teorias sobre a possibilidade de aplicação dos direitos fundamentais nas relações entre particulares: a) teorias negativas; b) teoria da eficácia indireta e mediata; e c) teoria da eficácia direta e imediata. ***No Brasil***, nota-se uma tendência da doutrina e da jurisprudência em adotarem a ***teoria da eficácia direta e imediata dos direitos fundamentais nas relações privadas***, em face do § 1º, do art. 5º, da CF/88, que determina a aplicabilidade imediata das normas de direitos fundamentais, em que pese ainda não exista no STF uma teorização precisa sobre os limites e o alcance dessa aplicação.

<table>
<tr><th colspan="3">TITULARES DOS DIREITOS FUNDAMENTAIS</th></tr>
<tr><td>Conceito</td><td colspan="2">São os detentores dos direitos fundamentais, isto é, aqueles que possuem a prerrogativa jurídico-subjetiva de exigir os direitos fundamentais.</td></tr>
<tr><td>Titulares e Destinatários dos Direitos Fundamentais</td><td colspan="2">Titular de direitos fundamentais é quem figura como sujeito ativo da relação jurídico-subjetiva, é quem detém o direito. Por outro lado, destinatário de direitos fundamentais é a pessoa (natural, jurídica, ou mesmo ente despersonalizado) contra a qual o titular pode exigir observância, proteção ou promoção de seu direito, é quem possui um dever decorrente do direito fundamental do titular. Contudo, parte da doutrina e da jurisprudência, ignora essa divisão, usando os temos titular e destinatário como sinônimos a indicarem a pessoa que é detentora do direito fundamental.</td></tr>
<tr><td rowspan="4">A pessoa humana como titular dos direitos fundamentais</td><td>Brasileiros Natos</td><td>São titulares de todos os direitos fundamentais, com exceção dos que são exclusivos dos estrangeiros, como o asilo político, por exemplo.</td></tr>
<tr><td>Brasileiros Naturalizados</td><td>São titulares de quase todos os direitos fundamentais, com exceção daqueles que a Constituição de 1988 atribui exclusivamente aos brasileiros natos e dos que são exclusivos dos estrangeiros.</td></tr>
<tr><td>Estrangeiros residentes no Brasil</td><td>São titulares de grande parte dos direitos fundamentais com exceção daqueles que a Constituição de 1988 atribui exclusivamente aos brasileiros, possuindo, ainda, direitos exclusivos de estrangeiros.</td></tr>
<tr><td>Estrangeiros não residentes no Brasil</td><td>Em que pese não haja previsão expressa na CF/88, nos termos do entendimento da doutrina e da jurisprudência majoritárias, são titulares de direitos fundamentais que sejam compatíveis com sua condição de estrangeiros não residentes no país, possuindo, ainda, direitos exclusivos de estrangeiros, como o asilo político.</td></tr>
<tr><td>Direitos fundamentais de pessoas jurídicas?</td><td colspan="2">Em que pese a CF/88 não ter reconhecido expressamente, as pessoas jurídicas possuem direitos fundamentais, pois a atribuição de direitos fundamentais às pessoas jurídicas tem por finalidade maior proteger e promover os direitos das pessoas naturais que compõem a pessoa jurídica. Contudo, as pessoas jurídicas não são titulares de todos os direitos fundamentais, mas apenas daqueles que são compatíveis com sua condição de pessoa jurídica, como, por exemplo, propriedade, sigilo de correspondência e a imagem.</td></tr>
</table>

<table>
<tr><td>Direitos fundamentais de pessoas jurídicas de direito público?</td><td colspan="3">No âmbito de sociedades hipercomplexas como as contemporâneas, as pessoas jurídicas de direito público possuem direitos fundamentais, fundando-se na compreensão de que o Estado deve agir objetivando o interesse público (da sociedade), e, ao agir, pode se envolver em situações nas quais precise da proteção dos direitos fundamentais para assegurar esse interesse. Contudo, as pessoas jurídicas de direito público não possuem todos os direitos fundamentais, mas somente aqueles que sejam compatíveis com sua condição de pessoa jurídica de direito público, como, por exemplo, as garantias fundamentais processuais (devido processo legal, contraditório etc.) e a garantia fundamental ao mandado de segurança caso sejam vítimas de abuso de poder.</td></tr>
<tr><td>Direitos fundamentais dos animais?</td><td colspan="3">Os animais não são titulares de direitos fundamentais. Contudo, isso não significa que eles não mereçam proteção jurídica. Pelo contrário, os animais merecem e necessitam de proteção jurídica do Estado e da sociedade, entretanto essa proteção precisa ser direcionada àqueles que tem condição de cumprir. Não adianta atribuir um direito fundamental a um animal, se este não tem sequer condições de exigir o próprio direito. Assim, a proteção aos animais deve ser feita atribuindo-se deveres às pessoas (físicas e jurídicas), à sociedade e ao Estado, pois estes sim têm condições de adimplir com os deveres e exigirem que esses deveres sejam cumpridos.</td></tr>
<tr><td colspan="4">SUPORTE FÁTICO DOS DIREITOS FUNDAMENTAIS</td></tr>
<tr><td>Definição</td><td colspan="3">O suporte fático consiste no conjunto de condições previstas por uma norma que, quando concretizadas, geram uma determinada consequência jurídica, tratando-se de noção muito usada em outros ramos do direito, como no direito tributário (fato gerador ou hipótese de incidência) e no direito penal (tipo), por exemplo.</td></tr>
<tr><td rowspan="5">Elementos do Suporte Fático dos Direitos Fundamentais</td><td colspan="3">Suporte Fático = Âmbito de Proteção + Intervenção</td></tr>
<tr><td>Âmbito de Proteção</td><td colspan="2">Consiste na parte central do suporte fático, referindo-se àquilo que está protegido prima facie pelo suporte fático, isto é, àquilo que está protegido sem levar em consideração as possíveis restrições. Assim, o âmbito de proteção determina o bem jurídico protegido.</td></tr>
<tr><td rowspan="3">Intervenção</td><td colspan="2">A intervenção consiste numa ingerência no bem fundamental protegido pela norma, decorrente de um ato estatal ou particular, ou seja, consiste numa intervenção no âmbito de proteção do suporte fático de uma norma de direito fundamental, sendo que esta intervenção pode ser legítima ou ilegítima.</td></tr>
<tr><td>Restrição</td><td>A intervenção legítima caracteriza uma restrição ao direito fundamental (intervenção restritiva), sendo constitucionalmente fundamentada.
Exemplo: a pena de morte em caso de guerra declarada, bem como matar alguém em legítima defesa da própria vida consistem em intervenções legítimas (restrições) ao direito fundamental à vida.</td></tr>
<tr><td>Violação</td><td>A intervenção ilegítima caracteriza uma violação de direito ao direito fundamental (intervenção violadora), não sendo constitucionalmente fundamentada, isto é, sendo contrária ao sistema constitucional (inconstitucional), tendo como consequência, no mínimo, a declaração de invalidade da medida e sua cessação.
Exemplo: a execução, por policiais militares, de presos em rebelião, por ordens de seu comandante, consiste em intervenção ilegítima (violação) ao direito à vida.</td></tr>
</table>

NÚCLEO ESSENCIAL DOS DIREITOS FUNDAMENTAIS
O conteúdo essencial, também chamado de conteúdo mínimo, núcleo essencial, núcleo duro, ou núcleo pétreo do direito fundamental, consiste no conteúdo fático-normativo mínimo de cada direito fundamental, não admitindo intervenções, sob pena de se ferir de morte o próprio direito. No âmbito dos sistemas constitucionais contemporâneos, esse conteúdo mínimo reflete direta, mas não exclusivamente, o conteúdo em dignidade humana mais essencial contido por cada direito fundamental.
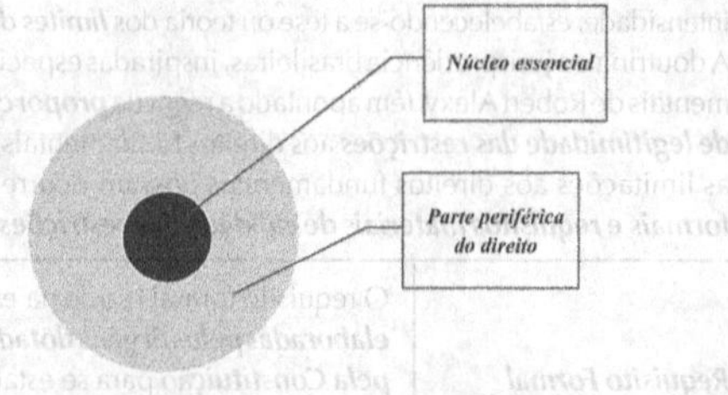

RESTRIÇÃO AOS DIREITOS FUNDAMENTAIS		
A teoria constitucional contemporânea defende a ideia de que ***os direitos fundamentais são direitos relativos***, não sendo possível falar em direitos fundamentais absolutos, vez que um direito fundamental sempre pode sofrer limitações/restrições por outros direitos tão fundamentais quanto ele, o que deriva do princípio da unidade da Constituição, que inadmite hierarquização abstrata (normativa) entre direitos constitucionais. Assim, somente em face de casos concretos é possível verificar a extensão e os limites (restrições) de um certo direito fundamental. Limitar ou restringir um direito fundamental significa intervir em seu âmbito de proteção de forma legítima, constitucionalmente fundamentada, o que é inerente à complexidade do sistema constitucional, por não se admitir a existência de direitos absolutos, nem a hierarquização desses direitos, bem como por não ser possível prever soluções prévias para todos os potenciais conflitos concretos entre os direitos fundamentais.		
Formas de limitação (restrição) dos Direitos Fundamentais	Os direitos fundamentais por possuírem hierarquia constitucional, só podem ser restringidos (limitados) por normas constitucionais (restrições diretamente constitucionais) ou em razão de normas constitucionais (restrições indiretamente constitucionais).	
	Restrições Diretamente Constitucionais	Ocorrem quando um direito fundamental (constitucional) é restringido diretamente por outra norma constitucional, isto é, dá-se quando uma norma constitucional consagradora de um direito fundamental é limitada diretamente por outra norma, também, constitucional. **Exemplo:** o direito fundamental à vida (art. 5º, *caput*, da CF/88), sofre restrições por normas constitucionais, como a norma que prevê a pena de morte em caso de guerra declarada (art. 5º, XLVII, "a", da CF/88).
	Restrições Indiretamente Constitucionais	Ocorrem quando um direito fundamental (constitucional) é restringido por uma norma infraconstitucional que tem como fundamento um direito constitucional, de modo que a restrição é feita por lei, mas autorizada, expressa ou implicitamente, pela Constituição. **Exemplo:** o direito fundamental à vida (art. 5º, *caput*, da CF/88) sofre restrições por normas infraconstitucionais, como no caso de alguém que mate uma pessoa em legítima defesa de sua vida (direito à vida de Fulano restringido pelo direito fundamental à vida e pelo direito fundamental de defesa de Beltrano) ou mesmo de seu patrimônio (direito à vida de Fulano restringido pelo direito fundamental à propriedade e pelo direito fundamental de defesa de Beltrano), nos termos dos arts. 23, II, e 25, do Código Penal.

<table>
<tr><td rowspan="3">Os limites dos limites dos Direitos Fundamentais</td><td colspan="2">Como vimos, os direitos fundamentais podem sofrer limitações, contudo só podem sofrer limitações legítimas (restrições), que sejam conformes ao sistema constitucional vigente. Quaisquer intervenções/limitações que lesem o sistema constitucional serão ilegítimas, consistindo em violações o direito fundamental, sendo, portanto, inconstitucionais. Assim, diz-se que um direito fundamental possui limites, podendo ser restringido, contudo os limites dos direitos fundamentais, também, possuem limites, pois não se pode restringir um direito fundamental de qualquer forma, ou em qualquer intensidade, estabelecendo-se a tese ou teoria dos limites dos limites dos direitos fundamentais.
A doutrina e a jurisprudência brasileiras, inspiradas especialmente pela teoria dos direitos fundamentais de Robert Alexy, têm apontado a regra da proporcionalidade como principal parâmetro de legitimidade das restrições aos direitos fundamentais, identificando certos limites para que as limitações aos direitos fundamentais possam ocorrer de forma constitucional, requisitos formais e requisitos materiais de validade das restrições.</td></tr>
<tr><td>Requisito Formal</td><td>O requisito formal reside na exigência de normas gerais e abstratas elaboradas pelos órgãos dotados de atribuição legiferante conferida pela Constituição para se estabelecer restrições de caráter geral aos direitos fundamentais, devendo eventual restrição estar autorizada, expressa ou implicitamente, pela própria Constituição.</td></tr>
<tr><td>Requisitos Materiais</td><td>i) princípio da não retroatividade: impede que leis novas que estabeleçam restrições a direitos fundamentais alcancem fatos já consumados, prestações vencidas e não pagas, bem como efeitos futuros de fatos passados;
ii) respeito ao núcleo essencial do direito restringido: as limitações a direitos fundamentais para serem legitimas não podem atingir o núcleo essencial do direito;
iii) exigência de clareza e precisão: as restrições a direitos fundamentais devem ser claras e precisas, devendo ser estipuladas expressamente no texto legal com os detalhes e especificações necessários à segurança jurídica;
iv) as limitações, via de regra, devem ser gerais e abstratas: as restrições devem ser gerais e abstratas, abarcando as situações e os indivíduos de forma imparcial, vedando-se restrições individuais e concretas, limitações casuísticas, fruto de discriminações negativas, arbitrárias ou pessoais.
v) as limitações devem ser proporcionais: as restrições aos devem obedecer a regra da proporcionalidade e suas sub-regras da adequação, necessidade e proporcionalidade em sentido estrito.</td></tr>
</table>

COLISÕES ENTRE DIREITOS FUNDAMENTAIS E PONDERAÇÃO DE PRINCÍPIOS

A ponderação de valores e a máxima da proporcionalidade de Robert Alex têm dominado a hermenêutica constitucional brasileira, especialmente no campo dos direitos fundamentais. Assim, para os seus defensores, por se compreender os direitos fundamentais como princípios jurídicos que consagram os valores mais importantes de uma determinada sociedade, havendo ***colisão entre direitos fundamentais*** em um certo ***caso concreto***, mediante a ***ponderação de valores*** realizada pela ***regra da proporcionalidade***, um direito fundamental será restringido, tendo seu âmbito de proteção limitado, em razão de outro direito fundamental que terá preferência naquele caso.

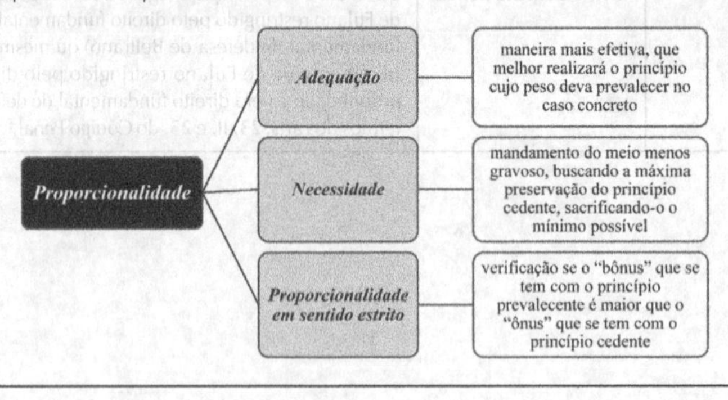

Exemplificando o uso dessa teoria, pode-se citar o polêmico caso das testemunhas de Jeová que se negam a realizar transfusão sanguínea em casos em que não há outro tratamento ou meios viáveis para salvaguardar a vida, de modo que a não realização da transfusão levará inevitavelmente à morte. Nesse caso, há uma colisão entre o direito à vida e o direito à liberdade religiosa. Aqui, ponderando-se os dois valores fundamentais utilizando-se da máxima da proporcionalidade, haverá a restrição de um em detrimento do outro, aplicando-se um direito fundamental (o que prevalecer no caso concreto) e afastando a aplicação do outro (o que perder no caso concreto). Assim, o intérprete deverá buscar encontrar a medida adequada, que realize o princípio vencedor no maior peso possível, necessária, buscando preservar o princípio cedendo sacrificando-o o mínimo possível, e que atenda à proporcionalidade em sentido estrito, resultando em um ganho maior com o princípio prevalecente do que a perda que se tem com o princípio cedente.

DIREITOS FUNDAMENTAIS E REFORMA CONSTITUCIONAL

- Os direitos fundamentais são considerados cláusulas pétreas, ou melhor dizendo, limites materiais ao Poder Constituinte Reformador.
- CF/88, art. 60, § 4º, IV: "não será objeto de deliberação a proposta de emenda tendente a abolir os direitos e garantias individuais".
- Essa limitação ao Poder Constituinte Reformador impede reformas tendentes a abolir todos os direitos e garantias fundamentais, sejam os individuais previstos no art. 5º, da CF/88, bem como outros direitos individuais esparsos no texto constitucional, os de natureza transindividual (difusa e coletiva), os sociais, os de nacionalidade e os políticos, típicos e atípicos.
- Os direitos fundamentais instituídos por Emendas à Constituição também são abrangidos pelo art. 60, § 4º, IV, da CF/88, sendo cláusulas pétreas e, portanto, não podendo ser modificados de maneira tendente a abolir.
- É necessário lembrar que cláusulas pétreas podem ser modificadas via Emenda à Constituição, já que o que a Constituição veda é que essas modificações sejam tendentes a abolir o direito ali consagrado.
- Não há dúvidas de que Emendas à Constituição podem expandir o conteúdo das cláusulas pétreas, por exemplo, aumentando o rol de direitos fundamentais previsto no Título II, da CF/88, como o fez a Emenda Constitucional 45/2004, ao inserir o inciso LXXVIII, no artigo 5º, consagrando o direito à razoável duração do processo.
- Em que pese haja divergências, parece-nos que as cláusulas pétreas podem ser objeto de Emendas à Constituição que venham a restringir seu conteúdo, desde que essas restrições não sejam tendentes a abolir, ou seja, desde que essas restrições não venham a ferir/diminuir seu núcleo essencial.

DEVERES FUNDAMENTAIS

A noção de deveres fundamentais liga-se, especialmente, à dimensão objetiva dos direitos fundamentais, pois se os direitos fundamentais são parâmetros objetivos do ordenamento jurídico que devem ser observados pelas pessoas, pela sociedade e pelo Estado, então, dos direitos fundamentais decorrem deveres fundamentais para as pessoas, para a sociedade e para o Estado.

<table>
<tr><td rowspan="3">Tipologia dos Deveres Fundamentais</td><td>Deveres Conexos ou Correlatos
X
Deveres Autônomos</td><td>Os deveres fundamentais conexos ou correlatos à direitos fundamentais são aqueles que decorrem materialmente de um direito fundamental. Como exemplo, ao reconhecer o direito fundamental ao meio ambiente ecologicamente equilibrado (art. 225, da CF/88), decorre, expressa e implicitamente, uma série de deveres fundamentais às pessoas, à sociedade e ao Estado de promoção e proteção do meio ambiente.
Os deveres fundamentais autônomos são aqueles que não estão relacionados diretamente à conformação de um direito fundamental, estando estabelecidos na Constituição de forma autônoma, como, por exemplo, os deveres fundamentais de pagar impostos, de prestar serviço militar obrigatório (art. 143, da CF/88) e de votar (art. 14, §1º, da CF/88).</td></tr>
<tr><td>Deveres Expressos
X
Deveres Implícitos</td><td>Os deveres fundamentais expressos são aqueles que se encontram expressos na Constituição, como por exemplo os deveres fundamentais de prestar serviço militar obrigatório (art. 143, da CF/88) e de votar (art. 14, §1º, da CF/88).
Os deveres fundamentais implícitos são aqueles que não se encontram expressos na Constituição, decorrendo direta e materialmente de um direito fundamental. No Brasil, os deveres fundamentais são, em regra, implícitos, vez que a CF/88, diferente do tratamento dado aos direitos, pouco se dedicou a tratar dos deveres fundamentais.</td></tr>
<tr><td>Deveres Defensivos (ou Negativos)
X
Deveres Prestacionais (ou Positivos)</td><td>Os deveres defensivos (ou negativos) são aqueles que impõem ao seu destinatário um comportamento negativo, omissivo, de abstenção de conduta em relação ao direito do titular.
Os deveres prestacionais (ou positivos) são aqueles que impõem ao seu destinatário um comportamento positivo, um fazer, uma ação, uma prestação, ou uma realização em relação ao direito do titular.</td></tr>
</table>

CAPÍTULO X
DIREITOS INDIVIDUAIS E COLETIVOS

1. DIREITOS E GARANTIAS

O *Título II*, da Constituição brasileira de 1988, é nomeado de *"Dos Direitos e Garantias Fundamentais"*. Em razão disso, parte da doutrina diferencia direitos e garantias afirmando que as garantias fundamentais são mecanismos jurídicos que visam assegurar os direitos fundamentais, de modo que as garantias existem em razão dos direitos, sendo instrumentos que buscam protegê-los e efetivá-los. Assim, seriam garantias fundamentais as *ações constitucionais*, como *habeas corpus*, *habeas data*, mandado de segurança, mandado de injunção, ação popular, ação civil pública, as *normas jusfundamentais processuais*, como o devido processo legal, o contraditório, a ampla defesa, a inadmissibilidade de provas ilícitas, a motivação e a publicidade dos atos judiciais etc., as *normas jusfundamentais relacionadas à segurança jurídica*, como as que resguardam a legalidade, o direito adquirido, o ato jurídico perfeito e a coisa julgada, bem como as *normas jusfundamentais penais*, como a proibição de pena de morte e a individualização da pena.

Nada obstante, deve-se registrar que essa diferenciação é bastante frágil, sendo, muitas vezes, difícil dissociar um direito de sua garantia ou mesmo identificar se uma determinada norma é um direito ou uma garantia, além de algumas normas assumirem tanto a natureza de direito como de garantia à luz dessa classificação, como o devido processo legal, por exemplo.

2. DIREITOS INDIVIDUAIS E DIREITOS TRANSINDIVIDUAIS (DIFUSOS E COLETIVOS)

A Constituição da República Federativa do Brasil de 1988, no *capítulo I*, de se *título II*, dispõe especificamente sobre os *"Direitos e Deveres Individuais e Coletivos"* que, obviamente, não se esgotam apenas no referido capítulo, por força da cláusula de abertura constitucional aos direitos fundamentais atípicos, prevista no § 2º, do art. 5º, da CF/88. Assim, ***o extenso rol apresentado em seu art. 5º, que possui setenta e oito incisos, é meramente exemplificativo*** (não taxativo), conforme estudamos quando examinamos a cláusula de abertura material dos direitos fundamentais e os direitos fundamentais atípicos.

Retomando algumas considerações que fizemos ao estudar a teoria geral dos direitos fundamentais, pode-se dizer que os ***direitos individuais***, ligados especialmente à primeira geração dos direitos fundamentais, são aqueles que são titularizados pelo indivíduo considerado de maneira isolada, isto é, são direitos que uma pessoa é capaz de titularizar sozinha, como a vida, a integridade física, a liberdade, a privacidade etc. Ademais, segundo a doutrina, há ainda ***direitos individuais de expressão coletiva***, direitos titularizados por cada pessoa individualmente considerada, mas que só podem ser exercidos de forma coletiva, como o direito de reunião e o direito de associação, por exemplo.

Já os ***direitos coletivos***, ligados especialmente à terceira geração dos direitos fundamentais, são os ***direitos transindividuais***, sejam eles ***difusos ou coletivos***, isto é, aqueles que são titularizados concomitantemente por mais de uma pessoa, transpondo a individualidade. Nos termos da definição legal, os ***direitos difusos*** são *os transindividuais, de natureza indivisível, de que sejam titulares pessoas indeterminadas e ligadas por circunstâncias de fato*, enquanto os ***direitos coletivos*** são *os transindividuais, de natureza indivisível de que seja titular grupo, categoria ou classe de pessoas ligadas entre si ou com a parte contrária por uma relação jurídica base.*

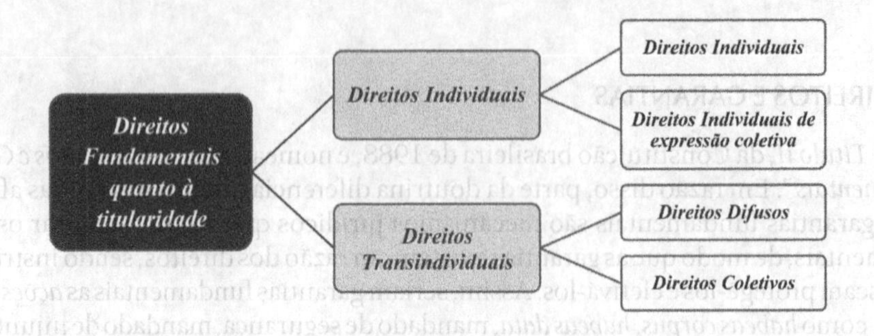

3. DIREITO À VIDA

Não é tarefa do direito definir os contornos da vida ou da existência, sem dúvida não são os juristas os profissionais mais preparados para dizer quando um indivíduo ou organismo está vivo ou morto. Contudo, com base nos estudos científicos, nas práticas e conceitos médicos e biológicos, em razão dos mais variados casos que chegam à apreciação do Poder Judiciário, o direito tem buscado dar contornos a um conceito de vida, ainda que não se possa fazê-lo de forma pacífica e definitiva. Assim, para fins de proteção constitucional, o conceito de vida refere-se à existência física e biológica da pessoa humana, podendo-se dizer que ***o direito à vida é o direito do indivíduo humano de viver, em sentido físico e biológico***, sendo incabíveis quaisquer distinções sociais, raciais, morais, religiosas ou políticas, como já vivenciamos em outros tempos, como durante o regime nazista e os séculos de escravidão negra.[1]

De forma clássica, a doutrina afirma que o direito à vida possui uma dimensão negativa e uma dimensão positiva. Em sua ***dimensão negativa***, consiste no ***direito de sobrevivência***, no direito de permanecer vivo, sendo um direito de defesa a exigir que o Estado e os particulares não intervenham no seu âmbito de proteção. Com essa dimensão relacionam-se a proibição da pena de morte (art. 5º, XLII, "a", CF/88), a proibição da tortura e de tratamentos desumanos ou degradantes (art. 5º, III, CF/88) e quaisquer outras condutas que possam minguar a vida do indivíduo. Em sua ***dimensão positiva***, consiste no ***direito à vida digna***, exigindo que o Estado e a sociedade assegurem a todos os indivíduos o acesso a bens fundamentais e a condições minimamente dignas de vida, bem como que o Estado adote medidas para proteger a vida humana, por exemplo, criminalizando o homicídio.

3.1 O direito à vida pode ser restringido?

Como vimos, os direitos fundamentais caracterizam-se por serem direitos relativos, o que deriva do princípio da unidade da Constituição, pelo qual se reconhece que não há hierarquia entre direitos constitucionais, de modo que não é possível falar em direitos fundamentais absolutos, vez que um direito fundamental sempre pode sofrer limitações/restrições

1. SARLET, Ingo Wolfgang; *et al.* Curso de Direito Constitucional. 3 ed. São Paulo: RT, 2014, p. 366.

por outros direitos tão fundamentais quanto ele, desde que essas restrições sejam realizadas por normas constitucionais (restrições diretamente constitucionais) ou com fundamento em normas constitucionais (restrições indiretamente constitucionais).

Assim, ***o direito à vida pode e sofre restrições*** sejam restrições diretamente constitucionais (há previsão de pena de morte em caso de guerra declarada, nos termos do art. 5º, XLVII, "a", da CF/88) ou restrições indiretamente constitucionais, como no caso de alguém que mate uma pessoa em legítima defesa de sua vida (direito à vida de Fulano restringido pelo direito à vida e pelo direito de defesa de Beltrano) ou mesmo de seu patrimônio (direito à vida de Fulano restringido pelo direito à propriedade e pelo direito de defesa de Beltrano), nos termos dos arts. 23, II, e 25, do Código Penal.

3.2 O feto possui direito a vida?

Antes de respondermos se o feto tem direito fundamental à vida é preciso saber se o feto pode ser titular de direitos. Essa é uma pergunta que tem sido objeto de grandes discussões no direito civil, pois, segundo o *art. 2º, do Código Civil de 2002, "a personalidade civil da pessoa começa do nascimento com vida; mas a lei põe a salvo, desde a concepção, os direitos do nascituro"*, texto quase idêntico ao do *art. 4º, do Código Civil de 1916.*

Em apertada síntese pode-se dizer que os civilistas se dividem em três correntes teóricas acerca da situação do nascituro: *a) **teoria natalista***, segundo a qual o nascituro não pode ser considerado pessoa, não possuindo direitos, mas tendo mera expectativa de direitos; ***b) teoria da personalidade condicionada***, segundo a qual a personalidade civil da pessoa começa com o nascimento com vida; sendo que os nascituros possuem direitos potenciais e eventuais sujeitos a condição suspensiva (nascimento com vida daquele que foi concebido); ***c) teoria concepcionista***, segundo a qual o nascituro é pessoa humana, possuindo direitos desde a sua concepção.[2]

Para além da grande divergência entre os civilistas, parece-nos que a ***teoria natalista*** não é adequada, pois desconsidera a humanidade potencial e relacional do feto humano, enquanto a ***teoria concepcionista***, em que pese reconhecida em alguns julgados do STJ, parece remeter à Idade Média e apresenta-se como uma grande muralha teórica contra os direitos da mulher, colocando o feto como um super-sujeito de direitos (sacralidade do feto) cujos direitos estariam acima dos direitos de outros sujeitos, especialmente, os da mulher grávida.

Assim, a nosso ver, ***a teoria mais adequada à proteção séria do feto***, seja no âmbito do direito civil, seja no âmbito do direito constitucional, ***é a teoria da personalidade condicionada***, atribuindo-se personalidade civil à pessoa a partir do seu nascimento com vida, afinal como seria possível possuir personalidade sem sequer ter-se vivido/existido, ainda que por um milésimo de segundo? Ademais, essa teoria não ignora a potencialidade humana que existe no feto, assegurando e protegendo seus direitos potenciais (direitos da personalidade) e eventuais (patrimoniais) que ficam sujeitos à condição suspensiva do nascimento com vida, isto é, à aquisição da personalidade civil. Além disso, essa teoria fundamenta-se no princípio fundamental da dignidade da pessoa humana, contemplando ***a dignidade da vida humana em potencial*** e compatibilizando a dignidade do feto com a dignidade dos demais indivíduos dentro das mais complexas relações e situações da vida.[3]

2. TARTUCE, Flávio. Manual de Direito Civil. 6 ed. São Paulo: Método, 2016, p. 75 e ss.
3. Conforme vimos quando tratamos do princípio da dignidade da pessoa humana, a partir das lições de Jürgen Habermas, pode-se sustentar que a vida humana, ou mesmo a potencial vida humana, possuí uma dignidade em si mesma. Deste

Assim, por reconhecer a dignidade da vida humana em potencial presente no feto e por reconhecer os direitos potenciais (direitos da personalidade) e eventuais (patrimoniais) desse feto, *é possível a partir da teoria da personalidade condicionada atribuir deveres e responsabilidades a outros sujeitos em face do feto*, como o dever de prestar alimentos gravídicos ou a responsabilidade civil por dano à imagem, *ficando, contudo, vinculados à condição suspensiva do nascimento com vida*, de modo que se o feto não nascer com vida, a prestação de alimento deverá ser interrompida imediatamente, assim como uma eventual indenização por dano à sua imagem não lhe será devida, afinal como indenizar alguém que sequer nasceu? No campo do direito patrimonial isso se queda ainda mais cristalino, sendo pacífico, por exemplo, que o nascituro só será herdeiro se nascer com vida, até porque seria impensável, ou no mínimo irracional, reconhecer um natimorto como herdeiro, em que pese isso possa ser sustentado a partir da teoria concepcionista, vez que para seus defensores o feto possui direitos desde a sua concepção independentemente do nascimento com vida.

Uma vez reconhecido que os nascituros possuem direitos potenciais (direitos da personalidade) e eventuais (patrimoniais) sujeitos a condição suspensiva (nascimento com vida do feto), fica claro que ***não há como falar-se em direitos fundamentais do feto em si, mas apenas em direitos fundamentais daquele que nasceu com vida,*** *ficando os potenciais direitos fundamentais do feto vinculados à condição suspensiva do nascimento com vida*, isto é, o feto é um potencial titular de direitos fundamentais e merece uma proteção especial por isso (dignidade da vida humana em potencial), mas não é titular de direito (subjetivo) fundamental enquanto não nascer com vida.

Assim, ***não há como defender um direito fundamental à vida do feto***, em primeiro lugar porque não é titular de direitos fundamentais, em segundo lugar porque seria de grande temeridade já que até hoje sequer se tem um consenso universal na biologia ou na medicina sobre o início da vida. Nesse sentido, ***o Supremo Tribunal Federal***, ao julgar a ADI 3.510 que discutia a (in)constitucionalidade de alguns dispositivos da Lei de Biossegurança que regulamentam as pesquisas com células-tronco e o uso de embriões humanos, em posição capitaneada pelo relator, Min. Carlos Ayres Britto, e seguida pela maioria, ***decidiu que não há titularidade de um direito à vida antes do nascimento com vida***, havendo contudo uma proteção constitucional da vida intrauterina decorrente da dignidade da vida humana em potencial, de modo que, *"embora não se possa falar de uma pessoa, na condição de sujeito de direitos fundamentais, existe uma proteção que atinge todo o processo vital, compreendido como um processo indivisível de formação do ser humano, que deságua no indivíduo-pessoa resultante do nascimento com vida"*,[4] ou em outras palavras, ***o feto não possui direito (subjetivo) fundamental à vida, mas possui uma robusta proteção constitucional que se funda na dignidade da pessoa humana*** e enseja uma série de deveres aos indivíduos já personalizados, ao Estado e até mesmo a pessoas jurídicas a depender da situação, estabelecendo um complexo sistema de proteção da vida humana em potencial.

---

modo, merece proteção e respeito, inclusive, o feto humano antes mesmo do nascimento, vez que se trata de uma vida humana em potencial. Isso se dá em face não só da própria humanidade em potencial que nele reside, mas também em face da sua pré-socialização no mundo, como por exemplo, nos discursos e na preparação dos pais e familiares da criança que há de nascer. HABERMAS, Jürgen. O futuro da natureza humana. 2 ed. São Paulo: Martins Fontes, 2010, p. 46-52.

4. SARLET, Ingo Wolfgang; *et al.* Curso de Direito Constitucional. 3 ed. São Paulo: RT, 2014, p. 371.

3.3 Direito ao aborto?

Muito se tem discutido sobre a existência de um direito fundamental da mulher ao aborto. Nos Estados Unidos, desde *Roe vs Wade*, julgado em 1973 pela Suprema Corte, se reconhece o direito fundamental da mulher realizar um aborto nos dois primeiros trimestres da gravidez. Já países como a Alemanha, Bélgica, França, Uruguai, dentre outros, reconhecem o direito fundamental da mulher realizar um aborto no primeiro trimestre da gravidez. Há, ainda, países que adotam outros marcos temporais para o reconhecimento do direito fundamental da mulher ao aborto, inclusive países nos quais o aborto é totalmente legalizado, como na China.

Para discutirmos a (in)existência de um direito fundamental da mulher ao aborto no Brasil, antes é preciso fazer uma breve análise sobre a relação do aborto com o início da vida humana e a evolução jurisprudencial no STF acerca do aborto durante a vigência da CF/88.

3.3.1 O aborto e o início da vida humana

Quando começa a vida humana? Essa pergunta tem provocado debates a milhares de anos e até hoje estamos longe de um consenso. Como já registramos não é tarefa do direito definir os contornos da vida ou da existência, sem dúvida não são os juristas os profissionais mais preparados para dizer quando um indivíduo ou organismo está vivo ou morto. Contudo, com base nos estudos científicos, nas práticas e conceitos médicos e biológicos, em razão dos mais variados casos que chegam à apreciação do Poder Judiciário, o direito tem buscado dar contornos a um conceito de vida, ainda que não se possa fazê-lo de forma pacífica e definitiva.

Dentre as diferentes concepções sobre o início da vida, vamos destacar as cinco que parecem ter dominado os debates científicos, políticos e jurídicos nas últimas décadas.

1) A primeira defende que o início da vida se dá com a ***concepção***, isto é, com a fecundação do óvulo pelo espermatozoide originando-se um ovo ou zigoto. Essa compreensão, ainda que com ressalva, foi adota pelo art. 4º, 1, do Pacto de São José da Costa Rica, incorporado à ordem jurídica brasileira pelo Decreto 678/1992.[5]

2) A segunda defende que o início da vida se dá com a ***nidação***, isto é, com a fixação do zigoto no útero materno, já que o embrião não pode se desenvolver fora do útero, de modo que antes da nidação a vida é inviável.

3) A terceira defende que o início da vida se dá com a ***formação do sistema nervoso central*** (capacidade neurológica de sentir dor e prazer), o que ocorre por volta do 14º dia após a concepção. Esse critério parece ter sido adotado pela Lei 9.434/97 e pela Resolução 2.173/2017 do Conselho Federal de Medicina para definir a constatação da morte da pessoa humana mediante a certificação da morte de seu sistema nervoso central (morte encefálica).

4) A quarta defende que o início da vida se dá com a ***formação do córtex cerebral*** (que permite que o feto desenvolva sentimentos e racionalidade), o que ocorre após a 12ª semana de gestação.[6]

5. Art. 4º, 1. Toda pessoa tem o direito de que se respeite sua vida. Esse direito deve ser protegido pela lei e, em geral, desde o momento da concepção. Ninguém pode ser privado da vida arbitrariamente.

6. SARMENTO, Daniel. Legalização do aborto e Constituição. Revista de Direito Administrativo, 2005.

5) A quinta defende que o início da vida se dá com a ***viabilidade da vida extrauterina***, isto é, quando o feto pode existir sem a mãe, o que ocorre, em geral, após a 24ª semana de gestação, havendo a passagem da pessoa humana em potencial para a pessoa humana *tout court*. Esse é o critério adotado pela Suprema Corte dos Estados Unidos da América do Norte.[7]

3.3.2 A evolução jurisprudencial no STF acerca do aborto durante a vigência da CF/88

O Supremo Tribunal Federal já foi chamado a decidir um considerável número de casos relativos ao aborto e ao início da vida. Dentre esses casos é preciso destacar pelo menos três: a ADI 3.510; a ADPF 54; e o HC 124.306.

1) *ADI 3.510:* nesse caso discutia-se a (in)constitucionalidade de alguns dispositivos da ***Lei de Biossegurança*** que regulamentam as ***pesquisas com células-tronco e o uso de embriões humanos***, vindo o STF, dentre outras coisas, a decidir que: *a)* não há titularidade de um direito à vida antes do nascimento com vida, havendo contudo uma proteção constitucional da vida intrauterina decorrente da dignidade da vida humana em potencial; *b)* no caso dos embriões derivados de fertilização artificial (extrauterina) não há que se falar em aborto, visto que não se encontram no interior do útero da mulher; *c)* foram consideradas constitucionais as pesquisas com células-tronco embrionárias atendidas as exigências legais (art. 5º, da Lei de Biossegurança), destacando-se que: *i)* sejam para fins de pesquisa e terapia; *ii)* apenas aquelas fertilizadas *in* vitro; *iii)* sejam feitas em embriões inviáveis ou congelados há 3 anos ou mais; *iv)* haja o consentimento dos genitores; *v)* sujeitem-se à apreciação e aprovação de comitês de ética em pesquisa; *vi)* é vedada a comercialização, sendo que sua prática implica em crime.

2) *ADPF 54:* nesse caso discutia-se a (in)constitucionalidade da tipificação penal do ***aborto de fetos anencefálicos***, vindo o STF a decidir que a criminalização do aborto de feto anencefálico é inconstitucional. No fundamento, muitos dos Ministros do Supremo destacaram, com base na Lei 9.434/97 e na Resolução 2.173/2017 do Conselho Federal de Medicina, que o feto anencefálico não possui vida, já que a lei e a medicina consideram como morto o indivíduo que tenha sua atividade cerebral findada (morte encefálica), também há de se considerar que o feto anencefálico (que não tem cérebro) não possui vida. Assim, para além das exceções legais previstas no art. 128, do Código Penal, *aborto necessário ou terapêutico* (quando não há outro meio de salvar a vida da gestante) e *aborto sentimental* (quando a gravidez é resultante de estupro e o aborto é precedido de consentimento da gestante ou, quando incapaz, de seu representante legal), o STF considerou que o *aborto de feto anencefálico* não é crime, pois, dentre outras coisas, o aborto é crime contra a vida e o feto anencefálico não tem vida.

3) *HC 124.306:* nesse caso discutiu-se, dentre outras coisas, a (in)constitucionalidade da ***tipificação penal do aborto no caso de interrupção voluntária da gestação no primeiro trimestre***, vindo a Primeira Turma do STF, em voto capitaneado pelo Min. Luís Roberto Barroso, a decidir que nesse caso a tipificação do aborto é inconstitucional por violar os direitos fundamentais da mulher, destacadamente os direitos sexuais

7. DWORKIN, Ronald. Domínio da vida: aborto, eutanásia e liberdades individuais. 2 ed. São Paulo: Martins Fontes, 2009.

e reprodutivos da mulher, a autonomia da mulher, a integridade física e psíquica da mulher e a igualdade da mulher; por violar o princípio da proporcionalidade; pelo fato da criminalização impactar sobretudo sobre as mulheres pobres; e por ir na contramão das políticas sociais, econômicas e de saúde pública dos países desenvolvidos e democráticos. Além disso, destacou o Min. Barroso que embora controversa a matéria sobre quando inicia-se a vida, é claramente impossível que o embrião subsista fora do útero materno até essa fase de formação, de modo que *"a interrupção voluntária da gestação não deve ser criminalizada, pelo menos, durante o primeiro trimestre da gestação"*, pois *"durante esse período, o córtex cerebral – que permite que o feto desenvolva sentimentos e racionalidade – ainda não foi formado, nem há potencialidade de vida fora do útero materno"*. Assim, a Primeira Turma do STF conferiu interpretação conforme à Constituição aos arts. 124 a 126 do Código Penal – que tipificam o crime de aborto – para excluir do seu âmbito de incidência a interrupção voluntária da gestação efetivada no primeiro trimestre, por ser inconstitucional sua criminalização.

3.3.3 Direito fundamental ao aborto

Até este ponto trouxemos a visão da doutrina e da jurisprudência do STF sobre o assunto. Agora, em apertada síntese, registraremos nossa visão sobre um pretenso direito fundamental da mulher ao aborto no âmbito do constitucionalismo brasileiro.

A mulher possui direito fundamental ao aborto à luz da CF/88? Com absoluta certeza a mulher possui esse direito! Conforme já defendemos em obra específica sobre os direitos fundamentais atípicos, por meio da cláusula de abertura material da Constituição prevista em seu art. 5º, §2º, é possível identificarmos ou mesmo construirmos novos direitos fundamentais, fundamentando-se nas fontes consagradas pela cláusula de abertura na busca de proteger e promover a dignidade da pessoa humana.[8]

Lembrando, da leitura mais profunda e pormenorizada do art. 5º, §2º, da CF/88, extrai-se que os direitos fundamentais atípicos podem advir diretamente de três fontes: a) do regime constitucional, que, a nosso ver, pode ser entendido *lato sensu*, como o sistema constitucional, e *stricto sensu*, como o subsistema constitucional dos direitos e garantias fundamentais ; b) dos princípios constitucionais, especial e necessariamente do princípio fundamental da dignidade da pessoa humana; e c) dos tratados internacionais de direitos humanos que o Brasil seja signatário.[9]

Ora, é inegável que o sistema jurídico brasileiro (legislativo e jurisprudencial) tem evoluído no sentido de reconhecer os ***direitos fundamentais da mulher*** e cada vez mais descriminalizar o aborto voluntário, ainda que a passos de tartaruga quando comparado a países mais desenvolvidos. Para além disso, no âmbito do constitucionalismo brasileiro, parece estar claro que só é possível falar em direito fundamental à vida, no mínimo, após a formação do sistema nervoso central, havendo grande tendência da doutrina e da jurisprudência em firmar o entendimento de que ***só é possível criminalizar o aborto voluntário a partir de certa viabilidade da vida***, seja pelo reconhecimento da tese da *formação do córtex cerebral*, reconhecendo-se a constitucionalidade do aborto até a 12ª semana de gestação (tese que nos parece ser majoritária), seja pelo reconhecimento da tese da *viabilidade da vida*

8. DOS SANTOS, Eduardo R. Direitos Fundamentais Atípicos. Salvador: Juspodivm, 2017.
9. Ibidem,

extrauterina, reconhecendo-se a constitucionalidade do aborto até a 24ª semana de gestação, tese adotada pela Suprema Corte dos Estados Unidos da América do Norte e que nos parece mais adequada e conforme o nosso sistema constitucional.

A nosso ver, ***o direito fundamental da mulher abortar fundamenta-se*** no princípio fundamental da dignidade da pessoa humana, especialmente, na sua dimensão de autonomia existencial, cabendo a cada um de nós decidir o que queremos para nossas próprias vidas, ligando-se diretamente ao livre desenvolvimento da personalidade. Ademais, fundamenta-se e encontra-se implícito ao direito de liberdade, enquanto liberdade sexual e garantia de não punição pelo seu exercício, o que ainda se liga aos direitos reprodutivos da mulher, cabendo a ela escolher se quer e quando quer ter um filho. Além disso, fundamenta-se e encontra-se implícito ao direito à integridade física e psíquica da mulher, não sendo admissível que se imponha a dor e o sofrimento à mulher de ter de carregar, suportar e criar um filho que não deseja ter. Encontra, ainda, fundamento na igualdade da mulher, pois a equiparação plena de gênero em direitos depende de se respeitar a vontade da mulher sobre uma potencial gravidez, já que os homens não engravidam. Esse conjunto de argumentos nos leva a reconhecer que o direito fundamental da mulher ao aborto encontra-se fundamentado nos princípios fundamentais da Constituição de 1988, especialmente no da dignidade da pessoa humana (art. 1º, III), bem como no sistema de direitos e garantias fundamentais, guardando íntima relação com os direitos de liberdade, de igualdade e de vida, especialmente no que concerne à sua integridade física e moral (art. 5º, da CF/88).

Por fim, vale dizer que o direito fundamental da mulher ao aborto encontra limites na proteção constitucional do feto fundada na dignidade da pessoa humana, não sendo admissível a interrupção voluntária da gravidez após a viabilidade da vida extrauterina, pois já ocorreu a passagem da pessoa humana em potencial para a pessoa humana *tout court*, justificando proteção contra o abortamento voluntário. Assim, a nosso ver, ***a mulher possui direito fundamental ao aborto até a viabilidade da vida extrauterina,*** *o que se dá entre as 24ª e 26ª semana de gestação.*

3.4 Direito à morte digna? Eutanásia e suicídio assistido

Conforme já defendemos em obra específica sobre os direitos fundamentais atípicos, *em que pese ainda não reconhecido pela jurisprudência do Supremo Tribunal Federal,* ***nós não temos dúvidas de que nosso constitucionalismo tutela o direito fundamental atípico à morte digna*** (eutanásia e suicídio assistido), em face da cláusula de abertura prevista no art. 5º, § 2º, da CF/88 e do princípio fundamental da dignidade da pessoa humana, especialmente em suas dimensões *ontológica e da proibição de coisificação do ser humano (reificação da pessoa), identificada pela fórmula do homem-objeto.*

Antes de analisarmos o potencial conflito entre o direito à morte digna e o direito à vida, argumento sempre levantado pelos que são contrários ao direito de morrer, façamos um breve esclarecimento sobre suas expressões mais relevantes: a eutanásia e o suicídio assistido. Bem, etimologicamente, ***eutanásia*** significa "morte boa" ou "morte sem sofrimento", ou ainda "morte digna". A eutanásia pode ser dividida em ativa e passiva. ***Eutanásia ativa*** é aquela que se dá por ato deliberado de alguém de provocar a morte sem sofrimento de outrem que se encontra em situação de intenso sofrimento sem perspectiva de cura. É ativa, pois importa em conduta comissiva, isto é, importa no cometimento de uma ação da qual resultará a morte do interessado. Melhor dizendo, a eutanásia ativa, conforme tratada aqui, traduz-se na conduta que visa causar a morte de determinado paciente terminal, a pedido dele. Por sua vez, ***eutanásia passiva*** é aquela que resulta de uma omissão, de um não fazer, cuja consequência é a morte do paciente terminal, isto é, cuja consequência é o falecimento daquele paciente que se encontra em intenso sofrimento e que não tem qualquer perspectiva de cura. Melhor dizendo, a eutanásia passiva caracteriza-se pela limitação ou suspensão dos esforços terapêuticos, dos tratamentos ou procedimentos médicos que estão prolongando a vida do doente terminal. Já o ***suicídio assistido*** consiste no auxílio à morte daquele que se encontra em intenso sofrimento. Para alguns, deve, necessariamente, tratar-se de pacientes terminais, doentes sem perspectiva de cura, para outros, basta o intenso sofrimento (psíquico ou físico), já que é vontade do indivíduo tirar a própria vida. A diferença do suicídio assistido para a eutanásia é que no suicídio assistido o agente apenas auxilia na morte da pessoa, sendo ela quem pratica pessoalmente o ato que conduz à própria morte, enquanto na eutanásia, o ato ou a omissão do agente é que irão causar a morte do paciente.[10]

Há de se deixar claro que, seja no suicídio assistido, seja na eutanásia, ***faz-se necessária a manifestação de vontade do paciente.*** Se o direito é subjetivo, exige-se que o paciente demonstre sua vontade de exercê-lo. Caso não haja manifestação de vontade do paciente, não se trata de direito de morrer, mas sim de homicídio.[11] Ademais, essa manifestação pode existir mesmo para pacientes que já não estão conscientes, tendo ele deixado por escrito ou manifestado de outra forma, antes de ficar inconsciente, seja a um parente, a um amigo, ou mesmo aos médicos. Nesse sentido, um ótimo instrumento é o testamento biológico, pelo qual a pessoa pode se manifestar antecipadamente sobre as medidas clínicas às quais não deseja se submeter caso algo venha a lhe acontecer.[12]

Passando-se à análise de um potencial conflito entre o direito de morrer (direito à morte digna) e o direito à vida, argumento sempre levantado pelos que são contrários ao direito de morrer, há de se dizer que ambos são direitos inerentes à pessoa, que, ao que nos parece, devem ter seu exercício vinculado à autonomia de vontade da própria pessoa. Não cabe ao Estado, à sociedade, ou a qualquer outra pessoa, decidir sobre a vida ou a morte de alguém.[13] Essa é uma escolha da pessoa. Ora, a autonomia da vontade, a liberdade de escolher o que quer para si, de fazer suas escolhas existências, é elemento imprescindível da dignidade da pessoa humana e dos direitos que lhes são inerentes, inclusive do direito à vida e do direito à morte digna.[14] Ademais, a vida é um direito fundamental e não um dever fundamental, assim, a pessoa (titular do direito) é quem escolhe se o exerce ou não, vedando-se ao Estado e à sociedade obrigar alguém a levar uma vida que não deseja viver, ou pior, uma vida insuportável de ser vivida: uma vida de intenso sofrimento físico e/ou psicológico.[15] Assim, se é possível a esse paciente matar-se, é juridicamente legitimo e lícito que o faça, não tendo o Estado interesse algum em

---

10. SZTAJN, Rachel. Autonomia privada e direito de morrer: eutanásia e suicídio assistido. São Paulo: Cultural Paulista, 2002, especialmente p. 125 e ss.
11. ROXIN, Claus. A apreciação jurídico-penal da eutanásia. In: PIOVESAN, Flávia; GARCIA, Maria (org.). Doutrinas Essenciais Direitos Humanos: Direitos Civis e Políticos. São Paulo: RT, 2011. v.2.
12. NAVES, Bruno Torquato de Oliveira; REZENDE, Danúbia Ferreira Coelho de. A autonomia privada do paciente em estado terminal. In: FIUZA, César; SÁ, Maria de Fátima Freire de; NAVES, Bruno Torquato de Oliveira. Direito Civil: Atualidades II – Da autonomia privada nas situações jurídicas patrimoniais e existenciais. Belo Horizonte: Del Rey, 2007, p. 89 e ss.
13. SÁ, Maria de Fátima Freire; PONTES, Maíla Mello Campolina. Autonomia Privada e Direito de Morrer. In: FIUZA, César; SÁ, Maria de Fátima Freire de; NAVES, Bruno Torquato de Oliveira. Direito Civil: Atualidades III – Princípios Jurídicos no Direito Privado. Belo Horizonte: Del Rey, 2009, p. 37 e ss.
14. DIAS, Rebeca Fernandes. Direito à vida, direito à morte e disponibilidade do corpo: as tensões contemporâneas de um direito (ainda) desencarnado. In: CLÈVE, Clèmerson Merlin (coord.). Direito Constitucional Brasileiro: Teoria da Constituição e Direitos Fundamentais. São Paulo: RT, 2014. v.1.
15. COSTA NETO, João. Dignidade humana: visão do Tribunal Constitucional Federal Alemão, do STF e do Tribunal Europeu. São Paulo: Saraiva, 2014, p. 42.

forçá-lo a viver. Do mesmo modo, se lhe é impossível matar-se, ou pelo menos matar-se sem o auxílio de alguém, em face do estado em que se encontra, não parece legítimo ao Estado punir aquele que auxilia o indivíduo a concretizar seu *animus* de morrer dignamente pondo fim ao intenso sofrimento a que está submetido, ou mesmo aquele que por ação ou omissão provoca diretamente a morte do paciente terminal assegurando-lhe o direito de morrer com dignidade.[16]

Deste modo, pode-se afirmar que ***há um direito fundamental à morte digna no constitucionalismo brasileiro vigente***, direito atípico construído em face da cláusula de abertura prevista no art. 5º, § 2º, da CF/88, sendo que esse direito fundamental à morte digna fundamenta-se em nosso sistema constitucional, vez que compõe o todo unitário e ordenado da Constituição, especialmente no que diz com o dever imposto ao Estado de assegurar à pessoa os seus direitos, especialmente, nesse caso, o direito de viver ou mesmo de morrer dignamente, já que o Estado é meio e não fim, isto é, já que o Estado é que é meio para a consecução dos fins da pessoa e não as pessoas para a consecução dos fins do Estado. Fundamenta-se, também, em nosso subsistema constitucional dos direitos e garantias fundamentais, vez que sua construção se dá para complementar o subsistema constitucional dos direitos e garantias fundamentais da pessoa humana, pois do mesmo modo que lhe é garantido um direito à vida digna, lhe é garantido um direito de morrer dignamente, ou de não viver mais quando isso já não for suportável ou digno. Fundamenta-se, ainda, nos princípios constitucionais fundamentais, especialmente, no da dignidade da pessoa humana. Em primeiro lugar, fundamenta-se na dimensão ontológica da dignidade da pessoa humana, sobretudo no que diz com a autonomia de vontade da pessoa, já que viver ou morrer deve ser uma escolha de cada um e não uma imposição de quem quer que seja. A vida e a morte são direitos, são prerrogativas jurídico-subjetivas fundamentais da pessoa humana: a pessoa quem deve escolher viver ou morrer, pois é a pessoa que sabe o que pode ou não suportar, o que é digno ou não de se viver ou passar. Em segundo lugar, fundamenta-se na dimensão de proibição de coisificação (reificação) do ser humano, identificada pela fórmula do homem-objeto, vez que o ser humano não pode ser objeto da vontade do Estado ou mesmo da sociedade, devendo-lhe ser resguardada a própria autonomia de vontade. Ademais, ninguém pode ser obrigado a viver uma vida "desumana", degradante, de imenso e profundo sofrimento, pois isso conduz a um processo de coisificação da pessoa (ao menos quando ela não deseja passar por esse processo de dor e sofrimento, mas é obrigada pela vontade do Estado, da sociedade, da família ou de quem quer que seja). Se a pessoa se encontra num estado desses, têm o direito fundamental de optar pela morte digna.[17]

3.5 Vedação à tortura e a tratamentos desumanos ou degradantes

Para além do direito fundamental à vida em si (art. 5º, *caput*, CF/88), a Constituição assegura direitos relativos e/ou decorrentes do direito à vida, destacando-se, dentre eles, o previsto no inciso III, do art. 5º, da CF/88, segundo o qual *"ninguém será submetido a tortura nem a tratamento desumano ou degradante"*. Este dispositivo, tendo como fundamento a dignidade da pessoa humana, busca proteger o indivíduo de ações ou omissões que tenham o condão de minguar a vida humana, degradando-a e/ou submetendo-a a condições e/ou tratamentos degradantes e indignos.

16. PÊCEGO, Antonio José F.S. Eutanásia: uma (re)leitura do instituto à luz da dignidade da pessoa humana. Belo Horizonte: D'Plácido, 2015.
17. DOS SANTOS, Eduardo R. Direitos Fundamentais Atípicos. Salvador: Juspodivm, 2017, p. 254-258.

Tratamento desumano ou degradante consiste em qualquer forma que importe na reificação (coisificação) da pessoa humana, na diminuição ou tentativa de diminuição do indivíduo enquanto ser vivente, racional e moral, seja lhe infligindo sofrimentos físicos, morais ou psicológicos, de que a tortura é a forma mais grave.[18] Trata-se de tratamento que afronte, ofenda ou lese a dignidade da pessoa e da vida digna da pessoa, como condições desumanas de trabalho (ambientes de trabalho sujos sem estrutura mínima de higiene pessoal ou ambientes em que os funcionários sofrem maus-tratos físicos, morais ou psicológicos, ou situações em que se verifica condições de trabalho análogas as de escravo etc.), violência doméstica (física, psíquica ou moral) contra mulheres, crianças, idosos ou pessoas com deficiência, o cárcere privado de pessoas, o tratamento sub-humano dado pelos governos no Brasil à saúde pública etc.

No que se refere à ***tortura***, a lei 9.455/97 regulamentou a referida norma constitucional definindo os crimes de tortura, enquanto a lei 12.847/2013 instituiu o *Sistema Nacional de Prevenção e Combate à Tortura* e criou o *Comitê Nacional de Prevenção e Combate à Tortura* e o *Mecanismo Nacional de Prevenção e Combate à Tortura*.

Sobre a ***tortura*** é importante registrar o *julgamento do STF sobre a recepção da Lei de Anistia (lei 6.683/79) pela CF/88*. Em apertada síntese, o caso refere-se ao julgamento da ADPF 153, proposta pelo Conselho Federal da OAB, que pretendia que fosse declarada não recepcionada a Lei de Anistia ou que fosse dada interpretação conforme à Constituição ao §1º, de seu art. 1º, de modo a declarar que a anistia concedida pela lei 6.683/79 aos crimes políticos ou conexos não se estende aos crimes comuns praticados pelos agentes da repressão contra opositores políticos, durante o regime militar, o que anularia o perdão dado aos militares e policiais acusados da prática de tortura no período compreendido entre 02 de setembro de 1961 e 15 de agosto de 1979. Ao julgar o caso, ***o STF, por 7x2, decidiu não ser possível a revisão judicial da Lei de Anistia, considerando-a recepcionada pela CF/88***, expressando o entendimento de que *"a Constituição não afeta leis-medida que a tenham precedido"*.

Com as devidas vênias ao Supremo Tribunal Federal, a nosso ver, nesse caso ***o tribunal cometeu um erro gravíssimo, julgando de forma contrária à Constituição*** e submetendo a Constituição à lei, desconsiderando por completo a supremacia da Constituição e sua força normativa, além de usar-se de justificativas que vão na contramão de tudo o que o tribunal já expressou sobre as características do Poder Constituinte Originário. Infelizmente, parece-nos que o STF se amedrontou diante de "forças obscuras" e não teve coragem de cumprir a Constituição e punir os torturadores. Nesse sentido, em decisão proferida no final do ano de 2010, no caso *Gomes Lund e outros versus Brasil*, ***a Corte Interamericana de Direitos Humanos*** afirmou que a interpretação exarada pelo STF não poderia continuar sendo "um obstáculo para a persecução penal das graves violações de direitos humanos que constituam crimes contra a humanidade" cometidos pelos agentes públicos brasileiros da época, considerando o Brasil responsável pelo desaparecimento forçado de 62 pessoas na Guerrilha do Araguaia, entre 1972 e 1974, durante o regime militar, determinando que o governo brasileiro investigasse penalmente os fatos por meio da justiça ordinária e punisse os responsáveis, por considerar que as disposições da Lei de Anistia que impedem a investigação e sanção de graves violações de direitos humanos são incompatíveis com a Convenção Americana de Direitos Humanos e, por isso, carecem de efeitos jurídicos já que o Brasil é signatário do referido tratado internacional.

18. SILVA, José Afonso da. Comentário Contextual à Constituição. 9 ed. São Paulo: Malheiros, 2014, p. 90.

3.6 Direito à integridade física e psíquica

Não há dúvidas de que nosso sistema constitucional assegura o direito fundamental à integridade física e psíquica da pessoa humana, como forma de proteção ao próprio direito à vida, conferindo-lhe uma proteção ampla. Afinal, como bem anota José Afonso da Silva, "*agredir o corpo humano é um modo de agredir a vida, pois esta se realiza nele. A integridade físico-corporal constitui, por isso, um bem vital e revela um direito fundamental da pessoa. Daí por que as lesões corporais são punidas pela legislação penal*".[19]

Em razão da proteção constitucional da integridade física e psíquica da pessoa humana, emerge uma ***discussão sobre a (i)licitude da disposição do próprio corpo pelo indivíduo***, por meio da alienação (onerosa ou gratuita) de órgãos ou membros. Nesse sentido, dispõe o § 4º, do art. 199, da CF/88, que "*a lei disporá sobre as condições e os requisitos que facilitem a remoção de órgãos, tecidos e substâncias humanas para fins de transplante, pesquisa e tratamento, bem como a coleta, processamento e transfusão de sangue e seus derivados, sendo vedado todo tipo de comercialização*", só podendo ser realizada, então, à ***título gratuito***.

Em relação à ***alienação em vida***, de acordo com o *caput* do art. 9º da lei 9.434/97, pode-se afirmar que é permitida à pessoa juridicamente capaz dispor gratuitamente de tecidos, órgãos e partes do próprio corpo vivo, para fins terapêuticos ou para transplantes em cônjuge ou parentes consanguíneos até o quarto grau, ou em qualquer outra pessoa, mediante autorização judicial, dispensada esta em relação à medula óssea. Contudo, nos termos do §3º, do art. 9º, da lei 9.434/97, só é permitida a doação quando se tratar de órgãos duplos, de partes de órgãos, tecidos ou partes do corpo cuja retirada não impeça o organismo do doador de continuar vivendo sem risco para a sua integridade e não represente grave comprometimento de suas aptidões vitais e saúde mental e não cause mutilação ou deformação inaceitável, e corresponda a uma necessidade terapêutica comprovadamente indispensável à pessoa receptora.

Já em relação à ***alienação post mortem***, de acordo com o art. 4º, da lei 9.434/97, pode-se afirmar que a retirada de tecidos, órgãos e partes do corpo de pessoas falecidas para transplantes ou outra finalidade terapêutica, dependerá da autorização do cônjuge ou parente, maior de idade, obedecida a linha sucessória, reta ou colateral, até o segundo grau inclusive, firmada em documento subscrito por duas testemunhas presentes à verificação da morte, sendo que, se tratar-se de pessoa juridicamente incapaz, nos termos do art. 5º, da lei 9.434/97, poderá ser feita desde que permitida expressamente por ambos os pais, ou por seus responsáveis legais. Porém, conforme o art. 3º da lei 9.434/97, a retirada *post mortem* de tecidos, órgãos ou partes do corpo humano destinados a transplante ou tratamento ***deverá ser precedida de diagnóstico de morte encefálica***, constatada e registrada por dois médicos não participantes das equipes de remoção e transplante, mediante a utilização de critérios clínicos e tecnológicos definidos em resolução do Conselho Federal de Medicina.

4. DIREITO À LIBERDADE

A noção de que o ser humano é livre e possui um direito inato de dirigir sua própria vida em conformidade com suas próprias compreensões do mundo remonta aos mais variados textos teológicos, filosóficos e político-jurídicos.

No ***âmbito religioso***, pode-se exemplificar com o ***monoteísmo judaico-cristão***, no qual o direito à liberdade encontra-se consagrado na noção de ***livre arbítrio***, que consiste no

19. Ibidem, p. 89.

direito do homem de realizar suas próprias escolhas existenciais, determinando os rumos e os caminhos de sua vida, podendo escolher, inclusive, não seguir as "determinações de Deus", ou mesmo não acreditar em "Deus", em que pese a bíblia assevere que aqueles que não seguirem as "determinações de Deus", ou não acreditarem em "Deus" serão punidos após a morte, sendo lançados no "inferno".

No ***campo filosófico***, merece destaque a doutrina de ***Immanuel Kant***, segundo a qual a liberdade constitui o principal direito do indivíduo, sendo o único direito inato da pessoa. Para Kant, a liberdade é entendida como autonomia de vontade, uma autonomia que só o ser racional possui de realizar suas escolhas existenciais à luz de sua própria razão, sendo senhor de si mesmo (legislador de si mesmo), consistindo a autonomia no próprio fundamento da dignidade da natureza humana e de toda natureza racional. Contudo, segundo Kant, a liberdade encontra limites, estando submetida à lei, segundo a qual, os seres racionais jamais devem tratar-se a si mesmos ou a outros seres racionais meramente como meios, mas sempre, concomitantemente, como fins em si (aqui reside, segundo Kant, a condição suprema que limita a liberdade das ações de cada homem).[20] Assim, na filosofia kantiana, o direito desempenha papel fundamental na limitação do direito à liberdade mediante o conceito de legalidade, pois, por um lado, o direito demarca um amplo campo de licitude das mais variadas ações – um verdadeiro direito geral de liberdade –, e, por outro, delimita as condutas socialmente inaceitáveis, constituindo os ilícitos, que são puníveis pelo Estado.[21] Entretanto, a legitimidade dessa limitação da liberdade pelo Estado, passa pelo respeito àquilo que Kant chama de princípio universal do direito, segundo o qual "*é justa toda ação segundo a qual ou segundo cuja máxima a liberdade do arbítrio de cada um pode coexistir com a liberdade de qualquer um segundo uma lei universal*", de modo que a lei universal do direito é: "*age exteriormente de tal maneira que o livre uso de teu arbítrio possa coexistir com a liberdade de qualquer um segundo uma lei universal*".[22]

Ainda no ***campo filosófico***, é importante registrar a clássica lição sustentada por ***Benjamin Constant*** e ***Isaiah Berlin***, dentre outros, de que existiriam pelo menos ***duas concepções de liberdade***. Uma primeira concepção revela um ***status negativo da liberdade***, remetendo-nos as ideias dos filósofos modernos, como Hobbes e Locke (liberdade dos modernos), sendo compreendida como a ausência de constrangimento, um verdadeiro direito de não intervenção dirigido ao Estado, vedando-lhe que intervenha na liberdade das pessoas, de modo que a legitimidade das ações estatais reside na preservação do equilíbrio da liberdade dos mais variados membros da sociedade, só podendo o Estado utilizar-se do poder coercitivo para harmonizar e garantir a própria liberdade. Assim, a nosso ver, o Estado só pode proibir uma certa conduta (de forma legítima) se essa conduta ferir a liberdade ou os direitos fundamentais de outra pessoa, não podendo o Estado proibir condutas simplesmente porque são contra os costumes ou porque certas religiões acham isso errado, ou por qualquer outro motivo que não seja assegurar a convivência harmônica das liberdades e dos direitos fundamentais dos indivíduos. Uma segunda concepção revela um ***status positivo da liberdade***, remetendo-nos as ideias dos filósofos e até mesmo de governos antigos Locke (liberdade dos antigos), sendo compreendida como participação do indivíduo nas discussões políticas e na definição dos rumos da sociedade de que faz parte, estabelecendo verdadeiras liberdades políticas para o exercício da cidadania, tendo imperado, por exemplo, na Grécia Antiga,

20. KANT, Immanuel. Fundamentação da Metafísica dos Costumes. Lisboa: Edições 70, 2009, p. 73-84.
21. FERNANDES, Bernardo G. Curso de Direito Constitucional. 8 ed. Salvador: Juspodivm, 2016, p. 402.
22. KANT, Immanuel. Princípios Metafísicos da Doutrina do Direito. São Paulo: Martins Fontes, 2014, p. 35.

com destaque para a democracia Ateniense, na qual só era considerado cidadão aquele que participasse das discussões realizadas na ágora. Modernamente, essa concepção fora resgata por Rousseau e, atualmente, compreende, dentre outras liberdades positivas, o sufrágio universal, secreto e de igual valor para todos, o pluralismo político e cultural, a liberdade de criação e filiação a partidos políticos, as liberdades de reunião, associação e manifestação popular, a resistência civil etc.[23] Ademais, contemporaneamente, *essas duas concepções de liberdade são complementares, não havendo prioridade entre elas, sendo uma pressuposta da outra*, conforme demonstra Habermas.[24]

No ***âmbito político-jurídico***, a liberdade tem inspirado movimentos ao longo da história da sociedade humana, tendo sido consagrada em um sem número de documentos jurídicos, com especial reconhecimento pelos documentos constitucionais, desde a *Carta Magna Libertatium* (1215), passando pelas primeiras Constituições escritas do final do séc. XVIII, até os sistemas constitucionais contemporâneos, sendo reconhecida como um *direito fundamental* básico de nosso constitucionalismo, *previsto expressamente no caput do art. 5º, da Constituição brasileira de 1988*, enquanto um *direito geral de liberdade* que comporta tanto um *status* negativo, quanto um *status* positivo.

4.1 Liberdade de ação

O direito geral de liberdade previsto no *caput*, do art. 5º, da CF/88 é reforçado pelo reconhecimento expresso da liberdade de ação, que consagra o pensamento de que, em regra, a pessoa deve ser livre para agir ou deixar de agir, só podendo o Estado limitar esse direito mediante lei que se fundamente na proteção da liberdade ou de outros direitos fundamentais dos demais indivíduos.

Assim, nos termos do inciso II, do art. 5º, da CF/88, *"ninguém será obrigado a fazer ou deixar de fazer alguma coisa senão em virtude de lei"*, sendo que a lei, conforme já anotamos, só pode proibir uma certa conduta, de forma legítima, se essa conduta ferir a liberdade ou os direitos fundamentais de outra pessoa, não podendo o Estado proibir condutas simplesmente porque são contra os costumes, a fé, a ideologia, ou quaisquer outras visões pessoais do agente público ou da sociedade.

4.2 Liberdade de expressão e de manifestação do pensamento

A *liberdade de expressão e de manifestação do pensamento* consagra uma *ampla proteção constitucional* à liberdade da pessoa de manifestar e expressar o seu pensamento, englobando opiniões, comentários, convicções, avaliações, julgamentos, juízos de valor, análises técnicas e profissionais, bem como ***todo e qualquer tipo de mensagem passível de comunicação***, independentemente de seu valor ou desvalor ou mesmo de atender ao interesse público, ***albergando mensagens expressadas por toda e qualquer forma capaz de veicular o pensamento***, como a linguagem falada, escrita, gestual ou mesmo manifestada por expressões corporais etc., protegendo-se, ainda, ***o direito ao silêncio***, vez que não se pode obrigar o titular do direito à liberdade de expressão a se manifestar ou exprimir suas opiniões.[25]

---

23. Ibidem, idem.
24. HABERMAS, Jürgen. Direito e Democracia: entre facticidade e validade. 2 ed. Rio de Janeiro: Tempo Brasileiro, 2012.
25. FERNANDES, Bernardo G. Curso de Direito Constitucional. 8 ed. Salvador: Juspodivm, 2016, p. 403 e ss.

Nesses termos, ***a Constituição brasileira de 1988*** prevê, no inciso IV, do art. 5º, que "*é livre a manifestação do pensamento, sendo vedado o anonimato*", no inciso V, do art. 5º, que "*é assegurado o direito de resposta, proporcional ao agravo, além da indenização por dano material, moral ou à imagem*" e no inciso IX, do art. 5º, que "*é livre a expressão da atividade intelectual, artística, científica e de comunicação, independentemente de censura ou licença*", prevendo, ainda, em diversos outros dispositivos constitucionais, formas específicas de liberdade de expressão, como a expressão cultural, nos artigos 215 e 216, e a liberdade de transmissão e recepção de conhecimento, no art. 206, II e III, por exemplo.

É notório que a Constituição consagra uma ***liberdade geral de expressão e de manifestação do pensamento*** que, obviamente, *deve ser analisada à luz do caso concreto (de forma contextualizada)*, não sendo possível delimitar seus contornos de forma absoluta e prévia. Nesse sentido, insta destacar o paradigmático ***caso Gerald Thomas***. Em síntese: Gerald Thomas, na estreia de uma de suas peças, foi vaiado e ofendido pela plateia no final do evento. Como reação, Thomas exibiu as nádegas ao público. Em razão disso, acabou acusado criminalmente pela prática de ato obsceno. Assim, o STF acabou sendo chamado a enfrentar o caso no julgamento do HC 83.996/2004, vindo a concede-lo, deixando assente que *tendo em conta as circunstancias em que se deram os fatos – momento seguinte a uma apresentação teatral que tinha no próprio roteiro uma simulação de ato sexual, após manifestação desfavorável de um público adulto e às 2 horas da manhã –, entendeu-se atípica a conduta praticada pelo paciente, que, apesar de inadequada e deseducada, configuraria apenas demonstração de protesto ou reação contra o público, que estaria inserida no contexto da liberdade de expressão.*

Ademais, conforme defende a doutrina majoritária, a liberdade de expressão e de manifestação de pensamento ***não é absoluta***, pois não existem direitos absolutos, comportando, portanto, *restrições constitucionalmente legítimas fundadas na proteção de outros direitos e garantias fundamentais*. Assim, por exemplo, o direito à liberdade de expressão não abrange manifestações violentas do pensamento, nem manifestações que se caracterizem por desenvolver atividades e práticas ilícitas, como o antissemitismo e a apologia ao crime.[26]

4.2.1 A vedação ao anonimato na manifestação do pensamento

Como vimos, nos termos do inciso IV, do art. 5º, da CF/88, é vedado o anonimato na manifestação do pensamento, vez que é por meio do conhecimento da autoria que se fará possível o exercício do direito de resposta e a responsabilização cível e penal pela manifestação abusiva do pensamento (art. 5º, V, da CF/88), como as manifestações que configurem crimes contra a honra ou incitem o ódio, por exemplo.

Nos termos da jurisprudência do STF (HC 106.152; MS 24.369; HC 180.709 e outros), a vedação ao anonimato impede a utilização de ***denúncias anônimas*** ou de ***bilhetes apócrifos*** como fundamento para a instauração de inquéritos policiais ou como prova lícita em processos, assim como que sejam decretadas medidas invasivas como interceptações telefônicas, buscas e apreensões apenas com base em denúncias anônimas. Entretanto, a denúncia anônima e o bilhete apócrifo podem levar ao conhecimento das autoridades competentes fatos que devam ser apurados, devendo as autoridades, por dever de ofício, verificar a veracidade da informação. Em suma, a denúncia anônima e o bilhete apócrifo ***não podem ensejar a instauração de inquéritos policiais nem servir como meio lícito de pro-***

26. FERNANDES, Bernardo G. Curso de Direito Constitucional. 8 ed. Salvador: Juspodivm, 2016, p. 404.

va, contudo podem (e devem) ser apurados pelas autoridades competentes a fim de se verificar sua veracidade e, uma vez confirmada a veracidade dos fatos, deverá a autoridade tomar as devidas providências administrativas e judiciais. Assim, em âmbito penal, a averiguação da denúncia anônima e do bilhete apócrifo deve ter por finalidade *"viabilizar a ulterior instauração de procedimento penal em torno da autoria e da materialidade dos fatos reputados criminosos, desvinculando-se a investigação estatal (informatio delicti), desse modo, da delação formulada por autor desconhecido"*.

Por outro lado, ***é admissível a utilização da denúncia anônima e do bilhete apócrifo como prova quando tiverem sido produzidos pelo próprio acusado ou quando constituírem corpo de delito do crime***, como, por exemplo, bilhetes de pedido de resgate no caso do crime de extorsão mediante sequestro, ou cartas que configurem a prática de crime contra a honra, ameaça ou falsidade, conforme firmado pelo STF, dentre outros, no julgamento do Inq. 1.957, de relatoria do Min. Celso de Mello.

4.2.2 O direito de resposta

O direito de resposta é um *direito de reação contra o uso ilegítimo dos meios de comunicação no exercício da liberdade de expressão*, consistindo em verdadeiro desagravo.

O direito de resposta ou retificação do ofendido em ***matéria divulgada, publicada ou transmitida por veículo de comunicação social***, encontra-se regulamentado pela lei 13.188/2015, que considera matéria qualquer reportagem, nota ou notícia divulgada por veículo de comunicação social, independentemente do meio ou da plataforma de distribuição, publicação ou transmissão que utilize, cujo conteúdo atente, ainda que por equívoco de informação, contra a honra, a intimidade, a reputação, o conceito, o nome, a marca ou a imagem de pessoa física ou jurídica identificada ou passível de identificação, sendo excluídos da definição de matéria os comentários realizados por usuários da internet nas páginas eletrônicas dos veículos de comunicação social, (§§ 1º e 2º, do art. 2º, da lei 13.188/2015).

O direito de resposta ou retificação deve ser exercido no ***prazo decadencial de 60 (sessenta) dias***, contado da data de cada divulgação, publicação ou transmissão da matéria ofensiva, *mediante correspondência com aviso de recebimento* encaminhada diretamente ao veículo de comunicação social ou, inexistindo pessoa jurídica constituída, a quem por ele responda, independentemente de quem seja o responsável intelectual pelo agravo, sendo que no caso de *divulgação, publicação ou transmissão continuada e ininterrupta da mesma matéria ofensiva*, o prazo será contado da data em que se iniciou o agravo (art. 3º, *caput* e §3º, da lei 13.118/2015)

Nos termos da lei, o direito de resposta ou retificação ***pode ser exercido***, de forma individualizada, em face de todos os veículos de comunicação social que tenham divulgado, publicado, republicado, transmitido ou retransmitido o agravo original. Ademais, o direito de resposta ou retificação poderá ser exercido, também, conforme o caso: *i)* pelo representante legal do ofendido incapaz ou da pessoa jurídica; *ii)* pelo cônjuge, descendente, ascendente ou irmão do ofendido que esteja ausente do País ou tenha falecido depois do agravo, mas antes de decorrido o prazo de decadência do direito de resposta ou retificação (§§ 1º e 2º, do art. 3º, da lei 13.118/2015), tendo-se ainda que a ***retratação ou retificação espontânea***, ainda que a elas sejam conferidos os mesmos destaque, publicidade, periodicidade e dimensão do agravo, *não impedem o exercício do direito de resposta pelo ofendido nem prejudicam a ação de reparação por dano moral* (§3º, do art. 2º, da lei 13.188/2015).

Para além disso, diz a lei que ***a resposta ou retificação*** terá o destaque, a publicidade, a periodicidade e a dimensão da matéria que a ensejou, seja o agravo praticado em mídia escrita ou na internet, em mídia televisiva, ou em mídia radiofônica, sendo conferido ***proporcional alcance*** à divulgação da resposta ou retificação, podendo o ofendido requerer que a resposta ou retificação seja divulgada, publicada ou transmitida nos mesmos espaço, dia da semana e horário do agravo (art. 4º e §§, da lei 13.188/2015).

4.2.3 A criminalização da manifestação abusiva do pensamento

Conforme vimos, a manifestação abusiva do pensamento enseja responsabilização (art. 5º, V, da CF/88), inclusive de natureza penal. Assim, encontram-se criminalizadas a calúnia, a difamação e a injúria (arts. 138 a 145, CP), por constituírem ofensas ao direito fundamental à privacidade, vez que violam a honra de terceiros, bem como o racismo (lei 7.716/1989), a incitação ao crime (art. 286, CP) e a apologia de fato criminoso ou de autor de crime (art. 287, CP) etc.

4.2.4 Discurso de ódio e liberdade de expressão

O discurso de ódio (*hate speech*) pode ser conceituado como a *manifestação do pensamento que promove ou provoca o ódio, desprezo ou intolerância contra determinados grupos, em razão de preconceitos e discriminações* ligados à etnia, religião, raça, gênero, orientação sexual, deficiência física ou mental, identificação política, dentre outros fatores.[27]

Muitos se tem discutido nas cortes constitucionais de todo o mundo se o discurso de ódio está ou não legitimado e englobado pela proteção do direito fundamental à liberdade de expressão. No Brasil, parece-nos que seria ***impossível proibir previamente qualquer discurso***, de modo a estabelecer uma censura prévia, em razão do que dispõem o art. 5º, IV, V, IX e o art. 220, da CF/88. Nada obstante, uma vez proferido, caso ele configure-se como um discurso que promove ou provoca o ódio contra determinado grupo em razão de preconceitos e discriminações, qualquer um que se sinta ofendido, inclusive por meio de órgãos de representação coletiva e do Ministério Público, poderá questionar o discurso, em razão do igual respeito e consideração que todos são merecedores e que é devido pelo Estado aos cidadãos e pelos cidadãos entre si,[28] ***não estando o discurso de ódio protegido pela CF/88***, por ferir frontalmente a dignidade da pessoa humana em múltiplas dimensões, bem como os direitos fundamentais à liberdade, à igualdade, à privacidade, à honra e à própria noção de vida digna, dentre outros. Lembrando aqui uma emblemática lição de Ronald Dworkin, *"a tolerância é o preço que temos de pagar pela nossa aventura de liberdade"*.[29] Nesse sentido, decidiu o STF, no julgamento do HC 82.424/RS – o famoso *caso Ellwanger* – que manifestações antissemitas e racistas não estão protegidas pela liberdade de expressão, configurando crime de racismo.

Aqui é mister observarmos que *nem todo discurso contrário a certas práticas, fé, condutas, cultura, modo de vida, hábitos etc. de um determinado grupo configuram discurso de ódio*. É

27. SARMENTO, Daniel. A liberdade de expressão e o problema do "Hate Speech". In: SARMENTO, Daniel. Livres e Iguais. Rio de Janeiro: Lumen Juris, 2010, p. 208.
28. OMMATI, José Emílio Medauar. Liberdade de expressão e discurso de ódio na Constituição de 1988. 4 ed. Rio de Janeiro: Lumen Juris, 2019, p. 231.
29. DWORKIN, Ronald. O direito da liberdade: A leitura moral da Constituição norte-americana. São Paulo: Martins Fontes, 2006, p. 182.

necessário sempre avaliar o contexto e as circunstâncias do *caso concreto* para identificar se o discurso é apenas a manifestação de um pensamento contrário que por mais de seja oposto não provoca ou promove o ódio contra aquele grupo ou se realmente se trata de um discurso de ódio. Imaginemos um primeiro exemplo em que um determinado pastor afirme durante um culto em sua igreja que "quem tem relações homoafetivas irá para o inferno, pois isso é abominável aos olhos de Deus, conforme diz o seu livro sagrado". Agora, imaginemos um segundo exemplo em que esse mesmo pastor, em uma praça pública, durante horário comercial, comece a gritar e repetir a todos que passam que "quem tem relações homoafetivas irá para o inferno, pois isso é abominável aos olhos de Deus, conforme diz o seu livro sagrado". Por fim, imaginemos um terceiro exemplo em que esse mesmo pastor, durante outro culto em sua igreja, afirme que "quem tem relações homoafetivas irá para o inferno, pois isso é abominável aos olhos de Deus, conforme diz o seu livro sagrado, e que, por isso, os fiéis devem combater os homossexuais, até que eles deixem de existir". Ora, a nosso ver, no primeiro exemplo, o pastor apenas fez uso de sua liberdade de expressão na prática de sua liberdade religiosa, dialogando com aqueles que compartilham de sua fé, em um local privado dessas pessoas, sobre o que é lícito ou não de acordo com seus dogmas religiosos, não vindo a ofender ninguém, nem a promover ou provocar o ódio. Já no segundo exemplo, por estar em um local público em que passam diversas pessoas, inclusive pessoas homoafetivas, o discurso do pastor acaba por ser ofensivo, vindo a provocar o ódio entre diferentes, alimentando situações de desrespeito, desconsideração, ofensas e, até mesmo violência, configurando-se como discurso de ódio. Por último, no terceiro exemplo, embora o pastor estivesse dialogando com aqueles que compartilham de sua fé, em um local privado dessas pessoas, sobre o que é lícito ou não de acordo com seus dogmas religiosos, acabou por extrapolar os limites da liberdade religiosa quando afirmou que "os fiéis devem combater os homossexuais, até que eles deixem de existir", pois esse discurso claramente promove o ódio contra as pessoas homoafetivas, conduzindo a situações de desrespeito, desconsideração, ofensas e, até mesmo violência, configurando-se como discurso de ódio pelo uso de palavras belicosas (*fighting words*).

4.2.5 A vedação da censura e a desnecessidade de licença para a manifestação do pensamento

O art. 5º, IX, deixa claro que "*é livre a expressão da atividade intelectual, artística, científica e de comunicação, independentemente de censura ou licença*", isto é, ***a manifestação do pensamento não pode sofrer censura e sequer se pode exigir licença para o seu exercício***. Sem dúvidas, esse é um direito muito caro em nossa história constitucional, vez que nos tempos sombrios de nossas ditaduras a censura imperou das formas mais abusivas, imorais e violentas possíveis e os que a desafiaram pagaram com sua liberdade, com sua integridade física e moral e, em alguns casos, com a própria vida.[30] Assim, a referida liberdade dirige-se, sobretudo, ao Estado, proibindo-o de censurar discursos desaprovados pelo governo ou estabelecer sanções aos que discordam de seus atos ou mesmo de opiniões amplamente aceitas pela sociedade. Ainda que haja significativo risco de um certo discurso causar danos ou gerar perigo, não se pode censurar previamente esse discurso, mas apenas responsabilizar aquele que o proferiu quando o discurso ensejar responsabilidade civil ou criminal. Nada obstante, vale lembrar que segundo a doutrina majoritária e a jurisprudência do STF, ***não há direitos***

30. SARMENTO, Daniel. A liberdade de expressão e o problema do "Hate Speech". In: SARMENTO, Daniel. Livres e Iguais. Rio de Janeiro: Lumen Juris, 2010, p. 207.

absolutos, podendo vislumbrar-se ***restrições constitucionalmente legitimas*** à liberdade de manifestação que configurem certa censura prévia, como uma ordem de proibição de que se publique e coloque a venda uma certa cartilha infantil que ensine crianças a serem racistas, pregando a supremacia de uma raça sobre outra e a separação entre raças, por exemplo.

4.2.6 Biografias não autorizadas e liberdade de expressão

É necessária a autorização prévia para a publicação de biografias não autorizadas? O STF, no julgamento da ADI 4.815, enfrentou a temática e, por unanimidade de votos, julgou procedente o pedido formulado na ação direta para dar interpretação conforme à Constituição aos artigos 20 e 21 do Código Civil, sem redução de texto, para, em consonância com os direitos fundamentais à liberdade de pensamento e de sua expressão, de criação artística, produção científica, declarar ***inexigível o consentimento de pessoa biografada*** relativamente a obras biográficas literárias ou audiovisuais, sendo por igual desnecessária autorização de pessoas retratadas como coadjuvantes (ou de seus familiares, em caso de pessoas falecidas), por configurar censura prévia, o que é vedado pela CF/88. Nada obstante, o STF deixou assente que se houver abuso do direito à liberdade de expressão com a violação da honra da pessoa biografada, esta poderá pedir, dentre outras medidas que se fizerem necessárias, a reparação dos danos materiais e morais, a correção das informações falsas ou erradas que tiverem sido veiculadas, o direito de resposta e a responsabilização penal do autor, quando couber.

4.2.7 Mensagens falsas e liberdade de expressão e de informação

Em tempos de pós-verdades, nos quais predominam as *fakenews* disseminadas especialmente pelas mídias sociais e por aplicativos de conversas,[31] a verdade se tornou algo quase utópico no Brasil, chegando ao ponto de nos fazer regressar a discussões como "terra plana", "validade do geocentrismo", dentre outras bobagens superadas há séculos atrás, pois o guru intelectual do presidente da república eleito para o mandato de 2019 a 2022 é defensor dessas e outras ideias similares e mais absurdas, como, por exemplo, da tese de que "a Pepsi usa células de fetos abortados como adoçante", de que se deve ensinar o "criacionismo" nas escolas, sem falar as críticas sem quaisquer fundamentações ou conhecimento à teoria da relatividade de Einstein e à Niels Bohr, a quem chama de charlatão.

Nesse cenário caótico o questionamento aqui levantado é de grande relevância: somente a mensagem verdadeira está protegida pela liberdade de expressão e de informação ou essa proteção normativa também engloba a mensagem falsa? Fundado nos princípios gerais do direito da boa-fé, da lealdade, da honestidade, e da função social da liberdade de informação, tem-se que ***a mensagem falsa não está protegida pela liberdade de expressão e de informação***, pois conduz a uma pseudoformação de opinião, lesando o sistema jurídico de forma frontal.[32]

4.2.8 Charges políticas, humor durante o processo eleitoral e a liberdade de expressão

Nos termos do art. 45, da lei 9.504/1997, a chamada Lei das Eleições, é vedado às emissoras de rádio e televisão, em sua programação normal e noticiário, a partir de 1º de

31. D'ANCONA, Matthew. Pós-verdade: a nova guerra contra os fatos em tempos de *fakenews*. Barueri: Faro Editorial, 2018.
32. HESSE, Konrad. Elementos de Direito Constitucional da República Federal da Alemanha. Porto Alegre: Sergio Antonio Fabris Editor, 1998, p. 304.

julho do ano da eleição: "II – usar trucagem, montagem ou outro recurso de áudio ou vídeo que, de qualquer forma, degradem ou ridicularizem candidato, partido ou coligação, ou produzir ou veicular programa com esse efeito"; "III – veicular propaganda política ou difundir opinião favorável ou contrária a candidato, partido, coligação, a seus órgãos ou representantes", sendo que os §§ 4º e 5º explicam o que se entende, respectivamente, por trucagem e por montagem.

Os citados dispositivos foram objetos da ADI 4.451/DF, no Supremo Tribunal Federal, vindo a Corte, por unanimidade, em julgamento realizado no ano de 2018, a confirmar a medida cautelar concedida em 2010 e julgar procedente o pedido formulado na ADI, para declarar a inconstitucionalidade do inciso II, da segunda parte do inciso III e, por arrastamento, dos §§ 4º e 5º, todos do artigo 45 da Lei 9.504/1997, afastando as vedações legais impostas às emissoras de rádio e televisão de veicular programas de humor envolvendo candidatos, partidos e coligações nos três meses anteriores ao pleito, como forma de evitar que sejam ridicularizados ou satirizados. Nesses termos, pode-se afirmar que *as charges políticas e o uso do humor com os candidatos durante o processo eleitoral estão protegidos pela liberdade de expressão.*

4.2.9 As limitações à liberdade de expressão da Lei Geral da Copa

A lei 12.663/2012, conhecida como Lei Geral da Copa, estabeleceu, ao longo dos incisos de seu art. 28, algumas restrições à liberdade de expressão e de manifestação do pensamento nos locais oficiais da Copa do Mundo da FIFA 2014, afirmando no §1º, do referido dispositivo *que "é ressalvado o direito constitucional ao livre exercício de manifestação e à plena liberdade de expressão em defesa da dignidade da pessoa humana"*, o que deixava clara a possibilidade de restrições à liberdade de expressão e de manifestação nos locais oficiais do evento esportivo, excepcionando somente as manifestações que ocorressem em defesa da dignidade da pessoa humana.

O Supremo Tribunal Federal foi chamado a julgar, na ADI 5136, a constitucionalidade do §1º, do art. 28, da lei 12.663/2012, *vindo, por maioria, a declarar a constitucionalidade do referido dispositivo*, fundamentando-se, sobretudo, no fato do direito à liberdade de expressão e manifestação do pensamento nãos ser absoluto e comportar restrições, sendo que as condutas descritas exemplificativamente no rol do art. 28 direcionavam-se a torcedores de comportamento deseducado e contrário a boa convivência, além de em sua maioria já serem vedadas pela lei 10.671/2003 (Estatuto do Torcedor), salientando, contudo, que seria vedada qualquer espécie de censura injustificada e desproporcional.

Com todas as vênias ao tribunal, mas *parece-nos que a decisão tomada pelo STF no julgamento da ADI 5.136 foi claramente inconstitucional*, não pelo fato de lei restringir direitos fundamentais, pois isso é algo legítimo no constitucionalismo brasileiro, desde que feito com fundamento em outros direitos fundamentais, mas sim *pelo fato de que a legislação se valeu de conceito indeterminado* excludente de outros temas, *criando uma verdadeira cláusula geral de proibição de manifestação* excetuadas as que fossem feitas em defesa da dignidade da pessoa humana, o que teve notório caráter político na tentativa de proibir e reprimir de forma velada manifestações de natureza política. Ora, nos termos da Constituição brasileira de 1988, como regra deve-se privilegiar a liberdade de expressão e somente de forma excepcional é que se pode restringi-la, de modo que a legislação não poderia inverter esse raciocínio, conforme o fez o §1º, do art. 28, da lei 12.663/2012, o que o torna absolutamente inconstitucional.

4.2.10 Dossiês contra agentes públicos que aderiram ao movimento antifascista

Em 2020, vivemos no Brasil a ascensão de um grande movimento nacional antifascista, tendo como foco a denúncia e o combate de atos fascistas[33] do então Presidente Jair Bolsonaro e de membros de seu governo, especialmente relacionados ao racismo, à xenofobia, ao machismo e à homotransfobia, bem como às diversas tentativas de tolher a liberdade de expressão, sobretudo, quanto a denúncias de corrupção contra familiares do Presidente.

Em face disso, o Ministério da Justiça e Segurança Pública (MJSP) passou a investigar os agentes públicos que aderiram ao movimento antifascista (quando, na verdade, deveria ter investigado os atos fascistas do governo), sobretudo contra professores e policiais, elaborando dossiês sigilosos contra eles.

Essa investigação e esses dossiês tiveram sua constitucionalidade questionada perante o STF (STF, ADPF 722-MC), que deferiu medida cautelar para suspender todo e qualquer ato do MJSP de produção ou compartilhamento de informações sobre a vida pessoal, as escolhas pessoais e políticas, as práticas cívicas de cidadãos, agentes públicos federais, estaduais e municipais identificados como integrantes de movimento político antifascista, professores universitários e quaisquer outros que, atuando nos limites da legalidade, exerçam seus direitos de livremente expressar-se, reunir-se e associar-se.

4.2.11 Liberdade de expressão e restrição à difusão de produto audiovisual em plataforma de "streaming" – o caso "Especial de Natal Porta dos Fundos: a primeira tentação de Cristo"

Em dezembro de 2019 a Netflix lançou um Especial de Natal do programa humorístico Porta dos Fundos intitulado de "A primeira tentação de Cristo". Parte da comunidade cristã brasileira revoltou-se com o filme, sobretudo, em razão do fato de Jesus ser retratado como gay na sátira.

Assim, após o seu lançamento, a Associação Centro Dom Bosco de Fé e Cultura ajuizou ação civil pública visando à proibição da veiculação do vídeo e a condenação da produtora e da plataforma ao pagamento de indenização por danos morais, com a alegação de ofensa à honra e à dignidade "de milhões de católicos brasileiros".

O pedido foi indeferido pelo juízo da 16ª Vara Cível do Rio de Janeiro e pelo desembargador plantonista do TJ-RJ, que, no entanto, determinou a inserção, no início do filme e nos anúncios sobre ele, de aviso de que se tratava de "sátira que envolve valores caros e sagrados da fé cristã". Posteriormente, em outra decisão monocrática, foi determinada a retirada do vídeo pelo relator do recurso no TJ-RJ, com o argumento, entre outros, de que a medida seria conveniente para "acalmar ânimos".

Em razão disso, a Netflix interpôs Reclamação Constitucional perante o STF e, em janeiro de 2020, no recesso forense, o Ministro Dias Toffoli, no exercício da presidência do Supremo Tribunal Federal, suspendeu as duas decisões do TJ-RJ. Posteriormente, em novembro de 2020, a Segunda Turma do STF, por unanimidade, julgou procedente a Reclamação e cassou as decisões do TJ-RJ.[34]

33. Aqui vale lembrar que o fascismo se caracteriza como um movimento que defende: o Estado Totalitário; o Autoritarismo; o Nacionalismo; o antiliberalismo; o expansionismo; o Militarismo; o anticomunismo e antissocialismo; o corporativismo; a hierarquização da sociedade; e a supremacia racial.
34. STF, Rcl. 38.782, Rel. Min. Gilmar Mendes.

Nessa decisão, destacou o STF que retirar de circulação produto audiovisual disponibilizado em plataforma de "streaming" apenas porque seu conteúdo desagrada parcela da população, ainda que majoritária, não encontra fundamento em uma sociedade democrática e pluralista como a brasileira. Por se tratar de conteúdo veiculado em plataforma de transmissão particular, na qual o acesso é voluntário e controlado pelo próprio usuário, é possível optar-se por não assistir ao conteúdo disponibilizado, bem como é viável decidir-se pelo cancelamento da assinatura contratada. Além disso, destacou a importância da liberdade de circulação de ideias e o fato de que deve ser assegurada à sociedade brasileira, na medida do possível, o livre debate sobre todas as temáticas, permitindo-se que cada indivíduo forme suas próprias convicções, a partir de informações que escolha obter, havendo diversas formas de indicar descontentamento com determinada opinião e de manifestar-se contra ideais com os quais não se concorda – o que, em verdade, nada mais é do que a dinâmica do chamado "mercado livre de ideias", de modo que, a censura, com a definição de qual conteúdo pode ou não ser divulgado, deve-se dar em situações excepcionais, para que seja evitada, inclusive, a ocorrência de verdadeira imposição de determinada visão de mundo.

4.3 Liberdade de consciência, de crença e de culto

Os direitos de liberdade de consciência, de crença e de culto, positivados nos *incisos VI, VII e VIII, do art. 5º, da CF/88*, exigem do Estado uma posição neutra, independente e laica diante da pluralidade de religiões e concepções filosóficas existentes, conferindo aos cidadãos ampla liberdade para aderir ou não a valores religiosos, espirituais, morais, políticos e filosóficos.

É válido lembrar que ***a Constituição Imperial de 1824*** instituiu um ***Estado confessional*** no Brasil em pleno séc. XIX e na contramão da modernidade estabeleceu uma espúria relação entre a Igreja Católica e o Estado brasileiro, com claros privilégios aos católicos e limitações aos que professassem outras fés, como, por exemplo, em seu art. 95, III, que afirmava que todos os que pudessem ser eleitores poderiam ser deputados, exceto os que não professarem a religião do Estado.

A separação entre Estado e Igreja, no Brasil, só ocorreu com a instituição da República (1889), consagrando-se a ***laicidade do Estado*** na ***Constituição brasileira de 1891*** e, desde então, assim tem-se mantido nas demais Constituições que a sucederam.

O ***Estado laico, secular ou não confessional*** deve ser compreendido como aquele que permite, respeita, protege e trata de forma igual todas as religiões, fés e compreensões filosóficas da vida, inclusive a não religião e as posições que negam a existência de quaisquer divindades ou seres sobrenaturais, como o ateísmo. Ademais, o Estado laico deve, ainda, abster-se de ter relações econômicas, de incentivo, de ensino e quaisquer outras que impliquem na divulgação, estímulo, subvenção e ajuda financeira às entidades religiosas, como, por exemplo, construção e reforma de templos religiosos, destinação de verba para realização de eventos religiosos, doação de terreno público ou compra de terreno para entidades religiosas, sob pena de ferir de morte o princípio da igualdade de tratamento que se deve dar às religiões e o princípio republicano, vez que quem deve sustentar os encontros e templos religiosos são aqueles que compartilham daquela fé e não o dinheiro público.

4.3.1 Liberdade de consciência

Consagrado no inciso VI, do art. 5º, da CF/88, que afirma que *"é inviolável a liberdade de consciência"*, este direito implica uma noção de ***liberdade de convicção, pensamento e***

escolhas existenciais mais ampla do que a liberdade religiosa ou de crença, vez que assegura a autonomia de vontade e a autonomia moral do sujeito em escolher, pensar e formar juízos de valor sobre as mais variadas questões existenciais, seja sobre si ou sobre o mundo, não podendo o Estado lhe impor visões ou pensamentos de quaisquer ordens (filosóficas, políticas, religiosas etc.).[35]

4.3.2 Liberdade de crença e de culto

As liberdades de crença e de culto estão consagradas, também, no inciso VI, do art. 5º, da CF/88, que afirma em sua completude que *"é inviolável a liberdade* de consciência e *de crença, sendo assegurado o livre exercício dos cultos religiosos e garantida, na forma da lei, a proteção aos locais de culto e a suas liturgias"*.

A ***liberdade de crença*** é um direito mais amplo que a liberdade religiosa, pois ***engloba o ateísmo e agnosticismo***, referindo-se a autonomia do sujeito de professar ou não uma crença religiosa. Em que pese a existência de vozes dissonantes, vale destacar que este direito só fora reconhecido em nosso constitucionalismo a partir da Constituição brasileira de 1891, que consagrou o Estado laico e a igual proteção a todas as religiões.

A ***liberdade de culto*** é um direito que consagra a autonomia privada das organizações religiosas, bem como o respeito e a igual proteção por parte do Estado e da sociedade aos cultos, cerimônias, liturgias, reuniões, hábitos, tradições e práticas das mais variadas religiões existentes. Nesse sentido, o art. 208, do Código Penal define como crime o escarnecimento público de pessoa por motivo de crença ou função religiosa, o impedimento ou perturbação de cerimônia ou prática de culto religioso e o vilipêndio público de ato ou objeto de culto religioso, puníveis com pena de detenção, de um mês a um ano, ou multa. Ademais, nos termos, do art. 19, I, da CF/88, vale dizer que é vedado ao Estado estabelecer cultos religiosos ou igrejas, subvencioná-los, embaraçar-lhes o funcionamento ou manter com eles ou seus representantes relações de dependência ou aliança, ressalvada, na forma da lei, a colaboração de interesse público.

4.3.3 Escusa de consciência

Nos termos do art. 5º, VIII, da CF/88, *"ninguém será privado de direitos por motivo de crença religiosa ou de convicção filosófica ou política, salvo se as invocar para eximir-se de obrigação legal a todos imposta e recusar-se a cumprir prestação alternativa, fixada em lei"*.

O *direito fundamental à escusa de consciência*, ou objeção de consciência, impede que o indivíduo seja penalizado com a privação de seus direitos pelo fato de não cumprir obrigações legais que atentem contra suas convicções religiosas, políticas ou filosóficas, desde que ele cumpra uma prestação alternativa prevista em lei.

E se o indivíduo se recusar a cumprir obrigação legal a todos imposta ou prestação alternativa? Nesse caso, nos termos do art. 15, IV, da CF/88, haverá a suspensão dos direitos políticos daquele que se recursar a cumprir obrigação legal a todos imposta que não atente contra suas convicções religiosas, políticas ou filosófica, bem como daquele que se recursar a cumprir a cumprir prestação alternativa caso se configure a escusa de consciência, nos termos do art. 5º, VIII, da CF/88.

35. FERNANDES, Bernardo G. Curso de Direito Constitucional. 8 ed. Salvador: Juspodivm, 2016, p. 417.

E se não houver lei que fixe prestação alternativa? Nesse caso, por força da aplicabilidade imediata dos direitos fundamentais (art. 5º, §1º, da CF/88), o indivíduo não ficará prejudicado quanto ao direito à escusa de consciência em face da inércia e ineficiência do legislador, não podendo ser privado de qualquer de seus direitos em razão de recusar-se a cumprir obrigações legais que atentem contra suas convicções religiosas, políticas ou filosóficas.

A Constituição estabelece, ainda, de forma específica, a ***escusa de consciência em caso de serviço militar obrigatório***, afirmando o §1º, do art. 143, da CF/88, que *"às Forças Armadas compete, na forma da lei, atribuir serviço alternativo aos que, em tempo de paz, após alistados, alegarem imperativo de consciência, entendendo-se como tal o decorrente de crença religiosa e de convicção filosófica ou política, para se eximirem de atividades de caráter essencialmente militar"* e o § 2º, do mesmo dispositivo, que *"as mulheres e os eclesiásticos ficam isentos do serviço militar obrigatório em tempo de paz, sujeitos, porém, a outros encargos que a lei lhes atribuir"*. Nesse caso, é a lei 8.239/1991 que regulamenta a prestação de serviço alternativo ao serviço militar obrigatório. Assim, por ***exemplo***, aquele que tem como filosofia de vida o pacifismo ou como fé o cristianismo puro e que, portanto, acredita que não deve portar ou manusear armas nem ferir o próximo, não será obrigado a cumprir o serviço militar obrigatório, devendo, contudo, cumprir serviço alternativo, na forma da lei 8.239/1991.

Para além disso, vale registrar que existem ***outras obrigações legais*** que podem conflitar com as convicções religiosas, políticas ou filosóficas do indivíduo, casos que ensejarão o direito à escusa de consciência. Como ***exemplo***, podemos citar o art. 438, *caput* e §§, do Código de Processo Penal, que afirma que a recusa ao ***serviço do júri*** fundada em convicção religiosa, filosófica ou política importará no dever de prestar serviço alternativo, sob pena de suspensão dos direitos políticos, enquanto não prestar o serviço imposto, entendendo-se por serviço alternativo o exercício de atividades de caráter administrativo, assistencial, filantrópico ou mesmo produtivo, no Poder Judiciário, na Defensoria Pública, no Ministério Público ou em entidade conveniada para esses fins, ficando a cargo do juiz a fixação do serviço alternativo, atendendo aos princípios da proporcionalidade e da razoabilidade.

Por fim, tendo como fundamento o direito à escusa de consciência, é mister destacarmos os seguintes ***posicionamentos do Supremo Tribunal Federal:***

1) É possível a *realização de etapas de concurso público em datas e horários distintos dos previstos em edital*, por candidato que invoca escusa de consciência por motivo de crença religiosa, desde que presentes a razoabilidade da alteração, a preservação da igualdade entre todos os candidatos e que não acarrete ônus desproporcional à Administração Pública, que deverá decidir de maneira fundamentada.[36]

2) É possível à Administração Pública, inclusive durante o *estágio probatório*, estabelecer *critérios alternativos para o regular exercício dos deveres funcionais inerentes aos cargos públicos*, em face de *servidores que invocam escusa de consciência por motivos de crença religiosa*, desde que presentes a razoabilidade da alteração, não se caracterize o desvirtuamento do exercício de suas funções e não acarrete ônus desproporcional à Administração Pública, que deverá decidir de maneira fundamentada.[37]

36. STF, RE 611.874, Rel. Min. Dias Toffoli, red. p/ o ac. Min. Edson Fachin.
37. ARE 1.099.099, Rel. Min. Edson Fachin.

4.3.4 O direito à prestação de assistência religiosa

Nos termos do inciso VII, do art. 5º, da CF/88, *"é assegurada, nos termos da lei, a prestação de assistência religiosa nas entidades civis e militares de internação coletiva"*. Trata-se de direito fundamental. Assim, assegura-se o direito à prestação de assistência religiosa pelos adeptos de qualquer religião àqueles que estiverem internados em entidades civis e militares de internação coletiva (hospitais, estabelecimentos prisionais, centros de recuperação de usuários de drogas etc.) e que quiserem receber essa assistência, isto é, há a necessidade de concordância do interno ou de sua família, caso não esteja mais no pleno gozo de suas faculdades mentais. Ademais, este direito deve ser exercido respeitando as determinações legais e as normativas internas das instituições de internação coletiva (desde que não sejam inconstitucionais ou abusivas) com forma de garantir a segurança do interno e do ambiente.

4.3.5 Imunidade tributária religiosa

O art. 150, VI, "b", da CF/88, institui a chamada imunidade tributária religiosa (ou simplesmente imunidade religiosa), estabelecendo que "é vedado à União, aos Estados, ao Distrito Federal e aos Municípios instituir impostos sobre templos de qualquer culto", sendo que essa vedação compreende somente o patrimônio, a renda e os serviços, relacionados com as finalidades essenciais da entidade, nos termos do art. 150, § 4º, CF/88.

É importante observar que ***a imunidade religiosa se refere exclusivamente a impostos*** e não a todas as espécies de tributos, devendo, ainda, o patrimônio, a renda ou o serviço a ser imunizado estar vinculado à finalidade essencial da entidade.

Ademais, vale registrar que ***o STF tem dado interpretação bastante ampliativa à expressão "finalidades essenciais"***, considerando imunes: imóveis alugados, lotes vagos, prédios comerciais e cemitérios de entidades religiosas, desde que os rendimentos sejam aplicados nas finalidades essenciais.

Por fim, é importante dizer que ***a maçonaria não possui imunidade tributária religiosa***, conforme decisão unanime do STF no RE 562.351, de relatoria do Min. Ricardo Lewandowski, por não se caracterizar como uma organização religiosa.

4.3.6 Ensino religioso nas escolas

O §1º, do art. 210, da CF/88 instituiu o ensino religioso como disciplina dos horários normais das ***escolas públicas*** do ensino fundamental, sendo, contudo, de matrícula facultativa e encontrando-se regulamentado pela lei 9.394/96 (Lei de Diretrizes e Bases da Educação). Sem dúvida alguma, essa foi uma opção constitucional que extrapolou as matérias de Constituição (trata-se de norma constitucional meramente formal) e que acabou por colocar o país a andar para trás na educação. A verdade é que temos um ensino público que possui diversos problemas e deficiências e, com certeza, o ensino da religião não irá elevar nosso nível e qualidade educacionais e muito menos nos colocar em um patamar elevado de desenvolvimento científico e pesquisas inovadoras.

Para além disso, no julgamento da ADI 4.439, que tinha por objeto o art. 33, *caput* e §§ 1º e 2º, da lei 9.394/96, e o art. 11, §1º, do acordo firmado entre o Brasil e a Santa Fé, aprovado pelo decreto legislativo 698/2009 e promulgado pelo decreto 7.107/2010, ***o Supremo Tribunal Federal, por 6x5***, julgou improcedente o pedido de inconstitucionalidade formulado pela Procuradoria Geral da República e ***declarou ser constitucional o ensino***

de natureza confessional na rede pública de ensino, o que, a nosso ver, fere frontalmente os princípios republicano (que inadmite o uso da coisa pública para fins privados ou de entidades privadas, como as religiosas), do Estado laico (que exige separação entre Estado e religião) e da liberdade religiosa (que exige tratamento isonômico do Estado com todas as religiões), dentre outros, o que faz dessa decisão um marco lastimável em nossa história constitucional. Nada obstante, dos votos dos Ministros é possível extrair alguns ***parâmetros a serem observados no ensino de natureza confessional na rede pública***, destacando-se:

i) a matrícula deve ser facultativa e não pode ser automática, exigindo-se manifestação de vontade para que seja incluído na matéria, podendo o aluno, ainda, se desligar a qualquer tempo;

ii) deve ser respeitada a pluralidade e a diversidade cultural do país;

iii) é vedada qualquer forma de proselitismo;

iv) os alunos que não optarem por cursar a disciplina de ensino religioso deverão ter alternativas pedagógicas de modo a atingirem a carga mínimo anual de 800 horas, exigida pela lei 9.394/96;

v) o ensino religioso deve ser ministrado em aula específica, vedado o ensino transversal da matéria.

Quanto ao ***ensino religioso por instituições educacionais privadas***, há um consenso geral dos constitucionalistas,[38] ao qual nos filiamos, de que ele *pode ser confessional, interconfessional ou não confessional*, de acordo com as opções feitas pela própria escola, já que se trata de uma instituição privada, que goza da autonomia privada e que pode se dedicar a finalidades de cunho privado. Contudo, a nosso ver, *a matrícula nas disciplinas de ensino religioso deve ser facultativa*.

4.3.7 Feriados religiosos

Nos termos do §2º, do art. 215, *"a lei disporá sobre a fixação de datas comemorativas de alta significação para os diferentes segmentos étnicos nacionais"*. Assim, fica a cargo da legislação infraconstitucional instituir feriados, inclusive de natureza cultural. Contudo, feriados religiosos nos parecem ser contrários ao constitucionalismo brasileiro por colidirem frontalmente com os princípios do Estado laico e da liberdade religiosa, dentre outros. Obviamente, isso não impede a criação de feriados culturais ou comerciais que sejam coincidentes com comemorações religiosas, como o natal, que é uma data muito mais importante para o comércio do que para as religiões. Agora, a criação de um feriado exclusivamente ou principalmente religioso nos parece inconstitucional, em que pese eles existam por todo o país.

4.3.8 Casamento perante autoridades religiosas

Nos termos do §2º, do art. 226, da CF/88 *"o casamento religioso tem efeito civil, nos termos da lei"*. Essa norma tem relação com o contexto histórico-cultural de nosso país, em que muitas pessoas se casavam e, ainda, se casam apenas religiosamente, tendo seus casamentos celebrados por seus líderes religiosos, seja em igrejas, templos, terreiros, centros, catedrais ou mesmo fora do lugar de culto. Assim, a norma constitucional tem caráter inclusivista, conferindo os efeitos do casamento civil àqueles que se casaram somente religiosamente.

38. FERNANDES, Bernardo G. Curso de Direito Constitucional. 8 ed. Salvador: Juspodivm, 2016, p. 420.

4.3.9 Curandeirismo

O art. 284, do Código Penal prevê como crime contra a saúde pública o curandeirismo, penalizado com detenção, de seis meses a dois anos, e que se caracteriza: *i)* prescrevendo, ministrando ou aplicando, habitualmente, qualquer substância; *ii)* usando gestos, palavras ou qualquer outro meio; *iii)* fazendo diagnósticos.

Há quem questione a constitucionalidade deste dispositivo do Código Penal por entender que ele ofende a liberdade religiosa, contudo a doutrina majoritária defende que a liberdade religiosa não pode servir de escusa para a prática de ilícitos penais, sobretudo quando há manifesto abuso desse direito, como em casos em que se verifica a mercantilização da fé.[39] Nesse sentido, inclusive, já decidiu a 2ª turma do STF, no julgamento do RHC 62.240.

4.3.10 Símbolos religiosos em repartições públicas

Muito de discute se a fixação de símbolos religiosos em repartições públicas, como uma cruz, um santo de barro, uma pintura de uma divindade qualquer, dentre outros, seria legítima. *A nosso ver, a fixação de símbolos religiosos em repartições públicas é inconstitucional*, pois ofende os princípios republicano, do Estado laico e da liberdade religiosa, dentre outros, configurando-se inaceitável por privilegiar, de forma intencional ou não, algumas poucas religiões em detrimento de outras, colidindo frontalmente com a imparcialidade e a impessoalidade que se exige do Estado e de seus agentes no zelo da coisa pública, bem como desprivilegiando a convivência harmônica e igualitária entre todas as crenças.

Nada obstante, ***o Conselho Nacional de Justiça***, ao julgar conjuntamente os Pedidos de Providência 1344, 1345, 1346 e 1362, que questionavam a legitimidade da fixação de crucifixos nas repartições do Poder Judiciário, ***decidiu, por maioria de votos, que a fixação de crucifixos nos órgãos da Justiça é legítima***, vez que os crucifixos são símbolos culturais brasileiros e não ferem a laicidade do Estado, nem a liberdade religiosa, nem a imparcialidade e a impessoalidade que se espera do Poder Judiciário.

4.3.11 Guarda sabática e designação de datas diversas para realização de provas de concurso público

Há religiões cujos fiéis guardam determinados dias como sagrados, não podendo realizar determinadas atividades, incluindo, provas, como, por exemplo, os adventistas do sétimo dia e os judeus. Nesse cenário, surge a indagação se *o Estado é obrigado a designar data alternativa para a realização de provas de concursos públicos quando a data da prova tiver sido marcada em dias que devam ser guardados pelos fiéis de certas religiões?*

A doutrina majoritária defende que nesses casos o Estado não deve designar data alternativa para a realização de provas de concursos públicos, vez que isso contraria os princípios constitucionais da Administração Pública, notadamente, os da impessoalidade e da eficiência, assim como afronta os direitos fundamentais dos demais candidatos, especialmente, o direito de igualdade, pois, conforme lembra *Pedro Lenza*, há um evidente e inevitável *"risco de provas com graus distintos e possíveis favorecimentos de um lado ou de*

39. LAZARI, Rafael. J. N. de. *et al.* Liberdade religiosa e crime de curandeirismo. In: LAZARI, Rafael J.N. de; *et al.* Liberdade religiosa no Estado Democrático de Direito. Rio de Janeiro: Lumen Juris, 2014, p. 327 e ss.

outro".[40] Ademais, a marcação da prova em dias considerados sagrados por determinadas religiões em nada ofende a liberdade religiosa, pois o Estado não tem condições de evitar a marcação nos períodos sagrados para todas as religiões. Basta imaginar que os católicos se neguem a fazer prova durante a quaresma, pois é seu período sagrado e, portanto, eles devem guardá-lo, ou então que os mulçumanos não queiram fazer prova no ramadã, pois é seu período sagrado e, portanto, eles devem guardá-lo. Assim, *deixar de marcar provas em determinados dias ou marcar data alternativa para a realização de provas de concursos públicos ofende a isonomia inerente à liberdade religiosa, bem como os princípios constitucionais que regem a Administração Pública.*

Nesse sentido, ao julgar a Suspensão de Tutela Antecipada STA 389-Agr, em que se discutia a remarcação de data de prova do *Exame Nacional do Ensino Médio (ENEM)* em data alternativa ao ***Shabat*** (dia sagrado guardado pelos judeus), *o Supremo Tribunal Federal* decidiu que não houve inobservância ou ofensa aos direitos fundamentais à liberdade religiosa e à educação, afirmando na Ementa que *"a designação de data alternativa para a realização dos exames não se revela em sintonia com o princípio da isonomia, convolando-se em privilégio para um determinado grupo religioso"*.

4.3.12 A expressão "sob a proteção de Deus" no preâmbulo da Constituição

O preâmbulo da Constituição brasileira de 1988, conforme estudamos, traz na parte final de seu texto a expressão "sob a proteção de Deus". Obviamente, em respeito ao Estado laico, ao princípio republicano e à liberdade de crença, *melhor seria se que o Estado não mantivesse em seus textos legislativos remissões de profissão de fé*, contudo, infelizmente, na contramão dos movimentos democráticos e de liberdade, essa expressão fora positivada no preâmbulo de nossa Constituição.

Nessa linha, as Constituições dos Estados-membros reproduziram essa expressão em seus respectivos preâmbulos constitucionais, com exceção do Estado do Acre, o que acabou sendo objeto da ADI 2.076-AC, vindo o *Supremo Tribunal Federal* a decidir, dentre outras coisas, que: *i)* o preâmbulo constitucional não é norma jurídica; *ii)* a expressão "sob a proteção de Deus" não é norma de reprodução obrigatória nas Constituições estaduais; e *iii)* o uso da expressão "sob a proteção de Deus" não ofende o Estado laico, pois trata-se de expressão genérica a simbolizar qualquer deus ou divindade.

4.3.13 A expressão "Deus seja louvado" nas cédulas de Real

O uso da expressão "Deus seja louvado" nas cédulas de dinheiro brasileiras é recente, tendo sido adotado a partir de 1986 por solicitação pessoal do então presidente José Sarney e, posteriormente, repetida por Fernando Henrique Cardoso, quando era Ministro da Fazenda, o que a colocou nas notas de Real.

Em face desta situação foi ajuizada *ação civil pública* pelo MPF/SP em face da União e do BACEN *objetivando-se a retirada da expressão "Deus seja louvado" das cédulas de Real*. A sentença de primeiro grau, proferida em 2013, indeferiu o pedido, mantendo o uso da expressão, tendo sido confirmada pelo Tribunal Regional Federal da 3ª Região, sendo que até o momento do fechamento desta edição, *o caso encontra-se pendente de julgamento no*

40. LENZA, Pedro. Direito Constitucional Esquematizado. 21 ed. São Paulo: Saraiva, 2017, p. 1226.

STJ e no STF, pois foram interpostos Recurso Extraordinário e Recurso Especial da decisão de segundo grau.

Nada obstante, vale trazer aqui uma *síntese das considerações do Procurador da República Jefferson Aparecido Dias*, que em artigo ímpar afirma que a inclusão da expressão "Deus seja louvado" nas cédulas brasileiras *"resultou na violação dos princípios da igualdade, liberdade de crença e de não crença, laicidade, legalidade e impessoalidade, além de sua retirada não agredir, de forma alguma, a defesa do patrimônio cultural brasileiro"*, devendo ser retirada das cédulas de Real, o que ainda não ocorreu, pois *"os debates travados, lamentavelmente, não estão observando a civilidade que se podia esperar. Isso ocorre porque os argumentos jurídicos estão sendo desprezados e convicções religiosas estão sendo defendidas com o rigor típico dos fundamentalistas"*.[41]

4.3.14 Recusa de transfusão sanguínea por testemunhas de Jeová

As testemunhas de Jeová, por convicção religiosa, não admitem a realização de transfusão sanguínea, mesmo diante de risco de vida, por acreditarem que isso os tornaria impuros perante seu deus. Diante desse cenário, tem-se um sem número de *hard cases* (casos difíceis) a exigirem um esforço hermenêutico redobrado dos juristas na busca da resposta correta para cada caso concreto que se apresenta, em face de suas peculiaridades, buscando preservar a integridade, a unidade e a coerência do sistema jurídico, bem como a convivência harmônica, interdependente e complementar entre os direitos fundamentais.

Esses casos de que falamos firam em torno de um questionamento fundamental: *em casos de testemunhas de Jeová que estejam em iminente risco de vida, não havendo outra opção viável de tratamento a não ser a transfusão sanguínea, o médico está obrigado a realizar a transfusão, privilegiando o direito à vida, ou está obrigado a respeitar a autonomia da vontade e o direito à liberdade de crença do paciente, deixando de realizar a transfusão?* A doutrina majoritária e a jurisprudência vêm firmando os seguintes entendimentos:[42]

1) se o paciente for ***absolutamente capaz e estiver consciente e no pleno gozo de seu discernimento mental*** no momento em que se manifestar, deve-se privilegiar a autonomia da vontade, enquanto dimensão essencial e inarredável da dignidade da pessoa humana,[43] o que resultará numa prevalência da liberdade de crença do indivíduo, que, uma vez optando por não se submeter à transfusão sanguínea, ***deverá ter sua escolha respeitada pelos médicos, pela família, pela sociedade e pelo Estado***, já que somente a pessoa pode decidir o que é melhor para ela própria, não devendo ser tratada como meio ou objeto para a consecução dos fins alheios, sejam eles individuais ou coletivos.[44]

Ademais, a nosso ver, essa manifestação de vontade pode ser considerada legítima mesmo para *pacientes que já não estão mais conscientes ou que já não gozem de seu discernimento mental*, desde que *tenham se manifestado de forma irrefutável, antes de ficarem inconscientes ou perderem o discernimento mental*, como, por exemplo, por meio de um ***testamento biológico***,

41. DIAS, Jefferson Aparecido. A expressão "Deus seja louvado" nas cédulas de real. In: LAZARI, Rafael J.N. de; *et al*. Liberdade religiosa no Estado Democrático de Direito. Rio de Janeiro: Lumen Juris, 2014, p. 166.
42. FERNANDES, Bernardo G. Curso de Direito Constitucional. 8 ed. Salvador: Juspodivm, 2016, p. 420.
43. Kant, Immanuel. Fundamentação da Metafísica dos Costumes. Lisboa: Edições 70, 2009, p. 82-83.
44. DÜRIG, Günter. Der Grundsatz der Menschenwürde. Entwurf eines praktikablen Wertsystems der Grundrechte aus Art. 1 Abs. I in Verbindung mit Art. 19 Abs. II des Grundgesetzes. *AÖR*, n. 81, 1956.

pelo qual a pessoa pode se manifestar antecipadamente sobre as medidas médicas e clínicas às quais não deseja se submeter caso algo venha a lhe acontecer.[45]

2) se o paciente ***não for absolutamente capaz e/ou não estiver consciente e/ou não estiver no pleno gozo de seu discernimento mental*** no momento em que se manifestar, os médicos devem realizar a transfusão de sangue, ainda que contra vontade manifesta do paciente ou mesmo de seus pais ou responsáveis, o que resultará numa prevalência do direito à vida, ainda que em muitos casos (não em todos) isso possa conduzir muito mais a um dever de viver do que a um direito. Nesse sentido, inclusive, manifestou-se a 6ª turma do STJ, em 2014, ao decidir o HC 268.459-SP, de relatoria da Min. Thereza de Assis Moura.

Nada obstante, há pareceres da lavra de Celso Bastos,[46] Álvaro Villaça[47] e Nelson Nery[48] reconhecendo aos pais ou responsáveis legais o direito de decidirem pela transfusão ou não. A nosso ver, ***ao paciente relativamente capaz, dever-se-ia privilegiar sua autonomia de vontade***, desde que manifesta por ele quando consciente e no pleno gozo de seu discernimento mental, ou mesmo quando já não esteja mais consciente e/ou no pleno gozo de seu discernimento mental, desde que tenha manifestado essa vontade de forma irrefutável, antes de ficar inconsciente ou perder o discernimento mental, como, por exemplo, por meio de um testamento biológico, em ambos os casos por respeito e observância a dignidade da pessoa humana. Contudo, ***em nenhuma hipótese, deve-se admitir que a manifestação de vontade pelos pais ou responsáveis legais por si só vede a transfusão sanguínea***, devendo os médicos, nesses casos, realizarem a transfusão sanguínea, privilegiando-se o direito à vida, por ser a única forma de assegurar que a pessoa se desenvolva a ponto de atingir sua autonomia de vontade (nos termos legais) e, então, poder fazer suas próprias escolhas existenciais. No mesmo sentido, em relação aos ***absolutamente incapazes***, pensamos que ***se deve privilegiar o direito à vida***, por ainda não haver autonomia de vontade plena e consentimento genuíno,[49] devendo os médicos, nesses casos, realizarem a transfusão sanguínea, pela mesma razão da situação anterior.

4.3.15 Sacrifício de animais em cerimônias religiosas

O sacrifício de animais em cerimônias religiosas é ponto comum em diversas matrizes religiosas, estando presente no monoteísmo judaico-cristão, conforme relatam diversas passagens bíblicas,[50] bem como em religiões de origem africana e, até mesmo, indígena. Em razão de nossa formação histórica e da mistura das diversas práticas religiosas que se

45. NAVES, Bruno Torquato de Oliveira; REZENDE, Danúbia Ferreira Coelho de. A autonomia privada do paciente em estado terminal. In: FIUZA, César; *et al.* Direito Civil: Atualidades II – Da autonomia privada nas situações jurídicas patrimoniais e existenciais. Belo Horizonte: Del Rey, 2007, p. 89 e ss.
46. BASTOS, Celso Ribeiro. Direito de recusa de pacientes, de seus familiares ou dependentes, às transfusões de sangue, por razões científicas e convicções religiosas. Parecer jurídico.
47. AZEVEDO, Álvaro Villaça. Autonomia do paciente e direito de escolha de tratamento médico sem transfusão de sangue, mediante os atuais preceitos civis e constitucionais brasileiros. Parecer jurídico.
48. NERY JR., Nelson. Escolha esclarecida de tratamento médico por pacientes testemunhas de Jeová como exercício harmônico de direitos fundamentais. Parecer jurídico.
49. Em sentido aproximado: BARROSO, Luís Roberto. Legitimidade da recusa de transfusão de sangue por testemunhas de Jeová: dignidade humana, liberdade religiosa e escolhas existenciais. Um outro país: transformações no direito, na ética e na agenda do Brasil. Belo Horizonte: 2018.
50. Embora as religiões cristãs não pratiquem atualmente sacrifícios com animais, há historicamente relatos da prática no **Antigo Testamento da Bíblia**, como, por exemplo, em Gênesis 4:3-5 e Levítico 4:14-20, bem como em **rituais e cerimonias católicos**, sobretudo, durante a Idade Média.

desenvolveram por aqui, especialmente nesse tema as católicas, as indígenas e as africanas, o sacrifício de animais foi incorporado a muitas cerimoniais e rituais religiosos brasileiros.

Nesse cenário, o sacrifício de animais em cerimônias religiosas, além de ser fruto do exercício da liberdade religiosa (art. 5º, VI), é verdadeira manifestação cultural que deve ser reconhecida como bem de natureza imaterial integrante do patrimônio cultural brasileiro (art. 215, §1º). Obviamente, da mesma forma que a liberdade religiosa e a cultura são direitos fundamentais, o meio ambiente ecologicamente equilibrado, também, o é (art. 225, §1º, VII e §7º). Assim, nas cerimônias religiosas em que há o sacrifício de animais, deve-se assegurar o bem-estar dos animais envolvidos, sendo vedadas práticas cruéis, devendo, portanto, o sacrifício ser realizado sem crueldade (morte limpa, sem prática de atos cruéis, tormentas ou torturas aos animais).

Em razão disso, ao enfrentar o tema, o STF (RE 494.601) firmou o entendimento de que é constitucional a lei de proteção animal que, a fim de resguardar a liberdade religiosa, permite o sacrifício ritual de animais em cultos de religiões de matriz africana.

4.4 Liberdade de exercício profissional

Nos termos do inciso XIII, do art. 5º, da CF/88, *"é livre o exercício de qualquer trabalho, ofício ou profissão, atendidas as qualificações profissionais que a lei estabelecer"*, sendo *"**norma de aplicabilidade imediata e eficácia contida** que pode ser restringida pela legislação infraconstitucional"* (STF, MI 6.113). Contudo, advirta-se: trata-se de competência privativa da União, exigindo-se ***lei federal***, nos termos do art. 22, XVI, da CF/88. Nada obstante, a lei só poderá estabelecer condições e ***limitações*** que sejam ***razoáveis*** e ***necessárias*** à proteção do ***interesse público*** e ao exercício das atividades e funções reservadas à determinada profissão, sob pena de se ferir os princípios da liberdade profissional e da igualdade (STF, Ag.Rg.AI 134.449/SP e RTJ 666/230).

Nesse sentido, ***já decidiu o Supremo Tribunal Federal:***

1) *A atividade de músico não depende de registro ou licença de entidade de classe para seu exercício*, vez que "nem todos os ofícios ou profissões podem ser condicionadas ao cumprimento de condições legais para o seu exercício. A regra é a liberdade. Apenas quando houver potencial lesivo na atividade é que pode ser exigida inscrição em conselho de fiscalização profissional. A atividade de músico prescinde de controle. Constitui, ademais, manifestação artística protegida pela garantia da liberdade de expressão" (STF, RE 414.426).
2) ***O Exame de Ordem é constitucional***, vez que a atuação profissional do advogado "repercute no campo de interesse de terceiros", exigindo-se qualificações nos termos da lei (STF, RE 603.583). O Exame de Ordem está previsto no art. 8º, IV, da lei 8.906/94.
3) *A exigência de diploma para o exercício da profissão de **jornalista** é incompatível com a CF/88*, não tendo sido recepcionado o art. 4º, V, do DL 972/1969 (que previa essa exigência) pela Constituição brasileira de 1988 (STF, RE 511.961).
4) A exigência da Lei 13.021/2014 de que apenas ***farmacêuticos*** legalmente habilitados podem ser responsáveis técnicos de farmácias e drogarias é constitucional (STF, RE 1.156.197).

5) É constitucional a exigência de garantia para o exercício da profissão de ***leiloeiro***, como prestação de fiança (RE 1.263.641).

6) *É constitucional a definição de atividades privativas aos **nutricionistas**, nos termos do art. 3º, da lei 8.234/1991*, vez que, nos termos do voto do relator, Min. Gilmar Mendes, " é razoável que, para o exercício das atividades profissionais de nutricionista, o qual pressupõe o conhecimento técnico e científico específicos, a lei exija qualificações especiais e registro profissional, reservando, em razão dessas "qualificações especiais", tais atividades de forma privativa a essa categoria profissional" (STF, ADI 803).

7) *Reconheceu, in casu, a atipicidade da conduta de **flanelinhas** denunciados por **exercício ilegal da profissão de guardador e lavador autônomo de veículos automotores** que não preenchiam os requisitos do art. 1º, da lei 6.242/1975*, pois "a não observância dessa disposição legal pelos pacientes não gerou lesão relevante ao bem jurídico tutelado pela norma, bem como não revelou elevado grau de reprovabilidade, razão pela qual é aplicável, à hipótese dos autos, o princípio da insignificância" (STF, HC 115.046).

8) É constitucional a Resolução 27/2008, do CNMP, que proíbe que os ***servidores do Ministério Público*** exerçam advocacia (STF, ADI 5.454).

9) São constitucionais as limitações impostas aos ***auditores independentes*** pelo art. 31 da Instrução 308/1999 da ***Comissão de Valores Mobiliários (CVM)***, que restringe a atividade profissional dos auditores independentes, vedando a prestação de serviços para um mesmo cliente, por prazo superior a 5 anos consecutivos, exigindo um intervalo mínimo de 3 anos para a sua recontratação (STF, ADI 3.033).

4.5 Liberdade de informação

A liberdade de informação é um direito fundamental que guarda estrita relação com os princípios republicanos e democrática, residindo na ideia de que o povo precisa ter acesso à informação para poder fiscalizar o governo. Nesses termos, afirma o inciso XIV, do art. 5º, da CF/88, que "*é assegurado a todos o acesso à informação e resguardado o sigilo da fonte, quando necessário ao exercício profissional*", sendo que, de acordo com o inciso XXXIII, do mesmo dispositivo constitucional "*todos têm direito a receber dos órgãos públicos informações de seu interesse particular, ou de interesse coletivo ou geral, que serão prestadas no prazo da lei, sob pena de responsabilidade, ressalvadas aquelas cujo sigilo seja imprescindível à segurança da sociedade e do Estado*".

A liberdade de informação possui uma tripla dimensão, englobando os direitos de informar, de se informar e de ser informado. O ***direito de informar*** consiste na liberdade que o indivíduo possui de transmitir uma informação, podendo, inclusive, ser exercido profissionalmente pelos meios de comunicação social (*liberdade de imprensa*), nos termos dos artigos 220 a 224, da CF/88. Já, o ***direito de se informar*** consiste na possibilidade atribuída ao indivíduo de buscar informar-se de um modo geral sem impedimentos ou limitações não amparadas constitucionalmente, resguardando a Constituição, inclusive, o sigilo da fonte, quando necessário ao exercício profissional, como no caso de repórteres, advogados, psicólogos etc. Por sua vez, o ***direito de ser informado*** consiste na prerrogativa atribuída aos indivíduos de receberem dos órgãos públicos informações de interesse particular, coletivo ou geral, assegurando-se o acesso à informação como um direito fundamental.[51]

51. NOVELINO, Marcelo. Curso de Direito Constitucional. 13 ed. Salvador: Juspodivm, 2018, p. 407 e ss.

No que se refere ao ***direito de acesso à informação***, a lei 12.527/2011 (***Lei de Acesso à Informação***) o assegurou de forma ampla, instituindo os procedimentos a serem observados pela União, Estados, Distrito Federal e Municípios, a fim de garantir a liberdade de informação.

Ademais, é importante anotar que para assegurar o acesso, retificação e anotação de informações de interesse particular relativas à pessoa do impetrante que estejam em bancos de dados públicos ou em bancos de dados privados de caráter público, a Constituição instituiu a ação de ***habeas data***, no inciso LXXII, de seu artigo 5º, reconhecendo sua gratuidade no inciso LXXVII, do mesmo dispositivo.

Por fim, vale registrar os seguintes posicionamentos da jurisprudência superior acerca do direito à informação:

1) Segundo o STF (ARE 652.777) é constitucional a publicação, inclusive em sítio eletrônico mantido pela Administração Pública, dos nomes de seus servidores e o valor dos respectivos vencimentos e vantagens pecuniárias, pois se trata de uma exigência do direito de acesso à informação e do dever de publicidade e transparência do poder público.

2) Segundo o STF (ADPF 509) é constitucional a divulgação da ***lista suja do trabalho escravo***, que consiste em uma lista, na qual constam os nomes de empregadores que submeteram trabalhadores a condição análoga à de escravo.

3) Em 2019, o Presidente Jair Bolsonaro na tentativa na tentativa de minguar a divulgação de dados governamentais e inviabilizar o acesso a informações do interesse pessoal de certos integrantes do governo, editou o Decreto 9.690/2019, que alterou o Decreto 7.724/2012, que regulamenta a Lei de Acesso à Informação, para permitir a delegação da competência de classificação de grau reservado, secreto e ultrassecreto para ocupantes de cargos comissionados, isto é, para servidores nomeados (sem concurso público) para cargos de livre nomeação e exoneração ("cargos de confiança"). Em razão da clara ofensa aos princípios republicano, da publicidade e da moralidade pública, bem como ao direito fundamental de acesso à informação, o STF suspendeu cautelarmente as disposições desse decreto que obstaculizavam o referido direito constitucional.[52]

4) Durante a ***pandemia do COVID-19 provocada pelo coronavírus***, o Presidente Jair Bolsonaro aproveitou-se do momento para tentar, mais uma vez, diminuir o acesso à informação aos dados governamentais, instituindo o art. 6º-B na Lei 13.979/2020 (lei que dispõe sobre as medidas para enfrentamento da emergência de saúde pública de importância internacional decorrente do coronavírus) pela Medida Provisória 928/2020, que transformava a regra constitucional de publicidade e transparência em exceção, invertendo a finalidade da proteção constitucional ao livre acesso de informações a toda sociedade. Em razão disso, o STF declarou inconstitucional o art. 6º-B da Lei 13.979/2020, incluído pela MP 928/2020, porque ele impunha uma série de restrições ao livre acesso do cidadão a informações. Além disso, o Congresso Nacional também rejeitou (tacitamente) a MP 928/2020.[53]

52. STF, ADI 6.121-MC, Rel. Min. Marco Aurélio.
53. STF, ADI 6351-MC; ADI 6347-MC; e ADI 6.353-MC, Rel. Min. Alexandre de Moraes.

4.5.1 *Liberdade de informação jornalística*

Nos termos do art. 220, da CF/88, *"a manifestação do pensamento, a criação, a expressão e a informação, sob qualquer forma, processo ou veículo não sofrerão qualquer restrição, observado o disposto nesta Constituição"*, e de acordo com o §1º, do citado artigo, *"nenhuma lei conterá dispositivo que possa constituir embaraço à plena liberdade de informação jornalística em qualquer veículo de comunicação social, observado o disposto no art. 5º, IV, V, X, XIII e XIV"*.

Assim, fica claro que ***a própria Constituição já estabeleceu limitações à liberdade de informação jornalística*** que não é um direito absoluto e ilimitado, devendo observar, de forma especial, o direito à privacidade, as normas referentes à vedação do anonimato e os direitos de resposta, de qualificação profissional e de sigilo da fonte (art. 5º, IV, V, X, XIII e XIV, da CF/88). Nesse cenário, o Poder Judiciário tem enfrentado um número considerável de casos difíceis nos quais há uma evidente tensão entre à liberdade de informação jornalística e outros direitos fundamentais das pessoas, ***devendo-se observar nos julgamentos***, dentre outros, os seguintes ***parâmetros:*** *i)* a veracidade da informação; *ii)* a forma como a informação foi transmitida (se houve sensacionalismo na divulgação, por exemplo); *iii)* o contexto jornalístico em que se divulgou a informação; e *iv)* o interesse público (social) no acesso às informações divulgadas.[54] Além disso, a Constituição prevê, durante a ***vigência de estado de sítio***, a possibilidade de restrição ao sigilo das comunicações, à prestação de informações e à liberdade de imprensa, radiodifusão e televisão, na forma da lei (art. 139, III, da CF/88). Para além disso, também ***é possível o estabelecimento de restrições infraconstitucionais à liberdade de informação, inclusive, à liberdade de informação jornalística***, como, por exemplo, as restrições previstas na lei 8.069/1990 (Estatuto da Criança e do Adolescente), vedando a divulgação de atos judiciais, policiais e administrativos que digam respeito a crianças e adolescentes a que se atribua autoria de ato infracional (art. 143).

Conforme dispõe o §2º, do art. 220, da CF/88, *"é vedada toda e qualquer censura de natureza política, ideológica e artística"*, sendo que, por força desse dispositivo, ***o STF***, no julgamento da ADPF 130/DF, de relatoria do Min. Carlos Ayres Britto, ***declarou a não recepção da lei 5.250/1967 (Lei de Imprensa) pela CF/88.***

Nada obstante, o §3º, do art. 220, diz que compete à lei federal: *i)* regular as diversões e espetáculos públicos, cabendo ao Poder Público informar sobre a natureza deles, as faixas etárias a que não se recomendem, locais e horários em que sua apresentação se mostre inadequada; e *ii)* estabelecer os meios legais que garantam à pessoa e à família a possibilidade de se defenderem de programas ou programações de rádio e televisão que contrariem o disposto no art. 221, bem como da propaganda de produtos, práticas e serviços que possam ser nocivos à saúde e ao meio ambiente. É importante esclarecer que ***esse dispositivo não configura censura***, pois censura consiste em uma ação estatal prévia e vinculante sobre o conteúdo de uma certa mensagem jornalística, artística, política etc.[55]

Nesse sentido, em que pese também não configure censura, temos que o §4º, do art. 220, da CF/88, estabelece que a ***propaganda comercial de tabaco, bebidas alcoólicas, agrotóxicos, medicamentos e terapias*** estará sujeita a restrições legais, nos termos do inciso II, do §3º, do art. 220, da CF/88, e conterá, sempre que necessário, advertência sobre os malefícios decorrentes de seu uso.

---

54. NOVELINO, Marcelo. Curso de Direito Constitucional. 13 ed. Salvador: Juspodivm, 2018, p. 410.
55. FERNANDES, Bernardo G. Curso de Direito Constitucional. 8 ed. Salvador: Juspodivm, 2016, p. 409.

Por fim, destacamos a decisão do Supremo Tribunal Federal, na PET 3.486, de relatoria do Min. Celso de Mello, em que a Corte deixa claro que *"o exercício concreto, pelos profissionais da imprensa, da liberdade de expressão, cujo fundamento reside no próprio texto da Constituição da República, **assegura, ao jornalista, o direito de expender crítica, ainda que desfavorável e em tom contundente, contra quaisquer pessoas ou autoridades**"*, até porque censurar críticas ao governo, aos governantes e aos governados é típico de Estados totalitários e ditatoriais que se encontram afastados dos espíritos democrático e republicano.

4.6 Liberdade de locomoção

Nos termos do inciso XV, do art. 5º, da CF/88, *"é livre a locomoção no território nacional em tempo de paz, podendo qualquer pessoa, nos termos da lei, nele entrar, permanecer ou dele sair com seus bens"*, estando o direito de ***liberdade de locomoção*** especialmente protegido pela ação constitucional de ***habeas corpus***, que é cabível *"sempre que alguém sofrer ou se achar ameaçado de sofrer violência ou coação em sua liberdade de locomoção, por ilegalidade ou abuso de poder"*, conforme dicção do inciso LXVIII, do art. 5º, da CF/88.

A liberdade de locomoção engloba os direitos de: *i) acesso e ingresso no território nacional; ii) saída do território nacional; iii) permanência no território nacional; e iv) deslocamento dentro do território nacional.*[56]

A liberdade de locomoção, assim como qualquer outro direito fundamental, comporta ***restrições*** constitucionalmente fundadas. Nesse sentido, ***a CF/88***, estabelece, por exemplo, a possibilidade de restrição da liberdade de locomoção durante a vigência do ***estado de defesa*** (art. 136, §3º) e do ***estado de sítio*** (art. 139, I e II, da CF/88).

Para além disso, a própria ***legislação infraconstitucional*** pode estabelecer restrições à liberdade de locomoção, desde que fundadas na proteção de outros direitos fundamentais e desde que se mostrem razoáveis e coerentes com o sistema jurídico, preservando sua integridade. Assim, por exemplo, o ***Estatuto do Estrangeiro*** (lei 13.445/2017) estabelece algumas restrições, condições e exigências para que os estrangeiros ingressem e permaneçam no território nacional, enquanto a legislação penal estabelece ***penas privativas de liberdade*** para diversas condutas que lesam ou ameaçam direitos e bens fundamentais.

4.6.1 Cobrança de pedágios em rodovias e vias públicas

Não há dúvidas de que a cobrança de pedágios pela utilização de vias conservadas pelo Poder Público é constitucional, vez que se trata de norma constitucional originária (art. 150, V, da CF/88). Entretanto, muito se discute se é constitucional a cobrança de pedágio pela utilização de vias conservadas pelo poder público, nos ***casos em que não são disponibilizadas estradas alternativas***, o que poderia configurar, segundo alguns, ofensa ao princípio constitucional da liberdade de tráfego. Esse tema encontra-se atualmente em discussão no Supremo Tribunal Federal (RE 645.181), só tendo recebido o voto do relator, Min. Alexandre de Moraes, sendo o julgamento suspenso por pedido de vista do Min. Luís Roberto Barroso, em sessão realizada em 11 de abril de 2019.

56. MASSON, Nathalia. Manual de Direito Constitucional. 6 ed. Salvador: Juspodivm, 2018, p. 294.

4.6.2 Condução coercitiva de investigados e réus

Nos termos do art. 260, do Código de Processo Penal *"se o acusado não atender à intimação para o interrogatório, reconhecimento ou qualquer outro ato que, sem ele, não possa ser realizado, a autoridade poderá mandar conduzi-lo à sua presença."*. O artigo é claro em estabelecer a *condução coercitiva apenas para os casos em que o acusado não atender à intimação*, isto é, não se fizer presente para a realização dos atos previstos no dispositivo, sendo *incabível a condução coercitiva antes dessa negativa*, em que pese as vezes ela ocorra, o que configura abuso de poder por ilegalidade e afronta ao direito fundamental à liberdade de locomoção.

Para além disso, a doutrina majoritária do direito constitucional e do direito processual penal sempre defendeu que a condução coercitiva do acusado para interrogatório fere os direitos fundamentais à não autoincriminação e ao silêncio, configurando-se como uma violação ao direito à liberdade de locomoção. *O STF* enfrentou o tema ao julgar as ADPFs 395 e 444, em que ***decidiu***, por maioria e nos termos do voto do relator, ***pronunciar a não recepção da expressão "para o interrogatório"***, constante do art. 260 do CPP, e declarar a incompatibilidade com a Constituição Federal da condução coercitiva de investigados ou de réus para interrogatório, sob pena de responsabilidade disciplinar, civil e penal do agente ou da autoridade e de ilicitude das provas obtidas, sem prejuízo da responsabilidade civil do Estado. A Corte destacou, ainda, que *esta decisão não desconstitui interrogatórios realizados até a data do julgamento*, mesmo que os interrogados tenham sido coercitivamente conduzidos para tal ato.

4.7 Liberdade de reunião

Nos termos do inciso XVI, do art. 5º, da CF/88, *"todos podem reunir-se pacificamente, sem armas, em locais abertos ao público, independentemente de autorização, desde que não frustrem outra reunião anteriormente convocada para o mesmo local, sendo apenas exigido prévio aviso à autoridade competente"*.

A liberdade de reunião consiste em um ***direito individual de expressão coletiva***, titularizada por cada pessoa individualmente considerada, mas exercida de forma coletiva, fundada nos princípios democrático, republicano e de cidadania a consagrar a liberdade de manifestação da opinião pública e a participação popular na vida pública, pautando-se na ideia de que o povo tem o direito de ser ouvido pelo governo e o governo tem o dever de escutar a voz popular.

Trata-se de norma constitucional de ***aplicabilidade imediata***, sendo ***autoaplicável*** e independendo de lei ou ato normativo do poder público para ser exercida. Nada obstante, nos termos da própria Constituição de 1988, a liberdade de reunião pode ser ***suspensa*** em caso de decretação de ***estado de sítio*** (art. 139, IV) e ***restringida*** em caso de decretação de ***estado de defesa*** (art. 136, §1º, I, "a").

Em relação às possíveis restrições ao direito de reunião, ***o STF*** já ***declarou inconstitucional*** um decreto editado pelo governador do Distrito Federal (***Decreto 20.098/1999***) ***que restringia a liberdade de reunião*** ao vedar *"a realização de manifestações públicas, com e utilização de carros, aparelhos e objetos sonoros, na Praça dos Três Poderes, Esplanada dos Ministérios, Praça do Buriti e vias adjacentes"*, pois, segundo a Corte, a restrição estabelecida pelo decreto distrital "mostra-se inadequada, desnecessária e desproporcional quando confrontada com a vontade da Constituição (*Wille zur Verfassung*)" (STF, ADI 1.969).

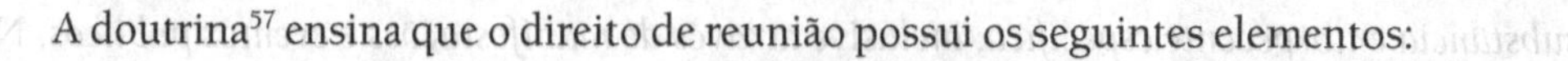

A doutrina[57] ensina que o direito de reunião possui os seguintes elementos:

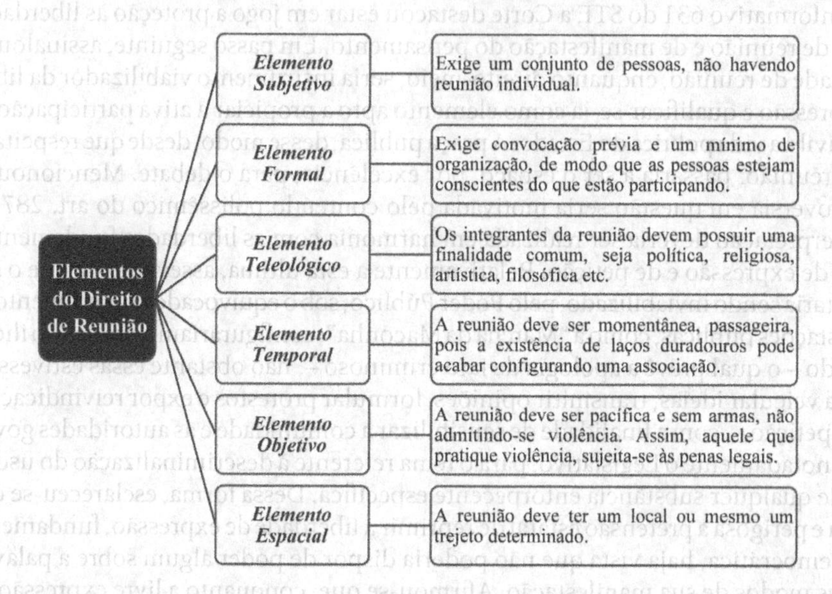

Ademais, a Constituição estabelece duas condições para o exercício legítimo do direito de reunião:

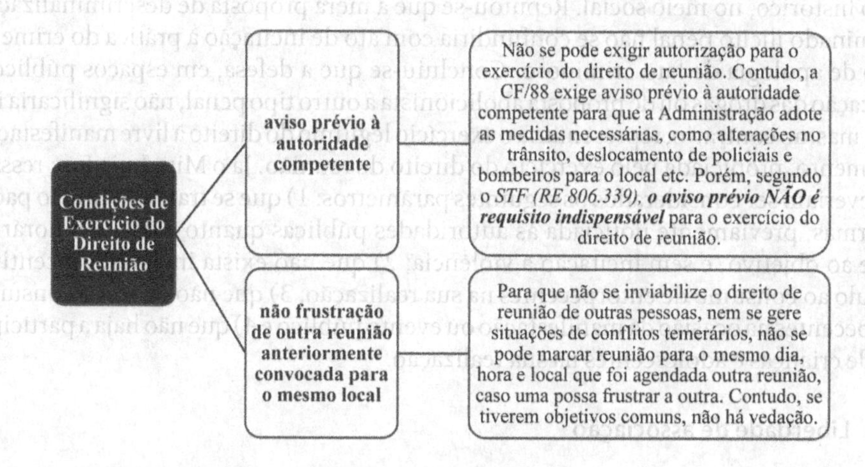

4.7.1 *Marcha da maconha*

Ao julgar a ADPF 187, o *Supremo Tribunal Federal*, por unanimidade, julgou procedente a arguição de descumprimento de preceito fundamental, para dar, ao *artigo 287 do Código Penal*, com efeito vinculante, *interpretação conforme à Constituição, de forma a excluir qualquer exegese que possa ensejar a criminalização da defesa da legalização das drogas, ou de qualquer*

57. MENDES, Gilmar Ferreira. BRANCO, Paulo Gustavo Gonet. Curso de Direito Constitucional. 7 ed. São Paulo: Saraiva, 2012, p. 337 e ss.

substância entorpecente específica, inclusive através de manifestações e eventos públicos. Nos termos do informativo 631 do STF, a Corte destacou estar em jogo a proteção às liberdades individuais de reunião e de manifestação do pensamento. Em passo seguinte, assinalou-se que a liberdade de reunião, enquanto direito-meio, seria instrumento viabilizador da liberdade de expressão e qualificar-se-ia como elemento apto a propiciar a ativa participação da sociedade civil na vida política do Estado. A praça pública, desse modo, desde que respeitado o direto de reunião, passaria a ser o espaço, por excelência, para o debate. Mencionou-se que a controvérsia em questão seria motivada pelo conteúdo polissêmico do art. 287 do CP, cuja interpretação deveria ser realizada em harmonia com as liberdades fundamentais de reunião, de expressão e de petição. Relativamente a esta última, asseverou-se que o seu exercício estaria sendo inviabilizado, pelo Poder Público, sob o equivocado entendimento de que manifestações públicas, como a "Marcha da Maconha", configurariam a prática do ilícito penal aludido – o qual prevê a apologia de fato criminoso –, não obstante essas estivessem destinadas a veicular ideias, transmitir opiniões, formular protestos e expor reivindicações – direito de petição –, com a finalidade de sensibilizar a comunidade e as autoridades governamentais, notadamente o Legislativo, para o tema referente à descriminalização do uso de drogas ou de qualquer substância entorpecente específica. Dessa forma, esclareceu-se que seria nociva e perigosa a pretensão estatal de reprimir a liberdade de expressão, fundamento da ordem democrática, haja vista que não poderia dispor de poder algum sobre a palavra, as ideias e os modos de sua manifestação. Afirmou-se que, conquanto a livre expressão do pensamento não se revista de caráter absoluto, destinar-se-ia a proteger qualquer pessoa cujas opiniões pudessem conflitar com as concepções prevalecentes, em determinado momento histórico, no meio social. Reputou-se que a mera proposta de descriminalização de determinado ilícito penal não se confundiria com ato de incitação à prática do crime, nem com o de apologia de fato criminoso. Concluiu-se que a defesa, em espaços públicos, da legalização das drogas ou de proposta abolicionista a outro tipo penal, não significaria ilícito penal, mas, ao contrário, representaria o exercício legítimo do direito à livre manifestação do pensamento, propiciada pelo exercício do direito de reunião. Já o Min. Luiz Fux ressalvou que deveriam ser considerados os seguintes parâmetros: 1) que se trate de reunião pacífica, sem armas, previamente noticiada às autoridades públicas quanto à data, ao horário, ao local e ao objetivo, e sem incitação à violência; 2) que não exista incitação, incentivo ou estímulo ao consumo de entorpecentes na sua realização; 3) que não ocorra o consumo de entorpecentes na ocasião da manifestação ou evento público e 4) que não haja a participação ativa de crianças e adolescentes na sua realização.

4.8 Liberdade de associação

Nos termos do inciso XVII, do art. 5º, da CF/88, "é plena a liberdade de associação para fins lícitos, vedada a de caráter paramilitar". Trata-se de ***direito individual de expressão coletiva***, titularizado por cada pessoa individualmente considerada, mas exercido de forma coletiva, que visa proteger as uniões de pessoas que buscam atingir finalidades e necessidades comuns.

É importante notar que a Constituição limita a liberdade de associação ao estabelecimento de associações que tenham ***finalidades lícitas***, vedando-se o estabelecimento de associações que tenham finalidades contrárias à ordem jurídica, inadmitindo finalidade ilícita de qualquer ordem (penal, cível, administrativa etc.). Ademais, é expressamente ***vedada a instituição de associações de caráter paramilitar***, que são associações civis, armadas e com estrutura semelhante a militar, que se configuram como um verdadeiro exército paralelo ao do Estado, como, por exemplo, as FARC, na Colômbia, até o ano de 2016.

Ademais, a proteção constitucional da liberdade de associação não engloba apenas o conceito de direito civil de associações (art. 44, I, c/c 53 e ss., do CC/02), *abrangendo*, também, *outras formas associativas de pessoas*, até mesmo as que possuem fins lucrativos, como as *sociedades*, por exemplo, já tendo o próprio Supremo Tribunal Federal se manifestado nesse sentido no julgamento da ADI 3.045.

Além disso, a Constituição não exige para a proteção constitucional da liberdade de associação que a entidade associativa esteja constituída sob a forma de pessoa jurídica, de forma que, estando presentes os requisitos constitucionais, *mesmo que a associação seja despersonalizada*, há a incidência da tutela constitucional.[58]

Por outro lado, para que se configure a entidade associativa e se incida a tutela constitucional das associações *exige-se pluralidade de pessoas*, não se admitindo, no direito brasileiro, a associação unipessoal. Ademais, *exige-se a estabilidade da união para o atingimento de fins comuns*, não havendo associação esporádica ou episódica, sendo esse, inclusive, um traço distintivo entre a configuração do direito de reunião e do direito de associação.

Nos termos do inciso XVIII, do art. 5º, da CF/88, "a criação de associações e, na forma da lei, a de cooperativas independem de autorização, sendo vedada a interferência estatal em seu funcionamento". Assim, ***para a criação de associações e cooperativas não se necessita de autorização estatal***, sendo suficiente o preenchimento dos requisitos legais que, uma vez preenchidos, vincularão os órgãos estatais a reconhecerem a entidade associativa. Ademais, ***o poder público não pode interferir no funcionamento das entidades associativas***, tendo elas plena autonomia para formular seus estatutos, desde que eles não façam previsões ilegais ou inconstitucionais.

Nos termos do inciso XIX, do art. 5º, da CF/88, "as associações só poderão ser compulsoriamente dissolvidas ou ter suas atividades suspensas por decisão judicial, exigindo-se, no primeiro caso, o trânsito em julgado". Assim, uma ***associação só pode ser compulsoriamente dissolvida por decisão judicial transitada em julgado e só pode ter suas atividades suspensas por decisão judicial***, inclusive de natureza cautelar, não se admitindo, porém, suspensão das atividades ou dissolução da associação por atos administrativos.

Nos termos do inciso XX, do art. 5º, da CF/88, "ninguém poderá ser compelido a associar-se ou a permanecer associado", ficando consagrado o direito à associação como uma faculdade e não como uma obrigação. Assim, associar-se é um *ato de vontade livre, não se podendo obrigar alguém a associar-se ou a permanecer associado*, nem mesmo por lei.

Por último, nos termos do inciso XXI, do art. 5º, da CF/88, "as entidades associativas, quando expressamente autorizadas, têm legitimidade para representar seus filiados judicial ou extrajudicialmente". Assim, *como regra, exige-se autorização expressa dos associados para que a associação os represente* judicial ou extrajudicialmente, consagrando-se o instituto processual da ***representação processual***, conforme já decidiu o STF, no RE 612.043.

Como o dispositivo constitucional exige autorização expressa, o Supremo Tribunal Federal firmou o entendimento de que *previsão estatutária de autorização geral para a associação não legitima sua atuação em juízo* na defesa dos direitos de seus filiados, carecendo de interesse processual, vez que *se faz necessária declaração expressa manifestada por*

58. FERNANDES, Bernardo G. Curso de Direito Constitucional. 8 ed. Salvador: Juspodivm, 2016, p. 430.

ato individual do associado ou por assembleia geral da entidade (STF, RE 573.232). Assim, nos termos da jurisprudência do Supremo Tribunal Federal, "somente os associados que apresentaram, na data da propositura da ação de conhecimento, autorizações individuais expressas à associação, podem executar título judicial proferido em ação coletiva" (STF, RE 573.232), sendo que "a eficácia subjetiva da coisa julgada formada a partir de ação coletiva de rito ordinário, ajuizada por associação civil na defesa de interesses dos associados, somente alcança os filiados, residentes no âmbito de jurisdição do órgão julgador, que o fossem em momento anterior ou até a data da propositura da demanda, constantes da relação jurídica junta à inicial do processo de conhecimento" (STF, RE 612.043).

Por fim, é importante registrar que o ***mandado de segurança coletivo*** se sujeita às normas constitucionais e processuais especiais que lhe são concernentes, de modo que, nos termos da súmula 629, do STF, *"a impetração de mandado de segurança coletivo por entidade de classe em favor dos associados independe da autorização destes"*, consagrando-se o instituto processual da ***substituição processual*** e não da representação. No mesmo sentido, segundo o STJ, o ajuizamento de ***ação civil pública*** pela associação em defesa dos direitos (difusos, coletivos e individuais homogêneos) de seus associados não exige autorização específica, pois se trata de substituição processual.[59]

5. DIREITO À IGUALDADE

O princípio da igualdade ou da isonomia, enquanto mandamento deontológico, encontra raízes desde a Antiguidade,[60] sendo que sua formulação mais famosa, consagrada na célebre lição de ***Aristóteles***, e incorporada ao discurso do constitucionalismo moderno mediante uma releitura inclusivista dos filósofos ***iluministas***,[61] implica reconhecer que igualdade consiste em *"tratar os iguais de maneira igual e os desiguais de maneira desigual na medida de sua igualdade"*.

No ***constitucionalismo brasileiro***, essa compreensão ganhou notoriedade com os trabalhos de ***Rui Barbosa*** que, dentre outras oportunidades, afirmara em sua célebre Oração aos Moços: *"A regra da igualdade não consiste senão em quinhoar desigualmente aos desiguais, na medida em que se desigualam. Nesta desigualdade social, proporcionada à desigualdade natural, é que se acha a verdadeira lei da igualdade. O mais são desvarios da inveja, do orgulho, ou da loucura. Tratar com desigualdade a iguais, ou a desiguais com igualdade, seria desigualdade flagrante, e não igualdade real. Os apetites humanos conceberam inverter a norma universal da criação, pretendendo, não dar a cada um, na razão do que vale, mas atribuir o mesmo a todos, como se todos se equivalessem"*.[62]

Essa formulação nos permite entender que a igualdade possui, no mínimo, duas dimensões: ***igualdade formal***, que impõe o mandamento deontológico de tratar todas as pessoas de formal igual, compelindo o poder público a tratar a todos de forma isonômica, não favorecendo, nem prejudicando ninguém; e ***igualdade material***, aquela que reconhece que, muitas vezes, existem situações reais de desigualdade entre as pessoas, o que impõe ao Estado o dever de criar normas e mecanismos aptos a reduzir essas desigualdades e equilibrar as relações entre as pessoas, voltando-se ao atendimento de condições de justiça social.

---

59. STJ, Ag. Int. no Resp. 1.799.930, Rel. Min. Nancy Andrighi.
60. ARISTÓTELES. Ética a Nicomaco. São Paulo: Martin Claret, 2010.
61. ROUSSEAU, Jean-Jacques. Discurso sobre a origem e os fundamentos da desigualdade entre os homens. São Paulo: Martin Claret, 2009.
62. BARBOSA, Rui. Oração aos Moços. Direito, cidadania e ética. Belo Horizonte: Del Rey, 2010, p. 19.

Isso significa dizer que a igualdade exige que o poder público e a legislação tratem todos de forma igual, só podendo criar distinções quando as pessoas estiverem em situações sociais diferentes que possam prejudicar a igualdade real (material) entre elas, exigindo, então, ação diferenciadora do Estado para assegurar àqueles que estão em situações de inferioridade (numa perspectiva social de exercício de direito) uma igualdade real de exercício do direito.[63] Assim, por exemplo, pode-se criar leis que exijam a instalação de elevadores em prédios para garantir o acesso de pessoas com deficiência, ou leis que estabeleçam penas mais severas em caso de violência doméstica contra mulheres, ou leis que criem cotas no ensino público superior para pessoas de baixa renda que estudaram em escolas públicas. O motivo? Todas essas pessoas estavam em situações de inferioridade social no que tange ao exercício de seus direitos.

Percebe-se, então, que ***a igualdade comporta uma certa medida de diferenciação, desde que positiva***, isto é, desde que essa diferenciação de tratamento busque assegurar a igualdade real (material) entre as pessoas. Por outro lado, o que a igualdade não tolera é a diferenciação que inferioriza, que discrimina, que diminui, que não busque uma igualdade real, isto é, ***não tolera discriminação negativa***. Isso inclusive encontra-se incorporado pelo texto da Constituição brasileira de 1988, que ao positivar a igualdade em seu art. 5º, assim dispôs: "***todos são iguais perante a lei, sem distinção de qualquer natureza***, garantindo-se aos brasileiros e aos estrangeiros residentes no País a inviolabilidade do ***direito*** à vida, à liberdade, ***à igualdade***, à segurança e à propriedade [...]".

Nesse cenário, o foco do constitucionalismo contemporâneo no que diz respeito à igualdade tem sido ***diferenciar discriminação positiva*** (também chamada de discriminação adequada e razoável ou simplesmente de diferenciação) ***e discriminação negativa*** (também chamada de discriminação arbitrária e absurda, ou simplesmente de discriminação), vez que as ***discriminações positivas*** apresentam-se como meios necessários à proteção e promoção das minorias excluídas do processo de participação das tomadas de decisões fundamentais da sociedade, enquanto as ***discriminações negativas*** apresentam-se como ações e medidas arbitrárias que lesam o próprio direito de igualdade.[64]

Nas palavras de Boaventura de Sousa Santos "*temos o direito a ser iguais quando a nossa diferença nos inferioriza; e temos o direito a ser diferentes quando a nossa igualdade nos descaracteriza. Daí a necessidade de uma igualdade que reconheça as diferenças e de uma diferença que não produza, alimente ou reproduza as desigualdades*".[65]

Ademais, é importante ter-se em mente que a igualdade é uma norma principiológica que atua desde a criação das normas, até a sua interpretação e aplicação. Assim, a previsão constitucional da igualdade perante a lei, destina-se ao poder público de um modo geral, no exercício de todos os poderes (legislativo, executivo e judiciário), bem como à sociedade e às pessoas privadas, em face da eficácia irradiante dos direitos fundamentais que atinge, inclusive, as relações entre privados.

Por fim, vale anotar que a Constituição brasileira de 1988 consagrou o princípio da igualdade de forma multifacetada em diversos dispositivos, com destaque para as previsões constantes no preâmbulo, art. 3º, III e IV; art. 5º, *caput* e I; art. 7º, XXX e XXXI; art. 170; art. 193; art. 196 e art. 205.

---

63. BANDEIRA DE MELLO, Celso Antônio. O Conteúdo Jurídico Do Princípio Da Igualdade. 3 ed. São Paulo: Malheiros editores, 1993.
64. FERNANDES, Bernardo G. Curso de Direito Constitucional. 8 ed. Salvador: Juspodivm, 2016, p. 434.
65. SANTOS, Boaventura de Sousa. Introdução: para ampliar o cânone do reconhecimento, da diferença e da igualdade. In: SANTOS, Boaventura de Sousa. Reconhecer para libertar: os caminhos do cosmopolitanismo multicultural. Rio de Janeiro: Civilização Brasileira, 2003, p. 56.

5.1 Igualdade entre homens e mulheres

Embora a igualdade de gênero esteja englobada pelo direito geral de igualdade (art. 5º, *caput*), bem como por outras normas constitucionais que vedam expressamente a discriminação de gênero (art. 3º, IV; art. 7º, XXX; e art. 226, §5º), o constituinte achou por bem reforçá-la positivando-a de forma expressa e específica no inciso I, do art. 5º, da CF/88, que dispõe que *"homens e mulheres são iguais em direitos e obrigações, nos termos desta Constituição"*.

Este dispositivo é *fruto de longos séculos de árduas lutas das mulheres* contra o preconceito, a discriminação, a violência, o machismo e a submissão enraizados na cultura social e que até hoje assolam as mulheres ao redor do mundo, sobretudo em países como o Brasil.

Assim, nos termos da Constituição brasileira de 1988, a igualdade exige que o poder público e a legislação tratem homens e mulheres de forma igual, só podendo criar distinções entre eles quando se estiver diante de situações sociais que inferiorizem um dos gêneros em face do outro, prejudicando a igualdade real (material) entre eles, exigindo, então, ação diferenciadora do Estado para assegurar àqueles que estão em situações de inferioridade (numa perspectiva social de exercício de direito) uma igualdade real de exercício do direito. Percebe-se, então, que ***a igualdade entre homens e mulheres comporta uma certa medida de diferenciação, desde que positiva***, isto é, desde que essa diferenciação de tratamento busque assegurar a igualdade real (material) entre eles, assegurando-lhes as mesmas condições de exercício de direitos.

Nesse sentido, a própria ***Constituição estabelece tratamentos desiguais entre homens e mulheres nos seguintes casos:***

1) Às presidiárias serão asseguradas condições para que possam permanecer com seus filhos durante o período de amamentação (art. 5º, L, CF/88);

2) As mulheres possuem direito à licença à gestante, sem prejuízo do emprego e do salário, com a duração de cento e vinte dias, enquanto os homens possuem o direito à licença paternidade, nos termos fixados em lei (art. 7º, XVIII e XIX, CF/88);

3) As mulheres são isentas do serviço militar obrigatório em tempo de paz, sujeitas, porém, a outros encargos que a lei lhes atribuir (art. 143, §2º, CF/88);

4) No regime geral de previdência social, as mulheres se aposentam com 62 anos e os homens com 65 anos, observado o tempo mínimo de contribuição (art. 201, §7º, I, CF/88).

Por fim, é importante destacar que o Supremo Tribunal Federal já foi chamado a decidir um considerável número de casos relativos a diferenciações infraconstitucionais de gênero, tendo firmado, dentre outras, as seguintes posições:

1) STF, ADC 19: são constitucionais os arts. 1º, 33 e 41 da lei 11.340/2006 (Lei Maria da Penha), que criam mecanismos para coibir a violência doméstica e familiar contra a mulher, atribuem às varas criminais a competência cível e criminal para conhecer e julgar as causas decorrentes da prática de violência doméstica e familiar contra a mulher e afastam os crimes praticados contra a mulher do rol dos crimes de menor potencial ofensivo;

2) STF, RE 489.064: a adoção de critérios diferenciados para o licenciamento dos militares temporários, em razão do sexo, não viola o princípio da isonomia;

3) STF, RE 498.900: não afronta o princípio da isonomia a adoção de critérios distintos para a promoção de integrantes do corpo feminino e masculino da aeronáutica;

4) *STF, RE 528.684:* viola a igualdade entre homens e mulheres (art. 5º, I, CF/88) edital de concurso público para curso de formação de oficiais da polícia militar que prevê a possibilidade de participação apenas de concorrentes do sexo masculino.

5) *STF, RE 659.424:* é inconstitucional, por transgressão ao princípio da isonomia entre homens e mulheres (art. 5º, I, CF/88), a exigência de requisitos legais diferenciados para efeito de outorga de pensão por morte de ex-servidores públicos em relação a seus respectivos cônjuges ou companheiros(as). No caso, a lei exigia que, para o gozo do benefício de pensão por morte deixada por cônjuge, homens precisariam comprovar dependência econômica, enquanto mulheres não.

5.2 Igualdade e critérios de admissão em concurso público

Nos termos expressos do §3º, do art. 39, da CF/88, pode *"a lei estabelecer requisitos diferenciados de admissão quando a natureza do cargo o exigir"*. Assim, é possível que os editais adotem ***requisitos diferenciados de admissão***, desde que:

i) estejam ***previstos em lei***, não podendo o edital adotar requisito que não esteja previsto em lei;

ii) sejam ***compatíveis com a natureza do cargo***, isto é, sejam necessários ao bom exercício das funções e atribuições do cargo, sendo razoável e até mesmo imprescindível a sua exigência.

O Supremo Tribunal Federal já foi chamado a decidir um considerável número de casos referentes à relação do princípio da igualdade e os critérios de admissão estabelecidos em editais de concursos públicos, tendo firmado, dentre outras, as seguintes posições:

1) *STF, Súmula 14:* Não é admissível, por ato administrativo, restringir, em razão da idade, inscrição em concurso para cargo público.

2) *STF, Súmula 683:* O limite de idade para a inscrição em concurso público só se legitima em face do art. 7º, XXX, da Constituição, quando possa ser justificado pela natureza das atribuições do cargo a ser preenchido.

3) *STF, Súmula Vinculante 44:* Só por lei se pode sujeitar a exame psicotécnico a habilitação de candidato a cargo público.

4) *STF, AgRg RE 558.833:* A exigência de experiência profissional prevista apenas em edital importa em ofensa constitucional.

5) *STF, AgRg RE 404.656:* A fixação de limite de idade via decreto não tem o condão de suprir a exigência constitucional de que tal requisito seja estabelecido por lei.

6) *STF RE, 459.757:* É inconstitucional regra de concurso para a defensoria de ofício da justiça militar que exige do candidato mais de 25 anos e menos de 35 anos de idade, salvo se ocupante de cargo ou função pública, pois se a lei dispensa do limite os que já sejam servidores públicos, fica evidenciado que não se cuida de discriminação ditada por exigências etárias das funções do cargo considerado.

7) *STF, RE 523.737:* É inconstitucional a exigência de teste de esforço físico em concurso público com critérios diferenciados em razão da faixa etária.

8) *STF, RE 630.733:* É constitucional cláusula de edital que veda a remarcação de teste de aptidão física em concurso público em razão de problema temporário de saúde, por tratar-se de cláusula editalícia que confere eficácia ao princípio da isonomia à luz

dos postulados da impessoalidade e da supremacia do interesse público, inexistindo direito constitucional à remarcação de provas em razão de circunstâncias pessoais dos candidatos.

9) *STF, RE 630.733:* É constitucional a remarcação do teste de aptidão física de candidata que esteja grávida à época de sua realização, independentemente da previsão expressa em edital do concurso público.

10) *STF, AI 851.587-Agr:* É inconstitucional a exigência de prova física desproporcional à habilitação ao cargo de auxiliar médico-legista, porquanto a atuação deste, embora física, não se faz no campo da força bruta, mas a partir de técnica específica.

11) *STF, RE 150.455:* No âmbito da polícia, ao contrário do que ocorre com o agente em si, é inconstitucional a exigência de altura mínima, considerados homens e mulheres, de um metro e sessenta para a habilitação ao cargo de escrivão, cuja natureza e estritamente escriturária.

12) *STF, RE 898.450:* Editais de concurso público não podem estabelecer restrição a pessoas com tatuagem, salvo situações excepcionais em razão de conteúdo que viole valores constitucionais, como tatuagens que exteriorizem valores excessivamente ofensivos à dignidade dos seres humanos [suástica nazista, por exemplo], ao desempenho da função pública pretendida [tatuagem de palhaço assassino em concursos para carreiras policiais, por exemplo], incitação à violência iminente, ameaças reais ou representem obscenidades [frases ou imagens que exaltem assassinos, genocidas ou pedófilos, por exemplo]. Essa decisão do Supremo aderiu ao chamado ***Miller Test*** (expressão que remete ao famoso caso *Miller vs. Califórnia*, julgado em 1973 pela Suprema Corte estadunidense), cuja finalidade é identificar quando uma figura, como uma tatuagem, foto, ou algo afim, fere ou não os valores sociais básicos expressos na Constituição.

13) *STF, RE 635.739:* Regras restritivas em editais de concurso público, quando fundadas em critérios objetivos relacionados ao desempenho meritório do candidato, não ferem o princípio da isonomia. As cláusulas de barreira em concurso público são constitucionais (cláusulas que limitam o número de candidatos participantes em cada fase do concurso, com o intuito de selecionar apenas os candidatos mais bem classificados para prosseguir no certame).

14) *STF, ADI 3.830:* É constitucional a exigência de títulos em concursos públicos, desde que seja compatível com a natureza e as atribuições do cargo e os critérios sejam razoáveis. Nesse caso, a Corte, por unanimidade, julgou improcedente a ADI 3830 que questionava a constitucionalidade de artigos de lei estadual que dispunham sobre critérios de valorização de títulos para concursos de ingresso e remoção nos serviços notarial e registral, considerando que eles seriam razoáveis por buscarem arregimentar os melhores candidatos.

15) *STF, RE 560.900:* É inconstitucional a cláusula de edital de concurso público que restrinja a participação de candidato pelo simples fato de responder a inquérito ou a ação penal, salvo se essa restrição for instituída por lei e se mostrar constitucionalmente adequada.

16) *STF, ADI 5.358:* É inconstitucional a fixação de critério de desempate em concursos públicos que favoreça candidatos que pertencem ao serviço público de determinado ente federativo, estabelecendo-lhe preferência, na ordem de classificação.

5.3 Igualdade e ações afirmativas

Como vimos, a igualdade, em sua dimensão material ou substancial, exige que tratemos de forma desigual aqueles que se encontram em situações de desigualdade, na busca de equalizar os diferentes em condições e oportunidades de exercício de direitos, transformando a desigualdade real em igualdade. Para tanto, faz-se necessário que o Estado, por ações conjuntas de seus poderes (Executivo, Legislativo e Judiciário), e a sociedade adotem medidas que possibilitem essa transformação, incluindo os excluídos, a fim de efetivarmos o direito à igualdade e extinguirmos os preconceitos e as discriminações que tanto assolaram e marginalizaram determinados grupos ao longo da história.

Nesse cenário, as ações afirmativas (*affirmatives actions*) têm se destacado como instrumentos de compensação que buscam assegurar condições, oportunidades e acesso a bens e direitos a grupos marginalizados, vulneráveis ou hipossuficientes. Assim, as ações afirmativas caracterizam-se como ações estatais e medidas políticas que ***conferem tratamento diferenciado a grupos que se encontram em situações de desigualdade real***, pautadas no conceito de ***discriminação positiva***, com fins de concretizar a ***igualdade substancial*** entre os diversos grupos sociais mediante a ***redistribuição de bens e oportunidades*** àqueles que se encontrem em situação de exclusão e vulnerabilidade.

As ações afirmativas residem na ideia de que o Estado não deve manter posição de neutralidade frente às situações de desigualdade que são vivenciadas por certos grupos minoritários politicamente, devendo agir promovendo a igualdade daqueles que se encontram alijados do processo político e marginalizados socialmente em razão de preconceitos encravados na cultura social dominante, como o machismo, o racismo, a homofobia etc.[66] Não se trata de ações que visam compensar os erros do passado, mas sim de ***ações que buscam compensar as desigualdades e os privilégios vivenciados no presente***. Isto é, não são medidas adotas em face da desigualdade plantada no passado, mas sim da desigualdade colhida no presente.

Nada obstante, é preciso ter cuidado ao se estabelecer ações afirmativas sob pena de se promover favoritismos na instituição das vantagens compensatórias, podendo gerar a ***discriminação inversa***, que se dá quando se lesa ou restringe de forma indevida e ilegítima os direitos daqueles que não foram beneficiados pelas ações afirmativas. Assim, nos termos da jurisprudência do Supremo Tribunal Federal e das construções doutrinárias, é possível dizer que a ***legitimidade*** *das ações afirmativas dependerá da observância, pelo menos, dos seguintes critérios:*

i) ***identificação da minoria e das circunstancias atuais do grupo:*** antes de se implementar qualquer ação afirmativa é necessária uma análise das condições reais e atuais dos grupos a serem beneficiados pela medida, verificando se são realmente vulneráveis, hipossuficientes ou discriminados, de forma sistêmica e não isolada, estando alijados do processo político, configurando-se como minoria política;

ii) ***necessidade da medida:*** é preciso verificar se a medida é mesmo necessária, ou se há outras medidas menos gravosas que consigam resolver o problema de forma tão efetiva quanto ela, a fim de se evitar a discriminação inversa;

iii) ***observância do conteúdo do princípio da igualdade:*** a medida precisa justificar-se como ação que irá viabilizar a igualdade real, substancial e material, isto é, deve-se

66. ROCHA, Carmen Lúcia Antunes. Ação Afirmativa: o conteúdo do princípio da igualdade jurídica. Revista Trimestral de Direito Público. n. 15, 1996.

tratar de medida hábil a implementar uma discriminação positiva, conferindo tratamento desigual aos desiguais na medida da sua desigualdade, frise-se: na medida da desigualdade, nem mais (superproteção), nem menos (proteção insuficiente);

*iv) **respeito à integridade e coerência do sistema jurídico***, que exige convivência harmônica, interdependente e complementar entre os direitos fundamentais de todas as pessoas, formando um sistema uno que, especialmente no âmbito do subsistema dos direitos fundamentais, tem a ***dignidade da pessoa humana*** como matriz e como objetivo primordial a ser protegido e promovido;

*v) **caráter precário e temporário da medida como regra:*** a ação afirmativa não deve ser estabelecida pela eternidade, pois se trata de medida que buscar diminuir e eliminar as desigualdades transformando a realidade social. Assim, uma vez transformada a situação dos grupos e eliminadas as diferenças inferiorizantes, a medida deve ser reduzida e, por fim, extinta. Nada obstante, ***há ações que não possuem caráter precário e temporário***, como certas medidas implementadas em favor de pessoas com deficiência, por exemplo.

Ao longo da vigência da Constituição brasileira de 1988 tivemos algumas ***ações afirmativas*** extremamente relevantes para a concretização do princípio da igualdade e que, inclusive, foram objeto de questionamentos no STF, destacando-se:

*1) **Cotas étnico-raciais para seleção de estudantes em universidades públicas:*** o sistema de cotas étnico-raciais no ensino superior, adotado muito antes por países como Índia e Estados Unidos, foi implementado no Brasil a partir do ano 2000 como forma de equalizar o acesso à educação e às profissões melhor remuneradas, tendo em vista a realidade das populações negra e indígena do país, que se encontram marginalizadas, vulnerabilizadas e alijadas do processo político nacional. Porém, sua constitucionalidade foi contesta em diversas oportunidades, destacando-se os julgamentos da ADI 186 e do RE 597.285 pelo STF, oportunidades em que a Corte, por unanimidade, decidiu que o sistema de cotas étnico-raciais para seleção de estudantes em universidades públicas é constitucional.

*2) **O PROUNI e a concessão de bolsas de estudos em universidades privadas:*** a medida provisória 213/2004 convertida na lei 11.096/2005 instituiu o PROUNI, programa governamental de concessão de bolsas de estudos em universidades privadas a alunos que tenham cursado o ensino médio completo em escola pública ou em instituição privada na condição de bolsista integral, cuja renda familiar baixa (renda mensal per capita não que não excedesse o valor de até um salário-mínimo e meio), contendo cotas específicas para pessoas com deficiência e cidadãos autodeclarados indígenas, pardos e negros. A constitucionalidade do PROUNI também foi questionada e, no julgamento da ADI 3.330, o STF decidiu que o programa é constitucional por, dentre outros motivos, buscar concretizar o princípio da igualdade.

*3) **A lei 12.711 e a reserva de vagas nas instituições federais de educação superior:*** a lei 12.711/2012 estabeleceu que as instituições federais de educação superior vinculadas ao Ministério da Educação reservarão, em cada concurso seletivo para ingresso nos cursos de graduação, por curso e turno, no mínimo 50% de suas vagas para estudantes que tenham cursado integralmente o ensino médio em escolas públicas, sendo que no preenchimento dessas vagas, 50% deverão ser reservadas aos estudantes oriundos de famílias com baixa renda (renda igual ou inferior a um salário-mínimo e meio per capita), estabelecendo ainda cotas proporcionais para negros, pardos, indígenas e pessoas com deficiência. Entretanto, conforme decidiu o STF, a lei não pode restringir as cotas nas universidades públicas apenas para alunos que estudaram na rede pública de determinado ente federativo (Estado, DF ou Município).[67]

4) *a lei 12.990 e a reserva de vagas para pessoas negras em concursos públicos federais:* a lei 12.990/2014 reservou aos negros 20% das vagas oferecidas nos concursos públicos para provimento de cargos efetivos e empregos públicos no âmbito da administração pública federal, das autarquias, das fundações públicas, das empresas públicas e das sociedades de economia mista controladas pela União. Essa lei teve sua constitucionalidade analisada pelo Supremo Tribunal Federal, no julgamento da ADC 41, que, por unanimidade, declarou a sua integral constitucionalidade e fixou a tese de que é constitucional a reserva de 20% das vagas oferecidas nos concursos públicos para provimento de cargos efetivos e empregos públicos no âmbito da administração pública direta e indireta, sendo legítima a utilização, além da autodeclaração, de critérios subsidiários de heteroidentificação, desde que respeitada a dignidade da pessoa humana e garantidos o contraditório e a ampla defesa.

6. DIREITO À SEGURANÇA

Embora de suma relevância, é o direito previsto no *caput*, do art. 5º, da CF/88, que menos recebe atenção dos manuais de direito constitucional e Constituições comentadas, sendo muitas vezes ignorado pela doutrina, sequer sendo mencionado ou analisado. Nada obstante, o direito à segurança encontra-se positivado em nosso constitucionalismo desde a Constituição do Império, de 1824, tendo sido expressamente reconhecido por todos os nossos textos constitucionais. Entretanto, até a Constituição de 1946, a segurança era qualificada como *segurança individual*, vindo, a partir da Constituição de 1967, a ser designada apenas como *segurança*, sem qualificá-la como individual, em razão do reconhecimento de seu caráter multidimensional.

O direito fundamental à segurança fundamenta-se materialmente na dignidade da pessoa humana na medida em que assegura a tranquilidade e a previsibilidade necessárias a uma vida estável, tratando-se de um princípio multidimensional que perpassa diversos campos do direito e possui, pelo menos, as seguintes *dimensões*:[68]

1) ***O direito à segurança como estabilidade das relações jurídicas:*** numa primeira dimensão a segurança é concebida como estabilidade das relações jurídicas, estando consagrada especialmente pelos institutos do direito adquirido, do ato jurídico perfeito e da coisa julgada.

2) ***O direito à segurança como previsibilidade da atuação estatal:*** numa segunda dimensão a segurança é concebida como previsibilidade da atuação estatal e das relações jurídicas, estando consagrada especialmente pelo princípio constitucional da legalidade (art. 5º, incisos II e XXXIX; art. 37, *caput*; art. 150, I; dentre outros). Par além disso, relaciona-se intimamente com as garantias fundamentais processuais, especialmente com a do juiz natural (art. 5º, XXXVII e LIII), com o princípio

67. STF, ADI 4.868, Rel. Min. Gilmar Mendes.
68. SOUZA NETO, Cláudio Pereira de. Comentário ao direito à segurança, art. 5º, *caput*. In: CANOTILHO, J.J. Gomes; MENDES, Gilmar Ferreira; SARLET, Ingo Wolfgang; STRECK, Lenio Luiz (coord.). Comentários à Constituição do Brasil. São Paulo: Saraiva, 2013.

da anualidade eleitoral (art. 16), com as garantias fundamentais tributárias, especialmente com a da anterioridade (art. 150, III, "b" e "c") e a da irretroatividade (art. 150, III, "a") tributárias, bem como com as vedações infraconstitucionais de aplicação de novas interpretações em face da adoção de novos critérios pela Administração Pública, como as previstas no inciso XIII, do parágrafo único, do art. 2º, da lei 9.784 (Lei de Processo Administrativo) e no art. 146, do Código Tributário Nacional, por exemplo. Ademais, no âmbito da Administração Pública, materializa-se de forma especial na vedação do comportamento contraditório (*venire contra factum proprium*). Por fim, merecem destaque as inovações trazidas pela lei 13.655/2018, que alterou a LINDB (Decreto-Lei 4.657/1942), buscando impor maior respeito a previsibilidade jurídica, especialmente pelas normas dos novos artigos 21, 23 e 24 da LINDB.

3) *O direito à segurança como redução de riscos:* numa terceira dimensão a segurança é concebida como redução de riscos, estando consagrada especialmente pela segurança pública (art. 144, da CF/88), em face do dever estatal de assegurar a incolumidade das pessoas e do patrimônio, preservando a tranquilidade e a paz social e possibilitando que as pessoas desenvolvam suas aspirações existenciais de forma livre e plena. Para além disso, a segurança concebida como redução de riscos contempla, ainda, uma proteção ambiental ampla (art. 225, CF/88).

4) *A dimensão social do direito à segurança:* numa quarta dimensão a segurança é concebida como segurança social, estando consagrada expressamente no art. 6º, da CF/88, que trata dos direitos sociais. Nessa dimensão merecem destaque o sistema de seguridade social (arts. 194 a 204, da CF/88), o princípio da proibição de retrocesso social que veda a reversibilidade das conquistas fáticas e jurídicas no campo dos direitos fundamentais sociais, bem como os direitos fundamentais do trabalhador relacionados à previsibilidade e estabilidade inerentes à segurança social, como a proteção contra a despedida sem justa causa (art. 7º, I), o seguro desemprego (art. 7º, II), a irredutibilidade do salário (art. 7º, VI) e o aviso prévio (art. 7º, XXI), por exemplo.

6.1 Segurança jurídica

A conceituação de segurança jurídica, bem como o tratamento jurídico dado a ela sofreram significativas alterações após o fim da Segunda Guerra Mundial e, consequente, *"superação" do positivismo jurídico*. Em breves palavras, pode-se dizer que a segurança jurídica até aquele momento histórico ***se resumia à aplicação da lei***. Mais ainda, limitava-se a uma estrita legalidade, pautada na máxima previsibilidade, fazendo dos juristas, de modo geral, e, do interprete (magistrado ou cientista), de modo específico, meros reprodutores de um direito posto que se pautava em dogmas que, de certa ótica, atentavam até mesmo contra a segurança jurídica (numa concepção mais ampla do termo), tais quais os dogmas da completude sistêmica e da inexistência de lacunas, que geravam no cidadão uma sensação de que todas as situações estariam positivadas na lei, contudo, sabe-se ser impossível uma positivação total das situações da vida, que sempre se renovam e se inovam, o que levava o magistrado à presunção de que aquilo que não estava positivado seria, em regra, permitido, mesmo sendo contrário aos costumes, à moral, aos princípios gerais do direito e à justiça, o que, após a sentença, levava o cidadão jurisdicionado a uma sensação de insegurança jurídica considerável.

Essa situação foi levada ao extremo, quando, no *julgamento de Nuremberg*, os nazistas, alegavam em sua defesa que estavam apensas cumprindo ordens que se baseavam em leis válidas.[69] Com o fim da Guerra e a ampla divulgação da barbárie que fora promovida se apoiando em "leis válidas" e na "segurança jurídica", o direito passa por uma reformulação que culminará na releitura de boa parte dos institutos jurídicos, inclusive e, sobretudo, da segurança jurídica.

Esse novo olhar, que domina o pensamento jurídico da segunda metade do século XX, ganha proeminência no cenário jurídico brasileiro, com quase quatro décadas de atraso, com a promulgação da *Constituição de 1988*, vez que o Brasil ficara estagnado em uma ditadura militar totalitarista e hedionda por mais de duas décadas nesse intermédio.

À luz do constitucionalismo contemporâneo, a segurança jurídica passa a ser muito mais do que mera *previsibilidade do direito* e que *não surpresa (ou "certeza do direito")*. Nesse novo cenário, a segurança jurídica passa a comunicar-se com a ordem jurídica constitucional, devendo estar em conformidade com ela e com seus preceitos humanísticos. Segurança jurídica, agora, passa pela "justiça constitucional", passa pela salvaguarda dos direitos fundamentais e pelo princípio fundamental da dignidade da pessoa humana.[70] Contudo, por óbvio, a *previsibilidade* e a *"certeza do direito"* ainda continuam na essência da segurança jurídica, inegavelmente importantes ao ordenamento jurídico e a manutenção da paz social, entretanto passam por uma releitura constitucional.

Conforme demonstra Humberto Ávila, a segurança jurídica, na Constituição de 1988, caracteriza-se por ser uma ***norma jurídica da espécie princípio***, "porque, pelo exame da sua estrutura e das suas partes constituintes, verifica-se que ela determina a proteção de um ideal de coisas cuja realização depende de comportamentos, muitos dos quais já previstos expressamente".[71]

Esse princípio da segurança jurídica, segundo Ávila, exige um estado de ***cognoscibilidade***[72], um estado de ***confiabilidade***[73] e um estado de ***calculabilidade***[74], que não se excluem, mas se complementam. Mais ainda, por se tratar de princípio e, consequentemente, exigir um estado de otimização de seu conteúdo direcionando a decisão do julgador, a segurança

69. Nesse sentido, Luis Roberto Barroso afirma que "os principais acusados de Nuremberg invocaram o cumprimento da lei e a obediência a ordens emanadas da autoridade competente. Até mesmo a segregação da comunidade judaica, na Alemanha, teve início com as chamadas leis raciais, regularmente editadas". BARROSO, Luís R. Curso de Direito Constitucional Contemporâneo. 3 ed. São Paulo: Saraiva, 2011, p. 264.
70. CUNHA, Ricarlos Almagro Vitoriano. Segurança Jurídica e Crise no Direito. Belo Horizonte: Arraes, 2012.
71. ÁVILA, Humberto. Segurança Jurídica: entre permanência, mudança e realização no direito tributário. 2 ed. São Paulo: Malheiros, 2012, p. 255-256.
72. "De **cognoscibilidade**, quer por razões teóricas, quer por razões normativas. As razões teóricas que conduzem à cognoscibilidade, em vez da determinação, dizem respeito à indeterminação da linguagem: não há como sustentar que esta última possa apresentar significados totalmente prontos antes mesmo de se iniciar a atividade interpretativa [...] As razões normativas que conduzem à cognoscibilidade concernem a normas jurídicas que, de algum modo, se contrapõem à determinação: a regra de legalidade deve ser conjugada com vários princípios, como o democrático e o da separação dos Poderes, que pressupõem uma margem limitada de configuração ao Poder Executivo, exigindo que o Poder Legislativo estabeleça os padrões normativos sem adentrar em aspectos técnicos de competência de órgãos administrativos". Ibidem, p. 256-257.
73. "De **confiabilidade**, no lugar de imutabilidade, porque a CF/88, a par de prever cláusulas pétreas, que tornam mais difícil a mudança, mas pressupõe a sua possibilidade, prevê o princípio do Estado Social de Direito, o qual exige que o Estado cumpra sua função planificadora e indutora da sociedade, realizando mudanças sociais, especialmente por meio da distribuição da riqueza. Tais modificações, todavia, devem assegurar estabilidade e continuidade normativas, visto que os direitos de propriedade e liberdade pressupõem um mínimo de permanência das regras válidas como condição para que o homem possa livremente plasmar a sua própria vida, e o direito à profissão carece de durabilidade das condições de vida". Ibidem, p. 257.
74. "De **calculabilidade**, em substituição à previsibilidade (absoluta), como a total capacidade de antecipar os conteúdos normativos, porque, apesar de a CF/88 conter uma série de regras destinadas a permitir uma antecipação da ação estatal, como são os casos das regras da legalidade e da anterioridade, a natureza do Direito – como será visto em pormenor na Segunda Parte deste trabalho –, vertido em linguagem largamente indeterminado e dependente de processos argumentativos para a reconstrução de sentidos, impede a existência de univocidade dos seus enunciados". Ibidem, p. 258.

jurídica não tem como núcleo a exigência prévia de conhecimento dos conteúdos, mas sim a controlabilidade argumentativa destes conteúdos e de suas estruturas na (re)construção e aplicação de seus sentidos normativos. "A segurança jurídica, em suma, revela-se no curso do processo de realização do Direito".[75] Diríamos mais, revela-se no curso do devido processo (constitucional) de realização do Direito.

Assim, "pode-se conceituar a segurança jurídica como sendo uma norma-princípio que exige, dos Poderes Legislativo, Executivo e Judiciário, a adoção de comportamentos que contribuam mais para a existência, em benefício dos cidadãos e na sua perspectiva, de um estado de confiabilidade e de calculabilidade jurídica, com base na sua cognoscibilidade, por meio da controlabilidade jurídico-racional das estruturas argumentativas reconstrutivas de normas gerais e individuais, como instrumento garantidor do respeito à sua capacidade de – sem engano, frustação, surpresa e arbitrariedade- plasmar digna e responsavelmente o seu presente e fazer um planejamento estratégico juridicamente informado do seu futuro".[76] Ademais, conforme demonstra Humberto Ávila, "o princípio da segurança jurídica implica processos de determinação, de legitimação, de argumentação e de fundamentação que viabilizem a controlabilidade semântico-argumentativa da atuação estatal, de um lado, e a respeitabilidade da ação do contribuinte fundada no Direito, de outro, bem como, por via reflexa, da argumentação referente a essa ação. De fato, essa exigência de transparência argumentativa torna visível a aplicação do Direito. O princípio da segurança jurídica, como acentua Ferraz Júnior com referência ao processo decisório, exige um 'decorrer previsível desse proceder decisório'. Nesse ponto, é oportuno recordar a afirmação elucidativa de Smith: 'A justiça não deveria apenas ser feita. Ela deveria também ser vista para ser feita'. Seguindo a trilha aberta por essa afirmação, poder-se-ia dizer que o princípio da segurança jurídica, nessa acepção de respeito não apenas pela ação – mas pela argumentação que lhe é atinente –, não só exige respeitabilidade, mas também transparência da respeitabilidade pelo contribuinte".[77]

6.2 Garantias fundamentais relacionadas à segurança jurídica

A segurança jurídica é uma garantia fundamental que contempla especialmente a estabilidade e a previsibilidade das relações jurídicas (primeira e segunda dimensões do direito à segurança), inclusive no campo social (quarta dimensão do direito à segurança). Relaciona-se à ***previsibilidade***, enquanto garantia de que as pessoas conheçam suas obrigações e seus direitos e tenham condições de prever os efeitos jurídicos relacionados à sua conduta (*cognoscibilidade e calculabilidade do direito*). Relaciona-se à ***estabilidade***, enquanto garantia de que as relações jurídicas firmadas sejam cumpridas e não venham a ser modificadas por atos unilaterais, ainda que sejam atos legislativos (*confiabilidade no direito*).

Assim, as garantias fundamentais previstas nos incisos II (legalidade) e XXXVI (direito adquirido, ato jurídico perfeito e coisa julgada), do art. 5º, da CF/88, destacam-se como instrumentos normativos asseguradores e concretizados do princípio da segurança jurídica.

6.2.1 Princípio da legalidade

Nos termos do inciso II, do art. 5º, da CF/88, *"ninguém será obrigado a fazer ou deixar de fazer alguma coisa senão em virtude de lei"*. Por um lado, este dispositivo consagra a ***liberdade***

75. Ibidem, p. 263.
76. Ibidem, p. 274.
77. Ibidem, p. 285.

geral de ação, estando a pessoa livre para agir a não ser que haja uma lei que a obrigue ou a proíba de agir de certa forma. Por outro lado, consagra o ***princípio da legalidade privada***, que classicamente limita o poder estatal, impedindo ações arbitrárias, não pautadas em leis que expressem a soberania popular, seja porque foram criadas pelos representantes do povo (democracia indireta) ou mesmo pelo próprio povo (democracia direta).

Nos termos da Constituição brasileira de 1988, os particulares só podem ser obrigados a fazer ou deixar de fazer alguma coisa se essa imposição de deveres for feita por lei (em sentido amplo). Assim, só se pode impor deveres aos particulares por: *i)* norma constitucional (originária ou fruto de reforma); *ii)* lei complementar; *iii)* lei ordinária; *iv)* lei delegada; *v)* medidas provisórias; *vi)* decretos legislativos; e *vii)* resoluções (art. 59, da CF/88).

O princípio da legalidade não se confunde com o princípio da reserva legal. A ***legalidade*** é mais ampla e geral, consistindo na exigência de lei para a imposição de deveres, bem como no respeito ao devido processo legislativo constitucional por todas as espécies normativas. Já a ***reserva legal*** é mais restrita e específica, consistindo na exigência constitucional de criação de lei para regular determinada matéria, como, por exemplo, no caso do art. 5º, XV, da CF/88, que dispõe que *"é livre a locomoção no território nacional em tempo de paz, podendo qualquer pessoa, **nos termos da lei**, nele entrar, permanecer ou dele sair com seus bens"*.

A Constituição brasileira de 1988 prevê possibilidades excepcionais de ***restrição ao princípio da legalidade*** durante a vigência do estado de defesa (art. 136) e do estado sítio (art. 137), sendo, por isso, chamados de ***estados de legalidade extraordinária***.

Por fim, é importante destacar que a ***legalidade privada*** (art. 5º, II, da CF/88) não se confunde com a ***legalidade pública*** (art. 37, *caput*). A legalidade privada permite ao particular uma liberdade geral de ação, só podendo obrigá-lo a fazer ou deixar de fazer alguma coisa por lei, de modo que, não havendo lei, o particular está livre para agir. A liberdade pública, pelo contrário, só permite que o agente público faça o que está previsto em lei, de modo que, não havendo lei, o agente público está proibido de agir.

Critério de diferenciação	Legalidade privada	Legalidade pública
Previsão constitucional	Art. 5º, II	Art. 37, *caput*
Destinatário	Particulares	Agentes Públicos
Fundamento	Autonomia da vontade	Subordinação
Significado	Podem fazer tudo que a lei não proíbe	Só podem fazer o que a lei autoriza
Silêncio legislativo	Equivale a permissão	Equivale a proibição
Sentido da norma específica	Normas permissivas excepcionam proibições gerais ou reforçam liberdades	Normas proibitivas excepcionam permissões gerais ou reforçam vedações
Norma geral implícita	Permissiva	Proibitiva

6.2.2 Limites à retroatividade da lei

Nos termos do inciso XXXVI, do art. 5º, da CF/88, *"a lei não prejudicará o direito adquirido, o ato jurídico perfeito e a coisa julgada"*. É importante perceber que o comando constitucional é claro: a lei não prejudicará, isto é, a lei submete-se ao direito adquirido, ao ato jurídico perfeito e à coisa julgada não podendo retroagir de forma a prejudicá-los. Ademais, a proteção constitucional do direito adquirido, do ato jurídico perfeito e da coisa julgada exprimem a "eficácia reflexiva do princípio da segurança jurídica, orientada a determinado sujeito e a determinado caso concreto, garantindo o exercício de direitos específicos".[78]

6.2.2.1 Direito adquirido

Nos termos do § 2º, do art. 6º, da LINDB, *"consideram-se adquiridos assim os direitos que o seu titular, ou alguém por ele, possa exercer, como aqueles cujo começo do exercício tenha termo pré-fixo, ou condição preestabelecida inalterável, a arbítrio de outrem"*.

Embora haja um conceito legislativo de direito adquirido, a doutrina majoritária entende que ***esse conceito não é e não pode ser um conceito fechado***, vez que a lei é que deve ser interpretada conforme à Constituição e não o contrário. Assim, esse conceito estabelece um norte, uma premissa legislativa para a definição dos contornos do instituto do direito adquirido, auxiliando na interpretação das normas constitucionais, porém sem vinculá-la ou aprisioná-la aos limites estabelecidos na lei.

Nos termos do art. 5º, XXXVI, da CF/88, a lei não pode prejudicar o direito adquirido. Mas, e a Constituição? Isto é, ***as normas constitucionais têm que respeitar os direitos adquiridos?*** Essa pergunta precisa ser dividida em outras duas, pois se a norma constitucional for originária a resposta será uma, já se ela for fruto de reforma constitucional a resposta será outra. Assim, temos os seguintes cenários:

i) ***O Poder Constituinte Originário pode prejudicar o direito adquirido ao criar uma nova Constituição?*** O Poder Constituinte Originário é inicial e ilimitado, dando início a uma nova ordem jurídica sem submeter-se, em regra, a direito pretérito. Deste modo, parece-nos óbvio que *a nova Constituição poderá manter, modificar ou revogar o direito anterior, mesmo aquele considerado adquirido*. Nesse sentido, *o Supremo Tribunal Federal*, em sua jurisprudência, não tem aceitado a invocação de direitos adquiridos contra a Constituição em vigor, de modo que somente o próprio Poder Constituinte pode criar exceções ou regras transitórias para preservar o "direito adquirido".[79]

ii) ***O Poder Constituinte Reformador pode prejudicar o direito adquirido ao reformar a Constituição?*** Para essa pergunta há duas correntes doutrinárias, uma que defende que não se pode opor direitos adquiridos contra Emendas à Constituição, pois eles seriam oponíveis somente à lei; e outra que defende a possibilidade de se opor direitos adquiridos contra Emendas à Constituição. Parece-nos que a corrente mais adequada é a que defende que *o Poder Constituinte Reformador deve respeitar os direitos adquiridos* e a segurança das relações jurídicas, lembrando que o Poder Derivado é limitado e condicionado pela própria Constituição e, também, que a Constituição considera as Emendas à Constituição como uma espécie legislativa, nos termos de seu artigo 59.

Por fim, é importante destacar que o *Supremo Tribunal Federal* já foi chamado a decidir um considerável número de casos relativos ao instituto do direito adquirido, tendo firmado, dentre outras, as seguintes posições:

78. ÁVILA, Humberto. Segurança Jurídica: entre permanência, mudança e realização no direito tributário. 2 ed. São Paulo: Malheiros, 2012, p. 262.
79. Nesse sentido: RE 14.360, RDA n. 24/58; RE 74.284, RTJ n. 66/220; RE 140.894, DJ 09/08/1996.

1) Não há direito adquirido contra a mudança de regime jurídico (STF, RE 957.768, dentre vários outros);

2) Não há direito adquirido aos critérios legais de fixação da remuneração, sendo possível reduzir as parcelas que compõem os critérios legais de fixação do vencimento, desde que isso não resulte em uma diminuição do valor total da remuneração (STF, RE 364.317);

3) A garantia da irretroatividade da lei, prevista no art. 5º, XXXVI, da Constituição da República, não é invocável pela entidade estatal que a tenha editado (STF, Súmula 654);

4) A administração pode anular seus próprios atos, quando eivados de vícios que os tornam ilegais, porque deles não se originam direitos; ou revogá-los, por motivo de conveniência ou oportunidade, respeitados os direitos adquiridos, e ressalvada, em todos os casos, a apreciação judicial (STF, Súmula 473).

6.2.2.2 Ato jurídico perfeito

Conforme dispõe o §1º, do art. 6º, da LINDB, "reputa-se ato jurídico perfeito o já consumado segundo a lei vigente ao tempo em que se efetuou". Deste modo, o ato jurídico perfeito consiste naquele que preencheu todos os elementos necessários à sua formação, estando apto a produzir os seus efeitos.

Nos termos do art. 5º, XXXVI, da CF/88, a lei não pode prejudicar o ato jurídico perfeito, impondo-se essa proteção contra todas as espécies normativas, inclusive contra as ***leis de ordem pública***, conforme já decidiu o Supremo Tribunal Federal, no RE 210.514.

Ademais, nos termos da ***Súmula Vinculante 1, do STF***, "ofende a garantia constitucional do ato jurídico perfeito a decisão que, sem ponderar as circunstâncias do caso concreto, desconsidera a validez e a eficácia de acordo constante de termo de adesão instituído pela Lei Complementar 110/2001". Deste modo, os acordos realizados com base na Lei Complementar 110 estão mantidos em razão do instituto do ato jurídico perfeito, não se devendo presumir de forma geral e abstrata que em todos os casos houve vício de consentimento do trabalhador ao firmar o acordo com a Caixa Econômica Federal em relação aos expurgos inflacionários do FGTS.

6.2.2.3 Coisa julgada

Nos termos do §3º, do art. 6º, da LINDB, "chama-se coisa julgada ou caso julgado a decisão judicial de que já não caiba recurso". A coisa julgada, classicamente, possui um aspecto formal e um aspecto material. ***Coisa julgada formal*** ocorre quando a decisão é insuscetível de reexame no mesmo processo em que foi proferida, possuindo efeitos endoprocessuais. Já ***coisa julgada material*** ocorre quando a decisão é insuscetível de reexame no mesmo e em qualquer outro processo, revestindo-se da imutabilidade de seus efeitos.[80]

Nas últimas décadas, o Supremo Tribunal Federal e o Superior Tribunal de Justiça vêm admitindo a ***relativização da coisa julgada***, pautando-se de forma especial no instrumental da ***proporcionalidade***, sobretudo nos casos em que se verifica, na visão dos tribunais, a ***coisa julgada inconstitucional***. A coisa julgada inconstitucional caracteriza-se como a decisão

80. CINTRA, Antonio Carlos de Araújo; GRINOVER, Ada Pellegrini; DINAMARCO, Candido Rangel. Teoria Geral do Processo. 26 ed. São Paulo: Malheiros, 2010.

judicial da qual já não cabe mais recurso, mas que foi proferida em desconformidade com a Constituição (especialmente com a interpretação do Supremo Tribunal Federal). Ora, decisões judiais são normas jurídicas, normas jurídicas específicas e concretos.[81] Nesse contexto, uma norma que é incompatível com a Constituição é uma norma inválida, logo uma decisão judicial inconstitucional é uma decisão nula, o que afasta a incidência da coisa julgada.

Nesse sentido, o art. 525 do CPC afirma que se considera inexigível a obrigação reconhecida em título executivo judicial fundado em lei ou ato normativo considerado inconstitucional pelo STF, ou fundado em aplicação ou interpretação da lei ou do ato normativo tido pelo STF como incompatível com a Constituição Federal, em controle de constitucionalidade concentrado ou difuso (§12), devendo a decisão do STF ser anterior ao trânsito em julgado da decisão exequenda (§14) e, podendo a corte modular temporalmente os efeitos de sua decisão, em atenção à segurança jurídica (§13). Ademais, se a decisão do Supremo for proferida após o trânsito em julgado da decisão exequenda, caberá ação rescisória, cujo prazo será contado do trânsito em julgado da decisão proferida por nossa Corte Constitucional (§15).

Por fim, é importante destacar alguns entendimentos firmados pelo ***Supremo Tribunal Federal*** acerca do instituto da coisa julgada, especialmente, os seguintes:

1) *STF, Súmula 343:* Não cabe ação rescisória por ofensa a literal disposição de lei, quando a decisão rescindenda se tiver baseado em texto legal de interpretação controvertida nos tribunais.

2) *STF, RE 590.809:* Não cabe ação rescisória quando o julgado estiver em harmonia com o entendimento firmado pelo Plenário do Supremo à época da formalização do acórdão rescindendo, ainda que ocorra posterior superação do precedente.

3) *STF RE 730.462:* A decisão do Supremo Tribunal Federal declarando a (in)constitucionalidade de preceito normativo não produz a automática reforma ou rescisão das decisões anteriores que tenham adotado entendimento diferente. Para que tal ocorra, será indispensável a interposição de recurso próprio ou, se for o caso, a propositura de ação rescisória própria, observado o respectivo prazo decadencial.

4) *STF, MS 32.435/AgR:* A força vinculativa das sentenças sobre relações jurídicas de trato continuado atua rebus sic stantibus: sua eficácia permanece enquanto se mantiverem inalterados os pressupostos fáticos e jurídicos adotados para o juízo de certeza estabelecido pelo provimento sentencial. A superveniente alteração de qualquer desses pressupostos determina a imediata cessação da eficácia executiva do julgado, independentemente de ação rescisória ou, salvo em estritas hipóteses previstas em lei, de ação revisional.

5) *STF, RE 363.889:* Deve ser relativizada a coisa julgada estabelecida em ações de investigação de paternidade em que não foi possível determinar-se a efetiva existência de vínculo genético a unir as partes, em decorrência da não realização do exame de DNA, meio de prova que pode fornecer segurança quase absoluta quanto à existência de tal vínculo. Não devem ser impostos óbices de natureza processual ao exercício do direito fundamental à busca da identidade genética, como natural emanação do direito de personalidade de um ser, de forma a tornar-se igualmente efetivo o direito à igualdade entre os filhos, inclusive de qualificações, bem assim o princípio da paternidade responsável.

81. Kelsen, Hans. Teoria Pura do Direito. São Paulo: Martins Fontes, 2003.

7. DIREITO À PROPRIEDADE

O direito à propriedade privada encontra-se assegurado no *caput* do art. 5º, da CF/88, ganhando contornos constitucionais a partir do inciso XXII, do mesmo dispositivo, sendo, ainda, princípio da ordem econômica brasileira, nos termos do art. 170, II, da CF/88.

É importante ressaltar que o direito à propriedade privada está no coração das revoluções burguesas e da ascensão dos Estados liberais, sendo considerado, por séculos, um direito natural dos mais importantes, tendo sido defendido por diversos filósofos iluministas, destacadamente por John Locke,[82] vindo a ser reconhecido desde as primeiras Constituições escritas.

7.1 Função social da propriedade

Como vimos, na compreensão dominante, não há direitos absolutos, logo a propriedade privada pode sofrer limitações. Na perspectiva constitucional, o principal critério para a limitação da propriedade está em sua função social, vez que nos termos do inciso XXIII, do art. 5º, a propriedade deve atender a sua função social.

A Constituição brasileira de 1988, ao tratar da ***propriedade urbana*** (art. 182, *caput* e §2º) estabelece que a sua função social seja atendida no desenvolvimento urbano, cumprindo-se as exigências fundamentais de ordenação da cidade expressas no plano diretor, garantindo-se o bem-estar dos habitantes. Já ao tratar da ***propriedade rural***, a Constituição estabelece, em seu art. 186, que a função social é cumprida quando a propriedade rural atende, simultaneamente, segundo critérios e graus de exigência estabelecidos em lei, aos seguintes requisitos: *i)* aproveitamento racional e adequado; *ii)* utilização adequada dos recursos naturais disponíveis e preservação do meio ambiente; *iii)* observância das disposições que regulam as relações de trabalho; e *iv)* exploração que favoreça o bem-estar dos proprietários e dos trabalhadores.

7.2 Intervenção do Estado na propriedade privada

A intervenção do Estado na propriedade privada consiste em limitação ao direito de propriedade, fundada na supremacia do interesse público sobre o privado, manifestada no exercício do poder de polícia estatal, podendo ser restritiva ou supressiva. A ***intervenção restritiva*** é aquela que limita a propriedade do particular, sem tomar-lhe o bem, enquanto a ***intervenção supressiva*** é aquela que suprime a propriedade do particular, de modo que o Estado toma o bem do particular para si.

7.2.1 Intervenção supressiva: desapropriação

A desapropriação é a única forma de intervenção supressiva na propriedade privada, tratando-se de aquisição originária da propriedade pelo Estado, com fundamento no art. 5º, XXIV, CF/88, segundo o qual *"a lei estabelecerá o procedimento para desapropriação por **necessidade ou utilidade pública, ou por interesse social**, mediante **justa e prévia indenização em dinheiro**, ressalvados os casos previstos nesta Constituição"*.

82. LOCKE, John. Segundo Tratado sobre o Governo. São Paulo: Martin Claret, 2003.

PRESSUPOSTOS DA DESAPROPRIAÇÃO		
1) INTERESSE PÚBLICO		2) INDENIZAÇÃO PRÉVIA, JUSTA E FEITA EM DINHEIRO
Utilidade Pública	• Nessas duas hipóteses o Estado desapropria para ele mesmo fazer uso da propriedade. • Estão regulamentadas pelo DL 3.365/1941.	• A indenização além de ser prévia e em dinheiro deve ser ***justa***, o que abarca, conforme entendimento da jurisprudência superior, o valor venal do imóvel e todos os danos decorrentes da desapropriação.
Necessidade Pública		
Interesse Social	• Nessa hipótese o Estado desapropria o bem para dar a ele função social, usando o bem ou repassando-o a terceiros. • Está regulamentada pela Lei 4.132/1962.	

A Constituição prevê, ao longo de seu texto algumas espécies de desapropriação, sendo elas:

ESPÉCIES DE DESAPROPRIAÇÃO	
Desapropriação Comum	Prevista no art. 5º, XXIV, CF/88, que se dá nos termos exatos dos pressupostos apresentados.
Desapropriação Especial Urbana	Fundada no art. 182, CF/88 e regulamentada pela Lei 10.257/01 (Estatuto das Cidades), para os casos em que imóveis urbanos não estejam cumprindo a função social prevista no plano diretor da cidade.
Desapropriação Especial Rural	Fundada no art.184, CF/88, e regulamentada pela lei complementar 76/93, para os casos em que o imóvel rural não estiver cumprindo sua função social, podendo ele ser desapropriado para fins de reforma agrária, pela União.
Desapropriação Confisco (Expropriação)	Fundada no art. 243, da CF/88, segundo o qual "as propriedades rurais e urbanas de qualquer região do País onde forem localizadas culturas ilegais de plantas psicotrópicas ou a exploração de trabalho escravo na forma da lei serão expropriadas e destinadas à reforma agrária e a programas de habitação popular, sem qualquer indenização ao proprietário e sem prejuízo de outras sanções previstas em lei, observado, no que couber, o disposto no art. 5º". Ademais, nos termos do parágrafo único do citado dispositivo, "todo e qualquer bem de valor econômico apreendido em decorrência do tráfico ilícito de entorpecentes e drogas afins e da exploração de trabalho escravo será confiscado e reverterá a fundo especial com destinação específica, na forma da lei".

7.2.2 *Intervenções restritivas*

As intervenções restritivas são aquelas que limitam a propriedade do particular, sem tomar-lhe o bem, dando-se nas seguintes modalidades: a) limitação administrativa; b) servidão administrativa; c) requisição administrativa; d) ocupação temporária; e e) tombamento.

A ***limitação administrativa*** é uma intervenção restritiva de caráter geral e abstrato que incide sobre uma quantidade indeterminada de bens, como por exemplo, a proibição de se construir prédios com mais de 3 andares em bairros vizinhos ao aeroporto da cidade.

A ***servidão administrativa*** é uma restrição de caráter individual, consistente em direito real público, que incide sobre bem imóvel, devendo constar em sua matrícula que o prédio privado servirá a prestação de um serviço público, de modo que o Estado usa o bem junto com o particular, como por exemplo, na colocação de um poste para passar fios de energia em um terreno particular, ou na colocação de placa de identificação da rua no muro da residência.

A ***requisição administrativa***, nos termos do *inciso XXV, do art. 5º, da CF/88*, ocorre em casos de iminente perigo público, nos quais a autoridade competente poderá usar de propriedade particular, assegurada ao proprietário indenização posterior, se houver dano, como por exemplo, o uso de veículo particular por autoridade policial para a perseguição de criminosos.

A *ocupação temporária* dá-se quando o Estado precisa utilizar temporariamente um bem particular, sem haver iminente perigo, sendo indenizável quando houver dano, como por exemplo, o Estado ocupar temporariamente terrenos vizinhos a uma obra pública para lhe dar suporte.

O *tombamento*, fundado no *§1º, do art. 216, da CF/88*, consiste em intervenção restritiva na propriedade privada que busca o patrimônio cultural brasileiro, que recai sobre bens móveis e imóveis, materiais e imateriais, podendo ser total ou parcial. A coisa tombada sujeita-se a diversas restrições, como por exemplo, não podendo ser destruída, demolida ou mutilada, nem, sem prévia autorização especial do Serviço do Patrimônio Histórico e Artístico Nacional, ser reparada, pintada ou restaurada, sob pena de multa.

7.3 A impenhorabilidade da pequena propriedade rural familiar

Nos termos do inciso XXVI, do art. 5º, da CF/88, a pequena propriedade rural, assim definida em lei, desde que trabalhada pela família, não será objeto de penhora para pagamento de débitos decorrentes de sua atividade produtiva, dispondo a lei sobre os meios de financiar o seu desenvolvimento. Trata-se da qualificação e proteção do bem de família, em face da necessidade de se proteger o patrimônio necessário à sobrevivência familiar, na esteira das exigências da própria função social da propriedade.

7.4 Propriedade intelectual

Os direitos de propriedade intelectual (direito de propriedade industrial e direitos do autor) encontram fundamento expresso na Constituição brasileira de 1988, estando assegurados nos incisos XXVII, XXVIII e XXIX, de seu art. 5º, que assim os prevê:

- Aos autores pertence o direito exclusivo de utilização, publicação ou reprodução de suas obras, transmissível aos herdeiros pelo tempo que a lei fixar;
- São assegurados, nos termos da lei: a) a proteção às participações individuais em obras coletivas e à reprodução da imagem e voz humanas, inclusive nas atividades desportivas; b) o direito de fiscalização do aproveitamento econômico das obras que criarem ou de que participarem aos criadores, aos intérpretes e às respectivas representações sindicais e associativas;
- A lei assegurará aos autores de inventos industriais privilégio temporário para sua utilização, bem como proteção às criações industriais, à propriedade das marcas, aos nomes de empresas e a outros signos distintivos, tendo em vista o interesse social e o desenvolvimento tecnológico e econômico do País.

7.5 Direito à herança

Nos termos do inciso XXX, do art. 5º, da CF/88, é garantido o direito de herança, enquanto corolário do direito à propriedade privada, estando regulamentado pela legislação cível.

Já de acordo com o inciso XXXI, do art. 5º, da CF/88, a sucessão de bens de estrangeiros situados no país será regulada pela lei brasileira em benefício do cônjuge ou dos filhos brasileiros, sempre que não lhes seja mais favorável a lei pessoal do "de cujus". Ou seja, na sucessão de bens de pessoas estrangeiras que estejam situados no Brasil deve-se aplicar a lei brasileira, contudo se a lei pessoal do falecido for mais favorável ao cônjuge (ou companheiro) ou filhos brasileiros, aplica-se ela.

8. DIREITO À PRIVACIDADE

O direito à privacidade fundamenta-se diretamente na dimensão ontológica da dignidade da pessoa humana, sendo um desdobramento lógico da autonomia existencial do indivíduo que, em conjunto com a liberdade e a vida digna, forma o núcleo do livre desenvolvimento da personalidade humana.[83] A privacidade envolve o direito à solidão, o direito de estar só, na sua paz e equilíbrio, o direito de não ser exposto, de não ter sua vida íntima e privada compartilhada, mantendo o controle das informações de sua própria vida, o direito ao segredo e ao sigilo, o direito de ter sua imagem e honra preservados, envolve a intimidade e o aconchego do lar e dos locais de descanso da pessoa.

Para resguardar o direito à privacidade, assevera o art. 5º, X, da CF/88, que *"são invioláveis a intimidade, a vida privada, a honra e a imagem das pessoas, assegurado o direito a indenização pelo dano material ou moral decorrente de sua violação"*, o que demonstra que a privacidade é gênero, do qual são espécies a intimidade, a vida privada, a honra e a imagem. Ademais, ainda podemos dizer que são espécies da intimidade, nos termos constitucionais, a inviolabilidade do domicílio e os sigilos pessoais, previstos nos incisos XI e XII, do mesmo artigo.

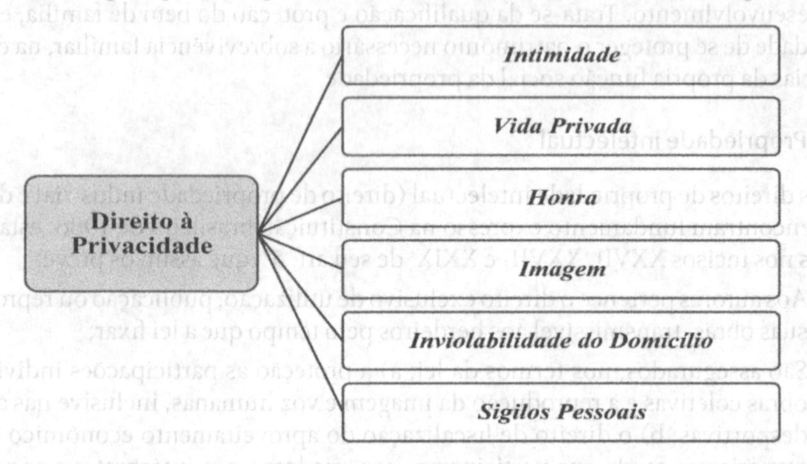

8.1 Direito à intimidade

A intimidade compõe a parte nuclear do direito à privacidade, liga-se à própria essência da pessoa, ao seu modo de ser, refletindo as opções, ações e relações mais intimas e pessoais do indivíduo. Comporta, portanto, o seu mundo intrapsíquico, a sua própria identidade, a autoestima e a autoconfiança, englobando, ainda, a sua vida sexual, os seus segredos (como aqueles registrados em um diário pessoal) e informações mais pessoais (como o desabafo, de uma melhor amiga a outra, feito por mensagem de aplicativo telefônico revelando que foi estuprada pelo irmão) e os seus próprios sentimentos (o amor, o ódio, a paixão etc.).

8.2 Direito à vida privada

A vida privada compõe a parte periférica do direito à privacidade, liga-se às opções, ações e relações do indivíduo com o meio social no qual está inserido, como as relações familiares,

83. MOREIRA, Rodrigo P. Direito ao livre desenvolvimento da personalidade. Curitiba: Juruá, 2016.

negociais, afetivas, incluindo seus momentos de lazer, de descanso, trabalho, bem como seus dados bancários, fiscais etc. Ademais, por não dizer respeito à parte mais íntima do direito à privacidade, a vida privada recebe mais proteção quanto menos interesse público recair sobre ela.

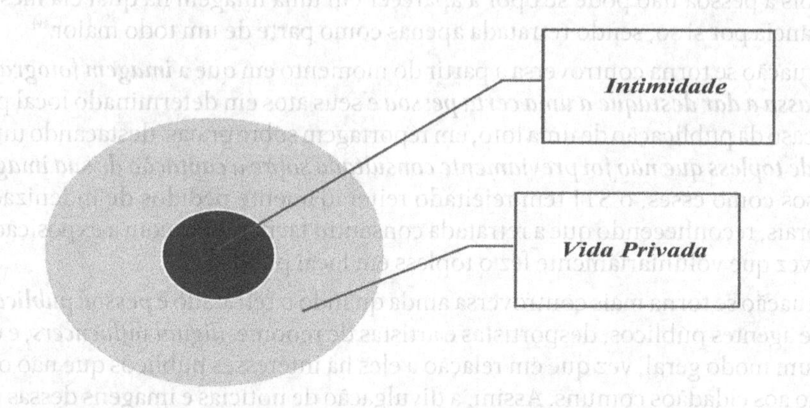

8.3 Direito à honra

A honra está ligada à autonomia moral do indivíduo, é um conceito essencialmente moral, ligando-se diretamente àquilo que o indivíduo percebe de si mesmo nas suas relações interpessoais (***honra subjetiva***), assim como às compreensões e juízos de valor que a sociedade faz do indivíduo nessas relações (***honra objetiva***). Compreende, portanto, a reputação da pessoa, seu renome, prestígio, estima, boa (ou má) fama, (bom ou mau) nome, sua identidade social e respeitabilidade.

A violação ao direito à honra encontra represália de natureza penal, dos artigos 138 a 145, do Código Penal, que definem os crimes contra a honra, bem como de natureza cível, vez que as ofensas à honra ensejam indenização por danos morais, nos termos do Código Civil.

8.4 Direito à imagem

O direito à imagem engloba a ***imagem retrato***, que reflete a imagem física da pessoa, seu aspecto visual e os traços característicos de sua fisionomia, e a ***imagem atributo***, que reflete a imagem da pessoa dentro do contexto social, englobando os atributos cultivados pelo indivíduo e reconhecidos pelo meio social.

8.5 Restrições ao direito à privacidade

Como vimos, segundo a teoria predominante no direito constitucional brasileiro, o direito à privacidade, como todo direito fundamental, é relativo, comportando restrições. No caso do direito à privacidade, essas ***restrições*** podem ser ***espontâneas*** (***autolimitação***), isto é, ***com o consentimento do titular do direito***, como ocorre quando o indivíduo fala de sua intimidade em uma entrevista ou comercializa o uso de sua imagem, como ocorre com modelos fotográficos, por exemplo.

Esse ***consentimento pode ser expresso*** – como no caso de pessoas que assinam contratos com *realitys shows* ou com agências de modelos, ou mesmo de pessoas que se propõem a dar entrevistas a uma rede de televisão – ***ou tácito*** – como no caso de pessoas que estejam em ambientes públicos, nos quais outras pessoas estejam fotografando ou filmando, vez que, se alguém se encontra em um local público, *prima facie*, está sujeito a ser visto e ter sua imagem fotografada ou filmada, ainda que seja por uma equipe de televisão, rádio, jornal ou revista, pois a pessoa não pode se opor a aparecer em uma imagem na qual ela mesma não tem relevância por si só, sendo retratada apenas como parte de um todo maior.[84]

A situação se torna controversa a partir do momento em que a ***imagem fotografada ou filmada passa a dar destaque a uma certa pessoa*** e seus atos em determinado local público, como no caso da publicação de uma foto, em reportagem sobre praias, destacando uma certa ***banhista de topless que não foi previamente consultada sobre a captação de sua imagem***. Ao julgar casos como esses, o STJ tem rejeitado reiteradamente pedidos de indenização por danos morais, reconhecendo que a retratada consentiu tacitamente com a exposição de sua imagem, vez que voluntariamente fez o topless em local público.[85]

A situação se torna mais controversa ainda quando o retratado é ***pessoa pública***, como políticos e agentes públicos, desportistas e artistas de renome, *digital influencers*, e celebridades de um modo geral, vez que em relação a eles há interesses públicos que não ocorrem em relação aos cidadãos comuns. Assim, a divulgação de notícias e imagens dessas pessoas está menos sujeita a vedações, desde que seja feita de boa-fé, refletindo a verdade e que se caracterize como algo útil ao povo (no caso dos políticos e agentes públicos) e ao público (no caso das celebridades).[86]

Nesse sentido, vale destacar que STF decidiu que ***é legítima a publicação dos nomes dos servidores e do valor dos correspondentes vencimentos e vantagens pecuniárias****, inclusive em sítio eletrônico mantido pela Administração Pública*, pois o princípio da publicidade e da supremacia do interesse público sobre o privado restringem o direito à privacidade dos servidores, afirmando o Supremo que esse *é o preço que se paga pela opção por uma carreira pública no seio de um Estado republicano*.[87]

Ademais, sobre a ***crítica jornalística a pessoas públicas***, já afirmou o Min. Celso de Mello do STF que a crítica jornalística "traduz direito impregnado de qualificação constitucional, plenamente oponível aos que exercem qualquer atividade de interesse da coletividade em geral, pois o interesse social, que legitima o direito de criticar, sobrepõe-se a eventuais suscetibilidades que possam revelar as pessoas públicas ou figuras notórias, exercentes ou não, de cargos oficiais".[88]

8.6 Direito ao esquecimento

O direito ao esquecimento consiste no direito de ser deixado em paz e recair no esquecimento e no anonimato após certo período de tempo concernente a um evento público, impedindo que um fato seja relembrado por muito tempo após a sua ocorrência, reavivando no público informações que denigrem de forma intensa a pessoa, causando-lhe dor, sofrimento moral e psicológico, prejuízos de diversas ordens e, no âmbito criminal, impedindo e dificultando a reinserção social do indivíduo.

84. MENDES, Gilmar Ferreira. BRANCO, Paulo Gustavo Gonet. Curso de Direito Constitucional. 7 ed. São Paulo: Saraiva, 2012, p. 323.
85. Por todos, STJ, REsp 595.600/2004 e REsp 58.101/1998.
86. MENDES, Gilmar Ferreira. BRANCO, Paulo Gustavo Gonet. Curso de Direito Constitucional. 7 ed. São Paulo: Saraiva, 2012, p. 324-325.
87. Por todos, STF, ARE652.777 e SS 3.902 AgR.
88. STF, AI 505.595 AgR.

Nas palavras de François Ost "qualquer pessoa que se tenha envolvido em acontecimentos públicos pode, com o passar do tempo, reivindicar o direito ao esquecimento; a lembrança destes acontecimentos e do papel que ela possa ter desempenhado é ilegítima se não for fundada nas necessidades da história ou se for de natureza a ferir sua sensibilidade; visto que o direito ao esquecimento, que se impõe a todos, inclusive aos jornalistas, deve igualmente beneficiar a todos, inclusive aos condenados que pagaram sua dívida para com a sociedade e tentam reinserir-se nela".[89]

Assim, sempre que a (re)lembrança de um fato não mais se justificar em face das necessidades históricas, não sendo mais essencial para representar o papel social e pessoal daquele indivíduo na atualidade, emerge o direito ao esquecimento, sendo que o tempo necessário para o exercício do direito ao esquecimento não deve ser analisado com base na quantidade de anos que se passaram, mas sim com base nas transformações da personalidade do próprio indivíduo no processo de (re)construção da própria biografia, de modo a evitar que os fatos do passado sejam usados de forma a impedir a (re)construção de um novo eu individual, ceifando ou mitigando a vida social, afetiva, psicológica e, até mesmo, fisiológica da pessoa.[90]

Por outro lado, tem-se que o direito ao esquecimento não confere a ninguém o direito de apagar os fatos passados ou de reescrever a história, mesmo que seja a própria história. Na verdade, o direito ao esquecimento garante a possibilidade de se debater a forma e a finalidade como os fatos passados estão sendo usados e lembrados[91] por outras pessoas ou por veículos de comunicação de massa, como por programas de televisão ou mesmo sítios eletrônicos da rede mundial de computadores (internet), assegurando ao indivíduo o direito de reconstruir a própria vida sem ter de conviver com a reprodução e (re)lembrança de fatos passados que inviabilizem a dignidade de sua vida social, afetiva, psicológica e fisiológica.

O direito ao esquecimento é um direito fundamental da pessoa humana, reconhecido desde o ***caso Lebach***, de 05 de junho de 1973, pela Corte Constitucional alemã, sendo considerado um ***direito fundamental atípico*** no constitucionalismo brasileiro, reconhecido através da cláusula de abertura material dos direitos fundamentais,[92] em que pese seu desenvolvimento e reconhecimento ainda seja embrionário em nosso ordenamento jurídico. Nada obstante, já há precedentes em nossas cortes superiores reconhecendo o direito ao esquecimento, dentre os quais destacamos os seguintes:

1) ***REsp 1.316.921-RJ, Rel. Min. Nancy Andrighi, julgado em 26/6/2012***. Neste caso, apresentadora Xuxa Meneguel propôs ação contra o Google, pretendendo que a empresa não propiciasse acesso à pesquisa que ligasse a imagem da apresentadora à nudez infantil ou à pedofilia, em razão da apresentadora de programas infantis no passado ter sido atriz de um filme, no qual aparece em cenas eróticas com uma criança. Ao julgar o caso, o STJ afirmou que os provedores de pesquisa não podem ser obrigados a eliminar do seu sistema os resultados derivados da busca de determinado termo ou expressão, tampouco os resultados que apontem para uma foto ou texto específico, independentemente da indicação da página onde este estiver inserido. Ademais, reconheceu o STJ a ausência de fundamento normativo para imputar aos

89. OST, François. O tempo do direito. Trad. Élcio Fernandes. Bauru: Edusc, 2005, p. 160-161.
90. MOREIRA, Rodrigo P.; MEDEIROS, J.S. Direito ao Esquecimento: Entre a Sociedade da Informação e a Civilização do Espetáculo. Revista de Direito Privado. v. 70, 2016, p. 71-98.
91. SCHREIBER, Anderson. Direitos da personalidade. São Paulo: Atlas, 2011, p. 164.
92. DOS SANTOS, Eduardo R. Direitos Fundamentais Atípicos. Salvador: Juspodivm, 2017.

provedores de aplicação de buscas na internet a obrigação de implementar o direito ao esquecimento e, assim, exercer função de censor digital.

2) *REsp 1.335.153-RJ, Rel. Min. Luis Felipe Salomão, julgado em 28/5/2013.* Neste caso, foi apresentada no programa Linha Direta a história do crime cometido contra Aída Curi, divulgando-se, dentre outras coisas, o nome da vítima e fotos reais, o que, segundo seus familiares, reavivou as lembranças do crime e todo sofrimento que o envolve. Os irmãos da vítima ingressaram com ação indenização por danos morais, materiais e à imagem contra a TV Globo, vindo o STJ, nesse julgamento, a negar o direito de indenização aos familiares de Aída Curi, por entender que, no caso, o acolhimento do direito ao esquecimento, com a consequente indenização, consubstancia desproporcional corte à liberdade de imprensa, se comparado ao desconforto gerado pela lembrança.

3) *REsp 1.334.097-RJ, Rel. Min. Luis Felipe Salomão, julgado em 28/5/2013.* Neste julgamento, o STJ reconheceu o direito ao esquecimento para um homem inocentado da acusação de envolvimento na chacina da Candelária, que anos depois de absolvido foi retratado pelo programa Linha Direta, da TV Globo, condenando a emissora ao pagamento de indenização por danos morais.

8.7 Inviolabilidade do domicílio

Conforme dispõe o art. 5º, XI, da CF/88, *"a casa é asilo inviolável do indivíduo, ninguém nela podendo penetrar sem consentimento do morador, salvo em caso de flagrante delito ou desastre, ou para prestar socorro, ou, durante o dia, por determinação judicial"*.

Em primeiro lugar, é preciso dizer que a inviolabilidade do domicilio, enquanto direito fundamental que busca proteger a privacidade da pessoa, vai além do que a leitura literal do *termo casa*, pautada no senso comum, pode levar a parecer. A proteção ao domicílio é ampla, englobando o espaço físico no qual a pessoa exerce sua privacidade das mais variadas formas possíveis, desde a moradia e repouso, até o exercício da profissão ou outras atividades intimamente relacionadas a sua privacidade, nos termos do §4º, do art. 150, do Código Penal. Assim, nos termos da legislação, jurisprudência e doutrina pátrias, devemos analisar as seguintes situações:

- ***Pátio, quintal, área de lazer e congêneres:*** por constituírem partes integrantes da casa, mesmo que não estejam cercadas por muro ou cercas, são protegidas pela inviolabilidade do domicílio. Por outro lado, terrenos baldios, campos abertos e congêneres não gozam da proteção constitucional do domicílio.
- ***Trailers, motor homes, cabine de caminhão, cabine de barcos, barracas e afins:*** enquanto estiverem sendo destinados à moradia e ao descanso privado do indivíduo, ainda que de forma transitória, são protegidos pela inviolabilidade do domicílio.[93] No caso dos trailers, motor homes e cabine de caminhão, que passam por uma blitz ou batida policial rotineira, deve-se avaliar se o veículo estava parado para repouso – estando protegido pela inviolabilidade do domicílio – ou se estava em deslocamento – situação em que poderão passar pelas revistas gerais a que se submetem todos os veículos.
- ***Quartos de hotel, motel, pensão, hospedaria e equivalentes:*** enquanto estiverem ocupados são considerados domicílio para fins de proteção constitucional, apenas não se

93. STF, RHC, 117.767/DF.

encaixando no conceito constitucional se estiverem desocupados, sendo essa a interpretação correta do inciso I, do §5º, do art. 150, do CP, segundo o Supremo Tribunal Federal.[94]

- ***Escritório, consultório, gabinete de trabalho e similares destinados ao exercício profissional:*** enquanto estiverem ocupados estão protegidos pela proteção constitucional da inviolabilidade do domicílio, sendo a inviolabilidade do escritório de advocacia prevista expressamente no art. 7º, II, da Lei 8.906/94. Contudo, nos termos da jurisprudência do STF, se esses locais não estiverem ocupados por alguma pessoa no momento da diligência ou da busca eles não são equiparados à domicílio. Nesse contexto, o STF julgou válida a implantação de escutas ambientais, pela polícia, em cumprimento à ordem judicial, realizada durante a noite.[95]

Isto posto, precisamos analisar agora as ***exceções constitucionais à inviolabilidade do domicílio***, que nos termos da Constituição, podem se dar:

1) ***durante o dia e a noite:*** *em caso de flagrante delito, desastre e para prestar socorro.* Assim, ocorrendo qualquer um desses casos emergências, é possível a entrada no domicílio sem o consentimento do morador de dia ou de noite. No que diz respeito aos casos de flagrante delito, o STF (RE 603.616) tem sólido entendimento de que a entrada forçada em domicílio sem mandado judicial só é lícita, mesmo em período noturno, quando amparada em fundadas razões, devidamente justificadas a posteriori, que indiquem que dentro da casa ocorre situação de flagrante delito, sob pena de responsabilidade disciplinar, civil e penal do agente ou da autoridade e de nulidade dos atos praticados. Ademais, segundo o STJ (HC 588.445), a proteção constitucional à inviolabilidade do domicílio pressupõe que a pessoa o utilize para fins de moradia, ainda que de forma transitória, de modo que não é nula a invasão feita sem mandado judicial se há suspeitas de que o local é usado exclusivamente para armazenar drogas e armas, não havendo ninguém que o utilize como moradia.
2) ***somente durante o dia:*** *por determinação judicial.* Para o cumprimento de ordem judicial, só é possível a entrada no domicílio sem o consentimento do morador durante o dia. *Mas, o que é dia?* Para boa parte da doutrina, que adota o ***critério físico-astronômico***, dia seria o período de tempo entre o crepúsculo e a aurora, isto é, o período de iluminação solar. Contudo, prevalece a corrente doutrinária que adota o ***critério cronológico***, entendendo-se por dia, o período compreendido entre as 06 horas e as 18 horas. Por fim, a nosso ver, se o cumprimento da ordem judicial se inicia durante o dia, como regra, não pode se estender pelo período noturno, a não ser que as razões de fato e de direito do caso concreto justifiquem excepcionalmente essa extensão, como em uma ação de grande complexidade.[96]

Ademais, por derradeiro, vale lembrar que a inviolabilidade do domicílio ***pode ser suspensa em caso de decretação de estado de sítio***, caso o decreto de execução da medida assim preveja de forma expressa, autorizando-se, então a busca e apreensão em domicílio independentemente de ordem judicial (art. 139, V, CF/88).

94. STF, RHC, 90.376/RJ.
95. STF, Inquérito 2.424/RJ.
96. FERNANDES, Bernardo G. Curso de Direito Constitucional. 11 ed. Salvador: Juspodivm, 2019, p. 572.

8.8 Sigilos pessoais

Nos termos do art. 5º, XII, da CF/88, *"é inviolável o sigilo da correspondência e das comunicações telegráficas, de dados e das comunicações telefônicas, salvo, no último caso, por ordem judicial, nas hipóteses e na forma que a lei estabelecer para fins de investigação criminal ou instrução processual penal"*.

Este dispositivo estabelece as bases de um complexo sistema de proteção dos sigilos pessoais do indivíduo com fins de salvaguardar sua privacidade. Façamos uma análise mais detalhada de cada um desses sigilos.

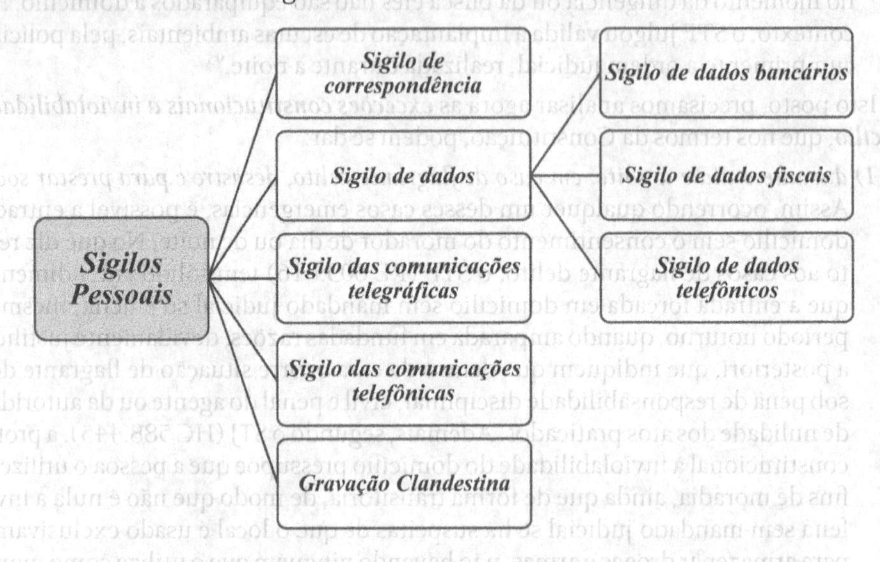

8.8.1 *Sigilo de correspondência*

O sigilo de correspondência é fundamental na proteção do direito à privacidade e da liberdade de expressão, resguardando a intimidade e o segredo das informações trocadas, não devendo ser objeto da intromissão do Estado ou de qualquer pessoa.

Vale registrar que, embora a Lei de Serviços Postais (lei 6.538/78) diferencie correspondência de encomendas, o STF (RE 1.116.949) entende que as *encomendas* estão abrangidas pela correspondência, assim é ilícita (inconstitucional) a prova obtida mediante abertura de carta, telegrama, pacote ou meio análogo (encomendas em geral) sem autorização judicial ou fora das hipóteses legais.

Por outro lado, o sigilo de correspondência não é absoluto, podendo sofrer ***restrições***, por lei ou por ordem judicial, desde que justificadas e fundamentadas na proteção de outros bens e direitos fundamentais.

Nesse sentido, o STF (HC 70.814), firmou o entendimento de que a administração penitenciária, com fundamento em razões de segurança pública, de disciplina prisional ou de preservação da ordem jurídica, pode, excepcionalmente, e desde que respeitado o art. 41, *p.ú.*, da lei 7.210/84 (LEP), ***interceptar a correspondência dos presos***, pois a inviolabilidade do sigilo de correspondência não pode constituir instrumento de salvaguarda de práticas ilícitas. Com base nesse entendimento, a lei 13.913/2019 inseriu no citado art. 41, da Lei de Execução Penal, os §§ 2º e 3º, que passaram a prever que *a correspondência de presos conde-*

nados ou provisórios, a ser remetida ou recebida, poderá ser interceptada e analisada para fins de investigação criminal ou de instrução processual penal, e seu conteúdo será mantido sob sigilo, sob pena de responsabilização penal nos termos do art. 10, parte final, da lei 9.296/1996 (lei que regulamenta a interceptação telefônica), sendo que *a interceptação e análise da correspondência deverá ser fundada nos requisitos previstos pelo art. 2º da lei 9.296/1996, e comunicada imediatamente ao órgão competente do Poder Judiciário, com as respectivas justificativas.*

Em sentido semelhante, nos termos do art. 240, §1º, do CPP, temos que, ***em casos de busca e apreensão domiciliar*** autorizadas pelo Judiciário, é possível a apreensão de todos os objetos necessários à prova do crime. Com base nesse dispositivo, é possível a restrição do direito à privacidade do alvo da investigação, mediante a abertura de correspondência e encomenda (STJ, Resp. 1.486.187), acesso a mensagens em computador (STF, RE 418.416) ou de celular (STJ 75.800), sem a necessidade de nova autorização judicial específica para isso, pois o próprio mandado de busca e apreensão constitui autorização para a quebra do sigilo.

Por outro lado, ***em casos de prisão em flagrante***, quando não há ordem judicial pretérita, a jurisprudência ainda é insegura. ***Por um lado,*** o STJ (HC 598.960-AgRg) já afirmou que *é necessária a autorização específica do Judiciário para a quebra do sigilo, declarando ilícito o acesso a dados do celular apreendido em flagrante, quando ausente ordem judicial.* ***Por outro lado,*** o mesmo STJ (REsp. 1.782.386) já decidiu que *é válida a prova obtida por policiais que acessam a agenda de contatos no telefone de suspeitos presos em flagrante, mesmo sem autorização judicial.*

Por fim, temos que *o sigilo de correspondência pode ser restrito em caso de decretação de* ***estado de defesa*** *e de* ***estado de sítio***, caso o decreto de execução das medidas assim preveja de forma expressa (arts. 136, §1º, I, "b", e 139, III, da CF/88).

8.8.2 Sigilo de dados

Com base no art. 5º, XII, da CF/88, temos a proteção dos chamados ***dados sensíveis*** da pessoa, buscando preservar o sigilo de suas informações informáticas, telefônicas, bancárias e fiscais, bem como outros dados referentes à sua intimidade e vida privada, como convicção filosófica e política, crença religiosa, orientação sexual, ganhos econômicos etc.

Por outro lado, os ***dados não sensíveis*** do sujeito não estão abrangidos por essa inviolabilidade constitucional, tais como o seu nome, estado civil, filiação, número de identidade, endereço, endereço de e-mail etc., vez que consistem em dados necessários a livre circulação de pessoas, sendo verdadeiras informações públicas ou de caráter público do sujeito. Entretanto, isso não significa que essas informações não recebam nenhuma proteção constitucional. Na verdade, elas recebem. Contudo, não são invioláveis, podendo ser divulgadas, nos termos da lei, desde que a lei esteja fundamentada na proteção ou promoção de normas constitucionais e desde que essa divulgação seja necessária.

Aqui insta destacar que, durante a ***pandemia do COVID-19 provocada pelo coronavírus***, foi editada a MP 954/2020 determinando que as empresas de telefonia fixa e móvel deveriam fornecer ao IBGE os dados dos seus clientes, como relação dos nomes, números de telefone e endereços para que fossem utilizadas para a produção das estatísticas oficiais do governo, com o objetivo de realizar entrevistas não presenciais com os clientes das empresas. Questionada a sua constitucionalidade, o STF (ADI 6.387; ADI 6.388; ADI 6.389; ADI 6.390; e ADI 6.393-MC) entendeu que, nesse contexto, as informações disciplinadas pela MP 954/2020 configuram dados pessoais e, portanto, estão protegidas pelas cláusulas constitucionais que asseguram a liberdade individual (art. 5º, caput), a privacidade e o livre desenvolvimento da personalidade (art. 5º, X e XII), sendo que sua manipulação e tratamento deverão respeitar esses direitos e os limites estabelecidos pela CF/88. Assim, segundo o Supremo, a MP 954/2020 exorbitou dos limites traçados pela Constituição porque diz que os dados serão utilizados exclusivamente para a produção estatística oficial, mas não delimita o objeto da estatística a ser produzida, nem a finalidade específica ou a sua amplitude. Ademais, a MP 954/2020 não apresentava também mecanismos técnico ou administrativo para proteger os dados pessoais de acessos não autorizados, vazamentos acidentais ou utilização indevida. Diante disso, o STF constatou que a MP violou a garantia do devido processo legal (art. 5º, LIV) em sua dimensão substantiva (princípio da proporcionalidade), sendo, portanto, inconstitucional.

8.8.2.1 Sigilo de dados bancários

O sigilo dos dados bancários é direito fundamental atípico implícito aos direitos fundamentais à privacidade (art. 5º, X, da CF/88) e ao sigilo dos dados pessoais (art. 5º, XII, da CF/88), podendo-se afirmar que se trata de exigência implícita a esses direitos, contida implicitamente neles, até porque seria incoerente afirmar que uma pessoa tem assegurados a sua privacidade e o seu sigilo de seus dados pessoais se seus dados bancários não são sigilosos.[97] Nesse sentido, o Supremo Tribunal Federal tem reconhecido dignidade constitucional ao sigilo dos dados bancários em diversas situações de fato. Vejamos:

1) *STF, HC 90.298:* nesse caso a Corte entendeu que *é inconstitucional a quebra de sigilo de dados bancários sem autorização judicial em* ***processos penais***, motivo pelo qual declarou ilícitas as provas obtidas com base nos dados acessados pela quebra do sigilo bancário sem a devida autorização judicial, considerando-as ilícitas.

2) *STF, RE 389.808:* nesse julgamento o Supremo entendeu que o sigilo de dados bancários afasta a possibilidade da Receita Federal, sem decisão judicial, quebrar o sigilo bancário do cidadão contribuinte, posição que manteve até o início do ano de 2016.

3) *STF, ADI 2.286, ADI 2.397, ADI 2.859 e RE 601.314:* no julgamento conjunto dessas ações, por 9 votos a 2, a Corte decidiu que *é constitucional a quebra do sigilo fiscal de contribuintes sem autorização judicial por* ***órgãos da administração tributária***, nos termos da Lei Complementar 105/2001, rompendo com seus precedentes firmados até então. Para chegar a essa conclusão, o tribunal adotou um verdadeiro jogo de termos, entendendo que a previsão infraconstitucional analisada não configuraria *quebra* de sigilo bancário, mas sim *transferência* de informações entre bancos e o Fisco, ambos protegidos contra o acesso de terceiros. Assim, segundo o STF, como bancos e Fisco têm o dever de preservar o sigilo dos dados, não há ofensa à norma constitucional que consagra o direito ao sigilo dos dados bancários. A nosso ver essa decisão colide frontalmente com as normas constitucionais sendo de incomensurável retrocesso, tendo sido tomada, evidentemente, por motivações políticas, afastando-se o sigilo dos dados bancários do contribuinte para satisfazer a insaciável sede da Administração por recursos.

4) *STF, MS 21.729/1995 e RHC 133.118/2017:* no julgamento dessas ações, o Supremo firmou entendimento de que, em regra, o ***Ministério Público*** não pode quebrar o sigilo de dados bancários sem ordem judicial, contudo, excepcionalmente, o MP

97. DOS SANTOS, Eduardo R. Direitos Fundamentais Atípicos. Salvador: Juspodivm, 2017, p. 234 e ss.

pode requisitar diretamente informações de contas bancárias, sem a necessidade de ordem judicial, em casos que guardem envolvimento de dinheiro público ou verbas públicas ou em casos em que a quebra recaia sobre contas bancárias de entes públicos, cuja finalidade seja a proteção do patrimônio público.

5) *STF, MS 33.340/2015:* nesse caso, o Supremo entendeu que, em regra, o *Tribunal de Contas da União* não pode quebrar o sigilo bancário sem ordem judicial, contudo, excepcionalmente, o TCU pode requisitar diretamente informações de contas bancárias, sem a necessidade de ordem judicial, de contas que tenham recebido recursos de origem pública (no caso eram contas de entidades de direito privado da Administração Indireta que tinham recebido recursos de origem pública).

6) ***STF, MS 23.466, MS 23.452 e outros:*** por diversas vezes o Supremo já reconheceu que as *Comissões Parlamentares de Inquérito (CPIs)*, desde que de forma fundamentada em legítimas razões, possuem poder para determinar a quebra de sigilo de dados bancários.

8.8.2.2 Sigilo de dados fiscais

O sigilo dos dados fiscais recai sobre as informações econômico-financeiras, bem de negócios e demais atividades do contribuinte e terceiros, obtidas pelos agentes da Fazenda Pública no exercício de suas atribuições.

Nos termos da jurisprudência dos tribunais superiores, tem-se que o sigilo de dados fiscais só pode ser quebrado por ordem judicial fundamentada ou por determinação de *Comissão Parlamentar de Inquérito (CPI)* fundamentada em legítimas razões.[98]

8.8.2.3 Sigilo de dados telefônicos

O sigilo de dados telefônicos recai sobre os registros dos números de telefone para os quais a pessoa fez ou dos quais recebeu ligações, incluindo a data, o horário e o tempo de duração da ligação.

Assim, a quebra desse sigilo implica na requisição às operadoras de telefone de extrato de ligações, com os respectivos números, data, horário e duração, sendo que, nos termos da jurisprudência dos tribunais superiores, o sigilo de dados (registros) telefônicos só pode ser quebrado por ordem judicial fundamentada ou por determinação de *Comissão Parlamentar de Inquérito (CPI)* fundamentada em legítimas razões.[99]

8.8.3 Sigilo das comunicações

Nos termos expressos da Constituição estão protegidas a *inviolabilidade dos sigilos das comunicações telegráficas e telefônicas*. Contudo, não se pode deixar de reconhecer a *inviolabilidade do sigilo de dados telemáticos (informáticos)*, como direito fundamental atípico, reconhecido com base na cláusula de abertura aos novos direitos fundamentais (art. 5º, §2º, CF/88).

Ademais, segundo o STF (RE 418.416/SC), ***o sigilo compreende apenas a comunicação de dados e não os dados em si mesmos.*** Com todas as vênias ao STF, a nosso ver o sigilo abrange tanto a comunicação de dados, quanto os dados em si, seja por força do inciso XII, seja por

98. Por todos: STF, MS 23.466 e MS 23.452.
99. Por todos: STF, MS 23.466 e MS 23.452.

força do inciso X, do art. 5º, da CF/88, vez que se trata de proteção ao direito à privacidade da pessoa, necessitando, portanto, de ordem judicial para ser quebrado.

Além disso, o sigilo das comunicações *pode ser restrito em caso de decretação de estado de sítio*, caso o decreto de execução da medida assim preveja de forma expressa, nos termos do art. 139, III, da CF/88.

8.8.3.1 Sigilo das comunicações telegráficas

Em que pese o uso de telegramas tenha caído em desuso atualmente, a inviolabilidade do sigilo das comunicações telegráficas está expressamente consagrada na Constituição, exigindo, portanto, de ordem judicial para ser quebrado.

Ademais, vale lembrar que o sigilo das comunicações telegráficas *pode ser restrito em caso de decretação de **estado de defesa e de estado de sítio***, caso o decreto de execução das medidas assim preveja de forma expressa, nos termos dos arts. 136, §1º, I, "c", e 139, III, da CF/88.

8.8.3.2 Sigilo das comunicações telefônicas

A quebra do sigilo das comunicações telefônicas é conhecida como ***interceptação telefônica***, estando vedada, salvo nos termos previstos no art. 5º, XII, da CF/88. A interceptação telefônica caracteriza-se pela captação e gravação de conversa telefônica, no momento em que ela ocorre, feita por terceiros, sem a ciência dos interlocutores. Assim, *a interceptação telefônica não se confunde com a quebra do sigilo de dados telefônicos*, que consiste na requisição às operadoras de telefone de extrato de ligações, com os respectivos números, data, horário e duração.

Interceptação Telefônica Quebra do sigilo de comunicação telefônica	**Quebra do sigilo de dados telefônicos**
Captação e gravação de conversa telefônica, no momento em que ela ocorre, feita por terceiros, sem a ciência dos interlocutores.	Requisição às operadoras de telefone de extrato de ligações, com os respectivos números, data, horário e duração.

Nos termos constitucionais, só se admite a interceptação telefônica se preenchidos os seguintes ***requisitos:***

i) ordem judicial (cláusula de reserva de jurisdição);

ii) na forma e nas hipóteses que a lei estabelecer (Lei 9.296/96);

iii) para fins de investigação criminal ou instrução processual penal.

Ademais, aqui, é importante destacar alguns julgados do STF sobre as interceptações telefônicas. Vejamos:

1) STF, RMS 28.774: neste julgado o Supremo confirmou vários de seus precedentes, afirmando que ***não é necessária a gravação integral das escutas***, sendo bastante que dos autos constem excertos suficientes a embasar o oferecimento da denúncia.

2) STF, HC 108.147: segundo o entendimento da corte não se pode decretar a interceptação telefônica exclusivamente com base em ***denúncia anônima***, sem a investigação preliminar, sendo ilícitas as provas dela obtida nessas circunstâncias.

3) STF, Inq 2.424; MS 26.249, MS 30.361: nesses julgados o Supremo firmou o entendimento de que as os dados e provas obtidas por meio de interceptações telefônicas podem ser utilizados como ***prova emprestada*** em processo administrativo disciplinar.

4) *STF, HC 129.678:* nesse caso, a Corte afirmou que a prova obtida mediante interceptação telefônica, quando referente a ***infração penal diversa da investigada (crime achado)***, deve ser considerada lícita se presentes os requisitos constitucionais e legais.

5) *STF, HC 133.148 e outros:* nos termos do art. 5º, da Lei 9.296/96, *a decisão que deferir a intercepção será fundamentada, sob pena de nulidade, indicando a forma de execução da diligência, que não poderá exceder o prazo de **quinze dias, renovável por igual tempo** uma vez comprovada a indispensabilidade do meio de prova.* Em relação a renovação desse prazo de quinze dias de duração, o STF, em reiteradas decisões, já afirmou ser possível sua ***renovação sucessiva por diversas vezes***, desde que respeitada a razoabilidade, a necessidade da medida e os requisitos constitucionais e legais

Por fim, vale lembrar que o sigilo das comunicações telegráficas *pode ser restrito em caso de decretação de **estado de defesa** e de **estado de sítio***, caso o decreto de execução das medidas assim preveja de forma expressa, nos termos dos arts. 136, §1º, I, "c", e 139, III, da CF/88.

8.8.3.3 Sigilo das comunicações telemáticas (informáticas)

As comunicações telemáticas são aquelas realizadas à distância mediante transferência e armazenamento de arquivos de texto, som e imagem através de serviços de telecomunicação, como os serviços de telefonia, fibra ótica, satélite etc., bem como de informática, tais como os fornecidos pela rede mundial de computadores (internet) e sistemas de rede de um modo geral.

Como dissemos, o sigilo das comunicações telemáticas (ou informáticas) é direito fundamental reconhecido por nossa ordem constitucional, nos termos do art. 5º, §2º, da CF/88. Ademais, dispõe o art. 7º, da Lei 12.965/2014 (***Marco Civil da Internet***) que no acesso à internet são asseguradas ao usuário: *i)* a inviolabilidade da intimidade e da vida privada, sua proteção e indenização pelo dano material ou moral decorrente de sua violação; *ii)* a inviolabilidade e sigilo do fluxo de suas comunicações pela internet, salvo por ordem judicial, na forma da lei; e *iii)* a inviolabilidade e sigilo de suas comunicações privadas armazenadas, salvo por ordem judicial.

8.8.4 Gravação clandestina

A gravação clandestina caracteriza-se pela gravação de conversa feita por um dos interlocutores sem o conhecimento ou mesmo o consentimento do outro, no momento da realização do diálogo, podendo ser ***telefônica*** (conversa captada por telefone), ***pessoal*** (conversa gravada por aparelho de gravação oculto) ou ***ambiental*** (conversa gravada por câmera instalada em certo local).

A gravação clandestina, segundo o STF, *via de regra, **é lícita**, seja ela feita em ambiente público ou em ambiente privado,* desde que não tenha sido feita com violação específica de razão jurídica de sigilo ou reserva, tais como os sigilos profissionais e ministeriais, por exemplo, ou de direitos fundamentais que se mostrem no caso concreto como prevalecentes, afastando a licitude da gravação clandestina.[100]

100. STF, ArRg no RE 402.035, QO no RE 583.937 e HC 87.431.

9. DEFESA DO CONSUMIDOR

Conforme dispõe o inciso XXXII, do art. 5º, da CF/88, *"o Estado promoverá, na forma da lei, a defesa do consumidor"*, sendo a defesa do consumidor, ainda, um dos princípios da ordem econômica brasileira, nos termos do art. 170, V, da CF/88.

Estes dispositivos revelam a clara opção do constituinte brasileiro por alçar a proteção dos direitos do consumidor à categoria de direito fundamental (de natureza coletiva), em face da sua importância nas sociedades atuais, marcadamente sociedades de consumo, nas quais para muitas pessoas o "ter" é mais importante (ou valorizado) do que o "ser", além, é claro, da necessidade de se proteger o consumidor em razão de sua hipossuficiência nas relações consumeristas.

Ademais, o dispositivo previsto no inciso XXXII, do art. 5º, da CF/88, estabeleceu um mandamento (uma ordem) ao legislador infraconstitucional para que criasse uma lei de defesa do consumidor, o que acabou sendo feito pouco tempo depois da promulgação da Constituição, com o advento da lei 8.078/1990 (Código de Defesa do Consumidor).

10. DIREITO DE PETIÇÃO E OBTENÇÃO DE CERTIDÕES

Nos termos do inciso XXXIV, do art. 5º, da CF/88, são a todos assegurados, independentemente do pagamento de taxas:

- o ***direito de petição*** aos Poderes Públicos em defesa de direitos ou contra ilegalidade ou abuso de poder;
- a ***obtenção de certidões*** em repartições públicas, para defesa de direitos e esclarecimento de situações de interesse pessoal;

O ***direito de petição*** consiste no direito pertencente a uma pessoa (física ou jurídica, nacional ou estrangeira), independentemente do pagamento de taxas, de realizar pedidos, de forma geral, sobre direitos que tenha ou acredite ter, bem como denunciar ilegalidades ou abuso de poder e fazer reclamações à Administração Pública das mais diversas situações e assuntos, sejam de interesses individuais ou transindividuais. Trata-se, evidentemente, de direito decorrente dos princípios democrático, republicano e de cidadania, conferindo-se as pessoas o direito de reclamar, denunciar, cobrar, controlar, queixar-se, pedir esclarecimentos e peticionar, de forma geral, ao Poder Público.[101] Ademais, vale registrar que, em caso de omissão ou negativa da Administração é cabível Mandado de Segurança.

Sobre o ***direito à obtenção de certidões***, conforme dispõe a lei 9.051/1995, tem-se que as certidões para a defesa de direitos e esclarecimentos de situações, requeridas aos órgãos da Administração Pública direta e indireta de todos os entes federativos, deverão ser expedidas no prazo improrrogável de quinze dias, contado do registro do pedido no órgão expedidor. Anote-se que a lei exige que os interessados façam constar esclarecimentos relativos aos fins e razões do pedido, afastando-se o pedido genérico de certidão. É importante dizer que caso o pedido de certidão não seja atendido de forma ilegal ou por abuso de poder é cabível Mandado de Segurança, em razão do direito líquido e certo à obtenção de certidões expedidas pelas repartições públicas, para defesa de direitos e esclarecimento de situações de interesse pessoal. Ademais, vale registrar que o direito à obtenção de certidões pode ser restringido, podendo-se negar o pedido de certidão, por exemplo, nos casos em que o sigilo seja imprescindível à segurança da sociedade ou do Estado.

---

101. MARTINS, Fernando R. Controle do Patrimônio Público. 5 ed. São Paulo: RT, 2013, p. 292 e ss.

11. GRATUIDADE DAS CERTIDÕES DE NASCIMENTO E DE ÓBITO

Nos termos do inciso LXXVI, do art. 5º, da CF/88, são gratuitos para os reconhecidamente pobres, na forma da lei: a) o registro civil de nascimento; e b) a certidão de óbito.

A lei 9.534/1997, ao dar nova redação ao art. 30 da lei 6.015/1973, acrescentar o inciso VI ao art. 1º da lei 9.265/1996 e alterar o art. 45 da lei 8.935/1994, estabeleceu que ***são gratuitos os assentos do registro civil de nascimento e o de óbito, bem como a primeira certidão respectiva***, ampliando a gratuidade assegurada pela Constituição a todos, independentemente se reconhecidamente pobres ou não. Os mencionados dispositivos legais tiveram sua constitucionalidade questionada no âmbito do Supremo Tribunal Federal, vindo a Corte, no julgamento da ADI 1.800 e da ADC 5, a declarar a constitucionalidade da lei 9.534/1997, que estendeu a todos, independentemente de suas condições financeiras, a gratuidade dos assentos do registro civil de nascimento e o de óbito, bem como a primeira certidão respectiva.

12. DIREITOS E GARANTIAS FUNDAMENTAIS PROCESSUAIS

Os direitos fundamentais processuais remetem-nos à ideia de um ***modelo constitucional de processo***, enquanto um arquétipo ideal único que institui as bases normativas que devem ser observadas por todos os ramos do direito processual. Deste modo, o modelo constitucional de processo estabelece um modelo único de processo, pautado nos princípios estabelecidos pela Constituição, ao qual os diferentes ramos do direito processual estão submetidos. Trata-se de um modelo processual que visa não só instituir uma fonte processual geral única, mas que visa estabelecer e implementar a própria Constituição, bem como suas garantias, sejam elas processuais ou materiais. Sendo assim, vejamos esses princípios.

12.1 Devido processo legal

Embora alguns defendam que o *due process of law* possa ser encontrado em escritos do século IV e V a.C., inclusive nas obras de Platão e Aristóteles, suas origens nos remete à ***Magna Carta de 1215***, que em seu art. 39 afirma: *"No free man shall be seized or imprisoned, or stripped of his rights or possessions, or outlawed or exiled, or deprived of his standing in any other way, nor will we proceed with force against hi, or send others to do so, except by the lawful judgment of his equals or by the law of the land.*[102]

Nos termos do inciso LIV, do art. 5º, da CF/88, *"ninguém será privado da liberdade ou de seus bens sem o devido processo legal"*. O conteúdo e a abrangência do *due process of law* naturalmente não podem ser limitados, sob pena de se "engessar" uma garantia que historicamente sempre esteve aberta a recepcionar novos conteúdos normativos que fossem necessários a construção de um processo justo. Nada obstante, à luz do modelo constitucional de processo brasileiro, pode-se dizer que ***o devido processo legal consiste*** em uma garantia fundamental de ampla abrangência axiológica, que engloba os demais princípios processuais constitucionais, sejam eles implícitos ou expressos, que pautando-se na integridade do sistema jurídico busca decisões justas, respeitando e fazendo respeitar os direitos e garantias fundamentais estabelecidos pela Constituição e vinculando os sujeitos processuais à lei pro-

102. Em português: Nenhum homem livre será detido ou sujeito a prisão, ou privado dos seus bens, ou colocado fora da lei ou exilado, ou de qualquer modo molestado e nós não procederemos ou mandaremos proceder contra ele, senão mediante um julgamento regular pelos seus pares e de harmonia com as leis do país (tradução livre).

cessual e, assim, coibindo os abusos, os ativismos e a deslealdade processual inconcebíveis em um Estado Democrático de Direito.

É importante destacar, de acordo com a doutrina, que o devido processo legal possui, pelo menos, duas dimensões: ***i) procedural due process***, que se liga à noção procedimental do devido processo, devendo as leis serem produzidas de acordo com o processo legislativo e os processos (jurisdicionais, administrativos etc.) obedecerem aos procedimentos legalmente estabelecidos; ***ii) substantive due process***, que se liga à ideia de justiça constitucional, devendo as leis estarem em conformidade com as normas constitucionais, devendo ser declaradas inválidas quando não forem compatíveis com o sistema constitucional.[103]

Por fim, percebe-se que o conteúdo e abrangência do devido processo legal, encontram-se, sobretudo, nas garantias processuais fundamentais consagradas pela Constituição e que são englobadas pelo *due process of law*, bem como na exigência de um procedimento legal prévio que assegure essas garantias ao longo do processo, tratando-se, portanto, genuinamente, de um ***devido processo constitucional***, vez que essas garantias fundamentais estão previstas no âmbito de nossa Constituição, impondo-se e vinculando a legislação processual. Ademais, o devido processo exige que esse procedimento legalmente instituído respeite a lógica democrática do processo, assegurando a isonomia entre os sujeitos processuais numa perspectiva policêntrica e coparticipativa.

12.2 Contraditório

O princípio do contraditório, também identificado como princípio da bilateralidade da audiência, está positivado na Constituição brasileira de 1988, juntamente com o princípio da ampla defesa, em seu art. 5º, inciso LV, o qual dispõe que *"aos litigantes, em processo judicial ou administrativo, e aos acusados em geral são garantidos o contraditório e a ampla defesa, com os meios e recursos a ela inerentes"*.

A natureza processual do contraditório se encontra historicamente na regra ***audiatur et altera pars***, que implica na necessidade de se dar ciência a cada litigante "dos atos praticados pelo contendor, para serem contrariados e refutados".[104] Nesse sentido, a mais moderna doutrina italiana, representada principalmente por Nicola Picardi e Elio Fazzalari, defende que ***o processo consiste num procedimento caracterizado pela presença indissociável do contraditório***, através do qual se deve sempre buscar a máxima participação daqueles, cuja esfera será atingida pelo provimento final da ação, de modo que não há processo sem a observância do efetivo contraditório.[105]

Assim, o contraditório consiste na ***garantia fundamental de participação ativa*** dos sujeitos processuais, não permitindo que o juiz decida sem chamar com antecedência as partes para se manifestarem sobre a questão em litígio e sem conceder a elas um prazo razoável para prepararem suas alegações, inadmitindo-se decisões de surpresa, fora do contraditório, pois ***a decisão tem de ser fruto do debate entre as partes, tendo o juiz de motivar sua decisão com***

103. DOS SANTOS, Eduardo R. Princípios Processuais Constitucionais. 2 ed. Salvador: Juspodivm, 2019.
104. SILVA. José Afonso da. Comentário Contextual à Constituição. 6 ed. São Paulo: Malheiros, 2009, p. 154.
105. Segundo Fazzalari, o contraditório é uma estrutura dialética que "consiste na participação dos destinatários dos efeitos do ato final em sua fase preparatória; na simétrica paridade das suas posições; na mútua implicação das suas atividades (destinadas, respectivamente, a promover e impedir a emanação do provimento); na relevância das mesmas para o autor do provimento; de modo que cada contraditor possa exercitar um conjunto – conspícuo ou modesto, não importa – de escolhas, de reações, de controles, e deva sofrer os controles e as reações dos outros, e que o autor do ato deva prestar conta dos resultados". FAZZALARI, Elio. Instituições de Direito Processual. Campinas: Bookseller, 2006, p. 119-120.

base nos argumentos apresentados por elas. Nesse sentido, o CPC, em seu art. 10, afirma que *"o juiz não pode decidir, em grau algum de jurisdição, com base em fundamento a respeito do qual não se tenha dado às partes oportunidade de se manifestar, ainda que se trate de matéria sobre a qual deva decidir de ofício"*.

Para além disso, *é através do contraditório que se realiza o consectário do tratamento* ***igualitário das partes***, não podendo haver privilégios ou perseguições a nenhuma delas, devendo o juiz tratar as partes de forma isonômica (princípio da igualdade de tratamento processual), sem tentar auxiliar ou prejudicar qualquer uma delas.[106] Nessa linha, o CPC, em seu artigo 7º, consagra que *"é assegurada às partes paridade de tratamento em relação ao exercício de direitos e faculdades processuais, aos meios de defesa, aos ônus, aos deveres e à aplicação de sanções processuais, competindo ao juiz zelar pelo efetivo contraditório"*.

Nada obstante, há situações em que o contraditório deve ser diferido em face da efetividade do processo (***contraditório diferido***), o que ocorre em casos de concessão de medidas judiciais de natureza cautelar ou antecipatória, pelas quais concede-se certa medida a uma das partes antes da parte contrária se manifestar (***cautelar inaudita altera pars***), entretanto, isso não afasta a aplicação do contraditório, devendo ela ser assegurada em momento seguinte a concessão da medida, podendo o juiz, inclusive, reformar ou revogar a medida previamente concedida após ouvir a parte contrária. Nessa perspectiva, o art. 9º, do CPC, assegura que *"não se proferirá decisão contra uma das partes sem que ela seja previamente ouvida"*, sendo que seu parágrafo único dispõe que *"o disposto no caput não se aplica: I – à tutela provisória de urgência; II – às hipóteses de tutela da evidência previstas no art. 311, incisos II e III; III – à decisão prevista no art. 701"*.

Por fim, para além de sua compreensão clássica, a doutrina[107] demonstra que o contraditório deve ser compreendido como verdadeiro direito de influenciar a decisão judicial, de modo que o juiz, ao decidir, não pode deixar de enfrentar os argumentos deduzidos pelas partes no processo que sejam capazes de, em tese, infirmar a conclusão do julgador, sendo essa compreensão, inclusive, reconhecida expressamente pelo art. 489, § 1º, IV, do CPC/2015.

12.3 Ampla defesa

O princípio da ampla defesa, como visto, está positivado na CF/88 juntamente com o princípio do contraditório, sendo, ambos, consectários do devido processo legal.

A ***ampla defesa consiste*** em um princípio complexo que estabelece um estado ideal de defesa a ser garantido àquele que esteja sendo acusado, que inclui o direito de ser cientificado e de argumentar contra tudo aquilo que corre contra ele, o direito de argumentar e produzir provas em seu favor, o direito de permanecer em silêncio, o direito de ser informado de todos os seus direitos, o direito de não ser compelido a dizer a verdade, o direito de se autodefender, o direito de ser defendido por um profissional técnico habilitado, o direito de falar por último no processo, bem como outros direitos e garantias que lhe possibilitem uma defesa efetiva e justa.[108]

No que se refere à ***produção probatória***, há de se registrar que o juiz não pode obstá-la despropositadamente, sobretudo quando se tratar de prova fundamental à defesa do réu.

106. THEODORO JÚNIOR, Humberto. Curso de Direito Processual Civil: Teoria Geral do Direito Processual Civil e Processo de Conhecimento. 50. ed. Rio de Janeiro: Forense, 2009. v. 1.
107. Por todos: NUNES, Dierle; BAHIA, Alexandre; PEDRON, Flávio Q. Teoria Geral do Processo. Salvador: Juspodivm, 2020.
108. DOS SANTOS, Eduardo R. Princípios Processuais Constitucionais. 2 ed. Salvador: Juspodivm, 2019.

Nestes termos, caso o juiz vede a produção de alguma prova que seja essencial para a apuração da ocorrência de um determinado fato que seja objetivamente relevante para o processo, configura-se o cerceamento ao exercício do direito de defesa, o que gera nulidade.

No que tange à *autodefesa*, isto é, àquela exercida diretamente pelo acusado, pode-se dizer que, no direito brasileiro, ela se dá pelo direito de audiência e pelo direito do réu de se fazer presente nos atos processuais, entretanto, via de regra, não compreende, como em outros países, o direito do réu se defender sozinho, sem um profissional técnico habilitado. Nesse sentido, o direito pátrio se encontra evolucionado, já tendo incorporado a inafastável ***garantia de um defensor tecnicamente capacitado*** para defender de maneira adequada o réu, guardando pelos seus direitos e possibilitando-lhe uma resposta mais justa, sendo, em regra, obrigatória, em que pese algumas poucas exceções legais. Esta defesa técnica consubstancia--se nas figuras do advogado privado ou do defensor público, sendo suas profissões funções essenciais à justiça, nos termos da CF/88.

Para além disso, deve-se destacar que para o cumprimento da ampla defesa, ***o réu deve falar por último no processo***, o que não exclui a fala do autor sempre que o réu trouxer fatos, provas, ou qualquer elemento novo ao processo. Nesse sentido, o art. 400, do CPP, deixa claro que o interrogatório do réu deve ser o último ato da instrução processual penal, sob pena de nulidade, decidindo o STF, no HC 127.900, que a referida norma deve irradiar seus efeitos para todo o sistema processual penal, inclusive para afastar a incidência de dispositivos legais que disponham de forma contrária, como o art. 57, da Lei de Drogas, por exemplo.

Apesar de se desdobrar em diversas garantias, ***a ampla defesa não é um princípio absoluto, comportando limitações.*** Deste modo, a ampla defesa consiste no direito do réu, dentro dos limites legais, oferecer argumentos em seu favor, bem como constituir prova para demonstrá-los, ponderando que tal princípio não supõe "uma infinitude de produção defensiva a qualquer tempo", pois essa produção deve realizar-se "pelos meios e elementos totais de alegações e provas *no tempo processual oportunizado pela lei*".[109]

Por fim, é importante destacarmos as seguintes ***súmulas do STF*** sobre os princípios do ***contraditório*** e da ***ampla defesa:***

1) *STF, Súmula Vinculante 3:* Nos processos perante o Tribunal de Contas da União asseguram-se o contraditório e a ampla defesa quando da decisão puder resultar anulação ou revogação de ato administrativo que beneficie o interessado, excetuada a apreciação da legalidade do ato de concessão inicial de aposentadoria, reforma e pensão.
2) *STF, Súmula Vinculante 5:* A falta de defesa técnica por advogado no processo administrativo disciplinar não ofende a Constituição.
3) *STF, Súmula Vinculante 14:* É direito do defensor, no interesse do representado, ter acesso amplo aos elementos de prova que, já documentados em procedimento investigatório realizado por órgão com competência de polícia judiciária, digam respeito ao exercício do direito de defesa.
4) *STF, Súmula Vinculante 21:* É inconstitucional a exigência de depósito ou arrolamento prévios de dinheiro ou bens para admissibilidade de recurso administrativo.
5) *STF, Súmula Vinculante 28:* É inconstitucional a exigência de depósito prévio como requisito de admissibilidade de ação judicial na qual se pretenda discutir a exigibilidade de crédito tributário.

109. BONFIM, Edílson Mougenot. Curso de Processo Penal. 5. ed. São Paulo: Saraiva, 2010, p. 75.

12.4 Acesso à Justiça

O acesso à justiça encontra-se positivado no inciso XXXV, do art. 5º, da CF/88, que dispõe que *a lei não excluirá da apreciação do Poder Judiciário lesão ou ameaça a direito*, podendo ainda ser identificado da leitura sistemática das garantias processuais estabelecidas pela Constituição, não se restringe ao direito de peticionar ou reivindicar um direito frente ao Estado-juiz, como muitas vezes é tratado.

A garantia do acesso à justiça abarca um ***conteúdo*** amplo e complexo de direitos e garantias fundamentais individuais e coletivos, estando diretamente ligada à noção de democracia e igualdade, bem como de justiça, que visa efetivar os direitos dos cidadãos através da ação jurisdicional, ou melhor, do processo (constitucionalmente estabelecido). Nesse sentido, a doutrina tem afirmado que o acesso à Justiça consiste no "acesso à ordem jurídica justa",[110] constituindo "um direito fundamental do homem e, ao mesmo tempo, uma garantia à realização efetiva dos demais direitos".[111]

Assim, a doutrina tem afirmado que, numa visão moderna, *o acesso à justiça está **fundado em quatro vigas mestras:*** *i)* acesso ao processo em condições de igualdade, devendo-se assegurar mecanismos aptos a tutelar de forma especial os hipossuficientes; *ii)* ampla participação dos sujeitos processuais com real influência no convencimento do juiz; *iii)* decisão justa, aplicando-se a legislação com segurança jurídica e observância do sistema constitucional; e *iv)* decisão efetiva, que assegure o exercício do direito em temo hábil e de forma eficiente.

Em relação ao acesso à justiça, é preciso destacar, ainda, o inciso LXXIV, do art. 5º, da CF/88, que afirma que *o Estado prestará assistência jurídica integral e gratuita aos que comprovarem insuficiência de recursos*. Esse dispositivo vem ao encontro da compreensão que a justiça se realiza com iguais condições processuais entre os diversos sujeitos participantes, devendo o Estado assegurar àqueles que não possuem condições econômicas uma assistência jurídica integral e gratuita, como forma de garantir-lhes uma acesso real à justiça.[112] Deste modo, para que condições iguais sejam garantidas a todos os seus membros, o Estado deve criar meios que possibilitem uma equiparação entre eles, tais como a inversão do ônus da prova nos casos de hipossuficiência de uma das partes em relação à outra, o acesso gratuito dos mais pobres às defensorias públicas, a instituição de órgãos de defesa do consumidor, dos idosos, das crianças e adolescentes (e demais minorias), a isenção de taxas e tarifas daqueles que não possuem condições financeiras de arcar com tal ônus etc., de modo a ***quebrantar as "barreiras ao acesso"*** impostas, sobretudo, pela condição social e econômica dos indivíduos sociais.[113]

Em síntese, ***o acesso à justiça consiste*** na garantia fundamental ao processo constitucionalmente estabelecido (englobando-se aqui todas as garantias fundamentais do modelo constitucional de processo, bem como os meios e mecanismos que garantem o ***acesso isonômico*** de todos os cidadãos à Justiça, tais como a gratuidade do processo para os pobres, a assistência jurídica gratuita, a inversão do ônus da prova em casos de hipossuficiência etc.) que visa dar uma ***solução justa*** (de acordo com o ordenamento jurídico constitucional) aos casos concretos levados à apreciação do Poder Judiciário que, por sua vez, deve agir

110. WATANABE, Kazuo. Acesso à justiça e sociedade moderna. In: GRINOVER, Ada Pellegrini; DINAMARCO, Cândido Rangel; WATANABE, Kazuo (coord.). Participação e Processo. São Paulo: Revista dos Tribunais, 1988, p. 128.
111. CICHOCKI NETO, José. Limitações ao Acesso à Justiça. Curitiba: Juruá, 1999, p. 65.
112. CAPPELLETTI, Mauro; GARTH, Bryant. Acesso à Justiça. Porto Alegre: SAF, 1988, p. 8.
113. PORTANOVA, Rui. Princípios do processo civil. 4. ed. Porto Alegre: Livraria do Advogado, 2001.

em conformidade com os preceitos processuais constitucionais e não conforme o arbítrio ou a discricionariedade de seus magistrados, respeitando as partes e seus representantes, sobretudo os advogados e membros do ministério público, em um sistema processual que está fundado constitucionalmente na ***comparticipação*** e no ***policentrismo***, inerentes a uma democracia real.

12.5 Duplo grau de jurisdição

O duplo grau de jurisdição consiste em uma garantia jusfundamental atípica implícita às garantias fundamentais do devido processo legal, do contraditório, da ampla defesa e do acesso à justiça, que em seu conjunto exigem, em face do princípio democrático e do princípio da segurança jurídica, no mínimo, uma dupla análise, sendo que a análise de revisão, em regra, deve ser feita por um órgão colegiado.

Aqui não se quer dizer que o juízo de um colegiado seja melhor ou mais correto que um juízo monocrático, mas apenas que esse juízo atende aos ***princípios democráticos e da segurança jurídica***, dando ao cidadão jurisdicionado a segurança de que seu caso foi analisado por uma pluralidade de magistrados que, em conjunto, chegaram à decisão, afastando, ou pelo menos diminuindo, a sensação de injustiça que uma decisão monocrática muitas vezes carrega, como se uma única pessoa (o decisor) tivesse um olhar privilegiado do mundo que pudesse resolver todos os casos da vida.[114]

Para além disso, o duplo grau de jurisdição funda-se, sobretudo, no *luto da perda*, sobre o qual se assenta a parte sucumbente, tendo o direito de obter uma reanálise meritória de seu caso.[115] Nesse sentido, J.M. Othon Sidou, há muito já afirmara que *"o recurso é uma forma de clamor e rebeldia; o grito dos que, no foro íntimo julgando-se injustiçados, acenam para um juízo superior, na expressão de Couture. Defender a dupla jurisdição é exercitar defesa de um instinto humano, porque o recurso satisfaz tanto os sentimentos do que vence quanto os do vencido, ao passo que oferece mais autoridade à sentença de primeiro grau, pelo ensejo de melhor estudo, mais clareza e maior possibilidade de resolver melhor, como sublinha Augustin Costa, citando Dassen. E adotá-la é obter vantagens de natureza social, política, jurídica, judicial propriamente dita, ou seja, vantagens para o próprio desenvolvimento interno do processo"*.[116]

No que tange à ***tutela do duplo grau na legislação processual infraconstitucional*** brasileira, o referido princípio apresenta-se no processo civil e no processo penal sob a forma de revisão de sentença definitiva de órgão jurisdicional e consiste em um dos principais fundamentais dos recursos. Já no processo administrativo, o duplo grau de jurisdição está estabelecido pelo princípio da revisibilidade, que implica no direito de o administrado recorrer de decisão administrativa que lhe seja desfavorável.

Embora trata-se de norma constitucional, *o duplo grau de jurisdição não traduz um direito absoluto, submetendo-se a* ***restrições ou mitigações***. Exemplificativamente, a doutrina aponta as seguintes restrições ao duplo grau de jurisdição: *i)* a soberania dos veredictos do tribunal do júri, conforme o art. 5º, XXXVIII, "c", da CF/88; *ii)* a inexistência de recurso para outro órgão contra as decisões do Supremo Tribunal Federal nas ações de sua competência originária, em razão de se tratar da última instância judiciária do ordenamento jurídico brasileiro; e ***iii)*** o modelo dos juizados especiais, cujos respectivos recursos são submeti-

114. DOS SANTOS, Eduardo R. Processo e Constituição. Leme: J.H. Mizuno, 2014, p. 129 e ss.
115. FAZZALARI, Elio. Instituições de Direito Processual. Campinas: Bookseller, 2006, p. 197.
116. SIDOU, J. M. Othon. Os recursos processuais na história do direito. Rio de Janeiro: Forense, 1978, p. 8.

dos à apreciação de um órgão colegiado composto por juízes de primeiro grau e não a um tribunal de grau superior.[117]

Por fim, no que se refere ao ***modelo dos juizados especiais***, a nosso ver, não há restrição ao princípio do duplo grau de jurisdição, vez que o duplo grau não tem obrigatoriamente que ser desempenhado por órgãos de jurisdição superior, exigindo apenas que haja um reexame por outro órgão preferencialmente – mas, não obrigatoriamente – colegiado e de grau superior.

12.6 Publicidade

A publicidade consiste em um dos mais democráticos e republicanos princípios processuais, sendo fruto da luta contra os processos inquisitivos e autoritários dos juízos secretos oriundos da Idade Média, ganhando força, sobretudo, com a Revolução Francesa e os ideais iluministas. Nesse sentido, a doutrina tem afirmado que a publicidade é uma garantia indispensável para assegurar a participação cidadã, de modo que todos têm direito a um processo público, o que contribui com a confiança da opinião pública na justiça, possibilitando que o ato jurisdicional passe por uma avaliação social, expondo-se às críticas dos sujeitos processuais e dos cidadãos, de um modo geral, o que previne os juízos arbitrários.

No Brasil, com o fim da ditadura militar e com o advento da ***Constituição de 1988***, foi reconhecida em diversos dispositivos constitucionais, como no *caput* do art. 37 (como princípio da Administração Pública) e no inciso IX, do art. 93, no qual está positivada juntamente com o princípio da motivação das decisões judiciais, dispondo que *"todos os julgamentos dos órgãos do Poder Judiciário serão públicos, e fundamentadas todas as decisões, sob pena de nulidade, podendo a lei limitar a presença, em determinados atos, às próprias partes e a seus advogados, ou somente a estes, em casos nos quais a preservação do direito à intimidade do interessado no sigilo não prejudique o interesse público à informação"*.

Embora garantida a ampla publicidade dos atos processuais, a Constituição prevê a possibilidade de se definir, mediante lei, casos em que se terá uma ***publicidade restrita***, também chamada de ***publicidade para as partes***, limitando o acesso aos atos processuais somente às partes e aos seus representantes, ou a um grupo restrito de pessoas. Assim, nos termos do inciso LX, do art. 5º, da CF/88, "a lei só poderá restringir a publicidade dos atos processuais quando a ***defesa da intimidade*** ou o ***interesse social*** o exigirem". Assim, por exemplo, temos restrições à publicidade dos atos processuais no inciso V, do p.u., do art. 2º, da Lei do Processo Administrativo Federal; no art. 189, do Código de Processo Civil; no art. 792, § 1º, Código de Processo Penal; e no art. 143 do Estatuto da Criança e do Adolescente.

Por fim, é importante destacar a conturbada ***relação entre a garantia fundamental à publicidade e as mídias de comunicação de massa***, que pode gerar arbitrariedades tão grandes quanto o próprio processo secreto e inquisitorial, vez que, muitas das vezes, a mídia distorce o teor das causas, sensacionalizando os casos, comprometendo o bom andamento da justiça e o equilíbrio das relações processuais, bem como desrespeitando a dignidade e a intimidade dos envolvidos no processo, tudo com a finalidade de atingir maiores audiências e ganhar mais dinheiro com propagandas comerciais, independentemente de qualquer preocupação com a verdade dos fatos. Assim, "as *audiências* televisionadas têm provocado em vários países profundas manifestações de protesto. Não só os juízes são perturbados

117. DALLARI, Dalmo de Abreu. O poder dos juízes. São Paulo: Saraiva, 1996.

por uma curiosidade malsã, como as próprias partes e testemunhas veem-se submetidas a excessos de publicidade que infringem seu direito à intimidade, além de conduzirem à distorção do próprio funcionamento da Justiça através de pressões impostas por todos os figurantes do drama judicial".[118] Em alguns casos, principalmente nos júris populares, o réu já está condenado mesmo antes do julgamento começar, vez que o sensacionalismo gerado pela mídia é tão grande que as pessoas eleitas para julgá-lo, mesmo antes de terem acesso aos autos, já têm a intenção de condená-lo. Ademais, a condenação social provocada pela mídia é tão forte e voraz que mesmo que o réu fosse absolvido, jamais conseguiria recuperar sua privacidade e, menos ainda, sua imagem.

12.7 Motivação

O princípio da motivação, positivado no já citado art. 93, IX, da CF/88, consiste em garantia essencial à noção de decisão justa, vez que é tal princípio que *exige que o decisor demonstre racionalmente os fundamentos de fato e de direito que o levaram a decidir certa demanda de determinada maneira.* Disto deriva uma maior confiabilidade nas decisões prolatadas, bem como evita parcialidades e autoritarismos, pois, somada à publicidade, a motivação possibilita um maior controle dos julgamentos proferidos pelo Estado-juiz.

Ademais, *a motivação possui íntima relação com o contraditório*, tratando-se de uma garantia que todo cidadão tem de que a decisão estará justificada e fundamentada, contemplando dialética processual desenvolvida pelas partes, não bastando que o decisor fundamente sua decisão, sendo necessário, ainda, que ele explique o que foi fundamentado, justificando sua fundamentação, isto é, "fundamentando a fundamentação". Nesse sentido, a doutrina há muito vem criticando decisões "fundamentadas" com base em argumentos de política, tais como os de fins coletivos, fins sociais etc., que remetem quase sempre a termos imprecisos e indeterminados, sob pena de "se criar um grau zero de sentido a partir de argumentos de política (*policy*), que justificariam atitudes/decisões meramente baseadas em estratégias econômicas, sociais ou morais", de modo que, com base em tais argumentos, poder-se-ia justificar tudo, banalizando e descaracterizando os institutos, os direitos e as garantias.[119] Bom exemplo é pensar no juiz que profere uma decisão motivando-se meramente no interesse público ou na finalidade social, dentre outros, sem apresentar os motivos (de fato e de direito) específicos do caso *in concreto* que o levaram a decidir de determinada maneira e a reconhecer a presença de tais motivos no caso.

É importante lembrar que ***a ausência de motivação enseja nulidade da decisão**, conforme dispõe expressamente a Constituição (art. 93, IX)*, pois se trata de vício dos mais graves, constituindo afronta direta ao *due process of law*. Deste modo, se a decisão não estiver motivada, ou se sua motivação for insuficiente, ou imprecisa, ou padecer de qualquer vício, ela será nula e ensejará recurso em todos os âmbitos processuais possíveis, obedecido o devido processo legal e as competências constitucionalmente estabelecidas. Nesse sentido, por exemplo, parte da doutrina defende que as decisões proferidas pelas turmas recursais dos juizados especiais que, conforme previsto na lei 9.099/95, dispensam motivação quando

118. CINTRA, Antonio Carlos de Araújo; GRINOVER, Ada Pellegrini; DINAMARCO, Candido Rangel. Teoria Geral do Processo. 26 ed. São Paulo: Malheiros, 2010, p. 76-77.

119. STRECK, Lenio Luiz. Hermenêutica, Constituição e Processo, ou de "como discricionariedade não combina com democracia": o contraponto da resposta correta. In: MACHADO, Felipe Daniel Amorim; OLIVEIRA, Marcelo Andrade Cattoni de (coord.). Constituição e Processo. Belo Horizonte: Del Rey, 2009, p. 17-21.

confirmam a sentença proferida pelo juízo *a quo*, são inconstitucionais, pois não respeitam a exigência do art. 93, IX, da CF/88.[120]

Seguindo essa linha de raciocínio, o *Código de Processo Civil de 2015*, para além de repetir a Constituição e assegurar que a ausência de motivação enseja nulidade (art. 11), regulamentou e estabeleceu as bases mínimas para a motivação das decisões, conforme as exigências constitucionais, estabelecendo no §1º, de seu art. 489, que *não se considera fundamentada qualquer decisão judicial, seja ela interlocutória, sentença ou acórdão, que:* I – se limitar à indicação, à reprodução ou à paráfrase de ato normativo, sem explicar sua relação com a causa ou a questão decidida; II – empregar conceitos jurídicos indeterminados, sem explicar o motivo concreto de sua incidência no caso; III – invocar motivos que se prestariam a justificar qualquer outra decisão; IV – não enfrentar todos os argumentos deduzidos no processo capazes de, em tese, infirmar a conclusão adotada pelo julgador; V – se limitar a invocar precedente ou enunciado de súmula, sem identificar seus fundamentos determinantes nem demonstrar que o caso sob julgamento se ajusta àqueles fundamentos; VI – deixar de seguir enunciado de súmula, jurisprudência ou precedente invocado pela parte, sem demonstrar a existência de distinção no caso em julgamento ou a superação do entendimento.

Por fim, vale registrar que *o § 2º, do art. 489, do CPC/2015, dedica-se à **resolução de conflitos normativos**, aderindo expressamente à **teoria da ponderação de Robert Alexy***, afirmando que *"no caso de colisão entre normas, o juiz deve justificar o objeto e os critérios gerais da ponderação efetuada, enunciando as razões que autorizam a interferência na norma afastada e as premissas fáticas que fundamentam a conclusão"*. Embora discordemos da opção legislativa que é extremamente criticável,[121] vale registrar que ao menos foi feita uma opção, o que afasta a insegurança das múltiplas (e muitas vezes esdrúxulas) opções metodológicas que vinham sendo utilizadas pelos magistrados na práxis jurídica. Ademais, considerando o enunciado do CPC/2015, exige-se que o magistrado demonstre o objeto e os critérios gerais da ponderação efetuada, enunciando as razões que autorizam a interferência na norma afastada e as premissas fáticas que fundamentam a conclusão, isto é, exige que o magistrado demonstre o *iter* de da ponderação realizada, fundamentando-a, o que ao menos assegura algum controle da legitimidade de sua decisão.

12.8 Juiz natural, independente e imparcial

O inciso XXXVII, do art. 5º, da CF/88 afirma que *"não haverá juízo ou tribunal de exceção"*; o que é reforçado e complementado pelo inciso LIII, do mesmo dispositivo constitucional que afirma que *"ninguém será processado nem sentenciado senão pela autoridade competente"*. Aqui, vale lembrar da clássica lição de Rudolf Von Ihering, segundo quem, "o homem vítima de uma justiça venal ou parcial encontra-se violentamente arrojado para fora das vias do direito".[122]

Ademais, de antemão, vale registrar que o princípio do juiz natural se aplica, inclusive, ao ***processo administrativo***, sendo chamado pelos administrativistas de princípio do julgador natural. Preliminarmente, é valido, também, dizer que o ***juízo arbitral*** não constitui ofensa

120. FELISBERTO, Adriano Cesar; IOCOHAMA, Celso Hiroshi. O princípio da motivação nas decisões de segunda instância dos juizados Especiais Cíveis. Revista de Processo. São Paulo, n. 190, p. 127-154, dez, 2010.
121. DOS SANTOS, Eduardo R. Princípios Processuais Constitucionais. 2 ed. Salvador: Juspodivm, 2019.
122. IHERING, Rudolf Von. A luta pelo Direito. São Paulo: Martin Claret, 2009, p. 74.

ao princípio do juiz natural, sobretudo porque se origina de uma convenção livre entre as partes que não versa sobre direitos indisponíveis.

Tomando por base os citados dispositivos constitucionais, temos que o princípio do juiz natural não pode ser compreendido como mera proibição de existência de tribunais de exceção, mas sim como uma norma fundamental complexa que consagra uma jurisdição constitucionalmente preestabelecida que seja imparcial e independente e que compreende, dentre outras, as seguintes garantias:

i) proibição de julgamento por órgão constituído após a ocorrência do fato (vedação a criação de tribunal de exceção);
ii) instituição dos órgãos jurisdicionais e fixação da competência pela Constituição;
iii) cumprimento rigoroso das determinações procedimentais referentes à divisão funcional interna;
iv) inércia da jurisdição;
v) independência, imparcialidade, inafastabilidade e gratuidade judiciária;
vi) investidura, aderência ao território, indelegabilidade, indeclinabilidade e inevitabilidade da jurisdição;
vii) independência da jurisdição civil da criminal;
viii) perpetuatio jurisdictiones e recursividade.

Ademais, é de suma importância destacar que a lei 13.964/2019, apelidada de *Pacote Anticrime*, introduziu no ordenamento jurídico brasileiro o ***Juiz das Garantias***, cuja finalidade é não permitir que o juiz que atuou na fase pré-processual penal (fase de investigação) atue, também, na fase processual de um mesmo caso, de modo a evitar a contaminação da imparcialidade do julgador, afinal, se ele atuou na fase de investigação formulando juízos prévios sobre o investigado, é lógico, pressupor, que ele já possui um forte juízo antecedente sobre a causa, o que sobrecarrega a balança do contraditório, enquanto direito de influência na decisão judicial, pendendo-a antecipadamente para um lado, o que fere de morte o devido processo legal, especialmente em sua dimensão substantiva.[123] Além disso, o juiz das garantias foi inserido em nossa ordem jurídica como forma de reforçar nosso sistema acusatório, afastando-o do sistema inquisitivo e aproximando-o da noção de processo justo inerente ao Estado Constitucional Democrático de Direito, assegurando o princípio do juiz natural, independente e imparcial para além da mera previsão normativa, institucionalizando-o e implementando-o.[124]

Sem dúvida alguma, o juiz das garantias é figura processual constitucional democrática e implica num avanço ímpar para o processo penal brasileiro, pois, enquanto juiz que atua na fase pré-processual desvinculado da fase processual, cabe-lhe controlar a legalidade dos atos da investigação e assegurar o respeito aos direitos e garantias fundamentais dos investigados, bem como permitir, quando estritamente necessário, a realização de atos que dependem de ordem judicial.[125] Assim, o juiz das garantias assegura que o juiz da causa, possa julgar o processo sem a, até então, inevitável, contaminação decorrente de sua atuação na fase pré-processual, o que, a nosso ver, é exigência das mais fundamentais do princípio do juiz natural.

123. ROSA, Alexandre Morais da. Guia do Processo Penal conforme a Teoria dos Jogos. 6 ed. Florianópolis: EMais, 2020.
124. ALVES, Karlos. Pacote Anticrime: lei 13.964/2019 comentada. Rio de Janeiro: Lumen Juris, 2021.
125. LOPES JR, Aury. Direito Processual Penal. 17 ed. São Paulo: Saraiva, 2020.

Nada obstante, até o fechamento desta edição, o juiz das garantias, bem como diversas alterações e inovações trazidas pela lei 13.964/2019, encontra-se suspenso por decisão do STF, em medida cautelar (ADIs 6.298, 6.299, 6.300 e 6305).

12.9 Inadmissibilidade das provas ilícitas

Nos termos do inciso LVI, do art. 5º, da CF/88, *"são inadmissíveis, no processo, as provas obtidas por meios ilícitos"*. Embora o processo tenha a busca da verdade como um objetivo inerente à sua própria natureza (o processo deve ser justo), ***não se pode buscar a verdade a qualquer custo***, pois, se por um lado, a busca da verdade é uma garantia fundamental inerente ao devido processo legal, por outro, o devido processo compreende outros direitos e garantias fundamentais que devem ser respeitados, como à intimidade, à integridade física e moral, à inviolabilidade do domicílio e das correspondências etc.

Definitivamente, ***os fins não justificam os meios!*** Assim, a busca da verdade não pode passar por cima dos demais direitos e garantias fundamentais do indivíduo. É preciso que o processo seja legítimo e lícito. *O Estado para fazer cumprir as leis, não pode desrespeitá-las, sob pena de macular o processo e até mesmo manipular os rumos da verdade*, distanciando-se dela. Em exemplo, poderíamos lembrar dos processos conduzidos pela "Santa Inquisição", cujas "provas" eram obtidas pelos meios mais cruéis possíveis, como torturas, prisões imotivadas e sem observância do devido processo legal, confisco de bens etc., levando muitas vezes a falsas confissões, a falsas delações, a falsos testemunhos, como forma de aliviar-se das aflições físicas, psicológicas, morais e econômicas impostas pelo processo.

Em face disto, o direito consagra a inadmissibilidade das provas obtidas por meios ilícitos, não admitindo o uso de provas que sejam fruto de violação de direitos e garantias fundamentais, da lei ou da moralidade jurídica. Nada obstante, é importante dizer que *há **situações em que se deve superar a inadmissibilidade das provas ilícitas**, conforme as exigências do caso in concreto, em razão da tensão entre as normas fundamentais consagradoras de direitos e garantias da pessoa humana,* como, por exemplo, quando se utiliza de uma prova ilícita para absolver um réu inocente no processo penal.[126] Contudo, frise-se: estas situações são excepcionais, vez que, via de regra, deve-se privilegiar a proibição do uso de provas ilícitas, enquanto garantia fundamental expressa em nossa Constituição.[127]

Para além disso, tem se destacado no direito brasileiro o uso da ***teoria dos frutos da árvore envenenada***, construída no âmbito da jurisprudência da Suprema Corte estadunidense ***(the fruit of the poisonous tree)***. Em síntese, a teoria dos frutos da árvore envenenada consiste em não admitir que se utilize no processo, não apenas as provas obtidas por meios ilícitos, mas, também, as provas que "se baseiam, derivam ou tiveram sua origem em informações ou dados conseguidos pela prova ilícita", guardando com ela uma relação de fato ou de direito.[128]

Nada obstante, a *the fruit of the poisonous tree doctrine*, também, comporta algumas *exceções*, tais como a ***teoria do descobrimento inevitável (inevitable discovery exception)***, pela qual admite-se que a segunda prova derivada da ilícita seja tida por lícita, caso a sua descoberta

126. Vale ressaltar que no processo penal, a inadmissibilidade das provas obtidas por meios ilícitos consubstancia-se quase que em um princípio absoluto, contudo, quando em favor do réu, as provas ilícitas têm sido admitidas pela jurisprudência e pela maioria da doutrina, ou seja, quando sopesada em face do princípio da liberdade, da ampla defesa e do *favor rei* ou *in dúbio pro reo*, a proibição das provas ilícitas tem cedido.
127. MARINONI, Luiz Guilherme; ARENHART, Sérgio Cruz. Prova. São Paulo: RT, 2009.
128. NERY JUNIOR, Nelson. Princípios do processo na Constituição Federal. São Paulo: RT, 2010, p. 274.

fosse inevitável, isto é, caso sua descoberta fosse ocorrer mais cedo ou mais tarde; e a ***teoria do descobrimento provavelmente independente (hypothetical independent source rule)***, pela qual a segunda prova não é compreendida como derivada da primeira, mas sim como uma prova provavelmente independente, não havendo nexo causal entre ela e a prova ilícita.[129]

Por fim, vale destacar a aplicação da ***teoria da descontaminação do julgado***, que rechaça a possibilidade do juiz que proferiu o primeiro julgamento julgar novamente a causa nos casos em que o tribunal reconhecer a ilicitude de uma prova e excluí-la do processo. Tal teoria baseia-se na manutenção da garantia do devido processo legal e na isenção e imparcialidade do julgador, que na hipótese levantada encontra-se evidentemente em suspeição.[130]

Contemplando a teoria da descontaminação do julgado, a lei 13.964/2019, conhecida como ***Pacote Anticrime***, adicionou ao art. 157, do CPP, o §5º, segundo o qual *o juiz que conhecer do conteúdo da prova declarada inadmissível não poderá proferir a sentença ou acórdão*, ou seja, o magistrado que conhecer o conteúdo da prova ilícita deve ser afastado do processo, não podendo mais prosseguir como juiz da causa, estando proibido de decidi-la. Obviamente, isso aplica-se, a nosso ver, apenas aos magistrados que admitirem a prova, conhecendo do seu conteúdo no sentido de admiti-lo como válido. Por outro lado, não se aplica aos magistrados que inadmitirem a prova, declarando sua ilicitude e rechaçando-a, mantendo-se a competência desses, vez que não foram contaminados pela ilicitude da prova, quedando-se sua isenção e imparcialidade intacta.[131]

12.10 Duração razoável do processo

O princípio da razoável duração do processo, também chamado de princípio da celeridade processual foi positivado em nossa Constituição pela EC 45/2004, que inseriu o inciso LXXVIII, em seu artigo 5º, que assim dispõe: *a todos, no âmbito judicial e administrativo, são assegurados a razoável duração do processo e os meios que garantam a celeridade de sua tramitação.*

Embora esse princípio já fosse reconhecido como norma constitucional material, implícita ao devido processo legal, fez bem o constituinte reformador em inseri-lo na Constituição, tendo em vista a lentidão exagerada de que padece o sistema judicial brasileiro. Apenas para ilustrarmos, em 2020, o STF (RE 1.250.467) pôs fim ***a ação judicial mais antiga do Brasil***, que havia sido impetrada em 1895 por Isabel de Orleans e Bragança (vulga princesa Isabel) com o intento de tomar para si o Palácio da Guanabara, no Rio de Janeiro, uma espécie de tentativa de assalto judicial ao patrimônio público, baseado no pensamento mesquinho e totalitarista de que o patrimônio do povo (patrimônio público) é, na verdade, patrimônio privado dos monarcas, o que, pelo menos, desde a fundação da República se mostrara impossível, mas que, ainda assim, ***levou (quase) 125 anos para ser decidido de forma definitiva.***

No âmbito da legislação administrativa, a garantia à razoável duração do processo já se encontrava positivada desde a lei 9.487/1999 (Lei do Processo Administrativo Federal). Por sua vez, na ambiência jurisdicional, o Código de Processo Civil de 2015 a consagrou em seu artigo 4º, afirmando que "as partes têm o direito de obter em prazo razoável a solução integral do mérito, incluída a atividade satisfativa", e em seu artigo 6º, declarando que "todos os sujeitos do processo devem cooperar entre si para que se obtenha, em tempo razoável,

129. DOS SANTOS, Eduardo R. Princípios Processuais Constitucionais. 2 ed. Salvador: Juspodivm, 2019.
130. Ibidem, idem.
131. CUNHA, Rogério Sanches. Pacote Anticrime. Salvador: Juspodivm, 2020.

decisão de mérito justa e efetiva". Além do mais, o CPC/2015 foi extremamente feliz em sua redação, ao reconhecer que a razoável duração do processo é um direito das partes (art. 4º), mas que, também, *exige dessas partes um **dever de cooperação*** para que esse direito se efetive. Isto é, para que o direito à razoável duração do processo se concretize, ***os sujeitos processuais precisam adimplir com suas obrigações processuais*** respeitando os prazos legais (o que é lógico e decorre do próprio devido processo legal) *e agir de forma cooperativa no iter processual*.

Por fim, vale dizer que a jurisprudência tem reconhecido que ***o Estado deve indenizar a parte que sofreu danos morais ou patrimoniais decorrentes da duração exagerada do processo*** (administrativo ou jurisdicional). A referida indenização fundamenta-se no art. 37, §6º, da CF/88, que impõe ao Estado a obrigação de indenizar, objetivamente, os danos morais e materiais que seus agentes, nessa qualidade, causarem a terceiros, por ação ou omissão, culposa ou dolosa.[132]

13. DIREITOS E GARANTIAS FUNDAMENTAIS PENAIS

A Constituição brasileira de 1988 reconhece uma série de direitos e garantias fundamentais de natureza penal, seja para assegurar os direitos dos réus e condenados, seja para assegurar uma proteção especial a determinados bens jurídicos fundamentais, inclusive, instituindo mandamentos constitucionais de criminalização expressos. Vejamos.

13.1 Tribunal do júri

O Tribunal do Júri, ou "Júri Popular", é reconhecido no constitucionalismo brasileiro desde a Constituição do Império, tratando-se de uma "*garantia*" que assegura ao acusado – pessoa do povo – que ele será julgado pelo próprio povo, segundo as leis que esse mesmo povo previamente estabeleceu pelo devido processo legislativo.

Por outro lado, consiste em uma ***instituição altamente criticável*** do ponto de vista técnico, já que os populares que irão julgar o acusado não possuem, em regra, o conhecimento jurídico necessário para reconhecer de modo técnico as categorias jurídicas que se apresentem no processo, como distinguir dolo eventual de culpa consciente, reconhecer erro de tipo e de proibição, reconhecer ou deixar de reconhecer certas excludentes de ilicitude etc. Assim, o Tribunal do Júri está mais propenso a realizar julgamentos falhos do que um juízo técnico, legitimando, por inúmeras vezes, condenações de inocentes e absolvições de culpados, em face do sentimento de justiça popular. Em outras palavras, *o júri é um teatro* em que nem sempre vence quem tem razão, nem sempre vence a versão que está conforme as provas dos autos, mas sim o melhor ator, aquele que convence melhor os jurados, seja por argumentos jurídicos, políticos, sociais, culturais, morais, religiosos, afetivos etc.[133]

Nada obstante, nos termos do inciso XXXVIII, do art. 5º, da CF/88, *"é reconhecida a instituição do júri, com a organização que lhe der a lei, assegurados: a) a plenitude de defesa; b) o sigilo das votações; c) a soberania dos veredictos; d) a competência para o julgamento dos crimes dolosos contra a vida"*.

132. Ibidem, idem.
133. DOS SANTOS, Eduardo R. Garantias Constitucionais do Processo, 2018, p. 243.

a) *A plenitude de defesa* assegurada ao acusado julgado pelo Tribunal do Júri é muito mais ampla e complexa do que a ampla defesa assegurada a qualquer acusado, vez que "ela abrange uma argumentação que transcende a dimensão meramente jurídica, na medida em que admite aspectos de ordem social, cultural, econômica, moral, religiosa etc."[134] Assim, o acusado, por meio de seu advogado, pode se utilizar de qualquer argumentação para convencer os jurados, não necessitando comprovar tecnicamente a ocorrência de certo instituto jurídico que lhe favoreça, mas apenas convencê-los de sua ocorrência, isto é, não importa se aquele instituto realmente se configura naquele caso nos termos da lei, mas apenas importa que os jurados acreditem que ele se configura nos termos do pensamento individual de cada jurado. Nesse sentido, já decidiu o STF (HC 178.777) que a absolvição do réu, ante resposta a quesito genérico de absolvição, independe de elementos probatórios ou de teses veiculadas pela defesa, considerados elementos não jurídicos e extraprocessuais, fundando-se na livre convicção dos jurados e na soberania dos vereditos e não implicando nulidade da decisão nem ensejando apelação da acusação.

b) *O sigilo das votações* veda que se identifique ou que se permita acesso ao teor dos votos dos jurados. Nada obstante, para além dessa importante proibição, essa garantia acaba por ratificar que a decisão do jurado possa ser uma decisão sem motivação, vez que o jurado irá decidir por convicção pessoal sem necessidade de justificar seu voto, o que está na contramão dos princípios do Estado Democrático de Direito e do devido processo legal.

c) *A soberania dos veredictos* implica que a decisão dos jurados seja considerada, via de regra, a decisão final, não podendo essa decisão ser reformada em relação ao seu mérito em sede de apelação pelo Tribunal de Justiça, cabendo-lhe tão somente fazer correções quanto a pena imposta, mas não podendo revisitar o veredito. Nada obstante, se o processo tiver um resultado manifestamente contrário às provas dos autos, nos termos do art. 593, III, "d", do CPP, caberá apelação, que, se provida, anulará a decisão e sujeitará o réu a novo julgamento (§ 3º, art. 593, CPP), o que, segundo o STF (RHC 170.559), não viola a regra constitucional da soberania dos veredictos do júri, nem ofende a garantia de que ninguém pode ser julgado mais de uma vez pelo mesmo crime, ainda que se forme um segundo Conselho de Sentença, pois o julgamento é um só, e termina com o trânsito em julgado da decisão.

d) *A competência para o julgamento dos crimes dolosos contra a vida.* Aqui, um esclarecimento precisa ser feito: *a competência do Tribunal do Júri pode ser ampliada pela legislação infraconstitucional?* Conforme a doutrina processual penal majoritária a legislação infraconstitucional pode alargar as competências do Tribunal do Júri.[135] Com todas as vênias às vozes dissonantes, a nosso ver, essa competência só pode ser ampliada por Emenda à Constituição, inadmitindo-se sua ampliação por qualquer outra espécie normativa.

Ademais, é preciso analisar a tensão normativa entre a ***competência do Tribunal do Júri e o foro por prerrogativa.*** A Súmula Vinculante 45, do STF, dispõe que a competência constitucional do Tribunal do Júri prevalece sobre o foro por prerrogativa de função estabelecido

---

134. STRECK, Lenio Luiz. Comentário ao art. 5º, XXXVIII. In: CANOTILHO, J.J. Gomes; MENDES, Gilmar Ferreira; SARLET, Ingo Wolfgang; STRECK, Lenio Luiz (coord.). Comentários à Constituição do Brasil. São Paulo: Saraiva, 2013, p. 382.
135. TÁVORA, Nestor; ALENCAR, Rosmar Rodrigues. Curso de Direito Processual Penal. 9 ed. Salvador: Juspodivm, 2014.

exclusivamente pela Constituição Estadual. *Mas, e quanto ao foro por prerrogativa de função estabelecido na Constituição Federal?* Bem, de acordo com a mais recente jurisprudência do STF (AP 937-QO), o foro por prerrogativa de função só se aplica aos crimes cometidos durante o exercício do cargo e em razão dele. Assim, a nosso ver, a não ser na excepcional hipótese de o crime doloso contra a vida ter sido cometido durante o exercício do cargo e em razão dele, a prerrogativa de foro, ainda que estabelecida na Constituição Federal, não mais deve prevalecer sobre a competência do Tribunal do Júri.

Além disso, a nosso ver, ***é inconstitucional qualquer previsão infraconstitucional que atribua a competência para processar e julgar os crimes dolosos contra vida a outro órgão do Judiciário que não o Tribunal do Júri.*** Assim, parece-nos claramente inconstitucional o dispositivo da lei 13.491/2017 que inseriu o §2º, no art. 9º, do Código Penal Militar, atribuindo à Justiça Militar da União a competência para processar e julgar os crimes dolosos contra a vida cometidos por militares das forças armadas contra civil quando praticados no contexto: I – do cumprimento de atribuições que lhes forem estabelecidas pelo Presidente da República ou pelo Ministro de Estado da Defesa; II – de ação que envolva a segurança de instituição militar ou de missão militar, mesmo que não beligerante; ou III – de atividade de natureza militar, de operação de paz, de garantia da lei e da ordem ou de atribuição subsidiária, realizadas em conformidade com o disposto no art. 142 da Constituição Federal e na forma dos seguintes diplomas legais: a) Lei no 7.565, de 19 de dezembro de 1986 – Código Brasileiro de Aeronáutica; b) Lei Complementar no 97, de 9 de junho de 1999; c) Decreto-Lei no 1.002, de 21 de outubro de 1969 – Código de Processo Penal Militar; e d) Lei no 4.737, de 15 de julho de 1965 – Código Eleitoral. Nesse sentido, a constitucionalidade do art. 9º, §2º, do CPM, foi questionada perante o STF, na ADI 5.901, cuja relatoria foi distribuída ao Min. Gilmar Mendes e encontra-se pendente de julgamento.

13.2 Da legalidade e anterioridade da lei penal

O inciso XXXIX, do art. 5º, da CF/88, dispõe que *"não há crime sem lei anterior que o defina, nem pena sem prévia cominação legal"*, consagrando-se o ***princípio da legalidade penal***. Esse princípio, contudo, não se aplica somente aos crimes e às penas, de modo que a partir de uma hermenêutica de integridade tem-se que onde se lê "crime" quer se referir e significar "infração penal" (crimes e contravenções penais) e onde se lê "pena" quer se referir e significar "sanção penal", incluindo-se, portanto, as medidas de segurança.

Ademais, de acordo com consagrada lição da doutrina penalista, esse princípio desdobra-se em mais seis:[136]

1) Não há crime (ou contravenção penal), nem pena (ou medida de segurança) sem LEI: ***princípio da reserva legal***, segundo o qual só se pode criar infração penal por meio de lei estrita (Lei Complementar ou Lei Ordinária).

2) Não há crime (ou contravenção penal), nem pena (ou medida de segurança) sem lei ANTERIOR: ***princípio da anterioridade***, segundo o qual para que se crie tipos penais e se comine sanções penais exige-se lei anterior, vedando-se a retroatividade da lei maléfica.

136. CUNHA, Rogério Sanches. Manual de Direito Penal: parte geral. 5. ed. Salvador: Juspodivm, 2017.

3) Não há crime (ou contravenção penal), nem pena (ou medida de segurança) sem lei ESCRITA, de modo que fica excluída a possibilidade do direito consuetudinário fundamentar ou agravar a pena.

4) Não há crime (ou contravenção penal), nem pena (ou medida de segurança) sem lei ESTRITA, vedando-se, portanto, o uso na analogia para criar crime, bem como para fundamentar ou agravar sanções penais.

5) Não há crime (ou contravenção penal), nem pena (ou medida de segurança) sem lei CERTA: ***princípio da taxatividade ou da determinação***, segundo o qual o legislador ao criar tipos penais deve ser claro, não deixando margens a dúvidas, permitindo ao povo a compreensão e entendimento sobre o tipo que fora criado.

6) Não há crime (ou contravenção penal), nem pena (ou medida de segurança) sem lei NECESSÁRIA: ***princípio da intervenção mínima***, segundo o qual as infrações penais só devem ser criadas quando estritamente necessárias, isto é, quando outros ramos do direito não forem suficientes para obrigar a realização das condutas sociais pretendidas ou coibir as condutas indesejadas.

Ademais, a ***legalidade*** consiste em mandamento de duas ordens: ***a) formal***, exigindo a obediência ao devido processo legislativo; e ***b) material***, exigindo que a lei criada tenha respeitado o conteúdo da Constituição, em razão de sua superioridade hierárquica normativa, de modo a exigir sua compatibilidade vertical com a norma constitucional, sob pena de invalidade (inconstitucionalidade).[137]

13.3 Da irretroatividade da lei penal

Nos termos do inciso XL, do art. 5º, da CF/88, temos que *"a lei penal não retroagirá, salvo para beneficiar o réu"*, consagrando-se o ***princípio da irretroatividade da lei penal***, norma que, por um lado, proíbe que a lei penal retroaja para prejudicar o réu e, por outro, autoriza que ela retroaja para beneficiá-lo, sendo aplicada, especialmente, na sucessão de leis penais no tempo nos seguintes fenômenos: a) *novatio legis* incriminadora; b) *novatio legis in pejus*; c) *abolitio criminis*; e d) *novatio legis em mellius*.[138]

A ***novatio legis incriminadora*** ocorre quando uma nova lei é criada para considerar infração penal alguma conduta anteriormente lícita e, em face do princípio da irretroatividade da lei penal, impede que essa lei nova incriminadora (que criou o crime) aplique-se às condutas tipificadas que foram realizadas antes de sua entrada em vigor.

A ***novatio legis in pejus*** consiste em lei penal nova que de qualquer modo prejudique ou agrave a situação e a penalidade do réu (*lex gravior*), sendo que, em razão do princípio da irretroatividade da lei penal, não poderá ser aplicada a fatos anteriores a sua entrada em vigor, devendo-se aplicar a lei vigente ao tempo do crime.

A ***abolitio criminis*** trata-se, nos termos do Código Penal, de causa extintiva da punibilidade (art. 107, III), e ocorre quando lei nova suprime a figura criminosa anteriormente tipificada, revogando-se o tipo penal e descriminalizando a conduta nele prevista. Assim, em que pese se trate de lei nova, ela retroagirá para beneficiar o réu e, inclusive, o conde-

137. Ibidem, idem.
138. CALLEGARI, André Luís. Comentário ao art. 5º, XL. In: CANOTILHO, J.J. Gomes; MENDES, Gilmar Ferreira; SARLET, Ingo Wolfgang; STRECK, Lenio Luiz (coord.). Comentários à Constituição do Brasil. São Paulo: Saraiva, 2013.

nado, sendo que nesse último caso a *abolitio criminis* atingirá somente os efeitos penais da condenação, subsistindo, ainda, os efeitos extrapenais.[139]

Por fim, a ***novatio legis in mellius*** consiste na lei nova que de qualquer modo beneficia o réu melhorando sua situação (*lex mitior*). Deste modo, ainda que se trate de lei nova, ela retroagirá para beneficiar o réu e, inclusive, o condenado.

13.4 Da criminalização do racismo

Nos termos do inciso XLII, do art. 5º, da CF/88, *"a prática do racismo constitui crime inafiançável e imprescritível, sujeito à pena de reclusão, nos termos da lei"*.

Este dispositivo consagra um ***mandamento constitucional de criminalização expresso***, que encontra-se parcialmente atendido pela lei 7.716/1989, que pune o racismo resultante de discriminação ou preconceito de raça, cor, etnia, religião ou procedência nacional.[140]

Ademais, o art. 140, §3º, do Código Penal, tipifica o crime de ***injúria racial***, que se concretiza quando *"a injúria consiste na utilização de elementos referentes a raça, cor, etnia, religião ou origem"*. Em que pese as vozes dissonantes, a jurisprudência tem caminhado no sentido de entender que este crime também está englobado pela cláusula do inciso XLII, do art. 5º, da CF/88, pois não é o fato de estar previsto na Lei do Racismo (ou de combate ao racismo) que faz com que um crime seja crime de racismo, mas sim o fato da motivação do cometimento do crime ter sido uma motivação racista, discriminatória, que visa diminuir e inferiorizar pessoas em razão do pertencimento a certos grupos (negros, cristãos, mulçumanos, japoneses, judeus, árabes, nordestinos etc.). Nesse sentido, no julgamento do AREsp 686.965, o *STJ* decidiu que a injúria racial deve ser considerada imprescritível, nos termos do inciso XLII, do art. 5º, da CF/88.

Além disso, é importante destacar que ***os termos racismo e raça*** são extremamente imprecisos, vez que biologicamente todas as pessoas pertencem a uma única raça, assim a definição de seu conteúdo não tem sido tarefa fácil. Certo é que a jurisprudência superior tem entendido que o racismo se relaciona à discriminação e ao preconceito segregacionista que tenha o condão de inferiorizar pessoa pertencente a certo grupo em razão desse pertencimento. Nesse sentido, o *STF*, no julgamento do HC 82.424-RS, considerou que, embora judeu não seja, de fato, raça, qualquer atitude antissemita configura racismo.

13.4.1 A criminalização da homofobia

O Supremo Tribunal Federal, ao realizar o julgamento conjunto da ADO 26 e do MI 4.733, por maioria (8x3 – vencidos os Ministros Ricardo Lewandowski e Dias Toffoli, que julgavam parcialmente procedente a ação, e o Ministro Marco Aurélio, que a julgava improcedente), julgou-a procedente, com eficácia geral e efeito vinculante, fixando as seguintes teses:

1) Até que sobrevenha lei emanada do Congresso Nacional destinada a implementar os mandados de criminalização definidos nos incisos XLI e XLII do art. 5º da Constituição da República, ***as condutas homofóbicas e transfóbicas***, reais ou supostas, que envolvem aversão odiosa à orientação sexual ou à identidade de gênero de alguém,

---

139. CUNHA, Rogério Sanches. Manual de Direito Penal: parte geral. 5ª ed. Salvador: Juspodivm, 2017.
140. FELDENS, Luciano. Comentário ao art. 5º, XLII. In: CANOTILHO, J.J. Gomes; MENDES, Gilmar Ferreira; SARLET, Ingo Wolfgang; STRECK, Lenio Luiz (coord.). Comentários à Constituição do Brasil. São Paulo: Saraiva, 2013.

por traduzirem expressões de racismo, compreendido este em sua dimensão social, *ajustam-se, por identidade de razão e mediante adequação típica, aos preceitos primários de incriminação definidos na Lei 7.716, de 08/01/1989, constituindo, também, na hipótese de homicídio doloso, circunstância que o qualifica, por configurar motivo torpe* (Código Penal, art. 121, § 2º, I, "*in fine*");

2) *A repressão penal à prática da homotransfobia não alcança nem restringe ou limita o exercício da liberdade religiosa*, qualquer que seja a denominação confessional professada, a cujos fiéis e ministros (sacerdotes, pastores, rabinos, mulás ou clérigos muçulmanos e líderes ou celebrantes das religiões afro-brasileiras, entre outros) é assegurado o direito de pregar e de divulgar, livremente, pela palavra, pela imagem ou por qualquer outro meio, o seu pensamento e de externar suas convicções de acordo com o que se contiver em seus livros e códigos sagrados, bem assim o de ensinar segundo sua orientação doutrinária e/ou teológica, podendo buscar e conquistar prosélitos e praticar os atos de culto e respectiva liturgia, independentemente do espaço, público ou privado, de sua atuação individual ou coletiva, desde que tais manifestações não configurem discurso de ódio, assim entendidas aquelas exteriorizações que incitem a discriminação, a hostilidade ou a violência contra pessoas em razão de sua orientação sexual ou de sua identidade de gênero;

3) *O conceito de racismo*, compreendido em sua dimensão social, projeta-se para além de aspectos estritamente biológicos ou fenotípicos, pois resulta, enquanto manifestação de poder, de uma construção de índole histórico-cultural motivada pelo objetivo de justificar a desigualdade e destinada ao controle ideológico, à dominação política, à subjugação social e à negação da alteridade, da dignidade e da humanidade daqueles que, por integrarem grupo vulnerável (LGBTI+) e por não pertencerem ao estamento que detém posição de hegemonia em uma dada estrutura social, são considerados estranhos e diferentes, degradados à condição de marginais do ordenamento jurídico, expostos, em consequência de odiosa inferiorização e de perversa estigmatização, a uma injusta e lesiva situação de exclusão do sistema geral de proteção do direito.

A nosso ver, acertadamente, o Supremo reconheceu que a homotransfobia caracteriza-se como prática racista, vez que raça e racismo devem ser interpretados a partir de sua conceituação sociológica e não a partir da conceituação biológica, já que todos pertencemos a mesma raça biológica, o que impede ser esse o sentido dessas expressões na legislação concernente ao racismo. Ademais, vale enfatizar que ***o STF não realizou analogia in malan parte***, pois para isso deveria colmatar alguma lacuna, vez que analogia é forma de integração normativa. Bem pelo contrário, ***a Corte apenas interpretou os termos raça e racismo já presentes na legislação de forma expressa***, revelando então o seu sentido e significado normativo, declarando que eles abrangem as práticas homotransfóbicas.[141]

13.5 Dos crimes inafiançáveis e insusceptíveis de graça ou anistia

Nos termos do inciso XLIII, do art. 5º, da CF/88, "*a lei considerará crimes inafiançáveis e insuscetíveis de graça ou anistia a prática da tortura, o tráfico ilícito de entorpecentes e drogas afins, o terrorismo e os definidos como crimes hediondos, por eles respondendo os mandantes, os executores e os que, podendo evitá-los, se omitirem*". É de se anotar, primeiramente, que para

141. VECCHIATTI, Paulo Roberto Iotti. O STF, a homotransfobia e seu reconhecimento como crime de racismo. Bauru: Spessotto, 2020.

além de estabelecer um ***mandamento constitucional de criminalização expresso*** para os crimes de tortura, terrorismo e tráfico de entorpecentes, a Constituição lhes impôs um ***regime penal mais rigoroso*** (o regime dos crimes hediondos) e ainda lhes considerou inafiançáveis e insuscetíveis da concessão de graça ou anistia.

A ***tortura*** conta com a preocupação do Constituinte também no art. 5º, III, da CF/88, estando criminalizada pela lei 9.455/97. A preocupação do Constituinte é justificável, vez que a história do Brasil é marcada por regimes totalitários afeitos à tortura, como o Império, o Estado Novo e o período da Ditadura Militar, apenas para lembrarmos os exemplos mais citados. Já o ***terrorismo*** conta com o repúdio do Constituinte no âmbito dos princípios que regem o Brasil na ordem internacional, nos termos do art. 4º, VIII, da CF/88, e encontra-se criminalizado e regulamento pela lei 13.260/2016. Trata-se de legislação recente, porém criticável, pois ao definir a prática do terrorismo acabou por atrelá-lo a atos que tenham "*razões de xenofobia, discriminação ou preconceito de raça, cor, etnia e religião, quando cometidos com a finalidade de provocar terror social ou generalizado, expondo a perigo pessoa, patrimônio, a paz pública ou a incolumidade pública*", nos termos do art. 2º, da citada lei. Nesse sentido, a tipificação de uma conduta como sendo terrorismo ficou a depender dessa motivação de discriminação e dessa finalidade de causar o terror social e generalizado, o que no mínimo é de dificílima comprovação, além de não tutelar atos de terror que não tenham essas motivações e/ou essas finalidades. Por sua vez, o ***tráfico ilícito de entorpecentes*** encontra-se criminalizado e regulamentado pela lei 11.343/2006.

Ademais, tem-se que o regime jurídico dos ***crimes hediondos*** e dos ***equiparados a hediondos*** (tortura, terrorismo e tráfico) encontra-se regulamentado pela lei 8.072/90, tratando-se de um ***regime jurídico penal mais rígido*** por disposição expressa da própria Constituição. Nesse sentido, para além da inafiançabilidade e da insuscetibilidade da concessão de graça ou anistia, pode-se dizer que a Constituição permitiu que a lei instituísse outras restrições de natureza penal mais severas, como o fez a lei 8.072/90 ao impedir, também, a concessão do indulto aos crimes considerados hediondos e aos crimes de tortura, terrorismo e tráfico de entorpecentes, nos termos de seu art. 2º, I.[142]

Por fim, é importante não confundir os conceitos de graça, anistia e indulto, lembrando que os dois primeiros (graça e anistia) não podem ser concedidos nos casos dos crimes de tortura, tráfico ilícito de entorpecentes, terrorismo e os definidos como crimes hediondos por força de disposição constitucional, enquanto o indulto não pode ser concedido por força de disposição legal. ***Anistia*** é uma causa extintiva da punibilidade, pela qual o Estado renúncia ao direito de punir, por razões sociais, políticas, de clemência etc., sendo concedida por meio de lei aprovada pelo Congresso Nacional e sancionada pelo Presidente da República, pondo fim aos efeitos penais (primários e secundários) do fato criminoso, mantendo-se, contudo, os efeitos extrapenais. ***Graça*** é uma causa extintiva da punibilidade, pela qual o Estado renúncia ao direito de punir, concedida pelo Presidente da República, via Decreto (art. 84, XII, CF/88), podendo ser delegada sua atribuição aos Ministros de Estado, ao Procurador Geral da República e ao Advogado Geral da União, extinguindo apenas os efeitos penais executórios da condenação, tratando-se de benefício individual e dependente de provocação do interessado. Já o ***indulto*** consiste em uma causa extintiva da punibilidade, pela qual o Estado renúncia ao direito de punir, concedida pelo Presidente da República, via

142. FELDENS, Luciano. Comentário ao art. 5º, XLIII. In: CANOTILHO, J.J. Gomes; MENDES, Gilmar Ferreira; SARLET, Ingo Wolfgang; STRECK, Lenio Luiz (coord.). Comentários à Constituição do Brasil. São Paulo: Saraiva, 2013.

Decreto (art. 84, XII, CF/88), podendo ser delegada sua atribuição aos Ministros de Estado, ao Procurador Geral da República e ao Advogado Geral da União, extinguindo apenas os efeitos penais executórios da condenação, tratando-se de benefício coletivo, sem destinatário determinado e, portanto, não dependente de provocação do interessado.[143]

13.6 Da criminalização da ação de grupos armados contra a ordem constitucional democrática

Nos termos do inciso XLIV, do art. 5º, da CF/88, *"constitui crime inafiançável e imprescritível a ação de grupos armados, civis ou militares, contra a ordem constitucional e o Estado Democrático"*.

Trata-se de um dispositivo que busca defender a própria Constituição e o Estado Democrático de Direito, instituindo um mandamento expresso de criminalização para as ações de grupos armados que atentem contra a ordem constitucional e o Estado Democrático, buscando evitar e reprimir quaisquer intentonas e tentativas de golpes de Estado, bem como ações dos referidos grupos que busquem desestabilizar as instituições democráticas e a ordem constitucional.

Para além do mandamento constitucional de criminalização, a Constituição assevera que esses crimes são inafiançáveis e imprescritíveis, vedando-lhes a concessão desses benefícios.

13.7 Da individualização da pena e responsabilidade do condenado

Nos termos da Constituição, em seu art. 5º, XLV, *"nenhuma pena passará da pessoa do condenado, podendo a obrigação de reparar o dano e a decretação do perdimento de bens ser, nos termos da lei, estendidas aos sucessores e contra eles executadas, até o limite do valor do patrimônio transferido"*. Trata-se de disposição a consagrar o ***princípio da pessoalidade*** **(*ou personalização, ou intranscendência*)**, vedando-se que a pena transcenda a pessoa do condenado e atinja seus familiares ou quaisquer outros terceiros, como em tempos passados.

Já nos termos do inciso XLVI, de seu art. 5º, a CF/88 consagra o ***princípio da individualização da pena***, ao dispor que *"a lei regulará a individualização da pena e adotará, entre outras, as seguintes: a) privação ou restrição da liberdade; b) perda de bens; c) multa; d) prestação social alternativa; e) suspensão ou interdição de direitos"*.

O princípio da individualização da pena deve ser observado em, pelo menos, três momentos:[144]

i) na elaboração da lei penal, ao definir-se o crime e sua pena;

ii) na aplicação da pena pelo magistrado;

iii) e na execução da pena (art. 5º LEP).

Em relação especificamente à execução da pena, nos termos do inciso XLVIII, do art. 5º, da CF/88, ***"a pena será cumprida em estabelecimentos distintos, de acordo com a natureza do delito, a idade e o sexo do apenado"***, isto é, no cumprimento da pena a individualização deve ser observada, tendo como parâmetros a natureza do delito, a idade e o sexo do apenado. Assim, por exemplo, não se deve colocar em um mesmo ambiente penitenciário,

143. CUNHA, Rogério Sanches. Manual de Direito Penal: parte geral. 5. ed. Salvador: Juspodivm, 2017.
144. CUNHA, Rogério Sanches. Manual de Direito Penal: parte geral. 5. ed. Salvador: Juspodivm, 2017, p. 108.

membros de facções criminosas e presos por crimes passionais, nem menores com maiores ou homens com mulheres.

No âmbito da jurisprudência do Supremo Tribunal Federal, é de se destacar que "conflita com a garantia da individualização da pena [...] a imposição, mediante norma, do cumprimento da pena em regime integralmente fechado" (HC 82.959) e que, nos termos da Súmula Vinculante 56, "a falta de estabelecimento penal adequado não autoriza a manutenção do condenado em regime prisional mais gravoso, devendo-se observar, nessa hipótese, os parâmetros fixados no RE 641.320/RS".

Nesse sentido, ficaram estabelecidos no RE 641.320/RS os seguintes parâmetros:

1) A falta de estabelecimento penal adequado não autoriza a manutenção do condenado em regime prisional mais gravoso.

2) Os juízes da execução penal poderão avaliar os estabelecimentos destinados aos regimes semiaberto e aberto, para qualificação como adequados a tais regimes, sendo aceitáveis estabelecimentos que não se qualifiquem como "colônia agrícola, industrial" (regime semiaberto) ou "casa de albergado ou estabelecimento adequado" (regime aberto) (art. 33, § 1º, alíneas "b" e "c"). No entanto, não deverá haver alojamento conjunto de presos dos regimes semiaberto e aberto com presos do regime fechado.

3) Havendo déficit de vagas, deverão ser determinados: (i) a saída antecipada de sentenciado no regime com falta de vagas; (ii) a liberdade eletronicamente monitorada ao sentenciado que sai antecipadamente ou é posto em prisão domiciliar por falta de vagas; (iii) o cumprimento de penas restritivas de direito e/ou estudo ao sentenciado que progride ao regime aberto. Até que sejam estruturadas as medidas alternativas propostas, poderá ser deferida a prisão domiciliar ao sentenciado.

4) Apelo ao legislador. A legislação sobre execução penal atende aos direitos fundamentais dos sentenciados. No entanto, o plano legislativo está tão distante da realidade que sua concretização é absolutamente inviável. Apelo ao legislador para que avalie a possibilidade de reformular a execução penal e a legislação correlata, para: (i) reformular a legislação de execução penal, adequando-a à realidade, sem abrir mão de parâmetros rígidos de respeito aos direitos fundamentais; (ii) compatibilizar os estabelecimentos penais à atual realidade; (iii) impedir o contingenciamento do FUNPEN; (iv) facilitar a construção de unidades funcionalmente adequadas – pequenas, capilarizadas; (v) permitir o aproveitamento da mão de obra dos presos nas obras de civis em estabelecimentos penais; (vi) limitar o número máximo de presos por habitante, em cada unidade da federação, e revisar a escala penal, especialmente para o tráfico de pequenas quantidades de droga, para permitir o planejamento da gestão da massa carcerária e a destinação dos recursos necessários e suficientes para tanto, sob pena de responsabilidade dos administradores públicos; (vii) fomentar o trabalho e estudo do preso, mediante envolvimento de entidades que recebem recursos públicos, notadamente os serviços sociais autônomos; (viii) destinar as verbas decorrentes da prestação pecuniária para criação de postos de trabalho e estudo no sistema prisional.

5) Decisão de caráter aditivo. Determinação que o Conselho Nacional de Justiça apresente: (i) projeto de estruturação do Cadastro Nacional de Presos, com etapas e prazos de implementação, devendo o banco de dados conter informações suficientes para identificar os mais próximos da progressão ou extinção da pena; (ii) relatório sobre a implantação das centrais de monitoração e penas alternativas, acompanhado, se for o caso, de projeto de medidas ulteriores para desenvolvimento dessas estruturas; (iii) projeto para reduzir ou eliminar o tempo de análise de progressões de regime ou outros benefícios que possam levar à liberdade; (iv) relatório deverá avaliar (a) a adoção de estabelecimentos penais alternativos; (b) o fomento à oferta de trabalho e o estudo para os sentenciados; (c) a facilitação da tarefa das unidades da Federação na obtenção e acompanhamento dos financiamentos com recursos do FUNPEN; (d) a adoção de melhorias da administração judiciária ligada à execução penal.

6) Estabelecimento de interpretação conforme a Constituição para (a) excluir qualquer interpretação que permita o contingenciamento do Fundo Penitenciário Nacional (FUNPEN), criado pela Lei Complementar 79/94; b) estabelecer que a utilização de recursos do Fundo Penitenciário Nacional (FUNPEN) para financiar centrais de monitoração eletrônica e penas alternativas é compatível com a interpretação do art. 3º da Lei Complementar 79/94.

Nada obstante, vale registrar que o STF já decidiu que a situação do condenado ao regime semiaberto que esteja cumprindo pena em presídio de regime fechado, mas em ala destinada a presos do semiaberto não viola o princípio da individualização das penas, nem afronta a Súmula Vinculante 56 (RHC 142.463/MG).

13.8 Das penas vedadas

A CF/88 nos termos de seu art. 5º, XLVII, assevera que *"não haverá penas: a) de morte, salvo em caso de guerra declarada, nos termos do art. 84, XIX; b) de caráter perpétuo; c) de trabalhos forçados; d) de banimento; e) cruéis"*. Essas modalidades punitivas encontram-se, portanto, proibidas pela ordem jurídica brasileira, nos termos de nossa Constituição.

A *pena de morte* é vedada apenas como regra, havendo uma exceção constitucional em caso de guerra declarada, nos termos do art. 84, XIX, CF/88. Essa exceção encontra-se regulamentada pelo Código Penal Militar, sendo que a execução da pena deve se dar por fuzilamento (art. 56, DL 1.001/1969).

A vedação às *penas de caráter perpétuo* impõe limites temporais ao cumprimento das penas, sendo esse limite dado pelo art. 75, do Código Penal, que assevera que *o tempo de cumprimento das penas privativas de liberdade não pode ser superior a 40 anos*. Essa limitação temporal, em que pese a Constituição não mencione expressamente, abrange, não só as penas, mas também as medidas de segurança. Nesse sentido já decidiu a Primeira Turma do Supremo Tribunal Federal no julgamento do HC 84.219/SP.

Em relação a vedação das penas de caráter perpétuo (art. 5º, XLVII, "b", CF/88), atualmente tem-se uma discussão sobre sua compatibilidade com o Estatuto de Roma, do qual o Brasil é signatário, que prevê a pena de prisão perpétua. Contudo, como adverte Valério Mazzuoli, a norma constitucional direciona-se ao legislador interno, tratando-se de um conflito meramente aparente entre as duas normas (norma constitucional e normas internacional), de modo que o legislador brasileiro não pode mesmo instituir penas de caráter perpétuo, mas isso não impede que o Brasil se submeta a jurisdição de Tribunal Penal Internacional que aplique tal pena (art. 5ª, § 4º, CF/88).[145] Ademais, é preciso lembrar que a jurisdição do Tribunal Penal Internacional se rege pelo princípio da complementariedade.

145. MAZZUOLI, Valério de Oliveira. Tribunal Penal Internacional e o direito brasileiro. São Paulo: Premier Máxima, 2008.

A vedação à ***pena de trabalhos forçados*** não quer significar que não se possa obrigar juridicamente o preso a trabalhar (criar uma obrigação legal de trabalho), mas sim que não se pode condená-lo a isso (pena de trabalhos forçados) e nem mesmo forçá-lo a isso, constrangendo-o física ou psicologicamente. Na verdade, nos termos da Lei de Execução Penal (Lei 7.210/84) o trabalho é obrigatório (art. 31), consistindo em dever do preso (art. 38, V) possuindo finalidade educativa e produtiva (art. 28) devendo ser remunerado (art. 29). Assim, o preso deve (dever jurídico) trabalhar, mas se se opuser a isso não pode ser forçado, isto é, não pode ser constrangido a fazê-lo pela força.[146]

A ***pena de banimento*** consiste na expulsão do nacional, brasileiro nato ou naturalizado, do território nacional, sendo vedada pelo ordenamento jurídico constitucional brasileiro. Ademais, mesmo a expulsão do estrangeiro não se confunde com o banimento, pois o banimento seria pena atribuída em razão do cometimento de crime, enquanto a expulsão consiste na remoção forçada do estrangeiro do território do país em que se encontra por ter ele praticado atividades nocivas ao interesse nacional, nos termos do art. 65, da Lei 6.815/1980.

A vedação da ***pena de natureza cruel*** é a mais genérica das vedações, englobando qualquer pena que seja atentatória a integridade física e mental do preso (como penas de tortura física ou psicológica, castigos físicos etc.), bem como à sua dignidade, além de vedar que a pena privativa de liberdade seja cumprida em locais escuros, insalubres e, a nosso ver, até mesmo em locais superlotados.

13.9 Do respeito à integridade física e moral dos presos

Nos termos do inciso XLIX, do art. 5º, da CF/88, *"é assegurado aos presos o respeito à integridade física e moral"*. Este dispositivo reflete um direito mínimo de qualquer pessoa, mas que merece especial observância no âmbito do sistema penitenciário, vez que historicamente os presos sempre foram e continuam sendo vítimas de abusos, torturas e tratamentos cruéis e degradantes por parte do Estado e por parte dos próprios presidiários.

No Brasil, este dispositivo tem especial relevo, vez que nosso sistema penitenciário beira o caos e a anarquia, estando mergulhado na corrupção, na ineficiência e nas condições desumanas. Nesse sentido, vale lembrar que o STF, ao julgar a ADPF 347, declarou que a situação atual do sistema penitenciário brasileiro constitui autêntico ***Estado de Coisas Inconstitucional***, oportunidade em que reconheceu que no nosso sistema prisional há violação sistêmica e generalizada de direitos fundamentais das pessoas encarceradas.

Para além disso, vale destacar que, pelo descumprimento deste dever, ***o Estado é responsável*** nos termos do art. 37, §6º, da CF/88, tendo a obrigação de ressarcir os danos, morais e materiais, causados aos detentos, em detrimento da falta de condições legais de encarceramento, conforme já reconheceu o STF (RE 580.252/MS), bem como a responsabilidade objetiva de indenizar a família do preso morto pela inobservância do dever específico de proteção do detento, já que o Estado é responsável pela sua segurança pessoal (RE 841.526/RS).

13.10 Do direito à amamentação dos filhos das presidiárias

A CF/88 nos termos de seu art. 5º, L, assevera que *"às presidiárias serão asseguradas condições para que possam permanecer com seus filhos durante o período de amamentação"*.

146. CUNHA, Rogério Sanches. Manual de Direito Penal: parte geral. 5. ed. Salvador: Juspodivm, 2017.

Para assegurar esse direito, dispõe o §2º, art. 82, da Lei 7.210/84 (Lei de Execução Penal) que os estabelecimentos penais destinados a mulheres serão dotados de berçário, onde as condenadas possam cuidar de seus filhos, inclusive amamentá-los, no mínimo, até 6 (seis) meses de idade.

Ademais, dispõe o art. 89 da mesma lei que a penitenciária de mulheres será dotada de seção para gestante e parturiente e de creche para abrigar crianças maiores de 6 (seis) meses e menores de 7 (sete) anos, com a finalidade de assistir a criança desamparada cuja responsável estiver presa, sendo requisitos básicos da seção e da creche: *i)* atendimento por pessoal qualificado, de acordo com as diretrizes adotadas pela legislação educacional e em unidades autônomas; e *ii)* horário de funcionamento que garanta a melhor assistência à criança e à sua responsável.

A partir edição da lei 13.257/2016, que dispõe sobre as políticas públicas para a primeira infância, foi dada nova redação ao inciso IV, do art. 318, do Código de Processo Penal, que passou a prever que *"poderá o juiz substituir a prisão preventiva pela domiciliar quando o agente for: gestante"*, não se exigindo mais que a mulher esteja no seu sétimo mês de gestação ou que a gravidez seja de risco, como na redação anterior. Além disso, acrescentou-se um inciso V ao art. 318, do CPP, segundo o qual *"poderá o juiz substituir a prisão preventiva pela domiciliar quando o agente for: mulher com filho de até 12 (doze) anos de idade incompletos"*.

Contudo, em que pese as alterações legislativas, grande parte das mulheres nessas condições permaneciam presas preventivamente, o que motivou a impetração do HC 143.641 (*Habeas Corpus Coletivo*), vindo o STF a decidi-lo, concedendo a ordem e determinando a substituição da prisão preventiva pela domiciliar – sem prejuízo da aplicação concomitante das medidas alternativas previstas no art. 319 do CPP – de todas as mulheres presas, gestantes, puérperas ou mães de crianças e deficientes, enquanto perdurar tal condição, excetuados os casos de crimes praticados por elas mediante violência ou grave ameaça, contra seus descendentes ou, ainda, em situações excepcionalíssimas, as quais deverão ser devidamente fundamentadas pelos juízes que denegarem o benefício.

13.11 Princípio da não extradição

Conforme dispõe o art. 5º, inciso LI, da CF/88 *"nenhum brasileiro será extraditado, salvo o naturalizado, em caso de crime comum, praticado antes da naturalização, ou de comprovado envolvimento em tráfico ilícito de entorpecentes e drogas afins, na forma da lei"*. Já nos termos do inciso LII, do mesmo artigo, tem-se que *"não será concedida extradição de estrangeiro por crime político ou de opinião"*.

A ***extradição*** consiste na entrega de uma pessoa feita de um certo Estado para o Estado que é competente para julgá-la ou puni-la em razão de crime praticado pela mesma em seu território (art. 76 e seguintes, da Lei 6.815/1980).[147]

A extradição pode ser ativa ou passiva. ***Extradição ativa*** é aquela requerida pelo país, já ***extradição passiva*** é aquela requerida ao país. Tomando o Brasil como referência, tem-se que extradição ativa é aquela requerida pelo Brasil, enquanto a extradição passiva seria aquela requeria ao Brasil.

Nos termos da Constituição, ***não se admite a extradição de brasileiro nato em hipótese alguma***, nem mesmo nos casos de o brasileiro nato possuir mais de uma nacionalidade e ser

147. FERNANDES, Bernardo G. Curso de Direito Constitucional. 8 ed. Salvador: Juspodivm, 2016.

também nacional do Estado requerente. Nada obstante, é possível que um brasileiro nato perca a nacionalidade brasileira, nos termos do inciso II, do § 4º, do art. 12, da CF/88. Assim, perdendo a nacionalidade brasileira, aquele que era brasileiro nato deixa de ser brasileiro, sendo possível sua extradição. Contudo, frise-se: não está a se extraditar brasileiro nato, pois aquele que perdeu a nacionalidade brasileira, sequer é brasileiro. Nesse sentido decidiu o STF no julgamento da Extradição 1462.

Em relação ao ***brasileiro naturalizado***, a Constituição veda sua extradição como regra, mas a admite em duas hipóteses: a) em caso de crime comum, desde que praticado antes da naturalização; b) em caso de comprovado envolvimento em tráfico ilícito de entorpecentes e drogas afins, na forma da lei, independentemente de o crime ter sido praticado antes ou após a naturalização.

Já no que diz respeito aos ***estrangeiros***, a Constituição assegura que não será concedida extradição de estrangeiro por crime político ou de opinião, sendo possível, contudo, sua extradição em casos de crimes comuns (que não se configurem como crimes políticos ou de opinião), desde que a conduta praticada seja tipificada como crime no Brasil e no país que a requer (princípio da dupla punibilidade).

Na ***hipótese da pena prevista pelo país requerente ser vedada pelo ordenamento constitucional brasileiro*** (art. 5º, XLVII), o pedido de extradição do estrangeiro só poderá ser deferido se houver compromisso do Estado requerente de modificação da pena vedada por alguma outra que seja lícita no âmbito do direito brasileiro. Ademais, nos termos da Súmula 421, do STF, ***"não impede a extradição a circunstância de ser o extraditando casado com brasileira ou ter filho brasileiro"***.

13.12 Princípio da presunção de inocência

O princípio da presunção de inocência (ou presunção de não culpabilidade) encontra-se consagrado no inciso LVII, do art. 5º que dispõe que *"ninguém será considerado culpado até o trânsito em julgado de sentença penal condenatória"*, tendo por finalidade evitar condenações precipitadas e, especialmente, condenações que possam, potencialmente, vir a ser reformadas, invertendo-se o resultado, a lógica e/ou as consequências da decisão que não transitou em julgado, impedindo-se que o réu seja vítima de uma decisão que depois não se confirme.

É importante ressaltar que esse dispositivo ***não veda a possibilidade de prisões cautelares***, desde que atendidas as exigências da lei processual penal, pois estas prisões não presumem a culpa do acusado nem têm por intuito dar início a execução de sua pena, mas sim o intuito de assegurar o andamento das investigações, bem como assegurar a garantia da ordem pública, da ordem econômica, ou a aplicação da lei penal.[148]

Ademais, em conformidade com a ***jurisprudência do Supremo Tribunal Federal***, tem-se que a presunção de inocência impede que se lance o nome do réu no rol dos culpados antes do trânsito em julgado da decisão penal condenatória (STF, HC 80.174), bem como impele que "a existência de inquéritos policiais ou de ações penais sem trânsito em julgado não pode ser considerada como maus antecedentes para fins de dosimetria da pena" (STF, RE 591.054) e, também, veda a exclusão de candidato de concurso público pela mera razão de

148. FERNANDES, Bernardo G. Curso de Direito Constitucional. 8 ed. Salvador: Juspodivm, 2016.

responder a inquérito ou ação penal sem sentença penal condenatória transitada em julgada (STF, RE 559.135 AgR).[149]

Ainda no campo da jurisprudência do Supremo Tribunal Federal acerca do princípio da presunção de inocência, é preciso destacar que nos últimos anos houve uma mudança interpretativa relevante no que diz respeito a ***execução provisória da pena***. Abandonando a posição firmada no HC 84.078, julgado em 2009, quando posicionou-se pela inconstitucionalidade da execução provisória da pena, por entender que ele feriria frontalmente o princípio constitucional da presunção de inocência, o STF, em 2016, ao julgar o HC 126.292/SP, mudou sua interpretação em relação ao citado dispositivo, passando a entender que seria possível e constitucional a execução provisória de decisão penal condenatória proferida em segundo grau de jurisdição. Oito meses depois, o Plenário do Supremo, no julgamento conjunto das *liminares* das ADCs 43 e 44, manteve o entendimento firmado no HC 126.292.

Com as devidas vênias, a nosso ver, a "interpretação" adota pelo Supremo Tribunal Federal no julgamento do HC 126.292/SP e mantida posteriormente é evidentemente inconstitucional e forçosa. O texto constitucional é expresso e claro ao dizer que ninguém será considerado culpado até o trânsito em julgado de sentença penal condenatória, então como alguém que não é considerado culpado começa a cumprir provisoriamente uma pena? Ainda que em um número pequeno, muitos desses condenados serão absolvidos, outros terão sua pena diminuída de modo significante para a execução penal, trazendo-lhe várias consequências, como a fixação de regime inicial mais brando, por exemplo. Assim, ao proferir uma decisão dessas, o Supremo, ilegitimamente, ferindo a separação dos poderes e desrespeitando a Supremacia da Constituição, reescreve o texto constitucional para dizer que onde se lê "até o trânsito em julgado", deve-se ler "até a decisão de segundo grau". Ora, a Constituição é o que ela é e não o que o Supremo Tribunal Federal gostaria que ela fosse. É inadmissível interpretar a Constituição de forma contrária ao que diz expressamente o seu texto. Se queremos permitir a execução provisória de decisão penal condenatória proferida em segundo grau de jurisdição, então que se faça uma Emenda à Constituição e modifique-se a redação do inciso LVII, do art. 5º, mediante manifestação do Poder Constituinte Reformador,[150] poder legítimo para alterar as normas constitucionais, e não por manifestação do Poder Judiciário, poder legítimo para interpretar a Constituição, mas ilegítimo para julgar contra o que Ela dispõe, ainda que os julgadores possam estar fundados em nobres intenções.

Nada obstante, no dia 07 de novembro de 2019, o STF julgou o *mérito* das ADCs 43, 44 e 54, retomando, por maioria (6x5), seu posicionamento pela inconstitucionalidade da execução provisória da pena, vez que tal hipótese configura violação frontal ao princípio da presunção de inocência, que nos moldes constitucionais (art. 5º, LVII) exige o *trânsito em julgado de sentença penal condenatória para que alguém possa ser considerado culpado*, sendo inadmissível permitir o início da execução penal de forma provisória de alguém que ainda não é culpado (e que pode vir a ser considerado inocente).

---

149. NOVELINO, Marcelo; CUNHA JR., Dirley da. Constituição Federal para Concursos. 8 ed. Salvador: Juspodivm, 2017.
150. Obviamente, caso seja proposta uma mudança a esse dispositivo por Emenda à Constituição, teremos de avaliar a constitucionalidade da própria PEC, vez que não poderá ser sequer objeto de deliberação se for tendente a abolir o referido direito, já que se trata de cláusula pétrea.

13.13 Do direito de não ser submetido à identificação criminal

Nos termos do inciso LVIII, do art. 5º, da CF/88, *"o civilmente identificado não será submetido a identificação criminal, salvo nas hipóteses previstas em lei"*.

Dando cumprimento a este dispositivo constitucional, prevê a Lei 12.037/2009, que a identificação civil é atestada por: carteira de identidade; carteira de trabalho; carteira profissional; passaporte; carteira de identificação funcional; outro documento público que permita a identificação do indiciado. Ademais, para fins de identificação, equiparam-se aos documentos de identificação civis os documentos de identificação militares.

Por outro lado, segundo a Lei 12.037/2009, embora apresentado documento de identificação, poderá ocorrer identificação criminal quando: o documento apresentar rasura ou tiver indício de falsificação; o documento apresentado for insuficiente para identificar cabalmente o indiciado; o indiciado portar documentos de identidade distintos, com informações conflitantes entre si; a identificação criminal for essencial às investigações policiais, segundo despacho da autoridade judiciária competente, que decidirá de ofício ou mediante representação da autoridade policial, do Ministério Público ou da defesa; constar de registros policiais o uso de outros nomes ou diferentes qualificações; o estado de conservação ou a distância temporal ou da localidade da expedição do documento apresentado impossibilite a completa identificação dos caracteres essenciais.

Por fim, tem-se nos termos legais que quando houver necessidade de identificação criminal, a autoridade encarregada tomará as providências necessárias para evitar o constrangimento do identificado.

13.14 Do direito a promoção da ação penal privada subsidiária da pública

A ação penal pública é privativa do Ministério Público, conforme dispõe o art. 129, I, da CF/88. Contudo, nos termos do inciso LIX, da CF/88, *"será admitida ação privada nos crimes de ação pública, se esta não for intentada no prazo legal"*.

Diante dessas previsões constitucionais, tem entendido o Supremo Tribunal Federal que o ***ajuizamento da ação penal privada subsidiária da pública pressupõe a completa inércia do Ministério Público***, que se abstém, no prazo legal, *a)* de oferecer denúncia, ou *b)* de requerer o arquivamento do inquérito policial ou das peças de informação, ou, ainda, *c)* de requisitar novas (e indispensáveis) diligências investigatórias à autoridade policial (HC 74.276/RS).

13.15 Dos direitos e garantias do preso

Nos termos do art. 5º. LXI, da CF/88, *"ninguém será preso senão em flagrante delito ou por ordem escrita e fundamentada de autoridade judiciária competente, salvo nos casos de transgressão militar ou crime propriamente militar, definidos em lei"*.

A legislação brasileira admite as seguintes espécies de prisão: *i)* prisão por sentença penal condenatória; *ii)* prisão processual penal (prisão em flagrante, prisão preventiva e prisão temporária); *iii)* prisão civil do devedor voluntário e inescusável de alimentos; *iv)* prisão disciplinar do militar; *v)* prisão administrativa, como por exemplo, a prisão do estrangeiro em vias de ser expulso do Brasil.

Para a efetivação dessas prisões deve-se observar a regra prevista no art. 5º, LXI, da CF/88, que exige: que todas as prisões sejam decretas por ordem judicial escrita e fundamentada, salvo em duas hipóteses: *a)* prisão em flagrante, que pode ser decretada por qualquer pessoa do povo (art. 301, do CPP); e *b)* prisão disciplinar do militar, que pode ser decretada por autoridade militar superior.

Segundo o art. 5º. LXII, da CF/88, *"a prisão de qualquer pessoa e o local onde se encontre serão comunicados imediatamente ao juiz competente e à família do preso ou à pessoa por ele indicada"*.

Em face desta norma e, também, do art. 7º, item 5, da Convenção Americana de Direitos Humanos, o STF já decidiu que é obrigatória a apresentação da pessoa presa à autoridade judicial competente (ADPF 347) e, também, que compete aos tribunais disciplinar a apresentação da pessoa presa à autoridade judicial competente (ADI 5.240).

Ademais, com base no dispositivo constitucional em análise e no citado dispositivo da Convenção Americana de Direitos Humanos, o CNJ, através da Resolução 213/2015, instituiu e regulamentou as ***Audiências de Custódia***, determinando, dentre outras coisas, que toda pessoa presa em flagrante delito, independentemente da motivação ou natureza do ato, deve ser obrigatoriamente apresentada, em até 24 horas da comunicação do flagrante, à autoridade judicial competente, e ouvida sobre as circunstâncias em que se realizou sua prisão ou apreensão.

Conforme o art. 5º. LXIII, da CF/88, *"o preso será informado de seus direitos, entre os quais o de permanecer calado, sendo-lhe assegurada a assistência da família e de advogado"*. Deste dispositivo deriva o ***princípio da não autoincriminação***, segundo o qual o preso tem o direito de não produzir provas contra si mesmo, o que impede o Estado de realizar determinações que forcem o preso a produzir essas provas. Ademais, o ***direito ao silêncio*** (umas das expressões do direito a não autoincriminação) deve ser sempre informado ao preso antes de seu interrogatório, independentemente de ser o interrogatório policial, judicial, ou mesmo realizado por CPI, sendo que se a autoridade deixar de avisar o preso no momento oportuno, as informações autoincriminatórias e as provas delas derivadas serão nulas.[151] Além disso, o silêncio não pode ser interpretado como confissão ou como prova, vez que se trata de direito fundamental do réu.[152]

Nos termos do art. 5º. LXIV, da CF/88, *"o preso tem direito à identificação dos responsáveis por sua prisão ou por seu interrogatório policial"*. Regulamentando este dispositivo, dispõe o art. 306, §2º, do CPP, que, em caso de *prisão em flagrante*, em até 24 horas após a realização da prisão, será entregue ao preso, mediante recibo, a nota de culpa, assinada pela autoridade, com o motivo da prisão, o nome do condutor e os das testemunhas. Nos casos das *demais prisões* – que são decretas pelo juiz – será entregue ao preso cópia do mandado de prisão, no qual deve constar o nome da autoridade judiciária responsável pela ordem de prisão, bem como os motivos da prisão.

Segundo o art. 5º. LXV, da CF/88, *"a prisão ilegal será imediatamente relaxada pela autoridade judiciária"*. Aqui, é de se atentar que o relaxamento de prisão só é cabível em caso de prisões ilegais. Nesse sentido, dispõe o art. 310, I, do CPP, que *"ao receber o auto de prisão em flagrante, o juiz deverá fundamentadamente relaxar a prisão ilegal"*.

Conforme o art. 5º. LXVI, da CF/88, *"ninguém será levado à prisão ou nela mantido, quando a lei admitir a liberdade provisória, com ou sem fiança"*. Em face do princípio da presunção de inocência (art. 5º, LVII), como regra, o réu deve responder ao processo em

151. Por todos, STF, HC 83.096; HC 82.463; HC 79.812; e HC 102.732.
152. Por todos, STF, RE 435.266 AgR, Rel. Min. Sepúlveda Pertence.

liberdade, devendo aguardar o processo preso somente em casos excepcionais, desde que preenchidos os requisitos que autorizam a prisão preventiva (art. 312, do CPP). Em razão disso, sendo admitida a liberdade provisória, com ou sem fiança, deve o juiz concedê-la. Ademais, conforme já decidiu o STF no julgamento do HC 104.339/SP, não pode a lei abstratamente proibir a concessão de liberdade provisória para qualquer crime, mesmo que seja para crime hediondo ou equiparado a hediondo, até porque, em face do princípio da presunção de inocência, o que é provisória é a prisão cautelar e não a liberdade, já que, em regra, a pessoa deve responder a qualquer processo livre, pois não foi condenada.

Por fim, nos termos da Súmula Vinculante 11, do STF, temos que só é lícito o ***uso de algemas*** em casos de resistência e de fundado receio de fuga ou de perigo à integridade física própria ou alheia, por parte do preso ou de terceiros, justificada a excepcionalidade por escrito, sob pena de responsabilidade disciplinar, civil e penal do agente ou da autoridade e de nulidade da prisão ou do ato processual a que se refere, sem prejuízo da responsabilidade civil do Estado.

13.16 Da vedação da prisão civil

Conforme dispõe o inciso LXVII, do art. 5º, da CF/88, *"não haverá prisão civil por dívida, salvo a do responsável pelo inadimplemento voluntário e inescusável de obrigação alimentícia e a do depositário infiel"*.

De uma interpretação literal do dispositivo constitucional, tem-se que a CF/88 consagrou uma norma geral que proíbe a prisão civil por dívidas e duas normas permissivas que a excepcionam nos seguintes casos: a) o responsável pelo inadimplemento voluntário e inescusável de obrigação alimentícia; e b) o depositário infiel. É interessante destacar que a Constituição permite (cria a possibilidade) a prisão civil nesses dois casos, mas não obriga, isto é, trata-se de norma permissiva, não obrigatória. Assim, a legislação infraconstitucional, bem como outras podem dispor sobre essas duas modalidades de prisão civil, impondo a prisão, vedando-a ou apenas regulamentando-a, em face da autorização constitucional.

Em relação a ***prisão civil do responsável pelo inadimplemento voluntário e inescusável de obrigação alimentícia*** tem-se por fundamento o direito fundamental à alimentação (dever da família). Frise-se que esta modalidade de prisão civil ***não configura sanção, mas sim meio de coerção***, isto é, não se prende com o intuito de punir pelo inadimplemento, mas sim como forma de constranger o responsável pelo inadimplemento voluntário e inescusável ao pagamento da respectiva obrigação alimentícia. Ademais, nos termos da Súmula 309/STJ, "o débito alimentar que autoriza a prisão civil do alimentante é o que compreende as três prestações anteriores ao ajuizamento da execução e as que se vencerem no curso do processo".

Em relação a ***prisão civil do depositário infiel***, com a adesão do Brasil, em 1992, à Convenção Americana de Direitos Humanos, pensou-se que essa modalidade de prisão civil havia sido extinta do ordenamento jurídico brasileiro, vez que o referido tratado a veda em seu art. 7º, 7, que assim dispõe: *"ninguém deve ser detido por dívidas. Este princípio não limita os mandados de autoridade judiciária competente expedidos em virtude de inadimplemento de obrigação alimentar"*. Contudo, no julgamento do HC 72.131, em 1995, o STF firmou entendimento de que os tratados internacionais de direitos humanos possuíam hierarquia legal e, portanto, tal tratado não teria o condão de invalidar ou mesmo afastar a aplicação dos dispositivos legais que regulamentam a prisão civil do depositário infiel (art. 1º, § 8º, DL 911/1969 e, posteriormente o art. 652, do Código Civil de 2002).

Posteriormente, após o advento do § 3º, do art. 5º, da CF/88, ao ser provocado a decidir mais uma vez sobre a possibilidade de prisão civil do depositário infiel, no julgamento conjunto do RE 466.343 e do RE 349.703, em 2008, o STF, adotando a tese da dupla hierarquia dos tratados internacionais (hierarquia constitucional aos tratados aprovados na forma do § 3º e hierarquia supralegal aos tratados aprovados somente com base no § 2º, ambos do art. 5º, da CF/88), decidiu que o art. 7º, 7, da Convenção Americana de Direitos Humanos, que veda a prisão civil, por possuir hierarquia supralegal (acima das leis e abaixo da Constituição), afastaria a incidência dos dispositivos legais que regulamentam a prisão civil do depositário infiel, por lhe serem hierarquicamente inferiores, sendo, portanto ilícita essa modalidade de prisão.

Nesse sentido, o Supremo Tribunal Federal elaborou a Súmula Vinculante 25, que afirma: "*É ilícita a prisão civil de depositário infiel, qualquer que seja a modalidade do depósito*".

13.17 Responsabilidade do Estado por erro judiciário e por manter pessoa presa além do tempo da sentença

Nos termos do art. 5º, LXXV, da CF/88, "*o Estado indenizará o condenado por erro judiciário, assim como o que ficar preso além do tempo fixado na sentença*". Nada obstante, tem prevalecido na jurisprudência o entendimento de que o Estado não é civilmente responsável pelos atos e decisões do Poder Judiciário, salvo nos casos expressamente previstos em lei (STF, RE 32.518/RS).

Atualmente, no direito brasileiro, para além da previsão constitucional citada, as principais hipóteses de indenização por erro judiciário previstas na legislação encontram-se no art. 49, da Lei Complementar 35/79, no art. 133, do CPC/2015 e no art. 630, do CPP, sendo que o §2º, do art. 630, do CPP,[153] na visão deste autor, não foi recepcionado pela Constituição de 1988, encontrando-se inteiramente revogado, justamente por ser incompatível com o art. 5º, LXXV.

14. QUADRO SINÓPTICO

CAPÍTULO X – DIREITOS INDIVIDUAIS E COLETIVOS	
DIREITO À VIDA	
Direito à vida	Para fins de proteção constitucional, a vida compreende: *i)* o ***direito a existência física e biológica*** (direito de viver, no sentido de continuar vivo); e *ii)* o direito de ter uma ***vida digna.*** Além do direito à vida em si (art. 5º, *caput*), a CF/88 assegura direitos relativos e/ou decorrentes do direito à vida, destacando-se o *direito à integridade física e psíquica*, bem como a *vedação à tortura e à tratamento desumano ou degradante* (art. 5º, III).
O direito à vida pode ser restringido?	Sim. O direito à vida pode sofrer restrições, sejam ***restrições diretamente constitucionais*** (há previsão de pena de morte em caso de guerra declarada no art. 5º, XLVII, "a", da CF/88) ou ***restrições indiretamente constitucionais***, como no caso de alguém que mate uma pessoa em legítima defesa de sua vida (direito à vida de Fulano restringido pelo direito à vida e pelo direito de defesa de Beltrano) ou mesmo de seu patrimônio (direito à vida de Fulano restringido pelo direito à propriedade e pelo direito de defesa de Beltrano).
O feto possui direito a vida?	Na ADI 3.510, o STF decidiu que "*embora não se possa falar de uma pessoa, na condição de sujeito de direitos fundamentais, existe uma proteção que atinge todo o processo vital, compreendido como um processo indivisível de formação do ser humano, que deságua no indivíduo-pessoa resultante do nascimento com vida*", ou seja, ***o feto não possui direito (subjetivo) fundamental à vida, mas possui uma robusta proteção constitucional que se funda na dignidade da pessoa humana*** estabelecendo um complexo sistema de proteção da vida humana em potencial.

153. CPP, Art. 630, §2º A indenização não será devida: a) se o erro ou a injustiça da condenação proceder de ato ou falta imputável ao próprio impetrante, como a confissão ou a ocultação de prova em seu poder; b) se a acusação houver sido meramente privada.

Direito ao aborto?	No Brasil, em regra, o aborto espontâneo ou provocado é considerado crime. Contudo, não se pune o aborto praticado por médico quando: *i)* não há outro meio de salvar a vida da gestante; *ii)* a gravidez resulta de estupro e o aborto é precedido de consentimento da gestante ou, quando incapaz, de seu representante legal. Ademais, o STF, no julgamento da ADPF 54, declarou inconstitucional a interpretação segundo a qual o ***aborto de fetos anencefálicos*** é tipificada como crime, "descriminalizando" a conduta. Além disso, no julgamento do HC 124.306, a Primeira Turma do STF decidiu ser inconstitucional a ***tipificação penal do aborto no caso de interrupção voluntária da gestação no primeiro trimestre***, por violar os direitos sexuais e reprodutivos da mulher, a autonomia da mulher, a integridade física e psíquica da mulher e a igualdade da mulher; por violar o princípio da proporcionalidade; pelo fato da criminalização impactar sobretudo sobre as mulheres pobres; e por ir na contramão das políticas sociais, econômicas e de saúde pública dos países desenvolvidos e democráticos. Ademais, de acordo com o voto do Min. Barroso *"a interrupção voluntária da gestação não deve ser criminalizada, pelo menos, durante o primeiro trimestre da gestação"*, pois *"durante esse período, o córtex cerebral – que permite que o feto desenvolva sentimentos e racionalidade – ainda não foi formado, nem há potencialidade de vida fora do útero materno"*.
Direito à morte digna? Eutanásia e Suicídio Assistido	***Eutanásia*** significa "morte boa", "morte sem sofrimento", "morte digna". ***Eutanásia ativa*** ocorre quando alguém provoca a morte de outrem que se encontra em situação de intenso sofrimento sem perspectiva de cura (paciente terminal, a pedido dele, por exemplo). ***Eutanásia passiva*** é aquela que resulta de uma omissão, de um não fazer, cuja consequência é a morte do paciente terminal, caracterizando-se pela suspensão dos esforços terapêuticos que estão prolongando a vida do doente terminal. ***Suicídio assistido*** consiste no auxílio à morte daquele que se encontra em intenso sofrimento. Para alguns, deve, necessariamente, tratar-se de pacientes terminais, doentes sem perspectiva de cura, para outros, basta o intenso sofrimento (psíquico ou físico), já que é vontade do indivíduo tirar a própria vida.
DIREITO À LIBERDADE	
Liberdade de ação	Dispõe o art. 5º, II da CF/88, que *"ninguém será obrigado a fazer ou deixar de fazer alguma coisa senão em virtude de lei"*, sendo que a lei só pode proibir uma certa conduta, de forma legítima, se essa conduta ferir a liberdade ou os direitos fundamentais de outra pessoa, não podendo o Estado proibir condutas simplesmente porque são contra os costumes, a fé, a ideologia, ou quaisquer outras visões pessoais do agente público ou da sociedade.
Liberdade de expressão e de manifestação do pensamento	Nos termos da CF/88 *"é livre a manifestação do pensamento, sendo vedado o anonimato"* (art. 5º, IV) sendo *"assegurado o direito de resposta, proporcional ao agravo, além da indenização por dano material, moral ou à imagem"* (art. 5º, V). No mesmo sentido, assegura que *"é livre a expressão da atividade intelectual, artística, científica e de comunicação, independentemente de censura ou licença"* (art. 5º, IX). Ademais, a CF/88, em diversos outros dispositivos, prevê formas específicas de liberdade de expressão, como a expressão cultural (arts. 215 e 216) e a liberdade de transmissão e recepção de conhecimento (art. 206, II e III), por exemplo.
Liberdade de consciência, de crença e de culto	Dispõe art. 5º, VI, da CF/88, que *"é inviolável a liberdade de consciência e de crença, sendo assegurado o livre exercício dos cultos religiosos e garantida, na forma da lei, a proteção aos locais de culto e a suas liturgias"*. A ***liberdade de consciência*** implica uma noção de liberdade de convicção, pensamento e escolhas existenciais mais ampla do que a liberdade religiosa ou de crença, vez que assegura a autonomia de vontade e a autonomia moral do sujeito em escolher, pensar e formar juízos de valor sobre as mais variadas questões existenciais (filosóficas, políticas, religiosas etc.) seja sobre si ou sobre o mundo. A ***liberdade de crença*** é um direito mais amplo que a liberdade religiosa, pois engloba o ateísmo e agnosticismo, referindo-se a autonomia do sujeito de professar ou não uma crença religiosa. A ***liberdade de culto*** consagra a autonomia privada das organizações religiosas, bem como o respeito e a igual proteção por parte do Estado e da sociedade aos cultos, cerimônias, liturgias, reuniões, hábitos, tradições e práticas das mais variadas religiões existentes.

Liberdade de consciência, de crença e de culto	Prevê o art. 5º, VIII, da CF/88, que *"ninguém será privado de direitos por motivo de crença religiosa ou de convicção filosófica ou política, salvo se as invocar para eximir-se de obrigação legal a todos imposta e recusar-se a cumprir prestação alternativa, fixada em lei"*. O ***direito fundamental à escusa de consciência***, ou objeção de consciência, impede que o indivíduo seja penalizado com a privação de seus direitos pelo fato de não cumprir obrigações legais que atentem contra suas convicções religiosas, políticas ou filosóficas, desde que ele cumpra uma prestação alternativa prevista em lei. Contudo, se a pessoa se recusar a cumprir obrigação legal a todos imposta e ***não cumprir a prestação alternativa*** terá seus ***direitos políticos suspensos*** (art. 15, IV). Nos termos do art. 5º, VII, da CF/88, *"é assegurada, nos termos da lei, **a prestação de assistência religiosa** nas entidades civis e militares de internação coletiva"*.
Liberdade de exercício profissional	Dispõe o art. 5º, XIII, da CF/88, que *"é livre o exercício de qualquer trabalho, ofício ou profissão, atendidas as qualificações profissionais que a lei estabelecer"*, sendo ***"norma de aplicabilidade imediata e eficácia contida** que pode ser restringida pela legislação infraconstitucional"* (STF, MI 6.113). Essa restrição é de competência privativa da União, exigindo-se ***lei federal***, nos termos do art. 22, XVI, da CF/88. Nada obstante, a lei só poderá estabelecer condições e ***limitações*** que sejam ***razoáveis*** e ***necessárias*** à proteção do ***interesse público*** e ao exercício das atividades e funções reservadas à determinada profissão, sob pena de se ferir os princípios da liberdade profissional e da igualdade (STF, Ag.Rg.AI 134.449/SP e RTJ 666/230).
Liberdade de informação	Afirma o art. 5º, XIV, da CF/88, que *"é assegurado a todos o acesso à informação e resguardado o sigilo da fonte, quando necessário ao exercício profissional"*, sendo que, de acordo com o inciso XXXIII do mesmo artigo, *"todos têm direito a receber dos órgãos públicos informações de seu interesse particular, ou de interesse coletivo ou geral, que serão prestadas no prazo da lei, sob pena de responsabilidade, ressalvadas aquelas cujo sigilo seja imprescindível à segurança da sociedade e do Estado"*. A liberdade de informação possui uma tripla dimensão, englobando os ***direitos de informar*** (transmitir uma informação), ***de se informar*** (buscar informação e conhecimento) ***e de ser informado*** (receber dos órgãos públicos informações de interesse particular, coletivo ou geral). Ademais, a CF/88 consagrou de forma expressa e específica a ***liberdade de informação jornalística***, afirmando, em seu art. 220, que *"a manifestação do pensamento, a criação, a expressão e a informação, sob qualquer forma, processo ou veículo não sofrerão qualquer restrição, observado o disposto nesta Constituição"*, prevendo, ainda, no §1º do mesmo artigo, que *"nenhuma lei conterá dispositivo que possa constituir embaraço à plena liberdade de informação jornalística em qualquer veículo de comunicação social, observado o disposto no art. 5º, IV, V, X, XIII e XIV"*.
Liberdade de locomoção	Prevê o art. 5º, da CF/88, que *"é livre a locomoção no território nacional em tempo de paz, podendo qualquer pessoa, nos termos da lei, nele entrar, permanecer ou dele sair com seus bens"* (art. 5º, XV), estando o direito de ***liberdade de locomoção*** especialmente protegido pelo ***habeas corpus***, que é cabível *"sempre que alguém sofrer ou se achar ameaçado de sofrer violência ou coação em sua liberdade de locomoção, por ilegalidade ou abuso de poder"* (art. 5º, LXVIII). A liberdade de locomoção engloba os ***direitos de: i) acesso*** e ***ingresso*** no território nacional; ***ii) saída*** do território nacional; ***iii) permanência*** no território nacional; e ***iv) deslocamento*** dentro do território nacional.
Liberdade de reunião	Nos termos do art. 5º, XVI, da CF/88, *"todos podem reunir-se pacificamente, sem armas, em locais abertos ao público, independentemente de autorização, desde que não frustrem outra reunião anteriormente convocada para o mesmo local, sendo apenas exigido prévio aviso à autoridade competente"*. Trata-se de um ***direito individual de expressão coletiva***, titularizada por cada pessoa individualmente considerada, mas exercida de forma coletiva.
Liberdade de associação	Dispõe o art. 5º, XVII, da CF/88, que "é plena a liberdade de associação para fins lícitos, vedada a de caráter paramilitar". Trata-se de ***direito individual de expressão coletiva***, titularizado por cada pessoa individualmente considerada, mas exercido de forma coletiva, que visa ***proteger as uniões de pessoas que buscam atingir finalidades e necessidades comuns***. Nos termos constitucionais, a criação de associações e, na forma da lei, a de cooperativas independem de autorização, sendo vedada a interferência estatal em seu funcionamento (art. 5º, XVIII), sendo que as associações só poderão ser compulsoriamente dissolvidas ou ter suas atividades suspensas por decisão judicial, exigindo-se, no primeiro caso, o trânsito em julgado (art. 5º, XIX). Fica resguardado, ainda, que ninguém poderá ser compelido a associar-se ou a permanecer associado (art. 5º, XX). Ademais, as entidades associativas, quando expressamente autorizadas, têm legitimidade para representar seus filiados judicial ou extrajudicialmente (art. 5º, XXI).

DIREITO À IGUALDADE	
Introdução	O princípio da igualdade ou da isonomia, enquanto mandamento deontológico, encontra raízes desde a Antiguidade, sendo que sua formulação mais famosa, consagrada na célebre lição de Aristóteles, e incorporada ao discurso do constitucionalismo moderno mediante uma releitura inclusivista dos filósofos iluministas, implica reconhecer que igualdade consiste em ***"tratar os iguais de maneira igual e os desiguais de maneira desigual na medida de sua igualdade"***. Essa formulação nos permite entender que a igualdade possui, no mínimo, duas dimensões: ***igualdade formal***, que impõe o mandamento deontológico de tratar todas as pessoas de formal igual, compelindo o poder público a tratar a todos de forma isonômica, não favorecendo, nem prejudicando ninguém; e ***igualdade material***, aquela que reconhece que, muitas vezes, existem situações reais de desigualdade entre as pessoas, o que impõe ao Estado o dever de criar normas e mecanismos aptos a reduzir essas desigualdades e equilibrar as relações entre as pessoas, voltando-se ao atendimento de condições de justiça social. Percebe-se, então, que ***a igualdade comporta uma certa medida de diferenciação, desde que positiva***, isto é, desde que essa diferenciação de tratamento busque assegurar a igualdade real (material) entre as pessoas. Por outro lado, o que a igualdade não tolera é a diferenciação que inferioriza, que discrimina, que diminui, que não busque uma igualdade real, isto é, ***não tolera discriminação negativa***. Nas palavras de Boaventura de Sousa Santos *"temos o direito a ser iguais quando a nossa diferença nos inferioriza; e temos o direito a ser diferentes quando a nossa igualdade nos descaracteriza. Daí a necessidade de uma igualdade que reconheça as diferenças e de uma diferença que não produza, alimente ou reproduza as desigualdades"*.
Igualdade entre homens e mulheres	Embora a igualdade de gênero esteja englobada pelo direito geral de igualdade (art. 5º, caput), bem como por outras normas constitucionais que vedam expressamente a discriminação de gênero (art. 3º, IV; art. 7º, XXX; e art. 226, §5º), o constituinte a reforçou de forma expressa e específica no inciso I, do art. 5º, dispondo que ***"homens e mulheres são iguais em direitos e obrigações"***. Como regra, não é cabível o estabelecimento de distinções entre homens e mulheres, salvo quando se tratar de medida de diferenciação positiva, que busque assegurar a igualdade real (material) entre eles, assegurando-lhes as mesmas condições de exercício de direitos.
Igualdade e critérios de admissão em concurso público	Nos termos do §3º, do art. 39, da CF/88, pode *"a lei estabelecer requisitos diferenciados de admissão quando a natureza do cargo o exigir"*. Assim, é possível que os editais adotem ***requisitos diferenciados de admissão***, desde que: ***i)*** estejam ***previstos em lei***, não podendo o edital adotar requisito que não esteja previsto em lei; ***ii)*** sejam ***compatíveis com a natureza do cargo***, isto é, sejam necessários ao bom exercício das funções e atribuições do cargo, sendo razoável e até mesmo imprescindível a sua exigência.
Igualdade e Ações Afirmativas	As ações afirmativas caracterizam-se como ações estatais e medidas políticas que ***conferem tratamento diferenciado a grupos que se encontram em situações de desigualdade real***, pautadas no conceito de ***discriminação positiva***, com fins de concretizar a ***igualdade substancial*** entre os diversos grupos sociais mediante a ***redistribuição de bens e oportunidades*** àqueles que se encontrem em situação de exclusão e vulnerabilidade. É preciso ter cuidado ao estabelecer ações afirmativas sob pena de se promover favoritismos na instituição das vantagens compensatórias, podendo gerar ***discriminação inversa***, que se dá quando se lesa ou restringe de forma indevida e ilegítima os direitos daqueles que não foram beneficiados pelas ações afirmativas. Assim, de acordo com o STF e a doutrina constitucionalista, a ***legitimidade das ações afirmativas dependerá da observância, pelo menos, dos seguintes critérios:*** ***i)*** identificação da minoria e das circunstancias atuais do grupo; ***ii)*** necessidade da medida; ***iii)*** observância do conteúdo do princípio da igualdade; ***iv)*** respeito à integridade e coerência do sistema jurídico; ***v)*** caráter precário e temporário da medida como regra, já que há ações que não comportam o caráter precário e temporário, como certas medidas implementadas em favor de pessoas com deficiência, por exemplo.

DIREITO À SEGURANÇA	
Conceito e dimensões	Previsto no *caput*, do art. 5º, da CF/88, o direito à segurança assegura a tranquilidade e a previsibilidade necessárias a uma vida estável, tratando-se de um princípio multidimensional que perpassa diversos campos do direito e possui, pelo menos, as seguintes ***dimensões:*** ***1) Garantia de estabilidade das relações jurídicas,*** especialmente pelos institutos do direito adquirido, ato jurídico perfeito e coisa julgada. ***2) Garantia de previsibilidade da atuação estatal,*** que, junto com a estabilidade das relações jurídicas, forma um complexo sistema de segurança jurídica. ***3) O direito à segurança como redução de riscos,*** notadamente através da segurança pública, em face do dever estatal de assegurar a incolumidade das pessoas e do patrimônio, preservando a tranquilidade e a paz social. ***4) Segurança social,*** relacionada aos direitos sociais, especialmente, aos institutos da seguridade social e a certos direitos do trabalhador.
Princípio da legalidade	Dispõe o art. 5º, II, da CF/88, que *"ninguém será obrigado a fazer ou deixar de fazer alguma coisa senão em virtude de lei"*. Para além da ***liberdade geral de ação***, este dispositivo consagra o ***princípio da legalidade privada***, que classicamente limita o poder estatal, impedindo ações arbitrárias, não pautadas em leis que expressem a soberania popular, seja porque foram criadas pelos representantes do povo (democracia indireta) ou mesmo pelo próprio povo (democracia direta).
Limites à retroatividade da lei	Prevê o art. 5º, XXXVI, da CF/88, que *"a lei não prejudicará o direito adquirido, o ato jurídico perfeito e a coisa julgada"*. Nos termos da LINDB: ***Direitos Adquiridos:*** *"consideram-se adquiridos assim os direitos que o seu titular, ou alguém por ele, possa exercer, como aqueles cujo começo do exercício tenha termo prefixo, ou condição preestabelecida inalterável, a arbítrio de outrem"* (art. 6º, §2º). ***Ato Jurídico Perfeito:*** "reputa-se ato jurídico perfeito o já consumado segundo a lei vigente ao tempo em que se efetuou" (art. 6º, §1º). Deste modo, o ato jurídico perfeito consiste naquele que preencheu todos os elementos necessários à sua formação, estando apto a produzir os seus efeitos. ***Coisa Julgada:*** "chama-se coisa julgada ou caso julgado a decisão judicial de que já não caiba recurso" (art. 6º, §3º). ***Coisa julgada formal*** ocorre quando a decisão é insuscetível de reexame no mesmo processo em que foi proferida, possuindo efeitos endoprocessuais. Já ***coisa julgada material*** ocorre quando a decisão é insuscetível de reexame no mesmo e em qualquer outro processo, revestindo-se da imutabilidade de seus efeitos.
DIREITO À PROPRIEDADE	
Introdução e Função Social	O direito à propriedade privada encontra-se assegurado no *caput* do art. 5º, da CF/88, sendo, ainda, princípio da ordem econômica brasileira (art. 170, II, da CF/88). Nos termos do inciso XXIII, do art. 5º, a propriedade deve atender a sua ***função social***, tratando-se de um limite ao exercício do direito de propriedade.
Intervenção do Estado na Propriedade: Desapropriação e Requisição	A intervenção do Estado na propriedade privada pode ser ***restritiva ou supressiva.*** ***Intervenção restritiva*** é aquela que limita a propriedade do particular, sem tomar-lhe o bem, dando-se nas seguintes modalidades: a) limitação administrativa; b) servidão administrativa; c) requisição administrativa; d) ocupação temporária; e e) tombamento. Dessas, apenas a ***requisição administrativa*** está prevista no art. 5º, da CF/88, mais precisamente em seu inciso XXV, segundo o qual, *"no caso de iminente perigo público, a autoridade competente poderá usar de propriedade particular, assegurada ao proprietário indenização ulterior, se houver dano"*. A ***intervenção supressiva*** é aquela que suprime a propriedade do particular, de modo que o Estado toma o bem do particular para si. A ***desapropriação*** é a única forma de intervenção supressiva na propriedade privada, tratando-se de aquisição originária da propriedade pelo Estado, estando prevista no art. 5º, XXIV, CF/88, segundo o qual *"a lei estabelecerá o procedimento para desapropriação por necessidade ou utilidade pública, ou por interesse social, mediante justa e prévia indenização em dinheiro, ressalvados os casos previstos nesta Constituição"*.
Impenhorabilidade da pequena propriedade rural familiar	A ***pequena propriedade rural***, assim definida em lei, desde que trabalhada pela família, não será objeto de penhora para pagamento de débitos decorrentes de sua atividade produtiva, dispondo a lei sobre os meios de financiar o seu desenvolvimento (art. 5º, XXVI).

Direitos de propriedade intelectual		Aos autores pertence o ***direito exclusivo de utilização, publicação ou reprodução*** de suas obras, transmissível aos herdeiros pelo tempo que a lei fixar (art. 5º XXVII). São assegurados, nos termos da lei: a) a ***proteção às participações individuais em obras coletivas e à reprodução da imagem e voz humanas***, inclusive nas atividades desportivas; b) o ***direito de fiscalização*** do aproveitamento econômico das obras que criarem ou de que participarem aos criadores, aos intérpretes e às respectivas representações sindicais e associativas (art. 5º XXVIII). A lei assegurará aos autores de inventos industriais ***privilégio temporário para*** sua ***utilização***, bem como ***proteção às criações industriais, à propriedade das marcas, aos nomes de empresas e a outros signos distintivos***, tendo em vista o interesse social e o desenvolvimento tecnológico e econômico do País (art. 5º XXIX).
Direito de herança		É garantido o direito de herança, enquanto corolário do direito à propriedade privada (art. 5º, XXX). A ***sucessão de bens de estrangeiros situados no país*** será regulada pela lei brasileira em benefício do cônjuge ou dos filhos brasileiros, sempre que não lhes seja mais favorável a lei pessoal do "de cujus" (art. 5º, XXXI).
DIREITO À PRIVACIDADE		
Fundamento		*São invioláveis a **intimidade**, a **vida privada**, a **honra** e a **imagem** das pessoas, assegurado o direito a indenização pelo dano material ou moral decorrente de sua violação* (art. 5º, X).
Direito à intimidade		A intimidade compõe a parte nuclear do direito à privacidade, liga-se à própria essência da pessoa, ao seu modo de ser, refletindo as opções, ações e relações mais intimas e pessoais do indivíduo. Comporta o seu mundo intrapsíquico, a sua própria identidade, a autoestima e a autoconfiança, englobando, ainda, a sua vida sexual, os seus segredos e informações mais reservados e os seus próprios sentimentos.
Direito à vida privada		A vida privada compõe a parte periférica do direito à privacidade, liga-se às opções, ações e relações do indivíduo com o meio social no qual está inserido, como as relações familiares, negociais, afetivas, incluindo seus momentos de lazer, de descanso, trabalho, bem como seus dados bancários, fiscais etc.
Direito à honra		A honra decorre da autonomia moral do indivíduo, ligando-se diretamente àquilo que o indivíduo percebe de si mesmo nas suas relações interpessoais (***honra subjetiva***), assim como às compreensões e juízos de valor que a sociedade faz do indivíduo nessas relações (***honra objetiva***).
Direito à imagem		O direito à imagem engloba a ***imagem retrato***, que reflete a imagem física da pessoa, seu aspecto visual e os traços característicos de sua fisionomia, e a ***imagem atributo***, que reflete a imagem da pessoa dentro do contexto social, englobando os atributos cultivados pelo indivíduo e reconhecidos pelo meio social.
Direito ao Esquecimento		Consiste no direito de ser deixado em paz e recair no esquecimento e no anonimato após certo período de tempo concernente a um evento público, impedindo que um fato seja relembrado por muito tempo após a sua ocorrência, reavivando no público informações que denigrem de forma intensa a pessoa, causando-lhe dor, sofrimento moral e psicológico, prejuízos de diversas ordens e, no âmbito criminal, impedindo e dificultando a reinserção social do indivíduo.
Inviolabilidade do domicílio		*A casa é asilo inviolável do indivíduo, ninguém nela podendo penetrar sem consentimento do morador, salvo em caso de flagrante delito ou desastre, ou para prestar socorro, ou, durante o dia, por determinação judicial* (art. 5º, XI).
Sigilos Pessoais	**Fundamento**	*É inviolável o sigilo da correspondência e das comunicações telegráficas, de dados e das comunicações telefônicas, salvo, no último caso, por ordem judicial, nas hipóteses e na forma que a lei estabelecer para fins de investigação criminal ou instrução processual penal* (art. 5º, XII).
	Sigilo de Correspondência	É fundamental na proteção do direito à privacidade e da liberdade de expressão, resguardando a intimidade e o segredo das informações trocadas, não devendo ser objeto da intromissão do Estado ou de qualquer pessoa. Segundo o STF, a administração penitenciária, com fundamento em razões de segurança pública, de disciplina prisional ou de preservação da ordem jurídica, pode, excepcionalmente, respeitado o art. 41, p.ú., da Lei 7.210/84, ***interceptar a correspondência dos presos***.

Sigilos Pessoais	Sigilo de dados	**Sigilo de dados bancários:** é direito fundamental atípico implícito aos direitos fundamentais à privacidade (art. 5º, X, da CF/88) e ao sigilo dos dados pessoais (art. 5º, XII, da CF/88). O sigilo de dados bancários, em regra, só pode ser quebrado com ordem judicial. Contudo, segundo o STF: É constitucional a quebra do sigilo fiscal de contribuintes sem autorização judicial por órgãos da ***administração tributária***, nos termos da Lei Complementar 105/2001. O ***Ministério Público*** não pode quebrar o sigilo de dados bancários sem ordem judicial, contudo, excepcionalmente, o MP pode requisitar diretamente informações de contas bancárias, sem a necessidade de ordem judicial, em casos que guardem envolvimento de dinheiro público ou verbas públicas ou em casos em que a quebra recaia sobre contas bancárias de entes públicos, cuja finalidade seja a proteção do patrimônio público. O ***Tribunal de Contas da União*** não pode quebrar o sigilo bancário sem ordem judicial, contudo, excepcionalmente, o TCU pode requisitar diretamente informações de contas bancárias, sem a necessidade de ordem judicial, de contas que tenham recebido recursos de origem pública. As ***Comissões Parlamentares de Inquérito (CPIs)***, desde que de forma fundamentada em legítimas razões, possuem poder para determinar a quebra de sigilo de dados bancários.
		Sigilo de dados fiscais: recai sobre as informações econômico-financeiras, negócios e demais atividades do contribuinte e terceiros, obtidas pela Fazenda Pública. Só pode ser quebrado por ***ordem judicial*** fundamentada ou por determinação de ***Comissão Parlamentar de Inquérito (CPI)*** fundamentada em legítimas razões.
		Sigilo de dados telefônicos: recai sobre os registros dos números de telefone para os quais a pessoa fez ou dos quais recebeu ligações, incluindo data, horário e tempo de duração da ligação. Só pode ser quebrado por ***ordem judicial*** fundamentada ou por determinação de ***Comissão Parlamentar de Inquérito (CPI)*** fundamentada em legítimas razões.
	Sigilo das comunicações	**Sigilo das comunicações telegráficas:** em que pese o uso de telegramas tenha caído em desuso, a inviolabilidade do sigilo das comunicações telegráficas está expressamente consagrada na Constituição, exigindo ordem judicial para ser quebrado.
		Sigilo das comunicações telefônicas: a quebra do sigilo das comunicações telefônicas é conhecida como ***interceptação telefônica***, estando vedada, salvo nos termos previstos no art. 5º, XII, da CF/88. A interceptação telefônica caracteriza-se pela captação e gravação de conversa telefônica, no momento em que ela ocorre, feita por terceiros, sem a ciência dos interlocutores.
		Sigilo das comunicações telemáticas (informáticas): as comunicações telemáticas são aquelas realizadas à distância mediante transferência e armazenamento de arquivos de texto, som e imagem através de serviços de telecomunicação e informática, estando implicitamente englobadas pelo sigilo de comunicação, exigindo ordem judicial para ser quebrado.
	Gravação Clandestina	Caracteriza-se pela gravação de conversa feita por um dos interlocutores sem o conhecimento ou mesmo o consentimento do outro, no momento da realização do diálogo, podendo ser ***telefônica*** (conversa captada por telefone), ***pessoal*** (conversa gravada por aparelho de gravação oculto) ou ***ambiental*** (conversa gravada por câmera instalada em certo local). Segundo o STF, ***via de regra, é lícita, seja ela feita em ambiente público ou em ambiente privado,*** desde que não tenha sido feita com violação específica de razão jurídica de sigilo ou reserva ou de direitos fundamentais que se mostrem no caso concreto como prevalecentes.

DIREITOS E GARANTIAS PROCESSUAIS	
Devido Processo Legal	*Ninguém será privado da liberdade ou de seus bens sem o devido processo legal* (art. 5º, LIV).
Contraditório e Ampla Defesa	*Aos litigantes, em processo judicial ou administrativo, e aos acusados em geral são garantidos o contraditório e a ampla defesa, com os meios e recursos a ela inerentes* (art. 5º, LV).
Acesso à Justiça	*A lei não excluirá da apreciação do Poder Judiciário lesão ou ameaça a direito* (art. 5º, XXXV).
Publicidade e Motivação das decisões judiciais	*Todos os julgamentos dos órgãos do Poder Judiciário serão públicos, e fundamentadas todas as decisões, sob pena de nulidade, podendo a lei limitar a presença, em determinados atos, às próprias partes e a seus advogados, ou somente a estes, em casos nos quais a preservação do direito à intimidade do interessado no sigilo não prejudique o interesse público à informação* (art. 93, IX). *A lei só poderá restringir a publicidade dos atos processuais quando a defesa da intimidade ou o interesse social o exigirem (art. 5º, LIV).*
Juiz natural, independente e imparcial	*Não haverá juízo ou tribunal de exceção* (art. 5º, XXXVII). *Ninguém será processado nem sentenciado senão pela autoridade competente* (art. 5º, LIII).
Inadmissibilidade de provas ilícitas	*São inadmissíveis, no processo, as provas obtidas por meios ilícitos* (art. 5º, LVI).
Duração razoável do processo	*A todos, no âmbito judicial e administrativo, são assegurados a razoável duração do processo e os meios que garantam a celeridade de sua tramitação* (art. 5º, LXXVIII).
DIREITOS E GARANTIAS PENAIS	
Tribunal do Júri	*É reconhecida a instituição do júri, com a organização que lhe der a lei, assegurados: a) a plenitude de defesa; b) o sigilo das votações; c) a soberania dos veredictos; d) a competência para o julgamento dos crimes dolosos contra a vida* (art. 5º, XXXVIII).
Legalidade e Anterioridade penal	*Não há crime sem lei anterior que o defina, nem pena sem prévia cominação legal* (art. 5º, XXXIX).
Irretroatividade da lei penal	*A lei penal não retroagirá, salvo para beneficiar o réu* (art. 5º, XL).
Criminalização do racismo	*A prática do racismo constitui crime inafiançável e imprescritível, sujeito à pena de reclusão, nos termos da lei* (art. 5º, XLII).
Crimes inafiançáveis e insusceptíveis de graça ou anistia	*A lei considerará crimes inafiançáveis e insuscetíveis de graça ou anistia a prática da tortura, o tráfico ilícito de entorpecentes e drogas afins, o terrorismo e os definidos como crimes hediondos, por eles respondendo os mandantes, os executores e os que, podendo evitá-los, se omitirem* (art. 5º, XLIII).
Criminalização da ação de grupos armados contra a ordem constitucional democrática	*Constitui crime inafiançável e imprescritível a ação de grupos armados, civis ou militares, contra a ordem constitucional e o Estado Democrático"* (art. 5º, XLIV).
Individualização da pena e responsabilidade do condenado	***Princípio da pessoalidade (ou personalização, ou intranscendência):*** *Nenhuma pena passará da pessoa do condenado, podendo a obrigação de reparar o dano e a decretação do perdimento de bens ser, nos termos da lei, estendidas aos sucessores e contra eles executadas, até o limite do valor do patrimônio transferido* (art. 5º, XLV). ***Princípio da individualização da pena:*** *A lei regulará a individualização da pena e adotará, entre outras, as seguintes: a) privação ou restrição da liberdade; b) perda de bens; c) multa; d) prestação social alternativa; e) suspensão ou interdição de direitos* (art. 5º, XLVI). *A pena será cumprida em estabelecimentos distintos, de acordo com a natureza do delito, a idade e o sexo do apenado* (art. 5º, XLVIII).
Penas vedadas	*Não haverá penas: a) de morte, salvo em caso de guerra declarada, nos termos do art. 84, XIX; b) de caráter perpétuo; c) de trabalhos forçados; d) de banimento; e) cruéis* (art. 5º, XLVII).
Respeito à integridade física e moral dos presos	*É assegurado aos presos o respeito à integridade física e moral* (art. 5º, XLIX).

Direito à amamentação dos filhos das presidiárias	*Às presidiárias serão asseguradas condições para que possam permanecer com seus filhos durante o período de amamentação* (art. 5º, L).
Princípio da não-extradição	*Nenhum brasileiro será extraditado, salvo o naturalizado, em caso de crime comum, praticado antes da naturalização, ou de comprovado envolvimento em tráfico ilícito de entorpecentes e drogas afins, na forma da lei"*. Já nos termos do inciso LII, do mesmo artigo, tem-se que *"não será concedida extradição de estrangeiro por crime político ou de opinião* (art. 5º, LI).
Princípio da presunção de inocência	*Ninguém será considerado culpado até o trânsito em julgado de sentença penal condenatória* (art. 5º, LII).
Direito de não ser submetido à identificação criminal	*O civilmente identificado não será submetido a identificação criminal, salvo nas hipóteses previstas em lei* (art. 5º, LVIII).
Direito a promoção da ação penal privada subsidiária da pública	*Será admitida ação privada nos crimes de ação pública, se esta não for intentada no prazo legal* (art. 5º, LIX).
Direitos e garantias do preso	*Ninguém será preso senão em flagrante delito ou por ordem escrita e fundamentada de autoridade judiciária competente, salvo nos casos de transgressão militar ou crime propriamente militar, definidos em lei* (art. 5º, LXI). *A prisão de qualquer pessoa e o local onde se encontre serão comunicados imediatamente ao juiz competente e à família do preso ou à pessoa por ele indicada* (art. 5º, LXII). *O preso será informado de seus direitos, entre os quais o de permanecer calado, sendo-lhe assegurada a assistência da família e de advogado* (art. 5º, LXIII). *O preso tem direito à identificação dos responsáveis por sua prisão ou por seu interrogatório policial* (art. 5º, LXIV). *A prisão ilegal será imediatamente relaxada pela autoridade judiciária* (art. 5º, LXV). *Ninguém será levado à prisão ou nela mantido, quando a lei admitir a liberdade provisória, com ou sem fiança* (art. 5º, LXVI).
Vedação da prisão civil	*Não haverá prisão civil por dívida, salvo a do responsável pelo inadimplemento voluntário e inescusável de obrigação alimentícia e a do depositário infiel* (art. 5º, LXVII). Contudo, segundo a Súmula Vinculante 25, do STF, *"é ilícita a prisão civil de depositário infiel, qualquer que seja a modalidade de depósito"*.
Responsabilidade do Estado por erro judiciário e prisão extemporânea	*O Estado indenizará o condenado por erro judiciário, assim como o que ficar preso além do tempo fixado na sentença"* (art. 5º, LXXV).

Capítulo XI
DIREITOS SOCIAIS

1. CONCEITO

Os direitos sociais são direitos fundamentais de segunda geração que buscam promover a pessoa humana e suas condições de vida digna, englobando desde uma *proteção* das liberdades sociais e dos próprios direitos sociais em face de quaisquer supressões das condições de vida digna do ser humano (*status negativo*) até e, sobretudo, a *promoção* dessas condições de vida digna e do pleno desenvolvimento da personalidade de cada homem, de acordo com sua própria autonomia de vontade (*status positivo*).

2. NOTAS HISTÓRICAS

O reconhecimento dos direitos sociais está ligado ao constitucionalismo social. Vale lembrar que ***o constitucionalismo social***, surge especialmente a partir das mudanças políticas provocadas pela Primeira Guerra Mundial, pela crise econômica do início do séc. XX, pelo agravamento das desigualdades sociais e pela reificação da pessoa humana no ambiente laboral, transformada em verdadeiro objeto das empresas ao longo de todo o séc. XIX, suportando altas cargas de trabalho, sem qualquer direito ou cuidado do Estado.[1]

Nesse cenário, surgem as primeiras Constituições a reconhecerem os direitos sociais da pessoa humana – Constituição do México, de 1917, e Constituição da Alemanha, de 1919 –, fundadas na emergência do ***Estado Social de Direito***, caracterizado não apenas por respeitar as liberdades individuais (Estado Liberal), mas, também, pela consagração de direitos sociais, econômicos e cultuais de natureza individual e coletiva, a exigirem, do próprio Estado, prestações de cunho material e ações que busquem equalizar as oportunidades entre as pessoas, possibilitando a todos o acesso às condições materiais mínimas para se ter uma vida digna.[2]

*A **Constituição Mexicana, de 1917**, foi a primeira a positivar os direitos trabalhista no rol de direitos fundamentais* da pessoa humana, consagrando a limitação da jornada de trabalho, salário mínimo, idade mínima de admissão laboral, previdência social, proteção à maternidade a ao salário etc. Já ***a Constituição de Weimar, de 1919**, Constituição da Primeira República Alemã, consagrou entre os direitos sociais, além dos direitos fundamentais do trabalhador, direitos econômicos e sociais como educação e seguridade social*, sedimentando a complementariedade entre os direitos fundamentais de liberdade (de primeira geração) e os direitos fundamentais de igualdade (de segunda geração).

No Brasil, a ***Constituição brasileira de 1934***, com forte inspiração na Constituição de Weimar, foi a primeira a reconhecer os direitos sociais, fazendo referência expressa, dentre outros, aos direitos à saúde, à educação, à cultura e, especialmente, consagrando um extenso rol de direitos do trabalhador.

Já a ***Constituição brasileira de 1988*** consagrou um verdadeiro (sub)sistema de direitos fundamentais sociais, estabelecendo entre seus objetivos fundamentais quatro mandamentos de natureza social (art. 3º, I a IV), reconhecendo em seu art. 6º diversos direitos sociais

1. QUEIROZ, Cristina. Direitos Fundamentais Sociais. Coimbra: Coimbra, 2006.
2. HÄBERLE, Peter. Direitos Fundamentais no Estado Prestacional. Porto Alegre: Livraria do Advogado, 2019.

básicos, em seus arts. 7º a 11 diversos direitos dos trabalhadores e regulamentando boa parte dos direitos sociais em seu Título VIII – Da Ordem Social.

3. CARACTERÍSTICAS

Para além das características apresentadas na Teoria Geral dos Direitos Fundamentais, os direitos fundamentais sociais ainda possuem as seguintes:

i) gradatividade (ou gradualidade): por uma questão prática, levando em consideração a realidade, os direitos sociais não podem ser implementados de forma instantânea (não se constroem escolas ou hospitais do dia para noite, por exemplo), logo, sua implementação é gradativa, buscando sempre ampliar e melhorar sua realização.

ii) dependência financeira do orçamento público: também levando em conta a realidade, os direitos sociais para serem implementados exigem previsão orçamentária, vez que eles possuem um custo,[3] não sendo possível realizá-los sem verba (a construção de um hospital ou de uma escola custa dinheiro, por exemplo).

iii) tendencial liberdade de definição pelo legislador das políticas públicas a serem adotadas: tanto os legisladores, como o chefe do poder executivo, possuem uma margem de liberdade de escolha das políticas públicas que pretendem adotar na realização dos direitos sociais, contudo, essa margem de liberdade encontra limites nas normas constitucionais programáticas (normas que estabelecem deveres mínimos para os governantes em relação aos direitos sociais) e na razoabilidade das medidas adotadas.

iv) insuscetibilidade de controle jurisdicional dos programas políticos-legislativos: em regra, os programas políticos-legislativos não podem ser controlados pelo poder judiciário, pois são os nossos representantes políticos que gozam da legitimidade democrática para fazerem as escolhas de onde alocar os recursos financeiros do Estado, contudo, se essas escolhas contrariarem as normas constitucionais ou ferirem o princípio da razoabilidade, elas poderão ser invalidadas pelo judiciário, como, por exemplo, se for feita destinação de verba para saúde ou educação abaixo dos mínimos previstos na Constituição.

v) são normas constitucionais programáticas: são normas que impõe programas ao Estado e à sociedade voltados ao bem-estar social, que impõe verdadeiras políticas públicas constitucionais, objetivos fundamentais a serem atingidos. Em face da força normativa e da supremacia da Constituição, essas normas devem ser implementadas, sendo elevadas a um nível satisfatório de concretização, vez que "elas não representam meras recomendações (conselhos) ou preceitos morais com eficácia ético-política meramente diretiva, mas constituem Direito diretamente aplicável".[4]

vi) são direitos subjetivos prima facie: a doutrina majoritária, partindo das lições de Robert Alexy,[5] afirma que, em razão do fato dos direitos fundamentais sociais estruturarem-se normativamente como princípios jurídicos, eles são direitos subjetivos *prima facie*, vez que seus mandamentos são cambiantes de acordo com a realidade fático-jurídica que se lhes apresente, devendo ser aplicados no maior grau possível

3. HOLMES, Stephen; SUNSTEIN, Cass R. O custo dos direitos. São Paulo: Martins Fontes, 2019.
4. KRELL, Andréas. Direitos sociais e controle judicial no Brasil e na Alemanha. Porto Alegre: SAFE, 2002. p. 20.
5. ALEXY, Robert. Teoria dos Direitos Fundamentais. São Paulo: Malheiros, 2008, p. 103-106.

em face do caso concreto – otimização do estado normativo assegurado – contudo, sujeitando-se ao instrumental da ponderação antes de serem reconhecidos como direitos definitivos naquele caso.[6]

4. O MÍNIMO EXISTENCIAL

O mínimo existencial consiste em um conjunto mínimo de direitos da pessoa humana, de proeminência social, que deve ser assegurado a cada homem para que lhe possa garantir uma vida digna, possibilitando-lhe realizar suas escolhas existenciais a partir de sua própria autonomia de vontade. Não se trata de um mínimo de sobrevivência, mas sim de um mínimo que possibilite a existência digna, assegurando-lhe as condições materiais básicas de vida.

Nessa perspectiva, o mínimo existencial revela tanto uma dimensão positiva, quanto uma dimensão negativa. Em sua ***dimensão negativa*** impõe limites ao Estado e à sociedade, impedindo que estes subtraiam ou violem as condições materiais indispensáveis à vida digna do indivíduo, assegurando-lhe direitos (prestacionais e de defesa) que preservem e promovam a sua autonomia existencial. Já em sua ***dimensão positiva*** reflete um conjunto essencial (mínimo) de direitos prestacionais a serem implementados e concretizados pelo Estado (predominantemente) e pela sociedade (eficácia horizontal) que buscam possibilitar aos indivíduos condições de vida digna.[7]

Nesse sentido, pode-se dizer que a correta leitura do mínimo existencial leva em consideração tanto um mínimo fisiológico, como um mínimo sociocultural. O ***mínimo fisiológico*** refere-se às condições materiais mínimas para uma vida digna, no sentido de proteger o indivíduo em suas necessidades básicas de caráter existencial (moradia, alimentação, vestuário, transporte, saúde, meio ambiente ecologicamente equilibrado, acesso à água potável etc.). Por sua vez, o ***mínimo sociocultural*** refere-se às condições materiais mínimas de inserção do indivíduo na vida social, em condições de igualdade de acesso e plenitude de possibilidade de escolhas existenciais (educação, acesso à cultura, lazer, trabalho, comunicação, participação política etc.).

5. A RESERVA DO POSSÍVEL

A grande verdade é que todos os direitos fundamentais, de certa forma, são direitos sociais, por serem direitos dos indivíduos inseridos em uma certa sociedade e sujeitos às condições – jurídicas, econômicas, culturais etc. – dessa mesma sociedade, o que, em maior ou menor grau, faz com que esses direitos sejam direitos condicionados a prestações estatais,[8] o que, consequentemente, nos revela que ***todos os direitos possuem um custo econômico***.[9] Os direitos sociais, por serem direitos essencialmente prestacionais, têm esse custo mais latente, revelando de forma mais cristalina esse dispêndio econômico.

Nesse contexto, na década de 1970, foi criada, pelo Tribunal Constitucional da Alemanha, no famoso caso ***numerus clausus***,[10] a cláusula da reserva do possível – *Der Vorbehalt dês*

6. SARMENTO, Daniel. Por um constitucionalismo inclusivo. Rio de Janeiro: Lumen Juris, 2010.
7. Ibidem, p. 204.
8. HÄBERLE, Peter. Direitos Fundamentais no Estado Prestacional. Porto Alegre: Livraria do Advogado, 2019.
9. HOLMES, Stephen; SUNSTEIN, Cass R. O custo dos direitos. São Paulo: Martins Fontes, 2019.
10. Conforme explica Ingo W. Sarlet, "em apertadíssima síntese, foi afirmado que não existe, na perspectiva do cidadão, um direito subjetivo originário a uma vaga no ensino superior, mas, sim, um direito subjetivo respeitante às condições isonômicas de disputar uma vaga no âmbito do sistema já estabelecido de ensino, ademais de um dever estatal de pro-

Möglichen –, que consistiria em uma escusa do Estado para não implementar certas medidas relativas aos direitos fundamentais, notadamente aos sociais, em face de não possuir possibilidades materiais, predominantemente econômicas, para prestação desses direitos, vez que tais prestações dependem de recursos presentes nos cofres públicos. Isto é, a efetivação da proteção e da promoção dos direitos sociais geram gastos econômicos, contudo a capacidade econômico-financeiro do Estado não é infinita, surgindo aqui um ***limite econômico na realização dos direitos sociais***, chamado de reserva do possível, que nada mais é do que uma reserva do economicamente possível.

Os principais adeptos dessa teoria no Brasil vêm apontando que a reserva do possível é composta por um ***conteúdo fático*** e um ***conteúdo jurídico***. O ***conteúdo fático*** envolve a real e ***efetiva disponibilidade dos recursos econômicos*** necessários à satisfação do direito prestacional. Em regra, ***os recursos devem ser universalizáveis***, com base no princípio da isonomia. Assim, o Estado deve promover as pessoas em condições de igualdade. Deste modo, se uma pessoa precisa de um determinado medicamento, a pergunta ser feita em face da reserva do possível é: todos os que precisarem desse medicamento terão acesso a ele? O Estado irá universalizá-lo para todos os que precisão? Em suma: não se pode exigir que o Estado forneça algo a um indivíduo que não poderá fornecer aos demais que se encontrem nas mesmas condições. Já o ***conteúdo jurídico*** diz respeito à existência de autorização orçamentária para o Estado incorrer nos respectivos custos. Cabe ao Poder Legislativo destinar, conforme sua discricionariedade, desde que obedecidos os parâmetros constitucionalmente estabelecidos, os recursos para a realização dos direitos sociais, isto é, lhe cabe o ônus de escolher quais são as prioridades, em face dos limites orçamentários. Excepcionalmente, cabe ao judiciário, em hipóteses de violação à supremacia da Constituição e de suas normas (máxima eficácia das normas de direitos fundamentais), atuar em favor da concretização dos direitos fundamentais sociais, sobretudo preservando o núcleo duro desses direitos.

A grande verdade é que essa teoria é extremamente criticável, especialmente pela maneira que foi recebida por grande parte dos juristas brasileiros assentando-se sempre nas premissas da obra de Robert Alexy, inundada de discricionariedade e subjetivismo.[11] Ademais, como bem observa Bernardo Gonçalves Fernandes, "toda a discussão sobre a reserva do possível ou do mínimo existencial está posta para mascarar o problema da escolha política quanto à alocação de recursos orçamentários levada a cabo pelos Poderes Executivo e Legislativo. Oculta-se, na verdade, a inexistência de qualquer programa político, a curto, médio e longo prazo, voltado para as ações sociais".[12] Por derradeiro, concordamos com as afirmações de Andréas Krell, segundo quem o argumento da reserva do possível é falacioso, sendo fruto de um equivocado direito constitucional comparado, pois se os recursos financeiros são insuficientes, então que se retire recursos de setores menos importantes e urgentes do ponto de visto do interesse público e os aplique em setores mais essenciais.[13]

Nada obstante, no âmbito da jurisprudência do STF, o "conflito" entre o mínimo existencial e a reserva do possível encontra precedentes, dentre os quais, destacamos:

---

gressiva ampliação do número de vagas, a depender do curso e das exigências do mercado profissional. Além disso, foi nesse julgado que restou cunhada a tão falada (e malfalada) figura da *reserva do financeiramente possível*, acoplada também à razoabilidade da pretensão do cidadão em face do Estado". SARLET, Ingo W. O Tribunal Constitucional Federal da Alemanha e o direito ao ensino superior. CONJUR, 05/01/2018.

11. SOUZA CRUZ, Álvaro Ricardo de. Hermenêutica Jurídica e(m) debate. Belo Horizonte: Fórum, 2007.
12. FERNANDES, Bernardo G. Curso de Direito Constitucional. 11. ed. Salvador: Juspodivm, 2019, p. 829.
13. KRELL, Andréas. Direitos sociais e controle judicial no Brasil e na Alemanha. Porto Alegre: SAFE, 2002. p. 53.

1) *STF, ARE 745.745-AgR, julgado em dezembro de 2014: A reserva do possível é inaplicável sempre que sua invocação puder comprometer o núcleo básico que qualifica o mínimo existencial,* sendo papel do Poder Judiciário a implementação de políticas públicas instituídas pela Constituição e não efetivadas pelo Poder Público. A fórmula da reserva do possível, na perspectiva da teoria dos custos dos direitos não pode ser invocada para legitimar o injusto inadimplemento de deveres estatais de prestação constitucionalmente impostos ao poder público. Aplica-se a teoria da restrição das restrições (limite dos limites), tendo as normas constitucionais caráter cogente e vinculante, inclusive aquelas de conteúdo programático que veiculam diretrizes de políticas públicas, especialmente na área da saúde. Ademais, a colmatação das omissões inconstitucionais apresenta-se como necessidade institucional fundada em comportamento afirmativo dos juízes e tribunais e de que resulta uma criação jurisprudencial do direito, sendo atribuição do Judiciário o controle jurisdicional das omissões do poder público, justificando-se na necessidade de observância dos parâmetros constitucionais (proibição de retrocesso social, proteção ao mínimo existencial, vedação à proteção insuficiente e proibição de excesso).

2) *STF, AI 598.212, julgado em junho de 2013:* nesse caso, em decisão monocrática, o Min. Celso de Mello reconheceu a omissão inconstitucional do Estado do Paraná em não *implementar a Defensoria Pública*, afirmando que tal omissão frustra direitos fundamentais de pessoas necessitadas, especialmente o "direito a ter direitos", pondo-as à margem do sistema jurídico, fazendo-se legítima a atuação do Poder Judiciário na implementação de políticas públicas instituídas pela Constituição e não efetivadas pelo Poder Público, que se justifica pela necessidade de observância dos parâmetros constitucionais da proibição de retrocesso social, da proteção ao mínimo existencial, da vedação à proteção insuficiente. Ademais, expressamente afastou o cabimento do argumento da reserva do possível na perspectiva da teoria dos custos dos direitos, entendendo não ser possível sua invocação para legitimar o injusto inadimplemento de deveres estatais de prestação constitucionalmente impostos ao Estado.

3) *STF, RE 429.903, julgado em junho de 2014:* nesse caso, o Supremo confirmou a possibilidade de a justiça obrigar o Poder Público a *manter em estoque medicamentos específicos contra doenças raras*. No mérito, afirmou que o exame pelo Poder Judiciário de ato administrativo tido por ilegal ou abusivo não viola a separação dos Poderes. Aduziu, ademais, que o Poder Público, de qualquer ente federativo, não pode se mostrar indiferente ao problema da saúde da população, sob pena de incidir em grave comportamento inconstitucional omissivo, afastando, assim, o argumento estatal da reserva do possível.

4) *STF, RE 592.581, julgado em junho de 2015:* nesse julgamento, a Corte decidiu que é lícito ao Judiciário impor à Administração Pública obrigação de fazer, consistente na promoção de medidas ou na *execução de obras emergenciais em estabelecimentos prisionais* para dar efetividade ao postulado da dignidade da pessoa humana e assegurar aos detentos o respeito à sua integridade física e moral, não sendo oponível à decisão o argumento da reserva do possível nem o princípio da separação dos poderes.

5) *STF, RE 657.718, julgado em maio de 2019:* nesse caso, o STF, na contramão dos casos anteriores, decidiu o Estado não pode ser obrigado a fornecer ***medicamentos***

experimentais e que a ***ausência de registro na ANVISA*** impede, em regra, o fornecimento de medicamento por decisão judicial, sendo possível, contudo, de forma excepcional, a concessão judicial de medicamento sem registro sanitário, em caso de mora irrazoável da ANVISA em apreciar o pedido e quando preenchidos certos requisitos. Ademais, vale registrar que, dentre as argumentações aduzidas, mais uma vez, esteve o "embate" entre a reserva do possível e o mínimo existencial.

6. O PRINCÍPIO DA OBSERVÂNCIA DO NÚCLEO ESSENCIAL DOS DIREITOS FUNDAMENTAIS SOCIAIS

Nos termos da doutrina tradicional, esse princípio exige que seja observado o máximo possível o núcleo essencial de cada direito fundamental social, proibindo a sua supressão total, ou mesmo a violação de seu núcleo duro. Exige, ainda, que o Estado implemente, no mínimo, o núcleo essencial de cada direito fundamental social, sob pena de inconstitucionalidade por omissão, seja ela legislativa, seja ela de fato.[14]

7. O PRINCÍPIO DA UTILIZAÇÃO DO MÁXIMO DOS RECURSOS POSSÍVEIS

O ser humano é o fim primeiro e último do Estado, constituindo-se, ainda, em seu fim maior, cabendo ao Estado proteger e promover a pessoa humana na maior medida possível. Assim, nos termos da doutrina clássica, esse princípio exige que o Estado aloque o máximo de recursos possíveis para a implementação dos direitos fundamentais da pessoa humana, especialmente para os direitos sociais de cunho prestacionais.[15]

8. O PRINCÍPIO DA IMPLEMENTAÇÃO PROGRESSIVA

Conforme preleciona a doutrina tradicional, reconhecendo-se a impossibilidade de implementação imediata e plena de todos os direitos fundamentais sociais, o princípio da implementação progressiva exige que o Estado implemente progressivamente os referidos direitos, não se quedando inerte ou acomodado com suas conquistas, buscando ampliar e melhorar a realização dos direitos sociais.[16]

9. O PRINCÍPIO DA PROIBIÇÃO DE RETROCESSO SOCIAL

Segundo a doutrina pátria, o princípio da proibição de retrocesso social, também chamado de *efeito cliquet*, veda a reversibilidade das conquistas fáticas e jurídicas dos direitos fundamentais sociais. ***Faticamente***, impõe ao Estado a proibição de retrocesso, ou mesmo a de manutenção do *status quo*, exigindo-lhe postura ativa e constante na redução das desigualdades sociais e na promoção dos direitos sociais como um todo. ***Juridicamente***, atua como limite material ao poder de reforma da Constituição, vedando qualquer supressão, por Emenda Constitucional, dos direitos fundamentais sociais. Atua, ainda, como limite à legislação infraconstitucional que não pode retroceder em matéria de direitos sociais, o que, por outro lado, não significa que ela não possa ser modificada, mas apenas que a revogação

14. GOTTI, Alessandra. Direitos Sociais. São Paulo: Saraiva, 2012, p. 74 e ss.
15. Ibidem, p. 86 e ss.
16. Ibidem, p. 102 e ss.

ou alteração de normas infraconstitucionais de direitos sociais deve ser acompanhada de substitutos legislativos que compensem eventuais perdas.[17]

10. CLASSIFICAÇÃO DOS DIREITOS SOCIAIS

É recorrente a apresentação e cobrança em certames públicos da classificação de José Afonso da Silva sobre os direitos sociais. Em razão disso, vejamos:

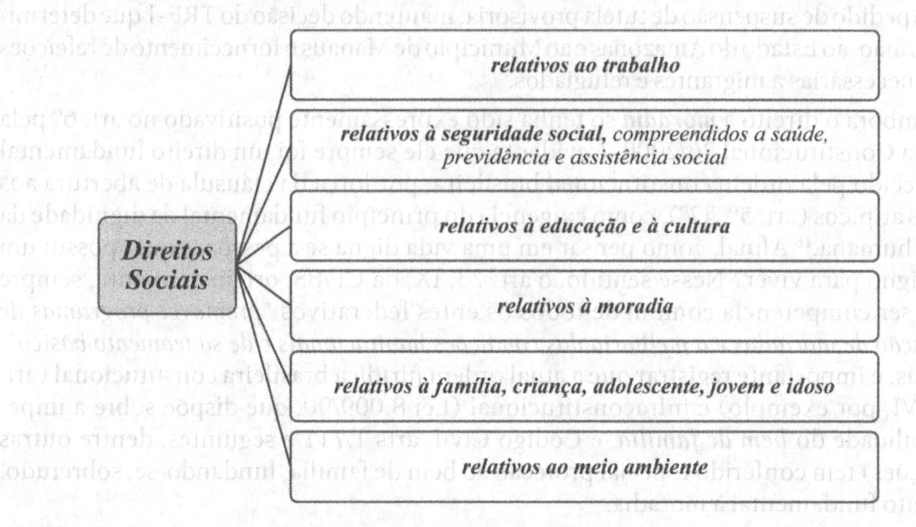

11. DIREITOS SOCIAIS EM ESPÉCIE

Nos termos do art. 6º, da CF/88, *"são direitos sociais a educação, a saúde, a alimentação, o trabalho, a moradia, o transporte, o lazer, a segurança, a previdência social, a proteção à maternidade e à infância, a assistência aos desamparados"*.

O direito à ***educação***, à ***saúde***, à ***previdência***, à ***assistência aos desamparados*** e à ***proteção à maternidade e à infância*** encontram suas bases estabelecidas no Título da Ordem Social, juntamente com outros direitos sociais, tais quais o direito ao meio ambiente ecologicamente equilibrado, o direito à cultura, dentre outros, razão pela qual, nesta obra, iremos analisá-los no Capítulo da Ordem Social.

Por sua vez, o direito à ***segurança*** foi objeto de análise específica e detalhada no Capítulo referente aos Direitos Individuais e Coletivos.

Já o direito ao ***trabalho***, bem como os ***direitos do trabalhador***, cujas bases estão estabelecidas nos arts. 7ª a 11, da CF/88, serão analisados no próximo tópico, em face de sua amplitude e complexidade.

Em que pese o direito à ***alimentação*** só tenha sido expressamente positivado no art. 6º pela Emenda Constitucional 64/2010, é evidente que ele sempre foi um direito fundamental reconhecido pela ordem constitucional brasileira, por força da cláusula de abertura aos direitos atípicos (art. 5º, §2º), como exigência do princípio fundamental da dignidade da pessoa humana. Afinal, como pensar em uma vida digna se a pessoa sequer tem resguardada

17. Ibidem, idem.

uma alimentação digna? Nesse sentido, a Lei 11.346/2006, que criou o Sistema Nacional de Segurança Alimentar e Nutricional (SISAN), em seu art. 2º, define que a ***alimentação adequada*** é direito fundamental do ser humano, inerente à dignidade da pessoa humana e indispensável à realização dos direitos consagrados na Constituição Federal, devendo o poder público adotar as políticas e ações que se façam necessárias para promover e garantir a segurança alimentar e nutricional da população. Vale destacar que o direito à alimentação é um direito fundamental que abrange, inclusive, estrangeiros, já tendo o STF (STP 705) negado pedido de suspensão de tutela provisória, mantendo decisão do TRF-1 que determinara à União, ao Estado do Amazonas e ao Município de Manaus o fornecimento de refeições diárias necessárias a migrantes e refugiados.

Embora o direito à ***moradia*** só tenha sido expressamente positivado no art. 6º pela Emenda Constitucional 26/2000, é evidente que ele sempre foi um direito fundamental reconhecido pela ordem constitucional brasileira, por força da cláusula de abertura aos direitos atípicos (art. 5º, §2º), como exigência do princípio fundamental da dignidade da pessoa humana.[18] Afinal, como pensar em uma vida digna se a pessoa sequer possui um local digno para viver? Nesse sentido, o art. 23, IX, da CF/88, originariamente, sempre dispôs ser competência comum de todos os entes federativos *"promover programas de construção de moradias e a melhoria das condições habitacionais e de saneamento básico"*. Ademais, é importante registrar que a atual ordem jurídica brasileira constitucional (art. 5º, XXVI, por exemplo) e infraconstitucional (Lei 8.009/90, que dispõe sobre a impenhorabilidade do ***bem de família***, e Código Civil, arts 1.711 e seguintes, dentre outras legislações) tem conferido especial proteção ao bem de família, fundando-se, sobretudo, no direito fundamental à moradia.

Em que pese o direito ao ***transporte*** só tenha sido expressamente positivado no art. 6º pela Emenda Constitucional 90/2015, é evidente que ele sempre foi um direito fundamental reconhecido pela ordem constitucional brasileira, por força da cláusula de abertura aos direitos atípicos (art. 5º, §2º), como exigência do princípio fundamental da dignidade da pessoa humana. Afinal, nas sociedades contemporâneas, como pensar em uma vida digna se a pessoa não tem acesso aos meios adequados de locomoção? O transporte se tornou uma verdadeira condição sem a qual a pessoa não consegue usufruir adequadamente dos demais direitos que possui. Ora, a falta de transporte adequado pode inviabilizar que uma pessoa se desloque até a escola ou ao hospital, ou mesmo que demore um grande período de tempo para conseguir fazer o deslocamento, prejudicando o seu cotidiano e, até mesmo, afetando sua qualidade de vida.

O direito ao ***lazer***, que nos termos do §3º, do art. 217, da CF/88, deve ser incentivado pelo Poder Público como forma de promoção social, implica no reconhecimento de que uma vida digna engloba ter um tempo para si, seja para estar só, seja para estar com as pessoas que gosta, seja para desfrutar do ócio, descansar o corpo e a mente, seja para divertir-se em atividades recreativas, devendo, portanto, ser incentivado e resguardado pelo Estado e pela sociedade, inclusive, como forma de assegurar ao indivíduo o direito à busca da felicidade.[19]

18. PANSIERI, Flávio. Eficácia e vinculação dos direitos sociais: reflexões a partir do direito à moradia. São Paulo: Saraiva, 2012, p. 44 e ss.
19. LEAL, Saul Tourinho. Direito à Felicidade. São Paulo: Almedina, 2017.

12. DIREITOS DO TRABALHADOR

As condições de vida de um operário no séc. XIX, especialmente nos países que percorriam o caminho da industrialização, eram extremamente degradantes. Estavam expostos à fome e aos mais diversos tipos de doenças, trabalhavam e viviam em cidades com esgotos a céu aberto, tinham uma jornada de trabalho desumana, chegando a trabalhar 16 horas por dia, muitas vezes em condições insalubres. Para baratear a produção, contratavam-se mulheres e crianças pagando-lhes um valor bem menor que aos homens. Não eram raros episódios de violência física e psicológica contra funcionários por parte dos patrões. Nesse cenário, do final do séc. XIX ao início do séc. XX eclodiram diversas revoltas trabalhistas e revoluções sociais que culminaram no reconhecimento progressivo dos direitos do trabalhador.

No Brasil, no final do séc. XIX, foi aprovada a lei que proibia o trabalho para menores de doze anos e, no início do século XX, foram aprovadas leis que previam férias de quinze dias por ano e alguns direitos em relação aos acidentes de trabalho. Entretanto, foi durante o governo Vargas que os direitos trabalhistas receberam especial atenção. Nesse sentido, a Constituição de 1934 marcou-se pelo estabelecimento de diversos direitos trabalhistas, tais como o salário mínimo, jornada de trabalho de oito horas diárias, repouso semanal, férias remuneradas e assistência médica e sanitária. Já em 1943, foi promulgada a Consolidação das Leis do Trabalho (CLT), atendendo a boa parte das demandas dos trabalhadores brasileiros da época, reconhecendo e regulamentando uma série de direitos trabalhistas, que, gradativamente, foram sendo ampliados por leis posteriores.

Na Constituição de 1988, os direitos trabalhistas estão assim dispostos:

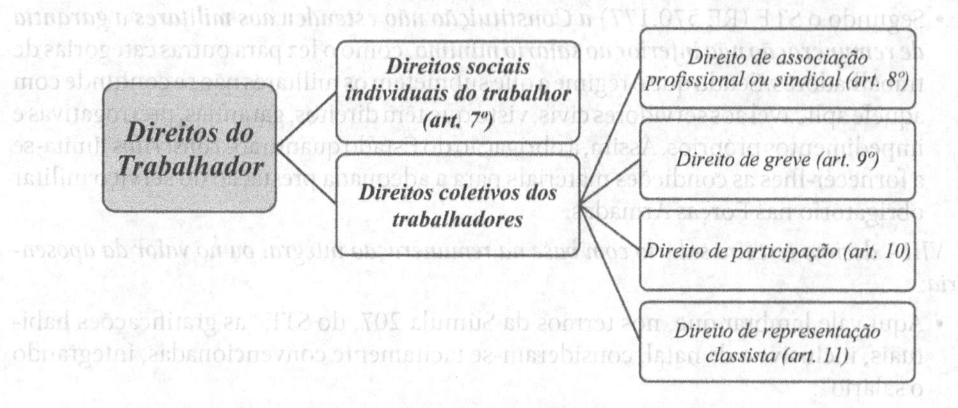

12.1 Direitos fundamentais individuais do trabalhador

Nos termos do art. 7º, da CF/88, são direitos dos trabalhadores urbanos e rurais, além de outros que visem à melhoria de sua condição social:

I – relação de emprego protegida contra despedida arbitrária ou sem justa causa, nos termos de lei complementar, que preverá indenização compensatória, dentre outros direitos;

II – seguro-desemprego, em caso de desemprego involuntário;

III – fundo de garantia do tempo de serviço;

IV – salário mínimo, fixado em lei, nacionalmente unificado, capaz de atender a suas necessidades vitais básicas e às de sua família com moradia, alimentação, educação, saúde, lazer, vestuário, higiene, transporte e previdência social, com reajustes periódicos que lhe preservem o poder aquisitivo, sendo vedada sua vinculação para qualquer fim;

- Nos termos da Súmula Vinculante 4, do STF, "salvo nos casos previstos na Constituição, o salário mínimo não pode ser usado como indexador de base de cálculo de vantagem de servidor público ou de empregado, nem ser substituído por decisão judicial".
- Em que pese seja vedada a vinculação do salário mínimo para qualquer fim, o STF entende que ele pode ser utilizado para: ***a) fixar indenização em salários mínimos,*** observado o valor deste na data da decisão, sendo, a partir daí, o *quantum* corrigido por índice oficial (AgRg no RE 409.427); ***b) fixar pensão alimentícia em salários mínimos,*** pois a pensão tem por finalidade garantir aos beneficiários as mesmas necessidades básicas asseguradas aos trabalhadores em geral pela Constituição (RE 170.203 e RE 274.897).
- Nos termos da Súmula Vinculante 6, do STF, "não viola a Constituição o estabelecimento de remuneração inferior ao salário mínimo para as praças prestadoras de serviço militar inicial", já que esse direito não foi assegurado aos militares, nos termos do art. 142, VIII, da CF/88.

V – piso salarial proporcional à extensão e à complexidade do trabalho;

VI – irredutibilidade do salário, salvo o disposto em convenção ou acordo coletivo;

VII – garantia de salário, nunca inferior ao mínimo, para os que percebem remuneração variável;

- Segundo o STF (RE 570.177) ***a Constituição não estendeu aos militares a garantia de remuneração não inferior ao salário mínimo***, como o fez para outras categorias de trabalhadores. Sendo que o regime a que submetem os militares não se confunde com aquele aplicável aos servidores civis, visto que têm direitos, garantias, prerrogativas e impedimentos próprios. Assim, a obrigação do Estado quanto aos ***conscritos*** limita-se a fornecer-lhes as condições materiais para a adequada prestação do serviço militar obrigatório nas Forças Armadas.

VIII – décimo terceiro salário com base na remuneração integral ou no valor da aposentadoria;

- Aqui vale lembrar que, nos termos da Súmula 207, do STF, "as gratificações habituais, inclusive a de natal, consideram-se tacitamente convencionadas, integrando o salário".

IX – remuneração do trabalho noturno superior à do diurno;

X – proteção do salário na forma da lei, constituindo crime sua retenção dolosa;

XI – participação nos lucros, ou resultados, desvinculada da remuneração, e, excepcionalmente, participação na gestão da empresa, conforme definido em lei;

XII – salário-família pago em razão do dependente do trabalhador de baixa renda nos termos da lei;

XIII – duração do trabalho normal não superior a oito horas diárias e quarenta e quatro semanais, facultada a compensação de horários e a redução da jornada, mediante acordo ou convenção coletiva de trabalho;

XIV – jornada de seis horas para o trabalho realizado em turnos ininterruptos de revezamento, salvo negociação coletiva;

XV – repouso semanal remunerado, preferencialmente aos domingos;

- Segundo o STF (ADI 1.675), a Constituição não faz a opção pelo repouso aos domingos de forma absoluta, apenas determinando-o "preferentemente". A relatividade daí decorrente não pode, contudo, esvaziar a norma constitucional de preferência, em relação à qual as exceções – sujeitas à razoabilidade e objetividade dos seus critérios – não podem converter-se em regra, a arbítrio unicamente de empregador.

XVI – remuneração do serviço extraordinário superior, no mínimo, em cinquenta por cento à do normal;

XVII – gozo de férias anuais remuneradas com, pelo menos, um terço a mais do que o salário normal;

XVIII – licença à gestante, sem prejuízo do emprego e do salário, com a duração de cento e vinte dias;

- Segundo o STF (RE 778.889 e ADI 6.600) os prazos da ***licença adotante*** não podem ser inferiores aos prazos da licença gestante, o mesmo valendo para as respectivas prorrogações. Ademais, em relação à licença adotante, não é possível fixar prazos diversos em função da idade da criança adotada.

XIX – licença-paternidade, nos termos fixados em lei;

XX – proteção do mercado de trabalho da mulher, mediante incentivos específicos, nos termos da lei;

XXI – aviso-prévio proporcional ao tempo de serviço, sendo no mínimo de trinta dias, nos termos da lei;

XXII – redução dos riscos inerentes ao trabalho, por meio de normas de saúde, higiene e segurança;

XXIII – adicional de remuneração para as atividades penosas, insalubres ou perigosas, na forma da lei;

XXIV – aposentadoria;

XXV – assistência gratuita aos filhos e dependentes desde o nascimento até 5 (cinco) anos de idade em creches e pré-escolas;

XXVI – reconhecimento das convenções e acordos coletivos de trabalho;

XXVII – proteção em face da automação, na forma da lei;

XXVIII – seguro contra acidentes de trabalho, a cargo do empregador, sem excluir a indenização a que este está obrigado, quando incorrer em dolo ou culpa;

- Segundo o STF (RE 828.040), o art. 927, *p.ú.*, do CC/02, pode ser aplicado para permitir a responsabilização objetiva do empregador por danos causados ao empregado decorrentes de acidentes de trabalho, nos casos previstos em lei ou quando a atividade normalmente desenvolvida, por sua natureza, apresentar exposição habitual a risco especial, com potencialidade lesiva, e implicar ao trabalhador ônus maior do que aos demais membros da coletividade, não ofendendo a responsabilização subjetiva prevista no art. 7º, XXVIII, CF/88.

XXIX – ação, quanto aos créditos resultantes das relações de trabalho, com prazo prescricional de cinco anos para os trabalhadores urbanos e rurais, até o limite de dois anos após a extinção do contrato de trabalho;

XXX – proibição de diferença de salários, de exercício de funções e de critério de admissão por motivo de sexo, idade, cor ou estado civil;

XXXI – proibição de qualquer discriminação no tocante a salário e critérios de admissão do trabalhador portador de deficiência;

XXXII – proibição de distinção entre trabalho manual, técnico e intelectual ou entre os profissionais respectivos;

XXXIII – proibição de trabalho noturno, perigoso ou insalubre a menores de dezoito e de qualquer trabalho a menores de dezesseis anos, salvo na condição de aprendiz, a partir de quatorze anos;

XXXIV – igualdade de direitos entre o trabalhador com vínculo empregatício permanente e o trabalhador avulso.

Ademais, nos termos do parágrafo único, do art. 7º, são assegurados à categoria dos ***trabalhadores domésticos*** os direitos previstos nos incisos IV, VI, VII, VIII, X, XIII, XV, XVI, XVII, XVIII, XIX, XXI, XXII, XXIV, XXVI, XXX, XXXI e XXXIII e, atendidas as condições estabelecidas em lei e observada a simplificação do cumprimento das obrigações tributárias, principais e acessórias, decorrentes da relação de trabalho e suas peculiaridades, os previstos nos incisos I, II, III, IX, XII, XXV e XXVIII, bem como a sua integração à previdência social.

Além do mais, é importante registrar que o STF, ao julgar a ADPF 324 e o RE 958.252, firmou entendimento de que ***é constitucional a terceirização tanto da atividade-meio, como da atividade-fim***, bem como qualquer outra forma de divisão do trabalho em pessoas jurídicas distintas, independentemente do objeto social das empresas envolvidas, mantida a responsabilidade subsidiária da empresa contratante. Com as devidas vênias, ***a nosso ver, essa decisão é inconstitucional*** (errou o Supremo!), pois a terceirização da atividade-fim conduz a um processo de reificação do trabalhador e precarização das relações trabalhistas, instituindo uma inadmissível diferenciação entre trabalhadores que exercem as mesmas funções, vez que essa diferenciação é negativa, pois retira direitos e inferioriza o trabalhador terceirizado em detrimento do não terceirizado.

Por fim, insta destacar que o STF (ADI 6.363-MC) considerou constitucional a MP 936/2020, convertida na lei 14.020/2020, *que autorizou a redução da jornada de trabalho e do salário ou a suspensão temporária do contrato de trabalho por meio de acordos individuais em razão da **pandemia do COVID-19 provocada pelo coronavírus**, independentemente de anuência sindical*. No caso, foi questionada, notadamente, a constitucionalidade dos arts 1º; 7º, I e II; 8º, caput e §§ 1º a 3º; 9º, caput e § 1º, I; 11, *caput* e § 4º; e 12, da MP 936/2020, por ferir, especialmente, os arts. 7º, VI, XIII e XXVI, e 8º, III e VI, da CF/88.

Por outro lado, o STF (ADI 6.342-MC; ADI 6.344-MC; ADI 6.346-MC; ADI 6.348-MC; ADI 6.349-MC; ADI 6.352-MC; e ADI 6.354-MC e outras), ao analisar a constitucionalidade da MP 927/2020, que dispunha sobre medidas trabalhistas para enfrentamento do estado de calamidade pública decorrente da pandemia do COVID-19, declarou inconstitucionais: i) o dispositivo que afirmava que os casos de contaminação por coronavírus não seriam considerados doenças ocupacionais; ii) o dispositivo que suspendia a atuação repressiva dos Fiscais do Trabalho.[20]

20. A MP 927/2020 editada pelo Presidente Jair Bolsonaro possuía um mar de inconstitucionalidades, pois minguava os direitos fundamentais do trabalhador condenando-os à miserabilidade e a condições sub-humanas, privilegiando os CNPJs em detrimento dos CPFs, tendo, por isso, recebido um tsunami de ADIs além das citadas (ADI 6.375; 6.377; 6.380 etc.). Também, por isso, o Congresso Nacional (tacitamente) a rejeitou.

12.2 Direitos fundamentais coletivos do trabalhador

Os direitos fundamentais coletivos do trabalhador estão previstos do art. 8º a 11, da CF/88, podendo ser divididos em: *i)* direito de associação profissional ou sindical; *ii)* direito de greve; *iii)* direito de participação; e *iv)* direito de representação classista.

12.2.1 Direito de associação profissional ou sindical

Nos termos do art. 8º, da CF/88, é livre a associação profissional ou sindical, observado o seguinte:

I – a lei não poderá exigir autorização do Estado para a fundação de sindicato, ressalvado o registro no órgão competente, vedadas ao Poder Público a interferência e a intervenção na organização sindical;

- Segundo dispõe a Súmula 677, do STF, "até que lei venha a dispor a respeito, ***incumbe ao Ministério do Trabalho proceder ao registro*** das entidades sindicais e zelar pela observância do princípio da unicidade".
- Segundo o STF (RE 370.834), a ***legitimidade de sindicato para atuar como substituto processual*** no mandado de segurança coletivo pressupõe tão somente a existência jurídica, ou seja, o registro no cartório, sendo ***indiferente estarem ou não os estatutos arquivados e registrados no Ministério do Trabalho.***

II – é vedada a criação de mais de uma organização sindical, em qualquer grau, representativa de categoria profissional ou econômica, na mesma base territorial, que será definida pelos trabalhadores ou empregadores interessados, não podendo ser inferior à área de um Município;

III – ao sindicato cabe a defesa dos direitos e interesses coletivos ou individuais da categoria, inclusive em questões judiciais ou administrativas;

IV – a assembleia geral fixará a contribuição que, em se tratando de categoria profissional, será descontada em folha, para custeio do sistema confederativo da representação sindical respectiva, independentemente da contribuição prevista em lei;

- Segundo a Súmula Vinculante 40, do STF, a ***contribuição confederativa*** de que trata o art. 8º, IV, da CF/88, só é exigível dos filiados ao sindicato respectivo.
- O STF, no julgamento da ADI 5.794, declarou constitucional os dispositivos da Lei 13.467/2017 (Reforma Trabalhista) que extinguiram a ***obrigatoriedade da contribuição sindical*** e condicionaram o desconto da contribuição sindical à autorização prévia e expressa dos filiados.
- Perceba que são ***duas contribuições diferentes***. A primeira (***contribuição confederativa***) não tem natureza tributária e só pode ser cobrada pelo sindicato daqueles que a ele filiaram. A segunda (***contribuição sindical***), embora possua natureza tributária, conforme reconhecido pelo STF (MS 28.465), não é mais obrigatória após o advento da Reforma Trabalhista de 2017.

V – ninguém será obrigado a filiar-se ou a manter-se filiado a sindicato;

VI – é obrigatória a participação dos sindicatos nas negociações coletivas de trabalho;

VII – o aposentado filiado tem direito a votar e ser votado nas organizações sindicais;

VIII – é vedada a dispensa do empregado sindicalizado a partir do registro da candidatura a cargo de direção ou representação sindical e, se eleito, ainda que suplente, até um ano após o final do mandato, salvo se cometer falta grave nos termos da lei.

- Segundo o STF (ADPF 276), o art. 522 da CLT, que prevê um número máximo empregados que podem ser dirigentes sindicais, é compatível com a CF/88 e não viola a garantia da liberdade sindical, pois essa garantia existe para assegurar a autonomia da entidade sindical, mas não para criar situações de estabilidade genérica e ilimitada que violem a razoabilidade e a finalidade da norma constitucional garantidora do direito.

Ademais, segundo prevê o parágrafo único, do art. 8º, essas disposições aplicam-se à ***organização de sindicatos rurais e de colônias de pescadores***, atendidas as condições que a lei estabelecer.

12.2.2 Direito de greve

Nos termos do art. 9º, da CF/88, é assegurado o direito de greve, competindo aos trabalhadores decidir sobre a oportunidade de exercê-lo e sobre os interesses que devam por meio dele defender, devendo a lei definir os serviços ou atividades essenciais e dispor sobre o atendimento das necessidades inadiáveis da comunidade, sendo que os abusos cometidos sujeitam os responsáveis às penas da lei. A ***Lei 7.783/89 (Lei de Greve)*** regulamentou a greve dos ***trabalhadores da iniciativa privada***, cumprindo com as determinações constitucionais.

Além dos servidores privados, os servidores públicos também possuem direito de greve, a ser exercido nos termos e nos limites definidos em lei específica, conforme prevê o art. 37, VII, da CF/88. Contudo, essa lei específica ainda não foi criada, razão pela qual, ao julgar os Mandados de Injunção 708 e 712, em outubro de 2007, o STF reconheceu a mora do Poder Legislativo e decidiu que ***os servidores públicos podem fazer greve***, devendo-se aplicar a eles, no que couber, a lei de greve dos trabalhadores privados até que sobrevenha a legislação específica.

Nada obstante, segundo o STF (RE 693.456), *a Administração Pública deve descontar os dias de paralização decorrentes do exercício do direito de greve pelos servidores públicos*, em virtude de suspensão do vínculo funcional que dela decorre, permitida a compensação em caso de acordo. O desconto não será cabível caso fique demonstrado que a greve foi gerada por conduta ilícita do Poder Público, como nos casos de atraso no pagamento dos servidores, por exemplo.

Ademais, vale registrar que nos termos do art. 142, §3º, IV, ***ao militar é proibida a greve***. Em que pese este dispositivo esteja em um artigo que trata das Forças Armadas, o entendimento do STF sempre foi o de que ele se aplica a todos os militares, inclusive os militares estaduais (policiais e bombeiros militares). Para além disso, o STF (ARE 654.432) firmou entendimento de que *o exercício do direito de greve, sob qualquer forma ou modalidade, é vedado* ***aos policiais civis e a todos os servidores que atuem diretamente na área de segurança pública.***

12.2.3 Direito de participação

Conforme dispõe o art. 10, da CF/88, é assegurada a participação dos trabalhadores e empregadores nos colegiados dos órgãos públicos em que seus interesses profissionais ou previdenciários sejam objeto de discussão e deliberação.

12.2.4 *Direito de representação classista*

Segundo o art. 11, da CF/88, nas empresas de mais de duzentos empregados, é assegurada a eleição de um representante destes com a finalidade exclusiva de promover-lhes o entendimento direto com os empregadores

13. METODOLOGIA *FUZZY* E CAMALEÕES NORMATIVOS NA ABORDAGEM JURÍDICA DOS DIREITOS SOCIAIS

Segundo J. J. Gomes Canotilho, a doutrina jurídica ainda não alcançou conclusões razoáveis e satisfatórias sobre a implementação de direitos sociais, econômicos e culturais. Ocorre que os problemas concernentes aos direitos sociais são demasiadamente complexos, contudo, muitas vezes os discursos jurídicos são vazios, vagos, difusos, evasivos, genéricos, como se o jurista tivesse uma receita de bolo pronta para resolver os problemas da saúde, educação, cultura, segurança etc. Nesse contexto, o professor português define dois fenômenos que assolam o jurista contemporâneo: a metodologia *fuzzy* e os camaleões normativos.

Conforme explica Canotilho, "como todos sabem, *fuzzy* significa 'coisas vagas', 'indistintas', indeterminadas. Por vezes, o estilo 'fuzzysta' aponta para o estilo do indivíduo. Ligeiramente embriagado. Ao nosso ver, paira sobre a dogmática e teoria jurídica dos direitos econômicos, sociais e culturais a carga metodológica da 'vagueza', 'indeterminação' e 'impressionismo' que a *teoria da ciência* vem apelidando, em termos caricaturais, sob a designação de *'fuzzismo' ou 'metodologia fuzzy'*. Em abono da verdade, este peso retórico é hoje comum a quase todas as ciências sociais. Em toda a sua radicalidade, a censura do 'fuzzysmo' lançada aos juristas, significa basicamente que eles não sabem do que estão a falar, quando abordam os complexos problemas dos direitos econômicos, sociais e culturais".[21]

Nesse sentido, o concurso para Promotor de Justiça do Estado de Goiás, realizado no final de 2019, ao cobrar o tema, trouxe como alternativa correta a que afirma o seguinte: "Em virtude de a dogmática e a teoria jurídica dos direitos sociais, culturais e econômicos expressarem uma metodologia vaga ou mesmo indeterminada, a teoria da ciência, por meio de tons caricaturais, conferiu-lhe o apelido de 'metodologia *fuzzy*'. Traduz-se, na verdade, em forte censura aos juristas, no sentido de que estes, na abordagem dos complexos problemas dos direitos sociais, culturais e econômicos, não sabem o que dizem".

Na mesma linha de raciocínio, Canotilho afirma que "mesmo nos estritos parâmetros jurídico-dogmáticos, os direitos sociais aparecem envoltos em quadros pictórios onde o recorte jurídico cede o lugar a nebulosas normativas. É aqui que surge o *'camaleão normativo'*. A expressão não é nossa. Foi utilizada pelo conhecido constitucionalista alemão J. Isensee há mais de quinze anos. Com ela pretendia significar a instabilidade e imprecisão normativa de um *sistema jurídico aberto* – como o dos direitos sociais – quer a conteúdos normativos imanentes ao sistema (*system-immanente)* quer a conteúdos normativos transcendentes ao sistema (*system-transcendente*). Esta indeterminação normativa explicaria, em grande medida, a confusão entre conteúdo de um direito juridicamente definido e determinado e sugestão de conteúdo sujeita a modelações político-jurídicas cambiantes".[22]

Por fim, vale registrar que ambas as expressões já foram utilizadas pelo STF, em casos relatados pelo Min. Gilmar Mendes, notadamente na SL 47 AgR e na STA 175 AgR.

21. CANOTILHO, J.J. Gomes. Estudos sobre direitos fundamentais. São Paulo: RT, 2008, p. 99.
22. Ibidem, p. 100-101.

14. QUADRO SINÓPTICO

CAPÍTULO XI – DIREITOS SOCIAIS	
Conceito	São direitos fundamentais de segunda geração que buscam promover a pessoa humana, englobando desde uma ***proteção*** das liberdades sociais até, e, sobretudo, a ***promoção*** das condições de vida digna e do pleno desenvolvimento da personalidade de cada homem, de acordo com sua própria autonomia de vontade.
Notas históricas	O reconhecimento dos direitos sociais liga-se: • As revoltas e movimentos trabalhistas do final do séc. XIX; • As revoluções sociais do início do séc. XX; • Ao surgimento do Estado Social de Direito; • Ao surgimento do constitucionalismo social. Os direitos sociais têm como marcos constitucionais a Constituição do México, de 1917, e Constituição da Alemanha, de 1919. No Brasil, a ***Constituição brasileira de 1934***, com forte inspiração na Constituição de Weimar, foi a primeira a reconhecer os direitos sociais, fazendo referência expressa, dentre outros, aos direitos à saúde, à educação, à cultura e, especialmente, consagrando um extenso rol de direitos do trabalhador.
Características	*i)* gradatividade (ou gradualidade) da implementação *ii)* dependência financeira do orçamento público para realização *iii)* tendencial liberdade de definição pelo legislador das políticas públicas a serem adotadas *iv)* insuscetibilidade de controle jurisdicional dos programas políticos-legislativos *v)* são normas constitucionais programáticas *vi)* são direitos subjetivos *prima facie*
Mínimo Existencial	O mínimo existencial consiste em um conjunto mínimo de direitos da pessoa humana, de proeminência social, que deve ser assegurado a cada homem para que lhe possa garantir uma vida digna, possibilitando-lhe realizar suas escolhas existenciais a partir de sua própria autonomia de vontade. ***Dimensão negativa:*** impõe limites ao Estado e à sociedade, impedindo que estes subtraiam ou violem as condições materiais indispensáveis à vida digna do indivíduo, assegurando-lhe direitos (prestacionais e de defesa) que preservem e promovam a sua autonomia existencial. ***Dimensão positiva:*** reflete um conjunto essencial (mínimo) de direitos prestacionais a serem implementados e concretizados pelo Estado (predominantemente) e pela sociedade (eficácia horizontal) que buscam possibilitar aos indivíduos condições de vida digna.
A Reserva do Possível	Consiste em uma escusa do Estado em adimplir com os direitos fundamentais, especialmente os sociais, em face da escassez de recursos financeiros. ***Conteúdo fático:*** envolve a real e ***efetiva disponibilidade dos recursos econômicos*** necessários à satisfação do direito prestacional. Em regra, ***os recursos devem ser universalizáveis***, com base no princípio da isonomia. Assim, o Estado deve promover as pessoas em condições de igualdade. Em suma: não se pode exigir que o Estado forneça algo a um indivíduo que não poderá fornecer aos demais que se encontrem nas mesmas condições. ***Conteúdo jurídico:*** diz respeito à existência de autorização orçamentária para o Estado incorrer nos respectivos custos.
Princípio da observância do núcleo essencial dos direitos fundamentais sociais	Esse princípio exige que seja observado o máximo possível o núcleo essencial de cada direito fundamental social, proibindo a sua supressão total, ou mesmo a violação de seu núcleo duro. Exige, ainda, que o Estado implemente, no mínimo, o núcleo essencial de cada direito fundamental social, sob pena de inconstitucionalidade por omissão, seja ela legislativa, seja ela de fato.
Princípio da utilização do máximo dos recursos possíveis	Esse princípio exige que o Estado aloque o máximo de recursos possíveis para a implementação dos direitos fundamentais da pessoa humana, especialmente para os direitos sociais de cunho prestacionais.
Princípio da implementação progressiva	Esse princípio exige que o Estado implemente progressivamente os referidos direitos, não se quedando inerte ou acomodado com suas conquistas, buscando ampliar e melhorar a realização dos direitos sociais.

Princípio da proibição de retrocesso social	O princípio da proibição de retrocesso social, também chamado de ***efeito cliquet***, veda a reversibilidade das conquistas fáticas e jurídicas dos direitos fundamentais sociais. ***Faticamente***, impõe ao Estado a proibição de retrocesso, ou mesmo a de manutenção do *status quo*, exigindo-lhe postura ativa e constante na redução das desigualdades sociais e na promoção dos direitos sociais como um todo. ***Juridicamente***, atua como limite material ao poder de reforma da Constituição, vedando qualquer supressão, por Emenda Constitucional, dos direitos fundamentais sociais. Atua, ainda, como limite à legislação infraconstitucional que não pode retroceder em matéria de direitos sociais, o que, por outro lado, não significa que ela não possa ser modificada, mas apenas que a revogação ou alteração de normas infraconstitucionais de direitos sociais deve ser acompanhada de substitutos legislativos que compensem eventuais perdas.
Classificação dos direitos sociais	Segundo José Afonso da Silva, há direitos sociais: • relativos ao trabalho • relativos à seguridade social, compreendidos a saúde, previdência e assistência social • relativos à educação e à cultura • relativos à moradia • relativos à família, criança, adolescente, jovem e idoso • relativos ao meio ambiente
Direitos sociais em espécie	Nos termos do art. 6º, da CF/88, "são direitos sociais a educação, a saúde, a alimentação, o trabalho, a moradia, o transporte, o lazer, a segurança, a previdência social, a proteção à maternidade e à infância, a assistência aos desamparados, na forma desta Constituição"

Direitos do trabalhador	• ***Direitos fundamentais individuais do trabalhador (art. 7º)***
	• ***Direitos fundamentais coletivos do trabalhador***
	  • Direito de associação profissional ou sindical (art. 8º)
	  • Direito de greve (art. 9º)
	  • Direito de participação (art. 10)
	  • Direito de representação classista (art. 11)

Metodologia Fuzzy e Camaleões Normativos na abordagem jurídica dos direitos sociais, sendo J.J. Gomes Canotilho	***Metodologia Fuzzy:*** Em virtude de a dogmática e a teoria jurídica dos direitos sociais, culturais e econômicos expressarem uma metodologia vaga ou mesmo indeterminada, a teoria da ciência, por meio de tons caricaturais, conferiu-lhe o apelido de *"metodologia fuzzy"*. Traduz-se, na verdade, em forte censura aos juristas, no sentido de que estes, na abordagem dos complexos problemas dos direitos sociais, culturais e econômicos, não sabem o que dizem. ***Camaleões Normativos:*** reflete a imprecisão normativa de um sistema jurídico aberto, como o dos direitos sociais, sendo que essa indeterminação normativa explica a confusão entre o conteúdo de um direito juridicamente definido e determinado e a sugestão de conteúdo sujeita a modelações político-jurídicas variáveis.

Capítulo XII
DIREITOS DE NACIONALIDADE

1. CONCEITOS FUNDAMENTAIS

Nacionalidade consiste no vínculo jurídico-político entre a pessoa (nacional) e um determinado Estado,[1] que a torna integrante da dimensão pessoal desse Estado,[2] passando a pertencer ao seu povo, sendo considerada sujeito de direitos e deveres com o mesmo.

Povo designa o conjunto de pessoas de um determinado Estado que gozam de sua respectiva nacionalidade, isto é, o conjunto de nacionais que compõem o elemento humano do Estado.[3]

População consiste no conjunto de habitantes (nacionais e estrangeiros) de um determinado Estado, tratando-se de um conceito numérico e geográfico.

Nação designa um agrupamento humano homogêneo (ou com elementos de homogeneidade) ligado por laços comuns de natureza histórica, étnica, racial, religiosa, cultural, linguística, cujos indivíduos partilham uma consciência coletiva comum e um sentimento de comunidade que independe da definição territorial de um Estado Nacional.[4]

Cidadão, em sentido técnico-jurídico, consiste no nacional que possui capacidade eleitoral ativa, isto é, no nacional (nato ou naturalizado) que vota.

Estrangeiro designa a pessoa que possui vínculo jurídico-político com outros Estados Nacionais. Em sentido lato, o termo é usado para referir-se a todos que não possuem a nacionalidade de um determinado Estado, incluindo-se aí, os apátridas.

Além desses conceitos tradicionais, a Lei 13.445/2017 (*Lei de Migração*) estabeleceu outras definições importantes. Vejamos:

Imigrante é a pessoa nacional de outro país ou apátrida que trabalha ou reside e se estabelece temporária ou definitivamente no Brasil;

Emigrante é o brasileiro que se estabelece temporária ou definitivamente no exterior;

Residente fronteiriço é a pessoa nacional de país limítrofe ou apátrida que conserva a sua residência habitual em município fronteiriço de país vizinho;

Visitante é a pessoa nacional de outro país ou apátrida que vem ao Brasil para estadas de curta duração, sem pretensão de se estabelecer temporária ou definitivamente no território nacional.

1. CARVALHO, Dardeau de. Nacionalidade e Cidadania. Rio de Janeiro: Freitas Bastos, 1956, p. 9.
2. PONTES DE MIRANDA, Francisco Cavalcanti. Nacionalidade de origem e naturalização. Rio de Janeiro: Coelho Branco, 1936, p. 17.
3. MIRANDA, Jorge. Teoria do Estado e da Constituição. 4. ed. Rio de Janeiro: Forense, 2015, p. 77 e ss.
4. BONAVIDES, Paulo. Teoria Geral do Estado. 9. ed. São Paulo: Malheiros, 2012, p. 125 e ss.

2. ESPÉCIES DE NACIONALIDADE

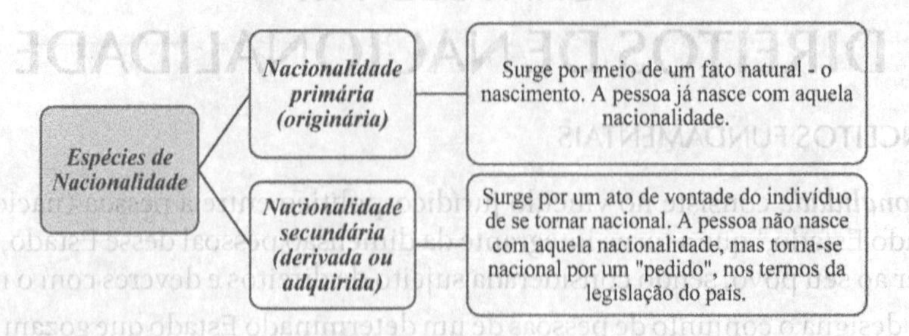

3. CRITÉRIOS PARA AQUISIÇÃO DA NACIONALIDADE PRIMÁRIA

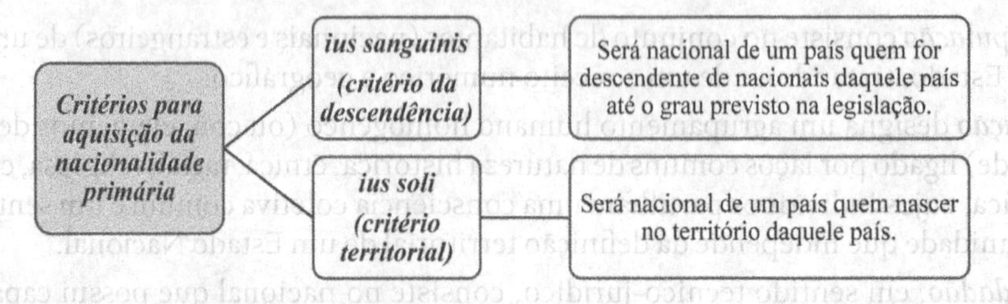

Cada país escolhe quais critérios de aquisição de nacionalidade primária irá adotar. Um país pode adotar apenas um dos critérios ou ambos simultaneamente. Ademais, ao adotar o *ius sanguini*, o país pode atribuir nacionalidade primária a uma, duas, três ou quantas gerações de descendentes que quiser.

4. CRITÉRIOS PARA AQUISIÇÃO DA NACIONALIDADE SECUNDÁRIA

Os critérios para aquisição da nacionalidade secundária, aquela que se dá por ato de vontade de um cidadão estrangeiro que deseja se tornar nacional, estão previstos essencialmente nas legislações de cada país, variando bastante. No Brasil, atualmente, a naturalização encontra-se regulada pela Lei 13.445/2017 (*Lei de Migração*) e será objeto de análise quando tratarmos dos brasileiros naturalizados.

5. O POLIPÁTRIDA E O APÁTRIDA

Como vimos, cada país escolhe quais critérios de aquisição de nacionalidade primária irá adotar, podendo adotar apenas *ius soli* ou *ius sanguini*, ou ainda ou ambos simultaneamente. Nesse cenário, surgem as figuras do polipátrida e do apátrida.

O *polipátrida* é aquele que possui mais de uma nacionalidade simultaneamente, sendo cidadão de dois ou mais países ao mesmo tempo. Assim, por exemplo, alguém que nasça no Estado X, que adota o *ius soli*, sendo filho de pais nacionais do Estado Y, que adota o *ius sanguini*, será nacional simultaneamente do Estado X e do Estado Y.

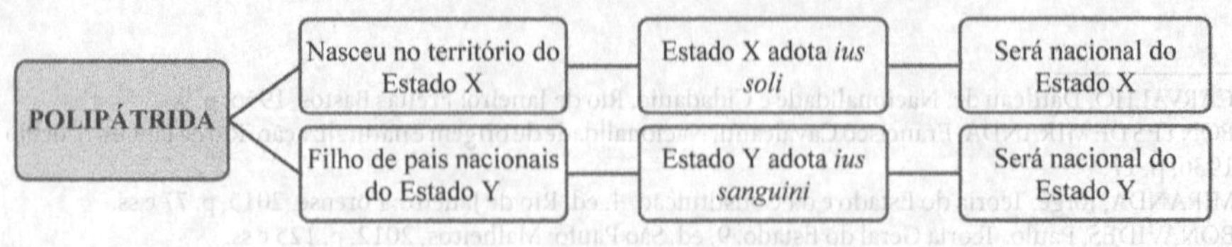

O *apátrida (heimatlos)* é aquele que não possui nenhuma nacionalidade. Nos termos da Lei 13.445/2017 (Lei de Migração), é a pessoa que não seja considerada como nacional por nenhum Estado, segundo a sua legislação, nos termos da Convenção sobre o Estatuto dos Apátridas, de 1954, ou assim reconhecida pelo Estado brasileiro. Assim, por exemplo, alguém que nasça no território do Estado X, que adota exclusivamente o *ius sanguini*, sendo filho de pais nacionais do Estado Y, que adota exclusivamente o *ius soli*, será apátrida, isto é, não terá nacionalidade alguma.

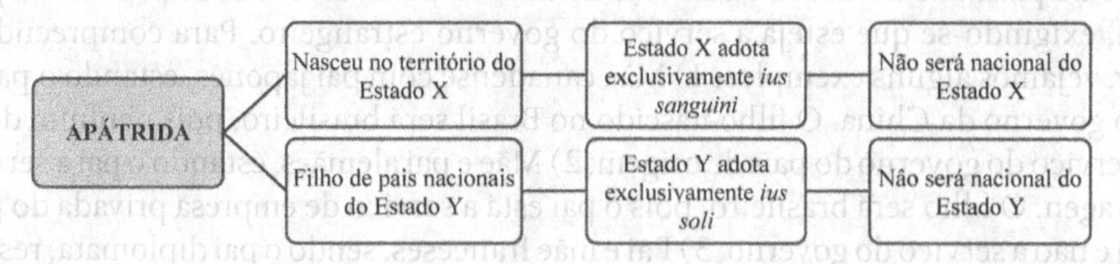

Por fim, é importante dizer que o Brasil é signatário da ***Convenção sobre o Estatuto dos Apátridas (1954)***, que tem o objetivo de abrandar os efeitos negativos da ausência de nacionalidade, tendo regulamentado o tema de forma especial na Lei 13.445/2017 (***Lei de Migração***), reconhecendo aos apátridas visto temporário para acolhida humanitária (art. 14, 3º), processo simplificado de naturalização com a finalidade de pôr fim a situação de apatridia (art. 26), direitos de natureza cível e social (art. 26, §3º, c/c art. 4º), dentre outras proteções.

6. OS BRASILEIROS NATOS

As ***hipóteses*** de aquisição primária da nacionalidade brasileira, que enuncia quem são os brasileiros natos, são ***taxativamente previstas no art. 12, I, da CF/88.***

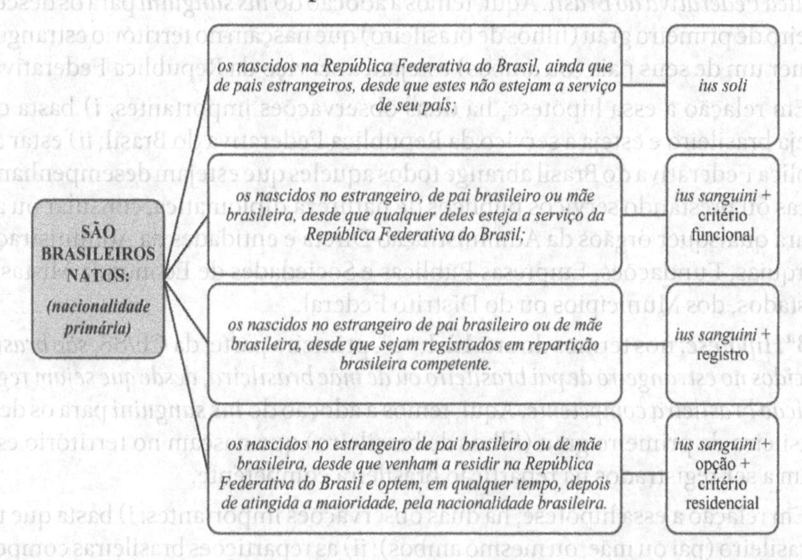

1ª Hipótese: nos termos do art. 12, I, "a", da CF/88, *são brasileiros natos os nascidos na República Federativa do Brasil, ainda que de pais estrangeiros, desde que estes não estejam a serviço de seu país.* Aqui, temos a adoção do ***ius soli*** (critério territorial), a indicar que a pessoa que nasce no território brasileiro, em regra, será brasileira, contudo, os filhos de pais estrangeiros que estejam a serviço de seu país serão estrangeiros, ainda que venham a nascer no território brasileiro, não sendo contemplados com a nacionalidade brasileira originária.

Em relação a essa ressalva, três observações são importantes: *i)* ambos os pais devem ser estrangeiros; *ii)* ambos os pais devem estar a serviço de seu país de origem (ou pelo menos acompanhando oficialmente aquele que está à serviço, como a esposa de um diplomata, por exemplo); *iii)* quando a Constituição diz "a serviço de seu país" ela refere-se ao governo do país, não basta estar a serviço de uma empresa ou entidade privada do país de origem, exigindo-se que esteja a serviço do governo estrangeiro. Para compreendermos melhor, vejamos alguns exemplos: 1) Mãe canadense com pai japonês, estando o pai a serviço do governo da China. O filho nascido no Brasil será brasileiro, pois nenhum dos pais está à serviço do governo do país de origem; 2) Mãe e pai alemães, estando o pai a serviço da Volkswagen. O filho será brasileiro, pois o pai está a serviço de empresa privada do país de origem e não a serviço do governo; 3) Pai e mãe franceses, sendo o pai diplomata, residindo no Brasil a serviço do governo da França. O filho será francês e não brasileiro, pois os pais estão à serviço do governo de seu país; 4) Pai italiano e mãe brasileira, sendo o pai diplomata, residindo no Brasil a serviço do governo da Itália. O filho será brasileiro, pois somente o pai é estrangeiro do país de origem.

Ademais, vale registrar que o ***território nacional brasileiro*** compreende as terras delineadas pelos limites geográficas do país, bem como o mar territorial, o espaço aéreo nacional e o território ficto nos termos da lei (navio ou aeronave de guerra, no espaço aéreo ou marítimo, nacional ou internacional, por exemplo).

2ª Hipótese: nos termos do art. 12, I, "b", da CF/88, *são brasileiros natos os nascidos no estrangeiro, de pai brasileiro ou mãe brasileira, desde que qualquer deles esteja a serviço da República Federativa do Brasil*. Aqui, temos a adoção do ***ius sanguini*** para os descendentes de brasileiro de primeiro grau (filhos de brasileiro) que nasçam no território estrangeiro quando qualquer um de seus pais (ou ambos) estejam a serviço da República Federativa do Brasil.

Em relação a essa hipótese, há duas observações importantes: *i)* basta que um dos pais seja brasileiro e esteja a serviço da República Federativa do Brasil; *ii)* estar a serviço da República Federativa do Brasil abrange todos aqueles que estejam desempenhando funções públicas ou prestando serviços públicos de natureza diplomática, consular ou administrativa para quaisquer órgãos da Administração Direta e entidades da Administração Indireta (Autarquias, Fundações, Empresas Públicas e Sociedades de Economia Mistas) da União, dos Estados, dos Municípios ou do Distrito Federal.

3ª Hipótese: nos termos do art. 12, I, "c", primeira parte, da CF/88, *são brasileiros natos os nascidos no estrangeiro de pai brasileiro ou de mãe brasileira, desde que sejam registrados em repartição brasileira competente*. Aqui, temos a adoção do ***ius sanguini*** para os descendentes de brasileiro de primeiro grau (filhos de brasileiro) que nasçam no território estrangeiro e venham a ser registrados na repartição brasileira competente.

Em relação a essa hipótese, há duas observações importantes: *i)* basta que um dos pais seja brasileiro (pai ou mãe, ou mesmo ambos); *ii)* as repartições brasileiras competentes para o registro são, em regra, as consulares e, excepcionalmente, as diplomáticas.

Ademais, é preciso registrar que essa hipótese se encontrava na redação originária da CF/88, contudo veio a ser suprimida pela Emenda Constitucional de Revisão 3, de 1994, sendo reinserida pela Emenda Constitucional 54/2007, conhecida como ***"Emenda dos Apátridas"***. Como durante esse período muitos filhos de brasileiros nasceram no estrangeiro e não puderam ser registrados para adquirir a nacionalidade brasileira primária, alguns acabaram ficando na condição de apátridas. Para corrigir esse desastre jurídico, a EC 54/2007 instituiu o art. 95 no ADCT, segundo o qual os nascidos no estrangeiro entre 7 de junho de 1994 e a data da promulgação da EC 54/2007, filhos de pai brasileiro ou mãe brasileira, poderão ser registrados em repartição diplomática ou consular brasileira competente ou em ofício de registro, se vierem a residir no Brasil.

4ª Hipótese: nos termos do art. 12, I, "c", segunda parte, da CF/88, *são brasileiros natos os nascidos no estrangeiro de pai brasileiro ou de mãe brasileira, desde que venham a residir na República Federativa do Brasil e optem, em qualquer tempo, depois de atingida a maioridade, pela nacionalidade brasileira.* Aqui, temos a adoção do ***ius sanguini*** para os descendentes de brasileiro de primeiro grau (filhos de brasileiro) que nasçam no território estrangeiro e, não sendo registrados na repartição competente, venham a residir no Brasil e optem, em qualquer tempo, após completarem a maioridade, pela nacionalidade brasileira.

Em relação a essa hipótese, há duas observações importantes: *i)* basta que um dos pais seja brasileiro (pai ou mãe, ou mesmo ambos); *ii)* nos termos da Lei 13.445/2017 (Lei de Migração), o filho de pai ou de mãe brasileiro nascido no exterior e que não tenha sido registrado em repartição competente poderá, a qualquer tempo, após atingida a maioridade, promover ação de opção de nacionalidade, de competência da Justiça Federal (art. 109, X, da CF/88); *iii)* em que pese necessite ingressar com essa ação judicial, o filho de brasileiro será considerado brasileiro nato tão logo comece a residir no Brasil (antes ou após completar a maioridade), ficando sua nacionalidade sob condição suspensiva a ser superada pela opção confirmativa que se operará, após atingida a maioridade, pela ação de opção de nacionalidade, que possui efeitos *ex tunc* (retroativos).

7. OS BRASILEIROS NATURALIZADOS

A nacionalidade secundária é aquela atingida pela naturalização, isto é, por um ato de vontade de um cidadão estrangeiro que deseja se tornar nacional. No nosso constitucionalismo a naturalização pode ser dividida em duas espécies: ***i) naturalização tácita*** e ***ii) naturalização expressa.***

A ***naturalização tácita***, também chamada de grande naturalização, caracteriza-se pela aquisição automática da nacionalidade, sem exigência de manifestação da vontade daquele que será naturalizado, tendo por objetivo aumentar o número de nacionais de um determinado país. Ela ocorreu nas Constituição brasileiras de 1824 (Constituição do Império) e de 1891 (primeira Constituição da República).

Assim, conforme dispunha o art. 6º, IV, da ***Constituição Imperial de 1824***, "são cidadãos brasileroz, todos os nascidos em Portugal, e suas Possessões, que sendo já residentes no Brazil na época, em que se proclamou a Independencia nas Provincias, onde habitavam, adheriram á esta expressa, ou tacitamente pela continuação da sua residencia.".

Já segundo previa o art. o art. 69, §§ 4º e 5º, da ***Constituição de 1891***, "são cidadãos brasileiros os estrangeiros, que achando-se no Brasil aos 15 de novembro de 1889, não declararem, dentro em seis meses depois de entrar em vigor a Constituição, o ânimo de conservar a nacionalidade de origem; e os estrangeiros que possuírem bens imóveis no Brasil e forem casados com brasileiros ou tiverem filhos brasileiros contanto que residam no Brasil, salvo se manifestarem a intenção de não mudar de nacionalidade".

A ***naturalização expressa*** caracteriza-se pela aquisição da nacionalidade por ato de vontade daquele que será naturalizado, sendo que as ***hipóteses*** atuais de aquisição secundária da nacionalidade brasileira (naturalização) são todas expressas e encontram-se fundadas *no art. 12, I, da CF/88* e regulamentadas pela Lei 13.445/2017 (*Lei de Migração*). Vejamos cada uma delas.

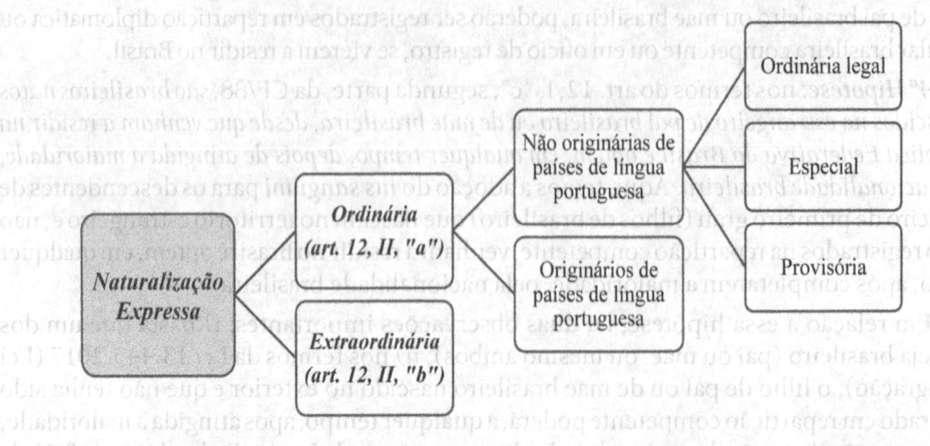

NATURALIZAÇÃO ORDINÁRIA: Nos termos do art. 12, II, "a", da CF/88, *são brasileiros naturalizados os que, na forma da lei, adquiram a nacionalidade brasileira, exigidas aos originários de países de língua portuguesa apenas residência por um ano ininterrupto e idoneidade moral.* Aqui temos estatuída a naturalização ordinária, que se divide doutrinariamente em: *1)* naturalização ordinária de pessoas originárias de países de língua portuguesa; *2)* naturalização ordinária legal; *3)* naturalização especial; *4)* naturalização provisória.

*1) **naturalização ordinária de pessoas originárias de países de língua portuguesa.*** Nos termos constitucionais, aos originários de países de língua portuguesa (Açores, Angola, Cabo Verde, Gamão, Guiné Bissau, Goa, Macau, Moçambique, Portugal, Príncipe e Timor Leste) exige-se apenas o preenchimento de dois requisitos para a naturalização: *i)* residência por um ano ininterrupto no Brasil; e *ii)* idoneidade moral.

*2) **naturalização ordinária legal.*** Nos termos constitucionais, são brasileiros naturalizados os que, na forma da lei, adquiram a nacionalidade brasileira. Essa lei é a Lei 13.445/2017 (*Lei de Migração*), que prevê a naturalização ordinária legal, bem como a naturalização especial e a naturalização provisória.

Assim, dispõe o art. 65, da Lei de Migração que *será concedida a naturalização ordinária àquele que preencher as seguintes condições:* I - ter capacidade civil, segundo a lei brasileira; II - ter residência em território nacional, pelo prazo mínimo de 4 (quatro) anos; III - comunicar-se em língua portuguesa, consideradas as condições do naturalizando; e IV - não possuir condenação penal ou estiver reabilitado, nos termos da lei.

Ademais, a própria Lei de Migração, em seu art. 66, *relativiza o prazo de residência de 4 anos (art. 65, II), reduzindo-o para, no mínimo, 1 ano* se o naturalizando preencher umas das seguintes condições: *i)* ter filho brasileiro; ou *ii)* ter cônjuge ou companheiro brasileiro e não estar dele separado legalmente ou de fato no momento de concessão da naturalização; ou *iii)* haver prestado ou poder prestar serviço relevante ao Brasil; ou *iv)* recomendar-se por sua capacidade profissional, científica ou artística.

*3) **naturalização especial.*** Dispõe a Constituição que são brasileiros naturalizados os que, na forma da lei, adquiram a nacionalidade brasileira. Assim, a Lei 13.445/2017 (*Lei de Migração)* prevê que a naturalização especial poderá ser concedida ao estrangeiro que se encontre em uma das seguintes situações: *i)* seja cônjuge ou companheiro, há mais de 5 anos, de integrante do Serviço Exterior Brasileiro em atividade ou de pessoa a serviço do Estado brasileiro no exterior; ou *ii)* seja ou tenha sido empregado em missão diplomática ou em repartição consular do Brasil por mais de 10 anos ininterruptos.

Ademais, nos termos do art. 69, da Lei de Migração, são requisitos para a concessão da naturalização especial: I - ter capacidade civil, segundo a lei brasileira; II - comunicar-se em língua portuguesa, consideradas as condições do naturalizando; e III - não possuir condenação penal ou estiver reabilitado, nos termos da lei.

4) naturalização provisória. Segundo a Constituição, são brasileiros naturalizados os que, na forma da lei, adquiram a nacionalidade brasileira. Assim, a Lei 13.445/2017 *(Lei de Migração)* prevê que a naturalização provisória poderá ser concedida ao migrante criança ou adolescente que tenha fixado residência em território nacional antes de completar 10 anos de idade e deverá ser requerida por intermédio de seu representante legal, sendo convertida em definitiva se o naturalizando expressamente assim o requerer no prazo de 2 anos após atingir a maioridade.

Por fim, vale destacar que em todos os casos de naturalização ordinária, por se tratar de ato de soberania estatal, ***não há direito público subjetivo à obtenção da naturalização ordinária***, ainda que preenchidos os requisitos constitucionais ou legais, tratando-se de ato discricionário do chefe do Poder Executivo.

NATURALIZAÇÃO EXTRAORDINÁRIA: Nos termos do art. 12, II, "b", da CF/88, *são brasileiros naturalizados os estrangeiros de qualquer nacionalidade, residentes na República Federativa do Brasil há mais de quinze anos ininterruptos e sem condenação penal, desde que requeiram a nacionalidade brasileira.*

Aqui vale registrar duas *observações acerca da naturalização extraordinária:*

OBS 01: A naturalização extraordinária é direito público subjetivo daqueles que preencham os requisitos constitucionais, o que pode ser constatado, especialmente, por dois motivos. Primeiro, porque não faria sentido prever uma naturalização com requisitos mais difíceis de serem atingidos (tempo mais longo, por exemplo), se não fosse para conceder um direito que não está garantido pelas demais (naturalização ordinária). Segundo, porque ao utilizar-se do vocábulo "requeiram", a Constituição parece remeter-nos ao instituto da requisição, que consiste classicamente em ato administrativo vinculado, o que, inevitavelmente, gera direito subjetivo à naturalização daqueles que preencham os requisitos constitucionais. Essa, também, parece ser a conclusão do STF, nos termos do RE 264.848/TO.

OBS 02: A exigência de residência ininterrupta por mais de quinze anos no Brasil não é comprometida por meras ausências temporárias, como, por exemplo, em caso de viagens para o exterior, à lazer ou a trabalho. Nesse sentido, já afirmou o STF, no julgamento do AI 32.074/DF, que *"a ausência temporária não significa que a residência não foi continua, pois há que distinguir entre residência continua* [exigida] *a permanência continua* [não exigida]".

8. O PORTUGUÊS EQUIPARADO (QUASE NACIONALIDADE)

Dispõe o art. 12, § 1º, da CF/88, que *aos portugueses com residência permanente no País, se houver reciprocidade em favor de brasileiros, serão atribuídos os direitos inerentes ao brasileiro, salvo os casos previstos na Constituição.*

O português equiparado, também chamado de quase nacional, ***não adquire a nacionalidade brasileira***, contudo havendo reciprocidade em favor dos brasileiros no ordenamento jurídico de Portugal, ***são atribuídos a ele os direitos de que goza o brasileiro naturalizado***. Assim, o português continua sendo português no Brasil e o brasileiro continua sendo brasileiro em Portugal, entretanto gozando de tratamento jurídico similar ao dispensado aos nacionais.

Em 2001, através do Decreto 3.927, foi promulgado o *Tratado de Amizade, Cooperação e Consulta, entre a República Federativa do Brasil e a República Portuguesa*, celebrado em 22 de abril de 2000, consolidando a reciprocidade de direitos entre brasileiros e portugueses no Brasil e em Portugal. Assim, os portugueses com residência permanente no Brasil podem requerer a quase nacionalidade junto ao Ministério da Justiça.

Por fim, cabe registrar que ***o português equiparado possui quase todos os direitos do brasileiro naturalizado, mas não todos***, vez que ele continua sendo estrangeiro. Nesse sentido, nos termos do mencionado tratado, o português equiparado não pode prestar serviço militar (art. 19), sujeita-se à extradição se requerida por Portugal (art. 18) e, caso se ausente do território brasileiro, terá de requerer proteção diplomática à Portugal (art. 20).

9. DISTINÇÕES ENTRE BRASILEIROS NATOS E NATURALIZADOS

Nos termos do art. 12, § 2º, da CF/88, ***a lei não poderá estabelecer distinção entre brasileiros natos e naturalizados***, *salvo nos casos previstos na Constituição*. Ou seja, nenhum ato normativo infraconstitucional pode estabelecer distinções entre brasileiros natos e naturalizados, nem mesmo a lei, ***ficando tal atribuição conferida exclusivamente à Constituição.*** A CF/88 possui quatro previsões (taxativas) de tratamento diferenciado entre brasileiros natos e naturalizados. Vejamos cada uma delas:

1) CARGOS PRIVATIVOS DE BRASILEIROS NATOS: Por razões de segurança nacional ou por tratarem-se de cargos que compõem a linha sucessória do Presidente da República, alguns cargos, nos termos do art. 12, §3º, da CF/88, são privativos de brasileiros natos, não podendo ser exercidos por brasileiros naturalizados.

Assim, ***são privativos de brasileiro nato os cargos:***

I – de Presidente e Vice-Presidente da República;

II – de Presidente da Câmara dos Deputados;

- O brasileiro naturalizado pode ser deputado federal, só não podendo ser Presidente da Câmara dos Deputados.

III – de Presidente do Senado Federal;

- O brasileiro naturalizado pode ser senador, só não podendo ser Presidente do Senado Federal.

IV – de Ministro do Supremo Tribunal Federal;

- O brasileiro naturalizado pode ser Ministro dos demais tribunais superiores, só não podendo ser Ministro do STF.

V – da carreira diplomática;

VI – de oficial das Forças Armadas;

- O brasileiro naturalizado pode ingressar na carreira militar, contudo terá de ingressar na carreira das praças, sendo-lhe vedado o oficialato.

VII – de Ministro de Estado da Defesa.

- O brasileiro naturalizado pode ser Ministro de Estado, só não podendo ser Ministro de Estado da Defesa, logo poderá ser Ministro da Justiça, da Saúde, da Educação etc.

2) EXTRADIÇÃO DE BRASILEIROS NATO E NATURALIZADO: Dispõe o art. 5º, inciso LI, da CF/88, que *"nenhum brasileiro será extraditado, salvo o naturalizado, em caso de crime comum, praticado antes da naturalização, ou de comprovado envolvimento em tráfico ilícito de entorpecentes e drogas afins, na forma da lei"*.

Assim, nos termos da Constituição, ***não se admite a extradição de brasileiro nato em hipótese alguma***, nem mesmo nos casos de o brasileiro nato possuir mais de uma nacionalidade e ser também nacional do Estado requerente. Já o ***brasileiro naturalizado pode ser extraditado em duas hipóteses:*** *a)* em caso de crime comum, desde que praticado antes da naturalização; *b)* em caso de comprovado envolvimento em tráfico ilícito de entorpecentes e drogas afins, na forma da lei, independentemente de o crime ter sido praticado antes ou após a naturalização.

3) ASSENTOS NO CONSELHO DA REPÚBLICA: o art. 89, VII, da CF/88, ao enunciar a composição do Conselho da República, reserva *seis assentos para cidadãos brasileiros natos*. Nada obstante, vale lembrar que *entre os demais componentes do Conselho da República é possível que alguns deles sejam brasileiros naturalizados*, nos casos dos líderes da maioria e da minoria na Câmara dos Deputados, dos líderes da maioria e da minoria no Senado Federal e do Ministro da Justiça (art. 89, IV, V e VI).

4) PROPRIEDADE DE EMPRESA JORNALÍSTICA E DE RADIODIFUSÃO: Nos termos do art. 222, da CF/88, a propriedade de empresa jornalística e de radiodifusão sonora e de sons e imagens é privativa de brasileiros natos ou naturalizados há mais de dez anos, ou de pessoas jurídicas constituídas sob as leis brasileiras e que tenham sede no País.

10. PERDA DA NACIONALIDADE

As hipóteses de perda da nacionalidade brasileira são taxativamente previstas no art. 12, §4º, da CF/88, não podendo ser ampliadas pela legislação infraconstitucional, sujeitando-se somente a alterações mediante Emendas à Constituição. Nesse cenário, a Constituição estabelece apenas duas hipóteses de perda de nacionalidade, vejamos:

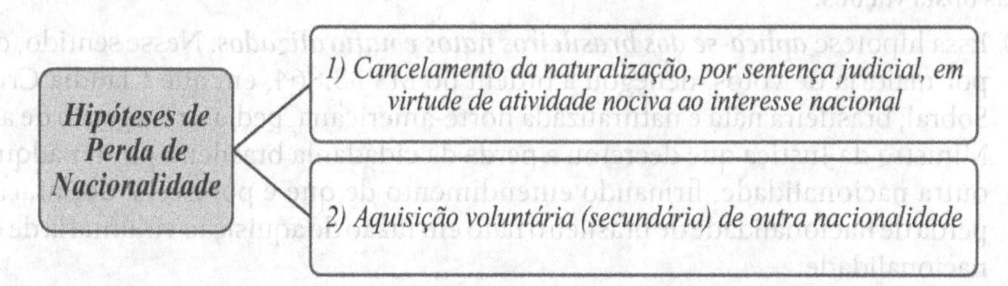

1) Cancelamento da naturalização, por sentença judicial, em virtude de atividade nociva ao interesse nacional: Nos termos do art. 12, §4º, I, será declarada a perda da nacionalidade do brasileiro que tiver cancelada sua naturalização, por sentença judicial, em virtude de atividade nociva ao interesse nacional. Aqui temos uma hipótese ***perda-punição***, já que o indivíduo perde a nacionalidade como forma de punição por ter praticado atos nocivos ao interesse nacional. Sobre essa hipótese, vale registrar algumas ***observações:***

i) Por se tratar de *cancelamento de naturalização*, essa hipótese ***aplica-se apenas aos brasileiros naturalizados***.

ii) O procedimento para sua decretação se desenvolve mediante ***ação de cancelamento de naturalização***, que possui natureza penal, sendo proposta pelo Ministério Público Federal em juízo federal.

iii) Como não há tipificação legal sobre o que seja ***atividade nociva ao interesse nacional***, cabe, inicialmente, ao MPF, identificar, pela via hermenêutica, quais fatos se enquadram nesse conceito, e, posteriormente, ao juiz, também pela via hermenêutica, fazer essa análise.

iv) Essa hipótese exige sentença judicial, tratando-se de expressa ***reserva de jurisdição***. Nesses termos, o STF, no julgamento do RMS 27.840/DF, declarou nula Portaria do Ministro da Justiça que cancelava a naturalização de um cidadão que havia sido obtida mediante fraude, reestabelecendo sua condição de brasileiro naturalizado, sem prejuízo de que a naturalização fosse objeto de questionamento judicial.

v) Os ***efeitos da decisão*** que declara a perda da nacionalidade são ***ex nunc*** (não retroativos), só perdendo a nacionalidade brasileira após o trânsito em julgado da decisão.

vi) A perda da nacionalidade é ***personalíssima***, não se estendendo a parentes do indivíduo, como filhos ou cônjuge.

vii) O indivíduo que tiver sua naturalização cancelada ***não poderá se naturalizar novamente***, sob pena de ferir de morte o instituto da coisa julgada, restando, contudo, a possibilidade de impetrar ação rescisória, nos termos da lei.

viii) O ***risco de geração de situação de apatridia*** deve ser levado em consideração antes da efetivação da perda da nacionalidade (art. 75, *p.u.*, da Lei de Migração).

2) ***Aquisição voluntária (secundária) de outra nacionalidade:*** Nos termos do art. 12, §4º, II, será declarada a perda da nacionalidade do brasileiro que adquirir outra nacionalidade, salvo nos casos: a) de reconhecimento de nacionalidade originária pela lei estrangeira; b) de imposição de naturalização, pela norma estrangeira, ao brasileiro residente em estado estrangeiro, como condição para permanência em seu território ou para o exercício de direitos civis. Aqui temos uma hipótese ***perda-mudança***, já que o indivíduo perde a nacionalidade brasileira por adquirir outra, mudando de nacionalidade. Sobre essa hipótese, vale registrar algumas ***observações:***

i) Essa hipótese ***aplica-se aos brasileiros natos e naturalizados***. Nesse sentido, o STF, por maioria de votos, denegou a ordem no MS 33.864, em que Cláudia Cristina Sobral, brasileira nata e naturalizada norte-americana, pedia a revogação de ato do Ministro da Justiça que decretou a perda da cidadania brasileira por ter adquirido outra nacionalidade, firmando entendimento de que é possível a declaração da perda de nacionalidade de brasileiro nato em razão de aquisição voluntária de outra nacionalidade.

ii) O procedimento para sua decretação é administrativo (***processo administrativo***, devendo-se observar o contraditório, a ampla defesa e as demais garantias processuais), ***corre no Ministério da Justiça e deve ser confirmado por Decreto do Presidente da República***, nos termos do art. 250 e ss., do Decreto 9.199, que regulamenta a Lei 13.445/2017 (Lei da Migração).

iii) Os *efeitos* do Decreto do Presidente que declara a perda da nacionalidade são *ex nunc* (não retroativos), e a ***perda*** da nacionalidade é ***personalíssima***, não se estendendo a parentes do indivíduo.

iv) O indivíduo que perder sua nacionalidade nessa hipótese ***poderá readquirir a nacionalidade brasileira***, vez que a perda foi meramente administrativa. Nesse sentido, dispõe o art. 76, da Lei de Migração que o brasileiro que, em razão do previsto no inciso II do § 4º do art. 12 da CF/88, houver perdido a nacionalidade, uma vez cessada a causa, poderá readquiri-la ou ter o ato que declarou a perda revogado, na forma definida pelo art. 254, do Decreto 9.199/2017.

v) A doutrina sempre divergiu se ***o brasileiro nato ao readquirir a nacionalidade brasileira*** voltaria a ser brasileiro nato (posição minoritária) ou seria brasileiro naturalizado (posição majoritária). O Decreto 9.199/2017 pôs fim a essa divergência, afirmando no §7º, de seu art. 254, que o deferimento do requerimento de reaquisição ou a revogação da perda importará no restabelecimento da nacionalidade originária brasileira, ou seja, ***voltará a ser brasileiro nato.***

vi) Nos termos constitucionais (art. 12, §4º, II, "a" e "b") ***é possível que o brasileiro adquira outra nacionalidade sem perder a brasileira*** nas hipóteses:

a) de reconhecimento de nacionalidade originária pela lei estrangeira, isto é, nos casos de pessoas que já nasçam com mais de uma nacionalidade, dentre elas, a brasileira (polipátridas). Exemplo: pessoa que nasce no Brasil sendo filha de casal italiano que passava férias no país, já que o Brasil adota o *ius soli* e a Itália o *ius sanguini*.

b) de imposição de naturalização, pela norma estrangeira, ao brasileiro residente em estado estrangeiro, como condição para permanência em seu território ou para o exercício de direitos civis. Exemplo: brasileiro que vive em um determinado país cuja lei exige a nacionalidade do local para ser herdeiro de bens imóveis, assim, sendo o brasileiro herdeiro terá de se naturalizar para exercer o seu direito (herança tem natureza cível).

11. MEDIDAS DE COOPERAÇÃO

Segundo a Lei 13.445/2017 (Lei da Migração) são medidas de cooperação: *i)* extradição; *ii)* transferência de execução da pena; e *iii)* transferência de pessoa condenada.

11.1 Extradição

A *extradição* consiste na entrega de uma pessoa feita de um certo Estado para o Estado que é competente para julgá-la ou puni-la em razão de crime praticado pela mesma em seu território.[5] Ademais, o art. 81, da Lei de Migração, conceitua a extradição como *a medida de cooperação internacional entre o Estado brasileiro e outro Estado pela qual se concede ou solicita a entrega de pessoa sobre quem recaia condenação criminal definitiva ou para fins de instrução de processo penal em curso.*

A extradição pode ser ativa ou passiva. ***Extradição ativa*** é aquela requerida pelo país, já ***extradição passiva*** é aquela requerida ao país. Tomando o Brasil como referência, tem-se

5. FERNANDES, Bernardo Gonçalves. Curso de Direito Constitucional. 8. ed. Salvador: Juspodivm, 2016.

que extradição ativa é aquela requerida pelo Brasil, enquanto a extradição passiva seria aquela requeria ao Brasil.

Nos termos da Constituição (art. 5º, LI), ***não se admite a extradição de brasileiro nato em hipótese alguma***, nem mesmo nos casos de o brasileiro nato possuir mais de uma nacionalidade e ser também nacional do Estado requerente. Nada obstante, é possível que um brasileiro nato perca a nacionalidade brasileira, nos termos do inciso II, do § 4º, do art. 12, da CF/88. Assim, perdendo a nacionalidade brasileira, aquele que era brasileiro nato deixa de ser brasileiro, sendo possível sua extradição. Contudo, frise-se: não está a se extraditar brasileiro nato, pois aquele que perdeu a nacionalidade brasileira, sequer é brasileiro.

Nesse sentido, por maioria de votos, o STF denegou a ordem no MS 33864, em que Cláudia Cristina Sobral, brasileira nata e naturalizada norte-americana, pedia a revogação de ato do ministro da Justiça que decretou a perda da cidadania brasileira por ter adquirido outra nacionalidade. De acordo com os autos, ela se mudou para os Estados Unidos em 1990, onde se casou e obteve visto de permanência (*green card*). Em 1999, requereu nacionalidade norte-americana e, seguindo a lei local, declarou renunciar e abjurar fidelidade a qualquer outro estado ou soberania. Em 2007, ela voltou para o Brasil e, dias depois de sua partida, o marido, nacional norte-americano, foi encontrado morto, a tiros, na residência do casal. O governo dos Estados Unidos indiciou a impetrante por homicídio e requereu a extradição para que ela responda ao processo naquele país. Na sequência, ao julgar a Extradição 1462, referente a esse mesmo caso, o Supremo deferiu o pedido de extradição de Cláudia Cristina Sobral.

Em relação ao ***brasileiro naturalizado***, a Constituição (art. 5º, LI) veda sua extradição como regra, mas a admite em duas hipóteses: a) em caso de crime comum, desde que praticado antes da naturalização; b) em caso de comprovado envolvimento em tráfico ilícito de entorpecentes e drogas afins, na forma da lei, independentemente de o crime ter sido praticado antes ou após a naturalização.

Por sua vez, o ***português equiparado só poderá ser extraditado para Portugal***, nos termos do Tratado de Amizade, Cooperação e Consulta, entre Brasil e Portugal.

Já no que diz respeito aos ***estrangeiros***, a Constituição (art. 5º, LII) assegura que não será concedida extradição de estrangeiro por crime político ou de opinião, sendo possível, contudo, sua extradição em casos de crimes comuns (que não se configurem como crimes políticos ou de opinião), desde que preenchidos os requisitos legais.

Nos termos do art. 83, da Lei de Migração, são ***condições para concessão da extradição:***

a) ter sido o crime cometido no território do Estado requerente ou serem aplicáveis ao extraditando as leis penais desse Estado; e

b) estar o extraditando respondendo a processo investigatório ou a processo penal ou ter sido condenado pelas autoridades judiciárias do Estado requerente a pena privativa de liberdade.

Ademais, segundo o art. 82, da Lei de Migração, ***a extradição não pode ser concedida quando:***

i) o indivíduo cuja extradição é solicitada ao Brasil for brasileiro nato;

ii) o fato que motivar o pedido não for considerado crime no Brasil ou no Estado requerente;

iii) o Brasil for competente, segundo suas leis, para julgar o crime imputado ao extraditando;

iv) a lei brasileira impuser ao crime pena de prisão inferior a 2 anos;

v) o extraditando estiver respondendo a processo ou já houver sido condenado ou absolvido no Brasil pelo mesmo fato em que se fundar o pedido;

vi) a punibilidade estiver extinta pela prescrição, segundo a lei brasileira ou a do Estado requerente;

vii) o fato constituir crime político ou de opinião;

viii) o extraditando tiver de responder, no Estado requerente, perante tribunal ou juízo de exceção;

ix) o extraditando for beneficiário de refúgio ou de asilo territorial.

Nos casos de crime político, ***o STF pode deixar de considerar crime político*** o atentado contra chefe de Estado ou quaisquer autoridades, bem como crime contra a humanidade, crime de guerra, crime de genocídio e terrorismo, de acordo com o art. 82, §4º, da Lei de Migração.

Na ***hipótese da pena prevista pelo país requerente ser vedada pelo ordenamento constitucional brasileiro*** (art. 5º, XLVII), o pedido de extradição do estrangeiro só poderá ser deferido se houver compromisso do Estado requerente de modificação da pena vedada por alguma outra que seja lícita no âmbito do direito brasileiro.

Ademais, segundo a súmula 421, do STF, *o fato do extraditando ser casado com brasileira ou ter filho brasileiro não impede a extradição.*

Conforme dispõe o art. 85, da Lei de Migração, ***quando mais de um Estado requerer a extradição da mesma pessoa***, *pelo mesmo fato*, terá preferência o pedido daquele em cujo território a infração foi cometida, e, *em caso de crimes diversos*, terá preferência, sucessivamente: *i)* o Estado requerente em cujo território tenha sido cometido o crime mais grave, segundo a lei brasileira; *ii)* o Estado que em primeiro lugar tenha pedido a entrega do extraditando, se a gravidade dos crimes for idêntica; *iii)* o Estado de origem, ou, em sua falta, o domiciliar do extraditando, se os pedidos forem simultâneos. Porém, havendo tratado com algum dos Estados requerentes, prevalecerão suas normas no que diz respeito à preferência aqui exposta. Ademais, nos casos não previstos, o órgão competente do Poder Executivo decidirá sobre a preferência do pedido, priorizando o Estado requerente que mantiver tratado de extradição com o Brasil.

Por fim, vale registrar que, o Supremo Tribunal Federal, no julgamento da Extradição 1.085, por maioria dos votos (5x4), reconheceu que ***a decisão de deferimento da extradição pelo STF não vincula o Presidente da República***, tratando-se de ato político discricionário do mandatário do Poder Executivo. Contudo, se houver tratado bilateral de extradição entre o Brasil e o outro Estado, o Presidente deve observar as normas deste em sua decisão.

11.2 Transferência de execução da pena

A Lei da Migração trata da transferência de execução da pena, dos arts. 100 a 102, afirmando que nas hipóteses em que couber solicitação de extradição executória, a autoridade competente poderá solicitar ou autorizar a transferência de execução da pena, desde que observado o princípio do *non bis in idem*.

Sem prejuízo do disposto no Código Penal, a transferência de execução da pena será possível quando preenchidos os seguintes ***requisitos:***

i) o condenado em território estrangeiro for nacional ou tiver residência habitual ou vínculo pessoal no Brasil;

ii) a sentença tiver transitado em julgado;

iii) a duração da condenação a cumprir ou que restar para cumprir for de, pelo menos, 1 (um) ano, na data de apresentação do pedido ao Estado da condenação;

iv) o fato que originou a condenação constituir infração penal perante a lei de ambas as partes; e

v) houver tratado ou promessa de reciprocidade.

O ***pedido*** de transferência de execução da pena de Estado estrangeiro será ***requerido por via diplomática ou por via de autoridades centrais***, sendo ***recebido pelo Ministério da Justiça e da Segurança Pública*** e, após exame da presença dos pressupostos formais de admissibilidade exigidos na legislação brasileira ou em tratado, ***encaminhado ao Superior Tribunal de Justiça para decisão quanto à homologação da sentença estrangeira***.

Não preenchidos os pressupostos, o pedido será arquivado mediante decisão fundamentada, sem prejuízo da possibilidade de renovação do pedido, devidamente instruído, uma vez superado o óbice apontado.

Por fim, nos casos de transferência de execução da pena, ***a execução penal será de competência da Justiça Federal***.

11.3 Transferência de pessoa condenada

A Lei da Migração trata da transferência de pessoa condenada, dos arts. 103 a 105, afirmando que a medida poderá ser concedida quando o pedido se fundamentar em tratado ou houver promessa de reciprocidade.

Assim, o ***condenado*** no território nacional poderá ser transferido para seu país de nacionalidade ou país em que tiver residência habitual ou vínculo pessoal, desde que ***expresse interesse*** nesse sentido, a fim de cumprir pena a ele imposta pelo Estado brasileiro por sentença transitada em julgado. Contudo, ***não se admite a transferência de pessoa condenado nos casos em que não se admita a extradição.***

A transferência de pessoa condenada será possível quando preenchidos os seguintes ***requisitos:***

i) o condenado no território de uma das partes for nacional ou tiver residência habitual ou vínculo pessoal no território da outra parte que justifique a transferência;

ii) a sentença tiver transitado em julgado;

iii) a duração da condenação a cumprir ou que restar para cumprir for de, pelo menos, 1 ano, na data de apresentação do pedido ao Estado da condenação;

iv) o fato que originou a condenação constituir infração penal perante a lei de ambos os Estados;

v) houver manifestação de vontade do condenado ou, quando for o caso, de seu representante; e

vi) houver concordância de ambos os Estados.

Nos termos do Decreto 9.199/2017, que regulamente a Lei da Migração, a transferência pode ser passiva ou ativa. A ***transferência passiva*** ocorre quando a pessoa condenada pela Justiça brasileira solicitar ou concordar com a transferência para o seu país de nacionalidade ou para o país em que tiver residência habitual ou vinculo pessoal para cumprir o restante da pena. Já a *transferência ativa* ocorre quando a pessoa condenada pela Justiça do Estado estrangeiro solicitar ou concordar com a transferência para o País, por possuir nacionalidade brasileira ou residência habitual ou vínculo pessoal no território nacional, para cumprir o restante da pena.

Os ***processos de transferência passiva e ativa***, de pessoa condenada somente serão iniciados por meio de solicitação ao Ministério da Justiça e Segurança Pública feita: *i)* pela pessoa condenada; ou *ii)* por qualquer pessoa ou autoridade, brasileira ou estrangeira, que tenha conhecimento do interesse da pessoa condenada em ser transferida.

A ***transferência de pessoa condenada no Brasil*** (transferência passiva) pode ser concedida ***juntamente*** com a aplicação de medida de ***impedimento de reingresso*** em território nacional.

Por fim, no caso de transferência de pessoa condenada, a ***execução penal será de competência da Justiça Federal***.

12. MEDIDAS DE RETIRADA COMPULSÓRIA

São medidas de retirada compulsória: *i)* a repatriação; *ii)* a deportação; e *iii)* a expulsão. A repatriação, a deportação e a expulsão serão feitas para o país de nacionalidade ou de procedência do migrante ou do visitante, ou para outro país que o aceite, em observância aos tratados de que o País seja parte.

Não se procederá à repatriação, à deportação ou à expulsão de nenhum indivíduo quando subsistirem razões para acreditar que a medida poderá colocar em risco sua vida, sua integridade pessoal ou sua liberdade seja ameaçada por motivo de etnia, religião, nacionalidade, pertinência a grupo social ou opinião política.

O ***beneficiário de proteção ao apátrida, refúgio ou asilo político*** não será repatriado, deportado ou expulso enquanto houver processo de reconhecimento de sua condição pendente no País, sendo que na hipótese de deportação de apátrida, a medida de retirada compulsória somente poderá ser aplicada após autorização do Ministério da Justiça e Segurança Pública.

O ***procedimento*** de deportação dependerá de autorização prévia do Poder Judiciário no caso de migrante em cumprimento de pena ou que responda criminalmente em liberdade.

As medidas de retirada compulsória ***não serão feitas de forma coletiva***, entendendo-se por repatriação, deportação ou expulsão coletiva aquela que não individualiza a situação migratória irregular de cada migrante.

Nesse sentido, a ***individualização das medidas de repatriação*** ocorrerá por meio de termo do qual constarão: *a)* os dados pessoais do repatriando; *b)* as razões do impedimento que deu causa à medida; e *c)* a participação de intérprete, quando necessária. Ademais, a individualização das medidas de deportação e expulsão ocorrerá por meio de procedimento administrativo instaurado nos termos do Decreto 9.199/2017.

O ***imigrante ou o visitante que não tenha atingido a maioridade civil, desacompanhado ou separado de sua família***, não será repatriado ou deportado, exceto se a medida de retirada compulsória for comprovadamente mais favorável para a garantia de seus direitos ou para a reintegração a sua família ou a sua comunidade de origem.

Por fim, temos que o ***custeio das despesas com a retirada compulsória*** correrá com recursos da União somente depois de esgotados todos os esforços para a sua efetivação com recursos da pessoa sobre quem recair a medida, do transportador ou de terceiros, sendo que a retirada compulsória às expensas da União conterá, para efeito de programação financeira, o detalhamento prévio das despesas com a efetivação da medida.

12.1 Expulsão

A expulsão consiste em medida administrativa de retirada compulsória de migrante ou visitante do território nacional, conjugada com o impedimento de reingresso por prazo determinado, em razão de ***condenação com sentença transitada em julgado relativa à prática de:***

i) crime de genocídio, crime contra a humanidade, crime de guerra ou crime de agressão, nos termos definidos pelo Estatuto de Roma do Tribunal Penal; ou

ii) crime comum doloso passível de pena privativa de liberdade, consideradas a gravidade e as possibilidades de ressocialização em território nacional.

Caberá ao *Ministro de Estado da Justiça e Segurança Pública* resolver sobre a expulsão, a duração do impedimento de reingresso e a suspensão ou a revogação dos efeitos da expulsão, nos termos da Lei da Migração, sendo possível *controle judicial de legalidade da expulsão* (mas, não o controle de mérito, por se tratar de ato discricionário).

O ***processamento da expulsão em caso de crime comum não prejudicará*** a progressão de regime, o cumprimento da pena, a suspensão condicional do processo, a comutação da pena ou a concessão de pena alternativa, de indulto coletivo ou individual, de anistia ou de quaisquer benefícios concedidos em igualdade de condições ao nacional brasileiro.

O ***prazo de vigência da medida de impedimento*** vinculada aos efeitos da expulsão será proporcional ao prazo total da pena aplicada e nunca será superior ao dobro de seu tempo.

Ademais, nos termos do art. 55, da Lei de Migração, ***é vedada a expulsão quando:***

i) a medida configurar extradição inadmitida pela legislação brasileira;

ii) o expulsando:

a) tiver filho brasileiro que esteja sob sua guarda ou dependência econômica ou socioafetiva ou tiver pessoa brasileira sob sua tutela;

b) tiver cônjuge ou companheiro residente no Brasil, sem discriminação alguma, reconhecido judicial ou legalmente;

c) tiver ingressado no Brasil até os 12 (doze) anos de idade, residindo desde então no País;

d) for pessoa com mais de 70 (setenta) anos que resida no País há mais de 10 (dez) anos, considerados a gravidade e o fundamento da expulsão;

Aqui, insta destacar que, segundo o STJ (HC 452.975) e o STF (RE 608.898), mesmo que a portaria de expulsão tenha sido editada antes do expulsando ter formado família no Brasil (art. 55, II, "a" e "b", da Lei de Migração), incide a causa de inexpulsabilidade, não sendo exigível a contemporaneidade dessas causas com os fatos que ensejaram o ato expulsório.

O ***procedimento de expulsão*** será iniciado por meio de *Inquérito Policial de Expulsão*, instaurado pela *Polícia Federal*, de ofício ou por determinação do *Ministro de Estado da Justiça e Segurança Pública*, de requisição ou de requerimento fundamentado em sentença, e terá como objetivo produzir relatório final sobre a pertinência ou não da medida de expulsão, com o levantamento de subsídios para a ***decisão, realizada pelo Ministro de Estado da Justiça e Segurança Pública***. Enquanto o *procedimento de expulsão* estiver *pendente*, o expulsando permanecerá aguardando a sua decisão, sem alteração de sua condição migratória.

Por fim, deve-se registrar que ***não é cabível a expulsão de brasileiro***, vez que a Constituição veda a pena de banimento (art. 5º, XLVII, "d").

12.2 Deportação

A deportação é medida decorrente de procedimento administrativo que consiste na retirada compulsória de pessoa que se encontre em situação migratória irregular em território nacional, isto é, caso não tenha cumprido os requisitos de entrada ou permanência no Brasil.

Não se procederá à deportação se a medida configurar ***extradição não admitida pela legislação brasileira*** e, em se tratando de apátrida, o procedimento de deportação dependerá de prévia autorização do Ministro da Justiça e Segurança Pública.

A deportação será ***precedida de notificação pessoal ao deportando***, da qual constem, expressamente, as irregularidades verificadas e prazo para a regularização não inferior a 60 dias, podendo ser prorrogado, por igual período, por despacho fundamentado e mediante compromisso de a pessoa manter atualizadas suas informações domiciliares., sendo que essa notificação não impede a livre circulação em território nacional, devendo o deportando informar seu domicílio e suas atividades. Vencido o prazo de 60 dias sem que se regularize a situação migratória, a deportação poderá ser executada. A ***saída voluntária*** de pessoa notificada para deixar o País equivale ao cumprimento da notificação de deportação para todos os fins.

Vale registrar que a ***deportação não exclui eventuais direitos adquiridos*** em relações contratuais ou decorrentes da lei brasileira.

O ***procedimento*** que poderá levar à deportação será instaurado pela ***Polícia Federal***, devendo respeitar o contraditório e a ampla defesa e a garantia de recurso com efeito suspensivo.

A ***Defensoria Pública da União*** deverá ser notificada, preferencialmente por meio eletrônico, para prestação de assistência ao deportando em todos os procedimentos administrativos de deportação. Contudo, a ausência de manifestação da Defensoria Pública da União, desde que prévia e devidamente notificada, não impedirá a efetivação da medida de deportação.

Por fim, deve-se registrar que ***não é cabível a deportação de brasileiro***, vez que a Constituição veda a pena de banimento (art. 5º, XLVII, "d"), além de ser ilógico, já que o brasileiro não pode ser migrante no território nacional.

12.3 Repatriação

A repatriação consiste em medida administrativa da devolução ao país de procedência ou de nacionalidade da pessoa em situação de impedimento de ingresso, identificada no momento da entrada no território nacional.

Caso a repatriação imediata não seja possível, a entrada do imigrante poderá ser permitida. Assim sendo, o transportador ou o seu agente deverá assinar termo de compromisso que assegure o custeio das despesas com a permanência e com as providências para a repatriação do imigrante, do qual constarão o seu prazo de estada, as condições e o local em que o imigrante ficará.

A ***Defensoria Pública da União*** será notificada, preferencialmente por meio eletrônico, quando o imigrante que não tenha atingido a maioridade civil estiver desacompanhado ou separado de sua família e quando a sua repatriação imediata não for possível. A ***ausência de manifestação*** da Defensoria Pública da União, desde que prévia e devidamente notificada, não impedirá a efetivação da medida de repatriação.

Ato do dirigente máximo da Polícia Federal estabelecerá os procedimentos administrativos necessários para a repatriação, conforme os tratados de que o País seja parte.

Não será aplicada medida de repatriação à pessoa em situação de refúgio ou de apatridia, de fato ou de direito, ao menor de 18 anos desacompanhado ou separado de sua família, exceto nos casos em que se demonstrar favorável para a garantia de seus direitos ou para a reintegração a sua família de origem, ou a quem necessite de acolhimento humanitário, nem, em qualquer caso, medida de devolução para país ou região que possa apresentar risco à vida, à integridade pessoal ou à liberdade da pessoa.

13. DIREITO DE PERMANECER NO BRASIL

O direito de permanecer no Brasil opera-se, dentre outros (como visto de trabalho, por exemplo), pelos institutos do asilo político e do refúgio, sendo esses dois institutos objeto clássico de estudo dos direitos de nacionalidade.

Asilo político consiste no acolhimento de estrangeiro por parte de um país que não é o seu em razão de perseguição por suas crenças, opiniões e filiação política ou por atos que possam ser considerados delitos políticos em seu próprio país ou em um terceiro país.[6] Já o *refúgio* consiste no acolhimento de estrangeiro por um país que não é o seu em razão de um abalo das estruturas do país em que residia ou se encontrava e não podendo ou não querendo acolher-se em seu país de nacionalidade, de modo a gerar vítimas em potencial, em razão de perseguição por motivos de raça, religião, nacionalidade, grupo social, opiniões políticas, graves e generalizadas violações aos direitos humanos.[7] Para sua melhor diferenciação, vejamos a tabela:[8]

<table>
<tr><th colspan="2">SEMELHANÇAS</th></tr>
<tr><th>ASILO POLÍTICO</th><th>REFÚGIO</th></tr>
<tr><td colspan="2">Relacionam-se com os direitos humanos e a proteção de pessoas vítimas de perseguição.</td></tr>
<tr><td colspan="2">Sua concessão não é obrigatória, não configurando direito subjetivo do estrangeiro, sendo fruto do poder discricionário do Estado.</td></tr>
<tr><td colspan="2">Não exigem reciprocidade com o outro Estado.</td></tr>
<tr><td colspan="2">Protegem as pessoas independentemente de sua nacionalidade.</td></tr>
<tr><td colspan="2">Impedem a extradição com base nos fundamentos que envolveram sua concessão. Contudo, não impedem a extradição baseada em fatos novos que preencham os requisitos legais.</td></tr>
<tr><th colspan="2">DIFERENÇAS</th></tr>
<tr><th>ASILO POLÍTICO</th><th>REFÚGIO</th></tr>
<tr><td>Em regra, dá-se em casos de perseguição política individualizada.</td><td>Em regra, dá-se em casos de perseguição generalizada a um certo grupo de pessoas.</td></tr>
<tr><td>Dirige-se a perseguição atual e efetiva.</td><td>Basta que haja fundado temor de perseguição.</td></tr>
<tr><td>Possui natureza constitutiva.</td><td>Possui natureza declaratória.</td></tr>
</table>

6. FERNANDES, Bernardo. G. Curso de Direito Constitucional. 11. ed. Salvador: Juspodivm, 2019, p. 911.
7. Ibidem, p. 913.
8. Ibidem, p. 916-917.

Façamos agora algumas observações mais detalhadas acerca de cada um desses institutos, nos termos da Lei de Migração, do Decreto 9.199/2017 e da Lei 9.474/1997 (lei que define mecanismos para a implementação do Estatuto dos Refugiados de 1951).

13.1 Asilo político

O asilo político, que constitui ato discricionário do Estado, poderá ser diplomático ou territorial e será concedido como instrumento de proteção à pessoa que se encontre perseguida em um Estado por suas crenças, opiniões e filiação política ou por atos que possam ser considerados delitos políticos. Contudo, o asilo político não pode ser concedido a quem tenha cometido: crime de genocídio; crime contra a humanidade; crime de guerra; ou crime de agressão.

O asilo político poderá ser:

i) ***diplomático***, quando solicitado no exterior em legações, navios de guerra e acampamentos ou aeronaves militares brasileiros; ou

ii) ***territorial***, quando solicitado em qualquer ponto do território nacional, perante unidade da Polícia Federal ou representação regional do Ministério das Relações Exteriores, sendo que o ingresso irregular no território nacional não constituirá impedimento para a solicitação de asilo e para a aplicação dos mecanismos de proteção.

O asilo diplomático consiste na proteção ofertada pelo Estado brasileiro e na condução do asilado estritamete até o território nacional, em consonância com o disposto na Convenção Internacional sobre Asilo Diplomático. Compete à autoridade máxima presente no local de solicitação de asilo diplomático zelar pela integridade do solicitante de asilo e estabelecer, em conjunto com a Secretaria de Estado das Relações Exteriores, as condições e as regras para a sua permanência no local de solicitação e os canais de comunicação com o Estado territorial, a fim de solicitar salvo-conduto que permita ao solicitante de asilo acessar o território nacional. Considera-se Estado territorial aquele em cujo território esteja situado o local de solicitação de asilo diplomático. A saída não autorizada do local designado pela referida autoridade implicará a renúncia ao asilo diplomático. Após a chegada ao território nacional, o beneficiário de asilo diplomático será imediatamente informado sobre a necessidade de registro da sua condição.

Já o ***asilo territorial é*** ato discricionário e observará o disposto na Convenção Internacional sobre Asilo Territorial e os elementos impeditivos constantes da legislação migratória.

Em todos os casos, ***compete ao Presidente da República decidir sobre o pedido de asilo político e sobre a revogação de sua concessão***, consultado o Ministro de Estado das Relações Exteriores.

Em nenhuma hipótese, a retirada compulsória decorrente de decisão denegatória de solicitação de asilo político ou revogatória da sua concessão será executada para território onde a vida e a integridade do imigrante possam ser ameaçadas.

O ato de concessão do asilo político disporá sobre as condições e os deveres a serem observados pelo asilado, devendo o asilado se apresentar à Polícia Federal para fins de registro de sua condição migratória no prazo de trinta dias, contado da data da publicação do ato de concessão do asilo político.

O solicitante de asilo político fará jus à ***autorização provisória de residência***, demonstrada por meio de protocolo, até a obtenção de resposta do seu pedido, sendo que este protocolo permitirá o ***gozo de direitos no País***, dentre os quais: a expedição de carteira de trabalho provisória; a inclusão no Cadastro de Pessoa Física; e a abertura de conta bancária em instituição financeira supervisionada pelo Banco Central do Brasil.

O *direito de reunião familiar* será reconhecido a partir da concessão do asilo político, sendo que a autorização provisória de residência concedida ao solicitante de asilo político será estendida aos familiares, desde que se encontrem no território nacional.

A *saída do País sem prévia comunicação* ao Ministério das Relações Exteriores implicará *renúncia ao asilo político*, sendo que o solicitante de asilo político deverá solicitar autorização prévia ao Ministro das Relações Exteriores para saída do País, sob pena de arquivamento de sua solicitação.

13.2 Refúgio

Nos termos da Lei 9.474/1997, que define mecanismos para a implementação do Estatuto dos Refugiados de 1951, *será reconhecido como refugiado todo indivíduo que:*

i) devido a fundados temores de perseguição por motivos de raça, religião, nacionalidade, grupo social ou opiniões políticas encontre-se fora de seu país de nacionalidade e não possa ou não queira acolher-se à proteção de tal país;

ii) não tendo nacionalidade e estando fora do país onde antes teve sua residência habitual, não possa ou não queira regressar a ele, em função das circunstâncias descritas no inciso anterior;

iii) devido a grave e generalizada violação de direitos humanos, é obrigado a deixar seu país de nacionalidade para buscar refúgio em outro país.

Os *efeitos da condição dos refugiados serão extensivos* ao cônjuge, aos ascendentes e descendentes, assim como aos demais membros do grupo familiar que do refugiado dependerem economicamente, desde que se encontrem em território nacional.

Ademais, é importante registrar que *não podem se beneficiar da condição de refugiado os indivíduos que:*

i) já desfrutem de proteção ou assistência por parte de organismo ou instituição das Nações Unidas que não o Alto Comissariado das Nações Unidas para os Refugiados - ACNUR;

ii) sejam residentes no território nacional e tenham direitos e obrigações relacionados com a condição de nacional brasileiro;

iii) tenham cometido crime contra a paz, crime de guerra, crime contra a humanidade, crime hediondo, participado de atos terroristas ou tráfico de drogas;

iv) sejam considerados culpados de atos contrários aos fins e princípios das Nações Unidas.

O refugiado gozará de direitos e estará sujeito aos deveres dos estrangeiros no Brasil, à Lei 9.474/1997, à Convenção sobre o Estatuto dos Refugiados de 1951 e ao Protocolo sobre o Estatuto dos Refugiados de 1967, cabendo-lhe a obrigação de acatar as leis, regulamentos e providências destinados à manutenção da ordem pública.

Ademais, o refugiado terá direito, nos termos da Convenção sobre o Estatuto dos Refugiados de 1951, a *cédula de identidade comprobatória de sua condição jurídica*, *carteira de trabalho* e *documento de viagem*.

14. A LÍNGUA E OS SÍMBOLOS NACIONAIS

Conforme dispõe o art. 13, da CF/88, a *língua portuguesa* é o idioma oficial da República Federativa do Brasil. Contudo, segundo o art. 210, §2º, da CF/88, *fica assegurada às comunidades indígenas também a utilização de suas línguas maternas e processos próprios de aprendizagem.*

Ademais, nos termos dos §§ 1º e 2º, do art. 13, da CF/88, são ***símbolos da República Federativa do Brasil a bandeira, o hino, as armas e o selo nacionais***, podendo os Estados, o Distrito Federal e os Municípios ter símbolos próprios.

Os ***símbolos nacionais*** são manifestações gráficas e musicais, de importante valor histórico, criados para transmitir o sentimento de união nacional e mostrar a soberania do país. Os símbolos oficiais do Brasil são a bandeira nacional, o hino nacional, o brasão da República e o selo nacional, sendo sua apresentação e uso regulamentados pela Lei n. 5.700/1971.

A ***bandeira nacional*** foi projetada por Raimundo Teixeira Mendes e Miguel Lemos e desenhada por Décio Vilares, tendo sido aprovada pelo Decreto 4, de novembro de 1889, mantendo a tradição das antigas cores nacionais – verde e amarelo – do seguinte modo: um losango amarelo em campo verde, tendo no meio uma esfera celeste azul, atravessada por uma zona branca, em sentido oblíquo e descendente da esquerda para a direita, com os dizeres "Ordem e Progresso". As estrelas, que fazem parte da esfera, representam a constelação Cruzeiro do Sul. Cada uma corresponde a um estado e, de acordo com a Lei 8.421/1992, deve ser atualizada no caso de criação ou extinção de algum estado. A única estrela acima na inscrição "Ordem e Progresso" é chamada *Spica* e representa o Estado do Pará.

Em 1890, por meio do Decreto 171, a composição musical do maestro Francisco Manoel da Silva é conservada como o ***hino nacional*** e durante um período aproximado de 32 anos, cantavam o hino com letras diferentes e inadequadas, nem sempre ajustadas à beleza e a dignidade da música. Somente às vésperas do 1º centenário da Independência, em 6 de setembro de 1922, o Decreto 15.671 oficializa a letra definitiva do hino nacional, escrita por Osório Duque Estrada em 1909. Aqui é preciso fazer um registro: a letra oficializada, em que pese muito bela, é extremamente mentirosa, propondo-se a enaltecer um folclore mitológico ao invés da verdade de nossa história. O hino criou uma lenda, a de que nossa independência teria sido conquistada às margens do rio Ipiranga, sendo que, na verdade, o "famoso" grito do Ipiranga não passa de um quadro, jamais tendo ocorrido, vez que nossa independência foi sorrateiramente comprada junto à Portugal pelo valor de 2 milhões de libras esterlinas, num acordo espúrio entre pai (João VI) e filho (Pedro I) formalizado pelo Tratado de Amizade e Aliança firmado entre Brasil e Portugal, o detalhe é que não tínhamos esse dinheiro, então pegamos emprestado junto à Grã-Bretanha, inaugurando nossa dívida externa.

O ***brasão de armas do Brasil*** foi desenhado pelo engenheiro Artur Zauer, por encomenda do primeiro presidente da República, marechal Manuel Deodoro da Fonseca. É um escudo azul-celeste, apoiado sobre uma estrela de cinco pontas, disposta na forma da constelação Cruzeiro do Sul, com uma espada em riste. Ao seu redor, está uma coroa formada de um ramo de café frutificado e outro de fumo florido sobre um resplendor de ouro. O símbolo traz ainda a data da proclamação da República Federativa do Brasil: 15 de novembro de 1889. O uso do brasão é obrigatório pelos Poderes Executivo, Legislativo e Judiciário e pelas Forças Armadas.

O ***selo nacional do Brasil*** é baseado na esfera da bandeira nacional. Nele há um círculo com os dizeres "República Federativa do Brasil". É usado para autenticar os atos de governo, os diplomas e certificados expedidos por escolas oficiais ou reconhecidas.

15. QUADRO SINÓPTICO

CAPÍTULO XII – DIREITOS DE NACIONALIDADE	
Conceitos Fundamentais	***Nacionalidade*** consiste no vínculo jurídico-político entre a pessoa e um determinado Estado, que a torna integrante da dimensão pessoal desse Estado, passando a pertencer ao seu povo, sendo considerada sujeito de direitos e deveres com o mesmo. ***Povo*** designa o conjunto de pessoas de um determinado Estado que gozam de sua respectiva nacionalidade, isto é, o conjunto de nacionais que compõem o elemento humano do Estado. ***População*** consiste no conjunto de habitantes (nacionais e estrangeiros) de um determinado Estado, tratando-se de um conceito numérico e geográfico. ***Nação*** designa um agrupamento humano homogêneo ligado por laços comuns de natureza histórica, étnica, racial, religiosa, cultural, linguística, cujos indivíduos partilham uma consciência coletiva comum e um sentimento de comunidade. ***Cidadão***, em sentido técnico-jurídico, consiste no nacional que possui capacidade eleitoral ativa, isto é, no nacional (nato ou naturalizado) que vota. ***Estrangeiro*** designa a pessoa que possui vínculo jurídico-político com outros Estados Nacionais. Em sentido lato, o termo é usado para referir-se a todos que não possuem a nacionalidade de um determinado Estado, incluindo-se aí, os apátridas. ***Imigrante*** é a pessoa nacional de outro país ou apátrida que trabalha ou reside e se estabelece temporária ou definitivamente no Brasil; ***Emigrante*** é o brasileiro que se estabelece temporária ou definitivamente no exterior; ***Residente fronteiriço*** é a pessoa nacional de país limítrofe ou apátrida que conserva a sua residência habitual em município fronteiriço de país vizinho; ***Visitante*** é a pessoa nacional de outro país ou apátrida que vem ao Brasil para estadas de curta duração, sem pretensão de se estabelecer temporária ou definitivamente no território nacional.
Espécies de nacionalidade	***Nacionalidade primária (originária):*** surge por meio de um fato natural - o nascimento. A pessoa já nasce com aquela nacionalidade. ***Nacionalidade secundária (derivada ou adquirida):*** surge por um ato de vontade do indivíduo de se tornar nacional. A pessoa não nasce com aquela nacionalidade, mas torna-se nacional por um "pedido", nos termos da legislação do país.
Critérios para aquisição da nacionalidade primária	***ius sanguinis (critério da descendência):*** Será nacional de um país quem for descendente de nacionais daquele país até o grau previsto na legislação. ***ius soli (critério territorial):*** Será nacional de um país quem nascer no território do país.
Critérios para aquisição da nacionalidade secundária	Os critérios para aquisição da nacionalidade secundária estão previstos essencialmente nas legislações de cada país, variando bastante. No Brasil, atualmente, a naturalização encontra-se regulada pela Lei 13.445/2017 (Lei de Migração).
Polipátrida	O polipátrida é aquele que possui mais de uma nacionalidade simultaneamente, sendo cidadão de dois ou mais países ao mesmo tempo. Assim, por exemplo, alguém que nasça no Estado X, que adota o *ius soli*, sendo filho de pais nacionais do Estado Y, que adota o *ius sanguini*, será nacional simultaneamente do Estado X e do Estado Y.
Apátrida	O apátrida (heimatlos) é aquele que não possui nenhuma nacionalidade. Assim, por exemplo, alguém que nasça no território do Estado X, que adota exclusivamente o *ius sanguini*, sendo filho de pais nacionais do Estado Y, que adota exclusivamente o *ius soli*, será apátrida, isto é, não terá nacionalidade alguma.
Brasileiro Nato	Nos termos do art. 12, I, da CF/88, ***são brasileiros natos:*** ***a)*** os nascidos no Brasil, ainda que de pais estrangeiros, desde que estes não estejam a serviço de seu país; ***b)*** os nascidos no estrangeiro, de pai brasileiro ou mãe brasileira, desde que qualquer deles esteja a serviço do Brasil; ***c)*** os nascidos no estrangeiro de pai brasileiro ou de mãe brasileira, desde que sejam registrados em repartição brasileira competente ou venham a residir no Brasil e optem, em qualquer tempo, depois de atingida a maioridade, pela nacionalidade brasileira.
Brasileiro Naturalizado	***Naturalização tácita***, também camada de grande naturalização, caracteriza-se pela aquisição automática da nacionalidade, sem exigência de manifestação da vontade daquele que será naturalizado. Ela ocorreu nas Constituição brasileiras de 1824 (Constituição do Império) e de 1891 (primeira Constituição da República).

	Naturalização Ordinária: Nos termos do art. 12, II, "a", da CF/88, são brasileiros naturalizados os que, na forma da lei, adquiram a nacionalidade brasileira, exigidas aos originários de países de língua portuguesa apenas residência por um ano ininterrupto e idoneidade moral. Aqui temos a naturalização ordinária, que se divide em: 1) naturalização ordinária de pessoas originárias de países de língua portuguesa; 2) naturalização ordinária legal; 3) naturalização especial; 4) naturalização provisória. ***1) naturalização ordinária de pessoas originárias de países de língua portuguesa.*** Nos termos constitucionais, aos originários de países de língua portuguesa (Açores, Angola, Cabo Verde, Gamão, Guiné Bissau, Goa, Macau, Moçambique, Portugal, Príncipe e Timor Leste) exige-se apenas o preenchimento de dois requisitos para a naturalização: i) residência por um ano ininterrupto no Brasil; e ii) idoneidade moral. ***2) naturalização ordinária legal.*** A Lei de Migração prevê que será concedida a naturalização ordinária àquele que preencher as seguintes condições: I - ter capacidade civil, segundo a lei brasileira; II - ter residência em território nacional, pelo prazo mínimo de 4 (quatro) anos; III - comunicar-se em língua portuguesa, consideradas as condições do naturalizando; e IV - não possuir condenação penal ou estiver reabilitado, nos termos da lei. Ademais, a própria Lei de Migração relativiza o prazo de residência de 4 anos, reduzindo-o para, no mínimo, 1 ano se o naturalizando preencher umas das seguintes condições: i) ter filho brasileiro; ou ii) ter cônjuge ou companheiro brasileiro e não estar dele separado legalmente ou de fato no momento de concessão da naturalização; ou iii) haver prestado ou poder prestar serviço relevante ao Brasil; ou iv) recomendar-se por sua capacidade profissional, científica ou artística. ***3) naturalização especial.*** A Lei de Migração prevê que a naturalização especial poderá ser concedida ao estrangeiro que se encontre em uma das seguintes situações: i) seja cônjuge ou companheiro, há mais de 5 anos, de integrante do Serviço Exterior Brasileiro em atividade ou de pessoa a serviço do Estado brasileiro no exterior; ou ii) seja ou tenha sido empregado em missão diplomática ou em repartição consular do Brasil por mais de 10 anos ininterruptos.
Brasileiro Naturalizado	***4) naturalização provisória.*** A Lei de Migração prevê que a naturalização provisória poderá ser concedida ao migrante criança ou adolescente que tenha fixado residência em território nacional antes de completar 10 anos de idade e deverá ser requerida por intermédio de seu representante legal, sendo convertida em definitiva se o naturalizando expressamente assim o requerer no prazo de 2 anos após atingir a maioridade. Em todos os casos de naturalização ordinária, por se tratar de ato de soberania estatal, ***não há direito público subjetivo à obtenção da naturalização ordinária***, ainda que preenchidos os requisitos, tratando-se de ato discricionário do chefe do Executivo.
	Naturalização Extraordinária: Nos termos do art. 12, II, "b", da CF/88, são brasileiros naturalizados os estrangeiros de qualquer nacionalidade, residentes no Brasil há mais de quinze anos ininterruptos e sem condenação penal, desde que requeiram a nacionalidade brasileira. Por tratar-se de requisição, essa ***hipótese gera direitos subjetivo à naturalização.***
Português equiparado (quase nacional)	Aos portugueses com residência permanente no País, se houver reciprocidade em favor de brasileiros, serão atribuídos os direitos do brasileiro naturalizado, salvo os casos previstos na Constituição. ***Não se trata de aquisição de nacionalidade.*** O português continua sendo português no Brasil e o brasileiro continua brasileiro em Portugal. Como a reciprocidade existe, os portugueses com residência permanente no Brasil podem requerer a quase nacionalidade junto ao Ministério da Justiça.
	A lei não pode estabelecer distinção entre brasileiros natos e naturalizados, ficando tal tarefa a cargo, exclusivamente, da Constituição.
Distinções entre brasileiros natos e naturalizados	Nos termos constitucionais, ***são previstas as seguintes distinções:*** ***1)*** São privativos de brasileiro nato os cargos: de Presidente e Vice-Presidente da República; de Presidente da Câmara dos Deputados; de Presidente do Senado Federal; de Ministro do Supremo Tribunal Federal; da carreira diplomática; de oficial das Forças Armadas; de Ministro de Estado da Defesa. ***2)*** O brasileiro nato não pode ser extraditado em nenhuma hipótese, já o brasileiro naturalizado pode ser extraditado em caso de crime comum, praticado antes da naturalização, ou de comprovado envolvimento em tráfico ilícito de entorpecentes e drogas afins, na forma da lei. ***3)*** São reservadas seis vagas para cidadãos brasileiros natos no Conselho da República. ***4)*** A propriedade de empresa jornalística e de radiodifusão sonora e de sons e imagens é privativa de brasileiros natos ou naturalizados há mais de dez anos, ou de pessoas jurídicas constituídas sob as leis brasileiras e que tenham sede no País.

Perda da nacionalidade	Segundo a Constituição, ***será declarada a perda da nacionalidade do brasileiro que:*** ***I*** *– tiver cancelada sua naturalização, por sentença judicial, em virtude de atividade nociva ao interesse nacional;* Essa hipótese destina-se apenas aos brasileiros naturalizados ***II*** *– adquirir outra nacionalidade, salvo nos casos:* ***a)*** *de reconhecimento de nacionalidade originária pela lei estrangeira;* ***b)*** *de imposição de naturalização, pela norma estrangeira, ao brasileiro residente em estado estrangeiro, como condição para permanência em seu território ou para o exercício de direitos civis.* Essa hipótese destina-se aos brasileiros natos e naturalizados
Medidas de Cooperação	A ***extradição*** consiste na entrega de uma pessoa feita de um certo Estado para o Estado que é competente para julgá-la ou puni-la em razão de crime praticado pela mesma em seu território. Segundo a Lei de Migração, extradição é a medida de cooperação internacional entre o Estado brasileiro e outro Estado pela qual se concede ou solicita a entrega de pessoa sobre quem recaia condenação criminal definitiva ou para fins de instrução de processo penal em curso.
	A ***transferência de execução da pena*** dá-se nas hipóteses em que couber solicitação de extradição executória, podendo a autoridade competente solicitar ou autorizar a transferência de execução da pena do condenado, desde que observado o princípio do *non bis in idem*.
	A ***transferência de pessoa condenada*** pode ser concedida quando o pedido se fundamentar em tratado ou houver promessa de reciprocidade. Assim, o condenado no território nacional poderá ser transferido para seu país de nacionalidade ou país em que tiver residência habitual ou vínculo pessoal, desde que expresse interesse nesse sentido, a fim de cumprir pena a ele imposta pelo Brasil por sentença transitada em julgado. Não se admite a transferência de pessoa condenado nos casos em que não se admita a extradição.
Medidas de retirada compulsória	A ***expulsão*** é a medida administrativa de retirada compulsória de migrante ou visitante do território nacional, conjugada com o impedimento de reingresso por prazo determinado, em razão de condenação com sentença transitada em julgado relativa à prática de: i) crime de genocídio, crime contra a humanidade, crime de guerra ou crime de agressão, nos termos definidos pelo Estatuto de Roma; ou ii) crime comum doloso passível de pena privativa de liberdade, consideradas a gravidade e as possibilidades de ressocialização em território nacional.
	A ***deportação*** é medida decorrente de procedimento administrativo que consiste na retirada compulsória de pessoa que se encontre em situação migratória irregular em território nacional, isto é, caso não tenha cumprido os requisitos de entrada ou permanência no Brasil.
	A ***repatriação*** consiste em medida administrativa da devolução ao país de procedência ou de nacionalidade da pessoa em situação de impedimento de ingresso, identificada no momento da entrada no território nacional.
Direito de permanecer no Brasil	O ***asilo político*** consiste no acolhimento de estrangeiro por parte de um país que não é o seu em razão de perseguição por suas crenças, opiniões e filiação política ou por atos que possam ser considerados delitos políticos em seu próprio país ou em um terceiro país.
	O ***refúgio*** consiste no acolhimento de estrangeiro por um país que não é o seu em razão de um abalo das estruturas do país em que residia ou se encontrava e não podendo ou não querendo acolher-se em seu país de nacionalidade, de modo a gerar vítimas em potencial, em razão de perseguição por motivos de raça, religião, nacionalidade, grupo social, opiniões políticas ou graves e generalizadas violações aos direitos humanos.
A língua e os símbolos nacionais	A ***língua portuguesa é o idioma oficial*** da República Federativa do Brasil. Contudo, fica assegurada às ***comunidades indígenas*** também a utilização de suas ***línguas maternas*** e processos próprios de aprendizagem. São ***símbolos da República Federativa do Brasil*** a bandeira, o hino, as armas e o selo nacionais, podendo os Estados, o DF e os Municípios ter símbolos próprios.

Capítulo XIII
DIREITOS POLÍTICOS

1. CONCEITO

Os direitos políticos são direitos fundamentais individuais que se destinam ao exercício da soberania popular, tendo como fundamentos os princípios republicano e democrático, instituindo um conjunto de normas que disciplina a participação dos cidadãos no processo político de tomada de decisões que envolvem a vida pública do Estado e da sociedade, instrumentalizando o exercício da cidadania e tendo como premissa a autodeterminação dos povos, pela qual lhe é resguardado o direito de se autodeterminar, sendo tal autodeterminação feita pelo seu povo.[1]

2. CLASSIFICAÇÃO DOS DIREITOS POLÍTICOS

Os direitos políticos, tradicionalmente, são classificados em positivos e negativos. Os ***direitos políticos positivos*** estabelecem normas que asseguram e condicionam a participação do cidadão na vida pública do Estado, enquanto os ***direitos políticos negativos*** estabelecem normas que impedem a participação do cidadão na vida pública do Estado, em razão da moralidade[2] e legalidade públicas necessárias ao exercício do poder político.

3. DIREITOS POLÍTICOS POSITIVOS

Como dissemos, os direitos políticos positivos estabelecem normas que asseguram e condicionam a participação do cidadão na vida pública do Estado, tendo como núcleo o *direito de sufrágio* (direito de escolha), mas possuindo desde figuras que asseguram a deflagração direta do processo legislativo pelo povo (inciativa popular de lei) até a fiscalização direta da legalidade e da moralidade públicas pelo cidadão (ação popular).

Nesse sentido, afirma o art. 14, da CF/88, que *a soberania popular será exercida pelo sufrágio universal e pelo voto direto e secreto, com valor igual para todos, e, nos termos da lei, mediante: i) plebiscito; ii) referendo; e iii) iniciativa popular.* Obviamente, este dispositivo não esgota os direitos políticos positivos, já que há outros aí não mencionados, como, por exemplo, a ação popular, prevista no art. 5º, LXXIII, da CF/88.

Em perspectiva constitucional, ***os direitos políticos positivos possuem as seguintes espécies:***

1. LAZARI, Rafael de. Manual de Direito Constitucional. 3. ed. Belo Horizonte: D'Plácido, 2019, p. 503.
2. Conforme já consagrado na doutrina e na jurisprudência o princípio da moralidade não se confunde com a legalidade, possuindo um conteúdo autônomo, que por sua vez não se confunde com o conteúdo da moralidade comum ou social. CUNHA, Marcus V. R. Princípio da Moralidade Administrativa. Belo Horizonte: Del Rey, 2017.

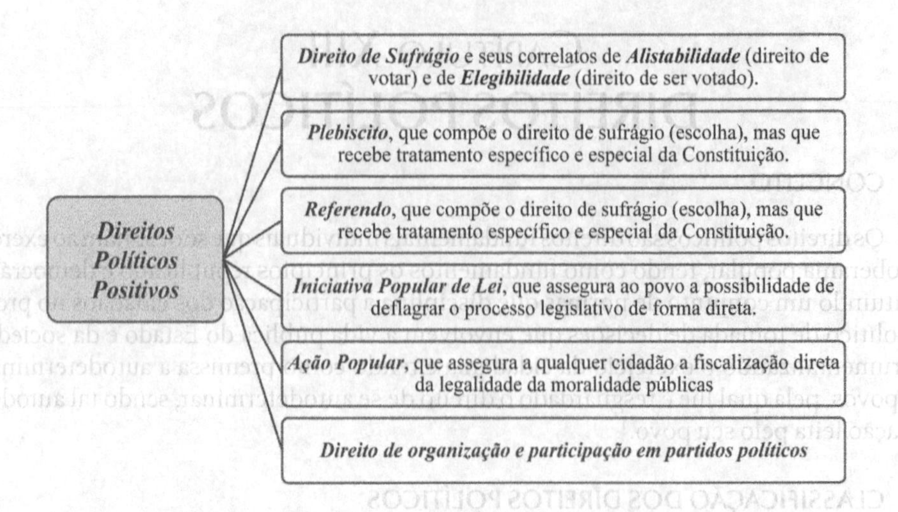

3.1 Direito de sufrágio

O direito de sufrágio, considerado o núcleo dos direitos políticos positivos, consiste no ***direito de escolha***, compreendendo o direito de escolher nossos representantes, que se dá pela alistabilidade, o direito de ser escolhido representante, que se dá pela elegibilidade, e até mesmo o direito de escolher se concorda com um determinado projeto de lei ou não, que se dá através do plebiscito e do referendo.

Em suma, o direito de sufrágio consiste no direito público subjetivo de fazermos escolhas políticas, compreendendo o direito de votarmos e sermos votados, fundado no exercício da soberania popular, assegurando a participação do cidadão na vida política do Estado, que em nossa democracia semidireta instrumentaliza-se, em regra, pelo voto.

Aqui, fica claro que sufrágio e voto não são a mesma coisa. Assim como, escrutínio não é a mesma coisa que sufrágio ou voto. ***Sufrágio*** é o direito de escolher e ser escolhido representante do povo. Por sua vez, ***voto*** é o instrumento que utilizamos para exercer essa escolha. Já o ***escrutínio*** consiste no modo como o voto é exercido, isto é, no modo de votação e de apuração de uma eleição.

Direito	Instrumento de exercício do direito	Modo de exercício do instrumento
Sufrágio	Voto	Escrutínio

3.1.1 Espécies de sufrágio

Nos termos da doutrina tradicional, é possível classificar as formas de sufrágio das seguintes maneiras:

QUANTO À EXTENSÃO OU À ABRANGÊNCIA:

*a) **Sufrágio universal:*** aquele que seu exercício independe de condições discriminatórias, como condições econômicas, sociais, intelectuais, de gênero, de cor, de sexualidade etc., sendo universalizado a todos que preencham os requisitos de cidadania, nos termos da legislação, como nacionalidade, idade, capacidade e alistabilidade.

*b) **Sufrágio restrito:*** aquele que seu exercício está condicionado por questões discriminatórias, como condições econômicas, sociais, intelectuais, de gênero, de cor, de sexualidade etc. Considerando a experiência constitucional brasileira, ***o sufrágio restrito subdivide-se em:***

- ***Censitário:*** está condicionado por questões econômicas. No Brasil, a Constituição de 1824 (art. 91, V), previa que os que não tivessem renda líquida anual de cem mil réis não poderiam votar, enquanto as Constituições de 1891 (art. 70) e de 1934 (art. 108) previam que os mendigos não poderiam votar.
- ***Capacitário:*** está condicionado por questões intelectuais. No Brasil, as Constituições de 1891, 1934, 1937, 1946, 1967 e 1969 previam que os analfabetos não poderiam votar.

QUANTO À IGUALDADE:

a) ***Sufrágio Igual:*** aquele que atribui igual valor ao voto de todos (*one man one vote*), sem estabelecer peso maior para o voto de uns e peso menor para o voto de outros.

b) ***Sufrágio desigual:*** aquele que o voto não possui o mesmo valor para todos, estabelecendo peso maior para o voto de uns e peso menor para o voto de outros, podendo se dar por voto múltiplo (permitindo que algumas pessoas votem em mais de uma circunscrição), por voto plural (permitindo que algumas pessoas votem mais de uma vez na mesma circunscrição) e por voto familiar (permitindo que os "chefes de família" votem mais de uma vez, representando o número de membros na família).

3.1.2 O voto

Agora, é importante que façamos algumas digressões sobre o voto, por tratar-se de figura central do direito de sufrágio que recebe especial atenção da Constituição. Assim, nos termos da Constituição de 1988:

1) O voto é o ***instrumento*** que utilizamos ***para exercer o direito de sufrágio*** (direito de escolha) em sua dimensão ativa (alistabilidade) e elegermos nossos representantes.

2) O voto possui natureza de ***direito público subjetivo*** e, simultaneamente, desempenha ***função sociopolítica*** para o exercício da soberania política.

3) O voto é um ***direito fundamental individual*** e, ao mesmo tempo, um ***dever fundamental autônomo*** e expresso para os maiores de 18 anos e menores de 70 anos (art. 14, § 1º).

4) Segundo a doutrina, no Brasil ***o voto possui as seguintes características:***

- ***Personalidade:*** o voto é direito personalíssimo, só podendo ser exercido pelo próprio titular, não sendo permitido votar por procuração ou correspondência;
- ***Obrigatoriedade:*** o voto ***é obrigatório*** para os maiores de 18 anos e menores de 70 anos (art. 14, § 1º), entretanto, ***é facultativo*** para os maiores de dezesseis e menores de dezoito anos e, também, para os maiores de setenta anos;
- ***Liberdade:*** o eleitor tem a liberdade de votar no candidato que quiser, ou mesmo não votar em algum candidato, optando pelo voto branco ou nulo;
- ***Sigilosidade:*** o voto é secreto, sigiloso, sendo inadmissível que a cabine de votação seja violada;
- ***Direto ou de escolha direta:*** o voto é dado pelo povo àqueles que pretende eleger, de forma que cada um escolhe diretamente o seu candidato. Contudo, há uma exceção, prevendo o art. 81, da CF/88, que vagando os cargos de Presidente e Vice-Presidente nos dois últimos anos do período presidencial, far-se-á eleição para ambos os cargos, de forma indireta, pelo Congresso Nacional. Ou seja, nesse caso, o Congresso é que irá eleger o Presidente e o Vice-Presidente;

- *Periodicidade:* o voto é periódico, isto é, deve ser exercido de tempos em tempos, possuindo os mandatos eletivos tempo determinado;
- *Igualdade (one mano ne vote):* o voto possui igual valor para todos.

5) O voto direto, secreto, universal e periódico é ***cláusula pétrea***, nos termos do art. 60, §4º, II, da CF/88.

6) Segundo o STF (ADI 4.543 e ADI 5.889), ***é inconstitucional a lei que determina, na votação eletrônica, a impressão do voto,*** ainda que o registro de cada voto seja impresso e depositado, de forma automática e sem contato manual do eleitor, em local previamente lacrado, pois isso possibilitaria a identificação de quem o eleitor votou, rompendo com a siligosidade do voto. Ademais, afirmou o Supremo que cabe ao legislador fazer a opção pelo voto impresso, eletrônico ou híbrido, visto que a CF nada dispõe a esse respeito, observadas, entretanto, as características do voto nela previstas.

7) Segundo o STF (ADI 4.467), ***é inconstitucional exigir que o eleitor porte*** (tenha em mãos) ***o título de eleitor para votar,*** sendo obrigatória somente a apresentação de documento oficial com foto.

3.1.3 Alistabilidade (ou capacidade eleitoral ativa)

A alistabilidade, ou capacidade eleitoral ativa, consiste no direito de votar, exercendo-se o direito de escolha (sufrágio) inerente à soberania popular e à democracia.

Esse direito de votar exige antes o alistamento eleitoral, que se dá por iniciativa própria da pessoa, não havendo alistamento *ex officio*, assim, aquele que preencher os requisitos constitucionais deve se direcionar à Justiça Eleitoral para realizar seu alistamento.

Nos termos do art. 14, §1º, da CF/88, *o alistamento eleitoral e o voto são obrigatórios para os maiores de dezoito anos e facultativos para: a) os analfabetos; b) os maiores de setenta anos; e c) os maiores de dezesseis e menores de dezoito anos*.

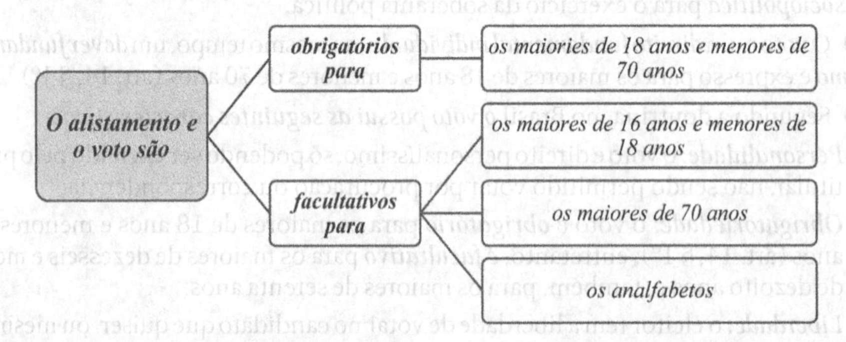

Para além dos casos expressos na Constituição, o Tribunal Superior Eleitoral tem entendimento consagrado em sua Resolução 21.920, de que o alistamento eleitoral e o voto são obrigatórios para todas as pessoas com deficiência, contudo, não estará sujeita a sanção a ***pessoa cuja deficiência torne impossível ou demasiadamente oneroso o cumprimento das obrigações eleitorais***, relativas ao alistamento e ao exercício do voto.

Ademais, segundo o TSE, os índios devem votar se tiverem mais de 18 anos e forem alfabetizados em língua portuguesa. Entretanto, na visão do tribunal, ***o alistamento eleitoral dos indígenas que***, segundo o Estatuto do Índio, ***sejam considerados isolados e em vias de integração é facultativo.***

Já nos termos do §2°, do art. 14, da CF/88, *não podem alistar-se como eleitores os estrangeiros e, durante o período do serviço militar obrigatório, os conscritos.*

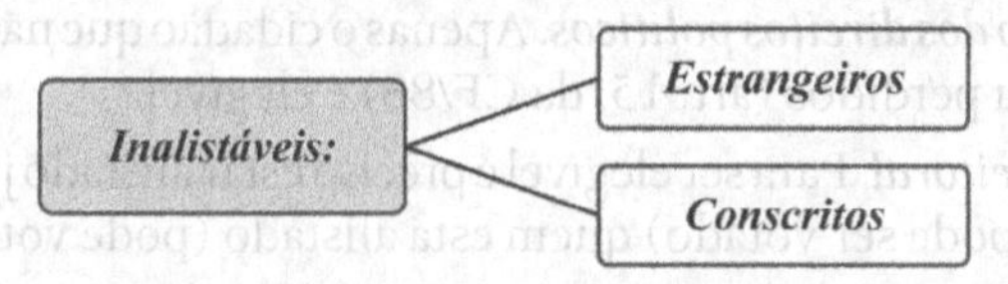

A expressão "*estrangeiros*" aqui é utilizada em sentido lato, referindo-se a todos que não sejam brasileiros, inclusive aos apátridas, vez que somente os brasileiros (natos e naturalizados) possuem direitos políticos no Brasil. Contudo, há uma exceção: o ***português equiparado (ou quase nacional)***, previsto no art. 12, §1°, da CF/88, segundo o qual aos portugueses com residência permanente no País, se houver reciprocidade em favor de brasileiros, serão atribuídos os direitos inerentes ao brasileiro, salvo os casos previstos na Constituição. Como essa reciprocidade existe e está assegurada nos termos do Tratado de Amizade, Cooperação e Consulta, entre Brasil e Portugal, os portugueses com residência permanente no Brasil que tiverem requerido, junto ao Ministério da Justiça, a referida equiparação, poderão se alistar como eleitores se preencherem os demais requisitos constitucionais.

Os ***conscritos*** são aqueles que estão prestando serviço militar obrigatório, isto é, não se trata de todos os militares das forças armadas, mas apenas dos que estejam prestando serviço militar obrigatório, nos termos do art. 143, da CF/88. Ademais, engloba, também, os ***conscritos por engajamento***, como médicos e enfermeiras, por exemplo. Assim, nos termos constitucionais, os conscritos não podem alistar-se e, caso já tivessem se alistado perante a Justiça Eleitoral antes de se tornarem conscritos, esse alistamento será suspenso até que se encerre a prestação do serviço militar obrigatório.

3.1.4 Elegibilidade (ou capacidade eleitoral passiva)

A elegibilidade, ou capacidade eleitoral passiva, consiste no direito de ser votado, isto é, na possibilidade do cidadão, que preencha os requisitos constitucionais, concorrer nas eleições objetivando exercer um cargo eletivo. Para tanto, o cidadão precisa preencher os requisitos de elegibilidade (art. 14, §3°) e não incorrer em causa de inelegibilidade (art. 14, §4° a §9°).

Isto posto, nos termos do art. 14, §3°, da CF/88:

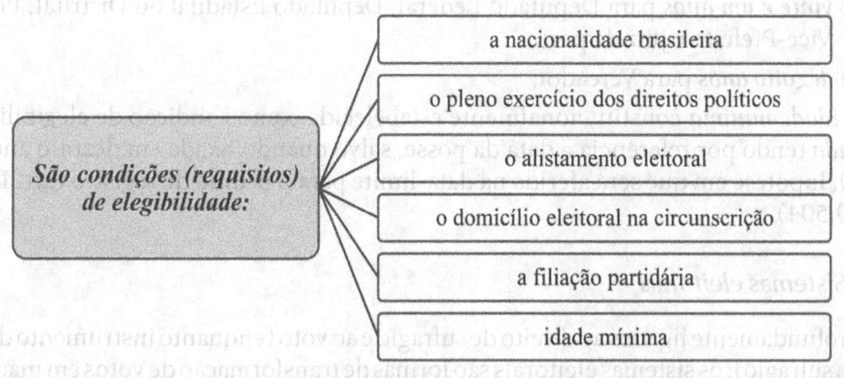

*1) **Nacionalidade brasileira ou condição de português equiparado**.* São elegíveis os brasileiros natos e naturalizados, contudo, para os cargos de Presidente e Vice-Presidente da República, somente os brasileiros natos são elegíveis. Já os estrangeiros não são elegíveis, com exceção do português equiparado.

2) Pleno exercício dos direitos políticos. Apenas o cidadão que não esteja com os direitos políticos suspensos ou perdidos (art. 15, da CF/88) é elegível.

3) Alistamento eleitoral. Para ser elegível é preciso estar alistado junto à Justiça Eleitoral, ou seja, só é elegível (pode ser votado) quem está alistado (pode votar).

4) Domicílio na circunscrição eleitoral. O candidato deve estar alistado em circunscrição do local pelo qual pretende se candidatar, no mínimo, 6 meses antes da eleição (art. 4º, Lei 9.504). Aqui, vale registrar, nos termos da jurisprudência do TSE, que o domicílio eleitoral não se confunde com o domicílio civil, sendo bem mais amplo, compreendendo o local onde o eleitor/candidato tenha ligação material ou afetiva de natureza política, comercial, profissional, patrimonial, comunitária, familiar, histórica etc.

5) Filiação partidária. O Brasil não admite a candidatura avulsa, isto é, desfiliada de partido político. Contudo, a nosso ver, a exigência de filiação ao partido político não se trata de cláusula pétrea, podendo ser extinta por Emenda à Constituição. Ademais, nos termos do art. 9º, da Lei 9.504, para se candidatar o candidato deve estar com a filiação deferida pelo partido 6 meses antes da eleição.

Sobre a necessidade de filiação partidária, é preciso enfrentar a situação do *militar de carreira que pretenda se candidatar.* O art. 142, §3º, V, da CF/88, prevê que o militar, enquanto em serviço ativo, não pode estar filiado a partidos políticos. Por outro lado, como vimos, o art. 14, §3º, V, da CF/88, exige filiação partidária para ser candidato a cargo eletivo, devendo esta filiação dar-se pelo menos 6 meses antes do pleito (art. 9º, Lei 9.504). Entretanto, o art. 14, §8º, afirma que o militar alistável é elegível. Diante desta celeuma, o TSE, em entendimento exarado na Resolução 21.608, decidiu que o requisito constitucional da filiação partidária não é exigível ao militar da ativa que pretenda concorrer a cargo eletivo, bastando o pedido de registro de candidatura, após prévia escolha em convenção partidária.

6) Idade mínima. Para ser candidato é preciso ter idade mínima nos termos constitucionais, sendo:

a) trinta e cinco anos para Presidente e Vice-Presidente da República e Senador;

b) trinta anos para Governador e Vice-Governador de Estado e do Distrito Federal;

c) vinte e um anos para Deputado Federal, Deputado Estadual ou Distrital, Prefeito, Vice-Prefeito e juiz de paz;

d) dezoito anos para Vereador.

A *idade mínima* constitucionalmente estabelecida como condição de elegibilidade *é verificada* tendo por referência a data da posse, salvo quando fixada em dezoito anos (vereador), hipótese em que será aferida na data-limite para o pedido de registro (art. 11, §2º, da Lei 9.504).

3.1.5 Sistemas eleitorais

Profundamente ligados ao direito de sufrágio e ao voto (enquanto instrumento de exercício do sufrágio), os sistemas eleitorais são formas de transformação de votos em mandatos, traduzindo os procedimentos eleitorais de escolha dos candidatos eleitos. A Constituição de 1988 adota os sistemas majoritário e proporcional, vejamos cada um deles.

O *sistema majoritário* é aquele pelo qual será eleito o candidato mais bem votado dentro da circunscrição eleitoral respectiva (nacional, estadual, municipal ou distrital). Esse sistema é adotado nas eleições do Poder Executivo (Presidente, Governadores de Estado, Governado do DF e Prefeitos) e, também, nas eleições para o Senado Federal, dividindo-se em *simples* e *complexo*.

Sistema Majoritário Simples (de maioria simples)	Sistema Majoritário Complexo (de maioria absoluta)
Tem apenas um turno de votação, sendo eleito o candidato que obtiver o maior número de votos válidos.[3]	Exige maioria absoluta dos votos válidos para que o candidato seja eleito no primeiro turno. Não se atingindo, far-se-á segundo turno de votação com os dois candidatos mais votados no primeiro turno.
Adotado para as eleições de Senadores e de Prefeitos de municípios com 200 mil eleitores ou menos.	Adotado para as eleições de Presidente da República, Governadores de Estado e do DF e Prefeitos de municípios com mais de 200 mil eleitores.

O *sistema proporcional* é aquele que divide as vagas para os cargos eletivos entre os partidos, podendo ser *fechado (ou de lista fechada)*, no qual os eleitores não votam nos candidatos dos partidos, mas somente na lista do partido, sendo atribuição do partido escolher qual a posição de cada candidato na lista) ou *aberto (uninominal)*, no qual os eleitores votam individualmente no candidato de sua preferência ou na legenda partidária de sua preferência, sendo as cadeiras a que o partido tenha direito ocupadas pelos candidatos com maior número de votos dentro do partido.[4-5]

No Brasil, adota-se o sistema proporcional aberto, para as eleições de Deputados Federais, Deputados Estaduais, Deputados Distritais e Vereadores, tendo como *regras básicas:*

a) quociente eleitoral: consiste na divisão do número de votos válidos pelo número de vagas a serem preenchidas, sendo que essa divisão fornece o número de votos que um partido necessita para preencher uma dessas vagas.

b) quociente partidário: consiste na divisão do número total de votos que um partido e seus respectivos candidatos receberam (soma dos votos dados à legenda do partido e a todos os seus candidatos) pelo quociente eleitoral, desprezada a fração, fornecendo o número de vagas a que um partido terá direito.

c) sistema de restos (ou sobras): ocorre quando, após a distribuição das vagas, ainda restam vagas a serem preenchidas, mas os partidos não possuem votos suficientes para alcançar o quociente eleitoral. Nos termos do art. 109, do Código Eleitoral, nosso sistema de restos (ou sobras) é do da *maior média*.

Sistematizando as *fases do sistema eleitoral proporcional brasileiro, temos:*

1ª FASE: nos termos do art. 106, do Código Eleitoral (CE), terminada a votação, divide-se o total de votos válidos pelo número de cargos em disputa, obtendo-se o quociente eleitoral.

2ª FASE: divide-se os votos de cada partido pelo quociente eleitoral, obtendo-se o quociente partidário, que nos revela o número de eleitos de cada partido (art. 107, CE).

3. Os *Votos Válidos* são aqueles conferidos a um candidato ou partido, não computando os votos brancos e nulos.
4. FERNANDES, Bernardo. G. Curso de Direito Constitucional. Salvador: Juspodivm, 2019, p. 934-935.
5. Há ainda os sistemas de lista flexível e o de lista livre, menos comuns.

3ª FASE: estarão eleitos os candidatos mais votados dentro da quantidade de vagas obtidas por cada partido, desde que tenham obtido votos em número igual ou superior a 10% do quociente eleitoral (art. 108, CE). Aqui, é importante fazermos duas observações:

i) os lugares não preenchidos em razão da exigência da votação nominal mínima de 10% serão distribuídos de acordo com as regras do art. 109, do CE.

ii) esse limite de 10% foi inserido pela lei 13.165/2015, tendo sido declarado constitucional pelo STF (ADI 5.920).

4ª FASE: como o número obtido nas etapas anteriores dificilmente será exato, sendo, normalmente, fracionado, sobrarão vagas, que deverão ser distribuídas pelo sistema de restos (ou sobras) de maior média, do art. 109, do CE, segundo o qual os lugares não preenchidos com a aplicação dos quocientes partidários e em razão da exigência de votação nominal mínima serão distribuídos de acordo com as seguintes regras:

I – dividir-se-á o número de votos válidos atribuídos a cada partido ou coligação pelo ~~número de lugares definido para o partido pelo cálculo do quociente partidário do art. 107~~, mais um, cabendo ao partido ou coligação que apresentar a maior média um dos lugares a preencher, desde que tenha candidato que atenda à exigência de votação nominal mínima;

II – repetir-se-á a operação para cada um dos lugares a preencher;

III – quando não houver mais partidos ou coligações com candidatos que atendam às duas exigências do inciso I, as cadeiras serão distribuídas aos partidos que apresentem as maiores médias.

Aqui, é importante registrar que o STF (5.420) declarou que *é inconstitucional a expressão número de lugares definido para o partido pelo cálculo do quociente partidário do art. 107*, prevista art. 109, I, do CE, cuja redação foi dada pela lei 13.165/2015. Assim, deve-se adotar o critério de cálculo anterior que vigorava antes da lei 13.165/2015 (efeito repristinatório), segundo o qual *dividir-se-á o número de votos válidos atribuídos a cada partido pelo número de lugares por ele obtido, mais um, cabendo ao partido que apresentar a maior média um dos lugares a preencher*.

Exemplificando: *1º Fase:* suponhamos que numa certa eleição para vereador, obteve-se 400 mil votos válidos, sendo que havia 20 vagas para a vereança. Nesse cenário, o quociente eleitoral será de 20.000 votos (400.000 ÷ 20 = 20.000). *2ª Fase:* o Partido Político Alfa e seus candidatos obtiveram, no total, 70 mil votos. Assim, dividindo-se os seus 70 mil votos pelo quociente eleitoral, obtém-se o quociente partidário do Partido Alfa, que terá direito a 3 vagas de vereador (70.000 ÷ 20.000 = 3,5). *3ª Fase:* como o quociente partidário do Partido Alfa foi 3 (três), ele terá direito 3 vagas no parlamento municipal, considerando-se eleitos os 3 candidatos mais bem votados do Partido Alfa, desde que tenham recebido votos em número igual ou superior a 10% do quociente eleitoral, no caso, desde que tenham recebido 2.000 votos ou mais (10% de 20.000 = 2.000). *4ª Fase:* no caso, o quociente partidário do Partido Alfa foi de 3,5, considerando-se 3 (três), pois deve-se desprezar a fração (0,5), ocorrendo isso, também, com os demais partidos, de modo que, em regra, sobram vagas não preenchidas. Assim, as vagas que sobraram após as três primeiras fases são preenchidas nos termos do art. 109, do CE, pelo sistema de restos (ou sobras) de maior média.

Por fim, vale destacar que, nos termos do art. 109, §2º, do CE, *todos os partidos e coligações que participarem do pleito podem concorrer à distribuição das denominadas sobras eleitorais*, tendo o STF (ADI 5.947) declarado esse dispositivo constitucional.

3.2 Plebiscito

Em que pese o plebiscito componha o direito de sufrágio, em certa medida, vez que consiste no ***direito de escolher*** se concorda com um determinado projeto de lei ou não, pensamos que ele mereça ser tratado como uma espécie independente, vez que se trata de um instrumento de democracia direta.

A palavra plebiscito tem origem no *latim*, referindo-se às decisões da plebe romana que ganhavam força no panorama político no séc. IV a.C. Em nossa história constitucional, o plebiscito foi instituído pela primeira vez pela Constituição de 1937, estando previsto em todas as Constituições subsequentes, com maior ou menor amplitude a depender da Constituição.[6]

O plebiscito consiste em ***consulta prévia aos eleitores*** sobre matérias ou assuntos que serão discutidos, posteriormente, pelo Poder Legislativo. As perguntas devem ser diretas (sim ou não), cabendo ao Congresso Nacional formulá-las.

Nesse sentido, nos termos do art. 2º, §1º, da Lei 9.709/98, o plebiscito é convocado com anterioridade a ato legislativo ou administrativo, cabendo ao povo, pelo voto, aprovar ou denegar o que lhe tenha sido submetido, competindo ao Congresso Nacional convocar o plebiscito (art. 49, XV, da CF/88) mediante decreto legislativo, por proposta de um terço, no mínimo, dos membros que compõem qualquer das Casas do Congresso Nacional (art. 3º, da Lei 9.709), sendo considerado aprovado ou rejeitado por ***maioria simples***, de acordo com o resultado homologado pelo Tribunal Superior Eleitoral (art. 10, da Lei 9.709).

Por fim, vale destacar que a Constituição de 1988 prevê a necessidade de plebiscito para a criação de novos Estados e novos Municípios (art. 18, §3º e §4º), tendo trazido, ainda, previsão de um plebiscito para o dia 7 de setembro de 1993, pelo qual o eleitorado definiria a forma (república ou monarquia constitucional) e o sistema de governo (parlamentarismo ou presidencialismo) que deveriam vigorar no País (art. 2º, do ADCT, da CF/88). Este plebiscito foi antecipado para o dia 21 de abril de 1993, decidindo os eleitores brasileiros pela manutenção da forma republicana (66,05% dos votos) e do sistema presidencialista (55,44% dos votos) de governo.

3.3 Referendo

Em que pese o referendo componha o direito de sufrágio, em certa medida, vez que consiste no ***direito de escolher*** se concorda com uma determinada legislação ou não, pensamos que ele mereça ser tratado como uma espécie independente, vez que se trata de um instrumento de democracia direta.

A palavra referendo deriva do termo *ad referendum*, conferido às decisões populares tomadas nos cantões suíços a partir do séc. XV. Em nossa história constitucional, o referendo foi instituído pela primeira vez pela Constituição de 1988, não encontrando previsão em nossas Constituições anteriores.[7]

O referendo consiste em uma ***consulta aos eleitores, posterirormente*** à elaboração de uma determinada legislação, para que eles ratifiquem ou não aquela legislação, isto é, se

6. VITALE, Denise. Direitos de participação política na Constituição federal de 1988, 2007, p. 55.
7. Ibidem, p. 56.

trata de uma consulta aos cidadãos, fundada no princípio da soberania popular, que busca confirmar/chancelar a produção legislativa.

Nesse sentido, nos termos do art. 2º, §2º, da Lei 9.709/98, o referendo é convocado com posterioridade a ato legislativo ou administrativo, cumprindo ao povo a respectiva ratificação ou rejeição, competindo ao Congresso Nacional convocar o plebiscito (art. 49, XV, da CF/88) mediante decreto legislativo, por proposta de um terço, no mínimo, dos membros que compõem qualquer das Casas do Congresso Nacional (art. 3º, da Lei 9.709), sendo considerado aprovado ou rejeitado por ***maioria simples***, de acordo com o resultado homologado pelo Tribunal Superior Eleitoral (art. 10, da Lei 9.709).

Plebiscito	***Referendo***
Consulta ao eleitorado convocada com ***anterioridade*** a ato legislativo ou administrativo, cabendo ao povo, pelo voto, aprovar ou denegar o que lhe tenha sido submetido.	Consulta ao eleitorado convocada com ***posterioridade*** a ato legislativo ou administrativo, cumprindo ao povo a respectiva ratificação ou rejeição.
Ambos vinculam o legislador.	
Ambos são convocados pelo Congresso Nacional.	
Ambos se consideram aprovados ou rejeitados por maioria simples.	

3.4 Iniciativa popular de lei

A iniciativa popular de lei consiste no direito do povo de deflagrar o processo legislativo, isto é, de propor um projeto de lei. Assim, nos termos do art. 61, §2º, da CF/88, pode ser exercida pela apresentação à Câmara dos Deputados de projeto de lei subscrito por, no mínimo, um por cento do eleitorado nacional, distribuído pelo menos por cinco Estados, com não menos de três décimos por cento dos eleitores de cada um deles.

Nos termos do art. 13, da Lei 9.709/98, o projeto de lei de iniciativa popular deverá circunscrever-se a um só assunto e não poderá ser rejeitado por vício de forma, cabendo à Câmara dos Deputados, por seu órgão competente, providenciar a correção de eventuais impropriedades de técnica legislativa ou de redação. Assim, verificando-se o cumprimento das exigências supracitadas, a Câmara dos Deputados, casa iniciadora do processo legislativo deflagrado por iniciativa popular, dará seguimento à iniciativa popular, consoante as normas do regimento interno.

Nos termos do art. 27, §4º, da CF/88, cabe a legislação dos Estados disciplinar a ***iniciativa popular de lei estadual***. Já, segundo o art. 29, XIII, da CF/88, a ***iniciativa popular de lei municipal*** exige a manifestação de, pelo menos, cinco por cento do eleitorado do Município.

3.5 Ação popular

A ação popular consiste em ação de natureza constitucional que confere ao cidadão (na forma da lei) a garantia republicana de fiscalizar a Administração Pública naquilo que diz respeito à legalidade e à moralidade de seus atos concernentes ao patrimônio público, de um modo geral (patrimônio econômico, financeiro, imobiliário, ambiental, cultural, artístico, histórico etc.).

Assim, dispõe o art. 5º, LXXIII, da CF/88, que qualquer cidadão é parte legítima para propor ação popular que vise a anular ato lesivo ao patrimônio público ou de entidade de que o Estado participe, à moralidade administrativa, ao meio ambiente e ao patrimônio histórico e cultural, ficando o autor, salvo comprovada má-fé, isento de custas judiciais e do ônus da sucumbência.

Ademais, vale registrar que essa ação se encontra regulamentada pela Lei 4.717/65, exigindo, como *prova da cidadania*, para ingresso em juízo, o *título eleitoral*, ou documento que a ele corresponda.

3.6 Direito de organização e participação em partidos políticos

Os partidos políticos, em que pese algumas exceções ditatoriais, são instituições ligadas ao processo democrático e ao pluralismo político, sendo figuras essenciais ao desenvolvimento da política moderna. Nesse sentido, a Constituição, como vimos, além de proibir a candidatura avulsa (art. 14, §3º, V) – desfiliada de partido político –, consagra o direito de organização e participação em partidos políticos (art. 17), que será objeto de análise específica nessa obra.

4. DIREITOS POLÍTICOS NEGATIVOS

Como dissemos, os direitos políticos negativos estabelecem normas que impedem a participação do cidadão na vida pública do Estado, em razão da moralidade e legalidade públicas necessárias ao exercício do poder político. No constitucionalismo brasileiro, os direitos políticos negativos podem ser divididos nas seguintes espécies: *i) inelegibilidades; ii) perda dos direitos políticos; e iii) suspensão dos direitos políticos.*

4.1 Inelegibilidades

As inelegibilidades são causas impeditivas da capacidade eleitoral passiva que buscam obstaculizar a candidatura de certas pessoas, tornando-as inelegíveis sob certas circunstâncias, fundamentando-se, especialmente, nos princípios republicano, da soberania, da separação dos poderes, da moralidade pública, da legalidade, da transparência, da imparcialidade, da eficiência e da isonomia.

4.1.1 Inelegibilidade absoluta

A inelegibilidade absoluta independe da eleição e do cargo eletivo em disputa, impedindo o indivíduo que se encontre naquela situação pessoal de candidatar-se. Assim, nos termos do art. 14, § 4º, da CF/88, são inelegíveis os *inalistáveis* e os *analfabetos*.

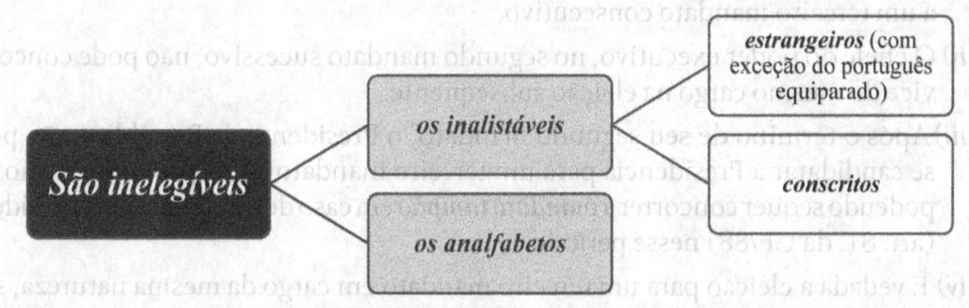

Os *inalistáveis* são os *estrangeiros* (com exceção do português equiparado) e os *conscritos* (art. 14, §2º, da CF/88), derivando sua inelegibilidade da sua inalistabilidade, já que seria, no mínimo, incoerente permitir a eleição de quem não pode sequer votar. Esta causa de inelegibilidade fundamenta-se, especialmente, no princípio da soberania.

Os ***analfabetos***, em que pesem possuam capacidade eleitoral ativa, pois podem votar (voto facultativo – art. 14, §1º, II, "a", da CF/88), não gozam da capacidade eleitoral passiva, não podendo ser eleitos, fundamentando-se esta causa de inelegibilidade, especialmente, no princípio da eficiência (art. 37, *caput*, da CF/88). A ***prova de alfabetização*** do candidato deve ser feita por comprovante de escolaridade ou, na falta deste, por declaração de próprio punho, podendo o juiz, se for o caso, determinar sua aferição, por outros meios (art. 28, da Resolução 21.608, do TSE).

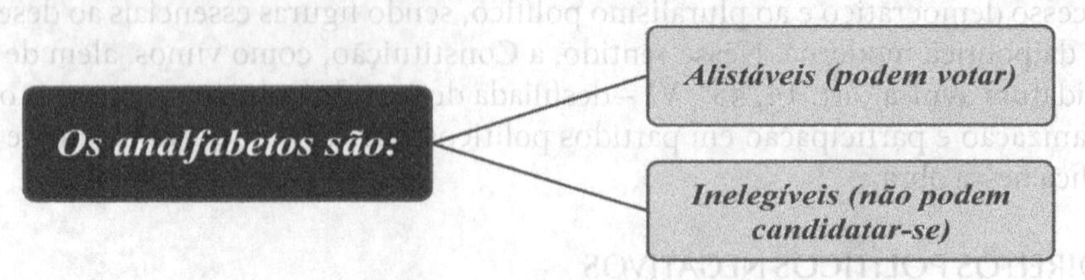

4.1.2 Inelegibilidade relativa

As inelegibilidades relativas dependem da eleição e do cargo eletivo em disputa, impedindo um indivíduo que, em tese e em termos gerais, é elegível de se eleger para certos cargos em certas eleições. As inelegibilidades relativas podem se dar: *a)* em razão da função; *b)* em razão do parentesco (*inelegibilidade reflexa*); ou *c)* em razão de previsão em Lei Complementar.

4.1.2.1 Inelegibilidade relativa em razão da função

A inelegibilidade relativa em razão da função envolve os *chefes do poder executivo – Presidente, Governadores dos Estados e do DF e Prefeitos* – e pode ser referente ao mesmo cargo ou a outro cargo.

INELEGIBILIDADE RELATIVA EM RAZÃO DA FUNÇÃO REFERENTE AO MESMO CARGO: De acordo com o ***art. 14, § 5º, da CF/88***, *o Presidente da República, os Governadores de Estado e do Distrito Federal, os Prefeitos e quem os houver sucedido, ou substituído no curso dos mandatos poderão ser reeleitos para um único período subsequente*. Sobre esse dispositivo é preciso fazer algumas ***observações:***

i) Caso o chefe do poder executivo, no segundo mandato sucessivo, renuncie, ele não poderá concorrer a um novo mandato no mesmo cargo, sob pena de estar assumindo a um terceiro mandato consecutivo.

ii) O chefe do poder executivo, no segundo mandato sucessivo, não pode concorrer a vice do mesmo cargo na eleição subsequente.

iii) Após o término de seu segundo mandato, o Presidente da República não poderá se candidatar à Presidência para um terceiro mandato pelos próximos 4 anos, não podendo sequer concorrer a ***mandato tampão*** em caso de dupla vacância presidencial (art. 81, da CF/88) nesse período.

iv) É vedada a eleição para um terceiro mandato em cargo da mesma natureza, sendo proibida a desincompatibilização de um prefeito de certo município para concorrer ao cargo de prefeito de outro município. Aqui temos a figura do ***prefeito profissional*** ou *prefeito itinerante*, que foi admitida, pelo TSE, até as eleições municipais de 2008. Contudo, em 2012, o STF, no RE 637.485, declarou essa prática inconstitucional.

v) O vice de chefe do poder executivo, em dois mandatos consecutivos, não poderá ser vice de outro candidato para um terceiro mandato consecutivo.

vi) O vice de chefe do poder executivo, em dois mandatos consecutivos, pode se candidatar ao cargo de chefe do poder executivo, pois ele apenas havia substituído temporariamente o titular do poder e não o sucedido de forma definitiva, podendo, inclusive, candidatar-se à reeleição (caso seja eleito), ficando dois mandatos como vice e dois como titular.

vii) Caso o vice tenha sucedido, de forma definitiva, o titular do poder executivo, assumindo seu lugar para terminar um determinado mandato, ele poderá se candidatar ao cargo de chefe do poder executivo nas próximas eleições, contudo isso será considerado como reeleição, tendo em vista que ele já ocupava definitivamente o cargo.

INELEGIBILIDADE RELATIVA EM RAZÃO DA FUNÇÃO REFERENTE A OUTRO CARGO: Segundo o *art. 14, § 6º, da CF/88, para concorrerem a outros cargos, o Presidente da República, os Governadores de Estado e do Distrito Federal e os Prefeitos devem renunciar aos respectivos mandatos até seis meses antes do pleito*. Sobre esse dispositivo é preciso fazer algumas ***observações:***

i) Caso o chefe de poder executivo deseje se candidatar a algum cargo de outra natureza (Governador que quer concorrer ao Senado ou à Presidência), ele deve se ***desincompatibilizar***, isto é, deve renunciar ao seu mandato seis meses antes da eleição.

ii) Ocorrendo a desincompatibilização do chefe do poder executivo, os vices que assumirem o cargo é que ficarão inelegíveis, não podendo concorrer a cargo de outra natureza, podendo, contudo, concorrer à reeleição para o cargo de chefe do poder executivo que ocuparam (sucederam).

iii) Caso o vice apenas substitua temporariamente o chefe do poder executivo durante os seis meses que antecedem as eleições, ele não poderá concorrer a cargos de outra natureza, podendo, contudo, concorrer ao cargo de chefe do poder executivo do qual é vice, ou mesmo à reeleição do próprio cargo de vice, caso esteja em seu primeiro mandato como vice do respectivo cargo.[8]

4.1.2.2 Inelegibilidade relativa em razão do parentesco (Inelegibilidade reflexa)

Dispõe o art. art. 14, § 7º, da CF/88, que *são inelegíveis, no território de jurisdição do titular, o cônjuge e os parentes consanguíneos ou afins, até o segundo grau ou por adoção, do Presidente da República, de Governador de Estado ou Território, do Distrito Federal, de Prefeito ou de quem os haja substituído dentro dos seis meses anteriores ao pleito, salvo se já titular de mandato eletivo e candidato à reeleição*. Sobre esse dispositivo é preciso fazer algumas ***observações:***

i) Essa inelegibilidade recai sobre os parentes dos chefes do poder executivo, impedindo-os de se candidatarem no território da circunscrição eleitoral do titular do poder executivo, exceto se já forem titulares de algum mandato e estiverem se candidatando à reeleição. Por advir não da própria pessoa, mas ser um reflexo do parentesco que ela possui, essa inelegibilidade, doutrinariamente, é conhecida como ***inelegibilidade reflexa***.

8. Nesse sentido já se pronunciou o TSE na Consulta 1.047, de relatoria do Min. Fernando Neves, de 2004.

ii) Nem todos os parentes dos chefes do poder executivo são atingidos por essa inelegibilidade, mas somente *o **cônjuge** (ou **companheiro**) e os **parentes consanguíneos** ou **afins**, até o segundo grau ou por adoção.* Assim, nos termos da lei, considera-se ***parentes até o segundo grau:***

- *em linha reta ascendente:* pais e avós;
- *em linha reta descendente:* filhos e netos;
- *em linha colateral:* irmãos;
- *ascendentes por afinidade:* padrasto, madrasta, sogro, sogra e avós do cônjuge;
- *descendentes por afinidade:* enteado, enteada, genro, nora e os cônjuges dos netos;
- *em linha transversal por afinidade:* cunhados.

iii) A inelegibilidade reflexa atinge, também, aos ***parentes de quem substituiu o chefe do poder executivo*** nos seis meses anteriores à eleição.

iv) O território de jurisdição (circunscrição) eleitoral do chefe do poder executivo corresponde ao território geográfico do ente federativo que ele administra, logo, o território de ***circunscrição do Presidente*** (o País) impede a candidatura de seus parentes para quaisquer cargos eletivos federais, estaduais, distritais ou municipais; enquanto o território de ***circunscrição dos governadores*** estaduais (o Estado) impede a candidatura de seus parentes para quaisquer cargos eletivos daquele Estado (Senador, Deputado Federal e Deputado Estadual por aquele Estado, Governador e vice daquele Estado, Prefeito e vice de Município daquele Estado, Vereador de Município daquele Estado); Enquanto o território de ***circunscrição dos Prefeitos*** (o Município), impede a candidatura de seus parentes aos cargos eletivos daquele Município (Prefeito e vice daquele Município e Vereador daquele Município).

*v) Caso seja **criado um novo Estado ou Município**, por **desmembramento de outro*** já existente, os parentes do chefe do poder executivo do ente que já existia não poderão candidatar-se aos cargos eletivos daquele ente federativo (art. 14, §7º), assim como o próprio chefe do poder executivo do ente que já existia, no segundo mandato sucessivo, não poderá candidatar-se a chefe do poder executivo do ente federativo recém-criado pelo desmembramento (art. 14, §5º).

vi) Nos termos da Súmula Vinculante 18, do STF, ***a dissolução da sociedade ou do vínculo conjugal, no curso do mandato,*** *não afasta a inelegibilidade reflexa.*

vii) Segundo o STF (RE 758.461), a tese exarada na Súmula Vinculante 18 não se aplica aos casos de ***extinção do vínculo conjugal pela morte*** de um dos cônjuges. Assim, se o chefe do poder executivo falece, no curso do mandato, a viúva (até então cônjuge) não será inelegível, podendo candidatar-se.

viii) De acordo com o STF (RE 446.999) ocorrendo a separação de fato em momento anterior ao início do mandato do chefe do poder executivo, ainda que o divórcio seja posterior, não há que se falar em perenização no poder da mesma família, logo o ex-cônjuge não será inelegível, podendo se candidatar.

ix) Há uma ***exceção*** constitucional à inelegibilidade reflexa que recai sobre os parentes do chefe do poder executivo, ela ocorre quando esse ***parente já era titular de mandato eletivo e pretende candidatar-se à reeleição***. Vejamos alguns *exemplos* para facilitar o entendimento:

- Nas eleições de 2010, Inocêncio é eleito Governador do Estado X, para cumprir seu primeiro mandato, e sua filha, Vitória, é eleita Deputada Estadual pelo mesmo Estado. Nas eleições de 2014, Vitória quer recandidatar-se ao cargo de Deputada Estadual pelo Estado X, ela pode? Sim, mesmo seu pai sendo chefe do poder executivo estadual, vez que será candidata à reeleição para o mesmo cargo no mesmo ente federado.
- Nas eleições de 2006, Leôncio é eleito Deputado Federal pelo Estado Y, em 2010 ele é reeleito. Em 2014, em razão do sucesso de Leôncio, seu pai, Petrônio resolve sair candidato ao cargo de Governador do Estado Y, enquanto Leôncio candida-ta-se mais uma vez ao cargo de Deputado Estadual pelo mesmo Estado. Ao final do pleito, ambos são eleitos. Nas eleições de 2018, Leôncio poderá candidatar-se à Deputado Federal pelo Estado Y? Sim, mesmo seu pai sendo chefe do poder executivo estadual, vez que será candidato à reeleição para o mesmo cargo no mesmo ente federado e não há limite para reeleições nos cargos do poder legislativo.
- Pedro é vereador no Município Alfa, enquanto seu pai, Alfredo, é prefeito do Município Beta. Nas eleições de 2020, caso Pedro queira recandidatar-se ao cargo de vereador pelo Município Alfa, ele pode, não se configurando a inelegibilidade reflexa, pois não está na circunscrição em que seu pai é prefeito, além de ser candidato à reeleição ao mesmo cargo no mesmo ente federado. Agora, se nas eleições de 2020, Pedro quiser se (re)candidatar a vereador no Município Beta, do qual seu pai é prefeito, ele não poderá, incidindo a inelegibilidade reflexa, pois será sua primeira candidatura por aquele ente federado, não se configurando a exceção constitucional, que é exclusiva para reeleição no mesmo cargo no mesmo ente.

x) Segundo o STF (RE 344.882), se ocorre a ***desincompatibilização*** do chefe do poder executivo ***antes dos seis meses que antecedem o pleito*** eleitoral, não há incidência da inelegibilidade reflexa de seus parentes. Ademais, essa hipótese (desincompatibilização do chefe do poder executivo antes dos seis meses que antecedem o pleito eleitoral) permite que os parentes do chefe do poder executivo concorram a todos os cargos eletivos de sua circunscrição, inclusive à chefia do executivo, desde que seja possível que o chefe do poder executivo concorra à reeleição. Nesse sentido, foi atualizada a *Súmula 6, do TSE*, que agora dispõe que *são inelegíveis para o cargo de chefe do Executivo o cônjuge e os parentes, indicados no § 7º do art. 14 da Constituição Federal, do titular do mandato, salvo se este, reelegível, tenha falecido, renunciado ou se afastado definitivamente do cargo até seis meses antes do pleito*. Vejamos a ***síntese*** desses entendimentos na seguinte sistematização:

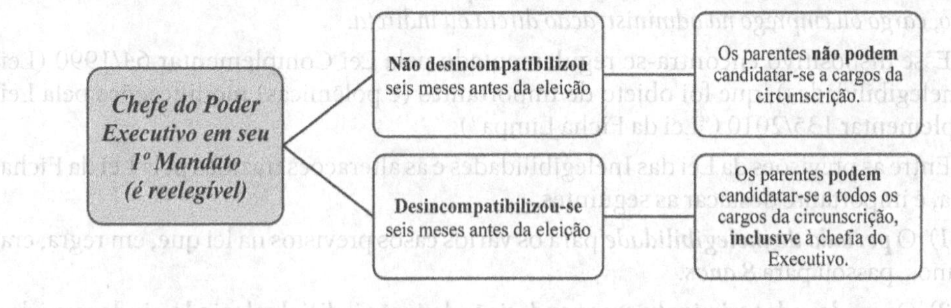

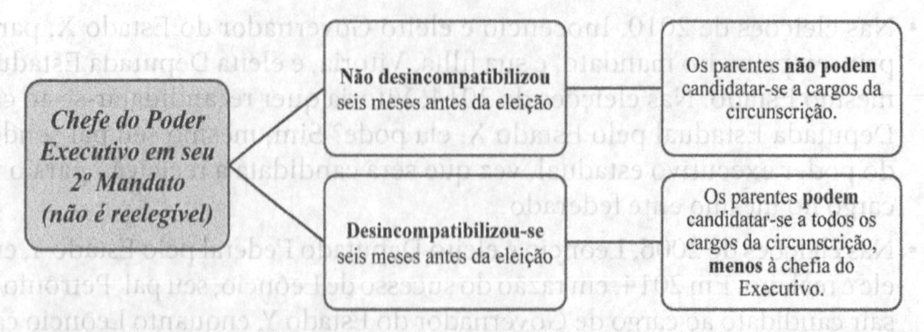

xi) De acordo com o STF (RE 843.455), ***a inelegibilidade reflexa, inclusive quanto ao prazo de seis meses, é aplicável às eleições suplementares*** (aquelas que ocorrem no curso de um determinado mandato, instituindo um mandato tampão, para acabar aquele que estava vigente, em face, por exemplo de cassação do prefeito e vice-prefeito, ou de dupla vacância presidencial). No caso discutido pelo Supremo, o então prefeito de um determinado Município tivera seu mandato cassado pela justiça eleitoral, em razão da prática de abuso do poder econômico, o que levou a eleições suplementares diante do afastamento do prefeito, vindo sua esposa a lançar-se candidata à prefeitura. A Corte consignou que, como a perda do mandato de prefeito se dera em menos de seis meses do pleito complementar, a desincompatibilização no prazo do art. 14, §7º, da CF/88 constituiria uma condição inalcançável pela candidata (esposa do prefeito cassado). Ademais, o Supremo deixou claro que, como no caso, o prefeito tornou-se irreelegível, tanto para a eleição complementar, como para novo pleito, por consequência da pena de inelegibilidade que lhe foi aplicada (nos termos do art. 1º, I, "c", da Lei Complementar 64/90), a esposa não poderia se candidatar à chefia do executivo que ele ocupava, ainda que houvesse a desincompatibilização no prazo de seis meses antes do pleito.

xii) Segundo o STF (RE 1.128.439), a vedação constitucional ao exercício de três mandatos consecutivos de chefe do poder executivo de um mesmo ente federativo por integrantes do mesmo grupo familiar (art. 14, §7º), aplica-se mesmo nos casos em que um dos mandatos tenha sido um mandato tampão.

4.1.2.3 Inelegibilidade relativa legal

Nos termos do art. 14, § 9º, da CF/88, *lei complementar estabelecerá outros casos de inelegibilidade e os prazos de sua cessação, a fim de proteger a probidade administrativa, a moralidade para exercício de mandato considerada vida pregressa do candidato, e a normalidade e legitimidade das eleições contra a influência do poder econômico ou o abuso do exercício de função, cargo ou emprego na administração direta ou indireta.*

Esse dispositivo encontra-se regulamentado pela Lei Complementar 64/1990 (Lei das Inelegibilidades), que foi objeto de importantes (e polêmicas) modificações pela Lei Complementar 135/2010 ("Lei da Ficha Limpa").

Entre as previsões da Lei das Inelegibilidades e as alterações trazidas pela Lei da Ficha Limpa, é importante destacar as seguintes:

1) O ***período de inelegibilidade*** para os vários casos previstos na lei que, em regra, era de 3 anos, passou para *8 anos*.

2) Os ***condenados criminalmente por decisão de órgão judicial colegiado***, ainda que a decisão não tenha transitado em julgado, ficarão inelegíveis desde a condenação até o transcurso do prazo de 8 anos após o cumprimento da pena, sendo-lhes negado registro, ou cancelado, se já tiver sido feito, ou declarado nulo o diploma, se já expedido.

3) Nem todas as condenações criminais ensejam a inelegibilidade, mas apenas as condenações pelos crimes previstos na Lei de Inelegibilidades. O rol dos ***crimes que ensejam inelegibilidade em caso de condenação por decisão judicial colegiada*** foi substancialmente ampliado pela Lei da Ficha Limpa, incluindo, atualmente, os crimes: *i)* contra a economia popular, a fé pública, a administração pública e o patrimônio público; *ii)* contra o patrimônio privado, o sistema financeiro, o mercado de capitais e os previstos na lei que regula a falência; *iii)* contra o meio ambiente e a saúde pública; *iv)* eleitorais, para os quais a lei comine pena privativa de liberdade; *v)* de abuso de autoridade, nos casos em que houver condenação à perda do cargo ou à inabilitação para o exercício de função pública; *vi)* de lavagem ou ocultação de bens, direitos e valores; *vii)* de tráfico de entorpecentes e drogas afins, racismo, tortura, terrorismo e hediondos; *viii)* de redução à condição análoga à de escravo; *ix)* contra a vida e a dignidade sexual; e *x)* praticados por organização criminosa, quadrilha ou bando.

4) A Lei da Ficha Limpa ampliou consideravelmente as causas de inelegibilidade legal, destacando-se entre elas, a que considera ***inelegíveis*** os ***membros do Poder Executivo e do Poder Legislativo que renunciarem*** a seus mandatos desde o oferecimento de representação ou petição capaz de autorizar a abertura de processo por infringência a dispositivo da Constituição Federal, da Constituição Estadual, da Lei Orgânica do DF ou da Lei Orgânica do Município.

Como dissemos, a Lei da Ficha Limpa trouxe alterações consideráveis e polêmicas à Lei das Inelegibilidades, tendo sido objeto de alguns questionamentos no Supremo Tribunal Federal, dentre os quais, destacam-se os seguintes:

1) STF, RE 633.703: As alterações trazidas pela Lei da Ficha Limpa, por alterarem o processo eleitoral, devem observar o ***princípio da anterioridade eleitoral***, entrando em vigor na data de sua publicação, mas só se aplicando às eleições que ocorram após um ano da data de sua vigência. Logo, a Lei da Ficha Limpa não pôde ser aplicada às eleições de 2010.

2) STF, ADC 29, ADC 30, ADI 4.578: A Lei da Ficha Limpa é Constitucional, inclusive o dispositivo que consagra a inelegibilidade dos condenados criminalmente por decisão de órgão colegiado que ainda não transitou em julgado, não ofendendo o ***princípio da presunção de inocência***, vez que a inelegibilidade não é pena, e sim restrição ao exercício dos direitos políticos.

3) STF, RE 929.670: Como a inelegibilidade não é pena, e sim restrição ao exercício dos direitos políticos, ***a Lei da Ficha Limpa retroage*** e deve ser aplicada aos fatos ocorridos antes da sua vigência, não ofendendo o princípio da ***presunção de inocência*** (aplicável ao direito penal), devendo ser aplicada, inclusive, aos ***casos transitados em julgado***. Assim, decidiu o Supremo que *é possível aplicar o prazo de 8 anos de inelegibilidade, ampliado pela Lei da Ficha Limpa, às situações anteriores à referida lei em que, por força de decisão transitada em julgado, o prazo de inelegibilidade de 3 anos aplicado com base na redação original da Lei das Inelegibilidades houver sido integralmente cumprido.*

4.1.3 O militar e a (in)elegibilidade

O art. 14, §8º, da CF/88, afirma que *o militar alistável é elegível*. Já o art. 14, §3º, V, da CF/88, exige filiação partidária para ser candidato a cargo eletivo, devendo esta filiação dar-se pelo menos 6 meses antes do pleito eleitoral, nos termos do art. 9º, Lei 9.504. Contudo, o art. 142, §3º, V, da CF/88, prevê que o militar, enquanto em serviço ativo, não pode estar filiado a partidos políticos, sendo que esta proibição engloba, também, os militares dos Estados e do DF, conforme dispõe o art. 42, §1º, da CF/88.

Em face desta aparente tensão entre as referidas normas constitucionais, o Tribunal Superior Eleitoral, em entendimento exarado na Resolução 21.608, decidiu que o requisito constitucional da filiação partidária não é exigível ao militar da ativa que pretenda concorrer a cargo eletivo, bastando o pedido de registro de candidatura, após prévia escolha em convenção partidária.

Para além dessa discussão, o art. 14, §8º, da CF/88, afirma que o militar (alistável) é elegível atendidas as seguintes condições:

i) se contar menos de dez anos de serviço, deverá afastar-se da atividade.

- Ou seja, se contar com menos de dez anos de serviço, deverá ser exonerado e desligado da organização, não tendo direito a retornar ao cargo caso não seja eleito, conforme, inclusive, já decidiu o STF, no RE 279.469/RS.

ii) se contar mais de dez anos de serviço, será agregado pela autoridade superior e, se eleito, passará automaticamente, no ato da diplomação, para a inatividade.

- Ou seja, se contar com mais de dez anos de serviço, será agregado pela autoridade superior, pelo período que ficar afastado das atividades militares, por estar participando do processo eleitoral. Caso seja eleito, passa automaticamente para a inatividade no ato da diplomação e, caso não seja eleito, retorna ao seu cargo.

4.1.4 *Inelegibilidades impostas a ocupantes de certos cargos públicos*

A Constituição e as leis impõem, ainda, a inelegibilidade a ocupantes de certos cargos públicos, especialmente, em atendimento aos princípios da separação dos poderes, da moralidade pública, da transparência e da imparcialidade inerentes a esses cargos.

Assim, nos termos da Constituição, aos ***magistrados*** (art. 95, *p.u.*, III,) e aos ***membros do Ministério Público*** (art. 128, §5º, II,) é vedado dedicar-se a atividade político-partidária. Já, nos termos da lei, os ***membros dos Tribunais de Contas*** (art. 74, VI, da Lei 8.443/92), os ***servidores da Justiça Eleitoral*** (art. 366, do Código Eleitoral), bem como os ***Defensores Públicos da União*** enquanto estiverem atuando perante a Justiça Eleitoral (art. 46, V, da LC 80/94) não podem dedicar-se à atividade político-partidária.

4.2 Perda dos direitos políticos

A perda dos direitos políticos consiste na *perda das capacidades eleitorais ativa e passiva de forma definitiva*. Entretanto, em que pese o caráter de definitividade, excepcionalmente, é possível a reaquisição dos direitos políticos por aquele que os havia perdido, como, por exemplo, no caso do indivíduo que tiver sua naturalização cancelada por sentença judicial transitada em julgado (art. 12, §4º, I), vindo, consequentemente, a perder seus direitos políticos (art. 15, I), mas que, posteriormente, impetrando com ação rescisória, consegue reverter o cancelamento de sua naturalização, voltando a ser brasileiro naturalizado, readquirindo seus direitos políticos.

Nos termos da Constituição de 1988, são ***hipóteses de perda dos direitos políticos:***

1) Cancelamento da naturalização por decisão judicial transitada em julgado (art. 15, I): nos termos do art. 12, §4º, I, será declarada a perda da nacionalidade do brasileiro que tiver cancelada sua naturalização, por sentença judicial, em virtude de atividade nociva ao interesse nacional. Vale lembrar que a ação de cancelamento de naturalização possui natureza penal e deve ser proposta pelo Ministério Público Federal em juízo federal (art. 109, X). Como um dos requisitos essenciais para a aquisição dos direitos políticos é ser brasileiro, aquele que perde a nacionalidade brasileira, perde, também, os direitos políticos. Ademais, vale lembrar que o indivíduo que tiver sua naturalização cancelada não poderá se naturalizar novamente, sob pena de ferir de morte a coisa julgada, restando, contudo, a possibilidade de impetrar ação rescisória, nos termos da lei.

2) Perda da nacionalidade brasileira por aquisição voluntária de outra (art. 12, § 4º, II): nos termos do art. 12, §4º, II, será declarada a perda da nacionalidade do brasileiro que adquirir outra nacionalidade, salvo nos casos: a) de reconhecimento de nacionalidade originária pela lei estrangeira; b) de imposição de naturalização, pela norma estrangeira, ao brasileiro residente em estado estrangeiro, como condição para permanência em seu território ou para o exercício de direitos civis. Assim, o brasileiro, nato ou naturalizado, que adquirir voluntariamente outra nacionalidade, salvo nos casos excepcionados pela Constituição, perderá a nacionalidade brasileira e, como um dos requisitos para a aquisição dos direitos políticos é ser brasileiro, aquele que perde a nacionalidade brasileira, perde, também, os direitos políticos.

3) Procedimento de naturalização anulado judicialmente por vício: o procedimento de naturalização pode ser anulado judicialmente em razão de algum vício – como fraude, simulação etc. –, fazendo com que o indivíduo perca a nacionalidade brasileira e retorne à condição de estrangeiro, perdendo, consequentemente, os direitos políticos.

4.3 Suspensão dos direitos políticos

A suspensão dos direitos políticos consiste na suspensão das capacidades eleitorais ativa e passiva de forma temporária. Assim, uma vez cessado o motivo que motivou a suspensão dos direitos políticos, a pessoa volta a usufruir de seus direitos políticos.

Nos termos da Constituição de 1988, são ***hipóteses de suspensão dos direitos políticos:***

1) Incapacidade civil absoluta (art. 15, II): esta hipótese, atualmente, não encontra lugar no ordenamento jurídico brasileiro, vez que após as modificações feitas pelo Estatuto da Pessoa com Deficiência no Código Civil, somente os menos de 16 anos são considerados absolutamente incapazes no direito brasileiro (art. 3º, do CC/02), sendo que estes sequer podem se alistar perante à Justiça Eleitoral, não havendo como falar na suspensão de seus direitos políticos. Logo, enquanto não sobrevier legislação implementando alguma outra hipótese de incapacidade civil absoluta, parece-nos, *prima facie*, que esse dispositivo constitucional não terá aplicabilidade.

2) Condenação criminal transitada em julgado, enquanto durarem seus efeitos (art. 15, III): aqueles que forem condenados criminalmente por decisão judicial transitada em julgado terão seus direitos políticos suspensos. Frise-se: enquanto não houver trânsito em julgado, não há suspensão dos direitos políticos com base nessa hipótese, de modo que ela não se aplica os presos provisórios.

Essa hipótese alcança todos os tipos penais, sejam eles *dolosos*, *culposos* ou *contravenções penais*, ainda que se trate de *sentença absolutória imprópria* que imponha medida de segurança (TSE, Resolução 22.193/2006). Ademais, conforme o STF (RE 601.182) a suspensão dos direitos políticos aplica-se mesmo no caso de substituição da pena privativa de liberdade pela restritiva de direitos, ou seja, ainda que a condenação criminal seja apenas à *pena restritiva de direitos*, o condenado terá seus direitos políticos suspensos, pois o art. 15, III é norma autoaplicável, sendo consequência imediata da sentença penal condenatória, independentemente do crime ou da natureza da condenação.

Segundo a Súmula 9, do TSE, a suspensão de direitos políticos decorrente de condenação criminal transitada em julgado *cessa com o cumprimento ou a extinção da pena*, independendo de reabilitação ou de prova de reparação dos danos. Assim, a pena precisa ser extinta para que o condenado possa voltar a usufruir de seus direitos políticos, permanecendo com os direitos políticos suspensos, por exemplo, durante período em que estiver em suspensão condicional da pena (*sursis*).

Essa hipótese *aplica-se aos mandatários de cargos eletivos que são condenados por decisão criminal transitada em julgado no curso do mandato*, devendo ter seus mandatos imediatamente cassados. Contudo, há uma *exceção*: nos termos do art. 55, VI e §2º, da CF/88, os *deputados federais e senadores* não perdem seus mandatos automaticamente, de modo que, em caso de condenação criminal transitada em julgado, a perda do mandato será decidida pela Câmara dos Deputados ou pelo Senado Federal, por maioria absoluta, mediante provocação da respectiva Mesa ou de partido político representado no Congresso Nacional, assegurada ampla defesa.

*3) **Recusa de cumprir obrigação a todos imposta ou prestação alternativa, nos termos do art. 5º, VIII (art. 15, IV)**:* segundo o art. 5º, VIII, da CF/88, *ninguém será privado de direitos por motivo de crença religiosa ou de convicção filosófica ou política, salvo se as invocar para eximir-se de obrigação legal a todos imposta e recusar-se a cumprir prestação alternativa, fixada em lei*.

Perceba que o indivíduo que alega a *escusa de consciência* (por motivo de crença religiosa ou convicção filosófica ou política) só pode ter seus direitos políticos suspensos se recusar-se, simultaneamente, a cumprir a obrigação legal a todos imposta e a obrigação alternativa fixada em lei.

Caso *não haja lei que fixe prestação alternativa*, por força da aplicabilidade imediata dos direitos fundamentais, o indivíduo não ficará prejudicado quanto ao direito à escusa de consciência em face da inércia e ineficiência do legislador, não podendo ser privado de qualquer de seus direitos, logo, não terá seus direitos políticos suspensos.

No caso, por exemplo, do *serviço militar obrigatório* (art. 143, da CF), há prestação alternativa fixada pela lei 8.239/1991 para aqueles que se recusam a cumpri-lo por imperativo de consciência decorrente de crença religiosa (como os cristãos puritanos, que acreditam que a prática de qualquer violência é pecado) e de convicção filosófica ou política (como os pacifistas). Assim, aqueles que se recusarem a cumprir o serviço militar obrigatório terão de cumprir a prestação alternativa, caso contrário terão seus direitos políticos suspensos.

*4) **Condenação por improbidade administrativa, nos termos do art. 37, § 4º (art. 15, V)**:* dispõe o art. 37, §4º, da CF/88, que os atos de improbidade administrativa importarão a suspensão dos direitos políticos, a perda da função pública, a indisponibilidade dos bens e o ressarcimento ao erário, na forma e gradação previstas em lei, sem prejuízo da ação penal cabível, estando este dispositivo regulamentado pela lei 8.429/1992 (Lei de Improbidade Administrativa). Assim, nos termos do art. 12, da referida lei:

- Os atos de improbidade que importem enriquecimento ilícito sujeitam os responsáveis à suspensão dos direitos políticos de oito a dez anos;
- Os atos de improbidade que causem prejuízo ao erário sujeitam os responsáveis à suspensão dos direitos políticos de cinco a oito anos;
- Os atos de improbidade decorrentes de concessão ou aplicação indevida de benefício financeiro ou tributário sujeitam os responsáveis à suspensão dos direitos políticos de cinco a oito anos;
- Os atos de improbidade que atentem contra os princípios da Administração Pública sujeitam os responsáveis à suspensão dos direitos políticos de três a cinco anos;

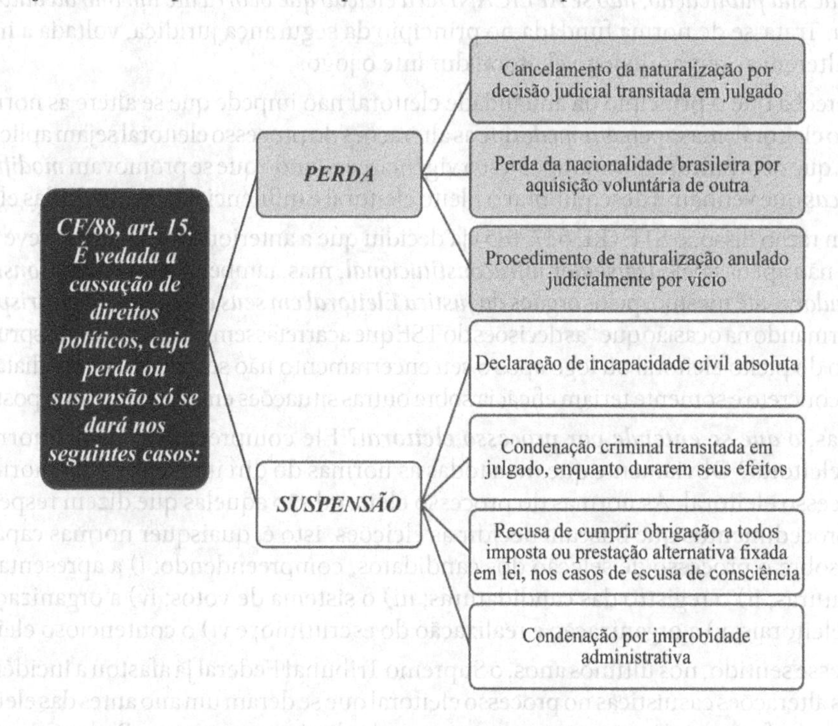

5. AÇÃO DE IMPUGNAÇÃO DE MANDATO ELETIVO

Nos termos do art. 14, § 10, da CF/88, o mandato eletivo poderá ser impugnado no *prazo decadencial de quinze dias* contados da diplomação, instruída a ação com provas de abuso do poder econômico, corrupção ou fraude. Trata-se da ação de impugnação de mandato eletivo que, se procedente, leva à perda do mandato do candidato impugnado.

A ação de impugnação de mandato eletivo deve ser proposta perante a *Justiça Eleitoral*, sendo competente para o julgamento o *Tribunal Superior Eleitoral*, quando se tratar de candidato a Presidente ou Vice-Presidente da República, os *Tribunais Regionais Eleitorais*, quando se tratar de candidato a Senador, Governador e Vice-Governador de Estado e do Distrito Federal, Deputado Federal, Deputado Estadual e Deputado Distrital; e os *Juízes Eleitorais da zona em que ocorreu a diplomação*, quando se tratar de candidato a Prefeito, Vice-Prefeito e Vereador.

A ***legitimidade ativa*** para propositura da ação de impugnação de mandato eletivo é dos partidos políticos, coligações, candidatos que tiverem concorrido nas eleições e do

Ministério Público Eleitoral, não podendo ser proposta por qualquer cidadão. Enquanto a *legitimidade passiva* é do candidato diplomado.

Por fim, de acordo com o §11, do art. 14, da CF/88, a ação de impugnação de mandato tramitará em *segredo de justiça*, respondendo o autor, na forma da lei, se temerária ou de manifesta má-fé.

6. PRINCÍPIO DA ANTERIORIDADE (OU ANUALIDADE) ELEITORAL

Nos termos do art. 16, da CF/88, *a lei que **alterar o processo eleitoral** entrará em vigor na data de sua publicação, não se APLICANDO à eleição que ocorra até um ano da data de sua vigência*. Trata-se de norma fundada no princípio da segurança jurídica, voltada a impedir que se alterem as regras do jogo eleitoral durante o jogo.

Perceba que o princípio da anualidade eleitoral não impede que se altere as normas do processo eleitoral, mas apenas ***impede*** que as alterações do processo eleitoral sejam aplicadas às eleições que ocorram até um ano após a sua vigência, evitando que se promovam ***modificações casuísticas*** que venham a desequilibrar o pleito eleitoral e influenciar o resultado das eleições.

Em razão disso, o STF (RE 637.485) já decidiu que a anterioridade eleitoral deve ser observada não apenas pelo ***legislador infraconstitucional***, mas, também, pelo ***Poder Constituinte Reformador*** e, até mesmo, pelos ***órgãos da Justiça Eleitoral em seus entendimentos jurisprudenciais***, afirmando na ocasião que "as decisões do TSE que acarretassem mudança de jurisprudência no curso do pleito eleitoral ou logo após o seu encerramento não se aplicariam imediatamente ao caso concreto e somente teriam eficácia sobre outras situações em pleito eleitoral posterior".

Mas, *o que se entende por processo eleitoral?* Ele compreende todas as normas do direito eleitoral? Obviamente que nem todas as normas do direito eleitoral são normas sobre processo eleitoral. As normas do processo eleitoral são aquelas que dizem respeito aos atos e procedimentos que buscam decidir as eleições, isto é, quaisquer normas capazes de incidir sobre o processo de seleção dos candidatos, compreendendo: *i)* a apresentação de candidaturas; *ii)* o registro das candidaturas; *iii)* o sistema de votos; *iv)* a organização das seções eleitorais; *v)* a organização e realização do escrutínio; e *vi)* o contencioso eleitoral.[9]

Nesse sentido, nos últimos anos, o Supremo Tribunal Federal já afastou a incidência de diversas alterações casuísticas no processo eleitoral que se deram um ano antes das eleições.[10] Ademais, conforme registramos quando tratamos dos limites materiais ao Poder Constituinte Reformador, o STF (ADI 3.685) já reconheceu que o princípio da anterioridade eleitoral é ***cláusula pétrea***, não podendo ser suprimido por Emenda à Constituição.

7. PARTIDOS POLÍTICOS

Como já dissemos, os partidos políticos, em que pese algumas exceções ditatoriais, são instituições ligadas ao processo democrático e ao pluralismo político, sendo figuras essenciais ao desenvolvimento da política moderna. Nesse sentido, a Constituição, como vimos, além de proibir a candidatura avulsa (art. 14, §3º, V) – desfiliada de partido político –, consagra o direito de organização e participação em partidos políticos em seu art. 17, que será objeto de análise.

9. SILVA, José Afonso da. Comentário contextual à Constituição. 9. ed. São Paulo: Malheiros, 2014, p. 237.
10. Apenas como exemplo: STF, ADI 3.685, RE 633.703 e RE 637.485.

7.1 Conceito

Conforme define a Lei 9.096/1995 (Lei dos Partidos Políticos), o partido político é pessoa jurídica de direito privado, que se destina a assegurar, no interesse do regime democrático, a autenticidade do sistema representativo e a defender os direitos fundamentais definidos na Constituição.

7.2 Natureza jurídica e requisitos para criação

A natureza jurídica do partido políticos é a de ***pessoa jurídica de direito privado*** (art. 1º, da Lei 9.906/95 e art. 44, V, do CC/02), sendo criado com a inscrição de seu ato constitutivo no Cartório de Registro Civil de Pessoas Jurídicas (art. 45, do CC/02), devendo registrar seu estatuto no Tribunal Superior Eleitoral após à aquisição da personalidade jurídica com o registro civil (art. 17, §2º, da CF/88).

Nos termos do art. 17, da CF/88, é livre a criação, fusão, incorporação e extinção de partidos políticos, resguardados a soberania nacional, o regime democrático, o pluripartidarismo, os direitos fundamentais da pessoa humana e observados os seguintes preceitos: *i)* caráter nacional; *ii)* proibição de recebimento de recursos financeiros de entidade ou governo estrangeiros ou de subordinação a estes; *iii)* prestação de contas à Justiça Eleitoral; *iv)* funcionamento parlamentar de acordo com a lei. Vejamos cada um deles detalhadamente. Ademais, conforme já decidiu o STF (ADI 5.311), é possível que sejam estabelecidos, por lei, outros requisitos e condições para a criação, fusão e incorporação de partidos políticos, desde que não violem a liberdade de criação e recriação e a autonomia dos partidos. Isto posto, façamos uma breve análise dos ***requisitos constitucionais de criação e recriação de partidos políticos:***

i) caráter nacional: não se admite partido político local ou regional, assim como não se admite partido supranacional. O partido deve ter caráter nacional, isto é, deve ser uma instituição com projetos de nação, com atuação em todo o território nacional. Regulamentando esse preceito, afirma o art. 7º, §1º, da Lei dos Partidos Políticos, que só é admitido o registro do estatuto de partido político que tenha caráter nacional, considerando-se como tal aquele que comprove, no período de dois anos, o apoiamento de eleitores não filiados a partido político, correspondente a, pelo menos, 0,5% (cinco décimos por cento) dos votos dados na última eleição geral para a Câmara dos Deputados, não computados os votos em branco e os nulos, distribuídos por um terço, ou mais, dos Estados, com um mínimo de 0,1% (um décimo por cento) do eleitorado que haja votado em cada um deles.

ii) proibição de recebimento de recursos financeiros de entidade ou governo estrangeiros ou de subordinação a estes: além de não se admitir partidos de caráter supranacional, não se admite que partidos políticos brasileiros recebam recursos financeiros de governo ou entidades estrangeiras ou, pior, que se subordinem a eles. Esse preceito busca resguardar a soberania nacional, a independência do país e evitar que sejamos objeto de programas políticos de outros países ou mesmo de organização estrangeiras.

iii) prestação de contas à Justiça Eleitoral: os partidos políticos devem prestar contas à Justiça Eleitoral, nos termos do art. 28 a 32, da Lei 9.504/97, dos recursos que recebam, sejam do fundo partidário, seja de doações, assim como de seus gastos.

iv) funcionamento parlamentar de acordo com a lei: os partidos políticos devem funcionar em conformidade com os preceitos legais. Nesse sentido, há de se destacar que é vedada a utilização pelos partidos políticos de organização paramilitar (art. 17, §4º, da CF/88), sendo vedado ao partido político ministrar instrução militar ou paramilitar, utilizar-se de organização da mesma natureza e adotar uniforme para seus membros (art. 6º, da Lei dos Partidos Políticos).

7.3 Liberdade e autonomia

Nos termos do art. 17, §1º, da CF/88, *é assegurada aos partidos políticos* ***autonomia*** *para definir sua estrutura interna e estabelecer regras sobre escolha, formação e duração de seus órgãos permanentes e provisórios e sobre sua organização e funcionamento e para adotar os critérios de escolha e o regime de suas* ***coligações*** *nas eleições majoritárias, vedada a sua celebração nas eleições proporcionais, sem obrigatoriedade de vinculação entre as candidaturas em âmbito nacional, estadual, distrital ou municipal, devendo seus estatutos estabelecer normas de disciplina e* ***fidelidade partidária***.

Sobre a *LIBERDADE* e *AUTONOMIA* dos partidos, para além do texto constitucional, deve-se lembrar que essa liberdade é uma liberdade dentro da lei, devendo os partidos políticos obedecer aos preceitos constitucionais e legais (trabalhados no item anterior).

Sobre as *COLIGAÇÕES PARTIDÁRIAS* é importante registrar o histórico de sua (in) admissão.

Em 2002, a fim de pôr fim a esquizofrenia partidária e às coligações espúrias, o TSE, promovendo a ***verticalização das coligações eleitorais***, editou a Resolução 21.002, dispondo que *"os partidos políticos que ajustarem coligação para eleição de presidente da República não poderão formar coligações para eleição de governador de estado ou do Distrito Federal, senador, deputado federal e deputado estadual ou distrital com outros partidos políticos que tenham, isoladamente ou em aliança diversa, lançado candidato à eleição presidencial"*.

Insatisfeitos com o posicionamento do TSE, os congressistas promulgaram em 8 de março de 2006, a Emenda Constitucional 52, que conferiu redação ao §1º, do art. 17, permitindo aos partidos políticos *adotarem os critérios de escolha e o regime de suas coligações eleitorais*, ***sem obrigatoriedade de vinculação entre as candidaturas em âmbito nacional, estadual, distrital ou municipal***, o que possibilitou que os partidos voltassem a coligar-se com um partido em âmbito federal e fossem oposição àquele mesmo partido em âmbito estadual, no mesmo processo eleitoral. Em respeito ao princípio da anualidade eleitoral essa nova norma não pôde ser aplicada às eleições de 2006,[11] contudo foi aplicada a partir das eleições de 2008.

Já em 2017, com a promulgação da Emenda Constitucional 97, foi dada nova redação ao §1º, do art. 17, permitindo aos partidos políticos *adotarem os critérios de escolha e o regime de suas coligações nas eleições majoritárias*, ***vedada a sua celebração nas eleições proporcionais***, *sem obrigatoriedade de vinculação entre as candidaturas em âmbito nacional, estadual, distrital ou municipal*. Essa alteração manteve a possibilidade de múltiplas coligações pelo mesmo partido, contudo proibiu a celebração de coligações nas eleições proporcionais (eleições para os cargos de deputados federai, estaduais e distritais e de vereadores), restando apenas a possibilidade de coligação para as eleições majoritárias.

Sobre a *INFIDELIDADE PARTIDÁRIA* é importante registrarmos seu histórico de (in) admissão na jurisprudência brasileira.

11. STF, ADI 3.685, Rel. Min. Ellen Gracie.

Até 2007 a infidelidade partidária era tolerada não ensejando perda de mandato. Contudo, a partir do julgamento dos Mandados de Segurança 26.603 e 22.604, o Supremo Tribunal Federal firmou a tese de que a infidelidade partidária ensejaria a perda do mandato, tanto dos eleitos pelo sistema proporcional, como dos eleitos pelo sistema majoritário, sendo essa tese disciplinada pela Resolução 22.610, do Tribunal Superior Eleitoral.

Contudo, em 2015, ao julgar a ADI 5.081, o STF declarou parcialmente inconstitucional a Resolução 22.610 do TSE e firmou um novo posicionamento, decidindo que a infidelidade partidária enseja a perda do mandato apenas dos eleitos pelo sistema proporcional, mas não dos eleitos pelo sistema majoritário (Presidente, Senadores, Governadores de Estado e do DF e Prefeitos), sob pena de violação da soberania popular e das escolhas feitas pelo eleitor. Em razão disso, o TSE editou a Súmula 67, que dispõe que *a perda do mandato em razão da desfiliação partidária não se aplica aos candidatos eleitos pelo sistema majoritário*.

Para além do histórica sobre a (in)admissão da infidelidade partidária, o Supremo Tribunal Federal já tomou outras importantes decisões sobre o tema.

O STF (MS 27.938) já decidiu que *o reconhecimento de **justa causa para a transferência de partido político afasta a perda do mandato eletivo por infidelidade partidária.** Contudo, ela não transfere ao novo partido o direito de sucessão à vaga*. Em relação à justa causa, afirma o art. 22-A, *p.u.*, da Lei 9.096/95, que se consideram justa causa para a desfiliação partidária somente as seguintes hipóteses: *i)* mudança substancial ou desvio reiterado do programa partidário; *ii)* grave discriminação política pessoal; e *iii)* mudança de partido efetuada durante o período de trinta dias que antecede o prazo de filiação exigido em lei para concorrer à eleição, majoritária ou proporcional, ao término do mandato vigente.

O STF (MS 30.260 e MS 30.272, dentre outros), também, já decidiu que o mandato parlamentar pertence à ***coligação*** e não ao partido político. Contudo, advirta-se: em face das inovações trazidas pela EC 97/2017, as coligações partidárias não mais são permitidas nas eleições proporcionais.

Por fim, vale registrar importante inovação da EC 97/2017, que prevê hipótese constitucional de troca de partido sem configurar infidelidade partidária. Assim, dispõe o art. 17, §5º, da CF/88, que *ao eleito por partido que não preencher os requisitos que permitam acesso ao fundo partidário e ao tempo de rádio e televisão é assegurado o mandato e facultada a filiação, sem perda do mandato, a outro partido que os tenha atingido*.

7.4 Direito aos recursos do fundo partidário, direito de antena (acesso ao rádio e à televisão) e a cláusula de barreira

Nos termos da redação dada ao §3º, do art. 17, da CF/88, pela EC 97/2017, *somente terão direito a recursos do fundo partidário e acesso gratuito ao rádio e à televisão, direito de antena, na forma da lei, os partidos políticos que alternativamente:*

i) obtiverem, nas eleições para a Câmara dos Deputados, no mínimo, 3% (três por cento) dos votos válidos, distribuídos em pelo menos um terço das unidades da Federação, com um mínimo de 2% (dois por cento) dos votos válidos em cada uma delas; *OU*

ii) tiverem elegido pelo menos quinze Deputados Federais distribuídos em pelo menos um terço das unidades da Federação.

O disposto nesse dispositivo constitucional consagra a famosa ***cláusula de barreira***, que restringe o acesso dos partidos políticos a recursos do fundo partidário a ao direito de antena (direito ao tempo gratuito de rádio e televisão), sendo sua implementação progressiva, nos termos do art. 3º, da EC 97/2017.

Assim, ***na legislatura seguinte às eleições de 2018***, terão acesso aos recursos do fundo partidário e à propaganda gratuita no rádio e na televisão os partidos políticos que obtiverem, nas eleições para a Câmara dos Deputados, no mínimo, 1,5% (um e meio por cento) dos votos válidos, distribuídos em pelo menos um terço das unidades da Federação, com um mínimo de 1% (um por cento) dos votos válidos em cada uma delas; ***ou*** tiverem elegido pelo menos nove Deputados Federais distribuídos em pelo menos um terço das unidades da Federação.

Na legislatura seguinte às eleições de 2022, terão acesso aos recursos do fundo partidário e à propaganda gratuita no rádio e na televisão os partidos políticos que obtiverem, nas eleições para a Câmara dos Deputados, no mínimo, 2% (dois por cento) dos votos válidos, distribuídos em pelo menos um terço das unidades da Federação, com um mínimo de 1% (um por cento) dos votos válidos em cada uma delas; ***ou*** tiverem elegido pelo menos onze Deputados Federais distribuídos em pelo menos um terço das unidades da Federação

Já ***na legislatura seguinte às eleições de 2026***, terão acesso aos recursos do fundo partidário e à propaganda gratuita no rádio e na televisão os partidos políticos que obtiverem, nas eleições para a Câmara dos Deputados, no mínimo, 2,5% (dois e meio por cento) dos votos válidos, distribuídos em pelo menos um terço das unidades da Federação, com um mínimo de 1,5% (um e meio por cento) dos votos válidos em cada uma delas; ***ou*** tiverem elegido pelo menos treze Deputados Federais distribuídos em pelo menos um terço das unidades da Federação.

A partir das eleições de 2030, a cláusula de barreira será aplicada na íntegra, de modo que somente terão direito a recursos do fundo partidário e acesso gratuito ao rádio e à televisão, direito de antena, na forma da lei, os partidos políticos que obtiverem, nas eleições para a Câmara dos Deputados, no mínimo, 3% (três por cento) dos votos válidos, distribuídos em pelo menos um terço das unidades da Federação, com um mínimo de 2% (dois por cento) dos votos válidos em cada uma delas; ***ou*** tiverem elegido pelo menos quinze Deputados Federais distribuídos em pelo menos um terço das unidades da Federação.

Por fim, vale lembrar que o §5º, do art. 17, da CF/88, dispõe que ao eleito por partido que não consiga preencher os requisitos de acesso ao fundo partidário e ao direito de antena é assegurado o mandato e facultada a filiação, sem perda do mandato, a outro partido que os tenha atingido, não sendo essa filiação considerada para fins de distribuição dos recursos do fundo partidário e de acesso gratuito ao tempo de rádio e de televisão.

7.5 Financiamento de campanha

O sistema brasileiro de financiamento de campanhas eleitorais trabalha tanto com recursos públicos, como com recursos privados. Os ***recursos públicos*** advêm basicamente do fundo partidário, sendo distribuídos na forma da lei 9.096/95. Já os ***recursos privados***, nos termos das leis 9.096/95 e 9.504/97, são obtidos mediante doações.

Em relação aos ***recursos privados***, é importante registrarmos ***duas decisões do Supremo Tribunal Federal:***

1) *STF, ADI 4.650:* A corte ***declarou inconstitucional*** os dispositivos das leis 9.096/95 e 9.504/97 que autorizavam as ***contribuições de pessoas jurídicas às campanhas eleitorais***, reconhecendo, por outro lado, a constitucionalidade das contribuições de pessoas físicas, nos termos da legislação em vigor. O colegiado reputou que o modelo de

autorização de doações em campanhas eleitorais por pessoa jurídica não se mostraria adequado ao regime democrático em geral e à cidadania, em particular. A participação de pessoas jurídicas apenas encareceria o processo eleitoral sem oferecer, como contrapartida, a melhora e o aperfeiçoamento do debate. O aumento dos custos de campanhas não corresponderia ao aprimoramento do processo político, com a pretendida veiculação de ideias e de projetos pelos candidatos. Ao contrário, os candidatos que tivessem despendido maiores recursos em suas campanhas possuiriam maior êxito nas eleições. Ademais, a exclusão das doações por pessoas jurídicas não teria efeito adverso sobre a arrecadação dos fundos por parte dos candidatos aos cargos políticos. Todos os partidos políticos teriam acesso ao fundo partidário e à propaganda eleitoral gratuita nos veículos de comunicação, a proporcionar aos candidatos e as suas legendas, meios suficientes para promoverem suas campanhas. O princípio da liberdade de expressão, no aspecto político, teria como finalidade estimular a ampliação do debate público, a permitir que os indivíduos conhecessem diferentes plataformas e projetos políticos. A excessiva participação do poder econômico no processo político desequilibraria a competição eleitoral, a igualdade política entre candidatos, de modo a repercutir na formação do quadro representativo. Assim, em um ambiente cujo êxito dependesse mais dos recursos despendidos em campanhas do que das plataformas políticas, seria de se presumir que considerável parcela da população ficasse desestimulada a disputar os pleitos eleitorais.

2) *STF, ADI 5.394*: A corte ***declarou inconstitucional*** expressão "sem individualização dos doadores", constante da parte final do § 12, do art. 28, da Lei 9.504/97, acrescentada pela Lei 13.165/2015, que permitia ***"doações ocultas" a candidatos***. Segundo o Supremo, o grande desafio da Democracia representativa é fortalecer os mecanismos de controle em relação aos diversos grupos de pressão, não autorizando o fortalecimento dos "atores invisíveis de poder", que tenham condições econômicas de desequilibrar o resultado das eleições e da gestão governamental. Os princípios democrático e republicano repelem a manutenção de expedientes ocultos no que concerne ao funcionamento da máquina estatal em suas mais diversas facetas. É essencial ao fortalecimento da Democracia que o seu financiamento seja feito em bases essencialmente republicanas e absolutamente transparentes. Prejudica-se o aprimoramento da Democracia brasileira quando um dos aspectos do princípio democrático – a democracia representativa – se desenvolve em bases materiais encobertas por métodos obscuros de doação eleitoral. Sem as informações necessárias, entre elas a identificação dos particulares que contribuíram originariamente para legendas e para candidatos, com a explicitação também destes, o processo de prestação de contas perde em efetividade, obstruindo o cumprimento, pela Justiça Eleitoral, da relevantíssima competência estabelecida no art. 17, III, da CF.

8. AÇÕES AFIRMATIVAS E ELEIÇÕES: MEDIDAS PARA ASSEGURAR A REPRESENTATIVIDADE DAS MINORIAS

A *democracia*, enquanto regime de governo, consagra o ideal de *governo do povo*, reconhecendo-o como o titular de todo o poder (soberania popular). Nesse sentido, como há muito afirmara Abraham Lincoln, *"a democracia é o governo do povo, pelo povo, para o povo"*, remetendo-nos à ideia de que na democracia o governo e o poder pertencem ao povo, devendo ser exercidos com sua participação ativa e em seu benefício.

Respeitadas as diferentes experiências democráticas ao longo da história da humanidade, com destaque para a democracia grega, especialmente desenvolvida em Atenas, ainda na Antiguidade Clássica, é preciso registrar que a democracia, nos dias de hoje, é compreendida, minimamente, em uma dupla dimensão: uma primeira, denominada de ***democracia formal***, que consiste na expressão da vontade da maioria, e uma segunda, denominada de ***democracia substancial***, que consiste numa barreira à vontade da maioria e exige respeito aos direitos e garantias fundamentais de todos, inclusive das minorias, funcionando, nesse sentido, como uma proteção dos direitos das minorias contra a vontade das maiorias.[12]

Assim, ***a democracia é o governo do povo, de todo o povo, e não apenas de uma parte do povo, ainda que essa parte seja majoritária.*** Deste modo, um governo democrático é aquele que representa, respeita, protege e promove todo o povo, dando às pessoas *tratamento igualitário (igualdade material), reconhecendo os mesmos direitos às diferentes classes*, isto é, o Estado Democrático consagra o governo de todos e não o governo da maioria, ou da minoria, ou de qualquer grupo.

Na democracia há de se respeitar o igual direito de todos, sem discriminações *(negativas)*. Exemplificativamente, em um governo democrático, se o Estado reconhece a liberdade religiosa aos evangélicos, ele tem o dever de reconhecer esse mesmo direito a todas as outras fés (católicos, espíritas, budistas, umbandistas etc.) e, também, as não fés (agnósticos e ateus). Em outro exemplo, em um governo democrático, se o Estado reconhece os negócios jurídicos do casamento e da união estável como um direito das pessoas heterossexuais, ele tem o dever de reconhecer esse mesmo direito às pessoas homossexuais.

Entretanto, ***em uma democracia real e efetiva, o Estado, as vezes, precisa implementar medidas discriminatórias positivas (ações afirmativas)*** para assegurar o direito à igualdade real (material) entre os cidadãos, pois há casos em que, em razão das circunstancias sociais, políticas, econômicas e cultuais, alguns grupos de pessoas acabam sendo alijados do processo político, discriminados no mercado econômico e de trabalho, subjugados nas relações familiares e sociais, bem como tendo sua cultura menosprezada e inferiorizada. Nesses casos, o Estado tem o dever constitucional democrático de implementar medidas afirmativas que busquem assegurar a igualdade substancial para esses grupos minoritários (politicamente minoritários, embora até possam ser maioria numérica), afinal a democracia é o governo de todos e não apenas o governo da maioria política, devendo o poder público garantir que isso não seja só um dogma, efetivando-o através de medidas que assegurem a inserção das pessoas pertencentes a essas minorias em todos os ambientes, *especialmente no ambiente político*, por ser ele o ambiente próprio da democracia formal, no qual é preciso garantir a participação plural de todos os grupos sociais, em pé de igualdade, assegurando a representatividade e promovendo a cidadania de forma ampla.

Deste modo, especialmente ***no campo dos direitos políticos***, enquanto direitos fundamentais destinados ao exercício da soberania popular, da democracia e da cidadania, é essencial que o Estado assegure a participação plural de todos os grupos sociais, inclusive das minorias políticas, sobretudo quando elas são maioria numérica, o que é um forte indicativo (ou mesmo uma comprovação) de que elas (minorias) estão alijadas do ambiente político, em razão de um processo histórico de discriminação e preconceito que, muitas vezes, nos revela um racismo estrutural[13] socialmente entranhado (conscientemente e inconscientemente), como ocorre em relação às mulheres, aos negros, aos indígenas e à população LGBTQI+, por exemplo. Diante

12. FERRAJOLI, Luigi. Los fundamentos de los derechos fundamentales. 4. ed. Madrid: Trotta, 2009.
13. ALMEIDA, Silvio. Racismo estrutural. São Paulo: Pólen, 2019.

desse cenário, é dever do Estado promover a inclusão política, social, cultural e econômica desses grupos, bem como a tolerância e o respeito, especialmente pela representatividade formal (político-eleitoral), assegurando-lhes o devido e necessário lugar de fala,[14] afinal, não basta que o Estado não seja racista, assegurando a democracia e a igualdade formal, é preciso que ele seja antirracista, garantindo e promovendo a democracia material e a igualdade substancial.[15]

8.1 Ações afirmativas relativas às mulheres

O estímulo à participação feminina por meio da chamada ***cota de gênero*** está previsto no art. 10, §3º, da Lei das Eleições (lei 9.504/1997), cuja redação atual foi dada pela lei 12.034/2009. Segundo o citado dispositivo, *cada partido ou coligação preencherá o mínimo de 30% e o máximo de 70% para candidaturas de cada sexo*, nas eleições para Câmara dos Deputados, Câmara Legislativa, assembleias legislativas e câmaras municipais.

*Mas, **por que assegurar que, pelo menos, 30% dos candidatos de cada partido aos cargos eletivos do sistema proporcional sejam mulheres?*** Infelizmente, durante séculos (ou mesmo milênios) a sociedade foi estruturada sobre bases patriarcais, inundando-se de um machismo cruel, que, dentre outras coisas, alijou as mulheres da ambiência política. Só para se ter uma ideia, das 513 vagas para deputado federal, nas eleições de 2010, foram eleitas apenas 45 deputadas mulheres. Já nas eleições de 2014, foram eleitas 51 deputadas mulheres. Enquanto nas eleições de 2018, foram eleitas 77 deputadas mulheres, o que corresponde à 15% das vagas, sendo que, segundo os dados do PNAD de 2019, do IBGE, a população brasileira é composta 48,2% por homens e 51,8% por mulheres.[16] Assim, em face da clara situação de discriminação (racismo, diria) estrutural contra as mulheres no ambiente político (e em muitos outros), faz-se indispensável que o Estado atue de forma a assegurar a igualdade real entre homens e mulheres, mediante ações afirmativas que promovam sua inserção no processo político brasileiro de forma efetiva.

Nesse sentido, além dessa medida afirmativa prevista na Lei das Eleições, em maio do 2018, por unanimidade, o plenário do TSE confirmou que os partidos políticos deveriam, já para as eleições 2018, *reservar pelo menos 30% dos recursos do Fundo Especial de Financiamento de Campanha, conhecido como Fundo Eleitoral, para financiar as campanhas de candidatas no período eleitoral.* Na ocasião, os ministros também entenderam que *o mesmo percentual deveria ser considerado em relação ao tempo destinado à propaganda eleitoral gratuita no rádio e na televisão.* A decisão colegiada do TSE foi dada na análise de uma consulta apresentada por um grupo de parlamentares. O entendimento dos ministros foi firmado em consonância com o que foi estabelecido pelo STF, em março de 2018, no julgamento da ADI 5.617. Na oportunidade, *a Corte Constitucional determinou a destinação de pelo menos 30% dos recursos do Fundo Partidário às campanhas de candidatas mulheres.*

8.2 Ações afirmativas relativas aos negros

De forma semelhante ao que ocorre com as mulheres, os negros também se encontram alijados e sub-representados no ambiente político (e em muitos outros). Como se sabe, o

14. RIBEIRO, Djamila. Lugar de fala. São Paulo: Pólen, 2019.
15. RIBEIRO, Djamila. Pequeno manual antirracista. São Paulo: Companhia das letras, 2019.
16. Disponível em: <https://educa.ibge.gov.br/jovens/conheca-o-brasil/populacao/18320-quantidade-de-homens-e-mulheres.html>. Acesso em: 27 de agosto de 2020.

racismo na sociedade brasileira tem origens históricas que remontam a séculos de escravidão, seguidos de mais de um século de preconceito, discriminação, inferiorização, estigmatização, desprezo e marginalização do negro, gerando e retroalimentando uma sociedade e um Estado estruturalmente racistas.[17]

Nesse cenário, apenas para se ter uma ideia, nas eleições de 2014, dos 513 deputados federais eleitos, 410 se autodeclararam brancos (79,92%), 81 pardos (15,78%) e 22 pretos (4,28%), totalizando 103 deputados negros – pretos e pardos – (20,06%). Já nas eleições de 2018, dos 513 deputados federais eleitos, 385 se autodeclararam brancos (75%); 104 pardos (20,27%); 21 pretos (4,09%); 2 amarelos (0,389%); e 1 indígena (0,19%), totalizando 125 deputados negros – pretos e pardos – (24,36%), em que pese, de acordo os dados coletados pela PNAD, do IBGE, em 2019, 42,7% dos brasileiros se autodeclararam brancos, 46,8% pardos, 9,4% pretos e 1,1% amarelos ou indígenas, totalizando 56,2% de negros – pretos ou pardos.[18]

Embora haja alguns ***projetos de lei*** que visem a implementação de cotas raciais e de outras medidas que viabilizem a maior representatividade da população negra – preta e parda – no cenário político brasileiro, esses projetos caminham a passos de tartaruga e enfrentam grande resistência da maioria parlamentar branca, que vê com maus olhos a perda de seus privilégios históricos.

Diante desse cenário, o Tribunal Superior Eleitoral, em agosto de 2020, decidiu que *a distribuição dos recursos do Fundo Especial de Financiamento de Campanha (FEFC) e do tempo de propaganda eleitoral gratuita no rádio e na televisão deve ser proporcional ao total de candidatos negros que o partido apresentar para a disputa eleitoral, sendo que a divisão igualitária deve ser regulamentada por Resolução do Tribunal*. Ademais, conforme expressou o TSE, essa decisão só se aplica a partir das eleições de 2022, e não das eleições de 2020, em razão do princípio da anualidade (ou anterioridade) eleitoral (art. 16, CF/88).

Esse entendimento foi firmado na análise de ***consulta*** formulada pela deputada federal Benedita da Silva, que questionou ao TSE se uma parcela dos incentivos às candidaturas femininas que estão previstos na legislação poderia ser reservada especificamente para candidatas negras, indagando se 50% das vagas e da parcela do FEFC poderiam ser direcionadas para candidatas pretas e pardas. Além disso, a deputada questionou sobre a possibilidade de reservar vagas – uma espécie de cota – para candidatos negros, destinando 30% do FEFC e do tempo de propaganda eleitoral gratuita no rádio e na TV para atender a essa finalidade.

Diante dessa consulta, *o TSE, por 6 votos a 1, respondeu afirmativamente*, em parte, ao *primeiro quesito*, e propôs que os recursos e o tempo gratuito no rádio e TV sejam proporcionais ao número de candidatos negros registrados na disputa, sejam homens ou mulheres. Quanto ao *segundo questionamento*, o tribunal respondeu negativamente, por entender que cabe ao Congresso Nacional, pela via legislativa, criar os instrumentos legais para que as cotas se concretizem, não cabendo ao Poder Judiciário formular essa proposta.

17. ALMEIDA, Silvio. O que é racismo estrutural? Belo Horizonte: Letramento, 2018.
18. Disponível em: <https://educa.ibge.gov.br/jovens/conheca-o-brasil/populacao/18319-cor-ou-raca.html>. Acesso em: 27 de agosto de 2020.

9. QUADRO SINÓPTICO

<table>
<tr><th colspan="2">CAPÍTULO XIII – DIREITOS POLÍTICOS</th></tr>
<tr><th colspan="2">INTRODUÇÃO</th></tr>
<tr><td colspan="2">Os direitos políticos são direitos fundamentais individuais que se destinam ao exercício da soberania popular, tendo como fundamentos os princípios republicano e democrático, instituindo um conjunto de normas que disciplina a participação dos cidadãos no processo político de tomada de decisões que envolvem a vida pública do Estado e da sociedade, instrumentalizando o exercício da cidadania e tendo como premissa a autodeterminação dos povos, pela qual lhe é resguardado o direito de se autodeterminar, sendo tal autodeterminação feita pelo seu povo.
Os direitos políticos, tradicionalmente, são classificados em positivos e negativos.</td></tr>
<tr><th colspan="2">DIREITOS POLÍTICOS POSITIVOS</th></tr>
<tr><td>Conceito</td><td>Os direitos políticos positivos estabelecem normas que asseguram e condicionam a participação do cidadão na vida pública do Estado.</td></tr>
<tr><td rowspan="4">Direito de Sufrágio</td><td>O direito de sufrágio compreende o direito de escolher nossos representantes (alistabilidade), o direito de ser escolhido representante (elegibilidade), e até mesmo o direito de escolher se concorda com um determinado projeto de lei ou não, que se dá através do plebiscito e do referendo. Sufrágio é o direito de escolher e ser escolhido representante do povo. Voto é o instrumento que utilizamos para exercer essa escolha. Escrutínio consiste no modo como o voto é exercido, isto é, no modo de votação e de apuração de uma eleição.</td></tr>
<tr><td>O VOTO: O voto é um direito fundamental individual e, ao mesmo tempo, um dever fundamental autônomo e expresso para os maiores de 18 anos e menores de 70 anos.
O voto possui as seguintes características: personalidade, obrigatoriedade, liberdade, Sigilosidade, direto (ou de escolha direta), periodicidade, igualdade (one mano ne vote). Ademais, o voto direto, secreto, universal e periódico é cláusula pétrea, nos termos do art. 60, §4º, II, da CF/88.</td></tr>
<tr><td>ALISTABILIDADE: Consiste na capacidade eleitoral ativa, no direito de votar que com o alistamento perante à Justiça Eleitoral.
Nos termos do art. 14, §1º, da CF/88, o alistamento eleitoral e o voto são obrigatórios para os maiores de dezoito anos e facultativos para: a) os analfabetos; b) os maiores de setenta anos; e c) os maiores de dezesseis e menores de dezoito anos.
Já nos termos do §2º, do art. 14, da CF/88, não podem alistar-se como eleitores os estrangeiros [com exceção dos portugueses equiparados do art. 12, §1º] e, durante o período do serviço militar obrigatório, os conscritos.</td></tr>
<tr><td>ELEGIBILIDADE: Consiste na capacidade eleitoral passiva, no direito de ser votado, isto é, na possibilidade do cidadão, que preencha os requisitos constitucionais, concorrer nas eleições objetivando exercer um cargo eletivo.
Segundo o art. 14, §3º, são condições de elegibilidade, na forma da lei:
i) a nacionalidade brasileira;
ii) o pleno exercício dos direitos políticos;
iii) o alistamento eleitoral;
iv) o domicílio eleitoral na circunscrição;
v) a filiação partidária;
vi) a idade mínima de:
a) 35 anos para Presidente e Vice-Presidente da República e Senador;
b) 30 anos para Governador e Vice-Governador de Estado e do Distrito Federal;
c) 21 anos para Deputado Federal, Deputado Estadual ou Distrital, Prefeito, Vice-Prefeito e juiz de paz;
d) 18 anos para Vereador.</td></tr>
</table>

Direito de Sufrágio	***SISTEMAS ELEITORAIS:*** os sistemas eleitorais são formas de transformação de votos em mandatos, traduzindo os procedimentos eleitorais de escolha dos candidatos eleitos. A Constituição de 1988 adota os sistemas majoritário e proporcional. O ***sistema majoritário*** é aquele pelo qual será eleito o candidato mais bem votado dentro da circunscrição eleitoral respectiva (nacional, estadual, municipal ou distrital). Esse sistema é adotado nas eleições do Poder Executivo (Presidente, Governadores de Estado, Governado do DF e Prefeitos) e, também, nas eleições para o Senado Federal, dividindo-se em ***simples*** e ***complexo (ou de maioria absoluta)***. O ***sistema proporcional*** é aquele que divide as vagas para os cargos eletivos entre os partidos, sendo que o Brasil adota o sistema proporcional ***aberto (uninominal),*** no qual os eleitores votam individualmente no candidato de sua preferência ou na legenda partidária de sua preferência, sendo as cadeiras a que o partido tenha direito ocupadas pelos candidatos com maior número de votos dentro do partido. Esse sistema é adotado nas eleições de vereador e deputados federais, estaduais e distritais.
Plebiscito	Consiste na consulta ao eleitorado convocada com ***anterioridade*** a ato legislativo ou administrativo, cabendo ao povo, pelo voto, aprovar ou denegar o que lhe tenha sido submetido. O plebiscito deve ser convocado pelo Congresso nacional, sendo decidido por maioria simples dos votos, vinculando o legislador.
Referendo	Consulta ao eleitorado convocada com ***posterioridade*** a ato legislativo ou administrativo, cumprindo ao povo a respectiva ratificação ou rejeição. O referendo deve ser convocado pelo Congresso nacional, sendo decidido por maioria simples dos votos, vinculando o legislador.
Iniciativa Popular de Lei	Consiste no direito do povo de deflagrar o processo legislativo, isto é, de propor um projeto de lei. Assim, nos termos do art. 61, §2º, da CF/88, pode ser exercida pela apresentação à Câmara dos Deputados de projeto de lei subscrito por, no mínimo, um por cento do eleitorado nacional, distribuído pelo menos por cinco Estados, com não menos de três décimos por cento dos eleitores de cada um deles.
Ação Popular	Consiste em ação de natureza constitucional que confere ao cidadão (na forma da lei) a garantia republicana de fiscalizar a Administração Pública naquilo que diz respeito à legalidade e à moralidade de seus atos concernentes ao patrimônio público, de um modo geral (patrimônio econômico, financeiro, imobiliário, ambiental, cultural, artístico, histórico etc.). A ***prova da cidadania***, para ingresso em juízo, é o ***título eleitoral***, ou documento que a ele corresponda.
DIREITOS POLÍTICOS NEGATIVOS	
Conceito	Os direitos políticos negativos estabelecem normas que impedem a participação do cidadão na vida pública do Estado, em razão da moralidade e legalidade públicas necessárias ao exercício do poder político.
Inelegibilidades	***INELEGIBILIDADE ABSOLUTA:*** independe da eleição e do cargo eletivo em disputa, impedindo o indivíduo que se encontre naquela situação pessoal de candidatar-se. Assim, nos termos do art. 14, § 4º, da CF/88, são inelegíveis os ***inalistáveis*** e os ***analfabetos***. Os ***inalistáveis*** são os ***estrangeiros*** (com exceção do português equiparado) e os ***conscritos***.
	INELEGIBILIDADE RELATIVA EM RAZÃO DA FUNÇÃO: a inelegibilidade relativa em razão da função envolve os ***chefes do poder executivo – Presidente, Governadores dos Estados e do DF*** e ***Prefeitos*** – e pode ser referente ao mesmo cargo ou a outro cargo. De acordo com *o art. 14, § 5º, da CF/88, o Presidente da República, os Governadores de Estado e do Distrito Federal, os Prefeitos e quem os houver sucedido, ou substituído no curso dos mandatos poderão ser reeleitos para um único período subsequente*. Segundo *o art. 14, § 6º, da CF/88, para concorrerem a outros cargos, o Presidente da República, os Governadores de Estado e do Distrito Federal e os Prefeitos devem renunciar aos respectivos mandatos até seis meses antes do pleito.*
	INELEGIBILIDADE RELATIVA EM RAZÃO DO PARENTESCO (REFLEXA): dispõe o art. art. 14, § 7º, da CF/88, que *são inelegíveis, no território de jurisdição do titular, o cônjuge e os parentes consanguíneos ou afins, até o segundo grau ou por adoção, do Presidente da República, de Governador de Estado ou Território, do Distrito Federal, de Prefeito ou de quem os haja substituído dentro dos seis meses anteriores ao pleito, salvo se já titular de mandato eletivo e candidato à reeleição.*

Inelegibilidades	***INELEGIBILIDADE RELATIVA LEGAL:*** nos termos do art. 14, § 9º, da CF/88, *lei complementar estabelecerá outros casos de inelegibilidade e os prazos de sua cessação, a fim de proteger a probidade administrativa, a moralidade para exercício de mandato considerada vida pregressa do candidato, e a normalidade e legitimidade das eleições contra a influência do poder econômico ou o abuso do exercício de função, cargo ou emprego na administração direta ou indireta.* Esse dispositivo encontra-se regulamentado pela Lei Complementar 64/1990 (Lei das Inelegibilidades), que foi objeto de importantes modificações pela Lei Complementar 135/2010 ("Lei da Ficha Limpa").
	O MILITAR E (IN)ELEGIBILIDADE: O art. 14, §8º, da CF/88, afirma que *o militar alistável é elegível*. Já o art. 14, §3º, V, da CF/88, exige filiação partidária para ser candidato a cargo eletivo, devendo esta filiação dar-se pelo menos 6 meses antes do pleito eleitoral, nos termos do art. 9º, Lei 9.504. Contudo, o art. 142, §3º, V, da CF/88, prevê que o militar, enquanto em serviço ativo, não pode estar filiado a partidos políticos, sendo que esta proibição engloba, também, os militares dos Estados e do DF, conforme dispõe o art. 42, §1º, da CF/88. Em face desta celeuma, o TSE entende que requisito da filiação partidária não é exigível ao militar da ativa que pretenda concorrer a cargo eletivo, bastando o pedido de registro de candidatura, após prévia escolha em convenção partidária. Ademais, o militar (alistável) é elegível atendidas as seguintes condições: ***i)*** *se contar menos de dez anos de serviço, deverá afastar-se da atividade.* ***ii)*** *se contar mais de dez anos de serviço, será agregado pela autoridade superior e, se eleito, passará automaticamente, no ato da diplomação, para a inatividade.*
	INELEGIBILIDADES IMPOSTAS AOS OCUPANTES DE CERTOS CARGOS PÚBLICOS: nos termos da Constituição, aos ***magistrados*** (art. 95, *p.u.*, III,) e aos ***membros do Ministério Público*** (art. 128, §5º, II,) é vedado dedicar-se a atividade político-partidária. Já, nos termos da lei, os ***membros dos Tribunais de Contas*** (art. 74, VI, da Lei 8.443/92), os ***servidores da Justiça Eleitoral*** (art. 366, do Código Eleitoral), bem como os ***Defensores Públicos da União*** enquanto estiverem atuando perante a Justiça Eleitoral (art. 46, V, da LC 80/94) não podem dedicar-se à atividade político-partidária.
Perda dos direitos políticos	A perda dos direitos políticos consiste na ***perda das capacidades eleitorais ativa e passiva de forma definitiva.*** Nos termos da CF/88, são hipóteses de perda dos direitos políticos: ***1)*** Cancelamento da naturalização por decisão judicial transitada em julgado (art. 15, I); ***2)*** Perda da nacionalidade brasileira por aquisição voluntária de outra (art. 12, § 4º, II); ***3)*** Procedimento de naturalização judicialmente anulado por vício.
Suspensão dos direitos políticos	A suspensão dos direitos políticos consiste na ***suspensão das capacidades eleitorais ativa e passiva de forma temporária.*** Nos termos da CF/88, são hipóteses de suspensão dos direitos políticos: ***1)*** Incapacidade civil absoluta (art. 15, II); ***2)*** Condenação criminal transitada em julgado, enquanto durarem seus efeitos (art. 15, III); ***3)*** Recusa de cumprir obrigação a todos imposta ou prestação alternativa, nos termos do art. 5º, VIII (art. 15, IV); ***4)*** Condenação por improbidade administrativa, nos termos do art. 37, § 4º (art. 15, V).
AÇÃO DE IMPUGNAÇÃO DE MANDATO ELETIVO	
Nos termos do art. 14, § 10, da CF/88, o mandato eletivo poderá ser impugnado ante à Justiça Eleitoral no ***prazo decadencial de quinze dias*** contados da diplomação, instruída a ação com provas de abuso do poder econômico, corrupção ou fraude. Ademais, de acordo com o §11, do art. 14, da CF/88, a ação de impugnação de mandato tramitará em ***segredo de justiça***, respondendo o autor, na forma da lei, se temerária ou de manifesta má-fé	
PRINCÍPIO DA ANTERIORIDADE (ANUALIDADE) ELEITORAL	
Nos termos do art. 16, da CF/88, *a lei que* ***alterar o processo eleitoral*** *entrará em vigor na data de sua publicação, não se aplicando à eleição que ocorra até um ano da data de sua vigência*. Trata-se de norma fundada no princípio da segurança jurídica, voltada a impedir que se alterem as regras do jogo eleitoral durante o jogo, já tendo sido reconhecido como cláusula pétrea, pelo STF.	
PARTIDOS POLÍTICOS	
Conceito	Conforme define a Lei 9.096/1995 (Lei dos Partidos Políticos), o partido político é pessoa jurídica de direito privado, que se destina a assegurar, no interesse do regime democrático, a autenticidade do sistema representativo e a defender os direitos fundamentais definidos na Constituição.

Natureza jurídica e requisitos para criação	A natureza jurídica do partido políticos é a de ***pessoa jurídica de direito privado*** (art. 1º, da Lei 9.906/95 e art. 44, V, do CC/02), sendo criado com a inscrição de seu ato constitutivo no Cartório de Registro Civil de Pessoas Jurídicas (art. 45, do CC/02), devendo registrar seu estatuto no Tribunal Superior Eleitoral após à aquisição da personalidade jurídica com o registro civil (art. 17, §2º, da CF/88). Nos termos do art. 17, da CF/88, é livre a criação, fusão, incorporação e extinção de partidos políticos, resguardados a soberania nacional, o regime democrático, o pluripartidarismo, os direitos fundamentais da pessoa humana e observados os seguintes preceitos: *i)* caráter nacional; *ii)* proibição de recebimento de recursos financeiros de entidade ou governo estrangeiros ou de subordinação a estes; *iii)* prestação de contas à Justiça Eleitoral; *iv)* funcionamento parlamentar de acordo com a lei.
Liberdade e Autonomia	Nos termos do art. 17, §1º, da CF/88, *é assegurada aos partidos políticos* ***autonomia*** *para definir sua estrutura interna e estabelecer regras sobre escolha, formação e duração de seus órgãos permanentes e provisórios e sobre sua organização e funcionamento e para adotar os critérios de escolha e o regime de suas* ***coligações*** *nas eleições majoritárias, vedada a sua celebração nas eleições proporcionais, sem obrigatoriedade de vinculação entre as candidaturas em âmbito nacional, estadual, distrital ou municipal, devendo seus estatutos estabelecer normas de disciplina e* ***fidelidade partidária***.
Direito aos recursos do fundo partidário e direito de antena	Nos termos da redação dada ao §3º, do art. 17, da CF/88, pela EC 97/2017, ***somente terão direito a recursos do fundo partidário e acesso gratuito ao rádio e à televisão***, direito de antena, *na forma da lei*, ***os partidos políticos que alternativamente:*** ***i)*** obtiverem, nas eleições para a Câmara dos Deputados, no mínimo, 3% (três por cento) dos votos válidos, distribuídos em pelo menos um terço das unidades da Federação, com um mínimo de 2% (dois por cento) dos votos válidos em cada uma delas; ***OU*** ***ii)*** tiverem elegido pelo menos quinze Deputados Federais distribuídos em pelo menos um terço das unidades da Federação. O disposto nesse dispositivo constitucional consagra a famosa ***cláusula de barreira***, que ***restringe o acesso dos partidos políticos a recursos do fundo partidário a ao direito de antena*** (direito ao tempo gratuito de rádio e televisão), sendo sua implementação progressiva, nos termos do art. 3º, da EC 97/2017.
Financiamento de campanha	O sistema brasileiro de financiamento de campanhas eleitorais trabalha tanto com recursos públicos, como com recursos privados. Os ***recursos públicos*** advêm basicamente do fundo partidário, distribuídos na forma da lei 9.096/95. Já os ***recursos privados***, nos termos das leis 9.096/95 e 9.504/97, são obtidos mediante doações. Em relação aos ***recursos privados***, é importante registrarmos ***duas decisões do Supremo Tribunal Federal:*** ***1) STF, ADI 4.650:*** A corte ***declarou inconstitucional*** os dispositivos das leis 9.096/95 e 9.504/97 que autorizavam as ***contribuições de pessoas jurídicas às campanhas eleitorais***, reconhecendo, por outro lado, a constitucionalidade das contribuições de pessoas físicas, nos termos da legislação em vigor. ***2) STF, ADI 5.394:*** A corte ***declarou inconstitucional*** expressão "sem individualização dos doadores", constante da parte final do § 12, do art. 28, da Lei 9.504/97, acrescentada pela Lei 13.165/2015, que permitia ***"doações ocultas" a candidatos***.

TÍTULO IV
ORGANIZAÇÃO DO ESTADO E DOS PODERES

Organismo moral, o estado reduz à unidade grupos sociais ainda que heterogêneos na sua formação, submetidos à sua soberania, com o fim de atingir o bem coletivo, que não póde diminuir ou reduzir o bem particular dos aludidos grupos mas, pelo contrario, fortalece-lo [...]

Pode até a nação existir sem o estado, desde que se mantenha fiel ao seu fim imediato, que consiste na conservação, transmissão e desenvolvimento dos elementos de cultura proprios, em beneficio da pessôa humana [...]

O fim do estado consiste na prosperidade publica, na sufficientia vitae necessária a cada um para atingir a perfeição física, intelectual e moral, correspondendo às necessidades e as deficiências naturais mais profundas, que não pódem ser satisfeitas nem pelo individuo só, nem pela família isolada, nem por outros grupos sociais solitários [...]

Ao discorrer sobre o fim do Estado e da Nação afirma que "ambos são meios para a pessôa humana conseguir os seus fins" [...]

Voltando ao estado, vimos que o seu fim é a segurança dos direitos individuais, da liberdade e a conservação e aperfeiçoamento da vida social [...] mesmo visando ao bem da coletividade, o que tem em mira o estado é a tutela e o desenvolvimento da pessôa humana. Assim o exigem a dignidade e o destino eterno do homem, ao qual tudo neste mundo está subordinado como a seu fim, de modo que tudo ha de ser meio para conseguir a pessôa humana o seu fim ultimo [...]

Por destino natural é o estado meio para o pleno desenvolvimento das faculdades individuais e sociais, meio de que o homem deve valer-se, ora dando, ora recebendo alguma coisa para o seu bem e para o bem dos outros [...]

É o estado meio natural, de que pode e deve servir-se o homem, para consecução de seu fim, sendo o estado para o homem e não o homem para o estado [...]

É por isto que afirmamos que o individuo não foi feito para o estado, mas sim o estado para o individuo, para o seu bem estar moral e material, para a sua felicidade [...] O direito não nasce com o estado, mas com o homem. Escrito ou consuetudinário, não deixou nunca de acompanhar o homem. Existe para servir o homem, como tambem para servir o homem existe o estado [...]

O estado não é fim do homem, sua missão é ajudar o homem a conseguir o seu fim. É meio, visa à ordem externa para a prosperidade comum dos homens [...]

José Carlos de Ataliba Nogueira – O Estado é meio e não fim.

Capítulo XIV
ORGANIZAÇÃO DO ESTADO

1. INTRODUÇÃO

A organização do Estado estuda a forma como o Estado se organiza, isto é, o modo como ele distribui e exerce o poder político em razão de seu território. Trata-se, sem dúvidas, de matéria essencialmente constitucional, sendo conteúdo constitucional desde as Constituições não escritas até as Constituições escritas, estando prevista no Título III, da Constituição brasileira de 1988.

1.1 Conceito e elementos constitutivos do Estado

Embora o *conceito de Estado* encontre divergências doutrinárias entre os filósofos, os cientistas políticos e os juristas, não podendo ser definido de forma fechada, até porque possui importantes variações temporais e espaciais, fruto da evolução da própria sociedade, é possível, a partir dos referenciais modernos, especialmente após a importante contribuição de Maquiavel[1] e, posteriormente, dos filósofos iluministas, identificar os seguintes ***elementos (constitutivos) do Estado***, comumente apontados pelos teóricos:

- *Povo:* é o elemento subjetivo, demográfico ou humano, que designa o conjunto de pessoas de um determinado Estado que gozam de sua respectiva nacionalidade (ou cidadania, em sentido amplo e não meramente político), isto é, o conjunto de pessoas que possuem a nacionalidade (cidadania) de um Estado, compondo a dimensão pessoal desse Estado[2] Aqui, vale lembrar que ***povo não se confunde com população nem com nação***, pois ***população*** designa o conjunto de habitantes (nacionais e estrangeiros) de um determinado Estado, tratando-se de um conceito numérico-geográfico, enquanto ***nação*** designa um agrupamento humano homogêneo (ou com elementos de homogeneidade) ligado por laços comuns de natureza histórica, étnica, racial, religiosa, cultural, linguística, cujos indivíduos partilham uma consciência coletiva comum e um sentimento de comunidade que independe da definição territorial de um Estado Nacional.[3]
- *Território:* é o elemento geográfico, que designa os limites espaciais (em regra, delimitados pelo uso de fronteiras – visíveis ou não visíveis) do Estado.
- *Governo Soberano:* é o elemento político-jurídico, que consolida o Estado, possibilitando a sua própria organização, bem como de seus poderes. Numa *visão clássica*, a soberania designa um *poder político supremo* (por não ser limitada por nenhum outro poder na ordem interna) *e independente* (por estar em pé de igualdade com os poderes soberanos de outros povos e não se sujeitar a nenhuma norma internacional que não seja voluntariamente aceita), dividindo-se em: *i) soberania externa*, que refere-se à representação do Estado na ordem internacional, segundo a qual o Estado soberano não se sujeita a nenhum outro Estado, nem a nenhum órgão internacional; e *ii) soberania interna*, que refere-se à supremacia estatal em face dos cidadãos na ordem

1. MAQUIAVEL, Nicolau. O príncipe. São Paulo: Jardim dos livros, 2007.
2. MIRANDA, Jorge. Teoria do Estado e da Constituição. 4. ed. Rio de Janeiro: Forense, 2015, p. 77 e ss.
3. BONAVIDES, Paulo. Teoria Geral do Estado. 9. ed. São Paulo: Malheiros, 2012, p. 125 e ss.

interna. Numa *visão contemporânea, a soberania é relativizada* e sofre uma releitura, especialmente, fundada nos princípios da democracia, da soberania popular, do pluralismo político e dos direitos humanos, em face dos novos arranjos globais que as pessoas e o Estado estão inseridos, abandonando a rigidez de outrora.[4]

Segundo a doutrina, esses elementos precisam "andar juntos" para a configuração do Estado, pois são ***indissociáveis***, não se podendo falar em Estado, modernamente, sem a existência concomitante desses três elementos.

Insta destacar que vários autores identificam ***outros elementos constitutivos do Estado***, as vezes até mesmo remodelando ou renomeando algum dos elementos clássicos. José Afonso da Silva, por exemplo, acrescenta a finalidade, como quarto elemento constitutivo do Estado, enquanto elemento teleológico.[5] Já Dalmo de Abreu Dallari sustenta que os elementos constitutivos do Estado são: *i)* ordem jurídica soberana; *ii)* finalidade (bem comum do povo); *iii)* povo; e *iv)* território.[6] Hans Kelsen, por sua vez, defende a existência de quatro elementos formadores do Estado: *i)* território; *ii)* povo; *iii)* poder; e *iv)* tempo ou período de existência.[7]

Por fim, é importante registrar que ***a uniformidade linguística não é elemento constitutivo dos Estados***, embora contribua para a identidade de um povo e para a própria formação do Estado.

2. ESPÉCIES (TIPOS OU FORMAS) DE ESTADO

Como vimos, a forma de Estado designa o modo como o poder político é distribuído em razão de um determinado território. Vejamos as principais formas de Estado consagradas ao longo da história (moderna).

2.1 Estado unitário

É a forma pela qual ***não há distribuição geográfica do poder político*** do Estado em razão do território. Há um polo central, que concentra o exercício do poder, criando e implementando as normas, não existindo uma repartição do poder que ficará condensado no polo central. Assim, o Estado Unitário, caracteriza-se pela ***concentração política*** e pela ***concentração do poder*** nas mãos de um único órgão.

Em que pese não haja uma distribuição geográfica do poder, há nesses Estados uma ***descentralização administrativa***, o que os torna governáveis, criando repartições que desempenharão atribuições delegadas pelo poder central, mas que, contudo, não serão titulares do poder. Isso ocorre porque é inviável administrar um Estado Unitário Puro. Essa forma foi adotada pelo Brasil durante o período colonial e durante o período imperial, havendo meras descentralizações administrativas – as províncias – que eram totalmente subordinadas ao governo central.

2.2 Estado regional

É a forma de Estado na qual ***o órgão central distribui competências administrativas e legislativas*** para as suas regiões. Assim, possui uma descentralização administrativa e le-

4. FERRAJOLI, Luigi. A soberania no mundo moderno. São Paulo: Martins Fontes, 2002.
5. SILVA, José Afonso da. Curso de Direito Constitucional Positivo. 33. ed. São Paulo: Malheiros, 2010.
6. DALLARI, Dalmo de Abreu. Elementos de Teoria Geral do Estado. 33. ed. São Paulo: Saraiva, 2016.
7. KELSEN, Hans. Teoria do direito e do Estado. 4. ed. São Paulo: Martins Fontes, 2005.

gislativa (que parte do órgão central), mas não possui descentralização política. Essa forma é adotada pela Itália, por exemplo.

2.3 Estado autonômico

É a forma de Estado em que ***há descentralização administrativa e legislativa a partir de iniciativa das próprias províncias,*** formando regiões autonômicas. Isto é, a descentralização se dá por iniciativa das províncias e não do órgão central.

É típica da Espanha, onde as províncias formam regiões autonômicas, mediante um Estatuto de Autonomia, pelo qual avocam competências da Constituição espanhola. Esse estatuto deve ser submetido ao parlamento espanhol e, sendo aprovado, dará origem a uma região autonômica e se transformará em uma lei especial que pode ser revista de 5 em 5 anos.

2.4 Estado federal

É a forma de Estado pela qual o ***poder político é distribuído geograficamente em razão do território***, possuindo um ente central, dotado de soberania, e entes regionais, dotados de autonomia, tendo como principais ***características:***[8]

a) ***Indissolubilidade do pacto federativo***, vedando-se a separação dos entes federados;

b) ***Coexistência de, no mínimo, duas ordens jurídicas***, uma central e uma regional, fruto de uma descentralização das vontades políticas;

c) ***Constituição rígida, com núcleo pétreo que não admita a secessão***, como na Constituição brasileira de 1988, em que a forma federativa de Estado é cláusula pétrea, nos termos do art. 60, § 4º, I;

d) ***Existência de órgão que represente os entes federativos regionais de forma igualitária***, como o Senado Federal, no caso da Constituição brasileira de 1988;

e) ***Autonomia financeira dos entes federativos*** reconhecida pela Constituição do ente soberano;

f) Existência de um ***órgão de cúpula do Poder Judiciário que solucione os conflitos de competência*** entre os entes federativos;

g) ***Auto-organização político-administrativa dos entes federativos autônomos***, sendo-lhes atribuídos ***autonormatização*** (competência para produzirem suas próprias leis), ***autogoverno*** (são detentores dos poderes estatais – Executivo, Legislativo e Judiciário) e ***autoadministração*** (exercício das competências legislativas, administrativas e tributárias próprias).

2.5 Confederação

É formada pela ***união de Estados soberanos***, na qual há uma distribuição geográfica do poder político entre os Estados que compõem a confederação, não sendo, portanto, uma forma de Estado, vez que se caracteriza pela união de vários Estados com uma finalidade comum, podendo quaisquer deles, deixar a confederação quando quiser.

8. FERNANDES, Bernardo G. Curso de Direito Constitucional. 8. ed. Salvador: Juspodivm, 2016, p. 816.

PRINCIPAIS DIFERENÇAS ENTRE FEDERAÇÃO E CONFEDERAÇÃO	
FEDERAÇÃO	**CONFEDERAÇÃO**
Formada por entes federativos autônomos, unidos por uma Constituição.	Formada por Estados soberanos, unidos por um acordo internacional.
É vedada a secessão.	É permitida a secessão.
Existência de um órgão de cúpula do Poder Judiciário para solucionar os conflitos de competência entre os entes.	Em regra, não há a existência desse órgão de cúpula do Poder Judiciário.

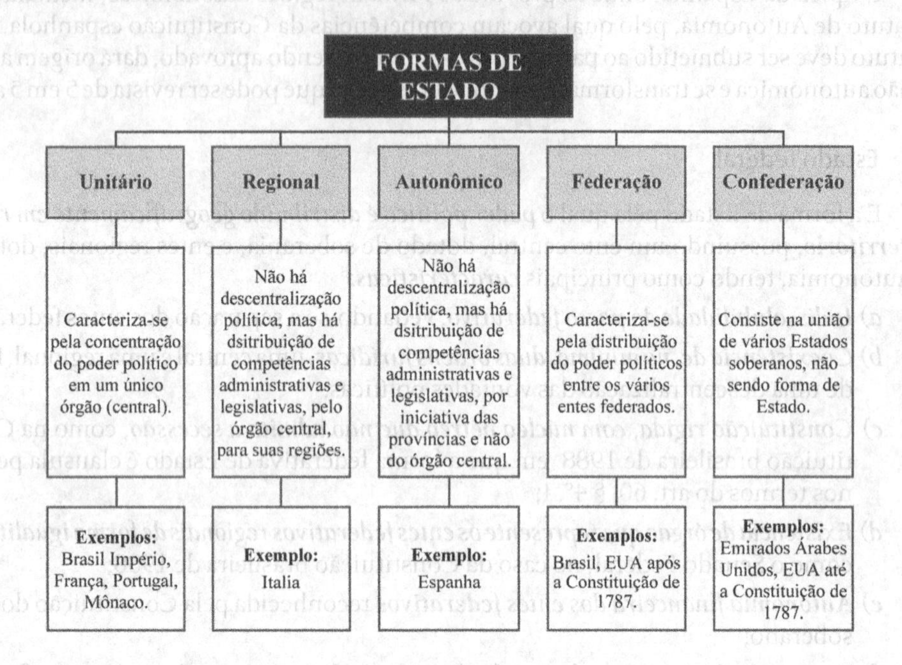

3. ESPÉCIES (TIPOS OU MODOS) DE FEDERALISMO

A doutrina, classicamente, classifica o federalismo, dividindo-o em algumas espécies (tipos ou modos), quanto a sua origem, concentração de poder, repartição de competências, equacionamento das desigualdades e esferas integrantes da federação.

3.1 Quanto à origem (ou formação) do federalismo

a) federalismo por agregação: é aquele criado pela união de Estados que até então eram soberanos, ou seja, temos Estados soberanos que abrem mão de sua soberania para formar um único Estado (maior) que irá agregar todos aqueles Estados anteriores, que agora passam a ser entes autônomos dentro da federação. Ocorre por um ***movimento centrípeto do poder***, vez que o Estado Federal se forma da periferia (que abre mão de parcela do seu poder) para o centro. Temos como exemplo, os Estados Unidos da América do Norte.

b) federalismo por segregação: é aquele criado a partir da divisão em vários entes de um Estado que até então era unitário, ou seja, temos um Estado que não tinha distribuição do poder político entre suas esferas administrativas (que concentrava todo o poder no órgão central), que agora irá dividir esse poder. Ocorre por um *movimento centrífugo do poder*, vez que o Estado Federal se forma do centro (que abre mão de parcela do seu poder) para a periferia. Temos como exemplo, a República Federativa do Brasil.

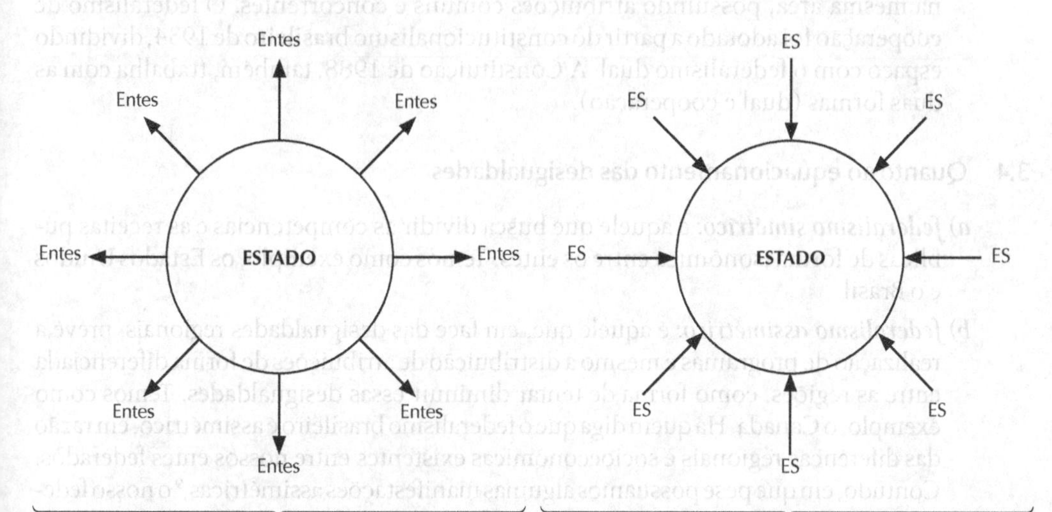

3.2 Quanto à concentração de poder

a) federalismo centrípeto ou centralizador: é aquele que possui uma maior concentração de poder no governo central, ou seja, as competências são distribuídas entre os entes, mas o órgão central concentra a maior das competências mais importantes. Temos como exemplo, a República Federativa do Brasil.

b) federalismo centrífugo ou descentralizador: é aquele que possui uma maior descentralização de poder com considerável diminuição do poder central e ampliação dos poderes regionais, que ficam com mais competências do que o órgão central. Temos como exemplo, os Estados Unidos da América do Norte.

c) federalismo de equilíbrio: é aquele que institui um sistema de repartição de competências de modo a equilibrar os poderes central e regionais, isto é, as competências são distribuídas de forma proporcional entre os entes regionais e o ente central. Há quem diga que o federalismo brasileiro é de equilíbrio. Contudo, discordamos. O federalismo brasileiro é claramente centralizador, sendo as principais competências privativas da União (órgão central).

3.3 Quanto à repartição de competências

a) federalismo dual ou clássico: é aquele que trabalha com uma repartição de competências exclusivas entre os entes, devendo cada um atuar em uma esfera diferente, separada e independente, não havendo atuação conjunta ou cooperativa. O federalismo dual foi prevalecente no constitucionalismo brasileiro de 1891.

b) *federalismo de cooperação, cooperativo ou neoclássico:* é aquele que trabalha com uma repartição de competências que contempla de forma significante a atuação conjunta e cooperada entre os entes federados, atuando os entes central e regionais na mesma área, possuindo atribuições comuns e concorrentes. O federalismo de cooperação foi adotado a partir do constitucionalismo brasileiro de 1934, dividindo espaço com o federalismo dual. A Constituição de 1988, também, trabalha com as duas formas (dual e cooperação).

3.4 Quanto ao equacionamento das desigualdades

a) *federalismo simétrico:* é aquele que busca dividir as competências e as receitas públicas de forma isonômica entre os entes. Temos como exemplo, os Estados Unidos e o Brasil.

b) *federalismo assimétrico:* é aquele que, em face das desigualdades regionais, prevê a realização de programas e mesmo a distribuição de atribuições de forma diferenciada entre as regiões, como forma de tentar diminuir essas desigualdades. Temos como exemplo, o Canadá. Há quem diga que o federalismo brasileiro é assimétrico, em razão das diferenças regionais e socioeconômicas existentes entre nossos entes federados. Contudo, em que pese possuamos algumas manifestações assimétricas,[9] o nosso federalismo é claramente simétrico, em razão da igualitária distribuição de competências entre os entes federados de mesma natureza (mesmas competências para todos os Estados e mesmas competências para todos os Municípios, por exemplo).

3.5 Quanto às esferas integrantes da federação

Aqui há uma grande celeuma doutrinária. ***Segundo alguns***, o federalismo pode ser de segundo e de terceiro grau. Assim, o ***federalismo de segundo grau*** é aquele composto por duas ordens jurídicas distintas, central (de primeiro grau) e regionais (de segundo grau). Já o ***federalismo de terceiro grau*** é aquele composto por três ordens jurídicas distintas, central (de primeiro grau), regionais (de segundo grau) e locais (de terceiro grau), ocorrendo em federações em que os municípios foram elevados a entes federados, como o Brasil, por exemplo.

Segundo outros, o federalismo pode ser de primeiro ou de segundo grau. Assim, o ***federalismo de primeiro grau*** é aquele em que todos os entes federados possuem todos os poderes e representação no órgão legislativo federal que representa os entes (o Senado Federal). Já ***federalismo de segundo grau*** é aquele em que alguns entes federados possuem todos os poderes e representação no órgão legislativo federal que representa os entes (entes de primeiro grau), enquanto outros entes não (entes de segundo grau). Segundo essa classificação, o federalismo brasileiro é de duplo grau, tendo no primeiro grau a União, os Estados e o DF e em segundo grau os Municípios, vez que não possuem Poder Judiciário, nem elegem representantes para o Senado Federal.

9. Essas manifestações assimétricas presentes em nossa Constituição (art. 3º, III, art. 43, art. 151, I, "c") são inerentes a um país de dimensões continentais marcado por severas desigualdades regionais, sendo, contudo, excepcionais no texto constitucional e de tímida implementação pela Federação, não sendo suficientes para descaracterizar nosso federalismo como simétrico.

4. O FEDERALISMO BRASILEIRO

O federalismo brasileiro foi inaugurado pelo Decreto 1, de 15 de novembro de 1889, que transformou as províncias em Estados, sendo sedimentado pela Constituição de 1891.[10] Na Constituição brasileira de 1988, o federalismo é princípio fundamental estruturante (art. 1º, *caput*) e cláusula pétrea (art. 60, §4º, I), estando delineado no art. 18, segundo o qual *a organização político-administrativa da República Federativa do Brasil compreende a União, os Estados, o Distrito Federal e os Municípios, todos autônomos, nos termos desta Constituição.*

Ente com Soberania	Entes com Autonomia
• República Federativa do Brasil (RFB)	• União; • Estados; • Distrito Federal; • Municípios.

Como deixa claro o art. 18, da CF/88, a República Federativa do Brasil, enquanto pessoa jurídica de direito público externo (País) é soberana, sendo os entes federativos (União, Estados, Distrito Federal e Municípios) apenas autônomos.

Sobre a *SOBERANIA da República Federativa do Brasil*, podemos dizer que, numa *visão clássica*, a soberania designa um *poder político supremo* (por não ser limitada por nenhum outro poder na ordem interna) *e independente* (por estar em pé de igualdade com os poderes soberanos de outros povos e não se sujeitar a nenhuma norma internacional que não seja voluntariamente aceita), dividindo-se em:

i) soberania externa, que refere-se à representação do Estado na ordem internacional, segundo a qual o Estado soberano não se sujeita a nenhum outro Estado, nem a nenhum órgão internacional; e

ii) soberania interna, que refere-se à supremacia estatal em face dos cidadãos na ordem interna.

Já, numa *visão contemporânea*, *a soberania é relativizada* e sofre uma releitura, especialmente, fundada nos princípios da democracia, da soberania popular, do pluralismo político e da dignidade da pessoa humana, em face dos novos arranjos globais que as pessoas e o Estado estão inseridos, abandonando a rigidez de outrora.[11] No *plano interno*, a soberania do Estado encontrará legitimidade na soberania popular, uma vez que emanando todo o poder do povo, o Estado deverá ser o meio para a realização dos fins das pessoas e não o contrário, tendo o dever fundamental de proteger e promover a pessoa humana. No *plano externo*, as novas relações humanas e estatais, tendo como pano de fundo a globalização política e econômica, irá flexibilizar as normas internas em face de uma normatização internacional, seja no âmbito comercial, seja no âmbito humanístico, submetendo Estados soberanos à

10. PINTO FILHO, Francisco B.M. A intervenção federal e o federalismo brasileiro. Rio de Janeiro: Forense, 2002.
11. FERRAJOLI, Luigi. A soberania no mundo moderno. São Paulo: Martins Fontes, 2002.

órgãos internacionais, como, por exemplo, o Tribunal Penal Internacional, do qual o Brasil é signatário e que encontra previsão constitucional, nos termos do §4º, do art. 5º, da CF/88.

Sobre a *AUTONOMIA dos entes federativos (União, Estados, DF e Municípios)*, podemos dizer que ela consiste na ***aptidão de realizar certas atividades dentro de limites previamente estabelecidos*** pelo ente soberano, sendo, portanto, limitada e condicionada pela soberania. Classicamente, a autonomia compreende uma tríplice capacidade, que abrange a *auto-organização*, o *autogoverno* e a *autoadministração* do ente federado, assim, para que um ente seja considerado autônomo, ele deve possuir essa tríplice capacidade.

A ***auto-organização*** compreende a capacidade de normatizar a si próprio, isto é, a capacidade do ente criar as suas normas instituidoras e de organização da sua própria estrutura.

O ***autogoverno*** compreende a capacidade que o ente tem de se autogovernar através do exercício dos poderes constituídos (legislativo, executivo e judiciário).

Já a ***autoadministração*** compreende o exercício das competências legislativas, administrativas e tributárias, tendo por finalidade pôr em prática a auto-organização e o autogoverno. *Mas, o que são competências?* ***Competências*** são as faculdades atribuídas juridicamente aos entes federados, bem como aos seus agentes e órgãos, para a tomada de decisões.[12]

4.1 União

A União é uma pessoa jurídica de direito público interno, sendo o ente federativo central do federalismo brasileiro, cujas competências se exercem em todo o território nacional.

É importante registrar que ***a União não se confunde com a República Federativa do Brasil*** (o País), em primeiro lugar, porque a União é pessoa interna, enquanto a República Federativa do Brasil é pessoa externa, em segundo lugar, porque a União é órgão de governo, enquanto a República Federativa do Brasil é órgão de Estado, em terceiro lugar, porque a União é autônoma, enquanto a República Federativa do Brasil é soberana. Assim, em que pese no Brasil o chefe de Estado (República Federativa do Brasil) e o chefe de governo (União) sejam a mesma pessoa (Presidente da República),[13] não se pode confundi-las.

4.1.1 A autonomia da União

Como dissemos, a autonomia consiste na aptidão de realizar certas atividades dentro dos limites previamente estabelecidos pela Constituição e pelas leis, compreendendo uma tríplice capacidade, que abrange a auto-organização, o autogoverno e a autoadministração do ente federado.

Nesse sentido, a ***auto-organização da União***, dá-se pela Constituição da República Federativa do Brasil e pela legislação federal, normas responsáveis pela instituição e organização da União. Já, o ***autogoverno da União*** dá-se por seus poderes legislativo (Congresso Nacional, composta pela Câmara dos Deputados e pelo Senado Federal), executivo (exercido pelo Presidente da República, auxiliado pelos Ministros de Estado) e judiciário (Poder Judiciário da União). Por fim, a ***autoadministração da União*** se desenvolve pela Administração federal, no exercício das competências legislativas (produção normativa), administrativas (governamentais) e tributárias (arrecadatórias), tendo por finalidade pôr em prática sua auto-organização e seu autogoverno.

---

12. FERNANDES, Bernardo G. Curso de Direito Constitucional. 11. ed. Salvador: Juspodivm, 2019.
13. Em países parlamentaristas, por exemplo, o chefe de Governo e o chefe de Estado são pessoas diferentes.

4.1.2 As competências da União

Como dissemos, as competências são as faculdades atribuídas juridicamente aos entes federados, bem como aos seus agentes e órgãos, para a tomada de decisões, possibilitando a realização de suas funções.

As competências da União, que analisaremos com mais profundidade quando tratarmos da repartição constitucional de competências (ainda neste capítulo), encontram-se enunciadas na Constituição, podendo ser assim divididas:

- Competências administrativas atribuídas exclusivamente à União (art. 21);
- Competências legislativas atribuídas privativamente à União (art. 22);
- Competências comuns administrativas atribuídas à União e aos demais entes federados (art. 23);
- Competências legislativas concorrentemente atribuídas à União, aos Estados e ao DF (art. 24).

4.1.3 Os bens da União

Nos termos do art. 20, da CF/88, são bens da União:

i) os que atualmente lhe pertencem e os que lhe vierem a ser atribuídos;

ii) as terras devolutas indispensáveis à defesa das fronteiras, das fortificações e construções militares, das vias federais de comunicação e à preservação ambiental, definidas em lei;

iii) os lagos, rios e quaisquer correntes de água em terrenos de seu domínio, ou que banhem mais de um Estado, sirvam de limites com outros países, ou se estendam a território estrangeiro ou dele provenham, bem como os terrenos marginais e as praias fluviais;

iv) as ilhas fluviais e lacustres nas zonas limítrofes com outros países; as praias marítimas; as ilhas oceânicas e as costeiras, excluídas, destas, as que contenham a sede de Municípios, exceto aquelas áreas afetadas ao serviço público e a unidade ambiental federal, e as referidas no art. 26, II;

v) os recursos naturais da plataforma continental e da zona econômica exclusiva;

vi) o mar territorial;

vii) os terrenos de marinha e seus acrescidos;

viii) os potenciais de energia hidráulica;

ix) os recursos minerais, inclusive os do subsolo;

x) as cavidades naturais subterrâneas e os sítios arqueológicos e pré-históricos;

xi) as terras tradicionalmente ocupadas pelos índios.

Ademais, de acordo com o §1º, do referido dispositivo constitucional, é assegurada, nos termos da lei, à União, aos Estados, ao Distrito Federal e aos Municípios a ***participação no resultado da exploração*** de petróleo ou gás natural, de recursos hídricos para fins de geração de energia elétrica e de outros recursos minerais no respectivo território, plataforma continental, mar territorial ou zona econômica exclusiva, ou compensação financeira por essa exploração.

Por fim, segundo o §2º, do dispositivo em análise, a faixa de até cento e cinquenta quilômetros de largura, ao longo das fronteiras terrestres, designada como *faixa de fronteira*, é considerada fundamental para defesa do território nacional, e sua ocupação e utilização serão reguladas em lei.

4.2 Estados

Os Estados são pessoas jurídicas de direito público interno, sendo os entes federativos regionais do federalismo brasileiro, cujas competências se exercem na circunscrição de seu respectivo território.

4.2.1 A autonomia dos Estados

A autonomia dos Estados desenvolve-se, em sua tríplice capacidade, da seguinte maneira:

A ***auto-organização dos Estados***, dá-se, nos termos do art. 25, da CF/88, segundo o qual os Estados organizam-se e regem-se pelas Constituições e leis que adotarem, observados os princípios da Constituição Federal. Ademais, conforme dispõe o §3º, do referido artigo, os Estados poderão, mediante lei complementar, instituir regiões metropolitanas, aglomerações urbanas e microrregiões, constituídas por agrupamentos de municípios limítrofes, para integrar a organização, o planejamento e a execução de funções públicas de interesse comum.

Já o ***autogoverno dos Estados*** dá-se por seus poderes legislativo (Assembleia Legislativa), executivo (exercido pelo Governador de Estado) e judiciário (Poder Judiciário Estadual).

Por sua vez, a ***autoadministração dos Estados*** se desenvolve pela Administração estadual, no exercício de suas competências legislativas (produção normativa), administrativas (governamentais) e tributárias (arrecadatórias), tendo por finalidade pôr em prática sua auto-organização e seu autogoverno.

Aqui, vale destacar que o Supremo Tribunal Federal, tendo como fundamento a autonomia dos Estados, declarou inconstitucional dispositivo normativo (art. 4º, do Decreto 5.289/2004) que permitia o envio da Força Nacional de Segurança para atuar em Estado-membro sem o pedido ou o consentimento do Governador do Estado.[14]

4.2.2 As competências dos Estados

As competências dos Estados, que analisaremos com mais profundidade quando tratarmos da repartição constitucional de competências (ainda neste capítulo), encontram-se enunciadas na Constituição, podendo ser assim divididas:

- Competências remanescentes (art. 25, §1º);
- Competências comuns administrativas atribuídas aos Estados e aos demais entes federados (art. 23);
- Competências legislativas concorrentemente atribuídas à União, aos Estados e ao DF (art. 24).

4.2.3 Os bens dos Estados

Segundo o art. 26, da CF/88, incluem-se entre os bens dos Estados:

14. STF, ACO 3.427, Rel. Min. Edson Fachin.

i) as águas superficiais ou subterrâneas, fluentes, emergentes e em depósito, ressalvadas, neste caso, na forma da lei, as decorrentes de obras da União;

ii) as áreas, nas ilhas oceânicas e costeiras, que estiverem no seu domínio, excluídas aquelas sob domínio da União, Municípios ou terceiros;

iii) as ilhas fluviais e lacustres não pertencentes à União;

iv) as terras devolutas não compreendidas entre as da União.

Ademais, conforme prevê o §2º, do art. 25, da CF/88, cabe aos Estados explorar diretamente, ou mediante concessão, os serviços locais de gás canalizado, na forma da lei, vedada a edição de medida provisória para a sua regulamentação.

4.3 Municípios

Os Municípios são pessoas jurídicas de direito público interno, sendo os entes federativos locais do federalismo brasileiro, cujas competências se exercem na circunscrição de seu respectivo território.

Nada obstante, há quem sustente que os municípios não são entes federativos fidedignamente, vez que: *a)* nenhuma outra federação os elevou ao patamar de ente federado; *b)* os municípios não possuem Poder Judiciário; *c)* os municípios não possuem membros no Senado Federal, casa legislativa que representa os entes federativos. Contudo, a nosso ver, isso não parece prejudicar a autonomia municipal, nem mesmo suas características de ente federado estabelecidas pela Constituição.

4.3.1 A autonomia dos Municípios

A autonomia dos Municípios desenvolve-se, em sua tríplice capacidade, da seguinte maneira:

A ***auto-organização dos Municípios***, dá-se, nos termos do art. 29, da CF/88, segundo o qual os Municípios regem-se por lei orgânica, votada em dois turnos, com o interstício mínimo de dez dias, e aprovada por dois terços dos membros da Câmara Municipal, que a promulgará, atendidos os princípios da Constituição Federal e da Constituição do respectivo Estado.

Já o ***autogoverno dos Municípios*** dá-se por seus poderes legislativo (Câmara de Vereadores), executivo (exercido pelo Prefeito Municipal) e judiciário (Poder Judiciário Estadual).

Por sua vez, a ***autoadministração dos Municípios*** se desenvolve pela Administração municipal, no exercício de suas competências legislativas (produção normativa), administrativas (governamentais) e tributárias (arrecadatórias), tendo por finalidade pôr em prática sua auto-organização e seu autogoverno.

4.3.2 As competências dos Municípios

As competências dos Municípios, que analisaremos com mais profundidade quando tratarmos da repartição constitucional de competências (ainda neste capítulo), encontram-se enunciadas na Constituição, podendo ser assim divididas:

- Competência legislativa (art. 30, I);
- Competência legislativa concorrente (art. 30, II).

- Competências administrativas (art. 30, III ao IX);
- Competências comuns administrativas atribuídas aos Municípios e aos demais entes federados (art. 23);

4.4 Distrito Federal

O Distrito Federal é uma pessoa jurídica de direito público interno, sendo um ente federativo autônomo que compõe o federalismo brasileiro, cujas competências se exercem na circunscrição de seu respectivo território.

Contudo, é preciso fazer uma advertência, ***o Distrito Federal não se confunde com Brasília***. O DF é um ente federado, enquanto Brasília é uma cidade (não um Município). Ocorre, entretanto, que Brasília se situa geograficamente no território do DF. Assim, Brasília é a capital federal (art. 18, §1°, da CF/88), sendo uma cidade-centro, a cidade das cidades (*civitas civitatum*),[15] contudo não é uma cidade em termos formais, pois não é sede de qualquer Município, hospedando, entretanto, a sede do governo federal. Já o Distrito Federal, como dissemos, é ente federativo (art. 18, *caput*).

Nesses moldes, ***Brasília e as "cidades satélites"*** que estão situadas no território geográfico do Distrito Federal ***são administradas pelo DF***, já que nenhuma delas é município, pois o DF não pode ser dividido em municípios. Assim, nem Brasília, nem nenhuma dessas "cidades satélites" que estão no território do DF possuem prefeitos e vereadores, submetendo-se ao Poder Executivo (Governador) e Legislativo (Câmara Legislativa) do Distrito Federal.

4.4.1 A autonomia do Distrito Federal

A autonomia do Distrito Federal desenvolve-se, em sua tríplice capacidade, da seguinte maneira:

A ***auto-organização do Distrito Federal***, dá-se, nos termos do art. 32, da CF/88, segundo o qual, vedada sua divisão em Municípios, reger-se-á por lei orgânica, votada em dois turnos com interstício mínimo de dez dias, e aprovada por dois terços da Câmara Legislativa, que a promulgará, atendidos os princípios estabelecidos na Constituição.

Já o ***autogoverno do Distrito Federal*** dá-se por seus poderes legislativo (Câmara Legislativa Distrital), executivo (exercido pelo Governador Distrital), sendo, contudo, seu Poder Judiciário organizado e mantido pela União, não sendo órgão distrital, mas sim órgão federal (há aqui uma mitigação da autonomia do DF). Além do Poder Judiciário, por força da Constituição, compete à União, ainda, organizar e manter o Ministério Público, as polícias civil e militar e o corpo de bombeiros militar do Distrito Federal.

Por sua vez, a ***autoadministração do Distrito Federal*** se desenvolve pela Administração distrital, no exercício de suas competências legislativas (produção normativa), administrativas (governamentais) e tributárias (arrecadatórias), tendo por finalidade pôr em prática sua auto-organização e seu autogoverno.

15. SILVA, José Afonso da. Curso de Direito Constitucional Positivo. 33. ed. São Paulo: Malheiros, 2010.

4.4.2 As competências do Distrito Federal

As competências do Distrito Federal, que analisaremos com mais profundidade quando tratarmos da repartição constitucional de competências (ainda neste capítulo), encontram-se enunciadas na Constituição, podendo ser assim divididas:

- Competências legislativas reservados aos Estados e Municípios (art. 32, §1º);
- Competências comuns administrativas atribuídas ao Distrito Federal e aos demais entes federados (art. 23);
- Competências legislativas concorrentemente atribuídas à União, aos Estados e ao Distrito Federal (art. 24).

4.5 Território federais

Os Territórios Federais são ***Autarquias da União***, em regime especial, não sendo entes federativos e, portanto, não gozando de autonomia política, logo, não gozando da auto-organização, do autogoverno e da autoadministração a ela inerentes. Como autarquias, os territórios são pessoas jurídicas de direito público interno que compõem a Administração Pública Indireta, sendo verdadeiras entidades federais fruto da descentralização administrativo-territorial da União.

Atualmente não existem territórios no Brasil. Os últimos foram Amapá, Roraima e Fernando de Noronha, sendo que, com a promulgação da Constituição de 1988, os antigos Territórios Federais de Roraima e do Amapá foram transformados em Estados Federados, mantidos seus limites geográficos da época (art. 14, do ADCT), enquanto o Território Federal de Fernando de Noronha foi extinto e teve sua área incorporada ao Estado de Pernambuco (art. 15, do ADCT).

Sobre o ***regime jurídico-político dos Territórios Federais*** na Constituição de 1988, ***é importante destacar:***

1) Os Territórios Federais serão criados, transformados em Estado ou reintegrados ao Estado de origem por lei complementar da União e não poder uma "lei" do próprio Território (art. 18, §2º).

2) Sendo criado um território, sua organização administrativa e judiciária dar-se-á por lei federal (art. 33, *caput*).

3) Os Territórios poderão ser divididos em Municípios, sendo os Municípios dos Territórios tratados como os demais Municípios da federação, gozando da autonomia política e das competências constitucionalmente estabelecidas (art. 33, §1º).

4) Advirta-se: os Territórios Federais não possuem autonomia política, mas somente atribuições administrativas, enquanto os Municípios dos Territórios possuem autonomia política.

5) Nos Territórios Federais com mais de cem mil habitantes, além do Governador nomeado na forma da Constituição, haverá órgãos judiciários de primeira e segunda instância, membros do Ministério Público e defensores públicos federais, devendo a lei dispor, ainda, sobre eleições para a Câmara Territorial e sua competência deliberativa (art. 33, §3º).

6) As contas do Governo do Território serão submetidas ao Congresso Nacional, com parecer prévio do Tribunal de Contas da União, mesmo que haja Câmara Territorial (art. 33, §2º).

7) O Governador do Território não será eleito, sendo nomeado pelo Presidente da República (art. 84, XIV), depois de ter seu nome aprovado pelo Senado Federal, em votação secreta, após arguição pública (art. 52, III, "c").

8) Competem à União, em Território Federal, os impostos estaduais e, se o Território não for dividido em Municípios, cumulativamente, os impostos municipais (art. 147).

9) Compete à União organizar e manter o Poder Judiciário, o Ministério Público e a Defensoria Pública dos Territórios (art. 21, XIII).

10) Nos Territórios Federais, a jurisdição e as atribuições cometidas aos juízes federais caberão aos juízes da justiça local (art. 110, *p.u.*)

11) A União organizará o sistema de ensino dos Territórios (art. 211, §1º).

12) Cada Território Federal elegerá 4 Deputados Federais (art. 45, §2º).

13) São de iniciativa privativa do Presidente da República as leis que disponham sobre: *i)* organização administrativa e judiciária, matéria tributária e orçamentária, serviços públicos e pessoal da administração dos Territórios; *ii)* servidores públicos dos Territórios, seu regime jurídico, provimento de cargos, estabilidade e aposentadoria; *iii)* normas gerais para a organização do Ministério Público e da Defensoria Pública dos Estados, do DF e dos Territórios (art. 61, §1º, II, "b", "c", "d").

5. FORMAÇÃO DE NOVOS ESTADOS E NOVOS MUNICÍPIOS

Nos termos do constitucionalismo de 1988, a forma federativa de Estado é cláusula pétrea (art. 60, §4º, I), sendo inadmissível a secessão dos entes federativos, isto é, não se permitindo que eles deixem a República Federativa do Brasil. Contudo, isso não impede que novos entes federados sejam formados no âmbito de nosso país, remodelando as estruturas político-administrativas internas, nos termos previstos na Constituição.

5.1 Processos de formação de novos Estados e novos Municípios

Em que pese os requisitos para formação de novos Estados e de novos Municípios sejam diferentes, *os processos de formação de novos Estados e de novos Municípios são os mesmos* (art. 18, §3º e §4º), isto é, as formas utilizadas para se formar os novos entes federativos são as mesmas.

Assim, vejamos, primeiro, os processos de formação de novos entes federativos, que valem para Estados e Municípios, e, posteriormente, façamos uma análise específica dos requisitos de criação de cada um deles.

Nos termos constitucionais, há *cinco processos de formação de novos Estados e de novos Municípios: i)* incorporação; *ii)* fusão; *iii)* subdivisão; *iv)* desmembramento-anexação; *v)* desmembramento-formação. Vejamos cada um deles.

INCORPORAÇÃO: dá-se quando um ente é agregado a outro, mantendo-se o ente agregador e extinguindo o ente agregado, de modo que o ente agregador mantém sua personalidade jurídica e o ente agregado perde sua personalidade jurídica. *Exemplo:* O Estado do Rio de Janeiro, em 1975, pela Lei Complementar 20/74, agregou o Estado da Guanabara, de forma que o Rio de Janeiro continuou existindo e a Guanabara foi extinta, sendo seu antigo território incorporado pelo Rio de Janeiro.[16] *Exemplo hipotético:* O Município de Uberlândia agrega o Município de Uberaba, de forma que o Município de Uberlândia continua existindo, agora um pouco maior, enquanto o Município de Uberaba é extinto e seu antigo território passa a pertencer a Uberlândia.

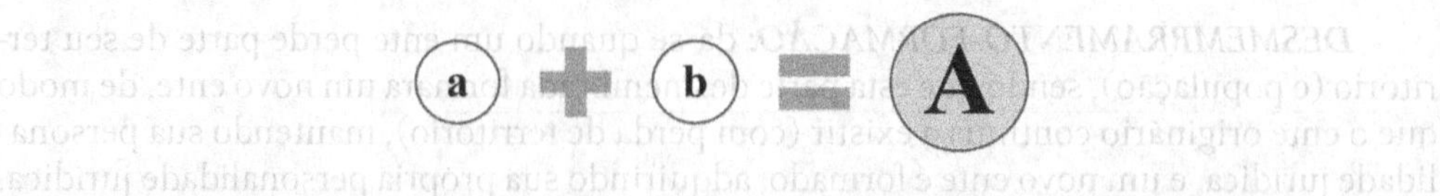

FUSÃO: dá-se quando um ente se une outro, formando um novo ente federado e extinguindo os anteriores, gerando perda da personalidade jurídica dos entes primitivos. *Exemplo hipotético 01:* O Estado de Minas Gerais se une ao Estado de Goiás, extinguindo ambos e formando o novo Estado do "Pequi com Queijo". *Exemplo hipotético 02:* Os Municípios de Santo André, São Bernardo e São Caetano se unem, extinguindo-se os três e formando o novo Município de "André Bernardo Caetano".

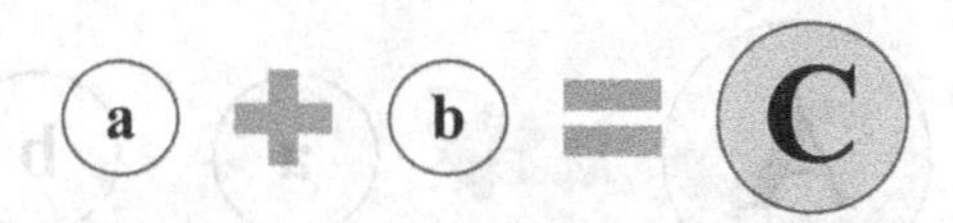

SUBDIVISÃO OU CISÃO: dá-se quando um ente se divide em dois ou mais entes, formando novos entes federados e extinguindo o ente originário, gerando a perda da personalidade jurídica do ente primitivo. *Exemplo hipotético 01:* O Estado de Minas Gerais se divide, deixando de existir e formando o Estado das Alterosas, o Estado do Triângulo e o Estado do Jequitinhonha. *Exemplo hipotético 02:* O Município de Manaus se divide formando os Municípios de Flora Grande e Fauna Selvagem.

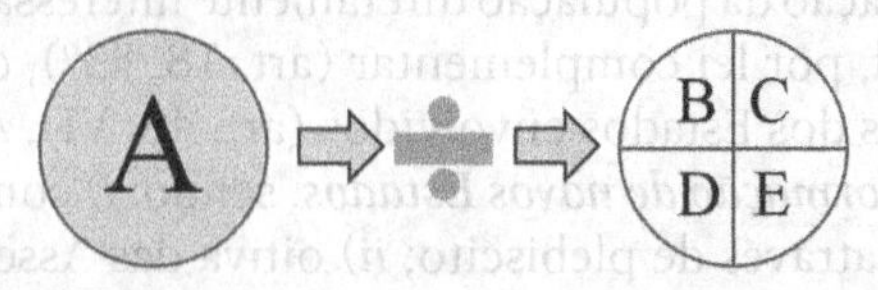

DESMEMBRAMENTO-ANEXAÇÃO: dá-se quando um ente perde parte de seu território (e população), sendo esta parte anexada por outro ente, de modo que ambos mantêm suas personalidades jurídicas, alterando-se apenas os seus contornos geográficos. *Exemplo hipotético 01:* A região do Triângulo Mineiro, atualmente pertencente ao Estado de Minas Gerais, passa para o Estado de São Paulo, de modo que Minas Gerais (com perda de território) e São Paulo (com ganho de território) continuam existindo. *Exemplo hipotético 02:* A região de Tapuirama, que atualmente é distrito do Município de Uberlândia, passa para o Município de Indianópolis, de modo que Uberlândia (com perda de território) e Indianópolis (com ganho de território) continuam existindo.

16. LC 20/74, art. 8º. Os Estados do Rio de Janeiro e da Guanabara passarão a constituir um único Estado, sob a denominação de Estado do Rio de Janeiro, a partir de 15 de março de 1975.

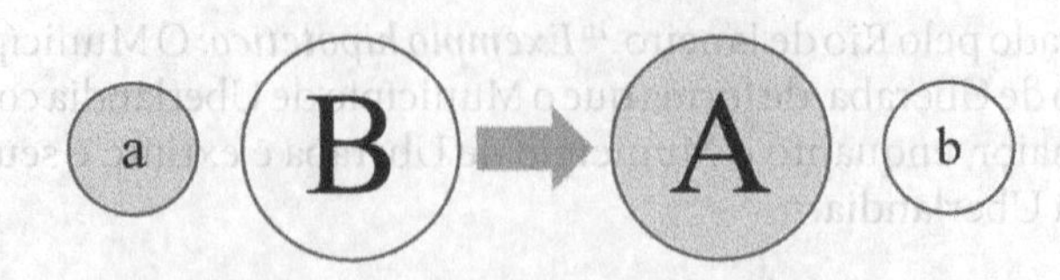

DESMEMBRAMENTO-FORMAÇÃO: dá-se quando um ente perde parte de seu território (e população), sendo que esta parte desmembrada formará um novo ente, de modo que o ente originário continua a existir (com perda de território), mantendo sua personalidade jurídica, e um novo ente é formado, adquirindo sua própria personalidade jurídica. *Exemplo:* O Estado de Goiás teve parte de seu território desmembrado, sendo que esta parte desmembrada formou o Estado do Tocantins, que foi criado em 1988 e definitivamente instalado em 1989, nos termos do art. 13, do ADCT, da CF/88.[17] ***Exemplo hipotético:*** A região de Tapuirama, que atualmente é distrito do Município de Uberlândia, é desmembrado do referido Município formando um novo Município autônomo, de modo que Uberlândia (com perda de território) continua existindo e Tapuirama se torna Município.

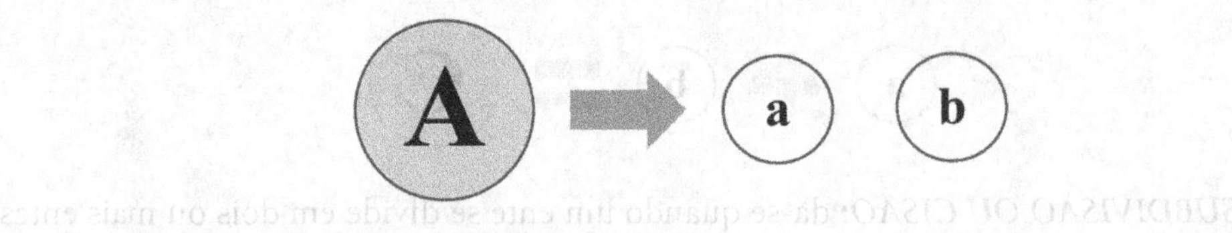

5.2 Requisitos para formação de novos Estados

Nos termos da Constituição, os Estados podem incorporar-se entre si, subdividir-se ou desmembrar-se para se anexarem a outros, ou formarem novos Estados ou Territórios Federais, mediante aprovação da população diretamente interessada, através de plebiscito, e do Congresso Nacional, por lei complementar (art. 18, §3º), devendo-se, ainda, ouvir as assembleias legislativas dos Estados envolvidos (art. 48, VI). Assim, segundo a CF/88, há ***três requisitos para a formação de novos Estados***, sendo: ***i)*** consulta prévia à população diretamente interessada, através de plebiscito; ***ii)*** oitiva das Assembleias Legislativas dos Estados envolvidos; ***iii)*** aprovação do Congresso Nacional, por meio de Lei Complementar.

Em relação ao primeiro requisito – ***consulta prévia à população diretamente interessada, através de plebiscito*** – é importante destacar:

- A expressão *"população diretamente interessada"* abrange, em caso de desmembramento, tanto a do território que se pretende desmembrar, quanto a do que sofrerá desmembramento, em caso de fusão ou anexação, tanto a população da área que se quer anexar quanto a da que receberá o acréscimo, sendo a vontade popular aferida pelo percentual que se manifestar em relação ao total da população consultada, conforme dispõe o art. 7º, da Lei 9.709/98, que, inclusive, teve sua constitucionalidade confirmada pelo STF (ADI 2.650).

17. CF/88, ADCT, art. 13. É criado o Estado do Tocantins, pelo desmembramento da área descrita neste artigo, dando-se sua instalação no quadragésimo sexto dia após a eleição prevista no § 3º, mas não antes de 1º de janeiro de 1989 [...] §1º. O Estado do Tocantins integra a Região Norte e limita-se com o Estado de Goiás pelas divisas norte dos Municípios de São Miguel do Araguaia, Porangatu, Formoso, Minaçu, Cavalcante, Monte Alegre de Goiás e Campos Belos, conservando a leste, norte e oeste as divisas atuais de Goiás com os Estados da Bahia, Piauí, Maranhão, Pará e Mato Grosso.

- É necessária aprovação da população, na consulta plebiscitária, para que o processo de formação prossiga. Assim, se a população não aprovar, o Congresso Nacional não poderá dar sequência ao processo de formação do novo Estado. Já se a população aprovar, o Congresso dará prosseguimento ao processo de formação de forma soberana, isto é, sem ficar vinculado ao resultado do plebiscito.

Em relação ao segundo requisito – ***oitiva das Assembleias Legislativas dos Estados envolvidos*** – é importante destacar que as Assembleias Legislativas opinarão, sem caráter vinculativo, sobre a matéria, e fornecerão ao Congresso Nacional os detalhamentos técnicos concernentes aos aspectos administrativos, financeiros, sociais e econômicos da área geopolítica afetada, nos termos do art. 4º, §3º, da Lei 9.709/98.

Em relação ao terceiro requisito – ***aprovação do Congresso Nacional, por meio de Lei Complementar*** – é importante destacar:

- O Congresso Nacional é soberano para decidir se aprova ou não a formação do novo Estado, não ficando vinculado à consulta plebiscitária, nem à oitiva das Assembleias Legislativas.
- A aprovação pelo Congresso Nacional depende de Lei Complementar, exigindo maioria absoluta dos votos dos membros das duas Casas Legislativas, nos termos constitucionais. Ademais, essa Lei Complementar sujeita-se à sanção do Presidente da República, que poderá sancioná-la ou vetá-la. Em caso de veto, vale lembrar que o Congresso pode derrubar o veto presidencial, pelo voto da maioria absoluta dos Deputados e Senadores.

5.3 Requisitos para formação de novos Municípios

Segundo a Constituição, a criação, a incorporação, a fusão e o desmembramento de Municípios, far-se-ão por lei estadual, dentro do período determinado por Lei Complementar Federal, e dependerão de consulta prévia, mediante plebiscito, às populações dos Municípios envolvidos, após divulgação dos estudos de viabilidade municipal, apresentados e publicados na forma da lei. Assim, há ***quatro requisitos para a formação de novos Municípios***, sendo: *i)* Lei Complementar Federal estabelecendo período possível para a formação de novos Municípios; *ii)* divulgação de estudos que comprovem a viabilidade do Município; *iii)* consulta prévia à população diretamente interessada, através de plebiscito; *iv)* Lei Estadual.

Em relação ao primeiro requisito – ***Lei Complementar Federal estabelecendo período possível para a formação de novos Municípios*** – é importante destacar:

- Essa exigência foi instituída pela Emenda Constitucional 15/1996, sendo que até hoje o Congresso Nacional não promulgou a referida Lei Complementar, o que inviabiliza a criação de qualquer Município desde a promulgação da EC 15/1996.
- Ainda assim, muitos Estados continuaram criando Municípios, que receberam o apelido de *"Municípios Putativos"*, por existirem de fato, mas serem inconstitucionais e, portanto, inválidos. Toda essa situação foi questionada no Supremo Tribunal Federal, vindo a Corte a declarar, na ADI 3.682, a mora do Congresso Nacional, sugerindo-lhe um prazo de dezoito meses para elaborar a referida Lei Complementar. Já em outras ADIs, como a ADI 2.240, julgada em maio de 2007, o Supremo declarou a inconstitucionalidade das leis estaduais criadoras dos *"Municípios Putativos"*, sem, contudo, pronunciar sua nulidade. Tudo isso forçou o Congresso Nacional a agir, vindo a promulgar, em dezembro de 2008, a Emenda Constitucional 57, que acrescentou o artigo 96, no

ADCT, da CF/88, segundo o qual *ficam convalidados os atos de criação, fusão, incorporação e desmembramento de Municípios, cuja lei tenha sido publicada até 31 de dezembro de 2006, atendidos os requisitos estabelecidos na legislação do respectivo Estado à época de sua criação*. Em que pese a EC 57/2008 tenha convalidado ("*anistiado*") a criação inconstitucional dos 57 Municípios criados por lei estadual até 31 de dezembro de 2006, ela se mostrou uma medida meramente paliativa, incapaz de resolver o problema da criação irresponsável de Municípios, além de ser extremamente questionável do ponto de vista da sua constitucionalidade. Tanto é assim que, mesmo após a edição da EC 57/2008, foram criados outros municípios sem ainda termos a Lei Complementar Federal que preveja o período possível para tanto, como, por exemplo, o município de Extrema de Rondônia, vindo o STF, na ADI 4.992, a declarar a inconstitucionalidade da lei do Estado de Rondônia que o criou (Lei Estadual 2.264/2010).

Em relação ao segundo requisito – ***divulgação de estudos que comprovem a viabilidade do Município*** – é importante destacar que esses estudos devem ser publicados, na forma da lei, isto é, nos termos em que a lei estabelecer, sendo que essa lei ainda não existe.

Em relação ao terceiro requisito – ***consulta prévia à população diretamente interessada, através de plebiscito*** – é importante destacar:

- A expressão *"população diretamente interessada"* abrange, em caso de desmembramento, tanto a do território que se pretende desmembrar, quanto a do que sofrerá desmembramento, em caso de fusão ou anexação, tanto a população da área que se quer anexar quanto a da que receberá o acréscimo, sendo a vontade popular aferida pelo percentual que se manifestar em relação ao total da população consultada, conforme dispõe o art. 7º, da Lei 9.709/98, que, inclusive, teve sua constitucionalidade confirmada pelo STF (ADI 2.650).

- O plebiscito será convocado pela Assembleia Legislativa, em conformidade com a legislação federal e estadual (art. 5º, da Lei 9.709/98) e será conduzido pelo TRE, não podendo ser substituído por pesquisas de opinião, abaixo-assinados ou declarações de organizações comunitárias (STF, ADI 2.994).

- É necessária aprovação da população, na consulta plebiscitária, para que o processo de formação prossiga. Assim, se a população não aprovar, a Assembleia Legislativa não poderá dar sequência ao processo de formação do novo Município. Já se a população aprovar, a Assembleia dará prosseguimento ao processo de formação de forma soberana, isto é, sem ficar vinculada ao resultado do plebiscito.

Em relação ao quarto requisito – ***Lei Estadual*** – é importante destacar:

- A Assembleia Legislativa é soberana para decidir se aprova ou não a formação do novo Município, não ficando vinculada à consulta plebiscitária.

- A aprovação pala Assembleia Legislativa depende de Lei Estadual, sendo que essa lei se sujeita à sanção do Governador do Estado, que poderá sancioná-la ou vetá-la.

6. VEDAÇÕES CONSTITUCIONAIS AOS ENTES FEDERADOS

Segundo prevê expressamente o art. 19, da CF/88, é vedado à União, aos Estados, ao Distrito Federal e aos Municípios:

i) estabelecer cultos religiosos ou igrejas, subvencioná-los, embaraçar-lhes o funcionamento ou manter com eles ou seus representantes relações de dependência ou aliança, ressalvada, na forma da lei, a colaboração de interesse público;

ii) recusar fé aos documentos públicos;

iii) criar distinções entre brasileiros ou preferências entre si.

7. REPARTIÇÃO CONSTITUCIONAL DE COMPETÊNCIAS

Como já dissemos, as competências são as faculdades atribuídas juridicamente aos entes federados, bem como aos seus agentes e órgãos, para a tomada de decisões, possibilitando a realização de suas funções. Essas competências estão, em primeira ordem, na Constituição, que repartiu as competências para exercício do poder político do Estado entre os entes federativos (União, Estados, Distrito Federal e Municípios), as vezes em caráter de exclusividade a um deles, as vezes de forma comum e concorrente entre eles.

7.1 Conflito de competências

Se a Constituição estabelece competências para todos os entes federativos, obviamente haverá matérias que ensejaram certos conflitos por terem sua delimitação não tão clara, pelo menos em um primeiro olhar. Isso pode ocorrer quando a Constituição estabelece a competência com exclusividade a um único ente (repartição horizontal), pois a delimitação dos contornos daquela competência pode ser "difícil" a depender do caso, como, por exemplo, quando a matéria for multidisciplinar, desaguando em mais de uma competência. E pode ocorrer, também, quando a Constituição estabelece a competência para mais de um ente concomitantemente (repartição vertical), pois nesses casos os entes terão de respeitar os interesses predominantes de cada caso, como, por exemplo, se estivermos tratando de processo administrativo disciplinar, matéria legislativa de competência concorrente, devendo a União legislar sobre normas gerais e os Estados complementarem essa legislação naquilo que lhes for específico, o que nos revela que a União não pode estabelecer normas específicas, de interesse regional, para os Estados (por exemplo, legislando especificamente sobre o processo administrativo disciplinar das polícias militares, já que as polícias militares são órgãos da estrutura dos Estados), sob pena de adentrar na competência deles.

7.1.1 Há hierarquia entre normas federais, estaduais e municipais?

Em face de um potencial conflito de competências, isto é, um conflito entre normas de diferentes entes federativos, como, por exemplo, no caso de uma lei federal dispor que uma coisa é permitida, enquanto uma lei estadual dispõe que essa mesma coisa é proibida, como devemos proceder? Isto é, havendo conflito entre leis federais, estaduais e municipais, qual prevalecerá?

Como todos os entes federativos são autônomos e não soberanos, é a Constituição da República Federativa do Brasil (soberana) que irá dar essa resposta, pois ***não há hierarquia entre leis federais, estaduais e municipais***, de modo que a prevalência de uma determinada lei sobre outra dependerá da competência estabelecida pela CF/88, ou seja, se a Constituição disser que a competência é da União, prevalece a lei federal, se disser que a competência é do Estado, prevalece a lei estadual, se disser que a competência é dos Municípios, prevalece a lei municipal. Em que pese algumas vozes minoritárias em sentido contrário, esse é o entendimento da doutrina majoritária e do Supremo Tribunal Federal.[18]

18. Apenas a título exemplificativo: STF, ADI 4.582 e ADI 2.937.

7.1.2 *Princípios norteadores do conflito de competências*

Como nem sempre a Constituição é expressa em dizer a quem pertence todas as competências, até porque isso seria impossível em razão da imensidão das matérias e do surgimento constante de novas matérias, há na doutrina e jurisprudência constitucionais dois princípios norteadores do conflito de competências, que buscam auxiliar o intérprete a resolver as situações conflituosas.

O primeiro é o ***princípio da predominância dos interesses.*** Segundo esse princípio, os entes federativos devem cuidar das matérias que sejam predominantemente de seus interesses. Frise-se: trata-se de predominância e não de exclusividade de interesses, assim deve se avaliar de quem é o interesse predominante. Assim, a União deve cuidar das matérias de interesse nacional geral, os Estado das matérias de interesse regional, os Municípios das matérias de interesse local e o Distrito Federal tanto das matérias de interesse regional e local (cumulando as competências dos Estados e dos Municípios).

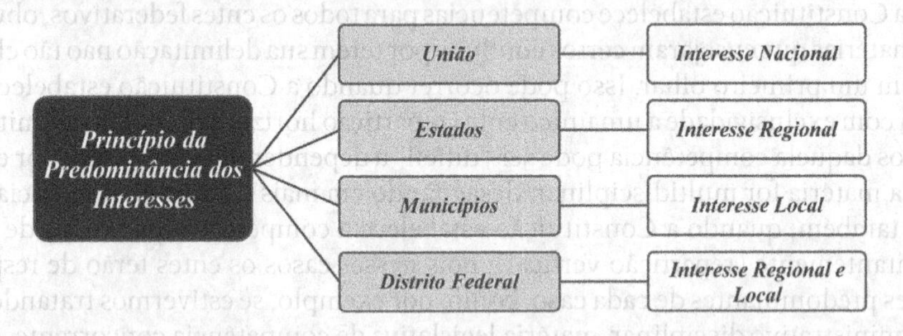

O segundo é o ***princípio/teoria dos poderes implícitos.*** Segundo esse princípio (ou teoria), cuja origem remonta ao caso *McCulloch vs. Maryland*, julgado pela Suprema Corte dos Estados Unidos da América do Norte em 1819, se a Constituição atribui a competência para dispor sobre certa matéria ou realizar certa tarefa a um determinado ente federativo, ela lhe atribui, também, implicitamente, as competências para que ele efetive e implemente a matéria ou a tarefa, independentemente de isto estar expressamente previsto no texto constitucional.

Por fim, vale registrar que o Supremo Tribunal Federal, fundamentando-se expressamente na teria dos poderes implícitos, já proferiu decisões reconhecendo competências dos entes federados, bem como de seus órgãos, como, exemplificativamente, ao Tribunal de Contas da União (MS 24.510), ao Ministério Público (HC 89.837) e ao Conselho Nacional de Justiça (MS 28.003).

7.2 Técnicas de repartição de competências

As técnicas de repartição de competências dizem respeito às formas como a Constituição irá distribuir as competências, sendo basicamente duas: *i)* repartição horizontal de competências; *ii)* repartição vertical de competências.

A ***técnica da repartição horizontal*** encontra raízes modernas na Constituição dos Estados Unidos da América do Norte de 1787, tendo sido adotada no Brasil desde a Constituição de 1891. Por essa técnica, as competências são distribuídas com exclusividade (de forma enumerada e específica) para um único ente federativo, ficando somente a cargo dele aquela atribuição, excluindo-se os demais entes.

A *técnica da repartição vertical* encontra raízes modernas na Constituição da Alemanha de 1919 (Constituição de Weimar), tendo sido adotada no Brasil desde a Constituição de 1934. Por essa técnica, as competências são distribuídas para dois ou mais entes concomitantemente, devendo eles atuar de forma cooperada, conjuntamente ou concorrentemente.

A Constituição brasileira de 1988 possui um sistema complexo de repartição de competências, adotando tanto a técnica de repartição horizontal, como a de repartição vertical de competências, com o objetivo de desenvolver um federalismo de equilíbrio, em que pese não muito bem-sucedido até o momento.

7.3 Repartição horizontal de competências na CF/88

Como dissemos, a técnica da repartição horizontal é aquela pela qual as competências são distribuídas com exclusividade (de forma enumerada e específica) para um único ente federativo, ficando somente a cargo dele aquela atribuição, excluindo-se os demais entes. A Constituição de 1988, utilizou-se dessa técnica para atribuir competências nos seguintes casos:

REPARTIÇÃO HORIZONTAL DE COMPETÊNCIAS	
ENTE	**COMPETÊNCIA**
União	*Art. 21 – competências exclusivas da União, de natureza administrativa.*
União	*Art. 22 – competências privativas da União, de natureza legislativa.*
Estados	*Art. 25, § 1º – competências remanescentes (ou residual) dos Estados.*
Municípios	*Art. 30, I – competência legislativa dos Municípios.*
Municípios	*Art. 30, III ao IX – competências administrativas dos Municípios.*
DF	*Art. 32, § 1º – competências cumulativas do Distrito Federal, sendo-lhe reservadas as competências legislativas dos Estados e dos Municípios.*

7.3.1 Competências exclusivas da União

O art. 21, da CF/88, estabelece um extenso rol de competências exclusivas da União de ***natureza administrativa***, encontrando-se entre essas competências, ***atribuições de Estado*** (como, por exemplo, declarar a guerra e a celebrar paz) ***e de Governo*** (como, por exemplo, instituir diretrizes para o desenvolvimento urbano, inclusive habitação, saneamento básico e transportes urbanos).

Essas competências, por serem exclusivas da União, ***não podem ser delegadas*** a outros entes federativos, isto é, a União, nem mesmo por lei, pode delegar essas competências aos Estados, ao Distrito Federal ou aos Municípios, competindo à União, com exclusividade, desenvolver e organizar essas atividades, cumprir essas tarefas e regulamentar essas matérias.

Isto posto, é preciso, agora, conhecermos as ***matérias de competência exclusiva da União***, bem como os principais atos normativos já editados e declarados constitucionais ou inconstitucionais pelo STF, tendo como parâmetro essa competência.[19] Assim, nos termos do art. 21, da CF/88, compete à União:

19. Aqui, via de regra, não faremos uma análise de potenciais inconstitucionalidades materiais (de conteúdo) desses atos normativos, mas apenas de sua (in)constitucionalidade formal em face da competência exclusiva da União para dispor sobre essas matérias.

I – manter relações com Estados estrangeiros e participar de organizações internacionais;

II – declarar a guerra e celebrar a paz;

III – assegurar a defesa nacional;

IV – permitir, nos casos previstos em lei complementar, que forças estrangeiras transitem pelo território nacional ou nele permaneçam temporariamente;

V – decretar o estado de sítio, o estado de defesa e a intervenção federal;

VI – autorizar e fiscalizar a produção e o comércio de material bélico;

- Com base nesse dispositivo, o STF declarou inconstitucional lei estadual que determinava que as armas de fogo apreendidas poderiam ser utilizadas pelas polícias civil e militar do Estado, pois viola a competência exclusiva da União para autorizar e fiscalizar a produção e o comércio de material bélico, bem como para legislar sobre direito penal (art. 22, I).[20]

VII – emitir moeda;

VIII – administrar as reservas cambiais do País e fiscalizar as operações de natureza financeira, especialmente as de crédito, câmbio e capitalização, bem como as de seguros e de previdência privada;

- Com base nesse dispositivo, o STF declarou inconstitucional lei estadual que dispunha sobre o uso obrigatório de equipamento que ateste a autenticidade de cédulas de dinheiro por estabelecimentos bancários, pois viola a competência exclusiva da União para fiscalizar as operações de natureza financeira, bem como para legislar sobre o sistema financeiro nacional (art. 22, VII e art. 192).[21]

IX – elaborar e executar planos nacionais e regionais de ordenação do território e de desenvolvimento econômico e social;

X – manter o serviço postal e o correio aéreo nacional;

XI – explorar, diretamente ou mediante autorização, concessão ou permissão, os serviços de telecomunicações, nos termos da lei, que disporá sobre a organização dos serviços, a criação de um órgão regulador e outros aspectos institucionais;

XII – explorar, diretamente ou mediante autorização, concessão ou permissão:

a) os serviços de radiodifusão sonora, e de sons e imagens;

- Com base nesse dispositivo, o STF decidiu que a lei 4.117/1962, que obriga as empresas de radiodifusão a transmitirem o programa "A voz do Brasil", foi recepcionada pela CF/88.[22]

b) os serviços e instalações de energia elétrica e o aproveitamento energético dos cursos de água, em articulação com os Estados onde se situam os potenciais hidroenergéticos;

c) a navegação aérea, aeroespacial e a infraestrutura aeroportuária;

d) os serviços de transporte ferroviário e aquaviário entre portos brasileiros e fronteiras nacionais, ou que transponham os limites de Estado ou Território;

e) os serviços de transporte rodoviário interestadual e internacional de passageiros;

f) os portos marítimos, fluviais e lacustres;

20. STF, ADI 3.258.
21. STF, ADI 3.515.
22. STF, RE 531.908-AgR.

XIII – organizar e manter o Poder Judiciário, o Ministério Público do Distrito Federal e dos Territórios e a Defensoria Pública dos Territórios;

- Com base nesse dispositivo, a doutrina majoritária sustenta que o Poder Judiciário do Distrito Federal não é órgão do DF, mas sim da União, de modo que o DF possui apenas Poder Legislativo e Executivo, o que, inclusive, encontra-se expresso no art. 53, de sua Lei Orgânica. O mesmo aplica-se ao Ministério Público do Distrito Federal e Territórios, que é órgão do Ministério Público da União (art. 128, I, "d", CF/88).

XIV – organizar e manter a polícia civil, a polícia penal, a polícia militar e o corpo de bombeiros militar do Distrito Federal, bem como prestar assistência financeira ao Distrito Federal para a execução de serviços públicos, por meio de fundo próprio;

- Com base nesse dispositivo, o STF editou a Súmula Vinculante 39, segundo a qual ***compete privativamente à União legislar*** sobre vencimentos dos membros das polícias civil e militar e do corpo de bombeiros militar do Distrito Federal.
- É inconstitucional lei do Distrito Federal que trate sobre a estrutura e o regime jurídico da Polícia Civil do Distrito Federal, por ferir a competência exclusiva da União para dispor sobre a matéria.[23]
- É inconstitucional lei do Distrito Federal que institua gratificação por risco de vida para policiais e bombeiros militares do DF, por ferir a competência exclusiva da União para dispor sobre a matéria.[24]

XV – organizar e manter os serviços oficiais de estatística, geografia, geologia e cartografia de âmbito nacional;

XVI – exercer a classificação, para efeito indicativo, de diversões públicas e de programas de rádio e televisão;

XVII – conceder anistia;

- Com base nesse dispositivo, o STF, em uma de suas decisões mais inconstitucionais de sua história, declarou a ***recepção da Lei de Anistia (lei 6.683/79)***. No caso, pretendia-se que fosse declarada não recepcionada a Lei de Anistia ou que fosse dada interpretação conforme à Constituição ao §1º, de seu art. 1º, de modo a declarar que a anistia concedida pela lei 6.683/79 aos crimes políticos ou conexos não se estendia aos crimes comuns praticados pelos agentes da repressão contra opositores políticos, durante o regime militar, o que anularia o perdão dado aos militares e policiais acusados da prática de tortura no período compreendido entre 02 de setembro de 1961 e 15 de agosto de 1979. Ao julgar o caso, infelizmente, parece-nos que o STF se amedrontou diante de "forças obscuras" e não teve coragem de cumprir a Constituição e punir os torturadores, decidindo, por 7x2, não ser possível a revisão judicial da Lei de Anistia, considerando-a recepcionada pela CF/88, expressando o entendimento de que "a Constituição não afeta leis-medida que a tenham precedido".[25]

XVIII – planejar e promover a defesa permanente contra as calamidades públicas, especialmente as secas e as inundações;

XIX – instituir sistema nacional de gerenciamento de recursos hídricos e definir critérios de outorga de direitos de seu uso;

23. STF, ADI 3.666.
24. STF, ADI 3.791.
25. STF, ADPF 153.

XX – instituir diretrizes para o desenvolvimento urbano, inclusive habitação, saneamento básico e transportes urbanos;

XXI – estabelecer princípios e diretrizes para o sistema nacional de viação;

XXII – executar os serviços de polícia marítima, aeroportuária e de fronteiras;

XXIII – explorar os serviços e instalações nucleares de qualquer natureza e exercer monopólio estatal sobre a pesquisa, a lavra, o enriquecimento e reprocessamento, a industrialização e o comércio de minérios nucleares e seus derivados, atendidos os seguintes princípios e condições:

a) toda atividade nuclear em território nacional somente será admitida para fins pacíficos e mediante aprovação do Congresso Nacional;

b) sob regime de permissão, são autorizadas a comercialização e a utilização de radioisótopos para a pesquisa e usos médicos, agrícolas e industriais;

c) sob regime de permissão, são autorizadas a produção, comercialização e utilização de radioisótopos de meia-vida igual ou inferior a duas horas;

d) a responsabilidade civil por danos nucleares independe da existência de culpa;

XXIV – organizar, manter e executar a inspeção do trabalho;

XXV – estabelecer as áreas e as condições para o exercício da atividade de garimpagem, em forma associativa.

7.3.2 Competências privativas da União

O art. 22, da CF/88, estabelece um extenso rol de competências privativas da União de ***natureza legislativa***, direcionadas preponderantemente ao Poder Legislativo, isto é, ao Congresso Nacional.

Essas competências, em que pese privativas da União, ***podem ser delegadas*** nos termos do parágrafo único, do art. 22, da CF/88, segundo o qual, *Lei complementar poderá autorizar os Estados a legislar sobre questões específicas das matérias relacionadas neste artigo*. Assim, para que a União realize a delegação, ela precisará cumprir os seguintes requisitos:

1) ***Requisito formal:*** a delegação precisa ser por ***LEI COMPLEMENTAR***, não se admitindo delegação por lei ordinária, medida provisória ou qualquer outra espécie legislativa.

2) ***Requisito material:*** só se pode delegar ***questões específicas*** das matérias constantes no art. 22, não podendo delegar a matéria toda. Assim, por exemplo, a União não pode delegar aos Estados a competência para legislarem sobre direito penal (matéria toda), contudo, poderia delegar a eles a competência para (des)criminalização do uso recreativo da maconha (uma questão específica dentro da criminalização das drogas). Outro exemplo, esse real, está na Lei Complementar 103/2000, pela qual a União delegou aos Estados a competência para legislarem sobre piso salarial, uma questão específica dentro da matéria de direito do trabalho. Ademais, ***os Estados não podem extrapolar os limites da delegação***, isto é, só poderão legislar nos limites estritos daquilo que foi delimitado na lei de delegação, conforme, inclusive, já decidiu o STF (ADI 5.344).

3) ***Requisito implícito:*** a delegação deve ser ***isonômica*** (princípio da igualdade), sob pena de gerar desequilíbrio no pacto federativo. Assim, se a União delega a matéria, ela ***deve delegar para todos os Estados***, não podendo delegar apenas para um ou alguns,

impedindo-se que as pessoalidades políticas criem favorecimentos, preferências ou prejuízos aos entes. Ademais, por força do art. 32, §1º, da CF/88, como o Distrito Federal cumula as competências legislativas dos Estados e dos Municípios, se a União vier a delegar aos Estados, terá que *delegar, também, ao Distrito Federal.*

Isto posto, é preciso, agora, conhecermos as ***matérias de competência legislativa privativa da União***, bem como as principais legislações já editadas e declaradas constitucionais ou inconstitucionais pelo STF, tendo como parâmetro essa competência.[26] Assim, nos termos do art. 22, da CF/88, compete privativamente à União legislar sobre:

I – direito civil, comercial, penal, processual, eleitoral, agrário, marítimo, aeronáutico, espacial e do trabalho;

- É inconstitucional lei estadual que fixe prazo para pagamento de mensalidades escolares, por ferir a competência privativa da União para legislar sobre ***direito civil***.[27]
- É inconstitucional lei estadual ou distrital que dispense do pagamento e juros e multa aqueles que não puderam pagar no dia certo por conta de greve, por ferir a competência privativa da União para legislar sobre ***direito civil***.[28]
- É inconstitucional lei estadual ou distrital que trate sobre a cobrança em estacionamento de veículos, por ferir a competência privativa da União para legislar sobre ***direito civil***.[29]
- É inconstitucional lei estadual ou distrital que determina que os supermercados doem os alimentos próximos do vencimento, por ferir a competência privativa da União para legislar sobre ***direito civil***. [30]
- É inconstitucional lei estadual que crie hipóteses de isenção de pagamento de direitos autorais (de recolhimento das taxas de retribuição autoral arrecadadas pelo ECAD) fora do rol da Lei Federal 9.610/98, por ferir a competência privativa da União para legislar sobre ***direito civil e comercial***.[31]
- É inconstitucional norma de Constituição estadual que disponha sobre organização e estruturação de empresas estatais, estabelecendo número de vagas, nos órgãos de administração das pessoas jurídicas, a serem preenchidas por representantes dos empregados, por ferir a competência privativa da União para legislar sobre ***direito comercial***.[32]
- É inconstitucional lei estadual que disponha sobre a segurança de estacionamentos e o regime de contratação dos funcionários, por ferir a competência privativa da União para legislar sobre ***direito civil e do trabalho***.[33]
- É inconstitucional lei estadual que estabeleça feriado bancário, por ferir a competência privativa da União para legislar sobre ***direito do trabalho***.[34]

26. Aqui, via de regra, não faremos uma análise de potenciais inconstitucionalidades materiais (de conteúdo) dessas legislações, mas apenas de sua (in)constitucionalidade formal em face da competência legislativa privativa da União para legislar sobre essas matérias.
27. STF, ADI 1.007.
28. STF, ADI 3.605.
29. STF, ADI 1.918; STF, ADI 4.008; STF ADI 4.862; STF ADI 5.792.
30. STF, ADI 5.838.
31. STF, ADI 5.800.
32. STF, ADI 238.
33. STF, ADI 451.
34. STF, ADI 6.083.

- É inconstitucional lei estadual, distrital ou municipal que institua novos feriados civis, em razão de suas implicações no ***direito do trabalho***, que é de competência legislativa privativa da União.[35]
- É inconstitucional lei estadual que obrigue os empregadores a fornecerem café da manhã para os empregados, por ferir a competência privativa da União para legislar sobre ***direito do trabalho***.[36]
- É inconstitucional lei estadual que estabeleça condições para o exercício profissional, por ferir a competência privativa da União para legislar sobre ***direito do trabalho***.[37]
- É inconstitucional lei estadual ou distrital que crie e regulamente a profissão de *motoboy*, por ferir a competência privativa da União para legislar sobre ***direito do trabalho***.[38]
- É inconstitucional lei estadual que torne obrigatória a prestação de serviços de empacotamento nos supermercados, pois, além de ferir o princípio da livre inciativa, ofende a competência privativa da União para legislar sobre ***direito do trabalho***.[39]
- É inconstitucional lei estadual que estabeleça punições para quem exige teste de gravidez e/ou apresentação de atestado de laqueadura em contratações trabalhistas, por ferir a competência privativa da União para legislar sobre ***direito do trabalho***.[40]
- É inconstitucional lei estadual que proíba revista íntima em funcionários de estabelecimentos industriais e comerciais, por ferir a competência privativa da União para legislar sobre ***direito do trabalho***.[41]
- É inconstitucional lei estadual que preveja a ilicitude de atos discriminatórios em razão do sexo, raça, sexualidade etc. no decorrer do processo seletivo, contratação, jornada de trabalho ou no momento da demissão, culminando penas administrativas aos agentes públicos e privados responsáveis, por ferir a competência privativa da União para legislar sobre ***direito do trabalho***.[42]
- É inconstitucional lei estadual que fixe piso salarial profissional violando os requisitos da Lei Complementar Federal 103/2000, por ferir a competência privativa da União para legislar sobre ***direito do trabalho***.[43]
- Conforme a Súmula Vinculante 46, do STF, a definição dos ***crimes de responsabilidade*** e o estabelecimento das respectivas normas de processo e julgamento são da competência legislativa da União.
- É inconstitucional lei estadual que prevê prioridades na tramitação de processos judiciais, por ferir a competência privativa da União para legislar sobre ***direito processual***.[44]
- É inconstitucional lei estadual que dispõe sobre a prioridade, nos procedimentos a serem adotados pelo Ministério Público, Tribunal de Contas e outros órgãos acerca

35. STF, ADI 3.069.
36. STF, ADI 3.251.
37. STF, ADI 4.387.
38. STF, ADI 3.610.
39. STF, ADI 907.
40. STF, ADI 3.165.
41. STF, ADI 2.947.
42. STF, ADI 3.166; STF, ADI 2.487.
43. STF, ADI 5.344.
44. STF, ADI 3.483.

das conclusões das Comissões Parlamentares de Inquérito, por ferir a competência privativa da União para legislar sobre ***direito processual***.[45]

- É inconstitucional lei estadual que confere ao delegado de polícia a prerrogativa de ajustar com o juiz ou a autoridade competente a data, horário e local em que será ouvido como testemunha ou ofendido em processos e inquéritos, por ferir a competência privativa da União para legislar sobre ***direito processual***.[46]
- É inconstitucional lei estadual que verse sobre depósitos judiciais e remeta à própria justiça estadual o lucro das aplicações realizadas com o dinheiro depositados em juízo pelas partes, após o pagamento da correção ao vencedor de processo, por ferir a competência privativa da União para legislar sobre ***direito processual***.[47]
- É inconstitucional lei estadual que exija depósito prévio para a interposição de recursos nos juizados especiais, por ferir a competência privativa da União para legislar sobre ***direito processual***.[48]

II – desapropriação;

III – requisições civis e militares, em caso de iminente perigo e em tempo de guerra;

IV – águas, energia, informática, telecomunicações e radiodifusão;

- É inconstitucional lei estadual que verse, regule ou organize serviços de ***telecomunicações***, ou que crie órgão regulador desses serviços.[49]
- É inconstitucional lei estadual que institua controle de comercialização e habilitação de aparelhos usados de ***telefonia*** móvel.[50]
- É inconstitucional lei estadual que determine que empresas de ***telecomunicações*** criem cadastros de assinantes interessados em receber ofertas de produtos e serviços, que deve ser disponibilizado para as empresas de telemarketing.[51]
- É inconstitucional lei estadual que obrigue concessionárias de serviços de ***telecomunicações*** a instalarem bloqueadores de celular em presídios.[52]
- É inconstitucional lei estadual que discipline a instalação de antenas transmissoras de ***telefonia*** celular.[53]
- É inconstitucional lei estadual que disponha sobre a possibilidade de acúmulo das franquias de minutos mensais ofertados pelas operadoras de ***telefonia***.[54]
- É inconstitucional lei estadual que obrigue empresas de ***telefonia*** e de ***TV*** por assinatura a manterem escritórios regionais e representantes para atendimento presencial de consumidores.[55]

45. STF, ADI 3.041.
46. STF, ADI 3.896.
47. STF, ADI 2.855; STF, ADI 2.909; e STF ADI 3.125.
48. STF, ADI2.699; STF, ADI 4.161.
49. STF, ADI 4.715; STF, ADI 4.369; STF, ADI 2.615.
50. STF, ADI 3.846.
51. STF, ADI 3.959.
52. STF, ADI 3.835.
53. STF, ADI 2.902.
54. STF, ADI 4.649.
55. STF, ADI 4.633.

- É inconstitucional lei estadual que vede a cobrança de tarifa de assinatura básica nas contas de ***telefones***, fixos e móveis.[56]
- É inconstitucional lei estadual que estabeleça prazo para as operadoras de ***telefonia*** desbloquearem as linhas telefônicas após o pagamento de fatura em atraso.[57]
- É inconstitucional norma estadual que imponha às concessionárias de ***telefonia*** obrigações de compartilhamento de dados com órgãos de segurança pública.[58]
- É inconstitucional lei estadual que proíbe a cobrança de taxas para instalação de segundo ponto de acesso à ***internet*** pelas empresas prestadoras do serviço de internet.[59]
- É inconstitucional lei municipal que preveja que o Poder Executivo pode conceder autorização para que sejam explorados serviços de radiodifusão no Município, por ferir a competência privativa da União para legislar sobre ***radiodifusão*** (art. 22, IV) e a competência exclusiva da União para conceder autorização para a exploração desses serviços (art. 21, XII, "*a*").[60]
- É inconstitucional lei estadual que determine que os postes de sustentação à rede elétrica que estejam causando transtornos aos proprietários sejam removidos sem custos aos interessados, por ferir a competência privativa da União para legislar sobre ***energia***.[61]
- É inconstitucional lei estadual que proíba que as concessionárias de ***energia*** elétrica de cobrarem do consumidor tarifas de religação do serviço que havia sido suspenso por inadimplemento.[62]
- É inconstitucional lei estadual ou distrital que proíba a cobrança de tarifa básica de assinatura pelas empresas prestadoras de serviços de água e luz, por ferir a competência privativa da União para legislar sobre ***águas e energia***.[63]
- É inconstitucional lei estadual que obrigue as concessionárias dos serviços de ***telefonia, energia elétrica, água e gás*** a instalarem medidores de consumo, por ferir a competência privativa da União para legislar o tema.[64]

V – serviço postal;

- Os Estados e o Distrito Federal têm competência legislativa para estabelecer regras de postagem de boletos referentes a pagamento de serviços prestados por empresas públicas e privadas, pois a prestação exclusiva de serviço postal pela União não engloba a distribuição de boletos bancários, de contas telefônicas, de luz e água e de encomendas, pois a atividade desenvolvida pelo ente central restringe-se ao conceito de carta, cartão-postal e correspondência agrupada[65]

VI – sistema monetário e de medidas, títulos e garantias dos metais;

VII – política de crédito, câmbio, seguros e transferência de valores;

56. STF, ADI 4.478; e STF, ADI 3.847.
57. STF, ADI 6.065.
58. STF, ADI 5.040.
59. STF, ADI 4.083.
60. STF, ADPF 514; e STF ADPF 516.
61. STF, ADI 4.925.
62. STF, ADI 5.610; ADI 5.960; e ADI 6.190.
63. STF, ADI 3.343.
64. STF, ADI 3.558.
65. STF, ADPF 46; e ARE 649.379.

- É inconstitucional lei estadual que fixe prazos para as empresas de plano de saúde autorizarem exames médicos aos usuários, por ferir a competência privativa da União para legislar sobre direito civil e comercial (art. 22, I) e sobre política de seguros (art. 22, VII).[66]
- É inconstitucional lei estadual que regulamente as obrigações contratuais sobre seguros de veículos e regras de registro, bem como desmonte e comercialização de veículos sinistrados, por ferir a competência privativa da União para legislar sobre direito civil e comercial (art. 22, I), política de seguros (art. 22, VII) e trânsito e transporte (art. 22, XI).[67]
- É inconstitucional norma estadual que autoriza a suspensão, pelo prazo de 120 dias, do cumprimento de obrigações financeiras referentes a empréstimos realizados e empréstimos consignados, por ferir a competência privativa da União para legislar sobre direito civil e política de crédito (art. 22, I e VII).[68]

VIII – comércio exterior e interestadual;

- É inconstitucional lei estadual que proíba a comercialização de produtos importados que não tenham sido submetidos à análise de resíduos químicos de agrotóxicos, por ferir a competência privativa da União para legislar sobre comércio exterior.[69]
- É inconstitucional lei estadual que proíba o cultivo, a manipulação, a importação, a industrialização e a comercialização de organismos geneticamente modificados, por ferir a competência privativa da União para legislar sobre comércio exterior.[70]

IX – diretrizes da política nacional de transportes;

X – regime dos portos, navegação lacustre, fluvial, marítima, aérea e aeroespacial;

XI – trânsito e transporte;

- Embora a Lei 13.640 atribua aos municípios e ao DF a competência para regulamentar e fiscalizar o transporte privado individual de passageiros, eles devem fazer isso com observância estrita das diretrizes estabelecidas na legislação federal, sob pena de ferir a competência privativa da União para legislar sobre trânsito e transporte.[71]
- É inconstitucional lei municipal que proíba o transporte de animais vivos no Município, por ferir a competência privativa da União para legislar sobre a matéria (art. 22, VIII, IX, X e XI), a qual já estabeleceu, à exaustão, diretrizes para a política agropecuária, o que inclui o transporte de animais vivos e sua fiscalização.[72]
- São inconstitucionais, ainda, por ferir a competência privativa da União para legislar sobre trânsito e transporte, leis estaduais ou distritais que: i) obrigam a instalação de ***cintos de segurança*** em veículos de transporte coletivo;[73] ii) disponham sobre a instalação de equipamentos de ***controle de velocidade*** de veículos nas vias;[74] iii) regulamentam o serviço de ***mototáxi***;[75] iv) obrigam veículos automotores a transitarem

66. STF, ADI 4.701.
67. STF, ADI 4.704.
68. STF, ADI 6.495.
69. STF, ADI 3.813.
70. STF, ADI 3.035.
71. STF, ADPF 449.
72. STF, ADPF 514; STF ADPF 516.
73. STF, ADI 874.
74. STF, ADI 3.897.
75. STF, ADI 3.610.

na rodovia com os ***faróis acesos***;[76] v) disciplinam a colocação de ***barreiras eletrônicas*** para medir a velocidade dos veículos;[77] vi) fixam ***valores máximos a serem pagos em razão de multas*** aplicadas em decorrência da prática de infrações de trânsito;[78] vii) fixam ***limites de velocidade*** nas respectivas rodovias;[79] viii) tratam do ***uso de película*** de filme solar nos vidros de veículos;[80] ix) estabeleçam ***penalidades*** aos condutores;[81] x) obrigam os ônibus do transporte coletivo a serem equipados com ***dispositivos redutores de estresse*** para motoristas e cobradores;[82] xi) obrigam a uma ***inspeção técnica veicular*** como condição de licenciamento;[83] xii) obrigam a ***iluminação interna de veículos automotores fechados***, no período das 18h às 6h, quando se aproximarem de blitz ou barreira polícia;[84] xiii) fixam a ***idade mínima em 16 anos para a condução*** de veículos automotores;[85] xiv) disponham sobre a ***reserva de espaço para o tráfego de motocicletas*** nas vias públicas de grande circulação; [86] xv) autorizam a concessão e implantação de ***inspeção técnica veicular*** de condições de segurança e controle de emissão de gases poluentes e ruídos. [87]

- Embora a jurisprudência do STF seja sólida em declarar inconstitucionais leis estaduais, distritais ou municipais que disponham sobre trânsito e transporte, por se tratar de matéria da competência privativa da União, o STF entendeu ser ***constitucional lei estadual que obriga empresa de ônibus, concessionária de transporte coletivo municipal, a adaptar seus veículos facilitando o acesso e a permanência de pessoas com deficiência***, *pois a proteção e integração da pessoa com deficiência é matéria de competência legislativa concorrente* (art. 24, XIV), prevalecendo, no caso, em razão de densidade do direito à acessibilidade.[88]
- Em sentido semelhante, o STF entendeu ser ***constitucional lei estadual que autoriza a utilização, pelas polícias militar e civil, de veículos apreendidos e não identificados quanto à procedência e à propriedade, exclusivamente no trabalho de repressão penal***, por se tratar de matéria administrativa e não de trânsito, sendo, portanto, da competência do respectivo ente federativo.[89]

XII – jazidas, minas, outros recursos minerais e metalurgia;

- É inconstitucional lei estadual que discipline a arrecadação de receitas decorrentes da exploração de recursos hídricos e minerais, por ferir a competência privativa da União para legislar sobre águas (art. 22, IV) e recursos minerais (art. 22, XII).[90]

XIII – nacionalidade, cidadania e naturalização;

XIV – populações indígenas;

---

76. STF, ADI 3.055.
77. STF, ADI 2.718.
78. STF, ADI 2.644.
79. STF, ADI 2.582.
80. STF, ADI 1.704.
81. STF, ADI 3.269.
82. STF, ADI 3.671.
83. STF, ADI 1.972.
84. STF, ADI 3.625.
85. STF, ADI 476.
86. STF, ADI 3.132.
87. STF, ADI 3.049.
88. STF, ADI 903.
89. STF, ADI 3.327.
90. STF, ADI 4.633.

- É inconstitucional norma de Constituição estadual que institua atribuições a órgãos públicos para a defesa dos direitos e interesses das populações indígenas, por ferir a competência privativa da União para legislar sobre populações indígenas.[91]

XV – emigração e imigração, entrada, extradição e expulsão de estrangeiros;

XVI – organização do sistema nacional de emprego e condições para o exercício de profissões;

XVII – organização judiciária, do Ministério Público do Distrito Federal e dos Territórios e da Defensoria Pública dos Territórios, bem como organização administrativa destes;

XVIII – sistema estatístico, sistema cartográfico e de geologia nacionais;

XIX – sistemas de poupança, captação e garantia da poupança popular;

- É inconstitucional lei estadual que disponha sobre a venda de títulos de capitalização, por ferir a competência privativa da União para legislar sobre direito civil e comercial (art. 22, I), política de crédito, câmbio, seguros e transferências de valores (art. 22, VII) e sobre sistema de poupança, captação e garantia da poupança popular (art. 22, XIX).[92]

XX – sistemas de consórcios e sorteios;

- Conforme a Súmula Vinculante 2, do STF, é inconstitucional a lei ou ato normativo Estadual ou Distrital que disponha sobre sistemas de consórcios e sorteios, inclusive bingos e loterias.
- A competência privativa da União para legislar sobre sistema de consórcios e sorteios não impede a competência material-administrativa dos Estados e Municípios para explorarem as atividades lotéricas (art. 25, §1º) nem para regulamentar a matéria (poder regulamentar), sendo que a exploração de loterias configura serviço público.[93]
- É inconstitucional lei municipal que institua concurso prognóstico de múltiplas chances (loteria local), por ferir a competência privativa da União para legislar sobre sorteios.[94]

XXI – normas gerais de organização, efetivos, material bélico, garantias, convocação, mobilização, inatividades e pensões das polícias militares e dos corpos de bombeiros militares;

XXII – competência da polícia federal e das polícias rodoviária e ferroviária federais;

XXIII – seguridade social;

XXIV – diretrizes e bases da educação nacional;

- É inconstitucional lei estadual que disponha sobre a revalidação de títulos obtidos em instituições de ensino dos países do MERCOSUL.[95]
- É inconstitucional lei estadual que afasta as exigências de revalidação de diploma obtido em instituições de ensino superior de outros países para a concessão de benefícios e progressões a servidores públicos.[96]

---

91. STF, ADI 1.499.
92. STF, ADI 2.905.
93. STF, ADPF 492 e ADPF 493.
94. STF, ADPF 337.
95. STF, ADI 5.341.
96. STF, ADI 6.073.

- É formal e materialmente inconstitucional lei municipal que proíba a divulgação de material com referência a "ideologia de gênero" nas escolas municipais.[97]

XXV – registros públicos;

- É inconstitucional lei estadual que determine a microfilmagem de documentos arquivados nos cartórios extrajudiciais do Estado, por tratar de registros públicos e responsabilidade civil dos notários e registros.[98]

XXVI – atividades nucleares de qualquer natureza;

- É inconstitucional norma estadual que dispõe sobre a implantação de instalações industriais destinadas à produção de energia nuclear no âmbito espacial do território estadual.[99]

XXVII – normas gerais de licitação e contratação, em todas as modalidades, para as administrações públicas diretas, autárquicas e fundacionais da União, Estados, Distrito Federal e Municípios, obedecido o disposto no art. 37, XXI, e para as empresas públicas e sociedades de economia mista, nos termos do art. 173, § 1°, III;

- É inconstitucional lei estadual que exija certidão negativa não prevista na Lei 8.666/93 (Lei de Licitações), por ferir a competência privativa da União para legislar sobre o tema.[100]

XXVIII – defesa territorial, defesa aeroespacial, defesa marítima, defesa civil e mobilização nacional;

XXIX – propaganda comercial.

Como visto, o artigo 22 estabelece um extenso rol de ***competências privativas da União***, de modo que sua memorização é difícil. Ainda assim, infelizmente, muitos certames têm cobrado que o candidato decore matérias constantes do referido artigo. Para isso, há técnicas, dentre as quais, o uso de mnemônicos, que podem auxiliar na memorização das principais matérias cobras em prova. Sendo assim, vale lembrar do seguinte ***mnemônico:***

DIREITO CONSTITUCIONAL
PRINCIPAIS COMPETÊNCIAS PRIVATIVAS DA UNIÃO

CF/88, Art. 22. Compete privativamente à União legislar sobre:

Civil
Aeronáutico
Penal
Agrário
Comercial
Eleitoral
Trabalhista
Espacial

DEsapropriação

Processual
Marítimo

97. STF, ADPF 457.
98. STF, ADI 3.723.
99. STF, ADI 330.
100. STF, ADI 3.735.

7.3.3 Competências remanescentes (ou residual) dos Estados

Nos termos do art. 25, §1º, da CF/88, são reservadas aos Estados as competências que não lhes sejam vedadas pela Constituição. Deste modo, resta claro que as competências dos Estados são ***remanescentes (ou residuais)***, vez que aos Estados cabem as matérias que não lhes sejam vedadas pela Constituição de forma expressa ou mesmo implícita, isto é, como regra, aquilo que não for atribuído com exclusividade à União ou aos Municípios com base no interesse local, caberá aos Estados.

Assim, por exemplo, segundo a Constituição cabe aos Municípios organizar, prestar e fiscalizar o transporte coletivo local (art. 30, V) e cabe à União os serviços de transporte rodoviário interestadual e internacional de passageiros (art. 21, XII, "e"), nada dispondo, entretanto, sobre o transporte intermunicipal, sendo, portanto, da competência remanescente (residual) dos Estados.

As competências remanescentes dos Estados, portanto, são, ***implícitas****, podendo ser: i)* ***materiais exclusivas*** *e ii)* ***legislativas privativas****.*

Entretanto, há algumas (poucas) ***competências expressas dos Estados*** *na Constituição, tanto* ***materiais exclusivas*** (por exemplo, o art. 25, §2º, da CF/88, segundo o qual cabe aos Estados explorar diretamente, ou mediante concessão, os serviços locais de gás canalizado, na forma da lei, vedada a edição de medida provisória para a sua regulamentação), *quanto* ***legislativas privativas*** (por exemplo, o art. 18, §4º, da CF/88, que dispõe sobre a formação de novos municípios, e o art. 25, §3º, da CF/88, segundo o qual os Estados poderão, mediante lei complementar, instituir regiões metropolitanas, aglomerações urbanas e microrregiões, constituídas por agrupamentos de municípios limítrofes, para integrar a organização, o planejamento e a execução de funções públicas de interesse comum).

7.3.4 Competência legislativa dos Municípios

Segundo dispõe o art. 30, I, da CF/88, compete aos Municípios legislar sobre ***assuntos de interesse local.*** Este dispositivo adota de forma expressa o princípio da predominância dos interesses, assegurando aos Municípios a competência para legislarem sobre os assuntos de interesse local, isto é, da municipalidade.

Essas competências são aferidas no dia a dia do próprio Município, entretendo é possível identificar um núcleo de competências legislativas municipais que gira em torno das próprias competências administrativas do Munícipio e das relações jurídicas municipais, aquelas que dizem respeito ao cotidiano de uma cidade, como transporte coletivo municipal, coleta de lixo, planejamento urbano, horário de funcionamento de estabelecimento comercial etc.

Isto posto, é importante, agora, conhecermos as principais decisões do STF sobre a (in) constitucionalidade de algumas legislações municipais já editadas tendo como parâmetro essa competência.[101] Assim, ***segundo o Supremo Tribunal Federal:***

1) Conforme a Súmula Vinculante 38, do STF, *é competente o município para fixar o horário de funcionamento de estabelecimento comercial.* Por outro lado, nos termos da jurisprudência do STF e da Súmula 19, do STJ, por haver predominância do

101. Aqui, via de regra, não faremos uma análise de potenciais inconstitucionalidades materiais (de conteúdo) dessas legislações, mas apenas de sua (in)constitucionalidade formal em face da competência legislativa dos Municípios para legislarem sobre assuntos de interesse local.

interesse nacional, *a fixação do horário bancário, para atendimento ao público, é da competência da União* (art. 192, CF/88).

2) Entretanto, por ser de interesse local, é constitucional lei municipal que obrigue as instituições financeiras e suas agências a instalarem equipamentos destinados a segurança e conforto dos usuários dos serviços bancários, mediante oferecimento de instalações sanitárias, ou fornecimento de cadeiras de espera, ou colocação de bebedouros, ou, ainda, prestação de atendimento em prazo razoável, com a fixação de tempo máximo de permanência dos usuários em fila de espera.[102]

3) É constitucional lei municipal que estabelece que os supermercados ficam obrigados a colocar, à disposição dos consumidores, pessoal suficiente nos caixas, de forma que a espera na fila não seja superior a 15 minutos.[103] Do mesmo modo, é constitucional lei municipal que estipule tempo máximo de espera na fila de cartórios,[104] bem como, via de regra, a demais ***leis das filas***, que estipulem tempo máximo de espera para atendimento ao consumidor.

4) É inconstitucional lei municipal que proíba o serviço de transporte de passageiros por aplicativo.[105]

5) Nos termos da Súmula Vinculante 49, do STF, ofende o princípio da livre concorrência lei municipal que impede a instalação de estabelecimentos comerciais do mesmo ramo em determinada área.

6) É constitucional lei municipal que proíbe a conferência de mercadorias na saída de estabelecimentos comerciais, pois os municípios possuem competência para legislar sobre assuntos de interesse local, ainda que, de modo reflexo, tratem de direito comercial ou do consumidor.[106]

7) Compete aos municípios a regulamentação para construções de postos de combustíveis, sendo constitucional lei municipal que exija distância mínima entre postos, por questões de segurança.[107]

8) Compete aos municípios a fiscalização das condições de higiene de bares e restaurantes (normas sanitárias), sendo constitucional lei municipal que proíba que bares e restaurantes utilizem embalagens devassáveis.[108]

9) É inconstitucional lei estadual que disponha sobre fornecimento de água em caso de interrupção do serviço, obrigando Companhia de Água a fazer imediatamente a distribuição do líquido por meio de caminhões-pipa, por se tratar de competência legislativa municipal.[109]

10) É inconstitucional dispositivo da Constituição Estadual que preveja que os serviços públicos de saneamento e de abastecimento de água serão prestados por pessoas jurídicas de direito público ou por sociedade de economia mista sob controle acionário e administrativo, do Poder Público Estadual ou Municipal, pois compete aos

102. STF, AI 347.717-AgR.
103. STF, ARE 809.489-AgR.
104. STF, RE 397.094.
105. STF, ADPF 449.
106. STF, RE 1.052.719.
107. STF, RE 566.836.
108. STF, RE 594.057.
109. STF, ADI 2.340.

Municípios a titularidade dos serviços públicos de saneamento básico, cabendo-lhes, portanto, escolher a forma da prestação desses serviços (art. 30, I e IV, da CF/88).[110]

11) Compete aos municípios a extensão da gratuidade do transporte público coletivo urbano aos idosos de 60 a 65 anos, não contemplados pela gratuidade constitucional (art. 230, §2º, CF/88), sendo inconstitucional essa extensão por lei estadual ou mesmo norma da Constituição do Estado.[111]

12) É inconstitucional lei municipal que institua taxa de combate a sinistros (incêndios), por ser a prevenção e combate a incêndio de competência dos Estados.[112]

13) É constitucional lei municipal que atribua às guardas municipais o exercício do poder de polícia de trânsito, inclusive para imposição de sanções administrativas legalmente previstas, como multas de trânsito.[113]

14) O ordenamento do espaço urbano, em municípios com mais de 20 mil habitantes ou no DF, é feito por meio do plano diretor (art. 182, §1º), contudo, programas e projetos específicos de ordenamento do espaço urbano podem ser feitos por meio de (outras) leis municipais ou distritais, desde que sejam compatíveis com as diretrizes fixadas no plano diretor.[114]

7.3.5 Competências administrativas dos Municípios

Vista a competência legislativa horizontal dos municípios, é preciso, agora, conhecermos as ***matérias de competência administrativa horizontal dos municípios***, bem como as principais legislações já editadas e declaradas constitucionais ou inconstitucionais pelo STF, tendo como parâmetro essa competência.[115] Assim, de acordo com o art. 30, incisos III ao IX, da CF/88, são competências administrativas dos Municípios:

III – instituir e arrecadar os tributos de sua competência, bem como aplicar suas rendas, sem prejuízo da obrigatoriedade de prestar contas e publicar balancetes nos prazos fixados em lei;

- Com base nesse dispositivo, o STF já declarou inconstitucional lei estadual que impunha aos Municípios do respectivo Estado a destinação de recursos e rendas que pertençam a municipalidade por direito próprio.[116]

IV – criar, organizar e suprimir distritos, observada a legislação estadual;

- Segundo o STF, a criação, a organização e a supressão de distritos, da competência dos Municípios, faz-se com observância da legislação estadual, sendo que as normas da União e dos Estados deverão, entretanto, ser gerais, em forma de diretrizes, sob pena de tornarem inócua a competência municipal, que constitui exercício de sua autonomia constitucional.[117]

110. STF, ADI 4.454.
111. STF, RE 702.848.
112. STF, RE 643.247.
113. STF, RE 658.570, Rel. Min. Marco Aurélio, red. p/ o acórdão Min. Roberto Barroso.
114. STF, RE 607.940.
115. Aqui, via de regra, não faremos uma análise de potenciais inconstitucionalidades materiais (de conteúdo) dessas legislações, mas apenas de sua (in)constitucionalidade formal em face da competência legislativa horizontal dos Municípios para legislar sobre essas matérias.
116. STF, ADI 2.355-MC.
117. STF, ADI 478; STF, ADI 512.

V – organizar e prestar, diretamente ou sob regime de concessão ou permissão, os serviços públicos de interesse local, incluído o de transporte coletivo, que tem caráter essencial;

- Com base nesse dispositivo, o STF decidiu que os serviços funerários constituem serviços municipais, dado que dizem respeito com necessidades imediatas do Município.[118]
- Segundo o STF, compete aos *municípios* dispor sobre o transporte público coletivo *municipal*, não podendo a legislação estadual dispor sobre o tema. De outro lado, compete aos *Estados* explorar e regulamentar a prestação de serviços de transporte *intermunicipal*.[119] Em razão disso, a Constituição do Estado só pode conceder "meia passagem" para estudantes nos transportes coletivos intermunicipais, sendo inconstitucional norma da Constituição estadual que conceda "meia passagem" para estudantes nos transportes coletivos municipais.[120]

VI – manter, com a cooperação técnica e financeira da União e do Estado, programas de educação infantil e de ensino fundamental;

VII – prestar, com a cooperação técnica e financeira da União e do Estado, serviços de atendimento à saúde da população;

VIII – promover, no que couber, adequado ordenamento territorial, mediante planejamento e controle do uso, do parcelamento e da ocupação do solo urbano;

- Segundo o STF, a competência municipal para promover, no que couber, adequado ordenamento territorial, mediante planejamento e controle do uso, do parcelamento e da ocupação do solo urbano, por relacionar-se com o direito urbanístico, está sujeita a normas federais e estaduais (art. 24, I), sendo que as normas da União e dos Estados deverão, entretanto, ser gerais, em forma de diretrizes, sob pena de tornarem inócua a competência municipal, que constitui exercício de sua autonomia constitucional.[121]
- Com base nesse dispositivo, o STF decidiu que é da competência dos municípios dispor sobre a instalação de torres de telefonia celular no âmbito municipal.[122]

IX – promover a proteção do patrimônio histórico-cultural local, observada a legislação e a ação fiscalizadora federal e estadual.

7.3.6 Competências cumulativas do Distrito Federal

Nos termos do art. 32, § 1°, da CF/88, ***ao Distrito Federal são atribuídas as competências legislativas reservadas aos Estados e Municípios,*** isto é, compete ao Distrito Federal legislar tanto sobre as matérias de competência dos Estados, como sobre as matérias de competência dos Municípios, cumulando as competências desses dois entes federados.

Entretanto, é importante registrar que ***nem todas as competências dos Estados são competências do Distrito Federal,*** pois algumas instituições do Distrito Federal, como o Poder Judiciário, o Ministério Público, as polícias civil, militar e penal e o corpo de bombeiros (art. 22, XVII, e art. 21, XIV, CF/88), são organizadas e mantidas pela União e não pelo Distrito Federal, diferentemente do que ocorre nos Estados.

---

118. STF, ADI 1.221.
119. STF, ADI 2.349.
120. STF, ADI 845.
121. STF, ADI 478; STF, ADI 512.
122. STF, RE 632.006-AgR.

7.4 Repartição vertical de competências na CF/88

Como dissemos, a técnica da repartição vertical é aquela pela qual as competências são distribuídas para dois ou mais entes concomitantemente, devendo eles atuar de forma cooperada, conjuntamente ou concorrentemente. A Constituição de 1988, utilizou-se dessa técnica para atribuir competências nos seguintes casos:

REPARTIÇÃO VERTICAL DE COMPETÊNCIAS	
ENTE	COMPETÊNCIA
União, Estados, DF e Municípios	*Art. 23 – competências comuns, de natureza administrativa.*
União, Estados e DF	*Art. 24 – competências concorrentes, de natureza legislativa.*
Municípios	*Art. 30, II – competência legislativa concorrente dos Municípios.*

7.4.1 Competências comuns

As competências comuns são competências materiais administrativas que atribuem tarefas comuns (solidárias) a todos os entes federativos (União, Estados, Municípios e Distrito Federal), cabendo a todos eles a implementação e realização da atribuição constitucional.

Aqui, em razão dos potenciais conflitos entre os entes federados, a Constituição estabeleceu no parágrafo único, do artigo 23, que Leis complementares da União fixarão normas para a cooperação entre a União e os Estados, o Distrito Federal e os Municípios, tendo em vista o equilíbrio do desenvolvimento e do bem-estar em âmbito nacional.

Nada obstante, ainda assim, muitas vezes, se faz necessária a aplicação do princípio da predominância dos interesses para resolver os conflitos entre os entes federados nas matérias de atuação comum e, em que pese não haja hierarquia entre os entes ou mesmo entre suas normas, há preferência (ou precedência) dos interesses do ente mais amplo sobre os mais restritos,[123] vez que estando presente fortes interesses de mais um ente, somente o ente mais amplo poderia tutelar os interesses de todos, já que o ente menos amplo não poderia atuar fora de seus limites geográficos.

Isto posto, nos termos do art. 23, da CF/88, é competência comum da União, dos Estados, do Distrito Federal e dos Municípios:

I – zelar pela guarda da Constituição, das leis e das instituições democráticas e conservar o patrimônio público;

II – cuidar da saúde e assistência pública, da proteção e garantia das pessoas portadoras de deficiência;

III – proteger os documentos, as obras e outros bens de valor histórico, artístico e cultural, os monumentos, as paisagens naturais notáveis e os sítios arqueológicos;

IV – impedir a evasão, a destruição e a descaracterização de obras de arte e de outros bens de valor histórico, artístico ou cultural;

V – proporcionar os meios de acesso à cultura, à educação, à ciência, à tecnologia, à pesquisa e à inovação;

VI – proteger o meio ambiente e combater a poluição em qualquer de suas formas;

123. Nesse sentido, já decidiu o STF (AC-MC 1.255).

VII – preservar as florestas, a fauna e a flora;

VIII – fomentar a produção agropecuária e organizar o abastecimento alimentar;

IX – promover programas de construção de moradias e a melhoria das condições habitacionais e de saneamento básico;

X – combater as causas da pobreza e os fatores de marginalização, promovendo a integração social dos setores desfavorecidos;

XI – registrar, acompanhar e fiscalizar as concessões de direitos de pesquisa e exploração de recursos hídricos e minerais em seus territórios;

XII – estabelecer e implantar política de educação para a segurança do trânsito.

7.4.2 Competências concorrentes

O art. 24, da CF/88, estabelece um rol de competências legislativas concorrentes entre a União, os Estados e o Distrito Federal, sendo que essas competências não são cumulativas, isto é, não cabe a cada um deles legislar sobre tudo, vez que a própria Constituição já predeterminou o âmbito dessa atuação concorrente entre os entes.

Assim, nos termos dos §§1º e 2º, do art. 24, da CF/88, no âmbito da legislação concorrente, a competência da União limitar-se-á a estabelecer normas gerais, sendo que essa competência da União não exclui a competência suplementar dos Estados. Ou seja, cabe à União estabelecer as normas gerais e aos Estados e DF suplementar as normas gerais da União naquilo que lhes for específico. Aqui, segundo a doutrina, está consagrada a ***competência suplementar-complementar*** dos Estados, que consiste na competência atribuída aos Estados para complementarem a legislação geral federal editando normas específicas com base no interesse regional.

Deste modo, por ***exemplo***, se estivermos tratando de processo administrativo disciplinar, matéria legislativa de competência concorrente, deve a União legislar sobre normas gerais e os Estados complementarem essa legislação naquilo que lhes for específico, o que nos revela que a União não pode estabelecer normas específicas, de interesse regional, para os Estados (por exemplo, legislando especificamente sobre o processo administrativo disciplinar das polícias militares, já que as polícias militares são órgãos da estrutura dos Estados), sob pena de adentrar na competência deles, nem os Estados podem criar normas gerais contrárias às da União (por exemplo, estabelecendo que no processo administrativo disciplinar das polícias militares não há necessidade de motivação das decisões punitivas, já que essa é uma regra geral – princípio da motivação).

Nada obstante, muitas vezes a União se omite em suas obrigações constitucionais legislativas, deixando de legislar sobre aquilo que deveria, não podendo os Estado ficarem "reféns" da inércia do Congresso Nacional. Em razão disso, prevê o art. 24, §3º, da CF/88, que inexistindo lei federal sobre normas gerais, os Estados exercerão a ***competência legislativa plena***, para atender a suas peculiaridades. Aqui, segundo a doutrina, está consagrada a ***competência suplementar-supletiva*** dos Estados, que consiste em legislar plenamente sobre a matéria suprindo a omissão do legislador federal, isto é, nesses casos, cabe aos Estados e ao DF editarem "leis completas", ou seja, cabe a eles legislarem sobre as normas gerais e as normas específicas (competência legislativa plena).

Ocorre que, após o exercício da competência legislativa plena pelos Estados e pelo Distrito Federal, pode ser que a União venha a exercer sua competência legislativa editando as normas gerais. Nesse caso, segundo o art. 24, §4º, da CF/88, a ***superveniência de lei federal*** sobre normas gerais ***suspende a eficácia das leis estaduais, no que lhes forem contrárias.***

É importante observar que ***a superveniência da norma federal não revoga a legislação estadual, mas sim suspende!*** Em primeiro lugar seria, no mínimo, incoerente norma federal revogar norma estadual, vez que, na teoria do ordenamento jurídico, normas federais devem revogar normas federais, enquanto normas estaduais devem revogar normas estaduais. Em segundo lugar, os efeitos da suspensão são diferentes da revogação. Exemplificando: imagine que certo Estado exerça a competência legislativa plena e, logo depois, a União edite norma geral e, tempos depois, a União reforme a norma geral anteriormente editada. Nesse caso, pode ser que certo dispositivo da lei estadual fosse incompatível com a norma geral originalmente editada, sendo suspenso. Contudo, com a reforma da norma geral, esse dispositivo passa a ser compatível com ela, deixando de ser suspenso e voltando a ser eficaz (produzir efeitos). Perceba que se a legislação federal tivesse revogado a legislação estadual, ela não voltaria a ser eficaz, vez que a revogação (eliminação da norma) põe fim a vigência da norma, retirando-a do sistema jurídico vigente. Justamente por isso, também não se verifica a repristinação das normas estaduais nesse caso (que exigiria anterior revogação e só seria admitida se expressamente prevista).

Como vimos, na competência concorrente, a União deve criar as normas gerais e os Estados devem complementar essas normas gerais (de forma específica), sendo, contudo, ***vedado aos Estados a renúncia ao seu direito de legislar***, por exemplo, prevendo em sua legislação que *qualquer atividade relacionada a certa competência concorrente deverá observar estritamente a legislação federal específica.*[124]

Isto posto, é preciso, agora, conhecermos as ***matérias de competência legislativa concorrente***, bem como as principais legislações já editadas e declaradas constitucionais ou inconstitucionais pelo STF, tendo como parâmetro essa competência.[125] Assim, nos termos do art. 24, da CF/88, compete à União, aos Estados e ao Distrito Federal legislar concorrentemente sobre:

I – direito tributário, financeiro, penitenciário, econômico e urbanístico;

- Com base nesse dispositivo, o STF declarou que é constitucional lei distrital que cria carreira de ***atividades penitenciárias*** nos quadros da Administração do DF.[126]
- É constitucional lei estadual que disponha sobre ***meia-entrada*** para estudantes em casas de diversão, esporte, cultura e lazer, por se tratar de matéria de ***direto econômico***, podendo os Estados complementarem (art. 24, §2º) as normas gerais editadas pela União (art. 24, §1º).[127]
- Embora os entes federados não sejam competentes para fixar índices de correção monetária de créditos fiscais em percentuais superiores aos fixados pela União para o mesmo fim, eles podem fixá-los em patamares inferiores, vez que compete aos Estados e ao DF complementarem (art. 24, §2º) as normas gerais editadas pela União (art. 24, §1º) sobre ***direito financeiro***.[128]
- É inconstitucional lei estadual que autoriza o Estado a utilizar recursos de depósitos judiciais, em percentuais e finalidades diferentes do previsto na legislação federal, por ferir a competência da União para legislar sobre direito processual (art. 22, I) e sobre normas gerais de direito financeiro (art. 24, I).[129]

---

124. STF, ADI 2.303/RS, Rel. Min. Marco Aurélio.
125. Aqui, via de regra, não faremos uma análise de potenciais inconstitucionalidades materiais (de conteúdo) dessas legislações, mas apenas de sua (in)constitucionalidade formal em face da competência legislativa concorrente entre a União, os Estados e o DF para legislar sobre essas matérias.
126. STF, ADI 3.916.
127. STF, ADI 1.950.
128. STF, ADI 442.
129. STF, ADI 5.353-MC; STF, ADI 5.080.

II – orçamento;

III – juntas comerciais;

IV – custas dos serviços forenses;

- Com base nesse dispositivo, o STF declarou constitucional lei estadual que concede isenção a entidades beneficentes de assistência social, em regular funcionamento no Estado e declaradas de utilidade pública, do pagamento de emolumentos relativos ao registro de atos constitutivos.[130]

V – produção e consumo;

- É constitucional lei estadual que obrigue plano de saúde a justificar recusa de tratamento ou internação, vez que compete aos Estados e ao DF complementarem (art. 24, §2º) as normas gerais editadas pela União (art. 24, §1º) sobre consumo (art. 24, V), estando essa norma estadual em harmonia com a legislação federal.[131]
- É constitucional lei estadual que obrigue as agências bancárias a instalarem divisórias individuais nos caixas de atendimento, pois embora seja competência do Congresso Nacional dispor sobre matéria financeira, cambial e monetária, instituições financeiras e suas operações (ar. 48, XIII), essa legislação dispõe sobre direito do consumidor, matéria de competência concorrente (art. 24, V e VIII).[132]
- É constitucional lei estadual que autoriza a comercialização de bebidas alcoólicas nas arenas desportivas e nos estádios. O art. 13-A, II, da lei 10.671/2003 (Estatuto do Torcedor) indica como "condições de acesso e permanência do torcedor no recinto esportivo", entre outras, "não portar objetos, bebidas ou substâncias proibidas ou suscetíveis de gerar ou possibilitar a prática de atos de violência". Não há, contudo, uma vedação geral e absoluta por parte do Estatuto do Torcedor, de modo que o legislador estadual, no exercício de sua competência concorrente complementar, observadas as especificidades locais, pode regulamentar a matéria, autorizando, por exemplo, a venda de cerveja e chope (bebidas de baixo teor alcóolico) nos estádios.[133]
- É constitucional lei estadual que exija a instalação de itens de segurança em caixas eletrônicos, pois, no âmbito das competências concorrentes, os Estados podem legislar, de forma específica, sobre segurança nas relações de consumo e sobre segurança pública regional.[134]
- É constitucional lei estadual que preveja espaço exclusivo para produtos orgânicos em estabelecimentos comerciais, por tratar de proteção ao consumidor (art. 24, V e VIII, CF/88).[135]

VI – florestas, caça, pesca, fauna, conservação da natureza, defesa do solo e dos recursos naturais, proteção do meio ambiente e controle da poluição;

- É inconstitucional lei estadual que exija que o pescador se cadastre em entidade privada (Federação de Pescadores) para exercer sua atividade, bem como cobre taxa para a realização desse cadastramento, por violar a competência da União de editar normas gerais (art. 24, §1º) sobre pesca (art. 24, VI).[136]

---

130. STF, ADI 1.624.
131. STF, ADI 4.409.
132. STF, ADI 4.633.
133. STF, ADI 6.195.
134. STF, ADI 3.155.
135. STF, ADI 5.166.
136. STF, ADI 3.829.

- É constitucional lei estadual que proíba a utilização de animais para desenvolvimento, experimentos e testes de produtos cosméticos, de higiene pessoal, perfumes e seus componentes.[137]

VII – proteção ao patrimônio histórico, cultural, artístico, turístico e paisagístico;

VIII – responsabilidade por dano ao meio ambiente, ao consumidor, a bens e direitos de valor artístico, estético, histórico, turístico e paisagístico;

- É inconstitucional lei estadual, distrital ou municipal que proíba a inscrição de débitos de mutuários do SFH em cadastros de serviços de proteção ao crédito, pois viola a competência da União de estabelecer normas gerais (art. 24, §1º) de consumo (art. 24, V) e defesa do consumidor (art. 24, VIII).[138]
- É inconstitucional lei estadual que estabeleça que os rótulos dos produtos comercializados nos Estados contenham informações que não são exigidas pela legislação federal, pois viola a competência da União de estabelecer normas gerais (art. 24, §1º) de defesa do consumidor (art. 24, VIII).[139]
- É constitucional lei estadual que que proíbe que as empresas concessionárias façam o corte do fornecimento de água e luz por falta de pagamento, em determinados dias, pois embora seja competência privativa da União legislar sobre água e luz (ar. 22, IV), essa legislação dispõe sobre direito do consumidor, matéria de competência concorrente (art. 24, V e VIII).[140]
- É constitucional lei estadual que obriga as empresas prestadoras de serviços (empresas de telefonia, internet, TV por assinatura, energia elétrica etc.) a informarem previamente a seus clientes os dados do empregado que realizará o serviço na residência do consumidor (art. 24, V e VIII).[141]
- É constitucional norma estadual que disponha sobre a obrigação de as operadoras de telefonia móvel e fixa disponibilizarem, em portal da internet, extrato detalhado das chamadas telefônicas e serviços utilizados na modalidade de planos "pré-pagos", pois trata de direito do consumidor (art. 24, V e VIII) e não sobre telecomunicação (matéria de competência privativa da União).[142]
- É constitucional lei estadual que proíba a prática de fidelização nos contratos de consumo (art. 24, V e VIII).[143]
- É constitucional lei estadual que obriga as empresas de telefonia fixa e móvel a cancelarem a multa contratual de fidelidade quando o usuário comprovar que perdeu o vínculo empregatício após a adesão do contrato, pois embora seja competência privativa da União legislar sobre telecomunicação (ar. 22, IV), essa legislação dispõe sobre direito do consumidor, matéria de competência concorrente (art. 24, V e VIII).[144]
- É constitucional lei estadual que permite o comércio de artigos de conveniência (pilhas, perfumes, chocolates etc.) e a prestação de serviços de utilidade pública (fotocópias, pagamento de contas de água, luz, telefone etc.) em farmácias e dro-

137. STF, ADI 5.996.
138. STF, ADI 3.623.
139. STF, ADI 750.
140. STF, ADI 5.961.
141. STF, ADI 5.745.
142. STF, ADI 5.724.
143. STF, ADI 5.963.
144. STF, ADI 4.908.

garias, pois embora seja competência da União editar normas gerais (art. 24, §1º) sobre defesa da saúde (art. 24, XII), essa legislação tratou de consumo e comércio local (art. 24, V e VIII), complementando a legislação federal com base no interesse dos entes regionais (art. 24, §2º).[145]

IX – educação, cultura, ensino, desporto, ciência, tecnologia, pesquisa, desenvolvimento e inovação

- É constitucional lei estadual que disponha sobre a concessão, por empresas privadas, de bolsa de estudos para professores, vez que compete aos Estados e ao DF complementarem (art. 24, §2º) as normas gerais editadas pela União (art. 24, §1º) sobre ***educação e ensino*** (art. 24, XI), estando essa norma estadual em harmonia com a legislação federal.[146]
- É constitucional lei distrital que estabelece a oferta de ensino de língua espanhola aos alunos da rede pública do DF, pois ***educação e ensino*** são matérias da competência legislativa concorrente.[147]
- É constitucional lei que fixa número máximo de alunos por sala de aula, pois ***educação e ensino*** são matérias da competência legislativa concorrente.[148]
- É constitucional lei estadual que estabeleça que as instituições de ensino superior privada são obrigadas a devolver o valor da taxa de matrícula, podendo reter, no máximo, 5% da quantia, caso o aluno, antes do início das aulas, desista do curso ou solicite transferência, pois ***educação e proteção ao consumidor*** são matérias da competência legislativa concorrente (art. 24, V, VIII e IX).[149]
- Com base nesse dispositivo, o STF declarou constitucional o ***Estatuto do Torcedor*** (Lei 10.671/2003), por considerar que a União exerceu sua competência para editar normas gerais (art. 24, §1º) sobre ***desporto***, sem adentrar em especificidades ou singularidades dos Estados ou do DF que estejam reservadas à competência suplementar-complementar desses entes (art. 24, §2º).[150]

X – criação, funcionamento e processo do juizado de pequenas causas;

XI – procedimentos em matéria processual;

- É inconstitucional lei estadual que preveja a tramitação direta do inquérito policial entre a Polícia e o Ministério Público, pois viola a competência da União de estabelecer normas gerais (art. 24, §1º) sobre procedimentos em matéria processual (art. 24, XI), vez que o art. 10, §1º, do CPP, já regula a matéria.[151]
- É constitucional lei estadual que preveja a possibilidade de o Ministério Público requisitar informações quando o inquérito policial não for encerrado em 30 dias, tratando-se de indiciado solto, vez que compete aos Estados e ao DF complementarem (art. 24, §2º) as normas gerais editadas pela União (art. 24, §1º) sobre procedimentos em matéria processual (art. 24, XI), estando essa norma estadual em harmonia com o art. 129, VIII, da CF/88.[152]

145. STF, ADI 4.954; STF, ADI 4.949; STF, ADI 4.948; STF, ADI 4.953.
146. STF, ADI 2.663.
147. STF, ADI 3.669.
148. STF, ADI 4.060.
149. STF, ADI 5.951.
150. STF, ADI 2.937.
151. STF, ADI 2.886.
152. STF, ADI 2.886.

- É constitucional lei estadual que regule a forma de cobrança do ITCMD pela PGE, vez que compete aos Estados e ao DF complementarem (art. 24, §2º) as normas gerais editadas pela União (art. 24, §1º) sobre procedimentos em matéria processual (art. 24, XI), estando essa norma estadual em harmonia com o CPC/2015.[153]
- É constitucional lei estadual que regula procedimento para homologação judicial de acordo sobre a prestação de alimentos firmada com a intervenção da Defensoria Pública, vez que essa legislação não dispõe sobre direito civil e processual, mas sim sobre critérios procedimentais em matéria processual.[154]

XII – previdência social, proteção e defesa da saúde;

- É constitucional norma estadual que dispõe sobre a obrigatoriedade de rotulagem em produtos de gêneros alimentícios destinados ao consumo humano e animal, que sejam constituídos ou produzidos a partir de organismos geneticamente modificados.[155]

XIII – assistência jurídica e Defensoria pública;

XIV – proteção e integração social das pessoas portadoras de deficiência;

XV – proteção à infância e à juventude;

XVI – organização, garantias, direitos e deveres das polícias civis.

Como visto, o artigo 24 estabelece um extenso rol de ***competências concorrentes da União, dos Estados e do DF***, de modo que sua memorização é difícil. Sendo assim, para auxiliar a memorizar as principais competências concorrentes, vale lembrar do seguinte ***mnemônico:***

DIREITO CONSTITUCIONAL
PRINCIPAIS COMPETÊNCIAS CONCORRENTES

CF/88, Art. 24. Compete à União, aos estados e ao Distrito Federal legislar corretamente sobre:

Financeiro
Orçamento
Recursos Naturais
Assitência Jurídica e Defensoria Pública

Tributário
Econômico
Meio Ambiente
Educação
Responsabilidade por dano ao consumidor

Consumidor

Estético

Saúde
Urbanístico
Serviços forenses
Penitenciário
Ensino
Inovação
Tecnologia
Organização, garantias, direitos e deveres da Polícia Civil

153. STF, ADI 4.409.
154. STF, ADI 2.922.
155. STF, ADI 4.619.

7.4.3 Competência legislativa concorrente dos Municípios

Como vimos, a competência legislativa concorrente, nos termos do art. 24, da CF/88 é atribuída à União, aos Estados e ao Distrito Federal, não constando na redação do artigo os Municípios. Daí surge a pergunta: ***os Municípios não têm competência legislativa concorrente?*** Isto é, os Municípios não têm competência suplementar-complementar?

Ora, em que pese não sejam mencionados no artigo 24, os Municípios ***possuem sim competência legislativa concorrente***, podendo *suplementar a legislação federal e a estadual no que couber*, conforme dispõe expressamente o art. 30, II, da CF/88, isto é, os Municípios possuem competência suplementar-complementar, podendo complementar a legislação federal e estadual, com base no interesse local, dispondo sobre questões específicas da municipalidade, desde que as matérias não tenham sido atribuídas com exclusividade a um outro ente – como, por exemplo, as matérias de competência exclusiva (art. 21) e privativa (art. 22) da União, salvo se o inciso que trata da matéria deixar expresso que a União irá somente estabelecer as diretrizes gerais daquela matéria – e desde que, sendo as matérias de competência concorrente (art. 24), haja interesse local em relação a elas, pois, a nosso ver, não há interesse local sobre todas as matérias da competência concorrente – como, por exemplo, a competência para legislar sobre "custas dos serviços forenses" (art. 24, IV), já que os Municípios não possuem Poder Judiciário.

Se, conforme prevê o art. 30, II, da CF/88, os municípios possuem competência legislativa concorrente para suplementar as normas federais e estaduais (competência suplementar-complementar), surge uma outra pergunta: ***os Municípios não têm capacidade para exercer a competência legislativa plena?*** Isto é, os Municípios não têm competência suplementar-supletiva? Ou seja, em termos práticos, caso a União e os Estados não produzam as normas (gerais) que devam produzir, poderão os Municípios criar uma lei municipal "completa", com parte geral e específica, ou ficarão à mercê da inércia dos legisladores federais e estaduais?

Aqui a doutrina se divide em duas correntes: A ***primeira corrente*** defende que os Municípios não podem exercer a competência legislativa plena nesses casos (competência suplementar-supletiva), pois isto não está escrito expressamente na Constituição, diferente do caso dos Estados (art. 24, §3º). Já a ***segunda corrente***, partindo de uma interpretação sistemática e teleológica da Constituição, defende que os Municípios podem exercer a competência legislativa plena nesses casos (competência suplementar-supletiva), pois os Municípios não podem ficar reféns da inércia dos legisladores federais e estaduais. Deste modo, sobrevindo legislação federal ou estadual suspende-se a eficácia das leis municipais, no que lhes forem contrárias. ***A nosso ver***, a segunda corrente é muito mais coerente e observa a integridade do sistema jurídico constitucional, não havendo outra resposta constitucionalmente correta senão a de que ***os Municípios podem sim exercer a competência legislativa plena*** em casos de inércia do legislativo federal e estadual, desde que respeitadas as demais atribuições constitucionais de competência e desde que haja interesse local.

Assim, para que os municípios exerçam a competência legislativa suplementar (complementar ou supletiva) exigem-se os seguintes ***requisitos: i)*** que a competência legislativa não tenha sido atribuída com exclusividade a outro ente federado, salvo se o dispositivo deixar expresso que o ente irá estabelecer apenas as diretrizes gerais daquela matéria; ***ii)*** que haja interesse local específico do município em legislar sobre a matéria; ***iii)*** caso haja legislação (federal e/ou estadual) prévia, que a lei municipal seja harmônica com esse regramento preexistente, desde que esse regramento preexistente seja compatível com a Constituição.

Isto posto, é importante, agora, conhecermos as principais decisões do STF sobre a (in) constitucionalidade de algumas legislações municipais já editadas tendo como parâmetro essa competência.[156] Assim, ***segundo o Supremo Tribunal Federal:***

1) Os municípios têm competência para legislar sobre meio ambiente e controle da poluição (competência concorrente – art. 24, VI) em assuntos de interesse local, desde que em conformidade com a legislação federal e estadual preexistente, podendo, inclusive, aplicar multas por poluição do meio ambiente, por exemplo, decorrente da emissão de fumaça por veículos automotores no perímetro urbano.[157]

2) Embora os municípios tenham competência para legislar sobre meio ambiente, é inconstitucional lei municipal que proíba, sob qualquer forma, o emprego de fogo para fins de limpeza e preparação do solo para plantio e colheita de cana-de-açúcar e de outras culturas, por estar em desconformidade com a legislação ambiental federal preexistente, que propõe uma diminuição gradativa do uso da queima.[158]

7.4.4 Conflito de competências verticais no enfrentamento à pandemia do COVID-19 causada pelo coronavírus

O COVID-19 é uma doença infeciosa causada pelo coronavírus da síndrome respiratória aguda grave 2 (SARS-CoV-2). Em razão de sua proliferação pandêmica, o COVID-19 causou severas mudanças em todo o modo de vida da população mundial, sendo necessário um rápido e intenso enfrentamento da doença em todo o mundo.

*Mas, o que é pandemia? **Pandemia*** é uma doença epidêmica de ampla disseminação, ou ainda, é uma epidemia de doença infecciosa de grandes proporções que se espalha entre a população localizada numa grande região geográfica, ou mesmo sobre a população mundial como um todo. Por sua vez, ***epidemia*** é uma enfermidade temporária que ataca muitas pessoas ao mesmo tempo em certa localidade, ou ainda, é a manifestação coletiva de uma doença que rapidamente se espalha, por contágio direto ou indireto, até atingir um grande número de pessoas em um determinado território e que depois se extingue após um período.

No Brasil, o combate à doença se deu pelos mecanismos de saúde, especialmente, de saúde pública, enquanto o combate aos efeitos colaterais da pandemia, como, por exemplo, a grave crise econômica e a necessidade de se restringir direitos para evitar o agravamento da contaminação, se deu, sobretudo, pelo rápido e intenso trabalho do Congresso Nacional, dos Governadores de Estado e dos Prefeitos dos Municípios, bem como do STF e dos demais órgãos do Poder Judiciário, enquanto o Executivo nacional, infelizmente, preferiu não enfrentar a pandemia, o que fez do Brasil o segundo país com maior número de mortes confirmadas por COVID-19 em todo o mundo (isso sem considerar nossa subnotificação que foi uma das maiores do mundo), chegando o então presidente Jair Bolsonaro a afirmar, dentre outras coisas: i) em 24 de março de 2020, que a doença não passava de uma "gripezinha" ou "resfriadinho", incentivando as pessoas a

156. Aqui, via de regra, não faremos uma análise de potenciais inconstitucionalidades materiais (de conteúdo) dessas legislações, mas apenas de sua (in)constitucionalidade formal em face da competência legislativa dos Municípios para suplementarem a legislação federal e a estadual no que couber.
157. STF, RE 194.704; STF, ARE 748.206-AgR.
158. STF, RE 586.224.

irem para as ruas; ii) em 29 de março de 2020, que as pessoas deveriam enfrentar a doença como homem e não como moleque, pois "é a vida, todos nós iremos morrer um dia"; iii) em 20 de abril de 2020, ao ser questionado por um repórter sobre o que ele iria fazer sobre o número de mortes que não parava de aumentar, respondeu: "Eu não sou coveiro, tá certo?"; iv) em 28 de abril de 2020, ao ser perguntado por um repórter o que ele tinha a dizer sobre o recorde diário de mortes, respondeu: "e daí? Lamento. Quer que eu faça o quê? Eu sou Messias, mas não faço milagre".

Sem a verba federal necessária e sem uma coordenação nacional de enfrentamento ao COVID-19 (dois Ministros da Saúde pediram demissão, por não conseguirem exercer sua função, já que o Presidente Jair Bolsonaro preferia adotar medidas baseadas no senso comum, do que medidas baseadas no conhecimento científico), o país não viveu apenas uma pandemia, mas, também, uma quarentena interminável e mal feita, bem como uma guerra política (politização da pandemia) provocada por Bolsonaro para se autopromover mediante discursos populistas, que provocou diversas crises institucionais e agravou severamente nossos números de mortos e nossa crise econômica.

De antemão, vale registrar que a ***competência*** para legislar sobre proteção e defesa da saúde é ***concorrente*** entre a União, os Estados e o Distrito Federal (art. 24, XII, CF/88), podendo, ainda, os Municípios suplementarem a legislação federal e estadual no que couber, com base no interesse local (art. 30, II, CF/88). Ademais, a ***competência*** para cuidar da saúde é ***comum*** entre União, Estados, Distrito Federal e Municípios (art. 23, II, CF/88), nos termos dos arts. 196 a 200, da CF/88.

Assim, conforme decidiu o STF (ADPF 672, ADI 6.341 e ADI 6.343), os governos federal, estadual, distrital e municipal deveriam atuar de forma cooperada (comum) para o enfrentamento da pandemia, tendo como norte a "proteção e defesa da saúde", não podendo, por isso, uma esfera de governo impedir que a outra adotasse medidas de proteção e defesa da saúde no combate ao COVID-19. Aqui, vale lembrar que ***não há hierarquia entre normas federais, estaduais, distritais e municipais (nem mesmo entre os entes federativos e as esferas de governo)***, havendo apenas uma distribuição constitucional de competências, devendo prevalecer a norma ou medida que estiver em conformidade com essa distribuição de competências e com as demais normas constitucionais.

Deste modo, na ADPF 672, o STF decidiu que o Presidente da República não pode, unilateralmente, afastar as decisões dos governos estaduais, distrital e municipais que, no exercício de suas competências constitucionais e no âmbito de seus territórios, adotaram ou venham a adotar importantes medidas restritivas que são reconhecidamente eficazes para a redução do número de infectados e de óbitos, como demonstram a recomendação da Organização Mundial de Saúde (OMS) e vários estudos técnicos científicos. No caso, Jair Bolsonaro intentou diversas vezes impor o pensamento olavista de enfrentamento ao COVID-19 (ou seja, não enfrentar) a prefeitos e governadores, tentando impedi-los de combater a doença e a pandemia, por achar que possuiria poder para mandar e desmandar nas gestões municipais e estaduais, quando, na verdade, foi eleito para o Executivo federal, só tendo poderes para gerir (e não mandar) o governo federal, de acordo com a Constituição e as leis, devendo estrita obediência a elas.

Em razão disso, como tentativa de se desonerar de suas responsabilidades no combate à pandemia, Bolsonaro tentou mais uma vez politizar a questão plantando uma mentira oportunista, afirmando diversas vezes que o STF teria decidido que a responsabilidade para combater o COVID-19 seria apenas dos governos estaduais e municipais e não do governo federal, de modo que a população e a imprensa deveriam cobrar os governadores e os prefeitos e não o Presidente. Apenas exemplificando, no dia 08 de junho de 2020, Bolsonaro afirmou em seu *twitter*: "lembro à Nação que, por decisão do STF, as ações de combate à pandemia (fechamento do comércio e quarentena, p.ex.) ficaram sob total responsabilidade dos Governadores e dos Prefeitos".

Entretanto, a verdade é que o STF não afastou o presidente Jair Bolsonaro do controle das medidas estratégicas contra a pandemia da COVID-19. Na realidade, o STF firmou o entendimento de que governadores e prefeitos têm autonomia para traçar planos de combate ao vírus em seus respectivos territórios, incluindo o fechamento do comércio, por exemplo. Contudo, o entendimento do Supremo é que a União também pode(ria) traçar estratégias de abrangência nacional (embora tenha preferido não fazer). Ou seja, o Supremo não determinou que todas as ações fossem tomadas pelos governadores e prefeitos, e sim que o governo federal não poderia interferir em ações locais impondo sua vontade à força.

Nesse sentido, o STF, no julgamento da ADI 6.341, decidiu que os governos municipais e estaduais poderiam determinar o isolamento social, quarentena e fechamento do comércio. Já na ADI 6.343, decidiu que os governadores e prefeitos poderiam restringir a locomoção interestadual e intermunicipal, caso fosse necessário, não podendo, contudo, fechar fronteiras, pois sairiam de suas competências constitucionais. Por último, na ADPF 672, como adiantamos, decidiu que as autoridades estaduais e municipais têm a competência para manter medidas adotadas para combater a pandemia. Entretanto, em nenhuma dessas decisões a Corte afastou a possibilidade de o governo federal tomar medidas para a contenção da pandemia. Como bem esclareceu a Ministra Cármen Lúcia à época: "o que o Supremo disse é que a responsabilidade é dos três níveis [federativos] – e não é hierarquia, porque na federação não há hierarquia – para estabelecer condições necessárias, de acordo com o que cientistas e médicos estão dizendo que é necessário, junto com governadores, junto com prefeitos. Acho muito difícil superar [a pandemia] com esse descompasso, com esse desgoverno".

Assim, insta frisar que o STF não decidiu que o Presidente ou o governo federal não poderiam atuar da proteção e defesa da saúde, ou que não poderiam adotar medidas de enfrentamento da doença, ou que não poderiam coordenar o seu enfrentamento, isso é fake-news. Na verdade, o STF decidiu que o governo federal poderia e deveria (embora quase não o tenha feito) atuar na proteção e defesa da saúde, adotando medidas de enfrentamento da doença. Além disso, deveria coordenar e liderar, junto com os governos estaduais, distrital e municipais, o enfrentamento do COVID-19 e do coronavírus. A questão que Bolsonaro parece não ter entendido é que a Constituição lhe atribui a liderança, ou seja, ele deveria atuar conjuntamente com os demais chefes de governo para combater a doença, orientando, ajudando e suprindo as carências das demais esferas governamentais. Por outro lado, jamais lhe foi atribuído (pela Constituição ou por lei) poderes para mandar nos chefes de governo estadual, distrital e municipal, tanto que não há hierarquia entre essas esferas e as normas produzidas pelos entes federados. Liderar e mandar são coisas distintas.

Para além disso, seguindo o entendimento firmado nas ações acima citadas, o STF (Rcl. 42.591 e Rcl. 42.637) se manifestou pela inconstitucionalidade da imposição (ou adesão obrigatória) de Municípios à programa estadual de combate à COVID-19, por entender que a imposição absoluta das regras estaduais está na contramão do federalismo cooperativo, em prejuízo ao princípio da predominância do interesse local.

8. QUADRO SINÓPTICO

CAPÍTULO XIV – ORGANIZAÇÃO DO ESTADO	
FORMAS DE ESTADO	
Forma de Estado	Modo como o poder político é distribuído em razão de um determinado território.
Estado Unitário	É a forma pela qual ***não há distribuição geográfica do poder político*** do Estado em razão do território. Há um polo central, que concentra o exercício do poder, criando e implementando as normas, não existindo uma repartição do poder que ficará condensado no polo central.
Estado Regional	É a forma na qual ***o órgão central distribui competências administrativas e legislativas*** para as suas regiões. Assim, possui uma descentralização administrativa e legislativa (que parte do órgão central), mas não possui descentralização política.
Estado Autonômico	É a forma em que ***há descentralização administrativa e legislativa a partir de iniciativa das próprias províncias,*** formando regiões autonômicas. Isto é, a descentralização se dá por iniciativa das províncias e não do órgão central.
Estado Federal	É a forma pela qual o ***poder político é distribuído geograficamente em razão do território,*** possuindo um ente central, dotado de soberania, e entes regionais, dotados de autonomia, tendo como principais *características: a) Indissolubilidade do pacto federativo*; *b) Coexistência de, no mínimo, duas ordens jurídicas*, uma central e uma regional; *c) Constituição rígida, com núcleo pétreo que não admita a secessão*; *d) Existência de órgão que represente os entes federativos regionais de forma igualitária*; *e) Autonomia financeira dos entes federativos*; *f)* Existência de um *órgão de cúpula do Poder Judiciário que solucione os conflitos de competência* entre os entes federativos; *g)* ***Autonomia político-administrativa*** *dos entes federativos*, sendo-lhes atribuídos ***autonormatização, autogoverno*** e ***autoadministração***.
Confederação	É formada pela ***união de Estados soberanos***, na qual há uma distribuição geográfica do poder político entre os Estados que compõem a confederação, não sendo, portanto, uma forma de Estado, vez que se caracteriza pela união de vários Estados com uma finalidade comum, podendo quaisquer deles, deixar a confederação quando quiser.
ESPÉCIES (TIPOS OU MODOS) DE FEDERALISMO	
Quanto à (ou formação) do federalismo	***a) federalismo por agregação:*** criado pela união de Estados até então soberanos, que abrem mão de sua soberania para formar um único Estado que irá agregar todos aqueles anteriores, que agora passam a ser entes autônomos dentro da federação. ***b) federalismo por segregação:*** criado a partir da divisão em vários entes de um Estado que até então era unitário, que agora irá dividir seu poder político entre esses entes autônomos.
Quanto à concentração de poder	***a) federalismo centrípeto ou centralizador:*** aquele que concentra o poder no governo central, sendo suas competências distribuídas entre os entes, contudo concentrando a maior parte das competências mais importantes no órgão central. ***b) federalismo centrífugo ou descentralizador:*** aquele que possui uma maior descentralização de poder com considerável diminuição do poder central e ampliação dos poderes regionais, que ficam com mais competências do que o órgão central. ***c) federalismo de equilíbrio:*** aquele que institui um sistema de repartição de competências de modo a equilibrar os poderes central e regionais, distribuindo as competências de forma proporcional entre os entes regionais e o ente central.
Quanto à repartição de competências	***a) federalismo dual ou clássico:*** aquele que trabalha a repartição de competências exclusivas entre os entes, devendo cada um atuar em uma esfera diferente, separada e independente, não havendo atuação conjunta ou cooperativa. ***b) federalismo de cooperação, cooperativo ou neoclássico:*** aquele que trabalha com a repartição de competências que contempla de forma significante a atuação conjunta e cooperada entre os entes federados, atuando os entes central e regionais na mesma área, possuindo atribuições comuns e concorrentes.

Quanto ao equacionamento das desigualdades	***a) federalismo simétrico:*** aquele que busca dividir as competências e as receitas públicas de forma isonômica entre os entes. ***b) federalismo assimétrico:*** aquele que, em face das desigualdades regionais, prevê a realização de programas e mesmo a distribuição de atribuições de forma diferenciada entre as regiões, como forma de tentar diminuir essas desigualdades.
Quanto às esferas integrantes da federação	***Segundo alguns,*** o federalismo pode ser de segundo e de terceiro grau. Assim, o ***federalismo de segundo grau*** é aquele composto por duas ordens jurídicas distintas, central (de primeiro grau) e regionais (de segundo grau). Já o ***federalismo de terceiro grau*** é aquele composto por três ordens jurídicas distintas, central (de primeiro grau), regionais (de segundo grau) e locais (de terceiro grau), ocorrendo em federações em que os municípios foram elevados a entes federados. ***Segundo outros,*** o federalismo pode ser de primeiro ou de segundo grau. Assim, o ***federalismo de primeiro grau*** é aquele em que todos os entes federados possuem todos os poderes e representação no órgão legislativo federal que representa os entes. Já ***federalismo de segundo grau*** é aquele em que alguns entes federados possuem todos os poderes e representação no órgão legislativo federal que representa os entes (entes de primeiro grau), enquanto outros entes não (entes de segundo grau).
O FEDERALISMO BRASILEIRO	
Introdução	O federalismo brasileiro foi inaugurado pelo Decreto 1, de 1889, que transformou as províncias em Estados, sendo sedimentado pela Constituição de 1891. Na CF/88, o federalismo é princípio fundamental estruturante (art. 1º, *caput*) e cláusula pétrea (art. 60, §4º, I), estando delineado no art. 18, segundo o qual *a organização político-administrativa da República **Federativa** do Brasil compreende a **União**, os **Estados**, o **Distrito Federal** e os **Municípios**, todos autônomos, nos termos da Constituição.*
União	A União é uma pessoa jurídica de direito público interno, sendo o ente federativo central do federalismo brasileiro, cujas competências se exercem em todo o território nacional. É importante registrar que ***a União não se confunde com a República Federativa do Brasil*** (o País), vez que a União é pessoa interna, autônoma, sendo órgão de governo, enquanto a República Federativa do Brasil é pessoa externa, soberana, sendo órgão de Estado.
Estados	Os Estados são pessoas jurídicas de direito público interno ***autônomas***, sendo os entes federativos ***regionais*** do federalismo brasileiro, cujas competências se exercem na circunscrição de seu respectivo território.
Municípios	Os Municípios são pessoas jurídicas de direito público interno ***autônomas***, sendo os entes federativos ***locais*** do federalismo brasileiro, cujas competências se exercem na circunscrição de seu respectivo território.
Distrito Federal	O Distrito Federal é uma pessoa jurídica de direito público interno, sendo um ente federativo ***autônomo*** que compõe o federalismo brasileiro, cujas competências se exercem na circunscrição de seu respectivo território. Contudo, é preciso fazer uma advertência, ***o Distrito Federal não se confunde com Brasília.*** O DF é um ente federado, enquanto Brasília é uma cidade (não um Município). Ocorre, entretanto, que Brasília se situa geograficamente no território do DF. Assim, Brasília é a capital federal (art. 18, §1º, da CF/88), sendo uma cidade-centro, contudo não é uma cidade em termos formais, pois não é sede de qualquer Município, hospedando, entretanto, a sede do governo federal. Já o Distrito Federal, é ente federativo (art. 18, *caput*).
Territórios Federais	Os Territórios Federais são ***Autarquias da União***, em regime especial, não sendo entes federativos e, portanto, não gozando de autonomia política, logo, não gozando da auto-organização, do autogoverno e da autoadministração. Assim, os territórios são pessoas jurídicas de direito público interno que compõem a Administração Pública Indireta, fruto da descentralização administrativo-territorial da União.
FORMAÇÃO DE NOVOS ESTADOS E NOVOS MUNICÍPIOS	
Formação de novos Estados	Podem ser criados por ***cinco processos de formação de novos Estados:*** *i)* incorporação; *ii)* fusão; *iii)* subdivisão; *iv)* desmembramento-anexação; *v)* desmembramento-formação. Ademais, para que sejam formados precisam cumprir ***três requisitos***, sendo: ***i)*** consulta prévia à população diretamente interessada, através de plebiscito; ***ii)*** oitiva das Assembleias Legislativas dos Estados envolvidos; ***iii)*** aprovação do Congresso Nacional, por meio de Lei Complementar.

Formação de novos Municípios	Podem ser criados por ***cinco processos de formação de novos Municípios:*** *i)* incorporação; *ii)* fusão; *iii)* subdivisão; *iv)* desmembramento-anexação; *v)* desmembramento-formação. Ademais, para que sejam formados precisam cumprir ***quatro requisitos***, sendo: ***i)*** Lei Complementar Federal estabelecendo período possível para a formação de novos Municípios; ***ii)*** divulgação de estudos que comprovem a viabilidade do Município; ***iii)*** consulta prévia à população diretamente interessada, através de plebiscito; ***iv)*** Lei Estadual.
VEDAÇÕES CONSTITUCIONAIS AOS ENTES FEDERADOS	
Segundo o art. 19, da CF/88, é vedado à União, aos Estados, ao Distrito Federal e aos Municípios: ***i)*** estabelecer cultos religiosos ou igrejas, subvencioná-los, embaraçar-lhes o funcionamento ou manter com eles ou seus representantes relações de dependência ou aliança, ressalvada, na forma da lei, a colaboração de interesse público; ***ii)*** recusar fé aos documentos públicos; ***iii)*** criar distinções entre brasileiros ou preferências entre si.	
REPARTIÇÃO CONSTITUCIONAL DE COMPETÊNCIAS	
Introdução	As competências são as faculdades atribuídas juridicamente aos entes federados, bem como aos seus agentes e órgãos, para a tomada de decisões, possibilitando a realização de suas funções. Essas competências estão, em primeira ordem, na Constituição, que repartiu as competências para exercício do poder político do Estado entre os entes federativos (União, Estados, Distrito Federal e Municípios), as vezes em caráter de exclusividade a um deles, as vezes de forma comum e concorrente entre eles.
Conflito de Competências	Em face de um potencial conflito de competências (conflito entre normas federais, estaduais e municipais) qual norma prevalecerá? Como todos os entes federativos são autônomos e não soberanos, é a Constituição da República Federativa do Brasil (soberana) que irá dar essa resposta, pois ***não há hierarquia entre leis federais, estaduais e municipais,*** de modo que a prevalência de uma determinada lei sobre outra dependerá da competência estabelecida pela CF/8. Há na doutrina e jurisprudência constitucionais dois princípios norteadores do conflito de competências, que buscam auxiliar o intérprete a resolver as situações conflituosas. O primeiro é o ***princípio da predominância dos interesses***, segundo o qual, os entes federativos devem cuidar das matérias que sejam predominantemente de seus interesses, assim a União deve cuidar das matérias de interesse nacional, os Estado das matérias de interesse regional e os Municípios das matérias de interesse local. O segundo é o ***princípio/teoria dos poderes implícitos***, segundo o qual, se a Constituição atribui a competência para dispor sobre certa matéria ou realizar certa tarefa a um determinado ente federativo, ela lhe atribui, também, implicitamente, as competências para que ele efetive e implemente a matéria ou a tarefa, independentemente de isto estar expressamente previsto no texto constitucional.
Técnicas de Repartição de Competências	As competências podem ser distribuídas por duas técnicas: *i)* repartição horizontal de competências; e *ii)* repartição vertical de competências. Pela ***técnica da repartição horizontal***, as competências são distribuídas com exclusividade (de forma enumerada e específica) para um único ente federativo, ficando somente a cargo dele aquela atribuição, excluindo-se os demais entes. Pela ***técnica da repartição vertical***, as competências são distribuídas para dois ou mais entes concomitantemente, devendo eles atuar de forma cooperada, conjuntamente ou concorrentemente. A CF/88 possui um sistema complexo de repartição de competências, adotando tanto a técnica de repartição horizontal, como a de repartição vertical de competências.
Competências Exclusivas da União	O art. 21, da CF/88, estabelece um rol exemplificativo de competências exclusivas da União de ***natureza administrativa***, encontrando-se entre essas competências, ***atribuições de Estado e de Governo***. Essas competências, por serem exclusivas da União, ***não podem ser delegadas*** a outros entes federativos.
Competências Privativas da União	O art. 22, da CF/88, estabelece um rol exemplificativo de competências privativas da União de ***natureza legislativa***, direcionadas preponderantemente ao Poder Legislativo. Essas competências, em que pese privativas da União, ***podem ser delegadas*** nos termos do parágrafo único, do artigo 22, segundo o qual, *Lei complementar poderá autorizar os Estados a legislar sobre questões específicas das matérias relacionadas no artigo 22*.
Competências Remanescentes dos Estados	Segundo o art. 25, §1°, da CF/88, são reservadas aos Estados as competências que não lhes sejam vedadas pela Constituição. Deste modo, as competências dos Estados são remanescentes (ou residuais), vez que aos Estados cabem as matérias que não lhes sejam vedadas pela Constituição de forma expressa ou mesmo implícita, isto é, como regra, aquilo que não for atribuído com exclusividade à União ou aos Municípios, caberá aos Estados.

Competências legislativas dos Municípios	Segundo o art. 30, I, da CF/88, compete aos Municípios legislar sobre assuntos de interesse local. Este dispositivo adota de forma expressa o princípio da predominância dos interesses, assegurando aos Municípios a competência para legislarem sobre os assuntos de interesse da municipalidade.
Competências administrativas dos Municípios	O art. 30, do inciso III ao IX, da CF/88, estabelece um rol exemplificativo de competências administrativas dos Municípios.
Competências cumulativas do Distrito Federal	Segundo o art. 32, § 1º, da CF/88, ao Distrito Federal são atribuídas as competências *legislativas* reservadas aos Estados e Municípios, isto é, o Distrito Federal cumulando as competências legislativas dos Estados e dos Municípios, exercendo as duas.
Competências Comuns	As competências comuns são competências materiais administrativas que atribuem tarefas comuns (solidárias) a todos os entes federativos (União, Estados, Municípios e Distrito Federal), cabendo a todos eles a implementação e realização da atribuição constitucional. ***Em razão dos potenciais conflitos*** entre os entes federados, a Constituição estabeleceu no parágrafo único, do artigo 23, que Leis complementares da União fixarão normas para a cooperação entre a União e os Estados, o Distrito Federal e os Municípios, tendo em vista o equilíbrio do desenvolvimento e do bem-estar em âmbito nacional.
Competências Concorrentes	O art. 24, da CF/88, estabelece um rol de competências legislativas concorrentes entre a União, os Estados e o Distrito Federal, sendo que essas competências não são cumulativas, isto é, não cabe a cada um deles legislar sobre tudo, vez que a própria Constituição já predeterminou o âmbito dessa atuação concorrente entre os entes. Assim, nos termos dos §§1º e 2º, do art. 24, da CF/88, no âmbito da legislação concorrente, a competência da União limitar-se-á a estabelecer normas gerais, sendo que essa competência da União não exclui a competência suplementar dos Estados. Ou seja, cabe à União estabelecer as normas gerais e aos Estados e DF suplementar as normas gerais da União naquilo que lhes for específico. Aqui, segundo a doutrina, está consagrada a ***competência suplementar-complementar*** dos Estados, que consiste na competência atribuída aos Estados para complementarem a legislação geral federal editando normas específicas com base no interesse regional. Caso a União não crie as normas gerais, prevê o art. 24, §3º, da CF/88, que inexistindo lei federal sobre normas gerais, os Estados exercerão a ***competência legislativa plena***, para atender a suas peculiaridades. Aqui, segundo a doutrina, está consagrada a ***competência suplementar-supletiva*** dos Estados, que consiste em legislar plenamente sobre a matéria suprindo a omissão do legislador federal, editando "leis completas" (com normas gerais e específicas). Ademais, segundo o art. 24, §4º, da CF/88, em caso de ***superveniência de lei federal*** sobre normas gerais, ***suspende-se a eficácia das leis estaduais, no que forem contrárias*** a norma geral da União.
Competência legislativa concorrente dos Municípios	A competência legislativa concorrente, nos termos do art. 24, da CF/88 foi atribuída à União, aos Estados e ao Distrito Federal, não constando na redação do artigo os Municípios. Daí surge a pergunta: ***os Municípios não têm competência legislativa concorrente?*** Em que pese não sejam mencionados no artigo 24, os Municípios ***possuem sim competência legislativa concorrente***, podendo *suplementar a legislação federal e a estadual no que couber*, conforme dispõe expressamente o art. 30, II, da CF/88, isto é, os Municípios possuem competência suplementar-complementar, podendo complementar a legislação federal e estadual, com base no interesse local, dispondo sobre questões específicas da municipalidade. Além disso, ***os Municípios não têm capacidade para exercer a competência legislativa plena?*** Aqui a doutrina se divide em duas correntes: A ***primeira corrente*** defende que os Municípios não podem exercer a competência legislativa plena nesses casos (competência suplementar-supletiva), pois isto não está escrito expressamente na Constituição. Já a ***segunda corrente***, partindo de uma interpretação sistemática e teleológica da Constituição, defende que os Municípios podem exercer a competência legislativa plena nesses casos (competência suplementar-supletiva), pois os Municípios não podem ficar reféns da inércia dos legisladores federais e estaduais.

Capítulo XV
INTERVENÇÃO

1. INTRODUÇÃO, CONCEITO E HISTÓRICO

Um Estado Federado caracteriza-se, dentre outras coisas, pela autonomia dos entes que o compõe, de modo que cada ente goza de auto-organização, autogoverno e autoadministração. Assim, como regra, deve-se preservar a autonomia do ente federado, somente se admitindo intervenções nos entes menores pelo governo central em casos excepcionalíssimos previstos na Constituição do ente soberano (no nosso caso, na Constituição da República Federativa do Brasil).

Deste modo, a intervenção se caracteriza como uma medida política de exceção, dentro do Estado Democrático de Direito, pela qual um ente maior (geograficamente) afasta a autonomia de um ente menor nele compreendido (geograficamente), nos casos taxativamente previstos na Constituição, para preservar a soberania da federação (do Estado, do país) e a própria autonomia dos entes federados.

Assim, será possível, de forma excepcional e temporária, que a União afaste a autonomia dos Estados e do DF (intervenção federal) e os Estados afastem a autonomia de seus Municípios (intervenção estadual) ou a União a autonomia de Municípios localizados em Territórios Federais (intervenção federal), nas hipóteses taxativas previstas nos art. 34 e 35, da CF/88.[1] Perceba, desde logo, que ***não existe intervenção militar constitucional***. Isso é um mito e, como todo mito, é falso, ilusório, ignorante (furto da falta de conhecimento), tendo origem, sobretudo, em inverdades e sensacionalismos espalhados na era da naturalização da mentira e das *fakenews*.

Por fim, vale registrar que durante a vigência da Constituição de 1988, foram decretadas duas intervenções federais, ambas no ano de 2018, a primeira no Estado de Rio de Janeiro e a segunda no Estado de Roraima. Já durante a vigência da Constituição de 1967/69 não ocorreu decretação formal de intervenção federal. Em um breve levantamento, sem qualquer pretensão de ser exaustivo, tivemos, durante a Constituição de 1946, intervenções nos Estados de Alagoas (1957), Goiás (1964) e novamente em Alagoas (1966). Entre os anos de 1936 e 1937, tivemos intervenções federais nos Estados do Maranhão, Mato Grosso, Rio Grande do Sul, Rio de Janeiro e no Distrito Federal. Já entre os anos de 1920 e 1930, foi decretada intervenção federal nos Estados da Bahia, Espírito Santo, Rio de Janeiro e Pernambuco.[2]

2. PRINCÍPIOS QUE REGEM A INTERVENÇÃO

À luz da Constituição da República Federativa do Brasil e de nosso sistema constitucional de crises, é possível apontar s seguintes princípios da intervenção: *i)* princípio da excepcionalidade; *ii)* princípio da taxatividade; *iii)* princípio da temporalidade.

1. PINTO FILHO, Francisco B.M. A intervenção federal e o federalismo brasileiro. Rio de Janeiro: Forense, 2002.
2. BARROSO, Luís Roberto. O controle de constitucionalidade no direito brasileiro. 6. ed. São Paulo: Saraiva, 2012, p. 349.

2.1 Princípio da excepcionalidade

Segundo esse princípio a intervenção é ato excepcional, que deve ser evitado ao máximo possível. A intervenção é a antítese da autonomia e a autonomia é a regra no federalismo, assim só se deve preceder a uma intervenção, nos casos constitucionalmente previstos, quando não for possível adotar outra medida menos gravosa capaz de solucionar o problema que enseja a intervenção.

Em que pese a intervenção seja uma medida política, sua discricionariedade de decretação nos casos taxativos é mínima, de modo que o chefe do poder executivo só poderá adotá-la nas seguintes condições: *i)* optará por adotá-la nos casos em que não seja possível solucionar o problema de outra forma (discricionariedade mínima e condicionada); ou *ii)* deverá adotá-la nos casos que sejam fruto de requisição do Poder Judiciário (ato vinculado).

2.2 Princípio da taxatividade

Segundo esse princípio a intervenção só pode ser decretada nas hipóteses previstas de forma expressa e taxativa na Constituição, vez que essas hipóteses constituem um rol taxativo, fechado (*numerus clausulus*) e não um rol exemplificativo (*numerus apertus*). Fora dessas hipóteses, qualquer intervenção será inconstitucional, inválida, nula de pleno direito, constituindo um ato atentatório aos princípios federativo, republicano e do Estado Democrático de Direito, bem como à supremacia da Constituição.

2.3 Princípio da temporalidade

Segundo esse princípio a decretação da intervenção deve ter prazo determinado, que, por sua vez, não pode ser superior ao tempo estritamente necessário ao reestabelecimento do equilíbrio e da normalidade da situação que ensejou a intervenção. Caso no prazo inicialmente decretado não se consiga reestabelecer a normalidade, deve-se prorrogar a intervenção estipulando-se novo prazo determinado.

3. ESPÉCIES DE INTERVENÇÃO NA CF/88

Nos termos da Constituição de 1988, podemos ter: *i)* ***Intervenção Federal***, que se dá quando a União intervém nos Estados-membros da Federação nas hipóteses taxativas do art. 34, da CF/88 ou nos municípios dos Territórios Federais nas hipóteses taxativas do art. 35, da CF/88; e *ii)* ***Intervenção Estadual***, que se dá quando os Estados intervêm nos municípios localizados em seu território, nas hipóteses taxativas do art. 35, da CF/88.

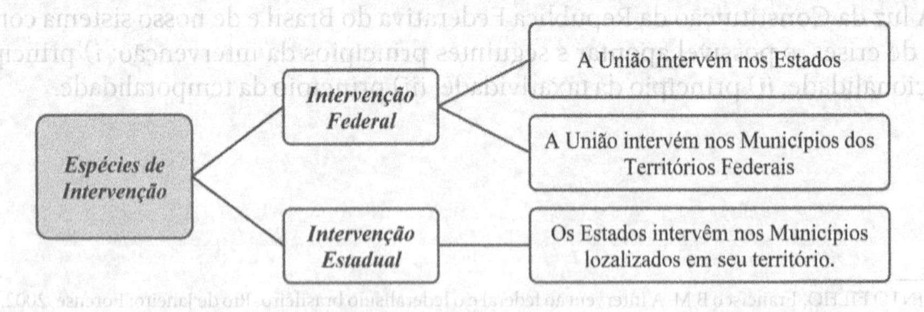

Aqui, uma advertência: por uma questão didática iremos trabalhar a intervenção da União nos municípios dos Territórios Federais juntamente com a intervenção estadual, já que nos dois casos as hipóteses estão previstas no art. 35, da CF/88.

4. INTERVENÇÃO FEDERAL

A intervenção federal dá-se por decreto do Presidente da República (art. 84, X), após ouvir os Conselho da República (art. 90, I) e o Conselho da Defesa Nacional (art. 91, §1º, II) em pareceres opinativos, devendo este decreto observar rigorosamente os pressupostos materiais (hipóteses taxativas de decretação) e formais (procedimento que deve ser seguido) para a decretação da intervenção.

4.1 Hipóteses materiais que autorizam a intervenção

As hipóteses (ou pressupostos) materiais que autorizam a decretação da intervenção federal estão expressas taxativamente no art. 34, da CF/88, segundo o qual a União não intervirá nos Estados nem no Distrito Federal, exceto para:

I – manter a integridade nacional.

- Essa hipótese visa assegurar a indissolubilidade do pacto federativo, assim, caso algum dos Estados (ou o Distrito Federal) tente se separar da República Federativa do Brasil, estará sujeito a intervenção federal para impedir a secessão.

II – repelir invasão estrangeira ou de uma unidade da Federação em outra.

- Aqui temos duas hipóteses diferentes. A primeira busca assegurar a soberania nacional, que foi violada pela invasão de um Estado estrangeiro. A segunda busca assegurar a inviolabilidade do pacto federativo e a autonomia dos entes, permitindo-se à União intervir no Estado invasor e no Estado invadido para reestabelecer o equilíbrio da federação e a coesão nacional.

III – pôr termo a grave comprometimento da ordem pública.

- Essa é uma das hipóteses mais genética de todas, senão a mais. Assim, a sua implementação deve ser sempre cuidadosa, não podendo o Presidente decretar a intervenção por qualquer comprometimento da ordem pública, mas somente aqueles que sejam considerados extremamente graves, isto é, que sejam sistêmicos e estruturais e comprometam de forma real e intensa a ordem pública, compreendida aqui a ordem constitucional, a paz social e a manutenção da vida em sociedade. Ademais, nessa hipótese só será legítima a decretação da intervenção federal quando o Estado for incapaz de pôr fim a desordem e reestabelecer a ordem pública sozinho.

IV – garantir o livre exercício de qualquer dos Poderes nas unidades da Federação.

- Essa hipótese busca assegurar a independência dos poderes (Legislativo, Executivo e Judiciário) que estejam sendo impedidos de serem exercidos livremente, isto é, que estejam sendo coagidos por quaisquer motivos.

V – reorganizar as finanças da unidade da Federação que: a) suspender o pagamento da dívida fundada por mais de dois anos consecutivos, salvo motivo de força maior; b) deixar de entregar aos Municípios receitas tributárias fixadas nesta Constituição, dentro dos prazos estabelecidos em lei;

- No caso descrito na *alínea "a"*, permite-se a intervenção quando o Estado suspender o pagamento da dívida fundada por mais de dois anos consecutivos. A dívida fundada compreende os compromissos de exigibilidade superior a doze meses, contraídos para atender a desequilíbrio orçamentário ou a financeiro de obras e serviços públicos (art. 98, da Lei 4.320/64). Contudo, se houver motivo de força maior, a intervenção não poderá ser decretada, como, por exemplo, uma grave e inesperada crise financeira que afete de forma generalizada e intensa os Estados.
- No caso descrito na *alínea "b"*, permite-se a intervenção para assegurar a autonomia orçamentária e financeira dos Municípios, quando os Estados não realizarem os repasses das receitas tributárias estabelecidos pela Constituição, dentro do prazo legal.

VI – prover a execução de lei federal, ordem ou decisão judicial.

- A *primeira parte* deste inciso estabelece a possibilidade de se decretar a intervenção para promover a execução de lei federal que não esteja sendo cumprida pelo ente federativo. Contudo, como a inexecução de lei federal pode ser, em regra, solucionada por ordem judicial em ação promovida perante o Poder Judiciário (meio menos gravoso), nesse caso, a doutrina,[3] fundamentando-se no princípio da excepcionalidade da intervenção, vem afirmando que a intervenção só pode ocorrer caso a recusa do governo em cumprir a lei federal não possa ser solucionada de forma judicial.
- A *segunda parte* deste inciso estabelece a possibilidade de se decretar a intervenção para promover a execução de ordem ou decisão judicial que os Estados estejam se recusando a cumprir.

VII – assegurar a observância dos seguintes princípios constitucionais:

a) forma republicana, sistema representativo e regime democrático;

b) direitos da pessoa humana;

c) autonomia municipal;

d) prestação de contas da administração pública, direta e indireta;

e) aplicação do mínimo exigido da receita resultante de impostos estaduais, compreendida a proveniente de transferências, na manutenção e desenvolvimento do ensino e nas ações e serviços públicos de saúde.

- Essa hipótese refere-se aos chamados ***princípios constitucionais sensíveis***, de modo que quando algum deles não estiver sendo observado pelos Estados teremos uma situação inconstitucional (pois fere princípios constitucionais) que ensejará a intervenção federal após o devido controle de constitucionalidade pelo Supremo Tribunal Federal (art. 36, III).
- Ademais, segundo o STF, não é qualquer lesão a esses princípios que enseja a decretação da intervenção federal, mas somente lesões sistêmicas e estruturais que não possam ou não estejam sendo resolvidas pelos próprios Estados, isto é, somente se o sistema político do Estado estiver comprometido a ponto dele mesmo não ser capaz, ou sendo capaz não agir prontamente para pôr fim as lesões aos princípios constitucionais sensíveis, vez que a intervenção é excepcional e só pode ser decretada nos casos em que seja necessária (princípio da necessidade da intervenção).[4]

---

3. CARVALHO, Kildare Gonçalves. Direito Constitucional. 20. ed. Belo Horizonte: Del Rey, 2013. v. 2.
4. STF, IF 114-5-MS/1991; IF 5.101- RS/2012; IF 5.179-DF/2010.

4.2 Processos formais para a decretação da intervenção

A intervenção não pode ser decretada de qualquer maneira pelo Presidente da República, devendo observar os procedimentos fixados na própria Constituição. Assim, da leitura sistêmica dos artigos 34 e 36, da CF/88, pode-se dividir os processos formais de decretação da intervenção da seguinte forma:

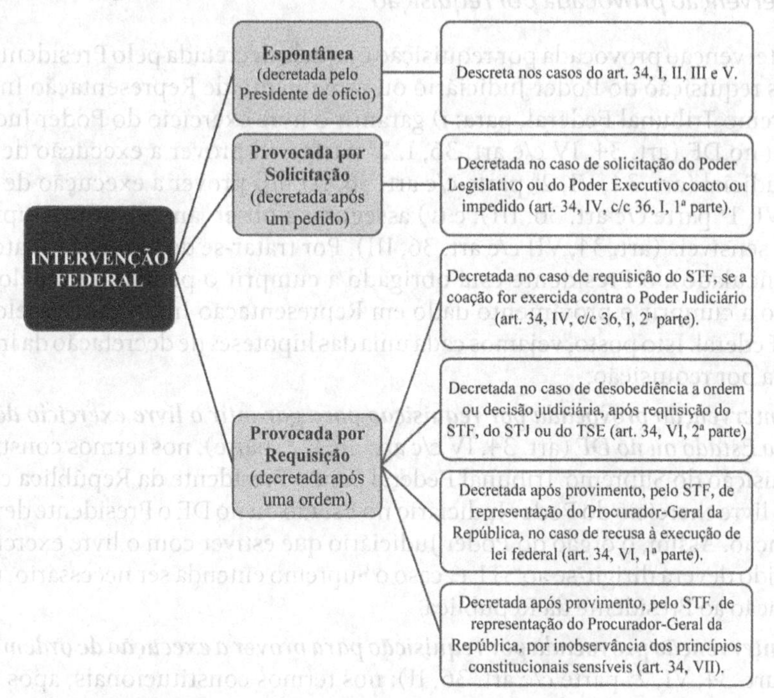

4.2.1 Intervenção espontânea

A intervenção espontânea é aquela decretada de ofício pelo Presidente da República, sem ter sido provocado (por solicitação ou requisição), para manter a integridade nacional, repelir invasão estrangeira ou de uma unidade da Federação em outra, pôr termo a grave comprometimento da ordem pública e reorganizar as finanças da unidade da Federação que suspender o pagamento da dívida fundada por mais de dois anos consecutivos, salvo motivo de força maior, ou que deixar de entregar aos Municípios receitas tributárias fixadas nesta Constituição, dentro dos prazos estabelecidos em lei (art. 34, I, II, III e V, da CF/88).

Assim, uma vez verificados os pressupostos materiais da intervenção, o Presidente, consulta previamente os Conselhos da República e da Defesa Nacional, que emitirão pareceres opinativos (não vinculantes), e, então, decreta, a seu juízo, a intervenção federal.

4.2.2 Intervenção provocada por solicitação

A intervenção provocada por solicitação é aquela decretada pelo Presidente da República após solicitação do Poder Legislativo (Assembleia Legislativa do Estado ou Câmara Legislativa do DF) ou do Poder Executivo (Governador do Estado ou do DF) coacto ou impedido, isto é, após solicitação do poder cujo livre exercício esteja sendo lesado, nos termos do art. 34, IV, c/c 36, I, 1ª parte, da CF/88. Por tratar-se de solicitação (ato administrativo discricionário), o Presidente pode atender ao pedido ou não, tratando-se de um juízo de discricionariedade a decretação da intervenção.

4.2.3 Intervenção provocada por requisição

A intervenção provocada por requisição é aquela decretada pelo Presidente da República após requisição do Poder Judiciário ou provimento de Representação Interventiva pelo Supremo Tribunal Federal, para: *i)* garantir o livre exercício do Poder Judiciário no Estado ou no DF (art. 34, IV c/c art. 36, I, 2ª parte); *ii)* prover a execução de ordem ou decisão judicial (art. 34, VI, 2ª parte c/c art. 36, II); *iii)* prover a execução de lei federal (art. 34, VI, 1ª parte c/c art. 36, III); e *iv)* assegurar a observância dos princípios constitucionais sensíveis (art. 34, VII c/c art. 36, III). Por tratar-se de requisição (ato administrativo vinculado), o Presidente está obrigado a cumprir o pedido feito pelo Tribunal, bem como a cumprir o provimento dado em Representação Interventiva pelo Supremo Tribunal Federal. Isto posto, vejamos cada uma das hipóteses de decretação da intervenção provocada por requisição:

i) ***Intervenção provocada por requisição para garantir o livre exercício do Poder Judiciário no Estado ou no DF*** (art. 34, IV c/c art. 36, I, 2ª parte): nos termos constitucionais, após requisição do Supremo Tribunal Federal para o Presidente da República com fins de garantir o livre exercício do Poder Judiciário no Estado ou no DF, o Presidente deve decretar a intervenção. Assim, o órgão do Poder Judiciário que estiver com o livre exercício coacto ou impedido deverá dirigir-se ao STF e, caso o Supremo entenda ser necessário, requisitará a intervenção ao Presidente da República.

ii) ***Intervenção provocada por requisição para prover a execução de ordem ou decisão judicial*** (art. 34, VI, 2ª parte c/c art. 36, II): nos termos constitucionais, após requisição do Supremo Tribunal Federal, do Superior Tribunal de Justiça ou do Tribunal Superior Eleitoral para o Presidente da República com fins de prover a execução de ordem ou decisão judicial, o Presidente deve decretar a intervenção. Aqui, algumas observações são necessárias:

- Se a ordem ou decisão judicial descumprida for do STF, do STJ ou do TSE, cada um desses tribunais é competente para requisitar ao Presidente a intervenção.
- Se a ordem ou decisão judicial descumprida for da justiça do trabalho ou da justiça militar, elas devem dirigir-se ao STF, sendo o Supremo competente para requisitar ao Presidente a intervenção.[5]
- Se a ordem ou decisão judicial descumprida for dos demais órgão do Poder Judiciário (por exemplo, do Tribunal de Justiça do Estado, ou de um Juiz Federal), conforme os entendimentos mais recentes do STF,[6] esse órgão deverá dirigir-se ao STF ou ao STJ, a depender da natureza normativa da ordem ou decisão judicial que está sendo descumprida. Assim, se a matéria for constitucional, a competência é do STF, mas se a matéria for infraconstitucional, a competência é do STJ.

5. STF, IF 230, Rel. Min. Sepúlveda Pertence. Julgamento em 24 de abril de 1996.
6. STF, IF 2.792, Re. Min. Marco Aurélio. Julgamento em 4 de junho de 2003.

- O descumprimento voluntário e intencional de decisão transitada em julgado configura pressuposto indispensável ao acolhimento do pedido de intervenção federal, sendo que a ausência de voluntariedade no descumprimento da ordem ou decisão judicial deslegitima a subtração temporária da autonomia estatal.[7]

iii) Intervenção decretada após provimento, pelo STF, de representação do Procurador Geral da República para prover execução de lei federal (art. 34, VI, 1ª parte c/c art. 36, III): nos termos constitucionais, em casos de inexecução de lei federal, o Procurador Geral da República propõe uma Representação Interventiva perante o Supremo Tribunal Federal e, caso seja procedente, esse provimento ensejará a decretação da intervenção federal pelo Presidente da República. A doutrina diverge sobre a *natureza jurídica* dessa *representação*, uma primeira corrente, minoritária, encabeçada por Gilmar Mendes, defende que se trata de ação de controle de constitucionalidade concentrado, já a segunda corrente, majoritária, encabeçada por José Afonso da Silva, defende que se trata de *ação de execução de lei federal*, vez que o STF não faz controle de constitucionalidade, mas apenas verifica se a lei federal está sendo cumprida ou não, de modo que, a segunda corrente parece-nos correta. Ademais, vale registrar que essa ação tem seu procedimento regulado pela lei 12.562/2011.

iv) Intervenção decretada após provimento, pelo STF, de representação do Procurador Geral da República para assegurar a observância dos princípios constitucionais sensíveis (art. 34, VII c/c art. 36, III): nos termos constitucionais, em casos de inobservância dos princípios constitucionais sensíveis, o Procurador Geral da República propõe uma Representação Interventiva perante o Supremo Tribunal Federal e, caso seja procedente, esse provimento ensejará a decretação da intervenção federal pelo Presidente da República. Essa ação tem natureza de ação de controle de constitucionalidade concentrado, sendo conhecida como *Ação Direita de Inconstitucionalidade Interventiva (ADI Interventiva)*,[8] tendo seu procedimento regulado pela lei 12.562/2011.[9]

Por fim, vale dizer que, desde a promulgação da Constituição de 1988, o Supremo vem evitando ao máximo a intervenção nos casos que lhe são submetidos, privilegiando o princípio da excepcionalidade, postura que já vinha adotando mesmo sob a égide das Constituições de 1967/1969, conforme relatara Paulino Jacques,[10] quebrando com sua postura anterior que remonta à década de 1920, quando era excessivamente permissivo com as intervenções, conforme criticava Rui Barbosa.[11]

4.3 O decreto interventivo

Nos termos constitucionais a competência para decretar a intervenção federal é privativa do Presidente da República (art. 84, X, da CF/88) não podendo ser delegada, sendo implementada mediante decreto, após oitiva do Conselho da República e do Conselho da Defesa, que especificará:

i) a amplitude da intervenção;

---

7. STF, IF 19.17-AgR, Rel. Min. Maurício Corrêa. Julgamento em 17 de março de 2004.
8. DOS SANTOS, Eduardo. R.; HENRIQUE JR, Moacir. A Ação Direta de Inconstitucionalidade Interventiva e os direitos da pessoa humana, 2014.
9. Essa ação é objeto de estudo específico e minucioso no Capítulo de Ações Constitucionais.
10. JACQUES, Paulino. Curso de Direito Constitucional. 8. ed. Rio de Janeiro: Forense, 1977, p. 202-216.
11. BARBOSA, Rui. O art. 6. da Constituição e a intervenção de 1920 na Bahia. Rio de Janeiro: Ministério da Educação e Cultura: Fundação Casa de Rui Barbosa, 1975-1976. v. 47, t. 3-4, 1920.

ii) o prazo de duração da intervenção;

iii) as condições de execução da intervenção;

iv) se for necessário, nomeará o interventor.

4.4 A oitiva do Conselho da República e do Conselho da Defesa

Conforme já deixamos claro, o Presidente da República deve ouvir o Conselho da República (art. 90, I) e o Conselho da Defesa Nacional (art. 91, §1º, II), que emitirão pareceres opinativos (não vinculantes), antes de decretar a intervenção federal, ou seja, a oitiva desses conselhos deve ser prévia, até porque não fará sentido algum ouvi-los, aconselhar-se com eles, depois de já ter implementado a medida.

A doutrina majoritária sempre apontou que essa oitiva dos conselhos precisaria ser feita previamente, por razões lógicas (não faria sentido aconselhar-se com eles após a implementação da medida) e por razões jurídicas, de supremacia das normas constitucionais, já que a Constituição não tem palavras inúteis, logo, se ela diz que os conselhos devem ser ouvidos, então eles têm de ser ouvidos.

Contudo, ao decretar a Intervenção Federal no Estado do Rio de Janeiro, no ano de 2018 (Decreto 9.288/2018), o então Presidente Michel Temer, não respeitou essa previsão e decretou a intervenção sem ouvir os referidos conselhos. Dias depois, ao perceber que havia cometido um ato inconstitucional, reuniu-se rapidamente com os conselhos na tentativa de convalidar e legitimar seu decreto interventivo. Como o Supremo Tribunal Federal, naquele momento, se esquivou de todas as formas de enfrentar as ações que questionaram a constitucionalidade desse decreto, infelizmente não temos, até hoje, uma posição da Corte sobre a questão.

4.5 O interventor

Nos termos do §1º, do art. 36, da CF/88, o interventor só deve ser nomeado se for necessário. Caso seja dispensável à realização das medidas, ele não deve ser nomeado. Assim, é possível termos intervenção sem interventor.

A ***natureza do cargo do interventor é civil***, já que a Constituição não lhe atribui natureza militar. Isso não significa que um militar não possa ser interventor, é óbvio que pode, mas isso não retira a natureza civil do cargo (do mesmo modo se um militar fosse nomeado Ministro da Educação, o cargo continuaria a ter natureza civil). Contudo, no decreto de intervenção no Estado do Rio de Janeiro (Decreto 9.288/2018), estava previsto expressamente que a natureza do cargo de interventor daquela intervenção seria militar. A nosso ver, mais uma inconstitucionalidade cristalina.

Para além disso, quando nomeado o interventor, ele poderá exercer ***atos de império***, que são atos praticados em razão da delegação recebida pelo decreto interventivo (atos específicos, instituídos pelo decreto), e ***atos de gestão***, que são atos relacionados à manutenção do funcionamento normal da administração estadual, atos que não foram instituídos pelo decreto, pois fazem parte do cotidiano da função administrativa.[12]

12. BERNARDES, Juliano T.; FERREIRA, Olavo A. V.A. Sinopses para concursos: direito constitucional. Salvador: Juspodivm, 2012. t. II, p. 275.

Em regra, as funções do interventor serão aquelas descritas no decreto interventivo, contudo, havendo afastamento das autoridades estaduais, o interventor que as substituir, além das funções descritas no decreto (atos de império) irá realizar as funções das autoridades que substituir (atos de gestão). Nesse sentido, para fins de responsabilidade e fixação da competência judicial, em seus atos de império o interventor será considerado uma autoridade federal, enquanto em seus atos de gestão será considerado uma autoridade do ente que sofre a intervenção.

4.6 A cessação da intervenção

Conforme dispõe expressamente a Constituição, cessados os motivos da intervenção, as autoridades afastadas de seus cargos a estes voltarão, salvo impedimento legal (art. 36, §4º).

4.7 Controle político pelo Congresso Nacional

Nos termos dos §§ 1º e 2º, do art. 36, da CF/88, o decreto de intervenção deve ser submetido à apreciação do Congresso Nacional, no prazo de vinte e quatro horas e, caso Congresso Nacional esteja em período de recesso parlamentar, far-se-á convocação extraordinária, no mesmo prazo de vinte e quatro horas.

A intervenção começa a partir do decreto, contudo o Congresso Nacional deve analisar se o decreto é ou não adequado. O Congresso aprovará a medida por decreto legislativo (art. 49, IV) exigindo-se apenas maioria simples dos votos dos parlamentares (art. 47). Contudo, se o Congresso não aprovar a Intervenção, o Presidente deverá pôr fim a mesma e, se não o fizer, incorrerá em crime de responsabilidade (art. 85, II). Ademais, o Congresso pode inicialmente aprovar a intervenção e, posteriormente, mudar de opinião vindo a suspendê-la.

Por fim, temos que nos casos em que a intervenção se der para prover a execução de lei federal, ordem ou decisão judicial (art. 34, VI), ou para assegurar a observância dos princípios constitucionais sensíveis (art. 34, VII), será dispensada a apreciação pelo Congresso Nacional, podendo, ainda, o decreto limitar-se a suspender a execução do ato impugnado, se essa medida bastar ao restabelecimento da normalidade (art. 36, §3º). Nesses casos, o controle político do Congresso é dispensado, pois os pressupostos materiais da intervenção já foram objeto de controle pelo poder judiciário.

4.8 Controle judicial

Embora a intervenção seja um ato de natureza política, é possível o controle judicial de seus atos, vez que a intervenção não pode ferir a Constituição e as leis do país, logo, se o decreto de intervenção, ou as medidas tomadas pelo interventor ferirem a Constituição e as leis, ela será passível de controle judicial.

Exemplificando, no julgamento do MS 25.295, em 2005, o Supremo Tribunal Federal declarou inconstitucional a intervenção da União no Município do Rio de Janeiro, que havia sido disfarçada de "decreto de requisição de bens e serviços", que intervinha especificamente em 9 hospitais da rede pública do municipal. Dentre os fundamentos da inconstitucionalidade, o STF apontou que: *i)* a intervenção da União em Municípios é vedada, salvo se for em Municípios de Território Federais; *ii)* a intervenção não foi submetida ao Congresso Nacional; e *iii)* o decreto não tinha prazo determinado.

5. INTERVENÇÃO ESTADUAL

Conforme dispõe o art. 35, da CF/88, o Estado não intervirá em seus Municípios, nem a União nos Municípios localizados em Território Federal, exceto quando:

I – deixar de ser paga, sem motivo de força maior, por dois anos consecutivos, a dívida fundada;

II – não forem prestadas contas devidas, na forma da lei;

III – não tiver sido aplicado o mínimo exigido da receita municipal na manutenção e desenvolvimento do ensino e nas ações e serviços públicos de saúde;

IV – o Tribunal de Justiça der provimento a representação para assegurar a observância de princípios indicados na Constituição Estadual, ou para prover a execução de lei, de ordem ou de decisão judicial.

De início, fica claro que os Estados só podem promover a intervenção em seus Municípios (no Municípios localizados em seu território) e a União só pode promover a intervenção em Municípios localizados em Territórios Federais.

Na intervenção estadual, pelo ***princípio da simetria***, seguem-se as mesmas regras e princípios da intervenção federal, não podendo a Constituição Estadual disciplinar a intervenção do Estado nos Municípios de forma diferente da prevista na Constituição Federal. Assim, é inconstitucional a previsão de outras hipóteses de intervenção além das previstas no art. 35, da CF/88 (rol taxativo), como, por exemplo, a previsão de intervenção estadual em caso de ocorrência de atos de corrupção e improbidade administrativa no Município.[13] Do mesmo modo, é inconstitucional norma da Constituição Estadual que atribua ao Tribunal de Contas a competência para requerer ou decretar intervenção em Município.[14]

Por outro lado, a própria Constituição Federal estabelece algumas diferenças a serem observadas na Intervenção Estadual, destacando-se:

- A intervenção depende de decreto do Governador do Estado só podendo ocorrer, excepcionalmente, nas hipóteses taxativas do art. 35, da CF/88.
- O decreto de intervenção, que especificará a amplitude, o prazo e as condições de execução e que, se couber, nomeará o interventor, será submetido à apreciação da Assembleia Legislativa do Estado, no prazo de vinte e quatro horas e, caso a Assembleia esteja em período de recesso parlamentar, far-se-á convocação extraordinária, no mesmo prazo de vinte e quatro horas.
- Nos casos art. 35, IV (*o Tribunal de Justiça der provimento a representação para assegurar a observância de princípios indicados na Constituição Estadual, ou para prover a execução de lei, de ordem ou de decisão judicial*) será dispensada a apreciação pela Assembleia Legislativa (não haverá controle político), podendo, ainda, o decreto limitar-se a suspender a execução do ato impugnado, se essa medida bastar ao restabelecimento da normalidade (art. 36, §3º).
- Nos termos da Súmula 637, do STF, *não cabe recurso extraordinário contra acórdão de tribunal de justiça que defere pedido de intervenção estadual em município*.
- A representação interventiva perante o Tribunal de Justiça deve ser proposta pelo Procurador Geral de Justiça.

13. STF, ADI 2917, Rel. Min. Gilmar Mendes.
14. STF, ADI 3029, Rel. Min. Gilmar Mendes.

- O fato de já ter sido decretada outra intervenção estadual, por outros motivos, em um determinado município não impede a decretação de uma nova intervenção nesse mesmo município por motivos diferentes.[15]
- Cessados os motivos da intervenção, as autoridades afastadas de seus cargos a estes voltarão, salvo impedimento legal.

6. QUADRO SINÓPTICO

CAPÍTULO XV – INTERVENÇÃO	
INTRODUÇÃO	
Conceito	Medida política de exceção, dentro do Estado Democrático de Direito, pela qual um ente maior (geograficamente) afasta a autonomia de um ente menor nele compreendido (geograficamente), nos casos taxativamente previstos na Constituição, para preservar a soberania da federação e a própria autonomia dos entes federados.
Princípio da Excepcionalidade	Segundo esse princípio a intervenção é ato excepcional, que deve ser evitado ao máximo possível. A intervenção é a antítese da autonomia e a autonomia é a regra no federalismo, assim só se deve realizar uma intervenção quando não for possível adotar outra medida menos gravosa capaz de solucionar o problema que enseja a intervenção.
Princípio da Taxatividade	Segundo esse princípio a intervenção só pode ser decretada nas hipóteses previstas de forma expressa e taxativa na Constituição, vez que essas hipóteses constituem um rol taxativo, fechado (*numerus clausulus*).
Princípio da Temporalidade	Segundo esse princípio, a decretação da intervenção deve ter prazo determinado, que não pode ser superior ao tempo estritamente necessário ao reestabelecimento do equilíbrio e da normalidade da situação que ensejou a intervenção.
Espécies de Intervenção	***i) Intervenção Federal***, que se dá quando a União intervém nos Estados nas hipóteses do art. 34, ou nos municípios dos Territórios Federais nas hipóteses do art. 35. ***ii) Intervenção Estadual***, que se dá quando os Estados intervêm nos municípios localizados em seu território, nas hipóteses do art. 35.
INTERVENÇÃO FEDERAL	
Hipóteses materiais que autorizam a intervenção federal	*Art. 34. A União não intervirá nos Estados nem no Distrito Federal, exceto para:* *I – manter a integridade nacional;* *II – repelir invasão estrangeira ou de uma unidade da Federação em outra;* *III – pôr termo a grave comprometimento da ordem pública;* *IV – garantir o livre exercício de qualquer dos Poderes nas unidades da Federação;* *V – reorganizar as finanças da unidade da Federação que:* *a) suspender o pagamento da dívida fundada por mais de dois anos consecutivos, salvo motivo de força maior;* *b) deixar de entregar aos Municípios receitas tributárias fixadas nesta Constituição, dentro dos prazos estabelecidos em lei;* *VI – prover a execução de lei federal, ordem ou decisão judicial;* *VII – assegurar a observância dos seguintes princípios constitucionais:* *a) forma republicana, sistema representativo e regime democrático;* *b) direitos da pessoa humana;* *c) autonomia municipal;* *d) prestação de contas da administração pública, direta e indireta;* *e) aplicação do mínimo exigido da receita resultante de impostos estaduais, compreendida a proveniente de transferências, na manutenção e desenvolvimento do ensino e nas ações e serviços públicos de saúde.*
Processos formais para a decretação da intervenção	A ***intervenção espontânea*** é aquela decretada de ofício pelo Presidente da República, sem ter sido provocado, nos casos do art. 34, I, II, III e V, da CF/88.

15. MORAES, Alexandre de. Direito Constitucional. 30. ed. São Paulo: Atlas, 2014, p. 339.

Processos formais para a decretação da intervenção	A ***intervenção provocada por solicitação*** é aquela decretada pelo Presidente da República após solicitação do Poder Legislativo ou do Poder Executivo coacto ou impedido, nos termos do art. 34, IV, c/c 36, I, 1ª parte, da CF/88. Por tratar-se de solicitação, o Presidente pode atender ao pedido ou não (juízo de discricionariedade).
	A ***intervenção provocada por requisição*** é aquela decretada pelo Presidente da República após requisição do Poder Judiciário ou provimento de Representação Interventiva pelo Supremo Tribunal Federal, para: ***i)*** *garantir o livre exercício do Poder Judiciário no Estado ou no DF (art. 34, IV c/c art. 36, I, 2ª parte).* ***ii)*** *prover a execução de ordem ou decisão judicial (art. 34, VI, 2ª parte c/c art. 36, II).* ***iii)*** *prover a execução de lei federal (art. 34, VI, 1ª parte c/c art. 36, III).* ***iv)*** *assegurar a observância dos princípios constitucionais sensíveis (art. 34, VII c/c art. 36, III). Neste caso, a Representação Interventiva proposta pelo Procurador Geral da República tem natureza de ação de controle de constitucionalidade concentrado, sendo conhecida como* ***Ação Direta de Inconstitucionalidade Interventiva*** *(ADI Interventiva).* Por tratar-se de requisição (ato administrativo vinculado), o Presidente está obrigado a cumprir o pedido feito pelo Tribunal, bem como a cumprir o provimento dado em Representação Interventiva pelo Supremo Tribunal Federal.
O decreto interventivo	O decreto deve especificar: *i)* a amplitude da intervenção; *ii)* o prazo de duração da intervenção; *iii)* as condições de execução da intervenção; *iv)* se for necessário, nomeará o interventor.
A oitiva dos Conselhos da República e da Defesa	O Presidente da República deve ouvir os Conselho da República e da Defesa, que emitirão pareceres opinativos (não vinculantes), antes de decretar a intervenção federal, ou seja, a oitiva desses conselhos deve ser prévia, até porque não fará sentido aconselhar-se com eles, depois de já ter implementado a medida.
O interventor	O interventor só deve ser nomeado se for necessário. Caso seja dispensável à realização das medidas, ele não deve ser nomeado. Assim, é possível termos intervenção sem interventor.
A cessação da intervenção	Cessados os motivos da intervenção, as autoridades afastadas de seus cargos a estes voltarão, salvo impedimento legal (art. 36, §4º).
Controle político pelo Congresso Nacional	O decreto de intervenção deve ser submetido à apreciação do Congresso Nacional (CN), no prazo de 24 horas e, caso CN esteja em período de recesso parlamentar, far-se-á convocação extraordinária, no mesmo prazo de 24 horas. Ademais, o CN pode inicialmente aprovar a intervenção e, depois, mudar de opinião vindo a suspendê-la. Ademais, se a intervenção se der para prover a execução de lei federal, ordem ou decisão judicial (art. 34, VI), ou para assegurar a observância dos princípios constitucionais sensíveis (art. 34, VII), será dispensada a apreciação pelo CN, podendo, ainda, o decreto limitar-se a suspender a execução do ato impugnado, se essa medida bastar ao restabelecimento da normalidade (art. 36, §3º).
Controle judicial	Embora a intervenção seja um ato de natureza política, é possível o controle judicial de seus atos, vez que a intervenção não pode ferir a Constituição e as leis do país.

INTERVENÇÃO ESTADUAL
Art. 35. O Estado não intervirá em seus Municípios, nem a União nos Municípios localizados em Território Federal, exceto quando: *I – deixar de ser paga, sem motivo de força maior, por dois anos consecutivos, a dívida fundada;* *II – não forem prestadas contas devidas, na forma da lei;* *III – não tiver sido aplicado o mínimo exigido da receita municipal na manutenção e desenvolvimento do ensino e nas ações e serviços públicos de saúde;* *IV – o Tribunal de Justiça der provimento a representação para assegurar a observância de princípios indicados na Constituição Estadual, ou para prover a execução de lei, de ordem ou de decisão judicial.* Na intervenção estadual, pelo ***princípio da simetria***, seguem-se as mesmas regras e princípios da intervenção federal, com pequenas diferenças, de modo que: • A intervenção depende de decreto do Governador, só podendo ocorrer, excepcionalmente, nas hipóteses taxativas do artigo 35. • O decreto de intervenção, que especificará a amplitude, o prazo e as condições de execução e que, se couber, nomeará o interventor, será submetido à apreciação da Assembleia Legislativa (AL), no prazo de 24 horas e, caso a AL esteja em período de recesso parlamentar, far-se-á convocação extraordinária, no mesmo prazo de 24 horas. • Nos casos art. 35, IV, será dispensada a apreciação pela AL (não haverá controle político), podendo, ainda, o decreto limitar-se a suspender a execução do ato impugnado, se essa medida bastar ao restabelecimento da normalidade (art. 36, §3º). • Nos termos da Súmula 637, do STF, *não cabe recurso extraordinário contra acórdão de tribunal de justiça que defere pedido de intervenção estadual em município.* • A representação interventiva perante o TJ deve ser proposta pelo Procurador Geral de Justiça. • O fato de já ter sido decretada outra intervenção estadual, por outros motivos, em certo município não impede a decretação de uma nova intervenção nesse mesmo município por motivos diferentes. • Cessados os motivos da intervenção, as autoridades afastadas de seus cargos a estes voltarão, salvo impedimento legal.

Capítulo XVI
PODER LEGISLATIVO

1. INTRODUÇÃO

A ideia de separar/dividir as funções estatais entre órgãos distintos encontra antecedentes desde a Antiguidade Clássica, na obra de ***Aristóteles***.[1] Na Idade Moderna, ***John Locke***,[2] tendo como pano de fundo o Reino da Grã-Bretanha pós Revolução Gloriosa, irá defender uma separação entre as funções estatais, notadamente entre as funções legislativa e executiva, vez que reuni-las em um mesmo órgão *"seria provocar uma tentação muito forte para a fragilidade humana, tão sujeito à ambição"*.[3]

Inspirado pela obra de Locke e pelo modelo inglês de separação das funções estatais, ***Montesquieu***, após constatar, pela *"experiência eterna"*, que *"todo homem investido no poder é tentado a abusar dele"* até que encontre limites, irá sustentar que a limitação de um poder estatal somente é possível se existir outro poder capaz de limitá-lo.[4] Assim, Montesquieu irá propor um ***modelo de separação das funções estatais entre os poderes constituídos, em que um poder irá limitar e controlar o outro impedindo o seu exercício arbitrário***, um verdadeiro mecanismo de freios recíprocos (*checks and controls*) visando o equilíbrio entre os poderes (*equilibrium of powers*), estabelecendo, portanto, uma separação relativa das funções e não uma separação absoluta, propiciando um ambiente político de interpenetração de competências e ingerências recíprocas entre os poderes e impedindo que apenas um órgão ou uma pessoa concentrasse todo o poder estatal.

O pensamento de Montesquieu influenciou de forma determinante o constitucionalismo moderno, tendo inspirado fortemente os autores da Constituição dos Estados Unidos da América do Norte de 1787, que estabeleceram um sistema constitucional com separação e controle mútuo entre os poderes (*checks and balances*), em que os órgãos estatais possuem a faculdade de impedirem-se reciprocamente.[5] Do outro lado do mundo, com a Revolução Francesa, tornou-se um dogma universal, ao ser consagrado no art. 16, da Declaração Universal dos Direitos do Homem e do Cidadão de 1789, que assim expressa: *"A sociedade em que não esteja assegurada a garantia dos direitos nem estabelecida a separação dos poderes não tem Constituição"*.

A doutrina liberal do séc. XIX, de forma diversa da idealizada por Montesquieu, defendeu uma separação rígida das funções estatais aos poderes constituídos. Contudo, essa separação se mostrou inadequada ao longo do desenrolar da modernidade, especialmente em face da complexidade política e social. Assim, contemporaneamente, a separação de poderes não é vista com a rigidez de outrora, exigindo, para além da ***independência*** entre os poderes, ***harmonia*** e ***colaboração*** para o bom funcionamento do sistema político.

Nesse cenário, a ***Constituição brasileira de 1988*** foi categórica ao afirmar que os poderes são ***independentes e harmônicos entre si*** (art. 2º), constituindo o princípio da separação dos

---

1. ARISTÓTELES. Política. São Paulo: Martin Claret, 2006.
2. LOCKE, John. Segundo Tratado sobre o Governo. São Paulo: Martin Claret, 2003.
3. CAETANO, Marcello. Manual de ciência política e direito constitucional. 6. ed. Coimbra: Almedina, 2003.
4. MONTESQUIEU. Do espírito das leis. São Paulo: Martin Claret, 2009.
5. COOLEY, Thomas. Princípios Gerais de Direito Constitucional dos Estados Unidos da América do Norte. 2. ed. São Paulo: RT, 1982.

poderes ***cláusula pétrea*** (art. 60, §4º, III), engendrando um sistema de separação de funções e distribuição de competências com o intuito de assegurar a independência, a harmonia e o equilíbrio entre os poderes constituídos, bem como de controle recíproco entre eles (*checks and balances*), de modo a evitar o abuso e o arbítrio por parte de quaisquer deles. Ademais, nosso sistema constitucional consagrou um sistema em que cada poder exerce, de forma predominante, uma função típica, mas, também, exerce, de forma excepcional, funções atípicas (típicas de outros poderes).

As ***origens modernas do poder legislativo*** relacionam-se, especialmente, com o movimento político e jurídico de limitação dos poderes dos reis. Como se sabe, durante a Idade Média, a função legislativa, enquanto função de criar as leis e as normas sociais, estava concentrada nas mãos do rei, do soberano, que detinha todo(s) o(s) poder(es). Esse sistema vem a ser rompido, de forma relevante, num primeiro momento, na Inglaterra, no final do séc. XVII, com a Revolução Gloriosa e a consagração da Carta de Direitos (*Bill of Rights*) e o *Act of Setlement*, submetendo o rei ao parlamento inglês e conferindo a independência do Poder Legislativo.

Para além de inspirar filósofos, como Montesquieu, esse movimento inspirou verdadeiras revoluções que vieram um século depois a consagrar a doutrina da separação de poderes nas Constituições dos Estados Unidos da América do Norte e da França pós-revolução. Assim, a função legislativa adquiriu independência e consagrou-se como um legítimo poder do Estado a ser exercido de forma independente e autônoma dos demais. Deste modo, ***o estabelecimento moderno do poder legislativo*** liga-se à separação de poderes, bem como à limitação dos poderes do Estado e ao surgimento dos Estados Democráticos, a partir da ótica do constitucionalismo moderno em sua face liberal.

Nesse sentido, especialmente considerando que à luz do paradigma do constitucionalismo moderno um poder deve fiscalizar e controlar o outro (doutrina dos freios e contrapesos), o poder legislativo possui competências típicas da função legislativa e, também, atípicas.

Como ***funções típicas***, o poder legislativo deve legislar e fiscalizar. ***Legislar*** implica em inovar na ordem jurídica, mediante a elaboração de normas primárias, isto é, através da edição de leis e das demais espécies legislativas previstas na Constituição (*art. 59 a 69*), espécies estas que estão aptas a criar, modificar e extinguir o direito. ***Fiscalizar*** implica na atividade de controlar, analisar e ratificar, especialmente, as ações da Administração Pública, evitando-se que os detentores do poder dele exorbitem ou abusem (*art. 49, IX e X; art. 58, §3º; art. 70 a 75, dentre outros*).

Por outro lado, o poder legislativo, também, exerce ***funções atípicas***, isto é, funções que tipicamente são atribuídas a outros poderes. Assim, por exemplo, ***no exercício da função jurisdicional***, em sentido amplo, cabe ao Senado Federal julgar o Presidente da República nos crimes de responsabilidade (*art. 52, I*), após autorização da Câmara dos Deputados (*art. 51, I*), já ***no exercício da função administrativa***, compete às Casas Legislativas dar posse aos seus servidores.[6]

6. BORGES, Cyonil; SÁ, Adriel. Manual de Direito Administrativo Facilitado. 3. ed. Salvador: Juspodivm, 2019.

2. ESTRUTURA DO PODER LEGISLATIVO

A Constituição de 1988, mantendo a tradição do constitucionalismo brasileiro, consagrou, no ***âmbito federal***, o ***bicameralismo federativo***,[7] prevendo que o Poder Legislativo Federal é exercido pelo Congresso Nacional, que se compõe da Câmara dos Deputados e do Senado Federal (art. 44).

Já ***no âmbito dos demais entes federados***, a Constituição consagrou o ***unicameralismo***, de modo que cada ente possui uma única casa legislativa. Assim, nos Estados o poder legislativo é exercido pelas Assembleis Legislativas, no Distrito Federal pela Câmara Legislativa e nos Municípios pelas Câmaras Municipais.

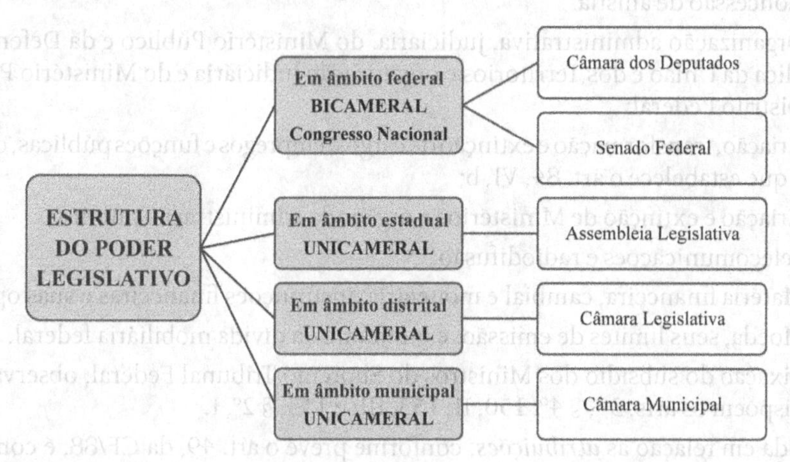

3. COMPOSIÇÃO E ATRIBUIÇÕES

A Constituição de 1988 regulamenta a composição das casas legislativas, explicitando, ainda, as atribuições do Congresso Nacional, da Câmara dos Deputados e do Senado Federal. No que concerne às atribuições do poder legislativo, a Constituição estabelece uma complexa sistemática de competências típicas e atípicas, que podem ser divididas em: a) atribuições dos órgãos do poder legislativo (arts. 48, 49, 50, 51 e 52 e outros); b) distribuição de competências legislativas (arts. 22, 24 e outros); c) fiscalização e controle das atividades dos entes federativos (art. 49, IX e X; art. 58, §3º; art. 70 a 75, dentre outros); e d) atribuições relativas ao exercício do Poder Constituinte Derivado (arts. 25, 60 e outros).

3.1 Congresso Nacional

Nos termos do art. 44, da CF/88, o Congresso Nacional é composto pela Câmara dos Deputados e pelo Senado Federal, vez que a estrutura do poder legislativo federal é bicameral.

Já em relação as suas ***atribuições***, dispõe o art. 48, da CF/88, que cabe ao Congresso Nacional, ***com a sanção do Presidente da República***, dispor sobre todas as matérias de competência da União, especialmente sobre:

- Sistema tributário, arrecadação e distribuição de rendas;

7. Além do bicameralismo federativo, a doutrina aponta a existência de, pelo menos, mais duas espécies de bicameralismo: o bicameralismo aristocrático (adotado pela Inglaterra no séc. XIX) e o bicameralismo sistemático.

- Plano plurianual, diretrizes orçamentárias, orçamento anual, operações de crédito, dívida pública e emissões de curso forçado;
- Fixação e modificação do efetivo das Forças Armadas;
- Planos e programas nacionais, regionais e setoriais de desenvolvimento;
- Limites do território nacional, espaço aéreo e marítimo e bens do domínio da União;
- Incorporação, subdivisão ou desmembramento de áreas de Territórios ou Estados, ouvidas as respectivas Assembleias Legislativas;
- Transferência temporária da sede do Governo Federal;
- Concessão de anistia;
- Organização administrativa, judiciária, do Ministério Público e da Defensoria Pública da União e dos Territórios e organização judiciária e do Ministério Público do Distrito Federal;
- Criação, transformação e extinção de cargos, empregos e funções públicas, observado o que estabelece o art. 84, VI, b;
- Criação e extinção de Ministérios e órgãos da administração pública;
- Telecomunicações e radiodifusão;
- Matéria financeira, cambial e monetária, instituições financeiras e suas operações;
- Moeda, seus limites de emissão, e montante da dívida mobiliária federal.
- Fixação do subsídio dos Ministros do Supremo Tribunal Federal, observado o que dispõem os arts. 39, § 4º; 150, II; 153, III; e 153, § 2º, I.

Ainda em relação às ***atribuições***, conforme prevê o art. 49, da CF/88, é competência exclusiva do Congresso Nacional, ***sem sanção do Presidente da República:***

- Resolver definitivamente sobre tratados, acordos ou atos internacionais que acarretem encargos ou compromissos gravosos ao patrimônio nacional;
- Autorizar o Presidente da República a declarar guerra, a celebrar a paz, a permitir que forças estrangeiras transitem pelo território nacional ou nele permaneçam temporariamente, ressalvados os casos previstos em lei complementar;
- Autorizar o Presidente e o Vice-Presidente da República a se ausentarem do País, quando a ausência exceder a quinze dias;
- Aprovar o estado de defesa e a intervenção federal, autorizar o estado de sítio, ou suspender qualquer uma dessas medidas;
- Sustar os atos normativos do Poder Executivo que exorbitem do poder regulamentar ou dos limites de delegação legislativa;
- Mudar temporariamente sua sede;
- Fixar idêntico subsídio para os Deputados Federais e os Senadores, observado o que dispõem os arts. 37, XI, 39, § 4º, 150, II, 153, III, e 153, § 2º, I; (Redação dada pela Emenda Constitucional 19, de 1998)
- Fixar os subsídios do Presidente e do Vice-Presidente da República e dos Ministros de Estado, observado o que dispõem os arts. 37, XI, 39, § 4º, 150, II, 153, III, e 153, § 2º, I; (Redação dada pela Emenda Constitucional 19, de 1998)
- Julgar anualmente as contas prestadas pelo Presidente da República e apreciar os relatórios sobre a execução dos planos de governo;

- Fiscalizar e controlar, diretamente, ou por qualquer de suas Casas, os atos do Poder Executivo, incluídos os da administração indireta;
- Zelar pela preservação de sua competência legislativa em face da atribuição normativa dos outros Poderes;
- Apreciar os atos de concessão e renovação de concessão de emissoras de rádio e televisão;
- Escolher dois terços dos membros do Tribunal de Contas da União;
- Aprovar iniciativas do Poder Executivo referentes a atividades nucleares;
- Autorizar referendo e convocar plebiscito;
- Autorizar, em terras indígenas, a exploração e o aproveitamento de recursos hídricos e a pesquisa e lavra de riquezas minerais;
- Aprovar, previamente, a alienação ou concessão de terras públicas com área superior a dois mil e quinhentos hectares.

Para além dessas duas competências, a Câmara dos Deputados e o Senado Federal, ou qualquer de suas Comissões, poderão convocar Ministro de Estado ou quaisquer titulares de órgãos diretamente subordinados à Presidência da República para prestarem, pessoalmente, informações sobre assunto previamente determinado, importando crime de responsabilidade a ausência sem justificação adequada.

De modo inverso, os Ministros de Estado poderão comparecer ao Senado Federal, à Câmara dos Deputados, ou a qualquer de suas Comissões, por sua iniciativa e mediante entendimentos com a Mesa respectiva, para expor assunto de relevância de seu Ministérios.

Ademais, as Mesas da Câmara dos Deputados e do Senado Federal poderão encaminhar pedidos escritos de informações a Ministros de Estado ou a qualquer das pessoas referidas no caput deste artigo, importando em crime de responsabilidade a recusa, ou o não atendimento, no prazo de trinta dias, bem como a prestação de informações falsas.

3.2 Câmara dos Deputados

A Câmara dos Deputados compõe-se de ***representantes do povo***, eleitos, pelo sistema proporcional, em cada Estado, em cada Território e no Distrito Federal, para mandatos de 4 anos.

O número total de Deputados, bem como a representação por Estado e pelo Distrito Federal, será estabelecido por lei complementar, proporcionalmente à população, procedendo-se aos ajustes necessários, no ano anterior às eleições, para que nenhum Estado ou o DF tenha menos de *8* ou mais de *70* Deputados. Ademais, cada Território Federal elegerá 4 Deputados Federais (número fixo, independente do número de habitantes).

Nesses termos, dispõe a Lei Complementar 78/1993 que o número de deputados federais não ultrapassará *513* representantes, devendo ser fornecida, pela Fundação Instituto Brasileiro de Geografia e Estatística, no ano anterior às eleições, a atualização estatística demográfica das unidades da Federação.

Além disso, a LC 78/93, no parágrafo único de seu artigo 1º, dispunha que feitos os cálculos da representação dos Estados e do Distrito Federal, o Tribunal Superior Eleitoral forneceria aos Tribunais Regionais Eleitorais e aos partidos políticos o número de vagas a serem disputadas. Assim, com base neste dispositivo, o TSE, em 2013, editou a Resolução

23.389, alterando o número de vagas de Deputados Federais para as eleições de 2014. Ocorre que, os parlamentares dos Estados que perderam vagas na Câmara dos Deputados, conseguiram aprovar, em dezembro de 2013, o Decreto Legislativo 424, que sustou os efeitos da Resolução 23.389/2013 do TSE.

Esse imbróglio todo foi objeto de sete ações de controle de constitucionalidade concentrado no Supremo Tribunal Federal (ADIs 4.947, 4.963, 4.965, 5.020, 5.028 e 5.030 e ADC 33), vindo a Corte a declarar a inconstitucionalidade do parágrafo único do art. 1º da LC 78/93, da Resolução 23.389/2013 do TSE e do Decreto Legislativo 424/2013. Assim, cabe ao Congresso Nacional editar nova Lei Complementar regulamentando o assunto e explicitando como será a distribuição das vagas na Câmara dos Deputados.

Já em relação as suas *atribuições*, dispõe o art. 51, da CF/88, que compete privativamente à Câmara dos Deputados, *sem sanção do Presidente da República:*

- Autorizar, por dois terços de seus membros, a instauração de processo contra o Presidente e o Vice-Presidente da República e os Ministros de Estado;
- Proceder à tomada de contas do Presidente da República, quando não apresentadas ao Congresso Nacional dentro de sessenta dias após a abertura da sessão legislativa;
- Elaborar seu regimento interno;
- Dispor sobre sua organização, funcionamento, polícia, criação, transformação ou extinção dos cargos, empregos e funções de seus serviços, e a iniciativa de lei para fixação da respectiva remuneração, observados os parâmetros estabelecidos na lei de diretrizes orçamentárias;
- Eleger membros do Conselho da República, nos termos do art. 89, VII.

3.3 Senado Federal

O Senado Federal compõe-se de *representantes dos Estados e do Distrito Federal*, eleitos segundo o princípio majoritário, sendo que cada Estado e o Distrito Federal elegerão três Senadores, com mandato de oito anos. Ademais, a representação de cada Estado e do Distrito Federal será renovada de quatro em quatro anos, alternadamente, por um e dois terços, sendo cada Senador eleito com dois suplentes.

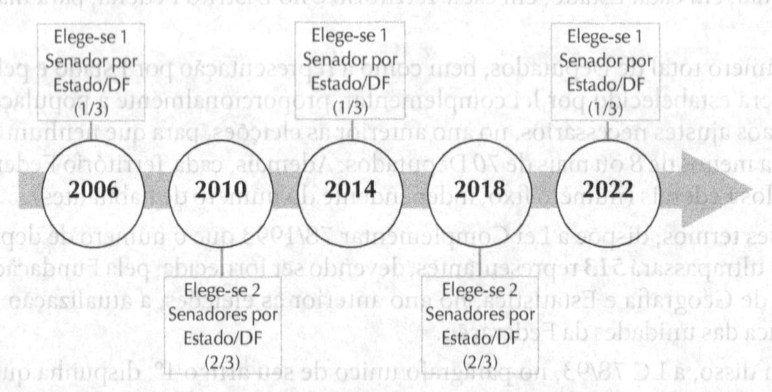

Já em relação as suas *atribuições*, dispõe o art. 52, da CF/88, que compete privativamente ao Senado Federal, *sem sanção do Presidente da República:*

- Processar e julgar o Presidente e o Vice-Presidente da República nos crimes de responsabilidade, bem como os Ministros de Estado e os Comandantes da Marinha, do Exército e da Aeronáutica nos crimes da mesma natureza conexos com aqueles;
- Processar e julgar os Ministros do Supremo Tribunal Federal, os membros do Conselho Nacional de Justiça e do Conselho Nacional do Ministério Público, o Procurador-Geral da República e o Advogado-Geral da União nos crimes de responsabilidade;
- Aprovar previamente, por voto secreto, após arguição pública, a escolha de: a) Magistrados, nos casos estabelecidos nesta Constituição; b) Ministros do Tribunal de Contas da União indicados pelo Presidente da República; c) Governador de Território; d) Presidente e diretores do banco central; e) Procurador-Geral da República; f) titulares de outros cargos que a lei determinar;
- Aprovar previamente, por voto secreto, após arguição em sessão secreta, a escolha dos chefes de missão diplomática de caráter permanente;
- Autorizar operações externas de natureza financeira, de interesse da União, dos Estados, do Distrito Federal, dos Territórios e dos Municípios;
- Fixar, por proposta do Presidente da República, limites globais para o montante da dívida consolidada da União, dos Estados, do Distrito Federal e dos Municípios;
- Dispor sobre limites globais e condições para as operações de crédito externo e interno da União, dos Estados, do Distrito Federal e dos Municípios, de suas autarquias e demais entidades controladas pelo Poder Público federal;
- Dispor sobre limites e condições para a concessão de garantia da União em operações de crédito externo e interno;
- Estabelecer limites globais e condições para o montante da dívida mobiliária dos Estados, do Distrito Federal e dos Municípios;
- Suspender a execução, no todo ou em parte, de lei declarada inconstitucional por decisão definitiva do Supremo Tribunal Federal;
- Aprovar, por maioria absoluta e por voto secreto, a exoneração, de ofício, do Procurador-Geral da República antes do término de seu mandato;
- Elaborar seu regimento interno;
- Dispor sobre sua organização, funcionamento, polícia, criação, transformação ou extinção dos cargos, empregos e funções de seus serviços, e a iniciativa de lei para fixação da respectiva remuneração, observados os parâmetros estabelecidos na lei de diretrizes orçamentárias;
- Eleger membros do Conselho da República, nos termos do art. 89, VII.
- Avaliar periodicamente a funcionalidade do Sistema Tributário Nacional, em sua estrutura e seus componentes, e o desempenho das administrações tributárias da União, dos Estados e do Distrito Federal e dos Municípios.

3.4 Assembleias Legislativas

Os deputados estaduais serão eleitos para mandatos de quatro anos, pelo sistema eleitoral proporcional, aplicando-lhes as normas da Constituição Federal sobre inviolabilidade, imunidades, remuneração, perda de mandato, licença, impedimentos e incorporação às Forças Armadas.

O número de deputados estaduais corresponderá ao triplo da representação do Estado na Câmara dos Deputados e, atingido o número de trinta e seis, será acrescido de tantos quantos forem os deputados federais acima de doze, conforme dispõe o art. 27, da CF/88. Assim, para se calcular o número de deputados em um determinado Estado, deve-se saber primeiro o número de deputados federais daquele Estado. Então, multiplica-se por três o número de deputados federais e esse será o número de deputados estaduais. Contudo, atingido o número de trinta e seis deputados estaduais, ele será acrescido pelo número de deputados federais acima de doze, ou seja, como doze vezes três são trinta e seis, a partir de doze deputados federais não se multiplica mais, mas apenas se soma à multiplicação anterior.

Simplificando e exemplificando, temos duas situações distintas: *1)* a primeira quando o número de deputados federais de um Estado for igual ou menor que doze; *2)* a segunda quando o número de deputados federais for superior a doze (de treze a setenta). Vejamos cada uma delas detalhadamente.

1) quando o número de deputados federais de um Estado for igual ou menor que doze: multiplica-se o número de deputados federais desse Estado por três, então esse será o número de deputados estaduais. Assim, se o Estado X possui 8 deputados federais, ele terá 24 deputados estaduais (8 x 3 = 24), já se o Estado Y possui 12 deputados federais, ele terá 36 deputados estaduais (8 x 12 = 36).

2) quando o número de deputados federais for superior a doze (de treze a setenta): seguindo a regra do art. 27, da CF/88, primeiro diminui-se o número de deputados federais por doze e na sequência soma-se trinta e seis a esse número, então esse será o número de deputados estaduais. Assim, se o Estado Alfa possui 13 deputados federais, diminui-se 13 por 12 (13 - 12 = 1), então soma-se 36 a esse resultado (1 + 36 = 37) e obtém-se o número de deputados estaduais do Estado Alfa, que são 37. Já se o Estado Beta possui 53 deputados federais, diminui-se 53 por 12 (53 - 12 = 41), então soma-se 36 a esse resultado (41 + 36 = 77) e obtém-se o número de deputados estaduais do Estado Beta, que são 77.

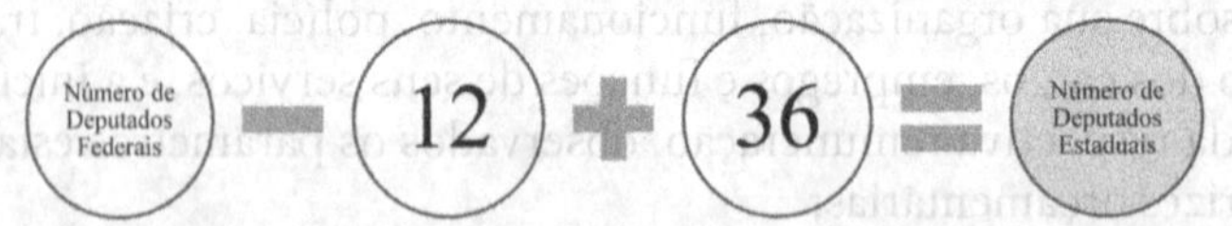

Perceba que essa conta pode ser simplifica, já que 36 menos 12 são 24, de modo que podemos dizer que ***quando o número de deputados federais for superior a doze (de treze a setenta)***, o número de deputados estaduais será igual ao número de deputados federais mais 24. Assim, reproduzindo os exemplos anteriores, se o Estado Alfa possui 13 deputados federais, soma-se 13 + 24, e obtém-se o número de deputados estaduais do Estado Alfa, que são 37. Já se o Estado Beta possui 53 deputados federais, soma-se 53 + 24, e obtém-se o número de deputados estaduais do Estado Beta, que são 77.

3.5 Câmara legislativa do Distrito Federal

Por força do §3º, do art. 32, da CF/88, a Câmara Legislativa do Distrito Federal segue as regras aplicáveis às Assembleias Legislativas dos Estados. Nesses termos, os deputados distritais são eleitos para mandato de quatro anos, pelo sistema eleitoral proporcional.

Ademais, como o Distrito Federal possui 8 deputados federais, o seu número de deputados distritais será de 24, ou seja, triplo de sua representação na Câmara dos Deputados, conforme prevê a primeira parte do art. 27, da CF/88.

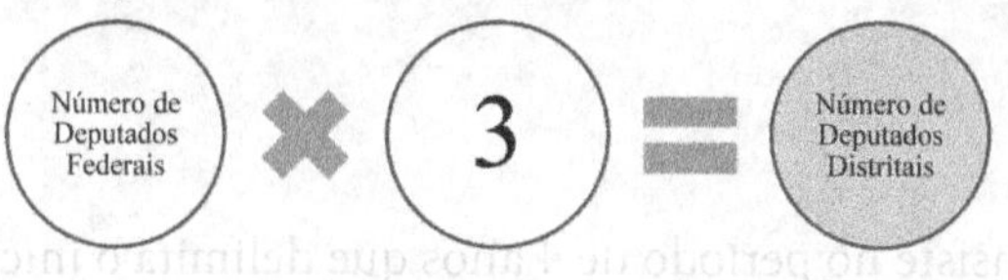

3.6 Câmaras municipais

Os vereadores municipais são eleitos para mandato de quatro anos, mediante pleito direto e simultâneo realizado em todo o país, pelo sistema eleitoral proporcional.

Ademais, conforme prevê o art. 29, IV, da CF/88, para a composição das Câmaras Municipais, será observado um limite máximo de vereadores proporcional ao número de habitantes do Município. Vejamos:

LIMITE MÁXIMO DE VEREADORES NO MUNICÍPIO	
Limite de Vereadores	**Número de Habitantes**
9	Até 15.000
11	Mais de 15.000 até 30.000
13	Mais de 30.000 até 50.000
15	Mais de 50.000 até 80.000
17	Mais de 80.000 até 120.000
19	Mais de 120.000 até 160.000
21	Mais de 160.000 até 300.000
23	Mais de 300.000 até 450.000
25	Mais de 450.000 até 600.000
27	Mais de 600.000 até 750.000
29	Mais de 750.000 até 900.000
31	Mais de 900.000 até 1.050.000
33	Mais de 1.050.000 até 1.200.000
35	Mais de 1.200.000 até 1.350.000
37	Mais de 1.350.000 até 1.500.000
39	Mais de 1.500.000 até 1.800.000
41	Mais de 1.800.000 até 2.400.000
43	Mais de 2.400.000 até 3.000.000
45	Mais de 3.000.000 até 4.000.000
47	Mais de 4.000.000 até 5.000.000
49	Mais de 5.000.000 até 6.000.000
51	Mais de 6.000.000 até 7.000.000
53	Mais de 7.000.000 até 8.000.000
55	Mais de 8.000.000

4. FUNCIONAMENTO DO PODER LEGISLATIVO

O Poder Legislativo, assim como os demais poderes, é independente e autônomo, cabendo-lhe, no âmbito de sua auto-organização, elaborar seu regimento interno e dispor sobre sua organização, funcionamento, polícia, criação, transformação ou extinção dos cargos, empregos e funções de seus serviços, e a iniciativa de lei para fixação da respectiva remuneração, observados os parâmetros estabelecidos na lei de diretrizes orçamentárias. Assim, compete ao próprio Poder Legislativo regulamentar seu funcionamento (auto-organização)

4.1 Legislatura

A legislatura consiste no período de 4 anos que delimita o início e fim dos trabalhos legislativos. Nesse sentido, dispõe o parágrafo único, do art. 44, da CF/88, que *cada legislatura terá a duração de quatro anos.*

É importante observar que os mandatos de vereador, deputados distritais, estaduais e federais têm mandatos de 4 anos, o que corresponde a uma única legislatura. Contudo, os senadores possuem mandatos de 8 anos, o que corresponde a duas legislaturas. Assim, um senador é eleito para um mandato de 8 anos, o qual contém duas legislaturas.

4.2 Sessão legislativa ordinária

A sessão legislativa ordinária consiste no período anual de trabalho das casas legislativas, correspondendo ao ano legislativo. Nos termos do art. 57, da CF/88, em regra, a sessão legislativa ordinária inicia-se em 2 de fevereiro, para dia 17 de julho para o recesso parlamentar de meio de ano, retorna dia 1º de agosto e encerra-se dia 22 de dezembro. Contudo, as reuniões marcadas para essas datas serão transferidas para o primeiro dia útil subsequente, quando recaírem em sábados, domingos ou feriados.

Para além disso, há ***duas exceções*** a essas datas:

1ª. Nos termos do §4º, do art. 57, da CF/88, a sessão legislativa ordinária, no primeiro ano da legislatura, começará dia 1º de fevereiro (e não dia 2), sendo o dia 01/02 reservado para a posse de seus membros e eleição das respectivas Mesas.

2ª. Nos termos do §2º, do art. 57, da CF/88, a sessão legislativa ordinária não será interrompida sem a aprovação do Projeto de Lei de Diretrizes Orçamentárias (PLDO).

4.3 Período legislativo

O período legislativo consiste no semestre legislativo, correspondendo a lapso temporal semestral dos trabalhos das casas legislativas, de modo que teremos dois períodos legislativos por sessão legislativa ordinária.

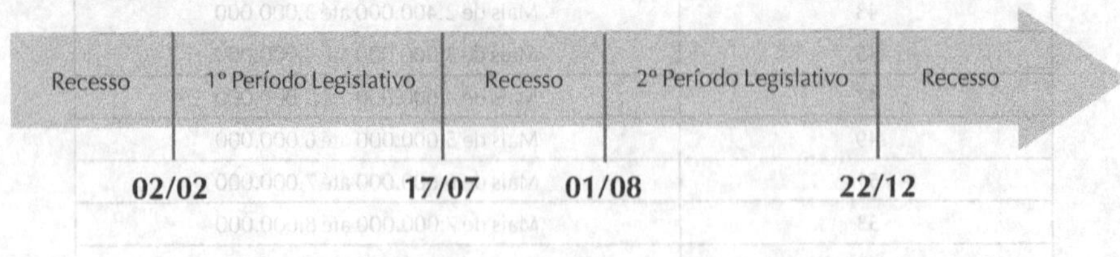

4.4 Sessão preparatória

As sessões preparatórias (ou reuniões preparatórias) são as sessões que precedem a primeira e a terceira sessões legislativas ordinárias de cada legislatura, sendo dedicadas a posse dos membros da casa legislativa (na primeira sessão legislativa ordinária) e a eleição das respectivas mesas diretoras (na primeira e na terceira sessões legislativas ordinárias).

4.5 Sessão ordinária

A sessão ordinária consiste no lapso temporal diário no Poder Legislativo, isto é, refere-se ao dia legislativo.

Na Câmara dos Deputados as sessões ordinárias são de terça a quinta-feira, iniciando-se às quatorze horas e tendo duração de cinco horas, ou seja, são das 14h às 19h, dividindo-se da seguinte forma:

Pequeno Expediente	Grande Expediente	Ordem do Dia
Com duração de 60 minutos, destina-se à matéria do expediente e aos oradores inscritos que tenham comunicação a fazer.	Com duração de 50 minutos, distribuída entre os oradores inscritos, destina-se aos grandes comunicados.	Inicia-se às 16 horas, com duração de 3 horas, destinando-se à apreciação da pauta (discussão, votação e deliberação).
Quórum para instalação da sessão: aferido no pequeno expediente, sendo de 1/10 dos deputados federais.		
Quórum para deliberação: aferido na "ordem do dia", sendo de maioria absoluta (257 deputados), salvo disposição em contrário.		

No Senado Federal as sessões ordinárias são de segunda a quinta-feira, das 14h às 18:30h e na sexta-feira, das 9h às 13:30h, tendo duração de quatro horas e meia, dividindo-se da seguinte forma:

Período do Expediente	Ordem do Dia
Terá a duração de 120 minutos e será destinada à leitura do expediente e aos oradores inscritos.	Terá duração de 150 minutos, destinando-se à apreciação da pauta (discussão, votação e deliberação).
Quórum para instalação da sessão: aferido no período de expediente, sendo de 1/20 dos senadores.	
Quórum para deliberação: aferido na "ordem do dia", sendo de maioria absoluta (41 senadores), salvo disposição em contrário.	

4.6 Sessão extraordinária

A sessão extraordinária é uma sessão extra que ocorre dentro de um período legislativo, em dia ou hora, diferentes dos das sessões ordinárias, desenvolvendo-se dentro do trabalho regular da casa legislativa, já que acontece em período legislativo e não em período de recesso.

4.7 Sessão legislativa extraordinária

A sessão legislativa extraordinária é uma sessão extra que ocorre no período de recesso parlamentar, desenvolvendo-se fora do trabalho regular da casa legislativa, em razão de *convocação extraordinária*, que pode se dar:

a) *pelo Presidente do Senado*, em caso de decretação de estado de defesa ou de intervenção federal, de pedido de autorização para a decretação de estado de sítio e para o compromisso e a posse do Presidente e do Vice-Presidente da República;

b) *pelos Presidente da República, pelos Presidentes da Câmara dos Deputados e do Senado Federal ou a requerimento da maioria dos membros de ambas as Casas*, em caso de urgência ou interesse público relevante, exigindo-se o voto da maioria absoluta dos membros de cada uma das Casas do Congresso Nacional para a aprovação do pedido nessa hipótese.

Na sessão legislativa extraordinária, em regra, o Congresso Nacional somente deliberará sobre a matéria para a qual foi convocado, vedado o pagamento de parcela indenizatória, em razão da convocação. Nada obstante, havendo medidas provisórias em vigor na data de convocação extraordinária do Congresso Nacional, serão elas automaticamente incluídas na pauta da convocação, excepcionando a regra de deliberação exclusiva das matérias que ensejaram a convocação.

4.8 Quóruns

As casas legislativas, como expressão dos princípios democráticos e republicano, possuem composição colegiada, deliberando suas pautas pelo voto dos parlamentares. Contudo, quantos votos são necessários para aprovar um determinado projeto de lei? Bem, o número de votos varia, pois as maiorias exigidas variam (quóruns de aprovação). Assim, por exemplo, para se aprovar uma lei ordinária exige-se maioria simples, já para aprovar uma lei complementar exige-se maioria absoluta, enquanto para aprovar uma Emenda à Constituição exige-se maioria qualificada de três quintos dos votos. Assim, faz-se necessário um estudo dos quóruns de votação expressos pela Constituição.

Em primeiro lugar, nos termos do art. 47, da CF/88, temos que salvo disposição constitucional em contrário, as deliberações de cada casa legislativa e de suas comissões serão tomadas por maioria dos votos (maioria simples ou maioria relativa), presente a maioria absoluta de seus membros.

Isto posto, façamos uma análise dos quóruns de maioria simples, maioria absoluta e de maiorias qualificadas apresentados pela Constituição e regulamentado pelos regimentos internos das casas legislativas do Congresso Nacional.

1) *Maioria Simples:* classicamente, consiste na maioria dos votos dos presentes em uma determinada votação, sendo compreendida de duas maneiras pela doutrina:

1ª CORRENTE	2ª CORRENTE
Segundo a primeira corrente, o quórum de maioria simples ***exige o voto da maioria dos presentes*** para aprovar uma certa proposição. **Exemplo:** Presentes 400 deputados, a maioria simples será de 201 deputados.	Segundo a segunda corrente, o quórum de maioria simples ***exige a maioria dos votos dados em uma determinada direção decisória*** para aprovar uma certa proposição. Assim, ***as abstenções não são consideradas*** no resultado da votação, que computa apenas os votos favoráveis e desfavoráveis. **Exemplo:** Presentes 400 deputados, tem-se 190 votos favoráveis, 180 desfavoráveis e 30 abstenções. Neste caso, a maioria simples foi atingida, mesmo sem se ter a maioria de votos dos parlamentares presentes.
Posição dos regimentos internos da Câmara e do Senado: 2ª CORRENTE	
OBS.: Não é de todo errado falar *"metade mais um"* ou *"50% mais um"*, contudo, matematicamente esses termos só refletem maioria simples quando o número de presentes for par, pois se o número for ímpar teremos de "cortar" um parlamentar ao meio. Assim, matematicamente, maioria simples consiste no primeiro número inteiro acima da metade dos presentes, ou maioria dos presentes, ou mais da metade dos presentes. Nada obstante, há bancas de concursos que apresentam *"metade mais um"* ou *"50% mais um"* dos presentes como gabarito para maioria simples.	

2) *Maioria Absoluta:* classicamente, consiste na maioria dos membros de uma determinada casa, isto é, em mais da metade dos membros da casa. Assim, o quórum de maioria absoluta ***exige o voto da maioria dos membros da casa*** para aprovar uma certa proposição, independentemente do número de presentes na sessão, de modo que o quórum de maioria absoluta é sempre um número fixo. Atualmente, esse número é de 257 votos na Câmara dos Deputados e 41 votos no Senado Federal.

Exemplo: para aprovar uma Lei Complementar exige-se maioria absoluta dos votos dos membros da Câmara dos Deputados e do Senado Federal, assim pouco importa se estão presentes 300, 400 ou 513 Deputados no dia da votação na Câmara, pois serão exigidos, no mínimo, os mesmos 257 votos (maioria absoluta), do mesmo modo pouco importa se estão presentes 50, 60 ou 81 Senadores no dia da votação no Senado, pois serão exigidos, no mínimo, os mesmos 41 votos (maioria absoluta).

3) *Outros quóruns:* para além dos quóruns de maioria simples e maioria absoluta, a Constituição trabalha com outros quóruns, muitas vezes chamados de quóruns especiais ou maiorias qualificadas. Essas maiorias são exigidas excepcionalmente e sempre de forma expressa pela Constituição. Assim, por exemplo, temos, ainda, os seguintes quóruns:

2/3	3/5	2/5	1/3
Para autorizar apuração de crime de responsabilidade	Para aprovação de PEC	Art. 223, §2º	Para instauração de CPIs ou proposição de PEC

5. MESAS DIRETORAS

As mesas diretoras são os órgãos máximos das casas parlamentares, responsáveis pela condução dos trabalhos legislativos e pelo desempenho das atribuições administrativas da casa.

Em âmbito federal, o Poder Legislativo possui 3 mesas diretoras: Mesa da Câmara dos Deputados, Mesa do Senado Federal e Mesa do Congresso Nacional, sendo que as mesas da Câmara e do Senado têm existência cotidiana, enquanto a mesa do Congresso Nacional se revela apenas em casos específicos nos quais há a reunião conjunta da Câmara e do Senado.[8]

As três mesas possuem composição similar, tendo 1 presidente, 2 vice-presidentes e 4 secretários. Ademais, nos termos do §5º, do art. 57, da CF/88, a Mesa do Congresso Nacional será presidida pelo Presidente do Senado Federal, e os demais cargos serão exercidos, alternadamente, pelos ocupantes de cargos equivalentes na Câmara dos Deputados e no Senado Federal, de modo que o 1º vice-presidente será o 1º vice-presidente da Câmara, o 2º vice-presidente será o 2º vice-presidente do Senado, o 1º secretário será o 1º secretário da Câmara, o 2º secretário será o 2º secretário do Senado, o 3º secretário será o 3º secretário da Câmara e o 4º secretário será o 4º secretário do Senado.

8. FERNANDES, Bernardo G. Curso de Direito Constitucional. 11. ed. Salvador: Juspodivm, 2019.

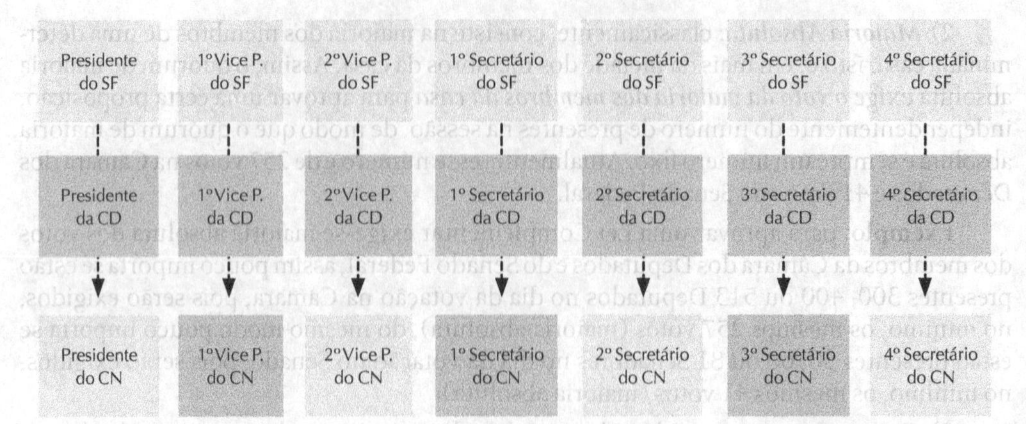

Conforme prevê o art. 57, §4º, da CF/88 *as mesas diretoras das casas legislativas serão eleitas para mandato de 2 anos, vedada a recondução para o mesmo cargo na eleição imediatamente subsequente*. Em que pese a redação do texto constitucional seja clara em dizer que é vedada a recondução para o mesmo cargo na eleição (da mesa diretora) imediatamente subsequente, essa norma tem sido objeto de "interpretações" (manipulações) contrárias ao próprio texto da Constituição.

Nesse sentido, temos os casos dos Senadores José Sarney[9] e Renan Calheiros[10] que foram reeleitos para a presidência do Senado na eleição (da mesa diretora) imediatamente subsequente, sob o argumento de que se tratavam de legislaturas diferentes, de modo que a vedação constitucional não se aplicaria ao caso deles. Conste-se que essa "interpretação" está consagrada, atualmente, de forma expressa no art. 5º, §1º, do Regimento Interno da Câmara dos Deputados. Assim, segundo o entendimento das casas legislativas, temos:

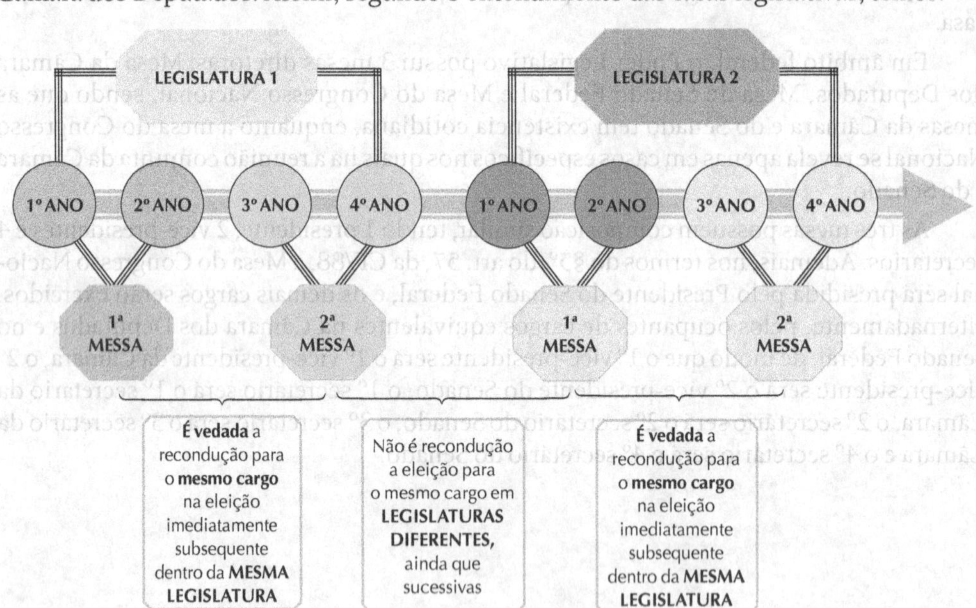

9. Eleito Presidente do Senado em fevereiro de 2009 e reeleito em fevereiro de 2011.
10. Eleito Presidente do Senado em fevereiro de 2013 e reeleito em fevereiro de 2015.

Para além disso, há casos piores, como o do deputado federal Rodrigo Maia reeleito para a presidência da Câmara dos Deputados na mesma legislatura, sob o argumento de que o primeiro mandato fora um mandato tampão, pois havia sido eleito apenas para terminar o mandato de Eduardo Cunha, que havia perdido o mandato por quebra de decoro parlamentar.[11] Assim, Rodrigo Maia foi eleito presidente da Câmara dos Deputados em julho de 2016 para terminar o mandato que estava vigente, foi reeleito em fevereiro de 2017, dentro da mesma legislatura, para um novo mandato de presidente e foi reeleito em fevereiro de 2019 para outro mandato de presidente subsequente, agora sob o argumento de que eram legislaturas distintas (o mesmo argumento de José Sarney e Renan Calheiros).

Ao enfrentar a questão, em julgamento bastante polêmico, o STF (ADI 6.524), por 6x5, acabou por chancelar o entendimento de que é vedada a reeleição dos membros das Mesas do Congresso Nacional para o período subsequente apenas dentro da mesma legislatura. Nesse julgamento houve a formação de pelo menos três correntes: *i)* uma primeira corrente, absurdamente inconstitucional, defendeu a possibilidade de reeleição independentemente de ser na mesma legislatura ou não, atropelando o texto constitucional sem qualquer pudor, tendo recebido 5 votos (Gilmar Mendes, Dias Toffoli, Alexandre de Moraes, Ricardo Lewandowski e Nunes Marques); *ii)* uma segunda corrente, também inconstitucional, defendeu a possibilidade de reeleição desde que em legislaturas diferentes (Roberto Barroso e Edson Fachin), sendo essa a corrente que prevaleceu, pois a possibilidade de reeleição na mesma legislatura foi considerada inconstitucional por 6 votos; *iii)* uma terceira corrente, apregoando respeito ao texto constitucional, defendeu a impossibilidade de reeleição dos membros das Mesas do Congresso Nacional para o período subsequente independentemente de ser na mesma legislatura ou em legislaturas diferentes.

Por fim, para encerrarmos a análise do tema, vale lembrar que o STF (ADIs 792 e 793) já decidiu que ***a vedação de reeleição para o mesmo cargo na mesa diretora na eleição imediatamente subsequente não é norma de reprodução obrigatória***, sendo apenas norma de imitação. Assim, os Estados (em suas Constituições), os Municípios (em suas Leis Orgânicas) e o Distrito Federal (em sua Lei Orgânica) reproduzem ou não a referida vedação se quiserem.

6. COMISSÕES

As comissões (ou comissões parlamentares) são órgãos colegiados internos das casas legislativas, de natureza técnica e que buscam facilitar o complexo trabalho do Poder Legislativo contemporâneo, dedicando-se desde à análise e discussão prévias dos projetos de lei até à investigação e fiscalização da Administração Pública, dentre outras coisas.

Com base na Constituição de 1988 é possível classificar as comissões quanto à constituição e à duração. Quanto à constituição, as comissões podem ser *mistas* (compostas por deputados e senadores) ou *exclusivas* (composta apenas por deputados ou apenas por senadores). Quanto à duração, as comissões podem ser *permanentes* (aquelas que subsistem às legislaturas, tendo sido criadas com a pretensão de terem duração constante, como a Comissão de Constituição e Justiça, por exemplo) ou *temporárias* (aquelas criadas para durarem por um determinado período de tempo ou para realizarem um certo trabalho, dissolvendo-se após isso).

11. Esse caso foi objeto de ação no STF (MS 34.602, MS 34.574, MS 34.603, MS 34.599), contudo o plenário da Corte ainda não se pronunciou em definitivo.

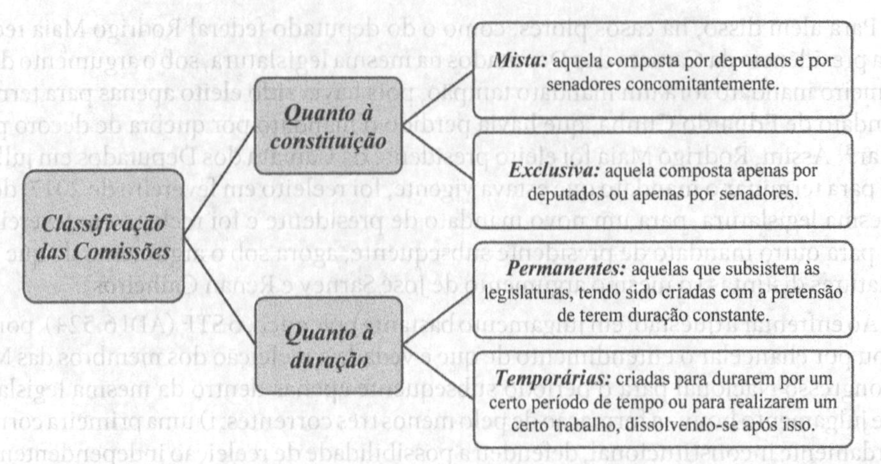

Ademais, na constituição das comissões, é assegurada, tanto quanto possível, a representação proporcional dos partidos ou dos blocos parlamentares que participam da casa legislativa, sendo que, nos termos constitucionais, cabe às comissões, em razão da matéria de sua competência:

- discutir e votar projeto de lei que dispensar, na forma do regimento, a competência do Plenário, salvo se houver recurso de um décimo dos membros da Casa;
- realizar audiências públicas com entidades da sociedade civil;
- convocar Ministros de Estado para prestar informações sobre assuntos inerentes a suas atribuições;
- receber petições, reclamações, representações ou queixas de qualquer pessoa contra atos ou omissões das autoridades ou entidades públicas;
- solicitar depoimento de qualquer autoridade ou cidadão;
- apreciar programas de obras, planos nacionais, regionais e setoriais de desenvolvimento e sobre eles emitir parecer.

6.1 Comissão representativa do Congresso Nacional

Dispõe o art. 58, §4º, da CF/88, que durante o recesso, haverá uma Comissão representativa do Congresso Nacional, eleita por suas Casas na última sessão ordinária do período legislativo, com atribuições definidas no regimento comum, cuja composição reproduzirá, quanto possível, a proporcionalidade da representação partidária.

É importante perceber que se trata de uma comissão mista e temporária, formada duas vezes a cada legislatura, já que é eleita na última sessão ordinária do período legislativo, ou seja, do semestre legislativo, para representar o Congresso Nacional durante o período de recesso parlamentar, que, em regra, ocorre do dia 18/07 ao dia 31/07 (recesso do meio do ano) e do dia 23/12 ao dia 01/02 (recesso de final e início de ano).

6.2 Comissão Parlamentar de Inquérito

As Comissões Parlamentares de Inquérito (CPIs) são comissões temporárias constituídas para a apuração de fato certo e determinado no exercício da função fiscalizatória do Poder Legislativo.

Seu fundamento constitucional reside no art. 58, §3º, da CF/88, que dispõe que *as comissões parlamentares de inquérito, que terão poderes de investigação próprios das autoridades judiciais, além de outros previstos nos regimentos das respectivas Casas, serão criadas pela Câmara dos Deputados e pelo Senado Federal, em conjunto ou separadamente, mediante requerimento de um terço de seus membros, para a apuração de fato determinado e por prazo certo, sendo suas conclusões, se for o caso, encaminhadas ao Ministério Público, para que promova a responsabilidade civil ou criminal dos infratores.*

As Comissões Parlamentares de Inquérito (CPIs) podem ser constituídas em âmbito *federal* (na Câmara dos Deputados, no Sanado Federal, ou por comissão mista formada por membros de ambas as casas), em âmbito ***estadual*** (nas Assembleias Legislativas, que pelo princípio da simetria terão os mesmos poderes e se sujeitaram aos mesmo requisitos, limites e impedimentos das CPIs federais) e em âmbito ***municipal*** (nas Câmaras Municipais, que não gozarão dos mesmos poderes das CPIs federais, vez que os Municípios não possuem Poder Judiciário[12]).[13]

6.2.1 *Requisitos*

Nos termos constitucionais, são requisitos para a instauração de uma Comissão Parlamentar de Inquérito:

a) requerimento de 1/3 dos parlamentares;

b) para apuração de fato determinado;

c) por prazo certo.

Em relação ao ***primeiro requisito (requerimento de 1/3 dos parlamentares)***, temos que:

- Exige-se 1/3 dos deputados (CPI na Câmara dos Deputados) ou 1/3 dos senadores (CPI no Senado Federal) ou 1/3 dos membros de cada casa, isto é, 1/3 dos deputados e 1/3 dos senadores (CPI mista no Congresso Nacional).
- A CPI é direito público subjetivo das minorias (direito de oposição), de modo que não se pode exigir que, além do requerimento de 1/3 dos parlamentares, a CPI seja autorizada pela maioria dos membros da casa em votação plenária.[14]
- A maioria legislativa, por inércia de seus líderes na indicação de membros para compor Comissão Parlamentar de Inquérito, não pode frustrar o exercício do direito público subjetivo das minorias à instauração da CPI, nos termos do art. 58, §3º, da CF/88, devendo, o presidente da respectiva casa legislativa proceder, ele próprio, à designação dos nomes faltantes que irão compor a CPI, observado o art. 58, §1º, da CF/88.[15]
- Segundo o STF, é constitucional norma regimental que limita em 5 o número de CPIs que podem ocorrer simultaneamente no âmbito de uma determinada casa legislativa.[16]

Em relação ao ***segundo requisito (para apuração de fato determinado)***, temos que:

---

12. STF, ACO 730-RJ.
13. OLIVEIRA, Erival da Silva. Comissão Parlamentar de Inquérito. Rio de Janeiro: Lumen Juris, 2001.
14. STF, ADI 3.619.
15. STF, MS 24.831 e MS 24.845.
16. STF, ADI 1.635.

- Considera-se fato determinado o acontecimento de relevante interesse para a vida pública e a ordem constitucional, legal, econômica e social, que estiver devidamente caracterizado no requerimento de constituição da Comissão.
- É possível a ampliação do objeto de investigação das CPIs para alcançar fatos que surjam ou sejam descobertos durante os trabalhos da CPI, sendo possível investigar fatos conexos com o fato determinado que ensejou a sua instauração.[17]

Por fim, em relação ao ***terceiro requisito (por prazo certo)***, temos que:

- O *regimento interno da Câmara dos Deputados* afirma que esse prazo é de 120 dias, prorrogável por até metade para a conclusão dos trabalhos. Já o *regimento interno do Senado Federal* não o define. Por sua vez, a *Lei 1.579/52* afirma que esse prazo deve ser certo (determinado) podendo ser prorrogado dentro da legislatura em curso, isto é, a CPI deve ser encerrada até o final da legislatura, por se tratar de comissão temporária. Em face desse imbróglio, o STF já decidiu que as CPIs devem ter prazo certo que, prorrogado ou não, podem durar até o limite instransponível da legislatura.[18]

6.2.2 *Limites: normas que a CPI deve observar*

Nos termos da doutrina e jurisprudência constitucionais, as CPIs devem observar algumas normas limitadoras de sua atuação, destacando-se:

1) Necessidade de fundamentar suas decisões, sob pena de nulidade: as CPIs, por gozarem dos poderes instrutórios da autoridade judicial, também, sujeitam-se às limitações inerentes a esses poderes. Nesse sentido, as CPIs devem fundamentar suas decisões sob pena de nulidade, sendo cabível Mandado de Segurança e *Habeas Corpus* contra suas decisões não fundamentadas.[19]

2) Colegialidade das decisões: como as CPIs são órgãos colegiados internos do Poder Legislativo, poder colegiado por natureza, as suas decisões, também, devem ser colegiadas, sob pena de nulidade, sendo tomadas por maioria dos votos.[20]

3) Necessidade de possuírem nexo causal com a gestão da coisa pública: as CPIs só podem ser instauradas em face de *fato determinado* que tenho nexo causal com a coisa pública, o patrimônio público, a Administração Pública e seus princípios, o interesse público, o interesse social, a vida pública, a ordem constitucional ou legal, a ordem econômica ou social. Assim, não cabe as CPIs investigarem fatos meramente privados, sem relevância pública, ou mesmo fatos que não sejam compatíveis com a seriedade parlamentar.[21]

4) Devem respeitar o princípio federativo: as CPIs nacionais devem investigar questões nacionais, as CPIs estaduais devem investigar questões estaduais e as CPIs municipais devem investigar questões municipais. Isso não significa que uma determina CPI federal não possa realizar investigações no âmbito dos Estados ou dos Municípios, mas apenas que essas investigações devem ter relevância nacional.[22]

17. STF, Inq. 2.245.
18. STF, HC 71.261.
19. STF, MS 25.698.
20. STF, MS 23.669.
21. ACCIOLY, Wilson. Comissões Parlamentares de Inquérito. Rio de Janeiro: Forense, 1980.
22. FERNANDES, Bernardo G. Curso de Direito Constitucional. 11. ed. Salvador: Juspodivm, 2019.

6.2.3 *Poderes: o que a CPI pode sem ordem judicial*

É corrente na doutrina dizer que as CPIs possuem os poderes instrutórios da autoridade judicial, mas o que isso quer dizer? Segundo o Supremo Tribunal Federal, os poderes instrutórios da autoridade judicial de que gozam as CPIs são os poderes que os juízes têm na fase de instrução processual, de dilação probatória.

Para além disso, é possível apontarmos os principais poderes das CPIs, especialmente no que se refere àquilo que as CPIs podem fazer sem a necessidade de ordem judicial. Nesses termos, ***as Comissões Parlamentes de Inquérito podem:***

i) ***quebrar os sigilos bancário, fiscal e de dados de seus investigados, inclusive os sigilos telefônicos:*** contudo, os dados obtidos pela quebra desses sigilos devem ser mantidos sob reserva, não podendo ser divulgados, sendo inadmissíveis vazamentos.[23] Aqui deve-se ter muito cuidado: as CPIs podem quebrar o sigilo de dados telefônicos (ter acesso à lista de ligações, com números, horários e data), contudo não podem quebrar o sigilo das comunicações telefônicas, ou seja, não podem determinar a interceptação telefônica, sem ordem judicial.

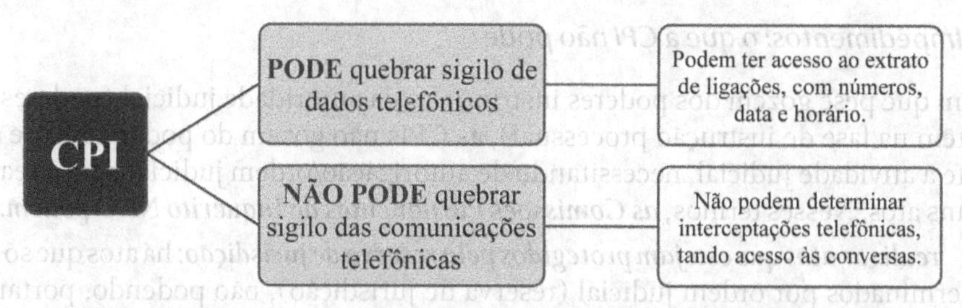

ii) ***determinar perícias e requisitar diligências:*** para conseguirem realizar suas investigações e fiscalizações, as CPIs podem determinar perícias e requisitar diligências como: reconhecimento de pessoas, objetos e locais; auditorias; análises financeiras e contábeis; exames grafotécnicos; coleta de provas que auxiliem a elucidar os fatos investigados; acareações etc.[24] Contudo, se essas perícias e diligências envolverem os direitos e garantias fundamentais da pessoa, será necessária ordem judicial, nos termos da legislação.[25]

iii) ***realizar oitiva de investigados, testemunhas e autoridades:*** conforme dispõe o art. 2º, da Lei 1.579/52, no exercício de suas atribuições, as CPIs poderão determinar diligências que reputarem necessárias e requerer a convocação de Ministros de Estado, tomar o depoimento de quaisquer autoridades federais, estaduais ou municipais, ouvir os indiciados, inquirir testemunhas sob compromisso, requisitar da administração pública direta, indireta ou fundacional informações e documentos, e transportar-se aos lugares onde se fizer mister a sua presença.

Na ***oitiva dos investigados***, as CPIs devem respeitar os direitos fundamentais dos mesmos, incluindo-se aí o direito ao silêncio, compreendido pelo direito de não produzir provas contra si mesmo,[26] sendo vedada sua condução coercitiva para participar de interrogatórios.[27]

23. STF, MS 25.940.
24. MASSON, Nathália. Manual de Direito Constitucional. 6. ed. Salvador: Juspodivm, 2018.
25. ATALIBA, Geraldo. Comissão Parlamentar de Inquérito e Poder Legislativo Municipal, 1974.
26. STF, HC 100.341.
27. STF, ADPF 395 e ADPF 444.

Na *oitiva das testemunhas*, as CPIs devem respeitar os direitos fundamentais das mesmas, incluindo-se aí o direito ao silêncio, de modo que elas podem deixar de responder, de dizer e de confirmar fatos que possam lhe causar graves danos ou lhe incriminar,[28] sendo, contudo, possível determinar sua condução coercitiva, sem necessidade de ordem judicial, caso não compareçam à oitiva.[29]

Na *oitiva das autoridades*, em face do princípio da separação de poderes, as CPIs não poderão convocar o Presidente e o vice-Presidente da República, nem os Ministros do Supremo Tribunal Federal, por serem agentes políticos máximos dos poderes executivo e judiciário, poderes que não se submetem ao legislativo.[30]

iv) realizar buscas e apreensões genéricas (não domiciliar): as CPIs podem realizar buscas e apreensões genéricas sem a necessidade de ordem judicial, desde que nãos e trate de busca e apreensão em domicílio,[31] vez que esta está exige ordem judicial (reserva de jurisdição), nos termos do art. 5º, XI, da CF/88. Ademais, vale lembrar que a proteção constitucional do domicílio abrange não apenas a casa ou a residência permanente da pessoa, incluindo quartos de hotel, motel, escritórios de advocacia etc.

6.2.4 Impedimentos: o que a CPI não pode

Em que pese gozem dos poderes instrutórios da autoridade judicial (poderes que os juízes têm na fase de instrução processual), as CPIs não gozam do poder geral de cautela inerente à atividade judicial, necessitando de autorização/ordem judicial para a realização de alguns atos. Nesses termos, ***as Comissões Parlamentes de Inquérito NÃO podem:***

i) realizar atos que estejam protegidos pela reserva de jurisdição: há atos que só podem ser determinados por ordem judicial (reserva de jurisdição), não podendo, portanto, ser determinados pela CPI. Dentre esses atos, destaca-se que ***as CPIs não podem:***

- ***determinar busca e apreensão domiciliar,*** por força do art. 5º, XI, da CF/88;
- ***determinar quebra de sigilo de comunicações telefônicas,*** isto é, não pode determinar a interceptação telefônica, por força do art. 5º, XII, da CF/88;
- ***decretar prisões temporárias ou preventivas,*** podendo, contudo, dar voz de prisão em flagrante, vez que qualquer um do povo pode, por força do art. 5º, LXI, da CF/88;
- ***decretar medidas acauteladoras,*** não podendo determinar o arresto, o sequestro, a hipoteca ou a indisponibilidade de bens,[32] nem podendo impedir que o investigado saia de determinada comarca ou mesmo do país.

ii) realizar atos que firam os direitos fundamentais: as CPIs não podem ferir os direitos fundamentais dos investigados, das testemunhas ou de quaisquer outras pessoas. Nesse sentido, deve-se destacar que ***as CPIs não podem:***

- ***violar o direito ao silêncio*** dos investigados[33] e das testemunhas,[34] enquanto expressão do direito à não autoincriminação, consagrado no art. 5º, LXII, da CF/88;

28. STF, HC 79.589.
29. STF, HC 88.189 e HC 99.893.
30. MASSON, Nathália. Manual de Direito Constitucional. 6. ed. Salvador: Juspodivm, 2018.
31. STF, MS 33.663-MC.
32. STF, MS 23.445.
33. STF, HC 100.341.
34. STF, HC 79.589.

- *obstaculizar os trabalhos dos advogados*, enquanto expressão maior dos direitos fundamentais ao contraditório e a ampla defesa, podendo o depoente fazer-se acompanhar de advogado, ainda que em reunião secreta;[35]
- *desrespeitar o sigilo profissional*, isso não desobriga o profissional de depor, mas apenas assegura ao depoente o direito de não responder às perguntas que se refiram a fatos encobertos pela confidencialidade de seu sigilo profissional.[36]

iii) realizar atos que firam a separação de poderes: as CPIs não tornam o legislativo um superpoder, vez que, por expressão constitucional, os poderes constituídos são independentes. Assim, *as CPIs não podem:*

- *anular atos dos outros poderes*;
- *convocar juízes para investigar sua atuação jurisdicional (processual)*, podendo, contudo, investigar os membros do Poder Judiciário, bem como seus servidores,[37] por atos não jurisdicionais, especialmente quando: *a)* estiverem sujeitos à fiscalização do Poder Legislativo, por previsão constitucional; e *b)* tratar-se de crimes de responsabilidade praticados por Ministros do STF;
- *cassar/revogar/alterar/subverter decisões judiciais* de caráter jurisdicional ou *quebrar o sigilo de processos* que correm em segredo de justiça.[38]

35. STF, HC 88.015.
36. STF, HC 71.039.
37. STF, HC 79.441.
38. STF MS 27.483.

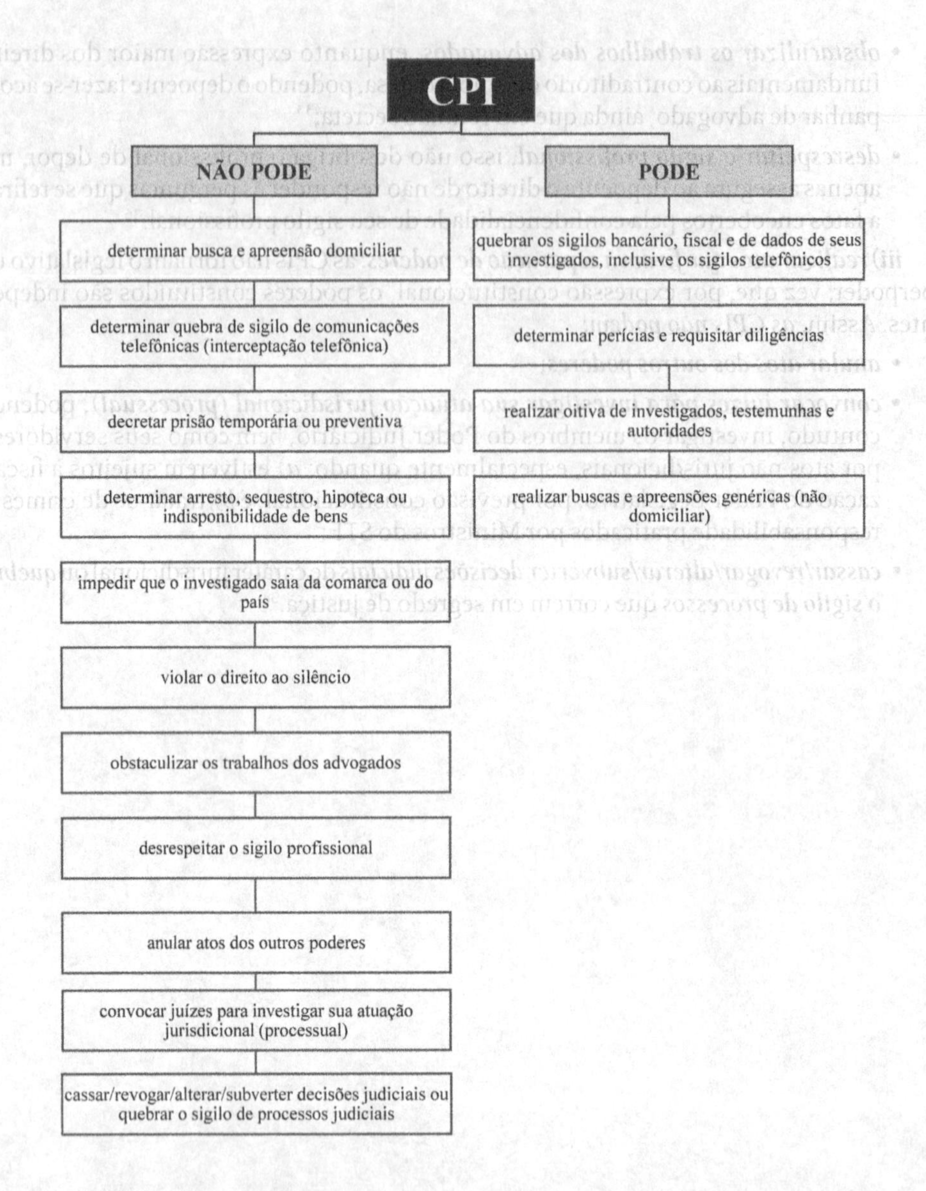

6.2.5 Controle judicial dos atos praticados pela CPI

Com base no princípio da inafastabilidade da jurisdição (art. 5º, XXXV, da CF/88), os atos praticados pelas CPIs sujeitam-se ao controle judicial, sendo que, em âmbito federal, esse controle será exercido pelo Supremo Tribunal Federal (art. 102, I, "d" e "i", da CF/88).

Em regra, esse controle costuma ser realizado via *Mandado de Segurança* ou *Habeas Corpus*, tendo como autoridade coatora o Presidente da CPI,[39] sendo cabíveis não só na modalidade repressiva, mas, também, preventiva.[40]

39. STF, MS 24.630.
40. STF, MS 25.635.

Caso a Comissão Parlamentar de Inquérito vier a ser extinta em face da conclusão de seus trabalhos, as ações que estiverem correndo contra ela e que estiverem pendentes de julgamento ficarão prejudicadas.[41]

É possível o exercício do direito de petição perante as CPIs, exigindo-se, inclusive, a expedição de certidões acerca de fatos já reduzidos a termo.[42]

Além disso, vale registrar que o STF, em controle judicial dos atos das CPIs, já decidiu que: *i)* é possível o uso da prova emprestada entre CPIs;[43] e *ii)* a existência de procedimento penal investigatório não impede a investigação dos mesmos fatos por CPI.[44]

6.2.6 *Relatório final e conclusões das CPIs*

Nos termos da Lei 10.001/2000, os Presidentes da Câmara dos Deputados, do Senado Federal ou do Congresso Nacional encaminharão o relatório da Comissão Parlamentar de Inquérito respectiva, e a resolução que o aprovar, aos chefes do Ministério Público da União ou dos Estados, ou ainda às autoridades administrativas ou judiciais com poder de decisão, conforme o caso, para a prática de atos de sua competência.

A autoridade a quem for encaminhada a resolução informará ao remetente, no prazo de trinta dias, as providências adotadas ou a justificativa pela omissão.

A autoridade que presidir processo ou procedimento, administrativo ou judicial, instaurado em decorrência de conclusões de Comissão Parlamentar de Inquérito, comunicará, semestralmente, a fase em que se encontra, até a sua conclusão.

O processo ou procedimento decorrente dos trabalhos das CPIs terá prioridade sobre qualquer outro, exceto sobre aquele relativo a pedido de habeas corpus, habeas data e mandado de segurança.

7. ESTATUTO DOS CONGRESSISTAS

O Estatuto dos Congressistas consiste no conjunto de normas que estabelece o regime jurídico dos parlamentares federais no exercício de suas funções, sendo composto, especialmente, pelas imunidades parlamentares, pelo foro de prerrogativa de função, pelas incompatibilidades e pela perda de mandato.

7.1 Imunidades

As imunidades são prerrogativas conferidas aos parlamentares para assegurar o livre exercício do cargo, sendo inerentes ao exercício do poder legislativo em si, isto é, são ***prerrogativas do cargo*** e não da pessoa do parlamentar, sendo, por isso, ***irrenunciáveis***.[45]

Conforme o art. 53, da CF/88, as imunidades são conferidas aos parlamentares federais desde a expedição do diploma (***diplomação***) e, por serem prerrogativas do cargo, duram até o parlamentar deixar o cargo, seja porque o mandato se encerrou, ou porque o parlamentar renunciou ou foi cassado. Contudo, se o parlamentar se licenciar para ocupar outro cargo

41. Essa tem sido a regra (STF, MS 25.459), em que pese o Supremo já tenha excepcionado essa regra (STF, ACO 622).
42. STF, MS 23.674.
43. STF, Inq. 2.295.
44. STF, HC 100.341.
45. STF, Inq. 510.

(licenciar-se para ser Ministro de Estado, por exemplo), as imunidades serão suspensas pelo período em que estiver ocupando o cargo.[46]

As imunidades são prerrogativas dos parlamentares que estejam no efetivo exercício da atividade legislativa, não se estendendo aos *suplentes* de parlamentares, salvo quando efetivamente vierem a exercer a função.[47]

As imunidades permanecem incólumes durante a o *estado de defesa*, subsistindo por completo. Já durante o *estado de sítio*, as imunidades subsistirão, podendo, contudo, serem suspensas mediante o voto de dois terços dos membros da respectiva casa legislativa, nos casos de atos praticados fora do recinto do Congresso Nacional, que sejam incompatíveis com a execução da medida, conforme prevê o art. 53, §8º, da CF/88.

Ademais, as imunidades podem ser divididas em imunidade material e imunidade formal, sendo que a imunidade formal se subdivide em imunidade formal em relação à prisão e imunidade formal em relação ao processo.

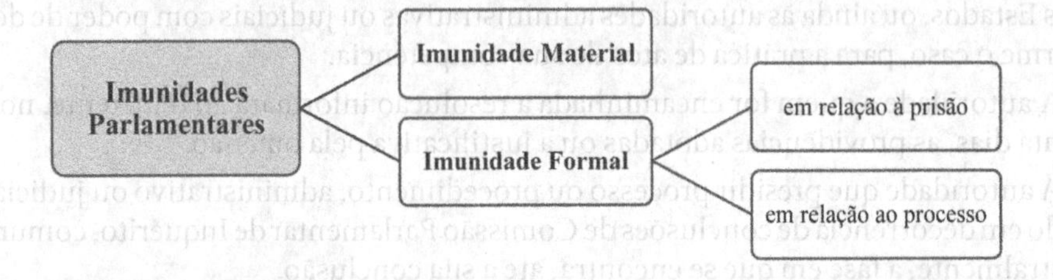

7.1.1 *Imunidade material*

A imunidade material está presente em nosso constitucionalismo desde a Constituição de 1824,[48] tendo sido contemplada por todas as Constituições brasileiras, mesmo por aquelas vigentes em períodos ditatoriais, como as de 1937 e 1967/69, em que pese nesses períodos, por óbvio, a própria Constituição não fosse respeitada.

A imunidade material (*freedom of speech*), também chamada de inviolabilidade, imunidade substancial ou real, nos termos do art. 53, da CF/88, estabelece que *os deputados e senadores são invioláveis, civil e penalmente, por quaisquer de suas opiniões, palavras e votos*. Assim, a Constituição busca assegurar a liberdade democrática e o pluralismo político inerente ao poder legislativo, garantindo aos seus membros ampla liberdade de voto, opinião e manifestação na defesa de suas ideias, protegendo-os de quaisquer pressões ou constrangimentos, inclusive legais.

A imunidade material está atrelada ao exercício do cargo, isto é, ao desempenho da função legislativa, que pode se dar dentro ou fora da casa legislativa. Quando ocorre *dentro da casa legislativa* há uma presunção de que as manifestações do parlamentar foram no exercício do cargo e em razão do exercício do cargo. Quando ocorre *fora da casa legislativa* exige-se que o parlamentar prove que o ato esteja relacionado ao exercício da atividade parlamentar, ou seja, que foi praticado no exercício do cargo e/ou em razão do exercício do cargo.

Como dissemos, quando a manifestação parlamentar ocorre *dentro da casa legislativa* há uma presunção de que se deram no exercício do cargo e em razão do exercício do

46. STF, Inq. 1.070 QO.
47. STF, Inq. 2.453 AgR.
48. Art. 26. *Os Membros de cada uma das Camaras são inviolaveis polas opiniões, que proferirem no exercicio das suas funcções.*

cargo. Contudo, essa presunção não é absoluta, tendo o STF, em 2016, reconhecido isso e recebido denúncia contra o deputado Jair Messias Bolsonaro por incitação ao crime de estupro, bem como recebido parcialmente queixa-crime pelo delito de injúria e a rejeitado pelo delito de calúnia, por entender que as falas de Bolsonaro não possuíam conexão com o desempenho da função legislativa. Na ocasião, Jair Bolsonaro, no âmbito da Câmara dos Deputados, depois de ter afirmado que não estupraria a deputada Maria do Rosário porque ela não merecia, justificou-se dizendo: *"Ela não merece porque ela é muito ruim, porque ela é muito feia, não faz meu gênero, jamais a estupraria. Eu não sou estuprador, mas, se fosse, não iria estuprar, porque ela não merece"*.[49] Embora as ações penais estejam suspensas, pois Bolsonaro foi eleito Presidente da República (irresponsabilidade penal relativa – art. 86, §4º, CF/88), por esse mesmo fato, ele já foi condenado a pagar indenização por danos marais à Maria do Rosário.[50] Em sentido semelhante, em 2020, o STF decidiu que o fato de o parlamentar estar na Casa Legislativa no momento em que proferiu as declarações não afasta a possibilidade de cometimento de crimes contra a honra, especialmente, nos casos em que as ofensas são divulgadas pelo próprio parlamentar na *internet*, destacando a Corte que a liberdade de expressão política dos parlamentares, ainda que vigorosa, deve se manter nos limites da civilidade, recebendo, assim, queixa-crime contra o deputado Wladimir Costa que, ao proferir discurso no Plenário da Câmara dos Deputados, afirmou que determinados artistas seriam "bandidos", "membros de quadrilha", "verdadeiros ladrões", "verdadeiros vagabundos da Lei Rouanet".[51]

Noutro giro, como dissemos, quando a manifestação parlamentar se der ***fora do recinto da respectiva casa legislativa***, exige-se a demonstração de que o ato esteja relacionado ao desempenho de suas funções, isto é, que o ato ocorra no desempenho da função (por exemplo, durante a oitiva de investigados e testemunhas em uma CPI que ocorra fora das casas parlamentares) ou em razão do desempenho da função (por exemplo, uma entrevista de que participe para falar de projetos que estejam sendo votados pelo Congresso Nacional).

Simplificando e exemplificando: se um parlamentar em um programa de televisão, ao discutir projetos de leis, ofende outro parlamentar dizendo que "ele só vota assim porque é defensor de bandidos e deve estar sendo financiado por eles", essa ofensa estará acobertada pela imunidade material, porque se deu em razão do desempenho das funções parlamentares. Por outro lado, se um parlamentar se envolve em um acidente de trânsito e desce de seu veículo xingando o motorista do outro carro de "vagabundo, cego, filho da p***", essas ofensas não estarão acobertadas pela imunidade material, porque não se deram em razão do desempenho das funções parlamentares.

Assim, fora do recinto parlamentar, a imunidade material aplica-se aos casos em que ficar configurado que ***as manifestações foram feitas no desempenho das funções e em razão delas***, seja no âmbito das CPIs,[52] de entrevistas jornalísticas à imprensa escrita, falada e televisionada,[53] de transmissão de suas falas para a imprensa,[54] bem como de quaisquer declarações feitas aos meios de comunicação.

49. STF, Inq. 3.932 e Pet. 5.243, ambas relatadas pelo Min. Luiz Fux.
50. STJ, REsp. 1.642.310, Rel. Min. Nancy Andrighi.
51. STF, PET 7.174, Rel. Min. Alexandre de Moraes, red. p/ o ac. Min. Marco Aurélio.
52. STF, Inq. 655.
53. STF, Inq. 2.130.
54. STF, RE 210.917.

O mesmo raciocínio aplica-se aos casos de ***manifestações pela internet***, seja em blogs pessoais,[55] mídias sociais como *instagram*, *facebook*,[56] *twitter*,[57] *whatsapp*, por meio de e-mails etc., de modo que a imunidade material só irá incidir sobre manifestações pela internet quando forem proferidas no desempenho da função parlamentar ou em razão dela, ainda que essas manifestações tenham sido geradas de dentro do gabinete parlamentar.

No contexto das manifestações feitas pela internet, especialmente pelas mídias sociais, nos últimos tempos, tornou-se comum a criação, reprodução, disseminação e compartilhamento de ***notícias falsas (fakenews)***, especialmente no campo político, como forma de denegrir e ofender os opositores, promovendo sua rejeição pelas massas e, em contrapartida, a promoção daquele que dissemina essas *fakenews*. É o novo populismo, estruturado sobre as bases da ignorância popular e do ódio ao diferente, marcado pela proliferação de inverdades e sensacionalismos, que vêm se tornado comuns e fundando uma nova era – a era da pós verdade –,[58] caracterizada pela naturalização da mentira, bem como pela ressureição dos mitos, enquanto crenças ilusórias de caráter simbólico-imagético, que normalmente desaguam na criação de um mítico e lúdico herói da nação, mas que, como todo mito, de herói não tem nada, sendo apenas falso, ilusório, mentiroso, ignorante e profundamente decepcionante. Entretanto, como já demonstramos, fundado nos princípios da boa-fé, da lealdade, da honestidade, e da função social da liberdade de informação, *a mensagem falsa não está protegida pela liberdade de expressão e de informação*, pois conduz a uma pseudoformação de opinião, lesando o sistema jurídico de forma frontal.[59] Nesse sentido, por entender que *o compartilhamento de fakenews não está englobado pela liberdade de expressão e nem amparado pela imunidade material dos parlamentares federais, vez que a conduta de produzir material falso e difamatório não se enquadra no contexto de opiniões, palavras e votos proferidos por um parlamentar*, em 2020, o STF (AP 1.021) condenou o deputado federal Eder Mauro pelo crime de difamação agravada praticado contra o ex-deputado federal Jean Wyllys, pois, segundo o Supremo, Eder Mauro, de forma fraudulenta, adulterou e divulgou no facebook um discurso de Wyllys para dar a entender que o ex-parlamentar teria preconceito contra negros e pobres.[60]

Ademais, vale registrar que a imunidade material, também, engloba a resposta imediata às ofensas proferidas por parlamentar e albergadas pela imunidade,[61] assim, por exemplo, se, durante um debate político na televisão, o deputado Fulano ofende o cientista político Beltrano, que não é parlamentar, e Beltrano imediatamente o ofende em resposta, a imunidade alcançará tanto o deputado Fulano como Beltrano que não é parlamentar.

Por outro lado, a imunidade material não se aplica aos casos em que o parlamentar se manifestar na condição de candidato a qualquer cargo eletivo, vez que seria um privilégio

---

55. STF, Inq. 3.672.
56. STF, Inq. 4.088 e Inq. 4.097.
57. STF, Pet. 5.875.
58. D'ANCONA, Matthew. Pós-verdade: a nova guerra contra os fatos em tempos de fakenews. Barueri: Faro Editorial, 2018.
59. HESSE, Konrad. Elementos de Direito Constitucional da República Federal da Alemanha. Porto Alegre: Sergio Antonio Fabris Editor, 1998, p. 304.
60. No caso concreto, em maio de 2015, Eder Mauro publicou em sua página no facebook o vídeo de uma reunião de uma Comissão Parlamentar de Inquérito na Câmara dos Deputados com a edição de uma fala de Jean Wyllys. No discurso, o ex-parlamentar dizia que havia, no imaginário de algumas pessoas, "sobretudo nos agentes das forças de segurança, de que uma pessoa negra e pobre é potencialmente perigosa". O vídeo foi editado, e a publicação na página de Eder Mauro continha apenas a parte final, dando a entender que Wyllys teria dito apenas que "uma pessoa negra e pobre é potencialmente perigosa".
61. STF, Inq. 1.247.

em face dos demais candidatos que não fossem parlamentares. Assim, ***ofensas proferidas por parlamentar na condição de candidato***, motivadas por finalidade meramente eleitoral não serão acobertados pela imunidade material.[62]

Embora o art. 53, da CF/88, refira-se expressamente apenas a ***responsabilidade penal e cível***, a doutrina majoritária entende que a imunidade material, também, se aplica a ***responsabilidade político-administrativa*** dos parlamentares.[63] Nada obstante, nos termos do art. 4º, I, do Código de Ética e Decoro Parlamentar, *constitui procedimento incompatível com o decoro parlamentar, punível com a perda do mandato, abusar das prerrogativas constitucionais asseguradas aos membros do Congresso Nacional*.

Nos termos da doutrina majoritária e da jurisprudência do Supremo Tribunal Federal, a imunidade material é ***causa excludente de tipicidade***, de modo que havendo denúncia, esta deverá ser rejeitada por ausência de justa causa.[64] Ademais, vale registrar que a imunidade material possui ***eficácia temporal permanente***, assim, mesmo após o término do mandato, os votos, opiniões e manifestações proferidos pelos parlamentares à época estarão protegidos pela imunidade.

Por fim, vale enfrentar uma questão: ***a imunidade material (freedom of speech) comporta o discurso de ódio (hate speech)?*** Isto é, se um parlamentar proferir um discurso de ódio, seja no recinto da casa legislativa, seja fora dele, ainda que no exercício da função ou em razão dele, ele estará acobertado pela imunidade material, não podendo ser punido penal e civilmente por sua manifestação?

Bem, o discurso de ódio (*hate speech*) pode ser conceituado como a manifestação do pensamento que promove ou provoca o ódio, desprezo ou intolerância contra determinados grupos, em razão de preconceitos e discriminações ligados à etnia, religião, origem, raça, cor, gênero, orientação sexual, deficiência física ou mental, dentre outros fatores.[65] A nosso ver, o discurso de ódio ***não está protegido pela imunidade material***, por ferir frontalmente a dignidade da pessoa humana em múltiplas dimensões, bem como os direitos fundamentais à liberdade, à igualdade, à privacidade, à honra e à própria noção de vida digna, dentre outros, sendo uma ***restrição implícita à imunidade material***.

Nada obstante, infelizmente, *o STF tem dado interpretação quase absoluta à imunidade material e legitimado o discurso de ódio quando proferido por parlamentar "em razão do exercício de sua função"*, como se a função parlamentar incluísse disseminar o ódio, denegrir grupos diferentes, inferiorizar aqueles com os quais não nos identificamos e promover a violência e a barbárie.

Nesse sentido, em 2018, a Procuradoria Geral da República denunciou o deputado Jair Messias Bolsonaro pela prática do crime de racismo (art. 20, da Lei 7.716/89), em razão do parlamentar, durante palestra proferida no auditório da comunidade hebraica do Rio de Janeiro, ter se manifestado de modo discriminatório e incitado o ódio contra quilombolas, indígenas, refugiados, mulheres e homossexuais, o que configuraria discurso de ódio e afastaria a imunidade material. Na ocasião, o deputado afirmou, dentre outras coisas: *"Eu fui em um quilombola em El Dourado Paulista. Olha, o afrodescendente mais leve lá pesava sete arrobas. Não fazem nada! Eu acho que nem para procriador eles servem mais [...] Alguém já viu*

62. STF, Inq. 1.400.
63. CARVALHO, Kildare G. Direito Constitucional. 20. ed. Belo Horizonte: Del Rey, 2013. v. 1.
64. STF, Inq. 2.273 e Inq. 2.674.
65. SARMENTO, Daniel. A liberdade de expressão e o problema do "Hate Speech". In: SARMENTO, Daniel. Livres e Iguais. Rio de Janeiro: Lumen Juris, 2010, p. 208.

um japonês pedindo esmola por aí? Porque é uma raça que tem vergonha na cara. Não é igual essa raça que tá aí embaixo ou como uma minoria tá ruminando aqui do lado" [...] Se eu chegar lá, não vai ter dinheiro pra ONG, esses inúteis vão ter que trabalhar [...] Se um idiota num debate comigo, caso esteja lá, falar sobre misoginia, homofobia, racismo, baitolismo, eu não vou responder sobre isso". Entretanto, a 1ª Turma do STF rejeitou a denúncia, vencidos o Min. Luís Roberto Barroso, que a recebia, parcialmente, em relação às ofensas aos quilombolas e aos homossexuais, e a Min. Rosa Weber que a recebia somente em relação aos quilombolas.[66]

7.1.2 *Imunidade formal em relação à prisão*

As imunidades formais (*freedom from arrest*), também chamadas de incoercibilidade pessoal relativa, não excluem o crime do qual o parlamentar é acusado, mas o protegem em relação à prisão e ao processo penal. Por isso, elas se dividem em imunidade em relação à prisão e imunidade em relação ao processo.

A ***imunidade formal em relação à prisão*** está prevista no §2º, do art. 53, da CF/88, segundo o qual desde a expedição do diploma (***diplomação***), os parlamentares federais não poderão ser presos, salvo em flagrante de crime inafiançável, sendo que em caso de flagrante, ocorrendo a prisão, os autos serão remetidos dentro de 24 horas à respectiva casa legislativa, para que, pelo voto da maioria de seus membros, resolva sobre a prisão. Sistematizando:[67]

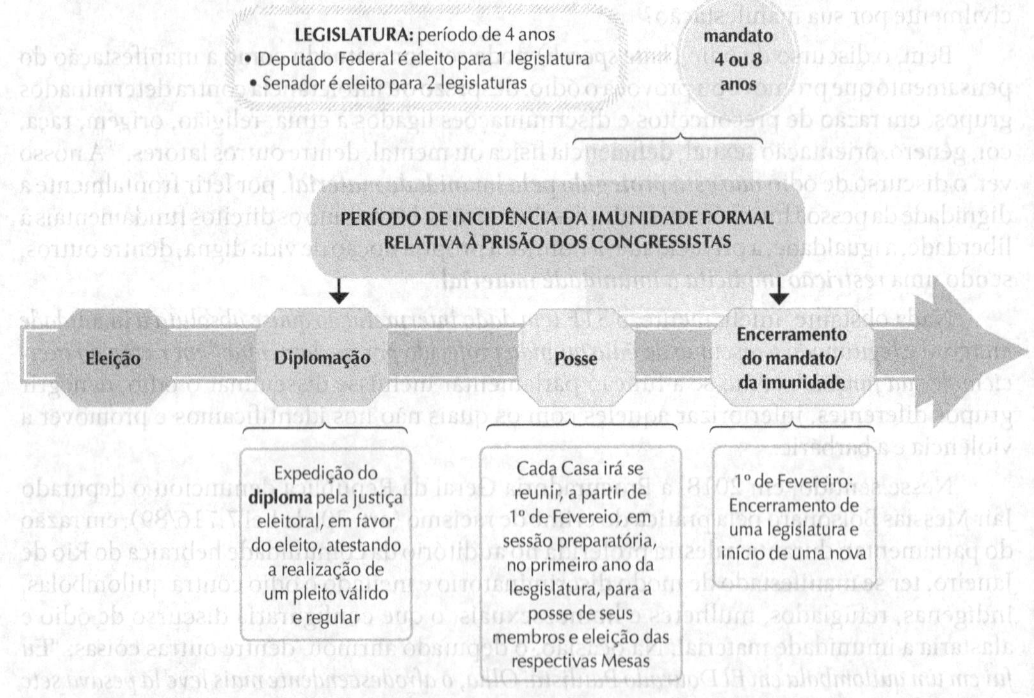

Assim, a imunidade formal em relação à prisão impede que o parlamentar seja submetido a qualquer prisão processual (prisão preventiva e prisão temporária) e impede que ele seja preso em flagrante, salvo se for por crime inafiançável. Deste modo, não é por qualquer

66. STF, Inq. 4.694.
67. MASSON, Nathalia. Manual de Direito Constitucional. 6. ed. Salvador: Juspodivm, 2018, p. 794.

crime que o parlamentar pode ser preso em flagrante, mas somente pelos crimes inafiançáveis nos termos da Constituição, que são:

- hediondos e equiparados à hediondos (tortura, tráfico de drogas e terrorismo) – art. 5º, XLIII;
- racismo – art. 5º, XLII;
- ação de grupos armados, civis ou militares, contra a ordem constitucional e o Estado Democrático – art. 5º, XLIV.

Embora o §2º, do art. 53, da CF/88, vede expressamente as prisões processuais, salvo em flagrante delito de crime inafiançável, *o STF*, no caso do senador Delcídio do Amaral, ***admitiu a prisão cautelar***, fundamentando-se no fato do ***parlamentar tentar atrapalhar as investigações e praticar crimes permanentes dentro de organização criminosa***, o que estenderia o estado de flagrância, configurando uma exceção lógica à imunidade parlamentar formal em relação à prisão, mesmo os crimes de Delcídio sendo afiançáveis.[68] Nada obstante, em outras oportunidades em que parlamentares ostensivamente foram pegos atrapalhando e tentando atrapalhar as investigações, o Supremo não concedeu a prisão cautelar, como, por exemplo, nos casos que envolveram o senador Aécio Neves, dentre os quais foi gravado pedindo R$ 2.000.000,00 (2 milhões de reais) para pagar sua defesa na operação Lava Jato, preferindo o STF aplicar-lhe medidas cautelares diversas da prisão, afastando-o do cargo e impondo-lhe medidas restritivas de direito.[69]

Ademais, conforme prevê a norma constitucional, ocorrendo a prisão em flagrante por crime inafiançável de parlamentar, os autos devem ser remetidos dentro de 24 horas à respectiva casa legislativa, para que, pelo voto da maioria de seus membros, resolva sobre a prisão. Ou seja, ***cabe a casa legislativa deliberar se mantém o parlamentar preso ou se afasta a prisão.***

Se deliberar por afastar a prisão, a própria casa legislativa expedirá alvará de soltura, colocando o parlamentar imediatamente em liberdade, podendo fazê-lo por: *i) conveniência*, caso que se assemelhará à liberdade provisória incondicionada, não impondo ao parlamentar quaisquer obrigações ou limitações; *ii) ilegalidade da prisão*, seja porque não há flagrância, seja por inexistência ou atipicidade do crime, seja porque o crime é afiançável etc., caso que se assemelhará ao relaxamento de prisão.

Já *se deliberar pela manutenção da prisão*, deverá demonstrar o preenchimento dos requisitos que justificam a manutenção de uma pessoa em cárcere sem trânsito em julgado da ação penal, isto é, deverá demonstrar o preenchimento dos requisitos processuais penais que ensejam a prisão preventiva, nos termos dos arts. 312 e 313, do Código de Processo Penal.

No julgamento do HC 89.417, ***o STF afastou a deliberação pela casa legislativa*** sobre a manutenção da prisão do presidente da Assembleia Legislativa do Estado de Rondônia, em razão da maioria esmagadora dos deputados estaduais do Estado de Rondônia estarem indiciados ou denunciados por crimes relacionados à organização criminosa liderada pelo próprio presidente da Assembleia Legislativa, o que prejudicaria a isenção e impessoalidade necessárias ao julgamento.

Em relação a essa ***deliberação*** ainda se fazem necessárias duas observações: *i)* a Constituição afirma que os autos serão remetidos à respectiva casa para que ela, pelo voto da maioria

68. STF, Ação Cautelar 4.039.
69. STF, Ação Cautelar 4.327.

de seus membros, resolva sobre a prisão, ou seja, ***por maioria absoluta***, já que o texto diz maioria dos membros (maioria absoluta) e não maioria dos presentes (maioria simples);[70] *ii)* antes do advento da EC 35/2001 essa votação era secreta, contudo desde o advento da referida Emenda à Constituição, essa ***votação é nominal e aberta***.[71]

Para além da hipótese da prisão em flagrante por crime inafiançável, é pacifico que ***os parlamentares podem ser presos por decisão criminal condenatória transitada em julgado***, já que a imunidade se refere ao exercício do cargo, protegendo-o de eventuais perseguições casuísticas, de motivação política, não recaindo sobre a pessoa, logo, se o parlamentar já está condenado por decisão transitada em julgado, deve cumprir a pena.[72]

Por fim, muito se discute se seria possível ***a prisão civil do parlamentar que seja devedor voluntário e inescusável de obrigação alimentícia***. Em que pese *a doutrina majoritária* defenda que a imunidade formal em relação à prisão alcance a prisão civil do parlamentar devedor de alimentos, *ousamos discordar*, pois, *para nós, ela não impede a prisão civil do parlamentar que seja devedor voluntário e inescusável de obrigação alimentícia*, pois, dentre outros fundamentos: *i)* essa é uma garantia de natureza processual penal relativa às prisões cautelares de natureza penal, não se aplicando sequer em relação às condenações criminais transitadas em julgado; *ii)* a prisão civil do devedor voluntário e inescusável de obrigação alimentos não tem natureza punitiva, tratando-se, na verdade, de meio de coerção que busca forçar o devedor a adimplir com sua obrigação; *iii)* trata-se de uma obrigação alimentar (direito fundamental à alimentação), essencial à vida digna da pessoa humana, à qual não se pode sobrepor uma garantia parlamentar de natureza penal, sob pena de se dizer que a Constituição protege mais o direito dos alimentados por não parlamentares do que o dos alimentados por parlamentares, o que feriria frontalmente a coerência e a integridade do sistema constitucional; e *iv)* porque essa é a única interpretação que se mostra correta à luz do princípio da dignidade da pessoa humana, que deve guiar as potenciais tensões entre direitos e garantias fundamentais, buscando preservar a integridade do sistema jurídico.

7.1.2.1 Medidas cautelares diversas da prisão

Em 2016, no julgamento Ação Cautelar 4.070, o STF, com base no art. 319 do Código de Processo Penal, passou a admitir a imposição de medidas cautelares diversas da prisão contra parlamentares federais que fossem investigados ou réus em ações penais, já que a prisão cautelar, salvo em flagrante delito, é vedada pela Constituição. No caso, o Supremo suspendeu o mandato do Deputado Federal (e Presidente da Câmara dos Deputados) Eduardo Cunha. Com base nesse entendimento, a Corte, por várias outras vezes, aplicou medidas cautelares diversas da prisão contra parlamentes federais, como na Ação Cautelar 4.327, em que afastou do cargo e impôs medidas restritivas de direito ao Senador Aécio Neves.

A doutrina muito discute sobre a legitimidade da imposição dessas medidas cautelares diversas da prisão contra os parlamentares federais em face de sua imunidade formal em relação à prisão, sendo que, a nosso ver, essa imunidade parlamentar não impede a aplicação de medidas cautelares diversas da prisão aos parlamentes federais, nos termos do art. 319,

70. STF, HC 72.718.
71. STF, MS 33.908.
72. STF, Inq. 510.

do CPP, vez que essa imunidade impede apenas a prisão cautelar dos senadores e deputados federais, salvo em flagrante delito por crime inafiançável. Ademais, parece-nos inadmissível uma interpretação com efeitos extensivos que amplie essa imunidade para alcançar medidas cautelares diversas da prisão, devendo os parlamentares federais submeterem-se às leis, como qualquer pessoa do povo, já que não há previsão constitucional que os imunize dessas medidas.

Para além disso, discute-se se, tal qual ocorre com a prisão em flagrante por crime inafiançável, o Judiciário, ao aplicar essas medidas cautelares diversas da prisão, deveria submetê-las à apreciação da Casa Legislativa à qual pertence o parlamentar dentro de 24 horas para que ela delibere se as mantém ou se as afasta, tendo o STF (ADI 5.526) firmado o entendimento de que a decisão judicial de imposição de medidas cautelares que impossibilitem, direta ou indiretamente, o pleno e regular exercício do mandato parlamentar e de suas funções legislativas devem ser remetidas dentro de 24 horas às respectiva Casa do parlamentar, nos termos do art. 53, §2°, CF/88, para que, pelo voto nominal e aberto da maioria (absoluta) de seus membros, resolva sobre as medidas cautelares impostas.

7.1.3 Imunidade Formal em relação ao processo

Na redação originária do art. 53, a Constituição dispunha que *desde a expedição do diploma, os membros do Congresso Nacional não poderiam ser processados criminalmente, sem prévia licença da respectiva casa parlamentar.* Isto é, para que um parlamentar federal fosse processado pelo cometimento de algum crime era necessária uma autorização prévia de sua casa legislativa.

Contudo, como reinava o corporativismo, a processabilidade dos parlamentares pelo cometimento de crimes era rara, havendo um estado generalizado de impunidade. Em razão disso, foi necessária uma mudança no texto constitucional para substituir o princípio da improcessabilidade pelo princípio da processabilidade.[73]

Essa mudança veio com a ***Emenda à Constituição 35/2001***, que passou a dispor que *recebida a denúncia contra o Senador ou Deputado, por crime ocorrido após a diplomação, o Supremo Tribunal Federal dará ciência à Casa respectiva, que, por iniciativa de partido político nela representado e pelo voto da maioria de seus membros, poderá, até a decisão final, sustar o andamento da ação* (art. 53, §3°). Assim, os parlamentares federais passaram a poder ser processados por crimes comuns independentemente de qualquer autorização de sua casa legislativa.

O Supremo Tribunal Federal, em várias oportunidades, firmou o entendimento de que o novo regramento relativo à imunidade formal em relação ao processo trazida pela EC 35/2001 tem ***aplicabilidade imediata***, por referir-se à norma processual, apta a alcançar as situações em curso, inclusive aquelas que tiveram a autorização (licença) negada pela casa legislativa no passado.[74]

---

73. TAVARES, André Ramos. Curso de Direito Constitucional. São Paulo: Saraiva, 2012.
74. STF, AC 700-AgR.

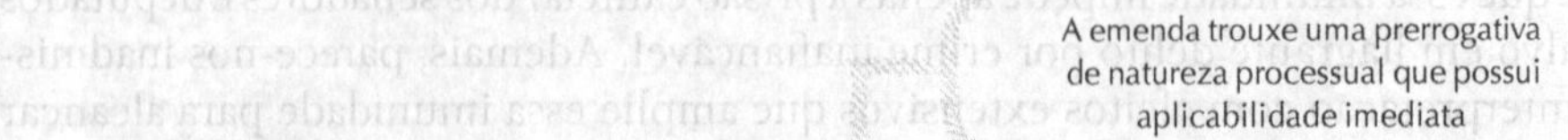

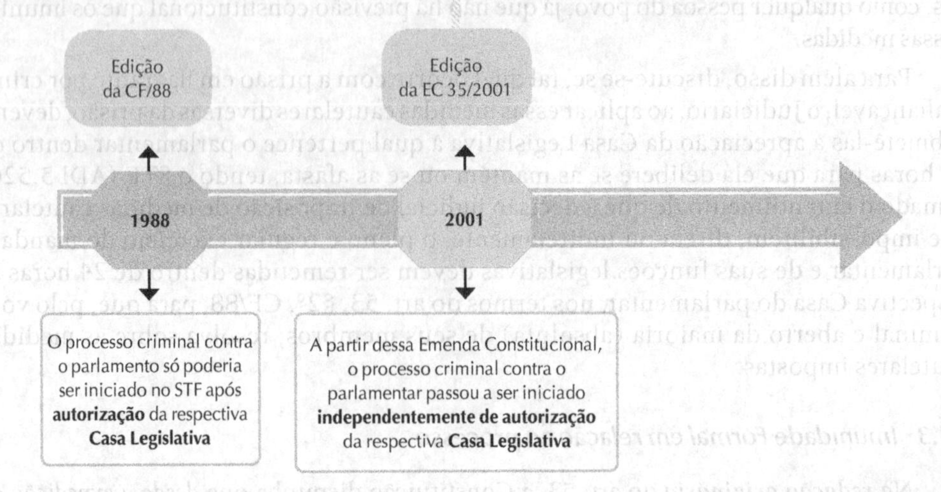

Assim, atualmente, a imunidade formal em relação ao processo confere às casas legislativas a prerrogativa de ***sustarem***, a qualquer tempo antes da decisão final do STF, o ***andamento da ação penal por crime cometido*** por parlamentar da respectiva casa ***após a diplomação***, desde que haja iniciativa de partido político nela representado e pelo ***voto da maioria de seus membros*** (maioria absoluta dos membros). Uma vez feito o pedido de sustação, ele deverá ser apreciado pela respectiva casa legislativa no prazo improrrogável de 45 dias do seu recebimento. Caso o pedido seja aceito e o processo sustado, a prescrição será suspensa enquanto durar o mandato.

É importante notar que o art. 53, §3º, da CF/88, estabelece que somente os crimes cometidos ***após a diplomação*** é que podem ser sustados, não incidindo a imunidade formal em relação ao processo em caso de crime cometido antes da diplomação. Por outro lado, ***se o parlamentar for reeleito a sustação não será prorrogada***, vez que a sustação se aplica à legislatura na qual o crime foi cometido, não se estendendo a mandatos posteriores, sob pena de se tornar uma cláusula de impunidade.

IMUNIDADE FORMAL RELATIVA AO PROCESSO

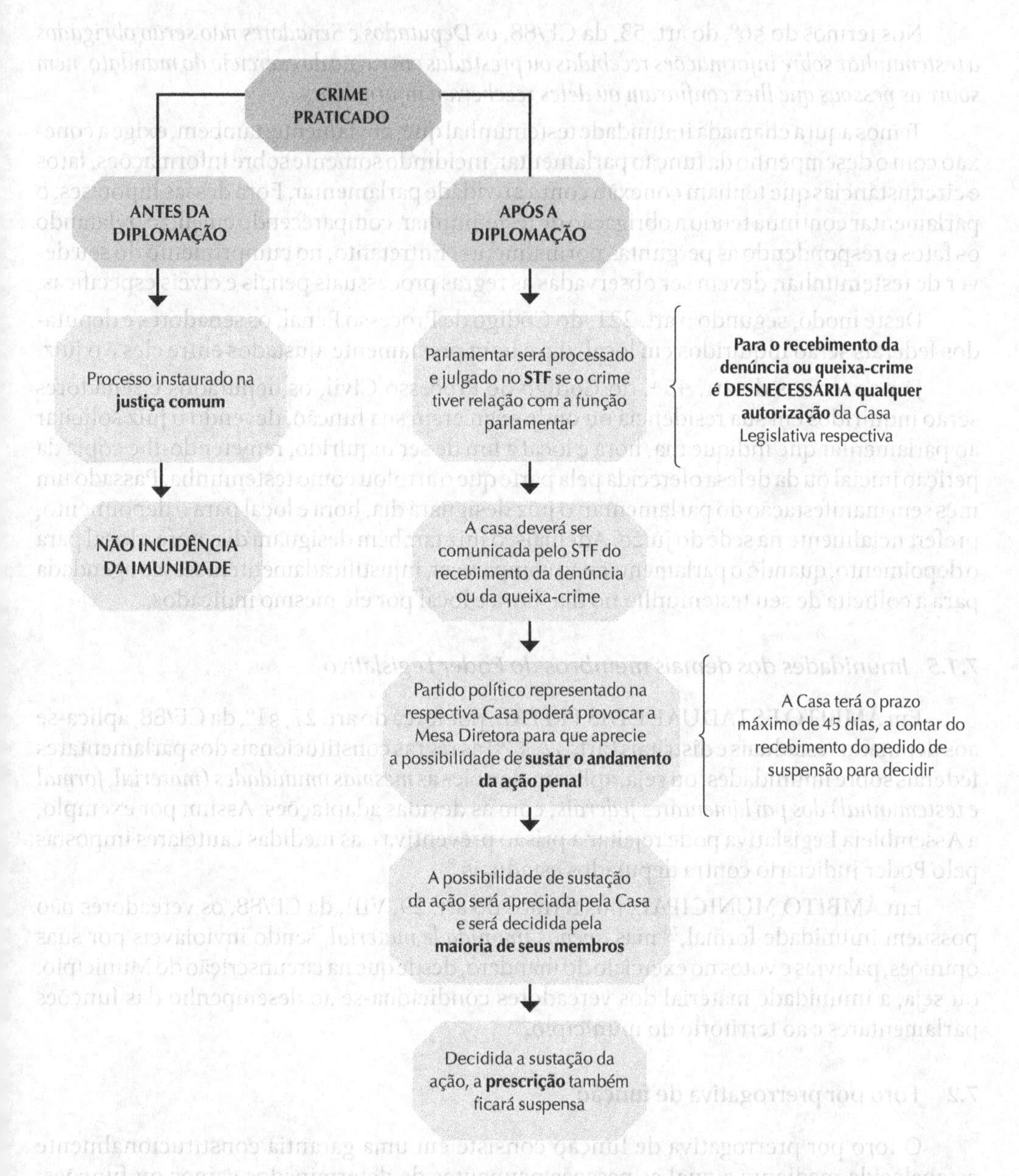

Por fim, nos termos da Súmula 245, do Supremo Tribunal Federal, ***a imunidade parlamentar não se estende ao corréu sem essa prerrogativa***, de modo que, se o crime tiver sido cometido em concurso de agentes entre réus parlamentares e réus que não sejam parlamentares e a casa legislativa vier a sustar a ação penal, o processo deverá ser desmembrado e seguir seu curso normal no juízo competente para julgar os corréus não parlamentares, pois a sustação só terá efeito em relação aos corréus parlamentares.

7.1.4 *Imunidade testemunhal*

Nos termos do §6º, do art. 53, da CF/88, *os Deputados e Senadores não serão obrigados a testemunhar sobre informações recebidas ou prestadas em razão do exercício do mandato, nem sobre as pessoas que lhes confiaram ou deles receberam informações.*

Temos aqui a chamada imunidade testemunhal que, obviamente, também, exige a conexão com o desempenho da função parlamentar, incidindo somente sobre informações, fatos e circunstâncias que tenham conexão com a atividade parlamentar. Fora dessas hipóteses, o parlamentar continua tendo a obrigação de testemunhar, comparecendo em juízo, relatando os fatos e respondendo às perguntas normalmente. Entretanto, no cumprimento do seu dever de testemunhar, devem ser observadas as regras processuais penais e cíveis específicas.

Deste modo, segundo o art. 221, do Código de Processo Penal, os senadores e deputados federais serão inquiridos em local, dia e hora previamente ajustados entre eles e o juiz.

Já nos termos do art. 454, do Código de Processo Civil, os deputados e senadores serão inquiridos em sua residência ou onde exercerem sua função, devendo o juiz solicitar ao parlamentar que indique dia, hora e local a fim de ser inquirido, remetendo-lhe cópia da petição inicial ou da defesa oferecida pela parte que o arrolou como testemunha. Passado um mês sem manifestação do parlamentar, o juiz designará dia, hora e local para o depoimento, preferencialmente na sede do juízo. Ademais, o juiz também designará dia, hora e local para o depoimento, quando o parlamentar não comparecer, injustificadamente, à sessão agendada para a colheita de seu testemunho no dia, hora e local por ele mesmo indicados.

7.1.5 *Imunidades dos demais membros do Poder Legislativo*

Em ÂMBITO ESTADUAL E DISTRITAL, por força do art. 27, §1º, da CF/88, aplica-se aos deputados estaduais e distritais (art. 32, §3º) as regras constitucionais dos parlamentares federais sobre imunidades, ou seja, aplicam-se a eles as *mesmas imunidades (material, formal e testemunhal) dos parlamentares federais*, com as devidas adaptações. Assim, por exemplo, a Assembleia Legislativa pode rejeitar a prisão preventiva e as medidas cautelares impostas pelo Poder Judiciário contra deputados estaduais.[75]

Em ÂMBITO MUNICIPAL, nos termos do art. 29, VIII, da CF/88, os vereadores não possuem imunidade formal,[76] mas *apenas imunidade material*, sendo invioláveis por suas opiniões, palavras e votos no exercício do mandato, desde que na circunscrição do Município, ou seja, a imunidade material dos vereadores condiciona-se ao desempenho das funções parlamentares e ao território do município.

7.2 Foro por prerrogativa de função

O foro por prerrogativa de função consiste em uma garantia constitucionalmente estabelecida mediante a qual as pessoas ocupantes de determinados cargos ou funções, só poderão ser processadas e julgadas criminalmente por determinados tribunais, não se submetendo a julgamento perante a justiça de primeiro grau.

O foro se justifica por razões políticas e jurídicas que se fundamentam desde um rudimentar sistema de privilégios até boas razões de imparcialidade e convivência harmônica

75. STF, ADI 5.823; ADI, 5.824; e ADI 5.825.
76. STF, ADI 371.

entre os poderes. Numa visão republicana, o foro por prerrogativa de função é assegurado pela Constituição por se entender que os ocupantes de determinados cargos e funções políticas de grande visibilidade só podem ter um julgamento livre de pressões e verdadeiramente imparcial se forem julgadas por órgãos colegiados que componham a cúpula do Judiciário.

É importante destacar que ***o foro por prerrogativa de função, tecnicamente, não é um foro privilegiado***, vez que o foro por prerrogativa de função é uma garantia estabelecida em razão do cargo ou da função ocupada, sendo inerente a ela, não se tratando, portanto, de garantia pessoal, ou seja, não é um privilégio da pessoa, mas sim uma garantia do cargo. Caso fosse um foro privilegiado ele acompanharia a pessoa e ela não o perderia caso perdesse o cargo. Nada obstante essa diferenciação, a doutrina e a jurisprudência por vezes se referem ao foro por prerrogativa de função chamando-o de foro privilegiado, usando os dois termos como sinônimos.

As normas sobre foro por prerrogativa de função ***devem estar estabelecidas pela Constituição Federal***, sendo matéria privativa da Constituição, a qual não pode ser ampliada por lei infraconstitucional.

Até 2018, o STF, com fundamento no art. 125, §1º, CF/88, entendia que as ***Constituições dos Estados*** poderiam estabelecer hipóteses de foro por prerrogativa de função perante os respectivos Tribunais de Justiça, desde que respeitado o princípio da simetria. Deste modo, a Constituição do Estado só poderia estabelecer a prerrogativa de foro para as autoridades estaduais que ocupassem cargos ou funções equivalentes aos das autoridades federais que possuem prerrogativa de foro. Assim, por exemplo, a Constituição de um determinado Estado poderia estabelecer que o vice-Governador do Estado seria julgado perante o Tribunal de Justiça, vez que o "equivalente" em âmbito federal (vice-Presidente da República) possui foro por prerrogativa, sendo julgado pelo Supremo Tribunal Federal. Por outro lado, essa Constituição estadual não poderia estabelecer foro por prerrogativa de função para os delegados de polícia civil do Estado, pois não há previsão semelhante para os delegados federais na Constituição Federal.

A partir de 2018, o STF promoveu uma intensa virada jurisprudencial em relação à hermenêutica do foro por prerrogativa de função, vindo a firmar o entendimento de que o regramento referente ao foro por prerrogativa de função encontra-se plenamente disciplinado na CF/88, inclusive, para os âmbitos estadual e municipal, não comportando qualquer tipo de ampliação. Em outros termos, considera-se que a disciplina sobre a prerrogativa de foro encontra-se exaurida no âmbito da CF/88, não havendo espaço para o exercício da autonomia dos estados nessa esfera. Além disso, o constituinte derivado decorrente deve observar mínima equivalência com o modelo federal existente, seja se atendo ao que está previsto na CF/88, seja legislando por simetria, sendo inconstitucional norma de Constituição estadual que disponha sobre nova hipótese de foro por prerrogativa de função.

7.2.1 Foro por prerrogativa de função dos parlamentares federais

O foro por prerrogativa de função dos parlamentares federais está previsto pelo art. 53, §1º c/c art. 102, I, "b", da CF/88, segundo os quais, os senadores e os deputados federais, desde a expedição do diploma (diplomação), serão ***processados e julgados, nas infrações penais comuns, pelo Supremo Tribunal Federal.*** Assim, *prima facie*, desde a diplomação até o encerramento do mandato, o parlamentar federal será julgado, por infrações penais comuns, pelo STF.

Sobre o foro por prerrogativa de função dos parlamentares federais, é necessário fazer uma análise mais detalhada sobre a jurisprudência do STF acerca dos seguintes aspectos:

1) *Órgão competente para julgamento:* os parlamentares federais, nas hipóteses em que incide seu foro por prerrogativa, devem ser julgados, originariamente, pelas *Turmas do STF* e não pelo Pleno, diferentemente do que ocorre com o Presidente da República que deve ser julgado pelo Pleno do STF pela prática de crime comum.[77]

2) *Inquéritos Policiais:* o foro por prerrogativa de função exige que os Inquéritos Policiais tramitem perante o Supremo Tribunal Federal, não podendo a Polícia Federal abrir Inquérito de ofício para apurar a conduta de parlamentares federais, cabendo Reclamação ao STF caso isso ocorra, em face da usurpação da competência da Corte.[78]

3) *Suplentes de Parlamentares Federais:* os suplentes dos senadores e dos deputados federais não possuem foro por prerrogativa de função, salvo se efetivamente vierem a exercer a atividade parlamentar, assumindo o lugar do senador ou deputado. Contudo, retornando o titular ao seu cargo, o suplente volta a sua condição de suplente, perdendo, consequentemente, o foro perante o STF.[79]

4) *Extensão da expressão "Infrações Penais Comuns":* a Constituição é clara em dizer que a prerrogativa de foro se aplica apenas aos processos de natureza penal, não se estendendo aos processos cíveis. Contudo, todos os processos penais estariam englobados pela prerrogativa de foro? Bem, o STF ao longo das três primeiras décadas de vigência da CF/88 sempre deu interpretação de efeitos extensivos a essa expressão, vindo a firmar o entendimento de que as infrações penais comuns englobariam todas as modalidades de infrações penais, inclusive os *crimes eleitorais*, os *crimes dolosos contra a vida*[80] e as *contravenções penais*.[81] Porém, em 2018, promovendo uma profunda virada jurisprudencial, ao julgar Questão de Ordem na Ação Penal 937, o STF expressou o entendimento de que as normas constitucionais que estabelecem as hipóteses de foro por prerrogativa de função devem ser interpretadas restritivamente, aplicando-se apenas aos crimes que tenham sido praticados durante o exercício do cargo e em razão dele, fixando a tese de que *o foro por prerrogativa de função aplica-se apenas aos crimes cometidos durante o exercício do cargo e relacionados às funções desempenhadas*.

5) *Atualidade do Mandato Parlamentar:* a prerrogativa de foro inicia-se com a diplomação e encerra-se com o término do mandato, não se suspendendo em caso de licença do parlamentar para ocupar outros cargos, como, por exemplo, para ocupar o cargo de Ministro de Estado.[82] Assim, temos que o foro só se aplica aos casos em que o crime tenha sido cometido após a diplomação do parlamentar (no exercício do cargo ou em razão do exercício do cargo) durando até o encerramento de seu mandato, de modo que se o mandato do parlamentar se encerrar e o seu processo criminal perante o STF não tiver sido julgado, ele será deslocado para o órgão competente da justiça de primeiro grau de jurisdição.

77. STF, AP 1021, Rel. Min. Luiz Fux.
78. STF, Pet. 3.825-QO.
79. STF, Inq. 2.421-AgR.
80. STF, AP 333.
81. STF, Rcl. 511.
82. STF, Inq. 3.357.

6) Reeleição Consecutiva e Ininterrupta e Prorrogação do Foro: segundo o STF, se o parlamentar for reeleito de forma consecutiva e ininterrupta para um novo mandato, ele não perde o foro por prerrogativa para ser julgado por crime cometido no exercício da função e em razão dela durante o mandato anterior. Por outro lado, se o parlamentar não for reeleito para um mandato consecutivo, ficando sem ocupar o mandato por um tempo e depois (próximas eleições, por exemplo) for eleito para um novo mandato, ele terá perdido o foro por prerrogativa, devendo o processo ser enviado para a justiça comum, vez que a continuidade do exercício do mandato é indispensável para a prorrogação da competência do STF.[83]

7) Encerramento do Mandato e Manutenção do Foro: como vimos, a competência do STF extingue-se, em regra, quando o parlamentar deixa o cargo, seja porque o seu mandato acabou, seja porque ele renunciou ou foi cassado. Porém, ***o Supremo tem admitido a continuidade de sua competência em duas hipóteses:***

a) ***encerrada a instrução processual***, assim, com a publicação do despacho de intimação para a apresentação das alegações finais a competência do STF não será mais afetada, independentemente do motivo, mesmo que o mandato do paramentar se encerre, não se deslocando a competência para a justiça de primeiro grau.[84]

b) ***em caso de renúncia com objetivo claro de deslocar a competência do tribunal***, caracterizando abuso de direito, o que, a nosso ver, possibilitaria a manutenção da competência do STF mesmo que a renúncia ao mandato se dê antes do encerramento da instrução processual.[85]

8) Extensão do Foro aos Corréus: nos crimes praticados em concurso de agentes, o desmembramento dos inquéritos e das ações penais entre os réus que possuem foro por prerrogativa perante o STF e os réus que não possuem deve ser a regra geral,[86] contudo, excepcionalmente, nos casos em que os fatos criminosos estejam de tal forma relacionados que o julgamento em separado possa causar prejuízo relevante à prestação jurisdicional, admite-se o julgamento conjunto dos denunciados pelo STF.[87] Ademais, conforme expresso na súmula 704, do STF, não viola as garantias do juiz natural, da ampla defesa e do devido processo legal a atração por continência ou conexão do processo do corréu ao foro por prerrogativa de função de um dos denunciados, especialmente, quando o julgamento conjunto for necessário para manter a unidade do processo por razões de coerência, segurança e economia processual.

7.2.2 Foro por prerrogativa de função dos parlamentares estaduais e municipais

Por força do art. 27, §1º, da CF/88, aplica-se aos ***deputados estaduais e distritais*** (art. 32, §3º) as regras constitucionais dos parlamentares federais sobre imunidades (princípio da simetria), de modo que o foro por prerrogativa de função dos deputados estaduais e dos deputados distritais será perante o órgão de cúpula do Poder Judiciário do respectivo ente federativo.

---

83. STF, Inq. 4.435-AgR, Rel. Min. Marco Aurélio; STF, RE 1.185.838, Rel. Min. Rosa Weber.
84. STF, AP 937 QO.
85. STF, AP 396.
86. STF, Inq. 4.327 e Inq. 4.483.
87. STF, Inq. 3.515.

Como o foro por prerrogativa dos deputados estaduais e distritais decorre diretamente da Constituição Federal, eles serão processados e julgados pelas infrações penais comuns cometidas após a diplomação, no exercício do mandato e em razão do exercício do mandato, perante o Tribunal de Justiça (ou o Tribunal Regional Federal ou o Tribunal Regional Eleitoral, a depender da natureza do crime), lembrando que as infrações penais comuns, no entendimento do STF, englobam todas as modalidades de infrações penais, inclusive os *crimes eleitorais*, os *crimes dolosos contra a vida* e as *contravenções penais*.

Por fim, é importante esclarecer que, em regra, a competência para julgar os parlamentares estaduais e distritais será do Tribunal de Justiça respectivo. Contudo, se o crime for praticado em face de bens, serviços ou interesses da União, entidade autárquica ou empresa pública federal, a competência será do Tribunal Regional Federal da respectiva região. Na mesma linha, se tratar-se de crime eleitoral, a competência será do respectivo Tribunal Regional Eleitoral.

A Constituição Federal não estabelece foro por prerrogativa de função para os *vereadores municipais*, devendo eles, em regra, serem julgados pela justiça de primeiro grau nas infrações penais comuns. Contudo, nos termos do entendimento do STF e da doutrina majoritária, as Constituições estaduais podem estabelecer foro por prerrogativa de função aos parlamentares municipais para que sejam julgados, por infrações penais comuns, perante os tribunais de justiça dos respectivos Estados. Nada obstante, conforme dispõe a Súmula Vinculante 45, *a competência constitucional do tribunal do júri prevalece sobre o foro por prerrogativa de função estabelecido exclusivamente pela constituição estadual*, de modo que os vereadores nos crimes dolosos contra a vida serão julgados perante o tribunal do júri, ainda que a Constituição de seu Estado tenha previsão de foro por prerrogativa de função perante o tribunal de justiça.

Nada obstante, a nosso ver, o estabelecimento de foro por prerrogativa de função aos vereadores municipais pela Constituição do respectivo Estado é inconstitucional. A Constituição Federal ao tratar das imunidades dos parlamentares municipais não lhes estendeu todas as imunidades dos parlamentares por opção, conferindo-lhes apenas a imunidade material (e de forma mais restrita!), devendo essa opção do Constituinte ser respeitada. Ademais, parece-nos que o fato de em alguns Estados termos foro por prerrogativa de função aos parlamentares municipais e em outros não acaba por lesar a isonomia de tratamento entre os parlamentares de entes federados de mesmo grau. Os deputados estaduais têm as mesmas imunidades, seja em Minas Gerais, São Paulo, Rio de Janeiro, Bahia, Pernambuco, Amazonas, Rio Grande do Sul, Acre ou qualquer outro Estado da Federação. Então, porque os parlamentares municipais dos municípios de um Estado terão mais imunidades que os parlamentares municipais dos municípios de outro Estado? Ora, isso lesa a isonomia entre os entes federados de mesmo grau, bem como gera desequilíbrio do pacto federativo, sendo claramente inconstitucional.

7.3 Incompatibilidades

As incompatibilidades consistem em impedimentos impostos aos parlamentares federais para preservar a independência do Poder Legislativo e a liberdade de seus membros no exercício de suas funções, estando previstas no art. 54, da CF/88, que pode ser assim organizado:

Art. 54. Os Deputados e Senadores não poderão:	
I – desde a expedição do diploma:	*II – desde a posse:*
a) firmar ou manter contrato com pessoa jurídica de direito público, autarquia, empresa pública, sociedade de economia mista ou empresa concessionária de serviço público, salvo quando o contrato obedecer a cláusulas uniformes; b) aceitar ou exercer cargo, função ou emprego remunerado, inclusive os de que sejam demissíveis "*ad nutum*", nas entidades constantes da alínea anterior;	a) ser proprietários, controladores ou diretores de empresa que goze de favor decorrente de contrato com pessoa jurídica de direito público, ou nela exercer função remunerada; b) ocupar cargo ou função de que sejam demissíveis "*ad nutum*", nas entidades referidas no inciso I, "a"; c) patrocinar causa em que seja interessada qualquer das entidades a que se refere o inciso I, "a"; d) ser titulares de mais de um cargo ou mandato público eletivo.

Segundo a doutrina, as incompatibilidades previstas no artigo 54 podem ser assim classificadas: ***i) incompatibilidades contratuais ou negociais***, previstas no art. 54, I, "a"; ***ii) incompatibilidades funcionais***, previstas no art. 54, I, "b" e II, "b"; ***iii) incompatibilidades políticas***, previstas no art. 54, II, "d"; e ***iv) incompatibilidades profissionais***, previstas no art. 54, II, "a" e "c".[88]

Nos termos do art. 55, I, da CF/88, perderá o mandato o deputado ou senador que infringir qualquer dessas incompatibilidades elencadas no artigo 54, contudo a perda do mandato não é automática, devendo ser decidida pela respectiva casa legislativa, por maioria absoluta (art. 55, §2º).

Por fim, conforme já decidiu o Supremo Tribunal Federal:

i) as incompatibilidades nãos e aplicam aos suplentes, salvo se efetivamente vierem a exercer a atividade parlamentar, assumindo o lugar do senador ou deputado;[89]

ii) as normas que definem as incompatibilidades parlamentares são de observância obrigatória pelas Constituições dos Estados e pelas Leis Orgânicas do Distrito Federal e dos Municípios.[90]

7.4 Perda de mandato

As hipóteses de perda de mandato parlamentar estabelecidas pela Constituição podem ser divididas em hipóteses de ***cassação*** (quando a perda será decidida pela casa legislativa) ou ***extinção*** do mandato (quando a perda será meramente declarada pela casa legislativa). Assim, podemos sistematizar as hipóteses de perda de mandato parlamentar estabelecidas pelo art. 55, da CF/88, da seguinte maneira:

HIPÓTESES DE CASSAÇÃO	HIPÓTESES DE EXTINÇÃO
Art. 55. Perderá o mandato o Deputado ou Senador: I – que infringir qualquer das proibições estabelecidas no artigo anterior; II – cujo procedimento for declarado incompatível com o decoro parlamentar; VI – que sofrer condenação criminal em sentença transitada em julgado.	Art. 55. Perderá o mandato o Deputado ou Senador: III – que deixar de comparecer, em cada sessão legislativa, à terça parte das sessões ordinárias da Casa a que pertencer, salvo licença ou missão por esta autorizada; IV – que perder ou tiver suspensos os direitos políticos; V – quando o decretar a Justiça Eleitoral, nos casos previstos nesta Constituição;

88. CARVALHO, Kildare G. Direito Constitucional: Direito Constitucional Positivo. 20. ed. Belo Horizonte: Del Rey, 2013. v. 2. p. 482 e ss.
89. STF, MS 21.266.
90. STF, RE 497.554.

HIPÓTESES DE CASSAÇÃO	HIPÓTESES DE EXTINÇÃO
§2º Nos casos dos incisos I, II e VI, a perda do mandato será ***decidida*** pela Câmara dos Deputados ou pelo Senado Federal, por maioria absoluta, mediante provocação da respectiva Mesa ou de partido político representado no Congresso Nacional, assegurada ampla defesa.	§3º Nos casos previstos nos incisos III a V, a perda será ***declarada*** pela Mesa da Casa respectiva, de ofício ou mediante provocação de qualquer de seus membros, ou de partido político representado no Congresso Nacional, assegurada ampla defesa.
§4º A renúncia de parlamentar submetido a processo que vise ou possa levar à perda do mandato, nos termos deste artigo, terá seus efeitos suspensos até as deliberações finais de que tratam os §§ 2º e 3º.	

7.4.1 Cassação do mandato

A cassação do mandato ocorre nas hipóteses em que a perda de mandato parlamentar é decidida pela casa legislativa. Segundo a doutrina, as hipóteses de cassação estabelecem uma espécie de sanção constitucional em face do cometimento de faltas funcionais (em sentido amplo) pelo parlamentar.[91]

Como vimos, as hipóteses de cassação estão estabelecidas nos incisos I, II e VI, do art. 55, da CF/88, casos em que a perda do mandato será ***decidida*** pela Câmara dos Deputados ou pelo Senado Federal, por maioria absoluta, mediante provocação da respectiva Mesa ou de partido político representado no Congresso Nacional, assegurada ampla defesa. Vale registrar que, desde o advento da EC 76/2013 ***essa votação é aberta.***

Essa exigência de decisão pela respectiva casa legislativa para se proceder à perda do mandato, por força do ***princípio da simetria***, alcança os deputados estaduais e distritais (art. 27, §1º), contudo não alcança os demais cargos políticos, nem mesmo em casos de condenações criminais transitadas em julgado, já que nesse caso, a regra é a cassação imediata do mandato, em face da suspensão dos direitos políticos (art. 15, III).

Como a Constituição atribuiu, nesses casos, ao Poder Legislativo a prerrogativa de decidir sobre a perda ou não do mandato, ***não cabe ao Judiciário intervir no mérito dessa decisão,*** sob pena de ofensa ao princípio da separação dos poderes e à supremacia da Constituição, de modo que o Judiciário só pode rever as questões legais e formais do processo de perda de mandato, verificando se os procedimentos foram devidamente seguidos e se as garantias fundamentais do parlamentar foram respeitadas, sem, contudo, entrar no mérito e decidir no lugar do Legislativo, substituindo-o indevidamente.

Sobre o ***inciso I, do art. 55, da CF/88,*** segundo o qual perderá o mandato o parlamentar federal que infringir qualquer das proibições estabelecidas no artigo 54, temos que perderá o mandato o senador ou o deputado federal que infringir as ***incompatibilidades parlamentares*** constitucionalmente elencadas no artigo sejam elas contratuais, funcionais, políticas ou profissionais.

Sobre o ***inciso II, do art. 55, da CF/88,*** segundo o qual perderá o deputado federal ou senador cujo procedimento for declarado incompatível com o ***decoro parlamentar***, temos que, conforme o §1º, do art. 55, da CF/88, é incompatível com o decoro parlamentar, além dos casos definidos no regimento interno, o abuso das prerrogativas asseguradas a membro do Congresso Nacional ou a percepção de vantagens indevidas.

Ademais, nos termos do art. 1º, I, "b", da Lei Complementar 64/90 (Lei das Inelegibilidades) os membros do Congresso Nacional que perderem os respectivos mandatos por

91. MASSON, Nathalia. Manual de Direito Constitucional. 6. ed. Salvador: Juspodivm, 2018, p. 817.

infringência do disposto nos ***incisos I e II do art. 55 da CF/88, são inelegíveis*** para as eleições que se realizarem durante o período remanescente do mandato para o qual foram eleitos e ***nos oito anos subsequentes ao término da legislatura***. Para além disso, vale dizer que as normas relativas às incompatibilidades (art. 54) e ao decoro parlamentar (art. 55, §1º) também devem ser observadas pelo parlamentar licenciado.[92]

Sobre o ***inciso VI, do art. 55, da CF/88***, segundo o qual perderá o mandato o parlamentar federal que sofrer condenação criminal em sentença transitada em julgado, o Supremo Tribunal Federal tem uma jurisprudência instável e, por vezes, incoerente sobre o tema, muitas vezes abandonando sua função de Guardião da Constituição para incorporar um *múnus* que não é seu, o de defensor da moral e dos bons costumes, julgando contra o texto da Constituição e conforme os anseios do "senso comum" e/ou da "voz das ruas". Aqui, antes de fazermos uma breve análise do histórico das decisões do STF sobre o tema, é preciso lembrar que um dos pressupostos mais essenciais da hermenêutica constitucional, inclusive de uma Constituição viva, é que o intérprete muitas vezes deve ir além do texto (por exigência da própria Constituição enquanto sistema aberto de normas), contudo não pode interpretar contra o texto constitucional. Isto posto, para fins didáticos, em que pese o risco de pecarmos pela simplificação, podemos dividir a jurisprudência do STF sobre a perda de mandato do parlamentar que sofrer condenação criminal transitada em julgado nos seguintes momentos:

1º Momento: até o final de 2012, o STF entendia que o parlamentar condenado criminalmente por sentença transitada em julgado deveria ter sua perda de mandato decidida pela respectiva casa legislativa, conforme prevê o art. 55, §2º, da CF/88.

2º Momento: no julgamento da Ação Penal 470 (famoso caso Mensalão), em dezembro de 2012, o STF, pela apertada maioria de 5x4, decidiu que os parlamentares condenados criminalmente perderiam seus mandatos com o trânsito em julgado da decisão condenatória, cabendo à Mesa Diretora da respectiva casa legislativa apenas declarar a perda do mandato. A fundamentação, para além dos argumentos morais (e moralistas!) embasados nitidamente nos "anseios populares" (ou midiáticos!), pautou-se em uma "antinomia" entre o art. 55, §2º – que prevê que a perda será decidida e não declarada – e o art. 15, III, da CF/88 – que prevê que o condenado por sentença penal transitada em julgado terá os direitos políticos suspensos, assim, segundo o Supremo por estar com os direitos políticos suspensos não poderia exercer o mandato. Ora, com as devidas vênias ao STF, mas a Constituição estabeleceu uma regra específica no art. 55, §2º, dizendo que os parlamentares não terão a perda do mandato declarada e sim decidida pela respectiva casa legislativa em caso de serem condenados criminalmente, então se há alguma antinomia (o que não nos parece!) deveria ser resolvida aplicando-se a norma específica ao caso específico e não a norma geral. Por mais que nós não gostemos dessa previsão (e eu não gosto!), a Constituição é o que ela é! Não é o que nós, particularmente, gostaríamos que fosse! Nem mesmo pode ser o que, particularmente, um Ministro do STF gostaria que ela fosse! Ou mesmo o que o "sentimento popular" gostaria que ela fosse A Constituição é o que ela é e os intérpretes devem ser os primeiros a respeitar isso! Se não gostamos dessa norma, então que busquemos modificá-la por uma Emenda à Constituição. Contudo, não é admissível que o Supremo julgue contra o texto constitucional!

92. NOVELINO, Marcelo. Curso de Direito Constitucional. 13. ed. Salvador: Juspodivm, 2018, p. 674.

3º Momento: em meados de 2013, nos julgamentos da AP 396 e da AP 565, o STF retomou seu entendimento anterior e obedecendo a Constituição decidiu que o parlamentar condenado criminalmente por sentença transitada em julgado deveria ter sua perda de mandato decidida pela respectiva casa legislativa, conforme o art. 55, §2º, da CF/88.

4º Momento: em maio de 2017, no julgamento da AP 694, a 1ª Turma do STF, pautando-se em um forte "moralismo jurídico"[93] e decidindo contra o texto da Constituição, estabeleceu a seguinte tese:

a) se a condenação do parlamentar ultrapassar 120 dias em regime fechado, a perda do mandato será uma consequência lógica, pois ele faltará a mais de 1/3 das sessões ordinárias, caso em que não há necessidade de deliberação do plenário, pois a perda do mandato deve ser automaticamente ***declarada*** pela Mesa Diretora da respectiva casa legislativa, nos termos do art. 55, III e §3º, da CF/88.

b) nos casos de condenação em regime inicial aberto ou semiaberto, como há a possibilidade de autorização de trabalho externo, a perda do mandato não é automática, devendo ser ***decidida*** pela respectiva casa legislativa, nos termos do art. 55, VI, e §2º, da CF/88.

5º Momento: em maio de 2018, no julgamento da AP 996, a 2ª Turma do STF, em contraposição à decisão da 1ª Turma na AP 694, decidiu que o parlamentar condenado criminalmente por sentença transitada em julgado deveria ter sua perda de mandato decidida pela respectiva casa legislativa, conforme o art. 55, §2º, da CF/88.

Por fim, superada essa discussão, temos que, nos termos do art. 1º, I, "e", da Lei Complementar 64/90 (Lei das Inelegibilidades) os membros do Congresso Nacional que forem condenados, em decisão transitada em julgado ou proferida por órgão judicial colegiado, ***são inelegíveis desde a condenação até o transcurso do prazo de oito anos após o cumprimento da pena***, pelos crimes nela elencados.

7.4.2 Extinção do mandato

A extinção do mandato ocorre nas hipóteses em que a perda de mandato parlamentar é meramente declarada pela casa legislativa. Segundo a doutrina, as hipóteses de extinção estabelecem apenas uma consequência automática, um efeito, em razão da prática de um ato ou da ocorrência de um fato que torne inexistente a investidura no cargo.[94]

Como vimos, as hipóteses de cassação estão estabelecidas nos incisos III, IV e V, do art. 55, da CF/88, casos em que a perda do mandato será ***declarada*** pela Mesa da Casa respectiva, de ofício ou mediante provocação de qualquer de seus membros, ou de partido político representado no Congresso Nacional, assegurada ampla defesa. Assim, a declaração da perda do mandato pelo Mesa Diretora da casa legislativa é ato vinculado à existência de fato objetivo que a motiva.[95]

Assim, será declara a perda do mandato do parlamentar que:

- deixar de comparecer, em cada sessão legislativa, à 1/3 das sessões ordinárias da casa a que pertencer, salvo licença ou missão por esta autorizada;

93. FERNANDES, Bernardo G. Curso de Direito Constitucional. 11. ed. Salvador: Juspodivm, 2019, p. 1225.
94. MASSON, Nathalia. Manual de Direito Constitucional. 6. ed. Salvador: Juspodivm, 2018, p. 819.
95. STF, MS 25.461.

- perder ou tiver suspensos os direitos políticos;
- quando o decretar a Justiça Eleitoral, nos casos previstos na Constituição.

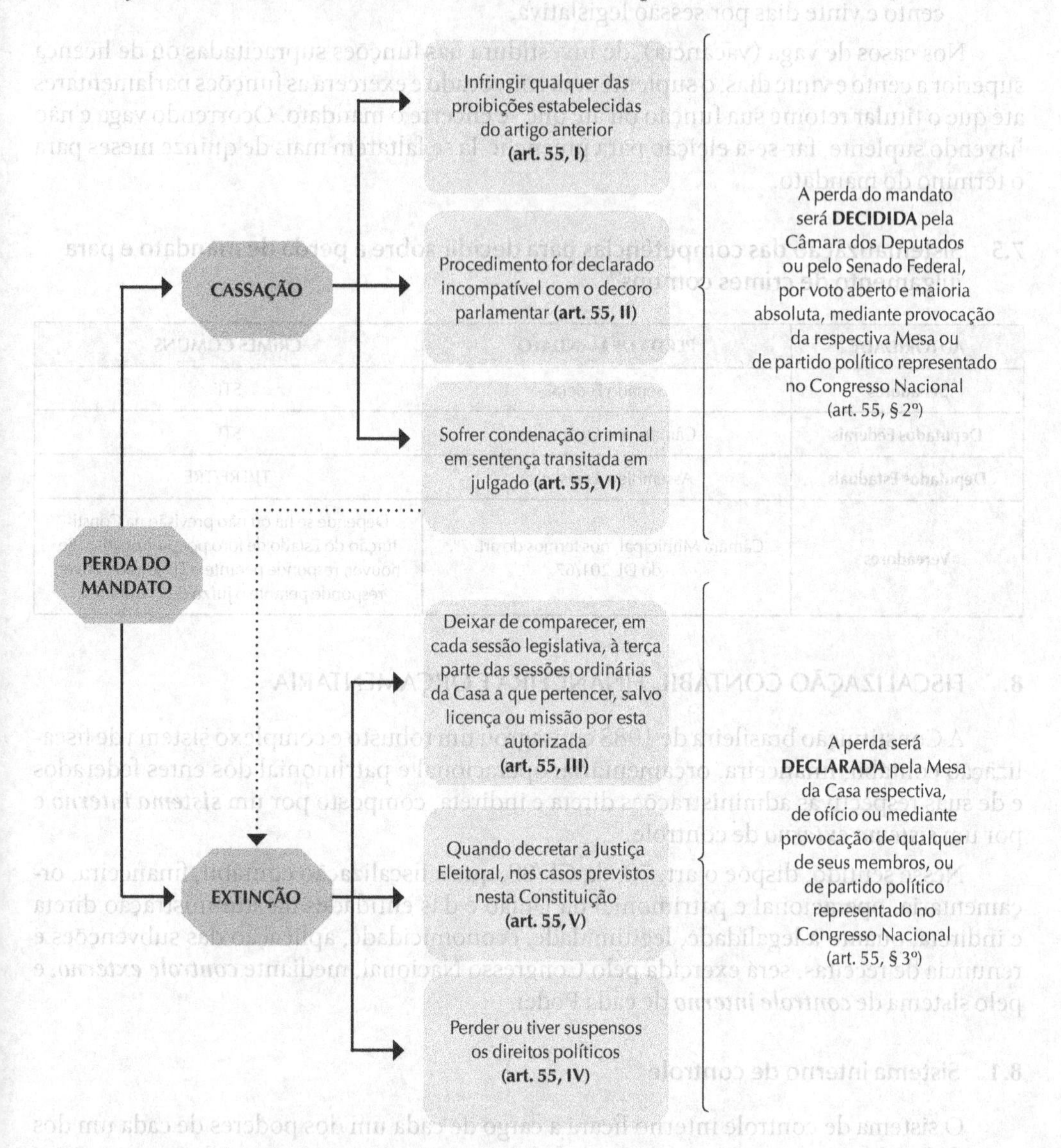

7.4.3 Hipóteses que não ensejam a perda de mandato

Segundo o art. 56, da CF/88, não perderá o mandato o senador ou o deputado:

- investido no cargo de Ministro de Estado, Governador de Território, Secretário de Estado, do Distrito Federal, de Território, de Prefeitura de Capital ou chefe de missão diplomática temporária, podendo o deputado ou senador optar pela remuneração do mandato.

- licenciado pela respectiva Casa por motivo de doença, ou para tratar, sem remuneração, de interesse particular, desde que, neste caso, o afastamento não ultrapasse cento e vinte dias por sessão legislativa.

Nos casos de vaga (vacância), de investidura nas funções supracitadas ou de licença superior a cento e vinte dias, o suplente será convocado e exercerá as funções parlamentares até que o titular retome sua função ou até que se encerre o mandato. Ocorrendo vaga e não havendo suplente, far-se-á eleição para preenchê-la se faltarem mais de quinze meses para o término do mandato.

7.5 Sistematização das competências para decidir sobre a perda de mandato e para julgamento de crimes comuns[96]

AUTORIDADE	PERDA DE MANDATO	CRIMES COMUNS
Senadores	Senado Federal	STF
Deputados Federais	Câmara dos Deputados	STF
Deputados Estaduais	Assembleia Legislativa	TJ/TRF/TRE
Vereadores	Câmara Municipal, nos termos do art. 7º, do DL 201/67.	Depende se há ou não previsão na Constituição do Estado de foro por prerrogativa. Se houver, responde perante o TJ; se não houver, responde perante o juízo de 1ª instância.

8. FISCALIZAÇÃO CONTÁBIL, FINANCEIRA E ORÇAMENTÁRIA

A Constituição brasileira de 1988 consagrou um robusto e complexo sistema de fiscalização contábil, financeira, orçamentária, operacional e patrimonial dos entes federados e de suas respectivas administrações direta e indireta, composto por um ***sistema interno*** e por um ***sistema externo*** de controle.

Nesse sentido, dispõe o art. 70, da CF/88, que a fiscalização contábil, financeira, orçamentária, operacional e patrimonial da União e das entidades da administração direta e indireta, quanto à legalidade, legitimidade, economicidade, aplicação das subvenções e renúncia de receitas, será exercida pelo Congresso Nacional, mediante ***controle externo***, e pelo sistema de ***controle interno*** de cada Poder.

8.1 Sistema interno de controle

O sistema de controle interno ficará a cargo de cada um dos poderes de cada um dos entes federados, em respeito à autonomia federativa, pautando-se, especialmente, no princípio da autotutela da Administração Pública, nos poderes hierárquicos e disciplinar e na supervisão ministerial exercida sobre as entidades da Administração Indireta.[97]

Nesse sentido, dispõe o art. 74, da CF/88, que os Poderes Legislativo, Executivo e Judiciário da União manterão, de forma integrada, sistema de controle interno com a finalidade de:

96. NOVELINO, Marcelo. Curso de Direito Constitucional. 13. ed. Salvador: Juspodivm, 2018.
97. MAZZA, Alexandre. Manual de Direito Administrativo. 8. ed. São Paulo: Saraiva, 2018.

- avaliar o cumprimento das metas previstas no plano plurianual, a execução dos programas de governo e dos orçamentos da União;
- comprovar a legalidade e avaliar os resultados, quanto à eficácia e eficiência, da gestão orçamentária, financeira e patrimonial nos órgãos e entidades da administração federal, bem como da aplicação de recursos públicos por entidades de direito privado;
- exercer o controle das operações de crédito, avais e garantias, bem como dos direitos e haveres da União;
- apoiar o controle externo no exercício de sua missão institucional.

Ademais, a Constituição prevê que os responsáveis pelo controle interno, ao tomarem conhecimento de qualquer irregularidade ou ilegalidade, deverão dar ciência ao Tribunal de Contas da União, sob pena de responsabilidade solidária.

8.2 Sistema externo de controle

O sistema de controle externo é exercido pelo ***Poder Legislativo*** com o ***auxílio dos Tribunais de Contas***, no desempenho de sua função típica de fiscalização da Administração Pública. Nesse sentido, dispõe o art. 71, *caput*, da CF/88, que o sistema de controle externo da União ficará a cargo do Congresso Nacional e será exercido com o auxílio do Tribunal de Contas da União.

8.3 Tribunal de Contas da União (TCU)

O Tribunal de Contas da União (TCU) foi criado em 7 de novembro de 1890, pelo Decreto 966-A, por iniciativa do então Ministro da Fazenda, Rui Barbosa, vindo a ser consagrado na Constituição da República de 1891, em seu artigo 89, que lhe conferiu competências para liquidar as contas da receita e da despesa e verificar a sua legalidade antes de serem prestadas ao Congresso Nacional. Ao longo da história, todas as demais Constituições brasileiras incorporaram o TCU aos seus sistemas de controle externo da Administração.

Na ***Constituição de 1988***, o Tribunal de Contas da União está institucionalizado como órgão auxiliar do Poder Legislativo no controle externo das contas públicas (art. 71), cabendo-lhe, de um modo geral, a fiscalização contábil, financeira, orçamentária, operacional e patrimonial da União e das entidades da administração direta e indireta, quanto à legalidade, legitimidade, economicidade, aplicação das subvenções e renúncia de receitas (art. 70, *caput*), de modo que qualquer pessoa física ou jurídica, pública ou privada, que utilize, arrecade, guarde, gerencie ou administre dinheiros, bens e valores públicos ou pelos quais a União responda, ou que, em nome desta, assuma obrigações de natureza pecuniária, deve prestar contas ao TCU (art. 70, *p.u.*).

É importante registrar que os tribunais de contas não são órgãos do poder judiciário, mas sim ***órgãos independentes e autônomos auxiliares do poder legislativo***, tendo natureza técnica, nos termos da Constituição.

8.3.1 Composição do TCU

Nos termos constitucionais, o Tribunal de Contas da União é composto por nove Ministros, tendo sede no Distrito Federal, quadro próprio de pessoal e jurisdição em todo o território nacional, exercendo, no que couber, as atribuições previstas no art. 96, da CF/88.

Para ser nomeado Ministro do Tribunal de Contas da União é preciso preencher os seguintes *requisitos:*

- ser brasileiro (nato ou naturalizado);
- ter mais de 35 e menos de 65 anos de idade;
- ter idoneidade moral e reputação ilibada;
- ter notórios conhecimentos jurídicos, contábeis, econômicos e financeiros ou de administração pública;
- ter mais de 10 anos de exercício de função ou de efetiva atividade profissional que exija os referidos conhecimentos.

Como dissemos, o Tribunal de Contas da União é composto por *9 Ministros* que, preenchidos os requisitos constitucionais, serão *escolhidos:*

- *1/3 pelo Presidente da República,* com aprovação do Senado Federal, sendo dois alternadamente dentre auditores e membros do Ministério Público junto ao Tribunal, indicados em lista tríplice pelo Tribunal, segundo os critérios de antiguidade e merecimento.
- *2/3 pelo Congresso Nacional.*

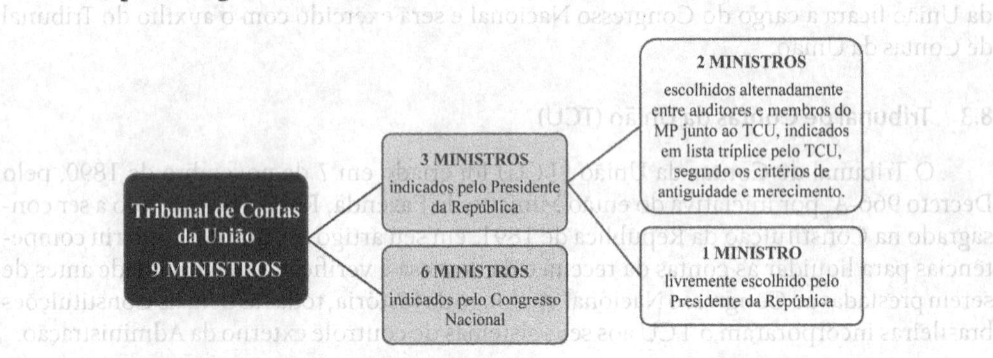

8.3.2 Garantias dos ministros do TCU

Nos termos do §3°, do art. 73, da CF/88, os Ministros do Tribunal de Contas da União (TCU) terão as mesmas garantias, prerrogativas, impedimentos, vencimentos e vantagens dos Ministros do Superior Tribunal de Justiça (STJ), sendo-lhes aplicado, quanto à aposentadoria e pensão, as normas constantes do art. 40, da CF/88, que dispõem sobre o regime próprio de previdência dos servidores públicos civis.

Ademais, conforme dispõe o §4º, do art. 73, da CF/88, o Auditor de Contas, quando atuar em substituição a Ministro do TCU, terá as mesmas garantias e impedimentos do titular. Já quando atuar nas demais atribuições da judicatura, isto é, no exercício de suas atribuições ordinárias (as atribuições de seu cargo), terá as mesmas garantias e impedimentos de juiz de Tribunal Regional Federal.

8.3.3 Atribuições do TCU

As atribuições do Tribunal de Contas da União estão elencadas no art. 71, da CF/88 e regulamentadas, sobretudo, pela Lei 8.443/1992 (Lei Orgânica do TCU), sendo competência do TCU:

I – apreciar as contas prestadas anualmente pelo Presidente da República, mediante parecer prévio que deverá ser elaborado em sessenta dias a contar de seu recebimento;

- As contas consistem dos Balanços Gerais da União e do relatório sobre a execução orçamentária, preparado pelo órgão central do sistema de controle interno do Poder Executivo. O parecer prévio deve ser conclusivo, indicando se os aludidos balanços representam adequadamente a posição financeira, orçamentária e patrimonial da União em 31 de dezembro do exercício em exame e se as operações realizadas seguiram os princípios de contabilidade aplicados à administração pública federal. Ao Tribunal cabe, essencialmente, a análise técnico-jurídica das contas e a apresentação do resultado ao Poder Legislativo. Dessa forma, após a apreciação e emissão do parecer prévio, as contas são encaminhadas ao Congresso Nacional, ao qual compete o julgamento, conforme disposto no art. 49, inciso IX, da CF/88.

II – julgar as contas dos administradores e demais responsáveis por dinheiros, bens e valores públicos da administração direta e indireta, incluídas as fundações e sociedades instituídas e mantidas pelo Poder Público federal, e as contas daqueles que derem causa a perda, extravio ou outra irregularidade de que resulte prejuízo ao erário público;

- Em relação aos demais administradores (que não o Presidente) e responsáveis por dinheiros, bens e valores públicos, o TCU aprecia e julga as contas, podendo, inclusive lhes impor sanções pela prática de irregularidades.

III – apreciar, para fins de registro, a legalidade dos atos de admissão de pessoal, a qualquer título, na administração direta e indireta, incluídas as fundações instituídas e mantidas pelo Poder Público, excetuadas as nomeações para cargo de provimento em comissão, bem como a das concessões de aposentadorias, reformas e pensões, ressalvadas as melhorias posteriores que não alterem o fundamento legal do ato concessório;

- Os atos enunciados neste inciso são atos complexos (dependem da manifestação de mais de uma vontade para se aperfeiçoaram), entretanto, eles já começam a produzir seus efeitos desde a sua prática pela Administração, ficando, contudo, sob condição resolutiva, aperfeiçoando-se (tornando-se perfeitos e acabados) somente após a análise e registro pelo TCU. Assim, caso o TCU verifique uma irregularidade não convalidável, ele não promoverá seu registro e o ato perderá seus efeitos.
- Segundo a Súmula Vinculante 3, do STF: "nos processos perante o Tribunal de Contas da União asseguram-se o contraditório e a ampla defesa quando da decisão puder resultar anulação ou revogação de ato administrativo que beneficie o interessado, excetuada a apreciação da legalidade do ato de concessão inicial de aposentadoria, reforma e pensão".
- Segundo o STF (RE 636.553), os Tribunais de Contas têm o prazo de 5 anos para julgar a legalidade do ato de concessão inicial de aposentadoria, reforma ou pensão, contado da chegada do processo à Corte de Contas.

IV – realizar, por iniciativa própria, da Câmara dos Deputados, do Senado Federal, de Comissão técnica ou de inquérito, inspeções e auditorias de natureza contábil, financeira, or-

çamentária, operacional e patrimonial, nas unidades administrativas dos Poderes Legislativo, Executivo e Judiciário, e demais entidades referidas no inciso II, do art. 71, da CF/88;

- As ***auditorias*** obedecem a plano específico e objetivam: *i)* obter dados de natureza contábil, financeira, orçamentária e patrimonial; *ii)* conhecer a organização e o funcionamento dos órgãos e entidades, avaliar, do ponto de vista do desempenho operacional, suas atividades e sistemas; e *iii)* aferir os resultados alcançados pelos programas e projetos governamentais.
- As ***inspeções***, por sua vez, visam suprir omissões e lacunas de informações, esclarecer dúvidas ou apurar denúncias quanto à legalidade e à legitimidade de atos e fatos administrativos praticados por responsáveis sujeitos à jurisdição do TCU.
- As ***fiscalizações voltadas para a legalidade e a legitimidade*** têm como parâmetro, evidentemente, a lei e os regulamentos. Suas conclusões dão ao TCU elementos para julgar, para fazer determinações aos gestores e, inclusive, para aplicar-lhes sanções em caso de infringência do ordenamento jurídico.
- As ***fiscalizações de natureza operacional*** têm como objetivo definir padrões de desempenho e avaliar os resultados da gestão à luz de parâmetros de eficiência, eficácia e economicidade. Como as decisões do administrador, respeitadas as normas legais, situam-se no campo da discricionariedade, as conclusões atingidas por essa modalidade de fiscalização dão origem a recomendações, que são encaminhadas ao órgão ou entidade fiscalizada.

V – fiscalizar as contas nacionais das empresas supranacionais de cujo capital social a União participe, de forma direta ou indireta, nos termos do tratado constitutivo;

- Exemplificativamente, o governo brasileiro participa, em nome da União, do Banco Brasileiro Iraquiano S.A. (BBI), da Companhia de Promoção Agrícola (CPA) e da Itaipu Binacional, que foram constituídas a partir de acordos celebrados, respectivamente, com os Governos do Iraque, do Japão e do Paraguai. Assim, cabe ao TCU fiscalizar as contas nacionais dessas empresas.

VI – fiscalizar a aplicação de quaisquer recursos repassados pela União mediante convênio, acordo, ajuste ou outros instrumentos congêneres, a Estado, ao Distrito Federal ou a Município;

- Essa fiscalização é exercida de forma global, mediante exame das prestações de contas dos órgãos ou entidades transferidores dos recursos federais, as quais são encaminhadas anualmente ao Tribunal pelo controle interno setorial para apreciação e julgamento quanto ao fiel cumprimento do estabelecido no convênio ou nos instrumentos congêneres. Além do mais, em casos de denúncias ou de indícios de irregularidades, são feitas auditorias ou inspeções.
- Caso haja omissão na prestação de contas ou irregularidades na aplicação dos recursos, compete ao controle interno setorial instaurar tomada de contas especial, a ser julgada pelo TCU, para apurar os fatos, identificar os responsáveis e quantificar o dano.

VII – prestar as informações solicitadas pelo Congresso Nacional, por qualquer de suas Casas, ou por qualquer das respectivas Comissões, sobre a fiscalização contábil, financeira, orçamentária, operacional e patrimonial e sobre resultados de auditorias e inspeções realizadas;

- Esse auxílio é prestado segundo as formas e condições previstas nos arts. 38 e 103 da Lei 8.443/92 (Lei Orgânica do Tribunal) e arts. 231 a 233 do Regimento Interno do TCU. Esses pedidos de informações e solicitações são apreciados pelo Tribunal em caráter de urgência. Além disso, há, no âmbito do Tribunal, um Comitê Técnico de Auxílio ao Congresso Nacional, com o objetivo de aprimorar e dinamizar o atendimento desses pedidos e solicitações.

VIII – aplicar aos responsáveis, em caso de ilegalidade de despesa ou irregularidade de contas, as sanções previstas em lei, que estabelecerá, entre outras cominações, multa proporcional ao dano causado ao erário;

- Entre as funções básicas do Tribunal está a função sancionadora (incisos VIII a XI do art. 71 da Constituição Federal), a qual configura-se na aplicação de penalidades aos responsáveis, em caso de ilegalidade de despesa ou irregularidade de contas. As sanções estão previstas na Lei 8.443/92 e podem envolver desde aplicação de multa e obrigação de devolução do débito apurado, até afastamento provisório do cargo, o arresto dos bens de responsáveis julgados em débito e a inabilitação para o exercício de cargo em comissão ou função de confiança no âmbito da administração pública.
- Cumpre destacar que essas penalidades não excluem a aplicação de sanções penais e administrativas pelas autoridades competentes, em razão das mesmas irregularidades constatadas pelo Tribunal de Contas da União. Entre elas está a declaração de inelegibilidade por parte da Justiça Eleitoral.
- Periodicamente, o TCU envia ao Ministério Público Eleitoral os nomes dos responsáveis cujas contas foram julgadas irregulares nos cinco anos anteriores, para os fins previstos na Lei Complementar no 64/90, que trata da declaração de inelegibilidade.

IX – assinar prazo para que o órgão ou entidade adote as providências necessárias ao exato cumprimento da lei, se verificada ilegalidade;

- Para além da possibilidade aplicar sanções aos responsáveis, em caso de ilegalidade de despesa ou irregularidade de contas, o TCU pode, ainda, fixar prazo para que o órgão ou entidade adote as providências necessárias ao exato cumprimento da lei, caso haja alguma ilegalidade.

X – sustar, se não atendido, a execução do ato impugnado, comunicando a decisão à Câmara dos Deputados e ao Senado Federal;

- Caso o órgão ou entidade não adote as providências necessárias ao exato cumprimento da lei, nos termos e no prazo fixados pelo TCU, cabe ao Tribunal sustar o ato impugnado. No caso de contrato, o ato de sustação será adotado diretamente pelo Congresso Nacional, que solicitará, de imediato, ao Poder Executivo as medidas cabíveis. Contudo, se o Congresso Nacional ou o Poder Executivo, no prazo de 90 dias, não efetivar as referidas medidas, o Tribunal decidirá a respeito.

XI – representar ao Poder competente sobre irregularidades ou abusos apurados.

- Caso verifique alguma irregularidade ou abuso ao longo de suas apurações, o TCU deve representar (comunicar) o Poder ou órgão competente para tomar as providências legais.

Para além disso, em conformidade com as normas constitucionais acerca do Tribunal de Contas da União, temos que:

- as decisões do Tribunal de que resulte imputação de débito ou multa terão ***eficácia de título executivo extrajudicial*** (art. 71, §3º).
- É prescritível a pretensão de ressarcimento ao erário fundada em decisão de Tribunal de Contas (STF, RE 636.886).

- o Tribunal encaminhará ao Congresso Nacional, trimestral e anualmente, relatório de suas atividades (art. 71, §4º).
- são de iniciativa do próprio TCU os projetos de lei sobre organização e funcionamento do Tribunal de Contas da União (art. 73 c/c 96, II, "b").
- o Tribunal deve pronunciar-se, quando solicitado pela Comissão Mista de Planos, Orçamentos Públicos e Fiscalização, prevista no art. 166, § 1º, sobre despesas não autorizadas e investimentos não programados (art. 72).
- o Tribunal deve apurar denúncias apresentadas por qualquer cidadão, partido político, associação ou sindicato sobre irregularidades ou ilegalidades na aplicação de recursos federais (art. 74, §2º).
- Segundo o STF (MS 33.340), em regra, o TCU não pode ***quebrar o sigilo bancário sem ordem judicial***, contudo, excepcionalmente, o TCU pode requisitar diretamente informações de contas bancárias, sem a necessidade de ordem judicial, de contas que tenham recebido recursos de origem pública (no caso eram contas de entidades de direito privado da Administração Indireta que tinham recebido recursos de origem pública).
- O STF (MS 24.510) já decidiu que o TCU ***possui poderes implícitos*** que lhe permite adotar as medidas necessárias ao fiel cumprimento de suas funções e atribuições constitucionais, podendo, inclusive, ***adotar medidas de natureza cautelar*** para suspender procedimentos de licitação irregulares com o objetivo de prevenir danos ao erário.
- Segundo o STF (MS 31.412), O TCU ***não possui poder para rever decisão judicial transitada em julgado***, nem para determinar a suspensão de benefícios garantidos por sentença revestida da autoridade da coisa julgada, ainda que o direito reconhecido pelo Judiciário não esteja em consonância com a jurisprudência prevalecente no STF, pois a "*res judicata*", em matéria civil, só pode ser legitimamente desconstituída mediante ação rescisória.

8.3.4 Rejeição de contas e inelegibilidade

Como vimos, o art. 71, II, da CF/88, prevê que compete ao TCU julgar as contas dos administradores e demais responsáveis por dinheiros, bens e valores públicos da administração direta e indireta, incluídas as fundações e sociedades instituídas e mantidas pelo Poder Público federal, e as contas daqueles que derem causa a perda, extravio ou outra irregularidade de que resulte prejuízo ao erário público.

Essa rejeição de contas, dentre outras consequências, pode acarretar a inelegibilidade daquele que tiver as contas rejeitadas, nos termos do art .1º, I, "g", da Lei Complementar 64/90 (Lei das Inelegibilidades), segundo o qual, são inelegíveis para qualquer cargo os que tiverem suas contas relativas ao exercício de cargos ou funções públicas rejeitadas por irregularidade insanável que configure ato doloso de improbidade administrativa, e por decisão irrecorrível do órgão competente, salvo se esta houver sido suspensa ou anulada pelo Poder Judiciário, ***para as eleições que se realizarem nos 8 anos seguintes,*** contados a partir da data da decisão, aplicando-se o disposto no inciso II do art. 71 da CF/88, a todos os ordenadores de despesa, sem exclusão de mandatários que houverem agido nessa condição.

Essa hipótese de inelegibilidade ***não se aplica às contas do Presidente da República***, pois suas contas são apenas apreciadas pelo TCU, sendo julgadas pelo Congresso Nacional, conforme dispõe o art. 71, I, da CF/88. Do mesmo modo, por força do ***princípio da simetria***, não se aplica aos demais chefes do Poder Executivo, cujas contas devem ser julgadas pelos respectivos parlamentos, assim não se aplica aos ***Governadores*** na apreciação de suas contas pelos Tribunais de Contas dos Estados, nem aos ***Prefeitos*** Municipais.

Nada obstante, em relação às ***contas dos prefeitos***, o Supremo Tribunal Federal, em decisões muito criticadas pela comunidade jurídica, estabeleceu as seguintes teses:

> *"O parecer técnico elaborado pelo Tribunal de Contas tem natureza meramente opinativa, competindo exclusivamente à Câmara de Vereadores o julgamento das contas anuais do Chefe do Poder Executivo local, sendo incabível o julgamento ficto das contas por decurso de prazo"* (RE 729.744).
>
> *"Para os fins do art. 1º, inciso I, alínea 'g', da Lei Complementar 64/90, a apreciação das contas de prefeitos, tanto as de governo quanto as de gestão, será exercida pelas Câmaras Municipais, com o auxílio dos Tribunais de Contas competentes, cujo parecer prévio somente deixará de prevalecer por decisão de 2/3 dos vereadores"* (RE 848.826).[98]

8.3.5 Ministério Público junto ao Tribunal de Contas da União

O Ministério Público junto ao Tribunal de Contas da União (MPTCU) possui fisionomia institucional própria, que não se confunde com a do Ministério Público comum,[99] tendo como missão a guarda da lei e fiscalização de sua execução. Dentre suas competências, destacam-se: *i)* a defesa da ordem jurídica; *ii)* o comparecimento às sessões do TCU para dizer de direito, sendo obrigatória sua audiência nos processos de tomada ou prestação de contas e nos concernentes aos atos de admissão de pessoal e de concessão de aposentadorias, reformas e pensões; *iii)* a interposição dos recursos permitidos em lei; e *iv)* o encaminhamento de autorização da cobrança judicial da dívida e das medidas necessárias ao arresto dos bens dos responsáveis julgados em débito.

Nos termos do art. 130, da CF/88, aos membros do Ministério Público junto aos Tribunais de Contas aplicam-se as os direitos, as vedações e a forma de investidura dos membros do Ministério Público comum previstos na Constituição. Ademais, aos membros do Ministério Público junto ao Tribunal de Contas da União (MPTCU) aplica-se subsidiariamente, no que couber, as disposições da Lei orgânica do Ministério Público da União, pertinentes a direitos, garantias, prerrogativas, vedações, regime disciplinar e forma de investidura no cargo inicial da carreira.

8.4 Tribunal de Contas dos Estados e do Distrito Federal

A fiscalização externa das contas da Administração dos Estados e do Distrito Federal é realizada pela Assembleia Legislativa dos Estados (ou Câmara Legislativa, no caso do DF), com auxílio do ***Tribunal de Contas do Estado (ou do DF)***, órgão estadual (ou distrital), independente e autônomo, de natureza técnica, auxiliar do poder legislativo, ao qual incumbe a fiscalização externa das contas do Estado.

Segundo o art. 75, da CF/88, as normas constitucionais relativas ao Tribunal de Contas da União aplicam-se, no que couber, à organização, composição e fiscalização dos Tribunais de Contas dos Estados e do Distrito Federal, bem como dos Tribunais e Conselhos de Contas dos Municípios, consagrando expressamente o ***princípio da simetria***.

98. Esse quórum de 2/3 deriva do art. 31, §2º, da CF/88, que dispõe que o parecer prévio, emitido pelo órgão competente sobre as contas que o Prefeito deve anualmente prestar, só deixará de prevalecer por decisão de dois terços dos membros da Câmara Municipal.
99. STF, MS 27.339.

Nos termos do parágrafo único, do art. 75, da CF/88, as Constituições estaduais disporão sobre os ***Tribunais de Contas dos Estados***, que serão integrados por sete Conselheiros, sendo que, conforme a súmula 653, do STF, quatro devem ser escolhidos pela Assembleia Legislativa do Estado e três pelo Governador, cabendo a este indicar um dentre auditores, um dentre membros do Ministério Público, e um terceiro a sua livre escolha. Contudo, em caso de criação de algum novo Estado, dispõe o art. 235, III, da CF/88, que nos dez primeiros anos após a criação, o Tribunal de Contas terá três membros, nomeados, pelo Governador eleito, dentre brasileiros de comprovada idoneidade e notório saber.

Ademais, por força do princípio da simetria: *i)* os Conselheiros dos Tribunais de Contas dos Estados possuem as mesmas garantias, prerrogativas, impedimentos, vencimentos e vantagens dos Desembargadores do Tribunal de Justiça do Estado; *ii)* as atribuições dos Tribunais de Contas dos Estados devem observar o art. 71, da CF/88, que estabelece as atribuições do TCU; *iii)* a iniciativa dos projetos de lei que disponham sobre a organização e o funcionamento do Tribunal de Contas do Estado é reservada ao próprio tribunal, já tendo o STF (ADI 4.191) declarado inconstitucional lei estadual, de origem (iniciativa) parlamentar, que disciplinava a organização e o funcionamento de Tribunal de Contas Estadual.

Por fim, é importante registrar que o STF (ADI 2.361) já decidiu que é inconstitucional lei estadual que retira, do controle do Tribunal de Contas estadual, o conteúdo de pesquisas e consultorias solicitadas pela Administração para direcionamento de suas ações, bem como de documentos relevantes, ainda que sua divulgação possa importar em danos para o Estado.

8.5 Fiscalização das contas municipais

Em relação aos ***Municípios***, dispõe o art. 31, da CF/88, que a fiscalização do Município será exercida pelo Poder Legislativo Municipal, mediante controle externo, e pelos sistemas de controle interno do Poder Executivo Municipal, na forma da lei. O controle externo da Câmara Municipal será exercido com o auxílio dos ***Tribunais de Contas dos Estados ou do Município ou dos Conselhos ou Tribunais de Contas dos Municípios***, onde houver. Entretanto, dispõe o §4º, do mesmo artigo 31, que ***é vedada a criação de Tribunais, Conselhos ou órgãos de Contas Municipais***. Analisando esses dois dispositivos constitucionais, podemos sistematizá-los da seguinte maneira:

1) A fiscalização externa dos municípios é realizada pela Câmara Municipal com o auxílio do *i) Tribunal de Contas do Estado*, ou do *ii) Tribunal de Contas dos Municípios*, ou do *iii) Tribunal de Contas do Município*.

2) Aqui é preciso ter cuidado para não confundir esses órgãos. Assim, em síntese, podemos defini-los da seguinte maneira:

i) ***Tribunal de Constas do Estado:*** *órgão* ***estadual****, independente e autônomo, de natureza técnica, auxiliar do poder legislativo, ao qual incumbe a fiscalização externa das contas do Estado e, caso não haja Tribunal de Contas dos Municípios ou Tribunal de Contas do Município, incumbe-lhe, também, a fiscalização das contas dos Municípios do Estado.*

ii) ***Tribunal de Contas dos Municípios:*** *órgão* ***estadual****, independente e autônomo, de natureza técnica, auxiliar do poder legislativo, ao qual incumbe a fiscalização externa das contas dos Municípios do Estado (de todos os Municípios do Estado).* A Constituição permite que os Estados criem Tribunais de Contas (Estaduais) dos Municípios, conferindo-lhes a competência para a fiscalização externa dos Municípios do Estado (STF, ADI 687). Como exemplo, podemos citar: o Tribunal de Contas dos Municípios do Estado da Bahia, o Tribunal de Contas dos Municípios do Estado de Goiás e o Tribunal de Contas dos Municípios do Estado do Pará.

iii) ***Tribunal de Contas do Município****: órgão municipal, independente e autônomo, de natureza técnica, auxiliar do poder legislativo, ao qual incumbe a fiscalização externa das contas do Município (apenas daquele Município).* A Constituição proíbe que os municípios criem seu próprios tribunais, conselhos ou órgãos de contas municipais, contudo permite que aqueles que foram criados antes de sua promulgação continuem existindo. Atualmente existem apenas dois: o Tribunal de Contas do Município de São Paulo e o Tribunal de Contas do Município do Rio de Janeiro. Nada obstante, é perfeitamente possível que eles sejam extintos por Emenda à Constituição do Estado, hipótese em que suas competências serão transferidas para o Tribunal de Contas do respectivo Estado ou para o Tribunal de Contas dos Municípios do Estado, onde houver (STF, ADI 7.763). Ademais, vale registrar que a CF/88 é silente quanto à ***composição do Tribunal de Contas do Município***, podendo a Constituição Estadual fazê-lo, desde que observada a simetria, já tendo o STF (ADIs 346 e 4.776) declarado constitucional dispositivo da Constituição do Estado de São Paulo que prevê que o Tribunal de Contas do Município de São Paulo deve ser composto por cinco conselheiros, por entender que é razoável que um tribunal de contas municipal tenha menos conselheiros do que o tribunal de contas estadual, que possui sete.

3) Assim, ***nos Municípios em que há Tribunal de Contas do Município*** – somente nos Municípios de São Paulo e Rio de Janeiro, sendo impossível a criação de novos tribunais municipais –, as contas do Município serão fiscalizadas pela Câmara Municipal de Vereadores com o auxílio do Tribunal de Contas do Município, órgão municipal de controle externo da Administração municipal.

4) De modo similar, ***nos Estados em que há Tribunal de Contas dos Municípios*** – como na Bahia, em Goiás e no Pará –, as contas dos Municípios desses Estados serão fiscalizadas pela Câmara Municipal de Vereadores com o auxílio do Tribunal de Contas dos Municípios, órgão estadual de controle externo da Administração municipal.

5) Já ***nos Estados em que NÃO há Tribunal de Contas dos Municípios***, as contas dos Municípios desses Estados serão fiscalizadas pela Câmara Municipal de Vereadores com o auxílio do Tribunal de Contas do Estado, órgão estadual de controle externo da Administração estadual e, residualmente, da Administração municipal.

Isto posto, o art. 31, §2º, da CF/88, prevê que o ***parecer*** prévio, emitido pelo órgão competente sobre as contas que o Prefeito deve anualmente prestar, só deixará de prevalecer por decisão de dois terços dos membros da Câmara Municipal. Esse parecer possui natureza meramente opinativa (STF, RE 729.744), contudo ele é imprescindível (STF, ADI 3.077).

Por fim, temos que, nos termos do art. 31, §3º, da CF/88, as contas dos Municípios ficarão, durante sessenta dias, anualmente, à disposição de qualquer contribuinte, para exame e apreciação, o qual poderá questionar-lhes a legitimidade, nos termos da lei.

9. QUADRO SINÓPTICO

CAPÍTULO XVI – PODER LEGISLATIVO	
INTRODUÇÃO	
O poder legislativo, tem como ***funções típicas*** legislar e fiscalizar. ***Legislar*** significa inovar na ordem jurídica mediante a elaboração de normas primárias. ***Fiscalizar*** implica em vigiar, acompanhar e controlar as ações dos outros poderes, de modo a evitar os abusos e as ilegalidades. Para além das funções típicas, o poder legislativo, também, exerce ***funções atípicas***, funções que tipicamente são atribuídas a outros poderes. A Constituição de 1988 consagrou, no âmbito federal, o ***bicameralismo*** federativo, sendo o Poder Legislativo Federal exercido pelo ***Congresso Nacional***, que é composto pela ***Câmara dos Deputados*** e pelo ***Senado Federal***. Já no âmbito dos demais entes federados, a Constituição consagrou o ***unicameralismo***, de modo que, nos Estados o poder legislativo é exercido pelas ***Assembleis Legislativas***, no Distrito Federal pela ***Câmara Legislativa*** e nos Municípios pelas ***Câmaras Municipais***.	
COMPOSIÇÃO DAS CASAS LEGISLATIVAS	
Congresso Nacional	O Congresso Nacional é composto pela Câmara dos Deputados e pelo Senado Federal, sendo suas atribuições enunciadas pelos arts. 48 (competências com sanção do Presidente) e 49 (competências sem sanção do Presidente), da CF/88.
Câmara dos Deputados	A Câmara dos Deputados compõe-se de representantes do povo, eleitos, pelo sistema proporcional, em cada Estado, em cada Território e no DF, para mandatos de 4 anos. A representação por Estado e pelo DF será estabelecida por lei complementar, proporcionalmente à população, variando entre 8 e 70 deputados por ente federado, perfazendo um total de 513 deputados. As atribuições da Câmara estão elencadas no art. 51, da CF/88, e são exercidas sem sanção do Presidente da República.
Senado Federal	O Senado Federal compõe-se de representantes dos Estados e do DF, elegendo cada um deles três senadores, pelo sistema majoritário, para mandatos de 8 anos, sendo a representação de cada Estado e do DF renovada de 4 em 4 anos, alternadamente, por 1/3 e 2/3 dos senadores. As atribuições do Senado encontram-se elencadas no art. 52, da CF/88, e são exercidas sem sanção do Presidente da República.
Assembleias Legislativas	Os deputados estaduais serão eleitos para mandatos de quatro anos, pelo sistema proporcional, aplicando-lhes as normas da CF/88 sobre inviolabilidade, imunidades, remuneração, perda de mandato, licença, impedimentos e incorporação às Forças Armadas. O número de deputados estaduais corresponderá ao triplo da representação do Estado na Câmara dos Deputados e, atingido o número de trinta e seis, será acrescido de tantos quantos forem os deputados federais acima de doze.
Câmara Legislativa do Distrito Federal	A Câmara Legislativa do Distrito Federal segue as regras aplicáveis às Assembleias Legislativas dos Estados. Assim, os deputados distritais são eleitos para mandato de quatro anos, pelo sistema eleitoral proporcional e, como o Distrito Federal possui 8 deputados federais, o seu número de deputados distritais será de 24 (o triplo de sua representação na Câmara dos Deputados).
Câmaras Municipais	Os vereadores municipais são eleitos para mandato de quatro anos, mediante pleito direto e simultâneo realizado em todo o país, pelo sistema eleitoral proporcional, devendo a composição das Câmaras Municipais observar o limite máximo de vereadores estabelecido na CF/88.
FUNCIONAMENTO DO PODER LEGISLATIVO	
Legislatura	Período de 4 anos que delimita o início e fim dos trabalhos legislativos.
Sessão legislativa ordinária	Período anual de trabalho das casas legislativas, correspondendo ao ano legislativo. Em regra, inicia-se em 2 de fevereiro, para dia 17 de julho para o recesso parlamentar de meio de ano, retorna dia 1º de agosto e encerra-se dia 22 de dezembro.
Período Legislativo	Corresponde ao lapso temporal semestral dos trabalhos das casas legislativas, de modo que teremos dois períodos legislativos por sessão legislativa ordinária.
Sessão preparatória	São as sessões que precedem a 1ª e a 3ª sessões legislativas ordinárias de cada legislatura, sendo dedicadas a posse dos membros da casa legislativa (na 1ª sessão legislativa ordinária) e a eleição das respectivas mesas diretoras (na 1ª e na 3ª sessões legislativas ordinárias), ocorrendo, em regra, dia 1º de fevereiro.

<table>
<tr><td>Sessão ordinária</td><td>É o lapso temporal diário no Poder Legislativo, ou seja, é o dia legislativo.</td></tr>
<tr><td>Sessão extraordinária</td><td>É uma sessão extra que ocorre dentro do período legislativo em dia ou hora diferentes dos das sessões ordinárias, desenvolvendo-se dentro do trabalho regular da casa legislativa.</td></tr>
<tr><td>Sessão legislativa extraordinária</td><td>É uma sessão extra que ocorre no período de recesso parlamentar, desenvolvendo-se fora do trabalho regular da casa legislativa, em razão de convocação extraordinária.</td></tr>
<tr><td>Quóruns</td><td>A Constituição trabalha com quóruns de maioria simples (mais da metade dos votos dados em um sentido decisório), maioria absoluta (mais da metade dos votos dos membros existentes em uma casa legislativa) e maiorias qualificadas (ou especiais) que são fixadas pela Constituição, como, por exemplo 2/3 ou 3/5. Em regra, salvo disposição em contrário, as deliberações de cada casa legislativa e de suas comissões serão tomadas por maioria dos votos (maioria simples), presente a maioria absoluta de seus membros.</td></tr>
<tr><td colspan="2" align="center">MESAS DIRETORAS</td></tr>
<tr><td colspan="2">As mesas diretoras são os órgãos máximos das casas parlamentares, responsáveis pela condução dos trabalhos legislativos e pelo desempenho das atribuições administrativas da casa.</td></tr>
<tr><td colspan="2" align="center">COMISSÕES</td></tr>
<tr><td colspan="2">As comissões são órgãos colegiados internos das casas legislativas, de natureza técnica e que buscam facilitar o complexo trabalho do Poder Legislativo contemporâneo, dedicando-se desde à análise e discussão prévias dos projetos de lei até à investigação e fiscalização da Administração Pública, dentre outras coisas.</td></tr>
<tr><td colspan="2" align="center">COMISSÃO PARLAMENTAR DE INQUÉRITO (CPI)</td></tr>
<tr><td>Introdução</td><td>As CPIs são comissões temporárias constituídas para a apuração de fato certo e determinado no exercício da função fiscalizatória do Poder Legislativo.</td></tr>
<tr><td>Requisitos</td><td>a) requerimento de 1/3 dos parlamentares;
b) para apuração de fato determinado;
c) por prazo certo.</td></tr>
<tr><td>Limites: normas que a CPI deve observar</td><td>1) Necessidade de fundamentar suas decisões, sob pena de nulidade;
2) Colegialidade das decisões;
3) Necessidade de possuírem nexo causal com a gestão da coisa pública;
4) Devem respeitar o princípio federativo.</td></tr>
<tr><td>Poderes: o que a CPI pode sem ordem judicial</td><td>As CPIs possuem os poderes instrutórios da autoridade judicial, isto é, os poderes que os juízes têm na fase de instrução processual, podendo, sem ordem judicial:
i) quebrar os sigilos bancário, fiscal e de dados de seus investigados, inclusive os sigilos telefônicos;
ii) determinar perícias e requisitar diligências;
iii) realizar oitiva de investigados, testemunhas e autoridades;
iv) realizar buscas e apreensões genéricas não domiciliar.</td></tr>
<tr><td>Impedimentos: o que a CPI não pode</td><td>As CPIs não possuem gozam do poder geral de cautela inerente à atividade judicial, necessitando de autorização judicial para a realização de alguns atos. Nesses termos, as Comissões Parlamentes de Inquérito <u>NÃO podem:</u>
i) determinar busca e apreensão domiciliar
ii) determinar quebra de sigilo de comunicações telefônicas (interceptação telefônica)
iii) decretar prisão temporária ou preventiva
iv) determinar arresto, sequestro, hipoteca ou indisponibilidade de bens
v) impedir que o investigado saia da comarca ou do país
vi) violar o direito ao silêncio
vii) obstaculizar os trabalhos dos advogados
viii) desrespeitar o sigilo profissional
ix) anular atos dos outros poderes
x) convocar juízes para investigar sua atuação jurisdicional (processual)
xi) cassar/revogar/alterar/subverter decisões judiciais ou quebrar o sigilo de processos judiciais</td></tr>
<tr><td>Controle judicial dos atos da CPI</td><td>Os atos praticados pelas CPIs sujeitam-se ao controle judicial, sendo que, em âmbito federal, esse controle será exercido pelo STF (art. 102, I, "d" e "i", da CF/88).</td></tr>
</table>

Relatório final e conclusões das CPIs	Os Presidentes da Câmara dos Deputados, do Senado Federal ou do Congresso Nacional encaminharão o relatório da Comissão Parlamentar de Inquérito respectiva, e a resolução que o aprovar, aos chefes do Ministério Público da União ou dos Estados, ou ainda às autoridades administrativas ou judiciais com poder de decisão, conforme o caso, para a prática de atos de sua competência.
	ESTATUTO DOS CONGRESSISTAS
Imunidade Material	A imunidade material (*freedom of speech*) estabelece a inviolabilidade civil e penal dos parlamentares por quaisquer de suas opiniões, palavras e votos. Quando ocorre ***dentro da casa legislativa*** há uma presunção de que as manifestações se dão no exercício do cargo e em razão dele. Quando ocorre ***fora da casa legislativa*** exige que a manifestação esteja relacionada ao exercício da atividade parlamentar.
Imunidade Formal em relação à prisão	Assegura que desde a diplomação, os parlamentares federais não poderão ser presos, salvo em flagrante de crime inafiançável, sendo que em caso de flagrante, ocorrendo a prisão, os autos serão remetidos dentro de 24 horas à respectiva casa legislativa, para que, pelo voto da maioria de seus membros, resolva sobre a prisão.
Imunidade Formal em relação ao processo	Estabelece que, recebida a denúncia contra o Senador ou Deputado, por crime ocorrido após a diplomação, o STF dará ciência à casa respectiva, que, por iniciativa de partido político nela representado e pelo voto da maioria de seus membros, poderá, até a decisão final, sustar o andamento da ação.
Imunidade Testemunhal	Assegura que os Deputados e Senadores não serão obrigados a testemunhar sobre informações recebidas ou prestadas em razão do exercício do mandato, nem sobre as pessoas que lhes confiaram ou deles receberam informações.
Imunidades dos demais membros do Poder Legislativo	Em ***âmbito estadual e distrital***, aplica-se aos deputados estaduais e distritais as regras dos parlamentares federais sobre imunidades (material, formal e testemunhal), com as devidas adaptações. Em ***âmbito municipal***, os vereadores não possuem imunidade formal, mas apenas imunidade material, sendo invioláveis por suas opiniões, palavras e votos no exercício do mandato, desde que na circunscrição do Município.
Foro por prerrogativa de função dos parlamentares federais	Estabelece que Deputados e Senadores, desde a expedição do diploma, serão submetidos a julgamento perante o Supremo Tribunal Federal. • Refere-se apenas aos processos de natureza penal; • Só se aplica aos crimes cometidos durante o mandato e em função do mandato; • Exige que os Inquéritos Policiais tramitem perante o STF, não podendo a Polícia Federal abrir Inquérito de ofício contra parlamentar; • Conferida a partir da diplomação, perdura até o fim mandato, não se suspendendo em caso de licença do parlamentar para ocupar outros cargos; • A competência do STF extingue-se, em regra, quando o parlamentar deixa o cargo em razão de renúncia, cassação ou fim de mandato, contudo, o Supremo tem admitido a continuidade de sua competência em duas hipóteses: *a)* quando encerrada a instrução; *b)* no caso de renúncia com objetivo evidente de deslocar a competência do tribunal, caracterizando abuso de direito; • Em crimes cometidos em concurso de pessoas com réu parlamentar e réu sem prerrogativa de foro perante o STF, o processo deve ser desmembrado, salvo se isso prejudicar o julgamento do processo; • Só estende-se ao suplente no caso de efetivo exercício da atividade parlamentar.
Foro por prerrogativa de função dos parlamentares estaduais e municipais	Os ***deputados estaduais e distritais*** possuem foro por prerrogativa perante o respectivo Tribunais de Justiça. Contudo, por crimes federais, são julgados pelo respectivo Tribunal Regional Federal e, por crimes eleitorais, pelo respectivo Tribunal Regional Eleitoral. Os ***vereadores***, em regra, não possuem foro por prerrogativa. Contudo, a Constituição do respectivo Estado pode prever foro perante o Tribunal de Justiça.
Incompatibilidades	***Desde a expedição do diploma os deputados e senadores não poderão:*** ***a)*** firmar ou manter contrato com pessoa jurídica de direito público, autarquia, empresa pública, sociedade de economia mista ou empresa concessionária de serviço público, salvo quando o contrato obedecer a cláusulas uniformes; ***b)*** aceitar ou exercer cargo, função ou emprego remunerado, inclusive os de que sejam demissíveis "ad nutum", nas entidades constantes da alínea anterior; ***Desde a posse os deputados e senadores não poderão:*** ***a)*** ser proprietários, controladores ou diretores de empresa que goze de favor decorrente de contrato com pessoa jurídica de direito público, ou nela exercer função remunerada; ***b)*** ocupar cargo ou função de que sejam demissíveis "ad nutum", nas entidades referidas no inciso I, "a"; ***c)*** patrocinar causa em que seja interessada qualquer das entidades a que se refere o inciso I, "a"; ***d)*** ser titulares de mais de um cargo ou mandato público eletivo.

Perda de Mandato	***CF/88, art. 55. Perderá o mandato o Deputado ou Senador:*** ***I*** – que infringir qualquer das incompatibilidades do art. 54, da CF/88; ***II*** – cujo procedimento for declarado incompatível com o decoro parlamentar; ***III*** – que deixar de comparecer, em cada sessão legislativa, à 1/3 das sessões ordinárias da Casa a que pertencer, salvo licença ou missão por esta autorizada; ***IV*** – que perder ou tiver suspensos os direitos políticos; ***V*** – quando o decretar a Justiça Eleitoral, nos casos previstos na Constituição; ***VI*** – que sofrer condenação criminal em sentença transitada em julgado. *§ 1º É incompatível com o **decoro parlamentar**, além dos casos definidos no regimento interno, o abuso das prerrogativas asseguradas a membro do Congresso Nacional ou a percepção de vantagens indevidas.* **CASSÃO DO MANDATO:** *§ 2º Nos casos dos **incisos I, II e VI**, a perda do mandato será **decidida** pela Câmara dos Deputados ou pelo Senado Federal, por maioria absoluta, mediante provocação da respectiva Mesa ou de partido político representado no Congresso Nacional, assegurada ampla defesa.* ***EXTINÇÃO DO MANDATO:*** *§ 3º Nos casos previstos nos **incisos III, IV e V**, a perda será **declarada** pela Mesa da Casa respectiva, de ofício ou mediante provocação de qualquer de seus membros, ou de partido político representado no Congresso Nacional, assegurada ampla defesa.* *§ 4º A **renúncia de parlamentar** submetido a processo que vise ou possa levar à perda do mandato, nos termos deste artigo, terá seus efeitos suspensos até as deliberações finais de que tratam os §§ 2º e 3º.*

FISCALIZAÇÃO CONTÁBIL, FINANCEIRA E ORÇAMENTÁRIA

A Constituição brasileira de 1988 consagrou um robusto e complexo sistema de fiscalização contábil, financeira, orçamentária, operacional e patrimonial dos entes federados e de suas respectivas administrações direta e indireta, composto por um ***sistema interno*** e por um ***sistema externo de controle***, sendo este último exercido pelo Poder Legislativo com o auxílio dos Tribunais de Contas.

TRIBUNAL DE CONTAS DA UNIÃO (TCU)

Introdução	O TCU é um órgão autônomo e independente auxiliar dos Poder Legislativo no controle externo das contas públicas, cabendo-lhe, de um modo geral, a fiscalização contábil, financeira, orçamentária, operacional e patrimonial da União e das entidades da administração direta e indireta, quanto à legalidade, legitimidade, economicidade, aplicação das subvenções e renúncia de receitas, de modo que qualquer pessoa física ou jurídica, pública ou privada, que utilize, arrecade, guarde, gerencie ou administre dinheiros, bens e valores públicos ou pelos quais a União responda, ou que, em nome desta, assuma obrigações de natureza pecuniária, deve prestar contas ao TCU.
Composição	Para ser nomeado ***Ministro do TCU*** é preciso preencher os seguintes ***requisitos:*** • ser brasileiro (nato ou naturalizado); • ter mais de 35 e menos de 65 anos de idade; • ter idoneidade moral e reputação ilibada; • ter notórios conhecimentos jurídicos, contábeis, econômicos e financeiros ou de administração pública; • ter mais de 10 anos de exercício de função ou de efetiva atividade profissional que exija os referidos conhecimentos. O TCU é composto por ***9 Ministros escolhidos:*** • ***1/3 pelo Presidente da República,*** com aprovação do Senado Federal, sendo dois alternadamente dentre auditores e membros do Ministério Público junto ao Tribunal, indicados em lista tríplice pelo Tribunal, segundo os critérios de antiguidade e merecimento. • ***2/3 pelo Congresso Nacional.***
Garantias dos Ministros do TCU	Os Ministros do TCU terão as mesmas garantias, prerrogativas, impedimentos, vencimentos e vantagens dos Ministros do STJ, sendo-lhes aplicado, quanto à aposentadoria e pensão, as normas constantes do art. 40, da CF/88, que dispõem sobre o regime próprio de previdência dos servidores públicos civis.

Atribuições do TCU	I – apreciar as contas prestadas anualmente pelo Presidente da República, mediante parecer prévio que deverá ser elaborado em sessenta dias a contar de seu recebimento; II – julgar as contas dos administradores e demais responsáveis por dinheiros, bens e valores públicos da administração direta e indireta, incluídas as fundações e sociedades instituídas e mantidas pelo Poder Público federal, e as contas daqueles que derem causa a perda, extravio ou outra irregularidade de que resulte prejuízo ao erário público; III – apreciar, para fins de registro, a legalidade dos atos de admissão de pessoal, a qualquer título, na administração direta e indireta, incluídas as fundações instituídas e mantidas pelo Poder Público, excetuadas as nomeações para cargo de provimento em comissão, bem como a das concessões de aposentadorias, reformas e pensões, ressalvadas as melhorias posteriores que não alterem o fundamento legal do ato concessório; IV – realizar, por iniciativa própria, da Câmara dos Deputados, do Senado Federal, de Comissão técnica ou de inquérito, inspeções e auditorias de natureza contábil, financeira, orçamentária, operacional e patrimonial, nas unidades administrativas dos Poderes Legislativo, Executivo e Judiciário, e demais entidades referidas no inciso II; V – fiscalizar as contas nacionais das empresas supranacionais de cujo capital social a União participe, de forma direta ou indireta, nos termos do tratado constitutivo; VI – fiscalizar a aplicação de quaisquer recursos repassados pela União mediante convênio, acordo, ajuste ou outros instrumentos congêneres, a Estado, ao Distrito Federal ou a Município; VII – prestar as informações solicitadas pelo Congresso Nacional, por qualquer de suas Casas, ou por qualquer das respectivas Comissões, sobre a fiscalização contábil, financeira, orçamentária, operacional e patrimonial e sobre resultados de auditorias e inspeções realizadas; VIII – aplicar aos responsáveis, em caso de ilegalidade de despesa ou irregularidade de contas, as sanções previstas em lei, que estabelecerá, entre outras cominações, multa proporcional ao dano causado ao erário; IX – assinar prazo para que o órgão ou entidade adote as providências necessárias ao exato cumprimento da lei, se verificada ilegalidade; X – sustar, se não atendido, a execução do ato impugnado, comunicando a decisão à Câmara dos Deputados e ao Senado Federal; XI – representar ao Poder competente sobre irregularidades ou abusos apurados.
Ministério Público junto ao TCU	O Ministério Público junto ao Tribunal de Contas da União (MPTCU) possui fisionomia institucional própria, que não se confunde com a do Ministério Público comum, tendo como missão a guarda da lei e fiscalização de sua execução. Aos membros do MPTCU aplicam-se os direitos, as vedações e a forma de investidura dos membros do Ministério Público comum previstos na Constituição.

TRIBUNAL DE CONTAS DOS ESTADOS E DO DISTRITO FEDERAL
A fiscalização externa das contas da Administração dos Estados e do Distrito Federal é realizada pela Assembleia Legislativa dos Estados (ou Câmara Legislativa, no caso do DF), com auxílio do ***Tribunal de Contas do Estado (ou do DF)***, órgão estadual (ou distrital), independente e autônomo, de natureza técnica, auxiliar do poder legislativo, ao qual incumbe a fiscalização externa das contas do Estado. Por força do ***princípio da simetria***, as normas constitucionais relativas ao TCU aplicam-se, no que couber, à organização, composição e fiscalização dos Tribunais de Contas dos Estados e do Distrito Federal. Ademais, segundo a CF/88, as Constituições estaduais disporão sobre os Tribunais de Contas dos Estados, que serão integrados por sete Conselheiros, sendo que, conforme a súmula 653, do STF, quatro devem ser escolhidos pela Assembleia Legislativa do Estado e três pelo Governador, cabendo a este indicar um dentre auditores, um dentre membros do Ministério Público, e um terceiro a sua livre escolha.

FISCALIZAÇÃO DAS CONTAS MUNICIPAIS E TRIBUNAL DE CONTAS DOS MUNICÍPIOS
Nos Municípios em que há Tribunal de Contas do Município – somente nos Municípios de São Paulo e Rio de Janeiro, sendo vedada a criação de novos tribunais municipais –, as contas do Município serão fiscalizadas pela Câmara Municipal de Vereadores com o auxílio do Tribunal de Contas do Município, órgão municipal de controle externo da Administração municipal. ***Nos Estados em que há Tribunal de Contas dos Municípios*** – como na Bahia, em Goiás e no Pará –, as contas dos Municípios desses Estados serão fiscalizadas pela Câmara Municipal de Vereadores com o auxílio do Tribunal de Contas dos Municípios, órgão estadual de controle externo da Administração municipal. ***Nos Estados em que NÃO há Tribunal de Contas dos Municípios***, as contas dos Municípios desses Estados serão fiscalizadas pela Câmara Municipal de Vereadores com o auxílio do Tribunal de Contas do Estado, órgão estadual de controle externo da Administração estadual e, residualmente, da Administração municipal.

Capítulo XVII
PROCESSO LEGISLATIVO

1. CONCEITO

O processo legislativo consiste no procedimento constitucionalmente estabelecido que visa produzir as normas primárias do ordenamento jurídico. Em Constituições de Estados Democráticos de Direito pode-se falar em um verdadeiro *devido processo legislativo*, regulado por regras e princípios que buscam assegurar a soberania popular, a democracia e a cidadania no desenvolvimento do procedimento de produção das normas primárias do sistema jurídico.[1]

Assim, para além de uma *definição formal* do processo legislativo, pela qual ele é visto como um procedimento preordenado de atos que visam produzir as leis, o processo legislativo pode e deve ser compreendido a partir de uma *definição material (ou substancial)*, pela qual ele é visto como um procedimento em contraditório, realizado discursivamente em condições equânimes pelos representantes do povo, objetivando a criação democrática do direito.[2]

2. ESPÉCIES NORMATIVAS PRIMÁRIAS

As normas jurídicas primárias são aquelas oriundas do devido processo legislativo constitucional que dão origem às espécies legislativas (art. 59), espécies normativas que são capazes de inovar na ordem jurídica (constituir direito novo), criando, modificando e extinguindo o direito de forma direta e primária, encontrando seu fundamento diretamente na Constituição, diferenciando-se das normas jurídicas secundárias, que não inovam na ordem jurídica de forma direta e se destinam a regulamentar, implementar e aplicar as normas primárias, como, por exemplo, os decretos, portarias, regulamentos, resoluções, sentenças etc.

Nos termos do art. 59, da CF/88, ***são espécies legislativas (normativas) primárias do ordenamento jurídico brasileiro:*** *i)* emendas à Constituição; *ii)* leis complementares; *iii)* leis ordinárias; *iv)* leis delegadas; *v)* medidas provisórias; *vi)* decretos legislativos; e *vii)* resoluções.

O parágrafo único, do art. 59, afirma que lei complementar disporá sobre a elaboração, redação, alteração e consolidação das leis. Atualmente, a lei complementar 95/1998 é que regulamenta essa matéria.

Nada obstante, as normas fundamentais do devido processo legislativo encontram-se na própria Constituição (art. 59 a 69), de modo que lesões ao devido processo legislativo são lesões à própria Constituição, o que enseja ***controle de constitucionalidade preventivo, de natureza política,*** pela Comissão de Constituição e Justiça e pelo Presidente da República (pelo poder de veto), bem como ***controle de constitucionalidade repressivo, de natureza judicial,*** que pode ser exercido de forma difusa ou concentrada. Para além disso, é possível, excepcionalmente, o ***controle de constitucionalidade preventivo pelo Poder Judiciário*** sempre que forem desrespeitadas as normas constitucionais concernentes à elaboração das espé-

1. LONGHI, João Vitor Rozatti. Processo Legislativo Interativo. Curitiba: Juruá, 2017.
2. OLIVEIRA, Marcelo A. Cattoni. Devido Processo Legislativo. 2. ed. Belo Horizonte: Mandamentos, 2006.

cies normativas primárias, hipótese em que os parlamentares da casa legislativa em que o projeto estiver sendo violado poderão impetrar com mandado de segurança para assegurar seu direito líquido e certo ao devido processo legislativo.[3]

3. CLASSIFICAÇÃO DO PROCESSO LEGISLATIVO

A doutrina tradicional classifica o processo legislativo, identificando alguns tipos ou espécies a partir de ***dois critérios:***

Quanto à organização política o processo legislativo pode ser: a) autocrático; b) direto; c) indireto; e d) semidireto.

P.L. Autocrático	P.L. Direto	P.L. Indireto	P.L. Semidireto
Aquele em que o povo não participa do processo de elaboração das leis, pois são produzidas autocraticamente, por um soberano, por um "líder", ou mesmo por um grupo (aristocracias).	Aquele no qual o povo participa do processo de elaboração das leis de forma direta, sem intermédio de representantes.	Aquele em que o processo de elaboração das leis é exercido por represententes do povo. ***É a regra da nossa ordem constitucional.***	Aquele no qual as leis são elaboradas por representantes e referendadas pelo povo. Não é a regra, mas ***existe na nossa ordem jurídica***, mediante ***referendo*** (posterior) e ***plebiscito*** (anterior).

Quanto ao procedimento o processo legislativo pode ser: a) ordinário; b) sumário; e c) especial.

P.L. Ordinário	P.L. Sumário	P.L. Especial
É o procedimento utilizado para a elaboração das leis ordinárias. Esse procedimento estabelece as normas gerais do processo legislativo brasileiro.	É o procedimento utilizado para a elaboração de leis nos casos de regime de urgência constitucional, solicitado pelo Presidente da República em matérias de sua iniciativa.	É o procedimento utilizado para a elaboração das Emendas à Constituição, Leis Complementares, Leis Delegadas, Medidas Provisórias, Decretos Legislativos e Resoluções.

4. FASES DO PROCESSO LEGISLATIVO

A doutrina divide o processo legislativo em três fases: a) iniciativa (ou introdutória); b) constitutiva; e c) complementar (ou de integração de eficácia).

Introdutória	Constitutiva	Complementar
É a fase na qual o processo legislativo é deflagrado, iniciado, operando-se mediante a propositura de um projeto de "lei".	É a fase de tramitação do processo legislativo, é a fase em que ocorrem as discussões e deliberações dos projetos de "lei", sendo nessa fase que as espécies legislativas nascem.	É a fase em que a existência da espécie legislativa será atestada (promulgação) e receberá eficácia, tornando-se apta a produzir seus efeitos (publicação).

3. STF, MS 24.642.

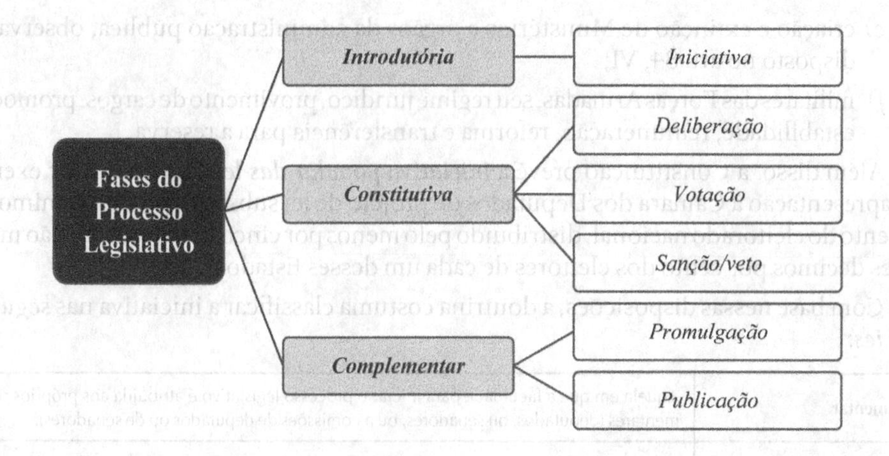

5. PROCESSO LEGISLATIVO ORDINÁRIO

O processo legislativo ordinário é o procedimento utilizado para a ***elaboração das leis ordinárias***. Esse procedimento ***estabelece as normas gerais do processo legislativo brasileiro***, ou seja, ao apresentarmos o desenvolvimento do processo legislativo ordinário, estaremos apresentando o arquétipo geral do processo legislativo pátrio, de modo que nas demais espécies de processos legislativos (sumário e especiais), iremos apresentar, basicamente, apenas aquilo que é diferente do processo legislativo ordinário.

5.1 Fase introdutória

A fase introdutória é aquela em que o processo legislativo é deflagrado, iniciando-se pela apresentação de um determinado projeto de lei pelas autoridades a quem a Constituição atribuiu essa iniciativa.

Assim, nos termos constitucionais, ***a iniciativa das leis ordinárias cabe*** a qualquer membro ou Comissão da Câmara dos Deputados, do Senado Federal ou do Congresso Nacional, ao Presidente da República, ao Supremo Tribunal Federal, aos Tribunais Superiores, ao Procurador-Geral da República e aos cidadãos, na forma e nos casos previstos na Constituição.

Ademais, segundo a Constituição são de ***iniciativa privativa do Presidente da República as leis que:***

i) fixem ou modifiquem os efetivos das Forças Armadas;

ii) disponham sobre:

a) criação de cargos, funções ou empregos públicos na administração direta e autárquica ou aumento de sua remuneração;

b) organização administrativa e judiciária, matéria tributária e orçamentária, serviços públicos e pessoal da administração dos Territórios;

c) servidores públicos da União e Territórios, seu regime jurídico, provimento de cargos, estabilidade e aposentadoria;

d) organização do Ministério Público e da Defensoria Pública da União, bem como normas gerais para a organização do Ministério Público e da Defensoria Pública dos Estados, do Distrito Federal e dos Territórios;

e) criação e extinção de Ministérios e órgãos da administração pública, observado o disposto no art. 84, VI;

f) militares das Forças Armadas, seu regime jurídico, provimento de cargos, promoções, estabilidade, remuneração, reforma e transferência para a reserva.

Além disso, a Constituição prevê a ***iniciativa popular das leis***, que pode ser exercida pela apresentação à Câmara dos Deputados de projeto de lei subscrito por, no mínimo, um por cento do eleitorado nacional, distribuído pelo menos por cinco Estados, com não menos de três décimos por cento dos eleitores de cada um desses Estados.

Com base nessas disposições, a doutrina costuma classificar a iniciativa nas ***seguintes espécies:***

Parlamentar	Aquela em que a faculdade para iniciar o processo legislativo é atribuída aos próprios parlamentares (deputados, ou senadores, ou a comissões de deputados ou de senadores).
Extraparlamentar	Aquela atribuída a outras pessoas que não os parlamentares, como, por exemplo, as iniciativas atribuídas ao Presidente da República, ao Supremo Tribunal Federal, aos Tribunais Superiores, ao Procurador Geral da República e ao povo (iniciativa popular).
Privativa (exclusiva ou reservada)	Aquela em que a iniciativa é atribuída a uma única pessoa ou a um único ente, excluindo-se quaisquer outros, como, por exemplo, as iniciativas privativas do Presidente da República (art. 61, §1º) ou do Supremo Tribunal Federal (art. 93, *caput*, e art. 48, XV).
Concorrente	Aquela em que a iniciativa é atribuída a mais de uma autoridade em concorrência, podendo qualquer um deles apresentar o projeto de lei. ***Em regra, a iniciativa é concorrente.***
Conjunta	Aquela em que a iniciativa é atribuída a mais de uma autoridade ou ente em comunhão (em grupo), sendo necessário que todos eles apresentem o projeto conjuntamente.
Vinculada	Aquela atribuída a uma autoridade ou ente que é obrigado a iniciar o processo legislativo, na forma e no prazo constitucionalmente estabelecidos, como, por exemplo, a iniciativa da Lei Orçamentária Anual (LOA).

Por fim, é importante fazermos algumas observações à luz da jurisprudência do Supremo Tribunal Federal acerca da iniciativa:

- A *iniciativa privativa* do Presidente da República é norma de reprodução obrigatória nas Constituições dos Estados, devendo ser atribuídas aos Governadores, em âmbito estadual, não se admitindo que os parlamentares estaduais iniciem o processo legislativo nesses casos, nem mesmo por Emendas à Constituição do Estado.[4]
- Em projetos de lei de *iniciativa privativa* do chefe do poder executivo, o poder legislativo não pode estabelecer prazo para que a iniciativa seja exercida.[5]
- As hipóteses de *iniciativa privativa* são taxativas (*numerus clausus*), não admitindo sequer interpretação com efeitos extensivos.[6]
- Quando outra autoridade ou ente apresentar projeto de lei em matéria de *iniciativa privativa* do chefe do poder executivo, essa lei será formalmente inconstitucional (por vício de origem insanável), ainda que o chefe do poder executivo a tenha sancionado.[7]
- O art. 61, §1º, II, "d", prevê que são de iniciativa privativa do Presidente da República as leis que disponham sobre a organização do Ministério Público. Já o art. 128, §5º,

4. STF, ADI 2.966.
5. STF, ADI 456.
6. STF, ADI 776.
7. STF, ADI 1.381.

prevê que é facultado aos Procuradores Gerais a iniciativa de leis que disponham sobre a organização do Ministério Público. Diante dessa celeuma, o Supremo decidiu que é de *iniciativa concorrente* a competência para deflagrar os projetos de lei que disponham sobre a organização do Ministério Público.[8]

- A *iniciativa vinculada* só é legítima se estiver prevista na Constituição, não podendo ser estabelecida por meio de lei infraconstitucional.[9]

5.1.1 Iniciativa popular de lei

A iniciativa popular de lei é um direito político do povo, que lhe assegura a possibilidade de deflagrar o processo legislativo, isto é, de propor um projeto de lei. Assim, nos termos do art. 61, §2º, da CF/88, pode ser exercida pela apresentação à Câmara dos Deputados de projeto de lei subscrito por, no mínimo, um por cento do eleitorado nacional, distribuído pelo menos por cinco Estados, com não menos de três décimos por cento dos eleitores de cada um deles.

Nos termos do art. 13, da Lei 9.709/98, o projeto de lei de iniciativa popular deverá circunscrever-se a um só assunto e não poderá ser rejeitado por vício de forma, cabendo à Câmara dos Deputados, por seu órgão competente, providenciar a correção de eventuais impropriedades de técnica legislativa ou de redação. Assim, verificando-se o cumprimento das exigências supracitadas, a Câmara dos Deputados, casa iniciadora do processo legislativo deflagrado por iniciativa popular, dará seguimento à iniciativa popular, consoante as normas do regimento interno.

Com base no princípio da simetria, a Constituição dispõe que cabe a legislação dos Estados disciplinar a ***iniciativa popular de lei estadual*** (art. 27, §4º) e que a ***iniciativa popular de lei municipal*** exige a manifestação de, pelo menos, 5% (cinco por cento) do eleitorado do Município (art. 29, XIII).

5.2 Fase constitutiva

A fase constitutiva é a fase de formação das leis, sendo nessa fase que as espécies legislativas nascem. Trata-se da fase de tramitação do processo legislativo, na qual ocorrem as discussões, a votação (deliberação) e a sanção ou veto.

A estrutura do nosso poder legislativo federal é bicameral, de modo que nossa legislação deve ser deliberada na Câmara dos Deputados e no Senado Federal. Assim, teremos uma *casa iniciadora*, aquela em que o projeto de lei será apresentado e discutido primeiro, e uma *casa revisora*, aquela a quem caberá rever o projeto de lei, discutindo-o após sua votação pela casa iniciadora.

Em regra, a ***casa iniciadora*** será a casa a que pertence o parlamentar ou comissão que está apresentando o PLO. Contudo, a discussão e votação dos projetos de lei de iniciativa do Presidente da República, do Supremo Tribunal Federal, dos Tribunais Superiores e de iniciativa popular terão início na Câmara dos Deputados.

O ***percurso formativo das leis ordinárias*** segue uma sequência preordenado de atos. Vejamos cada um deles:

8. STF, RE 262.178.
9. STF, MS 22.690.

1º. O Projeto de Lei Ordinária (PLO) começa com a iniciativa dos legitimados, que propõem um projeto de lei, que será encaminhado à mesa diretora da casa legislativa iniciadora, devendo o PLO ser lido em plenário, receber um número de ordem e ser publicado no Diário Oficial e em avulsos.

2º. Após isso, o presidente da casa legislativa tomará algumas importantes decisões sobre o PLO, devendo:

i) fazer um juízo de admissibilidade do PLO, verificando se ele está devidamente formalizado e se não é antirregimental ou claramente inconstitucional e se é da competência da casa;

ii) definir o regime de tramitação;

iii) definir por quais comissões o PLO deverá tramitar.

Sobre o regime de tramitação nas casas legislativas, há de se dizer que existem dois regimes de tramitação que podem ser escolhidos pelo presidente da casa:

Regime de Tramitação Tradicional	Regime de Tramitação Conclusivo
Por esse regime, o PLO tramitará e será e votado (deliberado) em plenário.	Por esse regime, o PLO tramitará e será e votado (deliberado) somente pelas comissões, não indo a plenário, conforme o art. 58, § 2º, I, da CF/88.
Da decisão do Presidente da casa que escolher o regime de tramitação conclusivo (também chamado de terminativo) cabe recurso, que pode ser interposto por 1/10 dos membros da Casa (art. 58, §2º). Se o recurso for provido em plenário, a tramitação passa a ser tradicional, se improvido, a tramitação segue pelo regime terminativo.	

Sobre a tramitação e as comissões, é importante dizer que é no âmbito da ***tramitação nas casas legislativas*** que os PLOs passarão pelas ***Comissões*** que o Presidente da casa escolher. Contudo, independentemente das comissões escolhidas, obrigatoriamente todos os projetos passarão pela Comissão de Constituição e Justiça (CCJ), a qual cabe analisar a constitucionalidade, a legalidade, a juridicidade, a regimentalidade e a formalidade dos projetos de lei, emitindo parecer terminativo (que determinam o arquivamento do PLO e não apenas recomendam).[10] Ademais, na Câmara dos Deputados, caso o Presidente determine que o PLO passe por mais de 3 comissões, será criada comissão especial com membros de todas as comissões pelas quais o PLO passaria.

3º. Após a tramitação, discussão e análise do PLO pelas comissões, ele será votado, no regime de tramitação conclusiva, pelas próprias comissões e, no regime de tramitação tradicional, pelo plenário da casa legislativa.

4º. Se o PLO for aprovado, ele seguirá para a casa revisora. Contudo, se o PLO for rejeitado, ele será arquivado e, conforme dispõe o art. 67, da CF/88, a matéria constante de projeto de lei rejeitado somente poderá constituir objeto de novo projeto, na mesma sessão legislativa (ano legislativo), mediante proposta da maioria absoluta dos membros de qualquer das casas do Congresso Nacional.

Sobre ***a votação do PLO***, vale lembrar que as leis ordinárias seguem a regra geral do art. 47, da CF/88, segundo o qual, salvo disposição constitucional em contrário, as deliberações de cada casa e de suas comissões serão tomadas por maioria dos votos (***maioria simples***), presente a maioria absoluta de seus membros.

10. Além da CCJ, a Comissão de Finanças também pode determinar o arquivamento de projetos (parecer terminativo).

5º. Independentemente do regime de tramitação, os parlamentares poderão propor *emendas* ao PLO, com o objetivo de modificá-lo por questões de conveniência ou legalidade. Assim, as emendas constituirão parte acessória do PLO.

Sobre as ***emendas parlamentares***, é importante dizer que elas não podem acarretar aumento da despesa prevista: *i)* nos projetos de iniciativa exclusiva do Presidente da República, ressalvado o disposto no art. 166, § 3º e § 4º, da CF/88; *ii)* nos projetos sobre organização dos serviços administrativos da Câmara dos Deputados, do Senado Federal, dos Tribunais Federais e do Ministério Público. Ademais, conforme já decidiu o STF, nesses casos de iniciativa privativa de autoridades não parlamentares, as emendas devem ter pertinência temática com o PLO.[11]

Além disso, conforme preleciona a doutrina,[12] é possível identificar as seguintes ***espécies de emendas parlamentares:***

Emendas aditivas	São aquelas que acrescentam algo à proposição principal.
Emendas supressivas	São aquelas que retiram algo da proposição principal.
Emendas aglutinativas	São aquelas que resultam da fusão de duas ou mais emendas com a proposição principal.
Emendas modificativas	São aquelas que alteram a proposição principal sem modificar sua essência.
Emendas substitutivas	São aquelas que alteram substancial ou formalmente a proposição principal modificando sua essência, de tal modo que se apresentam como sucedâneo da proposição principal, consequentemente, substituindo-a, na prática.
Emendas de redação	São aquelas que visam sanar vícios de linguagem ou incorreções técnicas na proposição principal.

6º. O PLO aprovado pela casa iniciadora será encaminhado para a casa revisora que irá deliberar sobre ele nos mesmos moldes que a casa iniciadora, podendo ocorrer três situações:

i) se a casa revisora tiver aprovado o PLO sem emendas, ela o enviará para o Presidente da República para que o sancione ou vete;

ii) se a casa revisora tiver aprovado o PLO com emendas, ele voltará à casa iniciadora para que ela delibere sobre as emendas.

iii) se a casa revisora rejeitar o PLO, ele será arquivado.

7º. Como visto, se a casa revisora tiver aprovado o PLO com emendas, ele voltará à casa iniciadora para que ela delibere sobre as emendas. Nesse caso é preciso fazer três observações:

- O PLO só voltará à casa iniciadora se a emenda parlamentar (feita pela casa revisora) tiver acarretado modificação no sentido normativo da disposição.[13]
- É vedada a apresentação de subemendas (emenda da emenda) pela casa revisora;
- Em regra, a deliberação das emendas é feita em bloco, salvo se houver pareceres diferentes no âmbito das comissões ou se houver pedido de destaque;
- A casa iniciadora poderá aprovar ou rejeitar as emendas. Se aprovar, o PLO, agora modificado pelas emendas, será enviado para a sanção (ou veto) do Presidente da

11. STF, ADI 2.305.
12. FERNANDES, Bernardo G. Curso de Direito Constitucional. 11. ed. Salvador: Juspodivm, 2019, p. 1271.
13. STF, ADI 2.238.

República. Se rejeitar, o PLO originariamente aprovado pela casa iniciadora será enviado para a sanção (ou veto) do Presidente da República.

8º. Como visto, a Casa na qual tenha sido concluída a votação enviará o projeto de lei ao Presidente da República, que poderá sancioná-lo ou vetá-lo. A ***sanção*** é o ato constitutivo que transforma o projeto de lei em lei, podendo ser ***expressa ou tácita***.[14]

Sanção Expressa	Sanção Tácita
Ocorre quando o Presidente da República sanciona de forma expressa o PLO, dentro do prazo de 15 dias úteis, contados da data de seu recebimento.	Ocorre quando o Presidente da República não sanciona expressamente o PLO, dentro do prazo de 15 dias úteis, mas também não o veta.[15]
Sanção e Vício de Iniciativa: A sanção a projeto de lei não convalida vício formal subjetivo de iniciativa. Assim, se o projeto de lei era de iniciativa do chefe do Executivo, mas foi proposto, por exemplo, por um parlamentar (vício de iniciativa), ainda que o chefe do Executivo o sancione, essa sanção não supre o vício, sendo a lei inconstitucional por vício de iniciativa. Ademais, segundo o STF, também é inconstitucional norma da Constituição Estadual que permita que o chefe do executivo estadual convalide vício de iniciativa de projeto de lei através da sanção, por ofensa à separação dos poderes e ao devido processo legislativo estabelecido na Constituição Federal.[16]	

Contudo, se o Presidente da República considerar o projeto, no todo ou em parte, inconstitucional ou contrário ao interesse público, poderá vetá-lo total ou parcialmente, no prazo de 15 dias úteis, contados da data do recebimento, e comunicará, dentro de 48 horas, ao Presidente do Senado Federal os motivos do veto. Nesses termos, ***o veto pode ser:***

Político	Jurídico	Político-Jurídico
Ocorre quando o motivo do veto pauta-se no interesse público.	Ocorre quando o motivo do veto pauta-se em inconstitucionalidade.	Ocorre quando o motivo do veto pauta-se, no interesse público e em inconstitucionalidade.

Por fim, é importante registrar que a doutrina[17] costuma apontar as seguintes características do veto presidencial:

- É sempre ***expresso***, não se admitindo veto tácito;
- Deve ser ***motivado*** e ***formalizado*** (escrito), sob pena de nulidade, o que, consequentemente, pode ensejar sanção tácita;
- Pode ser ***total*** ou ***parcial***. O veto total ocorre quando o Presidente veta a lei inteira. Já o veto parcial ocorre quando o Presidente veta apenas parte da lei, contudo, o veto parcial deve abranger o *texto integral* de artigo, de parágrafo, de inciso ou de alínea, não podendo o Presidente reescrever o dispositivo, de modo que, ou ele veta o dispositivo inteiro (a alínea toda, o inciso todo, o parágrafo todo, ou o artigo todo), ou ele não o veta;
- É ***supressivo***, pois retira parte do projeto de lei, nele nada podendo acrescentar;
- É ***irretratável***, não podendo o Presidente voltar atrás e alterar o teor do veto;
- É ***relativo***, pois ***pode ser superado (derrubado) pelo Congresso Nacional***. Assim, nos termos constitucionais, o veto será apreciado em sessão conjunta, dentro de 30 dias

14. FERNANDES, Bernardo G. Curso de Direito Constitucional. 11. ed. Salvador: Juspodivm, 2019, p. 1274.
15. Nesse caso, se a lei não for promulgada dentro de 48 horas pelo Presidente da República, o Presidente do Senado a promulgará, e, se este não o fizer em igual prazo, caberá ao vice-Presidente do Senado fazê-lo.
16. STF, ADI 6.337, Rel. Min. Rosa Weber.
17. Ibidem, p. 1275.

a contar de seu recebimento, só podendo ser rejeitado pelo voto da maioria absoluta dos deputados e senadores e, se esgotado esse prazo sem deliberação do Congresso Nacional, o veto será colocado na ordem do dia da sessão imediata, sobrestadas as demais proposições de tramitação conjunta do Congresso Nacional, até sua votação final. Se o veto não for mantido, isto é, se ele for derrubado, será o PLO enviado ao Presidente da República para promulgação e publicação. Se a lei não for promulgada dentro de 48 horas pelo Presidente da República, o Presidente do Senado a promulgará, e, se este não o fizer em igual prazo, caberá ao vice-Presidente do Senado fazê-lo. Por fim, vale registrar que o STF já decidiu que o Congresso não tem que seguir a ordem cronológica na apreciação dos vetos presidenciais, podendo apreciar vetos mais recentes antes de apreciar vetos mais antigos.[18]

5.3 Fase complementar

A fase complementar é aquela em que a espécie legislativa terá sua existência atestada (promulgação) e receberá eficácia, tornando-se apta a produzir seus efeitos (publicação). Aqui é importante relembrar que a lei é criada com a sanção do Presidente ou com a derrubada do veto presidencial pelo Congresso, isto é, a lei é criada na fase constitutiva, de modo que a promulgação apenas atestará a existência da lei, assim, em uma analogia simplista, a promulgação funciona como uma espécie de "registro de nascimento" das leis, atestando que eles existem.

Promulgação	Publicação
É o atestado de existência das leis, que referenda e certifica que há uma nova lei no ordenamento jurídico, tendo, portanto, natureza declaratória.	É a publicização e oficialização da lei, divulgando a todos que há uma nova lei na ordem jurídica, conferindo-lhe, então, aptidão para produzir seus efeitos, isto é, conferindo-lhe eficácia jurídica.

Como vimos, se a lei não for promulgada dentro de 48 horas pelo Presidente da República, o Presidente do Senado a promulgará, e, se este não o fizer em igual prazo (de 48 horas), caberá ao Vice-Presidente do Senado fazê-lo, imediatamente, sob pena de crime de responsabilidade.

Por outro lado, não há uma previsão para os casos de não publicação. Assim, diante do silêncio constitucional, aquele que promulgou a lei tem o dever de publicá-la, aplicando-se à publicação os mesmos prazos aplicáveis à promulgação.[19]

Ademais, segundo o STF (RE 706.103) em caso de veto parcial ao PLO, é possível a promulgação, pelo chefe do Poder Executivo, da parte incontroversa do projeto de lei que não foi vetada, antes mesmo da manifestação do Poder Legislativo pela manutenção ou rejeição do veto (art. 66, §4º), inexistindo vício de inconstitucionalidade dessa parte inicialmente publicada pela ausência de promulgação da derrubada dos vetos.

18. STF, MS 31.832 AgR-MC.
19. SILVA, José Afonso da. Processo constitucional de formação das leis. 3. ed. São Paulo: Malheiros, 2017, p. 258-259.

5.4 Sistematização do processo legislativo ordinário[20]

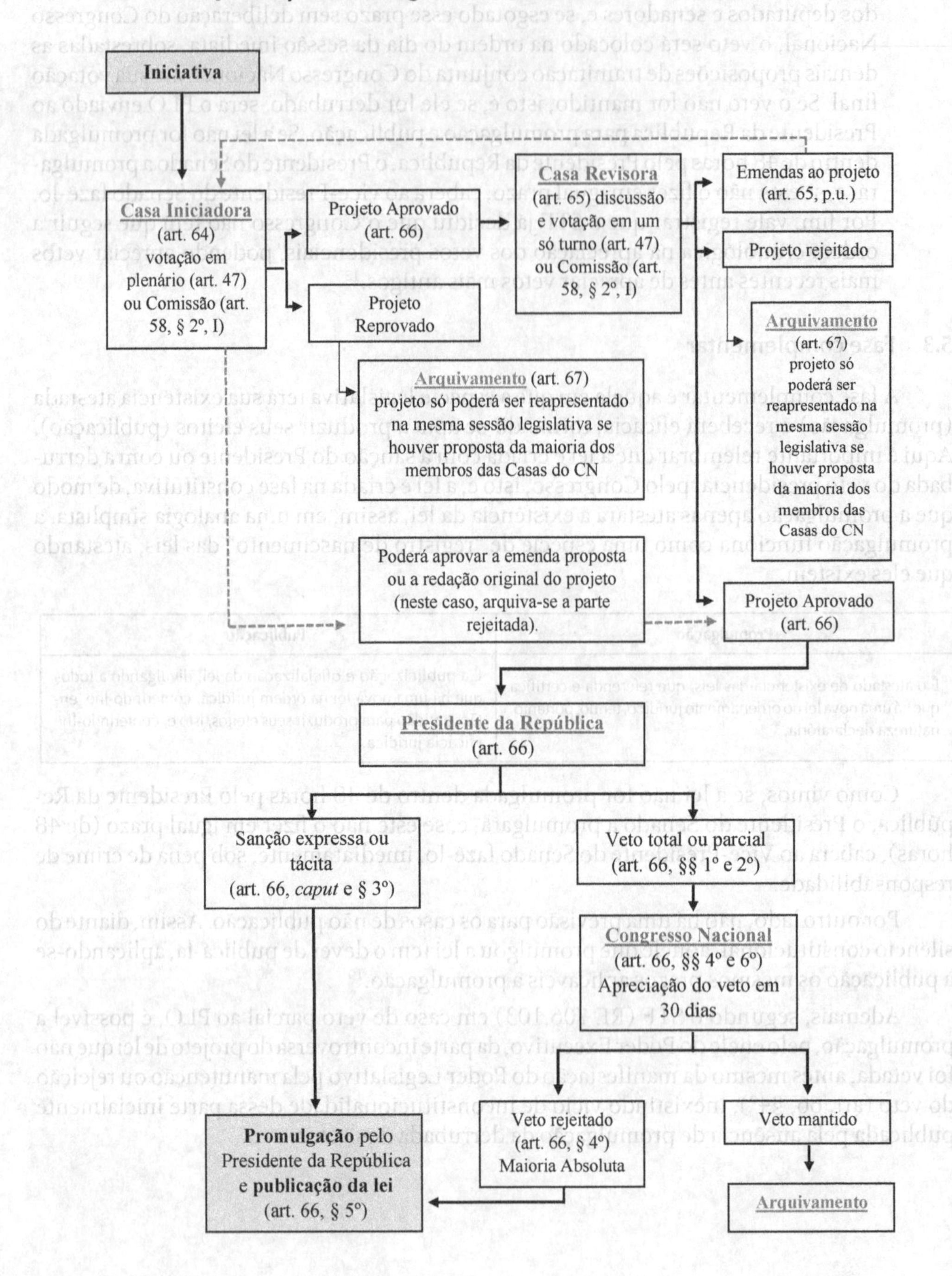

20. NOVELINO, Marcelo. Curso de Direito Constitucional. 13. ed. Salvador: Juspodivm, 2018, p. 686.

6. PROCESSO LEGISLATIVO SUMÁRIO: REGIME CONSTITUCIONAL DE URGÊNCIA

O processo legislativo sumário, também chamado de regime constitucional de urgência, possui um procedimento muito semelhante ao do processo legislativo ordinário, diferenciando-se, basicamente, pela imposição de prazos para a deliberação das casas legislativas.

Nos termos constitucionais, o Presidente da República poderá solicitar urgência para apreciação de projetos de sua iniciativa. Assim, para que o processo legislativo sumário seja implementado é necessário: *i)* que o projeto de lei seja de iniciativa do Presidente da República; *ii)* que o Presidente faça a solicitação do regime de urgência.

Uma vez feita a solicitação do regime constitucional de urgência pelo Presidente da República, se a Câmara dos Deputados e o Senado Federal não se manifestarem sobre a proposição, cada qual sucessivamente, em até 45 dias, sobrestar-se-ão todas as demais deliberações legislativas da respectiva casa legislativa, com exceção das que tenham prazo constitucional determinado (por exemplo, as medidas provisórias – art. 62, §6º), até que se ultime a votação. Ademais, segundo dispõe a Constituição, a apreciação das emendas do Senado Federal pela Câmara dos Deputados far-se-á no prazo de dez dias.

Deste modo, o *procedimento* do processo legislativo sumário desenvolve-se da seguinte maneira:

1º. Projeto de lei de iniciativa do Presidente da República apresentado à Câmara dos Deputados;

2º. Solicitação do Presidente do regime constitucional de urgência;

3º. A Câmara dos Deputados (casa iniciadora) terá 45 dias para discutir e votar o projeto de lei;

4º. Após a deliberação da Câmara dos Deputados, o Senado Federal (casa revisora) terá 45 dias para discutir e votar o projeto de lei;

5º. Caso o Senado Federal tenha aprovado o projeto de lei com emendas, o projeto será remetido à Câmara dos Deputados que terá 10 dias para apreciar as referidas emendas.

Por fim, nos termos da CF/88, é importante observar que os prazos do processo legislativo sumário não correm nos períodos de ***recesso parlamentar***, nem se aplicam aos ***projetos de código*** (art. 64, §4º), contudo aplicam-se em atos de outorga e renovação de concessão, permissão e autorização para o serviço de radiodifusão sonora e de sons e imagens (art. 223, §1º).

7. PROCESSO LEGISLATIVO DAS LEIS COMPLEMENTARES

A lei complementar é uma espécie normativa primária aprovada por maioria absoluta dos membros do parlamento e que tem por objeto matérias taxativamente estabelecidas na Constituição.

O processo legislativo das leis complementares é um ***processo legislativo especial***, que possui procedimento muito semelhante ao do processo legislativo ordinário, tendo, basicamente, quatro ***diferenças***:

DIFERENÇA	Processo Legislativo Especial da Lei Complementar	Processo Legislativo Ordinário da Lei Ordinária
Diferença Material	As matérias de Lei Complementar estão taxativamente previstas na Constituição.	As matérias de Lei Ordinária são residuais, ou seja, aquilo que não for matéria das outras espécies legislativas, é matéria de Lei Ordinária. Por isso, afirma-se que a Lei Ordinária é subsidiária.
Diferença Formal	Para sua aprovação exige-se quórum de maioria absoluta.	Para sua aprovação exige-se quórum de maioria simples.
Regime de Tramitação	Só pode tramitar pelo regime de tramitação tradicional.	Pode tramitar pelo regime de tramitação tradicional e pelo regime de tramitação conclusivo.
Tramitação	O Projeto de Lei Complementar (PLC), em regra, deve ser aprovado em 2 turnos de votação na Câmara dos Deputados e em um único turno no Senado Federal, sempre por maioria absoluta. Caso seja solicitado regime de urgência constitucional pelo Presidente da República em projetos de sua iniciativa, o turno extra na Câmara dos Deputados será suprimido.	O Projeto de Lei Ordinária (PLO) é deliberado em um único turno de votação na Câmara dos Deputados e no Senado Federal.

O fato de as leis complementares exigirem quórum de maioria absoluta para sua aprovação, enquanto as leis ordinárias exigem quórum de maioria simples, sempre ensejou na doutrina e na jurisprudência discussões sobre a hierarquia dessas leis. Essas discussões, sob à égide das Constituições anteriores, poderiam até se justificar, até mesmo pela mentalidade atrasadíssima dos juristas em relação ao direito constitucional e à Constituição, acreditando muitos que as leis complementares complementariam a Constituição, quase que transformando a Constituição de rígida em semirrígida, já que suas "normas complementares" poderiam ser alteradas por um procedimento diferente do que era exigido para alterar o texto da Constituição.

Entretanto, sob à égide da Constituição brasileira de 1988, à luz do constitucionalismo contemporâneo, é insustentável afirmar que há hierarquia entre leis complementares e leis ordinárias, pois não há, nem pode haver. Sob o ponto de vista técnico, as leis complementares e as leis ordinárias possuem apenas objetos diferentes, matérias, conteúdos distintos, ficando alguns conteúdos à cargo das leis complementares e outros à cargo das leis ordinárias, trata-se de uma simples divisão de competências ou atribuições.

Nesse sentido, a doutrina constitucionalista brasileira, de forma esmagadoramente majoritária, defende que ***não há hierarquia entre leis complementares e leis ordinárias***, havendo apenas campos de competências diferentes entre elas, tendo a Constituição reservado algumas matérias para as leis complementares e as outras para as leis ordinárias, havendo quem diga que o conjunto formado pelas leis complementares, pelas leis ordinárias e pelas leis delegadas, formam um verdadeiro ***bloco de legislação ordinária***. Nesse sentido, O STF já se posicionou diversas vezes afirmando que não há hierarquia entre leis complementares e leis ordinárias.[21] No passado, o STJ já chegou a afirmar que havia hierarquia entre leis complementares e leis ordinárias, contudo, há muito tempo o tribunal já ajustou seu posicionamento, reconhecendo que não há hierarquia entre leis complementares e leis ordinárias.[22]

Nesse contexto, devemos enfrentar duas questões. A primeira é: ***se aprovada lei ordinária para matéria reservada a lei complementar, a lei ordinária será inconstitucional?*** A

21. STF, RE 488.033.
22. STJ, Pet (AgR) 5.915.

resposta é SIM, será inconstitucional, vez que a lei ordinária exige quórum de maioria simples e a lei complementar maioria absoluta, de modo que a lei ordinária aprovada não preenche o quórum constitucionalmente estabelecido para a matéria. Vejamos o seguinte *exemplo:*

Segundo o art. 146, II, da Constituição, cabe à lei complementar regular as limitações constitucionais ao poder de tributar. Suponhamos que o Congresso Nacional edite uma Lei Ordinária regulamentando essa matéria.

Essa Lei Ordinária que regulamenta as limitações constitucionais ao poder de tributar será INCONSTITUCIONAL.

Por outro lado, temos uma segunda questão: ***se aprovada lei complementar para matéria reservada a lei ordinária, a lei complementar será inconstitucional?*** A resposta é NÃO, vez que a lei complementar exige quórum de maioria absoluta e a lei ordinária maioria simples, de modo que a lei complementar aprovada preenche o quórum constitucionalmente estabelecido para a matéria, assim a lei complementar aprovada será constitucional. Contudo, ***nesse caso, se, posteriormente surgir uma lei ordinária sobre a matéria que fora legislada por lei complementar no lugar da lei ordinária, essa lei ordinária posterior pode revogar essa lei complementar?*** A resposta é SIM, é óbvio que pode, já que não existe hierarquia entre elas e a Constituição reservou a matéria para lei ordinária, a lei ordinária posterior poderá modificar ou revogar a lei complementar que dispõe sobre matéria de lei ordinária, entendendo-se que essa lei complementar será apenas formalmente complementar, mas materialmente ordinária. Vejamos o seguinte *exemplo:*

Por fim, insta destacar que, em ***âmbito estadual***, a Constituição do Estado só pode exigir lei complementar para tratar de matérias para as quais a Constituição Federal também exigiu lei complementar.[23]

8. PROCESSO LEGISLATIVO DAS LEIS DELEGADAS

A lei delegada é uma espécie normativa primária elaborada pelo Presidente da República após autorização do Poder Legislativo, por resolução do Congresso Nacional, devendo o Presidente editar a lei atendo-se estritamente aos limites da delegação.

As leis delegadas têm um processo legislativo especial, bem diferente das leis ordinárias e das leis complementares, pois são elaboradas pelo Presidente da República e não pelo Congresso Nacional. O ***procedimento*** do processo legislativo das leis delegadas ***desenvolve-se da seguinte maneira:***

23. STF, ADI 5.003.

1ª. FASE INTRODUTÓRIA: A iniciativa é sempre do Presidente da República, que deverá solicitar ao Congresso Nacional que lhe delegue a atribuição para legislar sobre determinada matéria. Essa solicitação não é vinculada, podendo o Congresso aprová-la ou rejeitá-la, por se tratar de um juízo político discricionário do Poder Legislativo.

Aqui é importante observar que nem todas as matérias podem ser objeto de delegação. Assim, ***não serão objeto de delegação:***

a) os atos de competência exclusiva do Congresso Nacional e os de competência privativa da Câmara dos Deputados ou do Senado Federal;

b) as matérias reservadas à lei complementar;

c) a legislação sobre organização do Poder Judiciário e do Ministério Público, a carreira e a garantia de seus membros;

d) a legislação sobre nacionalidade, cidadania, direitos individuais, políticos e eleitorais;

e) a legislação sobre planos plurianuais, diretrizes orçamentárias e orçamentos.

2ª. FASE CONSTITUTIVA: A discussão e deliberação seguirá, nos termos do Regimento Interno do Congresso Nacional (art. 116 a 127), a seguinte sequência de atos:

i) A solicitação do Presidente da República será encaminhada ao Presidente do Congresso Nacional (que é o Presidente do Senado Federal), que designará sessão conjunta, em 72 horas, para que o Congresso tome conhecimento da solicitação presidencial, constituindo, nesta sessão, uma Comissão Mista que deverá emitir um parecer sobre a delegação.

ii) A Comissão deverá concluir seu parecer pela apresentação de ***projeto de resolução*** que especificará o conteúdo da delegação, os termos para o seu exercício e fixará, também, prazo não superior a 45 dias para promulgação, publicação ou remessa do projeto elaborado, para apreciação pelo Congresso Nacional.

iii) Publicado o parecer e distribuídos os avulsos, será convocada sessão conjunta para dentro de 5 dias, destinada à discussão da matéria. Encerrada a discussão, com emendas, a matéria voltará à Comissão, que terá o prazo de 8 dias para sobre elas emitir parecer. Publicado o parecer e distribuídos os avulsos, será convocada sessão conjunta para votação da matéria.

iv) A solicitação do Presidente da República será deliberada pelo Congresso Nacional, exigindo-se apenas maioria simples para sua aprovação, sendo a delegação instrumentalizada por ***Resolução do Congresso Nacional***, que deverá fixar o seu conteúdo e os termos de seu exercício e fixará, também, prazo não superior a 45 dias para promulgação, publicação ou remessa do projeto elaborado, para apreciação pelo Congresso Nacional, considerando-se insubsistente a delegação caso o Presidente da República não cumpra o prazo fixado.

v) Uma vez aprovada a Resolução, será promulgada dentro de 24 horas, feita a comunicação ao Presidente da República, quando for o caso.

vi) A Resolução que delega a competência legislativa ao Presidente da República, poderá determinar a apreciação posterior do Projeto de Lei Delegada pelo Congresso Nacional (***delegação atípica***), ou não (***delegação típica***).

Delegação Típica (ou própria)	Delegação Atípica (ou imprópria)
O Congresso Nacional delega, mediante Resolução, ao Presidente da República, a competência para legislar sobre certa matéria, sem a necessidade de aprovação do Projeto de Lei Delegada pelo Congresso.	O Congresso Nacional delega, mediante Resolução, ao Presidente da República, a competência para legislar sobre certa matéria, determinando que o Projeto de Lei Delegada seja submetido à apreciação do Congresso, que poderá aprova-lo ou rejeitá-lo.

3ª. *FASE COMPLEMENTAR:* A complementação de eficácia da lei delegada irá ocorrer com sua promulgação e publicação pelo Presidente da República, da seguinte maneira:

Na Delegação Típica: após elaborar a lei delegada, o Presidente da República a promulga e publica, sem necessidade de sanção ou qualquer tipo de aprovação pelo Congresso Nacional.

Na Delegação Atípica: após elaborar o projeto de lei delegada, o Presidente da República o remeterá ao Congresso Nacional, sendo que dentro de 48 horas de seu recebimento, o Presidente do Congresso remeterá a matéria à Comissão que tiver examinado a solicitação para, no prazo de 5 dias, emitir seu parecer sobre a conformidade ou não do projeto com o conteúdo da delegação. Após emitido o parecer, o projeto elaborado pelo Presidente da República será votado em globo, admitindo-se a votação destacada de partes consideradas, pela Comissão, em desacordo com o ato da delegação, vedando-se, contudo, qualquer emenda parlamentar.

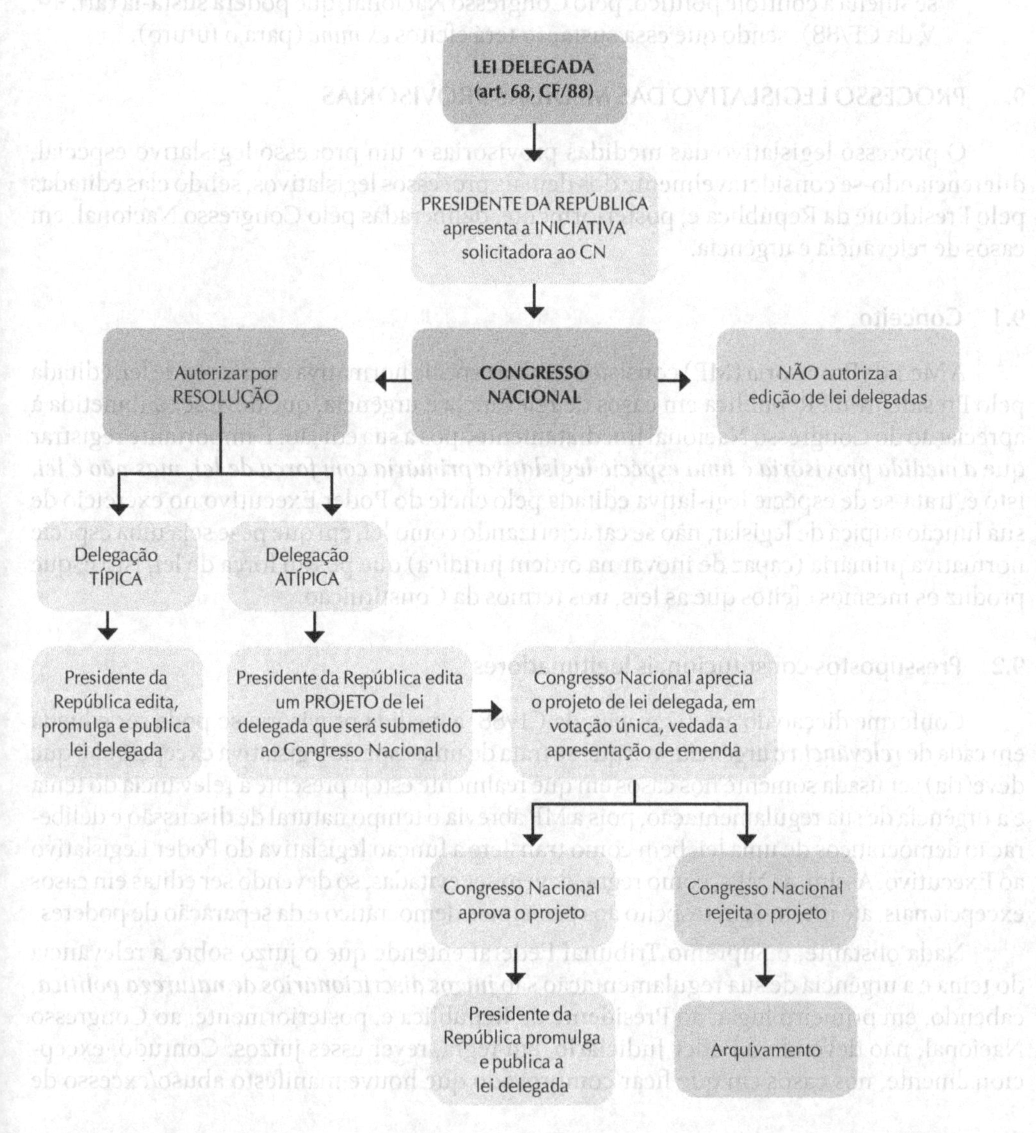

Por fim, é importante fazermos as seguintes observações sobre a lei delegada e seu processo legislativo:

1) O Presidente da República, ao receber a delegação, não está obrigado a legislar. Ele pode legislar, mas não está obrigado;

2) O Presidente da República não pode ultrapassar os limites estritos da delegação;

3) O Congresso Nacional pode sustar a qualquer momento a Resolução que delega ao Presidente a atribuição para editar certa lei delegada;

4) O Congresso Nacional pode produzir uma nova legislação sobre a matéria da lei delegada a qualquer momento, vez que não perde sua competência legislativa em face da delegação;

5) Para além do controle jurídico de validade feito pelo Poder Judiciário, a lei delegada se sujeita a controle político, pelo Congresso Nacional, que poderá sustá-la (art. 49, V, da CF/88), sendo que essa sustação terá efeitos *ex nunc* (para o futuro).

9. PROCESSO LEGISLATIVO DAS MEDIDAS PROVISÓRIAS

O processo legislativo das medidas provisórias é um processo legislativo especial, diferenciando-se consideravelmente dos demais processos legislativos, sendo elas editadas pelo Presidente da República e, posteriormente, deliberadas pelo Congresso Nacional, em casos de relevância e urgência.

9.1 Conceito

A Medida Provisória (MP) consiste em uma espécie normativa com força de lei, editada pelo Presidente da República em casos de relevância e urgência, que deve ser submetida à apreciação do Congresso Nacional imediatamente após a sua edição. É importante registrar que ***a medida provisória é uma espécie legislativa primária com força de lei, mas não é lei***, isto é, trata-se de espécie legislativa editada pelo chefe do Poder Executivo no exercício de sua função atípica de legislar, não se caracterizando como lei, em que pese seja uma espécie normativa primária (capaz de inovar na ordem jurídica) que possui força de lei, isto é, que produz os mesmos efeitos que as leis, nos termos da Constituição.

9.2 Pressupostos constitucionais legitimadores

Conforme dicção do art. 62, *caput*, da CF/88, a medida provisória só pode ser editada em cada de ***relevância e urgência***, vez que se trata de uma espécie legislativa excepcional, que deve(ria) ser usada somente nos casos em que realmente esteja presente a relevância do tema e a urgência de sua regulamentação, pois a MP abrevia o tempo natural de discussão e deliberação democráticos de uma lei, bem como transfere a função legislativa do Poder Legislativo ao Executivo. Assim, as MPs, como regra, devem ser evitadas, só devendo ser editas em casos excepcionais, até mesmo em respeito aos princípios democrático e da separação de poderes.

Nada obstante, o Supremo Tribunal Federal entende que o juízo sobre a relevância do tema e a urgência de sua regulamentação são ***juízos discricionários de natureza política***, cabendo, em primeiro lugar, ao Presidente da República e, posteriormente, ao Congresso Nacional, não devendo o Poder Judiciário, em regra, rever esses juízos. Contudo, excepcionalmente, nos casos em que ficar comprovado que houve manifesto abuso/excesso de poder ou inocorrência clara dos pressupostos da relevância e da urgência, torna-se possível o controle jurisdicional das MPs.[24]

9.3 Prazo de vigência

O prazo de vigência das medidas provisórias é de 60 dias, contados a partir de sua publicação, prorrogável automaticamente, por mais 60 dias, uma única vez, caso sua votação não tenha sido encerrada nas duas casas do Congresso Nacional.

É importante notar que esse prazo só pode ser prorrogado por uma única vez, não se admitindo prorrogações sucessivas. Ademais, conforme dispõe o §3º, do art. 62, da CF/88, o decurso do prazo de vigência das medidas provisórias suspende-se durante os períodos de recesso legislativo, contudo a medida provisória continua produzindo efeitos. Ou seja, suspende-se a contagem do prazo, mas não se suspende a vigência em si da MP.

A prorrogação não se confunde com a reedição. A prorrogação implica na ampliação do prazo de uma medida provisória que está vigente, enquanto a reedição implica em editar novamente uma medida provisória, o que é vedado dentro de uma mesma sessão legislativa (ano legislativo), conforme dispõe o art. 62, §10, da CF/88.

9.4 Limites materiais à edição

As medidas provisórias sujeitam-se a alguns limites materiais, isto é, a alguns limites de conteúdo, de modo que nem toda matéria pode ser objeto de MP. Assim, as medidas provisórias não poderão dispor sobre determinados assuntos ou terão de se sujeitar a determinados limites quando disporem sobre certos assuntos, nos termos da Constituição.

Os limites materiais à edição das medidas provisórias estão previstos no art. 25, §2º; art. 62, §1º e §2º; art. 246, da CF/88, e no art. 73, do ADCT, da CF/88, podendo ser assim sistematizados:

1) Nos termos do art. 62, §1, da CF/88, ***é vedada a edição de medidas provisórias sobre:***

i) nacionalidade, cidadania, direitos políticos, partidos políticos e direito eleitoral;

ii) direito penal, processual penal e processual civil;

iii) organização do Poder Judiciário e do Ministério Público, a carreira e a garantia de seus membros;

iv) planos plurianuais, diretrizes orçamentárias, orçamento e créditos adicionais e suplementares, ressalvado o previsto no art. 167, § 3º, da CF/88, segundo o qual a abertura de crédito extraordinário somente será admitida para atender a despesas imprevisíveis e urgentes, como as decorrentes de guerra, comoção interna ou calamidade pública;

v) detenção ou sequestro de bens, de poupança popular ou qualquer outro ativo financeiro;

vi) matérias reservadas a lei complementar;

vii) matéria já disciplinada em projeto de lei aprovado pelo Congresso Nacional e pendente de sanção ou veto do Presidente da República.

24. STF, ADI 2.213-MC; e STF, ADI 5.599.

2) Nos termos do art. 62, §2º, da CF/88, a Medida provisória que implique ***instituição ou majoração de impostos***, exceto os previstos nos arts. 153, I, II, IV, V, e 154, II, ***só produzirá efeitos no exercício financeiro seguinte se houver sido convertida em lei até o último dia daquele em que foi editada.***

É possível a edição de medida provisória em matéria de direito tributário, desde que não sejam matérias reservadas à lei complementar. Contudo, a medida provisória terá de respeitar os princípios tributários, dentre eles, o da anterioridade tributária. Em razão disso, o art. 62, §2º, da CF/88, impede que a medida provisória que institua ou majore impostos produza efeitos no exercício financeiro seguinte se não tiver sido convertida em lei pelo Congresso Nacional no exercício financeiro em que foi editada. Ou seja, na prática, a MP que institua ou majore tributo só produzirá efeitos no exercício financeiro seguinte ao da sua conversão em lei. Assim, ***por exemplo***, se a Medida Provisória X é editada em novembro de 2019 majorando o Imposto de Renda, sendo convertida em lei em março de 2020, ela só produzirá efeitos no exercício financeiro de 2021 (exercício financeiro seguinte ao que ela foi convertida em lei).

Entretanto, essa limitação não se aplica aos impostos previstos nos arts. 153, I, II, IV, V, e 154, II (Imposto de Importação; Imposto de Exportação; Imposto sobre Produtos Industrializados; Imposto sobre Operações de Crédito, Câmbio e Seguro ou relativas a Títulos ou Valores Mobiliários; e Imposto Extraordinário de Guerra), pois eles não se submetem à anterioridade tributária.

3) Segundo o art. 25, §2º, da CF/88, cabe aos Estados explorar diretamente, ou mediante concessão, os serviços locais de gás canalizado, na forma da lei, vedada a edição de medida provisória para a sua regulamentação. Assim, fica claro que Medida Provisória Estadual ***não pode regulamentar a exploração direta, ou mediante concessão, dos serviços locais de gás canalizado***, ficando essa matéria reserva a lei.

4) De acordo com o art. 246, da CF/88, é vedada a adoção de medida provisória na regulamentação de artigo da Constituição cuja redação tenha sido alterada por meio de emenda promulgada entre 1º de janeiro de 1995 até a promulgação da Emenda Constitucional 32/2001. Isto é, medida provisória ***não pode regulamentar normas constitucionais modificadas pelas Emendas à Constituição 5 a 32.***

5) Nos termos do art. 73, do ADCT, da CF/88, ***não se pode utilizar medida provisória na regulação do Fundo Social de Emergência.***

Para além desses limites, a doutrina e a jurisprudência têm reconhecido a existência de ***limites materiais implícitos*** à edição de medidas provisórias, podendo destacar os seguintes:

- Só é possível a edição de medidas provisórias em matéria ambiental se forem favoráveis ao meio ambiente, sendo vedado o uso de medida provisória para editar ***normas que importem diminuição da proteção ambiental.***[25]
- É vedado o uso de medida provisória para dispor sobre as matérias exclusivas do Congresso Nacional (art. 49) e privativas da Câmara dos Deputados (art. 51) e do Senado Federal (art. 52).

25. STF, ADI 4.717.

9.5 Procedimento de tramitação

As medidas provisórias após serem publicadas pelo Presidente da República já começam a produzir seus efeitos, entrando em vigor. Contudo, devem ser remetidas de imediato ao Congresso Nacional, que poderá aprová-las, com ou sem emendas parlamentares, convertendo-as em lei, ou rejeitá-las. De forma sistematiza, a tramitação das medidas provisórias ocorre da seguinte maneira:

1º. Uma vez recebida a medida provisória, o Congresso Nacional designará uma comissão mista, composta por deputados e senadores, para que ela examine e emita parecer sobre a aprovação da MP. Aqui é importante fazermos duas observações:

- *OBS1 – **Rejeição liminar ou Devolução da MP***: é possível que o Presidente do CN devolva a MP ao Presidente da República sem sequer deliberá-la, quando ela for flagrantemente inconstitucional (art. 48, XI, do Regimento Interno do Senado Federal).
- *OBS2:* se recebida, é possível a apresentação de ***emendas parlamentares*** à MP. Essas emendas devem ser propostas perante a comissão mista nos 6 primeiros dias que se seguirem à publicação da MP no Diário Oficial da União, devendo ser protocolizadas na secretaria geral da Mesa do Senado Federal, sendo, contudo, vedada a apresentação de emendas que versem sobre matéria estranha àquela tratada na MP, exigindo-se pertinência temática, como forma de se impedir o chamado "contrabando legislativo".[26] Ademais, quando a comissão mista resolver por qualquer alteração do texto original da MP, caberá a ela: a) apresentar projeto de lei para que a MP seja convertida em lei, substituindo o texto da MP no que couber; e b) apresentar projeto de decreto legislativo, disciplinando as relações jurídicas decorrentes da vigência dos textos suprimidos ou alterados.

2º. Na sequência, a MP será enviada à Câmara dos Deputados, que, primeiramente, fará juízo prévio sobre o atendimento dos pressupostos constitucionais e, posteriormente, deliberará sobre a MP, exigindo-se maioria simples para sua aprovação.

3º Após a votação pela Câmara dos Deputados, se for aprovada, a MP será enviada ao Senado Federal, que, primeiramente, fará juízo prévio sobre o atendimento dos pressupostos constitucionais e, posteriormente, deliberará sobre a MP, exigindo-se maioria simples para sua aprovação.

Aqui é importante fazer uma ***observação:*** se o plenário da Câmara dos Deputados ou do Senado Federal decidir no sentido do não atendimento dos pressupostos constitucionais ou da inadequação financeira ou orçamentária da medida provisória, esta será arquivada.

4º. Havendo modificação no Senado Federal, ainda que decorrente de restabelecimento de matéria ou emenda rejeitada na Câmara dos Deputados, ou de destaque supressivo, será esta encaminhada para exame na Casa iniciadora, sob a forma de emenda parlamentar, a ser apreciada em turno único, vedadas quaisquer novas alterações.

5º. Aprovada a medida provisória, sem alteração de mérito, será o seu texto promulgado pelo Presidente da Mesa do Congresso Nacional e enviado para o Presidente da República, para publicação, como *lei*, no Diário Oficial da União.

26. STF, ADI 5.127.

Aqui é importante fazer uma ***observação:*** perceba que a medida provisória, ao ser aprovada por ambas as casas legislativas, é convertida em lei, "transformando-se", assim deixa de ser medida provisória e passa a ser lei.

6º. Se a medida provisória for ***aprovada sem emendas*** parlamentares, não haverá sanção ou veto presidencial, vindo a ser promulgada e convertida em lei ordinária pelo Presidente da Mesa do Congresso Nacional. Contudo, se a medida provisória for ***aprovada com emendas*** parlamentares, o projeto de lei de conversão será enviado ao Presidente para sanção ou veto e, posteriormente, promulgação e publicação.

7º. Rejeitada a medida provisória por qualquer das casas legislativas, o Presidente da casa que assim se pronunciar comunicará o fato imediatamente ao Presidente da República, fazendo publicar no Diário Oficial da União ato declaratório de rejeição de MP. Do mesmo modo, quando expirar o prazo integral de vigência de MP, incluída a prorrogação, o Presidente da Mesa do Congresso Nacional comunicará o fato ao Presidente da República, fazendo publicar no Diário Oficial da União ato declaratório de encerramento do prazo de vigência de MP.

9.6 Regime de urgência nas medidas provisórias

Nos termos do art. 62, §6º, da CF/88, se a medida provisória não for apreciada em até 45 dias contados de sua publicação, entrará em regime de urgência, subsequentemente, em cada uma das casas do Congresso Nacional, ficando sobrestadas (paralisadas), até que se ultime a votação, todas as demais deliberações legislativas da casa em que estiver tramitando.

Em relação ao sobrestamento das demais deliberações da casa até que se finalize a votação da MP que entrou em regime de urgência, o STF, no julgamento do MS 27.931, conferiu interpretação conforme à Constituição ao referido dispositivo, para, sem redução de texto, restringir-lhe a exegese e afastar qualquer outra possibilidade interpretativa, fixando o entendimento de que o regime de urgência previsto em tal dispositivo constitucional refere-se, tão somente, àquelas matérias que se mostram passíveis de regramento por medida provisória, excluídos, em consequência, do bloqueio imposto pelo mencionado § 6º, do art. 62, da CF/88, as propostas de Emenda à Constituição e os projetos de lei complementar, de decreto legislativo, de resolução e, até mesmo, tratando-se de projetos de lei ordinária, aqueles que veiculem temas pré-excluídos do âmbito de incidência das medidas provisórias (CF, art. 62, § 1º, I, II e IV).

9.7 A rejeição das medidas provisórias e seus efeitos

As medidas provisórias podem ser rejeitadas de forma expressa ou tácita. A ***rejeição expressa*** ocorre quando a MP é rejeitada durante a deliberação na Câmara dos Deputados ou no Senado Federal, não atingindo maioria simples dos votos para que fosse aprovada. Já, a ***rejeição tácita*** ocorre pelo decurso do prazo de vigência da MP (60 dias prorrogáveis por mais 60 dias, suspendendo-se a contagem durante o período de recesso parlamentar) sem que ela tenha sido apreciada pelas duas casas do Congresso Nacional.

Em ambos os casos, seja a rejeição expressa ou tácita, produzirá efeitos *ex tunc* (retroativos) perdendo a eficácia, desde a sua edição, devendo o Congresso Nacional disciplinar, por decreto legislativo, as relações jurídicas delas decorrentes, conforme dispõe o art. 62, §3º, da CF/88.

Entretanto, se o Congresso Nacional não editar o referido decreto legislativo em até 60 dias após a rejeição ou perda de eficácia de medida provisória, as relações jurídicas constituídas e decorrentes de atos praticados durante sua vigência conservar-se-ão por ela regidas (art. 62, § 11).

Além disso, se for aprovado projeto de lei de conversão alterando o texto original da medida provisória, manter-se-á integralmente em vigor o texto original da MP até que seja sancionado ou vetado o projeto de conversão (art. 62, § 12).

Por fim, a Constituição veda a reedição, na mesma sessão legislativa (no mesmo ano legislativo), de medida provisória que tenha sido rejeitada ou que tenha perdido sua eficácia por decurso de prazo (art. 62, § 10).

9.8 Controle de constitucionalidade das medidas provisórias

As medidas provisórias enquanto espécies legislativas, emitem comandos deontológicos de dever-ser, instituindo normas primárias na ordem jurídica, o que torna possível controlar sua compatibilidade com a Constituição, cabendo ao Poder Judiciário declarar a inconstitucionalidade daquelas medidas provisórias (ou de normas contidas nas medidas provisórias) que lesem as normas constitucionais material ou formalmente.

Para além desse controle judicial, o próprio Congresso Nacional, especialmente por meio de sua comissão mista, formada no início do processo legislativo das MPs, deve fazer um controle político preventivo de constitucionalidade das MPs editas pelo Presidente da República, rejeitando as que forem inconstitucionais.

9.9 Revogação

Após publicar a medida provisória, o Presidente da República ***não pode modificá-la ou retirá-la da apreciação*** do Congresso Nacional, conforme já decidiu o STF (ADI 2.984). Entretanto, o Presidente ***pode editar uma nova medida provisória revogando a anterior*** (ab-rogação), de modo que o Congresso não mais analisará a primeira medida provisória (MP1), vez que ela foi revogada, devendo, portanto, analisar a segunda medida provisória (MP2).

Nesse caso, os efeitos da MP1 ficam suspensos até que o Congresso Nacional analise a MP2. Caso o Congresso aprove a MP2, a MP1 ficará definitivamente revogada. Mas, caso o Congresso rejeite a MP2, a MP1 voltará a vigorar e a produzir seus efeitos pelo tempo que faltava para completar seu prazo constitucional, devendo ser apreciada pelo Congresso Nacional.

Por fim, é importante lembrar que medida provisória não pode revogar lei. Deste modo, quando uma medida provisória é editada “revogando” uma lei ou um dispositivo de lei, na verdade o que irá revogar essa lei ou esse dispositivo será a lei de conversão, isto é, a lei criado pelo Congresso Nacional ao aprovar a medida provisória (momento em que ela será “transformada” em lei). Por outro lado, quando uma medida provisória que revogava uma determinada lei vem a ser rejeitada ou havida por prejudica, produz-se ***efeitos repristinatórios tácitos*** em relação à lei revogada, reestabelecendo-se a sua vigência.

9.10 Medidas provisórias estaduais e municipais

Em face do princípio da simetria, é perfeitamente possível a edição de medidas provisórias pelos Governadores de Estado, desde que esteja previsto na Constituição do Estado essa possibilidade e que se respeite os parâmetros estabelecidos na Constituição Federal.[27]

27. STF, ADI 425 e ADI 2.391.

Do mesmo modo, é possível a edição de medidas provisórias pelos Prefeitos municipais, desde que esteja previsto na Lei Orgânica do respectivo Município e haja previsão na Constituição do Estado de medida provisória estadual (em face da exigência do art. 29, da CF/88, segundo qual as leis orgânicas municipais devem observar os princípios da Constituição Federal e da Constituição Estadual). Ademais, em face do princípio da simetria, a medida provisória municipal deverá observar os parâmetros estabelecidos na Constituição Federal e na Constituição Estadual.

9.11 Diferenças do regime das medidas provisórias antes e depois da EC 32/2001

As medidas provisórias sofreram relevantes alterações pela Emenda Constitucional 32, de 2001, sendo importante conhecer as diferenças entre seu regime jurídico anterior e posterior à EC 32/2001, até mesmo porque essas diferenças são exigidas em provas. Assim, de forma sistematizada, é possível apontar as seguintes diferenças:[28]

Antes da EC 32/2001	Após a EC 32/2001
O prazo de validade das MPs era de 30 dias.	O prazo de validade das MPs é de 60 dias prorrogável por mais 60 dias.
O STF permitia a reedição sucessiva de MPs, caso não apreciadas pelo Congresso Nacional.[29]	É proibida a reedição de MPs, ocorrendo sua rejeição tácita, caso não sejam deliberadas pelo Congresso Nacional.
O prazo de tramitação da MP não era suspenso durante o recesso parlamentar.	O prazo de tramitação da MP é suspenso durante o recesso parlamentar, mas a MP continua produzindo efeitos.
Não existia regime de urgência na tramitação das MPs.	Foi instituído o regime de urgência na tramitação das MPs.
A deliberação da MP se dava no Congresso Nacional em sessão conjunta.	A deliberação da MP se dá separadamente nas casas legislativas, primeiro na Câmara dos Deputados e, posteriormente, no Senado Federal.

Como dissemos, O Supremo Tribunal Federal, antes da EC 32/2001, permitia a reedição sucessiva de MPs, caso não apreciadas pelo Congresso Nacional. Entretanto, com o advento da referida Emenda à Constituição, essa possibilidade passou a ser proibida. Nada obstante, na época estavam vigentes 72 medidas provisórias editadas de acordo com o regime anterior. Em face disto, a EC 32/2001 prevê em seu art. 2º, que *as medidas provisórias editadas em data anterior à da publicação da EC 32/2001 continuam em vigor até que medida provisória posterior as revogue explicitamente ou até deliberação definitiva do Congresso Nacional.*

9.12 Diferenças entre a medida provisória e o antigo decreto-lei utilizado pelas ditaduras

O Decreto-Lei é uma espécie legislativa editada pelo Chefe do Poder Executivo, sendo típico de regimes ditatoriais, tendo sido utilizado, no Brasil, durante a ditadura Varguista do Estado Novo e durante a ditadura militar. Além de seu caráter antidemocrático, o Decreto-Lei configura-se antirrepublicano e afrontoso à separação dos poderes, vez que concentra

28. FERNANDES, Bernardo G. Curso de Direito Constitucional. 11. ed. Salvador: Juspodivm, 2019, p. 1287.
29. Nesse sentido, dispõem a Súmula 651 e a Súmula Vinculante 54, ambas do STF, que *a medida provisória não apreciada pelo congresso nacional podia, até a Emenda Constitucional 32/2001, ser reeditada dentro do seu prazo de eficácia de trinta dias, mantidos os efeitos de lei desde a primeira edição.*

poderes nas mãos do chefe do Executivo, que na maioria das vezes tem por hábito fechar o Congresso Nacional, substituindo-se ao Poder Legislativo.

A Constituição de 1988 pôs fim ao Decreto-Lei, não sendo mais uma espécie legislativa prevista em nossa ordem jurídica (art. 59). Entretanto, ainda temos muitos Decretos-Leis vigentes no país, vez que foram materialmente recepcionados e formalmente adequados pela CF/88.

A doutrina habitualmente costuma diferenciar o Decreto-Lei das Medidas Provisórias, sendo que as principais diferenças podem ser assim sistematizadas:[30]

	Decreto-Lei	Medida Provisória
Regime de Governo	Espécie legislativa utilizada no Brasil por regimes ditatoriais.	Espécie legislativa utilizada no Brasil por regimes democráticos.
Fundamento	Urgência ***ou*** Interesse Público relevante.	Relevância **e** Urgência.
Aprovação e Rejeição	Poderia ser aprovado por decurso do prazo (aprovação tácita).	Com o decurso do tempo ocorre a rejeição tácita.
Efeito de Rejeição	A rejeição opera-se com efeitos *ex nunc*.	A rejeição opera-se com efeitos *ex tunc* (retroativos).
Emendas	Não era possível propor emendas, sendo o Decreto-lei aprovado *in totum*.	É possível propor e aprovar emendas parlamentares.
Limites Materiais	O Decreto-Lei não tinha limites materiais.	As MPs possuem vários limites materiais expressos e implícitos.

10. PROCESSO LEGISLATIVO DOS DECRETOS LEGISLATIVOS

Os decretos legislativos são espécies legislativas (normativas) primárias que visam desenvolver, instrumentalizar ou formalizar os trabalhos das casas legislativas, que, via de regra, produzem ***efeitos externos*** às casas e veiculam matérias de competência exclusiva do ***Congresso Nacional***.

Os decretos legislativos ***não se confundem com os*** antigos e arbitrários ***decretos-leis*** (figura legislativa extinta pelo regime democrático da Constituição brasileira de 1988, embora ainda existam alguns que foram recepcionados por Ela e se encontram vigentes) ***nem com os decretos*** (atos normativos secundários editados pelo chefe do poder executivo para dar fiel execução às leis, previstos no art. 84, IV, da CF/88).

O ***procedimento*** dos decretos legislativos ***desenvolve-se da seguinte maneira:***

1ª. FASE INTRODUTÓRIA: A iniciativa, em alguns casos, é do Presidente da República e, em outros, de membro do Congresso Nacional (deputado ou senador), comissões parlamentares (da Câmara, do Senado ou do Congresso) ou, ainda, das Mesas Diretoras das casas legislativas (da Câmara, do Senado ou do Congresso).

2ª. FASE CONSTITUTIVA: A discussão e deliberação é bicameral, podendo ocorrer de forma separada (vota-se em uma casa e depois na outra) ou em sessão conjunta do Congresso Nacional, exigindo-se maioria simples para sua aprovação, não existindo possibilidade de veto ou sanção pelo Presidente da República.

3ª. FASE COMPLEMENTAR: A promulgação e a publicação são feitas pelo Presidente do Congresso Nacional, que é o Presidente do Senado Federal.

30. FERNANDES, Bernardo G. Curso de Direito Constitucional. 11. ed. Salvador: Juspodivm, 2019, p. 1301.

11. PROCESSO LEGISLATIVO DAS RESOLUÇÕES

As resoluções são espécies legislativas (normativas) primárias que visam desenvolver, instrumentalizar ou formalizar os trabalhos das casas legislativas, que, via de regra, produzem *efeitos internos* às casas, podendo ser editadas pelo ***Congresso Nacional***, pela ***Câmara dos Deputados*** e pelo ***Senado Federal***.

O ***procedimento*** das resoluções varia de acordo com a casa legislativa que irá editá-las, já que podemos ter resoluções do Congresso Nacional, resoluções da Câmara dos Deputados e resoluções do Senado Federal, de modo que ele ***se desenvolve da seguinte maneira:***[31]

FASES	INICIATIVA	CONSTITUTIVA	COMPLEMENTAR
Resolução do Congresso Nacional	A iniciativa pode ser de membro do CN (deputado ou senador), comissões parlamentares (da Câmara, do Senado ou do CN) ou, ainda, das Mesas Diretoras (da Câmara, do Senado ou do CN).	É bicameral, podendo ocorrer de forma separada (vota-se em uma casa e depois na outra) ou em sessão conjunta do CN, exigindo-se maioria simples para sua aprovação.	A promulgação e a publicação são feitas pelo Presidente do Congresso Nacional, que é o Presidente do Senado Federal.
Resolução da Câmara dos Deputados	A iniciativa pode ser de Deputados Federais, de comissões ou da Mesa Diretora da Câmara dos Deputados.	Dá-se pela Câmara dos Deputados, exigindo-se maioria simples para sua aprovação	A promulgação e a publicação são feitas pelo Presidente da Câmara dos Deputados.
Resolução do Senado Federal	A iniciativa pode ser de Senadores, de comissões ou da Mesa Diretora do Senado Federal.	Dá-se pelo Senado Federal, exigindo-se maioria simples para sua aprovação	A promulgação e a publicação são feitas pelo Presidente do Senado Federal.

12. PROCESSO LEGISLATIVO DAS EMENDAS À CONSTITUIÇÃO

As Emendas à Constituição são espécies normativas primárias especiais que buscam modificar, agregar ou suprimir normas da Constituição, desde que obedecidos os limites constitucionalmente impostos, adquirindo, então, status e hierarquia de norma constitucional. Elas já foram objeto de extenso e aprofundado estudo quando analisamos o Poder Constituinte Reformador, contudo, é importante fazermos aqui uma síntese de seu processo legislativo.

O ***procedimento*** das Emendas à Constituição ***desenvolve-se da seguinte maneira:***

1ª. FASE INTRODUTÓRIA: A iniciativa pode ser: a) de um 1/3, no mínimo, dos membros da Câmara dos Deputados ou do Senado Federal; b) do Presidente da República; ou c) de mais da metade das Assembleias Legislativas das unidades da Federação, manifestando-se, cada uma delas, pela maioria relativa (simples) de seus membros.

Aqui, há uma discussão de grande relevância acerca da possibilidade de ***Iniciativa Popular de Proposta de Emenda à Constituição (PEC)***. A doutrina majoritária defende não ser possível a Iniciativa Popular das Propostas de Emenda à Constituição, pois esta possibilidade não está expressamente prevista nos incisos do art. 60, da CF/88. Em sentido contrário, partindo de uma interpretação sistemática do texto constitucional, tendo como fundamentos o princípio democrático (art. 1º, CF/88) e a soberania popular (art. 1º, parágrafo único, c/c art. 14, III, CF/88), parte da doutrina constitucionalista, encabeçada pelo professor José Afonso da Silva, tem defendido a Iniciativa Popular das Propostas de Emenda à Constituição, nos termos do art. 61, § 2º, da CF/88. A nosso ver, é possível sim a Iniciativa Popular de PEC,

31. Ibidem, p. 1313.

vez que em um Estado Democrático de Direito todo poder emana do povo, de modo que se há um legitimado natural a iniciar uma reforma constitucional, esse legitimado é o próprio povo, titular do Poder Constituinte.

Ademais, é relevante dizer que o Supremo Tribunal Federal já decidiu que ***é constitucional a iniciativa parlamentar de Emenda à Constituição*** que disponha sobre ***matérias cuja iniciativa*** para deflagrar o processo legislativo ordinário ***seja privativa do Presidente da República*** (matérias do art. 61, §1º, da CF/88). Entretanto, segundo o STF, esse mesmo raciocínio não vale para as Emendas à Constituição dos Estados, não podendo os parlamentares estaduais proporem Emenda à Constituição do Estado sobre matéria cuja iniciativa seja privativa do Governador do Estado.[32]

2ª. FASE CONSTITUTIVA: A PEC será discutida e votada em cada Casa do Congresso Nacional, em dois turnos, considerando-se aprovada se obtiver, em ambos, 3/5 dos votos dos respectivos membros (art. 60, §2º). Ademais, sobre o procedimento, é importante destacar:

- podem ser apresentadas ***emendas parlamentares*** à PEC, sendo, contudo, exigido 1/3 dos membros da casa legislativa que propõe a emenda parlamentar.
- na vigência de intervenção federal, de estado de defesa ou de estado de sítio a Constituição não pode ser modificada, ficando suspensos os atos do processo legislativo de Emendas à Constituição que estiverem em tramitação (art. 60, §1º).
- não será objeto de deliberação a proposta de emenda tendente a abolir: *i)* a forma federativa de Estado; *ii)* o voto direto, secreto, universal e periódico; *iii)* a separação dos Poderes; e *iv)* os direitos e garantias individuais (art. 60, §4º). Temos aqui as chamadas cláusulas pétreas.
- a matéria constante de proposta de Emenda à Constituição rejeitada ou havida por prejudicada não pode ser objeto de nova proposta na mesma sessão legislativa, isto é, no mesmo ano legislativo (art. 60, §5º).

3ª. FASE COMPLEMENTAR: A Emenda à Constituição será promulgada pelas Mesas da Câmara dos Deputados e do Senado Federal, com o respectivo número de ordem (art. 60, §3º).

13. QUADRO SINÓPTICO

CAPÍTULO XVII – PROCESSO LEGISLATIVO	
INTRODUÇÃO	
Conceito	Procedimento constitucionalmente estabelecido que visa produzir as normas jurídicas primárias do ordenamento jurídico, criando, extinguindo e modificando o direito.
Espécies normativas primárias	*i)* Emendas à Constituição; *ii)* leis complementares; *iii)* leis ordinárias; *iv)* leis delegadas; *v)* medidas provisórias; *vi)* decretos legislativos; *vii)* resoluções.

32. STF, ADI 5.296 – MC.

Classificação do processo legislativo	Quanto à ***organização política*** o processo legislativo pode ser: ***a) autocrático:*** aquele em que o povo não participa do processo de elaboração das leis, pois são produzidas autocraticamente, por um soberano, por um "líder", ou mesmo por um grupo (aristocracias). ***b) direto:*** aquele no qual o povo participa do processo de elaboração das leis de forma direta, sem intermédio de representantes. ***c) indireto:*** aquele em que o processo de elaboração das leis é exercido por representes do povo. É a regra da nossa ordem constitucional. ***d) semidireto:*** Aquele no qual as leis são elaboradas por representantes e referendadas pelo povo. Não é a regra, mas existe na nossa ordem jurídica, mediante referendo (posterior) e plebiscito (anterior).
	Quanto ao ***procedimento*** o processo legislativo pode ser: ***a) ordinário:*** é o procedimento utilizado para a elaboração das leis ordinárias. Esse procedimento estabelece as normas gerais do processo legislativo brasileiro. ***b) sumário:*** é o procedimento utilizado para a elaboração de leis nos casos de ***regime constitucional de urgência***, solicitado pelo Presidente da República em matérias de sua iniciativa. ***c) especial:*** é o procedimento utilizado para a elaboração das Emendas à Constituição, Leis Complementares, Leis Delegadas, Medidas Provisórias, Decretos Legislativos e Resoluções.
Fases do processo legislativo	***INTRODUTÓRIA:*** É a fase na qual o processo legislativo é deflagrado, iniciado, operando-se mediante a propositura de um projeto de "lei". ***CONSTITUTIVA:*** É a fase de tramitação do processo legislativo, é a fase em que ocorrem as discussões e deliberações dos projetos de "lei", sendo nessa fase que as espécies legislativas nascem. ***COMPLEMENTAR:*** É a fase em que a existência da espécie legislativa será atestada (promulgação) e receberá eficácia, tornando-se apta a produzir seus efeitos (publicação).
PROCESSO LEGISLATIVO ORDINÁRIO: LEIS ORDINÁRIAS	
Conceito	É o procedimento utilizado para a elaboração das leis ordinárias. Esse procedimento estabelece as normas gerais do processo legislativo brasileiro, ou seja, ao apresentarmos o desenvolvimento do processo legislativo ordinário, estaremos apresentando o arquétipo geral do processo legislativo pátrio.
Fase Introdutória	***A iniciativa das leis ordinárias cabe*** a qualquer membro ou Comissão da Câmara dos Deputados, do Senado Federal ou do Congresso Nacional, ao Presidente da República, ao Supremo Tribunal Federal, aos Tribunais Superiores, ao Procurador Geral da República e aos cidadãos, na forma e nos casos previstos na Constituição.
	São de ***iniciativa privativa do Presidente da República*** as leis que: i) fixem ou modifiquem os efetivos das Forças Armadas; ii) disponham sobre: a) criação de cargos, funções ou empregos públicos na administração direta e autárquica ou aumento de sua remuneração; b) organização administrativa e judiciária, matéria tributária e orçamentária, serviços públicos e pessoal da administração dos Territórios; c) servidores públicos da União e Territórios, seu regime jurídico, provimento de cargos, estabilidade e aposentadoria; d) organização do Ministério Público e da Defensoria Pública da União, bem como normas gerais para a organização do Ministério Público e da Defensoria Pública dos Estados, do Distrito Federal e dos Territórios; e) criação e extinção de Ministérios e órgãos da administração pública, observado o disposto no art. 84, VI; f) militares das Forças Armadas, seu regime jurídico, provimento de cargos, promoções, estabilidade, remuneração, reforma e transferência para a reserva. A iniciativa privativa do Presidente da República é ***norma de reprodução obrigatória nas Constituições dos Estados***, devendo ser atribuídas aos Governadores, em âmbito estadual, não se admitindo que os parlamentares estaduais iniciem o processo legislativo nesses casos, nem mesmo por Emendas à Constituição do Estado
	A ***iniciativa popular de lei*** pode ser exercida pela *apresentação à Câmara dos Deputados de projeto de lei subscrito por, no mínimo, um por cento do eleitorado nacional, distribuído pelo menos por cinco Estados, com não menos de três décimos por cento dos eleitores de cada um deles*, sendo que o projeto de lei de iniciativa popular ***deverá circunscrever-se a um só assunto e não poderá ser rejeitado por vício de forma,*** cabendo à Câmara dos Deputados, por seu órgão competente, providenciar a correção de eventuais impropriedades de técnica legislativa ou de redação. Com base no ***princípio da simetria***, a CF/88 dispõe que cabe a legislação dos ***Estados*** disciplinar a iniciativa popular de lei estadual e que a iniciativa popular de lei municipal exige a manifestação de, pelo menos, 5% (cinco por cento) do eleitorado do ***Município***.
Fase Constitutiva	***1º.*** O Projeto de Lei Ordinária (PLO) começa com a iniciativa dos legitimados, que propõem um projeto de lei, que será encaminhado à mesa diretora da casa legislativa iniciadora, devendo o PLO ser lido em plenário, receber um número de ordem e ser publicado no Diário Oficial e em avulsos.

Fase Constitutiva	**2º.** Após isso, o presidente da casa legislativa tomará algumas importantes decisões sobre o PLO, devendo: i) fazer um juízo de admissibilidade do PLO, verificando se ele está devidamente formalizado e se não é antirregimental ou claramente inconstitucional e se é da competência da casa; ii) definir o regime de tramitação; iii) definir por quais comissões o PLO deverá tramitar. Sobre o ***regime de tramitação nas casas legislativas***, há de se dizer que existem dois regimes de tramitação que podem ser escolhidos pelo presidente da casa: ***1) Regime de tramitação tradicional:*** o PLO tramitará e será e votado (deliberado) em plenário. ***2) Regime de tramitação conclusivo ou terminativo:*** o PLO tramitará e será e votado (deliberado) somente pelas comissões, não indo a plenário, sendo que, da decisão do Presidente da casa que escolher o regime de tramitação conclusivo cabe recurso, que pode ser interposto por 1/10 dos membros da Casa.
	3º. Após a tramitação, discussão e análise do PLO pelas comissões, ele será votado, no regime de tramitação conclusiva, pelas próprias comissões e, no regime de tramitação tradicional, pelo plenário da casa legislativa.
	4º. Se o PLO for aprovado (pela maioria simples dos membros da casa iniciadora), ele seguirá para a casa revisora. Contudo, se o PLO for rejeitado, ele será arquivado (lembrando que a matéria constante de projeto de lei rejeitado somente poderá constituir objeto de novo projeto, na mesma sessão legislativa, mediante proposta da maioria absoluta dos membros de qualquer das casas do Congresso Nacional).
	5º. Independentemente do regime de tramitação, os parlamentares poderão propor ***emendas*** ao PLO, com o objetivo de modificá-lo por questões de conveniência ou legalidade. Assim, as emendas constituirão parte acessória do PLO. Sobre as ***emendas parlamentares***, é importante dizer que elas ***não podem acarretar aumento da despesa prevista: i)*** nos projetos de iniciativa exclusiva do Presidente da República, ressalvado o disposto no art. 166, § 3º e § 4º, da CF/88; ***ii)*** nos projetos sobre organização dos serviços administrativos da Câmara dos Deputados, do Senado Federal, dos Tribunais Federais e do Ministério Público. Ademais, nos casos de iniciativa privativa de autoridades não parlamentares, as emendas devem ter pertinência temática com o PLO.
	6º. O PLO aprovado pela casa iniciadora será encaminhado para a casa revisora que irá deliberar sobre ele nos mesmos moldes que a casa iniciadora, podendo ocorrer três situações: *i)* se a casa revisora tiver aprovado o PLO sem emendas, ela o enviará para o Presidente da República para que o sancione ou vete; *ii)* se a casa revisora tiver aprovado o PLO com emendas, ele voltará à casa iniciadora para que ela delibere sobre as emendas; ou *iii)* se a casa revisora rejeitar o PLO, ele será arquivado.
	7º. Como visto, se a casa revisora tiver aprovado o PLO com emendas, ele voltará à casa iniciadora para que ela delibere sobre as emendas. Nesse caso é preciso fazer três observações: *i)* É vedada a apresentação de subemendas (emenda da emenda) pela casa revisora; *ii)* Em regra, a deliberação das emendas é feita em bloco, salvo se houver pareceres diferentes no âmbito das comissões ou se houver pedido de destaque; e *iii)* A casa iniciadora poderá aprovar ou rejeitar as emendas. Se aprovar, o PLO, agora modificado pelas emendas, será enviado para a sanção (ou veto) do Presidente da República. Se rejeitar, o PLO originariamente aprovado pela casa iniciadora será enviado para a sanção (ou veto) do Presidente da República.
	8º. Como visto, a Casa na qual tenha sido concluída a votação enviará o projeto de lei ao Presidente da República, que poderá sancioná-lo ou vetá-lo. A ***sanção*** é o ato constitutivo que transforma o projeto de lei em lei, podendo ser ***expressa*** (ocorre quando o Presidente sanciona de forma expressa o PLO, dentro do prazo de 15 dias úteis, contados da data de seu recebimento) ou ***tácita*** (ocorre quando o Presidente não sanciona expressamente o PLO, dentro do prazo de 15 dias úteis, mas também não o veta). Contudo, se o Presidente da República considerar o projeto, no todo ou em parte, inconstitucional ou contrário ao interesse público, poderá ***vetá-lo total ou parcialmente***, no prazo de 15 dias úteis, contados da data do recebimento, e comunicará, dentro de 48 horas, ao Presidente do Senado Federal os motivos do veto. Nesses termos, o ***veto*** pode ser ***político*** (com fundamento no interesse público) e/ou ***jurídico*** (com fundamento na inconstitucionalidade). Por fim, vale registrar que ***o veto do Presidente pode ser superado (derrubado) pelo Congresso Nacional.*** Assim, segundo a CF/88, o veto será apreciado em sessão conjunta, dentro de 30 dias a contar de seu recebimento, só podendo ser rejeitado pelo voto da maioria absoluta dos deputados e senadores e, se esgotado esse prazo sem deliberação do Congresso Nacional, o veto será colocado na ordem do dia da sessão imediata, sobrestadas as demais proposições de tramitação conjunta do Congresso Nacional, até sua votação final. Se o veto não for mantido (se ele for derrubado), será o PLO enviado ao Presidente da República para promulgação e publicação. Se a lei não for promulgada dentro de 48 horas pelo Presidente da República, o Presidente do Senado a promulgará, e, se este não o fizer em igual prazo, caberá ao vice-Presidente do Senado fazê-lo.
Fase Complementar	***Promulgação:*** é o atestado de existência das leis, que referenda e certifica que há uma nova lei no ordenamento jurídico, tendo, portanto, natureza declaratória.
	Publicação: é a publicização e oficialização da lei, divulgando a todos que há uma nova lei na ordem jurídica, conferindo-lhe, então, aptidão para produzir seus efeitos, isto é, conferindo-lhe eficácia jurídica.

PROCESSO LEGISLATIVO SUMÁRIO: REGIME CONSTITUCIONAL DE URGÊNCIA
O processo legislativo sumário possui um procedimento muito semelhante ao do processo legislativo ordinário, diferenciando-se, basicamente, pela imposição de prazos para a deliberação das casas legislativas. ***Pressupostos*** do processo legislativo sumário: *i)* que o projeto de lei seja de iniciativa do Presidente da República; *ii)* que o Presidente faça a solicitação do regime de urgência. O procedimento do processo legislativo sumário desenvolve-se da seguinte maneira: ***1º.*** Projeto de lei de iniciativa do Presidente da República apresentado à Câmara dos Deputados; ***2º.*** Solicitação do Presidente do regime constitucional de urgência; ***3º.*** A Câmara dos Deputados (casa iniciadora) terá 45 dias para discutir e votar o projeto de lei (se não se manifestar sobre a proposição em até 45 dias sobrestar-se-ão todas as demais deliberações legislativas da respectiva casa legislativa, com exceção das que tenham prazo constitucional determinado, até que se ultime a votação); ***4º.*** Após a deliberação da Câmara dos Deputados, o Senado Federal (casa revisora) terá 45 dias para discutir e votar o projeto de lei (se não se manifestar sobre a proposição em até 45 dias sobrestar-se-ão todas as demais deliberações legislativas da respectiva casa legislativa, com exceção das que tenham prazo constitucional determinado, até que se ultime a votação); ***5º.*** Caso o Senado Federal tenha aprovado o projeto de lei com emendas, o projeto será remetido à Câmara dos Deputados que terá 10 dias para apreciar as referidas emendas. ***OBS:*** os prazos do processo legislativo sumário não correm nos períodos de recesso parlamentar, nem se aplicam aos projetos de código, contudo aplicam-se em atos de outorga e renovação de concessão, permissão e autorização para o serviço de radiodifusão sonora e de sons e imagens.

PROCESSO LEGISLATIVO ESPECIAL: LEIS COMPLEMENTARES
O processo legislativo das leis complementares possui procedimento muito semelhante ao do processo legislativo ordinário, tendo, basicamente, quatro ***diferenças:*** ***Diferença Material:*** As matérias de Lei Complementar estão taxativamente previstas na Constituição. ***Diferença Formal:*** Para sua aprovação exige-se quórum de maioria absoluta. ***Regime de Tramitação:*** Só pode tramitar pelo regime de tramitação tradicional. ***Tramitação:*** O Projeto de Lei Complementar (PLC), em regra, deve ser aprovado em 2 turnos de votação na Câmara dos Deputados e em um único turno no Senado Federal, sempre por maioria absoluta. Caso seja solicitado regime de urgência constitucional pelo Presidente da República em projetos de sua iniciativa, o turno extra na Câmara dos Deputados será suprimido. ***Não há hierarquia entre leis complementares e leis ordinárias,*** havendo apenas campos de competências diferentes entre elas, tendo a Constituição reservado algumas matérias para as leis complementares e as outras para as leis ordinárias, sendo que o conjunto formado pelas leis complementares, pelas leis ordinárias e pelas leis delegadas, formam um verdadeiro ***bloco de legislação ordinária.***

PROCESSO LEGISLATIVO ESPECIAL: LEIS DELEGADAS
As leis delegadas são elaboradas pelo Presidente da República após autorização do Poder Legislativo, por ***resolução*** do Congresso Nacional, devendo o Presidente editar a lei atendo-se estritamente aos limites da delegação. Assim, o Presidente da República deverá solicitar ao Congresso Nacional que lhe delegue a atribuição para legislar sobre determinada matéria, sendo que essa solicitação não é vinculada, podendo o Congresso aprová-la ou rejeitá-la, por se tratar de um juízo político discricionário do Poder Legislativo. É importante observar que ***não pode ser objeto de delegação:*** a) os atos de competência exclusiva do Congresso Nacional e os de competência privativa da Câmara dos Deputados ou do Senado Federal; b) as matérias reservadas à lei complementar; c) a legislação sobre organização do Poder Judiciário e do Ministério Público, a carreira e a garantia de seus membros; d) a legislação sobre nacionalidade, cidadania, direitos individuais, políticos e eleitorais; e) a legislação sobre planos plurianuais, diretrizes orçamentárias e orçamentos.

PROCESSO LEGISLATIVO ESPECIAL: MEDIDAS PROVISÓRIAS	
Introdução	A Medida Provisória é uma espécie legislativa primária com força de lei – mas que não é lei – editada pelo Presidente da República em casos de relevância e urgência, que deve ser submetida à apreciação do Congresso Nacional imediatamente após a sua edição.
Pressupostos legitimadores	A medida provisória só pode ser editada em caso de ***relevância e urgência***, sendo que, segundo o STF, o juízo sobre a relevância do tema e a urgência de sua regulamentação são juízos discricionários de natureza política, cabendo, em primeiro lugar, ao Presidente da República e, posteriormente, ao CN, não devendo o Poder Judiciário, em regra, rever esses juízos. Contudo, excepcionalmente, nos casos em que ficar comprovado que houve manifesto abuso/excesso de poder ou inocorrência clara dos pressupostos da relevância e da urgência, torna-se possível o controle jurisdicional das MPs.
Prazo de Vigência	O prazo de vigência das MPs é de ***60 dias,*** contados a partir de sua publicação, ***prorrogável automaticamente, por mais 60 dias, uma única vez,*** caso sua votação não tenha sido encerrada nas duas casas do CN. Ademais, o decurso do prazo de vigência das medidas provisórias ***suspende-se durante os períodos de recesso legislativo,*** contudo a MP continua produzindo efeitos.

Limites materiais	***1)*** É vedada a edição de MPs sobre: i) nacionalidade, cidadania, direitos políticos, partidos políticos e direito eleitoral; ii) direito penal, processual penal e processual civil; iii) organização do Poder Judiciário e do Ministério Público, a carreira e a garantia de seus membros; iv) planos plurianuais, diretrizes orçamentárias, orçamento e créditos adicionais e suplementares, ressalvado o previsto no art. 167, § 3º, da CF/88; v) detenção ou sequestro de bens, de poupança popular ou qualquer outro ativo financeiro; vi) matérias reservadas a lei complementar; vii) matéria já disciplinada em projeto de lei aprovado pelo CN e pendente de sanção ou veto do Presidente da República. ***2)*** A MP que implique instituição ou majoração de impostos, exceto os previstos nos arts. 153, I, II, IV, V, e 154, II, CF/88, só produzirá efeitos no exercício financeiro seguinte se houver sido convertida em lei até o último dia daquele em que foi editada. ***3)*** Cabe aos Estados explorar diretamente, ou mediante concessão, os serviços locais de gás canalizado, na forma da lei, vedada a edição de MP para a sua regulamentação. ***4)*** É vedada a adoção de MP na regulamentação de artigo da Constituição cuja redação tenha sido alterada por meio de emenda promulgada entre 1º de janeiro de 1995 até a promulgação da EC 32/2001. Isto é, medida provisória não pode regulamentar normas constitucionais modificadas pelas Emendas à Constituição 5 a 32. ***5)*** Não se pode utilizar MP na regulação do Fundo Social de Emergência. ***6)*** Para além desses limites (expressos), há ***limites materiais implícitos*** à edição de medidas provisórias, podendo destacar os seguintes: i) só é possível a edição de MPs em matéria ambiental se forem favoráveis ao meio ambiente; ii) é vedado o uso de MP para dispor sobre as matérias exclusivas do Congresso Nacional (art. 49) e privativas da Câmara dos Deputados (art. 51) e do Senado Federal (art. 52).
Procedimento	***1º.*** As MPs após serem publicadas pelo Presidente da República já começam a produzir seus efeitos, entrando em vigor, devendo ser remetidas de imediato ao CN. ***2º.*** Uma vez recebida a MP, o CN designará uma comissão mista, composta por deputados e senadores, para que ela examine e emita parecer sobre a aprovação da MP. ***OBS:*** É possível a apresentação de ***emendas parlamentares*** à MP, sendo que essas emendas devem ser propostas perante a comissão mista nos 6 primeiros dias que se seguirem à publicação da MP no Diário Oficial da União, devendo ser protocolizadas na secretaria geral da Mesa do Senado Federal, sendo, contudo, vedada a apresentação de emendas que versem sobre matéria estranha àquela tratada na MP (exige-se pertinência temática, para impedir o "contrabando legislativo"). Ademais, quando a comissão mista resolver por qualquer alteração do texto original da MP, caberá a ela: a) apresentar projeto de lei para que a MP seja convertida em lei, substituindo o texto da MP no que couber; e b) apresentar projeto de decreto legislativo, disciplinando as relações jurídicas decorrentes da vigência dos textos suprimidos ou alterados. ***3º.*** Na sequência, a MP será enviada à Câmara dos Deputados, que, primeiramente, fará juízo prévio sobre o atendimento dos pressupostos constitucionais e, posteriormente, deliberará sobre a MP, exigindo-se maioria simples para sua aprovação. ***4º*** Após a votação pela Câmara dos Deputados, se for aprovada, a MP será enviada ao Senado Federal, que, primeiramente, fará juízo prévio sobre o atendimento dos pressupostos constitucionais e, posteriormente, deliberará sobre a MP, exigindo-se maioria simples para sua aprovação. ***OBS:*** Se o plenário da Câmara dos Deputados ou do Senado Federal decidir no sentido do não atendimento dos pressupostos constitucionais ou da inadequação financeira ou orçamentária da medida provisória, esta será arquivada. ***5º.*** Havendo modificação no Senado Federal, ainda que decorrente de restabelecimento de matéria ou emenda rejeitada na Câmara dos Deputados, ou de destaque supressivo, será esta encaminhada para exame na Casa iniciadora, sob a forma de emenda parlamentar, a ser apreciada em turno único, vedadas quaisquer novas alterações. ***6º.*** Aprovada a MP, sem alteração de mérito, será o seu texto promulgado pelo Presidente da Mesa do Congresso Nacional e enviado para o Presidente da República, para publicação, como lei, no Diário Oficial da União (DOU). ***OBS:*** A MP, ao ser aprovada por ambas as casas legislativas, é convertida em lei, "transformando-se", assim, deixa de ser MP e passa a ser LEI (converte-se). ***7º.*** Se a MP for aprovada sem emendas parlamentares, não haverá sanção ou veto presidencial. Contudo, se a MP for aprovada com emendas parlamentares, o Presidente da República poderá vetar o projeto de lei de conversão. ***8º.*** Rejeitada a MP por qualquer das casas legislativas, o Presidente da casa que assim se pronunciar comunicará o fato imediatamente ao Presidente da República, fazendo publicar no DOU ato declaratório de rejeição de MP. Do mesmo modo, quando expirar o prazo integral de vigência de MP, incluída a prorrogação, o Presidente da Mesa do Congresso Nacional comunicará o fato ao Presidente da República, fazendo publicar no DOU ato declaratório de encerramento do prazo de vigência de MP.

Regime de Urgência nas MPs	Se a MP não for apreciada em até 45 dias contados de sua publicação, entrará em regime de urgência, subsequentemente, em cada uma das casas do Congresso Nacional, ficando sobrestadas (paralisadas), até que se ultime a votação, todas as demais deliberações legislativas da casa em que estiver tramitando. É importante lembrar que ficam sobrestadas apenas as deliberações sobre matérias que se mostram passíveis de regramento por MP, excluídos, em consequência, do bloqueio as propostas de Emenda à Constituição e os projetos de lei complementar, de decreto legislativo, de resolução e, até mesmo, tratando-se de projetos de lei ordinária, aqueles que veiculem temas pré-excluídos do âmbito de incidência das MPs.
A rejeição da MP e seus efeitos	As MPs podem ser rejeitadas de forma ***expressa*** (rejeitada durante a deliberação na Câmara dos Deputados ou no Senado Federal, não atingindo maioria simples dos votos para que seja aprovada) ou ***tácita*** (ocorre pelo decurso do prazo de vigência da MP sem que ela tenha sido apreciada pelas duas casas do Congresso Nacional). Em ambos os casos, produzirá ***efeitos ex tunc*** perdendo a eficácia, desde a sua edição, devendo o CN disciplinar, por ***decreto legislativo***, as relações jurídicas delas decorrentes. Entretanto, se o CN não editar o referido decreto legislativo em até 60 dias após a rejeição ou perda de eficácia de MP, as relações jurídicas constituídas e decorrentes de atos praticados durante sua vigência conservar-se-ão por ela regidas. Além disso, se for aprovado ***projeto de lei de conversão*** alterando o texto original da MP, manter-se-á integralmente em vigor o texto original da MP até que seja sancionado ou vetado o projeto de conversão. Por fim, é ***vedada a reedição***, na mesma sessão legislativa (ano legislativo), de MP que tenha sido rejeitada ou que tenha perdido sua eficácia por decurso de prazo.
Revogação	Após publicar a MP, o Presidente da República não pode modifica-la ou retirá-la da apreciação do CN. Entretanto, o Presidente pode editar uma nova MP revogando a anterior (ab-rogação), de modo que o CN não mais analisará a 1ª medida provisória (MP1), pois ela foi revogada, devendo analisar a 2º medida provisória (MP2). Nesse caso, os efeitos da MP1 ficam suspensos até que o CN analise a MP2. Caso o Congresso aprove a MP2, a MP1 ficará definitivamente revogada. Mas, caso o CN rejeite a MP2, a MP1 voltará a vigorar e a produzir seus efeitos pelo tempo que faltava para completar seu prazo constitucional, devendo ser apreciada pelo CN. Por fim, é importante lembrar que MP não pode revogar lei. Deste modo, quando uma MP é editada "revogando" uma lei ou um dispositivo de lei, na verdade o que irá revogar essa lei ou esse dispositivo será a lei de conversão, isto é, a lei criada pelo CN ao aprovar a MP (momento em que ela será "transformada" em lei). Por outro lado, quando uma MP que revogava uma determinada lei é rejeitada ou havida por prejudica, produz-se efeitos repristinatórios tácitos em relação à lei revogada, reestabelecendo-se a sua vigência.
Medidas Provisórias Estaduais e Municipais	Em face do princípio da simetria, é possível a edição de MPs pelos Governadores de Estado, desde que previsto na Constituição do Estado. Do mesmo modo, é possível a edição de MPs pelos Prefeitos municipais, desde que previsto na Lei Orgânica do Município e desde que haja previsão na Constituição do Estado de MP estadual.

PROCESSO LEGISLATIVO ESPECIAL: DECRETOS LEGISLATIVOS
Os decretos legislativos são espécies legislativas (normativas) primárias que visam desenvolver, instrumentalizar ou formalizar os trabalhos das casas legislativas, que, via de regra, produzem efeitos externos às casas e veiculam matérias de competência exclusiva do Congresso Nacional, sendo que seu procedimento se desenvolve da seguinte maneira: ***1ª. FASE INTRODUTÓRIA:*** A iniciativa, em alguns casos, é do Presidente da República e, em outros, de membro do Congresso Nacional (deputado ou senador), comissões parlamentares (da Câmara, do Senado ou do Congresso) ou, ainda, das Mesas Diretoras das casas legislativas (da Câmara, do Senado ou do Congresso). ***2ª. FASE CONSTITUTIVA:*** A discussão e deliberação é bicameral, podendo ocorrer de forma separada (vota-se em uma casa e depois na outra) ou em sessão conjunta do Congresso Nacional, exigindo-se maioria simples para sua aprovação, não existindo possibilidade de veto ou sanção pelo Presidente da República. ***3ª. FASE COMPLEMENTAR:*** A promulgação e a publicação são feitas pelo Presidente do Congresso Nacional, que é o Presidente do Senado Federal.

PROCESSO LEGISLATIVO ESPECIAL: RESOLUÇÕES	
Introdução	São espécies legislativas primárias que visam desenvolver, instrumentalizar ou formalizar os trabalhos das casas legislativas, que, via de regra, produzem efeitos internos às casas, podendo ser editadas pelo Congresso Nacional, pela Câmara dos Deputados e pelo Senado Federal. O procedimento das resoluções varia de acordo com a casa legislativa que irá editá-las, já que podemos ter resoluções do Congresso Nacional, resoluções da Câmara dos Deputados e resoluções do Senado Federal.

Resolução do Congresso Nacional	***Fase Introdutória:*** A iniciativa pode ser de membro do CN (deputado ou senador), comissões parlamentares (da Câmara, do Senado ou do CN) ou, ainda, das Mesas Diretoras (da Câmara, do Senado ou do CN). ***Fase Constitutiva:*** É bicameral, podendo ocorrer de forma separada (vota-se em uma casa e depois na outra) ou em sessão conjunta do CN, exigindo-se maioria simples para sua aprovação. ***Fase Complementar:*** A promulgação e a publicação são feitas pelo Presidente do Congresso Nacional, que é o Presidente do Senado Federal.
Resolução da Câmara dos Deputados	***Fase Introdutória:*** A iniciativa pode ser de Deputados Federais, de comissões ou da Mesa Diretora da Câmara dos Deputados. ***Fase Constitutiva:*** Dá-se pela Câmara dos Deputados, exigindo-se maioria simples para sua aprovação. ***Fase Complementar:*** A promulgação e a publicação são feitas pelo Presidente da Câmara dos Deputados.
Resolução do Senado Federal	***Fase Introdutória:*** A iniciativa pode ser de Senadores, de comissões ou da Mesa Diretora do Senado Federal. ***Fase Constitutiva:*** Dá-se pelo Senado Federal, exigindo-se maioria simples para sua aprovação. ***Fase Complementar:*** A promulgação e a publicação são feitas pelo Presidente do Senado Federal.
PROCESSO LEGISLATIVO ESPECIAL: EMENDAS À CONSTITUIÇÃO	
Fase Introdutória	A iniciativa pode ser: a) de um 1/3, no mínimo, dos membros da Câmara dos Deputados ou do Senado Federal; b) do Presidente da República; ou c) de mais da metade das Assembleias Legislativas das unidades da Federação, manifestando-se, cada uma delas, pela maioria relativa (simples) de seus membros.
Fase Constitutiva	A PEC será discutida e votada em cada Casa do Congresso Nacional, em dois turnos, considerando-se aprovada se obtiver, em ambos, 3/5 dos votos dos respectivos membros (art. 60, §2º). Ademais, sobre o procedimento, é importante destacar: • podem ser apresentadas emendas parlamentares à PEC, sendo, contudo, exigido 1/3 dos membros da casa legislativa que propõe a emenda parlamentar. • na vigência de intervenção federal, de estado de defesa ou de estado de sítio a Constituição não pode ser modificada, ficando suspensos os atos do processo legislativo de Emendas à Constituição que estiverem em tramitação. • não será objeto de deliberação a proposta de emenda tendente a abolir: i) a forma federativa de Estado; ii) o voto direto, secreto, universal e periódico; iii) a separação dos Poderes; e iv) os direitos e garantias individuais. Temos aqui as chamadas cláusulas pétreas. • a matéria constante de proposta de Emenda à Constituição rejeitada ou havida por prejudicada não pode ser objeto de nova proposta na mesma sessão legislativa, isto é, no mesmo ano legislativo.
Fase Complementar	A Emenda à Constituição será promulgada pelas Mesas da Câmara dos Deputados e do Senado Federal, com o respectivo número de ordem.

SISTEMATIZAÇÃO DOS PROCESSOS LEGISLATIVOS ORDINÁRIO E ESPECIAIS[33]					
Espécie legislativa	**Iniciativa**	***Quórum* Aprovação**	**Sanção**	**Promulgação**	**Publicação**
Emendas à CF	• 1/3 dos membros da Câmara dos Deputados, Senado Federal; • Presidente da República; • Mais de 50% das Assembleias Legislativa, pela maioria relativa de seus membros.	3/5 dos membros em 2 turnos de votação	Não há	Mesas (Câmara dos Deputados e do Senado Federal)	Congresso Nacional

33. NOVELINO, Marcelo. Curso de Direito Constitucional. 13. ed. Salvador: Juspodivm, 2018, p. 700.

Leis Compl.	• Membro ou comissão da Câmara dos Deputados, Senado Federal ou Congresso Nacional; • Presidente da República; • Ministros do STF; • Ministros de tribunais superiores; • Procurador-Geral da República; • Cidadãos.	Maioria absoluta	Presidente da República	Presidente da República	Presidente da República
Leis Ord.	• Membro ou comissão da Câmara dos Deputados, Senado Federal ou Congresso Nacional; • Presidente da República; • Ministros do STF; • Ministros de tribunais superiores; • Procurador-Geral da República; • Cidadãos.	Maioria simples	Presidente da República	Presidente da República	Presidente da República
Leis Del.	• Presidente da República	Maioria simples	Dispensável (não pode haver emenda)	Presidente da República	Presidente da República
Medidas Prov.	• Presidente da República	Maioria simples	Só se houver alteração pelo CN	Presidente do Senado Federal	Presidente da República
Decretos Leg.	• Presidente da República; • Membro/Comissão do Congresso Nacional.	Maioria simples	Não há	Presidente do Senado Federal	Presidente do Senado Federal
Resoluções	Membros do Congresso Nacional.	Maioria simples	Não há	Mesa da respectiva Casa	Câmara, Senado ou Congresso Nacional

Capítulo XVIII
PODER EXECUTIVO

1. INTRODUÇÃO

A ***leitura moderna do poder executivo*** relaciona-se, especialmente, ao movimento político e jurídico de limitação dos poderes dos reis e o, consequente, fim do absolutismo. Como se sabe, durante a Idade Média, os reis exerciam um poder absoluto, concentrando todos os poderes do Estado em suas mãos. Esse sistema vem a ser rompido, de forma relevante, num primeiro momento, na Inglaterra, no final do séc. XVII, com a Revolução Gloriosa e a consagração da Carta de Direitos (*Bill of Rights*) e o *Act of Setlement*, submetendo o rei ao parlamento inglês e estabelecendo a ideia de que todo governo deve ser limitado, inadmitindo-se a ideia de um poder absoluto ou soberano.

Para além de inspirar filósofos, como Montesquieu, esse movimento inspirou verdadeiras revoluções que vieram um século depois a consagrar a doutrina da separação de poderes nas Constituições dos Estados Unidos da América do Norte e da França pós-revolução. Deste modo, ***o estabelecimento moderno do poder executivo*** liga-se à separação de poderes, bem como à limitação dos poderes do Estado e ao surgimento dos Estados Democráticos, a partir de uma ótica do constitucionalismo moderno em sua face liberal.

Nesse sentido, especialmente considerando que à luz do paradigma do constitucionalismo moderno um poder deve fiscalizar e controlar o outro (doutrina dos freios e contrapesos), o poder executivo possui competências típicas da função executiva e, também, atípicas.

Como ***funções típicas***, o poder executivo exerce a chefia do Estado e do Governo de um país, devendo desempenhar essas atividades com base no interesse público, bem como cumprindo fielmente a Constituição e as leis do país, implementando-as. A ***chefia de Estado***, funda-se na soberania do país e implica na representação do próprio país perante os demais Estados-soberanos e os órgãos internacionais, instrumentalizando-se, por exemplo, quando o Presidente da República assina um Tratado Internacional. A ***chefia de Governo***, funda-se na soberania popular e nos princípios democrático e republicano e implica nas atividades de governo e administração da máquina pública, cabendo ao executivo a execução das atividades administrativas, como o implemento das políticas públicas, e o desempenho das atividades de fomento, gerenciamento e desenvolvimento da Administração Pública, instrumentalizando-se, por exemplo, com a implementação de uma política pública de combate as drogas, ou a criação de uma universidade pública, ou o gerenciamento de um hospital público etc.

Por outro lado, o poder executivo, também, exerce ***funções atípicas***, isto é, funções que tipicamente são atribuídas a outros poderes. Assim, por exemplo, ***no exercício da função legislativa*** cabe ao Presidente da República editar as Medidas Provisórias *(art. 62)* e as Leis Delegadas *(art. 68)*, já em relação ao ***exercício da função jurisdicional***, temos que o poder executivo não possui atribuição constitucional para o desempenho atípico dessa função, contudo exerce a função julgadora (mas não jurisdicional), quando julga o contencioso administrativo (que não faz coisa julgada, podendo esses julgamentos serem levados à apreciação do poder judiciário).[1]

1. SILVA, José Afonso da. Curso de Direito Constitucional Positivo. 33. ed. São Paulo: Malheiros, 2010.

2. ESTRUTURAS ORGANIZACIONAIS

A doutrina ensina que o poder executivo se reveste, na prática, de diversas formas, sendo possível identificar as seguintes estruturas organizacionais:[2]

a) Executivo Monocrático: identifica-se quando o poder executivo é exercido por uma única pessoa, como um rei, um imperador, um ditador ou um presidente eleito;

b) Executivo Colegial: identifica-se quando o poder executivo é exercido por duas pessoas com poderes iguais, como os cônsules romanos;

c) Executivo Diretorial: identifica-se quando o poder executivo é exercido por um grupo de pessoas em comitê, como na antiga União Soviética;

d) Executivo Dual: identifica-se quando o exercício do poder executivo é dividido, ficando as funções de Estado a cargo de uma pessoa (chefe de Estado) e as funções de Governo a cargo de um Conselho de Ministros, um comitê, ou mesmo de uma pessoa escolhida pela maioria parlamentar (chefe de Governo), sendo, portanto, uma forma típica do sistema parlamentarista.

3. SISTEMAS DE GOVERNO

O ***sistema de governo*** identifica a maneira como se relacionam os poderes de um Estado, especialmente o modo como se relacionam os poderes executivo e legislativo, não se confundindo com a ***forma de governo***, que identifica a maneira como se relacionam os governantes e governados dentro de um Estado, nem se confundindo com o ***regime de governo***, que identifica o modo efetivo pelo qual se exerce o poder em um determinado Estado.

Os principais sistemas de governo utilizados por regimes democráticos são o *presidencialismo* e o *parlamentarismo*, falando-se ainda em um *semipresidencialismo* e em um *presidencialismo de coalisão*.

3.1 Presidencialismo

O presidencialismo identifica-se pela independência entre executivo e legislativo, concentrando as funções executivas nas mãos do chefe do poder executivo que exercerá tanto as atribuições de chefe de Estado, como as atribuições de chefe de Governo.

Desde o fim do Império, quando tínhamos um governo absolutista, o Brasil adotou o sistema presidencialista, iniciado por Deodoro da Fonseca com a proclamação da República, em 15 de novembro de 1889, e sedimentado pela Constituição de 1891, tendo sido mantido por todas as nossas Constituições posteriores, inclusive pela Constituição de 1988, obviamente, com muitas variações durante todo esse tempo.

Nada obstante, é importante destacar que, ao longo de nossa conturbada e instável história republicana, o Brasil adotou o sistema parlamentarista entre setembro de 1961 e janeiro de 1963.

2. DUVERGER, Maurice. Droit constitutionnel et institutions politiques. 4. ed. Paris: PUF, 1959.

3.2 Parlamentarismo

O parlamentarismo identifica-se por uma independência relativa entre executivo e legislativo, dividindo o exercício das funções de Estado a cargo de um chefe de Estado (que poderá ser um Presidente eleito ou mesmo um monarca) e as funções de Governo a cargo de um Conselho de Ministros, um Comitê, ou mesmo de uma pessoa escolhida pela maioria parlamentar, como um Primeiro Ministro, que exercerá a função de chefe de Governo.

Para a melhor compreensão dos sistemas presidencialista e parlamentarista, pode-se sistematizar suas diferenças da seguinte maneira:[3]

Presidencialismo	Parlamentarismo
Há uma ***identidade entre chefia de estado e chefia de governo (são a mesma pessoa)***	Há uma ***não identidade entre chefia de estado e chefia de governo.***
Chefe de estado é aquele que exerce função simbólica de representar internacionalmente o país e de corporificar a sua unidade interna.	***Chefe de estado*** pode ser um rei (um monarca) ou mesmo um presidente.
Chefe de governo é aquele que executa as políticas públicas, que gerencia a máquina pública. Ou seja, é quem efetivamente governa e também exerce a liderança da política nacional.	***Chefe de governo*** é o chamado de 1º Ministro, que exerce o governo conjuntamente com o seu gabinete (conselho de Ministros).
Não identidade entre o Poder Legislativo e o Poder Executivo. Presidente tem que construir uma maioria no parlamento a *posteriori*. Geralmente o presidente é eleito sem maioria no parlamento.	***Tem uma identidade entre o Poder Legislativo e o Poder Executivo,*** via de regra. A chefia de governo é tirada da maioria parlamentar (maioria construída *a priori*). É dessa maioria que sai o 1º Ministro e o gabinete.
Estabilidade de governo. Há a figura dos mandatos fixos para o cargo de presidente.	***Estabilidade democrática.*** Privilegia estabilidade construída pelo povo nos processos democráticos. Pode até existir a figura do mandato mínimo e do mandato máximo, todavia ele não é fixo. Nesse sentido, tem por fundamento a existência dos institutos: I) possibilidade de queda do gabinete pelo parlamento (através da "moção de censura" ou "voto de desconfiança") e II) possibilidade cotidiana de dissolução do parlamento pelo gabinete (pelo 1º ministro e seu conselho de ministros).

3.3 Semipresidencialismo

O semipresidencialismo, também chamado de semiparlamentarismo, consiste em um sistema de governo híbrido, que cumula características do sistema presidencialista e do sistema parlamentarista, dividindo a chefia do poder executivo entre um chefe de Governo (Primeiro Ministro) e um chefe de Estado (Presidente da República), contudo, diferentemente do sistema parlamentarista em que o chefe de Estado limita-se a funções representativas e protocolares, no semipresidencialismo o chefe de Estado possui importantes funções políticas, inclusive, funções de governo, como, por exemplo, nomear o Primeiro Ministro, propor projetos de lei, conduzir a política externa etc., detendo, inclusive, o comando das forças armadas.

Entre as vantagens desse sistema, destaca-se a ***legitimidade democrática*** de seu chefe de Estado, eleito pelo povo (característica inerente ao presidencialismo) e a maior ***facilidade de superação do Governo*** sem grande desestabilização institucional (como em um *impeachment*, cujo processo desestrutura o país e traz prejuízos incomensuráveis em diversas áreas),

3. FERNANDES, Bernardo G. Curso de Direito Constitucional. 11. ed. Salvador: Juspodivm, 2019, p. 1316.

mediante o "voto de desconfiança", que possibilita a queda do gabinete do Primeiro Ministro pelo parlamento e sua rápida substituição (característica inerente ao parlamentarismo).

Ademais, no âmbito dos sistemas semipresidencialistas é possível que o Presidente da República e o Primeiro Ministro sejam de partidos diferentes, sendo esse fenômeno chamado de ***"governo de coabitação"***. A coabitação, por um lado, possibilita um sistema mais eficaz de controle entre os exercentes do poder (freios e contrapesos), por outro lado, possibilita a ocorrência de grandes obstruções de um líder contra o outro, o que pode gerar um verdadeiro desgoverno e prejudicar as ações e políticas do país, dependendo das atitudes dos dois líderes.

Os principais exemplos de países semipresidencialistas são França e Portugal, contudo o semipresidencialismo é adotado em dezenas de outros países.

3.4 Presidencialismo de coalizão

A expressão *presidencialismo de coalizão* é atribuída ao cientista político Sérgio Abranches, tendo sido utilizada por ele em um famoso artigo acadêmico publicado no ano de 1988. Ela designa a realidade de um país presidencialista em que a fragmentação do poder parlamentar entre vários partidos políticos conduz o poder executivo a construir uma ampla maioria no parlamento por meio de concessões políticas, oferecimento de cargos públicos e Ministérios, direcionamento de verbas etc., comumente contraditória com o programa governamental do Presidente eleito, gerando problemas e potencializando conflitos no Governo.[4]

Nesse contexto, temos, segundo Abranches, o *"dilema institucional"* brasileiro, pois mesmo tendo sido democraticamente eleito pelo povo (o que não ocorre no sistema parlamentarista, pelo qual o gabinete governamental é instituído pelo parlamento), o Presidente da República acaba se tornando refém do Congresso Nacional. Por outro lado, o Congresso, em que pese tenha força o suficiente para dificultar o trabalho e o governo do Presidente, não possui condições suficientes para ditar os rumos políticos do país e resolver com autonomia e celeridade as grandes questões nacionais.

4. PRESIDENTE DA REPÚBLICA

Nos termos do art. 76, da CF/88, o poder executivo é exercido pelo Presidente da República, auxiliado pelos Ministros de Estado. Trata-se, portanto, de um exercício unipessoal do poder, sendo o Presidente da República o titular único do poder executivo federal, enquanto os Ministros são seus auxiliares, mas não titulares do poder.

4.1 Requisitos para o cargo

O cargo de Presidente da República só é acessível àqueles que preenchem os requisitos constitucionalmente estabelecidos. Assim, de acordo com a CF/88, para que uma pessoa possa concorrer ao pleito presidencial é necessário que ela preencha os seguintes requisitos:

i) ser brasileiro nato (nacionalidade originária);

ii) estar alistado perante a Justiça Eleitoral (alistamento eleitoral);

iii) estar no pleno gozo de seus direitos políticos;

---

4. ABRANCHES, Sérgio H.H. de. Presidencialismo de coalizão: o dilema institucional brasileiro. Revista de Ciências Sociais. Rio de Janeiro, v. 31, n. 1, 1988.

iv) possuir filiação partidária (não se admite candidatura avulsa);

v) não ser inelegível (não incorrer em alguma causa de inelegibilidade);

vi) ter no mínimo 35 anos na data da posse.

4.2 Modo de investidura: eleição, sistema eleitoral, mandato e posse

Nos termos constitucionais, a *eleição* do Presidente e do Vice-Presidente da República realizar-se-á, simultaneamente, no primeiro domingo de outubro, em primeiro turno, e no último domingo de outubro, em segundo turno, se houver, do ano anterior ao do término do mandato presidencial vigente, sendo que a eleição do Presidente da República importará a do Vice-Presidente com ele registrado.

Será considerado eleito Presidente o candidato que, registrado por partido político, obtiver a maioria absoluta de votos válidos, isto é, a maioria absoluta dos votos não computados os em branco e os nulos. Conforme dispõe a Constituição, se nenhum candidato alcançar maioria absoluta na primeira votação, far-se-á nova eleição em até vinte dias após a proclamação do resultado (na verdade, essa eleição deve ocorrer no último domingo de outubro), concorrendo os dois candidatos mais votados e considerando-se eleito aquele que obtiver a maioria dos votos válidos.

Assim, temos que o Presidente da República é eleito pelo ***sistema majoritário de maioria absoluta*** para ***mandato de 4 anos***, podendo ser reeleito, sucessivamente, uma única vez.

Vale lembrar que o ***sistema majoritário*** é aquele pelo qual será eleito o candidato mais bem votado dentro da circunscrição eleitoral respectiva (nacional, estadual, municipal ou distrital). Esse sistema é adotado nas eleições do Poder Executivo (Presidente, Governadores de Estado, Governado do DF e Prefeitos) e, também, nas eleições para o Senado Federal, dividindo-se em ***simples*** e ***complexo***.

Sistema Majoritário Simples (de maioria simples)	Sistema Majoritário Complexo (de maioria absoluta)
Tem apenas um turno de votação, sendo eleito o candidato que obtiver o maior número de votos válidos.	Exige maioria absoluta dos votos válidos para que o candidato seja eleito no primeiro turno. Não se atingindo, far-se-á segundo turno de votação com os dois candidatos mais votados no primeiro turno.
Adotado para as eleições de Senadores e de Prefeitos de municípios com menos de 200 mil eleitores.	Adotado para as eleições de Presidente da República, Governadores de Estado e do DF e Prefeitos de municípios com mais de 200 mil eleitores.

Ademais, conforme prevê a Constituição, se, antes de realizado o segundo turno, ocorrer morte, desistência ou impedimento legal de um dos dois candidatos, convocar-se-á, dentre os remanescentes, o de maior votação (o terceiro lugar, e assim sucessivamente).

Em qualquer hipótese, se dois ou mais candidatos obtiverem a mesma votação, qualifica-se para o segundo turno o mais idoso.

Por fim, temos que o Presidente e o Vice-Presidente da República tomarão *posse* em sessão do Congresso Nacional, no dia 1º de janeiro do ano subsequente à eleição, prestando o compromisso de manter, defender e cumprir a Constituição, observar as leis, promover o bem geral do povo brasileiro, sustentar a união, a integridade e a independência do Brasil.

Se, decorridos dez dias da data fixada para a posse (1º de janeiro), o Presidente ou o Vice-Presidente, salvo motivo de força maior, não tiver assumido o cargo, este será declarado vago.

Havendo motivo de força maior que impeça a posse do Presidente e do Vice-Presidente da República, os seus cargos não serão declarados vagos, devendo a posse ser efetivada assim que cessar o respectivo motivo. Entretanto, não havendo motivo de força maior que impeça a posse do Presidente e do Vice-Presidente da República, os seus cargos serão declarados vagos pelo Congresso Nacional, que convocará novas eleições diretas (pelo povo) a se realizarem em até 90 dias.

Se apenas o Presidente não comparecer para tomar posse, sem motivo de força maior, o Vice-Presidente tomará posse e assumirá o cargo de Presidente de forma definitiva. O mesmo ocorre se houver motivo de força maior, mas esse motivo impossibilitar a investidura do Presidente, como, por exemplo, se o Presidente tiver sofrido um grave acidente ficando em estado vegetativo. Entretanto, se apenas o Presidente não comparecer para tomar posse, havendo motivo de força maior que não impossibilite a sua posterior investidura, o Vice-Presidente tomará posse e assumirá o cargo de Presidente de forma interina e temporária até que cesse o respectivo motivo e o Presidente tome posse.

Se apenas o Vice-Presidente não comparecer para tomar posse, sem motivo de força maior, somente o Presidente tomará posse, assumindo o cargo e governando sozinho, ficando o cargo de Vice-Presidente vago até o final do mandato presidencial. Havendo motivo de força maior (o Vice, por exemplo, está internado no hospital), o Vice-Presidente tomará posse assim que cessar o respectivo motivo.

4.3 Impedimento e vacância: a linha de substituição e sucessão do presidente

Os afastamentos provisórios e temporários do Presidente da República são chamados de *impedimentos*, como, por exemplo, o afastamento por motivo de viagens ou moto motivo de saúde.

Em caso de impedimento do Presidente, o Vice-Presidente é quem lhe substituirá, e em caso de impedimento de ambos (por exemplo, um está em uma viagem internacional e o outro está internado em um hospital para realizar uma cirurgia), serão sucessivamente chamados ao exercício da Presidência o Presidente da Câmara dos Deputados, o do Senado Federal e o do Supremo Tribunal Federal. Assim, a ***linha de substituição presidencial*** deve seguir a seguinte ordem:

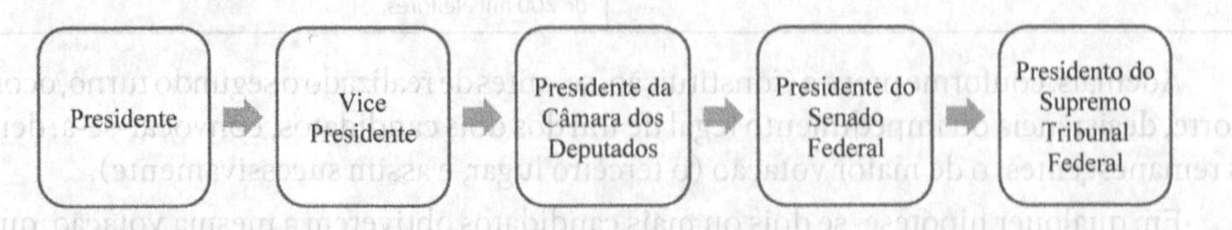

Sobre a ***linha de substituição presidencial***, o Supremo Tribunal Federal decidiu que os ***substitutos*** eventuais do Presidente da República (Presidente da Câmara dos Deputados, do Senado Federal e do Presidente do Supremo Tribunal Federal) caso ostentem a posição de ***réus criminais***, ficarão impossibilitados de exercer o cargo de Presidente da República. Entretanto, a condição de réus criminais não os impede de desempenhar a chefia que titularizam no órgão de poder que dirigem, mas apenas de exercer o cargo de Presidente da República.[5]

A *vacância (ou vaga)* consiste na falta definitiva de Presidente da República, isto é, na impossibilidade total de exercício do cargo por aquele que havia sido eleito para tanto. Ocorrendo a vacância do Presidente da República, o Vice-Presidente o sucederá de forma definitiva.

Entretanto, ocorrendo a ***dupla vacância***, isto é, vagando definitivamente os cargos de Presidente e Vice-Presidente da República (por exemplo, se o Presidente e o Vice-Presidente morrerem ou se ambos sofrem *impeachment*), o Presidente da Câmara dos Deputados, o do Senado Federal e o do Supremo Tribunal Federal, sucessivamente, assumirão o cargo de forma precária, sendo-lhes vedado assumir o cargo de forma definitiva. Em razão disso, havendo a dupla vacância, far-se-á ***nova eleição*** da seguinte forma:

i) ***se faltarem mais de 2 anos de mandato:*** far-se-á eleição direta (pelo povo) 90 dias depois de aberta a última vaga (art. 80, *caput*).

ii) ***se faltarem menos de 2 anos de mandato:*** far-se-á eleição indireta, pelo Congresso Nacional (que funcionará como colégio eleitoral), em 30 dias, depois de aberta a última vaga (art. 80, §1º).

Para essa nova eleição, seja ela direta ou indireta, ***poderão se candidatar*** quaisquer pessoas que preencham os requisitos do cargo presidencial, isto é, qualquer brasileiro nato, alistado perante a Justiça Eleitoral, que esteja no pleno gozo de seus direitos políticos, possua filiação partidária, não seja inelegível e tenha no mínimo 35 anos na data da posse.

Ademais, é importante destacar que, em ambos os casos (eleições diretas ou indiretas), os eleitos irão complementar o mandato dos seus antecessores, exercendo um "***mandato tampão***", isto é, não serão eleitos para novos quatro anos e sim para completar aquele mandato que já estava vigente.

Para além disso, o Supremo Tribunal Federal já decidiu que a norma do art. 80, §1º, da CF/88,[6] que possibilita que as eleições sejam indiretas, em 30 dias, quando faltarem menos de 2 anos para o término do mandato do chefe do poder executivo, ***não é norma de reprodução obrigatória***, podendo os Estados reproduzirem ou não em suas respectivas Constituições. Entretanto, se a Constituição do Estado reproduzir voluntariamente o teor do referido dispositivo constitucional determinando eleições indiretas, na forma da lei, essa lei regulamentadora será uma lei estadual.[7] Nada obstante, embora os Estados possam regulamentar a dupla vacância nos dois últimos anos de mandato, eles não podem suprimir as eleições.[8]

Por fim, em razão da incidência do ***princípio da simetria***, em caso de ***impedimento*** dos chefes do poder executivo das demais esferas federativas, deve-se observar as seguintes ***linhas de substituição:***

- *Nos Estados:* em caso de impedimento do Governador, o Vice-Governador é quem lhe substituirá, e em caso de impedimento de ambos, serão sucessivamente chamados ao exercício do cargo o Presidente da Assembleia Legislativa e o Presidente do Tribunal de Justiça.

5. STF, ADPF 402 MC.
6. CF/88, Art. 80, §1º Ocorrendo a vacância nos últimos dois anos do período presidencial, a eleição para ambos os cargos será feita trinta dias depois da última vaga, pelo Congresso Nacional, na forma da lei.
7. STF, ADI 4.309.
8. STF, ADI 1.057.

- *No Distrito Federal:* em caso de impedimento do Governador, o Vice-Governador é quem lhe substituirá, e em caso de impedimento de ambos, serão sucessivamente chamados ao exercício do cargo o Presidente da Câmara Legislativa do DF e o Presidente do Tribunal de Justiça do Distrito Federal e Territórios.
- *Nos Municípios:* em caso de impedimento do Prefeito, o Vice-Prefeito é quem lhe substituirá, e em caso de impedimento de ambos, será chamado ao exercício do cargo o Presidente da Câmara Municipal de Vereadores.

4.4 Licença

Nos termos constitucionais, o Presidente e o Vice-Presidente da República não poderão, sem licença do Congresso Nacional, ausentar-se do país por período superior a 15 dias, sob pena de perda do cargo.

Isto é, até o prazo de 15 dias eles podem se ausentar (por exemplo, em uma viagem para celebrar acordos internacionais) sem qualquer autorização do Congresso, contudo, se forem se ausentar por período superior a 15 dias, necessitam de licença aprovada pelo Congresso Nacional, sob pena de perda do cargo, que aqui equivaleria a uma espécie de renúncia.

Ademais, conforme já decidiu o Supremo Tribunal Federal, por força do ***princípio da simetria***, esse dispositivo é ***norma de observância obrigatória*** pelas Constituições dos Estados. Assim, os Estados não podem exigir licença dos mandatários do poder executivo para ausências de até quinze dias, nem podem deixar de exigir em ausências superiores a quinze dias.[9] Além disso, os Estados não podem considerar que ausências inferiores a quinze dias não são ausência, estabelecendo a desnecessidade de substituição do Governador em caso de ausências inferiores a quinze dias, sob pena de deixarem o poder executivo acéfalo.[10]

4.5 Atribuições do Presidente da República

Conforme dispõe o art. 84, da CF/88, compete privativamente ao Presidente da República:

I – nomear e exonerar os Ministros de Estado;

II – exercer, com o auxílio dos Ministros de Estado, a direção superior da administração federal;

III – iniciar o processo legislativo, na forma e nos casos previstos nesta Constituição;

IV – sancionar, promulgar e fazer publicar as leis, bem como expedir decretos e regulamentos para sua fiel execução;

- Este dispositivo consagra o ***poder normativo regulamentar*** dos chefes do poder executivo, que devem expedir ***decretos regulamentares*** para darem fiel cumprimento (execução) às leis produzidas pelo poder legislativo.
- Embora frequentemente confundidos, ***o conceito de decreto não é exatamente igual ao de regulamento:*** Decreto constitui uma forma de ato administrativo; trata-se da forma de exteriorização dos regulamentos; Decreto é o veículo introdutor do regulamento. Regulamento representa o conteúdo do ato; trata-se da regulamentação em si.

9. STF, ADI 775 e ADI 825.
10. STF, ADI 3.647.

- Decretos e regulamentos são ***atos administrativos*** e, como tal, encontram-se em posição de inferioridade diante da lei, sendo-lhes ***vedado criar obrigações de fazer ou deixar de fazer aos particulares***, sem fundamento direto na lei (art. 5º, II, da CF), ou mesmo dispor de forma contrária à lei ou dispor sobre questões não previstas em lei.

V – vetar projetos de lei, total ou parcialmente;

VI – dispor, mediante decreto, sobre:

a) organização e funcionamento da administração federal, quando não implicar aumento de despesa nem criação ou extinção de órgãos públicos;

b) extinção de funções ou cargos públicos, quando vagos;

- Este dispositivo consagra uma forma especial de exercício do ***poder normativo regulamentar*** dos chefes do poder executivo, possibilitando-lhes inovar na ordem jurídica de forma direta, sem a intermediação de lei.
- Aqui temos os chamados ***decretos autônomos (ou decretos independentes)*** que podem dispor sobre temas não disciplinados pela legislação.
- Em regra, esse tipo de decreto é vedado pelo direito brasileiro, vez que decretos são atos normativos de segundo grau (atos administrativos) e, como tais, não podem inovar na ordem jurídica. Contudo, excepcionalmente, a Constituição os admite nos casos taxativamente expressos no art. 84, VI, "a" e "b".
- A atribuição para editar decretos autônomos pode ser delegada pelo Presidente da República aos Ministros de Estado, ao Procurador-Geral da República ou ao Advogado-Geral da União, que observarão os limites traçados nas respectivas delegações.

VII – manter relações com Estados estrangeiros e acreditar seus representantes diplomáticos;

VIII – celebrar tratados, convenções e atos internacionais, sujeitos a referendo do Congresso Nacional;

IX – decretar o estado de defesa e o estado de sítio;

X – decretar e executar a intervenção federal;

XI – remeter mensagem e plano de governo ao Congresso Nacional por ocasião da abertura da sessão legislativa, expondo a situação do País e solicitando as providências que julgar necessárias;

XII – conceder indulto e comutar penas, com audiência, se necessário, dos órgãos instituídos em lei;

- Essa atribuição pode ser delegada pelo Presidente da República aos Ministros de Estado, ao Procurador-Geral da República ou ao Advogado-Geral da União, que observarão os limites traçados nas respectivas delegações.

XIII – exercer o comando supremo das Forças Armadas, nomear os Comandantes da Marinha, do Exército e da Aeronáutica, promover seus oficiais-generais e nomeá-los para os cargos que lhes são privativos;

XIV – nomear, após aprovação pelo Senado Federal, os Ministros do Supremo Tribunal Federal e dos Tribunais Superiores, os Governadores de Territórios, o Procurador-Geral da República, o presidente e os diretores do banco central e outros servidores, quando determinado em lei;

XV – nomear, observado o disposto no art. 73, os Ministros do Tribunal de Contas da União;

XVI – nomear os magistrados, nos casos previstos nesta Constituição, e o Advogado-Geral da União;

XVII – nomear membros do Conselho da República, nos termos do art. 89, VII;

XVIII – convocar e presidir o Conselho da República e o Conselho de Defesa Nacional;

XIX – declarar guerra, no caso de agressão estrangeira, autorizado pelo Congresso Nacional ou referendado por ele, quando ocorrida no intervalo das sessões legislativas, e, nas mesmas condições, decretar, total ou parcialmente, a mobilização nacional;

XX – celebrar a paz, autorizado ou com o referendo do Congresso Nacional;

XXI – conferir condecorações e distinções honoríficas;

XXII – permitir, nos casos previstos em lei complementar, que forças estrangeiras transitem pelo território nacional ou nele permaneçam temporariamente;

XXIII – enviar ao Congresso Nacional o plano plurianual, o projeto de lei de diretrizes orçamentárias e as propostas de orçamento previstos nesta Constituição;

XXIV – prestar, anualmente, ao Congresso Nacional, dentro de sessenta dias após a abertura da sessão legislativa, as contas referentes ao exercício anterior;

XXV – prover e extinguir os cargos públicos federais, na forma da lei;

- O provimento dos cargos públicos federais pode ser delegado pelo Presidente da República aos Ministros de Estado, ao Procurador-Geral da República ou ao Advogado-Geral da União, que observarão os limites traçados nas respectivas delegações.
- Segundo o STF, a competência para prover cargos públicos abrange a de desprovê-los, podendo, portanto, ser delegada, nos termos do parágrafo único, do art. 84, da CF/88.[11]
- Já, a extinção dos cargos públicos federais que estejam preenchidos não pode ser delegada. Por outro lado, nos termos do art. 84, VI, "b", a extinção dos cargos públicos federais que estejam vagos pode ser delegada, nos termos do parágrafo único, do art. 84, da CF/88.

XXVI – editar medidas provisórias com força de lei, nos termos do art. 62;

XXVII – exercer outras atribuições previstas nesta Constituição.

Sobre as atribuições privativas do Presidente da República elencadas no art. 84, da CF/88, é preciso fazer as seguintes ***observações:***

1) O ***rol*** de atribuições previsto no art. 84, da CF/88, é ***exemplificativo***, possuindo o Presidente da República outras atribuições previstas no texto constitucional, como, por exemplo, a competência para editar leis delegadas (art. 68, da CF/88).
2) As competências privativas do Presidente da República, como regra, não podem ser delegadas. Contudo, nos termos do parágrafo único, do art. 84, da CF/88, o Presidente da República ***poderá delegar*** as atribuições mencionadas nos incisos VI, XII e XXV, primeira parte, aos Ministros de Estado, ao Procurador-Geral da República ou ao Advogado-Geral da União, que observarão os limites traçados nas respectivas delegações.
3) Por força do ***princípio da simetria***, as competências atribuídas ao Presidente da República pelo art. 84, da CF/88, devem ser estendidas aos demais chefes do poder executivo no âmbito de seus respectivos entes federativos, naquilo que couber, guardadas as devidas proporções.
4) De forma clássica as atribuições do Presidente da República podem ser dividas em: ***a) funções de chefia de Estado***, como, por exemplo, celebrar tratados internacionais,

11. STF, RMS 24.128.

declarar guerra, celebrar a paz etc.; e *b) funções de chefia de Governo*, compreendidas as atribuições de natureza política, de participação no processo legislativo e de natureza administrativa governamental.

Já, de acordo com a doutrina de José Afonso da Silva, as atribuições do Presidente da República podem ser dividas em *chefia de Estado, chefia de Governo e chefia da Administração Federal*, da seguinte maneira:[12]

- ***Chefia de Estado:*** matérias elencadas no art. 84, VII, VIII, XVIII, segunda parte, XIV (apenas em relação à nomeação dos Ministros dos Tribunais Superiores), XV, XVI, primeira parte, XIX, XX, XXI e XXII;
- ***Chefia de Governo:*** matérias elencadas no art. 84, I, III, IV, V, IX, X, XI, XII, XIII, XIV (menos quanto à nomeação dos Ministros dos Tribunais Superiores), XVII, XVIII, primeira parte, XXIII, XXIV e XXVII;
- ***Chefia da Administração Federal:*** matérias elencadas no art. 84, II, VI, XVI, segunda parte, XXIV e XXV.

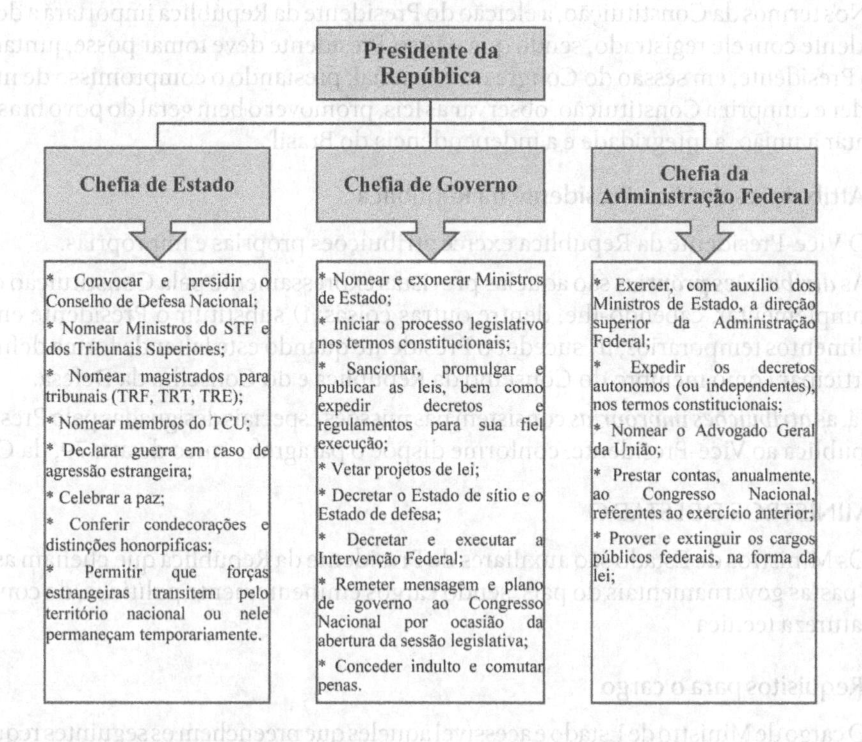

5. VICE-PRESIDENTE DA REPÚBLICA

O Vice-Presidente da República é o substituto constitucional e republicano do chefe do poder executivo, a quem cabe assumir as responsabilidades do Presidente nas suas ausências temporárias e definitivas, bem como auxiliá-lo nos termos constitucionais.

12. SILVA, José Afonso da. Curso de Direito Constitucional Positivo. 33. ed. São Paulo: Malheiros, 2010, p. 549-550.

5.1 Requisitos para o cargo

O cargo de Vice-Presidente é acessível àqueles que preenchem os mesmos requisitos constitucionalmente estabelecidos para ser Presidente da República. Assim, de acordo com a CF/88, para que uma pessoa possa concorrer ao cargo de Vice-Presidente da República é necessário que ela preencha os seguintes requisitos:

i) ser brasileiro nato (nacionalidade originária);

ii) estar alistada perante a Justiça Eleitoral (alistamento eleitoral);

iii) estar no pleno gozo de seus direitos políticos;

iv) possuir filiação partidária (não se admite candidatura avulsa);

v) não ser inelegível (não incorrer em alguma causa de inelegibilidade);

vi) ter no mínimo 35 anos na data da posse.

5.2 Modo de investidura

Nos termos da Constituição, a eleição do Presidente da República importará a do Vice-Presidente com ele registrado, sendo que o Vice-Presidente deve tomar posse, juntamente com o Presidente, em sessão do Congresso Nacional, prestando o compromisso de manter, defender e cumprir a Constituição, observar as leis, promover o bem geral do povo brasileiro, sustentar a união, a integridade e a independência do Brasil.

5.3 Atribuições do Vice-Presidente da República

O Vice-Presidente da República exerce atribuições próprias e impróprias.

As ***atribuições próprias*** são aquelas previstas expressamente pela Constituição ou por Lei Complementar, cabendo-lhe, dentre outras coisas: *i)* substituir o Presidente em seus impedimentos temporários; *ii)* suceder o Presidente quando este faltar de forma definitiva; *iii)* participar como membro do Conselho da Republica e do Conselho da Defesa.

Já, as ***atribuições impróprias*** consistem nas missões especiais designadas pelo Presidente da República ao Vice-Presidente, conforme dispõe o parágrafo único do art. 79, da CF/88.

6. MINISTROS DE ESTADO

Os Ministros de Estado são auxiliares de Presidente da República que chefiam as principais pastas governamentais do país, sendo cargos eminentemente políticos, de confiança e de natureza técnica.

6.1 Requisitos para o cargo

O cargo de Ministro de Estado é acessível àqueles que preenchem os seguintes requisitos constitucionalmente estabelecidos:

i) ser brasileiro, nato ou naturalizado. Entretanto, somente brasileiros natos podem ser Ministro de Estado da Defesa (Ministro da Defesa);

ii) estar alistado perante a Justiça Eleitoral (embora a Constituição não mencione esse requisito expressamente, ele é necessário para que a pessoa esteja no pleno gozo de seus direitos políticos);

iii) estar no pleno gozo de seus direitos políticos;

iv) ter no mínimo 21 anos de idade.

A nosso ver, a experiência comprova que os requisitos atualmente exigidos pela Constituição são insuficientes para a boa condução dos trabalhos dos Ministérios. Já passou da hora de instituir requisitos técnicos, especialmente para pastas em que a natureza técnica é predominante, como saúde, educação, cultura, ciência e tecnologia, infraestrutura, economia, agricultura, meio ambiente etc. Logicamente, a mera exigência de requisitos mais técnicos, bem como relacionados a probidade e comprovada vida ilibada, não são suficientes para assegurar uma melhor condução dos trabalhos dos Ministérios, mas sem dúvida alguma colaboram e auxiliam a trilhar esse caminho.

Para além disso, vale registrar que o Supremo Tribunal Federal já decidiu, liminarmente, por suspender a nomeação e a posse de políticos nomeados para os cargos de Ministros de Estado. Num primeiro caso, o Min. Gilmar Mendes, monocraticamente, deferiu liminar e suspendeu a nomeação e a posse de Luiz Inácio Lula da Silva como Ministro da Casa civil por entender que ele havia sido nomeado com a intenção de deslocar a competência jurisdicional de processos criminais que ele respondia, o que configuraria abuso de direito e de poder.[13] Num segundo caso, a Min. Cármen Lúcia, monocraticamente, deferiu liminar e suspendeu a posse de Cristiane Brasil como Ministra do Trabalho pelo fato da nomeada ter sido condenada mais de uma vez pela Justiça do Trabalho, por práticas que violavam os direitos dos trabalhadores.[14]

6.2 Modo de investidura

Os cargos de Ministros de Estado são cargos de livre nomeação e exoneração do Presidente da República, portanto são demissíveis *ad nutum*, isto é, cujos ocupantes podem ser demitidos a qualquer momento, não se exigindo motivação. Assim, preenchidos os requisitos para o cargo, o Presidente é livre para nomear, bem como para exonerar.

6.3 Atribuições dos Ministros de Estado

A Constituição estabelece um pequeno rol exemplificativo de atribuições dos Ministros de Estado, afirmando que lhes compete, além de outras atribuições estabelecidas na Constituição e na lei:

i) exercer a orientação, coordenação e supervisão dos órgãos e entidades da administração federal na área de sua competência e referendar os atos e decretos assinados pelo Presidente da República;

ii) expedir instruções para a execução das leis, decretos e regulamentos;

iii) apresentar ao Presidente da República relatório anual de sua gestão no Ministério;

iv) praticar os atos pertinentes às atribuições que lhe forem outorgadas ou delegadas pelo Presidente da República.

7. CONSELHO DA REPUBLICA E CONSELHO DA DEFESA

Os Conselhos da República e da Defesa são órgãos consultivos do Presidente da República, que emitem manifestações meramente opinativas auxiliando o mandatário do poder executivo federal.

13. STF, MS 34.070 e MS 34.071.
14. STF, Rcl 29.508.

7.1 Conselho da República

O Conselho da República é órgão superior de consulta do Presidente da República, e dele participam:

- o Vice-Presidente da República;
- o Presidente da Câmara dos Deputados;
- o Presidente do Senado Federal;
- os líderes da maioria e da minoria na Câmara dos Deputados;
- os líderes da maioria e da minoria no Senado Federal;
- o Ministro da Justiça;
- seis cidadãos brasileiros natos, com mais de trinta e cinco anos de idade, sendo dois nomeados pelo Presidente da República, dois eleitos pelo Senado Federal e dois eleitos pela Câmara dos Deputados, todos com mandato de três anos, vedada a recondução.

Nos termos constitucionais, compete ao Conselho da República pronunciar-se sobre:

i) intervenção federal, estado de defesa e estado de sítio;

ii) as questões relevantes para a estabilidade das instituições democráticas.

Ademais, o Presidente da República poderá convocar Ministro de Estado para participar da reunião do Conselho, quando constar da pauta questão relacionada com o respectivo Ministério.

Para além disso, nos termos da Constituição, atualmente, a lei 8.041/1990 regulamenta a organização e o funcionamento do Conselho da República.

7.2 Conselho da Defesa

O Conselho de Defesa Nacional é órgão de consulta do Presidente da República nos assuntos relacionados com a soberania nacional e a defesa do Estado democrático, e dele participam como membros natos:

- o Vice-Presidente da República;
- o Presidente da Câmara dos Deputados;
- o Presidente do Senado Federal;
- o Ministro da Justiça;
- o Ministro de Estado da Defesa;
- o Ministro das Relações Exteriores;
- o Ministro do Planejamento;
- os Comandantes da Marinha, do Exército e da Aeronáutica.

Conforme prevê a Constituição brasileira de 1988, compete ao Conselho de Defesa Nacional:

i) opinar nas hipóteses de declaração de guerra e de celebração da paz, nos termos desta Constituição;

ii) opinar sobre a decretação do estado de defesa, do estado de sítio e da intervenção federal;

iii) propor os critérios e condições de utilização de áreas indispensáveis à segurança do território nacional e opinar sobre seu efetivo uso, especialmente na faixa de fronteira e nas relacionadas com a preservação e a exploração dos recursos naturais de qualquer tipo;

iv) estudar, propor e acompanhar o desenvolvimento de iniciativas necessárias a garantir a independência nacional e a defesa do Estado democrático.

Nos termos da Constituição, atualmente, a lei 8.183/1991 regulamenta a organização e o funcionamento do Conselho de Defesa Nacional.

8. IMUNIDADES

Os mandatários do poder executivo, assim como os do poder legislativo, também possuem um sistema de imunidades. Entretanto, as imunidades dos membros do poder executivo são diferentes das dos membros do poder legislativo.

8.1 Imunidades do Presidente da República

O Presidente da República possui imunidades penais e processuais penais, contudo não são as mesmas imunidades dos parlamentares federais. Assim, nos termos da Constituição, ele possui: *a) imunidade formal em relação ao processo; b) imunidade formal em relação à prisão; e c) irresponsabilidade penal relativa.*

Imunidade formal em relação ao processo	***Imunidade formal em relação à prisão***	***Cláusula de irresponsabilidade penal relativa***
Para ser processado por crime comum ou de responsabilidade é necessária a autorização de 2/3 dos membros da Câmara dos Deputados (art. 51, I c/c art. 86, *caput*). Por força do art. 51, I, da CF/88, essa imunidade é extensível ao Vice-Presidente da República e aos Ministros de Estado. Entretanto, conforme já decidiu o STF, essa imunidade não se estende aos coautores que não se encontrem investidos nesses cargos e que tenham sido denunciados juntamente com essas autoridades.[15]	O Presidente só pode ser preso após sentença penal condenatória (art. 86, §3º).	O Presidente, durante o mandato, não pode ser responsabilizado por atos delituosos praticados antes do início do mandato, nem por atos ocorridos durante o exercício do mandato que não tenham sido praticados *in officio* ou *propter officium*, isto é, que não tenham relação com o exercício de suas funções. Assim, na prática, o Presidente, durante o mandato, só poderá ser responsabilizado por atos delituosos praticados na vigência de seu mandato e desde que esses atos tenham sido praticados no exercício de sua função ou em razão do exercício de sua função (art. 86, §4º). Nos casos em que incide a cláusula de irresponsabilidade penal relativa, enquanto durar seu mandato, o Presidente não pode ser denunciado e processado criminalmente. Após o fim do mandato, ele responderá normalmente a eventual processo penal, em regra, na primeira instância.

8.2 Imunidades dos Governadores e dos Prefeitos

A Constituição brasileira de 1988 não estendeu aos Governadores e aos Prefeitos nenhuma das imunidades conferidas ao Presidente da República. Em razão disso, a doutrina majoritária e a jurisprudência do Supremo Tribunal Federal têm afirmado que ***Governadores e Prefeitos não possuem imunidades***, nenhuma delas, seja a irresponsabilidade penal relativa,[16] seja às imunidades formais em relação à prisão[17] e ao processo[18] e, caso essas imunidades estejam previstas nas Constituições dos respectivos Estados, elas são inconstitucionais, por serem incompatíveis com a Constituição Federal.[19]

---

15. STF, Inq. 4.483 AgR.
16. STF, ADI 1.021 e ADI 978.
17. Ibidem, idem.
18. Essa é a posição mais recente do STF sobre a imunidade formal em relação ao processo, tendo sido firmada, em 2017, no julgamento das ADIs 5.540, 4.798, 4.764 e 4.797. Entretanto, até 2017, o entendimento do STF era de que as Constituições dos Estados podiam estabelecer imunidade formal em relação ao processo para os Governadores dos Estados, conforme julgado, por exemplo, nas ADIs 4.791, 4.792 e 4.800.
19. STF, ADI 978.

9. CRIMES DE RESPONSABILIDADE

Os crimes de responsabilidade são as infrações político-administrativa praticadas por certas autoridades políticas, nos termos da Constituição. Assim, caso o agente seja condenado por crime de responsabilidade, ele não receberá sanções penais, mas sim sanções político--administrativas, como a perda do cargo e a inabilitação para o exercício de função pública.

Conforme consagrado na jurisprudência do Supremo Tribunal Federal, via de regra, as autoridades que respondem por crimes de responsabilidade podem, concomitantemente, responder por improbidade administrativa, estando sujeitas a um duplo regime sancionatório.[20] Entretanto, há uma exceção: o Presidente da República, que responde unicamente por crimes de responsabilidade.

9.1 Crimes de responsabilidade do Presidente da República

Conforme dispõe o art. 85, da CF/88, são crimes de responsabilidade os atos do Presidente da República que atentem contra a Constituição Federal e, especialmente, contra:

- a existência da União;
- o livre exercício do Poder Legislativo, do Poder Judiciário, do Ministério Público e dos Poderes constitucionais das unidades da Federação;
- o exercício dos direitos políticos, individuais e sociais;
- a segurança interna do País;
- a probidade na administração;
- a lei orçamentária;
- o cumprimento das leis e das decisões judiciais.

Esses crimes, de acordo com a redação expressa da Constituição, serão definidos em lei especial, que estabelecerá as normas de processo e julgamento. Atualmente, a lei 1.079/1950 é que define os crimes de responsabilidade e regula o respectivo processo de julgamento.

9.1.1 Procedimento de apuração de crimes de responsabilidade do Presidente da República

O procedimento de apuração dos crimes de responsabilidade do Presidente da República, encontra-se regulamentado pela a lei 1.079/1950, sendo claramente bifásico, dividindo-se, da seguinte maneira:

1ª Fase: Juízo de admissibilidade pela Câmara dos Deputados, que só poderá autorizar a instauração do processo por maioria qualificada de 2/3 de seus membros, em votação plenária nominal.

2ª Fase: O Senado fará um novo juízo de admissibilidade, por maioria simples, para ver se recebe a denúncia ou se a arquiva. Recebendo-a, ela será julgada pelo Senado Federal, sob a presidência do Presidente do Supremo Tribunal Federal, ficando o Presidente da República suspenso de suas atividades pelo prazo de 180 dias. O Senado, então, julgará o processo, só podendo condenar o Presidente da República por maioria qualificada de 2/3 de seus membros, em votação plenária nominal.

De forma sistematizada, é possível resumir o complexo procedimento, estabelecido pela lei 1.079/1950, de apuração dos crimes de responsabilidade do Presidente da República, da seguinte maneira:

---

20. STF, Pet. 3.240.

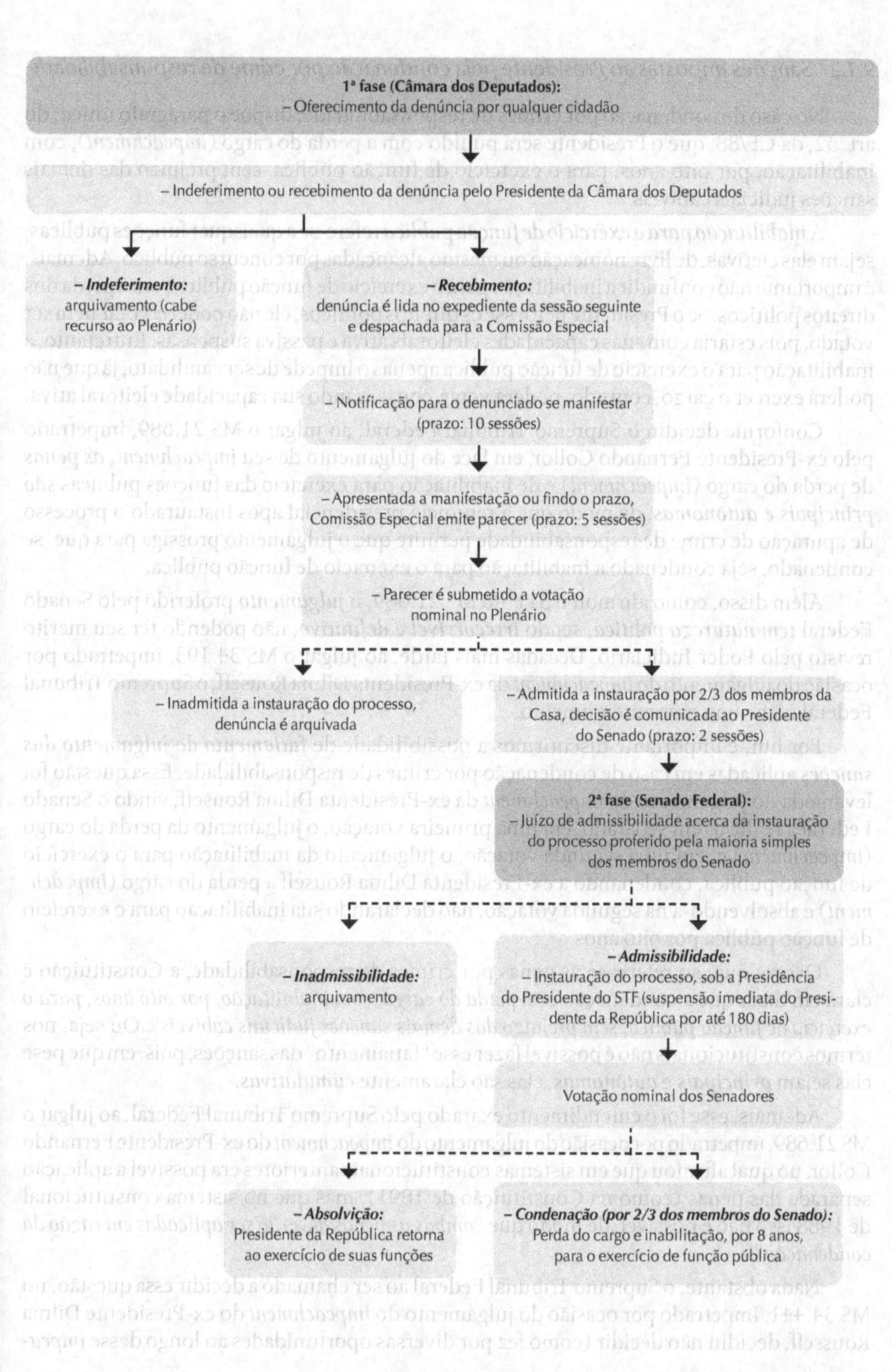
1ª fase (Câmara dos Deputados):
– Oferecimento da denúncia por qualquer cidadão
– Indeferimento ou recebimento da denúncia pelo Presidente da Câmara dos Deputados
– Indeferimento:
arquivamento (cabe recurso ao Plenário)
– Recebimento:
denúncia é lida no expediente da sessão seguinte e despachada para a Comissão Especial
– Notificação para o denunciado se manifestar (prazo: 10 sessões)
– Apresentada a manifestação ou findo o prazo, Comissão Especial emite parecer (prazo: 5 sessões)
– Parecer é submetido a votação nominal no Plenário
– Inadmitida a instauração do processo, denúncia é arquivada
– Admitida a instauração por 2/3 dos membros da Casa, decisão é comunicada ao Presidente do Senado (prazo: 2 sessões)
2ª fase (Senado Federal):
– Juízo de admissibilidade acerca da instauração do processo proferido pela maioria simples dos membros do Senado
– Inadmissibilidade:
arquivamento
– Admissibilidade:
– Instauração do processo, sob a Presidência do Presidente do STF (suspensão imediata do Presidente da República por até 180 dias)
Votação nominal dos Senadores
– Absolvição:
Presidente da República retorna ao exercício de suas funções
– Condenação (por 2/3 dos membros do Senado):
Perda do cargo e inabilitação, por 8 anos, para o exercício de função pública

9.1.2 Sanções impostas ao Presidente pela condenação por crime de responsabilidade

No caso de condenação por crimes de responsabilidade, dispõe o parágrafo único, do art. 52, da CF/88, que o Presidente será punido com a perda do cargo (*impeachment*), com inabilitação, por oito anos, para o exercício de função pública, sem prejuízo das demais sanções judiciais cabíveis.

A ***inabilitação para o exercício de função pública*** refere-se a quaisquer funções públicas, sejam elas eletivas, de livre nomeação ou mesmo alcançadas por concurso público. Ademais, é importante não confundir a inabilitação para o exercício de função pública com a perda dos direitos políticos. Se o Presidente perdesse os direitos políticos, ele não poderia votar nem ser votado, pois estaria com suas capacidades eleitorais ativa e passiva suspensas. Entretanto, a inabilitação para o exercício de função pública apenas o impede de ser candidato, já que não poderá exercer o cargo, contudo, poderá votar, conservando sua capacidade eleitoral ativa.

Conforme decidiu o Supremo Tribunal Federal, ao julgar o MS 21.689, impetrado pelo ex-Presidente Fernando Collor, em face do julgamento de seu *impeachment*, ***as penas*** de perda do cargo (*impeachment*) e de inabilitação para exercício das funções públicas ***são principais e autônomas***, de modo que a renúncia presidencial após instaurado o processo de apuração de crime de responsabilidade permite que o julgamento prossiga para que, se condenado, seja condenado a inabilitação para o exercício de função pública.

Além disso, como afirmou o STF no MS 21.689, o ***julgamento*** proferido pelo Senado Federal ***tem natureza política***, sendo ***irrecorrível*** e ***definitivo***, não podendo ter seu mérito revisto pelo Poder Judiciário. Décadas mais tarde, ao julgar o MS 34.193, impetrado por ocasião do julgamento do *impeachment* da ex-Presidenta Dilma Rouseff, o Supremo Tribunal Federal reafirmou esse entendimento.

Por fim, é importante discutirmos a possibilidade de ***fatiamento do julgamento das sanções*** aplicadas em caso de condenação por crimes de responsabilidade. Essa questão foi levantada no julgamento do *impeachment* da ex-Presidenta Dilma Rouseff, vindo o Senado Federal a realizar, em separado, em uma primeira votação, o julgamento da perda do cargo (*impeachment*) e, em uma segunda votação, o julgamento da inabilitação para o exercício de função pública, condenando a ex-Presidenta Dilma Rouseff a perda do cargo (*impeachment*) e absolvendo-a na segunda votação, não declarando sua inabilitação para o exercício de função pública por oito anos.

Ocorre que, ao referir-se às penas por crimes de responsabilidade, a Constituição é clara em dizer que a condenação é *"à perda do cargo, com inabilitação, por oito anos, para o exercício de função pública, sem prejuízo das demais sanções judiciais cabíveis"*. Ou seja, nos termos constitucionais não é possível fazer esse "fatiamento" das sanções, pois, em que pese elas sejam ***principais*** e ***autônomas***, elas são claramente ***cumulativas***.

Ademais, esse foi o entendimento exarado pelo Supremo Tribunal Federal, ao julgar o MS 21.689, impetrado por ocasião do julgamento do *impeachment* do ex-Presidente Fernando Collor, no qual afirmou que em sistemas constitucionais anteriores era possível a aplicação separada das penas (como na Constituição de 1891), mas que no sistema constitucional de 1988 isso não é possível, de modo que *"ambas as penas deverão ser aplicadas em razão da condenação"*.

Nada obstante, o Supremo Tribunal Federal ao ser chamado a decidir essa questão, no MS 34.441, impetrado por ocasião do julgamento do *impeachment* do ex-Presidente Dilma Rousseff, decidiu não decidir (como fez por diversas oportunidades ao longo desse *impea-*

chment), não enfrentando o caso, negando o pedido liminar e não colocando o julgamento do mérito em pauta em tempo hábil.

10. CRIMES COMUNS DO PRESIDENTE DA REPÚBLICA

Os crimes comuns, segundo a jurisprudência do Supremo Tribunal Federal, referem-se a quaisquer infrações penais, inclusive os crimes eleitorais e as contravenções penais cometidos pelo Presidente da República.

10.1 Procedimento de apuração de crimes comuns do Presidente da República

O procedimento de apuração de crimes comuns do Presidente da República é bastante complexo, dividindo-se da seguinte maneira:

1ª Fase: Juízo de adequação à ***cláusula de irresponsabilidade penal relativa:*** como vimos o Presidente da República, não pode ser responsabilizado por atos delituosos praticados antes do início do mandato, nem por atos ocorridos durante o exercício do mandato que não tenham sido praticados *in officio* ou *propter officium*, isto é, que não tenham relação com o exercício de suas funções. Assim, na prática, o Presidente, durante o mandato, só poderá ser responsabilizado por atos delituosos praticados na vigência de seu mandato e desde que esses atos tenham sido praticados no exercício de sua função ou em razão do exercício de sua função.

Assim, uma vez distribuído o inquérito ao Ministro-relator no STF, ele deve analisar se o crime do Presidente foi cometido no exercício de sua função ou em razão do exercício de sua função. Caso entenda que o crime não tem relação com a função presidencial, ele irá determinar a irresponsabilidade penal relativa temporária do Presidente, ficando *suspensa a prescrição do delito*. Caso entenda que o crime tem relação com a função presidencial, se o crime for de ação penal pública, o Ministro-relator enviará o inquérito ao Procurador Geral da República, que decidirá se oferece ou não a denúncia, sendo essa decisão irrecorrível, não cabendo sequer ação penal privada subsidiária da pública. Já, se o crime for de ação penal privada, o Ministro-relator aguardará a queixa-crime do ofendido ou de seu representante legal.

Havendo o oferecimento da denúncia ou da queixa-crime, o Supremo Tribunal Federal não poderá recebê-la, devendo o Ministro-relator a encaminhar ao Presidente do STF para que este a remeta à presidência da Câmara dos Deputados, para que esta faça o devido juízo político de admissibilidade.

É importante registrar que, nessa fase, ou seja, antes desse juízo de admissibilidade da Câmara dos Deputados, o STF entende que não cabe ao Supremo conhecer e julgar questões jurídicas ou probatórias alegadas pela defesa do Presidente da República, pois se trata de matéria afeta à configuração da justa causa, uma das condições da ação penal, que só pode ser analisada pelo plenário do STF após o juízo de admissibilidade da Câmara dos Deputados.[21]

2ª Fase: Juízo de admissibilidade pela Câmara dos Deputados, que só poderá autorizar a instauração do processo por maioria qualificada de 2/3 de seus membros, em votação plenária nominal. Se for autorizado o processamento da denúncia ou queixa-crime, o Presidente da Câmara dos Deputados comunicará ao Presidente do Supremo Tribunal Federal.

21. STF, Inq. 4.483 QO.

3ª Fase: Julgamento pelo Supremo Tribunal Federal: após ser comunicado da autorização da Câmara dos Deputados, o STF notificará o Presidente da República para que este apresente defesa escrita sobre o recebimento da denúncia ou queixa-crime e, após isso, o Ministro-relator solicitará data para que o pleno delibere sobre o seu recebimento ou não. Se recebê-la, a ação penal terá início, ficando o Presidente da República suspenso de suas atividades por 180 dias. Contudo, se decorrido o prazo de 180 dias, o julgamento não tiver sido concluído, cessará o afastamento do Presidente, sem prejuízo do regular prosseguimento do processo.

O julgamento da ação penal por crime comum do Presidente da República será realizado pelo pleno do STF. Se o Presidente for condenado, estará sujeito as seguintes *sanções: 1) poderá ser preso* após o trânsito em julgado da sentença penal condenatória; *2) perderá o mandato*, o que pode se dar de forma expressa na própria decisão condenatória proferida pelo STF (art. 92, I, do CP), ou de forma reflexa, vez que ao ser criminalmente condenado por decisão transitada em julgada, o Presidente tem os direitos políticos suspensos (art. 15, III, da CF/88), o que, consequentemente, leva à perda de mandato;[22] *3) poderá ficar inelegível* desde a condenação até o transcurso do prazo de 8 anos após o cumprimento da pena, caso seja condenado pelos crimes previstos no art. 1º, I, "e", da Lei Complementar 64/1990 (Lei das Inelegibilidades).

11. CRIMES DOS GOVERNADORES

Em primeiro lugar, é importante lembrar que a CF/88 não estendeu aos Governadores nenhuma das imunidades conferidas ao Presidente da República. Em razão disso, a doutrina majoritária e a jurisprudência do Supremo Tribunal Federal têm afirmado que *Governadores não possuem imunidades*, nenhuma delas, seja a irresponsabilidade penal relativa, seja às imunidades formais em relação à prisão e ao processo e, caso essas imunidades estejam previstas nas Constituições dos respectivos Estados, elas são inconstitucionais, por serem incompatíveis com a Constituição Federal.[23]

Isto posto, temos que, nos *crimes comuns*, compete ao Superior Tribunal de Justiça (STJ) processar e julgar, originariamente, os Governadores dos Estados e do Distrito Federal (art. 105, I, "a", da CF/88). Ademais, conforme a jurisprudência mais recente do STF, as Constituições dos Estados não podem estabelecer qualquer espécie de juízo de admissibilidade pelas Assembleias Legislativas para que os governadores sejam julgados pelo STJ.[24]

Além disso, seguindo as premissas fixadas pelo STF, o STJ firmou o entendimento de que o *foro por prerrogativa de função* no caso de Governadores dos Estados e do Distrito Federal deve ficar restrito aos fatos ocorridos durante o exercício do cargo e em razão deste. Deste modo, o STJ é competente para julgar os crimes comuns praticados pelos Governadores somente se estes delitos tiverem sido praticados durante o exercício do cargo e em razão do

22. O caso do Presidente da República é diferente do caso dos parlamentares federais, pois no caso dos Deputados e Senadores há uma exceção constitucional que prevê que a perda do mandato, em caso de condenação criminal, será decidida pela respectiva casa legislativa.
23. STF, ADI 978.
24. Essa é a posição mais recente do STF sobre a imunidade formal em relação ao processo, tendo sido firmada, em 2017, no julgamento das ADIs 5.540, 4.798, 4.764 e 4.797. Entretanto, até 2017, o entendimento do STF era de que as Constituições dos Estados podiam estabelecer imunidade formal em relação ao processo para os Governadores dos Estados, conforme julgado, por exemplo, nas ADIs 4.791, 4.792 e 4.800.

exercício do cargo de Governador.[25] Assim, por consequência, o término de um determinado mandato de Governador acarreta, por si só, a cessação do foro por prerrogativa de função, em relação a ato praticado durante o referido mandato.[26]

Entretanto, nos termos da jurisprudência do STF, nas hipóteses de reeleição para o mesmo cargo para mandato subsequente, o Governador não perde o foro por prerrogativa para ser julgado por crime cometido no exercício da função e em razão dela durante o mandato anterior. Por outro lado, se o Governador não for reeleito para um mandato consecutivo, ficando sem ocupar o mandato por um tempo e depois (próximas eleições, por exemplo) for eleito para um novo mandato, ele terá perdido o foro por prerrogativa, devendo o processo ser enviado para a justiça comum, vez que a continuidade do exercício do mandato é indispensável para a ***prorrogação da competência*** do STJ.[27]

Por fim, conforme reconheceu o Supremo Tribunal Federal, por não haver previsão expressa, e por não ser caso de aplicação do princípio da simetria, após o recebimento da denúncia ou queixa-crime pelo STJ contra o Governador por crime comum, ele não ficará automaticamente suspenso de suas funções (como fica o Presidente da República). Entretanto, o STJ, ao receber a denúncia ou a queixa-crime, decidirá, fundamentadamente, quais medidas cautelares são necessárias em determinado caso concreto, podendo decretar a prisão preventiva do Governador (art. 311, do CPP), bem como quaisquer outras medidas cautelares diversas da prisão (art. 319, do CPP), inclusive, o afastamento do cargo (art. 319, VI, do CPP).[28]

Já, nos ***crimes de responsabilidade*** compete a um *Tribunal Especial*, composto por 5 membros da Assembleia Legislativa e por 5 desembargadores, sob a presidência do Presidente do Tribunal de Justiça respectivo, que terá direito de voto no caso de empate. A escolha dos membros do legislativo será feita mediante eleição pela Assembleia Legislativa e a dos desembargadores, mediante sorteio, nos termos do art. 78, da Lei 1.079/1950. Ademais, conforme prevê a referida lei, para que o Governador seja condenado por crime de responsabilidade é exigido o voto de 2/3 dos membros do Tribunal Especial.

Além disso, as Constituições dos Estados não podem estabelecer qualquer espécie de juízo de admissibilidade pelas Assembleias Legislativas para que os governadores sejam julgados pelos crimes de responsabilidade, vez que compete privativamente à União legislar sobre o assunto, conforme sedimentado pela Súmula Vinculante 46, do STF.[29]

Por fim, conforme dispõe o art. 78, da Lei 1.079/1950, a penas aplicáveis aos Governadores condenados por crimes de responsabilidade são a perda do cargo, com inabilitação até cinco anos, para o exercício de qualquer função pública, sem prejuízo da ação da justiça comum. Entretanto, é preciso lembrar que, para além dessas penas, a Lei Complementar 64/1990 (Lei das Inelegibilidades) prevê que ficará inelegível para qualquer cargo o Governador e o Vice-Governador de Estado e do DF que perderem seus cargos eletivos por infringência a dispositivo da Constituição Estadual ou da Lei Orgânica do DF, para as eleições que se realizarem durante o período remanescente e nos 8 anos subsequentes ao término do mandato para o qual tenham sido eleitos.

---

25. STJ, Corte Especial. APn 857 e STJ. Corte Especial. APn 866, ambos julgados em junho de 2018.
26. STJ, Corte Especial. APn 874, julgado em maio de 2019.
27. STF, HC 193.253.
28. STF, ADI 5.540.
29. STF, Súmula Vinculante 46: A definição dos crimes de responsabilidade e o estabelecimento das respectivas normas de processo e julgamento são da competência legislativa privativa da União.

12. CRIMES DOS PREFEITOS

Em primeiro lugar, vale lembrar que a CF/88 não estendeu aos Prefeitos nenhuma das imunidades conferidas ao Presidente da República. Em razão disso, a doutrina majoritária e a jurisprudência do Supremo Tribunal Federal têm afirmado que ***Prefeitos não possuem imunidades***, nenhuma delas, seja a irresponsabilidade penal relativa, seja às imunidades formais em relação à prisão e ao processo e, caso essas imunidades estejam previstas nas Constituições dos respectivos Estados ou nas Leis Orgânicas do respectivo Município, elas são inconstitucionais, por serem incompatíveis com a Constituição Federal.[30]

Isto posto, temos que, nos *crimes comuns*, os prefeitos serão julgados pelo respectivo Tribunal de segundo grau, isto é, serão julgados pelo Tribunal de Justiça nos crimes de competência da Justiça estadual, pelo Tribunal Regional Federal nos crimes de competência da Justiça federal[31] e pelo Tribunal Regional Eleitoral nos crimes de competência da Justiça eleitoral,[32] conforme entendimento sumulado pelo STJ, devendo os procedimentos de investigação criminal instaurados contra eles tramitarem perante o Tribunal.[33]

Já em relação aos *crimes de responsabilidade* dos prefeitos, temos que o Decreto-Lei 201/1967 que regulamenta a matéria, com uma redação infeliz, define em seu *art. 1º* os crimes de responsabilidade dos prefeitos, contudo, o referido estabelece apenas crimes comuns, sendo tal nomenclatura equivocadíssima. Assim, embora o referido dispositivo fale em crimes de responsabilidade, temos ali crimes comuns, ou ***crimes de responsabilidades impróprios***, conforme os define a doutrina, sendo, portanto, julgados pelo Poder Judiciário. Por outro lado, o *art. 4º* do Decreto-Lei 201/1967 define as infrações político-administrativas dos prefeitos municipais, estas sim crimes de responsabilidade dos prefeitos, ou ***crimes de responsabilidade próprios***, sendo julgados pela Câmara de Vereadores e sancionadas com a cassação do mandato.

Por fim, para além dessas penas, a Lei Complementar 64/1990 (Lei das Inelegibilidades) prevê que ficará inelegível para qualquer cargo o Prefeito e o Vice-Prefeito que perderem seus cargos eletivos por infringência a dispositivo da Lei Orgânica do Município, para as eleições que se realizarem durante o período remanescente e nos 8 anos subsequentes ao término do mandato para o qual tenham sido eleitos.

13. SISTEMATIZAÇÃO: COMPETÊNCIA PARA JULGAMENTO DOS CHEFES DO PODER EXECUTIVO

Autoridade	Crimes de responsabilidade	Crimes comuns
Presidente	***Julgamento:*** Senado Federal, sendo condenado por 2/3 dos membros (CF, art. 52, II). ***Autorização:*** Câmara dos Deputados, por 2/3 dos membros (CF, art. 51, I).	***Julgamento:*** STF (CF, art. 102, I, "b"). ***Autorização:*** Câmara dos Deputados, por 2/3 dos membros (art. 51, I).

30. STF, Rcl 24.461.
31. STJ, Súmula 208: Compete a Justiça Federal processar e julgar prefeito municipal por desvio de verba sujeita a prestação de contas perante órgão federal.
32. STJ, Súmula 209: Compete à Justiça Estadual processar e julgar prefeito por desvio de verba transferida e incorporada ao patrimônio municipal.
33. STF, AP 912.

Governador	***Julgamento:*** Tribunal Especial: 5 Deputados da Assembleia Legislativa e 5 Desembargadores do Tribunal de Justiça, sob a presidência do Presidente do TJ (Lei 1.079/50, art. 78, § 3º).	***Julgamento:*** STJ (CF, art. 105, I, "a").
Prefeito	***Julgamento:*** Câmara Municipal (Decreto-Lei 201/1967, art. 4º)	***Julgamento:*** TJ/TRF/TRE (CF, art. 29, X).

14. QUADRO SINÓPTICO

CAPÍTULO XVIII – PODER EXECUTIVO	
Introdução	O poder executivo possui funções típicas e atípicas. Como ***funções típicas***, o poder executivo exerce a chefia do Estado e do Governo de um país. A ***chefia de Estado***, funda-se na soberania do país e implica na representação do próprio país perante os demais Estados-soberanos e os órgãos internacionais. A ***chefia de Governo***, funda-se na soberania popular e nos princípios democrático e republicano e implica nas atividades de governo e administração da máquina pública, cabendo ao executivo a execução das atividades administrativas. Como ***funções atípicas***, por exemplo, no exercício da função legislativa cabe ao Presidente da República editar Medidas Provisórias e Leis Delegadas, já em relação à função jurisdicional, temos que o poder executivo não possui atribuição para o desempenho atípico dessa função, contudo exerce a função julgadora (mas não jurisdicional), quando julga o contencioso administrativo (que não faz coisa julgada, podendo esses julgamentos serem levados à apreciação do poder judiciário).
Sistemas de Governo	**Presidencialismo:** identifica-se pela independência entre executivo e legislativo, concentrando as funções executivas nas mãos do chefe do poder executivo que exercerá tanto as atribuições de chefe de Estado, como as atribuições de chefe de Governo.
	Parlamentarismo: identifica-se por uma independência relativa entre executivo e legislativo, dividindo o exercício das funções de Estado a cargo de um chefe de Estado (que poderá ser um Presidente eleito ou mesmo um monarca) e as funções de Governo a cargo de um Conselho de Ministros, um Comitê, ou mesmo de uma pessoa escolhida pela maioria parlamentar, como um Primeiro Ministro, que exercerá a função de chefe de Governo.
	Semipresidencialismo: consiste em um sistema de governo híbrido, que cumula características do sistema presidencialista e do sistema parlamentarista, dividindo a chefia do poder executivo entre um chefe de Governo (Primeiro Ministro) e um chefe de Estado (Presidente da República), contudo, diferentemente do sistema parlamentarista em que o chefe de Estado limita-se a funções representativas e protocolares, no semipresidencialismo o chefe de Estado possui importantes funções políticas, inclusive, funções de governo.
	Presidencialismo de coalizão: designa a realidade de um país presidencialista em que a fragmentação do poder parlamentar entre vários partidos políticos conduz o poder executivo a construir uma ampla maioria no parlamento por meio de concessões políticas, oferecimento de cargos públicos e Ministérios, direcionamento de verbas etc., comumente contraditória com o programa governamental do Presidente eleito, gerando problemas e potencializando conflitos no governo.
Presidente da República	**Requisitos para o cargo:** *i)* ser brasileiro nato (nacionalidade originária); *ii)* estar alistada perante a Justiça Eleitoral (alistamento eleitoral); *iii)* estar no pleno gozo de seus direitos políticos; *iv)* possuir filiação partidária (não se admite candidatura avulsa); *v)* não ser inelegível (não incorrer em alguma causa de inelegibilidade); *vi)* ter no mínimo 35 anos na data da posse.

Presidente da República	**Modo de investidura: eleição, sistema eleitoral, mandato e posse:** O Presidente da República é ***eleito*** pelo ***sistema majoritário de maioria absoluta*** para ***mandato de 4 anos***, podendo ser reeleito, sucessivamente, uma única vez. A ***eleição*** do Presidente e do Vice-Presidente da República realizar-se-á, simultaneamente, no primeiro domingo de outubro, em primeiro turno, e no último domingo de outubro, em segundo turno, se houver, do ano anterior ao do término do mandato presidencial vigente. A ***eleição*** do Presidente da República importará a do Vice-Presidente com ele registrado. Se nenhum candidato alcançar maioria absoluta na primeira votação, far-se-á nova eleição em até vinte dias após a proclamação do resultado, concorrendo os dois candidatos mais votados e considerando-se eleito aquele que obtiver a maioria dos votos válidos. Se, antes de realizado o segundo turno, ocorrer morte, desistência ou impedimento legal de candidato, convocar-se-á, dentre os remanescentes, o de maior votação. Se remanescer, em segundo lugar, mais de um candidato com a mesma votação, qualificar-se-á o mais idoso. O Presidente e o Vice-Presidente da República tomarão ***posse*** em sessão do Congresso Nacional, prestando o compromisso de manter, defender e cumprir a Constituição, observar as leis, promover o bem geral do povo brasileiro, sustentar a união, a integridade e a independência do Brasil. Se, decorridos dez dias da data fixada para a ***posse***, o Presidente ou o Vice-Presidente, salvo motivo de força maior, não tiver assumido o cargo, este será declarado vago.
	Impedimento e Vacância: a linha de substituição e sucessão do Presidente: Em caso de ***impedimento*** do Presidente (falta temporária) são chamados a substituí-lo, sucessivamente, o Vice-Presidente da República, o Presidente da Câmara dos Deputados, o do Senado Federal e o do Supremo Tribunal Federal. Em caso de ***vacância*** do Presidente (falta definitiva) somente o Vice-Presidente pode sucedê-lo. Em caso de ***dupla vacância*** (falta definitiva do Presidente e do Vice-Presidente) far-se-á nova eleição para um *mandato tempão* (apenas para terminar o mandato que estava vigente) da seguinte forma: ***i)*** *se faltarem mais de 2 anos de mandato:* far-se-á eleição direta (pelo povo) 90 dias depois de aberta a última vaga. ***ii)*** *se faltarem menos de 2 anos de mandato:* far-se-á eleição indireta, pelo Congresso Nacional (que funcionará como colégio eleitoral), em 30 dias, depois de aberta a última vaga.
	Licença: o Presidente e o Vice-Presidente da República não poderão, sem licença do Congresso Nacional, ausentar-se do País por período superior a quinze dias, sob pena de perda do cargo.
	Atribuições do Presidente da República: estão previstas, sobretudo, no art. 84, da CF/88, em um rol exemplificativo, que estabelece funções de chefia de governo e de chefia de Estado.
Conselho da República	***Órgão superior de consulta*** do Presidente da República ao qual cabe pronunciar-se sobre: *i)* intervenção federal, estado de defesa e estado de sítio; *ii)* as questões relevantes para a estabilidade das instituições democráticas.
Conselho da Defesa	***Órgão de consulta*** do Presidente da República nos assuntos relacionados com a ***soberania nacional*** e a ***defesa do Estado democrático***, competindo-lhe: *i)* opinar nas hipóteses de declaração de guerra e de celebração da paz, nos termos desta Constituição; *ii)* opinar sobre a decretação do estado de defesa, do estado de sítio e da intervenção federal; *iii)* propor os critérios e condições de utilização de áreas indispensáveis à segurança do território nacional e opinar sobre seu efetivo uso, especialmente na faixa de fronteira e nas relacionadas com a preservação e a exploração dos recursos naturais de qualquer tipo; *iv)* estudar, propor e acompanhar o desenvolvimento de iniciativas necessárias a garantir a independência nacional e a defesa do Estado democrático.
Imunidades do Presidente da República	**Imunidade formal em relação ao processo:** para ser processado por crime comum ou de responsabilidade é necessária a autorização de 2/3 dos membros da Câmara dos Deputados.
	Imunidade formal em relação à prisão: o Presidente só pode ser preso após sentença penal condenatória.
	Cláusula de irresponsabilidade penal relativa: o Presidente, durante o mandato, não pode ser responsabilizado por atos delituosos praticados antes do início do mandato, nem por atos ocorridos durante o exercício do mandato que não tenham sido praticados *in officio* ou *propter officium*, isto é, que não tenham relação com o exercício de suas funções. Assim, na prática, o Presidente, durante o mandato, só poderá ser responsabilizado por atos delituosos praticados na vigência de seu mandato e desde que esses atos tenham sido praticados no exercício de sua função ou em razão do exercício de sua função.

Imunidades dos Governadores e Prefeitos	A Constituição não prevê imunidades para Governadores e Prefeitos. Ademais, o Supremo Tribunal Federal entende que eles não possuem as imunidades do Presidente da República, não sendo aplicável o princípio da simetria.
Crimes de responsabilidade do Presidente da República	**Conceito:** infrações político-administrativa praticadas pelo Presidente da República contra a ordem constitucional, definidas e regulamentadas pela lei 1.079/1950.
	Procedimento: divide-se nas seguintes fases: ***1ª Fase:*** Juízo de admissibilidade pela Câmara dos Deputados, que só poderá autorizar a instauração do processo por maioria qualificada de 2/3 de seus membros, em votação plenária nominal. ***2ª Fase:*** O Senado fará um novo juízo de admissibilidade, por maioria simples, para ver se recebe a denúncia ou se a arquiva. Recebendo-a, ela será julgada pelo Senado Federal, sob a presidência do Presidente do Supremo Tribunal Federal, ficando o Presidente da República suspenso de suas atividades pelo prazo de 180 dias. O Senado, então, julgará o processo, só podendo condenar o Presidente da República por maioria qualificada de 2/3 de seus membros, em votação plenária nominal.
Crimes comuns do Presidente da República	**Conceito:** referem-se a quaisquer infrações penais, inclusive os crimes eleitorais e as contravenções penais cometidos pelo Presidente da República.
	Procedimento: divide-se das seguintes fases: ***1ª Fase:*** Juízo de adequação à cláusula de irresponsabilidade penal relativa: uma vez distribuído o inquérito ao Ministro-relator no STF, ele deve analisar se o crime do Presidente foi cometido no exercício de sua função ou em razão do exercício de sua função. ***2ª Fase:*** Juízo de admissibilidade pela Câmara dos Deputados, que só poderá autorizar a instauração do processo por maioria qualificada de 2/3 de seus membros, em votação plenária nominal. ***3ª Fase:*** Julgamento pelo pleno do STF: o Ministro-relator solicitará data para que o pleno delibere sobre o seu recebimento ou não da denúncia ou queixa. Se recebê-la, a ação penal terá início, ficando o Presidente da República suspenso de suas atividades por 180 dias.
Crimes dos Governadores	Os Governadores dos Estados e do DF serão julgados, nos ***crimes comuns***, pelo Superior Tribunal de Justiça (STJ). Já, nos ***crimes de responsabilidade***, serão julgados por um Tribunal Especial, composto por 5 Deputados da Assembleia Legislativa e 5 Desembargadores do Tribunal de Justiça, sob a presidência do Presidente do TJ.
Crimes dos Prefeitos	Os Prefeitos municipais serão julgados, nos ***crimes comuns***, pelo Tribunal de Justiça nos crimes de competência da Justiça estadual, pelo Tribunal Regional Federal nos crimes de competência da Justiça federal e pelo Tribunal Regional Eleitoral nos crimes de competência da Justiça eleitoral. Já, nos ***crimes de responsabilidade***, serão julgados pela Câmara de Vereadores.

Capítulo XIX
PODER JUDICIÁRIO

1. INTRODUÇÃO

A ***leitura moderna do poder judiciário*** relaciona-se, especialmente, ao movimento político e jurídico de limitação dos poderes dos reis e o, consequente, fim do absolutismo. Como se sabe, durante a Idade Média, os reis exerciam um poder absoluto, concentrando todos os poderes do Estado em suas mãos. Esse sistema vem a ser rompido, de forma relevante, num primeiro momento, na Inglaterra, no final do séc. XVII, com a Revolução Gloriosa e a consagração da Carta de Direitos (*Bill of Rights*) e o *Act of Setlement*, submetendo o rei ao parlamento inglês e estabelecendo a ideia de que todo governo deve ser limitado, inadmitindo-se a ideia de um poder absoluto ou soberano.

Para além de inspirar filósofos, como Montesquieu, esse movimento inspirou verdadeiras revoluções que vieram um século depois a consagrar a doutrina da separação de poderes nas Constituições dos Estados Unidos da América do Norte e da França pós-revolução. Deste modo, ***o estabelecimento moderno do poder judiciário*** liga-se à separação de poderes, bem como à limitação dos poderes do Estado e ao surgimento dos Estados Democráticos, a partir da ótica do constitucionalismo moderno.

Ocorre que, o poder judiciário, mesmo na Idade Moderna, sempre esteve sujeito a intimidações, influências e arbitrariedades que comprometiam sua independência, autonomia e imparcialidade, sendo que ***a história moderna do poder judiciário está atrelada à evolução dos modelos processuais da modernidade***, que se divide, pelo menos, em cinco fases: *a) pré-liberalismo processual; b) liberalismo processual; c) socialismo processual; d) neoliberalismo processual; e e) processualismo democrático.*[1]

Nessa perspectiva evolutiva é importante registrar que foi apenas com o ***processualismo democrático***, firmado sobre as bases do humanismo ético e do Estado Constitucional Democrático de Direito do constitucionalismo contemporâneo (ou constitucionalismo do pós-Guerra ou *neo*constitucionalismo), que o Poder Judiciário teve sua independência, autonomia, imparcialidade e impessoalidade asseguradas, efetivamente, de forma normativa e prática, sobretudo com o advento das Constituições do pós-Guerra.[2]

Nesse cenário, ***no âmbito do constitucionalismo brasileiro***, somente com a Constituição de 1988 o Poder Judiciário e a atividade jurisdicional receberam um tratamento de real e efetiva independência, autonomia, imparcialidade e impessoalidade, assegurando um autêntico processo democrático constitucionalmente estabelecido, dando origem a um modelo constitucional de processo. Nesse contexto, a Constituição de 1988 assegurou ao Poder Judiciário garantias institucionais[3] e funcionais, sedimentando uma estrutura de jurisdição livre de pressões, intimidações, ameaças e influências espúrias, garantindo-lhe uma atuação autônoma, independente, imparcial e impessoal.

---

1. DOS SANTOS, Eduardo. Princípios Processuais Constitucionais. 2. ed. Salvador: Juspodivm, 2019, p. 17.
2. Ibidem, p. 43 e ss.
3. As garantias institucionais do Poder Judiciário, até então, eram desconhecidas de nossos modelos constitucionais anteriores. MASSON, Nathalia. Manual de Direito Constitucional. 6. ed. Salvador: Juspodivm, 2018, p. 1061.

Para além disso, partindo da leitura contemporânea do princípio da separação dos poderes, especialmente considerando que à luz do paradigma do constitucionalismo moderno um poder deve fiscalizar e controlar o outro (doutrina dos freios e contrapesos), o poder judiciário possui competências típicas da função executiva e, também, atípicas.

Como *função típica*, o poder judiciário exerce a jurisdição (ou atividade jurisdicional), cabendo-lhe, de forma imparcial e definitiva, pôr fim aos conflitos, interpretando e aplicando o direito criado pelo legislador aos casos concretos que lhes são submetidos. Assim, o poder judiciário assegura a paz social e evita a justiça privada (ou justiça com as próprias mãos), inadmissível em sociedades minimamente civilizadas. Ademais, à luz do processualismo constitucional democrático, pode-se destacar as seguintes características da atividade jurisdicional:

- ***Secundariedade:*** em regra, o cumprimenta das obrigações jurídicas deve ser voluntário, contudo, não o sendo, ou havendo conflitos, faz-se necessária a tutela jurisdicional do Estado, de forma secundária.
- ***Imparcialidade:*** os órgãos e membros do Poder Judiciário devem ter atuação independente, autônoma, imparcial e impessoal.
- ***Substitutividade:*** a decisão proferida pelo Estado-juiz substitui a vontade individual de cada uma das partes litigantes.
- ***Inércia:*** em regra, o Poder Judiciário deve ser provocado, não podendo agir de ofício.
- ***Definitividade:*** a decisão judicial após fazer coisa julgada e não cabendo ação rescisória, não pode mais ser discutida, firmando-se como definitiva.
- ***Unidade:*** em que pese o poder judiciário atue por diferentes órgãos, a jurisdição é una.
- ***Respeito ao modelo constitucional de processo:*** o judiciário deve observar as normas processuais fundamentais asseguradas pela Constituição que formam um verdadeiro modelo único de processo que não pode ser ignorado pela vontade do julgador, devendo-se entender o processo como um procedimento em contraditório das partes envolvidas, exigindo-se que o julgador paute suas decisões no direito vigente e nos argumentos das partes, decidindo conforme a ordem jurídica e não conforme seus valores pessoais (ou sua "consciência").

Por outro lado, o poder judiciário, também, exerce ***funções atípicas***, isto é, funções que tipicamente são atribuídas a outros poderes. Assim, por exemplo, ***no exercício da função legislativa***, cabe aos Tribunais elaborar seu regimento interno *(art. 96, I, "a")*, já ***no exercício da função executivo-administrativa***, cabe aos Tribunais organizar suas secretarias e serviços auxiliares *(art. 96, I, "b")*.

2. ORGANIZAÇÃO DO PODER JUDICIÁRIO

Conforme prevê o art. 92, da Constituição brasileira de 1988, são órgãos do Poder Judiciário:

- o Supremo Tribunal Federal;
- o Conselho Nacional de Justiça;
- o Superior Tribunal de Justiça;
- o Tribunal Superior do Trabalho;
- os Tribunais Regionais Federais e Juízes Federais;

- os Tribunais e Juízes do Trabalho;
- os Tribunais e Juízes Eleitorais;
- os Tribunais e Juízes Militares;
- os Tribunais e Juízes dos Estados e do Distrito Federal e Territórios.

Os órgãos do Poder Judiciário exercem as atribuições jurisdicionais (jurisdição) do Estado, com exceção do *Conselho Nacional de Justiça (CNJ)*, que se trata de órgão administrativo do Poder Judiciário, isto é, trata-se de órgão que compõe o Poder Judiciário, mas que não exerce jurisdição, competindo-lhe apenas atribuições de natureza administrativa.

2.1 Estrutura orgânica

Uma vez identificados os órgãos do Poder Judiciário, é importante estruturamos como eles se organizam, de modo que é possível sistematizar sua estrutura orgânica, à luz da Constituição de 1988, da seguinte maneira:

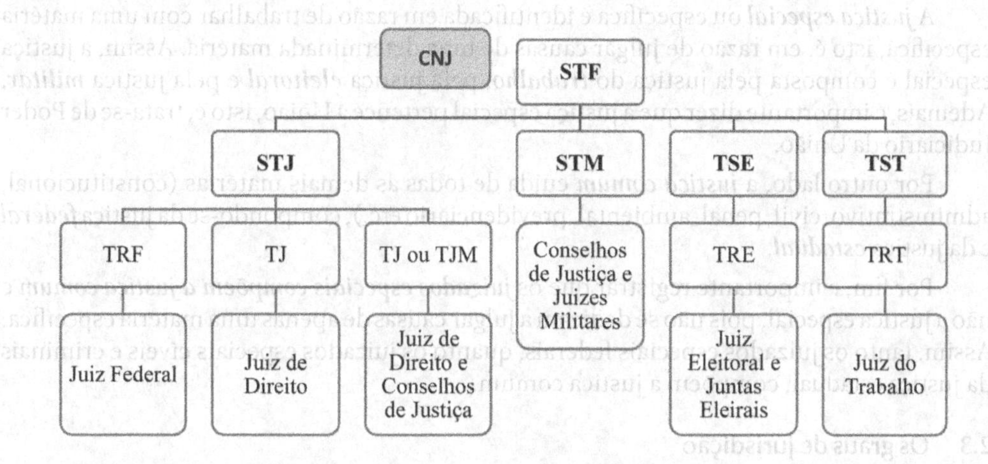

A partir dessa sistematização, é possível identificarmos que o Poder Judiciário possui a seguinte estrutura orgânica:

Justiça Federal, composta pelos Tribunais Regionais Federais e pelos juízes federais;

Justiça Estadual, composta pelos Tribunais de Justiça e pelos juízes de direito, podendo, ainda, a lei estadual criar a *Justiça Militar Estadual*, composta, no primeiro grau de jurisdição, pelos juízes de direito e pelos conselhos de justiça e, no segundo grau, pelo próprio Tribunal de Justiça, ou por Tribunal de Justiça Militar estadual, nos termos do art. 125, §3º, da CF/88;

Justiça do Trabalho, composta pelo Tribunal Superior do Trabalho, pelos Tribunais Regionais do Trabalho e pelos juízes do trabalho;

Justiça Eleitoral, composta pelo Tribunal Superior Eleitoral, pelos Tribunais Regionais Eleitorais, pelos juízes eleitorais e juntas eleitorais;

Justiça Militar, composta pelo Superior Tribunal Militar e pelos Tribunais Militares e juízes militares.

Ademais, à luz do sistema constitucional que estrutura a organização do Poder Judiciário, é importante destacarmos:

Os *Juizados Especiais* compõem a 1ª instância da justiça estadual e da justiça federal, sendo compostos por juízes togados e leigos, tendo como órgão revisor as turmas recursais (órgãos revisores de primeira instância, compostos por juízes de primeiro grau de jurisdição);

O ***Tribunal do Júri*** integra a justiça comum estadual e federal, sendo uma garantia constitucional individual (art. 5º, XXXVIII, da CF/88);

Os *Tribunais de Contas* não são órgãos do Poder Judiciário, mas sim do Poder Legislativo;

Os ***Municípios não possuem Poder Judiciário próprio***. Assim, a prestação jurisdicional nos Municípios é exercida por órgãos da Justiça Estadual e órgãos da Justiça Federal (comum ou especial).

2.2 Justiça Comum e Justiça Especial

A partir da estrutura orgânica que sistematizamos, a doutrina clássica divide a atividade jurisdicional em justiça comum e justiça especial.

A ***justiça especial*** ou específica é identificada em razão de trabalhar com uma matéria específica, isto é, em razão de julgar causas de uma determinada matéria. Assim, a justiça especial é composta pela justiça do ***trabalho***, pela justiça ***eleitoral*** e pela justiça ***militar***. Ademais, é importante dizer que a justiça especial pertence à União, isto é, trata-se de Poder Judiciário da União.

Por outro lado, a ***justiça comum*** cuida de todas as demais matérias (constitucional, administrativo, civil, penal, ambiental, previdenciário etc.), compondo-se da justiça ***federal*** e da justiça ***estadual***.

Por fim, é importante registrar que os ***juizados especiais compõem a justiça comum*** e não a justiça especial, pois não se dedicam a julgar causas de apenas uma matéria específica. Assim, tanto os juizados especiais federais, quanto os juizados especiais cíveis e criminais da justiça estadual, compõem a justiça comum.

2.3 Os graus de jurisdição

A estrutura do Poder Judiciário, classicamente, pode ser dividida em graus de jurisdição ou instâncias, da seguinte maneira:

1ª Instância	Juízes de Direito; Juízes de Direito da Justiça Militar Estadual; Conselhos de Justiça da Justiça Militar Estadual; Juízes Federais; Juízes do Trabalho; Juízes Eleitorais; Juntas Eleitorais; Juízes federais da Justiça Militar, juízes federais substitutos da Justiça Militar e Conselhos de Justiça da Justiça Militar da União.
2ª Instância	Tribunal de Justiça; Tribunal de Justiça Militar Estadual; Tribunal Regional Federal; Tribunal Regional do Trabalho; Tribunal Regional Eleitoral.
Instância Superior	Supremo Tribunal Federal; Superior Tribunal de Justiça; Tribunal Superior do Trabalho; Tribunal Superior Eleitoral; Superior Tribunal Militar.

Aqui, é importante registrarmos que não existe jurisdição de 3º ou 4º graus, é um erro falar em 3ª ou 4ª instância. Na verdade, temos apenas as jurisdições de 1º e 2º graus, instâncias que, em regra, possuem competência para análise de fato e de direito das causas a elas submetidas. A partir do segundo grau de jurisdição, o que se tem é uma ***instância superior*** ou jurisdição superior, a qual compete, em regra, apenas a revisão de direito, isto é, apenas análises do direito discutido, não podendo rever os fatos discutidos na 1ª e 2ª instâncias.

Ademais, conforme dispõe os §§ 1º e 2º, do art. 92, da CF/88, o Supremo Tribunal Federal, o Conselho Nacional de Justiça e os Tribunais Superiores têm sede na Capital Federal, sendo que o Supremo Tribunal Federal e os Tribunais Superiores têm jurisdição em todo o território nacional.

3. DISPOSIÇÕES GERAIS (ART. 93, DA CF/88)

A Constituição estabelece que lei complementar, de iniciativa do Supremo Tribunal Federal, disporá sobre o Estatuto da Magistratura, observados os alguns princípios (normas gerais) previstos no art. 93, da CF/88. Vejamos cada uma delas.

3.1 Ingresso na carreira

O ingresso na carreira da magistratura, cujo cargo inicial será o de juiz substituto, far-se-á mediante concurso público de provas e títulos, com a participação da Ordem dos Advogados do Brasil em todas as fases, exigindo-se do bacharel em direito, no mínimo, três anos de atividade jurídica e obedecendo-se, nas nomeações, à ordem de classificação.

Em relação ao ***tempo de atividade jurídica*** exigido pela Constituição, é importante fazermos algumas ***observações:***

1) A exigência constitucional de 3 anos de atividade jurídica, trata-se de um tempo mínimo, que ***pode ser ampliado pela lei complementar*** que estabelece o Estatuto da Magistratura.

2) Em que pese a súmula 266, do STJ, disponha que "o diploma ou habilitação legal para o exercício do cargo deve ser exigido na posse e não na inscrição para o concurso público", ***a comprovação do tempo de atividade jurídica pode ser exigida no momento da inscrição***, conforme já decidiu o STF.[4]

3) Nos termos do art. 59, da Resolução 75/2009, do CNJ, ***considera-se atividade jurídica:*** *i)* aquela exercida com exclusividade por bacharel em direito; *ii)* o efetivo exercício de advocacia, inclusive voluntária, mediante a participação anual mínima em 5 (cinco) atos privativos de advogado (Lei 8.906, 4 de julho de 1994, art. 1º) em causas ou questões distintas; *iii)* o exercício de cargos, empregos ou funções, inclusive de magistério superior, que exija a utilização preponderante de conhecimento jurídico; *iv)* o exercício da função de conciliador junto a tribunais judiciais, juizados especiais, varas especiais, anexos de juizados especiais ou de varas judiciais, no mínimo por 16 (dezesseis) horas mensais e durante 1 (um) ano; *v)* o exercício da atividade de mediação ou de arbitragem na composição de litígios.

4) É vedada, para efeito de comprovação de atividade jurídica, a contagem do ***estágio acadêmico*** ou qualquer outra ***atividade anterior à obtenção do grau de bacharel*** em direito.

4. STF, ADI 3.460.

5) A comprovação do tempo de atividade jurídica relativamente a ***cargos, empregos ou funções não privativos de bacharel em direito*** será realizada mediante certidão circunstanciada, expedida pelo órgão competente, indicando as respectivas atribuições e a prática reiterada de atos que exijam a utilização preponderante de conhecimento jurídico, cabendo à Comissão de Concurso, em decisão fundamentada, analisar a validade do documento.

Por fim, insta destacar, nos termos da jurisprudência do Supremo Tribunal Federal, que ***não pode ser fixada idade máxima e/ou idade mínima para ingresso na carreira da magistratura.***[5]

3.2 Promoção

A ***promoção dos magistrados*** dar-se-á de entrância para entrância, alternadamente, por antiguidade e merecimento, atendidas as seguintes normas:

a) é obrigatória a promoção do juiz que figure por três vezes consecutivas ou cinco alternadas em lista de merecimento;

b) a promoção por merecimento pressupõe dois anos de exercício na respectiva entrância e integrar o juiz a primeira quinta parte da lista de antiguidade desta, salvo se não houver com tais requisitos quem aceite o lugar vago;

c) aferição do merecimento conforme o desempenho e pelos critérios objetivos de produtividade e presteza no exercício da jurisdição e pela frequência e aproveitamento em cursos oficiais ou reconhecidos de aperfeiçoamento;

d) na apuração de antiguidade, o tribunal somente poderá recusar o juiz mais antigo pelo voto fundamentado de dois terços de seus membros, conforme procedimento próprio, e assegurada ampla defesa, repetindo-se a votação até fixar-se a indicação;

e) não será promovido o juiz que, injustificadamente, retiver autos em seu poder além do prazo legal, não podendo devolvê-los ao cartório sem o devido despacho ou decisão;

Do mesmo modo, o ***acesso dos juízes aos tribunais de segundo grau*** far-se-á por antiguidade e merecimento, alternadamente, apurados na última ou única entrância

Ademais, a lei complementar deve prever de ***cursos oficiais de preparação, aperfeiçoamento e promoção de magistrados***, constituindo etapa obrigatória do processo de vitaliciamento a participação em curso oficial ou reconhecido por escola nacional de formação e aperfeiçoamento de magistrados.

3.3 Subsídio

O ***subsídio*** dos Ministros dos Tribunais Superiores corresponderá a noventa e cinco por cento do subsídio mensal fixado para os Ministros do Supremo Tribunal Federal e os subsídios dos demais magistrados serão fixados em lei e escalonados, em nível federal e estadual, conforme as respectivas categorias da estrutura judiciária nacional, não podendo a diferença entre uma e outra ser superior a dez por cento ou inferior a cinco por cento, nem exceder a noventa e cinco por cento do subsídio mensal dos Ministros dos Tribunais Superiores, obedecido, em qualquer caso, o disposto nos arts. 37, XI, e 39, §4º, da CF/88.

---

5. STF, ADI 5.329, Rel. Min. Marco Aurélio, red. p/ o ac. Min. Alexandre de Moraes.

Aqui, é válido lembrar que o art. 37, XI, da CF/88 (conforme redação dada pela EC 41/2003), que estabelece o ***teto remuneratório constitucional***, dispõe que a remuneração e o subsídio dos ocupantes de cargos, funções e empregos públicos da administração direta, autárquica e fundacional, dos membros de qualquer dos Poderes da União, dos Estados, do Distrito Federal e dos Municípios, dos detentores de mandato eletivo e dos demais agentes políticos e os proventos, pensões ou outra espécie remuneratória, percebidos cumulativamente ou não, incluídas as vantagens pessoais ou de qualquer outra natureza, não poderão exceder o subsídio mensal, em espécie, dos Ministros do Supremo Tribunal Federal, ***aplicando-se como limite,*** nos Municípios, o subsídio do Prefeito, e ***nos Estados e no Distrito Federal,*** o subsídio mensal do Governador no âmbito do Poder Executivo, o subsídio dos Deputados Estaduais e Distritais no âmbito do Poder Legislativo e ***o subsidio dos Desembargadores do Tribunal de Justiça, limitado a noventa inteiros e vinte e cinco centésimos por cento do subsídio mensal, em espécie, dos Ministros do Supremo Tribunal Federal, no âmbito do Poder Judiciário,*** aplicável este limite aos membros do Ministério Público, aos Procuradores e aos Defensores Públicos.

Ocorre que, as Emendas Constitucionais 41/2003 (que deu nova redação ao art. 37, XI) e 47/2005 (que inseriu o §12, do art. 37) instituíram um verdadeiro ***subteto remuneratório para a magistratura estadual***, correspondente a 90,25% dos vencimentos dos ministros do STF, tendo sido regulamentado em resoluções do Conselho Nacional de Justiça. Entretanto, ao analisar o tema, o Supremo Tribunal Federal declarou que o estabelecimento de um subteto para juízes estaduais diferente do teto remuneratório da magistratura federal, conforme estabelecido pela nova redação do art. 37, XI, da CF/88, dada pela EC 41/2003, viola o caráter nacional e a isonomia da estrutura judiciária brasileira previstos na Constituição Federal, vindo a Corte a conferir interpretação conforme à Constituição ao artigo 37, XI e §12, da CF/88, declarando a inconstitucionalidade do art. 2º da Resolução 13/2006 e do art. 1º, parágrafo único, da Resolução 14/2003 do CNJ, bem como determinando que o teto a ser aplicado em nível estadual corresponde ao valor do subsídio dos membros do STF.[6]

Por fim, é importante lembrar, nos termos do art. 39, § 4º, da CF/88, que o membro de poder, o detentor de mandato eletivo, os Ministros de Estado e os Secretários Estaduais e Municipais serão remunerados exclusivamente por ***subsídio*** fixado em ***parcela única***, vedado o acréscimo de qualquer gratificação, adicional, abono, prêmio, verba de representação ou outra espécie remuneratória, sendo que esse subsídio, conforme dispõe o art. 37, X, da CF/88, somente pode ser ***fixado ou alterado por lei específica***, observada a iniciativa privativa em cada caso, assegurada revisão geral anual, sempre na mesma data e sem distinção de índices.

3.4 Aposentadoria

A aposentadoria dos magistrados e a pensão de seus dependentes observarão o disposto no art. 40, da CF/88, que trata do regime próprio de previdência social dos servidores titulares de cargos efetivos da Administração Pública.

3.5 Domicílio, remoção, permuta e disponibilidade

O ***juiz titular deve residir na respectiva comarca***, salvo autorização do tribunal. Assim, em regra, o juiz deve residir na comarca em que atua, só sendo admitido que ele resida em outra comarca, excepcionalmente, quando autorizado pelo respectivo tribunal.

6. STF, ADI 3.854 e ADI 4.014.

Nos termos legais, *remoção* é o deslocamento do servidor, a pedido (pela sua vontade) ou de ofício (contra sua vontade), no âmbito do mesmo quadro, com ou sem mudança de sede. *Disponibilidade* é o instituto que permite ao servidor, que teve seu cargo extinto ou declarado desnecessário, permanecer sem trabalhar, temporariamente, percebendo a remuneração proporcional ao tempo de serviço, até seu adequado aproveitamento em outro cargo.

Em relação aos magistrados, a Constituição dispõe que o ato de ***remoção ou de disponibilidade do magistrado, por interesse público***, isto é, remoção ou disponibilidade de ofício, sem pedido, contra a vontade do magistrado, fundar-se-á em decisão por voto da maioria absoluta do respectivo tribunal ou do Conselho Nacional de Justiça, assegurada ampla defesa.

Ademais, segundo a CF/88, a ***remoção a pedido*** ou a ***permuta*** de magistrados de comarca de igual entrância atenderá, no que couber, às normas que tratam da promoção do magistrado.

3.6 Publicidade e motivação das decisões

Nos termos do art. 93, IX, da CF/88, todos os julgamentos dos órgãos do Poder Judiciário serão públicos, e fundamentadas todas as decisões, sob pena de nulidade, podendo a lei limitar a presença, em determinados atos, às próprias partes e a seus advogados, ou somente a estes, em casos nos quais a preservação do direito à intimidade do interessado no sigilo não prejudique o interesse público à informação. Aqui temos consagrados os ***princípios da motivação e da publicidade processuais***, que foram objeto de exame detalhado no capítulo dos direitos individuais e coletivos, mais precisamente quando tratamos dos princípios processuais constitucionais.

Já o inciso X, do art. 93, da CF/88, estabelece que as decisões administrativas dos tribunais serão motivadas e em sessão pública, sendo as disciplinares tomadas pelo voto da maioria absoluta de seus membros, consagrando os ***princípios da motivação e da publicidade processuais*** nas decisões administrativas dos órgãos do Poder Judiciário.

3.7 Órgão especial

Os tribunais caracterizam-se por tomarem suas decisões de forma colegiada. Essas decisões, em regra, são tomadas pelas turmas dos tribunais. Entretanto, há atribuições que são de competência do pleno do tribunal, de modo que as decisões referentes a essas questões devem ser tomadas pelo plenário do tribunal, isto é, por todos os seus membros. Contudo, há tribunais cuja composição é muito grande, contando com dezenas e até centenas de desembargadores. Imagine como seria a decisão de uma causa com 140 ou 400 votos, sem dúvidas, seria extremamente demorada e inviabilizaria os trabalhos do tribunal. Por isso, o tribunal pode criar um órgão especial para substituir o tribunal pleno em suas atribuições administrativas e jurisdicionais.

Nesses termos, dispõe a Constituição que, nos tribunais com número superior a vinte e cinco julgadores, poderá ser constituído órgão especial, com o mínimo de onze e o máximo de vinte e cinco membros, para o exercício das atribuições administrativas e jurisdicionais delegadas da competência do tribunal pleno, provendo-se metade das vagas por antiguidade e a outra metade por eleição pelo tribunal pleno.

3.8 Regras atinentes à atividade jurisdicional

Para finalizarmos, temos ainda, nos termos da Constituição de 1988, que:

- a ***atividade jurisdicional será ininterrupta***, sendo vedado férias coletivas nos juízos e tribunais de segundo grau, funcionando, nos dias em que não houver expediente forense normal, juízes em plantão permanente;

- o *número de juízes* na unidade jurisdicional ***será proporcional*** à efetiva demanda judicial e à respectiva população;
- os servidores receberão ***delegação*** para a prática de atos de administração e atos de mero expediente sem caráter decisório;
- ***a distribuição de processos será imediata***, em todos os graus de jurisdição.

4. GARANTIAS DO PODER JUDICIÁRIO

As garantias do poder judiciário podem ser dividas em garantias institucionais e garantias funcionais, sendo essas garantias estabelecidas para assegurar a independência, a autonomia, a imparcialidade e a impessoalidade do exercício da jurisdição.

4.1 Garantias institucionais

As garantias institucionais do poder judiciário são classicamente divididas em garantias de autonomia organizacional e administrativa (art. 96, da CF/88) e garantias de autonomia financeira (art. 99, da CF/88).

4.1.1 Garantias de autonomia organizacional e administrativa

Com fulcro de garantir a autonomia organizacional e administrativa do poder judiciário, o art. 96, da CF/88, estabelece que ***compete privativamente:***

i) aos tribunais:

a) eleger seus órgãos diretivos e elaborar seus regimentos internos, com observância das normas de processo e das garantias processuais das partes, dispondo sobre a competência e o funcionamento dos respectivos órgãos jurisdicionais e administrativos;

b) organizar suas secretarias e serviços auxiliares e os dos juízos que lhes forem vinculados, velando pelo exercício da atividade correicional respectiva;

c) prover, na forma prevista nesta Constituição, os cargos de juiz de carreira da respectiva jurisdição;

d) propor a criação de novas varas judiciárias;

e) prover, por concurso público de provas, ou de provas e títulos, obedecido o disposto no art. 169, parágrafo único, da CF/88, os cargos necessários à administração da Justiça, exceto os de confiança assim definidos em lei;

f) conceder licença, férias e outros afastamentos a seus membros e aos juízes e servidores que lhes forem imediatamente vinculados;

ii) ao Supremo Tribunal Federal, aos Tribunais Superiores e aos Tribunais de Justiça propor ao Poder Legislativo respectivo:

a) a alteração do número de membros dos tribunais inferiores;

b) a criação e a extinção de cargos e a remuneração dos seus serviços auxiliares e dos juízos que lhes forem vinculados, bem como a fixação do subsídio de seus membros e dos juízes, inclusive dos tribunais inferiores, onde houver;

c) a criação ou extinção dos tribunais inferiores;

d) a alteração da organização e da divisão judiciárias;

- *ATENÇÃO:* no caso do Distrito Federal, ***compete ao TJDFT a apresentação do projeto de lei ao Congresso Nacional*** (e não à Câmara Legislativa do DF), pois o Poder Judiciário do DF pertence ao Poder Judiciário da União e não do Distrito Federal, pois o DF não possui Poder Judiciário.[7]

iii) aos Tribunais de Justiça julgar os juízes estaduais e do Distrito Federal e Territórios, bem como os membros do Ministério Público, nos crimes comuns e de responsabilidade, ressalvada a competência da Justiça Eleitoral.

4.1.2 Garantias de autonomia financeira

Nos termos do art. 99, da CF/88, ao poder judiciário é assegurada autonomia administrativa e financeira, devendo-se observar as seguintes normas:

- Os tribunais elaborarão suas propostas orçamentárias dentro dos limites estipulados conjuntamente com os demais Poderes na lei de diretrizes orçamentárias.
- O encaminhamento da proposta, ouvidos os outros tribunais interessados, compete:
  i) no âmbito da União, aos Presidentes do Supremo Tribunal Federal e dos Tribunais Superiores, com a aprovação dos respectivos tribunais;
  ii) no âmbito dos Estados e no do Distrito Federal e Territórios, aos Presidentes dos Tribunais de Justiça, com a aprovação dos respectivos tribunais.
- Se os referidos órgãos não encaminharem as respectivas propostas orçamentárias dentro do prazo estabelecido na lei de diretrizes orçamentárias, o Poder Executivo considerará, para fins de consolidação da proposta orçamentária anual, os valores aprovados na lei orçamentária vigente, ajustados de acordo com os limites estipulados conjuntamente com os demais Poderes na lei de diretrizes orçamentárias.
- Se as propostas orçamentárias forem encaminhadas em desacordo com os limites estipulados conjuntamente com os demais Poderes na lei de diretrizes orçamentárias, o Poder Executivo procederá aos ajustes necessários para fins de consolidação da proposta orçamentária anual.
- Durante a execução orçamentária do exercício, não poderá haver a realização de despesas ou a assunção de obrigações que extrapolem os limites estabelecidos na lei de diretrizes orçamentárias, exceto se previamente autorizadas, mediante a abertura de créditos suplementares ou especiais.

4.2 Garantias funcionais

Nos termos do art. 95, da CF/88, os magistrados gozam das seguintes garantias: *a) vitaliciedade, b) inamovibilidade e c) irredutibilidade dos subsídios.*

A ***vitaliciedade*** *consiste na garantia atribuída aos magistrados de só poderem perder seus cargos por sentença judicial transitada em julgado*, não se confundindo com estabilidade do servidor público (art. 41, da CF/88), pois esta exige lapso temporal maior para ser adquirida e admite a perda do cargo por sentença judicial transitada em julgado e por processo administrativo (disciplinar ou por avaliação periódica de desempenho).

7. STF, ADI 3.498, Rel. Cármen Lúcia.

A vitaliciedade, ***no primeiro grau de jurisdição***, só se adquire com dois anos de exercício (antes desse período, o juiz pode perder o cargo por deliberação do tribunal a que está vinculado) e após o juiz participar dos cursos oficiais ou reconhecidos que são etapa obrigatória do processo de vitaliciamento.

Já, ***no âmbito dos tribunais***, a vitaliciedade não se exige qualquer lapso temporal, adquirindo-se após a posse no tribunal. Assim, por exemplo, os advogados nomeados para serem desembargadores, pelo quinto constitucional, sem prestarem concurso público, se tornam vitalícios a partir de sua posse no Tribunal de Justiça.

A ***inamovibilidade*** consiste na impossibilidade de remoção ou promoção de ofício do magistrado. Assim, em regra, o magistrado só pode ser removido ou promovido a pedido. Contudo, excepcionalmente, admite-se a remoção de ofício, desde que por decisão fundada no interesse público, dada pelo voto da maioria absoluta do respectivo tribunal ou do Conselho Nacional de Justiça, assegurada ampla defesa.

Por fim, temos que a ***irredutibilidade do subsídio*** dos magistrados consiste em uma irredutibilidade jurídica que impede que os subsídios dos magistrados sejam diluídos ou reduzidos em termos nominais (numéricos), não se tratando de irredutibilidade real, que obrigaria o poder público a conferir um aumento constante aos magistrados para evitar que o poder de compra de seu subsidio se deteriorasse com a inflação e outros índices de mercado.

Ademais, é importante registrar que a irredutibilidade de subsídio dos magistrados não é absoluta, podendo ser excepcionada nos casos previstos nos arts. 37, X e XI, 39, § 4º, 150, II, 153, III, e 153, § 2º, I, da CF/88.

4.3 Vedações aos magistrados

As vedações aos magistrados, também chamadas, por parte da doutrina, de ***garantias funcionais de imparcialidade***, estão previstas, em um rol taxativo, no art. 95, parágrafo único, da CF/88, segundo o qual, aos magistrados é vedado:

i) exercer, ainda que em disponibilidade, outro cargo ou função, salvo uma de magistério;

ii) receber, a qualquer título ou pretexto, custas ou participação em processo;

iii) dedicar-se à atividade político-partidária.

iv) receber, a qualquer título ou pretexto, auxílios ou contribuições de pessoas físicas, entidades públicas ou privadas, ressalvadas as exceções previstas em lei;

v) exercer a advocacia no juízo ou tribunal do qual se afastou, antes de decorridos três anos do afastamento do cargo por aposentadoria ou exoneração.

5. QUINTO CONSTITUCIONAL

No Brasil, o acesso aos tribunais de segundo grau e de jurisdição superior não é exclusivo dos membros da magistratura. Isto é, não são apenas os juízes concursados que irão se tornar Desembargadores ou Ministros dos tribunais brasileiros.

Embora esse sistema tente instituir uma espécie de controle político e técnico da jurisdição de segundo grau e da jurisdição superior, ele nos parece extremamente falho, tendo se mostrado ao longo de nossa experiência constitucional como um sistema predominantemente politiqueiro, pelo qual os nomeados representam mais os interesses dos líderes políticos que os nomearam e das classes as quais pertenciam, do que, efetivamente, os da justiça, de modo que ao invés de equilibrar as decisões dos tribunais, acabam por desequilibrá-las, gerando instabilidade institucional e, muitas vezes, inviabilizando ou prejudicando os trabalhos das Cortes.

Para além disso, ao longo de nossa experiência constitucional, percebe-se que muitos dos indicados não têm conduta moral adequada à dignidade da magistratura e/ou não possuem a menor capacidade jurídica de ocuparem os cargos para os quais foram nomeados, padecendo de um conhecimento jurídico raso, superficial e atécnico.

Assim, a nosso ver, o mais correto seria que a Constituição fosse formalmente reformada para extinguir as regras que dão acesso aos tribunais aos membros da Advocacia, do Ministério Público e aos oficiais das Forças Armadas, deixando esse acesso exclusivamente aos membros da magistratura que tenham ingressado no Poder Judiciário por concurso público e que preencham requisitos mínimos de conhecimento técnico, experiência e conduta moral.

Feitos esses esclarecimentos iniciais sobre o acesso aos tribunais, passamos agora à análise do ***quinto constitucional***. Nos termos do art. 94, da CF/88, um quinto dos lugares dos Tribunais Regionais Federais (art. 94), dos Tribunais dos Estados e do Distrito Federal e Territórios (art. 94), do Tribunal Superior do Trabalho (art. 111-A, I) e dos Tribunais Regionais do Trabalho (art. 115, I), será composto de membros, do Ministério Público, com mais de dez anos de carreira, e de advogados de notório saber jurídico e de reputação ilibada, com mais de dez anos de efetiva atividade profissional, indicados em lista sêxtupla pelos órgãos de representação das respectivas classes, sendo que, recebidas as indicações, o tribunal formará lista tríplice, enviando-a ao Poder Executivo, que, nos vinte dias subsequentes, escolherá um de seus integrantes para nomeação.

Sistematizando, temos que o quinto constitucional é ***adotado pelos seguintes tribunais:***

- Tribunais Regionais Federais (art. 94);
- Tribunais dos Estados e do Distrito Federal e Territórios (art. 94);
- Tribunal Superior do Trabalho (art. 111-A, I);
- Tribunais Regionais do Trabalho (art. 115, I).

Sistematizando, temos que os indicados pelo quinto constitucional devem preencher os seguintes ***requisitos:***

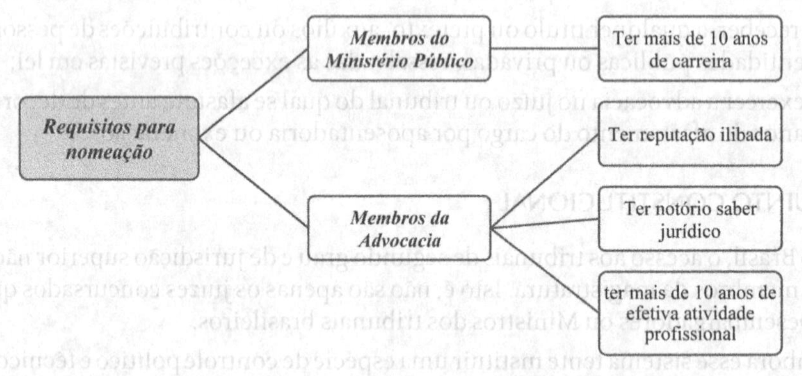

Sistematizando, temos que o quinto constitucional segue o seguinte ***procedimento:***

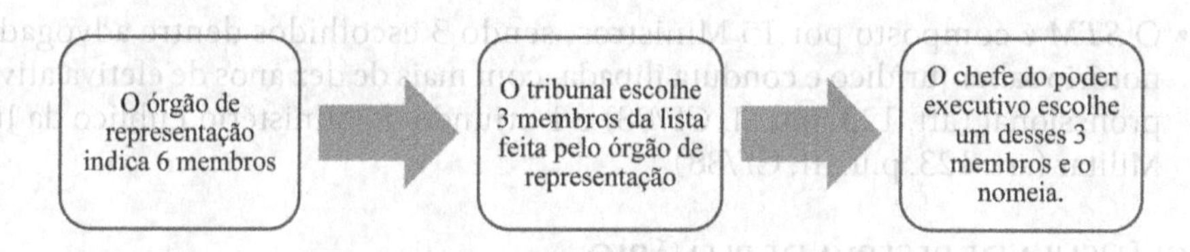

Para além disso, é importante que façamos as seguintes ***observações sobre o quinto constitucional:***

1) Independentemente de o número total de membros desses tribunais (TRFs, TJs, TST e TRTs) ser ou não ser múltiplo de cinco, obrigatoriamente devem ser reservadas um quinto das vagas para os membros do Ministério Público e da Advocacia. Assim, se o número total de membro de um determinado tribunal não for múltiplo de cinco, o número de vagas reservadas ao quinto constitucional deve ser arredondado para cima, para mais, e não para menos. Assim, por exemplo, se um determinado Tribunal de Justiça é composto por 36 Desembargadores, temos que um quinto de 36 é 7,2 (36 ÷ 5 = 7,2), devendo esse número de vagas reservadas para os membros do Ministério Público e da Advocacia ser arredondado para 8 e não para 7.

2) O tribunal pode rejeitar o nome de um ou até mesmo de todos os indicados na lista sêxtupla, desde que motivadamente, em razão dos indicados não preencherem todos os requisitos constitucionais exigidos. Entretanto, o tribunal não pode substituir nomes da lista, devendo, se for o caso, devolvê-la para que o órgão de representação da classe a refaça.[8]

3) As Constituições estaduais não podem adicionar requisitos para efetivação do quinto constitucional, por exemplo, exigindo que a lista sêxtupla seja aprovada pela Assembleia Legislativa do Estado, sendo tais regras inconstitucionais.[9]

4) A mero fato do indicado responder à inquérito policial, por si só, não é suficiente para comprovar que ele não possui reputação ilibada, de modo que sua posse não pode ser impedida apenas com base nisso.[10]

O quinto constitucional ***não se aplica aos demais tribunais brasileiros***, contudo eles são acessíveis a pessoas que não são magistrados de carreira, da seguinte maneira:

- O *STF* é composto de 11 Ministros indicados pelo Presidente da República dentre cidadãos brasileiros natos com mais de trinta e cinco e menos de sessenta e cinco anos de idade, de notável saber jurídico e reputação ilibada (art. 101, CF/88);
- O *STJ* é composto de 33 Ministros, sendo 1/3 das vagas reservadas, em partes iguais, dentre advogados e membros do Ministério Público Federal, Estadual, do Distrito Federal e Territórios, alternadamente, nos termos do art. 94, da CF/88, isto é, obedecendo-se às exigências e requisitos aplicáveis ao quinto constitucional (art. 104, II, CF/88);
- O *TSE e* os *TREs* são compostos de 7 membros, sendo dois oriundos da Advocacia, não possuindo, entretanto, membros oriundos do Ministério Público (art. 119, II e art. 120, III, CF/88);

8. STF, MS 25.624.
9. STF, ADI-MC 4.150.
10. MS, 32.491.

- O *STM* é composto por 15 Ministros, sendo 3 escolhidos dentre advogados de notório saber jurídico e conduta ilibada, com mais de dez anos de efetiva atividade profissional (art. 123, p.u., I, CF/88) e 1 oriundo do Ministério Público da Justiça Militar (art. 123, p.u., II, CF/88).

6. CLÁUSULA DE RESERVA DE PLENÁRIO

O art. 97, da Constituição de 1988 prevê a chamada cláusula de reserva de plenário (regra do *full bench*), segundo a qual *somente pelo voto da maioria absoluta de seus membros ou dos membros do respectivo órgão especial poderão os tribunais declarar a inconstitucionalidade de lei ou ato normativo do poder público.*

Trata-se de norma processual referente ao ***controle difuso de constitucionalidade*** que estudaremos com maior profundidade no capítulo específico.

7. CONSELHO NACIONAL DE JUSTIÇA

O Conselho Nacional de Justiça (CNJ), criado pela Emenda Constitucional 45/2004, é um órgão que compõe o poder judiciário que, contudo, não possui natureza jurisdicional, mas sim administrativa, tendo como finalidades o controle da atuação administrativa e financeira do judiciário, a fiscalização dos juízes no cumprimento de seus deveres funcionais, bem como o controle ético-disciplinar dos magistrados (controle originário e concorrente).

7.1 Composição

O Conselho Nacional de Justiça compõe-se de 15 membros com mandato de 2 anos, admitida uma recondução, sendo:

- o Presidente do STF;
- um Ministro do STJ, indicado pelo respectivo tribunal;
- um Ministro do TST, indicado pelo respectivo tribunal;
- um desembargador de Tribunal de Justiça, indicado pelo STF;
- um juiz estadual, indicado pelo Supremo Tribunal Federal;
- um juiz de Tribunal Regional Federal, indicado pelo STJ;
- um juiz federal, indicado pelo STJ;
- um juiz de Tribunal Regional do Trabalho, indicado pelo Tribunal Superior do TST;
- um juiz do trabalho, indicado pelo TST;
- um membro do MP da União, indicado pelo Procurador-Geral da República;
- um membro do MP estadual, escolhido pelo Procurador-Geral da República dentre os nomes indicados pelo órgão competente de cada instituição estadual;
- dois advogados, indicados pelo Conselho Federal da OAB;
- dois cidadãos, de notável saber jurídico e reputação ilibada, indicados um pela Câmara dos Deputados e outro pelo Senado Federal.

O Conselho Nacional de Justiça será ***presidido pelo Presidente do Supremo Tribunal Federal*** e, nas suas ausências e impedimentos, pelo Vice-Presidente do STF, ou seja, quem assume a presidência do CNJ em caso de ausência ou impedimento do Presidente do STF não é o Ministro do STJ, mas sim o Vice-Presidente do STF, de modo que o CNJ sempre será presidido por Ministro do STF. Ademais, o Presidente do STF não dependera de aprovação ou nomeação para presidir o Conselho Nacional de Justiça. Uma vez eleito e tomando posse como Presidente do STF, será automaticamente Presidente do CNJ.

Já, os ***demais membros do Conselho*** serão nomeados pelo Presidente da República, depois de aprovada a escolha pela maioria absoluta do Senado Federal. Assim, o órgão indica o membro, o Senado sabatina e aprova (ou não) e, sendo aprovado, o Presidente da República o nomeia. E, caso as indicações não efetuadas pelos respectivos órgãos no prazo legal, caberá a escolha ao Supremo Tribunal Federal.

O ***Ministro do Superior Tribunal de Justiça*** exercerá a função de ***Ministro-Corregedor*** do CNJ e ficará excluído da distribuição de processos no Tribunal, competindo-lhe, além das atribuições que lhe forem conferidas pelo Estatuto da Magistratura, as seguintes:

- receber as reclamações e denúncias, de qualquer interessado, relativas aos magistrados e aos serviços judiciários;
- exercer funções executivas do Conselho, de inspeção e de correição geral;
- requisitar e designar magistrados, delegando-lhes atribuições, e requisitar servidores de juízos ou tribunais, inclusive nos Estados, Distrito Federal e Territórios.

Ademais, conforme dispõe a Constituição, ***junto ao Conselho oficiarão*** o Procurador--Geral da República e o Presidente do Conselho Federal da Ordem dos Advogados do Brasil.

Para além disso, prevê a CF/88 que a União, inclusive no Distrito Federal e nos Territórios, criará ***ouvidorias de justiça***, competentes para receber reclamações e denúncias de qualquer interessado contra membros ou órgãos do Poder Judiciário, ou contra seus serviços auxiliares, representando diretamente ao Conselho Nacional de Justiça.

7.2 Competências

O art. 103-B, § 4º, da CF/88, estabelece um ***rol não exaustivo*** das atribuições do Conselho Nacional de Justiça, afirmando que *compete ao CNJ o controle da atuação administrativa e financeira do Poder Judiciário e do cumprimento dos deveres funcionais dos juízes,* ***cabendo-lhe, além de outras atribuições que lhe forem conferidas pelo Estatuto da Magistratura:***

- zelar pela autonomia do Poder Judiciário e pelo cumprimento do Estatuto da Magistratura, podendo expedir atos regulamentares, no âmbito de sua competência, ou recomendar providências;
- zelar pela observância do art. 37 e apreciar, de ofício ou mediante provocação, a legalidade dos atos administrativos praticados por membros ou órgãos do Poder Judiciário, podendo desconstituí-los, revê-los ou fixar prazo para que se adotem as providências necessárias ao exato cumprimento da lei, sem prejuízo da competência do Tribunal de Contas da União;
- receber e conhecer das reclamações contra membros ou órgãos do Poder Judiciário, inclusive contra seus serviços auxiliares, serventias e órgãos prestadores de serviços notariais e de registro que atuem por delegação do poder público ou oficializados, sem prejuízo da competência disciplinar e correcional dos tribunais, podendo avocar processos disciplinares em curso e determinar a remoção ou a disponibilidade e aplicar outras sanções administrativas, assegurada ampla defesa;

- representar ao Ministério Público, no caso de crime contra a administração pública ou de abuso de autoridade;
- rever, de ofício ou mediante provocação, os processos disciplinares de juízes e membros de tribunais *julgados há menos de 1 ano*;
- elaborar semestralmente relatório estatístico sobre processos e sentenças prolatadas, por unidade da Federação, nos diferentes órgãos do Poder Judiciário;
- elaborar relatório anual, propondo as providências que julgar necessárias, sobre a situação do Poder Judiciário no País e as atividades do Conselho, o qual deve integrar mensagem do Presidente do Supremo Tribunal Federal a ser remetida ao Congresso Nacional, por ocasião da abertura da sessão legislativa.

Sobre as competências do Conselho Nacional de Justiça é importante fazermos as seguintes ***observações:***

1) O Conselho Nacional de Justiça ***não possui atribuições jurisdicionais***, mas apenas atribuições administrativas, não podendo (re)examinar qualquer ação ou decisão judicial, nem fiscalizar, suspender ou reexaminar os efeitos decorrentes de decisões jurisdicionais[11], nem mesmo interferir em acordo judicial.[12]

2) No que diz respeito ao exercício do ***poder normativo***, o Supremo Tribunal Federal, no julgamento da ADC 12, reconheceu que o CNJ possui competência tanto para expedir ***atos normativos secundários*** (atos administrativos regulamentares), como ***atos normativos primários*** (de caráter geral, abstrato e autônomo, com fundamento de validade direto na Constituição, sem previsão em lei).

3) O ***poder disciplinar e correicional*** do CNJ não é subsidiário ao dos tribunais, podendo ser exercido de forma originária e concorrente, tendo, inclusive, primazia, podendo o CNJ avocar processos disciplinares em curso nas corregedorias dos tribunais.[13] Ademais, conforme já reconhecer o STF, a competência disciplinar do CNJ é autônoma, de modo que o órgão pode delegar a juiz estadual a condução de sindicância contra juiz federal e vice-versa.[14] Assim, o CNJ pode proceder à revisão disciplinar dos magistrados desde que observado o requisito temporal: processos disciplinares julgados há menos de 1 ano (art. 103-B, § 4º, V, CF/88), sendo que depois de instaurada a revisão, não existe prazo para que o CNJ julgue o procedimento, devendo-se, a nosso ver, aplicar o prazo quinquenal (de 5 anos) do art. 54, da lei 9.784 (lei de processo administrativo). Além disso, a CF/88 e o Regimento Interno do CNJ conferem legitimidade universal para propositura da revisão disciplinar, que pode ser instaurada por provocação de terceiros, ou mesmo de ofício, inclusive para aplicar pena mais severa ao magistrado, não se aplicando aqui o princípio da *non reformatio in pejus*.[15]

4) Segundo o Supremo Tribunal Federal, o CNJ não possui competência para analisar a constitucionalidade de atos administrativos, mas apenas sua legalidade.[16]

---

11. STF, ADI 3.367.
12. STF, MS 27.708.
13. STF, ADI 4.638.
14. STF, MS 28.513.
15. STF, MS 30.364.
16. STF, MS 28.872-AgR.

7.3 Controle judicial da atuação do CNJ

Em primeiro lugar, vale registrar que a constitucionalidade da própria criação do Conselho Nacional de Justiça já foi questionada no Supremo Tribunal Federal, tendo a corte decidido que ela foi constitucional e válida.[17]

Para além disso, é importante fazermos as seguintes observações sobre o controle judicial da atuação do CNJ e do controle do CNJ sobre órgãos jurisdicionais:

1) Nos termos do art. 102, I, “r”, da CF/88, compete ao ***Supremo Tribunal Federal*** processar e julgar, originariamente, as ações contra o Conselho Nacional de Justiça.

2) Não cabe ao STF o controle de deliberações negativas do CNJ, isto é, daquelas que simplesmente tenham mantido decisões de outros órgãos, ou daquelas em que o CNJ entenda que não lhe cabe intervir ou decidir determinado caso, ou daquelas em que o CNJ entenda ser incompetente.[18]

3) O Supremo Tribunal Federal, enquanto órgão de cúpula (jurisdicional e administrativo) do Poder Judiciário, não está subordinado às deliberações do CNJ.

8. SUPREMO TRIBUNAL FEDERAL

O Supremo Tribunal Federal é o órgão de cúpula do poder judiciário brasileiro, órgão judicial supremo, ou Suprema Corte, e a ele compete, precipuamente, a guarda da Constituição (art. 102, da CF/88), sendo, portanto, nosso Tribunal Constitucional.

A história do Supremo Tribunal Federal remete-nos à chegada da família real portuguesa, que fugia da invasão do reino pelas tropas de Napoleão, o que tornara inviável a remessa dos agravos ordinários e das apelações para a Casa da Suplicação de Lisboa. Em face disso, D. João, em 1808, criou a *Casa de Suplicação do Brasil*, com sede no Rio de Janeiro, instituindo, então, o mais elevado tribunal do Império.

Proclamada a independência do Brasil, a Constituição de 1824, em seu art. 163 previu a criação do *Supremo Tribunal de Justiça* (substituto da Casa de Suplicação do Brasil), preceito que veio a ser cumprido em 1828.

A denominação *Supremo Tribunal Federal* foi adotada durante o Governo Provisório da República, pelo Decreto 510, de 22 de junho de 1890, consagrando-se na Constituição de 1891, tendo sido substituída na Constituição de 1834 por *Corte Suprema* e restaurada para *Supremo Tribunal Federal* na Constituição de 1937, mantendo-se o nome nas demais Constituições brasileiras.

8.1 Composição

O Supremo Tribunal Federal compõe-se de onze Ministros, escolhidos dentre cidadãos brasileiros natos com mais de trinta e cinco e menos de sessenta e cinco anos de idade, de notável saber jurídico e reputação ilibada, sendo os Ministros do Supremo Tribunal Federal nomeados pelo Presidente da República, depois de aprovada a escolha pela maioria absoluta do Senado Federal.

Assim, os ***requisitos*** para ocupar o cargo de Ministro do Supremo Tribunal Federal são:

17. STF, ADI 3.367.
18. STF, MS 33.163, MS 32.729, MS 33.085 e MS 37.545.

- Ter ***nacionalidade brasileira originária***, isto é, ser brasileiro nato (art. 12, §3º, IV);
- Ter ***mais de trinta e cinco e menos de sessenta e cinco anos*** de idade, tendo ainda a idade de setenta e cinco anos como idade de aposentadoria compulsória;
- Ter ***notável saber jurídico***, o que, a nosso ver, exige, pelo menos, bacharelado em direito. Contudo, acreditamos que a Constituição deveria ir além, reservando as vagas apenas para juízes concursados com um determinado período de experiência na magistratura;
- ***Reputação ilibada***, o que, a nosso ver, impede a indicação de pessoas que já tenham sido condenadas por crimes contra a Administração Pública, crimes eleitorais, crimes hediondos, crimes de responsabilidade, improbidade administrativa, ou que tenham sido condenados judicial ou administrativamente por atos que sejam contrários à dignidade da magistratura, ou cuja conduta seja incompatível ela.

Para além disso, o ***procedimento de nomeação*** de um Ministro do Supremo Tribunal Federal desenvolve-se da seguinte maneira:

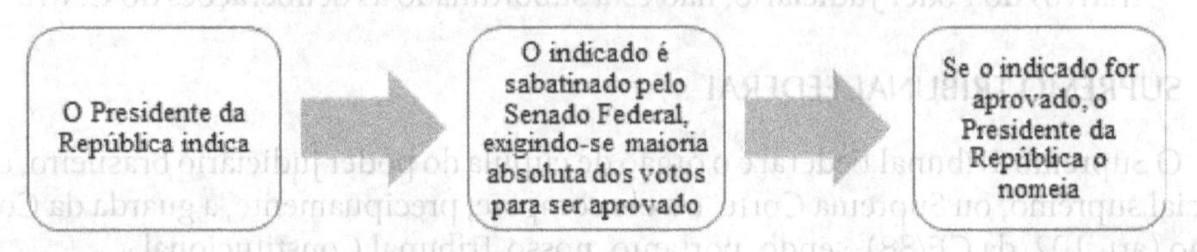

Por fim, temos que o Supremo Tribunal Federal, para além de sua composição plenária, ***é dividido em duas turmas***, sendo cada uma delas composta por cinco Ministros, de modo que o Presidente do STF participa apenas das sessões plenárias.

8.2 Competências

Ao Supremo Tribunal Federal, enquanto Corte Constitucional, compete a guarda da Constituição. Entretanto, no sistema jurisdicional brasileiro, o STF possui muitas outras atribuições para além da guarda da Constituição. Sem dúvidas, esse extenso rol de competências dificulta bastante os trabalhos do Supremo, prejudicando, inclusive, a qualidade dos debates e das decisões da Corte.

O Supremo Tribunal Federal não deveria ser tratado como uma corte de recursos, ou como uma instância revisora de quase tudo, ou como um tribunal de procrastinação processual. Contudo, infelizmente, seja pelo extenso rol de competências, seja pela falta de cooperação processual e boa-fé dos sujeitos processuais, o Supremo tem sido "mais uma instância", ou, pelo menos, tem sido utilizado para a impetração constante de recursos meramente protelatórios.

Só para se ter uma ideia, no ano de 2018 o Supremo Tribunal Federal recebeu mais de 100.000 (cem mil) processos e proferiu cerca de 125.000 (cento e vinte e cinco mil) decisões.[19] Em contrapartida, a Suprema Corte dos Estados Unidos da América do Norte julga cerca de 80 casos por ano, assim como outras Cortes Supremas ao redor do mundo julgam

19. https://www.conjur.com.br/2018-dez-19/stf-recebeu-100-mil-processos-2018-julgou-124-mil. Acesso em 18 de dezembro de 2019.

muito menos casos que o Supremo Tribunal Federal brasileiro, raramente passando de 10% do nosso estrondoso e assustador número de processos.

Isto posto, nos termos da Constituição brasileira de 1988, o Supremo Tribunal Federal possui: *a) competências originárias; b) competências recursais ordinárias; e c) competências recursais extraordinárias.*

8.2.1 Competências originárias

Nos termos do ***art. 102, I, da CF/88***, compete ao Supremo Tribunal Federal, precipuamente, a guarda da Constituição, cabendo-lhe ***processar e julgar, originariamente:***

a) a ação direta de inconstitucionalidade de lei ou ato normativo federal ou estadual e a ação declaratória de constitucionalidade de lei ou ato normativo federal;

- Essa alínea consagra o controle concentrado de constitucionalidade federal, atribuindo ao Supremo Tribunal Federal o papel de Corte Constitucional. Assim, compete ao STF julgar a ADI, a ADO, a ADC e, também, a ADPF (art. 102, §1º).
- Nos termos do §2º, do art. 102, da CF/88, as decisões definitivas de mérito, proferidas pelo Supremo Tribunal Federal, nas ações de controle concentrado de constitucionalidade produzirão eficácia contra todos e efeito vinculante, relativamente aos demais órgãos do poder judiciário e à administração pública direta e indireta, nas esferas federal, estadual e municipal.
- Essas ações são objeto de análise específica nessa obra no capítulo referente ao controle de constitucionalidade.

b) nas infrações penais comuns, o Presidente da República, o Vice-Presidente, os membros do Congresso Nacional, seus próprios Ministros e o Procurador-Geral da República;

- Essa alínea estabelece a competência do STF para julgar as autoridades nela referidas nos crimes comuns, lembrando que essas autoridades, nos crimes de responsabilidade, são julgadas pelo Senado Federal, com exceção dos parlamentares federais, que não estão sujeitos ao regime dos crimes de responsabilidade.
- Ademais, segundo o STF, a competência do Supremo para julgar essas autoridades abrange o controle dos procedimentos e diligências investigatórios, que só podem ser instaurados após autorização da Corte.[20]

c) nas infrações penais comuns e nos crimes de responsabilidade, os Ministros de Estado e os Comandantes da Marinha, do Exército e da Aeronáutica, ressalvado o disposto no art. 52, I, os membros dos Tribunais Superiores, os do Tribunal de Contas da União e os chefes de missão diplomática de caráter permanente;

- Essa alínea estabelece a competência do STF para julgar as autoridades nela referidas nos crimes comuns e de responsabilidade, ressalvada a competência do Senado Federal para julgar os Ministros de Estado e os Comandantes da Marinha, do Exército e da Aeronáutica nos crimes de responsabilidade conexos com o do Presidente da República (art. 52, I). ***Sistematizando:***

20. STF, Inq. 2.411 QO.

Autoridade	Quem julga?	
	Nos crimes comuns	**Nos crimes de responsabilidade**
Ministros do STJ, TST, TSE e STM	STF	STF
Ministros do TCU	STF	STF
Chefes de missão diplomática de caráter permanente	STF	STF
Ministros de Estado	STF	STF ou o Senado Federal se o crime for conexo com o do Presidente da República
Comandantes da Marinha, do Exército e da Aeronáutica	STF	STF ou o Senado Federal se o crime for conexo com o do Presidente da República

d) o habeas corpus, sendo paciente qualquer das pessoas referidas nas alíneas anteriores; o mandado de segurança e o habeas data contra atos do Presidente da República, das Mesas da Câmara dos Deputados e do Senado Federal, do Tribunal de Contas da União, do Procurador-Geral da República e do próprio Supremo Tribunal Federal;

- Essa alínea institui competência para o STF julgar originariamente *habeas corpus*, *habeas data* e mandado de segurança nos casos nela mencionados que podem ser assim *sistematizados:*

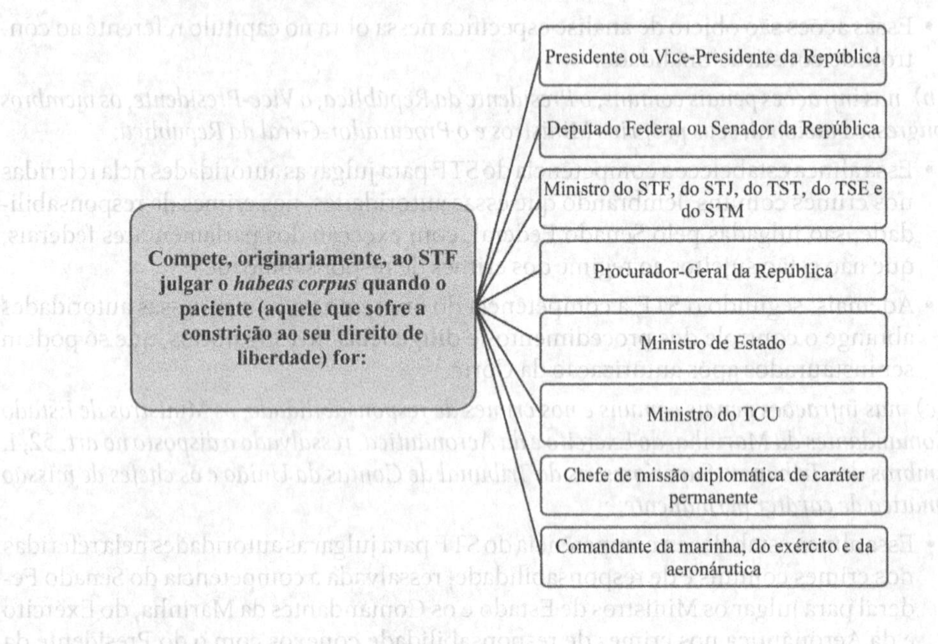

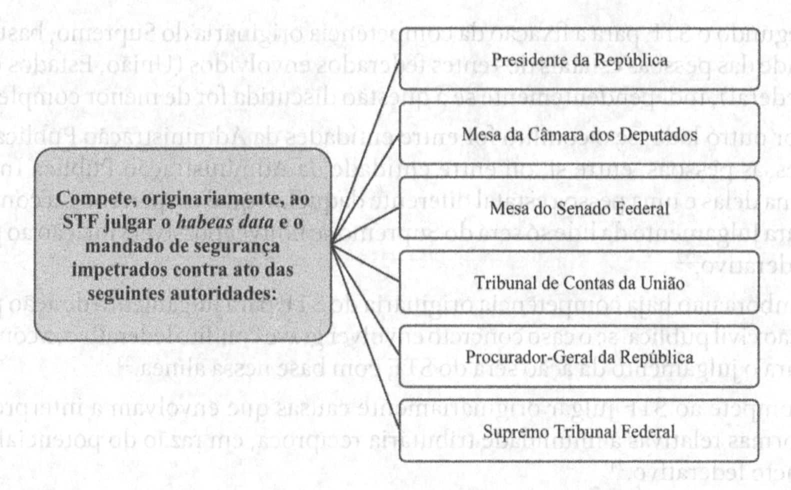

e) o litígio entre Estado estrangeiro ou organismo internacional e a União, o Estado, o Distrito Federal ou o Território;

- Com base nessa alínea, cabe, originariamente, ao STF julgar os conflitos entre:

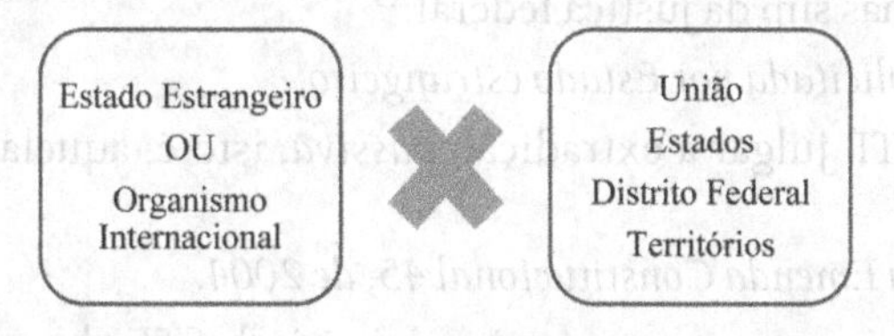

- É importante observar que não compete ao STF julgar os conflitos entre Estado estrangeiro ou organismo internacional e os Municípios, pois essa competência é da justiça federal de primeiro grau (art. 109, II), sendo que essa hipótese pode ser objeto de recurso ordinário para o STJ (art. 105, II, "c") e não para o STF.

f) as causas e os conflitos entre a União e os Estados, a União e o Distrito Federal, ou entre uns e outros, inclusive as respectivas entidades da administração indireta;

- Com base nessa alínea, cabe, originariamente, ao STF julgar as causas e conflitos federativos entre:

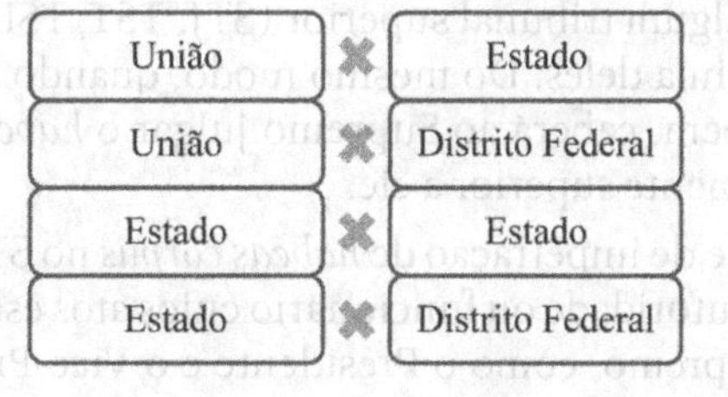

- Segundo o STF, para a fixação da competência originária do Supremo, basta a qualidade das pessoas estatais dos entes federados envolvidos (União, Estados e Distrito Federal), independentemente se a questão discutida for de menor complexidade.[21]
- Por outro lado, se o conflito for entre entidades da Administração Pública Indireta dessas pessoas, entre si, ou entre entidade da Administração Pública Indireta de uma delas e uma pessoa estatal diferente daquela à qual ela pertence, a competência para julgamento da lide só será do Supremo se houver possível violação ao princípio federativo.[22]
- Embora não haja competência originária do STF para julgamento de ação popular e ação civil pública, se o caso concreto envolver grave conflito federativo, a competência para o julgamento da ação será do STF, com base nessa alínea.[23]
- Compete ao STF julgar originariamente causas que envolvam a interpretação de normas relativas à imunidade tributária recíproca, em razão do potencial abalo ao pacto federativo.[24]
- Se o conflito envolver Município ou entidades da Administração Pública Indireta Municipal com quaisquer dessas pessoas (União, Estados e Distrito Federal) ou entidades de sua Administração Indireta, a competência para julgamento não será do Supremo, mas sim da justiça federal.[25]

g) a extradição solicitada por Estado estrangeiro;

- Compete ao STF julgar a extradição *passiva*, isto é, aquela solicitada por Estado estrangeiro.

h) Revogada pela Emenda Constitucional 45, de 2004.

- Essa alínea previa como competência originária do STF a homologação das sentenças estrangeiras e a concessão do *"exequatur"* às cartas rogatórias. Com a EC 45/2004, essa competência passou a ser do STJ (art. 105, I, "i").

i) o habeas corpus, quando o coator for Tribunal Superior ou quando o coator ou o paciente for autoridade ou funcionário cujos atos estejam sujeitos diretamente à jurisdição do Supremo Tribunal Federal, ou se trate de crime sujeito à mesma jurisdição em uma única instância;

- Com base nessa alínea é possível identificarmos, pelo menos, três hipóteses de impetração de *habeas corpus* diretamente no Supremo Tribunal Federal.
- A primeira hipótese de impetração de *habeas corpus* no STF ocorre quando a autoridade coatora dor algum tribunal superior (STJ, TST, TSE ou STM), já que somente o Supremo está acima deles. Do mesmo modo, quando a autoridade coatora for o próprio STF, também, caberá ao Supremo julgar o *habeas corpus*, vez que não há tribunal imediatamente superior a ele.
- A segunda hipótese de impetração de *habeas corpus* no STF ocorre quando o coator ou o paciente for autoridade ou funcionário cujos atos estejam sujeitos diretamente à jurisdição do Supremo, como o Presidente e o Vice-Presidente da República, os Ministros de Estado, os Deputados Federais e Senadores da República etc. Ademais,

21. STF, ACO 555.
22. STF, MS 23.482 QO.
23. STF, Rcl. 3.331.
24. STF, ACO 1.098.
25. STF, AgRg ACO 1.364.

há autoridades que mesmo não estando mencionadas no art. 102, I, da CF/88, estão sujeitas à jurisdição do Supremo, como o Advogado Geral da União[26] e o Presidente do Banco Central,[27] por possuírem status de Ministros de Estado, de modo que se forem pacientes ou autoridades coatoras, o *habeas corpus* deverá ser impetrado no STF.

- A terceira hipótese de impetração de *habeas corpus* no STF ocorre quando se tratar de crime sujeito à mesma jurisdição em uma única instância, que só verifica quando se tratar de crime objeto de ação penal originária no próprio STF.[28]

j) a revisão criminal e a ação rescisória de seus julgados;

- Em regra, todo tribunal possui competência para julgar a revisão criminal e a ação rescisória de seus julgados. Assim, compete ao Supremo julgar a revisão criminal e a ação rescisória de seus próprios julgados. Entretanto, vale registrar que as ações de controle concentrado de constitucionalidade (ADI, ADO, ADC e ADPF) não podem ser objeto de ação rescisória (art. 26, Lei 9.868/1999).

k) a reclamação para a preservação de sua competência e garantia da autoridade de suas decisões;

- A reclamação constitucional é uma ação autônoma que busca preservar a competência e a autoridade das decisões dos tribunais. Nos termos da Constituição, compete ao próprio STF julgar as reclamações impetradas em face de usurpação de sua competência, bem como em caso de descumprimento ou inobservância de suas súmulas vinculantes e de suas decisões em controle concentrado de constitucionalidade.

l) a execução de sentença nas causas de sua competência originária, facultada a delegação de atribuições para a prática de atos processuais;

- Compete ao STF processar e julgar as sentenças proferidas pelo próprio Supremo em causas de sua competência originária, podendo delegar a prática de certos atos processuais a outros órgãos da justiça com fins de viabilizar a execução.

m) a ação em que todos os membros da magistratura sejam direta ou indiretamente interessados, e aquela em que mais da metade dos membros do tribunal de origem estejam impedidos ou sejam direta ou indiretamente interessados;

- Por motivos de isenção e imparcialidade, compete ao STF julgar a ação em que todos os membros da magistratura sejam interessados, ressaltando-se que os membros da magistratura são os magistrados, não compreendendo-se, então, os demais servidores do poder judiciário.[29]
- Pelos mesmos motivos, compete ao STF julgar a ação em que mais da metade dos membros do tribunal de origem estejam impedidos ou sejam interessados no desfecho da causa. Assim, ***é possível que o STF venha a julgar um recurso de Apelação contra sentença de 1ª instância***, caso mais da metade dos membros do tribunal de origem estejam impedidos ou sejam interessados.[30]

---

26. STF, Inq. 1.660.
27. STF, ADI 3.289 e ADI 3.290.
28. STF, HC 80.327.
29. STF, AO 467 e AO 2.126.
30. STF AO 2.093.

n) nos conflitos de competência entre o Superior Tribunal de Justiça e quaisquer tribunais, entre Tribunais Superiores, ou entre estes e qualquer outro tribunal;

- Com base nessa alínea, cabe, originariamente, ao STF julgar os conflitos de competência entre:

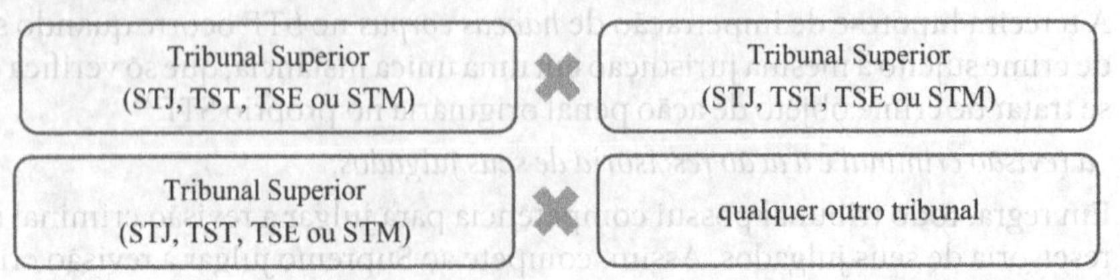

o) o pedido de medida cautelar das ações diretas de inconstitucionalidade;

- Essa alínea pode ser considerada desnecessária, vez que se o Supremo é o tribunal competente para julgar ações de controle concentrado de constitucionalidade, é ele quem deve julgar os pedidos de medidas de natureza cautelar constantes nessas ações.

*p) o mandado de injunção, quando a elaboração da norma regulamentadora for atribuição do Presidente da República, do Congresso Nacional, da Câmara dos Deputados, do Senado Federal, das Mesas de uma dessas Casas **Legislativas**, do Tribunal de Contas da União, de um dos Tribunais Superiores, ou do próprio Supremo Tribunal Federal;*

- Essa alínea institui competência para o STF julgar originariamente mandado de injunção nos casos nela mencionados que podem ser assim ***sistematizados:***

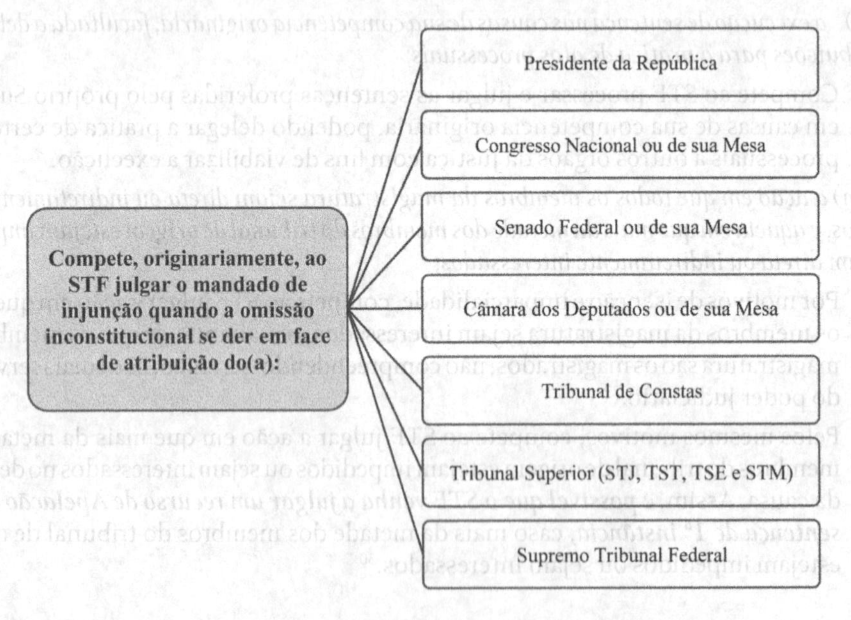

q) as ações contra o Conselho Nacional de Justiça e contra o Conselho Nacional do Ministério Público;

- Por muito tempo o STF conferiu interpretação com efeitos restritivos a esse dispositivo, reconhecendo-se competente para julgar originariamente apenas as ações que versassem sobre a definição dos contornos das competências e poderes do CNJ e do CNMP,[31] bem como as ações tipicamente constitucionais que comportem foro no Supremo,[32] como mandado de segurança, mandado de injunção, *habeas corpus* e *habeas data*, não admitindo, contudo a impetração de Ação Popular[33] e Ação Civil Pública[34] contra esses conselhos diretamente no STF. Entretanto, mais recentemente, a Corte fixou a tese de que ***é competência exclusiva do STF processar e julgar, originariamente, todas as ações ajuizadas contra decisões do CNJ e do CNMP proferidas no exercício de suas competências constitucionais***. Porém, conforme esclareceu o Supremo, isso não significa que a Corte deva afirmar sua competência para conhecer toda e qualquer ação ordinária contra atos daqueles conselhos constitucionais. A regra de competência deve ser interpretada de acordo com os fins que justificaram sua edição. A competência se justifica sempre que indagados atos de cunho finalístico, concernentes aos objetivos precípuos de sua criação, a fim de que a posição e a proteção institucionais conferidas ao Conselho não sejam indevidamente desfiguradas.[35]

8.2.2 *Competências recursais ordinárias*

Nos termos do ***art. 102, II, da CF/88***, compete ao Supremo Tribunal Federal processar e julgar, em ***recurso ordinário:***

*a) o habeas corpus, o mandado de segurança, o habeas data e o mandado de injunção decididos em **única instância** pelos Tribunais Superiores, se **denegatória** a decisão;*

- Essa hipótese de cabimento do Recurso Ordinário dá-se apenas nos casos em que essas ações se iniciaram nos Tribunais Superiores (STJ, TST, TSE e STM), tendo sido o respectivo tribunal a única instância a julgar a ação. Ademais, somente é cabível se a decisão do tribunal tiver denegado o pedido.

b) o crime político.

- Conforme dispõe o art. 109, IV, da CF/88, compete aos juízes federais do primeiro grau de jurisdição julgar os crimes políticos (definidos pela Lei 7.170/83). Já, ao STF compete julgar o Recurso Ordinário impetrado em face da decisão de primeira instância. Assim, da decisão definitiva do juízo federal de primeira instância não se recorre ao TRF nem ao STJ, mas sim, de forma direta, ao STF, por meio do Recurso Ordinário.

8.2.3 *Competências recursais extraordinárias*

O Recurso Extraordinário (RE) foi introduzido no ordenamento jurídico brasileiro em 1890, através do Decreto 848/90, que o previa em seu artigo 9º, parágrafo único. No ano seguinte, foi transposto para a nova Constituição. Entretanto, sua origem mais remota reside no *write of error*, utilizado pela Suprema Corte estadunidense em face das decisões dos Tribunais Estaduais que contrariavam a Constituição. No Brasil, seu ingresso transcendeu o controle difuso de constitucionalidade, vindo também a proteger a incolumidade e a uniformidade de interpretação da legislação federal.

31. STF, Pet. 4.656.
32. STF, AO 1.814 – QO, AO 1.706 – AgR, AO 1.692 – AgR.
33. Pet. 3.674 – QO.
34. AgRg Pet. 3.986.
35. Pet 4.770-AgR; Rcl 33.459-AgR; e ADI 4.412 (julgadas conjuntamente em 18 de novembro de 2020).

Deste modo, o RE prosseguiu em nosso ordenamento sem grandes mudanças até a promulgação da Constituição de 1988, quando suas matérias foram distribuídas entre o Supremo Tribunal Federal, que ficou incumbido das questões constitucionais (guardião da Constituição), e o Superior Tribunal de Justiça, que ficou incumbido do controle da incolumidade e da uniformidade da interpretação do direito objetivo federal (guardião da legislação federal). Em 2004, com o advento da Emenda Constitucional 45, foram feitas mais algumas pequenas modificações de competência chegando-se à distribuição de competência em que se encontra atualmente.

Nos termos do ***art. 102, III, da CF/88***, compete ao Supremo Tribunal Federal processar e julgar, em ***recurso extraordinário***, as causas decididas em única ou última instância, quando a decisão recorrida:

a) contrariar dispositivo desta Constituição;

b) declarar a inconstitucionalidade de tratado ou lei federal;

c) julgar válida lei ou ato de governo local contestado em face desta Constituição.

d) julgar válida lei local contestada em face de lei federal.

O recurso extraordinário está diretamente ligado ao exercício do ***controle difuso de constitucionalidade*** pelo Supremo Tribunal Federal, sendo um instrumento processual de verificação de compatibilidade vertical normativa entre as demais normas do sistema jurídico e as normas constitucionais, de forma direta (alíneas *a*, *b* e *c*) e de forma indireta (alínea *d*), vez que o conflito normativo entre leis de entes federados distintos é um conflito de natureza constitucional concernente à distribuição constitucional de competências.

É importante observar que a impetração do recurso extraordinário exige a observância dos seguintes ***REQUISITOS:***

1) decisão de única ou última instância: essa decisão pode ser de tribunal ou mesmo de juiz de primeiro grau, bastando apenas que dele não caiba nenhuma espécie de recurso ordinário. No caso, da única instância, a previsão é para aquelas causas que só preveem uma única instância de julgamento, e não para as causas que foram julgadas em uma só instância, mas que tenham ainda a possibilidade de serem analisadas por outros recursos em outra(s) instância(s), ou seja, a causa tem necessariamente de estar decidida (com ou sem resolução de mérito) sendo impossível reformar a decisão através de uma instância inferior ao STF, sendo que essa decisão pode ser tanto uma decisão interlocutória como uma decisão definitiva.

2) prequestionamento: exige-se que a inconstitucionalidade já tenha sido suscitada anteriormente pelas partes no processo quando tiveram a oportunidade de a alegar e, consequentemente, tenha sido enfrentada pelas instâncias inferiores, não se admitindo a impetração de recurso extraordinário sem o devido prequestionamento, isto é, sem o questionamento e discussão anterior, como forma de se evitar que o recurso seja usado apenas como forma de irresignação pela derrota.

Assim, é imprescindível que a questão constitucional tenha sido debatida e, inclusive, decidida, na instância originária, de modo que, se a decisão impugnada pelo RE tiver sido omissa no que tange a ofensa constitucional alegada pelo recorrente, a parte deverá, primeiro, provocar o pronunciamento sobre a questão constitucional por meio de embargos de declaração e, só depois, interpor o recurso extraordinário.

3) ***repercussão geral das questões constitucionais:*** conforme dispõe o §3º, do art. 102, da CF/88, no recurso extraordinário o recorrente deverá demonstrar a repercussão geral das questões constitucionais discutidas no caso, nos termos da lei, a fim de que o tribunal examine a admissão do recurso, somente podendo recusá-lo pela manifestação de dois terços de seus membros.

Nesse sentido, dispõe o art. 1035, do Código de Processo Civil que o Supremo Tribunal Federal, em decisão irrecorrível, não conhecerá do recurso extraordinário quando a questão constitucional nele versada não tiver repercussão geral, sendo que para efeito de repercussão geral, será considerada a existência ou não de questões relevantes do ponto de vista econômico, político, social ou jurídico que ultrapassem os interesses subjetivos do processo. Ademais, o recorrente deverá demonstrar a existência de repercussão geral para apreciação exclusiva pelo Supremo Tribunal Federal.

Segundo a legislação, haverá repercussão geral sempre que o recurso impugnar acórdão que: *i)* contrarie súmula ou jurisprudência dominante do Supremo Tribunal Federal; e *ii)* tenha reconhecido a inconstitucionalidade de tratado ou de lei federal, nos termos do art. 97 da CF/88.

Na análise da repercussão geral, o relator poderá admitir a manifestação de terceiros, subscrita por procurador habilitado, nos termos do Regimento Interno do Supremo Tribunal Federal.

Reconhecida a repercussão geral, o relator no Supremo Tribunal Federal determinará a suspensão do processamento de todos os processos pendentes, individuais ou coletivos, que versem sobre a questão e tramitem no território nacional.

O interessado pode requerer, ao presidente ou ao vice-presidente do tribunal de origem, que exclua da decisão de sobrestamento e inadmita o recurso extraordinário que tenha sido interposto intempestivamente, tendo o recorrente o prazo de 5 (cinco) dias para manifestar-se sobre esse requerimento, sendo que da decisão que indeferir o referido requerimento ou que aplicar entendimento firmado em regime de repercussão geral ou em julgamento de recursos repetitivos caberá agravo interno.

Negada a repercussão geral, o presidente ou o vice-presidente do tribunal de origem negará seguimento aos recursos extraordinários sobrestados na origem que versem sobre matéria idêntica.

Já, o recurso que tiver a repercussão geral reconhecida deverá ser julgado no prazo de 1 (um) ano e terá preferência sobre os demais feitos, ressalvados os que envolvam réu preso e os pedidos de *habeas corpus*, devendo a súmula da decisão sobre a repercussão geral constar de ata, que será publicada no diário oficial e valerá como acórdão.

Analisados os requisitos para a admissibilidade do recurso extraordinário, passemos a um exame mais detido das ***HIPÓTESES DE CABIMENTO DO RE:***

A ***alínea "a"*** afirma que cabe RE quando a decisão recorrida contrariar dispositivo da Constituição. Isso significa que cabe RE sempre que uma decisão, que atenda aos critérios anteriormente estabelecidos, violar, for de encontro, afrontar, desrespeitar, deixar de observar alguma norma constitucional – regra ou princípio – expressa ou tácita. Entretanto, para que seja cabível o RE, o Supremo tem entendido que é necessário que a ofensa alegada pelo recorrente seja uma ofensa direta à norma constitucional, não sendo cabível RE caso a ofensa decorra por intermediação de ofensa a normas infraconstitucionais (ofensa indireta), pois neste caso estaríamos diante de uma hipótese de Recurso Especial para o STJ.

A *alínea "b"* afirma que cabe RE quando a decisão recorrida declarar a inconstitucionalidade de tratado ou de lei federal. Por lei federal não se deve entender apenas as leis propriamente ditas que forem editas pela União, mas todo e qualquer ato normativo proveniente da União.

A *alínea "c"* afirma que cabe RE quando a decisão recorrida julgar válida lei ou ato de governo local contestado em face da Constituição. *A priori*, cabe-nos elucidar que por lei ou ato de governo local devem ser entendidos todos os atos provenientes dos poderes públicos (Legislativo, Executivo e Judiciário) dos Estados, Municípios e do Distrito Federal, seja do Executivo, do Legislativo ou do Judiciário. Na hipótese em análise, o RE será recebido sempre que a decisão de que se recorre entender que a lei ou o ato normativo local que está sendo contestado é constitucional, ou seja, que não existe afronta a Constituição. Nestes casos, o RE será interposto perante o STF para que a Corte possa se pronunciar quanto à constitucionalidade ou não da lei ou do ato normativo.

A *alínea "d"* afirma que cabe RE quando a decisão de que se recorre julgar válida lei local contestada em face de lei federal. Essa hipótese refere-se ao conflito normativo entre lei federal e leis dos demais entes federados, sendo, portanto, uma hipótese de conflito constitucional concernente à distribuição de competências.

Ademais, sobre as hipóteses de cabimento do RE, é importante fazer duas observações finais: *i)* o rol de hipóteses de cabimento do RE é taxativo; e *ii)* não se pode pleitear revisão de matéria de fato por meio de RE, mas apenas matérias de direito.

Por fim, analisados os requisitos e as hipóteses de cabimento do Recurso Extraordinário, em face da relevância e da incidência em provas, é importante registrarmos as principais *SÚMULAS DO STF SOBRE O RE:*

- *Súmula 272:* Não se admite como ordinário recurso extraordinário de decisão denegatória de mandado de segurança.
- *Súmula 279:* Para simples reexame de prova, não cabe recurso extraordinário.
- *Súmula 280:* Por ofensa a direito local, não cabe recurso extraordinário.
- *Súmula 281:* É inadmissível o recurso extraordinário, quando couber na justiça de origem, recurso ordinário da decisão impugnada.
- *Súmula 282:* É inadmissível o recurso extraordinário, quando não ventilada na decisão recorrida, a questão federal suscitada.
- *Súmula 283:* É inadmissível o recurso extraordinário, quando a decisão recorrida assenta em mais de um fundamento suficiente e o recurso não abrange todos eles.
- *Súmula 284:* É inadmissível o recurso extraordinário, quando a deficiência na sua fundamentação não permitir a exata compreensão da controvérsia.
- *Súmula 285:* Não sendo razoável a arguição de inconstitucionalidade, não se conhece do recurso extraordinário fundado na letra "c" do art. 102, III, da Constituição Federal.
- *Súmula 286:* Não se conhece do recurso extraordinário fundado em divergência jurisprudencial, quando a orientação do Plenário do Supremo Tribunal Federal já se firmou no mesmo sentido da decisão recorrida.
- *Súmula 292:* Interposto o recurso extraordinário por mais de um dos fundamentos indicados no art. 102, III, da Constituição, a admissão apenas por um deles não prejudica o seu conhecimento por qualquer dos outros.
- *Súmula 356:* O ponto omisso da decisão, sobre o qual não foram opostos embargos declaratórios, não pode ser objeto de recurso extraordinário, por faltar o requisito do prequestionamento.

- *Súmula 369:* Julgados do mesmo Tribunal não servem para fundamentar o recurso extraordinário por divergência jurisprudencial.
- *Súmula 399:* Não cabe recurso extraordinário, por violação de lei federal, quando a ofensa alegada for o regimento de tribunal.
- *Súmula 432:* Não cabe recurso extraordinário com fundamento no art. 102, III, 'd', da Constituição Federal, quando a divergência alegada for entre decisões da Justiça do Trabalho.
- *Súmula 505:* Salvo quando contrariarem a Constituição, não cabe recurso para o Supremo Tribunal Federal, de quaisquer decisões da Justiça do Trabalho, inclusive dos presidentes de seus tribunais.
- *Súmula 634:* Não compete ao supremo tribunal federal conceder medida cautelar para dar efeito suspensivo a recurso extraordinário que ainda não foi objeto de juízo de admissibilidade na origem.
- *Súmula 635:* Cabe ao presidente do tribunal de origem decidir o pedido de medida cautelar em recurso extraordinário ainda pendente do seu juízo de admissibilidade.
- *Súmula 636:* Não cabe recurso extraordinário por contrariedade ao princípio constitucional da legalidade, quando a sua verificação pressuponha rever a interpretação dada a normas infraconstitucionais pela decisão recorrida.
- *Súmula 637:* Não cabe recurso extraordinário contra acórdão de tribunal de justiça que defere pedido de intervenção estadual em município.
- *Súmula 638:* A controvérsia sobre a incidência, ou não, de correção monetária em operações de crédito rural é de natureza infraconstitucional, não viabilizando recurso extraordinário.
- *Súmula 639:* Aplica-se a súmula 288 quando não constarem do traslado do agravo de instrumento as cópias das peças necessárias à verificação da tempestividade do recurso extraordinário não admitido pela decisão agravada.
- *Súmula 640:* É cabível recurso extraordinário contra decisão proferida por juiz de primeiro grau nas causas de alçada, ou por turma recursal de juizado especial cível e criminal.
- *Súmula 727:* Não pode o magistrado deixar de encaminhar ao supremo tribunal federal o agravo de instrumento interposto da decisão que não admite recurso extraordinário, ainda que referente a causa instaurada no âmbito dos juizados especiais.
- *Súmula 728:* É de três dias o prazo para a interposição de recurso extraordinário contra decisão do tribunal superior eleitoral, contado, quando for o caso, a partir da publicação do acórdão, na própria sessão de julgamento, nos termos do art. 12 da lei 6055/1974, que não foi revogado pela lei 8950/1994.
- *Súmula 733:* Não cabe recurso extraordinário contra decisão proferida no processamento de precatórios.
- *Súmula 735:* Não cabe recurso extraordinário contra acórdão que defere medida liminar.

9. SÚMULAS VINCULANTES

As súmulas vinculantes são fruto de um longo processo de intercomunicação do sistema jurídico brasileiro, de tradição *civil law* (sistema romano-germânico), com os sistemas jurídicos de tradição *common law* (sistema anglo-saxão), ligando-se à necessidade de assegurar maior segurança jurídica e uniformidade às decisões judiciais, bem como reduzir o número de casos idênticos ou pautados em premissas idênticas submetidos à Corte Constitucional.

Nesse contexto, as súmulas vinculantes surgem em nosso constitucionalismo, por meio da *Emenda Constitucional 45, de 2004*, baseando-se, especialmente, no instituto do *stare decisis* (ater-se ao decidido) e desenvolvendo-se a partir do *binding precedent* (precedente obrigatório).

9.1 Conceito

Antes de conceituarmos as súmulas vinculantes, é preciso fazermos algumas digressões sobre as súmulas, ou súmulas não vinculantes. Atualmente, ***todos os tribunais brasileiros podem editar súmulas, contudo somente o Supremo Tribunal Federal pode editar súmulas vinculantes.*** Assim, o STF edita súmulas vinculantes e súmulas não vinculantes, enquanto os demais tribunais editam apenas súmulas não vinculantes (chamadas apenas de súmulas).

A origem da ***súmula*** no Brasil remonta à década de 1960, numa época em que o Supremo Tribunal Federal estava sufocado pelo acúmulo de processos pendentes de julgamento, sendo que a imensa maioria versava sobre questões idênticas. Nesse contexto, após um intenso trabalho da Comissão de Jurisprudência, sobretudo de seu relator, Min. Victor Nunes Leal, por meio de alteração no regimento interno do tribunal, em sessão de 13 de dezembro de 1963, o STF decidiu publicar oficialmente, pela primeira vez, a súmula da sua jurisprudência, que passou a vigorar a partir de 01 de março de 1964. A primeira previsão legal, juntamente com a extensão aos demais tribunais da possibilidade de editar súmulas, só ocorreu com a edição do Código de Processo Civil de 1973, através de seu art. 479, estando, atualmente, previstas e regulamentadas pelo art. 926 e seguintes do Código de Processo Civil de 2015.

Isto posto, podemos definir ***súmula*** como um *enunciado (um pequeno texto) que condensa o entendimento (a interpretação e/ou a forma de aplicação e/ou integração e/ou construção) de um determinado tribunal sobre determinada norma sob certas circunstâncias, editadas com base na jurisprudência (decisões reiteradas) dominante do tribunal.* Assim, vale registrar que súmulas não são leis, nem normas, mas sim um enunciado jurídico que condensa a interpretação jurisprudencial (enquanto atividade hermenêutica *lato senso*) de um tribunal sobre uma lei, ou um dispositivo legal ou uma norma.

Já as ***súmulas vinculantes*** consistem em um *enunciado (um pequeno texto) que condensa o entendimento (a interpretação e/ou a forma de aplicação e/ou integração e/ou construção) do Supremo Tribunal Federal sobre determinada norma que versa sobre matéria constitucional, sob certas circunstâncias, editadas após decisões reiteradas do Supremo, que possuem efeito vinculante em relação aos demais órgãos do Judiciário e à Administração Pública direta e indireta, em todas as esferas federativas.*

Assim, nos termos do art. 103-A, da CF/88, introduzido pela EC 45/2004, o Supremo Tribunal Federal poderá, de ofício ou por provocação, mediante decisão de dois terços dos seus membros, após reiteradas decisões sobre matéria constitucional, aprovar súmula que, a partir de sua publicação na imprensa oficial, terá efeito vinculante em relação aos demais órgãos do Poder Judiciário e à administração pública direta e indireta, nas esferas federal, estadual e municipal, bem como proceder à sua revisão ou cancelamento, na forma estabelecida em lei, sendo que a súmula terá por objetivo a validade, a interpretação e a eficácia de normas determinadas, acerca das quais haja controvérsia atual entre órgãos judiciários ou entre esses e a administração pública que acarrete grave insegurança jurídica e relevante multiplicação de processos sobre questão idêntica.

Súmulas	Súmulas Vinculantes
Enunciado que condensa o entendimento de um tribunal sobre determinada norma, editado com base em sua jurisprudência dominante.	Enunciado que condensa o entendimento do STF sobre determinada norma que verse sobre matéria constitucional, editado com base em suas decisões reiteradas que vincula os demais órgãos do Judiciário e a Administração Pública direta e indireta, em todas as esferas federativas.
Pode ser editada por qualquer tribunal, inclusive pelo STF.	Só pode ser editada pelo STF.

Por fim, vale registrar que há certa divergência doutrinária sobre qual a *natureza jurídica das súmulas vinculantes*, podendo-se apontar as seguintes correntes:

1) natureza legislativa, defendida por Lenio Streck, com quem discordamos, já que as súmulas vinculantes não criam direito novo, nem inovam no mundo jurídico, mas, nos termos do art. 103-A têm por objetivo a validade, a interpretação e a eficácia de normas, ou seja, possuem natureza hermenêutica;

2) natureza jurisdicional, defendida por Jorge Miranda, com quem discordamos, já que as súmulas vinculantes não são editadas no exercício da jurisdição do tribunal (não há um processo jurisdicional de edição de súmulas vinculantes), mas sim de uma atribuição hermenêutica especial constitucionalmente conferida à Corte;

3) natureza sui generis, uma espécie de "terceiro gênero" entre os atos legislativos abstratos e os atos jurisdicionais concretos, defendida por Mauro Cappelletti, com quem discordamos, já que as súmulas vinculantes não são um "gênero" intermediário entre o legislativo e o jurisdicional, sendo, na verdade, enunciados que condensam o entendimento do STF sobre a validade, a interpretação e a eficácia sobre determinada norma, tendo nitidamente natureza hermenêutica.

4) natureza hermenêutica, sendo, segundo o STF, norma de decisão de caráter processual que uniformiza entendimento do tribunal com força normativa e vinculante, tendo fundamento constitucional e possuindo uma *natureza constitucional específica* (e hermenêutica, já que é norma de decisão que tem por objeto determinar a validade, a interpretação e a eficácia de determinas normas).

9.2 Competência

As súmulas vinculantes, nos termos do art. 103-A da CF/88, somente pode ser editada pelo Supremo Tribunal Federal.

9.3 Pressupostos

Nos termos constitucionais, é possível identificar os seguintes requisitos essenciais à edição de súmulas vinculantes:

i) controvérsia atual entre órgãos judiciários ou entre esses e a administração pública que acarrete *grave insegurança jurídica* e relevante *multiplicação de processos* sobre questão idêntica;

ii) reiteradas decisões sobre matéria constitucional, isto é, sobre matérias que versem diretamente sobre normas constitucionais ou mesmo sobre matérias cujas normas infraconstitucionais tenham sua compatibilidade com a Constituição questionada.

iii) aprovação pelo voto de 2/3 dos membros do STF, isto é, pelo voto de, no mínimo, 8 ministros do Supremo Tribunal Federal.

Aqui é relevante registrar que, nos termos do art. 8º, da EC 45/2004, as súmulas não vinculantes do Supremo Tribunal Federal, editadas antes da referida Emenda à Constituição, podem ser convertidas em súmulas vinculantes desde que pelo voto de 2/3 dos ministros do STF, produzindo os efeitos vinculantes a partir da publicação na imprensa oficial da referida conversão.

9.4 Objeto

Nos termos expressos da Constituição, as súmulas vinculantes têm por objeto a *validade*, a *interpretação* e a *eficácia* de normas jurídicas determinadas.

Tecnicamente, *validade* consiste na qualidade que atesta que uma norma foi produzida, formal e materialmente, de acordo com o ordenamento jurídico superior, isto é, obedecendo as regras atinentes ao seu modo de criação e não desrespeitando as normas jurídicas que lhes são superiores. Uma norma que fere norma superior é uma norma inválida, nula.[36]

Já *eficácia* é a *aptidão* que uma norma tem de produzir efeitos. Assim, norma eficaz é aquela que está apta a produzir os seus efeitos, sendo que, segundo alguns teóricos do direito constitucional brasileiro, as normas constitucionais possuem graus de eficácia, podendo ser plenamente eficazes, não dependendo de intermediação normativa infraconstitucional para produzirem todos os seus efeitos, ou ter sua eficácia limitada, dependendo de intermediação infraconstitucional para produzirem todos os seus efeitos.

Já a *interpretação* deve ser entendida *lato senso*, ou ainda, deve ser entendida como o conjunto das atividades hermenêuticas realizadas por um tribunal, compreendendo a *interpretação* em si (*estrito senso*), bem como a *aplicação*, a *integração* e a *construção* judicial do direito.

9.5 O efeito vinculante

Nos termos constitucionais, as súmulas vinculantes não vinculam todas as pessoas, mas apenas os demais órgãos do poder judiciário e à Administração Pública direta e indireta, em todas as esferas federativas.

Nesse contexto, é importante fazermos as seguintes observações:

i) Embora as súmulas vinculantes não vinculem diretamente os *particulares*, vez que ninguém pode ser obrigado a fazer ou deixar de fazer alguma coisa senão em virtude de lei (art. 5º, II, CF/88), é importante lembrar que as súmulas vinculantes podem condensar o entendimento do STF sobre a interpretação de uma determinada lei, de modo que as súmulas vincularão o particular de forma indireta, isto é, na verdade, o particular estará obrigado a fazer ou deixar de fazer algo não porque a súmula vinculante prevê, mas sim porque esta é a interpretação do STF sobre uma determinada obrigação legal. Ou seja, na prática o particular estará obrigado (vinculado) pela lei, sendo essa vinculação revelada pela interpretação do Supremo expressa em determinada súmula vinculante.

36. KELSEN, Hans. Teoria Pura do Direito. São Paulo: Martins Fontes, 2003.

ii) Os efeitos das súmulas vinculantes, também, podem vincular os ***particulares***, de forma reflexa, em suas iterações com o poder público.

iii) Os ***particulares*** que possuam vínculo especial com a Administração Pública, compondo ou não a Administração Indireta (como os prestadores de serviço público ou os equiparados à agentes públicos em certa situação), são vinculados pelos efeitos da súmula vinculante no que diz respeito à atividade que os vincula à Administração Pública.

iv) Nos termos da Constituição, as súmulas vinculantes vinculam os ***órgãos do poder judiciário***, com exceção do próprio ***Supremo Tribunal Federal***, já que este pode revê-la ou cancelá-la.

v) As súmulas vinculantes não vinculam o ***poder legislativo*** em sua ***atividade típica de legislar***, assim como não vinculam os chefes do poder executivo no exercício de suas competências atípicas de legislar, por exemplo, na edição de Medidas Provisórias ou de Leis Delegadas, já que a função legislativa tem por objetivo inovar (e modificar) as normas jurídicas, podendo alterar as normas que fundamentaram uma determinada súmula vinculante, inclusive porque talvez o legislador não concorde com a referida súmula. Nesse sentido, dispõe o art. 5º, da Lei 11.417/2006, que *revogada ou modificada a lei em que se fundou a edição de enunciado de súmula vinculante, o Supremo Tribunal Federal, de ofício ou por provocação, procederá à sua revisão ou cancelamento, conforme o caso.*

vi) Não é apenas o enunciado da súmula que possui ***efeitos vinculantes***, mas, sobretudo, as ***razões de decidir*** (*ratio decidendi*), isto é, os fundamentos que levaram o tribunal a decidir daquela forma.

vii) As súmulas vinculantes produzem efeitos em todo o ***território nacional*** (aspecto especial).

viii) As súmulas vinculantes têm ***eficácia imediata*** (aspecto temporal), mas o Supremo Tribunal Federal, por decisão de 2/3 dos seus membros, poderá restringir os efeitos vinculantes ou decidir que só tenha eficácia a partir de outro momento, tendo em vista razões de segurança jurídica ou de excepcional interesse público (art. 4º, Lei 11.417/2006).

9.6 Legitimidade para propor a edição, a revisão e o cancelamento de súmula vinculante

Nos termos do § 2º, do art. 103-A, da CF/88, sem prejuízo do que vier a ser estabelecido em lei, a aprovação, revisão ou cancelamento de súmula poderá ser provocada por aqueles que podem propor a ação direta de inconstitucionalidade.

Já a lei 11.417/2006, que disciplinou as súmulas vinculantes, ampliou esse rol de legitimados, prevendo que podem propor a edição, a revisão ou o cancelamento de enunciado de súmula vinculante:

- o Presidente da República;
- a Mesa do Senado Federal;
- a Mesa da Câmara dos Deputados;
- o Procurador-Geral da República;

- o Conselho Federal da Ordem dos Advogados do Brasil;
- o Defensor Público-Geral da União;
- partido político com representação no Congresso Nacional;
- confederação sindical ou entidade de classe de âmbito nacional;
- a Mesa de Assembleia Legislativa ou da Câmara Legislativa do Distrito Federal;
- o Governador de Estado ou do Distrito Federal;
- os Tribunais Superiores, os Tribunais de Justiça de Estados ou do Distrito Federal e Territórios, os Tribunais Regionais Federais, os Tribunais Regionais do Trabalho, os Tribunais Regionais Eleitorais e os Tribunais Militares.

Ademais, nos termos da lei 11.417/2006, o ***Município*** poderá propor, ***incidentalmente*** ao curso de processo em que seja parte, a edição, a revisão ou o cancelamento de enunciado de súmula vinculante, o que não autoriza a suspensão do processo.

No procedimento de edição, revisão ou cancelamento de enunciado da súmula vinculante, o relator poderá admitir, por decisão irrecorrível, a manifestação de terceiros na questão (***amicus curae***), nos termos do Regimento Interno do Supremo Tribunal Federal.

A proposta de edição, revisão ou cancelamento de enunciado de súmula vinculante não autoriza a suspensão dos processos em que se discuta a mesma questão.

Além disso, a lei prevê que o procedimento de edição, revisão ou cancelamento de enunciado de súmula com efeito vinculante obedecerá, subsidiariamente, ao disposto no Regimento Interno do Supremo Tribunal Federal.

Por fim, é importante observar que quando se discorda do teor de uma súmula vinculante não é cabível qualquer ação contra ela, isto é, não é possível que se ingresse com uma ação judicial para não cumprir a súmula ou para questionar sua atualidade, validade, eficácia etc. Não cabe sequer mandado de segurança ou ação de controle concentrado de constitucionalidade. Então, ***o que fazer quando se discorda do teor de uma súmula vinculante?*** Bem, um dos legitimados, ou mesmo o STF de ofício, deve propor a revisão ou o cancelamento da súmula.

9.7 Reclamação constitucional e o descumprimento ou inobservância da súmula vinculante

Nos termos da Constituição, do ato administrativo ou decisão judicial que contrariar a súmula aplicável ou que indevidamente a aplicar, caberá ***reclamação ao Supremo Tribunal Federal*** que, julgando-a procedente, anulará o ato administrativo ou cassará a decisão judicial reclamada, e determinará que outra seja proferida com ou sem a aplicação da súmula, conforme o caso.

Já, conforme dispõe a lei 11.417/2006, da decisão judicial ou do ato administrativo que contrariar enunciado de súmula vinculante, negar-lhe vigência ou aplicá-lo indevidamente caberá reclamação ao Supremo Tribunal Federal, sem prejuízo dos recursos ou outros meios admissíveis de impugnação, sendo que contra omissão ou ato da administração pública, o uso da reclamação só será admitido após esgotamento das vias administrativas.

Em relação aos ***atos e processos administrativos***, a lei prevê que ao julgar procedente a reclamação, o Supremo Tribunal Federal anulará o ato administrativo ou cassará a decisão judicial impugnada, determinando que outra seja proferida com ou sem aplicação da súmula, conforme o caso. Ademais, acolhida pelo Supremo Tribunal Federal a reclamação fundada em violação de enunciado da súmula vinculante, dar-se-á ciência à autoridade prolatora e ao órgão competente para o julgamento do recurso administrativo, que deverão adequar as futuras decisões administrativas em casos semelhantes, sob pena de responsabilização pessoal nas esferas cível, administrativa e penal.

Assim, quando se está diante do descumprimento de súmula vinculante por autoridade judicial ou administrativa, em regra, deve-se manejar ***Reclamação Constitucional*** perante o Supremo Tribunal Federal para que a Corte assegure a autoridade de sua jurisdição e a observância de suas súmulas vinculantes.

10. SUPERIOR TRIBUNAL DE JUSTIÇA

O Superior Tribunal de Justiça consiste em um órgão jurisdicional de convergência, responsável pelo controle da legalidade federal, tendo sido criado pela Constituição brasileira de 1988 e instalado no ano seguinte, sendo conhecido como o *Tribunal da Cidadania*.

10.1 Composição

Nos termos do art. 104, da CF/88, o Superior Tribunal de Justiça compõe-se de, no mínimo, ***33 ministros*** nomeados pelo Presidente da República, dentre brasileiros com mais de trinta e cinco e menos de sessenta e cinco anos, de notável saber jurídico e reputação ilibada, depois de aprovada a escolha pela maioria absoluta do Senado Federal, sendo:

- *1/3* dentre juízes dos Tribunais Regionais Federais (desembargadores federais), indicados em lista tríplice elaborada pelo próprio STJ;
- *1/3* dentre desembargadores dos Tribunais de Justiça, indicados em lista tríplice elaborada pelo próprio STJ;
- *1/3*, em partes iguais, dentre advogados e membros do Ministério Público Federal, Estadual, do Distrito Federal e Territórios, alternadamente, indicados na forma do art. 94, da CF/88.

Assim, ***em relação às vagas destinadas aos magistrados (TJs e TRFs)***, temos que o Superior Tribunal de Justiça elabora uma lista tríplice e a remete ao Presidente da República, que escolhe um dos três e o indica para ser sabatinado pelo Senado Federal. Se o indicado for aprovado, pela maioria absoluta dos membros do Senado, o Presidente o nomeia.

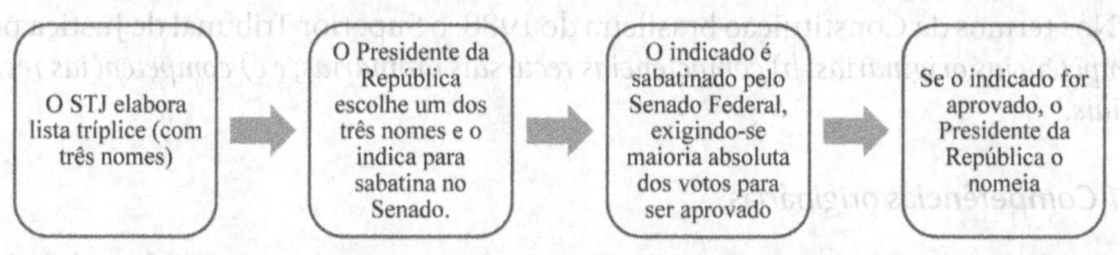

Já, ***em relação às vagas destinadas aos membros da Advocacia e do Ministério Público***, temos que o órgão de representação da respectiva classe elabora lista sêxtupla (com seis nomes) e a remete ao STJ, que a recebe e escolhe três nomes entre os seis, formando uma lista tríplice, enviando-a ao Presidente da República, que escolhe um dos três e o indica para ser sabatinado pelo Senado Federal. Se o indicado for aprovado, pela maioria absoluta dos membros do Senado, o Presidente o nomeia.

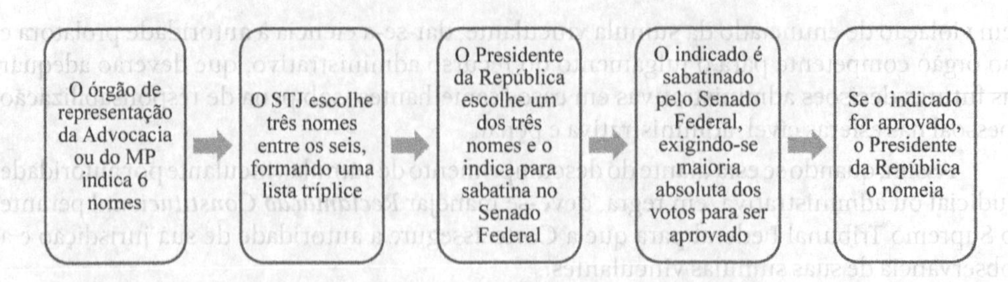

Além disso, temos que para ocupar o cargo de Ministro do Superior Tribunal de Justiça são exigidos os seguintes ***requisitos:***

- Ter ***nacionalidade brasileira***, podendo ser brasileiro nato ou naturalizado;
- Ter ***mais de trinta e cinco e menos de sessenta e cinco anos*** de idade, tendo ainda a idade de setenta e cinco anos como idade de aposentadoria compulsória;
- Ter ***notável saber jurídico***;
- ***Reputação ilibada***, o que, a nosso ver, impede a indicação de pessoas que já tenham sido condenadas por crimes contra a Administração Pública, crimes eleitorais, crimes hediondos, crimes de responsabilidade, improbidade administrativa, ou que tenham sido condenados judicial ou administrativamente por atos que sejam contrários à dignidade da magistratura, ou cuja conduta seja incompatível ela.

Ademais, nos termos do parágrafo único, do art. 105, da CF/88, funcionarão junto ao Superior Tribunal de Justiça:

- a ***Escola Nacional de Formação e Aperfeiçoamento de Magistrados***, cabendo-lhe, dentre outras funções, regulamentar os cursos oficiais para o ingresso e promoção na carreira.
- o ***Conselho da Justiça Federal***, cabendo-lhe exercer, na forma da lei, a supervisão administrativa e orçamentária da Justiça Federal de primeiro e segundo graus, como órgão central do sistema e com poderes correicionais, cujas decisões terão caráter vinculante.

10.2 Competências

Nos termos da Constituição brasileira de 1988, o Superior Tribunal de Justiça possui: *a) competências originárias; b) competências recursais ordinárias; e c) competências recursais especiais.*

10.2.1 Competências originárias

Conforme dispõe o art. 105, I, da CF/88, compete ao Superior Tribunal de Justiça processar e julgar, ***originariamente:***

a) nos crimes comuns, os Governadores dos Estados e do Distrito Federal, e, nestes e nos de responsabilidade, os desembargadores dos Tribunais de Justiça dos Estados e do Distrito Federal, os membros dos Tribunais de Contas dos Estados e do Distrito Federal, os dos Tribunais Regionais Federais, dos Tribunais Regionais Eleitorais e do Trabalho, os membros dos Conselhos ou Tribunais de Contas dos Municípios e os do Ministério Público da União que oficiem perante tribunais;

b) os mandados de segurança e os habeas data contra ato de Ministro de Estado, dos Comandantes da Marinha, do Exército e da Aeronáutica ou do próprio Tribunal;

c) os habeas corpus, quando o coator ou paciente for qualquer das pessoas mencionadas na alínea "a", ou quando o coator for tribunal sujeito à sua jurisdição, Ministro de Estado ou Comandante da Marinha, do Exército ou da Aeronáutica, ressalvada a competência da Justiça Eleitoral;

d) os conflitos de competência entre quaisquer tribunais, ressalvado o disposto no art. 102, I, "o", bem como entre tribunal e juízes a ele não vinculados e entre juízes vinculados a tribunais diversos;

e) as revisões criminais e as ações rescisórias de seus julgados;

f) a reclamação para a preservação de sua competência e garantia da autoridade de suas decisões;

g) os conflitos de atribuições entre autoridades administrativas e judiciárias da União, ou entre autoridades judiciárias de um Estado e administrativas de outro ou do Distrito Federal, ou entre as deste e da União;

h) o mandado de injunção, quando a elaboração da norma regulamentadora for atribuição de órgão, entidade ou autoridade federal, da administração direta ou indireta, excetuados os casos de competência do Supremo Tribunal Federal e dos órgãos da Justiça Militar, da Justiça Eleitoral, da Justiça do Trabalho e da Justiça Federal;

i) a homologação de sentenças estrangeiras e a concessão de exequatur às cartas rogatórias;

10.2.2 Competências recursais ordinárias

Conforme dispõe o art. 105, II, da CF/88, compete ao Superior Tribunal de Justiça processar e julgar, ***em recurso ordinário:***

a) os habeas corpus decididos em única ou última instância pelos Tribunais Regionais Federais ou pelos tribunais dos Estados, do Distrito Federal e Territórios, quando a decisão for denegatória;

b) os mandados de segurança decididos em única instância pelos Tribunais Regionais Federais ou pelos tribunais dos Estados, do Distrito Federal e Territórios, quando denegatória a decisão;

c) as causas em que forem partes Estado estrangeiro ou organismo internacional, de um lado, e, do outro, Município ou pessoa residente ou domiciliada no País.

- O conflito entre Estado estrangeiro ou Organismo Internacional contra Município ou pessoa residente ou domiciliada no Brasil é de ***competência originária da justiça federal*** de primeiro grau (art. 109, II), sendo que da decisão da justiça federal cabe Recurso Ordinário para o STJ (art. 105, II, "c").

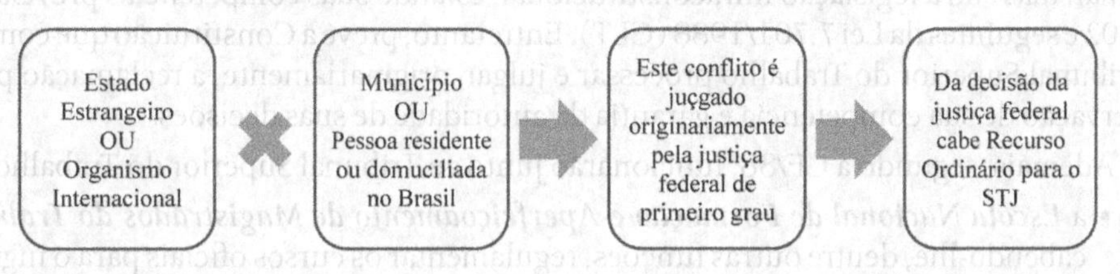

10.2.3 Competências recursais especiais

Conforme dispõe o art. 105, III, da CF/88, compete ao Superior Tribunal de Justiça processar e julgar, ***em recurso especial***, as causas decididas, em única ou última instância, pelos Tribunais Regionais Federais ou pelos Tribunais dos Estados, do Distrito Federal e Territórios, quando a decisão recorrida:

a) contrariar tratado ou lei federal, ou negar-lhes vigência;

b) julgar válido ato de governo local contestado em face de lei federal;

c) der a lei federal interpretação divergente da que lhe haja atribuído outro tribunal.

11. JUSTIÇA DO TRABALHO

A justiça do trabalho compõe a justiça especial, tendo sido instituída como órgão do poder judiciário pela Constituição brasileira de 1946, destinando-se à resolução dos conflitos de ordem/natureza trabalhista, cabendo-lhe, nos termos constitucionais e na forma da lei, conciliar e julgar as ações judiciais entre trabalhadores e empregadores e outras controvérsias decorrentes da relação de trabalho, bem como as demandas que tenham origem no cumprimento de suas próprias sentenças, inclusive as coletivas.

Nos termos do art. 111, da CF/88, são órgãos da justiça do trabalho:

- o Tribunal Superior do Trabalho (TST);
- os Tribunais Regionais do Trabalho (TRTs);
- os Juízes do Trabalho.

Ademais, nos termos da Constituição, a lei disporá sobre a constituição, investidura, jurisdição, competência, garantias e condições de exercício dos órgãos da Justiça do Trabalho.

11.1 Tribunal Superior do Trabalho

O Tribunal Superior do Trabalho compõe-se de 27 Ministros, escolhidos dentre brasileiros com mais de trinta e cinco anos e menos de sessenta e cinco anos, de notável saber jurídico e reputação ilibada, nomeados pelo Presidente da República após aprovação pela maioria absoluta do Senado Federal, sendo:

- 1/5 dentre advogados com mais de dez anos de efetiva atividade profissional e membros do Ministério Público do Trabalho com mais de dez anos de efetivo exercício, observado o disposto no art. 94, da CF/88;
- os demais dentre juízes dos Tribunais Regionais do Trabalho, oriundos da magistratura da carreira, indicados pelo próprio Tribunal Superior.

Nos termos da Constituição, a lei disporá sobre a competência do Tribunal Superior do Trabalho, isto é, não é a própria Constituição que consagra o rol de competência do tribunal, mas sim a legislação infraconstitucional, estando suas competências previstas no art. 702 e seguintes da Lei 7.701/1988 (CLT). Entretanto, prevê a Constituição que compete ao Tribunal Superior do Trabalho processar e julgar, originariamente, a reclamação para a preservação de sua competência e garantia da autoridade de suas decisões.

Ademais, segundo a CF/88, funcionarão junto ao Tribunal Superior do Trabalho:

- a ***Escola Nacional de Formação e Aperfeiçoamento de Magistrados do Trabalho***, cabendo-lhe, dentre outras funções, regulamentar os cursos oficiais para o ingresso e promoção na carreira.

- o ***Conselho Superior da Justiça do Trabalho***, cabendo-lhe exercer, na forma da lei, a supervisão administrativa, orçamentária, financeira e patrimonial da Justiça do Trabalho de primeiro e segundo graus, como órgão central do sistema, cujas decisões terão efeito vinculante.

11.2 Tribunais Regionais do Trabalho

Os Tribunais Regionais do Trabalho compõem-se de, no mínimo, sete juízes, recrutados, quando possível, na respectiva região, e nomeados pelo Presidente da República dentre brasileiros com mais de trinta e menos de sessenta e cinco anos, sendo:

- 1/5 dentre advogados com mais de dez anos de efetiva atividade profissional e membros do Ministério Público do Trabalho com mais de dez anos de efetivo exercício, observado o disposto no art. 94, da CF/88;
- os demais, mediante promoção de juízes do trabalho por antiguidade e merecimento, alternadamente.

Os Tribunais Regionais do Trabalho constituem a 2ª Instância da Justiça do Trabalho no Brasil. São 24 (vinte e quatro) Tribunais Regionais, que estão distribuídos pelo território nacional, tendo competência para apreciar recursos ordinários e agravos de petição e, originariamente, apreciam dissídios coletivos, ações rescisórias, mandados de segurança, entre outros, na forma da lei, estando suas competências previstas, especialmente, dos arts. 678 a 780 da CLT.

Ademais, a CF/88 prevê que os Tribunais Regionais do Trabalho instalarão a justiça itinerante, com a realização de audiências e demais funções de atividade jurisdicional, nos limites territoriais da respectiva jurisdição, servindo-se de equipamentos públicos e comunitários.

Além disso, segundo a CF/88, os Tribunais Regionais do Trabalho poderão funcionar descentralizadamente, constituindo Câmaras regionais, a fim de assegurar o pleno acesso do jurisdicionado à justiça em todas as fases do processo.

11.3 Juízes do trabalho

Nos termos da Constituição, a lei criará varas da Justiça do Trabalho, podendo, nas comarcas não abrangidas por sua jurisdição, atribuí-la aos juízes de direito, com recurso para o respectivo Tribunal Regional do Trabalho, sendo que, nas varas do Trabalho, a jurisdição será exercida por um juiz singular, o juiz do trabalho.

11.4 Competências

Como dissemos, compete à justiça do trabalho a resolução dos conflitos de natureza trabalhista, cabendo-lhe, nos termos constitucionais e na forma da lei, conciliar e julgar as ações judiciais entre trabalhadores e empregadores e outras controvérsias decorrentes da relação de trabalho, bem como as demandas que tenham origem no cumprimento de suas próprias sentenças, inclusive as coletivas.

Nesse sentido, embora as competências da justiça do trabalho sejam especificadas e distribuídas entre seus órgãos pela legislação infraconstitucional, é o art. 114, da CF/88, que prevê quais são as causas de natureza trabalhista para fins de delimitação da competência jurisdicional, afirmando que ***compete à justiça do trabalho processar e julgar:***

i) as ações oriundas da relação de trabalho, abrangidos os entes de direito público externo e da administração pública direta e indireta da União, dos Estados, do Distrito Federal e dos Municípios;

ii) as ações que envolvam exercício do direito de greve;

iii) as ações sobre representação sindical, entre sindicatos, entre sindicatos e trabalhadores, e entre sindicatos e empregadores;

iv) os mandados de segurança, habeas corpus e habeas data, quando o ato questionado envolver matéria sujeita à sua jurisdição;

v) os conflitos de competência entre órgãos com jurisdição trabalhista, ressalvado o disposto no art. 102, I, o;

vi) as ações de indenização por dano moral ou patrimonial, decorrentes da relação de trabalho;

vii) as ações relativas às penalidades administrativas impostas aos empregadores pelos órgãos de fiscalização das relações de trabalho;

viii) a execução, de ofício, das contribuições sociais previstas no art. 195, I, a, e II, da CF/88, e seus acréscimos legais, decorrentes das sentenças que proferir;

ix) outras controvérsias decorrentes da relação de trabalho, na forma da lei.

Ademais, em relação à ***negociação coletiva***, dispõe a Constituição que: *i)* frustrada a negociação coletiva, as partes poderão eleger árbitros; *ii)* recusando-se qualquer das partes à negociação coletiva ou à arbitragem, é facultado às mesmas, de comum acordo, ajuizar dissídio coletivo de natureza econômica, podendo a Justiça do Trabalho decidir o conflito, respeitadas as disposições mínimas legais de proteção ao trabalho, bem como as convencionadas anteriormente.

Além disso, prevê a Constituição que, em caso de ***greve em atividade essencial***, com possibilidade de lesão do interesse público, o Ministério Público do Trabalho poderá ajuizar dissídio coletivo, competindo à Justiça do Trabalho decidir o conflito.

Para além disso, com base na ***jurisprudência*** dos tribunais superiores, é imprescindível registrarmos as seguintes ***observações:***

1) A justiça do trabalho não possui competências de natureza penal, não podendo processar e julgar ações penais.[37]

2) A competência prevista no art. 114, I, da CF/88, não abrange as relações de trabalho dos servidores públicos estatutários, que devem ser julgadas pela justiça comum (estadual ou federal, a depender do caso), mas somente as relações dos agentes públicos celetistas (regidos pela CLT).[38]

3) Compete à justiça comum processar e julgar demandas em que se discute o recolhimento e o repasse de contribuição sindical de servidores públicos regidos pelo regime estatutário.[39]

4) Nos termos da Súmula Vinculante 22, do STF, a Justiça do Trabalho é competente para processar e julgar as ações de indenização por danos morais e patrimoniais decorrentes de acidente de trabalho propostas por empregado contra empregador,

37. STF, ADI 3.684, Rel. Min. Gilmar Mendes.
38. STF, ADI 3.395, Rel. Min. Alexandre de Moraes.
39. STF, RE 1.089.282, Rel. Min. Gilmar Mendes.

inclusive aquelas que ainda não possuíam sentença de mérito em primeiro grau quando da promulgação da EC 45/2004.

5) Entretanto, se a ação que verse sobre acidente de trabalho for proposta contra o INSS, com o objetivo de obter benefício previdenciário, a competência será da justiça estadual.

6) Nos termos da Súmula Vinculante 23, do STF, a Justiça do Trabalho é competente para processar e julgar ação possessória ajuizada em decorrência do exercício do direito de greve pelos trabalhadores da iniciativa privada.

7) Nos termos da Súmula Vinculante 53, do STF, a competência da Justiça do Trabalho prevista no art. 114, VIII, da CF/88 alcança a execução de ofício das contribuições previdenciárias relativas ao objeto da condenação constante das sentenças que proferir e acordos por ela homologados.

8) Nos termos da Súmula 363, do STJ, compete à justiça estadual processar e julgar a ação de cobrança ajuizada por profissional liberal contra cliente.

9) Compete à justiça comum julgar causa de servidor celetista que passou a ser regido pelo regime estatutário após a CF/88.[40]

10) Compete à justiça comum (estadual ou federal) julgar ações contra concurso público realizado por órgãos e entidades da Administração Pública para contratação de empregados celetistas.[41]

11) Compete à justiça comum julgar conflitos entre Município e servidor contratado depois da CF/88, ainda que sem concurso público, pois, uma vez vigente regime jurídico-administrativo, este disciplinará a absorção de pessoal pelo poder público. Logo, eventual nulidade do vínculo e as consequências daí oriundas devem ser apreciadas pela justiça comum, e não pela justiça do trabalho.[42]

12. JUSTIÇA ELEITORAL

A justiça eleitoral, criada em 1932 e constitucionalizada com a Constituição brasileira de 1934, compõe a justiça especial com atuação em três esferas: *jurisdicional*, em que se destaca a competência para julgar questões eleitorais; *administrativa*, na qual é responsável pela organização e realização de eleições, referendos e plebiscitos; e *regulamentar*, em que elabora normas referentes ao processo eleitoral.

Nos termos da Constituição, são órgãos da Justiça Eleitoral:

- o Tribunal Superior Eleitoral (TSE);
- os Tribunais Regionais Eleitorais (TREs);
- os Juízes Eleitorais;
- as Juntas Eleitorais.

Os membros dos tribunais, os juízes de direito e os integrantes das juntas eleitorais, no exercício de suas funções, e no que lhes for aplicável, gozarão de plenas garantias e serão inamovíveis.

40. STF, CC 8.018, Rel. Min. Marco Aurélio, red. p/ o ac. Min. Alexandre de Moraes.
41. STF, RE 960.429.
42. STF, ARE 1.179.455-AgR.

Os juízes dos tribunais eleitorais, salvo motivo justificado, servirão por dois anos, no mínimo, e nunca por mais de dois biênios consecutivos, sendo os substitutos escolhidos na mesma ocasião e pelo mesmo processo, em número igual para cada categoria.

Ademais, nos termos da Constituição, lei complementar disporá sobre a organização e competência dos tribunais, dos juízes de direito e das juntas eleitorais.

12.1 Tribunal Superior Eleitoral

Conforme o art. 119, da CF/88, o Tribunal Superior Eleitoral compor-se-á, no mínimo, de 7 membros, escolhidos:

- *mediante eleição, pelo voto secreto*, **três** juízes dentre os Ministros do Supremo Tribunal Federal e **dois** juízes dentre os Ministros do Superior Tribunal de Justiça;
- *por nomeação do Presidente da República*, **dois** juízes dentre seis advogados de notável saber jurídico e idoneidade moral, indicados pelo Supremo Tribunal Federal.

Nos termos da Constituição, o Tribunal Superior Eleitoral elegerá seu Presidente e o Vice-Presidente dentre os Ministros do Supremo Tribunal Federal, e o Corregedor Eleitoral dentre os Ministros do Superior Tribunal de Justiça.

Ademais, segundo a CF/88, são irrecorríveis as decisões do Tribunal Superior Eleitoral, salvo as que contrariarem esta Constituição e as denegatórias de *habeas corpus* ou mandado de segurança.

12.2 Tribunais Regionais Eleitorais

Segundo a Constituição, haverá um Tribunal Regional Eleitoral na capital de cada Estado e no Distrito Federal, devendo cada TRE eleger seu Presidente e Vice-Presidente dentre os membros desembargadores.

Assim, atualmente há 27 TREs na estrutura da justiça eleitoral, sendo que, nos termos constitucionais, eles se compõem:

- *mediante eleição, pelo voto secreto*, de **dois** juízes dentre os desembargadores do Tribunal de Justiça e de **dois** juízes, dentre juízes de direito, escolhidos pelo Tribunal de Justiça;
- de **um** juiz do Tribunal Regional Federal com sede na Capital do Estado ou no Distrito Federal, ou, não havendo, de juiz federal, escolhido, em qualquer caso, pelo Tribunal Regional Federal respectivo;
- *por nomeação, pelo Presidente da República*, de **dois** juízes dentre seis advogados de notável saber jurídico e idoneidade moral, indicados pelo Tribunal de Justiça.

Ademais, prevê a Constituição que das decisões dos Tribunais Regionais Eleitorais somente caberá recurso quando:

I – forem proferidas contra disposição expressa desta Constituição ou de lei;

II – ocorrer divergência na interpretação de lei entre dois ou mais tribunais eleitorais;

III – versarem sobre inelegibilidade ou expedição de diplomas nas eleições federais ou estaduais;

IV – anularem diplomas ou decretarem a perda de mandatos eletivos federais ou estaduais;

V – denegarem habeas corpus, mandado de segurança, habeas data ou mandado de injunção.

12.3 Juízes eleitorais e juntas eleitorais

Os *juízes eleitorais* são os próprios juízes de direito da organização judiciária dos Estados ou do Distrito Federal, não existindo um quadro próprio de cargos, mas apenas de funções de magistrados, de modo que os juízes eleitorais serão sempre juízes aproveitados ("*emprestados*") da justiça comum, que irão cumular as funções de juízes eleitorais.

É importante perceber que, embora a justiça eleitoral pertença ao poder judiciário da União, os juízes eleitorais são recrutados dentre os juízes de direito da justiça estadual.

A composição das *juntas eleitorais* foi remetida pela CF/88 (art. 121) à Lei Complementar, estando regulamentadas, atualmente, do art. 36 em diante do Código Eleitoral.

Por fim, vale observar que, na primeira instância, a jurisdição é dividida em *zonas eleitorais* e não em comarcas.

12.4 Competências

As competências da justiça eleitoral envolvem causas de natureza eleitoral, que devem ser dispostas por lei complementar, no caso o Código Eleitoral, em que pese algumas encontrarem-se expostas ao longo da Constituição, como as previstas nos arts. 14, §10; 17, III; 121, §4º, III e IV, da CF/88.

Sobre as competências da justiça eleitoral, vale destacar que o Supremo Tribunal Federal entende que compete à justiça eleitoral processar e julgar os *crimes comuns conexos aos crimes eleitorais*, cabendo, ainda, à justiça eleitoral analisar, caso a caso, se há ou não conexão entre delitos comuns e eleitorais, por ser ela a justiça especializada e, não havendo conexão, remeter os casos à justiça competente.[43]

Por fim, é mister registrarmos que na justiça eleitoral admite-se a realização de *consultas* aos órgãos jurisdicionais, o que não é possível nos outros ramos da justiça brasileira.

13. JUSTIÇA MILITAR

A justiça militar, também chamada de justiça castrense, compõe a justiça especial e destina-se à resolução dos conflitos de natureza predominantemente militar, sendo organizada pelos arts. 122 a 124, da CF/88 e pela Lei 8.457/1992.

Nos termos da CF/88, são órgãos da Justiça Militar:

- *o Superior Tribunal Militar;*
- *os Tribunais e Juízes Militares instituídos por lei.*

O *Superior Tribunal Militar* compor-se-á de *15* Ministros vitalícios, nomeados pelo Presidente da República, depois de aprovada a indicação pelo Senado Federal, sendo três dentre oficiais-generais da marinha, quatro dentre oficiais-generais do exército, três dentre oficiais-generais da aeronáutica, todos da ativa e do posto mais elevado da carreira, e cinco dentre civis, sendo que os Ministros civis serão escolhidos pelo Presidente da República dentre brasileiros maiores de trinta e cinco anos, sendo *três* dentre advogados de notório saber jurídico e conduta ilibada, com mais de dez anos de efetiva atividade profissional,

43. STF, Inq. 4.435; e STF, Rcl 34.805-AgR.

e *dois*, por escolha paritária, dentre juízes auditores e membros do Ministério Público da justiça militar.

À Justiça Militar compete processar e julgar os crimes militares definidos em lei, devendo a lei dispor sobre a organização, o funcionamento e a competência da justiça militar.

14. JUSTIÇA FEDERAL

A justiça federal compõe a justiça comum, sendo formada pelos Tribunais Regionais Federais (TRFs) e pelos juízes federais, cabendo-lhe, especialmente, as causas em que haja interesse ou envolvimento direto da União.

14.1 Tribunais Regionais Federais

O art. 27, § 6º, do ADCT da CF/88, criou 5 TRFs com sedes fixadas pelo antigo Tribunal Federal de Recursos: 1ª Região, com sede em Brasília; 2º Região, com sede no Rio de Janeiro; 3ª Região, com sede em São Paulo; 4ª Região, com sede em Porto Alegre; e 5ª Região, com sede em Recife.

A E.C. 73/2013, criou mais 4 TRFs: 6ª Região, com sede em Curitiba; 7ª Região, com sede em Belo Horizonte; 8ª Região, com sede em Salvador; e 9ª Região, com sede em Manaus. Contudo, em que pese a previsão do prazo de 6 meses para suas instalações, o Min. Joaquim Barbosa, na ADI 5.017/DF, suspendeu liminarmente os efeitos da referida Emenda à Constituição, restando-nos aguardar a manifestação do plenário do Supremo Tribunal Federal.

Os Tribunais Regionais Federais compõem-se de, no mínimo, 7 juízes (desembargadores federais), recrutados, quando possível, na respectiva região e nomeados pelo Presidente da República dentre brasileiros com mais de trinta e menos de sessenta e cinco anos, sendo:

- 1/5 dentre advogados com mais de dez anos de efetiva atividade profissional e membros do Ministério Público Federal com mais de dez anos de carreira;
- os demais, mediante promoção de juízes federais com mais de cinco anos de exercício, por antiguidade e merecimento, alternadamente.

Ademais, nos termos da Constituição, a lei disciplinará a remoção ou a permuta de juízes dos Tribunais Regionais Federais e determinará sua jurisdição e sede.

Os Tribunais Regionais Federais devem instalar a ***justiça itinerante***, com a realização de audiências e demais funções da atividade jurisdicional, nos limites territoriais da respectiva jurisdição, servindo-se de equipamentos públicos e comunitários.

Além disso, os Tribunais Regionais Federais poderão funcionar descentralizadamente, constituindo *câmaras regionais*, a fim de assegurar o pleno acesso do jurisdicionado à justiça em todas as fases do processo.

Por fim, a Constituição prevê que ***compete aos Tribunais Regionais Federais:***

I – processar e julgar, originariamente:

a) os juízes federais da área de sua jurisdição, incluídos os da Justiça Militar e da Justiça do Trabalho, nos crimes comuns e de responsabilidade, e os membros do Ministério Público da União, ressalvada a competência da Justiça Eleitoral;

b) as revisões criminais e as ações rescisórias de julgados seus ou dos juízes federais da região;

c) os mandados de segurança e os habeas data contra ato do próprio Tribunal ou de juiz federal;

d) os habeas corpus, quando a autoridade coatora for juiz federal;

e) os conflitos de competência entre juízes federais vinculados ao Tribunal;

II – julgar, em grau de recurso, as causas decididas pelos juízes federais e pelos juízes estaduais no exercício da competência federal da área de sua jurisdição.

Ademais, nos termos da jurisprudência dos tribunais superiores, é importante fazermos as seguintes ***observações acerca da competência dos TRFs:***

1) Compete, implicitamente, aos TRFs processar e julgar as ações rescisórias movidas por ente federal contra sentenças e acórdãos da justiça estadual.
2) Compete, implicitamente, aos TRFs processar e julgar os mandados de segurança impetrados por ente federal contra atos de juiz de direito estadual.[44]

14.2 Juízes Federais

Os juízes federais ingressam na carreira por concurso público de provas e títulos específico para a magistratura federal, sendo lotados em varas federais que compõem a jurisdição do respectivo Tribunal Regional Federal.

Conforme dispõe o art. 110, da CF/88, a Justiça Federal divide-se em seções judiciárias correspondentes a cada Estado da federação e ao Distrito Federal, com sede na respectiva capital e varas localizadas segundo o estabelecido em lei, sendo que nos Territórios Federais, a jurisdição e as atribuições cometidas aos juízes federais caberão aos juízes da justiça local, na forma da lei.

Isto posto, segundo a Constituição, ***aos juízes federais compete processar e julgar:***

I – as causas em que a União, entidade autárquica ou empresa pública federal forem interessadas na condição de autoras, rés, assistentes ou oponentes, exceto as de falência, as de acidentes de trabalho e as sujeitas à Justiça Eleitoral e à Justiça do Trabalho;

II – as causas entre Estado estrangeiro ou organismo internacional e Município ou pessoa domiciliada ou residente no País;

III – as causas fundadas em tratado ou contrato da União com Estado estrangeiro ou organismo internacional;

IV – os crimes políticos e as infrações penais praticadas em detrimento de bens, serviços ou interesse da União ou de suas entidades autárquicas ou empresas públicas, excluídas as contravenções e ressalvada a competência da Justiça Militar e da Justiça Eleitoral;

V – os crimes previstos em tratado ou convenção internacional, quando, iniciada a execução no País, o resultado tenha ou devesse ter ocorrido no estrangeiro, ou reciprocamente;

V-A – as causas relativas a grave violação de direitos humanos em que haja incidente de deslocamento de competência para a justiça federal (federalização);

VI – os crimes contra a organização do trabalho e, nos casos determinados por lei, contra o sistema financeiro e a ordem econômico-financeira;

44. STF, RE 101.819.

VII – os habeas corpus, em matéria criminal de sua competência ou quando o constrangimento provier de autoridade cujos atos não estejam diretamente sujeitos a outra jurisdição;

VIII – os mandados de segurança e os habeas data contra ato de autoridade federal, excetuados os casos de competência dos tribunais federais;

IX – os crimes cometidos a bordo de navios ou aeronaves, ressalvada a competência da Justiça Militar;

X – os crimes de ingresso ou permanência irregular de estrangeiro, a execução de carta rogatória, após o "exequatur", e de sentença estrangeira, após a homologação, as causas referentes à nacionalidade, inclusive a respectiva opção, e à naturalização;

XI – a disputa sobre direitos indígenas.

Ademais, nos termos constitucionais e de acordo com a jurisprudência dos tribunais superiores, é importante fazermos as seguintes ***observações acerca da competência da justiça federal***:

1) As causas em que a União for autora serão aforadas na seção judiciária onde tiver domicílio a outra parte;

2) As causas intentadas contra a União poderão ser aforadas na seção judiciária em que for domiciliado o autor, naquela onde houver ocorrido o ato ou fato que deu origem à demanda ou onde esteja situada a coisa, ou, ainda, no Distrito Federal.

3) Lei poderá autorizar que as causas de competência da Justiça Federal em que forem parte instituição de previdência social e segurado possam ser processadas e julgadas na justiça estadual quando a comarca do domicílio do segurado não for sede de vara federal, sendo que, nessa hipótese, o recurso cabível será sempre para o Tribunal Regional Federal na área de jurisdição do juiz de primeiro grau.

4) Nas hipóteses de grave violação de direitos humanos, o Procurador Geral da República, com a finalidade de assegurar o cumprimento de obrigações decorrentes de tratados internacionais de direitos humanos dos quais o Brasil seja parte, poderá suscitar, perante o Superior Tribunal de Justiça, em qualquer fase do inquérito ou processo, incidente de deslocamento de competência para a Justiça Federal (federalização).

5) Conforme prevê o art. 109, I, da CF/88, compete à justiça federal julgar as causas em que a União, entidade autárquica ou empresa pública federal forem interessadas, entretanto, a competência será da justiça estadual se tratar-se de causa em que ***sociedade de economia mista federal*** for interessada.[45]

6) Compete à justiça federal julgar as ações em que a ***Ordem dos Advogados do Brasil*** figure como parte, seja por seu conselho federal ou por suas seccionais.[46]

7) Só compete à justiça federal julgar as causas que envolvem indígenas nos casos em que haja disputa sobre direitos indígenas. Assim, não compete automaticamente à justiça federal julgar crimes em que indígena seja autor ou vítima, mas apenas nos casos em que os crimes ocorridos envolvam a disputa sobre direitos indígenas.[47]

---

45. STF, Súmula 508 e STJ, Súmula 42.
46. STF, RE 595.332.
47. STJ, Súmula 140: Compete à Justiça Comum Estadual processar e julgar crime em que o indígena figure como autor ou vítima.

8) Súmula Vinculante 36, do STF: Compete à Justiça Federal comum processar e julgar civil denunciado pelos crimes de falsificação e de uso de documento falso quando se tratar de falsificação da Caderneta de Inscrição e Registro (CIR) ou de Carteira de Habilitação de Amador (CHA), ainda que expedidas pela Marinha do Brasil.

9) Súmula 150, do STJ: Compete à Justiça Federal decidir sobre a existência de interesse jurídico que justifique a presença, no processo, da União, suas autarquias ou empresas públicas.

10 Súmula 224, do STJ: Excluído do feito o ente federal, cuja presença levara o Juiz Estadual a declinar da competência, deve o Juiz Federal restituir os autos e não suscitar conflito.

15. JUSTIÇA ESTADUAL

A justiça estadual compõe a justiça comum, sendo formada pelos Tribunais de Justiça e pelos juízes de direito, cabendo-lhe, processar a julgar as causas que não tiverem sido reservadas as demais justiças do país (competência residual), isto é, não sendo da competência das outras justiças, a competência é da justiça estadual.

Nos termos Constituição Federal, temos que:

- os Estados organizarão sua Justiça, observados os princípios estabelecidos na CF/88.
- a competência dos tribunais será definida na Constituição do Estado, sendo a lei de organização judiciária de iniciativa do Tribunal de Justiça.
- cabe aos Estados a instituição de representação de inconstitucionalidade de leis ou atos normativos estaduais ou municipais em face da Constituição Estadual, vedada a atribuição da legitimação para agir a um único órgão.
- o Tribunal de Justiça poderá funcionar descentralizadamente, constituindo Câmaras regionais, a fim de assegurar o pleno acesso do jurisdicionado à justiça em todas as fases do processo.
- o Tribunal de Justiça instalará a justiça itinerante, com a realização de audiências e demais funções da atividade jurisdicional, nos limites territoriais da respectiva jurisdição, servindo-se de equipamentos públicos e comunitários.
- para dirimir conflitos fundiários, o Tribunal de Justiça proporá a criação de varas especializadas, com competência exclusiva para questões agrárias.
- sempre que necessário à eficiente prestação jurisdicional, o juiz far-se-á presente no local do litígio.

15.1 Justiça Militar Estadual

Nos termos da Constituição, a lei estadual poderá criar, mediante proposta do Tribunal de Justiça, a Justiça Militar estadual, constituída, em primeiro grau, pelos juízes de direito e pelos Conselhos de Justiça e, em segundo grau, pelo próprio Tribunal de Justiça, ou por Tribunal de Justiça Militar nos Estados em que o efetivo militar seja superior a vinte mil integrantes.

Compete à Justiça Militar estadual processar e julgar os militares dos Estados, nos crimes militares definidos em lei e as ações judiciais contra atos disciplinares militares, ressalvada a competência do júri quando a vítima for civil, cabendo ao tribunal competente decidir sobre a perda do posto e da patente dos oficiais e da graduação das praças.

Ademais, compete aos juízes de direito do juízo militar processar e julgar, singularmente, os crimes militares cometidos contra civis e as ações judiciais contra atos disciplinares militares, cabendo ao Conselho de Justiça, sob a presidência de juiz de direito, processar e julgar os demais crimes militares.

16. JUIZADOS ESPECIAIS

Nos termos do art. 98, I, da CF/88, a União, no Distrito Federal e nos Territórios, e os Estados criarão juizados especiais, providos por juízes togados, ou togados e leigos, competentes para a conciliação, o julgamento e a execução de causas cíveis de menor complexidade e infrações penais de menor potencial ofensivo, mediante os procedimentos oral e sumaríssimo, permitidos, nas hipóteses previstas em lei, a transação e o julgamento de recursos por turmas de juízes de primeiro grau.

A lei 9.099/1995 dispõe sobre os Juizados Especiais Cíveis e Criminais orientando-se pelos critérios da oralidade, simplicidade, informalidade, economia processual e celeridade, buscando, sempre que possível, a conciliação ou a transação. O Juizado Especial Cível tem competência para conciliação, processo e julgamento das causas cíveis de menor complexidade, assim consideradas: I – as causas cujo valor não exceda a quarenta vezes o salário mínimo; II – as enumeradas no art. 275, inciso II, do Código de Processo Civil; III – a ação de despejo para uso próprio; IV – as ações possessórias sobre bens imóveis de valor não excedente a quarenta vezes o salário mínimo. O Juizado Especial Criminal, provido por juízes togados ou togados e leigos, tem competência para a conciliação, o julgamento e a execução das infrações penais de menor potencial ofensivo, respeitadas as regras de conexão e continência, considerando-se infrações penais de menor potencial ofensivo, para os efeitos da lei 9.099/95, as contravenções penais e os crimes a que a lei comine pena máxima não superior a 2 anos, cumulada ou não com multa.

A lei 10.259/2001 dispõe sobre a instituição dos Juizados Especiais Cíveis e Criminais no âmbito da Justiça Federal, aplicando-lhes, subsidiária e complementarmente, naquilo que não conflitar com esta lei, as normas da lei 9.099/95. Compete ao Juizado Especial Federal Criminal processar e julgar os feitos de competência da Justiça Federal relativos às infrações de menor potencial ofensivo, respeitadas as regras de conexão e continência. Compete ao Juizado Especial Federal Cível processar, conciliar e julgar causas de competência da Justiça Federal até o valor de sessenta salários mínimos, bem como executar as suas sentenças.

Os Juizados Especiais compõem a 1ª instância da justiça estadual e da justiça federal, sendo compostos por juízes togados e leigos, tendo como órgão revisor as ***Turmas Recursais*** (órgãos revisores de primeira instância, compostos por juízes de primeiro grau de jurisdição), sendo que das decisões das turmas recursais não é cabível recurso aos Tribunais de Justiça ou aos Tribunais Regionais Federais, mas é cabível recurso extraordinário para o Supremo Tribunal Federal nos casos previstos na Constituição (art. 102, III).[48]

48. STF, Sumula 640.

17. JUSTIÇA DE PAZ

Nos termos do art. 98, II, a União, no Distrito Federal e nos Territórios, e os Estados criarão justiça de paz, remunerada, composta de cidadãos eleitos pelo voto direto, universal e secreto, com mandato de quatro anos e competência para, na forma da lei, celebrar casamentos, verificar, de ofício ou em face de impugnação apresentada, o processo de habilitação e exercer atribuições conciliatórias, sem caráter jurisdicional, além de outras previstas na legislação.

18. REGIME DE PRECATÓRIOS

Nos termos do art. 100, da CF/88, os pagamentos devidos pelas Fazendas Públicas Federal, Estaduais, Distrital e Municipais, em virtude de sentença judiciária, far-se-ão exclusivamente na ordem cronológica de apresentação dos precatórios e à conta dos créditos respectivos, proibida a designação de casos ou de pessoas nas dotações orçamentárias e nos créditos adicionais abertos para este fim.

O regime de precatórios é um regime constitucional privilegiado de pagamento de débitos instituído em favor da Fazenda Pública, em razão do qual ela não tem que pagar imediatamente o valor pelo qual foi condenada, ganhando, assim, um tempo maior para se preparar, programar e pagar o débito, nos termos da Constituição e das leis. Mas, quem tem o privilégio de pagar por meio de precatório? Ou seja, a quem se aplica o regime dos precatórios? Em regra, aplica-se às Fazendas Públicas federal, estaduais, distrital e municipais, compreendendo, portanto:

- União, Estados, Distrito Federal e Municípios (Administração Direta);
- Autarquias;
- Fundações Públicas;
- Empresas públicas *prestadoras de serviço público* (por exemplo: Correios, Cada da Moeda, Infraero);[49]
- Sociedades de economia mista prestadoras de serviço público de atuação própria do Estado e de natureza não concorrencial.

Os ***débitos de natureza alimentícia*** compreendem aqueles decorrentes de salários, vencimentos, proventos, pensões e suas complementações, benefícios previdenciários e indenizações por morte ou por invalidez, fundadas em responsabilidade civil, em virtude de sentença judicial transitada em julgado, e serão ***pagos com preferência*** sobre todos os demais débitos, exceto sobre os débitos de natureza alimentícia cujos titulares, originários ou por sucessão hereditária, tenham 60 anos de idade, ou sejam portadores de doença grave, ou pessoas com deficiência. Aqui, insta destacar que, segundo o STF (RE 631.537) a cessão de crédito alimentício não implica a alteração da natureza. Desse modo, a cessão não altera a natureza do precatório, podendo o cessionário gozar da preferência quando a origem do débito assim permitir, mantida a posição na ordem cronológica originária

Os débitos de natureza alimentícia cujos titulares, originários ou por sucessão hereditária, tenham 60 (sessenta) anos de idade, ou sejam portadores de doença grave, ou pessoas

49. Assim, o regime de precatórios não se aplica a empresa pública que desenvolva atividade econômica sem monopólio e com finalidade de lucro: STF, RE 892.727, Rel. Min. Alexandre de Morais, red. p/ o ac. Min. Rosa Weber; STF, RE 1.009.828-AgR, Rel. Min. Roberto Barroso; STF, Rcl 29.637-AgR, Rel. Min. Luiz Fux, red. p/ o ac. Min. Roberto Barroso.

com deficiência, assim definidos na forma da lei, serão pagos com preferência sobre todos os demais débitos, até o valor equivalente ao triplo fixado em lei para os fins do disposto no §3º do art. 100, da CF/88, admitido o fracionamento para essa finalidade, sendo que o restante será pago na ordem cronológica de apresentação do precatório.

As normas referentes à expedição de precatórios não se aplicam aos pagamentos de obrigações definidas em leis como de pequeno valor que as Fazendas referidas devam fazer em virtude de sentença judicial transitada em julgado, sendo que, para esse fim, poderão ser fixados, por leis próprias, valores distintos às entidades de direito público, segundo as diferentes capacidades econômicas, sendo o mínimo igual ao valor do maior benefício do regime geral de previdência social.

É obrigatória a inclusão, no orçamento das entidades de direito público, de verba necessária ao pagamento de seus débitos, oriundos de sentenças transitadas em julgado, constantes de precatórios judiciários apresentados até 1º de julho, fazendo-se o pagamento até o final do exercício seguinte, quando terão seus valores atualizados monetariamente.

As dotações orçamentárias e os créditos abertos serão consignados diretamente ao Poder Judiciário, cabendo ao Presidente do Tribunal que proferir a decisão exequenda determinar o pagamento integral e autorizar, a requerimento do credor e exclusivamente para os casos de preterimento de seu direito de precedência ou de não alocação orçamentária do valor necessário à satisfação do seu débito, o sequestro da quantia respectiva.

O Presidente do Tribunal competente que, por ato comissivo ou omissivo, retardar ou tentar frustrar a liquidação regular de precatórios incorrerá em crime de responsabilidade e responderá, também, perante o Conselho Nacional de Justiça.

É vedada a expedição de precatórios complementares ou suplementares de valor pago, bem como o fracionamento, repartição ou quebra do valor da execução para fins de enquadramento de parcela do total relativamente aos pagamentos de obrigações definidas em leis como de pequeno valor que as Fazendas devam fazer em virtude de sentença judicial transitada em julgado.

No momento da expedição dos precatórios, independentemente de regulamentação, deles deverá ser abatido, a título de compensação, valor correspondente aos débitos líquidos e certos, inscritos ou não em dívida ativa e constituídos contra o credor original pela Fazenda Pública devedora, incluídas parcelas vincendas de parcelamentos, ressalvados aqueles cuja execução esteja suspensa em virtude de contestação administrativa ou judicial. Antes da expedição dos precatórios, o Tribunal solicitará à Fazenda Pública devedora, para resposta em até 30 (trinta) dias, sob pena de perda do direito de abatimento, informação sobre os débitos que preencham as referidas condições.

É facultada ao credor, conforme estabelecido em lei da entidade federativa devedora, a entrega de créditos em precatórios para compra de imóveis públicos do respectivo ente federado.

A partir da promulgação da Emenda Constitucional 62/2009, a atualização de valores de requisitórios, após sua expedição, até o efetivo pagamento, independentemente de sua natureza, será feita pelo índice oficial de remuneração básica da caderneta de poupança, e, para fins de compensação da mora, incidirão juros simples no mesmo percentual de juros incidentes sobre a caderneta de poupança, ficando excluída a incidência de juros compensatórios.

O credor poderá ceder, total ou parcialmente, seus créditos em precatórios a terceiros, independentemente da concordância do devedor, não se aplicando ao cessionário as normas sobre débitos de natureza alimentícia cujos titulares, originários ou por sucessão hereditária, tenham 60 anos de idade, ou sejam portadores de doença grave, ou pessoas com deficiência, nem as normas sobre aos pagamentos de obrigações definidas em leis como de pequeno valor que as Fazendas referidas devam fazer em virtude de sentença judicial transitada em julgado. A cessão de precatórios somente produzirá efeitos após comunicação, por meio de petição protocolizada, ao tribunal de origem e à entidade devedora.

Sem prejuízo do disposto neste artigo, lei complementar a esta Constituição Federal poderá estabelecer regime especial para pagamento de crédito de precatórios de Estados, Distrito Federal e Municípios, dispondo sobre vinculações à receita corrente líquida e forma e prazo de liquidação.

A seu critério exclusivo e na forma de lei, a União poderá assumir débitos, oriundos de precatórios, de Estados, Distrito Federal e Municípios, refinanciando-os diretamente.

A União, os Estados, o Distrito Federal e os Municípios aferirão mensalmente, em base anual, o comprometimento de suas respectivas receitas correntes líquidas com o pagamento de precatórios e obrigações de pequeno valor. Entende-se como receita corrente líquida, para os fins aqui tratados, o somatório das receitas tributárias, patrimoniais, industriais, agropecuárias, de contribuições e de serviços, de transferências correntes e outras receitas correntes, incluindo as oriundas do § 1º do art. 20 da CF/88, verificado no período compreendido pelo segundo mês imediatamente anterior ao de referência e os 11 meses precedentes, excluídas as duplicidades, e deduzidas:

- na União, as parcelas entregues aos Estados, ao Distrito Federal e aos Municípios por determinação constitucional;
- nos Estados, as parcelas entregues aos Municípios por determinação constitucional;
- na União, nos Estados, no Distrito Federal e nos Municípios, a contribuição dos servidores para custeio de seu sistema de previdência e assistência social e as receitas provenientes da compensação financeira referida no § 9º do art. 201 da CF/88.

Caso o montante total de débitos decorrentes de condenações judiciais em precatórios e obrigações de pequeno valor, em período de 12 (doze) meses, ultrapasse a média do comprometimento percentual da receita corrente líquida nos 5 (cinco) anos imediatamente anteriores, a parcela que exceder esse percentual poderá ser financiada, excetuada dos limites de endividamento de que tratam os incisos VI e VII do art. 52 da CF/88 e de quaisquer outros limites de endividamento previstos, não se aplicando a esse financiamento a vedação de vinculação de receita prevista no inciso IV do art. 167 da CF/88.

Caso haja precatório com valor superior a 15% do montante dos precatórios apresentados nos termos do §5º, do art. 100, da CF/88, 15% do valor deste precatório serão pagos até o final do exercício seguinte e o restante em parcelas iguais nos cinco exercícios subsequentes, acrescidas de juros de mora e correção monetária, ou mediante acordos diretos, perante Juízos Auxiliares de Conciliação de Precatórios, com redução máxima de 40% do valor do crédito atualizado, desde que em relação ao crédito não penda recurso ou defesa judicial e que sejam observados os requisitos definidos na regulamentação editada pelo ente federado.

Por fim, temos que, nos termos da Súmula Vinculante 17, do STF, no período anterior ao vencimento, não incidem juros de mora sobre os precatórios que nele sejam pagos, isto é, não incidem juros de mora no período compreendido entre a data da expedição do precatório e seu efetivo pagamento, desde que realizado no prazo estipulado constitucionalmente (art.

100, §5º, CF/88).[50] Contudo, incidem os juros da mora no período compreendido entre a data da realização dos cálculos e a da requisição ou do precatório,[51] bem como é devida correção monetária no período compreendido entre a data de elaboração do cálculo da requisição de pequeno valor (RPV) e sua expedição para pagamento.[52]

19. QUADRO SINÓPTICO

CAPÍTULO XIX – PODER JUDICIÁRIO	
Introdução	O poder executivo possui funções típicas e atípicas. Como ***função típica***, o poder judiciário exerce a jurisdição, cabendo-lhe, de forma imparcial e definitiva, pôr fim aos conflitos, interpretando e aplicando o direito criado pelo legislador aos casos concretos que lhes são submetidos. Por outro lado, o poder judiciário, também, exerce ***funções atípicas***, isto é, funções que tipicamente são atribuídas a outros poderes. Assim, por exemplo, ***no exercício da função legislativa,*** cabe aos Tribunais elaborar seu regimento interno, já ***no exercício da função executivo-administrativa,*** cabe aos Tribunais organizar suas secretarias e serviços auxiliares.
Estrutura Orgânica do Poder Judiciário	Nos termos constitucionais, são órgãos do Poder Judiciário: • o Supremo Tribunal Federal; • o Conselho Nacional de Justiça; • o Superior Tribunal de Justiça; • o Tribunal Superior do Trabalho; • os Tribunais Regionais Federais e Juízes Federais; • os Tribunais e Juízes do Trabalho; • os Tribunais e Juízes Eleitorais; • os Tribunais e Juízes Militares; • os Tribunais e Juízes dos Estados e do Distrito Federal e Territórios.
Órgão Especial	Nos termos da Constituição, nos tribunais com número superior a vinte e cinco julgadores, poderá ser constituído órgão especial, com o mínimo de onze e o máximo de vinte e cinco membros, para o exercício das atribuições administrativas e jurisdicionais delegadas da competência do tribunal pleno, provendo-se metade das vagas por antiguidade e a outra metade por eleição pelo tribunal pleno.
Quinto Constitucional	Segundo a Constituição, 1/5 dos lugares dos Tribunais Regionais Federais, dos Tribunais dos Estados, e do Distrito Federal e Territórios será composto de membros, do Ministério Público, com mais de dez anos de carreira, e de advogados de notório saber jurídico e de reputação ilibada, com mais de dez anos de efetiva atividade profissional, indicados em lista sêxtupla pelos órgãos de representação das respectivas classes.
Garantias do Poder Judiciário	As garantias do poder judiciário podem ser divididas em ***garantias institucionais*** e ***garantias funcionais***. As ***garantias institucionais*** do poder judiciário são classicamente divididas em garantias de autonomia organizacional e administrativa (art. 96, da CF/88) e garantias de autonomia financeira (art. 99, da CF/88). As garantias funcionais são inerentes aos magistrados, sendo que segundo a Constituição os juízes gozam das seguintes garantias: • ***vitaliciedade***, que, no primeiro grau, só será adquirida após dois anos de exercício, dependendo a perda do cargo, nesse período, de deliberação do tribunal a que o juiz estiver vinculado, e, nos demais casos, de sentença judicial transitada em julgado; • ***inamovibilidade***, salvo por motivo de interesse público, na forma do art. 93, VIII; • ***irredutibilidade de subsídio***, ressalvado o disposto nos arts. 37, X e XI, 39, § 4º, 150, II, 153, III, e 153, § 2º, I.
Vedações aos Magistrados	Aos juízes é vedado: • exercer, ainda que em disponibilidade, outro cargo ou função, salvo uma de magistério; • receber, a qualquer título ou pretexto, custas ou participação em processo; • dedicar-se à atividade político-partidária. • receber, a qualquer título ou pretexto, auxílios ou contribuições de pessoas físicas, entidades públicas ou privadas, ressalvadas as exceções previstas em lei; • exercer a advocacia no juízo ou tribunal do qual se afastou, antes de decorridos três anos do afastamento do cargo por aposentadoria ou exoneração.

50. STF, RE 594.892 AgR-ED-EDv, Rel. Min. Luiz Fux.
51. STF, RE 579.431.
52. STF, ARE 638.195.

Conselho Nacional de Justiça	O Conselho Nacional de Justiça (CNJ), criado pela Emenda Constitucional 45/2004, é um órgão que compõe o poder judiciário que, contudo, não possui natureza jurisdicional, mas sim administrativa, tendo como finalidades o controle da atuação administrativa e financeira do judiciário, a fiscalização dos juízes no cumprimento de seus deveres funcionais, bem como o controle ético-disciplinar dos magistrados (controle originário e concorrente).
Supremo Tribunal Federal	O Supremo Tribunal Federal compõe-se de onze Ministros, escolhidos dentre cidadãos com mais de trinta e cinco e menos de sessenta e cinco anos de idade, de notável saber jurídico e reputação ilibada, sendo os Ministros do Supremo Tribunal Federal nomeados pelo Presidente da República, depois de aprovada a escolha pela maioria absoluta do Senado Federal. As competências do STF estão enumeradas no art. 102 da CF/88, dividindo-se em originárias, recursais ordinárias e recursais extraordinárias.
Súmula Vinculante	O Supremo Tribunal Federal poderá, de ofício ou por provocação, mediante decisão de dois terços dos seus membros, após reiteradas decisões sobre matéria constitucional, aprovar súmula que, a partir de sua publicação na imprensa oficial, terá efeito vinculante em relação aos demais órgãos do Poder Judiciário e à administração pública direta e indireta, nas esferas federal, estadual e municipal, bem como proceder à sua revisão ou cancelamento, na forma estabelecida em lei. A súmula terá por objetivo a validade, a interpretação e a eficácia de normas determinadas, acerca das quais haja controvérsia atual entre órgãos judiciários ou entre esses e a administração pública que acarrete grave insegurança jurídica e relevante multiplicação de processos sobre questão idêntica. Sem prejuízo do que vier a ser estabelecido em lei, a aprovação, revisão ou cancelamento de súmula poderá ser provocada por aqueles que podem propor a ação direta de inconstitucionalidade. Do ato administrativo ou decisão judicial que contrariar a súmula aplicável ou que indevidamente a aplicar, caberá reclamação ao STF que, julgando-a procedente, anulará o ato administrativo ou cassará a decisão judicial reclamada, e determinará que outra seja proferida com ou sem a aplicação da súmula, conforme o caso.
Superior Tribunal de Justiça	O Superior Tribunal de Justiça compõe-se de, no mínimo, 33 Ministros, sendo os Ministros do STJ nomeados pelo Presidente da República, dentre brasileiros com mais de trinta e cinco e menos de sessenta e cinco anos, de notável saber jurídico e reputação ilibada, depois de aprovada a escolha pela maioria absoluta do Senado Federal, sendo: a) 1/3 dentre juízes dos Tribunais Regionais Federais, indicados em lista tríplice elaborada pelo próprio Tribunal; b) 1/3 dentre desembargadores dos Tribunais de Justiça, indicados em lista tríplice elaborada pelo próprio Tribunal; c) 1/3, em partes iguais, dentre advogados e membros do Ministério Público Federal, Estadual, do DF e Territórios, alternadamente, indicados na forma do art. 94, da CF/88. As competências do STJ estão enumeradas no art. 105 da CF/88, dividindo-se em originárias, recursais ordinárias e recursais especiais.
Justiça do Trabalho	A justiça do trabalho compõe a justiça especial destinando-se à resolução dos conflitos de natureza trabalhista, cabendo-lhe conciliar e julgar as ações entre trabalhadores e empregadores e outras controvérsias decorrentes da relação de trabalho, bem como as demandas que tenham origem no cumprimento de suas próprias sentenças, inclusive as coletivas. Nos termos da CF/88, são órgãos da justiça do trabalho: o Tribunal Superior do Trabalho (TST); os Tribunais Regionais do Trabalho (TRTs); os Juízes do Trabalho. O ***Tribunal Superior do Trabalho*** compõe-se de 27 Ministros, escolhidos dentre brasileiros com mais de trinta e cinco anos e menos de sessenta e cinco anos, de notável saber jurídico e reputação ilibada, nomeados pelo Presidente da República após aprovação pela maioria absoluta do Senado Federal, sendo: • 1/5 dentre advogados com mais de dez anos de efetiva atividade profissional e membros do Ministério Público do Trabalho com mais de dez anos de efetivo exercício, observado o disposto no art. 94, da CF/88; • os demais dentre juízes dos Tribunais Regionais do Trabalho, oriundos da magistratura da carreira, indicados pelo próprio Tribunal Superior. Os ***Tribunais Regionais do Trabalho*** compõem-se de, no mínimo, sete juízes, recrutados, quando possível, na respectiva região, e nomeados pelo Presidente da República dentre brasileiros com mais de trinta e menos de sessenta e cinco anos, sendo: • 1/5 dentre advogados com mais de dez anos de efetiva atividade profissional e membros do Ministério Público do Trabalho com mais de dez anos de efetivo exercício, observado o disposto no art. 94, da CF/88; • os demais, mediante promoção de juízes do trabalho por antiguidade e merecimento, alternadamente. Segundo a Constituição, a lei criará varas da Justiça do Trabalho, podendo, nas comarcas não abrangidas por sua jurisdição, atribuí-la aos juízes de direito, com recurso para o respectivo Tribunal Regional do Trabalho, sendo que, nas varas do Trabalho, a jurisdição será exercida por um juiz singular, o ***juiz do trabalho***.

Justiça Eleitoral	A justiça eleitoral compõe a justiça especial com atuação em três esferas: *jurisdicional*, em que se destaca a competência para julgar questões eleitorais; *administrativa*, na qual é responsável pela organização e realização de eleições, referendos e plebiscitos; e *regulamentar*, em que elabora normas referentes ao processo eleitoral. Nos termos da Constituição, são órgãos da Justiça Eleitoral: a) o Tribunal Superior Eleitoral (TSE); b) os Tribunais Regionais Eleitorais (TREs); c) os Juízes Eleitorais; e d) as Juntas Eleitorais. O ***Tribunal Superior Eleitoral*** compor-se-á, no mínimo, de 7 membros, escolhidos: • *mediante eleição, pelo voto secreto,* **três** juízes dentre os Ministros do Supremo Tribunal Federal e **dois** juízes dentre os Ministros do Superior Tribunal de Justiça; • *por nomeação do Presidente da República*, **dois** juízes dentre seis advogados de notável saber jurídico e idoneidade moral, indicados pelo Supremo Tribunal Federal. Os ***Tribunais Regionais Eleitorais*** se compõem: • *mediante eleição, pelo voto secreto*, de **dois** juízes dentre os desembargadores do Tribunal de Justiça e de **dois** juízes, dentre juízes de direito, escolhidos pelo Tribunal de Justiça; • de **um** juiz do Tribunal Regional Federal com sede na Capital do Estado ou no Distrito Federal, ou, não havendo, de juiz federal, escolhido, em qualquer caso, pelo Tribunal Regional Federal respectivo; • *por nomeação, pelo Presidente da República*, de **dois** juízes dentre seis advogados de notável saber jurídico e idoneidade moral, indicados pelo Tribunal de Justiça. Os ***juízes eleitorais*** são os próprios juízes de direito da organização judiciária dos Estados ou do Distrito Federal, não existindo um quadro próprio de cargos, mas apenas de funções de magistrados, de modo que os juízes eleitorais serão sempre juízes aproveitados ("*emprestados*") da justiça comum, que irão cumular as funções de juízes eleitorais.
Justiça Militar	Nos termos da Constituição, são órgãos da Justiça Militar: o Superior Tribunal Militar e os Tribunais e Juízes Militares instituídos por lei. O ***Superior Tribunal Militar*** compor-se-á de 15 Ministros vitalícios, nomeados pelo Presidente da República, depois de aprovada a indicação pelo Senado Federal, sendo 3 dentre oficiais-generais da Marinha, 4 dentre oficiais-generais do Exército, 3 dentre oficiais-generais da Aeronáutica, todos da ativa e do posto mais elevado da carreira, e 5 dentre civis, sendo que os Ministros civis serão escolhidos pelo Presidente da República dentre brasileiros maiores de trinta e cinco anos, sendo: *três* dentre advogados de notório saber jurídico e conduta ilibada, com mais de dez anos de efetiva atividade profissional; e *dois*, por escolha paritária, dentre juízes auditores e membros do Ministério Público da Justiça Militar. À Justiça Militar compete processar e julgar os crimes militares definidos em lei, devendo a lei dispor sobre a organização, o funcionamento e a competência da Justiça Militar.
Justiça Federal	A justiça federal compõe a justiça comum, sendo formada pelos Tribunais Regionais Federais (TRFs) e pelos juízes federais, cabendo-lhe, especialmente, as causas em que haja interesse ou envolvimento direto da União. Os ***Tribunais Regionais Federais*** compõem-se de, no mínimo, 7 juízes (desembargadores federais), recrutados, quando possível, na respectiva região e nomeados pelo Presidente da República dentre brasileiros com mais de trinta e menos de sessenta e cinco anos, sendo: • 1/5 dentre advogados com mais de dez anos de efetiva atividade profissional e membros do Ministério Público Federal com mais de dez anos de carreira; • os demais, mediante promoção de juízes federais com mais de cinco anos de exercício, por antiguidade e merecimento, alternadamente. Os ***juízes federais*** ingressam na carreira por concurso público de provas e títulos específico para a magistratura federal, sendo lotados em varas federais que compõem a jurisdição do respectivo Tribunal Regional Federal. Conforme dispõe a CF/88, a Justiça Federal divide-se em seções judiciárias correspondentes a cada Estado da federação e ao Distrito Federal, com sede na respectiva capital e varas localizadas segundo o estabelecido em lei, sendo que nos Territórios Federais, a jurisdição e as atribuições cometidas aos juízes federais caberão aos juízes da justiça local, na forma da lei.
Justiça Estadual	A justiça estadual compõe a justiça comum, sendo formada pelos ***Tribunais de Justiça*** e pelos ***juízes de direito***, cabendo-lhe, processar a julgar as causas que não tiverem sido reservadas as demais justiças do país (competência residual), isto é, não sendo da competência das outras justiças, a competência é da justiça estadual. Os Estados organizarão sua Justiça, observados os princípios estabelecidos na CF/88. A competência dos tribunais será definida na Constituição do Estado, sendo a lei de organização judiciária de iniciativa do Tribunal de Justiça.

Justiça Militar Estadual	Nos termos da Constituição, a lei estadual poderá criar, mediante proposta do Tribunal de Justiça, a ***Justiça Militar estadual***, constituída, em primeiro grau, pelos juízes de direito e pelos Conselhos de Justiça e, em segundo grau, pelo próprio Tribunal de Justiça, ou por ***Tribunal de Justiça Militar*** nos Estados em que o efetivo militar seja superior a vinte mil integrantes. ***Compete à Justiça Militar estadual*** processar e julgar os militares dos Estados, nos crimes militares definidos em lei e as ações judiciais contra atos disciplinares militares, ressalvada a competência do júri quando a vítima for civil, cabendo ao tribunal competente decidir sobre a perda do posto e da patente dos oficiais e da graduação das praças. Ademais, compete aos juízes de direito do juízo militar processar e julgar, singularmente, os crimes militares cometidos contra civis e as ações judiciais contra atos disciplinares militares, cabendo ao Conselho de Justiça, sob a presidência de juiz de direito, processar e julgar os demais crimes militares.
Juizados Especiais	Nos termos da CF/88, a União, no Distrito Federal e nos Territórios, e os Estados criarão juizados especiais, providos por juízes togados, ou togados e leigos, competentes para a conciliação, o julgamento e a execução de causas cíveis de menor complexidade e infrações penais de menor potencial ofensivo, mediante os procedimentos oral e sumaríssimo, permitidos, nas hipóteses previstas em lei, a transação e o julgamento de recursos por turmas de juízes de primeiro grau.
Justiça de Paz	Nos termos da CF/88, a União, no Distrito Federal e nos Territórios, e os Estados criarão justiça de paz, remunerada, composta de cidadãos eleitos pelo voto direto, universal e secreto, com mandato de quatro anos e competência para, na forma da lei, celebrar casamentos, verificar, de ofício ou em face de impugnação apresentada, o processo de habilitação e exercer atribuições conciliatórias, sem caráter jurisdicional, além de outras previstas na legislação.

Capítulo XX
FUNÇÕES ESSENCIAIS À JUSTIÇA

1. INTRODUÇÃO

O Poder Judiciário, no desempenho de suas funções, precisa observar o princípio dispositivo (princípio da inércia da jurisdição, *ne procedat iudex ex officio*), não podendo os magistrados instaurarem e/ou manifestarem-se de ofício (sem provocação das partes) dentro do processo, salvo expressa autorização legal (como a possibilidade de concessão de *habeas corpus* de ofício, por exemplo),[1] sendo essa uma das principais exigências (e garantias) do princípio do juiz natural, independente e imparcial (art. 5º, XXXVII e LIII, CF/88) e de nosso modelo constitucional de processo.[2]

Em razão disso, para o desenvolvimento da dialética processual inerente ao *due process*, a Constituição de 1988 institucionalizou, como ***funções essenciais à justiça***, as atividades profissionais especializadas em impulsionar, movimentar e colaborar com a atividade jurisdicional, isto é, aquelas atividades responsáveis por operacionalizar o princípio da iniciativa das partes (*nemo judex sine actore*), que, embora não integrem o Poder Judiciário, são essenciais e imprescindíveis à prestação jurisdicional e à realização da justiça.

Assim, nos termos constitucionais (arts. 127 a 135, da CF/88), são funções essenciais à justiça: *i) o Ministério Público; ii) a Advocacia Pública; iii) a Advocacia Privada; e iv) a Defensoria Pública*.

2. MINISTÉRIO PÚBLICO

2.1 Histórico, definição e natureza

Há na doutrina[3] quem aponte que o Ministério Público tem suas origens no ***Antigo Egito*** (há, no mínimo, 4 mil anos, com base no Magiai, funcionário do Real), em ***Esparta*** (com base no Éforos, juiz que tinha, dentre suas funções, o dever de equilibrar o poder real e o poder senatorial, exercendo o *ius acusationis*), na ***Roma Antiga*** (com base no *advocatus fisci* e no *procuratores caesaris*, aos quais competia fiscalizar a administração dos bens do imperador) e na ***Idade Média*** (com base em diversas figuras, como o *gemeiner Anklager*, na Alemanha, o Procurador da Coroa, em Portugal, e o Procurador do Rei, na França).[4]

Entretanto, a nosso ver, as origens do Ministério Público, tal qual o concebemos atualmente, remontam aos movimentos de limitação do poder real, de separação dos poderes e de fiscalização da coisa pública, bem como às revoluções que deram origem às democracias modernas, com destaque para a ***Revolução Francesa de 1789***, sendo o *parquet* um produto da ***Idade Moderna***, da ***democracia*** e do ***Estado Constitucional de Direito***.[5]

No ***Brasil***, a história do Ministério Público pode ser assim sistematiza: no ***período colonial***, o Brasil foi orientado pelo direito lusitano, no qual não havia o Ministério Público como instituição, mas as Ordenações Manuelinas de 1521 e as Ordenações Filipinas de

1. NUNES, Dierle; BAHIA, Alexandre; PEDRON, Flávio. Teoria Geral do Processo. Salvador: Juspodivm, 2020.
2. DOS SANTOS, Eduardo R. Princípios Processuais Constitucionais. 2. ed. Salvador: Juspodivm, 2019.
3. MAZZILI, Hugo Nigro. O ministério público na Constituição de 1988. São Paulo: Saraiva, 1989.
4. FERNANDES, Bernardo G. Curso de Direito Constitucional. 11. ed. Salvador: Juspodivm, 2019.
5. OTACÍLIO, Paula Silva. Ministério Público. São Paulo: Sugestões Literárias, 1981.

1603 já faziam menção aos promotores de justiça, atribuindo a eles o papel de fiscalizar a lei e de promover a acusação criminal, existindo, ainda, o cargo de procurador dos feitos da Coroa (defensor da Coroa) e o de procurador da Fazenda (defensor do fisco). No ***período imperial***, em 1832, com o Código de Processo Penal do Império, iniciou-se uma tímida sistematização das ações do Ministério Público. Mas, foi no ***período republicano***, a partir do Decreto 848 de 1890, que o Ministério Público foi efetivamente organizado e estruturado, tendo suas atribuições delineadas.

Já no âmbito do ***constitucionalismo brasileiro***, temos que: *i)* a Constituição de 1824 não fez referência expressa ao Ministério Público; *ii)* a Constituição de 1891, praticamente, não tratou do Ministério Público, apenas dispondo sobre o Procurador-Geral da República; *iii)* a Constituição de 1934 institucionalizou o Ministério Público, tratando especificamente dele no Capítulo dos Órgãos de Cooperação nas Atividades Governamentais; *iv)* a Constituição de 1937, em função dos retrocessos totalitários da época, apenas dispôs sobre o Procurador-Geral da República e a atuação do *parquet* nos tribunais superiores por meio do quinto constitucional; *v)* a Constituição de 1946 fez referência expressa ao Ministério Público em título próprio sem vinculação aos poderes; *vi)* a Constituição de 1967, em função dos retrocessos totalitários da época, recolocou o Ministério Público no capítulo destinado ao Poder Judiciário; *vii)* a Constituição de 1969 (Emenda Constitucional 1, de 1969), fundada nos auspícios ditatoriais e no controle e subserviência das instituições, tornou o Ministério Público órgão do Poder Executivo; *viii)* a Constituição de 1988 conferiu, expressamente, independência e autonomia ao Ministério Público, prevendo-o como uma função essencial à justiça, que não pertence a qualquer dos poderes, definindo e ampliando suas funções institucionais, enquanto fiscal da ordem jurídica constitucional e democrática (*custos constitucionis*), conferindo-lhe garantias institucionais aptas a assegurar o livre, imparcial e independe desempenho de suas funções.

Nos termos da ***Constituição de 1988***, o Ministério Público é instituição permanente, autônoma e independente dos demais poderes, essencial à função jurisdicional do Estado, incumbindo-lhe a defesa da ordem jurídica, do regime democrático e dos interesses sociais e individuais indisponíveis.

Assim, embora haja na doutrina, ainda, algumas poucas vozes que defendam que o Ministério Público tenha natureza jurídica de órgão vinculado ao Poder Executivo[6] ou mesmo de órgão vinculado ao Poder Judiciário, não resta dúvida, nos termos constitucionais, que o *parquet é uma instituição constitucional autônoma e independente, tendo natureza de órgão público despersonalizado não vinculado a qualquer dos poderes.*[7]

2.2 Princípios institucionais

Nos termos expressos do art. 127, §1º, da CF/88, são princípios institucionais do Ministério Público a ***unidade***, a ***indivisibilidade*** e a ***independência funcional***. Além desses, a doutrina majoritária e a jurisprudência recente do STF reconhecem o ***promotor natural*** como princípio institucional implícito do Ministério Público.

O ***princípio da unidade*** nos revela que o Ministério Público deve ser visto como uma instituição única, que, embora possua uma divisão orgânica e funcional, tem como objetivo comum o cumprimento de suas funções institucionais na defesa da ordem jurídica, do regime democrático e dos interesses sociais e individuais indisponíveis.

---

6. BULOS, Uadi Lammêgo. Curso de Direito Constitucional. 12. ed. São Paulo: Saraiva, 2019.
7. GARCIA, Emerson. Ministério público: organização, atribuições e regime jurídico. 6. ed. São Paulo: Saraiva, 2017.

Entretanto, em que pese seja uma instituição única (una), o Ministério Público não consiste em um órgão único, possuindo uma divisão orgânico-estrutural dada pela própria Constituição (art. 128, CF/88), isto é, trata-se de uma instituição única que possui mais de um órgão (existem diversos Ministérios Públicos que compõem a instituição Ministério Público), tendo todos eles, entretanto, o objetivo comum de cumprir com as funções institucionais do *parquet*. Em suma: em linhas gerais, o princípio da unidade refere-se a uma unidade institucional, teleológica e funcional, mas não orgânica.

Nesse sentido, justamente por reconhecer que não há unidade orgânica entre os diversos Ministérios Públicos (por exemplo, entre o Ministério Público da União e os Ministérios Públicos dos Estados, ou entre o Ministério Público do Estado de Minas Gerais e o Ministério Público de Pernambuco) e, consequentemente, que não há hierarquia entre eles, o STF[8] e o STJ[9] já decidiram que o Ministério Público de cada Estado possui legitimidade autônoma para atuar como parte perante os tribunais superiores, através de seu respectivo Procurador-Geral de Justiça ou de alguém designado por ele.[10]

Ademais, o ***princípio da unidade*** nos revela que, ***dentro de uma mesma estrutura orgânica do Ministério Público***, todos os membros do *parquet* são dirigidos por um mesmo chefe institucional, o Procurador-Geral. Assim, o Ministério Público da União é chefiado pelo Procurador-Geral da República, do mesmo modo que cada Ministério Público Estadual é chefiado por um Procurador-Geral de Justiça. Perceba que são vários órgãos do Ministério Público que, em conjunto, formam uma unidade institucional: o Ministério Público.

Porém, é de suma importância registrarmos que o STF, ao julgar a ADPF 482, afirmou que "*só existe unidade dentro de cada Ministério Público, não havendo unidade entre o Ministério Público de um Estado e o de outro, nem entre esses e os diversos ramos do Ministério Público da União*". A nosso ver, embora tenha sido utilizada para justificar a acertada decisão de vedação de transferência entre membros de *parquets* distintos, essa afirmação é um tanto quanto infeliz, pois dá a entender que não há qualquer espécie de unidade entre os diversos Ministérios Públicos previstos na Constituição, conclusão que está na contramão da previsão constitucional do princípio da unidade do *parquet*.

Nada obstante, podemos concluir que, pelo princípio da unidade, o Ministério Público é uma instituição una (unidade institucional, teleológica e funcional), mas possui divisões orgânico-estruturais estabelecidas pela própria Constituição (portanto, em linhas gerais, não tem unidade orgânica). Entretanto, a partir dessa divisão orgânica, dentro de cada Ministério Público, há uma unidade mais ampla que abrange tanto a unidade institucional, teleológica e funcional, quanto a unidade orgânica.

O ***princípio da indivisibilidade*** nos revela que a atuação dos membros do Ministério Público é na verdade a atuação do próprio Ministério Público (não é possível dividir ou separar a ação do membro da ação da instituição, quando este age no desempenho de suas funções institucionais), assim, os membros do *parquet* podem ser substituídos uns pelos outros, respeitado o princípio do promotor natural, sem que isso prejudique os atos já praticados, vez que quando um membro do Ministério Público atua, na verdade, é o próprio Ministério Público, enquanto instituição, que atua. ***A indivisibilidade***, então, ***decorre da*** própria ***unidade institucional*** (todos os membros de um determinado Ministério Público compõem e atuam funcionalmente pela mesma instituição), ***da impessoalidade*** (o membro do *parquet* não age

8. STF, Rcl. 7.358, Rel. Min. Ellen Gracie.
9. STJ, EREsp. 1.327.573, Rel. Min. Nancy Andrighi.
10. Nada obstante, a atuação do Ministério Público, como *custos legis*, perante o STF e o STJ, nos expressos termos da Constituição, é do Procurador-Geral da República (chefe do Ministério Público da União).

em nome próprio, mas sim em nome do Ministério Público) e *da teoria da imputação volitiva* (o Ministério Público, enquanto órgão despersonalizado não é capaz de manifestar sua vontade por si só, assim, imputa-se ao Ministério Público a vontade manifestada pelos seus membros, enquanto seus legítimos representantes), de modo que os membros do *parquet* não se vinculam aos processos em que atuam, possibilitando sua substituição sempre que necessário, respeitado o princípio do promotor natural.

O ***princípio da independência funcional*** possui duas dimensões: Por um lado, assegura a ***independência institucional do próprio Ministério Público***, enquanto instituição constitucional autônoma e independente não vinculada a qualquer dos poderes e que, portanto, não se subordina hierarquicamente aos chefes dos poderes nem se submete a ingerências externas, possuindo autonomia financeira, administrativa e funcional. Por outro lado, assegura a ***independência jurídica e funcional dos membros do Ministério Público***, que são livres para formarem suas convicções jurídicas, não se subordinando às convicções e opiniões de outrem. Assim, embora se submetam administrativamente ao respectivo Procurador-Geral, os membros do *parquet* não se subordinam funcionalmente a ele, não estando vinculados, processualmente, aos entendimentos de seus chefes, vez que entre eles há mera hierarquia administrativa, mas não funcional.

Entretanto, isso não significa que os membros do Ministério Público não estejam funcionalmente submetidos a nada, na verdade eles estão submetidos à Constituição e às leis do país, afinal, autonomia e independência, não significa liberdade para agir fora dos ditames constitucionais e legais. Deste modo, por exemplo, se o Procurador-Geral da República começa a defender a possibilidade de golpe militar contra os poderes constituídos, além da possibilidade de ser destituído (art. 52, XI, c/c art. 128, §2º, CF/88), ele pode ser processado por crime de responsabilidade (art. 52, II, CF/88 c/c art. 40. n. 4, Lei 1.079/1950). Do mesmo modo, defendemos que manifestações institucionais manifestamente teratológicas (absurdas) de membros do *parquet*, quando se configurem abusivas (abuso de poder), ainda que no âmbito processual, não devem ser aceitas, sendo possível, a depender do caso e do teor das manifestações, sua responsabilização por descumprimento dos deveres funcionais (art. 43, II, III e VI, Lei 8.625/1993), como, por exemplo, se um promotor de justiça começa a defender, por meio de suas manifestações processuais, que ao invés das normas constitucionais e legais sejam aplicadas a um determinado caso as normas de seu livro sagrado (imagine um promotor que atue ativamente contra o respeito aos direitos das pessoas homossexuais, porque sua fé é contrária à homoafetividade), ou se um promotor de justiça se utiliza de suas manifestações processuais para promover discursos de ódio (imagine um promotor que em seus processos utilize termos racistas contra um réu negro, ou que defenda o nazismo ao acusar um réu que é judeu).

O ***princípio do promotor natural***, reconhecido pela doutrina majoritária e pela mais recente jurisprudência do Supremo Tribunal Federal[11] como um princípio institucional implícito do Ministério Público, está fundamentado, especialmente, no art. 5º, LIII, da CF/88, segundo o qual *"**ninguém será processado nem sentenciado senão pela autoridade competente**"*, bem como nos princípios do devido processo legal, e da imparcialidade e independência do *parquet*.

Nesse sentido, conforme entende o STF, o princípio do promotor natural, que se revela imanente ao sistema constitucional brasileiro, consagra uma garantia de ordem jurídica ***destinada tanto a proteger o membro do Ministério Público***, na medida em que lhe assegura o exercício pleno e independente do seu ofício (impede que o superior hierárquico, conforme

11. STF, HC 137.637, Rel. Min. Lui Fux.

seus critérios pessoais, designe ou substitua o membro do *parquet* que irá atuar em uma certa causa, bem como imponha a orientação técnica a ser observada por ele, vez que o membro do Ministério Público ostenta autonomia e independência funcional), ***quanto a tutelar a própria coletividade***, a quem se reconhece o direito de ver atuando, em quaisquer causas, apenas o promotor cuja intervenção se justifique a partir de critérios abstratos e predeterminados estabelecidos em lei, proibindo-se a interferência hierárquica indevida da chefia do órgão por meio de eventuais designações casuísticas, repelindo a figura do ***acusador de exceção***.[12]

2.3 Ingresso na carreira

Nos termos do art. 129, §3º, da CF/88, *o ingresso na carreira do Ministério Público far-se-á mediante concurso público de provas e títulos, assegurada a participação da Ordem dos Advogados do Brasil em sua realização, exigindo-se do bacharel em direito, no mínimo, 3 anos de atividade jurídica e observando-se, nas nomeações, a ordem de classificação.* Assim, a doutrina costuma apontar que o ingresso na carreira do Ministério Público depende do preenchimento dos seguintes ***requisitos:***

i) Formação: ser bacharel em direito;

ii) Experiência: comprovar que exerceu atividade jurídica por, no mínimo, 3 anos;

iii) Mérito: ser aprovado em concurso público de provas e títulos.

O Conselho Nacional do Ministério Público (CNMP), no exercício de seu Poder Regulamentar, definiu os contornos do requisito experiencial da atividade jurídica, por meio da Resolução 40/2009 do CNMP, determinando que a comprovação do período de ***3 anos de atividade jurídica*** deverá ser feita no ***ato da inscrição definitiva do concurso***, já podendo serem ***contados a partir da data de conclusão do curso de direito*** (e não da colação de grau), sendo ***vedada a contagem de tempo de estágio*** ou de qualquer outra atividade anterior à conclusão do curso de bacharelado em direito.

Ademais, nos termos da Resolução 40/2009, do CNMP, ***considera-se atividade jurídica para fins de ingresso na carreira do parquet: i)*** o efetivo exercício de advocacia, inclusive voluntária, com a participação anual mínima em 5 atos privativos de advogado (Lei 8.906, de 4 Julho de 1994), em causas ou questões distintas; ***ii)*** o exercício de cargo, emprego ou função, inclusive de magistério superior, que exija a utilização preponderante de conhecimentos jurídicos; ***iii)*** o exercício de função de conciliador em tribunais judiciais, juizados especiais, varas especiais, anexos de juizados especiais ou de varas judiciais, assim como o exercício de mediação ou de arbitragem na composição de litígios, pelo período mínimo de 16 horas mensais e durante 1 ano; ***iv)*** o exercício, por bacharel em direito, de serviço voluntário em órgãos públicos que exija a prática reiterada de atos que demandem a utilização preponderante de conhecimentos jurídicos, pelo período mínimo de 16 horas mensais e durante 1 ano; *v)* os cursos de pós-graduação em direito, desde que integralmente concluídos e devidamente reconhecidos, devendo ter toda a carga horária cumprida após a conclusão do curso de bacharelado em direito, não se admitindo, no cômputo da atividade jurídica, a concomitância de cursos nem de atividade jurídica de outra natureza, devendo, ainda, ter, no mínimo, 1 ano de duração e carga horária total de 360 horas-aulas, distribuídas semanalmente, computando-se, independentemente do tempo de duração superior,

12. STF HC 102.147, Rel. Min. Celso de Mello; STF, HC 103.038, Rel. Min. Joaquim Barbosa.

como prática jurídica: *a)* 1 ano para pós-graduação *lato sensu*; *b)* 2 anos para Mestrado; e *c)* 3 anos para Doutorado.

2.4 Garantias dos membros do Ministério Público

As garantias do Ministério Público podem ser dividas em garantias institucionais e garantias funcionais, sendo essas garantias estabelecidas para assegurar a independência, a autonomia, a imparcialidade e a impessoalidade dos membros do *parquet* no exercício de suas funções.

2.4.1 Garantias institucionais

As garantias institucionais dos membros do *parquet*, previstas no art. 127, §§ 2º a 6º, da CF/88, são:

i) ***autonomia funcional***, não se sujeitando o *parquet* a ingerências políticas de nenhum poder ou instituição, sendo livre para exercer seu *múnus* constitucional, respeitados os limites institucionais fixados pela própria Constituição;

ii) ***autonomia administrativa***, de modo que, tem o *parquet* capacidade de autogestão (autonomia gerencial), bem como de auto-organização, vez que possui iniciativa para propor ao Poder Legislativo a criação e extinção de seus cargos e serviços auxiliares, sua política remuneratória e seus planos de carreira.

iii) ***autonomia financeira***, cabendo ao Ministério Público elaborar sua proposta orçamentária dentro dos limites estabelecidos na lei de diretrizes orçamentárias.

2.4.2 Garantias funcionais

Nos termos do art. 128, §5º, I, da CF/88, os membros do Ministério Público gozam das seguintes garantias: *a) vitaliciedade, b) inamovibilidade e c) irredutibilidade dos subsídios*.

A ***vitaliciedade*** (art. 128, §5º, I, "a") *consiste na garantia atribuída aos membros do Ministério Público de só poderem perder seus cargos por sentença judicial transitada em julgado, após 2 anos de exercício* (antes desse período, o membro do *parquet* pode perder o cargo por decisão administrativa do Conselho Superior do MP a que está vinculado).

A ***inamovibilidade*** (art. 128, §5º, I, "b") consiste na impossibilidade de remoção ou promoção de ofício do membro do *parquet*. Assim, em regra, o membro do MP só pode ser removido ou promovido a pedido. Contudo, excepcionalmente, admite-se a remoção de ofício do membro do *parquet*, desde que por decisão fundada no interesse público, dada pelo voto da maioria absoluta do órgão colegiado competente do MP a que pertence, assegurada ampla defesa.

Por fim, temos que a ***irredutibilidade do subsídio*** dos membros do MP (art. 128, §5º, I, "c") consiste em uma irredutibilidade jurídica que impede que os subsídios dos membros do *parquet* sejam diluídos ou reduzidos em termos nominais (numéricos), não se tratando de irredutibilidade real, que obrigaria o poder público a lhes conferir um aumento constante para evitar que o poder de compra de seu subsidio se deteriorasse com a inflação e outros índices de mercado. Ademais, é importante registrar que a irredutibilidade de subsídio dos membros do MP não é absoluta, podendo ser excepcionada nos casos previstos nos arts. 37, X e XI, 39, § 4º, 150, II, 153, III, e 153, § 2º, I, da CF/88.

Ademais, conforme prevê o art. 128, §5º, I, "c", da CF/88, os membros do MP são remunerados por subsídio fixado na forma do art. 39, §4º da CF/88, segundo o qual o membro do MP deve ser ***remunerado exclusivamente por subsídio*** fixado em parcela única, vedado o acréscimo de qualquer gratificação, adicional, abono, prêmio, verba de representação ou outra espécie remuneratória, obedecido, em qualquer caso, o disposto no art. 37, X e XI, da CF/88 (teto remuneratório constitucional). Com base nesse dispositivo, o STF decidiu que a fixação de restrição temporal para o recebimento do auxílio-moradia está de acordo com o princípio da razoabilidade, pois o auxílio-moradia tem caráter provisório e precário, não devendo se dilatar eternamente no tempo. O recebimento do aludido benefício sem limitação temporal configuraria verdadeira parcela remuneratória, o que feriria os artigos 128, §5º, I, "c" e 39, §4º, da CF/88.[13]

2.5 Vedações aos membros do Ministério Público

As vedações aos membros do *parquet*, também chamadas, por parte da doutrina, de *garantias funcionais de imparcialidade*, estão previstas no art. 128, §5º, II, da CF/88, segundo o qual ***é vedado aos membros do MP:***

i) receber, a qualquer título e sob qualquer pretexto, honorários, percentagens ou custas processuais;

ii) exercer a advocacia;

- Segundo o STF, os membros do MP não podem exercer a advocacia nem mesmo em causa própria.[14]
- Entretanto, nos termos do art. 29, §3º, do ADCT, os membros do MPF, do MPM e do MPT admitidos antes da promulgação da CF/88 puderam optar pelo regime anterior, no que respeita às garantias, vantagens e vedações. Assim, aqueles que ingressaram antes da promulgação da CF/88 e optaram pelo regime anterior, puderam continuar advogando.

iii) participar de sociedade comercial, na forma da lei;

- Segundo o art. 44, III, da Lei 8.625/1993, é vedado ao membro do MP exercer o comércio ou participar de sociedade comercial, exceto como cotista ou acionista.

iv) exercer, ainda que em disponibilidade, qualquer outra função pública, salvo uma de magistério;

- Atualmente, é a Resolução 73/2011 do CNMP que regulamenta o acúmulo do exercício das funções ministeriais com o exercício do magistério por membros do Ministério Público.
- Segundo o STF, os membros do MP não podem ocupar cargos ou funções fora da administração do próprio MP, salvo função de magistério, sendo, portanto, vedado aos membros do *parquet* assumirem Ministérios, Secretárias ou outros cargos no Poder Executivo.[15]

v) exercer atividade político-partidária;

13. STF, MS 26.415, Rel. orig. Min. Teori Zavascki, red. p/ o ac. Min. Gilmar Mendes.
14. STF, HC 76.671, Rel. Min. Néri da Silveira.
15. STF, ADPF 388, Rel. Min. Gilmar Mendes.

- A redação originária dessa hipótese comportava temperamentos, afirmando que era vedado ao membro do MP "*exercer atividade político-partidária, salvo exceções previstas na lei*", contudo ela foi modificada, pela EC 45/2004, para proibir de forma absoluta que os membros do *parquet* exerçam atividade político-partidária.

vi) receber, a qualquer título ou pretexto, auxílios ou contribuições de pessoas físicas, entidades públicas ou privadas, ressalvadas as exceções previstas em lei;

vii) exercer a advocacia no juízo ou tribunal do qual se afastou, antes de decorridos 3 anos do afastamento do cargo por aposentadoria ou exoneração;

- Conforme dispõe o art. 128, §6º, CF/88, aplica-se aos membros do MP a regra de quarentena imposta aos magistrados.

viii) exercer a representação judicial e a consultoria jurídica de entidades públicas.

- Conforme dispõe o art. 129, IX, CF/88.

2.6 Organização e composição do Ministério Público

Conforme vimos ao analisar o princípio da unidade, embora o Ministério Público seja uma instituição una, ele possui divisões orgânico-estruturais estabelecidas pela própria Constituição (art. 128), sendo composto pelos: *i)* ***Ministério Público da União (MPU)****, que compreende o Ministério Público Federal (MPF), o Ministério Público do Trabalho (MPT), o Ministério Público Militar (MPM) e o Ministério Público do Distrito Federal e Territórios (MPDFT); e* ***ii) Ministérios Públicos dos Estados (MPE).***

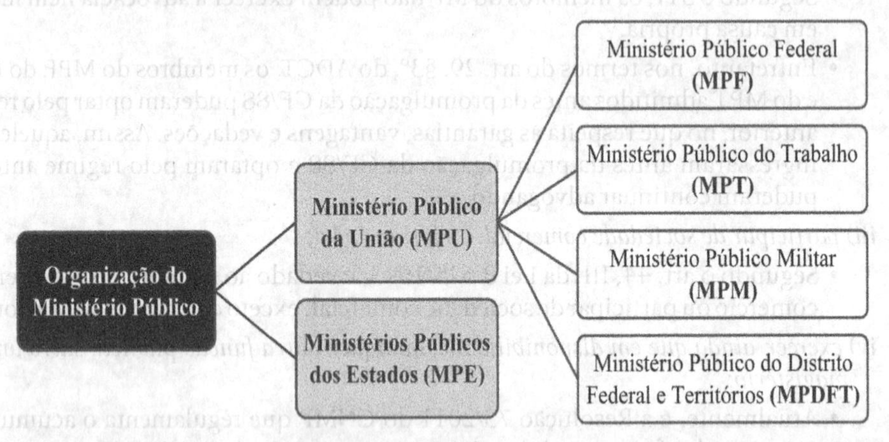

Nos termos da Constituição, leis complementares devem estabelecer as normas gerais do Ministério Público, bem como dispor sobre sua organização, atribuições e estatuto, sendo importante conhecer a iniciativa para deflagrar o respectivo processo legislativo, que se dá da seguinte maneira:

i) ***Lei complementar federal*** que disponha sobre *organização, atribuições e estatuto do Ministério Público da União, iniciativa concorrente entre o Procurador-Geral da República* (art. 128, §5º, CF/88) *e o Presidente da República* (art. 61, §1º, II, "*d*", CF/88), inclusive sobre suas ramificações (MPF, MPT, MPM e MPDFT).

ii) ***Lei complementar estadual***, denominada de Lei Orgânica do Ministério Público, que disponha sobre *organização, atribuições e estatuto do Ministério Público do respectivo Estado, iniciativa concorrente entre o Procurador-Geral de Justiça* (art. 128, §5º, CF/88) *e o Governador do Estado.*

iii) Lei Ordinária federal que estabeleça *normas gerais para a organização do Ministério Público dos Estados, iniciativa privativa do Presidente da República* (art. 61, §1º, II, "*d*", CF/88).

Atualmente, a organização do Ministério Público da União está regulamentada pela Lei Complementar 75/1993, enquanto a organização do Ministério Público dos Estados está regulamentada pela Lei 8.625/1993 e pelas leis complementares do Ministério Público Estadual.

Por fim, as leis que disponham sobre a *criação e extinção de seus cargos e serviços auxiliares, sobre sua política remuneratória e planos de carreira, são de iniciativa privativa do respectivo Procurador-Geral* (Procurador-Geral da República e Procurador-Geral de Justiça de cada Estado).

2.6.1 Conflitos de atribuições

Sem dúvidas, dentro da análise da organização do Ministério Público, um dos temas mais relevantes diz respeito ao conflito de atribuições entre os membros do *parquet*, cujas soluções variam a depender do caso, podendo ser sistematizadas da seguinte forma:

1) Conflito entre Promotores de Justiça de um mesmo Estado: compete ao respectivo Procurador-Geral de Justiça solucionar o conflito, designando quem deve oficiar na causa (art. 10, X, Lei 8.265/1993). Assim, por exemplo, se houver conflito entre o Promotor de Justiça de Uberlândia/MG e o Promotor de Justiça de Araguari/MG, cabe ao PGJ do MP do Estado de MG solucioná-lo.

2) Conflito entre Procuradores da República: compete à Câmara de Coordenação e Revisão (CCR) do MPF solucionar o conflito (art. 62, VII, Lei Complementar 75/1993), sendo possível recorrer ao Procurador-Geral da República da decisão da CCR (art. 49, VIII, Lei Complementar 75/1993). Assim, por exemplo, se houver conflito entre um Procurador da República que atua em Recife/PE e outro Procurador da República que atua em Natal/RN, cabe à CCR solucioná-lo, sendo possível interpor recurso dessa decisão ao PGR.

3) Conflito entre membros de ramos diferentes do Ministério Público da União: compete ao Procurador-Geral da República solucionar o conflito (art. 26, VII, Lei Complementar 75/1993). Assim, por exemplo, se houver conflito entre um membro do MPF e um membro do MPT, cabe ao PGR solucioná-lo.

4) Conflito entre Promotores de Justiça de Estados diferentes OU entre Promotor de justiça e Procurador da República: a jurisprudência do STF inicialmente entendia caber ao próprio Supremo dirimir esses conflitos, depois passou a entender que competia ao Procurador-Geral da República[16] dirimir esses conflitos e, por último, passou a entender que *compete ao Conselho Nacional do Ministério Público (CNMP) dirimir esses conflitos*,[17] enquanto órgão nacional (e não federal) do *parquet*, composto por membros de todos os órgãos do MP, inclusive membros do MP dos Estados. A nosso ver, a primeira posição (atribuição do STF) feria o princípio da independência do *parquet*, por não se admitir interferência de quaisquer dos Poderes no MP, enquanto a segunda posição (atribuição do PGR) feria o princípio da unidade do *parquet*, vez que não há hierarquia entre os diferentes Ministérios Públicos, de modo que essa terceira posição adotada pelo STF (atribuição do CNMP) é, sem dúvida

16. Posição adotada na ACO 924, de relatoria do Min. Luiz Fux, julgada em 19/5/2016.
17. Posição adotada a partir da ACO 843, de relatoria do Min. Alexandre de Moraes, julgada em 05/06/2020. No mesmo sentido: Pet 4.891, Rel. Min. Marco Aurélio, red p/ o ac. Min. Alexandre de Moraes.

alguma, a mais compatível com a Constituição de 1988. Assim, por exemplo, se houver conflito entre um Promotor de Justiça de Goiânia/GO e um Promotor de Justiça de Palmas/TO, cabe ao CNMP solucioná-lo, do mesmo modo, se houver conflito entre um Procurador da República que atua em Porto Alegre/RS e um Promotor de Justiça de Porto Alegre/RS, cabe ao CNMP solucioná-lo.

Assim, a competência para dirimir os conflitos de atribuições entre os membros do MP pode ser sistematizada da seguinte maneira:

CONFLITO DE ATRIBUIÇÕES	QUEM DECIDE?
MPE do Estado A *vs.* MPE do Estado A	Procurador-Geral de Justiça do Estado A
MPF *vs.* MPF	Câmara de Coordenação e Revisão do MPF, sendo possível recorrer ao PGR.
MPU ramo 1 *vs.* MPU ramo 2	Procurador-Geral da República
MPE do Estado A *vs.* MPE do Estado B	CNMP
MPE *vs.* MPF	CNMP

2.7 Procurador-Geral da República

O Procurador-Geral da República é o chefe do Ministério Público da União (que compreende o MPF, o MPT, o MPM e o MPDFT), sendo ele nomeado livremente pelo Presidente da República dentre integrantes da carreira, maiores de 35 anos, após a aprovação de seu nome pela maioria absoluta dos membros do Senado Federal (art. 128, §1º, CF/88).

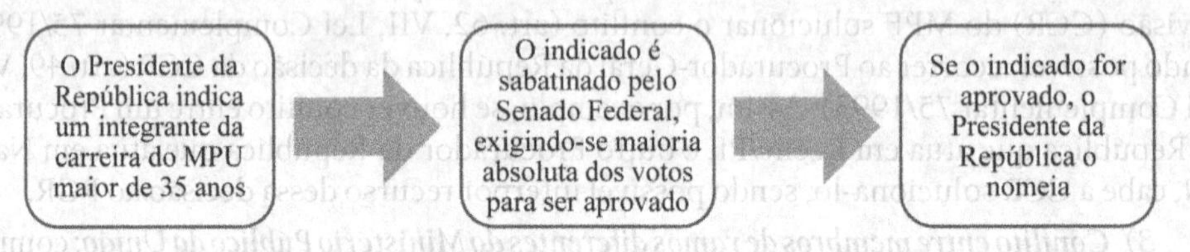

Sobre o Procurador-Geral da República, com base na Constituição e na legislação vigente, é mister fazermos as seguintes observações:

1) O PGR é nomeado para um mandato fixo de 2 anos, podendo ser reconduzido ilimitadamente, desde que em todas elas tenha seu nome (re)aprovado pela maioria absoluta do Senado Federal.

2) O PGR pode ser destituído antes do término de seu mandato, por iniciativa do Presidente da República, desde que autorizado pela maioria absoluta do Senado Federal (art. 128, §2º, CF/88).

3) O PGR possui prerrogativa de foro, sendo julgado, por crimes comuns, pelo Supremo Tribunal Federal (art. 102, I, "*b*", CF/88) e pelo Senado Federal por crimes de responsabilidade (art. 52, II, CF/88).

4) Entre as ***atribuições*** conferidas ao Procurador-Geral da República vale destacar que lhe cabe:

- Exercer as funções do Ministério Público junto ao Supremo Tribunal Federal, especialmente, como *custos constitucionis*, manifestando-se em todos os processos da competência da Corte (art. 102, §1º, CF/88).

- Propor as ações de controle concentrado de constitucionalidade perante o Supremo Tribunal Federal (ADI, ADO, ADC e ADPF – art. 103, VI, CF/88), bem como a Representação Interventiva (ADI Interventiva – art. 36, III, CF/88).
- Propor, perante o STF, as ações cíveis e penais cabíveis.
- Propor, perante o STJ, as ações penais contra as autoridades do art. 105, I, "a", da CF/88, nos casos de competência originária da Corte (crimes cometidos durante o exercício da função e em razão do exercício da função pelas autoridades ali previstas).
- Exercer as atribuições ***Chefe do Ministério Público da União***, nos termos do art. 26, da Lei Complementar 75/93, e de ***Chefe do Ministério Público Federal***, nos termos dos arts. 46 a 51, da Lei Complementar 75/93.

5) O PGR é Presidente e "membro nato" do Conselho Nacional do Ministério Público (art. 130-A, I, CF/88).

6) O PGR é quem nomeia o ***Procurador-Geral do Trabalho***, dentre integrantes da instituição, com mais de 35 anos de idade e de 5 anos na carreira, integrante de lista tríplice escolhida mediante voto plurinominal, facultativo e secreto, pelo Colégio de Procuradores para um mandato de 2 anos, permitida uma recondução, observado o mesmo processo (art. 88, Lei Complementar 75/93).

7) O PGR é quem nomeia o ***Procurador-Geral da Justiça Militar***, dentre integrantes da Instituição, com 35 e 5 anos de idade e de cinco anos na carreira, escolhidos em lista tríplice mediante voto plurinominal, facultativo e secreto, pelo Colégio de Procuradores, para um mandato de 2 anos, permitida uma recondução, observado o mesmo processo (art. 121, Lei Complementar 75/93).

2.8 Procurador-Geral de Justiça

O Procurador-Geral de Justiça é o chefe do Ministério Público Estadual (cada Estado possui um Ministério Público Estadual e cada MPE possui o seu próprio Procurador-Geral de Justiça), sendo ele nomeado pelo Governador do respectivo Estado, dentre os integrantes da carreira indicados em lista tríplice, na forma da respectiva lei. Como a CF/88 (art. 128, §3º) diz *dentre os integrantes da carreira*, é inconstitucional norma estadual que preveja que apenas Procuradores de Justiça poderão se candidatar ao cargo de PGJ.[18]

O Ministério Público do Distrito Federal e Territórios (MPDFT), também, é chefiado por um Procurador-Geral de Justiça, sendo ele nomeado pelo Presidente da República, dentre os integrantes da carreira indicados em lista tríplice, elaborada pelo Colégio de Procurados e Promotores de Justiça (art. 156, da Lei Complementar 75/93).

Sobre o Procurador-Geral de Justiça, é mister fazermos ainda as seguintes observações:

1) O PGJ é nomeado para um mandato fixo de 2 anos, permitida uma única recondução.

2) O PGJ pode ser destituído antes do término de seu mandato por deliberação da maioria absoluta do Poder Legislativo, na forma da lei complementar respectiva (art. 128, 4º, CF/88).

18. STF, ADI 5.704, Rel. Min. Marco Aurélio.

3) O mandato dos Procuradores Gerais não é um mandato político, mas sim uma investidura por tempo certo no cargo, de modo que, havendo vacância no cargo de PGJ antes do término de seu mandato, o novo PGJ não completará o mandato de seu antecessor, isto é, não cumprirá um mandato tampão, mas sim um novo mandato de 2 anos.[19]

4) Lei Orgânica do Ministério Público do Estado pode atribuir privativamente ao Procurador-Geral de Justiça a competência para interpor recursos dirigidos ao STF e STJ.[20]

Por fim, vale destacarmos as principais diferenças entre o Procurador-Geral da República e o Procurador-Geral de Justiça.

Procurador-Geral da República	Procurador-Geral de Justiça
Chefe do MPU e do MPF	Chefe do MPE ou do MPDFT
Nomeado pelo Presidente da República, dentre integrantes da carreira, maiores de 35 anos, após a aprovação de seu nome pela maioria absoluta do Senado Federal.	Nomeado pelo Governador do respectivo Estado (MPE) ou pelo Presidente da República (MPDFT), dentre os integrantes da carreira indicados em lista tríplice.
A destituição exige autorização da maioria absoluta do Senado Federal.	A destituição exige autorização da maioria absoluta da Assembleia Legislativa (MPE) ou do Senado Federal (MPDFT).
Recondução ilimitada.	Admite apenas uma recondução.

2.9 Funções institucionais do Ministério Público

O art. 129 da CF/88 estabelece um rol exemplificativo de funções institucionais do Ministério Público, entretanto, para além desse rol, há outras funções do *parquet* estatuídas na própria Constituição ao longo de seu texto, bem como na legislação infraconstitucional.

Nada obstante, faz-se imprescindível a análise do art. 129, da CF/88, que estabelece que ***são funções institucionais do Ministério Público:***

I – promover, privativamente, a ação penal pública, na forma da lei;

- Nos termos do art. 5º, LIX, é admitida ação penal privada subsidiária da pública se esta não for intentada no prazo legal.

II – zelar pelo efetivo respeito dos Poderes Públicos e dos serviços de relevância pública aos direitos assegurados nesta Constituição, promovendo as medidas necessárias a sua garantia;

- O Ministério Público é instituição que exerce o *múnus* de fiscal do ordenamento jurídico, especialmente, de fiscal da ordem constitucional, devendo zelar pelo patrimônio público *lato senso* e pelos direitos assegurados pela Constituição.

III – promover o inquérito civil e a ação civil pública, para a proteção do patrimônio público e social, do meio ambiente e de outros interesses difusos e coletivos;

- A ação Civil Pública não é de titularidade exclusiva do Ministério Público (art. 5º, Lei 7.347), entretanto é de sua atribuição exclusiva promover o inquérito civil, na forma da lei.
- Embora a Constituição afirme interesses difusos e coletivos, é válido lembrar que essa expressão sempre foi utilizada como sinônimo de direitos transindividuais, que incluem os direitos difusos, coletivos e individuais homogêneos. Entretanto, o STF

19. STF, ADI 1.783, Rel. Min. Sepúlveda Pertence.
20. STF, ADI 5.505, Rel. Luiz Fux.

entende que o Ministério Público só pode promover a ação civil pública para proteção de direitos individuais homogêneos (direitos individuais decorrentes de origem comum) que possuam interesse social qualificado. Bem, a nosso ver, se estivermos diante de direitos individuais homogêneos *indisponíveis*, o interesse social será sempre qualificado, possibilitando, que o MP promova a respectiva ação civil pública. Já se estivermos diante de direitos individuais homogêneos *disponíveis*, segundo o STF, o interesse social poderá ser ou não ser qualificado de acordo com o caso concreto, o que possibilitará ou não a propositura da ação civil pública pelo *parquet*, já tendo a Corte admitido várias vezes a legitimidade do MP para propor ação civil pública em face de direitos individuais homogêneos disponíveis.[21]

IV – promover a ação de inconstitucionalidade ou representação para fins de intervenção da União e dos Estados, nos casos previstos nesta Constituição;

- O Procurador-Geral da República, chefe do MPU, é o único legitimado para propor a ADI Interventiva perante o STF.
- O Procurador-Geral da República, além de poder propor as ações de controle concentrado de constitucionalidade (ADI, ADO, ADC e ADPF), deve ser previamente ouvido nas ações de inconstitucionalidade e em todos os processos de competência do Supremo Tribunal Federal, mesmo quando não for o autor da ação, atuando como *custos constitucionis*.

V – defender judicialmente os direitos e interesses das populações indígenas;

VI – expedir notificações nos procedimentos administrativos de sua competência, requisitando informações e documentos para instruí-los, na forma da lei complementar respectiva;

- O *parquet*, via de regra, não faz solicitações administrativas (ato administrativo de atendimento discricionário), mas sim requisições (ato administrativo de atendimento vinculado), estando a Administração Pública obrigada a prestar as informações e apresentar os documentos pedidos pelo MP.

VII – exercer o controle externo da atividade policial, na forma da lei complementar mencionada no artigo anterior;

- Há uma famosa indagação sobre a fiscalização daqueles que têm a atribuição de fiscalizar o cumprimento da lei: *Quem vigia os vigias?* Bem, pelo menos, em relação à atividade policial, além do controle interno (exercido pelas corregedorias, por exemplo), a Constituição estabeleceu que o MP tem o dever de fiscalizá-la e controlá-la, na forma da lei.

VIII – requisitar diligências investigatórias e a instauração de inquérito policial, indicados os fundamentos jurídicos de suas manifestações processuais;

- Perceba, mais uma vez, que o *parquet* requisita (ato administrativo de atendimento vinculado), tanto a realização de diligências investigatórias, quanto a instauração de inquérito policial, sempre de forma fundamentada, sendo que, via de regra, a autoridade policial estará obrigada a realizar as diligências e a instaurar o inquérito, salvo em situações manifestamente ilegais ou teratológicas (absurdas), devendo, nesses casos, fundamentar sua negativa.

21. STF, RE 401.482-AgR, Rel. Min. Teori Zavascki; STF, RE 631.111, Rel. Min. Teori Zavascki.

IX – exercer outras funções que lhe forem conferidas, desde que compatíveis com sua finalidade, sendo-lhe vedada a representação judicial e a consultoria jurídica de entidades públicas.

- Dentre essas outras funções que podem ser atribuídas ao MP (pela Constituição e pela lei), vale destacar que, ao discutir a recepção do art. 68, do CPP, que atribui ao Ministério Público a legitimidade para propor ***ação civil para reparação de dano ex delito*** nos casos em que a vítima seja pobre, em face do art. 134, da CF/88, segundo o qual incumbe à Defensoria Pública a defesa judicial e extrajudicial, dos direitos individuais e coletivos, de forma integral e gratuita, aos necessitados, o STF reconheceu que a CF/88 atribuiu essa competência exclusivamente à Defensoria Pública, o que, numa visão "ortodoxa" ensejaria a não recepção do art. 68, do CPP e, portanto, sua revogação. Contudo, em razão da Defensoria Pública, na época (e ainda hoje), não estar estruturada de forma a atender a todas as pessoas pobres vítimas de danos *ex delito*, a sua não recepção geraria uma inconstitucionalidade maior que a sua recepção por um determinado período de tempo, consistindo num desserviço à proteção dos hipossuficientes, objetivo precípuo do art. 134, da CF/88, decidindo a Corte que o art. 68, do CPP seria "ainda" constitucional, sendo possível sua recepção provisória, mas estaria perdendo, progressivamente, sua constitucionalidade, conforme a Defensoria Pública se estruture e amplie sua capacidade de atendimento, de modo que, o MP, onde não houver Defensoria Pública, ainda pode promover a ação civil para reparação de dano *ex delito*.[22]
- Segundo o STF, a Constituição Estadual não pode determinar que membro do Ministério Público participe de banca de concurso público voltado à seleção de servidores para cargos externos aos quadros do *parquet*, pois essa não é uma atribuição compatível com as finalidades constitucionais do MP.[23]

Isto posto, vale destacar que, com base no art. 129, I, VII, VIII e IX, da CF/88, a Segunda Turma do STF reconhecia o poder de investigação do MP, fundamentando-se na ***teoria dos poderes implícitos***,[24] pois, para fiscalizar externamente a atividade policial, o *parquet* precisa ter os poderes necessários para isso, ou seja, precisa ter os ***poderes de investigação criminal***, tal qual as autoridades policiais.[25] Em 2015, esse entendimento foi ampliado e solidificado, vindo o *pleno do STF* a decidir que ***o MP pode promover, por autoridade própria, investigações de natureza penal***. Entretanto, segundo a Corte, para que a investigação conduzida diretamente pelo MP seja legítima, ***o parquet deve observar os seguintes parâmetros:*** a) devem ser respeitados os direitos e garantias fundamentais dos investigados; b) os atos investigatórios devem ser necessariamente documentados e praticados por membros do MP; c) devem ser observadas as hipóteses de reserva constitucional de jurisdição (interceptação telefônica, quebra de sigilo bancário etc.); d) devem ser respeitadas as prerrogativas profissionais asseguradas por lei aos advogados; e) deve ser assegurada a garantia prevista na Súmula Vinculante 14 do STF, segundo a qual "é direito do defensor, no interesse do representado, ter

---

22. STF, RE 147.776, Rel. Min. Sepúlveda Pertence.
23. STF, ADI 3.841, Rel. Min. Gilmar Mendes.
24. Segundo essa teoria, cuja origem remonta ao caso *McCulloch vs. Maryland*, julgado pela Suprema Corte dos Estados Unidos da América do Norte em 1819, se a Constituição atribui uma certa função a um órgão, ela lhe atribui, também, implicitamente, os poderes necessários para que cumpra efetivamente com sua função, independentemente de isto estar expressamente previsto no texto constitucional. A CF/88 atribui ao MP as funções de promover a ação penal pública, logo, Ela, também, atribui ao MP todos os poderes necessários para o exercício da denúncia, dentre eles, a possibilidade de reunir provas, por meio de investigação criminal, para fundamentar a acusação.
25. STF, HC 91.661, Rel. Min. Ellen Gracie; STF, RE 535.478, Rel. Min. Ellen Gracie.

acesso amplo aos elementos de prova que, já documentados em procedimento investigatório realizado por órgão com competência de polícia judiciária, digam respeito ao exercício do direito de defesa"; f) a investigação deve ser realizada dentro de prazo razoável; g) os atos de investigação conduzidos pelo *parquet* estão sujeitos ao permanente controle do Poder Judiciário.[26]

A nosso ver, essa decisão é parcialmente inconstitucional, pois não se pode usar a teoria dos poderes implícitos para alargar as atribuições institucionais em desrespeito ao princípio constitucional da legalidade.[27] Nos termos expressos do art. 129, IX, da CF/88, as atribuições do *parquet*, embora não se limitem ao rol do art. 129, lhe devem ser *conferidas* (pela Constituição ou por lei). Assim, o uso da teoria dos poderes implícitos só se justifica se for para assegurar o exercício de atribuições que tenham sido conferidas ao *parquet* (pela Constituição ou por lei). Frise-se: o uso da teoria dos poderes implícitos, além de só ser possível em face de atribuições conferidas ao MP, só é legítimo quando necessário para assegurar o exercício dessas atribuições, sob pena de ferirmos de morte o princípio da legalidade e criarmos uma superinstituição que tudo pode, o que está na contramão dos princípios republicano, democrático e da separação dos poderes. Deste modo, ***entendemos que o MP só pode promover investigações de natureza penal, por autoridade própria, para exercer o controle externo da atividade policial*** (art. 129, VII), única situação em que nos parece legítimo o uso da teoria dos poderes implícitos, pois, além do controle externo da atividade policial ser uma atribuição conferida expressamente ao MP, a promoção de investigações criminais conduzidas diretamente pelo *parquet* se mostra necessária para assegurar o efetivo exercício dessa atribuição, bem como garantir o controle externo da atividade policial (e não apenas o interno, feito por inquérito policial da própria instituição ou procedimentos de apuração de ilícitos administrativos) inerente aos princípios republicano, democrático e da separação dos poderes, afinal, alguém precisa vigiar os vigias e esse alguém não pode ser (exclusivamente) os próprios vigias, sob pena de ferir (ou expor ao grande risco do corporativismo), além dos princípios acima citados, os princípios da impessoalidade, da moralidade e da eficiência (art. 37, CF/88), deixando a lisura, a probidade e a confiabilidade pública nas forças de segurança pública à mercê de uma indesejável e inadmissível proteção insuficiente.

Para além disso, nos termos constitucionais, a ***legitimação do Ministério Público para as ações civis*** previstas no artigo 129, da CF/88, não impede a de terceiros, nas mesmas hipóteses, segundo o disposto na Constituição e na lei. Ou seja, o fato de o Ministério Público poder impetrar com ações civis (ou mesmo efetivamente impetrar com uma determinada ação) para proteção de direitos transindividuais, inclusive individuais homogêneos, não impede que a pessoa titular do direito ou interessada ingresse com ação individual autônoma para buscar a tutela de seus direitos ou interesses, na forma da lei.

Por fim, é importante registrar que, segundo o §2º, do art. 129, da CF/88, *as funções do MP só podem ser exercidas por integrantes da carreira*, que deverão residir na comarca da respectiva lotação, salvo autorização do chefe da instituição.

---

26. STF, RE 593.727, red. p/ o acórdão Min. Gilmar Mendes.
27. HOFFMANN, Henrique. Impossibilidade de transformação de investigação ministerial em policial. In: FONTES, Eduardo; HOFFMANN, Henrique. Temas Avançados de Polícia Judiciária. 4. ed. Salvador: Juspodivm, 2020, p. 149 e ss.

2.10 Conselho Nacional do Ministério Público

O Conselho Nacional do Ministério Público (CNMP), criado pela Emenda Constitucional 45/2004, é órgão administrativo, de natureza nacional (sua circunscrição administrativa engloba o MPU, com todas as suas ramificações, e os MPEs), que compõe o Ministério Público, tendo como finalidades o controle da atuação administrativa e financeira do *parquet*, a fiscalização dos membros do *parquet* no cumprimento de seus deveres funcionais, bem como o controle ético-disciplinar dos mesmos (controle originário e concorrente).

2.10.1 Composição

O Conselho Nacional do Ministério Público compõe-se de 14 membros com mandato de 2 anos, admitida uma recondução, sendo:

- o Procurador-Geral da República;
- 4 membros do Ministério Público da União, assegurada a representação de cada uma de suas carreiras (1 membro do MPF, 1 do MPT, 1 do MPM e 1 do MPDFT);
- 3 membros do Ministério Público dos Estados;
- 2 juízes, sendo 1 indicado pelo STF e 1 indicado pelo STJ;
- 2 advogados, indicados pelo Conselho Federal da OAB;
- 2 cidadãos de notável saber jurídico e reputação ilibada, sendo 1 indicado pela Câmara dos Deputados e 1 indicado pelo Senado Federal.

O Conselho Nacional do Ministério Público será ***presidido pelo Procurador-Geral da República***, não dependendo seu nome de aprovação ou nomeação para presidir o CNMP, vez que é "membro nato" do conselho, assim, a partir do momento em que o membro do *parquet* toma posse como Procurador-Geral da República, automaticamente ele será o Presidente do CNMP.

Já, os ***demais membros do Conselho*** serão nomeados pelo Presidente da República, depois de aprovada a escolha pela maioria absoluta do Senado Federal. Assim, o órgão indica o membro, o Senado sabatina e aprova (ou não) e, sendo aprovado, o Presidente da República o nomeia.

O Conselho escolherá, em votação secreta, um ***Corregedor Nacional***, dentre os membros do Ministério Público que o integram, vedada a recondução, competindo-lhe, além das atribuições que lhe forem conferidas pela lei, as seguintes:

- receber reclamações e denúncias, de qualquer interessado, relativas aos membros do Ministério Público e dos seus serviços auxiliares;
- exercer funções executivas do Conselho, de inspeção e correição geral;
- requisitar e designar membros do Ministério Público, delegando-lhes atribuições, e requisitar servidores de órgãos do Ministério Público.

Ademais, conforme dispõe a Constituição, ***junto ao Conselho oficiará*** o Presidente do Conselho Federal da Ordem dos Advogados do Brasil.

Para além disso, prevê a CF/88 que leis da União e dos Estados criarão ***ouvidorias*** do Ministério Público, competentes para receber reclamações e denúncias de qualquer interessado contra membros ou órgãos do Ministério Público, inclusive contra seus serviços auxiliares, representando diretamente ao Conselho Nacional do Ministério Público.

2.10.2 Competências

O art. 130-A, §2º, da CF/88, estabelece um ***rol não exaustivo*** de atribuições do Conselho Nacional do Ministério Público, afirmando que *compete ao CNMP o controle da atuação administrativa e financeira do Ministério Público e do cumprimento dos deveres funcionais de seus membros*, ***cabendo-lhe:***

- zelar pela autonomia funcional e administrativa do Ministério Público, podendo expedir atos regulamentares, no âmbito de sua competência, ou recomendar providências;
- zelar pela observância do art. 37, da CF/88, e apreciar, de ofício ou mediante provocação, a legalidade dos atos administrativos praticados por membros ou órgãos do Ministério Público da União e dos Estados, podendo desconstituí-los, revê-los ou fixar prazo para que se adotem as providências necessárias ao exato cumprimento da lei, sem prejuízo da competência dos Tribunais de Contas;
- receber e conhecer das reclamações contra membros ou órgãos do Ministério Público da União ou dos Estados, inclusive contra seus serviços auxiliares, sem prejuízo da competência disciplinar e correicional da instituição, podendo avocar processos disciplinares em curso, determinar a remoção ou a disponibilidade e aplicar outras sanções administrativas, assegurada ampla defesa;
- rever, de ofício ou mediante provocação, os processos disciplinares de membros do Ministério Público da União ou dos Estados julgados há menos de um ano;
- elaborar relatório anual, propondo as providências que julgar necessárias sobre a situação do Ministério Público no País e as atividades do Conselho, o qual deve integrar a mensagem prevista no art. 84, XI, da CF/88.

Sobre as competências do Conselho Nacional do Ministério Público é importante fazermos as seguintes ***observações:***

1) O CNMP ***não pode invadir ou substituir as manifestações funcionais dos membros do parquet***, isto é, as manifestações no exercício de suas atividades fins, só possuindo atribuições administrativas, não podendo, portanto, (re)examinar as posições adotadas pelos membros do MP em processos judiciais ou rever homologação de Termo de Ajustamento de Conduta (TAC) etc.[28]

2) No que diz respeito ao exercício do ***poder normativo***, o CNMP possui competência tanto para expedir ***atos normativos secundários*** (atos administrativos regulamentares), como ***atos normativos primários*** (de caráter geral, abstrato e autônomo, com fundamento de validade direto na Constituição, sem previsão em lei).[29]

3) O ***poder disciplinar e correicional*** do CNMP não é subsidiário aos órgãos correicionais dos Ministérios Públicos e sim autônomo, podendo ser exercido de forma originária e concorrente, tendo, inclusive, primazia, podendo o CNMP avocar processos disciplinares em curso nas corregedorias dos MPs, não estando vinculado à penalidade ou à gradação da sanção imputada pelo órgão correcional local.[30]

28. STF, MS 28.028, Rel. Min. Cármen Lúcia.
29. STF, ADI 4.263, Rel. Min. Roberto Barroso.
30. STF, MS 34.712-AgR, Rel. Min. Luiz Fux.

4) Segundo o STF, a competência disciplinar e correicional do CNMP ***limita-se aos membros do Ministério Público*** (Promotores e Procuradores), não se estendendo aos servidores desses órgãos.[31]

5) Segundo o STF, caso tenha avocado o Procedimento Administrativo Disciplinar, o CNMP ***pode aproveitar os atos instrutórios*** realizados na origem, especialmente, se o interessado não demonstrar a ocorrência de prejuízo (*pas de nullité sans grief*).[32]

6) Segundo o STF, o CNMP ***não possui competência para realizar controle de constitucionalidade de leis***, vez que sua atribuição adstringe-se ao controle de legalidade dos atos administrativos praticados por seus membros.[33]

7) Segundo o STF, o ato de ***vitaliciamento*** do membro do ***parquet possui natureza de ato administrativo***, sujeitando-se ao controle de legalidade do MP.[34]

8) Segundo o CNMP, como o Ministério Público junto aos Tribunais de Contas não é órgão do MP (art. 128, CF/88) e sim órgão administrativo auxiliar do Poder Legislativo vinculado ao próprio Tribunal de Contas, não cabe ao CNMP fiscalizá-los.[35]

2.10.3 Controle judicial da atuação do CNMP

É de suma importância fazermos as seguintes observações sobre o controle judicial da atuação do CNMP:

1) Nos termos do art. 102, I, "*r*", da CF/88, compete ao ***Supremo Tribunal Federal*** processar e julgar, originariamente, as ações contra o Conselho Nacional do Ministério Público.

2) Não cabe ao STF o controle de deliberações negativas do CNMP, isto é, daquelas que simplesmente tenham mantido decisões de outros órgãos, ou daquelas em que o CNMP entenda que não lhe cabe intervir ou decidir determinado caso, ou daquelas em que o CNMP entenda ser incompetente.[36]

2.11 Ministério Público nos Tribunais de Contas

O Ministério Público junto aos Tribunal de Contas (seja o Ministério Público junto ao Tribunal de Contas da União ou os Ministérios Públicos junto aos Tribunais de Contas dos Estados) possui fisionomia institucional própria, que não se confunde com a do Ministério Público comum,[37] tendo como missão a guarda da lei e fiscalização de sua execução.

Nos termos do art. 130, da CF/88, aos membros do Ministério Público junto aos Tribunais de Contas aplicam-se as disposições pertinentes a direitos, vedações e a forma de investidura dos membros do Ministério Público comum previstos na Constituição. Nesse sentido, o STF já reconheceu que os membros do Ministério Público que atua junto ao

31. STF, MS 28.827, Rel. Min. Cármen Lúcia.
32. STF, MS 34.666, Rel. Min. Dias Toffoli.
33. STF, MS 27.744, Rel. Min. Luiz Fux.
34. STF, MS 27.542, Rel. Min. Dias Toffoli.
35. CNMP, Processo 0.00.000.000004/2005-19. Rel. Conselheira Janice Ascari.
36. STF, MS 33.163, Rel. Min. Marco Aurélio, red. p/ o acórdão Min. Roberto Barroso.
37. STF, MS 27.339, Rel. Min. Menezes Direito.

Tribunal de Contas possuem independência funcional para atuarem perante os poderes do Estado, especialmente, perante ao Tribunal de Contas ao qual oficiam.[38]

Como o Tribunal de Contas é órgão administrativo auxiliar do Poder Legislativo, o Ministério Público que atua junto ao Tribunal de Contas, também, é órgão vinculado ao Poder legislativo, não sendo, portanto, função essencial à justiça, mas sim função essencial à fiscalização contábil, financeira, orçamentária, operacional e patrimonial da Administração Pública, auxiliar do Poder Legislativo. Deste modo, embora os membros do Ministério Público que atua junto ao Tribunal de Contas possuam os mesmos direitos dos membros do MP comum, o próprio Ministério Público que atua junto ao Tribunal de Contas não possui as mesmas garantias institucionais do MP comum. Nesse sentido, em caso levado à sua apreciação, o STF reconheceu que o Ministério Público que atua junto ao Tribunal de Contas não possui as garantias institucionais do Ministério Público comum, notadamente, no caso, as prerrogativas inerentes à autonomia administrativa e financeira do *parquet*.[39]

3. ADVOCACIA PÚBLICA

Advocacia do Pública consiste na função essencial à justiça institucionalizada para advogar para o Estado, isto é, para representar judicial e extrajudicialmente os entes estatais (incluindo os órgãos do ente que representam, bem como todos os seus Poderes – Executivo, Legislativo e Judiciário) defendendo seus interesses (*primários e secundários*, contudo, em caso de conflito entre ambos os interesses, os primários sempre devem prevalecer por terem fundamento constitucional), possuindo seus membros vínculo estatutário com a entidade a que estão vinculados.

De forma clássica, a doutrina divide as atividades da Advocacia em atividades preventivas e atividades postulatórias, podendo, assim, ser sistematizadas:

Atividades da Advocacia Pública	
Atividades Preventivas	**Atividades Postulatórias**
Consultoria e Assessoramento	**Representação Judicial**
Não há subordinação hierárquica entre o advogado público e o Estado, vigorando o regime de liberdade funcional. O advogado deve analisar a legalidade dos atos da Administração conforme sua convicção, pautando-se no sistema jurídico, não sendo obrigado a emitir opiniões e "pareceres de encomenda", isto é, contrários à sua convicção. Ademais, via de regra, orienta a instância decisória sem responsabilidade sobre a decisão tomada, mas pode ser responsabilizado em caso de parecer, de natureza opinativa, em que se configure erro grosseiro ou culpa.[40]	Há subordinação hierárquica entre o advogado público e o Estado, quedando-se restrita sua independência funcional, vez que está obrigado, em razão de seu vínculo institucional, a defender o Estado, ainda que em sua convicção o Estado esteja errado. Entretanto, essa subordinação hierárquica deve comportar temperamentos, em prol de um regime de ***independência funcional mitigada***, não devendo o advogado público, por exemplo, ser obrigado a defender teses já declaradas inconstitucionais pelo STF[41] ou, ainda, teses teratológicas (absurdas).

Por fim, é válido dizer que não há uma só Advocacia Pública (ela não é una) para representar todos os entes federativos (e suas entidades). Na verdade, cada ente possui seu órgão próprio de Advocacia Pública, até porque os interesses entre os entes podem ser conflitantes (e muitas vezes são!).

38. STF, ADI 160, Rel. Min. Octávio Gallotti.
39. STF, ADI 2.378, Rel. Min. Maurício Corrêa.
40. STF, MS 27.867, Rel. Min. Dias Toffoli.
41. STF, ADI 1.616, Rel. Min. Maurício Corrêa.

3.1 Advocacia Geral da União

Antes do advento da Constituição de 1988, a representação judicial da União era realizada por ***Procuradores da República*** (membros do Ministério Público) que, além das funções do *parquet*, cumpriam funções de "advogados públicos federais". Entretanto, com o advento da CF/88, foi criada uma instituição para a defesa da União em juízo (e fora dele), a Advocacia Geral da União. Em razão, disso, o art. 29, §2º, do ADCT facultou aos Procuradores da República da época, nos termos da lei complementar, optarem, de forma irretratável, entre as carreiras do Ministério Público Federal e da Advocacia Geral da União.

Isto posto, conforme o art. 131, da CF/88, *a **Advocacia Geral da União** é a instituição que, diretamente ou através de órgão vinculado, representa a União, judicial e extrajudicialmente, cabendo-lhe, nos termos da lei complementar que dispuser sobre sua organização e funcionamento* [Lei Complementar 73/1993], *as atividades de consultoria e assessoramento jurídico do Poder Executivo*. Entretanto, o §3º, do mesmo dispositivo constitucional, deixa a salvo que *na execução da dívida ativa de natureza tributária, a representação da União cabe à **Procuradoria Geral da Fazenda Nacional**, observado o disposto em lei.*

3.1.1 Organização da Advocacia Geral da União

A Advocacia Geral da União, nos termos sua Lei Orgânica (Lei Complementar 73/1993) ***compreende:***

I – órgãos de direção superior: ***a)*** o Advogado Geral da União; ***b)*** a Procuradoria Geral da União e a da Fazenda Nacional; ***c)*** Consultoria Geral da União; ***d)*** o Conselho Superior da Advocacia-Geral da União; e ***e)*** a Corregedoria Geral da Advocacia da União;

II – órgãos de execução: ***a)*** as Procuradorias Regionais da União e as da Fazenda Nacional e as Procuradorias da União e as da Fazenda Nacional nos Estados e no Distrito Federal e as Procuradorias Seccionais destas; ***b)*** a Consultoria da União, as Consultorias Jurídicas dos Ministérios, da Secretaria Geral e das demais Secretarias da Presidência da República e do Estado Maior das Forças Armadas;

III – órgão de assistência direta e imediata ao Advogado Geral da União: o Gabinete do Advogado Geral da União;

3.1.2 Membros da Advocacia Geral da União e ingresso na carreira

Nos termos da Lei Complementar 73/1993, são ***membros*** da Advocacia Geral da União: o Advogado Geral da União, o Procurador-Geral da União, o Procurador-Geral da Fazenda Nacional, o Consultor Geral da União, o Corregedor Geral da Advocacia da União, os Secretários Gerais de Contencioso e de Consultoria, os Procuradores Regionais, os Consultores da União, os Corregedores Auxiliares, os Procuradores Chefes, os Consultores Jurídicos, os Procuradores Seccionais, os Advogados da União, os Procuradores da Fazenda Nacional e os Assistentes Jurídicos.

Já o ***ingresso na carreira*** da Advocacia Geral da União, conforme dispõe o §2º, do art. 131, da CF/88, dá-se nas classes iniciais das carreiras da instituição mediante concurso público de provas e títulos, ***sendo seus membros remunerados exclusivamente por subsídio*** fixado em parcela única, vedado o acréscimo de qualquer gratificação, adicional, abono, prêmio, verba de representação ou outra espécie remuneratória, obedecido, em qualquer caso, o disposto no art. 37, X e XI, da CF/88.

3.1.3 Advogado Geral da União

Nos termos do art. 131, §1º, *a Advocacia Geral da União tem por chefe o Advogado Geral da União, de livre nomeação pelo Presidente da República dentre cidadãos maiores de 35 anos, de notável saber jurídico e reputação ilibada*.

Perceba que o Advogado Geral da União (AGU) não se submete à sabatina perante o Senado Federal, sendo seu cargo de ***livre nomeação pelo Presidente da República***, que pode nomear, inclusive, alguém que não integre os quadros da carreira da Advocacia Geral da União, bastando que o indicado: *i) seja advogado; ii) tenha notório saber jurídico; iii) tenha reputação ilibada*.

O Advogado Geral da União tem ***status de Ministro de Estado***,[42] possuindo, portanto, ***prerrogativa de foro***, sendo julgado, por crimes comuns, pelo Supremo Tribunal Federal (art. 102, I, "c", CF/88) e pelo Senado Federal por crimes de responsabilidade (art. 52, II, CF/88).

As ***atribuições do Advogado Geral da União*** estão previstas, em rol exemplificativo, no art. 4º, da Lei Complementar 73/1993, dentre as quais vale destacar, para além da direção da Advocacia Geral da União e da representação da União perante o STF, que cabe ao AGU defender, nas ações diretas de inconstitucionalidade, a norma legal ou ato normativo (federal ou estadual), objeto de impugnação. Entretanto, conforme já decidiu o STF, essa competência comporta mitigação, não estando o AGU obrigado a defender a constitucionalidade de leis que o próprio STF já tenha declarado inconstitucionais,[43] nem de teses que contrariem os interesses da União.[44]

Ademais, nos termos da Lei Orgânica da Advocacia Geral da União, ***o Advogado Geral da União é auxiliado*** por dois Secretários Gerais – o de Contencioso e o de Consultoria –, sendo que, ***subordinam-se diretamente a ele***, além do seu Gabinete, a Procuradoria Geral da União, a Consultoria Geral da União, a Corregedoria Geral da Advocacia Geral da União, a Secretaria de Controle Interno e, técnica e juridicamente, a Procuradoria Geral da Fazenda Nacional [*ATENÇÃO*: a Procuradoria Geral da Fazenda Nacional se subordina técnica e juridicamente ao AGU, entretanto, administrativamente, ela se subordina ao Ministro da Fazenda].

3.2 Procuradoria dos Estados e do Distrito Federal

A advocacia pública dos Estados e do Distrito Federal é exercida pelas suas respectivas Procuradorias, que ostentam previsão constitucional (art. 132), segundo à qual, *os Procuradores dos Estados e do Distrito Federal, organizados em* ***carreira****, na qual o* ***ingresso*** *dependerá de concurso público de provas e títulos, com a participação da Ordem dos Advogados do Brasil em todas as suas fases, exercerão a representação judicial e a consultoria jurídica das respectivas unidades federadas, sendo-lhes assegurada estabilidade após três anos de efetivo exercício, mediante avaliação de desempenho perante os órgãos próprios, após relatório circunstanciado das corregedorias*.

Com fundamento no citado dispositivo constitucional, temos que as Procuradorias dos Estados e do Distrito Federal são responsáveis pela representação judicial e consultoria

42. Conforme o art. 20, VI, da Lei 13.884/2019. Ademais, esse *status* já foi declarado constitucional pelo STF (Inq. 1.660-QO, Rel. Min. Sepúlveda Pertence), ao dispositivo semelhante da legislação anterior.
43. STF, ADI 1.616, Rel. Min. Maurício Corrêa.
44. STF, ADI 3.916, Rel. Min. Eros Grau.

jurídica desses entes federativos como um todo, residindo aí o ***princípio da unicidade da representação judicial***, com base no qual o STF já decidiu que:

- É inconstitucional dispositivo de Constituição Estadual que preveja que a Procuradoria Geral do Estado ficará responsável pelas atividades de representação judicial e de consultoria jurídica apenas "do Poder Executivo", pois as atribuições da PGE não ficam restritas ao Poder Executivo, abrangendo também os demais Poderes.[45]
- É inconstitucional dispositivo de Constituição Estadual que preveja que "a representação judicial e extrajudicial dos órgãos da administração indireta é de competência dos profissionais do corpo jurídico que compõem seus respectivos quadros e integram advocacia pública cujas atividades são disciplinadas em leis específicas", pois a CF/88 atribuiu aos Procuradores dos Estados e do DF exclusividade no exercício da atividade jurídica contenciosa e consultiva não apenas dos órgãos, mas também das entidades que compõem a administração pública indireta.[46]
- É inconstitucional dispositivo de Constituição Estadual que cria o cargo de procurador autárquico ou de advogado de fundação em estrutura paralela à Procuradoria do Estado.[47]
- O cargo de diretor jurídico de autarquia estadual deve ser ocupado, necessariamente, por Procurador do Estado.[48]
- É inconstitucional a criação de cargo em comissão de assessor jurídico, consultor jurídico e procurador jurídico no âmbito do Executivo estadual.[49]
- É inconstitucional a criação, pela Constituição Estadual, da figura do Procurador da Fazenda Estadual.[50]
- Os titulares de cargos técnicos (ainda que se exija curso superior em direito para o cargo) não podem exercer a representação jurídica de autarquia estadual, embora possam atuar juridicamente no âmbito interno da autarquia.[51]
- É constitucional lei estadual que preveja o cargo em comissão de Procurador-Geral de Universidade Estadual. Esta previsão está de acordo com o princípio da autonomia universitária (art. 207, da CF/88).[52]
- É possível a criação de Procuradoria da Assembleia Legislativa e de Procuradoria do Tribunal de Contas do Estado, mas este órgão ficará responsável somente pela defesa das prerrogativas do Poder Legislativo.[53]

Ademais, em conformidade com o art. 135 c/c o art. 39, §4º, da CF/88, os procuradores, enquanto advogados públicos, ***são remunerados exclusivamente por subsídio*** *fixado em parcela única, vedado o acréscimo de qualquer gratificação, adicional, abono, prêmio, verba de representação ou outra espécie remuneratória, obedecido, em qualquer caso, o disposto no art. 37, X e XI, da CF/88.*

45. STF, ADI 5.262, Rel. Min. Cármen Lúcia.
46. STF, ADI 5.262, Rel. Min. Cármen Lúcia.
47. STF, ADI 5.215, Rel. Min. Roberto Barroso; STF, ADI 4.449, Rel. Min. Marco Aurélio.
48. STF, ADI 6.397-MC, Rel. Roberto Barroso.
49. STF, ADI 4.843, Rel. Min. Celso de Mello; STF, ADI 6.252, Rel. Min. Marco Aurélio.
50. STF, ADI 825, Rel. Min. Alexandre de Moraes.
51. STF, ADI 5.109, Rel. Min. Luiz Fux.
52. STF, ADI 5.262, Rel. Min. Cármen Lúcia.
53. STF, ADI 4.070, Rel. Min. Cármen Lúcia.

Aqui, insta registrar que o STF firmou o entendimento de que é constitucional o pagamento de ***honorários de sucumbência*** aos advogados públicos (federais, estaduais, distritais e municipais), devendo-se observar, contudo, o teto remuneratório constitucional (art. 37, XI), ou seja, o valor dos honorários sucumbenciais somado às demais verbas remuneratórias recebidas pelos advogados públicos não podem ultrapassar o referido teto.[54]

Passando agora a tratar do ***Procurador-Geral do Estado*** (ou do DF) – chefe da Procuradoria Geral –, temos que seu cargo, *prima facie*, é de livre nomeação e exoneração pelo Governador, dentre advogados que podem ou não integrar a carreira. Entretanto, é possível que a Constituição do Estado estabeleça que a escolha deve ser feita somente entre integrantes da carreira de Procurador do Estado.[55] Ademais, segundo o STF, em relação aos critérios de escolha do Procurador-Geral do Estado e seus substitutos não se aplica a reserva de iniciativa do Governador (art. 61, §1º, CF/88), pois a PGE é um órgão criado diretamente pela Constituição.[56]

Por outro lado, em relação às ***competências da Procuradoria Geral do Estado***, já decidiu o STF que essa matéria é de iniciativa reservada do chefe do Poder Executivo (art. 61, §1º, da CF/88), sendo inconstitucional Emenda à Constituição Estadual, de iniciativa parlamentar, que trate sobre as competências da Procuradoria Geral do Estado.[57]

Ademais, conforme decidiu o STF, é inconstitucional norma da Constituição Estadual que preveja a possibilidade de a Assembleia Legislativa convocar o PGJ (e o Presidente do TJ) para prestar informações, sob pena de crime de responsabilidade.[58]

Quanto às ***garantias institucionais e funcionais***, vale destacar que as Procuradorias de Estado, por integrarem os respectivos Poderes Executivos, não gozam de autonomia funcional, administrativa ou financeira, vez que a Administração Direta é una, não podendo norma estadual estender os princípios institucionais e as prerrogativas funcionais do MP e da Defensoria Pública às Procuradorias de Estado.[59] Em razão disso, norma estadual não pode estabelecer que os Procuradores do Estado gozam de independência funcional, até porque a parcialidade é inerente às suas funções, já que lhes cabe a defesa do Estado.[60] Na mesma linha, norma estadual, ao tratar sobre as prerrogativas dos Procuradores do Estado, não pode atribuir-lhes a garantia da inamovibilidade, porquanto os procuradores estão sujeitos à hierarquia administrativa, nos termos da CF/88,[61] o que não impede a discussão judicial de eventuais atos de remoção arbitrários ou caprichosos.[62]

Já no que concerne ao foro por prerrogativa, seguindo no caminho de sua virada jurisprudencial sobre o tema, o STF decidiu que ***é inconstitucional*** *dispositivo da Constituição Estadual que confere foro por prerrogativa de função, no Tribunal de Justiça, para Procuradores do Estado*, Procuradores da Assembleia Legislativa do Estado, Defensores Públicos e Delegados de Polícia, pois a Constituição Federal, apenas excepcionalmente, conferiu prerrogativa de

54. STF, ADPF 597; ADI 6.053, ADI 6.159; e ADI 6.162.
55. STF, ADI 2.581, Rel. Min. Maurício Corrêa.
56. STF, ADI 4.898, Rel. Min. Cármen Lúcia.
57. STF, ADI 5.262, Rel. Min. Cármen Lúcia.
58. STF, ADI 2.921, Rel. Min. Carlos Britto; STF, ADI 5.416, Rel. Gilmar Mendes.
59. STF, ADI 5.029, Rel. Min. Luiz Fux.
60. STF, ADI 1.246, Rel. Min. Roberto Barroso.
61. STF, ADI 5.029, Rel. Min. Luiz Fux.
62. STF, ADI 1.246, Rel. Min. Roberto Barroso.

foro para as autoridades federais, estaduais e municipais. Assim, não se pode permitir que os Estados possam, livremente, criar novas hipóteses de foro por prerrogativa de função.[63]

Por fim, em relação ao ***exercício de suas atribuições***, vale destacar, nos termos da jurisprudência do STF que para que o Procurador do Estado possa propor *ação civil pública* (ação civil pública de improbidade administrativa, por exemplo), não é necessária autorização do Govenador do Estado, sendo, contudo, indispensável a anuência do Procurador-Geral do Estado.[64]

3.3 Procuradoria dos Municípios

A Constituição Federal de 1988 não tratou das Procuradorias Municipais. Entretanto, os municípios são livres para criarem suas próprias procuradorias, embora não possam ser obrigados a criá-las, nem mesmo pela Constituição do respectivo Estado.[65] Todavia, se o município criar sua Procuradoria Municipal, ela fará parte das funções essenciais à justiça, sendo o teto remuneratório dos Procuradores Municipais o mesmo dos Procuradores do respectivo Estado.[66]

4. ADVOCACIA PRIVADA

Nos termos do art. 133, da CF/88, *o advogado é indispensável à administração da justiça, sendo inviolável por seus atos e manifestações no exercício da profissão, nos limites da lei*, sendo que, atualmente, é a Lei 8.906/1994, que dispõe sobre o Estatuto da Advocacia e a Ordem dos Advogados do Brasil.

Ao consagrar a advocacia na Constituição como uma função essencial à justiça, o constituinte evidenciou que a advocacia, embora seja exercida de forma privada por profissionais liberais, trata-se de um ***múnus público***, uma função de interesse público e social que transpassa os meros interesses individuais dos advogados e/ou das partes, porque desempenha um papel fundamental para o desenvolvimento dos Poderes do Estado, em especial do Poder Judiciário, bem como para a manutenção da democracia, a proteção e promoção dos direitos fundamentais, a promoção da cidadania e a fiscalização das instituições e das autoridades públicas e privadas.

Sem dúvidas, ***sem advogado não há justiça***, sem advogado não há cidadania, nem democracia, nem direitos. O advogado é (deve ser) a engrenagem da justiça, é (deve ser) um guerreiro incansável na luta diária pelo respeito ao direito, à pessoa humana (e sua dignidade), é (deve ser) um guarda sempiterno da Constituição e das leis, sempre pronto a denunciar qualquer indício de ilegalidade, de injustiça. O advogado é, muitas vezes, o único a ouvir e dar voz aos excluídos e aos injustiçados, a última barreira entre o descaso total da sociedade e do Estado com o ser humano e a garantia de seus direitos enquanto pessoa, enquanto ser racional e social.

Ainda assim, nas últimas décadas, temos vivenciado o ***sucateamento da profissão***, a banalização das funções da advocacia, o desrespeito constante da mídia, dos políticos, da

63. STF, ADI 2.553, Rel. Min. Gilmar Mendes, red. p/ o acórdão Min. Alexandre de Moraes.
64. STF, ARE 1.165.456-AgR, Rel. Min. Marco Aurélio, red. p/ o ac. Min. Roberto Barroso.
65. STF RE 893.694-AgR, Rel. Min Celso de Mello.
66. STF, RE 663.696, Rel. Min. Luiz Fux.

sociedade e até mesmo dos próprios advogados e da própria Ordem dos Advogados do Brasil (OAB) com a advocacia.

Aqui, é importante registrarmos que ***a advocacia não se confunde com a Ordem dos Advogados do Brasil.*** Embora a OAB seja o conselho profissional (de classe) dos advogados e, por isso, seja a representante oficial da profissão, elas não se confundem, até porque, em muitas oportunidades a OAB já se colocou na contramão da advocacia e de seu *múnus* essencial, como, por exemplo, nos primeiros anos da ditadura militar deflagrada em 1964, em que a OAB apoiou formalmente o golpe e o governo totalitarista que foi instaurado.

Por isso mesmo, ***é de suma importância a defesa da advocacia***, de seu *múnus*, de sua imagem, de suas funções, de suas prerrogativas, de seus profissionais e de seus respectivos direitos, como forma de defesa da própria democracia e da cidadania, vez que se trata de função essencial não só à justiça, mas, também, à manutenção e desenvolvimento do próprio sistema constitucional.

4.1 Habilitação profissional

Ser bacharel em direito não é suficiente para exercer a advocacia, isto porque, nos termos do art. 5º, XIII, da CF/88, *é livre o exercício de qualquer trabalho, ofício ou profissão, atendidas as qualificações profissionais que a lei estabelecer*, sendo que a Lei 8.906/1994, além de outros condições, exige a aprovação no ***Exame de Ordem*** para a inscrição como advogado (art. 8º, IV) perante à Ordem dos Advogados do Brasil, sendo essa inscrição no conselho de classe indispensável para o exercício regular da profissão, já tendo o STF declarado constitucionais a exigência legal de aprovação no Exame de Ordem, bem como a exigência de inscrição na OAB para o exercício da advocacia.[67]

Por outro lado, ***o advogado não pode ser impedido de exercer sua profissão em razão de estar inadimplente com a anuidade da OAB***, tendo o STF firmado o entendimento de que é inconstitucional a suspensão realizada por conselho de fiscalização profissional do exercício laboral de seus inscritos por inadimplência de anuidades, pois a medida consiste em sanção política em matéria tributária.[68] Aqui, vale registrar que o STF considera a anuidade da OAB uma contribuição profissional ou corporativa, portanto, tributo,[69] que, em caso de inadimplência, deve ser cobrado mediante execução perante a justiça federal, tendo natureza de título executivo extrajudicial depois de certificada pela diretoria do conselho.[70]

4.2 Ordem dos Advogados do Brasil

A Ordem dos Advogados do Brasil é o conselho profissional (conselho de classe) da advocacia, sendo, nos termos da Lei 8.906/1994, *serviço público, dotada de personalidade jurídica e forma federativa* (art. 44, *caput*), *não mantendo com órgãos da Administração Pública qualquer vínculo funcional ou hierárquico* (art. 44, §1º).

Em face dessas disposições legais, o STF, em julgamento realizado em 2006, declarou que a OAB não integra a Administração Pública Indireta, mais precisamente, afastando a tese de que ela seria uma Autarquia Especial de Classe, como os demais conselhos pro-

67. STF, RE 603.583, Rel. Min. Marco Aurélio.
68. STF, RE 647.885, Rel. Min. Edson Fachin.
69. STF, ADI 4.697, Rel. Min. Edson Fachin.
70. STF, RE 595.332, Rel. Min. Marco Aurélio.

fissionais.[71] Por outro lado, na contramão dessa decisão, o STF, além de ter reconhecido a natureza tributária da anuidade da OAB, já afirmou em diversas oportunidades que a OAB goza de imunidade tributária recíproca, pois desempenha atividade própria de Estado.[72] Bem, ***segundo o Supremo Tribunal Federal***, isso ocorre porque ***a OAB é uma entidade sui generis*** (uma entidade única, que não encontra similares), sendo uma ***pessoa jurídica de direito privado que desempenha serviço público autônomo e independente*** e goza de prerrogativas e privilégios de entidades públicas, embora não se submeta às limitações dessas entidades, por exemplo, não sendo obrigada à licitar ou realizar concursos públicos.

Ora, com as devidas vênias, esse entendimento do Supremo Tribunal Federal, além de claramente inconstitucional, atenta claramente contra a coerência e a integridade do sistema jurídico. Segundo esse entendimento, a OAB seria uma espécie de super entidade que goza de todos os privilégios do setor público e do setor privado e que não tem quaisquer dos ônus desses setores, reunindo tudo o que a natureza pública e a natureza privada podem oferecer de bom e afastando-se de quaisquer limitações impostas a elas.

Nos termos do art. 37, XIX, da CF/88 c/c o art. art. 5º, I, do decreto-lei 200/1967, entendemos que a OAB é, na verdade, uma Autarquia Especial de Classe, possuindo natureza de pessoa jurídica de direito público da Administração Indireta, sendo que qualquer disposição legal em contrário, a nosso ver, é inconstitucional, inclusive o §1º, do art. 44, da lei 8.906/1994. Não é admissível que o Supremo Tribunal Federal crie uma nova espécie de pessoa jurídica que não está prevista em qualquer lugar, ou pior, que tente encaixar a OAB nessa nova espécie inexistente quando a própria Constituição já prevê uma entidade na qual ela se encaixa com perfeição: a autarquia.

A nosso ver, a OAB é claramente uma autarquia, dentre outros motivos, pelos seguintes: *i)* é uma entidade criada por lei (inicialmente foi criada pelo Decreto 19.408/1930 e atualmente encontra-se instituída e regulamentada pela lei 8.906/1990) encaixando-se no conceito de autarquia, nos termos do art. 37, XIX, da CF/88 c/c o art. art. 5º, I, do decreto-lei 200/1967; *ii)* presta serviço público de forte caráter estatal; *iii)* desempenha uma função essencial à justiça; *iv)* é um conselho profissional, sendo que todos os demais conselhos profissionais são autarquias; *v)* não se encaixa em nenhuma das espécies de pessoas jurídicas privadas (art. 44, do CC), mas se encaixa na definição de pessoa jurídica de direito público do Código Civil (art. 41, IV e V).

Nesse sentido, o Tribunal de Contas da União, em novembro de 2018, no julgamento do processo TC 015.720/2018-7, em decisão ímpar e de perfeição técnica e constitucional, reconheceu que a OAB é uma entidade autárquica e que, portanto, deve submeter suas contas à apreciação do TCU. Confira a ementa:

> PROCESSO ADMINISTRATIVO. ORDEM DOS ADVOGADOS DO BRASIL (OAB). ESTUDO TÉCNICO SOBRE A INCLUSÃO OU NÃO DA ORDEM DOS ADVOGADOS DO BRASIL (OAB) COMO UNIDADE PRESTADORA DE CONTAS AO TCU. ANÁLISE SOBRE A EXISTÊNCIA DE COISA JULGADA, A NATUREZA AUTÁRQUICA DA ENTIDADE E PÚBLICA DOS RECURSOS QUE ELA ADMINISTRA. ENTENDIMENTO FIRMADO NO SENTIDO DE QUE A OAB SE SUBMETE À JURISDIÇÃO DO TCU. DETERMINAÇÃO PARA SUA INCLUSÃO COMO UNIDADE PRESTADORA DE CONTAS. CONSIDERAÇÕES SOBRE OS EFEITOS DA DELIBERAÇÃO. 1. Inexiste

71. STF, ADI 3.026, Rel. Min. Eros Grau.
72. STF, RE 259.976-AgR, Rel. Min. Joaquim Barbosa; STF, RE 405.267, Rel. Min. Edson Fachin.

coisa julgada capaz de impedir a inclusão da OAB entre as unidades que devem prestar contas ao TCU. **2. A OAB preenche todos os requisitos previstos no art. 5º, I, do Decreto-lei 200/1967, recepcionado pela Constituição Federal de 1988, necessários para ser enquadrada como autarquia, pois constitui "serviço autônomo, criado por lei, com personalidade jurídica, patrimônio e receita próprios, para executar atividades típicas da Administração Pública, que requeiram, para seu melhor funcionamento, gestão administrativa e financeira descentralizada".** 3. As contribuições cobradas pela OAB de seus inscritos têm natureza de tributo, explicitamente assentada no art. 149 da Constituição Federal. 4. As alterações introduzidas no ordenamento jurídico pátrio pela Constituição Federal de 1988 reforçam a necessidade de maior transparência das instituições, em nome do Estado Democrático de Direito e da efetivação do princípio republicano, os quais estão intimamente ligados ao incremento da *accountability* pública. 5. O Estado vem reforçando e exigindo transparência e regras de *compliance* até mesmo para as pessoas jurídicas privadas que com ele se relacionam. **6. A natureza de autarquia e o regime público e compulsório dos tributos que arrecada impõem que a OAB, como qualquer conselho profissional, deva estar sujeito aos controles públicos, não havendo nada que a distinga, nesses aspectos, dos demais conselhos profissionais.** 7. No atual desenho institucional brasileiro, a OAB exerce papel fundamental de vigilante sobre o exercício do poder estatal e de defesa da Constituição e do Estado Democrático de Direito, o que só aumenta o grau de exigência de uma gestão transparente e aberta ao controle público.

Entretanto, em junho de 2019, a Ministra Rosa Weber do STF, deferiu a liminar pleiteada pela OAB no MS 36.376, suspendendo a eficácia do acórdão do TCU até que o STF decida a questão de forma definitiva. A controvérsia também foi levada ao Supremo na Reclamação 32.924, relatada pela Ministra Rosa Weber, para quem o Mandado de Segurança foi distribuído por prevenção. Ademais, vale registrar que a questão discutida no MS é objeto do Recurso Extraordinário 118.2189, que teve repercussão geral reconhecida pelo plenário virtual da Corte e aguardava (e ainda aguarda) julgamento.

4.3 Princípio da indisponibilidade do advogado

O princípio constitucional da indisponibilidade ou indispensabilidade do advogado à administração da justiça (art. 133, CF/88) possui duas facetas:

i) ***Não há justiça sem advogado.*** Ora, o acesso à justiça, em sentido material, é muito mais do que simplesmente peticionar ao Judiciário, exigindo, dentre outras coisas, o patrocínio de um profissional qualificado que possa defender os direitos da pessoa frente ao Judiciário, um profissional que possua comprovado conhecimento e condições técnicas de buscar a tutela efetivas dos direitos postulados: o advogado. Em razão disso, o STF já reconheceu que o direito à defesa técnica por profissional legalmente habilitado é um ***direito indisponível e irrenunciável***.[73]

ii) ***O advogado é o profissional habilitado a exercer o ius postulandi (capacidade postulatória), com exclusividade, em juízo.*** Assim, os atos processuais privativos de advogado, são nulos de pleno direito quando praticados por quem não tenha capacidade postulatória.

73. STF, HC 102.019, Rel. Min. Ricardo Lewandowski.

Entretanto, nos termos da Constituição, da legislação e da jurisprudência do STF, há ***exceções ao princípio da indisponibilidade do advogado***, havendo *situações em que a presença do advogado não será obrigatória, mas meramente facultativa*, destacando-se as seguintes:

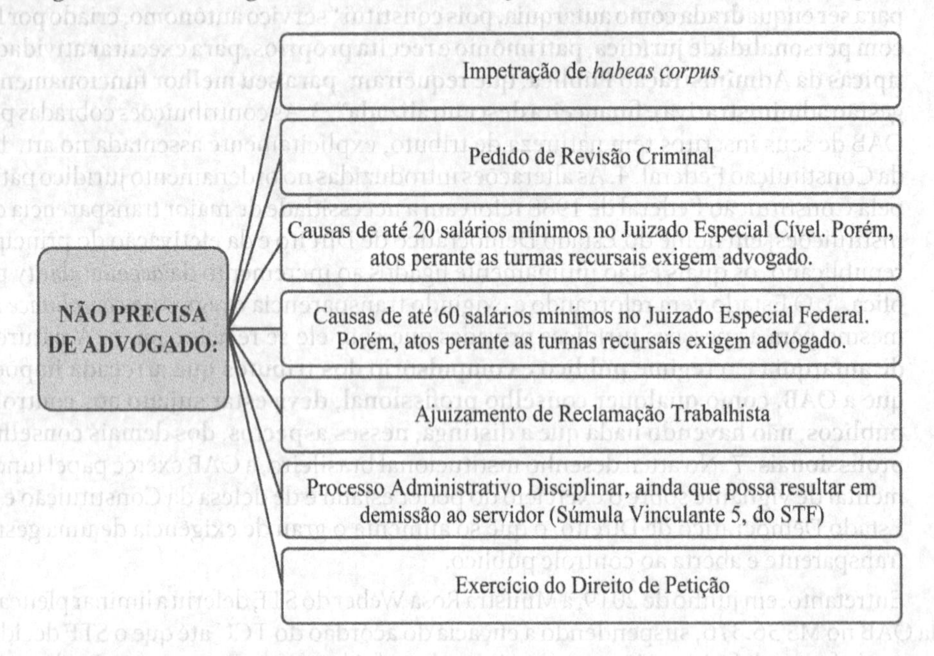

NÃO PRECISA DE ADVOGADO:
Impetração de habeas corpus
Pedido de Revisão Criminal
Causas de até 20 salários mínimos no Juizado Especial Cível. Porém, atos perante as turmas recursais exigem advogado.
Causas de até 60 salários mínimos no Juizado Especial Federal. Porém, atos perante as turmas recursais exigem advogado.
Ajuizamento de Reclamação Trabalhista
Processo Administrativo Disciplinar, ainda que possa resultar em demissão ao servidor (Súmula Vinculante 5, do STF)
Exercício do Direito de Petição

4.4 Princípio da inviolabilidade do advogado

Nos termos da Constituição, advogado é inviolável por seus atos e manifestações no exercício da profissão, nos limites da lei. Ou seja, o princípio constitucional da inviolabilidade do advogado está adstrito ao exercício da profissão e aos limites da legislação infraconstitucional.

Nos termos da jurisprudência do STF, a inviolabilidade do advogado consiste em verdadeira ***imunidade material relativa*** às suas manifestações e atos profissionais, não podendo ser responsabilizado (administrativa, cível e penalmente) por eles quando proferidos ou realizados, no exercício da profissão e em razão do exercício da profissão, em juízo ou mesmo fora dele, como em uma entrevista a um jornal sobre determinado caso.[74]

Entretanto, essa imunidade, como dissemos, ***é relativa e não absoluta***, de modo que, no âmbito criminal, é pacífico que ela ***só alcança os crimes de injúria e difamação, não englobando os crimes de calúnia e de desacato à autoridade***. Ademais, segundo o STF, essa prerrogativa constitucional do advogado não é compatível com práticas abusivas ou atentatórias à dignidade da profissão ou às normas ético-jurídicas que lhe regem o exercício.[75]

74. STF, RMS 26.975, Rel. Min. Eros Grau.
75. STF, RHC 81.750, Rel. Min. Celso de Mello.

4.5 Direitos do advogado

A Lei 8.906/1994, em seu art. 6º, afirma que ***não há hierarquia nem subordinação entre advogados, magistrados e membros do Ministério Público,*** devendo todos tratar-se com consideração e respeito recíprocos, sendo que as autoridades, os servidores públicos e os serventuários da justiça devem dispensar ao advogado, no exercício da profissão, tratamento compatível com a dignidade da advocacia e condições adequadas a seu desempenho.

Já em seu art. 7º, a Lei 8.906/1994 afirma ***que são direitos do advogado:*** I – exercer, com liberdade, a profissão em todo o território nacional; II – a inviolabilidade de seu escritório ou local de trabalho, bem como de seus instrumentos de trabalho, de sua correspondência escrita, eletrônica, telefônica e telemática, desde que relativas ao exercício da advocacia; III – comunicar-se com seus clientes, pessoal e reservadamente, mesmo sem procuração, quando estes se acharem presos, detidos ou recolhidos em estabelecimentos civis ou militares, ainda que considerados incomunicáveis; IV – ter a presença de representante da OAB, quando preso em flagrante, por motivo ligado ao exercício da advocacia, para lavratura do auto respectivo, sob pena de nulidade e, nos demais casos, a comunicação expressa à seccional da OAB; V – não ser recolhido preso, antes de sentença transitada em julgado, senão em sala de Estado Maior, com instalações e comodidades condignas, ~~*assim reconhecidas pela OAB*~~,[76] e, na sua falta, em prisão domiciliar; VI – ingressar livremente: *a)* nas salas de sessões dos tribunais, mesmo além dos cancelos que separam a parte reservada aos magistrados; *b)* nas salas e dependências de audiências, secretarias, cartórios, ofícios de justiça, serviços notariais e de registro, e, no caso de delegacias e prisões, mesmo fora da hora de expediente e independentemente da presença de seus titulares; *c)* em qualquer edifício ou recinto em que funcione repartição judicial ou outro serviço público onde o advogado deva praticar ato ou colher prova ou informação útil ao exercício da atividade profissional, dentro do expediente ou fora dele, e ser atendido, desde que se ache presente qualquer servidor ou empregado; *d)* em qualquer assembleia ou reunião de que participe ou possa participar o seu cliente, ou perante a qual este deva comparecer, desde que munido de poderes especiais; VII – permanecer sentado ou em pé e retirar-se de quaisquer locais indicados no inciso anterior, independentemente de licença; VIII – dirigir-se diretamente aos magistrados nas salas e gabinetes de trabalho, independentemente de horário previamente marcado ou outra condição, observando-se a ordem de chegada;[77] ~~*IX – sustentar oralmente as razões de qualquer recurso ou processo, nas sessões de julgamento, após o voto do relator, em instância judicial ou administrativa, pelo prazo de quinze minutos, salvo se prazo maior for concedido;*~~[78] X – usar da palavra, pela ordem, em qualquer juízo ou tribunal, mediante intervenção sumária, para esclarecer equívoco ou dúvida surgida em relação a fatos, documentos ou afirmações que influam no julgamento, bem como para replicar acusação ou censura que lhe forem feitas; XI – reclamar, verbalmente ou por escrito, perante qualquer juízo, tribunal ou autoridade, contra a inobservância de preceito de lei, regulamento ou regimento; XII – falar, sentado ou em pé, em juízo, tribunal ou órgão de deliberação coletiva da Administração Pública ou do Poder Legislativo; XIII – examinar, em qualquer órgão dos Poderes Judiciário e Legislativo, ou da Administração Pública em geral, autos de processos findos ou em andamento, mesmo

---

76. A expressão *"assim reconhecidas pela OAB"*, originariamente prevista no dispositivo legal foi declarada inconstitucional pelo STF (ADI 1.127, Rel. Min. Ricardo Lewandowski).
77. É direito do advogado ser recebido por magistrado independentemente de hora marcada (STF, ADI 4.330 e CNJ, Pedido de Providências 1.465/2007).
78. Este inciso foi integralmente declarado inconstitucional pelo STF (ADI 1.105, Rel. Min. Marco Aurélio).

sem procuração, quando não estiverem sujeitos a sigilo ou segredo de justiça, assegurada a obtenção de cópias, com possibilidade de tomar apontamentos; XIV – examinar, em qualquer instituição responsável por conduzir investigação, mesmo sem procuração, autos de flagrante e de investigações de qualquer natureza, findos ou em andamento, ainda que conclusos à autoridade, podendo copiar peças e tomar apontamentos, em meio físico ou digital; XV – ter vista dos processos judiciais ou administrativos de qualquer natureza, em cartório ou na repartição competente, ou retirá-los pelos prazos legais; XVI – retirar autos de processos findos, mesmo sem procuração, pelo prazo de dez dias; XVII – ser publicamente desagravado, quando ofendido no exercício da profissão ou em razão dela; XVIII – usar os símbolos privativos da profissão de advogado; XIX – recusar-se a depor como testemunha em processo no qual funcionou ou deva funcionar, ou sobre fato relacionado com pessoa de quem seja ou foi advogado, mesmo quando autorizado ou solicitado pelo constituinte, bem como sobre fato que constitua sigilo profissional; XX – retirar-se do recinto onde se encontre aguardando pregão para ato judicial, após trinta minutos do horário designado e ao qual ainda não tenha comparecido a autoridade que deva presidir a ele, mediante comunicação protocolizada em juízo. XXI – assistir a seus clientes investigados durante a apuração de infrações, sob pena de nulidade absoluta do respectivo interrogatório ou depoimento e, subsequentemente, de todos os elementos investigatórios e probatórios dele decorrentes ou derivados, direta ou indiretamente, podendo, inclusive, no curso da respectiva apuração apresentar razões e quesitos.

Por sua vez, o art. 7º-A, incluído pela Lei 13.363/2016, afirma que são ***direitos da advogada: I – gestante: a)*** entrada em tribunais sem ser submetida a detectores de metais e aparelhos de raios X; ***b)*** reserva de vaga em garagens dos fóruns dos tribunais; ***II – lactante, adotante ou que der à luz***, acesso a creche, onde houver, ou a local adequado ao atendimento das necessidades do bebê; ***III – gestante, lactante, adotante ou que der à luz***, preferência na ordem das sustentações orais e das audiências a serem realizadas a cada dia, mediante comprovação de sua condição; ***IV – adotante ou que der à luz***, suspensão de prazos processuais quando for a única patrona da causa, desde que haja notificação por escrito ao cliente.

Além disso, vale destacar que o recente art. 7º-B, incluído pela Lei 13.869/2019, instituiu o ***crime de violação de direito ou prerrogativa do advogado*** para os casos de violação dos incisos II, III, IV e V do art. 7º, da Lei 8.906/1994.

Por fim, é importante destacarmos as seguintes ***decisões do Supremo Tribunal Federal*** acerca dos direitos e prerrogativas do advogado:

1) Sobre o direito do advogado de, antes de sentença transitada em julgado, somente ser recolhido preso em sala de Estado Maior, *com instalações condignas, e, na sua falta, em prisão domiciliar, entende o STF: i)* sala de Estado Maior consiste no compartimento de qualquer unidade militar que, ainda que potencialmente, possa ser utilizado pelo grupo de oficiais que assessoram o comandante da organização militar para exercer suas funções, o local deve oferecer instalações e comodidades condignas;[79] *ii)* a existência de grades nas dependências da sala de Estado Maior, por si só, não impede o reconhecimento do perfeito atendimento ao disposto no art. 7º, V, da Lei 8.906/1994, se a sala atende às condições de salubridade, luminosidade e ventilação;[80]

79. STF, Rcl. 4.535, Rel. Min. Sepúlveda Pertence.
80. STF, Rcl. 6.387, Rel. Min. Ellen Gracie.

2) ***Sobre a inviolabilidade do escritório ou local de trabalho do advogado****, bem como de seus instrumentos de trabalho, de sua correspondência escrita, eletrônica, telefônica e telemática, desde que relativas ao exercício da advocacia, entende o STF: i)* não opera a inviolabilidade do escritório de advocacia, quando o próprio advogado seja suspeito da prática de crime, sobretudo concebido e consumado no âmbito desse local de trabalho, sob pretexto de exercício da profissão;[81] *ii)* O local de trabalho do advogado, desde que este seja investigado, pode ser alvo de busca e apreensão, observando-se os limites impostos pela autoridade judicial. Tratando-se de local onde existem documentos que dizem respeito a outros sujeitos não investigados, é indispensável a especificação do âmbito de abrangência da medida, que não poderá ser executada sobre a esfera de direitos de não investigados.[82]

3) *Nos termos da Súmula Vinculante 14, do STF, é direito do defensor, no interesse do representado, ter acesso amplo aos elementos de prova que, já documentados em procedimento investigatório realizado por órgão com competência de polícia judiciária, digam respeito ao exercício do direito de defesa.*

4) *Nos termos da Súmula Vinculante 47, do STF, os* ***honorários advocatícios*** *incluídos na condenação ou destacados do montante principal devido ao credor consubstanciam verba de* ***natureza alimentar*** *cuja satisfação ocorrerá com a expedição de precatório ou requisição de pequeno valor, observada ordem especial restrita aos créditos dessa natureza.*

5) É direito do advogado, no exercício de seu múnus profissional, ser recebido no posto do Instituto Nacional do Seguro Social (INSS), independentemente de distribuição de fichas, em lugar próprio ao atendimento.[83]

6) O advogado pode gravar a audiência mesmo sem ter autorização da autoridade judicial.[84]

5. DEFENSORIA PÚBLICA

Nos termos do art. 134, da CF/88, a Defensoria Pública é instituição permanente, essencial à função jurisdicional do Estado, incumbindo-lhe, como expressão e instrumento do regime democrático, fundamentalmente, a orientação jurídica, a promoção dos direitos humanos e a defesa, em todos os graus, judicial e extrajudicial, dos direitos individuais e coletivos, de forma integral e gratuita, aos necessitados.

O surgimento da Defensoria Pública liga-se diretamente à implementação e à ampliação do direito fundamental ao ***acesso à justiça***, sendo ela a função essencial à justiça que se dedica à proteção e promoção dos direitos das ***pessoas necessitadas, carentes, vulneráveis e hipossuficientes***, é a instituição que tem a mais nobre das missões: ajudar quem precisa da justiça, mas que não tem condições de contratar um advogado para acessá-la. A Defensoria Pública, assim, estrutura-se sobre os princípios fundamentais da ***fraternidade***, da ***solidariedade*** e da ***igualdade material***, sendo, talvez, a função mais essencial à justiça, pois a contempla não apenas como atividade jurisdicional do Estado, mas, também, e sobretudo, como virtude e ideal humano.

81. STF, Inq 2.424, Rel. Min. Cezar Peluso.
82. STF, HC 91.610, Rel. Min. Gilmar Mendes.
83. STF, RE 277.065, Rel. Min. Marco Aurélio.
84. STF, HC 193.515, Rel. Min. Dias Toffoli

Em nosso constitucionalismo, a ***assistência judiciária gratuita aos necessitados*** foi constitucionalizada pela primeira vez na Constituição de 1934, tendo sido suprimida pela Constituição ditatorial de 1937, como resultado de um verdadeiro *hiato constitucional*, e retomada pela Constituição de 1946, sendo, ainda, prevista nas Constituições de 1967 e 1969. Na Constituição de 1988, ela encontra-se positivada no art. 5º, LXXIV, segundo o qual *o Estado prestará assistência jurídica integral e gratuita aos que comprovarem insuficiência de recursos*.

Entretanto, até o advento da Constituição de 1988, a assistência judiciária gratuita aos necessitados era realizada pelo Ministério Público, que possuía múltiplas funções constitucionais (promover a ação penal, fiscalizar o patrimônio público, defender o Estado exercendo a advocacia pública, prestar assistência aos necessitados etc.), o que prejudicava consideravelmente a defesa dos direitos das pessoas mais necessitadas. Assim, inovando em nosso constitucionalismo, ***a Constituição de 1988 criou a Defensoria Pública***, enquanto instituição democrática essencial à justiça a cumprir a nobre função de defender o direito das pessoas necessitadas, carentes, vulneráveis e hipossuficientes, promovendo-lhes efetivamente o acesso à justiça, incumbindo-lhe, a nosso ver, não apenas a orientação e defesa dos direitos dos necessitados, mas, também, o exercício da função de ***custos vulnerabilis***.

5.1 Organização das Defensorias Públicas

Nos termos dos §§ 1º e 2º, do art. 134, da CF/88, a Defensoria Pública possui a seguinte estrutura orgânica:

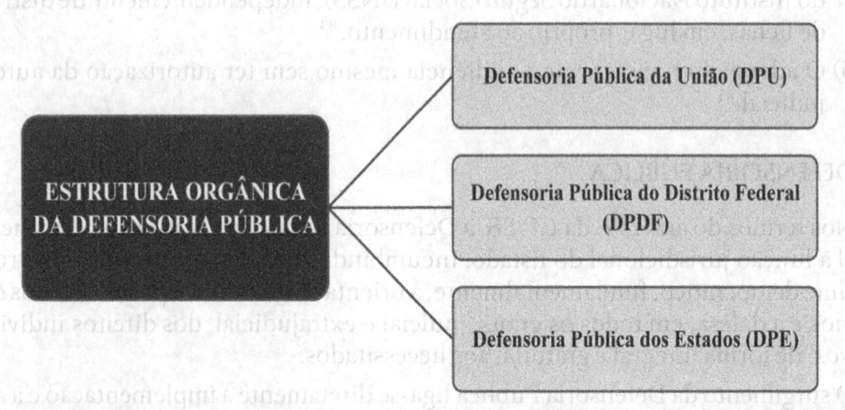

A ***competência*** para legislar sobre assistência jurídica e Defensoria Pública é ***concorrente*** entre a União, os Estados e o Distrito Federal, conforme prevê o art. 24, XIII, da CF/88, cabendo à União editar normas gerais sobre a Defensoria Pública e aos Estados e ao Distrito Federal complementarem essas normas gerais com normas específicas sobre suas respectivas defensorias.

Nesse sentido, dispõe o §1º, do art. 134, da CF/88, que cabe à ***lei complementar*** organizar a Defensoria Pública da União e do Distrito Federal e dos Territórios e prescrever normas gerais para sua organização nos Estados, ficando, entretanto, à cargo das Assembleias Legislativas dos Estados e da Câmara Legislativa do Distrito Federal[85] editarem leis específicas organizando suas respectivas defensorias.

85. Originariamente, cabia à União organizar a Defensoria Pública do Distrito Federal (art. 21, XIII e art. 22, XVII, da CF/88), entretanto, com o advento da Emenda Constitucional 69/2012, essa competência passou a ser do Distrito Federal.

De acordo com o já citado §1º, do art. 134, da CF/88, temos, ainda, que, nos termos da Lei Complementar da Defensoria Pública (Lei Complementar 80/1994), o ***ingresso na carreira*** de Defensor Público deve ser provido, na classe inicial, mediante ***concurso público de provas e títulos***, sendo que, conforme dispõe o art. 135 da CF/88, os defensores serão ***remunerados exclusivamente por subsídio*** fixado em parcela única, vedado o acréscimo de qualquer gratificação, adicional, abono, prêmio, verba de representação ou outra espécie remuneratória, obedecido o disposto no art. 37, X e XI, da CF/88.

Em relação ao ingresso na carreira e aos requisitos para exercício do cargo de Defensor Público, nos termos da jurisprudência dos tribunais superiores, temos que:

- É possível exigir a ***comprovação de três anos de atividade jurídica*** como requisito para o cargo, entretanto, para isso, é preciso previsão em lei complementar prevendo isso (art. 37, I, c/c art. 134, §1º, CF/88).[86]
- O Defensor Público não precisa estar inscrito na OAB para exercer suas atribuições.[87]
- É inconstitucional contratar advogado, sem concurso público, para ocupar o cargo de Defensor Público.[88]

Por fim, nos termos do art. 98, do ADCT, da CF/88, o ***número de defensores*** públicos na unidade jurisdicional deve ser proporcional à efetiva demanda pelo serviço da Defensoria Pública e à respectiva população.

5.2 Autonomia funcional e administrativa

O §2º, do art. 134, da CF/88, incluído pela Emenda Constitucional 45/2004, assegura às ***defensorias públicas estaduais*** autonomia funcional e administrativa e a iniciativa de sua proposta orçamentária dentro dos limites estabelecidos na lei de diretrizes orçamentárias. Já o §3º, do art. 134, da CF/88, incluído pela Emenda Constitucional 74/2013, afirma que aplica-se o disposto no §2º às ***defensorias públicas da União e do Distrito Federal***, isto é, que a elas, também, é assegurada autonomia funcional e administrativa e a iniciativa de sua proposta orçamentária dentro dos limites estabelecidos na lei de diretrizes orçamentária.

Em relação à autonomia financeira e administrativa da Defensoria Pública é importante fazermos as seguintes considerações:

1) A norma constitucional que confere autonomia funcional e administrativa à Defensoria Pública, em razão de sua densidade normativa, é de ***eficácia plena e aplicabilidade imediata***, vez que a defensoria é um instrumento institucional de efetivação dos direitos humanos.[89]

2) Em razão disso, qualquer norma estadual que vincule a Defensoria Pública do Estado à órgão do Poder Executivo estadual, se anterior à EC 45/2004, não foi por ela recepcionada, e se posterior à EC 45/2004, é inconstitucional.[90] Do mesmo modo, qualquer norma federal ou distrital que vincule a Defensoria Pública da União à órgão do Poder Executivo federal ou a Defensoria Pública do Distrito Federal à órgão do Poder Executivo distrital, se anterior à EC 74/2013, não foi por ela recepcionada, e se posterior à EC 74/2013, é inconstitucional.

86. STJ, REsp. 1.676.831, Rel. Min. Mauro Campbell Marques.
87. STF, RE 1.240.999, Rel. Min. Alexandre de Moraes; STJ, REsp. 1.710.155, Rel. Min. Herman Benjamin.
88. STF, RE 856.550, Rel. Min Rosa Weber, red. p/ o acórdão Min. Alexandre de Moraes.
89. STF, ADI 4.056, Rel. Min. Ricardo Lewandowski.
90. STF, ADI 3.569, Rel. Min. Sepúlveda Pertence.

3) É inconstitucional lei estadual que atribui ao chefe do Poder Executivo competências administrativas no âmbito da Defensoria Pública. Assim, viola o art. 134, §2º da CF/88 a lei estadual que preveja que compete ao Governador: *a)* a nomeação do Subdefensor Público Geral, do Corregedor Geral, dos Defensores Chefes e do Ouvidor da Defensoria Pública estadual; *b)* autorizar o afastamento de Defensores Públicos para estudos ou missão; *c)* propor, por meio de lei de sua iniciativa, o subsídio dos membros da Defensoria Pública.[91]

4) Em relação especificamente à ***iniciativa da Defensoria Pública para realizar sua proposta orçamentária*** (dentro dos limites estabelecidos na lei de diretrizes orçamentárias), temos que ***o chefe do Poder Executivo não pode, de forma unilateral, reduzir a proposta orçamentária da Defensoria Pública***, cabendo-lhe incorporá-la ao Projeto de Lei Orçamentária Anual nos termos exatos que a receber, podendo, entretanto, pleitear reduções orçamentárias perante o Poder Legislativo, que é o poder competente para debater, analisar e realizar modificações no Projeto de Lei Orçamentária Anual.[92]

5) Nos termos do art. 168, da CF/88, o chefe do Poder Executivo é obrigado a efetuar o repasse, sob a forma de duodécimos e até o dia 20 de cada mês, da integralidade dos recursos orçamentários destinados à Defensoria Pública pela Lei de Diretrizes Orçamentárias (LDO) para o exercício financeiro, inclusive quanto às parcelas já vencidas, assim como em relação a eventuais créditos adicionais destinados à instituição.[93]

6) Nos termos do §4º, do art. 134, da CF/88, incluído pela Emenda Constitucional 80/2014, ***aplica-se à Defensoria Pública, no que couber, o disposto no art. 93 e 96, II, da Constituição Federal.*** Vale lembrar que o art. 93 dispõe sobre as regras de organização da magistratura (tratando de promoção, delegação para a prática de atos de administração etc.), enquanto o art. 96, II, dispõe sobre a ***iniciativa** para propor projetos de lei relativos, dentre outras coisas, à criação de cargos e fixação da remuneração de ser servidores e do subsidio de seus membros*, atribuindo essa iniciativa ao órgão de cúpula da magistratura, o que, adaptando-se, à Defensoria Pública, ficaria essa ***iniciativa à cargo do Defensor Público Geral*** (da União, dos Estados e do DF, no âmbito do respectivo órgão). Entretanto, a autonomia funcional e administrativa conferida às defensorias públicas não modificou, por nenhuma das Emendas Constitucionais que trataram do tema, a ***iniciativa privativa do chefe do Poder Executivo*** *para propor os projetos de lei que disponham sobre a organização da Defensoria Pública* [Presidente da República sobre a Defensoria Pública da União e Governadores sobre as Defensorias Públicas dos Estados], *bem como normas gerais para a organização da Defensoria Pública dos Estados, do Distrito Federal e dos Territórios* [Presidente da República], conforme dispõe o art. 61, §1º, II, "d", CF/88. Conciliando esses dois dispositivos constitucionais, temos que ***compete concorrentemente*** ao Defensor Público Geral e ao chefe do Poder Executivo do ente federativo respectivo a iniciativa de projetos de lei que disponham sobre a organização da Defensoria Pública e que ***compete privativamente ao Defensor Público Geral*** a iniciativa para propor projetos de lei relativos aos demais temas do art. 96, II, da CF/88, o que inclui, dentre outras, a iniciativa para propor à criação e extinção de cargos, bem como a fixação da remuneração de seus servidores e do subsidio de seus membros.

91. STF, ADI 5286, Rel. Min. Luiz Fux.
92. STF, ADPF 307, Rel. Min. Dias Toffoli; STF, ADI 5.287, Rel. Min. Luiz Fux.
93. STF, ADPF 339, Rel. Min. Luiz Fux; STF ADPF 384, Rel. Min. Edson Fachin.

7) Ademais, ***essa iniciativa privativa do chefe do Poder Executivo não abrange as Propostas de Emenda à Constituição***, que é disciplinado pelo art. 60, da CF/88, sendo possível que Emenda à Constituição Federal proposta por iniciativa parlamentar trate sobre as matérias previstas no art. 61, § 1º da CF/88. Em razão disso, o STF declarou que a EC 74/2013, que conferiu autonomia às Defensorias Públicas da União e do Distrito Federal, não viola o art. 61, § 1º, II, alínea "*c*", da CF/88, nem o princípio da separação dos poderes, mesmo tendo sido proposta por iniciativa parlamentar.[94]

5.3 Princípios institucionais

O §4º, do art. 134, da CF/88, incluído pela Emenda Constitucional 80/2014, atribuiu à Defensoria Pública os mesmos princípios institucionais do Ministério Público: *i) unidade, ii) indivisibilidade e iii) independência funcional.*

O ***princípio da unidade*** nos revela que a Defensoria Pública deve ser vista como uma instituição única, que, embora possua uma divisão orgânica e funcional, tem como objetivo comum o cumprimento de suas funções institucionais na promoção dos direitos humanos e na defesa dos necessitados. Entretanto, em que pese seja uma instituição única (una), a Defensoria Pública não consiste em um órgão único, possuindo uma divisão orgânico-estrutural dada pela própria Constituição (art. 134, §§1º, 2º e 3º, CF/88), isto é, trata-se de uma instituição única que possui mais de um órgão (existem diversas a Defensorias Públicas que compõem a instituição Defensoria Pública), tendo todas elas, entretanto, o objetivo comum de cumprir com as funções institucionais da defensoria. Em suma: em linhas gerais, o princípio da unidade refere-se a uma unidade institucional, teleológica e funcional, mas não orgânica. Ademais, o ***princípio da unidade*** nos revela que, ***dentro de uma mesma estrutura orgânica da Defensoria Pública***, todos os membros da defensoria são dirigidos por um mesmo chefe institucional, o Defensor Público Geral. Assim, a Defensoria Pública da União é chefiada pelo Defensor Público Geral da União, do mesmo modo que cada Defensoria Pública Estadual é chefiada pelo respectivo Defensor Público Geral do Estado. Perceba que são vários órgãos da Defensoria Pública que, em conjunto, formam uma unidade institucional: a Defensoria Pública. Deste modo, podemos concluir que, pelo princípio da unidade, a Defensoria Pública é uma instituição una (unidade institucional, teleológica e funcional), mas possui divisões orgânico-estruturais estabelecidas pela própria Constituição (portanto, em linhas gerais, não tem unidade orgânica). Entretanto, a partir dessa divisão orgânica, dentro de cada Defensoria Pública, há uma unidade mais ampla que abrange tanto a unidade institucional, teleológica e funcional, quanto a unidade orgânica.

O ***princípio da indivisibilidade*** nos revela que a atuação dos membros da Defensoria Pública é na verdade a atuação da própria Defensoria Pública (não é possível dividir ou separar a ação do membro da ação da instituição, quando este age no desempenho de suas funções institucionais), assim, os membros da defensoria podem ser substituídos uns pelos outros sem que isso prejudique os atos já praticados, vez que quando um membro da Defensoria Pública atua, na verdade, é a própria Defensoria Pública, enquanto instituição, que atua. ***A indivisibilidade***, então, ***decorre da*** própria ***unidade institucional*** (todos os membros de uma determinada Defensoria Pública compõem e atuam funcionalmente pela mesma instituição), ***da impessoalidade*** (o membro da defensoria não age em nome próprio, mas sim em nome da Defensoria Pública) e ***da teoria da imputação volitiva*** (a Defensoria Pública, enquanto

94. STF, ADI 5.296-MC, Rel. Min. Rosa Weber.

órgão despersonalizado não é capaz de manifestar sua vontade por si só, assim, imputa-se à Defensoria Pública a vontade manifestada pelos seus membros, enquanto seus legítimos representantes), de modo que os membros da defensoria não se vinculam aos processos em que atuam, possibilitando sua substituição sempre que necessário.

O ***princípio da independência funcional*** possui duas dimensões: Por um lado, assegura a ***independência institucional da própria Defensoria Pública***, enquanto instituição constitucional autônoma e independente não vinculada a qualquer dos poderes e que, portanto, não se subordina hierarquicamente aos chefes dos poderes nem se submete a ingerências externas, possuindo autonomia financeira, administrativa e funcional. Por outro lado, assegura a ***independência jurídica e funcional dos membros da Defensoria Pública***, que são livres para formarem suas convicções jurídicas, não se subordinando às convicções e opiniões de outrem. Assim, embora se submetam administrativamente ao respectivo Defensor Público Geral, os membros da defensoria não se subordinam funcionalmente a ele, não estando vinculados, processualmente, aos entendimentos de seus chefes, vez que entre eles há mera hierarquia administrativa, mas não funcional. Entretanto, isso não significa que os membros da Defensoria Pública não estejam funcionalmente submetidos a nada, na verdade eles estão submetidos à Constituição e às leis do país, afinal, autonomia e independência, não significa liberdade para agir fora dos ditames constitucionais e legais.

5.4 Garantias dos Defensores Públicos

Nos termos dos arts. 43, 88 e 127, todos da Lei Complementar 80/1994, são garantias dos membros da Defensoria Pública: *i) a independência funcional no desempenho de suas atribuições; ii) a inamovibilidade; iii) a irredutibilidade de vencimentos; e iv) a estabilidade.*

A ***independência funcional no desempenho de suas funções*** é uma garantia constitucional (art. 134, §4º, CF/88), que, conforme destacamos ao tratar dos princípios institucionais da Defensoria Pública, por um lado, protege a própria instituição de ingerências externas e, por outro lado, garante a liberdade de convicção e atuação jurídica dos defensores públicos, impedindo que eles venham a ser submetidos às convicções e opiniões de outrem. Nesses termos, o STJ já reconheceu que *o Poder Judiciário não pode impor nomeação de defensores para atuarem em processos em discordância dos critérios e escolhas realizadas pela própria Defensoria Pública.*[95]

A ***inamovibilidade***, também, é uma garantia constitucional dos defensores públicos (art. 134, §1º, da CF/88), segundo a qual é vedada a remoção de ofício do membro da Defensoria Pública ou sua promoção contra a sua vontade (lembrando que a promoção dos defensores deve seguir as regras de promoção do art. 93, da CF/88). Contudo, excepcionalmente, admite-se sua remoção compulsória aplicada como sanção em processo administrativo disciplinar, com prévio parecer do respectivo Conselho Superior, assegurada ampla defesa.

A ***irredutibilidade dos vencimentos*** dos membros da Defensoria Pública é uma garantia constitucional comum a todos os servidores públicos (art. 37, XV, CF/88). Aqui, vale lembrar duas coisas: ***i) os defensores públicos são remunerados por subsídio e não por vencimento*** (art. 135, c/c art. 39, §4º, da CF/88); ***ii) essa irredutibilidade é jurídica***, impedindo que os subsídios dos membros da defensoria sejam diluídos ou reduzidos em termos nominais (numéricos), não se tratando de irredutibilidade real, que obrigaria o poder público a lhes conferir um aumento constante para evitar que o poder de compra de seu subsidio se deteriorasse com a

95. STJ, HC 310.901, Rel. Min. Nefi Cordeiro; STJ, RMS 59.413, Rel. Min. Reynaldo Soares da Fonseca.

inflação e outros índices de mercado. Ademais, é importante registrar que a irredutibilidade de subsídio dos membros da Defensoria Pública não é absoluta, podendo ser excepcionada nos casos previstos nos arts. 37, XI e XIV, 39, § 4º, 150, II, 153, III, e 153, § 2º, I, da CF/88.

A ***estabilidade***, também, é uma garantia constitucional comum a todos os servidores públicos (art. 41, CF/88), adquirida pelo Defensor Público após 3 anos de efetivo exercício do cargo, sendo que o defensor estável só poderá perder o cargo: *i)* em virtude de sentença judicial transitada em julgado; *ii)* mediante processo administrativo em que lhe seja assegurada ampla defesa; ou *iii)* mediante procedimento de avaliação periódica de desempenho, na forma de lei complementar, assegurada ampla defesa.

Por fim, vale destacar que, segundo o STF, a ***equiparação*** (aplicação do mesmo regime) de garantias, vencimentos, vantagens e impedimentos ***entre a Defensoria Pública e o Ministério Público ou a Procuradoria do Estado é inconstitucional***.[96]

5.5 Prerrogativas dos Defensores Públicos

As prerrogativas dos Defensores Públicos estão previstas na Lei Complementar 80/1994 que enuncia, em seu art. 44, as prerrogativas dos Defensores Públicos da União, em seu art. 89, as prerrogativas dos Defensores Públicos do Distrito Federal e, em seu art. 128, as prerrogativas dos Defensores Públicos dos Estados. Quanto a essas prerrogativas dos Defensores Públicos ***é importante destacarmos:***

1) É prerrogativa do Defensor Público receber, inclusive quando necessário, mediante entrega dos autos com vista, ***intimação pessoal*** em qualquer processo e grau de jurisdição ou instância administrativa, ***contando-se-lhes em dobro todos os prazos***

2) É prerrogativa do Defensor Público ***não ser preso***, senão por ordem judicial escrita, salvo em flagrante, caso em que a autoridade fará imediata comunicação ao Defensor Público Geral.

3) É prerrogativa do Defensor Público ser recolhido a ***prisão especial ou a sala especial de Estado Maior***, com direito a privacidade e, após sentença condenatória transitada em julgado, ser recolhido em dependência separada, no estabelecimento em que tiver de ser cumprida a pena;

4) O STF já declarou ***inconstitucional*** dispositivo de Constituição Estadual que previa como ***prerrogativa dos defensores públicos*** estaduais ***requisitar****, administrativamente, de autoridade pública e dos seus agentes ou de entidade particular, certidões, exames, perícias, e outros documentos e providências necessários ao exercício de suas atribuições*, por entender que essa prerrogativa implicaria, além de interferência em outros poderes, prejuízo na paridade de armas que deve haver entre as partes.[97]

5) Seguindo no caminho de sua virada jurisprudencial sobre o tema, o STF decidiu que ***é inconstitucional*** *dispositivo da Constituição Estadual que confere* ***foro por prerrogativa de função****, no Tribunal de Justiça, para Defensores Públicos*, pois a Constituição Federal, apenas excepcionalmente, conferiu prerrogativa de foro para as autoridades federais, estaduais e municipais. Assim, não se pode permitir que os Estados possam, livremente, criar novas hipóteses de foro por prerrogativa de função.[98]

---

96. STF, ADI 145, Rel. Min. Dias Toffoli.
97. STF, ADI 230, Rel. Min. Cármen Lúcia.
98. STF, ADI 2.553, Rel. Min. Gilmar Mendes, red. p/ o acórdão Min. Alexandre de Moraes.

5.6 Vedações aos Defensores Públicos

Nos termos dos arts. 46, 91 e 130, da Lei Complementar 80/1994, além das proibições decorrentes do exercício de cargo público, aos membros da Defensoria Pública é vedado:

i) exercer a advocacia fora das atribuições institucionais;

ii) requerer, advogar, ou praticar em Juízo ou fora dele, atos que de qualquer forma colidam com as funções inerentes ao seu cargo, ou com os preceitos éticos de sua profissão;

iii) receber, a qualquer título e sob qualquer pretexto, honorários, percentagens ou custas processuais, em razão de suas atribuições;

iv) exercer o comércio ou participar de sociedade comercial, exceto como cotista ou acionista;

v) exercer atividade político-partidária, enquanto atuar junto à justiça eleitoral.

Em relação à ***proibição de exercer a advocacia fora das atribuições institucionais***, prevista, também, no art. 134, §1º, da CF/88, o STF já declarou inconstitucional dispositivo da legislação do Estado de Minas Gerais que permitia que os defensores públicos do Estado exercessem a advocacia fora de suas atribuições institucionais.[99]

Já com relação à ***proibição de receber, a qualquer título e sob qualquer pretexto, honorários, percentagens ou custas processuais, em razão de suas atribuições***, é importante diferenciar que essa vedação destina-se aos Defensores Públicos e não à Defensoria Pública, em outras palavras, os defensores não podem receber quaisquer honorários, entretanto, a Defensoria pode e deve receber honorários sucumbenciais das ações que se sagra vencedora.

Nesse sentido, dispõe o art. 4º, XXI, da Lei Complementar 80/1994, que é função institucional da Defensoria Pública executar e receber *verbas sucumbenciais* decorrentes de sua atuação, inclusive quando devidas por quaisquer entes públicos, destinando-as a *fundos* geridos pela Defensoria Pública e *destinados*, exclusivamente, *ao aparelhamento da Defensoria Pública e à capacitação profissional* de seus membros e servidores.

Ademais, embora a Súmula 421, do STJ disponha em sentido contrário, o STF decidiu que, após o advento das Emendas Constitucionais que instituíram a autonomia financeira e administrativa das Defensorias Públicas (EC 45/2004, EC 74/2013 e EC 80/2014), ***a defensoria faz jus aos honorários sucumbenciais mesmo em ações contra o respectivo ente federativo*** (por exemplo, ação patrocinada pela Defensoria Pública da União contra a União, ou ação patrocinada pela Defensoria do Estado do Pará contra o Estado do Pará etc.).[100]

5.7 Destinatários dos serviços da Defensoria Pública

Nos termos do art. 5º, LXXIV, da CF/88, o Estado prestará assistência jurídica integral e gratuita aos que comprovarem insuficiência de recursos, sendo que, nos termos do art. 134, *caput*, da CF/88, cabe à defensoria pública a defesa dos necessitados, na forma do inciso LXXIV do art. 5º, da CF/88.

Assim, os destinatários dos serviços prestados pela Defensoria Pública são as *pessoas que comprovem insuficiência de recursos* para arcar com o patrocínio de suas causas perante o Poder Judiciário. Justamente por isso, é inconstitucional a fixação prévia e abstrata de defesa

99. STF ADI 2.043, Rel. Min. Eros Grau.
100. STF, AR 1.937-AgR, Rel. Min. Gilmar Mendes.

pela Defensoria Pública, em processo cível ou criminal, a uma certa classe de profissionais, ainda que servidores públicos.[101]

Ademais, nos termos da jurisprudência superior, também, ***é possível que a Defensoria Pública atue na orientação jurídica e defesa processual de pessoa jurídicas,*** desde que elas comprovem insuficiência de recursos para arcar com o patrocínio de suas causas. Entretanto, aqui cabe uma divisão:

i) ***se a pessoa jurídica possuir finalidade lucrativa,*** além de declarar que não possui recursos parar arcar com o patrocínio da causa, ela deverá demonstrar cabalmente que não possui tal condição, cabendo-lhe o ônus de provar essa situação;

ii) ***se a pessoa jurídica não possuir finalidade lucrativa*** (uma entidade filantrópica, por exemplo), seu tratamento será o mesmo conferido às pessoas físicas, bastando a declaração de que não possui recursos parar arcar com o patrocínio da causa, não lhe sendo exigida prova pré-constituída da insuficiência de recursos, de modo que, caberá ao réu alegar e provar que ela não é necessitada, na forma da lei, podendo arcar com o patrocínio da causa e as custas do processo.

5.8 Atuação da Defensoria Pública

Nos termos expressos do art. 134, da CF/88, a Defensoria Pública, como expressão e instrumento do regime democrático, deve atuar fundamentalmente na ***orientação jurídica***, na ***promoção dos direitos humanos*** e na ***defesa***, em todos os graus, judicial e extrajudicial, dos direitos individuais e coletivos, de forma integral e gratuita, ***dos necessitados***.

Sobre a atuação da Defensoria Pública, nos termos da ***jurisprudência dos tribunais superiores***, vale destacar:

1) ***Para que a Defensoria Pública do Estado atue no STJ,*** é necessário que ela possua escritório de representação em Brasília ou tenha aderido ao Portal de Intimações Eletrônicas do STJ.[102] Em contrapartida, a Defensoria Pública da União não pode atuar em processo no STJ de defensoria estadual com representação em Brasília ou que seja intimada eletronicamente.[103]

2) Pela Lei 11.448/2007, a Defensoria Pública foi instituída no rol dos legitimados para proporem a ação civil pública (art. 5º, II, Lei 7.347/1985), tendo sido sua legitimidade *ad causam* declarada constitucional pelo STF.[104] Ademais, conforme já decidiram o STF[105] e o STJ[106], ***a Defensoria Pública tem legitimidade para propor a ação civil pública para tutelar os direitos difusos, coletivos e individuais homogêneos de que sejam titulares, em tese, pessoas necessitadas,*** sendo que a expressão *"necessitados"* deve ser entendida em sentido amplo, abrangendo tanto os financeiramente necessitados, como outras pessoas ou grupos de pessoas que se apresentem necessitados em determinado caso concreto por outros motivos, isto é, que se apresentem vulneráveis na situação de fato.

101. STF, ADI 3.022, Rel. Min. Joaquim Barbosa.
102. STJ, HC 378.088-AgRg, Rel. Min. Sebastião Reis Júnior; STF HC 118.294, Rel. Min. Marco Aurélio.
103. STJ, PET no AREsp. 1.513.956, Rel. Min. Reynaldo Soares da Fonseca.
104. STF, ADI 3.943, Rel. Min. Cármen Lúcia.
105. STF, RE 733.433, Rel. Min. Dias Toffoli.
106. STJ, EREsp. 1.192.577, Rel. Min. Laurita Vaz.

3) Segundo o STJ, ***deve ser admitida a intervenção da Defensoria Pública no processo como custos vulnerabilis nas hipóteses em que há formação de precedentes em favor dos vulneráveis e dos direitos humanos.*** *Custos vulnerabilis* representa uma forma interventiva da Defensoria Pública em nome próprio e em prol de seu interesse institucional (constitucional e legal), atuação essa subjetivamente vinculada aos interesses dos vulneráveis e objetivamente aos direitos humanos, representando a busca democrática do progresso jurídico-social das categorias mais vulneráveis no curso processual e no cenário jurídico-político. Assim, a Defensoria Pública, *com fundamento no art. 134 da CF/88, deve, sempre que o interesse jurídico justificar a oitiva do seu posicionamento institucional, atuar nos processos que discutem direitos e/ou interesses dos vulneráveis ou humanos, tanto individuais quanto coletivos, para que sua opinião institucional seja considerada, construindo assim uma decisão mais democrática.*[107] Deste modo, em todo e qualquer processo onde se discuta interesses dos vulneráveis seria possível a intervenção da Defensoria Pública, independentemente de haver ou não advogado particular constituído, pois quando a Defensoria Pública atua como *custos vulnerabilis*, a sua participação processual ocorre não como representante da parte em juízo, mas sim como protetor dos interesses dos necessitados em geral.[108]

6. QUADRO SINÓPTICO

CAPÍTULO XX – FUNÇÕES ESSENCIAIS À JUSTIÇA	
MINISTÉRIO PÚBLICO	
Conceito	O Ministério Público é instituição permanente, autônoma e independente dos demais poderes, essencial à função jurisdicional do Estado, incumbindo-lhe a defesa da ordem jurídica, do regime democrático e dos interesses sociais e individuais indisponíveis.
Natureza	O Ministério Público é uma instituição constitucional autônoma e independente, tendo natureza de órgão público despersonalizado não vinculado a qualquer dos poderes.
Princípios Institucionais	O ***princípio da unidade*** nos revela que o MP deve ser visto como uma instituição única, que, embora possua uma divisão orgânica e funcional dada pela própria Constituição (existem diversos Ministérios Públicos que compõem a instituição Ministério Público), todos eles têm o objetivo comum de cumprir com as funções institucionais do *parquet*. Em suma: o princípio da unidade refere-se a uma unidade institucional, teleológica e funcional, mas não orgânica. O ***princípio da indivisibilidade*** nos revela que a atuação dos membros do MP é na verdade a atuação do próprio MP (não é possível dividir ou separar a ação do membro da ação da instituição, quando este age no desempenho de suas funções institucionais), assim, os membros do *parquet* podem ser substituídos uns pelos outros, respeitado o princípio do promotor natural, sem que isso prejudique os atos já praticados. O ***princípio da independência funcional***, por um lado, assegura a independência institucional do próprio MP, enquanto instituição constitucional autônoma e independente não vinculada a qualquer dos poderes, por outro lado, assegura a independência jurídica e funcional dos membros do MP, que são livres para formarem suas convicções jurídicas, não se subordinando às convicções e opiniões de outrem. O ***princípio do promotor natural***, por um lado, assegura ao membro do *parquet* o exercício pleno e independente do seu ofício, por outro lado, reconhece à sociedade o direito de ver atuando, em quaisquer causas, apenas o promotor cuja intervenção se justifique a partir de critérios abstratos e predeterminados estabelecidos em lei, proibindo-se a interferência hierárquica indevida da chefia do órgão por meio de eventuais designações casuísticas, repelindo a figura do acusador de exceção.

107. BUENO, Cassio Scarpinella. Curso sistematizado de direito processual civil: teoria geral do direito processual civil. 9. ed. São Paulo: Saraiva, 2018. v. 1.
108. STJ, EDcl. no REsp 1.712.163, Rel. Min. Moura Ribeiro.

Ingresso na Carreira	O ingresso na carreira do MP far-se-á mediante concurso público de provas e títulos, assegurada a participação da OAB em sua realização, exigindo-se do bacharel em direito, no mínimo, 3 anos de atividade jurídica e observando-se, nas nomeações, a ordem de classificação.
Garantias do Ministério Público	***Garantias Institucionais:*** *i)* autonomia funcional; *ii)* autonomia administrativa; *iii)* autonomia financeira.
	Garantias Funcionais: ***i) Vitaliciedade:*** após 2 anos de exercício os membros do MP de só podem perder seus cargos por sentença judicial transitada em julgado (antes desse período, o membro do *parquet* pode perder o cargo por decisão administrativa do Conselho Superior do MP a que está vinculado). ***ii) Inamovibilidade:*** impossibilidade de remoção ou promoção de ofício do membro do parquet. Em regra, o membro do MP só pode ser removido ou promovido a pedido. Excepcionalmente, admite-se a remoção de ofício do membro do *parquet*, desde que por decisão fundada no interesse público, dada pelo voto da maioria absoluta do órgão colegiado competente do MP a que pertence, assegurada ampla defesa. ***iii) Irredutibilidade do Subsídios:*** consiste em uma irredutibilidade jurídica que impede que os subsídios dos membros do parquet sejam diluídos ou reduzidos em termos nominais (numéricos). Entretanto, a irredutibilidade de subsídio dos membros do MP não é absoluta, podendo ser excepcionada nos casos previstos nos arts. 37, X e XI, 39, § 4º, 150, II, 153, III, e 153, § 2º, I, da CF/88.
Vedações aos membros do Ministério Público	i) receber, a qualquer título e sob qualquer pretexto, honorários, percentagens ou custas processuais; ii) exercer a advocacia; iii) participar de sociedade comercial, na forma da lei; iv) exercer, ainda que em disponibilidade, qualquer outra função pública, salvo uma de magistério; v) exercer atividade político-partidária; vi) receber, a qualquer título ou pretexto, auxílios ou contribuições de pessoas físicas, entidades públicas ou privadas, ressalvadas as exceções previstas em lei; vii) exercer a advocacia no juízo ou tribunal do qual se afastou, antes de decorridos 3 anos do afastamento do cargo por aposentadoria ou exoneração; viii) exercer a representação judicial e a consultoria jurídica de entidades públicas.
Organização do Ministério Público	Organização do Ministério Público Ministério Público da União (MPU) Ministério Público Federal (MPF) Ministério Público do Trabalho (MPT) Ministério Público Militar (MPM) Ministério Público do Distrito Federal e Territórios (MPDFT) Ministérios Públicos dos Estados (MPE)
Conflito de Atribuições	MPE de um Estado (A) vs. MPE do mesmo Estado (A) ⊠ Procurador-Geral de Justiça do Estado A é quem resolve o conflito; MPF vs. MPF ⊠ Câmara de Coordenação e Revisão do MPF é quem resolve o conflito, sendo possível recorrer ao PGR; MPU ramo 1 (MPF) vs. MPU ramo 2 (MPT) ⊠ Procurador-Geral da República quem resolve o conflito; MPE de um Estado (A) vs. MPE de outro Estado (B) ⊠ CNMP quem resolve o conflito; MPE vs. MPF ⊠ CNMP quem resolve o conflito.
Procurador-Geral da República	O PGR é o ***chefe do Ministério Público da União***, sendo nomeado pelo Presidente da República dentre integrantes da carreira, maiores de 35 anos, após a aprovação de seu nome pela maioria absoluta dos membros do Senado Federal, para mandato de 2 anos, permitida sua recondução. É possível sua ***destituição***, por iniciativa do Presidente da República, desde que precedida de autorização da maioria absoluta do Senado Federal.
Procurador-Geral de Justiça	O Procurador-Geral de Justiça é o chefe do Ministérios Público Estadual, sendo nomeado pelo Governador do respectivo Estado, dentre os integrantes da carreira indicados em lista tríplice, na forma da respectiva lei, para um mandato fixo de 2 anos, permitida uma única recondução. O Ministério Público do Distrito Federal e Territórios (MPDFT), também, é chefiado por um Procurador-Geral de Justiça, sendo ele nomeado pelo Presidente da República, dentre os integrantes da carreira indicados em lista tríplice, elaborada pelo Colégio de Procurados e Promotores de Justiça.

Funções Institucionais do Ministério Público	I – promover, privativamente, a ação penal pública, na forma da lei; II – zelar pelo efetivo respeito dos Poderes Públicos e dos serviços de relevância pública aos direitos assegurados nesta Constituição, promovendo as medidas necessárias a sua garantia; III – promover o inquérito civil e a ação civil pública, para a proteção do patrimônio público e social, do meio ambiente e de outros interesses difusos e coletivos; IV – promover a ação de inconstitucionalidade ou representação para fins de intervenção da União e dos Estados, nos casos previstos nesta Constituição; V – defender judicialmente os direitos e interesses das populações indígenas; VI – expedir notificações nos procedimentos administrativos de sua competência, requisitando informações e documentos para instruí-los, na forma da lei complementar respectiva; VII – exercer o controle externo da atividade policial, na forma da lei complementar mencionada no artigo anterior; VIII – requisitar diligências investigatórias e a instauração de inquérito policial, indicados os fundamentos jurídicos de suas manifestações processuais; IX – exercer outras funções que lhe forem conferidas, desde que compatíveis com sua finalidade, sendo-lhe vedada a representação judicial e a consultoria jurídica de entidades públicas.
Conselho Nacional do Ministério Público	O Conselho Nacional do Ministério Público (CNMP) é órgão administrativo, de natureza nacional (sua circunscrição administrativa engloba o MPU, com todas as suas ramificações, e os MPEs), que compõe o Ministério Público, tendo como finalidades o controle da atuação administrativa e financeira do *parquet*, a fiscalização dos membros do parquet no cumprimento de seus deveres funcionais, bem como o controle ético-disciplinar dos mesmos (controle originário e concorrente).
Ministério Público junto aos Tribunais de Contas	O Ministério Público junto aos Tribunal de Contas é órgão administrativo auxiliar do Poder Legislativo, possuindo fisionomia institucional própria, que não se confunde com a do Ministério Público comum, não sendo, portanto, função essencial à justiça, mas sim função essencial à fiscalização contábil, financeira, orçamentária, operacional e patrimonial da Administração Pública, auxiliar do Poder Legislativo. Entretanto, nos termos da CF/88, aos membros do Ministério Público junto aos Tribunais de Contas aplicam-se as disposições pertinentes a direitos, vedações e a forma de investidura dos membros do Ministério Público comum.
	ADVOCACIA PÚBLICA
Introdução	Advocacia do Pública representa judicial e extrajudicialmente os entes estatais (incluindo os órgãos do ente que representam, bem como todos os seus Poderes – Executivo, Legislativo e Judiciário) defendendo seus interesses, possuindo seus membros vínculo estatutário com a entidade a que estão vinculados, exercendo atividades preventivas (consultoria e assessoramento) e atividades postulatórias (representação judicial).
Advocacia Geral da União	A Advocacia Geral da União é a instituição que, diretamente ou através de órgão vinculado, representa a União, judicial e extrajudicialmente, cabendo-lhe, nos termos da lei complementar, as atividades de consultoria e assessoramento jurídico do Poder Executivo, sendo que o ingresso nas classes iniciais das carreiras da instituição far-se-á mediante concurso público de provas e títulos.
	A Advocacia Geral da União tem por chefe o ***Advogado Geral da União***, de livre nomeação pelo Presidente da República dentre cidadãos maiores de 35 anos, de notável saber jurídico e reputação ilibada.
	Atenção: na execução da dívida ativa de natureza tributária, a representação da União cabe à ***Procuradoria Geral da Fazenda Nacional***, observado o disposto em lei.
Procuradoria dos Estados e do Distrito Federal	Os Procuradores dos Estados e do DF, organizados em carreira, na qual o ingresso dependerá de concurso público de provas e títulos, com a participação da OAB em todas as suas fases, exercerão a representação judicial e a consultoria jurídica das respectivas unidades federadas, sendo-lhes assegurada estabilidade após 3 anos de efetivo exercício, mediante avaliação de desempenho perante os órgãos próprios, após relatório circunstanciado das corregedorias, sendo seus membros remunerados exclusivamente por subsídio fixado em parcela única, vedado o acréscimo de qualquer gratificação, adicional, abono, prêmio, verba de representação ou outra espécie remuneratória, obedecido, em qualquer caso, o disposto no art. 37, X e XI, da CF/88.
	Princípio da unicidade da representação judicial: as Procuradorias dos Estados e do DF são responsáveis pela representação judicial e consultoria jurídica desses entes federativos como um todo e não apenas do Poder Executivo (representam os outros Poderes) ou da Administração Direta (representam as autarquias e fundações do ente).

	O ***Procurador-Geral do Estado (ou do DF)***, *prima facie*, é de livre nomeação e exoneração pelo Governador, dentre advogados que podem ou não integram a carreira. Entretanto, é possível que a Constituição do Estado estabeleça que a escolha deve ser feita somente entre integrantes da carreira de Procurador do Estado.
Procuradoria dos Municípios	A CF/88 não tratou das Procuradorias Municipais. Entretanto, os municípios são livres para criarem suas próprias procuradorias, embora não possam ser obrigados a criá-las, nem mesmo pela Constituição do respectivo Estado. Porém, se o município criar sua Procuradoria Municipal, ela fará parte das funções essenciais à justiça.
	ADVOCACIA PRIVADA
Introdução	Embora seja exercida de forma privada por profissionais liberais, trata-se de um *múnus* público, uma função de interesse público e social que transpassa os meros interesses individuais dos advogados e/ou das partes.
Habilitação Profissional e Exame de Ordem	A Lei 8.906/1994, além de outros condições, exige a aprovação no Exame de Ordem para a inscrição como advogado (art. 8º, IV) perante à OAB, sendo essa inscrição no conselho de classe indispensável para o exercício regular da profissão, tendo o STF, por unanimidade, declarado constitucional a exigência do Exame de Ordem.
Princípio da indisponibilidade do advogado	O princípio da indisponibilidade ou indispensabilidade do advogado à administração da justiça possui ***duas facetas:*** ***i) Não há justiça sem advogado****, sendo o direito à defesa técnica por profissional legalmente habilitado um direito indisponível e irrenunciável.* O acesso à justiça, em sentido material, é muito mais do que simplesmente peticionar ao Judiciário, exigindo, dentre outras coisas, o patrocínio de um profissional qualificado que possa defender os direitos da pessoa frente ao Judiciário, um profissional que possua comprovado conhecimento e condições técnicas de buscar a tutela efetivas dos direitos postulados: o advogado. ***ii) O advogado é o profissional habilitado a exercer o ius postulandi*** *(capacidade postulatória), com exclusividade, em juízo.* Assim, os atos processuais privativos de advogado, são nulos de pleno direito quando praticados por quem não tenha capacidade postulatória. Entretanto, há exceções em que a presença do advogado não será obrigatória, mas meramente facultativa, como para a impetração de *habeas corpus*, por exemplo.
Princípio da inviolabilidade do Advogado	O advogado é inviolável por seus atos e manifestações no exercício da profissão, nos limites da lei, sendo que essa inviolabilidade consiste em verdadeira ***imunidade material relativa*** às suas manifestações e atos profissionais, não podendo o advogado ser responsabilizado (administrativa, cível e penalmente) por eles quando proferidos ou realizados, no exercício da profissão e em razão do exercício da profissão, em juízo ou mesmo fora dele. Porém, essa imunidade não é absoluta, de modo que, no âmbito criminal, é pacífico que ela só alcança os crimes de injúria e difamação, não englobando os crimes de calúnia e de desacato à autoridade. Ademais, essa prerrogativa do advogado não é compatível com práticas abusivas ou atentatórias à dignidade da profissão ou às normas éticas que regem o seu exercício.
	DEFENSORIA PÚBLICA
Conceito	É instituição permanente, essencial à função jurisdicional do Estado, incumbindo-lhe, como expressão e instrumento do regime democrático, fundamentalmente, a orientação jurídica, a promoção dos direitos humanos e a defesa, em todos os graus, judicial e extrajudicial, dos direitos individuais e coletivos, de forma integral e gratuita, aos necessitados.
Organização da Defensoria Pública	ESTRUTURA ORGÂNICA DA DEFENSORIA PÚBLICA → Defensoria Pública da União (DPU); Defensoria Pública do Distrito Federal (DPDF); Defensoria Pública dos Estados (DPE)
Autonomia Funcional e Administrativa	É assegurado à Defensoria Pública autonomia funcional e administrativa e a iniciativa de sua proposta orçamentária dentro dos limites estabelecidos na lei de diretrizes orçamentárias.

Princípios Institucionais	O ***princípio da unidade*** nos revela que a Defensoria Pública deve ser vista como uma instituição única, que, embora possua uma divisão orgânica e funcional dada pela própria Constituição, todas as Defensorias (da União, do DF e dos Estados) têm o objetivo comum de cumprir com as funções institucionais da Defensoria. Em suma: o princípio da unidade refere-se a uma unidade institucional, teleológica e funcional, mas não orgânica. O ***princípio da indivisibilidade*** nos revela que a atuação dos membros da Defensoria é na verdade a atuação da própria Defensoria Pública (não é possível dividir ou separar a ação do membro da ação da instituição, quando este age no desempenho de suas funções institucionais), assim, os membros da Defensoria podem ser substituídos uns pelos outros, sem que isso prejudique os atos já praticados. O ***princípio da independência funcional***, por um lado, assegura a independência institucional da própria Defensoria Pública, enquanto instituição constitucional autônoma e independente não vinculada a qualquer dos poderes, por outro lado, assegura a independência jurídica e funcional dos membros da Defensoria, que são livres para formarem suas convicções jurídicas, não se subordinando às convicções e opiniões de outrem.
Garantias dos membros da Defensoria Pública	*i) independência funcional no desempenho de suas atribuições;* *ii) a inamovibilidade;* *iii) a irredutibilidade de vencimentos; e* *iv) a estabilidade.*
Destinatários dos serviços da Defensoria Pública	Cabe à Defensoria Pública a defesa dos necessitados, na forma do inciso LXXIV do art. 5º, da CF/88. Assim, os destinatários dos serviços prestados pela Defensoria Pública são as ***pessoas física e jurídicas que comprovem insuficiência de recursos*** para arcar com o patrocínio de suas causas perante o Poder Judiciário. Em relação às pessoas jurídicas temos que: ***i) se a pessoa jurídica possuir finalidade lucrativa,*** além de declarar que não possui recursos parar arcar com o patrocínio da causa, ela deverá demonstrar cabalmente que não possui tal condição, cabendo-lhe o ônus de provar essa situação; ***ii) se a pessoa jurídica não possuir finalidade lucrativa,*** seu tratamento será o mesmo conferido às pessoas físicas, bastando a declaração de que não possui recursos parar arcar com o patrocínio da causa, não lhe sendo exigida prova pré-constituída da insuficiência de recursos, de modo que, caberá ao réu alegar e provar que ela não é necessitada.
Legitimidade da Defensoria Pública em Ação Civil Pública	A Defensoria Pública tem legitimidade para propor a ação civil pública para tutelar os direitos difusos, coletivos e individuais homogêneos de que sejam titulares, em tese, pessoas necessitadas, sendo que a expressão "necessitados" deve ser entendida em sentido amplo, abrangendo tanto os financeiramente necessitados, como outras pessoas ou grupos de pessoas que se apresentem necessitados em determinado caso concreto por outros motivos, isto é, que se apresentem vulneráveis na situação de fato.
A Defensoria Pública como *custos vulnerabilis*	Deve ser admitida a intervenção da Defensoria Pública no processo como *custos vulnerabilis* nas hipóteses em que há formação de precedentes em favor dos vulneráveis e dos direitos humanos. *Custos vulnerabilis* representa uma forma interventiva da Defensoria Pública em nome próprio e em prol de seu interesse institucional (constitucional e legal), atuação essa subjetivamente vinculada aos interesses dos vulneráveis e objetivamente aos direitos humanos, representando a busca democrática do progresso jurídico-social das categorias mais vulneráveis no curso processual e no cenário jurídico-político. Deste modo, em todo e qualquer processo onde se discuta interesses dos vulneráveis seria possível a intervenção da Defensoria Pública, independentemente de haver ou não advogado particular constituído, pois quando a Defensoria Pública atua como *custos vulnerabilis*, a sua participação processual ocorre não como representante da parte em juízo, mas sim como protetor dos interesses dos necessitados em geral.

Capítulo XXI
DEFESA DO ESTADO E DAS INSTITUIÇÕES DEMOCRÁTICAS

1. INTRODUÇÃO

A Constituição de 1988 dedicou o seu *Título V* para tratar da *Defesa do Estado e das Instituições Democráticas*, no qual estão regulamentados o Estado de Defesa, o Estado de Sítio, as Forças Armadas e a Segurança Pública.

Assim, sob esse título, nosso sistema constitucional, por um lado, institucionalizou as ***Forças Armadas*** e a ***Segurança Pública*** para a ***defesa do Estado***, que se volta a: *i)* defesa do território nacional; *ii)* defesa da soberania nacional; e *iii)* defesa da pátria.

Por outro lado, para a ***defesa das instituições democráticas*** consagrou o chamado ***sistema constitucional de crises***, composto pelo ***Estado de Defesa*** e pelo ***Estado de Sítio*** e que visa a manutenção ou o reestabelecimento da ordem em momentos de anormalidade, instituindo verdadeiros ***"Estados de Exceção"*** (constitucionalizados) dentro do Estado Democrático de Direito, nos quais a legalidade ordinária é momentaneamente mitigada, dando lugar a uma ***legalidade constitucional extraordinária***, cujo objetivo principal é superação da crise com a manutenção do Estado Democrático de Direito e a mínima onerosidade para os direitos fundamentais.

Esse ***sistema de crises*** está positivado na Constituição como forma de preservar a própria ordem constitucional, o regime democrático e o equilíbrio entre os poderes, superando desde as crises político-institucionais, até as demais situações extraordinárias de instabilidade e crise, como guerras, pandemias, crises econômicas, desastres naturais etc., revelando-se, em nosso constitucionalismo, como um ***sistema jurídico extraordinário***, cujas ***medidas*** devem ser ***adotas*** em caráter de ***excepcionalidade***.

Aqui é importante não confundir a ***excepcionalidade*** das medidas, que são fruto de uma legalidade constitucional extraordinária, com uma potencial ***arbitrariedade*** das medidas, que são fruto do excesso e do desvio de poder durante a execução dessas medidas. É por isso que as medidas que podem ser tomadas na vigência do Estado de Defesa e do Estado de Sítio já estão previstas na própria Constituição, além de só poderem ser adotadas de forma excepcional e temporária, quando se mostrarem necessárias a solução dos problemas reais e concretos que estejam sendo enfrentados, visando sempre o reestabelecimento da normalidade institucional e a defesa do Estado Democrático de Direito.

Ademais, justamente buscando evitar arbitrariedades, decisões impensadas, ou mesmo golpes "constitucionais" (ou constitucionalizados) é que nosso sistema constitucional estabeleceu, como limite circunstancial ao Poder Constituinte Reformador, que ***a Constituição não pode ser emendada na vigência de estado de defesa ou de estado de sítio*** (art. 60, §1º, CF/88).

Por fim, vale dizer que, em que pese a doutrina tradicionalmente identifique o sistema constitucional de crises apenas pelo Estado de Defesa e pelo Estado de Sítio, a verdade é que há um sistema constitucional que busca prevenir e solucionar os momentos de crises e anormalidades que permeia toda a Constituição, desde os princípios fundamentais (consagrando a separação de poderes, por exemplo), passando pelos direitos fundamentais (consagrando, a participação do povo na vida política do Estado, por exemplo), pela organização do Estado (estabelecendo as competências dos entes federados e as formas de superar os conflitos de competência entre eles), pela organização dos Poderes (consagrado um sistema de freios e contrapesos entre os Poderes), dentre outros títulos da Constituição. Assim, muitas vezes, embora estejamos, em tese, diante de circunstâncias que permitiriam a decretação de Estado de Defesa ou de Estado de Sítio, é possível superar a crise ou a anormalidade sem a sua decretação, optando-se por outros meios e instrumentos constitucionais mais brandos, como, por exemplo, um Decreto para Garantia da Lei e da Ordem.

2. PRINCÍPIOS INFORMADORES

Com base na clássica lição de Aricê Moacyr Amaral Santos,[1] é possível apontar os seguintes *princípios informadores do sistema constitucional de crises:*

1) Excepcionalidade: implica reconhecer que a regra é prevalência da legalidade constitucional ordinária, com o pleno funcionamento das instituições democráticas, na lógica do Estado Democrático de Direito. Assim, as medidas do sistema constitucional de crises só podem ser adotas em situações excepcionais (como exceção) de desequilíbrio, sempre visando o reestabelecimento da normalidade institucional e a defesa do Estado Democrático de Direito.

2) Necessidade: implica reconhecer que as medidas do sistema constitucional de crises só podem ser implementadas se não for possível reestabelecer a normalidade constitucional por outro meio menos gravoso, pois o Estado de Defesa e o Estado de Sítio são a *última ratio* da defesa do Estado Democrático de Direito, de modo que, a decretação dessas medidas sem que se caracterize a necessidade, configurará golpe de Estado. Assim, nas palavras de Aricê Moacyr Amaral Santos, *sua decretação é condicionada à ocorrência de pressuposto fático (previsto na Constituição), sendo que os meios de respostas e as limitações de direito adotas têm sua executoriedade restrita e vinculada a cada anormalidade em particular e, ainda, ao tempo e lugar.*[2]

3) Temporariedade: implica reconhecer que essas medidas devem ter prazo determinado e, caso a normalidade seja reestabelecida antes do prazo fixado, elas devem ser imediatamente encerradas, de modo que, a decretação dessas medidas sem respeito à temporariedade, configurará a instauração de um regime totalitarista ditatorial.

4) Obediência estrita à Constituição: implica reconhecer que essas medidas devem obedecer estritamente às normas constitucionais, especialmente, àquelas que as regulam, visando sempre o reestabelecimento da normalidade institucional e a defesa do Estado Democrático de Direito, sob pena de se caracterizarem como medidas arbitrárias, abusivas e inconstitucionais.

5) Controle político-judicial: implica reconhecer que essas medidas, que são implementadas pelo Poder Executivo, devem ser controladas pelo Poder Legislativo (controle político) e pelo Poder Judiciário (controle judicial), a partir da lógica do sistema de freios e

1. SANTOS, Aricê Moacyr Amaral. O Estado de Emergência. São Paulo: Sugestões Literárias, 1981.
2. Ibidem, p. 33.

contrapesos entre os Poderes, a fim de prevenir e reprimir quaisquer abusos, arbitrariedades e ilegalidades.

3. ESTADO DE DEFESA

3.1 Introdução

O Estado de Defesa consiste em "Estado de Exceção" constitucionalizado dentro do Estado Democrático de Direito, decretado pelo Presidente da República para preservar ou prontamente restabelecer, em locais restritos e determinados, a ordem pública ou a paz social ameaçadas por grave e iminente instabilidade institucional ou atingidas por calamidades de grandes proporções na natureza, afastando temporariamente a legalidade ordinária.

Vale destacar que, no âmbito do sistema constitucional de crises, o Estado de Defesa se caracteriza por ser uma ***medida excepcional menos gravosa*** que o Estado de Sítio, em razão de seus pressupostos e das medidas restritivas que podem ser adotadas.

3.2 Hipóteses de decretação

As hipóteses de decretação (também chamadas de pressupostos materiais ou condições de fundo para a decretação) que legitimam o estabelecimento do Estado de Defesa estão previstas, taxativamente, no art. 136, da CF/88, que só admite a sua decretação em caso de:

i) ***grave e iminente instabilidade institucional:*** essa hipótese constitucional exige que a instabilidade institucional seja, cumulativamente, iminente e grave, isto é, não estamos falando de qualquer conflito institucional, ou de discordâncias políticas, ou de simples conflitos entre os poderes, que são naturais da democracia. Ademais, para a decretação do Estado de Defesa nessa hipótese exige-se que não haja outro meio menos gravoso de solucionar essa grave e iminente instabilidade institucional, sob pena de sua decretação ser inconstitucional, por não atender ao princípio da necessidade; *OU*

ii) ***calamidades de grandes proporções na natureza:*** essa hipótese constitucional exige que a calamidade tenha proporções gigantescas na natureza e que não haja outro meio menos gravoso de resolver os problemas causados por essa calamidade, sob pena de a decretação do Estado de Defesa ser inconstitucional, por não atender ao princípio da necessidade.

3.3 Titularidade

A titularidade para a decretação do Estado de Defesa é exclusiva do Presidente da República (art. 84, IX, c/c art. 136, *caput*, da CF/88), não podendo ser delegada em hipótese alguma.

3.4 Requisitos formais

Os requisitos de decretação (também chamados de pressupostos formais) que legitimam o estabelecimento do Estado de Defesa devem ser todos preenchidos, sob pena de inconstitucionalidade formal da medida. Assim, para que o Estado de Defesa seja decretado, exige-se a observância, cumulativa, dos seguintes requisitos:

1) Oitiva prévia do Conselho da República (art. 90, I, CF/88) *e do Conselho da Defesa Nacional* (art. 91, §1º, II, CF/88), cujas manifestações serão meramente opinativas, de caráter consultivo e não vinculante, de modo que o Presidente poderá decretar o Estado de Defesa mesmo contra o parecer dos conselhos.

2) Decreto do Presidente da República instituindo o Estado de Defesa (art. 84, IX, c/c art. 136, §§ 1º e 2º, CF/88), o qual *deve determinar:*

i) o tempo de duração da medida, que não poderá ser superior a 30 dias, podendo ser prorrogado uma vez, por igual período, se persistirem as razões que justificaram a sua decretação;

ii) as áreas a serem abrangidas, que devem ser restritas e determinadas;

iii) as medidas coercitivas a vigorarem durante a sua vigência.

3) Aprovação do decreto instituidor do Estado de Defesa ***pela maioria absoluta do Congresso Nacional*** (art. 136, §4º, CF/88).

3.5 Procedimento

O procedimento de instauração do Estado de Defesa pode ser resumido e sistematizado nos seguintes passos:

1º. O Presidente da República determina a oitiva dos Conselhos da República e da Defesa Nacional, que emitirão pareceres opinativos;

2º. O Presidente, se decidir instaurar a medida, irá expedir um decreto presidencial para tanto, nos termos do art. 136, §§1º e 2º, da CF/88, e o submeterá, dentro de 24 horas, junto com a respectiva justificação, ao Congresso Nacional. Se o Congresso Nacional estiver em recesso, será convocado, extraordinariamente, no prazo de 5 dias.

3º. O Congresso Nacional apreciará o decreto dentro de 10 dias contados de seu recebimento, sendo exigida maioria absoluta dos votos dos membros do Congresso para que o decreto instituidor do Estado de Defesa seja aprovado.

4º. Caso o decreto seja aprovado, o Congresso Nacional deve continuar funcionando enquanto o Estado de Defesa vigorar. Entretanto, caso o decreto seja rejeitado, o Estado de Defesa deve cessar imediatamente, sob pena de crime de responsabilidade do Presidente da República.

3.6 Prazo de duração

O prazo de duração do Estado de Defesa será de, ***no máximo, 30 dias, podendo ser prorrogado uma única vez, por igual período***, se persistirem as razões que justificaram a sua decretação. Tanto o decreto de instituição, como o decreto de prorrogação do Estado de Defesa, deve ser submetido à aprovação do Congresso Nacional dentro de 24 horas.

Não é possível mais de uma prorrogação do Estado de Defesa, de modo que, se a situação que o ensejou não tiver sido resolvida e se for necessária a manutenção da legalidade constitucional extraordinária, poderá ser decretado o Estado de Sítio, desde que comprovada a ineficácia de medida tomada durante o Estado de Defesa (art. 137, I, CF/88).

3.7 Abrangência

O Estado de Defesa deve abranger locais restritos e determinados, não podendo ter amplitude nacional, sendo que o decreto presidencial que o implementa deve especificar as áreas por ele abrangidas.

3.8 Medidas coercitivas

O decreto presidencial que implementa o Estado de Defesa deve indicar, nos termos e limites da lei, as medidas coercitivas a vigorarem durante a sua vigência. Dentre essas medidas, podem ser implementas as seguintes:

i) ***Restrições aos direitos de:***

a) reunião, ainda que exercida no seio das associações;

b) sigilo de correspondência; e

c) sigilo de comunicação telegráfica e telefônica;

ii) ***Ocupação e uso temporário de bens e serviços públicos, na hipótese de calamidade pública,*** respondendo a União pelos danos e custos decorrentes;

iii) Na vigência do estado de defesa, a ***prisão por crime contra o Estado,*** determinada pelo executor da medida, será por este comunicada imediatamente ao juiz competente – acompanhada de declaração, pela autoridade, do estado físico e mental do detido no momento de sua autuação – que a relaxará, se não for legal, facultado ao preso requerer exame de corpo de delito à autoridade policial. Todavia, a prisão ou detenção de qualquer pessoa não poderá ser superior a 10 dias, salvo quando autorizada pelo Poder Judiciário, sendo vedada a incomunicabilidade do preso.

3.9 Controle da medida

O Estado de Defesa, enquanto medida excepcional que mitiga temporariamente a legalidade ordinária, dando lugar a uma legalidade constitucional extraordinária, instituindo um verdadeiro "Estados de Exceção" (constitucionalizados) dentro do Estado Democrático de Direito, deve ser objeto de cuidadoso e constante controle, sob pena de permitirem-se abusos, arbitrariedades, ilegalidades e, até mesmo, golpes de Estado e a implementação (e/ou perpetuação) de governos totalitários e ditatoriais.

Em razão disso, a Constituição de 1988, embora atribua ao Chefe do Poder Executivo a competência para decretar o Estado de Defesa, confere ao Poder Legislativo um amplo poder-dever de fiscalização e controle político dessa medida, bem como um amplo poder-dever de controle jurisdicional ao Poder Judiciário e um amplo poder-dever de fiscalização às Funções Essenciais à Justiça, especialmente ao Ministério Público, contemplando a lógica do sistema de freios e contrapesos entre os Poderes, a fim de prevenir e reprimir quaisquer abusos, arbitrariedades, ilegalidades e tentativas de golpes.

Assim, com base na doutrina,[3] é possível resumir e sistematizar o controle político-legislativo e o controle jurídico-judicial do Estado de Defesa da seguinte maneira:

3. FERNANDES, Bernardo G. Curso de Direito Constitucional. 11. ed. Salvador: Juspodivm, 2019, p. 1664.

CONTROLE			
Tipo de Controle	*Autoridade Responsável*	*Espécies*	*Atuação*
Político	*Congresso Nacional*	*Imediato*	Compete ao Congresso Nacional decidir por maioria absoluta a aprovação ou prorrogação do Estado de Defesa (art. 136, § 4º, CF/88).
		Concomitante	A Mesa do Congresso Nacional deve designar Comissão composta de 5 de seus membros para acompanhar e fiscalizar a execução das medidas implementadas pelo Estado de Defesa (art. 140, CF/88).
		Sucessivo (ou Posterior)	Cessado o Estado de Defesa as medidas aplicadas em sua vigência serão relatadas pelo Presidente da República, em mensagem ao Congresso Nacional, com especificação e justificação das providências adotadas, com relação nominal dos atingidos e indicação das restrições aplicadas, sendo que os executores das medidas poderão ser responsabilizados por quaisquer ilícitos cometidos (art. 141, CF/88).
Judicial	*Poder Judiciário*	*Concomitante*	Em regra, o controle judicial deve ser estritamente de ***legalidade***, recaindo sobre a execução das medidas, de modo que, se forem ilegais ou abusivas, será cabível a impetração de *habeas corpus* ou Mandado de Segurança, sem prejuízo de potenciais ações penais contra os executores. Embora a doutrina majoritária defenda não ser possível o controle judicial do ***mérito*** do decreto presidencial, por se tratar de juízo de conveniência do Presidente da República, entendemos que, excepcionalmente, é possível sim controlar o mérito quando as medidas implementadas não se mostrarem *necessárias* em face do suporte fático que as determinou.
		Sucessivo (ou Posterior)	Cessado o Estado de Defesa, se ficar demonstrado que as medidas adotadas foram ilegais, abusivas ou mesmo desnecessárias, será possível a responsabilização política, administrativa, penal e/ou cível do Presidente, dos executores das medidas, bem como de quaisquer agentes responsáveis pela ilegalidade ou abuso de poder.

4. ESTADO DE SÍTIO

4.1 Introdução

O Estado de Sítio consiste em "Estado de Exceção" constitucionalizado dentro do Estado Democrático de Direito, decretado pelo Presidente da República, após autorização do Congresso Nacional, em casos de comoção grave de repercussão nacional, ocorrência de fatos que comprovem a ineficácia de medida tomada durante o Estado de Defesa e em caso de declaração de estado de guerra ou resposta a agressão armada estrangeira, afastando temporariamente a legalidade ordinária.

Vale destacar que, no âmbito do sistema constitucional de crises, o Estado de Sítio se caracteriza por ser uma *medida excepcional mais gravosa* que o Estado de Defesa, em razão de seus pressupostos e das medidas restritivas que podem ser adotadas.

4.2 Hipóteses de decretação

As hipóteses de decretação (também chamadas de pressupostos materiais ou condições de fundo para a decretação) que legitimam o estabelecimento do Estado de Sítio estão previstas, taxativamente, no art. 137, da CF/88, que só admite a sua decretação em caso de:

i) *comoção grave de repercussão nacional:* essa hipótese constitucional exige que a comoção seja de repercussão nacional (não sendo o bastante comoção regional ou regionais e muito menos local ou locais) e constitucionalmente grave, isto é, que se dê em face de grave crise capaz de pôr em risco as instituições democráticas, o governo democraticamente eleito, ou o próprio sistema constitucional vigente. Ademais, para a decretação do Estado de Sítio nessa hipótese exige-se que não haja outro meio menos gravoso de solucionar essa grave comoção de repercussão nacional, sob pena de sua decretação ser inconstitucional, por não atender ao princípio da necessidade; *OU*

ii) *ocorrência de fatos que comprovem a ineficácia de medida tomada durante o estado de defesa:* se o Estado de Defesa mostrar-se ineficaz para o reestabelecimento da normalidade, sendo necessária a manutenção da legalidade constitucional extraordinária, poderá ser decretado o Estado de Sítio (conversão formal do Estado de Defesa em Estado de Sítio); *OU*

iii) *declaração de estado de guerra ou resposta a agressão armada estrangeira:* essa hipótese constitucional exige que a declaração de guerra ou agressão armada estrangeira seja efetiva, real, não podendo ser decretado o Estado de Sítio por mera ameaça de declaração de guerra ou ameaça de agressão armada estrangeira, sob pena de vermos a decretação dessa medida contra inimigos invisíveis ou inventados por governantes afeitos ao totalitarismo.

4.3 Titularidade

A titularidade para a decretação do Estado de Sítio é exclusiva do Presidente da República (art. 84, IX, c/c art. 137, *caput*, da CF/88), não podendo ser delegada em hipótese alguma.

4.4 Requisitos formais

Os requisitos de decretação (também chamados de pressupostos formais) que legitimam o estabelecimento do Estado de Sítio devem ser todos preenchidos, sob pena de inconstitucionalidade formal da medida. Assim, para que o Estado de Sítio seja decretado, exige-se a observância, cumulativa, dos seguintes requisitos:

1) *Oitiva prévia do Conselho da República* (art. 90, I, CF/88) *e do Conselho da Defesa Nacional* (art. 91, §1º, II, CF/88), cujas manifestações serão meramente opinativas, de caráter consultivo e não vinculante, de modo que o Presidente poderá decretar o Estado de Sítio mesmo contra o parecer dos conselhos.

2) *Autorização do Congresso Nacional dada pela maioria absoluta de seus membros* (art. 137, *p.u.*, CF/88) por meio de *Decreto Legislativo* (art. 49, IV, CF/88), após solicitação do Presidente da República, na qual devem estar relatados os motivos determinantes do pedido.

3) *Decreto do Presidente da República* instituindo o Estado de Sítio (art. 84, IX, c/c art. 138, CF/88), o qual *deve determinar:*

i) *o tempo de duração da medida, que: a)* nos casos de comoção grave de repercussão nacional ou ocorrência de fatos que comprovem a ineficácia de medida tomada durante o estado de defesa não poderá ser superior a 30 dias, podendo ser prorrogado quantas vezes forem necessárias por no máximo 30 dias cada uma, se persistirem as razões que justificaram a sua decretação; *b)* no caso de declaração de estado de guerra ou resposta a agressão armada estrangeira será decretado até que cesse a guerra ou a agressão armada estrangeira, não se podendo estabelecer previamente um lapso temporal preciso;

ii) ***as normas necessárias a sua execução e as garantias constitucionais que ficarão suspensas*** durante sua vigência;

4) Após publicado o decreto, o Presidente da República designará o ***executor das medidas*** específicas e as ***áreas abrangidas***, o que nos leva a conclusão de que, embora o Estado de Sítio tenha caráter nacional, as medidas especificadas no decreto podem ser restritas a uma certa área, localidade ou região.

4.5 Procedimento

O procedimento de instauração do Estado de Sítio pode ser resumido e sistematizado nos seguintes passos:

1º. O Presidente da República determina a oitiva dos Conselhos da República e da Defesa Nacional, que emitirão pareceres opinativos.

2º. O Presidente, se decidir instaurar a medida, solicitará ao Congresso Nacional a autorização para a sua decretação, relatando ao Congresso os motivos determinantes do pedido. Solicitada autorização para decretar o Estado de Sítio durante o recesso parlamentar, o Presidente do Senado Federal, de imediato, convocará extraordinariamente o Congresso Nacional para se reunir dentro de 5 dias.

3º. O Congresso Nacional apreciará a solicitação do Presidente da República, decidindo-a por maioria absoluta de seus membros e, caso a aprove, promulgará um Decreto Legislativo autorizando o Presidente a decretar o Estado de Sítio.

4º. Autorizado pelo Congresso Nacional, o Presidente da República, por meio de Decreto, implementará o Estado de Sítio. Aqui, vale lembrar que o decreto presidencial deverá indicar sua duração, as normas necessárias a sua execução e as garantias constitucionais que ficarão suspensas.

5º. Após a publicação do decreto que institui o Estado de Sítio, o Presidente da República designará o executor das medidas específicas e as áreas abrangidas.

6º. Uma vez decretado o Estado de Sítio, o Congresso Nacional deve continuar funcionando até o término das medidas coercitivas.

4.6 Prazo de duração

O prazo de duração do Estado de Sítio variará de acordo com a hipótese que ensejou sua decretação, sendo:

i) estipulado no decreto presidencial nos casos de comoção grave de repercussão nacional ou ocorrência de fatos que comprovem a ineficácia de medida tomada durante o estado de defesa. Nesses casos, não poderá ser superior a 30 dias, podendo ser prorrogado quantas vezes forem necessárias por no máximo 30 dias cada uma, se persistirem as razões que justificaram a sua decretação;

ii) vinculado à cessão da guerra ou da agressão armada estrangeira, nos casos de declaração de estado de guerra ou resposta a agressão armada estrangeira, vez que não se pode estabelecer previamente um lapso temporal preciso, ficando sua duração atrelada ao fim dos pressupostos fáticos que determinaram sua decretação. Entretanto, encerrada a guerra ou a agressão armada estrangeira, o Estado de Sítio, também, deve ser imediatamente encerrado, sob pena de se configurar a instauração de um regime totalitarista ditatorial.

Aqui, vale dizer que, tanto para a decretação do Estado de Sítio, quanto para a sua prorrogação, o Presidente da República deverá solicitar autorização do ao Congresso Nacional, relatando os motivos determinantes do pedido, devendo o Congresso decidir a solicitação por maioria absoluta de seus membros.

4.7 Abrangência

Em que pese as medidas coercitivas do Estado de Sítio possam ser determinadas apenas para uma área específica (apenas para um ou algumas localidades e/ou regiões), sua abrangência é ***nacional***.

4.8 Medidas coercitivas

O decreto presidencial que implementa o Estado de Sítio deve indicar, nos termos e limites da lei, as medidas coercitivas a vigorarem durante a sua vigência.

Na vigência do Estado de Sítio decretado com fundamento nas hipóteses de comoção grave de repercussão nacional, ou ocorrência de fatos que comprovem a ineficácia de medida tomada durante o estado de defesa, só poderão ser tomadas contra as pessoas as seguintes medidas:

i) obrigação de permanência em localidade determinada;

ii) detenção em edifício não destinado a acusados ou condenados por crimes comuns;

iii) restrições relativas à inviolabilidade da correspondência, ao sigilo das comunicações, à prestação de informações e à liberdade de imprensa, radiodifusão e televisão, na forma da lei, não se incluindo nessas restrições a difusão de pronunciamentos de parlamentares efetuados em suas Casas Legislativas, desde que liberada pela respectiva Mesa.

iv) suspensão da liberdade de reunião;

v) busca e apreensão em domicílio;

vi) intervenção nas empresas de serviços públicos;

vii) requisição de bens.

Já, na vigência do Estado de Sítio decretado com fundamento nas hipóteses de declaração de estado de guerra ou resposta a agressão armada estrangeira, outros direitos e garantias fundamentais, além dos especificados acima, poderão ser suspensos, desde que seja *necessário* para execução da medida de exceção e para a manutenção do Estado Democrático de Direito, da ordem constitucional e da integridade da República Federativa do Brasil (do país).

Ademais, em quaisquer hipóteses de decretação do Estado de Sítio, as imunidades dos Deputados ou Senadores poderão ser suspensas mediante o voto de 2/3 dos membros da Casa respectiva, nos casos de atos praticados fora do recinto do Congresso Nacional, que sejam incompatíveis com a execução da medida (art. 53, §8º, CF/88).

4.9 Controle da medida

O Estado de Sítio, enquanto medida excepcional que mitiga temporariamente a legalidade ordinária, dando lugar a uma legalidade constitucional extraordinária, instituindo um verdadeiro "Estados de Exceção" (constitucionalizados) dentro do Estado Democrático de Direito, deve ser objeto de cuidadoso e constante controle, sob pena de permitirem-se abusos, arbitrariedades, ilegalidades e, até mesmo, golpes de Estado e a implementação (e/ou perpetuação) de governos totalitários e ditatoriais.

Em razão disso, a Constituição de 1988, embora atribua ao Chefe do Poder Executivo a competência para decretar o Estado de Sítio, confere ao Poder Legislativo um amplo poder-dever de fiscalização e controle político dessa medida, bem como um amplo poder-dever de controle jurisdicional ao Poder Judiciário e um amplo poder-dever de fiscalização às Funções Essenciais à Justiça, especialmente ao Ministério Público, contemplando a lógica do sistema de freios e contrapesos entre os Poderes, a fim de prevenir e reprimir quaisquer abusos, arbitrariedades, ilegalidades e tentativas de golpes.

Assim, com base na doutrina,[4] é possível resumir e sistematizar o controle político-legislativo e o controle jurídico-judicial do Estado de Sítio da seguinte maneira:

CONTROLE			
Tipo de Controle	***Autoridade Responsável***	***Espécies***	***Atuação***
Político	*Congresso Nacional*	***Imediato***	Compete ao Congresso Nacional autorizar, por maioria absoluta, a decretação ou prorrogação do Estado de Sítio (art. 137, CF/88).
		Concomitante	A Mesa do Congresso Nacional deve designar Comissão composta de 5 de seus membros para acompanhar e fiscalizar a execução das medidas implementadas pelo Estado de Sítio (art. 140, CF/88).
		Sucessivo (ou Posterior)	Cessado o Estado de Sítio as medidas aplicadas em sua vigência serão relatadas pelo Presidente da República, em mensagem ao Congresso Nacional, com especificação e justificação das providências adotadas, com relação nominal dos atingidos e indicação das restrições aplicadas, sendo que os executores das medidas poderão ser responsabilizados por quaisquer ilícitos cometidos (art. 141, CF/88).
Judicial	*Poder Judiciário*	***Concomitante***	Em regra, o controle judicial deve ser estritamente de ***legalidade***, recaindo sobre a execução das medidas, de modo que, se forem ilegais ou abusivas, será cabível a impetração de *habeas corpus* ou Mandado de Segurança, sem prejuízo de potenciais ações penais contra os executores. Embora a doutrina majoritária defenda não ser possível o controle judicial do ***mérito*** do decreto presidencial, por se tratar de juízo de conveniência do Presidente da República, entendemos que, excepcionalmente, é possível sim controlar o mérito quando as medidas implementadas não se mostrarem *necessárias* em face do suporte fático que as determinou.
		Sucessivo (ou Posterior)	Cessado o Estado de Sítio, se ficar demonstrado que as medidas adotadas foram ilegais, abusivas ou mesmo desnecessárias, será possível a responsabilização política, administrativa, penal e/ou cível do Presidente, dos executores das medidas, bem como de quaisquer agentes responsáveis pela ilegalidade ou abuso de poder.

4. FERNANDES, Bernardo G. Curso de Direito Constitucional. 11. ed. Salvador: Juspodivm, 2019, p. 1667.

5. FORÇAS ARMADAS

Nos termos do art. 142, da CF/88, *as Forças Armadas, constituídas pela Marinha, pelo Exército e pela Aeronáutica, são instituições nacionais permanentes e regulares, organizadas com base na hierarquia e na disciplina, sob a autoridade suprema do Presidente da República, e destinam-se à defesa da Pátria, à garantia dos poderes constitucionais e, por iniciativa de qualquer destes, da lei e da ordem*. Esse dispositivo nos revela, dentre outras coisas, que:

1) As forças armadas são ***instituições nacionais***, sendo, portanto, vedada a criação de Exército, Marinha e/ou Aeronáutica pelos demais entes federativos (Estados, Distrito Federal e Municípios), embora os Estados e o Distrito Federal possam instituir polícias militares e corpos de bombeiros militares, que são considerados forças auxiliares e reserva do Exército (art. 144, §6º, CF/88).

2) As forças armadas são ***instituições permanentes e regulares***, sendo sua existência perene para o cumprimento estrito de suas funções constitucionais de defesa da pátria, garantia dos poderes constitucionais e garantia da lei e da ordem.

3) As forças armadas são ***organizadas com base na hierarquia e na disciplina.*** Nos termos do art. 14, §§ 1º e 2º, da Lei 6.880/1980:

- *Hierarquia* militar é a ordenação da autoridade, em níveis diferentes, dentro da estrutura das forças armadas. A ordenação se faz por postos ou graduações; dentro de um mesmo posto ou graduação se faz pela antiguidade no posto ou na graduação. O respeito à hierarquia é consubstanciado no espírito de acatamento à sequência de autoridade.
- *Disciplina* é a rigorosa observância e o acatamento integral das leis, regulamentos, normas e disposições que fundamentam o organismo militar e coordenam seu funcionamento regular e harmônico, traduzindo-se pelo perfeito cumprimento do dever por parte de todos e de cada um dos componentes desse organismo.

4) O Presidente da República é a autoridade suprema das forças armadas, isto é, é o comandante, o chefe das forças armadas, estando hierarquicamente acima do Ministro da Defesa que, por sua vez, está hierarquicamente acima dos Comandantes do Exército, da Marinha e da Aeronáutica. Em razão disso, nos termos constitucionais, cabe ao Presidente da República:

- a iniciativa de leis que fixem ou modifiquem os efetivos das Forças Armadas (art. 61, §1º, I, CF/88) e de leis que disponham sobre militares das forças armadas, seu regime jurídico, provimento de cargos, promoções, estabilidade, remuneração, reforma e transferência para a reserva (art. 61, §1º, II, "*f*", CF/88);
- nomear os Comandantes da Marinha, do Exército e da Aeronáutica, promover seus oficiais-generais e nomeá-los para os cargos que lhes são privativos (art. 84, XIII, CF/88).

5) As forças armadas destinam-se à defesa da pátria, à garantia dos poderes constitucionais e, por iniciativa de qualquer destes, da lei e da ordem. Assim, o Presidente da República, embora seja o comandante supremo das forças armadas, não pode usá-las para qualquer finalidade, só podendo exercer essa chefia para o cumprimento das finalidades constitucionais. Isso significa, dentre outras coisas, que o Presidente não pode usar as forças armadas contra os demais Poderes, por exemplo, intimidando, ameaçando ou fechando o Congresso Nacional ou o Supremo Tribunal Federal, sob pena de se configurar um golpe de Estado e a implementação de uma ditadura totalitarista. Do mesmo modo, não pode o Presidente usar as forças armadas para atender aos seus fins pessoais, sob pena de se configurar desvio de finalidade, que poderá ensejar sua responsabilização política, penal e cível.

6) Por fim, perceba que não há no art. 142, da CF/88, fundamento para intervenções militares no governo, isto é, ***não existe intervenção militar constitucional***. Isso é um mito e, como todo mito, é falso, ilusório, ignorante (fruto da falta de conhecimento), tendo origem, sobretudo, em inverdades e sensacionalismos espalhados na era da naturalização da mentira e das *fakenews*. Assim, quaisquer intervenções, na verdade, configuram-se como golpes de Estado e suplantação do regime constitucional democrático pela via do totalitarismo, vez que nossa Constituição estabeleceu um sistema de freios e contrapesos políticos entre os Poderes e não um "Poder Moderador" às forças armadas, sendo ilegítima qualquer intervenção delas no exercício dos Poderes.

5.1 Normas gerais

Nos termos da CF/88, lei complementar estabelecerá as normas gerais a serem adotadas na organização, no preparo e no emprego das forças armadas, sendo seus membros denominados militares aplicando-se lhes, além das que vierem a ser fixadas em lei, as seguintes disposições (essas disposições, aplicam-se, também, aos militares das forças estaduais de segurança pública, isto é, aos policiais militares e aos bombeiros militares, nos termos do art. 42, §1º, da CF/88):

1) Não caberá habeas corpus em relação a punições disciplinares militares. Entretanto, o STF, afastando a interpretação literal desse dispositivo, entende que essa limitação se refere apenas à apreciação da sanção disciplinar em si, preservando o mérito da decisão disciplinar militar, desde que ela tenha sido proferida de acordo com legislação vigente. Assim, segundo o STF, é cabível *habeas corpus* contra punições disciplinares militares para analisar os pressupostos de legalidade dessas transgressões: *i)* quanto à existência da hierarquia correta; *ii)* se há no caso o poder disciplinar que legitima a punição; *iii)* se o ato administrativo é coerente com a função da autoridade; e *iv)* se a pena é susceptível de ser aplicada disciplinarmente ao transgressor.[5] Sobre o tema, vale destacar, ainda, que a Lei 13.967/2019 extinguiu a pena de prisão disciplinar para os militares dos Estados, dos Territórios e do Distrito Federal, restando esta hipótese somente para os militares das forças armadas.

2) As ***patentes dos militares das forças armadas***, com prerrogativas, direitos e deveres a elas inerentes, são conferidas pelo Presidente da República e asseguradas em plenitude aos oficiais da ativa, da reserva ou reformados, sendo-lhes privativos os títulos e postos militares e, juntamente com os demais membros, o uso dos uniformes das Forças Armadas. Já as patentes dos ***oficiais militares das forças estaduais de segurança pública*** (policial militar ou bombeiro militar) são conferidas pelos respectivos governadores.

3) O ***militar das forças armadas*** em atividade que ***tomar posse em cargo ou emprego público civil permanente***, será transferido para a reserva, nos termos da lei, ressalvada a possibilidade de acumulação remunerada de dois cargos ou empregos públicos privativos

5. STF, HC 70.648, Rel. Min. Moreira Alves; STF, RHC 88.543, Rel. Min. Ricardo Lewandowski; STF, RE 338.840, Rel. Min. Ellen Gracie.

de profissionais de saúde, com profissões regulamentadas, quando houver compatibilidade de horários, com prevalência da atividade militar. Já se o ***militar for das forças estaduais de segurança pública*** (policial militar ou bombeiro militar), será possível a acumulação remunerada de dois cargos ou empregos públicos, com prevalência da atividade militar, desde que haja compatibilidade de horários, nos casos de: a) serem os dois cargos de professor; b) ser um cargo de professor e o outro de natureza técnica ou científica; c) serem os dois cargos privativos de profissionais de saúde, com profissões regulamentadas.

4) O ***militar da ativa das forças armadas*** que, de acordo com a lei, ***tomar posse em cargo, emprego ou função pública civil temporária, não eletiva,*** ainda que da administração indireta, ficará agregado ao respectivo quadro e somente poderá, enquanto permanecer nessa situação, ser promovido por antiguidade, contando-se-lhe o tempo de serviço apenas para aquela promoção e transferência para a reserva, sendo depois de dois anos de afastamento, contínuos ou não, transferido para a reserva, nos termos da lei, ressalvada a possibilidade de acumulação remunerada de dois cargos ou empregos públicos privativos de profissionais de saúde, com profissões regulamentadas, quando houver compatibilidade de horários, com prevalência da atividade militar (art. 142, §3º, II e VIII c/c art. 37, inciso XVI, "c"). Já se o ***militar for das forças estaduais de segurança pública*** (policial militar ou bombeiro militar), será possível a acumulação remunerada de dois cargos ou empregos públicos, com prevalência da atividade militar, desde que haja compatibilidade de horários, nos casos de: a) serem os dois cargos de professor; b) ser um cargo de professor e o outro de natureza técnica ou científica; c) serem os dois cargos privativos de profissionais de saúde, com profissões regulamentadas (art. 42, §3º c/c art. 37, XVI).

5) ***Ao militar são proibidas a sindicalização e a greve.*** Entretanto, é permitido aos militares o direito de associação.

6) ***O militar, enquanto em serviço ativo, não pode estar filiado a partidos políticos.*** Entretanto, nos termos do art. 14, §8º, da CF/88, *o militar alistável é elegível*. Por outro lado, o art. 142, §3º, V, da CF/88, exige filiação partidária para que alguém seja candidato a cargo eletivo, devendo esta filiação dar-se pelo menos 6 meses antes do pleito eleitoral, nos termos do art. 9º, Lei 9.504. Em face desta aparente tensão entre as referidas normas constitucionais, o TSE, em entendimento exarado na Resolução 21.608, decidiu que o requisito constitucional da filiação partidária não é exigível ao militar da ativa que pretenda concorrer a cargo eletivo, bastando o pedido de registro de candidatura, após prévia escolha em convenção partidária.

Para além disso, nos termos do art. 14, §8º, da CF/88, o militar (alistável) é elegível atendidas as seguintes condições:

i) se contar menos de dez anos de serviço, deverá afastar-se da atividade. Ou seja, se contar com menos de dez anos de serviço, deverá ser exonerado e desligado da organização, não tendo direito a retornar ao cargo caso não seja eleito.

ii) se contar mais de dez anos de serviço, será agregado pela autoridade superior e, se eleito, passará automaticamente, no ato da diplomação, para a inatividade. Ou seja, se contar com mais de dez anos de serviço, será agregado pela autoridade superior, pelo período que ficar afastado das atividades militares, por estar participando do processo eleitoral. Caso seja eleito, passa automaticamente para a inatividade no ato da diplomação e, caso não seja eleito, retorna ao seu cargo.

7) O oficial só perderá o posto e a patente se for julgado indigno do oficialato ou com ele incompatível, por decisão de tribunal militar de caráter permanente, em tempo de paz, ou de tribunal especial, em tempo de guerra.

8) O oficial condenado na justiça comum ou militar a pena privativa de liberdade superior a 2 anos, por sentença transitada em julgado, deve ser submetido ao julgamento de indignidade. Aqui é importante registrar que existe um tratamento diferenciado entre oficiais e praças. De um lado, por força constitucional, *o oficial condenado* a pena privativa de liberdade, por tempo superior a 2 anos, só pode perder seu posto ou patente por julgamento específico realizado por tribunal militar. Por outro lado, *a condenação da praça* a pena privativa de liberdade, por tempo superior a 2 anos, importa sua exclusão da corporação, não necessitando de processo específico para isso, nos termos do art. 102, do Código Penal Militar, já tendo o STF[6] reconhecido que esse dispositivo legal é compatível com a CF/88.

9) Aplica-se aos militares o disposto no art. 7º, incisos VIII, XII, XVII, XVIII, XIX e XXV, e no art. 37, incisos XI, XIII, XIV e XV, da CF/88.

10) A lei disporá sobre o ingresso nas forças armadas, os limites de idade, a estabilidade e outras condições de transferência do militar para a inatividade, os direitos, os deveres, a remuneração, as prerrogativas e outras situações especiais dos militares, consideradas as peculiaridades de suas atividades, inclusive aquelas cumpridas por força de compromissos internacionais e de guerra.

11) Nos termos da Súmula Vinculante 6, do STF, *não viola a Constituição o estabelecimento de remuneração inferior ao salário mínimo para as praças prestadoras de serviço militar inicial*.

5.2 Serviço militar obrigatório

Nos termos do art. 143, *caput* e §2º, da CF/88, ***o serviço militar é obrigatório*** nos termos da lei,[7] ficando as mulheres e os eclesiásticos isentos do serviço militar obrigatório em tempo de paz, sujeitos, porém, a outros encargos que a lei lhes atribuir.

Já nos termos do §1º, do art. 143, da CF/88, compete às forças armadas, na forma da lei, atribuir ***serviço alternativo aos que***, em tempo de paz, após alistados, ***alegarem imperativo de consciência***, entendendo-se como tal o decorrente de crença religiosa e de convicção filosófica ou política, para se eximirem de atividades de caráter essencialmente militar.

O ***direito fundamental à escusa de consciência***, (art. 5º, VIII, CF/88) ou objeção de consciência, impede que o indivíduo seja penalizado com a privação de seus direitos pelo fato de não cumprir obrigações legais que atentem contra suas convicções religiosas, políticas ou filosóficas, desde que ele cumpra uma prestação alternativa prevista em lei.

E se o indivíduo se recusar a cumprir obrigação legal a todos imposta ou prestação alternativa? Nesse caso, nos termos do art. 15, IV, da CF/88, haverá a suspensão dos direitos políticos daquele que se recursar a cumprir obrigação legal a todos imposta que não atente

6. STF, RE 447.859, Rel. Min. Marco Aurélio.
7. O brasileiro que não se apresentar para a seleção durante a época de seleção do contingente de sua classe ou quê, tendo-o feito, se ausentar sem a ter completado, será considerado *refratário*; O convocado selecionado e designado para incorporação ou matrícula, que não se apresentar à Organização Militar que lhe for designada, dentro do prazo marcado ou que, tendo-o feito, se ausentar antes do ato oficial de incorporação ou matrícula, será declarado *insubmisso*; Já aquele que abandona o serviço militar após o ato oficial de incorporação é considerado *desertor*.

contra suas convicções religiosas, políticas ou filosófica, bem como daquele que se recursar a cumprir prestação alternativa caso se configure a escusa de consciência.

No caso da ***escusa de consciência do serviço militar obrigatório***, é a lei 8.239/1991 que regulamenta a prestação de serviço alternativo ao serviço militar. Assim, por exemplo, aquele que tem como filosofia de vida o pacifismo ou como fé o cristianismo puro e que, portanto, acredita que não deve portar ou manusear armas nem ferir o próximo, não será obrigado a cumprir o serviço militar obrigatório, devendo, contudo, cumprir serviço alternativo, na forma da lei 8.239/1991.

6. SEGURANÇA PÚBLICA

A segurança pública, ***direito e responsabilidade de todos***, cujas bases estão estabelecidas no art. 144, da CF/88, está compreendida pelo direito fundamental à segurança (art. 5º, *caput*, da CF/88),[8] dela decorrendo o ***dever estatal*** de preservar a ordem social e assegurar a incolumidade das pessoas e do patrimônio, possibilitando que as pessoas desenvolvam suas aspirações existenciais de forma livre e plena, convivendo de forma pacifica e harmônica entre si.

O direito à segurança pública é um ***direito fundamental atípico não enumerado***[9] que atribui ao Estado o dever de pacificação social, isto é, atribui ao Estado o dever de preservar e promover a tranquilidade e a paz social, bem como de garantir a incolumidade das pessoas e de seu patrimônio, em face do monopólio estatal do uso da força originado pelo pacto social que sustenta a própria existência do Estado.

O Estado exerce suas atribuições decorrentes do direito à segurança pública através do ***poder de polícia*** – enquanto prerrogativa estatal de limitação e fiscalização dos direitos individuais fundada na supremacia do interesse público sobre o privado – em sua ***dimensão especial de segurança pública***.

Assim, em sua dimensão especial de segurança pública, o poder de polícia estatal pode ser dividido em: *i)* ***polícia administrativa***, que atua preventivamente, evitando que infrações penais e outros atos ilícitos ocorram, e, também, ostensivamente reprimindo ilícitos que estejam acontecendo; e *ii)* ***polícia judiciária***, que atua repressivamente na investigação e apuração de infrações penais.

6.1 Órgãos de segurança pública

Nos termos do art. 144, da CF/88, *a segurança pública, dever do Estado, direito e responsabilidade de todos, é exercida para a preservação da ordem pública e da incolumidade das pessoas e do patrimônio, através dos seguintes órgãos: i) polícia federal; ii) polícia rodoviária federal; iii) polícia ferroviária federal; iv) polícias civis; v) polícias militares e corpos de bombeiros militares; vi) polícias penais federal, estaduais e distrital.*

Segundo o STF,[10] o ***rol*** do art. 144, da CF/88, é ***taxativo*** e de observância compulsória pelos demais entes federativos, o que significa dizer que os Estados, em suas Constitui-

8. SOUZA NETO, Cláudio Pereira de. Comentário ao direito à segurança, art. 5º, *caput*. In: CANOTILHO, J.J. Gomes; MENDES, Gilmar Ferreira; SARLET, Ingo Wolfgang; STRECK, Lenio Luiz (coord.). Comentários à Constituição do Brasil. São Paulo: Saraiva, 2013.
9. DOS SANTOS, Eduardo R. Direitos Fundamentais Atípicos. Salvador: Juspodivm, 2017, p. 215 e ss.
10. STF, ADI 3.469; STF, ADI 2.575; STF, ADI 3.996.

ções, bem como o Distrito Federal e os Municípios em suas Leis Orgânicas, são obrigados a observá-lo, não podendo criar outras polícias ou outros órgãos de segurança pública, nem determinar o exercício de atividades de segurança pública por agentes de instituições não previstas no rol constitucional, nem alterar as funções constitucionais dos órgãos de segurança pública.

Ademais, sistematizando o dispositivo com base nas espécies do poder de polícia estatal em sua dimensão especial de segurança pública, temos:

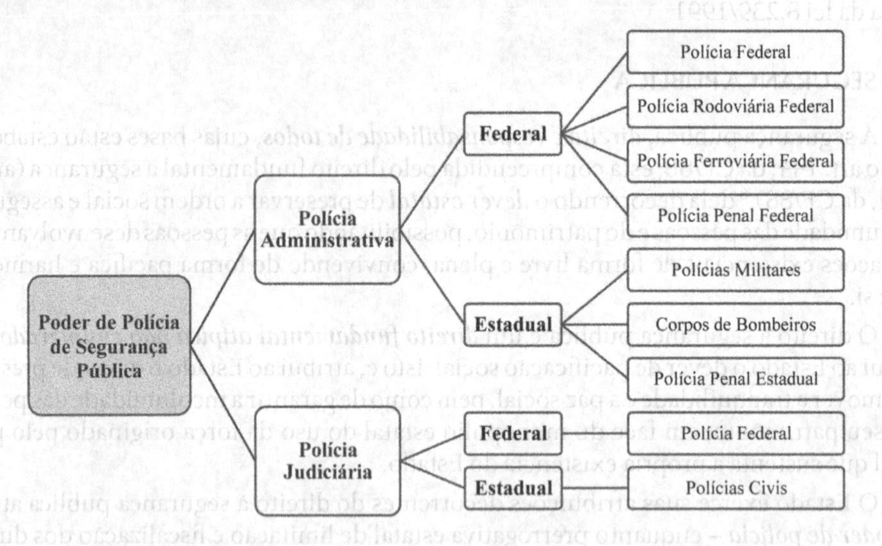

6.2 Órgãos federais

No âmbito da União, temos os seguintes órgãos de segurança pública:

1) *POLÍCIA FEDERAL*, instituída por lei como órgão permanente, organizado e mantido pela União e estruturado em carreira, que se destina a:

i) apurar infrações penais contra a ordem política e social ou em detrimento de bens, serviços e interesses da União ou de suas entidades autárquicas e empresas públicas, assim como outras infrações cuja prática tenha repercussão interestadual ou internacional e exija repressão uniforme, segundo se dispuser em lei;

ii) prevenir e reprimir o tráfico ilícito de entorpecentes e drogas afins, o contrabando e o descaminho, sem prejuízo da ação fazendária e de outros órgãos públicos nas respectivas áreas de competência;

iii) exercer as funções de polícia marítima, aeroportuária e de fronteiras;

iv) exercer, com exclusividade, as funções de polícia judiciária da União.

2) *POLÍCIA RODOVIÁRIA FEDERAL*, órgão permanente, organizado e mantido pela União e estruturado em carreira, que se destina, na forma da lei, ao patrulhamento ostensivo das rodovias federais.

3) *POLÍCIA FERROVIÁRIA FEDERAL*, órgão permanente, organizado e mantido pela União e estruturado em carreira, que se destina, na forma da lei, ao patrulhamento ostensivo das ferrovias federais.

4) *POLÍCIA PENAL FEDERAL*, organizada e mantida pela União, vinculada ao órgão administrador do sistema penal da União, que, atualmente, é o Departamento Penitenciário Nacional (DEPEN), cabendo-lhe a segurança dos estabelecimentos penais federais.

6.3 Órgãos estaduais

No âmbito dos Estados, os órgãos de segurança pública subordinados aos respectivos Governadores de Estado, são:

1) *POLÍCIAS CIVIS*, dirigidas por delegados de polícia de carreira, às quais incumbem, ressalvada a competência da União, as funções de polícia judiciária e a apuração de infrações penais, exceto as militares.

2) *POLÍCIAS MILITARES*, às quais cabem a polícia ostensiva e a preservação da ordem pública, sendo, ainda, forças auxiliares e reserva do Exército.

3) *CORPOS DE BOMBEIROS MILITARES*, aos quais, além das atribuições definidas em lei (execução de serviços de perícia, prevenção e combate a incêndios, de busca e salvamento, e de atendimento pré-hospitalar e de prestação de socorros nos casos de sinistros, inundações, desabamentos, catástrofes, calamidades públicas e outros), incumbe a execução de atividades de defesa civil, sendo, ainda, forças auxiliares e reserva do Exército.

4) *POLÍCIAS PENAIS ESTADUAIS*, organizadas e mantidas pelos Estados, vinculadas aos órgãos administradores dos respectivos sistemas penais estaduais, cabendo-lhes a segurança dos estabelecimentos penais de seus Estados.

Sobre as polícias estaduais é importante destacarmos as seguintes ***decisões do Supremo Tribunal Federal***:

- É inconstitucional norma da Constituição Estadual que estabeleça isonomia de vencimentos entre os membros das polícias civis e das polícias militares, por ofensa ao art. 37, XIII, CF/88.[11]
- É inconstitucional norma da Constituição Estadual que estabeleça isonomia remuneratória entre os Delegados de Polícia Civil e Promotores de Justiça, por ofensa ao art. 37, XIII, CF/88.[12]
- É inconstitucional lei estadual que cria serviço militar estadual temporário e "voluntário", por ofensa ao art. 37, II, CF/88. Nesse caso, o Estado de Goiás havia criado uma espécie de "policial e bombeiro voluntário temporário", chamando-o de Serviço de Interesse Militar Voluntário Estadual (SIMVE). Por meio desse SIMVE, as pessoas poderiam se alistar para trabalhar "voluntariamente" como soldado na Polícia Militar ou no Corpo de Bombeiros Militar do Estado de Goiás, não sendo necessário prestar concurso público, mas apenas passar por uma espécie de seleção simplificada. A pessoa selecionada, assinaria um contrato por tempo determinado com o Estado e atuaria como se fosse um soldado, recebendo uma contraprestação remuneratória pelo trabalho desempenhado.[13]
- É constitucional lei estadual que exija que os policiais civis residam no Município em que prestam serviço ou outro local onde tenha sido permitido.[14]

---

11. STF, ADI 3.777, Rel. Min. Luiz Fux.
12. STF, ADI 145, Rel. Min. Dias Toffoli.
13. STF, ADI 5.163, Rel. Min. Luiz Fux.
14. STF, ADPF 90, Rel. Min. Luiz Fux.

- É inconstitucional lei estadual que proíba que os policiais civis saiam do Município em que prestam serviço sem prévia autorização superior, salvo para atos e diligências funcionais.[15]
- É constitucional lei estadual que concede dois assentos gratuitos a policiais militares devidamente fardados nos transportes coletivos intermunicipais, ressalvando que sua utilização fica condicionada a sua disponibilidade, que, não havendo, poderão viajar em pé, pois, além de ser da competência remanescente dos Estados a competência para legislar sobre transporte intermunicipal (art. 25, §1°) e a segurança pública ser de competência comum (art. 144 da CF/88), essa lei promove a melhoria das condições de segurança pública nesse meio de locomoção, em benefício de toda a sociedade.[16]
- É inconstitucional norma que preveja a concessão de aposentadoria com paridade e integralidade de proventos a policiais civis.[17]
- É inconstitucional norma que preveja a concessão de "adicional de final de carreira" a policiais civis.[18]

6.4 Órgãos do Distrito Federal

O Distrito Federal, tal qual os Estados, possui Polícia Civil, Polícia Militar, Corpo de Bombeiros Militar e Polícia Penal, todos subordinados ao Governador do DF (art. 144, §6º, CF/88). Entretanto, nos termos do art. 21, XIV, da CF/88, compete à União organizar e manter a polícia civil, a polícia penal, a polícia militar e o corpo de bombeiros militar do DF. Ademais, conforme prevê o art. 32, §4º, da CF/88, lei federal é que deve dispor sobre a utilização, pelo Governo do DF, da polícia civil, da polícia penal, da polícia militar e do corpo de bombeiros militar.

Esses dispositivos, em conjunto, nos revelam que o ***regime jurídico*** das forças de segurança pública do DF é ***híbrido***, pois, embora seus órgãos de segurança se subordinem ao Governador do DF, eles devem ser organizados e disciplinados por lei federal (e não pode lei distrital), editada pelo Congresso Nacional, sendo, ainda, mantidos pela União, isto é, compete privativamente à União legislar (e pagar) sobre os vencimentos dos órgãos de segurança pública do DF,[19] cabendo, por consequência, ao Tribunal de Contas da União, controlar as suas contas.

6.5 Órgãos municipais

Os Municípios não possuem polícias, pelo menos não enquanto órgãos policiais de segurança pública. Entretanto, podem instituir ***guardas municipais*** destinadas à proteção de seus bens, serviços e instalações (proteção do patrimônio público municipal), conforme dispuser a lei.

A Lei 13.022/2014 regulamenta a instituição das guardas municipais, afirmando tratar-se de instituições de caráter civil, uniformizadas e armadas conforme previsto em lei, que têm função de proteção municipal preventiva, estando subordinadas aos respectivos chefes do Poder Executivo Municipal, o que nos revela sua ***natureza de "polícia administrativa"***

---

15. STF, ADPF 90, Rel. Min. Luiz Fux.
16. STF, ADI 1.052, Rel. Min. Luiz Fux, red. p/ acórdão, Min. Alexandre de Moraes.
17. STF, ADI 5.039, Rel. Min. Edson Fachin.
18. STF, ADI 5.039, Rel. Min. Edson Fachin.
19. Súmula Vinculante 39, do STF: *Compete privativamente à União legislar sobre vencimentos dos membros das polícias civil e militar e do corpo de bombeiros militar do Distrito Federal.*

e não de órgão policial de segurança pública, já tendo o STF decidido, por exemplo, que a apreensão de entorpecentes por guardas municipais é inválida.[20]

Por fim, é importante destacarmos que o Supremo Tribunal Federal já decidiu que ***é constitucional a atribuição às guardas municipais do exercício de poder de polícia de trânsito, inclusive para imposição de sanções administrativas legalmente previstas***, vez que a fiscalização do trânsito, com aplicação das sanções administrativas legalmente previstas, embora possa se dar ostensivamente, constitui mero exercício de poder de polícia administrativa, não havendo, portanto, óbice ao seu exercício por entidades não policiais.[21]

6.6 Segurança viária

Nos termos do art. 144, §10, da CF/88, a segurança viária, exercida para a preservação da ordem pública e da incolumidade das pessoas e do seu patrimônio nas vias públicas:

i) compreende a educação, engenharia e fiscalização de trânsito, além de outras atividades previstas em lei, que assegurem ao cidadão o direito à mobilidade urbana eficiente; e

ii) compete, no âmbito dos Estados, do Distrito Federal e dos Municípios, aos respectivos órgãos ou entidades executivos e seus agentes de trânsito, estruturados em carreira, na forma da lei.

6.7 Proibição de greve

Nos termos do art. 142, §3º, IV, ***ao militar é proibida a greve***, sendo este dispositivo aplicável, também, aos militares estaduais (policiais militares e bombeiros militares), por força do art. 42, §1º, da CF/88.

Com exceção dos policiais militares e bombeiros militares, a Constituição não vedou expressamente o direito de greve aos demais servidores da segurança pública. Entretanto, no julgamento do ARE 654.432, em abril de 2017, o STF firmou o entendimento de que "***o exercício do direito de greve, sob qualquer forma ou modalidade, é vedado aos policiais civis e a todos os servidores que atuem diretamente na área de segurança pública***".[22] No mês seguinte, em maio de 2017, no julgamento do RE 846.854, o STF reafirmou esse entendimento, afirmando em sua decisão que "*as guardas municipais executam atividade de segurança pública (art. 144, § 8º, da CF), essencial ao atendimento de necessidades inadiáveis da comunidade (art. 9º, § 1º, CF), pelo que se submetem às restrições firmadas pelo Supremo Tribunal Federal no julgamento do ARE 654.432*".[23]

20. STF, RE 1.281.774, Rel. Min. Marco Aurélio.
21. STF, RE 658.570, Rel. Min. Marco Aurélio, red. p/ o acórdão Min. Roberto Barroso.
22. STF, ARE 654.432, Rel. Min. Edson Fachin, red. p/ o acórdão Min. Alexandre de Moraes.
23. STF, RE 846.854, Rel. Min. Luiz Fux, red. p/ o acórdão Min. Alexandre de Moraes.

7. QUADRO SINÓPTICO

CAPÍTULO XXI – DEFESA DO ESTADO E DAS INSTITUIÇÕES DEMOCRÁTICAS	
Introdução	Para a Defesa do Estado e das Instituições Democrática nosso sistema constitucional, por um lado, institucionalizou as ***Forças Armadas*** e a ***Segurança Pública para a defesa do Estado***, que se volta a: i) defesa do território nacional; ii) defesa da soberania nacional; e iii) defesa da pátria. Por outro lado, ***para a defesa das instituições democráticas*** consagrou o chamado ***sistema constitucional de crises***, composto pelo ***Estado de Defesa*** e pelo ***Estado de Sítio*** e que visa a manutenção ou o reestabelecimento da ordem em momentos de anormalidade, instituindo verdadeiros "Estados de Exceção" (constitucionalizados) dentro do Estado Democrático de Direito, nos quais a legalidade ordinária é momentaneamente mitigada, dando lugar a uma legalidade constitucional extraordinária, cujo objetivo principal é superação da crise com a manutenção do Estado Democrático de Direito e a mínima onerosidade para os direitos fundamentais.
Princípios do Sistema Constitucional de Crises	***Excepcionalidade:*** a regra é prevalência da legalidade constitucional ordinária, sendo que as medidas do sistema constitucional de crises só podem ser adotas em situações excepcionais (como exceção) de desequilíbrio, sempre visando o reestabelecimento da normalidade institucional e a defesa do Estado Democrático de Direito. ***Necessidade:*** as medidas do sistema constitucional de crises só podem ser implementadas se não for possível reestabelecer a normalidade constitucional por outro meio menos gravoso, pois o Estado de Defesa e o Estado de Sítio são a *última ratio* da defesa do Estado Democrático de Direito, de modo que, a decretação dessas medidas sem que se caracterize a necessidade, configurará golpe de Estado. ***Temporariedade:*** essas medidas devem ter prazo determinado e, caso a normalidade seja reestabelecida antes do prazo fixado, elas devem ser imediatamente encerradas, sendo que a decretação dessas medidas sem respeito à temporariedade, configurará a instauração de um regime totalitarista ditatorial. ***Obediência estrita à Constituição:*** essas medidas devem obedecer estritamente às normas constitucionais, especialmente, àquelas que as regulam, visando sempre o reestabelecimento da normalidade institucional e a defesa do Estado Democrático de Direito, sob pena de se caracterizarem como medidas arbitrárias, abusivas e inconstitucionais. ***Controle político-judicial:*** implica reconhecer que essas medidas, que são implementadas pelo Poder Executivo, devem ser controladas pelo Poder Legislativo (controle político) e pelo Poder Judiciário (controle judicial), a partir da lógica do sistema de freios e contrapesos entre os Poderes, a fim de prevenir e reprimir quaisquer abusos, arbitrariedades e ilegalidades.
ESTADO DE DEFESA	
Introdução	O Estado de Defesa consiste em "Estado de Exceção" constitucionalizado dentro do Estado Democrático de Direito, decretado pelo Presidente da República para preservar ou prontamente restabelecer, em locais restritos e determinados, a ordem pública ou a paz social ameaçadas por grave e iminente instabilidade institucional ou atingidas por calamidades de grandes proporções na natureza, afastando temporariamente a legalidade ordinária. Ademais, o Estado de Defesa se caracteriza por ser uma medida excepcional menos gravosa que o Estado de Sítio.
Hipóteses de decretação	*i)* grave e iminente instabilidade institucional; ***OU*** *ii)* calamidades de grandes proporções na natureza.
Requisitos Formais	***1)*** Oitiva prévia dos Conselhos da República da Defesa Nacional, cujas manifestações serão meramente opinativas, de caráter consultivo e não vinculante. ***2)*** Decreto do Presidente da República instituindo o Estado de Defesa, o qual deve determinar: i) o tempo de duração da medida, que não poderá ser superior a 30 dias, podendo ser prorrogado uma vez, por igual período, se persistirem as razões que justificaram a sua decretação; ii) as áreas a serem abrangidas, que devem ser restritas e determinadas; iii) as medidas coercitivas a vigorarem durante a sua vigência. ***3)*** Aprovação do decreto presidencial pela maioria absoluta do Congresso Nacional (CN). O decreto deve ser submetido ao CN dentro de 24 horas, junto com a respectiva justificação. Se o CN estiver em recesso, será convocado, extraordinariamente, no prazo de 5 dias.

Medidas Coercitivas que podem ser adotas	*i)* Restrições aos direitos de: *a)* reunião, ainda que exercida no seio das associações; *b)* sigilo de correspondência; e *c)* sigilo de comunicação telegráfica e telefônica; *ii)* Ocupação e uso temporário de bens e serviços públicos, na hipótese de calamidade pública, respondendo a União pelos danos e custos decorrentes; *iii)* Na vigência do estado de defesa, a prisão por crime contra o Estado, determinada pelo executor da medida, será por este comunicada imediatamente ao juiz competente – acompanhada de declaração, pela autoridade, do estado físico e mental do detido no momento de sua autuação – que a relaxará, se não for legal, facultado ao preso requerer exame de corpo de delito à autoridade policial. Todavia, a prisão ou detenção de qualquer pessoa não poderá ser superior a 10 dias, salvo quando autorizada pelo Poder Judiciário, sendo vedada a incomunicabilidade do preso.
ESTADO DE SÍTIO	
Introdução	O Estado de Sítio consiste em "Estado de Exceção" constitucionalizado dentro do Estado Democrático de Direito, decretado pelo Presidente da República, após autorização do Congresso Nacional, em casos de comoção grave de repercussão nacional, ocorrência de fatos que comprovem a ineficácia de medida tomada durante o Estado de Defesa e em caso de declaração de estado de guerra ou resposta a agressão armada estrangeira, afastando temporariamente a legalidade ordinária. Ademais, o Estado de Sítio se caracteriza por ser uma medida excepcional mais gravosa que o Estado de Defesa.
Hipóteses de decretação	*i)* comoção grave de repercussão nacional; ***OU*** *ii)* ocorrência de fatos que comprovem a ineficácia de medida tomada durante o estado de defesa; ***OU*** *iii)* declaração de estado de guerra ou resposta a agressão armada estrangeira.
Requisitos Formais	*1)* Oitiva prévia dos Conselhos da República e da Defesa Nacional, cujas manifestações serão meramente opinativas, de caráter consultivo e não vinculante. *2)* Autorização do Congresso Nacional dada pela maioria absoluta de seus membros, por meio de Decreto Legislativo, após solicitação do Presidente da República, na qual devem estar relatados os motivos determinantes do pedido. *3)* Decreto do Presidente da República instituindo o Estado de Sítio, o qual deve determinar: *i)* o tempo de duração da medida, que: *a) nos casos de comoção grave de repercussão nacional ou ocorrência de fatos que comprovem a ineficácia de medida tomada durante o estado de defesa* não poderá ser superior a 30 dias, podendo ser prorrogado quantas vezes forem necessárias por no máximo 30 dias cada uma, se persistirem as razões que justificaram a sua decretação; *b) no caso de declaração de estado de guerra ou resposta a agressão armada estrangeira* será decretado até que cesse a guerra ou a agressão armada estrangeira, não se podendo estabelecer previamente um lapso temporal preciso; *ii)* as normas necessárias a sua execução e as garantias constitucionais que ficarão suspensas durante sua vigência; *4)* Após publicado o decreto, o Presidente da República designará o executor das medidas específicas e as áreas abrangidas. Assim, embora o Estado de Sítio tenha caráter nacional, as medidas especificadas no decreto podem ser restritas a uma certa localidade.
Medidas Coercitivas que podem ser adotas	Quando ***decretado com fundamento nas hipóteses de comoção grave de repercussão nacional, ou ocorrência de fatos que comprovem a ineficácia de medida tomada durante o estado de defesa,*** só poderão ser tomadas contra as pessoas as seguintes medidas: i) obrigação de permanência em localidade determinada; ii) detenção em edifício não destinado a acusados ou condenados por crimes comuns; iii) restrições relativas à inviolabilidade da correspondência, ao sigilo das comunicações, à prestação de informações e à liberdade de imprensa, radiodifusão e televisão, na forma da lei, não se incluindo nessas restrições a difusão de pronunciamentos de parlamentares efetuados em suas Casas Legislativas, desde que liberada pela respectiva Mesa. iv) suspensão da liberdade de reunião; v) busca e apreensão em domicílio; vi) intervenção nas empresas de serviços públicos; vii) requisição de bens.
	Quando ***decretado com fundamento nas hipóteses de declaração de estado de guerra ou resposta a agressão armada estrangeira,*** outros direitos e garantias fundamentais, além dos especificados acima, poderão ser suspensos, desde que seja necessário para execução da medida de exceção e para a manutenção do Estado Democrático de Direito, da ordem constitucional e da integridade da República Federativa do Brasil.
	Em quaisquer hipóteses de decretação do Estado de Sítio, as imunidades dos Deputados ou Senadores poderão ser suspensas mediante o voto de 2/3 dos membros da Casa respectiva, nos casos de atos praticados fora do recinto do Congresso Nacional, que sejam incompatíveis com a execução da medida.

FORÇAS ARMADAS	
	As forças armadas, constituídas pela marinha, pelo exército e pela aeronáutica, são instituições nacionais permanentes e regulares, organizadas com base na hierarquia e na disciplina, sob a autoridade suprema do Presidente da República, e destinam-se à defesa da pátria, à garantia dos poderes constitucionais e, por iniciativa de qualquer destes, da lei e da ordem.
	Cabe à lei complementar estabelecer normas gerais a serem adotadas na organização, no preparo e no emprego das Forças Armadas.
	Não cabe habeas corpus em relação a punições disciplinares militares. Entretanto, o STF, afastando a interpretação literal desse dispositivo, entende que essa limitação se refere apenas à apreciação da sanção disciplinar em si, preservando o mérito da decisão disciplinar militar, desde que ela tenha sido proferida de acordo com legislação vigente. Assim, é cabível *habeas corpus* contra punições disciplinares militares para analisar os pressupostos de legalidade dessas transgressões: i) quanto à existência da hierarquia correta; ii) se há no caso o poder disciplinar que legitima a punição; iii) se o ato administrativo é coerente com a função da autoridade; e iv) se a pena é susceptível de ser aplicada disciplinarmente ao transgressor. Ademais, vale destacar que a Lei 13.967/2019 extinguiu a pena de prisão disciplinar para os militares dos Estados, dos Territórios e do Distrito Federal.
Normas Gerais	Os membros das Forças Armadas são denominados militares e a eles se aplicam as seguintes disposições constitucionais (essas disposições, aplicam-se, também, aos militares das forças estaduais de segurança pública, nos termos do art. 42, §1º, da CF/88): as patentes, com prerrogativas, direitos e deveres a elas inerentes, são conferidas pelo Presidente da República e asseguradas em plenitude aos oficiais da ativa, da reserva ou reformados, sendo-lhes privativos os títulos e postos militares e, juntamente com os demais membros, o uso dos uniformes das Forças Armadas; o militar em atividade que tomar posse em cargo ou emprego público civil permanente, ressalvada a hipótese prevista no art. 37, inciso XVI, alínea "c", da CF/88, será transferido para a reserva, nos termos da lei; o militar da ativa que, de acordo com a lei, tomar posse em cargo, emprego ou função pública civil temporária, não eletiva, ainda que da administração indireta, ressalvada a hipótese prevista no art. 37, inciso XVI, alínea "c", da CF/88, ficará agregado ao respectivo quadro e somente poderá, enquanto permanecer nessa situação, ser promovido por antiguidade, contando-se-lhe o tempo de serviço apenas para aquela promoção e transferência para a reserva, sendo depois de dois anos de afastamento, contínuos ou não, transferido para a reserva, nos termos da lei; ao militar são proibidas a sindicalização e a greve; o militar, enquanto em serviço ativo, não pode estar filiado a partidos políticos; o oficial só perderá o posto e a patente se for julgado indigno do oficialato ou com ele incompatível, por decisão de tribunal militar de caráter permanente, em tempo de paz, ou de tribunal especial, em tempo de guerra; o oficial condenado na justiça comum ou militar a pena privativa de liberdade superior a dois anos, por sentença transitada em julgado, será submetido ao julgamento previsto no inciso anterior; aplica-se aos militares o disposto no art. 7º, incisos VIII, XII, XVII, XVIII, XIX e XXV, e no art. 37, incisos XI, XIII, XIV e XV, bem como, na forma da lei e com prevalência da atividade militar, no art. 37, inciso XVI, alínea "c", todos da CF/88. a lei deve dispor sobre o ingresso nas Forças Armadas, os limites de idade, a estabilidade e outras condições de transferência do militar para a inatividade, os direitos, os deveres, a remuneração, as prerrogativas e outras situações especiais dos militares, consideradas as peculiaridades de suas atividades, inclusive aquelas cumpridas por força de compromissos internacionais e de guerra.
Serviço Militar Obrigatório	O serviço militar é obrigatório, nos termos da lei, ficando as mulheres e os eclesiásticos isentos do serviço militar obrigatório em tempo de paz, sujeitos, porém, a outros encargos que a lei lhes atribuir. Porém, compete às forças armadas, na forma da lei, atribuir ***serviço alternativo*** aos que, em tempo de paz, após alistados, alegarem ***imperativo de consciência***, entendendo-se como tal o decorrente de crença religiosa e de convicção filosófica ou política, para se eximirem de atividades de caráter essencialmente militar.
Intervenção Militar Constitucional?	***Não existe intervenção militar constitucional.*** Isso é um mito e, como todo mito, é falso, ilusório, ignorante (furto da falta de conhecimento), tendo origem, sobretudo, em inverdades e sensacionalismos espalhados na era da naturalização da mentira e das *fakenews*. Assim, quaisquer intervenções, na verdade, configuram-se como golpes de Estado e suplantação do regime constitucional democrático pela via do totalitarismo, vez que a CF/88 estabeleceu um sistema de freios e contrapesos políticos entre os Poderes e não um "Poder Moderador" às forças armadas, sendo ilegítima qualquer intervenção delas no exercício dos Poderes.

SEGURANÇA PÚBLICA	
Introdução	A segurança pública, direito e responsabilidade de todos, cujas bases estão estabelecidas no art. 144, da CF/88, está compreendida pelo direito fundamental à segurança (art. 5º, *caput*), dela decorrendo o dever estatal de preservar a ordem social e assegurar a incolumidade das pessoas e do patrimônio, possibilitando que as pessoas desenvolvam suas aspirações existenciais de forma livre e plena, convivendo de forma pacífica e harmônica entre si. O Estado exerce suas atribuições decorrentes do direito à segurança pública através do ***poder de polícia*** – enquanto prerrogativa estatal de limitação e fiscalização dos direitos individuais fundada na supremacia do interesse público sobre o privado – ***em sua dimensão especial de segurança pública.*** Em sua dimensão especial de segurança pública, o poder de polícia estatal pode ser dividido em: ***i) polícia administrativa,*** que atua preventivamente, evitando que infrações penais e outros atos ilícitos ocorram, e, também, ostensivamente reprimindo ilícitos que estejam acontecendo; e ***ii) polícia judiciária,*** que atua repressivamente na investigação e apuração de infrações penais.
Órgãos de Segurança Pública	Poder de Polícia de Segurança Pública – Polícia Administrativa – – Federal: Polícia Federal; Polícia Rodoviária Federal; Polícia Ferroviária Federal; Polícia Penal Federal – – Estadual: Polícias Militares; Corpos de Bombeiros; Polícia Penal Estadual – Polícia Judiciária – – Federal: Polícia Federal – – Estadual: Polícias Civis
Órgãos Federais	**POLÍCIA FEDERAL,** instituída por lei como órgão permanente, organizado e mantido pela União e estruturado em carreira, que se destina a: i) apurar infrações penais contra a ordem política e social ou em detrimento de bens, serviços e interesses da União ou de suas entidades autárquicas e empresas públicas, assim como outras infrações cuja prática tenha repercussão interestadual ou internacional e exija repressão uniforme, segundo se dispuser em lei; ii) prevenir e reprimir o tráfico ilícito de entorpecentes e drogas afins, o contrabando e o descaminho, sem prejuízo da ação fazendária e de outros órgãos públicos nas respectivas áreas de competência; iii) exercer as funções de polícia marítima, aeroportuária e de fronteiras; iv) exercer, com exclusividade, as funções de polícia judiciária da União. **POLÍCIA RODOVIÁRIA FEDERAL,** órgão permanente, organizado e mantido pela União e estruturado em carreira, que se destina, na forma da lei, ao patrulhamento ostensivo das rodovias federais. **POLÍCIA FERROVIÁRIA FEDERAL,** órgão permanente, organizado e mantido pela União e estruturado em carreira, que se destina, na forma da lei, ao patrulhamento ostensivo das ferrovias federais. **POLÍCIA PENAL FEDERAL,** organizada e mantida pela União, vinculada ao órgão administrador do sistema penal da União, que, atualmente, é o Departamento Penitenciário Nacional (DEPEN), cabendo-lhe a segurança dos estabelecimentos penais federais.
Órgãos Estaduais	**POLÍCIAS CIVIS,** dirigidas por delegados de polícia de carreira, às quais incumbem, ressalvada a competência da União, as funções de polícia judiciária e a apuração de infrações penais, exceto as militares. **POLÍCIAS MILITARES,** às quais cabem a polícia ostensiva e a preservação da ordem pública, sendo, ainda, forças auxiliares e reserva do Exército. **CORPOS DE BOMBEIROS MILITARES,** aos quais, além das atribuições definidas em lei, incumbe a execução de atividades de defesa civil, sendo, ainda, forças auxiliares e reserva do Exército. **POLÍCIAS PENAIS ESTADUAIS,** organizadas e mantidas pelos Estados, vinculadas aos órgãos administradores dos respectivos sistemas penais estaduais, cabendo-lhes a segurança dos estabelecimentos penais de seus Estados.

Órgãos do Distrito Federal	O Distrito Federal, tal qual os Estados, ***possui Polícia Civil, Polícia Militar, Corpo de Bombeiros Militar e Polícia Penal,*** *todos subordinados ao Governador do DF* (art. 144, §6º). Entretanto, nos termos do art. 21, XIV, compete à União organizar e manter a polícia civil, a polícia penal, a polícia militar e o corpo de bombeiros militar do DF. Ademais, conforme prevê o art. 32, §4º, lei federal é que deve dispor sobre a utilização, pelo Governo do DF, da polícia civil, da polícia penal, da polícia militar e do corpo de bombeiros militar. Em razão disso, diz-se que o ***regime jurídico das forças de segurança pública do DF é híbrido.***
Guardas Municipais	Os Municípios não possuem polícias (não há órgãos policiais municipais de segurança pública). Entretanto, podem instituir guardas municipais destinadas à proteção de seus bens, serviços e instalações (proteção do patrimônio público municipal), que terá natureza de "polícia administrativa" (e não de órgão policial de segurança pública). Nesse sentido, o STF já decidiu que é constitucional a atribuição às guardas municipais do ***exercício de poder de polícia de trânsito***, inclusive aplicando sanções administrativas (multas, por exemplo), pois a fiscalização do trânsito constitui mero exercício de poder de polícia administrativa.
Proibição de Greve	Nos termos do art. 142, §3º, IV, ao militar é proibida a greve, sendo este dispositivo aplicável, também, aos militares estaduais (policiais militares e bombeiros militares), por força do art. 42, §1º, da CF/88. Com exceção dos policiais militares e bombeiros militares, a Constituição não vedou expressamente o direito de greve aos demais servidores da segurança pública. Entretanto, o STF, em 2017, firmou o entendimento de que o exercício do direito de greve, sob qualquer forma ou modalidade, é vedado aos policiais civis, às guardas municipais e a todos os servidores que atuem diretamente na área de segurança pública.

TÍTULO V
ORDEM ECONÔMICA E SOCIAL

A justiça é a primeira virtude das instituições sociais, como a verdade o é dos sistemas de pensamento. Embora elegante e econômica, uma teoria deve ser rejeitada ou revisada se não é verdadeira; da mesma forma leis e instituições, por mais eficientes e bem organizadas que sejam, devem ser reformadas ou abolidas se são injustas. Cada pessoa possui uma inviolabilidade fundada na justiça que nem mesmo o bem-estar da sociedade como um todo pode ignorar. Por essa razão, a justiça nega que a perda da liberdade de alguns se justifique por um bem maior partilhado por outros. Não permite que os sacrifícios impostos a uns poucos tenham menos valor que o total maior das vantagens desfrutadas por muitos. Portanto numa sociedade justa as liberdades da cidadania igual são consideradas invioláveis; os direitos assegurados pela justiça não estão sujeitos à negociação política ou ao cálculo de interesses sociais. A única coisa que nos permite aceitar uma teoria errônea é a falta de uma teoria melhor; de forma análoga, uma injustiça é tolerável somente quando é necessária para evitar uma injustiça ainda maior. Sendo virtudes primeiras das atividades humanas, a verdade e a justiça são inegociáveis.

John Rawls – Uma Teoria da Justiça

Capítulo XXII
ORDEM ECONÔMICA

1. PRINCÍPIOS DA ORDEM ECONÔMICA

Nos termos do art. 170, da CF/88, a ordem econômica, ***fundada na valorização do trabalho humano e na livre iniciativa,*** tem por fim assegurar a todos existência digna, conforme os ditames da justiça social, observados os seguintes ***princípios:*** i) soberania nacional; ii) propriedade privada; iii) função social da propriedade; iv) livre concorrência; v) defesa do consumidor; vi) defesa do meio ambiente, inclusive mediante tratamento diferenciado conforme o impacto ambiental dos produtos e serviços e de seus processos de elaboração e prestação; vii) redução das desigualdades regionais e sociais; viii) busca do pleno emprego; ix) tratamento favorecido para as empresas de pequeno porte constituídas sob as leis brasileiras e que tenham sua sede e administração no país. Ademais, segundo o parágrafo único do citado dispositivo, é assegurado a todos o livre exercício de qualquer atividade econômica, independentemente de autorização de órgãos públicos, salvo nos casos previstos em lei.

Assim, além dos princípios da ordem econômica, o art. 170, da CF/88, enuncia como seus ***fundamentos*** a valorização do trabalho humano e a livre iniciativa.

Sobre a valorização do trabalho, tendo como pano de fundo o paradigma do Estado Social, nossa Constituição estabeleceu os valores sociais do trabalho como fundamentos da República Federativo do Brasil (art. 1º, IV), fundando a ordem econômica na valorização do trabalho humano (art. 170), positivando o primado do trabalho como base da ordem social (art. 193) e consagrando uma plêiade de direitos sociais do trabalhador (art. 7º ao 11).[1] O trabalho tem valores sociais, valores ético-jurídicos que devem ser protegidos e promovidos, esses valores residem, em primeiro lugar, na ideia de que todos devem contribuir com a sociedade em que vivem, não sobrecarregando os demais e, em segundo lugar, na ideia de que todos que trabalham devem ter condições de vida digna, devendo receber um salário que lhes dê essas condições, que tenha um poder aquisitivo que contemple a dignidade e não a mera sobrevivência, além de terem condições salubres e adequadas de trabalho, bem como um tempo livre para poderem usufruir dos frutos de seu trabalho, fazendo jus a um descanso semanal e a um período de férias, por exemplo.

Sobre a livre iniciativa (liberdade de atuar na atividade econômica produzindo e/ou distribuindo bens e riquezas, seja pela atividade empresarial, seja pelo trabalho, seja explorando a propriedade privada[2]) tendo como pano de fundo o paradigma do Estado Liberal, nossa Constituição estabeleceu os valores sociais da livre iniciativa como fundamentos da República Federativo do Brasil (art. 1º, IV), enquanto expressão maior do liberalismo econômico e do capitalismo, prevendo-a, ainda, como fundamento da ordem econômica (art. 170) e assegurando uma plêiade de direitos fundamentais que a protejam e a promovam (direitos de propriedade, liberdade empresarial, livre concorrência etc.), ficando, contudo, limitada por uma função social, o que, em especial, exige respeito aos direitos dos trabalhadores e dos consumidores, não se podendo pôr o lucro acima da pessoa humana (lucro pelo lucro, como no trabalho análogo à escravo, por exemplo), sob pena de reificação da pessoa,

1. SILVA, José Afonso da. Comentário Contextual à Constituição. 9. ed. São Paulo: Malheiros, 2014, p. 41.
2. GRAU, Eros Roberto. A ordem econômica na Constituição de 1988. 16. ed. São Paulo: Malheiros, 2014, p. 199-205.

o que geraria ofensa direta à sua dignidade. Nesse sentido, inclusive, já decidiu o STF que *"o princípio da livre-iniciativa não pode ser invocado para afastar regras de regulamentação do mercado e de defesa do consumidor"*.[3]

Isto posto, faz-se necessário agora abordarmos, de forma específica, cada um dos ***princípios norteadores da ordem econômica:***

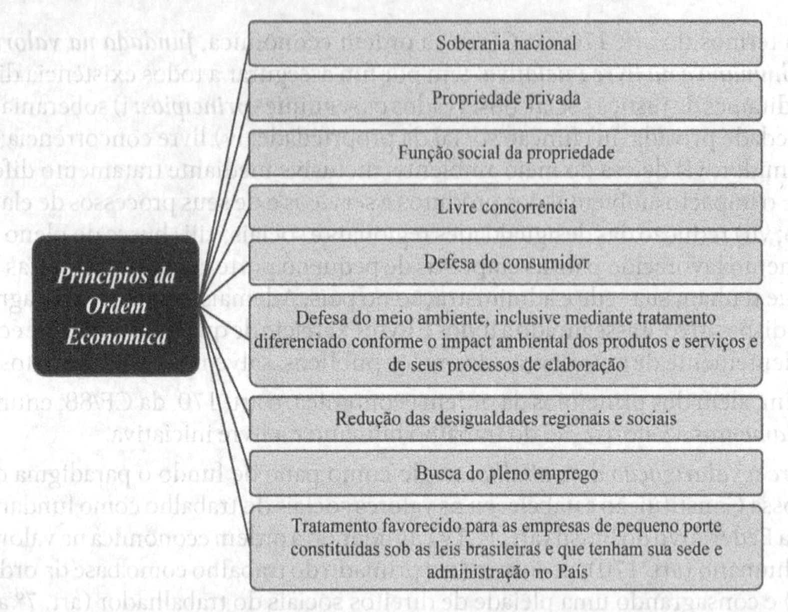

I – Soberania nacional: numa ***visão clássica***, a soberania designa um ***poder político supremo*** (por não ser limitada por nenhum outro poder na ordem interna) ***e independente*** (por estar em pé de igualdade com os poderes soberanos de outros povos e não se sujeitar a nenhuma norma internacional que não seja voluntariamente aceita), dividindo-se em: ***i) soberania externa***, que refere-se à representação do Estado na ordem internacional, segundo a qual o Estado soberano não se sujeita a nenhum outro Estado, nem a nenhum órgão internacional; e ***ii) soberania interna***, que refere-se à supremacia estatal em face dos cidadãos na ordem interna. Numa ***visão contemporânea***, ***a soberania é relativizada*** e sofre uma releitura, especialmente, fundada nos princípios da democracia, da soberania popular, do pluralismo político e da dignidade da pessoa humana, bem como em razão do fenômeno da globalização econômica (globalismo), em face dos novos arranjos globais que as pessoas e o Estado estão inseridos, abandonando a rigidez de outrora.[4] No ***plano interno***, a soberania do Estado encontrará legitimidade na soberania popular, uma vez que emanando todo o poder do povo, o Estado deverá ser o meio para a realização dos fins das pessoas e não o contrário, tendo o dever fundamental de proteger e promover a pessoa humana. No ***plano externo***, as novas relações humanas e estatais, tendo como pano de fundo a globalização política e econômica, irá flexibilizar as normas internas em face de uma normatização internacional, seja no âmbito comercial, seja no âmbito humanístico, submetendo Estados soberanos à órgãos internacionais. Assim, por exemplo, o art. 172, da CF/88, dispõe que *a lei deve disciplinar, com base no interesse*

3. STF, RE 349.686, Rel. Min. Ellen Gracie.
4. FERRAJOLI, Luigi. A soberania no mundo moderno. São Paulo: Martins Fontes, 2002.

nacional, os investimentos de capital estrangeiro, bem como incentivar os reinvestimentos e regular a remessa de lucros, o que demonstra que, embora seja um país soberano, a economia brasileira está aberta ao capital e a investimentos estrangeiros, nos limites da Constituição e das leis do país.

II – Propriedade privada: trata-se de um direito fundamental assegurado no *caput* do art. 5º, da CF/88, ganhando contornos constitucionais a partir do inciso XXII, do mesmo dispositivo, sendo, ainda, princípio da ordem econômica brasileira (art. 170, II), que implica no poder de possuir como seu, usar, gozar, dispor, reivindicar e explorar bens materiais e imateriais, móveis e imóveis. É importante ressaltar que o direito à propriedade privada está no coração das revoluções burguesas e da ascensão dos Estados liberais capitalistas, sendo considerado, por séculos, um direito natural dos mais importantes, tendo sido defendido por diversos filósofos iluministas, destacadamente por John Locke,[5] vindo a ser reconhecido desde as primeiras Constituições escritas.

III – Função social da propriedade: na concepção constitucional dominante, não há direitos absolutos, logo a propriedade privada pode sofrer limitações, assim, nos termos da Constituição, a propriedade deve atender a sua função social (art. 5º, XXIII e art. 170, III), sendo, portanto, a função social, um limite constitucional ao exercício do direito de propriedade. Desde modo, o titular do direito de propriedade não pode "fazer o que quiser com o que é seu" de forma ilimitada, devendo no exercício de seu direito cumprir com a função social de sua propriedade, atendendo não só aos seus interesses privados, mas, também, a um interesse público comum de toda a sociedade, buscando um equilíbrio entre ambos os interesses, sob pena de sofrer sanções, nos termos da Constituição e das leis.

IV – Livre concorrência: é um desdobramento lógico da livre iniciativa, necessária ao desenvolvimento das economias capitalistas e ao cumprimento da função social da atividade empresarial, assegurando, por um lado, que os diversos agentes econômicos possam competir no mercado de forma justa, e por outro lado, que o maior número possível de agentes exerçam as diversas atividades econômicas, concorrendo entre si, equilibrando a oferta e a procura no mercado, e possibilitando a livre escolha entre os consumidores. Nesse sentido, a livre concorrência tem por objetivo combater o abuso do poder econômico na eliminação ou fragilização da concorrência e dominação dos mercados, bem como o aumento abusivo e oportunista dos lucros, destacando-se aí o papel desempenhado pelas Agências Reguladoras e pelos órgãos de defesa da concorrência, como o CADE. Assim, com base nesse princípio o STF já decidiu que:

- É inconstitucional a proibição ou restrição da atividade de transporte privado individual por motorista cadastrado em aplicativo (como, o UBER, por exemplo), por violação aos princípios da livre iniciativa e da livre concorrência.[6]
- Súmula Vinculante 49, do STF: ofende o princípio da livre concorrência lei municipal que impede a instalação de estabelecimentos comerciais do mesmo ramo em determinada área.

V – Defesa do consumidor: conforme dispõe o art. 5º, XXXII, da CF/88, *o Estado promoverá, na forma da lei, a defesa do consumidor*, sendo a defesa do consumidor, ainda, um dos princípios da ordem econômica brasileira (art. 170, V). Estes dispositivos revelam a clara

5. LOCKE, John. Segundo Tratado sobre o Governo. São Paulo: Martin Claret, 2003.
6. STF, ADPF 449, Rel. Min. Luiz Fux.

opção do constituinte brasileiro por alçar a proteção dos direitos do consumidor à categoria de direito fundamental (de natureza coletiva), em face da sua importância nas sociedades atuais, marcadamente sociedades de consumo, nas quais para muitas pessoas o "ter" é mais importante (ou valorizado) do que o "ser", além, é claro, da necessidade de se proteger o consumidor em razão de sua hipossuficiência nas relações consumeristas. Ademais, o dispositivo previsto no art. 5º, XXXII, da CF/88, estabeleceu um mandamento (uma ordem) ao legislador infraconstitucional para que criasse uma lei de defesa do consumidor, o que acabou sendo feito pouco tempo depois da promulgação da Constituição, com o advento da lei 8.078/1990 (Código de Defesa do Consumidor).

VI – Defesa do meio ambiente, inclusive mediante tratamento diferenciado conforme o impacto ambiental dos produtos e serviços e de seus processos de elaboração e prestação: o meio ambiente é um direito fundamental difuso de terceira geração, fundado no princípio de fraternidade, estabelecido pelo art. 225, da CF/88, segundo o qual, *todos têm direito ao meio ambiente ecologicamente equilibrado, bem de uso comum do povo e essencial à sadia qualidade de vida, impondo-se ao Poder Público e à coletividade o dever de defendê-lo e preservá-lo para as presentes e futuras gerações*. Segundo o STF, a defesa do meio ambiente, enquanto princípio da ordem econômica, implica reconhecer que a incolumidade do meio ambiente não pode ser comprometida por interesses empresariais nem ficar dependente de motivações de índole meramente econômica, ainda mais se se tiver presente que a atividade econômica, considerada a disciplina constitucional que a rege, está subordinada, dentre outros princípios gerais, àquele que privilegia a defesa do meio ambiente, que traduz conceito amplo e abrangente das noções de meio ambiente natural, de meio ambiente cultural, de meio ambiente artificial (espaço urbano) e de meio ambiente laboral.[7] Nesse sentido, por exemplo, o STF já declarou constitucionais normas que vedam a importação de pneus usados, por considerar essa atividade econômica lesiva ao meio ambiente.[8]

VII – Redução das desigualdades regionais e sociais: fundado no paradigma do Estado Social, este princípio, também, consiste em um objetivo fundamental da República Federativa do Brasil (art. 3º, III, CF/88), passando pelo desenvolvimento nacional equilibrado (art. 174, §1º) e pela melhor distribuição da riqueza, buscando diminuir as desigualdades entre as classes sociais e as regiões do país, como forma de assegurar melhores condições de vida a todos. Pode-se exemplificar sua implementação pela criação de órgãos como a Superintendência do Desenvolvimento do Nordeste (SUDENE) e a Superintendência do Desenvolvimento da Amazônia (SUDAM), bem como de programas assistenciais como o Bolsa Família e o Fome Zero.

VIII – Busca do pleno emprego: esse princípio, que decorre da valorização do trabalho, enquanto atividade humana transformadora da natureza e criadora de riquezas capazes de prover as necessidades da sociedade e assegurar uma vida digna à pessoa humana, exige que o Estado incentive e estimule a atividade econômica favorecendo a criação de vagas de trabalho, bem como o empreendedorismo entre as pessoas que estão aptas ao trabalho. Vale recordar que o Brasil, em dezembro de 2014 registrou a menor taxa de desemprego de sua história, vivenciando, segundo os especialistas, durante os anos de 2013 e 2014, o "pleno emprego".

7. STF, ADI 3.540-MC, Rel. Min. Celso de Mello.
8. STF, ADPF 101, Rel. Min. Cármen Lúcia.

VIII – Tratamento favorecido para as empresas de pequeno porte constituídas sob as leis brasileiras e que tenham sua sede e administração no País: esse princípio decorre diretamente do princípio da igualdade material, segundo o qual se deve tratar os iguais de forma igual e os desiguais de forma desigual na medida de sua desigualdade, logo, como as microempresas e as empresas de pequeno porte encontram-se em uma situação de inferioridade real de mercado frente as médias e grandes empresas, enfrentando diversas dificuldades em razão disso, é necessário que o Estado dê tratamento favorecendo essas empresas para que elas possam ter condições de ingressar e permanecer no mercado econômico. Ademais, a implementação desse princípio se dá, especialmente, pelo regime jurídico diferenciado conferido a elas pelo art. 179, da CF/88, segundo o qual, a União, os Estados, o Distrito Federal e os Municípios dispensarão às microempresas e às empresas de pequeno porte, assim definidas em lei, tratamento jurídico diferenciado, visando a incentivá-las pela simplificação de suas obrigações administrativas, tributárias, previdenciárias e creditícias, ou pela eliminação ou redução destas por meio de lei.

2. ATUAÇÃO DO ESTADO NA ORDEM ECONÔMICA

Como foi adotado pela Constituição brasileira de 1988, ainda que de forma tácita, o ***sistema econômico capitalista***, pelo reconhecimento, especialmente, da livre iniciativa e da propriedade privada, temos que o Estado deve evitar intervir na economia. Contudo, isso não significa que o Estado não possa ou não deva intervir na vida econômica do país, pois, embora sejamos um país capitalista, também somos um ***Estado Social Democrático de Direito***, o que implica reconhecer que o Estado tem o dever de fiscalizar as atividades econômicas e reprimir quaisquer abusos e ilegalidades, bem como assegurar que elas cumpram sua função social, promovam o desenvolvimento nacional e assegurem a todos uma vida digna.

Assim, ***o Estado poderá (deverá) intervir na economia*** do país de forma direta e indireta, sendo que a intervenção direta pode ser *a)* direta por participação ou *b)* direta por absorção, enquanto a intervenção indireta pode ser *i)* indireta por direção ou *ii)* indireta por indução.[9]

A ***intervenção direta por participação*** se dá com a o Estado atuando na economia como mais um sujeito econômico, concorrendo com os particulares que exploram aquela mesma atividade econômica.

Já a ***intervenção direta por absorção*** se dá com a o Estado atuando na economia isoladamente, sem qualquer concorrência com os particulares, exercendo o monopólio de determinada atividade econômica.

A ***intervenção indireta por direção*** se dá com a o Estado regulando, fiscalizando e controlando determinadas atividades econômicas, estabelecendo normas de cumprimento obrigatório pela iniciativa privada.

Já a ***intervenção indireta por indução*** se dá com a o Estado incentivando e estimulando a atividade econômica, por exemplo, liberando crédito com juros menores, concedendo isenções tributárias, subsídios etc.

9. ARAUJO, Eugênio Rosa de. Resumo de Direito Econômico. Rio de Janeiro: Impetus, 2007.

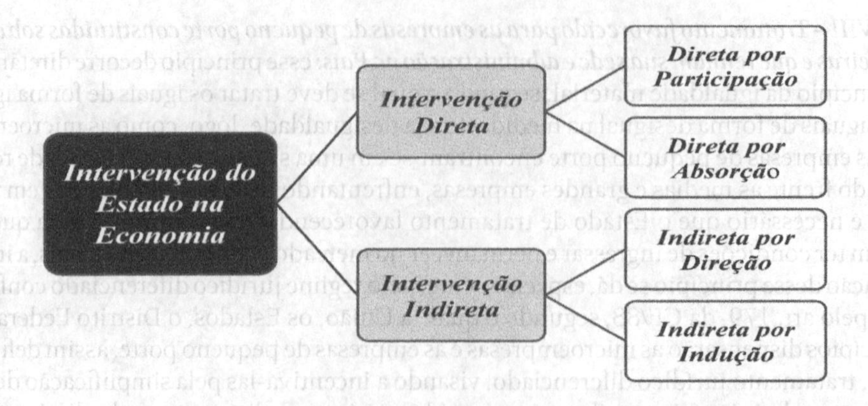

Via de regra, o Estado poderá intervir na economia *indiretamente*, estimulando, planejando, regulamentando quando necessário e fiscalizando a exploração das atividades econômicas pelos particulares. Excepcionalmente, poderá intervir na economia *diretamente*, explorando de forma direta (ele mesmo) a atividade econômica em situações extraordinárias previstas na Constituição. Vejamos cada uma dessas formas de atuação do Estado na economia:

A) A ATUAÇÃO INDIRETA DO ESTADO NA ECONOMIA:

Nos termos do art. 174, da CF/88, ***como agente normativo e regulador da atividade econômica***, o Estado exercerá, na forma da lei, as funções de fiscalização, incentivo e planejamento, sendo este determinante para o setor público e indicativo para o setor privado, devendo a lei: a) estabelecer as diretrizes e bases do planejamento do desenvolvimento nacional equilibrado, o qual incorporará e compatibilizará os planos nacionais e regionais de desenvolvimento; b) apoiar e estimular o cooperativismo e outras formas de associativismo.

Ademais, o Estado favorecerá a ***organização da atividade garimpeira em cooperativas***, levando em conta a proteção do meio ambiente e a promoção econômico-social dos garimpeiros, sendo que essas cooperativas terão prioridade na autorização ou concessão para pesquisa e lavra dos recursos e jazidas de minerais garimpáveis, nas áreas onde estejam atuando, e naquelas fixadas de acordo com o art. 21, XXV, da CF/88, na forma da lei.

Segundo o art. 178, da CF/88, a lei disporá sobre a ***ordenação dos transportes aéreo, aquático e terrestre***, devendo, quanto à ***ordenação do transporte internacional***, observar os acordos firmados pela União, atendido o princípio da reciprocidade, sendo que na ordenação do transporte aquático, a lei estabelecerá as condições em que o *transporte de mercadorias na cabotagem e a navegação interior* poderão ser feitos por embarcações estrangeiras.

Em conformidade com o art. 180, da CF/88, a União, os Estados, o Distrito Federal e os Municípios promoverão e incentivarão o *turismo* como fator de desenvolvimento social e econômico.

Por fim, conforme dispõe o art. 181, da CF/88, o atendimento de ***requisição de documento ou informação de natureza comercial, feita por autoridade administrativa ou judiciária estrangeira***, a pessoa física ou jurídica residente ou domiciliada no país dependerá de autorização do poder competente.

B) A ATUAÇÃO DIRETA DO ESTADO NA ECONOMIA:

Nos termos do art. 173, da CF/88, ressalvados os casos previstos na Constituição, a exploração direta de atividade econômica pelo Estado só será permitida quando necessária aos imperativos da segurança nacional ou a relevante interesse coletivo, conforme definidos em lei.

Ademais, segundo os parágrafos do citado dispositivo, a lei estabelecerá o ***estatuto jurídico da empresa pública, da sociedade de economia mista*** e de suas subsidiárias que explorem atividade econômica de produção ou comercialização de bens ou de prestação de serviços, dispondo sobre:

- sua função social e formas de fiscalização pelo Estado e pela sociedade;
- a sujeição ao regime jurídico próprio das empresas privadas, inclusive quanto aos direitos e obrigações civis, comerciais, trabalhistas e tributários;
- licitação e contratação de obras, serviços, compras e alienações, observados os princípios da administração pública;
- a constituição e o funcionamento dos conselhos de administração e fiscal, com a participação de acionistas minoritários;
- os mandatos, a avaliação de desempenho e a responsabilidade dos administradores.

As empresas públicas e as sociedades de economia mista não poderão gozar de privilégios fiscais não extensivos às do setor privado, devendo a lei: a) regulamentar as relações da empresa pública com o Estado e a sociedade; b) reprimir o abuso do poder econômico que vise à dominação dos mercados, à eliminação da concorrência e ao aumento arbitrário dos lucros; c) sem prejuízo da responsabilidade individual dos dirigentes da pessoa jurídica, estabelecer a responsabilidade desta, sujeitando-a às punições compatíveis com sua natureza, nos atos praticados contra a ordem econômica e financeira e contra a economia popular.

Segundo o art. 175, da CF/88, incumbe ao Poder Público, na forma da lei, diretamente ou sob regime de concessão ou permissão, sempre através de licitação, a ***prestação de serviços públicos***, devendo a lei dispor sobre:

- o regime das empresas concessionárias e permissionárias de serviços públicos, o caráter especial de seu contrato e de sua prorrogação, bem como as condições de caducidade, fiscalização e rescisão da concessão ou permissão;
- os direitos dos usuários;
- política tarifária;
- a obrigação de manter serviço adequado.

Conforme o art. 176, da CF/88, ***as jazidas, em lavra ou não, e demais recursos minerais e os potenciais de energia hidráulica*** constituem propriedade distinta da do solo, para efeito de exploração ou aproveitamento, e pertencem à União, garantida ao concessionário a propriedade do produto da lavra, sendo que *a pesquisa e a lavra de recursos minerais e o aproveitamento dos potenciais de energia hidráulica* somente poderão ser efetuados mediante autorização ou concessão da União, no interesse nacional, por brasileiros ou empresa constituída sob as leis brasileiras e que tenha sua sede e administração no País, na forma da lei, que estabelecerá as condições específicas quando essas atividades se desenvolverem em faixa de fronteira ou terras indígenas. A autorização de pesquisa será sempre por prazo determinado, e as autorizações e concessões previstas neste artigo não poderão ser cedidas ou transferidas, total ou parcialmente, sem prévia anuência do poder concedente. Entretanto, *não dependerá de autorização ou concessão o aproveitamento do potencial de energia renovável de capacidade reduzida*. Ademais, ***é assegurada participação ao proprietário do solo nos resultados da lavra***, na forma e no valor que dispuser a lei.

Nos termos do art. 177, da CF/88, constituem *monopólio da União:*

i) a pesquisa e a lavra das jazidas de petróleo e gás natural e outros hidrocarbonetos fluidos;

ii) a refinação do petróleo nacional ou estrangeiro;

iii) a importação e exportação dos produtos e derivados básicos resultantes das atividades previstas nos incisos anteriores;

iv) o transporte marítimo do petróleo bruto de origem nacional ou de derivados básicos de petróleo produzidos no País, bem assim o transporte, por meio de conduto, de petróleo bruto, seus derivados e gás natural de qualquer origem;

v) a pesquisa, a lavra, o enriquecimento, o reprocessamento, a industrialização e o comércio de minérios e minerais nucleares e seus derivados, com exceção dos radioisótopos cuja produção, comercialização e utilização poderão ser autorizadas sob regime de permissão, conforme as alíneas *b* e *c* do inciso XXIII, do caput, do art. 21 da CF/88.

Para a realização das atividades previstas dos *itens i) a iv)*, observadas as condições estabelecidas em lei, a União poderá contratar com empresas estatais ou privadas, sendo que a lei deverá dispor sobre:

- a garantia do fornecimento dos derivados de petróleo em todo o território nacional;
- as condições de contratação;
- a estrutura e atribuições do órgão regulador do monopólio da União;

Ademais, nos termos constitucionais, a lei disporá sobre o transporte e a utilização de materiais radioativos no território nacional.

Além disso, a lei que instituir contribuição de intervenção no domínio econômico relativa às atividades de importação ou comercialização de petróleo e seus derivados, gás natural e seus derivados e álcool combustível *(CIDE Combustível)* deverá atender aos seguintes requisitos:

i) a alíquota da contribuição poderá ser:

a) diferenciada por produto ou uso;

b) reduzida e restabelecida por ato do Poder Executivo, não se lhe aplicando o disposto no art. 150, III, "*b*", da CF/88;

ii) *os recursos arrecadados serão destinados:*

a) ao pagamento de subsídios a preços ou transporte de álcool combustível, gás natural e seus derivados e derivados de petróleo;

b) ao financiamento de projetos ambientais relacionados com a indústria do petróleo e do gás;

c) ao financiamento de programas de infraestrutura de transportes.

3. POLÍTICA URBANA

A política de desenvolvimento urbano, executada pelo poder público municipal, conforme diretrizes gerais fixadas em lei federal, tem por objetivo ***ordenar o pleno desenvolvimento das funções sociais da cidade e garantir o bem-estar de seus habitantes.*** Assim, a política de desenvolvimento urbano dos municípios deve estar em conformidade com a política nacional de desenvolvimento urbano, fixada pela União, a quem compete instituir diretrizes para o desenvolvimento urbano, inclusive habitação, saneamento básico e transportes urbanos (art. 21, XX, CF/88).

Atualmente é a Lei 10.257/2001 – ***Estatuto das Cidades*** – que fixa as diretrizes gerais da política nacional de desenvolvimento urbano, estabelecendo normas de ordem pública e interesse social que regulam o uso da propriedade urbana em prol do bem coletivo, da segurança e do bem-estar dos cidadãos, bem como do equilíbrio ambiental.

O ***plano diretor*** é o instrumento básico da política de desenvolvimento e expansão urbana, devendo englobar o território do município como um todo, sendo parte integrante do processo de planejamento municipal, devendo o plano plurianual, as diretrizes orçamentárias e o orçamento anual incorporar as diretrizes e as prioridades nele contidas.

Nos termos constitucionais, o plano diretor, aprovado pela Câmara Municipal, ***é obrigatório para cidades com mais de 20 mil habitantes***. Aqui é importante registrar que, embora o ordenamento do espaço urbano, em municípios com mais de 20 mil habitantes ou no DF, deva ser feito pelo plano diretor (art. 182, §1º), conforme já decidiu o STF, *programas e projetos específicos de ordenamento do espaço urbano podem ser feitos por meio de (outras) leis municipais ou distritais, desde que sejam compatíveis com as diretrizes fixadas no plano diretor*.[10]

Segundo o Estatuto das Cidades, a lei que instituir o plano diretor deverá ser revista, pelo menos, a cada 10 anos, sendo que no processo de elaboração do plano diretor e na fiscalização de sua implementação, os Poderes Legislativo e Executivo municipais garantirão: *i)* a promoção de audiências públicas e debates com a participação da população e de associações representativas dos vários segmentos da comunidade; *ii)* a publicidade quanto aos documentos e informações produzidos; e *iii)* o acesso de qualquer interessado aos documentos e informações produzidos.

A política de desenvolvimento urbano deve ser organizada e implementada observando sempre a função social da propriedade, sendo que ***a propriedade urbana cumpre sua função social*** quando atende às exigências fundamentais de ordenação da cidade expressas no plano diretor, assegurando o atendimento das necessidades dos cidadãos quanto à qualidade de vida, à justiça social e ao desenvolvimento das atividades econômicas, respeitadas as diretrizes previstas no Estatuto das Cidades.

Caso a função social da propriedade urbana não esteja sendo cumprida, o art. 182, §4º, da CF/88, prevê que é facultado ao poder público municipal, mediante lei específica para área incluída no plano diretor, exigir, nos termos da lei federal, do proprietário do solo urbano não edificado, subutilizado ou não utilizado, que promova seu adequado aproveitamento, sob pena, sucessivamente, de:

i) parcelamento ou edificação compulsórios;

ii) imposto sobre a propriedade predial e territorial urbana progressivo no tempo;

iii) desapropriação com pagamento mediante títulos da dívida pública de emissão previamente aprovada pelo Senado Federal, com prazo de resgate de até dez anos, em parcelas anuais, iguais e sucessivas, assegurados o valor real da indenização e os juros legais.

Perceba que, embora as desapropriações de imóveis urbanos, via de regra, devam ser feitas com prévia e justa indenização em dinheiro (art. 5º, XXIV c/c art. 182, §3º, CF/88),

10. STF, RE 607.940.

essa desapropriação contra o proprietário do solo urbano não edificado, subutilizado ou não utilizado (art. 182, §4º, III, CF/88) é uma ***desapropriação-sanção***, isto é, é uma penalidade aplicada ao proprietário em razão do descumprimento da função social de sua propriedade e, por isso, não ocorrerá mediante justa e prévia indenização em dinheiro, sendo paga com títulos da dívida pública. Aqui, é importante observar que essa desapropriação só pode se dar após o poder público municipal adotar, sucessivamente, as medidas de parcelamento ou edificação compulsórios e a implementação do IPTU progressivo.

Também como forma de instrumentalizar a função social da propriedade urbana, a Constituição instituiu a ***usucapião especial urbana (usucapião pro morare)***. Assim, nos termos do art. 183, da CF/88, aquele que possuir como sua área urbana de até 250 metros quadrados, por cinco anos, ininterruptamente e sem oposição, utilizando-a para sua moradia ou de sua família, adquirir-lhe-á o domínio, desde que não seja proprietário de outro imóvel urbano ou rural, sendo que o título de domínio e a concessão de uso serão conferidos ao homem ou à mulher, ou a ambos, independentemente do estado civil. Entretanto, é importante advertir que a Constituição veda que esse direito seja reconhecido ao mesmo possuidor por mais de uma vez, bem como que os imóveis públicos sejam adquiridos por usucapião. Por fim, é mister destacarmos os seguintes ***posicionamentos da jurisprudência superior sobre a usucapião especial urbana:***

1) A legislação infraconstitucional não pode exigir outros requisitos para o reconhecimento da usucapião além dos exigidos pela própria Constituição (requisitos constitucionais: *i)* possuir por mais de 5 anos ininterruptos; *ii)* sem oposição; *iii)* área urbana de até 250 metros quadrados; *iv)* utilizando-a para sua moradia ou de sua família; *v)* não ser proprietário de outro imóvel urbano ou rural).[11]

2) A destinação de parte do imóvel para fins comerciais não impede o reconhecimento da usucapião especial urbana sobre a totalidade da área.[12]

3) É possível a usucapião de apartamento, pois a CF/88 não distingue a espécie de imóvel – se individual propriamente dito ou se situado em condomínio edilício.[13]

4. POLÍTICA AGRÍCOLA, FUNDIÁRIA E REFORMA AGRÁRIA

Nos termos constitucionais, a ***política agrícola*** será planejada e executada na forma da lei, com a participação efetiva do setor de produção, envolvendo produtores e trabalhadores rurais, bem como dos setores de comercialização, de armazenamento e de transportes, levando em conta, especialmente:

- os instrumentos creditícios e fiscais;
- os preços compatíveis com os custos de produção e a garantia de comercialização;
- o incentivo à pesquisa e à tecnologia;
- a assistência técnica e extensão rural;
- o seguro agrícola;
- o cooperativismo;
- a eletrificação rural e irrigação;
- a habitação para o trabalhador rural.

11. STF, RE 422.349, Rel. Min. Dias Toffoli.
12. STJ, Resp. 1.777.404, Rel. Min. Nancy Andrighi.
13. STF, RE 305.416, Rel. Min. Marco Aurélio.

Ademais, segundo a Constituição, incluem-se no ***planejamento agrícola*** as atividades agroindustriais, agropecuárias, pesqueiras e florestais, devendo ser compatibilizadas as ações de política agrícola e de reforma agrária.

A política agrícola deve ser organizada e implementada observando sempre a função social da propriedade rural, sendo que, conforme a Constituição, a lei garantirá tratamento especial à propriedade produtiva e fixará normas para o cumprimento dos requisitos relativos a sua ***função social***, sendo que, nos termos constitucionais, a função social considera-se cumprida quando a propriedade rural atende, simultaneamente, segundo critérios e graus de exigência estabelecidos em lei, aos seguintes requisitos:

i) aproveitamento racional e adequado;

ii) utilização adequada dos recursos naturais disponíveis e preservação do meio ambiente;

iii) observância das disposições que regulam as relações de trabalho;

iv) exploração que favoreça o bem-estar dos proprietários e dos trabalhadores.

Como forma de cumprir sua função social, a destinação de ***terras públicas e devolutas*** deve ser compatibilizada com a política agrícola e com o plano nacional de reforma agrária, sendo que a alienação ou a concessão, a qualquer título, de terras públicas com área superior a dois mil e quinhentos hectares a pessoa física ou jurídica, ainda que por interposta pessoa, dependerá de prévia aprovação do Congresso Nacional, com exceção das alienações ou das concessões de terras públicas para fins de reforma agrária.

Os ***beneficiários*** da distribuição de imóveis rurais pela ***reforma agrária*** receberão títulos de domínio ou de concessão de uso, inegociáveis pelo prazo de dez anos, sendo que o título de domínio e a concessão de uso serão conferidos ao homem ou à mulher, ou a ambos, independentemente do estado civil, nos termos e condições previstos em lei.

Além disso, conforme dispõe a Constituição, ***compete à União desapropriar por interesse social, para fins de reforma agrária***, o imóvel rural que não esteja cumprindo sua função social, mediante prévia e justa indenização em títulos da dívida agrária, com cláusula de preservação do valor real, resgatáveis no prazo de até vinte anos, a partir do segundo ano de sua emissão, e cuja utilização será definida em lei.

Essa ***desapropriação para fins de reforma agrária*** é uma modalidade de ***desapropriação-sanção***, isto é, é uma penalidade aplicada ao proprietário em razão do descumprimento da função social de sua propriedade rural e, por isso, não ocorrerá mediante justa e prévia indenização em dinheiro (art. 5º, XXIV, CF/88), mas sim mediante prévia e justa indenização em títulos da dívida agrária, sendo que:

- As benfeitorias úteis e necessárias serão indenizadas em dinheiro.
- O decreto que declarar o imóvel como de interesse social, para fins de reforma agrária, autoriza a União a propor a ação de desapropriação.
- Cabe à lei complementar estabelecer procedimento contraditório especial, de rito sumário, para o processo judicial de desapropriação.
- O orçamento fixará anualmente o volume total de títulos da dívida agrária, assim como o montante de recursos para atender ao programa de reforma agrária no exercício.
- São isentas de impostos federais, estaduais e municipais as operações de transferência de imóveis desapropriados para fins de reforma agrária. Aqui vale destacar que,

embora o texto constitucional utilize o termo "isentas", trata-se, na verdade, de uma imunidade tributária e não de uma isenção.[14]

- São insuscetíveis de desapropriação para fins de reforma agrária: *a)* a pequena e média propriedade rural, assim definida em lei, desde que seu proprietário não possua outra; *b)* a propriedade produtiva.

Ademais, também como forma de instrumentalizar a função social da propriedade rural, a Constituição instituiu a ***usucapião especial rural (usucapião pro labore)***. Assim, nos termos do art. 191, da CF/88, aquele que, não sendo proprietário de imóvel rural ou urbano, possua como seu, por cinco anos ininterruptos, sem oposição, área de terra, em zona rural, não superior a cinquenta hectares, tornando-a produtiva por seu trabalho ou de sua família, tendo nela sua moradia, adquirir-lhe-á a propriedade. Entretanto, é importante advertir que a Constituição veda que os imóveis públicos sejam adquiridos por usucapião.

Por fim, com fundamento no princípio da soberania, dispõe a Constituição que a lei regulará e limitará a ***aquisição ou o arrendamento de propriedade rural por pessoa física ou jurídica estrangeira*** e estabelecerá os casos que dependerão de autorização do Congresso Nacional.

5. SISTEMA FINANCEIRO NACIONAL

Após o advento da Emenda Constitucional 40/2003, as disposições constitucionais sobre o sistema financeiro nacional constantes do Capítulo IV, do Título VII, da Constituição (capítulo específico do sistema financeiro nacional) foram reduzidas de forma significante, passando o art. 192, da CF/88, a afirmar apenas que o sistema financeiro nacional, estruturado de forma a promover o desenvolvimento equilibrado do País e a servir aos interesses da coletividade, em todas as partes que o compõem, abrangendo as cooperativas de crédito, será regulado por leis complementares[15] que disporão, inclusive, sobre a participação do capital estrangeiro nas instituições que o integram.

Aqui, insta destacar os seguintes posicionamentos exarados pelo Supremo Tribunal Federal acerca do sistema financeiro nacional:

1) Nos termos da Súmula Vinculante 7, do STF, a norma do antigo art. 192, §3º, da CF/88, revogado pela EC 40/2003, que limitava a taxa de juros reais a 12% ao ano, tinha sua aplicação condicionada à edição de lei complementar.

2) A regulação do DPVAT (Seguro Obrigatório de Danos Pessoais causados por Veículos Automotores de Vias Terrestres) e do DPEM (Seguro Obrigatório de Danos Pessoais Causados por Embarcações ou por sua Carga) deve ser feita por meio de lei complementar (art. 192, CF/88), pois o sistema de seguros integra o sistema financeiro nacional, subordinado ao Banco Central do Brasil, sendo um subsistema do sistema financeiro nacional. Assim, como é vedada a edição de medida provisória sobre matéria reservada à lei complementar (art. 62, § 1º, III, CF/88), é inconstitucional a MP 904/2019, que pretendia extinguir o DPVAT e o DPEM.

14. STF, RE 168.110, Rel. Min. Moreira Alves.
15. O sistema financeiro atualmente encontra-se regulado pela lei (ordinária) 4.595/1964, que fora recepcionada como a devida adequação formal, isto é, como lei complementar.

6. QUADRO SINÓPTICO

CAPÍTULO XXII – ORDEM ECONÔMICA	
Princípios da Ordem Econômica	soberania nacional; propriedade privada; função social da propriedade; livre concorrência; defesa do consumidor; defesa do meio ambiente, inclusive mediante tratamento diferenciado conforme o impacto ambiental dos produtos e serviços e de seus processos de elaboração e prestação; redução das desigualdades regionais e sociais; busca do pleno emprego; tratamento favorecido para as empresas de pequeno porte constituídas sob as leis brasileiras e que tenham sua sede e administração no país.
Atuação do Estado na Ordem Econômica	É assegurado o livre exercício de qualquer atividade econômica, independentemente de autorização de órgãos públicos, salvo nos casos previstos em lei. Ressalvados os casos previstos na Constituição, a ***exploração direta de atividade econômica pelo Estado*** só será permitida quando necessária aos imperativos da segurança nacional ou a relevante interesse coletivo, conforme definidos em lei. Incumbe ao Poder Público, na forma da lei, diretamente ou sob regime de concessão ou permissão, sempre através de licitação, a prestação de ***serviços públicos***. Constituem ***monopólio da União:*** a pesquisa e a lavra das jazidas de petróleo e gás natural e outros hidrocarbonetos fluidos; a refinação do petróleo nacional ou estrangeiro; a importação e exportação dos produtos e derivados básicos resultantes das atividades previstas nos incisos anteriores; o transporte marítimo do petróleo bruto de origem nacional ou de derivados básicos de petróleo produzidos no País, bem assim o transporte, por meio de conduto, de petróleo bruto, seus derivados e gás natural de qualquer origem; a pesquisa, a lavra, o enriquecimento, o reprocessamento, a industrialização e o comércio de minérios e minerais nucleares e seus derivados, com exceção dos radioisótopos cuja produção, comercialização e utilização poderão ser autorizadas sob regime de permissão.
Política Urbana	A ***política de desenvolvimento urbano***, executada pelo Poder Público municipal, conforme diretrizes gerais fixadas em lei, tem por objetivo ordenar o pleno desenvolvimento das funções sociais da cidade e garantir o bem-estar de seus habitantes. O ***plano diretor***, aprovado pela Câmara Municipal, obrigatório para cidades com mais de vinte mil habitantes, é o instrumento básico da política de desenvolvimento e de expansão urbana. A propriedade urbana cumpre sua ***função social*** quando atende às exigências fundamentais de ordenação da cidade expressas no plano diretor. Caso a função social da propriedade urbana não esteja sendo cumprida, o art. 182, §4º, da CF/88, prevê que é facultado ao poder público municipal, mediante lei específica para área incluída no plano diretor, exigir, nos termos da lei federal, do proprietário do solo urbano não edificado, subutilizado ou não utilizado, que promova seu adequado aproveitamento, sob pena, sucessivamente, de: ***i)*** parcelamento ou edificação compulsórios; ***ii)*** imposto sobre a propriedade predial e territorial urbana progressivo no tempo; ***iii)*** desapropriação com pagamento mediante títulos da dívida pública de emissão previamente aprovada pelo Senado Federal, com prazo de resgate de até dez anos, em parcelas anuais, iguais e sucessivas, assegurados o valor real da indenização e os juros legais. ***Usucapião Especial Urbano:*** Aquele que possuir como sua área urbana de até 250 m², por 5 anos, ininterruptamente e sem oposição, utilizando-a para sua moradia ou de sua família, adquirir-lhe-á o domínio, desde que não seja proprietário de outro imóvel urbano ou rural.

Política Agrícola, Fundiária e Reforma Agrária	A ***política agrícola*** deve ser organizada e implementada observando sempre a função social da propriedade rural, sendo que, conforme a Constituição, a lei garantirá tratamento especial à propriedade produtiva e fixará normas para o cumprimento dos requisitos relativos a sua ***função social***, sendo que, nos termos constitucionais, a função social considera-se cumprida quando a propriedade rural atende, simultaneamente, segundo critérios e graus de exigência estabelecidos em lei, aos seguintes ***requisitos:*** aproveitamento racional e adequado; utilização adequada dos recursos naturais disponíveis e preservação do meio ambiente; observância das disposições que regulam as relações de trabalho; exploração que favoreça o bem-estar dos proprietários e dos trabalhadores. ***Desapropriação para fins de reforma agrária:*** Compete à União desapropriar por interesse social, para fins de reforma agrária, o imóvel rural que não esteja cumprindo sua função social, mediante prévia e justa indenização em títulos da dívida agrária, com cláusula de preservação do valor real, resgatáveis no prazo de até vinte anos, a partir do segundo ano de sua emissão, e cuja utilização será definida em lei. As benfeitorias úteis e necessárias serão indenizadas em dinheiro. São insuscetíveis de desapropriação para fins de reforma agrária: a) a pequena e média propriedade rural, assim definida em lei, desde que seu proprietário não possua outra; b) a propriedade produtiva. ***Usucapião especial rural:*** aquele que, não sendo proprietário de imóvel rural ou urbano, possua como seu, por cinco anos ininterruptos, sem oposição, área de terra, em zona rural, não superior a cinquenta hectares, tornando-a produtiva por seu trabalho ou de sua família, tendo nela sua moradia, adquirir-lhe-á a propriedade. Entretanto, é importante advertir que a Constituição veda que os imóveis públicos sejam adquiridos por usucapião.
Sistema Financeiro Nacional	O sistema financeiro nacional, estruturado de forma a promover o desenvolvimento equilibrado do país e a servir aos interesses da coletividade, em todas as partes que o compõem, abrangendo as cooperativas de crédito, será regulado por leis complementares que disporão, inclusive, sobre a participação do capital estrangeiro nas instituições que o integram.

Capítulo XXIII
ORDEM SOCIAL

1. INTRODUÇÃO

Nos termos constitucionais, a ordem social tem como base o primado do trabalho, e como objetivo o bem-estar e a justiça sociais, devendo o Estado exercer a função de planejamento das políticas sociais, assegurada, na forma da lei, a participação da sociedade nos processos de formulação, de monitoramento, de controle e de avaliação dessas políticas.

O Título VIII, da CF/88, que dispõe sobre a ordem social abrange os seguintes direitos: i) seguridade social (que compreende a saúde, a previdência social e a assistência social); ii) educação; iii) cultura; iv) desporto; v) ciência, tecnologia e inovação; vi) comunicação social; vii) meio ambiente; viii) direitos da família, criança, adolescente, jovem e idoso; ix) direitos dos índios.

2. SEGURIDADE SOCIAL

A seguridade social compreende um conjunto integrado de ações de iniciativa dos Poderes Públicos e da sociedade, destinadas a assegurar os direitos relativos à saúde, à previdência e à assistência social.

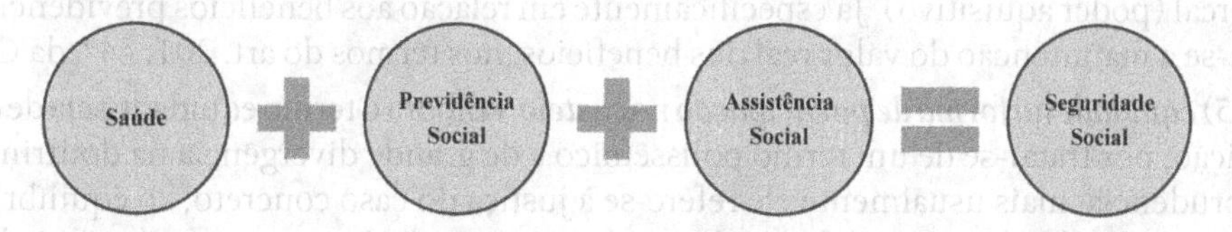

2.1 Objetivos

A seguridade social, nos termos constitucionais, deve ser organizada a partir de certos objetivos, também chamados de princípios constitucionais do sistema de seguridade social. Assim, segundo o art. 194, da CF/88, compete ao poder público, nos termos da lei, organizar a seguridade social, com base nos seguintes ***objetivos:***

1) universalidade da cobertura e do atendimento: a universalidade da cobertura refere-se aos acontecimentos e riscos sociais cobertos pela seguridade social (doenças, enfermidades, morte, pobreza, fome, velhice, desemprego etc.), bem como as ações (preventivas e repressivas) necessárias à cobertura dessas contingências. Já a universalidade do atendimento refere-se aos sujeitos cobertos pela seguridade social, isto é, às pessoas protegidas e amparadas pelo sistema de seguridade social, que, por ser universal, abrange todas as pessoas (físicas) nacionais ou estrangeiras, residentes ou não no país.[1] Obviamente, as pessoas não residentes só terão acesso aos atendimentos que sejam compatíveis com sua condição, como, por exemplo, o atendimento de um turista acidentado pelo SUS. Da mesma maneira, as pessoas que não contribuem com a previdência social, não terão acesso aos seus benefícios,

1. AMADO, Frederico. Curso de Direito e Processo Previdenciário. 13. ed. Salvador: Juspodivm, 2020.

não ficando de todo desamparadas, pois, a depender das circunstancias, podem contar com benefícios da assistência social.

2) uniformidade e equivalência dos benefícios e serviços às populações urbanas e rurais: a prestação dos serviços e o gozo dos benefícios da seguridade social deve ser, no máximo possível, uniforme e equivalente entre as populações urbanas e rurais. Por óbvio, há diferenças nessas prestações em razão das diferenças existentes entre essas populações. Assim, por exemplo, dificilmente teremos um hospital na zona rural, pois seria de difícil acesso, entretanto é assegurado o aceso aos hospitais público urbanos tanto às populações urbanas quanto às rurais. Do mesmo modo, em razão das diferenças das condições de trabalho existentes entre essas populações, a Constituição prevê um regime previdenciário privilegiado aos trabalhadores rurais, reduzindo sua idade de aposentadoria (art. 201, §7º, II, da CF/88).

3) seletividade e distributividade na prestação dos benefícios e serviços: a seletividade é o meio que baliza o legislador na escolha dos riscos sociais que devem ser cobertos pela seguridade social, definindo os benefícios e serviços que deverão ser prestados à população. A distributividade refere-se à repartição desses benefícios e serviços entre os titulares do direito à seguridade social, sendo característica importante desse princípio distribuir os benefícios e serviços às pessoas mais necessitadas, em face das exigências do bem comum, do ideal da justiça distributiva e da igualdade material.

4) irredutibilidade do valor dos benefícios: de modo geral, refere-se à impossibilidade de redução do valor nominal dos benefícios da seguridade social e não à manutenção do seu valor real (poder aquisitivo). Já especificamente em relação aos benefícios previdenciários, refere-se à manutenção do valor real dos benefícios, nos termos do art. 201, §4º, da CF/88,

5) equidade na forma de participação no custeio: embora o termo equidade seja de difícil definição, por tratar-se de um termo polissêmico e de grande divergência na doutrina e na jurisprudência, mais usualmente ele refere-se à justiça do caso concreto, ao equilíbrio nas relações e à igualdade material, havendo, ainda, quem o relacione à proporcionalidade ou à razoabilidade. Aqui, com base nas lições de Kant, parece-nos referir-se à proporcionalidade, enquanto divisão proporcional e não enquanto regra (ou princípio) hermenêutica, bem como ao equilíbrio e à justa distribuição do custeio da seguridade social entre os diversos atores econômicos (Estado, empregadores e trabalhadores), de forma que quem tem condições de pagar mais deve (pelo menos deveria!) contribuir mais.[2]

6) diversidade da base de financiamento, identificando-se, em rubricas contábeis específicas para cada área, as receitas e as despesas vinculadas a ações de saúde, previdência e assistência social, preservado o caráter contributivo da previdência social: liga-se diretamente à forma de custeio da seguridade social elegida pelo constituinte, sendo referido pela doutrina que o financiamento da seguridade social é tripartite, estando distribuído entre os trabalhadores, os empregadores e o Estado.

7) caráter democrático e descentralizado da administração, mediante gestão quadripartite, com participação dos trabalhadores, dos empregadores, dos aposentados e do Governo nos órgãos colegiados: o caráter democrático revela-se com a participação efetiva dos trabalhadores, empregadores e aposentados nos colegiados dos órgãos públicos que administram a seguridade social, que, junto ao Governo, realizam uma gestão quadripartite da seguridade social. Já o caráter descentralizado impõe que a administração da seguridade

2. KANT, Immanuel. Princípios Metafísicos da Doutrina do Direito. São Paulo: Martins Fontes, 2014, p. 38-40.

social esteja distribuída de forma a estar próxima aos atendidos, assistidos e beneficiados pela seguridade social, observando as peculiaridades locais na tomada de decisões, facilitando o acesso à seguridade social àqueles que dela necessitem.

2.2 Financiamento e orçamento

A seguridade social será *financiada* por toda a sociedade, de forma direta e indireta, nos termos da lei, mediante recursos provenientes dos orçamentos da União, dos Estados, do Distrito Federal e dos Municípios, e das seguintes ***contribuições sociais:***

i) do empregador, da empresa e da entidade a ela equiparada na forma da lei, incidentes sobre:

a) a folha de salários e demais rendimentos do trabalho pagos ou creditados, a qualquer título, à pessoa física que lhe preste serviço, mesmo sem vínculo empregatício;

b) a receita ou o faturamento;

c) o lucro;

ii) do trabalhador e dos demais segurados da previdência social, não incidindo contribuição sobre aposentadoria e pensão concedidas pelo regime geral de previdência social de que trata o art. 201, da CF/88;

iii) sobre a receita de concursos de prognósticos.

iv) do importador de bens ou serviços do exterior, ou de quem a lei a ele equiparar.

As *receitas* dos Estados, do Distrito Federal e dos Municípios ***destinadas à seguridade social*** constarão dos respectivos orçamentos, não integrando o orçamento da União.

A ***proposta de orçamento da seguridade social*** será elaborada de forma integrada pelos órgãos responsáveis pela saúde, previdência social e assistência social, tendo em vista as metas e prioridades estabelecidas na lei de diretrizes orçamentárias, assegurada a cada área a gestão de seus recursos.

A *pessoa jurídica em débito com o sistema da seguridade social*, como estabelecido em lei, não poderá contratar com o Poder Público nem dele receber benefícios ou incentivos fiscais ou creditícios.

A lei poderá instituir *outras fontes* destinadas a garantir a manutenção ou expansão da seguridade social, obedecido o disposto no art. 154, I, da CF/88.

Nenhum ***benefício*** ou serviço da seguridade social poderá ser criado, majorado ou estendido sem a ***correspondente fonte de custeio total***.

As *contribuições sociais* supracitadas só poderão ser exigidas após decorridos noventa dias da data da publicação da lei que as houver instituído ou modificado, não se lhes aplicando o disposto no art. 150, III, “b”, da CF/88.

São *isentas* de contribuição para a seguridade social as entidades beneficentes de assistência social que atendam às exigências estabelecidas em lei.

O produtor, o parceiro, o meeiro e o arrendatário rurais e o pescador artesanal, bem como os respectivos cônjuges, que exerçam suas atividades ***em regime de economia familiar,*** sem empregados permanentes, contribuirão para a seguridade social mediante a aplicação de uma alíquota sobre o resultado da comercialização da produção e farão jus aos benefícios nos termos da lei.

As ***contribuições sociais do empregador, da empresa e da entidade a ela equiparada*** na forma da lei poderão ter alíquotas ou bases de cálculo diferenciadas, em razão da atividade econômica, da utilização intensiva de mão de obra, do porte da empresa ou da condição estrutural do mercado de trabalho.

A lei definirá os *critérios de **transferência** de recursos para o **sistema único de saúde** e ações de **assistência social*** da União para os Estados, o Distrito Federal e os Municípios, e dos Estados para os Municípios, observada a respectiva contrapartida de recursos.

É vedada a concessão de remissão ou anistia das contribuições sociais do empregador, da empresa e da entidade a ela equiparada na forma da lei, bem como do trabalhador e dos demais segurados da previdência social, para débitos em montante superior ao fixado em lei complementar.

A lei definirá os setores de atividade econômica para os quais as contribuições do empregador, da empresa e da entidade a ela equiparada na forma da lei, incidentes sobre a receita ou o faturamento, bem como as contribuições do importador de bens ou serviços do exterior, ou de quem a lei a ele equiparar ***serão não cumulativas.*** Nos termos da Constituição, esta norma aplica-se inclusive na hipótese de substituição gradual, total ou parcial, da contribuição incidente, pela incidência sobre a receita ou o faturamento.

3. SAÚDE

A saúde é um direito fundamental individual social de segunda geração (art. 6º), fundada na igualdade material, compondo o núcleo essencial do mínimo existencial, enquanto condição *sine qua non* de uma vida digna, relacionando-se diretamente com o direito à vida e com a dignidade da pessoa humana. Para além disso, nos termos constitucionais, a saúde é parte integrante do nosso sistema de seguridade social, estando regulamentada dos arts. 196 a 200, da CF/88.

Segundo à Constituição, a saúde é direito de todos (universalidade) e dever do Estado (direito público subjetivo), garantido mediante políticas sociais e econômicas que visem à redução do risco de doença e de outros agravos e ao acesso universal e igualitário às ações e serviços para sua promoção, proteção e recuperação, independentemente da situação econômica da pessoa.

Ademais, conforme dispõe a CF/88, são de relevância pública as ações e serviços de saúde, cabendo ao Poder Público dispor, nos termos da lei, sobre sua regulamentação, fiscalização e controle, devendo sua execução ser feita diretamente ou através de terceiros e, também, por pessoa física ou jurídica de direito privado.

Por força dessas disposições constitucionais, percebe-se que a saúde está consagrada por normas programáticas (de eficácia limitada, segundo José Afonso da Silva), dependendo de leis infraconstitucionais e da implementação de políticas públicas para ser efetivada de forma plena. Entretanto, vale lembrar que, por ser direito fundamental, o direito à saúde tem aplicabilidade imediata (art. 5º, §1º, CF/88), não podendo o Estado alegar a falta de norma regulamentadora para deixar de concretizar o direito à saúde, cabendo ao Poder Judiciário, sempre que provocado, viabilizar a concretização desse direito.

Ademais, pelo mesmo motivo (por ser direito fundamental), a saúde deve ser implementada no máximo possível, vez que o poder público tem o dever de otimizar o conteúdo normativo do princípio que a consagra, não podendo o Estado alegar falta de recursos econômicos necessários à satisfação do direito prestacional (reserva do possível) para legitimar o injusto inadimplemento de seus deveres de prestação impostos pela Constituição.

3.1 Diretrizes do Sistema Único de Saúde (SUS)

Segundo o art. 198, da CF/88, as ações e serviços públicos de saúde integram uma rede regionalizada e hierarquizada e constituem um *sistema único* (Sistema Único de Saúde – SUS), organizado de acordo com as seguintes *diretrizes:*

- *descentralização, com direção única em cada esfera de governo:* essa diretriz reflete o federalismo de cooperação entre os entes estatais, sendo que, nos termos do art. 30, VII, da CF/88, compete aos Municípios prestar, com a cooperação técnica e financeira da União e do Estado, serviços de atendimento à saúde da população.
- *atendimento integral, com prioridade para as atividades preventivas, sem prejuízo dos serviços assistenciais:* o atendimento integral está intimamente ligado à natureza principiológica do direito à saúde, cujo conteúdo define-se de acordo com os casos concretos que se revelam empiricamente, devendo o Estado (e, também, a iniciativa privada quando estiver prestando os serviços de saúde) dar atendimento integral aos beneficiários do direito à saúde, incluídos aí todos os tratamentos, terapias e medicamentos cientificamente reconhecidos pelos órgãos oficiais de saúde.
- *participação da comunidade:* esta diretriz revela o caráter democrático que deve informar toda a seguridade social, incluindo-se aí, o direito à saúde e o SUS.

Ademais, nos termos constitucionais, como forma de implementação dessas diretrizes, os gestores locais do sistema único de saúde poderão admitir *agentes comunitários de saúde e agentes de combate às endemias* por meio de processo seletivo público, de acordo com a natureza e complexidade de suas atribuições e requisitos específicos para sua atuação, sendo que, segundo a Constituição, lei federal (atualmente essa lei é a lei 11.350/2006) disporá sobre o regime jurídico, o piso salarial profissional nacional, as diretrizes para os Planos de Carreira e a regulamentação das atividades de agente comunitário de saúde e agente de combate às endemias, competindo à União, nos termos da lei, prestar assistência financeira complementar aos Estados, ao Distrito Federal e aos Municípios, para o cumprimento do referido piso salarial. Por fim, conforme dispõe a Constituição, além das hipóteses previstas no §1º do art. 41 e no §4º do art. 169, da CF/88 (esses dispositivos tratam das hipóteses excepcionais de perda do cargo do servidor público estável), o servidor que exerça funções equivalentes às de agente comunitário de saúde ou de agente de combate às endemias poderá perder o cargo em caso de descumprimento dos requisitos específicos, fixados em lei, para o seu exercício.

3.2 Custeio do Sistema Único de Saúde

O *sistema único de saúde (SUS)* é financiado, nos termos do art. 195, da CF/88, com recursos do orçamento da seguridade social, da União, dos Estados, do Distrito Federal e dos Municípios, além de outras fontes.

Segundo o art. 198, §2º, da CF/88, a União, os Estados, o Distrito Federal e os Municípios devem aplicar, anualmente, em ações e serviços públicos de saúde recursos mínimos derivados da *aplicação de percentuais calculados sobre:*

i) no caso da *União*, a receita corrente líquida do respectivo exercício financeiro, não podendo ser inferior a 15% (quinze por cento);

ii) no caso dos *Estados e* do *Distrito Federal*, o produto da arrecadação dos impostos a que se refere o art. 155 e dos recursos de que tratam os arts. 157 e 159, I, "a", e II, da CF/88, deduzidas as parcelas que forem transferidas aos respectivos Municípios;

iii) no caso dos ***Municípios*** e do ***Distrito Federal***, o produto da arrecadação dos impostos a que se refere o art. 156 e dos recursos de que tratam os arts. 158 e 159, I, "b" e § 3º, da CF/88.

Ademais, nos termos constitucionais, lei complementar, que será reavaliada pelo menos a cada cinco anos, deve estabelecer:

- os percentuais que definem os recursos mínimos que devem ser aplicados, pelos Estados, Distrito Federal e Municípios, anualmente, em ações e serviços públicos de saúde (art. 198, §2º, II e III, da CF/88);
- os critérios de rateio dos recursos da União vinculados à saúde destinados aos Estados, ao Distrito Federal e aos Municípios, e dos Estados destinados a seus respectivos Municípios, objetivando a progressiva redução das disparidades regionais;
- as normas de fiscalização, avaliação e controle das despesas com saúde nas esferas federal, estadual, distrital e municipal;

3.3 Assistência à saúde pela iniciativa privada

Como a saúde é um serviço público não exclusivo, embora o Estado tenha o dever fundamental de prestá-lo (com qualidade!), os particulares, também, podem prestá-lo, independente de delegação.[3]

Nesse sentido, o art. 199, da CF/88, dispõe que ***a assistência à saúde é livre à iniciativa privada***, sendo que *as instituições privadas poderão participar de forma complementar do sistema único de saúde*, segundo diretrizes deste, *mediante contrato de direito público ou convênio*, tendo *preferência as entidades filantrópicas e as sem fins lucrativos*. Entretanto, embora as instituições privadas possam participar de forma complementar do sistema único de saúde, elas não podem ser obrigadas a prestar a assistência à saúde sem a respectiva contraprestação.[4]

É importante destacar que tanto entidades privadas sem fins lucrativos, quanto entidades privas com fins lucrativos, podem prestar serviços de saúde, bem como participar de forma complementar do sistema único de saúde. A diferença é que as ***entidades privadas filantrópicas e as sem fins lucrativos*** têm preferência para celebrar contrato ou convênio com o poder público para participar do SUS, podendo, ainda, receberem recursos públicos para auxílios e subvenções. Por outro lado, as ***entidades privadas com fins lucrativos***, além de não terem essa preferência para atuarem de forma complementar no SUS, não podem receber recursos públicos para auxílios ou subvenções, sendo expressamente vedada pela Constituição a destinação de recursos públicos para auxílios ou subvenções às instituições privadas com fins lucrativos.

Além disso, conforme dispõe o art. 199, §4º, da CF/88, cabe à lei federal dispor sobre as condições e os requisitos que facilitem a remoção de órgãos, tecidos e substâncias humanas para fins de transplante, pesquisa e tratamento, bem como a coleta, processamento e transfusão de sangue e seus derivados, sendo vedado todo tipo de comercialização. Atualmente, além da lei 10.205/2001, que regulamenta citados dispositivo constitucional, relativo à coleta, processamento, estocagem, distribuição e aplicação do sangue, seus componentes e derivados, estabelecendo o ordenamento institucional indispensável à execução adequada dessas atividades, é importante destacarmos a lei 9.434/97, que dispõe sobre a remoção de órgãos, tecidos e partes do corpo humano para fins de transplante e tratamento, bem como

3. CARVALHO, Matheus. Manual de Direito Administrativo. 7. ed. Salvador: Juspodivm, 2020, p. 677.
4. STF, RE 202.700, Rel. Min. Maurício Corrêa.

a lei 11.105/2005 (Lei de Biossegurança), que permite o uso de células-tronco embrionárias obtidas de embriões humanos produzidos por fertilização *in vitro* e não utilizados no respectivo procedimento para fins de pesquisa e terapia.

Por fim, é mister destacar que o art. 199, §3º, da CF/88, veda a participação direta ou indireta de empresas ou capitais estrangeiros na assistência à saúde no País, salvo nos casos previstos em lei.

3.4 Competências do Sistema Único de Saúde

O art. 200, da CF/88, estabelece um rol exemplificativo (não taxativo – *números apertus*) de competências do SUS, atualmente regulamentadas e significativamente ampliadas pela lei orgânica da saúde (lei 8.080/90). Isto posto, conforme dispõe a Constituição, ao sistema único de saúde compete, além de outras atribuições, nos termos da lei:

- controlar e fiscalizar procedimentos, produtos e substâncias de interesse para a saúde e participar da produção de medicamentos, equipamentos, imunobiológicos, hemoderivados e outros insumos;
- executar as ações de vigilância sanitária e epidemiológica, bem como as de saúde do trabalhador;
- ordenar a formação de recursos humanos na área de saúde;
- participar da formulação da política e da execução das ações de saneamento básico;
- incrementar, em sua área de atuação, o desenvolvimento científico e tecnológico e a inovação;
- fiscalizar e inspecionar alimentos, compreendido o controle de seu teor nutricional, bem como bebidas e águas para consumo humano;
- participar do controle e fiscalização da produção, transporte, guarda e utilização de substâncias e produtos psicoativos, tóxicos e radioativos;
- colaborar na proteção do meio ambiente, nele compreendido o do trabalho.

3.5 Judicialização da saúde e as principais decisões do STF e do STJ sobre o direito à saúde

Sem dúvida alguma, cabe primordialmente ao campo político (Poderes Legislativo e Executivo) regulamentar e implementar o direito à saúde. Entretanto, muitas vezes, em face da inércia, da desídia, da omissão, da ineficiência e da incompetência de boa parte de nossas casas legislativas e, sobretudo, de nossos gestores públicos, o Poder Judiciário é compelido, por força constitucional (art. 1º, III; art. 5º, XXXV e §1º; art. 6º; art. 196 a 200; e outros da CF/88), a concretizar o direito à saúde.

A judicialização da saúde, enquanto judicialização da política, embora não seja desejável, infelizmente tem se mostrado extremamente necessária, já que o Legislativo e, sobretudo o Executivo, têm se mostrado extremamente ineficientes na implementação das políticas públicas de saúde, atuando quase sempre de forma insuficiente e insatisfatória, não contemplando as exigências constitucionais do mínimo existencial, o que acaba levando uma infinidade de casos ao Poder Judiciário que, por força constitucional, é obrigado a implementar o direito daqueles que à ele recorrem, por se tratar de direito fundamental (norma constitucional).

Isto posto, em face do fenômeno da judicialização da saúde, é de suma importância destacarmos as ***principais decisões dos tribunais superiores sobre o direito à saúde:***

1) ***A reserva do possível é inaplicável sempre que sua invocação puder comprometer o núcleo básico que qualifica o mínimo existencial,*** sendo papel do Poder Judiciário a implementação de políticas públicas instituídas pela Constituição e não efetivadas pelo Poder Público. A fórmula da reserva do possível, na perspectiva da teoria dos custos dos direitos não pode ser invocada para legitimar o injusto inadimplemento de deveres estatais de prestação constitucionalmente impostos ao poder público. Aplica-se a teoria da restrição das restrições (limite dos limites), tendo as normas constitucionais caráter cogente e vinculante, inclusive aquelas de conteúdo programático que veiculam diretrizes de políticas públicas, especialmente na área da saúde. Ademais, a colmatação das omissões inconstitucionais apresenta-se como necessidade institucional fundada em comportamento afirmativo dos juízes e tribunais e de que resulta uma criação jurisprudencial do direito, sendo atribuição do Judiciário o controle jurisdicional das omissões do poder público, justificando-se na necessidade de observância dos parâmetros constitucionais (proibição de retrocesso social, proteção ao mínimo existencial, vedação à proteção insuficiente e proibição de excesso).[5]

2) O ***fornecimento de medicamentos não incorporados em atos normativos do SUS*** exige, cumulativamente, os seguintes requisitos: i) comprovação, por meio de laudo médico fundamentado e circunstanciado expedido por médico que assiste o paciente, da imprescindibilidade ou necessidade do medicamento, assim como da ineficácia, para o tratamento da moléstia, dos fármacos fornecidos pelo SUS; ii) Incapacidade financeira do paciente de arcar com o custo do medicamento prescrito; e iii) Existência de registro do medicamento na ANVISA, observados os usos autorizados pela Agência [ou seja, em regra, o paciente não pode exigir do poder público o fornecimento de medicamento para uso *off-label* (fora da bula), porém, excepcionalmente, o paciente pode exigir do poder público o fornecimento de medicamento para uso *off-label*, caso esse uso fora da bula tenha sido autorizado pela ANVISA].[6]

3) Em regra, ***o Estado não pode ser obrigado a fornecer medicamentos experimentais,*** sendo que a ausência de registro na Anvisa impede, via de regra, o fornecimento de medicamento por decisão judicial. Porém, é possível, excepcionalmente, a concessão judicial de medicamento sem registro sanitário, em caso de mora irrazoável da Anvisa em apreciar o pedido (prazo superior ao previsto na Lei 13.411/2016), quando preenchidos três requisitos: i) a existência de pedido de registro do medicamento no Brasil (salvo no caso de medicamentos órfãos para doenças raras e ultrarraras); ii) a existência de registro do medicamento em renomadas agências de regulação no exterior; e iii) a inexistência de substituto terapêutico com registro no Brasil. 4. As ações que demandem fornecimento de medicamentos sem registro na Anvisa deverão necessariamente ser propostas em face da União.[7]

4) Lei que autoriza a produção e distribuição da "***pílula do câncer***" (da fosfoetanolamina sintética) sem prévia aprovação da ANVISA é inconstitucional.[8]

5) O Poder ***Judiciário pode obrigar a Administração a manter estoque de medicamentos específicos contra doenças raras.***[9]

5. STF, ARE 745.745-AgR, Rel. Min. Celso de Mello.
6. STJ, EDcl. no REsp. 1.657.156, Rel. Min. Benedito Gonçalves.
7. STF, RE 657.718, Rel. Min. Marco Aurélio, red. p/ o acórdão Min. Roberto Barroso.
8. STF, ADI 5.501, Rel. Min. Marco Aurélio.
9. STF, RE 429.903, Rel. Min. Ricardo Lewandowski.

6) Os ***entes da federação***, em decorrência da competência comum, ***são solidariamente responsáveis nas demandas prestacionais na área da saúde*** e, diante dos critérios constitucionais de descentralização e hierarquização, compete à autoridade judicial direcionar o cumprimento conforme as regras de repartição de competências e determinar o ressarcimento a quem suportou o ônus financeiro.[10]

7) A diferença de classes no SUS é inconstitucional. Assim, segundo o STF, é constitucional a regra que veda, no âmbito do Sistema Único de Saúde, a internação em acomodações superiores, bem como o atendimento diferenciado por médico do próprio SUS, ou por médico conveniado, mediante o pagamento da diferença dos valores correspondentes.[11]

8) É constitucional a norma (art. 32, da Lei 9.656) que impõe aos planos de saúde o ressarcimento ao SUS de procedimentos médicos, hospitalares ou ambulatoriais realizados e custeados pelo SUS em favor de cliente do respectivo plano de saúde.[12]

9) Pulverização aérea de inseticida contra Aedes Aegypti precisa de autorização prévia de autoridade sanitária e ambiental e comprovação científica da medida.[13]

10) Sobre a defesa da saúde e a atuação dos entes federados (União, Estados, Distrito Federal e Municípios) no enfrentamento da ***pandemia do COVID-19 causada pelo coronavírus***, remetemos o leitor ao tópico específico (*Conflito de competências verticais no enfrentamento à pandemia do COVID-19 causada pelo coronavírus*) no Capítulo da Organização do Estado, onde enfrentamos todo o conflito entre os entes e analisamos sua atuação (legislativa e administrativa), bem como as decisões do STF sobre o assunto. Isto posto, para além do conflito de competências entre os entes federados no enfrentamento do COVID-19, sobre o tema, vale destacar, ainda, as seguintes decisões do Supremo:

i) Em razão da total omissão da União, o STF determinou que governo federal adotasse medidas para conter o avanço da Covid-19 entre os ***indígenas***, ordenando que a União implementasse as seguintes providências: *1. Quanto aos povos indígenas em isolamento ou povos indígenas de recente contato:* a) criação de barreiras sanitárias, que impeçam o ingresso de terceiros em seus territórios; b) criação de Sala de Situação, para gestão de ações de combate à pandemia quanto aos Povos Indígenas em Isolamento e de Contato Recente; *2) Quanto aos povos indígenas em geral:* a) inclusão de medida emergencial de contenção e isolamento dos invasores em relação às comunidades indígenas ou providência alternativa, apta a evitar o contato; b) imediata extensão dos serviços do Subsistema Indígena de Saúde; c) elaboração e monitoramento de um Plano de Enfrentamento da COVID-19 para os Povos Indígenas Brasileiros pela União.[14]

ii) Os entes federados (União, Estados, Municípios e DF) podem decretar a ***requisição administrativa de bens e serviços*** para enfrentar a COVID-19 no exercício de suas competências constitucionais, sem necessidade de autorização do Ministério da Saúde (art. 3º, *caput*, VII e §7º, III, da Lei 13.979/2020).[15]

iii) A redução da ***transparência dos dados*** referentes à pandemia de COVID-19 viola preceitos fundamentais da Constituição Federal, nomeadamente o acesso à infor-

10. STF, RE 855.178, Rel. Min. Luiz Fux, red. p/ o acórdão Min. Edson Fachin.
11. STF, RE 581.488, Rel. Min. Dias Toffoli.
12. STF, RE 597.064, Rel. Min. Gilmar Mendes.
13. STF, ADI 5.592, Rel. Min. Cármen Lúcia, red. p. o acórdão Min. Edson Fachin.
14. STF, ADPF 709-MC, Rel. Min. Roberto Barroso.
15. STF, ADI 6.362, Rel. Min. Ricardo Lewandowski.

mação, os princípios da publicidade e transparência da Administração Pública e o direito à saúde. Com esse entendimento, o STF determinou que o Ministério da Saúde mantivesse, em sua integralidade, a divulgação diária dos dados epidemiológicos relativos à pandemia de COVID-19, inclusive no sítio eletrônico do Ministério da Saúde e com os números acumulados de ocorrências.[16]

iv) Em razão da omissão e da desarticulação do Presidente Jair Bolsonaro e do Executivo Federal em relação à vacinação da população brasileira, *o STF (ADPF 770) deferiu **liminar autorizando os estados, os municípios e o DF a importar e distribuir vacinas registradas por pelo menos uma autoridade sanitária estrangeira e liberadas para distribuição comercial nos respectivos países, caso a Agência Nacional de Vigilância Sanitária (Anvisa) não observe o prazo de 72 horas para a expedição da autorização.*** A decisão prevê também que, caso a agência não cumpra o Plano Nacional de Operacionalização da Vacinação contra a COVID-19 (apresentado pela União também por força de determinação judicial), ou que este não forneça cobertura imunológica a tempo e em quantidades suficientes, os entes da federação poderão imunizar a população com as vacinas de que dispuserem, previamente aprovadas pela Anvisa.

3.5.1 Vacinação obrigatória

Preliminarmente é importante destacar que a doutrina tem feito uma diferenciação entre vacinação obrigatória e vacinação forçada, sendo esta última, na verdade, uma forma mais severa da primeira. Nesse sentido, a ***vacinação obrigatória (ou compulsória)*** ocorreria com a instituição, por lei, do dever de vacinação sob pena de medidas coercitivas indiretas, especialmente através da restrição de direitos daqueles que não cumprirem com o referido dever, como, por exemplo, proibição de frequentar certos locais, como clubes, associações etc., suspensão dos direitos políticos, possibilidade de empresas e patrões demitirem, por justa causa, seus funcionários que não se vacinarem, suspensão ou mesmo perda do poder familiar para os pais que não vacinarem seus filhos etc. Já a ***vacinação forçada*** ocorreria com a vacinação da população à força (com o uso da força), isto é, possibilitando que os agentes estatais vacinem forçadamente aqueles que se negarem a vacinar.

A vacinação obrigatória não é uma novidade, havendo ***precedentes na história brasileira***, como, por exemplo, em 1904, quando o governo brasileiro determinou a imunização compulsória contra a varíola, o que desencadeou a famosa "revolta da vacina". Durante o regime militar, em 1970, o governo promoveu algo parecido buscando combater a meningite, sendo que, anos mais tarde, o Presidente Ernesto Geisel sancionou, em 1975, o texto prévio da elaboração do Programa Nacional de Imunizações (PNI), que, dentre outras coisas, definiu vacinações de caráter obrigatório.

Já no âmbito do constitucionalismo brasileiro contemporâneo instituído pela Constituição de 1988, o *Estatuto da Criança e do Adolescente (ECA)*, promulgado em 1990, estatuiu em seu art. 11, §1º, que ***"é obrigatória a vacinação das crianças nos casos recomendados pelas autoridades sanitárias"***. Esse dispositivo foi objeto de controvérsia jurídica relevante, tendo sua constitucionalidade questionada, vindo o STF (ARE 1.267.879) a declarar que *é constitucional a obrigatoriedade de imunização por meio de vacina que, registrada em órgão de vigilância sanitária, tenha sido incluída no plano nacional de imunizações; ou tenha sua*

16. STF, ADPF 690, ADPF 691 e ADPF 692, todas de relatoria do Min. Alexandre de Moraes.

aplicação obrigatória decretada em lei; ou seja objeto de determinação da União, dos estados, do Distrito Federal ou dos municípios com base em consenso médico-científico, sendo que, em tais casos, não se caracteriza violação à liberdade de consciência e de convicção filosófica dos pais ou responsáveis, nem tampouco ao poder familiar.

Por sua vez, durante a ***pandemia do COVID-19 causada pelo coronavírus***, a vacinação compulsória foi judicializada perante o STF (ADI 6586 e 6587), que firmou as seguintes teses:

i) a vacinação compulsória não significa vacinação forçada, facultada a recusa do usuário, podendo, contudo, ser implementada por meio de medidas indiretas, as quais compreendem, dentre outras, a restrição ao exercício de certas atividades ou à frequência de determinados lugares, desde que previstas em lei, ou dela decorrentes, e tenham como base evidências científicas e análises estratégicas pertinentes, venham acompanhadas de ampla informação sobre a eficácia, segurança e contraindicações dos imunizantes, respeitem a dignidade humana e os direitos fundamentais das pessoas; atendam aos critérios de razoabilidade e proporcionalidade; e sejam as vacinas distribuídas universal e gratuitamente.

ii) tais medidas, com as limitações expostas, podem ser implementadas tanto pela União como pelos estados, pelo Distrito Federal e pelos municípios, respeitadas as respectivas esferas de competência.

4. PREVIDÊNCIA SOCIAL

A previdência social consiste em uma espécie de seguro social compulsório (filiação obrigatória) de caráter contributivo (os benefícios previdenciários estão vinculados à contribuição) que tem por finalidade garantir os meios essenciais de subsistência aos seus beneficiários nas hipóteses previstas em lei, como, por exemplo, nos casos de incapacidade temporária ou permanente para o trabalho, idade avançada, maternidade, desemprego involuntário, baixa renda, reclusão e morte.[17]

O sistema constitucional de previdência social sofreu relevantes alterações pela Emenda Constitucional 103, de 2019, conhecida como "Reforma da Previdência". Essas alterações foram essencialmente de cunho restritivo, dificultando e, até mesmo, impossibilitando, a aposentadoria e o acesso aos demais benefícios previdenciários.

4.1 Organização

Segundo a Constituição, a previdência social é organizada sob a forma do ***Regime Geral de Previdência Social (RGPS)***, de caráter contributivo e de filiação obrigatória, observados critérios que preservem o equilíbrio financeiro e atuarial, competindo ao ***Instituto Nacional do Seguro Social (INSS)*** a operacionalização do reconhecimento dos direitos dos segurados do Regime Geral de Previdência Social.

O Instituto Nacional do Seguro Social possui natureza autárquica, tendo sido criado em 27 de junho de 1990, por meio do Decreto nº 99.350, a partir da fusão do Instituto de Administração Financeira da Previdência e Assistência Social (IAPAS) com o Instituto Nacional de Previdência Social (INPS), caracterizando-se como uma organização pública prestadora de serviços previdenciários para a sociedade brasileira.

17. AGOSTINHO, Theodoro. Manual de Direito Previdenciário. São Paulo: Saraiva, 2020.

4.2 Benefícios

Nos termos expressos do art. 201, da CF/88, a previdência social deve atender, na forma da lei, a:

i) cobertura dos eventos de incapacidade temporária ou permanente para o trabalho e idade avançada;

ii) proteção à maternidade, especialmente à gestante;

iii) proteção ao trabalhador em situação de desemprego involuntário;

iv) salário-família e auxílio-reclusão para os dependentes dos segurados de baixa renda;

v) pensão por morte do segurado, homem ou mulher, ao cônjuge ou companheiro e dependentes, observadas as regras constitucionais, sendo vedada a instituição de requisitos distintos entre homem e mulher para a concessão de pensão por morte a cônjuge ou companheiro do segurado (STF, RE 659.424).

É importante observar que a Constituição veda a adoção de requisitos ou critérios diferenciados para concessão de benefícios, ressalvada, nos termos de lei complementar, a possibilidade de previsão de idade e tempo de contribuição distintos da regra geral para concessão de aposentadoria exclusivamente em favor dos segurados:

a) com deficiência, previamente submetidos a avaliação biopsicossocial realizada por equipe multiprofissional e interdisciplinar;

b) cujas atividades sejam exercidas com efetiva exposição a agentes químicos, físicos e biológicos prejudiciais à saúde, ou associação desses agentes, vedada a caracterização por categoria profissional ou ocupação.

É assegurada aposentadoria no regime geral de previdência social, nos termos da lei, obedecidas as seguintes condições:

i) ***65 anos de idade, se homem, e 62 anos de idade, se mulher***, observado tempo mínimo de contribuição, sendo que esse requisito de idade será ***reduzido em 5 anos***, para o ***professor*** que comprove tempo de efetivo exercício das funções de magistério na educação infantil e no ensino fundamental e médio fixado em lei complementar.

ii) 60 anos de idade, se homem, e 55 anos de idade, se mulher, para os ***trabalhadores rurais*** e para os que exerçam suas atividades em regime de economia familiar, nestes incluídos o *produtor rural*, o *garimpeiro* e o *pescador artesanal*.

Para fins de aposentadoria, será assegurada a ***contagem recíproca do tempo de contribuição*** entre o Regime Geral de Previdência Social e os regimes próprios de previdência social, e destes entre si, observada a compensação financeira, de acordo com os critérios estabelecidos em lei. Por outro lado, ***é vedada a contagem de tempo de contribuição fictício*** para efeito de concessão dos benefícios previdenciários e de contagem recíproca.

O tempo de serviço militar exercido nas atividades de que tratam os arts. 42, 142 e 143 (militares das forças armadas, inclusive os conscritos, bem como os policiais e bombeiros militares estaduais) e o tempo de contribuição ao Regime Geral de Previdência Social ou a regime próprio de previdência social terão contagem recíproca para fins de ***inativação militar ou aposentadoria***, e a compensação financeira será devida entre as receitas de contribuição referentes aos militares e as receitas de contribuição aos demais regimes.

Ademais, conforme dispõe a Constituição, lei complementar poderá disciplinar a ***cobertura de benefícios não programados, inclusive os decorrentes de acidente do trabalho***, a ser atendida concorrentemente pelo Regime Geral de Previdência Social e pelo setor privado.

Por fim, é importante registrar que a Constituição prevê expressamente que lei complementar deve estabelecer vedações, regras e condições para a ***acumulação de benefícios previdenciários***.

4.3 Valor dos benefícios, cálculo, limites e reajuste

Nos termos constitucionais, ***nenhum benefício que substitua o salário de contribuição ou o rendimento do trabalho do segurado terá valor mensal inferior ao salário mínimo***, *sendo assegurado o reajustamento dos benefícios para preservar-lhes, em caráter permanente, o valor real, conforme critérios definidos em lei*. Entretanto, é importante lembrar que é vedada a vinculação do salário mínimo para qualquer fim, inclusive para fins de reajuste ou revisão de benefícios previdenciários (art. 7º, IV, CF/88).

Segundo a Constituição, todos os salários de contribuição considerados para o cálculo de benefício serão devidamente atualizados, na forma da lei. Além disso, os ganhos habituais do empregado, a qualquer título, serão incorporados ao salário para efeito de contribuição previdenciária e consequente repercussão em benefícios, nos casos e na forma da lei.

Ademais, nos termos do art. 201, §5º, da CF/88, é vedada a filiação ao Regime Geral de Previdência Social (RGPS), na qualidade de segurado facultativo, de pessoa participante de regime próprio de previdência, isto é, é vedado aos servidores públicos do Regime Próprio de Previdência Social (RPPS) que contribuam facultativamente com o RGPS para serem beneficiários dos dois regimes, por exemplo, para terem "duas aposentadorias", uma do RPPS e outra do RGPS. Entretanto, há uma importante *exceção:* caso o servidor público participante do RPPS exerça atividade de *filiação obrigatória* ao RGPS, ele poderá cumular os benefícios previdenciários dos dois regimes.

Conforme dispõe a Constituição, a ***gratificação natalina*** dos aposentados e pensionistas terá por base o valor dos proventos do mês de dezembro de cada ano.

Nos termos da Constituição, a lei instituirá ***sistema especial de inclusão previdenciária, com alíquotas diferenciadas, para atender aos trabalhadores de baixa renda***, inclusive os que se encontram em situação de informalidade, e àqueles sem renda própria que se dediquem exclusivamente ao trabalho doméstico no âmbito de sua residência, desde que pertencentes a famílias de baixa renda, sendo que a aposentadoria concedida ao segurado nesses casos, terá valor de 1 (um) salário-mínimo.

Por fim, é mister registrarmos que a Constituição prevê que os ***empregados públicos*** dos consórcios públicos, das empresas públicas, das sociedades de economia mista e das suas subsidiárias serão aposentados compulsoriamente, observado o cumprimento do tempo mínimo de contribuição, ao atingir a idade máxima de que trata o art. 40, §1º, II, da CF/88 (segundo esse dispositivo, devem ser aposentados compulsoriamente, com proventos proporcionais ao tempo de contribuição, aos 70 anos de idade, ou aos 75 anos de idade), na forma estabelecida em lei.

4.4 Previdência Privada

Nos termos do art. 202, da CF/88, o regime de previdência privada, de ***caráter complementar e organizado de forma autônoma*** em relação ao regime geral de previdência social, é ***facultativo***, baseado na constituição de reservas que garantam o benefício contratado, sendo regulado por lei complementar que deve assegurar ao participante de planos de benefícios de entidades de previdência privada o pleno acesso às informações relativas à gestão de seus respectivos planos.

Segundo à Constituição, as contribuições do empregador, os benefícios e as condições contratuais previstas nos estatutos, regulamentos e planos de benefícios das entidades de previdência privada não integram o contrato de trabalho dos participantes, assim como, à exceção dos benefícios concedidos, não integram a remuneração dos participantes, nos termos da lei.

Ademais, a Constituição *veda o aporte de recursos a entidade de previdência privada pela União, Estados, Distrito Federal e Municípios, suas autarquias, fundações, empresas públicas, sociedades de economia mista e outras entidades públicas, salvo na qualidade de patrocinador,* situação na qual, em hipótese alguma, sua contribuição normal poderá exceder a do segurado.

Por fim, em conformidade com os ditames constitucionais, lei complementar deve disciplinar a relação entre a União, Estados, Distrito Federal ou Municípios, inclusive suas autarquias, fundações, sociedades de economia mista e empresas controladas direta ou indiretamente, *enquanto patrocinadores de planos de benefícios previdenciários*, e as entidades de previdência complementar, sendo que essa lei complementar aplicar-se, no que couber, às empresas privadas permissionárias ou concessionárias de prestação de serviços públicos, quando patrocinadoras de planos de benefícios em entidades de previdência complementar. Além disso, a Constituição prevê que lei complementar deve estabelecer os requisitos para a designação dos membros das diretorias das entidades fechadas de previdência complementar instituídas pela Administração Direta e Indireta dos entes federados enquanto patrocinadores de planos de benefícios previdenciários e disciplinar a inserção dos participantes nos colegiados e instâncias de decisão em que seus interesses sejam objeto de discussão e deliberação.

5. ASSISTÊNCIA SOCIAL

Nos termos do art. 4º, da lei 8.212/1991 (lei que dispõe sobre a organização da seguridade social), a assistência social é a política social que provê o atendimento das necessidades básicas, traduzidas em proteção à família, à maternidade, à infância, à adolescência, à velhice e à pessoa portadora de deficiência, independentemente de contribuição à seguridade social. Já nos termos do art. 1º, da lei 8.742/1993 (*Lei Orgânica da Assistência Social – LOAS*), a assistência social, direito do cidadão e dever do Estado, é política de seguridade social não contributiva, que provê os mínimos sociais, realizada através de um conjunto integrado de ações de iniciativa pública e da sociedade, para garantir o atendimento às necessidades básicas.

Isto posto, segundo a Constituição, ***a assistência social será prestada a quem dela necessitar, independentemente de contribuição à seguridade social, e tem por objetivos:***

i) a proteção à família, à maternidade, à infância, à adolescência e à velhice;

ii) o amparo às crianças e adolescentes carentes;

iii) a promoção da integração ao mercado de trabalho;

iv) a habilitação e reabilitação das pessoas portadoras de deficiência e a promoção de sua integração à vida comunitária;

v) a garantia de um salário mínimo de benefício mensal à pessoa portadora de deficiência e ao idoso que comprovem não possuir meios de prover à própria manutenção ou de tê-la provida por sua família, conforme dispuser a lei.

Ademais, em conformidade com os ditames constitucionais, as ações governamentais na área da assistência social serão realizadas com recursos do orçamento da seguridade social, previstos no art. 195, da CF/88, além de outras fontes, e organizadas com base nas seguintes ***diretrizes:***

a) descentralização político-administrativa, cabendo a coordenação e as normas gerais à esfera federal e a coordenação e a execução dos respectivos programas às esferas estadual e municipal, bem como a entidades beneficentes e de assistência social;

b) participação da população, por meio de organizações representativas, na formulação das políticas e no controle das ações em todos os níveis.

Além disso, a Constituição faculta aos Estados e ao Distrito Federal vincular a programa de apoio à inclusão e promoção social até cinco décimos por cento de sua receita tributária líquida, vedada a aplicação desses recursos no pagamento de:

- despesas com pessoal e encargos sociais;
- serviço da dívida;
- qualquer outra despesa corrente não vinculada diretamente aos investimentos ou ações apoiados.

Insta destacar que o STF já decidiu que ***os estrangeiros residentes no país são beneficiários da assistência social*** *prevista no art. 203, V, da CF/88* (garantia de um salário mínimo de benefício mensal à pessoa portadora de deficiência e ao idoso que comprovem não possuir meios de prover à própria manutenção ou de tê-la provida por sua família), ***uma vez atendidos os requisitos constitucionais e legais.***[18]

Por fim, vale registrar que, conforme decidiu o STF, o ***Bolsa Família*** *é um programa de transferência direta de renda, voltado a famílias de todo o país, de modo a fazer frente a situação de pobreza e vulnerabilidade, não se admitindo que a União faça restrição em relação à região ou ao Estado do beneficiário.* No caso, o Presidente Jair Bolsonaro, logo que assumiu o Governo, em 2019, tentou sangrar de todas as formas os Estados nordestinos, por considerar que os Governadores daqueles Estados eram "comunistas", reduzindo drasticamente os recursos do Bolsa Família destinados (apenas) à região nordeste do Brasil. Na fundamentação, destacou o Supremo que não se pode medir a extrema pobreza conforme a unidade da Federação, devendo haver isonomia no tratamento, tendo em conta que são objetivos da República Federativa do Brasil erradicar a pobreza e reduzir as desigualdades sociais, a teor dos arts. 3º, II e III, 19, III, 203 e 204 da CF/88, bem como da Lei 10.836/2004 (lei que prevê o Bolsa Família).[19]

6. EDUCAÇÃO

A educação é um direito fundamental individual social de segunda geração (art. 6º), fundada na igualdade material, compondo o núcleo essencial do mínimo existencial, que em sua dimensão sociocultural refere-se às condições materiais mínimas de inserção do indivíduo na vida social, em condições de igualdade de acesso e plenitude de possibilidades de escolhas existenciais, sendo condição *sine qua non* do livre desenvolvimento da personalidade,[20] relacionando-se diretamente com a dignidade da pessoa humana. É por muitos, política e eticamente considerado o direito social mais essencial de todos, havendo quem

18. STF, RE 587.970, Rel. Min. Marco Aurélio.
19. STF, ACO 3.359-MC, Rel. Min. Marco Aurélio.
20. MOREIRA, Rodrigo P. Direito ao livre desenvolvimento da personalidade. Curitiba: Juruá, 2016.

afirme que a educação pública de qualidade consiste no mínimo dos mínimos existenciais.[21] Para além disso, conforme dispõe a Constituição, a educação, direito de todos e dever do Estado e da família, será promovida e incentivada com a colaboração da sociedade, visando ao pleno desenvolvimento da pessoa, seu preparo para o exercício da cidadania e sua qualificação para o trabalho.

6.1 Princípios informadores do ensino

O direito à educação é muito mais amplo do que o direito ao ensino, já que a educação vai muito além do ensino formal e regular, sendo composta pela educação ético-moral, pela formação humanística, pela cultura, pelo desenvolvimento da personalidade humana, pela convivência, exemplos, lições e orientações dados pela família, pela sociedade e pelos diversos grupos com os quais a pessoa convive, especialmente, durante sua infância e adolescência.

É por isso que a educação é dever do Estado e da família. Assim, o Estado é responsável pelo ensino formal e regular e, de forma subsidiária e complementar à família, pela formação humanística, cultural e moral da pessoa. Já a família é responsável pela formação humanística, cultural e moral da pessoa e, de forma subsidiária e complementar ao Estado, pelo ensino formal das crianças e adolescentes (a família tem o dever de matricular a criança na escola, de fiscalizar seu comportamento, desenvolvimento e desempenho etc.).

Isto posto, nos termos da Constituição, ***o ensino deve ser ministrado com base nos seguintes princípios:***

- igualdade de condições para o acesso e permanência na escola;
- liberdade de aprender, ensinar, pesquisar e divulgar o pensamento, a arte e o saber;
- pluralismo de ideias e de concepções pedagógicas, e coexistência de instituições públicas e privadas de ensino;
- gratuidade do ensino público em estabelecimentos oficiais;
- valorização dos profissionais da educação escolar, garantidos, na forma da lei, planos de carreira, com ingresso exclusivamente por concurso público de provas e títulos, aos das redes públicas;
- gestão democrática do ensino público, na forma da lei;
- garantia de padrão de qualidade;
- piso salarial profissional nacional para os profissionais da educação escolar pública, nos termos de lei federal;
- garantia do direito à educação e à aprendizagem ao longo da vida.

Especificamente sobre os ***profissionais da educação*** e os respectivos ***planos de carreira***, vale registrar que, segundo a Constituição, a lei deve dispor sobre as categorias de trabalhadores considerados profissionais da educação básica e sobre a fixação de prazo para a elaboração ou adequação de seus planos de carreira, no âmbito da União, dos Estados, do Distrito Federal e dos Municípios (atualmente a lei 9.424/1996 é que dispõe sobre o assunto).

Por fim, é importante destacar que a Constituição estabelece que ***as universidades gozam de autonomia didático-científica, administrativa e de gestão financeira e patrimonial*** e devem obedecer ao princípio de indissociabilidade entre ensino, pesquisa e extensão,

21. MARTINS, Flávio. Direitos Sociais em Tempos de Crise Econômica. São Paulo: Saraiva, 2020, p. 338.

sendo facultado às universidades admitir professores, técnicos e cientistas estrangeiros, na forma da lei. Nos termos constitucionais, isso aplica-se às instituições de pesquisa científica e tecnológica.

6.2 Efetivação do dever do Estado com a educação

Nos termos do art. 208, da CF/88, o dever do Estado com a educação será efetivado mediante a garantia de:

i) educação básica obrigatória e gratuita dos 4 (quatro) aos 17 (dezessete) anos de idade, assegurada inclusive sua oferta gratuita para todos os que a ela não tiveram acesso na idade própria;

ii) progressiva universalização do ensino médio gratuito;

iii) atendimento educacional especializado aos portadores de deficiência, preferencialmente na rede regular de ensino;

iv) educação infantil, em creche e pré-escola, às crianças até 5 anos de idade;

v) acesso aos níveis mais elevados do ensino, da pesquisa e da criação artística, segundo a capacidade de cada um;

vi) oferta de ensino noturno regular, adequado às condições do educando;

vii) atendimento ao educando, em todas as etapas da educação básica, por meio de programas suplementares de material didático-escolar, transporte, alimentação e assistência à saúde.

É mister salientar que ***o acesso ao ensino obrigatório e gratuito é direito público subjetivo***, sendo que o não oferecimento do ensino obrigatório pelo poder público, ou sua oferta irregular, importa ***responsabilidade da autoridade competente***.

Ademais, conforme dispõe a Constituição, no cumprimento de seus deveres com a educação, compete ao poder público recensear os educandos no ensino fundamental, fazer-lhes a chamada e zelar, junto aos pais ou responsáveis, pela frequência à escola.

Além disso, nos termos constitucionais, devem ser fixados conteúdos mínimos para o ensino fundamental, de maneira a assegurar formação básica comum e respeito aos valores culturais e artísticos, nacionais e regionais.

Por fim, vale destacar que a Constituição prevê que o ensino fundamental regular será ***ministrado em língua portuguesa***, assegurada às comunidades indígenas também a utilização de suas línguas maternas e processos próprios de aprendizagem.

6.3 O ensino pela iniciativa privada

Como a educação é um serviço público não exclusivo, embora o Estado tenha o dever fundamental de prestá-lo (com qualidade!), os particulares, também, podem prestá-lo, independente de delegação.[22] Nesse sentido, o art. 209, da CF/88, dispõe que ***o ensino é livre à iniciativa privada, atendidas as seguintes condições:***

a) cumprimento das normas gerais da educação nacional;

b) autorização e avaliação de qualidade pelo Poder Público.

22. CARVALHO, Matheus. Manual de Direito Administrativo. 7. ed. Salvador: Juspodivm, 2020, p. 677.

6.4 Competência dos entes federados em relação ao ensino

Nos termos constitucionais, a União, os Estados, o Distrito Federal e os Municípios organizarão em regime de colaboração seus sistemas de ensino.

A *União* organizará o sistema federal de ensino e o dos Territórios, financiará as instituições de ensino públicas federais e exercerá, em matéria educacional, função redistributiva e supletiva, de forma a garantir equalização de oportunidades educacionais e *padrão mínimo de qualidade do ensino* mediante assistência técnica e financeira aos Estados, ao Distrito Federal e aos Municípios, sendo que esse ***padrão mínimo de qualidade*** deve considerar as condições adequadas de oferta e ter como referência o Custo Aluno Qualidade (CAQ), pactuados em regime de colaboração na forma disposta em lei complementar, conforme art. 23, *p.u.*, da CF/88, segundo o qual leis complementares devem fixar normas para a cooperação entre a União e os Estados, o Distrito Federal e os Municípios, tendo em vista o equilíbrio do desenvolvimento e do bem-estar em âmbito nacional.

Por sua vez, os ***Estados*** e o ***Distrito Federal*** atuarão prioritariamente no ensino fundamental e médio. Já os ***Municípios*** atuarão prioritariamente no ensino fundamental e na educação infantil.

Ademais, conforme dispõe a Constituição, na organização de seus sistemas de ensino, a União, os Estados, o Distrito Federal e os Municípios definirão formas de colaboração, de forma a ***assegurar a universalização, a qualidade e a equidade do ensino obrigatório***, devendo que *a educação básica pública atender prioritariamente ao ensino regular*.

Por fim, nos termos constitucionais, a União, os Estados, o Distrito Federal e os Municípios devem exercer ***ação redistributiva*** em relação a suas escolas.

6.5 Custeio da educação e aplicação dos recursos públicos na manutenção e desenvolvimento do ensino

Segundo o art. 212, da CF/88, a União deve aplicar, anualmente, nunca menos de 18%, e os Estados, o Distrito Federal e os Municípios 25%, no mínimo, da receita resultante de impostos, compreendida a proveniente de transferências, na manutenção e desenvolvimento do ensino, sendo que para efeito do cumprimento desta norma, serão considerados os sistemas de ensino federal, estadual e municipal e os recursos aplicados na forma do art. 213, da CF/88. É importante registrar que a parcela da arrecadação de impostos transferida pela União aos Estados, ao Distrito Federal e aos Municípios, ou pelos Estados aos respectivos Municípios, não é considerada, para efeito deste cálculo, receita do governo que a transferir.

Ademais, *na hipótese de extinção ou de substituição de impostos, serão redefinidos os percentuais acima referidos* (art. 212, *caput*, CF/88), bem como os do art. 212-A, II, CF/88 (artigo que trata do FUNDEB), de modo que resultem recursos vinculados à manutenção e ao desenvolvimento do ensino, bem como os recursos subvinculados aos fundos de que trata o art. 212-A, da CF/88 (FUNDEB), em aplicações equivalentes às anteriormente praticadas.

Os ***programas suplementares de alimentação e assistência à saúde*** previstos no art. 208, VII, da CF/88 (segundo esse dispositivo é dever do Estado o atendimento ao educando, em todas as etapas da educação básica, por meio de programas suplementares de material didático-escolar, transporte, alimentação e assistência à saúde), devem ser financiados com recursos provenientes de contribuições sociais e outros recursos orçamentários.

Nos termos constitucionais, a educação básica pública deve ter como fonte adicional de financiamento a ***contribuição social do salário-educação***, recolhida pelas empresas na forma da lei, sendo que as cotas estaduais e municipais da arrecadação da contribuição social do salário-educação serão distribuídas proporcionalmente ao número de alunos matriculados na educação básica nas respectivas redes públicas de ensino. Aqui, é mister destacar que a Constituição veda o uso dos recursos advindos da contribuição social do salário-educação para pagamento de aposentadorias e de pensões.

Quanto à ***fiscalização***, ***avaliação*** e ***controle das despesas*** com educação nas esferas *estadual*, *distrital* e *municipal*, a Constituição prevê expressamente que a lei deve dispor sobre normas referentes a esses assuntos, como forma de assegurar a legalidade, a impessoalidade, a moralidade e a eficiência da gestão pública educacional.

Ainda de acordo com a Constituição, a ***distribuição dos recursos públicos*** deve assegurar prioridade ao atendimento das necessidades do ensino obrigatório, no que se refere a universalização, garantia de padrão de qualidade e equidade, nos termos do plano nacional de educação. Ademais, os recursos públicos ***devem ser destinados às escolas públicas, podendo ser dirigidos a escolas comunitárias, confessionais ou filantrópicas***, definidas em lei, que:

a) comprovem finalidade não lucrativa e apliquem seus excedentes financeiros em educação;

b) assegurem a destinação de seu patrimônio a outra escola comunitária, filantrópica ou confessional, ou ao Poder Público, no caso de encerramento de suas atividades.

Além disso, esses recursos ***poderão ser destinados a bolsas de estudo*** para o ensino fundamental e médio, na forma da lei, para os que demonstrarem insuficiência de recursos, quando houver falta de vagas e cursos regulares da rede pública na localidade da residência do educando, ficando o Poder Público obrigado a investir prioritariamente na expansão de sua rede na localidade.

Por fim, conforme dispõe a CF/88, as ***atividades de pesquisa, de extensão e de estímulo e fomento à inovação*** realizadas por universidades e/ou por instituições de educação profissional e tecnológica podem receber apoio financeiro do Poder Público.

6.5.1 FUNDEB: Fundo de Manutenção e Desenvolvimento da Educação Básica e de Valorização dos Profissionais da Educação

O Fundo de Manutenção e Desenvolvimento da Educação Básica e de Valorização dos Profissionais da Educação (FUNDEB) é um fundo especial, de natureza contábil e de âmbito estadual (um fundo por estado e Distrito Federal, num total de vinte e sete fundos), formado, na quase totalidade, por recursos provenientes dos impostos e transferências dos estados, Distrito Federal e municípios, vinculados à educação. Além desses recursos, ainda compõe o FUNDEB, a título de complementação, uma parcela de recursos federais, sempre que, no âmbito de cada Estado, seu valor por aluno não alcançar o mínimo definido nacionalmente. Independentemente da origem, todo o recurso gerado é redistribuído para aplicação exclusiva na educação básica.

O FUNDEB foi instituído pela EC 53/2006, tendo sido sensivelmente reforçado pela EC 108/2020, fruto de uma reação legislativa ao governo Bolsonaro que vinha esvaziando intensamente as verbas da educação. Nesse sentido, a EC 108/2020, dentre outras coisas, determinou a instituição em caráter permanente do FUNDEB (que havia sido criado em caráter temporário e expiraria no final de 2020), aumentou a complementação de recursos pela União, distribuiu percentual do Imposto sobre Circulação de Mercadorias e Serviços aos municípios com melhoria na aprendizagem e assegurou a participação da sociedade no planejamento das políticas sociais.

Por fim, é importante registrar, ainda, que a EC 108/2020 inseriu o art. 212-A, na CF/88, regulamentando o financiamento, a distribuição e a destinação de recursos do FUNDEB, destacando-se que a complementação dos recursos estaduais, distritais e municipais feita pela União deverá aumentar gradativamente, passando dos atuais 10% para 23%, em 2026, na forma do art. 60, do ADCT, da CF/88.

6.6 Plano Nacional de Educação

Nos termos constitucionais, a lei deve estabelecer o plano nacional de educação, de duração decenal, com o objetivo de articular o sistema nacional de educação em regime de colaboração e definir diretrizes, objetivos, metas e estratégias de implementação para assegurar a manutenção e desenvolvimento do ensino em seus diversos níveis, etapas e modalidades por meio de ações integradas dos poderes públicos das diferentes esferas federativas que conduzam a:

- erradicação do analfabetismo;
- universalização do atendimento escolar;
- melhoria da qualidade do ensino;
- formação para o trabalho;
- promoção humanística, científica e tecnológica do País.
- estabelecimento de meta de aplicação de recursos públicos em educação como proporção do produto interno bruto.

6.7 Judicialização da educação e as principais decisões do STF e do STJ sobre o direito à educação

Cabe primordialmente ao campo político (Poderes Legislativo e Executivo) regulamentar e implementar o direito à educação. Entretanto, muitas vezes, em face da inércia, da desídia, da omissão, da ineficiência e da incompetência de boa parte de nossas casas legislativas e, sobretudo, de nossos gestores públicos, o Poder Judiciário é compelido, por força constitucional (art. 1º, III; art. 5º, XXXV e §1º; art. 6º; art. 205 a 214; e outros da CF/88), a concretizar o direito à educação.

A judicialização da educação, enquanto judicialização da política, embora não seja desejável, infelizmente tem se mostrado extremamente necessária, já que o Legislativo e, sobretudo o Executivo, têm se mostrado extremamente ineficientes na implementação das políticas públicas de educação, atuando quase sempre de forma insuficiente e insatisfatória, não contemplando as exigências constitucionais do mínimo existencial, o que acaba levando uma infinidade de casos ao Poder Judiciário que, por força constitucional, é obrigado a implementar o direito daqueles que à ele recorrem, por se tratar de direito fundamental (norma constitucional).

Isto posto, em face do fenômeno da judicialização da educação, é de suma importância destacarmos as ***principais decisões dos tribunais superiores sobre o direito à educação:***

1) Nos termos da Súmula Vinculante 12, do STF, *é inconstitucional a cobrança de taxa de matrícula nas universidades públicas.*

2) É constitucional a cobrança de mensalidade em cursos de especialização ministrado por universidades públicas.[23]

3) Colégios militares do exército podem cobrar mensalidade de seus alunos.[24]

4) É constitucional lei estadual que estabeleça que as instituições de ensino superior privada são obrigadas a devolver o valor da taxa de matrícula, podendo reter, no máximo, 5% da quantia, caso o aluno, antes do início das aulas, desista do curso ou solicite transferência.[25]

5) É inconstitucional que instituição pública de ensino profissionalizante cobre anuidade para custear despesas com a alimentação dos alunos.[26]

6) O Poder Judiciário pode obrigar o município a fornecer vaga em creche.[27]

7) É constitucional a exigência de idade mínima para ingresso na educação infantil e no ensino fundamental.[28]

8) Segundo o art. 210, §1º, da CF/88, *o ensino religioso, de matrícula facultativa, constituir8á disciplina dos horários normais das escolas públicas de ensino fundamental*. Com base nesse dispositivo, o STF decidiu que ***o ensino religioso nas escolas públicas brasileiras pode ter natureza confessional***, desde que se garanta oportunidade a todas doutrinas religiosas de oferecerem o ensino de sua doutrina, dogmas, estórias e mitos.[29]

9) É constitucional a norma (art. 28, §1º e art. 30, Lei 13.146) que determina que as escolas privadas devem oferecer ***atendimento educacional adequado e inclusivo às pessoas com deficiência*** no ensino regular sem que possam cobrar quaisquer valores adicionais por isso.[30]

10) No Brasil, atualmente, não é possível o ***homeschooling* (ensino domiciliar)**, em razão da falta de legislação regulamentadora. Assim, embora seja constitucional sua instituição, é indispensável lei regulamentadora, de modo que, enquanto não for editada lei regulando o ensino domiciliar, ele não será possível.[31]

11) É inconstitucional lei estadual que determina a realização de plantão criminal pelo escritório de prática jurídica gratuita mantido pelo curso de Direito de Universidade Estadual, para atender, nos finais de semana e feriados, os casos de prisão em flagrante, pois fere a ***autonomia*** administrativa, financeira, didática e científica ***assegurada às universidades***.[32]

12) É constitucional lei estadual que: *i)* assegure, nos estabelecimentos de ensino superior estadual e municipal, a ***livre organização dos Centros Acadêmicos, Diretórios Acadêmicos e Diretórios Centrais dos Estudantes***; *ii)* estabeleça que é de competência exclusiva dos estudantes a definição das formas, dos critérios, dos estatutos e demais questões referentes à organização dos Centros Acadêmicos, Diretórios Acadêmicos e Diretórios Centrais dos Estudantes; e *iii)* determine que os estabelecimentos de ensino deverão garantir espaços, em suas dependências, para a divulgação e instalações para os Centros Acadêmicos, Diretórios Acadêmicos e Diretórios Centrais Estudantis. Entretanto, esta lei não se aplica (e não pode ser aplicada) às instituições federais e particulares de ensino superior considerando, pois

23. STF, RE 597.854, Rel. Min. Edson Fachin.
24. STF, ADI 5.082, Rel. Min. Edson Fachin.
25. STF, ADI 5.951, Rel. Min. Cármen Lúcia.
26. STF, RE 357.148, Rel. Min. Marco Aurélio.
27. STF, RE 956,475, Rel. Min. Celso de Mello.
28. STF, ADPF 292, Rel. Min. Luiz Fux; STF, ADC 17, Rel. Min. Edson Fachin, red. p/ o acórdão Min. Roberto Barroso.
29. STF, ADI 4.439, Rel. Min. Roberto Barroso, red. p/ o acórdão Min. Alexandre de Moraes.
30. STF, ADI 5.357-MC, Rel. Min. Edson Fachin.
31. STF, RE 888.815, Rel. Min. Roberto Barroso, red. p/ o acórdão Min. Alexandre de Moraes.
32. STF, ADI 3.792, Rel. Min. Dias Toffoli.

elas integram o sistema educacional federal, cuja competência é da competência da União e não dos Estados. Assim, é inconstitucional que essa lei estadual preveja multa para as entidades particulares de ensino em caso de descumprimento das medidas acima referidas.[33]

13) São nulas decisões da Justiça Eleitoral que imponham a interrupção de ***manifestações públicas de apreço ou reprovação a candidatos em ambiente virtual ou físico de universidades às vésperas de eleições***, pois violam o princípio da autonomia universitária e são contrárias à dignidade da pessoa, à autonomia dos espaços de ensinar e aprender, ao espaço social e político e ao princípio democrático. No caso, as decisões envolviam ***busca e apreensão de materiais de campanha eleitoral em universidades e associações de docentes e proibição de aulas com temática eleitoral e de reuniões e assembleias de natureza política***. No julgamento, o STF também declarou inconstitucional a interpretação dos artigos 24 e 37 da Lei das Eleições (Lei 9.504/1997) para justificar atos judiciais ou administrativos que admitam o ingresso de agentes públicos em universidades, o recolhimento de documentos, a interrupção de aulas, debates ou manifestações e a coleta irregular de depoimentos pela manifestação livre de ideias e divulgação do pensamento nos ambientes universitários ou em equipamentos sob a administração de universidades.[34]

14) Por fim, as legislações que instituíram o "*Escola sem Partido*", ou que se inspirando nele instituíram proibições de abordagens temáticas ou tentaram impor aos professores e demais profissionais da educação uma "isenção ou imparcialidade ideológica" acerca de temas políticos, econômicos, culturais, sociais, jurídicos etc., foram objeto de massiva judicialização e, embora muitas dessas ações ainda estejam pendentes de julgamento pelos tribunais superiores, já é possível destacar as seguintes decisões:

i) É inconstitucional lei semelhante ao projeto escola sem partido por ofender a liberdade de aprender e ensinar e o pluralismo de ideias no ensino (art. 206, II e III, CF/88). No caso, a lei, batizada de "*Escola Livre*", proibia a "***prática de doutrinação política e ideológica***" em sala de aula e afirmava ser um direito dos pais que seus filhos recebam uma "educação moral livre de doutrinação política, religiosa ou ideológica".[35]

ii) É inconstitucional lei que exclua do ensino público qualquer referência sobre ***diversidade de gênero e orientação sexual***, ou que proíba sua abordagem em sala de aula ou mesmo a utilização de materiais didáticos que contenham informações ou discussões acerca desses temas, pois ofende a dignidade da pessoa humana e o livre desenvolvimento da personalidade, assim como o respeito e a tolerância que lhes são inerentes, lesando, ainda, o pluralismo de ideias e a liberdade de ensinar, aprender, pesquisar e divulgar o pensamento, a arte e o saber (art. 206, II, III, CF/88).[36]

7. CULTURA

A cultura é um direito fundamental social de segunda geração, a nosso ver com uma dimensão individual e outra transindividual (difusa), fundada na igualdade material, compondo o núcleo essencial do mínimo existencial, que em sua dimensão sociocultural refere-se

---

33. STF, ADI 3.757, Rel. Min. Dias Toffoli.
34. STF, ADPF 548, Rel. Min. Cármen Lúcia.
35. STF, ADI 5.537, Rel. Min. Roberto Barroso.
36. STF, ADPF 467, Rel. Min. Gilmar Mendes; STF, ADPF 457, Rel. Min. Alexandre de Moraes; STF, ADPF 526, Rel. Min. Cármen Lúcia.

às condições materiais mínimas de inserção do indivíduo na vida social, em condições de igualdade de acesso e plenitude de possibilidades de escolhas existenciais, sendo condição *sine qua non* do livre desenvolvimento da personalidade,[37] relacionando-se diretamente com a dignidade da pessoa humana.

Vale lembrar que as sociedades contemporâneas, pós-industriais, globalizadas e hipercomplexas,[38] como a atual sociedade brasileira, estão marcadas pelo ***multiculturalismo***, caracterizado pela relativização das fronteiras da soberania (ao menos em parte), pelo pluralismo e pela diversidade. O multiculturalismo (também chamado de pluralismo cultural ou cosmopolitismo) está atrelado à ideia de pluralidade e encontra-se na raiz da tensão entre direito à diferença e igualdade, objetivando harmonizar o reconhecimento e respeito à diversidade cultural presente em todas as sociedades.[39] Trata-se da aceitabilidade e coexistência pacífica entre as diferentes formas de culturas e, mais do que isso, trata-se da convivência multi-influenciadora das diversas culturas.

Nesse sentido, dispõe expressamente a Constituição que o Estado deve garantir a todos o pleno exercício dos direitos culturais e acesso às fontes da cultura nacional, deve apoiar e incentivar a valorização e a difusão das manifestações culturais, bem como proteger as manifestações das culturas populares, indígenas e afro-brasileiras, e das de outros grupos participantes do processo civilizatório nacional.

Ademais, é mister destacar que, segundo a Constituição, a lei deve dispor sobre a fixação de datas comemorativas de alta significação para os diferentes segmentos étnicos nacionais, sendo que a lei 12.345/2010 fixa, como critério para instituição de datas comemorativas, a alta significação para os diferentes segmentos profissionais, políticos, religiosos, culturais e étnicos que compõem a sociedade brasileira.

7.1 Patrimônio cultural brasileiro

Nos termos da Constituição, constituem ***patrimônio cultural brasileiro*** os bens de natureza material e imaterial, tomados individualmente ou em conjunto, portadores de referência à identidade, à ação, à memória dos diferentes grupos formadores da sociedade brasileira, nos quais se incluem:

- as formas de expressão;
- os modos de criar, fazer e viver;
- as criações científicas, artísticas e tecnológicas;
- as obras, objetos, documentos, edificações e demais espaços destinados às manifestações artístico-culturais;
- os conjuntos urbanos e sítios de valor histórico, paisagístico, artístico, arqueológico, paleontológico, ecológico e científico.

---

37. MOREIRA, Rodrigo P. Direito ao livre desenvolvimento da personalidade. Curitiba: Juruá, 2016.
38. ELBAZ, Mikhaël. El inestimable vínculo cívico en la sociedad-mundo. In: ELBAZ, Mikhaël; HELLY, Denise (org.). Globalización, ciudadanía y multiculturalismo. Granada: Maristán, 2002, p. 27.
39. LOPES, Ana Maria D'Ávila. Interculturalidade e Direitos Fundamentais Culturais. In: PIOVESAN, Flávia; GARCIA, Maria (org.). Doutrinas Essenciais Direitos Humanos: Direitos Econômicos, Sociais, Culturais e Ambientais. São Paulo: RT, 2011. v. 3, p. 1212.

Segundo a Constituição, o poder público, com a colaboração da comunidade, deve promover e proteger o patrimônio cultural brasileiro, por meio de inventários, registros, vigilância, tombamento e desapropriação, e de outras formas de acautelamento e preservação.

Ademais, com base nos §§ 2º a 5º, do art. 216, da CF/88, é importante fazermos as seguintes observações:

i) cabem à administração pública, na forma da lei, a gestão da documentação governamental e as providências para franquear sua consulta a quantos dela necessitem;

ii) a lei deve estabelecer incentivos para a produção e o conhecimento de bens e valores culturais;

iii) os danos e ameaças ao patrimônio cultural devem ser punidos, na forma da lei;

iv) por força constitucional, ficam tombados todos os documentos e os sítios detentores de reminiscências históricas dos antigos quilombos.

Por fim, conforme dispõe o §6º, do art. 216, da CF/88, é facultado aos Estados e ao Distrito Federal vincular a fundo estadual de fomento à cultura até cinco décimos por cento de sua receita tributária líquida, para o financiamento de programas e projetos culturais, vedada a aplicação desses recursos no pagamento de:

a) despesas com pessoal e encargos sociais;

b) serviço da dívida;

c) qualquer outra despesa corrente não vinculada diretamente aos investimentos ou ações apoiados.

7.2 Plano Nacional de Cultura

Segundo a Constituição, a lei deve estabelecer o ***Plano Nacional de Cultura***, de duração plurianual, visando ao desenvolvimento cultural do país e à integração das ações do poder público que conduzem à:

- defesa e valorização do patrimônio cultural brasileiro;
- produção, promoção e difusão de bens culturais;
- formação de pessoal qualificado para a gestão da cultura em suas múltiplas dimensões;
- democratização do acesso aos bens de cultura;
- valorização da diversidade étnica e regional.

7.3 Sistema Nacional de Cultura

Nos termos constitucionais, o Sistema Nacional de Cultura, organizado em regime de colaboração, de forma descentralizada e participativa, institui um processo de gestão e promoção conjunta de políticas públicas de cultura, democráticas e permanentes, pactuadas entre os entes da Federação e a sociedade, tendo por objetivo promover o desenvolvimento humano, social e econômico com pleno exercício dos direitos culturais.

O Sistema Nacional de Cultura fundamenta-se na política nacional de cultura e nas suas diretrizes, estabelecidas no Plano Nacional de Cultura, e rege-se pelos seguintes ***princípios***:

- diversidade das expressões culturais;
- universalização do acesso aos bens e serviços culturais;

- fomento à produção, difusão e circulação de conhecimento e bens culturais;
- cooperação entre os entes federados, os agentes públicos e privados atuantes na área cultural;
- integração e interação na execução das políticas, programas, projetos e ações desenvolvidas;
- complementaridade nos papéis dos agentes culturais;
- transversalidade das políticas culturais;
- autonomia dos entes federados e das instituições da sociedade civil;
- transparência e compartilhamento das informações;
- democratização dos processos decisórios com participação e controle social;
- descentralização articulada e pactuada da gestão, dos recursos e das ações;
- ampliação progressiva dos recursos contidos nos orçamentos públicos para a cultura.

Ademais, conforme a Constituição, constitui a ***estrutura do Sistema Nacional de Cultura***, nas respectivas esferas da Federação:

i) órgãos gestores da cultura;

ii) conselhos de política cultural;

iii) conferências de cultura;

iv) comissões intergestores;

v) planos de cultura;

vi) sistemas de financiamento à cultura;

vii) sistemas de informações e indicadores culturais;

viii) programas de formação na área da cultura; e

ix) sistemas setoriais de cultura.

Por fim, a Constituição afirma que lei federal deve dispor sobre a regulamentação do Sistema Nacional de Cultura, bem como de sua articulação com os demais sistemas nacionais ou políticas setoriais de governo. Os Estados, o Distrito Federal e os Municípios organizarão seus respectivos sistemas de cultura em leis próprias.

8. DESPORTO

O desporto é um direito fundamental intimamente ligado ao lazer, à cultura e à busca da felicidade, fundado nos princípios do livre desenvolvimento da personalidade e da dignidade da pessoa humana. Ademais, enquanto desporto profissional, liga-se, também, ao direito ao trabalho (art. 7º, CF/88).

Sobre o desporto, dispõe o art. 217, da CF/88, que é dever do Estado fomentar práticas desportivas formais e não formais, como direito de cada um, observados:

i) a autonomia das entidades desportivas dirigentes e associações, quanto a sua organização e funcionamento;

ii) a destinação de recursos públicos para a promoção prioritária do desporto educacional e, em casos específicos, para a do desporto de alto rendimento;

iii) o tratamento diferenciado para o desporto profissional e o não profissional;

iv) a proteção e o incentivo às manifestações desportivas de criação nacional. Aqui é importante observar que de criação nacional podem ser tanto as manifestações de invenção brasileira, como, por exemplo, a capoeira, quanto às manifestações desportivas incorporadas à cultura nacional, como, por exemplo, o futebol, o skate, o surf etc.

Isto posto, é mister destacarmos as ***principais decisões dos tribunais superiores sobre o direito ao desporto:***

1) É legítima a atuação do Estado sobre o domínio econômico que visa garantir o efetivo exercício do direito à educação, à cultura e ao desporto, nos termos da CF/88. É constitucional lei estadual que concede desconto de 50% sobre o preço de ingressos para casas de diversões, praças desportivas e similares aos jovens de até 21 anos.[40]

2) É inconstitucional previsão do Estatuto do Torcedor, inserida pela Lei do PROFUT, que permitia o rebaixamento do clube em caso de não comprovação da regularidade fiscal e trabalhista.[41]

3) Nem o direito ao desporto, nem a autonomia das entidades desportivas dirigentes e associações (art. 217, I) são absolutos, de modo que essas entidades se submetem às leis (gerais e abstratas) do direito brasileiro,[42] lhes sendo aplicável, por exemplo, o art. 59, do Código Civil, sendo, assim, necessária a submissão de propostas de aprovação e alteração de seu estatuto à Assembleia Geral.[43]

4) O art. 217, I, da CF/88, não permite transformar entidade desportiva em instância revisora de pronunciamento judicial alcançado pela preclusão maior.[44]

5) É inconstitucional lei complementar distrital que cria programa de incentivo às atividades esportivas mediante concessão de benefício fiscal às pessoas jurídicas, contribuintes do IPVA, que patrocinem, façam doações e investimentos em favor de atletas ou pessoas jurídicas. O ato normativo atacado faculta a vinculação de receita de impostos, vedada pelo art. 167, IV, da CF/88, sendo irrelevante se a destinação ocorre antes ou depois da entrada da receita nos cofres públicos.[45]

6) É constitucional lei estadual que autoriza a comercialização de bebidas alcoólicas nas arenas desportivas e nos estádios do respectivo Estado.[46]

8.1 Justiça desportiva

Nos termos do art. 217, §§ 1º e 2º, da CF/88, o Poder Judiciário só admitirá ações relativas à disciplina e às competições desportivas após esgotarem-se as instâncias da justiça desportiva, regulada em lei, sendo que a justiça desportiva tem o prazo máximo de sessenta dias, contados da instauração do processo, para proferir decisão final. Sobre esses dispositivos é preciso fazermos as seguintes ***observações:***

1) A justiça desportiva ***não é órgão do Poder Judiciário***, mas sim órgão administrativo encarregado de julgar as causas relativas à disciplina e às competições desportivas.

40. STF, ADI 2.163, Rel. Min. Luiz Fux, rel. p/ o ac. Min. Ricardo Lewandowski.
41. STF, ADI 5.450, Rel. Min. Alexandre de Moraes.
42. STF, ADI 2.937, Rel. Min. Cesar Peluso.
43. STF, RE 935.482, Rel. Min. Rosa Weber.
44. STF, RE 881.864-AgR, Rel. Min. Marco Aurélio.
45. STF, ADI 1.750, Rel. Min. Eros Grau.
46. STF, ADI 6.195, Rel. Min. Alexandre de Moraes.

2) Esse dispositivo institui uma ***mitigação (limitação) constitucional*** ao princípio da inafastabilidade da jurisdição (ou mesmo ao acesso à justiça).

3) O acesso à justiça (ou a jurisdição) ***não está condicionado ao encerramento do processo administrativo na justiça desportiva***, até porque a justiça desportiva tem o prazo máximo de 60 dias, contados da instauração do processo, para proferir decisão final.

8.2 Direito ao lazer

O direito ao lazer, que nos termos do §3º, do art. 217, da CF/88, deve ser incentivado pelo Poder Público como forma de promoção social, implica no reconhecimento de que uma vida digna engloba ter um tempo para si, seja para estar só, seja para estar com as pessoas que gosta, seja para desfrutar do ócio, descansar o corpo e a mente, seja para divertir-se em atividades recreativas, devendo, portanto, ser incentivado e resguardado pelo Estado e pela sociedade, inclusive, como forma de assegurar ao indivíduo o direito à busca da felicidade, bem como o seu livre desenvolvimento da personalidade.

9. CIÊNCIA, TECNOLOGIA E INOVAÇÃO

Segundo o art. 218, da CF/88, *o Estado deve promover e incentivar o desenvolvimento científico, a pesquisa, a capacitação científica e tecnológica e a inovação*, sendo que, atualmente, é a lei 10.973/2004 que dispõe sobre incentivos à inovação e à pesquisa científica e tecnológica no ambiente produtivo e dá outras providências.

Sobre a promoção e o incentivo ao desenvolvimento científico, à pesquisa, à capacitação científica e tecnológica e à inovação, vale destacar que a Constituição dispõe, ainda, que:

- A pesquisa científica básica e tecnológica deve receber tratamento prioritário do Estado, tendo em vista o bem público e o progresso da ciência, tecnologia e inovação.
- A pesquisa tecnológica deve voltar-se preponderantemente para a solução dos problemas brasileiros e para o desenvolvimento do sistema produtivo nacional e regional.
- O Estado deve apoiar a formação de recursos humanos nas áreas de ciência, pesquisa, tecnologia e inovação, inclusive por meio do apoio às atividades de extensão tecnológica, e concederá aos que delas se ocupem meios e condições especiais de trabalho.
- A lei deve apoiar e estimular as empresas que invistam em pesquisa, criação de tecnologia adequada ao país, formação e aperfeiçoamento de seus recursos humanos e que pratiquem sistemas de remuneração que assegurem ao empregado, desvinculada do salário, participação nos ganhos econômicos resultantes da produtividade de seu trabalho.
- É facultado aos Estados e ao Distrito Federal vincular parcela de sua receita orçamentária a entidades públicas de fomento ao ensino e à pesquisa científica e tecnológica.
- O Estado, na execução das atividades de incentivo ao desenvolvimento científico, à pesquisa, à capacitação científica e tecnológica e à inovação, deve estimular a articulação entre entes, tanto públicos quanto privados, nas diversas esferas de governo.
- O Estado deve promover e incentivar a atuação no exterior das instituições públicas de ciência, tecnologia e inovação, com vistas à execução dessas atividades.

Já nos termos do art. 219, da CF/88, ***o mercado interno integra o patrimônio nacional*** e deve ser incentivado de modo a viabilizar o desenvolvimento cultural e socioeconômico, o bem estar da população e a autonomia tecnológica do país, nos termos da legislação federal. Ademais, o Estado deve estimular a formação e o fortalecimento da inovação nas empresas, bem como nos demais entes, públicos ou privados, a constituição e a manutenção de parques e polos tecnológicos e de demais ambientes promotores da inovação, a atuação dos inventores independentes e a criação, absorção, difusão e transferência de tecnologia.

Além disso, dispõe a Constituição que a União, os Estados, o Distrito Federal e os Municípios poderem firmar ***instrumentos de cooperação*** com órgãos e entidades públicos e com entidades privadas, inclusive para o compartilhamento de recursos humanos especializados e capacidade instalada, para a execução de projetos de pesquisa, de desenvolvimento científico e tecnológico e de inovação, mediante contrapartida financeira ou não financeira assumida pelo ente beneficiário, na forma da lei.

Por fim, a Constituição prevê o ***Sistema Nacional de Ciência, Tecnologia e Inovação (SNCTI)***, que deve ser organizado em regime de colaboração entre entes, tanto públicos quanto privados, com vistas a promover o desenvolvimento científico e tecnológico e a inovação, devendo a lei federal dispor sobre as normas gerais do SNCTI, podendo os Estados, o Distrito Federal e os Municípios legislar concorrentemente sobre suas peculiaridades.

10. COMUNICAÇÃO SOCIAL

A Comunicação social compõe o núcleo do direito de liberdade de informação, estando, especialmente, ligada ao direito de informar (liberdade que o indivíduo possui de transmitir uma informação), pois é a forma profissional de exercício desse direito. Ademais, está intimamente ligada à liberdade de expressão e de manifestação do pensamento, enquanto corolários do Estado Democrático de Direito, a impedirem que o Estado cale as pessoas, impedindo a expressão e a manifestação de ideias, posicionamentos, críticas, visões etc., que sejam contrários aos interesses dos governantes. Assim, o capítulo constitucional dedicado à comunicação social institui um microssistema de proteção normativa da impressa, robustecendo e ampliando as liberdades de informação, de expressão e de manifestação do pensamento positivadas no art. 5º, da CF/88.

Aqui é mister destacar que a Constituição prevê que, para os efeitos das normas constitucionais acerca da Comunicação Social, o Congresso Nacional deve instituir, como seu órgão auxiliar, o ***Conselho de Comunicação Social***, na forma da lei.

10.1 Liberdade de informação jornalística

Nos termos do art. 220, da CF/88, *"a manifestação do pensamento, a criação, a expressão e a informação, sob qualquer forma, processo ou veículo não sofrerão qualquer restrição, observado o disposto nesta Constituição"*, e de acordo com o §1º, do citado artigo, *"nenhuma lei conterá dispositivo que possa constituir embaraço à plena liberdade de informação jornalística em qualquer veículo de comunicação social, observado o disposto no art. 5º, IV, V, X, XIII e XIV"*.

Assim, fica claro que ***a própria Constituição já estabeleceu limitações à liberdade de informação jornalística*** que não é um direito absoluto e ilimitado, devendo observar, de forma especial, o direito à privacidade, as normas referentes à vedação do anonimato e os direitos de resposta, de qualificação profissional e de sigilo da fonte (art. 5º, IV, V, X, XIII e XIV, da CF/88). Nesse cenário, o Poder Judiciário tem enfrentado um número considerável de casos difíceis nos quais há uma evidente tensão entre à liberdade de informação jornalística e outros direitos fundamentais das pessoas, ***devendo-se observar nos julgamentos***, dentre outros, os seguintes ***parâmetros:***

i) a veracidade da informação;

ii) a forma como a informação foi transmitida (se houve sensacionalismo na divulgação, por exemplo);

iii) o contexto jornalístico em que se divulgou a informação; e

iv) o interesse público (social) no acesso às informações divulgadas.[47]

Além disso, a Constituição prevê, durante a ***vigência de estado de sítio***, a possibilidade de restrição ao sigilo das comunicações, à prestação de informações e à liberdade de imprensa, radiodifusão e televisão, na forma da lei (art. 139, III, da CF/88).

Para além disso, também ***é possível o estabelecimento de restrições infraconstitucionais à liberdade de informação, inclusive, à liberdade de informação jornalística***, como, por exemplo, as restrições previstas na lei 8.069/1990 (Estatuto da Criança e do Adolescente), vedando a divulgação de atos judiciais, policiais e administrativos que digam respeito a crianças e adolescentes a que se atribua autoria de ato infracional (art. 143).

Conforme dispõe o §2º, do art. 220, da CF/88, *"é vedada toda e qualquer censura de natureza política, ideológica e artística"*. Nada obstante, o §3º, do art. 220, diz que compete à lei federal: *i)* regular as diversões e espetáculos públicos, cabendo ao Poder Público informar sobre a natureza deles, as faixas etárias a que não se recomendem, locais e horários em que sua apresentação se mostre inadequada; e *ii)* estabelecer os meios legais que garantam à pessoa e à família a possibilidade de se defenderem de programas ou programações de rádio e televisão que contrariem o disposto no art. 221, bem como da propaganda de produtos, práticas e serviços que possam ser nocivos à saúde e ao meio ambiente.

É importante esclarecer que ***esse dispositivo não configura censura***, pois censura consiste em ação estatal prévia e vinculante sobre o conteúdo de uma certa mensagem jornalística, artística, política etc., e o referido dispositivo é meramente indicativo, tendo função de recomendar e informar (e não de obrigar ou vincular), já tendo o STF declarado inconstitucional regra do ECA que obrigava as emissoras de televisão a veicularem seus programas de acordo com o horário estabelecido pela classificação indicativa,[48] embora seja possível, em tese, a condenação de emissora de TV ao pagamento de indenização por danos morais coletivos, quando, ao exibir determinada programação fora do horário recomendado, verificar-se uma conduta que afronte gravemente os valores e interesses coletivos fundamentais.[49]

Nesse sentido, em que pese também não configure censura, temos que o §4º, do art. 220, da CF/88, estabelece que a ***propaganda comercial de tabaco, bebidas alcoólicas, agrotóxicos, medicamentos e terapias*** estará sujeita a restrições legais, nos termos do inciso II, do §3º, do art. 220, da CF/88, e conterá, sempre que necessário, advertência sobre os malefícios decorrentes de seu uso.

Ademais, como forma de assegurar a liberdade da informação jornalística, a Constituição, ainda, assegura que *os meios de comunicação social não podem, direta ou indiretamente, ser objeto de monopólio ou oligopólio*, assegurando a pluralidade dos meios de informação, o que corrobora para a sua independência e liberdade profissional.

---

47. NOVELINO, Marcelo. Curso de Direito Constitucional. 13. ed. Salvador: Juspodivm, 2018, p. 410.
48. STF, ADI 2.404, Rel. Min. Dias Toffoli.
49. STJ, Resp. 1.840.463, Rel. Min. Marco Aurélio Bellizze.

Além disso, também como forma de assegurar a liberdade da informação jornalística, a Constituição prevê que *a publicação de veículo impresso de comunicação independe de licença de autoridade.*

Por fim, é mister destacarmos as ***principais decisões dos tribunais superiores*** sobre o direito à liberdade de informação jornalística e o direito à comunicação social:

1) A lei 5.250/1967 (***Lei de Imprensa***) não foi recepcionada pela CF/88, por ser incompatível com a liberdade de imprensa e com diversas outras normas da Constituição.[50]

2) O exercício concreto, pelos profissionais da imprensa, da liberdade de expressão, cujo fundamento reside no próprio texto da CF/88, assegura, ao jornalista, o direito de expender crítica, ainda que desfavorável e em tom contundente, contra quaisquer pessoas ou autoridades, até porque censurar críticas ao governo, aos governantes e aos governados é típico de Estados totalitários e ditatoriais que se encontram afastados dos espíritos democrático e republicano.[51]

3) A exigência de diploma para o exercício da profissão de jornalista é incompatível com a CF/88, não tendo sido recepcionado o art. 4º, V, do DL 972/1969 (que previa essa exigência) pela Constituição brasileira de 1988.[52]

4) Não é necessária a autorização prévia para a publicação de biografias não autorizadas. Em consonância com os direitos fundamentais à liberdade de pensamento e de sua expressão, de criação artística, produção científica, é inexigível o consentimento de pessoa biografada relativamente a obras biográficas literárias ou audiovisuais, sendo por igual desnecessária autorização de pessoas retratadas como coadjuvantes (ou de seus familiares, em caso de pessoas falecidas), por configurar censura prévia, o que é vedado pela CF/88. Nada obstante, se houver abuso do direito à liberdade de expressão com a violação da honra da pessoa biografada, esta poderá pedir, dentre outras medidas que se fizerem necessárias, a reparação dos danos materiais e morais, a correção das informações falsas ou erradas que tiverem sido veiculadas, o direito de resposta e a responsabilização penal do autor, quando couber.[53]

5) As charges políticas e o uso do humor com os candidatos durante o processo eleitoral estão protegidos pela liberdade de expressão, sendo inconstitucionais os incisos II e III do art. 45, da lei 9.504/1997 (Lei das Eleições), bem como seus §§ 4º e 5º, que *proibiam* que as emissoras de rádio e televisão, em sua programação normal e noticiário, a partir de 1º de julho do ano da eleição, usassem trucagem, montagem ou outro recurso de áudio ou vídeo que, de qualquer forma, degradasse ou ridicularizasse candidato, partido ou coligação, ou produzisse ou veiculasse programa com esse efeito, bem como difundissem opinião favorável ou contrária a candidato, partido, coligação, a seus órgãos ou representantes.[54]

6) Veículo de imprensa jornalística possui direito líquido e certo de obter dados públicos sobre *óbitos relacionados a ocorrências policiais.*[55]

50. STF, ADPF 130, Rel. Min. Ayres Britto.
51. PET 3.486, Rel. Min. Celso de Mello.
52. STF, RE 511.961, Rel. Min. Gilmar Mendes.
53. STF, ADI 4.815, Rel. Min. Cármen Lúcia.
54. STF, ADI 4.451, Rel. Min. Alexandre de Moraes.
55. STJ, REsp. 1.852.629, Rel. Min. Og Fernandes.

10.2 Princípios regentes da produção e da programação das emissoras de rádio e televisão

Nos termos constitucionais, a produção e a programação das emissoras de rádio e televisão atenderão aos seguintes princípios:

- preferência a finalidades educativas, artísticas, culturais e informativas;
- promoção da cultura nacional e regional e estímulo à produção independente que objetive sua divulgação;
- regionalização da produção cultural, artística e jornalística, conforme percentuais estabelecidos em lei;
- respeito aos valores éticos e sociais da pessoa e da família.

10.3 Propriedade de empresa jornalística e de radiodifusão sonora e de sons e imagens

Segundo a Constituição, a propriedade de empresa jornalística e de radiodifusão sonora e de sons e imagens *é privativa de brasileiros natos ou naturalizados há mais de dez anos, ou de pessoas jurídicas constituídas sob as leis brasileiras e que tenham sede no país.*

Em qualquer caso, pelo menos 70% do capital total e do capital votante das empresas jornalísticas e de radiodifusão sonora e de sons e imagens deve pertencer, direta ou indiretamente, a brasileiros natos ou naturalizados há mais de dez anos, que devem exercer obrigatoriamente a gestão das atividades e estabelecerão o conteúdo da programação, ficando à cargo da lei disciplinar a participação de capital estrangeiro nessas empresas. Ademais, segundo a Constituição, as alterações de controle societário dessas empresas devem ser comunicadas ao Congresso Nacional.

Além disso, a responsabilidade editorial e as atividades de seleção e direção da programação veiculada são privativas de brasileiros natos ou naturalizados há mais de dez anos, em qualquer meio de comunicação social.

Por fim, nos termos da Constituição, os meios de ***comunicação social eletrônica***, independentemente da tecnologia utilizada para a prestação do serviço, deverão observar os princípios enunciados no art. 221, da CF/88, na forma de lei específica, que também garantirá a prioridade de profissionais brasileiros na execução de produções nacionais.

10.4 Concessão, permissão e autorização de serviços de radiodifusão sonora e de sons e imagens

Nos termos constitucionais, compete ao Poder Executivo outorgar e renovar concessão, permissão e autorização para o serviço de radiodifusão sonora e de sons e imagens, observado o princípio da complementaridade dos sistemas privado, público e estatal, cabendo ao Congresso Nacional apreciar o ato no prazo do art. 64, § 2º e § 4º, da CF/88, a contar do recebimento da mensagem, sendo que o ato de outorga ou renovação somente produzirá efeitos legais após deliberação do Congresso Nacional.

O prazo da concessão ou permissão será de dez anos para as emissoras de rádio e de quinze para as de televisão, sendo que *a não renovação* da concessão ou permissão depende de aprovação de, no mínimo, 2/5 do Congresso Nacional, em votação nominal.

Por fim, conforme dispõe a Constituição, *o cancelamento* da concessão ou permissão, antes de vencido o prazo, depende de decisão judicial.

11. MEIO AMBIENTE

O direito ao meio ambiente (ou ao meio ambiente ecologicamente equilibrado) é um direito fundamental (e humano) de terceira geração, de natureza difusa transindividual, que se fundamenta no princípio da solidariedade e da dignidade da pessoa humana, pois busca preservar, promover e assegurar as condições de vida digna da pessoa para as presentes e futuras gerações, vez que a raça humana é uma espécie pertencente a um ecossistema muito maior, de modo que assegurar a preservação desse ecossistema é assegurar a preservação da própria espécie humana.

Nesses termos, a Constituição afirma que todos têm direito ao meio ambiente ecologicamente equilibrado, ***bem de uso comum do povo*** e essencial à sadia qualidade de vida, impondo-se ao poder público e à coletividade o dever de defendê-lo e preservá-lo para as presentes e futuras gerações.

Assim, segundo o art. 225, §1º, da CF/88, ***para assegurar a efetividade do direito ao meio ambiente ecologicamente equilibrado, incumbe ao Poder Público:***

i) preservar e restaurar os processos ecológicos essenciais e prover o manejo ecológico das espécies e ecossistemas;

ii) preservar a diversidade e a integridade do patrimônio genético do País e fiscalizar as entidades dedicadas à pesquisa e manipulação de material genético;

iii) definir, em todas as unidades da Federação, espaços territoriais e seus componentes a serem especialmente protegidos, sendo a alteração e a supressão permitidas somente através de lei, vedada qualquer utilização que comprometa a integridade dos atributos que justifiquem sua proteção;

iv) exigir, na forma da lei, para instalação de obra ou atividade potencialmente causadora de significativa degradação do meio ambiente, estudo prévio de impacto ambiental, a que se dará publicidade;

v) controlar a produção, a comercialização e o emprego de técnicas, métodos e substâncias que comportem risco para a vida, a qualidade de vida e o meio ambiente;

vi) promover a educação ambiental em todos os níveis de ensino e a conscientização pública para a preservação do meio ambiente;

vii) proteger a fauna e a flora, vedadas, na forma da lei, as práticas que coloquem em risco sua função ecológica, provoquem a extinção de espécies ou submetam os animais a crueldade. Aqui, é importante registrarmos que a Emenda Constitucional 96/2017 inseriu o §7º, no art. 225, da CF/88, segundo o qual, para fins do disposto nesse inciso, não se consideram cruéis as práticas desportivas que utilizem animais, desde que sejam manifestações culturais, conforme o §1º do art. 215 da CF/88, registradas como bem de natureza imaterial integrante do patrimônio cultural brasileiro, devendo ser regulamentadas por lei específica que assegure o bem-estar dos animais envolvidos.

Consagrando expressamente o ***princípio do poluidor-pagador***, a Constituição prevê que aquele que explorar recursos minerais fica obrigado a recuperar o meio ambiente degradado, de acordo com solução técnica exigida pelo órgão público competente, na forma da lei.

Ademais, conforme a Constituição, a Floresta Amazônica brasileira, a Mata Atlântica, a Serra do Mar, o Pantanal Mato-Grossense e a Zona Costeira são ***patrimônio nacional***, e sua utilização far-se-á, na forma da lei, dentro de condições que assegurem a preservação do meio ambiente, inclusive quanto ao uso dos recursos naturais.

Além disso, segundo dispõe a Constituição, são ***indisponíveis as terras*** devolutas ou arrecadadas pelos Estados, por ações discriminatórias, ***necessárias à proteção dos ecossistemas naturais***.

Por fim, nos termos constitucionais, as ***usinas*** que operem ***com reator nuclear*** deverão ter sua ***localização definida em lei federal***, sem o que não poderão ser instaladas.

11.1 Responsabilidade por danos ambientais

Inovando em nossa ordem jurídica, a Constituição prevê que *as condutas e atividades consideradas lesivas ao meio ambiente sujeitarão os infratores, **pessoas físicas ou jurídicas**, a sanções penais e administrativas, independentemente da obrigação de reparar os danos causados*. Assim, ficou consagrado em nosso constitucionalismo a responsabilização não apenas da pessoa física, mas também da pessoa jurídica quanto aos danos ambientais, tanto em relação à responsabilidade civil e administrativa, quanto em relação à responsabilidade penal.

Em relação à ***responsabilidade civil***, a Constituição consagra a responsabilidade objetiva, fundada na ***teoria do risco integral***, não sendo admitidas excludentes de responsabilidade, tais como caso fortuito, força maior, fato de terceiro ou culpa exclusiva da vítima,[56] mesmo tendo havido a concessão de licença ambiental no caso concreto, que posteriormente se mostre indevida, não é possível excluir a responsabilidade do proprietário do estabelecimento.[57] Ademais, as obrigações ambientais possuem natureza ***propter rem***, sendo admissível cobrá-las do proprietário ou possuidor atual e/ou dos anteriores, à escolhas do credor, conforme dispõe a Súmula 623, do STJ. Além disso, quanto ao dano ambiental, é possível a condenação do réu em danos materiais, danos morais individuais e danos morais coletivos,[58] bem como condenar o réu à obrigação de fazer e/ou de não fazer cumulada com a de indenizar, conforme dispõe a Súmula 629, do STJ, sendo que, segundo o STF, a ação de reparação civil por danos ambientais é ***imprescritível***.[59]

Já a ***responsabilidade administrativa*** por danos ambientais é subjetiva (e não objetiva como a responsabilidade civil), devendo obedecer a sistemática da teoria da culpabilidade, demonstrando-se a culpa do infrator (elemento subjetivo) e o nexo causal entre a conduta e o dano.[60]

Por fim, em relação à ***responsabilidade penal***, é de se destacar que tanto as pessoas físicas, quanto as pessoas jurídicas podem ser condenadas por crime ambiental, sendo que *a responsabilidade penal da pessoa jurídica independe da responsabilização penal da pessoa física*, assim é admissível a condenação de pessoa jurídica pela prática de crime ambiental, ainda que absolvidas as pessoas físicas ocupantes de cargo de presidência ou de direção do órgão responsável pela prática criminosa.[61]

---

56. STJ, Resp. 1.354.536 e Resp. 1.374.284, ambos relatados pelo Min. Luis Felipe Salomão.
57. STJ, Resp. 1.612.887, Rel. Min. Nancy Andrighi.
58. STJ, Resp. 1.328.753, Rel. Min. Herman Benjamin.
59. STF, RE 654.833, Rel. Min. Alexandre de Moraes.
60. STJ, Resp. 1.318.051, Rel. Min. Mauro Campbell Marques.
61. STF, RE 548.181, Rel. Min. Rosa Weber.

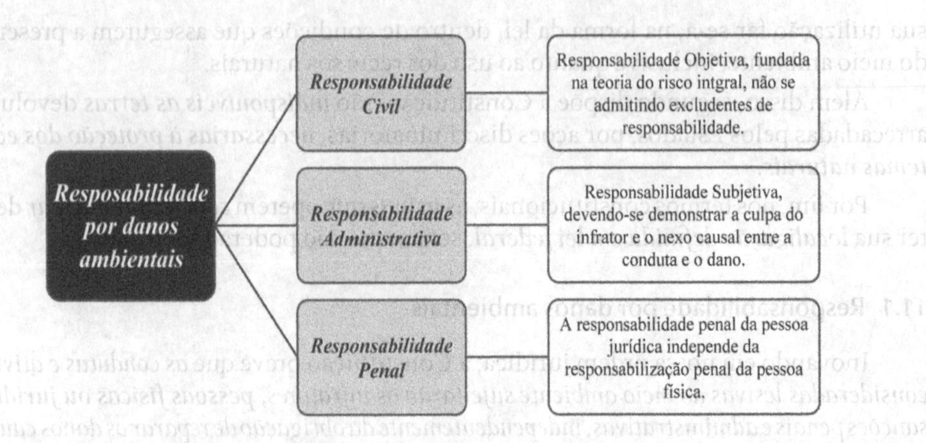

11.2 Judicialização do meio ambiente e as principais decisões do STF e do STJ sobre o direito ao meio ambiente ecologicamente equilibrado

Cabe primordialmente ao campo político (Poderes Legislativo e Executivo) regulamentar e implementar o direito ao meio ambiente. Entretanto, muitas vezes, em face da inércia, da desídia, da omissão, da ineficiência e da incompetência de boa parte de nossas casas legislativas e, sobretudo, de nossos gestores públicos, o Poder Judiciário é compelido, por força constitucional (art. 1º, III; art. 5º, XXXV e §1º; art. 225; e outros da CF/88), a concretizar o direito ao meio ambiente ecologicamente equilibrado.

A judicialização do meio ambiente, enquanto judicialização da política, embora não seja desejável, infelizmente tem se mostrado extremamente necessária, já que o Legislativo e, sobretudo o Executivo, têm se mostrado extremamente ineficientes na implementação das políticas públicas ambientais, atuando quase sempre de forma insuficiente e insatisfatória, não contemplando as exigências constitucionais, o que acaba levando uma infinidade de casos ao Poder Judiciário que, por força constitucional, é obrigado a implementar o direito daqueles que à ele recorrem, por se tratar de direito fundamental (norma constitucional).

Isto posto, em face do fenômeno da judicialização do meio ambiente, é de suma importância destacarmos as ***principais decisões dos tribunais superiores sobre o direito ao meio ambiente ecologicamente equilibrado***:

1) Em que pese a obrigação de o Estado garantir a todos o pleno exercício dos direitos culturais, ***a chamada "farra do boi" é inconstitucional*** por ser incompatível com a vedação constitucional de práticas que submetam os animais à crueldade.[62]

2) A promoção de ***briga de galos é inconstitucional*** (além de caracterizar prática criminosa tipificada na legislação ambiental), pois a Constituição veda a submissão de animais a atos de crueldade.[63]

3) ***É inconstitucional a prática da "vaquejada"***, vez que os animais envolvidos nessa prática sofrem tratamento cruel. Assim, mesmo sendo uma atividade cultural, ela é inconstitucional, pois a obrigação de o Estado garantir a todos o pleno exercício dos direitos culturais, não prescinde da observação do disposto no art. 225, §1º, VII, da CF/88.[64]

62. STF, RE 153.531. red. p/ o acórdão Min. Marco Aurélio.
63. STF, ADI 1.856, Rel. Min. Celso de Mello.
64. STF, ADI 4.983, Rel. Min. Marco Aurélio.

Aqui, é mister registrarmos que, meses depois dessa decisão do STF, numa *tentativa de superação legislativa (reversão jurisprudencial)*, o CN promulgou a *Emenda Constitucional 96/2017*, inserindo o §7º, no art. 225, da CF/88, segundo o qual, para fins do disposto na parte final do inciso VII do §1º do art. 225, *não se consideram cruéis as práticas desportivas que utilizem animais, desde que sejam manifestações culturais, conforme o §1º do art. 215 da CF/88, registradas como bem de natureza imaterial integrante do patrimônio cultural brasileiro, devendo ser regulamentadas por lei específica que assegure o bem-estar dos animais envolvidos*. Ademais, o CN promulgou a lei 13.873/2019, alterando a lei 13.364/2016, reforçando que a vaquejada (e o rodeio) são bens de natureza imaterial integrante do patrimônio cultural brasileiro.

4) É constitucional lei de proteção animal que, a fim de resguardar a liberdade religiosa, permite o ***sacrifício de animais em rituais religiosos***.[65]

5) Só é possível a edição de ***medidas provisórias em matéria ambiental*** se forem favoráveis ao meio ambiente, sendo vedado o uso de medida provisória para editar normas que importem diminuição da proteção ambiental.[66]

6) É proibida a utilização de qualquer forma de amianto em todo o Brasil, sendo constitucionais as leis estaduais que proíbem o seu uso.[67]

7) É inconstitucional lei que preveja a possibilidade de *supressão de vegetal em Área de Preservação Permanente (APP) para a construção e realização de atividades exclusivamente de lazer*, prevalecendo, *in caso*, o direito ao meio ambiente ecologicamente equilibrado, cujo titular é o povo (direito difuso), em face do direito individual ao lazer (supremacia do interesse público sobre o privado).[68]

8) Lei municipal não pode reduzir a proteção conferida às Áreas de Preservação Permanente (APP) pelo Código Florestal.[69]

9) É constitucional lei estadual que proíba a utilização de animais para desenvolvimento, experimentos e testes de produtos cosméticos, de higiene pessoal, perfumes e seus componentes, pois se trará de matéria de competência legislativa concorrente (art. 24, VI, CF/88) e, tendo a lei federal (lei 11.794) natureza permissa, é possível que os Estado editem normas mais protetivas ao meio ambiente com fundamento em suas peculiaridades regionais e na preponderância de seus interesses.[70]

10) O art. 225, §1º, III, CF/88, exige lei para a alteração e supressão de espaços territoriais especialmente protegidos, contudo, é silente quanto à forma de criação desses espaços. Em razão disso, o STF entende que não há necessidade de lei (em sentido formal) para criar ou ampliar a proteção ambiental nos espaços territoriais especialmente protegidos, de modo que eles podem ser criados por simples decreto e, caso criados por decreto, também poderão ser ampliados por decreto (mesma forma de sua criação), pois a lei só é exigível para a redução ou supressão desses espaços.[71]

11) A mera revogação de normas operacionais fixadoras de parâmetros mensuráveis necessários ao cumprimento da legislação ambiental, sem sua substituição ou atualização,

65. STF, RE 494.601, Rel. Min. Marco Aurélio.
66. STF, ADI 4.717, Rel. Min. Cármen Lúcia.
67. STF, ADI 3.937, Rel. Min. Marco Aurélio, red. p/ o ac. Min. Dias Toffoli; e ADI 3.406, Rel. Min. Rosa Weber.
68. STF, ADI 4.988, Rel. Min. Alexandre de Moraes.
69. STJ, AResp. 1.312.435, Rel. Min. Og Fernandes.
70. STF, ADI 5.996, Rel. Min. Alexandre de Moraes.
71. STF, ADI 3.646, Rel. Min. Dias Toffoli.

compromete a observância do direito fundamental ao meio ambiente ecologicamente equilibrado, da legislação vigente e de compromissos internacionais.[72]

12. FAMÍLIA, CRIANÇA, ADOLESCENTE, JOVEM E IDOSO

No título da Ordem Social, a Constituição dedicou um Capítulo para tratar especificamente da família, da criança, do adolescente, do jovem e do idoso, reconhecendo-lhes dignidade constitucional e atribuindo-lhes direitos específicos.

12.1 Família

Nos termos expressos da Constituição, *a família, base da sociedade, tem especial proteção do Estado*. Essa disposição revela-nos que: *i)* a família é constitucionalmente reconhecida como a base da sociedade; *ii)* a família deve receber especial proteção do Estado.

Ao contrário do que muitos dizem (especialmente políticos populistas e religiosos moralistas), ***a família não está em decadência, pelo contrário, ela nunca esteve em tamanha ascensão, seja ética, seja jurídica.***[73] Eticamente, a família não se estrutura mais pelo mero reconhecimento de uma relação pelo Estado e/ou pela Igreja, deixando de ser uma obrigação (ou imposição) social e passando a ser o resultado do livre desenvolvimento e das livres escolhas das pessoas, estruturando-se em valores, como a solidariedade, a lealdade, a confiança, o respeito, o companheirismo, o amor e o afeto. Juridicamente, a família deixou de ser apenas aquela constituída pelo casamento, que excluía uma infinidade de famílias da proteção do Estado e da aceitação e respeito sociais, passando o direito, através da Constituição, a reconhecer uma pluralidade de famílias, com seus respectivos arranjos familiares, conferindo-lhes proteção jurídica e impondo o respeito e a tolerância.

Nesse sentido, conforme leciona Maria Berenice Dias, "o novo modelo da família funda-se sobre os pilares da repersonalização, da afetividade, da pluralidade e do eudemonismo, impingindo nova roupagem axiológica ao direito de família. Agora, a tônica reside no indivíduo, e não mais nos bens ou coisas que guarnecem a relação familiar. A família-instituição foi substituída pela família instrumento, ou seja, ela existe e contribui tanto para o desenvolvimento da personalidade de seus integrantes como para o crescimento e formação da própria sociedade, justificando, com isso, a sua proteção pelo Estado".[74]

Em suma, a família meramente matrimonial que preponderou até o século passado, pautada, sobretudo, em valores patriarcais e patrimoniais,[75] é incompatível com a família, ou melhor, as famílias constitucionais, que, juridicamente, se estrutura na dignidade da pessoa humana, na igualdade e na solidariedade entre seus membros, bem como na liberdade e no livre desenvolvimento da personalidade dos indivíduos, e, eticamente, se estrutura em um plexo de valores universais fundamentais, como a solidariedade, a lealdade, a confiança, o respeito e o companheirismo, formando-se pela afetividade e pela vontade livre de seus membros de serem e conviverem como família.

72. STF, ADPF 747-MC, ADPF 748-MC e ADPF 749-MC, todas de relatoria da Min. Rosa Weber.
73. DIAS, Maria Berenice. Manual de Direito das Famílias. 9. ed. São Paulo: RT, 2013, p. 33.
74. Ibidem, p. 43.
75. Embora haja diversas correntes sobre a natureza jurídica do casamento, as duas mais aceitas pela doutrina civilistas são a de que o casamento é um negócio jurídico ou um contrato.

Por isso afirmamos que a família não está em decadência, mas sim em ascensão, pois a família evoluiu, e foi para melhor, contemplando as diversas formas de amar e os diversos afetos, acolhendo os excluídos, focando mais nas pessoas, nas relações afetivas em si e nos valores da lealdade, da confiança, do companheirismo e do respeito, objetivando a busca da felicidade de seus membros e afastando-se da mera aparência social dada por um matrimonio civil e/ou religioso que, muitas vezes, se torna um atestado de óbito social e/ ou uma sentença condenatória à infelicidade eterna, as vezes acompanhada de uma lenta e aterrorizante execução.

Aqui, não estamos falando contra o casamento (civil ou religioso), mas apenas sustentando duas coisas: Primeira, a família pode ser constituída de várias formas, inclusive pelo casamento, pois o que importa não é se os membros da família possuem um papel (do Estado ou da Igreja) que diga que eles são família, mas sim se essa instituição familiar está constituída pela vontade de seus membros e fundada nos valores do afeto, do amor, da lealdade, da confiança, do companheirismo e do respeito. Segunda, no passado mais, mas no presente ainda, muitas famílias são constituídas pelo casamento por força de uma série de imposições sociais e religiosas abusivas, afastando a vontade livre dos nubentes, estruturando-se em valores duvidosos como a reprodução, a masculinidade e a feminilidade, a aparência e a imagem que a sociedade tem das pessoas, o que costuma resultar em relacionamentos abusivos e infelizes, colocando-se na contramão do que a família deve ser e proporcionar para os seus membros.

Embora não nos pareça ser possível definir a família, até porque não há a família, mas sim as famílias (plurais), é possível identificar como núcleo fundamental configurador das famílias a relação íntima de afeto (afetividade entre as pessoas), independentemente de coabitação (art. 5º, III, da Lei Maria da Penha).[76] Sem dúvida alguma, parece-nos que ***a constituição das famílias passa pela afetividade entre os seus membros e o animus de ser e conviver como família.***

Partindo dessa compreensão plural das famílias, a Constituição de 1988, de forma ímpar em nossa história, reconheceu expressamente diversas "espécies de famílias" (ou de arranjos familiares) e possibilitou o reconhecimento de muitas outras pela sua cláusula de abertura material (art. 5º, §2º, CF/88) aos direitos fundamentais atípicos, bem como pela exigência democrática do tratamento isonômico entre as pessoas, fundado, especialmente, nos princípios da dignidade da pessoa humana, da liberdade e da igualdade, promovendo um significativo alargamento conceitual das relações familiares marcado pelo pluralismo.

Embora pensemos que a simples designação de família (ou famílias plurais) seja suficiente e que alguns dos *nomen iuris* utilizados para designar algumas delas carreguem em si uma carga pejorativa, não podemos nos omitir de apresentar essas "espécies de famílias". Assim, vejamos casa uma delas:

A) FAMÍLIA MATRIMONIAL

A família matrimonial é aquela formada pelo casamento. Nos termos constitucionais, *o casamento é civil e gratuito a celebração* (art. 226, §1º), sendo que *o casamento religioso tem efeito civil, nos termos da lei* (art. 226, §2º). Aqui, vale destacar:

76. DIAS, Maria Berenice. Manual de Direito das Famílias. 9. ed. São Paulo: RT, 2013, p. 42.

i) a Constituição conferiu especial proteção ao casamento, reconhecendo às pessoas o direito de se casarem perante o Estado e terem essa relação reconhecida para todos os fins legais;

ii) a Constituição reconheceu especial proteção ao casamento religioso, conferindo-lhe os mesmos efeitos do casamento civil, nos termos da lei (art. 1.515 e 1.516, do Código Civil);

iii) como o Estado é laico e não possui religião, devendo dar tratamento isonômico a todas as crenças religiosas, deve-se atribuir os efeitos civis ao casamento religioso celebrado por qualquer religião, desde que preenchidos os requisitos exigidos pela lei (art. 1.515 e 1.516, do Código Civil);

iv) o casamento, civil ou religioso, pode ser celebrado entre pessoas de sexo distinto (casamento heteroafetivo) ou entre pessoas do mesmo sexo (casamento homoafetivo);

v) As igrejas não são obrigadas (nem podem ser) a celebrar casamentos contrários à sua fé, à sua doutrina e aos seus dogmas, em respeito à liberdade religiosa. Assim, para a celebração do casamento religioso, os nubentes devem cumprir com os requisitos impostos pela igreja na qual desejam se casar. Deste modo, por exemplo, não se pode obrigar uma igreja ou um líder religioso que acreditam que a homoafetividade seja pecado a celebrarem um casamento homoafetivo, nem mesmo por lei ou ordem judicial.

B) FAMÍLIA INFORMAL

A (mal chamada) família informal é aquela formada pela união estável. Conforme dispõe a Constituição, *para efeito da proteção do Estado, é reconhecida a união estável entre o homem e a mulher como entidade familiar, devendo a lei facilitar sua conversão em casamento* (art. 226, §3º).

No século passado (e ainda nesse), a mulher que mantinha relação afetiva com um homem, mas não era casada, era, muitas vezes, taxada de concubina, juntada, não tendo quaisquer direitos em um eventual rompimento da relação ou em uma eventual sucessão. Além disso, os filhos de relações informais eram denominados de bastardos, espúrios, ilegítimos, recebendo tratamento desvantajoso e discriminatório da lei e da sociedade. Assim, esse dispositivo foi inserido na Constituição com o objetivo de dar dignidade às relações afetivas não formalizadas pelo casamento, especialmente à mulher e aos filhos dessa relação, bem como reconhecer os direitos civis e familiares aos companheiros.[77]

Ademais, vale destacar que, com base nesse dispositivo, o STF declarou inconstitucional o art. 1.790 do Código Civil, que estabelecia diferenças entre a participação do companheiro e do cônjuge na sucessão dos bens, por ferir o princípio constitucional da igualdade e o reconhecimento da união estável enquanto entidade familiar.[78]

C) FAMÍLIA HOMOAFETIVA

A família homoafetiva é aquela formada pela união estável ou pelo casamento entre pessoas do mesmo sexo. Embora não esteja prevista expressamente na Constituição ou na legislação infraconstitucional, consiste em entidade familiar com dignidade constitucional, em razão do direito fundamental atípico ao reconhecimento civil pelo Estado das relações

77. DIAS, Maria Berenice. Manual de Direito das Famílias. 9. ed. São Paulo: RT, 2013, p. 45.
78. STF, RE 646.721, Rel. Min. Marco Aurélio; STF, RE 878.694, Rel. Min. Roberto Barroso.

afetivas entre pessoas homossexuais, fundado na cláusula de abertura constitucional (art. 5º, §2º, CF/88).[79]

Nesse sentido, em 2011, ao julgar, conjuntamente, a ADPF 132 e a ADI 4277, que pediam ao STF o reconhecimento das uniões estáveis entre pessoas do mesmo sexo, a Corte, dando interpretação conforme à Constituição ao art. 226, §3º, da CF/88, reconheceu que CF/88 conferiu aos homossexuais os mesmos direitos que aos heterossexuais, inclusive no que se refere ao reconhecimento pelo Estado de suas uniões civis-familiares, estendendo-lhes o regime jurídico das uniões estáveis heterossexuais.

A partir da referida decisão do STF, os Tribunais de Justiça[80] passaram a admitir a conversão das uniões estáveis homoafetivas em casamento civil, até que, em 2012, a 4ª Turma do STJ, ao julgar o Recurso Especial 1.183.378, pautando-se especialmente na fundamentação da decisão do STF, reconheceu que a Constituição de 1988 não consagrou apenas a união estável entre pessoas do mesmo sexo, mas, também, a possibilidade das famílias homoafetivas formarem-se pelo casamento civil (igualmente às famílias heteroafetivas), motivo pelo qual lhes reconheceu a habilitação direta para o casamento, sem necessidade de se realizar primeiro uma união estável.

Já no ano de 2013, com base nas decisões do STF e do STJ, o Conselho Nacional de Justiça publicou a Resolução 175/2013, que, em seu art. 1º, dispôs que "é vedada às autoridades competentes a recusa de habilitação, celebração de casamento civil ou de conversão de união estável em casamento entre pessoas de mesmo sexo" e, em seu art. 2º, asseverou que "a recusa prevista no artigo 1º implicará a imediata comunicação ao respectivo juiz corregedor para as providências cabíveis".

D) FAMÍLIA MONOPARENTAL

A família monoparental é aquela formada por um dos pais e seus ascendentes. Nesse sentido, segundo a Constituição, *entende-se, também, como entidade familiar a comunidade formada por qualquer dos pais e seus descendentes* (art. 226, §4º).

E) FAMÍLIA PARALELA OU SIMULTÂNEA

A família paralela ou simultânea, muitas vezes pejorativamente chamada de concubinato, é aquela constituída paralelamente a outra. Via de regra, essa outra família é tida como a família "oficial" ou pública, enquanto a família paralela acaba sendo escondida, omitida e marginalizada.[81]

Na perfeita lição de Maria Berenice Dias, com a qual concordamos integralmente, "as expressões para identificar a concomitância de duas entidades familiares são muitas, todas

79. DOS SANTOS, Eduardo R. Direitos Fundamentais Atípicos. Salvador: Juspodivm, 2017.

80. APELAÇÃO CÍVEL. CONVERSÃO DE UNIÃO ESTÁVEL HOMOAFETIVA EM CASAMENTO. CASAMENTO ENTRE PESSOAS DO MESMO SEXO. POSSIBILIDADE JURÍDICA DO PEDIDO. DESCONSTITUIÇÃO DA SENTENÇA PARA REGULAR PROCESSAMENTO DO FEITO. Tendo em vista o julgamento da ADI 4.277 e da ADPF 132, resta superada a compreensão de que se revela juridicamente impossível o reconhecimento de união estável, em se tratando de duas pessoas do mesmo sexo. 2. Considerando a ampliação do conceito de entidade familiar, não há como a omissão legislativa servir de fundamento a obstar a conversão da união estável homoafetiva em casamento, na medida em que o ordenamento constitucional confere à família a "*especial proteção do Estado*", assegurando, assim, que a conversão em casamento deverá ser facilitada (*art. 226, § 3º, CF/88*). 3. Inexistindo no ordenamento jurídico vedação expressa ao casamento entre pessoas do mesmo sexo, não há que se cogitar de vedação implícita, sob pena de ofensa aos princípios constitucionais da igualdade, da não discriminação, da dignidade da pessoa humana e do pluralismo e livre planejamento familiar. Precedente do STJ. 4. Afirmada a possibilidade jurídica do pedido de conversão, imperiosa a desconstituição da sentença, a fim de permitir o regular processamento do feito. APELO PROVIDO. (Apelação Cível 70048452643, Oitava Câmara Cível, Tribunal de Justiça do RS, Relator: Ricardo Moreira Lins Pastl, Julgado em 27/09/2012).

81. RIBEIRO, Bruno M. Família Simultâneas: a tutela jurídica dos amantes no cenário brasileiro, 2013.

pejorativas. O concubinato, chamado de adulterino, impuro, impróprio, espúrio, de má-fé e até de concubinagem, é alvo de repúdio social, legal e judicial. A doutrina insiste em negar-lhe efeitos positivos na esfera jurídica. Mas nem assim essas uniões deixam de existir, e em larga escala. Não há como negar que são relações de afeto e, apesar de serem consideradas invisíveis, geram efeitos jurídicos [...] O Código Civil continuou punindo a 'concubina', cúmplice de um adultério, negando-lhe os direitos assegurados à companheira na união estável. Somente na hipótese de a mulher alegar desconhecimento da duplicidade de vidas do varão é que tais vínculos são alocados no direito obrigacional e lá tratados como sociedades de fato. Aparentemente, parece que se está a privilegiar a boa-fé de quem diz ter sido enganada. Ainda assim, apesar da crença na fidelidade do parceiro, a tendência é não reconhecer a existência de uma entidade familiar, mas de simples sociedade de fato. Supreendentemente só é exigida a boa-fé da 'outra'. O fato de a esposa saber do relacionamento do marido não tem qualquer significado e, quanto ao varão, cuja má-fé e para lá de escancarada, nada lhe é imposto. De qualquer modo, perquirir a boa ou má-fé é tarefa complexa, além de haver o perigo de se cair no puro subjetivismo. A linha, a fronteira a partir de onde a boa-fé passa a ser má é por demais tênue, podendo ser praticamente invisível, inalcançável, imperceptível. Dessa maneira, o companheirismo, seja classificado como de boa ou má-fé, deve ser considerado entidade familiar. E, se são emprestados efeitos ao casamento putativo, quando contraído de boa-fé, indispensável reconhecer a mesma qualificação à união estável com relação ao convivente de boa-fé. Negar a existência de famílias paralelas – quer um casamento e uma união estável, quer duas ou mais uniões estáveis – é simplesmente não ver a realidade. Com isso a justiça acaba cometendo enormes injustiças. Verificadas duas comunidades familiares que tenham entre si um membro em comum, é preciso operar a apreensão jurídica dessas duas realidades. São relações que repercutem no mundo jurídico, pois os companheiros convivem, muitas vezes têm filhos, e há construção patrimonial em comum. Não ver essa relação, não lhe outorgar qualquer efeito, atenta contra a dignidade dos partícipes e da prole por ventura existente. Como não mais admite a Constituição tratamento discriminatório dos filhos, negar à mãe os direitos decorrentes da união que ela manteve com o genitor é excluir o direito sucessório da prole comum. Ou seja, deixar de reconhecer o direito da mãe, pela via inversa e reflexamente, é não reconhecer o direito que o filho teria à herança dela. Assim, mesmo que o filho não mais possa ser considerado ilegítimo, acaba sujeitando-se a tratamento diferenciado, que a justiça não pode chancelar. Além disso, reconhecer apenas efeitos patrimoniais, como sociedade de fato, consiste em uma mentira jurídica, porquanto os companheiros não se uniram para constituir uma sociedade. Por fim, desconsiderar a participação do companheiro casado na relação concubinária, a fim de entendê-la como monoparental em havendo filhos, ofende o princípio da livre escolha da entidade familiar, pois se estaria diante de uma entidade monoparental imposta".[82]

Os ***tribunais superiores*** ainda não reconhecem a existência das famílias paralelas, negando-lhes o reconhecimento como entidade familiar, bem como os direitos civis, familiares e sucessórios. Entretanto, essa visão conservadora e excludente dos tribunais, tem evoluído, mesmo que a passos de tartaruga.

Nesse sentido, há alguns ***precedentes na justiça federal*** que, mesmo sem reconhecer a família paralela como entidade familiar, determinaram a partilha do benefício previdenciário

82. DIAS, Maria Berenice. Manual de Direito das Famílias. 9. ed. São Paulo: RT, 2013, p. 47-48.

do de *cujus* quando comprovada a boa-fé da companheira, ou seja, quando a "amante" não sabia da relação oficial (casamento ou união estável) do de *cujus*, tendo sido enganada por ele.

Já o *STJ* possui um precedente reconhecendo a prestação de alimentos à companheira da relação paralela em razão da dissolução da relação que, no caso, perdurou por mais de 40 anos.[83] Embora a ementa da decisão esteja inundada de moralismo e expressões preconceituosas e discriminatórias, a decisão se mostra como um importante precedente na luta pelo reconhecimento das famílias paralelas, bem como dos direitos dos amantes.

O *STF*, por sua vez, embora possua alguns casos pendentes de julgamento relativos ao reconhecimento das uniões paralelas, no final de 2020, ao julgar o RE 1.045.273, em votação apertada de 6x5, negou o reconhecimento de uniões estáveis paralelas, fixando a tese de que *a preexistência de casamento ou de união estável de um dos conviventes, ressalvada a exceção do artigo 1.723, parágrafo 1º, do Código Civil, impede o reconhecimento de novo vínculo referente ao mesmo período, inclusive para fins previdenciários, em virtude da consagração do dever de fidelidade e da monogamia pelo ordenamento jurídico-constitucional brasileiro.* No caso analisado, um homem, ao menos por 12 anos, manteve dois relacionamentos estáveis ao mesmo tempo: um com uma mulher e outro com um homem. Após a morte dele, a mulher obteve o reconhecimento da união estável e passou a receber a pensão por morte. O segundo companheiro passou então a pleitear na justiça a divisão do benefício, alegando que também tinha união estável paralela com o falecido.[84]

A nosso ver, a família paralela é família e merece a mesma proteção constitucional que as demais, devendo ser tratada como uma união estável que pode ser paralela a outra união estável ou a um casamento.[85] Entretanto, advirta-se: ***não é qualquer relação mantida entre amantes que deve ensejar o reconhecimento de uma família paralela.*** Na verdade, a maior parte das relações entre amantes não configura relação familiar, não ensejando, portanto, o reconhecimento de famílias paralelas. Relações breves, passageiras, sem qualquer *animus* dos dois em constituir família e conviver como tal não configuram família por ausência de requisito essencial. Do mesmo modo, relações pautadas apenas no afeto sexual ou amoroso, sem a presença da afetividade fraterna e solidária, estruturada no convívio e dedicação mútuos para a construção de algo em comum, bem como para a busca da felicidade de ambos, também não configuram família por ausência de requisito essencial. Assim, para que uma relação entre amantes possa configurar uma relação familiar e, consequentemente, para que se possa reconhece-la como família paralela, é necessário que sejam preenchidos, pelo menos, os seguintes ***requisitos: i) estabilidade da relação,*** nos moldes exigidos para a configuração de uma união estável; ***ii) afetividade fraternal*** e não meramente sexual e/ou amorosa; ***iii) vontade de ser e conviver como família,*** construindo um projeto de vida em comum, com ou sem filhos, coabitando ou não. Quanto à *publicidade da relação*, à *coabitação perene ou fracionada* (pessoa que dorme na casa do amante alguns dias no mês, por exemplo), à *existência de filhos* e ao *conhecimento do outro cônjuge ou companheiro*, não os vemos como requisitos necessários ao reconhecimento da família paralela, embora, com certeza, reforcem e favoreçam esse reconhecimento, por facilitarem a identificação dos requisitos essenciais. Isto posto, como bem defende Maria Berenice Dias, "presentes os requisitos legais, a justiça não pode deixar de reconhecer que configuram união estável, sob pena de dar uma resposta que afronta a ética, chancelando o enriquecimento injustificado. Depois de anos

83. STJ, REsp. 1.185.337, Rel. Min. João Otávio de Noronha.
84. STF, RE 1.045.273, Rel. Min. Alexandre de Moraes.
85. DOS SANTOS, Eduardo R. Direitos Fundamentais Atípicos. Salvador: Juspodivm, 2017.

de convívio, descabido que o varão deixe a relação sem qualquer responsabilidade pelo fato de ele – e não ela – ter sido infiel. Ou seja, a repulsa aos vínculos afetivos concomitantes não os faz desaparecer, e a invisibilidade a que são condenados só privilegia o 'bígamo': concede ao infiel verdadeira carta de alforria, pois tudo pode fazer e nada pode lhe ser exigido".[86]

Assim, por consequência, defendemos que os companheiros de famílias paralelas tenham todos os direitos que os companheiros têm em uma união estável, destacadamente: *i)* os direitos familiares conferidos pela união estável; *ii)* os direitos decorrentes da dissolução da união estável, em relação ao patrimônio comum do casal, como a meação e os alimentos nos casos cabíveis; *iii)* os direitos sucessórios decorrentes da morte do outro companheiro, como a meação do patrimônio comum do casal (ou a triação, a depender do caso), bem como os direitos à herança e à pensão por morte que deverão ser divididas em duas partes iguais.

Por fim, insta destacar a ***decisão*** proferida, no final de 2020, pela ***8ª Câmara Cível do Tribunal de Justiça do Rio Grande do Sul***, que ***reconheceu união estável concomitante ao casamento e admitiu a partilha de bens eventualmente adquiridos durante a relação extraconjugal*** (que deve ser buscada por meio de outra ação judicial). No caso, a ação foi movida por uma mulher que se relacionou por mais de 14 anos com o parceiro – período em que ele se manteve legalmente casado –, até que ele morresse, em 2011. Nos autos, a mulher alegou que os dois chegaram a morar juntos em cidades do Rio Grande do Sul e do Paraná, sendo que a esposa sabia que o marido tinha aquela relação fora do matrimônio. Segundo o relator, Desembargador José Antônio Daltoé Cezar, uma vez comprovada a relação extraconjugal "duradoura, pública e com a intenção de constituir família", ainda que concomitante ao casamento, é possível, sim, admitir a união estável "desde que o cônjuge não faltoso com os deveres do casamento tenha efetiva ciência da existência dessa outra relação fora dele, o que aqui está devidamente demonstrado". Para ele, "se a esposa concorda em compartilhar o marido em vida, também deve aceitar a divisão de seu patrimônio após a morte, se fazendo necessária a preservação do interesse de ambas as células familiares constituídas". Ademais, disse que não pode o "formalismo legal" prevalecer sobre uma situação de fato consolidada por anos, e que no direito de família contemporâneo o "norte" é o afeto. Assim, "havendo inércia do legislador em reconhecer a simultaneidade familiar, cabe ao Estado-juiz, suprindo essa omissão, a tarefa de análise das particularidades do caso concreto e reconhecimento de direitos", afirmou no acórdão. Por fim, afirmou que o conceito de família está em transformação, "evolução histórica" atrelada a avanços sociais, permitindo a revisão do princípio da monogamia e o dever de lealdade estabelecidos, consignando que "deixando de lado julgamentos morais, certo é que casos como o presente são mais comuns do que pensamos e merecem ser objeto de proteção jurídica, até mesmo porque o preconceito não impede sua ocorrência, muito menos a imposição do 'castigo' da marginalização vai fazê-lo".

F) FAMÍLIA POLIAFETIVA

A família poliafetiva é aquela formada pela união afetiva de mais de duas pessoas, ou seja, pela união afetiva entre três ou mais pessoas. A grande verdade é que essas famílias existem, sempre existiram e sempre existirão. Se lançarmos os olhos na história da humanidade veremos que muitas civilizações oficializaram famílias poliafetivas. A própria Bíblia narra que muitos dos reis hebreus tiveram, concomitantemente, mais de uma esposa. Atualmente, em muitos países é lícito o casamento de um homem com mais de uma mulher, como em grande parte dos países mulçumanos da África e da Ásia.

86. DIAS, Maria Berenice. Manual de Direito das Famílias. 9. ed. São Paulo: RT, 2013, p. 47.

No Brasil, os tribunais, na contramão da Constituição, não reconhecem a família poliafetiva, declarando nula qualquer tentativa de seu reconhecimento. A nosso ver, a família poliafetiva é família e merece a mesma proteção constitucional que as demais, podendo ser constituída pela união estável ou pelo casamento, não cabendo ao Estado definir quem o indivíduo deve amar, nem mesmo quantas pessoas pode amar, cabendo-lhe, com fundamento no princípio da dignidade da pessoa humana e nos direitos fundamentais à liberdade, à igualdade, ao livre desenvolvimento da personalidade e à busca da felicidade, apenas reconhecer suas uniões afetivas civis para dar-lhes a tutela legal em pé de igualdade com as demais, sem quaisquer discriminações, preconceitos e moralismos.[87]

Assim, por consequência, defendemos que os companheiros ou cônjuges de famílias poliafetivas tenham todos os direitos reconhecidos aos companheiros, na união estável, e aos cônjuges, no casamento, destacadamente: *i)* os direitos familiares; *ii)* os direitos decorrentes da dissolução da união estável ou do casamento, em relação ao patrimônio comum da família poliafetiva, como a divisão do patrimônio comum em partes proporcionais ao tempo de cada um na relação e ao patrimônio constituído, bem como os alimentos nos casos cabíveis; *iii)* os direitos sucessórios decorrentes da morte de um dos companheiros ou cônjuges, como a meação, que será destinada aos companheiros ou cônjuges sobreviventes que ainda formam uma entidade familiar, bem como o direito à herança e o direito à pensão por morte que deverá ser dividida em partes iguais.

G) OUTRAS ESPÉCIES DE FAMÍLIA[88]

Família Parental ou Anaparental	Configura-se pela convivência entre parentes ou mesmo entre pessoas que não são parentes, que possuem vínculo afetivo e animus de ser e conviver como família, tendo identidade de propósitos.
Família Composta, Pluriparental ou Mosaico	É constituída por casais em que um ou ambos os companheiros (ou cônjuges) é egresso de uniões (ou casamentos) anteriores, trazendo para a nova família os filhos de suas relações anteriores e, muitas vezes, tendo filhos em comum. No âmbito dessas famílias, hoje é possível a adoção do enteado pelo padrasto (ou madrasta) e/ou a adoção de seu sobrenome, inclusive com a possibilidade de dupla paternidade (ou maternidade), bem como a concessão de alimentos ao enteado a serem pagos pelo padrasto (ou madrasta) em razão do veículo afetivo, da convivência e da dependência financeira entre eles (paternidade alimentar).
Família Natural	É formada pelos pais ou qualquer deles e seus descendentes, ligando-se ao conceito de família biológica.
Família Extensa ou Ampliada	É aquela que se estende para além da unidade pais e filhos ou da unidade do casal, formada por parentes próximos com os quais a criança ou adolescente convive e mantém vínculos de afinidade e afetividade.
Família Substituta	É a família que substitui a família biológica de uma criança ou adolescente, quando esta não pode, não consegue ou não quer cuidar deste filho. A família substituta pode ocupar o papel da família biológica de forma definitiva, como na adoção, ou de forma eventual e transitória, como na guarda e na tutela, podendo ser constituída por qualquer pessoa maior de 18 anos, de qualquer estado civil, devendo-se, entretanto, levar em conta o grau de parentesco e a relação de afinidade ou de afetividade para a apreciação do pedido de família substitua (art. 28 a 32, do ECA).
Família Eudemonista	É a família que busca a realização plena de seus membros, caracterizando-se pela comunhão de afeto recíproco, lealdade, companheirismo, consideração e respeito mútuos entre os membros que a compõe, independentemente de existir vínculo biológico entre eles, tendo como principal objetivo a busca da felicidade e a realização plena de seus componentes, sem as amarras e os moldes moralistas conservadores.

87. DOS SANTOS, Eduardo R. Direitos Fundamentais Atípicos. Salvador: Juspodivm, 2017.
88. DIAS, Maria Berenice. Manual de Direito das Famílias. 9. ed. São Paulo: RT, 2013, p. 39-59.

Em face do exposto, fica claro que a família não se condiciona mais ao vínculo matrimonial entre homem e mulher, tendo como objetivo o sexo e o casamento. A *família constitucionalizada* identifica-se pelo vínculo afetivo entre os seus membros e o *animus* de ser e conviver como família, caracterizando-se pelo pluralismo das relações familiares e dos diversos arranjos (ou espécies) de família, cujo conceito constitucional é marcadamente aberto às novas espécies de família que possam surgir,[89] cabendo ao Estado reconhecê-las e dar tratamento isonômico a todas as espécies de família, garantindo a todas elas os mesmos direitos, com fundamento nos princípios da dignidade da pessoa humana, do livre desenvolvimento da personalidade, da liberdade e da igualdade, assegurando o direito à família (plural).

Para além das espécies de família (ou entidades familiares, ou arranjos familiares), ao tratar da família a Constituição estabelece outras importantes normas. Vejamos:

Consagrando expressamente o ***princípio da igualdade nas relações familiares***, a Constituição afirma que *os direitos e deveres referentes à sociedade conjugal são exercidos igualmente pelo homem e pela mulher, estabelecendo a igualdade entre homem e mulher* (art. 226, §5º). Este dispositivo é fruto de longos séculos de árduas lutas das mulheres contra o preconceito, a discriminação, a violência, o machismo e a submissão enraizados na cultura social, especialmente no âmbito das relações conjugais, e que até hoje assolam as mulheres ao redor do mundo, sobretudo em países como o Brasil. À luz do constitucionalismo brasileiro, a igualdade exige que o poder público e a legislação tratem homens e mulheres de forma igual, só podendo criar distinções entre eles quando se estiver diante de situações sociais que inferiorizem um dos gêneros em face do outro, prejudicando a igualdade real (material) entre eles, exigindo, então, ação diferenciadora do Estado para assegurar àqueles que estão em situações de inferioridade (numa perspectiva social de exercício de direito) uma igualdade real de exercício do direito. Percebe-se, então, que ***a igualdade entre homens e mulheres comporta uma certa medida de diferenciação, desde que positiva***, isto é, desde que essa diferenciação de tratamento busque assegurar a igualdade real (material) entre eles, assegurando-lhes as mesmas condições de exercício de direitos.

Ademais, nos termos constitucionais, fundado nos princípios da dignidade da pessoa humana e da paternidade responsável, o ***planejamento familiar*** é livre decisão do casal, competindo ao Estado propiciar recursos educacionais e científicos para o exercício desse direito, vedada qualquer forma coercitiva por parte de instituições oficiais ou privadas (art. 226, §7º).

Além disso, conforme dispõe a Constituição, *o Estado assegurará a assistência à família na pessoa de cada um dos que a integram, **criando mecanismos para coibir a violência no âmbito de suas relações*** (art. 226, §8º). Com base nesse dispositivo, o legislador infraconstitucional editou diversas normas com o objetivo de coibir a violência nas relações familiares, como, por exemplo, no Estatuto da Criança e do Adolescente (art. 18-A, 18-B e 70-A).

Aqui, vale destacar, sobretudo, as legislações editadas com o objetivo de coibir a violência doméstica e familiar contra a mulher, especialmente:

i) Lei Maria da Penha, que cria mecanismos para coibir a violência doméstica e familiar contra a mulher. Essa lei teve sua constitucionalidade questionado no STF, que a declarou constitucional, bem como seus arts. 1º, 33 e 41, que criam mecanismos para coibir a violência doméstica e familiar contra a mulher, atribuem às varas cri-

89. DOS SANTOS, Eduardo R. Direitos Fundamentais Atípicos. Salvador: Juspodivm, 2017.

minais a competência cível e criminal para conhecer e julgar as causas decorrentes da prática de violência doméstica e familiar contra a mulher e afastam os crimes praticados contra a mulher do rol dos crimes de menor potencial ofensivo.[90]

ii) Criação do ***crime de feminicídio***, qualificadora, instituída pela lei 13.104/2015, que incide sobre o crime de homicídio cometido contra a mulher por razões da condição de sexo feminino.

Ainda com relação às legislações criadas para coibir a violência doméstica e familiar contra a mulher (lei Maria da Penha, lei do feminicídio), insta destacar que elas ***exigem que a vítima seja mulher (cis ou trans)***, não importante se a mulher é cisgênero ou transgênero. Por outro lado, essas legislações não se aplicam quando a vítima seja homem, independentemente de ser homem em condição de vulnerabilidade, como homem idoso, criança ou pessoa com deficiência.

Por fim, temos que a Constituição assegura a dissolução do casamento civil pelo ***divórcio*** (art. 226, §6º), garantindo que ninguém seja obrigado (ou condenado) a viver uma vida com alguém com quem não deseje (mais) viver, não podendo o Estado lhe impor isso por motivos religiosos e/ou morais. Vale lembrar que antes do advento da EC 66/2010, a Constituição dispunha que o casamento civil só poderia ser dissolvido pelo divórcio, após prévia separação judicial por mais de um ano nos casos expressos em lei, ou comprovada separação de fato por mais de dois anos. Entretanto, a partir da referida Emenda à Constituição, a separação judicial foi extinta e bem como a exigência de qualquer lapso temporal (separados) para a realização do divórcio. Assim, hoje o divórcio (direto ou indireto) é considerado um direito público subjetivo, podendo (devendo) ser concedido, imediatamente, independentemente de prévia partilha de bens.[91]

12.2 Criança, adolescente e jovem

A Constituição, também, dedicou-se de forma especial à proteção da criança, do adolescente e do jovem, embora não os tenha definido, deixando à cargo da legislação infraconstitucional essa tarefa. Assim, de acordo com o art. 2º, do ECA, considera-se ***criança*** a pessoa até 12 anos de idade incompletos, e ***adolescente*** aquela entre 12 e 18 anos de idade. Já de acordo com o art. 1º, §1º, do Estatuto da Juventude, são consideradas ***jovens*** as pessoas com idade entre 15 e 29 anos de idade.

Isto posto, adotando a ***doutrina da proteção integral***, a Constituição consagra que é dever da família, da sociedade e do Estado assegurar à criança, ao adolescente e ao jovem, com ***absoluta prioridade***, o direito à vida, à saúde, à alimentação, à educação, ao lazer, à profissionalização, à cultura, à dignidade, ao respeito, à liberdade e à convivência familiar e comunitária, além de colocá-los a salvo de toda forma de negligência, discriminação, exploração, violência, crueldade e opressão.

Aqui, vale destacar que, em face da ***pandemia da COVID-19*** causada pelo coronavírus, fundamentando-se sobretudo nos ***princípios da proteção integral e da prioridade absoluta***, o Supremo Tribunal Federal concedeu ***habeas corpus coletivo***, reconhecendo aos pais o direito à substituição da prisão preventiva pela prisão domiciliar – desde que observados os requisitos do art. 318 do CPP e não praticados crimes mediante violência ou grave ameaça ou contra

90. STF, ADC 19, Rel. Min. Marco Aurélio.
91. STJ, REsp. 1.281.236 e Súmula 197.

os próprios filhos ou dependentes –, caso sejam os únicos responsáveis pelos cuidados de menor de 12 anos ou de pessoa com deficiência, bem como a outras pessoas presas, que não sejam a mãe ou o pai, se forem imprescindíveis aos cuidados especiais de pessoa menor de 6 anos ou com deficiência.[92]

Além disso, nos termos expressos da Constituição, o direito a proteção especial abrange:

i) idade mínima de quatorze anos para admissão ao trabalho, observado o disposto no art. 7º, XXIII, da CF/88, segundo o qual é proibido o trabalho noturno, perigoso ou insalubre a menores de 18 anos e de qualquer trabalho a menores de 16 anos, salvo na condição de aprendiz, a partir de 14 anos;

ii) garantia de direitos previdenciários e trabalhistas;

iii) garantia de acesso do trabalhador adolescente e jovem à escola;

iv) garantia de pleno e formal conhecimento da atribuição de ato infracional, igualdade na relação processual e defesa técnica por profissional habilitado, segundo dispuser a legislação tutelar específica;

v) obediência aos princípios de brevidade, excepcionalidade e respeito à condição peculiar de pessoa em desenvolvimento, quando da aplicação de qualquer medida privativa da liberdade;

vi) estímulo do Poder Público, através de assistência jurídica, incentivos fiscais e subsídios, nos termos da lei, ao acolhimento, sob a forma de guarda, de criança ou adolescente órfão ou abandonado;

vii) programas de prevenção e atendimento especializado à criança, ao adolescente e ao jovem dependente de entorpecentes e drogas afins.

Para além disso, a Constituição dispõe que o Estado deve promover ***programas de assistência integral à saúde da criança, do adolescente e do jovem***, admitida a participação de entidades não governamentais, mediante políticas específicas e obedecendo aos seguintes preceitos:

- aplicação de percentual dos recursos públicos destinados à saúde na assistência materno-infantil;
- criação de programas de prevenção e atendimento especializado para as pessoas portadoras de deficiência física, sensorial ou mental, bem como de integração social do adolescente e do jovem portador de deficiência, mediante o treinamento para o trabalho e a convivência, e a facilitação do acesso aos bens e serviços coletivos, com a eliminação de obstáculos arquitetônicos e de todas as formas de discriminação, afirmando a Constituição que a lei deve dispor sobre normas de construção dos logradouros e dos edifícios de uso público e de fabricação de veículos de transporte coletivo, a fim de garantir acesso adequado às pessoas portadoras de deficiência.

Ademais, conforme dispõe a Constituição, a lei deve ***punir severamente*** o ***abuso***, a ***violência*** e a ***exploração sexual*** da criança e do adolescente. Temos aqui, claramente, um *mandamento constitucional de criminalização*,[93] sendo dever do legislador a criação de tipos penais que coíbam e punam com severidade toda e qualquer forma de abuso, violência e

92. STF, HC 165.704, Rel. Min. Gilmar Mendes.
93. VECCHIATTI, Paulo Roberto Iotti. Constituição dirigente e concretização judicial das imposições constitucionais ao legislativo. 2. ed. Bauru: Spessotto, 2019.

exploração sexual da criança e do adolescente, seja física, psíquica ou moral, inclusive em ambientes virtuais.

Quanto à *adoção*, prevê a Constituição que ela deve ser assistida pelo Poder Público, na forma da lei, que deve estabelecer casos e condições de sua efetivação por parte de estrangeiros. Atualmente, é o Estatuto da Criança e do Adolescente (lei 8.069/1990) que regula a adoção.

Quanto aos ***filhos***, dispõe a Constituição que os filhos, havidos ou não da relação do casamento, ou por adoção, terão os mesmos direitos e qualificações, proibidas quaisquer designações discriminatórias relativas à filiação.

Além do mais, segundo a Constituição, no atendimento dos ***direitos da criança e do adolescente*** levar-se-á em consideração o disposto no art. 204, da CF/88, que trata das ações governamentais na área da assistência social.

Especificamente ***em relação aos jovens***, a Constituição prevê que a lei deve estabelecer: i) o estatuto da juventude, destinado a regular os direitos dos jovens (atualmente estabelecido pela lei 12.852/2013); e ii) o plano nacional de juventude, de duração decenal, visando à articulação das várias esferas do poder público para a execução de políticas públicas.

Por fim, consagrando o ***princípio da solidariedade e reciprocidade nas relações familiares***, dispõe o art. 229, da CF/88, que os pais têm o dever de assistir, criar e educar os filhos menores, e os filhos maiores têm o dever de ajudar e amparar os pais na velhice, carência ou enfermidade.

12.2.1 Inimputabilidade penal da criança e do adolescente

O art. 228, da CF/88, estabelece que *são penalmente inimputáveis os menores de 18 anos, sujeitos às normas da legislação especial*, de modo que os menores não são penalmente imputáveis, não lhes aplicando as leis penais, mas sim as normas especiais do Estatuto da Criança e do Adolescente (ECA).

Sobre a inimputabilidade penal da criança e do adolescente consagrada pela Constituição, muito se tem discutido sobre a possibilidade de ***redução da maioridade penal***, sendo que a maior parte das propostas de alteração buscam reduzi-la de 18 para 16 anos, como a PEC 33/2012, que foi rejeitada pela CCJ do Senado Federal em 2014. Tendo em vista que a relevância da discussão, questiona-se: ***é constitucional a redução da maioridade penal?***

O direito (a norma jurídica) tem por base o texto (dispositivo normativo, a lei no caso), contudo são coisas distintas, como há muito já se consolidou na teoria do direito.[94] Na verdade, o direito (norma) é o produto da interpretação do texto (dispositivo normativo/ lei). Isto posto, ***qual seria o direito tutelado pela norma citada? Um direito fundamental a uma idade penal mínima? Ou um direito fundamental a só ser penalmente imputável a partir dos 18 anos?***

Ora, há de se lembrar que não existem direitos fundamentais absolutos, pelo contrário, uma das características mais marcantes dos direitos fundamentais é justamente sua relatividade.[95] Assim, em face da ***relatividade dos direitos fundamentais***, há de se lembrar

94. KELSEN, Hans. Teoria Pura do Direito. 6. ed. São Paulo: Martins Fontes, 2003; MAXIMILIANO, Carlos. Hermenêutica e Aplicação do Direito. 20 ed. Rio de Janeiro: Forense, 2011; e BARROSO, Luís Roberto. Interpretação e aplicação da Constituição. 7. ed. São Paulo: Saraiva, 2009.

95. MENDES, Gilmar Ferreira. Direitos Fundamentais e Controle de Constitucionalidade: Estudos de direito constitucional. 4. ed. São Paulo: Saraiva, 2012.

que todos eles, sem exceções, ***sujeitam-se a restrições***, por outras normas constitucionais (restrições diretamente constitucionais) ou mesmo por lei infraconstitucional (restrições indiretamente constitucionais), como demonstra a moderna teoria dos direitos fundamentais, há muito já incorporada pelo STF.[96] Por óbvio, as restrições devem se justificar em face do suporte fático que as motivaram, bem como se fundamentar na proteção ou promoção de outros direitos fundamentais.[97]

Ademais, a Constituição é viva, não se trata de um texto estático, incólume, ignorante aos acontecimentos da sociedade: a Constituição é mutável![98] Nesse sentido, trazendo à baila o princípio da adequação valorativa (ou social para alguns autores),[99] há de se registrar que o direito deve ser adequado à sociedade que rege, afinal o direito e o Estado existem para as pessoas e não as pessoas para eles. Desse modo, num determinado momento social 18 anos pode ter sido a idade de imputabilidade penal adequada, mas noutros momentos pode não se mostrar mais adequado, podendo e devendo ser alterada tal idade.

Isto posto, parece-nos que ***o direito fundamental protegido pelo Constituinte Originário, não foi*** (e não deveria mesmo ser, em face da adequação social do sistema jurídico constitucional) ***o de uma idade de imputabilidade penal de 18 anos, mas sim o de uma idade de imputabilidade penal mínima.*** Esse sim é o direito fundamental contido no art. 228, da CF/88.

Trata-se de ***direito fundamental individual*** que busca proteger a pessoa que ainda não alcançou todo o discernimento necessário para compreender a gravidade e as consequências de seus atos. Por isso, teve razão o constituinte originário, considerando a realidade da sociedade brasileira no final dos anos oitenta, em eleger a idade de 18 anos. Contudo, décadas depois, com a revolução informática e a facilidade de acesso à informação, o cenário político-social e cultural pode reclamar uma idade diferente, o que justificaria uma modificação (atualização) da idade limite da inimputabilidade.

Entretanto, é preciso observar que o art. 60, da CF/88, que trata das Emendas à Constituição, assevera em seu §4º, IV que *não será objeto de deliberação a proposta de emenda tendente a abolir os direitos e garantias individuais*. Em face deste dispositivo constitucional (chamado pela doutrina constitucionalista de ***cláusula pétrea***, ou cláusula de imutabilidade), alguns juristas sustentam que não seria possível a modificação dos dispositivos constitucionais que tratam de direitos fundamentais, como o art. 228, da CF/88.

Ora, essa é uma interpretação completamente equivocada do dispositivo em análise. Na verdade, este dispositivo permite sim que os direitos fundamentais sejam alterados, ou mesmo que se acresçam outros dispositivos consagradores de direitos fundamentais, como

---

96. DUQEU, Marcelo Schenk. Curso de Direitos Fundamentais. São Paulo: RT, p. 207 e ss.
97. Os direitos fundamentais caracterizam-se, dentre outras coisas, por serem normas constitucionais, assim, por possuírem hierarquia constitucional, só podem ser restringidos (limitados) por normas constitucionais (***restrições diretamente constitucionais***) ou em razão de normas constitucionais (***restrições indiretamente constitucionais***). Tomando como exemplo o direito fundamental à vida, tem-se que esse direito sofre restrições por normas constitucionais (há previsão de pena de morte em caso de guerra declarada, nos termos do art. 5º, XLVII, "a", da CF/88) e por normas infraconstitucionais, como no caso de alguém que mate uma pessoa em legítima defesa de sua vida (direito à vida de Fulano restringido pelo direito à vida e pelo direito de defesa de Beltrano) ou mesmo de seu patrimônio (direito à vida de Fulano restringido pelo direito à propriedade e pelo direito de defesa de Beltrano), nos termos dos arts. 23, II, e 25, do Código Penal.
98. CANOTILHO, J. J. Gomes. Direito Constitucional e Teoria da Constituição. 7. ed. Coimbra: Almedina, 2003, 1139. SAGÜÉS, Néstor Pedro. Sobre el concepto de "Constitución Viviente" (Living Constitution). Revista Latino-Americana de Estudos Constitucionais. Belo Horizonte, n. 1, p. 269-284, jan/jun, 2003.
99. CANARIS, Claus-Wilhelm. Pensamento Sistemático e Conceito de Sistema na Ciência do Direito. 4. ed. Lisboa: Fundação Calouste Gulbenkian, 2008.

bem leciona a maioria da doutrina constitucionalista brasileira.[100] Interpretando o dispositivo e extraindo a norma, tem-se que ***os direitos fundamentais não podem ser diminuídos de maneira tendente a abolir***, ou seja, eles podem ser aumentados e podem ser, inclusive, diminuídos, desde que essa diminuição (restrição) não resulte na abolição do direito (efetiva ou tendencial), isto é, desde que essa restrição não fira o núcleo pétreo do direito fundamental.[101] Aqui é importante registrar que esse tem sido o entendimento predominante no STF nas últimas décadas.[102]

Em suma: todo e qualquer direito fundamental sujeita-se a restrições, podendo ter seu âmbito de incidência e de proteção alargado, ou mesmo diminuído, desde que essa diminuição não signifique a supressão fática ou potencial o direito. Assim, o direito fundamental a uma idade mínima para ser considerado penalmente imputável pode ser muito bem alargado (aumentando-se de 18 para 21 anos, por exemplo) ou mesmo restringido (diminuindo-se para 16 anos, por exemplo), desde que essa diminuição não signifique a supressão de seu núcleo essencial (núcleo pétreo).

Deste modo, ***é perfeitamente possível e constitucional*** (vez que não fere os limites materiais ao Poder Constituinte Reformador, nem mesmo as cláusulas pétreas) ***reduzir a maioridade penal para uma idade inferior a 18 anos***, desde que seja uma idade penal que não fira a proteção resguardada pelo direito fundamental em tela, qual seja: a de proibir que sejam penalmente punidas as pessoas com idade insuficiente para discernir o certo do errado, o legal do ilegal, bem como ter consciência dos seus atos e das consequências dos mesmos.

Nesse sentido, parece-nos, na atual sociedade brasileira, que as pessoas de 16 e 17 anos de idade já possuem o referido discernimento, o que justifica a redução da maioridade penal para 16 anos, em face da realidade fático-jurídica da atual sociedade brasileira, tendo como fundamento a proteção e a promoção do direito à segurança, bem como de um conjunto de direitos fundamentais que vem sendo lesado por adolescentes dessa idade, como o direito à vida, à dignidade sexual, à integridade física e moral, à propriedade etc., não havendo que se falar em inconstitucionalidade da redução da maioridade penal nesse caso, vez que não se vislumbra violação de cláusula pétrea, nem de nenhum outro limite material ao Poder Constituinte Reformador. Por outro lado, se falássemos em uma diminuição de 18 anos para 12 anos de idade, parece-nos que feriríamos o núcleo pétreo do direito fundamental, vez que crianças dessa idade claramente não têm discernimento suficiente para a compreensão ampla de seus atos e das consequências dos mesmos.

Aqui, frise-se: ***essa é nossa posição jurídica e não nossa posição política***, vez que, politicamente, somos veementemente contra a redução da maioridade penal, pois a vislumbramos como medida meramente paliativa, simbólica e politiqueira, que busca dar uma falsa sensação de segurança às pessoas e acaba servindo de álibi para que o Estado deixe de enfrentar o problema da segurança pública de forma séria, combatendo a corrupção e os abusos de poder, focando em uma polícia preventiva e presente, melhorando a qualidade de vida da população carente, levando dignidade e acessibilidade às camadas mais pobres da população, combatendo a desigualdade social e, sobretudo, investindo em educação integral e de qualidade para todos.

100. FERNANDES, Bernardo G. Curso de Direito Constitucional. 5. ed. Salvador: Juspodivm, 2014, p. 144.
101. SARLET, Ingo Wolfgang. A eficácia dos direitos fundamentais: uma teoria geral dos direitos fundamentais na perspectiva constitucional. 10. ed. Porto Alegre: Livraria do Advogado Editora, 2010, p. 427-428.
102. STF, ADI 2.024, Rel. Min. Sepúlveda Pertence.

12.3 Idoso

Conferindo especial tratamento aos idosos, o art. 230, da CF/88, estabelece que *a família, a sociedade e o Estado têm o dever de amparar as pessoas idosas, assegurando sua participação na comunidade, defendendo sua dignidade e bem-estar e garantindo-lhes o direito à vida.*

Regulamentando esse dispositivo constitucional, o ***Estatuto do Idoso*** considera idosas as pessoas com ***idade igual ou superior a 60 anos***, afirmando que o idoso goza de todos os direitos fundamentais inerentes à pessoa humana, sem prejuízo da ***proteção integral*** estabelecida no Estatuto, assegurando-se-lhe, por lei ou por outros meios, todas as oportunidades e facilidades, para preservação de sua saúde física e mental e seu aperfeiçoamento moral, intelectual, espiritual e social, em condições de liberdade e dignidade.

Ademais, segundo o ***Estatuto do Idoso***, é obrigação da família, da comunidade, da sociedade e do Poder Público assegurar ao idoso, com ***absoluta prioridade***, a efetivação do direito à vida, à saúde, à alimentação, à educação, à cultura, ao esporte, ao lazer, ao trabalho, à cidadania, à liberdade, à dignidade, ao respeito e à convivência familiar e comunitária. Além disso, em conformidade com o que dispõe o Estatuto do Idoso, dentre os idosos, é assegurada ***prioridade especial aos maiores de 80 anos***, atendendo-se suas necessidades sempre preferencialmente em relação aos demais idosos.

Retornando ao texto constitucional, temos que *os programas de amparo aos idosos devem ser executados preferencialmente em seus lares* (art. 230, §1º, CF/88), sendo esse dispositivo motivado pelas dificuldades de mobilidade impostas pelo tempo e as quais estamos sujeitos todos nós.

Por fim, dispõe a Constituição que ***aos maiores de 65 anos é garantida a gratuidade dos transportes coletivos urbanos***. Esse dispositivo encontra-se regulamentado pelo art. 39, do Estatuto do Idoso, segundo o qual aos maiores de 65 anos fica assegurada a gratuidade dos transportes coletivos públicos urbanos e semiurbanos, exceto nos serviços seletivos e especiais, quando prestados paralelamente aos serviços regulares, bastando, para esse fim, que o idoso apresente qualquer documento pessoal que faça prova de sua idade. Ademais, o Estatuto exige que nos veículos de transporte coletivo sejam reservados 10% dos assentos para os idosos, devidamente identificados com a placa de reservado preferencialmente para idosos.

Além disso, vale registrar que, nos termos do Estatuto, *é possível que o direito à gratuidade nos transportes coletivos urbanos seja ampliado para os idosos compreendidos na faixa etária entre 60 e 65 anos*, cabendo essa competência à legislação local, isto é, à lei municipal. Nesse sentido, já decidiu o STF que compete aos municípios a extensão da gratuidade do transporte público coletivo urbano aos idosos de 60 a 65 anos, não contemplados pela gratuidade constitucional (art. 230, §2º, CF/88), sendo inconstitucional essa extensão por lei estadual ou mesmo por norma da Constituição do Estado.[103]

13. ÍNDIOS

A proteção dos povos indígenas foi positivada pela primeira vez em nosso constitucionalismo pela Constituição de 1934, denominando-os, pejorativamente, de silvícolas, expressão que remete àqueles que nascem ou vivem na salva, definindo-os como selvagens.

---

103. STF, RE 702.848, Rel. Min. Celso de Mello.

As Constituições de 1937, 1946, 1967 e 1969 mantiveram o uso da expressão *silvícola* ao tratar dos povos indígenas, que só veio a ser substituída pela expressão *índios* pela Constituição de 1988.

Os índios (ou indígenas) são os povos que tradicionalmente ocupavam o território do continente americano antes da chegada dos colonizadores europeus, sendo os povos originários da América, cuja civilização e cultura foram dizimadas e quase extintas ao longo dos últimos cinco séculos, em um genocídio singular tratado com indiferença e descaso pela comunidade global.

Nesse cenário, a Constituição brasileira de 1988 constitui um marco jurídico fundamental de suma importância para a preservação dos povos indígenas, de seus direitos e de suas terras, na tentativa de não se permitir que o genocídio que dizimou esses povos e sua cultura seja completado, extinguindo-os de vez.

Antes de adentrarmos especificamente na análise dos dispositivos constitucionais dedicados aos direitos indígenas, insta destacar que a Constituição dispõe que ***compete privativamente à União legislar sobre populações indígenas*** (art. 22. XIV, CF/88), cabendo, portanto, à lei federal dispor e regulamentar os assuntos concernentes às populações indígenas.

13.1 Princípio da proteção da identidade e o reconhecimento do direito à diferença

Fundado, especialmente, nos princípios da dignidade da pessoa humana, do Estado Democrático de Direito, do livre desenvolvimento da personalidade e da igualdade material, o ***direito à diferença*** consagra a ideia de que "temos o direito a ser iguais quando a nossa diferença nos inferioriza; e temos o direito a ser diferentes quando a nossa igualdade nos descaracteriza. Daí a necessidade de uma igualdade que reconheça as diferenças e de uma diferença que não produza, alimente ou reproduza as desigualdades".[104]

Ao tratar dos índios na ordem social, a Constituição reconhece expressamente o ***direito à diferença dos povos indígenas***,[105] fundado no ***princípio da proteção da identidade indígena***, dispondo que *são reconhecidos aos índios sua organização social, costumes, línguas, crenças e tradições, e os direitos originários sobre as terras que tradicionalmente ocupam, competindo à União demarcá-las, proteger e fazer respeitar todos os seus bens* (art. 231).

Com base nesse dispositivo, ao julgar o famoso caso ***Raposa Serra do Sol***,[106] o STF firmou o entendimento de que *cabe às comunidades indígenas o direito de decidir se, como, e em quais circunstâncias é admissível a presença de missionários religiosos e de seus templos nas terras indígenas*, pois a Constituição resguarda aos índios o direito a um espaço exclusivo onde pudessem viver a própria cultura e religiosidade.

Para além do disposto no art. 231, da CF/88, vale destacarmos outros dois dispositivos constitucionais que reforçam o reconhecimento do direito à diferença dos povos indígenas. Assim, nos termos do art. 215, §1º, da CF/88, *o Estado deve proteger as manifestações das culturas populares, indígenas* e afro-brasileiras, e das de outros grupos participantes do processo civilizatório nacional. Ademais, o art. 210, §2º, da CF/88, ao tratar do direito fundamental à

104. SANTOS, Boaventura de Sousa. Introdução: para ampliar o cânone do reconhecimento, da diferença e da igualdade. In: SANTOS, Boaventura de Sousa. Reconhecer para libertar: os caminhos do cosmopolitanismo multicultural. Rio de Janeiro: Civilização Brasileira, 2003, p. 56.

105. BARBIERI, Samia Roges Jordy. Os direitos constitucionais dos índios e o direito à diferença, face ao princípio da dignidade da pessoa humana. Coimbra: Almedina, 2009.

106. STF, Pet. 3.388-ED, Rel. Min. Roberto Barroso.

educação, afirma que ensino fundamental regular deve ser ministrado em língua portuguesa, *assegurada às comunidades indígenas também a utilização de suas línguas maternas e processos próprios de aprendizagem*.

13.2 O direito à terra indígena

A proteção das terras tradicionalmente ocupadas pelos povos indígenas representa um aspecto fundamental dos direitos e das prerrogativas constitucionais que lhe são assegurados. Sem a garantia de que poderão permanecer nas terras por eles já tradicionalmente ocupadas, os povos indígenas ficam expostos ao risco da desintegração cultural, da perda de sua identidade étnica, da dissolução de seus vínculos históricos, sociais e antropológicos e da erosão de sua própria consciência.

Assim, o direito à terra indígena se apresenta como um direito fundamental transindividual pertencente à população indígena, sendo que, nos termos expressos da Constituição, as terras indígenas são ***inalienáveis*** e ***indisponíveis***, e os direitos sobre elas, ***imprescritíveis***.

Conforme a ***definição*** dada pela Constituição, são ***terras tradicionalmente ocupadas pelos índios*** as por eles habitadas em caráter permanente, as utilizadas para suas atividades produtivas, as imprescindíveis à preservação dos recursos ambientais necessários a seu bem-estar e as necessárias a sua reprodução física e cultural, segundo seus usos, costumes e tradições.

Aqui, de antemão, é importante recordarmos que as terras tradicionalmente ocupadas pelos índios são ***bens da União***, isto é, são de propriedade da União (art. 20, XI, da CF/88). Entretanto, embora sejam bens da União, essas terras destinam-se à posse permanente dos índios, cabendo-lhes o usufruto exclusivo das riquezas do solo, dos rios e dos lagos nelas existentes, sendo, portanto, bens públicos de uso especial.

Quanto à ***destinação das terras indígenas***, afirma a Constituição que as terras tradicionalmente ocupadas pelos índios se destinam a sua posse permanente, cabendo-lhes o usufruto exclusivo das riquezas do solo, dos rios e dos lagos nelas existentes.

Entretanto, conforme entendimento firmado pelo STF, somente são reconhecidos aos índios os direitos sobre as terras que tradicionalmente ocupem se a área estiver habitada por eles na data da promulgação da CF/88 (marco temporal) e, complementarmente, se houver a efetiva relação dos índios com a terra (marco da tradicionalidade da ocupação).[107]

Assim, via de regra, caso os índios não estivessem na posse da área em 05/10/1988 (data da promulgação da CF/88), ela não será considerada terra indígena. Entretanto, há uma relevante exceção a essa regra: o chamado renitente esbulho. O ***renitente esbulho*** se caracteriza pelo efetivo conflito possessório, iniciado no passado e persistente até o marco temporal da data da promulgação da CF/88, materializado por circunstâncias de fato ou por controvérsia possessória judicializada. Deste modo, se, na época da promulgação da CF/88, os índios não ocupavam uma determinada terra porque haviam sido expulsos dela em razão de conflito possessório, considera-se que eles foram esbulhados (vítimas de esbulho) e, portanto, essa terra deve ser considerada terra indígena (art. 231, CF/88).[108]

Ressalte-se que é necessário que no momento da promulgação da CF/88 os índios ainda estivessem disputando a posse da terra ou tivessem sido delas expulsos há pouco tempo

107. STF, RMS 29.087, Rel. Min. Ricardo Lewandowski, red. p/ o acórdão, Min. Gilmar Mendes.
108. STF, ARE 803.462-AgR, Rel. Min. Teori Zavascki.

para que se configure o renitente esbulhos, de modo que, se eles tiverem sido expulsos da terra muitos anos antes da CF/88 entrar em vigor, não se configura o renitente esbulho. Nesses termos, conforme salientou o STF, o renitente esbulho não pode ser confundido com ocupação passada ou com desocupação forçada, ocorrida no passado. Do mesmo modo, segundo o STF, também não pode servir como comprovação de esbulho renitente o argumento de que os índios teriam pleiteado junto a órgãos públicos, desde o começo do século XX, a demarcação das terras de determinada região, pois manifestações esparsas podem até representar anseio de uma futura demarcação ou de ocupação da área, mas não a existência de uma efetiva situação de esbulho possessório atual.[109]

Nada obstante, segundo o STF, mesmo a terra não se enquadrando no conceito constitucional de terra indígena (art. 231, *caput* e §1º da CF/88), a União pode decidir acolher as populações indígenas naquela área, porém, para isso, terá que desapropriar as terras, pagando justa e prévia indenização em dinheiro aos proprietários, considerando que, não sendo terras tradicionalmente ocupadas por índios, essa área não se constitui em bem da União.[110]

Além do mais, conforme entendimento exarado pelo STF, é vedada a ampliação de terra indígena já demarcada (remarcação ampliativa), tendo em conta o princípio da segurança jurídica. Assim, caso a União queira ampliar a terra indígena, ela só poderá fazê-lo por expropriação, não podendo fazê-lo por meio de demarcação (art. 231 da CF/88), salvo se ficar demonstrado que, no processo originário de demarcação, houve algum vício de ilegalidade e, ainda assim, desde que respeitado o prazo decadencial de 5 anos (art. 54, lei 9.754/99).[111]

Quanto ao ***aproveitamento dos recursos hídricos, incluídos os potenciais energéticos, a pesquisa e a lavra das riquezas minerais em terras indígenas***, segundo a Constituição, só podem ser efetivados com autorização do Congresso Nacional, ouvidas as comunidades afetadas, ficando-lhes assegurada participação nos resultados da lavra, na forma da lei.

Ademais, conforme dispõe a Constituição ***é vedada a remoção dos grupos indígenas de suas terras***, salvo, *"ad referendum"* do Congresso Nacional, em caso de catástrofe ou epidemia que ponha em risco sua população, ou no interesse da soberania do País, após deliberação do Congresso Nacional, garantido, em qualquer hipótese, o retorno imediato logo que cesse o risco.

Além disso, nos termos constitucionais, são nulos e extintos, não produzindo efeitos jurídicos, os atos que tenham por objeto a ocupação, o domínio e a posse das terras a que se refere o artigo 231, da CF/88, ou a exploração das riquezas naturais do solo, dos rios e dos lagos nelas existentes, ressalvado relevante interesse público da União, segundo o que dispuser lei complementar, não gerando a nulidade e a extinção direito a indenização ou a ações contra a União, salvo, na forma da lei, quanto às benfeitorias derivadas da ocupação de boa-fé. Temos aqui uma ***hipótese excepcional de retroatividade máxima*** que fora estabelecida pelo constituinte originário,[112] em razão de se considerar que os direitos

109. STF, ARE 803.462-AgR, Rel. Min. Teori Zavascki.

110. STF, RMS 29.087, Rel. Min. Ricardo Lewandowski, red. p/ o acórdão, Min. Gilmar Mendes.

111. STF. RMS 29.542, Rel. Min. Cármen Lúcia.

112. Segundo o STF (RE 140.499), via de regra, aplica-se a nova Constituição aos efeitos futuros de atos praticados anteriormente (tese da retroatividade mínima), salvo disposição constitucional expressa em contrário, possibilitando, excepcionalmente, que Ela alcance os fatos consumados no passado e as prestações anteriormente vencidas e não pagas (teses da retroatividade máxima e média).

dos índios sobre as terras tradicionalmente por eles ocupadas são direitos originários, que não lhes foram conferidos pela Constituição, mas apenas por ela reconhecidos, preponderando, portanto, sobre pretensos direitos adquiridos, ainda que seu pretenso titular tenha escritura pública ou título de posse. Em face disto, a demarcação das terras indígenas possui natureza meramente declaratória e não constitutiva, pois apenas reconhece uma situação jurídica preexistente.[113]

Por fim, conforme disposição expressa da Constituição, ***não se aplica às terras indígenas*** o disposto no art. 174, § 3º e § 4º, da CF/88, que trata do favorecimento dado pelo Estado a organização da atividade garimpeira em cooperativas, conferindo-lhe prioridade na autorização ou concessão para pesquisa e lavra dos recursos e jazidas de minerais garimpáveis em determinadas áreas.

13.3 A defesa dos direitos e interesses indígenas em juízo

Quanto à ***legitimidade ad causam***, o art. 232, da CF/88 assegura que *os índios, suas comunidades e organizações são partes legítimas para ingressar em juízo em defesa de seus direitos e interesses, devendo o Ministério Público intervir em todos os atos do processo*, atuando o *parquet* aqui como *custos legis* e como *custos vulnerabilis*, na defesa dos direitos e interesses indígenas, população reconhecidamente vulnerável. Nesse sentido, dispõe o art. 129, V, da CF/88, que é função institucional do Ministério Público defender judicialmente os direitos e interesses das populações indígenas.

Ademais, nos termos do art. 109, IX, da CF/88, ***compete à justiça federal processar e julgar a disputa sobre direitos indígenas***, sendo que, segundo o STF, a competência da justiça federal em relação aos direitos indígenas não se restringe às hipóteses de disputa de terras, eis que os direitos contemplados no art. 231, da CF/88, são muitos mais extensos.[114]

Entretanto, é importante destacar que *essa competência da justiça federal vincula-se aos direitos das populações indígenas, não abrangendo, portanto, atos delituosos isolados que tenham sido praticados sem qualquer envolvimento da comunidade indígena*, pois, segundo o STF, o deslocamento da competência para a justiça federal somente ocorre quando o processo versar sobre questões diretamente ligadas à cultura indígena e ao direito sobre suas terras, ou quando envolvidos interesses da União.[115]

Assim, especificamente na seara criminal, segundo o STF, a competência da justiça federal (art. 109, XI, CF/88), só se desata quando a acusação seja de genocídio, ou quando, na ocasião ou motivação de outro delito de que seja índio o agente ou a vítima, tenha havido disputa sobre direitos indígenas, não bastando seja aquele imputado a silvícola, nem que este lhe seja vítima e, tampouco, que haja sido praticado dentro de reserva indígena.[116] Nesse sentido, dispõe a Súmula 140, do STJ que *compete a justiça comum estadual processar e julgar crime em que o indígena figure como autor ou vítima.*

---

113. STF, Pet. 3.388, Rel. Min. Ayres Britto.
114. STF, HC 91.313, Rel. Min. Ellen Gracie.
115. STF, RHC 85.737, Rel. Min. Joaquim Barbosa.
116. STF, RE 419.528, Rel. Min. Marco Aurélio, red. p/ o acórdão Min. Cezar Peluso.

14. QUADRO SINÓPTICO

<table>
<tr><th colspan="2">CAPÍTULO XXIII – ORDEM SOCIAL</th></tr>
<tr><td>Seguridade Social</td><td>A seguridade social compreende um conjunto integrado de ações de iniciativa dos Poderes Públicos e da sociedade, destinadas a assegurar os direitos relativos à saúde, à previdência e à assistência social.
Compete ao Poder Público, nos termos da lei, organizar a seguridade social, com base nos seguintes objetivos:
• universalidade da cobertura e do atendimento;
• uniformidade e equivalência dos benefícios e serviços às populações urbanas e rurais;
• seletividade e distributividade na prestação dos benefícios e serviços;
• irredutibilidade do valor dos benefícios;
• equidade na forma de participação no custeio;
• diversidade da base de financiamento;
• caráter democrático e descentralizado da administração, mediante gestão quadripartite, com participação dos trabalhadores, dos empregadores, dos aposentados e do Governo nos órgãos colegiados.</td></tr>
<tr><td>Saúde</td><td>A saúde é direito de todos e dever do Estado, garantido mediante políticas sociais e econômicas que visem à redução do risco de doença e de outros agravos e ao acesso universal e igualitário às ações e serviços para sua promoção, proteção e recuperação.
As ações e serviços públicos de saúde integram uma rede regionalizada e hierarquizada e constituem um sistema único, organizado de acordo com as seguintes diretrizes:
• descentralização, com direção única em cada esfera de governo;
• atendimento integral, com prioridade para as atividades preventivas, sem prejuízo dos serviços assistenciais;
• participação da comunidade.
O sistema único de saúde (SUS) será financiado, nos termos do art. 195, da CF/88, com recursos do orçamento da seguridade social, da União, dos Estados, do Distrito Federal e dos Municípios, além de outras fontes. A União, os Estados, o Distrito Federal e os Municípios aplicarão, anualmente, em ações e serviços públicos de saúde recursos mínimos derivados da aplicação de percentuais calculados sobre:
i) no caso da União, a receita corrente líquida do respectivo exercício financeiro, não podendo ser inferior a 15% (quinze por cento);
ii) no caso dos Estados e do Distrito Federal, o produto da arrecadação dos impostos a que se refere o art. 155 e dos recursos de que tratam os arts. 157 e 159, inciso I, alínea a, e inciso II, deduzidas as parcelas que forem transferidas aos respectivos Municípios;
iii) no caso dos Municípios e do Distrito Federal, o produto da arrecadação dos impostos a que se refere o art. 156 e dos recursos de que tratam os arts. 158 e 159, inciso I, alínea b e § 3º.</td></tr>
<tr><td>Previdência Social</td><td>A previdência social será organizada sob a forma do Regime Geral de Previdência Social, de caráter contributivo e de filiação obrigatória, observados critérios que preservem o equilíbrio financeiro e atuarial, e atenderá, na forma da lei, a:
• cobertura dos eventos de doença, invalidez, morte e idade avançada;
• proteção à maternidade, especialmente à gestante;
• proteção ao trabalhador em situação de desemprego involuntário;
• salário-família e auxílio-reclusão para os dependentes dos segurados de baixa renda;
• pensão por morte do segurado, homem ou mulher, ao cônjuge ou companheiro e dependentes, observadas as regras constitucionais.
É assegurada aposentadoria no regime geral de previdência social, nos termos da lei, obedecidas as seguintes condições:
i) 65 anos de idade, se homem, e 62 anos de idade, se mulher, observado tempo mínimo de contribuição, sendo que esse requisito de idade será reduzido em 5 anos, para o professor que comprove tempo de efetivo exercício das funções de magistério na educação infantil e no ensino fundamental e médio fixado em lei complementar.
ii) 60 anos de idade, se homem, e 55 anos de idade, se mulher, para os trabalhadores rurais e para os que exerçam suas atividades em regime de economia familiar, nestes incluídos o produtor rural, o garimpeiro e o pescador artesanal.</td></tr>
</table>

<table>
<tr><td>Assistência Social</td><td>A assistência social será prestada a quem dela necessitar, independentemente de contribuição à seguridade social, e tem por objetivos:
• a proteção à família, à maternidade, à infância, à adolescência e à velhice;
• o amparo às crianças e adolescentes carentes;
• a promoção da integração ao mercado de trabalho;
• a habilitação e reabilitação das pessoas portadoras de deficiência e a promoção de sua integração à vida comunitária;
• a garantia de um salário mínimo de benefício mensal à pessoa portadora de deficiência e ao idoso que comprovem não possuir meios de prover à própria manutenção ou de tê-la provida por sua família, conforme dispuser a lei.</td></tr>
<tr><td>Educação</td><td>A educação, direito de todos e dever do Estado e da família, será promovida e incentivada com a colaboração da sociedade, visando ao pleno desenvolvimento da pessoa, seu preparo para o exercício da cidadania e sua qualificação para o trabalho. O dever do Estado com a educação será efetivado mediante a garantia de:
i) educação básica obrigatória e gratuita dos 4 (quatro) aos 17 (dezessete) anos de idade, assegurada inclusive sua oferta gratuita para todos os que a ela não tiveram acesso na idade própria;
ii) progressiva universalização do ensino médio gratuito;
iii) atendimento educacional especializado aos portadores de deficiência, preferencialmente na rede regular de ensino;
iv) educação infantil, em creche e pré-escola, às crianças até 5 anos de idade;
v) acesso aos níveis mais elevados do ensino, da pesquisa e da criação artística, segundo a capacidade de cada um;
vi) oferta de ensino noturno regular, adequado às condições do educando;
vii) atendimento ao educando, em todas as etapas da educação básica, por meio de programas suplementares de material didático-escolar, transporte, alimentação e assistência à saúde.
O acesso ao ensino obrigatório e gratuito é direito público subjetivo. O não oferecimento do ensino obrigatório pelo Poder Público, ou sua oferta irregular, importa responsabilidade da autoridade competente. Compete ao Poder Público recensear os educandos no ensino fundamental, fazer-lhes a chamada e zelar, junto aos pais ou responsáveis, pela frequência à escola.
O ensino é livre à iniciativa privada, atendidas as seguintes condições:
a) cumprimento das normas gerais da educação nacional;
b) autorização e avaliação de qualidade pelo Poder Público.
A União organizará o sistema federal de ensino e o dos Territórios, financiará as instituições de ensino públicas federais e exercerá, em matéria educacional, função redistributiva e supletiva, de forma a garantir equalização de oportunidades educacionais e padrão mínimo de qualidade do ensino mediante assistência técnica e financeira aos Estados, ao Distrito Federal e aos Municípios.
Os Municípios atuarão prioritariamente no ensino fundamental e na educação infantil.
Os Estados e o Distrito Federal atuarão prioritariamente no ensino fundamental e médio.</td></tr>
<tr><td>Cultura</td><td>O Estado garantirá a todos o pleno exercício dos direitos culturais e acesso às fontes da cultura nacional, e apoiará e incentivará a valorização e a difusão das manifestações culturais.
O Estado protegerá as manifestações das culturas populares, indígenas e afro-brasileiras, e das de outros grupos participantes do processo civilizatório nacional.
Constituem patrimônio cultural brasileiro os bens de natureza material e imaterial, tomados individualmente ou em conjunto, portadores de referência à identidade, à ação, à memória dos diferentes grupos formadores da sociedade brasileira, nos quais se incluem:
• as formas de expressão;
• os modos de criar, fazer e viver;
• as criações científicas, artísticas e tecnológicas;
• as obras, objetos, documentos, edificações e demais espaços destinados às manifestações artístico-culturais;
• os conjuntos urbanos e sítios de valor histórico, paisagístico, artístico, arqueológico, paleontológico, ecológico e científico.</td></tr>
<tr><td>Desporto</td><td>É dever do Estado fomentar práticas desportivas formais e não formais, devendo o Poder Público incentivar o lazer, como forma de promoção social.
O Poder Judiciário só admitirá ações relativas à disciplina e às competições desportivas após esgotarem-se as instâncias da justiça desportiva, regulada em lei. A justiça desportiva terá o prazo máximo de sessenta dias, contados da instauração do processo, para proferir decisão final.</td></tr>
</table>

Ciência, Tecnologia e Inovação	O Estado promoverá e incentivará o desenvolvimento científico, a pesquisa, a capacitação científica e tecnológica e a inovação. A pesquisa científica básica e tecnológica receberá tratamento prioritário do Estado, tendo em vista o bem público e o progresso da ciência, tecnologia e inovação. A pesquisa tecnológica voltar-se-á preponderantemente para a solução dos problemas brasileiros e para o desenvolvimento do sistema produtivo nacional e regional. O Estado apoiará a formação de recursos humanos nas áreas de ciência, pesquisa, tecnologia e inovação, inclusive por meio do apoio às atividades de extensão tecnológica, e concederá aos que delas se ocupem meios e condições especiais de trabalho. A lei apoiará e estimulará as empresas que invistam em pesquisa, criação de tecnologia adequada ao País, formação e aperfeiçoamento de seus recursos humanos e que pratiquem sistemas de remuneração que assegurem ao empregado, desvinculada do salário, participação nos ganhos econômicos resultantes da produtividade de seu trabalho.
Comunicação Social	A manifestação do pensamento, a criação, a expressão e a informação, sob qualquer forma, processo ou veículo não sofrerão qualquer restrição, observado o disposto na Constituição. Nenhuma lei conterá dispositivo que possa constituir embaraço à plena liberdade de informação jornalística em qualquer veículo de comunicação social, observado o disposto no art. 5º, IV, V, X, XIII e XIV, da CF/88, sendo vedada toda e qualquer censura de natureza política, ideológica e artística. A ***propaganda comercial de tabaco***, bebidas alcoólicas, agrotóxicos, medicamentos e terapias estará sujeita a restrições legais e conterá, sempre que necessário, advertência sobre os malefícios decorrentes de seu uso. Os meios de comunicação social não podem, direta ou indiretamente, ser objeto de ***monopólio ou oligopólio***. A publicação de veículo impresso de comunicação ***independe de licença de autoridade***. A ***propriedade de empresa jornalística e de radiodifusão sonora e de sons e imagens é privativa de brasileiros natos ou naturalizados há mais de dez anos***, ou de pessoas jurídicas constituídas sob as leis brasileiras e que tenham sede no país. Em qualquer caso, pelo menos 70% do capital total e do capital votante das empresas jornalísticas e de radiodifusão sonora e de sons e imagens deverá pertencer, direta ou indiretamente, a brasileiros natos ou naturalizados há mais de dez anos, que exercerão obrigatoriamente a gestão das atividades e estabelecerão o conteúdo da programação, ficando à cargo da lei disciplinar a participação de capital estrangeiro nessas empresas. Ademais, segundo a Constituição, as alterações de controle societário dessas empresas devem ser comunicadas ao Congresso Nacional.
Meio Ambiente	Todos têm direito ao meio ambiente ecologicamente equilibrado, bem de uso comum do povo e essencial à sadia qualidade de vida, impondo-se ao Poder Público e à coletividade o dever de defendê-lo e preservá-lo para as presentes e futuras gerações. Para assegurar a efetividade do direito ao meio ambiente ecologicamente equilibrado, incumbe ao Poder Público: • preservar e restaurar os processos ecológicos essenciais e prover o manejo ecológico das espécies e ecossistemas; • preservar a diversidade e a integridade do patrimônio genético do País e fiscalizar as entidades dedicadas à pesquisa e manipulação de material genético; • definir, em todas as unidades da Federação, espaços territoriais e seus componentes a serem especialmente protegidos, sendo a alteração e a supressão permitidas somente através de lei, vedada qualquer utilização que comprometa a integridade dos atributos que justifiquem sua proteção; • exigir, na forma da lei, para instalação de obra ou atividade potencialmente causadora de significativa degradação do meio ambiente, estudo prévio de impacto ambiental, a que se dará publicidade; • controlar a produção, a comercialização e o emprego de técnicas, métodos e substâncias que comportem risco para a vida, a qualidade de vida e o meio ambiente; • promover a educação ambiental em todos os níveis de ensino e a conscientização pública para a preservação do meio ambiente; • proteger a fauna e a flora, vedadas, na forma da lei, as práticas que coloquem em risco sua função ecológica, provoquem a extinção de espécies ou submetam os animais a crueldade, não sendo consideradas cruéis as práticas desportivas que utilizem animais, desde que sejam manifestações culturais, conforme o § 1º do art. 215 da CF/88, registradas como bem de natureza imaterial integrante do patrimônio cultural brasileiro, devendo ser regulamentadas por lei específica que assegure o bem-estar dos animais envolvidos.

Família, Criança, Adolescente, Jovem e Idoso	A família, base da sociedade, tem especial proteção do Estado, sendo que o casamento é civil e gratuito a celebração, contudo, o casamento religioso tem efeito civil, nos termos da lei. Para efeito da proteção do Estado, é reconhecida a união estável entre o homem e a mulher como entidade familiar, devendo a lei facilitar sua conversão em casamento. O STF e o STJ já reconheceram que a Constituição protege e reconhece as ***uniões entre pessoas do mesmo sexo***, seja pelo casamento civil, seja pela união estável, nos mesmos moldes que reconhece as uniões heteroafetivas. O casamento civil pode ser dissolvido pelo divórcio. Fundado nos princípios da dignidade da pessoa humana e da paternidade responsável, o ***planejamento familiar*** é livre decisão do casal, competindo ao Estado propiciar recursos educacionais e científicos para o exercício desse direito, vedada qualquer forma coercitiva por parte de instituições oficiais ou privadas. É dever da família, da sociedade e do Estado assegurar à criança, ao adolescente e ao jovem, com absoluta prioridade, o direito à vida, à saúde, à alimentação, à educação, ao lazer, à profissionalização, à cultura, à dignidade, ao respeito, à liberdade e à convivência familiar e comunitária, além de colocá-los a salvo de toda forma de negligência, discriminação, exploração, violência, crueldade e opressão. A lei punirá severamente o abuso, a violência e a exploração sexual da criança e do adolescente. Os ***filhos***, havidos ou não da relação do casamento, ou por adoção, terão os mesmos direitos e qualificações, proibidas quaisquer designações discriminatórias relativas à filiação. São ***penalmente inimputáveis os menores de dezoito anos***, sujeitos às normas da legislação especial, de modo que aos menores não se aplicam as leis penais, mas sim as normas especiais do Estatuto da Criança e do Adolescente (ECA). Os pais têm o dever de assistir, criar e educar os filhos menores, e os filhos maiores têm o dever de ajudar e amparar os pais na velhice, carência ou enfermidade. Assim como, a família, a sociedade e o Estado têm o dever de amparar as pessoas idosas, assegurando sua participação na comunidade, defendendo sua dignidade e bem-estar e garantindo-lhes o direito à vida.
Índios	São reconhecidos aos índios sua organização social, costumes, línguas, crenças e tradições, e os direitos originários sobre as terras que tradicionalmente ocupam, competindo à União demarcá-las, proteger e fazer respeitar todos os seus bens. São terras tradicionalmente ocupadas pelos índios as por eles habitadas em caráter permanente, as utilizadas para suas atividades produtivas, as imprescindíveis à preservação dos recursos ambientais necessários a seu bem-estar e as necessárias a sua reprodução física e cultural, segundo seus usos, costumes e tradições. As terras tradicionalmente ocupadas pelos índios destinam-se a sua posse permanente, cabendo-lhes o usufruto exclusivo das riquezas do solo, dos rios e dos lagos nelas existentes, sendo que essas terras são inalienáveis e indisponíveis, e os direitos sobre elas, imprescritíveis. É vedada a remoção dos grupos indígenas de suas terras, salvo, *"ad referendum"* do Congresso Nacional, em caso de catástrofe ou epidemia que ponha em risco sua população, ou no interesse da soberania do País, após deliberação do Congresso Nacional, garantido, em qualquer hipótese, o retorno imediato logo que cesse o risco. São nulos e extintos, não produzindo efeitos jurídicos, os atos que tenham por objeto a ocupação, o domínio e a posse das terras a que se refere este artigo, ou a exploração das riquezas naturais do solo, dos rios e dos lagos nelas existentes, ressalvado relevante interesse público da União, segundo o que dispuser lei complementar, não gerando a nulidade e a extinção direito a indenização ou a ações contra a União, salvo, na forma da lei, quanto às benfeitorias derivadas da ocupação de boa-fé. Os índios, suas comunidades e organizações são partes legítimas para ingressar em juízo em defesa de seus direitos e interesses, intervindo o Ministério Público em todos os atos do processo.

TÍTULO VI
JURISDIÇÃO CONSTITUCIONAL

É uma proposição por demais clara para ser contestada, que a Constituição veta qualquer deliberação legislativa incompatível com ela; ou que a legislatura possa alterar a Constituição por meios ordinários. Não há meio termo entre estas alternativas. A Constituição, ou é uma lei superior e predominante, e lei imutável pelas formas ordinárias; ou está no mesmo nível conjuntamente com as resoluções ordinárias da legislatura e, como as outras resoluções, é mutável quando a legislatura houver por bem modificá-la. Se é verdadeira a primeira parte do dilema, então não é lei a resolução legislativa incompatível com a Constituição; se a segunda parte é verdadeira, então as constituições escritas são absurdas tentativas da parte do povo para limitar um poder por sua natureza ilimitável. Certamente, todos quantos fabricaram Constituições escritas consideraram tais instrumentos como a lei fundamental e predominante da nação e, conseguintemente, a teoria de todo o governo, organizado por uma Constituição escrita, deve ser que é nula toda a resolução legislativa com ela incompatível [...]

É a província e o dever do Poder Judiciário dizer o que a lei é. Aqueles que aplicam a regra aos casos particulares, devem necessariamente expor e interpretar essa regra. Se duas leis colidem uma com a outra, os tribunais devem julgar acerca da eficácia de cada uma delas. Assim, se uma lei está em oposição com a Constituição; se, aplicadas elas ambas a um caso particular, o Tribunal se veja na contingência de decidir a questão em conformidade da lei, desrespeitando a Constituição, ou consoante a Constituição, desrespeitando a lei, o Tribunal deverá determinar qual destas regras em conflito regerá o caso. Esta é a verdadeira essência do Poder Judiciário. Se, pois, os tribunais têm por missão atender a Constituição e observá-la e se a Constituição é superior a qualquer resolução ordinária da legislatura, a Constituição, e nunca essa resolução ordinária, governará o caso a que ambas se aplicam.

John Marshall – voto proferido em Marbury vs. Madison

Capítulo XXIV
CONTROLE DE CONSTITUCIONALIDADE

1. CONCEITO

O controle de constitucionalidade parte da ***supremacia das normas constitucionais***, pautando-se na lógica de que as normas do sistema jurídico (leis e atos normativos) devem ser produzidas com a devida observância dos requisitos formais e materiais estabelecidos pela Constituição, não podendo contrariá-la e, caso isso ocorra, em razão do ***princípio da força normativa da Constituição***, é preciso existir um órgão com competência para declarar essa incompatibilidade com a Constituição (inconstitucionalidade) e a, consequente, invalidade da norma infraconstitucional.

Deste modo, temos que o controle de constitucionalidade consiste em uma forma de ***controle de compatibilidade vertical de normas*** através da qual se afere se uma determinada norma infraconstitucional (um artigo de lei, por exemplo) é compatível com as normas constitucionais (explícitas ou implícitas), vez que qualquer norma infraconstitucional que for incompatível com a Constituição será inválida (nula).

Assim, pode-se afirmar que o controle de constitucionalidade é uma forma de ***controle de validade*** materializada pela análise da compatibilidade das normas infraconstitucionais com as normas constitucionais.[1] Afinal, de nada adiantaria reconhecermos que uma norma infraconstitucional (um certo decreto, ou uma certa lei, ou um certo contrato, por exemplo) é incompatível com a Constituição, se não fosse imposta uma sanção a essa norma infraconstitucional, sendo a declaração de invalidade a sanção mínima que lhe deve ser imposta, extirpando-a do mundo jurídico, em regra, desde a data de sua edição, já que ela é invalida desde que foi editada, não devendo produzir efeitos.[2]

2. PRESSUPOSTOS

A doutrina tradicional tem apontado que, em regra, o controle de constitucionalidade clássico (ou moderno) possui alguns pressupostos para que possa ser realizado, sendo eles:

i) ***Constituição Formal***, o que nos parece um grande equívoco, já que, a nosso ver, foi sob a égide de uma Constituição Material (a Constituição dos Estados Unidos da América do Norte) que o controle de constitucionalidade moderno foi fundado. Aqui, talvez, a doutrina quisesse se referir à Constituição Escrita (o que seria um equívoco menor, mas, também, não deixaria de ser um equívoco).

ii) ***Constituição Rígida (ou Semirrígida)***, já que uma Constituição Flexível poderia ser modificada por um processo legislativo ordinário, o que iria na contramão da ideia de supremacia da Constituição.

iii) ***Constituição compreendida como norma-jurídica fundamental***, isto é, como fundamento de validade do ordenamento jurídico.

iv) Existência de ***Órgão(s) competente(s) para realizar a atividade de controle***.

1. KELSEN, Hans. Jurisdição Constitucional. 2. ed. São Paulo: Martins Fontes, 2007.
2. BARBOSA, Rui Os atos inconstitucionais do Congresso e do Executivo. Rio de Janeiro: Companhia Impressora, 1893.

v) *Sanção* para a conduta (comissiva ou omissiva) praticada em desconformidade com a Constituição, exigindo-se, pelo menos, o reconhecimento de sua ***invalidade***.

3. ESPÉCIES (OU TIPOS) DE INCONSTITUCIONALIDADE

Como dissemos, o controle de constitucionalidade busca verificar a compatibilidade das normas infraconstitucionais – e práticas do poder público, de um modo geral – com as normas constitucionais, isto é, verificar se as normas infraconstitucionais são constitucionais (estão de acordo com a Constituição) ou inconstitucionais (estão em desacordo com a Constituição).

Assim, surge uma importante questão: quais as espécies (ou tipos) tipos de inconstitucionalidade? Essa questão nos leva às formas como a inconstitucionalidade pode ser classificada.

3.1 Inconstitucionalidade formal e material

Quanto à norma constitucional violada, ou melhor, quanto à natureza normativa do vício ocorrido na edição da norma infraconstitucional, a inconstitucionalidade pode ser classificada em ***formal*** (ou nomodinâmica) ***ou material*** (ou nomoestática).

A ***inconstitucionalidade formal***, também chamada de ***nomodinâmica***, ocorre quando o vício da norma editada diz respeito ao seu processo de criação, isto é, ao devido processo legislativo constitucionalmente previsto para a criação das leis e dos atos normativos. Ao editar normas infraconstitucionais (leis ou atos normativos) o poder público deve observar as normas constitucionais que digam respeito ao seu processo de criação (normas de competência, de iniciativa, de elaboração, de discussão e deliberação, de aprovação e de complementação de eficácia, por exemplo), sendo que a sua inobservância gera a inconstitucionalidade formal da lei ou ato normativo. A doutrina, classicamente, tem dividido a inconstitucionalidade formal nas seguintes subespécies: *i) inconstitucionalidade formal orgânica; ii) inconstitucionalidade formal propriamente dita*, que se subdivide em *a) subjetiva* e *b) objetiva*.

i) ***inconstitucionalidade formal orgânica:*** ocorre quando há o descumprimento de uma norma constitucional de competência. Assim, por exemplo, se um determinado Estado da federação editar lei estadual criando o seu próprio Código Penal, essa lei será inconstitucional (inconstitucionalidade formal orgânica), vez que é competência privativa da União legislar sobre direito penal, nos termos do art. 22, I, da CF/88.

ii) ***inconstitucionalidade formal propriamente dita:*** ocorre quando há descumprimento das normas constitucionais concernentes ao devido processo legislativo, isto é, ao processo em si de formação das normas, podendo ser subjetiva ou objetiva:

a) ***inconstitucionalidade formal subjetiva:*** ocorre quando há desrespeito às normas de iniciativa do processo legislativo de uma determinada espécie normativa, isto é, quando o sujeito/pessoa/autoridade que inicia/deflagra o processo legislativo não é aquela prevista na Constituição para tanto. Assim, por exemplo, se um Deputado ou Senador propor projeto de lei sobre matéria de competência privativa do Presidente da República (art. 61, §1°, da CF/88), teremos um claro caso de inconstitucionalidade formal propriamente dita subjetiva.

b) inconstitucionalidade formal objetiva: ocorre quando há descumprimento das normas constitucionais concernentes a outras fases do processo legislativo que não a fase de iniciativa. Assim, por exemplo, se for aprovado projeto de lei complementar pelo quórum de maioria simples e esse projeto vier a ser sancionado, promulgado e publicado pelo Presidente da República, "tornando-se lei", essa lei será inconstitucional, já que as leis complementares exigem o quórum de maioria absoluta para serem aprovadas (art. 69, CF/88).

Já a *inconstitucionalidade material*, também chamada de ***nomoestática***, ocorre quando o vício da norma editada diz respeito ao seu conteúdo, isto é, ocorre quando o conteúdo da norma editada contraria o conteúdo de normas constitucionais. Assim, por exemplo, se o Congresso Nacional editar lei prevendo a pena de tortura e de trabalhos forçados para os crimes cometidos com o emprego de grave violência contra a pessoa, essa lei será materialmente inconstitucional por ferir frontalmente o conteúdo normativo do art. 5º, XLVII, da CF/88.

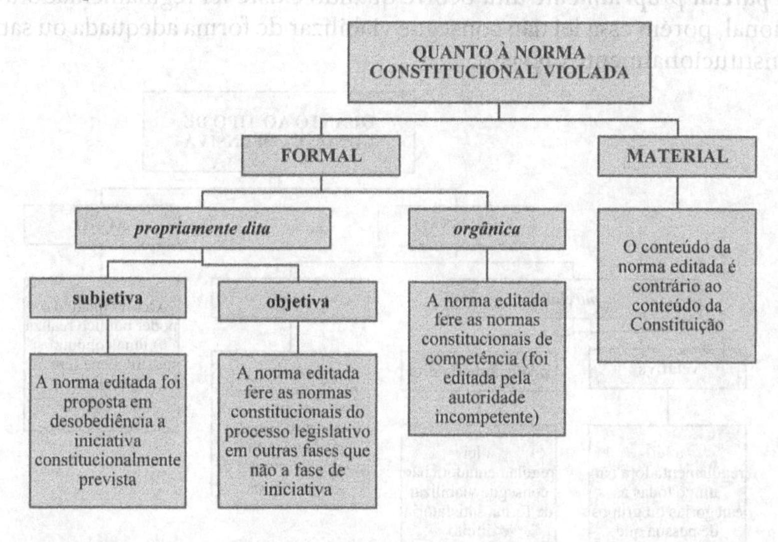

3.2 Inconstitucionalidade por ação e por omissão

Quanto ao tipo de conduta praticada pelo poder público, a inconstitucionalidade pode ser por *ação* (positiva) ou por *omissão* (negativa).

A *inconstitucionalidade por ação* caracteriza-se por uma conduta positiva (um *facere*) do poder público que fere a Constituição, isto é, pela ocorrência de uma ação normativa ou concreta do Estado que esteja em desacordo com as normas constitucionais.

Já a *inconstitucionalidade por omissão* caracteriza-se por uma conduta negativa (um *non facere*) do poder público em face de uma situação na qual a Constituição determina (de forma expressa ou tácita) que ele deveria agir, isto é, ocorre quando o Estado deixa de agir e essa sua omissão, por não efetivar plenamente as normas constitucionais, fere a Constituição. Nesse sentido, é possível constatar que a inconstitucionalidade por omissão terá por parâmetro constitucional as normas constitucionais que careçam de medidas de efetivação/implementação, isto é, que necessitem de atos infraconstitucionais do poder público para produzirem todos os seus efeitos. Assim, a doutrina clássica costuma dizer que, à luz da classificação das normas constitucionais de José Afonso da Silva, o parâmetro constitucional da inconstitucionalidade por omissão são as normas constitucionais de eficácia limitada.

A omissão pode ser total ou parcial. A ***omissão*** será ***total (ou absoluta)*** quando a inércia do poder público for integral, isto é, quando o poder público não tiver realizado qualquer regulamentação infraconstitucional daquela norma constitucional que depende dessa regulamentação para produzir todos os seus efeitos. Por outro lado, a ***omissão*** será ***parcial*** quando o poder público tiver agido/regulamentando a norma constitucional, sendo, contudo, essa regulamentação insuficiente ou deficiente.

Ademais, *a omissão parcial pode ser relativa ou propriamente dita*. A ***omissão parcial relativa*** ocorre quando existe lei regulamentadora da norma constitucional, sendo a lei suficiente, contudo, não atingindo todos que deveria atingir, excluindo de seu âmbito de incidência certos grupos ou categorias de pessoas, violando o princípio da igualdade. Já a ***omissão parcial propriamente dita*** ocorre quando existe lei regulamentadora da norma constitucional, porém essa lei não consegue viabilizar de forma adequada ou satisfatória o direito constitucionalmente previsto.

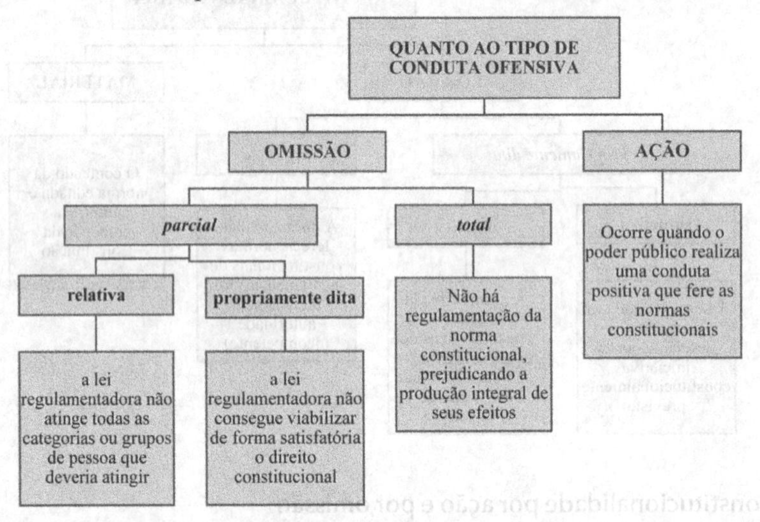

3.3 Inconstitucionalidade originária e superveniente

Quanto ao momento de criação da norma contrária à Constituição, a inconstitucionalidade pode ser *originária* ou *superveniente*.

A *inconstitucionalidade originária* dá-se quando uma lei ou ato normativo infraconstitucional é editado posteriormente ao início da vigência da norma constitucional sendo incompatível com ela. No Brasil, só se fala em controle de constitucionalidade de normas infraconstitucionais que tenham sido editadas após a vigência da norma constitucional em face da qual elas estão sendo controladas. Caso a norma infraconstitucional seja anterior à norma constitucional, não teremos controle de constitucionalidade, mas sim análise de recepção.

A *inconstitucionalidade superveniente* dá-se quando uma norma infraconstitucional, até então compatível com as normas constitucionais vigentes, acaba sendo revogada (inclusive de forma tácita), em razão da promulgação de uma nova norma constitucional (que pode ser uma nova Constituição ou uma nova norma constitucional fruto de Emenda à Constituição), de modo que a norma infraconstitucional que até então era compatível com a ordem constitucional, deixa de ser, sendo, consequentemente, revogada, por não ter sido recepcionada pela nova norma constitucional.

Aqui é importante lembrar que a ***análise de recepção não se confunde com o controle de constitucionalidade*** (que é um controle de validade, de compatibilidade vertical de normas), vez que ***a norma não recepcionada*** sequer entra na nova ordem jurídica, sendo ***revogada*** (tácita ou expressamente) na data de promulgação da nova norma constitucional (que pode ser uma nova Constituição ou uma nova norma constitucional fruto de Emenda à Constituição).

Deste modo, por ter sido revogada, é impossível fazer qualquer controle de validade dessa norma em face da nova Constituição, não se falando em declaração de inconstitucionalidade. Isto porque, no direito brasileiro, só se reconhece a ***inconstitucionalidade originária*** da norma, ou seja, só se pode declarar inconstitucional uma norma que tenha sido editada após à Constituição e que com ela seja incompatível.

Assim, no Brasil, de acordo com a doutrina majoritária e com a jurisprudência do STF,[3] ***não se reconhece a inconstitucionalidade superveniente*** da norma, ou seja, normas editadas antes da Constituição e incompatíveis com ela não serão declaradas inconstitucionais e sim não recepcionadas, quedando-se revogadas desde a data da promulgação da nova Constituição, até porque, nas palavras do Ministro Paulo Brossard, o legislador não deve obediência a uma Constituição que sequer existe ainda, afinal "só por adivinhação, poderia obedecê-la, uma vez que futura e, por conseguinte, ainda inexistente".[4]

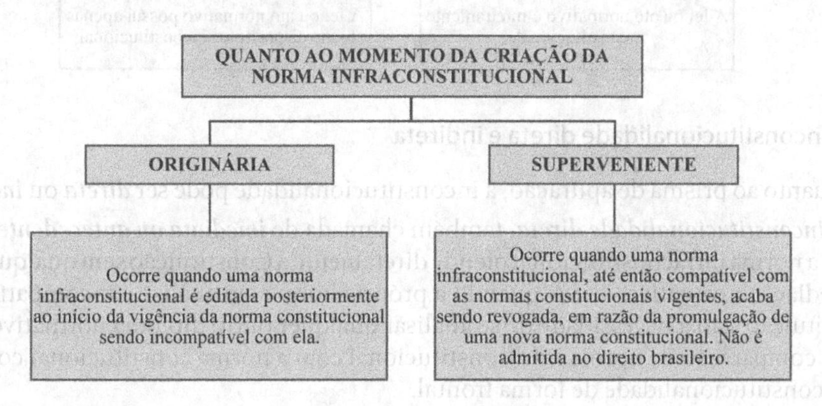

3.4 Inconstitucionalidade total e parcial

Quanto à extensão da desconformidade da norma infraconstitucional com a Constituição, a inconstitucionalidade pode ser ***total*** ou ***parcial***.

A ***inconstitucionalidade total*** ocorre quando a lei ou o ato normativo é integralmente inconstitucional, isto é, trata-se de casos em que a norma infraconstitucional deve ser declarada inteiramente inconstitucional, sendo invalidada por completo. Já a ***inconstitucionalidade parcial*** ocorre quando apenas parte da lei ou do ato normativo é inconstitucional, isto

3. Essa tese foi firmada pelo Supremo Tribunal Federal no julgamento da ADI 02, Rel. Min. Paulo Brossard. Entretanto já fora confirmada em diversas oportunidades, a exemplo do julgamento pelo STF da ADI MC 2.501-MG, Rel. Min. Moreira Alves.
4. BROSSARD, Paulo. A Constituição e as leis anteriores. Arquivos do Ministério da Justiça, n. 180, 1992, p. 125.

é, quando apenas alguns dispositivos (artigos, parágrafos, incisos e/ou alíneas, ou mesmo apenas uma palavra ou expressão de um dispositivo) são inconstitucionais sem, contudo, comprometer a constitucionalidade do restante da norma infraconstitucional, de modo que apenas esses dispositivos inconstitucionais serão invalidados.

Por fim, vale registrar que a doutrina tem identificado que ***a inconstitucionalidade formal*** (aquela que se dá quando a norma editada fere o devido processo legislativo constitucional), ***em regra, será, também, total***, vez que o ato, em sua origem, será inconstitucional, devendo ser declarado inconstitucional em sua integralidade. Excepcionalmente, é possível identificar alguns poucos casos nos quais a inconstitucionalidade formal será parcial, como, por exemplo, uma lei ordinária, regulamente votada e aprovada, dispondo essencialmente sobre matéria de lei ordinária, mas que possui um único artigo ou alguns poucos artigos que regulamentam matéria de lei complementar. Nesse caso, apenas os dispositivos que regulam matéria de lei complementar é que serão (formalmente) inconstitucionais, devendo apenas eles serem invalidados e o restante da lei ser validada (inconstitucionalidade parcial).[5]

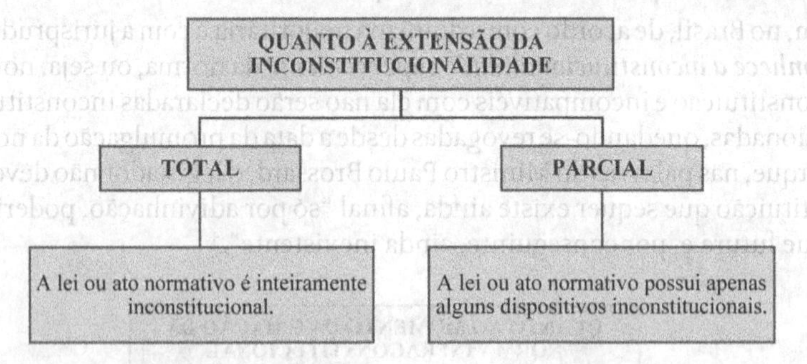

3.5 Inconstitucionalidade direta e indireta

Quanto ao prisma de apuração, a inconstitucionalidade pode ser ***direta*** ou ***indireta***.

A ***inconstitucionalidade direta***, também chamada de ***imediata ou antecedente***, ocorre quando a norma infraconstitucional ofende diretamente a Constituição sem qualquer outra intermediação normativa, isto é, quando a própria norma em análise é incompatível com a Constituição sem a necessidade de se analisar qualquer outro diploma normativo, pois a simples comparação da norma infraconstitucional com a norma constitucional comprova a sua inconstitucionalidade de forma frontal.

Já a ***inconstitucionalidade indireta***, também chamada de ***mediata ou derivada***, ocorre quando a norma infraconstitucional ofende indiretamente a Constituição por intermédio de outra norma, subdividindo-se, em:

i) ***inconstitucionalidade reflexa ou por via oblíqua:*** ocorre quando a ofensa à Constituição deriva de uma ofensa direta a uma outra norma, de status infraconstitucional, mas que é superior à norma em análise. Assim, por exemplo, se um decreto (art. 84, IV, da CF/88) ofende uma norma legal (art. 59, da CF/88) que regulamenta um certo direito constitucional, esse decreto será diretamente ilegal e indiretamente inconstitucional. Por se tratar de ofensa indireta à Constituição, essa norma (o

5. CLÈVE, Clèmerson Merlin. A fiscalização abstrata da constitucionalidade no direito brasileiro. São Paulo: RT, 2000, p. 49-50.

decreto do nosso exemplo), em regra, não sofrerá controle de constitucionalidade, mas sim controle de legalidade.

ii) inconstitucionalidade consequente, por arrastamento, por atração ou por reverberação normativa: ocorre quando a declaração de inconstitucionalidade de uma norma provoca consequentemente o reconhecimento da inconstitucionalidade de outra norma que possua relação de interdependência com ela. Assim, por exemplo, quando o Supremo Tribunal Federal declara a inconstitucionalidade de uma norma principal (uma lei), ele pode (e deve) declarar a inconstitucionalidade de uma norma acessória (um decreto regulamentar) que dependa absolutamente da norma principal, ainda que isso não conste expressamente dos pedidos, sendo a norma acessória declarada inconstitucional por arrastamento ou por atração da declaração de inconstitucionalidade da norma principal.

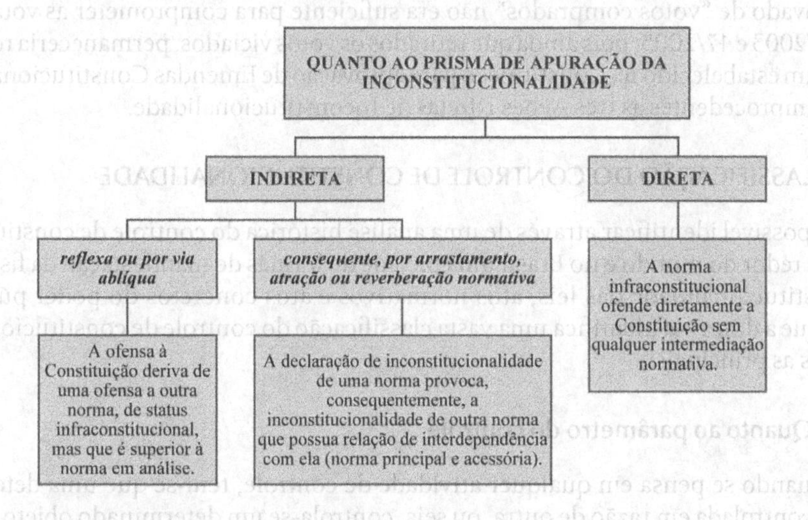

3.6 Inconstitucionalidade circunstancial

A inconstitucionalidade circunstancial dá-se em situações nas quais, embora a norma seja constitucional de forma geral e abstrata e em termos amplos de aplicação (sua aplicação se mostra constitucional em diversas situações e casos reais), a sua aplicação em uma determinada situação específica e concreta (um certo caso real) se mostra incompatível com a Constituição, o que a torna inconstitucional circunstancialmente, isto é, a norma é constitucional, mas a sua aplicação naquele caso específico é circunstancialmente inconstitucional em razão da complexidade fático-jurídico daquela situação.

3.7 Inconstitucionalidade por vício de decoro parlamentar

A inconstitucionalidade por vício de decoro parlamentar ocorre por vício na formação da vontade no processo legislativo em razão de suborno, propina, corrupção, esquemas de compra de voto e troca de favores, dentre outras condutas ilegais, imorais e ímprobas, manipulando a vontade parlamentar, que se forma não pela convicção política dos legisladores, mas pelas vantagens pessoais que terão em razão de favorecimentos espúrios, tornando o processo legislativo fraudulento e corrompendo a expressão da vontade popular por meio de seus representantes, ofendendo os princípios da legalidade e da moralidade pública, bem como os princípios republicano e democrático (democracia representativa).

O STF enfrentou o tema no julgamento das ADIs 4887, 4888 e 4889 ajuizadas contra a EC 41/2003 e a EC 47/2005 (Reformas da Previdência) sob alegação de que a matéria teria sido aprovada por meio de compra de votos, com o auxílio de parlamentares condenados na Ação Penal 470, referente ao "mensalão". Na ocasião a Corte reconheceu a tese da ***inconstitucionalidade por vício de decoro parlamentar***, em razão do vício de manifestação de vontade do parlamentar, em decorrência do esquema de compra de votos, porém, firmou o entendimento de que, para tanto, ***é necessária a demonstração inequívoca de que, sem os votos viciados pela ilicitude, o resultado teria sido outro***. No caso, apenas sete parlamentares foram condenados pelo STF na AP 470, por ficar comprovado que eles participaram do esquema de compra e venda de votos e apoio político conhecido como mensalão. Assim, como o número comprovado de "votos comprados" não era suficiente para comprometer as votações das ECs 41/2003 e 47/2005, pois ainda que retirados os votos viciados, permaneceria respeitado o quórum estabelecido na Constituição para aprovação de Emendas Constitucionais, o STF julgou improcedentes as três Ações Diretas de Inconstitucionalidade.

4. CLASSIFICAÇÃO DO CONTROLE DE CONSTITUCIONALIDADE

É possível identificar através de uma análise histórica do controle de constitucionalidade ao redor do mundo e no Brasil uma plêiade de formas de manifestação da fiscalização da constitucionalidade das leis, atos normativos e atos concretos do poder público, de modo que a doutrina identifica uma vasta classificação do controle de constitucionalidade, vejamos as principais:

4.1 Quanto ao parâmetro do controle

Quando se pensa em qualquer atividade de controle, tem-se que uma determinada coisa é controlada em razão de outra, ou seja, controla-se um determinado objeto em razão de um parâmetro de controle. No controle de constitucionalidade, controla-se as normas infraconstitucionais (objeto) em razão da Constituição (parâmetro). Entretanto, é importante notar, q esse parâmetro (normas constitucionais) pode sofrer algumas variações a depender do sistema de controle de constitucionalidade que está sendo analisado. Em razão disso, a doutrina identifica que o controle de constitucionalidade pode ter como parâmetro:

a) ***todas as normas da Constituição (formal e material):*** sem dúvidas, essa é a regra adota pela maioria dos sistemas de controle de constitucionalidade ao redor do mundo. No Brasil, esse é o parâmetro adotado no controle difuso de constitucionalidade e na Ação Direta de Inconstitucionalidade (ADI). Ademais, acerca do modelo brasileiro de controle de constitucionalidade, é importante registrar que, em face das disposições dos §§ 2º e 3º, do art. 5º, da CF/88, para além da Constituição formal, temos como parâmetro de controle normas apenas materialmente constitucionais, bem como normas previstas em Tratados Internacionais de Direitos Humanos dos quais o Brasil seja parte.

b) ***apenas algumas normas da Constituição:*** há sistemas de controle de constitucionalidade que não adotam todas as normas da Constituição como parâmetro de controle, mas apenas algumas normas, como, por exemplo, a Bélgica. Esse parâmetro limitado é utilizado em algumas ações concentradas no sistema brasileiro de controle de constitucionalidade, como, por exemplo, na Arguição de Descumprimento de Preceito Fundamental (ADPF), cujo parâmetro são apenas os preceitos fundamentais e não a Constituição toda, e na Ação Direta de Inconstitucionalidade Interventiva, cujo parâmetro são apenas os princípios constitucionais sensíveis e não a Constituição toda.

c) *todas as normas da Constituição mais o direito supralegal (ou mesmo supraconstitucional):* aqui tem-se um parâmetro de controle de constitucionalidade ampliado para além das normas constitucionais (formais e materiais), contemplando-se normas supralegais (ou supraconstitucionais), que estariam, até mesmo, acima da Constituição. Segundo alguns doutrinadores,[6] o sistema alemão de controle de constitucionalidade adota esse parâmetro de controle.

4.2 Quanto ao objeto do controle

Como vimos, o objeto é aquilo que é controlado (leis e atos do poder público) em face do parâmetro (Constituição). Entretanto, assim como o parâmetro, o objeto pode sofrer algumas variações a depender do sistema de controle de constitucionalidade que está sendo analisado. Em razão disso, a doutrina identifica que o controle de constitucionalidade pode ter como objeto:

a) *atos normativos do poder público*, como leis e demais atos que veiculam comandos deontológicos/normativos, como atos administrativos de um modo geral (decretos, regulamentos, resoluções etc.). No Brasil, historicamente, essa tem sido a regra de delimitação do objeto das ações de controle concentrado de constitucionalidade, sendo adotada, por exemplo na delimitação do objeto da Ação Direta de Inconstitucionalidade (ADI).

b) *atos não normativos e atos concretos do poder público.* No Brasil, os atos concretos podem ser objeto de controle difuso de constitucionalidade e, nas últimas décadas, têm sido gradativamente aceitos em ações de controle concentrado de constitucionalidade, como na Arguição de Descumprimento de Preceito Fundamental (ADPF).

c) *omissões indevidas do poder público.* As omissões inconstitucionais, aquelas que impedem, impossibilitam ou dificultam a produção integral dos efeitos de uma norma constitucional podem ser objeto de controle de constitucionalidade, isto é, controla-se a ausência da norma (a inércia do poder público em editar a norma infraconstitucional) ou mesmo uma norma infraconstitucional que tenha regulamentado um direito constitucional de forma insuficiente ou deficiente. No Brasil, há duas ações que se dedicam essencialmente ao controle das omissões dos poderes públicos, a Ação Direta de Inconstitucionalidade por Omissão (ADO) e o Mandado de Injunção (MI).

d) *atos privados que ofendam direitos fundamentais.* No Brasil, em razão da adoção da teoria da eficácia horizontal dos direitos fundamentais (ou da aplicabilidade dos direitos fundamentais nas relações privadas), é possível ter como objeto de controle de constitucionalidade difuso atos privados, como estatutos de associações ou contratos empresariais civis, por exemplo.

6. CUNHA JR. Dirley da. Curso de Direito Constitucional. 9. ed. Salvador: Juspodivm, 2015.

4.3 Quanto ao momento da realização do controle

a) *controle preventivo (ou a priori):* desenvolve-se antes o ato normativo completar seu percurso formativo e atingir sua perfeição, isto é, desenvolve-se durante o processo de elaboração do ato antes dele se tornar existente. O controle preventivo pode ser realizado por autoridades políticas ou judiciais, a depender do sistema de controle adotado por cada país em sua Constituição. ***No Brasil, o controle preventivo é essencialmente político,*** sendo realizado, por exemplo, pelas Comissões de Constituição e Justiça das casas legislativas, bem como por meio de veto do chefe do Poder Executivo a projetos de lei que lhe pareçam inconstitucionais etc. Embora o Supremo Tribunal Federal, em regra, não admita o ***controle jurisdicional preventivo,*** excepcionalmente, a Corte Constitucional admite em casos de Proposta de Emenda à Constituição (PEC) tendente a abolir cláusula pétrea, de modo que essa PEC pode ser objeto de Mandado de Segurança proposto perante o STF por parlamentar da casa legislativa na qual a PEC esteja tramitando.[7]

b) *controle sucessivo ou repressivo (ou a posteriori):* dá-se após a formação do ato, isto é, após a conclusão de seu processo formativo, independentemente do ato já estar em vigor ou não. No Brasil, o controle jurisdicional é essencialmente repressivo, ocorrendo após a formação do ato. Assim, por exemplo, uma lei para ser objeto de controle judicial de constitucionalidade, já deve ter sido promulgada (a promulgação é o ato pelo qual se atesta a existência de uma legislação, finalizando seu ciclo formativo), independentemente de sua publicação (que lhe confere eficácia) ou mesmo de já ter decorrido seu período de *vacatio legis* (antes do qual ela não entrará em vigor).

4.4 Quanto à natureza do órgão competente para o controle

a) *político ou não judicial:* dá-se quando a competência para a realização do controle de constitucionalidade é atribuída a um órgão de natureza não judicial, essencialmente política, estando ligado, historicamente, ao modelo francês de controle de constitucionalidade. ***No Brasil, o controle de constitucionalidade político é realizado essencialmente de forma preventiva,*** por exemplo, pelas Comissões de Constituição e Justiça das casas legislativas, bem como por meio de veto do chefe do Poder Executivo a projetos de lei que lhe pareçam inconstitucionais etc.

b) *judicial ou jurisdicional:* dá-se quando a competência para a realização do controle de constitucionalidade é atribuída a um órgão de natureza judicial, integrante da estrutura do Poder Judiciário. O sistema de controle de constitucionalidade brasileiro é predominantemente judicial.

c) *político-judicial (misto):* dá-se com a coexistência do controle político e do controle judicial, ambos com o mesmo peso e como regra geral do sistema de controle de constitucionalidade, cada um desenvolvendo sua função constitucional sem sobreposição de um sistema sobre o outro, como ocorre, por exemplo, na Suíça.[8]

---

7. STF, MS 20.257-DF, Rel. Min. Moreira Alves.
8. CAPPELLETTI, Mauro. O Controle judicial de constitucionalidade das leis no direito comparado. Porto Alegre: SAF, 1986.

4.5 Quanto ao número de órgãos judiciais competentes para o controle

a) *difuso:* é aquele em que o controle judicial de constitucionalidade é exercido por uma pluralidade de órgãos judiciais, ligando-se ao ***modelo estadunidense*** (ou americano), no qual todo e qualquer juiz ou tribunal pode realizar o controle de constitucionalidade.

b) *concentrado:* é aquele em que o controle judicial de constitucionalidade é exercido por um único órgão jurisdicional, ligando-se ao ***modelo austríaco***, idealizado por Hans Kelsen, no qual apenas o Tribunal Constitucional pode exercer o controle de constitucionalidade.

c) *difuso e concentrado (misto):* é aquele em que coexistem o controle difuso e o controle concentrado de constitucionalidade, de modo que todo e qualquer juiz ou tribunal pode realizar o controle (modelo difuso), mas, também, há ações que são impetradas somente perante a Corte Constitucional para a realização do controle (modelo concentrado), sendo o sistema ***adotado pelo Brasil***.

4.6 Quanto à finalidade do controle do controle judicial

a) *abstrato ou em tese (jurídico):* o controle jurisdicional será abstrato quando a ação tiver por finalidade a defesa objetiva da Constituição, não se desenvolvendo com base em um caso concreto, mas tendo exclusivamente a norma infraconstitucional como objeto da ação, de modo que, no âmbito do controle abstrato não se discute um caso real, mas apenas a compatibilidade da norma infraconstitucional com a Constituição.

b) *concreto (fático-jurídico):* o controle jurisdicional será concreto quando a ação estiver discutindo um caso real, concreto, que dependa, antes, de uma análise da constitucionalidade das normas ou atos do poder público que estejam sendo discutidas na demanda.

4.7 Quanto ao modo de manifestação do controle judicial

a) *por via incidental (por meio de exceção ou defesa):* o controle jurisdicional será incidental quando for realizado no curso da demanda, por meio de exceção ou defesa, com caráter prejudicial ao pedido principal. Ou seja, em uma ação cujo objetivo principal é outro (uma indenização, reconhecimento de paternidade, a liberdade de alguém, ou a anulação de um contrato, por exemplo), o controle de constitucionalidade se apresenta como motivo ou fundamento do pedido ou da defesa contra o pedido (causa de pedir), devendo ser julgado incidentalmente em caráter prejudicial, pois tem o condão de interferir no resultado final da demanda, entretanto, não é o objetivo principal da ação e sim uma de suas causas de pedir. Assim, ***o controle incidental sempre será concreto***, por depender da resolução de uma demanda decorrente de um caso real.

b) *por via principal (ou por via de ação):* o controle jurisdicional será principal quando a inconstitucionalidade for o pedido ou objeto da ação em si, ou seja, entra-se com uma ação cujo objetivo é o controle de constitucionalidade de uma norma ou ato do poder público. Aqui emergem as chamadas ações diretas, ações autônomas e especiais cujo objetivo é a realização do controle de constitucionalidade. Assim, ***em regra, o controle por via principal será abstrato***, entretanto há duas ações diretas no direito brasileiro que admitem a discussão de casos concretos: a Ação Direta de Inconstitucionalidade Interventiva e a Arguição *Incidental* de Descumprimento de Preceito Fundamental.[9]

9. CUNHA JR. Dirley da. Curso de Direito Constitucional. 9. ed. Salvador: Juspodivm, 2015, p. 257-258.

5. BREVE HISTÓRICO DOS MODELOS DE CONTROLE DE CONSTITUCIONALIDADE

O controle de constitucionalidade não chega a ser uma invenção absoluta da modernidade ou do constitucionalismo moderno. A verdade é que o controle de constitucionalidade encontra antecedentes históricos desde a Antiguidade Clássica, percorrendo, ainda que de forma tímida, a Idade Média, até chegarmos ao robusto sistema de controle de constitucionalidade moderno fundado na supremacia da Constituição, implementada, especialmente, após o surgimento das Constituições escritas e fortemente reforçada com o advento do constitucionalismo do pós-Guerra (ou neoconstitucionalismo, para alguns).

Sabe-se que onde quer que tenha existido um Estado, existiu também uma Constituição (material, pelo menos, ainda que não escrita). Isto acontece porque em toda e qualquer estrutura estatal, por mais rústica ou antiga que possa ser, exigiu uma certa organização, sendo regulamentada por normas, ainda que não escritas, que dispunham sobre a formação do Estado e o exercício de seus Poderes.

Do mesmo modo, haviam estruturas e meios, ainda que informais e pouco estruturados, para controlar as demais leis e normas que estivessem em desacordo com as normas superiores do Estado (normas que compunham sua Constituição material).

Nesse sentido, exemplificativamente, podemos lembrar que durante a ***Antiguidade Clássica***, em Atenas, diferenciavam-se as normas em *nómoi* e *pséfisma*. Os *nómoi*, que em linguagem moderna correspondem às leis constitucionais, destinavam-se à regulamentação da organização do Estado e do exercício de seu poder e só podiam ser alterados por procedimentos especiais. Já o *pséfisma*, que em linguagem moderna corresponde às leis ordinárias, deveria adequar-se formal e materialmente aos *nómoi*, sendo que a incompatibilidade entre *pséfisma* e *nómoi* era solucionada com a prevalência das normas previstas nos *nómoi*, em razão de sua superioridade.[10]

Na ***Idade Média***, vale destacar a supremacia das normas do direito natural, como norma superior de procedência divina apta a ensejar a nulidade das demais normas. Nesse sentido, registra Battaglini que, nesse período, "o ato soberano que tivesse infringido os limites postos pelo direito natural era declarado formalmente *nulo e não vinculatório*, tanto que o juiz competente para aplicar o direito era obrigado a considerar nulo (e por isto não obrigatório) seja o ato administrativo contrário ao direito (natural), seja a própria lei que se encontrasse em semelhante condição, mesmo que ela tivesse sido proclamada pelo Papa ou pelo Imperador".[11] Em sentido semelhante, na Inglaterra, pode-se destacar a supremacia da *Common Law* sobre o Rei e o Parlamento, que predominou na primeira metade do séc. XVII, fundamentada, especialmente, na doutrina de Edward Coke, cabendo aos juízes exercerem o controle da legitimidade das leis e dos atos do Rei e do Parlamento. Entretanto, com o advento da Revolução Gloriosa, em 1688, foi proclamada a doutrina da supremacia do Parlamento, até hoje vigente entre os ingleses.[12]

A partir da ***Idade Moderna***, acompanhamos o surgimento de alguns sistemas de controle de constitucionalidade cujas matrizes perduram até hoje e influenciam os atuais sistemas de controle de constitucionalidade existentes ao redor mundo, podendo ser reduzidas em três: ***i) matriz estadunidense*** *(1803)*; ***ii) matriz austríaca*** *(1920)*; ***e iii) matriz francesa*** *(1958)*.

10. CAPPELLETTI, Mauro. O Controle judicial de constitucionalidade das leis no direito comparado. Porto Alegre: SAF, 1986.
11. BATTAGLINI, M. Contributo allo studio comparato del controlo di constituzionalita. 1962, p. 663-770.
12. CUNHA JR. Dirley da. Curso de Direito Constitucional. 9. ed. Salvador: Juspodivm, 2015, p. 221 e ss.

5.1 O surgimento do controle de constitucionalidade moderno no sistema estadunidense (difuso) da judicial *review of legislation*

O sistema estadunidense (ou americano) de controle de constitucionalidade, surge a partir do famoso caso *Marbury vs. Madison*, julgado em 1803, pela Suprema Corte dos Estados Unidos da América do Norte, no qual estabeleceu-se a *judicial review of legislation*, fundamentada na cláusula de supremacia da Constituição (*supremacy clause*), consagrada no art. IV, cláusula 2ª, da Constituição dos E.U.A., de 1787.[13]

O leading case Marbury vs. Madison[14]

O contexto histórico

Conforme narra Luís Roberto Barroso, "nas eleições realizadas no final de 1800, nos Estados Unidos, o presidente John Adams e seus aliados federalistas foram derrotados pela oposição republicana, tanto para o Legislativo como para o Executivo. Thomas Jefferson viria a ser o novo Presidente. No apagar das luzes de seu governo, John Adams e o Congresso, no qual os federalistas ainda detinham maioria, articularam-se para conservar sua influência política através do Poder Judiciário. Assim, em 13 de fevereiro de 1801, fizeram aprovar uma lei de reorganização do judiciário federal (*the Circuit Court Act*), por via da qual, dentre outras providências: a) reduzia-se o número de Ministros da Suprema Corte, para impedir uma nova nomeação pelo Presidente que entrava; b) criavam-se dezesseis novos cargos de juiz federal, todos preenchidos com federalistas aliados do Presidente derrotado. Logo à frente, em 27 de fevereiro de 1801, uma nova lei (*the Organic Act of the District of Columbia*) autorizou o Presidente a nomear quarenta e dois juízes de paz, tendo os nomes indicados sido confirmados pelo Senado em 3 de março, véspera da posse de Thomas Jefferson. John Adams, assim, assinou os atos de insvestidura (*commissions*) dos novos juízes no último dia de governo, ficando seu Secretário de Estado, John Marshall, encarregado de entrega-los aos nomeados. Cabe o registro de que o próprio Marshall havia sido indicado pelo Presidente que saía para ocupar o cargo de Presidente da Suprema Corte (*Chief Justice*). E, embora seu nome tivesse sido aprovado pelo Senado e ele já tivesse prestado compromisso desde 4 de fevereiro de 1801, permaneceu no cargo de Secretário de Estado até o último dia do mandato de Adams. Pois bem: tendo um único dia para entregar os atos de investidura a todos os novos juízes de paz, Marshall não teve tempo de concluir a tarefa antes de encerrar o governo, e alguns dos nomeados ficaram sem recebê-los.

Thomas Jefferson tomou posse, e ser Secretário de Estado, James Madison, seguindo orientação do Presidente, recusou-se a entregar os atos de investidura àqueles que não os haviam recebido. Entre os juízes de paz nomeados e não empossados esta William Marbury, que propôs ação judicial (*writ of mandamus*), em dezembro de 1801, para ver reconhecido seu direito ao cargo. O pedido foi formulado com base em uma lei 1789 (*the Judiciary Act*), que havia atribuído à Suprema Corte competência originária para processar e julgar ações daquela natureza. A Corte designou a sessão de 1802 (1802 *term*) para apreciar o caso. Sucede, contudo, que o Congresso, já agora de maioria republicana, veio a revogar a lei de reorganização do Judiciário federal (*the Circuit Court Act*, de 1801), extinguindo os cargos que haviam sido criados e destituindo seus ocupantes. Para impedir questionamentos a essa decisão perante a Suprema Corte, o Congresso suprimiu a sessão da Corte em 1802, deixando-a sem se reunir de dezembro de 1801 até fevereiro de 1803. Esse quadro era agravado por outros elementos de tensão, dentre os quais é possível destacar dois: a) Thomas Jefferson não considerava legítima qualquer decisão da Corte que ordenasse ao governo e entrega doa atos de investidura, e sinalizava que não iria cumpri-la; b) a partir do início de 1802, a Câmara deflagrou processo de impeachment de um juiz federalista, em uma ação política que ameaçava estender-se até os Ministros da Suprema Corte. Foi nesse ambiente politicamente hostil e de paixões exacerbadas que a Suprema Corte se reuniu em 1803 para julgar *Marbury v. Madison*, sem antever que faria história e que este se tornaria o mais celebre caso constitucional de todos os tempos".[15]

O conteúdo da decisão

Segundo explica Luís Roberto Barroso, "*Marbury v. Madison* foi a primeira decisão na qual a Suprema Corte afirmou seu poder de exercer o controle de constitucionalidade, negando aplicação a leis que, de acordo com sua interpretação, fossem inconstitucionais. Assinale-se, por relevante, que a Constituição não conferia a ela ou a qualquer outro órgão judicial, de modo explícito, competência dessa natureza. Ao julgar o caso, a Corte procurou demonstrar que a atribuição decorreria logicamente do sistema. A argumentação desenvolvida por Marshall acerca da supremacia da Constituição, da necessidade do *judicial review* e da competência do judiciário na matéria é tida como primorosa. Mas não era pioneira nem original.

---

13. Dispõe a *supremacy clause*, consagrada no art. IV, cláusula 2ª, da Constituição dos E.U.A., de 1787: "*Esta Constituição, as leis dos Estados Unidos em sua execução e os tratados celebrados ou que houverem de ser celebrados em nome dos Estados Unidos constituirão o direito supremo do país. Os juízes de todos os Estados dever-lhe-ão obediência, ainda que a Constituição ou as leis de algum Estado disponham em contrário*".
14. Este resumo foi extraído integralmente da obra de: BARROSO, Luís Roberto. O controle de constitucionalidade no direito brasileiro. 6. ed. São Paulo: Saraiva, 2012. p. 25-32.
15. Ibidem, p. 25-27.

De fato, havia precedentes identificáveis em períodos diversos da história, desde a Antiguidade, e mesmo nos Estados Unidos o argumento já havia sido reduzido no período colonial, com base no direito inglês, ou em cortes federais inferiores e estaduais. Além disso, no plano teórico, Alexander Hamilton, no Federalista n. 78, havia exposto analiticamente a tese, em 1788. Nada obstante, foi com *Marbury v. Madison* que ela ganhou o mundo e enfrentou com êxito resistências políticas e doutrinárias de matizes diversos. No desenvolvimento de seu voto, Marshall dedicou a primeira parte à demonstração de que Marbury tinha direito à investidura no cargo. Na segunda parte, assentou que, se Marbury tinha o direito, necessariamente deveria haver um remédio jurídico para assegurá-lo. Na última parte, enfrentou duas questões distintas: a de saber se o *writ of mandamus* era a via própria e, em caso positivo, se a Suprema Corte poderia legitimamente concedê-lo.

À primeira questão respondeu afirmativamente. O *writ of mandamus* consistia em uma ordem para a prática de determinado ato. Marshall, assim, examinou a possibilidade de se emitir uma determinação dessa natureza a um agente do Poder Executivo. Sustentou, então, que havia duas categorias de atos do Executivo que não eram passíveis de revisão judicial: os atos de natureza política e aqueles que a Constituição ou a lei houvessem atribuído a sua exclusiva discricionariedade. Fora essas duas exceções, onde a Constituição e a lei impusessem um dever ao Executivo, o Judiciário poderia determinar seu cumprimento. Estabeleceu, dessa forma, a regra de que os atos do Poder Executivo são passíveis de controle jurisdicional, tanto quanto a sua constitucionalidade como quanto a sua legalidade.

Ao enfrentar a segunda questão – se a Suprema Corte tinha competência para expedir e writ –, Marshall desenvolveu o argumento que o projetou na história do direito constitucional. Sustentou, assim, que o § 13 da Lei Judiciária de 1789, ao criar uma hipótese de competência originária da Suprema Corte fora das que estavam previstas no art. 3ª da Constituição. Incorria em uma inconstitucionalidade. É que, afirmou, uma lei ordinária não poderia outorgar uma nova competência originária à Corte, que não constasse do elenco constitucional. Diante do conflito entre a lei e a Constituição. Marshall chegou à questão central do acórdão: pode a Suprema Corte deixar de aplicar, por inválida, uma lei inconstitucional?

Ao expor suas razões, Marshall enunciou os três grandes fundamentos que justificam o controle judicial de constitucionalidade. Em primeiro lugar, a supremacia da Constituição: 'Todos aqueles que elaboraram constituições escritas encararam-na como a lei fundamental e suprema da nação'. Em segundo lugar; e como consequência natural da premissa estabelecida, afirmou a nulidade da lei que contrarie a Constituição: 'Um ato do Poder Legislativo contrário à Constituição é nulo'. E, por fim, o ponto mais controvertido de sua decisão, ao afirmar que é o Poder Judiciário o intérprete final da Constituição: 'É enfaticamente da competência do Poder Judiciário dizer o Direito, o sentido das leis. Se a lei estiver em oposição à constituição a corte terá de determinar qual dessas normas conflitantes regerá a hipótese. E se a constituição é superior a qualquer ato ordinário emanado do legislativo, a constituição, e não o ato ordinário, deve reger o caso ao qual ambos se aplicam'."[16]

As consequências de *Marbury vs. Madison*

Como bem analisa Luís Roberto Barroso, "a decisão proferida pela Suprema Corte sujeitou-se a críticas diversas, muitas respaldadas por argumentos sólidos. Vejam-se algumas delas. Por haver participado direta e ativamente dos fatos que deram origem à demanda, Marshall deveria ter se dado por impedido de participar do julgamento. A decisão foi estruturada em uma sequência ilógica e equivocada do ponto de vista do direito processual, pois deveria ter se iniciado e encerrado no reconhecimento da incompetência da Corte. Havia inúmeros argumentos de natureza infraconstitucional que poderiam ter sido utilizados para indeferir o pedido, como o de que o direito ao cargo somente se adquire com a entrega efetiva do ato de investidura. A interpretação que levou Marshall a considerar a lei inconstitucional não era a única cabível, podendo-se reconhecer a incompetência da Corte ou o descabimento do writ por outras razões. E a falta de legitimidade democrática no desempenho desse papel pelo Judiciário.

E indiscutível que o voto de Marshall reflete, intensamente, as circunstâncias políticas de seu prolator. Ao estabelecer a competência do Judiciário para rever os atos do Executivo e do Legislador à luz da Constituição, era o seu próprio poder que estava demarcando, pode que, aliás, viria a exercer pelos trinta e quatro longos anos em que permaneceu na presidência da Corte. A decisão trazia, no entanto, um toque de inexcedível sagacidade política. É que as teses nelas veiculadas, que em última análise davam poderes ao Judiciário sobre os outros dois ramos de governo, jamais seriam aceitas passivamente por Jefferson e pelos republicanos do Congresso. Mas, como nada lhes foi ordenado – pelo contrário, no caso concreto foi a vontade deles que prevaleceu –, não tinham como descumprir ou desafiar a decisão.

Na sequência histórica, e à vista do modelo de Estado federal adotado nos Estados Unidos, a Suprema Corte estabeleceu sua competência para exercer também o controle sobre atos, leis e decisões estaduais em face da Constituição e das leis federais, conhecendo de recursos contra pronunciamentos dos tribunais dos Estados. Em 1819, no julgamento de *McCulloch v. Maryland*, voltou a apreciar a constitucionalidade de uma lei federal (pela qual o Congresso instituía um banco nacional), que, no entanto, foi reconhecida como válida. Somente em 1857, mais de cinquenta anos após a decisão *Marbury v. Madison*, a Suprema Corte voltou a declarar uma lei inconstitucional, na polêmica decisão proferida em *Dred Scott v. Sandford*, que acirrou a discussão sobre a questão escravagista e desempenhou papel importante na eclosão da Guerra Civil.

Marbury v. Madison, portanto, foi a decisão que inaugurou o controle de constitucionalidade no constitucionalismo moderno, deixando assentado o princípio da supremacia da Constituição, da subordinação a ela de todos os Poderes estatais e da competência do Judiciário como seu intérprete final, podendo invalidar os atos que lhe contravenham. Na medida em que se distanciou no tempo da conjuntura turbulenta em que foi proferida e das circunstâncias específicas do caso concreto, ganhou maior dimensão, passando a ser celebrada universalmente como o precedente que assentou a prevalência dos valores permanentes da Constituição sobre a vontade circunstancial das maiorias legislativas".[17]

16. Ibidem, p. 27-30.
17. Ibidem, p. 30-32.

Em suma, o sistema de controle de constitucionalidade americano, estabelecido a partir do julgamento de *Marbury vs. Madison*, possui como ***principais características:***

a) ***É judicial.*** Trata-se de um controle de constitucionalidade realizado por órgãos do Poder Judiciário e não por órgãos políticos.

b) ***É difuso.*** O controle pode ser realizado por todo e qualquer juiz ou tribunal, sendo a Suprema Corte o órgão judiciário central, possuindo a "última palavra" em matéria de controle de constitucionalidade.

c) ***É incidental e concreto.*** O controle se dá em razão de casos concretos levados à apreciação do Poder Judiciário, sendo analisado de forma incidental com caráter prejudicial ao pedido principal.

d) ***Produz efeitos inter partes.*** Em regra, o controle de constitucionalidade difuso produz efeitos apenas entre as partes envolvidas no caso concreto julgado. Entretanto, pelo princípio da *stare decisis* (ater-se ao decidido), as ***decisões*** de controle de constitucionalidade ***proferidas pela Suprema Corte produzem efeitos erga omnes dotados de força vinculante.***

e) ***Produz efeitos ex tunc.*** A decisão de controle de constitucionalidade difuso produz efeitos temporais retroativos (*ex tunc*), considerando-se o ato inconstitucional desde a sua origem, possuindo a decisão natureza meramente declaratória (declarando que a lei ou ato normativo é inconstitucional e, consequentemente, inválido, desde que foi criado).

5.2 O sistema austríaco (concentrado) de controle de constitucionalidade idealizado por Hans Kelsen

Até o início do século XX, os países europeus não haviam recepcionado a doutrina americana do controle judicial de constitucionalidade. Foi Hans Kelsen, em 1919, a pedido do governo da Áustria, quem escreveu a Constituição austríaca, que veio a ser promulgada em 1º de outubro de 1920 e que previa, pela primeira vez na história do constitucionalismo europeu, o controle judicial de constitucionalidade das leis, vindo a ser disseminado na Europa e pelo mundo, especialmente, após o fim da Segunda Guerra Mundial, possui como ***principais características:***

a) ***É judicial.***

b) ***É concentrado.*** O controle é realizado por um único órgão jurisdicional, o Tribunal Constitucional, que exerce o monopólio da jurisdição constitucional.

c) ***É principal e abstrato.*** O controle é realizado por via principal, isto é, mediante uma ação direta cujo pedido é justamente o controle da constitucionalidade de alguma lei ou ato normativo em abstrato (em si), isto é, desvinculado de qualquer caso concreto, ou seja, inexiste um caso real ou uma lide sendo discutidos, mas apenas a própria norma, trata-se, portanto, de um controle jurídico e não fático-jurídico.

d) ***Produz efeitos erga omnes.*** Os efeitos da decisão do controle de constitucionalidade concentrado são oponíveis a todos (atingem a todos) e não apenas as partes (até porque o controle é abstrato).

e) ***Produz efeitos ex nunc.*** A decisão tomada em controle de constitucionalidade concentrado, conforme idealizado por Hans Kelsen, deveria produzir efeitos apenas da decisão em diante (para o futuro, prospectivos, *ex nunc*), anulando o ato considerado inconstitucional, de modo que a decisão possuiria natureza constitutiva (declarando que a lei ou ato normativo é inconstitucional a partir da decisão da Corte Constitucional). Assim, no modelo austríaco, o Tribunal Constitucional atua como legislador negativo, isto é, como órgão apto a declarar que uma lei não é válida, excluindo-a do mundo jurídico (anulabilidade), vez que as normas jurídicas gozam de presunção de constitucionalidade até que o Tribunal as declare inconstitucionais.

5.3 O sistema francês (político) de controle de constitucionalidade e o conselho constitucional

O sistema francês de controle de constitucionalidade,[18] desenvolvido pela Constituição da V República da França de 1958, consiste em um sistema de controle político (não judicial) exercido pelo Conselho Constitucional, que é composto de membros nomeados pelo Presidente da República (3 membros), pelo Presidente da Assembleia Nacional (3 membros) e pelo Presidente do Senado (3 membros), bem como pelos ex-Presidentes da República (membros vitalícios de pleno direito).

No ***texto originário*** da Constituição de 1958, o controle de constitucionalidade era apenas *preventivo*, sendo realizado durante o processo de formação das leis, podendo ser obrigatório (quando se tratar de leis orgânicas e de regulamentos das Casas Parlamentares) ou facultativo (no caso de outras leis ou compromissos internacionais, sempre que o Conselho for provocado pelo Presidente da República, pelo Primeiro Ministro, pelo Presidente da Assembleia Nacional, pelo Presidente do Senado, ou por iniciativa de 60 deputados ou 60 senadores.

A partir das ***reformas constitucionais de 2008***, a Constituição da França passou a prever, concomitantemente ao controle preventivo, a possibilidade do exercício do controle de constitucionalidade abstrato *repressivo*, mediante a chamada exceção de inconstitucionalidade (*exception d'inconstitucionnalité*), proposta perante o Conselho Constitucional, provocada pelo Conselho de Estado ou pela Corte de Cassação.

6. EVOLUÇÃO HISTÓRICA DO CONTROLE DE CONSTITUCIONALIDADE NO BRASIL

6.1 Constituição de 1824

A Constituição Imperial não fez previsão de qualquer forma de controle de constitucionalidade, embora tenha conferido expressamente ao Poder Legislativo a atribuição de "velar pela guarda da Constituição" (art. 15, IX, da Constituição de 1824). Entretanto, no âmbito do constitucionalismo imperial, há de se destacar a figura do poder moderador,[19] que na sua idealização jurídico-política, tal qual estabelecida originalmente por Benjamin Constant, destinava-se a assegurar os direitos e liberdades individuais em face dos excessos dos demais poderes do Estado.[20] Nada obstante, no Brasil, o poder moderador não foi concebido e muito menos exercido dessa maneira, sendo, na verdade, utilizado como um instrumento de concentração de poder e não de limitação e controle.[21]

18. FAVOREU, Louis; et.al. Tribunales constitucionales europeos y derechos fundamentales. Madrid: Centro de Estudios Constitucionales, 1984.
19. BITTENCOURT, C. A. Lúcio. O contrôle jurisdicional da constitucionalidade das leis. Rio de Janeiro: Forense, 1949.
20. CONSTANT, Benjamin. Princípios de Política aplicáveis a todos os Governos. Rio de Janeiro: Topbooks, 2007.
21. CONTINENTINO, Marco Cesseb. História do Controle da Constitucionalidade das leis no Brasil. São Paulo: Almedina, 2015.

6.2 Constituição de 1891

A Constituição da República dos Estados Unidos do Brasil, de 1891, em razão de sua forte inspiração no constitucionalismo estadunidense, ***adotou o modelo judicial difuso de controle de constitucionalidade.***

Inicialmente, conforme defendia a doutrina majoritária encabeçada por Rui Barbosa,[22] esse controle poderia ser realizado por todo e qualquer juiz ou tribunal, nos moldes do modelo americano de controle de constitucionalidade, cabendo recurso para o Supremo Tribunal federal *"quando se questionar sobre a validade ou a aplicação de tratados e leis federais, e a decisão do tribunal do Estado for contra ela"*, nos termos do art. 59, § 1º, alínea a, da Constituição de 1891. Entretanto, para alguns juristas da época, essa disposição não seria suficiente para autorizar o Poder Judiciário a realizar o controle de constitucionalidade, por falta de uma redação expressa no sentido de dizer que eles poderiam fazê-lo.

Em reforço a posição majoritária, a Lei 221, de 1894, que completou a organização da justiça federal, em seu art. 13, § 10, veio a dispor que os *"juízes e tribunais apreciarão a validade das leis e regulamentos e deixarão de aplicar aos casos ocorrentes as leis manifestamente inconstitucionais e os regulamentos manifestamente incompatíveis com as leis ou com a Constituição"*.

E, para encerrar qualquer discussão, com a Reforma Constitucional de 1926, o art. 60, § 1º, alínea a, da Constituição de 1891 passou a dispor expressamente que caberia recurso para o Supremo Tribunal Federal *"quando se questionar sobre a vigência ou a validade das leis federais em face da Constituição e a decisão do Tribunal do Estado lhes negar aplicação"*.

6.3 Constituição de 1934

Em relação ao controle de constitucionalidade na Constituição de 1934, resumidamente, tivemos:

- Manutenção do controle de constitucionalidade judicial difuso (art. 76, III, *b* e *c*).
- Aproximação gradativa do sistema concentrado europeu através da adoção das seguintes inovações: *1)* exigência de maioria absoluta no âmbito dos tribunais para declarar a inconstitucionalidade de leis (art. 179); e *2)* competência do Senado Federal, após comunicado pelo Procurador Geral da República, para suspender a execução de leis e atos declarados inconstitucionais pelo Supremo Tribunal Federal (art. 91, IV c/c art. 96).
- Criação da Representação Interventiva, uma verdadeira Ação Direta de Inconstitucionalidade apta a provocar a Intervenção Federal nas hipóteses de ofensa, pelos Estados, aos princípios constitucionais sensíveis (art. 7º, I, alíneas *a* a *h*), sendo essa Representação atribuída ao Procurador Geral de República e proposta perante o Supremo Tribunal Federal (art. 12, V, § 2º). Assim, temos, ainda que de forma tímida, a ***adoção do sistema de controle concentrado de constitucionalidade.***

6.4 Constituição de 1937

Em relação ao controle de constitucionalidade na Constituição de 1937, resumidamente, tivemos:

22. BARBOSA, Rui. A Constituição de 1891. Rio de Janeiro: Ministério da Educação e Saúde, 1946.

- Manutenção do controle de constitucionalidade judicial difuso (art. 101, III, *b* e *c*), entretanto, com claros retrocessos democráticos e enfraquecimento da supremacia do Poder Judiciário no exercício do controle, prevendo a possibilidade de o Presidente da República submeter a lei declarada inconstitucional ao exame do Parlamento, sendo que se este a confirmasse por dois terços de votos em cada uma das Câmaras, a decisão do Tribunal ficaria sem efeito (art. 96, *parágrafo único*). Entretanto, como as Casas Legislativas não funcionavam na época do Estado Novo (ditadura varguista), pois não foram "convocadas", cabia ao próprio Presidente da República, por decreto-lei, exercer arbitrariamente essa faculdade.
- Exclusão da competência do Senado para suspender a execução de leis e atos declarados inconstitucionais pelo Supremo Tribunal Federal.
- Exclusão do controle de constitucionalidade concentrado, extinguindo a Representação Interventiva.
- Vedação expressa ao Poder Judiciário de exercer controle sobre "questões exclusivamente políticas" (art. 94).

6.5 Constituição de 1946

Em relação ao controle de constitucionalidade na Constituição de 1946, resumidamente, tivemos:

- Manutenção do controle de constitucionalidade judicial difuso (art. 101, III), nos moldes da Constituição de 1934.
- Reestabelecimento da supremacia do Poder Judiciário no exercício do controle.
- Reinserção das inovações criadas pela Constituição de 1934, isto é, da Representação Interventiva e da competência do Senado para suspender a execução de leis e atos declarados inconstitucionais pelo Supremo Tribunal Federal.
- Criação, em 1965, com a Emenda Constitucional 16, da ***Representação Genérica de Inconstitucionalidade*** (hoje chamada de Ação Direta de Inconstitucionalidade), nos moldes do modelo austríaco-kelseniano (art. 101, I, *k*), ***consagrando definitivamente a adoção de um sistema misto de controle de constitucionalidade*** (difuso e concreto).
- A Emenda Constitucional 16/1965, também, autorizou os Estados a instituírem processo de controle de constitucionalidade das leis e atos municipais em conflito com as Constituições estaduais, de competência dos Tribunais de Justiça dos Estados (art. 124, XIII).

6.6 Constituição de 1967

Em relação ao controle de constitucionalidade na Constituição de 1967, resumidamente, tivemos:

- Manutenção do sistema de controle de constitucionalidade implementado pela Constituição anterior, com poucas modificações.
- Não fez previsão do controle de constitucionalidade estadual que havia sido implementado pela Emenda Constitucional 16/1965.

- Por se tratar de um regime "constitucional" totalitário e arbitrário implementado por uma ditadura de natureza militar, o controle de constitucionalidade era "quase fictício", afinal, que juiz declararia as leis e atos governamentais inconstitucionais e ainda continuaria vivo e/ou com sua integridade física e moral preservada? Logo, durante a ditadura militar, o controle era previsto, mas pouco realizado e, quando feito, era extremamente tímido, fechando os olhos para a barbárie, para a arbitrariedade e para o abuso do poder.

6.7 Constituição de 1969 (Emenda Constitucional 1, de 1969)

Em relação ao controle de constitucionalidade na Constituição de 1969 (Emenda Constitucional1 de 1969), resumidamente, tivemos:

- Manutenção do sistema de controle de constitucionalidade nos moldes da Constituição de 1967, instituindo, entretanto, a Representação Interventiva para fins de Intervenção dos Estados no Municípios, proposta pelo Chefe do Ministério Público local perante o Tribunal de Justiça do Estado para assegurar a observância dos princípios constitucionais sensíveis indicados na Constituição estadual (art. 15, §3º, *d*).
- Com o advento da Emenda Constitucional 07, de 1977, houve a criação de duas novidades: *1)* Representação para fins de Interpretação de lei ou ato normativo federal ou estadual, proposta pelo Procurador Geral da República perante o Supremo Tribunal Federal (art. 119, I, *l*), novidade que não foi mantida pela Constituição de 1988; e *2)* Previsão de pedido de medida cautelar nas representações genéricas de inconstitucionalidade (art. 119, I, *p*), novidade mantida pela Constituição de 1988.
- O que dissemos sobre o exercício do controle de constitucionalidade pelo Poder Judiciário durante a Constituição de 1967, serve mais para a Constituição de 1969 (Emenda Constitucional 1 de 1969). Assim, em suma, por se tratar de um regime totalitário e arbitrário implementado por uma ditadura de natureza militar, o controle de constitucionalidade era "quase fictício", sendo previsto, mas pouco realizado e, quando feito, era extremamente tímido, fechando os olhos para a barbárie, para a arbitrariedade e para o abuso do poder.

6.8 Constituição de 1988

A Constituição brasileira de 1988 aprimorou o nosso sistema de controle judicial de constitucionalidade misto, consagrando e aperfeiçoando os modelos difuso-incidental e concentrado-principal. Ademais, aperfeiçoou, também, o nosso sistema de controle político de constitucionalidade. Assim, em suma, o sistema de controle de constitucionalidade implementado pela Constituição de 1988 possui:

1) *Controle judicial repressivo:* esta é a regra do controle de constitucionalidade brasileiro. Isto é, nosso sistema consagra um controle eminentemente jurisdicional e que, em regra, deve ser sempre repressivo (realizado após a criação da lei ou ato do poder público). Ademais, como dissemos, nosso sistema consagra os modelos difuso-incidental e concentrado-principal, que serão objetos de análise específica.
2) *Controle judicial preventivo:* embora o Supremo Tribunal Federal, em regra, não admita o controle jurisdicional preventivo no Brasil, excepcionalmente, a Corte Constitucional admite nos seguintes casos: *i) Proposta de Emenda à Constituição*

(PEC) tendente a abolir cláusula pétrea, de modo que essa PEC pode ser objeto de Mandado de Segurança proposto perante o STF por parlamentar da casa legislativa na qual a PEC esteja tramitando.[23] e *ii) Projeto de Lei (PL) ou PEC que desrespeite o devido processo legislativo*, de modo que o PL ou a PEC podem ser objeto de Mandado de Segurança proposto perante o STF por parlamentar da casa legislativa na qual esteja tramitando para assegurar a observância das normas constitucionais atinentes ao processo legislativo.[24]

3) *Controle político preventivo:* no Brasil, o controle político preventivo pode ser realizado tanto *pelo Poder Legislativo* (por exemplo, pelas Comissões de Constituição e Justiça da Câmara dos Deputados e do Senado Federal), como *pelo Poder Executivo* (por exemplo, por meio de veto do chefe do Poder Executivo a projetos de lei que lhe pareçam inconstitucionais – art. 66, §1º, da CF/88), de modo a evitar que leis e atos do poder público que ainda estejam em processo de elaboração venham a ser editados em desconformidade com a Constituição.

4) *Controle político repressivo:* no Brasil, o controle político repressivo pode ser realizado tanto *pelo Poder Legislativo* (por exemplo, quando o Congresso Nacional susta os atos normativos do Poder Executivo que exorbitem do poder regulamentar ou dos limites de delegação legislativa – art. 49, V, da CF/88 –, ou quando o Congresso Nacional rejeita Medida Provisória, seja por entender que ela é materialmente inconstitucional, ou por entender que ela não preenche os pressupostos constitucionais de relevância e urgência – art. 62, §5º, da CF/88), como *pelo Poder Executivo* (por exemplo, quando os agentes públicos, no exercício da autotutela,[25] anulam atos administrativos, de sua competência, que julguem ser inconstitucionais).

7. CONTROLE DIFUSO DE CONSTITUCIONALIDADE

Como vimos na abordagem da teoria geral, o controle judicial *difuso* de constitucionalidade, cuja origem remonta ao julgamento do *leading case Marbury vs. Madison* pela Suprema Corte dos Estados Unidos da América do Norte, em 1803, é aquele que *pode ser exercido por todo e qualquer juiz ou tribunal*, não se concentrando nas mãos de um único órgão judicial.

Trata-se de controle incidental, que pode ser provocado, *incidenter tantum*, por qualquer das partes litigiosas, em face de um determinado caso concreto que está sendo discutido perante o Poder Judiciário. É, portanto, questão *incidental* e não principal, porque é realizado no curso da demanda, por meio de exceção ou defesa, com caráter prejudicial ao pedido principal. Ou seja, em uma ação cujo objetivo principal é outro (uma indenização, reconhecimento de paternidade, a liberdade de alguém, ou a anulação de um contrato, por exemplo), o controle de constitucionalidade se apresenta como motivo ou fundamento do pedido (causa de pedir), devendo ser *julgado incidentalmente em caráter prejudicial*, pois tem o condão de interferir no resultado final da demanda, entretanto, não é o objetivo principal da ação e sim uma de suas causas de pedir.

Assim, *o controle incidental sempre será concreto*, vez que é realizado incidentalmente no curso de uma demanda judicial decorrente de um caso real, isto é, de um caso concreto a

23. STF, MS 20.257-DF, Rel. Min. Moreira Alves.
24. STF, MS 32.033, Rel. Min. Gilmar Mendes; STF, MS 34.530, Rel. Min. Luiz Fux.
25. Essa hipótese, em que pese seja mais comum no âmbito do Poder Executivo, não se aplica somente a ele, mas a todos os poderes no exercício da função administrativa.

ser julgado pelo Poder Judiciário que dependa, antes, de uma análise da constitucionalidade das normas ou atos do poder público que estão sendo discutidos no processo.

Deste modo, temos que a inconstitucionalidade suscitada incidentalmente, por via do controle difuso, pode referir-se a atos ou omissões do Poder Público, ostentando ***natureza prejudicial*** na demanda, vez que se trata de um antecedente lógico da lide, uma ***conditio sine qua non*** da resolução do conflito.

Diz-se, ainda, que o controle difuso é ***provocado por via de exceção (ou via de defesa)***, isto é, por meio de defesa oposta a uma lesão ou ameaça de lesão a direito (podendo ser essa defesa oposta pelo interessado do polo ativo ou passivo da ação) em razão de lei ou ato normativo inconstitucional.

7.1 Parâmetro

Como vimos, no controle de constitucionalidade, controla-se um determinado objeto (leis, por exemplo) em face de um determinado parâmetro (a Constituição formal, por exemplo). No Brasil, o controle judicial difuso tem como parâmetro:

i) ***toda e qualquer norma da Constituição de 1988*** (formal e material, inclusive aquelas incorporadas por Tratados Internacionais de Direitos Humanos com hierarquia constitucional – bloco de constitucionalidade) pode ser ***parâmetro de controle de constitucionalidade***, tendo como objeto atos editados ***após*** a promulgação da Constituição de 1988.

ii) ***toda e qualquer norma da Constituição de 1988*** pode ser ***parâmetro de análise de recepção***, tendo como objeto atos editados ***antes*** a promulgação da Constituição de 1988.

iii) ***toda e qualquer norma de Constituição Anterior*** pode ser ***parâmetro de controle de constitucionalidade***, tendo como objeto atos editados durante o período que essa Constituição pretérita ainda era vigente. Assim, por exemplo, a Constituição de 1946 pode ser parâmetro de controle de constitucionalidade tendo como objeto uma lei editada no ano de 1950, quando ela ainda era vigente.

7.2 Objeto

No controle de constitucionalidade, o objeto é aquilo que é controlado em face da Constituição, referindo-se normalmente às leis e atos normativos do Poder Público. No Brasil, o controle judicial difuso tem como objeto:

i) Atos editados após a promulgação da Constituição de 1988, em face da CF/88, ensejando ***controle de constitucionalidade***.

ii) Atos editados antes da promulgação da Constituição de 1988, em face da CF/88, ensejando ***análise de recepção*** e não controle de constitucionalidade.

iii) Atos editados antes da promulgação da Constituição de 1988, em face da Constituição que era vigente na época da edição do ato, ensejando ***controle de constitucionalidade***.

7.3 Legitimidade

A legitimidade para provocar o controle de constitucionalidade é amplíssima, abrangendo todos aqueles que integram a relação processual (autor, réu e eventuais terceiros intervenientes), bem como o Ministério Público (seja como autor, seja como fiscal da ordem jurídica) e o próprio órgão jurisdicional (juiz ou tribunal) de ofício. Assim, à luz da jurisprudência do STF, podemos apontar como legitimados a provocar o controle difuso de constitucionalidade:

i) o Autor da ação;

ii) o Réu;

iii) terceiros intervenientes;

iv) o Ministério Público;

v) qualquer juiz ou tribunal, de ofício, nas causas submetidas à sua apreciação, com exceção do Supremo Tribunal Federal no Recurso Extraordinário, vez que um dos pressupostos de admissibilidade desse recurso é o prequestionamento da questão constitucional.[26]

7.4 Competência

O controle difuso caracteriza-se justamente pelo fato de todo e qualquer juiz ou tribunal poder exercê-lo. Assim, respeitadas as normas processuais de competência previamente estabelecidas, o juiz ou tribunal competente para julgar a causa, será competente para exercer o controle de constitucionalidade difuso.

Assim, os ***juízes*** exercerão o controle de forma originária, enquanto os ***tribunais*** exercerão tanto de forma originária (em face das ações que já se iniciam no tribunal), como de forma recursal (em face das ações que são objeto de recurso para o tribunal).

Em relação ao ***Superior Tribunal de Justiça (STJ)*** é importante dizer que embora possa realizar o controle de constitucionalidade de forma originária (nas ações que iniciam no STJ), na via recursal sua competência é bem restrita, pois não pode apreciar incidente de controle de constitucionalidade em sede de Recurso Especial, sob pena de usurpar a competência do STF no Recurso Extraordinário, limitando-se, em grau de recurso, à análise de questões que não tenham sido objeto de discussão nas instâncias ordinárias.

Por fim, vale dizer que o ***Supremo Tribunal Federal (STF)***, também, é competente para o exercício do controle de constitucionalidade difuso (e não apenas do concentrado), seja de forma originária (nas ações que iniciam no STF), seja de forma recursal (nos recursos submetidos ao tribunal).

7.5 A inconstitucionalidade declarada pelos tribunais: procedimento e cláusula de reserva de plenário

O controle de ***constitucionalidade difuso-incidental realizado pelos juízes de primeiro grau*** não possui um procedimento especial, tratando-se de um incidente processual a ser apreciado pelo juiz na fundamentação da decisão como questão prejudicial de mérito, não havendo qualquer regulamentação específica em relação ao procedimento ou mesmo em relação à decisão judicial.

26. STF, ARE 1.137.118, julgado em 2018, Rel. min. Marco Aurélio.

Já o controle de ***constitucionalidade difuso-incidental realizado pelos tribunais***, de segundo grau ou superiores, em ações originárias ou por via recursal, possui regulamentação específica em relação ao procedimento e à decisão judicial.

Quanto ao ***procedimento*** do controle de constitucionalidade difuso-incidental perante os tribunais, temos que, nos termos dos arts. 948 a 950 do Código de Processo Civil (CPC), que regulamentam o incidente de arguição de inconstitucionalidade perante os tribunais, arguida a inconstitucionalidade de lei ou de ato normativo do poder público, o relator, após ouvir o Ministério Público e as partes, submeterá a questão à turma ou à câmara à qual competir o conhecimento do processo.

Se a arguição for rejeitada, prosseguirá o julgamento, ou seja, se a turma ou câmara decidirem pela constitucionalidade da norma, o julgamento prosseguirá normalmente em respeito ao princípio da presunção de constitucionalidade das normas.

Entretanto, ***se a arguição for acolhida***, a questão será submetida ao plenário do tribunal ou ao seu órgão especial, onde houver, em respeito à ***cláusula de reserva de plenário*** (art. 97, da CF/88), segundo a qual a inconstitucionalidade das normas, no âmbito dos tribunais, só pode ser declarada pela maioria absoluta dos membros do tribunal pleno ou do órgão especial do tribunal. Nesse caso, após remeter cópia do acórdão "provisório" (pelo qual a turma ou câmara demonstrou sua percepção pela inconstitucionalidade) a todos os juízes (os membros do tribunal pleno ou do órgão especial), o presidente do tribunal designará a sessão de julgamento. Aqui, três observações são importantes:

i) As pessoas jurídicas de direito público responsáveis pela edição do ato questionado poderão manifestar-se no incidente de inconstitucionalidade se assim o requererem, observados os prazos e as condições previstos no regimento interno do tribunal.

ii) A parte legitimada à propositura das ações previstas no art. 103 da CF/88 poderá manifestar-se, por escrito, sobre a questão constitucional objeto de apreciação, no prazo previsto pelo regimento interno, sendo-lhe assegurado o direito de apresentar memoriais ou de requerer a juntada de documentos.

iii) Considerando a relevância da matéria e a representatividade dos postulantes, o relator poderá admitir, por despacho irrecorrível,[27] a manifestação de outros órgãos ou entidades (***amicus curiae***).

Uma vez decidida a questão constitucional pelo plenário ou pelo órgão especial, o processo retorna à apreciação da turma ou câmara que, vinculada à decisão sobre a (in) constitucionalidade tomada pelo pleno (ou órgão especial), resolverá a lide. Ou seja, trata-se de um procedimento em que a decisão é fracionada, ficando a decisão sobre a inconstitucionalidade à cargo do tribunal pleno (ou órgão especial), que realizará apenas o controle de constitucionalidade de forma abstrata, e a decisão da causa (do caso concreto) à cargo da turma ou câmara, respeitada a decisão sobre a inconstitucionalidade, sendo por isso chamada de ***cisão funcional de competência no plano horizontal***.

Aqui, é importante dizer que não cabe recurso da decisão do plenário (ou do órgão especial) que resolve o incidente de inconstitucionalidade. Contudo, proferido o acórdão que resolve o caso, cabe Recurso Extraordinário para o Supremo Tribunal Federal, dentro das hipóteses constitucionalmente estabelecidas (art. 102, III, da CF/88).

---

27. STF, RE 1.017.365, Re. Min. Edson Fachin.

Feitos esses esclarecimentos sobre o procedimento do controle de constitucionalidade difuso-incidental perante os tribunais, precisamos analisar agora, de forma mais detida, a ***clausula de reserva de plenário***, também chamada de cláusula constitucional do *full bench* (ou *full court*) prevista no art. 97, da CF/88, segundo o qual, *"somente pelo voto da maioria absoluta de seus membros ou dos membros do respectivo órgão especial poderão os tribunais declarar a inconstitucionalidade de lei ou ato normativo do Poder Público"*. Isto é, no âmbito dos tribunais, as turmas ou câmaras não podem declarar a inconstitucionalidade de normas, ficando essa competência à cargo do pleno ou do órgão especial do tribunal, que só poderão fazê-lo por manifestação da maioria absoluta de seus membros.

Ademais, conforme entendimento sedimentado pelo STF na ***Súmula Vinculante 10***, *viola a cláusula de reserva de plenário a decisão de órgão fracionário de tribunal que, embora não declare expressamente a inconstitucionalidade de lei ou ato normativo do Poder Público, afasta sua incidência, no todo ou em parte*. Isto posto, nos termos da jurisprudência do Supremo Tribunal Federal, insta destacar que viola a cláusula de reserva de plenário e a Súmula Vinculante 10, do STF, a decisão de órgão fracionário do tribunal que permite que empresa comercialize produtos em desacordo com as regras previstas em decreto federal, sob o argumento de que este ato normativo violaria o princípio da livre concorrência.[28]

Entretanto, como vimos, a questão da inconstitucionalidade só será submetida ao pleno ou órgão especial caso a turma ou câmara entenda pela inconstitucionalidade da norma. Uma vez entendendo que a norma sob análise é constitucional, a turma ou câmara, em respeito ao princípio da presunção de constitucionalidade das normas, deve prosseguir no julgamento da causa normalmente, não submetendo a alegação de inconstitucionalidade ao pleno (ou órgão especial).

Além do caso de declaração de constitucionalidade da norma (art. 949, I, CPC), há alguns outros importantes casos de ***mitigação da aplicabilidade da cláusula de reserva de plenário***, destacando-se os seguintes:

1) nos termos do parágrafo único, do art. 949, do CPC, os órgãos fracionários dos tribunais não submeterão ao plenário ou ao órgão especial a arguição de inconstitucionalidade quando já houver pronunciamento destes ou do plenário do Supremo Tribunal Federal sobre a questão, isto é, caso o pleno (ou órgão especial) do respectivo tribunal ou o STF já tenham se manifestado sobre a inconstitucionalidade da norma, a turma ou câmara seguirão o entendimento firmado pela Corte sem necessidade de submeter a nova análise do plenário, sendo inaplicável, nesse caso, a cláusula de reserva de plenário.

2) nos casos em que a turma ou câmara utilizem a ***interpretação conforme à Constituição*** não há necessidade de se observar a cláusula de reserva de plenário.[29]

3) nos casos de ***análise de recepção de normas pré-constitucionais*** não há necessidade de se observar a cláusula de reserva de plenário.[30]

Por fim, é importante frisar que ***o Supremo Tribunal Federal***, também, ***se submete à cláusula de reserva de plenário***. Entretanto, diferentemente do que ocorre nos demais tribunais, quando as turmas do Supremo suscitarem a inconstitucionalidade de uma determinada norma, haverá o envio da questão como um todo, de modo que o pleno do STF realiza o

28. STF, RE 635.088-AgR, Rel. Min. Marco Aurélio.
29. STF, RE 460.971, julgado em 2007, Rel. Min. Sepúlveda Pertence.
30. STF, AI 582.280, julgado em 2011, Rel. Celso de Mello.

controle de constitucionalidade e já julga o caso concreto. Ademais, embora o STF tenha precedentes entendendo que, *no Recurso Extraordinário*, as turmas do STF não precisão observar a cláusula de reserva de plenário, podendo declarar a inconstitucionalidade de normas sem submeter a análise ao pleno,[31] mais recentemente, parece-nos que a Corte mudou seu posicionamento, nos levando a entender que que a cláusula de reserva de plenário aplica-se, inclusive, às turmas do STF.[32]

7.6 Efeitos da decisão

7.6.1 Efeitos temporais

Os efeitos temporais das decisões proferidas em sede de controle judicial difuso de constitucionalidade são, classicamente, *ex tunc*, de modo que, em regra, a decisão que reconhece a inconstitucionalidade de um determinado ato do poder público produz ***efeito declaratório retroativo*** à data de edição do ato, anulando-o desde a sua origem (o ato é nulo *ab initio*), por se tratar de ato absolutamente nulo, por ter sido produzido em desconformidade com a Constituição, já tendo nascido morto, tendo o direito brasileiro herdado essa compreensão da doutrina da *judicial riview* estadunidense, fundada a partir do célebre caso *Marbury vs. Madison*.[33]

Embora a regra seja que as decisões em controle difuso produzem efeitos retroativos (*ex tunc*), os estadunidenses desde o *leading case Likletter vs. Walker*, julgado em 1965 pela Suprema Corte dos Estados Unidos da América do Norte, admitem a ***manipulação ou modulação dos efeitos temporais*** da decisão, possibilitando ao órgão julgador que, excepcionalmente, em face das circunstâncias do caso concreto, confira efeitos irretroativos (*ex nunc*), ou mesmo que atribua efeitos prospectivos, à decisão.

No Brasil, o STF possui precedentes que datam do início da década de 1980, nos quais deixou de atribuir efeitos *ex tunc* (retroativos) em controle difuso-incidental de constitucionalidade[34] Entretanto, foi com o advento da Lei 9.868/1999 (art. 27) que tivemos a primeira previsão normativa atribuindo expressamente ao STF a competência para realizar a modulação de efeitos temporais. Nada obstante, essa previsão refere-se ao controle concentrado de constitucionalidade e não ao controle difuso, de modo que alguns ainda questionavam a legitimidade da Corte Constitucional para realizar a modulação em controle difuso.[35] Entretanto, com o advento do Código de Processo Civil de 2015, parece que a falta de previsão legal foi suprimida, também, em relação ao controle difuso, podendo ser identificada, pelo menos, nos arts. 927, §3º; 535, §6º; e 525, §13, todos do CPC.

A nosso ver, no âmbito do constitucionalismo instaurado pela Constituição de 1988, a modulação de efeitos em decisões de controle difuso de inconstitucionalidade proferidas pelo STF é legítima, desde que excepcional (por que a regra é a declaração de nulidade absoluta com efeitos retroativos), sempre fundada em razões de interesse social ou segurança jurídica

---

31. STF, RE 361.829-ED, julgado em 2010, Rel. Min. Ellen Gracie.
32. STF, ARE 791.932, Rel. Min. Alexandre de Moraes.
33. BUZAID, Alfredo. Da ação direita de declaração de inconstitucionalidade no direito brasileiro. São Paulo: Saraiva, 1958.
34. Por todos: STF, RE 78.533, julgado em 1981, Rel. Min. Firmino Paz.
35. A nosso ver esse questionamento, pelo menos, desde a Constituição de 1988, é totalmente impertinente, tendo o STF competência para realizar a modulação de efeitos, especialmente considerando que a Constituição é una, sendo necessário adotar a visão do direito como integridade, não se podendo afastar o sopesamento normativo em determinados casos concretos. DWORKIN, Ronald. Levando os Direitos a Sério. 3. ed. São Paulo: Martins Fontes, 2010.

que exijam em determinado caso concreto a manipulação dos efeitos, sob pena de se conferir uma decisão muito mais inconstitucional, temerária e ofensiva ao sistema constitucional como um todo, que poderá trazer muito mais prejuízos (ao direito como integridade), do que benefícios, sendo esse o entendimento sólido do STF.[36]

Aqui, insta destacar que, em sede de Recurso Extraordinário, segundo o Supremo Tribunal Federal, exige-se ***quórum de 2/3*** dos membros do STF para modular os efeitos de decisão que declara a inconstitucionalidade de lei ou ato normativo. Porém, exige-se apenas o ***quórum de maioria absoluta*** dos membros do STF para modular os efeitos de decisão proferida em recurso extraordinário repetitivo, com repercussão geral, no caso em que não tenha havido declaração de inconstitucionalidade da lei ou ato normativo.[37]

Por último, vale registrar que o Supremo Tribunal Federal, em suas últimas manifestações sobre o tema, deixou assente que ***é possível o uso da manipulação dos efeitos temporais em decisões de não recepção de direito pré-constitucional***, também, com base em razões de interesse social ou segurança jurídica, permitindo que norma não recepcionada ainda possa produzir efeitos por um determinado tempo fixado na decisão.[38]

7.6.2 Efeitos quanto ao aspecto subjetivo

Em razão do controle difuso-incidental de constitucionalidade realizar-se no curso de um determinado caso concreto submetido ao Poder Judiciário, os seus efeitos quanto ao aspecto subjetivo, em regra, limitam-se às partes envolvidas naquele processo específico, isto é, ***o controle difuso produz efeitos inter partes***, não se estendendo a terceiros que não componham aquela relação processual.

Diante disso, em regra, o controle difuso-incidental, em que pese declare a ***norma nula ab initio*** (por ser absolutamente nula), ***não a invalida para todos***, pois não produz efeitos *erga omnes* (oponíveis a todos), mas apenas para as partes do processo que está sendo julgado, de modo que a norma continua plenamente válida no ordenamento jurídico para as demais relações. É interessante notar que isso pode levar a decisões contraditórias no âmbito do Judiciário, de modo a reconhecer a mesma norma como sendo constitucional em alguns casos e inconstitucional em casos semelhantes, gerando insegurança jurídica e descrédito às decisões judiciais.

Diante disso, há muito tempo nos Estados Unidos da América do Norte (nascedouro do controle difuso), pelo princípio da *stare decisis* (ater-se ao decidido), as decisões de controle de constitucionalidade difuso proferidas pela Suprema Corte produzem efeitos erga omnes dotados de força vinculante.

Nessa mesma linha, a jurisprudência do Supremo Tribunal Federal tem evoluído de modo a reconhecer que ***as decisões proferidas pelo STF em controle difuso de constitucionalidade produzem efeitos erga omnes*** (oponíveis a todos). Assim, segundo o atual entendimento do Supremo, as decisões em controle difuso de constitucionalidade proferidas pelo próprio STF produzem efeitos *erga omnes*, enquanto as decisões proferidas pelos demais órgãos do Judiciário produzem efeitos *inter partes*.[39]

36. Por todos: STF, AI 641.798, Rel. Min. Joaquim Barbosa.
37. STF, RE 638.115, Rel. Min. Gilmar Mendes.
38. Por todos: STF, RE 600.885, julgado em 2011, Rel. Min. Cármen Lúcia.
39. STF, ADI 3.406 e ADI 3.470, julgadas conjuntamente em 2017, Rel. Min. Rosa Weber.

7.6.2.1 A atuação do Senado Federal no controle difuso

Como vimos, em regra, a decisão que declara a inconstitucionalidade de norma do poder público pela via difusa, em regra, produz efeitos *inter partes*. Até 2017, o Supremo Tribunal Federal entendia que mesmo nos casos julgados pelo próprio STF (de forma originária ou pela via recursal), a decisão em controle difuso produziria efeitos apenas entre as partes. Esse entendimento estava embasado na previsão do *art. 52, X, da CF/88*, segundo o qual *compete privativamente ao Senado Federal suspender a execução, no todo ou em parte, de lei declarada inconstitucional por decisão definitiva do Supremo Tribunal Federal*.

Ocorre que, por diversos fatores, dentre os quais se destacam a insegurança jurídica, a falta de uniformidade das decisões do Judiciário e a pouquíssima atuação do Senado Federal no exercício dessa competência, muitos doutrinadores, bem como parte dos Ministros do Supremo Tribunal Federal, encabeçados pelo Min. Gilmar Mendes, defendiam que o próprio STF poderia, sem intermédio do Senado Federal, conferir efeitos *erga omnes* às decisões proferidas pela Corte Constitucional em controle difuso de constitucionalidade, objetivando os efeitos *inter partes*, isto é, tornando-os oponíveis a todos de forma geral e abstrata (abstrativização dos efeitos).

Essa tese encabeçada pelo Min. Gilmar Mendes chegou a ser avaliada pelo Supremo Tribunal Federal ao longo dos anos, contudo sem se sagrar vencedora,[40] até que *no ano de 2017*, modificando seu entendimento anterior, ***o Supremo aderiu à tese da abstrativização dos efeitos*** das decisões preferidas pelo STF no controle difuso de constitucionalidade, dispensada a atuação do Senado Federal.[41]

7.6.2.2 A abstrativização (ou objetivação) dos efeitos no controle difuso: mutação constitucional?

A tese da abstrativização dos efeitos defende que as decisões do Supremo Tribunal Federal em controle difuso de constitucionalidade produzam efeitos *erga omnes*, independentemente da atuação do Senado Federal (art. 52, X, da CF/88).

Como vimos, nos termos do art. 52, X, da CF/88, *compete privativamente ao Senado Federal suspender a execução, no todo ou em parte, de lei declarada inconstitucional por decisão definitiva do Supremo Tribunal Federal*.

A questão aqui, então, é saber: atribuir ao STF a competência para conferir efeitos *erga omnes* às suas decisões proferidas em controle difuso de constitucionalidade implicaria em modificar a normatividade constitucional (aderindo-se à tese da mutação constitucional) ou implicaria apenas em reconhecer que, assim como o Senado pode suspender a execução de lei declarada inconstitucional por decisão definitiva do Supremo, o próprio Supremo, também, pode conferir efeitos *erga omnes* às suas decisões em controle difuso, com base na teoria dos poderes implícitos e da *stare decisis*? Ou seja, temos mutação constitucional e aquilo que era competência do Senado agora é do STF? Ou temos apenas duas competências comuns e complementares entre os dois órgãos?

Para entender essa discussão e responder a essas perguntas, é preciso analisar, pelo menos, dois julgados do STF. Vejamos:

40. Por todos, STF, Rcl. 4.335, Rel. Min. Gilmar Mendes.
41. STF, ADI 3.406 e ADI 3.470, julgadas conjuntamente em 2017, Rel. Min. Rosa Weber.

1º CASO – Reclamação Constitucional 4.335/AC: Tratava-se de Reclamação impetrada junto ao Supremo Tribunal Federal pelo fato do Juiz de Direito da Vara de Execuções Penais de Rio Branco/AC ter negado o pedido de progressão de regime dos reclamantes, em face de condenação pela prática de crimes hediondos. O principal fundamento apresentado pelos reclamantes era que o STF, no julgamento do HC 82.959/SP, reconheceu, por via incidental, que o art. 2º, §1º, da Lei 8.072/90, que vedava a progressão de regime pela prática de crimes hediondos, seria inconstitucional. Deste modo, no julgamento da Reclamação, passou-se a discutir a possibilidade de se conferir eficácia erga omnes às decisões da Corte Constitucional, em controle difuso de constitucionalidade, sem necessidade de manifestação do Senado Federal, o que afrontava o texto do art. 52, X, da CF/88, que afirma ser de *competência privativa do Senado Federal suspender a execução, no todo ou em parte, de lei declarada inconstitucional por decisão definitiva do Supremo Tribunal Federal*. Esse julgamento começou em 2007, tendo como Relator o Min. Gilmar Mendes, que sustentou em seu voto uma "mutação constitucional" da citada norma constitucional contra o seu próprio texto, defendendo literalmente a sua "***superação***". Após pedido de vista, o Min. Revisor, Eros Grau, proferiu seu voto acompanhando o relator e sustentando que a referida "mutação constitucional" teria o condão de "***substituir***" o texto normativo do art. 52, X, da CF/88. Em seguida, votaram os Ministros Sepúlveda Pertence e Joaquim Barbosa, que se posicionaram de forma contrária a essa mutação da norma constitucional contra o seu próprio texto. Após pedido de vista, em 2013, o Min. Ricardo Lewandowski, também, se posicionou de forma contrária a essa mutação inconstitucional. Já em 2014, o STF finalmente chegou a uma conclusão e, por maioria, conheceu e julgou procedente a reclamação, com os votos dos Ministros Teori Zavascki, Luís Roberto Barroso, Rosa Weber e Celso de Mello que se somaram aos votos dos Ministros Gilmar Mendes e Eros Graus, proferidos em 2007, quedando-se vencidos os Ministros Sepúlveda Pertence, Joaquim Barbosa, Ricardo Lewandowski e Marco Aurélio, que não conheceram da reclamação. Nada obstante, embora a decisão de procedência da Reclamação 4.335, o plenário do STF, em sua maioria, não aderiu à tese da mutação constitucional do art.52, X, da CF/88, não endossando a tese defendida pelos Min. Gilmar Mendes e Min. Eros Grau.

2º CASO – ADI 3.406/RJ e ADI 3.470/RJ: No julgamento conjunto dessas duas Ações Diretas de Inconstitucionalidade, o Supremo Tribunal Federal, por maioria, julgou improcedente as ações, declarando a constitucionalidade das leis estaduais que proíbem o minério e o uso do amianto e, incidentalmente, declarou a inconstitucionalidade do art. 2º da Lei Federal 9.055/1995, dispositivo que sequer havia sido impugnado, conferindo efeitos vinculante e *erga omnes* à decisão, adotando-se, por maioria, a tese da abstrativização dos efeitos do controle difuso, tendo como fundamento a mutação constitucional do art. 52, X, da CF/88. Assim, neste segundo caso, julgado em 2017 pelo STF, prevaleceu a tese da mutação constitucional, entendendo a maioria dos Ministros do STF que houve uma modificação da normatividade constitucional.

Por mais espantoso que possa parecer, nesses dois casos, alguns dos "guardiões da Constituição" defenderam que o texto da Constituição deveria ser superado e substituído por decisão judicial e não pelo Poder Constituinte Reformador. Aqueles que deveriam proteger a Constituição dos abusos, dos arbítrios, das leis e atos normativos inconstitucionais e, até mesmo, de reformas constitucionais inconstitucionais, agora estão decidindo contra o texto Constitucional e defendendo sua superação e substituição pelas suas próprias decisões.

Se retomarmos às definições de mutação constitucional apresentadas pela doutrina constitucionalista brasileira, é possível perceber que, na visão majoritária, a mutação constitucional consiste no processo informal de alteração das normas constitucionais, pelo qual altera-se o sentido do texto sem alterar-se o texto, modificando o seu significado, desde que essa modificação não seja contrária ao próprio texto constitucional.

Ocorre que, a nosso ver, ***o conceito de mutação representa uma tese "furada", ou mesmo uma tentativa de encobrir as dificuldades hermenêuticas da doutrina e da jurisprudência pátrias***. Como demonstra Flávio Pedron, a mutação constitucional é o resultado de uma leitura semântica da Constituição, com uma supervalorização do texto em detrimento da norma e revela a dificuldade (e as incoerências) de nossos juristas em lidar com os princípios constitucionais. Ademais, conforme demonstra o autor, a partir da perspectiva hermenêutica crítica desenvolvida por Ronald Dworkin, é possível negar-se a tese da mutação constitucional e apresentar uma solução em substituição a ela que seja verdadeiramente coerente: a interpretação construtiva, possibilitada pela teoria do direito como integridade.[42]

Ademais, como ficou claro nos casos apresentados, o Supremo Tribunal Federal, ao contrário do que defende a doutrina nacional, fundamentou-se na tese da mutação constitucional para proferir uma decisão contra o próprio texto da Constituição, usurpando o Poder Constituinte Reformador, sustentando uma interpretação que colide frontalmente com a própria redação da Constituição, na tentativa de apagá-la ou reescrevê-la.

A bem da verdade, com as devidas vênias, ***expressiva parte da jurisprudência do STF, em termos de Mutação Constitucional, tem sido demasiadamente incoerente e inconstitucional, julgando, o tribunal, de forma contrária ao texto da Constituição***. Estamos falando, literalmente, de modificações jurisprudenciais que vêm a dizer exatamente o contrário do que diz o texto da Constituição, sendo, portanto, inconstitucionais.

Por fim, vale registrar ***nossa posição acerca do tema:*** a nosso ver, a tese da abstrativização dos efeitos do controle difuso de constitucionalidade pode ser adota pelo Supremo Tribunal Federal nas decisões proferidas pelo pleno da Corte, desde que se reconheça que o Supremo pode conferir efeitos *erga omnes* com base na teoria dos poderes implícitos e da *stare decisis*, possuindo uma competência implícita comum e complementar à competência do Senado Federal prevista no art. 52, X, da CF/88, de modo que o Senado, também, pode, por força expressa de norma constitucional, suspender a execução de lei declarada inconstitucional por decisão definitiva do STF.

7.7 Tipos de ação no controle difuso de constitucionalidade

O controle difuso de constitucionalidade, em tese, ***pode ser exercido em qualquer tipo de ação judicial***, vez que se trata de controle incidental, realizado de forma prejudicial ao pedido principal. Deste modo, a parte (autor, réu, terceiros intervenientes) ou o Ministério Púbico (como parte ou como fiscal da ordem jurídica) podem suscitar a inconstitucionalidade como fundamento de seus pedidos, assim como o juiz pode reconhecê-la de ofício, em qualquer espécie de ação judicial.

Além disso, há ações que pela natureza de seu objeto são mais intimamente ligadas ao exercício do controle de constitucionalidade difuso, dentre essas ações destacam-se as ***ações constitucionais de garantia*** (também chamadas de remédios constitucionais): ***habeas corpus, habeas data***, mandado de segurança individual e coletivo, mandado de injunção, ação popular, ação civil pública e reclamação constitucional. É interessante notar que essas

42. PEDRON, Flávio Quinaud. Mutação Constitucional na crise do positivismo jurídico. Belo Horizonte: Arraes, 2012.

ações, em regra, têm como objeto discussões que tratam sobre direitos fundamentais ou sobre a preservação da competência e da autoridade das decisões dos órgãos jurisdicionais, que são matérias tipicamente constitucionais.

Por fim, é importante registrarmos que a legitimidade do ***controle difuso de constitucionalidade na Ação Civil Pública*** já foi questionada doutrinariamente e judicialmente. Entretanto, atualmente, o Supremo Tribunal Federal tem posição consolidada sobre o tema, entendendo que é legítimo o uso da ação civil pública como instrumento idôneo de fiscalização incidental de constitucionalidade, pela via difusa, de quaisquer leis ou atos do Poder Público, mesmo que o objeto da ação trate de direito difuso ou coletivo, desde que a inconstitucionalidade seja questão incidental, de natureza prejudicial, indispensável à resolução do litígio principal, isto é, desde que a inconstitucionalidade seja discutida incidentalmente, como causa de pedir, não podendo ser o objeto (pedido) principal da ação, vez que a Ação Civil Pública não pode ser sucedânea (substituta) da Ação Direta de Inconstitucionalidade.[43] Além disso, é importante registrar que, em relação ao controle difuso de inconstitucionalidade, a decisão na Ação Civil Pública tomada pelos demais órgãos do Poder Judiciário produzirá apenas efeitos ***inter partes*** e não *erga omnes*, sob pena de se usurpar competência do Supremo Tribunal Federal.[44]

8. CONTROLE CONCENTRADO DE CONSTITUCIONALIDADE

O controle judicial concentrado de constitucionalidade é aquele exercido por um único órgão jurisdicional, ligando-se ao ***modelo austríaco***, idealizado por Hans Kelsen, no qual o Tribunal Constitucional é responsável por exercer o controle de constitucionalidade.

O controle concentrado, basicamente, é exercido ***por via principal (ou por via de ação)***, assim a inconstitucionalidade é o pedido da ação e o principal objeto discussão e não mera causa de pedir ou fundamento, ou seja, entra-se com uma ação cujo objetivo é o controle de constitucionalidade de uma norma ou ato do poder público. Aqui emergem as chamadas ações diretas, ações autônomas e especiais cujo objetivo é a realização do controle de constitucionalidade.

Assim, ***em regra, o controle concentrado por via principal será abstrato***, ou seja. a ação terá por finalidade a defesa objetiva da Constituição, não se desenvolvendo com base em um caso concreto, mas tendo exclusivamente a norma infraconstitucional como objeto da ação, não se discutindo um caso real, mas apenas a compatibilidade da norma infraconstitucional com a Constituição. Entretanto há duas ações diretas no direito brasileiro que admitem a discussão de casos concretos: a Ação Direta de Inconstitucionalidade Interventiva e a Arguição *Incidental* de Descumprimento de Preceito Fundamental.

Como vimos em nossa abordagem histórica, ***no Brasil***, o controle concentrado de constitucionalidade inicialmente foi instituído pela ***Constituição de 1934*** que previa a ***Representação Interventiva***, uma verdadeira espécie de ação direta de controle de constitucionalidade para fins de intervenção federal. Entretanto, foi somente durante a vigência da ***Constituição de 1946*** que foi criada uma ação direta que visasse o controle de constitucionalidade concentrado das normas em geral. Isso ocorreu ***em 1965***, com a ***Emenda Constitucional 16***, que criou a ***Representação Genérica de Inconstitucionalidade*** (hoje chamada de Ação Direta de Inconstitucionalidade), nos moldes do modelo austríaco-kelseniano, ***consagrando definitivamente o controle concentrado de constitucionalidade*** entre nós.

43. Por todos: STF, RE 424.993; e STF, Rcl. 1.503.
44. Por todos: STF Rcl. 2.224.

A *Constituição de 1988* estabeleceu um complexo sistema de controle de constitucionalidade concentrado que conta com a seguintes ações diretas a serem propostas perante o Supremo Tribunal Federal no exercício de sua função de Tribunal Constitucional:

- Ação Direta de Inconstitucionalidade (*ADI*), prevista no art. 102, I, "a", CF/88;
- Ação Declaratória de Constitucionalidade (*ADC*), que não estava prevista no texto originário, mas que foi instituída pela Emenda Constitucional 3, de 1993, e agora encontra-se no art. 102, I, "a", CF/88;
- Ação Direta de Inconstitucionalidade por Omissão (*ADO*), prevista no art. 103, §2º, CF/88;
- Arguição de Descumprimento de Preceito Fundamental (*ADPF*), prevista no art. 102, §1º, CF/88;
- Ação Direta de Inconstitucionalidade Interventiva (*ADI Interventiva*), prevista no art. 36, III, CF/88.

9. AÇÃO DIRETA DE INCONSTITUCIONALIDADE (ADI)

A Ação Direta de Inconstitucionalidade (ADI) foi instituída em nosso sistema de controle de constitucionalidade, inicialmente, sob a designação de Representação Genérica de Inconstitucionalidade, pela Emenda Constitucional 16 de 1965, ainda na vigência da Constituição de 1946.

Sem dúvida, a Ação Direta de Inconstitucionalidade é a principal ação do controle concentrado de constitucionalidade brasileiro, por se tratar a ação genérica de controle pela via principal, de modo que as considerações feitas em relação à ADI serão importantes para a compreensão das demais ações diretas de controle.

9.1 Conceito

A Ação Direta de Inconstitucionalidade (ADI) consiste em ação concentrada de controle de constitucionalidade, pela via principal, que tem por finalidade declarar a inconstitucionalidade de leis ou atos normativos federais ou estaduais em contrariedade com a Constituição Federal, a ser impetrada perante o Supremo Tribunal Federal no exercício de sua função de Tribunal Constitucional.

9.2 Legitimidade ativa

Nos termos do art. 103, da CF/88, a legitimidade ativa (*ad causam*) para propor a Ação Direta de Inconstitucionalidade é restrita a algumas autoridades e órgãos representativos da sociedade, de modo que só podem propor a ADI:

i) Presidente da República;

ii) Mesa do Senado Federal;

iii) Mesa da Câmara dos Deputados;

iv) Mesa de Assembleia Legislativa ou da Câmara Legislativa do Distrito Federal;

v) Governador de Estado ou do Distrito Federal;

vi) Procurador-Geral da República;

vii) Conselho Federal da Ordem dos Advogados do Brasil;

viii) Partido político com representação no Congresso Nacional;

ix) Confederação sindical ou entidade de classe de âmbito nacional.

Para facilitar a memorização desses legitimados, é possível separá-los em quatro grupos, lembrando que apenas ***autoridades federais e estaduais*** e ***órgãos representativos federais*** é que podem propor as ações concentrados de controle de constitucionalidade em face da Constituição Federal. Assim, podem dividir os legitimados da seguinte maneira:

Autoridades do Poder Executivo	Presidente da República Governadores de Estado ou do Distrito Federal
Autoridades do Poder Legislativo	Mesa do Senado Federal Mesa da Câmara dos Deputados Mesa das Assembleias Legislativas dos Estados ou da Câmara Legislativa do Distrito Federal
Órgãos que atuam perante o Poder Judiciário (Funções Essenciais à Justiça)	Procurador Geral da República (que é uma autoridade, mas atua perante o Poder Judiciário) Conselho Federal da Ordem dos Advogados do Brasil
Órgãos de representação popular (Poder Popular)	Partido Político com representação no Congresso Nacional Confederação Sindical ou entidade de classe de âmbito nacional

Apresentados os legitimados *ad causam*, é importante registrarmos algumas observações importantes sobre eles no que diz respeito à necessidade de demonstração de pertinência temática, à capacidade postulatória e a alguns aspectos específicos de alguns deles.

A começarmos pela ***exigência (ou não) de demonstração de pertinência temática*** entre a ação proposta a atividade desempenhada pela autoridade ou órgão legitimado, pode-se classificar os legitimados em: a) legitimados especiais; e b) legitimados universais.

Os ***legitimados especiais*** são aqueles que devem demonstrar a pertinência temática entre a ação que estão propondo e a atividade que desempenham, sob pena de não conhecimento da ação por ausência de legitimidade *ad causam*.[45] Assim, eles devem demonstrar que a matéria que estão discutindo na ação relaciona-se com a atividade que desempenham, ou com o exercício de sua autoridade, ou com as pessoas que eles representam, ou seja, demonstrar que a inconstitucionalidade alegada reflete diretamente no âmbito de suas atividades ou das atividades daqueles a que representam.[46]

Nos termos da jurisprudência do Supremo Tribunal Federal,[47] ***são legitimados especiais*** a Mesa das Assembleias Legislativas dos Estados ou da Câmara Legislativa do Distrito Federal, o Governador de Estado ou do Distrito Federal e a confederação sindical ou entidade de classe de âmbito nacional.

Já os ***legitimados universais***, também chamados de *neutros*, são aqueles que não precisam demonstrar a pertinência temática entre a ação que estão propondo e a atividade que desempenham, por presumir-se seu interesse na impugnação de todas as leis e atos do poder público que sejam inconstitucionais, vez que, dentre suas atribuições institucionais (ainda que de forma implícita), está a defesa da ordem constitucional objetiva.

Nos termos da jurisprudência do Supremo Tribunal Federal, ***são legitimados universais*** o Presidente da República, a Mesa do Senado Federal, a Mesa da Câmara dos Deputados, o

45. STF, ADI 1.157-MC, Rel. Min. Celso de Mello.
46. STF, ADI 3.892 e ADI 4.270, ambas relatadas pelo Min. Joaquim Barbosa.
47. STF, ADI 1.507-MC-AgR, Rel. Min. Carlos Velloso.

Procurador Geral da República, o Conselho Federal da Ordem dos Advogados do Brasil e o Partido Político com representação no Congresso Nacional.

Legitimados Especiais	Legitimados Universais
Mesa das Assembleias Legislativas dos Estados ou da Câmara Legislativa do Distrito Federal; Governador de Estado ou do Distrito Federal; Confederação sindical ou entidade de classe de âmbito nacional.	Presidente da República; Mesa do Senado Federal; Mesa da Câmara dos Deputados; Procurador Geral da República; Conselho Federal da Ordem dos Advogados do Brasil; Partido Político com representação no Congresso Nacional.

Passando-se à *análise da capacidade postulatória*, temos que, segundo o Supremo Tribunal Federal, os legitimados dos incisos I a VII, do art. 103, da CF/88 possuem capacidade postulatória, estando aptos a ajuizarem a ADI perante o STF sem a necessidade de se fazerem representar por Advogado. Por outro lado, os legitimados dos incisos VIII e IX, do art. 103, da CF/88 não possuem capacidade postulatória e necessitam de Advogado ingressarem com a ADI perante o STF.

Assim, nos termos da jurisprudência do STF, o Presidente da República, a Mesa do Senado Federal, a Mesa da Câmara dos Deputados, a Mesa de Assembleia Legislativa ou da Câmara Legislativa do Distrito Federal, o Governador de Estado ou do Distrito Federal, o Procurador-Geral da República e o Conselho Federal da Ordem dos Advogados do Brasil, além de ativamente legitimados à instauração do controle concentrado de constitucionalidade, ***possuem capacidade postulatória, não necessitando se fazerem representar por advogado***, podendo, ainda, praticar quaisquer atos ordinariamente privativos de advogado nos processos de ação de controle concentrado de constitucionalidade.[48]

Por sua vez, os partidos políticos com representação no Congresso Nacional e as confederações sindicais ou entidades de classe de âmbito nacional não possuem capacidade postulatória, necessitando se fazerem representar por advogado devidamente constituído para ajuizarem ações de controle concentrado de constitucionalidade. Nesse sentido, nos termos do parágrafo único, do art. 3º, da Lei 9.868/1999 e da jurisprudência do STF,[49] a petição inicial da ADI, quando subscrita por advogado, deve ser acompanhada de instrumento de procuração com poderes específicos, no qual deve constar expressamente a lei ou o ato normativo que deve ser objeto de impugnação, sendo essa exigência, todavia, vício sanável, de modo que a ação só não será conhecida se a parte não promover a devida regularização quanto intimada para fazê-lo.[50]

Possuem Capacidade Postulatória	Não Possuem Capacidade Postulatória
Presidente da República; Mesa do Senado Federal; Mesa da Câmara dos Deputados; Mesa das Assembleias Legislativas dos Estados ou da Câmara Legislativa do Distrito Federal; Governador de Estado ou do Distrito Federal; Procurador Geral da República; Conselho Federal da Ordem dos Advogados do Brasil;	Partido Político com representação no Congresso Nacional. Confederação sindical ou entidade de classe de âmbito nacional.

Por fim, é importante registrarmos as seguintes ***observações*** específicas ***sobre alguns dos legitimados ad causam*** com base na jurisprudência do Supremo Tribunal Federal:

48. STF, ADI-QO 127, Rel. Min. Celso de Mello.
49. STF, ADI 2.187, Rel. Min. Octávio Gallotti.
50. STF, ADI 4.409, Rel. Min. Alexandre de Moraes; STF, ADI 6.051, Rel. Min. Cármen Lúcia.

1) Como o rol dos legitimados, previsto no art. 103 da CF/88, é um rol taxativo, a legitimidade *ad causam* do Presidente da República e dos Governadores ***não se estende aos vices***, salvo quando os vices estejam no exercício da função do titular, substituindo-os ou sucedendo-os, sendo a ação ajuizada durante esse exercício.[51]

2) O Presidente da República e os Governadores de Estado e do Distrito Federal possuem legitimidade para ***ajuizar ações de controle concentrado contra leis que eles mesmos tenham acabado de sancionar***, vez que percebendo a inconstitucionalidade, são legítimos interessados em vê-la sanada.[52]

3) A legitimidade dos ***Governadores de Estado e do Distrito Federal*** para propor ações de controle de constitucionalidade concentrado, ou recorrer de decisões proferidas em sede de controle concentrado, pertence aos próprios Governadores (*intuitu personae*) não se estendendo ao ente (ao Estado ou ao DF).[53] Por essa razão, o Governador deve subscrever a petição, podendo fazê-lo de forma isolada ou conjuntamente com o Procurador Geral do Estado ou outro Advogado. Assim, em regra, caso a petição (inicial ou recursal) esteja subscrita apenas pelo Procurador Geral, ainda que em nome do Governador, ela não será conhecida por ilegitimidade ativa, sendo necessário que o Governador subscreva a petição.[54] Entretanto, há uma exceção: os procuradores públicos têm capacidade postulatória para interpor *recursos* contra acórdãos proferidos em sede de ação de controle concentrado de constitucionalidade, nas hipóteses em que o legitimado para a causa outorgue poderes aos subscritores das peças recursais, isto é, caso haja procuração autorizando o advogado a recorrer.[55]

4) ***Os Governadores de Estado ou do Distrito Federal podem impetrar com ação de controle concentrado de constitucionalidade contra atos de outro ente federativo?*** Por exemplo: o Governador de Minas Gerais questionar a constitucionalidade de uma lei do Estado de Goiás? Os Governadores são legitimados especiais e, portanto, devem demonstrar a pertinência temática entre a ação que estão propondo e a atividade que desempenham, sob pena de não conhecimento da ação por ausência de legitimidade *ad causam*. Assim, se o Governador demonstrar a pertinência temática, ele poderá impetrar com a ação de controle contra ato normativo de outro ente federativo. Deste modo, em nosso exemplo, se o Governador de Minas Gerais demonstrar que a lei do Estado de Goiás lesa os interesses do Estado de Minas Gerais, ele poderá ingressar com a ação.[56]

5) A legitimidade das Mesas do Senado Federal e da Câmara dos Deputados para propor as ações de controle de constitucionalidade concentrado ***não se estende à Mesa do Congresso Nacional***, vez que o rol dos legitimados é taxativo e não exemplificativo.

---

51. STF, ADI 2.896, Rel. Min. Ellen Gracie.
52. STF, ADI 870 (QO), Rel. Min. Moreira Alves.
53. STF, ADI 4.420 ED-AgR, Rel. Min. Roberto Barroso.
54. STF, ADI 5.084, Rel. Min. Rosa Weber.
55. No caso, um procurador municipal recorreu ao STF contra um acórdão de controle de constitucionalidade estadual proferido pelo TJ do Estado sem a subscrição do prefeito municipal. Entretanto, como havia procuração autorizando-o a recorrer de qualquer decisão, em quaisquer instâncias, inclusive no STF, o Supremo abriu essa exceção, firmando o entendimento de que os procuradores públicos têm capacidade postulatória para interpor recursos extraordinários contra acórdãos proferidos em sede de ação de controle concentrado de constitucionalidade, nas hipóteses em que o legitimado para a causa outorgue poderes aos subscritores das peças recursais (STF, RE 1.068.600-AgR-ED-EDv, Rel. Min. Alexandre de Moraes).
56. STF, ADI 902-MC, Rel. Min. Marco Aurélio.

6) Sobre a legitimidade dos ***partidos políticos*** é importante registrar as seguintes observações:

i) os partidos devem possuir ***representação no Congresso Nacional***, bastando, para isso, que possuam um único representante em quaisquer de suas casas legislativas, seja na Câmara dos Deputados ou no Senado Federal;

ii) o partido político, para ajuizar ação de controle concentrado perante o STF, deve estar representado por seu ***Diretório Nacional***, sob pena de ilegitimidade ativa;[57]

iii) a aferição da legitimidade deve ser feita no ***momento da propositura da ação***, de modo que a perda superveniente de representação do partido político no Congresso Nacional não o desqualifica como legitimado ativo.[58]

7) Sobre a legitimidade das ***entidades de classe*** é importante registrar as seguintes observações:

i) a caracterização da entidade de classe decorre da representação de categoria empresarial ou profissional;

ii) somente as entidades nacionais são legitimadas para propor ações de controle concentrado, sendo consideradas de âmbito nacional as que estejam presentes em, pelo menos, 1/3 dos Estados da Federação, não bastando que a entidade declare no seu estatuto ou ato constitutivo que possui caráter nacional, sendo necessário que existam associados ou membros em pelo menos 9 Estados da Federação.[59] Entretanto, o STF já reconheceu a legitimidade de entidade de classe que possuía representação em menos de nove Estados da federação, em razão da relevância nacional da atividade e do fato da própria atividade ocorrer em poucas unidades da federação.[60]

iii) a entidade que não representa a totalidade de sua categoria profissional não possui legitimidade ativa para ajuizamento de ações de controle concentrado de constitucionalidade.[61]

iv) o STF, desde 2004, alterou sua jurisprudência e passou a admitir a legitimidade ativa das entidades de classe de segundo grau, também chamadas de associações de associações.[62]

8) Sobre a legitimidade das ***confederações sindicais*** é importante registrar as seguintes observações:

i) apenas as confederações sindicais (instituídas na forma do art. 535, da CLT) têm legitimidade ativa, não se estendendo às federações sindicais e aos sindicatos nacionais.[63]

ii) é necessário que a confederação sindical possua o devido registro sindical de Confederação Sindical no Cadastro Nacional de Entidades Sindicais (CNES).

57. STF, ADI 1.528 (QO), Rel. Min. Ellen Gracie.
58. STF, ADI 2.618- AgR-AgR, Rel. Min. Gilmar Mendes.
59. O Supremo Tribunal Federal aplicou por analogia as disposições da Lei Orgânica dos Partidos Políticos (Lei 9.096/95) para estabelecer essa exigência de presença da entidade de classe em, pelo menos, nove Estados da federação (STF, ADI 79 e ADI 3.287).
60. STF, ADI 2.866, Rel. Min. Gilmar Mendes.
61. STF, ADI 4.967, Rel. Min. Luiz Fux; e STF, ADI 6.465-AgR, Rel. Min. Alexandre de Moraes.
62. STF, ADI 3.153-AgR, Rel. Min. Sepúlveda Pertence.
63. STF, ADI 4.361-AgR, Rel. Min. Luiz Fux.

9.3 Competência

A competência para julgar a Ação Direta de Inconstitucionalidade de leis ou atos normativos federais ou estaduais perante a Constituição Federal é do ***Supremo Tribunal Federal*** (art. 102, I, *a*, da CF/88), no exercício de sua atribuição de Tribunal Constitucional.

Nada obstante, vale registrar que, além da ***Ação Direta de Inconstitucionalidade federal*** – proposta perante o STF, tendo como parâmetro a Constituição Federal –, existe, também, a ***Ação Direta de Inconstitucionalidade estadual*** – proposta perante os Tribunais de Justiça dos Estados ou do Distrito Federal, tendo como parâmetro a respectiva Constituição do Estado ou a Lei Orgânica do DF.

Assim, no Brasil, o controle de constitucionalidade concentrado é exercido, tanto pelo Supremo Tribunal Federal, em face da Constituição Federal, quanto pelos Tribunais de Justiça, em face das Constituições Estaduais e da Lei Orgânica do Distrito Federal. Entretanto, frise-se: no controle de constitucionalidade concentrado federal, o Supremo Tribunal Federal é o Tribunal Constitucional, isto é, é o órgão competente para realizar o julgamento das ações diretas, sendo, portanto, do ***STF*** a ***competência para julgamento da Ação Direta de Inconstitucionalidade (ADI)***.

Por fim, apenas para não restar dúvidas: neste tópico estudamos apenas a Ação Direta de Inconstitucionalidade federal. O controle de constitucionalidade estadual será estudado em tópico separado, ao final deste capítulo.

9.4 Parâmetro constitucional

Como vimos, no controle de constitucionalidade, controla-se um determinado objeto (leis, por exemplo) em face de um determinado parâmetro (a Constituição formal, por exemplo). Assim, o parâmetro nos indica em face de quais normas da Constituição uma lei ou ato normativo poderá ter sua validade analisada, isto é, nos indica quais são as normas constitucionais que servirão como referência para que o tribunal analise se as leis ou atos normativos são compatíveis com elas.

Na Ação Direta de Inconstitucionalidade, o parâmetro de controle são ***todas as normas da Constituição de 1988 que estejam vigentes***, sejam normas formalmente constitucionais ou apenas materialmente constitucionais,[64] inclusive aquelas incorporadas por Tratados Internacionais de Direitos Humanos com hierarquia constitucional – bloco de constitucionalidade.[65]

Para além disso, nos termos da jurisprudência do STF e da doutrina majoritária, é importante salientar que ***não podem ser parâmetro de ADI:***

i) o ***preâmbulo*** da Constituição, por não possuir força normativa;[66]

ii) ***normas constitucionais cuja eficácia já esteja exaurida***, ou seja, embora as normas do ADCT possam ser parâmetro de ADI, aquelas que já tenham sua eficácia exaurida, por já terem produzidos todos os seus efeitos e cumprido sua função no ordenamento jurídico, não podem ser parâmetro de ADI;

64. STF, ADI 1.055, Rel. Min. Gilmar Mendes.
65. STF, ADI 2.030, Rel. Min. Gilmar Mendes.
66. STF, ADI 2.076, Rel. Min. Carlos Velloso.

*iii) **normas constitucionais revogadas*** pelo Poder Constituinte Reformador.[67] Contudo, embora o Supremo Tribunal Federal tenha reconhecido que as normas da atual Constituição que tenham sido revogadas pelo Poder Constituinte Reformador não possam ser parâmetro de ADI,[68] o Supremo, atualmente, entende que, ***se a norma constitucional invocada como parâmetro for revogada no curso de uma ADI, a ação não fica prejudicada***, devendo ser julgada pela Corte.[69]

*iv) **normas de Constituições anteriores***, por terem sido globalmente revogadas, não estando mais em vigor.

9.5 Objeto

No controle de constitucionalidade, o objeto é aquilo que é controlado em face da Constituição, referindo-se normalmente às leis e atos normativos do Poder Público. Isto posto, partindo do art. 102, I, "a", da CF/88, temos que compete ao Supremo Tribunal Federal, precipuamente, a guarda da Constituição, cabendo-lhe processar e julgar, originariamente a Ação Direta de Inconstitucionalidade de lei ou ato normativo federal ou estadual.

Assim, nos termos constitucionais, ***o objeto da ADI são leis e atos normativos federais e estaduais.*** Aqui, é preciso fazer as seguintes observações preliminares:

1) A expressão ***leis*** refere-se às espécies legislativas previstas no art. 59, da CF/88, enquanto a expressão ***atos normativos*** abrange os demais atos normativos do poder público, isto é, os demais atos do poder público que prescrevam conteúdos deontológicos (de *dever-ser*), veiculando condutas de forma prescritiva (prescrevendo o que é permitido, o que é proibido e o que é obrigatório) e não de forma descritiva.

2) Conforme dicção constitucional, as ***leis e atos normativos municipais*** não podem ser objeto de ADI.

3) O Distrito Federal cumula as competências dos Estados e dos Municípios (art. 32, §1º, da CF/88), de modo que, quando as ***leis e atos normativos do Distrito Federal*** forem da competência estadual, a lei distrital será equipara à estadual, podendo ser objeto de ADI, por outro lado, quando as leis e atos normativos do Distrito Federal forem da competência municipal, a lei distrital será equipara à municipal, não podendo ser objeto de ADI, nos termos da Súmula 642, do STF.

4) As leis e atos normativos editados antes da promulgação da Constituição de 1988 não podem ser objeto de ADI, pois esta ação ***não é instrumento hábil para a realização de Análise de Recepção***, podendo-se concluir que apenas leis e atos normativos pós-constitucionais podem ser objeto de ADI.

Feitas essas observações preliminares, agora é preciso registrarmos alguns importantes ***posicionamentos jurisprudenciais do Supremo Tribunal Federal*** acerca do cabimento ou não da ADI, isto é, sobre quais atos podem ser objeto de ADI e quais não podem.

Assim, resumidamente, pode-se sistematizar o cabimento da ADI da seguinte maneira:[70]

67. STF, ADI 15, Rel. Min. Sepúlveda Pertence.
68. Isso não exclui a possibilidade de suscitar o controle difuso de constitucionalidade tendo como parâmetro a norma constitucional revogada, em uma situação concreta, em que se verifique que uma lei ou ato do poder público, produzidos durante a vigência dessa norma constitucional que posteriormente foi revogada, tenham sido produzidos em desacordo com ela.
69. STF, ADI 2158 e ADI 145, ambas relatadas pelo Min. Dias Toffoli.
70. FERNANDES, Bernardo G. Curso de Direito Constitucional. Salvador: Juspodivm, 2019, p. 1761-1764.

PODEM SER OBJETO DE ADI, ISTO É, CABE ADI CONTRA:
1) Espécies legislativas do art. 59, da CF/88 (espécies normativas primárias): Emendas à Constituição, Leis Complementares, Leis Ordinárias, Leis Delegadas, Medidas Provisórias, Decretos Legislativos e Resoluções. Por muito tempo o STF entendeu que não caberia ADI contra as ***espécies normativas primárias de efeito concreto.*** Entretanto, esse entendimento foi mitigado e hoje o Supremo, em regra, tem admitido ADI contra leis e atos normativos de efeitos concretos.[71] Sobre as ***Emendas à Constituição***, vale lembrar que elas precisam respeitar os limites expressos (art. 60, da CF/88) e implícitos ao Poder Constituinte Reformador, sob pena de serem inconstitucionais. Sobre as ***Medidas Provisórias***, o STF entende que os pressupostos da MP – relevância e urgência – só podem ser controlados de forma excepcionalíssima, por se tratar de um juízo discricionário, de natureza político, do chefe do Poder Executivo, a ser apreciado pelo Congresso Nacional.[72] Já em relação ao conteúdo e demais aspectos formais a ADI é cabível, de um modo geral.
2) Tratados e Convenções Internacionais, lembrando que, segundo o STF: *i)* os Tratados Internacionais de Direitos Humanos aprovados pelo rito do art. 5º, §3º, da CF/88, têm hierarquia constitucional, compondo o bloco de constitucionalidade; *ii)* os Tratados Internacionais de Direitos Humanos aprovados pelo rito ordinário têm hierarquia supralegal; e *iii)* os Tratados Internacionais que não versam sobre direitos humanos possuem hierarquia legal.
3) Leis Orçamentárias. Por muito tempo o STF entendeu que não caberia ADI contra as ***leis orçamentárias.*** Entretanto, esse entendimento foi modificado e hoje o Supremo admite sim ADI contra leis orçamentárias.[73]
4) Lei do Distrito Federal no exercício da competência estadual.
5) Decretos Autônomos do Presidente da República (art. 84, IV, da CF/88).[74]
6) Decretos do Presidente da República que promulgam Tratados e Convenções Internacionais.
7) Regimento interno das casas do Poder legislativo.[75]
8) Atos normativos do poder público, isto é, atos que prescrevam conteúdos deontológicos (de dever-ser), prescrevendo condutas (permitido, proibido e obrigatório).
9) Atos estatais de conteúdo derrogatório, por se tratarem de resoluções administrativas normativas que incidem sobre atos normativos.[76]
10) Resolução do Conselho interministerial de preços.[77]
11) Regimento interno dos Tribunais.
12) Resoluções do TSE.[78]
13) Resoluções do CNJ ou do CNMP.[79]
14) Resoluções ou deliberações administrativas de Tribunais.[80]
15) Recomendação de Tribunais que fixa competência de julgamento, por se revestir de caráter primário, autônomo e cogente. No caso específico que motivou esse entendimento, o STF reconheceu caber ADI contra recomendação conjunta de Tribunal de Justiça e Tribunal Regional do Trabalho que fixava competência à justiça do trabalho para autorizar o trabalho de crianças e adolescentes em eventos artísticos.[81]

71. STF, ADI 4.048-MC, Rel. Min. Gilmar Mendes e STF, ADI 4.049-MC, Rel. Min. Carlos Britto.
72. STF, ADI 1.055, Rel. Min. Gilmar Mendes.
73. STF, ADI 4.048-MC, Rel. Min. Gilmar Mendes.
74. STF, ADI 1.306, Rel. Min. Cármen Lúcia.
75. STF, ADI 1.635, Rel. Min. Maurício Correa.
76. STF, ADI 3.206, Rel. Min. Marco Aurélio.
77. STF, ADI 8, Rel. Min. Carlos Velloso.
78. STF, ADI 5.104-MC, Rel. Min. Roberto Barroso.
79. Por todas: STF, ADC 12, Rel. Min. Carlos Britto; STF, ADI 4.145, Rel. Min. Edson Fachin; e STF, ADI 4.263, Rel. Min. Roberto Barroso.
80. STF, ADI 3.202, Rel. Min. Cármen Lúcia.
81. STF, ADI 5.326, Rel. Min. Marco Aurélio.

NÃO PODEM SER OBJETO DE ADI, ISTO É, NÃO CABE ADI CONTRA:
1. Normas Constitucionais Originárias.
2. Leis ou atos normativos anteriores à Constituição de 1988 (normas pré-constitucionais).
3. Leis ou atos normativos já revogados, vez que a ADI não se destina à resolução de situações concretas.
4. ***Leis ou atos normativos revogados durante o trâmite da ADI.*** Assim, em regra, a ação ficará prejudicada por perda do objeto. Entretanto, há ***EXCEÇÕES*** admitidas pelo STF, nas quais a ADI prosseguirá e será julgada, mesmo com a revogação do ato questionado: ***i)*** em casos de ***fraude processual***, como, por exemplo, quando a lei revogadora tiver conteúdo idêntico ao da lei revogada;[82] ***ii)*** quando a ação tiver por objeto ***lei temporária***, havendo impugnação em tempo adequado e a sua inclusão em pauta se der antes do exaurimento da eficácia da lei;[83] ***iii)*** quando a lei revogadora dispor de forma muito próxima à lei revogada e, embora não restar configurada a fraude processual, não ocorra a desnaturalização significativa do conteúdo do impugnado.[84] ***iv)*** quando a ADI tiver sido proposto contra uma Medida Provisória e, antes do julgamento da ação, a Medida Provisória for convertida em lei sem alteração do texto impugnado.[85] ***v)*** quando for editada Medida Provisória com o intuito de revogar uma determinada lei que é objeto de ADI, a ação poderá ser julgada enquanto a Medida Provisória não tiver sido convertida em lei, pois Medida Provisória não revoga lei anterior, mas apenas suspende seus efeitos no ordenamento jurídico, em face do seu caráter transitório e precário.[86]
5. Leis declaradas inconstitucionais pelo STF de forma definitiva, tendo sido suspensas por Resolução do Senado Federal, nos termos do art. 52, X, da CF/88.
6. Leis Temporárias após o término de sua vigência.
7. Em casos em que haja conflito entre a ementa de uma lei e o seu conteúdo, por se tratar de um problema de redação, ou, no máximo, de legalidade.[87]
8. Leis ou atos normativos municipais.
9. Leis ou atos normativos do Distrito Federal no exercício de suas competências municipais, nos termos da Súmula 642, do STF.
10. Propostas de Emenda à Constituição.
11. Projetos de Lei.
12. Matérias *interna corporis* do Poder Legislativo.
13. Decretos Regulamentares (Decretos) do art. 84, IV, da CF/88, pois, segundo o STF, esses decretos serão ilegais e não diretamente inconstitucionais.[88]
14. Súmulas de tribunais e Súmulas Vinculantes.
15. Respostas à Consultas do TSE.[89]
16. Convenção Coletiva de Trabalho.
17. Atos normativos privados, como, por exemplo, contratos.

82. STF, ADI 3.306, Rel. Min. Gilmar Mendes.
83. STF, ADI 4.426, Rel. Min. Dias Tofolli.
84. STF, ADI 2.418, Rel. Min. Teori Zavascki.
85. STF, ADI 1.055, Rel. Min. Gilmar Mendes.
86. "Medida provisória não revoga lei anterior, mas apenas suspende seus efeitos no ordenamento jurídico, em face do seu caráter transitório e precário. Assim, aprovada a medida provisória pela Câmara e pelo Senado, surge nova lei, a qual terá o efeito de revogar lei antecedente. Todavia, caso a medida provisória seja rejeitada (expressa ou tacitamente), a lei primeira vigente no ordenamento, e que estava suspensa, volta a ter eficácia". STF, ADI 5.717, Rel. Rosa Weber.
87. STF, ADI 1.096, Rel. Min. Menezes Direito.
88. STF, ADI 4.409, Rel. Min. Alexandre de Moraes.
89. STF, ADI 1.805-MC, Rel. Min. Néri da Silveira.

9.6 Procedimento

A Ação Direta de Inconstitucionalidade tem seu procedimento regulamentado pela Lei 9.868/1999, tratando-se de uma ação constitucional com procedimento especial que obedece ao princípio da inércia da jurisdição, de modo que a manifestação do Supremo Tribunal Federal, por meio da ADI, depende da provocação de um dos legitimados do art. 103, da CF/88, por petição.

Nos termos da lei, a ***petição inicial*** da ADI ***deve indicar:***

i) ***o dispositivo da lei ou do ato normativo impugnado.*** Trata-se da indicação do próprio objeto da ação, vigorando o princípio do pedido ou da ***congruência do pedido***, segundo o qual o juiz só pode decidir sobre aquilo que lhe foi pedido, de modo que o tribunal só poderá se manifestar sobre a inconstitucionalidade dos dispositivos impugnados. Entretanto, o STF, excepcionalmente, tem declarado a inconstitucionalidade de dispositivos não impugnados na inicial pela técnica da ***inconstitucionalidade por arrastamento*** (consequente, por atração ou por reverberação normativa), que ocorre quando a declaração de inconstitucionalidade de uma norma provoca consequentemente o reconhecimento da inconstitucionalidade de outra norma que possua relação de interdependência com ela. Assim, por exemplo, quando o STF declara a inconstitucionalidade de uma norma principal (uma lei), ele pode (e deve) declarar a inconstitucionalidade de uma norma acessória (um decreto regulamentar) que dependa absolutamente da norma principal, ainda que isso não conste expressamente dos pedidos, sendo a norma acessória declarada inconstitucional por arrastamento ou por atração da declaração de inconstitucionalidade da norma principal.

ii) ***os fundamentos jurídicos do pedido em relação a cada uma das impugnações.*** Aqui, o tribunal não fica adstrito aos fundamentos apresentados na petição inicial, considerando-se a ***causa de pedir aberta***, podendo o STF fundamentar sua decisão tanto nos argumentos apresentados na inicial, como em outros argumentos, até porque o tribunal deve fazer uma análise da compatibilidade do dispositivo não apenas em relação a um dispositivo constitucional isolado, mas em relação a todo o sistema constitucional vigente.

iii) ***o pedido, com suas especificações.*** O autor pode pedir, além da tutela principal de declaração de inconstitucionalidade dos dispositivos normativos apontados na inicial, também, uma tutela cautelar com intuito de suspender os dispositivos impugnados até a decisão definitiva de mérito.

Além disso, diz a lei que a petição inicial será apresentada em duas vias, devendo conter cópias da lei ou do ato normativo impugnado e dos documentos necessários para comprovar a impugnação, bem como ser acompanhada de instrumento de procuração, quando subscrita por advogado.

Aqui, é importante registrar que, conforme dispõe a legislação, proposta a Ação Direta de Inconstitucionalidade, ***não se admitirá desistência.***

Caso a ***petição inicial*** seja considerada ***inepta, não fundamentada ou manifestamente improcedente,*** ela será liminarmente indeferida pelo relator da ação, cabendo, contudo, agravo para o pleno do STF dessa decisão de indeferimento da inicial.

Caso a ***petição inicial*** seja ***admitida***, o relator pedirá ***informações*** aos órgãos ou às autoridades das quais emanou a lei ou o ato normativo impugnado, devendo essas informações serem prestadas no prazo de trinta dias contado do recebimento do pedido do relator.

*Uma pergunta: É possível o **aditamento da inicial da ADI para a inclusão de novos dispositivos legais**?* O aditamento à petição inicial da ADI só é possível nas hipóteses em que a inclusão da nova impugnação: a) dispense a requisição de novas informações e manifestações; e b) não prejudique o cerne da ação. Fora isso, não é possível.[90]

Decorrido o prazo das informações, serão ouvidos, sucessivamente, o ***Advogado Geral da União*** e o ***Procurador Geral da República***, que deverão manifestar-se, cada qual, no prazo de quinze dias.

SOBRE A ATUAÇÃO DO PROCURADOR GERAL DA REPÚBLICA:
Além de ser um dos legitimados para propor a ADI, o Procurador Geral da República deverá ser previamente ouvido nas ações de inconstitucionalidade e em todos os processos de competência do Supremo Tribunal Federal, conforme dispõe o art. 103, §1º, da CF/88, atuando como ***custos constitucionis***, devendo manifestar-se de forma técnica, imparcial, defendendo a ordem constitucional e a supremacia da Constituição, sendo seu parecer, entretanto, meramente opinativo, não vinculando os Ministros do STF em sua decisão. O Procurador Geral da República pode se manifestar mesmo nas ações propostas por ele, podendo até emitir parecer pela improcedência da ação anteriormente proposta por ele, por ter mudado de opinião quanto a inconstitucionalidade, já que nesse caso não poderia desistir da ação, por expressa vedação do art. 5º, da Lei 9.868/1999.

SOBRE A ATUAÇÃO DO ADVOGADO GERAL DA UNIÃO:
Nos termos do art. 103, §3º, da CF/88, quando o Supremo Tribunal Federal apreciar a inconstitucionalidade, em tese, de norma legal ou ato normativo, citará, previamente, o Advogado Geral da União, que defenderá o ato ou texto impugnado, atuando como ***defensor legis*** e desempenhando sua atribuição de curador da presunção de constitucionalidade das normas, defendendo, em regra, a constitucionalidade das leis e atos normativos federais e estaduais. A jurisprudência do STF tem evoluído no sentindo de admitir que, excepcionalmente, o Advogado Geral da União defenda a inconstitucionalidade da norma impugnada, ou ainda a inconstitucionalidade parcial, flexibilizando sua atuação como *defensor legis* absoluto, de forma a entender, cada vez mais, que, na verdade, a norma do art. 103, §3º, da CF/88, consagra um ***direito de manifestação***, fundado em uma função constitucional autônoma e extraordinária desempenhada pelo AGU.[91]

Embora não se admita a ***intervenção de terceiros*** no processo de ação direta de inconstitucionalidade, o relator, considerando a relevância da matéria e a representatividade dos postulantes, poderá, por despacho irrecorrível, admitir a manifestação de outros órgãos ou entidades (***amicus curae***).

SOBRE O AMICUS CURAE:
Conforme já afirmou o STF, o estabelecimento do *"amicus curiae"* (Amigo da Corte) pela Lei 9.868/1999, permitiu, em consequência, que terceiros, desde que investidos de representatividade adequada, sejam admitidos na relação processual, para efeito de manifestação sobre a questão de direito subjacente à própria controvérsia constitucional. Entretanto, a intervenção do *"amicus curiae"*, para legitimar-se, deve apoiar-se em razões que tornem desejável e útil a sua atuação processual na causa, em ordem a proporcionar meios que viabilizem uma adequada resolução do litígio constitucional. Por outro lado, não se pode perder de vista que a regra inscrita no art. 7º, § 2º da Lei 9.868/99 – que contém a base normativa legitimadora da intervenção processual do *"amicus curiae"* – tem por objetivo essencial ***pluralizar o debate constitucional***, permitindo que o STF venha a dispor de todos os elementos informativos possíveis e necessários à resolução da controvérsia, visando-se, ainda, com tal ***abertura procedimental***, superar a grave questão pertinente à ***legitimidade democrática das decisões da Corte***, possibilitando que o Tribunal pluralize o próprio debate em torno da controvérsia constitucional, conferindo-se, desse modo, expressão real e efetiva ao princípio democrático, sob pena de se instaurar, no âmbito do controle normativo abstrato, um indesejável *"déficit"* de legitimidade das decisões que o STF venha a pronunciar no exercício, *"in abstracto"*, dos poderes inerentes à jurisdição constitucional.

90. STF, ADI 1.926, Rel. Min. Roberto Barroso.
91. Por todas: STF, ADI 3.916, Rel. Min. Eros Grau; STF, ADI 1.616, Rel. Min. Maurício Corrêa; STF, ADI 119, Rel. Min. Dias Toffoli; e STF, ADI 5.619, Rel. Min. Roberto Barroso.

NATUREZA JURÍDICA: embora o intenso debate jurisprudencial e doutrinário,[92] com o advento do CPC/2015 ficou pacificado que o *amicus curae* é modalidade de ***intervenção de terceiros*** (art. 138). Assim, a partir de uma interpretação sistêmica, temos que na Ação Direta de Inconstitucionalidade não se admite a intervenção de terceiros (art. 7º, da Lei 9.868), com exceção do *amicus curae* (art. 7º, §2º, da Lei 9.868).
REQUISITOS PARA ADMISSÃO DO AMICUS CURAE: Relevância da matéria (requisito legal); Representatividade dos postulantes (requisito legal); Pertinência temática entre os objetivos da entidade que deseja ser *amicus curae* e o objeto da ação (requisito jurisprudencial).[93]
PESSOA FÍSICA PODE SER AMICUS CURAE EM AÇÃO DIRETA? Segundo o STF, a pessoa física não tem representatividade adequada para intervir na qualidade de *amicus curae* em ação direta de controle de constitucionalidade concentrado.[94]
(IM)POSSIBILIDADE DE RECORRER DA DECISÃO DO RELATOR QUE INDEFERE A ENTRADA DE AMICUS CURAE: O STF, embora possua jurisprudência oscilante sobre o tema, parece-nos, atualmente, entender que a decisão do Ministro relator que denega o ingresso de terceiro na condição de *amicus curiae* é recorrível.[95] Nada obstante, a Lei 9.868/1999, em seu art. 7º, §2º, é clara em dizer que a decisão do relator é irrecorrível.
(IM)POSSIBILIDADE DE AMICUS CURAE PLEITEAR MEDIDA CAUTELAR: Segundo o STF, o *amicus curiae* não possui legitimidade para pleitear medida cautelar em ações de controle de constitucionalidade concentrado.[96]
(IM)POSSIBILIDADE DE AMICUS CURAE INTERPOR RECURSOS: Nos termos do art. 138, §1º, do CPC, a admissão do *amicus curae* não autoriza a interposição de recursos, ressalvada a oposição de embargos de declaração.
PRAZO PARA INGRESSO DE AMICUS CURAE NA ADI: O Supremo Tribunal Federal entende que o prazo limite para que o *amicus curae* pleiteie sua intervenção no processo é a data da remessa dos autos pelo Ministro relator para julgamento, por ser entender que nesse momento a convicção do relator sobre o tema já está formada.[97]
(IM)POSSIBILIDADE DE AMICUS CURAE FAZER SUSTENTAÇÃO ORAL: O Supremo Tribunal Federal, revendo posição anterior, atualmente, entende que o *amicus curae* pode produzir sustentação oral,[98] tendo, inclusive, alterado seu Regimento Interno, que, agora, prevê, em seu art. 131, §3º, que *admitida a intervenção de terceiros no processo de controle concentrado de constitucionalidade, fica-lhes facultado produzir sustentação oral.*

Vencidos os prazos de manifestação do Advogado Geral da União e o Procurador Geral da República, o relator lançará o relatório, com cópia a todos os Ministros, e pedirá dia para julgamento.

Em caso de necessidade de esclarecimento de matéria ou circunstância de fato ou de notória insuficiência das informações existentes nos autos, poderá o relator requisitar informações adicionais, designar perito ou comissão de peritos para que emita parecer sobre a questão, ou fixar data para, em audiência pública, ouvir depoimentos de pessoas com experiência e autoridade na matéria. O relator poderá, ainda, solicitar informações aos Tribunais Superiores, aos Tribunais federais e aos Tribunais estaduais acerca da aplicação da norma impugnada no âmbito de sua jurisdição. Ademais, segundo a lei, essas informações, perícias e audiências serão realizadas no prazo de trinta dias, contado da solicitação do relator.

92. Por todos: DIDIER JR, Fredie. Curso de Direito Processual. 22. ed. Salvador: Juspodivm, 2020. v. 1.
93. STF, ADI 3.943, Rel. Min. Cármen Lúcia.
94. STF, ADI 3.396-AgR, Rel. Min. Celso de Mello.
95. STF, ADI 3.396-AgR, Rel. Min. Celso de Mello.
96. STF, ADPF 347, Rel. orig. Min. Marco Aurélio, red. p/ o ac. Min. Alexandre de Moraes.
97. STF, ADI 4.701, Rel. Min. Menezes Direito; e STF, ADI 5.104, Rel. Min. Roberto Barroso.
98. STF, ADI 2.777, Rel. Min. Cezar Peluso.

Após esta breve síntese do procedimento da ADI, ainda se faz importante registrarmos as seguintes ***observações*** procedimentais:

i) não se pode alegar prescrição ou decadência em face do ajuizamento da ADI, pois os atos inconstitucionais não se convalidam pelo decurso do tempo.[99]

ii) nas ações de controle concentrado de constitucionalidade não se aplica a prerrogativa dos prazos processuais em dobro, de modo que a Fazendo Pública não possui prazo em dobro para se manifestar nessas ações.[100]

9.7 Impedimento e Suspeição dos Ministros

Os institutos do impedimento e da suspeição restringem-se aos processos subjetivos (em cujo âmbito discutem-se situações individuais e interesses concretos), não se estendendo nem se aplicando, ordinariamente, ao processo de fiscalização concentrada de constitucionalidade, que se define como típico processo de caráter objetivo destinado a viabilizar o julgamento, não de uma situação concreta, mas da constitucionalidade (ou não), "*in abstracto*", de determinado ato normativo editado pelo Poder Público.[101]

Entretanto, à luz da jurisprudência do Supremo Tribunal Federal, é possível apontar as seguintes ***exceções*** a essa regra:

i) É possível que qualquer Ministro declara-se impedido por ***razões de foro íntimo*** como fundamento legítimo autorizador de seu afastamento e consequente não participação, inclusive como relator da causa, no exame e julgamento de processo de fiscalização abstrata de constitucionalidade.[102]

ii) Ministro que oficiou nos autos do processo de ação de controle concentrado de constitucionalidade como ***Procurador Geral da República*** está impedido de participar, como membro da Corte, do julgamento final da ação.[103]

iii) Ministro que tenha atuado no processo de ação de controle concentrado de constitucionalidade como ***Advogado Geral da União*** está impedido de participar, como membro da Corte, do julgamento final da ação.[104]

Em conclusão, ***a nosso ver***, todo e qualquer Ministro que tenha atuado diretamente na ação de controle concentrado de constitucionalidade defendendo uma das teses da ação, seja como Procurador Geral da República, seja como Advogado Geral da União, ou como procurador (Advogado) do legitimado que propôs a ação ou de *amicus curae* que se manifestou na ação, deve ser considerado impedido de atuar na respectiva ação.

9.8 Medida cautelar

Nos termos do art. 102, I, *p*, da CF/88, é cabível a concessão de medida cautelar nas ações diretas de inconstitucionalidade, estando a cautelar em Ação Direta de Inconstitucionalidade regulamentada pelos artigos 10 e 11, da Lei 9.868/99.

99. STF, ADI 1.247-MC, Rel. Min. Celso de Mello.
100. STF, ADI 5.814-MC-AgR-AgR, Rel. Min. Roberto Barroso.
101. STF, ADI 3.345, Rel. Min. Celso de Mello.
102. STF, ADI 6.362, Rel. Min. Ricardo Lewandowski.
103. STF, ADI 4, Rel. Min. Sydney Sanches.
104. STF, ADI 2.321, Rel. Min. Celso de Mello.

9.8.1 *Fundamentos*

Os fundamentos para concessão da medida cautelar na Ação Direta de Inconstitucionalidade são os mesmos do processo civil clássico:

i) fumus boni iuris (fumaça do bom direito, aparência de direito certo), exigindo que seja demonstrado no pedido de natureza cautelar a probabilidade do direito alegado.

ii) periculum in mora (perigo da demora), exigindo que seja demonstrado no pedido de natureza cautelar que sem a sua concessão há perigo de dano ou risco ao resultado útil do processo. Entretanto, em relação ao *periculum in mora*, o STF já decidiu que é possível utilizar-se do critério da ***conveniência***, em lugar do periculum in mora, para a concessão de medida cautelar.[105]

9.8.2 *Procedimento*

Em regra, a medida cautelar deve ser concedida pelo plenário do Supremo Tribunal Federal, pelo quórum de maioria absoluta, só podendo ser tomada se presentes na sessão pelo menos oito Ministros.

Nesse sentido, dispõe o art. 10, da Lei 9.868/99 que salvo no período de recesso, a medida cautelar na ação direta será concedida por decisão da maioria absoluta dos membros do tribunal, após a audiência dos órgãos ou autoridades dos quais emanou a lei ou ato normativo impugnado, que deverão pronunciar-se no ***prazo de cinco dias*** e, se o relator julgar indispensável, ouvirá, também, o Advogado Geral da União e o Procurador Geral da República, no ***prazo comum de três dias***, submetendo, posteriormente, a análise ao plenário.

Em caso de excepcional urgência, o Supremo Tribunal Federal poderá deferir a medida cautelar sem a audiência dos órgãos ou das autoridades das quais emanou a lei ou o ato normativo impugnado, tratando-se da possibilidade de concessão de medida ***cautelar inaudita altera partes***.

Ademais, no julgamento do pedido de medida cautelar, será facultada ***sustentação oral*** aos representantes judiciais do requerente e das autoridades ou órgãos responsáveis pela expedição do ato, na forma estabelecida no Regimento Interno do Supremo Tribunal Federal.

Por fim, deve-se registrar que, concedida a medida cautelar, o Supremo Tribunal Federal fará publicar em seção especial do Diário Oficial da União e do Diário da Justiça da União a parte dispositiva da decisão, no prazo de dez dias, devendo solicitar as informações à autoridade da qual tiver emanado o ato.

9.8.3 *Efeitos*

Em que pese vozes dissonantes na doutrina e entre os próprios Ministros do STF, o Supremo tem posição firmada que ***apenas a medida cautelar concedida produz efeitos***, de modo que as cautelares não concedidas não produzem efeitos.[106] Isto posto, vejamos os efeitos da concessão das cautelares em ADI.

Nos termos do §1º, do art. 11, da Lei 9.868/99, a medida cautelar, dotada de eficácia contra todos (efeitos *erga omnes*), será concedida com efeito *ex nunc* (a partir da decisão

105. STF, ADI 2.314, Rel. Min. Moreira Alves.
106. STF, Rcl. 2.810, Rel. Min. Marco Aurélio.

em diante), salvo se o Supremo Tribunal Federal entender que deva conceder-lhe eficácia retroativa.

Assim, os feitos da decisão da medida cautelar são:

i) erga omnes e vinculantes, de modo que a suspensão da norma é oponível contra todos vinculando os demais órgãos do Poder Judiciário e a Administração Pública.

ii) ex nunc, por uma questão de segurança jurídica, pois essa decisão não é terminativa de mérito, podendo ser revista pelo Tribunal, que poderá, em decisão definitiva, decidir de forma contrária à cautelar. Entretanto, ***excepcionalmente***, a Corte poderá conceder efeitos *ex tunc* (retroativos) à decisão.

Ademais, o §1º, do art. 11, da Lei 9.868/99, prevê expressamente o ***efeito repristinatório*** nas ações de controle de constitucionalidade concentrado, dispondo que *a concessão da medida cautelar torna aplicável a legislação anterior acaso existente, salvo expressa manifestação em sentido contrário*.

Assim, a concessão de medida cautelar que suspende a vigência e a eficácia de uma lei (Lei B – lei revogadora) que tenha revogado outra lei (Lei A – lei revogada), faz com que a legislação que havia sido por ela revogada (Lei A) volte a ser vigente (***efeitos repristinatórios tácitos***), a não ser que o Supremo Tribunal Federal disponha de modo contrário na própria decisão de concessão da cautelar.

Entretanto, para que o Supremo Tribunal Federal se manifeste de forma contrária à ocorrência dos efeitos repristinatórios tácitos, impedindo a ocorrência desse ***efeito repristinatório indesejado***, é necessário pedido expresso da parte nesse sentido.

Por fim, é importante registrar que, salvo situações excepcionais, a decisão da medida cautelar na ADI ***começa a produzir efeitos***, tornando obrigatória sua observância, a partir da publicação da ata de julgamento contendo a parte dispositiva da decisão no Diário da Justiça e no Diário Oficial da União (art. 27, da Lei, 9.868/99).

9.9 Julgamento

9.9.1 Quóruns

Como relação ao processo de julgamento e decisão da ADI, é importante destacar dois quóruns:

Quórum para julgamento: trata-se do número mínimo de Ministros que devem estar presentes na sessão de julgamento para que ela ocorra. Nos termos, do art. 22, da Lei 9.868/99, a decisão sobre a constitucionalidade ou a inconstitucionalidade de lei ou ato normativo somente será tomada se presentes na sessão pelo menos *oito* Ministros (2/3 dos Ministros do STF).

Quórum para a decisão do julgamento: trata-se do número mínimo de votos para que se reconheça a constitucionalidade ou inconstitucionalidade de uma lei ou ato normativo. Nos termos do art. 23, da Lei 9.868/99, efetuado o julgamento, proclamar-se-á a constitucionalidade ou a inconstitucionalidade da disposição ou da norma impugnada se num ou noutro sentido se tiverem manifestado pelo menos *seis* Ministros (maioria absoluta dos Ministros do STF). Ademais, conforme o parágrafo único, do mesmo dispositivo legal, se não for alcançada a maioria necessária à declaração de constitucionalidade ou de inconstitucionalidade, estando ausentes Ministros em número que possa influir no julgamento, este será suspenso a fim de aguardar-se o comparecimento dos Ministros ausentes, até que se atinja o número necessário para prolação da decisão num ou noutro sentido. Nessa linha de raciocínio, o Supremo Tribunal Federal já decidiu que ***se o número mínimo de seis votos não for atingido*** (por exemplo, em um caso em que dois Ministros invoquem razões de foro íntimo para não participarem do julgamento), ***entende-se que o tribunal não pronunciou um juízo de constitucionalidade ou de inconstitucionalidade*** (não declarou a lei ou ato normativo constitucional ou inconstitucional), ainda que uma das teses tenham recebido mais votos do que a outra (por exemplo, um julgamento que tenha ficado 5x4), de modo que, esse julgamento não produzirá efeitos vinculantes.[107]

9.9.2 Recorribilidade

Nos termos do art. 26, da Lei 9.868/99, a decisão que declara a constitucionalidade ou a inconstitucionalidade da lei ou do ato normativo em Ação Direta de Inconstitucionalidade é ***irrecorrível***, ressalvada a interposição de embargos declaratórios, não podendo, igualmente, ser objeto de ação rescisória.

9.9.3 Momento inicial da produção de efeitos da decisão

Salvo situações excepcionais, a decisão da ADI começa a produzir efeitos, tornando obrigatória sua observância, a partir da publicação da ata de julgamento contendo a parte dispositiva da decisão no Diário da Justiça e no Diário Oficial da União (art. 27, da Lei, 9.868/99), de modo que uma ADI pode começar a produzir efeitos sem ter transitado em julgado e mesmo que interpostos embargos de declaração, ainda, não julgados.[108]

9.9.4 Efeitos da decisão procedente da ADI

Se a ADI for julgada procedente, a lei ou ato normativo impugnado será declarado inconstitucional, já se a ADI for julgada improcedente, a lei ou ato normativo impugnado será declarado constitucional, sendo que, nos termos da Lei 9.869/99, a declaração de constitucionalidade ou de inconstitucionalidade, inclusive a interpretação conforme a Constituição e a declaração parcial de inconstitucionalidade sem redução de texto, produzem, em regra, efeitos ***ex tunc*** (retroativos) ***erga omnes*** (contra todos) e ***vinculantes*** em relação aos órgãos do Poder Judiciário e à Administração Pública federal, estadual e municipal.

9.9.4.1 Efeitos temporais: efeitos ex tunc e modulação (manipulação) de efeitos

Os efeitos temporais da declaração de inconstitucionalidade na ADI são, ***em regra, ex tunc***, retroagindo à data de edição da lei ou ato normativo declarado inconstitucional, anulando-o desde o seu nascedouro, por se tratar de vício de origem (de DNA), já que a norma foi produzida em desconformidade com a Constituição, sendo, portanto, inválida desde que foi criada. Assim, via de regra, a decisão do STF que reconhece a inconstitucionalidade de uma norma tem natureza declaratória, produzindo efeitos retroativos à data de edição da norma, declarando-a nula.

107. STF, ADI 4.066, Rel. Min. Rosa Weber.
108. STF, ADI 4.167, Rel. Min. Joaquim Barbosa.

Entretanto, com base no art. 27, da Lei 9.868, é possível que o Supremo Tribunal Federal, ao declarar a inconstitucionalidade de lei ou ato normativo, tendo em vista razões de segurança jurídica ou de excepcional interesse social, por manifestação da maioria qualificada de dois terços (2/3) de seus Ministros, decida que a declaração só tenha eficácia a partir de seu trânsito em julgado (efeitos *ex nunc*) ou de outro momento que venha a ser fixado. Aqui está a base normativa da tese da ***modulação dos efeitos temporais da decisão lato sensu***.

Essa modulação (ou manipulação) dos efeitos temporais da decisão, nos termos da legislação, possui dois ***requisitos:***

a) como ***requisito formal***, a exigência do voto de oito Ministros do STF. Perceba, então, que quando há modulação de efeitos, a decisão é bifásica (possui duas etapas de julgamento), de modo que, primeiro discute-se a inconstitucionalidade, que necessita do voto de seis Ministros para ser declarada, e depois discute-se a modulação, que necessita do voto de oito Ministros para ser aprovada e, caso esse quórum não seja atingido, os efeitos permanecerão *ex tunc*. Aqui, ainda é importante destacar que, se o resultado do julgamento da modulação de efeitos já tiver sido proclamado, não é possível a reabertura da discussão, ainda que algum Ministro não tenha participado da sessão de julgamento e o seu voto seja suficiente para a concessão da modulação dos efeitos.[109]

b) como ***requisito material***, a necessidade de fundamentação da decisão em razões de segurança jurídica ou de excepcional interesse social. Para os adeptos da teoria de Robert Alexy (inclusive para aqueles que não a dominam), há aqui a incidência do princípio da ***proporcionalidade***, pois ocorreria uma ponderação entre o dogma da nulidade da lei inconstitucional e as razões de segurança jurídica ou de excepcional interesse social.

Expostos os requisitos, nos termos da legislação, temos que a modulação dos efeitos *lato sensu* pode ocorrer em ***duas hipóteses:***

i) ***Adoção dos efeitos ex nunc puros.*** O STF declara que a decisão só terá eficácia a partir de seu trânsito em julgado, atribuindo-lhe efeitos *ex nunc*, prospectivos, para o futuro, anulando a lei a partir da decisão do tribunal e não desde a sua origem, tendo essa decisão, portanto, natureza constitutiva, vez que afasta o dogma da nulidade da lei, adotando-se a anulabilidade da lei.

ii) ***Adoção da modulação (ou manipulação) dos efeitos stricto sensu.*** O STF declara a inconstitucionalidade de uma lei ou ato normativo, contudo manipula os efeitos dessa decisão para o futuro ou para o passado, demarcando no tempo o momento para que ela comece a produzir os seus efeitos, isto é, o momento a partir do qual a norma declarada inconstitucional será anulada.[110]

Ademais, em regra, a modulação de efeitos deve ser ***provocada***, isto é, pedida pelo autor da ação, ou pelos sujeitos processuais que se manifestem na ação, nos termos da legislação. Nada obstante, o STF já decidiu que o próprio tribunal pode realizar a modulação de efeitos ***de ofício***, sem ter sido provocado.[111]

---

109. STF, ADI 2.949-QO, Rel. Min. Joaquim Barbosa.
110. Exemplos em que isso ocorreu: STF, ADI 2.240, Rel., Min. Eros Grau; STF, ADI 4.125, Rel. Min. Cármen Lúcia; STF, ADI 4.876, Rel. Min. Dias Toffoli.
111. STF, ADI, 5.617, Rel. Min. Edson Fachin.

Por fim, é importante registrar que o STF admite o uso dos ***embargos de declaração*** para que seja feita a modulação de efeitos (caso não tenha sido feita na decisão da ADI), entretanto, para acolhimento dos embargos exige-se que a manipulação tenha sido pedida anteriormente.[112] Nada obstante, o STF já excepcionou essa exigência, acolhendo de forma "casuística" embargos de declaração para fins de modulação de efeitos de decisões proferidas em ADI sem que houvesse pedidos anteriores de modulação.[113]

9.9.4.2 Oponibilidade dos efeitos: efeitos erga omnes e modulação (manipulação) de efeitos

A declaração de inconstitucionalidade na ADI produz, em regra, efeitos *erga omnes (gründe)*, oponíveis contra todos, efeitos de cunho processual que, sob uma perspectiva objetiva, recaem sobre o dispositivo da decisão, tornando-a obrigatória para todos.

Entretanto, com base no art. 27, da Lei 9.868, é possível que o Supremo Tribunal Federal, ao declarar a inconstitucionalidade de lei ou ato normativo, tendo em vista razões de segurança jurídica ou de excepcional interesse social, por manifestação da maioria qualificada de dois terços (2/3) de seus Ministros, restrinja os efeitos da declaração a um determinado grupo ou classe, ou mesmo a uma parcela de determinado grupo ou classe, ou mesmo restrinja os efeitos da declaração excluindo determinados grupos, classes ou sujeitos.[114]

9.9.4.3 Efeitos vinculantes

Para além dos efeitos *erga omnes*, as decisões em sede de ADI produzem efeitos vinculantes. Mas, qual a diferença entre eles?

Bem, como dissemos, ***efeitos erga omnes*** *(gründe)* são efeitos oponíveis contra todos, efeitos de cunho processual que, sob uma perspectiva objetiva, recaem sobre o dispositivo da decisão, tornando-a obrigatória para todos. Por outro lado, os ***efeitos vinculantes*** (*tragende gründe*) são efeitos que, sob uma perspectiva objetiva da decisão, recaem não apenas sobre o dispositivo da decisão, mas, também, sobre a fundamentação da decisão, abarcando, especialmente, os fundamentos determinantes da decisão.[115]

Essa distinção é feita com base na ***teoria extensiva***, também denominada de teoria da ***transcendência dos motivos determinantes***, sendo, a novo ver, a única capaz de realizar uma distinção substancial entre os efeitos *erga omnes* e os efeitos vinculantes, demonstrando que os efeitos vinculantes, vinculam porque atingem as razões de decidir. Por outro lado, a partir de uma ótica da ***teoria restritiva***, os efeitos vinculantes recairiam apenas sobre o dispositivo da decisão, assemelhando-se muito aos efeitos *erga omnes*, tornando sua distinção pouco clara e confusa.

No Brasil, embora o Supremo Tribunal Federal já tenha adotado a teoria extensiva em alguns momentos, atualmente a Corte vem entendendo que os efeitos vinculantes recaem apenas sobre o dispositivo da decisão, adotando a ***teoria restritiva***.[116]

112. STF, ADI 2.791, Rel. Min. Gilmar Mendes.
113. Por todos: STF, ADI, 3.601, Rel. Min. Dias Toffoli; STF, ADI 2.797, Rel. Min. Sepúlveda Pertence; STF, ADI, 3.415, Rel. Min. Alexandre de Moraes.
114. Exemplos em que isso ocorreu: STF, ADI 4.876, Rel. Min. Dias Toffoli; STF, ADI, 1.241, Rel. Min. Dias Toffoli.
115. FERNANDES, Bernardo Gonçalves. Curso de Direito Constitucional. 11. ed. Salvador: Juspodivm, 2019, p. 1786-1787.
116. STF, Rcl. 8.168, Rel. Min. Ellen Gracie; e STF, Rcl. 22.012, Rel. Min. Dias Toffoli.

Para além do aspecto objetivo dos efeitos vinculantes, é preciso fazer uma análise do aspecto subjetivo desses efeitos, isto é, é preciso saber: ***quem está vinculado pelos efeitos vinculantes?*** Partindo do parágrafo único, do art. 28, da Lei 9;868, temos que *a declaração de constitucionalidade ou de inconstitucionalidade, inclusive a interpretação conforme a Constituição e a declaração parcial de inconstitucionalidade sem redução de texto, têm eficácia contra todos e efeito vinculante em relação aos órgãos do Poder Judiciário e à Administração Pública federal, estadual e municipal*. Assim, partindo da previsão legal, temos que ***os efeitos vinculantes recaem sobre:***

a) ***os demais órgãos do Poder Judiciário.*** Ou seja, recaem sobre todos os órgãos do Judiciário (juízes e tribunais), no exercício da ***função jurisdicional***, menos sobre o próprio Supremo Tribunal Federal.

b) ***a Administração Pública.*** Isto é, recaem sobre toda a Administração Pública, direta e indireta, de todos os Poderes (Executivo, Legislativo e Judiciário) de todos os entes federados (União, Estados, Distrito Federal e Municípios). Nada obstante, os Poderes, por força dessa previsão, estão vinculados no exercício da ***função administrativa***, o que exclui a ***função legislativa***.

Isto posto, nos termos da legislação e da jurisprudência do Supremo Tribunal Federal, é importante dizer que ***os efeitos vinculantes não recaem sobre:***

i) ***os particulares, de forma direta,*** até por força do art. 5º, II, da CF/88, em que pese, obviamente, de forma indireta (reflexa), eles atinjam os particulares.

ii) ***a função legislativa,*** seja quando exercida pelo Poder Legislativo, seja quando exercida atipicamente pelo Poder Executivo (Medidas Provisórias e Leis Delegadas, por exemplo) ou mesmo pelo Poder Judiciário (quando propõe Projetos de Lei de sua iniciativa, por exemplo). Assim, o legislador, a quem cabe inovar na ordem jurídica, não está vinculado às decisões do STF, sob pena de fossilização da legislação.[117] Consequentemente, a ***reversão legislativa da jurisprudência*** do STF se revela legítima em linha de princípio, seja pela atuação do *constituinte reformador*, seja por atuação do *legislador infraconstitucional*. ***A emenda constitucional corretiva da jurisprudência*** modifica formalmente o texto magno, bem como o fundamento de validade da legislação ordinária, razão pela qual o STF só poderá invalidar essa emenda se houver descumprimento dos limites ao Poder Constituinte Reformador (art. 60 da CF/88). Já a ***legislação infraconstitucional que colida frontalmente com a jurisprudência*** (*leis in your face*) nasce com presunção *iuris tantum* de inconstitucionalidade, de forma que caberá ao legislador ordinário o ônus de demonstrar, argumentativamente, que a correção do precedente se faz necessária, ou, ainda, comprovar, lançando mão de novos argumentos, que as premissas fáticas e axiológicas sobre as quais se fundou o posicionamento jurisprudencial não mais subsistem.[118] Nesse caso, a novel legislação, mesmo que não seja objeto de nova ação de controle de constitucionalidade, estará extremamente prejudicada em termos de eficácia e aplicabilidade.

iii) ***o Supremo Tribunal Federal.*** Embora, em regra, os precedentes vinculantes devam ser seguidos nos julgamentos monocráticos e pelas turmas do Supremo, o STF, como um todo, isto é, o plenário, não está vinculado, podendo oxigenar sua jurisprudência, seja em face de um novo parâmetro constitucional (quando há

117. STF, Rcl. 2.617, Rel. Min. Cezar Peluso.
118. STF, ADI 5.105, Rel. Min. Luiz Fux.

modificação do texto da Constituição por Emendas, por exemplo), seja em razão de mudanças sociais, políticas, econômicas, culturais, jurídicas e políticas que motivem uma interpretação diferente daquela proferida anteriormente. Entretanto, é importante observar que há duas situações distintas: ***1ª situação:*** o STF declara uma certa lei constitucional e, anos depois, em nova ação de controle, declara essa lei inconstitucional, mudando de posição. ***2ª situação:*** o STF declara uma certa lei inconstitucional, agora será impossível que essa lei seja novamente questionada, pois uma vez declarada inconstitucional, a lei será invalidada desde a sua origem.[119] Por fim, vale registrar que a oportunidade de reapreciação das decisões tomadas em sede de controle abstrato de normas tende a surgir com mais naturalidade e de forma mais recorrente no âmbito da ***Reclamação Constitucional***. É no juízo hermenêutico típico da reclamação que surgirá com maior nitidez a oportunidade para evolução interpretativa no controle de constitucionalidade. Com base na alegação de afronta a determinada decisão do STF, o Tribunal poderá reapreciar e redefinir o conteúdo e o alcance de sua própria decisão. E, inclusive, poderá ir além, superando total ou parcialmente a decisão-parâmetro da reclamação, se entender que, em virtude de evolução hermenêutica, tal decisão não se coaduna mais com a interpretação atual da Constituição.[120]

9.9.4.4 Efeitos normativos abstratos

A decisão proferida em sede de Ação Direta de Inconstitucionalidade produz efeitos normativos abstratos, não modificando as situações concretas já existentes de forma automática, pois não produz efeitos imediatamente no plano singular, concreto e individual, de modo que os interessados terão de pleitear a modificação de sua situação concreta pela via judicial própria (por exemplo, por meio de uma ação de anulação de contrato, ou mesmo por meio de uma ação rescisória em caso de sentenças inconstitucionais, desde que respeitado o prazo para sua propositura etc.), desde que sua situação concreta não tenha sido atingida por alguma forma de preclusão.[121]

Nesse sentido, já afirmou o Supremo Tribunal Federal que *a decisão do Supremo que afirma a constitucionalidade ou a inconstitucionalidade de preceito normativo gera, no plano do ordenamento jurídico, a consequência (= eficácia normativa) de manter ou excluir a referida norma do sistema de direito. Dessa sentença decorre também o efeito vinculante, consistente em atribuir ao julgado uma qualificada força impositiva e obrigatória em relação a supervenientes atos administrativos ou judiciais (= eficácia executiva ou instrumental), que, para viabilizar-se, tem como instrumento próprio, embora não único, o da reclamação prevista no art. 102, I, l, da CF/88. A eficácia executiva, por decorrer da sentença (e não da vigência da norma examinada), tem como termo inicial a data da publicação do acórdão do Supremo no Diário Oficial (art. 28 da Lei 9.868/1999). É, consequentemente, eficácia que atinge atos administrativos e decisões judiciais supervenientes a essa publicação, não os pretéritos, ainda que formados com suporte em norma posteriormente declarada inconstitucional. Afirma-se, portanto, como tese de repercussão geral que a decisão do STF declarando a constitucionalidade ou a inconstitucionalidade de preceito normativo não produz a automática reforma ou rescisão das sentenças anteriores que tenham*

119. STF, ADI 3.937, Rel. Min. Marco Aurélio.
120. STF, Rcl. 4.374, Rel. Min. Gilmar Mendes.
121. FERNANDES, Bernardo G. Curso de Direito Constitucional. 11. ed. Salvador: Juspodivm, 2019, p. 1802.

adotado entendimento diferente; para que tal ocorra, será indispensável a interposição do recurso próprio ou, se for o caso, a propositura da ação rescisória própria, observado o respectivo prazo decadencial. Ressalva-se desse entendimento, quanto à indispensabilidade da ação rescisória, a questão relacionada à execução de efeitos futuros da sentença proferida em caso concreto sobre relações jurídicas de trato continuado.[122]

9.9.5 *Efeitos da decisão improcedente da ADI*

Se a ADI for julgada improcedente, a lei ou ato normativo impugnado será declarado constitucional, produzindo, em regra, efeitos ***ex tunc*** (retroativos) ***erga omnes*** (contra todos) e ***vinculantes*** em relação aos órgãos do Poder Judiciário e à Administração Pública.

Ademais, nesse caso, por ter sido a norma declarada constitucional, é importante levar em conta o papel desempenhado pelo ***princípio da presunção de constitucionalidade das leis***, segundo o qual as normas infraconstitucionais (leis, demais espécies legislativas, decretos e demais atos normativos etc.) se presumem produzidas material e formalmente compatíveis com as normas constitucionais.

9.10 Procedimento diferenciado na ADI

Nos termos do art. 12, da Lei 9.868/99, *havendo pedido de medida cautelar, o relator, em face da relevância da matéria e de seu especial significado para a ordem social e a segurança jurídica, poderá, após a prestação das informações, no prazo de dez dias, e a manifestação do Advogado Geral da União e do Procurador Geral da República, sucessivamente, no prazo de cinco dias, submeter o processo diretamente ao Tribunal, que terá a faculdade de julgar definitivamente a ação.*

Esse dispositivo consagra um verdadeiro procedimento diferenciado, ou especial, de trâmite da Ação Direta de Inconstitucionalidade, muito mais célere do que o procedimento ordinário da ADI, exigindo-se. para tanto, a constatação dos seguintes ***requisitos:***

i) existência de pedido cautelar

ii) matéria dotada de relevância

iii) especial significado para a ordem social e a segurança jurídica

Constatados os requisitos, o relator, se entender que é o caso, determinará aos órgãos ou às autoridades das quais emanou a lei ou o ato normativo impugnado que prestem informações, no prazo de dez dias, e, posteriormente, ouvirá, sucessivamente, o Advogado Geral da União, no prazo de cinco dias, e o Procurador-Geral da República, no prazo de cinco dias. Em sequência, o relator submeterá o processo diretamente ao pleno do Tribunal, que terá a faculdade de julgar definitivamente a ação.

Por fim, é importante registrarmos alguns posicionamentos do STF sobre o procedimento diferenciado na ADI:

1) O pleno pode concordar com o relator e julgar a ADI diretamente, pelo procedimento diferenciado, ou pode discordar e rejeitar a aplicação do procedimento diferenciado, determinando que a ADI siga o procedimento ordinário.

122. STF, RE 730.462, Rel. Teori Zavascki.

2) Ao julgar uma medida cautelar pelo procedimento ordinário, o relator ou qualquer outro Ministro do STF pode propor que se adote o procedimento diferenciado na ADI, convertendo o julgamento da cautelar em julgamento definitivo de mérito.[123]

10. AÇÃO DECLARATÓRIA DE CONSTITUCIONALIDADE (ADC)

A Ação Declaratória de Constitucionalidade foi instituída em nosso sistema constitucional pela Emenda à Constituição 3, de 1993, não estando prevista no texto originário da Constituição de 1988.

10.1 Conceito

A Ação Declaratória de Constitucionalidade (ADC) consiste em ação concentrada de controle de constitucionalidade, pela via principal, que tem por finalidade declarar a constitucionalidade de leis ou atos normativos federais que estejam em consonância com a Constituição Federal, a ser impetrada perante o Supremo Tribunal Federal no exercício de sua função de Tribunal Constitucional.

10.2 Finalidade

Qual a finalidade de uma ação direta para declarar a constitucionalidade de leis ou atos normativos se eles já são presumidamente constitucionais?

Embora, normalmente, o que se questiona seja a inconstitucionalidade, a constitucionalidade pode ser uma questão importante quando haja ***controvérsia judicial relevante*** sobre a aplicação da lei ou do ato normativo. Isto é, em que pese uma lei ou ato normativo tenham presunção de constitucionalidade, essa presunção é relativa (*iuris tantum*), e, havendo dúvida judicial sobre a constitucionalidade da norma, sem dúvidas, isso gerará um sem número de decisões controvertidas entre os juízes e tribunais.

Para solucionar essa controvérsia judicial é que foi criada a Ação Declaratória de Constitucionalidade, buscando converter essa presunção de constitucionalidade relativa (*iuris tantum*) da norma em presunção absoluta (*iure et iure*). Entretanto, frise-se: é a presunção de constitucionalidade que se torna absoluta, e não a própria constitucionalidade, vez que o Supremo Tribunal Federal pode, posteriormente, voltar a analisar a (in)constitucionalidade da norma e declará-la inconstitucional.

10.3 Caráter dúplice (ou ambivalente) entre a ADI e a ADC

A Ação Direta de Inconstitucionalidade e a Ação Declaratória de Constitucionalidade possuem caráter duplo, ou ambivalente, pois, em que pese tenham sinais trocados (uma objetiva declarar a inconstitucionalidade e a outra declarar a constitucionalidade), as duas ações podem declarar, tanto a inconstitucionalidade, como a constitucionalidade de uma norma infraconstitucional.

Nesse sentido, nos termos do art. 24, da Lei 9.868, *proclamada a constitucionalidade, julgar-se-á improcedente a ação direta ou procedente eventual ação declaratória; e, proclamada a inconstitucionalidade, julgar-se-á procedente a ação direta ou improcedente eventual ação declaratória.*

123. STF, ADI 4.163, Rel. Min. Cezar Peluso; e STF, ADI 5.136, Rel. Min. Gilmar Mendes.

Assim, em suma, temos:

- ADI procedente: a norma é inconstitucional;
- ADI improcedente: a norma é constitucional;
- ADC procedente: a norma é constitucional;
- ADC improcedente: a norma é inconstitucional.

10.4 Legitimidade ativa

Originalmente, a legitimidade da ADC era somente do Presidente da República, da Mesa do Senado Federal, da Mesa da Câmara dos Deputados e do Procurador Geral da República. Entretanto, após o advento da Emenda Constitucional 45/2004, a legitimidade da ADC foi estendida aos mesmos legitimados da ADI.

Assim, atualmente, ***os legitimados para proporem a ADC são os mesmos legitimados para proporem a ADI***, previstos no art. 103, da CF/88: i) Presidente da República; ii) Mesa do Senado Federal; iii) Mesa da Câmara dos Deputados; iv) Mesa de Assembleia Legislativa ou da Câmara Legislativa do Distrito Federal; v) Governador de Estado ou do Distrito Federal; vi) Procurador-Geral da República; vii) Conselho Federal da Ordem dos Advogados do Brasil; viii) Partido político com representação no Congresso Nacional; ix) Confederação sindical ou entidade de classe de âmbito nacional.

Deste modo, remetemos o leitor aos comentários que fizemos sobre a legitimidade ativa quando tratamos da ADI.

10.5 Competência

A competência para julgar a Ação Direta de Inconstitucionalidade de leis ou atos normativos federais ou estaduais perante a Constituição Federal é do ***Supremo Tribunal Federal*** (art. 102, I, *a*, da CF/88), no exercício de sua atribuição de Tribunal Constitucional.

10.6 Parâmetro constitucional

Como vimos, o parâmetro nos indica em face de quais normas da Constituição uma lei ou ato normativo poderá ter sua validade analisada, isto é, nos indica quais são as normas constitucionais que servirão como referência para que o tribunal analise se as leis ou atos normativos são compatíveis com elas.

Na Ação Declaratória Constitucionalidade, o parâmetro de controle são ***todas as normas da Constituição de 1988 que estejam vigentes***, sejam normas formalmente constitucionais ou apenas materialmente constitucionais, inclusive aquelas incorporadas por Tratados Internacionais de Direitos Humanos com hierarquia constitucional – bloco de constitucionalidade, valendo aqui todos os comentários que fizemos quando analisamos o parâmetro constitucional da ADI.

10.7 Objeto

Como vimos, o objeto é aquilo que é controlado em face da Constituição, referindo-se normalmente às leis e atos normativos do Poder Público. Isto posto, partindo do art. 102, I, "a", da CF/88, temos que compete ao Supremo Tribunal Federal, precipuamente, a guarda da Constituição, cabendo-lhe processar e julgar, originariamente a Ação Declaratória de Constitucionalidade de lei ou ato normativo federal.

Assim, nos termos constitucionais, o objeto da ADC são leis e atos normativos federais. Entretanto, é preciso fazer uma advertência: embora vozes respeitáveis da doutrina defendam que o objeto da ADC se limita a leis e atos normativos federais editados após a promulgação Emenda Constitucional3/1993,[124] o STF já reconheceu que o objeto da ADC engloba as ***leis e atos normativos federais editados após a promulgação da CF/88***, inclusive aqueles compreendidos entre a data da promulgação da Constituição (05/10/1988) e a data da promulgação da referida Emenda (17/03/1993).[125]

Além disso, em respeito ao princípio da presunção de constitucionalidade das normas infraconstitucionais, é de suma importância lembrarmos que o objeto da ADC são ***leis e atos normativos federais sobre os quais exista controvérsia judicial relevante***, nos termos expressos do art. 14, III, da Lei 9.868/99.

Essa ***controvérsia judicial relevante***, conforme já decidiu o STF, não pode ser meramente doutrinária, devendo o autor da ação demonstrar que existem decisões judiciais em sentidos opostos acerca da constitucionalidade da lei, isto é, de que existem algumas decisões reconhecendo a constitucionalidade da norma e outras decisões reconhecendo a inconstitucionalidade da mesma norma, gerando grave situação de insegurança jurídica. Ademais, essa relevância da controvérsia judicial é qualitativa e não quantitativa, não se ligando meramente ao número de decisões controversas.[126] Por fim, vale dizer que sem a observância desse pressuposto de admissibilidade, é inviável a instauração da ADC, sob pena de transformá-la em um inadmissível instrumento de consulta.[127]

No mais, remetemos o leitor aos comentários feitos quando tratamos do objeto da ADI, guardadas as devidas proporções, já que a ADC não admite controle de leis e atos normativos estaduais, além de exigir a existência de controvérsia judicial relevante sobre a aplicação da norma objeto da ação.

10.8 Procedimento

Ao explicarmos o procedimento da Ação Declaratória de Constitucionalidade é de suma importância demonstrarmos, sobretudo, as diferenças de seu procedimento com o da Ação Indireta de Inconstitucionalidade. No mais, as observações gerais que fizemos sobre a ADI aplicam-se à ADC, como, por exemplo, a inaplicabilidade dos prazos processuais em dobro para a Fazenda Pública etc. Isto posto, façamos uma breve síntese do procedimento da ADC.

A Ação Declaratória de Constitucionalidade tem seu procedimento regulamentado pela Lei 9.868/1999, tratando-se de uma ação constitucional com procedimento especial que obedece ao princípio da inércia da jurisdição, de modo que a manifestação do Supremo Tribunal Federal, por meio da ADC, depende da provocação de um dos legitimados do art. 103, da CF/88, por petição.

Nos termos da lei, a ***petição inicial*** da ADC ***deve indicar***:

i) o dispositivo da lei ou do ato normativo questionado;

ii) os fundamentos jurídicos do pedido;

124. FERNANDES, Bernardo G. Curso de Direito Constitucional. 11. ed. Salvador: Juspodivm, 2019, p. 1813.
125. STF, ADC 1-QO, Rel. Min. Moreira Alves.
126. STF, ADI 5.316-MC, Rel. Min. Luiz Fux.
127. STF, ADC 8, Rel. min. Celso de Mello.

iii) o pedido, com suas especificações;

iv) a existência de controvérsia judicial relevante sobre a aplicação da disposição objeto da ação declaratória.

Além disso, diz a lei que a petição inicial será apresentada em duas vias, devendo conter cópias da lei ou do ato normativo impugnado e dos documentos necessários para comprovar a procedência do pedido de declaração de constitucionalidade., bem como ser acompanhada de instrumento de procuração, quando subscrita por advogado.

Aqui, é importante registrar que, conforme dispõe a legislação, proposta a Ação Declaratória de Constitucionalidade, ***não se admitirá desistência.***

Caso a ***petição inicial*** seja considerada ***inepta, não fundamentada ou manifestamente improcedente***, ela será liminarmente indeferida pelo relator da ação, cabendo, contudo, agravo para o plenário do Supremo Tribunal Federal dessa decisão de indeferimento da inicial.

Caso a ***petição inicial*** seja ***admitida***, o relator, não irá ouvir a autoridade da qual emanou a norma, nem mesmo o Advogado Geral da União, como ocorre na ADI, devendo apenas dar ***vista da ação ao Procurador Geral da República***, que, atuando como fiscal da ordem jurídica constitucional (*custos constitucionis*), ***deverá pronunciar-se no prazo de quinze dias.*** Aqui, é importante lembrar que o Procurador Geral da República pode se manifestar mesmo nas ações propostas por ele, podendo até emitir parecer pela improcedência da ação anteriormente por ele proposta, por ter mudado de opinião quanto a constitucionalidade, já que nesse caso não poderia desistir da ação, por expressa vedação do art. 16, da Lei 9.868/99.

Embora não se admita a ***intervenção de terceiros*** no processo de Ação Declaratória de Constitucionalidade, o relator, considerando a relevância da matéria e a representatividade dos postulantes, poderá, por despacho irrecorrível, admitir a manifestação de ***amicus curae***, nos mesmos moldes da ADI.

Vencido o prazo de manifestação do Procurador Geral da República, o relator lançará o relatório, com cópia a todos os Ministros, e pedirá dia para julgamento.

Em caso de necessidade de esclarecimento de matéria ou circunstância de fato ou de notória insuficiência das informações existentes nos autos, poderá o relator requisitar informações adicionais, designar perito ou comissão de peritos para que emita parecer sobre a questão ou fixar data para, em audiência pública, ouvir depoimentos de pessoas com experiência e autoridade na matéria. O relator poderá, ainda, solicitar informações aos Tribunais Superiores, aos Tribunais federais e aos Tribunais estaduais acerca da aplicação da norma questionada no âmbito de sua jurisdição. Ademais, segundo a lei, essas informações, perícias e audiências serão realizadas no prazo de trinta dias, contado da solicitação do relator.

10.9 Medida cautelar

Nos termos do art. 102, I, *p*, da CF/88, é cabível a concessão de medida cautelar nas ações diretas de inconstitucionalidade, estando a cautelar em Ação Declaratória de Constitucionalidade regulamentada pelo art. 21, da Lei 9.868/99.

10.9.1 Fundamentos

Os fundamentos para concessão da medida cautelar na Ação Declaratória de Constitucionalidade são os mesmos da ADI e do processo civil clássico:

i)* *fumus boni iuris (fumaça do bom direito, aparência de direito certo), exigindo que seja demonstrado no pedido de natureza cautelar a probabilidade do direito alegado.

ii) periculum in mora (perigo da demora), exigindo que seja demonstrado no pedido de natureza cautelar que sem a sua concessão há perigo de dano ou risco ao resultado útil do processo.

10.9.2 Procedimento

Sobre o procedimento de julgamento da medida cautelar na Ação Declaratória de Constitucionalidade, o art. 21, da Lei 9.868/99 dispõe que, em regra, a medida cautelar deve ser concedida pelo plenário do Supremo Tribunal Federal, pelo quórum de maioria absoluta (seis Ministros).

Ademais, nos termos do parágrafo único do referido dispositivo legal, concedida a medida cautelar, o Supremo Tribunal Federal fará publicar em seção especial do Diário Oficial da União a parte dispositiva da decisão, no prazo de dez dias, devendo o Tribunal proceder ao julgamento da ação no prazo de cento e oitenta dias, sob pena de perda de sua eficácia.

Assim, ***a medida cautelar concedida em ADC possui um prazo de validade de 180 dias.*** Entretanto, o Supremo Tribunal Federal entende que ultrapassado esse prazo não ocorre a perda automática dos efeitos da cautelar, sendo possível a sua prorrogação pela Corte.[128]

Por fim, o Supremo Tribunal Federal entende que é possível a aplicação do procedimento diferenciado da ADI (art. 12, da Lei 9.868/99) na ADC, convertendo o julgamento da medida cautelar pelo pleno do Tribunal em julgamento definitivo de mérito.[129]

10.9.3 Efeitos

Nos termos do art. 21, da Lei 9.868/99, a medida cautelar em concedida em Ação Declaratória de Constitucionalidade consistirá na *determinação de que os juízes e os tribunais suspendam o julgamento dos processos que envolvam a aplicação da lei ou do ato normativo objeto da ação até seu julgamento definitivo*.

Ademais, a medida cautelar em ADC, em regra, produz efeitos:

i) erga omnes e vinculantes, de modo que a suspensão da norma é oponível contra todos vinculando os demais órgãos do Poder Judiciário e a Administração Pública.

ii) ex nunc, por uma questão de segurança jurídica, pois essa decisão não é terminativa de mérito, podendo ser revista pelo Tribunal, que poderá, em decisão definitiva, decidir de forma contrária à cautelar. Entretanto, *excepcionalmente*, a Corte poderá conceder efeitos *ex tunc* (retroativos) à decisão.[130]

10.10 Julgamento

10.10.1 Quóruns

Como relação ao processo de julgamento e decisão da ADC, é importante destacar dois quóruns:

128. STF, ADC 18-MC, Rel. Min Celso de Mello.
129. STF, ADC 33, Rel. Min. Gilmar Mendes.
130. Por todas: STF, ADC 9-MC, Rel. Min. Néri da Silveira; e STF, ADC 12-MC, Rel. Min. Carlos Britto.

Quórum para julgamento: trata-se do número mínimo de Ministros que devem estar presentes na sessão de julgamento para que ela ocorra. Nos termos, do art. 22, da Lei 9.868/99, a decisão sobre a constitucionalidade ou a inconstitucionalidade de lei ou ato normativo somente será tomada se presentes na sessão pelo menos *oito* Ministros (2/3 dos Ministros do STF).

Quórum para a decisão do julgamento: trata-se do número mínimo de votos para que se reconheça a constitucionalidade ou inconstitucionalidade de uma lei ou ato normativo. Nos termos do art. 23, da Lei 9.868/99, efetuado o julgamento, proclamar-se-á a constitucionalidade ou a inconstitucionalidade da disposição ou da norma impugnada se num ou noutro sentido se tiverem manifestado pelo menos *seis* Ministros (maioria absoluta dos Ministros do STF). Ademais, conforme o parágrafo único, do mesmo dispositivo legal, se não for alcançada a maioria necessária à declaração de constitucionalidade ou de inconstitucionalidade, estando ausentes Ministros em número que possa influir no julgamento, este será suspenso a fim de aguardar-se o comparecimento dos Ministros ausentes, até que se atinja o número necessário para prolação da decisão num ou noutro sentido. Nessa linha de raciocínio, o Supremo Tribunal Federal já decidiu que ***se o número mínimo de seis votos não for atingido*** (por exemplo, em um caso em que dois Ministros invoquem razões de foro íntimo para não participarem do julgamento), ***entende-se que o tribunal não pronunciou um juízo de constitucionalidade ou de inconstitucionalidade*** (não declarou a lei ou ato normativo constitucional ou inconstitucional), ainda que uma das teses tenham recebido mais votos do que a outra (por exemplo, um julgamento que tenha ficado 5x4), de modo que, esse julgamento não produzirá efeitos vinculantes.[131]

10.10.2 Recorribilidade

Nos termos do art. 26, da Lei 9.868/99, a decisão que declara a constitucionalidade ou a inconstitucionalidade da lei ou do ato normativo em Ação Declaratória de Constitucionalidade é ***irrecorrível***, ressalvada a interposição de embargos declaratórios, não podendo, igualmente, ser objeto de ação rescisória.

10.10.3 Momento inicial da produção de efeitos da decisão

Salvo situações excepcionais, a decisão da ADC começa a produzir efeitos, tornando obrigatória sua observância, a partir da publicação da ata de julgamento contendo a parte dispositiva da decisão no Diário da Justiça e no Diário Oficial da União (art. 27, da Lei, 9.868/99), de modo que uma ADC pode começar a produzir efeitos sem ter transitado em julgado e mesmo que interpostos embargos de declaração, ainda, não julgados.

10.10.4 Efeitos da decisão da ADC

Se a ADC for julgada procedente, a lei ou ato normativo impugnado será declarado constitucional, já se a ADC for julgada improcedente, a lei ou ato normativo impugnado será declarado inconstitucional, sendo que, nos termos da Lei 9.869/99, a declaração de constitucionalidade ou de inconstitucionalidade, inclusive a interpretação conforme a Constituição e a declaração parcial de inconstitucionalidade sem redução de texto, produzem, em regra,

131. STF, ADI 4.066, Rel. Min. Rosa Weber.

efeitos *ex tunc* (retroativos) *erga omnes* (contra todos) e *vinculantes* em relação aos órgãos do Poder Judiciário e à Administração Pública.

10.10.5 Modulação de efeitos da decisão da ADC

É possível a modulação de efeitos da decisão da ADC? Essa pergunta surge porque o art. 27, da lei 9.868/99, afirma que ***ao declarar a inconstitucionalidade*** *de lei ou ato normativo, e tendo em vista razões de segurança jurídica ou de excepcional interesse social, poderá o Supremo Tribunal Federal, por maioria de dois terços de seus membros, restringir os efeitos daquela declaração ou decidir que ela só tenha eficácia a partir de seu trânsito em julgado ou de outro momento que venha a ser fixado*. Perceba, então, que o dispositivo é claro em dizer que a modulação de efeitos ocorre quando se declara a inconstitucionalidade e não quando se declara a constitucionalidade de norma. Considerando que a ADC visa declarar a constitucionalidade de norma é que emerge esse questionamento se seria ou não possível a modulação de efeitos em decisões de ADC. Aqui, a doutrina diverge, dividindo-se em duas correntes:

1ª Corrente: só se admite a modulação de efeitos em decisões de improcedência de ADC, vez que a norma será considerada inconstitucional (ADC improcedente = norma inconstitucional), assim aplicar-se-á o disposto no art. 27, da lei 9.868/99, nos moldes da ADI, em face do caráter duplo ou ambivalente existente entre ADC e ADI. Essa é a corrente majoritária, sendo adotada pelo STF.

2ª Corrente: admite-se a modulação de efeitos, tanto em decisões de improcedência, quanto em decisões de procedência de ADC. Essa posição é minoritária.

11. AÇÃO DIRETA DE INCONSTITUCIONALIDADE POR OMISSÃO (ADO)

A Ação Direta de Inconstitucionalidade por Omissão (ADO), também chamada de ADI por Omissão, tem como foco não o controle de leis e atos normativos infraconstitucionais, mas sim o controle da falta dessas normas (omissão total), ou da incompletude dessas normas (omissão parcial), ou seja, controla-se não um ato do Poder Púbico, mas um não ato, uma omissão, um deixar de fazer aquilo que deveria ter sido feito, isto é, controla-se o fato de o Poder Público não ter feito o que deveria fazer, de não ter implementado a norma constitucional criando as devidas regulamentações legislativas e os devidos atos normativos que viabilizassem a implementação da Constituição, fundamentando-se, portanto, na supremacia da Constituição e na força normativa das normas constitucionais, vez que as normas da Constituição não são meras recomendações políticas, mas sim normas jurídicas que gozam de supremacia sobre as demais normas do sistema jurídico e que contém mandamentos deontológicos que devem ser implementados.

11.1 Conceito

A Ação Direta de Inconstitucionalidade por Omissão (ADO) consiste em ação concentrada de controle de constitucionalidade, pela via principal, que tem por finalidade declarar a inconstitucionalidade de uma omissão dos Poderes Públicos por deixarem de efetivar norma da Constituição Federal, a ser impetrada perante o Supremo Tribunal Federal no exercício de sua função de Tribunal Constitucional.

11.2 Legitimidade ativa

Nos termos, do art. 12-A, da Lei 9.868/99, podem propor a ação direta de inconstitucionalidade por omissão os legitimados à propositura da ação direta de inconstitucionalidade e da ação declaratória de constitucionalidade. Assim, *os legitimados para proporem a ADO são os mesmos legitimados para proporem a ADI,* previstos no art. 103, da CF/88: i) Presidente da República; ii) Mesa do Senado Federal; iii) Mesa da Câmara dos Deputados; iv) Mesa de Assembleia Legislativa ou da Câmara Legislativa do Distrito Federal; v) Governador de Estado ou do Distrito Federal; vi) Procurador-Geral da República; vii) Conselho Federal da Ordem dos Advogados do Brasil; viii) Partido político com representação no Congresso Nacional; ix) Confederação sindical ou entidade de classe de âmbito nacional.

Deste modo, remetemos o leitor aos comentários que fizemos sobre a legitimidade ativa quando tratamos da ADI.

11.3 Competência

A competência para julgar a Ação Direta de Inconstitucionalidade por Omissão é do *Supremo Tribunal Federal* (art. 103, §2º, da CF/88), no exercício de sua atribuição de Tribunal Constitucional.

11.4 Parâmetro constitucional

Como vimos, tradicionalmente, o parâmetro nos indica em face de quais normas da Constituição uma lei ou ato normativo poderá ter sua validade analisada, isto é, nos indica quais são as normas constitucionais que servirão como referência para que o tribunal analise se as leis ou atos normativos são compatíveis com elas.

Entretanto, na Ação Direta de Inconstitucionalidade por Omissão não se analisa a inconstitucionalidade de uma norma infraconstitucional, mas sim a inconstitucionalidade da falta de uma norma infraconstitucional que inviabiliza a implementação de norma da Constituição.

Isto posto, pode-se dizer que o parâmetro da ADO são as *normas constitucionais que necessitam da intermediação de leis e atos normativos infraconstitucionais* para serem implementadas e produzirem todos os seus efeitos.

Assim, o parâmetro da ADO identifica quais são as normas constitucionais que servirão como referência para que o tribunal analise se a falta da lei ou ato normativo impedem que as referidas normas constitucionais produzam todos os seus efeitos, gerando, por consequência, uma *omissão inconstitucional*.

Mas, *o que seria uma omissão inconstitucional?* Quando os Poderes Públicos deixam de regulamentar as normas constitucionais, eles estão se omitindo, deixando de agir. Entretanto, não é toda omissão dos Poderes Públicos que fere a Constituição.

Deste modo, de um lado, há normas na Constituição que não precisam ser regulamentadas para produzirem todos os seus efeitos. Isto é, há normas que podem ou não ser regulamentadas, mas independentemente disso já estão aptas a produzirem todos os seus efeitos não necessitando de intermediação de leis ou atos normativos para isso. Assim, mesmo que os Poderes Públicos se omitam em regulamentá-las, essa omissão não gerará uma lesão à Constituição.

Segundo a doutrina tradicional, na classificação de José Afonso da Silva, essas normas seriam as normas constitucionais de eficácia plena e de eficácia contida (esta última, embora peça regulamentação para conter seus efeitos, não necessita da regulamentação para produzir todos os seus efeitos), normas que, portanto, não poderiam ser parâmetro de ADO.

Por outro lado, há normas na Constituição que precisam ser regulamentadas para produzirem todos os seus efeitos. Isto é, há normas constitucionais não estão aptas a produzirem todos os seus efeitos sem essa intermediação de normas infraconstitucionais, necessitando dessa complementação normativa por parte dos Poderes Públicos. Assim, caso os Poderes Públicos se omitam em regulamentá-las, essa omissão gerará uma lesão à Constituição, por impedir que uma norma constitucional produza todos os seus efeitos, sendo, portanto, uma *omissão inconstitucional*.

Conforme grande parte da doutrina, bem como muitos Ministros do Supremo Tribunal Federal, o parâmetro da ADO são as ***normas constitucionais de eficácia limitada*** que, nos termos definidos por José Afonso da Silva, são aquelas que não preenchem todos os elementos necessários para produzirem todos os seus efeitos jurídicos, precisando de regulação infraconstitucional para ampliar seu âmbito de eficácia.

11.5 Objeto

Como vimos, o objeto é aquilo que é controlado em face da Constituição, referindo-se normalmente às leis e atos normativos do Poder Público. Entretanto, na Ação Direta de Inconstitucionalidade por Omissão não se analisa a inconstitucionalidade de uma norma infraconstitucional, mas sim a inconstitucionalidade da falta de uma norma infraconstitucional que inviabiliza a implementação de norma da Constituição, ou seja, se analisa a inconstitucionalidade de uma omissão, de conduta negativa (um *non facere*) do Poder Público.

Assim, nos termos constitucionais, ***o objeto da ADO são omissões normativas dos Poderes Públicos que inviabilizam a implementação de norma constitucional***, isto é, o objeto da ADO é a falta da norma infraconstitucional (omissão total), ou mesmo a incompletude de alguma norma infraconstitucional (omissão parcial), que impede que norma da Constituição produza todos os seus efeitos, gerando uma ***omissão inconstitucional*** do Poder Público, que é o objeto de ADO.

Essa omissão inconstitucional, pode ser uma omissão total ou uma omissão parcial. A ***omissão*** será ***total (ou absoluta)*** quando a inércia do poder público for integral, isto é, quando o poder público não tiver realizado qualquer regulamentação infraconstitucional daquela norma constitucional que depende dessa regulamentação para produzir todos os seus efeitos. Por outro lado, a ***omissão*** será ***parcial*** quando o poder público tiver agido/regulamentando a norma constitucional, sendo, contudo, essa regulamentação insuficiente ou deficiente.

Ademais, *a omissão parcial pode ser relativa ou propriamente dita*. A ***omissão parcial relativa*** ocorre quando existe lei regulamentadora da norma constitucional, sendo a lei suficiente, contudo, não atingindo todos que deveria atingir, excluindo de seu âmbito de incidência certos grupos ou categorias de pessoas, violando o princípio da igualdade. Já a ***omissão parcial propriamente dita*** ocorre quando existe lei regulamentadora da norma constitucional, porém essa lei não consegue viabilizar de forma adequada ou satisfatória o direito constitucionalmente previsto.

Por fim, é importante destacarmos os seguintes ***posicionamentos do Supremo Tribunal Federal sobre o objeto da ADO:***

1) O STF já decidiu que só cabe Ação Direta de Inconstitucionalidade por Omissão de leis ou atos normativos primários e secundários, sendo ***incabível ADO tendo por objeto atos concretos.***[132] Com as devidas vênias, mas, a nosso ver, a ADO é instrumento apto para o controle da falta ou mesmo insuficiência de atos de efeitos concretos que inviabilizem a implementação de normas constitucionais, especialmente, com fundamento na supremacia da Constituição e, no caso específico dos direitos fundamentais, na aplicabilidade imediata de que estão revestidos esses direitos, nos termos do art. 5º, §1º, da CF/88.

2) Após quase duas décadas adotando o entendimento de que a iniciativa de projeto de lei inviabilizaria a discussão da inércia do Poder Público por meio de ADO, o STF mudou seu entendimento e passou a entender que a omissão deliberativa, em prazo razoável, de projeto de lei que tramita no Poder Legislativo configura inércia suficiente a ensejar o conhecimento e julgamento da ADO pelo tribunal, pois ***a mera existência de projeto de lei não afasta a mora legislativa.***[133]

3) Durante a ***pandemia do COVID-19 provocada pelo coronavírus***, o STF decidiu que é cabível, em tese, ADO pedindo a instituição de pagamento de valor mínimo em favor dos mais necessitados durante situação de calamidade pública decorrente de pandemia, a fim de assegurar os direitos à alimentação e ao mínimo existencial, inerentes à dignidade da pessoa humana. Essa ADO foi proposta à época, sobretudo, porque o Presidente da República, Jair Bolsonaro, era contrário à instituição de um ***auxílio emergencial***, só tendo mudado de ideia quando percebeu que o Congresso Nacional imporia o pagamento com ou sem a sua concordância. Assim, com a criação do auxílio, a ADO perdeu seu objeto.[134]

11.6 Espécies de ADO

Partindo-se do fato de que as omissões podem ser totais ou parciais, a Ação Direta de Inconstitucionalidade por Omissão possui as seguintes espécies:

- *ADO TOTAL:* ocorre quando não existe lei ou ato normativo que viabilize a implementação de um certo direito constitucional.
- *ADO PARCIAL:* ocorre quando existe lei ou ato normativo que regulamente um certo direito constitucional, mas essa lei ou ato normativo implementa esse direito de forma insuficiente ou insatisfatória. *A ADO parcial possui as seguintes subespécies:*
- *ADO PARCIAL PROPRIAMENTE DITA:* ocorre quando existe norma infraconstitucional regulamentadora, contudo essa norma não consegue viabilizar de forma adequada ou satisfatória o direito constitucional que ela regulamenta.[135]
- *ADO PARCIAL RELATIVA:* ocorre quando existe norma infraconstitucional regulamentadora que até é satisfatória e adequada para viabilizar o direito constitucional que ela regulamenta, contudo ela não atinge todos os sujeitos que deveria atingir,

---

132. Nesse sentido, na ADI 19, de relatoria do Min. Aldir Passarinho, o STF negou seguimento a ADI por Omissão por ter como objeto ato administrativo concreto. Em sentido semelhante, na ADI 1.698, de relatoria da Min. Cármen Lúcia, embora tenha analisado o mérito, o STF julgou a ODI por Omissão improcedente, afastando-se do controle de atos concretos do Poder Público.
133. STF, ADI (por Omissão) 3.682, Rel. Min. Gilmar Mendes.
134. STF, ADO 56, Rel. Min. Marco Aurélio, red. p/ o ac. Min. Roberto Barroso.
135. Por exemplo, a lei que estabelece o salário mínimo o faz de forma insatisfatória e qualitativamente insuficiente, não cumprindo integralmente com a norma do art. 7º, IV, da CF/88, que o prevê. Essa omissão parcial, inclusive, já foi reconhecida pelo STF, no julgamento da ADI (por Omissão) 1.458, de relatoria do Min. Sepúlveda Pertence.

tratando-se, portanto, de uma insuficiência quanto aos atingidos (quantitativa) e não quanto a lei em si (qualitativa), lesando o princípio constitucional da igualdade.

11.7 Procedimento

Até 2009 o procedimento da ADO era, por analogia, o mesmo adotado para a ADI, vez que não havia regulamentação específica para a ação. O próprio STF não diferenciava essas ações em sua atuação, de modo que ambas compartilhavam a mesma ordem numérica, sendo sempre designadas de ADI (fosse por ação ou por omissão).

Entretanto, com o advento da Lei 12.063/2009 que alterou a Lei 9.868/99, a ADO passou a ter um procedimento próprio que, embora possua muitos pontos em comum com o procedimento da ADI, possui diferenças importantes em respeito à natureza da Ação Direta de Inconstitucionalidade por Omissão.

Isto posto, ao explicarmos o procedimento da ADO é de suma importância demonstrarmos, sobretudo, as diferenças de seu procedimento com o da ADI. No mais, as observações gerais que fizemos sobre a ADI aplicam-se à ADO, como, por exemplo, a inaplicabilidade dos prazos processuais em dobro para a Fazenda Pública etc. Isto posto, façamos uma breve síntese do procedimento da ADO.

A Ação Direta de Inconstitucionalidade por Omissão, atualmente, tem seu procedimento regulamentado pela Lei 9.868/1999, tratando-se de uma ação constitucional com procedimento especial que obedece ao princípio da inércia da jurisdição, de modo que a manifestação do Supremo Tribunal Federal, por meio da ADO, depende da provocação de um dos legitimados do art. 103, da CF/88, por petição.

Nos termos da lei, a ***petição inicial*** da ADO ***deve indicar:***

i) a omissão inconstitucional total ou parcial quanto ao cumprimento de dever constitucional de legislar ou quanto à adoção de providência de índole administrativa;

ii) o pedido, com suas especificações;

Além disso, diz a lei que a petição inicial será apresentada em duas vias, devendo conter cópias dos documentos necessários para comprovar a alegação de omissão, bem como ser acompanhada de instrumento de procuração, quando subscrita por advogado.

Aqui, é importante registrar que, conforme dispõe a legislação, proposta a Ação Direta de Inconstitucionalidade por Omissão, ***não se admitirá desistência.***

Caso a ***petição inicial*** seja considerada ***inepta, não fundamentada ou manifestamente improcedente,*** ela será liminarmente indeferida pelo relator da ação, cabendo, contudo, agravo para o plenário do Supremo Tribunal Federal dessa decisão de indeferimento da inicial.

Caso a ***petição inicial*** seja ***admitida***, o relator pedirá ***informações*** aos órgãos ou às autoridades das quais emanou a lei ou o ato normativo impugnado, devendo essas informações serem prestadas no prazo de trinta dias contado do recebimento do pedido do relator.[136]

Além disso, os ***demais legitimados*** a propositura da ADO poderão manifestar-se, por escrito, sobre o objeto da ação e pedir a juntada de documentos reputados úteis para o exame da matéria, no prazo das informações, bem como apresentar memoriais.

136. Isso ocorre por força do art. 12-E, da Lei 9.868/99, segundo o qual aplicam-se ao procedimento da ADO, no que couber, as disposições que regulamentam o procedimento da ADI.

Nos termos da lei, decorrido o prazo das informações, o relator poderá solicitar a manifestação do *Advogado Geral da União*, que deverá ser encaminhada no prazo de quinze dias. Ademais, o *Procurador Geral da República*, nas ações em que não for autor, terá vista do processo, por quinze dias, após o decurso do prazo para informações.

Embora não se admita a ***intervenção de terceiros*** no processo de Ação Direta de Inconstitucionalidade por Omissão, o relator, considerando a relevância da matéria e a representatividade dos postulantes, poderá, por despacho irrecorrível, admitir a manifestação de outros órgãos ou entidades (***amicus curae***).[137]

Após a fim do prazo de manifestação do Advogado Geral da União e do Procurador Geral da República, o relator lançará o relatório, com cópia a todos os Ministros, e pedirá dia para julgamento.[138]

Em caso de necessidade de esclarecimento de matéria ou circunstância de fato ou de notória insuficiência das informações existentes nos autos, poderá o relator requisitar informações adicionais, designar perito ou comissão de peritos para que emita parecer sobre a questão, ou fixar data para, em audiência pública, ouvir depoimentos de pessoas com experiência e autoridade na matéria. O relator poderá, ainda, solicitar informações aos Tribunais Superiores, aos Tribunais federais e aos Tribunais estaduais acerca da aplicação da norma impugnada no âmbito de sua jurisdição. Ademais, segundo a lei, essas informações, perícias e audiências serão realizadas no prazo de trinta dias, contado da solicitação do relator.[139]

11.8 Medida cautelar

Até antes do advento da Lei 12.063/2009, o STF entendia que não era cabível medida cautelar em ADO.[140] Entretanto, após a edição da referida lei, a cautelar passou a ser possível por expressa previsão legal.

Nesse sentido, dispõe a Lei 9.868/99 (com as alterações dadas pelo Lei 12.063/2009) que, em caso de ***excepcional urgência e relevância da matéria***, o STF, por decisão da maioria absoluta de seus membros, e presentes, pelo menos, oito Ministros na sessão, poderá conceder medida cautelar, após a audiência dos órgãos ou autoridades responsáveis pela omissão inconstitucional, que deverão pronunciar-se no prazo de cinco dias. Ademais, o relator, julgando indispensável, poderá ouvir o Procurador Geral da República, no prazo de três dias.

A nosso ver, para a concessão da medida cautelar na Ação Direta de Inconstitucionalidade por Omissão, além da ***excepcional urgência e relevância da matéria***, é necessário demonstrar os requisitos clássicos das cautelares:[141]

i) ***fumus boni iuris*** (fumaça do bom direito, aparência de direito certo), exigindo que seja demonstrado no pedido de natureza cautelar a probabilidade do direito alegado, isto é, demonstrar a plausibilidade da omissão inconstitucional alegada.

ii) ***periculum in mora*** (perigo da demora), exigindo que seja demonstrado no pedido de natureza cautelar que sem a sua concessão há perigo de dano ou risco ao resultado útil do processo.

137. Isso ocorre por força do art. 12-E, da Lei 9.868/99.
138. Isso ocorre por força do art. 12-E, da Lei 9.868/99.
139. Isso ocorre por força do art. 12-E, da Lei 9.868/99.
140. STF, ADI (por Omissão) 1.439, Rel. Min. Celso de Mello.
141. No mesmo sentido: LAMOUNIER, Daniel; et.al. Prática Constitucional. São Paulo: Saraiva, 2019, p. 162.

No *julgamento do pedido de medida cautelar*, será facultada sustentação oral aos representantes judiciais do requerente e das autoridades ou órgãos responsáveis pela omissão inconstitucional, na forma estabelecida no Regimento do Supremo Tribunal Federal.

Quanto aos *efeitos*, diz a lei que a medida cautelar poderá consistir na suspensão da aplicação da lei ou do ato normativo questionado, no caso de *omissão parcial*, bem como na suspensão de processos judiciais ou de procedimentos administrativos, ou ainda em outra providência a ser fixada pelo Tribunal. Ademais, conforme já decidiu o STF, no caso de *omissão total*, os efeitos da cautelar poderão consistir na antecipação da declaração de mora do Poder Público.[142]

Por fim, temos que, concedida a medida cautelar, o Supremo Tribunal Federal fará publicar, em seção especial do Diário Oficial da União e do Diário da Justiça da União, a parte dispositiva da decisão no prazo de dez dias, devendo solicitar as informações à autoridade ou ao órgão responsável pela omissão inconstitucional.

11.9 Julgamento

11.9.1 Quóruns

Como relação ao processo de julgamento e decisão da ADO, é importante destacar dois quóruns:

Quórum para julgamento: trata-se do número mínimo de Ministros que devem estar presentes na sessão de julgamento para que ela ocorra. Nos termos, do art. 12 c/c art. 22, ambos da Lei 9.868/99, a decisão sobre a constitucionalidade ou a inconstitucionalidade por omissão somente será tomada se presentes na sessão pelo menos ***oito*** Ministros (2/3 dos Ministros do STF).

Quórum para a decisão do julgamento: trata-se do número mínimo de votos para que se reconheça ou não a inconstitucionalidade por omissão. Nos termos do art. 12-H, §2º c/c art. 23, ambos da Lei 9.868/99, o quórum para que se declare se há ou não omissão inconstitucional dos Poderes Públicos é de, pelo menos, ***seis*** Ministros (maioria absoluta dos Ministros do STF). No mais, aplicam-se a ADO, no que couber, os comentários que fizemos quando analisamos o quórum para a decisão da ADI.

11.9.2 Recorribilidade

Nos termos do art. 12-H, §2º c/c art. 26, ambos da Lei 9.868/99, a decisão que declare que há ou que não há omissão inconstitucional dos Poderes Públicos em Ação Direta de Inconstitucionalidade por Omissão é ***irrecorrível***, ressalvada a interposição de embargos declaratórios, não podendo, igualmente, ser objeto de ação rescisória.

11.9.3 Momento inicial da produção de efeitos da decisão

Salvo situações excepcionais, a decisão da ADO começa a produzir efeitos, tornando obrigatória sua observância, a partir da publicação da ata de julgamento contendo a parte dispositiva da decisão no Diário da Justiça e no Diário Oficial da União (art. 12-H, §2º c/c art.

142. STF, ADO 24-MC, Rel. Min. Dias Toffoli.

27, ambos da Lei, 9.868/99), de modo que uma ADO pode começar a produzir efeitos sem ter transitado em julgado e mesmo que interpostos embargos de declaração, ainda, não julgados.

11.9.4 Efeitos da decisão da ADO

Para a melhor compreensão dos efeitos da decisão proferida em Ação Direta de Inconstitucionalidade por Omissão, vamos dividir a abordagem em relação a omissão total e a omissão parcial.

EFEITOS DA DECISÃO EM ADO TOTAL:

- Nos termos do art. 103, §2º, da CF/88, declarada a inconstitucionalidade por omissão de medida para tornar efetiva norma constitucional, será dada ciência ao Poder competente para a adoção das providências necessárias. Assim, uma vez reconhecida a mora do poder competente, o STF dar-lhe-á ciência para que supre a omissão.
- Conforme dispõe o art. 12-H, §1º, da Lei 9.868/99, em caso de ***omissão imputável a órgão administrativo***, as providências deverão ser adotadas no prazo de trinta dias, ou em prazo razoável a ser estipulado excepcionalmente pelo STF, tendo em vista as circunstâncias específicas do caso e o interesse público envolvido. Ou seja, se a omissão for de órgão administrativo e não de órgão legislativo, o STF dará ciência a esse órgão para que adote as providências necessárias (leia-se: produza a norma que já deveria ter produzido) no prazo de 30 dias, ou em outro prazo estipulado pelo STF. Aqui é importante registrar que, caso a autoridade administrativa responsável pela edição da norma não a elabore no prazo, poderá incorrer em *crime de responsabilidade*, por descumprimento da Constituição e por se recusar a cumprir decisão judicial.
- Em caso de ***omissão imputável a órgão legislativo*** não há prazo legal para que as providências sejam tomadas. Entretanto, o Supremo Tribunal Federal, em alguns casos, já estabeleceu ***prazo razoável*** para que o Poder Legislativo legisle sobre matéria de sua competência em face do reconhecimento de omissão inconstitucional em ADO. Entretanto, o prazo estabelecido pelo Supremo tem sido entendido como um ***prazo não vinculativo***, não obrigatório, cujo descumprimento não enseja nenhuma espécie de sanção ou mesmo de consequência,[143] adotando-se aqui a chamada *Tese Não Concretista*.[144] Entretanto, ao julgar a ADO 25, no final de 2016, o STF parece ter instituído um primeiro precedente adotando (pelo menos em tese), a *Tese Concretista Intermediária*,[145] no qual reconheceu a mora do Poder Legislativo, firmou-lhe um prazo razoável para que supra essa mora e estabeleceu as medidas que devem ser tomadas para implementar o direito constitucional caso a lei não seja editada no prazo consignado na decisão. Nada obstante, esse prazo que inicialmente era de 12 meses foi prorrogado por diversas vezes a pedido dos interessados (União e Estados). Por fim, em setembro de 2019, após sucessivas prorrogações, uma comissão especial, formada por representantes da União e de todos os Estados, passou debater

143. STF, ADI (por Omissão) 3.682, Rel. Min. Gilmar Mendes.
144. Segundo a *Tese Não Concretista*, em face de uma omissão inconstitucional, o Tribunal Constitucional deve reconhecer a mora do Poder Público competente pela edição da norma infraconstitucional, dar-lhe ciência, mas não deve adotar postura ativa suprindo a mora ou mesmo implementando o direito.
145. Segundo a *Tese Concretista Intermediária*, em face de uma omissão inconstitucional, o Tribunal Constitucional não deve viabilizar o direito de forma imediata. Assim, primeiro deve reconhecer a mora, dar ciência ao poder competente e estabelecer prazo razoável para que ele a supra e, somente se ele não a suprir a mora no prazo estabelecido é que o Tribunal deve adotar postura ativa, suprir a mora e implementar o direito.

propostas de conciliação que resultaram em um acordo homologado pelo STF, no dia 20 de maio de 2020, prorrogando, mais uma vez o prazo para a União elaborar a lei regulamentadora da norma constitucional.[146]

EFEITOS DA DECISÃO EM ADO PARCIAL:

- Nesse caso, estamos diante de uma omissão parcial, isto é, há lei, embora ela seja insuficiente ou insatisfatória. Entretanto, há lei. E se há lei, *prima facie*, ***o provimento da ADO parcial se assemelhará ao provimento de uma ADI***, já que teremos uma lei inconstitucional (há aqui uma relativa fungibilidade da ADO parcial em ADI). Assim, nos mesmos moldes da ADI, uma vez ***reconhecida a inconstitucionalidade*** de uma certa lei por omissão inconstitucional parcial em ADO, ***a lei deve ser anulada***, produzindo, nos termos do art. 12-H, §2º c/c art. 28, parágrafo único, ambos da Lei 9.869/99, efeitos *ex tunc* (retroativos) ***erga omnes*** (contra todos) e ***vinculantes*** em relação aos órgãos do Poder Judiciário e à Administração Pública.
- Entretanto, há casos em que o STF excepciona essa regra e, mesmo reconhecendo a inconstitucionalidade de uma certa lei por omissão inconstitucional parcial, por ser a lei insuficiente ou insatisfatória, não pronuncia a nulidade da lei, vez que essa pronuncia poderia agravar o estado de inconstitucionalidade.[147] Aqui o STF utiliza-se da técnica decisória da ***declaração de inconstitucionalidade sem pronúncia de nulidade***, pela qual o Tribunal declara a inconstitucionalidade de lei, porém, sem pronunciar sua nulidade, isto é, em que pese reconheça que a lei é inconstitucional, a Corte não declara sua invalidade, mantendo sua aplicabilidade no ordenamento jurídico, por entender que a sua invalidação agravaria o estado de inconstitucionalidade concernente àquele direito.
- Entretanto, independentemente de anular ou não a lei ou ato normativo que tenha sido declarado inconstitucional por omissão parcial, o STF, nos termos do art. 103, §2º, da CF/88, deve dar ciência ao Poder competente para a adoção das providências necessárias, isto é, para que edite nova lei ou ato normativo, seja porque anulou o anterior, seja porque o anterior mesmo não anulado ainda possui uma omissão inconstitucional a ser suprida. Nesse sentido, nos termos do art. 12-H, §1º, da Lei 9.868/99, em caso de omissão inconstitucional parcial imputável a órgão administrativo, as providências deverão ser adotadas no prazo de trinta dias, ou em prazo razoável a ser estipulado excepcionalmente pelo STF, tendo em vista as circunstâncias específicas do caso e o interesse público envolvido.

12. ARGUIÇÃO DE DESCUMPRIMENTO DE PRECEITO FUNDAMENTAL (ADPF)

A Arguição de Descumprimento de Preceito Fundamental (ADPF) foi instituída em nosso ordenamento jurídico pela Constituição de 1988, inovando em nosso sistema de controle de constitucionalidade por se tratar de uma ação que possui um objeto muito mais amplo do que o tradicional objeto das ações diretas de controle, tratando-se de uma ação apta a controlar não apenas atos normativos, mas, também, atos concretos dos Poderes Públicos da União, dos Estados, dos Municípios e do Distrito Federal, praticados ou editados antes ou após a promulgação da CF/88, sendo apta a realizar, tanto o controle de constitucionalidade, como a análise de recepção.

146. STF, ADO 25, Rel. Min. Gilmar Mendes.
147. STF, ADIs (por Omissão) 875, 1.987, 2.727 e 3.243, todas de relatoria do Min. Gilmar Mendes, julgadas conjuntamente em 24/02/2010.

12.1 Conceito

A Arguição de Descumprimento de Preceito Fundamental (ADPF) consiste em ação concentrada de controle de constitucionalidade, pela via principal, que tem por finalidade evitar ou reparar lesão a preceito fundamental da Constituição, resultante de ato do Poder Público de quaisquer dos entes federados editados ou praticados antes ou após a promulgação da CF/88, a ser impetrada perante o Supremo Tribunal Federal no exercício de sua função de Tribunal Constitucional.

12.2 Legitimidade ativa

Nos termos, do art. 2º, I, da Lei 9.882/1999, podem propor a Arguição de Descumprimento de Preceito Fundamental os mesmos legitimados à propositura da Ação Direta de Inconstitucionalidade. Assim, ***os legitimados para proporem a ADPF são os mesmos legitimados para proporem a ADI***, previstos no art. 103, da CF/88: i) Presidente da República; ii) Mesa do Senado Federal; iii) Mesa da Câmara dos Deputados; iv) Mesa de Assembleia Legislativa ou da Câmara Legislativa do Distrito Federal; v) Governador de Estado ou do Distrito Federal; vi) Procurador-Geral da República; vii) Conselho Federal da Ordem dos Advogados do Brasil; viii) Partido político com representação no Congresso Nacional; ix) Confederação sindical ou entidade de classe de âmbito nacional.

Deste modo, remetemos o leitor aos comentários que fizemos sobre a legitimidade ativa quando tratamos da ADI.

12.3 Competência

A competência para julgar a Arguição de Descumprimento de Preceito Fundamental é do ***Supremo Tribunal Federal*** (art. 102, §1º, da CF/88), no exercício de sua atribuição de Tribunal Constitucional.

12.4 Espécies de ADPF

Nos termos da Lei 9.882/99, a doutrina identifica, a partir da origem da ação, duas espécies de Arguição de Descumprimento de Preceito Fundamental:

ADPF AUTÔNOMA	ADPF INCIDENTAL
É impetrada por um dos legitimados buscando evitar ou reparar lesão a preceito fundamental, a partir de uma análise que leva em consideração a incompatibilidade da lei ou ato do Poder Público com o preceito fundamental da Constituição, sem partir de qualquer caso concreto (art. 1º, da Lei 9.882/99).	É impetrada por um dos legitimados buscando evitar ou reparar lesão a preceito fundamental em razão da existência de controvérsia constitucional relevante, a partir de uma análise que surge de casos concretos de controle de constitucionalidade difuso-incidental (art. 1º, parágrafo único, da Lei 9.882/99).

Sobre a ***ADPF Incidental*** é importante esclarecer que, ***embora ela surja de casos concretos*** que estão sendo discutidos em controle difuso-incidental de constitucionalidade, ela não se trata de uma modalidade de controle difuso, ou de controle concreto, ou mesmo de controle incidental. Na verdade, essa nomenclatura está ligada apenas à sua origem, assim, como ela se origina do controle difuso-incidental, ela tem sido chamada de ADPF Incidental, entretanto, está trata-se de uma ***ação concentrada, pela via principal, cuja discussão se dá em processo objetivo (abstrato) de controle de constitucionalidade.***[148]

148. Em que pese uma pequena parcela da doutrina defenda que se trate de processo de cunho subjetivo e concreto, a doutrina majoritária e o STF entendem que se trata de processo objetivo e abstrato. Nesse sentido: STF, ADPF 54-AgR, Rel. Min. Marco Aurélio. Julgamento em 26.11.2008.

A ideia da ADPF Incidental é antecipar etapas, vez que as ações de controle difuso de constitucionalidade podem demorar muitos anos para chegarem ao STF e obterem uma resposta "final". Assim, percebendo que há ações de controle difuso-incidental discutindo lei ou ato do Poder Público que pode estar ferindo preceito fundamental da Constituição, um dos legitimados poderá ajuizar uma ADPF Incidental para que o STF decida sobre a (in)constitucionalidade dessa lei ou ato do Poder Público, de forma abstrata (objetiva), gerando uma decisão que, por ter efeitos *erga omnes* e vinculantes, deverá ser observada em todos os casos concretos que estavam sendo discutidos em controle difuso, vinculando os juízes e tribunais no que diz respeito a constitucionalidade ou inconstitucionalidade da lei ou ato do Poder Público. Sem dúvidas, o exemplo mais citado de ocorrência de ADPF Incidental é a ADPF 54, que surgiu de casos concretos de controle difuso-incidental de constitucionalidade.

12.5 Parâmetro constitucional

Como vimos, tradicionalmente, o parâmetro nos indica em face de quais normas da Constituição uma lei ou ato dos Poderes Públicos poderá ter sua validade analisada, isto é, nos indica quais são as normas constitucionais que servirão como referência para que o tribunal analise se as leis ou atos dos Poderes Públicos são compatíveis com elas.

O parâmetro constitucional da Arguição de Descumprimento de Preceito Fundamental são os ***preceitos fundamentais***. *Mas, o que são preceitos fundamentais*? Para responder a essa pergunta a doutrina se divide em duas correntes:

1ª Corrente – minoritária – defende que todas as normas da Constituição são preceitos fundamentais, de modo que seria cabível ADPF em face de quaisquer normas constitucionais.

2ª Corrente – majoritária e adota pela STF – defende que, embora todas as normas constitucionais sejam normais fundamentais, isto é, sejam fundamento de validade para as demais normas da ordem jurídica, há normas constitucionais que são preceitos fundamentais e outras que não são.

Partindo da corrente majoritária, à qual nos filiamos, surge outro questionamento: se nem todas as normas constitucionais são preceitos fundamentais, *quais são as normas constitucionais que são preceitos fundamentais*?

A nosso ver, ***os preceitos fundamentais são as normas materialmente constitucionais***, escritas ou não escritas, que estejam previstas expressamente no documento constitucional ou não, inclusive aquelas incorporadas por Tratados Internacionais de Direitos Humanos com hierarquia constitucional, ***excluindo-se dos preceitos fundamentais as normas apenas formalmente constitucionais***. Assim, os preceitos fundamentais são identificados naquelas normas constitucionais que dispõem sobre as matérias de Constituição, ou seja, que dispõem sobre a organização do Estado, a organização dos Poderes e sobre a limitação dos Poderes do Estado, especialmente, naquelas que estabelecem direitos e garantias fundamentais.

Ademais, a partir da ***jurisprudência do Supremo Tribunal Federal*** é possível apontar o reconhecimento das seguintes normas da CF/88 como ***preceitos fundamentais:***

- Princípios fundamentais (art. 1º a 4º);
- Direitos e garantias fundamentais típicos (art. 5º a 17)[149] e atípicos (esparsos no texto constitucional, ou implícitos ao texto, ou construídos pelo Tribunal Constitucional,

149. STF, ADPF 33, Rel. Min. Gilmar Mendes.

ou previstos em Tratados Internacionais de Direitos Humanos com hierarquia constitucional). Sobre os direitos atípicos o Tribunal já admitiu ADPF tendo como parâmetro os arts. 170,[150] 196,[151] 205, 220,[152] 222,[153] 225,[154] 226[155] e 227, dentre outros.[156]

- Princípios constitucionais sensíveis (art. 34, VII).[157]
- Cláusulas pétreas (limites materiais ao poder de reforma) expressas (art. 60, § 4º, I a IV) e implícitas.[158]

12.6 Objeto

Como vimos, o objeto é aquilo que é controlado em face do parâmetro, referindo-se normalmente às leis e atos dos Poderes Públicos que podem ser controlados em face da Constituição. Na Arguição de Descumprimento de Preceito Fundamental o objeto varia de acordo com a espécie e ADPF a ser ajuizada.

Na ADPF Autônoma, nos termos do art. 1º, *caput*, da Lei 9.882/99, ***o objeto é ato do Poder Público.*** Ou seja, estamos diante de um objeto amplíssimo, que comporta os atos do Poderes Públicos da União, dos Estados, do Distrito Federal ou dos Municípios, editados antes ou após a promulgação da Constituição de 1988, incluindo:[159]

- Leis (espécies legislativas do art. 59, da CF/88, como, por exemplo, Emendas à Constituição, Leis Complementares, Leis Ordinárias etc.);
- Demais atos normativos primários (por exemplo, os Decretos Autônomos do art. 84, VI, da CF/88);
- Atos normativos secundários (por exemplo, os Decretos Regulamentares do art. 84, IV);
- Atos administrativos (praticados no exercício da função administrativa, seja pela Administração Pública Direta e Indireta ou mesmo por particular no exercício de função pública delegada);
- Atos e decisões judiciais;[160]
- Leis e atos de efeito concreto;
- Omissões do Poder Público.

Na ADPF Incidental, nos termos do art. 1º, *parágrafo único*, da Lei 9.882/99, ***o objeto é lei ou ato normativo do Poder Público.*** Ou seja, estamos diante de um objeto um pouco mais restrito, que comporta apenas as leis e atos normativos da União, dos Estados, do Distrito

150. STF, ADPF 449, Rel. Min. Luiz Fux.
151. STF, ADPF 101, Rel. Min. Cármen Lúcia.
152. STF, ADPF 130, Rel. Min. Carlos Britto.
153. STF, ADPF 130, Rel. Min. Carlos Britto.
154. STF, ADPF 101, Rel. Min. Cármen Lúcia.
155. STF, ADPF 132, Rel. Min. Carlos Britto.
156. Por exemplo, no julgamento da Medida Cautelar da ADPF 405, relatada pela Min. Rosa Weber, o STF indicou que são preceitos fundamentais as normas constitucionais que regem o sistema orçamentário (arts. 167, VI e X) e que estabelecem o regime de repartição de receitas tributárias (arts. 34, V, 158, III e IV, e 159, §§ 3º e 4º, e 160).
157. STF, ADPF 33, Rel. Min. Gilmar Mendes.
158. STF, ADPF 33, Rel. Min. Gilmar Mendes.
159. CUNHA JR. Dirley da. Curso de Direito Constitucional. 9. ed. Salvador: Juspodivm, 2015, p. 375 e ss.
160. Exemplos: STF, ADPF 6, Rel. Min. Celso de Mello; STF, ADPF 405, Rel. Min. Rosa Weber; e STF, ADPF 548, Rel. Min. Cármen Lúcia; STF, ADPF 484, Rel. Min. Luiz Fux.

Federal ou dos Municípios, editados antes ou após a promulgação da Constituição de 1988, incluindo:

- Leis (espécies legislativas do art. 59, da CF/88, como, por exemplo, Emendas à Constituição, Leis Complementares, Leis Ordinárias etc.);
- Demais atos normativos primários (por exemplo, os Decretos Autônomos do art. 84, VI, da CF/88);
- Atos normativos secundários (por exemplo, os Decretos Regulamentares do art. 84, IV);

Por fim, é importante registrarmos algumas decisões tomadas pelo Supremo Tribunal Federal acerca do objeto da ADPF. Assim ***segundo o STF:***

- Não cabe ADPF contra veto do Poder Executivo, por se tratar de ato e natureza política.[161] Embora, em decisão monocrática, na ADPF 45, o Min. Celso de Melo tenha decidido pelo cabimento da ADPF contra veto do Poder Executivo, tendo, contudo, a ação perdido seu objeto antes de ser definitivamente julgada pelo plenário.[162] Assim, prevalece o entendimento exarado pelo pleno, na ADPF 1, de que não cabe ADPF contra veto do Poder Executivo.
- Não cabe ADPF contra Proposta de Emenda à Constituição (PEC).[163]
- Via de regra, não cabe ADPF para questionar enunciado de súmulas,[164] porém é cabível ADPF contra súmulas que anunciam preceitos gerais e abstratos.[165]
- Não cabe ADPF para questionar enunciado de súmula vinculantes, vez que há procedimento próprio de edição, revisão e cancelamento para isso.[166]
- Não cabe ADPF contra decisão judicial transitada em julgado.[167]
- Rompendo com seu entendimento anterior,[168] o STF atualmente entende que não cabe ADPF quando for cabível ADI Estadual, pois a ação de controle estadual é meio tão eficaz quanto a ADPF, aplicando-se, portanto, o princípio da subsidiariedade.[169]
- Cabe ADPF contra ato normativo já revogado.[170]

12.7 Princípio da subsidiariedade da ADPF

O art. 4º, § 1º, da Lei 9.882/99 estabelece a subsidiariedade da ADPF, afirmando que *não será admitida arguição de descumprimento de preceito fundamental quando houver outro meio eficaz de sanar a lesividade*. Assim, nos termos da lei, a ADPF é uma ação de caráter subsidiário, extraordinário e supletivo, só podendo ser ajuizada em situações em que não seja cabível outro meio capaz de sanar a lesividade de forma eficaz.

161. STF, ADPF 1, Rel. Min. Néri da Silveira.
162. STF, ADPF 45, Rel. Min. Celso de Mello.
163. STF, ADPF 43, Rel. Min. Carlos Britto.
164. STF, ADPF 80, Rel. Min. Eros Grau.
165. STF, ADPF 501-AgR, Rel. Min. Alexandre de Moraes, red. p/ o acórdão Min. Ricardo Lewandowski.
166. STF, ADPF 147, Rel. Min. Cármen Lúcia.
167. STF, ADPF 81-MC, Rel. Min. Celso de Mello.
168. Até 2020, o STF (ADPF 449) entendia que era cabível ADPF mesmo quando fosse cabível ADI Estadual, pois os parâmetros de controle seriam diferentes, o que atendia ao princípio da subsidiariedade.
169. STF, ADPF 534-AgRg, Rel. Min. Celso de Mello.
170. STF, ADPF 84, Rel. Min. Sepúlveda Pertence.

Ocorre que esse dispositivo, que consagra o caráter subsidiário da ADPF, recebe diferentes interpretações na doutrina brasileira, destacando-se, pelo menos, três correntes interpretativas:

1ª Corrente: defendida por André Ramos Tavares e José Afonso da Silva, entende que o princípio da subsidiariedade da ADPF, previsto na Lei 9.882/99, é inconstitucional, sob o argumento de que a ADPF, por seu uma garantia constitucional, não poderia ser obstaculizada por uma restrição infraconstitucional, não devendo, portanto, ser aplicado pelo STF.

2ª Corrente: defendida por Alexandre de Moraes e Zeno Veloso, entende que o princípio da subsidiariedade é constitucional e deve ser aplicado em sua literalidade, de modo que sempre que couber qualquer outro meio (outra ação judicial), não será cabível o ajuizamento da ADPF. Ocorre que essa interpretação esvazia quase por completo a ADPF, tornando-a uma ação inócua, vez que sempre é possível discutir a questão por alguma outra ação judicial (nem que seja pelo controle difuso-incidental).

3ª Corrente: defendida pela doutrina majoritária e adotada pelo Supremo Tribunal Federal, entende que o princípio da subsidiariedade é constitucional e deve ser interpretado de forma teleológica e sistêmica, de modo a estabelecer um filtro para admissão da ADPF, sem, contudo, esvaziá-la. Assim, a ADPF será cabível sempre que for o meio mais eficaz para a resolução da inconstitucionalidade discutida. Nesse sentido, o STF já decidiu que se o outro meio se der em processo subjetivo, a ADPF será o meio mais eficaz por se tratar de processo objetivo, com efeitos *erga omnes* e vinculantes. Por outro lado, se o outro meio se der em processo objetivo de controle de constitucionalidade, esse outro meio é tão ou mais eficaz que a ADPF, logo, a ADPF não será cabível.[171]

Isto posto, é importante registrarmos algumas decisões tomadas pelo Supremo Tribunal Federal acerca do princípio da subsidiariedade da ADPF. Assim ***segundo o STF:***

- A possibilidade de instauração, no âmbito do Estado-membro, de ***controle concentrado (fiscalização abstrata) de leis municipais contestadas em face da Constituição Estadual*** (CF, art. 125, § 2º) torna inadmissível, por efeito da incidência do princípio da subsidiariedade (Lei 9.882/99, art. 4º, § 1º), o acesso imediato à ADPF.[172]
- Se for ajuizada uma ADPF e o STF entender que era caso de ADI (ou ADC, ou mesmo ADO), a Corte poderá ***converter a ADPF em ADI*** (e vice-versa), se satisfeitos os requisitos para a formalização do instrumento substituto, com base nos princípios da ***fungibilidade*** das ações de controle concentrado (ADI, ADC, ADO e ADPF são fungíveis entre si), da instrumentalidade das formas e da economia processual.[173] Entretanto, se a ADPF tiver sido proposta, por ***erro grosseiro***, injustificável, em situação que claramente era incabível, como, por exemplo, para controle de lei federal pós-constitucional sem efeito concreto, o STF ***não admite a fungibilidade***.[174]
- É possível ***cumular pedidos próprios da ADPF com pedidos próprios de ADI, de ADC e de ADO***, por se tratarem de ***ações fungíveis entrei si***, até porque não seria razoável exigir que se ajuizassem duas, ou três ações diferentes para atingir objetivos umbilicalmente ligados, de modo que somente a apreciação cumulativa de tais pedidos

171. STF, ADPF 33, Rel. Min. Gilmar Mendes; STF, ADPF 54, Rel. Min. Marco Aurélio.
172. STF, ADPF 100, Rel. Min. Celso de Mello; e STF, ADPF 479, Rel. Min. Alexandre de Moraes.
173. STF, ADPF 72, Rel. Min. Ellen Gracie.
174. STF, ADPF 314, Rel. Min. Marco Aurélio.

é capaz de assegurar o amplo esclarecimento da questão, sendo a ADPF a ação que melhor engloba pretensões distintas.[175]

12.8 Procedimento

Embora existam duas espécies de Arguição de Descumprimento de Preceito Fundamental (Autônoma e Incidental), o procedimento delas é similar, tendo pequenas diferenças que destacaremos ao longo de nossa análise.

A Arguição de Descumprimento de Preceito Fundamental tem seu procedimento regulamentado pela Lei 9.882/1999, tratando-se de uma ação constitucional com procedimento especial que obedece ao princípio da inércia da jurisdição, de modo que a manifestação do Supremo Tribunal Federal, por meio da ADPF, depende da provocação de um dos legitimados do art. 103, da CF/88, por petição.

Nos termos da lei, a ***petição inicial*** da ADPF ***deve indicar:***

i) a indicação do preceito fundamental que se considera violado;

ii) a indicação do ato questionado;

iii) a prova da violação do preceito fundamental;

iv) o pedido, com suas especificações;

v) a comprovação da existência de controvérsia judicial relevante sobre a aplicação do preceito fundamental que se considera violado, caso a ***ADPF*** seja ***Incidental***.

Além disso, diz a lei que a petição inicial será apresentada em duas vias, devendo conter cópias do ato questionado e dos documentos necessários para comprovar a impugnação, bem como ser acompanhada de instrumento de procuração, quando subscrita por advogado.

Caso a ***petição inicial*** seja considerada ***inepta, assim como quando faltar algum requisito legal, ou não for cabível ADPF***, ela será ***indeferida liminarmente***, pelo relator, cabendo, contudo, agravo para o plenário do Supremo Tribunal Federal dessa decisão de indeferimento da inicial, no prazo de cinco dias.

Aqui, vale lembrar, conforme vimos ao analisar o ***princípio da subsidiariedade***, que não será admitida Arguição de Descumprimento de Preceito Fundamental quando houver qualquer outro meio eficaz de sanar a lesividade.

Caso a ***petição inicial*** seja ***admitida***, passa-se à fase de apreciação do pedido liminar, se houver. Apreciado o pedido de liminar, o relator solicitará informações às autoridades responsáveis pela prática do ato questionado, no prazo de dez dias.

Se entender necessário, ***o relator poderá requisitar*** informações adicionais, designar perito ou comissão de peritos para que emita parecer sobre a questão, ou ainda, fixar data para declarações, em audiência pública, de pessoas com experiência e autoridade na matéria. Ademais, poderão ser autorizadas, a critério do relator, ***sustentação oral e juntada de memoriais***, por requerimento dos interessados no processo.

Além disso, nos casos de ***ADPF Incidental***, poderá o relator ***ouvir as partes*** nos processos que ensejaram a arguição. Entretanto, frise-se: as partes dos processos que originaram a ADPF não se tornam partes na ADPF, já que a ADPF é uma ação objetiva, cujo processo de controle de constitucionalidade é objetivo e não subjetivo, inadmitindo-se partes.

175. STF, ADPF 378, Rel. Min. Edson Fachin.

Nos termos da lei 9.882/99, *o Ministério Público, nas arguições que não houver formulado* [nas ADPFs que não for o autor], *terá vista do processo, por cinco dias, após o decurso do prazo para informações*. A nosso ver, esse dispositivo precisa ser interpretado à luz do art. 103, §1º, da CF/88, segundo o qual *o Procurador Geral da República deverá ser previamente ouvido nas ações de inconstitucionalidade e em todos os processos de competência do Supremo Tribunal Federal*. Assim, a conclusão lógica, a partir de uma interpretação conforme à Constituição do dispositivo legal, só pode ser a de que o ***Procurador Geral da República*** (*custos constitucionis*) terá vista do processo, por cinco dias, após o decurso do prazo para informações, em qualquer ADPF, seja ela ajuizada por ele ou por qualquer outro legitimado.

Embora não se admita a ***intervenção de terceiros*** no processo de Arguição de Descumprimento de Preceito Fundamental, o relator, considerando a relevância da matéria e a representatividade dos postulantes, poderá, por despacho irrecorrível, admitir a manifestação de ***amicus curae***,[176] aplicando-se aqui a observações que fizemos quando tratamos do *amicus curae* na ADI.

Por fim, diz a lei que, *decorrido o prazo das informações, o relator lançará o relatório, com cópia a todos os ministros, e pedirá dia para julgamento*.

12.9 Medida liminar

Segundo o art. 5º, da Lei 9.882/99, o Supremo Tribunal Federal, por decisão da maioria absoluta de seus membros, poderá deferir pedido de medida liminar na Arguição de Descumprimento de Preceito Fundamental, que tem como fundamentos para concessão os mesmos fundamentos do processo civil clássico:

i) ***fumus boni iuris*** (fumaça do bom direito, aparência de direito certo), exigindo que seja demonstrado no pedido liminar a probabilidade do direito alegado.

ii) ***periculum in mora*** (perigo da demora), exigindo que seja demonstrado no pedido liminar que sem a sua concessão há perigo de dano ou risco ao resultado útil da ação.

Além disso, em caso de ***extrema urgência*** ou ***perigo de lesão grave***, ou ainda, ***em período de recesso***, poderá o relator conceder a liminar, *ad referendum* do Tribunal Pleno, ou seja, será concedida pelo relator e, posteriormente, submetida a referendo do plenário da Corte. No caso de extrema urgência ou perigo de lesão grave, é de competência do próprio relator. Entretanto, em período de recesso, é de competência do Presidente do STF ou de seu substituto regimental.[177]

Nos termos da lei, o relator poderá ouvir os órgãos ou autoridades responsáveis pelo ato questionado, bem como o Advogado Geral da União ou o Procurador Geral da República, no prazo comum de cinco dias. Entretanto, o STF, também, pode conceder a ***liminar inaudita altera partes***.

Por outro lado, conforme decidiu o STF, ***o Ministro relator não pode, de ofício, na ADPF, determinar medidas cautelares que não foram pleiteadas***, pois estará ampliando indevidamente o objeto da ação. É certo que no controle abstrato de constitucionalidade, a causa de pedir é aberta, no entanto, o pedido é específico, assim a Corte está limitada ao pedido, de modo que, aceitar a sua ampliação equivale a agir de ofício, sem observar a legitimidade

176. STF, ADPF 33, Rel. Min. Gilmar Mendes.
177. STF, ADPF 382, Rel. Min. Celso de Mello.

constitucional para propositura da ação. Ademais, segundo o Supremo, também não é possível a ampliação do pedido cautelar já apreciado anteriormente.[178]

Quanto aos *efeitos*, nos termos da lei 9.882/99, temos que:

Na ADPF Autônoma: em regra, a liminar suspende o ato do Poder Público que, em tese, está lesando ou que pode vir a lesar preceito fundamental da Constituição.

Na ADPF Incidental: a liminar pode consistir na determinação de que juízes e tribunais suspendam o andamento de processos ou os efeitos de decisões judiciais, ou de qualquer outra medida que apresente relação com a matéria objeto da arguição de descumprimento de preceito fundamental, salvo se decorrentes da coisa julgada. Ademais, também, pode suspender o ato do Poder Público que, em tese, está lesando ou que pode vir a lesar preceito fundamental da Constituição.

Por fim, é importante registrar que a medida liminar em ADPF, em regra, produz *efeitos:*

i) ***erga omnes e vinculantes***, de modo que a suspensão do ato do Poder Público ou dos processos ou dos efeitos de decisões judiciais é oponível contra todos vinculando os demais órgãos do Poder Judiciário e a Administração Pública.

ii) ***ex nunc***, por uma questão de segurança jurídica, pois essa decisão não é terminativa de mérito, podendo ser revista pelo Tribunal, que poderá, em decisão definitiva, decidir de forma contrária à liminar.

12.10 Julgamento

12.10.1 Quóruns

Como relação ao processo de julgamento e decisão da ADPF, é importante destacar dois quóruns:

Quórum para julgamento: trata-se do número mínimo de Ministros que devem estar presentes na sessão de julgamento para que ela ocorra. Nos termos, do art. 8º, da Lei 9.882/99, a decisão sobre a arguição de descumprimento de preceito fundamental somente será tomada se presentes na sessão pelo menos dois terços dos Ministros (*oito* Ministros do STF).

Quórum para a decisão do julgamento: trata-se do número mínimo de votos para que o STF declare que o ato do Poder Público lesa ou não lesa, ameaça de lesão ou não ameaça de lesão, preceito fundamental da Constituição, sendo que a decisão em ADPF que declara a inconstitucionalidade ou constitucionalidade de norma, ou a recepção ou não recepção de norma, ou mesmo a ilegitimidade ou legitimidade de ato concreto dos Poderes Públicos exige maioria absoluta (***seis***) dos votos dos Ministros do STF.

12.10.2 Recorribilidade

Conforme dispõe o art. 12, da Lei 9.882/99, a decisão que julgar procedente ou improcedente o pedido em arguição de descumprimento de preceito fundamental é ***irrecorrível***, ressalvada a interposição de embargos declaratórios, não podendo, igualmente, ser objeto de ação rescisória.

---

178. STF, ADPF 347, Rel. orig. Min. Marco Aurélio, red. p/ o ac. Min. Alexandre de Moraes.

12.10.3 Momento inicial da produção de efeitos da decisão

Nos termos da Lei 9.882/99, o presidente do STF determinará o imediato cumprimento da decisão, lavrando-se o acórdão posteriormente, sendo que dentro do prazo de dez dias contado a partir do trânsito em julgado da decisão, sua parte dispositiva será publicada em seção especial do Diário da Justiça e do Diário Oficial da União. Ou seja, ***a ADPF tem execução (cumprimento) imediata***, mesmo que ainda não tenha transitado em julgado.

12.10.4 Efeitos da decisão da ADPF

Segundo a Lei 9.882/99, a decisão definitiva da Arguição de Descumprimento de Preceito Fundamental produz, em regra, efeitos *ex tunc* (retroativos) ***erga omnes*** (contra todos) e ***vinculantes*** em relação aos órgãos do Poder Judiciário e à Administração Pública.

Ademais, nos termos legais, julgada a ação, far-se-á comunicação às autoridades ou órgãos responsáveis pela prática dos atos questionados, podendo o Supremo Tribunal Federal ***fixar as condições e o modo de interpretação e aplicação do preceito fundamental.***

Além disso, é importante perceber que há, pelo menos, três situações distintas de acordo com o objeto que está sendo questionado na ADPF e que irão importar em efeitos diferentes caso ele seja incompatível com a Constituição, sendo elas:

- Se a ***lei ou o ato normativo*** impugnado for ***posterior à CF/88***, a decisão da ADPF enquadrar-se-á nas técnicas do controle concentrado da ADI, vindo a norma a ser declarada inconstitucional e anulada desde a sua origem.
- Se a ***lei ou o ato normativo*** impugnado for ***anterior à CF/88***, o STF limitar-se-á a reconhecer a sua recepção ou não recepção pela norma constitucional superveniente, considerando a lei ou ato normativo revogado na data da promulgação da norma constitucional superveniente que não o recepcionou.
- Se o que estiver sendo impugnado for um ***ato do Poder Público de efeito concreto***, o STF prolatará sua ilegitimidade em face da Constituição.

Por fim, nos termos expressos da Lei 9.882/99, por desrespeito aos *efeitos vinculantes*, caberá ***Reclamação Constitucional*** contra o descumprimento da decisão proferida pelo Supremo Tribunal Federal.

12.10.5 Modulação de efeitos da decisão da ADPF

Nos mesmos moldes da lei geral de controle concentrado de constitucionalidade (Lei 9.868/99), a lei da ADPF (Le 9.882/99) prevê a possibilidade de modulação dos efeitos da decisão, afirmando que, ao declarar a inconstitucionalidade de lei ou ato normativo, no processo de arguição de descumprimento de preceito fundamental, e tendo em vista razões de ***segurança jurídica*** ou de ***excepcional interesse social***, poderá o Supremo Tribunal Federal, por ***maioria de dois terços*** de seus membros, restringir os efeitos daquela declaração ou decidir que ela só tenha eficácia a partir de seu trânsito em julgado ou de outro momento que venha a ser fixado.

Deste modo, remetemos o leitor aos comentários que fizemos sobre a modulação de efeitos da decisão definitiva quando tratamos da ADI.

12.11 Celebração de acordo em processo de ADPF

Ao julgar a ADPF 165, em 01/03/2018, o STF admitiu a possibilidade de que seja celebrado acordo no *iter* da ADPF. Segundo o Supremo é viável o acordo no âmbito de processo objetivo, desde que haja notável conflito intersubjetivo subjacente (implícito), que comporte solução por autocomposição, pelo acordo apresentado para homologação.

É importante destacar que, ao homologar o acordo, no caso citado, o STF esclareceu que não houve chancela de nenhuma interpretação peculiar dada à lei, mas, pelo contrário, não obstante o ajuste veiculasse diversas teses jurídicas, a homologação não as alcançou, nem as legitimou, e abrangeu apenas as disposições patrimoniais firmadas no âmbito de disponibilidade das partes. Portanto, a homologação apenas solucionou um incidente processual, para dar maior efetividade à prestação jurisdicional.[179]

13. AÇÃO DIRETA DE INCONSTITUCIONALIDADE INTERVENTIVA (ADI INTERVENTIVA)

A Ação Direta de Inconstitucionalidade Interventiva (ADI Interventiva), que se opera mediante ***Representação Interventiva*** (representação para fins de intervenção) perante a Corte Constitucional, é uma forma ímpar de controle concentrado de constitucionalidade, pois se trata de um processo de controle pela via principal que é concreto e subjetivo, uma exceção em nosso sistema de controle de constitucionalidade.

Além disso, inicialmente, é importante lembrar que a ADI Interventiva foi a primeira ação de controle concretado de constitucionalidade a ser instituída no direito brasileiro, tendo sido prevista pela primeira vez na Constituição de 1934.

13.1 Conceito

A Ação Direta de Inconstitucionalidade Interventiva (ADI Interventiva) consiste em ação concentrada de controle de constitucionalidade, pela via principal, que tem por finalidade declarar a inconstitucionalidade de conduta (comissiva ou omissiva) praticada por determinado Estado ou pelo Distrito Federal que descumpra algum princípio constitucional sensível, a ser impetrada perante o Supremo Tribunal Federal no exercício de sua função de Tribunal Constitucional.

13.2 Finalidade

A Ação Direta de Inconstitucionalidade Interventiva possui uma finalidade jurídica e uma finalidade política:

Finalidade Jurídica: declaração de inconstitucionalidade de conduta (comissiva ou omissiva) praticada por determinado Estado ou pelo Distrito Federal.

Finalidade Política: dar ensejo a decretação de Intervenção Federal pelo Presidente da República nos casos de descumprimento de princípios constitucionais sensíveis.

13.3 Legitimidade

A legitimidade na Ação Direta de Inconstitucionalidade Interventiva é completamente diferente das demais ações de controle concentrado de constitucionalidade, especialmente,

179. STF, ADPF 165, Rel. Min. Ricardo Lewandowski.

por dois motivos: a) a legitimidade ativa é restrita ao Procurador Geral da República; e b) essa ação possui um legitimado passivo.

Em relação à ***legitimidade ativa (ad causam)***, nos termos do art. 36, III, da CF/88, somente o Procurador Geral da República pode propor a Ação Direta de Inconstitucionalidade Interventiva perante o Supremo Tribunal Federal, não havendo nenhum outro legitimado *ad causam*.

Em relação à ***legitimidade passiva***, temos que, diferentemente das demais ações de controle de constitucionalidade concentrado, que não possuem um legitimado passivo, já que se são ações de controle abstrato e processo objetivo, a Ação Direta de Inconstitucionalidade Interventiva possui um legitimado passivo, pois, embora seja ação concentrada, é ação de controle concreto, que busca solucionar um caso real específico, possuindo, portanto, um processo subjetivo.

13.4 Competência

A competência para julgar a Ação Direta de Inconstitucionalidade Interventiva é do ***Supremo Tribunal Federal*** (art. 36, III, da CF/88), no exercício de sua atribuição de Tribunal Constitucional.

Aqui, vale dizer que, desde a promulgação da Constituição de 1988, o Supremo vem evitando ao máximo a intervenção nos casos que lhe são submetidos, privilegiando o princípio da excepcionalidade, postura que já vinha adotando mesmo sob a égide das Constituições de 1967/1969, conforme relata Paulino Jacques,[180] quebrando com sua postura anterior que remonta à década de 1920, quando era excessivamente permissivo com as intervenções, conforme criticava Rui Barbosa.[181]

13.5 Parâmetro constitucional

Como vimos, tradicionalmente, o parâmetro nos indica em face de quais normas da Constituição uma norma ou ato dos Poderes Públicos poderá ter sua validade analisada, isto é, nos indica quais são as normas constitucionais que servirão como referência para que o tribunal analise se as normas ou atos dos Poderes Públicos são compatíveis com elas.

Na Ação Direta de Inconstitucionalidade Interventiva, os parâmetros de controle são chamados ***princípios constitucionais sensíveis***, de modo que, quando algum deles não estiver sendo observado pelos Estados ou pelo Distrito Federal, teremos uma situação inconstitucional (pois fere princípios constitucionais) que ensejará a intervenção federal após o devido controle de constitucionalidade pelo Supremo Tribunal Federal.

Assim, nos termos do art. 36, III, da CF/88, o Procurador Geral da República poderá propor uma ADI Interventiva para assegurar a observância dos seguintes princípios constitucionais sensíveis previstos no art. 34, VII, da CF/88:

a) forma republicana, sistema representativo e regime democrático;

b) direitos da pessoa humana;

c) autonomia municipal;

---

180. JACQUES, Paulino. Curso de Direito Constitucional. 8. ed. Rio de Janeiro: Forense, 1977, p. 202-216.
181. BARBOSA, Rui. O art. 6. da Constituição e a intervenção de 1920 na Bahia. Rio de Janeiro: Ministério da Educação e Cultura: Fundação Casa de Rui Barbosa, 1975-1976. v. 47, t. 3-4, 1920.

d) prestação de contas da administração pública, direta e indireta;

e) aplicação do mínimo exigido da receita resultante de impostos estaduais, compreendida a proveniente de transferências, na manutenção e desenvolvimento do ensino e nas ações e serviços públicos de saúde.

13.6 Objeto

Como vimos, o objeto é aquilo que é controlado em face do parâmetro, referindo-se normalmente às normas e atos dos Poderes Públicos que podem ser controlados em face da Constituição.

Na Ação Direta de Inconstitucionalidade Interventiva o objeto é uma ***conduta*** praticada por determinado Estado ou pelo Distrito Federal que descumpra algum princípio constitucional sensível, sendo que essa conduta pode ser ***comissiva*** ou ***omissiva***, ***normativa*** ou ***concreta***, ou mesmo pode ser um conjunto de condutas que descumpram sistematicamente determinado princípio sensível.

Aqui, é importante registrar que o Supremo Tribunal Federal vem entendendo que, não é qualquer lesão aos princípios constitucionais sensíveis que enseja a decretação da intervenção federal, mas somente ***lesões sistêmicas e estruturais*** que não possam ou não estejam sendo resolvidas pelos próprios Estados, isto é, somente se o sistema político do Estado estiver comprometido a ponto dele mesmo não ser capaz, ou sendo capaz não agir prontamente para pôr fim as lesões aos princípios sensíveis, vez que a intervenção é excepcional e só pode ser decretada nos casos em que seja necessária (princípio da necessidade da intervenção).[182]

13.7 Procedimento

Como vimos, nos termos do art. 36, III, da CF/88, em casos de inobservância dos princípios constitucionais sensíveis (art. 34, VII), o ***Procurador Geral da República*** pode propor uma ***Representação Interventiva*** perante o Supremo Tribunal Federal e, caso seja procedente, esse provimento ensejará a decretação de intervenção federal pelo Presidente da República. Essa ação tem natureza de ação de controle de constitucionalidade concentrado, sendo conhecida como Ação Direta de Inconstitucionalidade Interventiva (ADI Interventiva),[183] tendo seu procedimento regulado pela lei 12.562/2011.

Segundo a citada lei regulamentadora, a ***petição inicial*** da ADI Interventiva ***deve conter***:

i) a indicação do princípio constitucional sensível que se considera violado;

ii) a indicação do ato normativo, do ato administrativo, do ato concreto ou da omissão questionados;

iii) a prova da violação do princípio constitucional sensível;

iv) o pedido, com suas especificações.

Além disso, diz a lei que a petição inicial será apresentada em duas vias, devendo conter, se for o caso, cópia do ato questionado e dos documentos necessários para comprovar a impugnação.

182. STF, IF 114-5-MS/1991; IF 5.101- RS/2012; IF 5.179-DF/2010.
183. DOS SANTOS, Eduardo. R.; HENRIQUE JR, Moacir. A Ação Direta de Inconstitucionalidade Interventiva e os direitos da pessoa humana, 2014.

Caso a ***petição inicial*** seja considerada ***inepta, assim como quando faltar algum requisito legal, ou não for cabível ADI Interventiva,*** ela será ***indeferida liminarmente***, pelo relator, cabendo, contudo, agravo para o plenário do Supremo Tribunal Federal dessa decisão de indeferimento da inicial, no prazo de cinco dias.

Caso a ***petição inicial*** seja ***admitida***, apreciado o pedido de liminar ou, logo após recebida a petição inicial, se não houver pedido de liminar, o relator solicitará as ***informações*** às autoridades responsáveis pela prática do ato questionado, que as prestarão em até dez dias.

Decorrido o prazo para prestação das informações, serão ouvidos, sucessivamente, o ***Advogado Geral da União*** e o ***Procurador Geral da República***, que deverão manifestar-se, cada qual, no prazo de 10 dias.

Ademais, nos termos da lei, recebida a inicial, o relator deverá ***tentar dirimir o conflito*** que dá causa ao pedido, utilizando-se dos meios que julgar necessários, na forma do regimento interno.

Além disso, se entender necessário, poderá o relator requisitar ***informações adicionais***, designar perito ou comissão de peritos para que elabore laudo sobre a questão ou, ainda, fixar data para declarações, em audiência pública, de pessoas com experiência e autoridade na matéria.

O relator poderá, ainda, autorizar a ***manifestação e*** a ***juntada de documentos por parte de interessados*** no processo, conforme disposição expressa da lei 12.562/2011.

Por fim, vencidos os prazos de informações e manifestações, o relator lançará o relatório, com cópia para todos os Ministros, e pedirá dia para julgamento.

13.8 Medida cautelar

Segunda a lei 12.562/2011, o Supremo Tribunal Federal, por decisão da maioria absoluta de seus membros, poderá deferir pedido de medida liminar na representação interventiva, que tem como fundamentos para concessão os mesmos fundamentos do processo civil clássico:

i) ***fumus boni iuris*** (fumaça do bom direito, aparência de direito certo), exigindo que seja demonstrado no pedido liminar a plausibilidade jurídica do direito alegado.

ii) ***periculum in mora*** (perigo da demora), exigindo que seja demonstrado no pedido liminar que sem a sua concessão há perigo de dano ou risco ao resultado útil da ação.

Além disso, nos termos da lei, o relator, antes de submeter o pedido liminar à apreciação do plenário, poderá ouvir os órgãos ou autoridades responsáveis pelo ato questionado, bem como o Advogado Geral da União ou o Procurador Geral da República, no prazo comum de cinco dias.

Por fim, conforme dispõe a lei, a liminar poderá consistir na determinação de que se suspenda o andamento de processos ou os efeitos de decisões judiciais ou administrativas ou de qualquer outra medida que apresente relação com a matéria objeto da representação interventiva.

13.9 Julgamento

13.9.1 Quóruns

Como relação ao processo de julgamento e decisão da ADI Interventiva, é importante destacar dois quóruns:

Quórum para julgamento: trata-se do número mínimo de Ministros que devem estar presentes na sessão de julgamento para que ela ocorra. Nos termos, do art. 8º, da Lei 12.562, a representação interventiva somente será tomada se presentes na sessão pelo menos *oito* Ministros (2/3 dos Ministros do STF).

Quórum para a decisão do julgamento: trata-se do número mínimo de votos para que o STF declare houve descumprimento a princípio constitucional sensível, sendo que na decisão da ADI Interventiva proclamar-se-á a procedência ou improcedência do pedido formulado se num ou noutro sentido se tiverem manifestado pelo menos *seis* Ministros (maioria absoluta dos votos dos Ministros do STF). Entretanto, conforme prevê a lei, estando ausentes Ministros em número que possa influir na decisão sobre a representação interventiva, o julgamento será suspenso, a fim de se aguardar o comparecimento dos Ministros ausentes, até que se atinja o número necessário para a prolação da decisão.

13.9.2 Recorribilidade

Conforme dispõe o art. 12, da lei 12.562, a decisão que julgar procedente ou improcedente a ADI Interventiva é *irrecorrível*, ressalvada a interposição de embargos declaratórios, não podendo, igualmente, ser objeto de ação rescisória.

13.9.3 Publicação da decisão da ADI Interventiva

Segundo a lei, dentro do prazo de dez dias, contados a partir do trânsito em julgado da decisão, a parte dispositiva será publicada em seção especial do Diário da Justiça e do Diário Oficial da União.

13.9.4 Efeitos da decisão da ADI interventiva

Nos termos da lei 12.562, julgada a ação, far-se-á a comunicação às autoridades ou aos órgãos responsáveis pela prática dos atos questionados, e, se a decisão final for pela procedência do pedido formulado na representação interventiva, o Presidente do Supremo Tribunal Federal, publicado o acórdão, levá-lo-á ao conhecimento do Presidente da República para, no prazo improrrogável de até quinze dias, dar cumprimento aos §§ 1º e 3º do art. 36 da CF/88, decretando a Intervenção Federal no ente federativo responsável pela conduta que descumpriu princípio constitucional sensível.

Aqui é importante lembrar que o provimento da ADI Interventiva vincula o Presidente da República a decretar a Intervenção Federal, de modo que ele estará obrigado a decretá-la, sob pena de crime de responsabilidade (art. 12, da lei 1.079/1950).

Por fim, vale registrar que o provimento da ADI Interventiva pelo Supremo Tribunal Federal não suspende ou invalida automaticamente a conduta que descumpriu princípio constitucional sensível, já que, nos termos do art. 36, §3º, da CF/88, é o decreto interventivo do Presidente da República que irá suspender a execução do ato impugnado.

14. CONTROLE DE CONSTITUCIONALIDADE ESTADUAL

Em nosso sistema jurídico, para além da Constituição da República Federativa do Brasil, as Constituições dos Estados e a Lei Orgânica do Distrito Federal também possuem natureza constitucional, sendo fruto do ***Poder Constituinte Derivado Decorrente.***

Em razão disso, é possível que seja feito um ***controle de constitucionalidade estadual***, isto é, um controle de constitucionalidade das leis e atos estaduais e municipais tendo como parâmetro a Constituição do respectivo Estado e como Tribunal Constitucional o Tribunal de Justiça do Estado. Do mesmo modo, é possível que seja feito um ***controle de constitucionalidade distrital*** das leis e atos distritais tendo como parâmetro a Lei Orgânica do Distrito Federal e como Tribunal Constitucional o Tribunal de Justiça do Distrito Federal.

Esse controle designado de ***controle de constitucionalidade estadual*** pode ser realizado de forma ***difusa*** ou ***concentrada***.

14.1 Controle difuso de constitucionalidade estadual

Como vimos, o controle de constitucionalidade difuso é aquele que pode ser realizado por todo e qualquer juiz ou tribunal. Esse modelo de controle de constitucionalidade, também, é adotado no âmbito dos Estados, de modo que os ***juízes estaduais***, em ações originárias de sua competência, e o ***Tribunal de Justiça do Estado***, em ações originárias de sua competência ou em grau de recurso, podem realizar o ***controle difuso*** de constitucionalidade das leis e atos estaduais e municipais tendo como ***parâmetro*** a ***Constituição do respectivo Estado***, de forma ***incidental***, em face dos ***casos concretos*** que lhe são apresentados.[184]

14.2 Controle concentrado de constitucionalidade estadual

A primeira previsão do controle concentrado de constitucionalidade estadual em nosso ordenamento deu-se pela Emenda Constitucional 16, de 1965, ainda na vigência da Constituição brasileira de 1946. Entretanto, esse controle estadual dependia de uma lei regulamentadora que não chegou a ser editada, de modo que ele não foi implementado.[185] Na sequência, as Constituições de 1967 e 1969 não previram o controle concentrado de constitucionalidade estadual.

Assim, foi somente com a Constituição Federal de 1988 que o controle concentrado de constitucionalidade estadual foi efetivamente implementado no Brasil, nos termos do art. 125, §2º, da CF/88, que prevê que *cabe aos Estados a instituição de representação de inconstitucionalidade de leis ou atos normativos estaduais ou municipais em face da Constituição Estadual, vedada a atribuição da legitimação para agir a um único órgão.*

14.2.1 Legitimidade

A ***legitimidade ativa (ad causam)*** do controle de constitucionalidade estadual, conforme prevê o art. 125, §2º, da CF/88, ***deve ser conferida a mais de um legitimado***. Entretanto, não há uma lista prévia, cabendo aos Estados estabelecerem quais serão os legitimados à propositura das ações de controle concentrado estadual não tendo que observar uma lógica simétrica (princípio da simetria) com os legitimados das ações diretas de controle concentrado federal (art. 103, da CF/88), já que a Constituição Federal ao regulamentar o assunto deixou livre ao Poder Constituinte Decorrente a escolha dos legitimados, desde que não faça a atribuição da legitimidade a um único órgão.

---

184. A Constituição do Estado de Minas Gerais, por exemplo, menciona de forma expressa o controle difuso incidental, adotando regramento idêntico ao adotado pela Constituição Federal, por força do princípio da simetria.

185. Art. 124, XIII, da Constituição de 1946, incluído pela Emenda Constitucional 16, de 1965: *A lei poderá estabelecer processo, de competência originária do Tribunal de Justiça, para declaração de inconstitucionalidade de lei ou ato de Município, em conflito com a Constituição do Estado.*

14.2.2 Competência

A competência para realizar o controle concentrado de constitucionalidade estadual é exclusiva do ***Tribunal de Justiça do Estado***, não cabendo a qualquer outro órgão do Judiciário, nem mesmo ao STF.[186]

14.2.3 Objeto

O objeto do controle de constitucionalidade é aquilo que é controlado em face do parâmetro, referindo-se normalmente às leis e atos normativos que podem ser controlados em face da Constituição.

Conforme dispõe o art. 125, §2º, da CF/88, o objeto das ações de controle concentrado de constitucionalidade estadual são ***leis ou atos normativos estaduais ou municipais***, tais como Emendas à Constituição do Estado, Leis Complementares estadual e municipal, Leis Ordinárias estadual e municipal, Leis Delegadas estadual e municipal, Medidas Provisórias estadual e municipal (quando previstas), Decretos legislativos estadual e municipal, Resoluções estadual e municipal das casas legislativas, Regimentos Internos dos Tribunais de Justiça e das casas legislativas etc.

14.2.4 Parâmetro constitucional

O parâmetro do controle de constitucionalidade nos indica em face de quais normas da Constituição uma lei ou ato normativo poderá ter sua validade analisada, isto é, nos indica quais são as normas constitucionais que servirão como referência para que o tribunal analise se as leis ou atos normativos são compatíveis com elas.

O parâmetro do controle de constitucionalidade estadual sempre foi identificado como sendo a ***Constituição do Estado***. Isto é, as normas constitucionais estaduais. Mas, qual a extensão das normas constitucionais estaduais? E, consequentemente, quais normas constitucionais que podem ser parâmetro de controle de constitucionalidade estadual?

A doutrina tradicional, apegada a uma visão positivista do início do século passado, sempre se limitou a dizer que o parâmetro do controle estadual seriam apenas as normas compreendidas em dispositivos da Constituição do Estado.

Essa visão sempre nos pareceu incompatível com a compreensão sistêmica do direito, afinal, há normas constitucionais estaduais que podem não estar compreendidas pelos dispositivos da Constituição do Estado, especialmente, as normas constitucionais de reprodução obrigatória que, porventura, não tenham sido positivadas expressamente na Constituição do Estado. Em 2017, essa compreensão foi adotada pelo Supremo Tribunal Federal, que reconheceu que o controle de constitucionalidade estadual tem por parâmetro não apenas as ***normas compreendidas nos dispositivos da Constituição do Estado***, mas, também, as ***normas da Constituição Federal que sejam de reprodução obrigatória*** nas Constituições estaduais e que não tenham sido reproduzidas expressamente por elas.[187]

186. STF, ADI 717, Rel. Min. Ilmar Galvão.
187. STF, RE 650.898, Rel. Min. Marco Aurélio.

14.2.4.1 A Constituição Estadual como parâmetro

Como dissemos, tradicionalmente, o parâmetro do controle de constitucionalidade estadual compreende as normas constitucionais estaduais, todas elas: *i) normas específicas; ii) normas de reprodução obrigatória; iii) normas de imitação; iv) normas de remissão.*[188]

As ***normas específicas*** são normas previstas apenas no ordenamento constitucional estadual (normas autônomas ou exclusivas), fundamentando-se na autonomia do Estado.

As ***normas de reprodução obrigatória*** são normas da Constituição Federal que os Estados devem obrigatoriamente reproduzir em suas respectivas Constituições, por um processo de transplantação, fundamentando-se no princípio da simetria.[189]

As ***normas de imitação*** são normas que, embora não tenham que ser reproduzidas obrigatoriamente nas Constituições estaduais, os Estados optam voluntariamente por reproduzi-las, tratando-se de normas estaduais que imitam as federais, por discricionariedade dos Estados, fundamentando-se na autonomia dos entes federativos.

As ***normas de remissão*** são normas constitucionais estaduais que remetem a normas constitucionais federais, isto é, são normas que, ao invés de regulamentarem diretamente um certo tema, remetem as normas federais, incorporando-as e adotando sua regulamentação no âmbito do Estado, assim, as normas constantes da Constituição Federal, por força da remissão feita por norma da Constituição do Estado, passam a compor, formalmente, também, a Constituição Estadual.[190]

14.2.4.2 A Constituição Federal como parâmetro

Em regra, a Constituição Federal não pode ser admitida como parâmetro de controle concentrado de constitucionalidade estadual, sob pena do Tribunal de Justiça usurpar competência do Supremo Tribunal Federal. Entretanto, no que se refere às normas de reprodução obrigatória, há uma exceção.

Conforme esclarecemos acima, as normas de reprodução obrigatória são normas da Constituição Federal que os Estados devem obrigatoriamente reproduzir em suas respectivas Constituições, por um processo de transplantação, fundamentando-se no princípio da simetria.

Entretanto, embora tenham obrigatoriamente que as reproduzir, pode ser que um determinado Estado não tenha reproduzido expressamente uma certa norma de reprodução obrigatória. Daí, surge o questionamento: só porque o Estado não reproduziu essa norma, ela não é uma norma da Constituição do Estado? Ora, por força dos princípios da supremacia da Constituição e da simetria, independentemente de o Estado ter ou não ter positivado expressamente essa norma em sua Constituição, ela será sim considerada uma norma constitucional estadual, já que se trata de norma da Constituição Federal de reprodução obrigatória na Constituição do Estado. Assim, as normas constitucionais de reprodução

188. HORTA, Raul Machado. Direito Constitucional. 4. ed. Belo Horizonte: Del Rey, 2003.
189. Alguns autores tratam as normas de reprodução obrigatória como sinônimo de ***normas de observância obrigatória.*** Por outro lado, há autores que defendem que as normas de reprodução obrigatória são uma espécie das normas de observância obrigatória, que em seu conjunto seriam um pouco mais amplas, devendo ser compreendidas como normas que os Estados têm de observar, seguir e não infringir no exercício do poder constituinte decorrente e de sua atividade política.
190. STF, Rcl. 5.690-AgR, Rel. Min. Celso de Mello.

obrigatória que, porventura, não tenham sido positivadas expressamente na Constituição do Estado podem ser parâmetro para controle de constitucionalidade estadual.

Nesse sentido, em 2017, o Supremo Tribunal Federal reconheceu que o controle de constitucionalidade estadual tem por parâmetro não apenas as ***normas compreendidas nos dispositivos da Constituição do Estado***, mas, também, as ***normas da Constituição Federal que sejam de reprodução obrigatória*** nas Constituições estaduais e que não tenham sido reproduzidas expressamente por elas.[191]

Deste modo, em conclusão: Via de regra, normas constitucionais federais não podem ser parâmetro de controle concentrado de constitucionalidade estadual. Entretanto, normas constitucionais federais de reprodução obrigatória nas Constituições Estaduais que não tenham sido previstas expressamente nelas podem ser parâmetro de controle de constitucionalidade estadual, pois consideram-se tacitamente incorporadas à ordem constitucional estadual.

14.2.4.3 A relação entre o parâmetro e o cabimento de Recurso Extraordinário contra decisões do TJ em controle concentrado de constitucionalidade estadual

Em regra, ***a decisão proferida pelo Tribunal de Justiça em sede de controle concentrado de constitucionalidade estadual é irrecorrível***, cabendo apenas embargos de declaração para o próprio tribunal, já que o TJ é a Corte Constitucional do Estado, cabendo-lhe a última palavra sobre a Constituição Estadual. Assim, não é cabível a interposição de Recurso Extraordinário para o Supremo Tribunal Federal nesses casos.

Entretanto, ***há duas hipóteses excepcionais*** em que se admite a interposição de ***Recurso Extraordinário para o STF*** da decisão proferida pelo TJ em sede de controle concentrado de constitucionalidade estadual, sendo que as duas possibilidades se relacionam com o parâmetro do controle estadual realizado pelo Tribunal de Justiça.

1ª EXCEÇÃO – normas de reprodução obrigatória: quando o parâmetro do controle concentrado de constitucionalidade estadual for uma norma de reprodução obrigatória caberá Recurso Extraordinário para o STF da decisão do TJ, vez que a norma de reprodução obrigatória (expressamente prevista na Constituição do Estado ou mesmo tacitamente incorporada) é uma norma da Constituição Federal que deve ser reproduzida na Constituição do Estado, havendo uma identidade de parâmetros.[192] Sobre essa hipótese é importante destacar:

- A ***decisão*** proferida pelo STF ***nesse Recurso Extraordinário*** produzirá ***efeitos erga omnes***, efeito típico do controle concentrado de constitucionalidade, e não efeitos ***intra partes***, efeito típico do RE, até porque não há partes nesse recurso por ter sido interposto em processo objetivo.
- É possível que o ***relator***, monocraticamente, ***negue provimento ao RE*** oriundo de controle concentrado de constitucionalidade estadual quando a decisão impugnada refletir ***jurisprudência pacífica do STF*** sobre o tema.[193]
- Nas ações de controle concentrado de constitucionalidade ***não se aplica a prerrogativa dos prazos processuais em dobro***, de modo que a Fazenda Pública não possui prazo

191. STF, RE 650.898, Rel. Min. Marco Aurélio.
192. STF, Rcl. 383, Rel. Min. Moreira Alves.
193. STF, RE 376.440, Rel. Min. Dias Toffoli.

recursal em dobro para interpor RE contra decisões proferidas em ações de controle concentrado estadual.[194]

- ***Caso essa decisão proferida pelo TJ em controle concentrado estadual não seja objeto de RE para o STF, o Supremo fica vinculado a decisão do TJ?*** Por exemplo, se a Lei A (estadual ou municipal) for questionada em ADI Estadual perante o TJ de certo Estado, tendo como parâmetro norma de reprodução obrigatória, e a decisão do TJ não for objeto de RE para o STF, o Supremo fica vinculado a essa decisão do TJ? Aqui há duas situações distintas: 1ª) Se a norma for declarada constitucional pelo TJ, o STF não estará vinculado a decisão do TJ, podendo em ação posterior declarar essa mesma norma inconstitucional; 2ª) Se a norma for declarada inconstitucional pelo TJ, o STF estará vinculado a decisão do TJ, já que ao declarar sua inconstitucionalidade, em processo objetivo, o TJ, por consequência, invalidou a norma, extirpando-a do ordenamento jurídico com efeitos *erga omnes* e *ex tunc*, e, como a norma foi anulada com esses efeitos, ela não pode mais ser objeto de questionamentos quanto à sua validade.

2ª EXCEÇÃO – norma da Constituição Estadual declarada inconstitucional: quando o Tribunal de Justiça, em controle concentrado de constitucionalidade estadual, declarar que a própria norma da Constituição do Estado, parâmetro do controle, é inconstitucional, ou seja, quando o próprio parâmetro do controle estadual for inconstitucional por ser incompatível com a Constituição Federal, caberá Recurso Extraordinário para o STF da decisão do TJ. Sobre essa hipótese é importante destacar:

- O TJ poderá reconhecer, ***de ofício***, a inconstitucionalidade da norma da Constituição do Estado parâmetro do controle concentrado estadual.
- O TJ irá declarar, ***incidentalmente***, a inconstitucionalidade da norma da Constituição do Estado em face da Constituição Federal e, consequentemente, irá ***extinguir o processo***, vez que o próprio parâmetro de controle é inconstitucional, tornando o ***pedido juridicamente impossível***, já que não se poderia declarar a inconstitucionalidade de uma norma em face de um parâmetro inconstitucional (inválido).
- Caso a decisão do TJ que declare a inconstitucionalidade da norma da Constituição do Estado parâmetro do controle concentrado estadual seja objeto de ***Recurso Extraordinário, o STF poderá: i) concordar com o TJ***, confirmando a declaração de inconstitucionalidade da norma da Constituição do Estado; ou ***ii) discordar do TJ***, revendo a decisão declarando a constitucionalidade da norma da Constituição do Estado, o que, consequentemente, devolverá o processo para o TJ, que deverá julgar a ação de controle concentrado de constitucionalidade estadual considerando que a norma da Constituição do Estado é constitucional, por estar vinculado à decisão do STF.

14.2.4.4 A relação entre o parâmetro e o cabimento simultâneo de ações de controle concentrado de constitucionalidade estadual e federal

A existência concomitante de ordens jurídicas central (União) e parciais (Estado, Distrito Federal e Municípios) possibilita a convivência entre normas federais, estaduais, municipais e distritais, respeitando-se a distribuição de competências constitucional e o princípio da ***supremacia da Constituição Federal***.

194. STF, ARE 830.727, Rel. Min. Cármen Lúcia.

Nesse contexto é fácil imaginar que uma lei ou ato normativo municipal ou estadual podem ferir, ao mesmo tempo, a Constituição Federal e a Constituição do respectivo Estado. Isso, consequentemente, possibilita a propositura, tanto de ações de controle concentrado federal, quanto de ações de controle concentrado estadual, questionando a constitucionalidade da mesma lei ou ato normativo, é o que se chama de ***simultaneidade das ações diretas de inconstitucionalidade***.

Havendo simultaneidade de ações de controle concentrado federal e estadual questionando a constitucionalidade da mesma norma estadual (ADI Federal e ADI Estadual, por exemplo) ou municipal (ADPF Federal e ADI Estadual, por exemplo), ***a ação de controle estadual no TJ ficará suspensa até que o STF decida a ação de controle federal***,[195] por força de uma causa especial de suspensão do processo fundada na primazia da Constituição Federal e, consequentemente, da primazia da tutela da Constituição Federal.

Com a suspensão da ação de controle estadual, caberá ao STF julgar a ação de controle federal, surgindo as seguintes possibilidades:

1) ***Se o STF declarar a norma inconstitucional***, a ação de controle estadual no TJ será extinta sem julgamento de mérito, por perda do objeto, já que o objeto (norma questionada) foi declarado inconstitucional.

2) ***Se o STF declarar a norma constitucional***, a ação de controle estadual seguirá normalmente no TJ implicando em duas situações distintas:[196]

   a) ***se o parâmetro de controle estadual for norma de reprodução obrigatória da Constituição Federal***, o TJ estará vinculado à decisão do STF no que diz respeito à constitucionalidade da norma questionada (objeto da ação de controle).

   b) ***se o parâmetro de controle estadual não for norma de reprodução obrigatória***, o TJ julgará a norma questionada (objeto da ação de controle) tendo como parâmetro a Constituição do Estado, podendo declará-lo constitucional (mantendo-o no ordenamento) ou inconstitucional (anulando-o) em face da ordem constitucional estadual.

Entretanto, *se* houver simultaneidade de ações de controle concentrado federal e estadual questionando a constitucionalidade da mesma norma e, porventura, ***a ação estadual não for suspensa para que se aguarde o julgamento da ação federal pelo STF, vindo o TJ a julgar a ação estadual antes do STF julgar a ação federal***, o que acontece? Nesse caso a ação de controle concentrado federal perderia o objeto ficando prejudica? Segundo o STF, coexistindo duas ações de inconstitucionalidade, uma ajuizada perante o TJ e outra perante o STF, o julgamento da primeira – estadual – somente prejudica o da segunda – federal – se preenchidas duas condições cumulativas: *i)* se a decisão do TJ for pela procedência da ação da ADI Estadual, vindo a declarar a inconstitucionalidade da norma questionada e; *ii)* se a inconstitucionalidade for por incompatibilidade com preceito da Constituição do Estado sem correspondência na Constituição Federal. Caso o parâmetro do controle de constitucionalidade tenha correspondência na Constituição Federal, subsiste a jurisdição do STF para o controle abstrato de constitucionalidade.[197]

195. STF, ADI 3.482, Rel. Min. Celso de Mello; STF, ADPF 190, Rel. Min. Edson Fachin.
196. STF, Rcl. 425-AgR, Rel. Min. Néri da Silveira.
197. STF, ADI 3.659, Rel. Min. Alexandre de Moraes.

14.2.5 Efeitos da decisão em ação de controle concentrado de constitucionalidade estadual

As decisões em ações de controle concentrado de constitucionalidade estadual produzem, em regra, ***efeitos retroativos (ex tunc)***, anulando a norma desde a sua edição, e ***erga omnes***, sendo oponíveis a todos.

Nesse sentido, qualquer disposição das Constituições dos Estados que obriguem os Tribunais de justiça a comunicarem o Poder Legislativo de suas decisões de inconstitucionalidade em controle concentrado estadual, ou que condicione os efeitos *erga omnes* a essa comunicação ou a qualquer ato do Poder Legislativo, é inconstitucional, por ser incompatível com a Constituição Federal e desrespeitar o princípio da simetria.[198] Entretanto, se tratar-se de uma disposição que apenas prevê a comunicação da decisão ao Poder Legislativo como forma de cooperação entre os Poderes, sem ser obrigatória ou condicionar efeitos, essa previsão será legítima.

14.2.6 Ações de Controle concentrado estadual

Embora o art. 125, §2º, da CF/88, mencione expressamente apenas a Ação Direta de Inconstitucionalidade Estadual (*ADI Estadual*), o entendimento doutrinário e jurisprudencial predominante é de que é possível que os Estados estabeleçam em suas Constituições a Ação Direta de Inconstitucionalidade por Omissão Estadual (*ADO Estadual*), já que se trata de uma derivação da ADI genérica, assim como a Ação Declaratória de Constitucionalidade Estadual (*ADC Estadual*), vez que essa ação possui caráter dúplice e natureza ambivalente com a ADI genérica. Além disso, nos termos do art. 35, IV, da CF/88, há, também, a previsão, em nossa ordem jurídica, da Ação Direita de Inconstitucionalidade Interventiva Estadual (*ADI Interventiva Estadual*).

Por outro lado, segundo a doutrina majoritária, a previsão de uma Arguição de Descumprimento de Preceito Fundamental Estadual (*ADPF Estadual*) na Constituição dos Estados seria inconstitucional, só sendo possível se antes fosse feita uma Emenda à Constituição Federal prevendo essa possibilidade. Entretanto, ousamos discordar do posicionamento majoritário, a nosso ver, não haveria qualquer impedimento a essa previsão, agindo o Poder Constituinte Decorrente dentro dos limites de sua autonomia, desde que respeitado o princípio da simetria. Ademais, consideramos de grande valia a referida previsão já que possibilitaria a análise concentrada de leis e atos normativos pré-constitucionais estaduais e municipais, bem como de leis e atos de efeitos concretos estaduais e municipais, tendo como parâmetro a Constituição Estadual.

15. CONTROLE DE CONVENCIONALIDADE

Nos últimos anos a doutrina constitucionalista e, sobretudo, a doutrina internacionalista, vem defendendo que se realize, no âmbito do constitucionalismo pátrio vigente, não só um controle de constitucionalidade, mas também um controle de convencionalidade, isto é, um controle de compatibilidade vertical das normas jurídicas internas com os tratados internacionais de direitos humanos dos quais o Brasil seja signatário, em razão da

198. STF, RE 199.293, Rel. Min. Marco Aurélio.

hierarquia especial (superior às leis internas) que é reconhecida aos tratados internacionais de direitos humanos.

15.1 O pressuposto da discussão: breve análise sobre a hierarquia dos Tratados Internacionais de Direitos Humanos (TIDH)

Retomando à análise que fizermos quando dos Tratados Internacionais de Direitos Humanos (TIDH) no capítulo da Teoria Geral dos Direitos Fundamentais, pode-se afirmar que ***o Supremo Tribunal Federal possui três fases sobre qual seria a hierarquia dessas normas:***

1ª FASE: vai até o ano de 1977 e é marcada pela atribuição de um status especial aos tratados internacionais, independentemente de versarem sobre direitos humanos, conferindo-lhes hierarquia superior à legislação ordinária.

2ª FASE: a partir de 1977, com o julgamento do RE 80.004, o STF posiciona-se pela paridade hierárquica entre a legislação interna e os tratados internacionais, inclusive os tratados de direitos humanos. Essa posição é mantida mesmo com o advento da Constituição de 1988, contrariando expressamente o § 2º, do art. 5º, de nossa Carta Maior, como se verifica no julgamento do HC 72.131, de 1995, *leading case* em que o Supremo manteve a possibilidade de prisão civil do depositário infiel, vedada pela Convenção Americana de Direitos Humanos, da qual o Brasil é signatário desde 1992.

3ª FASE: com o advento do § 3º, do art. 5º, pela EC 45/2004 (introduzido com o intuito de reforçar a natureza constitucional dos direitos humanos positivados em tratados internacionais), o Supremo reviu seu posicionamento, ao julgar, em 2008, conjuntamente, o RE 466.343 e o RE 349.703, que também versavam sobre a prisão civil do depositário infiel, conferindo dupla hierarquia aos tratados de direitos humanos: hierarquia constitucional àqueles que passarem pelo procedimento previsto no referido § 3º e hierarquia supralegal aos que não passarem por tal procedimento.

Para além disso, de forma resumida, jurisprudencial e doutrinariamente, pode-se dizer que, no Brasil, existem ***quatro correntes*** principais ***acerca do status hierárquico dos tratados internacionais de direitos humanos:***

a) doutrina que advoga pelo status supraconstitucional desses tratados;

b) posicionamento que lhes atribui status constitucional;

c) vertente que lhes confere o status de lei ordinária; e

d) corrente que atribui status supralegal a esses documentos internacionais.

A Constituição brasileira de 1988, a nosso ver, adotou, evidentemente, a corrente que confere hierarquia constitucional aos tratados de direitos humanos, como se percebe da redação expressa do § 2º, de seu art. 5º, que abre o Texto Maior a direitos fundamentais atípicos advindos de tratados internacionais de direitos humanos, passando esses documentos a compor o bloco de constitucionalidade.[199]

A inserção do § 3º, do art. 5º, da CF/88, em que pese o nobre intuito de Constituinte Reformador de reafirmar o caráter constitucional dos direitos humanos internacionais e corrigir a errônea interpretação de nossa Corte Suprema, só fez confundir a interpretação dos direitos humanos fundamentais, abrindo margem à equivocada interpretação de que haveria dois graus hierárquicos distintos em relação a esses tratados: hierarquia constitucional para

199. DOS SANTOS, Eduardo R. Direitos Fundamentais Atípicos. Salvador: Juspodivm, 2017.

os tratados que passarem pelo procedimento do aludido dispositivo e hierarquia supralegal para os que não passarem pelo referido procedimento. Posição constitucionalmente incorreta, vez que o § 2º é claro em conferir hierarquia constitucional a todos os tratados internacionais de direitos humanos, compondo assim a Constituição Material, independentemente de eles submeterem-se a um procedimento formal de constitucionalização.[200]

Assim, reforce-se que a Constituição de 1988 elevou os tratados internacionais de direitos humanos à hierarquia constitucional, compondo o bloco de constitucionalidade material. Essa é a interpretação correta da cláusula de abertura insculpida no § 2º, de seu art. 5º, essa é a interpretação que atende aos fins e ao sistema adotado pela Constituição, em especial ao sistema de direitos e garantias fundamentais nela positivado. Mais ainda, essa é a interpretação que atende ao princípio fundamental da dignidade da pessoa humana (art. 1º, III) e ao princípio fundamental da prevalência dos direitos humanos (art. 4º, II), dentre outros aos quais a República Federativa do Brasil se comprometeu a seguir e a guiar-se em todas as suas ações, em âmbito nacional e internacional, protegendo e promovendo o ser humano, fim maior do Estado.[201]

15.2 Uma introdução ao controle de convencionalidade: conceito e classificação

O *controle de convencionalidade* é um tema bastante recente e, ainda, pouco discutido no Brasil. Nada obstante já encontra desenvolvimento avançado no âmbito da jurisprudência da Corte Interamericana de Direitos Humanos e na doutrina internacionalista e constitucionalista de outros países latino-americanos, como Argentina,[202] Chile,[203] México,[204] Peru,[205] Uruguai[206] etc.

A partir do movimento de positivação e internacionalização dos direitos do homem (que tem como pontos de partida, a criação da Organização das Nações Unidas, em 1945, e, sobretudo, a proclamação da Declaração Internacional dos Direitos Humanos, em 1948), como direitos humanos internacionais, os Estados Soberanos tornaram-se membros de organizações internacionais e assinaram diversos pactos internacionais de direitos humanos, comprometendo-se/sujeitando-se, inclusive, a cortes internacionais (especialmente de direitos humanos).

Ao tornarem-se signatários de tratados internacionais, notadamente dos que versam sobre direitos humanos, e ao submeterem-se à jurisdição de tribunais internacionais, os Estados

200. Ibidem, idem.
201. Ibidem, idem.
202. Por todos: SAGÜES, Néstor Pedro. El control de convencionalidad em Argentina. In: MARINONI, Luiz Guilherme; MAZZUOLI, Valerio de Oliveiro. Controle de Convencionalidade: um panorama latino-americano. Brasília: Gazeta Jurídica, 2013.
203. Por todos: ALCALÁ, Humberto Nogueira. Los desafíos del control de convencionalidad del corpus iuris interamericano para los tribunales, y su diferenciación con el control de constitucionalidad. In: MARINONI, Luiz Guilherme; MAZZUOLI, Valerio de Oliveiro. Controle de Convencionalidade: um panorama latino-americano. Brasília: Gazeta Jurídica, 2013.
204. Por todos: MAC-GREGOR, Eduardo Ferrer. Interpretación conforme y control difuso de convencionalidad; el nuevo paradigma para el juez mexicano. In: MARINONI, Luiz Guilherme; MAZZUOLI, Valerio de Oliveiro. Controle de Convencionalidade: um panorama latino-americano. Brasília: Gazeta Jurídica, 2013.
205. Dentre outros: BELAUNDE, Domingo García; MANCHEGO, José Felix Palomino. El control de convencionalidad en el Perú. In: MARINONI, Luiz Guilherme; MAZZUOLI, Valerio de Oliveiro. Controle de Convencionalidade: um panorama latino-americano. Brasília: Gazeta Jurídica, 2013.
206. Dentre outros: GALLICCHIO, Eduardo G. Esteva. El control de convencionalidad en Uruguay. In: MARINONI, Luiz Guilherme; MAZZUOLI, Valerio de Oliveiro. Controle de Convencionalidade: um panorama latino-americano. Brasília: Gazeta Jurídica, 2013.

abriram-se a um controle, realizado por essas cortes internacionais, em razão daquilo que havia sido pactuado, isto é, os Estados sujeitaram-se ao exame das cortes em relação à compatibilidade de suas ordens jurídicas internas e de seus atos com os pactos dos quais se tornaram partes.

Para além disso, os Estado Soberanos, ao tornarem-se partes signatárias de tais tratados, também, se comprometeram a realizar, internamente, um controle de compatibilidade entre seus ordenamentos jurídicos e os tratados internacionais, especialmente os de direitos humanos, isto é, os Estados obrigaram-se a realizar esse mesmo controle (controle de compatibilidade entre suas normas internas e os tratados dos quais se tornaram partes) através de seus órgãos internos de jurisdição.

A este exame de compatibilidade entre as normas jurídicas internas dos Estados Soberanos e as normas jurídicas internacionais por eles pactuadas, em especial as de direitos humanos, dá-se o nome de controle de convencionalidade. Adotando-se aqui a nomenclatura proposta por *Valerio de Oliveira Mazzuoli*, no direito brasileiro chama-se de ***controle de convencionalidade lato sensu***, o controle realizado em face de todos os tratados internacionais; de ***controle de convencionalidade strito senso***, ou simplesmente ***controle de convencionalidade***, o controle realizado em face dos tratados de direitos humanos; e de ***controle de supralegalidade***, o controle realizado em face dos tratados internacionais comuns, isto é, aqueles que não versam sobre direitos humanos.[207-208]

Aqui, fica evidente a adoção de Valerio de Oliveira Mazzuoli[209] à corrente hierárquica que defendemos em relação aos tratados internacionais, qual seja; hierarquia constitucional para todos os tratados internacionais de direitos humanos, em razão do art. 5º, § 2º, da Constituição de 1988 (fundamentalidade material), e hierarquia supralegal para os tratados internacionais comuns, em atendimento ao princípio da boa-fé e do *pacta sunt servanda*, bem como ao disposto no art. 27 da Convenção de Viena, segundo o qual não pode o Estado invocar disposição de direito interno para esquivar-se do cumprimento dos tratados que se torna signatário, e também em face de disposições normativas do próprio direito brasileiro, como, por exemplo, o art. 98, do Código Tributário Nacional, que assim dispõe: "*Os tratados e as convenções internacionais revogam ou modificam a legislação tributária interna, e serão observados pela que lhes sobrevenha*".[210]

15.3 Controle de convencionalidade externo e interno (difuso e concentrado): aplicação da teoria ao caso brasileiro

Como base no até agora exposto, cumpre esclarecer que, neste tópico, nos dedicaremos a uma breve análise do controle de convencionalidade, isto é, do controle de compatibilidade entre os tratados internacionais de direitos humanos e a ordem jurídica interna.

---

207. MAZZUOLI, Valerio de Oliveira. O controle jurisdicional de convencionalidade das leis. 2. ed. São Paulo: RT, 2011.
208. Como bem expõe Ingo Wolfgang Sarlet, "a terminologia adota por Mazzuoli, em adesão à tradição francesa, busca evidenciar a distinção entre o controle de constitucionalidade, pois independentemente de sua hierarquia constitucional, trata-se de afirmar que os tratados (aqui referidos pelo termo convenções) operam como parâmetros para o controle de outros atos normativos que lhes são hierarquicamente inferiores". SARLET, Ingo Wolfgang. Notas sobre as relações entre a Constituição Federal de 1988 e os Tratados Internacionais de Direitos Humanos na perspectiva do assim chamado controle de convencionalidade. In: MARINONI, Luiz Guilherme; MAZZUOLI, Valerio de Oliveiro. Controle de Convencionalidade: um panorama latino-americano. Brasília: Gazeta Jurídica, 2013, p. 110.
209. MAZZUOLI, Valerio de Oliveira. Curso de Direito Internacional Público. 6. ed. São Paulo: RT, 2012.
210. No mesmo sentido, dentre outros: PIOVESAN, Flávia. Direitos Humanos e o Direito Constitucional Internacional. 13. ed. São Paulo: Saraiva, 2012, p. 107-145; CANÇADO TRINDADE, Antonio Augusto. Tratado de Direito Internacional dos Direitos Humanos. Porto Alegre: Sérgio Antônio Fabris, 1997. v. 1.

Como visto, o controle de convencionalidade pode ser realizado, tanto pelas cortes internacionais, como pelos órgãos do poder judiciário pátrio. Quando realizado por tribunais internacionais, dá-se o nome de controle de convencionalidade externo ou internacional, "no qual são apreciados todos os dispositivos internos – inclusive as normas constitucionais originárias – e aferida a compatibilidade destes com os textos internacionais de direitos humanos".[211] Já quando realizado pelos juízes ou tribunais nacionais, dá-se o nome de controle de convencionalidade interno ou nacional.[212]

O controle de convencionalidade teve início no âmbito das cortes internacionais (*controle de convencionalidade externo*), com notório destaque para a atividade da Corte Interamericana de Direitos Humanos, em face, sobretudo, das violações praticadas pelos regimes ditatoriais latino-americanos à Convenção Americana de Direitos Humanos.[213]

Em relação especificamente ao controle de convencionalidade exercido pela Corte Interamericana de Direitos Humanos, é de se destacar que o descumprimento de decisão, por ela proferida, gera responsabilidade internacional. Nada obstante, tal responsabilização, lamentavelmente, não tem impedido que alguns Estados descumpram as decisões da Corte sem o menor constrangimento, como o fez a Venezuela que, por meio de seu Tribunal Supremo de Justiça, declarou inexecutável a sentença proferida no caso *López Mendonza vs. Venezuela*.[214]

Sobre o controle de convencionalidade internacional exercido pela corte Interamericana de Direitos Humanos, há de se destacar, ainda, que o Brasil só se tornou signatário da Convenção Americana de Direitos Humanos, no ano de 1992, quando a ratificou, e só se submeteu à jurisdição da Corte Interamericana, no ano de 1998, abrindo-se, assim, ao controle de convencionalidade do Tribunal em relação à ordem jurídica brasileira, flexibilizando sua soberania em face do princípio fundamental da prevalência dos direitos humanos (art. 4º, II, da CF/88).[215]

Passando-se à análise do ***controle de convencionalidade interno***, pode-se dizer que a doutrina brasileira, ao menos em sua maioria, na esteira das lições de Valerio de Oliveira Mazzuoli (considerado o grande vanguardista da temática no Brasil), afirma que foi com o advento do § 3º, do art. 5º, introduzido pela Emenda Constitucional 45, de 2004, que o

---

211. RAMOS, André de Carvalho. O Supremo Tribunal Federal e o Direito Internacional dos Direitos Humanos. In: SARMENTO, Daniel; SARLET, Ingo Wolfgang (coord.). Direitos Fundamentais no Supremo Tribunal Federal: Balanço e Crítica. Rio de Janeiro: Lumen Juris, 2011, p. 19.
212. MAZZUOLI, Valerio de Oliveira. O controle jurisdicional de convencionalidade das leis. 2. ed. São Paulo: RT, 2011. No mesmo sentido, GUERRA, Sidney. O sistema interamericano de proteção dos direitos humanos e o controle de convencionalidade. São Paulo: Atlas, 2013, p. 180-181.
213. Nesse sentido, PIOVESAN, Flávia. Controle de Convencionalidade, Direitos Humanos e Diálogo entre Jurisdições. In: MARINONI, Luiz Guilherme; MAZZUOLI, Valerio de Oliveiro. Controle de Convencionalidade: um panorama latino-americano. Brasília: Gazeta Jurídica, 2013.
214. Nesse caso, como explica Marinoni, "a Corte determinou a anulação das resoluções que cassaram os direitos políticos de López Mendonza, opositor de Hugo Chavéz nas eleições presidenciais de 2012, considerando o Estado venezuelano responsável por violação dos direitos à fundamentação e à defesa nos procedimentos administrativos que acarretam a imposição das sanções de inabilitação, bem como responsável por violação dos direitos à tutela judicial e de ser eleito, todos garantidos na Convenção". MARINONI, Luiz Guilherme. Controle de Convencionalidade (na perspectiva do direito brasileiro). In: MARINONI, Luiz Guilherme; MAZZUOLI, Valerio de Oliveiro. Controle de Convencionalidade: um panorama latino-americano. Brasília: Gazeta Jurídica, 2013, p. 74-75.
215. PIOVESAN, Flávia. Controle de Convencionalidade, Direitos Humanos e Diálogo entre Jurisdições. In: MARINONI, Luiz Guilherme; MAZZUOLI, Valerio de Oliveiro. Controle de Convencionalidade: um panorama latino-americano. Brasília: Gazeta Jurídica, 2013, p. 133-134.

controle de convencionalidade interno emergiu em nossa ordem jurídica,[216] como se confere nas palavras do próprio professor Mazzuoli, para quem, "tal acréscimo constitucional trouxe ao direito brasileiro um novo tipo de controle à produção normativa doméstica, até hoje desconhecido entre nós: o controle de convencionalidade das leis".[217]

Com todas as vênias ao entendimento do professor Valerio de Oliveira Mazzuoli, mas ousamos discordar. ***A nosso ver, o controle de convencionalidade interno***, em que pese o STF só ter reconhecido hierarquia especial aos tratados de direitos humanos no ano de 2008, colocando-os acima da legislação e efetivamente realizando o controle, ***já poderia ser realizado desde o advento da Constituição de 1988***, que conferiu hierarquia constitucional a todos os tratados internacionais de direitos humanos (art. 5º, § 2º). Nessa perspectiva, o próprio Valerio de Oliveira Mazzuoli reconhece que o controle de convencionalidade interno, desde que pela via difusa, existe sim desde a promulgação da Constituição de 1988. Mas, para ele, o controle de convencionalidade pela via concentrada "nascera apenas em 08.12.2004, com a promulgação da EC 45/2004".[218]

Entretanto, parece-nos que desde 1988 já existe a possibilidade de se realizar ***controle de convencionalidade pelo poder judiciário*** pátrio, tanto ***pela via difusa***, como ***pela via concentrada***, contudo, evidentemente, esse controle só se inicia faticamente com a decisão proferida em 2008, no julgamento conjunto do RE 466.343 e do RE 349.703, quando nossa Corte Constitucional reconhece hierarquia especial, acima da lei (constitucional aos que passaram pelo procedimento do § 3º, e supralegal aos que não passaram por dito procedimento), aos tratados internacionais de direitos humanos.

Nada obstante, nada impediria que, antes do reconhecimento de tal hierarquia especial pelo Supremo Tribunal Federal, qualquer magistrado ou tribunal brasileiro (inclusive o próprio Supremo Tribunal Federal, seja pela via difusa, seja pela via concentrada) fizesse o controle de convencionalidade de tratados internacionais de direitos humanos dos quais o Brasil fosse signatário, levando-se em consideração o correto (constitucional) entendimento de que os referidos instrumentos internacionais possuem (e já possuíam, desde 1988) hierarquia constitucional, até mesmo porque eles nunca dependeram de autorização do Supremo para isso.

Para além dessa discussão, pode-se dizer que o controle de convencionalidade interno tem por ter por finalidade a compatibilização vertical das normas internas, tal qual o controle de constitucionalidade.[219] Isso se dá, justamente, pelo fato de os direitos humanos internacionais, quando incorporados ao ordenamento jurídico brasileiro, nele ingressarem como direitos fundamentais constitucionais (direitos fundamentais atípicos que compõem

216. Nesse sentido, dentre outros, Waldir Alves afirma que "a Emenda Constitucional 45/2004, ao inserir o § 3º no art. 5º da Constituição, prevendo a possibilidade de os tratados e convenções internacionais sobre direitos humanos terem equivalência de emendas constitucionais, desde que aprovados, em dois turnos, por três quintos dos votos de cada Casa do Congresso Nacional, abriu o debate na doutrina nacional sobre o controle de convencionalidade no Direito brasileiro, sendo pioneiramente tratado em obra específica por Valerio de Oliveira Mazzuoli, o que somente vinha sendo tratado no âmbito do controle de convencionalidade realizado pelas Cortes Internacionais". ALVES, Waldir. Controle de convencionalidade das normas internas em face dos tratados e convenções internacionais sobre direitos humanos equivalentes às Emendas Constitucionais. In: MARINONI, Luiz Guilherme; MAZZUOLI, Valerio de Oliveiro. Controle de Convencionalidade: um panorama latino-americano. Brasília: Gazeta Jurídica, 2013, p. 319.

217. MAZZUOLI, Valerio de Oliveira. Teoria Geral do Controle de Convencionalidade no Brasil. In: MARINONI, Luiz Guilherme; MAZZUOLI, Valerio de Oliveiro. Controle de Convencionalidade: um panorama latino-americano. Brasília: Gazeta Jurídica, 2013, p. 5.

218. Ibidem, p. 34.

219. Ibidem, p. 4-21.

o bloco de constitucionalidade material). Nesse sentido, já se manifestou o Min. Celso de Mello, durante o julgamento do HC 87.585, no dia 03 de dezembro de 2008, afirmando: *"Proponho que se reconheça natureza constitucional aos tratados internacionais de direitos humanos, submetendo, em consequência, as normas que integram o ordenamento positivo interno e que dispõem sobre a proteção dos direitos e garantias individuais e coletivos a um duplo controle de ordem jurídica: o controle de constitucionalidade e, também, o controle de convencionalidade, ambos incidindo sobre as regras jurídicas de caráter doméstico"*.

Como adiantado, do mesmo modo que o controle de constitucionalidade, o controle de convencionalidade interno pode se dar pela via difusa ou concentrada. Isto é, o controle de convencionalidade pode ser realizado pelos instrumentos jurisdicionais aptos a resolução de questionamentos sobre direitos fundamentais, vez que os direitos humanos incorporados são incorporados ao ordenamento jurídico brasileiro como direitos fundamentais atípicos. Assim, a convencionalidade, tal qual a constitucionalidade, pode ser questionada de maneira difusa e concentrada.

Questão controversa na doutrina brasileira parece ser a de se ***saber quais tratados internacionais de direitos humanos podem ser parâmetro dos controles de convencionalidade difuso e concentrado.***

Em relação ao ***controle de convencionalidade difuso***, Valerio de Oliveira Mazzuoli[220] e Luiz Guilherme Marinoni[221] defendem que todos os tratados internacionais de direitos humanos dos quais o Brasil seja signatário podem ser parâmetro de controle de convencionalidade difuso, independentemente de esses tratados terem sido aprovados ou não pelo procedimento especial do § 3º, do art. 5º, da Constituição de 1988. Já Waldir Alves,[222] em que pese sua posição não nos ter ficado muito clara, parece defender que somente os tratados internacionais de direitos humanos, que passaram pelo procedimento especial do § 3º, art. 5º, é que podem ser parâmetro de controle de convencionalidade. Quanto à possibilidade de se interpor Recurso Extraordinário ao STF no controle de convencionalidade difuso, os três autores entendem ser possível.

Já em relação ao ***controle de convencionalidade concentrado***, Valerio de Oliveira Mazzuoli,[223] Luiz Guilherme Marinoni[224] e Waldir Alves[225] defendem que somente os tratados

220. Ibidem, p. 33-34.

221. MARINONI, Luiz Guilherme. Controle de Convencionalidade (na perspectiva do direito brasileiro). In: MARINONI, Luiz Guilherme; MAZZUOLI, Valerio de Oliveiro. Controle de Convencionalidade: um panorama latino-americano. Brasília: Gazeta Jurídica, 2013, p. 66-67.

222. ALVES, Waldir. Controle de convencionalidade das normas internas em face dos tratados e convenções internacionais sobre direitos humanos equivalentes às Emendas Constitucionais. In: MARINONI, Luiz Guilherme; MAZZUOLI, Valerio de Oliveiro. Controle de Convencionalidade: um panorama latino-americano. Brasília: Gazeta Jurídica, 2013, p. 327-333.

223. Nesse sentido, Mazzuoli afirma que "pode ainda existir o controle de convencionalidade *concentrado* no STF, como abaixo se dirá, na hipótese dos tratados de direitos humanos (e somente destes) aprovados pelo rito do art. 5º, § 3º, da CF/1988 (uma vez ratificados pelo presidente, após esta aprovação qualificada)". MAZZUOLI, Valerio de Oliveira. Teoria Geral do Controle de Convencionalidade no Brasil. In: MARINONI, Luiz Guilherme; MAZZUOLI, Valerio de Oliveiro. Controle de Convencionalidade: um panorama latino-americano. Brasília: Gazeta Jurídica, 2013, p. 33-34.

224. Segundo Marinoni, "o controle de compatibilidade da lei com os tratados internacionais de direitos humanos pode ser feito mediante ação direta, perante o Supremo Tribunal Federal, quando o tratado foi aprovado de acordo com o § 3º do art. 5º da Constituição Federal". MARINONI, Luiz Guilherme. Controle de Convencionalidade (na perspectiva do direito brasileiro). In: MARINONI, Luiz Guilherme; MAZZUOLI, Valerio de Oliveiro. Controle de Convencionalidade: um panorama latino-americano. Brasília: Gazeta Jurídica, 2013, p. 66.

225. Nessa perspectiva, afirma Waldir Alves que "qualquer norma que desrespeitar Tratado ou Convenção Internacional sobre Direitos Humanos, aprovado pela maioria qualificada do § 3º do art. 5º da Constituição, pode ser questionada diretamente no STF pelos legitimados do art. 103 da Constituição, em ação de controle concentrado (*v.g.*, ADI, ADPF, ADC)". ALVES, Waldir. Controle de convencionalidade das normas internas em face dos tratados e convenções internacionais sobre

internacionais de direitos humanos que passaram pelo procedimento especial do § 3º, do art. 5º, da CF/88, é que podem ser parâmetro de controle de convencionalidade concentrado, excluindo desse controle os tratados internacionais de direitos humanos incorporados pela cláusula de abertura material da Constituição (art. 5º, § 2º).

Com todas as vênias aos citados autores, mas, por considerarmos que todos os tratados internacionais de direitos humanos dos quais o Brasil seja signatário possuem, desde a promulgação da Constituição de 1988, hierarquia de norma constitucional, por força da cláusula de abertura do art. 5º, § 2º de nossa Carta Maior, então, ***defendemos que todos os tratados internacionais de direitos humanos podem ser parâmetro pelo controle de convencionalidade difuso e concentrado.*** Melhor dizendo, qualquer norma jurídica interna pode ser objeto de controle de convencionalidade difuso ou concentrado, em face de qualquer tratado de direitos humanos de que o Brasil seja parte, independentemente de esses tratados terem passado pelo procedimento especial do § 3º, do art. 5º, da CF/88. Ademais, especificamente ***em relação ao controle de convencionalidade difuso***, reconhece-se a ***possibilidade de interposição de Recurso Extraordinário para o Supremo Tribunal Federal.***

Além disso, na esteira das lições de Ingo Wolfgang Sarlet, há de se dizer que ***o controle de convencionalidade não é um controle exclusivamente jurisdicional***, podendo e devendo ser realizado, também, preventivamente, pelos poderes Legislativo e Executivo (***controle político preventivo***). Assim, segundo Ingo, "o Poder Legislativo, quando da apreciação de algum projeto de lei, assim como deveria sempre atentar para a compatibilidade da legislação com a CF, também deveria assumir como parâmetro os tratados internacionais", assim como "o Chefe do Executivo deveria vetar lei aprovada pelo Legislativo quando detectar violação de tratado internacional".[226]

15.4 Controle de convencionalidade, possíveis conflitos entre normas da Constituição e normas de TIDH e o princípio pro homine

Para além do controle de convencionalidade interno das leis, há de se pensar nos ***possíveis conflitos entre as normas previstas na Constituição e as normas advindas dos tratados internacionais de direitos humanos***, já que defendemos que esses tratados possuem hierarquia constitucional.

Nesses casos, em face dos princípios fundamentais adotados pela Constituição de 1988 (Título I), especialmente do princípio fundamental da dignidade da pessoa humana (art. 1º, III), vez que a pessoa humana em nosso Estado Democrático de Direito é tida como o início e o fim da tutela normativa estatal, bem como em razão da leitura constitucionalmente correta do princípio da soberania (art. 1º, I) que foi flexibilizado pelo princípio da prevalência dos direitos humanos (art. 4º, II) e do já citado princípio da dignidade da pessoa humana, assim como em detrimento de diversas disposições constitucionais que realizam a abertura de nossa ordem jurídica ao direito internacional dos direitos humanos (§ 2º e § 3º, da CF/88, por exemplo), tendo como objetivo a maior otimização possível dos direitos da pessoa humana e, sobretudo, conferir o máximo de proteção e promoção ao ser humano,

direitos humanos equivalentes às Emendas Constitucionais. In: MARINONI, Luiz Guilherme; MAZZUOLI, Valerio de Oliveiro. Controle de Convencionalidade: um panorama latino-americano. Brasília: Gazeta Jurídica, 2013, p. 328.

226. SARLET, Ingo Wolfgang. Notas sobre as relações entre a Constituição Federal de 1988 e os Tratados Internacionais de Direitos Humanos na perspectiva do assim chamado controle de convencionalidade. In: MARINONI, Luiz Guilherme; MAZZUOLI, Valerio de Oliveiro. Controle de Convencionalidade: um panorama latino-americano. Brasília: Gazeta Jurídica, 2013, p. 112-113.

defende-se que, em casos concretos em que se verifique conflitos entre as normas previstas na Constituição e as normas advindas dos tratados internacionais de direitos humanos, deve-se prevalecer a *norma mais favorável à pessoa humana*, privilegiando o princípio internacional *pro homine*, que, a nosso ver, já é, também, um princípio constitucional,[227] fruto de uma interpretação sistêmica e teleológica, cujas bases fundamentais são a cláusula de abertura do § 2º, do art. 5º e os princípios fundamentais da dignidade da pessoa humana e da prevalência dos direitos humanos.

Enquanto princípio internacional dos mais importantes para a máxima proteção e promoção da pessoa humana e de seus direitos, o princípio *pro homine* encontra-se positivado em diversos documentos e tratados internacionais de direitos humanos. Todavia, mesmo não estando previsto, ele pode ser alegado em caso de norma (interna ou internacional) mais benéfica, vez que se trata de princípio consagrado pelo *jus cogens*.[228] Nas palavras de André de Carvalho Ramos, "*[a] régle d'or* de interpretação das normas de proteção internacional dos direitos humanos é a primazia da norma mais favorável ao indivíduo".[229]

A título exemplificativo, pode-se mencionar as seguintes disposições internacionais a preverem o princípio *pro homine*: *i)* Convenção Americana de Direitos Humanos, art. 29, que prevê: "*Nenhuma disposição da presente Convenção pode ser interpretada no sentido de: b) limitar o gozo e exercício de qualquer direito ou liberdade que possam ser reconhecidos em virtude de leis de qualquer dos Estados-parte ou em virtude de Convenções em que seja parte um dos referidos Estados*"; *ii)* Convenção sobre a eliminação de todas as formas de discriminação contra a mulher, art. 23, que afirma: "*Nada do disposto nesta Convenção prejudicará qualquer disposição que seja mais propícia à obtenção da igualdade entre homens e mulheres e que esteja contida: a) na legislação e um Estado-parte*"; *iii)* Convenção sobre os Direitos da Criança, art. 41, que dispõe: "*Nada do disposto nesta Convenção afetará as disposições que sejam mais convenientes para a realização dos direitos da criança e que estejam contidas: a) na legislação de um Estado-parte*"; *iv)* Pacto Internacional dos Direitos Civis e Políticos, art. 5º, que consagra: "*Não se admitirá qualquer restrição ou suspensão dos direitos humanos fundamentais reconhecidos ou vigentes em qualquer Estado-parte no presente Pacto, em virtude de leis, convenções, regulamentos ou costumes, sob o pretexto de que o presente Pacto não os reconheça ou os reconheça em menor grau*"; *v)* Convenção contra a tortura e outros tratamentos ou penas cruéis, desumanos ou degradantes, art. 16, (2), que prescreve: "*Os dispositivos da presente Convenção não serão interpretados de maneira a restringir os dispositivos de qualquer outro instrumento internacional ou de lei nacional que proíba os tratamentos ou penas cruéis, desumanos, ou degradantes ou que se refira à extradição ou expulsão*".

Enquanto princípio constitucional, como já adiantado, deriva da interpretação sistemática e teleológica dos princípios fundamentais (Título I, da CF/88), em especial da dignidade da pessoa humana (art. 1º, III) e da prevalência dos direitos humanos (art. 4º, II), bem como da abertura material e formal da Constituição aos tratados internacionais de direitos humanos (art. 5º, § 2º e § 3º) a recepcionarem, inclusive, os dispositivos que consagram o princípio

227. Demonstrando que o princípio internacional *pro homine* é também um princípio constitucional da atual ordem jurídica brasileira: MAZZUOLI, Valerio de Oliveira. Teoria Geral do Controle de Convencionalidade no Brasil. In: MARINONI, Luiz Guilherme; MAZZUOLI, Valerio de Oliveiro. Controle de Convencionalidade: um panorama latino-americano. Brasília: Gazeta Jurídica, 2013, especialmente p. 26-30.

228. Nesse sentido, GALINDO, George Rodrigo Bandeira. Tratados Internacionais de Direitos Humanos e Constituição Brasileira. Belo Horizonte: Del Rey, 2002, p. 318.

229. RAMOS, André de Carvalho. Processo Internacional de Direitos Humanos: análise dos sistemas de apuração de violações dos direitos humanos e a implementação das decisões no Brasil. Rio de Janeiro: Renovar, 2002, p. 280.

pro homine, assim como do próprio sistema constitucional e, notadamente, do sistema de direitos e garantias fundamentais da Constituição de 1988, nos quais a pessoa humana é o fim primeiro e último, e a proteção e promoção de seus direitos o principal objetivo de nosso Estado Democrático de Direito, podendo ser, por isso, considerado, também, um *princípio geral de direito*.[230-231]

Assim, pode-se dizer que o princípio internacional e constitucional *pro homine*, ou princípio interpretativo da prevalência da norma mais favorável à pessoa humana consiste no princípio jurídico que exige, em casos de antinomia normativa, isto é, conflito de normas, que a interpretação e a aplicação do direito se deem privilegiando a norma que seja mais benéfica, mais favorável à pessoa humana. Esse princípio, por óbvio, não pode perder de vista a *ratio* e o *telos* dos direitos humanos e dos direitos fundamentais, devendo observar, nas situações de conflitos, que esses direitos são, dentre outras coisas, direitos dos mais fracos, dos mais vulneráveis, dos mais débeis,[232] das minorias.[233] Assim, esse princípio deve guiar-se em favor do homem, de um modo geral, e em favor dos mais fracos, de um modo especial.

O princípio *pro homine* deve orientar a interação entre os sistemas internacional e nacional de proteção e promoção da pessoa humana e de seus direitos, sobretudo na interpretação e aplicação dos direitos humanos e fundamentais, privilegiando uma relação de complementaridade entre esses direitos. No caso brasileiro, pode-se dizer que o princípio da prevalência da norma mais favorável à pessoa humana deve orientar a interpretação e aplicação dos direitos fundamentais típicos e atípicos (e dentro dos atípicos, especialmente os advindos de tratados internacionais de direitos humanos).[234] Nesse sentido, Antonio Augusto Cançado Trinade, ao discorrer sobre as relações dos direitos humanos internacionais com os direitos fundamentais constitucionais, afirma que "neste campo de proteção não se trata de primazia do direito internacional ou do direito interno aqui em constante interação: a primazia é, no presente domínio, da norma que melhor proteja, em cada caso, os direitos consagrados da pessoa humana, seja ela uma norma de direito internacional ou de direito interno".[235]

Nada obstante, em que pese o papel fundamental exercido pelo princípio *pro homine*, de todo o exposto, fica o seguinte questionamento: e quando o princípio de interpretação que estabelece a prevalência da norma mais favorável à pessoa humana não for o suficiente? Isto é, e quando estiverem em conflito duas normas que, no caso concreto, conferem proteção de maneira especial e intensa a dois direitos fundamentais (típicos ou atípicos)? Nesses casos difíceis em que a norma mais favorável não é facilmente identificável, o que fazer?

---

230. Por uma leitura do princípio *pro homine* como sendo um princípio constitucional e, também, um princípio geral de direito, ver: MAZZUOLI, Valerio de Oliveira. Teoria Geral do Controle de Convencionalidade no Brasil. In: MARINONI, Luiz Guilherme; MAZZUOLI, Valerio de Oliveiro. Controle de Convencionalidade: um panorama latino-americano. Brasília: Gazeta Jurídica, 2013, p. 26-30.
231. Entendendo ser o princípio da norma mais favorável à pessoa humana (princípio *pro homine*), também constitucional, dentre outros: GUERRA, Sidney. O sistema interamericano de proteção dos direitos humanos e o controle de convencionalidade. São Paulo: Atlas, 2013, p. 193-197.
232. Para uma leitura dos direitos fundamentais como direitos dos mais fracos, dos mais vulneráveis, dos mais débeis, ver: FERRAJOLI, Luigi. Los fundamentos de los derechos fundamentales. 4. ed. Madrid: Trotta, 2009, p. 362-371.
233. Por uma leitura dos direitos fundamentais como trunfos das minorias contra a maioria. NOVAIS, Jorge Reis. Direitos Fundamentais: trunfos contra a maioria. Coimbra: Coimbra, 2006.
234. Nesse sentido: PIOVESAN, Flávia. Primazia da norma mais benéfica à proteção dos direitos humanos (princípio da –). In: TORRES, Ricardo lobo; KATAOKA, Eduardo Takemi; GALDINO, Flavio (org.). Dicionário de Princípios Jurídicos. Rio de Janeiro: Elsevier, 2011, especialmente p. 1029-1032.
235. CANÇADO TRINDADE, Antonio Augusto. A proteção dos direitos humanos nos planos nacional e internacional: perspectivas brasileiras. San José da Costa Rica/Brasília: Instituto Interamericano de Derechos Humanos, 1992, p. 317-318.

Aqui, o princípio da primazia da norma mais favorável não é suficiente, necessitando ser complementado de alguma maneira para que se proceda à interpretação e aplicação do direito. Propostas não faltam. Exemplificando: André de Carvalho Ramos[236] e George Rodrigo Bandeira Galindo[237] aderem à teoria Alexyana da ponderação de interesses, pautada no princípio da proporcionalidade, já Valerio de Oliveira Mazzuoli[238] adere à teoria do diálogo das fontes de Erik Jayme.

Particularmente, ***preferimos aderir à visão de direito como integridade de Ronald Dworkin e à decisão por princípios,*** por acreditarmos que ela seja a teoria constitucional mais adequada aos Estados Constitucionais Democráticos de Direito contemporâneos, assim como o Brasil.[239] Rememorando as lições de Dworkin, em brevíssima síntese, pode-se afirmar que a integridade do direito se lastreia nas virtudes da justiça, da equidade e do devido processo legal adjetivo, sendo que sua realização pelos juristas se funda na apreensão e dedicação para decisões fundamentadas em argumentos de princípio, atuando com a finalidade de conferir a resposta correta aos casos submetidos a sua análise com base nos preceitos de direitos fundamentais. Além disso, é importante considerar que os direitos à liberdade e à igualdade são os substratos essenciais da teoria de Dworkin, numa perspectiva pela qual a igualdade deve permear toda a noção de liberdade, devendo o direito conferir igual respeito e consideração aos cidadãos. Ademais, é importante lembrar que o direito como integridade não se limita às leis escritas, ou àquilo que está expressamente escritos nas leis, pois "o direito como integridade supõe que as pessoas têm direitos – direitos que decorrem de decisões anteriores de instituições políticas, e que, portanto, autorizam a coerção – que extrapolam a extensão explícita das práticas políticas concebidas como convenções. O direito como completude supõe que as pessoas têm direito a uma extensão coerente, e fundada em princípios, das decisões políticas do passado, mesmo quando os juízes divergem profundamente sobre seu significado".[240] Assim, a partir da visão do direito como integridade, as pessoas têm todos os direitos que possam derivar, explícita ou implicitamente, dos princípios que proporcionam a justificativa correta da prática jurídica com um todo.

16. JUDICIALIZAÇÃO DA POLÍTICA E ATIVISMO JUDICIAL

A ***judicialização da política*** consiste na judicialização das questões institucionais do Estado e de seus Poderes, bem como das políticas públicas adotadas por eles. Como a lei não pode excluir da apreciação do Judiciário a lesão ou ameaça de lesão a direito (art. 5º, XXXV, CF/88) a judicialização da política é um fenômeno constitucionalmente legítimo e inerente ao próprio ***controle de constitucionalidade***. Nesse sentido, se pararmos para analisar o primeiro caso de controle de constitucionalidade moderno – *Marbury vs. Madison* – veremos que ele foi um claro caso de judicialização da política, no qual se discutia se o novo Secretário de Estado (James Madison), indicado pelo novo Presidente dos Estados Unidos da América do Norte (Thomas Jefferson) seria obrigado a diplomar como juiz de paz um indicado (William Marbury) pelo antigo Secretário de Estado (John Marshall), mas

236. RAMOS, André de Carvalho. Teoria Geral dos Direitos Humanos na Ordem Internacional. Rio de Janeiro: Renovar, 2005, p. 106 e ss.
237. GALINDO, George Rodrigo Bandeira. Tratados Internacionais de Direitos Humanos e Constituição Brasileira. Belo Horizonte: Del Rey, 2002, p. 314-318.
238. MAZZUOLI, Valerio de Oliveira. Tratados Internacionais de Direitos Humanos e Direito Interno. São Paulo: Saraiva, 2010.
239. DOS SANTOS, Eduardo R. Direitos Fundamentais Atípicos. Salvador: Juspodivm, 2017.
240. DWORKIN, Ronald. O império do direito. 3. ed. São Paulo: Martins Fontes, 2014, p. 164.

não diplomado antes do término do mandato do antigo Presidente (John Adams). Ou seja, a judicialização da política está no coração do controle de constitucionalidade, sendo um fenômeno inerente ao constitucionalismo moderno e ao Estado Democrático de Direito.

Obviamente, a judicialização da política é exponencialmente potencializada no âmbito do ***constitucionalismo contemporâneo***, fundado no segundo pós-Guerra, enquanto movimento limitador dos Poderes do Estado que emerge como reação jurídico-política a um dos momentos mais terríveis da história da humanidade. Nesse cenário, o Judiciário é visto como limitador das políticas que afrontam os valores supremos da sociedade e da humanidade, valores esses positivados nas Constituições contemporâneas, cabendo-lhe, portanto, declará-las inconstitucionais e anulá-las. Ademais, o Judiciário é visto como garantidor desses valores, agora transformados em normas jurídicas constitucionais, cabendo-lhe, protegê-los, promovê-los e, inclusive, concretizá-los em face das omissões do Legislativo e do Executivo.

A questão então não é saber se ***a judicialização da política é legítima***, pois ela é, tanto do ponto de vista constitucional, como do ponto de vista democrático. A questão é saber quais os limites da judicialização da política e especialmente quais os limites do Poder Judiciário, pois, com toda certeza, o Judiciário também possui limites constitucionais e não pode transpô-los, sob pena de agir arbitrariamente, colocando-se como um superpoder e ferindo a Constituição.

Aqui é que surge o debate sobre o ativismo judicial, como um fenômeno secundário (decorrente) da judicialização da política. Mas, ***o que é ativismo judicial?*** Essa sem dúvida alguma é uma das perguntas mais difíceis de serem respondidas no direito constitucional contemporâneo, não havendo uma resposta consensual. Entretanto, parece-nos possível fornecer um conceito, ainda que em formação. Assim, o ativismo judicial deve ser entendido como a postura ativa do magistrado que age arbitrariamente, sem legitimidade constitucional ou legal, ou mesmo age contra a ordem jurídica vigente sobrepondo-a e substituindo-a pela sua própria ordem moral, decidindo conforme sua consciência e não conforme o sistema normativo democraticamente estabelecido.[241]

Assim, o ativismo judicial apresenta-se como um ***fenômeno constitucionalmente e democraticamente ilegítimo***, fundado na arbitrariedade, no achismo e no decisionismo, na crença de que os valores pessoais do magistrado são melhores que os valores da ordem jurídica vigente, como se ele fosse um ser iluminado que sabe o que é melhor para a sociedade, como se sua visão e concepção sobre todas as coisas fossem melhores do que as das demais pessoas, é uma espécie de privatização do público, de substituição do pluralismo democrático consagrado na Constituição por uma aristocracia moral dos magistrados, o que pode conduzir a uma verdadeira juristocracia. Nesse cenário, as ***principais formas de manifestação do ativismo judicial são:***

1) Protagonismo processual: aqui verifica-se o desrespeito ao modelo constitucional de processo, fundado no processualismo democrático, no policentrismo e na cooperação entre todos os sujeitos processuais, ocorrendo, dentre outras situações: a) quando os magistrados desrespeitam o princípio da inércia, agindo de ofício sem autorização constitucional ou legal; b) quando desrespeitam o princípio do contraditório, impedindo ou dificultando a manifestação das partes, bem como desconsiderando a argumentação, os fundamentos e as provas por elas produzidas, substituindo-a por sua visão pessoal e decidindo conforme sua consciência e não conforme o contraditório produzido no processo e a ordem jurídica

241. DOS SANTOS, Eduardo R. Princípios Processuais Constitucionais. 3. ed. Salvador: Juspodivm, 2021.

vigente; c) quando os magistrados desrespeitam o princípio do juiz natural, imparcial e independente e agem no processo como defensores de uma tese ou de uma parte. No processo penal é comum identificar verdadeiros juízes-promotores, que agem como inquisitores que já elegeram seu lado antes mesmo do processo começar.[242]

2) Desrespeito à Constituição e às leis: aqui o magistrado literalmente substitui as normas constitucionais e legais por suas "normas pessoais", criando uma espécie de legislação moral superior do próprio magistrado, com base na qual ele decide o caso (conforme sua consciência). ***Em relação às normas infraconstitucionais,*** caso sejam inconstitucionais, o magistrado deve declará-las nulas e decidir o caso conforme as normas vigentes que restaram, sejam elas legais ou constitucionais e, obviamente, isso não será ativismo judicial, pois se trata de atividade inerente ao Judiciário e ao controle de constitucionalidade, sendo, portanto, legítima. Por outro lado, quando o magistrado simplesmente deixa de aplicar a norma porque ele não quer aplicá-la, ou porque ele não concorda pessoalmente com a norma, mesmo reconhecendo-a como constitucional, aí estará configurado o ativismo judicial. Já ***em relação às normas constitucionais,*** não há razão que justifique o magistrado agir contra a norma. Ora, se a norma constitucional diz sim, não pode o juiz dizer não (como o STF fez, de forma inconstitucional, ao julgar o HC 126.292, que tratava da execução provisória da pena). Se a norma constitucional prevê expressamente uma competência para um órgão, não pode o Judiciário dizer que, por mutação constitucional (decisionismo do juiz ou do tribunal), essa competência não é mais daquele órgão (como o STF fez, de forma inconstitucional, no julgamento da ADI 3.406 e da ADI 3.470 que tratavam da abstrativização dos efeitos em controle difuso de constitucionalidade). Decidir contra o texto constitucional é fraude à Constituição, e não mutação constitucional ou interpretação constitucional evolutiva, trata-se, na verdade, de uma manipulação hermenêutica ilegítima. Aqui, advirta-se: não estamos falando de conflitos normativos concretos entre normas constitucionais, pois aí, obviamente, o magistrado deverá, com base nos métodos de resolução de conflitos normativos constitucionais, resolver o caso e, embora uma norma constitucional possa ter sua aplicação afastada daquele caso, outra norma constitucional será aplicada, devendo isso ser feito com fundamento na integridade do sistema jurídico.

3) Criação judicial de direitos fora dos limites constitucionais: aqui o magistrado cria direitos novos extrapolando os limites constitucionais. Embora a criação judicial de direitos seja legitima e, inclusive, encontre previsão constitucional (art. 5º, §2º, CF/88), ela não é ilimitada, de modo que podemos apontar, pelo menos, os seguintes ***limites à criação judicial dos direitos: i) limites positivos:*** *a) direito como integridade (unidade e coerência do sistema constitucional); b) princípio da dignidade da pessoa humana como matriz comum dos direitos fundamentais e a autonomia existencial do ser humano; c) livre desenvolvimento da personalidade como limite das ingerências e proibições estatais na vida privada da pessoa; d) isonomia de direitos, enquanto requisito democrático substancial;* ***ii) limites negativos:*** *a) respeito ao texto constitucional (vedação à interpretação e à construção contrária ao texto da Constituição); b) respeito às autorizações e competências constitucionais (expressas e tácitas).*[243]

Isto posto, por fim, insta destacarmos que não é porque uma decisão judicial é polêmica (como a decisão que, legitimamente, reconheceu como constitucional a pesquisa com células tronco embrionárias), ou porque trata de um caso de judicialização da política

242. Ibidem, idem.
243. DOS SANTOS, Eduardo R. Direitos Fundamentais Atípicos. Salvador: Juspodivm, 2017.

(como a decisão que, legitimamente, reconheceu o Estado de Coisas Inconstitucionais do sistema penitenciário brasileiro), ou porque cria e reconhece um novo direito fundamental (como as decisões que, legitimamente, reconheceram os direitos da comunidade LGBTQI+, como a união estável, o casamento, o nome trans, a identidade de gênero etc.), ou porque supre uma omissão dos demais poderes (como a decisão que, legitimamente, reconheceu o direito de greve dos servidores públicos e a decisão que, legitimamente, reconheceu que a homotransfobia encaixa-se no conceito de racismo para fins penais), que essa decisão será fruto do ativismo judicial. Na verdade, uma vez acionado, o Judiciário é impelido, pela Constituição (art. 5º, XXXV, CF/88), a decidir, contudo, deve decidir conforme à Constituição e não conforme os achismos de alguns magistrados. Assim, o ativismo reside aí, nessa linha tênue, mas possível de ser identificada e controlada.

17. QUADRO SINÓPTICO

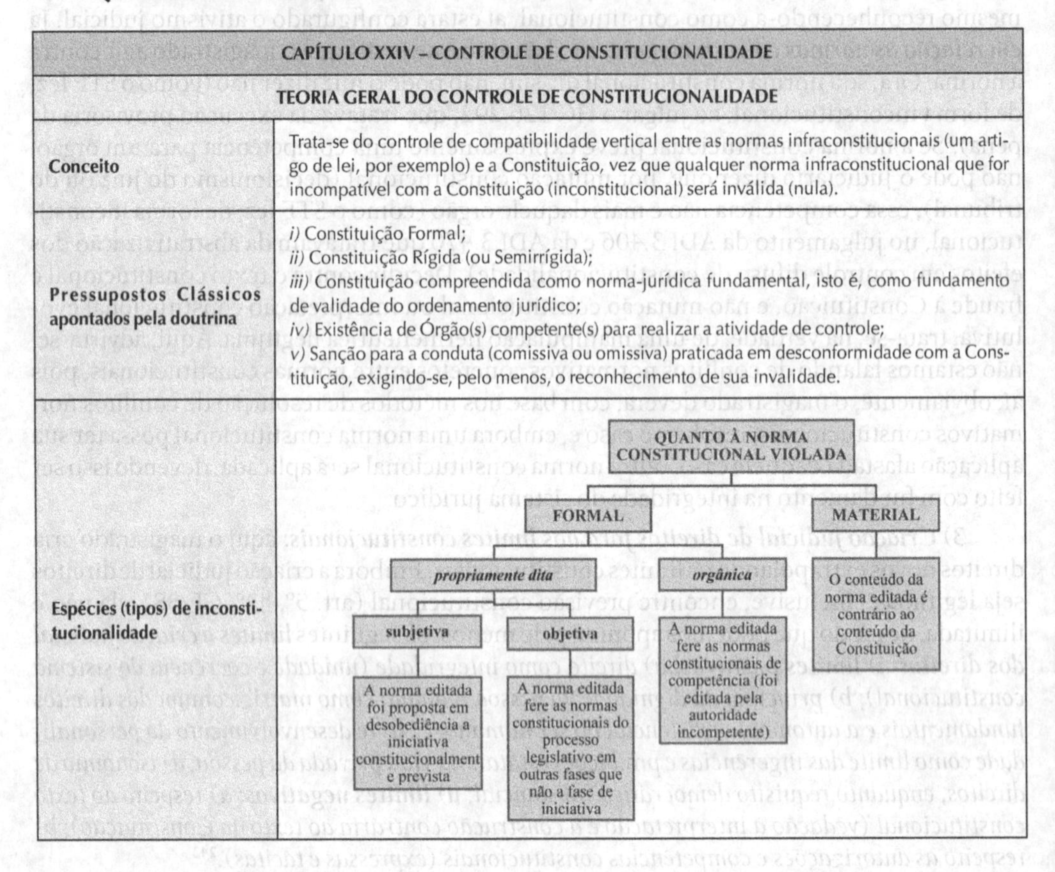

CAPÍTULO XXIV – CONTROLE DE CONSTITUCIONALIDADE	
TEORIA GERAL DO CONTROLE DE CONSTITUCIONALIDADE	
Conceito	Trata-se do controle de compatibilidade vertical entre as normas infraconstitucionais (um artigo de lei, por exemplo) e a Constituição, vez que qualquer norma infraconstitucional que for incompatível com a Constituição (inconstitucional) será inválida (nula).
Pressupostos Clássicos apontados pela doutrina	*i)* Constituição Formal; *ii)* Constituição Rígida (ou Semirrígida); *iii)* Constituição compreendida como norma-jurídica fundamental, isto é, como fundamento de validade do ordenamento jurídico; *iv)* Existência de Órgão(s) competente(s) para realizar a atividade de controle; *v)* Sanção para a conduta (comissiva ou omissiva) praticada em desconformidade com a Constituição, exigindo-se, pelo menos, o reconhecimento de sua invalidade.
Espécies (tipos) de inconstitucionalidade	(diagrama)

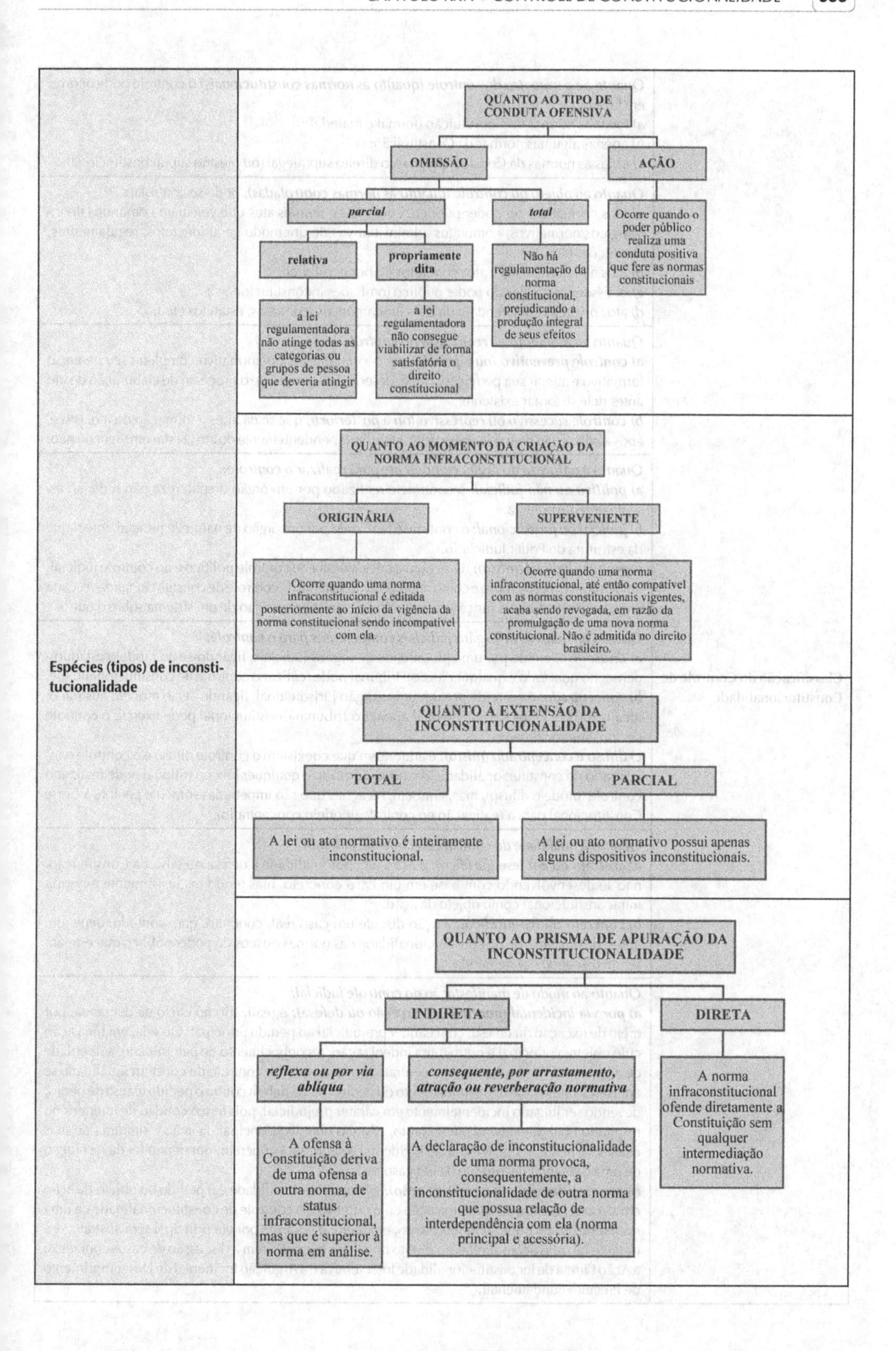
Espécies (tipos) de inconstitucionalidade
QUANTO AO TIPO DE CONDUTA OFENSIVA
OMISSÃO
AÇÃO
parcial
total
Ocorre quando o poder público realiza uma conduta positiva que fere as normas constitucionais
relativa
propriamente dita
Não há regulamentação da norma constitucional, prejudicando a produção integral de seus efeitos
a lei regulamentadora não atinge todas as categorias ou grupos de pessoa que deveria atingir
a lei regulamentadora não consegue viabilizar de forma satisfatória o direito constitucional
QUANTO AO MOMENTO DA CRIAÇÃO DA NORMA INFRACONSTITUCIONAL
ORIGINÁRIA
SUPERVENIENTE
Ocorre quando uma norma infraconstitucional é editada posteriormente ao início da vigência da norma constitucional sendo incompatível com ela.
Ocorre quando uma norma infraconstitucional, até então compatível com as normas constitucionais vigentes, acaba sendo revogada, em razão da promulgação de uma nova norma constitucional. Não é admitida no direito brasileiro.
QUANTO À EXTENSÃO DA INCONSTITUCIONALIDADE
TOTAL
PARCIAL
A lei ou ato normativo é inteiramente inconstitucional.
A lei ou ato normativo possui apenas alguns dispositivos inconstitucionais.
QUANTO AO PRISMA DE APURAÇÃO DA INCONSTITUCIONALIDADE
INDIRETA
DIRETA
reflexa ou por via oblíqua
consequente, por arrastamento, atração ou reverberação normativa
A norma infraconstitucional ofende diretamente a Constituição sem qualquer intermediação normativa.
A ofensa à Constituição deriva de uma ofensa a outra norma, de status infraconstitucional, mas que é superior à norma em análise.
A declaração de inconstitucionalidade de uma norma provoca, consequentemente, a inconstitucionalidade de outra norma que possua relação de interdependência com ela (norma principal e acessória).

Classificação do Controle de Constitucionalidade	***Quanto ao parâmetro do controle (quanto às normas constitucionais)*** o controle pode ocorrer em face de: *a)* todas as normas da Constituição (formal e material); *b)* apenas algumas normas da Constituição; *c)* todas as normas da Constituição mais o direito supralegal (ou mesmo supraconstitucional).
	Quanto ao objeto do controle (quanto às normas controladas), pode-se controlar: *a)* atos normativos do poder público, como leis e demais atos que veiculam comandos deontológicos/normativos, como atos administrativos de um modo geral (decretos, regulamentos, resoluções etc.); *b)* atos não normativos e atos concretos do poder público; *c)* omissões indevidas do poder público (omissões inconstitucionais); *d)* atos privados que ofendam direitos fundamentais (contratos, estatutos etc.).
	Quanto ao momento da realização do controle: ***a) controle preventivo (ou a priori),*** que ocorre antes o ato normativo completar seu percurso formativo e atingir sua perfeição, isto é, desenvolve-se durante o processo de elaboração do ato antes dele se tornar existente; ***b) controle sucessivo ou repressivo (ou a posteriori),*** que se dá após a formação do ato, isto é, após a conclusão de seu processo formativo, independentemente do ato já estar em vigor ou não.
	Quanto à natureza do órgão competente para realizar o controle: ***a) político ou não-judicial:*** o controle é realizado por um órgão de natureza não judicial, essencialmente política. ***b) judicial ou jurisdicional:*** o controle é realizado por um órgão de natureza judicial, integrante da estrutura do Poder Judiciário. ***c) político-judicial (misto):*** dá-se com a coexistência do controle político e do controle judicial, ambos com o mesmo peso e como regra geral do sistema de controle de constitucionalidade, cada um desenvolvendo sua função constitucional sem sobreposição de um sistema sobre o outro.
	Quanto ao número de órgãos judiciais competentes para o controle: ***a) difuso:*** é exercido por uma pluralidade de órgãos judiciais, ligando-se ao modelo estadunidense, no qual todo e qualquer juiz ou tribunal pode realizar o controle de constitucionalidade. ***b) concentrado:*** é exercido por um único órgão jurisdicional, ligando-se ao modelo austríaco, idealizado por Hans Kelsen, no qual apenas o Tribunal Constitucional pode exercer o controle de constitucionalidade. ***c) difuso e concentrado (misto):*** é aquele em que coexistem o controle difuso e o controle concentrado de constitucionalidade, de modo que todo e qualquer juiz ou tribunal pode realizar o controle (modelo difuso), mas, também, há ações que são impetradas somente perante a Corte Constitucional para a realização do controle (modelo concentrado).
	Quanto à finalidade do controle do controle judicial: ***a) abstrato ou em tese (jurídico):*** a ação tem por finalidade a defesa objetiva da Constituição, não se desenvolvendo com base em um caso concreto, mas tendo exclusivamente a norma infraconstitucional como objeto da ação. ***b) concreto (fático-jurídico):*** a ação discute um caso real, concreto, que, contudo, depende, antes, de uma análise da constitucionalidade das normas ou atos do poder público que estejam sendo discutidos na demanda.
	Quanto ao modo de manifestação do controle judicial: ***a) por via incidental (por meio de exceção ou defesa):*** é realizado no curso da demanda, por meio de exceção ou defesa, com caráter prejudicial ao pedido principal. Ou seja, em uma ação cujo objetivo principal é outro (uma indenização, reconhecimento de paternidade, a liberdade de alguém, ou a anulação de um contrato, por exemplo), o controle de constitucionalidade se apresenta como motivo ou fundamento do pedido ou da defesa contra o pedido (causa de pedir), devendo ser julgado incidentalmente em caráter prejudicial, pois tem o condão de interferir no resultado final da demanda, entretanto, não é o objetivo principal da ação e sim uma de suas causas de pedir. Assim, o controle incidental sempre será concreto, por depender da resolução de uma demanda decorrente de um caso real. ***b) por via principal (ou por via de ação):*** a inconstitucionalidade é o pedido ou objeto da ação em si, ou seja, entra-se com uma ação cujo objetivo é o controle de constitucionalidade de uma norma ou ato do poder público. Assim, em regra, o controle por via principal será abstrato, entretanto há duas ações diretas no direito brasileiro que admitem a discussão de casos concretos: a Ação Direta de Inconstitucionalidade Interventiva e a Arguição Incidental de Descumprimento de Preceito Fundamental.

MODELOS HISTÓRICOS DE CONTROLE DE CONSTITUCIONALIDADE	
Modelo Estadunidense (americano) de Controle de Constitucionalidade	Surge a partir do famoso caso *Marbury vs. Madison*, julgado em 1803, pela Suprema Corte dos Estados Unidos da América do Norte, no qual estabeleceu-se a *judicial review of legislation*, fundamentada na cláusula de supremacia da Constituição (*supremacy clause*), consagrada no art. IV, cláusula 2ª, da Constituição dos E.U.A., de 1787. As principais características do controle de constitucionalidade desse sistema são as seguintes: ***a) É judicial.*** ***b) É difuso.*** Pode ser realizado por todo e qualquer juiz ou tribunal, sendo a Suprema Corte o órgão judiciário central, possuindo a "última palavra". ***c) É incidental e concreto.*** O controle se dá em razão de casos concretos levados à apreciação do Poder Judiciário, sendo analisado de forma incidental com caráter prejudicial ao pedido principal. ***d) Produz efeitos inter partes.*** Em regra, produz efeitos apenas entre as partes envolvidas no caso concreto julgado. Entretanto, pelo princípio da *stare decisis* (ater-se ao decidido), as decisões proferidas pela Suprema Corte produzem efeitos *erga omnes* dotados de força vinculante. ***e) Produz efeitos ex tunc.*** Produz efeitos temporais retroativos (*ex tunc*), considerando-se o ato inconstitucional desde a sua origem, possuindo a decisão natureza meramente declaratória (declarando que a lei ou ato normativo é inconstitucional e, consequentemente, inválido, desde que foi criado).
Modelo Austríaco (de Hans Kelsen) de Controle de Constitucionalidade	Idealizado por Hans Kelsen, a partir da Constituição da Áustria de 1920 e difundido pelo constitucionalismo dos países europeus, especialmente, após o fim da Segunda Guerra Mundial, tendo como principais características: ***a) É judicial.*** ***b) É concentrado.*** Realizado por um único órgão jurisdicional, o Tribunal Constitucional, que exerce o monopólio da jurisdição constitucional. ***c) É principal e abstrato.*** Realizado por via principal, mediante uma ação direta cujo pedido é justamente o controle da constitucionalidade de alguma lei ou ato normativo em abstrato (em si), desvinculado de qualquer caso concreto. ***d) Produz efeitos erga omnes.*** Produz efeitos oponíveis a todos (atingem a todos) e não apenas as partes (até porque o controle é abstrato). ***e) Produz efeitos ex nunc.*** Produz efeitos apenas da decisão em diante (para o futuro, prospectivos, *ex nunc*), anulando o ato considerado inconstitucional, de modo que a decisão possuiria natureza constitutiva (declarando que a lei ou ato normativo é inconstitucional a partir da decisão da Corte Constitucional).
Modelo Francês de Controle de Constitucionalidade	Desenvolvido pela Constituição da V República da França de 1958, consiste em um ***sistema de controle político (não judicial) exercido pelo Conselho Constitucional,*** que é composto de membros nomeados pelo Presidente da República (3 membros), pelo Presidente da Assembleia Nacional (3 membros) e pelo Presidente do Senado (3 membros), bem como pelos ex-Presidentes da República (membros vitalícios de pleno direito). ***Originariamente, o controle era apenas preventivo,*** sendo realizado durante o processo de formação das leis. Porém, a partir das reformas constitucionais de 2008, a Constituição da França passou a prever, concomitantemente ao controle preventivo, a possibilidade do exercício do controle de constitucionalidade abstrato repressivo, mediante a chamada exceção de inconstitucionalidade (*exception d'inconstitucionnalité*), proposta perante o Conselho Constitucional.

CONTROLE DIFUSO DE CONSTITUCIONALIDADE	
Introdução	É aquele que pode ser exercido por todo e qualquer juiz ou tribunal, não se concentrando nas mãos de um único órgão judicial. Trata-se de controle *incidental*, que pode ser provocado, *incidenter tantum*, por qualquer das partes litigiosas, em face de um determinado caso concreto que está sendo discutido perante o Poder Judiciário apresentando-se como motivo ou fundamento do pedido (*causa de pedir*) principal, devendo ser julgado incidentalmente em *caráter prejudicial*, pois tem o condão de interferir no resultado final da demanda. É, portanto, um antecedente lógico da lide, uma *conditio sine qua non* da resolução do conflito, provocado por *via de exceção (ou via de defesa)*, isto é, por meio de defesa oposta a uma lesão ou ameaça de lesão a direito (podendo ser essa defesa oposta pelo interessado do polo ativo ou passivo da ação) em razão de lei ou ato normativo inconstitucional.

Parâmetro	*i)* toda norma da CF/88 (formal e material) pode ser parâmetro de controle de constitucionalidade, tendo como objeto atos editados após a promulgação da CF/88. *ii)* toda e qualquer norma da CF/88 pode ser parâmetro de *análise de recepção*, tendo como objeto atos editados antes a promulgação da CF/88. *iii)* toda e qualquer norma de Constituição Anterior pode ser parâmetro de controle de constitucionalidade, tendo como objeto atos editados durante o período que essa Constituição pretérita ainda era vigente.
Objeto	*i)* Atos editados após a promulgação da Constituição de 1988, em face da CF/88, ensejando *controle de constitucionalidade*. *ii)* Atos editados antes da promulgação da Constituição de 1988, em face da CF/88, ensejando *análise de recepção* e não controle de constitucionalidade. *iii)* Atos editados antes da promulgação da Constituição de 1988, em face da Constituição que era vigente na época da edição do ato, ensejando *controle de constitucionalidade*.
Legitimidade	Abrange todos aqueles que integram a relação processual: i) autor da ação; ii) réu; iii) terceiros intervenientes; iv) Ministério Público; v) qualquer juiz ou tribunal, de ofício, nas causas submetidas à sua apreciação.
Competência	Respeitadas as normas processuais de competência previamente estabelecidas, o juiz ou tribunal competente para julgar a causa, será competente para exercer o controle de constitucionalidade difuso.
Controle Difuso pelos Tribunais	Cláusula de reserva de plenário: a inconstitucionalidade das normas, no âmbito dos tribunais (originariamente ou por via recursal), só pode ser declarada pela maioria absoluta dos membros do tribunal pleno ou do órgão especial do tribunal.
Efeitos	***Efeitos temporais:*** em regra, são *ex nunc*. Excepcionalmente, admite-se a modulação de efeitos, podendo o STF conferir efeitos *ex tunc* à decisão, ou mesmo determinar um outro marco temporal para o início de seus efeitos. ***Efeitos subjetivos:*** em regra, são *intra partes*. Entretanto, com base especialmente no princípio da *stare decisis* (ater-se ao decidido), o STF tem entendido que suas decisões proferidas em controle difuso de constitucionalidade produzem efeitos *erga omnes* (abstrativização dos efeitos), enquanto as decisões proferidas pelos demais órgãos do Judiciário produzem efeitos *inter partes*.
CONTROLE CONCENTRADO DE CONSTITUCIONALIDADE	
Realizado por um único órgão jurisdicional, o Tribunal Constitucional, que exerce o monopólio da jurisdição constitucional. A CF/88 estabeleceu um complexo sistema de controle de constitucionalidade concentrado que conta com a seguintes ações diretas a serem propostas perante o Supremo Tribunal Federal: • Ação Direta de Inconstitucionalidade (ADI); • Ação Declaratória de Constitucionalidade (ADC); • Ação Direta de Inconstitucionalidade por Omissão (ADO); • Arguição de Descumprimento de Preceito Fundamental (ADPF); • Ação Direta de Inconstitucionalidade Interventiva (ADI Interventiva).	
AÇÃO DIRETA DE INCONSTITUCIONALIDADE	
Conceito	Ação concentrada de controle de constitucionalidade, pela via principal, que tem por finalidade declarar a inconstitucionalidade de leis ou atos normativos federais ou estaduais em contrariedade com a Constituição Federal, a ser impetrada perante o Supremo Tribunal Federal no exercício de sua função de Tribunal Constitucional.
Legitimidade Ativa	Os legitimados da ADI podem ser divididos em universais e especiais. ***Os Legitimados Especiais (LE)*** devem demonstrar a pertinência temática entre a ação que estão propondo e a atividade que desempenham, sob pena de não conhecimento da ação. ***Os Legitimados Universais (LU)*** não precisam demonstrar pertinência temática. Isto posto, nos termos do art. 103, da CF/88, podem propor a ADI: i) Presidente da República; ***(LU)*** ii) Mesa do Senado Federal; ***(LU)*** iii) Mesa da Câmara dos Deputados; ***(LU)*** iv) Mesa de Assembleia Legislativa ou da Câmara Legislativa do DF; ***(LE)*** v) Governador de Estado ou do Distrito Federal; ***(LE)*** vi) Procurador-Geral da República; ***(LU)*** vii) Conselho Federal da Ordem dos Advogados do Brasil; ***(LU)*** viii) Partido político com representação no Congresso Nacional; ***(LU)*** ix) Confederação sindical ou entidade de classe de âmbito nacional. ***(LE)***

Competência	Supremo Tribunal Federal (art. 102, I, a, da CF/88), no exercício de sua atribuição de Tribunal Constitucional.
Parâmetro	Todas as normas da CF/88 que estejam vigentes, sejam normas formalmente constitucionais ou apenas materialmente constitucionais, inclusive aquelas incorporadas por Tratados Internacionais de Direitos Humanos com hierarquia constitucional – bloco de constitucionalidade.
Objeto	Leis e atos normativos federais e estaduais.
Medida Cautelar	É cabível, exigindo-se a demonstração dos fundamentos clássicos do processo civil: ***i) fumus boni iuris*** (fumaça do bom direito, aparência de direito certo), exigindo que seja demonstrada a probabilidade do direito alegado; ***ii) periculum in mora*** (perigo da demora), exigindo que seja demonstrado que sem a sua concessão há perigo de dano ou risco ao resultado útil do processo.
	Os ***feitos*** da concessão da medida cautelar são: ***i) erga omnes e vinculantes,*** de modo que a suspensão da norma é oponível contra todos vinculando os demais órgãos do Poder Judiciário e a Administração Pública; ***e ii) ex nunc,*** por uma questão de segurança jurídica, pois essa decisão não é terminativa de mérito, podendo ser revista pelo Tribunal, que poderá, em decisão definitiva, decidir de forma contrária à cautelar. Entretanto, excepcionalmente, a Corte poderá conceder efeitos *ex tunc* (retroativos) à decisão. Ademais, a Lei 9.868/99 prevê o ***efeito repristinatório*** nas ações de controle de constitucionalidade concentrado, dispondo que a concessão da medida cautelar torna aplicável a legislação anterior acaso existente, salvo expressa manifestação em sentido contrário.
Julgamento	***Quórum para julgamento:*** a decisão sobre a (in)constitucionalidade de lei ou ato normativo somente será tomada se *presentes* na sessão pelo menos oito Ministros (2/3 dos Ministros do STF). ***Quórum para a decisão do julgamento:*** efetuado o julgamento, *declarar-se-á a constitucionalidade ou a inconstitucionalidade* da disposição ou da norma impugnada se num ou noutro sentido se tiverem manifestado pelo menos seis Ministros (maioria absoluta dos Ministros do STF).
	A decisão que declara a constitucionalidade ou a inconstitucionalidade da lei ou do ato normativo em ADI é ***irrecorrível***, ressalvada a interposição de embargos declaratórios, não podendo, igualmente, ser objeto de ação rescisória.
	Se a ADI for julgada procedente, a lei ou ato normativo impugnado será declarado inconstitucional, já se a ADI for julgada improcedente, a lei ou ato normativo impugnado será declarado constitucional, sendo que, a declaração de constitucionalidade ou de inconstitucionalidade, inclusive a interpretação conforme a Constituição e a declaração parcial de inconstitucionalidade sem redução de texto, produzem, ***em regra, efeitos ex tunc*** (retroativos) ***erga omnes*** (contra todos) ***e vinculantes*** em relação aos órgãos do Poder Judiciário e à Administração Pública federal, estadual e municipal. Excepcionalmente, admite-se a ***Modulação dos efeitos da decisão:*** ao declarar a inconstitucionalidade de lei ou ato normativo, e tendo em vista razões de segurança jurídica ou de excepcional interesse social, poderá o STF, por maioria de 2/3 de seus membros, restringir os efeitos da declaração ou decidir que ela só tenha eficácia a partir de seu trânsito em julgado ou de outro momento que venha a ser fixado.
AÇÃO DECLARATÓRIA DE CONSTITUCIONALIDADE	
Conceito	Ação concentrada de controle de constitucionalidade, pela via principal, que tem por finalidade declarar a constitucionalidade de leis ou atos normativos federais que estejam em consonância com a Constituição Federal, a ser impetrada perante o Supremo Tribunal Federal no exercício de sua função de Tribunal Constitucional.
Legitimidade Ativa	Os legitimados para proporem a ADC são os mesmos legitimados para proporem a ADI: i) Presidente da República; ii) Mesa do Senado Federal; iii) Mesa da Câmara dos Deputados; iv) Mesa de Assembleia Legislativa ou da Câmara Legislativa do Distrito Federal; v) Governador de Estado ou do Distrito Federal; vi) Procurador-Geral da República; vii) Conselho Federal da Ordem dos Advogados do Brasil; viii) Partido político com representação no Congresso Nacional; ix) Confederação sindical ou entidade de classe de âmbito nacional.
Competência	Supremo Tribunal Federal (art. 102, I, a, da CF/88), no exercício de sua atribuição de Tribunal Constitucional.
Parâmetro	Todas as normas da CF/88 que estejam vigentes, sejam normas formalmente constitucionais ou apenas materialmente constitucionais.

<table>
<tr><td>Objeto</td><td>Leis e atos normativos federais editados após a promulgação da CF/88, sobre os quais exista controvérsia judicial relevante.</td></tr>
<tr><td rowspan="2">Medida Cautelar</td><td>É cabível, exigindo-se a demonstração dos fundamentos clássicos do processo civil: fumus boni iuris e periculum in mora.</td></tr>
<tr><td>Em regra, produz efeitos erga omnes, vinculantes e ex nunc. Entretanto, excepcionalmente, a Corte poderá conceder efeitos ex tunc à decisão cautelar.</td></tr>
<tr><td>Julgamento</td><td>Segue as regras da ADI quanto aos quóruns, à irrecorribilidade e aos efeitos, de modo que, em regra, produz efeitos ex tunc (retroativos) erga omnes (contra todos) e vinculantes, sendo que, excepcionalmente, admite-se a modulação dos efeitos da decisão, tendo em vista razões de segurança jurídica ou de excepcional interesse social, por maioria de 2/3 dos membros do STF.</td></tr>
<tr><td colspan="2">AÇÃO DIRETA DE INCONSTITUCIONALIDADE POR OMISSÃO</td></tr>
<tr><td>Conceito</td><td>Ação concentrada de controle de constitucionalidade, pela via principal, que tem por finalidade declarar a inconstitucionalidade de uma omissão dos Poderes Públicos por deixarem de efetivar norma da Constituição Federal, a ser impetrada perante o STF no exercício de sua função de Tribunal Constitucional.</td></tr>
<tr><td>Legitimidade Ativa</td><td>Os legitimados para proporem a ADO são os mesmos legitimados para proporem a ADI: i) Presidente da República; ii) Mesa do Senado Federal; iii) Mesa da Câmara dos Deputados; iv) Mesa de Assembleia Legislativa ou da Câmara Legislativa do Distrito Federal; v) Governador de Estado ou do Distrito Federal; vi) Procurador-Geral da República; vii) Conselho Federal da Ordem dos Advogados do Brasil; viii) Partido político com representação no Congresso Nacional; ix) Confederação sindical ou entidade de classe de âmbito nacional.</td></tr>
<tr><td>Competência</td><td>Supremo Tribunal Federal (art. 103, §2º, da CF/88), no exercício de sua atribuição de Tribunal Constitucional.</td></tr>
<tr><td>Parâmetro</td><td>Normas constitucionais que necessitam da intermediação de leis e atos normativos infraconstitucionais para serem implementadas e produzirem todos os seus efeitos. Segundo a doutrina tradicional, na classificação de José Afonso da Silva, somente as normas de eficácia limitada podem ser parâmetro de ADO, pois são normas constitucionais não estão aptas a produzirem todos os seus efeitos sem a devida intermediação das normas infraconstitucionais, necessitando de complementação normativa por parte dos Poderes Públicos.</td></tr>
<tr><td>Objeto</td><td>Omissões normativas dos Poderes Públicos que inviabilizam a implementação de norma constitucional (omissões inconstitucionais), que podem ocorrer pela falta da norma infraconstitucional (omissão total), ou mesmo pela incompletude de alguma norma infraconstitucional existente (omissão parcial).</td></tr>
<tr><td>Espécies</td><td>ADO TOTAL: ocorre quando não existe lei ou ato normativo que viabilize a implementação de um certo direito constitucional.
ADO PARCIAL: ocorre quando existe lei ou ato normativo que regulamente um certo direito constitucional, mas essa lei ou ato normativo implementa esse direito de forma insuficiente ou insatisfatória.</td></tr>
<tr><td rowspan="2">Medida Cautelar</td><td>É cabível, exigindo-se a demonstração dos fundamentos clássicos do processo civil: fumus boni iuris e periculum in mora.</td></tr>
<tr><td>A medida cautelar poderá consistir na suspensão da aplicação da lei ou do ato normativo questionado, no caso de omissão parcial, bem como na suspensão de processos judiciais ou de procedimentos administrativos, ou ainda em outra providência a ser fixada pelo Tribunal. Ademais, conforme já decidiu o STF, no caso de omissão total, os efeitos da cautelar poderão consistir na antecipação da declaração de mora do Poder Público.</td></tr>
<tr><td rowspan="2">Julgamento</td><td>Segue as regras da ADI quanto aos quóruns, à irrecorribilidade e aos efeitos, de modo que, em regra, produz efeitos ex tunc (retroativos) erga omnes (contra todos) e vinculantes, sendo que, excepcionalmente, admite-se a modulação dos efeitos da decisão, tendo em vista razões de segurança jurídica ou de excepcional interesse social, por maioria de 2/3 dos membros do STF.</td></tr>
<tr><td>Declarada a inconstitucionalidade por omissão de medida para tornar efetiva norma constitucional, será dada ciência ao Poder competente para a adoção das providências necessárias. Em caso de omissão imputável a órgão administrativo, as providências deverão ser adotadas no prazo de 30 dias, ou em prazo razoável a ser estipulado excepcionalmente pelo STF, tendo em vista as circunstâncias específicas do caso e o interesse público envolvido.</td></tr>
</table>

ARGUIÇÃO DE DESCUMPRIMENTO DE PRECEITO FUNDAMENTAL	
Conceito	Ação concentrada de controle de constitucionalidade, pela via principal, que tem por finalidade evitar ou reparar lesão a preceito fundamental da Constituição, resultante de ato do Poder Público de quaisquer dos entes federados editados ou praticados antes ou após a promulgação da CF/88, a ser impetrada perante o STF no exercício de sua função de Tribunal Constitucional.
Legitimidade Ativa	Os legitimados para proporem a ADPF são os mesmos legitimados para proporem a ADI: i) Presidente da República; ii) Mesa do Senado Federal; iii) Mesa da Câmara dos Deputados; iv) Mesa de Assembleia Legislativa ou da Câmara Legislativa do Distrito Federal; v) Governador de Estado ou do Distrito Federal; vi) Procurador-Geral da República; vii) Conselho Federal da Ordem dos Advogados do Brasil; viii) Partido político com representação no Congresso Nacional; ix) Confederação sindical ou entidade de classe de âmbito nacional.
Competência	Supremo Tribunal Federal (art. 102, §1º, da CF/88), no exercício de sua atribuição de Tribunal Constitucional.
Espécies	***ADPF AUTÔNOMA:*** É impetrada por um dos legitimados buscando evitar ou reparar lesão a preceito fundamental, a partir de uma análise que leva em consideração a incompatibilidade da lei ou ato do Poder Público com o preceito fundamental da Constituição, *sem partir de qualquer caso concreto.*
	ADPF INCIDENTAL: É impetrada por um dos legitimados buscando evitar ou reparar lesão a preceito fundamental em razão da existência de controvérsia constitucional relevante, *a partir de uma análise que surge de casos concretos de controle de constitucionalidade difuso-incidental.*
Parâmetro	O parâmetro da ADPF são os preceitos fundamentais, identificados pelas normas constitucionais que dispõem sobre as matérias de Constituição (normas materialmente constitucionais).
Objeto	***Na ADPF Autônoma, o objeto é ato do Poder Público.*** Ou seja, estamos diante de um objeto amplíssimo, que comporta os *atos do Poderes Públicos da União, dos Estados, do Distrito Federal ou dos Municípios, editados antes ou após a promulgação da Constituição de 1988,* incluindo leis e demais atos normativos primários; atos normativos secundários, atos administrativos, atos judiciais, bem como leis e atos de efeito concreto e omissões do Poder Público.
	Na ADPF Incidental, o objeto é lei ou ato normativo do Poder Público. Ou seja, estamos diante de um objeto um pouco mais restrito, que *comporta apenas as leis e atos normativos da União, dos Estados, do Distrito Federal ou dos Municípios, editados antes ou após a promulgação da Constituição de 1988,* incluindo leis e demais atos normativos primários e atos normativos secundários.
Princípio da Subsidiariedade	A ADPF é uma ação de caráter subsidiário, extraordinário e supletivo, só podendo ser ajuizada em situações em que não seja cabível outro meio capaz de sanar a lesividade de forma eficaz.
Medida Cautelar	É cabível, exigindo-se a demonstração dos fundamentos clássicos do processo civil: *fumus boni iuris e periculum in mora.*
	Em caso de ***extrema urgência ou perigo de lesão grave, ou ainda, em período de recesso,*** poderá o relator conceder a liminar, *ad referendum* do Tribunal Pleno, ou seja, o relator concede e, posteriormente, a liminar é submetida ao referendo do plenário da Corte.
Julgamento	Segue as regras da ADI quanto aos quóruns, à irrecorribilidade e aos efeitos, de modo que, em regra, produz efeitos *ex tunc* (retroativos) *erga omnes* (contra todos) e *vinculantes*, sendo que, excepcionalmente, admite-se a *modulação dos efeitos da decisão,* tendo em vista razões de segurança jurídica ou de excepcional interesse social, por maioria de 2/3 dos membros do STF.
AÇÃO DIRETA DE INCONSTITUCIONALIDADE INTERVENTIVA	
Conceito	Ação concentrada de controle de constitucionalidade, pela via principal, que tem por finalidade declarar a inconstitucionalidade de conduta (comissiva ou omissiva) praticada por determinado Estado ou pelo Distrito Federal que descumpra algum princípio constitucional sensível, a ser impetrada perante o Supremo Tribunal Federal no exercício de sua função de Tribunal Constitucional.
Legitimidade Ativa	Pertence exclusivamente ao Procurador Geral da República (art. 36, III, CF/88).
Competência	Supremo Tribunal Federal (art. 36, III, da CF/88), no exercício de sua atribuição de Tribunal Constitucional.

<table>
<tr><td>Parâmetro</td><td>São os chamados princípios constitucionais sensíveis, de modo que, quando algum deles não estiver sendo observado pelos Estados ou pelo DF, teremos uma situação inconstitucional (pois fere princípios constitucionais) que ensejará a intervenção federal após o devido controle de constitucionalidade pelo STF. São eles:
a) forma republicana, sistema representativo e regime democrático;
b) direitos da pessoa humana;
c) autonomia municipal;
d) prestação de contas da administração pública, direta e indireta;
e) aplicação do mínimo exigido da receita resultante de impostos estaduais, compreendida a proveniente de transferências, na manutenção e desenvolvimento do ensino e nas ações e serviços públicos de saúde.</td></tr>
<tr><td>Objeto</td><td>Conduta praticada por determinado Estado ou pelo Distrito Federal que descumpra algum princípio constitucional sensível, sendo que essa conduta pode ser comissiva ou omissiva, normativa ou concreta, ou mesmo pode ser um conjunto de condutas que descumpram sistematicamente determinado princípio sensível.</td></tr>
<tr><td>Medida Cautelar</td><td>É cabível, exigindo-se a demonstração dos fundamentos clássicos do processo civil: fumus boni iuris e periculum in mora.</td></tr>
<tr><td rowspan="2">Julgamento</td><td>Segue as regras da ADI quanto aos quóruns e à irrecorribilidade.</td></tr>
<tr><td>Quanto aos efeitos, julgada a ação, far-se-á a comunicação às autoridades ou aos órgãos responsáveis pela prática dos atos questionados, e, se a decisão final for pela procedência do pedido formulado na representação interventiva, o Presidente do STF, publicado o acórdão, levá-lo-á ao conhecimento do Presidente da República para, no prazo improrrogável de até 15 dias, decretar a Intervenção Federal no ente federativo responsável pela conduta que descumpriu princípio constitucional sensível.</td></tr>
<tr><td colspan="2">CONTROLE DE CONSTITUCIONALIDADE ESTADUAL</td></tr>
<tr><td>Controle Estadual Difuso</td><td>Os juízes estaduais, em ações originárias de sua competência, e o Tribunal de Justiça do Estado, em ações originárias de sua competência ou em grau de recurso, podem realizar o controle difuso de constitucionalidade das leis e atos estaduais e municipais tendo como parâmetro a Constituição do respectivo Estado, de forma incidental, em face dos casos concretos que lhe são apresentados.</td></tr>
<tr><td rowspan="6">Controle Estadual Concentrado</td><td>Legitimidade: cabe aos Estados estabelecerem os legitimados à propositura das ações de controle concentrado estadual não tendo que observar uma lógica simétrica com os legitimados das ações diretas de controle concentrado federal. Entretanto, a legitimidade deve, obrigatoriamente, ser concedida a mais de um legitimado.</td></tr>
<tr><td>Competência: é exclusiva do Tribunal de Justiça do Estado.</td></tr>
<tr><td>Objeto: leis ou atos normativos estaduais ou municipais.</td></tr>
<tr><td>Parâmetro: é a Constituição do Estado, isto é, as normas previstas na Constituição do Estado. Entretanto, o controle de constitucionalidade estadual tem por parâmetro não apenas as normas compreendidas nos dispositivos da Constituição do Estado, mas, também, as normas da Constituição Federal que sejam de reprodução obrigatória nas Constituições estaduais e que não tenham sido reproduzidas expressamente por elas.</td></tr>
<tr><td>Efeitos de decisão: em regra, são retroativos (ex tunc), anulando a norma desde a sua edição, e erga omnes, sendo oponíveis a todos.</td></tr>
<tr><td>Ações de controle concentrado estadual: embora o art. 125, §2º, da CF/88 mencione apenas a ADI Estadual, o entendimento doutrinário e jurisprudencial predominante é de que é possível que os Estados estabeleçam em suas Constituições a ADO Estadual e a ADC Estadual. Além disso, nos termos do art. 35, IV, da CF/88, há, também, a previsão, em nossa ordem jurídica, da ADI Interventiva Estadual. Por outro lado, segundo a doutrina majoritária, a previsão de uma ADPF Estadual na Constituição dos Estados seria inconstitucional, só sendo possível se antes fosse feita uma Emenda à CF/88 prevendo essa possibilidade. Entretanto, ousamos discordar do posicionamento majoritário, a nosso ver, não haveria qualquer impedimento a essa previsão, agindo o Poder Constituinte Decorrente dentro dos limites de sua autonomia, desde que respeitado o princípio da simetria.</td></tr>
<tr><td colspan="2">CONTROLE DE CONVENCIONALIDADE</td></tr>
<tr><td>Conceito</td><td>Controle de compatibilidade vertical das normas jurídicas internas com os tratados internacionais (especialmente os de direitos humanos) dos quais o Brasil seja signatário, em razão da hierarquia especial (superior às leis internas) que é reconhecida a esses tratados.</td></tr>
</table>

Pressuposto da discussão: a especial hierarquia dos tratados internacionais	O controle de convencionalidade parte da corrente que defende a ***hierarquia constitucional de todos os tratados internacionais de direitos humanos de que o Brasil seja signatário***, em razão do art. 5º, §2º, da CF/88 (fundamentalidade material), e a ***hierarquia supralegal para os tratados internacionais comuns***, em atendimento ao princípio da boa-fé e do *pacta sunt servanda*, bem como ao disposto no art. 27 da Convenção de Viena, segundo o qual não pode o Estado invocar disposição de direito interno para esquivar-se do cumprimento dos tratados que se torna signatário, e também em face de disposições normativas do próprio direito brasileiro, como, por exemplo, o art. 98, do Código Tributário Nacional, que assim dispõe: "Os tratados e as convenções internacionais revogam ou modificam a legislação tributária interna, e serão observados pela que lhes sobrevenha".
Espécies	O ***controle de convencionalidade lato sensu*** pode ser identificado como o controle de compatibilidade vertical normativa das normas internas realizado em face de todos os tratados internacionais de que o Brasil seja signatário, dividindo-se em: ***Controle de convencionalidade strito senso (ou simplesmente controle de convencionalidade):*** controle de compatibilidade vertical normativa das normas internas realizado em face de todos os tratados internacionais de direitos humanos; ***Controle de supralegalidade:*** controle de compatibilidade vertical normativa das normas internas realizado em face dos tratados internacionais comuns, isto é, aqueles que não versam sobre direitos humanos.
Classificação	***Quanto à natureza do órgão jurisdicional de controle:*** **Controle de Convencionalidade Externo:** realizado por Cortes Internacionais. **Controle de Convencionalidade Interno:** realizado pelos órgãos do Poder Judiciário pátrio.
	Quanto ao número de órgãos judiciais internos competentes para o controle: **Controle de Convencionalidade Difuso:** realizado por todo e qualquer juiz ou tribunal. **Controle de Convencionalidade Concentrado:** realizado apenas pelo Tribunal Constitucional pátrio por meio das ações concentradas do controle de constitucionalidade, vez que os tratados internacionais de direitos humanos possuem hierarquia constitucional, compondo o bloco de constitucionalidade, sendo, portanto, normas constitucionais.

CAPÍTULO XXV
AÇÕES CONSTITUCIONAIS

1. INTRODUÇÃO

As ações constitucionais, também chamadas de ações constitucionais de garantia, ou, ainda, de remédios constitucionais são ações de natureza constitucional que visam assegurar o exercício, a implementação e a aplicação dos direitos constitucionais. São, portanto, ações de garantia (ou garantias instrumentais) conferidas as pessoas para que possam buscar perante o Poder Judiciário a prevenção, a proteção, a correção (correta aplicação) e a implementação de seus direitos (individuais e transindividuais) em face de atos e/ou omissões que os lesem ou os ameassem de lesão.

Classicamente, a doutrina aponta como ações constitucionais:

- *habeas corpus* (art. 5º, LXVIII);
- *habeas data* (art. 5º, LXXII);
- mandado de segurança individual (art. 5º, LXIX) e coletivo (art. 5º, LXX);
- mandado de injunção individual e coletivo (art. 5º, LXXI);
- ação popular (art. 5º, LXXIII);

Mais recentemente, a doutrina contemporânea tem alargado esse rol e, também, apontado como ações constitucionais:

- ação civil pública (art. 129, III);
- reclamação constitucional (art. 102, I, "l"; art. 103-A, §3º; e art. 105, I, "f").

2. *HABEAS CORPUS*

2.1 Notas históricas

O *habeas corpus* é umas das ações constitucionais mais antigas da história do constitucionalismo, encontrando, pelo menos, duas origens distintas: uma romana e outra inglesa.

A partir de sua ***origem romana***, temos que, etimologicamente, *habeas* significa ter, tomar, enquanto *corpus* significa corpo, de modo que, na acepção proveniente do direito romano, *habeas corpus* significa "tomar o corpo do detido e submetê-lo ao juiz para o julgamento do caso". Nesse sentido, conforme observa Pinto Ferreira, "raízes históricas do *habeas corpus* já podem ser encontradas no direito romano, que à distância influenciou o direito ocidental. Pretende-se que os romanos já conheciam uma garantia criminal preventiva de natureza análoga ao *habeas corpus*, como seja, o *interdictum de homine libero exhibendo*, como ordem que o preto dava a trazer o cidadão ao seu julgamento, apreciando a legalidade da prisão efetuada".[1]

Entretanto, é indubitável que a ***origem moderna*** do *habeas corpus* reside no ***direito inglês***, tendo como ponto de partida o capítulo XXXIX da *Magna Carta Libertatum* de 1215, que dispõe que "*ninguém poderá ser detido, preso ou despojado de seus bens, costumes e liberdade, senão em virtude de julgamento por seus pares, de acordo com as leis do país*". Nada

---

1. PINTO FERREIRA, Luiz. Teoria e prática do *habeas corpus*. 3. ed. São Paulo: Saraiva, 1979.

obstante, e, face das inúmeras arbitrariedades e abusos contra a liberdade de locomoção, o *habeas corpus* veio a ser objeto de outros documentos constitucionais ingleses para ser consolidado, destacando-se, sobretudo, a *Petition of Rights* de 1628, o *Habeas Corpus Act* de 1679 e o *Habeas Corpus Act* de 1816.

No ***Brasil***, em que pese algumas poucas vozes dissonantes, a doutrina majoritária defende que o *habeas corpus* só veio a ser instituído pelo Código de Processo Criminal de 1832, que em seu art. 340 dispunha que *"todo o cidadão que entender, que elle ou outrem soffre uma prisão ou constrangimento illegal, em sua liberdade, tem direito de pedir uma ordem de habeas-corpus em seu favor"*. Já a constitucionalização do *habeas corpus* no direito brasileiro só veio com a Constituição de 1891, que em seu art. 72, § 22, dispunha que *"dar-se-ha o habeas-corpus sempre que o individuo soffrer ou se achar em imminente perigo de sofrer violencia, ou coacção, por illegalidade, ou abuso de poder"*.

Por fim, na Constituição brasileira de 1988, o *habeas corpus* está consagrado no art. 5º, LXVIII, que assim dispõe: *"conceder-se-á habeas corpus sempre que alguém sofrer ou se achar ameaçado de sofrer violência ou coação em sua liberdade de locomoção, por ilegalidade ou abuso de poder"*.

2.2 Conceito

O *habeas corpus* consiste em ação constitucional de natureza predominantemente penal concedida em face de lesões ou ameaças de lesões ao direito de liberdade de locomoção (direito de ir, vir e permanecer) ocorridas em razão de ilegalidade ou abuso de poder.

2.3 Natureza jurídica

Embora o Código de Processo Penal aloque o *habeas corpus* no título dos recursos, ele não consiste em recurso, mas sim em ação autônoma de cunho mandamental e status constitucional. Assim, a natureza jurídica do *habeas corpus* é de ***ação constitucional mandamental***, sendo verdadeira ação de garantia do direito de liberdade de locomoção.

2.4 Características

É importante, preliminarmente, destacarmos as seguintes características do *habeas corpus*:

1) A finalidade do *habeas corpus* é assegurar todos os direitos que se relacionam com a liberdade de locomoção, destinando-se a proteção geral da liberdade de ir, vir e permanecer, englobando desde o deslocamento da pessoa até o seu acesso e permanência, assim como a sua saída do território nacional.
2) Se a concessão do *habeas corpus* não se deu por motivos de ordem pessoal, ela deve ser estendida aos eventuais corréus.
3) Pode ser impetrado por telegrama, radiograma ou telex, por telefone, reduzido a termo pela secretaria, por e-mail, ou outros meios eletrônicos aptos.
4) Por ser ação de cognição sumária, deve ser impetrado com prova pré-constituída, não admitindo dilação probatória ou reexame de análise probatória.
5) O *habeas corpus* possui legitimidade ativa ampla, não sendo necessário advogado para sua impetração, de modo que qualquer legitimado possui capacidade postulatória para propor a ação.

6) O *habeas corpus* pode ser manejado como sucedâneo de recurso e, até mesmo, simultaneamente a um recurso.

7) Embora manejado, predominantemente, em matérias de natureza penal, o *habeas corpus* pode ser manejado em face de matérias cíveis, como, por exemplo, no caso de prisão civil de devedor de alimentos ou no caso de retenção de passaporte pela justiça cível (medida executiva atípica).

2.5 Notas terminológicas

Para uma melhor compreensão do *habeas corpus* é importante que se conheça os seguintes termos constantemente utilizados pela legislação, pelos tribunais e pala doutrina:

PACIENTE: é a pessoa que sofre ou se acha ameaçada de sofrer violência ou coação em sua liberdade de locomoção, por ilegalidade ou abuso de poder. É sempre pessoa física (natural), pessoa humana, não podendo ser pessoa jurídica ou mesmo animal.

IMPETRANTE: é quem impetra com o *habeas corpus*, podendo fazê-lo para si ou para outrem, conforme estudaremos na legitimidade *ad causam*. Assim, o paciente e o impetrante podem ser a mesma pessoa ou pessoas diferentes.

AUTORIDADE COATORA: é o agente responsável pela violência ou coação, ou ameaça de violência ou coação, à liberdade de locomoção.

2.6 Espécies

A doutrina aponta as seguintes espécies de *habeas corpus:*

1) *Habeas Corpus Preventivo (salvo-conduto):* manejado para evitar violência ou coação à liberdade de ir e vir de alguém, visando impedir que uma pessoa que esteja sob ameaça efetiva de constrição de seu direito de liberdade de locomoção venha a sofrer essa constrição, buscando, portanto, uma ordem de salvo-conduto.

2) *Habeas Corpus Repressivo (liberatório):* manejado para fazer cessar a violência ou coação à liberdade de ir e vir de alguém, visando pôr fim à constrição ilegal ou abusiva ao direito de liberdade de locomoção de uma determinada pessoa, em face de sua violação, buscando, portanto, uma ordem liberatória.

3) *Habeas Corpus Suspensivo:* manejado para suspender um mandado de prisão ilegal ou abusivo ainda não cumprido (a pessoa ainda não foi presa), buscando uma ordem suspensiva desse mandado de prisão.

4) *Habeas Corpus Profilático:* manejado contra ato ilegal ou abusivo capaz de fazer surgir constrição à liberdade de locomoção da pessoa, embora ela não seja iminente, isto é, embora não haja ameaça efetiva naquele momento. Essa espécie de *habeas corpus* é comumente impetrada visando o trancamento de ação penal abusiva ou ilegal, bem como o trancamento de procedimento investigatório abusivo ou ilegal, como inquéritos policiais, por exemplo. Segundo o STJ, o *habeas corpus* somente pode trancar a ação penal quando se configurar de forma inequívoca: *i)* a inocência do acusado; *ii)* a atipicidade da conduta; ou *iii)* a extinção da punibilidade.[2] Já segundo o STF o *habeas corpus* somente pode trancar a ação penal quando estiverem

2. STJ, REsp 1.046.892, Rel. Min. Laurita Vaz.

comprovadas, de plano: *a)* a atipicidade da conduta; *b)* a extinção da punibilidade; ou *c)* a evidente ausência de justa causa.[3]

5) Habeas Corpus Substitutivo: manejado em substituição a recurso, ocorrendo quando o impetrante questiona decisão judicial que constrange seu direito de liberdade de locomoção por meio de *habeas corpus*, ao invés de se utilizar do recurso processual cabível.

2.6.1 *Habeas corpus coletivo*

A admissibilidade do *habeas corpus* coletivo sempre foi objeto de divergência na doutrina brasileira, sendo que a jurisprudência tendia ao seu não reconhecimento, já tendo o STJ se manifestado pela impossibilidade de sua admissibilidade por ausência de previsão expressa no ordenamento pátrio.[4]

Entretanto, o Supremo Tribunal Federal, em 2018, ao julgar o HC 143.641, rompeu com essa tendência e reconheceu a existência do *habeas corpus* coletivo no ordenamento jurídico brasileiro, como uma garantia jusfundamental atípica implícita.[5]

No julgamento do citado HC, o Supremo apontou que a ação coletiva é um dos únicos instrumentos capazes de garantir o acesso à justiça dos grupos mais vulneráveis socioeconomicamente e que a existência de outras ferramentas disponíveis para suscitar a defesa coletiva de direitos não deve obstar o conhecimento desta ação, destacando que o reconhecimento do *habeas corpus* coletivo contribui para imprimir maior isonomia às partes envolvidas, para permitir que lesões a direitos potenciais ou atuais sejam sanadas com mais celeridade e para descongestionar o acervo de processos em trâmite no país. A Corte afirmou, ainda, que o *habeas corpus* se presta a salvaguardar a liberdade, assim, se o bem jurídico ofendido é o direito de ir e vir, quer pessoal, quer de um grupo determinado de pessoas, o instrumento processual para resgatá-lo é o *habeas corpus*, individual ou coletivo, sendo que esse remédio constitucional é notadamente maleável diante de lesões a direitos fundamentais, e existem dispositivos legais que encorajam o cabimento do *writ* na forma coletiva, como o art. 654, §2º, do CPP, que preconiza a competência de juízes e tribunais para expedir ordem de *habeas corpus* de ofício, e o art. 580 do CPP que permite que a ordem concedida em determinado *writ* seja estendida para todos que se encontram na mesma situação. Ademais, conforme destacou o Supremo, nos termos da Constituição, o mandado de segurança é cabível quando não cabe o *habeas corpus*; e é admissível o mandado de segurança coletivo, assim, por dedução, está prevista a possibilidade do *habeas corpus* coletivo.

Posteriormente, o STJ (HC 596.603 e HC 568.693, por exemplo) e o próprio STF (HC 143.988 e HC 165.704, por exemplo) concederam outros *habeas corpus coletivos*, consolidando na jurisprudência superior o reconhecimento do *writ* de natureza transindividual.

2.7 Cabimento

Nos termos do art. 5º, LXVIII, da CF/88, o *habeas corpus* é cabível *sempre que alguém sofrer ou se achar ameaçado de sofrer violência ou coação em sua liberdade de locomoção, por ilegalidade ou abuso de poder.*

---

3. STF, HC 180.869-AgR, Rel. Min. Roberto Barroso.
4. STJ, 5ª Turma, AgRg no RHC 41.675, Rel. Min. Ribeiro Dantas, julgado em 05.10.2017.
5. STF, HC 143.641, Rel. Min. Ricardo Lewandowski, julgado em 20.02.2018.

O art. 648, do CPP, elenca um rol exemplificativo das hipóteses de cabimento do *habeas corpus*, afirmando que se considera ilegal a coação a liberdade de locomoção: *i)* quando não houver justa causa; *ii)* quando alguém estiver preso por mais tempo do que determina a lei; *iii)* quando quem ordenar a coação não tiver competência para fazê-lo; *iv)* quando houver cessado o motivo que autorizou a coação; *v)* quando não for alguém admitido a prestar fiança, nos casos em que a lei a autoriza; *vi)* quando o processo for manifestamente nulo; *vii)* quando extinta a punibilidade.

Ademais, vale lembrar que, conforme dispõe o §2º, do art. 142, da CF/88, *não cabe habeas corpus em relação a punições disciplinares militares*. Entretanto, o STF, afastando a interpretação literal desse dispositivo, entende que essa limitação se refere apenas à apreciação da sanção disciplinar em si, preservando o mérito da decisão disciplinar militar, desde que ela tenha sido proferida de acordo com legislação vigente. Assim, segundo o STF, é cabível *habeas corpus* contra punições disciplinares militares para analisar os pressupostos de legalidade dessas transgressões: *i)* quanto à existência da hierarquia correta; *ii)* se há no caso o poder disciplinar que legitima a punição; *iii)* se o ato administrativo é coerente com a função da autoridade; e *iv)* se a pena é susceptível de ser aplicada disciplinarmente ao transgressor.[6] Sobre o tema, vale destacar, ainda, que a Lei 13.967/2019 extinguiu a pena de prisão disciplinar para os militares dos Estados, dos Territórios e do Distrito Federal, restando esta hipótese somente para os militares das forças armadas.

Por fim, em relação ao cabimento (e não cabimento) do *habeas corpus*, é de suma importância registrarmos algumas decisões tomadas pelo Supremo Tribunal Federal e pelo Superior Tribunal de Justiça. Assim, ***segundo a jurisprudência dos tribunais superiores:***

- É cabível *habeas corpus* para trancamento da ação penal ainda que o denunciado tenha aceitado proposta de suspensão condicional do processo formulada pelo Ministério Público (art. 89, Lei 9.099).[7]
- É cabível *habeas corpus* para trancamento da ação penal ainda que o denunciado tenha aceitado acordo de transação penal.[8]
- É cabível *habeas corpus* para questionar a imposição de medidas cautelares de natureza criminal diversas da prisão, pois se descumprida a medida alternativa, é possível o estabelecimento da custódia, alcançando-se o direito de ir e vir.[9]
- É cabível *habeas corpus* para questionar a legalidade de medida protetiva da Lei Maria da Penha. *In casu*, o HC discutia a legalidade da medida de proibição de aproximar-se da vítima.[10]
- É cabível *habeas corpus* quando a liberdade de alguém estiver direta ou indiretamente ameaçada, ainda que para solucionar questões de natureza processual.[11]
- É cabível *habeas corpus* para questionar decisão de magistrado que não permite que os réus delatados apresentem alegações finais somente depois dos réus colaboradores.[12]

6. STF, HC 70.648, Rel. Min. Moreira Alves; STF, RHC 88.543, Rel. Min. Ricardo Lewandowski; STF, RE 338.840, Rel. Min. Ellen Gracie.
7. STJ, RHC 41.527, Rel. Min. Jorge Mussi.
8. STF, HC 176.785, Rel. Min. Gilmar Mendes.
9. STF, HC 147.246; HC 147.303; e HC 170.735.
10. STJ, HC 298.499, Rel. Min. Reynaldo Soares da Fonseca.
11. STF, HC 163.943-AgR, Rel. Min. Edson Fachin, red. p/ o ac. Min. Ricardo Lewandowski.
12. STF, HC 157.627, Rel. Min. Edson Fachin.

- É cabível *habeas corpus* ainda que a tese alegada no HC não tenha sido previamente enfrentada pela decisão do órgão judicial responsável pela coação ilegal ou abuso de poder no exercício de sua competência penal. Em outras palavras: não é necessário prequestionamento da matéria alegada em HC.[13]
- Embora seja cabível *habeas corpus* no âmbito de processo de revisão criminal, o HC não se presta a formular pretensões que ultrapassem os limites legais admitidos para a revisão de sentenças (art. 621, do CPP).[14]
- NÃO cabe *habeas corpus* para discutir sobre a correta fixação de competência, nem se existe conexão entre crimes.[15]
- STF, Súmula 395: Não se conhece de recurso de *habeas corpus* cujo objeto seja resolver sobre o ônus das custas, por não estar mais em causa a liberdade de locomoção.
- NÃO cabe *habeas corpus* para discutir questões distintas da liberdade de locomoção. *In casu*, o STF decidiu que o HC não é instrumento hábil para um advogado preso postular o direito de exercer a autodefesa técnica.[16]
- NÃO cabe *habeas corpus* para discutir crimes que não ensejam pena privativa de liberdade. *In casu*, o STF decidiu que o HC não é instrumento hábil para discutir processo criminal de "uso de drogas" (art. 28, da Lei 11.343).[17]
- STF, Súmula 693: Não cabe *habeas corpus* contra decisão condenatória a pena de multa, ou relativo a processo em curso por infração penal a que a pena pecuniária seja a única cominada.
- NÃO cabe *habeas corpus* para reexame de pressupostos de admissibilidade de recursos.[18]
- NÃO cabe *habeas corpus* para discutir tipificação de fatos imputados ao paciente em ação penal.[19]
- NÃO cabe *habeas corpus* para se discutir se houve dolo eventual ou culpa consciente em homicídio praticado na direção de veículo automotor, desclassificando o crime.[20]
- Em regra, NÃO cabe *habeas corpus* para rediscutir dosimetria da pena aplicada. Excepcionalmente, é possível o uso do HC para examinar a pena aplicada se houver ilegalidade manifesta e não for necessário o reexame probatório.[21]
- NÃO cabe *habeas corpus* para excluir qualificadora que não era manifestamente improcedente, cabendo, *in casu*, ao conselho de sentença do júri decidir se houve ou não a qualificadora.[22]
- NÃO cabe *habeas corpus* para obter autorização de visita em presídio.[23]
- NÃO cabe *habeas corpus* para trancar processo de impeachment.[24]

13. STF, RHC 118.622, Rel. Min. Roberto Barroso.
14. STF, RHC 116.947, Rel. Min. Teori Zavascki.
15. STF, HC 151.881, Rel. Min. Rosa Weber.
16. STF, HC 122.382, Rel. Min. Cármen Lúcia.
17. STF, HC 127.834, Rel. Min. Marco Aurélio.
18. STF, HC 114.293, Rel. Min. Marco Aurélio; STF, HC 138.944, Rel. Min. Dias Toffoli.
19. STF, HC 111.445, Rel. Min. Dias Toffoli.
20. STF, HC 131.029, Rel. Min. Luiz Fux; STF, HC 132.036, Rel. Min. Cármen Lúcia.
21. STF, HC 110.152, Rel. Min. Cármen Lúcia.
22. STF, HC 107.090, Rel. Min. Ricardo Lewandowski.
23. STF, HC 138.286, Rel. Min. Marco Aurélio; STF, HC 127.685, Rel. Min. Dias Toffoli.
24. STF, HC 134.315, Rel. Min. Teori Zavascki.

- NÃO cabe *habeas corpus* para questionar pena de suspensão do direito de dirigir.[25]
- NÃO cabe *habeas corpus* contra decisão que determina o afastamento ou perda do exercício de função pública.[26]
- STF, Súmula 692: Não se conhece de *habeas corpus* contra omissão de relator de extradição, se fundado em fato ou direito estrangeiro cuja prova não constava dos autos, nem foi ele provocado a respeito.
- STF, Súmula 694: Não cabe *habeas corpus* contra a imposição da pena de exclusão de militar ou de perda de patente ou de função pública.
- Até 2020 era pacífico o entendimento de que não cabia *habeas corpus* contra decisão monocrática de Ministro do STJ,[27] nem contra decisão monocrática de Ministro do STF.[28] Entretanto, em 2020, o Supremo tomou decisões contraditórias, chegando a decidir que era cabível *habeas corpus* contra decisão monocrática de Ministro do STF.[29] Todavia, mais recentemente, voltou a afirmar que não cabe *habeas corpus* originário para o Tribunal Pleno contra ato de Ministro ou outro órgão fracionário da Corte.[30]
- STF, Súmula 691: *Não compete ao STF conhecer de habeas corpus impetrado contra decisão do Relator que, em habeas corpus requerido a Tribunal Superior, indefere a liminar.* Assim, em regra, NÃO cabe *habeas corpus* contra decisão do relator que indefere liminar em *habeas corpus*. Entretanto, excepcionalmente, é cabível o HC quando houver teratologia, flagrante ilegalidade ou abuso de poder que possam ser constatados *ictu oculi*.[31]
- Não cabe *habeas corpus* contra indeferimento de pedido liminar em outro *habeas corpus*, salvo no caso de flagrante ilegalidade.[32]
- Não cabe *habeas corpus* contra decisão de Ministro do STF que decreta a prisão preventiva de investigado ou réu.[33]
- NÃO cabe *habeas corpus* contra decisão de Ministro do STJ que nega liminar em ação cautelar.[34]
- STF, Súmula 606: Não cabe *habeas corpus* originário para o Tribunal Pleno de decisão de turma, ou do plenário, proferida em *habeas corpus* ou no respectivo recurso.
- NÃO cabe *habeas corpus* para se discutir nulidade cujo tema não tenha sido alegado antes do trânsito em julgado da ação originária e, nem mesmo, antes do trânsito em julgado da revisão criminal.[35]
- Na jurisprudência majoritária do STF e do STJ, NÃO cabe *habeas corpus* contra decisão transitada em julgado. Entretanto, a 2ª turma do STF já excepcionou essa regra.[36]

---

25. STJ, HC 283.505, Rel. Min. Jorge Mussi.
26. STF, HC 150.059, Rel. Min. Marco Aurélio.
27. STF, HC 139.612, Rel. Min. Alexandre de Moraes; STF, HC 116.711, Rel. Min. Gilmar Mendes.
28. STF, HC 115.787, Rel. Min. Marco Aurélio.
29. STF, HC 130.620, Rel. Min. Marco Aurélio.
30. STF, HC 170.263, Rel. Min. Edson Fachin.
31. STF, HC 143.476, Rel. Min. Gilmar Mendes.
32. STJ, HC 614.261, Rel. Min. João Otávio de Noronha.
33. STF, HC 162.285-AgR, Rel. Min. Alexandre de Moraes.
34. STF, HC 138.633, Rel. Min. Marco Aurélio.
35. STF, RHC 124.041, Rel. Min. Dias Toffoli.
36. STF, RHC 146327, Rel. Min. Gilmar Mendes.

- A superveniência de sentença condenatória que confirme a prisão preventiva prejudica o exame do *habeas corpus* anteriormente impetrado contra a prisão cautelar.
- STF, Súmula 695: Não cabe *habeas corpus* quando já extinta a pena privativa de liberdade.

2.8 Legitimidade ativa

Inicialmente, é importante dizer que a legitimidade ativa (ou *ad causam*) para a propositura da ação de *habeas corpus* é ***universal***, não sendo necessário sequer advogado para a impetração do *writ*, vez que o HC independe de capacidade postulatória. Ademais, conforme já decidiu o Supremo Tribunal Federal, essa legitimidade universal estende-se aos recursos contra as decisões denegatórias do *habeas corpus*, não sendo necessário advogado para propor recursos contra essas decisões.[37] Por outro lado, entende o STF que, embora legitimado para a impetração do *writ*, aquele que não possui capacidade postulatória não pode fazer sustentação oral, exigindo-se advogado para o ato.[38]

Isto posto, temos que o *habeas corpus* pode ser impetrado por:

- Qualquer pessoa física, nacional ou estrangeira, em seu favor ou de outrem, independentemente de capacidade civil e/ou política, de idade, de estado mental, ou de sua formação. Mesmo o absolutamente incapaz e o analfabeto podem impetrar com o *habeas corpus*, contudo no caso do analfabeto, é necessário que alguém assine a petição a seu rogo, nos termos do art. 654, §1º, "*c*", do CPP;
- Pessoas jurídicas em favor de terceiros (pessoas físicas);
- O Ministério Público em favor de terceiros;
- O juiz ou tribunal podem conceder o *habeas corpus* de ofício (art. 654, § 2º, CPP), desde que respeitem as regras de competência, isto é, desde que o juiz ou tribunal que conceda o *writ* seja o órgão competente para apreciar eventual pedido de *habeas corpus* naquele caso concreto específico.[39]

Passando à análise do ***habeas corpus* coletivo**, temos que o Supremo Tribunal Federal afirmou que se deve aplicar, por analogia, o art. 12, da Lei 13.300/2016 (artigo que prevê o rol de legitimados para propositura do mandado de injunção coletivo), até que sobrevenha legislação regulamentadora de sua legitimidade.[40] Assim, podem propor o habeas corpus coletivo:

- O Ministério Público;
- Partido político com representação no Congresso Nacional;
- Organização sindical, entidade de classe ou associação legalmente constituída e em funcionamento há pelo menos 1 (um) ano;
- A Defensoria Pública.[41]

---

37. STF, HC 141.316 AgR, Rel. Min. Dias Toffoli.
38. STF, HC 63.338, Rel. Min. Sydney Sanches; STF, HC 118.317, Rel. Min. Teori Zavascki. Nesse último caso o Supremo afirmou que estagiário de direito não pode fazer sustentação oral em *habeas corpus*.
39. STF, Rcl. 25.509 AgR, Rel. Min. Edson Fachin.
40. STF, HC 143.641, Rel. Min. Ricardo Lewandowski.
41. STF, HC (Coletivo) 143.988, Rel. Min. Edson Fachin.

2.9 Legitimidade passiva

O sujeito passivo do *habeas corpus* é quem pratica a ilegalidade ou o abuso de poder violentando, coagindo ou ameaçando a liberdade de locomoção do paciente.

Em regra, o sujeito passivo será uma ***autoridade pública*** (magistrado, promotor de justiça, delegado de polícia etc.), sendo, por isso, chamado de ***autoridade coatora***.

Entretanto, excepcionalmente, é possível que o sujeito passivo seja um ***particular***, pessoa física ou jurídica, como, por exemplo, nos casos de hospitais que se recusam a liberar o paciente sem o pagamento das despesas hospitalares, ou em casos que envolvem clinicas psiquiátricas, clínicas de tratamento de dependentes químicos, asilos, dentre outras instituições de internação, em que há violência ou coação a liberdade de locomoção das pessoas internadas. É interessante salientar que, via de regra, o particular que ameaça de violentar ou efetivamente violenta a liberdade de locomoção de alguém comete crime, nos termos da legislação penal.

2.10 Competência

A competência para processar e julgar o *habeas corpus*, nos termos da Constituição e do Código de Processo Penal, obedece a três critérios: prerrogativa de foro, hierarquia jurisdicional e competência territorial.

1º – Analisa-se se a pessoa que sofre o ato coator (paciente) ou a pessoa responsável pelo ato coator (autoridade coatora) possuem prerrogativa de foro que estabeleça competência originária para o *habeas corpus* perante algum tribunal.

2º – Caso a condição da autoridade coatora ou do paciente não impliquem na competência originária de um tribunal, analisa-se o critério hierárquico, segundo o qual, quando o ato coator for de autoridade judiciária, a competência para julgar o *habeas corpus* será do órgão jurisdicional imediatamente superior.

3º – Não havendo prerrogativa de foro nem hierarquia, analisa-se a competência territorial, conforme estabelecida no art. 649, do CPP, segundo o qual "o juiz ou o tribunal, dentro dos limites da sua jurisdição, fará passar imediatamente a ordem impetrada, nos casos em que tenha cabimento, seja qual for a autoridade coatora".

Isto posto, pode-se sistematizar a competência para o processamento e julgamento do *habeas corpus*, da seguinte maneira:

Competência	Processamento e Julgamento
STF	processar e julgar, originariamente, o *habeas corpus*, sendo ***paciente*** o Presidente da República, o Vice-Presidente, os membros do Congresso Nacional, seus próprios Ministros, o Procurador Geral da República, os Ministros de Estado e os Comandantes da Marinha, do Exército e da Aeronáutica, os membros dos Tribunais Superiores, os do Tribunal de Contas da União e os chefes de missão diplomática de caráter permanente (art. 102, I, *"d"*, CF/88).
	processar e julgar, originariamente, o *habeas corpus*, quando ***o coator*** for tribunal superior ou quando ***o coator ou o paciente*** for autoridade ou funcionário cujos atos estejam sujeitos diretamente à jurisdição do Supremo Tribunal Federal, ou se trate de crime sujeito à mesma jurisdição em uma única instância (art. 102, I, *"i"*, CF/88).

OBS: No âmbito do STF, quando a competência para julgar o *habeas corpus* for de uma de suas turmas, o relator, ao invés de submetê-lo à turma, pode levá-lo ao plenário para julgamento, de forma discricionária.[42]	
STJ	processar e julgar, originariamente, o *habeas corpus*, quando ***o coator ou paciente*** for Governador de Estado ou do DF, Desembargador de Tribunal de Justiça dos Estados ou do DF, membro de Tribunal de Contas de Estado ou do DF, de Tribunal Regional Federal, de Tribunal Regional Eleitoral e do Trabalho, membro de Conselho ou Tribunal de Contas de Município, membro do Ministério Público da União que oficie perante tribunal, ou quando ***o coator*** for tribunal sujeito à sua jurisdição, Ministro de Estado ou Comandante da Marinha, do Exército ou da Aeronáutica, ressalvada a competência da Justiça Eleitoral (art. 105, I, "c", CF/88).
TRF	processar e julgar, originariamente, o *habeas corpus*, quando a ***autoridade coatora*** for juiz federal (art. 108, I, "d", CF/88), Turma Recursal Federal ou Procurador da República.
Juiz Federal	processar e julgar, originariamente, o *habeas corpus*, em ***matéria*** criminal ***de sua competência*** ou quando o constrangimento provier de ***autoridade coatora*** sujeita à jurisdição federal (art. 109, VII, CF/88), como, por exemplo, Delegado Federal.
Turma Recursal Federal	processar e julgar, originariamente, o *habeas corpus*, quando a ***autoridade coatora*** for juiz dos juizados especiais criminais federais.
TJ	processar e julgar, originariamente, o *habeas corpus*, quando a ***autoridade coatora*** for Juiz de Direito, Turma Recursal Estadual ou Promotor de Justiça.
	processar e julgar o *habeas corpus* conforme a respectiva legislação estadual, respeitadas as disposições da Constituição e do Código de Processo Penal.
Juiz de Direito	processar e julgar, originariamente, o *habeas corpus*, em ***matéria*** criminal ***de sua competência*** ou quando o constrangimento provier de ***autoridade coatora*** sujeita a sua jurisdição, como, por exemplo, Delegado de Polícia.
Turma Recursal Estadual	processar e julgar, originariamente, o *habeas corpus*, quando a ***autoridade coatora*** for juiz dos juizados especiais criminais estaduais.
Justiça Eleitoral	processar e julgar o *habeas corpus* conforme a respectiva legislação, respeitadas as disposições da Constituição e do Código de Processo Penal.
Justiça Militar	processar e julgar o *habeas corpus* conforme a respectiva legislação, respeitadas as disposições da Constituição e do Código de Processo Penal.

2.11 Sistema recursal

O sistema recursal na ação de *habeas corpus*, embora bastante complexo, pode ser assim sistematizado:

Recursos contra decisões do juízo de 1º Grau	***Recurso em sentido estrito (art. 581, X, CPP):*** cabível contra decisão concessiva ou denegatória de *habeas corpus*.
	Recurso ex officio (art. 574, I, CPP): em caso de decisão concessiva de *habeas corpus*, mesmo que não haja recurso das partes, o juiz deve remeter a decisão para reanálise pelo Tribunal.
	Reexame necessário: Súmula 344 do STF: *Sentença de primeira instância concessiva de habeas corpus, em caso de crime praticado em detrimento de bens, serviços ou interesses da união, está sujeita a recurso "ex officio".*
Recursos contra decisões de Turma Recursal	***Recurso Extraordinário para o STF (art. 102, III, CF/88):*** em caso de decisão em *habeas corpus* proferida por Turma Recursal de Juizado Especial, se preenchidos os requisitos de admissibilidade, cabe Recurso Extraordinário para o STF.

42. STF, HC 143.333, Rel. Min. Edson Fachin.

Recursos contra decisões de TJ e de TRF	***Recurso Ordinário para o STJ (art. 105, II, "a", CF/88):*** em caso de decisão denegatória de *habeas corpus* decidido em única ou última instância por Tribunal de Justiça ou por Tribunal Regional Federal, cabe Recurso Ordinário para o STJ.
	Recurso Especial e Recurso Extraordinário: em caso de decisão concessiva de *habeas corpus* decidido em única ou última instância por Tribunal de Justiça ou por Tribunal Regional Federal, se preenchidos os requisitos de admissibilidade, cabe Recurso Especial para o STJ (art. 105, III, CF/88) e/ou Recurso Extraordinário para o STF (art. 102, III, CF/88).
Recursos contra decisões de Tribunais Superiores	***Recurso Ordinário para o STF (art. 102, II, "a", CF/88):*** em caso de decisão denegatória de *habeas corpus* decidido em única instância por Tribunal Superior cabe Recurso Ordinário para o STF.
	Recurso Extraordinário para o STF (art. 102, III, CF/88): em caso de decisão concessiva de *habeas corpus* decidido por Tribunal Superior, se preenchidos os requisitos de admissibilidade, cabe Recurso Extraordinário para o STF.

2.12 Procedimento

O *habeas corpus* é uma ação constitucional com ***procedimento especial*** estabelecido pelo Código de Processo Penal, caracterizando-se, especialmente, pela ***celeridade*** e pela ***informalidade***, podendo ser impetrado em uma simples folha de papel, já tendo o STJ recebido *habeas corpus* escrito em papel higiênico e até mesmo em um lençol. Isto posto, o seu procedimento pode ser assim resumido e sistematizado:

Nos termos do CPP, a ***petição*** de *habeas corpus* deve ser formulada em língua portuguesa e conter:

a) o nome da pessoa que sofre ou está ameaçada de sofrer violência ou coação e o de quem exercer a violência, coação ou ameaça;

b) a declaração da espécie de constrangimento ou, em caso de simples ameaça de coação, as razões em que funda o seu temor;

c) a assinatura do impetrante, ou de alguém a seu rogo, quando não souber ou não puder escrever, e a designação das respectivas residências.

O pedido de *habeas corpus* pode ser manejado com ou sem pedido de ***medida liminar***. Assim, após impetrada a petição de *habeas corpus*, se houver pedido liminar, este deve ser apreciado.

Depois de recebida a petição de *habeas corpus* e apreciado o pedido liminar, se houver, a lei prevê que o juiz, se julgar necessário, e estiver preso o paciente, mandará que este lhe seja imediatamente apresentado em dia e hora que designar, sendo que, em caso de desobediência, será expedido mandado de prisão contra o detentor, que será processado na forma da lei, e o juiz providenciará para que o paciente seja tirado da prisão e apresentado em juízo. Entretanto, essa previsão de apresentação do paciente e sua oitiva é pouco usual, ocorrendo raramente na prática.

Assim, na sequência, normalmente, o juiz ou tribunal requisitará da autoridade indicada como coatora informações por escrito. Embora essa requisição seja expressamente prevista apenas quando o *habeas corpus* for impetrado perante tribunal (art. 662, do CPP), ela é amplamente utilizada pelos juízes de primeira instância.

Após a prestação das informações pela autoridade coatora, nos termos do Decreto-Lei 552/1969, será concedida, no âmbito ***vista ao Ministério Público*** pelo prazo de 2 dias. Findo esse prazo, os autos, com ou sem parecer serão conclusos para julgamento. Entretanto, só há essa previsão normativa para os processos de *habeas corpus* perante os tribunais, sejam *habeas corpus* originários ou em grau de recurso, sendo assegurada a intervenção oral do representante do Ministério Público no julgamento desses processos. Assim, é possível que o membro do Ministério Público na primeira instância não participe do processo de *habeas corpus* antes de prolatada a sentença, em que pese deva ser intimado da decisão, seja ela concessiva ou denegatória.

Por fim, à luz da doutrina e da jurisprudência pátrias, é importante fazermos as seguintes ***observações:***

1) Em regra, o assistente de acusação não possui legitimidade para intervir no processo de *habeas corpus*.[43]

2) Em regra, não se admite a intervenção de terceiros no processo de *habeas corpus*. Excepcionalmente, se o *habeas corpus* for oriundo de ação penal privada, admite-se a intervenção do querelante no julgamento do HC, pois ele possui interesse jurídico na decisão.[44]

3) Por ser ação de cognição sumária, deve ser impetrado com prova pré-constituída, não admitindo dilação probatória ou reexame de análise probatória.

4) Nos termos do art. 5º, LXXVII, da CF/88, ***a ação de habeas corpus é gratuita***.

2.13 Liminar

Em que pese não haja previsão expressa no CPP sobre a concessão de medida liminar no *habeas corpus*, é indiscutível que as ações constitucionais como um todo admitem pedidos de natureza liminar/cautelar independentemente de previsão expressa, desde que presentes os fundamentos tradicionais dessas tutelas: ***fumus boni iuris*** (probabilidade do direito) e ***periculum in mora*** (perigo de dano ou o risco ao resultado útil do processo).

Presentes os requisitos, o juiz ou tribunal poderá conceder a tutela liminar, inclusive *inaudita altera pars*, independentemente da espécie de *habeas corpus* que tenha sido manejado.

Por fim, é importante destacar acerca do processamento da medida liminar no âmbito dos tribunais superiores que o Supremo Tribunal Federal já afirmou que não cabe recurso contra a decisão do Ministro relator que, motivadamente, defere ou indefere liminar em *habeas corpus*.[45]

2.14 Decisão

Sobre a decisão do *habeas corpus*, inicialmente, é importante fazermos as seguintes observações sobre suas peculiaridades:

1) O órgão judicial competente para julgamento do *habeas corpus* não está vinculado aos fundamentos e aos pedidos feitos nesse HC, podendo proferir julgamento *extra petita*, vez que, nos termos do art. 654, §2º, os juízes e os tribunais têm competência para expedir de ofício ordem de habeas corpus, quando verificarem que alguém sofre ou está na iminência de sofrer coação ilegal.

2) Se a concessão do *habeas corpus* não se deu por motivos de ordem pessoal, ela deve ser estendida aos eventuais corréus.

43. STF, HC 93.033, Rel. Min. Celso de Mello.
44. STJ, HC 368.510, Rel. Min. Jorge Mussi.
45. STF, HC 157.604, Rel. Min. Gilmar Mendes.

3) No julgamento de *habeas corpus* por órgãos jurisdicionais colegiados, se houver empate na votação, a ordem deve ser deferida em favor do paciente, em razão do princípio do *in dubio pro reo*.

4) A proibição da *reformatio in pejus* é aplicável ao *habeas corpus*, não podendo sua impetração piorar a situação do paciente.[46]

5) Embora haja precedente em sentido contrário, predomina o entendimento de que é possível que o Ministro relator do *habeas corpus*, no âmbito do STJ ou do STF, decida monocraticamente o *writ* nas hipóteses autorizadas pelo respectivo regimento interno.[47]

Isto posto, temos que os ***efeitos da concessão da ordem de habeas corpus*** ligam-se diretamente à espécie de HC impetrado, podendo ser assim sistematizados:

Habeas Corpus	Efeitos
Preventivo	Sua concessão resulta na expedição de um salvo-conduto, isto é, de uma ordem para que cesse a ameaça de violência ou coação à liberdade de locomoção do paciente.
Repressivo	Sua concessão resulta na expedição de um alvará de soltura, isto é, de uma ordem para que o paciente seja posto em liberdade.
Suspensivo	Sua concessão resulta na expedição de um salvo-conduto, suspendendo o mandado de prisão ilegal ou abusivo ainda não cumprido contra o paciente.
Profilático	Sua concessão resulta na expedição de uma ordem de trancamento da ação penal, ou do inquérito policial ou de qualquer outro procedimento investigatório abusivo ou ilegal contra o paciente.

3. *HABEAS DATA*

3.1 Conceito

O *habeas data* consiste em ação constitucional de natureza cível concedida para assegurar o conhecimento, retificação, ou anotação de informações relativas à pessoa do impetrante, constantes de registros ou bancos de dados de entidades governamentais ou de caráter público.

3.2 Cabimento

Em relação ao cabimento do *habeas data*, é mister começarmos nossa análise pelas previsões constitucional e legal. Assim, nos termos do ***art. 5º, LXXII, da CF/88, conceder-se-á habeas data:***

a) para assegurar o conhecimento de informações relativas à pessoa do impetrante, constantes de registros ou bancos de dados de entidades governamentais ou de caráter público;

b) para a retificação de dados, quando não se prefira fazê-lo por processo sigiloso, judicial ou administrativo;

Já nos termos do ***art. 7º, da Lei 9.507/97*** (lei que regula o direito de acesso a informações e disciplina o rito processual do *habeas data*), ***conceder-se-á habeas data:***

46. STF, HC 126.869, Rel. Min. Dias Toffoli.
47. STF, HC 137.265, Rel. Min. Roberto Barroso.

i) para assegurar o conhecimento de informações relativas à pessoa do impetrante, constantes de registro ou banco de dados de entidades governamentais ou de caráter público;

ii) para a retificação de dados, quando não se prefira fazê-lo por processo sigiloso, judicial ou administrativo;

iii) para a anotação nos assentamentos do interessado, de contestação ou explicação sobre dado verdadeiro mas justificável e que esteja sob pendência judicial ou amigável.

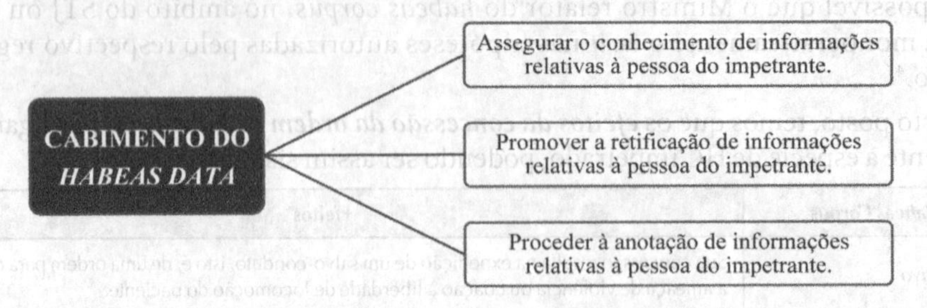

Em face dos dispositivos citados, percebe-se que a *ação* de *habeas data* é ***personalíssima***, só sendo cabível para assegurar o conhecimento, retificação ou anotação de dados relativo à pessoa do impetrante, não se confundindo, portanto, com o direito geral de informação (art. 5º, XXXIII, da CF/88). Assim, o *habeas data* não pode ser manejado para buscar informações sobre outras pessoas ou sobre atos governamentais que nada tenham a ver com a pessoa do impetrante.

Do mesmo modo, o *habeas data* não se confunde com o direito de obtenção de certidões em repartições públicas (art. 5º, XXXIV, "*b*", da CF/88), que consiste no direito de se obter certidões para defesa de direitos e esclarecimento de situações de interesse pessoal, enquanto o *habeas data* consiste em garantia fundamental de acesso à informação em si, e não de obter uma certidão sobre a informação. Nesse sentido, caso o pedido de certidão não seja atendido de forma ilegal ou por abuso de poder é cabível Mandado de Segurança e não *habeas data*, em razão do direito líquido e certo à obtenção de certidões expedidas pelas repartições públicas, para defesa de direitos e esclarecimento de situações de interesse pessoal.

Ademais, conforme visto, o *habeas data* é cabível para assegurar o conhecimento, retificação ou anotação de dados constantes de registros ou bancos de dados de entidades governamentais ou de caráter público. Ou seja, ***só é cabível contra: i) bancos de dados governamentais***, isto é, bancos de dados públicos, de órgãos da Administração Pública Direta ou Indireta de todos os Poderes; ***ou ii) bancos de dados privados de caráter público***, isto é, contra todo registro ou banco de dados privado que contenha informações que sejam ou que possam ser transmitidas a terceiros ou que não sejam de uso privativo do órgão ou entidade produtora ou depositária das informações, como, por exemplo, os bancos de dados do SERASA ou do SPC.

Acompanhando o entendimento esposado pelo STJ[48] e pelo STF no nas primeiras ações de *habeas data* que julgaram após a promulgação da Constituição de 1988, o legislador infraconstitucional estabeleceu, na Lei 9.507/97, a necessidade do impetrante demonstrar o ***interesse de agir***, enquanto ***condição da ação*** de *habeas data*, exigindo-lhe ***prova da recusa do banco de dados*** (público ou privado de caráter público) em dar-lhe acesso às informações ou em retificá-las ou em anotar as informações solicitadas. Assim, embora haja quem de-

48. STJ, Súmula 2: Não cabe o *habeas data* (CF, art. 5º, LXXII, letra "a") se não houver recusa de informações por parte da autoridade administrativa.

fenda a inconstitucionalidade dessa exigência, nos termos da jurisprudência superior e da legislação regulamentador, o *habeas data* só é cabível se houver negativa do banco de dados em dar acesso ou retificar ou anotar as informações solicitadas pelo impetrante, podendo essa recusa ser expressa ou tácita, em razão de decorrido o prazo legal. Nesses termos, à luz do art. 8º, parágrafo único, da Lei 9.507/97, o *habeas data* é cabível:

i) com a recusa ao acesso às informações ou do decurso de mais de dez dias sem decisão;

ii) com recusa em fazer-se a retificação ou do decurso de mais de quinze dias, sem decisão;

iii) com a recusa em fazer-se a anotação ou explicação sobre o dado exato ou do decurso de mais de quinze dias sem decisão.

Além disso, a doutrina majoritária defende que em uma mesma ação de *habeas data* é possível que o impetrante, após requerer e ter acesso às informações, solicite, em ato contínuo e complementar, a retificação e/ou a anotação de informações com base justamente nas informações sobre as quais teve acesso. Entretanto, o STJ não tem admitido essa ***cumulação de pedidos de forma sucessiva na mesma ação de habeas data.***[49] A nosso ver, com as devidas vênias, a posição do Superior Tribunal de Justiça se mostra errônea e na contramão do modelo constitucional de processo, ofendendo, especialmente, os princípios da economia processual, da celeridade e da efetividade.

3.3 Legitimidade ativa

A legitimidade ativa (ou *ad causam*) para a propositura da ação de *habeas data* é atribuída a: ***i) pessoa física***, de um modo geral, podendo ser impetrada por brasileiro (nato e naturalizado) e estrangeiro (residente e não residente no Brasil); ***ii) pessoa jurídica***; e ***iii) órgãos públicos despersonalizados***, conforme seu enquadramento constitucional.

Aqui, é importante destacar que a legitimidade ativa na ação de *habeas data* liga-se diretamente ao seu ***caráter personalíssimo***. Assim, em regra, o impetrante só pode ingressar com o *habeas data* para acessar, retificar ou anotar dados que digam respeito a si próprio, isto é, dados que digam respeito à pessoa do próprio impetrante, não podendo impetrar com *habeas data* para acessar, retificar ou anotar dados de terceiros. Portanto, é possível concluir que a ação de *habeas data* não admite a substituição processual, mas somente a ***legitimação ordinária***, segundo a qual o interessado deve ingressar com a ação em nome próprio.

Entretanto, tanto a doutrina, quanto a jurisprudência,[50] admitem uma ***exceção***, reconhecendo a legitimidade *ad causam* dos herdeiros legítimos e do cônjuge ou companheiro supérstite para impetração do *habeas data* quando se tratar de causas relativas à transmissão de direitos *causa mortis* ou que possam refletir no patrimônio moral do *de cujus*.

3.4 Legitimidade passiva

A legitimidade passiva do *habeas data* é da pessoa jurídica de direito público na qual se encontra o registro ou banco de dados público ou da pessoa jurídica de direito privado na qual se encontra o registro ou banco de dados de caráter público. Assim, o *habeas data* pode ser manejado contra qualquer órgão ou entidade governamental da Administração Pública

49. STJ, HD 160, Rel. Min. Denise Arruda.
50. Tribunal Federal de Recursos, HD n. 1, Rel. Min. Milton Pereira; STJ, HD 147, Rel. Min. Arnaldo Esteves Lima.

Direta e Indireta, de todos os Poderes (Executivo, Legislativo e Judiciário), de qualquer ente federativo (União, Estados, Distrito Federal e Municípios), ou, ainda, contra qualquer entidade privada que possua registro ou banco de dados privado que contenha informações que sejam ou que possam ser transmitidas a terceiros ou que não sejam de uso privativo do órgão ou entidade produtora ou depositária das informações.

Acerca especificamente das pessoas jurídicas da Administração Pública Indireta, vale destacar que o STF já decidiu que as Empresas Estatais (pessoas jurídicas públicas de direito privado) que exploram atividade econômica não podem figurar no polo passivo da ação de *habeas data* sob o argumento de que seus registros ou bancos de dados sejam públicos por não ser entidade governamental.[51] Assim, as ***Empresas Estatais exploradoras de atividade econômica*** só poderiam figurar no polo passivo da ação de *habeas data* se o seu registro ou banco de dados a que se pretende acesso for de caráter público, isto é, contiver informações que sejam ou que possam ser transmitidas a terceiros ou que não sejam de seu uso privativo.

Por fim, deve-se registrar que a ***internet***, enquanto sistema de rede mundial que permite a interconexão descentralizada de computadores, smartphones e outros aparelhos, armazenando e permitindo acesso a uma gama sem fim de informações, consiste no principal e mais desafiador exemplo de banco de dados de caráter público, sendo viável a impetração de *habeas data* para acessar, retificar e anotar informações sobre a pessoa do impetrante que estejam em um endereço eletrônico da internet, devendo a ação ser manejada contra o provedor nacional.

3.5 Competência

A ***competência originária*** para processar e julgar o *habeas data*, nos termos da Constituição Federal e do art. 20, da Lei 9.507/97, é definida conforme a hierarquia funcional da autoridade coatora, podendo ser sistematizada da seguinte maneira:

Competência Originária	Processamento e Julgamento
STF	processar e julgar, originariamente, o *habeas data* contra atos do Presidente da República, das Mesas da Câmara dos Deputados e do Senado Federal, do Tribunal de Contas da União, do Procurador Geral da República e do próprio Supremo Tribunal Federal; (art. 102, I, *"d"*, CF/88).
	processar e julgar, originariamente, o *habeas data* contra o Conselho Nacional de Justiça e o Conselho Nacional do Ministério Público (art. 102, I, *"r"*, CF/88).
STJ	processar e julgar, originariamente, o *habeas data* contra ato de Ministro de Estado, dos Comandantes da Marinha, do Exército e da Aeronáutica ou do próprio Tribunal (art. 105, I, *"b"*, CF/88).
TRF	processar e julgar, originariamente, o *habeas data* contra ato do próprio Tribunal ou de juiz federal (art. 108, I, *"c"*, CF/88).
Juiz Federal	processar e julgar o *habeas data* contra ato de autoridade federal, excetuados os casos de competência dos tribunais federais (art. 109, VIII, CF/88).
TJ	processar e julgar o *habeas data* conforme estabelecer a respectiva Constituição e legislação do Estado, contra atos de autoridades e agentes estaduais e/ou municipais (art. 125, §1º, CF/88).

51. STF, RE 165.304, Rel. Min. Octávio Gallotti.

Juiz de Direito	processar e julgar o *habeas data* conforme estabelecer a respectiva Constituição e legislação do Estado do Estado, contra atos de autoridades e agentes estaduais e/ou municipais, excetuados os casos de competência dos Tribunais de Justiça.
Justiça Eleitoral	processar e julgar o *habeas data* em matéria eleitoral conforme a respectiva legislação, respeitadas as disposições da Constituição (art. 121, §4º, V, CF/88).
Justiça do Trabalho	processar e julgar o *habeas data* quando o ato questionado envolver matéria sujeita à sua jurisdição (art. 114, IV, CF/88).

A ***competência recursal*** na ação de *habeas data*, nos termos da Constituição Federal e do art. 20, da Lei 9.507/97, pode ser assim sistematizada:

Competência Recursal	Processamento e Julgamento
STF	processar e julgar, em ***recurso ordinário***, o *habeas data* decidido em única instância pelos Tribunais Superiores, se denegatória a decisão; (art. 102, II, "a", CF/88).
	processar e julgar, em ***recurso extraordinário***, o *habeas data* decidido em única ou última instância, se preenchidos os requisitos de admissibilidade (art. 102, III, CF/88).
STJ	processar e julgar, em ***recurso especial***, o *habeas data* decidido em única ou última instância, pelos Tribunais Regionais Federais ou pelos tribunais dos Estados, do Distrito Federal e Territórios, se preenchidos os requisitos de admissibilidade (art. 105, III, CF/88).
TRF	processar e julgar, em ***apelação***, o *habeas data* quando a decisão for proferida por Juiz Federal (art. 108, II, CF/88).
TJ	processar e julgar, em ***apelação***, o *habeas data* quando a decisão for proferida por Juiz de Direito, nos termos da respectiva Constituição do Estado.
TSE	processar e julgar, em grau de recurso, o *habeas data* quando denegado por decisão de Tribunal Regional Eleitoral (art. 121, §4º, V, da CF/88).

3.6 Procedimento

A ação de *habeas data* possui um ***procedimento bifásico***, tendo uma fase administrativa e uma fase judicial, não sendo possível a impetração judicial do *habeas data* se antes o impetrante não tiver provocado a via administrativa nos termos legais.[52]

Na fase administrativa (ou prejudicial), o interessado requer o acesso, retificação, anotação ou explicação sobre um dado exato que conste do banco de dados. O requerimento será apresentado ao órgão ou entidade depositária do registro ou banco de dados e será deferido ou indeferido no prazo de 48 horas, sendo que a decisão deve ser comunicada ao requerente em 24 horas, totalizando, no máximo, 72 horas.

É importante perceber que o prazo máximo de 72 horas esposado pela lei para decisão e comunicação da decisão do pedido administrativo (art. 2º, da Lei 9.50797) é inferior ao prazo exigido para a configuração do interesse de agir que possibilita a impetração da ação judicial de *habeas data* (10 ou 15 dias sem decisão, conforme o art. 8º, da Lei 9.507/97), o que, a nosso ver, revela grande incoerência e atecnia do legislador, ficando a cargo da jurisprudência e da doutrina conciliar esses dispositivos. Embora haja uma tendência da doutrina e da jurisprudência em exigir o decurso dos prazos do parágrafo único, do art. 8º, da Lei 9.507/97 (10 ou 15 dias sem decisão a depender do pedido), entendemos que a inter-

52. STJ, Súmula 2: Não cabe o *habeas data* (CF, art. 5º, LXXII, letra "a") se não houver recusa de informações por parte da autoridade administrativa.

pretação conforme à Constituição, inclusive com fundamento na aplicabilidade imediata dos direitos fundamentais (art. 5º, §1º, da CF/88) é aquela que favorece o impetrante do *habeas data* que, sem a decisão, tem seu direito de acesso aos seus próprios dados violado. Assim, a nosso ver, a solução correta seria reconhecer ao impetrante o direito de propor a ação judicial de *habeas data* assim que decorridas 72 horas do pedido sem comunicação de decisão. Entretanto, assumimos que essa não tem sido a posição predominante, exigindo-se, na prática, o decurso dos prazos do parágrafo único, do art. 8º, da Lei 9.507/97, para o ingresso em juízo com a ação de *habeas data*.

Na fase judicial, o impetrante, após ter o pedido administrativo de acesso, retificação, anotação ou explicação de seus dados negado ou após o decurso do prazo legal sem resposta, impetra com a ação judicial de *habeas data* buscando uma ordem judicial para atingir essas finalidades.

A ***petição inicial***, que deverá preencher os requisitos do Código de Processo Civil, ser apresentada em duas vias, e os documentos que instruírem a primeira serão reproduzidos por cópia na segunda. Ademais, nos termos do parágrafo único, do art. 8º, da Lei 9.507/97, a petição inicial deverá ser instruída com prova:

i) da recusa ao ***acesso*** às informações ou do decurso de mais de ***10 dias*** sem decisão; ou

ii) da recusa em fazer-se a ***retificação*** ou do decurso de mais de ***15 dias***, sem decisão; ou

iii) da recusa em fazer-se a ***anotação ou explicação*** sobre o dado exato ou do decurso de mais de ***15 dias*** sem decisão.

Ao despachar a inicial, o juiz ordenará que se notifique o coator do conteúdo da petição, entregando-lhe a segunda via apresentada pelo impetrante, com as cópias dos documentos, a fim de que, no prazo de 10 dias, preste as informações que julgar necessárias.

Findo o prazo a que o coator preste as informações e ouvido o representante do Ministério Público no prazo de 5 dias, os autos serão conclusos ao juiz para decisão a ser proferida em 5 dias.

Por fim, é importante fazermos as seguintes ***observações*** sobre o procedimento do *habeas data:*

1) O pedido de *habeas data* poderá ser renovado se a decisão denegatória não lhe houver apreciado o mérito.

2) Os processos de *habeas data* terão ***prioridade*** sobre todos os atos judiciais, exceto *habeas corpus* e mandado de segurança.

3) O *habeas data* é ***gratuito***, tanto na fase administrativa, como na fase judicial, inclusive na via recursal.

4) Se durante o processo judicial de *habeas data*, a informação que havia sido pedida administrativamente, mas não havia sido respondida, for apresentada ao impetrante, haverá a ***perda superveniente do objeto da ação***, ocorrendo sua extinção terminativa por carência superveniente, em razão da falta de interesse de agir (ou de continuar agindo).

3.7 Liminar

Em que pese não haja previsão expressa na Lei 9.507/97 sobre a concessão de medida liminar no *habeas data*, é indiscutível que as ações constitucionais como um todo admitem pedidos de natureza liminar/cautelar independentemente de previsão expressa, desde que presentes os fundamentos tradicionais dessas tutelas: ***fumus boni iuris*** (probabilidade do direito) e ***periculum in mora*** (perigo de dano ou o risco ao resultado útil do processo). Assim, presentes os requisitos, o juiz ou tribunal poderá conceder a tutela liminar, inclusive *inaudita altera pars*.

3.8 Decisão, efeitos e recursos

Nos termos da Lei 9.507/97, na decisão, se julgar procedente o pedido, o juiz marcará data e horário para que o coator:

i) apresente ao impetrante as informações a seu respeito, constantes de registros ou bancos de dadas; ou

ii) apresente em juízo a prova da retificação ou da anotação feita nos assentamentos do impetrante.

Ademais, conforme dispõe a legislação, da sentença do ***juízo de primeiro grau*** que conceder ou negar o habeas data cabe ***apelação***, e sendo concessiva, o recurso terá efeito meramente devolutivo. Entretanto, o Presidente do Tribunal ao qual competir o conhecimento do recurso poderá suspender a execução da sentença concessiva do *habeas data*, caso em que caberá agravo interno para o próprio Tribunal em que se encontra a ação.

A depender da situação, serão cabíveis os seguintes ***recursos:*** Recurso Ordinário para o STF (art. 102, II, "a", CF/88); Recurso Extraordinário para o STF (art. 102, III, CF/88); e Recurso Especial para o STJ (art. 105, III, CF/88).

Por fim, segundo a Lei 9.507/97, nos casos de ***competência dos tribunais*** a instrução do processo caberá ao relator da ação, tendo sido o sistema de competências originárias e recursais do *habeas data* analisado em item próprio.

4. MANDADO DE SEGURANÇA

4.1 Conceito

O mandado de segurança consiste em ação constitucional de natureza cível que busca proteger direito líquido e certo lesionado ou ameaçado de lesão, não amparado por *habeas corpus* ou por *habeas data*, em razão de ilegalidade ou abuso de poder cometido por autoridade pública ou agente de pessoa jurídica no exercício de atribuições públicas.

4.2 Espécies

A doutrina clássica costuma classificar o mandado de segurança a partir de dois critérios, apontando, assim, suas espécies.

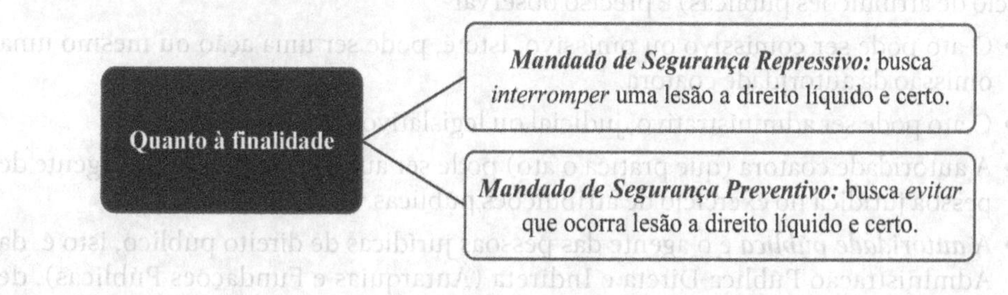
Quanto à finalidade
Mandado de Segurança Repressivo: busca *interromper* uma lesão a direito líquido e certo.
Mandado de Segurança Preventivo: busca *evitar* que ocorra lesão a direito líquido e certo.

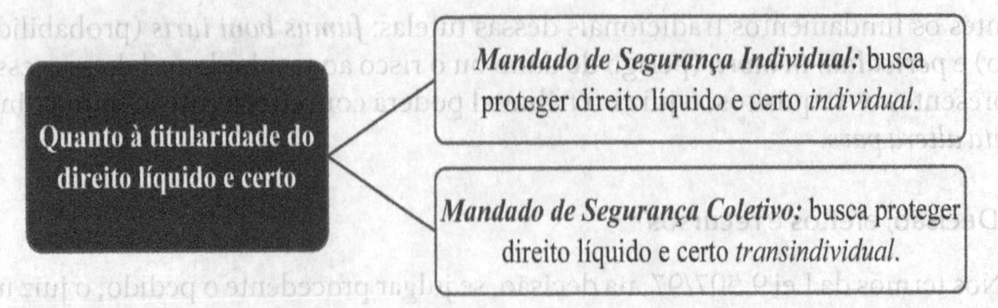

Embora a maior parte das considerações que fizermos sobre o ***mandado de segurança individual*** apliquem-se ao ***mandado de segurança coletivo***, aqui trabalharemos apenas o mandado de segurança individual, abordando o mandado de segurança coletivo, na sequência, em item separado, no qual faremos as ressalvas e observações necessárias.

4.3 Requisitos

Antes de examinarmos o cabimento da ação mandado de segurança, é de suma importância examinarmos os requisitos que devem ser observados para a sua impetração.

Assim, nos termos do art. 5º, LXIX, da CF/88, *conceder-se-á mandado de segurança para proteger direito líquido e certo, não amparado por habeas corpus ou habeas data, quando o responsável pela ilegalidade ou abuso de poder for autoridade pública ou agente de pessoa jurídica no exercício de atribuições do poder público*. Da redação constitucional é possível identificar os seguintes requisitos:

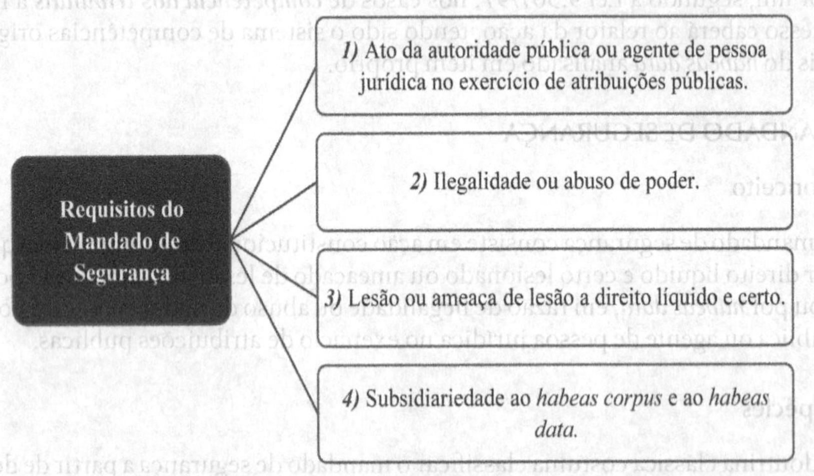

Quanto ao *1º REQUISITO* (ato da autoridade pública ou agente de pessoa jurídica no exercício de atribuições públicas) é preciso observar:

- O ato pode ser comissivo ou omissivo, isto é, pode ser uma ação ou mesmo uma omissão da autoridade coatora.
- O ato pode ser administrativo, judicial ou legislativo.
- A autoridade coatora (que pratica o ato) pode ser autoridade pública ou agente de pessoa jurídica no exercício de atribuições públicas.
- A ***autoridade pública*** é o agente das pessoas jurídicas de direito público, isto é, da Administração Pública Direta e Indireta (Autarquias e Fundações Públicas), de

todos os entes federados (União, Estados, Distrito Federal e Municípios), de todos os Poderes. Ademais, para fins de mandado de segurança, o conceito de autoridade pública engloba, ainda, os agentes que representam as pessoas jurídicas públicas de direito privado da Administração Pública Indireta (Empresas Públicas e Sociedades de Economia Mista) na prática de atos regidos pelo direito público. Entretanto, se o ato dessas empresas estatais for regido exclusivamente pelo direito privado, o mandado de segurança não será cabível.

- O ***agente de pessoa jurídica no exercício de atribuições públicas*** é o representante de pessoa jurídica de direito privado (o particular) que desempenha uma função pública por delegação do próprio poder público, atuando no lugar do Estado. Entretanto, só é cabível mandado de segurança contra atos do particular no desempenho da atribuição pública, não sendo cabível contra atos de gestão ou que sejam regidos pelo direito privado ou que não estejam diretamente ligados ao desempenho da função pública.
- Nos termos da Lei 12.016/2009 (lei que regulamenta o mandado de segurança), para fins dessa ação, equiparam-se às autoridades públicas os representantes ou órgãos de partidos políticos e os administradores de entidades autárquicas, bem como os dirigentes de pessoas jurídicas ou as pessoas naturais no exercício de atribuições do poder público, somente no que disser respeito a essas atribuições.

Quanto ao *2º REQUISITO* (ilegalidade ou abuso de poder) é preciso observar:

- Para fins de mandado de segurança a ilegalidade é compreendida de forma ampla, isto é, como desrespeito à Constituição, às leis e, inclusive, aos atos normativos de segundo grau, como decretos, resoluções, editais de concurso etc.
- O ato ilegal ou abusivo pode ser discricionário ou vinculado. Entretanto, a doutrina aponta que não é cabível mandado de segurança para atacar o mérito dos atos administrativos discricionários, só sendo possível controlar a legalidade desses atos.

Quanto ao *3º REQUISITO* (lesão ou ameaça de lesão a direito líquido e certo) é preciso observar:

- O mandado de segurança não é cabível em face de lesão ou ameaça de lesão a qualquer direito, mas somente em face de lesão ou ameaça de lesão a direito líquido e certo.

Quanto ao *4º REQUISITO* (subsidiariedade ao *habeas corpus* e ao *habeas data*) é preciso observar:

- Se, no caso concreto, for cabível a ação de *habeas corpus* ou a ação de *habeas data*, não será cabível o mandado de segurança, vez que ele lhes é subsidiário.

4.3.1 Direito líquido e certo

Nos termos constitucionais o mandado de segurança é cabível em face de lesão ou ameaça de lesão a direito líquido e certo. Mas, o que é direito líquido e certo?

Bem, com certeza o direito líquido e certo NÃO é aquele direito que você tem certeza que possui, ou que todo mundo sabe que você tem, ou que o juiz acha que você tem, ou que é claríssimo. Afinal, se assim fosse, quase todas as partes litigantes perante o Poder Judiciário teriam direito líquido e certo, pois em sua grande maioria acreditam fielmente que têm razão, que estão certas, que são as titulares do direito.

Na verdade, direito líquido e certo é aquele direito que o impetrante é capaz de provar de pronto, logo na inicial, é, portanto, direito que não exige dilação probatória, pois o autor da ação já o prova desde o começo, juntando todas as provas em sua petição. Assim, o conceito de direito líquido e certo não se liga a uma certeza subjetiva de "ter o direito", mas sim ao fato do direito poder ser provado de forma inequívoca desde a petição inicial, não sendo necessária instrução probatória.

Deste modo, no mandado de segurança, o autor já deve juntar todas as provas na inicial (***prova pré-constituída***), até porque na ação de mandado de segurança não há fase de instrução probatória. Em razão disso, a doutrina afirma que o direito líquido e certo não é mera questão de mérito no mandado de segurança, mas sim ***condição da ação*** que, se não estiver presente, afasta o ***interesse de agir***.

Entretanto, a Lei 12.016 prevê uma *exceção* a exigência de prova pré-constituída, afirmando que no caso em que o documento necessário à prova do alegado se ache em repartição ou estabelecimento público ou em poder de autoridade que se recuse a fornecê-lo por certidão ou de terceiro, o juiz ordenará, preliminarmente, por ofício, a exibição desse documento em original ou em cópia autêntica e marcará, para o cumprimento da ordem, o prazo de 10 dias.

Ademais, é importante advertir que o direito líquido e certo não é aquele direito "fácil" ou de uma "causa simples", ou sobre o qual não há controvérsia ou divergência. Na verdade, muitas das questões discutidas em mandado de segurança são complexas, divergentes e profundas. Nesse sentido, a Súmula 625, do STF afirma que ***"controvérsia sobre matéria de direito não impede concessão de mandado de segurança"***, o que nos revela que o magistrado não pode se esquivar de decidir o mérito do mandado de segurança só porque a causa é complexa ou porque há divergência sobre o direito discutido.

Por fim, vale dizer que, nos termos da Súmula 474, do STF, *"não há direito líquido e certo, amparado pelo Mandado de Segurança, quando se escuda em lei cujos efeitos foram anulados por outra, declarada constitucional pelo Supremo Tribunal Federal"*.

4.4 Cabimento

Preenchidos os requisitos constitucionais, o mandado de segurança será cabível. Entretanto, é importante fazermos uma análise dos principais casos em que a lei e a jurisprudência dos tribunais superiores consideram cabível ou não cabível o *mandamus*.

Assim, conforme dispõe o art. 5º, da Lei 12.016/2009, ***NÃO se concederá mandado de segurança quando se tratar:***

i) ***de ato do qual caiba recurso administrativo com efeito suspensivo, independentemente de caução;***

Essa hipótese legal é bastante relativizada pela jurisprudência, vez que o art. 5º, XXXV e LXIX, da CF/88, não exige o esgotamento das vias administrativas para que se possa acionar o Poder Judiciário. Assim, é possível impetrar com o mandado de segurança independentemente da propositura de recurso administrativo, isto é, o impetrante pode optar por propor a ação judicial de *mandamus* sem sequer interpor recurso administrativo contra o ato ilegal ou abusivo. Entretanto, essa disposição legal prevalecerá se o interessado optar por interpor o recurso administrativo e obviver o efeito suspensivo, vez que nesse caso a lesão estará suspensa, afastando, pelo menos temporariamente, o interesse de agir do interessado, sendo necessário aguardar a decisão do recurso administrativo para propor um eventual mandado de segurança. Nada obstante, nos termos da Súmula 429, do STF, a existência de recurso administrativo com efeito suspensivo não impede a impetração do mandado de segurança se houver omissão ilegal ou abusiva da autoridade.

ii) de decisão judicial da qual caiba recurso com efeito suspensivo;

Essa hipótese é reforçada pela Súmula 267, do STF, segundo a qual *"não cabe Mandado de Segurança contra ato judicial passível de recurso ou correição"*. Entretanto, é importante notar que é possível o manejo do mandado de segurança contra atos judiciais, pelo menos, nos seguintes casos: a) inexistência de recurso com efeito suspensivo; e b) decisões judiciais teratológicas, entendidas assim aquelas decisões absurdas, de ilegalidade clara e manifesta e que podem causar danos irreparáveis ou de difícil reparação.[53] Ademais, essa restrição precisa ser lida à luz do art. 5º, XXXV e LXIX, da CF/88, de modo que o mandado de segurança só não será cabível contra ato judicial quando o sistema recursal for capaz de evitar a lesão ou ameaça de lesão ao direito líquido e certo.

iii) de decisão judicial transitada em julgado.

Essa hipótese é reforçada pela Súmula 268, do STF, segundo a qual *"não cabe Mandado de Segurança contra decisão judicial com trânsito em julgado"*. Conforme destaca a doutrina, essa restrição reforça o entendimento de que o mandado de segurança não é substitutivo de recurso, nem sucedâneo de ação rescisória. Entretanto, essa hipótese pode ser excepcionada em caso de decisão judicial transitada em julgado que seja teratológica (absurda, de ilegalidade clara e manifesta, que possa gerar danos irreparáveis ou de difícil reparação), admitindo-se a impetração do *mandamus*.

Já nos termos da ***jurisprudência*** do Supremo Tribunal Federal e do Superior Tribunal de Justiça, é importante destacar os seguintes posicionamentos acerca do cabimento do mandado de segurança:

- Segundo o STF, não cabe mandado de segurança para realizar ***controle abstrato de constitucionalidade*** de lei ou ato normativo. Entretanto, é possível a ***declaração incidental de inconstitucionalidade*** no *mandamus*, desde que como causa de pedir e jamais como pedido, isto é, desde que a declaração de inconstitucionalidade seja *fundamento* do pedido da ação.[54]
- Segundo o STF, não cabe mandado de segurança contra ato *interna corporis* (de matérias privativas, internas) das Casas Legislativas, sob pena de se ferir o princípio da separação dos poderes.
- Segundo o STF, não cabe mandado de segurança contra veto do Presidente da República à projeto de lei.[55]
- Segundo o STF, não cabe mandado de segurança para aferir os critérios utilizados pelo TCU em análise de superfaturamento de obra.[56]
- Súmula 101, do STF: O Mandado de Segurança não substitui a ação popular.
- *Súmula 266, do STF: Não cabe Mandado de Segurança contra **lei em tese***. Entretanto, é cabível o mandado de segurança contra ***leis de efeitos concretos***, como, por exemplo, leis de planificação urbana, leis de isenções fiscais etc.

53. STJ, MS 17.857-AgRg, Rel. Min. Arnaldo Esteves Lima.
54. STF, RMS 32.482, Rel. Min. Teori Zavaski.
55. STF, MS 33.694, Rel. Min. Cármen Lúcia.
56. STF, MS 29.599, Rel. Min. Dias Toffoli.

- Súmula 267, do STF: Não cabe Mandado de Segurança contra ato judicial passível de recurso ou correição.
- Súmula 268, do STF: Não cabe Mandado de Segurança contra decisão judicial com trânsito em julgado.
- *Súmula 269, do STF: O Mandado de Segurança não é substitutivo de ação de cobrança.* Entretanto, segundo o STF, cabe mandado de segurança contra ato de Ministro que não efetuou pagamento de valores atrasados de ***anistiado político***.[57]
- Súmula 270, do STF: Não cabe Mandado de Segurança para impugnar enquadramento da lei 3780, de 12/7/1960, que envolva exame de prova ou de situação funcional complexa.
- Súmula 429, do STF: A existência de recurso administrativo com efeito suspensivo não impede o uso do Mandado de Segurança contra omissão da autoridade.
- Súmula 625, do STF: Controvérsia sobre matéria de direito não impede concessão de Mandado de Segurança.
- Súmula 202, do STJ: A impetração de segurança por terceiro, contra ato judicial, não se condiciona a interposição de recurso.
- Súmula 213, do STJ: O mandado de segurança constitui ação adequada para a declaração do direito à compensação tributária.
- Súmula 333, do STJ: Cabe Mandado de Segurança contra ato praticado em licitação promovida por sociedade de economia mista ou empresa pública.
- Súmula 460, do STJ: É incabível o Mandado de Segurança para convalidar a compensação tributária realizada pelo contribuinte.
- Súmula 604, do STJ: O mandado de segurança não se presta para atribuir efeito suspensivo a recurso criminal interposto pelo Ministério Público.

4.5 Legitimidade ativa

A legitimidade ativa (ou *ad causam*) para a propositura do mandado de segurança é de quem tem o direito líquido e certo lesado ou ameaçado de lesão, podendo o *mandamus* ser impetrado por:

- Qualquer pessoa física, nacional ou estrangeira.
- Pessoa jurídica, nacional ou estrangeira, priva ou pública.
- Órgãos públicos despersonalizados com capacidade processual, como o Ministério Público, as Mesas das Casas Legislativas, Chefia dos Executivos, Chefia dos Tribunais de Contas etc.
- Universalidade de bens, como o espólio e a massa falida.

Ademais, sobre a legitimidade ativa do mandado de segurança, é importante destacarmos os seguintes posicionamentos dos tribunais superiores:

- Segundo o STF, é de cunho ***personalíssimo*** o direito em disputa em ação de mandado de segurança de modo que não há que se falar em habilitação de herdeiros em caso

57. STF, RE 553.710, Rel. Min. Dias Toffoli.

de óbito do impetrante, devendo seus sucessores socorrer-se das vias ordinárias na busca de seus direitos.[58]

- Segundo o STF, o Procurador Geral da República não tem legitimidade para impetrar com mandado de segurança contra decisão do Conselho Nacional de Justiça (CNJ) em procedimento de controle administrativo, uma vez que não tem a titularidade do direito líquido e certo supostamente lesado.[59]
- Segundo o STF, embora os Tribunais de Justiça não tenham personalidade jurídica própria, eles possuem legitimidade autônoma para impetrarem com mandado de segurança contra ato do Governador do Estado em defesa de sua autonomia institucional.[60]
- Segundo o STF, em caso de mandado de segurança que vise controle de constitucionalidade preventivo de PEC tendente a abolir cláusula pétrea, a legitimidade ativa é do parlamentar da casa legislativa na qual a PEC esteja tramitando.[61]

Por fim, é mister registrar que, nos termos do art. 24, da Lei 12.016, aplicam-se ao mandado de segurança os artigos do Código de Processo Civil que regulamentam o ***litisconsórcio***, sendo que:

i) O ingresso de litisconsorte ativo não será admitido após o despacho da petição inicial (art. 10, §2º, Lei 12.016/2009).

ii) Após a concessão de medida liminar em mandado de segurança, não é possível a formação de litisconsórcio ativo facultativo, por ferir o princípio do juiz natural.[62]

iii) É extremamente divergente, na doutrina e na jurisprudência, a possibilidade de admissão de ***amicus curae*** em mandado de segurança, já tendo o STF proferido decisão admitindo o seu cabimento[63] e, também, inadmitindo a possibilidade de seu cabimento.[64]

4.6 Legitimidade passiva

A legitimidade passiva no mandado de segurança é da ***autoridade coatora***, considerando-se autoridade coatora aquela que tenha praticado o ato impugnado ou aquela da qual emane a ordem para a sua prática. Entretanto, para a melhor compreensão da legitimidade passiva do *mandamus*, é mister fazermos as seguintes considerações:

- Segundo o art. 2º, da Lei 12.016, considera-se federal a autoridade coatora se as consequências de ordem patrimonial do ato contra o qual se requer o mandado houverem de ser suportadas pela União ou entidade por ela controlada.
- Segundo o STF[65] e o STJ[66] a pessoa jurídica à qual está vinculada (alocada) a autoridade coatora é legitimada passiva no mandado de segurança.

58. STF, RMS 26.806-AgR, Rel. Min. Dias Toffoli.
59. STF, MS 33.736, Rel. Min. Cármen Lúcia.
60. STF, MS 34.483-MC, Rel. Min. Dias Toffoli.
61. STF, MS 20.257-DF, Rel. Min. Moreira Alves.
62. STJ, Resp 87.641, Rel. Min. Ari Pargendler.
63. STF, MS 32.033-AgR, Rel. Min. Gilmar Mendes.
64. STF, MS 29.192, Rel. Min. Dias Toffoli.
65. STF, RE 412.430, Rel. Min. Ellen Gracie.
66. STJ, Resp. 83.633, Rel. Min. José Delgado.

- Os agentes considerados *meros executores* (aqueles que apenas cumprem as ordens dadas pela autoridade coatora) do ato impugnado não são legitimados passivos no mandado de segurança.
- *Súmula 510, do STF: Praticado o ato por autoridade, no exercício de competência delegada, contra ela cabe o Mandado de Segurança ou a medida judicial.* Aqui, a autoridade delegada não é considerada mera executora do ato (a autoridade delegada pode até ter um agente que seja mero executor do ato que lhe foi delegado), sendo a responsável pelas ilegalidades e abusos cometidos na execução da competência que lhe foi delegada, assim, o *mandamus* deve ser impetrado contra a autoridade delegada e não contra a autoridade delegante.
- Caso ocorra *erro na indicação da autoridade coatora*, temos que: *i)* se a autoridade erroneamente indicada pelo impetrante for vinculada a pessoa jurídica diferente daquela em que atua a real autoridade coatora, o *mandamus* deve ser extinto sem julgamento de mérito;[67] *ii)* se a autoridade erroneamente indicada pelo impetrante for vinculada a mesma pessoa jurídica em que atua a real autoridade coatora, não ocorrerá alteração do polo passivo e, sendo necessário, a correção poderá ser realizado de ofício pelo juiz;[68] *iii)* se a autoridade indicada erroneamente for a Mesa de uma certa Casa Legislativa (órgão despersonalizado), enquanto a autoridade correta seria o Presidente da Casa, o STF entende que o mandado de segurança não deve ser conhecido por ilegitimidade da autoridade coatora, vez que se tratam de pessoas diferentes.[69]
- Ainda sobre o *erro na indicação da autoridade coatora*, segundo a *teoria da encampação*, caso ocorra indicação errônea da autoridade apontada como coatora, se esta, sendo hierarquicamente superior, não se limitar a alegar sua ilegitimidade, ao prestar informações, mas também defender o mérito do ato impugnado, encampa referido ato, tornando-se legitimada para figurar no polo passivo da ação mandamental, sendo desnecessária a correção do polo passivo. Essa teoria é aplicável nos termos da *Súmula 628, do STJ: A teoria da encampação é aplicada no mandado de segurança quando presentes, cumulativamente, os seguintes requisitos: a) existência de vínculo hierárquico entre a autoridade que prestou informações e a que ordenou a prática do ato impugnado; b) manifestação a respeito do mérito nas informações prestadas; e c) ausência de modificação de competência estabelecida na Constituição Federal.*
- Súmula 627, do STF: No Mandado de Segurança contra a nomeação de magistrado da competência do Presidente da República, este é considerado autoridade coatora, ainda que o fundamento da impetração seja nulidade ocorrida em fase anterior do procedimento.
- Como vimos, segundo o art. 24, da Lei 12.016, aplicam-se ao mandado de segurança os artigos do CPC que regulamentam o *litisconsórcio*, sendo que, nos termos da jurisprudência, temos que: *i) Súmula 631, do STF:* Extingue-se o processo de mandado de segurança se o impetrante não promove, no prazo assinado, a citação do litisconsorte passivo necessário; e *ii) Súmula 701, do STF:* No Mandado de Segurança impetrado pelo ministério público contra decisão proferida em processo penal, é obrigatória a citação do réu como litisconsorte passivo.

67. STJ, RMS 14.886, Rel. Min. Hamilton Carvalho.
68. STJ, RMS 17.889, Rel. Min. Luiz Fux.
69. STF, MS 23.977, Rel. Min. Cezar Peluso.

4.7 Competência

A competência para a propositura do mandado de segurança é estabelecida de acordo com a *autoridade coatora* em face da qual o *mandamus* é impetrado. Ademais, a competência para propositura do mandado de segurança é fixada no momento da propositura da ação, sendo irrelevante a modificação posterior do *status* funcional da autoridade coatora, ou mesmo que a autoridade venha a ser removida de sua função, vez que o foro competente não será modificado.

A competência na ação de mandado de segurança é definida a partir de duas regras básicas: *i) competência funcional* definida pela Constituição; e *ii) competência infraconstitucional*, segundo a qual o juízo competente para o ajuizamento do *mandamus* será o da sede da autoridade coatora.

A *competência originária* para processar e julgar o mandado de segurança, nos termos da Constituição Federal pode ser sistematizada da seguinte maneira:

Competência Originária	Processamento e Julgamento
STF	processar e julgar, originariamente, o mandado de segurança contra atos do Presidente da República, das Mesas da Câmara dos Deputados e do Senado Federal, do Tribunal de Contas da União, do Procurador Geral da República e do próprio Supremo Tribunal Federal; (art. 102, I, "d", CF/88).
	processar e julgar, originariamente, o mandado de segurança contra o Conselho Nacional de Justiça e o Conselho Nacional do Ministério Público (art. 102, I, "r", CF/88).
STJ	processar e julgar, originariamente, o mandado de segurança contra ato de Ministro de Estado, dos Comandantes da Marinha, do Exército e da Aeronáutica ou do próprio Tribunal (art. 105, I, "b", CF/88).
TRF	processar e julgar, originariamente, o mandado de segurança contra ato do próprio Tribunal ou de juiz federal (art. 108, I, "c", CF/88).
Juiz Federal	processar e julgar o mandado de segurança contra ato de autoridade federal, excetuados os casos de competência dos tribunais federais (art. 109, VIII, CF/88).
TJ	processar e julgar o mandado de segurança conforme estabelecer a respectiva Constituição e legislação do Estado, contra atos de autoridades e agentes estaduais e/ou municipais (art. 125, §1º, CF/88).
Juiz de Direito	processar e julgar o mandado de segurança conforme estabelecer a respectiva Constituição e legislação do Estado do Estado, contra atos de autoridades e agentes estaduais e/ou municipais, excetuados os casos de competência dos Tribunais de Justiça.
Justiça Eleitoral	processar e julgar o mandado de segurança em matéria eleitoral conforme a respectiva legislação, respeitadas as disposições da Constituição (art. 121, §4º, V, CF/88).
Justiça do Trabalho	processar e julgar o mandado de segurança quando o ato questionado envolver matéria sujeita à sua jurisdição (art. 114, IV, CF/88).

A *competência recursal* na ação de mandado de segurança, nos termos da Constituição Federal, pode ser assim sistematizada:

Competência Recursal	Processamento e Julgamento
STF	processar e julgar, em ***recurso ordinário***, o mandado de segurança decidido em única instância pelos Tribunais Superiores, se denegatória a decisão; (art. 102, II, "a", CF/88).
	processar e julgar, em ***recurso extraordinário***, o mandado de segurança decidido em única ou última instância, se concessiva a decisão e desde que preenchidos os requisitos de admissibilidade (art. 102, III, CF/88).

Competência Recursal	Processamento e Julgamento
STJ	processar e julgar, em ***recurso ordinário***, os mandados de segurança decididos em única instância pelos Tribunais Regionais Federais ou pelos tribunais dos Estados, do Distrito Federal e Territórios, quando denegatória a decisão (art. 105, II, "b", CF/88).
	processar e julgar, em ***recurso especial***, os mandados de segurança, decididos em única ou última instância, pelos Tribunais Regionais Federais ou pelos tribunais dos Estados, do Distrito Federal e Territórios, se concessiva a decisão e desde que preenchidos os requisitos de admissibilidade (art. 105, III, CF/88).
TRF	processar e julgar, em ***apelação***, o mandado de segurança quando a decisão for proferida por Juiz Federal (art. 108, II, CF/88).
TJ	processar e julgar, em ***apelação***, o mandado de segurança quando a decisão for proferida por Juiz de Direito, nos termos da respectiva Constituição do Estado.
TSE	processar e julgar, em grau de recurso, o mandado de segurança quando denegado por decisão de Tribunal Regional Eleitoral (art. 121, §4º, V, da CF/88).

Isto posto, com base na jurisprudência dos tribunais superiores, é importante fazermos as seguintes considerações acerca da competência no mandado de segurança:

- Quando a ilegalidade é praticada por Tribunal, ou por turma de Tribunal, ou mesmo por membros do Tribunal (Desembargador ou Ministro), a competência para processar e julgar o mandado de segurança será do próprio Tribunal. Entretanto, é importante registrar que não cabe mandado de segurança contra decisões proferidas pelas turmas do STF.[70]
- Súmula 41, do STJ: O Superior Tribunal de Justiça não tem competência para processar e julgar, originariamente, Mandado de Segurança contra ato de outros tribunais ou dos respectivos órgãos.
- Súmula 624, do STF: Não compete ao Supremo Tribunal Federal conhecer originariamente de Mandado de Segurança contra atos de outros tribunais.
- Súmula 330, do STF: O Supremo Tribunal Federal não é competente para conhecer de Mandado de Segurança contra atos dos Tribunais de Justiça dos Estados.
- Entretanto, a competência para processar e julgar mandado de segurança contra ato de Presidente de Tribunal que, na condição de mero executor, dá cumprimento à resolução do CNJ, é do STF (art. 102, I, "r", CF/88).[71]
- Não compete ao STF julgar mandado de segurança que vise o controle de deliberações negativas do CNJ[72] ou do CNMP,[73] entendidas assim as deliberações que simplesmente tenham mantido decisões de outros órgãos, ou aquelas em que os Conselhos entendam que não lhes cabe intervir ou decidir determinado caso, ou aquelas em que os Conselhos entendam ser incompetentes.
- A competência para processar e julgar mandado de segurança impetrado por Tribunal de Justiça contra ato de Governador de Estado que atrasa o repasse do duodécimo devido ao Poder Judiciário é do STF (art. 102, I, "*n*", CF/88).[74]

---

70. STF, MS 26.193, Rel. Min. Eros Grau.
71. STF, Rcl. 4.731, Rel. Min. Cármen Lúcia.
72. STF, MS 27.148; MS 31.453; MS 32.729 e MS 33.085.
73. STF, MS 33.100 e MS 33.163.
74. STF, MS 33.483-MC, Rel. Min. Dias Toffoli.

- Súmula 623, do STF: Não gera por si só a competência originária do Supremo Tribunal Federal para conhecer do Mandado de Segurança com base no art. 102, i, "n", da constituição, dirigir-se o pedido contra deliberação administrativa do tribunal de origem, da qual haja participado a maioria ou a totalidade de seus membros.
- Segundo a *Súmula 627, do STF: No mandado de segurança contra a nomeação de magistrado da competência do Presidente da República, este é considerado autoridade coatora, ainda que o fundamento da impetração seja nulidade ocorrida em fase anterior do procedimento*. Assim, a competência para julgar o *mandamus* será do STF.
- Compete ao STF processar e julgar mandado de segurança contra ato de CPI do Congresso Nacional ou de uma de suas Casas.
- Súmula 248, do STF: É competente, originariamente, o Supremo Tribunal Federal, para Mandado de Segurança contra ato do Tribunal de Contas da União.
- Embora a competência para processar e julgar mandado de segurança contra ato de Ministro de Estado seja do STJ (art. 105, I, "*b*", CF/88), se a matéria do ato for extradicional, a competência será do STF.[75]
- Nos termos da Súmula 511, do STF, compete à Justiça Federal, em ambas as instâncias, processar e julgar as causas entre autarquias federais e entidades públicas locais, inclusive mandados de segurança.
- Compete à Justiça Federal processar e julgar mandado de segurança contra ato do Presidente ou Secretário de Junta Comercial de Estado, vez que ela exerce função delegada pelo Poder Público Federal.[76]
- Compete à Justiça Federal processar e julgar mandado de segurança contra ato de dirigente de entidade de particular de ensino superior no exercício de função delegada federal.[77]
- Compete ao juízo de primeiro grau (e não ao tribunal) julgar mandado de segurança contra ato de Promotor de Justiça.
- Compete às Turmas Recursais (da Justiça Federal e da Justiça Estadual) processar e julgar mandados de segurança contra atos dos Juízes dos Juizados Especiais Cíveis e, também, contra atos das próprias Turmas Recursais Cíveis. Nesse sentido, dispõe a Súmula 376, do STJ: *Compete a turma recursal processar e julgar o Mandado de Segurança contra ato de juizado especial*.
- Súmula 433, do STF: É competente o Tribunal Regional do Trabalho para julgar mandado de segurança contra ato de seu presidente em execução de sentença trabalhista.
- Quando o mandado de segurança for impetrado contra diferentes autoridades coatoras, se houver foro por prerrogativa de função, a competência do *mandamus* será definida em razão da autoridade de maior hierarquia.
- Em regra, mandados de segurança contra atos de ***órgãos colegiados*** devem ser impetrados contra o presidente do órgão colegiado. Entretanto, se órgão colegiado for presidido por Ministro de Estado, deve-se observar o teor da Súmula 177, do STJ, segundo a qual: *O Superior Tribunal de Justiça é incompetente para processar e Julgar,*

75. STF, MS 33.864, Rel. Min. Roberto Barroso.
76. STJ, CComp. 313.357, Rel. Min. Sálvio de Figueiredo Teixeira.
77. STJ, CComp. 153.868, Rel. Min. Assusete Magalhães.

originariamente, Mandado de Segurança contra ato de órgão colegiado presidido por Ministro de Estado.

- No mandado de segurança contra ***atos complexos***, a autoridade coatora é a última autoridade que interviu no ato para o seu aperfeiçoamento, entretanto todas as autoridades que participaram da formação do ato devem ser notificadas.
- No mandado de segurança contra ***atos compostos***, a autoridade coatora é aquela que pratica o ato principal.
- No mandado de segurança contra atos praticados em ***procedimentos administrativos***, a autoridade coatora é aquela que preside o procedimento.

4.8 Prazo para impetração do mandado de segurança

Nos termos do art. 23, da Lei 12.016, *o direito de requerer mandado de segurança extinguir-se-á decorridos **120 dias**, contados da ciência, pelo interessado, do ato impugnado.* Embora a constitucionalidade desse dispositivo já tenha sido questionada, o Supremo Tribunal Federal já se manifestou reconhecendo sua constitucionalidade. Nesse sentido, dispõe a Súmula 632, do STF: *É constitucional lei que fixa o prazo de decadência para a impetração de Mandado de Segurança.*

À luz da jurisprudência dos tribunais superiores, é importante fazermos as seguintes observações sobre esse prazo de 120 dias para a impetração do *mandamus*:

1) Esse prazo é ***decadencial***, logo, não se interrompe nem se suspende.

2) Nos termos do art. 208, do Código Civil, o prazo decadencial de 120 dias para a impetração do *mandamus* não corre contra os ***absolutamente incapazes***.

3) À luz da hermenêutica do art. 5º, I, da Lei 12.016, o prazo decadencial de 120 dias para a impetração do *mandamus* não corre enquanto houver ***recurso administrativo com efeito suspensivo***, só se iniciando após ciência da decisão do recurso.[78]

4) Súmula 430, do STF: ***Pedido de reconsideração*** na via administrativa não interrompe o prazo para o Mandado de Segurança.

5) Em caso de ***mandado de segurança preventivo***, impetrado em face de ameaça de lesão a direito líquido e certo, não há que se falar em prazo decadencial de 120 dias, vez que enquanto durar a ameaça o *writ* poderá ser impetrado.

6) Em caso de mandado de segurança impetrado contra ***omissão*** de determinada autoridade: *i) se a Administração não estiver sujeita a prazo para a prática do ato*, não há que se falar em prazo decadencial de 120 dias, pois enquanto a omissão, o *writ* poderá ser impetrado; *ii) se a Administração estiver sujeita a prazo para a prática do ato*, o prazo decadencial de 120 dias para impetração do *mandamus* começa a correr após findo o prazo da Administração sem a realização do ato.

7) Como vimos, enquanto há omissão continuada da Administração, não corre prazo de decadência para a impetração do *mandamus*, entretanto, segundo o STF, essa omissão cessa no momento em que há situação jurídica de que decorre inequivocamente a recusa, por parte da Administração, de pretendido direito, fluindo daí o prazo de 120 dias para a impetração do *mandamus*. Nesse sentido, o STF decidiu que, em

78. STJ, Resp 644.640-AgRg nos EDcl., Rel. Min. Gilson Dipp.

se tratando de ***concurso público***, a abertura de novo concurso pela Administração traduz situação jurídica de evidente recursa de aproveitamento dos candidatos do concurso anterior, pondo fim, assim, à omissão continuada pela falta desse provimento, começando a correr o prazo decadencial de 120 dias para a impetração do *mandamus*.[79]

8) Segundo o STF e o STJ, o termo inicial para impugnar ***critérios de aprovação e classificação de concurso público*** por meio de mandado de segurança conta-se a partir do momento em que a cláusula do edital causar prejuízo ao candidato e não da publicação do edital.[80]

9) Segundo o STF, o prazo de 120 dias para a propositura do mandado de segurança contra ato contrário aos interesses da parte em ***processo administrativo federal*** só se inicia com a intimação direta da parte, na forma do art. 26, §3°, da Lei 9.784/1999.[81]

10) Nos ***atos ilegais ou abusivos de trato sucessivo***, o prazo decadencial de 120 dias para a propositura do mandado de segurança se renova a cada ato que gerar lesão ao direito líquido e certo do impetrante. Entretanto, segundo o STJ, se o direito negado (e lesado) for o próprio ***direito de fundo***, não há que se falar em atos que se renovam causando lesão cíclicas, de modo que o prazo para a propositura do *mandamus* deve ser contado a partir da data em que impetrante toma conhecimento da denegação.[82]

11) Caso o mandado de segurança seja proposto dentro do prazo, contudo em ***juízo incompetente***, sendo o *mandamus*, posteriormente, remetido ao juízo competente, não ocorrerá a caducidade do *writ*, vez que a ação foi impetrada dentro do prazo legal.

12) O STF já ***relativizou o prazo*** legal de 120 dias do mandado de segurança em face dos princípios da segurança jurídica, da primazia do julgamento de mérito e da eficiência processual, em situação fática na qual o *mandamus* foi impetrado fora do prazo, mas teve medida liminar erroneamente deferida pelo relator à época, perdurando por mais de 12 anos, até o julgamento do mérito pelo Supremo.[83]

4.9 Procedimento

O mandado de segurança possui um procedimento especial de rito sumaríssimo, que se desenvolve nos termos da Lei 12.016/2009, podendo ser sistematizado da seguinte forma:

A ***petição inicial***, que deverá preencher os requisitos do Código de Processo Civil, será apresentada em 2 vias com os documentos que instruírem a primeira reproduzidos na segunda e indicará, além da autoridade coatora, a pessoa jurídica que esta integra, à qual se acha vinculada ou da qual exerce atribuições.

Impetrado o mandado de segurança, ***a inicial poderá ser indeferida de plano***, por decisão motivada, quando não for o caso de mandado de segurança ou lhe faltar algum dos requisitos legais ou quando decorrido o prazo legal para a impetração, sendo que do indeferimento da inicial pelo juiz de primeiro grau caberá apelação e, quando a competência para o julgamento

79. STF, RMS 23.897, Rel. Min. Moreira Alves.
80. STF, RMS 23.586, Rel. Min. Gilmar Mendes; STJ REsp. 1.124.254, Rel. Min. Sidnei Beneti.
81. STF, RMS 32.487, Rel. Min Marco Aurélio.
82. STJ, RMS 17.804, Rel. Min. Felix Fischer.
83. STF, MS 25.097, Rel. Min. Gilmar Mendes.

do *mandamus* couber originariamente a um tribunal, do ato do relator caberá agravo para o órgão competente do respectivo tribunal.

Não sendo caso de indeferimento, ***ao despachar a inicial, o juiz ordenará:***

i) que se notifique o coator do conteúdo da petição inicial, enviando-lhe a segunda via apresentada com as cópias dos documentos, a fim de que, no prazo de 10 dias, preste as informações;

ii) que se dê ciência do feito ao órgão de representação judicial da pessoa jurídica interessada, enviando-lhe cópia da inicial sem documentos, para que, querendo, ingresse no feito;

iii) se houver pedido liminar e os requisitos para a concessão estiverem preenchidos, que se suspenda o ato que deu motivo ao pedido, sendo facultado exigir do impetrante caução, fiança ou depósito, com o objetivo de assegurar o ressarcimento à pessoa jurídica.

Após o transcurso do prazo de prestação de informações, ***o juiz ouvirá o representante do Ministério Público***, que opinará, dentro do prazo improrrogável de 10 dias. Assim, em regra, é indispensável a intimação do Ministério Público para opinar nas ações de mandado de segurança. Entretanto, conforme já afirmou o STF, a oitiva do Ministério Público é desnecessária quando se tratar de controvérsia acerca da qual o tribunal já tenha firmado jurisprudência, de modo que inexiste qualquer vício na ausência de remessa dos autos ao *parquet* que enseje nulidade processual, se houver posicionamento sólido do tribunal, sendo legítima a apreciação de pronto pelo relator.[84]

Em seguida, com ou sem o parecer do membro Ministério Público, os autos serão conclusos ao juiz, para a ***decisão***, a qual deverá ser necessariamente proferida em 30 dias.

Após este breve resumo sobre o rito procedimento do *mandamus*, ainda é preciso fazermos as seguintes ***observações*** sobre o procedimento do mandado de segurança:

1) Conforme o art. 4º, da Lei 12.016, em caso de urgência, é permitido, observados os requisitos legais, impetrar mandado de segurança por telegrama, radiograma, fax ou outro meio eletrônico de autenticidade comprovada. Nesses termos, poderá o juiz, em caso de urgência, notificar a autoridade por telegrama, radiograma ou outro meio que assegure a autenticidade do documento e a imediata ciência pela autoridade. Entretanto, o texto original da petição deverá ser apresentado nos 5 dias úteis seguintes à impetração do *mandamus*. Ademais, para fins desse procedimento, em se tratando de documento eletrônico, serão observadas as regras da Infraestrutura de Chaves Públicas Brasileira – ICP-Brasil.

2) Segundo o STF, em regra, ***o impetrante pode desistir de mandado de segurança a qualquer tempo***, ainda que proferida decisão de mérito a ele favorável, e sem anuência da parte contrária, vez que o *mandamus* não se reveste de lide, em sentido material.[85] Entretanto, o próprio STF já excepcionou essa regra: No caso, o Supremo considerou que não é cabível a desistência do mandado de segurança, nas hipóteses em que se discute a exigibilidade de concurso público para delegação de serventias extrajudiciais, quando na espécie já houver sido proferida decisão de mérito, objeto de sucessivos recursos, vez que, segundo a Corte, tudo levaria a crer que a

84. STF, MS 32.482, Rel. Orig. Min. Teori Zavaski, Red. p/ o Acórdão Min. Edson Fachin.
85. STF, RE 669.367, Rel. Min. Luiz Fux.

desistência teria como finalidade secundária evitar a constituição da coisa julgada, possibilitando que a matéria fosse discutida em ação ordinária perante a justiça comum, perpetuando a controvérsia.[86]

3) Nos termos do art. 16, da Lei 12.016, nos casos de competência originária dos tribunais, caberá ao relator a instrução do processo, sendo assegurada a defesa oral na sessão do julgamento do mérito ou do pedido liminar.

4.10 Liminar

É cabível o pedido liminar na ação de mandado de segurança, desde que presentes os fundamentos tradicionais das tutelas liminares: ***fumus boni iuris*** (probabilidade do direito) e ***periculum in mora*** (perigo de dano ou o risco ao resultado útil do processo). Nesse sentido, o art. 7º, III, da Lei 12.016 dispõe que, ao despachar a inicial, o juiz ordenará que se suspenda o ato que deu motivo ao pedido, quando houver fundamento relevante e do ato impugnado puder resultar a ineficácia da medida, caso seja finalmente deferida, sendo facultado exigir do impetrante caução, fiança ou depósito, com o objetivo de assegurar o ressarcimento à pessoa jurídica. Assim, a redação do citado art. 7º, III, da Lei 12.016, deixa claro que a concessão da liminar é um ***direito subjetivo do autor***, de modo que, preenchidos os requisitos, o magistrado está obrigado a concedê-la.

Entretanto, a própria lei excepciona essa regra e estabelece que ***não será concedida medida liminar que tenha por objeto: i)*** a compensação de créditos tributários; ***ii)*** a entrega de mercadorias e bens provenientes do exterior; e ***iii)*** a reclassificação ou equiparação de servidores públicos e a concessão de aumento ou a extensão de vantagens ou pagamento de qualquer natureza.

Deferida a medida liminar, o processo terá prioridade para julgamento e os efeitos da liminar, salvo se revogada ou cassada, persistirão até a prolação da sentença.

Ademais, nos termos da lei, será decretada a ***perempção ou caducidade da medida liminar ex officio*** ou a requerimento do Ministério Público quando, concedida a medida, o impetrante criar obstáculo ao normal andamento do processo ou deixar de promover, por mais de 3 dias úteis, os atos e as diligências que lhe cumprirem.

Além disso, dispõe a lei que as ***autoridades administrativas***, no prazo de 48 horas da notificação da medida liminar, remeterão ao Ministério ou órgão a que se acham subordinadas e ao Advogado Geral da União ou a quem tiver a representação judicial da União, do Estado, do Município ou da entidade apontada como coatora cópia autenticada do mandado notificatório, assim como indicações e elementos outros necessários às providências a serem tomadas para a eventual suspensão da medida e defesa do ato apontado como ilegal ou abusivo de poder.

Nos termos da Lei 12.016, da decisão do juiz de primeiro grau que conceder ou denegar a liminar caberá ***agravo de instrumento*** (art. 7º, §1º). Já nos mandados de segurança de competência originária dos tribunais, da decisão do relator que conceder ou denegar a medida liminar caberá ***agravo*** ao órgão competente do tribunal que integre (art. 16, p.ú.).[87]

86. STF, MS 29130 ED-ED-AgR, Rel. Min. Teori Zavascki.
87. Assim, está superada a Súmula 622, do STF, conforme decidido pelo próprio Supremo no MS 25.563-AgR, de relatoria do Min. Marco Aurélio.

Além da possibilidade de interposição de agravo (recurso), a lei prevê outro instrumento que visa a *suspensão dos efeitos da medida liminar*, é a chamada ***suspensão da liminar (ou suspensão da segurança)***, que não possui natureza processual de recurso. Assim, nos termos do art. 15, da Lei 12.016, a pessoa jurídica de direito público interessada ou o Ministério Público, para evitar grave lesão à ordem, à saúde, à segurança e à economia públicas, podem requerer ao Presidente do Tribunal competente (ao qual couber o conhecimento do respectivo recurso) a suspensão, em decisão fundamentada, da execução da liminar e da sentença do mandado de segurança, sendo que, da decisão do Presidente do Tribunal que concede ou que denega a suspensão da liminar caberá ***agravo interno***.[88] Além disso, nos termos da Súmula 626, do STF, *a suspensão da liminar em Mandado de Segurança, salvo determinação em contrário da decisão que a deferir, vigorará até o trânsito em julgado da decisão definitiva de concessão da segurança ou, havendo recurso, até a sua manutenção pelo Supremo Tribunal Federal, desde que o objeto da liminar deferida coincida, total ou parcialmente, com o da impetração.*

Por fim, é preciso responder a uma última questão: caso a decisão final do mandado de segurança seja denegatória, como fica a medida liminar que havia sido concedida? Bem, nos termos do art. 7º, §3º, da Lei 12.016, *os efeitos da medida liminar, salvo se revogada ou cassada, persistirão até a prolação da sentença*. Em sentido semelhante, dispõe a Súmula 405, do STF, que *denegado o Mandado de Segurança pela sentença, ou no julgamento do agravo, dela interposto, fica sem efeito a liminar concedida, retroagindo os efeitos da decisão contrária.*

4.11 Decisão, efeitos e recursos

A decisão concessiva do mandado de segurança é ***mandamental***, contendo uma ordem direcionada à autoridade coatora, sendo, em regra, de execução imediata. Ademais, sobre a decisão do *mandamus*, é importante fazermos as seguintes observações:

- O descumprimento das decisões (de mérito ou liminares) proferidas em mandado de segurança constitui crime de desobediência, conforme prevê expressamente o art. 26, da Lei 12.016.
- Uma vez concedido o *mandamus*, o juiz transmitirá em ofício, por intermédio do oficial de justiça do juízo, ou pelo correio, mediante correspondência com aviso de recebimento, o inteiro teor da sentença à autoridade coatora e à pessoa jurídica interessada.
- A sentença que conceder o mandado de segurança pode ser executada provisoriamente, salvo nos casos em que for vedada a concessão da medida liminar.
- Concedida a segurança, a sentença estará sujeita obrigatoriamente ao duplo grau de jurisdição.
- Segundo a Súmula 271, do STF, a concessão de Mandado de Segurança não produz efeitos patrimoniais em relação a período pretérito, os quais devem ser reclamados administrativamente ou pela via judicial própria. No mesmo sentido, dispõe o art. 14, §4º, da Lei 12.016, segundo o qual, o pagamento de vencimentos e vantagens pecuniárias assegurados em sentença concessiva de mandado de segurança a servidor público da administração direta ou autárquica federal, estadual e municipal somente será efetuado relativamente às prestações que se vencerem a contar da data do ajuizamento da inicial.

88. Nesse sentido, foram canceladas as súmulas 217, do STJ, e 506, do STF.

- Segundo o STF e o STJ, na ***fase cognitiva*** do mandado de segurança, a decisão que determina o pagamento retroativo de valores devidos a ***anistiado político*** deve incluir os juros de mora e correção monetária, sendo esses devidos, independentemente de decisão expressa nesse sentido.[89] Já na ***fase executiva***, só é possível a inclusão dos juros de mora e correção monetária quando houver decisão expressa nesse sentido.[90]
- Nos termos da Súmula 512, do STF e da Súmula 105 do STJ, não se admite condenação em honorários advocatícios na ação de Mandado de Segurança.

Passando-se à análise do ***sistema recursal***, temos que: ***i)*** se o mandado de segurança for impetrado originariamente no primeiro grau de jurisdição, da sentença, denegando ou concedendo o *mandamus*, cabe ***Apelação***, que poderá ser interposta pelo autor da ação, pela autoridade coatora, pela pessoa jurídica de direito público à qual está vinculada a autoridade coatora e o Ministério Público (como *custos constitucionis*); ***ii)*** se o mandado de segurança for impetrado originariamente perante Tribunal e o relator do *mandamus* vier a indeferi-lo de plano, cabe ***Agravo Regimental***.

Além disso, preenchidas as hipóteses e os requisitos constitucionais, ainda, é possível a interposição de: Recurso Ordinário para o STJ (art. 105, II, "*b*"); Recurso Especial para o STJ (art. 105, III); Recurso Ordinário para o STF (art. 102, II, "*a*"); e Recurso Extraordinário para o STF (art. 102, III).

Ademais, sobre o sistema recursal do mandado de segurança, é importante fazermos as seguintes observações:

- Súmula 392, do STF: O prazo para recorrer de acórdão concessivo de segurança conta-se da publicação oficial de suas conclusões, e não da anterior ciência à autoridade para cumprimento da decisão.
- Segundo o art. 25, da Lei 12.016, não cabem, no processo de mandado de segurança, a interposição de embargos infringentes. Nesse sentido, dispõem as Súmulas 294 e 597, do STF e a Súmula 169, do STJ.
- Súmula 272, do STF: Não se admite como ordinário recurso extraordinário de decisão Denegatória de Mandado de Segurança.
- Súmula 299, do STF: O recurso ordinário e o extraordinário interpostos no mesmo processo de Mandado de Segurança, ou de *habeas corpus*, serão julgados conjuntamente pelo tribunal pleno.

Nos moldes da suspensão dos efeitos da liminar, a lei prevê a possibilidade de ***suspensão dos efeitos da sentença***, que que não possui natureza processual de recurso. Assim, nos termos do art. 15, da Lei 12.016, a pessoa jurídica de direito público interessada ou o Ministério Público, para evitar grave lesão à ordem, à saúde, à segurança e à economia públicas, podem requerer ao Presidente do Tribunal competente (ao qual couber o conhecimento do respectivo recurso) a suspensão, em decisão fundamentada, da execução da liminar e da sentença do mandado de segurança, sendo que, da decisão do Presidente do Tribunal que concede ou que denega a suspensão dos efeitos da sentença caberá ***agravo interno***, no prazo de 15 dias (art. 1070, CPC/2015).[91]

---

89. STF, RMS 36.182, Rel. Min. Marco Aurélio; STJ MS 24.212-AgInt, Rel. Min. Og. Fernandes.
90. STJ, *Exe*MS 18.782, Rel. Min. Mauro Campbell Marques.
91. Nesse sentido, foram canceladas as súmulas 217, do STJ, e 506, do STF.

Por fim, em relação à *coisa julgada* no mandado de segurança, a Lei 12.016 dispõe em seu art. 6º, §6º, que *"o pedido de mandado de segurança poderá ser renovado dentro do prazo decadencial, se a decisão denegatória não lhe houver apreciado o mérito"*, e no seu art. 19, que *"a sentença ou o acórdão que denegar mandado de segurança, sem decidir o mérito, não impedirá que o requerente, por ação própria, pleiteie os seus direitos e os respectivos efeitos patrimoniais"*. Assim, temos basicamente três situações: *i)* a decisão aprecia o mérito e concede a ordem em favor do impetrante, produzindo coisa julgada material em seu favor; *ii)* a decisão aprecia o mérito e denega a ordem, produzindo coisa julgada material em desfavor do impetrante e impedindo que seja proposto outro mandado de segurança ou mesmo outra ação judicial; *iii)* a decisão denegatória não aprecia o mérito, não produzindo coisa julgada material, podendo o impetrante propor outro mandado de segurança (observado o prazo decadencial de 120 dias) ou mesmo outra ação judicial. Nesse sentido, dispõe a Súmula 304, do STF, que *a decisão denegatória de Mandado de Segurança, não fazendo coisa julgada contra o impetrante, não impede o uso da ação própria.*

5. MANDADO DE SEGURANÇA COLETIVO

5.1 Conceito

O mandado de segurança coletivo consiste em ação constitucional de natureza cível que busca proteger ***direito líquido e certo de natureza transindividual*** lesionado ou ameaçado de lesão, não amparado por *habeas corpus* ou por *habeas data*, em razão de ilegalidade ou abuso de poder cometido por autoridade pública ou agente de pessoa jurídica no exercício de atribuições públicas.

5.2 Finalidades

A doutrina aponta que o mandado de segurança coletivo possui as seguintes finalidades:

- ***Evitar a proliferação de demandas idênticas,*** pois um único mandado de segurança coletivo evita que os diversos titulares do mesmo direito ingressem cada um com um mandado de segurança individual.
- ***Facilitar o acesso à justiça,*** pois, por exemplo, muitas vezes, boa parte dos titulares de certos direitos não ingressariam com o *mandamus*, seja por ignorância, por medo ou outros motivos.
- ***Fortalecer as entidades de classe,*** pois o *mandamus* coletivo permite que as organizações sindicais, as entidades de classe e as associações defendem os direitos de seus membros ou associados.

5.3 Objeto de proteção

Retomando algumas considerações que fizemos ao estudar a teoria geral dos direitos fundamentais, pode-se dizer que os ***direitos individuais***, ligados especialmente à primeira geração dos direitos fundamentais, são aqueles que são titularizados pelo indivíduo considerado de maneira isolada, isto é, são direitos que uma pessoa é capaz de titularizar sozinha, como a vida, a integridade física, a liberdade, a privacidade etc. Ademais, segundo a doutrina, há ainda ***direitos individuais de expressão coletiva***, direitos titularizados por cada pessoa individualmente considerada, mas que só podem ser exercidos de forma coletiva, como o direito de reunião e o direito de associação, por exemplo.

Já os direitos coletivos, ligados especialmente à terceira geração dos direitos fundamentais, são os direitos transindividuais, sejam eles difusos ou coletivos, isto é, aqueles que são titularizados concomitantemente por mais de uma pessoa, transpondo a individualidade. Nos termos da definição legal, os direitos difusos são os transindividuais, de natureza indivisível, de que sejam titulares pessoas indeterminadas e ligadas por circunstâncias de fato, enquanto os direitos coletivos são os transindividuais, de natureza indivisível de que seja titular grupo, categoria ou classe de pessoas ligadas entre si ou com a parte contrária por uma relação jurídica base. Ademais, por opção legislativa, ainda temos uma categoria de direitos individuais que podem receber proteção transindividual, sendo chamados de direitos individuais homogêneos, sendo definidos como aqueles direitos individuais decorrentes de origem comum.

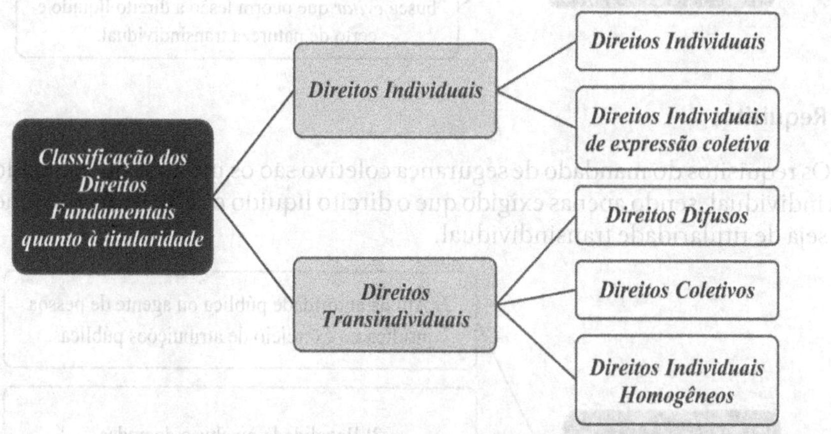

Partindo dessas premissas fica fácil definir o objeto de proteção mandado de segurança. Ora, o mandado de segurança individual se destina à proteção de direito líquido e certo individual, enquanto ***o mandado de segurança coletivo se destina à proteção de direito líquido e certo transindividual***, seja direitos difusos, coletivos ou individuais homogêneos.

Entretanto, a *Lei 12.016/2009* (que regulamenta o mandado de segurança), de forma infeliz, ao tratar do objeto do mandado de segurança coletivo, omite os direitos difusos, prevendo proteção apenas aos direitos coletivos e individuais homogêneos, afirmando em seu *art. 21, parágrafo único,* que *os direitos protegidos pelo mandado de segurança coletivo podem ser:*

i) **coletivos**, assim entendidos, para efeito desta Lei, os transindividuais, de natureza indivisível, de que seja titular grupo ou categoria de pessoas ligadas entre si ou com a parte contrária por uma relação jurídica básica;

ii) **individuais homogêneos**, assim entendidos, para efeito desta Lei, os decorrentes de origem comum e da atividade ou situação específica da totalidade ou de parte dos associados ou membros do impetrante.

Essa omissão legislativa, a nosso ver, não pode ser interpretada de forma a restringir a proteção dos direitos difusos pela via do mandado de segurança coletivo, devendo o citado dispositivo receber interpretação conforme a constituição, especialmente à luz do art. 5º, LXIX e LXX, da CF/88, que não fazem essa restrição. Assim, ***entendemos ser cabível o mandado de segurança coletivo para a proteção de direito líquido e certo difuso*** por força constitucional, não podendo essa proteção ser afastada em razão de indevida omissão do legislador infraconstitucional, em respeito à força normativa e à supremacia da Constituição e, também, da aplicabilidade imediata dos direitos e garantias fundamentais.

5.4 Espécies

O mandado de segurança coletivo, da mesma forma que o mandado de segurança individual, possui as seguintes espécies:

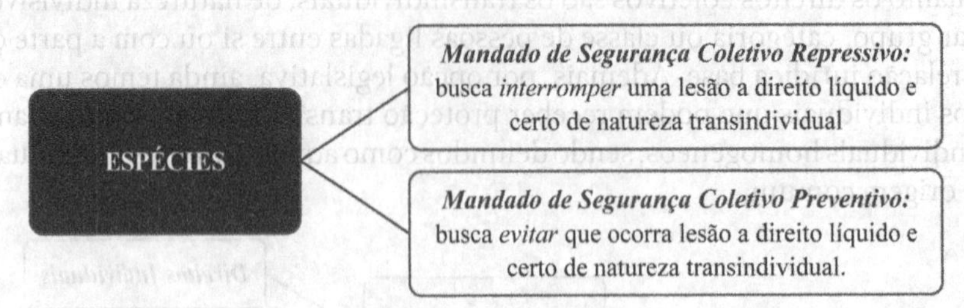

5.5 Requisitos

Os requisitos do mandado de segurança coletivo são os mesmos do mandado de segurança individual, sendo apenas exigido que o direito líquido e certo lesado ou ameaçado de lesão seja de titularidade transindividual.

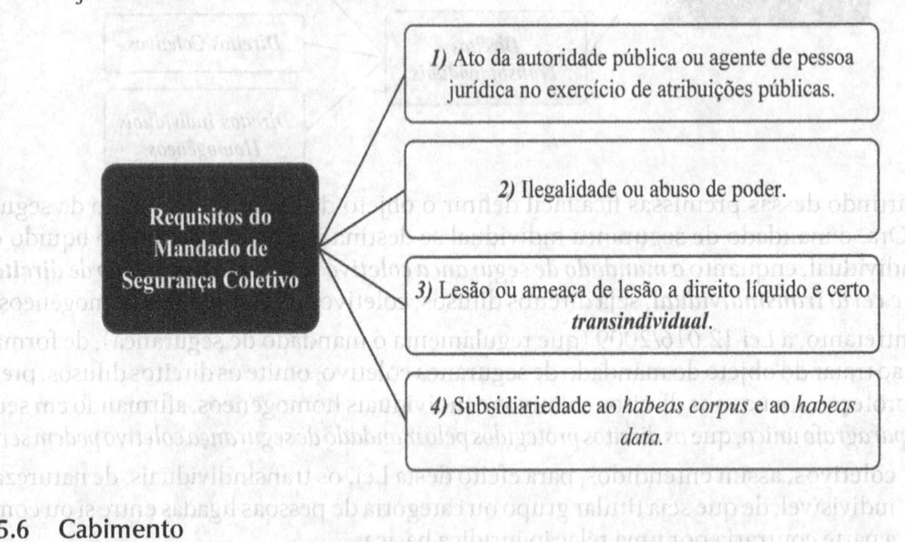

5.6 Cabimento

Preenchidos os requisitos, o mandado de segurança coletivo será cabível, sendo a análise legal e jurisprudencial feita em face do cabimento do mandado de segurança individual aplicável ao *mandamus* coletivo.

5.7 Legitimidade ativa

Nos termos do art. 5º, LXX, da CF/88, ***o mandado de segurança coletivo pode ser impetrado por:***

a) partido político com representação no Congresso Nacional;

- A exigência de representação no Congresso Nacional se satisfaz com um único representante, independentemente da Casa Legislativa à qual ele pertença, não sendo necessária representação nas duas casas (Câmara e Senado).
- Nos termos do art. 21, da Lei 12.016, o mandado de segurança coletivo pode ser impetrado por partido político na defesa de seus interesses legítimos relativos: *i)* a seus integrantes; ou *ii)* à finalidade partidária.
- Embora haja decisões do STJ e do STF em sentido contrário, parece-nos que, mais recentemente, o STF tem aceitado a impetração do mandado de segurança coletivo, por partido político, para a defesa de interesses da sociedade e não apenas para a defesa dos interesses de seus filiados.[92]

b) *organização sindical, entidade de classe ou associação legalmente constituída e em funcionamento há pelo menos um ano, em defesa dos interesses de seus membros ou associados;*

- A organização sindical, a entidade de classe e a associação podem propor o mandado de segurança coletivo apenas para a defesa dos interesses de seus membros ou associados. Na defesa de direito líquido e certo da própria organização sindical, da entidade de classe ou da associação, será cabível *mandado de segurança individual* e não mandado de segurança coletivo.
- Segundo o STF, o requisito *"em funcionamento há pelo menos um ano"*, aplica-se somente às associações, não sendo exigido das organizações sindicais e das entidades de classe.[93]
- Segundo o STF, não é necessário que o objeto do mandado de segurança coletivo tenha vínculo com os fins próprios da entidade, nem mesmo que se trate de um direito peculiar da classe, bastando que seja um direito de titularidade dos associados decorrente das atividades exercidas por eles.[94]
- Súmula 630, do STF: A entidade de classe tem legitimação para o Mandado de Segurança ainda quando a pretensão veiculada interesse apenas a uma parte da respectiva categoria.
- Segundo o STF, o mandado de segurança coletivo tem *legitimidade ativa extraordinária*, de modo que as entidades legitimadas não atuam por representação, mas sim por *substituição processual*, ajuizando o *mandamus* em nome próprio para a defesa de direitos alheios (de seus membros ou associados), razão pela qual não é necessário constar na petição inicial da ação de mandado de segurança os nomes de todos os associados. Nesse sentido, dispõe a *Súmula 629, do STF que "a impetração de Mandado de Segurança coletivo por entidade de classe em favor dos associados independe da autorização destes"*. O teor desta súmula justifica-se, sobretudo, pelo fato de as entidades atuarem por substituição processual e não por representação, afastando a exigência de autorização expressa prevista no art. 5º, XXI, da CF/88.

92. STF, RE 196.184, Rel. Min. Ellen Gracie.
93. STF, RE 198.919, Rel. Min. Ilmar Galvão.
94. STF, RE 181.438, Rel. Min. Carlos Velloso.

5.8 Legitimidade passiva

A legitimidade passiva do mandado de segurança coletivo é a mesma do *mandamus* individual, aplicando-se as considerações que fizemos ao tratar do tema.

5.9 Competência

A competência para a propositura do mandado de segurança coletivo é a mesma do *mandamus* individual, aplicando-se as considerações que fizemos ao tratar do tema.

5.10 Prazo para impetração do mandado de segurança coletivo

O prazo para a impetração do mandado de segurança coletivo é o mesmo do *mandamus* individual (120 dias, contados da ciência, pelo interessado, do ato impugnado), aplicando-se as considerações que fizemos ao tratar do tema.

5.11 Procedimento

O procedimento a ser observado no mandado de segurança coletivo é o mesmo do *mandamus* individual, aplicando-se as considerações que fizemos ao tratar do tema, havendo uma pequena diferença em relação à concessão de medida liminar *inaudita altera pars*.

5.12 Liminar

Em linhas gerais, a concessão de medida liminar no mandado de segurança coletivo segue as mesmas regras do *mandamus* individual, aplicando-se as considerações que fizemos ao tratar do tema.

Entretanto, há uma única, mas relevante diferença, pois segundo o art. 22, §2º, da Lei 12.016, *no mandado de segurança coletivo, a liminar só poderá ser concedida após a audiência do representante judicial da pessoa jurídica de direito público, que deverá se pronunciar no prazo de 72 horas.*

Essa norma veda a concessão da medida liminar inaudita altera pars no mandamus coletivo caso a autoridade coatora seja pessoa jurídica de direito público. A nosso ver, esse dispositivo é de constitucionalidade duvidosa e, sendo considerado válido, deve ser interpretado à luz do modelo constitucional de processo, sofrendo restrições sempre que a não concessão imediata da medida liminar (sem ouvir o representante judicial da pessoa jurídica de direito público) puder causar dano grave e de difícil reparação (ou irreparável) ao impetrante do *writ*.

5.13 Decisão, efeitos e recursos

Aplicam-se ao mandado de segurança coletivo as considerações que fizemos acerca da decisão, dos recursos e da suspensão dos efeitos da sentença do *mandamus* individual. Entretanto, há de se destacar duas diferenças relevantes, uma em relação à amplitude dos efeitos da decisão e outra em relação à coisa julgada do *mandamus* coletivo.

No mandado de segurança coletivo, os ***efeitos*** da decisão abrangem todos os associados que se encontrem na situação descrita na petição inicial do *mandamus*, independente se entraram na associação antes ou após a impetração da ação.

Ademais, segundo o art. 22, da Lei 12.016, que, *no mandado de segurança coletivo, a sentença fará* ***coisa julgada*** *limitadamente aos membros do grupo ou categoria substituídos pelo impetrante.*

Por sua vez, dispõe o §1º, do art. 22, da Lei 12.016, que *o mandado de segurança coletivo não induz litispendência para as ações individuais, mas os efeitos da coisa julgada não beneficiarão o impetrante a título individual se não requerer a* ***desistência*** *de seu mandado de segurança no prazo de 30 dias a contar da ciência comprovada da impetração da segurança coletiva.*

A nosso ver, essa exigência de desistência do mandado de segurança individual é inconstitucional devendo o referido dispositivo receber interpretação conforme à Constituição, de modo que, à luz do modelo constitucional de processo, ao invés desse requerimento de desistência, seja exigido do autor um requerimento de suspensão do mandado de segurança individual. Ademais, defendemos, via de regra, a primazia da decisão de mérito do *mandamus* individual sobre a decisão do *mandamus* coletivo, nos seguintes termos:[95]

1) Em caso de mandado de segurança coletivo que visa a tutela de direitos difusos, se a decisão definitiva conceder a segurança fará coisa julgada *erga omnes*, se denegar a segurança, ainda que com julgamento do mérito, não impedirá o ajuizamento de *mandamus* individual (respeitado o prazo decadencial de 120 dias) ou de outra ação judicial cabível.

2) Em caso de mandado de segurança coletivo que visa a tutela de direitos coletivos, se a decisão definitiva conceder a segurança fará coisa julgada *ultra partes*, limitadamente ao grupo, categoria ou classe, se denegar a segurança, ainda que com julgamento do mérito, não impedirá o ajuizamento de *mandamus* individual (respeitado o prazo decadencial de 120 dias) ou de outra ação judicial cabível.

3) Em caso de mandado de segurança coletivo que visa a tutela de direitos individuais homogêneos, se a decisão definitiva conceder a segurança fará coisa julgada *erga omnes*, beneficiando todas as vítimas e seus sucessores, se denegar a segurança, ainda que com julgamento do mérito, não impedirá o ajuizamento de *mandamus* individual (respeitado o prazo decadencial de 120 dias) ou de outra ação judicial cabível, salvo pelos interessados que tiverem intervindo o como litisconsortes no *mandamus* coletivo.

6. MANDADO DE INJUNÇÃO

6.1 Conceito

O mandado de injunção consiste em ação constitucional de natureza cível que busca viabilizar o exercício dos direitos e liberdades constitucionais e das prerrogativas inerentes à nacionalidade, à soberania e à cidadania, que se encontrem inviabilizados por falta de norma regulamentadora de norma constitucional.

6.2 Finalidades

A doutrina, comumente, costuma apontar que o mandado de injunção possui as seguintes finalidades:

95. ALMEIDA, Gregório Assagra de. Manual das ações constitucionais. Belo Horizonte: Del Rey, 2007, p. 607.

- Viabilizar e concretizar o exercício de direitos constitucionais.
- Combater a inércia dos poderes públicos em regulamentar as normas consagradoras de direitos constitucionais que necessitam de regulamentação.

Percebe-se, então, que o mandado de injunção objetiva atacar a chamada ***"síndrome da inefetividade dos poderes públicos (ou síndrome da inefetividade das normas constitucionais)"***, ou seja, objetiva atacar a inércia dos poderes públicos em efetivar as normas constitucionais que necessitam de regulamentação para que elas possam produzir todos os seus efeitos, viabilizando o exercício dos direitos constitucionais por elas consagrados.

6.3 Espécies

Com base na Lei 13.300/2016 (lei que regulamenta o mandado de injunção), a doutrina costuma apontar as seguintes espécies de mandado de injunção:

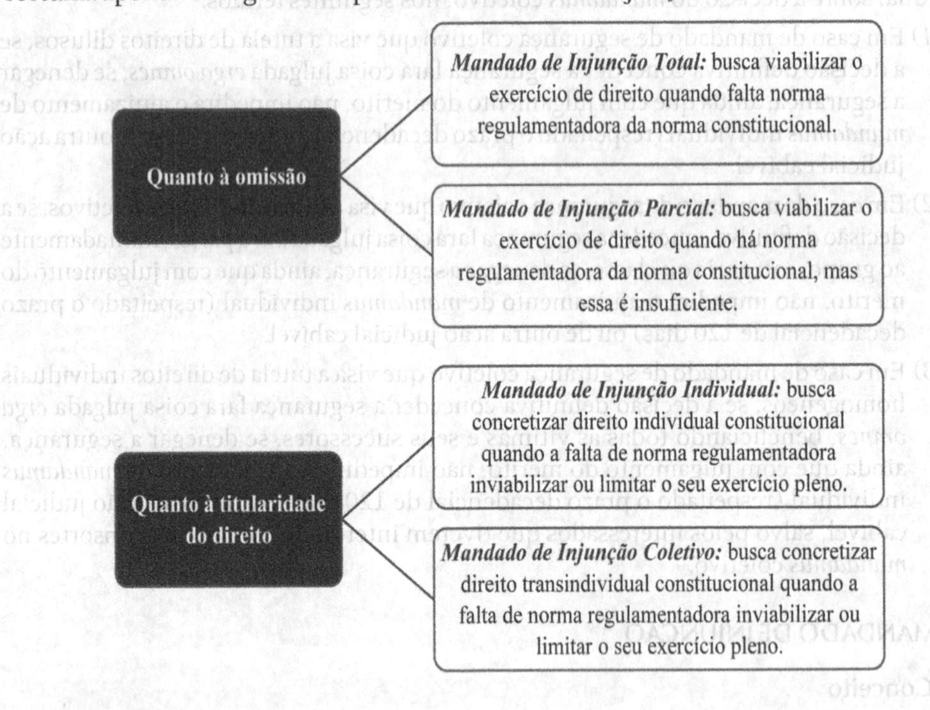

6.4 Requisitos

Conforme dispõe o art. 5º, LXXI, da CF/88, *conceder-se-á mandado de injunção sempre que a falta de norma regulamentadora torne inviável o exercício dos direitos e liberdades constitucionais e das prerrogativas inerentes à nacionalidade, à soberania e à cidadania.* Já o art. 2º, da Lei 13.300, em redação quase idêntica, mas acrescentando que a omissão pode ser total ou parcial, afirma que *conceder-se-á mandado de injunção sempre que a falta **total ou parcial** de norma regulamentadora torne inviável o exercício dos direitos e liberdades constitucionais e das prerrogativas inerentes à nacionalidade, à soberania e à cidadania.*

Assim, para o cabimento do mandado de injunção, exige-se o preenchimento dos seguintes requisitos:

1) norma constitucional que necessite de regulamentação para produzir todos os seus efeitos, isto é, para a sua integral concretização.

- Nem todos as normas constitucionais consagradoras de direitos necessitam de regulamentação infraconstitucional para produzirem todos os seus efeitos. Assim, há direitos constitucionais que, por si só, já estão aptos a produzirem todos os seus efeitos, podendo ser concretizados integralmente independente de estarem ou não regulamentados. Na classificação das normas constitucionais de José Afonso da Silva, esses direitos corresponderiam àqueles consagrados por normas constitucionais de eficácia plena e de eficácia contida.
- O mandado de injunção só é cabível em face de normas constitucionais que consagrem direitos que necessitem de regulamentação infraconstitucional para produzirem todos os seus efeitos, possibilitando, assim, sua integral concretização. Logo, partindo da classificação das normas constitucionais de José Afonso da Silva, o STF tem reconhecido que só cabe mandado de injunção em face de normas constitucionais de eficácia limitada.

2) falta da norma regulamentadora da norma constitucional (omissão total) ou norma regulamentadora da norma constitucional que seja insuficiente (omissão parcial).

- Este requisito liga-se diretamente ao primeiro, exigindo que a omissão da norma regulamentadora (falta da norma ou norma insuficiente) ocorra em face de uma norma constitucional que necessite de regulamentação (norma constitucional de eficácia limitada). Assim, o mandado de injunção só será cabível se, diante de uma norma constitucional que necessite de regulamentação para que possa produzir todos os seus efeitos e ser integralmente concretizada, não houver sido realizada a sua regulamentação (omissão total), ou se tiver sido realizada de maneira insuficiente (omissão parcial).
- A omissão pode ser total ou parcial. A *omissão total* ocorre quando não existe lei ou ato normativo que viabilize a implementação de um certo direito constitucional. Já a *omissão parcial* ocorre quando existe lei ou ato normativo que regulamente um certo direito constitucional, mas essa lei ou ato normativo implementa esse direito de forma insuficiente, sendo que essa omissão parcial pode se dar porque: *i)* a norma regulamentadora não consegue viabilizar de forma adequada ou satisfatória o direito constitucional que ela regulamenta; ou *ii)* a norma regulamentadora até é satisfatória e adequada para viabilizar o direito constitucional que ela regulamenta, contudo ela não atinge todos os sujeitos que deveria atingir, tratando-se, portanto, de uma insuficiência quanto aos atingidos (quantitativa) e não quanto a lei em si (qualitativa), lesando o princípio constitucional da igualdade.

3) inviabilização do direito, liberdade ou prerrogativa constitucional.[96]

- Por fim, preenchidos os dois primeiros requisitos, isto é, estando diante de uma norma constitucional que necessita de regulamentação e inexistindo ou sendo insuficiente essa regulamentação, ainda se faz necessário que essa omissão inviabilize o exercício de direito, liberdade ou prerrogativa constitucional de alguém (caso concreto, em que

96. STF, MI 2.195 AgR, Rel. Min. Cármen Lúcia, MI 2.757, Rel. min. Gilmar Mendes; MI 624, Rel. min. Menezes Direito.

o titular do direito constitucional esteja sendo efetivamente prejudica pela falta da norma regulamentadora), sendo, assim, considerada uma ***omissão inconstitucional***.[97]

- Nesse sentido, o STF já afirmou que é necessário demonstrar o *nexo de causalidade* entre o dever constitucional do Poder Público de legislar (regulamentar) e o direito subjetivo à legislação (regulamentação), invocado pelo impetrante.[98]

6.5 Cabimento

Preenchidos os requisitos, o mandado de injunção será cabível. Entretanto, nos termos da jurisprudência e da doutrina, é necessário destacarmos os seguintes posicionamentos acerca de seu cabimento ou não cabimento:

- Não cabe mandado de injunção para o exercício de direito decorrente de ***norma constitucional autoaplicável***.[99]
- O mandado de injunção não é o meio processual adequado para questionar a *efetividade da lei regulamentadora*.[100]
- Não cabe mandado de injunção para suprir lacuna ou ausência de regulamentação de ***direito previsto em norma infraconstitucional***.[101]
- Não cabe mandado de injunção para buscar a ***interpretação*** correta (ou a "interpretação justa") da norma regulamentadora.
- A mera ***superação dos prazos assinalados pela Constituição*** é bastante para qualificar, como omissão juridicamente relevante, a inércia estatal, apta a ensejar, como ordinário efeito consequencial, o reconhecimento, *hic et nunc*, de uma situação de inatividade inconstitucional.[102]
- A simples apresentação de projeto de lei não descaracteriza a inércia do legislador. Assim, enquanto o projeto estiver tramitando, não tendo sido deliberado e convertido em lei, será possível a impetração do mandado de injunção, em face da ***inertia deliberandi***.
- Cabe ***mandado de injunção coletivo*** para tutela de direitos difusos, coletivos e individuais homogêneos.
- Não cabe mandado de injunção para disciplinar as ***relações jurídicas decorrentes de Medida Provisória*** não convertida em lei pelo Congresso Nacional.[103]
- Não se presta o mandado de injunção à declaração judicial de vacância de cargo, nem a compelir o presidente da República a praticar ***ato administrativo concreto e determinado***, consistente na indicação, ao Senado Federal, de nome de membro do MPF, para ser investido no cargo de PGR.[104]

---

97. Omissão inconstitucional consiste na omissão dos Poderes Públicos em regulamentar de forma suficiente e adequada norma constitucional que necessita de regulamentação, inviabilizando o exercício integral e pleno dos direitos consagrados por essa norma constitucional.
98. STF, MI 708, Rel. Min. Gilmar Mendes.
99. STF, MI 97 QO, Rel. Min. Sydney Sanches.
100. STF, MI 4.831 AgR, Rel. Min. Teori Zavascki.
101. STF, MI 766 AgR, Rel. Min. Joaquim Barbosa.
102. STF, MI 562, Rel. Min. Carlos Velloso.
103. STF, MI 415, Rel. Min. Octávio Galotti.
104. STF, MI 14 QO, Rel. Min. Sydney Sanches.

- É cabível mandado de injunção quando a autoridade se recusa a examinar requerimento de ***aposentadoria especial de servidor público***, com fundamento na ausência da norma regulamentadora do art. 40, §4º, da CF/88.[105] Entretanto, a autoridade administrativa não necessita de decisão em mandado de injunção em favor de servidor público para simples verificação se ele preenche, ou não, os requisitos necessários para a aposentadoria especial.[106]
- Não cabe mandado de injunção para reivindicar ***isonomia de vencimentos entre servidores públicos***, nem para vindicar aumento ou extensão de vantagens pecuniárias.[107]
- Não há norma constitucional que imponha ao legislador o dever de regulamentar os ***direitos do nascituro***.[108]
- O mandado de injunção restará ***prejudicado*** caso a norma constitucional de eficácia limitada, em razão da qual ele foi impetrado, seja revogada por Emenda à Constituição.
- O mandado de injunção restará ***prejudicado*** caso, *antes de sua decisão*, seja editada a norma regulamentadora. Ademais, *excede os limites do mandado de injunção a pretensão de sanar lacuna normativa de período pretérito à edição da lei regulamentadora.*[109] Entretanto, há um precedente no STF reconhecendo que a superveniência de norma regulamentadora *após iniciado o julgamento* do mandado de injunção, não prejudica a ação.[110]

6.6 Legitimidade ativa

A legitimidade ativa (*ad causam*) para a propositura do ***mandado de injunção individual***, segundo o art. 3º, da Lei 13.300, é das pessoas naturais ou jurídicas que se afirmam titulares dos direitos, das liberdades ou das prerrogativas constitucionais.

Já o ***mandado de injunção coletivo***, nos termos do art. 12, da Lei 13.300, pode ser promovido:

*i) **pelo Ministério Público**, quando a tutela requerida for especialmente relevante para a defesa da ordem jurídica, do regime democrático ou dos interesses sociais ou individuais indisponíveis;*

*ii) **por partido político com representação no Congresso Nacional**, para assegurar o exercício de direitos, liberdades e prerrogativas de seus integrantes ou relacionados com a finalidade partidária;*

*iii) **por organização sindical, entidade de classe ou associação** legalmente constituída e em funcionamento há pelo menos 1 ano, para assegurar o exercício de direitos, liberdades e prerrogativas em favor da totalidade ou de parte de seus membros ou associados, na forma de seus estatutos e desde que pertinentes a suas finalidades, dispensada, para tanto, autorização especial;*

105. STF, MI 4.842 AgR, Rel. Min. Cármen Lúcia.
106. STF, MI 5.071 AgR, Rel. Min. Cármen Lúcia.
107. STF, MI 347, Rel. Min. Néri da Silveira.
108. STF, MI 6.591 AgR, Rel. Min. Luiz Fux.
109. STF, MI 1.011 AgR e MI 1.022 AgR, Rel. Min. Ricardo Lewandowski.
110. STF, MI 943, Rel. Min. Gilmar Mendes.

iv) pela Defensoria Pública, quando a tutela requerida for especialmente relevante para a promoção dos direitos humanos e a defesa dos direitos individuais e coletivos dos necessitados, na forma do art. 5º, LXXIV, da CF/88.

Em relação aos partidos políticos e às organizações sindicais, entidades de classe e associações valem, respeitadas as diferenças entre as ações, as observações que fizemos sobre essas entidades quando tratamos da legitimidade ativa do mandado de segurança coletivo.

Por fim, nos termos do parágrafo único, do art. 12, da Lei 13.300, os direitos, as liberdades e as prerrogativas protegidos pelo mandado de injunção coletivo são os pertencentes, indistintamente, a uma coletividade indeterminada de pessoas ou determinada por grupo, classe ou categoria. Ou seja, podem ser direitos difusos, coletivos ou individuais homogêneos.

6.7 Legitimidade passiva

A legitimidade passiva do mandado de segurança é do Poder, Entidade, Órgão ou Autoridade Pública com atribuição para editar a norma regulamentadora da norma constitucional.

Aqui, vale registrar, que a atribuição pode ser de quaisquer dos Poderes (Legislativo, Executivo ou Judiciário), não se limitando a norma regulamentadora às leis, podendo ser, também, uma espécie normativa secundária, como decretos, resoluções, regulamentos etc.

Ademais, ainda que a norma regulamentadora deva ser uma lei, há casos em que a iniciativa dessa lei é exclusiva de autoridade ou órgão que não pertence ao Poder Legislativo (***iniciativa reservada***), assim, caso o devido projeto de lei não tenha sido apresentado, o mandado de injunção deverá ser impetrado contra aquele que detém a iniciativa para propor o projeto de lei e não contra o Poder Legislativo.[111]

Por fim, o STF entende que as ***entidades privadas*** beneficiadas pela omissão inconstitucional não podem compor o polo passivo do mandado de injunção, nem mesmo na condição de litisconsorte passivo.[112]

6.8 Competência

A competência para a propositura do mandado de injunção no âmbito da Constituição Federal é estabelecida de acordo com o órgão, entidade ou autoridade responsável pela omissão em elaborar a norma regulamentadora. Entretanto, ao prever a competência para a propositura do mandado de injunção, a Constituição limitou-se a estabelecer expressamente a competência dos tribunais superiores e das justiças especializadas, não tratando da competência da justiça comum. Assim, esperava-se que a lei regulamentadora do *mandamus* complementasse as normas de competência, contudo a Lei 13.300 quedou-se silente acerca do assunto.

A ***competência originária*** para processar e julgar o mandado de injunção, nos termos da Constituição Federal pode ser sistematizada da seguinte maneira:

111. STF, MI 153-AgR, Rel. Min. Paulo Brossard.
112. STF, MI 1.007 AgR, Rel. Min. Dias Toffoli.

Competência Originária	Processamento e Julgamento
STF	processar e julgar, originariamente, o mandado de injunção, quando a elaboração da norma regulamentadora for atribuição do Presidente da República, do Congresso Nacional, da Câmara dos Deputados, do Senado Federal, das Mesas de uma dessas Casas Legislativas, do Tribunal de Contas da União, de um dos Tribunais Superiores, ou do próprio Supremo Tribunal Federal (art. 102, I, *"q"*, CF/88).
	processar e julgar, originariamente, o mandado de injunção contra o Conselho Nacional de Justiça e o Conselho Nacional do Ministério Público (art. 102, I, *"r"*, CF/88).
STJ	processar e julgar, originariamente, o mandado de injunção, quando a elaboração da norma regulamentadora for atribuição de órgão, entidade ou autoridade federal, da administração direta ou indireta, excetuados os casos de competência do Supremo Tribunal Federal e dos órgãos da Justiça Militar, da Justiça Eleitoral, da Justiça do Trabalho e da Justiça Federal. (art. 105, I, *"h"*, CF/88).
Justiça Eleitoral	processar e julgar o mandado de injunção em matéria de sua competência, conforme a respectiva legislação específica, respeitadas as disposições da Constituição (art. 105, I *"h"*, c/c art. 121, §4º, V, CF/88).
Justiça do Trabalho	processar e julgar o mandado de injunção em matéria de sua competência, conforme a respectiva legislação específica, respeitadas as disposições da Constituição (art. 105, I *"h"*, CF/88).
Justiça Militar	processar e julgar o mandado de injunção em matéria de sua competência, conforme a respectiva legislação específica, respeitadas as disposições da Constituição (art. 105, I *"h"*, CF/88).
Justiça Estadual	Processar e julgar o mandado de injunção, quando a elaboração da norma regulamentadora de norma da Constituição Federal for atribuição de órgão, entidade ou autoridade estadual ou municipal, da administração direta ou indireta excluídas as competências da Justiça Federal (por terem sido atribuídas ao STJ e ao STF originariamente), da Justiça Eleitoral, da Justiça do Trabalho e da Justiça Militar (competência residual), observadas a Constituição Federal, a Constituição do Estado e a Lei de organização do Poder Judiciário.

Em relação à competência originária na ação de mandado de injunção é preciso fazermos as seguintes observações:

1) Parte da doutrina, capitaneada por precedentes do STJ e do STF,[113] defende ***a competência residual da justiça federal*** para processar e julgar mandados de injunção, por exemplo, contra omissão de Autarquias Federais[114] ou do CONTRAN,[115] entretanto, além dessa competência não estar prevista nos arts. 108 e 109, da CF/88, o art. 105, I, "*h*", é claro em dizer que ***compete ao STJ*** e não aos juízes federais ou Tribunais Regionais Federais, processar e julgar, originariamente, o mandado de injunção, quando a elaboração da norma regulamentadora for atribuição de órgão, entidade ou autoridade federal, da administração direta ou indireta, excetuados os casos de competência do Supremo Tribunal Federal e dos órgãos da Justiça Militar, da Justiça Eleitoral, da Justiça do Trabalho e da Justiça Federal. Deste modo, a nosso ver, esses precedentes do STJ e do STF são claramente inconstitucionais, inexistindo competência residual da justiça federal para julgar mandado de injunção.

113. "A aparente regra geral de competência do STJ, prevista no art. 105, I, h, CF, quando subtraída das áreas de competência do STF, de um lado, e da Justiça Federal, de outro, reduz-se a hipóteses excepcionais, entre as quais me ocorre, por exemplo, aquela em que, sendo-lhe imputada a omissão normativa, seja um Ministro de Estado a parte formal no processo do mandado de injunção". STF, MI 571, Rel. Min. Sepúlveda Pertence.
114. STJ, MI 174, Rel. Min. Sálvio de Figueiredo Teixeira.
115. "Tratando-se de mandado de injunção diante de omissão de apontada em relação à norma emanada do Conselho Nacional de Trânsito – CONTRAN, órgão autônomo vinculado ao Ministério das Cidades e presidido pelo titular do Departamento Nacional de Trânsito, a competência para processar e julgar o mandado de injunção é da Justiça Federal, nos termos do art. 109, I, da Constituição Federal". STJ, MI 193, Rel. Min. Menezes Direito.

2) A nosso ver, compete à *justiça estadual*, no exercício da competência residual, processar e julgar o mandado de injunção, ***quando a elaboração da norma regulamentadora de norma da Constituição Federal for atribuição de órgão, entidade ou autoridade estadual ou municipal***, da administração direta ou indireta excluídas as competências da Justiça Federal (por terem sido atribuídas ao STJ e ao STF originariamente), da Justiça Eleitoral, da Justiça do Trabalho e da Justiça Militar (competência residual). Frise-se que esse mandado de injunção não se confunde com o mandado de injunção estadual, que é proposto em face de omissão de órgão, entidades ou autoridades estaduais ou municipais em regulamentar normas da Constituição do Estado e não da Constituição Federal.

3) Conforme decidiu o Supremo Tribunal Federal, se a omissão for do Congresso Nacional, compete ao próprio STF processar e julgar os mandados de injunção impetrados por servidores públicos municipais, estaduais e distritais, e não há litisconsórcio passivo necessário com o ente federativo do servidor ou com o instituto de previdência.[116]

Passando-se à análise da ***competência recursal*** do mandado de injunção, nos termos da Constituição Federal, podemos sistematizá-la da seguinte maneira:

Competência Recursal	Processamento e Julgamento
STF	processar e julgar, em ***recurso ordinário***, o mandado de injunção decidido em única instância pelos Tribunais Superiores, se denegatória a decisão; (art. 102, II, "a", CF/88).
	processar e julgar, em ***recurso extraordinário***, o mandado de injunção decidido em única ou última instância, se concessiva a decisão e desde que preenchidos os requisitos de admissibilidade (art. 102, III, CF/88).
STJ	processar e julgar, em ***recurso especial***, os mandados de injunção, decididos em única ou última instância, pelos Tribunais de Justiça, desde que preenchidos os requisitos de admissibilidade (art. 105, III, CF/88).
TJ	processar e julgar, em ***apelação***, o mandado de injunção quando a decisão for proferida por Juiz de Direito, nos casos de mandados de injunção interpostos contra omissão de órgãos, entidades e autoridades estaduais e municipais, observadas a Constituição Federal, a Constituição do Estado e a Lei de organização do Poder Judiciário.
TSE	processar e julgar, em grau de recurso, o mandado de injunção quando denegado por decisão de Tribunal Regional Eleitoral (art. 121, §4º, V, da CF/88).

Por fim, com base no art. 125, da CF/88, é possível que os Estados estabeleçam em suas respectivas Constituições um ***mandado de injunção estadual***, a ser impetrado contra omissão dos poderes públicos estadual e municipais em regulamentar norma da Constituição do Estado.[117]

6.9 Procedimento

O mandado de injunção possui um procedimento especial, que se desenvolve nos termos da Lei 13.300/2016, podendo ser sistematizado da seguinte forma:

116. STF, MI 1.565 AgR, Rel. Min. Teori Zavascki.
117. STF, RE 970.823, Rel. Min. Marco Aurélio.

A *petição inicial* deverá preencher os requisitos do Código de Processo Civil e indicará, além do órgão impetrado, a pessoa jurídica que ele integra ou aquela a que está vinculado, sendo que, quando não for transmitida por meio eletrônico, a petição inicial e os documentos que a instruem deverão ser acompanhados de tantas vias quantos forem os impetrados.

Quando o documento necessário à prova do alegado encontrar-se em repartição ou estabelecimento público, em poder de autoridade ou de terceiro, havendo recusa em fornecê-lo por certidão, no original, ou em cópia autêntica, será ordenada, a pedido do impetrante, a exibição do documento no prazo de 10 dias, devendo, nesse caso, ser juntada cópia à segunda via da petição. Se a recusa em fornecer o documento for do impetrado, a ordem será feita no próprio instrumento da notificação.

A petição inicial *deverá ser desde logo indeferida* quando a impetração for manifestamente incabível ou manifestamente improcedente, sendo que, da decisão de relator que indeferir a petição inicial, caberá agravo, em 5 dias, para o órgão colegiado competente para o julgamento da impetração.

Recebida a petição inicial, será ordenada: i) a notificação do impetrado sobre o conteúdo da petição inicial, devendo-lhe ser enviada a segunda via apresentada com as cópias dos documentos, a fim de que, no prazo de 10 dias, preste informações; *ii)* a ciência do ajuizamento da ação ao órgão de representação judicial da pessoa jurídica interessada, devendo-lhe ser enviada cópia da petição inicial, para que, querendo, ingresse no feito.

Findo o prazo para apresentação das informações, será ouvido o *Ministério Público*, que opinará em 10 dias, após o que, com ou sem parecer, os autos serão conclusos para decisão.

6.10 Liminar

Em que pese não haja previsão expressa na Lei 13.300 sobre a concessão de medida liminar no mandado de injunção, é indiscutível que as ações constitucionais como um todo admitem pedidos de natureza liminar/cautelar independentemente de previsão expressa, desde que presentes os fundamentos tradicionais dessas tutelas: *fumus boni iuris* (probabilidade do direito) e *periculum in mora* (perigo de dano ou o risco ao resultado útil do processo). Assim, a nosso ver, é perfeitamente cabível a concessão de medida liminar no mandado de injunção, especialmente, em face da adoção da *tese concretista*, conforme estudaremos no próximo item.

Entretanto, a jurisprudência dos tribunais superiores tem sido sólida em afirmar não ser cabível a concessão de medida liminar em mandado de injunção. As raízes desse entendimento estão atreladas à adoção inicial da tese não concretista pelo Supremo Tribunal Federal. Entretanto, mesmo antes do advento da Lei 13.300/2016 (que adotou expressamente a tese concretista), o STF já vinha adotando a tese concretista em seus julgados, o que indica que a Corte pode vir a admitir a concessão de medida liminar no futuro.

6.11 Decisão, efeitos e recursos

A decisão concessiva do mandado de injunção tem ensejado grandes discussões entre os juristas brasileiros desde o advento da Constituição de 1988, em razão disso, estudaremos os efeitos dessa decisão a partir da perspectiva doutrinária, jurisprudencial e legal.

Na *perspectiva doutrinária*, é possível identificar as seguintes teorias sobre os efeitos da decisão concessiva do mandado de injunção:

1) *Teoria da Subsidiariedade:* o Poder Judiciário deve se limitar a declarar a mora legislativa, nos moldes da ADO. Essa teoria está contramão da jurisdição constitucional dos países democráticos, parecendo não reconhecer força normativa às normas constitucionais, revelando-se totalmente incompatível com a Constituição de 1988, sendo encabeçada por Manoel Gonçalves Ferreira Filho, o "grande" jurista da ditadura militar brasileira.
2) *Teoria da resolutividade:* a decisão do mandado de injunção deve solucionar o caso concreto, concretizando o direito constitucional de forma imediata, tendo natureza constitutiva *inter partes* (não extensíveis a outros casos), fruto de atividade integradora do Judiciário.
3) *Teoria da Independência Jurisdicional:* a decisão do mandado de injunção deve concretizar o direito constitucional de forma imediata para todos, inclusive para aqueles que não buscaram a tutela judicial, tendo natureza constitutiva *erga omnes*, cabendo ao Judiciário suprir a omissão e regulamentar o direito de forma geral e abstrata até a superveniência da norma regulamentadora.

Na *perspectiva jurisprudencial*, é possível identificar a adoção evolutiva do Supremo Tribunal Federal, pelo menos, das seguintes teses:

1) *Tese não concretista:* nos primeiros anos após a promulgação da Constituição de 1988, o STF[118] adotou, por algumas vezes, a tese não concretista, segundo a qual o Judiciário deve reconhecer a mora do Poder, Órgão, Entidade ou Autoridade responsável pela elaboração da norma regulamentadora, recomendando-lhe que supra a mora, sem, contudo, concretizar (implementar) o direito constitucional do autor, tendo a decisão natureza meramente declaratória.
2) *Tese concretista:* não demorou muito para que o STF abandonasse a tese não concretista, tendo em vista à inércia dos poderes públicos em concretizar a Constituição e viabilizar o exercício dos direitos fundamentais. Assim, ainda na década de 90, do séc. XX, o Supremo passou, gradativamente, a adotar a tese concretista, segundo a qual o Judiciário deve concretizar (implementar) o direito constitucional do autor até a superveniência da norma regulamentadora, tendo a decisão natureza constitutiva. A tese concretista, à luz da jurisprudência do Supremo, pode ser dividida em: *a) concretista individual* e *b) concretista geral*, sendo que a tese concretista individual pode ser subdivida em: *i) concretista intermediária* e *ii) concretista direta*.
   a) *Tese concretista individual:* por essa tese, a decisão do Poder Judiciário, além de reconhecer a mora do poder público em regulamentar a norma constitucional, notificando-o, irá concretizar (implementar) o direito constitucional, contudo, apenas *inter partes*. Essa tese se subdivide em concretista intermediária e concretista direta:
   i) *Tese concretista individual intermediária:* por essa tese, a decisão do Poder Judiciário não deve concretizar o direito constitucional de forma imediata, devendo, primeiro, reconhecer a mora e notificar o poder público competente para supri-la dentro de um prazo determinado, de modo que, apenas se o poder competente não suprir a mora dentro do prazo, o Judiciário tomará as providências para implementar o direito.[119]
   ii) *Tese concretista individual direta:* por essa tese, a decisão do Poder Judiciário deve concretizar o direito constitucional de forma imediata.[120]

118. Adotada pelo STF, dentre outros, no julgamento do MI 107, de relatoria do Min. Moreira Alves; e do MI 283, de relatoria do Min. Sepúlveda Pertence.
119. Adotada pelo STF, dentre outros, no julgamento do MI 232, de relatoria do Min. Moreira Alves.
120. Adotada pelo STF, dentre outros, no julgamento do MI 721, de relatoria do. Min. Marco Aurélio.

b) Tese concretista geral: por essa tese, a decisão do Poder Judiciário, além de reconhecer a mora do poder público em regulamentar a norma constitucional, notificando-o, irá implementar o direito constitucional, de forma geral e abstrata, para todos, inclusive para aqueles que não buscaram a tutela judicial, produzindo efeitos *erga omnes*.[121]

Por fim, com o advento da Lei 13.300/2016, faz-se necessária uma abordagem dos efeitos da decisão concessiva do mandado de injunção na ***perspectiva legal***.

Nesse sentido, nos termos do art. 8º, da Lei 13.300, *reconhecido o estado de mora legislativa, será deferida a injunção para: i) determinar prazo razoável para que o impetrado promova a edição da norma regulamentadora;*[122] *e ii) estabelecer as condições em que se dará o exercício dos direitos, das liberdades ou das prerrogativas reclamados ou, se for o caso, as condições em que poderá o interessado promover ação própria visando a exercê-los, caso não seja suprida a mora legislativa no prazo determinado.* Por esse dispositivo percebe-se que a lei do mandado de injunção, a princípio, adotou a ***tese concretista individual intermediária***.

Ademais, conforme o art. 9º, *caput*, da Lei 13.300, *a decisão terá eficácia subjetiva limitada às partes e produzirá efeitos até o advento da norma regulamentadora.* Por esse dispositivo, parece-nos possível que o Judiciário adote a ***tese concretista individual direta***.

Além disso, segundo o §1º, do art. 9º, da Lei 13.300, *poderá ser conferida eficácia ultra partes ou erga omnes à decisão, quando isso for inerente ou indispensável ao exercício do direito, da liberdade ou da prerrogativa objeto da impetração.* Por esse dispositivo, fica claro que o Judiciário pode adotar a ***tese concretista geral***.

Deste modo, pela Lei 13.300/2016 foi consolidada a tese concretista, em prol da efetividade das normas constitucionais, estabelecendo as condições para um ativismo judicial revestindo de legitimidade democrática, sem ferir a separação de Poderes e, ao mesmo tempo, garantindo a força normativa da Constituição.

Para além da discussão acerca das teorias e teses aplicáveis ao mandado de injunção, em relação à decisão, temos, ainda, que:

- Transitada em julgado a decisão, seus efeitos poderão ser estendidos aos casos análogos por decisão monocrática do relator.
- O indeferimento do pedido por insuficiência de prova não impede a renovação da impetração fundada em outros elementos probatórios.
- A norma regulamentadora superveniente produzirá efeitos *ex nunc* em relação aos beneficiados por decisão transitada em julgado, salvo se a aplicação da norma editada lhes for mais favorável.
- Estará prejudicada a impetração se a norma regulamentadora for editada antes da decisão, caso em que o processo será extinto sem resolução de mérito.

Após esta sistematização da decisão do mandado de injunção e seus efeitos, é importante respondermos quais são os ***RECURSOS*** cabíveis das decisões proferidas no *mandamus*. Assim, nos termos da Constituição e do Código de Processo Civil, contra a decisão de mandado de injunção é possível a interposição de:

---

121. Adota pelo STF, em 2007, a partir dos julgamentos dos MI 670 e 708, de relatoria do Min. Gilmar Mendes, e MI 712, de relatoria do Min. Eros Grau.
122. Nos termos da lei, essa determinação será dispensada quando comprovado que o impetrado deixou de atender, em mandado de injunção anterior, ao prazo estabelecido para a edição da norma.

1) *Recurso Ordinário Constitucional para o STF*, em caso de mandado de injunção decidido em única instância pelos Tribunais Superiores, se denegatória a decisão; (art. 102, II, "a", CF/88).

2) *Recurso Extraordinário para o STF*, em caso de mandado de injunção decidido em única ou última instância, se concessiva a decisão e desde que preenchidos os requisitos de admissibilidade (art. 102, III, CF/88).

3) *Recurso Especial para o STJ*, em caso de mandado de injunção, decidido em única ou última instância, pelos Tribunais de Justiça (e dos Tribunais Regionais Federais, conforme a jurisprudência do STJ e do STF), desde que preenchidos os requisitos de admissibilidade (art. 105, III, CF/88).

4) *Recurso Ordinário para o TSE*, em caso de mandado de injunção denegado por decisão de Tribunal Regional Eleitoral (art. 121, §4º, V, da CF/88).

5) *Apelação* para os Tribunais de Justiça (e para os Tribunais Regionais Federais, conforme a jurisprudência do STJ e do STF), em caso de mandado de injunção decidido por juiz de primeiro grau de jurisdição.

6) *Embargos de Declaração e Agravos de Instrumento*, nos termos do Código de Processo Civil.

Aqui, é mister registrarmos que a Lei 13.300 instituiu uma *ação de revisão* do mandado de injunção, entretanto, advirta-se: essa ação não tem natureza processual de recurso nem de ação rescisória, não tendo o objetivo de rediscutir a coisa julgada formada pela decisão, mas sim a aplicabilidade da decisão em face de modificação superveniente nas circunstancias de fato ou de direito. Assim, nos termos do art. 10, da lei do mandado de injunção, *sem prejuízo dos efeitos já produzidos, a decisão poderá ser revista, a pedido de qualquer interessado, quando sobrevierem relevantes modificações das circunstâncias de fato ou de direito*, sendo que *a ação de revisão observará, no que couber, o procedimento estabelecido na Lei 13.300/2016*, sendo de competência do órgão jurisdicional que proferiu a decisão do mandado de injunção.

Por fim, acerca da ***coisa julgada do mandado de injunção coletivo***, nos termos do art. 13, da Lei 13.300, temos que a sentença fará coisa julgada limitadamente às pessoas integrantes da coletividade, do grupo, da classe ou da categoria substituídos pelo impetrante, sem prejuízo de ser conferida eficácia *ultra partes* ou *erga omnes* à decisão, ou mesmo da possibilidade do relator estender seus efeitos a casos análogos por decisão monocrática. Ademais, o mandado de injunção coletivo não induz litispendência em relação aos individuais, mas os efeitos da coisa julgada não beneficiarão o impetrante que não requerer a ***desistência*** da demanda individual no prazo de 30 dias a contar da ciência comprovada da impetração coletiva.

A nosso ver, essa exigência de ***desistência*** da demanda individual é inconstitucional devendo o referido dispositivo receber interpretação conforme à Constituição, de modo que, à luz do modelo constitucional de processo, ao invés desse requerimento de desistência, seja exigido do autor um requerimento de ***suspensão*** da demanda individual.

7. AÇÃO POPULAR

7.1 Notas históricas

As origens da ação popular remontam à *actionis popularis*, do direito romano, instrumento processual atribuído a qualquer um do povo para defender a coisa pública (*res publica*) e os interesses comuns da coletividade. Já na Idade Moderna, suas origens ligam-se às leis comunais da Bélgica (1836) e da França (1837).

No âmbito do sistema jurídico brasileiro, a ação popular surge com a Constituição de 1934 (art. 113, n. 38), sendo extinta pela Constituição de 1937 e reinstituída pela Constituição de 1946 (art. 141, §38), sendo mantida pela Constituição de 1967 (art. 150, §31) e pela Constituição de 1969 (art. 153, §31), vindo a ser consideravelmente ampliada pela Constituição de 1988 que, nos termos de seu art. 5º, LXXIII, dispõe que *qualquer cidadão é parte legítima para propor ação popular que vise a anular ato lesivo ao patrimônio público ou de entidade de que o Estado participe, à moralidade administrativa, ao meio ambiente e ao patrimônio histórico e cultural, ficando o autor, salvo comprovada má-fé, isento de custas judiciais e do ônus da sucumbência.*

7.2 Conceito

A ação popular é uma ação constitucional de natureza cível, atribuída a qualquer cidadão, que visa anular atos lesivos ao patrimônio público *lato senso* (patrimônio material e imaterial, econômico, financeiro, ambiental, histórico, cultural, artístico, estético, turístico etc.) ou ao patrimônio de entidade da qual o Estado participe, em razão de ilegalidade ou imoralidade administrativa.

7.3 Espécies

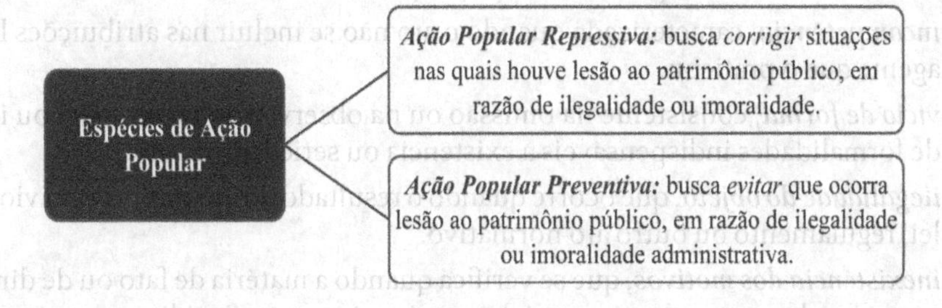

7.4 Requisitos

A ação popular possui basicamente dois requisitos, um subjetivo e outro objetivo, podendo ser assim sistematizados:

1) REQUISITO SUBJETIVO: CIDADÃO.

Embora, numa *visão contemporânea*, a noção de cidadania amplie-se para além da expressão política do direito de sufrágio, estabelecendo-se como um direito de participação ativa na formação da vontade política do Estado e de afirmação dos direitos e garantias fundamentais da pessoa humana, podendo ser exercida de diversas outras formas, como manifestações e protestos populares, audiências públicas, consultas legislativas, greves e outras maneiras capazes de influenciar a formação da vontade política e as decisões tomadas pelo Estado e pelas instituições sociais, *a Lei 4.717/1965 (Lei de Ação Popular) adotou a visão clássica* (ainda utilizada por nossa dogmática constitucional, nos termos do art. 14, da CF/88), compreendendo a cidadania como cidadania política, referindo-se à capacidade de votar (capacidade eleitoral ativa), *sendo cidadão, na forma da lei, aquele que possui alistamento eleitoral, está em dia com suas obrigações políticas e cujos direitos políticos não estão suspensos ou perdidos*, devendo a inicial da ação popular ser instruída com o título eleitoral, ou com documento que a ele corresponda (art. 1º, §3º, da Lei 4.717).

2) REQUISITO OBJETIVO: LESÃO OU AMEAÇA DE LESÃO AO PATRIMÔNIO PÚBLICO POR ILEGALIDADE OU IMORALIDADE.

A ação popular combate tanto a lesão (ação repressiva) como a ameaça de lesão (ação preventiva) ao patrimônio público, seja em razão de atos comissivos ou omissivos que firam a ***legalidade pública ou*** que firam a ***moralidade pública*** (art. 5º, LXXIII e art. 37, da CF/88), entendendo-se o ***patrimônio público*** de forma ***lato senso***, compreendendo assim lesões não apenas o erário público, mas a todo o patrimônio público material e imaterial, econômico, financeiro, ambiental, histórico, cultural, artístico, estético, turístico etc. (art. 5º, LXXIII, CF/88 c/c art. 1º, §1º, Lei 4.717), ou mesmo ao patrimônio público meramente moral.

Ademais, a ação popular buscar combater lesões ao patrimônio público, isto é, ao patrimônio do povo, da sociedade e do Estado, bem como ao ***patrimônio de entidade de que o Estado participe*** (art. 5º, LXXIII, CF/88), isto é, ao patrimônio de entidade cuja criação ou custeio o tesouro público haja concorrido ou concorra e de quaisquer pessoas jurídicas ou entidades subvencionadas pelos cofres públicos (art. 1º, *caput* e §2º, Lei 4.717).

Isto posto, os art. 2º, 3º e 4º, da Lei 4.717, estabelecem ***hipóteses exemplificativas*** de nulidade e anulabilidade de atos lesivos ao patrimônio público e ao patrimônio das entidades de que o Estado participe.

Segundo o art. 2º, da Lei 4.717, ***são nulos*** os atos lesivos ao patrimônio público e ao patrimônio das entidades de que o Estado participe, nos casos de:

a) ***incompetência***, caracterizada quando o ato não se incluir nas atribuições legais do agente que o praticou.

b) ***vício de forma***, consistente na omissão ou na observância incompleta ou irregular de formalidades indispensáveis à existência ou seriedade do ato.

c) ***ilegalidade do objeto***, que ocorre quando o resultado do ato importa em violação de lei, regulamento ou outro ato normativo.

d) ***inexistência dos motivos***, que se verifica quando a matéria de fato ou de direito, em que se fundamenta o ato, é materialmente inexistente ou juridicamente inadequada ao resultado obtido.

e) ***desvio de finalidade***, que se verifica quando o agente pratica o ato visando a fim diverso daquele previsto, explícita ou implicitamente, na regra de competência.

Já conforme o art. 3º, da Lei 4.717, os atos lesivos ao patrimônio público e ao patrimônio das entidades de que o Estado participe, cujos vícios não se compreendam nas especificações do artigo 2º, ***serão anuláveis***, segundo as prescrições legais, enquanto compatíveis com a natureza deles.

Por fim, nos termos do art. 4º, da Lei 4.717, ***são também nulos*** os seguintes atos ou contratos, praticados ou celebrados pela Administração Pública Direta e Indireta, bem como pelas entidades de que o Estado participe:

i) A admissão ao serviço público remunerado, com desobediência, quanto às condições de habilitação, das normas legais, regulamentares ou constantes de instruções gerais.

ii) A operação bancária ou de crédito real, quando: a) for realizada com desobediência a normas legais, regulamentares, estatutárias, regimentais ou internas; b) o valor real do bem dado em hipoteca ou penhor for inferior ao constante de escritura, contrato ou avaliação.

iii) A empreitada, a tarefa e a concessão do serviço público, quando: a) o respectivo contrato houver sido celebrado sem prévia concorrência pública ou administrativa, sem que essa condição seja estabelecida em lei, regulamento ou norma geral; b) no edital de concorrência forem incluídas cláusulas ou condições, que comprometam o seu caráter competitivo; c) a concorrência administrativa for processada em condições que impliquem na limitação das possibilidades normais de competição.

iv) As modificações ou vantagens, inclusive prorrogações que forem admitidas, em favor do adjudicatário, durante a execução dos contratos de empreitada, tarefa e concessão de serviço público, sem que estejam previstas em lei ou nos respectivos instrumentos.

v) A compra e venda de bens móveis ou imóveis, nos casos em que não cabível concorrência pública ou administrativa, quando: a) for realizada com desobediência a normas legais, regulamentares, ou constantes de instruções gerais; b) o preço de compra dos bens for superior ao corrente no mercado, na época da operação; c) o preço de venda dos bens for inferior ao corrente no mercado, na época da operação.

vi) A concessão de licença de exportação ou importação, qualquer que seja a sua modalidade, quando: a) houver sido praticada com violação das normas legais e regulamentares ou de instruções e ordens de serviço; b) resultar em exceção ou privilégio, em favor de exportador ou importador.

vii) A operação de redesconto quando sob qualquer aspecto, inclusive o limite de valor, desobedecer a normas legais, regulamentares ou constantes de instruções gerais.

viii) O empréstimo concedido pelo Banco Central da República, quando: a) concedido com desobediência de quaisquer normas legais, regulamentares, regimentais ou constantes de instruções gerias; b) o valor dos bens dados em garantia, na época da operação, for inferior ao da avaliação.

ix) A emissão, quando efetuada sem observância das normas constitucionais, legais e regulamentadoras que regem a espécie.

7.5 Cabimento

Preenchidos os requisitos, a ação popular será cabível. Entretanto, nos termos da jurisprudência e da doutrina, é necessário destacarmos os seguintes posicionamentos acerca de seu cabimento ou não cabimento:

- Não cabe ação popular contra lei em tese, embora, a nosso ver, seja possível sua impetração contra leis de efeitos concretos.
- Nesse sentido, o STF já admitiu o cabimento de ação popular contra lei municipal que fixava a remuneração dos vereadores para viger na própria legislatura, o que seria inconstitucional e lesivo não só ao patrimônio material do Poder Público, como à moralidade administrativa, que constitui patrimônio moral da sociedade.[123]
- Não cabe ação popular para realização de controle de constitucionalidade concentrado,[124] embora seja possível a declaração incidental de inconstitucionalidade no processo de ação popular.

123. STF, RE 206.889, Rel. Min. Carlos Velloso.
124. STF, AO 1.725-AgR, Rel. Min. Luiz Fux; STF, Rcl. 1.017, Rel. Min. Sepúlveda Pertence.

- Não cabe ação popular contra atos políticos, como, por exemplo, contra veto do Executivo a projeto de lei. Entretanto, a nosso ver, é cabível a ação popular contra ato político que lese frontalmente a lei, a Constituição ou mesmo que lese a moralidade pública, como, por exemplo, na absurda hipótese do filho do Presidente da República estar sendo investigado pela Polícia Federal e o Presidente nomear para ser Diretor Geral da Polícia Federal um amigo de seu filho.
- Não cabe ação popular contra atos jurisdicionais,[125] embora haja precedente admitindo ação popular contra decisão judicial homologatória de acordo.[126]
- Para o cabimento de ação popular não é exigível a menção na exordial e a prova de prejuízo material aos cofres públicos, pois a ação tem como objetos a serem defendidos pelo cidadão, separadamente, qualquer ato lesivo ao patrimônio público material, ao patrimônio moral, ao cultural, ao histórico etc.[127]
- Cabe ação popular contra omissão que cause danos ao meio ambiente.[128]

7.6 Legitimidade ativa

A legitimidade ativa da ação popular é do *cidadão*, na forma da lei, isto é, do brasileiro que possua capacidade eleitoral ativa (estando alistado perante a Justiça Eleitoral), esteja em dia com suas obrigações políticas e cujos direitos políticos não estejam suspensos ou perdidos, devendo a inicial da ação popular ser instruída com o título eleitoral, ou com documento que a ele corresponda (art. 1º, §3º, da Lei 4.717).

Como se sabe, no Brasil, o alistamento eleitoral é facultativo para os maiores de 16 e menores de 18 anos (art. 14, §1º, II, "*c*", CF/88). Assim, os menores relativamente incapazes (art. 4º, I, CC), caso se alistem, terão capacidade eleitoral ativa, sendo considerados cidadãos, na forma da lei. Aqui emerge uma pergunta: ***há necessidade do menor relativamente incapaz ser assistido na ação popular?*** Embora haja respeitável doutrina em sentido contrário,[129] entendemos ser desnecessária a assistência, vez que a ação popular é um direito político positivo, não sendo exigida assistência para o exercício dos direitos políticos (não se exige assistência para que o menor possa votar, por exemplo).

Como vimos, aqueles que não são cidadãos, na forma da lei, ***não poderão propor a ação popular***, dentre os quais, vale destacar:

1) Os brasileiros que não estejam alistados perante a Justiça Eleitoral, bem como os que estejam com os direitos políticos suspensos ou perdidos.

2) Os ***estrangeiros***, residentes ou não residentes no Brasil, vez que não possuem direitos políticos. Entretanto, há uma ***exceção***, isto é, há um estrangeiro que pode propor ação popular, em razão de possuir direitos políticos, trata-se do ***português equiparado*** (ou quase nacional), descrito no art. 12, §1º, da CF/88, devendo juntar na petição inicial, além do título de eleitor, o certificado de equiparação do gozo dos direitos políticos.

3) Os ***apátridas***, pois não possuem direitos políticos.

---

125. STF, PET 2.018-AgR, Rel. Min. Celso de Mello.
126. STJ, Resp 536.762, Rel. Min. Eliana Calmon.
127. STF, ARE 824.781-RG, Rel. Min. Dias Toffoli.
128. STJ, Resp. 889.766, Rel. Min. Castro Meira.
129. MANCUSO, Rodolfo Camargo. Ação Popular. 4. ed. São Paulo: RT, 2001.

4) A ***pessoa jurídica***, vez que não se enquadra no conceito de cidadão (Súmula 365, do STF).

5) O ***Ministério Público***, vez que não se enquadra no conceito de cidadão. Entretanto, embora o *parquet* não possa ser autor da ação, ele será parte na ação (parte pública autônoma), atuando como *custos constitucionis*.

Isto posto, temos que o cidadão pode ingressar com a ação popular em qualquer lugar do território nacional, vez que ***a cidadania é nacional***, não estando adstrito ao seu domicílio eleitoral, tendo, por consequência, interesse de agir em qualquer caso em que haja lesão ou ameaça de lesão ao patrimônio público por ilegalidade ou imoralidade, independentemente de residir no local em que ocorreu a lesão, ou de lá ser seu domicílio eleitoral ou de possuir quais outros vínculos com o local. Ademais, o cidadão age em ***substituição processual***, ingressando com a ação popular em nome próprio para a defesa de direitos da coletividade (do povo).

Por fim, nos termos da Lei 4.717, é facultado a qualquer cidadão habilitar-se como ***litisconsorte*** ou ***assistente do autor*** da ação popular, sendo possível, ainda, que as pessoas jurídicas de direito público ou de direito privado, cujo ato seja objeto de impugnação, abstenham-se de contestar o pedido e atuem ao lado do autor, desde que isso se afigure útil ao interesse público.

7.7 Legitimidade passiva

Nos termos do art. 6º, da Lei 4.717, a ação popular pode ser proposta contra:

i) as ***pessoas públicas de direito público ou privado da Administração Pública*** Direta e Indireta;

ii) as ***entidades de que o Estado participe***, entendidas assim aquelas cuja criação ou custeio o tesouro público haja concorrido ou concorra, bem como quaisquer pessoas jurídicas ou entidades subvencionadas pelos cofres públicos;

iii) as ***autoridades***, ***funcionários*** ou ***administradores*** que houverem autorizado, aprovado, ratificado ou praticado o ato impugnado, ou que, por omissas, tiverem dado oportunidade à lesão;

iv) os **beneficiários diretos** do ato lesivo. Aqui, é importante destacar que lei fala em beneficiário direto, o que exclui o beneficiário indireto (aquele favorecido de forma remota, mediata, indireta) do polo passivo da ação popular.

7.8 Competência

A competência para processar e julgar a ação popular não foi estabelecida pela Constituição, não havendo previsão constitucional de foro por prerrogativa de função em face das autoridades demandadas. Assim, nos termos do art. 5º, da Lei 4.717, a competência para conhecer da ação popular é do ***juízo de primeiro grau da Justiça federal*** (art. 109, CF/88) ***ou estadual*** (competência residual), sendo determinada conforme a origem do ato impugnado.

Deste modo, em regra, os tribunais não possuem competência originária para julgar a ação popular. Entretanto, nos termos de sua jurisprudência, há ***duas exceções*** que ensejam a competência do Supremo Tribunal Federal para conhecer da ação popular: *i)* as causas e os conflitos entre a União e os Estados, a União e o Distrito Federal, ou entre uns e outros, inclusive as respectivas entidades da administração indireta (*art. 102, I, "f", CF/88*);[130] e *ii)* a ação em que todos os membros da magistratura sejam direta ou indiretamente interessados, e aquela em que mais da metade dos membros do tribunal de origem estejam impedidos ou sejam direta ou indiretamente interessados (*art. 102, I, "n", CF/88*).[131]

Por fim, vale destacar que o *STF* já se declarou ***incompetente*** para conhecer, originariamente, de ***ação popular contra atos do CNJ e do CNMP***, afastando a incidência do art. 102, I, "*r*", da CF/88, sobre a ação popular e reconhecendo a competência do juízo de primeiro grau de jurisdição nesses casos.[132]

7.9 Procedimento

A ação popular não possui procedimento especial, devendo obedecer ao procedimento ordinário, previsto no Código de Processo Civil, observadas as regras específicas estabelecidas pela Lei 4.717, dentre as quais, destacam-se as seguintes:

i) O ***prazo de contestação é de 20 dias, prorrogáveis por mais 20 dias***, a requerimento do interessado, se particularmente difícil a produção de prova documental, e será comum a todos os interessados, correndo da entrega em cartório do mandado cumprido, ou, quando for o caso, do decurso do prazo assinado em edital.

ii) A ação popular não admite ***reconvenção***, vez que o autor não atua na defesa de direito próprio, mas sim de direito da coletividade (do povo).[133]

iii) Há possibilidade ***julgamento antecipado da lide*** não ação popular, caso não requerida, até o despacho saneador, a produção de prova testemunhal ou pericial, o juiz ordenará vista às partes por 10 dias, para alegações, sendo-lhe os autos conclusos, para sentença, 48 horas após a expiração desse prazo; havendo requerimento de prova, o processo tomará o rito ordinário.

iv) ***Se o autor desistir da ação*** ou der motivo à absolvição da instância, ficará assegurado a qualquer cidadão, bem como ao representante do Ministério Público promover o prosseguimento da ação.

v) Se, no curso da ação, ficar ***provada a infringência da lei penal ou a prática de falta disciplinar*** punível com demissão ou rescisão de contrato de trabalho, o juiz, *ex-officio*, determinará a remessa de cópia autenticada das peças necessárias às autoridades ou aos administradores a quem competir aplicar a sanção.

vi) ***O autor da ação popular é isento de custas e de ônus de sucumbência, salvo comprovada má-fé***, já tendo o STF firmado o entendimento de que a má-fé deve ser provada (não se admite presunção de má-fé) e sentenciada para que o autor possa ser condenado. Assim, o simples fato de o autor perder a ação, ainda que intentada por mais de uma vez (com base em novas provas), não é suficiente para condená-lo ao pagamento das custas e do ônus de sucumbência.[134] Entretanto, se o autor agir de má-fé e o órgão julgador entender que ele atuou de forma manifestamente temerária, deverá condená-lo ao pagamento do décuplo das custas (art. 13, Lei 4.717).

---

130. STF, Rcl. 3.331, Rel. Min. Carlos Britto.
131. STF, AO 859-QO, Rel. Min. Ellen Gracie.
132. STF, Pet. 3.674-QO, Rel. Min. Sepúlveda Pertence.
133. STJ, REsp. 72.065, Rel. Min. Castro Moreira.
134. STF, RE 221.291, Rel. Min. Moreira Alves. STF, AI 582.683-AgR, Rel. Min. Ayres Britto. STF, AR 1.178, Rel. Min. Marco Aurélio.

7.9.1 Prazo para impetração da ação popular

A ação popular, nos termos do art. 21, da Lei 4.717, prescreve em 5 anos, a contar da realização do ato impugnado (e não do conhecimento pelo cidadão).

7.9.2 Liminar

Nos termos do art. 5º, §4º, da Lei 4.717, na defesa do patrimônio público caberá a suspensão liminar do ato lesivo impugnado, devendo-se, para tanto, demonstrar os fundamentos tradicionais da tutela liminar: ***fumus boni iuris*** (probabilidade do direito) e ***periculum in mora*** (perigo de dano ou o risco ao resultado útil do processo).

Ademais, a nosso ver, por seguir o procedimento ordinário do Código de Processo Civil, aplicam-se à ação popular as ***tutelas provisórias de urgência e da evidência***, bem como as normas que as regulamentam.

7.9.3 Atuação do Ministério Público

Como vimos, o Ministério Público não é legitimado ativo para impetrar com ação popular. Entretanto, embora o *parquet* não possa ser autor da ação, ele será parte na ação (parte pública autônoma), atuando como *custos constitucionis*. Nesse sentido, nos termos da Lei 4.717, sobre a atuação do Ministério Público, é mister destacar:

- O Ministério Público acompanhará a ação, cabendo-lhe apressar a produção da prova e promover a responsabilidade, civil ou criminal, dos que nela incidirem, sendo-lhe vedado, em qualquer hipótese, assumir a defesa do ato impugnado ou dos seus autores.
- Se o autor desistir da ação ou der motiva à absolvição da instância, fica assegurado ao representante do Ministério Público, dentro do prazo de 90 dias da última publicação feita, promover o prosseguimento da ação.
- Caso decorridos 60 dias da publicação da sentença condenatória, sem que o autor ou terceiro promova a respectiva execução, o representante do Ministério Público a promoverá nos 30 dias seguintes, sob pena de falta grave.
- Das sentenças e decisões proferidas contra o autor da ação e suscetíveis de recurso, poderá recorrer o Ministério Público.
- O membro do Ministério Público tem legitimidade para propor ação rescisória em face da decisão da ação popular, atendidos os requisitos do CPC.

7.10 Decisão, efeitos e recursos

Quando a ação popular for procedente, a decisão terá ***natureza dúplice***, sendo, por um lado, ***declaratória positiva*** (quando declara nulo o ato impugnado) ***ou constitutiva negativa*** (quando anula o ato impugnado que era apenas anulável), ***e***, por outro lado, ***condenatória*** (quando condena os responsáveis pelo ato e seus beneficiários diretos ao pagamento de perdas e danos).

Ademais, a sentença de procedência da ação popular terá ***efeitos erga omnes*** e, consequentemente, ***produzirá os seguintes efeitos:***

1) Declarará a nulidade do ato impugnado (em caso de ato nulo) ou o anulará (em caso de ato anulável);

2) Condenará as autoridades, funcionários ou administradores responsáveis pelo dano, bem como os seus beneficiários diretos, ao pagamento de perdas e danos;
3) Condenará as autoridades, funcionários ou administradores responsáveis pelo dano, bem como os seus beneficiários diretos, ao pagamento das custas e demais despesas, judiciais e extrajudiciais, além dos honorários de sucumbência.

A condenação ao pagamento de perdas e danos pode ser sentenciada, mesmo que não tenha sido pedida pelo autor, sendo possível ao magistrado a prolação de ***sentença ultra petita***. Ademais, a decisão pode condenar cada réu de forma diferente, de acordo com a responsabilidade de cada um. Além disso, quando o réu condenado perceber dos cofres públicos, a execução pode se dar com desconto em folha até o integral ressarcimento do dano causado, se assim mais convier ao interesse público.

Via de regra, quem se beneficia com a condenação quando se reconhece lesão ao patrimônio público é a pessoa ou entidade titular do patrimônio lesado, podendo, inclusive, promover, em qualquer tempo, e no que as beneficiar a execução da sentença contra os demais réus. Entretanto, nos casos em que o patrimônio lesado não tiver titular definido, por ser ele difuso (lesões ao meio ambiente, por exemplo), o ressarcimento do dano deve ser revertido para um fundo, sendo seus recursos destinados à reconstituição dos bens lesados.

A sentença que concluir pela carência ou pela improcedência da ação está sujeita ao duplo grau de jurisdição obrigatório (***reexame necessário***), não produzindo efeito senão depois de confirmada pelo tribunal; da que julgar a ação procedente caberá apelação, com efeito suspensivo.

Nos termos da Lei 4.717, a sentença terá eficácia de coisa julgada oponível *erga omnes*, exceto no caso de haver sido a ação julgada improcedente por deficiência de prova, sendo que, neste caso, qualquer cidadão poderá intentar outra ação com idêntico fundamento, valendo-se de nova prova. Assim, no caso de improcedência da ação por deficiência de provas, teremos a configuração da ***coisa julgada secundum eventum litis*** (segundo o resultado do julgamento) ***e secundum eventum probationis*** (segundo o resultado da prova).

Por fim, em relação ao ***sistema recursal***, como a ação popular adota o procedimento ordinário do Código de Processo Civil, são cabíveis todos os recursos do processo civil ordinário, destacando-se: *i)* quanto as decisões meritórias interlocutórias, o agravo de instrumento; *ii)* quanto as decisões meritórios definitivas, a apelação para o Tribunal de segundo grau (TJ ou TRF), e os recursos especial para o STJ (art. 105, III, CF/88) e extraordinário para o STF (art. 102, III, CF/88), desde que preenchidos os requisitos.

8. QUADRO SINÓPTICO

CAPÍTULO XXV – AÇÕES CONSTITUCIONAIS	
HABEAS CORPUS	
Conceito	Ação constitucional de natureza predominantemente penal concedida em face de lesões ou ameaças de lesões ao direito de liberdade de locomoção (direito de ir, vir e permanecer) ocorridas em razão de ilegalidade ou abuso de poder.
Notas Terminológicas	**PACIENTE:** é a pessoa que sofre ou se acha ameaçada de sofrer violência ou coação em sua liberdade de locomoção, por ilegalidade ou abuso de poder. **IMPETRANTE:** é quem impetra com o habeas corpus, podendo fazê-lo para si ou para outrem, conforme estudaremos na legitimidade ad causam. Assim, o paciente e o impetrante podem ser a mesma pessoa ou pessoas diferentes. **AUTORIDADE COATORA:** é o agente responsável pela violência ou coação, ou ameaça de violência ou coação, à liberdade de locomoção.

Espécies	***Habeas Corpus Preventivo (salvo-conduto):*** manejado para evitar violência ou coação à liberdade de ir e vir de alguém, visando impedir que uma pessoa que esteja sob ameaça efetiva de constrição de seu direito de liberdade de locomoção venha a sofrer essa constrição.
	Habeas Corpus Repressivo (liberatório): manejado para fazer cessar a violência ou coação à liberdade de ir e vir de alguém, visando pôr fim à constrição ilegal ou abusiva ao direito de liberdade de locomoção de uma determinada pessoa, em face de sua violação.
	Habeas Corpus Suspensivo: manejado para suspender um mandado de prisão ilegal ou abusivo ainda não cumprido (a pessoa ainda não foi presa), buscando uma ordem suspensiva desse mandado de prisão.
	Habeas Corpus Profilático: manejado contra ato ilegal ou abusivo capaz de fazer surgir constrição à liberdade de locomoção da pessoa, embora ela não seja iminente. Essa espécie de habeas corpus é comumente impetrada visando o trancamento de ação penal abusiva ou ilegal, e de procedimento investigatório abusivo ou ilegal, como inquéritos policiais, por exemplo.
	Habeas Corpus Substitutivo: manejado em substituição a recurso, ocorrendo quando o impetrante questiona decisão judicial que constrange seu direito de liberdade de locomoção por meio de *habeas corpus*, ao invés de se utilizar do recurso processual cabível.
	Habeas Corpus Coletivo: manejado para assegurar, de forma preventiva ou repressiva, o direito de liberdade de locomoção de um grupo determinado ou determinável de pacientes.
Cabimento	É cabível sempre que alguém sofrer ou se achar ameaçado de sofrer violência ou coação em sua liberdade de locomoção, por ilegalidade ou abuso de poder.
Legitimidade Ativa	A legitimidade ad causam do HC é universal, não sendo necessário sequer advogado para a impetração do writ, vez que o HC independe de capacidade postulatória, podendo ser impetrado por: • Pessoa física, nacional ou estrangeira, em seu favor ou de outrem, independente de capacidade civil ou política, de idade, de estado mental, ou de sua formação. Mesmo o absolutamente incapaz e o analfabeto podem impetrar com o HC; • Pessoas jurídicas em favor de terceiros (pessoas físicas); • Ministério Público em favor de terceiros; • Juiz ou tribunal de ofício desde que respeitem as regras de competência.
Legitimidade Ativa do HC Coletivo	• O Ministério Público; • Partido político com representação no Congresso Nacional; • Organização sindical, entidade de classe ou associação legalmente constituída e em funcionamento há pelo menos 1 ano; • A Defensoria Pública; • Juiz ou tribunal de ofício desde que respeitem as regras de competência.
Legitimidade Passiva	É quem pratica a ilegalidade ou o abuso de poder violentando, coagindo ou ameaçando a liberdade de locomoção do paciente. Em regra, será uma autoridade pública (magistrado, promotor de justiça, delegado de polícia etc.), sendo, por isso, chamado de **autoridade coatora**. Entretanto, excepcionalmente, **é possível que o sujeito passivo seja um particular**, pessoa física ou jurídica, como, por exemplo, nos casos de hospitais que se recusam a liberar o paciente sem o pagamento das despesas hospitalares.
Liminar	Embora não haja previsão expressa no CPP sobre a concessão de liminar no *habeas corpus*, é indiscutível que as ações constitucionais como um todo admitem pedidos de natureza liminar/cautelar independentemente de previsão expressa, desde que presentes os fundamentos tradicionais dessas tutelas: *fumus boni iuris* (probabilidade do direito) e *periculum in mora* (perigo de dano ou o risco ao resultado útil do processo). Assim, presentes os requisitos, o juiz ou tribunal poderá conceder a tutela liminar, inclusive *inaudita altera pars*, independentemente da espécie de *habeas corpus* que tenha sido manejado.
Efeitos da decisão concessiva	***No HC Preventivo:*** sua concessão resulta na expedição de um salvo-conduto, isto é, de uma ordem para que cesse a ameaça de violência ou coação à liberdade de locomoção do paciente.
	No HC Repressivo: sua concessão resulta na expedição de um alvará de soltura, isto é, de uma ordem para que o paciente seja posto em liberdade.
	No HC Suspensivo: sua concessão resulta na expedição de um salvo-conduto, suspendendo o mandado de prisão ilegal ou abusivo ainda não cumprido contra o paciente.
	No HC Profilático: sua concessão resulta na expedição de uma ordem de trancamento da ação penal, ou do inquérito policial ou de qualquer outro procedimento investigatório abusivo ou ilegal contra o paciente.

HABEAS DATA	
Conceito	Ação constitucional de natureza cível concedida para assegurar o conhecimento, retificação, ou anotação de informações relativas à pessoa do impetrante, constantes de registros ou bancos de dados de entidades governamentais ou de caráter público.
Cabimento	*i)* para assegurar o ***conhecimento*** de informações relativas à pessoa do impetrante, constantes de registro ou banco de dados de entidades governamentais ou de caráter público; *ii)* para a ***retificação*** de dados, quando não se prefira fazê-lo por processo sigiloso, judicial ou administrativo; *iii)* para a ***anotação*** nos assentamentos do interessado, de ***contestação*** ou ***explicação*** sobre dado verdadeiro, mas justificável e que esteja sob pendência judicial ou amigável.
Condição da Ação	A ação judicial de *habeas data* só é cabível se o impetrante demonstrar o interesse de agir que se configura com a prova da recusa do banco de dados em dar-lhe acesso às informações ou em retificá-las ou em anotar as informações solicitadas, podendo essa recusa ser expressa ou tácita, em razão de decorrido o prazo legal. Assim, nos termos da legislação, o habeas data é cabível: *i)* com a recusa ao ***acesso às informações*** ou do decurso de mais de 10 dias sem decisão; *ii)* com recusa em fazer-se a ***retificação*** ou do decurso de mais de 15 dias, sem decisão; *iii)* com a recusa em fazer-se a ***anotação ou explicação*** sobre o dado exato ou do decurso de mais de 15 dias sem decisão.
Legitimidade Ativa	*i)* pessoa física, brasileira e estrangeira (residente e não residente no Brasil); *ii)* pessoa jurídica; e *iii)* órgãos públicos despersonalizados, conforme seu enquadramento constitucional.
	O *habeas data* é uma ***ação personalíssima***. O impetrante só pode ingressar com a ação em face de seus próprios dados. Entretanto, há uma exceção, reconhecendo a legitimidade dos herdeiros legítimos e do cônjuge ou companheiro supérstite para impetração do *habeas data* quando se tratar de causas relativas à transmissão de direitos *causa mortis* ou que possam refletir no patrimônio moral do de *cujus*.
Legitimidade Passiva	É da pessoa jurídica de direito público na qual se encontra o registro ou banco de dados público ou da pessoa jurídica de direito privado na qual se encontra o registro ou banco de dados de caráter público.
Procedimento	O *habeas data* possui um procedimento ***bifásico***, tendo uma ***fase administrativa*** e uma ***fase judicial***, não sendo possível a impetração judicial do habeas data se antes o impetrante não tiver provocado a via administrativa nos termos legais. O habeas data é ***gratuito***, tanto na fase administrativa, como na fase judicial.
Medida Cautelar	Embora não haja previsão expressa sobre a concessão de medida liminar no *habeas data*, é indiscutível que as ações constitucionais como um todo admitem pedidos de natureza liminar/cautelar independentemente de previsão expressa, desde que presentes os fundamentos tradicionais dessas tutelas: *fumus boni iuris* e *periculum in mora*.
Efeitos da decisão concessiva	Se julgar procedente o pedido, o juiz marcará data e horário para que o coator: *i)* apresente ao impetrante as informações a seu respeito, constantes de registros ou bancos de dadas; ***OU*** *ii)* apresente em juízo a prova da retificação ou da anotação feita nos assentamentos do impetrante.
MANDADO DE SEGURANÇA	
Conceito	Ação constitucional de natureza cível que busca proteger direito líquido e certo lesionado ou ameaçado de lesão, não amparado por habeas corpus ou por habeas data, em razão de ilegalidade ou abuso de poder cometido por autoridade pública ou agente de pessoa jurídica no exercício de atribuições públicas.
Requisitos de cabimento	*1)* Ato da autoridade pública ou agente de pessoa jurídica no exercício de atribuições públicas; *2)* Ilegalidade ou abuso de poder; *3)* Lesão ou ameaça de lesão a direito líquido e certo; *4)* Subsidiariedade ao *habeas corpus* e ao *habeas data*;
Direito Líquido e Certo	O direito líquido e certo NÃO é aquele direito que você tem certeza que possui, ou que todo mundo sabe que você tem, ou que o juiz acha que você tem, ou que é claríssimo. Na verdade, direito líquido e certo é aquele direito que o impetrante é capaz de provar de pronto, logo na inicial, é, portanto, direito que não exige dilação probatória, pois o autor da ação já o prova desde o começo, juntando todas as provas em sua petição (prova pré-constituída).

Legitimidade Ativa	É de quem tem o direito líquido e certo lesado ou ameaçado de lesão, podendo o *mandamus* ser impetrado por: Qualquer pessoa física, nacional ou estrangeira. Pessoa jurídica, nacional ou estrangeira, priva ou pública. Órgãos públicos despersonalizados com capacidade processual, como o Ministério Público, as Mesas das Casas Legislativas, Chefia dos Executivos etc. Universalidade de bens, como o espólio e a massa falida.
Legitimidade Passiva	É da ***autoridade coatora***, considerando-se autoridade coatora aquela que tenha praticado o ato impugnado ou aquela da qual emane a ordem para a sua prática.
Prazo decadencial	O direito de requerer mandado de segurança extinguir-se-á decorridos 120 dias, contados da ciência, pelo interessado, do ato impugnado.
Liminar	É cabível o pedido liminar na ação de mandado de segurança, desde que presentes os fundamentos tradicionais das tutelas liminares: *fumus boni iuris* e *periculum in mora*. Preenchidos os requisitos, a concessão da liminar no MS é um ***direito subjetivo do autor***. Entretanto, a própria lei excepciona essa regra e estabelece que não será concedida liminar que tenha por objeto: i) a compensação de créditos tributários; ii) a entrega de mercadorias e bens provenientes do exterior; e iii) a reclassificação ou equiparação de servidores públicos e a concessão de aumento ou a extensão de vantagens ou pagamento de qualquer natureza.
Decisão e Efeitos	A decisão concessiva do mandado de segurança é ***mandamental***, contendo uma ordem direcionada à autoridade coatora, sendo, em regra, de execução imediata.
	O descumprimento das decisões (de mérito ou liminares) proferidas em mandado de segurança constitui crime de desobediência.
	Uma vez concedido o *mandamus*, o juiz transmitirá em ofício, por intermédio do oficial de justiça do juízo, ou pelo correio, mediante correspondência com aviso de recebimento, o inteiro teor da sentença à autoridade coatora e à pessoa jurídica interessada.
	A sentença que conceder o *mandamus* pode ser executada provisoriamente, salvo nos casos em que for vedada a concessão da medida liminar.
	Concedida a segurança, a sentença estará sujeita obrigatoriamente ao duplo grau de jurisdição.
	A concessão de MS não produz efeitos patrimoniais em relação a período pretérito, os quais devem ser reclamados administrativamente ou pela via judicial própria.
	MANDADO DE SEGURANÇA COLETIVO
Conceito	Ação constitucional de natureza cível que busca proteger direito líquido e certo de natureza *transindividual* lesionado ou ameaçado de lesão, não amparado por habeas corpus ou por habeas data, em razão de ilegalidade ou abuso de poder cometido por autoridade pública ou agente de pessoa jurídica no exercício de atribuições públicas.
Objeto de Proteção	A Lei 12.016/2009 (que regulamento o mandado de segurança), de forma infeliz, ao tratar do objeto do mandado de segurança coletivo, omite os direitos difusos, prevendo proteção apenas aos ***direitos coletivos e individuais homogêneos***. Essa omissão legislativa, a nosso ver, não pode ser interpretada de forma a restringir a proteção dos direitos difusos pela via do mandado de segurança coletivo. Assim, ***entendemos ser cabível o mandado de segurança coletivo para a proteção de direito líquido e certo difuso*** por força constitucional, não podendo essa proteção ser afastada em razão de indevida omissão do legislador infraconstitucional,
Legitimidade Ativa	***a)*** partido político com representação no Congresso Nacional; ***b)*** organização sindical, entidade de classe ou associação legalmente constituída e em funcionamento há pelo menos um ano, em defesa dos interesses de seus membros ou associados;
Diferença Procedimental	Em linhas gerais, o MS Coletivo segue as mesmas regras aplicáveis ao *mandamus* individual. Entretanto, há uma única, mas relevante diferença, em relação à concessão da liminar, pois, no mandado de segurança coletivo, a liminar só poderá ser concedida após a audiência do representante judicial da pessoa jurídica de direito público, que deverá se pronunciar no prazo de 72 horas, sendo, portanto, vedada a concessão da liminar *inaudita altera pars* no mandamus coletivo.

Decisão e Efeitos	No mandado de segurança coletivo, os efeitos da decisão abrangem todos os associados que se encontrem na situação descrita na petição inicial do *mandamus*, independente se entraram na associação antes ou após a impetração da ação.
	No mandado de segurança coletivo, a sentença fará coisa julgada limitadamente aos membros do grupo ou categoria substituídos pelo impetrante.
	O mandado de segurança coletivo não induz litispendência para as ações individuais, mas os efeitos da coisa julgada não beneficiarão o impetrante a título individual se não requerer a desistência de seu mandado de segurança no prazo de 30 dias a contar da ciência comprovada da impetração da segurança coletiva.
MANDADO DE INJUNÇÃO	
Conceito	Ação constitucional de natureza cível que busca viabilizar o exercício dos direitos e liberdades constitucionais e das prerrogativas inerentes à nacionalidade, à soberania e à cidadania, que se encontrem inviabilizados por falta de norma regulamentadora de norma constitucional.
Espécies	**Quanto à omissão** ***Mandado de Injunção Total:*** busca viabilizar o exercício de direito quando falta norma regulamentadora da norma constitucional. ***Mandado de Injunção Parcial:*** busca viabilizar o exercício de direito quando há norma regulamentadora da norma constitucional, mas essa é insuficiente.
	Quanto à titularidade do direito ***Mandado de Injunção Individual:*** busca concretizar direito individual constitucional quando a falta de norma regulamentadora inviabilizar ou limitar o seu exercício pleno. ***Mandado de Injunção Coletivo:*** busca concretizar direito transindividual constitucional quando a falta de norma regulamentadora inviabilizar ou limitar o seu exercício pleno.
Requisitos de Cabimento	***1)*** norma constitucional que necessite de regulamentação para produzir todos os seus efeitos, isto é, para a sua integral concretização; ***2)*** falta da norma regulamentadora da norma constitucional (omissão total) ou norma regulamentadora da norma constitucional que seja insuficiente (omissão parcial); ***3)*** inviabilização do direito, liberdade ou prerrogativa constitucional.
Legitimidade Ativa	No mandado de injunção *individual*, é das pessoas naturais ou jurídicas que se afirmam titulares dos direitos, das liberdades ou das prerrogativas constitucionais.
Legitimidade Ativa no Mandado de Injunção Coletivo	***i)*** Ministério Público, quando a tutela requerida for especialmente relevante para a defesa da ordem jurídica, do regime democrático ou dos interesses sociais ou individuais indisponíveis; ***ii)*** Partido político com representação no Congresso Nacional, para assegurar o exercício de direitos, liberdades e prerrogativas de seus integrantes ou relacionados com a finalidade partidária; ***iii)*** Organização sindical, entidade de classe ou associação legalmente constituída e em funcionamento há pelo menos 1 ano, para assegurar o exercício de direitos, liberdades e prerrogativas em favor da totalidade ou de parte de seus membros ou associados, na forma de seus estatutos e desde que pertinentes a suas finalidades, dispensada, para tanto, autorização especial; ***iv)*** Defensoria Pública, quando a tutela requerida for especialmente relevante para a promoção dos direitos humanos e a defesa dos direitos individuais e coletivos dos necessitados, na forma do art. 5º, LXXIV, da CF/88.
Legitimidade Passiva	É do Poder, Entidade, Órgão ou Autoridade Pública com atribuição para editar a norma regulamentadora da norma constitucional.

Liminar	Embora a jurisprudência dos tribunais superiores seja sólida em afirmar não ser cabível a concessão de medida liminar em mandado de injunção, entendemos que é cabível sim, desde que presentes os fundamentos tradicionais dessas tutelas: *fumus boni iuris* e *periculum in mora*.
Decisão e Efeitos	Na ***perspectiva jurisprudencial,*** é possível identificar a adoção evolutiva do Supremo Tribunal Federal, pelo menos, das seguintes teses: ***1) Tese não concretista:*** o Judiciário deve reconhecer a mora do Poder, Órgão, Entidade ou Autoridade responsável pela elaboração da norma regulamentadora, recomendando-lhe que supra a mora, sem, contudo, concretizar (implementar) o direito constitucional do autor, tendo a decisão natureza meramente declaratória. ***2) Tese concretista:*** o Judiciário deve concretizar (implementar) o direito constitucional do autor até a superveniência da norma regulamentadora, tendo a decisão natureza constitutiva. A tese concretista pode ser dividida em: ***a) Tese concretista individual:*** além de reconhecer a mora do poder público em regulamentar a norma constitucional, notificando-o, o Judiciário irá concretizar (implementar) o direito constitucional, contudo, apenas *inter partes*. Essa tese se subdivide em concretista intermediária e concretista direta: ***i) Tese concretista individual intermediária:*** a decisão do Judiciário não deve concretizar o direito de forma imediata, devendo, primeiro, reconhecer a mora e notificar o poder público competente para supri-la dentro de um prazo determinado, de modo que, apenas se o poder competente não suprir a mora dentro do prazo, o Judiciário tomará as providências para implementar o direito. ***ii) Tese concretista individual direta:*** a decisão do Poder Judiciário deve concretizar o direito constitucional de forma imediata. ***b) Tese concretista geral:*** além de reconhecer a mora do poder público em regulamentar a norma constitucional, notificando-o, o Judiciário irá implementar o direito constitucional, de forma geral e abstrata, para todos, inclusive para aqueles que não buscaram a tutela judicial (efeitos *erga omnes*).
	Nos termos do art. 8º, da Lei 13.300, reconhecido o estado de mora legislativa, será deferida a injunção para: i) determinar prazo razoável para que o impetrado promova a edição da norma regulamentadora; e ii) estabelecer as condições em que se dará o exercício dos direitos, das liberdades ou das prerrogativas reclamados ou, se for o caso, as condições em que poderá o interessado promover ação própria visando a exercê-los, caso não seja suprida a mora legislativa no prazo determinado. Por esse dispositivo percebe-se que a lei do mandado de injunção, a princípio, adotou a ***tese concretista individual intermediária.*** Ademais, conforme o art. 9º, caput, da Lei 13.300, a decisão terá eficácia subjetiva limitada às partes e produzirá efeitos até o advento da norma regulamentadora. Por esse dispositivo, parece-nos possível que o Judiciário adote a ***tese concretista individual direta.*** Além disso, segundo o §1º, do art. 9º, da Lei 13.300, poderá ser conferida eficácia *ultra partes* ou *erga omnes* à decisão, quando isso for inerente ou indispensável ao exercício do direito, da liberdade ou da prerrogativa objeto da impetração. Por esse dispositivo, fica claro que o Judiciário pode adotar a ***tese concretista geral.***
AÇÃO POPULAR	
Conceito	Ação constitucional de natureza cível, atribuída a qualquer cidadão, que visa anular atos lesivos ao patrimônio público lato senso (patrimônio material e imaterial, econômico, financeiro, ambiental, histórico, cultural, artístico, estético, turístico etc.) ou ao patrimônio de entidade da qual o Estado participe, em razão de ilegalidade ou imoralidade administrativa.
Legitimidade Ativa	Onde quer que tenha havido uma sociedade organizada, houve Constituição. É um erro achar que a Constituição é um produto da Modernidade. Na verdade, a Idade Moderna irá nos apresentar a Constituição Escrita. Contudo, **toda e qualquer sociedade organizada possuía normas fundamentais de organização do Estado e dos Poderes do Estado, sendo esse conjunto de normas a Constituição Real desses Estados.**
Requisitos de Cabimento	***1) REQUISITO SUBJETIVO: CIDADÃO.*** Exige-se a cidadania política, isto é, capacidade de votar (capacidade eleitoral ativa), sendo cidadão, na forma da lei, aquele que possui alistamento eleitoral, estiver em dia com suas obrigações políticas e cujos direitos políticos não estão suspensos ou perdidos, devendo a inicial da ação popular ser instruída com o título eleitoral, ou com documento que a ele corresponda.

Requisitos de Cabimento	***2) REQUISITO OBJETIVO: LESÃO OU AMEAÇA DE LESÃO AO PATRIMÔNIO PÚBLICO POR ILEGALIDADE OU IMORALIDADE.*** A ação popular combate tanto a lesão (ação repressiva) como a ameaça de lesão (ação preventiva) ao patrimônio público, seja em razão de atos comissivos ou omissivos que firam a legalidade pública ou que firam a moralidade pública, entendendo-se o patrimônio público de forma lato senso, compreendendo assim lesões não apenas o erário público, mas a todo o patrimônio público material e imaterial, econômico, financeiro, ambiental, histórico, cultural, artístico, estético, turístico etc.), ou mesmo ao patrimônio público meramente moral. Ademais, a ação popular buscar combater lesões ao patrimônio público (patrimônio do povo, da sociedade e do Estado), bem como ao patrimônio de entidade de que o Estado participe (patrimônio de entidade cuja criação ou custeio o tesouro público haja concorrido ou concorra e de quaisquer pessoas jurídicas ou entidades subvencionadas pelos cofres públicos).
Legitimidade Ativa	É do ***cidadão***, na forma da lei, (brasileiro que possua capacidade eleitoral ativa, esteja em dia com suas obrigações políticas e cujos direitos políticos não estejam suspensos ou perdidos), devendo a inicial da ação popular ser instruída com o título eleitoral, ou com documento que a ele corresponda.
	Os ***menores relativamente incapazes***, caso se alistem, terão capacidade eleitoral ativa, sendo considerados cidadãos, na forma da lei, sendo desnecessária a assistência para impetração da Ação Popular, pois se trata de um direito político positivo, não sendo exigida assistência para o exercício dos direitos políticos.
	Embora os estrangeiros não possam impetrar com Ação Popular, por não serem cidadãos, há uma exceção: ***português equiparado*** (ou quase nacional), descrito no art. 12, §1º, da CF/88, tem legitimidade ativa, pois possui direitos políticos, devendo juntar na inicial, além do título de eleitor, o certificado de equiparação do gozo dos direitos políticos.
Legitimidade Passiva	***i)*** Pessoas públicas de direito público ou privado da Administração Pública Direta e Indireta; ***ii)*** Entidades de que o Estado participe, entendidas assim aquelas cuja criação ou custeio o tesouro público haja concorrido ou concorra, bem como quaisquer pessoas jurídicas ou entidades subvencionadas pelos cofres públicos; ***iii)*** Autoridades, funcionários ou administradores que houverem autorizado, aprovado, ratificado ou praticado o ato impugnado, ou que, por omissas, tiverem dado oportunidade à lesão; ***iv)*** Beneficiários diretos do ato lesivo. Aqui, é importante destacar que lei fala em beneficiário direto, o que exclui o beneficiário indireto (aquele favorecido de forma remota, mediata, indireta) do polo passivo da ação popular.
Competência	***NÃO há foro por prerrogativa de função na Ação Popular.*** Assim, a competência para conhecer da ação popular é do ***juízo de primeiro grau*** da Justiça federal (art. 109, CF/88) ou estadual (competência residual), sendo determinada conforme a origem do ato impugnado.
Prazo Prescricional	A ação popular prescreve em 5 anos, a contar da realização do ato impugnado (e não do conhecimento pelo cidadão).
Liminar	Nos termos da Lei 4.717, na defesa do patrimônio público caberá a suspensão liminar do ato lesivo impugnado, devendo-se, para tanto, demonstrar os fundamentos tradicionais da tutela liminar: *fumus boni iuris* e *periculum in mora*.
	A nosso ver, por seguir o procedimento ordinário do CPC, aplicam-se à ação popular as tutelas provisórias de urgência e da evidência, bem como as normas que as regulamentam.
Atuação do Ministério Público	O MP não é legitimado ativo para impetrar com ação popular. Entretanto, ele será parte na ação (parte pública autônoma), atuando como *custos constitucionis*.
	O MP acompanhará a ação, cabendo-lhe apressar a produção da prova e promover a responsabilidade, civil ou criminal, dos que nela incidirem, sendo-lhe vedado, em qualquer hipótese, assumir a defesa do ato impugnado ou dos seus autores.
	Se o autor desistir da ação ou der motiva à absolvição da instância, fica assegurado ao representante do MP, dentro do prazo de 90 dias da última publicação feita, promover o prosseguimento da ação.
	Caso decorridos 60 dias da publicação da sentença condenatória, sem que o autor ou terceiro promova a respectiva execução, o representante do MP a promoverá nos 30 dias seguintes, sob pena de falta grave.
	Das sentenças e decisões proferidas contra o autor da ação e suscetíveis de recurso, poderá recorrer o Ministério Público.
	O membro do Ministério Público tem legitimidade para propor ação rescisória em face da decisão da ação popular, atendidos os requisitos do CPC.

Decisão e Efeitos	Quando a ação popular for procedente, a decisão terá natureza dúplice, sendo, por um lado, declaratória positiva (quando declara nulo o ato impugnado) ou constitutiva negativa (quando anula o ato impugnado que era apenas anulável), e, por outro lado, condenatória (quando condena os responsáveis pelo ato e seus beneficiários diretos ao pagamento de perdas e danos).
	A sentença de procedência da ação popular terá efeitos *erga omnes* e produzirá os seguintes efeitos: *1)* Declarará a nulidade do ato impugnado (em caso de ato nulo) ou o anulará (em caso de ato anulável); *2)* Condenará as autoridades, funcionários ou administradores responsáveis pelo dano, bem como os seus beneficiários diretos, ao pagamento de perdas e danos; *3)* Condenará as autoridades, funcionários ou administradores responsáveis pelo dano, bem como os seus beneficiários diretos, ao pagamento das custas e demais despesas, judiciais e extrajudiciais, além dos honorários de sucumbência.
	O autor da ação popular é isento de custas e de ônus de sucumbência, salvo comprovada má-fé, já tendo o STF firmado o entendimento de que a má-fé deve ser provada (não se admite presunção de má-fé) e sentenciada para que o autor possa ser condenado.

REFERÊNCIAS BIBLIOGRÁFICAS

ABBOUD, Georges. *Processo Constitucional Brasileiro*. 4. ed. São Paulo: RT, 2020.

ABRANCHES, Sérgio H. H. de. Presidencialismo de coalizão: o dilema institucional brasileiro. *Revista de Ciências Sociais*. Rio de Janeiro, v. 31, n. 1, 1988.

ACCIOLY, Wilson. *Comissões Parlamentares de Inquérito:* instrumentos de ação política. Rio de Janeiro: Forense, 1980.

AGOSTINHO, Theodoro. *Manual de Direito Previdenciário*. São Paulo: Saraiva, 2020.

ALCALÁ, Humberto Nogueira. Los desafíos del control de convencionalidad del corpus iuris interamericano para los tribunales, y su diferenciación con el control de constitucionalidad. In: MARINONI, Luiz Guilherme; MAZZUOLI, Valerio de Oliveiro. *Controle de Convencionalidade*: um panorama latino-americano. Brasília: Gazeta Jurídica, 2013.

ALEXY, Robert. *Teoria dos Direitos Fundamentais*. São Paulo: Malheiros, 2008.

ALMEIDA, Gregório Assagra de. *Manual das ações constitucionais*. Belo Horizonte: Del Rey, 2007.

ALMEIDA, Silvio. *O que é racismo estrutural?* Belo Horizonte: Letramento, 2018.

ALMEIDA, Silvio. *Racismo estrutural*. São Paulo: Pólen, 2019.

ALVES, Karlos. *Pacote Anticrime:* Lei 13.964/2019 comentada artigo por artigo. Rio de Janeiro: Lumen Juris, 2021.

ALVES, Waldir. Controle de convencionalidade das normas internas em face dos tratados e convenções internacionais sobre direitos humanos equivalentes às Emendas Constitucionais. In: MARINONI, Luiz Guilherme; MAZZUOLI, Valerio de Oliveiro. *Controle de Convencionalidade:* um panorama latino-americano. Brasília: Gazeta Jurídica, 2013.

ALVIM, Eduardo Arruda; LEITE, George Salomão; STRECK, Lenio (coord.). *Curso de Direito Constitucional*. Florianópolis: Tirant lo blanch, 2018.

AMADO, Frederico. *Curso de Direito e Processo Previdenciário*. 13. ed. Salvador: Juspodivm, 2020.

ANDRADE, José Carlos Vieira de. *Os Direitos Fundamentais na Constituição Portuguesa de 1976*. 5. ed. Coimbra: Almedina, 2012.

ARAUJO, Eugênio Rosa de. *Resumo de Direito Econômico*. Rio de Janeiro: Impetus, 2007.

ARENDT, Hannah. *Origens do totalitarismo*. São Paulo: Companhia das Letras, 1998.

ARISTÓTELES. *Ética a Nicomaco*. São Paulo: Martin Claret, 2010.

ARISTÓTELES. *Política*. São Paulo: Martin Claret, 2006.

ATALIBA, Geraldo. Comissão Parlamentar de Inquérito e Poder Legislativo Municipal. *RDP*, n. 35 e 36, Agosto, 1974.

ÁVILA, Humberto. *Segurança Jurídica:* entre permanência, mudança e realização no direito tributário. 2. ed. São Paulo: Malheiros, 2012.

ÁVILA, Humberto. *Teoria dos princípios:* da definição à aplicação dos princípios jurídicos. 11. ed. São Paulo: Malheiros, 2010.

AZEVEDO, Álvaro Villaça. *Autonomia do paciente e direito de escolha de tratamento médico sem transfusão de sangue, mediante os atuais preceitos civis e constitucionais brasileiros.* Parecer jurídico. São Paulo: 2010.

BACHOF, Otto. *Normas Constitucionais Inconstitucionais?* Coimbra: Almedina, 2008.

BAHIA, Alexandre G.M.F.M.; SILVA, Diogo Bacha e; OLIVEIRA, Marcelo Andrade Cattoni de. *O impeachment e o Supremo Tribunal Federal.* Florianópolis: Empório do Direito, 2016.

BAHIA, Flávia. *Direito Constitucional.* 4. ed. Salvador: Juspodivm, 2020.

BANDEIRA DE MELLO, Celso Antônio. *Curso de Direito Administrativo.* 27. ed. São Paulo: Malheiros, 2010.

BANDEIRA DE MELLO, Celso Antônio. *O Conteúdo Jurídico Do Princípio Da Igualdade.* 3. ed. São Paulo: Malheiros editores, 1993.

BANDEIRA DE MELLO, Celso Antônio. Eficácia das normas constitucionais sobre justiça social. *Revista de Direito Público*, n. 57-58, 1981, p. 233-256.

BARBIERI, Samia Roges Jordy. *Os direitos constitucionais dos índios e o direito à diferença, face ao princípio da dignidade da pessoa humana.* Coimbra: Almedina, 2009.

BARBOSA, Rui. A Constituição de 1891. *Obras completas de Rui Barbosa.* v. XVII. t. I. Rio de Janeiro: Ministério da Educação e Saúde, 1946.

BARBOSA, Rui. *O art. 6. da Constituição e a intervenção de 1920 na Bahia.* Rio de Janeiro: Ministério da Educação e Cultura: Fundação Casa de Rui Barbosa, 1975-1976. v. 47, t. 3-4, 1920.

BARBOSA, Rui. *Os atos inconstitucionais do Congresso e do Executivo.* Rio de Janeiro: Companhia Impressora, 1893.

BARBOSA, Rui. Oração aos Moços. *Direito, cidadania e ética.* Belo Horizonte: Del Rey, 2010.

BARCELLOS, Ana Paula de. *Ponderação, Racionalidade e Atividade Jurisdicional.* Rio de Janeiro: Renovar, 2005.

BARNETT, Randy E. *The Rights Retained by the People:* The History and Meaning of the Ninth Amendment. Fairfax: Fairfax, 1991. v. 1.

BARROSO, Luís Roberto. *A dignidade da pessoa humana no direito constitucional contemporâneo:* a construção de um conceito jurídico à luz da jurisprudência mundial. Belo Horizonte: Fórum, 2013.

BARROSO, Luís Roberto. *Curso de Direito Constitucional Contemporâneo.* 3. ed. São Paulo: Saraiva, 2011.

BARROSO, Luís Roberto. *Interpretação e aplicação da Constituição.* 7. ed. São Paulo: Saraiva, 2009.

BARROSO, Luís Roberto. Legitimidade da recusa de transfusão de sangue por testemunhas de Jeová: dignidade humana, liberdade religiosa e escolhas existenciais. *Um outro país:* transformações no direito, na ética e na agenda do Brasil. Belo Horizonte: 2018.

BARROSO, Luís Roberto. Neo Constitucionalismo e constitucionalização do Direito: o triunfo tardio do direito constitucional no Brasil. *Revista Forense.* Rio de Janeiro, v. 384, p. 71-104, mar/abr, 2006.

BARROSO, Luís Roberto. *O controle de constitucionalidade no direito brasileiro.* 6. ed. São Paulo: Saraiva, 2012.

BARROSO, Luís Roberto. *O direito constitucional e a efetividade de suas normas:* limites e possibilidades da Constituição brasileira. 2. ed. Rio de Janeiro: Renovar, 1993.

BASTOS, Celso Ribeiro. *Direito de recusa de pacientes, de seus familiares ou dependentes, às transfusões de sangue, por razões científicas e convicções religiosas*. Parecer jurídico. São Paulo: 2000.

BASTOS, Celso Riberto; BRITTO, Carlos Ayres. *Interpretação e Aplicabilidade das Normas Constitucionais*. São Paulo: Saraiva, 1982.

BATTAGLINI, M. Contributo allo studio comparato del controlo di constituzionalita. *Riv. Trim. Dir. Pubbl.*, XII, 1962, p. 663-770.

BELAUNDE, Domingo García; MANCHEGO, José Felix Palomino. El control de convencionalidad en el Perú. In: MARINONI, Luiz Guilherme; MAZZUOLI, Valerio de Oliveiro. *Controle de Convencionalidade:* um panorama latino-americano. Brasília: Gazeta Jurídica, 2013.

BERNARDES, Juliano Taveira; FERREIRA, Olavo Augusto Viana Alves. *Sinopses para concursos:* direito constitucional. Salvador: Juspodivm, 2012. Tomo I e Tomo II.

BITTENCOURT, C. A. Lúcio. *O contrôle jurisdicional da constitucionalidade das leis*. Rio de Janeiro: Forense, 1949.

BOBBIO, Norberto. *A Era dos Direitos*. Rio de Janeiro: Elsevier, 2004.

BOBBIO, Norberto. *O positivismo jurídico:* Lições de Filosofia do direito. São Paulo: Icone, 2006.

BONAVIDES, Paulo. *Curso de Direito Constitucional*. 28. ed. São Paulo: Malheiros, 2013.

BONAVIDES, Paulo. *Teoria Geral do Estado*. 9. ed. São Paulo: Malheiros, 2012.

BORGES, Alexandre Walmott. *Preâmbulo da Constituição & a Ordem Econômica*. Curitiba: Juruá, 2003.

BORGES, Cyonil; SÁ, Adriel. *Manual de Direito Administrativo Facilitado*. 3. ed. Salvador: Juspodivm, 2019.

BRITTO, Carlos Ayres. A Constituição e os limites de sua reforma. *Revista Latino-Americana de Estudos Constitucionais*. Belo Horizonte, n. 1, p. 225-246, jan/jun, 2003.

BROSSARD, Paulo. A Constituição e as leis anteriores. *Arquivos do Ministério da Justiça*, n. 180, 1992.

BROSSARD, Paulo. *O impeachment*. 3. ed. São Paulo: Saraiva, 1992.

BUENO, Cassio Scarpinella. *Curso sistematizado de direito processual civil:* teoria geral do direito processual civil. 9. ed. São Paulo: Saraiva, 2018. v. 1.

BUERGENTHAL, Thomas. *International Human Rights*. Minnesota: West Publishing, 1988.

BULOS, Uadi Lammêgo. *Curso de Direito Constitucional*. 11. ed. São Paulo: Saraiva, 2018.

BULOS, Uadi Lammêgo. *Mutação Constitucional*. São Paulo: Saraiva, 1997.

CAETANO, Marcello. *Manual de ciência política e direito constitucional. 6. ed.* Coimbra: Almedina, 2003. Tomo I.

CALLEGARI, André Luís. Comentário ao art. 5º, XL. In: CANOTILHO, J.J. Gomes; MENDES, Gilmar Ferreira; SARLET, Ingo Wolfgang; STRECK, Lenio Luiz (coord.). *Comentários à Constituição do Brasil*. São Paulo: Saraiva, 2013.

CAMPOS, Carlos Alexandre Azevedo. *Estado de Coisas Inconstitucional*. Salvador: Juspodivm, 2016.

CANARIS, Claus-Wilhelm. *Direitos Fundamentais e Direito Privado*. Coimbra: Almedina, 2009.

CANARIS, Claus-Wilhelm. *Pensamento Sistemático e Conceito de Sistema na Ciência do Direito*. 4. ed. Lisboa: Fundação Calouste Gulbenkian, 2008.

CANÇADO TRINDADE, Antonio Augusto. *A proteção dos direitos humanos nos planos nacional e internacional:* perspectivas brasileiras. San José da Costa Rica/Brasília: Instituto Interamericano de Derechos Humanos, 1992.

CANÇADO TRINDADE, Antonio Augusto. Direitos e garantias individuais no plano internacional. *Assembleia Nacional Constituinte, Atas das Comissões*. v. I, n. 66 (supl.). Brasília, 27.05.1987, p. 108-116.

CANÇADO TRINDADE, Antonio Augusto. Memorial em prol de uma nova mentalidade quanto à proteção dos direitos humanos nos planos internacional e nacional. *Anais do VI Seminário Nacional de Pesquisa e Pós-graduação em Direito*. Rio de Janeiro: Faculdade de Direito da UERJ, 1997.

CANÇADO TRINDADE, Antonio Augusto. *Tratado de Direito Internacional dos Direitos Humanos*. Porto Alegre: Sérgio Antônio Fabris, 1997. v. 1.

CANOTILHO, J. J. Gomes. *"Brancosos" e interconstitucionalidade:* itinerários dos discursos sobre a historicidade constitucional. Coimbra: Almedina, 2006.

CANOTILHO, J. J. Gomes. *Constituição Dirigente e vinculação do legislador:* contributo para a compreensão das normas constitucionais programáticas. Coimbra: Coimbra, 1994.

CANOTILHO, J. J. Gomes. *Direito Constitucional e Teoria da Constituição*. 7. ed. Coimbra: Almedina, 2003.

CANOTILHO, J. J. Gomes. *Estudos sobre direitos fundamentais*. São Paulo: RT, 2008.

CAPPELLETTI, Mauro. *O Controle judicial de constitucionalidade das leis no direito comparado*. Porto Alegre: SAF, 1986.

CAPPELLETTI, Mauro; GARTH, Bryant. *Acesso à Justiça*. Porto Alegre: Serio Antonio Fabris Editor, 1988.

CARBONEL, Miguel (org.). *Neoconstitucionalismo(s)*. Madrid: Trotta, 2003.

CARBONEL, Miguel (org.). *Teoria del Neoconstitucionalismo:* ensaios escogidos. Madrid: Trotta, 2007.

CARBONEL, Miguel; JARAMILLO, Leonardo Garcia (org.). *El canon neoconstitucional*. Madrid: Trotta, 2010.

CARVALHO, Dardeau de. *Nacionalidade e Cidadania*. Rio de Janeiro: Freitas Bastos, 1956.

CARVALHO, Kildare Gonçalves. *Direito Constitucional:* Teoria do Estado e da Constituição. 20. ed. Belo Horizonte: Del Rey, 2013. v. 1.

CARVALHO, Kildare Gonçalves. *Direito Constitucional:* Direito Constitucional Positivo. 20. ed. Belo Horizonte: Del Rey, 2013. v. 2.

CARVALHO, Matheus. *Manual de Direito Administrativo*. 7. ed. Salvador: Juspodivm, 2020.

CASSAGNE, Juan Carlos. *Os grandes princípios do direito público:* constitucional e administrativo. São Paulo: Contracorrente, 2017.

CASTRO, Carlos Roberto Siqueira. *A Constituição Aberta e os Direitos Fundamentais:* ensaios sobre o constitucionalismo pós-moderno e comunitário. 2. ed. Rio de Janeiro: Forense, 2010.

CASTRO, Carlos Roberto Siqueira. Dignidade da pessoa humana: o princípio dos princípios constitucionais. *Revista Latino-Americana de Estudos Constitucionais*. Belo Horizonte, n. 5, p. 249-285, jan/jun, 2005.

CASTRO, Carlos Roberto Siqueira. *O devido processo legal e os princípios da razoabilidade e da proporcionalidade*. 5. ed. Rio de Janeiro: Forense, 2010.

CAVALCANTE, Márcio André Lopes. *Súmulas do STF e do STJ anotadas e organizadas por assuntos*. 7. ed. Salvador: Juspodivm, 2020.

CAVALCANTE, Márcio André Lopes. *Vade Mecum de Jurisprudência Dizer o Direito.* 8. ed. Salvador: Juspodivm, 2020.

CAVALCANTE, Márcio André Lopes; ROCHA, Roberval. *Como a Constituição Federal é cobrada nas provas do CEBRASPE? Salvador:* Juspodivm, 2020.

CÍCERO. *Dos deveres.* São Paulo: Martin Claret, 2007.

CICHOCKI NETO, José. *Limitações ao Acesso à Justiça.* Curitiba: Juruá, 1999,

CINTRA, Antonio Carlos de Araújo; GRINOVER, Ada Pellegrini; DINAMARCO, Candido Rangel. *Teoria Geral do Processo.* 26. ed. São Paulo: Malheiros, 2010.

CLÈVE, Clèmerson Merlin. *A fiscalização abstrata da constitucionalidade no direito brasileiro.* São Paulo: RT, 2000.

CLÈVE, Clèmerson Merlin. *Para uma dogmática constitucional emancipatória.* Belo Horizonte: Fórum, 2012.

COELHO, Inocêncio Martires. A criação judicial do direito em face do cânone hermenêutico da autonomia do objeto e do princípio constitucional da separação de poderes. *Revista de Informação Legislativa,* Brasília, n. 134, abr-jun, 1997.

COMETTI, Marcelo Tadeu. *Manual de Direito Empresarial.* 2. ed. Salvador: Juspodivm, 2020.

COMPARATO, Fábio Konder. *A Afirmação Histórica dos Direitos Humanos.* 7. ed. São Paulo: Saraiva, 2010.

CONSTANT, Benjamin. *Princípios de Política aplicáveis a todos os Governos.* Rio de Janeiro: Topbooks, 2007.

CONTINENTINO, Marco Cesseb. *História do Controle da Constitucionalidade das leis no Brasil:* percursos do pensamento constitucional no século XIX (1824-1891). São Paulo: Almedina, 2015.

COOLEY, Thomas. *A treatise on the constitutional limitations which rest upon the power of the States of the American Union.* Boston, 1903.

COOLEY, Thomas. *Princípios Gerais de Direito Constitucional dos Estados Unidos da América do Norte.* 2. ed. São Paulo: RT, 1982.

COSTA NETO, João. *Dignidade humana:* visão do Tribunal Constitucional Federal Alemão, do STF e do Tribunal Europeu. São Paulo: Saraiva, 2014.

CUNHA, Marcus Vinicius. R. *Princípio da Moralidade Administrativa.* Belo Horizonte: Del Rey, 2017.

CUNHA, Ricarlos Almagro Vitoriano. *Segurança Jurídica e Crise no Direito.* Belo Horizonte: Arraes, 2012.

CUNHA, Rogério Sanches. *Manual de Direito Penal: parte* geral. 5. ed. Salvador: Juspodivm, 2017.

CUNHA, Rogério Sanches. *Pacote Anticrime.* Salvador: Juspodivm, 2020.

CUNHA JR. Dirley da. *Curso de Direito Constitucional.* 9. ed. Salvador: Juspodivm, 2015.

D'ANCONA, Matthew. *Pós-verdade:* a nova guerra contra os fatos em tempos de fakenews. Barueri: Faro Editorial, 2018.

DALLARI, Dalmo de Abreu. *A Constituição na vida dos povos.* São Paulo: Saraiva, 2010.

DALLARI, Dalmo de Abreu. *Elementos de Teoria Geral do Estado.* 33. ed. São Paulo: Saraiva, 2016.

DALLARI, Dalmo de Abreu. *O poder dos juízes.* São Paulo: Saraiva, 1996.

DIAS, Maria Berenice. *Manual de Direito das Famílias.* 9. ed. São Paulo: RT, 2013.

DIAS, Rebeca Fernandes. Direito à vida, direito à morte e disponibilidade do corpo: as tensões contemporâneas de um direito (ainda) desencarnado. In: CLÈVE, Clèmerson Merlin (coord.). *Direito Constitucional Brasileiro:* Teoria da Constituição e Direitos Fundamentais. São Paulo: RT, 2014. v. 1.

DIDIER JR, Fredie. *Curso de Direito Processual:* introdução ao direito processual civil, parte geral e processo do conhecimento. 22. ed. Salvador: Juspodivm, 2020. v. 1.

DIMOULIS, Dimitri; MARTINS, Leonardo. *Teoria Geral dos Direitos Fundamentais*. 3. ed. São Paulo: Revista dos Tribunais, 2011.

DINIZ, Maria Helena. *Compêndio de introdução à ciência do direito*. 24. ed. São Paulo: Saraiva, 2013.

DINIZ, Maria Helena. *Dicionário Jurídico*. 3. ed. São Paulo: Saraiva, 2008.

DINIZ, Maria Helena. *Norma Constitucional e seus efeitos*. 8. ed. São Paulo: Saraiva, 2009.

DOS SANTOS, Eduardo R. *Direitos Fundamentais Atípicos*. Salvador: Juspodivm, 2017.

DOS SANTOS, Eduardo R. Garantias Constitucionais do Processo. In: ALVIM, Eduardo Arruda; LEITE, George Salomão; STRECK, Lenio (coord.). *Curso de Direito Constitucional*. Florianópolis: Tirant lo blanch, 2018.

DOS SANTOS, Eduardo R. O filtro do controle de constitucionalidade por via incidental no Supremo Tribunal Federal: uma análise crítica da admissibilidade do recurso extraordinário. *Diritto & Diritti*, 2011.

DOS SANTOS, Eduardo R. *O Pós-positivismo jurídico e a normatividade dos princípios jurídicos*. Belo Horizonte: D'Plácido, 2014.

DOS SANTOS, Eduardo R. Os direitos fundamentais atípicos e a incorporação dos tratados internacionais de direitos humanos à Constituição brasileira: reflexões a partir do §2º, do art. 5º, da CF/88. In: MARTINS, Fernando R. (org.). *Direito em diálogo de fontes*. Belo Horizonte: D´Plácido, 2014.

DOS SANTOS, Eduardo R. Participação política feminina: uma análise à luz do direito fundamental à igualdade. *Boletim Conteúdo Jurídico*, v. 215, 2012.

DOS SANTOS, Eduardo R. *Princípios Processuais Constitucionais*. 3. ed. Salvador: Juspodivm, 2021.

DOS SANTOS, Eduardo R. *Processo e Constituição*. Leme: J. H. Mizuno, 2014.

DOS SANTOS, Eduardo R.; BORGES, Alexandre Walmott; MARINHO, Sérgio Augusto. O Estatuto do Idoso: análise sobre a autonomia dos direitos fundamentais da lei em relação aos direitos fundamentais constitucionais. In: CORDEIRO, Carlos José; GOMES, Josiane Araújo (org.). *Temas Contemporâneos de Direito das Famílias*. São Paulo: Pillares, 2013.

DOS SANTOS, Eduardo R.; HENRIQUE JR, Moacir. A Ação Direta de Inconstitucionalidade Interventiva e os direitos da pessoa humana: uma análise crítica da decisão do STF na IF 114-5/1991 Mato Grosso. *XXIII Encontro Nacional do CONPEDI:* Mecanismos de efetividades dos direitos fundamentais. Florianópolis: CONPEDI, 2014.

DOS SANTOS, Eduardo R.; MELO, Luiz Carlos Figueira de; SANTOS, Priscylla. R. O direito fundamental de acesso a água potável e o decorrente dever fundamental do Estado de fornecimento: análise à luz do §2º do art. 5º, da CF/88. *Fórum Municipal e Gestão das Cidades*, v. 10, p. 49-59, 2015.

DOS SANTOS, Eduardo R.; MELO, Luiz Carlos Figueira de. A participação do cidadão no processo administrativo: corolário do Estado Democrático de Direito. *Diritto & Diritti*, 2011.

DOS SANTOS, Eduardo R.; MELO, Luiz Carlos Figueira de. O contraditório e a ampla defesa no processo administrativo à luz do modelo constitucional do processo. *Diritto & Diritti*, 2011.

DOS SANTOS, Eduardo R.; ROCHA, A. P.; ROCHA, L. A. A. O princípio do devido processo tributário e a segurança jurídica à luz da Constituição brasileira de 1988. *Direito e Justiça (URI)*, v. 13, p. 59-82, 2013.

DROMI, José Roberto. La reforma constitucional: el constitucionalismo del "por-venir". In: ENTERRÍA, Eduardo García de; AREVALO, Manuel Clavero (coord.). *El derecho público de finales de siglo:* una perspectiva ibero-americana. Madrid: Fundación Banco Bilbao Vizcaya, 1997.

DUQUE, Marcelo Schenk. *Curso de Direitos Fundamentais:* teoria e prática. São Paulo: RT, 2014.

DÜRIG, Günter. Der Grundsatz der Menschenwürde. Entwurf eines praktikablen Wertsystems der Grundrechte aus Art. 1 Abs. I in Verbindung mit Art. 19 Abs. II des Grundgesetzes. *AÖR*, n. 81, 1956.

DÜRIG, Günter. Direitos Fundamentais e jurisdição civil. In: HECK, Luís Afonso. *Direitos Fundamentais e Direito Privado:* Textos Clássicos. Porto Alegre: SAF, 2012.

DUVERGER, Maurice. *Droit constitutionnel et institutions politiques*. 4. ed. Paris: PUF, 1959.

DWORKIN, Ronald. *Domínio da vida:* aborto, eutanásia e liberdades individuais. 2. ed. São Paulo: Martins Fontes, 2009.

DWORKIN, Ronald. *Levando os Direitos a Sério*. 3. ed. São Paulo: Martins Fontes, 2010.

DWORKIN, Ronald. *O direito da liberdade:* a leitura moral da Constituição norte-americana. São Paulo: Martins Fontes, 2006.

DWORKIN, Ronald. *O império do direito*. 3. ed. São Paulo: Martins Fontes, 2014.

ELBAZ, Mikhaël. El inestimable vínculo cívico en la sociedad-mundo. In: ELBAZ, Mikhaël; HELLY, Denise (org.). *Globalización, ciudadanía y multiculturalismo*. Granada: Maristán, 2002.

ELY, John Hart. *Democracia e desconfiança:* uma teoria do controle judicial de constitucionalidade. São Paulo: Martins Fontes, 2010.

FALCÓN Y TELLA, Fernando. *Challenges for Human Rights*. Boston: Martinus Nijhoff Publishers, 2007.

FALEIROS JR, José Luiz de Moura. *Administração Pública Digital*. Indaiatuba: FOCO, 2020.

FAVOREU, Louis; et.al. *Tribunales constitucionales europeos y derechos fundamentales*. Madrid: Centro de Estudios Constitucionales, 1984.

FAZZALARI, Elio. *Instituições de Direito Processual*. Campinas: Bookseller, 2006,

FELDENS, Luciano. Comentário ao art. 5º, XLII e XLIII. In: CANOTILHO, J.J. Gomes; MENDES, Gilmar Ferreira; SARLET, Ingo Wolfgang; STRECK, Lenio Luiz (coord.). *Comentários à Constituição do Brasil*. São Paulo: Saraiva, 2013.

FELISBERTO, Adriano Cesar; IOCOHAMA, Celso Hiroshi. O princípio da motivação nas decisões de segunda instância dos juizados Especiais Cíveis. *Revista de Processo*. São Paulo, n. 190, p. 127-154, dez, 2010.

FERNANDES, Bernardo Gonçalves. *Curso de Direito Constitucional*. 8. ed. Salvador: Juspodivm, 2016.

FERRAJOLI, Luigi. *A soberania no mundo moderno*. São Paulo: Martins Fontes, 2002.

FERRAJOLI, Luigi. *Los fundamentos de los derechos fundamentales*. 4. ed. Madrid: Trotta, 2009.

FERRAZ, Anna Candido da Cunha. Mutação Constitucional, Reforma e Revisão das Normas Constitucionais. In: CLÈVE, Clèmerson Merlin; BARROSO, Luís Roberti (org.). *Doutrinas Essenciais Direito Constitucional*: Teoria Geral da Constituição. São Paulo: RT, 2011. v. 1.

FERRAZ JR., Tercio Sampaio. *Introdução ao Estudo do Direito*. 3. ed. São Paulo: Atlas, 2001.

FIGUEIREDO, Fábio Vieira. *Manual de Direito Civil*. 2. ed. Salvador: Juspodivm, 2020.

FIGUEIREDO, Fábio Vieira. *Mini Código Civil Comentado*. Salvador: Juspodivm, 2020.

FRANCO, Afonso Arinos de Melo. *Direito Constitucional:* teoria da Constituição; as Constituições do Brasil. Rio de Janeiro: Forense, 1981.

FRANKENBERG, Günter. *Autorität und Integration:* Zur Gramatik von Recht und Verfassung. Frankfurt: Suhrkamp, 2003.

FREITAS, Juarez. *Interpretação sistemática do direito*. 5. ed. São Paulo: Malheiros, 2010.

GALINDO, George Rodrigo Bandeira. Comentário ao art. 4º. In: CANOTILHO, J. J. Gomes; MENDES, Gilmar Ferreira; SARLET, Ingo Wolfgang; STRECK, Lenio Luiz (coord.). *Comentários à Constituição do Brasil*. São Paulo: Saraiva, 2013.

GALINDO, George Rodrigo Bandeira. *Tratados Internacionais de Direitos Humanos e Constituição Brasileira*. Belo Horizonte: Del Rey, 2002.

GALLICCHIO, Eduardo G. Esteva. El control de convencionalidad en Uruguay. In: MARINONI, Luiz Guilherme; MAZZUOLI, Valerio de Oliveiro. *Controle de Convencionalidade:* um panorama latino-americano. Brasília: Gazeta Jurídica, 2013.

GAMBA, João Roberto Gorini. *Teoria Geral do Estado e Ciência Política*. São Paulo; Atlas, 2019.

GARCIA, Emerson. *Ministério público:* organização, atribuições e regime jurídico. 6. ed. São Paulo: Saraiva, 2017.

GOTTI, Alessandra. *Direitos Sociais*. São Paulo: Saraiva, 2012.

GRAU, Eros Roberto. *A ordem econômica na Constituição de 1988*. 16. ed. São Paulo: Malheiros, 2014.

GUASTINI, Riccardo. *Le fonti del diritto:* fundamenti teorici. Milano: Dott A. Giuffrè, 2010.

GUERRA, Sidney. *O sistema interamericano de proteção dos direitos humanos e o controle de convencionalidade*. São Paulo: Atlas, 2013.

HÄBERLE, Peter. A dignidade humana como fundamento da comunidade estatal. In: SARLET, Ingo Wolfgang (org.). *Dimensões da dignidade:* ensaios de filosofia do direito e direito constitucional. 2. ed. Porto Alegre: Livraria do Advogado, 2009.

HÄBERLE, Peter. *Direitos Fundamentais no Estado Prestacional*. Porto Alegre: Livraria do Advogado, 2019.

HÄBERLE, Peter. *Hermenêutica Constitucional:* a sociedade aberta dos intérpretes da Constituição: contribuição para a interpretação pluralista e procedimental da Constituição. Porto Alegre: Sérgio Antônio Fabris, 1997.

HABERMAS, Jürgen. *Direito e Democracia:* entre facticidade e validade. 2. ed. Rio de Janeiro: Tempo Brasileiro, 2012.

HABERMAS, Jürgen. *O futuro da natureza humana*. 2. ed. São Paulo: Martins Fontes, 2010.

HART, Herbert L. A. *O Conceito de Direito*. 3. ed. Lisboa: Fundação Calouste Gulbenkian, 2001.

HESSE, Konrad. *A força normativa da Constituição*. Porto Alegre: Sergio Antonio Fabris Editor, 1991.

HESSE, Konrad. *Elementos de Direito Constitucional da República Federal da Alemanha*. Porto Alegre: Sergio Antonio Fabris Editor, 1998.

HOFFMANN, Henrique. Impossibilidade de transformação de investigação ministerial em policial. In: FONTES, Eduardo; HOFFMANN, Henrique. *Temas Avançados de Polícia Judiciária*. 4. ed. Salvador: Juspodivm, 2020.

HOLMES, Stephen; SUNSTEIN, Cass R. *O custo dos direitos*. São Paulo: Martins Fontes, 2019.

HORTA, Raul Machado. *Direito Constitucional*. 4. ed. Belo Horizonte: Del Rey, 2003.

IHERING, Rudolf Von. *A luta pelo Direito*. São Paulo: Martin Claret, 2009.

JACQUES, Paulino. *Curso de Direito Constitucional*. 8. ed. Rio de Janeiro: Forense, 1977.

JELLINEK, Georg. *System der subjektiven öffentlichen Rechte*. 2. ed. Tübingen: Mohr, 1905.

JUSTINIANO I, Imperador do Oriente. *Digesto de Justiniano: liber primus*. 4. ed. São Paulo: RT, 2009.

KANT, Immanuel. *Fundamentação da Metafísica dos Costumes*. Lisboa: Edições 70, 2009.

KANT, Immanuel. *Princípios Metafísicos da doutrina do Direito*. São Paulo: Martins Fontes, 2014.

KELSEN, Hans. *Jurisdição Constitucional*. 2. ed. São Paulo: Martins Fontes, 2007.

KELSEN, Hans. *Teoria do direito e do Estado*. 4. ed. São Paulo: Martins Fontes, 2005.

KELSEN, Hans. *Teoria Pura do Direito*. São Paulo: Martins Fontes, 2003.

KIRSTE, Stephan. A dignidade humana e o conceito de pessoa de direito. In: SARLET, Ingo Wolfgang (org.). *Dimensões da dignidade:* ensaios de filosofia do direito e direito constitucional. 2. ed. Porto Alegre: Livraria do Advogado, 2009.

KRAMER, Larry. *The People Themselves*: popular constitucionalism and judicial review. Oxford: Oxford University Press, 2004.

KRELL, Andréas. *Direitos sociais e controle judicial no Brasil e na Alemanha. Porto* Alegre: SAFE, 2002.

LAFER, Celso. A reconstrução dos direitos humanos: a contribuição de Hannah Arendt. *Scielo*. Estudos Avançados, v. 11, n. 30, 1997. Disponível em: <http://www.scielo.br/pdf/ea/v11n30/v11n30a05.pdf>. Acesso em 05 de junho de 2014.

LAMOUNIER, Daniel; et.al. *Prática Constitucional*. São Paulo: Saraiva, 2019.

LANDAU, David. *Abusive Constitucionalism. UC Davis Law Riview*, EUA, v. 47, n.1, p. 189-260, 2013.

LASSALE, Ferdinand. *A essência da Constituição*. Rio de Janeiro: Lumen Juris, 2010.

LAZARI, Rafael de. *Manual de Direito Constitucional*. 3. ed. Belo Horizonte: D'Plácido, 2019.

LAZARI, Rafael de; BERNARDI, Renato; LEAL, Bruno Bianco. *Liberdade religiosa no Estado Democrático de Direito*. Rio de Janeiro: Lumen Juris, 2014.

LEAL, Saul Tourinho. *Direito à Felicidade*. São Paulo: Almedina, 2017.

LEITE, George Salomão. *Eficácia e aplicabilidade das normas constitucionais*. Brasília: Senado Federal, 2020.

LEITE, Glauco Salomão. *Juristocracia e Constitucionalismo Democrático*. Rio de Janeiro: Lumen Juris, 2017.

LENZA, Pedro. *Direito Constitucional Esquematizado*. 21 .ed. São Paulo: Saraiva, 2017.

LÉPORE, Paulo. *Direito Constitucional em provas discursivas*. 3. ed. Salvador: Juspodivm, 2020.

LÉPORE, Paulo. *Direito Constitucional:* para os concursos de técnico e analista de tribunais e MPU. 7. ed. Salvador: Juspodivm, 2020.

LÉPORE, Paulo.; PRETI, Bruno Del. *Manual de Direitos Humanos*. Salvador; Juspodivm, 2020.

LIMA, Renata M; COSTA, Marina M.C. *O tribunal Penal Internacional*. Belo Horizonte: Del Rey, 2006.

LOCKE, John. *Segundo Tratado sobre o Governo*. São Paulo: Martin Claret, 2003.

LOEWENSTEIN, Karl. *Teoría de la Constitución*. Barcelona: Ariel, 1965.

LONGHI, João Vitor Rozatti. *Processo Legislativo Interativo*. Curitiba: Juruá, 2017.

LOPES, Ana Maria D'Ávila. Interculturalidade e Direitos Fundamentais Culturais. In: PIOVESAN, Flávia; GARCIA, Maria (org.). *Doutrinas Essenciais Direitos Humanos:* Direitos Econômicos, Sociais, Culturais e Ambientais. São Paulo: RT, 2011. v. 3.

LOPES JR, Aury. *Direito Processual Penal*. 17. ed. São Paulo: Saraiva, 2020.

LORENZETTI, Ricardo Luis. *Teoria da decisão judicial*. 2. ed. São Paulo: RT, 2011.

LOSANO, Mario G. *Sistema e estrutura no direito*. São Paulo: Martins Fontes, 2011, v. 3.

LUHMANN, Niklas. *Introdução à teoria dos sistemas*. 2. ed. Petrópolis: Vozes, 2010.

MAC-GREGOR, Eduardo Ferrer. Interpretación conforme y control difuso de convencionalidad; el nuevo paradigma para el juez mexicano. In: MARINONI, Luiz Guilherme; MAZZUOLI, Valerio de Oliveira. *Controle de Convencionalidade:* um panorama latino-americano. Brasília: Gazeta Jurídica, 2013.

MALISKA, Marcos Augusto. Comentário ao art. 4º, parágrafo único. In: CANOTILHO, J. J. Gomes; MENDES, Gilmar Ferreira; SARLET, Ingo Wolfgang; STRECK, Lenio Luiz (coord.). *Comentários à Constituição do Brasil*. São Paulo: Saraiva, 2013.

MANCUSO, Rodolfo Camargo. *Ação Popular*: proteção ao erário, do patrimônio público, da moralidade administrativo e do meio ambiente. 4. ed. São Paulo: RT, 2001.

MAQUIAVEL, Nicolau. *O príncipe*. São Paulo: Jardim dos livros, 2007.

MARINONI, Luiz Guilherme. Controle de Convencionalidade (na perspectiva do direito brasileiro). In: MARINONI, Luiz Guilherme; MAZZUOLI, Valerio de Oliveira. *Controle de Convencionalidade:* um panorama latino-americano. Brasília: Gazeta Jurídica, 2013.

MARINONI, Luiz Guilherme; ARENHART, Sérgio Cruz. *Prova*. São Paulo: Revista dos Tribunais, 2009.

MÁRIO, Francisco. *Diálogos sobre o Direito Constitucional*. Salvador; Juspodivm, 2020.

MARMELSTEIN, George. *Curso de Direitos Fundamentais*. 7. ed. São Paulo: Atlas, 2018.

MARTINS, Fernando Rodrigues. Comentários à Lei de Introdução às Normas do Direito Brasileiro. In: NANNI, Giovanni Ettore (coord.). *Comentários ao Código Civil*. São Paulo: Saraiva, 2018.

MARTINS, Fernando Rodrigues. *Controle do Patrimônio Público*. 5. ed. São Paulo: RT, 2013.

MARTINS, Fernando Rodrigues. *Princípio da Justiça Contratual*. 2. ed. São Paulo: Saraiva, 2011.

MARTINS, Flávio. *Curso de Direito Constitucional*. São Paulo: RT, 2017.

MARTINS, Flávio. *Direitos Sociais em Tempos de Crise Econômica*. São Paulo: Saraiva, 2020.

MARTINS, Leonardo. *Direito Processual Constitucional Alemão*. São Paulo: Atlas, 2011.

MASSON, Nathalia. *Manual de Direito Constitucional*. 6. ed. Salvador: Juspodivm, 2018.

MAXIMILIANO, Carlos. *Hermenêutica e Aplicação do Direito*. 20. ed. Rio de Janeiro: Forense, 2011.

MAZZA, Alexandre. *Manual de Direito Administrativo*. 8. ed. São Paulo: Saraiva, 2018.

MAZZILI, Hugo Nigro. *A defesa dos interesses difusos em juízo*. 29. ed. São Paulo: Saraiva, 2016.

MAZZILI, Hugo Nigro. *O ministério público na Constituição de 1988*. São Paulo: Saraiva, 1989.

MAZZUOLI, Valerio de Oliveira. *Curso de Direito Internacional Público*. 6. ed. São Paulo: RT, 2012.

MAZZUOLI, Valerio de Oliveira. *Curso de Direitos Humanos*. São Paulo: Método, 2014.

MAZZUOLI, Valerio de Oliveira. *O controle jurisdicional de convencionalidade das leis*. 2. ed. São Paulo: RT, 2011.

MAZZUOLI, Valerio de Oliveira. Teoria Geral do Controle de Convencionalidade no Brasil. In: MARINONI, Luiz Guilherme; MAZZUOLI, Valerio de Oliveiro. *Controle de Convencionalidade:* um panorama latino-americano. Brasília: Gazeta Jurídica, 2013.

MAZZUOLI, Valerio de Oliveira. *Tratados Internacionais de Direitos Humanos e Direito Interno*. São Paulo: Saraiva, 2010.

MAZZUOLI, Valerio de Oliveira. *Tribunal Penal Internacional e o direito brasileiro*. São Paulo: Premier Máxima, 2008.

MEDINA, José Miguel Garcia. *Constituição Federal Comentada*. 4. ed. São Paulo: RT, 2019.

MELO, Luiz Carlos Figueira de. *Direito Municipal:* pareceres. Uberlândia: ABC-SABE,1987.

MENDES, Gilmar Ferreira. *Direitos Fundamentais e Controle de Constitucionalidade:* Estudos de direito constitucional. 4. ed. São Paulo: Saraiva, 2012.

MENDES, Gilmar Ferreira. BRANCO, Paulo Gustavo Gonet. *Curso de Direito Constitucional*. 7. ed. São Paulo: Saraiva, 2012.

MICHAEL, Lothar; MORLOK, Martin. *Direitos Fundamentais*. São Paulo: Saraiva, 2016.

MIRANDA, Jorge. *Manual de Direito Constitucional*. 5. ed. Coimbra: Coimbra, 2012. v. 4.

MIRANDA, Jorge. *Teoria do Estado e da Constituição*. 4. ed. Rio de Janeiro: Forense, 2015.

MÖLLER, Max. *Teoria Geral do Neoconstitucionalismo:* bases teóricas do constitucionalismo contemporâneo. Porto Alegre: Livraria do Advogado, 2011.

MONTALVÃO, Bernardo. *Manual de Filosofia e Teoria do Direito*. 2. ed. Salvador: Juspodivm, 2020.

MONTESQUIEU. *Do espírito das leis*. São Paulo: Martin Claret, 2009.

MORAES, Alexandre de. *Direito Constitucional*. 30. ed. São Paulo: Atlas, 2014.

MORAES, Guilherme Peña de. *Curso de Direito Constitucional*. 9. ed. São Paulo: Atlas, 2017.

MOREIRA, Rodrigo Pereira. *Direito ao livre desenvolvimento da personalidade:* proteção e promoção da pessoa humana. Curitiba: Juruá, 2016.

MOREIRA, Rodrigo P.; MEDEIROS, J.S. Direito ao Esquecimento: Entre a Sociedade da Informação e a Civilização do Espetáculo. *Revista de Direito Privado*. v. 70, 2016, p. 71-98.

MÜLLER, Friedrich. *Teoria Estruturante do Direito*. 3. ed. São Paulo: RT, 2011.

NABAIS, José Casalta. *O dever fundamental de pagar impostos*. Coimbra: Almedina, 1998.

NAVES, Bruno Torquato de Oliveira; REZENDE, Danúbia Ferreira Coelho de. A autonomia privada do paciente em estado terminal. In: FIUZA, César; SÁ, Maria de Fátima Freire de; NAVES, Bruno Torquato de Oliveira. *Direito Civil: Atualidades II - Da autonomia privada nas situações jurídicas patrimoniais e existenciais*. Belo Horizonte: Del Rey, 2007, p. 89 e ss.

NERY JR., Nelson. *Escolha esclarecida de tratamento médico por pacientes testemunhas de Jeová como exercício harmônico de direitos fundamentais. Parecer jurídico*. São Paulo: 2009.

NERY JR., Nelson. *Princípios do processo na Constituição Federal*. 10. ed. São Paulo: RT, 2010.

NEUMANN, Ulfried. A dignidade humana como fardo – ou como utilizar um direito contra o respectivo titular. In: SARLET, Ingo Wolfgang (org.). *Dimensões da dignidade:* ensaios de filosofia do direito e direito constitucional. 2. ed. Porto Alegre: Livraria do Advogado, 2009.

NEVES, Marcelo. *A Constitucionalização Simbólica*. 3. ed. São Paulo: Martins Fontes, 2011.

NERY JR., Nelson. *Transconstitucionalismo*. São Paulo: Martins Fontes, 2009.

NIPPERDEY, Hans Carl. Direitos Fundamentais e Direito Privado. In: HECK, Luís Afonso. *Direitos Fundamentais e Direito Privado:* Textos Clássicos. Porto Alegre: SAF, 2012.

NOGUEIRA, J. C. Ataliba. *O Estado é meio e não fim*. 2. ed. São Paulo: Saraiva, 1945.

NOGUEIRA, Vânia Márcia Damasceno. *Direitos fundamentais dos animais:* a construção jurídica de uma titularidade para além dos seres humanos. Belo Horizonte: Arraes, 2012.

NOVAIS, Jorge Reis. *Direitos Fundamentais:* trunfos contra a maioria. Coimbra: Coimbra, 2006.

NOVAIS, Jorge Reis. *Os princípios constitucionais estruturantes da República Portuguesa*. Coimbra: Coimbra, 2004.

NOVELINO, Marcelo. *Curso de Direito Constitucional*. 13. ed. Salvador: Juspodivm, 2018.

NOVELINO, Marcelo; CUNHA JR, Dirley da. *Constituição Federal para Concursos*. 8. ed. Salvador: Juspodivm, 2017.

NUNES, Anelise Coelho. *A titularidade dos direitos fundamentais na Constituição Federal de 1988*. Porto Alegre: Livraria do Advogado, 2007.

NUNES, Dierle; BAHIA, Alexandre; PEDRON, Flávio Q. *Teoria Geral do Processo*. Salvador: Juspodivm, 2020.

OLIVEIRA, Erival da Silva. *Comissão Parlamentar de Inquérito*. Rio de Janeiro: Lumen Juris, 2001.

OLIVEIRA, Marcelo A. Cattoni. *Devido Processo Legislativo*. 2. ed. Belo Horizonte: Mandamentos, 2006.

OMMATI, José Emílio Medauar. *Liberdade de expressão e discurso de ódio na Constituição de 1988*. 4. ed. Rio de Janeiro: Lumen Juris, 2019.

OMMATI, José Emílio Medauar. *Uma teoria dos direitos fundamentais*. 5. ed. Rio de Janeiro: Lumen Juris, 2018.

OST, François. *O tempo do direito*. Trad. Élcio Fernandes. Bauru: Edusc, 2005.

OTACÍLIO, Paula Silva. *Ministério Público*. São Paulo: Sugestões Literárias, 1981.

PANSIERI, Flávio. *Eficácia e vinculação dos direitos sociais:* reflexões a partir do direito à moradia. São Paulo: Saraiva, 2012.

PANSIERI, Flávio; SOUZA, Henrique Soares de. *Mutação Constitucional à luz da teoria constitucional contemporânea*. Porto Alegre: Livraria do Advogado, 2018.

PAULO, Vicente; ALEXANDRINO, Marcelo. *Direito Constitucional Descomplicado*. 9. ed. São Paulo: Método, 2012.

PÊCEGO, Antonio José F.S. *Eutanásia:* uma (re)leitura do instituto à luz da dignidade da pessoa humana. Belo Horizonte: D'Plácido, 2015.

PECZENIK, Aleksander; HAGE, Jaap. Law, morals and defeasibility. *Ratio Juris*. v. 13. n. 3. Set, 2000.

PEDRON, Flávio Quinaud. *Mutação Constitucional na crise do positivismo jurídico*. Belo Horizonte: Arraes, 2012.

PEDRON, Flávio Quinaud; OMMATI, José Emílio Medauar. *Teoria do direito contmporânea*. Rio de Janeiro: Lumen Juris, 2019.

PEREIRA, Jane R. G. *Interpretação constitucional e direitos fundamentais*. Rio de Janeiro: Renovar, 2006.

PÉREZ LUÑO, Antonio-Enrique. *Los Derechos Fundamentales*. 10. ed. Madrid: Tecnos, 2011.

PÉREZ LUÑO, Antonio-Enrique. *Derechos Humanos, Estado de Derecho y Constitución*. 7. ed. Madrid: Tecnos, 2001.

PERNICE, Ingolf. *La dimensión global del constitucionalismo multinivel:* uma respuesta global a los desafios de la globalización. Série Unión Europea y Relaciones Internacionales. N. 61, 2012.

PETERS, Anne. Global Constitucionalism. *Max-Planck-Institut*. Disponível em: <http://www.mpil.de/files/pdf5/Peters_Global_Constitutionalism__Encyclopedia_of_Political_Thought_20151.pdf >. Acesso em: 22, de março, de 2018.

PIEROTH, Bodo; SCHLINK, Bernhard. *Direitos fundamentais*. São Paulo: Saraiva, 2012.

PINTO FERREIRA, Luiz. *Curso de Direito Constitucional*. São Paulo: Saraiva, 1991.

PINTO FERREIRA, Luiz. *Teoria e prática do habeas corpus*. 3. ed. São Paulo: Saraiva, 1979.

PINTO FILHO, Francisco B.M. *A intervenção federal e o federalismo brasileiro*. Rio de Janeiro: Forense, 2002.

PIOVESAN, Flávia. Controle de Convencionalidade, Direitos Humanos e Diálogo entre Jurisdições. In: MARINONI, Luiz Guilherme; MAZZUOLI, Valerio de Oliveiro. *Controle de Convencionalidade:* um panorama latino-americano. Brasília: Gazeta Jurídica, 2013.

PIOVESAN, Flávia. *Direitos Humanos e o Direito Constitucional Internacional*. 13. ed. São Paulo, 2012.

PIOVESAN, Flávia. Primazia da norma mais benéfica à proteção dos direitos humanos (princípio da –). In: TORRES, Ricardo Lobo; KATAOKA, Eduardo Takemi; GALDINO, Flavio (org.). *Dicionário de Princípios Jurídicos*. Rio de Janeiro: Elsevier, 2011.

PIOVESAN, Flávia. *Temas de Direitos Humanos*. 4. ed. São Paulo: Saraiva, 2010.

PONTES DE MIRANDA, Francisco Cavalcanti. *Nacionalidade de origem e naturalização*. Rio de Janeiro: Coelho Branco, 1936.

PORTANOVA, Rui. *Princípios do processo civil*. 4. ed. Porto Alegre: Livraria do Advogado, 2001.

POST, Robert; SIEGEL, Reva. *Constitucionalismo Democrático*: por una reconciliación entre Constitución y Pueblo. Madrid: Siglo XXI, 2015.

POST, Robert. Roe Rage: Democratic Consttitucionalism and Backlash. *Faculty Scholarship Series*. Paper 169, 2007.

QUEIROZ, Cristina. *Direitos Fundamentais Sociais*. Coimbra: Coimbra, 2006.

RAMOS, André de Carvalho. O Supremo Tribunal Federal e o Direito Internacional dos Direitos Humanos. In: SARMENTO, Daniel; SARLET, Ingo Wolfgang (coord.). *Direitos Fundamentais no Supremo Tribunal Federal:* Balanço e Crítica. Rio de Janeiro: Lumen Juris, 2011.

RAMOS, André de Carvalho. *Processo Internacional de Direitos Humanos:* análise dos sistemas de apuração de violações dos direitos humanos e a implementação das decisões no Brasil. Rio de Janeiro: Renovar, 2002.

RAMOS, André de Carvalho. *Teoria Geral dos Direitos Humanos na Ordem Internacional*. Rio de Janeiro: Renovar, 2005.

RIBEIRO, Bruno Marques. Família Simultâneas: a tutela jurídica dos amantes no cenário brasileiro. In: CORDEIRO, J. C.; GOMES, J. A. *Temas Contemporâneos de Direito das Famílias*. São Paulo: Pillares, 2013.

RIBEIRO, Djamila. *Lugar de fala*. São Paulo: Pólen, 2019.

RIBEIRO, Djamila. *Pequeno manual antirracista*. São Paulo: Companhia das letras, 2019.

ROCHA, Carmen Lúcia Antunes. Ação Afirmativa: o conteúdo do princípio da igualdade jurídica. *Revista Trimestral de Direito Público* n. 15, 1996.

ROCHA, Carmen Lúcia Antunes. O mínimo existencial e o princípio da reserva do possível. *Revista Latino-Americana de Estudos Constitucionais*. Belo Horizonte, n. 5, p. 439-461, jan/jun, 2005.

RODRIGUES, Maurício Andreiuolo. *Poder Constituinte Supranacional:* esse novo personagem. Porto Alegre: SAF, 2000.

ROSA, Alexandre Morais da. *Guia do Processo Penal conforme a Teoria dos Jogos*. 6. ed. Florianópolis: EMais, 2020.

ROUSSEAU, Jean-Jacques. *Discurso sobre a origem e os fundamentos da desigualdade entre os homens*. São Paulo: Martin Claret, 2009.

ROXIN, Claus. A apreciação jurídico-penal da eutanásia. In: PIOVESAN, Flávia; GARCIA, Maria (org.). *Doutrinas Essenciais Direitos Humanos:* Direitos Civis e Políticos. São Paulo: RT, 2011. v. 2.

RUOTOLO, Marco. Appunti sulla Dignità Umana. *Direitos Fundamentais & Justiça*. n.11, abr./jun. 2010.

SÁ, Maria de Fátima Freire; PONTES, Maíla Mello Campolina. Autonomia Privada e Direito de Morrer. In: FIUZA, César; SÁ, Maria de Fátima Freire de; NAVES, Bruno Torquato de Oliveira. *Direito Civil*: Atualidades III – Princípios Jurídicos no Direito Privado. Belo Horizonte: Del Rey, 2009.

SAGÜES, Néstor Pedro. El control de convencionalidad em Argentina. In: MARINONI, Luiz Guilherme; MAZZUOLI, Valerio de Oliveiro. *Controle de Convencionalidade:* um panorama latino-americano. Brasília: Gazeta Jurídica, 2013.

SAGÜES, Néstor Pedro. Sobre el concepto de "Constitución Viviente" (Living Constitution). *Revista Latino-Americana de Estudos Constitucionais*. Belo Horizonte, n. 1, p. 269-284, jan/jun, 2003.

SAMPAIO, José Adércio Leite. As sentenças intermediárias de constitucionalidade e o mito do legislador negativo. In: SAMPAIO, José Adércio Leite; CRUZ, Alvaro Ricardo de Souza. (org.). *Hermenêutica e Jurisdição Constitucional*. Belo Horizonte: Del Rey, 2001.

SAMPAIO, José Adércio Leite. *Teoria da Constituição e dos Direitos Fundamentais*. Belo Horizonte: Del Rey, 2013.

SANTOS, Aricê Moacyr Amaral. *O Estado de Emergência*. São Paulo: Sugestões Literárias, 1981.

SANTOS, Boaventura de Sousa. Introdução: para ampliar o cânone do reconhecimento, da diferença e da igualdade. In: SANTOS, Boaventura de Sousa. *Reconhecer para libertar*: os caminhos do cosmopolitanismo multicultural. Rio de Janeiro: Civilização Brasileira, 2003.

SARLET, Ingo Wolfgang. *A eficácia dos direitos fundamentais:* uma teoria geral dos direitos fundamentais na perspectiva constitucional. 10. ed. Porto Alegre: Livraria do Advogado Editora, 2010.

SARLET, Ingo Wolfgang. As dimensões da dignidade da pessoa humana: construindo uma compreensão jurídico-constitucional necessária e possível. In: SARLET, Ingo Wolfgang (org.). *Dimensões da dignidade:* ensaios de filosofia do direito e direito constitucional. 2. ed. Porto Alegre: Livraria do Advogado, 2009.

SARLET, Ingo Wolfgang. *Dignidade da pessoa humana e direitos fundamentais na Constituição Federal de 1988*. 9. ed. Por Alegre: Livraria do Advogado, 2011.

SARLET, Ingo Wolfgang. Notas sobre as relações entre a Constituição Federal de 1988 e os Tratados Internacionais de Direitos Humanos na perspectiva do assim chamado controle de convencionalidade. In: MARINONI, Luiz Guilherme; MAZZUOLI, Valerio de Oliveiro. *Controle de Convencionalidade:* um panorama latino-americano. Brasília: Gazeta Jurídica, 2013.

SARLET, Ingo Wolfgang; MARINONI, L.G; MITIDIERO, D. *Curso de Direito Constitucional*. 3. ed. São Paulo: RT, 2014.

SARMENTO, Daniel. A liberdade de expressão e o problema do "Hate Speech". In: SARMENTO, Daniel. *Livres e Iguais*. Rio de Janeiro: Lumen Juris, 2010.

SARMENTO, Daniel. *Direitos Fundamentais e Relações Privadas*. 2. ed. Rio de Janeiro: Lumen Juris, 2010.

SARMENTO, Daniel. Legalização do aborto e Constituição. *Revista de Direito Administrativo*. v. 240, 2005.

SARMENTO, Daniel. O Neoconstitucionalismo no Brasil: Riscos e possibilidades. In: SARMENTO, Daniel (coord.). *Filosofia e Teoria Constitucional Contemporânea*. Rio de Janeiro: Lumen Juris, 2009.

SARMENTO, Daniel. *Por um constitucionalismo inclusivo*. Rio de Janeiro: Lumen Juris, 2010.

SCHMITT, Carl. *O Guardião da Constituição*. Belo Horizonte: Del Rey, 2007.

SCHMITT, Carl. *Teoría de la Constitución*. Madrid: Alianza Editorial, 2001.

SCHREIBER, Anderson. *Direitos da personalidade*. São Paulo: Atlas, 2011.

SGARBOSSA, Luís Fernando. *Direitos e Garantias Fundamentais Extravagantes:* interpretação jusfundamental "pro homine". Porto Alegre: Sérgio Antonio Fabris, 2008.

SIDOU, J. M. Othon. *Os recursos processuais na história do direito*. Rio de Janeiro: Forense, 1978.

SIEYÈS, Emmanuel Joseph. *A Constituinte Burguesa (Qu'est-ce que le Tiers État?)*. 4. ed. Rio de Janeiro: Lumen Juris, 2001.

SILVA, Anabelle Macedo. *Concretizando a Constituição*. Rio de Janeiro: Lumen Juris, 2005.

SILVA, José Afonso da. *Aplicabilidade das Normas Constitucionais*. 8. ed. São Paulo: Malheiros, 2012.

SILVA, José Afonso da. *Comentário Contextual à Constituição*. 9. ed. São Paulo: Malheiros, 2014.

SILVA, José Afonso da. *Curso de Direito Constitucional Positivo*. 33. ed. São Paulo: Malheiros, 2010.

SILVA, José Afonso da. *Processo constitucional de formação das leis. 3. ed. São Paulo: Malheiros, 2017*.

SILVA, Virgílio Afonso da. *A constitucionalização do direito*. São Paulo: Malheiros, 2005.

SILVA, José Afonso da. *Direitos Fundamentais:* conteúdo essencial, restrições e eficácia. 2. ed. São Paulo: Malheiros, 2010.

SILVA, José Afonso da. Princípios e Regras: mitos e equívocos acerca de uma distinção. *Revista Latino-Americana de Estudos Constitucionais*. Belo Horizonte, n. 1, jan/jun, 2003.

SOUTO, João Carlos. *Suprema Corte dos Estados Unidos:* principais decisões. 3. ed. São Paulo: Atlas, 2019.

SOUZA CRUZ, Álvaro Ricardo de. *A Resposta Correta:* incursões jurídicas e filosóficas sobre as teorias da justiça. Belo Horizonte: Arraes, 2011.

SOUZA CRUZ, Álvaro Ricardo de. *Hermenêutica Jurídica e(m) debate*. Belo Horizonte: Fórum, 2007.

SOUZA CRUZ, Álvaro Ricardo de. *Poder Constituinte e Patriotismo Constitucional*. Belo Horizonte: Editora PUC Minas, 2006.

SOUZA NETO, Cláudio Pereira de. Comentário ao direito à segurança, art. 5º, *caput*. In: CANOTILHO, J.J. Gomes; MENDES, Gilmar Ferreira; SARLET, Ingo Wolfgang; STRECK, Lenio Luiz (coord.). *Comentários à Constituição do Brasil*. São Paulo: Saraiva, 2013.

SOUZA NETO, Cláudio Pereira de. *Constitucionalismo democrático e governo das razões*. Rio de Janeiro: Lumen Juris, 2010.

STARCK, Christian. The religious and philosophical background of human dignity and its place in modern Constitutuions. In: KRETZMER, David; KLEIN, Eckart (ed.). *The concept of human dignity in human rights discourse*. The Hague: Kluwer Law International, 2002.

STEINMETZ, Wilson. O dever de aplicação imediata de direitos e garantias fundamentais na jurisprudência do Supremo Tribunal Federal e nas interpretações da literatura especializada. In: SARMENTO, Daniel; SARLET, Ingo Wolfgang (coord.). *Direitos Fundamentais no Supremo Tribunal Federal*: balanço e crítica. Rio de Janeiro: Lumen Juris, 2011.

STEINMETZ, Wilson. *Vinculação dos particulares a direitos fundamentais*. São Paulo: Malheiros, 2005.

STERN, Klaus. *Das Staatrecht der Bundesrepublik Deutschland*. München: C.H. Beck, 1988. v. 3.

STRECK, Lenio Luiz. *Compreender o Direito*: desvelando as obviedades do discurso jurídico. São Paulo: RT, 2013.

STRECK, Lenio Luiz. Comentário ao art. 5º, XXXVIII. In: CANOTILHO, J. J. Gomes; MENDES, Gilmar Ferreira; SARLET, Ingo Wolfgang; STRECK, Lenio Luiz (coord.). *Comentários à Constituição do Brasil*. São Paulo: Saraiva, 2013.

STRECK, Lenio Luiz. *Dicionário de hermenêutica*. Belo Horizonte: Casa do Direito, 2017.

STRECK, Lenio Luiz. Hermenêutica, Constituição e Processo, ou de "como discricionariedade não combina com democracia": o contraponto da resposta correta. In: MACHADO, Felipe Daniel Amorim; OLIVEIRA, Marcelo Andrade Cattoni de (coord.). *Constituição e Processo*. Belo Horizonte: Del Rey, 2009.

STRECK, Lenio Luiz. *Verdade e Consenso*. 4. ed. São Paulo: Saraiva, 2011.

SUNSTEIN, Cass R. *O mundo segundo Star Wars*. Rio de Janeiro: Record, 2016.

SZTAJN, Rachel. *Autonomia privada e direito de morrer*: eutanásia e suicídio assistido. São Paulo: Cultural Paulista, 2002.

TARTUCE, Flávio. *Manual de Direito Civil*. 6. ed. São Paulo: Método, 2016.

TAVARES, André Ramos. *Curso de Direito Constitucional*. São Paulo: Saraiva, 2012.

TÁVORA, Nestor; ALENCAR, Rosmar Rodrigues. *Curso de Direito Processual Penal*. 9. ed. Salvador: Juspodivm, 2014.

TEIXEIRA, José Horácio Meireles. *Curso de Direito Constitucional*. Rio de Janeiro: Forense, 1991.

TELLES JUNIOR, Goffredo. *A Constituição, a Assembleia Constituinte e o Congresso Nacional*. 2. ed. São Paulo: Saraiva, 2014.

THEODORO JÚNIOR, Humberto. *Curso de Direito Processual Civil*: Teoria Geral do Direito Processual Civil e Processo de Conhecimento. 50. ed. Rio de Janeiro: Forense, 2009. v. 1.

TRIBE. Laurence H. *American Constitution Law*. 3. ed. New York: Foundation Press, 2000. v. 1.

TUSHNET, Mark. *Authoritarian Constitucionalism*: International and European Models. Combridge: Cambridge University Press, 2007.

TUSHNET, Mark. *Taking the Constitution away from the Courts*. New Jersey: Princeton University Press, 1999.

VASAK, Karel. "For the Third Generation of Human Rights: The Rights of Solidarity", Inaugural lecture, Tenth Study Session, International Institute of Human Rights, July 1979. In: VASAK, Karel (ed.). *The international dimension of human rights*. Paris: Unesco, 1982. v. I e II.

VECCHIATTI, Paulo Roberto Iotti. *Constituição dirigente e concretização judicial das imposições constitucionais ao legislativo*. 2. ed. Bauru: Spessotto, 2019.

VECCHIATTI, Paulo Roberto Iotti. *O STF, a homotransfobia e seu reconhecimento como crime de racismo*. Bauru: Spessotto, 2020.

VILLEY, Michel. *O direito e os direitos humanos*. São Paulo: Martins Fontes, 2007.

VITALE, Denise. Direitos de participação política na Constituição Federal de 1988: um estudo sobre o plebiscito, o referendo e a iniciativa popular de lei. In: CUNHA JR., Dirley; PAMPLONA FILHO, Rodolfo (Org.). *Temas de Teoria da Constituição e Direitos Fundamentais*. Salvador: Juspodivm, 2007, v. 1, p. 41-69.

WATANABE, Kazuo. Acesso à justiça e sociedade moderna. In: GRINOVER, Ada Pellegrini; DINAMARCO, Cândido Rangel; WATANABE, Kazuo (coord.). *Participação e Processo*. São Paulo: Revista dos Tribunais, 1988.

WELZEL, Hans. *Derecho penal aleman:* parte general. 4. ed. Chile: Jurídica de Chile, 1997.

WEYNE, Bruno Cunha. *O princípio da dignidade humana:* reflexões a partir da filosofía de Kant. São Paulo: Saraiva, 2013.

WIEHWEG, Theodor. *Tópica e jurisprudência*. Coleção Pensamento Jurídico Contemporâneo. Brasília: Departamento de Imprensa Nacional. v. 1.

ZAGREBELSKY, Gustavo. *El derecho dúctil*. 6. ed. Madrid: Trotta, 2005.

ZANOTTI, Bruno Taufner. *Controle de Constitucionalidade*. 2. ed. Salvador: Juspodivm, 2012.